ENCICLOPEDIA DEL ESPAÑOL EN LOS ESTADOS UNIDOS

ENCICLOPEDIA DEL ESPAÑOL EN LOS ESTADOS UNIDOS

Anuario del Instituto Cervantes 2008

Humberto López Morales Coordinador

Instituto
Cervantes

español
Santillana

© 2009, Instituto Cervantes

Libreros, 23. 28801 Alcalá de Henares (Madrid)

Alcalá, 49. 28014 Madrid

Correo electrónico: informacion@cervantes.es

http://www.cervantes.es/

Consejo de Redacción:

Carmen Caffarel Serra, Directora del Instituto Cervantes

Fernando Magro Fernández, Secretario General del Instituto Cervantes

Francisco Moreno Fernández, Director Académico del Instituto Cervantes

Rufino Sánchez García, Director de Cultura del Instituto Cervantes

Manuel Rico Rego, Director del Gabinete de Dirección del Instituto Cervantes

Editor: José María Martínez

Coordinadora editorial: Rebeca Gutiérrez Rivilla

© 2009, Santillana

Proyecto gráfico: Carrió/Sánchez/Lacasta

Fotografías: F. Ontañón; GOYENECHEA; David Jiménez; J. Algarra; J. I. Medina;
J. M.ª Escudero; J. V. Resino; Krauel; M. Barcenilla; Orlando Rodríguez Sardiñas
(Rossardi); ORONOZ; Prats i Camps; S. Enríquez; A. G. E. FOTOSTOCK/Klaus Lang,
Jeff Greenberg, Bartomeu Amengual, Jean du Boisberranger, Glamour
International; ABB FOTÓGRAFOS; ALBUM/ESTABLECIMIENTOS FILMADORES
ARGENTINOS, akg-images/L. M. Peter, FIRST LOOK; CORDON PRESS/CORBIS/
Hemis/Bertrand Gardel, Sandy Felsenthal, Reuters/Ahmad Masood,
Richard Cohen, Ann Johansson, TopFoto/Longhurst, Madeleine Lenke, Bettmann,
José Luis Pelaez, Inc., Julius, Blend Images/José Luis Pelaez, Inc., David M. Grossman/
The Image Works/TopFoto, The Image Works/TopFoto/Jeff Greenberg, The Image
Works/TopFoto/Bob Daemmrich, The Image Works/TopFoto/Sean Sprague,
CuboImages/Lee Frost/Robert Harding, Blend Images/Jon Feingersh; COVER;
EFE/USCG fireman gregory wald, Manuel H. de León, David de la Paz, Zayra Morales,
Julián Martín, J. J. Guillén, John Watson-Riley, Pedro Portal, Mayra Cuevas, Carol
Pratt; EFE/SIPA-PRESS/A. Cavalli; EUROPA PRESS REPORTAJES; GETTY IMAGES SALES
SPAIN/WireImage/Arnold Turner, Alexander Tamargo, AFP/Gabriel Bouys, Alexander
Sibaja, NBAE/Ray Amati, David McNew; ISTOCKPHOTO; PRISMA ARCHIVO
FOTOGRÁFICO/Ramón Camí, Leemage; SEIS X SEIS; BIBLIOTECA CENTRAL,
BARCELONA; BIBLIOTECA NACIONAL, MADRID; EDISTUDIO; Instituto Cervantes;
SERIDEC PHOTOIMAGENES CD/DigitalVision; ARCHIVO SANTILLANA

ISBN Santillana: 978-84-934772-1-9

ISBN Instituto Cervantes: 978-84-88252-90-6

NIPO: 503-08-018-4

Depósito legal: B. 43596-2008

Impreso en España - Printed in Spain

Índice de contenidos

V LA ENSEÑANZA DEL ESPAÑOL EN LOS ESTADOS UNIDOS

VI DEPARTAMENTOS UNIVERSITARIOS, HISPANISTAS, ASOCIACIONES E INSTITUCIONES CULTURALES

VII LOS MEDIOS DE COMUNICACIÓN

Estados Unidos: presente y futuro del español

Carmen Caffarel Serra

El español es hoy la segunda lengua de comunicación internacional y la segunda lengua más estudiada del mundo. Estas dos afirmaciones hablan de un presente privilegiado para este idioma. Sin embargo, la observación de este tiempo presente no puede estar exenta de un análisis que trascienda el momento actual y que se adentre un poco más en la proyección futura del español. Y para aproximarse a ese tipo de examen prospectivo sobre la lengua española se hace necesario y, hasta cierto punto, imprescindible, considerar la situación que vive este idioma en un país como los Estados Unidos de América.

El español es la segunda lengua de la nación, aunque este puesto no conlleve parejo un estatus de cooficialidad. Los hispanohablantes ocupan ya un 15% de la población, porcentaje que crece año tras año y que coloca a la población hispana en una cifra que supera ampliamente los 40 millones, y eso sin contar con los hispanohablantes del Estado Libre Asociado de Puerto Rico. Las proyecciones demográficas más recientes sitúan a la población hispanohablante estadounidense por encima de los 132 millones para el año 2050, un escenario que, de cumplirse, convertiría a los Estados Unidos en el primer país del mundo con mayor número de hablantes de español, por delante incluso de México. Un presente ineludible y un futuro prometedor que precisan, no obstante, de una toma de conciencia de las claves de esta presencia lingüística y cultural en este país.

El Instituto Cervantes ha querido llevar a cabo un completo análisis de la realidad del español en los Estados Unidos y el resultado de ese proyecto de investigación es esta publicación, la *Enciclopedia del español en los Estados Unidos*, un volumen colectivo que aglutina diferentes enfoques sobre un único argumento: el futuro de la lengua española reside en comprender su presente en un territorio y un país concreto, los Estados Unidos.

Ahora bien, el momento presente de nuestra lengua en todo este territorio no podría llegar a entenderse íntegramente sin advertir la importancia de su pasado en ese contexto; esto es: la presencia histórica de la lengua española en parte de los Estados Unidos, concretamente en el área meridional estadounidense, con Florida, Nuevo México y Luisiana como punta de lanza del asentamiento lingüístico hispanohablante. De este modo, la primera de las secciones en las que se divide esta Enciclopedia se ocupa de descifrar las claves de la presencia histórica del español en el territorio actual de este país.

Junto con el estudio de las huellas de un pasado lingüístico hispano, se analizan también en esta Enciclopedia aspectos muy concretos del estatus de la lengua española en este territorio; entre ellos, la situación demográfica actual de la comunidad hispana en los Estados Unidos, así como las diferentes peculiaridades que presentan en este país los grupos migratorios de origen hispano y sus distintos asentamientos en áreas geográficas o ubicaciones urbanas concretas.

A esta observación de los aspectos demolingüísticos se suman también otros estudios sobre la caracterización del español patrimonial de los Estados Unidos, la constitución de los dialectos hispánicos y su distribución en el territorio estadounidense, así como acerca del grado de dominio del español que presentan las diferentes comunidades hispanas residentes en el país.

A su vez, la Enciclopedia analiza en detalle la historia y el presente de la enseñanza del español en este país y la legislación estadounidense al respecto; la presencia de esta lengua en el ámbito universitario norteamericano; el auge del hispanismo en los círculos académicos, y las distintas asociaciones e instituciones culturales que se ocupan de difundir y promocionar la lengua española y la cultura hispana en los Estados Unidos. A todo ello, se une también un recorrido por las principales actividades promocionales de la cultura hispana en el país, con especial enfoque en las instituciones y revistas culturales impulsadas por las diferentes comunidades lingüísticas. Por otra parte, la presencia del español en los medios de comunicación estadounidenses merece también un epígrafe aparte en esta Enciclopedia, dada la importancia y el peso que ocupa este idioma en la transmisión y difusión de contenidos y en el mercado publicitario en el país.

Asimismo, con esta Enciclopedia el Instituto Cervantes se ha propuesto llevar a cabo un completo recorrido por las producciones literarias —narrativa, poesía, dramaturgia y ensayo— y los espectáculos culturales —cine, teatro y conciertos— de esa comunidad hispana residente en los Estados Unidos, y observar en detalle el sector editorial en español y el ámbito de la traducción. Junto con estos aspectos, se han analizado también la presencia del español en los servicios públicos estadounidenses y el estado actual de la empresa hispánica en este contexto.

Si bien es cierto que la lengua española se juega su futuro hoy en día en diferentes ámbitos —entre los que cabría mencionar el impulso a su presencia en Internet y la sociedad de la información y la comunicación, o el desarrollo de una industria del español fuerte y competente en el actual mercado internacional de lenguas—, sin duda, en los próximos años, uno de los contextos más determinantes para el avance del español como lengua de comunicación internacional lo constituirán los Estados Unidos.

Como tal, uno de los objetivos inherentes de esta Enciclopedia es hacer partícipe a toda la comunidad lingüística hispana de la importancia de nuestra presencia en el territorio estadounidense. No solo por el papel principal que desempeñan los Estados Unidos en el escenario político y socioeconómico internacional, sino especialmente por todo lo que la comunidad lingüística hispanohablante aporta a su realidad social, política, económica y cultural.

De todos es sabido el reconocimiento y el interés que suscitan el español y la cultura hispana en los círculos académicos y artísticos norteamericanos. Pero no es esta la única fuerza estratégica de la que disfruta hoy la comunidad hispanohablante en los Estados Unidos. La población hispana residente en este país se ha convertido ya en la décima potencia económica del mundo. Su poder adquisitivo se ha duplicado en los últimos años y, como consecuencia de ello, su valor estratégico en la vida pública americana empieza a ser determinante.

Por otra parte, al ser parte integrante de un país como los Estados Unidos, la importancia socioeconómica de esa comunidad lingüística ya ha trascendido las fronteras americanas y es hoy reconocida internacionalmente. Esos más de 40 millones de hispanohablantes residentes en los Estados Unidos son un mercado potencial para empresarios y multinacionales de muy diversa procedencia. Este factor dota al español de un valor añadido, ya que lo convierte en una herramienta muy útil para el desarrollo académico y profesional de los jóvenes.

Los miembros de la comunidad hispanohablante residente en los Estados Unidos empiezan a ser conscientes de su nuevo poder estratégico, del interés que suscita allí su cultura de origen, del valor instrumental de su idioma materno, del privilegio que implica el conocimiento que ellos tienen del español y de las posibilidades profesionales que les abre la capacidad de ser bilingües en ese país. Esta toma de conciencia es parte de un cambio de actitud generalizado por parte de los hispanos, que ha revalorizado su idioma como una lengua que transmite la riqueza cultural de una comunidad compuesta por procedencias nacionales y regionales muy diversas y como un idioma imprescindible en el ámbito profesional estadounidense e internacional en la actualidad.

De este modo, el sentido de una publicación como esta Enciclopedia es provocar una reflexión sobre la importancia que registra hoy en día la lengua española en el contexto estadounidense. Y esa reflexión debe llevarse a cabo tanto en los ámbitos relacionados con el sector de la difusión cultural de los distintos países que componen la comunidad hispanohablante, como en los sectores económicos relacionados con la promoción lingüística y, concretamente, con la industria de la enseñanza del español como lengua extranjera pertenecientes precisamente a los países hispanohablantes. El contexto actual para lograr una expansión eficaz del español en el entorno internacional es muy propicio y la privilegiada situación de nuestra lengua en los Estados Unidos supone una gran ventaja estratégica.

El Instituto Cervantes, como institución embajadora de la lengua española y de la cultura hispana en el mundo, ha querido llevar a cabo un estudio pionero que detallara la situación actual de la comunidad hispanohablante en los Estados Unidos y el auge creciente del español en un área geográfica estratégica. El Cervantes cuenta, en la actualidad, con cuatro sedes en el territorio estadounidense: en Nueva York, Chicago, Albuquerque y Seattle. Desde estos centros, el Instituto atiende no solo la demanda de cursos de español sino también la que atañe a la formación especializada del profesorado. Su labor también incluye un ambicioso plan de difusión cultural de las creaciones artísticas y científicas españolas e hispanoamericanas capaz de mostrar y dar a conocer al público norteamericano toda la riqueza cultural hispana.

El Instituto Cervantes entiende que el futuro del español reside en aprovechar la excepcional coyuntura de nuestro idioma en los Estados Unidos. A su vez, es plenamente consciente de su condición de escenario preferente para el crecimiento de la institución y, como tal, lo considera un enclave principal para sus futuros planes de expansión. Nuestro objetivo no es otro que seguir impulsando internacionalmente nuestra lengua y, con ella, todo nuestro patrimonio cultural.

Estados Unidos Hispanos

Eduardo Lago

Crecimiento demográfico y lingüístico

En 1968 el presidente Lyndon Baines Johnson propuso al Congreso de los Estados Unidos la proclamación de una Semana Nacional de la Herencia Hispánica. La idea arraigó y en 1988 se decidió que las celebraciones tuvieran lugar a lo largo de todo un mes, del 15 de septiembre al 15 de octubre. La finalidad era poner de relieve la fuerza del legado cultural hispánico, sin el que no es posible entender los Estados Unidos. Este año, con ocasión del Mes de la Herencia Hispánica, la Oficina norteamericana del Censo hizo públicos una serie de datos que reflejan la fuerza que está adquiriendo la comunidad hispana de aquel país.

En 1990 había 22,4 millones de hispanos en los Estados Unidos, cifra que se duplicó en un período de 25 años, con lo que la minoría hispana pasó a ser la más numerosa. A fecha del 1 de julio de 2006, el número de hispanos alcanzó los 44,3 millones, es decir el 15% del cómputo nacional, que no incluye a los 3,9 millones de puertorriqueños que viven en el Estado Libre Asociado. Según los últimos datos publicados por la Oficina del Censo en agosto de 2008, en el año 2050 habrá 132,8 millones, cifra que equivaldrá al 30% de la población total. Esta explosión demográfica obedece a dos factores: a) la elevada tasa de natalidad que se da en la comunidad hispana, y b) la fuerza de los flujos migratorios procedentes de Hispanoamérica. En cuanto al primer vector, la tasa de natalidad de los hispanos es cuatro veces superior a la media nacional. En el período comprendido entre el 1 de julio de 2005 y el 1 de julio de 2006, de cada dos niños que nacían en los Estados Unidos uno era hispano. Durante el mismo período de tiempo su número se incrementó en un 3,4%, la mayor tasa de crecimiento de todos los grupos de población estadounidense. Por otra parte, en 2006 la edad media de los hispanos era de 27,4 años, en tanto que la media nacional era de 36,4, factor que influirá en el crecimiento numérico de la comunidad hispana.

Este fuerte aumento demográfico es causa directa de la formidable expansión que está experimentando el español en Norteamérica. En estos momentos los Estados Unidos son el segundo país del mundo por lo que a población hispánica se refiere, tan solo por detrás de México. Por otra parte, se calcula en algo más de 32 millones el número de habitantes que residen en territorio norteamericano cuya primera lengua es el español. Dada la superioridad del crecimiento demográfico de la comunidad hispana con respecto al de Colombia, España y Argentina, se prevé que en un período breve de tiempo los Estados Unidos pasarán también a ser el segundo país del mundo en cuanto a cantidad de hispanohablantes.

El español como territorio de afirmación y resistencia

En mayor o menor grado, ya que hay una considerable fluctuación por lo que se refiere al dominio del inglés o del español, una buena parte de los hispanos de los Estados Unidos son bilingües. Lo llamativo, dentro de esta situación, es que, independientemente del grado de dominio de una u otra lengua, en todos los puntos de la escala bilingüe, se está dando un claro desplazamiento hacia el refuerzo del español. En el vértice superior de la ecuación, el de los bilingües perfectamente equilibrados, grupo constituido por profesionales con titulación superior, existe una razonable preocupación por un dominio cualificado del español. En el punto más bajo, el de los inmigrantes recién llegados, el desconocimiento del inglés tiene dos efectos beneficiosos para la expansión del español: por una parte, renuevan la vitalidad de la lengua en el seno de la comunidad hispana; por otra, provocan un aumento de la demanda de español como lengua extranjera entre la población angloha-blante, que necesita comunicarse con ellos en el ámbito laboral.

En los puntos intermedios de la escala, como es el caso de los que han perdido en mayor o menor medida el español, se observa una preocupación creciente por recuperar la lengua de sus ancestros. Este fenómeno tiene un efecto positivo colateral, por cuanto supone un refuerzo de la retención del español entre los inmigrantes de primera generación, quienes a su vez ponen particular empeño en mantener la lengua viva entre sus hijos.

Todo ello obedece a un fenómeno relativamente reciente: el cambio de actitud de los hispanos hacia su lengua de origen por razones de orgullo cultural. En las dos últimas décadas la actitud de los hispanos hacia su asimilación en la sociedad norteamericana ha experimentado un cambio dramático. Hasta hace poco, la tendencia era a abandonar el español, como parte de un proceso de asimilación urgente a la cultura dominante, proceso que pasaba por abrazar el inglés a expensas del español. Cada vez es menos así. No es que nadie considere que el inglés no sea importante; tal figura no se da (aunque hay regiones de los Estados Unidos, como Miami, donde hay bolsas enteras de población hispana que habitan en un universo paralelo donde no hace falta el inglés). Lo que sí ocurre de manera notoria es una resistencia cada vez mayor a renunciar a la lengua de sus ancestros y a las culturas de que es vehículo.

Hoy día se constata entre ellos un vivo deseo por preservar y reforzar la cultura en español, legado que se considera como un territorio de afirmación y resistencia. Cuando hablo de afirmación y resistencia, me refiero a la adherencia a una visión del mundo distintivamente hispánica, por contraposición a una anglosajona. El español es la marca de identidad más visible de una cultura panhispánica, que es el resultado de una amalgama e integración de elementos de diverso origen nacional.

Lengua materna, lengua extranjera, lengua fronteriza

En los Estados Unidos el español goza de un estatus fronterizo entre las categorías de lengua materna y lengua extranjera. En realidad es y no es las dos cosas a la vez, y cuando es una u otra, lo es de una manera sumamente peculiar. Que el español no es ni ha sido nunca una lengua extranjera en América del Norte lo ponen de relieve la toponimia y la historia. Una fugaz mirada al mapa basta para constatar la inconfundible filiación de nombres como Colorado, San Francisco, Nevada o Los Ángeles, por citar solo unos pocos lugares. El primer texto jamás escrito acerca de cualquier parte de lo que es hoy territorio estadounidense no se redactó en inglés, sino en español. Se trata de una descripción de la Florida, debida a Gaspar Pérez de Villagrá (1610). Hoy día, el español se habla en el 12% de los hogares norteamericanos, lo que lo convierte por derecho propio en la segunda lengua materna del país. En cuanto que lengua extranjera, el estatus del español es también sumamente peculiar. El primer dato que debe ser resaltado es que la demanda de su enseñanza se sitúa muy por encima del resto de las lenguas extranjeras. Tanto dentro del sistema educativo como fuera de él, e independientemente del nivel que se considere, la predominancia del español sobre las demás lenguas es tan absoluta que en círculos políticos y académicos ha habido quienes han expresado preocupación por un posible descuido con respecto a la enseñanza de los demás idiomas.

No hay tal cosa. Lo que hace que la demanda de español se sitúe tan por encima del de otras lenguas, es que las razones que llevan a los norteamericanos a estudiarlo no son las que normalmente se tienen para querer adquirir una lengua extranjera. De hecho, los norteamericanos siguen teniendo la misma falta de curiosidad por aprender idiomas que siempre. Su interés por el español es muy real —no hay duda de ello— pero no obedece al deseo de adquirir una nueva lengua, sino a la acuciante necesidad por parte de amplios sectores de la sociedad de comunicarse con el ingente número de hispanos que no habla inglés. Esta urgencia ha sido causa directa de la creación de una industria dedicada a la enseñanza rápida de un español básico. Se calcula en un centenar el número de empresas cuyo objetivo es facilitar a profesionales cualificados las destrezas mínimas que les permitan comunicarse a nivel elemental con trabajadores hispanos que no saben inglés. Se trata de una enseñanza que no se ajusta en absoluto a estándares académicos de calidad. Su objetivo es satisfacer necesidades primarias de comunicación en el mundo laboral, en ámbitos como las finanzas, la sanidad y las instancias legales o gubernamentales, entre otras.

Configuración de un nuevo mapa nacional

A la fuerza numérica de la inmigración de origen hispanoamericano hay que añadir su dispersión geográfica, fenómeno relativamente reciente. Hasta hace poco, la población hispánica estaba circunscrita a enclaves perfectamente localizados, en su mayoría urbanos. Hoy día se encuentran distribuidos por la totalidad del territorio nacional, incluidas amplias zonas rurales. En una zona tan remota como el estado de Washington, al extremo occidental de la frontera con Canadá, la población hispana, no hace mucho inexistente, ronda ya el 10%. La dispersión por todo el país de sucesivas oleadas de inmigrantes que no hablan inglés está transformando de manera dramática el mapa nacional estadounidense, confiriéndole un rostro cada vez más hispano.

La dispersión demográfica lleva consigo la diseminación lingüística y cultural. Por toda la geografía nacional surgen sin cesar nuevos medios de comunicación y de expresión cultural, en sus formas más diversas. En este ámbito también hay que hablar de una verdadera explosión. Las emisoras de radio han doblado su número en una década. En la actualidad rondan las 550. El aumento de emisoras de televisión es de un 70%, unas 55, según estimaciones de la industria. Estas cifras no incluyen la televisión por cable o por satélite, ni las numerosas radios y televisiones que emiten un segmento de su programación en español. Walt Disney World —lo digo a título de síntoma— tiene una página electrónica en español.

Las cifras que manejo, incluidas las del censo, son aproximativas, en el sentido de que crecen a tal velocidad que se quedan casi instantáneamente obsoletas, pero, por llamativo que resulte, no se trata de una mera cuestión de números. Uno de los aspectos más interesantes de la expansión del español en los Estados Unidos tiene que ver con la mejora de su calidad. De manera gradual, el español se está convirtiendo en una lengua de prestigio. Hasta hace poco, se tendía a pensar en lo hispánico, lingüística y culturalmente, como una manifestación de segundo orden, en parte porque la inmigración se debía a razones de extrema pobreza, y porque la inmensa mayoría de los recién llegados había tenido un acceso muy limitado a la educación y a la cultura.

Por poner un ejemplo, el establecimiento de una sólida comunidad hispanohablante está reforzando el uso y mejora del español literario. La existencia de un público lector ha hecho que la industria editorial en español tenga cada vez más peso. Es en esta área donde se hace más patente la preocupación por la calidad de esta lengua. De hecho, cada vez hay más lectores. Hace unos meses la organización America Reads Spanish y el Instituto Cervantes de Nueva York publicaron una guía esencial de los 500 títulos de obras literarias más importantes de todos los tiempos escritas en español. La publicación está en inglés porque responde a una demanda urgente por parte de los bibliotecarios que tienen que atender a usuarios que leen en nuestra lengua. Otro fenómeno que vale la pena destacar es la existencia de un número considerable de escritores que escriben en español y residen en los Estados Unidos.

Nación hispana: lengua y cultura

No se puede hacer una reflexión de conjunto sobre lo que está sucediendo con el español en los Estados Unidos sin señalar que el País del Norte es agudamente consciente del valor de nuestra lengua como vehículo de expresión de las distintas culturas de Hispanoamérica. La lengua española alcanzó su plenitud y verdadero ser cuando se trasladó al otro lado del Atlántico y se hizo americana. La fuerza del español es consecuencia directa del hecho de que es la lengua de expresión de una veintena de países americanos. Desde mi punto de vista, los Estados Unidos están experimentando un proceso creciente de hispanización y la expansión de la lengua es parte esencial de dicho fenómeno.

Al contrario de lo que ocurrió con el latín medieval, que se disgregó dando origen a las diversas lenguas romances, en los Estados Unidos de hoy está surgiendo una segunda *latinitas* de signo integrador. Postulo que se está forjando en aquel país una nueva nacionalidad hispanoamericana y una nueva variedad lingüística del español. La comunidad hispana de los Estados Unidos es un conglomerado resultante de la fusión de los que llevan tiempo instalados en el país (algunos más de siglo y medio) con los emigrantes que siguen llegando sin cesar de las más diversas regiones del Caribe, América Central y Sudamérica. Las distintas culturas nacionales tienden a relacionarse entre sí de manera espontánea, y están creando una entidad híbrida de signo panhispánico, claramente diferenciada de la de los países originarios.

Se trata de un fenómeno en pleno proceso, y tardará en cristalizar, pero ya son palpables muchos signos de la nueva identidad. De manera semejante a lo que sucede con la cultura, postulo que en los Estados Unidos se está forjando una variedad de español autóctona, resultante de la amalgama de sus distintas variedades regionales. La necesidad de dar con una modalidad de español con la que se sientan cómodos todos los hispanos empieza a ser perceptible en los medios de comunicación. Un buen ejemplo son las emisiones de CNN en español que se retransmiten desde Atlanta para todo el mundo hispanohablante, en las que se recurre a una suerte de español general. Otros ejemplos son el lenguaje que se busca en ciertos sectores de la prensa escrita (como ocurre en Nueva York), o el de las traducciones de las obras escritas por narradores hispánicos cuya lengua de expresión es el inglés, y que buscan verterse a un español que trascienda las marcas de identidad regional.

Por supuesto, lo tangible es la existencia de enclaves específicos ocupados por comunidades diferenciadas: méxico-americanos, dominicanos, puertorriqueños, colombianos o cubanos, entre otros. Se podría considerar que grandes zonas de California, Texas, Nuevo México o Miami, así como barrios enteros de Washington, Chicago, Nueva York y otras ciudades, son provincias o comarcas delimitadas por fronteras porosas, que forman parte de una macrorregión panhispana estadounidense. En todas ellas se está dando de manera incipiente un movimiento transversal de acercamiento lingüístico y cultural.

Se puede considerar que estas regiones son zonas de fricción donde está en marcha, junto a los procesos de unificación lingüística, un proceso de uniformización cultural. Así como se puede hablar de cine español, literatura chilena o teatro argentino, se puede hablar de arte, cine, teatro, música y literatura específicamente hispano-norteamericanos. En general en todas las áreas de expresión artística y cultural se están creando movimientos autóctonos, que llevan el sello de lo hispano. Se puede considerar que en los Estados Unidos constituyen una nación dentro de una nación, una unidad con una entidad cultural propia, integrada sin traumas y de manera positiva en la gran nación norteamericana, a la que se sienten orgullosos de pertenecer. Los Estados Unidos son, crecientemente, un país bilingüe y bicultural. Cuanto tiene que ver con la lengua española y una visión hispánica de las cosas es parte integral de la realidad de cada día de una manera cada vez más poderosa y prestigiada.

Nuestra Enciclopedia

Humberto López Morales

El lector tiene en sus manos un conjunto de materiales muy diversos sobre el español en los Estados Unidos, producto del trabajo de un nutrido grupo de especialistas: una colección inédita hasta la fecha por su notable riqueza, su solvencia científica y su espíritu divulgador, elementos estos raramente combinados en una misma obra.

Que en el título de esta Enciclopedia se hable de 'español' no debe llamarnos a engaño. Es verdad que nuestra lengua, tal y como fue y sigue siendo usada en los Estados Unidos, recibe aquí una atención cuidadosa y detenida, pero también lo es el hecho de que junto a importantes aspectos demográficos y legales, y cuidadosos análisis lingüísticos, a la enseñanza de nuestra lengua y a las traducciones que a ella se hacen a diario, esta obra también atiende a sus más importantes manifestaciones, en primer lugar, a la producción literaria (en español) y a las actividades culturales de los hispanos en ese país, y también a los medios de comunicación, a las publicaciones, a los espectáculos (al teatro y sus festivales, a la cinematografía, a la música con letra en español y los conciertos de sus intérpretes más aplaudidos).

Se añaden a esta colección estudios detallados de los servicios públicos en español que, debido al cúmulo de hispanos asentados en sus territorios, el Estado se ha visto obligado a instalar, y revisa con cuidado la cada vez más potente empresa hispánica, con su riquísimo andamiaje publicitario, en nuestra lengua, que llega hasta los más importantes rotativos nacionales publicados en inglés.

Toda esta información es de fácil acceso. Las enciclopedias —ya lo sabemos— no son libros que se leen de corrido, sino que a ellas se acude, salvo en muy contadas ocasiones, en busca de un dato o de varios, pero todos específicos y concretos. Para que el consultor de esta Enciclopedia no se pierda por entre la muy copiosa información que ofrecen sus páginas, se han creado, además del Índice general, otros cinco, en los que el curioso lector podrá encontrar con rapidez lo que busca: una persona, un lugar, una lengua, una palabra o una frase determinadas.

La veracidad y actualidad de lo que aquí se dice está asegurada por la valía de los colaboradores. Solo primeras figuras en el mundo de las especialidades de que trata esta obra han sido invitadas a colaborar. Y hemos tenido la suerte de que todos aceptaran la tarea con entusiasmo. Quien quiera asegurarse de lo dicho solo tiene que acudir a la sección final 'Sobre los autores', donde se ofrece una breve síntesis de sus historiales académicos.

Únanse a estas características, la calidad y la elegancia de la presentación de esta Enciclopedia: la composición, las gráficas, las fotografías y el diseño tipográfico general dejan ver de inmediato el cuidado que se ha puesto en su elaboración.

No puedo —ni quiero— cerrar estas líneas introductorias sin expresar mi inmensa gratitud, en primer lugar a las autoridades del Instituto Cervantes —especialmente a la Dirección, a la Dirección Académica y a la Dirección del Instituto en Nueva York—, que confiaron en mí para llevar adelante la noble y deleitosa misión de ensamblar este volumen. También a todos aquellos que han ayudado en la tarea: a los colegas, desde luego, sin cuyo concurso y buena voluntad esta obra no podría haberse hecho jamás, a dos amigos de la ilustre Academia Norteamericana de la Lengua Española: D. Orlando Rodríguez Sardiñas (Rossardi), que ha dedicado muchas horas diurnas y nocturnas de su tiempo a ayudar sin condiciones en la dura y agotadora tarea de efectuar las primeras ediciones textuales, y D. Gerardo Piña Rosales, que desde Nueva York asesoró, auxilió y colaboró con nosotros sine díe. Quiero también hacer muy patente todo lo que este libro debe a D.ª Rebeca Gutiérrez Rivilla, del Instituto Cervantes, sin cuya colaboración entusiasmada esta Enciclopedia no sería lo que es. A todos ellos, mil gracias.

I LAS PRIMERAS HUELLAS HISPANAS

Introducción: presencia histórica de lo hispano

Humberto López Morales

La Florida y el suroeste americano

Nicolás Toscano

La Florida y el suroeste: letras de la frontera norte

Raquel Chang-Rodríguez

La Luisiana

José Antonio Samper y Clara Eugenia Hernández

Introducción:
presencia histórica de lo hispano

Humberto López Morales

La presencia hispánica en los territorios que hoy constituyen los Estados Unidos se remonta al siglo XVI. Es cierto que muchas de estas huellas resultaron efímeras por tratarse de incursiones eventuales, como el viaje a la Florida de Ponce de León en 1513, fecha que abre este período temprano. Durante este siglo y una buena parte del siguiente, los soldados españoles pisaron múltiples tierras: desde el sur de la Florida hasta lo que después se llamaría Nueva Inglaterra, desde tierras floridanas hacia el oeste, hasta llegar a Texas. Hacia el otro extremo del país: de California a Alaska, más largos recorridos para ir desde la costa del Golfo a Iowa, las Dakotas y Nebraska.

Pero lo que verdaderamente contaba eran los asentamientos: la colonia San Miguel de Guadalupe, fundada en 1526 por Lucas Vázquez de Ayllón, en tierras de las Carolinas; las misiones franciscanas establecidas en la actual Georgia, en 1565; la fundación de San Agustín en la Florida ese mismo año por Menéndez de Avilés, las misiones jesuitas de Axacán en Virginia en 1561 y la de Chesapeake nueve años después; la fundación del pueblo de San Juan por Oñate, en 1598, refundado y cambiado de sitio pocos años después con el nombre de Santa Fe, en Nuevo México, la misión de El Paso, en 1682, y otra situada al este de la misma Texas en 1690.

Después llegó el siglo XVIII, que fue testigo de un florecimiento importante de asentamientos españoles: en 1718 se funda la famosa misión de San Antonio, en Texas; en 1763 se incorpora toda la Luisiana a la Corona española, y desde 1763 en adelante comienza en firme la colonización de California de la mano de Portolá y de fray Junípero Sierra.

Cuando llegó a tierras americanas el *Mayflower*, en 1620, el imperio español ya estaba asentado con sus pueblos, misiones, parroquias y fuertes distribuidos por una buena parte de aquellos territorios, desde San Agustín a Chesapeake. Y así fue durante casi 200 años. A partir de aquí, las cosas empezaron a cambiar de signo: la Luisiana fue retrocedida en 1801; todo el suroeste pasó a dominio mexicano una vez que el antiguo virreinato alcanzó la independencia política en 1821, y otros territorios, los menos, perdidos tras batallas de poca importancia.

Todo concluyó donde había empezado: en ese mismo año de 1821 se implementaba el Tratado de cesión por el que la Florida pasaba a manos del todavía joven país. La salida en 1822 del último gobernador español de California marcó el punto final a más de tres siglos de dominación española en aquellas tierras, en las que, sin duda, dejó su impronta cultural y lingüística, aunque muchas de ellas hayan sido borradas después por el tiempo.

Fuera ya del suelo continental, el triste episodio de Puerto Rico, en 1898, culmina este fragmento de la historia.

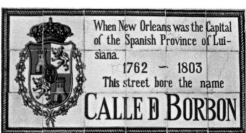

Cartel de la actual calle Bourbon Street en Nueva Orleans.

La Florida y el suroeste americano

Nicolás Toscano

Introducción

Se ocupan estas páginas de las primeras huellas hispanas en la Florida y en el suroeste norteamericano. Establecer las rutas de los primeros asentadores, los establecimientos religiosos, civiles y militares que iban construyendo, y la periodización de este proceder de exploración y de fundación es en sí una misma cosa, son tres ramas de un mismo árbol, inseparables.

El trabajo no es de exégesis, pues no se trata de contrastar las ideas que movieron al hombre a esta aventura. Han corrido ríos de tinta sobre ello y seguirán corriendo afortunadamente. Es más una labor de compilación y de referencia que sirva como punto de partida para, primero, adentrarse en la lectura de los documentos escritos por los testigos presenciales de aquellos hechos irrepetibles; segundo, evaluar aquellas otras obras de hombres doctos que han procedido a lo largo de los siglos a sopesar y contrastar opiniones; y tercero, sacar del olvido infinidad de documentos que, relegados al desinterés o a la desidia, están esperando los ojos jóvenes de los nuevos paleógrafos, que hagan públicos en sus libros los mil relatos e informes que se encuentran inéditos en los legajos de nuestros archivos, para así tener una idea más completa y más exacta de lo que ocurrió.

Buscaremos, pues, el común denominador de historias narradas hasta ahora por muchos y las reduciremos a los hechos esenciales que pueden servir como punto de partida al que desee profundizar más en estos temas.

Pedro Mártir de Anglería en sus *Décadas de Orbe Novo*, Diego de Couto y Joao de Barros en sus *Décadas de Asia* en 1628, Antonio de Herrera y Tordesillas en sus *Décadas* en 1601 y 1615, el canónigo Pedro Fernández de Pulgar, autor de un manuscrito sobre *La Florida*, conservado en la Biblioteca Nacional de Madrid, y continuador de las *Décadas* de Herrera desde 1554 hasta 1584, y Andrés González Barcia, bajo el pseudónimo de Gabriel de Cárdenas y Cano, en su *Ensayo Cronológico para la historia general de la Florida*, escrito en Madrid en 1723, han establecido la periodización en forma de décadas. En este trabajo se hará lo mismo, precisando más cuando se estime oportuno.

La presencia de España en Norteamérica duró treinta y una décadas, desde 1512 hasta 1822. Aquí nos ocuparemos de las primeras huellas.

Los nuevos territorios: jornadas, asentamientos y leyes

Se utiliza en estas páginas el concepto de la Florida en su sentido lato, como se empleaba en el siglo XVI, el territorio que hay comprendido entre el río Panuco y la Tierra de Bacalaos, tal como lo hace el Inca Garcilaso en su *Historia de la Florida*. Antes de la llegada de los españoles el nombre antiguo de esta región fue Cauto, aunque Bartolomé Alcázar en su *Crono-historia* la llama Jaguartasa.

Fue descubierta por Juan Ponce de León el domingo de Pascua de Resurrección o Pascua Florida. Antes que él, Eric el Rojo, según cuentan las sagas escandinavas, y al parecer han demostrado recientes hallazgos arqueológicos, llega desde Islandia, para escapar del castigo por un delito cometido, a una tierra que llamo Vinland, de la que existe un mapa en Yale University de dudosa autenticidad. En 1496 el veneciano Sebastián Caboto avistó y recorrió la orilla de la Tierra de Bacalaos hasta los 67 grados de latitud norte, bajo los auspicios de Enrique VII de Inglaterra. Hay incertidumbre sobre la fecha, sobre la latitud que alcanzó, sobre si tenía o no aprobación de los ingleses para hacer su navegación, así como sobre si descendió a tierra o tan solo avistó la costa. No obstante, su viaje aparece en el mapa de Juan de la Cosa de 1500.

Estos viajes tuvieron muy escasas consecuencias inmediatas pues tanto escandinavos como ingleses postergaron cualquier tipo de medida que incitase a otros a emularlos. El portugués Gaspar de Corte Real exploró en 1501 el norte de la costa atlántica de Norteamérica, y por ello su nombre aparece en muchos mapas antiguos como descubridor de estas tierras.

El doctor Solís de Merás, en el *Memorial de las Jornadas del Adelantado Pedro Menéndez*, dice: 'Que la Tierra de la Florida, desde Panuco, hasta Terranova, corre, a lo largo de la Marina, con muchas Islas, y Caios, 1.300 leguas'.

El Inca Garcilaso da por límites de esta región: '[A]l Mediodía al Mar Océano y la Isla Fernandina, o Cuba, que está enfrente de la Punta de Tierra que sale al Golfo Mexicano'. 'A Levante pone la Tierra de Bacallaos, de suerte que en la Costa Oriental, que va inclinándose al Norte pasada la Provincia de San Agustín, están la Carolina, Santa Elena, Virginia, Pensilvania, Nuevo Gersey, Nueva York (antes Nueva Olanda), Nueva Inglaterra, y Acadia, hasta el Golfo de San Lorenzo (que deja Isla a Terranova) y desde él, inclinándose al Norte, y siguiendo su rumbo, está la Baía de los Indios llamados Esquimos Pequeños; y aislando la Tierra de los Grandes Esquimos, y la del Labrador, o de Corte Real, que también llaman los Ingleses Nueva Bretaña, y los Dinamarqueses Estotilandia (que dicen que es Pais fertil, especialmente de Oro), de vna parte la abraza el Estrecho de Hudson, y de otra la Baía; pero los Españoles solo poblaron el Cabo de Santa Elena, sin que desde el, hasta Estotilandia, aia avido Población suia. Al poniente da el Inca por Término las Siete Ciudades (que nunca se aiaron) en que incluie, ambas Riberas del Río de la Palicada, que los franceses llaman Colvert, San Luis, y ya Misisipí, como los indios, y todos los Geografos, si se cree a Moreri, comprehenden en Nueva-España, las provincias que ai desde el Itsmo de Panamá, a la Florida, vnida al Nuevo México'.

En la revista virtual *Coloquio* Juan Manuel Pérez afirma que en '1499 Vicente Yáñez Pinzón, Alonso de Ojeda, Américo Vespucci, Juan de la Cosa, Alonso Niño y Cristóbal Guerra fueron enviados por el rey Fernando y la reina Isabel a explorar nuevos territorios. Recorrieron la costa del Brasil, el Golfo de México y la costa de la Florida hasta llegar a la bahía de Santa María, hoy Chesapeake'. No he podido confirmar este aserto tan importante. Desde sus comienzos, y a lo largo de toda su historia se constituyen como tierras fronterizas donde van a venir a solventar sus disputas los principales países europeos, España, Francia, e Inglaterra, y vienen a explorar y en menor medida a establecerse Portugal, Holanda y Dinamarca.

Década I: 1512-1522

Juan Ponce de León descubre la Florida el año de 1512 (aunque hay historiadores que disputan esta fecha y proponen la de 1513), le pone nombre y toma posesión de ella en nombre del rey. Dice Andrés González Barcia (1723: 1): 'Juan Ponce de León, Armó, a su Costa, tres Navíos en el Puerto de San Germán, de la Isla de Borinquen, o San Juan de Puerto-Rico, y se hiço a la Vela el Jueves 3. de Março; y aviendo llegado a la Isla de Guanani, corrió por el Norueste, hasta el Domingo de Pasqua Florida, que fue a 27. del mismo Mes, en que vio Tierra, y le puso el Nombre Florida, no solo por el día en que la descubrió, sino por la apacible, y hermosa vista de sus Arboledas. No reconociendo Puerto, paso adelante, y a principios de Abril, tomó Tierra, y el día 8. Posesión en Nombre del Rey, de la Florida. Los Indios Lucayos, decían se llamaba Caucio, y que era Isla, pero Juan Ponce, por algunas señales, dudó en esto'.

Estatua de
Ponce de León.

Explora las costas de la Florida y desembarca al parecer al norte del cabo Cañaveral el día de Pascua Florida. Baja hacia los Cayos de la Florida, o los Mártires, dobla el cabo sur de la Florida al que llama de Corrientes, navega por la costa occidental de la Florida, y fondea cerca de un pueblo de indios que se llamaba Abayoa; después navega por entre varias islas y los indios calusas del jefe Carlos vienen a él en canoas y dan muerte a un español de dos flechazos. Retira a los suyos y llega a la isla de Guntao, desde donde envía a La Habana a Juan Pérez de Ortubia y al piloto Antón de Alaminos. En octubre llega a Puerto Rico muy contento de haber hallado nuevas tierras, pero apenado por la desgracia que había sucedido a los suyos en la isla de Guancane. En esa misma expedición Antón de Alaminos, piloto de Ponce de León, descubre la corriente del Golfo.

Reconocidas las costas de la Florida en el primer viaje, Juan Ponce de León se retira unos años a la isla de Borinquen, o San Juan de Puerto Rico, y después va a la Corte para intentar conseguir el adelantamiento de la isla de Bimini y de la Florida y su asentamiento. Ayuda en esta gestión don Pedro Núñez de Guzmán y se otorga a Juan Ponce de León el adelantamiento solicitado el año de 1513, con la condición de que pueble la Florida con 300 hombres en un plazo de tres años. Hace preparativos para un segundo viaje. Llega a Charlotte Harbor, o bahía de Carlos, con colonos, ganado y semillas. Fracasa en su intento, sufre una segunda derrota contra los indios, y herido de una flecha envenenada en el muslo se retira a la isla de Cuba y muere.

El piloto Diego Miruelo explora la costa oeste de la península de la Florida en 1516 y llega hasta la bahía de Apalachee, llamada tras su viaje bahía de Miruelo. Intercambia algunas 'bujerías de vidrio y de acero' por algún oro y plata recogida por los naturales de los restos de los naufragios en la Florida, y se vuelve a Cuba. Al no haber tomado nota en un derrotero de las latitudes recorridas y haberlo confiado a su memoria, es incapaz de mostrar el camino en un segundo viaje y enloquece.

Se nombra ese mismo año de 1516 primer obispo de Cuba y de todas las islas circundantes, incluida la Florida, al dominico fray Bernardino de Mesa, natural de Toledo.

Narra Bernal Díaz del Castillo que el año de 1517 los vientos arrastraron a la flota capitaneada por Francisco Fernández de Córdoba, siendo su piloto Antón de Alaminos, hasta la misma región de la Florida donde había estado anteriormente Juan Ponce de León, y donde fueron los españoles objeto de grandes ataques de los indios, haciendo aguada.

Francisco de Garay, alguacil de La Española, alcalde de Yaquimo y gobernador de Jamaica, reconoce que la Florida era Tierra Firme en 1518. Dando crédito a Antón de Alaminos dispone tres carabelas con las que recorre la costa oeste de la Florida hasta llegar al río Panuco. Tras ello envía a Juan de Torralva a España para que pida en su nombre el adelantamiento de estas tierras a las que había dado el nombre de Amichel.

Entretanto, ese mismo año de 1518, Juan de Grijalva, natural de Cuéllar, sobrino de Diego Velázquez, desde la isla de Cuba recorre la costa de México con cuatro barcos y 170 hombres, llevando como pilotos a Antón de Alaminos, Juan Álvarez 'el Manquillo' y a Pedro Camacho de Triana, hasta alcanzar la altura de la isla de Galveston, en Texas (Díaz, 1972). Otros creen que solo llegó hasta el río Panuco.

En 1519 Alonso Álvarez de Pineda explora, en una expedición dotada de cuatro barcos fletados por Francisco de Garay a instancias de Antón de Alaminos, la costa norte del Golfo de México, hasta llegar a Texas. Se hace un mapa en esta expedición en el que aparecen Cuba, la Florida y la costa de México. Es el primer europeo que ve la desembocadura del Misisipi, al que nombra río del Espíritu Santo. Entra en la bahía de Mobile, Alabama, a la que llama bahía del Espíritu Santo. Intenta poblar en un segundo viaje a la desembocadura del río Panuco, pero muere en una revuelta huasteca.

Tras recibir informes de Alonso Álvarez de Pineda, Francisco de Garay recorre con once barcos la costa norte del Seno Mexicano e intenta hacer población junto al río Soto La Marina, desde entonces llamado río de las Palmas, pero muere de una pulmonía. Francisco de Garay, gobernador de Jamaica, en 1520 envía, además de lo anteriormente dicho, una segunda expedición por el golfo capitaneada por Diego de Camargo, para que establezca un asentamiento cerca de la desembocadura del río Grande y funde la ciudad de Victoria Garayana, pero los indios huastecos se lo impiden. Llega a la isla de San Juan de Borinquen, en 1519, un navío inglés de 250 toneladas. Refiere su tripulación el viaje de dos navíos ingleses por un mar helado que tenía muchas islas y por otro mar tan caliente 'que hervía como caldera de agua puesta al fuego', y que en la Tierra de Bacalaos hallaron más de 50 naves castellanas, portuguesas y francesas pescando. Sospechan los castellanos que los ingleses habían venido más en viaje de reconocimiento que de comercio.

El licenciado Lucas Vázquez de Ayllón, natural de Toledo, el año de 1520, llevando por piloto a Diego Miruelo, sale con dos navíos a buscar indios caribe, declarados enemigos, para que trabajen en las minas. Una tempestad los arroja a la parte oriental de la Florida. Llegan a la provincia de Chicora, a Duharhe y a Xápida, donde se crían perlas. Los reciben bien los indios. Lucas Vázquez deja entrar, con engaño, en los navíos hasta 130 indios, a los que prende, y se hace a la vela con ellos para volver a La Española, causando gran desconsuelo e indignación. En la navegación de vuelta encuentran a un indio lucayo, navegando en alta mar encima de un tronco de árbol, con su mujer, para escapar de la isla La Española. Lleva a España a Francisco, indio, primer cristiano de la Florida. Da noticias de las provincias recorridas, informa al emperador Carlos V de ello, y este le concede su población y su conquista.

Lucas Vázquez de Ayllón el año de 1521 entregó una relación a don Pedro Mártir de Anglería, que asistía al Consejo de Indias, y tuvo particular amistad con él, y otra a don Álvaro de Castro, dean de la Villa de la Concepción en la isla La Española. En estos relatos se inspiró Pedro Mártir para sus *Décadas*:

> Se le ordenó que no hicieran repartimiento de indios ni fueran apremiados a servir en servicio personal que no fuere de su grado y voluntad, y pagándose como se hace con los otros nuestros vasallos libres y la gente de trabajo en estos reinos.

Francisco Gordillo y Pedro de Quexós salieron de Santo Domingo en 1521 y exploraron las costas de Chicora, Carolina del Sur, llegando hasta Georgetown. Entran en Port Royal Sound, cerca de Beaufort, y la llaman Nueva Andalucía. Tomaron indios como esclavos, pero cuando las autoridades descubrieron este hecho pusieron en libertad a los indios para que volvieran a sus lugares de origen y castigaron a los culpables. Magallanes, en su viaje de circunnavegación, pasa este mismo año de 1521 por Hawái y Guam, territorios hoy bajo bandera norteamericana.

Década II: 1522-1532

Lucas Vázquez de Ayllón, desde la isla de Santo Domingo, consigue el año de 1522 prorrogar un año más sus derechos a la exploración y población de Chicora, que se encontraba entre los 35 y 37 grados al norte, y envía desde La Española dos navíos con gente para poblarla, que vuelven tras comerciar sin haber establecido ningún pueblo. Emprende con tres bajeles un nuevo viaje hacia estas tierras pero Diego Miruelo, piloto, se desorienta y no halla los lugares buscados, enloquece y muere. Habiendo desembarcado Lucas Vázquez de Ayllón en la Florida, los indios lo reciben en paz, pero tras haberse ganado su confianza con muchas fiestas que duraron cuatro días, inesperadamente, dan muerte a unos 200 de sus soldados y se ve obligado a retirarse a La Española, donde mueren él y un hijo suyo que lo acompañaba.

Francisco de Garay, gobernador de Jamaica, se hizo a la vela a fines de junio del año de 1523, con la intención de poblar Panuco, con trece navíos, 840 hombres y 136 caballos. Un fuerte temporal lo arroja a la desembocadura del río las Palmas, donde tenía intención de dejar fundada una ciudad que habría de llamarse Victoria Garayana. Por el camino pierde dos navíos y los soldados entregan los otros once a Hernán Cortés, que había poblado ya esta provincia. Garay muere intentando volver a poblar junto al río las Palmas.

Este mismo año Gonzalo de Ocampo recorre el territorio de Brownsville en Texas. Juan Verrazzano Florentín, corsario de Francia asentado en Dieppe, costea en 1524 la tierra oriental de la Florida y recorre más de 700 leguas. Zarpa para este viaje, el 17 de enero, de la isla de Madera y llega hasta la desembocadura del río San Lorenzo. Una carta de 1529, en la que se dice que hizo estos viajes al servicio del rey de Francia Francisco I, y un mapa de su hermano Girolamo Verrazzano, que fue enviado a Clemente VII y se halla actualmente en la Biblioteca del Vaticano, sustentan la noticia de esta navegación, anterior en solo unos meses a los viajes realizados por el portugués Esteban Gómez en 1525 al servicio de España. Su muerte queda envuelta en el velo del misterio, pues unos afirman que muere antes de llegar a Francia, otros que se lo comen los antropófagos indios caribes en una segunda expedición el año de 1528, de la que no hay rastro de documentos. Smith y Cruse Murphy (1987) cuestionan la veracidad de la carta y el mapa de los hermanos Verrazzano arguyendo que se inventaron para restar importancia a los viajes de Esteban Gómez, recogidos en el padrón real de Sevilla de 1527 y en el planisferio de Diego Ribero de 1529, enviado a Clemente VII y que se encuentra hoy en el Vaticano. Este debate aún hoy perdura. Postula Buckingham Smith la versión de que se trata del mismo Juan Florentín, pirata francés que se apodera en 1521 del navío de Alonso de Ávila, que envía Cortés al emperador Carlos V con riquezas pertenecientes al quinto real del tesoro de Moctezuma, y que es apresado por cuatro navíos vizcaínos años más tarde. Lo llevan prisionero a Cádiz y después lo encaminan hacia Madrid. Antes de llegar a la capital se reciben órdenes del rey de que sea ajusticiado sin demora. En el Puerto del Pico, es ahorcado como pirata, según documentos firmados por un juez de Cádiz, que el investigador presenta.

Esteban Gómez, portugués de origen criollo africano, nacido según unos en Cádiz en 1474, o más plausiblemente en Oporto en 1484, al servicio de España, desertor de la flota de Hernando de Magallanes y vuelto a Sevilla en el San Antonio, es enviado por el emperador a buscar camino a las Molucas ('el estrecho de Cathaya') por el Norte. Sale de Sanlúcar el 24 de noviembre de 1524 y recorre durante diez meses toda la costa este de Norteamérica, desde la Tierra de Bacalaos y Nueva Escocia hasta la Florida, y no lo encuentra. Examina con particular atención las costas comprendidas entre los paralelos 40 y 42, que corresponden a los estados de Nueva York, Connecticut, Rhode Island y Massachusetts, que aparecen marcados en el mapa de Diego Ribero de 1529 y el islario general de Alonso de Santa Cruz con el nombre de Tierras de Esteban Gómez. El día 17 de enero, día de San Antonio, entra en el río Hudson, al que da el nombre de río de Sant Antón y al que también da el nombre de río de los Gamos. Entra en la bahía de Santa María o de Chesapeake y se detiene en White Haven, Maryland. Cuenta Gómara que al llegar a La Coruña con muchos indios tomados 'contra la ley y voluntad del rey' en las costas americanas dijo que traía 'esclavos' y el mensajero que llevó la noticia al rey entendió 'clavos', con lo que se dio lugar a un gracioso malentendido que dio mucho que reír. En 1529, el *Diario* de su viaje, por él escrito, fue publicado por el cosmógrafo Diego Ribero.

El año de 1525 Garcí Jofre de Loaysa pasa por las islas Hawái con cinco barcos camino de las Molucas, a donde llega con solo un navío. Nicolás Don, bretón que ya había sido arrojado por un temporal a unas costas muy fértiles cercanas a la Tierra de Bacalaos, recibe en 1526 permiso del rey para ir a su descubrimiento y población, pero no llega a ponerlo en práctica.

El licenciado Lucas Vázquez de Ayllón, el piloto Pedro de Quexós y los frailes dominicos Pedro Estrada, Antonio Montesinos y Antonio de Cervantes recorren las Carolinas y Virginia en 1526, llegan en la bahía de Santa María o de Chesapeake cerca del lugar donde más tarde se hallaría Jamestown. Pedro de Quexós informa a Juan Vespucci, que incluye esta bahía en el planisferio de 1526, que conserva la Hispanic Society of America de Nueva York. Uno de los barcos de esta expedición encalló cerca del Cabo Fear, y construyeron otro. La expedición fundó un asentamiento en San Miguel de Guadalupe, que fue llamado Chicora, en Carolina del Sur.

Este mismo año de 1526 José de Basconales explora Arizona desde México y llega hasta el territorio de los zuñi. Pánfilo de Narváez, adelantado de las Provincias que hay desde el río las Palmas hasta la costa oriental de la Florida, sale de Sanlúcar el 17 de junio de 1527 para conquistar Tierra Firme con cinco bajeles y 600 hombres. Llega a la isla La Española llevando a fray Juan Suárez como obispo designado de esta provincia eclesiástica. Su flota sufre una tempestad indescriptible en La Española pero rehace sus fuerzas y fondea con 300 hombres y 42 caballos en la Florida, en una bahía que él llama de Santa Cruz, el 4 de abril de 1528. Desembarca y toma posesión de ella en nombre del rey el día 16 con la mayor solemnidad. Hoy Donald E. Sheppard, basándose en los textos de los cronistas, postula que el lugar del desembarco no es el que se venía asegurando en la bahía de Tampa, sino en la de Charlotte Bay. Incluso afirma con precisión el lugar en que se vio obligado a desembarcar en Lemon Bay, cinco leguas al norte de Charlotte Bay, en Stump Pass (Englewood). También afirma que Ucita está en esta misma bahía de Charlotte y defiende, basándose en los escritos de Biedma, Rangel, Elvas y el Inca, que Hernando de Soto también desembarcó en ella (vid. el portal http://www.floridahistory.com/).

La guerra con los indios y el rigor con que Pánfilo de Narváez los trató tras sus ataques, arrancando las narices al jefe Hirrihigua, dieron principio a una serie de calamidades de tal grado que se vieron obligados a abandonar la tierra. Un tremendo error de cálculo condenó a la expedición a sufrimientos indecibles. Decidió que los barcos con todas las provisiones fuesen costeando las playas y los soldados viajarían por tierra para reconocer el interior y se reunirían en un punto acordado. Se dirige a Apalachee, donde no halló sino desventuras, hambre y sed, y más tarde la muerte. Carvallo, de Cuenca, quedó al mando de los cuatro navíos. Pasó un año buscando a Pánfilo de Narváez navegando por la costa y se volvió a Nueva España sin hallarlo.

Asediados por los ataques de los indios, el hambre y las enfermedades, construyen barcas y recorren con ellas cuanto pueden de la costa del Seno Mexicano, hasta llegar a la isla de Malhado. Una tempestad arrastra la barca en que estaba Pánfilo de Narváez y se pierde con él. Cuatro compañeros sobreviven en la asombrosa odisea que nos narra uno de ellos, Álvar Núñez Cabeza de Vaca en sus *Naufragios*. El año de 1529 algunos supervivientes de la expedición se refugian en la isla de Malhado, donde quedan como esclavos. Un año después los indios de Malhado transportan en canoa a Tierra Firme a catorce y les dan libertad. El año de 1531 Álvar Núñez se hace mercader entre los indios charrucos, en la Tierra

Firme, recorre libremente hasta 50 leguas desde la costa. Muchos mueren de hambre, enfermedades y malos tratos. Álvar Núñez Cabeza de Vaca y Lope de Oviedo huyen de la isla de Malhado pero Oviedo se vuelve atemorizado. Álvar Núñez, con otros cristianos que encuentra se pasa a vivir con los indios abaraes, y más tarde con los malicones, cívolas y tayos. Salen después de mucho tiempo los españoles a Nuevo México. Conservan sus vidas Álvar Núñez, el negro Estebanico de Azamor, Alonso del Castillo y Andrés Dorantes, haciendo prodigiosas curas en los indios, que los acompañan, como hombres dotados de un poder especial, en un recorrido que dura cerca de ocho años, por tierras de Norteamérica y de México. Llegan a la Ciudad de México el 24 de julio de 1536. En México son recibidos por el virrey don Antonio de Mendoza y el Marqués del Valle. El virrey hace enseñar la doctrina cristiana a los indios que salieron de la Florida e intenta que vuelvan a ella Álvar Núñez Cabeza de Vaca y Andrés Dorantes, pero estos se vuelven a España; llegan el 9 de agosto del año 1537 a la ciudad de Lisboa.

Álvaro de Saavedra Cerón, en su expedición a las Filipinas para averiguar por encargo de Hernán Cortés lo que había sido de los tripulantes que acompañaban a Garcí Jofre de Loaysa, capitán del buque insignia de Magallanes, el *Trinidad*, pasa por las islas Hawái en 1527. Este es el primer viaje iniciado en Norteamérica para cruzar el Pacífico.

El cartógrafo Diego Ribero publica en 1529 un mapa en el que se ven con claridad las costas del este de Norteamérica. Está basado en el padrón real de 1527 y se trata de un mapa de rigor científico, que fue enviado al Papa y que se conserva en el Vaticano.

Pedro Mártir de Anglería publica en 1530 las *Décadas del Orbe Nuevo*, libro sobre las exploraciones de los españoles en América.

Década III: 1532-1542

Gonzalo Jiménez de Quesada descubre la Baja California en 1533, y Hernán Cortés funda Santa Cruz, también en la Baja California en 1535, y explora a sus propias expensas las regiones del sur de la península en 1536. Francisco de Ulloa, lugarteniente de Cortés, recorre el golfo de California y comprueba que California no es una isla. Su compañero, el franciscano Francisco Preciado, escribe un diario de esta expedición en 1539. Fray Marcos de Niza había emprendido un viaje en 1539 para hallar las siete ciudades de Cíbola, y llega a una región de Nuevo México de los indios zuñi, donde las casas relucían bajo el sol como el oro. El padre fray Marcos de Niza informa de un mítico lugar donde este metal abundaba de tal manera que sus habitantes cubrían las casas de oro.

La aventura de Álvar Núñez Cabeza de Vaca mueve al virrey don Antonio de Mendoza a emprender el descubrimiento de la Florida por tierra, y para ello envía a Juan de Zaldívar en 1540 con treinta caballeros a explorar los territorios de la Nueva Galicia. Vuelve este a Compostela e informa de lo mala que es la tierra y de los muchos despoblados que en ella hay. A pesar de lo negativo de los informes, se nombra a Francisco Vázquez de Coronado para poner en práctica esta empresa.

Francisco Vázquez de Coronado, acompañado de 336 españoles, 1.000 indios, 552 caballos, 600 mulas, 5.000 ovejas y 500 cabezas de ganado recorre en 1540 territorios de Arizona, Nuevo México, Colorado, Texas y Arkansas. Vázquez de Coronado envía a García López de Cárdenas para que explore el noroeste y este se convierte en el primer europeo que contempla el Gran Cañón del Colorado. Al mismo tiempo otra expedición enviada por él y capitaneada por Hernando de Alarcón alcanza el río Colorado y el río Yuma en Arizona. Don Fernando de Alarcón, enviado por mar con provisiones, no halla noticias de él ni de su expedición pero llega a California desde el golfo de California y sube por el río Colorado. Pedro de Tovar, lugarteniente suyo, llega al territorio de los hopi de Arizona.

Francisco Vázquez de Coronado también llega hasta el río Grande, en 1541 al cañón de Palo Duro, Texas, y después se adentra en las llanuras de Quivira en Kansas. En este lugar es objeto de una celada del cacique Tartárax.

Tras una caída de caballo, desilusionado por no haber hallado las quiméricas riquezas anunciadas por fray Marcos de Niza entre los zuñi, en Hawikuh, ni en Quivira, aquejado de la añoranza de su joven esposa, con la que se había casado recientemente, decide no poblar con su gente, en contra de lo que disponían las instrucciones que llevaba, y vuelve a México con toda la expedición. Aunque algunos soldados querían poblar en aquella tierra, según orden del virrey, se volvió con su ejército a la Nueva Galicia, caminando 130 leguas menos por ser camino más derecho. Dos religiosos franciscanos, tres negros y varios indios de México y Michoacán, y que no siguen a Coronado, se quedan en Quivira y son muertos por los indios. Fray Juan de Padilla, muerto también a manos de los indígenas de Kansas, es venerado como primer mártir de los Estados Unidos. El portugués Andrés de Ocampo se salva y se vuelve a México por el camino de Panuco en corto tiempo.

La vuelta a México de Francisco Vázquez de Coronado sin poblar le causa enormes sinsabores, no siendo el menor la deserción de muchos soldados a medida que se acercaban a México hasta quedar reducida la comitiva a unos cien, la fría recepción del virrey y la causa judicial que resultó para hacer averiguaciones.

Hernando de Soto, adelantado de la Florida, va a su conquista y población. Sale de Sanlúcar el 6 de abril de 1538. Llega a Bahía Honda, que hasta ese momento se pensaba que era la de Tampa, y ahora se opina que puede ser la de Charlotte Bay (Donald E. Sheppard), el día 1 de junio de 1539, e inicia una larga expedición exploratoria del territorio que el Inca Garcilaso denominaba la Gran Florida, para lo cual recibió el título de adelantado.

Juan de Añasco, lugarteniente de Hernando de Soto, funda el asentamiento del Espíritu Santo en la Florida. Hernando de Soto pasa las Navidades en la zona de Tallahassee, en la Florida, donde establece su campamento de invierno, y donde se han hallado restos arqueológicos que lo avalan. Desde 1539 hasta 1541 Hernando de Soto explora regiones de la Florida y de Georgia, las Carolinas, las montañas Apalaches, Alabama, Misisipi y Arkansas. Un destacamento suyo llega hasta las fuentes del río Misisipi.

Hernando de Soto llega en 1540 al territorio del Misisipi y pasa el invierno en esta zona. Mientras están allí, algunos indios son hallados robando. Dos mueren en la intentona y al tercero, De Soto manda que le corten las manos. Cuando dos españoles son hallados robando en un pueblo indio, Hernando de Soto los sentencia a muerte. Hernando de Soto cruza el río Misisipi en 1541 y llega hasta el territorio de Arkansas. Algunos cerdos de la piara quedan sueltos. Son los antecesores de los hoy famosos cerdos cerreros o ferales de Nebraska.

Diego Maldonado y Gómez Arias, capitanes de Hernando de Soto, vuelven a buscarlo en 1541, recorriendo las costas del Seno Mexicano y las orientales de la Florida, hasta llegar cerca de la Tierra de Bacalaos, y no hallando noticia de él se vuelven a La Habana con gran desconsuelo. La narración de la muerte de Hernando de Soto y su entierro nocturno en el río Misisipi, de los soldados de la expedición Carmona y Coles, recogida por el Inca Garcilaso en su obra *La Florida*, es de un notable valor literario, y está destinada a ser incluida en muchas antologías de la literatura hispana en Norteamérica.

En 1542 Luis Moscoso de Alvarado, tras la muerte de Hernando de Soto en el Misisipi, organiza una expedición hacia el oeste esperando encontrarse con Vázquez de Coronado, y llega hasta el río Brazos, en Texas. Domingo del Castillo, piloto de la expedición de Alarcón, vuelve a explorar el golfo de California y hace mapas en 1541, en los cuales California aparece ya como península y no como isla. Llama a los dos brazos del río Colorado río de Buena Guía y brazo de Miraflores. Ruy López de Villalobos, Juan Gaetano y Gaspar Rico van a las islas Hawái en 1542.

Cabeza de Vaca publica en España en 1542 los *Naufragios*, narración de sus aventuras por el sur de Norteamérica. Juan Rodríguez Cabrillo, portugués al servicio de España, y Bartolomé Ferrelo exploran en 1542 y 1543 la costa oeste norteamericana, desde San Diego hasta Oregón.

Los franceses empiezan a disputar a España y a Portugal los derechos que estas naciones derivan en régimen de monopolio de las Bulas Inter Caetera. Francis Roberval se hace a la vela desde Francia en 1541, con una flotilla de cinco navíos, en los que lleva a Jacobo Cartier como piloto mayor. Navegan hasta entrar en el río Canadá o San Lorenzo y construyen una fortificación que les sirva contra el frío del invierno y contra los enemigos. Jacobo Cartier avista la ribera donde hoy se alza Quebec, la examina, y observa su valor estratégico. Vuelve a Francia llevando consigo a Taignoagni y a Domagaya, hijos del cacique del Canadá, Donacona. Vuelven de su viaje en medio de tempestades y son recibidos con alegría por Donacona. En contra de la voluntad de este va a explorar la provincia de Hochelaga; es bien recibido por estos indios y vuelve contento. Padecen una grave enfermedad los franceses pero aprenden de los indios la forma de curarse con el árbol ameda. Cartier arma dos navíos y lleva preso a Francia a Donacona. Vuelve otra vez al Canadá, construye un fuerte a la ribera del río Canadá, o San Lorenzo, y retorna a su patria.

Década IV: 1542-1552

El frío y la guerra con los indios obligan a los franceses a abandonar el Canadá, pero vuelven a recibir socorros de Roberval desde Terranova. Explora Roberval el Saguenay y otros ríos que afluyen al San Lorenzo y envía a un piloto español a descubrir caminos a las Indias Orientales. Este piloto halla otro río entre Terranova y la Tierra del Norte. Roberval informa en Francia de sus descubrimientos, y volviendo al Canadá con gran socorro para la nueva colonia perece con un hermano suyo y pierden cuanto llevaban. La tardanza del socorro hace que los franceses abandonen sus fortificaciones en el Canadá.

Don Antonio de Mendoza, virrey de Nueva España, persuade a los soldados de Hernando de Soto de que emprendan un nuevo viaje a la Florida y les facilita mantenimientos. Envía con ellos, a la conquista espiritual de la Florida, ya que la temporal ha sido abandonada por Felipe II, a Fray Luis Cáncer de Barbastro, nacido cerca de Zaragoza, que se embarca en La Habana en 1549 con los dominicos Gregorio de Beteta, Juan García, Diego de Tolosa o de Peñalosa, y el hermano donado Fuentes, llevando a la india Magdalena a la Carolina para que les sirva de traductora. En la bahía del Espíritu Santo viene a los navíos Juan Muñoz, paje sevillano de Hernando de Soto, que llevaba muchos años entre los indios y hablaba dos de sus lenguas. El día de la Ascensión dan muerte los indios a Fray Luis Cáncer, a Diego de Tolosa y al hermano Fuentes, y los demás se retiran a La Habana. Luis Cáncer era gran seguidor de Bartolomé de Las Casas y así lo manifestó en la junta organizada por Tello de Sandoval en México en 1546, y lo practicó en su ministerio sacerdotal en la provincia de la Vera Paz.

Se lleva a cabo en España una gran junta sobre el gobierno y la conservación de las Indias.

Julián de Samano, Juan de Samano y Pedro de Ahumada solicitan permiso en 1544 para comerciar y descubrir la Florida, pero Felipe II, en ausencia del emperador, y aconsejado por el Consejo de Indias, se lo niega. Fray Andrés de Olmos llega a los confines de la Florida, en cuya costa encalla una nave llena de riquezas, y después otras tres. La gente que viajaba en ellas se salva de morir ahogada pero queda como esclava de los indios, que acaban sacrificándolos a casi todos a sus ídolos.

Juan Rodríguez Cabrillo, portugués al servicio de España, explora en 1542 y 1543 la costa noroeste de Norteamérica desde San Diego hasta Oregón, pero no llegan a descubrir la

Bahía de San Francisco. El barco insignia de la flotilla de tres se llamaba *San Salvador* y había sido construido por él mismo. Muere en lo que hoy se llama The Channel Islands. Bartolomé Ferrelo completa el viaje tras llegar hasta el río Rogue, en Oregón.

Luis Moscoso de Alvarado, que al morir Hernando de Soto se hace cargo de la expedición, fue el primer español que vio petróleo en Texas, cerca de Nacogdoches, en 1543. Desde 1550 a 1600 los españoles introdujeron en los Estados Unidos cultivos y ganadería traídos de Europa.

Década V: 1552-1562

D. Luis de Velasco, virrey de Nueva España, en 1552 suprime el servicio personal de los indios y establece para el trabajo un régimen semejante al seguido con los españoles, basado en la libre contratación. Un huracán destruye en 1553 la flota que iba de México a España, cerca de Corpus Christi. De los mil que navegaban pocos sobrevivieron. Tan solo el fraile lego Marcos de Mena se salvó milagrosamente en Tampico. Fray Juan Ferrer, de Valencia, que había vaticinado el desastre, desapareció en una refriega contra los indios. Iban en la flota soldados, comerciantes, mujeres y niños y, entre ellos, cinco frailes dominicos. Unas 300 personas salvaron al principio la vida y llegaron a nado a la costa. Entre ellos iba Fray Marcos de Mena, que junto con sus compañeros sufrió todo tipo de fatigas. El hambre y los ataques de los indios acabaron poco a poco con todos. Tan solo Fray Marcos conservó la vida al final de la expedición. Sus compañeros, seguidos por los indios, lo enterraron en la arena de la ribera del río Tanipa cuando pensaron que iba a morir, ya que tenía clavadas, en la garganta y en otras partes del cuerpo, siete flechas. Fue enterrado vivo con la cautela de que le quedase la cara en un pequeño espacio abierto en la arena para que respirara mientras agonizaba y moría. Entretanto sus compañeros fueron exterminados por los indios. Él sin embargo consiguió reponerse con el sueño y salir de su tumba. Con grandes sufrimientos, y la ayuda de dos indios pacíficos, que lo llevaron en una canoa contra corriente trece leguas en tres horas, logró llegar hasta la ciudad de Tampico, según narra en notable relato el obispo Padilla.

Ángel de Villafañe fue en 1554 a buscar las riquezas de la flota hundida y recoge junto a las naves naufragadas a Francisco Vázquez, otro superviviente, que se había quedado junto a los pecios. Al mismo tiempo exploró la costa de Texas y lo documentó en mapas y derroteros. Francisco de Ibarra reconoce 300 leguas más allá de San Sebastián, en Chimicha, Nueva Vizcaya, al norte de México, y llega hasta San Jerónimo de los Corazones, donde Coronado había dejado pobladores, y halla minas y funda pueblos. Alcanza a llegar al territorio de Nuevas Filipinas en Texas.

Juan Gaetano, piloto de Villalobos durante trece años, descubre las islas Hawái, a las que llamó islas de Mesa. Los oficiales del rey en Cuba y en México piden al rey de España en 1555 que emprenda el asentamiento y la predicación en la Florida (Despacho. Oficina Colonial española, N.º 66, 1866, citado por Fornander, vol. II, p. 360).

Pedro de Santander propone a Felipe II en 1557 que establezca pueblos, misiones y fortificaciones desde Pensacola en la Florida hasta Port Royal, en Carolina del Sur. Como resultado de esta propuesta en 1558 Guido de los Bazares fue enviado desde México a encontrar un buen lugar en la Florida para establecer un asentamiento. Llega a la bahía de Mobile, en Alabama, a la que llamó Bahía Filipina en homenaje a su rey Felipe II. Por el otro lado de la costa la expedición llegó al río Tensaw, en Montrose, condado de Baldwin, Alabama.

En 1552 el virrey D. Luis de Velasco insta a la conquista de la Florida al rey Felipe II, quien le encarga que disponga una expedición para comenzar su población y evangelización. Dispuso para lo primero una armada de 13 bajeles, que zarpó de Veracruz en julio de 1559.

Envió por su capitán general a Tristán de Luna y Arellano, hijo de don Carlos de Luna, señor de Borovia y Ciria en Aragón, y gobernador del Yucatán hasta 1612. Juan Cerón era el maestre de campo, a cargo de seis capitanes de caballería y seis de infantería con 1.500 soldados. El provincial de los dominicos fray Domingo de Santa María envió a fray Pedro de Feria, Fray Domingo de la Anunciación, fray Domingo de Salazar, fray Juan Mazuelas, fray Domingo de Santo Domingo y fray Bartolomé Matheos, el cual desembarcó en la Florida. Llegan el 15 de agosto de 1559 al Puerto de Santa María, situado en una hermosa bahía. En ella, el 20 de agosto, se perdió toda la armada en una borrasca inmensa que hizo pedazos todos los navíos y deja en gran necesidad a toda su gente. Don Tristán envía a reconocer la tierra. Establece una población en la isla de Santa Rosa. El sargento mayor entra tierra adentro con las cuatro compañías y anda 40 días por tierra despoblada hasta que llega a Santa Cruz de Nanipacna, cerca de Claiborne, y a la bahía de Mobile en la Alabama de hoy. Muchos mueren de hambre. Los de olibahali para que los españoles, a los que no pueden alimentar, emprendan el camino hacia Cosa, envían un emisario ficticio de los indios de Cosa con invitaciones para que vayan a verlos a Cosa. Estaban estos en guerra con los indios napoches y los españoles ayudan a restablecer paces y tributos tres veces al año. Don Tristán llega al pueblo de Santa Cruz de Nanipacna y vuelve al puerto de Santa María. Mateo del Sauz, fray Domingo de la Anunciación y fray Domingo de Salazar, miembros de la expedición de Luna, exploraron en 1560 el río Choosa y el Talladega. Fray Pedro de Feria recorrió con otro grupo de la expedición el río Escambia. Luna establece después una misión en Santa Cruz de Nanipacna.

Tristán de Luna quiere pasar a Cosa y se amotinan Juan Cerón y otros disidentes. Sosiega esta discordia fray Domingo de la Anunciación dirigiéndose a ellos en un sermón dicho con la hostia consagrada en las manos. Llega Ángel de Villafañe con socorro a la Florida[1]. Aunque don Tristán quiere proseguir donde habían poblado, la mayor parte de su gente se va a La Habana, y el virrey de Nueva España llama a su lado a don Tristán de Luna.

Ángel de Villafañe llega a la bahía de Santa María de Filipinos (Pensacola) el 9 de abril de 1561. Antonio Velázquez, Alonso González de Arroche y Juan Torres llegan en la carabela *Catalina* hasta las costas de Virginia con cien hombres. Su piloto Gonzalo Gayón los lleva a Santa Elena, hoy Port Royal Sound, de la que toma posesión el 27 de mayo y se detiene en Cape Roman, Santee, el río Jordan o Pedee. Pasado lo que hoy llamamos cabo de Hatteras pierde dos barcos en una tormenta. Llega hasta Ajacán en la bahía de Santa María o de Chesapeake. Su evaluación negativa de Santa Elena y la creencia de que los franceses no estaban interesados en estas costas disuade al rey de poblar estas costas[2].

Diego Gutiérrez publicó en 1562 un mapa de América donde aparece por primera vez California como península, y no como isla. Hoy se encuentra como objeto preciado en la Biblioteca del Congreso y puede accederse a él digitalmente.

Década VI: 1562-1572

Tomás Terrenot, embajador español en Francia, informa en 1563 a Felipe II de que tanto ingleses como franceses habían prestado su apoyo a una expedición de hugonotes a la Florida. Advierte de la posible amenaza que esto puede suponer para los barcos españoles en esta zona.

Jean Ribaut navega hasta la Florida y establece una población de hugonotes en sus costas. Al parecer lo hace con el consentimiento y la ayuda del almirante Gaspard de Coligny, Seigneur de Chatillon, mano derecha de Catalina de Médici, madre del rey Carlos IX de Francia, hermano de Isabel de Valois, esposa de Felipe II. Explora costas y ríos de lo que hoy es Carolina del Sur, Georgia y la Florida, y deja a Alberto Ribaut con 26 hombres en una fortificación en Santa Elena que llamó Charlesfort. Vuelve a Francia a buscar ayuda pero la guerra de religión entre católicos y hugonotes no se lo facilita. La población del nuevo asentamiento se amotina contra su líder Alberto, al que dan muerte, y eligen a Nicolás Barrí, que abandona el lugar y se embarca para Francia. Están a punto de perecer de hambre en una calma y se ven obligados a comer carne humana. Un navío inglés encuentra a los supervivientes y los conduce a Inglaterra y a Francia.

Diego de Mazariegos, gobernador de Cuba, envía en 1564 al capitán Hernán Manrique de Rojas con 25 hombres para que encuentre el lugar donde los franceses se han establecido. Encuentra Charlesfort y Port Royal, que habían sido abandonados ya por los franceses, y envía a Sevilla una columna dejada allí por ellos que tiene una R y el año de 1561 escrito en ella. También encuentra a un joven francés, Rouffi, que había decidido quedarse allí a vivir entre los indios y llegó a casarse con la hija del cacique.

Renato Laudoniere vuelve a la Florida y establece un segundo asentamiento en el fuerte Charlesfort, en el río San Juan, cerca de donde hoy se encuentra Jacksonville. Visita a los caciques y hace reconocimiento de sus tierras. Envía emisarios a Timagoa, Otina, Apalachee y a otras tierras. Envía a Francia muestras de oro y plata y da informes de sus descubrimientos. Movido por las penurias y la necesidad, se resuelve a abandonar la Florida pero John Hawkins, inglés, le cambia armamento por víveres. Incendia Charlesfort temiendo que los españoles saquen provecho de él. Jean Ribaut llega de Francia con siete navíos y la noticia de que ha venido a reemplazar a Renato Laudoniere como general: los caciques de la región lo acogen bien. No así Renato Laudoniere. El navegante Pedro Menéndez de Avilés, conocido por su nobleza y por su prestigiosa hoja de servicios, pero envidiado de muchos, cae preso en manos de sus enemigos en Sevilla junto con su hermano Bartolomé. Huye a la corte de Felipe II, con el que acuerda una capitulación para reunir una armada e ir a la Florida y expulsar a los hugonotes de ella. De paso desea también hallar a su hijo que había desaparecido en esos mares. Una gran tormenta desbarata la flota y hace llegar a Esteban de las Alas con la escuadra de Asturias y Vizcaya a Xawana, y al adelantado Pedro Menéndez a La Española. Repara los barcos en San Juan de Puerto Rico, donde desertan muchos soldados, y resuelve zarpar directamente a la Florida. Avista cuatro naves francesas y los suyos quieren retirarse, pero los convence y se aproxima a las naves, que al verlos huyen. Desembarcan en San Agustín.

Pedro Menéndez de Avilés, primer adelantado de la Florida, funda San Agustín el 8 de septiembre de 1565, primer asentamiento europeo en los Estados Unidos que ha seguido habitado hasta nuestros días. Llega con una expedición de 500 soldados, 200 marineros, 100 labradores y artesanos, algunos de los cuales llevan a sus mujeres e hijos.

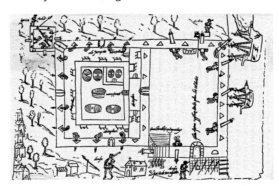

Esquema del fuerte de San Agustín fundado por Pedro Menéndez de Avilés.

Fray Martín Francisco López de Mendoza y Grajales, capellán de la expedición, dice la primera misa y funda la primera parroquia católica de los Estados Unidos. La ciudad queda regida por un cabildo, o concejo elegido, y presidido por un alcalde, también elegido. El principio democrático de autogestión en los asuntos locales va en España hasta la época de la Edad Media.

Jean Ribaut quiere asestar un golpe a los recién llegados españoles y se dirige con sus barcos hacia San Agustín con la intención de aniquilarlos. Renato Laudoniere se queda en Charlesfort con 240 hombres. Menéndez de Avilés se percata de que los barcos que se acercaban para atacarlo estaban siendo arrastrados por los vientos en contra de su voluntad hacia el sur, y que se avecina una borrasca. Aprovecha para reunir a sus hombres y atacar el mal guardado fortín de los franceses. Llega por tierra el adelantado tras haber andado toda la noche por playas y ciénagas, toma el fuerte y huyen muchos franceses a refugiarse en los poblados indios. Renato, con otros, escapa por el río en un navío y llega a Londres y a La Rochelle. En Bois es mal recibido por el rey de Francia. Menéndez de Avilés muda el nombre de Charlesfort por el de San Mateo, y se vuelve a San Agustín con 35 hombres. Ribaut había salido del puerto de Charlesfort con la intención de atacar San Agustín y confiado en la victoria, pero al salir a alta mar, muy cerca de San Agustín, arrastra como hemos dicho una tempestad a los navíos franceses contra las playas. Una de las escenas más descarnadas de la historia de la Florida es puesta en ejecución por orden de Pedro Menéndez de Avilés. Manda degollar a todos los hugonotes que se habían entregado sin condiciones a su merced. Tan solo se salvaron de la muerte unos 20, que se declararon católicos. Al parecer el adelantado llevaba órdenes terminantes del rey Felipe II; el país que dominase estas costas controlaría también el paso de las Bahamas, esencial para que los barcos entrasen y saliesen del Caribe y tomasen la corriente del Golfo rumbo a Europa; además de esto no tenía medios ni soldados bastantes para alimentar, mantener en prisiones o embarcar a un número de personas que superaba con creces al de los españoles. Las instrucciones tomadas a Ribaut muestran que tenían intenciones incluso de tomar La Habana.

Menéndez de Avilés ordena la construcción de un camino que una a San Agustín con el fuerte de San Mateo, recién tomado a los franceses, a orillas del río San Juan. Establece fortificaciones en Santa Elena en Carolina del Sur, en Santa Lucía cerca del cabo Cañaveral, en Tequesta cerca de Miami, en Carlos cerca del río de las Canoas en Fort Myers y en Tocobaga en la bahía de Tampa.

Hace Menéndez de Avilés numerosos viajes a Carlos, Tequesta, Timagoa, Orista, Guale, Otina y Macoya. Construye fortificaciones y poblados, y funda misiones. El Papa San Pío V y el rey envían cartas al adelantado alabando su labor. Hay motines contra los gobernadores de los fuertes de San Agustín, San Mateo, San Felipe y Santa Lucía hasta donde osan los soldados debido a las duras condiciones de vida. San Francisco de Borja envía al padre Pedro Martínez, al padre Juan Rogel y al hermano Francisco de Villarreal. El padre Pedro Martínez muere a manos de los indígenas, junto con unos marineros flamencos, en las costas de la isla de Cumberland. El adelantado recorre los presidios de la Florida. Fortifica Santo Domingo, La Habana y otros puertos. Envía a Juan Pardo a buscar caminos interiores que unan las nuevas poblaciones con Nueva España. Treinta hombres, embarcados con dos religiosos dominicos, que iban a la bahía de Santa María, se vuelven a España forzados por los vientos. Vuelve a la Florida el adelantado y hace la guerra al cacique Saturiba. Se embarca para España y avista las Azores en diecisiete días. Llega a Vivero y a Avilés y después a la Corte con seis indios. Dominique de Gourges de Mont-de-Marsan, hugonote y enemigo jurado de España, da sobre los fuertes de la Florida y ahorca a algunos españoles como venganza. Vuelve a Francia y lo buscan para entregarlo a la justicia por quebrantar la paz. Vuelve a la Florida el adelantado con muchos auxilios y con diez padres de la Compañía de Jesús. Funda un seminario en La Habana. Sin que él sepa bien lo que se hace, casan al adelantado con la india Antonia, hermana del jefe Carlos, de los calusa, a la que lleva a Cuba y la mete en un convento, pues él ya estaba casado. El padre Juan Bautista Segura va a la provincia de Ajacán y funda una misión con el padre Quirós y otros hermanos de la Compañía en la bahía de Santa María, pero son engañados por el indio don Luis Velasco, pues aunque había sido bautizado y había estado en México y en España, y habían llegado allí confiados en él, los traiciona y con otros indios les da muerte. El hermano Vicente González vuelve con Menéndez de Avilés para saber el estado de esta misión y los indios intentan engañarle vestidos con las ropas de los sacerdotes que habían matado, y conociendo la maldad se vuelve a Santa Elena.

Menéndez de Avilés estableció en 1566 el fuerte de San Felipe, en Parris Island, o isla de Santa Elena, en Carolina del Sur, isla donde los franceses habían tenido su primer asentamiento, llamado Charlesfort. En la zona de Santa Elena se hizo proverbial el uso de una planta medicinal de grandes poderes curativos. El Dr. Nicolás Monardes escribe *De los medicamentos simples de las Indias Occidentales*, en el que se habla de las virtudes del árbol sasafrás, que se halla en la Florida, y que se estimaba como remedio casi universal. Fue traducido al latín por Carlos Clusio.

Juan Pardo y Hernando Boyano o Moyano exploran Carolina del Norte y del Sur, Georgia, Tennessee y Alabama los años de 1566 y 1567. Juan de Lavandera, asturiano, es alférez y cronista de la expedición. Con 125 hombres parten el 10 de noviembre, recorren las tierras pantanosas de los caciques Escamacu y Cazao, llegan a Guimae (Orangeburg, Carolina del Sur), Canosi o Cosetazque en la confluencia de los ríos Congaree y Watareo o Guatari. Pasan por Tagall, Chico e Iza, y construyen un fuerte en Joara, o Xualla, al que llamaron Cuenca. En este lugar, por donde cuarenta años antes había pasado Hernando de Soto, en la presente ciudad de Morganton, junto al río Catawba, se están llevando a cabo hoy día interesantes excavaciones. Construyen un fuerte en la boca del río Watareo, Guatari, donde fray Sebastián Moreno funda una misión. Boyano sigue por el río Little Tennessee hasta el condado de Jackson.

Fundan el fuerte de Cuenca en Joara y llegan hasta Guimae, en el condado de Orange de Carolina del Sur. Pasan después a Guatari, donde dejan a un capellán y cuatro soldados, pero la amenaza de ataques franceses hace su presencia necesaria en Santa Elena, donde Esteban de las Alas reclama su ayuda.

En su segunda expedición no encuentran al sargento Boyano y sus trece hombres en Xualla. Lo encontraron en un pueblo fortificado en una isla del río Tennessee, más allá de la cordillera, llamado Chiaha. En la meseta de Cumberland llegan a Chalahume y a Satapo. En este lugar les advierten los indios que se habían reunido varios miles de nativos para hacerles frente. Volvieron por otro lugar a San Felipe, en Santa Elena, después de haber reforzado las defensas en Xualla, Chiaha, Cauchi y Guatari.

La falta de víveres hace que en Santa Elena se pida sustento a los caciques de Escamacu, Orista y Hoya, que ayudan un tiempo pero acaban sublevándose. Esteban de las Alas deja en Santa Elena a Juan de Lavandera, con 50 soldados, y falto de víveres parte para España con el resto el 13 de agosto de 1570 (Menéndez Marqués, s. d.).

Martín de Argüelles, primer europeo nacido en Norteamérica, del que se conservan documentos, nació en San Agustín en 1566, 21 años antes que Virginia Dare en Roanoke Island. Llegó a ser sargento mayor de San Agustín. Ese mismo año llega el padre Pedro Martínez a la isla de Cumberland, Georgia, enviado por San Francisco de Borja. Desviado el navío de su camino a San Agustín, es muerto por los yamasee a la orilla del mar, junto con seis marineros flamencos. Es la primera vez que corre la sangre de un religioso jesuita en Norteamérica. Su compañero, el padre Rogel, intentó la evangelización sin grandes frutos. Pedro Menéndez de Avilés es nombrado gobernador de Cuba y de la Florida en 1567. La misión de los jesuitas de San Carlos en Mound Key es encomendada al padre Rogel, otra en Miami a fray Francisco de Villareal. Un fuerte en Mound Key, junto a la sede del jefe Carlos, queda en manos del capitán Francisco de Reinoso.

Álvaro de Mendaña de Neyra y Pedro Sarmiento de Gamboa descubren en 1568, con las naves *Capitana* y *Almiranta*, las islas Salomón, las más remotas del Pacífico, administradas hoy por los Estados Unidos, y pasan en ellas seis meses. Los jesuitas Domingo Agustín, autor del primer *Vocabulario y gramática timucuana*, y Pedro Ruiz son enviados en 1568 a fundar la misión de Santa Catalina de África en Guale. Antonio Sedeño y el hermano jesuita Agustín Báez, que escribió en 1569 una *Gramática del lenguaje de los guale* sobre la lengua hablada por los nativos del área de Georgia y de Carolina del Sur, llegan un año después. Muere de unas fiebres entre los yamasee. Muchas misiones son establecidas en los poblados indios del interior, Tupiqui, Tolomato, Yoa y Talaxe, y también en la costa en Santa Catalina, Zapala, San Simón, Ospo y Tacatacuru. Una cacica india de un poblado cercano a San Agustín, doña María, casada con un español, ayuda a atraer al cristianismo a muchos indígenas. El cacique de Tacatacuru don Juan hace lo mismo y ayuda lealmente a los españoles en la revuelta de 1597.

En 1570, en una revuelta del pueblo de Espogache, junto al río Altamaha, mueren nueve españoles, entre ellos un sobrino del adelantado al que llamaban Pedro Menéndez, 'el Bizco'.

Los jesuitas fundan en 1570 una misión en la bahía de Santa María o de Chesapeake, llamada Ajacán, cerca del lugar donde el asentamiento inglés de Jamestown se fundará 37 años después. Ocho jesuitas son muertos en febrero de 1571 por los Powhatan, naturales de Virginia, a instancias del indio don Luis Velasco. Sus nombres eran los padres Juan Bautista Segura y Luis de Quirós, y los hermanos Gabriel Gómez, Sancho Zeballos, Gabriel de Solís, Juan Bautista Méndez, Cristóbal Redondo y Pedro Linares.

Década VII: 1572-1582

El adelantado vuelve a las Indias desde Sevilla con la flota de Tierra Firme y arde un galeón en el golfo de las Yeguas, sin que se salve nadie de los que iban en él. Este navío estaba destinado a transportar al padre Pedro Sánchez y a los sacerdotes de la Compañía de Jesús que se dirigían a México por disposición de San Francisco de Borja, que se ven por ello obligados a suspender el viaje.

Vuelve a España Pedro Menéndez y deja encomendada la Florida, durante su ausencia, a Pedro Menéndez Marqués, su sobrino, que entretanto la custodia y explora. De guarnición militar va San Agustín transformándose en asentamiento. A su vuelta a San Agustín halla en esta ciudad 8 vecinos casados, y en Santa Elena, 48. Informado por el hermano Vicente González de la muerte de los jesuitas en Ajacán, pasa a esta región, con el fin de castigar al cacique y a su hermano don Luis Velasco, su instigador. Escapan ambos al saber de su llegada, mas no ocho indios que habían participado en la matanza, a los cuales manda ahorcar. El padre Rogel, con la ayuda de Alonso, niño al que habían perdonado la vida, que sabía bien la lengua, los persuade de que se bauticen antes de morir. Desea este sacerdote adentrarse en la tierra para recuperar los cuerpos de los jesuitas asesinados pero no lo permite el adelantado, que teme poner en peligro las vidas de todos si se dividen en dos grupos pequeños e indefensos.

Al retirarse los jesuitas de la Florida son reemplazados por nueve franciscanos que llegan a esta tierra y llevan su labor evangelizadora a Georgia y a las Carolinas.

En 1573 quedan prohibidas las expediciones militares a tierras del norte habitadas por indios. Aunque esto puso freno a nuevos asentamientos, la predicación y fundación de misiones sí estaba permitida. Con frecuencia algunas de estas expediciones quedaban en manos de misioneros, a los que acompañaba un pequeño retén de soldados para gozar de una mínima defensa en caso necesario.

Deja el adelantado una vez más el gobierno de la Florida a su sobrino Pedro Menéndez Marqués, el cual lleva dilatadas regiones a la obediencia del rey, según hizo constar por escrito don Rodrigo de Carrión, escribano de Santa Elena, y se ocupa en 1573 de reconocer y describir la costa de la Florida, desde Los Mártires y Tequesta hasta la bahía de Santa María o de Chesapeake, pero al faltarle un cosmógrafo no hace mapas ni derroteros precisos, aunque sí un informe escrito que fue entregado al cosmógrafo del Consejo de Indias, Juan de Velasco (Menéndez Marqués, s. d.).

Pedro Menéndez de Avilés vuelve a España, cede el puesto de general de la Armada de la Carrera de Indias a don Diego Flores de Valdés, su amigo y deudo, y el adelantado es nombrado capitán general de una gran flota de 300 velas y 20.000 hombres que se armaba en Santander, destinada a Flandes e Inglaterra. Toma posesión de su empleo con gran solemnidad el 8 de septiembre de 1574, pero su muerte 'de un tabardillo' interrumpe el 17, nueve días después, todo proyecto. Había hecho más de 50 viajes a las Indias. Su testamento, que se conserva en Cádiz, ante el regidor de esta ciudad Pedro Castillo, buen amigo y colaborador del adelantado, muestra la escasez de sus bienes. De su vida y descendencia se ocupa Solís de Merás.

Martin Forbister, inglés, va en 1576 a descubrir el paso del Mar del Norte a Oriente, con tres *pinaças* o grandes chalupas, en nombre de una compañía mercantil inglesa. Llega al golfo o ensenada que está encima del Canadá, donde deja en poder de los indios a cinco personas. Confundiendo con oro el metal de plomo negro que había hallado organiza una nueva expedición de la que solo queda el cuerno de un pez, que se conserva en Windsor. Un tercer viaje lo lleva hasta los 62 grados, donde costea más de 60 leguas una gran entrada. Confunde otra vez con oro y plata simples guijarros, lo que causa burlas y descontento a su vuelta.

El inglés Hugo de Willugbi llega a los 70 grados por la costa de Groenlandia o Nueva Zembla, y muere en el empeño. Estevan Burruus, en 1556 llega al parecer hasta los 80 grados por el nordeste hasta llegar a Groenlandia. Magno Heigningsen, enviado en 1579 por Federico II de Dinamarca, en busca de Escotilandia, avista Groenlandia pero se ve precisado a volver sin tomar tierra. Lo mismo le ocurre a Karster Rickardsirden, de Holstein, enviado ese mismo año por Cristiano IV. La peste y el hambre azotan a los indios de Nueva España en 1577 y mueren más de dos millones en México y en la Florida. Los franciscanos y dominicos procuran poner remedio.

Disminuye, al faltar el adelantado, la población de la Florida hasta contar solo con 210 hombres, y queda en una fase de debilidad. La falta de provisiones y el abandono en que tiene España a sus soldados, que demandan víveres a la población indígena, llevan a tensiones que culminan en una revuelta de los naturales en 1576, que destruyen el fuerte de San Felipe en Santa Elena. Menéndez Marqués al año siguiente lo reconstruye y le da el nombre de San Marcos, que dura hasta 1587. Los naturales se rebelan también por razones análogas en San Agustín en 1577. Instigados por los franceses se rebelan otra vez en 1578 los indios de la región de Santa Elena. Los españoles ejecutan a los instigadores franceses.

Francis Drake ataca el año de 1579 a los barcos españoles en las costas del Pacífico y con las cartas de marear robadas a Sánchez Colchero de Huelva, el piloto de la China, emprende su conocido viaje.

El pirata francés Nicolás Estrozzi, capturado ese mismo año con 22 de los suyos en Georgia, es ejecutado por los españoles en San Agustín.

Carvajal funda el reino de Nuevo León, que comprende parte de lo que hoy es Texas.

Los corsarios franceses que buscaban el navío *El Príncipe*, que había barrenado junto a Santa Elena, prometen en 1580 volver con cinco barcos, y pactan con los indios de San Simón el reparto de los despojos de los fortines españoles una vez vencidos en la Florida. Estos convocan a la rebelión a 22 jefes, según informa uno de ellos, Ahongate, prisionero de los españoles. Menéndez Marqués, con la ayuda de Miranda, Junco y el capitán Quirós, mantiene la tranquilidad en el territorio de Guale.

Fray Agustín Rodríguez en 1580 y en 1581, cuando moraba en el Valle de San Bartolomé y llevado por su celo religioso, entra con el sevillano fray Francisco López y el catalán fray Juan de Santa María, diez o doce soldados y seis indios cristianos por la provincia de los ti-huas, 350 leguas hacia el norte. Se vuelven a México los soldados que les acompañan, atemorizados por la multitud de indios, y aun cuando la mayoría de ellos los trata bien, algunos indios de guerra dan muerte a fray Agustín y a sus compañeros en diversos episodios.

El capitán Francisco Sánchez, 'Chamuscado', llamado así por su barba pelirroja, lleva el mando militar de la expedición de fray Agustín Rodríguez, que sube desde Santa Bárbara, por el río Conchos y el río Grande, hasta Cíbola, en Nuevo México en 1581 y 1582, y está compuesta de diez soldados, 19 indios cristianos y tres franciscanos. Lleva consigo 90 caballos, 600 vacas, cerdos y corderos. Recorre sesenta pueblos habitados por 130.000 habitantes. El misionero franciscano fray Agustín al parecer dio a estas zonas del Big Bend el nombre presente de Nuevo México, y a su capital el de Santa Fe de San Francisco de Nuevo México.

Los frailes Agustín Rodríguez, Francisco López y Juan de Santa María acompañados de 'Chamuscado' fundan la misión de San Bartolomé, cerca de Bernalillo, Nuevo México. Llevan su celo misionero hasta Taos, Ácoma y los zuñi. Poco después los tres frailes son martirizados (Escalante y Barrado, 1583).

Década VIII: 1582-1592

Antonio de Espejo, cordobés, lleva en noviembre de 1582 una expedición de rescate a Nuevo México en busca de estos frailes. El padre Pedro de Heredia y Bernardino Beltrán reúnen 15 soldados, criados indios e intérpretes, con 115 caballos y mulas. El primero es más tarde retenido por sus superiores. Cruzan el río Grande cerca de Presidio, Texas, y lo llaman río Grande del Norte. Continúan por el valle del río Grande hasta los piros y los tiguas; llegan a los territorios zuñi, y siguen por Arizona. En un año recorren 800 leguas, (4.000 millas). De vuelta a México en 1583 bajan por el río Pecos, Texas, llegando a lo que hoy es Fort Davis y María³. La región o 'situado' de la Florida se manda regir desde La Habana debido a la debilidad en que ha caído.

Los ingleses inundan los mares esta década, habiendo aprendido el cálculo de las latitudes en los libros traducidos del *Arte de la navegación* del cosmógrafo Pedro de Medina y los *Regimientos de navegación* de Martín Cortés (*Informe* de Lázaro Vallejo Aldrete y *Memorándum* de Hernando Costilla). Humphrey Gilbert se hace a la vela con cinco bajeles en 1583 y llega a Terranova, donde establece una población y hace repartimientos de tierras a los vecinos. Obligado por el hambre abandona la tierra. Su barco *La ardilla* se pierde en una borrasca cerca de las Azores al volver a Inglaterra.

Richard Grenville está al mando de los siete barcos que llevan colonos a Roanoke Island en 1585, en Carolina del Norte. Deja 100 hombres en un fuerte que hizo más arriba de San Juan de Pinos. Su navío *Revenge* pelea valerosamente con una escuadra española. Se rinde con 150 hombres y muere pocos días después en el barco insignia español San Pablo.

John Smith hace un reconocimiento de los ríos que desembocan en el golfo de Chesapeake, tal vez con el pensamiento de establecer lo que más adelante, en 1607, sería Jamestown. Como consecuencia de ello dispone Inglaterra en 1586 establecer un asentamiento en la bahía de Chesapeake.

Walter Raleigh en 1585, y en 1587, puebla con cinco bajeles una colonia en Roanoke Island, Carolina del Norte, y la deja al mando de John White, pero no prospera. Participa en el ataque contra Cádiz y saquea el asentamiento español de Santo Tomé en el Orinoco, donde muere su hijo. Estuvo en prisiones varias veces en la Torre de Londres, y acusado de traicionar al rey Jacobo I, hijo de María Estuardo, en una reunión con Lord Cobham, es ajusticiado en 1618. El embajador español Diego Sarmiento de Acuña insta al rey para que se cumpla la sentencia.

Recorre Thomas Cavendish en un bajel las costas de la Florida y, tras comerciar con los indios de Tequesta, Carlos, Chicora y Virginia, y de apresar navíos españoles, se vuelve a Inglaterra. Más adelante, en su viaje de circunnavegación se apodera, despoja de sedas, perlas, brocados, perfumes y 600.000 pesos de oro y después quema, en California en 1587, el indefenso galeón *Santa Ana*, capitaneado por Tomás de Alzola y pilotado por Sebastián Rodríguez Cermeño.

Francis Drake.

Christopher Carlile y Francis Drake salen de Plymouth en 1585 y con 25 navíos y 2.300 hombres, en 1586, hacen daños en las islas de Cuba y La Española y en Cartagena de Indias. En la Florida, saquean el fuerte de San Juan de Pinos y queman la ciudad de San Agustín, desamparada por los 150 españoles que en ella vivían. Se atribuye la quema a que un sobrino de Drake, sargento mayor de su armada, había sido muerto por un soldado español rezagado, que se había emboscado en unos carrizales. Intentan hacer los mismos daños en Santa Elena pero los vientos se lo impiden. Hallan una población de ingleses en Virginia en gran necesidad al mando de Rudolph Lave. Una gran tempestad arrastra a toda la flota, menos el navío de Drake, en el cual vuelve Drake a Inglaterra con Rudolph y su gente. Las naves desperdigadas van llegando por su cuenta a Inglaterra. Llevan consigo 60.000 libras esterlinas producto del pillaje y 750 hombres menos, entre ellos once capitanes. La ciudad de San Agustín es después reconstruida por el gobernador de la Florida, que pasa desde San Mateo a San Agustín con 200 soldados.

Fray Diego Márquez es tomado preso por piratas ingleses y llevado ante Isabel de Inglaterra, que lo obliga a declarar lo que sabe de Nuevo México. Viene el fraile y da cuenta al rey de todo para que fortalezca Nuevo México y el Seno Mexicano.

El gobernador de la Florida Pedro Menéndez Marqués, acompañado de Juan Menéndez Marqués, de Juan Lara y de Vicente Gonzalo, dirige una expedición a la bahía de Chesapeake, buscando los asentamientos ingleses de Roanoke Island. Juan Menéndez realiza una detallada descripción de esta zona.

Francisco de Gali llega a la Bahía de San Francisco en enero de 1585 desde las Filipinas y recorre la costa de California en su galeón *San Juan Bautista* hasta llegar a Acapulco. Muere en 1586, cuando preparaba una segunda expedición. Pedro de Unamuno es enviado en 1587 por el virrey Pedro Moya de Contreras a buscar un buen puerto para los galeones de las Filipinas. Descubre la bahía de Puerto de San Lucas, que es sin duda hoy la bahía de Monterrey de California.

Fray Alonso de Escobedo, de Moguer, en la Florida escribió en 1588 un poema en tres partes de gran extensión, *La Florida*, que quizás sea el primer poema escrito y conservado en Norteamérica[4]. Fray Domingo de la Anunciación muere en México en 1589, muy respetado, a los ochenta años.

John Davis intenta descubrir el paso a la China o Japón por el Mar del Norte y lo mismo hace Federico Ansebilt, danés, pero sin éxito.

Don Gaspar Castaño de Sosa, portugués y teniente de gobernador y capitán general de Nuevo León, conduce en 1590 una caravana de carretas entre el río Pecos y Nuevo México. Es apresado por el capitán Morlete acusado de haber llevado una expedición hacia el norte sin autorización. Condenado por el Consejo de Indias, y luego exonerado, es antes de lo segundo desterrado a las Filipinas, donde muere en una insurrección en el mar de la China (*Memoria del descubrimiento*, 1590).

Juan de Fuca, llamado en verdad Apostolus Valerianos, griego al servicio de España durante 40 años, explora el Pacífico Norte y halla el estrecho que lleva hoy su nombre en 1592. El rey de España lo recibe pero no le recompensa sus esfuerzos. Ofrece sus servicios a los ingleses, pero estos no lo emplean.

Década IX: 1592-1602

Doce religiosos de San Francisco son enviados a la Florida en 1593 por el custodio de la provincia Francisco Marrón: fray Juan de Silva, fray Miguel de Auñón, Pedro de Auñón, Pedro Fernández Chozas, Blas Montes, Francisco Pareja, Pedro de San Gregorio, fray Francisco de Velasco, Francisco de Ávila, Francisco Bonilla, Pedro Ruiz y Pedro Viniegra. Sus predicaciones en la zona de Guale atemperan un tiempo las relaciones entre los indios y los soldados y asentadores españoles.

Fray Miguel de Auñón y el hermano Antonio de Badajoz son torturados y muertos en 1593 por los naturales en la isla de Santa Catalina, en Georgia. Una expedición de castigo al mando de Alonso Díaz de Badajoz llega a esta región y el gobernador de la Florida Gonzalo Méndez Canzo da orden de cautivar a los nativos. Un decreto real de 1600 anula esa orden y concede libertad a los indios.

Fray Pedro de Corpa llega a la misión de Tolomato, en Georgia, en el condado de McIntosh, desde donde lleva su labor misionera a las visitas y doctrinas de los asentamientos vecinos. Los franciscanos Pedro Fernández Chozas, Baltasar López y Francisco Pareja llegan a la isla de Cumberland en Georgia. Los frailes Pedro Ruiz y Pedro de Vermejo son enviados a lo que hoy se llama el condado de Camden, Georgia. Gaspar Salas y dos franciscanos, Pedro Chozas y Francisco de Velasco, llevan una expedición a explorar la zona de Tama, Georgia.

Una revuelta de indios en el condado de McIntosh, Georgia, es dirigida por Juanillo, hijo mayor del cacique de Guale, que entra en el pueblo de Tolomato con indios guerreros y da muerte a fray Pedro de Corpa, que lo había increpado públicamente para que no tomase una segunda esposa so pena de no merecer heredar el cacicazgo. Tras cortarle la cabeza la empalan en una pica. Persuade Juanillo a los suyos y también dan muerte en Tópiqui a fray Blas Rodríguez, en Asopo a fray Miguel de Auñón y a fray Antonio de Badajoz, y en Asao a fray Francisco de Velasco.

El único superviviente es fray Francisco Dávila, que de noche huye, pero lo persiguen los indios y lo hieren de tres flechazos junto a un río y lo llevan preso a Tufina, cerca del río Altamaha, donde lo maltratan. Cuando iban a quemarlo se lo entregan a una mujer india para que le trueque por un hijo suyo, cautivo de los españoles en San Agustín. En 40 canoas se dirigen para dar muerte a los misioneros de la isla de San Pedro pero su cacique se enfrenta con ellos y los vence. El gobernador de la Florida tala las sementeras y quema los maizales como castigo. Esto afecta tanto a indios como a españoles por el hambre terrible que ambos padecen por la escasez de alimentos que esta medida produce.

Fernando de Valdés, enviado del rey, estudia en San Agustín la posibilidad de trasladar el asentamiento a otro lugar. El conde de Monterrey, virrey de Nueva España, envía en 1598 a don Juan de Oñate a Nuevo México, con Vicente de Zaldívar como maestre de campo, y a diez franciscanos.

Juan de Oñate es el primer gobernador de Nuevo México hasta 1608. Criollo y casado con una nieta de Moctezuma y de Hernán Cortés, explora la zona norte del río Grande, y llega hasta Misuri y Nebraska. Pasa por el río del Norte, que los indios llaman Alcahuaga, y las provincias de los indios pecuries, tanos y otras naciones. Funda San Gabriel de los Españoles, hoy llamado Chamita, y también San Juan de los Caballeros en Nuevo México. En la expedición van 400 soldados y colonos, 130 casados y con hijos, 7.000 cabezas de ganado y 83 carretas llenas de provisiones, municiones y semillas para sembrar. En Semana Santa, junto al río del Norte, se representa una obra de teatro religioso de Marcos Farfán de los Godos, primera obra de teatro representada en Norteamérica. Los misioneros franciscanos asignados por fray Alonso Martínez establecen varias misiones en Nuevo México. Fray Alonso de Lugo funda la misión de Nuestra Señora de la Asunción, cerca del pueblo de Sia en Nuevo México, y reside entre los jémez y los cocoyes desde 1598 hasta 1601. Fray Cristóbal de Salazar funda la misión Nambe, de Nuevo México, y vive entre los tehuas. El padre Francisco de Zamora atiende a la misión de San Lorenzo de los Picuríes en la región de Taos de Nuevo México y a los apaches y navajos de las montañas nevadas del norte de Nuevo México.

En 1599 Juan de Oñate deja San Gabriel y va al mando de una expedición a explorar más territorios de Nuevo México y a descubrir la Gran Quivira. Lleva a fray Francisco de Velasco, a Pedro de Vergara y a 80 soldados con provisiones. Juan de Oñate llega hasta Kansas, Nebraska y Misuri. Le informan de un río distante que tiene una legua de ancho y le dan detalles de lo ocurrido a Humaña y Bonilla. Describe las grandes llanuras de los apaches vaqueros y de los rebaños de cíbolos.

Oñate emprende también una expedición del este al oeste en 1604 por Arizona en busca del Mar del Sur. El padre Francisco de Escobar y el hermano fray Juan de Buenaventura le acompañan con 30 soldados. En el Morro hay constancia de su paso en una inscripción grabada en la roca. Sale de San Gabriel para encontrar el paso al Mar del Sur a través de Arizona y California y para ello sigue el curso del río Tizón o Colorado hasta su desembocadura.

Los capitanes Juan de Zaldívar, Diego Núñez de Chaves y Felipe de Escalante son muertos en Ácoma, Nuevo México, con otros once españoles, dos mozos, un mulato y un indio el 4 de diciembre de 1598. Otros cinco hombres son heridos, otros cinco saltan desde el precipicio al vacío y cuatro de ellos logran escapar indemnes tras el salto. Vicente de Zaldívar, hermano de Juan de Zaldívar, es puesto en 1599 al mando de una expedición de represalia contra los nativos de Ácoma, de Nuevo México y su jefe Zutucapan. Captura a 70 u 80 guerreros, quema el pueblo y entrega a los habitantes de la población al jefe Chumpo. Oñate trata con gran severidad a los prisioneros y tras un proceso sumario manda cortarles el pie derecho a 24 indios y que todos los varones de más de 12 años de edad sirvan 20 años de servidumbre.

Vicente de Zaldívar alcanza a llegar al territorio hoy ocupado por la ciudad de Denver, Colorado. Los colonizadores españoles del río Grande introducen el arado y la bestia de carga entre los indios pueblo.

Fray Diego Perdomo ejerce un tiempo su misión en la Florida con el respeto de todos en 1584 y después vuelve a México.

Sebastián Vizcaíno va a California en 1596 acompañado de fray Diego Perdomo, Bernardino de Zamudio, Antonio Tello, Nicolás de Sarabia y el hermano Cristóbal López, pero el hambre los obliga a volver antes de un año y a abandonar su labor misionera. El marqués de la Roche va como virrey del rey de Francia a descubrir y poblar en el Canadá: lleva condenados a galeras y a muerte. Llega a la isla Arenosa (Sable Island), deja en ella a 50 hombres y va a Acadia a buscar sitio donde poblar, mas los vientos contrarios lo arrastran a Francia. Allí es puesto en prisiones y no puede volver a rescatar a los hombres de isla Arenosa hasta años después. Doce supervivientes al frío, las peleas y las enfermedades son rescatados por un enviado del rey Enrique IV, Chedotel, que al rescatarlos los despoja de las valiosas pieles que poseían.

El capitán Pierre Chauvin, hugonote francés, fue comandante en Quebec en 1609-1610 en ausencia de Champlain. Llega al Canadá en la *Bonne Renommèe*.

Los capitanes Francisco Leyva y Bonilla y Antonio Gutiérrez de Humaña llevaron una expedición prohibida hacia el norte en 1593. Desde San Ildefonso de Nuevo México se dirigieron hasta el río Pecos, el Cimarrón, el Arkansas y el Platte. La expedición no tiene buen final, pues solo unos cuantos sobreviven a los ataques de los indios.

El portugués Sebastián Rodríguez Cermeño llega a la bahía de Drake, al norte de San Francisco, donde el galeón de Manila, *San Agustín*, que pilotaba, encalló en un estero en 1595, mientras casi toda la tripulación construía una barca de poco calado para explorar la costa sin peligro. Con esta barca volvieron muchos a México. Otros optaron por volver a pie. Lo más probable es que estos fuesen los primeros en descubrir la Bahía de San Francisco. España no hizo nada al respecto, fomentó las expediciones por tierra y evitó desde entonces la navegación costera, retrasando así el descubrimiento de las costas californianas.

Los franciscanos fundan sus primeras misiones en Arizona en 1600.

Fray Pedro de Vergara, que había ido con Oñate a Nuevo México, vuelve en 1600 a San Gabriel, con más colonizadores, misioneros y provisiones.

Sebastián Vizcaíno llega a la bahía de San Diego con tres navíos en noviembre de 1602, y después a Monterrey a la que llama de este modo para honrar al virrey de México Gaspar de Zúñiga y Acevedo, conde de Monterrey. Lleva tres barcos, el *San Diego*, que Vizcaíno manda; el *Santo Tomás*, capitaneado por Toribio Gómez Corván; y el *Tres Reyes*, del alférez Martín Aguilar. Fray Antonio de la Ascensión, uno de los dos cosmógrafos de la expedición, escribe un relato del viaje. Hacen un recorrido parecido al hecho por Rodríguez Cabrillo, pero dejando constancia de nombres, accidentes geográficos y latitudes.

Década X: 1602-1612

Hernando de las Alas, segundo marido de Catalina Menéndez de Avilés, hija del adelantado, solicita el gobierno de la Florida, pero Pedro Menéndez Marqués se le opone y el Consejo de Indias dictamina que ya se había concedido a Hernando de Miranda, su primer marido, el nombramiento de adelantado y se había así cumplido ya la obligación del asiento hecho con el primer adelantado.

El 1 de diciembre de 1609 una cédula real firmada en El Pardo dispone que 40.000 ducados, 'situados en Indios vacos', sean destinados a los herederos del adelantado Pedro Menéndez de Avilés.

Las calamidades y el hambre sufridos por indios y españoles en la Florida, en Guale y en Chicora suavizan las enemistades entre ambos. Llegan nuevos misioneros de San Francisco y llevan a San Agustín los cuerpos de fray Miguel de Auñón y fray Antonio de Badajoz.

El obispo fray Juan Cabezas Altamirano, de Santiago de Cuba, visita la Florida en 1592 y queda consternado ante la rudimentaria forma de vida de los indígenas.

La Florida es elevada en 1593 al rango de custodia franciscana. Está regida por fray Pedro Ruiz y tiene jurisdicción sobre once conventos, entre ellos los de La Habana y Bayano. En 1606 el obispo Juan Cabezas Altamirano va por segunda vez a la Florida y pasa un año bautizando y confirmando a más de 2.000 naturales y casi 400 españoles. También confiere la dignidad del orden sacerdotal a veintiún nuevos sacerdotes, alguno de ellos nacido en la Florida y formado en el Seminario Franciscano de San Agustín.

Jorge Winvot va a descubrir sin conseguirlo un paso al Oriente por el estrecho de John Davis. Golske Lindano llega al estrecho de Davis enviado por Cristiano IV de Dinamarca. Enrique Hudson se apodera de los papeles de Federico Anschilt, hace dos viajes por el Mar del Norte y muere en el segundo en la bahía que hoy lleva su nombre. Tomás Buton recorre más de 200 leguas al este de la bahía de Hudson y el Nuevo País de Gales situado en 75 grados.

Samuel Champlain va varias veces al Canadá como capitán general, sigue sus exploraciones y se informa del nacimiento del río San Lorenzo. Fortifica la villa de Quebec para controlar la navegación por el río San Lorenzo. Forma alianza con los indios hurones y algonquines y le hacen la guerra a los iroqueses. Da cuenta al príncipe de Conde, gobernador de Canadá, de sus éxitos. Los padres Edemondo Masa y Pedro Coton, y Pedro Biard van a predicar a Acadia.

Forman compañía en 1606 Bartolomé Gosnold, John Smith, Cristóbal Newport y otros, y lo aprueba el rey de Inglaterra, para poblar Virginia. Construyen una fortificación cerca del Cabo Henrique, entran en el río de Pouhatan y fundan Jamestown en 1607.

Juan Martín de Aguilar, separado por una tormenta su barco de la flotilla de Sebastián Vizcaíno, explora la costa de Alaska, sube hasta cabo Blanco y el río Santa Inés en 1603. El derrotero de la navegación de Sebastián Vizcaíno es hecho en 1602 por el cosmógrafo mayor Gerónimo Martín Palacios, con ayuda de cinco pilotos. Enrico Martínez hizo 32 mapas que muestran toda la costa reconocida, el puerto de Monterrey y la Bahía de San Francisco. Junto con un diario y otros papeles relativos a esta navegación hay un legajo en el Archivo de Indias (legajo 4 de los papeles del secretario Juan de Ciriza) sacado de su original en México por Diego de Santiago el 8 de diciembre de 1603.

La misión de Santo Domingo de Talaxe es construida en 1603 en el condado de Glynn, en Georgia. Fray Diego Delgado se ocupa de esta doctrina situada cerca de Asao, en St. Simons Island. El gobernador de la Florida Gonzalo Méndez Canzo construye en 1603 una misión, San Pedro de Mocamo, en la isla de Cumberland, en Georgia, llamada por los españoles isla de San Pedro y por los indios Tacatacuru.

Fray Cristóbal de Quiñones funda en 1605 las misiones de San Francisco, Santa Ana, San Felipe y Santo Domingo de Nuevo México. La música llega con los misioneros. Fray Cristóbal de Quiñones desde 1598 a 1604 enseña a los indios queres de la misión de San Felipe de Tamita a tocar instrumentos musicales y crea una capilla de músicos. Muere el fraile en 1607 y es enterrado en la misión por él fundada de San Felipe de Tamita, hoy arrasada por las aguas de un río cercano.

Juan de Oñate funda en Nuevo México la Ciudad Real de la Santa Fe de San Francisco en 1605. El gobernador que lo reemplaza en 1609, Pedro de Peralta, comienza la construcción de la ciudad de Santa Fe, que se transforma en la nueva capital de Nuevo México, desbancando a San Gabriel. El Palacio de los Gobernadores de Santa Fe de Nuevo México se comienza a construir por entonces y constituye el edificio oficial público más antiguo que existe en Norteamérica. Los asentadores construyen el primer sistema de riegos y acequias de esta región.

Fray Lázaro Jiménez llega a España en 1608 e informa a los oficiales del rey de que se habían convertido más de 7.000 indios en seis meses en Nuevo México. Pero el malestar existente entre los indígenas y los asentadores españoles durante el gobierno de Juan de Oñate había llegado a tal extremo de descontento que los franciscanos abandonan las misiones de Nuevo México y solicitan que el Gobierno tome el asunto en sus manos.

Pedro de Peralta es nombrado gobernador de Nuevo México en 1609, para ocupar el puesto de Juan de Oñate, que es llamado a rendir cuentas de su gestión ante los tribunales del virrey. Los franciscanos envían a la Florida más misioneros y la provincia engloba a Georgia y a las Carolinas. Fray Francisco Pareja y fray Alonso Peñaranda llevan la fe católica a miles de indios apalaches en Tallahassee, en la Florida, y en Georgia. En 1612 publica Francisco Pareja un *Catecismo* en lengua timucuana y castellana; un *Confesonario* en ambas lenguas al año siguiente; en 1614 publica en México el primer libro de lingüística escrito en Norteamérica que ha llegado a nosotros, *La Lengua Timucuana*, y en 1627 un libro sobre *Doctrina cristiana*.

Jamestown es fundada por 214 colonizadores ingleses bajo el mando de John Smith en Virginia en 1607. El ataque de los indios Algonquinos y Powhatan, el hambre y el agua salobre de los pozos excavados cerca de la orilla acaban con el asentamiento.

El capitán Francisco Fernández de Écija, cumpliendo órdenes del rey dadas al gobernador de la Florida Pedro de Ibarra, lleva en 1609 una expedición en el navío *Asunción de Cristo*, con 25 personas, con permiso para subir hasta alcanzar el paralelo 44 y medio con el fin de hallar asentamientos extranjeros en la zona. Entra en la bahía de Chesapeake, Ajacán, a 37 grados y medio, el día 24 de julio, para informar sobre el asentamiento inglés en ella y ven un barco fondeado en Jamestown (*Testimonio*, 1605).

El capitán Gaspar Pérez de Villagrá, de la expedición de Juan de Oñate, publica en 1610 un extenso poema épico barroco sobre la exploración de Nuevo México: *La conquista de la Nueva México*.

La misión de San Miguel de Santa Fe de Nuevo México es comenzada en 1610 por indios de Tlaxcala traídos por los españoles al llegar de México. Una de sus campanas, la llamada de San José, fue fundida en España en 1356.

Dos barcos holandeses llegan en 1610 a la isla de Manhattan con el afán de comerciar. La colonia de Nueva Amsterdam es fundada en mayo de 1623, principalmente con colonos valones de habla francesa.

Década XI: 1612-1622

Fray Luis Gerónimo de Oré, de Ayacucho, lleva a Cádiz a 24 religiosos de San Francisco destinados a la Florida. Le proporciona su libro *La Florida* el Inca Garcilaso de la Vega. Llegan 23 religiosos y más tarde 8 más y su labor da fruto pues fundan veinte conventos. En 1616 realiza un viaje como visitador de la Florida a las misiones de San Martín, San Juan de Guacara, Santa Cruz de Tarihica, Niaica, Arapaha y Santa Isabel Urinahica junto al río Altamaha. Elevan a provincia la circunscripción religiosa o 'situado' de la Florida, en el Capítulo General de San Francisco. Acompaña al capitán Vicente González en su viaje de exploración de costas de 1588 desde San Agustín hasta más allá de la bahía de Santa María. Fray Gerónimo es autor de una extensa obra titulada *Relación de los martyres que ha havido en la Florida* (Lima 1612), de la que no se ha hecho reciente edición.

Champlain vuelve a Francia y forma una Compañía de Mercaderes a la que concede su aprobación el rey. Se hace a la vela hacia el Canadá, llevando misioneros Recoletos de San Francisco que se distribuyen por varias regiones. Champlain hace la guerra contra los iroqueses, pero no puede tomar un pueblo suyo ya que es herido y se ve obligado a retirarse. Envía una junta celebrada en Quebec al padre comisario y a fray José Caron para que vengan a Francia y pidan a la Compañía de Mercaderes refuerzos de soldados que aseguren la ciudad de Quebec y sacerdotes que fomenten el cristianismo. Como los indios se alborotan, Champlain va otra vez a Francia y llega con el padre José Caron, nombrado comisario de la misión. Los indios atacan a los franceses, dan muerte a dos, y fray Pacífico de Plesi consigue que se sosieguen. Champlain asegura Quebec, parte a Francia, consigue socorro, aunque no de la Compañía, y vuelve al Canadá. En Tres Ríos perdona a los indios, pero estos le persuaden de hacer la guerra contra los iroqueses. Aumenta la misión de Taudosac. Nombrado Champlain primer gobernador del Canadá entra a explorar la tierra pero los iroqueses asaltan a los franceses. Champlain envía a fray Jorge Baillif a quejarse a Luis XIII, rey de Francia, de la falta de apoyo de la Compañía de Mercaderes. Emprenden la predicación en Acadia los Franciscanos Recoletos.

Muere el padre Juan Rogel, primer misionero jesuita que llegó a la Florida con el padre Pedro Martínez y el hermano Juan de Villareal, a los 90 años de edad, en Veracruz, tras el incendio de media ciudad, pero no como consecuencia de ello. En sus viajes Guillermo Baffin descubre el estrecho de Coskin. Entra en el de Davis y pierde la esperanza de hallar paso por el Norte al Oriente. En el estrecho de Smith observa que varió la aguja 58 grados. Juan Munck, danés, por orden del rey de Dinamarca pasa un invierno en la bahía que hoy llamamos de Hudson, y muere de hambre y de escorbuto toda su gente excepto cuatro, que habían comido frutillas enterradas bajo la nieve.

Existen 20 misiones en la Florida en 1615 pero en 1618 se pueden contar 50 y hay 16.000 indios bautizados. Se establecen cuatro misiones en Georgia en 1616, y en 1617 se fundan 4 en Nuevo México en Pecos, Santa Cruz, San Buenaventura y San Ildefonso, hasta un total de once, en las que hay un total de 14.000 feligreses indígenas.

Se funda en 1620 el santuario de Nuestra Señora de la Leche y del Parto Feliz en la misión de Nombre de Dios, en San Agustín. Este mismo año fray Antonio de la Ascensión, cosmógrafo de la expedición de Vizcaíno escribe un libro sobre ella. También este mismo año los peregrinos ingleses llegan a Plymouth, Massachusetts, en el *Mayflower*, barco que con frecuencia transportaba vino de Jerez a Bristol.

Sor María de Ágreda, de las monjas clarisas en España, hizo visitas milagrosas a los indios jumanos de Texas, según la leyenda, entre los años 1621 y 1629. Durante este período los indios jumanos relataban historias a los misioneros de Santa Fe sobre una mujer vestida de azul que se les aparecía y los convertía al cristianismo. Fray Diego López y fray Juan Salas dejaron Santa Fe para unirse a los jumanos del territorio de Texas. Cuando llegaron a este asentamiento fueron recibidos con una gran cruz adornada de flores y por muchos jumanos que pedían que los bautizaran debido a estas apariciones.

Notas

[1] Vid. el *Testimonio de Francisco de Aguilar, escrivano que fue en la jornada a la Florida con Ángel de Villafañe. Relación del reconocimiento que hizo el Capitán General Ángel de Villafañe de la Costa de la Florida, y posesión que tomó... desde 33 grados hasta 35 grados. Testimonio de Montalván, Velázquez, Serrano.*

[2] Autores modernos que se han ocupado brillantemente de estos temas son el diplomático Carlos Fernández Shaw (1991) y el obispo David Arias (1992). El investigador Juan M. Pérez de la Hispanic Division de la Biblioteca del Congreso, ha establecido una excelente cronología titulada 'The Hispanic Role in America' en la revista electrónica *Coloquio, Revista Cultural*.

[3] Vid. Pérez de Luxán (s. d.), *Memorial de Espejo* y Baltasar de Obregón, 1584.

[4] Bartolomé José Gallardo y Zarco del Valle, N.o 2.120 de su *Ensayo de una biblioteca española de libros raros y curiosos*.

La Florida y el suroeste:
letras de la frontera norte

Raquel Chang-Rodríguez

Introducción

Cuando Juan Ponce de León exploró la costa oriental de Norteamérica, primero en 1513 y después en 1521, el mundo Atlántico estaba en plena expansión. De Cuba salió (1519) la furtiva expedición de Hernán Cortés en pos de las riquezas del imperio mexica; años después, los hombres de Francisco Pizarro tendrían a Nombre de Dios (Panamá) como punto de reunión para el viaje al sur y el eventual sometimiento del Tahuantinsuyu, el vasto conglomerado de grupos regido por los incas. Una vez asegurado el poder español en México (1521) y en Cuzco (1534), capitales de dos de las grandes civilizaciones americanas, y establecida la comunicación con la metrópoli por medio del sistema de flotas, Norteamérica se convirtió en el foco de nuevas exploraciones. El vasto territorio denominado la Florida, la inexplorada zona al norte de la Nueva España, del recientemente descubierto Mar del Sur (1513) y el centro de la masa continental fueron las zonas de la nueva expansión. Varias razones motivaron estos viajes.

En el amplio contexto de la política imperial y, en particular, de la protección del tesoro de Indias, urgía resguardar las naves que hacían la travesía transatlántica, así como los puertos americanos, del ataque de piratas y corsarios. La explotación de minas de plata en el norte de la Nueva España (Zacatecas) obligó a pensar a administradores y exploradores en la posibilidad de hallar una ruta terrestre que facilitara la transferencia de esas riquezas a las naves que hacían el tornaviaje, obviando el tránsito por el Caribe. La llegada a territorios de la Florida (1564) de colonos protestantes (hugonotes) franceses avivó el celo religioso y encolerizó a Felipe II, quien ordenó sacarlos de allí a cualquier costo. Asimismo, las noticias de riquísimos reinos en el centro del continente despertaron el interés en la zona y sustentaron las ambiciones de quienes esperaban encontrar otro Perú, otro México —en recuerdo de las riquezas de Tenochtitlan se la llamó Nueva México a la ignota zona norte del virreinato de la Nueva España—. Cuando Vasco Núñez de Balboa descubrió el Mar del Sur, se afirmó la necesidad de encontrar una vía de comunicación marítima entre ambos océanos, el Atlántico y el Pacífico. Esta hazaña la logró Fernando de Magallanes en el viaje de circunnavegación concluido por su segundo, Juan Sebastián Elcano (1522); como ese paso era lejano y su cruce sumamente riesgoso, las exploraciones continuaron. Se especuló también sobre la posibilidad de hallar el camino hacia la China atravesando la masa continental o por vía marítima. Los pilotos y navegantes más expertos buscaban el estrecho de Anián, así nombrado en referencia a una provincia de la China, Anán o Ania (¿la isla de Hainan?), mencionada por Marco Polo en su libro de viajes[1]. Si bien del interior del continente se ignoraba casi todo, particularmente la distancia entre los puertos del Golfo y la costa del Mar del Sur, el mapamundi de Juan de la Cosa (1526) confirma que sí se sabía que la Florida no era una isla.

Las cartas, relaciones y crónicas, los informes y poemas épicos escritos a raíz de las incursiones a la frontera norte son producto de estos intereses, y por ello corresponde ubicarlos en un marco de exploración y ambición, de religión y catequización, de política internacional y violencia colonizadora. Estos documentos son los principales testimonios de las primeras décadas de contacto en esa vasta zona hoy parte de los Estados Unidos de América. En muchos casos ofrecen las únicas referencias a grupos étnicos desaparecidos poco después de la llegada de los europeos; todos ellos, con desigual arte, reflexionan sobre el comportamiento humano en inusitadas circunstancias, dan cuenta de la capacidad de acción de españoles e indígenas y a la vez muestran diferentes y terribles facetas de la vida fronteriza. Para apreciarlos conviene señalar algunas pautas que ayudan a entender textos tan singulares como variados.

Es bien sabido que marinos, capitanes, misioneros y expedicionarios escribían informes, relaciones, cartas, historias y crónicas, en unos casos para justificar sus acciones, recibir mercedes de la Corona y referir las novedades de tierras inéditas, en otros para familiarizarse con las nuevas lenguas y culturas, y avanzar la empresa de catequización. Ello no es diferente en la frontera norte. Exceptuando los poemas épicos, estos relatos fronterizos no se concibieron como literatura. No obstante, forman parte de las letras hispánicas por lo sorprendente de las hazañas contadas, por la singularidad del mundo reseñado o por recuperar un legado esencial en la constitución de identidades nacionales[2]. Así, cartas como las de Pedro Menéndez de Avilés, o informes como los de Álvar Núñez Cabeza de Vaca y Pedro de Cárdenas de Nájera, adquieren importancia más allá del dato empírico o la coordenada geográfica.

Sin duda, los noveles autores encararon serios problemas formales. Los más notables podrían resumirse en las siguientes preguntas: ¿cómo describir esa realidad diferente y exótica? ¿Cómo relatar la propia participación en hechos inusitados? En busca de respuestas se aprovecharon de la tradición historiográfica medieval y de los preceptos literarios puestos en boga durante la temprana modernidad. La primera permitía la mezcla de realidad y fantasía, la inclusión de detalles raros y la divagación moralizante que podía servir de ejemplo a los lectores. Por eso en los tempranos textos de la época no debe sorprender el comentario sobre la intervención divina en favor de los conquistadores, ni la descripción de hazañas sobrehumanas. Los segundos, o sea los preceptos literarios del Renacimiento, propiciaron, entre otras cosas, la inclusión del paisaje embellecido, de la nota individualista y, particularmente en la poesía épica, la atención a la forma y el toque realista en la descripción de combates.

Como muchas veces el español fue inadecuado para describir nuevas realidades, desde los primeros contactos se emplearon palabras de los idiomas amerindios (taíno, náhuatl, quechua), que por su frecuente uso en el lenguaje oral y escrito fueron enriqueciendo el español. En estos cruces lingüísticos, plantas y animales americanos frecuentemente recibieron nombres europeos —en el caso de la frontera norte, al 'bisonte' se lo llamó 'vaca'—; igualmente, costumbres y personas se asociaron y compararon con grupos muy conocidos por los españoles, por ejemplo, los musulmanes, judíos y moriscos con quienes convivieron en la Península. Conocedores de las antiguas leyendas clásicas y de geografías remotas, los marinos y cartógrafos contribuyeron a configurar una imagen fantástica de las nuevas tierras porque decían haber hallado en América desde las sirenas hasta los dragones descritos en los antiguos textos y en la *Naturalis Historia* de Plinio el Viejo. En este sentido la referencia más resaltante con respecto a la frontera norte son las siete ciudades de Cíbola, remontadas a la ínsula Antilla o *Sette Ciudades* (isla de las siete ciudades), lugar de refugio donde un arzobispo portugués, seis obispos y otros cristianos habían huido cuando 'toda Hispania [año 734] estaba conquistada por los herejes de Africa' (Rodolfo Cronau en Carmen de Mora, 1992: 34)[3].

El contacto hispano-indígena y la apropiación de los territorios americanos plantearon serias cuestiones filosóficas y teológicas para la iglesia católica y los soberanos españoles. Hitos importantes en este debate son: 1) en Santo Domingo de La Española las prédicas del dominico Antonio de Montesinos contra el maltrato a los indios (1511); 2) las Leyes de Burgos (1512) que asientan jurídicamente el derecho de los reyes a hacer la guerra a los indígenas que resistieran la evangelización —la legalidad de este comportamiento se afirmaba con la lectura del Requerimiento[4]— e intentan, por medio de la encomienda, establecer algún equilibrio —constantemente precario— entre el predominio de los colonos y la protección al indígena; 3) la *Bula Sublimis Deus* (2 de junio de 1537) de Pablo III, que asume la racionalidad del indígena, y su derecho a la libertad, la propiedad y a recibir pacíficamente la prédica del cristianismo; 4) las *Nuevas Leyes* (1542) que, promulgadas a instancias de Bartolomé de las Casas y otros dominicos, suprimían las encomiendas y regulaban el trabajo indígena; 5) el debate de la Junta de Valladolid (1550-1551), donde Las Casas y Juan Ginés de Sepúlveda, ambos humanistas de formación aristotélica, argumentaron sobre cómo y cuándo debían llevarse a cabo la evangelización y el derecho de España a someter a la población indígena[5], y 6) los *Reglamentos* de 1573, parcial consecuencia del irresoluto debate vallisoletano y del interés de la Corona en implementar una política suasoria. Ya no hay conquistas sino 'pacificaciones'; la persuasión por medio de regalos e intercambios es ahora la vía a seguir para atraer a los neófitos al Evangelio; los misioneros sustituyen a los conquistadores[6]. Dos poemas épicos, *La Florida* e *Historia de la Nueva México*, muestran el impacto de las ordenanzas reales de 1573 en Norteamérica y la flexibilidad con que se aplicaron. En este amplio contexto debemos situar y apreciar la selección de textos fronterizos aquí incluida: los informes y relaciones de Álvar Núñez Cabeza de Vaca, fray Marcos de Niza y Pedro de Castañeda de Nájera, las cartas de Pedro Menéndez de Avilés, la crónica del Inca Garcilaso y los poemas épicos de fray Gregorio de Escobedo y Gaspar Pérez de Villagrá.

La Florida

Álvar Núñez Cabeza de Vaca, *Relación* (1542)

Dedicada al emperador Carlos V, la *Relación* (Zamora, 1542)[7] es el principal y más conocido recuento de lo acaecido a la fallida expedición (1527-1528) de Pánfilo de Narváez (c. 1478-1528) redactado por uno de los sobrevivientes, su tesorero Álvar Núñez Cabeza de Vaca (c. 1490-1564). Durante diez años y dos meses (1528-1536), el autor, los expedicionarios Andrés Dorantes y Alonso del Castillo Maldonado y Esteban o Estebanico, esclavo 'negro alárabe' (1: 278)[8], navegaron por el litoral del Golfo y caminaron por un extenso territorio hasta llegar a la provincia de la Nueva Galicia (la zona occidental de la Nueva España). En este largo periplo entraron en contacto con diversos grupos étnicos —la mayoría desapareció años después— y experimentaron situaciones límites (canibalismo, esclavitud), hasta su rescate y retorno a México-Tenochtitlan. Ya en la corte (1538), Núñez Cabeza de Vaca supo que Hernando de Soto había sido nombrado adelantado de la Florida; entonces se dedicó a escribirle al emperador Carlos V el informe de su largo periplo con el propósito de conseguir un nuevo nombramiento en América. En respuesta a su petición, la Corona lo nombró (1540) gobernador del Río de la Plata (hoy día Paraguay) y adelantado de las tierras que descubriera y colonizara en esa zona (1540-1545). Al retornar en cadenas y en desgracia de la América del Sur, publicó *Relación y comentarios* (Valladolid, 1555), obra dedicada al príncipe Carlos donde incluye la narración floridana y añade sus experiencias sudamericanas contadas por su secretario, Pero Hernández[9].

La expedición de Pánfilo de Narváez se dirigía al río de las Palmas (hoy río Soto de la Marina en el estado de Tamaulipas, México); arribó accidentalmente al sur de la bahía de Tampa (1528); por el mal tiempo, la dureza del terreno y el fallido liderazgo, los alimentos escaseaban y los expedicionarios comenzaron a enfermarse y morir. Según explica el narrador de la *Relación*, en esta coyuntura le pidió consejo al adelantado Narváez y este le respondió: ya no es 'tiempo de mandar unos a otros, que cada uno hiciese lo que mejor le pareciese que era para salvar la vida, que él así lo entendía de hacer. Y diciendo esto se alargó con su barca' (1: 90, f.20r). Así, el 'sálvese quien pueda' rige el comportamiento de los desesperados expedicionarios.

En este ambiente el narrador sitúa el episodio de antropofagia que tanto sorprende a los nativos: 'Y cinco cristianos que estaban en Xamho en la costa llegaron a tal extremo que se comieron los unos a los otros hasta que quedó uno, que por ser solo, no hubo quien lo comiese... Deste caso se alteraron tanto los indios y hubo entre ellos tan gran escándalo que sin duda que si al principio ellos lo vieran los mataran' (1: o6, f24r). Irónicamente, este vicio condenado en el requerimiento ahora lo comparten quienes están llamados a prohibirlo. El episodio sirve para enmarcar la compleja visión del indígena que la *Relación* presenta: el narrador no lo tipifica ni lo encasilla bajo los tradicionales rótulos de bondad o maldad; intenta valorarlo y distinguirlo de acuerdo a su trato y comportamiento. No deja de notar, sin embargo, prácticas que lo repelen o lo asombran. En este sentido conviene recordar el fin de la *Relación*. Cuando el cuarteto cree haber encontrado protección y libertad entre los suyos, los soldados españoles los coartan. El narrador acota:

> [D]onde parece cuanto se engañan los pensamientos de los hombres,
> que nosotros andábamos a les buscar libertad y cuando pensábamos
> que la teníamos sucedió tan al contrario. Y por apartarnos de
> conversación de los indios, nos llevaron de los montes despoblados a fin
> que no viésemos lo que ellos hacían ni sus tratamientos, porque tenían
> acordados de ir a dar en los indios que enviábamos asegurados y de paz.
> (1: 252, f60v)

La reflexión atañe a la decepción y al buen o mal comportamiento, más allá del origen, la prosapia o la procedencia individual. El comentario amplía lo ocurrido cuando sitúa el accionar de los personajes en el marco atemporal de las relaciones humanas.

En la *Relación*, Núñez Cabeza de Vaca asume una variedad de roles: conquistador y esclavo; español e indio, tesorero y lingüista, nadador y caminante, curandero y evangelizador. Entre todos se fija la imagen de un ser hambriento, aislado, desnudo, sin armas, más pobre peregrino que ducho conquistador. La alternancia de estos papeles le da singular agilidad al relato y muestra cómo el saber europeo parece ser insuficiente en las singulares coyunturas fronterizas. En efecto, su salvación se da dentro de la retórica de la bondad divina: el Señor les abre el camino en tierra despoblada, y también ablanda el corazón de sus anfitriones indígenas (1: 153-154, f35v, f36r). De ahí siguen las exitosas y milagrosas curaciones, incluyendo la resurrección de un 'muerto' (1: 162-163, f38r, f38v). Mencionada al comienzo y al final de la obra, la predicción de la mora de Hornachos, quien había vaticinado el fin trágico de la expedición, le añade al relato otra red de significado al traer a colación los debatidos temas de la fortuna, la predestinación y la otredad, ahora musulmana o morisca.

Placa en memoria de Alvar Núñez Cabeza de Vaca por su descubrimiento de las cataratas de Iguazú.

En su momento el relato del largo periplo de Núñez Cabeza de Vaca circuló oralmente en la corte; igualmente, la difusión de la *Relación* en sus versiones escritas (1542 y 1555) fue amplia. Las noticias de riqueza sin cuento en esas remotas tierras alentaron a muchos caballeros a inscribirse en la expedición de Hernando de Soto; las nuevas propiciaron la expedición de fray Marcos de Niza a las maravillosas siete ciudades de Cíbola. Por medio de referencias directas o de alusiones, la presencia del inusitado periplo de Núñez Cabeza de

Vaca es evidente en crónicas coetáneas, por ejemplo, *La Florida del Inca* (1605) del cronista cuzqueño Garcilaso de la Vega[10]. Hoy día la complejidad de la *Relación* la hace texto de interés para varias disciplinas, desde la literatura y la religión hasta la antropología y la historia. Por contar la saga de Núñez Cabeza de Vaca y sus compañeros en un vasto territorio extraño y hostil, por describir exóticas costumbres y etnias, por la densidad de 'historias' y temas yuxtapuestos, por reubicar el periplo en el área de las relaciones humanas, la *Relación* ha fascinado a generaciones de estudiosos y lectores interesados en viajes, descubrimientos y la interacción de personas de diferente nación y confesión.

Pedro Menéndez de Avilés, *Cartas* (1555-1574)

El marino e hidalgo asturiano Pedro Menéndez de Avilés (1519-1574) fue nombrado capitán general de la flota o carrera de Indias (1560), y después adelantado, capitán-general y gobernador de la Florida (1565); de acuerdo con las capitulaciones o contrato, debía colonizar y pacificar ese territorio de su propio peculio; sin embargo, el apoyo económico de la Corona no se hizo esperar cuando Felipe II, enterado del arribo de los franceses a la zona (1564) y la fundación de Fuerte Carolina, ordenó a Menéndez de Avilés expulsarlos a cualquier costo y asentarse en la región[11]. Reconociendo la importancia de Cuba para la exploración y la colonización de la Florida, Menéndez de Avilés pidió y se le concedió (1567) la gobernación de esa isla, que rigió por medio de intermediarios hasta 1572. En la Florida fundó las villas de San Agustín (1565) y Santa Elena (1566); la primera es la más antigua ciudad de fundación europea continuamente habitada en el actual territorio de los Estados Unidos; la segunda fue la capital de la Florida de 1571 a 1576[12].

El flamante adelantado tenía ambiciosos proyectos para la región. Estableció un sistema de fortificaciones cuyo propósito era unir la frontera este de Norteamérica con la oeste, o sea, la Florida con la zona minera al norte de la Nueva España. Igualmente intentó buscar un paso marítimo entre el Atlántico y el Pacífico, el mítico estrecho de Anián. Menéndez de Avilés encargó primero a los jesuitas y después a los franciscanos la evangelización de la diversa población nativa; como resultado de los esfuerzos de la orden seráfica, se establecieron misiones y se incentivó el aprendizaje de las lenguas regionales; la publicación, años después, del *Confesionario en lengua castellana y timuquana* (México, 1613) del fraile Francisco de Pareja responde a estos intereses de catequización. Igualmente, por medio de una política de alianzas, intentó captar con éxito desigual a los diferentes señores étnicos y asegurar su lealtad a la Corona[13].

De todo ello dan cuenta las cincuenta y nueve cartas del marino asturiano y dos crónicas sobre su actuación en la Florida: 1) *Memorial que hizo el Dr. Gonzalo Solís de Merás de todas las jornadas y sucesos del Adelantado Menéndez de Avilés, su cuñado, y de la conquista de la caridad y justicia que hizo en Juan Ribao* (1565), y 2) Bartolomé Barrientos, *Vida y hechos de Pedro Menéndez de Avilés* (c. 1567)[14]. Si bien las cartas dirigidas al rey Felipe II, a la princesa Juana, al marqués de Mondéjar, al secretario del monarca, a su sobrino, Pedro Menéndez Marqués, y a un religioso de la orden jesuita, muestran la retórica común a estos documentos, también por ellas atisbamos las preocupaciones íntimas del adelantado y los muchos riesgos de la empresa floridana[15]. La correspondencia abre así una ventana desde la cual observamos los apremios de la vida en esa frontera: necesidad del apoyo constante de la Corona, las continuas amenazas de piratas y corsarios, la precariedad de las alianzas con los indígenas, la escasez de alimentos, la importancia de Cuba y el puerto de La Habana en el proyecto de Menéndez de Avilés. Por ejemplo, en la carta del 22 de julio de 1571 dirigida a Felipe II, el autor se lamenta tanto de la insatisfacción de los pobladores como de la fragilidad de las alianzas con los nativos:

> Dejo de ir en ella [en la Armada] por la gran necesidad que hay de mi
> persona en estas provincias de la Florida, porque la demás de la gente que

allí estaba se ha salido, y la que hay con gran descontento, y los indios mis amigos con gran deseo de verme que son los que han dado a V. M. la obediencia. Y los indios mis enemigos, amigos de los franceses, les hacen la gran guerra por la amistad que conmigo hacen; y si allí no acudiese, todo se perdería, y teniendo los luteranos desto noticia, acudirán con facilidad aquí, y perderá V. M. lo ganado, y señorearse han de la tierra. Porque aquellos indios, en lo general, son más amigos de los franceses, que los dejan vivir con libertad, que no míos ni de los teatinos, que les estrechamos la vida; y más harán los franceses por esta causa en un día, que yo en un año... (*C* 79).

Estatua de Pedro Menéndez de Avilés.

La misiva afirma el doble carácter de la empresa: expansión imperial y religiosa; de ella también se desprende la frecuente incidencia de las pugnas europeas en la vida fronteriza. En una carta del 15 de octubre de 1565 a un amigo jesuita, Menéndez de Avilés subraya la importancia de la labor misionera: 'Y es andar perdiendo el tiempo en esta tierra, pensar plantar en ella el Santo Evangelio con solo la milicia' (*C* 196). El significado de la llegada de barcos y bastimentos a la remota San Agustín se hace evidente de modo conmovedor en esa misiva: '[Q]ue todos recibimos gran consolación y alegría [de la llegada de navíos, pobladores y alimentos], y se andaban encontrando lo[s] que en este fuerte estaban los unos con los otros, llorando de placer, las manos y los ojos puestos en el cielo, alabando a Nuestro Señor' (*C* 196).

Igualmente interesante es la relación del adelantado con el cacique Carlos de la etnia calusa y cómo, para establecer la paz, Menéndez de Avilés casó con su hermana, bautizada doña Antonia. Preocupada porque el matrimonio no se había consumado, la princesa se apareció una noche en los aposentos del adelantado: 'Doña Antonia dijo por la lengua que le rogaba la acostase consigo en un canto de la cama, y que no se llegaría a él, para que su hermano Carlos supiese que habían dormido juntos, porque de otra manera pensaría que se reía de ella, y no quería ser amigo de verdad de los cristianos, ni ser cristiano como ella, de que le pesaría mucho' (Mercado, 2006: 174). Y este le contestó: '[Q]ue no le faltaba razón; más que Dios le mataría; que si ella quería que él se muriese, que se desnudase y acostase con él. Ella empezó entonces a echar los brazos al Adelantado, y díjole que porque no se muriese, no quería con él acostarse' (Mercado, 2006: 174). Las relaciones entre ambos se deterioraron cuando el adelantado usó a doña Antonia como rehén contra los tacobaga, grupo enemigo de los calusa.

Las cartas de Menéndez de Avilés y las crónicas sobre su actuación en la Florida son documentos claves para entender este período y entrever los altibajos de la vida de los pobladores en esa frontera. Su correspondencia se une a la conocida de Colón, Valdivia y Cortés; cada epistolario presenta las particulares ambiciones del autor así como un perfil del vínculo de la zona al proyecto imperial; asimismo, da cuenta de coyunturas únicas a las cuales se reacciona desde ultramar y desde la metrópoli, generalmente con flexibilidad. En el caso de la Florida, los peligros señalados en las cartas por el hábil marino, adelantado y corresponsal, en particular la piratería, terminarían por darle severos golpes a la presencia española en la zona. Baste recordar, doce años después de la muerte de Menéndez de Avilés, el devastador ataque de Francis Drake (1586) a San Agustín.

Alonso Gregorio de Escobedo, *La Florida* (c. 1600)

Poco sabemos del fraile franciscano Alonso Gregorio de Escobedo, autor de *La Florida*, un poema épico sobre esta zona fronteriza conformado por más de 21.000 versos dispuestos en treinta y siete cantos en metro de octava real[16]. Sí sabemos que este y un grupo de misioneros de la orden seráfica llegaron a San Agustín en 1587. Allá los recibió el gobernador Pedro Menéndez Marqués, sobrino de Menéndez de Avilés; Escobedo pasó casi inmediatamente a la vecina doctrina de Nombre de Dios. Se desconoce cuándo comenzó a escribir ni por qué escribió su largo poema. Se sabe que retornó a la metrópoli antes del 20 de junio de 1593 porque rindió testimonio sobre el posible traslado de la villa de San Agustín a otro lugar (Sununu, 1992: 38-39). Como el autor comenta extensamente sobre la prosapia de las familias Guzmán y Mendoza, se ha especulado que perteneció a una de ellas. Al mismo tiempo, tampoco se deben olvidar los estrechos lazos entre los Guzmán y la orden franciscana: Juan de Guzmán (1466-1507), tercer duque de Medina Sidonia, construyó en Sanlúcar de Barrameda un monasterio principal para los miembros de esa orden; su generosidad le valió a él y a su hijo el rango de hermanos franciscanos (Sununu, 1992: 39). Igualmente, vale traer a colación que los franciscanos reemplazaron a los jesuitas en la evangelización de la Florida (1572) a raíz del martirio de varios ignacianos (1561) en la zona de la bahía de Santa María (Chesapeake Bay), en Ajacán (actual estado de Virginia), y su posterior fracaso en la catequización de los nativos en la Florida peninsular.

Como la posterior épica *Historia de la Nueva México* (1610) de Gaspar Pérez de Villagrá, el poema de Escobedo interesa desde la doble perspectiva histórica y literaria. Sus primeros diez cantos son de corte hagiográfico: se ocupan de la vida de san Diego de Alcalá; siguen dos cantos sobre acontecimientos de los cuales el poeta no fue testigo: la expedición de Juan de Silva de 1595 (Canto 11) y la rebelión de Guale de 1597 (Canto 12)[17]. La segunda parte (f177r-304v) trata de naufragios y de las luchas de los españoles contra ingleses y franceses; un apartado importante de esta sección detalla las depredaciones de Francis Drake en San Agustín, ocurridas un año antes de la llegada del autor a la zona. El Canto 24 (f304) inicia la tercera parte con la descripción del viaje de Escobedo de La Habana a tierras floridanas; al mismo tiempo, ofrece sus comentarios sobre el franciscano Alonso de Reinoso, el líder de los religiosos. A partir del Canto 26 (f326) priman las descripciones de la Florida; igualmente se detallan los usos y costumbres de sus habitantes, desde pecados hasta comidas. Los últimos setenta y cinco folios son de carácter evangelizador e incluyen las 'pláticas' o sermones del autor. El poema concluye con el bautismo de cien indígenas catequizados por Escobedo.

Desde una perspectiva histórica interesan, entre otros episodios, la descripción de la rebelión de Guale (Canto 12) tanto como la de las luchas entre los hugonotes franceses y los católicos españoles (Canto 30). En el poema, Menéndez de Avilés y el fraile Reinoso protagonizan eventos claves: el primero, la fundación de San Agustín y la guerra contra los protestantes; el segundo, repetidos periplos transatlánticos y el reclutamiento de religiosos para la obra misionera. El martirio de los cuatro franciscanos durante la rebelión de Guale (Canto 12) se representa con realismo; al mismo tiempo, Escobedo realza la piedad y fe de estos frailes cuyo comportamiento convierte en modelo apostólico. Ofrece también descripciones discutibles del indio: por un lado, nota sus defectos (lujurioso, cruel, bárbaro); y por otro, alaba su destreza y fortaleza para sobrevivir en un medio hostil. Siguiendo las ordenanzas de 1573 que regulaban las nuevas conquistas y exigían la conversión pacífica de los nativos, Escobedo lleva a cabo la labor catequizadora consciente de que muchos, una vez gasten los obsequios y trajes recibidos, volverán al paganismo: 'Y cuando algunos fueron bautizados / y se les ha rompido el vestimiento / se vuelven a sus ritos estragados / y lo tienen por gloria y por contento' (f352r). Esto trajo a la labor misionera el problema de cómo bregar con la presunta apostasía de los nativos recientemente evangelizados. Si el cronista cuzqueño Garcilaso de la Vega en *La Florida del Inca* representa positivamente al indígena floridano, Escobedo lo hace peyorativamente:

> Es gente miserable y pecadora.
> Es gente sin verdad y gobierno.
> Es que al demonio vil adora.
> Es gente que se va toda al infierno.
> Es gente de maldades la señora.

> Es gente sin Jesús sempiterno.
> Es gente sin discursos naturales.
> Es gente no como hombres racionales. (f335v)

Con todo, el fraile persiste en su empeño teniendo siempre en cuenta 'el eterno descanso de la gloria' (f334v), en premio a su fe, devoción y esfuerzo.

La gráfica captación del ambiente le da al poema el toque verista presente en la épica española:

> Es costa La Florida peligrosa
> cercada de montañas y pantanos.
> La gente que la ocupa es belicosa,
> enemiga rabiosa de cristianos,
> de suerte que si alguno salir osa
> por el monte sin miedo de paganos,
> si acaso vuelve vivo trae el pecho
> lleno de flechas, harto a su despecho. (f327r)

La descripción de los trabajos de un grupo de expedicionarios que decidió abandonar la peligrosa región y caminar hasta la Nueva España igualmente confirma el matiz realista de la obra:

> Los ríos que los míseros pasaron,
> las malas noches y peores días,
> los pueblos que por fuerza conquistaron,
> dándoles cruda muerte a sus espías;
> las comidas que a indios les quitaron,
> los montes donde hicieron llanas vías
> no lo podré cantar, ni soy bastante.
> ¡Otra lengua veloz los diga y cante! (f276r)

Desde una perspectiva literaria, el poema, como *La Araucana* (1.ª parte, 1569)[18], carece de un héroe único; más bien se perfilan varios actores principales (San Diego, el fraile Reinoso, Menéndez de Avilés, el propio Escobedo). Episodios como los de la caza de ballenas (f304v) y la rápida muerte de los cetáceos a manos de los nativos corresponden al espacio de la fantasía. Otros, como el del náufrago sevillano que vivió con los indígenas diecisiete años, se salvó gracias a su oficio de joyero y tuvo en una mujer indígena dos hijas, Antonia y Sebastiana, instruidas por él en la fe cristiana (f304, Canto 19), dan entrada a temas característicos de la épica americana. Al mismo tiempo, tales lances ofrecen instancias desde donde el punto de enunciación parece desplazarse hacia la periferia. En el espacio del poema hallamos un continuo tráfico de navíos y personas entre las islas del Caribe y la Florida, tránsito que anticipa la antigüedad y hasta naturalidad de tales intercambios en una zona fronteriza entonces y hoy. Si bien Escobedo, como él mismo observa, escribe 'con lengua ruda y verso mal limado' (f126r), en muchos momentos su canto logra alcanzar altura épica. La variedad de episodios, el largo periplo del autor por mar y tierra, su carácter de testigo presencial de los hechos y el empleo del patrón épico para realzarlos hacen de *La Florida* un texto clave de la frontera norte y una contribución singular a la poesía épica, modalidad tan apreciada entonces.

Inca Garcilaso de la Vega, *La Florida del Inca* (1605)

La Florida del Inca (Lisboa, 1605) es la crónica principal sobre la expedición de Hernando de Soto (1539-1543) a ese vasto territorio. Hay otros tres textos que narran diferentes aspectos de la fallida expedición de De Soto: 1) el relato de Luis Hernández de Biedma, el contador de la expedición, *Relación del suceso de la jornada que hizo Hernando de Soto, y de la calidad de la tierra por donde anduvo* (1544); 2) el del hidalgo de Elvas, *Relaçam verda-*

deira dos trabalhos q'ho Gouernador don Fernando de Souto y certos fidalgos portugueses passaron no descubrimiento da prouincia da Florida, publicado en Evora en 1557, y 3) el basado en el diario de Rodrigo Rangel, secretario de De Soto, contado a Gonzalo Fernández de Oviedo, quien lo recogió en su *Historia general y natural de las Indias* (libro 17, capts. 21-28)[19] en fecha posterior a la primera publicación de esa obra, y por tanto, no apareció impreso sino hasta el siglo XIX[20]. Investigaciones recientes dan cuenta de otros escritos sobre esta expedición (véase Lyon, 1995: 121-127).

Los relatos de Hernández de Biedma y Rangel son escuetos. En ellos predomina el interés por informar sobre la geografía, las distancias recorridas, los depósitos de comida y la resistencia indígena —o su ausencia— a la entrada española. La más elaborada de las narraciones mencionadas corresponde al hidalgo de Elvas. Sus cuarenta y cuatro capítulos ofrecen lo que vio y experimentó un soldado, con predominio de la información sobre itinerarios. Quizá por las conocidas rivalidades entre España y Portugal, este cronista no vacila en resaltar la crueldad de los españoles; en cuanto a los indígenas, comenta mayormente sobre sus buenas proporciones, estatura y alimentación. No debemos olvidar, por otro lado, que *La Florida del Inca* fue aprovechada por el cronista mayor, Antonio de Herrera y Tordesillas (1559-1625), en su *Historia general de los hechos de los castellanos en las Islas y Tierra Firme del Mar Océano*, obra cuya publicación se inició en 1601. Sin embargo, el relato de la expedición de De Soto figura en la década XV, que no apareció impresa hasta 1615 (Miró Quesada, 1956: liv)[21]. Cabe preguntar entonces qué distingue la narración del cronista cuzqueño de las anteriores.

El Inca Garcilaso propone la conquista y colonización de la Florida por y para ella con el propósito de evangelizar a sus habitantes: '[D]igo que, para trabajar y haberla escrito [*La Florida del Inca*] no me movió otro fin sino el deseo de que por aquella tierra tan larga y ancha se extienda la religión cristiana; que ni pretendo ni espero por este largo afán mercedes temporales' (*F*, Proemio, 8-9)[22]. En contraste con los otros relatos floridanos, el Inca no solo describe sucesos; articula un objetivo, lo amplia y lo desarrolla. Tal despliegue le permite ofrecer una novedosa interpretación de los hechos que va más allá del aspecto evangelizador[23]. La inclusión de anécdotas y relatos aparentemente separados de la narración central forma parte de un esfuerzo por iluminar los rincones de la historia, por traer a colación las varias aristas de un acontecimiento y por notar su impacto en geografías y sujetos diversos. Por ello Hernando de Soto figura como conquistador aguerrido; pero también, por medio del prisma de incidentes menores, lo vemos como persona apasionada y ambiciosa cuyos gustos y disgustos los llevaron a él y a sus hombres a la ruina. El cronista da cuenta del valor de los conquistadores pero también de su codicia; de este modo pone en tela de juicio sus acciones y la propia empresa imperial. Al mismo tiempo, liga todo ello al fracaso de la evangelización en tierras floridanas, en particular al mal ejemplo que contradice las enseñanzas cristianas.

Su aporte más innovador, sin embargo, es la representación del indígena, a quien parangona con el europeo y en todo momento presenta como sujeto capaz. Así, la señora de Cofachiqui figura como dama ilustre y astuta diplomática, quien, con su conducta, se gana el respeto de los expedicionarios (*F*, cap. 3, libros 10 y 11). El cronista niega con vehemencia el canibalismo de los indios y explica por qué los llama caballeros: 'Este nombre caballero en los indios parece impropio porque no tuvieron caballos, de los cuales se dedujo el nombre, más, porque en España se entiende por los nobles, y entre indios los hubo nobilísimos, se podrá también decir por ellos' (*F*, libro 2, 1.ª parte, cap. 1, 47)[24].

En consonancia con ideas popularizadas en la temprana modernidad, el Inca Garcilaso juzga al ser humano no por su prosapia sino por su comportamiento; al aplicar este rasero, la conducta desplaza la procedencia y la etnia[25]. El autor no pierde ocasión de recalcar la capacidad de actuación del indígena, aun en las circunstancias más difíciles. Así, cuando los españoles ya están en sus barcos y de retirada a México, un indio los increpa desde la ribera del Misisipi: 'Si nosotros tuviéramos canoas grandes como vosotros —quiso decir navíos— os siguiéramos hasta vuestra tierra y la ganáramos, que también somos hombres como vosotros' (*F*, libro 6, cap. 10, 414). En el capítulo final, (Libro 6, cap. 22), el autor ofrece una relación de los mártires de la Florida. Aquí también se impone la mirada dual. Como un telescopio que acerca lo lejano y borroso, por medio del encuentro en el campo andaluz de Gonzalo Silvestre con siete indios de la Florida, el cronista ilumina la narración y la historia de la región al colocar el incidente en un contexto más amplio. Cuando el antiguo compañero de De Soto se identifica y les pregunta a los indios sobre su origen, ellos responden: '¿Dejando vosotros esas provincias tan mal paradas como las dejasteis queréis que os demos nuevas de ellas?... De mejor gana les diéramos sendos flechazos que las nuevas que nos pide' (*F*, libro 6, cap. 22, 447). Por medio de este episodio el cronista muestra, desde dentro, tanto las trágicas consecuencias de la conquista como la audacia de los floridanos. Conforma así una problemática versión de la historia en la que Europa y América —la del Norte y la del Sur— aparecen indisolublemente ligadas: la frontera floridana y sus habitantes cambiarán de modo radical como consecuencia de la política interna de la Corona y las ambiciones imperiales de otros poderes europeos, en particular Inglaterra y Francia, potencias enemigas de España.

Inca Garcilaso de la Vega.

La mirada dual y moderna del Inca Garcilaso deviene panamericana y global. El cronista de Indias mestizo y natural del Cuzco representa los hechos en toda su complejidad al concitar una pluralidad de experiencias y actores. Esta novedosa visión le permite reubicar los acontecimientos ocurridos en geografías ajenas y propias en una dimensión simbólica. Su estrategia obliga a reflexionar sobre el exacto sentido de la historia compartida, porque la veracidad de *La Florida del Inca* va más allá de lo fáctico.

La Nueva México

Fray Marcos de Niza, *Relación del descubrimiento de las siete ciudades* (1539)

Guiado por el esclavo norafricano Esteban o Estebanico, el compañero de Núñez Cabeza de Vaca en su largo periplo por Norteamérica, el fraile franciscano Marcos de Niza (?-1558), misionero con anterior experiencia en Perú y Guatemala, salió en marzo de 1539 del pueblo de San Miguel en la provincia de Culiacán en busca de las siete ciudades de Cíbola. Sus fabulosas riquezas se comparaban con las de México-Tenochtitlan y el Cuzco, tema ya fijado en el imaginario de conquistadores reales y presuntos. Antonio de Mendoza, virrey de la Nueva España (1535-1550)[26] —y después del Perú ,1551-1552—, había dado instrucciones específicas a los expedicionarios en cuanto al buen trato de la población nativa, así como sobre las necesarias averiguaciones de la cantidad y distribución de los habitantes, las posibilidades de evangelización y la fertilidad de la tierra y su proximidad o no a la costa[27]. Integrada por muchos indígenas de la zona del río Petatlán a quienes se les había advertido del carácter pacífico de la exploración[28], esta viajó al norte y llegó hasta los estados modernos de Arizona y Nuevo México, en las cercanías del pueblo zuñi de Hawikuh. Fray Marcos detalló este periplo y describió las riquezas de esas míticas urbes en su *Relación del descubrimiento de las siete ciudades*. Como la difusión de este breve documento despertó el interés en nuevas exploraciones y asentamientos permanentes en la zona, y también a su autor se lo acusó de impostor, se lo considera un texto central entre los que describen la expansión de la frontera norte.

'Sayota' u 'hombre del cielo' fue el nombre dado a fray Marcos por los indígenas de la costa y las islitas vecinas con los cuales tuvo contacto (p. 149)[29]. Estos le dieron noticias de que a cuatro o cinco jornadas al norte había grandes poblaciones donde habitaba gente vestida de algodón y había oro. En Vatacapa —¿la antigua misión de Matapé?— el franciscano decidió enviar mensajeros hacia la costa, y a Esteban hacia el norte. Sus instrucciones al guía y esclavo fueron precisas: '[S]i tuviese alguna noticia de tierra poblada y rica que fuese cosa grande, que no pasase adelante, sino que volviese en persona o me enviase indios con esta que concertamos: ...si la cosa fuese razonable, me enviase una cruz blanca de un palmo; y si fuese cosa grande, le enviase dos palmos; y si fuese cosa mayor y mejor que la Nueva España, me enviase una gran cruz' (p. 149). Los mensajeros de Esteban retornaron después de cuatro días con una cruz 'de estatura de un hombre' (p. 149). Uno de ellos rindió el siguiente informe:

> Que en esta primer[a] provincia hay siete ciudades muy grandes,
> todas debajo de un señor, y de casas de piedra y de cal, grandes;
> las más pequeñas de un sobrado y una azotea encima, y otras de
> dos y de tres sobrados, y la del señor de cuatro, juntas todas por su orden;
> y en las portadas de las casas principales muchas labores de piedras
> turquesas de las cuales, dijo, que hay en gran abundancia. Y que las
> gentes de estas ciudades anda muy bien vestida. Y otras muchas
> particularidades me dijo, así destas siete ciudades como de otras
> provincias más adelante, cada una de las cuales dice ser mucho más cosa
> questas siete ciudades; y para saber de él como lo sabía tuvimos muchas
> demandas y respuestas, y hallele de muy buena razón. (p. 150)

Basándose en estas noticias y en las nuevas de otros mensajeros de Esteban que repitieron las bondades de la tierra —era 'la mejor y mayor cosa que jamás se oyó' (p. 151)—, el franciscano emprendió viaje hacia el norte. Al entrar en contacto con nuevos mensajeros de Esteban, supo que este ya había partido hacia Cíbola, la primera de las ciudades, y también tuvo noticias de otros reinos de la zona. Como entonces para los europeos la vestimenta indicaba grados de sofisticación y civilización, fray Marcos documenta las observaciones de los nativos sobre ello: hombres y mujeres de esos ricos reinos vestían unas camisas de algodón hasta los pies, de mangas muy anchas. Las ataban con cinturones de turquesas; sobre ellas se echaban mantas o cueros de vaca labrados, atuendos apreciados y abundantes en la zona. El fraile parangona esta vestimenta con el 'vestido bohemio'[30].

Durante el trayecto en alcance de Esteban, fray Marcos y sus compañeros continúan recibiendo noticias excepcionalmente positivas sobre las ciudades al norte; entre ellas les llamó la atención la de Totonteac, donde, según les informaron, había animales de los cuales se podía sacar una lana semejante a la del hábito del franciscano (p. 152)[31]. Muchas de estas noticias las proveen nativos de la zona que han ido al norte, hacia Cíbola, con el propósito de intercambiar su trabajo por objetos y vestidos muy apreciados (p. 153); ello da cuenta de la antigüedad del trasvase de personas, bienes y mano de obra en la frontera norte. A estas nuevas el autor añade lo que él y sus compañeros observan en el viaje: nativos con turquesas colgadas de la nariz y las orejas, gente con 'buenas naguas y camisas', abundancia de cueros de vacas. En la zona atravesada hay 'tanta noticia de Cíbola, como en la Nueva España, de México y en el Perú, de Cuzco' (p. 153). Los mensajes de Esteban, con quien todavía no se han encontrado, indican además que los nativos de la zona son fieles informantes, aseveración confirmada por el fraile. Las noticias de riqueza las corrobora un natural de Cíbola, exiliado de esa ciudad por su señor:

> Díjome que Cíbola es una gran ciudad, en que hay mucha gente y calles y
> plazas, y que en algunas partes de la ciudad hay unas casas muy grandes,
> que tienen a diez sobrados, y que en estas se juntan los principales ciertos
> días del año; dicen que las casas son de piedra y de cal, por la manera que
> lo dijeron los de atrás, y que las portadas y delanteras de las casas
> principales son de turquesas; díjome que, de la manera desta ciudad, son
> las otras siete, y algunas mayores, y que la más principal dellas es Ahacus. (p. 154)

La *Relación* pasa a detallar el encuentro con los indígenas que habían acompañado a Esteban y cómo estos cuentan, con temor, la muerte del guía. En efecto, Esteban envió a los señores de la ciudad sus mensajeros con un 'calabazo con plumas y cascabeles', anunciando su llegada y próxima visita. Ellos respondieron advirtiéndole que no se atreviera a entrar; el guía y esclavo desafió el mandato y lo mataron. A duras penas fray Marcos pudo convencer al grupo que lo acompañara a las cercanías de Cíbola, y pasa a informar: '[Cíbola] tiene muy hermoso parecer de pueblo, el mejor que en estas partes yo he visto; son las casas por la manera que los indios me dijeron, todas de piedra con sus sobrados y azoteas, a lo que me pareció desde un cerro donde me puse a verla. La población es mayor que la ciudad de México' (p. 158). Si bien el fraile tuvo deseos de visitarla, los reprimió por ser el único capaz de dar noticias de una tierra que, viéndola solo a la distancia y basándose en ajenos testimonios, justipreció como 'la mayor y mejor de todas las descubiertas' (p. 158). Tal y como le había encargado el virrey Mendoza — colocando dos cruces—, fray Marcos reclamó Cíbola y otras siete lejanas poblaciones para la Corona española. A su regreso se encontró a Francisco Vázquez de Coronado (1510-1554), entonces gobernador de la Nueva Galicia, y a Antonio de Mendoza, virrey de la Nueva España, en Compostela. Allí, ante ellos y otros testigos, certificó, bajo juramento, la verdad de lo escrito en su *Relación del descubrimiento de las siete ciudades*.

Si bien se le ha tachado de impostor, una lectura de la *Relación* muestra que fray Marcos se basa en todo momento en la información que recibe de otros para construir su relato y dar cuenta de la magnificencia de las siete ciudades de Cíbola[32]. Los reportativos 'Díxome', 'me dijeron', 'hay noticias' colorean su caracterización. Al final de la narración, cuando desde una colina contempla la ciudad, se atreve a compararla con México en cuanto a extensión. Nunca afirmó haber entrado en la ciudad zuñi. Sin embargo, el poder de la palabra, ya escrita, ya oral, unido a las ambiciones del virrey Mendoza y de su protegido, Vázquez de Coronado, servirá de fundamento para lanzar una importante expedición (1540-1542), con más de 300 españoles, algunos esclavos africanos, al menos tres mujeres, varios franciscanos (incluyendo a fray Marcos) y cerca de 1.300 auxiliares indígenas mexicanos. Esta se adentrará en territorio de la frontera norte; paralelamente, Fernando de Alarcón saldrá al mando de una expedición marítima que debía encontrar y avituallar a la primera —entonces se creía, erróneamente, que había una distancia corta entre el Pacífico y la ruta de la expedición terrestre—. Ninguna 'entrada' rendirá tesoro en oro y plata; ni una ni otra será ejemplar en el tratamiento de los diversos grupos étnicos encontrados (los zuñi, los hopi, los pueblo). No obstante, en búsqueda de metales preciosos y de las siete ciudades (Cíbola, Quivira), los expedicionarios se adentraron en Norteamérica y atravesaron los actuales estados norteamericanos de Arizona, Nuevo México, Texas, Oklahoma y Kansas. De este modo dieron a conocer la geografía de un vasto territorio, incluyendo el cañón del río Colorado, poblado por diversos señoríos étnicos. Estos rechazaron a los extranjeros porque no cumplían su palabra y los maltrataban; asimismo, los vieron como una plaga capaz de acabar en poco tiempo con los alimentos almacenados y los vestidos guardados.

De la misma forma que el periplo de Núñez Cabeza de Vaca y sus correspondientes informes en la Nueva España justificaron la expedición de fray Marcos, el testimonio del fraile y su *Relación* sirvieron de fundamento para la gran expedición de Francisco Vázquez de Coronado (1540-1542).

Pedro de Castañeda de Nájera, *Relación de la jornada de Cíbola* (c. 1560-1565)[33]

La *Relación de la jornada de Cíbola* del expedicionario Pedro de Castañeda de Nájera ofrece la historia más completa de la saga de Vázquez de Coronado. Esta narración interesa por su elaborada factura, su contribución al conocimiento de la región y su descripción de las diversas etnias, y porque en ella figuran tópicos frecuentes en los relatos indianos del contacto hispano-indígena.

El autor presenta la obra y su contenido en un Proemio probablemente dirigido a Alonso de Zorita, oidor de la Audiencia de la Nueva España, quien en cartas a la Corona había manifestado interés en patrocinar una nueva expedición hacia la región de Cíbola[34]. En este prólogo, Castañeda de Nájera explica por qué escribe: 'Mi intención no es ganar gracias de buen componedor ni retórico, salvo querer dar verdadera noticia y hacer a vuestra merced este pequeño servicio' (Proemio 62). También da cuenta de la estructura tripartita de la *Relación*: la primera (veintidós capítulos) y la tercera parte (nueve capítulos) se ocupan de los sucesos de la expedición capitaneada por Vázquez de Coronado; la segunda sección (ocho capítulos) se centra en descripciones de los pueblos indígenas, sus ritos y costumbres así como en la flora y fauna de la región. Si bien esta digresión ocurre cuando en el relato cronológico los expedicionarios se retiran a invernar en Tiguex, Carmen de Mora ha sostenido que muy probablemente Castañeda de Nájera quebró la secuencia con el propósito de atraer al lector curioso, informarle de varias primicias y darle así variedad a lo contado (1992: 44-45). El aspecto novedoso lo reafirma el narrador en su caracterización del relato: '[C]reo que no le faltara de qué dar relación que, tratar de verdad, fuera tan admirable que pareciera increíble'; asimismo, establece un contraste entre lo contado por él y las 'novelas' o falsedades de lo dicho por otros durante los años transcurridos a partir de la fecha inicial (1540) de la expedición (p. 61). Cuando en el Proemio el narrador se proclama autor verdadero, trae al discurso el debate entre las crónicas de Indias y las novelas de caballería, entre verdad y verosimilitud. Al mismo tiempo, añade al viejo tópico otra matización: para él las hazañas de los conquistadores son más admirables que las caballerescas tanto por ser reales como por llevarse a cabo con mínimos recursos (Mora, 1992: 49-50).

El relato está marcado, como es frecuente en historias y relaciones indianas, por la presencia del demonio ligada a las prácticas religiosas de los nativos o como interferencia en los planes de catequización de los misioneros; todo ello contribuye a realzar la necesidad de reducir y evangelizar a una población neófita. Entre las menciones a Satanás sobresale la visión de un joven soldado quien 'dio a entender que le había dicho el demonio que matase al general [Vázquez de Coronado] y lo casaría con doña Beatriz, su mujer, y le daría grandes tesoros...' (p. 74). Este aspecto contribuye a subrayar el carácter fronterizo de la *Relación* también evidente en comparaciones asociables con la presencia de los musulmanes en la Península y los muchos contactos con ellos en navegaciones por el Mediterráneo y los mares de la costa norte y oeste de África. Así, en camino a Quivira, otra mítica ciudad, los expedicionarios encontraron 'una india tan blanca como mujer de Castilla, salvo que tenía labrada la barba como morisca de Berbería' (p. 102); a uno de los informantes indígenas lo apodaron el Turco 'porque lo parecía en el aspecto' (p. 86). De este modo el descubrimiento y sujeción de las siete ciudades se liga a la empresa caballeresca y religiosa de la reconquista anunciada por las míticas ciudades y reforzada por alusiones a costumbres y tipos musulmanes (Mora, 1988: 51-55).

En cuanto a la información antropológica, De Mora apunta correctamente que su abundancia bien pudo causar la censura de la obra pues las costumbres descritas, en particular las referentes a comportamientos sexuales y creencias religiosas de los indígenas, atentaban contra las normas de la época. La condena de parte del autor de los excesos de sus compatriotas igualmente pudo contribuir a su falta de circulación (Estudio 46-47).

Entre lo más notable de la *Relación* está su representación positiva del amerindio. Esta corrobora lo observado en la narración de fray Marcos de Niza; sin embargo, en la de Castañeda de Nájera se da en dos ámbitos: en la segunda parte, cuando trata de distinguir a los diferentes grupos étnicos de la zona, y en la primera y tercera, donde contrasta la crueldad de los conquistadores y la bondad de los nativos. Describe a los últimos como guerreros valientes, muy cuidadosos del cumplimiento de la palabra. Los primeros figuran como irrespetuosos, poco experimentados e indiferentes al sufrimiento nativo. Por ello no sorprende leer sobre el intento de violación de una mujer indígena y de la burla a su marido de parte de un innominado expedicionario (p. 91); o cómo, al escuchar la alharaca nocturna de los indios, algunos conquistadores bisoños ensillaron sus caballos al revés (p. 76). La quema de más de doscientos indígenas después de la revuelta de Tiguex (o Tiguez) es uno de los episodios más dramáticos de la *Relación*. Indiferente a los ruegos de algunos expedicionarios y apoyado por el silencio de otros, el maestre de campo García López de Cárdenas decidió hacer escarmiento de los indios que se habían entregado (p. 92)[35]. Este episodio, según explica Castañeda de Nájera, sembró la desconfianza entre la población nativa y dificultó el avance de la expedición (p. 93). Es interesante observar que la figura de Marcos de Niza aparece cuando rechaza las acusaciones de impostor de parte de los expedicionarios y los trata de convencer de la factibilidad de la empresa[36].

La *Relación* representa a un vasto y poblado territorio cuyos habitantes autóctonos pueden convertirse en súbditos idóneos de la Corona; tal presea, parece insinuar el autor, se perdió por la ineptitud de los expedicionarios y de su líder, Francisco Vázquez de Coronado (p. 70)[37]. Si, como se ha propuesto recientemente, la *Relación* se redactó con el propósito de conseguir autorización para una nueva expedición a la frontera norte de la Nueva España, la señalada ordenación de los sucesos así como los comentarios del narrador y testigo presencial reforzarían las excelentes condiciones de la Nueva México, la necesidad de enviar a la zona líderes aptos, la importancia de lograr la colonización de modo pacífico y la urgencia de asentar allí el poder español. De este modo su autor se ofrece como súbdito ideal: guerrero experimentado, por sus anteriores servicios; buen letrado, por el documento redactado y puesto a disposición de una autoridad capaz.

Gaspar Pérez de Villagrá, *Historia de la Nueva México* (1610)

Atraídas por este inédito territorio dos expediciones menores —la de Rodríguez[38] 'Chamuscado'[39] (1581-1582) y la Antonio de Espejo (1582-1583)— se internaron en la Nueva Tierra y sus participantes dejaron constancia de lo visto en cartas y testimonios[40]. En 1595 el virrey Luis de Velasco autorizó la entrada de Juan de Oñate (c. 1551-c. 1651)[41], un rico criollo de una familia minera de Zacatecas, casado con Isabel Tolosa Cortés Moctezuma, biznieta del emperador Moctezuma II y nieta de Hernán Cortés. Siguiendo las ordenanzas reales de 1573, Oñate se comprometió a costear la empresa de su propio peculio y al buen trato de la población nativa. Después de más de dos años de dilaciones, la expedición partió con cerca de quinientas personas, incluyendo mujeres, niños, esclavos, auxiliares mexicanos y diez franciscanos. Cruzaron el desierto de Chihuahua y navegaron el río Bravo hasta la actual ciudad de El Paso; el 30 de abril de 1598, el flamante adelantado tomó posesión oficial de esas tierras. Más adelante, Oñate, por medio del fraile Francisco de Escobar, envió un informe muy positivo al nuevo virrey, comentando tanto las extraordinarias riquezas como las peculiares monstruosidades de la Nueva México —seres con orejas extendidas hasta el suelo; personas alimentadas del olor de la comida porque carecían de aparato digestivo, hombres cuyos miembros viriles eran tan enormes que se los enroscaban alrededor de la cintura (Weber, 1992: 84)—. Otros informes que daban cuenta de la pobreza de la zona, los abusos contra los indígenas y el maltrato hacia los colonizadores de parte de Oñate ya habían llegado al virrey, quien le pidió al soberano español la remoción del adelantado, finalmente efectuada en 1606.

El hecho más escandaloso entre los perpetrados por Oñate y su gente fue la matanza de Ácoma y el castigo a los indígenas rebeldes. En el invierno de 1598 comenzaron a escasear los alimentos; los expedicionarios entraban en los pueblos y trataban de conseguirlos por medio de la rapiña, la tortura y la violación. Hastiados, los indígenas de Ácoma, aunque habían jurado fidelidad a la Corona durante la expedición de Vázquez de Coronado, en un ataque sorpresivo mataron a once expedicionarios y a su capitán, Juan de Zaldívar, sobrino de Oñate. El adelantado consultó a los frailes franciscanos sobre el castigo a los acomeses; los religiosos concluyeron que, dado su anterior juramento de fidelidad, el castigo era lícito y podían ser tratados como rebeldes. Vicente de Zaldívar, hermano del asesinado capitán, conminó a los acomeses a rendirse o enfrentar la guerra 'a sangre y fuego' (1599). Por medio de un ardid, Zaldívar y sus setenta hombres llegaron al peñol; después de tres días de ardua lucha, incluyendo con piezas de artillería, sometieron al pueblo; de los acomeses murieron quinientos hombres y trescientos niños y mujeres (Weber, 1992: 86). Los prisioneros (ochenta hombres y más de quinientos niños y mujeres) fueron juzgados, defendidos por un abogado y hallados culpables. A los sobrevivientes se les administró el castigo: a los hombres entre los doce y veinticinco años, veinte años de servicio; a los mayores de veinticinco, la amputación de un pie y veinte años de servicio; los niños menores de doce años fueron declarados inocentes, pero apartados de su familia y entregados a los franciscanos (Weber, 1992: 86).

Cuando se juzgó (1614) la actuación de Oñate, este fue absuelto de varias acusaciones y hallado culpable de otras: adulterio, maltrato de expedicionarios, colonizadores y sacerdotes y abusos contra la población indígena. Fue multado y exiliado de por vida de la Nueva México. Sin embargo, Oñate rehizo su fortuna concentrándose en las minas de plata de Zacatecas; se dedicó a rehabilitar su nombre por medio de apelaciones a la Corona. Finalmente, se mudó a España (1621); allí logró el ingreso a la Orden de Santiago y el perdón parcial del rey, quien lo empleó como inspector de minas hasta su muerte en 1626 (Weber, 1992: 85-87).

Los sucesos de esta expedición los cantó el criollo angelopolitano Gaspar Pérez de Villagrá (c. 1555-1620) en un poema épico, *Historia de la Nueva México* (Alcalá de Henares, 1610). Después de su participación en las lides de la frontera norteña, Pérez de Villagrá fue alcalde mayor en las minas de Guanacevi y Nuestra Señora de Alancón en Nueva Vizcaya (1601-1603); dos años más tarde presentó ante la audiencia de Guadalajara su probanza de méritos; parece ser que después viajó a España (1605) y allá permaneció hasta 1608, cuando regresó brevemente a México. Por sus acciones en la expedición de Oñate, el soldado y autor fue juzgado y condenado *in absentia* a dos años de exilio de México y seis años de la Nueva México[42]. Dos cartas suyas dirigidas al tribunal de la Inquisición lo muestran como individuo amigo de litigios, preocupado por las herejías y la limpieza de sangre (Mejía Sánchez, 1970: 7-21). Sobre su vida en Madrid no hay detalles; sí se sabe que pasó años como pretendiente y al fin logró un nuevo destino como alcalde mayor de Zapotitlán en Guatemala. Nunca ocupó el puesto porque murió (c. 1620) en la travesía transatlántica (Encinias, Rodríguez y Sánchez, 1992: xvii-xviii; Peña, 1996: 44-45)[43].

Historia de la Nueva México consta de 12.000 versos endecasílabos sin rima, dispuestos en treinta y cuatro cantos[44]. Antecede a la *General History of Virginia, New England and the Summer Isles* (1624) de John Smith en catorce años. Pérez de Villagrá, bachiller por la

Universidad de Salamanca, capitán de Oñate y participante en la batalla de Ácoma, ofreció en su poema dedicado a Felipe III una imagen heroica del adelantado y sus expedicionarios. En los preliminares de la obra encontramos sonetos en honor de Oñate y del autor, entre ellos los firmados por el maestro Espinel, Luis Tribaldo de Toledo y Bernarda Liñán. Al situar la *Historia de la Nueva México* conviene recordar que cuando en 1569 se publicó la primera parte de *La Araucana* de Alonso de Ercilla y Zúñiga, la obra se convirtió en un *best seller* y su autor en uno de los más celebrados e imitados. El éxito de Ercilla y el prestigio del género épico, con sus antiguas raíces remozadas durante el Renacimiento, dieron lugar a muchos imitadores, entre ellos Gaspar Pérez de Villagrá.

El primer canto de la *Historia de la Nueva México* anuncia los temas que el poeta, soldado y testigo, desglosará: el descubrimiento de la zona, la exploración del río Norte, los combates con los nativos, las vicisitudes de los indígenas Polca, Milpo y Mompel, la dureza de la frontera, la escasa recompensa a los expedicionarios, los desacuerdos entre los acomeses, la muerte de los principales señores y sus esposas y parientes, el triunfo de las armas españolas con la toma del peñol de Ácoma, el juicio y castigo a los 'rebeldes'. Curiosamente, el texto recoge, en prosa, el parecer de los franciscanos a quienes Oñate consultó antes de ordenar la guerra contra los acomeses (Canto 25). Como en el caso de Ercilla, el autor figura como personaje en el poema[45], donde aparecen temas frecuentados por la épica: el lugar ameno (Canto 14, 126-127); el cambio de la fortuna (Canto 19, 175); las parejas indígenas (Canto 13, Canto 30), y los milagros en la aparición de la Virgen y el apóstol Santiago en la batalla de Ácoma (Canto 34, 297). La referencia a las 'vacas' o bisontes y la habilidad de sus cazadores (los apaches) conforman un novedoso sector del Canto 17.

La crítica ha relacionado la descripción de Gicombo, un dirigente acomese (Canto 26, 22-29), con la de Caupolicán en *La Araucana*. Como en el poema ercillesco, la descripción de la valentía de los guerreros indígenas y del fragor de los enfrentamientos recuerda a los araucanos y sus combates contra los españoles[46]. La despedida de Gicombo y su compañera Luzcoija antes de la batalla de Ácoma muestra a Pérez de Villagrá como delicado poeta y le añade a la obra el esperado contraste entre lo bélico y lo sentimental. La voz de Luzcoija destila así sus sentimientos:

> Si el grato y limpio amor que te he tenido,
> Amándote mil vezes más que el alma
> Merece que me des algún alibio,
> Suplícote, señor, que no permitas
> Que venga en flor tan tierna a marchitarse
> La que entender me has dado que fue siempre
> Para ti más gustosa, grata y bella
> Que la vida que vives y que alcanzas.
> Por cuia cara prenda te suplico
> Que si vienes, señor, para volverte,
> Que el alma aquí me arranques, que no es justo
> Que viva yo sin ti tan sola un hora. (Canto 30, 261)

Mientras Gicombo le responde:

> ...Señora,
> Iuro por la belleza de essos ojos,
> Que son descanso y lumbre de los míos,
> Y por aquesos labios con que cubres
> Las orientales perlas regaladas,
> Y por aquestas blandas manos bellas
> Que en tan dulze prisión me tienen puesto,
> Que ya no me es possible que me escuse
> De entrar en la batalla contra España
> Por cuia causa es fuerza que te alientes

Y que también me esfuerzes porque buelva
Aquesta triste alma a solo verte,
Que, aunque es verdad que teme de perderte,
Firme esperanza tiene de gozarte.
Y aunque mil vezes muera te prometo
De bolver luego a verte y consolarte,
Y porque assí, querido amor, lo entiendas
El alma y corazón te dexo en prendas. (Canto 30, 261-262)

Teniendo en cuenta la participación del autor en los hechos narrados, tradicionalmente *Historia de la Nueva México* se ha justipreciado como un documento fidedigno sobre la expedición de Oñate. Dado el evidente artificio en la presentación de personajes europeos e indígenas, el aprovechamiento de temas tradicionales de la épica, el propósito laudatorio del poeta y el tratamiento del material americano, la obra debe igualmente valorarse por sus calidades literarias y estudiarse dentro del amplio conjunto de poemas que siguieron y trascendieron las pautas de Alonso de Ercilla. Hoy día los méxico-americanos o chicanos lo consideran parte integral de su añeja y mestiza tradición cultural que remontan a la mítica Aztlán.

Los textos comentados plantean viejas y nuevas preguntas. ¿Por qué, en el estudio del temprano contacto entre España y América, estas voces han permanecido relegadas o ignoradas? ¿Por qué se las excluye en recuentos de la historia cultural de los Estados Unidos? Al reflexionar sobre recientes direcciones en el campo de los estudios interdisciplinarios en el ámbito colonial y transatlántico, es evidente que urge recuperar este legado e incorporarlo al debate crítico para mostrar su complejidad, ramificaciones y vigencia. Dada la importancia de la frontera norteña —la Florida y la Nueva México— en una época —la actual— que paradójicamente cancela y marca bordes, apremia acercarnos a quienes escribieron para dejar memoria de hechos 'dignos de que la pluma los levante' (Pérez de Villagrá, Canto 1, 4). Porque 'la verdad histórica... no es lo que sucedió; es lo que juzgamos que sucedió' (Borges, 1970: 59).

Notas

[1] Es el famoso Northwest Passage. Juan Rodríguez Cabrillo lo buscó en 1542 bordeando las costas de la Alta California.

[2] Sobre cómo y por qué se estudian textos tan desiguales dentro de la literatura, véase Zamora (1987).

[3] La ínsula aparece en el mapamundi de Ruysch (1508) y en el globo de Schöner (1523) (Mora, 1992: 34). Sobre las ramificaciones del mito, véase Mora (1992: 34-36).

[4] Documento legal redactado en 1513. Se debía leer antes del inicio del combate: si los nativos aceptaban ser súbditos del monarca español, se les garantizaba la libertad; en caso contrario, se les privaba de libertad y propiedad. Se fundamentaba en las *Bulas de Donación* de 1493: el papa Alejandro VI podía anular los derechos de príncipes bárbaros y transferirlos a monarcas cristianos, en este caso a Fernando e Isabel, los Reyes Católicos.

[5] El último (Sepúlveda) defendió la guerra justa contra los indígenas a causa de sus pecados e idolatría; el primero (Las Casas), por medio de ejemplos de la civilización y forma de gobierno de las diversas culturas americanas, mostró su capacidad.

[6] Sobre la reacción de los soldados en la Florida a estos reglamentos, véase Bushnell (en Chang-Rodríguez, 2006: 94-96).

[7] Hoy se la conoce como *Naufragios*. Su largo título es: *La relación que dio Álvar Núñez Cabeza de Vaca de lo acaecido en las Indias en la armada donde iba por gobernador Pánfilo de Narváez, desde el año de veinte y siete hasta el año de treinta y seis que volvió a Sevilla con tres de su compañía*. Cito la obra por la edición bilingüe Adorno-Pautz basada en la de 1542. Indico el volumen, la página y el folio correspondientes. He modernizado la ortografía y marcado las tildes.

[8] Era de Azamor, ciudad árabe ocupada por los portugueses (1513-1552). Vid. Adorno y Pautz vol. 2: 414-422.

[9] Apoyándose en un informe rendido en México por Núñez Cabeza de Vaca, Del Castillo Maldonado y Dorantes, y hoy perdido, el cronista Gonzalo Fernández de Oviedo y Valdés recogió en su *Historia general y natural de las Indias* (1525-1548) el recuento de lo ocurrido a la expedición de Narváez (libro 35, caps. 1-6); después, cuando leyó la *Relación* y la comparó con el informe conjunto, Oviedo dio fe de su autenticidad (libro 35, cap. 7) (Adorno y Pautz, 1999, vol. 3: 4-5; 18-30). Oviedo no fue el único que se aprovechó de la *Relación* de 1542. Adorno y Pautz descubrieron en la *Crónica del emperador Carlos V* (c. 1551), obra del cosmógrafo y cronista oficial Alonso de Santa Cruz (1505-1572), una versión de lo ocurrido a la expedición de Pánfilo de Narváez. Han especulado que sus fuentes bien pudieron ser el documento de

1542 o un resumen de este, probablemente un informe secreto de Dorantes y Núñez Cabeza de Vaca al emperador (vol. 3: 50-52).

[10] Sobre la lectura del Inca Garcilaso de la *Relación* en su versión de 1555, véase Adorno (en Chang-Rodríguez, 2006: 149-180).

[11] Véase la carta del 15 de octubre de 1565 dirigida a Felipe II donde Menéndez de Avilés describe estos trágicos sucesos (*C* 139-159). En 1565 llegaron a la zona 1500 pobladores, muchos la abandonaron; para 1575 vivían solo 75 personas en San Agustín (Arnaud et ál., 1991: 95). En cuanto a los datos biográficos sobre Menéndez de Avilés, los resumo de Lyon (1976: *Enterprise*) y de Mercado (2006: Introducción).

[12] Por presiones de la población nativa fue evacuada del todo en 1586. Jamestown, el primer establecimiento inglés, se fundó en 1607.

[13] Para otros detalles del plan de colonización véase Mercado, 2006: 24-31.

[14] Cito esta documentación por las ediciones de Juan Carlos Mercado. Indico entre paréntesis la procedencia del documento (*C* por carta); cuando se trata de las crónicas sobre Menéndez de Avilés, doy el nombre del autor y el número de página.

[15] Mercado (2006) ha estudiado y anotado cincuenta y nueve cartas, escritas entre 1555 y 1574. La última, fechada en Santander a 8 de septiembre de 1574, Menéndez de Avilés la escribió ocho días antes de morir víctima de la plaga (*C* 290-293).

[16] El poema se encuentra en los fondos de la Biblioteca Nacional de Madrid (Ms. 187); se ha publicado parcialmente. Alexandra Sununu en su tesis doctoral (1992) del Graduate Center, City University of New York (CUNY), hizo un estudio completo de este poema y preparó una edición anotada del mismo. Cito el poema por esta edición e indico el número del folio. He marcado las tildes y modernizado el deletreo.

[17] El cacique Juanillo, desafecto a los españoles, acabó con la misión franciscana de Santa Catalina de Guale (presuntamente situada en la isla de Saint Catherine, en el actual Estado de Georgia) porque los frailes y pobladores habían apoyado a un rival suyo en la lucha por la sucesión. En respuesta, el gobernador Gonzalo Méndez Canzo (1597-1603) atacó a los guale. La devastación a los indígenas y la obra misionera en la zona fueron enormes. Según otros, la prédica de los franciscanos contra la poligamia fue la causa principal de la rebelión.

[18] Véase la introducción de Isaías Lerner a la edición de este clásico.

[19] Por las diferencias en la cronología y la toponimia, Miró Quesada no cree que el Inca haya tenido oportunidad de consultar este relato en su forma manuscrita (1956: liii).

[20] Para una evaluación de estas relaciones, vid. Galloway, 1997: 11-44.

[21] Miguel Maticorena (1967) se ha ocupado de la relación entre los textos de Herrera y del Inca.

[22] Cito *La Florida del Inca* por la edición de Emma Susana Speratti Piñero; indico entre paréntesis el libro, el capítulo y el número de página.

[23] Para un resumen de los juicios sobre *La Florida del Inca*, vid. Hilton, 1982: 25-51.

[24] Miró Quesada recuerda que Ventura García Calderón calificó la obra 'de *Araucana* en prosa'; también señala semejanzas entre la crónica del Inca y el poema épico de Ercilla, que seguramente el primero leyó (1956: lv).

[25] Por ejemplo, el médico navarro Huarte de San Juan las discute en su tratado de amplia circulación *Examen de ingenios para las ciencias* (1575).

[26] Después auspició las expediciones de Francisco Vázquez de Coronado (a la frontera norte del virreinato, 1540-1542), la de Juan Rodríguez Cabrillo (a la costa de la Alta California, 1542-1543) y la de Ruy López de Villalobos (a las Filipinas, 1542-1543).

[27] Las instrucciones del virrey las encontramos en Mora (1988: 145-146).

[28] Cito la *Relación* por la ed. de Carmen de Mora; he modernizado el deletreo y marcado los acentos. Indico la página correspondiente entre paréntesis. El virrey Antonio de Mendoza había comprado y liberado a 'ciertos indios' para integrar la expedición; se unieron otros de la zona de Petatean o Petatlán y del Cuchillo, en la Nueva Galicia, gobernada entonces por Francisco Vázquez de Coronado (p. 148). Además de Esteban, el franciscano fray Honorato acompañó a fray Marcos en una parte de la jornada. Al principio de esta, fray Honorato enfermó y se quedó en uno de los pueblos.

[29] 'Estos me hicieron muchos recibimientos y me dieron mucha comida y procuraban de tocarme en la ropa, y me llamaban 'Sayota', que quiere decir en su lengua 'hombre del cielo" (p. 149). Esta asociación figura en otras crónicas y relaciones, por ejemplo, la de Núñez Cabeza de Vaca; en este caso, son instructivas las aclaraciones de Adorno y Pautz (1999, vol. 2: 296-300).

[30] Tipo de ropa o capa pequeña al modo de capotillo que pudo traer su nombre de la provincia de Bohemia (*DA*).

[31] La lana del hábito era de Zaragoza (p. 152).

[32] Sobre la *Relación* como construcción literaria, véase Ahern.

[33] *Relación de la jornada de Cíbola compuesta por Pedro de Castañeda de Nájera donde se trata de todos aquellos poblados y ritos, y costumbres, la cual fue el año de 1540.* El original se ha perdido, y se desconoce la fecha exacta de composición; doy las fechas aproximadas indicadas por Mora (Estudio: p. 43). Hay una copia de 1596 de la *Relación* en la Biblioteca Pública de Nueva York (Rich Coll. n.º 63: 316 fol.). Cito por la edición de Carmen de Mora indicando

el número de página entre paréntesis; he modernizado la ortografía y marcado las tildes. En la misma época, otro expedicionario, el capitán Juan Jaramillo, compuso una corta relación de estos sucesos recogida en Mora (*Las siete*, 189-196).

[34] Así lo propusieron Richard y Shirley Flint en un informe sobre la expedición de Coronado.

[35] A su regreso a España, en castigo a comportamiento tan cruel, fue apresado y murió en la cárcel (Weber, 1992: 49).

[36] El franciscano retornó a México y allí murió.

[37] En México fue juzgado por su comportamiento y absuelto de toda culpa. Murió en la capital novohispana en 1554.

[38] Iban tres franciscanos: Juan de Santa María, Agustín Rodríguez y Francisco López, quienes murieron después a manos de los indígenas (vid. Mecham, 1926: 224-231).

[39] Llamado así por su barba roja; su nombre verdadero era Francisco Sánchez (Mecham, 1926: 224).

[40] Hubo otras expediciones menores, véase la *Colección de documentos inéditos relativos al descubrimiento, conquista y colonización de las posesiones españolas en América y Oceanía, sacadas, en su mayor parte, del Real Archivo de Indias* (Madrid, 1864-86), XV. Espejo tituló su informe: 'Relación del viaje que yo, Antonio Espejo, ciudadano de la ciudad de México, nativo de Córdoba, hizo con catorce soldados y un religioso de la orden de San Francisco a la provincia de Nuevo México, a quien puse el nombre Nueva Andalucía, a contemplación de mi patria, en fin del año de mil y quinientos y ochenta y dos'. Vale notar que Espejo le da, en recuerdo de su patria, el nombre de Nueva Andalucía a esas tierras.

[41] Sobre su biografía, véanse Hammond y Rey (1953) y Simmons (1991).

[42] Fue acusado del asesinato de dos desertores y de traer a España a mujeres acomeses y forzarlas a ingresar en conventos (Paine Mahr, 1996: 418).

[43] No se ha fijado la fecha de su muerte. En una real cédula se lo menciona como difunto en 1625; el testamento de su yerno lo cita como vivo en 1638 (Madrid Rubio et ál., 1991).

[44] Menéndez y Pelayo lo caracteriza de 'rastrero y prosaico' (1, 39). Si bien se lo considera el primer poema épico escrito sobre un territorio de los actuales Estados Unidos, *La Florida* (c. 1600) de Escobedo probablemente lo precede.

[45] Véase por ejemplo, Canto 11, p. 101. Cito por la ed. de Encinias, Rodríguez y Sánchez (1992); indico el canto y el número de página.

[46] Sobre la descripción y feminización de los combatientes indígenas de Ácoma, véase Rabasa (2000: 138-158).

La Luisiana

José Antonio Samper y Clara Eugenia Hernández

La emigración canaria

El territorio de Luisiana formó parte del imperio español desde el año 1762 hasta 1800. En el tratado de Fontainebleau de noviembre de 1762 fue cedido por el rey francés Luis XV a Carlos III en compensación por las pérdidas que había sufrido España en la Guerra de los Siete Años. Luisiana fue devuelta en 1800 a Napoleón Bonaparte, quien poco después la vende a los Estados Unidos de América.

Para consolidar el dominio español y para potenciar la economía de Luisiana, el gobernador Bernardo de Gálvez, que rigió los destinos de la colonia desde finales de 1776, abrió un período de intensa inmigración y colonización que acabó llevando a más de 2.000 canarios a aquella región de Norteamérica. No puede resultar extraña la participación de los isleños en esta empresa, porque la emigración de los habitantes del archipiélago al Nuevo Continente ha sido constante desde poco después de su conquista por la corona de Castilla. A los canarios se recurrió con mucha frecuencia para repoblar amplias zonas del imperio español, como Las Antillas, la Florida o Venezuela, lugares a los que los isleños llegaron como marineros y soldados, pero también como artesanos, campesinos o simples colonos.

De acuerdo con las intenciones del citado Bernardo de Gálvez, el Gobierno español dirigió una orden, fechada el 4 de agosto de 1777, a Matías de Gálvez, lugarteniente del rey en las Islas Canarias, para que realizara allí una recluta 'a fin de completar el Batallón de Ynfanteria de la Luysiana de los hombres que le faltan y de formar el 2.º batallón' (AGI. Santo Domingo, leg. 2.661, 1777, fol. 708 vuelto). A pesar de algunas voces que en las islas se opusieron al envío de canarios y de las reservas de la Real Sociedad Económica de Amigos del País, hubo una respuesta muy positiva, favorecida por la paupérrima situación en que se encontraban los agricultores y los jornaleros tras la crisis del comercio vitivinícola y por las malas cosechas de 1774 y 1778 en Tenerife (Hoffman, 1992: 154).

Entre las instrucciones que debían seguirse para la recluta había algunas referidas a las características personales (edad, constitución física, costumbres, profesión, etc.) que tenían que cumplir los aspirantes a enrolarse:

> No se admitirá recluta que no tenga diez y siete años cumplidos, ni mayor de treinta y seis, y esto ha de ser con obligación de empeñarse lo menos por ocho años.
> Su estatura medido descalso de cinco pies y seis líneas con la robusted y buena disposición que requiere la fatiga del exército, sin imperfección notable en su persona, libre de accidentes habituales, u otros incurables y sin vicio indecoroso, ni extracción infame como mulato, gitano, verdugo, carnicero de oficio o castigado con pena o nota por la justicia. (AGI. Santo Domingo, Leg. 2.661, 1778, fol. 755 verso).

En la citada orden real se señalaba que debían reclutarse 700 soldados, un número que se completó rápidamente. En realidad, a finales de mayo de 1779, cuando se deja de hacer la recluta, el capitán e ingeniero comandante de las islas Andrés Amat de Tortosa (que había sucedido a Matías de Gálvez cuando este fue nombrado virrey de Nueva España) ya había alistado a 2.373 personas distribuidas en 519 familias (Molina Martínez, 1982: 143). Esta cifra suponía el 1,39% del total de la población que tenía Canarias tres años antes (1776), según el recuento del marqués de Tabaloso (vid. Santana Pérez y Sánchez Suárez, 1992: 128).

Se embarcan canarios de las distintas islas, sobre todo de las dos mayores (Tenerife y Gran Canaria), aunque los datos sobre este punto no son totalmente coincidentes. Guillotte

(1982: 22), que habla de un total de 2.010 emigrantes, indica que 1.203 procedían de Tenerife, 789 de Gran Canaria y 18 de Lanzarote (vid. asimismo las cifras, algo distintas, que aporta el trabajo de Molina Martínez, 1982: 143). Sin embargo, hay fundados motivos para pensar que hubo emigrantes de las otras islas. Por ejemplo, un estudio de Hernández Rodríguez (1982) recoge documentación fidedigna que indica que de La Gomera emigraron 85 familias que constituían un total de 393 personas[1]. Como señala Lipski (1990: 3), es impensable que en las primeras expediciones a Luisiana no hubiera emigrantes de ninguna de las cuatro islas restantes, las tradicionalmente más pobres del archipiélago (vid. Din, 1988: 17).

Según Santana Pérez y Sánchez Suárez (1992: 149-163), que han estudiado los datos sociológicos de la población embarcada en Tenerife, los hombres suponían un 52,4% del total y las mujeres, el 47,6 % restante[2]. Se trata de una diferencia pequeña porque la de Luisiana fue una recluta patrocinada por el Gobierno. Los emigrantes eran bastante jóvenes y potencialmente activos, dado que la media de edad era de 22,9 años, algo normal en este tipo de emigración. En cuanto a las profesiones, hay un claro predominio de los jornaleros. Con respecto a la estructura familiar, la de cinco miembros era la más frecuente.

La consulta de diversas monografías históricas, especialmente las de Molina Martínez (1982) y Din (1988), permite componer el cuadro siguiente con los datos relativos a las salidas de canarios con destino a Luisiana durante los años 1778 y 1779.

cuadro 1	Relación de barcos que salen desde Canarias con destino a Luisiana en los años 1778 y 1779			
Fecha de salida	Barco	Capitán	Total de personas	Número de soldados
10-07-1778	Santísimo Sacramento	Benito Ripoll	264	125
22-10-1778	La Victoria	Andrés Orange	292	88
29-10-1778	San Ignacio de Loyola	Félix de la Cruz	423	115
09-12-1778	San Juan Nepomuceno	Domingo Morera	202	53
17-02-1779	Santa Faz	Josep Maró	406	102
05-06-1779	Sagrado Corazón de Jesús	Manuel Nicolás Mongeoti	423	117

El paquebote *Santísimo Sacramento* llegó a Cuba el 1 de septiembre de 1778; a Nueva Orleans arribó el 1 de noviembre con los primeros 111 reclutas canarios. Los viajes siguientes ya no hacen escala en La Habana sino que van directamente a Nueva Orleans. El último de los navíos que figura en el cuadro anterior, la fragata *Sagrado Corazón de Jesús*, se vio obligado a tomar rumbo hacia Cuba por el inicio de la guerra entre España e Inglaterra.

Como después del estallido de la guerra todavía quedaban en las Islas Canarias 99 soldados y 75 familias (368 personas en total) preparados para ser trasladados a Luisiana, Amat los envió en tres bergantines que corrieron suerte dispar. El *San Carlos* (con 47 reclutas y un total de 159 personas) fue apresado por los británicos; los canarios fueron llevados a Dinamarca y posteriormente arribaron a Cuba, adonde los llevó una fragata sueca y desde donde, finalmente, algunos consiguieron llegar a Luisiana. El *San Pedro*, que llevaba 119 personas, entre las que había 35 reclutas, recaló en La Guaira (Venezuela); algunos de esos isleños llegaron más tarde —aunque no se sepa bien cómo— a Luisiana. El tercer bergantín, *Nuestra Señora de los Dolores*, que fue el único que llegó sin problemas a La Habana, llevó solo 17 reclutas y un total de 89 pasajeros.

El último buque que transportó colonos canarios a Luisiana fue el *San José* en mayo del año 1784 (eran tres mujeres de soldados que habían desertado antes de la salida de los barcos en que iban sus maridos y que se habían arrepentido de su decisión). Pero a Luisiana también habían llegado en agosto de 1783 algunas familias canarias que embarcaron desde el puerto de La Habana: la fragata *Margarita* llevó a 151 personas y el paquebote *Santísima Trinidad*, a 110 (un total de 25 familias). En diciembre de ese mismo año llegaron los últimos isleños desde La Habana: seis familias a bordo del *Sloop Delfín*.

Los canarios en Luisiana

Los primeros reclutas de las islas llegaron a Luisiana el 1 de noviembre de 1778, si bien la mayoría no lo hace hasta los primeros meses del año siguiente. A su llegada, los canarios fueron ayudados por el gobernador Gálvez, quien destinó a estos inmigrantes y a los llegados desde Málaga los fondos de inmigración que inicialmente estaban previstos para atraer colonos franceses. Desde el principio, Bernardo de Gálvez fue consciente de que los soldados casados no podrían mantener a sus familias con el escaso sueldo que recibían. Por eso, estos soldados fueron recompensados con ayudas económicas que les permitieron asentarse como pobladores[3]. Se crearon cuatro comunidades isleñas. La que ha tenido una más larga existencia y ha perdurado hasta hoy es San Bernardo, en la orilla este del Misisipi a unas 35 millas al sureste de Nueva Orleans, donde se instalaron 160 familias (un total de 800 personas). El nombre de 'isleño' designa a los descendientes canarios que viven en la parroquia de San Bernardo[4].

Dos asentamientos —Barataria y Galveztown (cuyo nombre es un reconocimiento a la labor realizada por Bernardo de Gálvez)— tuvieron una vida muy efímera. Los huracanes de 1779 y 1780 ocasionaron el inmediato abandono de Barataria. Galveztown también sufrió muchas calamidades y sus habitantes acabaron trasladándose a la vecina Baton Rouge, a 24 millas, o a la más cercana Gálvez, una pequeña aldea que todavía existe hoy. Realmente esas comunidades habían sido ubicadas en lugares sometidos a inundaciones y que exigían un tipo de cultivo muy distinto al empleado en Canarias. Estas duras condiciones desanimaron a los colonos desde el primer año —cuando tuvieron que afrontar por primera vez la humedad del invierno y las inundaciones de la primavera, con la consiguiente pérdida de las cosechas—, les ocasionaron enfermedades e incluso trajeron la muerte para muchos de ellos.

La última comunidad, Valenzuela, se situó en el *bayou* La Fourche, cerca de la actual Donaldsonville, y ha permanecido hasta hoy, a pesar de los problemas iniciales y de que la población canaria fue casi absorbida por los acadianos, que constituían la mayoría de la población de la zona. Los descendientes de estos canarios reciben el nombre de *brulis*.

Por su importancia para explicar el mantenimiento del español canario en Luisiana, dedicaremos una atención primordial a los isleños de San Bernardo, si bien incluiremos constantes referencias a la modalidad bruli, que también cuenta con estudios de interés.

Las ocupaciones principales de los isleños de Luisiana han estado estrechamente relacionadas con el medio geográfico en que han tenido que vivir. El delta del Misisipi, tan diferente a las condiciones naturales del archipiélago español, ha condicionado su modus vivendi y por eso los descendientes de los canarios se han dedicado esencialmente a la pesca y a la caza con trampas. La primera actividad se ha orientado sobre todo a la recolección de camarones, ostras y cangrejos; en cuanto a la segunda ocupación, los isleños han sido tramperos de ratas almizcleras y otros animales de pieles valiosas y cazadores de caimanes. Al principio también se dedicaron a la caza del pato, que constituyó en ciertos momentos un importante medio de ingresos, y a la horticultura.

La caza con trampas se convirtió en una productiva fuente de riqueza que permitió mejorar el nivel de vida de los isleños, especialmente en los años anteriores a la Segunda Guerra Mundial. Según la información que proporciona MacCurdy (1975), se cazaba durante los meses de enero y febrero, época en que incluso se interrumpían las actividades escolares porque la familia entera se marchaba a la zona de las marismas; el resto del tiempo lo dedicaban a la pesca del camarón (que tenía dos temporadas: desde el 16 abril al 9 de junio y desde el 11 de agosto a finales de octubre).

Los grupos que se dedicaron a estas actividades fueron los que conservaron mejor sus costumbres ancestrales, mientras que los que trabajaron en la agricultura fueron pronto asimilados por la cultura francesa. El aislamiento de las comunidades isleñas, las estrechas relaciones entre sus habitantes y sus especiales ocupaciones laborales contribuyeron, sin duda, a la pervivencia de sus señas de identidad tradicionales. En 1838 un periodista del *Weekly Picayune* escribió: 'Su organización social nos recuerda el sistema patriarcal. Entre ellos mismos hay algunos ancianos cuya palabra tiene la misma influencia que la de un monarca... Se casan solamente entre ellos y raramente contraen alianzas fuera de los límites de la parroquia. Hemos visto hasta media docena de casas, construidas unas al lado de las otras, de forma análoga'. Son palabras recogidas por MacCurdy (1975: 477-478), quien confiesa que esta situación apenas había cambiado en los años cuarenta del siglo XX, cuando él pasa cierto tiempo en la comunidad isleña.

Los adelantos técnicos y los avances en las comunicaciones que tienen lugar a principios del siglo XX supusieron cambios importantes para esa estructura social cerrada. El sistema de escuela pública también implicó una relación de los niños isleños con otros que hablaban *creole* o inglés. Asimismo, algunos fenómenos naturales, como los huracanes que asolaron Nueva Orleans el año 1915, obligaron al traslado de algunos isleños. Los años veinte, con la imposición de la ley seca en los Estados Unidos, trajeron una nueva ocupación para los marinos de Delacroix: el contrabando de ron desde la costa de Cuba.

La Segunda Guerra Mundial, con el alistamiento de los jóvenes isleños, originó un sentimiento patriótico entre los habitantes de San Bernardo y los sacó de su aislamiento, porque esos soldados tomaron conciencia de su pertenencia a una gran nación. Hoy la principal fuente de trabajo para la población isleña se encuentra en las refinerías petrolíferas de Nueva Orleans. El abandono de las actividades tradicionales ha supuesto el fin del aislamiento de la comunidad (vid. Coles, 1993).

A finales de los años setenta del pasado siglo, con el auge de los movimientos de conciencia cultural en los Estados Unidos, la comunidad empezó a reconocer su identidad y muchos isleños redescubrieron sus orígenes canarios. A partir de los ochenta ya hay contactos oficiales regulares con el gobierno autónomo de Canarias. La creación de Los Isleños Heritage and Cultural Society (1976), el Isleño Museum y la programación de unos cursos informales de verano reflejan el esfuerzo de los descendientes de canarios por mantener su dialecto y sus tradiciones (Coles, 1993, da información detallada de las actividades desarrolladas por estas instituciones)[5]. Hoy se cuenta con un número importante de cintas magnetofónicas con grabaciones de isleños y de películas en las que se entrevista a los miembros más viejos de la comunidad. Todas estas iniciativas se han visto muy seriamente afectadas por el paso del huracán Katrina en 2005.

Actividades como las señaladas en el párrafo anterior suponen un intento de conseguir que la comunidad isleña mantenga la conciencia de su identidad, a pesar del lento declinar de la lengua. Como afirma Coles (1993), la herencia cultural isleña podrá sobrevivir aunque no permanezca el dialecto.

El mantenimiento del español, con las características propias de la modalidad canaria, se ha explicado por las condiciones de aislamiento en que vivió durante casi dos siglos la comunidad de isleños. Pero ¿esa incomunicación fue absoluta o hubo otros españoles que llegaron a tierras de Luisiana después de las primeras migraciones del siglo XVIII?

No hay duda de que llegaron más españoles, no solamente de Canarias sino de otras partes de España, como Andalucía, Santander, Cataluña o Galicia (vid., entre otros, Din, 1988: 102; Armistead, 2007: 54, y Lipski, 1990: 4). Armistead (2007: 228) indica que prácticamente no hay una familia isleña que no cuente con algún ascendiente venido de España a finales del siglo XIX o principios del XX, si bien es cierto que en la mayoría de los casos los isleños desconocen la procedencia exacta de sus antepasados. Es más que probable la llegada de otros canarios, porque la ya conocida tendencia histórica de este pueblo a la emigración se vería favorecida en este caso concreto por las noticias y las invitaciones que les llegarían de los isleños ya aclimatados en Luisiana. Por otro lado, hay datos objetivos que confirman la llegada de nuevos emigrantes: Guillotte (1982: 27) señala que en la comunidad de los isleños en 1850 había 63 habitantes que habían nacido en España (se supone que la peninsular), 7 en Canarias, 7 en Cuba y 7 en México.

La llegada de otros españoles continuó en el siglo XX; muchos eran marinos que entraban en contacto en Nueva Orleans con los descendientes de canarios y que, en algunos casos, acababan casándose con isleñas. En un proceso de koinización, tan frecuente en el Nuevo Continente, estos españoles de distinta procedencia terminaban adaptando su norma lingüística a la predominante en la comunidad.

Precisamente Armistead (2007) encuentra en esa frecuente y temporalmente próxima corriente inmigratoria —junto con la cercanía a Cuba, México y Centroamérica— una de las razones más importantes para explicar el mantenimiento de la lengua y la cultura hispánicas. La llegada de los inmigrantes hispanos suponía, sin duda, un refuerzo de las tradiciones de la comunidad: 'La cultura hispánica de la parroquia de St. Bernard puede entonces caracterizarse, no tanto por su aislamiento conservador, dependiente tan solo de sus lejanos orígenes canarios, sino más bien por su tradición dinámica y ecléctica, que se enriqueció con continuos y abundantes préstamos, tomados de otras fuentes hispánicas, para crear su propia e inconfundible herencia isleña' (Armistead, 2007: 229).

Notas

[1] Precisamente la salida de un número tan importante de gomeros para Luisiana originó una serie de protestas de los defensores del régimen señorial que imperaba en aquella isla, preocupados por la disminución de mano de obra. En la salida de los gomeros hubo de influir también la crisis del cultivo de la orchilla (vid. Hernández Rodríguez, 1982).

[2] Tornero (1977: 350), en una investigación similar con fuentes del Archivo General de Indias, encontró que el porcentaje de varones era de 53,9%, algo superior, como se ve, al que encuentran Santana Pérez y Sánchez Suárez.

[3] Según la información que proporciona Hoffman, los fondos de inmigración con los que Gálvez ayudó a los canarios constaban de 'un equipo básico de herramientas compuesto de un hacha, un azadón, una guadaña y una pala; un cerdo, un gallo y dos gallinas; una ración de un barril de maíz por adulto y medio barril de maíz por niño y por mes. La tierra medía cinco *arpents* en su parte frontal, donde había un arroyo, y las acostumbradas cuarenta *arpents* de profundidad' (1992: 155).

[4] Según Lestrade (1999: 4), el nombre de *isleño* también resulta apropiado porque el núcleo principal de la comunidad sigue siendo Delacroix Island, *la isla*.

[5] Posteriormente se ha creado otra asociación, la Canary Islands Descendants Association of San Bernardo (CIDA), que también cuenta con un museo en la llamada Casa López. Vid., entre otros, Lestrade (1999: 7-9) y Fariñas (2006).

II LA DEMOGRAFÍA HISPÁNICA EN SUELO NORTEAMERICANO

Introducción a la demografía hispánica en los Estados Unidos

Humberto López Morales y Carlos Domínguez

Los grupos migratorios

Humberto López Morales

Origen de los grupos migratorios

Antes de que la inmigración de hispanos a los Estados Unidos comenzara a presentar cifras de cierta importancia, debe destacarse la existencia de varios asentamientos antiguos, residuos de núcleos poblacionales anteriores a la conformación moderna de ese país. Tal es el caso, sobre todo, de los mexicanos del suroeste y, después, de los canarios de la Luisiana y de los escasos restos españoles de la Florida, pero, en cualquier caso, carecen de relieve para la situación actual. Estos constituyeron lo que los sociólogos llaman 'inmigrantes en tierra propia'.

Descontando algunas aventuras aisladas y de poca monta, la verdadera inmigración comienza en el siglo XX con México a la cabeza; le siguen los puertorriqueños, más tarde los cubanos y, en las últimas décadas, los dominicanos, los centroamericanos y otros procedentes de diferentes zonas de la América del Sur. Los españoles han sido y continúan siendo una notable minoría.

La inmigración mexicana, la más temprana de todas, comenzó muy a finales del siglo XIX[1]; en 1910 ya era abundante, y seguía creciendo, de manera que en tiempos de la Gran Depresión los expulsados del país fueron unos 500.000. Las nuevas olas inmigratorias muy pronto recuperaron esas cifras, e incluso las multiplicaron. La necesidad de mano de obra para los trabajos agrícolas en los Estados Unidos, desde entonces en constante expansión, fueron el motivo principal de estos traslados hacia el norte, legales los más, ilegales en una proporción desconocida, aunque minoritaria. La situación se ha mantenido con auge singular hasta nuestros días.

Después de la Segunda Guerra Mundial le tocó el turno a los puertorriqueños. La situación era diferente, pues los nacidos en la isla eran desde 1917 ciudadanos norteamericanos, por lo que sus movilizaciones hacia Nueva York, lugar de asiento preferido por este grupo, no presentaba problema inmigratorio alguno. En este caso, no hubo —ni hay— inmigrantes ilegales. Para 1960, ya esta ciudad y los territorios contiguos del noreste contaban con cerca de un millón de ciudadanos llegados de la isla caribeña. Y el traslado solo daba sus primeros pasos.

Los cubanos ocupan el tercer lugar en cuanto a cronología de llegada. Aunque con anterioridad a 1959 ya había pequeñas concentraciones de individuos de este origen en los Estados Unidos[2], las cifras no se disparan hasta el triunfo de la Revolución castrista y las décadas subsiguientes. Año tras año, el volumen de refugiados cubanos en ese país ha protagonizado un crecimiento auténticamente espectacular (López Morales, 2003: 19-41).

Con posterioridad, otras inmigraciones han venido a aumentar la presencia hispana en territorio norteamericano: dominicanos, centroamericanos y suramericanos han ido protagonizando diversos capítulos de la historia reciente. La dominicana no comienza en firme hasta mediados de la década de los sesenta; los de Centroamérica, encabezados por los salvadoreños, poco después, con gran número de entradas ilegales. Y más tarde empieza a sentirse la presencia de colombianos, ecuatorianos, peruanos, bolivianos, paraguayos y uruguayos en números siempre más reducidos. En los primeros años de este siglo XXI les ha tocado el turno a los venezolanos y a los argentinos.

Tipos de inmigrantes

Aunque las causas de estos traslados son múltiples y variadas, estas podrían reagruparse en tres grandes apartados: económicas, políticas y una combinación de ambas.

A razones de mejoras socioeconómicas o simplemente de subsistencia se deben las inmigraciones mexicanas. Asediados por la pobreza y por las barreras que impedían el acceso a salarios dignos y seguros, a una vivienda mínimamente aceptable, a condiciones básicas de salud, a la escolarización de los hijos y a un etcétera, que aunque no muy largo, sí es fundamental, estos grupos de individuos abandonan sus lugares de origen para instalarse en una especie de 'tierra prometida', que aunque no hubiera sido así en realidad, era siempre mucho mejor que la que habían tenido.

Los perfiles socioeducativos de estos inmigrantes son generalmente bajos, en su mayoría trabajadores agrícolas no especializados que, víctimas ellos mismos de la situación imperante, se han visto privados, entre otras cosas, de una educación que les permitiera avanzar en la vida, y que no desean que esa misma situación de depauperación se repita con sus descendientes. Son los llamados inmigrantes económicos.

Por otra parte están los que escapan de situaciones políticas (y, a veces, religiosas) que consideran inaceptables, como es el caso inicial de los cubanos y de los nicaragüenses. La postura política del Gobierno de La Habana, en un caso, y los vaivenes de Managua entre Somoza y los sandinistas, en otro, han obligado a muchos a abandonar sus lugares, bien por nexos o simpatías con Gobiernos anteriores, los menos, bien por rechazo moral a los planteamientos de los nuevos gobernantes, los más. Su perfil sociocultural es medio o alto, con buenos índices de educación, profesionales especializados en diferentes áreas, y con relativo éxito económico. Son los exiliados.

El grupo más numeroso está constituido por aquellos —otros centroamericanos y suramericanos— que salen de sus países para huir de situaciones económicas angustiosas, producto de guerras intestinas, feroces dictaduras, impericias gubernamentales —cuando no de flagrantes y continuas malversaciones— sufridas repetidamente por sus países de origen. Aunque la razón inmediata de su marcha sea de índole económica (acompañada, a veces, de inseguridad personal), esta ha sido causada directamente por el brutal deterioro social devenido de luchas intestinas o de políticas económicas trasnochadas e inoperantes. El grupo es mixto. Se encuentran en él desde profesionales altamente cualificados hasta obreros sin especialización, insertados en un amplísimo espectro socioeconómico. Son también inmigrantes, aunque el móvil que los haya impulsado sea mucho más complejo que el de los grupos anteriores[3].

Lugares de destino de los inmigrantes

Los lugares de destino de estos inmigrantes son muy diversos, dependiendo, sobre todo, de su accesibilidad, de la potencialidad de éxito que ofrezcan, de los contactos personales y, por supuesto, de las condiciones de los grupos y de los individuos.

Con excepción de Los Ángeles y ciudades relativamente pequeñas, y esto recientemente, la gran inmigración mexicana ha ido a zonas rurales o a pequeños poblados. En principio se centraba en los tradicionales territorios del suroeste, pero después se ha extendido, si bien en proporciones más modestas, hacia el norte y hasta la zona este, tanto al área de Nueva York como a la Florida. Los centroamericanos constituyen un punto de transición entre ciudad y ruralía, aunque su punto de asentamiento ha sido California preferentemente. También los suramericanos han apostado por este estado del oeste, aunque su ubicación última sea mucho más abarcadora. En general podría afirmarse que puertorriqueños, cubanos, dominicanos, venezolanos y argentinos constituyen una inmigración urbana. Naturalmente que hoy es posible encontrar cualquier procedencia hispana en todos los estados de ese país.

Demografía hispana en los Estados Unidos

Según el censo de 1990, el origen de la población hispana en los Estados Unidos y su densidad demográfica era la siguiente:

cuadro 1		
Origen	Población	%
México	13.393.208	61,2
Puerto Rico	2.651.815	12,1
Cuba	1.053.000	4,8
El Salvador	565.081	2,6
R. Dominicana	520.151	2,4
Colombia	378.726	1,7
Guatemala	268.779	1,2
Nicaragua	202.658	0,9
Ecuador	191.198	0,9
Perú	175.035	0,8
Honduras	131.066	0,6
Panamá	92.013	0,4

El resto de centroamericanos sumaba 64.233 (0,3%), los demás inmigrantes procedentes de Sudamérica, 378.726 (1,7%), y los de otros orígenes, incluyendo a España, 1.922.286 (8,8%).

Las inmigraciones hispanas a los Estados Unidos, cada vez más densas y constantes, han superado todos los cálculos estadísticos. En 1982, la población hispana del país era de 15.000.000, el 7% del total; quince años más tarde, ya eran 29.000.000, el 11,1%. Se trataba de unas cifras —en 1997— que se acercaban mucho a la primera gran minoría, la de los negros (12,8%). En 1966 el Current Population Report suponía que para el año 2000 la población hispana sería de 31.366.000, y que para 2002 (52.000.000) habría superado con creces a la negra, convirtiéndose así en la primera minoría de la Unión. Pronosticaba también que en 2016 la composición demográfica de los Estados Unidos habría cambiado completamente, y que continuaría haciéndolo, pues para entonces la inmigración hispana sería mayor que la de todos los grupos éticos juntos (Day, 1996: 1). Estas previsiones para el futuro son ya, desde 2002, una contundente realidad, pues los 35.300.000 hispanos constituían entonces el 12,5%, mientras que la población negra no hispana de la Unión se queda en el 12%. Estamos hablando de un aumento de cerca del 60% con respeto a 1990, de un salto demográfico espectacular que va de los 22.400.000 de aquellos años a los 35.300.000 de 2002.

Los hispanos radicados en suelo norteamericano suman hoy (2006) 44.300.000 (el 14,8% del total de la población) lo que convierte a ese país en la segunda nación hispanohablante del mundo según el número de hablantes, solo por debajo —según datos de la *Enciclopedia Encarta* 2001 de Microsoft— de México (101.879.170), y por encima de Colombia (40.349.388), España (40.037.995) y la Argentina (37.384.816).

Lo más interesante de este salto es que el aumento de la población hispana se ha producido en los estados más importantes desde el triple punto de vista político, cultural y económico[4] (cuadro 2).

cuadro 2

Estado	Total población	Hispanos	%
California	33.871.648	10.966.556	33,8
Texas	20.851.820	6.669.666	31,9
Florida	15.982.378	2.682.715	16,7
Nueva York	18.976.457	2.867.583	15,1
Illinois	12.419.293	1.530.262	12,3

Estos datos van acompañados de un estancamiento en el crecimiento de la población negra y de una notable regresión entre habitantes blancos.

Nada parece indicar que estas olas vayan a disminuir en el futuro. De una parte, las causas de tipo económico que mueven a muchísimos de estos hombres y mujeres no tienen, por el momento, posibilidad de sufrir cambios sustanciales; al contrario, se han agravado en los últimos años por las terribles devastaciones producidas por huracanes, inundaciones y terremotos, sobre todo en México y en Centroamérica, que son los puntos de procedencia de la mayoría de los inmigrantes ilegales. Estos últimos —hoy se habla de cerca de 12.000.000— no cesan de crecer en número[5]. De otra parte, la política zigzagueante de los Estados Unidos en materia migratoria, aunque amenaza constantemente con deportaciones, termina con buscar algún acomodo y facilita los trámites para legalizar esas situaciones (Morales, 1999: 244-247): los políticos quieren votos; los patronos, mano de obra barata, y las grandes empresas, consumidores[6].

Es verdad que algunas situaciones, sobre todo aquellas que impulsaban traslados debidos a causas políticas, han cambiado sustancialmente, como, por ejemplo, la vuelta a la normalidad democrática en Nicaragua. No puede decirse lo mismo, sin embargo, de Cuba, que ya lleva producidos más de un millón de exiliados, contando solo los que se han instalado en tierras del 'tío Sam' (López Morales, 2000). El futuro aquí es imprevisible.

Aunque el flujo migratorio es de una importancia notable en el crecimiento poblacional de los hispanos, hay otras dos razones que intervienen muy activamente en el proceso: las altas tasas de fertilidad y los bajos índices de mortandad.

Las familias hispanas tienen hoy una media de unos tres hijos (2,97), la tasa más alta de todos los grupos de la demografía norteamericana, que, en general, ofrece un promedio de nacimientos de 2,1 por mujer. Los datos de Day (1996: 21), analizados por Morales (1999: 250-251), indican que de un porcentaje de distribución de nacimientos de un 15,6% del total del país en 1995, se pasará a un 32,8% en 2050.

La esperanza de vida es también superior en los grupos hispanos: en 1995 era de 78,6 años (frente a los 76 de media general) y en 2050 será de 87 (frente a los 82 de la población en su conjunto).

Debe ser tenida en cuenta otra circunstancia importante, y es que la población hispana en general está integrada por individuos muy jóvenes (cuadro 3).

cuadro 3		Población general	Hispanos
	0-19 años	29,5%	39,2%
	20-49	45%	46,6%
	50-69	17,1%	11%
	70 o más	8,4%	3,2%

La comparación de estos datos sobre distribución generacional (Current Population Survey, 1997) no deja lugar a dudas sobre este aspecto.

Notas

[1] McWilliams (1990: 152) calcula que para estas fechas el número de hispanos en el suroeste, sumando los antiguos residentes coloniales, los más, con los recién llegados, era de 100.000, en su gran mayoría concentrados en el estado de Texas.

[2] En el umbral mismo del siglo XX había en Ybor City, Tampa, unas 130 fábricas de tabaco, a las que iban anualmente entre 50.000 y 100.000 cubanos a trabajar en ellas, pero se trató, en todo caso, de una inmigración temporal. La presencia cubana en los Estados Unidos puede rastrearse documentalmente desde 1870; con anterioridad los registros oficiales los incluían en la categoría general de 'antillanos' (West Indies); Pérez (2000: 14).

[3] Buen ejemplo de lo que se viene diciendo son las últimas inmigraciones cubanas, las del éxodo del Mariel, en 1980, y la de los 'balseros', durante la década de los noventa. López Morales (2003: 27-32) señala con detalle las condiciones sociales, culturales y laborales de estos refugiados, que contrastan sobremanera con los de las primeras incursiones. Esos últimos salen de la isla huyendo de una situación económica insufrible. Las muy recientes inmigraciones de argentinos pueden ser también, lamentablemente, un magnífico ejemplo de esta situación.

[4] Gómez Dacal (2001: 169; n. 1, 170) no duda en calificar esta situación de 'acontecimiento de trascendencia nacional' y subraya que la prioridad [del Bureau of the Census] por dar a conocer los datos de la población hispana del pasado censo de 2000 no fue asunto fortuito, sino debido al carácter singular que tiene el español en los Estados Unidos: 'Como servicio a los medios de comunicación de habla española, la Oficina del Censo está proporcionando traducciones a los comunicados de prensa y los cuadros que van adjuntos a ellos a los siguientes estados (por orden alfabético): Arizona, California, Colorado, Florida, Georgia, Illinois, Iowa, Nevada, Nuevo México, Nueva York y Texas. El comunicado de prensa para Puerto Rico, por supuesto, estará en español'.

[5] El Servicio de Inmigración y Naturalización, encargado del control de las fronteras del país, se encuentra absolutamente desbordado con cerca de un millón de detenidos por año. No hay ni jueces, ni juzgados ni cárceles suficientes para atender adecuadamente esta terrible realidad. A pesar de que son muchos los que logran burlar estos controles, los números son inabarcables. Los lugares de asiento preferidos por los ilegales son California (40%), Texas (14%), Nueva York (11%) y la Florida (6%), según datos de Duignan y Gann (1998: 368) para el año 1996.

[6] Sin embargo, el aumento desbordado de la inmigración hispana ha creado un malestar público en grandes parcelas de la sociedad norteamericana, que ven en él varias amenazas. Primero, una irrupción masiva en los puestos de trabajo que podría desbancar a los nativos del país y, segundo, el consumo en grandes proporciones de los beneficios sociales que, en principio, estaban diseñados para ellos. Vid. Morales (1999: 241).

La demografía hispánica en cifras

Carlos Domínguez

Introducción

El Gobierno de los Estados Unidos realiza un censo de la población cada diez años en el que presenta una síntesis de los patrones básicos y los cambios en la distribución de la población. En el último censo realizado (2000) se hizo, además, una revisión de los conceptos de 'raza' y 'origen hispano' y, a pesar de que algunas organizaciones, investigadores y medios de información siguen utilizando 'raza' y 'origen latino' como un concepto único, la Office of Management and Budget (OMB)[1] estableció una serie de criterios claros al respecto que utilizó en su último censo y que es imprescindible conocer para la interpretación de los datos que aporta[2].

Raza y origen se establecen como conceptos separados en el sistema estadístico federal. Por tanto, todo individuo tiene ambas características (su raza y su origen); dicho de otra manera, las personas hispanas pueden pertenecer a cualquier raza.

El censo de 1990 arrojaba una población total de 249.623.000 habitantes, y ya en el del año 2000 se produjo un aumento considerable, calculándose una población total de 282.194.000 personas, de los que el 26% eran menores de 18 años, el 62% estaba entre los 18 y los 64 años y el 12% superaba los 65 años. La presencia de 35,2 millones de hispanos en el año 2000 suponía ya un 12,5% de la población total de los Estados Unidos. Esta cifra reflejaba un aumento del 61% respecto del anterior censo de 1990, cuando el número de hispanos era de 21,9 millones. Durante este mismo período la población total de los Estados Unidos creció un 13%. El cuadro 1 muestra la evolución de la población estadounidense desde el censo de 1960 hasta el de 2000; además añade los datos de las sucesivas revisiones anuales que se han ido realizando desde el último censo. El cuadro 2 ofrece las previsiones realizadas por la Oficina del Censo americano hasta el año 2050.

cuadro 2   **Proyección de crecimiento de la población estadounidense hasta 2050**

Año	Población	Incremento (%)	Año	Población	Incremento (%)
2007	300.913.000	0,9	2029	360.711.000	0,8
2008	303.598.000	0,9	2030	363.584.000	0,8
2009	306.272.000	0,9	2031	366.466.000	0,8
2010	308.936.000	0,9	2032	369.336.000	0,8
2011	311.601.000	0,9	2033	372.196.000	0,8
2012	314.281.000	0,9	2034	375.046.000	0,8
2013	316.971.000	0,9	2035	377.886.000	0,8
2014	319.668.000	0,9	2036	380.716.000	0,7
2015	322.366.000	0,8	2037	383.537.000	0,7
2016	325.063.000	0,8	2038	386.348.000	0,7
2017	327.756.000	0,8	2039	389.151.000	0,7
2018	330.444.000	0,8	2040	391.946.000	0,7
2019	333.127.000	0,8	2041	394.734.000	0,7
2020	335.805.000	0,8	2042	397.519.000	0,7
2021	338.490.000	0,8	2043	400.301.000	0,7
2022	341.195.000	0,8	2044	403.081.000	0,7
2023	343.921.000	0,8	2045	405.862.000	0,7
2024	346.669.000	0,8	2046	408.646.000	0,7
2025	349.439.000	0,8	2047	411.435.000	0,7
2026	352.229.000	0,8	2048	414.230.000	0,7
2027	355.035.000	0,8	2049	417.035.000	0,7
2028	357.862.000	0,8	2050	419.854.000	0,7

cuadro 1   **Evolución de la población estadounidense**

Censo	Habitantes
1960	180.671.000
1970	205.052.000
1980	227.225.000
1990	249.623.000
2000	282.194.000
Revisiones anuales	
2001	285.108.000
2002	287.985.000
2003	290.850.000
2004	293.657.000
2005	296.410.000
2006	299.801.000

Características de la población en los Estados Unidos

La población estadounidense se caracteriza fundamentalmente por tener una tasa altísima de nacimientos de determinadas minorías (hispanos y asiáticos) y una fuerte inmigración con altas contribuciones, también, de hispanos y asiáticos. Estos dos factores contribuyen decisivamente en el crecimiento de los Estados Unidos y afectan a todos los aspectos de su sociedad.

Inmigrantes[3]

Los datos sobre la cantidad y las características de la población de origen extranjero resultan muy interesantes para evaluar el impacto de la inmigración y el nivel de integración de los inmigrantes en la sociedad de los Estados Unidos.

La mitad de la población que reside en los Estados Unidos nacida en el extranjero procede de Iberoamérica. En 2006, el 47% de la población nacida en el extranjero[4] era de origen hispano.

La importancia de este dato es crucial desde el punto de vista de la influencia de la población de origen extranjero si consideramos que aquellos nacidos en el exterior suponen una renovación de las costumbres, la cultura y el idioma autóctonos para aquellos ya integrados en la sociedad americana. El cuadro 3 muestra un incremento considerable de la población nacida en el extranjero en el año 2006 respecto del año 2002.

cuadro 3 **Distribución de la población extranjera según su lugar de nacimiento**[5]

	2002	2006	Diferencia	Crecimiento (%)
Nacidos en el extranjero	31.133.481	37.469.387	6.335.906	20,4
Nativos	250.288.425	261.929.098	11.640.673	4,7
Total	281.421.906	299.398.485	17.976.579	6,4

Asimismo, en 2006, de ese 47% de población hispana nacida en sus países de origen el 38,6% procedía de México (cuadros 4 y 5 y gráfica 1).

cuadro 4 **Distribución de la población hispana según su lugar de nacimiento**[6]

	2000	2006
Hispanos	35.204.480	44.298.975
Nativos	21.072.230	26.608.451
Nacidos en el extranjero	14.132.250	17.690.524

cuadro 5 **Distribución de la población hispana según su país de origen**

	Nativos (%)	Nacidos fuera (%)
Mexicanos	61,4	38,6
Puertorriqueños	99,4	0,6
Cubanos	38,2	61,8
Centroamericanos	31,2	68,8
Sudamericanos	31,3	68,7
Otros	68,4	31,6

gráfica 1 **Porcentajes de población hispana según su país de origen**

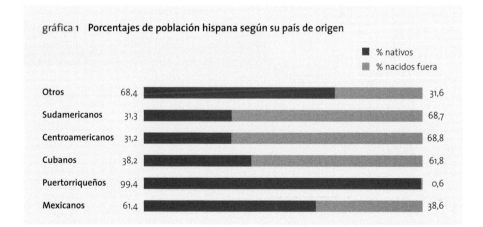

Por comparación con otros países hispanoamericanos vemos que la población mexicana y puertorriqueña tiene un alto índice de nativos, reduciéndose a la mitad en el resto de los casos.

Se estima que en 2006 había doce millones de residentes permanentes legales (*Legal Permanent Resident*, LPR) en los Estados Unidos. De estos doce millones, ocho tenían la posibilidad de nacionalizarse[7]. Entre 2004 y 2006 el número de residentes permanentes legales creció un 5% y un 4% el de los que tenían derecho a nacionalizarse. Durante el período 2004-2006 se observa un aumento del 20% de los individuos con derecho a obtener la condición de residente permanente legal con respecto al período 2001-2003. Actualmente hay una tendencia en los residentes permanentes legales a nacionalizarse con mayor rapidez. El cuadro 6 aporta los datos sobre la evolución total de los residentes permanentes legales.

Siete de cada diez residentes permanentes legales obtuvieron la residencia permanente en los Estados Unidos a partir de 1990, el 43% la obtuvieron entre 2000 y 2005 y solo el 15% antes de 1980 (véanse todos los datos al respecto en el cuadro 7).

cuadro 6 **Evolución de los residentes permanentes legales**

Residentes permanentes legales	2004 (%)	2005 (%)	2006 (%)
Total	11,5	11,8	12,1
Con posibilidad de nacionalizarse	7,9	8,1	8,2
Sin posibilidad de nacionalizarse	3,6	3,7	3,9

cuadro 7 **Obtención de la condición de residente permanente legal**

Año	Residentes legales permanentes		Residentes legales permanentes con derecho a nacionalizarse	
	Número	%	Número	%
Antes de 1960	210.000	1,7	210.000	2,5
1960 a 1969	470.000	3,8	470.000	5,7
1970 a 1979	1.170.000	9,6	1.170.000	14,2
1980 a 1989	1.410.000	11,6	1.410.000	17,1
1990 a 1999	3.680.000	30,3	3.680.000	44,6
2000 a 2003	3.060.000	25,2	1.320.000	16
2004 a 2005	2.110.000	17,4	No hay datos	No hay datos
Total[8]	12.110.000	100	8.260.000	100

cuadro 8 **Condición de residente permanente legal de los hispanos según su origen**

País de nacimiento	Residente permanente legal	Residente permanente legal con posibilidad de nacionalizarse
México	3.310.000	2.650.000
Filipinas	540.000	310.000
India	510.000	200.000
China	460.000	210.000
República Dominicana	430.000	310.000
Vietnam	340.000	220.000
Canadá	330.000	260.000
El Salvador	320.000	220.000
Cuba	310.000	230.000
Reino Unido	290.000	230.000
Corea	270.000	180.000
Jamaica	220.000	160.000
Haití	220.000	140.000
Colombia	190.000	110.000
Alemania	190.000	160.000
Guatemala	170.000	110.000
Polonia	160.000	110.000
Japón	130.000	100.000
Rusia	130.000	60.000
Ucrania	120.000	60.000
Otros	3.480.000	2.190.000
Total	12.120.000	8.220.000

Durante 2006, México, con 3,3 millones, fue el principal país de origen de los residentes permanentes legales (cuadro 8); por otra parte, 1,8 millones procedían de otros países de Centroamérica; 2,8 del Caribe, y 1,5 de Sudamérica. Además de México, otras cinco naciones hispanoamericanas (República Dominicana, El Salvador, Cuba, Colombia y Guatemala) figuraban entre los diez países que más población de residentes permanentes legales aportaron a los Estados Unidos, esto es, unos 4.730.000, el 39,1% de los inmigrantes permanentes legales de todo el país.

Población de minorías

Según datos del censo americano actualizados en mayo de 2007, la población de minorías en los Estados Unidos llegó a los 100,7 millones. Los datos de 2006 estimaban un total de 98,3 millones.

Casi uno de cada tres residentes de los Estados Unidos pertenece a una minoría, según expresaba el director de la Oficina del Censo, Louis Kincannon: 'Para verlo en perspectiva, hoy día hay más personas de minorías en este país que el total de personas que había en los Estados Unidos en 1910. De hecho, la población de minorías en los Estados Unidos es mayor que la población total de cada uno de los países del mundo, con excepción de once de ellos'.

La población total estadounidense en 1910 era de 92,2 millones. El 17 de octubre de 2006, la Oficina del Censo estimó que el total de la población del país había llegado casi a los 300 millones.

En 2006 California registró una población de minorías de 20,7 millones, el 21% de la población total del país. Texas, por su parte, en ese mismo año contó con una población de minorías de 12,2 millones, el 12% de la población total de los Estados Unidos.

También se alcanzaron cifras dignas de destacar en el período que abarca desde el 1 de julio de 2005 hasta el 1 de julio de 2006: la población de raza negra del país sobrepasó los 40 millones, mientras que el grupo de raza nativa de Hawái y otras islas del Pacífico llegó a 1 millón.

Los hispanos, a 1 de julio de 2006, fueron el mayor grupo minoritario, con 44,3 millones, el 14,8% de la población total. Los individuos de raza negra fueron el segundo grupo minoritario, con un total de 40,2 millones. Les siguieron las personas de raza asiática (14,9 millones), los indios americanos y nativos de Alaska (4,5 millones) y los nativos de Hawái y otras islas del Pacífico (1 millón). La población total de blancos no hispanos, no asignados a ninguna otra raza, alcanzó los 198,1 millones. El cuadro 9 muestra los datos más relevantes en relación con los hispanos.

cuadro 9 **Composición por raza y origen de la población estadounidense en el período 2000-2006**

Raza/origen	2000	2006	2000 (%)	2006 (%)
Hispanos	35.204.480	44.298.975	12,5	14,8
Blancos no hispanos	194.527.123	198.127.062	69,1	66,2
Negros no hispanos	33.706.554	36.431.992	12,0	12,2
Asiáticos no hispanos	10.088.521	12.948.145	3,6	4,3
Otros, no hispanos	7.895.228	7.592.311	2,8	2,5
Total	281.421.906	299.398.485	100,0	100,0

Entre el 1 de julio de 2005 y el 1 de julio de 2006, los hispanos constituyeron casi la mitad (1,4 millones) del crecimiento nacional de la población (2,9 millones).

De todos los estados americanos, California tenía la mayor población hispana en julio de 2006 (13,1 millones), seguida por Texas (8,4 millones) y Florida (3,6 millones). Texas tuvo el mayor incremento numérico entre 2005 y 2006 (305.000), seguida por California (283.000) y Florida (161.000). El estado con mayor proporción de hispanos respecto a su población total fue Nuevo México (44%), por delante de California y Texas (36% cada uno). Véase el cuadro 10.

Las estimaciones evidencian que la población estadounidense continuará creciendo en una proporción que situará el número total de habitantes en 300,9 millones en 2007 y que alcanzará los 419,9 millones en 2050. Sin embargo, después de 2030 la tasa de crecimiento podría bajar hasta llegar a ser la más lenta de su historia moderna, incluso más que durante la gran depresión que sufrieron los Estados Unidos durante la década de 1930.

A pesar de ello, este aumento del 49% proyectado para el crecimiento de los Estados Unidos en los próximos cincuenta años contrasta ampliamente con las proyecciones realizadas para la mayoría de los países europeos, cuya población se estima que disminuya a mediados del presente siglo.

La población de origen hispano tiene la perspectiva de aumentar en casi 67 millones entre 2000 y 2050, pasando de 35,3 millones a 102,6 millones, lo que significaría un aumento del 188% (vid. gráfica 2).

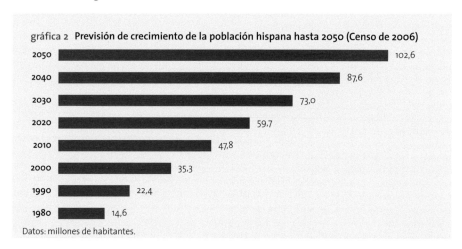

gráfica 2 **Previsión de crecimiento de la población hispana hasta 2050 (Censo de 2006)**

Año	Millones
2050	102,6
2040	87,6
2030	73,0
2020	59,7
2010	47,8
2000	35,3
1990	22,4
1980	14,6

Datos: millones de habitantes.

Las previsiones marcan también un envejecimiento de la población. Se espera un retroceso de la natalidad y que la población alcance una media de 65 años en 2011. Para el año 2030 se espera que esta media supere los 65 años. Los datos de 2006 se ofrecen en el cuadro 11; la gráfica 3 muestra los porcentajes referidos a la edad de la población hispana en comparación con la población total.

cuadro 11 **Distribución de la población hispana por edad y comparación con la población total**

| | TOTAL | Menor de 18 años | | | | 18 años o más | | | |
| | | Total | Menor de 5 años | 5 a 13 años | 14 a 17 años | Total (salvo +85) | 18 a 64 años | 65 años o más | |
								65 a 85 años	85 años o más
POBLACIÓN TOTAL	296.410.404	73.469.984	20.303.724	36.087.091	17.079.169	222.940.420	186.150.307	36.790.113	5.095.938
HISPANOS	42.687.224	14.460.390	4.532.062	7.056.867	2.871.461	28.226.834	25.942.555	2.284.279	233.747

cuadro 10 Distribución de la población de minorías (julio de 2006)

Área geográfica	Población total	Negra o africana americana solamente o en combinación	India americana o nativa de Alaska solamente o en combinación	Asiática solamente o en combinación	Nativa de Hawái y otras islas del Pacífico solamente o en combinación	Hispano	Blanca solamente, no hispano
Alabama	4.599.030	1.228.083	46.537	51.680	3.588	113.890	3.174.664
Alaska	670.053	33.120	121.665	40.615	6.294	37.548	444.894
Arizona	6.166.318	269.202	331.166	181.534	20.100	1.803.378	3.679.787
Arkansas	2.810.872	453.662	41.868	35.639	4.169	141.053	2.148.894
California	36.457.549	2.706.205	688.547	4.961.633	260.225	13.074.156	15.722.701
Carolina del Norte	8.856.505	1.972.357	144.812	190.808	10.869	593.896	6.015.095
Carolina del Sur	4.321.249	1.274.166	31.634	60.670	4.637	151.289	2.826.765
Colorado	4.753.377	227.497	88.002	156.035	12.690	934.413	3.409.723
Connecticut	3.504.809	385.748	26.928	130.764	5.215	391.935	2.622.370
Dakota del Norte	635.867	7.570	37.697	6.625	479	10.637	574.818
Dakota del Sur	781.919	10.702	72.298	8.109	648	16.773	676.883
Delaware	853.476	185.493	6.653	26.617	839	53.835	588.753
Distrito de Columbia	581.530	334.267	5.199	21.558	932	47.774	184.255
Florida	18.089.888	2.971.181	153.650	476.306	33.902	3.646.499	11.092.932
Georgia	9.363.941	2.854.474	67.206	294.892	13.853	703.246	5.518.248
Hawái	1.285.498	44.669	25.445	714.440	274.766	99.663	316.912
Idaho	1.466.465	13.855	30.703	23.655	3.556	138.870	1.266.216
Illinois	12.831.970	1.997.141	81.642	592.568	15.024	1.886.933	8.373.496
Indiana	6.313.520	599.813	41.735	99.402	5.320	300.857	5.296.264
Iowa	2.982.085	88.242	19.802	53.904	2.548	114.700	2.713.693
Kansas	2.764.075	185.582	47.690	70.942	3.565	237.426	2.240.900
Kentucky	4.206.074	337.894	25.995	50.068	3.417	85.938	3.716.338
Luisiana	4.287.768	1.375.461	44.157	70.794	3.488	124.481	2.694.097
Maine	1.321.574	14.864	13.553	14.800	806	13.529	1.266.443
Maryland	5.615.727	1.705.728	42.961	307.644	7.563	337.341	3.282.279
Massachusetts	6.437.193	491.336	41.392	340.404	10.534	511.014	5.150.232
Míchigan	10.095.643	1.518.332	122.254	271.840	8.438	393.281	7.846.335
Minnesota	5.167.101	268.943	83.947	203.028	6.722	196.135	4.440.204
Misisipi	2.910.540	1.091.110	22.547	28.169	2.300	53.381	1.726.158
Misuri	5.842.713	706.546	63.020	100.831	8.435	164.194	4.825.978
Montana	944.632	6.999	70.527	9.001	1.118	23.818	837.763
Nebraska	1.768.331	87.462	23.691	34.858	2.054	130.304	1.500.725
Nevada	2.495.529	217.490	52.463	178.668	22.200	610.052	1.468.717
Nueva Jersey	8.724.560	1.326.160	57.847	690.154	13.301	1.364.696	5.457.733
Nueva York	19.306.183	3.519.135	188.153	1.427.559	38.481	3.139.456	11.677.402
Nuevo Hampshire	1.314.895	18.336	8.600	28.383	901	29.872	1.233.144
Nuevo México	1.954.599	58.766	207.341	34.856	4.212	860.688	836.006
Ohio	11.478.006	1.460.770	76.764	207.091	8.229	267.750	9.514.321
Oklahoma	3.579.212	311.770	397.041	75.525	6.523	247.450	2.581.367
Oregón	3.700.758	91.260	89.982	164.486	18.767	379.038	2.996.271
Pensilvania	12.440.621	1.410.946	58.271	323.309	11.158	526.976	10.216.147
Rhode Island	1.067.610	76.759	11.734	33.249	2.202	117.701	849.722
Tennessee	6.038.803	1.046.674	44.307	94.449	5.600	194.706	4.681.190
Texas	23.507.783	2.908.563	267.281	881.542	43.644	8.385.139	11.351.060
Utah	2.550.063	36.674	43.444	65.270	25.675	286.113	2.114.355
Vermont	623.908	6.155	6.242	8.325	293	7.135	596.969
Virginia	7.642.884	1.579.160	58.454	412.760	12.391	479.530	5.174.897
Virginia Occidental	1.818.470	67.499	11.155	14.475	993	16.767	1.710.410
Washington	6.395.798	288.828	165.131	505.871	49.403	581.357	4.895.065
Wisconsin	5.556.506	361.640	72.351	126.135	4.876	258.696	4.761.269
Wyoming	515.004	6.609	16.411	5.258	701	35.729	453.634
Total en los Estados Unidos	299.398.484	40.240.898	4.497.895	14.907.198	1.007.644	44.321.038	198.744.494

Observando la gráfica 3, podemos comprobar cómo en 2006 la población hispana (con una edad media de 27,4 años) es mucho más joven que la media de edad registrada por la población total (36,4 años). Más de un tercio de la población hispana (el 33,9%) tiene menos de 18 años, comparado con un cuarto de la población total aproximadamente (el 24,8%). Los datos desglosados sobre la población hispana por edad y origen se recogen en la gráfica 4.

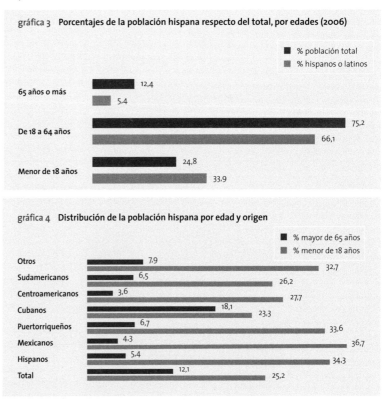

gráfica 3   Porcentajes de la población hispana respecto del total, por edades (2006)

■ % población total
■ % hispanos o latinos

65 años o más — 12,4 / 5,4
De 18 a 64 años — 75,2 / 66,1
Menor de 18 años — 24,8 / 33,9

gráfica 4   Distribución de la población hispana por edad y origen

■ % mayor de 65 años
■ % menor de 18 años

Otros — 7,9 / 32,7
Sudamericanos — 6,5 / 26,2
Centroamericanos — 3,6 / 27,7
Cubanos — 18,1 / 23,3
Puertorriqueños — 6,7 / 33,6
Mexicanos — 4,3 / 36,7
Hispanos — 5,4 / 34,3
Total — 12,1 / 25,2

Población hispana según su origen

En 1997, el 28% de la población nacida en el extranjero y más de la mitad de la población procedente de Hispanoamérica había llegado de México.

También en el año 2000, los mexicanos constituían el grupo hispano más grande en los Estados Unidos. Su representación alcanzaba el 59% de la población hispana total del país. El cuadro 12 muestra los datos actualizados en el año 2006 y la gráfica 5 los porcentajes de su representación.

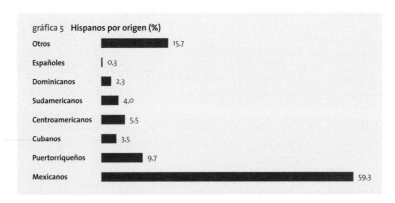

gráfica 5   Hispanos por origen (%)

Otros — 15,7
Españoles — 0,3
Dominicanos — 2,3
Sudamericanos — 4,0
Centroamericanos — 5,5
Cubanos — 3,5
Puertorriqueños — 9,7
Mexicanos — 59,3

cuadro 12 **Hispanos por origen**[9]	
México	28.395.997
Puerto Rico	3.985.058
Otros (españoles/hispanos/'latinos')	3.044.659
Cuba	1.517.028
El Salvador	1.363.726
República Dominicana	1.217.160
Guatemala	896.780
Colombia	793.682
Honduras	486.026
Ecuador	478.957
Perú	430.009
España	372.632
Nicaragua	298.928
Venezuela	176.451
Argentina	175.944
Panamá	124.138
Centroamérica (sin determinar)	115.064
Costa Rica	111.678
Chile	93.465
Bolivia	86.465
Sudamérica (sin determinar)	72.541
Uruguay	46.836
Paraguay	15.751
Total	44.298.975

Distribución geográfica de la población hispana

Aunque los hispanos en los Estados Unidos se encuentran repartidos a lo largo de todo el país, unas pocas áreas geográficas concentran especialmente a la gran mayoría de hispanoamericanos. Estas áreas varían según sea el lugar de nacimiento de los residentes hispanoamericanos. Por ejemplo, aproximadamente tres de cada cuatro personas nacidas en el Caribe viven en las áreas metropolitanas de Nueva York o Miami.

Los nacidos en México, por otro lado, se concentran en las zonas metropolitanas de Los Ángeles, Chicago y en el estado de Texas. Estos tres grupos totalizarían ya a más de la mitad de la población nacida en México (3,9 millones).

La gráfica 6 muestra la distribución geográfica de la población hispana en los Estados Unidos. Las mismas fuentes de 2006 muestran las ciudades americanas con un mayor número de población hispana (vid. el cuadro 13 para la distribución en los principales estados).

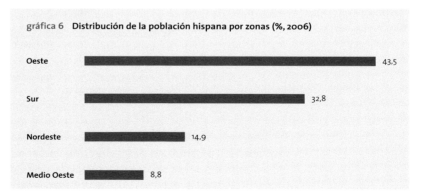

gráfica 6 **Distribución de la población hispana por zonas (%, 2006)**

Oeste — 43,5
Sur — 32,8
Nordeste — 14,9
Medio Oeste — 8,8

cuadro 13 **Ciudades americanas con mayor porcentaje de hispanos**[10]

Ciudades	Población hispana
Los Ángeles (California)	8,4 millones
Nueva York (Nueva York)	4,4 millones
Miami (Florida)	2,1 millones
Chicago (Illinois)	1,9 millones
Houston (Texas)	1,9 millones
Dallas (Texas)	1,6 millones
San Francisco (California)	1,6 millones
San Antonio (Texas)	1,2 millones
Phoenix (Arizona)	1,2 millones
McAllen (Texas)	1,1 millones

Características económicas de la población hispana[11]

El SBO (Survey of Business Owners), organismo encargado de la parte económica del censo americano, considera 'negocios hispanos' a aquellas empresas en las que el 51% de las acciones o el valor del negocio está en manos de hispanos.

El número de negocios propiedad de hispanos aumentó un 31% entre 1997 y 2002, tres veces el promedio nacional del total de los negocios norteamericanos. Aproximadamente 1,6 millones de negocios estaban en manos de hispanos y generaron unas ganancias aproximadas de más de 222.000 millones de dólares, lo que supuso un incremento del 19% desde 1997. Como dato comparativo podemos aportar las cifras que arrojan otras minorías. Las ganancias generadas por los 1,2 millones de negocios de toda la nación cuyos dueños eran de raza negra aumentaron un 25% entre 1997 y 2002 para alcanzar los 88.800 millones de dólares en el año 2002. El número de dichas empresas creció un 45% en el mismo período de cinco años. La gráfica 7 muestra la distribución por tipo de negocio de las empresas hispanas[12].

gráfica 7 **Distribución de las empresas de propiedad hispana según el tipo de negocio**

- Construcción
- Administrativos y gestión
- Salud y asistencia social
- Comercio (minoristas)
- Profesionales, científicos, técnicos y de servicios
- Otros tipos de empresas
- Otros servicios (excepto administración pública)

En 2002, aproximadamente tres de cada diez empresas cuyos dueños eran hispanos se dedicaban a la construcción y otros servicios, tales como servicios de reparación y mantenimiento. El 44% de estas empresas pertenecía a individuos de origen mexicano. Algunas características de las empresas en manos hispanas dan una idea clara de su importancia:

— 29.184 empresas obtuvieron ganancias de más de un millón de dólares.

— 1.510 empresas tenían al menos 100 empleados o más y generaban más de 42 millones de dólares brutos en facturación.

— Entre los negocios de mayoristas y minoristas sumaban un 36% de las ganancias.

Los estados que presentaron un crecimiento mayor del número de empresas hispanas entre 1997 y 2002 fueron: Nueva York (57%), Rhode Island y Georgia (56% cada uno), Nevada y Carolina del Sur (48% cada uno). Algunas ciudades también destacaron por el número de empresas hispanas: Los Ángeles, en California (188.472); Miami-Dade, en Florida (163.188); Harris, en Texas (61.934); el Bronx, en Nueva York (38.325).

Integración de la población hispana en el mercado laboral

Los datos de la Oficina del Censo de los Estados Unidos[13] muestran que la situación laboral de los trabajadores hispanos es muy precaria comparada con la de los estadounidenses; además la brecha entre los dos grupos no solo no disminuye sino que aumenta.

La tasa de participación en el mercado laboral de los hombres creció en 2006. Durante 2000 la participación de los hombres hispanos fue de un 69,4% mientras que el total estaba en un 70,7%; la gráfica 8 muestra un aumento considerable en el año 2006, unos diez puntos porcentuales. En cuanto al tipo de trabajo desarrollado, la gráfica 9 muestra la distribución de los hombres por ocupación.

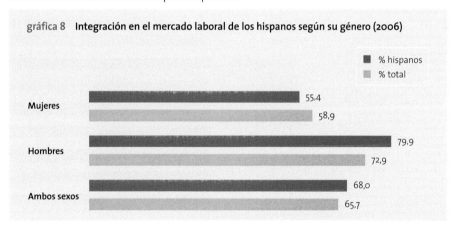

gráfica 8   Integración en el mercado laboral de los hispanos según su género (2006)

■ % hispanos
▨ % total

Mujeres — 55,4 / 58,9
Hombres — 79,9 / 72,9
Ambos sexos — 68,0 / 65,7

La gráfica 9 pone en evidencia que los trabajos profesionalizados no están en manos de los hispanos. Sus ocupaciones fundamentales son la construcción, el transporte y los servicios en general.

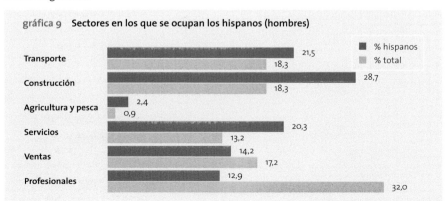

gráfica 9   Sectores en los que se ocupan los hispanos (hombres)

■ % hispanos
▨ % total

Transporte — 21,5 / 18,3
Construcción — 28,7 / 18,3
Agricultura y pesca — 2,4 / 0,9
Servicios — 20,3 / 13,2
Ventas — 14,2 / 17,2
Profesionales — 12,9 / 32,0

Las mujeres hispanas tienen más opciones que los hombres hispanos de ocupar puestos en la administración y en trabajos profesionales, aunque su ocupación fundamental es en el sector de ventas y servicios (vid. gráfica 10).

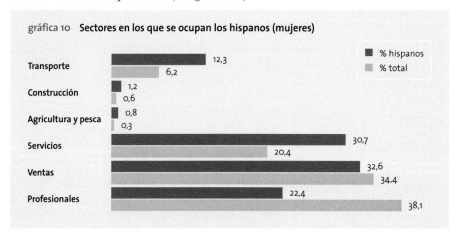

gráfica 10   Sectores en los que se ocupan los hispanos (mujeres)

La integración de los hispanos en el mercado laboral americano (68%) supera a la media total (65,7%), a excepción del sector femenino. Los datos obtenidos, según los distintos grupos de origen, corroboran la tendencia general (gráfica 11).

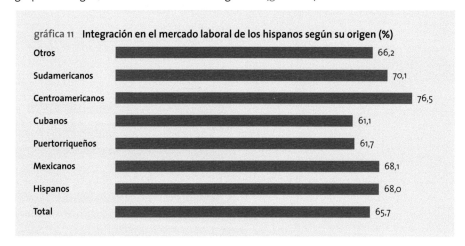

gráfica 11   Integración en el mercado laboral de los hispanos según su origen (%)

En 2006, la media de ingresos para los hispanos fue más baja que la del total de los trabajadores del país. La diferencia, como evidencia la gráfica 12, es especialmente pronunciada en el salario de los hombres.

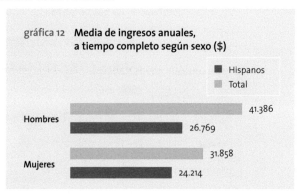

gráfica 12   Media de ingresos anuales, a tiempo completo según sexo ($)

Nivel educativo de la población hispana

En 2005-2006, el 56% de los estudiantes hispanos asistieron a escuelas públicas de mayoría hispana. En estas escuelas solo el 3% de los estudiantes no pertenecía a las minorías.

Más de la mitad de la población hispana mayor de 25 años (el 52%) tiene, como mínimo, un diploma de la escuela secundaria, y aproximadamente uno de cada diez ha obtenido un título universitario o un grado superior (10%). La gráfica 13 muestra claramente cómo los hispanos parecen tener menos probabilidad de completar la escuela secundaria o llegar a la universidad, en comparación con los del total de la población.

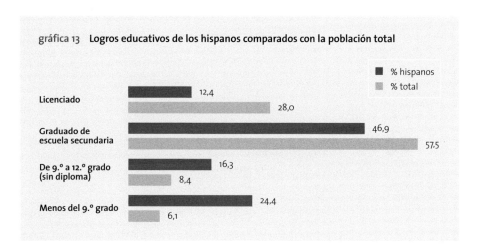

gráfica 13   Logros educativos de los hispanos comparados con la población total

- ■ % hispanos
- ▨ % total

Licenciado	12,4 / 28,0
Graduado de escuela secundaria	46,9 / 57,5
De 9.º a 12.º grado (sin diploma)	16,3 / 8,4
Menos del 9.º grado	24,4 / 6,1

El idioma

En el año 2006, hablaban en el hogar un idioma extranjero alrededor de 8 millones de personas más que en el año 2000. En todo el país, una de cada cinco personas (19,7%) de más de cinco años de edad hablaba en el hogar un idioma que no era el inglés, comparado con el 7,9% del año 2000. Entre los estados, California (42,5%) tenía el porcentaje más alto en esta categoría, seguido por Nuevo México (36,5%) y Texas (33,8%). Aproximadamente uno de cada diez hogares de California estaba aislado lingüísticamente, lo cual significa que todas las personas de catorce años o más en ese hogar tenían al menos alguna dificultad para hablar inglés.

Entre las 20 mayores áreas metropolitanas, más de la mitad de todas las personas de más de cinco años de edad en Los Ángeles (53,4%) hablaba en el hogar un idioma que no era el inglés. Miami ocupó el segundo lugar en esta categoría (48,6%), seguida por San Francisco-Oakland y Riverside, en California, donde aproximadamente cuatro de cada diez personas hablaba en el hogar un idioma que no era el inglés. El cuadro 14 muestra los datos por estado.

Dentro de las lenguas habladas en casa y distintas del inglés, en el cuadro 15 podemos ver el porcentaje que ocupa cada una de ellas y la gran presencia del español en el entorno doméstico. En el cuadro 16 pueden verse en detalle los datos referidos a las lenguas habladas en casa según las distintas franjas de edad.

En el año 2000, el 18% de la población del país, mayor de cinco años, hablaba en casa un idioma que no era el inglés y la mayoría de ellos lo hacía en español. La gráfica 14 muestra los datos en la población a partir de los 5 años.

cuadro 14 **Porcentajes por estado de individuos mayores de cinco años que hablan en casa una lengua distinta del inglés**

Total en los Estados Unidos	19,7	Minnesota	9,6
California	42,5	Carolina del Norte	9,6
Nuevo México	36,5	Pensilvania	9,2
Texas	33,8	Nebraska	9,1
Nueva York	28,8	Míchigan	9,0
Arizona	28,0	Luisiana	8,4
Nueva Jersey	27,6	Oklahoma	8,3
Nevada	26,9	Nuevo Hampshire	8,2
Florida	25,7	Wisconsin	8,1
Hawái	23,5	Maine	7,7
Illinois	21,8	Indiana	7,6
Rhode Island	20,4	Wyoming	6,6
Massachusetts	20,2	Dakota del Sur	6,5
Connecticut	20,1	Iowa	6,4
Colorado	17,2	Ohio	6,2
Washington	16,6	Arkansas	6,1
Alaska	15,4	Carolina del Sur	6,0
Distrito de Columbia	15,3	Misuri	5,6
Maryland	14,9	Tennessee	5,5
Utah	14,3	Vermont	5,3
Oregón	14,2	Dakota del Norte	5,2
Virginia	13,1	Montana	4,7
Delaware	12,1	Alabama	4,2
Georgia	11,9	Kentucky	4,1
Kansas	10,3	Misisipi	3,1
Idaho	10,1	Virginia Occidental	2,3

cuadro 15 **Lenguas distintas del inglés habladas en casa**

	Total	Hablan inglés 'muy bien'	Hablan inglés peor que 'muy bien'
Población mayor de cinco años	279.012.712	91,3%	8,7%
Solo hablan inglés	80,3%	(X)	(X)
Hablan una lengua distinta del inglés	19,7%	55,9%	44,1%
Hablan español	**12,2%**	**52,7%**	**47,3%**
Hablan otra lengua europea	3,7%	67,0%	33,0%
Hablan lenguas asiáticas	3,0%	51,3%	48,7%
Hablan otras lenguas	0,8%	70,3%	29,7%

gráfica 14 **Distribución de la población hispana según su dominio del inglés**

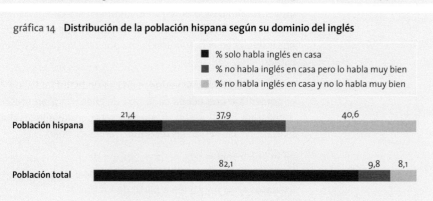

■ % solo habla inglés en casa
■ % no habla inglés en casa pero lo habla muy bien
▨ % no habla inglés en casa y no lo habla muy bien

Población hispana: 21,4 | 37,9 | 40,6

Población total: 82,1 | 9,8 | 8,1

cuadro 16	Lenguas distintas del inglés habladas en casa por edad de los hablantes		
Lengua	Total	Habla inglés 'muy bien'	Hablan inglés peor que 'muy bien'
Español	34.044.945	52,7%	47,3%
5-17 años	7.804.711	73,4%	26,6%
18-64 años	23.984.081	47,5%	52,5%
Más de 65 años	2.256.153	35,7%	64,3%
Otra lengua indoeuropea	10.283.232	67,0%	33,0%
5-17 años	1.458.438	80,1%	19,9%
18-64 años	6.999.416	67,2%	32,8%
Más de 65 años	1.825.378	55,9%	44,1%
Lenguas asiáticas	8.275.131	51,3%	48,7%
5-17 años	1.177.135	72,7%	27,3%
18-64 años	6.195.379	50,8%	49,2%
Más de 65 años	902.617	26,5%	73,5%
Otras lenguas	2.255.116	70,3%	29,7%
5-17 años	421.508	81,2%	18,8%
18-64 años	1.637.656	69,8%	30,2%
Más de 65 años	195.952	50,8%	49,2%

El porcentaje de población que habla una lengua distinta del inglés en los Estados Unidos se ha incrementado desde el censo de 1990. Como se ha adelantado, según el censo de 2000 el 18% del total de la población mayor de cinco años hablaba en casa una lengua distinta del inglés. Asimismo, la lengua más hablada era el español (28,10%) y dentro de este grupo casi la mitad (13,8%) no hablaba bien inglés. La gráfica 15 detalla los porcentajes referidos al idioma usado en casa.

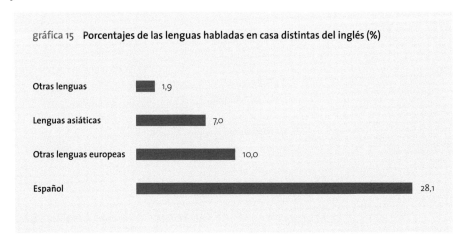

gráfica 15 Porcentajes de las lenguas habladas en casa distintas del inglés (%)

Otras lenguas — 1,9
Lenguas asiáticas — 7,0
Otras lenguas europeas — 10,0
Español — 28,1

Casi todos los adultos hispanos nacidos en los Estados Unidos de padres inmigrantes dominan el inglés[14]. Por el contrario, solo una pequeña minoría de sus padres tienen soltura en el uso de esta lengua.

El 88% de los nacidos en los Estados Unidos hablan inglés muy bien. En las generaciones posteriores la cifra asciende a un 94% (vid. gráfica 16). La capacidad de lectura sigue los mismos patrones.

Por último, el cuadro 17 muestra los porcentajes de población que habla español en el hogar por estado y el total en el país.

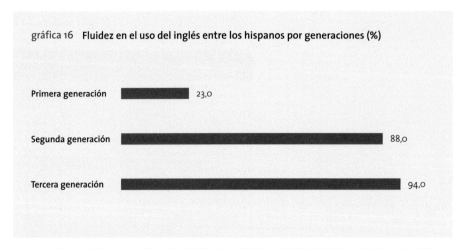

gráfica 16   Fluidez en el uso del inglés entre los hispanos por generaciones (%)

Primera generación   23,0

Segunda generación   88,0

Tercera generación   94,0

cuadro 17   Porcentajes por estado de individuos mayores de cinco años
que hablan español en casa

Estado	Porcentaje	Estado	Porcentaje	Estado	Porcentaje
Texas	29,1	Georgia	7,0	Minnesota	3,5
Nuevo México	28,8	Massachusetts	6,8	Míchigan	3,1
California	28,4	Kansas	6,6	Tennessee	3,0
Arizona	21,9	Delaware	6,5	Luisiana	2,7
Nevada	19,3	Carolina del Norte	6,5	Alabama	2,5
Florida	18,7	Nebraska	6,0	Misuri	2,4
Nueva York	14,2	Virginia	5,8	Nuevo Hampshire	2,1
Nueva Jersey	13,9	Maryland	5,7	Ohio	2,1
Illinois	12,7	Oklahoma	5,2	Kentucky	2,0
Colorado	12,3	Arkansas	4,4	Dakota del Sur	2,0
Rhode Island	10,0	Indiana	4,3	Misisipi	1,7
Connecticut	9,4	Wisconsin	4,2	Hawái	1,5
Utah	9,4	Wyoming	4,1	Montana	1,5
Oregón	8,5	Pensilvania	3,7	Dakota del Norte	1,5
Distrito de Columbia	8,2	Carolina del Sur	3,7	Virginia Occidental	1,1
Idaho	7,7	Alaska	3,6	Maine	1,0
Washington	7,2	Iowa	3,5	Vermont	1,0

Total en los Estados Unidos: 12,2

Conclusiones

La población hispana en los Estados Unidos cada vez afianza más su posición como primera minoría. Las previsiones oficiales del censo consideran que para el año 2050 formarán un conjunto de más de cien millones; es decir, un 24% de la población total, frente a los 44,3 millones actuales, que suponen un 14,8% de todos los habitantes del país, según los datos del censo de 2006. Esto ha hecho que su presencia sea cada vez mayor en el mundo de los negocios, en los medios de comunicación, en los servicios públicos, etc. y que su lengua haya trascendido el ámbito meramente doméstico. Su baja media de edad, además de asegurar su presencia, convierte a este sector de la población en objetivo de un importante mercado potencial sobre el que se vuelcan inversiones de todo tipo.

El esfuerzo de los Estados Unidos, realizado con mayor o menor intensidad según épocas, por asimilar culturalmente a esta población como lo hizo con otras (irlandeses o italianos, por ejemplo) ha sido infructuoso hasta la fecha, quizá debido al carácter homogéneo de los hispanos. Es una población con características étnicas muy diferentes, sin dejar de formar por ello una unidad.

Notas

[1] Se trata de la Oficina de Administración y Presupuestos.

[2] Véase http://www.whitehouse.gov/omb/fedreg/1997standards.html/.

[3] U.S. Department of Homeland Security: Estimates of the Legal Permanent Resident Population in 2006, en http://www.dhs.gov/xlibrary/assets/statistics/publications/.

[4] 'Nacido en el extranjero' hace referencia a todas aquellas personas, nacionalizadas o no, que en el momento de su nacimiento no eran ciudadanos americanos.

[5] Pew Hispanic Center: Tabulations of 2006 American Community Survey. Datos publicados en enero de 2008.

[6] Pew Hispanic Center: Tabulations of 2000 Census.

[7] Los requisitos para obtener la ciudadanía americana tienen que ver básicamente con el tiempo de residencia (al menos cinco años), reunión familiar (tres años de matrimonio con un ciudadano americano), tipo de admisión en los Estados Unidos (año en que se obtuvo la condición de residente legal permanente), etc.

[8] La suma de los totales puede variar debido al redondeo.

[9] Pew Hispanic Center: Tabulations of 2006 American Community Survey.

[10] Datos obtenidos de Synovate 2006: U.S. Diversity Markets Report.

[11] Véase http://www.census.gov/Press-Release/www/releases/archives/business_ownership/006578.html/.

[12] Datos obtenidos del Survey of Business Owners actualizados en septiembre de 2006, en http://www.census.gov.csd/sbo/hispaniccharts.pdf/.

[13] Véase concretamente el Current Population Survey, Annual Social and Economic Supplement 2006.

[14] Pew Hispanic Center: English Usage Among Hispanics in the United States, 2007.

Los mexicanos

Carmen Silva Corvalán y Andrew Lynch

La población mexicana y méxico-americana

La situación del español en los Estados Unidos está estrechamente ligada a los movimientos migratorios del siglo XX y así como en este país, desde los comienzos de su historia, se han debatido las ventajas y desventajas de la inmigración, también la presencia del español y otras lenguas además del inglés ha causado ásperos debates. Al empezar el tercer milenio, las actitudes hacia la inmigración y el bi– o multilingüismo no son del todo positivas, en gran medida debido al enorme aumento de las tasas de inmigración desde países no europeos en las últimas décadas.

Mientras que el censo de 1960 indicaba que el 75% de la población de origen extranjero había nacido en Europa, el 9,8% en Asia y el 9,4% en Hispanoamérica, el censo de 2000 mostró, en cambio, que solo el 15,8% era de origen europeo, el 26,4% asiático y que un altísimo 51,7% había nacido en países hispanoamericanos (U.S. Census Bureau, 2003a). El cuadro 1 muestra el drástico aumento de esta última población en los Estados Unidos desde 1960 hasta 2005 (9,4%), año en que alcanzó el 53,3% del total de individuos nacidos fuera del territorio estadounidense.

cuadro 1 **Población nacida fuera de los Estados Unidos entre 1960 y 2005 (Oficina del Censo)**

Año	% de población total*	Número	% de Hispanoamérica	% de México
2005	12,4%	35.690.000	53,3%	**
2000	11,1%	31.108.000	51,7%	29,5%
1990	7,9%	19.800.000	44,3%	23,0%
1980	6,2%	14.080.000	33,1%	17,0%
1970	4,7%	9.619.000	19,4%	7,9%
1960	5,4%	9.738.000	9,4%	5,9%

* Los datos de la población total de los Estados Unidos en 2000 eran de 282.421.906 y en 2005 de 288.378.137.

** La Oficina del Censo no ha desglosado el porcentaje de inmigrantes mexicanos del total de hispanoamericanos para 2005.

Tres países estaban entre los que habían aportado los grupos más numerosos de inmigrantes entre los censos de 1990 y 2000: México, Cuba y El Salvador. México es, sin duda, el país de origen de la mayoría de hispanoamericanos residentes en los Estados Unidos, como puede deducirse del cuadro 1 y a partir de 1980, el país de donde proviene el mayor número de inmigrantes en general. De hecho, en 2000 la población norteamericana nacida en México era seis veces mayor que la del país que le seguía en número de inmigrantes, China, de donde procedía alrededor de un millón y medio de personas (U.S. Census Bureau, 2000).

La visión del inmigrante mexicano en particular ha sido diferente de la del europeo e incluso del asiático en cuanto a que aquel, así como los puertorriqueños y los franco-canadienses que emigraban a los Estados Unidos a principios de 1900, se consideraban 'inmigrantes temporales'. Para estos tres grupos no era difícil mantener contacto con su pasado geográfico, bastaba un viaje de a lo sumo dos o tres días para estar ya en el país natal, donde muchos habían dejado a su familia o donde otros iban en busca de una esposa. La temporalidad de la inmigración es, sin embargo, una percepción equivocada. Una minoría insignificante regresa definitivamente a México después de haber residido legalmente en Norteamérica. Además, los méxico-americanos nacidos aquí se identifican fácilmente con la cultura americana y no demuestran interés en invertir el camino hecho por sus padres. A pesar de esta realidad, tiende a mantenerse la percepción errónea de que los hispanos resisten la asimilación, reforzada en publicaciones que datan desde la primera mitad del siglo XX (vid. Taylor, 1932).

Por otro lado, se mantiene viva la tendencia a mantener frecuentes contactos con el país de origen, especialmente en el caso de México, Puerto Rico y algunos países centroamericanos. Los inmigrantes buscan, además, establecerse en regiones y barrios donde existen ya grupos de paisanos, lo que conduce al establecimiento de comunidades en las que es posible desarrollar las actividades diarias (p. ej. laborales, comerciales, sociales, domésticas) en español, sin que resulte necesario el uso del inglés. El contacto regular con México y el alto porcentaje de población hispanohablante en extensos sectores urbanos contribuyen ciertamente a la consolidación y expansión del español en los Estados Unidos. El visitante hispanohablante de ciudades tales como Miami, Los Ángeles, San Antonio, Chicago y Nueva York, sentirá la presencia del español en la prensa, la televisión y la radio, en los anuncios que se leen, en conversaciones que se oyen en parques y calles, en comercios, restaurantes y hoteles; en fin, en muchos aspectos de la vida cotidiana.

Según datos de 2005, la población hispana del país constituía el 14,5% de la población total, lo que equivalía aproximadamente a 42 millones (U.S. Census Bureau, 2005). Los hispanos ya son el grupo minoritario más grande del país, seguido por los afroamericanos. Se calcula que el censo de 2010 (el censo se realiza cada 10 años) indicará que la población hispana constituye más del 15% de la población total y se proyecta que, para 2050, será hispana una de cada cuatro personas. Cabe destacar que, en realidad, la población hispana de los Estados Unidos probablemente ya sea más del 15% de la población total, dado el hecho de que había unos nueve millones de hispanoamericanos indocumentados en 2005, de los cuales más del 70% eran mexicanos (Pew Hispanic Center, 2006). El estatus político de estas personas ha sido objeto de fuertes debates y manifestaciones en los últimos años y, según las encuestas públicas, constituye uno de los temas más importantes en las elecciones presidenciales de 2008.

Más de la mitad de los hispanos reside en el suroeste, integrado por los estados de California, Nevada, Arizona, Colorado, Nuevo México y Texas. Además de esta región, hay altas concentraciones de población hispana en los estados de Nueva York, la Florida e Illinois. Como se puede ver en el cuadro 2, según los datos del censo de 2000, los mexicanos constituyen la mayoría de los individuos identificados como hispanos en todos estos estados excepto en Nueva York y Nueva Jersey, donde predominan los puertorriqueños y dominicanos, y en la Florida, donde los cubanos, puertorriqueños y nicaragüenses son mucho más numerosos. A nivel nacional, seis de cada diez hispanos son de extracción mexicana y, entre aquellos que se identificaron como mexicanos en 2000, poco más del 58% había nacido en los Estados Unidos. De los mexicanos que en ese mismo año indicaron haber nacido fuera del país, cerca de la mitad (48,7%) había llegado durante la década de los noventa.

Cabe notar que el gran flujo de mexicanos a los Estados Unidos desde 1990 se ha hecho muy palpable en estados que antes eran casi totalmente anglohablantes, tales como Arkansas, Carolina del Norte, Georgia, Iowa y Nebraska, en los que hoy en algunos condados rurales la población hispana (en su gran mayoría mexicana) ha alcanzado el 25% en cuestión de una sola década. Si bien la repentina presencia de mexicanos en estas zonas ha creado sociedades más diversas en términos culturales y lingüísticos, también ha contribuido al áspero debate en torno a la inmigración y al uso de otras lenguas que 'no son el inglés' en años recientes. Con la crisis económica que afecta al país desde 2001 y el cierre de muchas industrias en los estados del sureste y en la región central (el Medio Oeste), las poblaciones nativas, anglohablantes, comienzan a percibir a los hispanos recién llegados, en su gran mayoría mexicanos, como una posible amenaza al bienestar socioeconómico del país y a la cohesión nacional (lingüística y cultural), preocupación que se expresa ampliamente en los medios de comunicación. También se insiste en la importancia del inglés como única lengua en los ámbitos educativos y gubernamentales.

cuadro 2 **Distribución de la población hispana en los estados de mayor concentración (Oficina del Censo)**

	Número de hispanos	% de hispanos	Número de mexicanos	% de mexicanos en la población hispana
Estados Unidos	35.305.818	12,5%	20.640.711	58,5%
Arizona	1.295.617	25,3%	1.065.578	82,2%
California	10.966.556	32,4%	8.455.926	77,1%
Colorado	735.601	17,1%	450.760	61,3%
Florida	2.682.715	16,8%	363.925	13,6%
Illinois	1.530.262	12,3%	1.144.390	74,8%
Nevada	393.970	19,7%	285.764	72,5%
Nueva Jersey	1.117.191	13,3%	102.929	9,2%
Nueva York	2.867.583	15,1%	260.889	9,1%
Nuevo México	765.386	42,1%	330.049	43,1%
Texas	6.669.666	32%	5.071.963	76%

Español frente a inglés

A pesar del éxito de los esfuerzos por establecer el inglés como lengua oficial única en ya la mitad de los cincuenta estados (vid. cuadro 3) y la falta de apoyo a las lenguas minoritarias, la importancia del español en la sociedad norteamericana se ha mantenido gracias al aumento de la población hispana, a su relevancia económica y a su creciente poder político. Es interesante notar que, en un principio, de cuarenta y cinco estados que en la década de los ochenta votaron la proposición de establecer el inglés como lengua oficial, solo catorce la aprobaron. En Arizona, un estatuto fue aprobado en 1988 para luego ser rechazado por la Corte Suprema de Arizona, pero se aprobó el 'inglés oficial' en una votación de 2006, a través de una enmienda a la constitución estatal. Tal enmienda ha sido aprobada en seis estados, de los cuales cuatro son estados en los que la población hispanohablante es muy numerosa (vid. cuadro 2): Arizona, California, Colorado y Florida (marcados con un asterisco en el cuadro 3).

De los 47 millones de personas de los Estados Unidos que indicaron hablar otra lengua en casa (en muchos casos además del inglés) en el censo de 2000, más de 28 millones eran hispanohablantes. De estos 28 millones, más de la mitad indicó también que hablaba inglés 'muy bien', y menos de 3 millones respondieron que no lo hablaban en absoluto. De estos datos se desprende que la mayoría de la población hispana del país es bilingüe en mayor o menor grado, y que casi el 80% de los mexicanos —igual que los hispanos en general— viven en casas donde se habla español, como se observa en la gráfica 1. Aunque el 82,1% de la población total estadounidense dijo hablar únicamente inglés en casa, solo una quinta parte (el 21,2%) de los mexicanos declaró que lo hacía. En el 35,7% de hogares mexicanos se informó hablar inglés 'muy bien' aunque se usara el español, y en el 43,1% de hogares mexicanos de habla hispana se indicó poseer una capacidad de hablar inglés cuadro 3   **Estados donde el inglés se ha declarado lengua oficial**

Año	Estados
1923	Nebraska (enmienda a la constitución estatal)
1969	Illinois
1981	Virginia
1984	Indiana, Kentucky, Tennessee
1986	*California (enmienda a la constitución estatal), Georgia
1987	Arkansas, Misisipi, Carolina del Norte, Carolina del Sur, Dakota del Norte
1988	*Colorado (enmienda a la constitución estatal),
1988	*Florida (enmienda a la constitución estatal)
1990	Alabama (enmienda a la constitución estatal)
1995	Dakota del Sur, Montana, Nuevo Hampshire
1996	Georgia, Wyoming
1998	Misuri
2000	Utah
2002	Iowa
2006 (1988)	*Arizona (enmienda a la constitución estatal)
2007	Idaho

inferior a 'muy bien'. Cabe recordar que dichos porcentajes son un tanto engañosos, ya que la población total incluye a muchas personas de cinco o menos años de edad, mientras que la pregunta del censo sobre la lengua hablada en el hogar no se aplica a estos sino a 'personas mayores de cinco años'. También hay que tener en cuenta los aproximadamente 12 millones de indocumentados, que son, en su mayoría, hispanohablantes mexicanos, de los que muchos poseen un escaso dominio del inglés.

gráfica 1   **Porcentajes referentes a la lengua hablada en casa (Censo de 2000)**

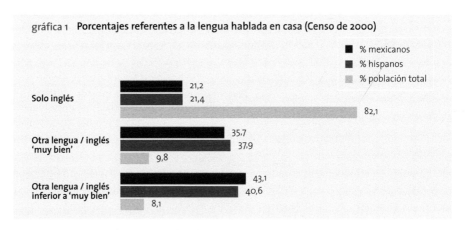

En aquellos estados de mayor concentración hispana donde predominan los mexicanos, el uso del español en casa varía sustancialmente. La proporción de hablantes de español no parece guardar una relación directa con la densidad de la población hispana en los diferentes estados. Por ejemplo, el cuadro 4 refleja que en el estado con el mayor porcentaje de hispanos, Nuevo México (42,1%), solo el 63,5% usa el español en casa. En Illinois, por otra parte, donde tan solo el 12,3% de la población se identifica como hispana, los que hablan español en casa constituyen el 81,9%. Estos alcanzan un 76,1% en Nevada, cuya población hispana es solamente el 19,7% de la total. Solo California y Texas muestran una relación similar entre porcientos de población hispana (32,4% y 32%, respectivamente) y el de hispanos que hablan español en casa (73,9% en California y 77,9% en Texas).

cuadro 4   **Uso del español en los estados con mayor concentración de mexicanos (Censo de 2000)***

	Número de hispanos	Número de personas que hablan español en casa (%)	Hispanohablantes con nivel de inglés inferior a 'muy bien' (%)
Estados Unidos	35.305.818	28.101.052 (79,6%)	13.751.256 (38,9%)
Arizona	1.295.617	927.395 (71,6%)	435.186 (33,6%)
California	10.966.556	8.105.505 (73,9%)	4.303.949 (39,2%)
Colorado	735.601	421.670 (57,3%)	202.883 (27,6%)
Illinois	1.530.262	1.253.676 (81,9%)	665.995 (43,5%)
Nevada	393.970	299.947 (76,1%)	162.301 (41,2%)
Nuevo México	765.386	485.681 (63,5%)	158.629 (20,7%)
Texas	6.669.666	5.195.182 (77,9%)	2.369.036 (35,5%)

*Mayores de cinco años de edad.

Queda claro que la proporción de hispanos en la población general no es un factor determinante de la realidad del idioma español en los distintos estados. Esta realidad no depende únicamente de los números totales de hispanos, sino de factores más complejos, como la cantidad de inmigrantes recién llegados y la antigüedad de residencia. La gráfica 2 refleja este hecho. Por ejemplo, en Carolina del Norte y Georgia, estados que tienen poblaciones hispanas muy recientes, conformadas en su gran mayoría por mexicanos que han llegado a partir de la década de los noventa, el porcentaje de hispanos que indicaron que hablaban español en casa, según el censo de 2000, fue de un 100% y de un 97,9%, respectivamente, a pesar de que estos hispanos representaban tan solo un 4,7% y un 5,3% de la población total en esos estados. El caso de Iowa es parecido: en 2000 los hispanos constituían apenas el 2,8% de la población total del estado, pero el porciento de los que declararon que usaban español en casa fue de un 96,4%. En California y en Nuevo México, por otro lado, donde los mexicanos están históricamente más arraigados, las tasas de uso del español en los hogares son relativamente más bajas.

gráfica 2   **Porcentajes de población hispana y de uso del español en casa en cinco estados con altos índices de inmigración mexicana (Censo de 2000)**

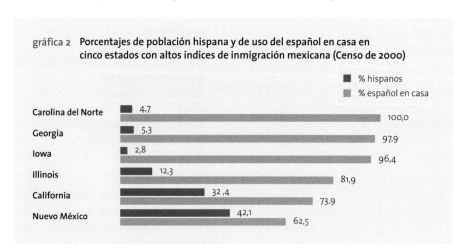

En el cuadro 5 se observa que de las diez ciudades más grandes de los Estados Unidos con poblaciones mayoritariamente hispanohablantes en el año 2000, ocho eran de mayoría mexicana (nacida en México) o méxico-americana (de ascendencia mexicana, pero nacidos en el país). Estas incluían Laredo, Brownsville, McAllen y El Paso en el estado de Texas, y el Este de Los Ángeles, Santa Ana, El Monte y Pomona en California. En Hialeah (condado de Miami-Dade) y Miami, en el estado de la Florida, la mayoría de los hispanos era de origen cubano. Cabe destacar que en todas estas ciudades los índices de inmigración hispanoamericana fueron muy elevados durante las décadas de los ochenta y los noventa.

cuadro 5 **Las diez ciudades más grandes de EE. UU. con mayoría hispanohablante (censo de 2000)***

Ciudad	Hablan español en casa (%)	Población hispana (%)	Población mexicana (%)
1. Hialeah, FL	195.884 (91,9%)	204.543 (90,3%)	1.719 (0,8%)
2. Laredo, TX	144.633 (91,3%)	166.216 (94,1%)	133.185 (75,4%)
3. Brownsville, TX	109.153 (86,6%)	127.535 (91,3%)	103.297 (73,9%)
4. East Los Angeles, CA	96.525 (86,4%)	120.307 (96,8%)	104.223 (83,9%)
5. McAllen, TX	71.800 (74,0%)	85.427 (80,3%)	69.931 (65,7%)
6. Santa Ana, CA	211.276 (69,7%)	257.097 (76,1%)	222.719 (65,9%)
7. El Paso, TX	356.558 (68,9%)	431.875 (76,6%)	359.699 (63,8%)
8. Miami, FL	227.293 (66,6%)	238.351 (65,8%)	3.669 (1,0%)
9. El Monte, CA	64.889 (61,8%)	83.945 (72,4%)	69.880 (60,3%)
10. Pomona, CA	74.557 (55,0%)	96.370 (64,5%)	79.757 (53,4%)

*Mayores de cinco años de edad.

La presencia del inglés es significativa en los hogares mexicanos y méxico-americanos. Por poner un ejemplo, examinemos por un momento la situación en Los Ángeles. El condado de Los Ángeles es el más grande de California y tiene la mayor población de hispanos del suroeste. Aquí, el 47,3% de los aproximadamente 9,8 millones de habitantes eran hispanos según datos oficiales de 2005 (U.S. Census Bureau, 2005), la gran mayoría de ellos mexicanos o méxico-americanos. De la población hispana total del condado en el año 2005, un 78,4% declaró hablar español en casa. Esta es una cifra que impresiona y que podría llevarnos a pensar que el español se mantiene de forma contundente, y que el estereotipo de que 'los hispanos no quieren aprender inglés' es cierto. Sin embargo, estas afirmaciones parecen estar muy lejos de la realidad.

De hecho, al comparar datos de los censos de 1970, 1980 y 1990 (Hernández, 1997) con los que ya hemos presentado de 2000 (cuadro 4), se puede observar que el porcentaje de hablantes de español no crece al mismo ritmo que el de la población hispana. Al contrario, va en disminución. El cuadro 6 (adaptado de los cuadros 1-3 de Hernández Chávez, 1997) indica claramente que el porcentaje de hispanohablantes dentro de la población hispana ha bajado paulatinamente a partir de 1970 en los cinco estados del suroeste. En el año 2000, solo en Arizona y en Colorado hubo un pequeño aumento con respecto a 1990, pero no con respecto a 1970. El descenso relativo del porciento de hispanohablantes ha ocurrido a pesar de que el número de hispanos era casi cinco veces superior en 2000 que en 1970 en California y Arizona, más del triple en Texas y Colorado, y más del doble en Nuevo México.

Ya hemos insistido en que la inmigración constante es el factor fundamental que condiciona el uso del español en casa; los datos oficiales del censo de 2000 mantienen que más del 40% de la población hispana ha nacido fuera de los Estados Unidos. Si suponemos que la mayoría de estos han adquirido la lengua española con anterioridad a su entrada a este país, el efecto que su desplazamiento tiene en el mantenimiento vivo del español en las comunidades hispanas es evidente. Los datos de 2005 para el condado de Los Ángeles apoyan la importancia de los procesos de inmigración: el 60% de los hispanos en el condado nacieron en el extranjero, principalmente en México.

cuadro 6 **Proporción de hispanohablantes en la población hispana mayoritariamente de origen mexicano en el suroeste, 1970-2000***

	1970	1980	1990	2000
Arizona				
Hispanos	264.770	385.938	680.628	1.295.617
Hispanohablantes	259.070	331.038	478.234	927.395
	(97,8%)	(85,8%)	(70,3%)	(71,6%)
California				
Hispanos	2.369.292	3.993.913	6.703.197	10.966.556
Hispanohablantes	2.150.600	3.132.690	5.478.712	8.105.505
	(90,8%)	(78,4%)	(81,7%)	(73,9%)
Colorado				
Hispanos	225.506	302,696	374.445	735.601
Hispanohablantes	194.680	179.607	203.896	421.670
	(86,3%)	(59,3%)	(54,5%)	(57,3%)
Nuevo México				
Hispanos	308.340	425.829	519.939	765.386
Hispanohablantes	329.683	352.488	398.186	485.681
	(106,9%)**	(82,8%)	(76,6%)	(63,5%)
Texas				
Hispanos	1.840.648	2.629.045	3.830.894	6.669.666
Hispanohablantes	1.793.462	2.484.188	3.443.106	5.195.182
	(97,4%)	(94,5%)	(89,9%)	(77,9%)
TOTAL				
Hispanos	5.008.556	7.737.421	12.109.103	20.432.826
Hispanohablantes	4.727.500	6.668.011	10.002.134	15.135.433
	(94,4%)	(86,2%)	(82,6%)	(74,1%)

* Incluye solo mayores de cinco años de edad.
** Incluye hispanohablantes indígenas que no se identifican como hispanos.

El censo no pide a los encuestados que estimen con qué frecuencia hablan español, ni pregunta hasta qué punto lo dominan. ¿Acaso hablan español en casa todos los días, o tan solo a veces o rara vez? ¿Es su uso del español completamente funcional, es de alguna manera limitado, o no es sino una variedad muy reducida? Por otro lado, el censo sí proporciona datos sobre el dominio del inglés. En el caso particular del condado de Los Ángeles, con la mayor población de hispanos en el suroeste, con una alta proporción de hispanos nacidos en México y situado cerca de la frontera mexicana, los datos de 2005 indican que el 50% de los hispanos que declaran hablar español en casa hablan inglés 'muy bien'. Esto constituye una clara evidencia de que un porcentaje sustancial de los hispanos que han nacido fuera del país adquieren altos niveles de competencia en inglés y nos sugiere que es bastante probable que no transmitan a su descendencia una variedad de español completamente funcional, particularmente en registros más formales de la lengua.

Aspectos socioeconómicos

La situación social y lingüística que caracteriza a las comunidades mexicanas bilingües español-inglés es de una gran complejidad, complejidad que refleja la intrincada situación demográfica y social propia de estas comunidades. Los frecuentes movimientos migratorios de zonas rurales a urbanas y las continuas olas de inmigrantes monolingües de México y Centroamérica, principalmente por motivos económicos, son causa de cambios demográficos en la estructura familiar y comunal a la vez que renuevan el contacto con variedades funcionalmente completas del idioma español. En lo lingüístico se desarrolla el típico continuo de competencia bilingüe y en lo social es evidente también una amplia gama de niveles socioeconómicos. Esta gama se extiende desde el nivel más bajo de trabajador indocumentado hasta las esferas más altas, donde encontramos mexicanos y méxico-americanos desempeñando quehaceres de importancia en círculos políticos, educativos, comerciales, industriales y artísticos.

Así y todo, los mexicanos en general se enfrentan a problemas de discriminación cultural y racial (vid. G. Rodríguez, 2004) y, comparados con otros grupos 'minoritarios' en los Estados Unidos, parecen experimentar mayores problemas de aculturación, que repercuten en lo educativo. De todos los grupos hispanos del país, los mexicanos son los que menos educación formal tienen según los datos del censo de 2000. Como se puede ver en la gráfica 3, solo un 45,8% de mexicanos mayores de 25 años de edad había completado los estudios secundarios, y apenas un 7,5% de mexicanos de la misma edad había conseguido un título universitario, cifras muy por debajo de las nacionales. En cuanto a lo económico, los mexicanos también muestran niveles por debajo de las cifras nacionales. El 23,5% de mexicanos vivía bajo el nivel de pobreza en el año 2000, una tasa casi dos veces mayor que la cifra nacional del 12,4%. Aunque el 71% de hombres mexicanos y el 52% de mujeres mexicanas mayores de 16 años de edad declararon trabajar —cifras casi iguales a las de la población total estadounidense—, sus sueldos estaban muy por debajo del promedio nacional (33.516 $ anuales para familias mexicanas frente a un promedio nacional de 50.046 $).

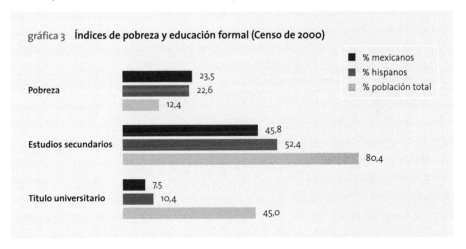

gráfica 3   **Índices de pobreza y educación formal (Censo de 2000)**

- ■ % mexicanos
- ■ % hispanos
- ▪ % población total

Pobreza
23,5
22,6
12,4

Estudios secundarios
45,8
52,4
80,4

Título universitario
7,5
10,4
45,0

Los cubanos

Humberto López Morales

Las diferentes olas migratorias

El comienzo de la inmigración cubana

La emigración cubana a los Estados Unidos no es fenómeno reciente, pero la formación del importante complejo demosocial asentado hoy en el Gran Miami es resultado de los que, en olas sucesivas, han ido abandonando la isla antillana desde finales de 1958. Los últimos casi cincuenta años han sido testigos de este auténtico alud poblacional, que ha logrado cambiar drásticamente la estructura de la ciudad floridana apacible y provinciana de antaño.

Todo empezó cuando unos 248.070 cubanos, entre los que se encontraban 14.000 niños sin sus padres y sin familia alguna (United States Department of Health, Education, and Welfare, 1962), entraron a los Estados Unidos entre los últimos días de 1958 y octubre de 1962, en que se suspenden los vuelos regulares entre La Habana y Miami, a raíz de la llamada 'crisis de los misiles'.

Para 1961 el número de cubanos asentados en Miami había crecido demasiado en comparación con la cantidad de trabajos disponibles en la entonces pequeña ciudad. El recién fundado Cuban Refugee Program, deseando aliviar las presiones generadas por esta situación, diseñó y ejecutó un amplio plan de relocalizaciones. De los 153.536 cubanos que se habían inscrito en el Centro de Refugiados entre 1961 y 1962, 48.361 fueron trasladados a diferentes estados, principalmente a Nueva York, Nueva Jersey, California e Illinois. El programa obtuvo un notable éxito en aquel momento, pues logró alejar del enclave miamense a casi una tercera parte de esos exilados (31,5%)[1].

Estos inmigrantes de la primera ola (1959-1962) eran gentes procedentes de la capital o de otras grandes ciudades, con un alto grado de instrucción, que habían desempeñado profesiones bien remuneradas. El grupo estaba lejos de ser homogéneo, pues aunque estas eran las características más sobresalientes, no dejaban de encontrarse en él pescadores, campesinos, conductores de camiones, mecánicos y vendedores, es decir, representantes de todo el espectro laboral.

En efecto, según Fagen, Brody y O'Leary (1968), el 62% de estos refugiados procedía de La Habana, el 25%, de otras ciudades de más de 50.000 habitantes, el 11%, de pueblos (entre 50.000 y 250 habitantes), y solo el 2%, del 'campo' (localidades de menos de 250 habitantes). Al comparar estos porcentajes con los de los lugares de residencia que muestra el censo poblacional cubano de 1953 (N=5.829.000) se observan grandes desigualdades. Aquí, la cifra mayor, un 43%, es la de los habitantes de zonas rurales, y le sigue, con un 26%, la población que habitaba en pueblos o en pequeñas ciudades. Los residentes habaneros aparecen con un 21%, y los de otras ciudades de importancia, con un 10%.

Mientras que la fuerza laboral de la Cuba de 1953 descansaba en los renglones más bajos, esta muestra de refugiados cubanos habla de la existencia de grupos mucho más nutridos en los niveles altos. Los profesionales y semiprofesionales, por ejemplo, están superrepresentados por un factor superior a 5 y, en cambio, las personas dedicadas a la agricultura y a la pesca están infrarrepresentados por un factor cercano a 14.

Esto explica sobradamente el paralelismo que se observa entre estos datos y los relativos a la educación. En este primer grupo de exiliados (N=1.085), un escaso 4% no ha completado sus estudios primarios, el 60% tiene algunos años de bachillerato, un alto 23,5% ha llegado a la universidad, y un 12,5% posee algún grado superior. El contraste con la realidad cubana de principios de la década de los cincuenta es notable. Según los datos del censo (N=2.633,000), un 1% de la población adulta disponía de un título superior, y apenas el 3% había cursado años de universidad, mientras que un 44% se encontraba entre la primaria y el bachillerato, y un altísimo 52% no había logrado terminar los estudios de la primera etapa.

Los contrastes entre los exiliados de esta primera ola y la comunidad de origen se hacen también patentes al examinar el factor 'ingresos'; los sujetos entrevistados (N=199) informaron haber recibido los sueldos que se muestran en la gráfica 1 durante 1958.

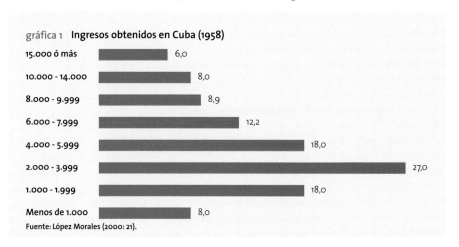

gráfica 1   **Ingresos obtenidos en Cuba (1958)**

15.000 ó más	6,0
10.000 - 14.000	8,0
8.000 - 9.999	8,9
6.000 - 7.999	12,2
4.000 - 5.999	18,0
2.000 - 3.999	27,0
1.000 - 1.999	18,0
Menos de 1.000	8,0

Fuente: López Morales (2000: 21).

El análisis llevado a cabo por Fagen, Brody y O'Leary (1968: 20-21) indica que menos del 23% había ganado sueldos inferiores a los 2.000 pesos, el 56% obtuvo entre 2.000 y 8.000, y un 21% recibió más de 8.000. La media de ingresos era de 5.960 pesos. Para 1957, la renta per cápita en Cuba fue de 431 pesos, pero teniendo en cuenta que entonces solo uno de cada tres adultos estaba empleado, el producto nacional bruto de cada trabajador era de 1.293 (Russett et ál., 1964). Se supone que si los cubanos llegados a Miami ofrecieran un paralelo con la situación cubana general, su media de ingresos debería haber estado por debajo de esta cifra; en cambio, la media de aquellos recién exiliados multiplica los 1.293 pesos por un factor superior a 4. Un estudio monográfico sobre este asunto (Álvarez Díaz et ál., 1963) pone de manifiesto que en 1958, el 60,5% de los hombres empleados ganaba menos de 900 pesos al año. En cambio, obsérvese que en la muestra miamense de cabezas de familia, únicamente el 7% tiene ingresos inferiores a los 1.000 dólares.

Es de lamentar que no se tengan datos precisos sobre la composición racial de estos primeros exiliados, pero el Research Institute for Cuba and the Caribbean de la Universidad de Miami ha calculado que, aproximadamente, el 2% de ellos eran negros y el 3,5%, mestizos. Según el censo de 1953, el total de la población negra ascendía en Cuba a un 12,4%, y la mulata, al 14,5% (Center for Advanced International Studies, 1967). Estas cifras indican que el grueso de esta primera ola inmigratoria era preponderantemente blanca.

Los 'vuelos de la libertad'

En los tres años que mediaron entre la 'crisis de los misiles' y la inauguración de los llamados 'vuelos de la libertad', la emigración hacia la Florida fue menos abundante: entre el 22 de octubre de 1962 y el 28 de septiembre de 1965 entraron a los Estados Unidos unos

69.081 cubanos más. El fin del contacto aéreo directo entre La Habana y Miami propiciaba la llegada a través de terceros países, principalmente desde México y España (58.545); en la mayoría de los casos, se trataba de familiares de los que ya estaban establecidos en suelo norteamericano o de padres de los niños que habían sido enviados solos en la operación Peter Pan. También lo hicieron en vuelos especiales organizados por la Cruz Roja, como los 5.000 prisioneros del frustrado episodio de Bahía de Cochinos, o mediante vías clandestinas (10.536), cruzando el estrecho a bordo de una buena cantidad de 'objetos flotantes'.

En estos vuelos (del 1 de diciembre de 1965 al 3 de abril de 1973) apenas si llegaron profesionales o técnicos, y ningún joven en edad de prestar servicio militar, ni presos políticos, lo que logró que la población cubana del exilio llegara a ser más equilibrada, con el consiguiente aumento de la proporción de obreros y la disminución de profesionales y semiprofesionales (de 7,1% en 1967 a 4,1% en 1971). Se trataba ahora de una población muy heterogénea, con representantes de todas las clases sociales, todas las profesiones y oficios, varios grupos étnicos y religiosos, y aunque seguían primando los de la provincia de La Habana, había nutrida representación de las demás. García (1996: 44) subraya el hecho de que, junto a esta variedad, también existían en el exilio diferencias políticas que cubrían un amplio espectro ideológico.

El episodio de Camarioca

Del 28 de septiembre al 3 de noviembre de 1965 es el puente marítimo que tuvo la base en Camarioca, pequeño pueblo pesquero de la costa norte de Matanzas; creado gracias a presiones internas y externas, logró que los cubanos de Miami llevaran consigo a sus familiares en las embarcaciones que pudieron comprar o alquilar —425 en total— con capacidad para transportar a 10.000 refugiados[2]. El 7 de octubre llegaron a la Florida las primeras de las 4.993 personas que lograron salir de la isla por este medio, muy pocos en realidad, si se compara esta cifra con las 200.000 solicitudes que habían sido presentadas ante las autoridades cubanas. Un mes más tarde, el 7 de noviembre, habían salido 2.979 más; los otros 2.014 que quedaban seguían a la espera en el campamento de Kawama, cercano a Camarioca. El 15 de noviembre empezaron a salir rumbo a Cayo Hueso.

Según Portes, Clark y Manning (1985: 42), el 80,1% de estos emigrados salían de Cuba por razones políticas, el 12,3% perseguía la reunificación familiar, el 3,7% huía por imperativos económicos y el restante 3,9% había sido expulsado por las autoridades del país.

El fugaz episodio de Camarioca se cerró con la pérdida de varias vidas, pues a pesar de que la guardia costera estadounidense llevó a cabo 988 operaciones de rescate, que salvaron la vida a miles de pasajeros, 25 de las más frágiles embarcaciones zozobraron en el estrecho.

Estas muertes, las primeras de una larga historia, y sobre todo, su repercusión en el exterior, produjeron, al menos, una feliz decisión: la firma de un 'Memorandum of understanding' entre Cuba y los Estados Unidos, por el cual se iniciaron los llamados 'vuelos de la libertad'. Inaugurados el 1 de diciembre de 1965, y sufragados por el Gobierno de este último país, duraron ocho años, aunque a partir de agosto de 1971 fueron esporádicos hasta su cancelación, en abril de 1973; en los dos aviones que a diario despegaban del aeropuerto de Varadero (con un total de 3.048 vuelos) salieron del país otras 297.318 personas (Clark, 1977: 75).

Durante estos años, otra vía estimable de entrada a los Estados Unidos fue a través de terceros países, principalmente desde España, que vio incrementar de manera espectacular el volumen de cubanos que llegaban a su suelo, sobre todo a partir de 1972, cuando el declinar de los 'vuelos de la libertad' era un hecho palpable. Según Fabricio (1972a), el número de viajeros llegados de la isla aumentó en 1.100 individuos por mes. En poco tiempo había 30.000 a la espera del ansiado visado norteamericano. El 25% de ellos lo consiguió con rapidez porque eran reclamados por el cónyuge, los hijos o los padres; el resto viajó con estatus de *parolee*. Fabricio (1972b) nos informa que, hasta noviembre de 1972, los exiliados cubanos llegados a través de España eran 80.700.

Las características sociales de los llegados anteriormente comenzaron a cambiar con los nuevos exiliados procedentes del puerto de Camarioca (28 de septiembre al 3 de noviembre de 1965). Solo el 12% eran profesionales o administrativos, mientras que un alto 57% eran oficinistas, empleados múltiples, vendedores, obreros especializados y sin especialización, y trabajadores agrarios. Como resultado de las restricciones impuestas por Cuba, las amas de casa, junto a niños, estudiantes y viejos, constituían mayoría. La novedad era, sin duda, la importante representación de las comunidades china y judía —esta última de origen centroeuropeo—, asentadas en Cuba por largos años. Los primeros, dueños de pequeños negocios (puestos de fruta, restaurantes y lavanderías), los segundos, enfrascados en actividades comerciales de más vuelo. Los negros, sin embargo, seguían con una representación mínima.

1980: el éxodo de Mariel

Aunque entre 1973 y 1979 llegaron 179.000 cubanos más procedentes de España, México y Venezuela[3], y de octubre de 1978 a abril de 1980 el Gobierno cubano permitió la salida de unos 14.000 presos políticos y sus familiares, fue necesario esperar unos meses más para que la emigración pudiera protagonizar otro capítulo de gran dramatismo: el episodio de Mariel.

La historia de Camarioca volvía a repetirse: al conocerse la noticia, los cubanos de Miami zarparon hacia el puerto de Mariel en cualquier cosa que pudiera navegar con tal de recoger a su familia, e incluso a desconocidos que estuvieran deseosos de abandonar la isla[4].

En poco más de cinco meses habían salido 124.776 personas (Bowen, ed. 1989), entre las cuales había 1.500 individuos discapacitados psíquicos o con problemas mentales, 1.600 alcohólicos, adictos a drogas, tuberculosos o con trastornos cardiovasculares y cuatro leprosos que el Gobierno insular se había ocupado de incluir entre los que obtenían el ansiado permiso de salida. Pero lo más asombroso eran los 26.000 que poseían expedientes carcelarios (García, 1996: 64). Muchos de estos últimos fueron puestos en libertad, al comprobar que su estancia en las cárceles cubanas obedecía a motivos políticos o a pequeños delitos, pero 1.769 —un 1,4% del total— fueron encontrados realmente culpables y enviados a cárceles federales. Por último, se decidió, sin demasiado éxito, devolver a Cuba a algo menos de 1.000 delincuentes (Hoobler, 1996).

El 73% de los que integraban el grupo de los 'marielitos' logró quedarse en la Florida (78.545) y, de ellos, el 75% consiguió trabajos y fundó hogares en la zona metropolitana de Miami, llevando una vida completamente normal, que en nada se diferenciaba de los llegados con anterioridad.

En muchos aspectos el grupo de los 'marielitos' (1980) mostraba diferencias importantes con los exiliados anteriores, si bien es verdad que la gran mayoría de ellos seguía asegurando que salían de la isla debido a razones políticas: escapar del comunismo y conquistar la libertad personal. Aproximadamente un 70% eran hombres de una media de edad de 34,2 años, seis años menos que los llegados durante la década anterior; las mujeres eran algo más jóvenes aún. Aunque la mayoría de ellos era de raza blanca, los negros y los mulatos cuadruplicaban el 3% de los informes emitidos en 1973. Los solteros ascendían al 43%, cantidad dos veces y media superior a la de los inmigrantes de la década de los setenta. Más del 80% procedía de ciudades de más de 50.000 habitantes de diferentes zonas de la isla, y la mitad, de la provincia de La Habana. Ni sus índices de educación ni otros factores correlativos eran inferiores al de los cubanos llegados en años anteriores.

El perfil laboral de los 'marielitos' era paralelo al de los de la clase trabajadora de los llegados a través de los 'vuelos de la libertad': obreros manuales, empleados de fábrica, trabajadores profesionales y técnicos.

Un acuerdo especial entre Cuba y los Estados Unidos, firmado en 1984, posibilitó entonces que 20.000 cubanos al año pudieran abandonar la isla y, a cambio, el Gobierno insular
se comprometía a aceptar a 2.746 'marielitos' indeseables. Se dio prioridad a aquellos que
reunían los requisitos para recibir asilo, la mayoría de ellos presos políticos y sus familiares. No llegó a salir el número pactado, ya que en mayo de 1985 Cuba suspendió el acuerdo como medida de protesta por la fundación de Radio Martí. Para entonces habían sido
repatriados solo 201 'marielitos'. Entre 1988 y 1993, otros 3.000 ó 4.000 individuos lograron alcanzar la Florida a través de vuelos regulares.

'Marielitos'.

Entre 1990 y 1994 salieron de la isla otras 105.000 personas, de las cuales tres cuartas partes (78.750) fueron a los Estados Unidos. En este período de cinco años, la emigración se
acentuó considerablemente en los dos últimos, que acapararon cerca del 60% del total.
Con respecto a 1990, en 1993 las salidas fueron dos veces y medio superiores, y en 1994, se
multiplicaron por cinco. Durante este corto período la vía ilegal consiguió alcanzar porcientos superiores al 40, en contraste con la legal, que no subió más del 30. A estas cifras,
sin embargo, hay que añadir a los que, habiendo salido de la isla con visados temporales,
no regresaron jamás. A partir de 1990, año en el que a las salidas legales correspondía el
48,5% hasta el gran aluvión de los 'balseros', este tipo de inmigración fue decreciendo
considerablemente.

La década de los noventa: los 'balseros'

Durante estos años el puente más transitado hacia la Florida fue el extremadamente
frágil y peligroso construido por los 'balseros': 125.000 personas lograron sobrevivir al fatídico viaje. Solo en 1994, clímax de esta arriesgada operación, huyeron unos 30.000 individuos entre hombres, mujeres, niños y ancianos, como todos los demás, a través de
unas balsas de manufactura casera, algunas de las cuales llegaron a flotar por puro milagro[5]. No todos llegaron directamente a la Florida; muchos fueron rescatados en el estrecho por barcos norteamericanos y llevados a la base de Guantánamo, en el oriente de
la isla, donde permanecieron a la espera de que pudiesen ser acomodados en terceros
países o de que Cuba permitiera su regreso. Poco tiempo después se instalaban en los
Estados Unidos.

La terrible crisis de los 'balseros' hizo posible que ese mismo año, 1994, ambos países firmaran unos nuevos acuerdos migratorios, en los que Norteamérica ofrecía 20.000 visados anuales: algunos serían concedidos por calificación, otros, por la vía de refugio político o por *parolee*, y otros, por un sorteo especial para llenar las cuotas inmigratorias correspondientes a Cuba.

Las características generales de la inmigración de los años noventa son: predominio de hombres (59,8%), de personas jóvenes (en torno a los 30 años), en su mayoría, procedentes de la capital (65,3%). Cuando estos datos se desglosan, como hace Aja Díaz (2000) en las tres categorías que estudia, el resultado es el siguiente: entre los emigrados legalmente, las proporciones entre hombres y mujeres están muy equilibradas (50,5% y 49,5%, respectivamente), jóvenes la gran mayoría, con una media de 30 años de edad, procedentes de las provincias occidentales de Cuba: el 60% llega desde la capital, y el resto se divide entre la provincia de La Habana, Pinar del Río, Matanzas, Villa Clara y Camagüey. A lo largo de esta década crece el número de inmigrantes menores de 20 años, y el de entre 30 y 39, mientras que se debilita el de más de 50 años, lo que ha propiciado un notable rejuvenecimiento de la comunidad cubana del exilio. Un alto porcentaje (70%) estaba desempleado a la salida del país; el resto contaba con un 55% de hombres y mujeres menores de 39 años. En el grupo de profesionales y técnicos, las mujeres constituían mayoría. El 85% de estos emigrados declaró en Cuba que sus motivaciones para abandonar el país eran 'completamente económicas'.

Entre los que salieron con visados temporales, pero que nunca regresaron a la isla, el grupo mayoritario está constituido por hombres de entre 30 y 49 años (X=41 años), en su mayoría profesionales y técnicos (57,5%); siguen las mujeres de edad avanzada (más de 50 años), procedentes en sus tres cuartas partes de La Habana y su provincia; las amas de casa y los jubilados fueron aumentando sus proporciones: constituían el 25% de los emigrados por este medio entre 1991 y 1992, y eran ya el 45% de los que salieron entre 1993 y 1994.

El perfil que ofrece la inmigración ilegal, con su cúspide en el alud de los 'balseros', es muy singular. En su gran mayoría, hombres jóvenes (de entre 27 y 28 años), blancos, procedentes de la capital, que viajaban solos, a pesar de que la mitad de ellos estaban casados o vivían acompañados. Predominan los jóvenes profesionales, los obreros de las ciudades y los trabajadores agrarios. Según una encuesta realizada en La Habana, el 60% de ellos confesaba que su salida se debía a 'motivos económicos' y a otros relacionados con expectativas de realización personal (Aja Díaz, 2000: 19).

'Balseros'.

Durante 1996 y 1997 (también en 1998), el Gobierno norteamericano descontó 5.000 visados anuales, correspondientes a los llegados desde la base de Guantánamo. Realizada la correspondiente operación de resta, el total de visados concedidos durante este período a los que residían en la isla fue de 66.298 (Aja Díaz, 2000). Los visados necesitaban del visto bueno de las autoridades cubanas, por lo que será fácil imaginar que ambas listas no coincidían nunca. Es verdad también que no había coincidencia entre el número de solicitudes de visado y su concesión: en 1995 hubo 190 peticiones, pero se otorgaron 5.398 visados; en cambio, al año siguiente, de 436.277 solicitudes, solo se concedieron 7.000.

En 1995, la declaración conjunta firmada por los dos países intentaba cerrar la puerta a la inmigración ilegal de manera definitiva. Los Estados Unidos se comprometían a enviar a la isla a los 'balseros' que fueran interceptados en el mar, y Cuba, a recibirlos sin represalia alguna. Desde mayo de 1995 hasta la fecha, cerca de un millar de 'balseros' sorprendidos en el estrecho floridano han sido devueltos a su país. En los últimos tres años la medida no se cumple, pero solo con aquellos que logran tocar tierra estadounidense.

De aquí en adelante el futuro de la emigración cubana es incierto, aunque una investigación del Centro de Estudios de Alternativas Políticas (CEAP) de la Universidad de La Habana informaba que el 'potencial migratorio'[6] se encontraba hasta 1999 entre 490.000 y 733.000 personas. Este grupo está integrado por personas menores de 40 años, con buen nivel profesional y técnico, desempleados, estudiantes (mujeres en mayor proporción) y residentes de la capital en un 60%, aunque también los hay de la provincia y de Pinar del Río, Villa Clara y Camagüey (Aja Díaz, 2000: 9-10).

La inmigración cubana, hoy

Los asientos poblacionales

Aunque la relativamente reciente diáspora ha llevado a los cubanos a lugares muy distantes y diversos[7], bastante más de un millón de ellos —1.241.685, en torno al 12% de la población de la isla— ha terminado por radicarse en suelo norteamericano, llegando a constituir en el presente el 0,41% del total de la población de ese país. Es verdad que los cubanos están desperdigados en muchos estados de la Unión (vid. cuadro 1), pero también lo es el hecho de que la gran mayoría haya decidido vivir en la Florida, concretamente en el Gran Miami[8].

El Gran Miami o Miami-Dade, condado nacido en 1957, consta de 30 municipios y de una buena cantidad de territorios no incorporados, extendidos a través de más de 2.000 millas cuadradas en el sur de la Florida, excepción hecha del Parque Nacional de los Everglades, que ocupa una tercera parte de esta superficie. El mayor de los municipios del condado es la ciudad de Miami, que junto a otras municipalidades de altos índices demográficos constituye el llamado Gran Miami.

En el nuevo condado, con una demografía actual de 2.100.000, la población hispana es de 1.291.737 individuos; de este 61,5% sobresalen los cubanos, con un 50%. Miami-Dade es hoy el condado de mayor concentración hispana de todo el país, pues ha llegado a superar a Bexar, donde está enclavada la ciudad de San Antonio, que ostentaba ese título hasta hace una década.

Aunque se encuentran hispanos y cubanos en todo el estado de la Florida, la mayor cantidad de ellos está distribuida entre los siguientes municipios del Gran Miami (cuadro 2).

Al margen del condado de Miami-Dade, la población hispana, y cubana en particular, está empezando a adquirir cotas importantes en el sur de la Florida: el condado de Broward ha experimentado un ascenso del 71% de hispanos en esta última década, y el de Palm Beach, del 77%, aunque aún sus proporciones alcanzan cifras modestas: el 13% y el 11%, respectivamente. Sin embargo, estos índices han convertido a Broward y a Palm Beach en el segundo y el tercer condado del país, solo superado con respecto al incremento de la población hispana por el de Clark (Nevada), sede de la ciudad de Las Vegas. Los índices demográficos hispanos han comenzado a tener también un gran incremento en los cayos sureños.

cuadro 1 **Número de cubanos residentes en los Estados Unidos por estados**
(principios de 2007)

Estado	Número de cubanos	Estado	Número de cubanos
La Florida	833.120	Carolina del Sur	2.875
California	72.286	Nuevo México	2.588
Nueva York	62.590	Minnesota	2.527
Texas	25.705	Alabama	2.354
Illinois	18.438	Oklahoma	1.759
Georgia	12.536	Misisipi	1.508
Nevada	11.480	Washington	1.101
Pensilvania	10.365	Arkansas	950
Massachusetts	8.867	Utah	940
Luisiana	8.448	Nebraska	850
Virginia	8.332	Nuevo Hampshire	785
Carolina del Norte	7.389	Iowa	750
Míchigan	7.249	Alaska	553
Maryland	6.128	Maine	478
Arizona	5.277	Virginia Occidental	453
Ohio	5.152	Idaho	408
Washington D.C.	4.501	Vermont	310
Colorado	3.701	Montana	285
Tennessee	3.695	Dakota del Norte	250
Kentucky	3.516	Dakota del Sur	163
Oregón	3.071	Wyoming	160
Misuri	3.022		

cuadro 2 **Distribución poblacional de hispanos y cubanos en el Gran Miami**
(Oficina del Censo, 2001)

	N.º de hispanos	% hispanos	% cubanos
Miami	258.351	66	52
Hialeah	204.543	90	69
Miami Beach	47.000	53	38
Coral Gables	19.703	47	62
Hialeah Gardens	17.324	90	60
Homestead	16.537	52	13
North Miami	13.869	23	19
Sweetwater	13.253	93	54
North Miami Beach	12.245	30	16
Miami Springs	8.173	60	53

En 1990, ya el Gran Miami era la tercera concentración de hispanos de los Estados Unidos, solo superada por Los Ángeles y Nueva York, cuyos primeros asentamientos databan de mucho tiempo atrás, y hoy es la primera zona metropolitana de la Unión americana de más de dos millones de habitantes con una mayoría hispana.

Este hecho marca una diferencia radical con respecto a mexicanos y puertorriqueños, los grupos más populosos de inmigrantes hispanos en el país, que, por el contrario, han venido dispersándose cada vez más de sus lugares de origen.

La población cubana de la zona metropolitana es hoy un abigarrado conglomerado de gentes procedentes de zonas urbanas, de campesinos y de pescadores, de blancos, negros y mulatos, de pobres, de clase media y de millonarios, de profesionales altamente especializados, de grandes empresarios y de trabajadores de todo tipo, incluyendo los de categoría más modesta, de individuos con escasa instrucción y de otros con títulos universitarios superiores. Estamos, pues, ante una especie de gran palimpsesto demo-social enclavado al otro lado del estrecho de la Florida, a tan solo unas 90 millas de La Habana.

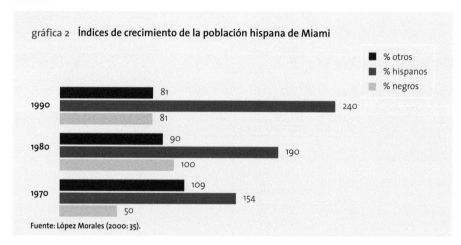

gráfica 2   **Índices de crecimiento de la población hispana de Miami**

■ % otros
■ % hispanos
■ % negros

1990 81 / 240 / 81
1980 90 / 190 / 100
1970 109 / 154 / 50

Fuente: López Morales (2000: 35).

Este núcleo está integrado por cubanos nacidos en la isla, grupo mayoritario por tratarse de una inmigración joven, y los que han visto la luz en los Estados Unidos, un 28%, según Boswell (1994), pero seguro que este porcentaje ha aumentado considerablemente en los últimos dos lustros. Entre los del primer grupo hay mucha heterogeneidad causada por las diferencias de edad de llegada a suelo norteamericano.

La preferencia de los cubanos por Miami es cada vez más explicable: la cercanía geográfica a las costas de Cuba, la semejanza climatológica y, sobre todo, la cada vez más creciente 'atmósfera' cubana que domina este enclave —en la que ocupa un lugar destacadísimo el manejo asiduo del español en la vida pública— han hecho de esta ciudad, casi desde el principio mismo de las inmigraciones recientes, un enclave único entre los núcleos hispánicos de Norteamérica: Miami es la 'Meca', la 'capital del exilio', la ciudad 'cubana' de mayor población, inmediatamente después de La Habana.

No cabe duda de que la situación demográfica del Gran Miami, más los importantes factores que la acompañan —éxito económico, creciente poder político, fuerte cohesión cultural—, han dado a esta comunidad una fisonomía muy particular, de la que no puede ser ajeno el factor idiomático.

El poder económico

A pesar de ciertas inyecciones desestabilizadoras, como la llegada de los 125.000 'marielitos' en graves momentos de inflación, la economía cubana de Miami se mantenía en alza. Pero ello fue debido a factores muy específicos que empezaron a actuar desde los primeros momentos: la fundación de negocios y el aprovechamiento de las oportunidades brindadas para reiniciarse en la vida profesional, las facilidades intragrupales para conseguir empleo, la estructura familiar trigeneracional, que favoreció la incorporación masiva de la mujer a la fuerza laboral, y el control de la natalidad.

A mediados de los setenta, pasadas ya las épocas más difíciles en las que había pocas posibilidades de empleo y en las que abrir un negocio, por modesto que fuera, era un verdadero acto de heroísmo, se pudieron adquirir pequeños préstamos de bancos de dueños cubanos o hispanos, solo con el apoyo de una firme historia empresarial de los tiempos

Farmacia de Miami.

de Cuba. En general se fundaron empresas modestas: restaurantes, tiendas de comestibles, estaciones de gasolina, estudios fotográficos, farmacias, tiendas y bares, y poco después, otras no tan modestas, como tiendas por departamentos, fábricas, cines y salas de fiesta. En ambos extremos de este espectro, los vendedores callejeros —de *guarapo*, 'jugo de caña' y granizados— y los muy ricos, que habían entrado directamente a las industrias bancaria y bursátil y a otras grandes empresas. Los profesionales fundaron firmas de trabajo y consultoría, las más notables, las pequeñas clínicas médicas y odontológicas, muchas de las cuales recordaban las estructuras que las habían sostenido en Cuba.

Por otra parte, la presencia de los abuelos en los núcleos familiares, que aparte de colaborar con sus cheques de asistencia social se dedicaban al cuidado de los niños y a las tareas domésticas, permitía a las mujeres entrar de lleno, a veces hombro con hombro con sus maridos, en el mundo del empleo, lo que posibilitaba, en el más modesto de los casos, redondear la economía del hogar y, en el más exitoso, fundar firmas comerciales familiares, en las que la mujer desempeñaba con frecuencia papeles protagónicos.

Pero, además, los núcleos familiares eran pequeños. En general, el tamaño de los hogares hispánicos era —y es— mayor (3,6 miembros) que el de los no hispanos (2,6), pero entre los primeros se dan diferencias muy significativas: las familias de origen mexicano, por ejemplo, muestran un promedio de cuatro miembros; los cubanos, en cambio, se han mantenido en un 2,8, cifra que se acerca considerablemente a la de los hogares no hispanos (Strategy Research Corporation, 1999).

Muy importante dentro del mundo del empleo fue la presencia de las estrechas redes sociales que los cubanos fueron construyendo y fortaleciendo en Miami a lo largo de estas últimas décadas. En contraste con otros inmigrantes que tenían ante sí fundamentalmente un mercado de trabajo abierto a sectores periféricos de la economía, los cubanos, pasada ya la difícil época de los comienzos, encontraron trabajo con relativa facilidad en los negocios, también cubanos, cuyos dueños o administradores habían llegado de la isla en situación parecida a la de ellos, solo que antes. Puede que en estos casos, la retribución económica no haya sido muy alta, al menos en los inicios, pero eso quedaba compensado por el hecho de que el proceso de aprendizaje de nuevas destrezas se hacía mucho más fácil, al borrarse o difuminarse —gracias a los lazos étnicos— las rígidas estructuras jerárquicas en los puestos de trabajo.

Los negocios propiedad de cubanos se multiplicaron casi por ocho en 15 años: de 3.447 en 1969 a 24.898 en 1982, un incremento de un 622% (Cuban American Policy Center, 1988). En el año 2000, según señalaba la revista *Hispanic Business*, de las 500 compañías hispánicas más grandes del país, 116 están en California, 111 en la Florida y 74 en Texas, pero las floridanas están en el primer nivel de ingresos, con 5.531 millones de dólares, seguidas de las californianas (3.064) y de las tejanas (2.245 millones de dólares). La primera empresa hispánica de los Estados Unidos es la MacTec, de dueños cubanos, la primera en facturar más de mil millones anuales. Desde hace unos pocos años, el Gran Miami ocupa el primer lugar en la nación en cuanto a densidad de negocios hispanos, pues de un total de 161.300 firmas comerciales, 77.300 eran de propiedad hispana, es decir, un 37,8%, muy cerca de la mitad del total de empresas de la zona. Y estas ya no estaban circunscritas a los típicos negocitos étnicos, sino que muchos constituían, después de años de trabajo, grandes empresas de manufactura, construcción, seguros, bienes raíces, banca, publicidad y exportación-importación (Portes y Bach, 1985). Otro tanto puede decirse del número de facturas emitidas: del total de 35.733, un 31% (10.949) fueron producidas por empresas hispanas. Los datos indican que en un período de tiempo que va de 1990 a 1995, mientras que el crecimiento general de los negocios en el país fue de un 26%, los hispanos alcanzaron un 76%. Todo ello ha hecho del Gran Miami una de las zonas de los Estados Unidos que más y con mayor rapidez ha crecido económicamente.

Concretamente los negocios cubanos de todo el país constituyen el 12,1% de las empresas hispanas, y las facturas que producen ascienden al 21,4%. Por sobre ellos, están los propietarios mexicanos con un importante 49,1%, y los de Centro y Suramérica, con un 20,9%. La situación en cuanto a la facturación, sin embargo, es diferente, pues aquí solo las firmas mexicanas (39,7%) sobrepasan a las cubanas. Las demás se quedan en un 16,6%.

La proporción de negocios de propiedad cubana en los Estados Unidos podría parecer pequeña, pero si se tiene en cuenta el volumen demográfico de las diversas procedencias de inmigrantes, el cuadro cambia completamente: el 12,1% de las firmas comerciales cubanas debe ser proyectado sobre el 5% de la población estadounidense que procede de la isla, mientras que el 49,1%, lo será sobre el 63,3%. La diferencia salta a la vista a favor de las primeras, con un margen altamente significativo.

En el caso concreto del Gran Miami, en 1970, una tercera parte de los negocios y de las pequeñas empresas de la zona (8.500) eran propiedad de cubanos o estaban administradas por ellos y tres cuartas partes de las estaciones de servicio para automóviles, restaurantes y clubes nocturnos eran también cubanas. A finales de esa década poseían 230 restaurantes, 30 fábricas de muebles, 20 fábricas de ropa, 30 fábricas de tabaco y una fábrica de calzado que empleaba a 3.000 personas, y en los años ochenta: 500 supermercados, 250 farmacias y 60 negocios de automóviles nuevos y usados.

Por esa misma época, de los 70 bancos del Gran Miami, cinco tenían un presidente o un alto cargo cubano; cuatro años más tarde, eran 14, y en 1980, en los 62 bancos del condado de Miami-Dade, había 16 presidentes y 250 vicepresidentes de este origen. En 1983, los bancos con operaciones internacionales administrados por cubanos eran 130, entre ellos, el Continental Nacional Bank (29 millones de dólares en activo y 585 en depósitos) y el Barnett of South Florida (con depósitos por 88.115.000 dólares). A finales de 1985, cuando ya se había absorbido el desequilibrio económico de Mariel, los cubanos eran dueños de 21 bancos y de 18.000 negocios, responsables del desarrollo del comercio internacional controlado desde el Gran Miami.

En 2001, de las diez empresas hispanas distinguidas y premiadas por su éxito sobresaliente, nueve eran propiedad o estaban administradas por cubanos: PanAmericam Hospital, Sedano's Supermarket, The Related Group, Ocean Bank, Farm Stores, Physicians Healthcare Plant, Headquarer Toyota-Lincoln Mercuty & Affiliates, Avanti Press y Northwestern Meat.

Todo esto ha dado por resultado que la posición económica de los cubanos sea la mejor de entre los grupos de inmigrantes hispanos de la zona. La media de ingresos familiares ha alcanzado los 50.000 dólares, lo que ha incrementado el erario público con casi tres millones en concepto de impuestos.

La educación

Los últimos datos censales muestran que son los cubanos los que poseen los porcentajes más altos de escolarización. Un 70,3% ha terminado la escuela secundaria, y un 27,8% posee un título universitario de primer ciclo. Es verdad que estas cifras están por debajo de las de población no hispana en cuanto a escuela secundaria (el 87,7%) aunque no en los niveles universitarios (27,7%), si bien por un margen estrechísimo. Estos datos pueden verse con una mejor perspectiva tan pronto como los comparamos con otros grupos hispánicos: los más cercanos a los cubanos los encontramos en el grupo constituido por centroamericanos y suramericanos conjuntamente, que son de un 64% para graduados de escuela secundaria, y de un 18% para los universitarios (Morales, 2001a: 248).

Ya antes de que se dispusiese de estos datos del censo, la prensa se había hecho eco de que la proporción de cubanos que poseían un título universitario de primer ciclo de universidad era de un 25%, lo que se acercaba al 28% de los blancos anglos del país. Mayor relieve cobran estos datos cuando se descubre que el porcentaje para el total de hispanos solo llega al 11%.

La cohesión cultural

En el caso de Miami, la comunidad se muestra fuertemente cohesionada en lo cultural. Al margen de los signos urbanos externos, tres son los grandes índices que atestiguan esa cohesión: la creación y fortalecimiento de una gran red de comunicaciones en español, un despliegue cada vez más acentuado de toda una serie de actividades públicas de tipo cultural en las que el español desempeña el papel estelar (teatro, música, cine, conferencias, certámenes literarios, mesas redondas, etc., actividades a las que es preciso añadir la publicación de libros y la edición de música con letra en español) y, además, la reciente organización de un tupido calendario de actividades colectivas de carácter cívico, religioso y festivo (vid. López Morales, 2003: 49-60).

Notas

[1] Las relocalizaciones protagonizaron capítulos posteriores, algunos incluso con mayor éxito que este primero. Según Prohías y Casal (1973: 109), el período más intenso de relocalizaciones (anterior al éxodo de Mariel) se produce entre 1965 y 1973. En el primero de estos años, un 42% de todos los cubanos exilados en los Estados Unidos vivía en el condado de Miami-Dade; cinco años después, a pesar de que no cesaba la llegada de inmigrantes, era de solo un 40%. Una impresionante bibliografía sobre esta primera etapa de la inmigración cubana a los Estados Unidos es la de Miller (1977). Entre los estudios sociohistóricos más destacados por su información abundante y novedosa están los de Clark (1977) y *The Cuban immigration*, monografía preparada por la Universidad de Miami (1967). Imprescindible es la consulta de la *Cuban Refugee Program Fact Sheet* (1967).

[2] Según el informe rendido por el capitán William F. Cass, jefe de operaciones de la 7th Coast Guard District de Miami, las embarcaciones variaban muchísimo entre sí: las había desde pequeñas lanchas de menos de cinco metros con motor fuera de borda hasta un *ferry* de casi 37 metros, construido en 1888. La guardia costanera de los Estados Unidos tuvo en este éxodo un protagonismo excepcional; aunque se mantuvo siempre fuera de los límites jurisdiccionales de las aguas cubanas, ayudó de manera decisiva al éxito de la operación: distribuyó salvavidas, inspeccionaba y acompañaba a las embarcaciones más indefensas, subía a sus barcos a los pasajeros que abarrotaban las lanchas más frágiles y auxiliaba a los barcos que se averiaban durante la travesía, que no fueron pocos. Gracias a esta labor humanitaria los muertos en la aventura no llegaron a alcanzar la veintena. Cf. Cass, ápud Clark (1977: 87 y n. 34, 35, 36 y 37).

[3] Según el *National Data Book and Guide Sources*, *Statistical Abstract of the United States* (1980: 87), este total de 179.000 inmigrantes se desglosa de la siguiente manera: 17.000 en 1974, 25.600 en 1975, 28.400 en 1976, 66.100 en 1977, 27.500 en 1878 y 14.000 en 1979.

[4] El éxodo de Mariel ha llamado la atención de numerosos investigadores, como queda demostrado en la bibliografía preparada por Boswell y Rivero (1988). En este amplio abanico de trabajos destacan las obras de Bach, Bach y Tripplet (1981-1982), Clark, Lasaga y Reque (1981), Boswell y Curtis (1984), Bach (1985) y Portes, Clark y Manning (1985). Desde el punto de vista lingüístico, vid. los estudios de Varela (1981) y los de Über (1986a, 1986b, 1988, 1889a, 1989b, 1995). El relieve extraordinario que estos exilados alcanzaron posteriormente en la cultura cubana de Miami ha sido compendiado y subrayado en '20 años de Mariel', sección especial de 16 páginas del *Diario Las Américas* (21 de abril de 2000).

[5] Durante estos cinco años las estadísticas de los no sobrevivientes y de los que fueron sorprendidos en su intento por las autoridades cubanas son sobrecogedoras. En 1990 hubo 467 salidas exitosas, mientras que 1.593 no llegaron a puerto alguno; en 1991, los que consiguieron su propósito sumaron 2.203 y los que no tuvieron esa suerte, 6.596; en 1992, lograron llegar a las costas estadounidenses 2.557, contra los 7.073 que se quedaron en el camino; en 1993 triunfaron 4.208 y fracasaron 11.564. En 1994, año del alud de los 'balseros', el éxito acompañó a 35.108, pero no a otros 16.348 (Aja Díaz, 2000). En ese período los intentos de abandonar la isla a través de este 'puente de la muerte' fueron 87.717; 43.174 (el 49,2%) lo consiguieron. Guerra y Álvarez-Detrell (1997) han recogido una impresionante serie de testimonios de boca de estos 'balseros' en Albuquerque, Nuevo México y Miami. Los textos presentados en este libro de memorias constituyen, entre otras cosas, documentos de muy elevado interés lingüístico.

[6] Por 'potencial migratorio' el estudio entiende la probabilidad que tienen los individuos de decidirse a abandonar el país (sin que tengan que hacer público su deseo o comenzar los trámites oficiales), según condicionantes económicos, políticos o sociales (incluidos los familiares).

[7] Con excepción de los Estados Unidos, los destinos más frecuentes han sido Puerto Rico, diversos países hispanoamericanos —Venezuela y México entre los favoritos— y España, aunque en ocasiones estos lugares fueran solo transitorios. De todos ellos, el exilio más estudiado —aunque no desde el punto de vista lingüístico— ha sido el de Puerto Rico. De los títulos producidos, vid. especialmente: Esteve (1984), Montaner (1991) y Cobas y Duany (1995), trabajos que, en cierta medida, se complementan entre sí.

[8] Múltiples son las causas que han venido impulsando este flujo constante de regreso al Gran Miami. Entre los que están activos laboralmente, el interés de ejercer su profesión o su oficio (muchas veces adquiridos, actualizados y perfeccionados durante su anterior lugar de residencia) en el enclave miamense, o por motivos sentimentales y familiares, o por dificultades en el aprendizaje del inglés, necesario en otros puntos del país. Únanse a estos los jubilados, que tras años de trabajo en otras regiones, deciden regresar a su 'capital'.

Los dominicanos

Orlando Alba y Franklin Gutiérrez

Introducción

Salir de la República Dominicana entre 1900 y 1960, fuera con fines turísticos o para establecerse en otros países, fue un sueño que pocos dominicanos pudieron convertir en realidad. El elevado costo del transporte marítimo, único disponible hasta la cuarta década del siglo XX, así como la consabida lentitud de dicho servicio solo motivaba a embarcarse a quienes salían de la isla por razones políticas, a las altas clases sociales y a funcionarios del Gobierno. Esa situación debió cambiar sustancialmente con la inauguración del Aeropuerto Internacional General Andrews en 1944, situado en los terrenos que hoy ocupa el Centro Olímpico Juan Pablo Duarte[1], y también con la constitución de la compañía aérea Dominicana de Aviación, fundada el 5 de mayo ese mismo año. Sin embargo, la política antiemigratoria dispuesta por Trujillo en perjuicio de grandes sectores de la sociedad dominicana no solo coartó el derecho al libre desplazamiento inherente a cada individuo, sino que propició el estancamiento de la imberbe industria aérea privada dominicana.

Eso explica, en parte, por qué en el momento del asesinato de Trujillo, los dominicanos establecidos legalmente en los Estados Unidos fueran apenas 11.883, de acuerdo con el censo poblacional norteamericano de 1960. De esa cifra 1.150 viajaron entre 1930-1940, 5.627 entre 1940-1950 y los 5.105 restantes entre 1950-1960, lo que equivale a una emigración anual de 115, 563 y 510 personas respectivamente. La expedición de solo 1.441 pasaportes de los 19.621 solicitados en 1959, define el carácter cerrado de la política emigratoria trujillista (Méndez, 2003). Pese a esos obstáculos, desde principios del siglo XX varios políticos, intelectuales y escritores dominicanos se establecieron en los Estados Unidos de Norteamérica, quedando Cuba y México relegadas a un segundo plano en la preferencia de muchos nacionales que, descontentos con la situación política nacional de la segunda mitad del siglo XIX, abandonaron temporal o definitivamente la isla.

Tres razones esenciales produjeron la hégira de muchos representantes notables de la cultura entre 1900 y 1960. Primero, el descalabro económico, el malestar político y el desconcierto moral legados al país por el dictador Ulises Heureaux, especialmente en los tres primeros lustros del siglo XX; segundo, el incremento de la emigración europea hacia Norteamérica ascendente a un millón de personas anualmente, hecho que posiblemente estimuló el ansia migratoria de muchos hispanoamericanos y caribeños y, tercero, la persecución ideológica ordenada por Trujillo contra quien no suscribiera su estilo de gobierno. La elección de los Estados Unidos como país receptor por parte de numerosos intelectuales y escritores hispanoamericanos y caribeños desde principios del siglo XX no fue casual, sino producto de que dicha nación se ofertaba como tierra de libertad y de grandes oportunidades económicas y educativas. Los hermanos Pedro y Max Henríquez Ureña figuran entre los iniciadores de ese proceso emigratorio dominicano que entró en contacto con la patria de Whitman en el denominado 'siglo de la modernidad'.

De acuerdo con cálculos extraoficiales, actualmente vive en los Estados Unidos alrededor de un millón y medio de dominicanos, concentrados principalmente en la costa este de la nación[2]. Esta cifra representa aproximadamente el 16% de la población del país caribeño, de poco más de 9 millones de habitantes. A este respecto, informalmente suele comentarse en la República Dominicana que no hay un ciudadano nativo de la media isla que no tenga a un familiar, cercano o lejano, en los Estados Unidos y, concretamente, en la ciudad de Nueva York[3].

En comparación con la de otras procedencias, la mexicana o la puertorriqueña por ejemplo, la inmigración dominicana en los Estados Unidos es relativamente reciente. Aunque en la ciudad de Nueva York ha existido una comunidad dominicana desde la década de los años treinta, el fenómeno solamente adquiere una dimensión masiva 30 años más tarde, a raíz de la caída de la dictadura de Leónidas Trujillo en 1961. Durante la década de los sesenta, muchos miles de dominicanos buscaron en Nueva York una salida a sus carencias económicas, al desempleo, a la inestabilidad política imperante en el país y, naturalmente, a sus deseos de progreso.

Durante los últimos 20 años, ha sido notable el crecimiento experimentado por la población dominicana en los Estados Unidos. En la década comprendida entre 1990 y 2000 el aumento fue de casi el 90%. Al inicio del decenio, residían en territorio norteamericano 586.700 dominicanos y en el año 2000 esa cifra sobrepasaba la cantidad de 1.000.000 de personas, convirtiendo a los dominicanos en el cuarto grupo con mayor cantidad de hispanos en el país, detrás de los mexicanos, los puertorriqueños y los cubanos. De acuerdo con los datos y las predicciones posibles a partir del censo del año 2000, en 2004 la población era de 1,3 millones y en 2006 de 1,4 millones. Para 2010, se calcula que esa cantidad habrá alcanzado la cifra de 1,6 millones y se colocará así en el tercer puesto entre los grupos 'latinos', desplazando de esa posición a la comunidad cubana.

Como es lógico suponer, la fuente principal de la que se nutre ese crecimiento es la incesante inmigración, protagonizada en gran parte por una numerosa masa de jóvenes de extracción popular con muy escasa formación escolar. En menor medida, también han llegado profesionales de diversas áreas buscando mayores oportunidades de desarrollo. Entre 1998 y 2002, un promedio anual de 20.000 dominicanos llegaron a los Estados Unidos en calidad de inmigrantes permanentes y 200.000 lo hicieron como visitantes temporales, con fines de turismo o de negocios[4].

Además del flujo inmigratorio, también contribuye al incremento de la presencia dominicana en Norteamérica la tasa de nacimientos en la comunidad ya residente en territorio estadounidense. En 2000, uno de cada tres miembros de la comunidad dominicana inmigrante (cerca de 400.000) había nacido en los Estados Unidos. Y como es natural, esta creciente segunda generación de dominicanos ejerce una influencia muy importante en varios aspectos de la vida social y económica del grupo.

Se ha señalado que muchos inmigrantes dominicanos en los Estados Unidos muestran una tendencia a permanecer aislados y encerrados en sus propias comunidades, de forma que no suelen entablar relaciones estables con los miembros de otros grupos ni integrarse en la sociedad general. Esta situación, por otra parte, parece estar apuntalada por el hecho de que en ciertos sectores externos a los grupos dominicanos se ha creado una imagen negativa de algunos de ellos que los estigmatiza al asociarlos con la idea de pobreza e incluso de violencia y delincuencia. Y lamentablemente, como ocurre casi siempre, la conducta desordenada de unos pocos empaña la reputación de honestidad y de integridad que la inmensa mayoría se ha forjado día a día con su dedicación al trabajo.

Precisiones demográficas

Es importante hacer notar que el cuestionario utilizado por el U.S. Census Bureau presenta una deficiencia metodológica que afecta gravemente la confiabilidad del conteo de los dominicanos. Una de las preguntas del último censo, el del año 2000, permitía al encuestado identificarse como 'Hispanic or Latino', y dentro de esta categoría, solo incluía las siguientes opciones: 'Mexican', 'Puerto Rican', 'Cuban', 'Other Hispanic or Latino'. Quienes seleccionaban la última opción, podían escribir el nombre del grupo específico al que pertenecían, pero no se ofrecían ejemplos, como podrían ser argentino, colombiano, dominicano, etc. Como consecuencia de esto, muchos de los que marcaron la opción 'Other Hispanic or Latino', no indicaron una nacionalidad específica, lo que implica que para los hispanos que no son mexicanos, puertorriqueños o cubanos la cifra aportada por el censo probablemente es significativamente inferior al número real de inmigrantes de esas procedencias.

Con el fin de paliar este problema, varios investigadores han ajustado las cifras ofrecidas por el censo y hacen un cálculo más preciso de la cantidad de dominicanos que marcaron 'Other Hispanic or Latino' sin especificar explícitamente su nacionalidad de origen. En un riguroso estudio sobre el perfil socioeconómico de los dominicanos en los Estados Unidos, Hernández y Rivera-Batiz (2003) indican que se cuentan como dominicanos:

A. Las personas que se autoidentifican expresamente como dominicanos en el cuestionario del censo.

B. Las personas que se identifican como 'Other Hispanic', y no se identifican expresamente como dominicanos, pero indican que la República Dominicana fue su lugar de nacimiento.

C. Las personas que sin autoidentificarse expresamente como dominicanos, y sin indicar la República Dominicana como su lugar de nacimiento, declaran ser descendientes de un dominicano.

Para ilustrar cómo se manifiesta el ajuste, los autores presentan las cifras relativas al tamaño de la población dominicana en los Estados Unidos en el año 2000, que aquí se recogen en el cuadro 1.

cuadro 1	Población dominicana en los Estados Unidos (Censo de 2000)
Cómputo oficial del Censo (2000)	799.768
Cálculo revisado (Hernández y Rivera-Batiz)	1.041.910
Diferencia:	242.142

Como puede observarse en el cuadro anterior, el censo deja fuera de su cómputo oficial a 242.142 dominicanos que respondieron los cuestionarios, pero que solo aparecen identificados como 'Other Hispanic'. A estos habría que añadir a muchos miles más que suelen quedarse fuera de las mediciones realizadas por el censo. Por otra parte, también hay que recordar que muchos indocumentados prefieren no tener contacto con los encuestadores oficiales por temor a ser deportados. De acuerdo con el U.S. Immigration and Naturalization Service, en el año 2000 había 91.000 dominicanos indocumentados que residían en Norteamérica.

Un dato demográfico de interés es la proporción de los inmigrantes según el sexo. La población dominicana residente en los Estados Unidos está compuesta por una mayor cantidad de mujeres que de hombres. Según los datos del censo de 2000, por cada 90 hombres hay 100 mujeres. Esta relación se hace incluso más desigual cuando se trata de los inmigrantes de primera generación, es decir, de los nacidos en su país de origen y no en el de acogida. En este caso, hay 84 hombres por cada 100 mujeres (Migration Policy Institute, 2004: 13).

Con relación a la edad, la gráfica 1 indica que en conjunto, los dominicanos constituyen una colectividad muy joven, con una edad promedio de apenas 29 años. Cuando se divide la población de acuerdo con su lugar de nacimiento, resalta una clara diferencia entre los nacidos en los Estados Unidos, con una edad promedio de 14 años, frente a los nacidos en la República Dominicana, con 37.

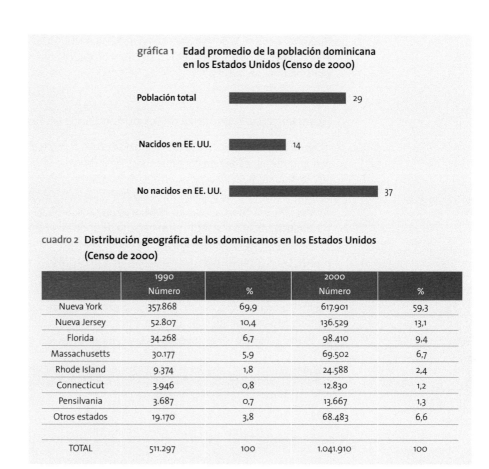

gráfica 1 **Edad promedio de la población dominicana en los Estados Unidos (Censo de 2000)**

Población total	29
Nacidos en EE. UU.	14
No nacidos en EE. UU.	37

cuadro 2 **Distribución geográfica de los dominicanos en los Estados Unidos (Censo de 2000)**

	1990 Número	%	2000 Número	%
Nueva York	357.868	69,9	617.901	59,3
Nueva Jersey	52.807	10,4	136.529	13,1
Florida	34.268	6,7	98.410	9,4
Massachusetts	30.177	5,9	69.502	6,7
Rhode Island	9.374	1,8	24.588	2,4
Connecticut	3.946	0,8	12.830	1,2
Pensilvania	3.687	0,7	13.667	1,3
Otros estados	19.170	3,8	68.483	6,6
TOTAL	511.297	100	1.041.910	100

¿Dónde residen los dominicanos en los Estados Unidos?

En ambientes populares se piensa que los dominicanos que emigran a los Estados Unidos se instalan de manera exclusiva en Nueva York. Sin embargo, aunque este estado sigue albergando la mayor concentración de los 'dominicanos ausentes', como a veces se les llama en su país, los datos del censo revelan que existe una creciente dispersión.

En el cuadro 2 se ofrecen las cifras correspondientes a la difusión geográfica de los inmigrantes por estado en 1990 y en 2000. Esos datos permiten observar que entre estos años se produjo una ligera redistribución de la población dominicana residente en territorio norteamericano. En términos relativos, esta situación ha traído una disminución de la concentración de los inmigrantes en Nueva York, que se manifiesta, lógicamente, en un aumento de su presencia en otros estados. Aunque durante esos 10 años se han sumado a la comunidad neoyorquina más de 260.000 dominicanos, su porcentaje con relación al total del país ha bajado más de 10 puntos: del 70% desciende a poco menos del 60%. En cambio, todos los otros estados han aumentado su importancia relativa. En los casos de Connecticut (3.946 en 1990 frente a 12.830 en 2000), de Pensilvania (3.687 en 1990 frente a 13.667 en 2000) y otros estados (19.170 en 1990 frente a 68.483 en 2000), la población dominicana se ha triplicado con creces. El aumento también ha sido significativo en Nueva Jersey, en la Florida, en Massachusetts y en Rhode Island, donde la presencia dominicana no se ha triplicado, pero poco ha faltado para lograrlo.

Otro dato de interés es que la población inmigrante prefiere radicarse en zonas urbanas, donde las oportunidades de empleo suelen ser mayores que en áreas rurales. De acuerdo con los datos del censo de 2000, las ciudades con mayor número de dominicanos son

Nueva York, con más de 550.000; Lawrence (Massachusetts), con más de 22.000, y aproximadamente 20.000 se encuentran en Paterson (Nueva Jersey), Providence (Rhode Island) y Boston (Massachusetts).

Situación socioeconómica de los dominicanos en los Estados Unidos

La razón principal que motiva la emigración dominicana hacia los Estados Unidos es, evidentemente, de carácter económico. Y si es verdad que la mayoría logra cumplir la meta de mejorar su nivel de vida, en realidad, los dominicanos constituyen el grupo con más bajo nivel de ingresos anuales en los Estados Unidos. Según informa el estudio de Hernández y Rivera-Batiz (2003), en 1999 el promedio anual de ingresos per cápita de la población dominicana residente en el país era de apenas 11.065 dólares, lo que representaba en ese momento aproximadamente la mitad del ingreso medio en el país. Y no solo eso, sino que este nivel también estaba por debajo del de la población negra y del ingreso promedio de los hispanos en general. Los datos relativos al ingreso promedio según cada grupo aparecen en el cuadro 3.

cuadro 3   **Ingreso per cápita de diversos grupos en los Estados Unidos (1999)**

	Ingreso promedio per cápita en 1999
Población general en los Estados Unidos	22.086
Población blanca no hispánica	25.187
Población negra no hispánica	14.516
Población asiática	22.260
Población hispánica en general	12.483
Población dominicana	11.065

Un hecho que contribuye al establecimiento de esta situación es la cantidad de miembros por familia. En tanto dentro de la población general norteamericana el número de personas por familia en el año 2000 era de 2,6, el tamaño promedio de la familia dominicana en los Estados Unidos era de 3,6. Y esto, lógicamente, tiene un efecto directo en el ingreso per cápita y en las condiciones de vida de la población. Un ingreso global de, por ejemplo, 40.000 dólares anuales, no permite lo mismo a una familia de cuatro personas que a una de solamente dos. En el primer caso, el ingreso per cápita sería de 10.000, y en el segundo de 20.000.

Dentro del bajo nivel medio de ingresos per cápita de los dominicanos (11.065 dólares anuales) existen diferencias de acuerdo con el estado donde residan. Los que viven en Rhode Island apenas reciben una media de 8.560 dólares al año; los de Nueva York, 10.173; los de Nueva Jersey, 11.980, y los que residen en la Florida se sitúan en el tope con un ingreso per cápita de 12.886.

Una mirada más detenida a la condición socioeconómica de los residentes en la ciudad de Nueva York, donde se concentra la mayoría de los dominicanos, permite descubrir que su nivel de pobreza en comparación con el del resto de los habitantes de la misma ciudad es incluso mayor que el de la totalidad de la comunidad dominicana en los Estados Unidos en relación con el del país. Como se puede observar en el cuadro 4, uno de cada tres dominicanos residentes en la ciudad de Nueva York vive bajo el umbral de pobreza, frente a uno de cada cinco dentro de la población general[5].

cuadro 4 **Ingreso per cápita en la ciudad de Nueva York (1999)**

	Ingreso promedio per cápita en la ciudad de Nueva York, 1999	% de personas bajo el umbral de pobreza
Población general en Nueva York	24.010	19,1
Población blanca no hispánica	37.391	9,7
Población negra no hispánica	15.367	23,6
Población asiática	19.533	18,2
Población hispánica en general	12.500	29,7
Población dominicana en NY	10.032	32

Una de las razones más importantes que explican este elevado nivel de pobreza entre los dominicanos de Nueva York es, sin duda, la gran cantidad de hogares sin la presencia del padre, en los que la mujer se encuentra sola, con uno, dos, tres o más hijos. La proporción de personas que viven en este tipo de familias encabezadas por mujeres separadas o divorciadas es significativamente superior en la comunidad dominicana que entre los demás grupos de la población, con excepción de los afroamericanos[6].

Sin embargo, a pesar de todo, el estatus socioeconómico de los dominicanos experimentó un aumento considerable durante la década de los noventa, lo que señala una tendencia alentadora. El bajo ingreso anual per cápita de los dominicanos de Nueva York en el año 2000 se incrementó aproximadamente en un 16%, ya que en 1989 era apenas de 8.659. Este ritmo de crecimiento económico fue superior al de los hispanos en general y al de la comunidad afroamericana de la ciudad de Nueva York. Asimismo sucedió con el número de personas que viven bajo el umbral de pobreza. Del 36,3% en 1989, descendió al 32% en la colectividad dominicana en el año 1999. En cambio, durante ese mismo período, el nivel de pobreza de la población general en la ciudad de Nueva York subió del 16,9% en 1989 al 19,1% en 2000.

El desempleo es otro problema que afecta de forma dramática a los dominicanos. En el año 2000, la tasa de desempleo de la población general en el país fue de 3,9%. Entre los hombres, sin embargo, esa cifra se situaba en el 7,8% y entre las mujeres, en el 10,7%. Este estado de cosas está relacionado estrechamente con un cambio en el tipo de empleo al que se dedican y al grado de preparación de una población laboral muy joven y poco cualificada. En 1980, aproximadamente la mitad de la fuerza laboral dominicana se concentraba en el sector manufacturero, pero en 1990 solo lo hacía el 25,7%, y en el año 2000, el 12,4%.

Nivel de educación

El nivel de educación alcanzado por la población dominicana de los Estados Unidos se encuentra entre los más bajos de la nación. En el año 2000, el 49% de los inmigrantes mayores de 25 años no había completado la escuela secundaria o el bachillerato, y apenas el 10,6% había logrado terminar una carrera universitaria. En contraposición, más del 80% de la población norteamericana había terminado el bachillerato y más del 24% había obtenido un título universitario.

Sin embargo, si se examina el problema desde el punto de vista generacional, se descubre una situación radicalmente distinta. Entre los dominicanos de más de 25 años y nacidos en territorio norteamericano, es decir, entre los miembros de la segunda generación, el 21,9% había terminado una carrera universitaria y cerca del 38% había tenido algún tipo de educación superior. Estos datos, recogidos en el cuadro 5, señalan un notable progreso de los inmigrantes dominicanos de segunda generación en el ámbito educativo (Hernández y Rivera-Batiz, 2003).

cuadro 5 **Nivel educativo de la población dominicana mayor de 25 años (Censo de 2000)**

	Sin educación secundaria	Educación secundaria completa	Alguna educación universitaria	Educación universitaria completa
Total inmigrantes dominicanos	49%	20,5%	19,9%	10,6%
Dominicanos no nacidos en los Estados Unidos	51,7%	20,5%	18,3%	9,5%
Dominicanos nacidos en los Estados Unidos	19,4%	21%	37,7%	21,9%

El nivel educativo de los inmigrantes dominicanos nacidos en los Estados Unidos es visiblemente superior al de los correspondientes mexicanos y puertorriqueños, como se muestra en el cuadro 6. Entre los primeros solamente el 13,3% había terminado una carrera universitaria y entre los segundos, el 12,1%. Los cubanos, que también tienen los mayores niveles de ingreso entre todos los hispanos de los Estados Unidos, son los únicos que aventajan a los dominicanos en cuanto al nivel de educación. Frente al 22% de dominicanos nacidos en los Estados Unidos que han obtenido un título universitario, los cubanos que han logrado lo mismo representan el 36% de su comunidad.

cuadro 6 **Nivel educativo de la población hispana mayor de 25 años nacida en los Estados Unidos (Censo de 2000)**

	Sin educación secundaria	Educación secundaria completa	Alguna educación universitaria	Educación universitaria completa
Total hispanos	31,4%	27,6%	27,7%	13,2%
Cubanos	14,6%	18,3%	30,9%	36,2%
Mexicanos	31,2%	28,4%	28,1%	13,3%
Puertorriqueños	36,6%	26,3%	25%	12,1%
Dominicanos	19,4%	21%	37,7%	21,9%

La situación educativa es también muy positiva para los dominicanos de segunda generación residentes en Nueva York. Entre estos, la proporción de los que han tenido educación universitaria, parcial o completa, ha ido aumentando progresivamente durante las últimas décadas: en 1980, había pasado por las aulas universitarias el 31,7%; en 1990, el 42,8%; y en el año 2000 lo había hecho el 55,1%.

Otro factor altamente esperanzador es el incremento de la inscripción en las escuelas públicas. En el año 2000, el sistema de educación pública de la ciudad de Nueva York tenía 1.072.628 estudiantes inscritos en los niveles primario y secundario. De este total, 111.553 eran dominicanos, es decir, el 10,4%. Una visión global puede obtenerse en el cuadro 7. Como se observa en el cuadro, los hispanos constituyen el 37,3%, seguidos de cerca por los afroamericanos, que representan el 36,1% del total. Entre los hispanos, los puertorriqueños ocupan la primera posición, con un 13,4%, y los mexicanos solo aportan el 3,2% a la población estudiantil del sistema público de Nueva York.

La gran presencia dominicana en las escuelas públicas de Nueva York se manifiesta también en la población universitaria, en la que los dominicanos representaban en 2000 el 8,5% de los estudiantes inscritos en las universidades públicas de la ciudad. En el otoño de 2001, en la City University of New York había 35.863 estudiantes de origen caribeño inscritos en los programas no graduados. De este total, 10.974 (el 30,6%) eran dominicanos. Un dato interesante es que la mayoría de ellos eran mujeres.

cuadro 7 **Estudiantes inscritos en el sistema de escuelas públicas de la ciudad de Nueva York (Censo de 2000)**

Población total	1.072.628	100%
Población hispana en general	400.090	37,3%
Puertorríqueños	143.732	13,4%
Dominicanos	111.553	10,4%
Mexicanos	34.324	3,2%
Negros no hispanos	387.220	36,1%
Blancos no hispanos	172.693	16,1%
Asiáticos y otros	112.625	10,5%

En conclusión, a pesar de las circunstancias actuales de precariedad en que se desenvuelven muchos de los miembros de la comunidad dominicana en los Estados Unidos, existen motivos que permiten vislumbrar el futuro con optimismo y esperanza. Los crecientes niveles de educación, en especial de la segunda y siguientes generaciones, con el consecuente incremento del ingreso per cápita, auguran una segura mejoría de las condiciones de vida de ese importante componente de la población dominicana que se ha visto forzada, por diferentes motivos, a vivir fuera de su país[7].

Las organizaciones comunitarias

Las instituciones dominicanas de servicios comunitarios en los Estados Unidos iniciaron sus actividades simultáneamente con los clubes culturales y deportivos, a mediados de los sesenta. Estas entidades estaban capitaneadas por activistas cívicos y sociales interesados en ofertar a sus compatriotas ayudas humanitarias, programas académicos y orientación sobre temas relacionados con la emigración. De esas organizaciones las de mayor presencia y trascendencia son la Asociación Comunal de Dominicanos Progresistas, creada en 1979 para promover el desarrollo físico, emocional, social y económico de los habitantes del alto Manhattan, el Bronx y otras ciudades cercanas a Nueva York, mediante programas de servicios humanos, formación técnica, inglés como segundo idioma y liderazgo.

La Alianza Dominicana fundada en 1987, y dirigida desde entonces por Moisés Pérez, es una agencia sin fines de lucro que está localizada en el alto Manhattan y tiene programas culturales, talleres de formación artesanal, un grupo folclórico, servicio de orientación a jóvenes y un centro de cuidado infantil, entre otras cosas. En 1986 fue creada la Casa Cultural Dominicana por iniciativa de los doctores Nasri Michelen, Rafael Lantigua y Fermín Almonte, y los dirigentes comunitarios Ángel Mescaín, Normandía Maldonado y Ana Monción, entre otros. Su primer director ejecutivo fue Franklin Gutiérrez. Funcionó hasta 1989, aunque fue reabierta una década después, en 1999, teniendo de directores a Frank Cortorreal (1999-2000), Rafael Mendoza (2000-2002) y Genoveva González (2003-2004). Desde 2004 la Casa de la Cultura Dominicana se convirtió en Comisionado Dominicano de Cultura en los Estados Unidos, extendiendo su programa de acción a diferentes estados norteamericanos.

En 1988 surge el Centro de Desarrollo de la Mujer Dominicana, creado por un grupo de dominicanas residentes en Washington Heights, Manhattan, interesadas en promover el crecimiento profesional, personal, social y cultural de las mujeres 'latinas', especialmente de las procedentes de la República Dominicana. Desde hace varios años este centro está dirigido por la Dra. Rosita Romero. El crecimiento intelectual y académico de la comunidad dominicana neoyorquina contribuyó significativamente al surgimiento del Instituto de Estudios Dominicanos, adscrito a The City University of New York. Esta institución, fundada en 1992 por Luis Álvarez, Franklin Gutiérrez, Ramona Hernández, Silvio Torres-Saillant, Ana García Reyes, Anthony Stevens, Fausto de la Rosa y Nelson Reynoso, tiene como misión fomentar las investigaciones académicas y científicas sobre la presencia y los aportes sociales, políticos, económicos y culturales tanto a la República Dominicana como a los Estados Unidos, de los dominicanos residentes en territorio norteamericano.

La cultura popular

Grupos folclóricos

El crecimiento acelerado de la emigración dominicana hacia territorio norteamericano a partir de 1965 implicó también el traslado de muchos artistas nacionales a diferentes puntos geográficos de los Estados Unidos, siendo el folclore una de las expresiones populares criollas más aclamadas por otras comunidades hispanas radicadas en Norteamérica y uno de los principales vehículos de promoción y difusión de las raíces culturales dominicanas fuera de esa nación caribeña. Los grupos surgidos entonces en Nueva York y estados aledaños emulaban a los existentes ese momento en la República Dominicana, sobre todo el Ballet Folklórico de la Universidad Autónoma de Santo Domingo y el Ballet Folklórico Dominicano, dirigido por el investigador y folclorista Fradique Lizardo. Esas dos agrupaciones, más los estudios sobre el mismo tema realizados por el sociólogo Dagoberto Tejada, no solo dominaron el escenario folclórico nacional de los setenta y los ochenta, sino que motivaron a los emigrantes criollos la creación de numerosas agrupaciones de esa misma naturaleza.

Al Centro Cultural Ballet Quisqueya, fundado por Normandía Maldonado en octubre de 1966, le asiste el privilegio de ser pionero de dichos grupos. Desde su fundación hasta el presente esa agrupación ha exhibido el folclore dominicano, y su colorido, en múltiples escenarios estadounidenses y ha estado presente en la mayoría de los desfiles dominicanos organizados tanto en Nueva York como en otros estados periféricos. También posee una Galería de Honor del Folklore Dominicano, instalada en el Consulado General de la República Dominicana en esa ciudad, compuesta por personalidades criollas que han enaltecido la diáspora dominicana en el arte, la cultura y el periodismo. El trabajo del Centro Cultural Ballet Quisqueya ha sido reconocido por varias instituciones privadas y gubernamentales neoyorquinas y dominicanas.

Un mes después del debut del Centro Cultural Ballet Quisqueya (octubre, 1966) Doni Sánchez funda el Grupo Folklórico Dominicano de Nueva York, agrupación que, además de exhibir en escena las diferentes modalidades del folclore criollo, incluyó en sus presentaciones públicas segmentos dedicados a educar al espectador con respecto al origen histórico, la evolución y las zonas geográficas dominicanas de donde procedían las mismas. Esa práctica se convirtió en un recurso didáctico empleado por todos los grupos de igual naturaleza que les sucedieron. Desapareció en 1987.

El tercer grupo en orden de importancia fue Raíces Latinas, creado en septiembre de 1980 por Juani Ortiz, ex integrante del grupo anterior. Esa agrupación intervino en numerosos festivales y desfiles dominicanos, caribeños e hispanoamericanos celebrados en los Estados Unidos y en la República Dominicana. Al igual que el Grupo Folklórico Dominicano de Nueva York, cesó sus presentaciones en 1987. Otras agrupaciones folclóricas dignas de reconocimiento son el Grupo Folklórico Juan Pablo Duarte, coordinado por el dirigente comunitario Roberto Castillo, que desarrolló sus actividades en el decenio de los ochenta.

El grupo folclórico dominicano de mayor vigencia e importancia actualmente lo dirige el folclorista Iván Domínguez y pertenece a Alianza Dominicana, una institución de servicios comunitarios y de promoción cultural localizada en Washington Heights y capitaneada por Moisés Pérez.

Desfiles y festivales

La celebración de desfiles y festivales populares es una práctica común en los Estados Unidos. Mediante estos eventos los inmigrantes establecidos en distintos puntos geográficos del territorio norteamericano exponen los hábitos, creencias religiosas, costumbres y modalidades artísticas de sus naciones de origen. Para fortalecer el sentido autóctono de estos encuentros populares se utilizan carrozas, comparsas, grupos artísticos, agrupaciones folclóricas e iconografías religiosas. Su programa incluye también reconocimientos a profesionales de diversas áreas, así como a comerciantes y a artistas de distintos géneros que han contribuido al desarrollo y crecimiento de sus comunidades, quienes son designados padrinos, mariscales o invitados especiales, respectivamente.

Generalmente las fechas escogidas por los países celebrantes están asociadas a festividades patrias, a gestas independentistas o a fiestas religiosas. La duración de los desfiles oscila entre tres y cinco horas. Los festivales, en cambio, pueden extenderse hasta dos, tres o más días. Los desfiles y festivales, por la cantidad de público que convocan, se han convertido en escenarios idóneos para que los políticos realicen sus campañas partidistas, desnaturalizando eventualmente el propósito cultural que les dio origen.

Sexta Avenida de Nueva York.

Los dominicanos radicados en los Estados Unidos celebran la mayoría de sus desfiles y festivales en agosto, mes en el que la República Dominicana conmemora el triunfo de la Guerra Restauradora. Algunos se realizan a finales de julio o principios de septiembre. El más antiguo y concurrido de estos desfiles es el celebrado en la Sexta Avenida, en Manhattan, fundado por iniciativa del desaparecido dirigente comunitario Miguel Amaro en 1982. Se estima que dicho desfile ha reunido a más de un millón de espectadores en la Sexta Avenida. En el área metropolitana de Nueva York también hay desfiles atractivos e importantes en el Bronx, como el fundado en 1987 por Moisés Vargas, y en Brooklyn, como el establecido desde 1989 por iniciativa de Elsa Mantilla, el segundo desfile de mayor convocatoria realizado por los dominicanos en los Estados Unidos; se estima que al mismo han asistido cerca de medio millón de personas. Luego les siguen, en orden de aparición y fuerza de convocatoria, el de Boston, el de Nueva Jersey y el de Providence, que cuenta ya con 19 años de historia. Los quisqueyanos también desfilan en Filadelfia, Pensilvania, Haverstraw, Miami y en numerosas ciudades estadounidenses donde existe un número significativo de dominicanos. El número de desfiles y festivales dominicanos aumenta vertiginosamente debido al constante desplazamiento de la comunidad quisqueyana hacia diferentes zonas geográficas del territorio norteamericano.

Notas

[1] Aunque al referirse a la ubicación del aeropuerto General Andrews la mayoría de los historiadores, periodistas y escritores lo sitúan en el terreno donde hoy funciona el Centro Olímpico Juan Pablo Duarte, el área que este ocupaba era mucho más extensa. Estaba limitado por la avenida San Martín, la avenida Troncoso de la Concha (hoy Lope de Vega), un tramo de la avenida Cordell Hull (hoy Abraham Lincoln), la Plinio Pina Chevalier (hoy Pedro Henríquez Ureña), la Francia (desde la Pedro Henríquez Ureña hasta la Leopoldo Navarro) y la Presidente Ríos (hoy Leopoldo Navarro), tramo comprendido entre la 27 de Febrero y la John F. Kennedy. La entrada estaba en la San Martín esquina Barahona. Operó hasta los primeros meses de 1960, al ser inaugurado el Aeropuerto Internacional Punta Caucedo el 25 de noviembre de 1959. Hay quienes afirman que la caída de un avión de carga en 1958, cerca de la residencia de Trujillo, motivó la clausura de dicho aeropuerto, pero la construcción del Punta Caucedo se inició dos años antes de precipitarse la referida nave.

[2] Para nadie es un secreto, sin embargo, que precisar la cantidad exacta de los inmigrantes resulta una tarea imposible, sobre todo porque muchos de ellos han llegado como turistas y han permanecido en el país ilegal e indefinidamente. Se calcula que alrededor del 15% de los inmigrantes dominicanos son indocumentados. Por otra parte, aunque es cierto que la inmensa mayoría reside en ciudades de la costa este, especialmente de Nueva York y de Nueva Jersey, se sabe que existen grupos menores en los diversos estados de todas las regiones de la nación, como Illinois, Texas, Nebraska, Utah, Montana o California.

[3] El hecho de que la gran mayoría de los inmigrantes dominicanos se concentre en Nueva York, unido a la falta de información sobre la realidad geográfica norteamericana han creado en la conciencia popular la creencia de que Nueva York es todo el país y no solo parte de él. En este sentido, resulta oportuno apuntar aquí la denominación de *dominican yorks* con que algunos compatriotas se refieren, con cierto tono despectivo, a los emigrantes cuando regresan a su país, independientemente de que procedan de Queens, en Nueva York; de Lawrence, en Massachusetts;

o de Paterson, en Nueva Jersey. En situaciones más formales, a través de los medios de comunicación y en círculos oficiales, se suele recurrir a la perífrasis con valor eufemístico 'dominicanos ausentes'. Y más recientemente, para referirse a los escritores, académicos y otros profesionales que han emigrado, se habla de la 'diáspora intelectual' dominicana.

[4] Es también importante la cantidad de dominicanos que cada año arriesgan su vida en improvisadas y frágiles embarcaciones, llamadas *yolas*, en un intento por cruzar el Canal de la Mona para llegar a Puerto Rico y establecerse en la vecina isla o desde allí pasar a Nueva York y a otros lugares de los Estados Unidos. De esa manera temeraria, muchos logran emigrar ilegalmente, otros que consiguen llegar a las costas de la isla son apresados por las autoridades federales y otros encuentran la muerte en medio del mar.

[5] Para establecer el umbral de pobreza se toma en cuenta la cantidad de recursos necesarios para que una familia pueda satisfacer sus necesidades básicas de vivienda, alimentación, etc. Este nivel puede variar de acuerdo con la edad y el número de los miembros que componen la familia. En el año 2000, para una familia compuesta de dos adultos y un niño, el ingreso mínimo era de 13.410 dólares; pero para una de dos adultos y tres niños, de 19.882 (Hernández y Rivera-Batiz, 2003: 27).

[6] En el año 2000, el porciento de familias encabezadas por la mujer en la ciudad de Nueva York era el siguiente: población en general: 22,1%; población blanca no hispana: 9,1%; población negra no hispana: 40%; población asiática: 8,1%; población hispana en general: 32% y población dominicana: 38,2%.

[7] Sería injusto no destacar aquí un asunto muy importante. El aporte de la comunidad dominicana en el extranjero es vital para el desarrollo sostenido del país, como expresa una declaración de la Fundación Global Democracia y Desarrollo. Sus contribuciones constituyen un valiosísimo recurso que ofrece excelentes oportunidades para alcanzar unos niveles de vida más altos. En este sentido, en una reciente celebración en Providence del Día de la Independencia dominicana, el cónsul del país en Nueva York resaltaba la importancia de las remesas de los inmigrantes para la economía dominicana. Hacía la aguda observación de que a los inmigrantes no les corresponde el nombre de 'dominicanos ausentes', como se les denomina con frecuencia, sino que deben ser llamados 'dominicanos en el exterior', porque estos compatriotas residentes en el extranjero 'siempre están presentes' en su país de origen a través de los envíos que continuamente realizan. Como recordaba el cónsul, esas remesas son ahora indispensables para la supervivencia económica de una nación de la cual, irónicamente, tuvieron que emigrar, casi todos por razones de tipo económico. Vid. Itzigsohn et ál., 1999.

Otros países de ámbito hispánico

Andrew Lynch

Introducción

Además de los grupos procedentes de México y de las islas del Caribe, han llegado a los Estados Unidos en las últimas décadas grandes números de centro y sudamericanos. Los datos de la última encuesta realizada por la Oficina del Censo en 2006 indicaban que en ese año vivían en Norteamérica más de 1,3 millones de salvadoreños, casi 900.000 guatemaltecos y poco más de 800.000 colombianos. También había grandes contingentes de ecuatorianos, hondureños y peruanos: casi medio millón respectivamente (vid. cuadro 1).

Además de estos grupos, y de las inmigraciones muy minoritarias y recientes, se registraron más de 700.000 personas (el 1,6% del conjunto de la población hispana del país) que se identificaron como 'Spanish', y cuyos orígenes no se conocen.

cuadro 1 **Grupos hispanos de más de 150.000 personas en los Estados Unidos en 2006 (U.S. Census Bureau, American Community Survey 2006)**

Grupos	Número	Porcentaje de la población hispana
Población hispana total*	44.252.278	100%
Mexicanos	28.339.354	64%
Puertorriqueños	3.987.947	9%
Cubanos	1.520.276	3,4%
Salvadoreños	1.317.666	3%
Dominicanos	1.217.225	2,8%
Guatemaltecos	874.799	2%
Colombianos	801.363	1,8%
'Spanish'	700.373	1,6%
Ecuatorianos	498.705	1,1%
Hondureños	490.317	1,1%
Peruanos	435.368	1%
Españoles	377.140	0,9%
Nicaragüenses	295.059	0,7%
Argentinos	183.427	0,4%
Venezolanos	177.866	0,4%

* Población total estadounidense: 299.398.485.

A pesar de las grandes cantidades de centro y sudamericanos, muy pocos estudios sociolingüísticos y culturales han abordado temas referentes a estos grupos. Como bien indica Lipski (2000b: 190) en el caso de los centroamericanos —traduzco— 'debido a las difíciles circunstancias bajo las cuales han llegado a los Estados Unidos y en las que viven, el reconocimiento de la lengua y la cultura de los centroamericanos en este país no ha sido proporcional al poder numérico que tiene esta población'.

Los salvadoreños

Debido a la guerra civil que sacudió El Salvador durante más de una década (de 1980 a 1992), murieron más de 75.000 personas, desaparecieron otras 8.000, y se estima que casi un millón de ciudadanos abandonó el país. De estos últimos, la gran mayoría llegó a los Estados Unidos. Posteriormente los salvadoreños vivieron los estragos de una serie de desastres naturales: en 1998 el huracán Mitch produjo diluvios que derrumbaron pueblos enteros, causando más de 200 muertos y 30.000 desalojados; a principios de 2001 una serie de fuertes terremotos dañó un 20% de las casas en el país y luego, en verano del mismo año, una sequía muy severa causó una gran escasez de alimentos en las zonas rurales.

Hoy en día los salvadoreños siguen inmigrando a este país por motivos económicos, siendo recibidos principalmente por redes sociales de familiares y amistades establecidas con anterioridad (Menjívar, 2000).

Actualmente constituyen el grupo mayoritario entre los hispanos radicados en la capital estadounidense, pero el número de salvadoreños que se encuentra en Los Ángeles, en la zona de la Bahía de San Francisco (vid. Menjívar, 2000) y en Houston es aún mayor. En estas tres zonas urbanas los salvadoreños representaban, según estimaciones de la Oficina del Censo en 2006, el segundo grupo de hispanos, después de los mexicanos.

En Houston (Texas), se registraron 106.000 salvadoreños en 2006, frente a más de 1,1 millón de mexicanos. Según Lipski (1988), la inmigración masiva de salvadoreños y mexicanos en Houston desde la década de 1980 ha creado fuertes lazos sociales y lingüísticos entre estos dos grupos, que comparten los mismos vecindarios, trabajan juntos y van a los mismos restaurantes y tiendas (1988: 99). Hernández (2002: 95) afirma que los vínculos laborales, económicos y sociales entre personas de los dos grupos se han vuelto aún más estrechos en esta urbe en los últimos años.

Los guatemaltecos

Guatemala, igual que los países vecinos de El Salvador y Honduras, ha sufrido una serie de graves crisis políticas, económicas y naturales durante las últimas décadas. El conflicto entre varios grupos de guerrilleros izquierdistas, paramilitares de derecha y el Gobierno central, duró 36 años (de 1960 a 1996) y les costó la vida a más de 200.000 ciudadanos, la mayoría de ellos indígenas. La destrucción de más de 450 pueblos mayas causó un millón de refugiados, muchos de los cuales huyeron a México y a los Estados Unidos.

Lipski (2000: 208-209) observa que un gran número de guatemaltecos residentes en los Estados Unidos son indocumentados, predominantemente indígenas procedentes de las zonas rurales del país. Algunos son hablantes nativos de lenguas mayas, analfabetos y casi sin saber español, y muchos de aquellos que lo hablan evidencian los rasgos típicos de aprendices de segunda lengua. El predominio de lenguas mayas entre los inmigrantes guatemaltecos tiende a dificultar su entrada en el sistema escolar de los Estados Unidos, ya que la gran mayoría de los educadores desconocen estas lenguas y no saben acomodarlas en programas de educación bilingüe y clases de inglés para hablantes de otros idiomas, denominadas English for Speakers of Other Languages (ESOL).

Los hondureños

Honduras, según datos del año 2000, constituye uno de los siete países con los mayores contingentes de inmigrantes indocumentados en los Estados Unidos, junto a México, El Salvador, Guatemala, Colombia, Ecuador y China (Migration Policy Institute, 2003). A lo largo de las últimas décadas los problemas económicos, agudizados por la inestabilidad política, los desastres naturales y la violencia instigada por pandillas urbanas —principalmente la Mara Salvatrucha— han provocado la emigración hacia los Estados Unidos.

Fue tanta la destrucción causada por el huracán Mitch en 1998 que el entonces presidente Carlos Roberto Flores afirmó que los progresos que se habían hecho en los cincuenta años previos habían quedado anulados: el 70% de los cultivos y más del 70% de la infraestructura de las carreteras fueron aniquilados y más de 80.000 casas fueron destruidas o dañadas; murieron 5.000 personas, otras 12.000 quedaron heridas y centenares de miles fueron desalojadas. A consecuencia de la destrucción que el Mitch dejó tras sí, el Gobierno estadounidense les otorgó *temporary protected status* (estatus de protección temporal) a unos 90.000 hondureños indocumentados en el país.

Actualmente se estima que dos de cada tres hondureños viven en la pobreza (U.S. Department of State, 2007), y en 2006 los 2.296 millones de dólares remitidos por los hondureños en el exterior representaron el 24% del producto interior bruto del país (Infolatam, 2007). En los Estados Unidos se encuentran grandes contingentes de hondureños en las zonas metropolitanas de Nueva York (75.000), Miami y Fort Lauderdale (68.000), Houston (53.000), Los Ángeles (41.000) y Washington D.C. (28.500) (U.S. Census Bureau, American Community Survey 2006).

Los nicaragüenses

El Frente Sandinista de Liberación Nacional, una organización revolucionaria de izquierda, derrocó al dictador Anastasio Somoza en 1979, poniendo fin a más de cuatro décadas de hegemonía de la familia Somoza en Nicaragua y produciendo un conflicto con grupos contrarrevolucionarios —llamados los 'contras' (Schroeder, 2005), apoyados por el Gobierno estadounidense—, que persistiría hasta 1990. Se estima que los conflictos les costaron la vida a 78.000 nicaragüenses desde finales de la década de 1970 hasta 1990 (http://www.correlatesofwar.org/). Muchos otros fueron secuestrados, torturados, o violados por los 'contras' (Human Rights Watch, 1989).

El conflicto político en Nicaragua llevó a la formación de una gran comunidad de nicaragüenses en el sur de la Florida durante las décadas de 1980 y 1990 (Portes y Stepick, 1993). Para finales de la década de 1980, más de 100.000 nicaragüenses se habían establecido en Miami, acogidos por la comunidad cubana por motivos políticos e ideológicos. La elección de Violeta Chamorro en 1990 puso fin al régimen sandinista, pero la mayoría de los nicaragüenses que se habían trasladado a los Estados Unidos permanecieron en este país. Daniel Ortega, líder sandinista que fue presidente desde 1985 hasta 1990, volvió a ser elegido como presidente a finales de 2006.

Los Ángeles.

La inestabilidad política en Nicaragua y los graves problemas financieros a los que se enfrenta la nación centroamericana —el segundo país más pobre del hemisferio occidental después de Haití— siguen impulsando la emigración hacia los Estados Unidos hoy en día. Las mayores concentraciones de nicaragüenses se encuentran en Miami y en Los Ángeles. En esta primera ciudad constituyen el tercer grupo hispano más numeroso, después de los cubanos y los colombianos (U.S. Census Bureau, American Community Survey 2006).

Los colombianos

En Colombia, el conflicto entre grupos guerrilleros, paramilitares y Gobierno central creó una situación peligrosa e insegura para muchos segmentos del país desde la década de 1980 e impulsó la emigración de millones de colombianos hacia otros países, principalmente Ecuador y los Estados Unidos. Según datos del Gobierno colombiano, solo entre los años 1996 y 1999 casi un millón de colombianos abandonaron el país, de los cuales más de 200.000 llegaron a los Estados Unidos. Los millones de personas que huyen de la violencia armada en Colombia configuran la peor crisis humanitaria fuera de África, según fuentes de las Naciones Unidas (Evans, 2004).

La población más grande de colombianos y colombo-americanos de los Estados Unidos se encuentra en la ciudad de Nueva York y, en segundo lugar, en Miami. Ya para 2001 se estimaba que unos 350.000 colombianos vivían en el sur de la Florida, la mitad de ellos indocumentados (Brinkley-Rogers, 2001). Gran parte de los colombianos que se han exiliado en la zona de Miami, donde conforman el segundo grupo de hispanos más numeroso después de los cubanos, afirman que han tenido que abandonar su país de origen por miedo de ser asesinados o secuestrados por guerrilleros o paramilitares, o de morir en conflictos armados entre el Gobierno central y los grupos insurgentes (Brinkley-Rogers, 2001).

Muchos de los colombianos exiliados en los Estados Unidos proceden de las clases socioeconómicas alta y media, y tienen altos niveles de educación formal y preparación profesional.

Los ecuatorianos

La gran inestabilidad política y económica que se ha experimentado en el Ecuador en los últimos años ha impulsado la emigración de millones de ecuatorianos hacia el extranjero; en el año 2002 uno de cada cuatro ecuatorianos salió del país en busca de trabajo (Instituto Nacional de Estadística y Censos, 2006). Se ha señalado que la grave crisis financiera que viven los ecuatorianos 'es resultado de causas internas y externas, tales como la inestabilidad política de los últimos años, la guerra con el Perú, el impacto del fenómeno de El Niño, las crisis internacionales y la suspensión de las líneas de crédito a las economías emergentes, entre las cuales se cuenta el Ecuador' (Espinosa, 2000: 1).

El colapso de la economía ecuatoriana en 1999 provocó el cierre de los bancos, dejando a muchos ecuatorianos sin ahorros, y precipitó un drástico aumento en las tasas de desempleo e inflación. Según datos del Instituto Nacional de Estadística y Censos del Ecuador (2006), la pobreza de consumo en el país subió de un 39,3% en 1995 a un 52,2% para 1999; en 2006 se encontraba en un 38,3%. La indigencia se calculaba en un 20,1% de la población en 1999, tasa que bajó al 12,8% para 2006. Para ese mismo año se calculaba que la tasa de emigración laboral había bajado al 3,7%. Cabe destacar que la mayoría de los emigrantes ecuatorianos de los últimos años había completado estudios secundarios (50,8%) o superiores (17,7%).

El principal país de destino de los migrantes laborales ha sido los Estados Unidos (50,8%), seguido de España (29,8%) e Italia (17,7%) (Instituto Nacional de Estadística y Censos, 2006). Se estimaba en 2006 que vivían casi 300.000 ecuatorianos en Nueva York, lo que significa que en ese año constituían el cuarto grupo hispano más numeroso en esa urbe después de los puertorriqueños, los dominicanos y los mexicanos (U.S. Census Bureau, American Community Survey, 2006).

Los peruanos

En las últimas tres décadas la nación peruana ha vivido una serie de graves crisis políticas y económicas. Zevallos (2004: 159) ha observado que: 'A pesar de que un estado de derecho como el democrático no debería permitir ejecuciones sumarias, deportaciones forzadas y refugiados políticos, estos excesos del Estado alcanzaron cifras nunca antes vistas entre 1980 y 2000 en el Perú. Las razones más importantes para que ocurran [sic] estas acciones que violan los derechos fundamentales de los ciudadanos fueron la imposición del modelo económico neoliberal que trajo consigo una crisis económica y política nunca antes sufrida. De otra parte como coincidencia o respuesta al inicio del neoliberalismo, una *guerra de baja intensidad* entre las fuerzas armadas peruanas y el grupo maoísta Sendero Luminoso afectó a los ciudadanos peruanos entre 1979 y 1992'.

Entre enero de 1993 y julio de 2004 aproximadamente 1.462.500 peruanos abandonaron el país, y según Ríos y Rueda (2005: 3) 'esta tendencia no muestra indicios de decaer en los próximos años puesto que el 74% de connacionales ha revelado sus deseos de emigrar y, de ellos, el 53% tiene planes concretos de hacerlo'. El destino preferido de la gran mayoría de los que emigraron entre 1994 y 2001 fue los Estados Unidos (35%), seguido de Argentina (14%) y Ecuador (11%) (Ríos y Rueda, 2005: 18). Ya para 2006 casi medio millón de peruanos vivían en los Estados Unidos.

Zevallos (2004) ofrece una amplia perspectiva de la formación de una identidad transnacional andina en los Estados Unidos, y explica cómo las prácticas lingüísticas, culinarias, religiosas, deportivas y musicales de inmigrantes peruanos que son indígenas procedentes de la zona andina funcionan como mecanismos de adaptación al contexto norteamericano a la vez que sirven para establecer una continuidad con la cultura del lugar de origen. El autor argumenta que 'si bien es una comunidad que se ha vuelto transnacional por su propia gestión, para sobrellevar el exilio y las carencias de su país de origen, también son necesarias políticas específicas de los Gobiernos peruano y norteamericano que protejan y promuevan sus derechos humanos' (p. 171).

Los venezolanos

En Venezuela, el gobierno izquierdista de Hugo Chávez, elegido como presidente en 1999, ha creado mucha inestabilidad social, política y económica en ese país en años recientes, provocando el éxodo de muchos venezolanos de las clases media y alta.

Una mayoría de los exiliados políticos venezolanos se ha establecido en el sur de la Florida, especialmente en el condado de Broward —a pocas millas al norte de Miami— en la ciudad de Weston, a la cual muchos se refieren ahora como 'Westonzuela'. Desde 2002 se editan en Miami varios periódicos locales, publicados por inmigrantes venezolanos, que proclaman la tiranía de Chávez y su falta de respeto a la democracia y a la libertad personal, un discurso que guarda muchos paralelismos con el de los prominentes grupos anticastristas formados por cubanos en el exilio.

La comunidad anticastrista ha establecido fuertes vínculos con la antichavista, y los sucesos políticos de Venezuela frecuentemente ocupan la primera plana de los grandes periódicos locales como el *Miami Herald*, *El Nuevo Herald* y *The Sun Sentinel*. A modo de ejemplo, el cierre de Radio Caracas Televisión (RCTV) en abril y mayo de 2007 causó una gran polémica en las noticias y en los programas de televisión en Miami, muchos de los cuales son producidos y auspiciados por la comunidad cubana. En *La cosa nostra*, un popular programa de charla y debate emitido diariamente por América TeVe (http://www.americateve.com/), de personalidades y televidentes mayoritariamente cubanos, se invitó a numerosos periodistas y políticos venezolanos al programa durante varias semanas para informar al público de los sucesos de Venezuela y para exponer las injusticias del Gobierno de Chávez. En fin, las afinidades de clase socioeconómica, orientación política, así como de dialecto caribeño, han servido para formar y fortalecer los lazos sociales y culturales entre los recién llegados venezolanos y los cubanos ya establecidos en Miami.

Los argentinos

En la Argentina, al resquebrajarse la paridad del dólar norteamericano y el peso argentino a finales de 2001, se precipitó una repentina devaluación monetaria que culminó en la crisis económica más grave de la historia del país. El cierre de los bancos, los saqueos a comercios y supermercados y las violentas protestas en las calles de Buenos Aires produjeron un clima de gran inestabilidad social por todo el país. Muchos argentinos salieron entonces del país hacia los Estados Unidos, donde en 2006 se encontraban más de 40.000 en la zona metropolitana de Miami y Fort Lauderdale, 26.500 en Nueva York y 24.300 en Los Ángeles (U.S. Census Bureau, American Community Survey, 2006).

El caso de Puerto Rico

Amparo Morales

Introducción

La población hispana en los Estados Unidos va en aumento creciente. Los últimos datos, basados en el censo del 1 de julio de 2005, señalaban que la población general alcanzaba los 296.410.404 y que la del grupo hispano contaba con 42.687.224, lo que indicaba que estos últimos constituían ya el 14,4% de toda la población. De ese espectacular crecimiento participan los puertorriqueños, que, además, contrario a los inmigrantes de otros países, tienen libre entrada al país y gozan de las ayudas económicas y de los privilegios que el Gobierno da a sus ciudadanos[1]. Esa situación especial, aunque muy conflictiva para algunos, permitió que en las décadas de los cuarenta y de los cincuenta, época de gran precariedad económica en la isla, e incluso años antes, los Estados Unidos fueran una tabla de salvación para los muchos que carecían de empleo y que vivían en situación precaria en Puerto Rico. Ese país se ha mantenido desde entonces como lugar de acogida y asentamiento temporal o permanente de aquellos puertorriqueños que quieren ampliar sus horizontes y mejorar sus condiciones económicas.

Los puertorriqueños son, después de los mexicanos, el grupo hispánico más numeroso de los Estados Unidos. Los informes del censo de julio de 2004 establecían que el 64% de todos los hispanos eran mexicanos y alrededor del 9,6%, puertorriqueños[2]. Ese porcentaje relativamente bajo, dado que constituía la segunda población hispana de ese país, obedece a que en los últimos años se ha experimentado un rápido aumento de mexicanos y una persistente llegada de otros grupos hispanoamericanos[3].

Si, según los datos censales, la población residente en los Estados Unidos que se identificaba como puertorriqueña[4] era ya de 3.855.608 en 2003, y en ese mismo año la población total de la isla, de 3.878.532, hay que reconocer que viven tantos puertorriqueños en su país de nacimiento como en el de acogida. Pero, aún más, si consideramos que aproximadamente el 4,6% de los que viven en la isla son de otra nacionalidad[5], no es de extrañar que se declare que la población puertorriqueña de los Estados Unidos ha sobrepasado a la insular[6]. Puerto Rico es el único país en el mundo que tiene la mitad de su población residiendo en un mismo país que no es el propio[7].

Las oleadas migratorias

La economía puertorriqueña experimentó cambios significativos después del arribo de los norteamericanos a la isla en 1898. A su llegada, la producción agrícola y ganadera, limitada pero diversificada, estaba dedicada a la exportación de tabaco, café, ganado y azúcar. Con la llegada de los estadounidenses esto cambió a un solo cultivo, el de la caña de azúcar, coincidiendo con el comienzo de la relativa integración del Caribe hispano en las estructuras económicas de los Estados Unidos. Posteriormente, ya a comienzos de la segunda década del siglo XX, la industria de la caña fracasó y la situación económica empeoró notablemente, ocasionando más desempleo y pobreza de los ya habituales. Estos factores propiciaron las primeras oleadas significativas de puertorriqueños hacia el norte[8] e iniciaron lo que sería ya una práctica reiterada: la marcha al 'continente' para conseguir empleo en granjas e industrias. Este pasó a ser el recurso más importante de supervivencia de la población isleña.

Los puertorriqueños, por ser ciudadanos de los Estados Unidos, podían ocupar puestos de trabajo vedados a otros inmigrantes, de manera que a lo largo del tiempo obtuvieron empleo en las industrias textiles de Nueva York, en las electrónicas de Illinois, en las fundiciones de Wisconsin, en las de acero en Ohio, Indiana y Pensilvania y en las granjas del este y del medio oeste del país.

Entre 1945 y 1970 se produjeron las tres grandes migraciones[9]. La primera, de 1900 a 1945, tiene como destino casi único la ciudad de Nueva York, con Brooklyn Yard y Harlem como zonas preferidas, entre las que se encuentran el Barrio en el East Harlem, y secciones de Manhattan como el Lower East Side, el Upper West Side, Chelsea y la zona del Lincoln Center.

En el segundo período, de 1946 a 1964, conocido como 'la gran migración', se produce una llegada masiva que obedece a las altas tasas de desempleo de la isla. Los puertorriqueños amplían sus comunidades de asiento al East Harlem, al South Bronx y al Lower East Side ('Loisaida'); también se ubican en Nueva Jersey, en Connecticut y en Illinois, aunque la mayor parte continúa estableciéndose en Nueva York[10]. Se calcula que en el año de 1953 llega la mayor cantidad de inmigrantes, alrededor de 75.000 puertorriqueños según Pérez González (2000: 35) se unen a la población primitiva. En este grupo migratorio se integran desempleados de los centros urbanos, creando con ello una comunidad de perfil un tanto diferente al anterior, tradicional agrario, aunque aún tienen gran peso los trabajadores del campo (Haslip-Viera, 1996).

El tercer período, de 1965 en adelante, llamado de 'migración circular' (*Revolving Door*), es el que favorece un intercambio continuo de puertorriqueños entre la isla y los Estados Unidos. Muchos puertorriqueños adquieren un hogar dual que incluye el de los familiares y amigos que se han afincado en distintos lugares de aquel país. A ellos vuelven en determinadas ocasiones.

Puerto Rico alcanza un período de bonanza en 1947, cuando el Gobierno entra en lo que ha sido llamado 'desarrollo del estado capitalista'. En esa época las autoridades gubernamentales puertorriqueñas, con la intención de obtener inversión privada externa, elaboran el proyecto llamado 'Operación manos a la obra' (*Bootstrap*), que tenía como meta la industrialización de Puerto Rico[11]. Se produce un rápido progreso económico que hizo de la isla el 'milagro del Caribe' durante las décadas de 1950 a 1970. En estos años, en los que el programa de industrialización de la 'Operación manos a la obra' creó suficientes puestos de trabajo, la emigración al continente decreció a solo 20.000 al año. Se inició también en esta época la industria del turismo y Puerto Rico pasó a ser una economía global emergente[12].

La 'Operación manos a la obra' supuso tan solo un alivio temporal, y pronto hubo que volver a buscar acomodo en los Estados Unidos; en pocos años más el grupo puertorriqueño, integrado por más de un millón de residentes (Baker, 2002: 39) se convirtió en la población hispana más numerosa de Nueva York. En la década de los setenta se inicia, ya con cierta representatividad numérica, el retorno; en 1976 regresaron a la isla más puertorriqueños que los que habían salido. La vuelta a Puerto Rico obedecía a la escasez de trabajo[13]. Se ha señalado en muchas ocasiones que la situación laboral de este país mantiene a los trabajadores boricuas en un ir y venir periódico entre el continente y la isla, dependiendo de la disponibilidad de empleos de un determinado momento en cada uno de los dos países.

Posteriormente, en la última década del siglo XX, un promedio de 59.053 puertorriqueños dejaba la isla cada año, frente a 20.760 que regresaban (Junta de Planificación, 2001)[14]. En el cuadro 1 se ofrecen los datos de la migración desde 1991 a 2000[15].

Otros factores motivan también la marcha a los Estados Unidos y crean diferentes sectores de población, entre ellos, los puertorriqueños que realizan allí sus carreras universitarias y luego se quedan por disfrutar allí de mejores oportunidades laborales[16]. Por otra parte, los que han hecho sus estudios universitarios en Puerto Rico pueden, a su vez, desplazarse fácilmente, al ser contratados por empresas norteamericanas o por el mismo Gobierno Federal, dado que la educación universitaria puertorriqueña general exige el aprendizaje del inglés. Los distintos departamentos gubernamentales envían oficiales a Puerto Rico todos los años para dictar seminarios sobre ofertas de trabajo en las distintas universidades del país[17].

cuadro 1 **Emigrantes e inmigrantes en la década de 1991 a 2000**

Años fiscales	Hacia los EE. UU. Número	Desde los EE. UU. Número	Diferencia Puertorriqueños que se quedan
1991	60.425	20.869	39.556
1992	60.387	29.340	31.047
1993	66.050	36.094	29.956
1994	52.748	19.446	33.302
1995	53.164	18.177	34.987
1996	43.968	12.518	31.450
1997	58.123	16.173	41.950
1998	65.123	19.611	45.512
1999	73.071	14.043	59.028
2000	57.471	21.329	36.142

Fuente: Junta de Planificación, Gobierno de Puerto Rico, 2003.

Desde luego, estas no son las únicas posibilidades que tienen los jóvenes puertorriqueños de ir a los Estados Unidos: pueden hacerlo también por medio del Ejército, que ofrece condiciones muy beneficiosas a los jóvenes que se enrolan en sus filas. En el cuadro 2 se presentan los datos de los que ingresaron al Ejército en los últimos cinco años, según la Oficina Puertorriqueña de Reclutamiento Militar. Al Ejército en sus tres ramas, Tierra, Mar y Aire (Army, Navy y ASAF) se unen los que se enrolan en la Reserva. Se ha señalado que hay más de 200.000 puertorriqueños reclutados en el ejército desde 1917[18].

cuadro 2 **Puertorriqueños que ingresan al Ejército de los Estados Unidos (1998-2002)**

	1998	1999	2000	2001	2002
Ejército	1.767	1.796	1.756	1.787	1.913
Reserva	594	601	766	566	497
Total	2.361	2.397	2.522	2.353	2.410

Fuente: U.S. Army Recruiting Command (Market Research, 2005).

Como se ve en el cuadro 2, aproximadamente 2.409 puertorriqueños ingresan al Ejército de los Estados Unidos cada año y se trasladan a las bases militares norteamericanas[19]. Existe, también, la Guardia Nacional de Puerto Rico (Puerto Rican National Guard), que desde 1940 recluta a personas de todas las edades que quieran colaborar con el Gobierno federal. Los miembros de la Guardia Nacional hacen entrenamientos periódicos en los Estados Unidos.

Toda esta situación ha hecho que la población puertorriqueña presente gran movilidad hacia y desde los Estados Unidos. Ha colaborado en ello la disponibilidad de viajes más económicos. Las investigaciones de campo en la isla indican que un 48,6% de los puertorriqueños ha vivido en ese país una temporada y 33,2% de ellos, lo ha hecho por más de 11 años (Hispania, 1992: Tablas 58 y 59). En el censo de 2000 se reporta que un 6,16% de la población de la isla había nacido en ese país.

Estos datos ayudan a precisar el comportamiento demográfico de los puertorriqueños y el perfil migratorio de la isla. Ocasionan, además, que la población puertorriqueña esté, como señalábamos al inicio, dividida casi por la mitad entre los Estados Unidos y Puerto Rico, con la circunstancia agravante de que crece en los Estados Unidos a ritmo más rápido que en la isla[20]. Los datos se presentan en el cuadro 3 y en la gráfica 1.

cuadro 3 **Puertorriqueños en la isla y en los Estados Unidos**

	1960	1970	1980	1990	2000
Puertorriqueños en los EE. UU.	892.513	1.391.463	2.013.945	2.651.815	3.406.179
Puertorriqueños en Puerto Rico	2.349.544	2.712.033	3.196.520	3.522.037	3.808.610
Total de puertorriqueños en los EE. UU.	3.242.057	4.103.496	5.210.465	6.173.852	7.214.789
Porcentaje total de puertorriqueños en los EE. UU. (continente)	**27,53%**	**33,90%**	**38,65%**	**42,95%**	**47,21%**

Fuente: Censo (2000).

gráfica 1 **Evolución de los puertorriqueños en los Estados Unidos y en Puerto Rico**

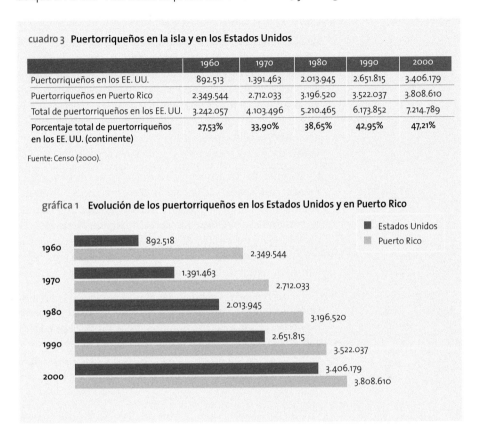

Asentamientos

El norte y el medio oeste

El primer asentamiento de los puertorriqueños en los Estados Unidos fue, como hemos dicho, Nueva York y, en menor medida, otros centros urbanos como Chicago y Filadelfia. En 1910, 1.513 puertorriqueños vivían en ese país, el 70% de ellos en la ciudad de Nueva York (Fitzpatrick, 1971: 10). En 1990 ya eran 2.651.815 y el 39,8% de puertorriqueños vivía en el estado neoyorquino, con preferencia en las áreas urbanas. En 2003 solo el 30,8% vivía allí[21].

Ya en la década de los setenta, debido a cambios en las leyes migratorias, otros grupos hispanos empezaron a instalarse en la ciudad. Los cubanos, que aún se resentían de la Revolución cubana de 1959, y los dominicanos, después de la guerra civil de 1965, junto a otros de Colombia, Ecuador y Perú hicieron de Nueva York su nuevo hogar[22]. A su vez, muchos puertorriqueños, huyendo de las crisis económicas de la ciudad, se fueron moviendo al sur del país creando, así, una población hispana neoyorquina de mayor variación étnica y dialectal de la que había habido hasta entonces. Conviven también con los puertorriqueños de Nueva York los mexicanos en cantidades muy representativas. El grupo dominicano es el de más rápido crecimiento: del año 1980 a 1990 aumentaron un 165%, mientras los puertorriqueños lo hicieron solo un 5,2%. En el año 2000 el crecimiento de la población puertorriqueña fue negativo: −3,3%. La dislocación del East Harlem, descrita por Zentella (1997a), se repite en muchos otros barrios de Nueva York; la integridad tradicional del barrio puertorriqueño ha ido desapareciendo. Está claro que hoy la población hispana en Nueva York ya no constituye un grupo homogéneo. Los puertorriqueños de Nueva York continúan representando, eso sí, el grupo 'latino' más numeroso de la ciudad.

Chicago y Filadelfia fueron también espacios importantes de acogida. El arribo a esta primera ciudad comienza en la década de 1940, y llegó a representar el segundo núcleo urbano con mayor cantidad de puertorriqueños. En 1960 se concentran en Humboldt Park y se forma el primer barrio casi totalmente puertorriqueño en Chicago: la División. Residen también en el norte de Chicago, en Cartagena Square, West Town y Logan Square, en condiciones económicas muy parecidas a las de los puertorriqueños de Nueva York, la mayoría empleados en trabajos no diestros y de servicio. Posteriormente, también como en Nueva York, comienzan a dejar la ciudad y decae la llegada de nuevos inmigrantes. En el censo del año 2000 ya solo representan el 15% de la población hispana de Chicago, formada en su gran mayoría por mexicanos, que llegan a constituir el 70% (Ghosh Johnson, 2005).

La situación de los residentes en Filadelfia es muy similar. Constituyen el grupo más numeroso de hispanos de la ciudad; comenzó concentrándose a lo largo de Spring Garden Street para extenderse posteriormente hacia Lehigh Avenue, al norte. De 1980 a 1990 la expansión llega a Olney y la sección baja de Northeast. En el censo de 2000, 129.000 puertorriqueños residían en la ciudad, pero lo que comenzó siendo un grupo étnicamente limitado, que convivía solo con mexicanos y cubanos, hoy muestra gran diversidad, porque inmigrantes de Centroamérica y Suramérica, junto a dominicanos, se han unido a los grupos iniciales.

Se señala que el cambio de residencia de la población puertorriqueña en Chicago, Filadelfia y Nueva York, así como en otras zonas urbanas de concentración poblacional, a zonas suburbanas o rurales obedece a cambios en el patrón socioeconómico. Según va mejorando su situación económica y pasando a un nivel de clase media, los barrios urbanos tradicionales se abandonan[23].

El sur

La Florida, por su pujante situación económica, ha sido en los últimos años el segundo estado preferido por los puertorriqueños. En la década de los noventa la Florida empezó a competir con fuerza con Nueva York como lugar de llegada de los puertorriqueños y ha pasado a constituir la concentración de boricuas más numerosa de los Estados Unidos después de Nueva York, desplazando con ello a Filadelfia y Chicago. Hoy cuenta con más de medio millón de puertorriqueños. El crecimiento en la zona ha sido espectacular: de cobijar a un 2% de todos los puertorriqueños asentados en el país ha pasado a ser el lugar de residencia de más del 14,2%, según el censo de 2000. Los puertorriqueños residentes en la Florida subieron de 247.016 en 1990 a 482.027 en el año 2000 y a 571.755 en 2003. El aumento ha sido de un 95%. Hoy constituyen el grupo hispánico más numeroso en ese estado, después de los cubanos (Duany, 2006: 6).

Más de 80.000 puertorriqueños viven en el condado de Orange, le siguen Miami-Dade y Hillsborough. En los últimos años la zona metropolitana de Orlando ha surgido como destino preferido de los puertorriqueños: un 17% de la población es hispana y de ellos el 56%, puertorriqueña[24]. El American Community Survey de 2003 ha identificado tres concentraciones de puertorriqueños en el interior de la Florida. En la zona central, en los condados de Orange, Seminole, Polk, Volusia y Osceola se encuentra el grupo más numeroso; otras concentraciones residen en los condados de Miami-Dade y Broward en las ciudades de Miami y Fort Lauderdale; y un tercer grupo, en Tampa Bay. Lo que fue Nueva York en los años cuarenta y cincuenta ha sido Orlando a partir de los sesenta. Orlando está situado en el condado de Orange y la zona metropolitana abarca parcialmente los de Osceola, Lake y Seminole[25].

La primera oleada representativa cuantitativamente se realizó con un programa de trabajo auspiciado por la División de Migración del Departamento de Trabajo de Puerto Rico, entre los años cuarenta y sesenta. Estos puertorriqueños llegaban a las granjas de cultivo de vegetales y parte de ellos se movía entre los estados del norte y la Florida, dependiendo de los períodos de cosecha. El crecimiento de los puertorriqueños en este estado se debe no solo a los que llegan directamente de Puerto Rico, sino que, además, se mudan allí los procedentes de otros estados de la Unión, principalmente de Nueva York. Los inmigrantes más recientes ofrecen un nuevo patrón. Actualmente se trata de profesionales que proceden directamente de Puerto Rico, en unos casos, o de puertorriqueños de segunda o tercera generación de los Estados Unidos que buscan mejores oportunidades laborales. El aumento de la población empezó a notarse cuando los puertorriqueños comenzaron a adquirir propiedades en la Florida central, cerca de la zona de Orlando y se consolidó una población de clase media que ha ido creciendo con los años[26]. La creación del parque de diversiones de Walt Disney World Resort en Orlando en 1971 favoreció más la inversión y aumentó la disponibilidad de empleo. Esta ciudad ha experimentado el mayor crecimiento poblacional: un 142% de 1990 a 2000, con la creación de comunidades enteras puertorriqueñas como las de Meadow Woods y Buenaventura Lakes. Hoy Orlando es la cuarta zona metropolitana con mayor cantidad de boricuas, después de Nueva York, Filadelfia y Chicago.

Distribución actual de los puertorriqueños en los Estados Unidos

Actualmente existen comunidades puertorriqueñas en todos los estados de la Unión. En el cuadro 4 se presenta la distribución actual de la población boricua con los cambios efectuados en ella. Se comprueba cuantitativamente que Nueva York ha dejado de ser el destino único. Continúa siendo, sin embargo, el estado con mayor población de puertorriqueños, pero le siguen la Florida, Nueva Jersey, Pensilvania y Massachusetts[27].

En el cuadro 5 y en los siguientes se ofrecen datos sobre la representatividad de la población puertorriqueña respecto de la población total, los estados en los que la población puertorriqueña es más significativa y las ciudades estadounidenses con mayor cantidad de puertorriqueños.

Como se ve en el cuadro 7, las ciudades con la mayor población de puertorriqueños en 2003 fueron Nueva York, Filadelfia, Chicago y Orlando. Entre las de mayor población las de más rápido crecimiento fueron: Orlando, FL (142%); Allentown, PA (83%); Tampa, FL (78%); Reading, PA (64%) y, New Britain, CT (52%). Filadelfia, Chicago y Orlando mantienen una población bastante similar en número, aunque su representación respecto a los otros grupos de hispanos y a la población general es diferente.

Puente de Brooklyn en Nueva York.

cuadro 4 Puertorriqueños en la isla y en los Estados Unidos

Estado	Pob. puertorriq.	Cambio (%)	Estado	Pob. puertorriq.	Cambio (%)
Nueva York	1.050.293	-3,3	Oklahoma	8.153	73,7
Florida	482.027	95,1	Luisiana	7.670	24,1
Nueva Jersey	366.788	14,6	Misuri	6.677	68,7
Pensilvania	228.557	53,4	Minnesota	6.616	101,3
Massachusetts	199.207	31,8	Kentucky	6.469	75,7
Connecticut	194.443	32,4	Alabama	6.322	77,9
Illinois	157.851	8,1	Nuevo Hampshire	6.215	88,4
California	140.570	11,2	Kansas	5.237	46,7
Texas	69.504	61,7	Oregón	5.092	84,2
Ohio	66.269	44,5	Nuevo México	4.488	70,3
Virginia	41.131	73,6	Utah	3.977	82,3
Georgia	35.532	103,7	Misisipi	2.881	120,9
Carolina del Norte	31.117	112,8	Iowa	2.690	11,8
Wisconsin	30.267	58,3	Alaska	2.649	36,7
Hawái	30.005	16,4	Arkansas	2.473	110,3
Míchigan	26.941	45,3	Dto. de Columbia	2.328	5,6
Maryland	25.570	45,9	Maine	2.275	82
Rhode Island	25.422	95,3	Nebraska	1.993	72
Indiana	19.678	40,3	Virginia Occidental	1.609	79,4
Arizona	17.587	113	Idaho	1.509	126,9
Washington	16.140	72,7	Vermont	1.374	108,5
Delaware	14.005	69,6	Montana	931	113
Colorado	12.993	79,8	Dakota del Sur	637	69
Carolina del Sur	12.211	90,1	Wyoming	575	76,9
Nevada	10.420	143,9	Dakota del Norte	507	31,3
Tennessee	10.303	140,1			

Fuente: Censo de 2000 (con datos sobre el porcentaje de cambio con respecto al censo de 1990).

cuadro 5 Estados con el porcentaje más alto de puertorriqueños respecto a su población total

Estado	Porcentaje
Connecticut	5,7
Nueva York	5,5
Nueva Jersey	4,4
Massachusetts	3,1
Florida	3

cuadro 6 Estados con el porcentaje más alto de puertorriqueños respecto al grupo de hispanos

Estado	Porcentaje
Connecticut	60,7
Pensilvania	58
Massachusetts	46,5
Nueva York	35,4

Fuente: Falcón (2004).

cuadro 7 Ciudades con mayor cantidad de puertorriqueños en 2003

	Total estimado puertorriqueños	% entre hispanos	% entre total población
Nueva York, NY	923.682	37,7	10
Filadelfia, PA	166.632	62,1	3,3
Chicago, IL	166.305	10,5	1,9
Orlando, FL	161.426	47,4	9,1
Tampa/St.Petersburg, FL	97.805	32,5	3,9
Miami, FL	93.373	6,7	4,1
Newark, NJ	81.741	26,9	4
Hartford, CT	75.296	64,8	6,5
Boston, MA	72.606	33,2	2,2
Bergen/Passaic, NJ	66.305	24,7	4,8

Fuente: Censo de 2003.

Estructura laboral

Ingresos

En cuanto a la situación económica de los puertorriqueños, en general, los índices que se reciben no muestran un panorama halagador. Si bien el promedio del sueldo del puertorriqueño ha ido creciendo paulatinamente (Rivera-Batiz y Santiago, 1994: 55), hoy aún sorprende a los sociólogos que se mantenga la tendencia de bajos salarios y altos índices de pobreza, similares a la de los inmigrantes mexicanos y dominicanos. Situación que es difícil de concebir, dado el carácter de ciudadanos americanos que les confiere la Constitución[28]. Tal vez es la ciudadanía, y con ella los beneficios de ayuda pública que les concede el Gobierno americano, lo que favorece que algunos puertorriqueños se conformen con esos beneficios como sustento único familiar y estén engrosando las filas de los desempleados. Dado que la inmigración puertorriqueña no cesa, como ocurre también con otros grupos hispanos, siempre hay una nueva población de puertorriqueños dispuesta a probar suerte en los Estados Unidos, especialmente cuando muchos de ellos tienen allí familiares o amigos que los acogen con beneplácito.

Así pues, se mantiene constante en el continente una primera generación de hablantes de español con todas las características sociales que les acompañan. Esta situación justifica el perfil socioeconómico y lingüístico de estas comunidades urbanas, particularmente de Nueva York. Como ciudadanos de ese país los puertorriqueños cumplen los requisitos para obtener las ayudas de asistencia pública que el Gobierno ofrece y estos beneficios, según los analistas, podrían ser un aliciente para que los desempleados de Puerto Rico y algunos jóvenes no integrados, desertores de la escuela puertorriqueña, quieran beneficiarse de esas ayudas públicas. Eso explica en parte los índices de desempleo y de deserción escolar y también la cantidad de mujeres solas que son cabeza de familia. A continuación, en el cuadro 8 se ofrecen datos de la distribución de ingresos de los puertorriqueños (Baker, 2002: 68).

cuadro 8 **Distribución de puertorriqueños y sus ingresos**

Con salario	Con seguro social	Con asist. pública	Con retiro
75,5%	14,7%	26,9%	7,2%
30.973 $	5.715 $	4.843 $	6,814 $

Fuente: U.S. Bureau of the Census (1993 d, t. 5).

En el cuadro 8 se ve que el 75,5% de los puertorriqueños trabaja y tiene un salario, y aunque puede obtener también alguna ayuda pública, un porcentaje significativo solo tiene eso.

Los índices de desempleo son altos. En 1990 los puertorriqueños mantenían un 12% de desempleo, dos veces el de la nación[29]; en el año 2000 había bajado a un 8,1% pero aún así era más alto que el nacional[30]. El declive de la industria de la manufactura en Nueva York y en las regiones del norte justifica en parte estos índices. Por otro lado, gran parte de la población puertorriqueña, por falta de escolaridad superior, solo puede realizar un tipo de trabajo administrativo de baja jerarquía en hospitales, bancos, tiendas, oficinas, etc., pero estos empleos, de mucha demanda, no están siempre disponibles. Se unen a ello los cambios laborales producidos por los avances tecnológicos que ocasionaron el reemplazo de la labor humana no diestra por maquinarias electrónicas con obreros especializados. En la ciudad de Nueva York en 1990 el 41,6% vivía del seguro social o de la asistencia pública *(welfare)*. Aunque el nivel de pobreza de otros grupos minoritarios sea también alto, estos no gozan de ayudas públicas. Entre los mexicanos, por ejemplo, hay más personas pobres que trabajan, frente a los puertorriqueños, entre quienes hay, por el contrario, más pobres dependientes del Gobierno.

En 2002, el salario medio del puertorriqueño aumentó; las cantidades que se ofrecen oscilan entre los 32.000 y los 34.000 dólares, lo cual está muy cerca del salario medio de los otros grupos de inmigrantes, mexicanos y dominicanos, con quienes los puertorriqueños comparten muchos de los índices económicos[31].

Niveles de pobreza

En el año 2000 el nivel de pobreza distinguía a los puertorriqueños de los otros grupos minoritarios: era el más alto, a pesar de haber bajado al 23%[32]. Aún hoy hay muchos hogares puertorriqueños cuya cabeza de familia es una mujer sola y muchas de ellas se mantienen en esos niveles (Baker, 2002: 58). Este dato ha sido recurrente a lo largo de los años (cuadros 9, 10 y 11).

cuadro 9 **Porcentaje de familias puertorriqueñas en niveles de pobreza**

1990	29,6%
2000	23%

Fuente: Baker (2002)

cuadro 10 **Porcentaje de familias formadas por madre sola en niveles de pobreza**

1990	57,3%
2000	47,4%

cuadro 11 **Porcentaje de menores de 18 años en niveles de pobreza**

1990	41,7%
2000	37,2%

Las condiciones económicas de los puertorriqueños no son iguales en todas las zonas geográficas de la nación; según los informes del MSA (Metropolitan Statistical Areas)[33], los ingresos familiares son más altos en el sur que en el noreste y el medio oeste (Baker, 2002: 86). Basta observar los ingresos anuales de los graduados o profesionales en las distintas regiones (cuadro 12).

cuadro 12 **Salarios de los graduados o profesionales según regiones**

	Norte	Medio oeste	Sur	Oeste
Graduado / Prof.	35.877 $	28.177 $	40.239 $	46.464 $

Debido a la distribución geográfica actual de los puertorriqueños y a la relevancia cuantitativa que ha alcanzado la población puertorriqueña en la Florida central, la comparación de las concentraciones poblacionales de Nueva York y de la Florida es importante para entender la situación actual de los boricuas. Tanto los nacidos en los Estados Unidos como en la isla, tanto los que viven en Nueva York como en la Florida, están lejos de haber cumplido el sueño americano, pero las condiciones de los que viven en este último estado son las mejores. Como se ve en el cuadro 13 los datos de estos (las dos primeras columnas) presentan índices más favorables que el resto; a su vez, los que proceden de otros estados de la nación americana también tienen índices más favorables que los nacidos en Puerto Rico.

cuadro 13 **Ingresos familiares anuales en la Florida y en Nueva York**

	Florida: Nacidos en Puerto Rico	Florida: Nacidos en los EE. UU.	Nueva York
Menos de 10.000 $	5,8%	5,2%	16,9%
19.000-14.999 $	5,8%	5,2%	9,1%
15.000-24.999 $	17,1%	15,4%	18,7%
25.000-49.000 $	39,8%	38,3%	27%
50.000 $ y más	31,8%	36,3%	33,6%
Ingresos fam. medios	32.840 $	35.000 $	22.201 $

Fuente: Baker (2002).

En 1999 el 33,3% de las familias puertorriqueñas ganaba en la Florida más de 50.000 $ al año y, aunque en Nueva York la cifra era bastante similar, los porcentajes de los que tenían ingresos bajos o muy bajos eran superiores en esta última ciudad. El número de familias con ingresos de 10.000 $ o menores en Nueva York casi triplican a las de la Florida, y también hay más familias en Nueva York con ingresos de entre 15.000 y 25.000 $ (cuadro 13). En particular, los ingresos más altos están mejor representados en la Florida.

Ocupaciones

El *boom* económico de la Florida ha atraído a muchas compañías de la isla; además de los primeros potentados puertorriqueños que llegaron a este estado a instalar sus negocios —el Banco Popular, R & G Crown, Empresas Fonalledas, Cooperativa de Seguros Múltiples, Puerto Rican American Insurance Company (PRAICO), *El Nuevo Día*, Goya Foods, Plaza Gigante, Ana G. Méndez Educational Foundation, Inter-American University y Polytechnic University— lo han hecho también muchos otros.

Esto favoreció que la Cámara de Comercio de Puerto Rico estableciera lazos estrechos con la Cámara Regional de Comercio de Orlando y con la Cámara Hispánica de Comercio de la Florida Central[34]. La actividad de los puertorriqueños en este estado es hoy significativa. En el año 2000 más de la mitad de ellos (52,8%) estaba empleada en trabajos administrativos de apoyo en las grandes compañías: ventas, profesionales, técnicos y jefes administrativos, agentes inmobiliarios y de seguros, etc.; y el 5,4% con 15 años o más en la región estaba autoempleada. Las cifras son menos favorables para los que residían en Nueva York[35]. Desde luego, los nacidos en los Estados Unidos disfrutaban de espacios gerenciales en mayor proporción que los de la isla.

Los informes de 1997 indicaban que los puertorriqueños de la zona metropolitana de Orlando poseían 2.429 negocios, primordialmente en industrias de servicios, seguidas por la del transporte, la comunicación, la construcción y el comercio al detalle; entonces ya generaban ventas de 117,5 millones (Baker, 2002). Otro dato favorable es que en 2003 el 20,7% de los puertorriqueños desempeñaba empleos profesionales gerenciales, porcentaje más alto que el de los mexicanos (13,2%), aunque aún menor que el de los cubanos (28,5%).

Los sociólogos se quejan de que, a pesar de estos logros, los puertorriqueños en la Florida no hayan obtenido ventajas socioeconómicas similares a las de otros grupos, de que tengan ingresos más bajos, niveles educativos también más bajos y una menor cantidad de profesionales y gestores. La esperanza radica en que eso puede cambiar, dado que representan un grupo demócrata importante en la Florida, porque, frente a los cubanos que son republicanos, más del 60% de los puertorriqueños son demócratas. Esto establece un grupo de poder importante para las futuras elecciones, especialmente si ganan los demócratas. Para algunos, los puertorriqueños son el gigante dormido de la política de la Florida.

La educación

Índices educativos

Cuando se citan los índices educativos de los puertorriqueños en los Estados Unidos, o de los hispanos en general, sale a relucir una lista de circunstancias lamentables: alta deserción escolar, escaso conocimiento del inglés, altos niveles de pobreza, etc.[36]. La deserción escolar es alta entre los puertorriqueños: en 1996 aún un 20% de estos jóvenes con menos de 18 años dejaba la escuela (Institute for Puerto Rican Policy, 1996)[37], y si a este número se unen las cifras de los que llegaron de Puerto Rico y nunca se han matriculado en una escuela del país anfitrión —que cuentan como desertores en muchos casos— las cantidades llegan a ser alarmantes.

El hecho de que no se distingan estos casos de los de puertorriqueños nacidos en los Estados Unidos que dejan la escuela, una vez matriculados en ella, ocasiona que muchas veces las cifras no sean totalmente reales, pues de este modo puede llegar a ser del 50%. Así lo indican algunos trabajos, aunque entre los nacidos en los Estados Unidos el porcentaje es realmente de un 14%. Estas circunstancias influyen, además, en los índices de conocimiento del inglés, porque en ellos se incluyen también los números de los que nunca fueron a la escuela en los Estados Unidos[38].

Los hispanos matriculados en la escuela pública presentan, en general, porcentajes más bajos que los afroamericanos y los estadounidenses nativos, contabilizados en la categoría de *whites*[39], tanto en la cantidad de los que han terminado la escuela secundaria, como en la de los que han completado cuatro años de estudios universitarios *(college)*. Los datos recientes de informes del censo del año 2004 (vid. cuadro 14) sobre los distintos grupos de hispanos, que actualizan estos índices, son siempre inferiores a los que presentan los estadounidenses en general *(whites)*.

cuadro 14	Grupos de hispanos con nivel de estudios de escuela secundaria o más	
Puertorriqueños	Cubanos	Mexicanos
71,4 %	74,2 %	52,4 %

Fuente: Censo 2004 (ACS, S0201).

Para muchos hispanos es difícil el paso de la escuela secundaria a la universidad. En el estado de Nueva York es muy significativa la diferencia entre los estudiantes matriculados en grados primarios y los del primer año universitario. En esos primeros años las cifras son muy altas, pero estas empiezan a disminuir tan pronto empiezan la escuela secundaria; en el primer año de la universidad han quedado ya muy reducidas. Los hispanos con mejores índices educativos son los cubanos, el 25,3% ha recibido el grado de bachillerato o más. Los puertorriqueños, aunque tienen índices superiores a los de los mexicanos, alcanzan solo el 16,2% (Censo 2004, ACS, S0201)[40].

Dentro de la disparidad que presentan los números de los distintos modelos estadísticos, los niveles educativos alcanzados en las últimas cuatro décadas muestran que la educación de los puertorriqueños ha ido mejorando. Desde luego, aún necesitan enviar más jóvenes a la universidad para llegar a niveles competitivos comparables:

cuadro 15 Nivel educativo de los puertorriqueños (1970-2005)

	En Escuela Superior o más	En *college* o más
1970	23,4 %	2,2 %
1980	40,1 %	5,6 %
1990	55,5 %	9,7 %
2000	64,3 %	13 %
2005	72,3 %	13,8 %

Fuente: Statistical Abstrac (2007).

Hay que tener en cuenta que los perfiles estadísticos de los últimos años recogen los datos educativos de los profesionales y empresarios que han ido llegando a la Florida en épocas más recientes, lo cual parece mejorar los índices tradicionales de núcleos urbanos como Nueva York y Chicago. En estos núcleos hay también más cantidad de personas aisladas lingüísticamente[41].

Educación según zonas de residencia

La zona de llegada y posterior residencia de los 'latinos' en los Estados Unidos es importante a la hora de establecer los perfiles educativos y económicos de los inmigrantes. En el norte y el medio oeste los puertorriqueños tienen los porcentajes más altos de deserción escolar y los niveles de ingreso y educación más bajos. Ya en 1990 los informes censales presentaban que la situación educativa en el sur de los Estados Unidos era mejor que la de las otras zonas, aunque aún inferior a los datos obtenidos posteriormente:

cuadro 16 **Distribución regional de los índices educativos**

	Noreste	Medio oeste	Sur
Deserción escolar	53,5%	55,6%	34,3%
Diploma H.S.	40%	38,2%	52,1%
Bachillerato	3,8%	3,9%	10,4%
Graduado/prof.	2,7%	2,3%	3,2%

Fuente: Baker (2002: 84).

En el sur de los Estados Unidos parecen concentrarse los puertorriqueños que tienen mayor conocimiento de inglés y menor aislamiento lingüístico familiar. Parece que allí han llegado grupos más preparados o con más motivación para el estudio. Aunque los datos no siempre son uniformes, una mayor cantidad de jóvenes termina la escuela secundaria y continúa estudios superiores. Desde luego, los niveles educativos de los puertorriqueños que viven en Orlando son más altos que los de aquellos que viven en otros estados. En el año 2000, el 73,6% de los puertorriqueños de la ciudad de Orlando había completado la Escuela Secundaria o más y la proporción de graduados en la universidad, de un 14,7%, era más alta que en otras partes del país.

No sucede lo mismo en el norte o en el medio oeste, donde se encuentran los grandes núcleos puertorriqueños como Nueva York y Chicago. Jesús y Vásquez (2005), del Centro de Estudios Puertorriqueños, señalan que de los 599.373 puertorriqueños del estado de Nueva York, solo el 25,7% se graduaron en la escuela secundaria en 2000. La nueva ley de 'Ningún niño rezagado' (No Child Left Behind) obligó a establecer niveles y pruebas estandarizadas especiales de aprendizaje[42]. Según algunos educadores y sociólogos (Zentella, 1997a y O. García, 2003), los Regents, nombre que reciben estas pruebas, han ocasionado más abandono escolar y han abierto más la brecha entre los grupos étnicos: los hispanos y los afroamericanos obtienen aproximadamente de 15 a 20 puntos por debajo de los nativos y los asiáticos.

Diferencias generacionales

En los trabajos sobre lenguas en contacto se suelen clasificar los informantes en grupos generacionales basados más en las circunstancias de su llegada a los Estados Unidos que en la edad. La llamada primera generación incluye a los que han emigrado a ese país cuando estaban en la pubertad, entre los 10 y los 12 años. La segunda recoge a los que llegaron antes de la pubertad o nacieron allí, y la tercera, a los nacidos en Norteamérica hijos de padre o madre, o de ambos, nacidos allí. En la situación familiar típica, el hijo o la hija mayor adquiere en la casa el español solamente y mantiene un buen nivel de competencia comunicativa en esa lengua durante toda su vida, con mayores o menores limitaciones dependiendo de determinados factores extralingüísticos.

Los hijos menores adquieren tanto el español como el inglés. Estos, normalmente de la segunda generación, tienen mayor tendencia a desarrollar y mantener una variedad de español en contacto caracterizado por tener diferencias más acusadas con respecto a la norma lingüística de la primera generación. Con raras excepciones, los hispanos de la segunda generación no enseñan el español a sus descendientes; en sus hogares la lengua de uso diario es el inglés. En los datos obtenidos hasta ahora de las investigaciones transgeneracionales se comprueba el retroceso del español: las segundas y terceras generaciones son ya monolingües en inglés. Aunque este modelo generacional es el más generalizado y parece afectar a todos, la variedad individual puede ser significativa.

En los últimos años la llegada de puertorriqueños a los Estados Unidos parece haberse estabilizado: en 2003 el 34% de los puertorriqueños había nacido en la isla, porcentaje inferior al de años anteriores[43]. Estos datos son importantes porque el perfil socioeconómico de los nacidos en ese país es siempre más halagüeño que el de los venidos directamente de Puerto Rico. Los nacidos en el país anfitrión tienden a estar más educados que los recién llegados de la isla.

cuadro 17	Distribución regional de los puertorriqueños según país de nacimiento			
	Noreste	Medio oeste	Sur	Oeste
Nacido en los EE. UU.	53%	55%	43%	70%
Nacidos en Puerto Rico	41%	41%	52%	26%

Fuente: Baker (2002: 81).

Sorprende que los índices educativos del sur sean altos (vid. cuadro 16), a pesar de que un porcentaje representativo (52%) de puertorriqueños nacieron en la isla (vid. cuadro 4). Uno de los factores que influye es el nuevo tipo de inmigrante que está llegando a la Florida, ya que entre ellos hay muchos con grados universitarios. No hay que olvidar que los puertorriqueños que han pasado por la universidad o se han graduado en la escuela secundaria en Puerto Rico tienen, por lo menos, un conocimiento del inglés básico. El proceso del paso al inglés o al bilingüismo completo en la primera generación puede darse ya en los casos de individuos propiamente escolarizados.

Los puertorriqueños en el sistema educativo estadounidense

Los estudiantes de los Estados Unidos pueden asistir a la escuela pública, a la privada o recibir la educación en el hogar. La escuela pública recogía, en 2004, un total de 48.359.608 estudiantes de primaria y secundaria. Aproximadamente el 10% del estudiantado de la nación está matriculado en la escuela privada y un 1,7% la recibe en el hogar.

En el estado de Nueva York hay 4.943 escuelas públicas, a las que asiste un 19,8% de estudiantes hispanos, y en la Florida, con 3.552 escuelas públicas, los hispanos son aproximadamente el 23%. En 2003 la escuela privada del estado de Nueva York acogía a 5.122.772 estudiantes (en más de 2.000 escuelas)[44].

A pesar de que los Estados Unidos son hoy la segunda nación hispanohablante por el número de hablantes, el español es lengua minoritaria y no goza, como es lógico, del prestigio y de la ayuda gubernamental que acompaña a la lengua oficial de un país. Entre las muchas implicaciones que esto tiene para el español de ese país está la falta de una infraestructura nacional que apoye la enseñanza del español y en español, especialmente para los niños recién llegados, hijos de inmigrantes, que no conocen el inglés. El rápido crecimiento en la proporción de hispanos y la gran variación lingüística que representan hacen muy problemática la enseñanza del español en las escuelas públicas. Se estipula que los niños, nacidos en el extranjero o nacidos en el país, de padres extranjeros y matriculados en las escuelas públicas han crecido de un 6% a un 20% entre 1970 y 2000.

Esta población, especialmente la nacida en el extranjero, se clasifica como 'estudiantes con un limitado dominio del inglés' (Limited English Proficient, LEP)[45]. Los LEP han ido aumentando en los últimos años. En el curso 2000-2001 había 4,6 millones, es decir, alrededor del 10% de todo el estudiantado. De ellos el 79% tenía como lengua materna el español. En el curso 2002-2003 sumaban cinco millones[46]. Muchos de ellos ingresan en los programas bilingües de la escuela pública. El 40% de los estudiantes de Brentwood había recibido por lo menos un año de educación bilingüe o clases en inglés como segunda lengua (English Second Language, ESL) (Torres, 1997: 29).

Lamentablemente estos programas y la escuela, en general, no están exentos de problemas. Para muchos de estos niños inmigrantes, que viven en zonas segregadas, la educación bilingüe se desarrolla en escuelas igualmente segregadas por raza o etnia y lingüísticamente aisladas. En las barriadas o vecindarios donde viven muchos de los hispanos recién llegados, se encuentran también las escuelas con mayor proporción de estos estudiantes. Hay, pues, una correspondencia directa entre hispanos y LEP[47]. Las escuelas a las que asisten los afroamericanos y los nativos *(whites)* no tienen tan alta concentración de estudiantes con limitaciones en su conocimiento del inglés.

El español es, desde luego, la lengua extranjera más representada en estos programas bilingües. Después de Nuevo México, que es el estado con mayor porcentaje de hablantes de español (78,8%), así como de estudiantes en la categoría LEP (19,9%), los estados que cuentan con mayor concentración de rezagados en inglés son la Florida, Nueva York e Illinois (cuadro 18). En ellos hay grandes concentraciones de puertorriqueños.

cuadro 18   **LEP e inmigrantes estudiantes por estado (2000-2001)**

	Con español como lengua materna	%	LEP	%	Inmigrante	%
Connecticut	562.179	67,6	20.629	3,7%	13.185	2,3%
Florida	2.379.701	75,8	254.517	10,7%	173.412	7,3%
Illinois	2.048.792	77,6	140.526	6,9%	60.554	3%
Massachusetts	975.150	69,4	44.747	4,6%	21.796	2,2%
Nueva Jersey	1.240.602	67,3	52.890	4,3%	53.783	4,3%
Nueva York	2.882.188	62,2	239.097	8,3%	118.563	4,1%
Pensilvania	1.814.311	52,9	31.353	1,7%	13.085	0,7%

Como causas para que los LEP tengan pocos logros académicos se dan: los altos porcentajes de movilidad, la incorporación tardía al sistema educativo y la poca o ninguna enseñanza formal en el país de origen. Según Prewit Díaz (1983) las dificultades de ajuste a la escuela de los niños puertorriqueños podían atribuirse a su trasfondo familiar y a su experiencia escolar en Puerto Rico. Prewit explica que las familias puertorriqueñas son muy numerosas y los niños están muy protegidos, lo que les hace desarrollar rasgos de sumisión, interdependencia y pasividad hacia los mayores. Al no estar expuestos en la isla a un ambiente de competitividad, tienden a ser perezosos e inmotivados.

Además, las escuelas públicas en Puerto Rico mantienen patrones bajos de disciplina y son poco estrictas en las destrezas académicas de los estudiantes. Por otro lado, la situación escolar a la que se enfrentan en los Estados Unidos tampoco les facilita la enseñanza, pues aun sin saber inglés han tenido que estudiar en escuelas con programas bilingües de transición al inglés o monolingües en inglés no siempre provistos de los mejores maestros ni de las mejores condiciones físicas. No es por ninguna otra razón que la educación bilingüe transicional fue abolida en California en 1998 y después en Arizona (2000) y en Massachusetts (2002). Algunos otros estados quieren abolirla también, pero hasta ahora se han enfrentado a organizaciones cívicas que lo han impedido.

Con todo, hay cierto interés en mejorar la situación. Ha habido cambios en los programas educativos de los grupos minoritarios de los últimos años, especialmente en los programas bilingües. La educación bilingüe ha sido muy controvertida desde el principio, cuando el presidente Lyndon B. Johnson firmó la Ley de Educación Bilingüe en 1968 (Bilingual Education Act). Bajo ese nombre se encuentra una gran variedad de programas y prácticas. En algunas escuelas, la educación bilingüe significa nada más que enseñar en inglés con el vocabulario un tanto simplificado para que pueda entenderse. Se llaman programas de 'inmersión estructurada'. Otras ofrecen programas de 'inglés protegido' (Sheltered English) en los que cada clase se enseña como si fuera una clase de lengua; el programa más típico es el de inglés como segundo idioma (English as Second Language, ESL), que se propone enseñar inglés y que consiste en dedicar un período de tiempo cada día a enseñar inglés introductorio; el resto del horario es un programa de inmersión. En otras escuelas se les da a los niños instrucción estructurada de inglés a la vez que asisten a otras clases en su lengua nativa. Todos deben pasar lo antes posible al inglés regular.

Todos estos programas bilingües tradicionales, transicionales y de inmersión, empezaron a sustituirse lentamente por los programas de inmersión dual (Dual Language Program), en los cuales tanto los estudiantes que hablan inglés, como los que no lo saben, reciben instrucción conjunta en más de una lengua[48]. Los programas de inmersión dual parecen ser los más efectivos porque los niños de la lengua minoritaria están en contacto con los nativos de inglés, que les proveen buenos modelos y, además, se evita la segregación cultural. El programa bilingüe de inmersión dual (Two-Way Bilingual Immersion Program, TWI) clásico requiere que los estudiantes estén equilibrados en cuanto a su lengua materna, que la mitad de ellos tengan el inglés como lengua propia y la otra mitad, una lengua extranjera. De los aproximadamente 338 programas de este tipo, 316 son de inglés-español.

El objetivo es que los que no hablan una de las lenguas la adquieran y también su cultura, aunque este objetivo complementario de desarrollar una segunda lengua en los anglohablantes es ya más difícil de lograr. Estos programas de inmersión dual son la esperanza de muchos educadores en que haya un resurgimiento del español. Nueva York tiene alrededor de veinticinco programas de este tipo y la Florida, ocho (Center for Applied Linguistics, 2006). Nueva York utiliza mayormente el modelo equilibrado en el que el tiempo de enseñanza es el mismo en los dos idiomas. El programa funciona en su mayoría en la escuela pública, pero no en todos los grados, generalmente solo en los primarios. En muy pocos casos está establecido en escuelas privadas[49].

El tema más debatido es si los niños en los programas bilingües alcanzan el nivel académico requerido. Las investigaciones sobre la eficacia de estos programas arroja datos contradictorios[50]. No es sorprendente, dada la diversidad de programas bilingües: unos ofrecen excelentes resultados y otros están plagados de problemas. El más inmediato es la falta de fondos; continuamente se señala que determinado proyecto o plan de expansión tiene que ser cancelado por insuficiencias de presupuesto[51].

Como contraposición a las críticas sobre estos acercamientos se señalan las escuelas que funcionan bien. Un ejemplo de modelo en la ciudad de Nueva York es el de Liberty High School, que tiene un programa de un año para noveno grado del modelo bilingüe transicional (Native Language Literacy o ESL) para inmigrantes recién llegados. El programa atiende a 500 estudiantes de 14 a 20 años de cuarenta países, que hablan 22 lenguas. Los contenidos de instrucción (matemáticas, ciencias, estudios sociales) se proveen en inglés o en la lengua materna. Los estudiantes de 17 años o más pueden ingresar a la Business Academy y obtener destrezas y conocimientos de negocios y asuntos internacionales[52]. Hay otras escuelas que han sobresalido por la calidad de su enseñanza, como, por ejemplo, la Thomas A. Edison High de Chicago y la Escuela Amigos de Massachusetts. Esta última cuenta con un sistema de inmersión dual que atiende a estudiantes hablantes de español o de inglés, desde Kinder hasta octavo grado. Los estudiantes reciben el 50% de la instrucción en español y el otro 50% en inglés.

Entre los factores que afectan negativamente la labor escolar se encuentran: la imposibilidad de mantener un clima social de cooperación y entendimiento entre los estudiantes, la falta de liderazgo y autoridad del maestro, la insuficiencia de equipo técnico y bibliográfico, y el ambiente de poca limpieza y organización de la escuela. Las escuelas que no tienen estos problemas suelen estar situadas en zonas de clase media o superior, aunque existen algunas realmente efectivas en barriadas de trabajadores o de personas de escasos ingresos. Desgraciadamente las escuelas a las que acuden muchos de los hijos de los inmigrantes puertorriqueños presentan en general estas deficiencias, que se reflejan en sus resultados; por ejemplo, en 2006, 27 escuelas del estado de Nueva York fueron calificadas de 'persistentemente peligrosas' (*persistently dangerous*) por el Comisionado de Educación bajo la ley No Child Left Behind. Muchas de ellas están localizadas en zonas con problemas de droga, prostitución y pandillaje, con peleas estudiantiles dentro y fuera de la escuela. Todo ello crea un ambiente de temor e inseguridad poco propicio para el aprendizaje. Los maestros no siempre están bien preparados, incluso algunos no tienen la especialización requerida[53]. Estas circunstancias no propician que estos estudiantes puedan llegar a la universidad.

En 1997 California pasó la Proposición 227, que desmantelaba la educación bilingüe del estado. El descontento en cuanto a la educación bilingüe era una muestra del malestar general sobre la escuela, que no parecía ser capaz de educar a los muchachos para las exigencias de la vida actual. Una de las consecuencias de los esfuerzos para mejorar la calidad de la enseñanza ha sido aumentar los requisitos de graduación de la escuela secundaria e introducir pruebas obligatorias estandarizadas periódicas que miden el conocimiento del estudiante partiendo en altos estándares, cuyos resultados se comparan entre estados. Estas medidas han traído consecuencias negativas para los inmigrantes que aún no tienen suficiente dominio del inglés; muchos puertorriqueños tienen que dejar la escuela porque no pasan esos exámenes o por miedo.

El español es importante en los Estados Unidos no solo porque es la lengua de una gran minoría, sino porque es la lengua extranjera más solicitada como segunda lengua, tanto en la escuela como en la universidad. Algunas escuelas tienen Lengua Extranjera como asignatura obligatoria y, en ella, la elección mayoritaria por parte del estudiantado es el español. Tal vez motivados prácticamente por el creciente aumento de los hablantes de español, más y más estudiantes lo seleccionan para completar sus carreras.

Los cursos escolares de español como lengua extranjera han aumentado a gran velocidad y hoy día registran tres veces más estudiantes que los de francés y muchos más que los de alemán, idiomas que, junto al español, son los más solicitados en estos cursos. Con todo, es raro el estudiante anglohablante que se gradúa en la escuela secundaria hablando español, ya que el requisito escolar es de dos o tres años únicamente. En el estado de Nueva York, la reciente reforma educativa ha bajado a un año el requisito de lengua extranjera para ceder ese tiempo a la preparación en inglés. Los programas de enseñanza de español en las escuelas públicas (Foreign Language Elementary School, FLES) han ido desapareciendo, dejando en su lugar a los programas de inmersión dual (O. García, 2003: 12).

Dentro de esta corriente está la enseñanza universitaria de español para hispanohablantes. Dado el hecho de que muchos estudiantes puertorriqueños han perdido o nunca alcanzaron suficiente fluidez en español como para tomar clases de literatura y que los cursos básicos de español como lengua extranjera no les aportan el conocimiento del español formal, se crearon en los años sesenta cursos universitarios especializados de español para hispanohablantes. Diversas consideraciones posteriores y las exigencias de altos estándares en inglés los han ido debilitando, a pesar de la ventaja que suponían estos cursos para el enriquecimiento del español en los Estados Unidos. Como dato relacionado, baste señalar el declive que ha habido en la facultad puertorriqueña de la City University of New York de 1981 a 2002, y todo ello a pesar de que el número de graduaciones doctorales de puertorriqueños ha crecido considerablemente en esos mismos años[54].

La cultura

Representación cívica y cultural

El Departamento del Trabajo de Puerto Rico estableció en 1930 una oficina de servicio a los emigrantes en Nueva York y, posteriormente, la División de Migración de Puerto Rico. A estas oficinas les siguió el Departamento de Asuntos de la Comunidad Puertorriqueña (Department of Puerto Rican Community Affairs) en 1989, que esperaba reforzar los mecanismos de ayuda y desarrollo económico y cultural, particularmente, los derechos de los votantes[55]. Más tarde se sustituyó por la Administración de Asuntos Federales de Puerto Rico en Washington (Puerto Rico Federal Administration, PRFA), que continúa operando.

Otra entidad importante es el Instituto de Política Puertorriqueña (Institute for Puerto Rican Policy, IPR) en Nueva York, entidad sin fines de lucro interesada en los asuntos de los puertorriqueños. Posteriormente amplió sus miras, como consecuencia de uniones con otras entidades hispanas, y en 2005 pasó a ser el Instituto Nacional de Política Latina (National Institute for Latino Policy). El Instituto, por su labor creativa, de estudio y divulgación, ha recibido muy buenas críticas.

Atención especial merece Aspira (del verbo *aspirar*), institución sin fines de lucro fundada en la ciudad de Nueva York en 1961 por Antonia Pantoja, educadora y trabajadora social puertorriqueña ya fallecida. Aspira ofrece servicios educativos y sociales a sus compatriotas. Con varias sucursales en todo el país, la función primaria se realiza a través de los clubs culturales de las escuelas secundarias. Defiende la educación de los puertorriqueños y su derecho a recibir una enseñanza digna en su lengua materna. En 1972 demandó a la Junta de Educación de la ciudad de Nueva York por discriminación en la enseñanza, lo que obligó al Gobierno a implantar un programa de transición español-inglés para los estudiantes con poco conocimiento de inglés (LEP) (Rodríguez, 1991: 140). Recientemente Aspira ha recibido fondos para establecer una escuela secundaria en el Lower East Side de Manhattan con especial interés en la cultura hispana. Se impondrá un modelo de instrucción de inmersión dual.

El Centro de Estudios Puertorriqueños de Nueva York (Hunter College of the City University of New York) es una entidad académica creada en 1972 por un grupo de profesores, estudiantes y miembros de la comunidad que respondía en su momento a la necesidad de dar a conocer los logros académicos de una comunidad olvidada. Su función es académica y está interesado en la investigación y la educación.

Avalado por el Instituto de Cultura Puertorriqueña se encuentra el Centro Cultural y de Danza Folclórica Puertorriqueña (Puerto Rican Folkloric Dance & Cultural Center), que desde 1997 organiza programas artísticos.

La estancia de tantos puertorriqueños en Nueva York favoreció también la agrupación de estos en sociedades menores según el lugar de origen y ocasionó la creación de instituciones culturales y artísticas, como The Nuyorican Poets' Café, en el bajo Manhattan; The Puerto Rico Traveling Theater, también en el corazón de Manhattan, y el Museo del Barrio, en East 104th Street[56].

En Miami se crearon pronto uniones de trabajadores y en 1978 se estableció una oficina de la División de Migración. También cuenta con asociaciones profesionales como la Puerto Rican Professional Association of South Florida, Miami; el Puerto Rico Cultural Center of South Florida, Miami, y la Puerto Rican Student Union, Orlando.

En San Antonio, Texas, se encuentra la Asociación de Escritores Puertorriqueños en el Extranjero, y en Washington, Raíces de Borinquen Folkloric Dance Group.

Actividades culturales

La actividad folclórica más importante, sin lugar a dudas, es el desfile del Día de Puerto Rico, que se celebra en distintas ciudades de los Estados Unidos en días diferentes. El de Nueva York, Desfile del Día de Puerto Rico, se celebra el segundo domingo de junio. Ese día desfilan a lo largo de la Quinta Avenida carrozas llenas de gente cantando y bailando al son de su música nativa y acompañadas por bandas musicales de colegios.

Desfile del Día de Puerto Rico por la Quinta Avenida de Nueva York.

La Parada Cultural de Puerto Rico y el Festival Folclórico de la Florida se celebran en Tampa desde 1988 el último sábado del mes de abril. También las hay en Orlando y en Miami.

Otras actividades folclóricas son: el festival del Santo Patrón en Pinellas Park, Florida; el festival Betances en Boston; el Día de San Juan, en California; la Navidad Jíbara en Orlando; las Fiestas de Loíza en Connecticut, etc.

Notas

[1] Puerto Rico es un Estado Libre Asociado a los Estados Unidos (Commonwealth) desde 1952 y sus nacionales tienen la ciudadanía norteamericana desde 1917.

[2] En otros informes estadísticos se han dado índices menores, el censo en el Current Population Survey de marzo de 2000 indica que el 8,6% de los hispanos son puertorriqueños. Respecto a la población general de los Estados Unidos, los puertorriqueños representan el 1,4% de la población (U.S. Census Bureau 2004, ACS, t. B03001 y B03002).

[3] Según el Population Report de marzo de 2002 el 66,9% de los inmigrantes procedía de México, el 14,3% de Centroamérica y Suramérica, el 8,6% de Puerto Rico, el 3,7% de Cuba y el 6,5% de otros países.

[4] Es decir, son las personas nacidas en Puerto Rico o descendientes de padres nacidos en Puerto Rico. En Puerto Rico se las nombra preferentemente como 'neoyorricans', 'newyorricans' o 'neorriqueños'; en los Estados Unidos, además de esos nombres, reciben los de 'Stateside Puerto Ricans', 'U.S.-based Puerto Ricans' o 'mainland Puerto Ricans'. Zentella (2003: 38) recoge los siguientes nombres: 'puertorriqueño', 'antillano', 'caribeño', 'grinjorn', 'jíbaro', 'hispano', 'latino', 'boricua', 'pororican', 'neorriqueño', 'nuyoriqueño', 'Spanish', 'Hispanic', 'Spiks', 'Puerto Ricans', 'Nuyorican'.

[5] Hay que tener en cuenta que, según las estadísticas, de los 3.808.610 individuos que vivían en Puerto Rico, el 4,6% eran de otra nacionalidad, por lo tanto los residentes puertorriqueños en la isla son, en realidad, 3.692.362 (Census Bureau, 2001: 4).

[6] Por otro lado, el crecimiento poblacional de la isla es inferior al de la población puertorriqueña de los Estados Unidos: de 1990 a 2000 fue de 8,4% en Puerto Rico y de 24,9% en el continente (Falcón, 2004).

[7] Como comparación sirva el caso del grupo mexicano en los Estados Unidos, que representa aproximadamente el 25% de la población general de México: 103,3 millones en México y 26,7 millones en los Estados Unidos.

[8] En realidad, la emigración de los trabajadores agrícolas a los Estados Unidos había comenzado en 1901, con cerca de mil de ellos trasladados a las plantaciones de caña de Hawái. Pero la gran movilización de agricultores se inicia en 1943, cuando el gobernador de Puerto Rico Rexford G. Tugwell interviene directamente. Este notificaba en 1943 a la United States Manpower Comission que había 250.000 personas en Puerto Rico sin empleo y que había que tenerlos en cuenta en la redistribución de la fuerza laboral del país. Posteriormente el Departamento de Trabajo de Puerto Rico interviene directamente en los contratos de esos trabajadores y se crea el Negociado de Empleo y Migración en el Departamento de Trabajo. Desde entonces comienzan a aprobarse diferentes leyes para normalizar las relaciones laborales y se crean oficinas subsidiarias en Nueva York y otros estados para orientar a los emigrantes y facilitar su

estadía y su trabajo. Desde 1973 opera una División de Migrantes para dar orientación legal y procurar representación a los trabajadores agrícolas. Desde luego, el número de inmigrantes dependería cada año de la situación económica de la isla y de la de los Estados Unidos, por ello es que este vaivén no siempre se ha podido medir con datos concretos fiables (Fitzpatrick, 1971).

[9] Las fases que nosotros describimos aquí responden a la tercera fase de interpretaciones más generales que estudian la inmigración hispana a la ciudad de Nueva York (Haslip-Viera, 1996). El autor habla de una primera fase, de 1820 a 1900, variada en cuanto a nacionalidad, moderada en número y diversificada en profesión e ingresos. La segunda fase (1900-1945) es de orientación antillana, motivada por los cambios políticos y socioeconómicos que sufrieron Cuba y Puerto Rico y la ocupación militar de la República Dominicana (1916-1924). La tercera fase muestra un incremento de la inmigración puertorriqueña, la clase trabajadora se incorpora a las empresas de manufactura y a los sectores de servicios. Otras naciones se acercan a Nueva York y el sector hispano de la ciudad extendió sus límites. El cuarto período, de 1965 al presente, se caracteriza por el incremento de inmigrantes procedentes de Cuba, la República Dominicana, el Ecuador, el Perú y otras naciones de Centroamérica y Suramérica.

[10] El crecimiento y desarrollo de la comunidad puertorriqueña de Nueva York se recoge en Sánchez Korrol, 1994.

[11] Fue Teodoro Moscoso el arquitecto de los cambios. Como director de Fomento Industrial inició el proceso de industrialización y estimuló la inversión extranjera por medio de exenciones contributivas locales y federales.

[12] Durante este período se mejoró la infraestructura del país: electricidad, agua, carreteras y sistema de transporte; igualmente la educación y los servicios sociales y de salud.

[13] Esto se produjo por el cierre de muchas fábricas estadounidenses, especialmente de la industria textil, que habían dado cabida a muchos puertorriqueños.

[14] Las estadísticas del Departamento del Trabajo y Recursos Humanos ofrecen cifras similares: 58.363 personas entre migrantes en general y trabajadores agrícolas dejaron el país en el año 2000. Además del censo de los Estados Unidos, ofrecen datos sobre este movimiento circular, directa o indirectamente, el Departamento de Educación, el Departamento de Trabajo y Recursos Humanos, que cuantifica a los trabajadores emigrantes oficiales y el Departamento de Salud, que debe proveer programas especiales para ellos. La información no siempre coincide, los conteos se hacen desde ángulos diferentes y acotan parcelas desiguales. Según los cálculos de la década de los noventa del Departamento de Salud, emigran a los Estados Unidos aproximadamente 58.363 anualmente, datos que vienen a coincidir con los de la Junta de Planificación.

[15] La información se obtiene de encuestas oficiales del Gobierno de Puerto Rico hechas en el aeropuerto con estimados al universo (Junta de Planificación, 2003).

[16] En el año 2003, según el College Board, de un total de 14.569 estudiantes de la nación que tomaron el SAT, prueba exigida para ingresar en las universidades norteamericanas (Integrated Postsecundary Education Data System, Consejo de Educación Superior), 1.579 estudiantes eran puertorriqueños.

[17] Sirvan de ejemplo las actividades universitarias realizadas recientemente. En la Universidad del Sagrado Corazón tuvo lugar en mayo de 2001 la 'Puerto Rico Career Services Conference and Career Fair', dirigida a los coordinadores y orientadores universitarios de todo Puerto Rico. En esa reunión de dos días, las agencias estadounidenses Health Care Finance Administration, Department of Agriculture, Department of Labor, Department of Health and Human Services, Internal Revenue Service y Department of Commerce ofrecieron una amplia gama de información sobre las oportunidades de empleo que ofrecían a los estudiantes puertorriqueños.

[18] Se señala que al menos 19.000 puertorriqueños fueron alistados en la Primera Guerra Mundial, 65.000 durante la Segunda, 61.000 durante la guerra de Corea y 38.000 en la de Vietnam (Baker, 2002).

[19] De los que ingresan al Ejército, según el registro oficial, un 38% tiene suficientes conocimientos de inglés para pasar satisfactoriamente el examen que exige el Ejército, el resto tiene que tomar clases de inglés. En las bases militares de Puerto Rico se ofrecen también esas clases. En la actualidad se estima que, a consecuencia de la guerra de Irak, la cantidad de enrolados ha bajado.

[20] Los datos censales de 2000 señalan que '69,7 de 1.000 mujeres puertorriqueñas en los Estados Unidos entre las edades de 15 y 50 años ha dado a luz en los doce meses precedentes a la encuesta'. Datos solo superados por las mexicanas y las guatemaltecas.

[21] El censo de 2000 establecía que 1.047.866 puertorriqueños eran propietarios de vivienda en Nueva York, ciudad en la que la población hispana de esas mismas características era de 2.865.016.

[22] Según Otheguy y Zentella (2001) los seis grupos 'latinos' más representativos de la ciudad de Nueva York son los puertorriqueños, los dominicanos, los cubanos, los colombianos, los ecuatorianos y los mexicanos. Las cantidades recogidas son 789.172 puertorriqueños, 406.806 dominicanos, 41.123 cubanos, 236.374 suramericanos y 99.099 centroamericanos (Censo de 1990). Según Ayala (2003), el Bronx tiene el grupo más numeroso de hispanos (644.705) y el porcentaje más alto en la población (48%), mientras que los dominicanos lo son en Manhattan y los suramericanos en Queens. Aun con todo, se asegura que algunos problemas en la configuración y distribución de los cuestionarios del censo dejan a muchos hispanos fuera del conteo o están mal clasificados.

[23] Los datos muestran que el abandono de estos núcleos poblacionales cerrados y la mejoría educativa y económica van de la mano.

[24] La Florida ofrecía y ofrece muchas ventajas a los puertorriqueños: además de la semejanza climática con su lugar de origen, proporciona oportunidades de empleo, vivienda barata, protección educativa, de salud, de seguridad, es decir, ofrece mejor calidad de vida.

[25] En 2003 más de 163.000 puertorriqueños vivían en la zona de Orlando; 155.000 en los condados de Miami-Dade y Broward, incluyendo las ciudades de Miami y Fort Lauderdale; alrededor de 68.000 en la zona de Tampa Bay, especialmente en el condado de Hillsborough, y grupos menores en otras zonas de la Florida central.

[26] Tanto en Puerto Rico como en Nueva York las oficinas de bienes raíces anunciaban los lotes de casas en venta e incluso pagaban viajes de cuatro días para que los interesados pudieran ver la zona.

[27] En cuanto a los hispanos en general, en 2005 Nuevo México era el estado que tenía el porcentaje más alto de hispanos con un 43% de la población, le seguían California y Texas con un 35% cada una, y la ciudad de Los Ángeles con 4,6 millones de hispanos, la que acoge a la mayor cantidad de ellos.

[28] El estatus de ciudadanos no evita que sean considerados como inmigrantes por la mayoría de los estadounidenses e incluso en los estudios de sociólogos y demógrafos. Por eso sorprende que algunos no incluyan a los puertorriqueños entre los inmigrantes, como es el caso de *Legacies* de A. Portes et ál., que trata de la segunda generación de inmigrantes y su rápido crecimiento.

[29] Los datos del desempleo se obtienen del total de personas de dieciséis años o más que, dentro de la mano de obra civil, no tiene empleo. Con lo cual el cálculo no toma en cuenta a los que están fuera de la mano de obra, a los subempleados y a los que trabajan solo por temporadas o con dedicación parcial.

[30] Comparado con el 7% de los mexicanos y el 5,9% de los cubanos.

[31] Este sueldo medio era superior al de otros grupos hispanos, por ejemplo, el de los mexicanos (29.722 $).

[32] El Gobierno Federal establece niveles oficiales de pobreza según una fórmula que toma en cuenta el número de miembros que viven en la misma unidad familiar y los ingresos que se perciben. En el Current Population Survey de marzo de 2002, los puertorriqueños que se mantenían en el nivel de pobreza eran el 26,1%.

[33] Las MSA son definidas por la Oficina de Manejo y Presupuesto de los Estados Unidos (U.S. Office of Manegement and Budget, OMB) aplicando unos estándares estadísticos a los datos del censo. Estos estándares que definen las áreas estadísticas apropiadas se revisan cada diez años; los actuales son de diciembre de 2006.

[34] Las cifras, que se pueden comparar con las del estudio de 2002-2003 (Corporate Governance Study) de la Hispanic Association on Corporate Responsibility publicado en 2003, revelan que 141 hispanos ocupaban posiciones en las juntas de 153 compañías, lo cual significa un crecimiento del 5,5% respecto al año 2000. La Hispanic Association on Corporate Responsability, fundada en 1986, es una asociación de las organizaciones hispanas más influyentes de los Estados Unidos. Colectivamente representa la voz de millones de hispanos que viven en ese país y en Puerto Rico.

[35] En Nueva York solo el 46,3% tenía ese tipo de empleo de apoyo y solo el 4,2% estaba autoempleado.

[36] Según datos del censo 2004, el 60% de los hispanos adultos ha nacido fuera de los Estados Unidos; esta cifra se repite todos los años con poquísimas variaciones. De estos cerca de dos tercios ha vivido en el país durante once años o más, el tercio restante, menos de eso. Se comprende así que haya una gran proporción perenne de hablantes con limitado conocimiento de inglés.

[37] Las fórmulas de obtención de estos índices varían: la más general se obtiene contrastando el total de desertores habidos en un año por el total de estudiantes matriculados en ese año.

[38] Pueden ser incluso desertores de la escuela puertorriqueña, que tiene unos índices altísimos de deserción.

[39] En algunos informes del Censo se llama *whites* a los que no pertenecen a ninguna minoría.

[40] Los datos de los graduados de la escuela secundaria son: hispanos, 57%; afroamericanos, 79% y *whites*, 88%; y los datos de los que han completado cuatro años de *college*: hispanos, 11%; afroamericanos, 17%, y *whites*, 28% (Census 2000, U.S. Census Bureau, U.S. Hispanic Population Statistics NAMIC). Los *whites* llegan al 88,6% de los graduados en la escuela secundaria o más, y el 29,7% cuentan con bachillerato o más. Son porcentajes de la población de 25 años o más, los *whites* presentan un porcentaje de 29,7%. Los datos de Falcón (2004), que hacen referencia a graduados en el *college*, son: el 3,1% de los puertorriqueños, el 6,7% de los cubanos y el 1,4% de los mexicanos.

[41] Los aislados lingüísticamente (*linguistically isolated*) son los hogares en los que ninguno de sus miembros de 14 años o más habla inglés o habla un inglés deficiente (*poorly or not very well*). Una familia en la que ningún miembro de 14 años o más habla inglés únicamente, o en la que ninguna persona de 14 años o más, que habla otra lengua, habla inglés muy bien *(very well)* es clasificada como aislada lingüísticamente (Baker, 2002: 63) El 17,3% de los puertorriqueños de 5 años o más estaban lingüísticamente aislados en 1990, aunque su porcentaje era más limitado que el de otros grupos hispanos: mexicanos (23,2%) y cubanos (27%).

[42] Ya en 1996, el New York State Board of Regents había iniciado un nuevo sistema de pruebas que requería que los estudiantes alcanzaran cierto nivel de conocimiento (de 65 a 100 puntos) en determinadas materias (inglés, matemáticas, historia y geografía universal, historia y gobierno de los Estados Unidos y ciencias).

[43] Los mexicanos, grupo bastante afín al puertorriqueño en los índices económicos y educativos, son los que presentan los datos más altos de hispanos nacidos en el extranjero, tal vez por ello se van distanciando un tanto los dos grupos en el perfil socioeconómico.

[44] Las escuelas privadas pueden ser: parroquiales (afiliadas a una determinada religión), independientes sin fines de lucro y privadas independientes.

[45] Los individuos que no tienen el inglés como lengua materna y poseen una habilidad limitada para leer, hablar, escribir o comprender inglés se describen como LEP (Limited English Proficient), aunque en algunos estados y escuelas los llaman ELL (English Language Learner).

[46] Además está la categoría de inmigrantes. Los hispanos representan el 56% de los niños clasificados como inmigrantes. La ley federal No Child Left Behind, con el propósito de calcular los donativos estatales, define a los inmigrantes como sigue: individuos de 3 a 21 años que no han nacido en los Estados Unidos y que han asistido a escuelas del país por menos de 3 años.

[47] Se da el hecho de que la mitad de todos los estudiantes con poco o ningún dominio del inglés va a escuelas donde más del 30% son de ese tipo.

[48] Estos programas de doble inmersión se crearon en 1963, pero comenzaron a expandirse en 1980 y desde entonces han crecido con suma rapidez.

[49] Cerca de un cuarto de los programas de las escuelas públicas operan en los contextos especiales de las escuelas *charter* o *magnet*. Las escuelas *charter* se crean para eliminar la burocracia del Estado y facilitar la enseñanza, agilizando los procesos administrativos con la ayuda de los padres y de fondos privados. Las escuelas *magnet*, muy competitivas, proporcionan matrícula a estudiantes con capacidades especiales, aunque no sean del distrito.

[50] La controversia sobre la eficacia de los programas bilingües ha llenado muchas páginas. Sus defensores han señalado muchos estudios experimentales objetivos y estadísticamente significativos que prueban su eficacia, es decir, que probaron que la enseñanza en la lengua materna en los primeros grados ofrece resultados más satisfactorios que la temprana inmersión en inglés. Entre estos, cuando el debate estaba más activo, los estudios de Medina et ál., 1985.

[51] En un artículo de *The New York Times*, del 16 de septiembre de 2007, el Dr. H. O. Levy, School Chancellor, advertía, una vez más, a la Junta de Educación que los planes recientemente aprobados para expandir los programas de inmersión dual tenían que ser pospuestos por falta de presupuesto.

[52] Esta escuela recibe fondos de distintas fuentes: del Estado, de la ciudad y federales Título I y Título VII.

[53] Suárez Orozco y Suárez Orozco (2001: 133) exponen que en una visita que efectuaron a una escuela pública se encontraron borracho al director.

[54] La situación de la facultad puertorriqueña en la City University of New York fue un asunto de interés y discusión pública desde 1970 por la escasez de representación en la universidad. A raíz de ello se implantó una 'acción positiva', que favoreció el reclutamiento de nuevos profesores puertorriqueños, pero posteriormente en el período de 1981 a 2000 la facultad decreció nuevamente más de un 20%.

[55] Entre los servicios que ofrecía estaba el programa de Acción y Orientación Política (ATRÉVETE), que coordinaba la inscripción política y ofrecía información sobre los derechos de los votantes y el Programa de Servicios Sociales, que proveía información sobre las oportunidades educativas y laborales. Fue creado por el gobernador Rafael Hernández Colón fue directora la puertorriqueña Nydia Velázquez. El Departamento duró hasta 1993, fecha en que el gobernador Pedro Roselló lo cerró y en su lugar se estableció en Washington la Administración de Asuntos Federales de Puerto Rico (Puerto Rican Federal Affairs Administration, PRFAA) con oficinas afiliadas en otras capitales de los Estados Unidos.

[56] Otras agrupaciones son: la Puerto Rican Legal Defense and Education Fund (PRLDEF) y la Hispanic Young People's Alternatives (HYPA), situada en Sunset Park, barriada de Brooklyn, una institución comunitaria fundada en 1981 por un profesor puertorriqueño de la City University of New York con el nombre de Hispanic Young People's Chorus.

Un microcosmos hispano:
la ciudad de Chicago

Mario Andino López

Introducción

Una de las primeras manifestaciones públicas de la cultura hispánica en Chicago podría situarse en 1917, cuando el primer regidor hispánico, por el decimoquinto distrito de la ciudad, William Emilio Rodríguez, intervino en las demostraciones callejeras de ese año, en las que había muchas personas de origen hispano. Se protestaba públicamente en contra de la Primera Guerra Mundial y de la intervención de los Estados Unidos en el conflicto europeo. El regidor Rodríguez convenció a los trabajadores mexicanos de que esta guerra reiniciaría la inmigración de los hispanos a esta ciudad, para reemplazar a los ciudadanos norteamericanos enviados al frente bélico en Europa.

Esa situación establece un precedente con respecto al rumbo de los hispanos en Chicago: la búsqueda de una vida mejor para los inmigrantes y sus familias y mejores oportunidades de trabajo. Este rumbo trasciende hasta nuestros días, como motivo básico de la presencia de hispanos en la ciudad: encontrar un futuro mejor en el mercado ocupacional de la metrópolis. Es importante destacar, además, que muchos trabajadores inmigrantes participaron en la fabricación de armas y de material de guerra para la Primera y la Segunda Guerra Mundial, en vista de la disminución de la mano de obra local, debido a dichos conflictos.

Durante este período histórico, entre las primeras inmigraciones llegadas a Chicago figuraban mexicanos, puertorriqueños, cubanos, guatemaltecos y colombianos. Y también hispanos con raíces en la América Central: salvadoreños, guatemaltecos, nicaragüenses, hondureños, panameños y costarricenses. Los inmigrantes de Belice, donde el español no es la lengua oficial, no se consideran, a estos efectos, hispanos. A pesar de que, en aquellos años (alrededor de 1800), estos habían inmigrado como braceros, tal ingreso no llegó a sumas significativas hasta 1900. Se podría considerar entonces que los centroamericanos constituyen una de las inmigraciones legales más recientes en los Estados Unidos. En el año 2000, un 1,5% de centroamericanos trabajaba en Chicago. La violencia cívica y militar en estos países de Centroamérica, las dictaduras militares y civiles, los escuadrones de la muerte de la extrema derecha política, la guerrilla e insurgencias aisladas, además de las milicias clandestinas, la pobreza y el hambre provocaron desplazamientos hacia el norte del continente.

Ya en los años noventa, con la democracia instalada en varios países de Centroamérica, se produce un caos económico que motiva inmigraciones en masa a los Estados Unidos, agregando la cuota consiguiente para la ciudad de Chicago, que cuenta con un nutrido potencial industrial. Sin embargo, un alto porcentaje de inmigrantes centroamericanos carecen de instrucción escolar. Como consecuencia, la mayoría de ellos solo tiene acceso a trabajos de bajos salarios y un buen número vive en la pobreza, con respecto a los niveles de la población anglosajona. Los hispanos provenientes de Sudamérica incluyen a colombianos, ecuatorianos, argentinos, chilenos, venezolanos, bolivianos, peruanos, uruguayos y paraguayos. Los americanos nacidos en Guyana, la Guayana Francesa, Surinam y Brasil no se cuentan entre los hispanos, aunque estos últimos inmigrantes arribaron, en cantidades menores, alrededor de 1800. La vasta mayoría llegó en 1960 y, después, con otro acceso numeroso ocurrido en 1980.

En el año 2000, el 6,6% de la población 'latina' en Chicago eran sudamericanos. La mayoría de ellos llega a Chicago en busca de mejores oportunidades económicas, aunque también lo hicieron en busca de refugio, como exiliados políticos o por la inestabilidad cívica de sus países de origen. Las economías en desarrollo, un desempleo galopante y el aumento del crimen y de la inquietud social han estimulado las inmigraciones de estos a Chicago y al resto del país. Los inmigrantes sudamericanos pertenecen, en gran parte, a la clase media baja y residen en las zonas urbanas. Las consecuencias de tal índice significan que terminarán accediendo al mismo nivel social, en Chicago, después de haber pasado por un período de ajuste al principio de su nueva residencia. Por esta razón, logran acceso a trabajos de gerencias menores, en el sector profesional y en el educativo.

En cuanto a los censos llevados a cabo en Chicago, los expertos expresan dudas con respecto a las cifras determinadas por los censos del Gobierno nacional. Agregan que tales números debieran ser considerablemente mayores, hecho debido a que los indocumentados no son contados, ya que algunos hispanos rehúyen el empadronamiento y otros vuelven a su país de origen, cada año, para evitar el clima invernal inhóspito del medio oeste del país, Chicago incluido, o sencillamente por la importancia extraordinaria que asignan a conservar la familia unida, factor netamente cultural.

Otro rumbo que logró una mayor asimilación de los hispanos en la sociedad local y un avance educativo para los inmigrantes que no dominaban el inglés fue el logro de poner el bilingüismo a disposición de los niños escolares. Impresionados por los estudiantes cubanos y sus escuelas, que gozaban de estos adelantos en Miami, el profesorado de Chicago fue un factor decisivo para implantar la educación bilingüe en la ciudad, al contar con la cooperación de algunos políticos locales y estatales y, además, del senador por el estado de Texas, Ralph Yarborough, quien introdujo un proyecto de ley nacional, en 1967, acerca del bilingüismo.

Este proyecto exigía ayuda federal para asistir a los 'latinos' pobres y con un conocimiento mínimo del idioma local. Quienes testificaron en las audiencias públicas del Senado, insistieron en que estos niños, que se veían lingüística y culturalmente desaventajados, aprenderían más si se les enseñaba inglés y español en las escuelas porque así no perderían ninguno de los dos idiomas y podrían usufructuar del conocimiento bilingüe y, por lo tanto, tener un mejor acceso a la sociedad anglosajona de Chicago, además de obtener mejores ocupaciones. Por otra parte, los testificantes para aprobar la ley mencionada adujeron que la falta de progreso de los niños hispanos en las escuelas anglosajonas de la ciudad se debía a que prácticamente eran privados de su cultura de nacimiento, por lo que su seguridad emocional se veía coartada, además de otras desventajas. Para rectificar esta situación, la ley proponía enseñar a los escolares la cultura de ambos países, la local y la de sus diferentes orígenes. Aunque el proyecto de ley del senador Yarborough contemplaba más el grupo mexicano residente, esta iniciativa se convirtió en 37 leyes paralelas, que fueron aprobadas bajo el título The Bilingual Education Act of 1968. Dicha ley decretó que la educación debía ser impartida, en el primer año escolar, en la lengua materna del estudiante, mientras los alumnos aprendieran inglés, y luego deberían ser transferidos a una clase junto a otros alumnos del plantel, al haber adquirido ya un dominio suficiente de esta segunda lengua.

No obstante, el uso de esta ley bilingüe no duró mucho tiempo. En 1974, la Corte Suprema de los Estados Unidos dictaminó que, al proveer una educación a los estudiantes que no hablaban inglés, se convertiría en una educación solamente en dicha lengua y se les negaba, de esta manera, la oportunidad de participar en la educación pública y, por lo tanto, se había violado la Ley de Derechos Civiles de 1964 (Civil Rights Act). En cuanto al caso particular de Chicago, la educación bilingüe se provee en las escuelas por medio de cursos de inglés especiales para inmigrantes, separados de las clases regulares de este mismo idioma para los estudiantes anglohablantes. Además, el estado de Illinois aprobó la fundación del St. Augustine College, en el norte de la ciudad, el cual imparte, en español, clases para obtener carreras cortas de no más de dos años de preparación.

Con el paso de los años, los hispanos se convirtieron en la minoría más numerosa de todas las presentes en la ciudad. Tal transición no ha ocurrido de una manera fácil y expedita, por el contrario el proceso experimentó tensiones, discriminaciones y hasta violencia. Sin embargo el problema no ha desaparecido aunque se ve expresado, hoy, de una forma más organizada. El factor de una educación en los Estados Unidos ha logrado otra posibilidad, un incentivo fructífero que ha significado un avance étnico hacia la obtención de títulos universitarios y hacia una clase media profesional y técnica. Así como las inmigraciones de alemanes e irlandeses, los primeros inmigrantes mexicanos fueron hombres jóvenes, solteros, en busca de mejores perspectivas económicas. Ya en 1910 y después de la Revolución en México, muchos inmigrantes de este país arribaron a territorio estadounidense huyendo de represalias políticas y desde 1914 el Gobierno de los Estados Unidos inició campañas para reclutar a trabajadores con salarios menores que el término medio obtenido entonces por la mano de obra.

Con la aprobación, por parte del Congreso Nacional estadounidense en 1921, de la Ley de Cuotas de Inmigración, se limitó principalmente la aceptación de europeos. Debido al número de hispanos empleados para reemplazar la mano de obra en huelga, surgió un resentimiento de parte de los principales sindicatos de obreros del país, al ser empleados para combatir la falta de mano de obra debida a las huelgas locales. Durante los primeros años de las inmigraciones 'latinas' a Chicago, ocurrió que, al solucionarse los movimientos huelguísticos, los 'latinos' se veían desplazados del mercado ocupacional. Aquellos que trabajaban en la industria del empacado de carnes se agruparon en viviendas colectivas y campamentos del lado suroeste de la ciudad, mientras los obreros de la industria del acero se radicaron en el lado sur de la misma. Aquellos contratados por los sistemas ferroviarios de la ciudad formaron un núcleo de hispanos en los terrenos que ocupa hoy el campus de la Universidad de Illinois. Al desplazarse este núcleo hacia los barrios de Pilsen y Little Village, para construir la Universidad, tales barrios se han convertido en comunidades netamente hispanohablantes y han establecido una tradición en la ciudad. Ya en 1930, el censo del Gobierno estadounidense estableció que residían quince mil trabajadores de origen hispánico en la ciudad y tres mil en los suburbios adyacentes a la metrópolis.

Durante el período de la Depresión, en Chicago, el número de los trabajadores de 'la raza' disminuyó en un 50%. Por entonces el gobierno local había iniciado procesos de repatriación de trabajadores extranjeros, según los cuales cuatro mil familias indigentes habían sido expatriadas para aliviar el presupuesto de manutención de los trabajadores locales que se encontraban sin ocupaciones. Incluso los hijos de los inmigrantes, nacidos en tierra norteamericana, fueron devueltos a su país de origen. Alrededor de 1940, incluso la mano de obra procedente de Puerto Rico fue devuelta a este Estado Libre Asociado, para aliviar la falta de trabajo que soportó Chicago y el resto del país. Debido al hecho de que una gran parte de los puertorriqueños son mulatos, no fueron excluidos de esta medida económica de emergencia, a pesar de ser considerados ciudadanos estadounidenses. No obstante, han existido comunidades hispanohablantes pobladas por individuos caucásicos que formaron núcleos ubicados en los límites de la ciudad, en especial hacia el norte. Esta situación indica que existe una definitiva separación étnica dentro de la comunidad hispana.

Separación

Entre agosto de 1942 y diciembre de 1947, a la vez que desde 1948 hasta 1964, el Gobierno de los Estados Unidos inició un reclutamiento de trabajadores hispanos con el título de 'braceros' y con contratos de trabajo temporales. Los primeros grupos de campesinos 'latinos' fueron asignados a las haciendas aledañas a Chicago; sin embargo, estas oportunidades se extendieron al campo industrial debido a que los patrones estadounidenses necesitaban mano de obra para procesar los alimentos cosechados. Con respecto a este flujo de inmigrantes, es necesario especificar que se contrató a los trabajadores solamente por los meses de la cosecha y, después de terminada esta, estos 'braceros' fueron devueltos a sus lugares de origen, aunque cada año permanecieron ilegalmente algunos trabajadores hispanos en Chicago, para buscar trabajo en todo tipo de actividades manuales.

El censo del año 2000 arrojaba ya la cifra de un millón de 'latinoamericanos' residentes en Chicago. Es necesario destacar aquí que muchos 'latinos' residentes en la ciudad eluden las entrevistas del personal del censo por dos razones básicas: algunos no están radicados legalmente y temen ser repatriados; otros, en especial los jóvenes, temen que los vayan a empadronar para ser reclutados por el Ejército de los Estados Unidos. También sucede que otros hispanos creen que, al estar viviendo ilegalmente en la ciudad, los van a ajusticiar al no pagar los impuestos sobre la renta u otro tipo de contribución. También existen residentes que envían todo el dinero ganado en la ciudad a sus parientes del país de origen y que se ven obligados a hacer uso de servicios para indigentes para alimentarse y lograr un refugio público para dormir.

La población hispánica tiende a ser centrípeta. Conocida es la declaración del libertador venezolano Simón Bolívar, quien adujo que había intentado formar los Estados Unidos de Centro y Sudamérica y cuyo intento terminó, como él mismo lo expresara, 'arando en el mar'. En el caso de la presencia de hispanos en la ciudad, existe una segregación entre los diferentes grupos de inmigrantes, llevada a cabo por medio de agrupaciones de habitantes de países hispanohablantes en un barrio determinado. Chicago tiene grandes grupos de hispanohablantes; un ejemplo de ello es la comunidad radicada en la zona cercana al noroeste de la ciudad y en los aledaños del suroeste, donde residen medio millón de habitantes de este origen. Aun entre los dos núcleos más grandes de la ciudad existen diversidades, aunque también cuentan con elementos comunes. Debido a la falta de educación de algunos inmigrantes, los barrios se dividen, además, en cuanto a las posibilidades económicas de cada núcleo.

Entre las probabilidades económicas que los programas educativos gubernamentales empezaron a ofrecer a los habitantes de este origen, otorgaron becas estudiantiles para familias sin mayores recursos y para los estudiantes con calificaciones destacadas. Este proceso provee un medio de ingreso a la clase media, por parte de los hispanos, y otra ruta a seguir. Convencidos los inmigrantes de que la manera más segura de que sus hijos progresen es la educación, el 37% de los estudiantes hispanos alcanza un nivel profesional. Ello significaría otro rumbo positivo al que tienen acceso, al obtener un presupuesto más aliviado para las familias de clase baja y media técnica, gracias a la educación. Si se considera el barrio de Bridgeport, por ejemplo, de donde provinieron dos alcaldes famosos de Chicago, padre e hijo (este último es el actual alcalde de la ciudad), ambos de origen irlandés, se trata de un barrio que observa un 44% de hispanohablantes. Esta gran diversidad entre los barrios hispánicos de Chicago parece inusual en una ciudad en que la mayoría de las comunidades está formada por individuos étnicos caucásicos. Sin embargo, ningún barrio de la ciudad alcanza el 90% de blancos ni tampoco una presencia total de hispánicos. En el barrio de Little Village existe un 85% de 'latinos', un 88% en la comunidad de Pilsen, en Logan Square un 66%, en West Town un 62%, y en Hermosa un 69%, que son comunidades del lado noroeste de la metrópolis.

Censo de 1990

Debido al censo de 1990, fue posible confirmar una gran diversidad entre los diferentes grupos étnicos que conforman la presencia hispana en Chicago. El grupo de inmigrantes de esta raza está compuesto, mayormente, de mexicanos y puertorriqueños, pero el censo mencionado estableció que Chicago es la ciudad más fragmentada étnicamente de todo el país. Dicho censo comprobó que la ciudad contaba con setenta y siete comunidades hispanas agrupadas por los diferentes dialectos. El caso es que esta comunidad es rica, al considerarla una muestra de colores diferentes dentro de la colonia hispánica misma. Un 21% vive en la pobreza, dentro de la comunidad, y hay más niños pertenecientes a una familia con los dos padres presentes que a familias administradas solo por uno de los padres. Un 29% de los hispanos con 25 años o más no poseen una educación primaria completa. El censo de 1990 estableció doce grupos étnicos en la ciudad, de los cuales diez contienen más de mil habitantes. Además, se comprobó que hay más familias pobres en los hogares en los que ambos padres están presentes que en los hogares administrados por la madre solamente, y, asimismo, que la pobreza de algunos hogares no tiene que ver con una falta de cohesión familiar, sino que se debe, principalmente, a ocupaciones mal pagadas y a la falta de educación.

En cuanto a este último factor, el 41% ha cursado el grado octavo del sistema educativo de la ciudad. Demasiados hogares se encuentran, todavía, esforzándose para alimentar a una familia completa, enviar a los niños a la escuela y poder mantener un hogar sin privarse de comodidades. Debido al progreso económico del país, es viable para la tercera parte de los hispanos obtener otra ocupación de horario parcial o mantener un pequeño negocio casero. Una nueva solución para estas familias fue el hecho de que las mujeres obtuvieran acceso al mercado ocupacional y pudieran agregar, así, un 'segundo cheque' para financiar la existencia de un núcleo familiar. Una nueva vía emergida en los últimos veinte o veinticinco años es el sector de los hijos o nietos de inmigrantes, para quienes las familias han logrado la nacionalidad local. Se les agrupa con la palabra inglesa *yuppies*. La mayoría de ellos son profesionales jóvenes, con buena educación y que perciben salarios más altos que el término medio común. Se trata de uno de los movimientos sociales de más rápido crecimiento surgido en el seno de la presencia hispánica en Chicago.

Publicidad en una marquesina.

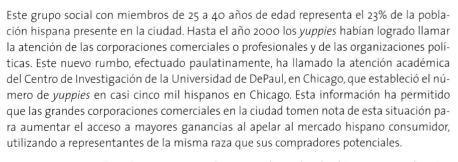

Este grupo social con miembros de 25 a 40 años de edad representa el 23% de la población hispana presente en la ciudad. Hasta el año 2000 los *yuppies* habían logrado llamar la atención de las corporaciones comerciales o profesionales y de las organizaciones políticas. Este nuevo rumbo, efectuado paulatinamente, ha llamado la atención académica del Centro de Investigación de la Universidad de DePaul, en Chicago, que estableció el número de *yuppies* en casi cinco mil hispanos en Chicago. Esta información ha permitido que las grandes corporaciones comerciales en la ciudad tomen nota de esta situación para aumentar el acceso a mayores ganancias al apelar al mercado hispano consumidor, utilizando a representantes de la misma raza que sus compradores potenciales.

Los sectores que más utilizan un personal mixto, incluyendo a los hispanos, son el sector de la publicidad, el empleo, la compra y venta de bienes raíces y la adquisición de negocios ya administrados por ellos. Los hispanos con mayores ingresos económicos son inmigrantes o hijos de estos que hablan principalmente inglés aunque algunos conservan el español aprendido en sus hogares y con diferentes grados de fluidez. Los *yuppies* se informan mayormente en fuentes bilingües de los periódicos y de la televisión, preferentemente escritas o habladas en inglés. En el caso específico de este grupo social, las empresas publicitarias que proveen información comercial alegan tener grandes problemas de difusión ya que los *yuppies* se enteran de las noticias por medio de aparatos televisivos y radiales de tipo portátil y leen los diarios, en inglés, solamente durante los fines de semana. Ello se convierte en otra manera, además de las del ciudadano medio, debido a los horarios exigentes a los que están sometidos estos individuos.

Con respecto a las comidas, las clases media y alta comen en casa o acuden a cenar o a almorzar a los restaurantes vecinales y a aquellos que se identifican con su nación de origen, en cuanto al tipo de alimentos que consumen. Por otra parte, existe un porcentaje medio que come en establecimientos que expenden comida rápida y envasada, debido a la distancia a la que quedan sus domicilios. El hecho es que los hispanos de Chicago, en cuanto les es posible económicamente, tienden a desplazarse hacia el norte de la ciudad y a los suburbios existentes en este punto cardinal. Tales suburbios han experimentado un 500% de crecimiento, desde 1970 hasta el año 2000, en cuanto a la presencia de hispanos radicados cerca de Chicago.

Existen periódicos y revistas, algunos bilingües, que constituyen un medio para tratar de unir a la población hispana y para aunar la opinión de sus lectores y, asimismo, para mejorar la separación que todavía existe en su medio. Se han iniciado versiones periodísticas en español acerca de lo que ocurre en la comunidad. Sus artículos proporcionan detalles sobre las actividades hispánicas en la misma. Hay más de cien periódicos hispanohablantes en la ciudad; sin embargo, pocos subsisten debido a los costos de mantener una publicación como tal y a la falta de circulación, ya que el transporte urbano es oneroso. El empresario periodístico John J. Ascencio declaró que el aspecto de la herencia hispánica es la clave para unir las divisiones dentro de nuestra cultura. Esta sería una manera productiva para conectar, realmente, las diferentes expresiones de una cultura común. Durante los años recientes se ha presentado otra posibilidad con respecto a la presencia hispánica en esta ciudad.

Este nuevo rumbo ha logrado una sólida unión entre los hispanos que residen en Chicago, a pesar de no tener documentos oficiales del Gobierno de los Estados Unidos. Esta reunión de grupos diferentes dentro de la cultura de marras ha formado un cuerpo compacto para organizar manifestaciones públicas bastante numerosas y protestar por la ausencia de leyes de amnistía para aquellos que han residido en Chicago por algunos años, y para requerir una ley de amnistía general para que los hispanos residentes se conviertan en ciudadanos norteamericanos por medio de un trámite breve.

Las leyes inmigratorias

En estos momentos, el Congreso de los Estados Unidos estudia esta situación e intenta promulgar leyes que den un trato justo a los individuos sin documentos legales que residen en la urbe. Hay opiniones diversas, que contienen puntos de vista opuestos que van desde repatriar a todo residente sin una documentación adecuada, hasta una amnistía total para albergar a todos los individuos hispanos presentes que hayan residido por algún tiempo en la ciudad y a todos los inmigrantes ilegales. Es importante destacar, en este punto, que parte de los inmigrantes ilegales han sido contratados por empresas norteamericanas, hasta hoy, y especialmente en sectores empresariales agrícolas e industriales, y además para servicios de jardinería.

Departamento de Justicia, Inmigración y Naturalización en Illinois (Chicago).

El asunto tiene ventajas y desventajas, entre aquellas, existe la teoría de que los inmigrantes aceptan ocupaciones que los locales tienden a rechazar. Además, si el país estuviera en una crisis económica, los hispanos estarían entre los primeros grupos étnicos desplazados de sus ocupaciones, en casos como este. Según la ley y en la circunstancia de que los trabajadores hispanos paguen impuestos mientras tengan ocupaciones, ello les da derecho a disfrutar de beneficios principalmente educativos, entre otros, como servicios de salud, domiciliarios, asistenciales y beneficios federales y estatales administrados por la ciudad.

Otro rumbo tomado por los hispanos se ve designado por límites étnicos y por ello queremos mencionar el hecho histórico de que la mayoría de los residentes provienen de países que conservan parte de su cultura indígena. Los conquistadores españoles de Centroamérica y Sudamérica, en el siglo XVI, encontraron ritos paganos, medicina natural basada en hierbas, competencias atléticas entre las tribus locales y un marcado sentido del orgullo comunal y personal, todavía presentes hoy, en la tradición 'latina'. Además, es evidente que el catolicismo llevado al nuevo mundo por los sacerdotes que iban entre las tropas españolas invasoras se convirtió en una base sólida para la idiosincrasia 'latinoamericana'. Sin embargo, hoy existe la presencia definida de sectores no totalmente observantes del catolicismo. Por otra parte, en las calles Dieciocho y Veintiséis, de Chicago, principalmente, se encuentran tiendas populares de santería, hierberías y consejeros que se basan en la subcultura del tarot, adivinos y quiromán ticos.

Grupos étnicos

Los cinco canales televisivos hispanohablantes ofrecen programas noticiosos y deportivos, además de presentaciones artísticas y telenovelas. Entre los televidentes hispanos existe una masa que consideran estas últimas representaciones televisadas como un punto de vista en cuanto al rumbo de sus vidas y, en especial, acerca de las modas sobre el vestuario. Al hablar de los elementos étnicos, es precisamente la etnia de la que está compuesta la masa de inmigrantes la que se convierte en un factor ineludible. Tal etnia contribuye a la formación separada de diferentes grupos humanos entre los hispanos. Dicho factor tiende a definir los grupos comunitarios entre la raza misma. La etnia también es parte decisiva en la elección de líderes que son representantes políticos de los diversos grupos raciales.

Debido a las más recientes agrupaciones que se han unido últimamente para lograr la amnistía para los hispanos residentes e indocumentados, el rumbo de la cultura ha adquirido un tono conflictivo y de choque, con numerosas manifestaciones callejeras, presiones disruptivas, interrupción de las vías circulatorias de la ciudad, etc. Estos movimientos van desde manifestaciones pacíficas con propósitos informativos y demostrativos de estos movimientos, hasta confrontaciones violentas. Cuando los dirigentes de las organizaciones conflictivas recurren a manifestaciones de este tipo, integran a los miembros que se ven más afectados por el racismo y la falta de igualdad en el trato cívico por parte de la ciudad y sus miembros. Los lindes humanos de algunas de estas últimas agrupaciones raciales son menores que en otros grupos, que prefieren una filosofía de reforma y conciliación.

El Latino Institute, de Chicago, ha intentado desarrollar un formato para lograr la subsistencia de organizaciones vecinales y de las formadas naturalmente por grupos de vecinos de los diferentes barrios hispanohablantes, por separado. Sin embargo, las divisiones internas llevan a la formación de una etnia parcial y efectuada de maneras diversas que implica la falta de coherencia social entre los distintos grupos. Las variantes étnicas significan una diferencia con respecto a la filosofía 'agrupacional' para atacar los problemas sociales y, ante la presión de los miembros para lograr resultados definitivos y rápidos, terminan uniéndose mayormente a las fuerzas que creen en el uso de un choque social o de la violencia verbal y hasta cívica.

La idiosincrasia hispana tiende a seguir mayormente a un individuo y no a una idea que conduzca a una solución. Es posible distinguir dos tipos de cabecillas para el liderazgo de la masa hispánica de la ciudad. Un tipo es el que posee un concepto europeo de mantener una categoría étnica inmigrante, teniendo como base el país de origen del emigrado. Un segundo tipo prefiere la idea de ingresar rápidamente a la cultura anfitriona y asimilarse a esta nueva cultura para obtener los mismos beneficios que los ciudadanos nacidos en una determinada nación y no en una ciudad específica de los Estados Unidos. En el caso de los hispanos, en general, ni siquiera la aculturación sociopolítica podría interpretarse como un rumbo para este inmigrante. Para algunos eruditos no hay tal cosa como la 'Cultura Latina', en Chicago.

Por ejemplo, con respecto al 'latinismo', un ex director de la organización Aspira, Inc., de Chicago, opina que 'se trata de la agenda de una agrupación portorriqueña de tipo nacional'. No obstante, la segunda generación familiar dentro de un núcleo social tiende a asimilar la cultura sajona en el menor tiempo posible porque sobre todo los jóvenes estudiantes se resisten a la idea de aparecer de ninguna otra manera que no sea dentro de la cultura anglosajona y por temor a parecer diferentes y a no ser aceptados por la cultura local. Aparentemente, la concepción de una 'etiqueta' que diga 'latinos' proviene de la intención de construir una etnia solamente en términos primordiales.

Sin embargo, es posible usar este último caso para ilustrar el gran desafío analítico que supone proveer una interpretación sistemática de la creación de una etnia 'latina' por medio de grupos hispanohablantes diferentes. Principalmente los cabecillas de los grupos étnicos más numerosos, como son los mexicanos y los puertorriqueños, para determinar una etnia definida y continuar con el rumbo a seguir en cuanto a que se haga justicia con respecto a los inmigrantes, se sitúan en dos corrientes sociales para lograr una vía inclusiva de asimilación en el ámbito estadounidense. Algunos líderes se ven abocados a seguir la corriente y consideran que para crear una concienciación es necesario basarla en el proceso electoral, cuyos cambios significan una posición mejorada en cuanto a las circunstancias sociales. Otros cabecillas prefieren ejercer una presión colectiva a los representantes ya elegidos para que cumplan sus promesas electorales y logren mejoras significativas para los inmigrantes.

Sería posible sugerir que conseguir ser considerados como una etnia común es un asunto de la clase media, porque dispone de mayores medios para financiar campañas para lograrlo. Es evidente que las reacciones de esta clase social se pueden medir según el nivel educativo adquirido. Por ejemplo, al analizar el caso de 34 participantes de los grupos de progreso social, 24 de ellos tenían títulos universitarios y nueve de ellos habían obtenido el grado universitario de maestría. Ello explicaría el hecho de que la creación de una etnia 'latina' y de emergencia se vería facilitada por medio de su desarrollo por parte de organizaciones mexicanas y puertorriqueñas educadas y cuyos dirigentes sean conscientes de las razones para determinar el poder de las fuerzas sociales confrontadas con la sociedad estadounidense, a la vez que lo hacen otros grupos étnicos también representados en Chicago.

La clase social media emergente entre los hispanos tiene entonces la oportunidad de entreverarse con individuos caucásicos de un mismo nivel educativo. No se trata solamente de que tales representantes hispánicos hayan recibido una educación superior en las universidades estadounidenses, sino del hecho de que han considerado y dialogado con otras minorías étnicas, como es el caso de la subcultura afroamericana. La clase media que ha reaccionado ante la desigualdad y los prejuicios de los anglosajones ha dejado en claro que la cultura 'latina' es considerada inferior, desigual y simplemente en un nivel social más bajo. De estas interacciones con otras minorías, la cultura hispánica ha logrado algún progreso al hacer uso de una fuerza unida y coherente.

La interacción obtenida entre agencias raciales, por vía del profesionalismo, ha dado como resultado diálogos entre los profesionales de ambas razas en cuanto a educación, organización comunal, servicios del Gobierno, las leyes pertinentes y una concienciación acerca del significado positivo de la presencia hispana en Chicago. Además, es importante destacar la importancia de los años setenta en la obtención de una etnia definida. Esta década representa un período histórico destacado para los hispanohablantes que residían en la ciudad y, a la vez, un lapso de tiempo en que la ciudad recibió un número extraordinario de inmigrantes hispánicos. Del mismo modo, con el aumento numérico de residentes, se incrementaron las campañas para ganar un reconocimiento político ante el poder social, lo que convirtió en algo positivo la presencia hispana en la sociedad, durante estos años. Durante este período la población hispanohablante de Chicago fue la minoría que más aumentó entre las minorías representadas.

La realidad o simbolismo de tal incremento de esta fuerza social se reflejó en las estrategias desarrolladas para combatir los problemas sociales experimentados. En 1972, por ejemplo, The Latino Strategies for the Seventies Conference fue posible gracias a varias organizaciones comunales donde los dirigentes de los distintos barrios formaron un frente unido bajo el nombre de 'Latino United Front'. Además y durante la misma época, emergieron grupos universitarios que recibieron entrenamiento de los cabecillas hispánicos mayores y más experimentados. El paso del 'mando' de la 'guardia vieja' a los más jóvenes, ocurrió paulatinamente y sucedió, también, que la guardia vieja optó por educarse para mantenerse al mismo nivel de acción que los jóvenes, y así obtener los resultados necesarios. Los dirigentes de mayor edad empezaron a asistir a los programas educativos vespertinos de los diversos colegios y universidades de Chicago y fue así como se creó el programa de la University Without Walls ('Universidad Sin Paredes').

Este grupo de dirigentes sociales con más educación llegó a estar al tanto de los primeros intentos de los 'latinos' para organizarse racialmente, aunque se dieron cuenta de que estas primeras manifestaciones se efectuaron solo en los clubes sociales, en las ligas de béisbol y dentro de las 'colonias' de los diversos países representados; esto significó servir eficazmente a la comunidad. El nuevo liderazgo tomó parte en la obtención de servicios sociales y, además, de una mejor comprensión de este campo con un mayor conocimiento sobre el modo de canalizar los esfuerzos comunales al crear cambios latentes. La colonia 'latina' ya había presenciado el movimiento afroamericano, el movimiento estudiantil, el movimiento femenino y otras actividades sociales que significaron cambios en la sociedad. Los dirigentes de la comunidad hispanohablante, en los años setenta, observaban una clara percepción e interpretación de estos movimientos varios y sus resultados. Las actividades diversas sucedidas durante la época de los sesenta sirvieron de trasfondo para emularlos durante los años siguientes.

Otra importante situación que tuvo lugar durante los años setenta fue la comprensión y el cometido del nuevo liderazgo hacia un concepto de 'una nueva comunidad hogareña'. Dicha situación sirvió, además, para criticar al liderazgo anterior, que consideraba a Chicago una nueva patria. Por otra parte, muchos inmigrantes veían la ciudad como un lugar de residencia parcial, con una decisiva actitud de regresar a los países de origen. Consecuentemente, esa parte de los 'latinos' no se unieron a los movimientos en favor de mejoras sociales. Sin embargo, en esta época de los setenta y debido a que los países de Centroamérica y Sudamérica decrecían económicamente, tal percepción empezó a cambiar.

Liderazgo

El liderazgo hispano giró hacia la idea de que los hispánicos miraban la sociedad estadounidense como algo de lo cual querían formar parte. De esta manera, para lograr una integración social en el sistema político de toda la ciudad, se requerían nuevas estrategias. Pareció, entonces, que había un consenso común reflejado en la resignación contenida en la declaración de la ex miembro de la Junta de Educación de la ciudad de Chicago, María Cerda: 'individualmente no iremos a ninguna parte, si no nos unimos'.

Si consideramos algunas variaciones y semejanzas generales entre los emigrantes hispanos, podríamos dividirlos en dos grupos. Primero, y en cuanto al idioma, algunos méxico-americanos y puertorriqueños hablan solamente español y otros, únicamente inglés. Sin embargo, la mayor parte es bilingüe. Básicamente, los grupos hispanohablantes incluyen miembros caucásicos, afroamericanos e indios. Por lo general, los mestizos son típicamente hispanohablantes. Los méxico-americanos, excepto los puertorriqueños, tienen ancestros entre las tribus indígenas tradicionales, en especial los provenientes del suroeste de México. En cuanto a los lugares de residencia, los hispanohablantes se encuentran ya distribuidos a lo largo de toda la ciudad, a pesar de la concentración de mexicanos y puertorriqueños en sus barrios correspondientes. La mayor parte de los méxico-americanos residen en los barrios de Pilsen, Little Village y en el sur de Chicago. Los puertorriqueños lo hacen al norte de los barrios mexicanos, en Westtown y en Humboldt Park, cuyas comunidades se alojan en el noroeste de la ciudad.

Los méxico-americanos constituyen la presencia más antigua entre los habitantes de habla española, ya que establecieron su primera comunidad cerca de las fundiciones de acero, en el sur de Chicago y durante la Primera Guerra Mundial. Sin embargo, existe una semejanza entre ambos grupos, sobre todo a partir del mayor arribo de hispanohablantes a esta ciudad, entre 1934 y 1944. Tal combinación 'mexicorriqueña' representa, a la vez, a grupos de inmigrantes sin dominio del inglés, cuya población continuó creciendo a un ritmo más rápido que cualquier otro grupo centroamericano o sudamericano. A pesar de que la población hispanohablante decreció entre los años ochenta y los noventa, según los censos correspondientes, tal población aumentó un 70% desde los años noventa hasta el censo del año 2000, que registra la cantidad de 250.000 hispanohablantes. Por otra parte, el estado ocupacional de los dos grupos étnicos más grandes bajó considerablemente.

Estos inmigrantes habían desempeñado labores sin haber recibido casi formación. El censo anterior de 1990 había indicado que el 34,5% de la mano de obra total había sido empleado en labores manuales. Además, este mismo recuento gubernamental de la población de Chicago arrojó el dato de que ya un 28,9% de hispanos realizaba labores técnicas y de supervisión electrónica. El diario *Sun-Times*, de la ciudad, informó que, no obstante, la mano de obra hispánica todavía se ocupaba en el nivel de salarios más bajos y, por lo general, en trabajos de esfuerzo físico, en otros ambientes inmigratorios. En vista de esta situación ocupacional, la creación de una identidad hispánica pareció problemática entonces. Los inmigrantes que respondieron a encuestas oficiales propiciadas por el gobierno local mencionaron el hecho de que la etnia 'latina' se había convertido en un fenómeno político. Otras opiniones se refirieron al caso de que contar con una identidad hispánica se encontraba entre sus necesidades laborales y era una estrategia para acceder a recursos educativos y a la revalidación de títulos u oficios adquiridos por los 'latinos' en otros países.

A pesar del aumento de estudios sociales, es sorprendente que se haya prestado una atención menor a los aspectos dinámicos de los cambios sugeridos para una identidad étnica de los hispanohablantes. Estos estudios representan un intento de dilucidar el proceso por el cual los hispanos se han convertido en otra forma de identidad común entre los más diversos individuos hispánicos, al enfatizar un diálogo entre las características sociopolíticas hispanas y la estructura social estadounidense. En vista de estas conversaciones, podrían definirse algunos puntos de vista que describirían el fenómeno y el proceso de la etnia hispánica. En primer lugar, tal etnia es creada socialmente para la comunidad 'mexicorriqueña' consciente de la estrategia usada en esta clase de identidad entre los grupos sociales. Más que ser una identidad históricamente definida o heredada de movimientos anteriores, esta etnia resulta ser originada cuando una situación determinada lo requiere. De esta manera, la etnia no es fija ni está enteramente relacionada con cualidades tradicionales. La idea de una identidad hispánica se crea principalmente como una estrategia peculiar ideada en cuanto al desarrollo cívico de toda la sociedad de Chicago.

Censos

En segundo término, en la información producida por los censos, existe un paralelo notable entre la etnia 'latina' y la presencia de los países del sur y del este de Europa representados en la ciudad. La etnia de estos últimos grupos es centrípeta, o sea, con miras hacia adentro, por parte de una colonia extranjera determinada. En el caso de los hispanos se trata de una reacción centrífuga o con el objetivo de igualarse a la cultura estadounidense. Es, en su mayoría, una reproducción de la sociedad anglosajona, aprovechando de aquellos lo mejor, o lo más conveniente de tal cultura, al tratar de asimilarse a la sociedad anfitriona, en cuanto a algunos de sus aspectos.

Alrededor del año 2000, uno de cada cuatro residentes de la ciudad era de origen hispano. Existen ya políticos connotados y se organizan campañas para inscribir a nuevos votantes de 'la raza'. Las firmas publicitarias aumentaron considerablemente sus campañas dirigidas a los hispanos para beneficiarse de la explosión comercial de la comunidad hispánica.

Hoy

El término 'hispánico', y más tarde 'latino', se convirtió en un 'techo' que albergó a veinte nacionalidades separadas antes. Los hispanos empezaron a llegar desde tan lejos como Chile hasta el estado de Texas, el cual fue, antes, territorio mexicano. Por otra parte algunas familias han residido en la ciudad, desde el principio y como refugiados políticos con motivo de la Revolución mexicana, y otros acaban de llegar y suelen ser profesionales con experiencia, refugiados políticos y campesinos en busca de mejores salarios y de ayuda social. Algunos de ellos comparten algunas ideas, actitudes y valores que llegaron a América con la conquista española, durante el siglo XVI. También comparten una creencia sólida acerca de Dios, la importancia de la familia, el respeto por los ancianos y, en especial, por el cuidado de los niños. Además, los habitantes de América Central, Norte y Sur, heredaron la noción del 'machismo'. Por muy común que sea este concepto entre los hispanos, las separaciones internas subsisten, aunque en menor escala.

Estas diferencias se deben al lugar de nacimiento de los nuevos inmigrantes y al porqué y el cuándo arribaron a Chicago. Dicha ciudad es una de las pocas metrópolis que contiene un alto porcentaje de miembros de cada grupo principal. Según el censo del año 2000, Chicago contaba con casi 500.000 mexicanos, 150.000 puertorriqueños, 30.000 cubanos y 70.000 miembros de otros grupos menores de Centroamérica y Sudamérica. El término 'hispánico' había sido popularizado por la prensa estadounidense, sin embargo el término 'latino' ya ganaba uso transnacional, en aquel entonces. Las organizaciones que representan a comunidades diferentes ya no reciben términos que indican las colonias de mayor población, sino que reciben el término 'latino'. Sin embargo, tal concepto implica una unión total que no existe hasta nuestros días. Una organización de esta índole se denomina 'hispánica' o 'latina', solamente con el objeto de presentar una propuesta a las reparticiones de gobierno. Pero, 'es mexicana o puertorriqueña cuando tal propuesta llega a implementarse', según el profesor Samuel Betances, un catedrático de Sociología de la Universidad de Northeastern, al norte de Chicago.

Como resultado de la historia migratoria de la ciudad, cada grupo hispano conserva una profunda preocupación y una actitud no compartida por otros grupos de la misma raza. Por ejemplo, muchos cubanos comparten profundos sentimientos reflejados en varias organizaciones anticomunistas para oponerse a Fidel Castro. Por lo tanto, los cubanos sospechan de la influencia comunista que existe en los grupos de mexicanos y puertorriqueños, principalmente. Por otra parte, muchos mexicanos critican algunos de los reglamentos de inmigración que no afectan a los puertorriqueños porque son de nacionalidad norteamericana, por el hecho de provenir de un estado de la Unión estadounidense, ni a los cubanos porque son refugiados políticos. En una encuesta llevada a cabo por el Gobierno de los Estados Unidos, en lo referente a la Federación de Amnistía y acerca de la Reforma de Inmigración, el 58% de los residentes hispánicos encuestados cree que los inmigrantes ilegales se llevan los trabajos que corresponden a los trabajadores estadounidenses y el 46% de ellos lo consideraron un problema de gran importancia.

Otro factor social que ha afectado el rumbo de la cultura hispana en Chicago, aunque negativamente, es la discriminación social contra los inmigrantes. Desde las primeras películas filmadas en Chicago, desde 1911 hasta 1918, se les llamaba *greaser*, y los actores incluidos eran inmigrantes legales o ilegales. En la industria televisiva y el cine, los actores hispanohablantes fueron contratados para representar a hispanos solo alrededor de 1951, a no ser que se tratara de películas o programas de televisión con actores que se vieron forzados a representar personajes creados para ridiculizar y exagerar mitos en cuanto a la manera de ser y de vestir de los hispanos. Por otra parte, los propietarios de viviendas niegan tenerlas disponibles para no arrendarlas hasta que sea un estadounidense quien esté interesado en ella. Algunos bancos ocultan informaciones acerca de financiar una venta domiciliaria, a no ser que el postulante sea de origen norteamericano o caucásico. Tres de las más grandes firmas fílmicas de Chicago no cuentan con personal hispano en su plantilla de pagos. Es frecuente que, en educación, exista una disparidad de fondos municipales entre las escuelas mayormente anglosajonas y las escuelas con un alto número de estudiantes hispanos. En cuanto a los apodos colectivos asignados a los inmigrantes, los hispánicos reciben términos ofensivos como *wet-backs*, *green carders*, *spiks*, *greasers* o *beaners*. La falta de interés por la cultura hispana fue mencionada en cuestionarios sometidos por las encuestas hechas a inmigrantes, para justificar la discriminación estadounidense.

La idea de que los estadounidenses no comprenden la cultura de estos inmigrantes llevó a muchos de ellos a expresar la creencia de que los hispanoamericanos sufren una considerable cantidad de prejuicios durante su vida en los Estados Unidos. Citas tomadas de las encuestas mencionadas registran declaraciones como: 'los anglos tienen una imagen tan pobre acerca de nosotros. No comprenden nada sobre nosotros porque si así lo hicieran, nos tratarían mejor' (Teresa, Puerto Rico). 'Los anglos creen que estamos retrasados porque no tenemos sus costumbres'. 'Piensan que somos buenos solamente para trabajos físicos y más bien ignorantes y, a veces, estúpidos' (Pablo, Nicaragua). 'No nos comprenden, porque nuestra cultura es diferente de la de ellos. Creen que somos menos intelectuales porque están convencidos de que son mejores que nosotros y que son más inteligentes porque nacieron en la América del Norte' (Irene, Ecuador). 'Sé que no nos comprenden porque nos discriminan solamente porque nacimos en Sudamérica' (Ofelia, Colombia). 'Los americanos creen que todos los latinos son ignorantes porque dicen que tenemos mentes pequeñas. Piensan que todos son lo mismo' (Mónica, República Dominicana).

Por supuesto que algunos de los encuestados declararon que tal discriminación se debía a que algunos 'latinos' se negaban a aprender inglés, y existen barrios en Chicago donde ciertos inmigrantes han vivido cincuenta años en la misma comunidad y no se esfuerzan por aprender inglés, ya que todo lo que necesitan es proporcionado por comerciantes, profesionales, sacerdotes y abogados que hablan español. La opinión de otra encuestada de nombre María, proveniente de la República Dominicana, declara: 'me gustaría que mis hijos entraran al Ejército de los Estados Unidos, porque lo que he logrado, en Chicago, se debe a mi experiencia y entrenamiento del Ejército, además de que el Gobierno de este país me financió mis estudios universitarios por haber servido en las fuerzas armadas. Hay un problema, eso sí, y es que en el Ejército les dan a los latinos las peores labores que existen. ¿Por qué debieran los oficiales norteamericanos darnos los trabajos más des-agradables solamente porque hablamos español?'.

Soldados del ejército de los Estados Unidos en Afganistán en 2007.

Otros encuestados expresan que la discriminación empieza ya en los primeros años esco-lares: 'los profesores anglos siempre discriminaron a mi hija, tal vez porque era morena de piel y no sabía bien el inglés. Los profesores le dijeron a mi hija que nunca se iba a graduar porque no era tan inteligente como los estudiantes anglos. A alguna de esta gente no les gusta que los niños de otras culturas surjan en las escuelas porque, cuando sean adultos, les van a quitar los trabajos a los niños nacidos en este país. Además, mientras más gente haya sin educación, es más posible que los exploten. Imagínense, si todos los latinos fue-ran educados, ¿quién va a lavar la ropa de los anglos, quién va a limpiar los departamentos, quién va a limpiar los excusados en lugares públicos, quiénes van a ser los jardineros?'.

Al considerar la aceptación de estos estereotipos asociados con los 'latinos', no es sor-prendente que muchos de ellos rechacen la clasificación de 'hispánicos', en especial en los formularios oficiales del Gobierno; en efecto, el valor social negativo atribuido a la homo-geneidad de tal término, se contrapone a cualquier valor positivo del concepto de diversi-dad al representarlo con un énfasis en las respectivas nacionalidades como medio de autoidentificarse. Sería necesario tomar en cuenta que, desde el comienzo de la historia de los Estados Unidos, la estructura político-social del país ha sido basada en considera-ciones étnicas y, para ilustrar este punto de vista, bastaría mencionar el elemento afroa-mericano en su sociedad.

Al mencionar este último elemento social, en Chicago, la contraposición de las masas la-borales de hispanos contra los afroamericanos creó un rumbo social nuevo en la sociedad de la ciudad. Es natural que la mano de obra afroamericana se sintiera amenazada por el advenimiento de numerosas inmigraciones hispanas. La estructura antigua de la socie-dad de la ciudad de Chicago ya no tenía sentido porque, para empezar, la presencia hispá-nica desafiaba una categorización fácil. La identidad de los grupos sociales pierde su valor pragmático cuando ya no pueden usarlos para asignar la función de estos grupos. La lógi-ca de un grupo etiquetado de 'hispánicos', que se basa solamente en una herencia lin-güística, se disuelve al tener que acomodarse a gente que o habla español solamente o únicamente inglés, o al grupo que demuestre la mayor habilidad lingüística.

Hoy en día algunos hispanos han alcanzado lugares altos en la escala social al lograr ac-ceso a posiciones bien pagadas; sin embargo y, al mismo tiempo, otras han bajado de po-sición en esta escala. Algunos de ellos se han americanizado y otros han permanecido rigurosamente apegados a su cultura natal. Algunos se identifican con la mayoría caucá-sica y otros como miembros de una minoría. Las inmigraciones no producen identidades menos significativas; sin embargo, convierten las diferencias raciales y étnicas en entida-des mucho menos manejables. Es imposible, ahora, considerar esta ciudad norteamerica-na como lo hizo el alcalde Richard Daley, padre del corregidor actual, al dividir la población entre grupos competitivos implicando que los grupos más capaces políticamente iban a sobrevivir y se esperaba que, luego, se unieran todos gracias a una identidad nacional. A pesar del éxito de esta filosofía política, resultó un sistema crudo y cruel para manejar las relaciones étnicas. Es posible asombrarse de que este sistema haya funcionado y es toda-vía más asombroso que algunos vestigios de esta política permanezcan hasta hoy. Existe la vieja creencia de que el grupo social con más poder, con mayor disponibilidad contributiva y por lo tanto más deseable, está formado por quienes esperan que los hispanos renuncien simplemente a una identificación míticamente vinculada a la norma estadounidense y sobrevivan entre los que resisten militantemente una asimilación y los que creen que los advenedizos podrían triunfar solamente alzándose para proclamar: '¡Yo soy latino!'.

Las viejas fórmulas que funcionaron tan bien con el alcalde Daley, padre, y los irlandeses fueron un producto de la historia. La integración de las etnias europeas en el flujo común de la sociedad fue el resultado de una combinación única de lo social, lo político y lo económico de las circunstancias. El 'caldero racial' de la etnia citadina fue un acontecimiento histórico y no un modelo que pudiera adaptarse a nuevos tiempos y lugares. Los patrones de la inmigración europea a los Estados Unidos, al comienzo del siglo, no podrían haberse duplicado por parte de las inmigraciones hispanas posteriores, de fines del siglo pasado.

Sin embargo, algunos de los problemas permanecen iguales. Las rivalidades étnicas de los hispanos, especialmente con los afroamericanos, todavía deben ser tratadas para evitar la violencia. Los recién llegados todavía necesitan definir su lugar en la sociedad dentro de los límites de la sociedad estadounidense. Y ahora, más que nunca, la nación debe confrontar el desafío de la pobreza que continúa de una generación a otra. El destino de las grandes ciudades puede convertirse en una fuente de trabajo y bienestar o en el origen de un fuego racial aniquilador.

Aún hoy, los afroamericanos y los hispanos compiten por trabajos, domicilios y por programas gubernamentales. La competencia se acrecentó gradualmente, casi de manera invisible, alrededor de 1980. La mayor parte de los caucásicos se hallaban fuera de esta competencia y permanecieron indiferentes, aun después de que se manifestara el potencial de redefinir la manera en que el país podía entender las diferencias étnicas. Durante la recesión de los primeros años de la década de los noventa, ambos, hispanos y afroamericanos, se dieron cuenta de que se encontraban en una batalla laboral para evitar ser asignados al último y más bajo nivel social de la sociedad estadounidense. Era una batalla en el seno del 'caldero racial' que podría convertirse en violenta, aunque ninguno de los dos grupos podría esperar una victoria total. Los afroamericanos tienen la historia de su parte y los 'latinos', el poder de los números demostrados en los censos. 'Lo que nos molesta de los latinos', expresaba un cabecilla afroamericano, es que 'actúan como si pertenecieran a nuestro país a través de la historia', mientras observaba a la congregación mixta de una iglesia católica entrar a un templo del sur de la ciudad:

'Los primeros en llegar habían sido los músicos mexicanos para instalarse para la misa celebrada en español. Llegaron con guitarras, trompetas y tambores. Luego entraron las familias completas, las parejas jóvenes entraban con dos, tres y hasta siete niños, cada una. A la hora del comienzo de la misa los hispanos que no habían logrado entrar en el templo se agrupaban ante sus portalones para forzar físicamente su entrada a la iglesia. Vendedores callejeros habían arribado con helados, bebidas gaseosas, camisas alusivas y juguetes. Parte de los asistentes debieron quedarse fuera de la iglesia para escuchar la misa por medio de altoparlantes. Mientras duró la misa y, en especial, durante las partes silenciosas del ritual, un peculiar ruido ambiental dominó los ecos de la iglesia. Se trataba de incesantes chillidos infantiles de bebés llorando, madres reprimiendo a sus vástagos ambulantes y niños de mayor edad corriendo por los pasillos entre las naves del templo. Mientras se leía el Evangelio, la temperatura del ambiente comenzó a subir y el aire del interior se empapó de un olor húmedo como en cualquier otra aglomeración humana, en un recinto cerrado'.

'Un día se trató de unos pocos de ellos y eso no fue tanto tiempo atrás pero, ahora, son la mayoría', expresó el creyente afroamericano, 'y ahora controlan la iglesia hasta el punto de que se dice la misa en español y los que no hablamos tal lengua debemos adivinar nuestra participación en la misma, lo que nos parece agobiante. Durante los días de las celebraciones de fin de año, los creyentes deben separarse en dos grupos e, incluso, celebrar dos servicios religiosos diferentes porque no caben todos los asistentes, contando a los advenedizos, durante los servicios especiales de fin de año. Aún así, ambas congregaciones se dividen en dos grupos separados y se agrupan en las correspondientes naves de la iglesia. El párroco ha tratado de convencer, a los dos grupos, de integrarse indiscriminadamente en un grupo de razas mixtas dentro de la congregación, pero la idea no ha dado resultado hasta ahora'. El grupo afroamericano se ha resistido a la idea de que los 'latinos' hayan apostado una imagen de la Virgen de Guadalupe en uno de los murallones interiores de la iglesia, pero sin resultado. El párroco expresó que 'mientras más imágenes, mejor...'. Es curioso notar que, según el párroco, ambos grupos batallan contra la pobreza y no aceptan la idea de que mientras mayor sea el grupo de los creyentes que protesten ante las autoridades políticas, mayor sería el poder e influencia de la protesta.

Por otra parte, los dirigentes gremiales afroamericanos se dieron cuenta de que, mientras ellos se empeñaban en protestas públicas para exigir, por lo menos, una porción de los trabajos disponibles, los hispanos ocupaban tales trabajos, además de los asignados a ellos con anterioridad. Estos cabecillas afroamericanos decidieron que, tal vez, no era procedente atacar públicamente a sus rivales hispanos, pero insistieron en hacer énfasis en que las manifestaciones callejeras evidenciaban las tensiones sociales entre ambos grupos.

Para los hispanos recién llegados, los trabajos con horarios que excedían la legalidad y con menores salarios todavía significaban un progreso con respecto a las condiciones de trabajo en sus países de origen. Para los afroamericanos, estas condiciones significaban dolorosos recuerdos de la esclavitud sufrida por sus padres y abuelos. Todavía sentían las injustas discriminaciones raciales sufridas y el hecho de que se vieron forzados a aceptar ocupaciones para las que estaban más que calificados. Los dirigentes gremiales afroamericanos declararon a los diarios que 'los latinos eran gente muy agresiva'; su motivación para aceptar cualquier trabajo era que provenían de crueles hambrunas en sus países de origen y llegaron a decir, incluso, que 'los latinos llegan al país con el deseo de ser aceptados por los patrones y que estos cedían a la supresión de garantías laborales logradas anteriormente para quedarse con los trabajos disponibles'. Es el sistema social el que está rechazando a un grupo racial y aceptando a otro, por meras razones monetarias, sin prestar atención a la calidad del producto o al prestigio logrado, antes, por los patrones, gracias al trabajo esmerado de los trabajadores anteriores. Por lo demás, es un hecho que los estadounidenses prefieren trabajar con aquellos que dominen la lengua local.

Cuando los afroamericanos se ven desplazados de las ocupaciones asignadas a los hispanos, que están recién llegados al país y no saben inglés y que, tal vez, no residan en el país legalmente, se sienten naturalmente defraudados. Tal resentimiento se desarrolla hacia algo más negativo y poderoso cuando los afroamericanos sospechan que los hispanos son usados por los patrones para ejercitar un racismo caucásico, ya que los advenedizos no son contratados porque sean mejores trabajadores o estén mejor formados, sino sencillamente porque no son de piel africana. En editoriales periodísticos y cartas a los diarios de la época, se informaba de que los gremios afroamericanos estaban tratando de excluir a los hispanos y que, cuando los patrones contrataban a estos últimos, era posible que sus productos o servicios pudieran bajar de precio, por ser la mano de obra más barata. A la vez, los cabecillas 'latinos' declaraban que la demografía de la ciudad estaba cambiando y que un mayor número de 'latinos' presentes en la ciudad les concedía el derecho a tener más ocupaciones disponibles. Además, los hispanos trataron de reposicionarse en el mercado laboral de manera que terminaron más cerca del lado privilegiado del sector patronal, porque no tenían todavía sindicatos fuertes y organizados como los afroamericanos. Esto puede observarse al examinar los textos de los discursos políticos y de los cabecillas 'latinos'.

A manera de conclusión, sería posible decir que mientras miles de hispanos que han llegado a Chicago han terminado en los barrios bajos de la ciudad, otros tantos se han desplazado hacia el norte del país, víctimas de la discriminación en Nueva York, California y otros estados. Los únicos miembros vitales de una cultura mixta o de una dinámica cultural fueron los primeros colonos hispánicos que crearon las primeras ciudades del país. La esencia del *spanglish* proviene de los desplazamientos: quinientos años atrás el flujo hispano fue forzado hacia el oeste del país; hace cien años fue desplazado hacia el norte, y hoy no tiene adonde ir excepto hacia adentro, de forma centrípeta. En el seno de la sociedad estadounidense, obsesionada por el aumento de las telecomunicaciones, protegiéndose, inmersos en un lenguaje que controla las comunicaciones del mundo, dentro de los ritmos sociales norteamericanos. Mientras la cultura hispana es desplazada, el norte y el sur del país convergen.

Sin embargo, la continua importación de mano de obra hispana es crucial para la economía de hoy porque reduce los costos de este factor financiero hasta el punto de que el capitalismo estadounidense está dispuesto a invertir millones de dólares para lograr como resultado un alto beneficio económico. Las crisis económicas y el desgobierno de muchos países hispanohablantes también contribuyen al flujo de los inmigrantes hacia Norteamérica. Además, la exposición constante al estilo de vida norteamericano, a través de la televisión y la industria fílmica, ha creado cambios sociales enormes en Hispanoamérica. En general, este efecto ha sido híbrido: las actitudes estadounidenses, el divorcio, el estilo de vida homosexual y lesbiano, o el *punk-rock* son agregados, más que reemplazados, a las entidades tradicionales hispanas como la iglesia, la música tradicional y el idioma.

El futuro

La buena noticia acerca del futuro de la presencia hispana en Chicago es que el universo de pandillas callejeras y la negligencia familiar han disminuido en los últimos años, aunque no tanto como se podría esperar. Además, la actitud hacia el antiguo código del machismo ha cambiado. Los hispanos que emigraron a los Estados Unidos cuando eran niños, o quienes han nacido en el territorio estadounidense, tienden a no ser tan machistas como sus padres y están dispuestos a aceptar responsabilidades familiares. A la vez, la población de mujeres hispanas radicadas en los Estados Unidos por más de diez años tiende a rechazar el papel estereotipado que les era asignado años atrás. En una transformación que, deseablemente, combine lo mejor de las familias hispanas con el sentido de libertad individual que la sociedad estadounidense ofrece, este ideal podría convertirse en un 'matrimonio' entre Hispanoamérica y los Estados Unidos.

III EL ESPAÑOL DE LOS ESTADOS UNIDOS

Caracterización del español patrimonial

Francisco Moreno Fernández

Introducción

El devenir de la lengua española en los Estados Unidos de América ha sido históricamente muy complejo. Esto es así porque las condiciones demográficas, económicas, geográficas, sociales y lingüísticas que ahí se han dado cita no se encuentran por igual en ninguna otra latitud del mundo hispanohablante. En el actual territorio de ese país, el español ha tenido una presencia continuada desde el siglo XVI hasta nuestros días, pero de hecho tal continuidad solamente puede evocarse en términos muy genéricos porque la lengua española no ha disfrutado de una evolución socioeconómica lineal, ni de una geografía compacta, ni de una demografía estable, ni de unas referencias sociolingüísticas constantes a lo largo de la historia. Todo ello ha operado y se ha manifestado de un modo tan discontinuo que hace imposible explicar con brevedad por qué este español es como es en la actualidad. Por esta razón, no resulta descabellado proceder mediante aproximaciones parciales, con la seguridad de que las partes atesoran un gran valor intrínseco y lo aportan a la configuración del panorama general.

El objeto que estas páginas abordan tiene que ver con el español más antiguo, con el que más larga presencia ha tenido en el pasado, aunque probablemente sea el que menos consistencia geográfica y demográfica tenga en el presente. Este español ha recibido varias denominaciones: Lope Blanch lo llamó 'español tradicional'; John Lipski se refiere a él como 'español vestigial'. Aquí hablaremos de 'español patrimonial' por pertenecer a los Estados Unidos por razón de sus antepasados, el español histórico de Nuevo México, Colorado, Arizona, Texas y Luisiana.

Para conocer los entresijos del español patrimonial es preciso delimitar el espacio y el tiempo en los que se ha manifestado y, seguidamente, proceder a su caracterización lingüística y sociolingüística, a partir de los estudios realizados desde la lingüística hispánica. Entre ellos, resultan de especial utilidad, por su cantidad y modernidad, los materiales aportados en la obra *El español en el Sur de los Estados Unidos,* de Manuel Alvar (2000), materiales recogidos entre 1990 y 1996 sobre cuestiones fonéticas, morfológicas, sintácticas y léxicas. Pero también resultan valiosísimas otras fuentes de información. Algunas de ellas son anteriores a la constitución del estado de Nuevo México (1912), como el conocido estudio de Aurelio M. Espinosa, publicado a partir de 1909; otras fuentes nos explican qué procesos han experimentado estas hablas patrimoniales en las últimas décadas. Entre esos procesos cabe incluir hasta la disolución de estas variedades. ¿A causa del inglés? Así es, pero también por la dinámica sociolingüística de la propia lengua española. Veamos cómo ha sido la historia.

Historia y geografía del español patrimonial de los Estados Unidos

Es una realidad que la lengua española llegó al territorio de los Estados Unidos en 1528, cuando el inefable Álvar Núñez Cabeza de Vaca comenzó en la Florida un largo viaje de exploración que concluiría ocho años después en Culiacán, ya en México. Era esta la primera expedición española que recorría el sur del país actual. Para explorar la costa de la Florida, Pánfilo de Narváez partió por mar desde Tampa, con la mala fortuna de que un huracán hizo naufragar la expedición, de la que solo sobrevivieron Cabeza de Vaca, un africano llamado Esteban y dos más (Obregón, 1584: 177-179). El pequeño grupo se adentró en el desierto desde la costa y fue recorriendo tierras de Texas (por la zona de las actuales Austin y San Antonio) y de Nuevo México (actual El Paso), hasta llegar a Culiacán (Udall, 1987: 49 y sigs.). En el camino, fueron encontrando indicios que parecían dar visos de realidad a la leyenda de las siete ciudades de Cíbola, aliciente que llevó a organizar las expediciones de Francisco Vázquez de Coronado a partir de 1540.

Los siglos XVI y XVII: las bases lingüísticas

La primera presencia del español en estas tierras norteamericanas constituye un período que se cierra en 1597, coincidiendo con el inicio de las expediciones de Juan de Oñate (Villagrá, 1610; Bolton, 1916; Kessell, 2002). En lo que se refiere a la configuración del español patrimonial, sin embargo, no puede decirse demasiado de esa etapa. En realidad, la llegada de hispanohablantes, aunque cargada de simbolismo, fue mínima y del todo punto insuficiente para crear una nueva comunidad de habla. Sencillamente, ese español 'norteamericano' del siglo XVI no fue más que la suma de las modalidades lingüísticas de los exploradores, marinos y soldados que fueron llegando a la región, unos de Castilla (como Narváez), otros de Andalucía (como Cabeza de Vaca) o de lugares diferentes. Ello no niega que se produjeran hechos lingüísticos relevantes.

Desde el punto de vista comunicativo, este período tiene dos aspectos de singular interés. Uno de ellos es el de la interacción con los indios, que debió ser por medio de señas y otros signos, como las pinturas, plumas y cascabeles que utilizaba el negro Esteban, que también viajó con Coronado y que ante los nativos representaba el papel de chamán de los expedicionarios. Las dificultades comunicativas se debieron al hecho de no contar con intérpretes (lenguas) en los primeros contactos, así como a la heterogeneidad lingüística del territorio: Cabeza de Vaca llegó a comentar las mil diferencias que había entre las lenguas de los indios que encontró en su expedición por Texas y Nuevo México (Cabeza de Vaca, 1542; Martinell, 1992: 157).

El segundo aspecto comunicativo de interés fue la supuesta concreción del mito de Cíbola, especialmente por boca y pluma del fraile franciscano Marcos de Niza, mito que se derrumbó por completo ante los testimonios de Coronado. Una frase de López de Gómara lo resume muy bien: 'Las riquezas de su reino es no tener que comer ni que vestir, durante la nieve siete meses' (1552: 304). Un factor que contribuyó a la verosimilitud del mito, portugués en su origen, fue el hecho de que entre los aztecas existiera también una leyenda que hablaba de antepasados que habían habitado siete cuevas (Ramírez Alvarado, 1998: 6). Los indígenas americanos pudieron hacer referencia a ello en sus rudimentarias interacciones con los españoles, pero no puede decirse que esos intercambios comunicativos supusieran la existencia de una comunidad lingüística establecida, ni que existiera un proceso de difusión de la lengua española. Aún no. El carácter incipiente y testimonial de ese primer español de la zona queda bien reflejado en una manifestación lingüística que, por otro lado, representa el fin del período de expediciones y el inicio del de asentamientos. Se trata de la más antigua inscripción que se conserva del español —y de una lengua europea— en América: es de 1605, se localiza en 'El Morro' y reza, con un tono que se antoja poco original: 'Pasó por aquí el adelantado don Juan de Oñate'. Por allí pasó y con él, su lengua española.

Con todo, si la historia política del español en tierras de la *Nueba Mexico* arranca ya en el siglo XVI, su historia social y sociolingüística no se inicia hasta que comienzan a establecerse grupos de población con visos de permanencia, por escueta que fuera su dimensión. Efectivamente, a finales del XVI y principios del XVII se inicia el levantamiento de pequeños poblados o rancherías en el territorio del actual estado de Nuevo México, principalmente entre las ciudades de Socorro, en el centro, y de Taos, al norte, con la referencia principal de Santa Fe, fundada entre 1607 y 1610, desde donde se gobernó la región. El primer asentamiento fue la Colonia de San Juan, creada en 1598 por Juan de Oñate, que también fue el primer gobernador de Nuevo México. Esa zona es el corazón del territorio donde, durante siglos, se ha venido utilizando el español patrimonial, el más antiguo, de los Estados Unidos. Sus límites alcanzaron las tierras de Colorado al norte, de Arizona al oeste y de Texas al sur. La población del territorio de Nuevo México a lo largo del siglo XVII apenas llegó a superar los 2.000 habitantes. Se tienen noticias de que, en 1680, el número de españoles era de 2.400 (McWilliams, 1990: 70; Navarro García, 1978).

mapa 1 **Estado de Nuevo México, con indicación de condados**

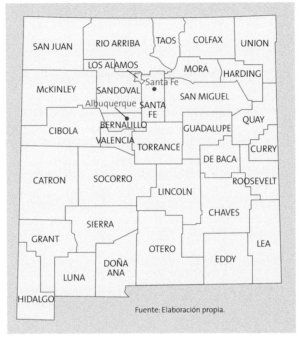

Fuente: Elaboración propia.

Pero, más interesante que el número de hablantes, a efectos lingüísticos, es la procedencia de esos hablantes y las condiciones de uso de su lengua. En lo que se refiere a la procedencia de los primeros expedicionarios, hay que hablar de soldados y colonos llegados de diferentes regiones de España y también de América: Oñate, por ejemplo, era natural de Zacatecas, aunque de ascendencia vasca. El grupo llamado 'la expedición de Oñate' estuvo formado por más de 300 personas, originarios de los lugares que se especifican en el cuadro 1, aunque no existe una información completa sobre la procedencia de todos ellos (Hammond y Rey, 1953).

cuadro 1 **Componentes de la expedición de Juan de Oñate**

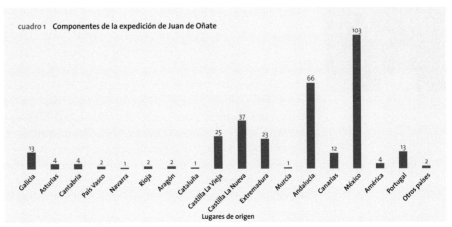

Un somero análisis del origen de los acompañantes de Oñate nos revela que existía un grupo bien nutrido de americanos, especialmente mexicanos de segunda generación (nacidos en México y en Zacatecas, sobre todo). La mayoría de los hombres de Oñate eran, sin embargo, españoles y junto a ellos viajaba un pequeño grupo de portugueses (13), además de un griego y un flamenco. Es posible que entre estos expedicionarios surgieran pobladores de los primeros ranchos de Nuevo México y por eso merece la pena prestar atención a su perfil lingüístico. Siendo mayoría los españoles, es necesario atender a su región de origen para alcanzar alguna conclusión lingüística. Así, se aprecia que cerca de un 70% de los nacidos en España procedían de regiones en las que era —y sigue siendo— generalizada la distinción s/θ (*casa/caza*); por otro lado, un tercio de los españoles eran de regiones lingüísticas de fonética innovadora, con debilitamiento o pérdida de las consonantes en posición final de sílaba o entre vocales. En cuanto a los oriundos de América, es difícil saber hasta qué punto su forma de hablar se había alejado de la lengua de sus padres nacidos en España: más que probablemente los habría, por ejemplo, seseantes, como también los habría distinguidores de s/θ.

Al considerar estos expedicionarios en su conjunto, se aprecia que había algo más de un tercio de hombres con una forma de hablar que podríamos caracterizar como 'castellana norteña' (sin seseo, con consonantismo sólido); junto a ellos, otro tercio sería usuario de la incipiente variedad del español mexicano y algo menos de un tercio tendría una fonética de corte andaluz occidental-canario. En estas circunstancias lingüísticas, las primeras poblaciones hispanohablantes de Nuevo México probablemente hicieron uso de un español con diversidad de soluciones, especialmente fonéticas, y en la que convivían usos más tradicionales con otros más innovadores. Estrictamente hablando no sería adecuado afirmar que la lengua de estos colonos era el castellano rural llevado por los españoles, puesto que su extracción dialectal era diversa y la castellana era una más de las manejadas por los expedicionarios. Es una realidad, sin embargo, que algunos de los rasgos lingüísticos que acabaron asentándose y caracterizando estas comunidades eran propios de las hablas castellanas más conservadoras. Tal hecho necesita de una explicación porque, cuando en una comunidad se dan cita hablantes de diverso perfil dialectal, las soluciones que acaban imponiéndose suelen ser las más innovadoras y simplificadoras: pensemos en lo que ocurrió en la urbe sevillana, por la convivencia de gente llegada de muy diversos lugares. Este podría haber sido el caso de las primeras comunidades hispanohablantes de Nuevo México y en gran medida fue así, pero no del todo. Y no lo fue por tres razones principales: primero, por la importante proporción de hablantes de modalidad conservadora castellana; segundo, por el propio prestigio de las hablas castellanas, heredado de lo que ocurría en la Península; y, en tercer lugar, por el relativo aislamiento en que vivió esta población, alejada de las grandes rutas de intercambio y comunicación del mundo hispanohablante. Ello no es óbice, insistimos, para que estas hablas reflejaran de modo importante soluciones innovadoras, consecuencia de la presencia de hablantes americanos, andaluces y canarios, así como de la convivencia de usos de origen distinto.

Pueblos indígenas.

Otro interesante aspecto lingüístico de los primeros asentamientos tuvo que ser la convivencia con los pueblos indígenas del territorio. La propia expedición de Oñate ya iba acompañada de indios mexicanos que realizaban labores de reateros, pastores, porteadores y ayudantes de campo, pero en las tierras novomexicanas coexistieron con otros grupos, como los indios pueblo o los navajos, y también con los nómadas comanches, apaches y utes. La mezcla con la población autóctona fue habitual prácticamente desde los primeros momentos de la colonización, lo que desembocó tanto en una hibridación biológica como en una paulatina difusión del español. A su vez, en la medida en que la lengua española extendía su uso, comenzó a conocerse en ella la penetración de voces indígenas. Buena parte de estas voces procedían del uto-azteca, emparentado con el náhuatl mexicano, cuyas variedades se extendían hasta el territorio de Nuevo México, Arizona y Colorado.

El siglo XVIII: la expansión geográfica

Sin duda alguna, la construcción del español patrimonial solo se vio consolidada a partir del siglo XVIII. Una de las razones de ello fue la llegada de nuevos colonos, procedentes tanto de España como de la América española. Al mismo tiempo, la geografía del español fue ampliando sus límites y ocupando nuevos espacios, como California, el sur de Texas o varios enclaves de la Luisiana; y, además, Nuevo México experimentó algunos cambios sustanciales en su situación sociolingüística. Fue así como quedaron sentadas las bases fundamentales del español que ha pervivido en el sur de los Estados Unidos hasta los comienzos del siglo XXI.

Continuando con la situación de Nuevo México, en 1680 se produjo un acontecimiento de gran importancia para la vida social de las lenguas: el levantamiento de los indios pueblo, con el liderazgo de Popé. Este levantamiento condujo a la expulsión de la población española de los asentamientos de Nuevo México, que estuvo ausente de estas tierras hasta 1692, fecha en la que Diego de Vargas recuperó para España la ciudad de Santa Fe y en la que regresaron muchos de los antiguos pobladores, que en 1706 fundaron San Francisco de Alburquerque, actual Albuquerque. Puede suponerse que la extracción lingüística de estos repobladores no sería muy diferente de la de los colonos que sufrieron la expulsión, si no era idéntica, dado que el período de excepción duró solamente 12 años.

Tras la reinstalación de los colonos hispanohablantes, que vino acompañada de la fundación de nuevos enclaves, la población experimentó un crecimiento que la llevó de unos cuantos centenares a los 3.500 habitantes en 1750 y a los 42.000 en 1822. En este período fue decisiva la creación de una red de vías comerciales que tuvieron en Santa Fe uno de sus centros neurálgicos. La más antigua de estas vías fue el Camino Viejo de Tierra Adentro, abierto desde la expedición de Oñate, que unía las ciudades de México y Zacatecas con Santa Fe. Por esta vía llegaron de México nuevos colonos y arribaron frailes y religiosos que fundaron misiones en Nuevo México, Texas o California. Este camino, sin embargo, no afectó sustancialmente al hecho de que Nuevo México fuera un territorio apartado y al margen de los grandes intercambios comerciales y culturales de la América española del siglo XVIII (Garrido, 2001).

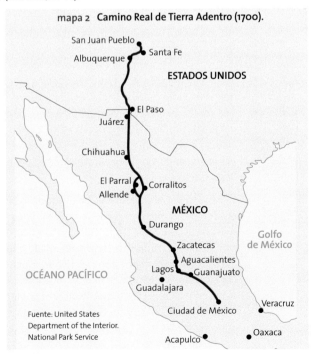

mapa 2 **Camino Real de Tierra Adentro (1700).**

Por esa misma razón, los contactos con los indígenas siguieron siendo decisivos para la vida social del territorio. Las relaciones con los indios se produjeron en varios niveles y supusieron un curioso juego de influencias entre las lenguas indígenas y la española. Parece claro que la cercanía de los indios a las misiones tuvo que favorecer el aprendizaje del español: los indios papaya colaboraron en la fundación de la ciudad de Béjar, en Texas (Alvar, 1991: 255); muchos de los indios eran bautizados en las misiones e incluso ocurría que los nombres de las tribus se atribuían según la misión que tenían más cerca: los diegueños, por ejemplo, eran indios asentados cerca de la misión de San Diego de Alcalá, en California (Woodward, 1967).

El aprendizaje del español, o, como mínimo, su fuerte influencia sobre las lenguas indígenas, no contraviene otra realidad evidente: el método misional de los franciscanos y de otras órdenes disponía el aprendizaje de las lenguas de los indios, para hacerles llegar más fácil y directamente el mensaje del Evangelio (Abad Pérez, 1992: 94-95). En ese aprendizaje fue decisiva la intervención de los intérpretes y traductores, bien por su conocimiento del español, bien porque sabían alguna otra lengua indoamericana también conocida previamente por los frailes. Esto venía a favorecer de nuevo la influencia de las lenguas indígenas sobre el español de la zona. Ahora bien, el gran problema que se les presentaba a los frailes en la ejecución del método misional era la multiplicidad de lenguas indígenas. Baste como muestra la mención apresurada de algunas lenguas de Nuevo México y de su entorno inmediato: los indios pueblo utilizan varias modalidades, pertenecientes a la familia uto-azteca (tewa, tiwa, towa, keres y zuñi, o zuni); las variedades apaches pertenecen a la familia nademe (atapaskana) y, dentro de esta tribu, se distinguen cuatro grupos (mescaleros, jicarillas, chiricahuas y *white mountain*); también pertenece a la familia nademe el navajo; mientras que el comanche, hablado algo más al este, es de la familia uto-azteca (Wissler, 1989; Weaver, 1992; Kanellos y Esteva-Fabregat, 1993-1994: 41-52).

En general, los contactos de la población hispana con los apaches, los navajos y los comanches son bastante antiguos, pero están basados en una relación de rivalidad y de pillaje, para los que fue determinante la incorporación del caballo europeo: en 1837, los comanches todavía hacían rapiña en los asentamientos hispanos. Es probable que, en tales circunstancias, la penetración de la lengua, al no estar basada en una convivencia cotidiana, dificultara el juego de influencias entre el español y las lenguas indígenas, pero el caso es que tanto la lengua de los pueblos, como las de los navajos y los apaches acabaron incluyendo préstamos del español. Es más, dada la lejanía lingüística entre las diversas lenguas indias y, sobre todo, entre estas lenguas y el inglés, no es descabellado pensar que el español pudiera servir, en distintos momentos de los siglos XVII al XIX, como lengua franca entre los indígenas. Sí es segura su incorporación a la fisonomía toponímica del territorio: Sierra Blanca, Santa Rita, Las Cruces, Hondo, Carrizozo, Socorro, Santa Clara, Peloncillo *mountains*, Río Grande, Sangre de Cristo *mountains*, Magdalena, Los Álamos, Tierra Amarilla, Mosquero, Portales, Ratón, Manzano *mountains*, San Andrés *mountains*, El Paso, Truchas.

La historia social del español en el sur de los Estados Unidos se completa con lo ocurrido en los territorios sureños de Texas y en la Luisiana. El sur de Texas fue progresivamente poblado a lo largo del siglo XVIII con familias llegadas de España y de México. En realidad, este territorio fronterizo estuvo vinculado a la provincia mexicana de Nuevo Santander y allí se fueron estableciendo rancherías, muchas de ellas de carácter familiar. Texas conoció también la creación de nuevas misiones, la fundación del presidio de San Fernando de Béjar, en 1718, en el centro de Texas, y el poblamiento de la orilla del río San Antonio; este último fue autorizado, mediante real cédula de 14 de febrero de 1729, a 400 familias procedentes de las Islas Canarias, de las que solo llegaron 15 y un total de 56 personas, usuarias de un modo de hablar canario. Así se fundó la actual ciudad de San Antonio de Texas

(Jiménez, 1993-1994: 248). Como en Nuevo México, la toponimia es testimonio bien elocuente de la fundación de núcleos texanos hispanohablantes: Agua Dulce, Cuevitas, Dolores, El Sauz, Los Olmos, Los Sáenz, Palito Blanco, Peñascal, San Diego, San Ignacio, San Juan, San Luis, Zapata.

Y todavía en Texas, pero en la frontera con Luisiana, se produjeron asentamientos de gente llegada desde México, con su modalidad lingüística característica, y que se establecieron en caseríos cerca del río Sabinas, tanto en el lado del actual Texas (Moral), como en el de Luisiana (Zwolle, Noble, Spanish Lake). Estos pobladores reciben el nombre genérico de *adaeseños* o *adesanos*, por ser Los Adaes una de las colonias destacadas. Aún hoy existen hablantes de español continuadores de esa pequeña comunidad hispanohablante (Armistead, 1991; Lipski, 1996). Por la naturaleza de las poblaciones texanas del siglo XVIII, formadas unas con gente llegada de México, otras con la aportación de contingentes españoles de diferente perfil dialectal, cabría esperar que el español patrimonial hablado en Texas hasta la frontera con Luisiana fuera un español de soluciones variadas, muy influido por las hablas del norte de México, pero con el uso conservado de rasgos lingüísticos de origen español.

En el territorio de Luisiana, llama la atención el caso de la población hispanohablante de la parroquia de San Bernardo, situada al este de Nueva Orleans. Su origen estuvo en los colonos canarios llegados allá a finales del siglo XVIII, desde 1762 hasta 1797, y que recibieron el nombre de *isleños*. Como ha explicado Alvar (1996: 97-98), el reclutamiento de esas gentes se hizo en Tenerife (45%), Gran Canaria (40%), Lanzarote, La Gomera y La Palma (15%). Lo llamativo de esta colonia estuvo en la situación de aislamiento que los descendientes de aquellos canarios vivieron durante siglos y que contribuyó, junto a pequeñas aportaciones de población posteriores, a la conservación de unas características lingüísticas de procedencia canaria. Los pantanos hicieron posible el milagro de que el paso de esas tierras a manos francesas, primero, y estadounidenses, después, no impidiera la conservación de unas hablas canarias que son reconocibles prácticamente hasta la actualidad. Ya no son perceptibles en cambio las hablas canarias que llegaron a otras parroquias del interior de la Luisiana (Lipski, 1996: 465). Estas hablas eran seña de identidad de unos pobladores llamados *brulis* o *brules*, por habitar zonas de monte cuya maleza era quemada regularmente (*terres brulées*). Esta población hispanohablante, menos aislada que los isleños, enseguida fue rodeada por colonias francesas y, después, anglohablantes, lo que hizo imposible que el uso del español sobreviviera hasta el siglo XX (Armistead, 1991).

El panorama histórico y geográfico de las comunidades hispanohablantes del sur de los Estados Unidos presenta una población concentrada principalmente en torno al territorio de Nuevo México (Gerhard, 1986). Lingüísticamente, esa población es heredera, en buena medida, del origen español castellano de sus primeros pobladores, aunque también las hablas mexicanas participan de sus elementos constitutivos. El territorio de Texas experimentó un poblamiento de frontera, recibiendo gente de origen diverso, aunque principalmente mexicano. El español más característico de Luisiana, sin embargo, tiene un claro origen español, por ser canarios los que respondieron a la llamada del rey para habitar estas tierras. En el siglo XVIII eran una minoría dentro de esa región, pero los protegía su casi inexpugnable aislamiento. De todo ello existen hoy testimonios vivos. Naturalmente que también hubo población española en California y en la Florida, pero no queda rastro hablado. En California, la fiebre del oro, en el siglo XIX, dejó al español que habían llevado los españoles en un estado de debilidad al borde de la desaparición. A pesar de ser el primer territorio explorado por españoles y de ser punto de partida de la expedición de Narváez y Cabeza de Vaca, lo cierto es que la Florida no llegó a tener una importante población hispanohablante estable, dificultada también por la presencia política y militar de franceses y británicos en su territorio.

Como se desprende del cuadro 2, la población conocedora de español en el sur de los Estados Unidos durante el siglo XVIII pudo alcanzar los 100.000 hablantes, entendiendo que no todos los pobladores debían tener el español como lengua materna. En el caso de Luisiana, por ejemplo, las publicaciones bilingües llegaron a ser a menudo una necesidad de comunicación, primero para las comunidades hispano-francesas y más tarde para las poblaciones donde vivían hispanos y angloamericanos (Kanellos, 2002: XIII).

cuadro 2	Población estimada de las colonias del sur de los Estados Unidos entre 1776 y 1800.
Florida	15.000
Luisiana	30.000
Texas	10.000
Nuevo México	25.000
Arizona	5.000
California	15.000
Total	100.000

Fuente: J. Hernández, en la ed. de Félix Padilla a *Handbook* (Kanellos y Esteva-Fabregat, 1993-1994: 18).

Desde una perspectiva social, esa población de 100.000 habitantes estuvo estructurada en torno a dos parámetros cruzados que tuvieron un correlato claro con los usos lingüísticos de aquellos pobladores. Los parámetros a que se alude son el étnico y el socioeconómico. Desde el punto de vista étnico, muy pronto se hizo evidente en las nuevas tierras la distinción entre españoles y españoles criollos, por un lado, mestizos, coyotes y mulatos, por otro, y, finalmente, indios. Los primeros hacían uso exclusivo de la lengua española; los segundos podían conocer alguna lengua indígena, aunque en ellos predominara el uso del español; los terceros, más que probablemente, hacían un uso limitado de la lengua española, cuando la conocían. Desde el punto de vista socioeconómico, la población se dividió muy pronto —sobre todo en la zona de Nuevo México— entre dos clases principales: los 'ricos' y los 'pobres' (McWilliams, 1990: 71-72).

La clase de los ricos estuvo formada por los de origen español o más claramente español; en definitiva, los de piel más clara: ellos eran los que acumulaban los privilegios y la capacidad de regulación de la vida social, aunque su número fuera muy inferior. El aislamiento del territorio hasta el siglo XIX favoreció esta fractura social, que se proyectó en la conservación del español patrimonial y en el prestigio de la variedad lingüística de las familias de mayor peso en la zona, vinculadas a los primeros colonos de origen español.

El siglo XIX: la llegada del inglés

La independencia de México (1821) y la firma del Tratado de Guadalupe Hidalgo entre México y los Estados Unidos (1848) fueron dos hechos políticos de gran trascendencia para el devenir de la lengua española en los territorios del sur. La independencia de España supuso el refuerzo de las vías de comunicación con México y la consecuente llegada de nuevos colonos hispanohablantes. Durante el siglo XIX, también adquirieron una importancia singular la ciudad de Tampa y el Key West, en la Florida: Tampa se desarrolló con la llegada del ferrocarril y hasta allá viajaron pobladores cubanos y españoles, mano de obra que acudió con sus respectivas modalidades lingüísticas: la española dejó una huella todavía apreciable a mitad del siglo XX (distinción de s/θ; distinción de λ/y, velar sorda [x]) (Canfield, 1981: 81); en el Key West se montó a mediados de siglo una industria tabaquera que concitó el interés económico de muchos cubanos. Asimismo, el español debió de ser lengua vehicular en la efímera República de Texas (1836-1845) y no sería extraño que los sitiados en El Álamo hubieran expresado sus miedos en español. Hacia el otro extremo del territorio, la apertura del Camino Viejo Español tuvo una singular repercusión socioeconómica. Esta ruta, que unía Santa Fe con Los Ángeles, se inició alrededor de 1829 para el comercio de bienes de primera necesidad y de ganado y debió contribuir a la consolidación del español como lengua vehicular del oeste. Asimismo, la introducción de la imprenta en Texas (1812), California (1834) y Nuevo México (1834) fomentó un mercado de publicaciones en español que reflejaba un uso consolidado de la lengua en todos los ámbitos sociales. En ese momento, el español era lengua de uso generalizado en todo el sur.

mapa 3   Camino Viejo Español (1830) y Camino de Santa Fe (1821).

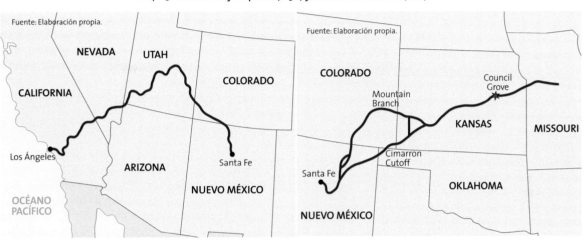

La cesión del sudoeste a los Estados Unidos en 1848 comenzó a esbozar el perfil lingüístico más reconocible en la actualidad. En un primer momento, la firma del Tratado de Guadalupe Hidalgo tuvo como consecuencia una nueva expansión de la población hispana, hasta alcanzar los 60.000 hablantes (Abott, 1976: 38), favorecida por la pacificación de los grupos indios y por unas condiciones económicas que alentaban la colonización. Fue en esta época cuando comenzaron a consolidarse las tres identidades generales de los hispanos en esas tierras, reflejadas en sus dimensiones social, cultural y literaria: los nativos, los inmigrantes (sobre todo mexicanos) y los llegados de otros países en condiciones de exiliados (Kanellos, 2002: xv). Por otra parte, como explican Vigil y Bills (2002), con el aumento de la población hubo que encontrar nuevas tierras agrícolas: el primer asentamiento hispanohablante en San Luis se produjo en 1851. Y el aumento de la población vino acompañado de la apertura de rutas comerciales francas desde México a los Estados Unidos, olvidando el viejo control que la ciudad de Chihuahua ejercía sobre el Camino Real.

La llegada de nuevos colonos hispanohablantes a lo largo del siglo XIX se vio contrarrestada por la avenida de población estadounidense hablante de inglés, primero por razones militares (guerra con México, sometimiento de los indios), después por razones comerciales. El Camino Viejo Español vino a unirse a la ruta llamada Camino de Santa Fe, que comunicaba esta ciudad con Misuri y por la que comenzó a afluir mucha población anglohablante. En 1859, se inició la fiebre del oro, con la consiguiente llegada de buscadores al estado de Colorado. A partir de aquí la prevalencia del inglés comenzó a hacerse notar con claridad en todo el sudoeste. Las vías para la llegada de los anglicismos al español de la zona estaban ya abiertas y su entrada era síntoma del ataque cultural, económico y político de los 'fuereños' contra la comunidad hispana tradicional. Esto llevó a la aparición de un periodismo nacionalista en español que hizo suya la empresa de combatir el mito anglosajón de la 'civilización' del 'Wild West'. Los periodistas nativos asumieron la imagen de una civilización europea introducida por los españoles durante el período colonial, frente al mito que presentaba a los anglosajones como pueblo pacificador de los 'bárbaros' del oeste y explotador de sus recursos naturales gracias a los instrumentos de una cultura 'superior' (Kanellos, 2002: xxiii).

Con relación a los contactos militares entre México y los Estados Unidos, es curioso advertir que los soldados estadounidenses se tuvieron que enfrentar al problema de hablar español y aprendieron palabras que incorporaron a su idioma (*cigarritos* > *cigarrettes*), dando el nombre de 'lingo' al resultado mezclado de sus escarceos comunicativos. Un oficial voluntario de Illinois describía así sus problemas con un nativo y su hija (Ochoa, 2001):

> When at fault for a word I take an English one & give it a Spanish ending & pronunciation & make a salaam or two... If that don't go, I throw in a word or two of Latin & French, & occasionally a little German , & conclude with 'Senora' or 'Senorita'. Thus I generally suceed in calling up a smile, & a gentle 'Si senor'... then they let loose a torrent of Castillian on me, & I stand & look knowing, & say 'Si Senorita' when I've no more idea of what they are saying than if Moses was talking to me in his native tongue[1].

Finalmente, más cerca de nuestros días, la existencia del español patrimonial durante el siglo XX se ha caracterizado por una doble y contrapuesta corriente. Por un lado, en 1912, Nuevo México y Arizona pasaron a ser estados de la Unión y, como consecuencia de ello, las instituciones —incluida la escuela y la iglesia— han ido minando la tradicional presencia hispánica hasta reducirla a unos límites exiguos. Basten unas cifras elementales: en 1850, la mitad de la población de Nuevo México hablaba español; en 1905 se mantenía esa proporción; en 1915, el 75% de los maestros hablaba y enseñaba en español y el 60% de los educadores no hablaba ni entendía el inglés; en 1921, el 26% de los pobladores de Arizona eran ciudadanos de México (Salado, 1930); en 1970 la proporción de hispanohablantes se había reducido al 8,8% (Alvar, 1995: 185-186). El punto de inflexión se produce a mediados de siglo y su culmen se alcanza en 1969, con la supresión de la enseñanza oficial del español. Después, los vaivenes de los programas bilingües —ahora en retroceso— han minimizado su efectividad en el mantenimiento de la lengua.

Por otro lado, el sudoeste ha asistido durante los últimos 25 años a un proceso de rehispanización, sobre todo de raíz mexicana, como nunca había vivido en su historia. Según el censo del año 2000, el estado de Nuevo México es el que tiene una mayor proporción de población hispana de todo el país (42%), con lo que se ha puesto en unos niveles porcentuales similares a los de principios de siglo. En los estados de California y de Texas se concentran más de la mitad los hispanos de todos los Estados Unidos. Y otro dato: hay lugares con porcentajes de población hispana superiores al 90% (East Los Ángeles, CA: 97%; Laredo, TX: 94%; Brownsville, TX: 91%). Pero todo eso es otra historia.

Caracterización del español patrimonial de los Estados Unidos

En las páginas precedentes se han cumplido varios y no poco complejos objetivos: delimitar la geografía del territorio hispanohablante tradicional; explicar el desarrollo cronológico de los principales hechos políticos y socioeconómicos acontecidos en el sur de los Estados Unidos; presentar las condiciones sociales en que el uso de la lengua española pudo desarrollarse entre los siglos XVI y XIX. En el español patrimonial de hoy quedan reflejados los muchos avatares que la lengua ha sufrido desde el siglo XVI. Sobre esta base, conviene entresacar las más importantes conclusiones que la historia social del español patrimonial de ese país nos aporta, con la seguridad de que han de ser útiles para vertebrar la información lingüística disponible.

El componente español de España

El componente lingüístico procedente de España es uno de los elementos más característicos del español patrimonial de los Estados Unidos. Hasta tal punto ha sido así que, de igual manera que existió el mito de las siete ciudades de Cíbola, podría decirse que existe un 'mito lingüístico de Cíbola' según el cual el español patrimonial del centro-sur del país es un español conservado desde el siglo XVI, puro o casi incorrupto, el más arcaizante de América. Como queda dicho, se trata de un mito que, como todos, tiene una base de realidad y bastante de fantasía y creencias populares tradicionales. La historia social del español patrimonial muestra que en Nuevo México hubo españoles usuarios de una modalidad castellana que dejaron allá su forma de hablar.

Es cierto, pero a esa variedad se unieron otros elementos de no poca importancia, como los usos lingüísticos de los españoles que no fueron castellanos, sino andaluces o canarios, o la modalidad de los nacidos ya en tierras americanas. La lejanía, la marginalidad del territorio respecto de las grandes rutas culturales del mundo hispanohablante y la organización social, basada en el control ejercido por las familias oriundas de España, favorecieron la conservación de los componentes lingüísticos más tradicionales. Ahora bien, de ahí a pensar que se trata de una especie de lengua anclada en el tiempo, ajena a las tendencias evolutivas de la propia lengua y lejana a cualquier influencia lingüística no española, media un abismo.

El propio concepto de arcaísmo, invocado para caracterizar ese español patrimonial, hay que ponerlo en cuarentena, por cuanto lo que se usa con regularidad no es, por definición, arcaísmo y menos si muchos de esos rasgos tienen uso vivo en otras latitudes del mundo hispanohablante. Por último, no puede olvidarse que, junto al español de Castilla llevado a Nuevo México, hubo también un español de Canarias, llevado a zonas bien delimitadas de Texas y Luisiana y que, gracias asimismo al aislamiento, ha sido reconocible como tal a lo largo de varios siglos hasta prácticamente la actualidad.

El componente criollo

Desde las primeras expediciones de los siglos XVI y XVII, la presencia de hispanohablantes nacidos en América ha sido constante. En las primeras generaciones, muchos de ellos pudieron prolongar los usos lingüísticos de sus antepasados españoles, pero esa españolidad lingüística tuvo que ir difuminándose con el tiempo. Y no debe ignorarse que la ascendencia política de España desapareció en 1821, cuando esas tierras pasaron a manos de la recién nacida república mexicana. El español patrimonial de los Estados Unidos incluye desde sus orígenes multitud de elementos característicos del español de América, concretamente mexicano y centroamericano (Moreno Fernández, 1993), como se aprecia en el léxico, la gramática e incluso la fonética. No se hace referencia, con esto, al español de los inmigrantes mexicanos que han llegado a esas tierras sureñas a lo largo del siglo XX.

El componente indígena

La historia social del español patrimonial de los Estados Unidos no puede interpretarse adecuadamente si se prescinde de su coexistencia con las lenguas de los indígenas que habitaban esos territorios antes de la llegada y durante la permanencia de los hispanohablantes. La coexistencia social llevó a la difusión del español entre los indios más cercanos, al uso de la lengua en interacciones de diverso tipo y, con todo ello, a la transferencia de elementos de una lengua a otra, como se hace patente en los indigenismos que el español patrimonial incorporó desde las más tempranas fechas de su establecimiento. Son más llamativos los préstamos que fueron adoptándose desde las variedades del náhuatl, pero no es menos significativa la incorporación de formas de otros orígenes, como las comanches, por ejemplo.

El componente inglés

La guerra mexicano-estadounidense, el Tratado de Guadalupe Hidalgo y sus consecuencias sociales y económicas abrieron la puerta para la llegada progresiva e implacable de

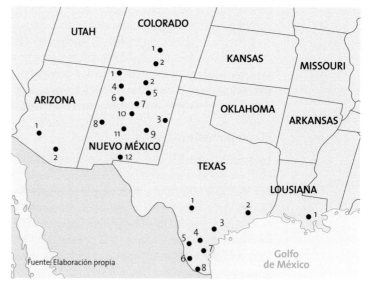

Tratado de Guadalupe Hidalgo.

elementos lingüísticos procedentes del inglés. Así lo demuestran las diatribas del periodismo en español surgidas durante el siglo XIX, como también lo demuestran las obras literarias que comenzaron a aparecer como consecuencia de la apertura de imprentas en las principales ciudades o las transferencias del inglés al español, tanto en la lengua cotidiana como en la lengua literaria de la época (Kanellos, 2002). Tampoco en este caso se alude a la más moderna incorporación de anglicismos, de la segunda mitad del siglo XX, aunque no siempre es fácil saber cuándo un anglicismo acaba de transferirse y cuándo es continuador de un uso originado décadas atrás.

Estos ingredientes son los que componen el guiso del español patrimonial y así se refleja en sus manifestaciones habladas. A pesar de la intensidad de la inmigración reciente y del importante peso del inglés, todavía es posible encontrar, aunque muy debilitada, la herencia hispana en los territorios históricos del gran Nuevo México: eso es lo que hizo Espinosa en su tesis doctoral publicada a partir de 1909; es lo que hizo Lope Blanch en su trabajo *El español hablado en el Suroeste de los Estados Unidos* (1990); es lo que hizo Alvar en su obra *El español en el sur de Estados Unidos* (2000) y es lo que están haciendo Neddy Vigil y Garland Bills con su *Atlas Lingüístico de Nuevo México* (2002). Estas serán las fuentes principales de donde tomamos los datos que aquí se resumen y se presentan de forma más particularizada, si bien los datos de Alvar nos resultarán especialmente útiles. La obra de Alvar ofrece información de todos los niveles lingüísticos, desde el fónico hasta el textual. El léxico allí publicado pertenece a los siguientes campos léxicos: cuerpo humano, vestuario, la casa, la familia y la salud, el mundo espiritual, juegos y diversiones, profesiones y oficios, enseñanza, accidentes geográficos, agricultura, animales y ganadería. Los puntos de encuesta en los que Alvar trabajó son los siguientes: En Luisiana: 1. Poyrás. En Texas: 1. San Antonio. 2. Houston. 3. Goliad. 4. San Diego. 5. La Rosita. 6. Benavides. 7. Ríos. 8. Río Grande. En Nuevo México: 1. Tierra Amarilla. 2. Taos. 3. Bueyeros. 4. Cuba. 5. Peñasco. 6. Española. 7. Santa Fe. 8. Gallufo. 9. Las Vegas. 10. Albuquerque. 11. Monticelo. 12. La Mesilla. En Colorado: 1. Los Rincones. 2. San Luis. En Arizona: 1. Tucson. 2. Mesa.

mapa 4 **Puntos de encuesta de *El español en el Sur de los Estados Unidos* (Alvar, 2000).**

Nuevo México, Colorado, Arizona

El español patrimonial de Nuevo México, Arizona y el sur de Colorado es una variedad que, aun en trance de asimilación por corrientes hispanas demográficamente más poderosas, refleja rasgos lingüísticos de viejo cuño. En fonética, se encuentra, aunque no generalizada, la aparición de una -e paragógica (*bebere* 'beber', *papele* 'papel'). Otros rasgos, sin embargo, se hallan más extendidos, como el carácter muy abierto de la *y* (*hueia* 'huella', *raia* 'raya', *maio* 'mayo'), así como su desaparición en contacto con *e* o *i* (*tortía* 'tortilla', *cabeo* 'cabello', *anío* 'anillo'), o una realización de *ch* similar a la andaluza más suave. También encontramos numerosos usos fonéticos populares: aspiración de *f-*, como en [húmo, herbír, hilár, hedér, hóyo, ahumár] (Craddock, 1992) o diptongaciones vulgares, como en [páis, paráiso]. La conjugación verbal ofrece abundantes muestras, tanto de arcaísmos (*vide* 'vi', *vido* 'vio', *truje* 'traje', *trujistes* 'trajiste'), como de usos considerados hoy, en el español general, como populares o vulgares (*hablates* 'hablaste', *vivites* 'viviste', *puédanos* 'podamos', *véngamos* 'vengamos', *quedré* 'querré', *traíba* 'traía').

En el ámbito léxico, es destacable la presencia de dialectalismos (*lagaña*, *párparo*, *molacho* 'desdentado'), de voces tradicionales compartidas con México (*cachetazo*, *chueco* 'torcido, patiestevado', *halar* 'arrastrar', *mancuernillas* 'gemelos'), incluidos los indigenismos (*guaraches* 'sandalias', *milpa* 'maizal', *zopilote*). Y a estos indigenismos habría que sumar muchas voces indias de la zona: *zacate* 'césped', *zoquete* 'barro', *mitote* 'chisme, cotilleo', *teguas* 'sandalias de piel de búfalo', *tosayes* 'calabazas secas' o *chimajá* 'perejil'. Resulta interesante comprobar que en muchos de estos préstamos se mantiene una pronunciación cercana a la de la lengua original, cosa que se aprecia especialmente en los sonidos palatales, por ejemplo. Como es natural, los anglicismos han llegado a ser muy frecuentes, sobre todo después de 1912 (*torque* 'pavo', *baquiar* 'retroceder', *troca* 'camión', *sinc* 'fregadero', *choque* 'tiza').

Texas

Según Delos L. Canfield (1981), el español patrimonial de Texas es un español fronterizo constituido fundamentalmente por elementos importados desde la región central de México, especialmente desde su independencia. Probablemente sea así en buena parte, pero la historia social del español de estas tierras nos dice que también pudo haber una influencia anterior de las hablas más conservadoras de Nuevo México y Colorado, sin contar con la presencia de españoles en el momento de la fundación de colonias y de algunas de las ciudades más importantes de Texas. El caso más claro es el de San Antonio, en cuya fundación participaron unas familias canarias cuya forma de hablar no ha podido transmitirse hasta la actualidad, pero de igual modo participaron españoles junto a los mexicanos en la constitución de otros asentamientos.

Esta mezcolanza, aun mal calibrada por los investigadores, justifica que en las hablas del sur de Texas se hallen rasgos fonéticos conservadores (como el mantenimiento de la labiodental *v*), junto a otros más innovadores (como el debilitamiento de la *y* intervocálica —*gaína* 'gallina'— o la pronunciación asibilada de *rr*) y a rasgos populares y vulgares de diferente origen (*vinites* 'viniste'). En general, el consonantismo del español patrimonial texano se muestra conservador, en la línea del español mexicano y novomexicano (*doctor*, *aritmética*, *defecto*). En lo que respecta a una posible vinculación con las hablas castellanas de España, no puede ignorarse que el territorio texano mantiene con más firmeza el uso de la interdental [θ] que Nuevo México o Colorado, si no en oposición sólida con /s/, sí al menos con una frecuencia que recuerda lo que pudo ser una distinción estable en el pasado. Así, excepto en San Antonio, encontramos [θ] en todos los puntos de Texas encuestados por Alvar: [láθos, kuraθjón, súθjo] 'lazos, curación, sucio'.

El léxico nos muestra usos tradicionales del español que, en algunos casos, se han adaptado a la designación de objetos de la vida actual, como *arrear* 'conducir', *manea* 'freno', *manear* 'frenar' o *rueda* 'volante'. Pero, sin duda, una de las características más apreciables del léxico texano, como ocurre en Nuevo México, es la presencia de nahuatlismos léxicos, como *popote* 'pajita', *coyote*, *elote* 'mazorca tierna' o *sacate* 'hiedra'. La coexistencia con el inglés, ya centenaria, explicaría la presencia de anglicismos como *sut* 'traje', *panti* 'bragas', *choc* 'tiza' u *octopus* 'pulpo'.

La variedad *adaeseña* tuvo su origen más vinculado al español de Texas y Nuevo México que al del resto de la Luisiana; no en vano el oeste de este estado perteneció al dominio de Texas. Esto explica que en las hablas adaeseñas no se encuentren galicismos o anglicismos en la misma medida que en las tierras más orientales, sino elementos patrimoniales en la línea de los ya comentados para Nuevo México. En la fonética de la modalidad adaeseña se encuentra yeísmo (*yorona* 'llorona', *caveyo* 'cabello'), seseo (*dise* 'dice', *duse* 'dulce') o pérdida de sonoras intervocálicas (*mieo* 'miedo'), como en otras hablas americanas; pero también se hallan arcaísmos, como los que se documentan en otros ámbitos hispánicos, del tipo *asina* 'así', *prieto* 'negro', *marcá* 'mercar', *mesmo* 'mismo' o *crevé* 'quebré'. En el nivel léxico, las hablas adaeseñas muestran el uso de formas dialectales documentadas tanto en Canarias y Andalucía, como en Hispanoamérica: *paloma* 'mariposa', *camarón* 'cangrejo de agua dulce', *labor* 'campo labrado', *pesebre* 'granero', *rosa* 'flor', *borrego* 'oveja'. También se han documentado voces de origen náhuatl, como más al oeste (*camote* 'batata', *cuate* 'gemelo', *jicote* 'avispa', *ojolote* 'buitre', *tapanco* 'desván', *tecolote* 'búho', *zopilote* 'buitre') y voces de origen francés (*clepes* 'pan frito', *flambó* 'cazuela con fuego', *grega* 'tetera', *pasaportú* 'sierra') (Armistead, 1991).

Luisiana

El español de la Luisiana tal vez sea el que ofrezca un perfil más nítido en cuanto a sus coordenadas geográficas de origen. Se trata de un español de origen canario que, con las influencias lógicas de su entorno lingüístico, ha mantenido durante décadas unas pautas reconocibles. Samuel Armistead (1991) y John Lipski (1996) nos hablan de tres variedades del español de Luisiana: el *isleño*, el *bruli* y el *adaeseño*. Esta última ya ha sido comentada, por su estrecha relación con las hablas hispano-texanas, pero las variedades isleña y bruli no son menos interesantes.

El *isleño* (parroquia de San Bernardo) puede caracterizarse como un español de perfil canario, al que se han incorporado elementos de origen americano, francés e inglés (Alvar, 1998). La raigambre canaria se observa bien en la fonética: cierre de *o* final, velarización de *n* final, articulación canaria de *ch* o desnasalización ante aspirada, como en *naraha* 'naranja', *sahita* 'zanjita'. La naturaleza canaria del habla isleña también se observa en la morfología: diminutivos sin infijo (*piesito* 'piecito', *lechita*), terminación verbal *-nos* por *-mos* (*estábano* 'estábamos', *véngano* 'vengamos'). Pero lo que no deja lugar a dudas es el origen canario de infinidad de formas léxicas: *gago* 'tartamudo', *frangoyo* 'muchas cosas juntas', *andoriña* 'golondrina', *beletén* 'calostro', *gofio*, *botarate* 'manirroto', *vuelta carnero* 'voltereta'.

Alvar pudo aplicar con los isleños el mismo cuestionario léxico que utilizó para elaborar su *Atlas Lingüístico y Etnográfico de las Islas Canarias* (Las Palmas, 1975-1978) con un resultado más que satisfactorio. El panorama léxico isleño se completa con las aportaciones del español de Hispanoamérica (*tafia* 'licor de caña de azúcar', *jaiba* 'cangrejo de mar', *guincho* 'gavilán pescador'), del portugués (*ensiña* 'árbol', *morianga* 'fresa', *sollado* 'suelo') y del francés (*casquete* 'hacha', *creyón* 'lápiz', *frubir* 'frotar'), junto a voces que también pueden recibir la etiqueta de arcaísmos (*estiseras* 'tijeras', *melesina* 'medicina', *buruca* 'ruido').

El *bruli* es una variedad nacida del español isleño, con una existencia bastante aislada que permitió la incorporación masiva de palabras y elementos fónicos del francés *cajún* o francés de la Luisiana. También en estas hablas aparecían rasgos lingüísticos innovadores, característicos de las hablas canarias, como el seseo (*resa* 'reza'), la pérdida de consonantes en posición final (*partí* 'partir', *curá* 'curar', *to lo santo* 'todos los santos'), la pérdida de sonoras entre vocales (*pueo* 'puedo', *resao* 'rezado') o el yeísmo; los arcaísmos y dialectalismos fónicos y morfológicos no faltan (*yuva* 'ayuda', *vaiga* 'vaya'), como tampoco los léxicos (*mercá* 'mercar', *melesina* 'medicina', *estizeras* 'tijeras'); pero tal vez sea la abundante presencia de galicismos una de sus marcas más reconocibles (*arbe* 'árbol', *bató* 'bote', *canar* 'pato', *encor* 'otra vez', *feble* 'débil', *gató* 'tarta, pastel', *pandil* 'reloj', *puso* 'pulgar', *surí* 'ratón') (Armistead, 1991). Esos galicismos frecuentemente se pronuncian con fonética francesa, aunque en algunos casos se hayan producido adaptaciones al español.

La caracterización lingüística que los especialistas han ido haciendo de las hablas españolas de Luisiana ha coincidido en lo esencial, desde el primer estudio de Raymond MacCurdy (1950) hasta las encuestas de Alvar (2000). El único punto de disputa en relación con el habla de los isleños tiene que ver con su vitalidad y, por lo tanto, con sus posibilidades de mantenimiento. En este aspecto, Manuel Alvar consideró que los testimonios vivos allí encontrados por él a finales del siglo XX disfrutaban de una salud lo suficientemente buena como para permitir su tratamiento como habla hispánica, viva y válida dentro de su entorno social. John Lipski, por su parte, incluyó esta habla isleña en la categoría de las hablas vestigiales, aquellas que han entrado ya en fase de abandono o sustitución por el inglés y que dejan ver la erosión en marcas lingüísticas inequívocas. Según Felice Anne Coles, los hablantes de este español isleño solo son unos pocos centenares, que luchan para mantener viva su lengua desplegando una estrategia que acepta cuantas actividades puedan contribuir a ello: desde la creación de asociaciones a los estudios de genealogía, pasando por clases del propio dialecto o la recolección de muestras habladas, literarias y canciones.

Geografía lingüística del español patrimonial

Y llega la hora de las valoraciones geolectales de conjunto. Practicar una geografía lingüística convencional sobre el territorio del español patrimonial de los Estados Unidos es tarea tan compleja como arriesgada. Son demasiados los cruces de influencias en períodos distintos y demasiados los posibles influjos del habla de los inmigrantes actuales como para estar seguro de que la geografía opera como factor explicativo de la lengua. A ello se debe añadir la irregular atribución de valores sociales a los elementos lingüísticos en concurrencia. Aun así, consideramos interesante, como ejercicio, llevar adelante el análisis geolingüístico de los materiales de que disponemos. Probablemente este análisis no nos lleve a la comprensión y explicación de todos los fenómenos considerados, pero podría ayudar a descubrir aspectos geolingüísticos dignos de interés.

En líneas generales, no puede decirse que la fisonomía lingüística del español patrimonial de los Estados Unidos sea irrepetible en otras áreas hispánicas. Como es habitual, prácticamente nada de lo apuntado es exclusivo de este territorio. Lo característico es el modo en que se produce el cruce de elementos, influencias y tendencias. Entre ellas destacamos, a modo de resumen, las dos más universales en el mundo hispánico: la tendencia al conservadurismo y la tendencia a la innovación. En fonética, el conservadurismo lingüístico, eso que se ha llamado el arcaísmo del español de Nuevo México, se observa no de forma generalizada, sino en puntos concretos y en rasgos como los siguientes:

a) Uso de -*e* paragógica (*el mare* 'el mar', Bueyeros y La Mesilla NM 3, 12; *azule* 'azul', Santa Fe NM 7, NM 12, Los Rincones Co 1). Muy escasa.

b) Conservación de labiodental *v* en la pronunciación. Más constante en Tucson (Az 1) en hablantes de edad avanzada (*virhen* 'virgen', *veinte* 'vente', *volber* 'volver', *vergüenza* 'vergüenza' en Az 1; *clavel* en La 1); aunque nunca en palabras como *voz*, *observar* o *viruela*, por ejemplo.

c) Conservación de interdental [θ]. Más frecuente en Texas, norte de Nuevo México (Taos y Bueyeros NM 2, 3), Sur de Nuevo México (La Mesilla, NM 12) y Arizona (Tucson, Az 1). En estos puntos, hay voces en las que no suele aparecer la interdental (*bós* 'voz', *lús* 'luz', *asúl* 'azul') o lo hace de forma variable.

d) Realización africada velar de [x], cercana a la castellana. Así se oye en algunos puntos del centro de Texas (San Antonio Tx 1) y el sur de Nuevo México (Monticelo NM 11 y La Mesilla NM 12).

e) Conservadurismo en el consonantismo en posición final de sílaba. Muy generalizado, excepto en Poyrás (La 1), Bueyeros (NM 3) y Peñasco (NM 5). Rasgo habitual en el español de México.

Estas características podrían vincularse a una influencia del español castellano en su origen, aunque otras hablas hispánicas también ofrezcan restos de ellas. Atendiendo a la geografía, tales rasgos parecen concentrarse en las zonas más periféricas: norte de Nuevo México y Texas.

Los rasgos innovadores del español son frecuentes en buena parte de la América hispanohablante, así como en Andalucía y Canarias. Como era de esperar, también los encontramos en las hablas patrimoniales de los Estados Unidos.

a) Seseo. Está muy extendido. En los lugares en los que se conserva la interdental también pueden aparecer soluciones seseantes, como prueba de que el elemento [θ] funciona más como resto fónico de una antigua oposición que como entidad fonológica.

b) Yeísmo. Está totalmente generalizado, con diversidad de realizaciones fonéticas. En general, se produce un debilitamiento fónico de la palatal en todas las posiciones y muy singularmente entre vocales. Este debilitamiento la lleva a desaparecer en contacto con vocal palatal (*sía* 'silla'). Se conserva con más fuerza en el centro de Texas y el sur de Nuevo México, zona en la que coinciden otros rasgos conservadores.

c) Debilitamiento de *-s* en posición final de sílaba. Este rasgo se ha interpretado como uno de los índices más significativos sociolingüísticamente de innovación lingüística. Se encuentra aspiración o pérdida de *-s* en Taos (NM 2), algo en el sur de Nuevo México, en el sur de Texas y en Arizona.

d) Diptongación de vocales en hiato: *tiatro* 'teatro'. Rasgo muy frecuente en las hablas mexicanas. El hiato alterna con la diptongación en el centro de Texas y el sur de Nuevo México.

e) El paso a *r* de una líquida *l* (*arcol* 'alcohol') se encuentra a menudo en las hablas más innovadoras del español (Caribe, Andalucía). En los Estados Unidos no es muy frecuente, pero puede encontrarse en un punto del centro de Texas (Goliad).

f) La asibilación de *rr* (pronunciación parecida a la de *ch*) fue uno de los rasgos observados por Espinosa en Nuevo México a principios del siglo XX. Un siglo después pueden encontrarse muestras de este uso en la misma área, así como en Arizona y el centro de Texas.

g) La pronunciación fricativa de *ch* se localiza en hablas innovadoras del mundo hispánico. Dentro de nuestro territorio, se encuentra en Tucson (Az 1), así como en el norte de Nuevo México. La realización típicamente canaria del fonema palatal se encuentra, lógicamente, en Luisiana.

Una vez analizadas, mínimamente, las dos grandes tendencias de las variedades del español patrimonial y considerando en su conjunto los materiales geolingüísticos de Alvar (2000), constituidos por la información relativa a 798 fenómenos lingüísticos (fónicos, gramaticales, léxicos), planteamos tres cuestiones generales a las que se intentará dar respuesta, con todas las reservas que merece una información lingüística multiforme y no siempre adecuada. Las cuestiones son las siguientes:

1) Cuáles son las comunidades estadounidenses con una personalidad más marcada en el uso del español patrimonial.

2) Cuáles son las hablas más afines y más discrepantes en el conjunto de las hablas del sur de los Estados Unidos.

3) Si es posible establecerlas, cuáles son las áreas geolingüísticas más nítidas del español patrimonial de los Estados Unidos.

Cuestión 1. Dado que son múltiples y muy variados los datos lingüísticos de que disponemos, datos cuya forma responde a la incidencia de una historia, una geografía y una sociología desiguales, hemos optado por dar un tratamiento cuantitativo a los materiales recopilados por Alvar. Concretamente se ha procedido a un análisis dialectométrico, utilizando la técnica propuesta por Moreno Fernández en 1991, por la cual se obtiene un índice de diferenciación lingüística. Los índices, que van de 0 a 1, se adjudican a cada comunidad a partir del análisis de una serie de hechos lingüísticos: se considera que las comunidades cuyo índice está más cerca de 1 están más lejos del habla de las demás y que las que tienen un índice más cercano a 0 tienen unos usos más cercanos a lo que es más común en el territorio analizado. En este caso, se ha analizado la pronunciación de 24 formas léxicas en las 25 comunidades de habla que aparecen en la obra de Alvar. En el mapa 5, se ha adjudicado un tono a cada comunidad, según su índice de diferenciación: cuanto más oscuro y más grande es el punto, más peculiar es el habla de la comunidad en cuestión.

mapa 5 **Índice de diferenciación lingüística en el español patrimonial de los EE. UU.**

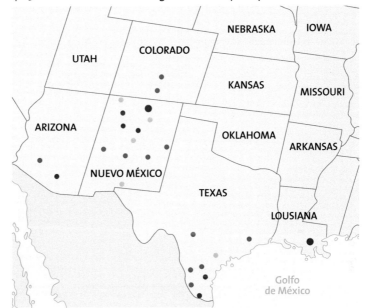

Fuente: Elaboración propia.

El análisis del mapa 5 nos revela que las localidades con un mayor índice de diferenciación lingüística son Poyrás (La 1; índice: 0,76) y Taos (NM 2; índice: 0,62). La primera se distingue muy claramente de las demás por su caracterización canaria; la segunda se identifica como un lugar en el que conviven rasgos innovadores, como el debilitamiento de consonantes en posición final de sílaba ([kárhne], 'carne', [dó gaína] 'dos gallinas'), con otros conservadores, como la conservación de la velar palatal ([káxa] 'caja'). Es esa peculiar combinación de rasgos la que parece darle una personalidad relevante frente a las demás comunidades.

En el otro extremo, se muestran las hablas cuyas características son más comunes al conjunto del español patrimonial del sur del país, las comunidades con un índice de diferenciación más bajo, las que representarían el modelo medio de ese español patrimonial. Estas serían Albuquerque (NM 10; índice: 0,25) y La Mesilla (NM 12; índice: 0,26), en Nuevo México, y Goliad (Tx 3; índice: 0,25), en Texas. Pensemos que tales índices están calculados a partir de unos 600 datos obtenidos de comunidades en las que se ha entrevistado a entre 1 y 6 informantes. No se maneja, por tanto, más que una información parcial, geográfica y sociolingüísticamente, aunque nos permite orientarnos mínimamente en un mare-magno de realizaciones lingüísticas.

Cuestión 2. Para dar respuesta a la segunda cuestión, también se ha acudido a un análisis cuantitativo de conjunto. Esta vez, a partir de la pronunciación de las 24 formas léxicas seleccionadas, se ha elaborado un análisis de conglomerados. Un programa informático nos ha proporcionado el dendrograma reproducido en el cuadro 3, que representa la relación que mantienen las comunidades encuestadas en razón de su afinidad en unos usos lingüísticos, en este caso fonéticos. Se aprecia con claridad que hay dos comunidades diferenciadas de las demás: se trata de Poyrás en Luisiana y de Taos en Nuevo México, que comparten soluciones fonéticas innovadoras, mucho más llamativas en el caso de la localidad de Luisiana y que no niegan la particularidad lingüística de cada una de ellas. En cuanto al resto, hay otras tres comunidades que se muestran como más afines: son las comunidades texanas de Benavides, Ríos y Río Grande, en el sur más profundo de su estado; y junto a ellas, Cuba, en el centro de Nuevo México. En este caso, probablemente sea el conservadurismo fonético el que las asocie, por tratarse de zonas apartadas de las grandes rutas comerciales. El resto forma un conjunto mucho más homogéneo y compacto.

cuadro 3 Análisis de conglomerados de comunidades investigadas por Alvar (2000)

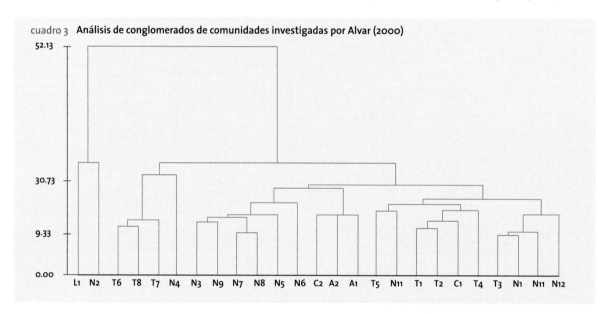

Cuestión 3. En buena medida, los análisis realizados hasta aquí nos permiten vislumbrar mínimamente una demarcación geográfica de las ricas hablas del español patrimonial de los Estados Unidos. Dejando a un lado los casos de Taos y Poyrás, encontramos una zona bien delimitada en el sur de Texas; asimismo apreciamos una cierta cohesión entre las hablas del centro de Nuevo México y unas coincidencias cuantitativas y cualitativas entre las comunidades del centro de Texas y del occidente de Nuevo México. El mapa 6 marca las áreas en las que se observa cierta cohesión.

Mucho más allá es difícil llegar. Ahora bien, puesto que este mapa ha sido elaborado a partir de información fonética, puede acudirse al léxico para comprobar si la propuesta geolingüística tiene algún tipo de confirmación. Y así se aprecia en el mapa 7, donde aparecen los nombres dados al 'collar', agrupados en torno a dos variantes, la de Texas y el sur de Nuevo México y sur de Arizona (*collar*), y la general en Nuevo México (*soguilla*), junto al galicismo *collier*, esperable en Luisiana. Esta distribución coincide con la que plantea Canfield al distinguir unos usos característicos del Nuevo México tradicional y unos usos propios de la frontera, que pudieron generalizarse a partir del siglo XIX.

En el mapa 8 (nombres del 'lazo del pelo'), se observa una variante que podría vincularse a un origen español, puesto que se da tanto en Luisiana como en el norte de México y Colorado, además del sur de Nuevo México y Arizona (*lazo*), una variante texana, probablemente antigua, dado que se halla también en Colorado, Nuevo México y Arizona (*moño*), y la variante *listón*, circunscrita al centro de Nuevo México. Ninguno de los tres vocablos son desconocidos con ese mismo valor —o con valores cercanos— ni en España ni en muchos territorios americanos, incluido México, lo que da cuenta de la complejidad que supone intentar explicar la geografía y la historia de las modalidades del español patrimonial de los Estados Unidos.

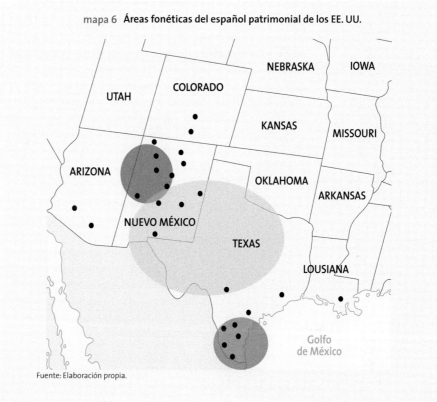

mapa 6   **Áreas fonéticas del español patrimonial de los EE. UU.**

Fuente: Elaboración propia.

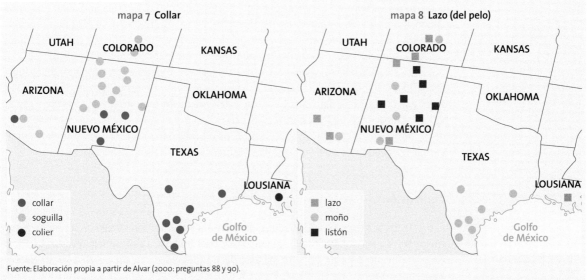

mapa 7 **Collar**

- collar
- soguilla
- colier

mapa 8 **Lazo (del pelo)**

- lazo
- moño
- listón

Fuente: Elaboración propia a partir de Alvar (2000: preguntas 88 y 90).

El análisis conjunto del léxico español del sur del país permitió a Amalia Pedrero (2002) hacer algunas valoraciones generales que arrojan más luz sobre su configuración geográfica y lingüística. Para ello utilizó también los materiales de Alvar. Por el origen de los vocablos, se ha podido comprobar que cerca del 65% forman parte del léxico patrimonial, que un 15% son mexicanismos, alrededor de un 7% son arcaísmos, un 5% son anglicismos y el 3,5% son voces del náhuatl. Los lusismos y galicismos no alcanzan el 1% conjuntamente. Puede afirmarse, por tanto, que la base léxica del español de los Estados Unidos es de naturaleza patrimonial, realidad que se complementa con el hecho de que las palabras más frecuentes de cada área léxica suelen ser siempre patrimoniales. En cuanto a la geografía, se descubre que Arizona es el estado que tiene el mayor índice de léxico patrimonial.

Los territorios en los que se hallan más arcaísmos son Colorado y Luisiana; los mexicanismos también son algo más frecuentes en las tierras de Colorado y las voces del náhuatl, en la zona fronteriza de Arizona y de Texas. Por campos léxicos, el de los fenómenos atmosféricos es el que presenta una mayor proporción de palabras patrimoniales, junto al campo de las cuestiones domésticas y la familia. Los mexicanismos se encuentran más a menudo en los campos del cuerpo humano y el vestuario: *relajado* 'herniado', *chapo* '(hombre) bajo', *hueso sabroso* 'tobillo', *guaraches* 'sandalias', *pantaletas* 'bragas'. Los arcaísmos, como *cirgüela* 'ciruela' o *derramar* 'podar', son más frecuentes en el campo de la agricultura, mientras que los anglicismos aparecen sobre todo en el campo de la enseñanza (*pale* 'profesor benévolo', *desk* 'pupitre', *portfolio*) y secundariamente en el de la vestimenta (*gárter* 'ligas', *chortes* 'calzoncillos' o *sut* 'traje').

Al hilo de los anglicismos, concluimos esta caracterización lingüística con un comentario que llama la atención sobre algo que queda perfectamente justificado por la historia social de las lenguas del sur de los Estados Unidos. Como ya se ha visto, la presencia del inglés ha sido creciente desde el siglo XIX y, muy intensamente, a lo largo del siglo XX. Esta circunstancia explica, por un lado, la progresiva presencia de anglicismos léxicos y, por otro, el proceso de sustitución de lenguas que ha afectado ya a numerosos descendientes de hablantes de español tradicional y que ha debilitado, lógicamente, el peso social del español en este territorio, solo compensado por la llegada más reciente de inmigraciones hispanas, de perfil geolectal diferente.

Las transferencias desde el inglés y el proceso de sustitución a que se alude —en diferentes estadios según la región, el grupo social o, incluso, cada individuo— han hecho que los materiales reunidos por los investigadores muestren una importante falta de regularidad, porque van desde las narraciones en un español sólido y estable que Alvar pudo grabar en diferentes localidades sureñas, hasta los discursos dubitativos y plagados de anglicismos y galicismos que Armistead recogió de boca de hablantes de *bruli* en el estado de Luisiana, pasando por los discursos que revelan simplificaciones gramaticales en las muestras de español vestigial analizadas por Lipski. De cualquier forma, en aquellos lugares, grupos y hablantes en los que el español ha podido mantenerse hasta la actualidad, no puede descartarse para el futuro que su lengua acabe experimentando un proceso de redialectalización o de rehispanización, provocado por el creciente número de hablantes de español que las oleadas migratorias de las últimas décadas están aportando al sur de ese país, procedentes de diversas zonas hispánicas, pero sobre todo de México.

Conclusión

El sur de los actuales Estados Unidos, por historia y por herencia, merece ser incluido entre los territorios del dominio lingüístico hispanohablante. La presencia colonial de España se ha hecho patente en este espacio desde mediados del siglo XVI, a la par que en otras importantes zonas hispánicas, como Chile o Argentina. La situación lingüística actual todavía deja apreciar la historia centenaria del español, si bien las recientes oleadas migratorias han conferido a estas tierras una nueva fisonomía hispanohablante, la de los hispanos llegados de México principalmente, pero también de Centroamérica, del Caribe o de Colombia. Esta circunstancia hace que el panorama geolectal sea muy complejo, porque lo histórico se entrecruza con el presente del español y todo ello se entrevera con las lenguas de coexistencia: primero, las lenguas indígenas norteamericanas; más adelante el inglés.

El español patrimonial de los Estados Unidos se ha forjado a lo largo de los siglos sobre la base de un español de España (castellano, andaluz, canario) de la que muy pronto se hicieron partícipes las hablas americanas, llevadas por hijos de colonos en las primeras expediciones y progresivamente por nuevos colonos llegados desde México por el Camino Real de Tierra Adentro, hasta que México asumió la soberanía del territorio. Los rasgos lingüísticos de las hablas patrimoniales que hasta hoy se conservan son testigos elocuentes de tan rica y compleja historia, que da a las hablas de Nuevo México, Arizona, Colorado y Luisiana un perfil característico, bien diferenciado de las hablas de otras zonas hispanohablantes. Ahora bien, el proceso de anglización ejecutado por las autoridades de la Unión desde principios del siglo XX, cuando Nuevo México se constituyó como estado, y la rehispanización que está experimentando el sur del país, con la llegada masiva y constante de hispanos, parecen haber echado la suerte definitiva de esas hablas patrimoniales: la suerte de su sustitución por el inglés, en algunos casos, y, en otros, de su disolución en un caldo de cultivo hispánico mejor nutrido demográficamente.

Sea como fuere sabemos muy poco sobre cómo se produjeron los muchos fenómenos que han afectado al español patrimonial. Alvar lo planteaba así (1996: 92):

> [...] Espinosa dice que el nuevo mejicano tiene sus antecedentes en el siglo XVI, lo que es cierto, pero hace falta saber otras cosas: cómo se han fosilizado los arcaísmos, hasta qué punto están vivos esos dialectalismos que llevaron los primeros colonizadores, de qué manera se ha producido una nivelación desde Méjico y cómo se siente la influencia del inglés.

Sabemos muchas cosas ya, pero son pocas. La historia del español en los Estados Unidos de América aún está por escribirse como se merece.

Nota

[1] Cuando no encuentro una palabra, uso una del inglés y le doy una terminación y una pronunciación a la española y hago una reverencia o dos. Si eso no funciona, suelto una palabra o dos en latín y francés y, de vez en cuando, algo en alemán, y termino con 'Señora' o 'Señorita'. De este modo suelo conseguir una sonrisa y un amable 'Sí, señor'. Entonces, me sueltan una parrafada en castellano y me quedo parado, haciendo como que entiendo y digo 'Sí, señorita', cuando de lo que dicen comprendo lo mismo que si me hablara Moisés en su lengua nativa.

Dialectología hispánica de los Estados Unidos

Francisco Moreno Fernández

Introducción

¿Pero es posible una dialectología hispánica en un territorio donde el español no es lengua oficial? ¿Cómo pueden existir dialectos del español en un país que habla inglés y que ha llevado a la lengua inglesa a unas cotas de universalidad jamás alcanzada por ninguna otra lengua? Pues, por extrañas que parezcan las condiciones, tal cosa es posible. Para centrar los conceptos fundamentales, aclaremos que, al hablar de 'dialectología', nos referimos tanto al tratado de los dialectos como a su disposición y caracterización en un territorio determinado y, al hablar de 'dialectos', nos referimos a las manifestaciones que una lengua natural adopta en un territorio determinado. La lengua española reúne en los Estados Unidos las condiciones necesarias para ofrecer una dialectología, condiciones que podrían resumirse de este modo:

a) existencia de una comunidad estable de hablantes;

b) asociación de conjuntos de rasgos lingüísticos a determinados ámbitos geográficos;

c) presencia pública y social de la lengua;

d) configuración de unas actitudes lingüísticas propias de la comunidad.

Siendo así, las circunstancias de uso del español en los Estados Unidos tendrían puntos en común con las del resto de los territorios hispanohablantes. Sin embargo, hay un factor que confiere personalidad propia a la situación estadounidense, un factor que determina y supedita las condiciones en que el español se manifiesta: la convivencia con la lengua inglesa. El inglés condiciona el perfil de las comunidades en que se utiliza el español, injiere en sus rasgos lingüísticos, afecta a su presencia pública y tercia sobre las actitudes lingüísticas de los hispanohablantes. En realidad, no es posible hacer una dialectología hispánica de ese país omitiendo la presencia social y lingüística del inglés.

Estas páginas aspiran a presentar el modo en que la lengua española se manifiesta en los Estados Unidos, dando protagonismo a su dimensión geográfico-lingüística, pero también a su realidad sociolingüística y a las consecuencias del contacto con el inglés. El punto de partida será la explicación de los procesos históricos que han llevado al español a su situación actual en el territorio estadounidense. Suele pensarse que la población hispana está concentrada en tres áreas geográficas —el nordeste, el sureste y el suroeste— y en torno a grandes núcleos urbanos; asimismo es frecuente asociar esas zonas a tres modalidades del español: la puertorriqueña en Nueva York, la cubana en la Florida y la mexicana en California. Todo ello es cierto, pero parcialmente, porque la distribución de los hispanohablantes, sobre todo en las últimas décadas, se ha ido haciendo más dispersa, heterogénea y compleja.

John Lipski afirma que el perfil dialectológico del español estadounidense es un mosaico que refleja la presencia hispánica original y sus vías de migración posterior. En gran parte es así porque las variedades del español estadounidense están muy cercanas a las variedades de origen de los inmigrantes, pero la imagen del mosaico comienza a ser inadecuada cuando los inmigrantes dejan de concentrarse en determinadas zonas por razón de su procedencia hispánica. Los dialectos del español estadounidense no se yuxtaponen como las piezas de un rompecabezas, sino que se superponen. Serían como láminas transparentes que presentan, cada una de ellas, el perfil de una silueta diferente y que, al superponerse, solo permiten apreciar una superficie con formas entrecruzadas, sin que sea posible adivinar los contornos particulares. Es por eso que se hace imprescindible un tratamiento analítico de la realidad hispánica de los Estados Unidos. Nuestro propósito será ir descubriendo la silueta dibujada en cada lámina transparente.

Constitución de los dialectos hispánicos de los Estados Unidos

El origen de las hablas hispánicas de los Estados Unidos se remonta al siglo XVI, si bien su actual disposición geográfica y social, así como su configuración lingüística se ha desarrollado desde la segunda mitad del siglo XIX. Al español heredado de los colonos llegados entre los siglos XVI y XVIII se le da el nombre de 'español patrimonial' y aún puede localizarse en las tierras de Luisiana, del sur de Texas, de Nuevo México, del sur de Colorado y de Arizona. Como se explica en otro capítulo (Moreno Fernández, 2007b), este español patrimonial se ha forjado a lo largo de los siglos sobre la base de un español de España (castellano, andaluz, canario) de la que muy pronto se hicieron partícipes las hablas americanas, llevadas por hijos de colonos en las primeras expediciones y progresivamente por nuevos colonos llegados desde México, hasta que este país asumió la soberanía del territorio.

Siendo así las cosas, el caldo de cultivo lingüístico en el sur de los Estados Unidos siempre ha tenido un claro color hispánico y ha resultado favorable a la llegada y asentamiento de las variedades de los inmigrantes hispanos durante los últimos cien años. Entre ellas, la más sobresaliente es la variedad mexicana, como no podía ser de otro modo, por obvias razones de frontera. En la costa del Pacífico, la apertura, alrededor de 1829, del Camino Viejo Español, que unía Santa Fe con Los Ángeles, tuvo una singular repercusión socioeconómica, pues servía para el comercio de bienes de primera necesidad y de ganado, y a la vez contribuyó a la consolidación del español como lengua vehicular del oeste.

Los hablantes de origen mexicano han ofrecido históricamente un perfil sociocultural bajo o medio-bajo, circunstancia que ha repercutido negativamente tanto en su prestigio social como en las actitudes hacia su modalidad lingüística. Rosaura Sánchez ha reunido en el cuadro 1 los patrones de inmigración y empleo de la población de origen mexicano desde mitad del siglo XIX hasta finales del siglo XX.

cuadro 1 **Patrones de inmigración y empleo de la población de origen mexicano**

Período	Empleo	Población
1848-1900	Agricultura	Pequeñas poblaciones nativas mexicanas
	Ranchos	Pequeña inmigración mexicana
	Ferrocarril	Gran expansión anglo hacia el oeste
	Minería	Gran expansión anglo hacia el oeste
1900-1940	Agricultura	Inmigración mexicana masiva
	Ranchos	Inmigración mexicana masiva
	Ferrocarril	Deportaciones
	Minería	
	Servicios	
	Obreros	
1940-1980	Obreros	Inmigración laboral - Temporeros
	Servicios	Inmigración mexicana regularizada
	Trabajadores	Inmigración de indocumentados
	Agricultura	Temporeros - Deportaciones continuas

Fuente: Traducción y adaptación de Sánchez (1994: 13).

No debe olvidarse que en los estados de Nuevo México, en el sur de Colorado y Arizona aún existe una población heredera de la presencia de España desde el siglo XVI y que habitualmente ha ocupado posiciones sociales de privilegio. Su forma de hablar, su 'español patrimonial', cuando se conserva, es marca de grupo y de distinción social. Por otra parte, hay que diferenciar entre los hablantes de procedencia mexicana asentados a lo largo de la frontera, ya desde el siglo XVIII, y los que llegaron al país desde finales del XIX y principios del XX.

En el caso de la población más antigua, puede destacarse la que ha ocupado la frontera entre los estados de Luisiana y Texas, usuaria de una modalidad a la que Armistead (1991) llamó 'español adaeseño'. Por su parte, el caso de Luisiana es especialmente llamativo por conservar una variedad de origen canario, cuya identidad aún puede rastrearse en la fonética y muy significativamente en el léxico. Esta modalidad canaria tiene dos manifestaciones: la *isleña* y la *bruli*. El habla isleña se conserva en descendientes de los colonos canarios llegados en el siglo XVIII; el habla bruli está vinculada a este mismo origen, pero acusa una mayor influencia de las lenguas francesa e inglesa, de las que ha estado rodeada durante dos siglos. Del habla isleña aún existen unos centenares de usuarios (Coles, 1991b); del habla bruli apenas quedan vestigios (Lipski, 1996).

Junto a la consolidación del español en el sur y suroeste, durante el siglo XIX también adquirieron una importancia singular algunos enclaves de la Florida, como Tampa y el Key West (Cayo Hueso). La presencia de la modalidad cubana en la Florida se retrotrae, por tanto, más de un siglo atrás. Tampa se desarrolló con la llegada del ferrocarril y hasta allá viajaron pobladores cubanos y españoles. La industria tabaquera organizada en Cayo Hueso a mediados de siglo atrajo también a gran número de cubanos, muchos de ellos de niveles socioculturales bajos. Otros llegaron a los Estados Unidos escapando de las crisis vividas en las compañías azucareras de Cuba y se dispersaron por diversos estados: hacia 1870 residían 12.000 cubanos en los Estados Unidos, la mitad de ellos en Nueva York y Nueva Orleans (Jiménez, 1993-1994). La guerra entre España y ese país, concluida en 1898, no parece haber sido un acontecimiento que cambiara cualitativamente la presencia de los cubanos en Norteamérica. Sí lo fue, sin duda alguna, la toma del poder en Cuba por parte de Fidel Castro y los éxodos sucesivos que la población cubana protagonizó con destino a los Estados Unidos y, particularmente, a la Florida.

Como ha explicado López Morales (2003), los cubanos han sufrido en las últimas décadas cuatro trasplantes demográficos de especial significación. La primera oleada se produjo entre 1959 y 1962 y llevó a ese país gente procedente de grandes ciudades, con un alto nivel de instrucción, y profesionales cualificados; la segunda ola, llamada de los 'vuelos de la libertad', fue protagonizada por obreros y personas de muy diversos oficios y perfiles socioculturales; la tercera oleada, la de los 'marielitos', supuso el arribo de obreros manuales, empleados de fábrica, trabajadores profesionales y técnicos; los 'balseros' de la cuarta ola eran en su mayoría hombres jóvenes, predominantemente profesionales, trabajadores urbanos y agrarios. Estos matices sociales son importantes a efectos de la dialectología porque es evidente que todos ellos llevaron el habla cubana a las tierras estadounidenses, pero si, en un primer momento, se trataba de una variedad en sus usos más cultos y prestigiosos, con las últimas oleadas la modalidad trasplantada presenta características lingüísticas de las clases más populares de Cuba.

En cuanto a los puertorriqueños, la guerra de 1898 cambió de forma drástica, cualitativa y cuantitativamente, su demografía en los Estados Unidos. Si bien habían existido contactos entre las poblaciones de ambos territorios y se habían producido traslados al continente, no puede hablarse de una presencia significativa de puertorriqueños en el país hasta principios del siglo XX (Jiménez, 1993-1994). La emigración de puertorriqueños más relevante tuvo como destino la ciudad de Nueva York, sobre todo entre 1917 y 1948. Esta migración se produjo en buena medida por razones económicas y tuvo un desarrollo muy llamativo: en 1910 apenas había 2.000 puertorriqueños, mientras que, entre 1920 y 1930, la cifra pudo superar los 50.000, aunque el gran despegue demográfico se produjo entre 1940 y 1970, cuando se pasó de algo más de 60.000 puertorriqueños a casi el millón y medio. En la segunda mitad del siglo XX, la zona de Nueva York y Nueva Jersey incorporó a su repertorio idiomático el español de la isla de Puerto Rico, tanto en sus usos cultos como en sus usos populares, dado que la población que paulatinamente acabó trasladándose a la 'Gran Manzana' y a toda la Unión procedía de toda extracción social.

A la vista de los hechos relatados hasta aquí, se deduce que la constitución de los dialectos del español en los Estados Unidos ha estado regida por el ritmo de los procesos migratorios, algunos de ellos muy antiguos (españoles en Nuevo México en el siglo XVII; españoles y mexicanos en Texas, Luisiana o California, durante los siglos XVIII y XIX), otros sin embargo solo tienen algo más de 100 años de antigüedad (cubanos en la Florida; puertorriqueños en Nueva York). La llegada de cada contingente de población ha supuesto el asentamiento de una modalidad dialectal, con distintos perfiles sociolingüísticos, dependiendo de la extracción social de los inmigrantes. Esta identificación entre el español de procedencia y el español utilizado en los lugares de destino se ha producido gracias, por un lado, a la debilidad de los contactos entre los hispanohablantes de diversas zonas de los Estados Unidos y, por otro, a la llegada de nueva población del mismo origen a unos mismos destinos.

Ocurre, sin embargo, que esa debilidad de los contactos entre grupos hispanos diferentes se ha ido viendo afectada por factores como los siguientes: 1) la llegada de nuevos contingentes de hispanohablantes a lugares muy variados; esto es, el debilitamiento de las concentraciones de hispanos de un mismo origen en unos mismos lugares; 2) la difusión de los medios de comunicación, capaces de poner en contacto normas lingüísticas diferentes, aunque no haya contacto físico entre los hablantes; 3) la facilidad del transporte interior, que permite un más fácil cambio de residencia dentro del país; 4) la eficacia del transporte internacional, que permite mantener vivos los contactos físicos entre los emigrantes y sus familias de origen mediante encuentros más o menos regulares; 5) la creación de sistemas de comunicación interpersonal rápidos y baratos (telefonía e Internet, con sus foros, chats, videocámaras y micrófonos), que permiten el contacto escrito y hablado de los hispanohablantes residentes en cualquier lugar de los Estados Unidos y en otros ámbitos hispánicos.

La situación actual del español en ese país se explica con más detalle en otros capítulos de esta obra y, naturalmente, en otros estudios recientes (M. J. Criado, 2002 y 2003; Morales, 1999; Silva Corvalán, 2000; Moncada y Olivas, 2003). En líneas generales, los rasgos más sobresalientes de la lengua española en los Estados Unidos hoy día revelan que se trata de la segunda en importancia dentro de la Unión, que es hablada en casa por una población que ronda los 30 millones (no todos los censados como hispanos hablan español) y que es seña de identidad del 13,3% del total de la población estadounidense, porcentaje que en Chicago se eleva al 26%, en Nueva York al 27%, en Los Ángeles al 46,5% y en Miami al 66%. Según la Oficina del Censo, los hispanos de origen mexicano alcanzaban la proporción, en marzo de 2002, del 66,9%, los centroamericanos y suramericanos del 14,3%, los puertorriqueños del 8,6% y los cubanos del 3,7%.

El perfil demográfico y sociológico de esta población hispana sustenta una situación sociolingüística en la que el español es la lengua de la población minoritaria más pujante (crecimiento en torno al 5% anual), por su elevado índice de natalidad y por su baja media de edad (26 años); inglés aparte, el español es la lengua más utilizada en el hogar, aun cuando en la mitad de las casas hispanas el nivel de inglés es muy bueno, y la lengua de sectores de población muy amplios de extracción sociocultural media y baja, especial-

mente en el suroeste, además de la lengua más estudiada en todos los niveles de enseñanza. Actualmente, el español es la lengua de Univisión, la quinta cadena de televisión
del país (tras NBC, ABC, CBS y FOX), de Telemundo, incorporada a la potente NBC por razones de mercado, y de CNN en español; y hay que tener en cuenta que el 50% de los hispanos afirma que presta más atención a los anuncios en español y que la audiencia semanal hispana de televisión es prácticamente idéntica en inglés y español.

Estas pinceladas nos dibujan un panorama sociolingüístico en el que el inglés es la lengua
principal de las relaciones sociales, económicas y políticas, y es, de igual modo, la lengua de
la comunicación escrita. El español es la lengua de la comunicación oral y familiar de amplios sectores humildes de la población, sobre todo en las zonas de mayor concentración
hispana (suroeste, nordeste, medio oeste), aunque en la región de la Florida ha alcanzado
prestigio y expansión como para acceder a entornos comunicativos elevados (negocios, niveles elitistas de cultura, política) (López Morales, 2003). Las preferencias de los hispanos
estadounidenses en cuanto a sus usos lingüísticos están claramente inclinadas hacia el español y, unidas al bilingüismo, se convierten en abrumadoramente mayoritarias.

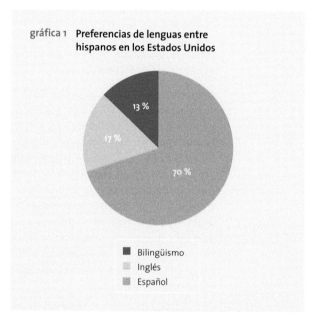

gráfica 1   **Preferencias de lenguas entre hispanos en los Estados Unidos**

13 %

17 %

70 %

■ Bilingüismo
■ Inglés
■ Español

Al mismo tiempo, la elocuencia de los informes cuantitativos respecto a la actual implantación del español en los Estados Unidos se ve reforzada por otros rasgos de índole cualitativa, como es la sensibilidad de la población hispana hacia todo lo relacionado con sus
señas de identidad, especialmente con la lengua: no puede olvidarse que el conocimiento
o la familiaridad con la lengua española es el único factor realmente común a toda
la población hispana, por cuanto no lo es ni la raza ni estrictamente la religión. Esa sensibilidad étnico-lingüística no es algo surgido *ex novo* en solar estadounidense, sino que
prolonga una forma de entender el hecho lingüístico muy característica de los países hispanoamericanos. Pensemos que las constituciones americanas se han ocupado de la oficialidad de la lengua (española o castellana) desde 1929, que la lengua es materia política
en Puerto Rico (donde el 98,8% de la población habla español), que la cubanidad está íntimamente ligada al uso del español y que México, donde se hablan oficialmente más de
55 lenguas distintas, considera el español como un instrumento esencial de integración
nacional.

La existencia de un español bien asentado en territorio estadounidense parece irrefutable.
Los indicadores cuantitativos y cualitativos así lo hacen ver. Sin embargo, la constitución de

una dialectología hispánica del país también se ve apoyada por la concurrencia de otros elementos que afectan de modo decisivo a la forma en que se establecen y desarrollan las variedades dialectales. Uno de ellos ha quedado en parte señalado: el galopante aumento de la población hispana, que se refleja en la gráfica 2.

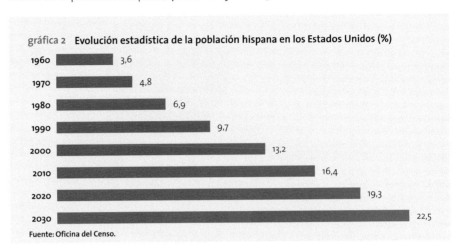

gráfica 2 **Evolución estadística de la población hispana en los Estados Unidos (%)**

Año	%
1960	3,6
1970	4,8
1980	6,9
1990	9,7
2000	13,2
2010	16,4
2020	19,3
2030	22,5

Fuente: Oficina del Censo.

Otro dato muy significativo es que el 86% de los hispanos suele autoidentificarse por su país de origen, lo que contribuye a reforzar sus particulares señas de identidad, incluida su modalidad lingüística. Esto significa que, en general, se prefieren las denominaciones 'cubano', 'salvadoreño' o 'mexicano' sobre la de 'latino', 'hispano' o 'americano'.

Los datos de una encuesta realizada en 2002 por el Pew Hispanic Center son muy elocuentes en su correlación con el mantenimiento de diferentes modalidades lingüísticas. Observamos en el cuadro 2 que la denominación por el país de origen no solo se mantiene como mayoritaria en la primera generación, sino también en la segunda, y solo en la tercera se ve superada por el término identificativo 'americano', aunque no por la etiqueta 'hispano' o 'latino'. Y tan significativos como estos datos son los que aparecen en el mapa 1.

cuadro 2 **Términos preferidos por los hispanos para describirse a sí mismos**

	Total hispanos	Generación 1	Generación 2	Generación 3
País de origen	54%	68%	38%	21%
'Latino'/Hispano	24%	24%	24%	20%
Americano	21%	6%	35%	57%
Ninguno de los anteriores	1%	1%	1%	1%

Fuente: Pew Hispanic Center (2002).

En la evolución demográfica experimentada por los Estados Unidos entre 1970 y 2000, se observa nítidamente el crecimiento de la población hispana, tanto en términos puramente numéricos como en lo referido a su extensión geográfica. Los hispanos son el primer grupo minoritario del país y así han ido progresando paulatinamente, desde el tercio occidental hasta la costa este, en un proceso que acabará extendiéndose por toda la geografía estadounidense. Tal realidad es trascendental para la constitución y la vida de los dialectos porque la contigüidad geográfica en el uso de una lengua contribuye a reforzar su presencia social. Así pues, los pilares fundamentales, geográficos y sociales, para la implantación de una lengua con sus modalidades dialectales o geolectales ya existen en los Estados Unidos.

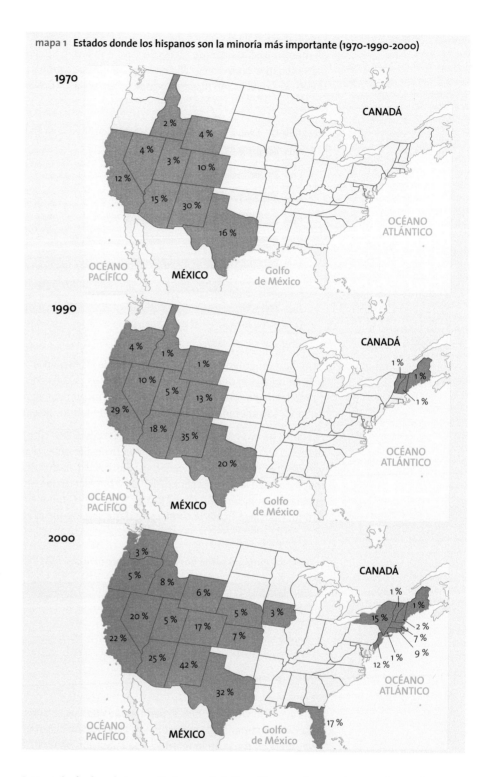

mapa 1 Estados donde los hispanos son la minoría más importante (1970-1990-2000)

Las variedades del español y su distribución en el espacio estadounidense

La demodialectología del español en los Estados Unidos nos permite presentar un mapa de las grandes variedades del español en su distribución geográfica de conjunto. El mapa 2 se ha elaborado a partir de la información del censo del año 2000 y se refiere al grupo hispano mayoritario en cada uno de los estados de la Unión.

mapa 2 Variedades hispánicas en los Estados Unidos

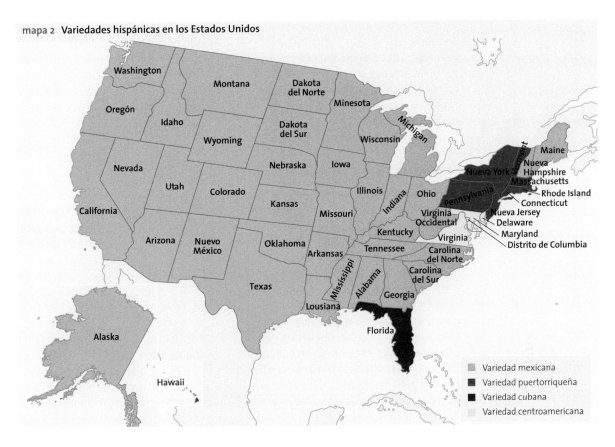

A pesar de su claridad, este mapa puede ser engañoso, porque no todos los hispanos son hablantes de español. Pero también es verdad que lo son en una proporción superior al 80%: el 83% de los mexicanos; el 89% de los puertorriqueños; el 97% de los cubanos (Hart González y Feingold, 1990: 22). Por otra parte, existen estados en los que la prevalencia de un grupo hispánico es palmariamente mayoritaria (p. ej., 82% de mexicanos en Arizona) y estados en los que el grupo mayoritario está muy igualado con el segundo grupo en peso demográfico, como es el caso de los mexicanos y los centroamericanos en Virginia (ambos un 22%) o de los puertorriqueños y los mexicanos en el extremo nordeste (en Maine, 24% y 29% respectivamente). El hilo de estos casos nos llevará a posteriores comentarios. Por el momento, con todas las prevenciones, el mapa 2 representa la geografía del español estadounidense. El mapa ha de completarse con la inclusión de algunas hablas minoritarias, con el cariz que confiere la convivencia de modalidades geolectales diferentes y con la distinta incidencia social que implica la coexistencia con el inglés, como habrá tiempo de comentar.

La realidad dialectal de los Estados Unidos nos muestra, pues, una modalidad formidablemente extendida por la mayor parte del territorio (la mexicana), una modalidad predominante en el estado de la Florida (la cubana), otra bien instalada en el extremo nororiental (la puertorriqueña) y una última (la centroamericana) predominante en el centro-este, en torno al estado de Virginia. Este panorama lingüístico, como se observa, deja en evidencia aquella descripción que asociaba los mexicanos a California, los cubanos a la Florida y los puertorriqueños a Nueva York. No diremos que ello deje de ser cierto, pero sí que, como explicación, resulta claramente insuficiente.

La nueva dialectología del español de los Estados Unidos revela una amplia difusión de la variedad mexicana y muestra una nítida expansión de la modalidad puertorriqueña en todo el nordeste, de la centroamericana en el centro-este y de la cubana en la Florida. Con todo, este reparto podría distribuirse de un modo diferente si atendemos a la zonificación del español de América. Según diversos autores (Moreno Fernández, 1993), el español de América se divide en cinco grandes zonas o áreas dialectales: una mexicana y centroamericana, una caribeña, una andina, una rioplatense y, finalmente, una chilena. Según esta división dialectal, la mayor parte del territorio estadounidense hace uso de un español adscribible a la zona primera, la mexicano-centroamericana; la región nordeste y la sureste se adscribirían a la región caribeña.

La variedad méxico-estadounidense o chicana

La ausencia de estudios geolingüísticos de primera mano, dadas las especiales características de las modalidades que se presentan, nos obliga a hacer una caracterización lingüística de la variedad méxico-estadounidense actual basada en deducciones y en datos indirectos. No obstante, la información de partida parece lo suficientemente sólida como para no marrar gravemente en las afirmaciones que se vayan proponiendo. El nombre 'méxico-estadounidense' tiene una intención meramente descriptiva, pues alude a la variedad española hablada por los mexicanos emigrados a los Estados Unidos y por sus descendientes. Quedan excluidos de esta modalidad los hablantes de español patrimonial, cuyo origen está arraigado a unas tierras —las de Nuevo México, sur de Arizona y sur de Colorado— ahora estadounidenses, pero que en su día fueron de México (hasta 1848) y antes, de España. El territorio en que predomina actualmente la variedad chicana ocupa casi todo el espacio de la Unión, si bien las principales concentraciones se dan en los estados de California, Arizona, Colorado, Nuevo México, Texas e Illinois, este último en la región de los grandes lagos, donde, en el año 2000, se reunían más de 15 millones de mexicanos. El total de mexicanos en ese país es, según el censo de 2000, superior a los 20 millones.

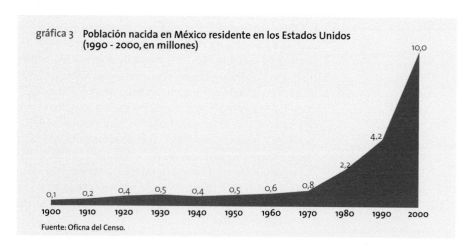

gráfica 3 **Población nacida en México residente en los Estados Unidos (1990 - 2000, en millones)**

Fuente: Oficna del Censo.

Si tenemos en cuenta que el mayor crecimiento de la población mexicana en los Estados Unidos se produjo en la década de los noventa (gráfica 3), que la mitad de los méxico-estadounidenses nacieron en México y que la mayoría de los que ya nacieron en suelo norteamericano son emigrantes de segunda generación, puede decirse que el dialecto de estos 'chicanos' ha de presentar las características básicas de la región de México de procedencia. Los 'chicanos' de hoy hablan como hablaban en su tierra de origen o como hablaban sus padres, con las lógicas innovaciones que supone la vida en un entorno sociolingüístico diferente y anglohablante. Esta prolongación dialectal es, en parte, posible por las complejas redes sociales y familiares creadas entre los emigrantes y las comunidades de origen que facilitan y siguen el día a día de los desplazamientos migratorios. Aunque puede decirse que los mexicanos de los Estados Unidos proceden de todos los estados del país hispánico, la estadística nos dice que el mayor contingente de población procede de las regiones central y norteña de México. Como ha señalado Dennis Small, los seis estados fronterizos mexicanos han tenido una importancia decisiva en este proceso migratorio. De 1995 a 2000, millones de mexicanos abandonaron el centro de México y emigraron a los estados fronterizos como una zona de escala para emigrar. Sin embargo, son los estados centrales los principales viveros de la emigración, como se aprecia en el mapa 3: Jalisco, Michoacán, Guanajuato, México y Guerrero.

mapa 3   Inmigración interna y emigración a los Estados Unidos de 1995 a 2000

■ Principales estados con inmigración neta
■ Principales estados con inmigración a EE. UU.

La modalidad centro-mexicana trasladada a los Estados Unidos puede incluirse entre las variedades conservadoras del mundo hispánico, aquellas que tienden a mantener el consonantismo en posición final de sílaba y entre vocales, frente a los debilitamientos, aspiraciones y pérdidas de consonantes más características de las hablas innovadoras, como las caribeñas, las canarias o las andaluzas. Aplicando las informaciones que Moreno de Alba (1994) ofrece para el centro de México y utilizando como complemento los informes de Lipski (2004), sabemos que en el español méxico-estadounidense el debilitamiento vocálico (*muchs cuats* 'muchos cuates') es poco frecuente, aunque existe, y también lo es el *cierre* de las vocales -*o* y -*e* en posición final. En el consonantismo tiende a conservarse la pronunciación de *s* en posición final de sílaba, aunque la -*d* final se elimina con alguna frecuencia. El asibilamiento de la -*r* final se da tanto en el centro de México como en el habla de los chicanos y las consonantes que aparecen en posición intervocálica pueden mantenerse con intensidad, como en el caso de la -*d*-, pero también se pueden articular de un modo relajado, como ocurre con la velar -*x*- [*caha* 'caja'] o con la palatal -*y*-, que puede llegar a fundirse con la *i* tónica previa (*tortía* 'tortilla'). La fonética norteña ofrece como rasgos más destacados la diptongación de *e* y *o* en formas como *tiatro* 'teatro' o *cuete* 'cohete' y la realización relajada de *ch*, localizada especialmente en los estados mexicanos más occidentales.

Como explica Lipski y como hemos comprobado en nuestras observaciones en Chicago, los chicanos suelen hacer uso de los elementos léxicos y discursivos más característicamente mexicanos: *ándele* 'vamos; de acuerdo'; *órale* 'vamos'; *blanquillo* 'huevo'; *chamaco* 'niño'; *charola* 'bandeja'; *cuate* 'amigo'; *huero* 'rubio'; *padre/padrísimo* 'muy bueno', *buey* 'tipo; hombre' (pronunciado [gwéi]); *ni modo* 'no; no hay manera'; *mero* 'mismo'. Obsérvese que no usamos la palabra 'chicano' para aludir a la mezcla o la alternancia del inglés y español en el discurso de los hispanos; nuestro uso es más genérico, pues simplemente se alude a una procedencia mexicana.

La variedad puertorriqueña, nuyorricana o exterior

La variedad puertorriqueña exterior ofrece una demografía equivalente a la de la variedad del propio Puerto Rico, pues son 3 millones y medio los puertorriqueños que viven en Norteamérica, tal vez algo más que en la isla. En la denominación de esta variedad no se ha incluido el adjetivo *estadounidense* por ser Puerto Rico un estado asociado a la Unión. Sí se ha apuntado la denominación de *nuyorricana* por haber sido muy característico el modo de hablar de los puertorriqueños en Nueva York, pero con ello se quiere indicar simplemente que se trata del habla de los puertorriqueños residentes en ese país y de sus descendientes, lejos de cualquier actitud despectiva. Si se prefiere optar por una etiqueta más neutra, podría hablarse de 'variedad puertorriqueña exterior', para diferenciarla de las variedades del interior de la isla.

El habla de los puertorriqueños del exterior presenta todas las características destacables y comunes a las hablas hispánicas caribeñas (López Morales, 1992), lo que incluye el relajamiento consonántico en posición intervocálica (*caha* 'caja', *acabao* 'acabado') y el debilitamiento de las consonantes en posición final. Ese debilitamiento puede conducir a la aspiración *(casah)*, a la asimilación al sonido consonántico siguiente (*aggo* 'algo'), a las neutralizaciones o a la pérdida fonética *(lah casa Ø)*. La neutralización más característica de las hablas puertorriqueñas, del interior y del exterior, es la de las líquidas *r* y *l*, que se resuelve en *l*: *peol* 'peor', *puelto* 'puerto'. En esa misma posición final, suele producirse otro fenómeno muy frecuente en todo el Caribe como es la realización velarizada [ŋ] de la /n/ final. Pero, sin duda, el fenómeno más llamativo de las hablas puertorriqueñas, por su particularidad, es la realización como velar fricativa o uvular de la vibrante múltiple *rr*, lo que lleva a una pronunciación cercana a la jota castellana (López Morales, 1979 y 1983).

En la esfera de lo gramatical, los puertorriqueños hacen también gala de usos característicamente caribeños, como es la anteposición del sujeto al verbo en las interrogativas *(¿qué tú quieres?; ¿qué tú dices?)* o la anteposición del sujeto ante infinitivo en oraciones del tipo *para yo hacer eso, debo estar enfermo*. En cuanto al léxico, una vez más encontramos replicados los usos isleños originales: *chavos* 'dinero,' *china* 'naranja dulce,' *coquí* 'rana pequeña que canta de noche'; *ficha* 'moneda de cinco centavos', *mahones* 'pantalones vaqueros; jeans', *pantallas* 'pendientes, aretes,' *dar pon* 'llevar a alguien en coche', *tapón* 'atasco, congestionamiento de tráfico', *zafacón* 'papelera; cesta de la basura'; incluidos los afronegrismos más comunes en Puerto Rico: *changa* 'insecto roedor', *chango* 'especie de mono', *gongolí* 'gusano', *guineo* 'plátano que se come crudo' o *monga* 'malestar; gripe benigna' (López Morales, 1991). Los manuales suelen apuntar que lo característico del léxico puertorriqueño del exterior es la adopción de préstamos y calcos del inglés (*rufo* 'tejado', *ganga* 'pandilla', *carpeta* 'alfombra') (Gutiérrez, 1993) y efectivamente se dan, pero no se trata de usos exclusivos de los puertorriqueños. Como este es un asunto tratado en otros capítulos, nos vemos liberados de proporcionar mayores detalles, por el momento.

Otras variedades

Antes de pasar a hablar de otras variedades, resulta tan justo como obligado hacer una referencia al habla de los dominicanos (Bailey, 2002). Se trata de un grupo hispano de importante empaque demográfico, aunque menor que el de los grupos comentados, y que suele convivir con puertorriqueños en las zonas de Nueva York, Nueva Jersey, Boston o Filadelfia. Esta convivencia estrecha, unida a la afinidad lingüística, ha hecho que los rasgos lingüísticos dominicanos de los Estados Unidos se suelan apreciar en un segundo plano. Es evidente que los dominicanos estadounidenses comparten muchos usos con los puertorriqueños y con los cubanos —son modalidades pertenecientes a la misma zona dialectal—, pero eso no significa que puedan reconocerse algunas peculiaridades, como la vocalización de *r* final de sílaba (*veide* 'verde', *pueita* 'puerta'), la pérdida frecuentísima de la *s* en posición final de palabra (*eso e lo que queremo* 'eso es lo que queremos') o la aparición de plurales en *-se* (*cásase* 'casas', *cárrose* 'carros'). En gramática, llama la atención el uso de un falso sujeto *ello* en oraciones impersonales o con sujeto pospuesto: *ello hay agua*; *ello estaba lloviendo*; *ello es fácil decir* (Alba, 2004). Naturalmente, en el léxico aparecen dominicanismos, como *bola* 'autoestop', *concho* 'transporte público urbano', *mangú* 'plátano verde cocido y amasado', *matatán* 'persona muy habilidosa', *chepa* 'casualidad', *un chin* 'poquito', *tollo* 'desorden; cosa mal hecha' o *yunyún* 'hielo raspado', incluida la fraseología referida al béisbol, el deporte nacional: *coger fuera de base* 'encontrar desprevenido'; *estar a tiro de hit* 'estar a punto', *ser un fly al cátcher* 'ser fácil de hacer; ser fácil de tratar' (Alba, 2006).

La variedad cubano-estadounidense

Los informes de Delos L. Canfield (1981) apuntaban que en Tampa podían apreciarse hasta tres modalidades diferentes de español: por un lado, una modalidad castellana, llevada por gente de España en el siglo XIX, y que conservaba sus peculiaridades más específicas, como las distinciones fonológicas [s/θ] y [ll/y] o la pronunciación africada, más áspera de la jota velar; por otro lado, se encontraba una modalidad de transición que acusaba la influencia del inglés y del español y de Cuba y que, por lo tanto, aspiraba la jota o pronunciaba la [s] dentalizada, como es general en América o Canarias; la tercera modalidad, decía Canfield, 'era más parecida a la de las calles de La Habana', con aspiración de /s/ en posición final de sílaba, jota aspirada y velarización de /n/ final, ante pausa o vocal. El paso de los años se ha dejado notar y esa diferenciación de modalidades es hoy prácticamente inidentificable, principalmente por la llegada de cubanos en los años sesenta. Lo que sí es seguro es el mantenimiento de las características más reconocibles del español cubano, como las que también se localizan en Miami y su área suroeste *(saugüeresa)*: consonantismo debilitado en posición final de sílaba e intervocálica, nasalización de vocal trabada por consonante nasal (por ejemplo *son*), lateralización de *r* en posición final de sílaba (*cuelpo* 'cuerpo', *goldo* 'gordo'). Todas estas características, por otra parte, son habituales en el Caribe hispánico, aunque alguna de ellas se presenta aquí con una mayor intensidad, como la asimilación de consonantes finales de sílaba a la consonante siguiente: *bacco* 'barco', *catta* 'carta', *secca* 'cerca'.

En el nivel gramatical, volvemos a encontrar el sujeto antepuesto al verbo en las interrogaciones *(¿qué tú dices?)* o el uso de sujeto especificado en oraciones de infinitivo *(dime qué hago para yo parecerte atractivo)*; también es frecuente entre los cubanos el uso del sufijo *-ico (perrico, chiquitico)*. El léxico de los cubanos de Miami presenta una importante comunidad de elementos con el de la isla. Son formas léxicas habituales en el habla cubana *asere* 'amigo; socio', *achantado* 'perezoso', *espejuelos* 'gafas', *guajiro* 'campesino', *gárboli* 'juego del escondite', *fruta bomba* 'papaya', *jimaguas* 'gemelos', *fotuto* 'bocina del automóvil', *arroz con mango* 'confusión', *orisha* 'dios de la santería'. Naturalmente se están excluyendo las formas comunes del español, mayoritarias en el Caribe. También encontramos afronegrismos generalizados *(bemba* 'labios', *bongó, mambo* o *cachimba)* y recursos conversacionales muy característicos: *dígole, ven acá*. Como es natural, la convivencia con el inglés ha favorecido la incorporación y adaptación de préstamos y calcos (*confidente* 'confiado', *embarazar* 'avergonzar, desconcertar', *línea* 'cola, fila'; *memoria* 'recuerdo') (López Morales, 2003; Varela, 1992).

La variedad centroamericana-estadounidense

La evolución de la demografía durante los últimos veinte años ha dado a la población hispana de origen centroamericano un protagonismo que antes parecía reservado a mexicanos, puertorriqueños y cubanos. Ya se ha dicho que la zona de predominio centroamericano corresponde al centro-oeste del territorio estadounidense, pero también hay centroamericanos —y en cantidades importantes— en California, la Florida, Nueva York y Texas, principalmente de origen salvadoreño (algo menos de un millón) y también guatemalteco (alrededor de medio millón). Ocurre, sin embargo, que en estos lugares su modo de hablar queda difuminado por el apabullante predominio de hispanos de orígenes diferentes.

Las hablas centroamericanas estadounidenses, como las originales, deben incluirse entre las modalidades de tendencia conservadora; no en vano pertenecen a la misma zona lingüística que México, aunque la aspiración de /s/ está muy extendida en El Salvador, incluso en entornos intervocálicos no finales (*no he nota* 'no se nota'; *la hopa* 'la sopa') (Peñalosa, 1984). El conservadurismo fonético se observa, por ejemplo, en la fortaleza fonética de [s] final entre los guatemaltecos o en el mantenimiento de un sonido interdental [θ], que no se presenta en oposición fonológica con /s/, entre los salvadoreños. El perfil centroamericano, no obstante, ofrece unas peculiaridades que no se dan en otras áreas de la misma tendencia: aquí se aprecia un debilitamiento marcado de /y/ en posición intervocálica, que puede llegar a desaparecer en contacto con vocal palatal (*tortía* 'tortilla', *maravía* 'maravilla') o una pronunciación asibilada o palatalizada de -*r* final o del grupo *tr-* (cercana a *r+s*). En estos dos rasgos, el uso hispano del centro-oeste viene a coincidir con el del español patrimonial de Nuevo México y Texas.

Se ha querido explicar esta coincidencia entre el español de los Estados Unidos y de América Central como una muestra del arcaísmo de ambos, pero no está claro que esta sea la interpretación correcta, dado que hablamos de rasgos, en este caso concreto, de naturaleza innovadora, como lo es la aspiración debilitada en la pronunciación de jota. Las hablas centroamericanas también muestran un uso frecuente de las consonantes antihiáticas en formas como *reíya* 'reía' o *riyo* 'río'. En el nivel gramatical, es reseñable la implantación del voseo, con la consiguiente concordancia verbal (*vos tenés, vos amás, vos partís*) y los correspondientes usos en imperativo (*tené, decí, partí*), que se extiende por toda Centroamérica desde el estado mexicano de Chiapas.

El léxico centroamericano es en gran medida compartido por todos los países de la región y por los hablantes estadounidenses: *achucuyar* 'abatir; asustar', *barrilete* 'cometa', *bayunco* 'rústico; grosero', *chele* 'rubio', *pisto* 'dinero'.

Los dialectos patrimoniales

El panorama dialectal hispánico del país no quedaría completo si no se incluyeran, entre las variedades del español, las más genuinamente norteamericanas, las que más ameritan la etiqueta de estadounidenses, las que más tiempo llevan instaladas en las tierras de esa nación ahora llamada Estados Unidos, cuyos territorios, en otros períodos históricos, pertenecieron a España, a Francia, a México. Estas variedades han recibido la denominación genérica de 'español patrimonial' (véase capítulo correspondiente) y aún pueden encontrarse y escucharse en los estados de Nuevo México, Texas, el sur de Arizona y de Colorado o Luisiana.

Las hablas del sur de los Estados Unidos

El español tradicional de Nuevo México, Arizona, Texas y el sur de Colorado es una variedad que, aun en trance de asimilación por corrientes hispanas demográficamente más modernas y poderosas, refleja una fonética con algunos rasgos de viejo cuño, como la aparición de una -*e* paragógica (*bebere* 'beber', *papele* 'papel). En general, la fonética novo-mexicana se vincula —por historia lingüística— a la zona mexicana y centroamericana (Moreno Fernández, 1993), con algunos rasgos muy destacados, como el carácter abierto de la *y*, así como su desaparición en contacto con *e* o *i* (*cabeo* 'cabello', *anío* 'anillo'). También encontramos numerosos usos fonéticos populares: aspiración de *f-*, como en [*húmo, herbír*], o diptongaciones vulgares como en [*páis, paráiso*]. La conjugación verbal ofrece abundantes muestras tanto de arcaísmos (*vide* 'vi', *truje* 'traje') como de usos considerados hoy, en el español general, como populares o vulgares (*hablates* 'hablaste', *vivites* 'viviste', *puédanos* 'podamos', *véngamos* 'vengamos', *quedré* 'querré', *traíba* 'traía').

En el ámbito léxico, es destacable la presencia de dialectalismos (*lagaña, párparo, molacho* 'desdentado'), de voces tradicionales compartidas con México (*cachetazo, chueco* 'torcido, patiestevado', *halar* 'tirar, arrastrar', *mancuernillas* 'gemelos'), incluidos indigenismos (*guaraches* 'sandalias', *milpa* 'maizal', *zopilote* 'buitre'). A estos indigenismos habría que sumar muchas voces indias de la zona, como *zacate* 'césped', *zoquete* 'barro', *mitote* 'chisme, cotilleo', *teguas* 'sandalias de piel de búfalo', *tosayes* 'calabazas secas' o *chimajá* 'perejil'. Como es natural, los anglicismos han llegado a ser muy frecuentes desde 1848, pero sobre todo después de 1912 (*torque* 'pavo', *baquiar* 'retroceder', *troca* 'camión', *sinc* 'fregadero', *choque* 'tiza').

En el territorio de la parroquia de San Bernardo, en Luisiana, se hallan también muestras de otra modalidad patrimonial del español —español *isleño*—, que ha perpetuado algunas de sus características lingüísticas, cercanas, todavía hoy, a las hablas canarias (Alvar, 1998). Así, se encuentra una realización de *ch* similar a la canaria, el cierre de *o* final, la velarización de *n* final, la articulación canaria o la desnasalización ante aspirada (*naraha* 'naranja'). La naturaleza canaria del habla isleña también se observa en infinidad de formas léxicas: *gago* 'tartamudo', *beletén* 'calostro', *gofio, botarate* 'manirroto', *vuelta carnero* 'voltereta'. El panorama léxico isleño se completa con las aportaciones del español de Hispanoamérica, del portugués y del francés (*casquete* 'hacha', *creyón* 'lápiz').

Algo más al oeste, en la frontera entre Luisiana y Texas, pueden hallarse aún restos del español *adaeseño*. En su fonética se encuentra yeísmo, seseo o pérdida de consonantes sonoras intervocálicas, como en otras hablas americanas; y también se hallan arcaísmos del tipo *asina* 'así', *prieto* 'negro', *marcá* 'mercar', *mesmo* 'mismo' o *crevé* 'quebré'. En el nivel léxico, las hablas adaeseñas muestran el uso de formas dialectales documentadas tanto en Canarias y Andalucía como en Hispanoamérica. A la vez, se han documentado voces de origen náhuatl y de origen francés (Armistead, 1991).

El judeoespañol

El paisaje dialectal hispánico de los Estados Unidos se completa con una variedad muy especial, por más que se trate de otro dialecto trasplantado, como todos los demás: el judeoespañol, sefardí o judezmo (Agard, 1950). La II Guerra Mundial fue la causa principal de que un importante contingente de judíos llegara al país. Muchos de ellos eran sefardíes; es decir, descendientes de los judíos que fueron expulsados de España —de Sefarad— en 1492 y mantenedores de una cultura y una modalidad lingüística claramente vinculadas al mundo hispánico. Esos judíos eran hablantes de judeoespañol. Los Estados Unidos albergan núcleos sefardíes en varias ciudades, como Atlanta, Seattle o Nueva York, que forman una comunidad de 40.000 miembros aproximadamente. ¿Cuántos de ellos aún hablan judeoespañol? Es difícil saberlo. Según Teschner, Bills y Craddock en 1975 no había más de 15.000. Si, como afirman estos especialistas, la lengua se ha ido perdiendo ya en la segunda generación, es difícil que los hablantes de judeoespañol sean más de unos centenares, pues se ha ido produciendo una sustitución lingüística en beneficio del inglés. Las sinagogas sefardíes de los Estados Unidos aún permiten escuchar los rezos en judeoespañol, pero las conversaciones en sus jardines, vestíbulos y rellanos se mantienen en lengua inglesa.

Las características lingüísticas del judeoespañol estadounidense son compartidas con otras manifestaciones del dialecto, de Europa, África y Asia (Hernández, 2001; Hirsch, 1951). El sistema fonológico del judeoespañol ha eliminado, como el andaluz, el canario y el español de América, el fonema /θ/, aunque, a diferencia del andaluz, conserva la oposición sorda/sonora en los fonemas /s/ y /z/. El judeoespañol aún mantiene la oposición entre las antiguas consonantes palatales medievales / ʹ/ y /ʺ /, y ofrece otros elementos conservadores, como el mantenimiento de F- inicial latina, la distinción entre una /b/ oclusiva bilabial y una /v/ fricativa labiodental, la pronunciación labiodental de los grupos secundarios *b'd, b't, v'd, v't*, que evolucionaron a *u* en español (*devda, sivdat, kavdal*), el mantenimiento de las formas arcaicas *do, vo, so, estó*, sin la integración del adverbio *y* o el uso de la forma *vos* tanto como pronombre sujeto como complemento: *venivos* 'veníos'. Junto a ello, la nómina de elementos innovadores también es significativa, como el desarrollo de una vocal [w] en las articulaciones velares y labiales, como *guato* 'gato', *lechugua* 'lechuga', el uso de la terminación *-í* para la primera persona singular del pretérito indefinido de la primera conjugación (*comprí* 'compré', *amí* 'amé') o la reducción de vocales a partir de la pérdida de la *-d-* intervocálica (*cantás, querés*) (Hernández, 2001).

La dimensión sociolingüística de los dialectos hispánicos

Los dialectos de una lengua no son variedades uniformes extendidas por una superficie como la capa de chocolate en un pastel. Las variedades dialectales, en cualquier lengua natural, se manifiestan de forma variable respondiendo de modo distinto a factores sociales y estilísticos, además de los puramente geográficos. Por eso es erróneo pensar que todos los puertorriqueños del exterior utilizan todos los rasgos aquí señalados o que en todos los cubanos estadounidenses aparecerán las características enumeradas más arriba. Las variedades geolingüísticas siempre encierran variaciones sociolingüísticas y estilísticas. Pero, ¿de dónde nacen esas variaciones, en el caso de las hablas hispánicas que nos ocupan? Por un lado, de las propias hablas importadas, que no llegaron a los Estados Unidos gozando de absoluta homogeneidad, sino reflejando el variado perfil sociocultural de los inmigrantes. Por otro lado, en los nuevos contextos de acogida se dieron las circunstancias adecuadas para la aparición de nuevos usos sociolingüísticos, desconocidos en las comunidades de origen. Y, finalmente, la variación sociolingüística de estos dialectos hispánicos surge también del diverso modo en que establecen sus relaciones con la lengua inglesa, con la que se comparte una geografía y una sociedad.

En términos muy generales, las variedades hispánicas llegadas a los Estados Unidos han ofrecido dos modalidades: las variedades cultas y las variedades populares. Las primeras suelen tener una procedencia urbana; las segundas, una procedencia rural, aunque también podría ser urbana. Esta distinción sociolingüística pudo prolongarse en las hablas asentadas ya en ese país, dependiendo del nivel socioeconómico y cultural que los inmigrantes adquirieran en territorio estadounidense. De hecho los méxico-estadounidenses de procedencia rural hacen uso de numerosas soluciones rurales o vulgares, propias de su extracción social originaria, y a las que suele atribuirse el mismo valor sociolingüístico en los Estados Unidos: *semos* 'somos', *truje* '(yo) traje', *vide* '(yo) vi', *estábanos* 'estábamos, etc.', *muncho* 'mucho', *nadie* 'nadie', *los/mos vemos* 'nos vemos', *hablates* 'hablaste', *fuites* 'fuiste'. Estos usos, en general, tanto los fonéticos, como los gramaticales o léxicos, siguen siendo percibidos como rurales, incultos y vulgares por la comunidad méxico-estadounidense o, en todo caso, como característicos de los estilos más informales o familiares. Rosaura Sánchez realizó en 1994 un interesante ejercicio de clasificación que puede ayudar a entender esta percepción sociolingüística y que presentamos en el cuadro 3 con sus datos parcialmente reelaborados.

cuadro 3 **Contraste entre usos urbanos y rasgos rurales populares en población méxico-estadounidense**

Usos urbanos	Usos rurales/vulgares
Fonética	
/r/ vibrante múltiple	/r/ asibilada
/y/ palatal	/y/ debilitada o perdida
ch africada	*ch* fricativa
mantenimiento de *-d-*	pérdida de *-d-*
f labiodental	velar ante /u/ (*juera* 'fuera')
Gramática	
Fuiste 'fuiste'	*Juites / Fuites*
¿Qué hicistes?	*¿Qué hicites?*
Salimos	*Salemos*
Decimos	*Dicemos*
No traje nada	*No truje nada*
No vi nada	*No vide nada*
Somos	*Semos*
Íbamos todos	*Íbanos todos*
Cuando vuelvamos 'volvamos'	*Cuando vuélvanos*
Muchos papás	*Muchos papases*
Nos trajo a nosotros	*Los trujo a nosotros*

Fuente: Sánchez (1994: 135-136).

Ahora bien, dado que en los procesos migratorios es habitual la concentración de inmigrantes, llegados de un mismo lugar y de un perfil sociocultural similar, las diferencias sociolingüísticas de origen pueden dejar de operar como tales, por lo que es posible que lo que en el país hispánico se considera como popular o vulgar en el territorio estadounidense sea simplemente una característica o seña de identidad del español del lugar o de un grupo hispano determinado, omitiendo otro cariz sociolingüístico. Así se observa, por ejemplo, en el caso de las neutralizaciones de /r/ y /l/ finales entre los puertorriqueños. Este rasgo, como ha demostrado López Morales (1979 y 1983), está asociado a los usos incultos y populares en el español de San Juan de Puerto Rico, sin embargo muchos puertorriqueños del exterior lo aceptan como marca característica de sus comunidades. Algo parecido ocurre con el español centroamericano estadounidense, que incluye fenómenos que en origen son tildados de incultos o rurales, pero que, en la variedad trasplantada, pierden tal valoración sociolingüística. En la propia habla cubana de la Florida, que reflejaba los usos cultos correspondientes al alto nivel social y profesional de los emigrados en la década de los sesenta, se han ido generalizando rasgos propios de los sociolectos populares de La Habana y de las provincias centrales y orientales de Cuba.

En los dialectos hispánicos estadounidenses, sin embargo, se observa otro proceso sociolingüístico muy significativo: la reinterpretación de ciertos elementos desde el punto de vista de su valoración sociolingüística y de las actitudes que suscitan. Así, a propósito de las realizaciones velares y uvulares de la *rr* vibrante múltiple entre los puertorriqueños, lo que en San Juan de Puerto Rico es percibido como rural o inculto (López Morales, 1979) puede ser reinterpretado por los puertorriqueños del exterior como seña de identidad puertorriqueña, frente a los usos lingüísticos de otros grupos hispanos (Fishman et ál.,

1971; Zentella, 1997b). De este modo, algunos grupos —a menudo de hablantes jóvenes— llegan a dar más importancia a sus rasgos hispánicos distintivos que al hecho de compartir una misma lengua con otros hispanos. Algo similar ocurre con las vocalizaciones de *r* en [i] por parte de los dominicanos; se trata de un rasgo popular y rural en la República Dominicana, pero algunos jóvenes, cuya familia procede del área de Cibao, la mantienen deliberadamente como afirmación de su identidad regional y marca de refuerzo de grupo (Bailey, 2002).

Como se ha apuntado, muy frecuentemente ese tipo de reinterpretaciones surge entre las generaciones más jóvenes de los hispanos: entre los jóvenes salvadoreños se da el mantenimiento de *vos* como marcador de solidaridad étnica, especialmente en las conversaciones entre locutores salvadoreños: *¿Puedes ver la televisión vos?; ¿Vienes mañana, vos?* (Lipski, 1989; Peñalosa, 1984). En otros casos, la reinterpretación sociolingüística puede no deberse a un deseo de contar con marcas de solidaridad étnica intragrupal, sino a la búsqueda de marcas generacionales, como puede ocurrir con los jóvenes cubanos de Miami, que incorporan usos de corte rural, inculto o vulgar, como los que pueden darse entre los jóvenes habaneros: *fula* 'dinero', *juaniquiqui* o *yuma* 'norteamericano'. Los chicanos, especialmente los jóvenes, llevan tiempo haciendo uso de una jerga que recibe varios nombres —*pachuco, caló*— y que se ha ido renovando parcial y paulatinamente. El pachuco surgió en los años veinte y se ha asociado a la figura del mexicano que, en cierto modo, ha dejado de serlo sin asimilarse a la cultura de la sociedad de acogida. Se consideran expresiones pachucas voces como *chanchos* 'nalgas', *remos* 'pies', *reloj* 'corazón', *blancos* 'cigarros', *gaveta* 'boca', *papiro* 'periódico', *mejicle* 'mexicano; México', *vato* 'hombre, tipo', *guachar/huachar* 'verse' (Galván y Teschner, 1977). Como es de suponer, en la creación de estas variedades jergales, grupales o generacionales, suele ocupar un espacio bien visible la influencia del inglés, en forma de préstamos, calcos y otros tipos de transferencias.

Dialectos caducos y dialectos emergentes

Más allá de la caracterización geolingüística y sociolingüística que hasta aquí se ha presentado, la peculiar demodialectología hispánica de los Estados Unidos ha llevado a que se produzca un fenómeno que en otros ámbitos hispánicos solo asoma en las ciudades —las grandes ciudades— mientras que aquí es algo que está generalizado prácticamente a toda su extensión geográfica, si bien en las ciudades se produce con una intensidad mucho mayor. Se trata de la *superposición de dialectos*, de la convivencia en un mismo espacio de modalidades dialectales hispánicas de diferente origen, que además se produce en coexistencia con el inglés. Ya ha quedado claro el predominio de unas variedades u otras según la región estadounidense de que se trate, con clara hegemonía territorial y demográfica de la variedad méxico-estadounidense. Pero la superposición dialectal es una realidad generalizada.

¿Qué consecuencias lingüísticas y sociolingüísticas tiene esta superposición dialectal? Desde nuestro particular punto de vista, destacan dos tipos de consecuencias: la reducción de los *dialectos caducos* o *decadentes* y la aparición de *dialectos emergentes*. Cuando una variedad dialectal pierde hablantes de una manera intensa, ve reducidos sus contextos de uso y comienza a ser sustituida por otra variedad lingüística, sea de la misma lengua, sea de una lengua distinta, puede decirse que esa variedad se ha convertido en un *dialecto caduco* o *decadente*. Con el adjetivo 'decadente' no se está haciendo una valoración subjetiva peyorativa de la modalidad, sino que simplemente se alude al hecho de que su uso está en decadencia. Esta es la situación que están experimentando las hablas incluidas bajo el rótulo de *español patrimonial*: el español tradicional de Nuevo México, Arizona y Colorado; el español de Texas; el español *adaeseño* de Texas y Luisiana; el *isleño* y el *bruli* del estado de Luisiana. Entre todas estas variedades, la decadencia es más evidente en los casos del *bruli* y del *adaeseño* (Moreno Fernández, 2007); los hablantes de isleño pueden ser unos centenares y los de español patrimonial novomexicano, tal vez unos miles. Cuando el español comienza a utilizarse más como símbolo que como herramienta de comunicación social, se habla de 'variedad vestigial' (Lipski, 1996). Esta podría ser la situación, igualmente, del judeoespañol de los Estados Unidos.

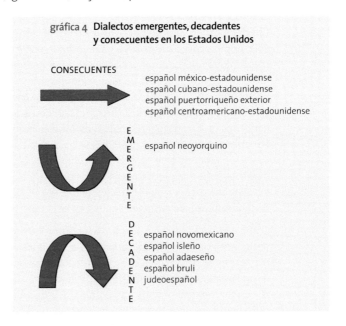

gráfica 4 Dialectos emergentes, decadentes y consecuentes en los Estados Unidos

CONSECUENTES

español méxico-estadounidense
español cubano-estadounidense
español puertorriqueño exterior
español centroamericano-estadounidense

EMERGENTE

español neoyorquino

DECADENTE

español novomexicano
español isleño
español adaeseño
español bruli
judeoespañol

Un proceso diferente a la decadencia sería el de la emergencia. Cuando una variedad adopta unas características que no le son propias por la incidencia de causas externas, entre las cuales los contactos con otras lenguas o variedades dialectales son las más potentes, llevando a una configuración lingüística progresivamente distante de la original, puede hablarse de variedades o dialectos emergentes. El proceso consiste en una acomodación bien interdialectal entre dos variedades implicadas, bien unilateral, por adaptación de una variedad minoritaria a otra mayoritaria. En este último caso, se habla propiamente de acomodación, si es que la variedad mayoritaria no se ve afectada; si el juego de influencias afecta, de un modo u otro, a dos o más variedades, puede pensarse en la gestación de una nueva variedad.

Esto último es lo que puede estar ocurriendo en el contexto de la ciudad de Nueva York, donde a lo largo del último siglo han sido clara mayoría los puertorriqueños, pero que en las últimas décadas ha recibido importantes contingentes de otras poblaciones hispanas. El contacto entre variedades diferentes del español está configurando un perfil específico del español neoyorquino, caracterizado por la confluencia en unos usos hispánicos nivelados. En el caso del léxico se puede comprobar cómo las diferencias interdialectales se van reduciendo en beneficio de un léxico común, activo o pasivo. Esta reducción puede producirse en favor de los usos del grupo mayoritario (puertorriqueño en el caso de Nueva York), de usos hispánicos internacionales o incluso de la generalización del anglicismo: ante las alternativas *carro, coche* y *auto*, en Nueva York puede triunfar *carro*, solución caribeña; ante las alternativas *boleto, entrada, tiquete,* es fácil que triunfe el anglicismo *tique/ticket*.

Ana Celia Zentella (1990 y 1997a) pudo comprobar que el contacto entre dialectos hispánicos produce adaptaciones y adopciones de palabras de otros dialectos, suponiendo generalmente una expansión del léxico propio de cada hablante y no una reducción general del mismo, pues en la mayoría de los casos la adopción del nuevo término no implica el abandono del original. Esto se ha demostrado así en grupos de puertorriqueños, domini-canos, colombianos y cubanos de Nueva York.

Pero la confluencia lingüística no es solo cuestión de léxico, siempre llamativo y simbólico, sino también de gramática. Se ha podido comprobar, por ejemplo, que los jóvenes salvado-reños nacidos y criados en los Estados Unidos suelen abandonar el voseo por el tuteo de los grupos hispanos mayoritarios (Lipski, 1989). Y de singular interés son los análisis que es-tán practicando Ricardo Otheguy y Ana Celia Zentella (2007) sobre el español de Nueva York. Como consecuencia del contacto diario entre puertorriqueños, dominicanos, colom-bianos, cubanos, ecuatorianos y mexicanos, y de todos ellos con los anglohablantes, se han ido produciendo procesos de nivelación dialectal. Se ha comprobado, por ejemplo, que el uso expreso del pronombre personal sujeto (*yo como / Ø como*), que es muy frecuente en-tre los dominicanos, se nivela con la frecuencia de uso explícito propia de los otros grupos caribeños (puertorriqueños y cubanos), que es menor que en el caso de los dominicanos. Por otro lado, la influencia del inglés se hace notar en todos los grupos hispanos, por cuan-to los inmigrantes bilingües de la segunda generación muestran un aumento estadística-mente significativo del uso expreso del pronombre sujeto, aumento que no se produce en los de primera generación. Es evidente que solo el tiempo dirá si la emergencia de un espa-ñol neoyorquino de naturaleza coinética se convierte en realidad consolidada.

Como ejemplo de simple acomodación interdialectal, puede citarse el aumento del man-tenimiento de /s/ entre salvadoreños en la ciudad de Houston, Texas, donde la mayoría hispana es de origen mexicano. Cuanto más jóvenes son los salvadoreños en el momento de su llegada a Houston, más probabilidades hay de que no aspiren o pierdan la /s/ final de sílaba, como hacen sus padres, sino que la conservan siguiendo la pauta de los usos mexicanos del lugar. El testimonio de este hablante salvadoreño residente en Houston es sumamente elocuente (Aaron y Hernández, 2007: 338):

> [M]uchos amigos que ahora tengo… mexicanos no saben que yo soy de El Salvador ni cuenta se dan, hasta a veces que yo, yo les digo que yo soy salvadoreño y… y no me creen, piensan que es-toy jugando con ellos… pos sí pos ahora ya, ya los mexicanos y los salvadoreños hablan iguales, ya no es como antes.

Ese 'antes' al que se refiere este salvadoreño es el que refleja un paisano coetáneo en su discurso:

> Casi eran puros chicanos, se, se me hizo difícil pero pos se burlan de uno como— que viene con un acento también diferente de hablar… pues uno uh— bueno los salvadoreños tenemos un acento diferente ¿no? Se nota y yo no lo he perdido todavía, es algo que uno se crecí, yo me crecí hablando de esa manera…

El hecho de que se produzcan casos de acomodación, como el que se acaba de explicar, no impide que en el conjunto de la comunidad hispana de Houston se estén produciendo in-fluencias de un grupo hispano sobre el otro. La diferencia entre el caso de Nueva York y el de Houston está en que aquí existe un grupo hispano con una clara hegemonía demo-gráfica (el mexicano), mientras que en Nueva York la composición hispana es más com-pleja y variada. El primero es un contexto que favorece las acomodaciones; el segundo permitiría la emergencia de una nueva variedad.

La gráfica 4 recoge, junto a los dialectos emergentes y decadentes, la relación de dialectos consecuentes del español de los Estados Unidos. Se habla de *dialectos consecuentes* para expresar que se trata de modalidades surgidas como consecuencia del transplante de unas hablas hispánicas a tierras estadounidenses y que se encuentran en un proceso vivo de constitución y consolidación en el nuevo contexto, proceso al que afectan numerosos facto-res, como la propia superposición de dialectos, ya comentada, la frecuencia del contacto con hablantes de las variedades de origen, la posición social de los grupos hispanos dentro de las comunidades estadounidenses y muy especialmente el contacto con el inglés.

La presencia del inglés en los dialectos hispánicos

Tenemos una cuenta pendiente: hablar del contacto entre el inglés y el español. Efectivamente, el contacto con el inglés es una realidad extendida por todo el territorio estadounidense y que produce en el español unas consecuencias lingüísticas y sociolingüísticas muy significativas. En otras páginas de esta obra se hace alusión a ello, pero no puede darse por concluido un estudio de las variedades del español en los Estados Unidos sin dedicar un mínimo espacio a algunos fenómenos derivados del contacto de lenguas. En 1999, Eva Mendieta publicó una interesante obra sobre el préstamo en el español de tres comunidades de hispanohablantes: San Antonio (Texas), Miami (Florida) y Perth Amboy (Nueva Jersey). Los fenómenos que Mendieta registró en sus encuestas se clasificaron del siguiente modo: préstamos puros (*tiene el pelo straight* 'liso'), creaciones híbridas (*calendador* 'calendario'), calcos (*fuerza policía* 'police force'), extensión semántica (*qué tiempo es* 'qué hora es'), calcos gramaticales (*¿qué es tu nombre? '¿cómo te llamas?', tomar ventaja de* 'aprovecharse de', *¿cómo te gustó? '¿te gustó?'*) y cambios de código o alternancia de lenguas (*tell me qué es lo mejor para todos* 'dime', *Why make Carol sentarse atrás pa que everybody has to move pa que se salga?*). Mendieta comprobó que la alternancia de lenguas se daba en todos los informantes puertorriqueños de Nueva Jersey, mientras que en Texas solo se observaba en la mitad de los hablantes investigados y en Miami, en ninguno. De todos los procesos lingüísticos de lenguas en contacto enumerados, los más frecuentes en los tres grupos hispanos investigados fueron los préstamos puros, los calcos y las extensiones semánticas, aunque en los cubanos de Miami resultó significativo el empleo de calcos y en los mexicanos de San Antonio, los préstamos con influencia fónica (*buena miúsica* 'música', *mercancías y otros objetos* 'objetos').

En las creencias populares —incluso en las creencias de muchos lingüistas— es habitual que estos rasgos se asocien a hablantes hispanos que no tienen un dominio suficiente del inglés, pero tal creencia hay que manejarla con sumo cuidado porque es precisamente el buen dominio del inglés el que abre el camino para el uso de algunos de esos fenómenos, como es el caso de la alternancia de lenguas. En un estudio preliminar que realizamos en Chicago sobre la actitud de los jóvenes hispanos universitarios ante la alternancia de lenguas, apreciamos que la percepción que se tiene de tal fenómeno responde más a parámetros estilísticos que al dominio de las lenguas. Nuestros informantes eran todos buenos hablantes de inglés y percibían la alternancia como un recurso muy bien aceptado para la conversación informal y para la comunicación entre jóvenes.

Normalmente, a la manifestación frecuente de todos estos fenómenos se le da el nombre genérico de *espanglish*, aunque también suelen atribuírsele nombres específicos, dependiendo de la región o la ciudad: en el sureste se habla del *pachuco* o del *chicano*, y también se oyen nombres como *pocho* o *tex-mex*; en la Florida se habla del *cubonics* y en Nueva York, del *nuyorrican*. Y no puede olvidarse que, por el contrario, cada día es más intensa la presión que el español está ejerciendo sobre la comunidad anglosajona: las conversaciones en inglés de los jóvenes norteamericanos, en lo que se conoce como *Chicano English* o *Mock Spanish*, están salpicadas de expresiones españolas como 'adiós' y 'ándale'. A propósito de todo ello, no nos resistimos a comentar tres aspectos de nuestra experiencia en la convivencia y el estudio del español en los Estados Unidos. Estos aspectos tienen que ver con la disponibilidad léxica de los hispanos, con el nombre que se le da a la minoría hispánica y con el fenómeno general del *espanglish*.

En un estudio realizado en la ciudad de Chicago sobre el léxico que se muestra más disponible en adolescentes de origen hispano, estudiantes de una escuela secundaria donde conviven anglos e hispanos, pudo comprobarse que el total de anglicismos identificados sobre las palabras de más alta disponibilidad suponía un pobre 6,5% del total (Moreno Fernández, 2007a). Desde un punto de vista más puramente sociolingüístico, el estudio de Chicago revela la escasa distancia que hay en la media de anglicismos entre chicos y chicas, pero sí existen claras diferencias según el nivel de español de los hispanos, aunque muchos de ellos sean de primera generación: cuanto menor es su nivel de español, más intenso es el uso del anglicismo en el léxico disponible. Estos datos hacen ver que, en este caso, es el nivel de conocimiento de la lengua y no tanto el hecho de haber nacido o no en los Estados Unidos lo que propicia una mayor presencia del inglés. La conclusión que de ello se deriva apunta claramente a la importancia del sistema educativo y, específicamente, a la función que cumplen los cursos de español para hispanohablantes.

Respecto a las formas léxicas debidas a influencia neta del inglés, se pudieron identificar las siguientes: *short* 'falda', *sal y pepper, carne de mix, forka* 'tenedor', *fútbol-soccer, yarda* 'patio', *yardero* 'jardinero', *mojar plantas, boses* 'autobuses', *troca* 'camión', *traylero* 'camionero', *roofero* 'techador', *azul bay, verde dark, daysis planta*. La proporción de estas formas morfológicamente, sintagmáticamente o semánticamente híbridas registradas en el léxico de los jóvenes hispanos de Chicago es sumamente baja (0,4%).

En otro orden de cosas, durante más de cien años, la palabra *latino* ha sido objeto de interpretaciones renovadas periódicamente: primero, sirvió para dar protagonismo a algunos actores secundarios de la aventura de Europa en América (Bélgica, Francia, Italia); más tarde, el nombre *latino* fue adoptado por los Estados Unidos para deslucir la fuerza de una América 'hispana'; al tiempo, la intelectualidad marxista y liberal del siglo XX vio en la fórmula *latino* un modo de soslayar el eco religioso de la vinculación entre lo hispano y lo católico. Hoy, *latino*, en Norteamérica, tiene sabor a grupo étnico y social desfavorecido, un grupo que sigue haciéndose preguntas sobre su identidad y que está acostumbrado a recibir y aceptar las etiquetas que le imponen los demás, según sus propios intereses, unos intereses empeñados en difuminar su origen hispano. El resultado conduce, casi inevitablemente, a la aculturación, a empezar de cero, a plantear preguntas originadas en los problemas de otros.

En los últimos años, la cuestión del nombre ha vuelto a surgir en los Estados Unidos. Así, la Oficina del Censo ahora también trabaja con la denominación *hispanic*, que algunos consideran ofensiva, por pensar que se trata de un invento de los estadounidenses cargado de matices peyorativos, aunque es sabido que los nombres se contagian de los valores atribuidos a las realidades que designan. Pero se da una circunstancia extraordinariamente interesante. La encuesta 2002 National Survey of Latinos, realizada por el centro Pew Hispanic y la Fundación Kaiser Family, incluye una pregunta sobre la preferencia de los hispanos entre las denominaciones *Hispanic* o *Latino* y los resultados indican que la mayoría (53%) no tiene predilección por una u otra, que el 34% prefiere el término *Hispanic* y que solo el 13% opta por la denominación exclusiva de *Latino*. Ante números tan reveladores, da la impresión, en primer lugar, de que los juegos conceptuales no consiguen distraer la atención de la gente de a pie sobre lo que es realmente importante y, en segundo lugar, de que los hispanos se sienten cómodos con el nombre de *hispano*, aunque la realidad más incontestable, hoy por hoy, es que prefieren seguir utilizando el gentilicio de su país de preferencia y eso condiciona la configuración dialectal hispánica de los Estados Unidos.

Finalmente, a propósito del *espanglish*, no debe ignorarse que esa etiqueta encierra fenómenos bien conocidos y descritos por la sociolingüística. Se trata de una *variedad de mezcla bilingüe*. Esa es la catalogación que un sociolingüista haría, aunque algunos prefieran hablar de 'lenguas entrelazadas' (¿no es mucho más romántico?). Desde un punto de vista sociohistórico, el *espanglish* surge principalmente en el seno de un grupo étnico que se resiste de algún modo a la completa asimilación al grupo dominante. Desde un punto de vista lingüístico, el *espanglish* está tan diversificado, al menos, como el origen de los hispanos que lo utilizan (mexicano, cubano, puertorriqueño,...) y a esta diversidad hay que añadir la del modo, variadísimo, en que se producen los calcos, los préstamos, las transferencias gramaticales o la alternancia de lenguas. En nuestra opinión, cuando el *espanglish* es producido por hispanohablantes, cabe incluirlo bajo el concepto genérico de *lengua española*, por muy en su periferia que se sitúe. Es cierto que a otros hablantes de español les puede resultar extraño, incluso incomprensible por momentos, pero sigue teniendo el 'aire de familia' de la comunidad hispánica. Ese aire de familia es capaz de unir a gente de lugares muy lejanos; es la marca de un grupo heterogéneo en biología y sociología, disperso por la geografía y hasta por la historia, pero que, bajo muy diversos colores de piel, reconoce un fondo cultural común.

Conclusión

La dialectología hispánica de los Estados Unidos nos revela una realidad llena de matices, una realidad que actualmente vive condicionada por el hecho de que los hispanos siguen percibiéndose más como gente vinculada a su país de origen que como miembros de una comunidad hispana de base relativamente homogénea. Hoy día la dialectología del español es constatable en todos los territorios de la Unión, aunque el peso demográfico sea mayor en el suroeste, el nordeste y el sureste. Esa amplia extensión del español nos permite identificar cuatro grandes modalidades, transplantadas desde sus países de origen al contexto sociolingüístico estadounidense: la de los méxico-estadounidenses, la de los cubano-estadounidenses, la de los centroamericanos-estadounidenses y la de los puertorriqueños del exterior. Cada una de ellas predomina allí donde la demografía les resulta favorable: la cubana en la Florida, la puertorriqueña en el nordeste, la centroamericana en el centro-este y la mexicana en el resto del territorio.

El desarrollo social de esas variedades en sus ámbitos de implantación da lugar también a variaciones sociolingüísticas, algunas de ellas llevadas desde el lugar de procedencia y comunes a otras áreas hispánicas; otras de cuño genuinamente estadounidense. Por otra parte, la situación de los Estados Unidos presenta una superposición de dialectos que está teniendo como consecuencias, por un lado, la aparición de variedades y usos nuevos —variedades emergentes, como el español de Nueva York—, producto precisamente de las influencias interdialectales del español y de este con el inglés, y, por otro lado, la decadencia de las hablas patrimoniales, que se están viendo subsumidas en las variedades mayoritarias formadas por los hablantes de inmigración más reciente o que, sencillamente, están siendo sustituidas por el uso de la lengua inglesa. El futuro del español patrimonial, como el del judeoespañol, no parece ser muy halagüeño. Pero, ¿cómo será el futuro del español estadounidense, en términos generales?

El futuro de la lengua española en los Estados Unidos estará íntimamente ligado a las condiciones sociales en que se desenvuelvan sus hablantes. La hipótesis de una asimilación —como la ocurrida con otros pueblos y lenguas inmigrantes— solo se barajaría si se produjera un retroceso demográfico y político de la población hispana. Por el contrario, si el peso demográfico hispano y su presencia socioeconómica siguen creciendo a ritmo acelerado, la sociedad estadounidense podría afrontar dentro de poco tiempo un debate sobre su posible transformación en una sociedad bilingüe y bicultural (Moreno Fernández, 2004). En estas condiciones, el español adquiriría una mayor estabilidad sociolingüística y podría crearse y difundirse una variedad específica de español 'de los Estados Unidos', con elementos de diversos orígenes hispánicos y, naturalmente, con transferencias de la lengua inglesa. En caso de que no se produzcan las condiciones adecuadas y favorables para la expansión social del español, la situación podría fosilizarse en un patrón de diglosia sociológica, que iría en detrimento del prestigio social de la lengua y que favorecería soluciones lingüísticas regionales y más permeables a las transferencias desde el inglés. El tiempo será, en todo caso, el encargado de dictar sentencia.

El llamado *espanglish*

Ricardo Otheguy

Introducción

La palabra exacta, el vocablo feliz que capta con precisión algún aspecto de nuestra experiencia se convierte, cuando lo oímos frecuentemente en boca de los demás, y cuando nosotros mismos recurrimos a él, en factor clave para entender la realidad que nos rodea. Pero sabemos que cuando, por el contrario, las palabras de las que nos servimos confunden los hechos y tergiversan la realidad, tienen el efecto de entorpecer el entendimiento y, si de hechos sociales se trata, perjudicar a los seres humanos a quienes malentendemos con la desacertada apelación. En todo lo tocante al habla de los estadounidenses de origen hispánico, el vocablo *espanglish* se encuentra entre los términos más desafortunados y que más contribuyen a que se desconozca, en amplias franjas del mundo hispanohablante, la situación real del español en los Estados Unidos.

Es esto así por cuatro razones. Primero, porque el vocablo *espanglish* oculta el hecho patente de que las peculiaridades del español popular de los Estados Unidos son, en su gran mayoría, de índole completamente paralela a las del español popular de la Península y de América; segundo, porque el vocablo propone, más concretamente, que el español popular del país es de un especialísimo e inusitado carácter híbrido, que lo hace merecedor de una voz designadora de la hibridación; tercero, porque el vocablo implica que las peculiaridades de este español son debidas, en su gran mayoría, precisamente a esa mezcla estructural con el inglés, y cuarto, porque aunque ninguna de estas tres premisas sea cierta, el asumirlas como tales contribuye a que prime una ideología tendiente a la separación entre los hispanohablantes estadounidenses con orígenes en distintos países, los nacidos en los Estados Unidos y los hispanoamericanos, y entre los de diferentes clases sociales y una ideología, también de carácter depredador, tendiente a negarles a los hispanohablantes norteamericanos un importante recurso (el español general) de progreso económico, psicológico y social.

Español culto y español popular

No cabe duda de que cuando se habla de *espanglish*, la referencia, aunque sea de forma implícita, es siempre al español popular de los Estados Unidos, no a sus manifestaciones cultas. Es de suponer que el término no se refiere al español hablado en los cientos de cursos de lengua y literatura que se dictan en las universidades del país, ni que se intente aplicarlo a la lengua de las telenovelas, noticieros, entrevistas e informes deportivos y políticos que por tantísimas horas llenan de español las ondas del espectro radial y televisivo, ni a las sesiones del Instituto Cervantes de las distintas ciudades, ni a las presentaciones de autores en las librerías que venden libros en español, ni a las conversaciones en el ámbito público entre hispanohablantes de amplia cultura literaria, ni a las que sostienen, en este ámbito, diplomáticos, políticos, abogados, profesores, periodistas o directivos empresariales que hablan español en muchas partes del país. Se utiliza la palabra, sin duda, para referirse al español que hablamos todos en Norteamérica, pero en sus vertientes más informales y populares, al habla del hogar, la tienda, la iglesia, el pasillo y la calle, sobre todo cuando es usada por hispanohablantes que normalmente leen y escriben en español con poca frecuencia, pero que lo utilizan con regularidad y fluidez en sus formas orales.

Si queremos referirnos con propiedad a esta habla, y al sistema de lengua generatriz que la sostiene, atendiendo con rigor científico a las conceptualizaciones básicas de la lingüística y negándonos a ser partícipes de la transparente xenofobia que aqueja a algunos sectores de la sociedad norteamericana, tenemos que descartar el término *espanglish* y remplazarlo, simple y sencillamente, por 'español popular de los Estados Unidos', visto lisa y llanamente como paralelo a los vocablos: español popular de México, español popular de la República Dominicana, español popular del norte argentino, de la sierra de Colombia, del centro de España, de Cuba, de Canarias, de Venezuela, del sur de España, y un larguísimo etcétera de designaciones de las variantes populares del español en sus muchos y extensísimos territorios.

El factor ideológico y el nombre de las lenguas

Las opiniones sobre cómo debe denominarse una lengua, al igual que todas las creencias o apreciaciones lingüísticas, no tienen nunca, como fundamento único, las observaciones de hechos de habla, y las teorías que dan cuenta de estos —sobre las cuales se pueden sostener debates de índole técnica y científica—, sino que están condicionadas también, en cierta medida, por lo que investigaciones de estampa reciente han llamado 'factores ideológicos' (Irvine y Gal, 2000; Woolard, 1998; Woolard y Schieffelin, 1994). Aunque ni estos autores, ni los que se han ocupado directamente de las ideologías lingüísticas dentro del mundo hispanohablante (Valle, 2007) hayan tratado directamente el tema, sabemos que el hecho de que a una forma de habla se la llame de una manera o de otra —piénsese en las disputas entre 'castellano' y 'español'—, o que el nombre que reciba sea el mismo o distinto del de otra forma de habla, refleja condiciones, contextos y actitudes sociales de profunda significación política e ideológica.

Nuestra postura de rechazo al término *espanglish* se adopta con plena conciencia de la carga ideológica que, ineludiblemente, pesa sobre el tema. Pensamos, sin embargo, que la aceptación de los contenidos ideológicos del debate no implica que sean estos los únicos factores que deban ser tomados en cuenta; eso sería cometer el mismo error, pero al revés. Pues, aunque es muy cierto que el tema de cómo nombrar las lenguas no puede tratarse solamente desde un punto de vista técnico-lingüístico, tampoco lo es que pueda hacerse desde una perspectiva ideológica en exclusiva. Existen, en estos temas, cuestiones de naturaleza empírica, hechos observables y susceptibles de estudio minucioso basado en el detalle lingüístico, que nos permiten preguntarnos si es acertado, al margen de la ideología, acuñar nombres especiales para lectos como los que oímos en boca de hispanoamericanos y sus descendientes asentados en los Estados Unidos. Es a esto, a la investigación de los datos lingüísticos, sin menoscabo de las consideraciones ideológicas, a lo que dedicamos estas páginas, en las que proponemos, dentro de una epistemología de corte técnico-analítico y basándonos en observaciones objetivas fácilmente constatables por terceros, que no existe, para hablar del español popular en el país, ninguna justificación para el uso de rótulos especiales como *espanglish*.

La lengua de pocos nietos

No se intenta, con esta propuesta terminológica, ocultar las peculiaridades del español estadounidense sino resaltar, como veremos, los paralelos entre estas y las peculiaridades que encontramos también en otros ámbitos hispánicos, tanto en América como en Europa. Pero aunque el paralelo entre el español de los Estados Unidos y el de Hispanoamérica y la Península es notable en los aspectos léxicos, fraseológicos y sintácticos, no lo es en cuanto al factor generacional. En Norteamérica, el español vive en una situación de crisis demográfica, debido a la cual cualquier momento sincrónico que observemos resultará ser muy distinto de los de zonas hispanoamericanas y españolas.

Es un hecho indiscutible que en el panorama lingüístico que se nos presenta en Hispano-américa y España son coetáneas, en cualquier momento sincrónico, por lo menos tres generaciones de hablantes, y a veces cuatro, mientras que aquí encontramos, en la mayoría de los casos, solo dos. La presencia, ya muy extendida en el tiempo, del español en los territorios estadounidenses no ha avalado, ni la avala hoy en día, la continuidad vegetativa de una población que, de forma natural, va desdoblando la transmisión intergeneracional de su lengua, sino que es consecuencia muy precaria del flujo de inmigrantes, aportación externa que, aunque haya sido ininterrumpida hasta ahora, está sujeta a condicionantes económicos y políticos que pueden reducirla, y hasta eliminarla, dentro de un plazo de duración desconocida.

El español en los Estados Unidos es casi exclusivamente lengua de inmigración, ya que son muy pocas las familias de antiguo asentamiento en los primitivos territorios españoles del oeste del país que hayan conservado la lengua de sus antepasados. Como es normal en las lenguas de inmigración en todo el mundo, el español en Norteamérica solo lo hablan de forma habitual, en contextos sociales formales e informales, íntimos y públicos, con inter-locutores de muchas clases, y con fluidez y soltura, los inmigrantes y sus hijos, o sea, los que, en la cuenta de los sociólogos, conforman la primera y la segunda generación migra-toria (Portes y Rumbaut, 2001). Con relativamente pocas excepciones, remitidas a familias o localidades que gozan de circunstancias especiales, esas dos generaciones no logran traspasar la lengua a la tercera generación, sino que encontramos ya, en los nietos de los inmigrantes, un uso bastante limitado, y un dominio bastante reducido, del español.

Por ejemplo, en las detalladas y cuidadosas observaciones de Ana Celia Zentella sobre va-rias familias neoyorquinas de origen puertorriqueño, la autora encuentra que mientras que un 43% de hablantes de segunda generación (los hijos de los inmigrantes) habla es-pañol con fluidez, esta proporción se reduce a un muy limitado 6% en la tercera genera-ción (Zentella, 1997: 180 y sigs.). Resultados similares arrojan los datos extraídos por Gar-land D. Bills y Eduardo Hernández Chávez (2000) del censo poblacional. El traspaso generacional de la antorcha de la lengua es aquí muy inseguro cuando le llega el turno al tercer relevo, y lo que el inmigrante entregó a sus hijos es ya, en la tercera generación, en los mejores casos, una muy disminuida llama, y en otros, un mero rescoldo de la lengua que entró al país con sus abuelos.

Conviene tener esto presente para nuestra tarea de evaluar la utilidad y propiedad del vocablo *espanglish* como término descriptivo del español en Norteamérica. Encontra-mos, en estos territorios, millones de inmigrantes hispanoamericanos (y algunos espa-ñoles) y sus hijos, cuyo español es precisamente nuestro campo de estudio, y con respec-to al cual cuestionamos la idoneidad de la denominación de *espanglish*. Pero conviven con estos, muchas veces dentro de las mismas familias, personas que entienden español de forma pasiva, pero que no lo dominan en sentido activo, ni lo usan con gran frecuen-cia. Estos hablantes de tercera generación, caracterizados muchas veces por una intensa solidaridad con la comunidad hispanohablante de Norteamérica y con Hispanoamérica, suelen casi siempre entender e identificarse fuertemente con el español, insertar pala-bras y frases de esta lengua en emisiones inglesas, y considerar estos pocos usos activos, así como la competencia pasiva manifiesta en la comprensión, de enorme importancia personal e identitaria. Pero a pesar de todos estos factores de enorme relevancia social y personal, estos hispanos de tercera generación, en general, ya no producen muestras de habla en español que puedan, en buena ley, tenerse en cuenta al determinar si tiene sentido, desde el punto de vista analítico, ni si es conveniente, desde el punto de vista so-ciopolítico, utilizar el término *espanglish*. Existen, no cabe duda, sus excepciones, pero para decidir si es justificable o aconsejable su uso, deberemos siempre tener en cuenta que el patrón general del español de los Estados Unidos es, tristemente, el de una len-gua con muy pocos nietos.

Español o Espanglish. ¿Cuál es el futuro de nuestra lengua en los Estados Unidos?, prólogo y edición Maricel Mayor Marsán.

El localismo del español popular

El español popular se caracteriza en todas partes del mundo por un rasgo fundamental: el localismo. La lengua popular se distingue, precisamente, porque añade a lo que comparte con la lengua general un léxico abundantísimo y de uso constante, pero de distribución geográfica restringida, y unos giros sintácticos de gran sistematicidad, muy utilizados en su zona, pero desconocidos más allá de sus fronteras. No podemos olvidar, por tanto, que cualquier acercamiento al español popular de los Estados Unidos tiene que hacerse a la expectativa de que encontraremos en él, al igual que en todas las hablas populares del mundo hispánico, un marcado localismo. Si sabemos, al acercarnos al español de Honduras, que encontraremos, junto a una gran mayoría de rasgos comunes a todo el español, elementos léxicos y sintácticos privativos del entorno hondureño (y si sabemos que esto es así en cualquier otra habla popular), tenemos también que saber que, al acercarnos al español estadounidense, hallaremos en él necesariamente, junto con los rasgos panhispánicos mayoritarios, elementos léxicos y sintácticos privativos de este entorno.

Léxico localista del español popular

Los ejemplos del localismo léxico del español popular en sus distintos territorios son muy conocidos, como también muy conocidas son las palabras del español general que, en giro feliz que hallamos en la obra de Humberto López Morales (2006), suelen servir como 'términos neutralizadores.' A los localismos *camión, micro, colectivo, guagua, bus, ómnibus* corresponde el vocablo general neutralizador *autobús*; a los locales *banqueta, bordillo, vereda, senda, andén*, corresponde el neutralizador *acera*; e igualmente *máquina, coche, carro* son neutralizados por *automóvil* (López Morales, 2006: 17). En estos casos, y en cientos otros que podrían añadirse, llaman la atención dos características de estos vocablos: una, el hecho de que, en su entorno local, todo el mundo los conozca y los use, y dos, que sean de escasísimo uso fuera del patio.

Para nuestro tema, interesa dejar constancia del paralelo exacto con el léxico del español popular de los Estados Unidos, donde son corrientes vocablos como *subway, lunch, building, truck, taxes, high school* (o, si quisiéramos, como deberíamos, españolizar su ortografía, *sóbuey, lonch, bildin, trok, taxes, jáiscul*). Estos, y tantísimos otros vocablos de la lengua popular, son muy conocidos y usados por todo hispanohablante norteamericano (aunque, en muchos casos, este hispanohablante ni sepa ni hable inglés, ni tenga idea del origen inglés de estas palabras), pero son de distribución muy restringida fuera de este país. Y conviene ir señalando, también, que así como no es justificable, por la mera existencia de localismos léxicos, acuñar términos especiales para nombrar, digamos, el español popular de México, o de España, o de la Argentina, o de Cuba, tampoco tiene sentido que, por esta floración de léxico particularista, pretendamos usar el término *espanglish* para referirnos al español popular de Norteamérica.

El *bildin* y el *jáiscul* nos permiten hablar de un español popular norteamericano, así como, por ejemplo, la *trusa* y la *guagua* nos permiten hablar de un español popular cubano; pero extraño sería que, por la *guagua* y la *trusa*, quisiéramos darle un nombre distinto y único al habla de Cuba. Igualmente, extraño es que queramos, por el *bildin* y el *jáiscul*, darle el nombre de *espanglish*, tan diferente y especial, al habla estadounidense. Si con el vocablo 'español popular cubano' nos valemos para hablar del uno, bien podemos valernos de 'español popular estadounidense' para hacerlo del otro.

Para el paralelo con los Estados Unidos, conviene que pensemos sobre los términos neutralizadores, cuyo conocimiento será sin duda muy diferente dentro de cada estrato de la población en cada localidad. No sabemos, con ningún grado de certeza, cuántos hablantes de los que utilizan con regularidad el término *guagua*, o el término *trusa*, dominan también los términos neutralizadores *autobús* y *traje de baño*. Ni sabemos exactamente cuántos de los que usan *bordillo* conocen también la palabra *acera*. También ignoramos cuántos de los que dicen *bildin* conocen la palabra *edificio*, ni cuántos de los que dicen *taxes* o *trok* (< *truck*) saben de la existencia de *impuestos* o de *camión*. Pero lo que sí sabemos a ciencia cierta es que muchos hispanohablantes del país conocen las dos palabras, pero las usan de tal manera que no parecen ser la versión local y la neutralizadora de un mismo concepto, sino que cada vocablo alberga un significado distinto.

Como parte del fenómeno de producción de dobletes léxicos que normalmente se observa en las lenguas en contacto, encontramos muchos hablantes para quienes, por ejemplo, el *bildin* es la intimidante estructura de ocho, diez, cincuenta o más pisos que se encuentra en las ciudades de los Estados Unidos, mientras que el *edificio* es la construcción más modesta de su pueblo de origen; igualmente, la *escuela secundaria*, con su *director*, se refiere a la institución pedagógica de su zona en Hispanoamérica, reservándose el *jáiscul*, con su *principal*, para esa otra institución, casi siempre mucho más grande y compleja, donde asisten a clases los adolescentes norteamericanos en Chicago, Nueva York o Los Ángeles (Otheguy, García y Fernández, 1989).

El doblete demuestra muchas veces una muy sutil explotación del léxico bilingüe. En las muestras de habla del corpus Otheguy-Zentella, elaborado en el Centro de Estudios Graduados de la City University of New York, donde se recogen más de 150 horas de habla de 142 hispanohablantes neoyorquinos de primera y segunda generación, procedentes de seis países y de dos zonas distintas de Hispanoamérica, encontramos relatos como el siguiente, de un joven mexicano de segunda generación; nos interesa, sobre todo, el vocablo *béismen*, localismo común en el español de esta ciudad, procedente de la palabra inglesa *basement* ('sótano'):

> Esa es la historia, yo nací entre una populación puertorriqueña… y hasta los cinco años, como vivíamos en un *béisman*, apartamento de *béisman*, toda mi cultura… todo lo mío fue el español, yo no salía a jugar con los niños, todo lo que teníamos era ahí en ese sótano, que eran cuatro o cinco apartamentos, uno más limpio que el otro, el sótano era bellísimo… (370) [1]

El lector avisado se habrá dado cuenta de que la palabra *béisman* se aplica a la clase de vivienda, tipo habitacional modesto y, como el término que lo nombra, *apartamento de béismen*, muy común en la experiencia del pueblo trabajador de muchas ciudades norteamericanas; a su vez, *sótano* se usa para describir, no ya el tipo de vivienda, sino la parte del bildin en sí, un sótano donde había muchos apartamentos de béismen. Así, *bildin*, *jáiscul*, *principal*, *béismen* y tantos otros vocablos populares de los Estados Unidos, distan mucho de representar mezcla o empobrecimiento del español, que pudieran justificar el término *espanglish*, sino que representan una normal expansión de los recursos léxicos de la lengua, que suplen necesidades expresivas creadas por la extensión de las fronteras físicas y culturales de sus hablantes, completamente equiparables con los que encontramos a lo largo y ancho del mundo hispanohablante.

¿Se entiende el léxico del español popular?

Conviene destacar un aspecto importante de los ítems léxicos de distribución restringida que dibujan los contornos localistas del español popular, y es el hecho de que, en la experiencia del visitante extranjero que por primera vez los oye, la comprensión puede proceder casi siempre sin ninguna dificultad, por el conocido apoyo contextual de toda comunicación. La experiencia del visitante suele ser la de sorpresa o hilaridad ante el vocablo local que le era desconocido, o el giro sintáctico nunca antes escuchado, pero no necesariamente la de no entender lo que se le está diciendo. Pero sucede que, en algunos casos, los rasgos privativos de una zona pueden llevar a sorpresa, y hasta a disgusto, por no ser entendidos en el primer momento. Los ejemplos pueden multiplicarse con facilidad. Recién llegado a Montevideo, un extranjero escucha a un camarero en un café contarle a otro la insólita anécdota de un *gurí* que había tenido la osadía de entrar y pedir un *chop*. El extranjero oye perfectamente, procesa sin problemas la sintaxis que enmarca las palabras, descifra de inmediato los pocos rasgos discrepantes de la suya en la fonología uruguaya, pero no entiende nada de lo que ha oído, porque no conoce las dos palabras claves, *gurí* y *chop*.

Este tipo de experiencia es de ocurrencia diaria en el mundo hispánico: acabado de llegar, el extranjero se sorprende de que, aquí, donde hablan su propio idioma, y en donde normalmente se siente en su casa lingüística, haya momentos donde el vocabulario local produce una interrupción temporal en la comunicación. Todo de corta duración, claro, porque el extranjero, en este caso, preguntó y le aclararon que había sido un niño, un *gurí*, que, cosa inaudita, había entrado al bar y había pedido un vaso de cerveza (el *chop* uruguayo, de forma de jarra con mango, que contiene medio litro de cerveza, y que se distingue de lo que el extranjero tampoco hubiera entendido sin preguntar, el *liso*, que no tiene mango y lleva menos líquido). Nada de esto es sorprendente, y el *gurí* y el *chop* montevideanos son equivalentes al *zumo* para el que solo conoce la palabra *jugo*, la *chichigua* para el que usa únicamente *papalote*, el *guía* para el que no maneja otra palabra que *timón*, etc., pues en todos los rincones del mundo hispanohablante, el viajero se tropieza, de vez en cuando, con vocablos que le son totalmente desconocidos, aunque los de casa los usen con naturalidad.

Nuevamente nos interesa aquí el paralelo con la situación norteamericana. Es lugar común el relato del hispanoamericano o del español que, en su primera visita a los Estados Unidos, dice no entender 'porque le hablaron en *espanglish*'. Resulta que oyó, por ejemplo, que en un nuevo edificio que construyen en el centro, los obreros andan con tanta prisa que ni se bajan del *trok* para *lonchar*. No entender la anécdota de estos trabajadores con prisa es exactamente igual que no entender la del pequeño en el bar uruguayo, y como en aquel caso, en este queda resuelto el momentáneo lapso comunicativo cuando se aclara que los obreros se quedan dentro del camión hasta para almorzar. El paralelo queda muy claro: si la experiencia con el *gurí* y el *chop* no nos sorprende, ni nos obliga a acuñar un término especial, pues nos valemos con suficiencia del concepto de 'español popular del Uruguay', tampoco la experiencia con el *lonch* y el *trok* nos debe sorprender, ni forzarnos a utilizar el vocablo especial *espanglish*, pues nos valemos sin dificultad del concepto de español popular norteamericano.

Léxico de origen extranjero en el español popular

Es necesario salir al paso a una objeción, tan extendida como infundada, al argumento expuesto hasta ahora. Se dice que la razón por la cual se piensa de una manera distinta sobre el español de los Estados Unidos, al punto de designarlo con un nombre especial, es que sus peculiaridades léxicas son de origen extranjero, concretamente del inglés. La ingenuidad de este argumento se hace patente para cualquier conocedor del léxico popular hispánico. Si bien es cierto que el que relataba al confundido visitante la historia de los atareados obreros que no se bajaban del *trok* ni para *lonchar*, se valía de palabras que, aunque son ahora muy españolas dentro de la lengua popular norteamericana, fueron en su momento traídas de otra lengua (en este caso del inglés), no es menos cierto que el relator de la osadía del *gurí* que se atrevió a pedir un *chop* se valía, exactamente igual, de palabras que son ahora vocablos españoles en Uruguay, pero que en su momento se importaron de otras lenguas (uno del guaraní, el otro del alemán).

La situación nos permite generalizar, sin temor a equivocarnos, que si una de las características del español popular es el localismo, y más concretamente el léxico, es igualmente cierto que otra de sus características es que ese vocabulario propio del lugar es, en muchísimos casos, traído de otros idiomas, muy frecuentemente del idioma que es vecino del español en su región particular. El traspaso, al nivel popular, de palabras inglesas al español de Norteamérica no puede parecerle extraño, ni justificar designaciones estrafalarias como *espanglish*, al que sepa que en México se corta el *zacate*, que en el Perú se come *palta*, aunque para comer lo mismo hablamos de *aguacate* en otros sitios, que la amistad con mi *pana* es tan importante en Puerto Rico como lo es con mis *cuates* en México, que en la República Dominicana se hace deporte en el *plei*, que el *maní* de los unos es el *cacahuete* de los otros, y que, como dirían los caribeños, en la fase dicharachera de su habla popular, todas estas palabras son muy *chéveres* aunque hayan venido a nuestras tierras desde casa de las *quimbambas*. La etimología guaraní del *gurí* uruguayo, y la inglesa del *trok* y el *lonch* de nuestras anécdotas, y la de los otros muchos préstamos léxicos del español popular del Uruguay y de los Estados Unidos, no nos sorprenden porque sabemos que *zacate, cuate, cacahuate*, y muchísimas otras conocidísimas palabras mexicanas del español del país de mayor población hispanohablante del mundo son de origen nahua, que *pana* y *plei* son de origen inglés, que *palta* es importada del quechua, *chévere* del angolés, *maní* del taíno y *quimbamba* del carabalí. Proponer que se llame *espanglish* al español estadounidense es, visto así, tan lógico como proponer el término *espanahua* para el habla popular de México o *tainoñol* para el de Cuba y Puerto Rico.

Significados locales en el español popular

Se suele aducir como fundamento del excepcionalismo del español norteamericano que justificaría la nominación de *espanglish* que se encuentran, en los Estados Unidos, palabras usadas al nivel popular cuyo significado es distinto al significado que estas tienen en el español general, o inclusive en el habla popular de otros lugares. Se señala, por ejemplo, que el estadounidense iletrado usa formas sustantivas españolas como *aplicación* y *carpeta* con sentidos que solo se conocen en la comunidad norteamericana (los términos neutralizadores son *solicitud* y *alfombra* respectivamente) y formas verbales como *realizar* y *trabajar* con el sentido del español general, pero también con sentidos desconocidos fuera del país (*realizar* equivale al neutralizador *darse cuenta*, y *trabajar* equivale a *funcionar*). Aquí nos hemos tropezado nuevamente con una posición ingenua, que nota estas cosas en Norteamérica, sin saber que es normal en el mundo hispanohablante que, como en cualquier otro idioma de extensión global, las palabras adquieran significados locales, distintos de los de otras localidades, o de los de la lengua general.

La alumna hispanoamericana que no quiere que, por culpa de su mal comportamiento, su maestra española se *ponga brava*, y la maestra española que a su vez se indigna aún más, porque, muy lejos está ella de ponerse *brava* —que bravos son los toros— escenifican en este intercambio las diferencias de significado de *bravo* en las lenguas populares de diferentes lugares (el término neutralizador es *enojarse*). Y no es necesario recordar que *aplicación* y *carpeta* son no solo equivalentes al *bravo* de la anécdota, sino al conocidísimo *coger* y a tantos otros vocablos cuyos detalles el decoro no nos permite explicar, pero que ilustran con claridad que el usar palabras con significados que difieren del que las mismas tienen en otras zonas no es nada extraordinario en el español popular de los Estados Unidos, ni justifica que lo bauticemos con ningún apelativo especial.

Morfología local del español popular

Entre los muchos rasgos que intentan justificar el uso del término *espanglish*, suelen destacarse formas léxicas que se oyen en Norteamérica y no en otros puntos del mundo hispánico. Pero la situación es estrictamente paralela a la que venimos describiendo. Si *terapista* y *financiamiento* sorprende oírlos aquí a los que solo conocen *terapeuta* y *financiación*, conviene equiparar la situación, como hemos hecho arriba, con la sorpresa que provocan *noticiario, velatorio* y *competición*, comunes y corrientes en muchos puntos hispánicos, a los que solamente hayan escuchado *noticiero, velorio* y *competencia*. La variación morfológica, no menos que la léxica, es característica central de la lengua en todas partes.

El vocabulario de los hispanohablantes norteamericanos

La comparación que hemos venido realizando entre las peculiaridades léxicas del español hablado en los Estados Unidos y en otros lugares nos ha servido para destacar la equivalencia entre estas hablas populares, equivalencias tendientes a desacreditar la validez del vocablo *espanglish* para referirse a la lengua de los hispanohablantes estadounidenses. Conviene también señalar que el acervo léxico de estos hablantes, aun el de los bilingües, y aun el de los de segunda generación, resulta ser, cuando se estudia con rigor científico, muy parecido al de cualquier hispanohablante de nivel de instrucción y cultura general equivalentes.

En un cuidadoso análisis cuantitativo de la disponibilidad léxica entre jóvenes de escuela secundaria en Chicago, Francisco Moreno Fernández (2007) encuentra que: 'El léxico disponible de los jóvenes hispanos de Chicago muestra una base fundamental ampliamente hispánica, que comparte sus características con el léxico de otros ámbitos hispanohablantes' (2007: 55), y llega a la conclusión de que 'el léxico español de estos jóvenes es lo suficientemente amplio y sólido como para permitir la comunicación en esta lengua, fuera de situaciones comunicativas específicas' (2007: 56). Y con respecto a nuestro propósito de demostrar lo desacertada de la concepción del habla de los hispanos estadounidenses como híbrida, el mismo autor, al indagar sobre la presencia de elementos léxicos del inglés entre estos jóvenes, descubre que 'la presencia del inglés, dada la naturaleza bilingüe de los hablantes y dado el entorno anglosajón en que se mueven, es baja o muy baja cuando hacen uso de la lengua española', registrando un nivel de presencia de vocablos de etimología inglesa de menos del 7% del total del vocabulario de estos bilingües (Moreno Fernández, 2007: 52).

Si se temiera que estos bajos porcentajes de vocablos prestados del inglés fueran consecuencia artificial del método experimental que utilizan los estudios de disponibilidad léxica, y si se cree que, puertas afuera del laboratorio, las tasas de préstamos léxicos ingleses ascienden a cotas mucho más elevadas, se impone la necesidad de plantearnos la cuestión utilizando muestras de lengua más naturales. Rachel Varra ha realizado calas en el corpus de habla neoyorquina antes citado, destinadas a establecer exactamente el volumen del léxico de procedencia inglesa que utilizan estos hablantes. Apoyándose en una submuestra de 36 entrevistas con informantes de primera y segunda generación, de los cuales extrajo un total de 181.886 unidades léxicas, Varra (2007) calcula la incidencia de desviaciones al inglés, contando entre estas no solo los préstamos, sino también las intercalaciones (o sea, los cambios de código totales hacia el inglés, ya sean de una o muchas palabras). Aun contando de esta forma, se encuentra que los hablantes acuden al inglés para usar una palabra de esta lengua y continuar en español o para emitir frases u oraciones enteras en inglés antes de regresar al español, con una proporción de 7,6 desviaciones por cada 1.000 palabras de texto hablado. Si, realizando un cálculo diferente, se recopilan todos los ítems léxicos del inglés que aparecen en estas conversaciones, se encuentran 1.466 palabras, lo que significa 8,1 palabras en inglés por cada 1.000 palabras de texto hablado, lo que representa una tasa de préstamos de menos del 1%.

Las palabras de origen inglés en el español popular de los Estados Unidos, pocas veces conocidas más allá de las fronteras norteamericanas, son de muy baja incidencia y responden, como ya hemos señalado, a la necesidad de nombrar rasgos del entorno cultural donde se encuentran los inmigrantes y sus hijos, sin que la incorporación de la voz del inglés conlleve necesariamente el desplazamiento del vocablo español. El paralelo con el resto del mundo hispanohablante es completo, ya que hemos visto que en todas partes el léxico popular, frecuentemente desconocido fuera del ámbito local, responde también a la necesidad de nombrar particularismos culturales y tiene, además, en muchos casos, orígenes extrahispánicos. Ninguno de estos rasgos del español popular estadounidense puede utilizarse para justificar el uso del vocablo *espanglish*.

La fraseología del español popular

El localismo de las formas populares del español se encuentra no solamente en el léxico, sino en la fraseología, con respecto a la cual nuestra postura es semejante a la que hemos venido sosteniendo con respecto al léxico. Así como un repaso de las lenguas populares en Hispanoamérica y en la Península nos revelaría numerosos localismos en su fraseología, sucede lo mismo cuando, bajo la óptica que aquí proponemos, examinamos las frases del español popular de los Estados Unidos. Para tomar el ejemplo más conocido, hay zonas del mundo hispanohablante, el norte hispanoamericano por ejemplo, donde no suele usarse la utilísima frase, 'te llamo de vuelta', sino que se dice 'te devuelvo la llamada.' Es importante fijarse que las dos fórmulas, para referirse a un hecho tan familiar y cotidiano como el de las relaciones telefónicas, se basan en dos metáforas o símiles distintos[2]. En *llamar de vuelta*, se compara el hecho de reciprocar con el regreso físico del interlocutor, el cual, al igual que puede él mismo, si vuelve sobre sus pasos, 'estar de vuelta,' puede también, mediante el símil, 'llamar de vuelta.' En *devolver la llamada*, se equipara la llamada con un objeto físico, y el símil permite que se pueda 'devolver la llamada,' igual que se devuelve un libro o un objeto cualquiera.

Una vez que nos percatamos de que estas dos frases tienen distribución geográfica distinta, y una vez que entendemos, sobre todo, que las dos recurren a un símil espacial aplicado a la llamada, mediante el cual el espacio lo traspasa el hablante en un caso, y un objeto en el otro, una vez que esto se nos hace patente y lo vemos como normal, tendremos igualmente que ver como normal la frase equivalente de la lengua popular estadounidense, *te llamo para atrás*. Pues no cabe duda de que esta frase, extendidísima entre los hispanohablantes del país, y muy burlada, perseguida y estigmatizada como *espanglish* por los que pretenden denigrar el localismo norteamericano, es simplemente una tercera metáfora utilizada para describir la llamada. Así como un automóvil o un camión, o cualquier vehículo o cosa que se mueva, puede 'dar para atrás', y de esa forma transcurrir por un espacio antes traspasado, igualmente puede la llamada, en el español popular de los Estados Unidos, no ya regresar de vuelta con el hablante, ni devolverse como un libro, sino ir para atrás, moviéndose por el espacio hacia el primer interlocutor telefónico.

No hay, en estas cosas, ninguna lógica que las limite. Una llamada que se devuelve como un libro, o que lleva consigo en la mano el interlocutor que viene de vuelta, no es ni más, ni menos, lógica que una llamada que dé para atrás. Es más, la metáfora de la lengua popular norteamericana descansa sobre una asociación metafórica entre el tiempo y el espacio muy socorrida y de uso general en español y muchas otras lenguas.

Cuando decimos que ese problema 'quedó atrás', lo relegamos en nuestra mente, no a un atrás espacial, sino a uno temporal, a algo que ya pasó 'hace mucho tiempo atrás'. Igualmente la llamada 'para atrás' del pueblo norteamericano conecta la segunda llamada con la primera, que ya quedó atrás, pero con la cual esta segunda de ahora está relacionada.

Nuevamente encontramos, en este asunto de la fraseología popular, que lo que se insiste en presentar como privativo de los Estados Unidos, y justificativo de la designación *espanglish*, es en realidad de extensión general. Pues así como el localismo de los vocablos de origen extranjero, de las palabras que momentáneamente estorban la comunicación y de las acepciones regionales de ciertas otras, lejos de convertir en excepción al español norteamericano, lo hermanan con el de todas partes, igualmente la existencia de fraseología localista, ejemplificada con *llamar para atrás*, lejos de señalar al habla popular estadounidense como extraordinaria, apunta hacia su muy prosaica normalidad.

Anuncio de tarifa plana español.

Suele argumentarse en estos casos, otra vez, que el paralelo que se propone es falso, pues las llamadas de vuelta, o devueltas, de España e Hispanoamérica no tienen un modelo extranjero, mientras que la llamada *para atrás* es calco del inglés *call back*. Aquí nuevamente se crea un equívoco. La fraseología local es en todas partes, a veces, de etimología española, pero muchas veces no lo es, sino que, al igual que en los casos de *cuate, aguacate, maní, palta, gurí* y *chop*, es de origen extrahispánico. El viajero que, de paso por Madrid, lee un anuncio publicitario en el que una compañía telefónica promete un excelente servicio, donde 'tienes email en tiempo real con tarifa plana', no puede dejar de pensar que las frases *tiempo real* y *tarifa plana*, sin duda acertadísimas e incentivadoras de muchas compras del servicio ofertado, delatan, transparentemente, su origen en las frases usadas por anglohablantes *real time* y *flat rate*. Tan española es la tarifa plana de la lengua popular de la Península como lo es la llamada para atrás del español de los Estados Unidos. En ninguno de los dos casos hay nada extraordinario, ni merecedor de nuevos rótulos exóticos como *espanglish*.

Distinguir entre el sistema y su uso, la lengua y el habla

Frases como *tiempo real, tarifa plana* y *llamar para atrás* nos obligan a recordar la importancia de la muy conocida, firmemente establecida y ampliamente justificada distinción entre la *lengua*, entendida como el sistema lingüístico mental que poseen los hablantes, y el *habla*, entendida como el uso posibilitado y generado por la lengua. Esta diferencia, antigua en la lingüística, patente en la obra de Ferdinand de Saussure, importantísima en el concepto más o menos equivalente de la competencia lingüística de Noam Chomsky, pero presente también en pensadores anteriores tales como Sánchez de las Brozas y Wilhelm von Humboldt, nos permite entender que *llamar para atrás, tarifa plana* y sus muchos congéneres representan innovaciones en el uso de los hispanohablantes, en este caso de Norteamérica y de España respectivamente, pero no acarrean cambios ni diferencias de ninguna clase en el sistema de la lengua española.

No cabe duda de que las palabras *tarifa* y *plana*, la construcción sustantivo-adjetiva que las enmarca y la concordancia en número y género que las relaciona, son todos elementos autóctonos del sistema español. El papel exhaustivo que estos elementos hispánicos juegan en la elaboración de esta frase no nos permite registrar en ella ningún elemento lingüístico, o sea, ningún elemento sistémico de lengua, que tenga origen inglés. En la frase *tarifa plana*, a pesar de su conexión, al nivel de uso, con *flat rate*, todo es español en cuanto a la lengua. De forma muy semejante, el localismo y el enlace con el uso de *call back* entre anglohablantes, que es patente en *llamar para atrás*, no representan de por sí ninguna evidencia de mezcla con el inglés, pues formaciones sintácticas con un infinitivo seguido de *para* y una partícula adverbial son normales en español, como confirma el hecho de que los modelos fraseológicos equivalentes, tales como *dar para atrás,* nos queden muy fácilmente a la mano.

La diferencia entre, por una parte, el uso, que es un nivel expresivo cultural y social, donde las relaciones con los anglohablantes (no con el inglés) son obvias, y por otra parte, la lengua, donde los lazos con el inglés son nulos en estos casos, y muy contados en general, debe tenerse muy presente en nuestro examen de las frases que llaman la atención en el español popular de los Estados Unidos. La costumbre de hablar de 'calcos estructurales' es desafortunada, pues estas frases no calcan nada de la estructura del inglés, sino que expresan, en perfecto español, conceptos, no estructuras, traídos de la cultura norteamericana, sin haber calcado nada de la estructura del inglés.

Para fijar el concepto, veamos dos ejemplos más. Es conocido localismo norteamericano la frase *máquina de contestar* (término neutralizador, *contestador,* o *contestador automático*), la cual es relativamente fácil de aunar con el uso estadounidense *answering machine.* Pero la frase no delata ninguna hibridación con el inglés, ya que las palabras *máquina* y *contestar,* las construcciones con sustantivo e infinitivo relacionados por medio de la preposición *de* y la elección de un complemento verbal de forma no personal son plenamente sistémicas en español. Es por eso que, aquí también, los modelos fraseológicos equivalentes, de amplia circulación, son muy fáciles de encontrar, entre ellos *máquina de escribir, máquina de sumar,* etc.

Estamos, en el caso de *máquina de contestar, llamar para atrás* y en muchísimos otros, ante hispanohablantes que usan su lengua, sin que la penetre ningún elemento del inglés, para expresar la realidad del mundo en el que vive, mundo, claro está, permeado de elementos culturales que reciben su expresión primaria en inglés. Para dar un último ejemplo en el que se destaca vivamente el factor cultural norteamericano, sabemos que no se puede vivir en los Estados Unidos por mucho tiempo sin celebrar el tercer jueves de noviembre lo que los hispanohablantes llaman de muchas maneras, entre ellas *Día de dar gracias,* o *Día de acción de gracias,* frase que, a pesar de su manifiesta conexión con el uso norteamericano *Thanksgiving Day,* es, en lo lingüístico, netamente española, generada con vocablos españoles y enmarcada en patrones sintácticos hispánicos normales y corrientes, los mismos que se han usado, en otros ámbitos culturales del español, para designar, de forma totalmente paralela, el *Día de Reyes,* el *Día de Navidad,* etc. La observación de que nadie dice *Día de dar gracias* en otros ámbitos hispánicos o que su modelo en el habla es *Thanksgiving Day* es tan obvia como ociosa y carente de relevancia cuando nuestro interés es el sistema de lengua que rige en el español popular de los Estados Unidos.

Usos como *máquina de contestar, llamar para atrás, Día de dar gracias* y tantísimos otros que llaman la atención a los que desconocen la lengua popular estadounidense, y que a veces causan disgusto entre los que ignoran el localismo de las lenguas populares, lejos de constituir casos de hibridismo con el inglés, o de algo que pudiera llamarse *espanglish,* representan, de hecho, todo lo contrario, pues demuestran, entre los que acuñan y difunden estos usos entre hispanohablantes, un profundo dominio estructural del sistema español y una muy clara y flexible adaptación de este sistema a las necesidades expresivas de una cultura hispánica que, evidentemente, vive codo a codo con usos culturales expresados en inglés.

Entre los investigadores que estudiamos el español de los Estados Unidos, la vitalidad lingüística y el profundo dominio del español que se hacen patentes en estos usos no pueden pasar inadvertidos. En el corpus de Nueva York que hemos venido utilizando, encontramos en pleno vuelo esta capacidad de los hablantes de hablar en perfecto español popular, pero expresando una realidad cultural estadounidense, realidad que muchas veces pueden desconocer los que no han convivido con el pueblo inmigrante, cuya fraseología los enlaza, no con el sistema lingüístico del inglés, sino con el aparato de la cultura popular anglosajona de la que han pasado a formar parte. En nuestras grabaciones, estos inmigrantes y sus hijos se lamentan del día trágico en el *que se cayeron Los Gemelos* (informante 323), se consuelan de penurias económicas, porque todavía *tengo mi medio tiempo* (328), y porque muchos creen resolverlas al decirnos: *siempre compro números* (102), y *si me quedo sin trabajo me voy para la casa, pero que me den mi colecta*, a no ser que nos digan, *me siento ya con otra perspectiva, con otra mente, analizando mejor las cosas* (321), que es igual que decir, en frase muy generalizada en el español del país, que hemos 'cambiado de mente'. *Los Gemelos* son, claro está, las dos torres derribadas en el episodio histórico del 11 de septiembre de 2001, que en inglés se llamaban The Twin Towers. El *medio tiempo* es simplemente el *half time* del 'trabajo a tiempo parcial', tan normal en la economía de Nueva York, y los *números* comprados son los de la lotería informal que, con raíces en el Caribe hispanohablante, se juega de forma tan asidua como ilegal, en los barrios de Nueva York, a la cual, aunque en el Caribe se le llame jugar la bolita, en Nueva York, donde los que juegan en inglés le llaman *play the numbers*, ha pasado a llamársele, naturalmente, *jugar los números*.

En inglés, los norteamericanos anglohablantes gustan de decir *I'm going home* cuando están hartos de algún problema, o de un puesto de trabajo áspero o cargante, lo cual hace que nuestros hispanohablantes, que comparten el mismo entorno cultural, se 'vayan a la casa' en circunstancias parecidas, y apliquen el españolísimo vocablo *colecta*, con la creatividad del trabajador, a las remesas que pasará al desempleado el gobierno municipal de la urbe neoyorquina. La metáfora que activa el hablante de inglés para poder usar la frase *change my mind*, para dar a entender que ha cambiado de opinión, ha encontrado cabida, en clarísimo español, en el hispanohablante que *cambia de mente*, o que nos informa de que ya tiene otra mente, o sea, como él mismo dice, otra perspectiva. Para no cansar al lector, no pormenorizamos la forma, por lo demás de claridad meridiana, en que todas estas expresiones, que tanto deben al sistema cultural estadounidense, nada deben, sin embargo, al sistema lingüístico del inglés, puesto que revelan todas, sin excepción, formas sistémicas, léxicas y sintácticas, de intachable raigambre hispánica.

El llamar *espanglish* a estas frases, de las que existen miles en el español popular estadounidense, con la clara connotación de mezcla sistémico-lingüística que el término implica, delata un alarmante desconocimiento del simple hecho de que un sistema lingüístico no está formado por una lista de usos, que tendrán que ser siempre nuevos y distintos cuando el medioambiente cultural así lo sea, sino por un entramado abstracto de vocablos y mecanismos sintácticos que subyace a estos usos. Para que la denominación de *espanglish* fuera justificable, tendría que demostrarse que existe en los Estados Unidos una comunidad de hablantes que produce usos lingüísticos firmemente socializados (no los intentos fallidos de hablar español por hablantes que ya no lo dominen), para cuya producción se tenga que haber recurrido simultáneamente a dos sistemas lingüísticos, puesto que el sistema español no los puede haber generado por sí solo. Son estos los datos que no han sabido aportar los que proponen describir el español popular estadounidense con el término *espanglish*. La palabra hace un señalamiento claro a la hibridación sistémica, pero hemos visto que, ni en el léxico ni en la fraseología, hallamos datos justificatorios de mezcla con el inglés, aunque sí encontremos, como es de esperar, una activa importación de vocablos ingleses, y un activísimo acuñamiento de frases que expresan, en casticísimo español, impulsadas exclusivamente por el motor morfosintáctico hispánico, los elementos culturales norteamericanos que los hispanohablantes del país han querido, o tenido que adoptar necesariamente.

La sintaxis del español popular

Si ya entendemos que el léxico y la fraseología del español popular estadounidense se diferencian de los de otras zonas en forma paralela a como estas zonas se diferencian entre sí, podemos abordar el tema más complicado de la sintaxis señalando, de forma muy somera, el mismo tipo de equivalencia. Conjuntamente con la sintaxis del español general, donde el pronombre personal dativo no tiene género *(le dí el libro [a María]* es igual a *le di el libro [a Carlos])*, encontramos, por ejemplo, en la sintaxis del español popular peninsular, pronombres dativos con género, *(le dí el libro [a María]* es distinto entre estos españoles de *la di el libro [a María])*. Igualmente, y conviviendo con la sintaxis del español general, donde el objeto preposicional rige subjuntivo y rechaza infinitivo con pronombre expreso *(para que él venga hay que pagarle)*, encontramos en el español popular del Caribe infinitivos con pronombre expreso *(para él venir hay que pagarle)*. Vistas dentro de este contexto, y equivalentes a estas dos peculiaridades que se encuentran, casi con exclusividad, en el Caribe y la Península, podríamos señalar rasgos estructurales en el español de los Estados Unidos.

Pero antes de dar algunos ejemplos, conviene suspender por el momento este proceso de establecimiento de equivalencias entre las peculiaridades norteamericanas y las de otros sitios, para ofrecer una caracterización más general, y más reveladora, de los dos procesos sintácticos más notables del español popular estadounidense, a saber, a) la pérdida o desaparición de recursos y mecanismos sintácticos, sobre todo en la segunda generación y b) la ampliación y aceleración en ambas generaciones de procesos sintácticos ya existentes en otros puntos del mundo hispánico. Una apreciación correcta de estos dos rasgos claves de la sintaxis popular de este español es de suma importancia para nuestra tesis sobre la invalidez del vocablo *espanglish*.

La pérdida o desaparición de recursos y mecanismos sintácticos

En las dos obras que se han ocupado del español de las dos principales ciudades norteamericanas, la de Carmen Silva Corvalán (1994) sobre la comunidad mexicana de Los Ángeles y la de Ana Celia Zentella (1997) sobre la puertorriqueña de Nueva York, se destaca el fenómeno de la *reducción*, característico de la sintaxis del español norteamericano (y de muchas otras lenguas en contacto). Para dar un solo ejemplo, ambas investigadoras documentan la simplificación del paradigma verbal español que se observa con el paso de las generaciones. Aunque la situación es sumamente compleja, podríamos resumir los minuciosos análisis realizados en estas comunidades diciendo que constatamos, en tesis general, un inventario verbal en la primera generación que es igual, o muy parecido, al inventario hispanoamericano o peninsular, seguido en las siguientes generaciones por un paradigma abreviado de la articulación del tiempo y del modo, que se limita, para las formas personales del verbo, al modo indicativo presente, pretérito, imperfecto y futuro perifrástico, suplementado por las formas no personales del verbo, sin que los hablantes de segunda generación, ni mucho menos los de la tercera, manejen ya ni con agilidad ni sistemáticamente ninguna de las demás formas verbales (Silva Corvalán, 1994: Caps. 2 y 3; Zentella, 1997: Cap. 9). Es este, en ambas comunidades, un clarísimo ejemplo de cambio en el sistema de la lengua, pues no es ya simplemente el uso lo que separa a algunos hablantes de los Estados Unidos de los de otras partes, sino que es el inventario de recursos sistémicos de la sintaxis de la lengua lo que ha experimentado recortes y reducciones.

Conviene, para nuestra tesis sobre lo muy desaconsejable que es el uso del vocablo *espanglish*, señalar de manera contundente las implicaciones de este análisis, que son que la lengua de la segunda generación (y los pocos de tercera generación que todavía la hablan) se caracteriza, fundamentalmente, por lo que no tiene, por los usos restringidos que genera, por los mecanismos sistémicos de que carece, por lo que le falta, por lo que se ha perdido del español, y no por la penetración de elementos sustitutivos del inglés. Al hablar en español, los norteamericanos de origen hispánico de segunda y tercera generación no refuerzan el entramado del sistema lingüístico de sus antepasados inmigrantes por medio de añadiduras estructurales o adiciones sistémicas del inglés, sino que simplemente van desechando recursos lingüísticos y perdiendo, igualmente, capacidad expresiva. Esto no lleva a la mezcla sistémica con el inglés que implica el término *espanglish*, sino a una marcada disminución del uso del español a favor del inglés, ya sea mediante la alternancia de códigos o, más normalmente, mediante un abandono completo del español para la mayoría de sus contextos de uso.

Si quisiéramos establecer por qué se dan estas reducciones en el español popular de los Estados Unidos, pensaríamos sin duda que un factor importante es el bilingüismo, o sea, el hecho de que los hablantes usan mucho más el inglés que el español, que hablan con menos frecuencia, con pocos interlocutores, y en dominios sociales y culturales más restringidos, lo cual va, poco a poco, produciendo las constricciones sistémicas que se han apuntado. Un segundo factor para explicar estas limitaciones estructurales tendrá que ser, suponemos, la poca o ninguna experiencia escolar en español, y la poca exposición a registros formales de esta lengua más allá de la radio y la televisión. Cualesquiera que sean las razones, todas las cuales tienen que ver con el ambiente bilingüe en el que vive el hispanohablante en Norteamérica, vemos que el resultado es de desmoronamiento sistémico, y no, como sugiere el vocablo *espanglish*, de apuntalamiento estructural del español por medio de añadiduras, penetraciones y refuerzos del inglés.

La ampliación en el uso de procesos sintácticos ya existentes

Además de reducciones en el inventario de mecanismos estructurales, tales como la articulación modal y temporal de los verbos, encontramos en el español popular estadounidense muchos procesos gramaticales que forman parte del haber sintáctico de los hablantes de español en todas partes, pero que en los Estados Unidos se han intensificado, aumentando su uso y ampliando también su distribución contextual. En el corpus Otheguy-Zentella antes citado, hemos estudiado el uso variable del pronombre personal sujeto (p. ej., *canto ~ yo canto*; *cantas ~ tú cantas*; *canta ~ él canta*, etc.), y hemos podido demostrar que existe, entre la segunda generación, un aumento palpable en el número de verbos que se usan con pronombre expreso. Resumiendo, aquí también, una situación muy compleja que se ha sometido a un análisis muy pormenorizado, hemos analizado más de 17.000 verbos susceptibles de variación pronominal, usados por 39 sujetos recién llegados a Nueva York (o sea, por hablantes que no son solamente de primera generación, sino que llevan un promedio de tres años de haber inmigrado). Entre estos verbos, hay un 30% con pronombre expreso. Para contrastar ese resultado, formamos una muestra equivalente de unos 12.000 verbos, usados por 28 hablantes nacidos en Nueva York. Entre estos verbos de la segunda generación, hay un 38% con pronombre expreso (Otheguy y Zentella, 2007; Otheguy, Zentella y Livert, 2007). Este aumento en el número de pronombres sujeto utilizados, del más del 25%, aumento que es plenamente significativo desde el punto de vista estadístico, demuestra la ampliación que hace la segunda generación de la posibilidad de usar verbos con pronombre sujeto expreso en español.

Este aumento en el uso de los pronombres sujeto tiene repercusiones en entornos muy específicos. En el español peninsular y americano, las referencias genéricas en tercera persona del plural (p. ej., *Dicen que no hay clases mañana, Te llamaron de la oficina*) se hacen casi siempre sin pronombre, valiéndose solamente de la flexión verbal. No hay, sin embargo, una prohibición sistémica y, aunque en casos muy contados, es factible encontrar en el español de España y América un 'ellos genérico', con pronombre *ellos* expreso, sobre todo para las referencias de tipo corporativo (p. ej., [se habla de forma muy general de la autoridad universitaria] *Parece que ellos quieren que empecemos a hacer esos cursos en la sesión matutina*). Los estudios realizados por Naomi Lapidus sobre el corpus antes mencionado han demostrado que esta posibilidad de usar *ellos* genéricos, que existe en el español de todas partes, pero que es de una incidencia sumamente baja, se ha extendido notablemente en el español de la segunda generación de hispanos en Nueva York (Lapidus y Otheguy, 2005a y 2005b).

Vemos así, primero, que la autorización sistémica a decir, con sujeto expreso, *yo voy, tú tienes, él canta,* etc., y la paralela autorización a usar, en casos muy contados, el *ellos* genérico, que otorgaron los inmigrantes a sus hijos, ha experimentado una enorme expansión cuantitativa, pues estos la han interpretado como licencia para aumentar en grandes proporciones el parco uso pronominal de la generación de sus padres.

Son estas dos características —la pérdida de recursos estructurales que hemos ilustrado por medio de la reducción del paradigma verbal y la explotación intensificada de posibilidades de baja incidencia— las que con mayor nitidez cualitativa y mayor peso cuantitativo dan cuenta de la peculiaridad sintáctica del español de los Estados Unidos. La primera es una característica de lengua, pues involucra una pérdida de recursos sistémicos por parte de muchos hablantes; la segunda es una característica del habla, pues conlleva cambios en el uso lingüístico (más pronombres sujetos en todos los entornos, y sobre todo más *ellos* genéricos) sin afectar el mecanismo lingüístico subyacente. Pero lo que importa resaltar es que ninguna de estas dos características sintácticas del español norteamericano es producto de la penetración de rasgos sistémicos ingleses. El aumento en el número de pronombres sujetos tiene, sin duda, inspiración en el uso inglés, pero no acarrea consecuencias sistémicas para el español, que siempre ha permitido pronombres sujetos. El cambio de mayor envergadura en la sintaxis del español estadounidense es su reducción, no su mezcla. La lengua de los inmigrantes y sus hijos acusa faltas y ausencias estructurales, no añadiduras y penetraciones. El vocablo *espanglish* demuestra así nuevamente aquí su incapacidad para describir el español norteamericano.

Otras peculiaridades sintácticas

Entre las palabras funcionales o gramaticales, las preposiciones se destacan en muchas lenguas, entre ellas el español, por su inestabilidad diacrónica y su variación sincrónica. En las emisiones de nuestros informantes recién llegados, cuyo español todavía opera guiado por los sistemas lingüísticos autóctonos de Hispanoamérica, hallamos, por ejemplo: *a ese tiempo tenía cuarenta y dos* (321), o, hablando del historial de empleo, *pudimos manejar bien el negocio de tal punto que se pudo separar XYZ sin problemas* (323), donde podríamos haber esperado *en ese tiempo* y *a tal punto,* y no, como de hecho encontramos, *a ese tiempo* y *de tal punto.* Estos recién llegados (los dos son ecuatorianos) ejemplifican una variación preposicional que vemos, en proporciones mucho mayores, entre hablantes estadounidenses, sobre todo los de segunda generación.

En el sistema lingüístico hispánico en general, se mantiene firme la exigencia sintáctica de que los complementos directos con referencia a seres animados aparezcan acompañados de la preposición *a* (decimos *Vi la película,* pero *Vi a Juan*). Pero entre algunos de nuestros informantes de segunda generación, encontramos usos sin *a,* que parecerían reflejar un relajamiento, o una ausencia total de este requisito del sistema lingüístico hispánico: *Conocí mi esposa, Vi mi hija, Me gustaría llevar todas amigas de ella,* (417); *Mataron todo el mundo, Yo admiro ese hombre* (428). Que estos usos probablemente reflejen una diferencia real entre el sistema lingüístico de estos hablantes y el que trajeron sus padres cuando llegaron a Nueva York lo indica el hecho de que, en las mismas muestras de habla, encontramos la preposición *a* en contextos de complemento directo inanimado, *Vi a la Rocky Mountains* (417), así como en otros contextos que nos indican el distanciamiento de las gramáticas de estos hablantes de las que subyacen el habla de la primera generación: *Saben a vivir su vida, Necesitan a virar todo eso* (428). Llegamos a esta conclusión, en parte, porque notamos, no solamente los usos de la preposición *a,* sino también otros usos preposicionales que parecen reflejar un sistema preposicional muy alterado: *Trabaja por John Jay* [el nombre de una institución de enseñanza terciaria], *Me pongo a pensar de cuando estoy con mucho estrés* (417), *Es un honor para trabajar con el señor* (428).

Un rasgo más servirá para asegurar una recta comprensión del español popular de los Estados Unidos en su frente sintáctico. El uso de las formas de gerundio entre hablantes de segunda generación detenta, entre algunos hablantes estadounidenses, características muy peculiares. En nuestro corpus encontramos usos como, *Aprendí inglés cuando empecé a mirando televisión, No ha sido fácil, porque cocinando y lavando platos es la profesión más dura* (201), *Fue como leer un libro o viendo un programa de televisión* (417). Podemos estar seguros de que estas construcciones no las hubieran generado las gramáticas de los padres de estos informantes, en las cuales el gerundio no es nominal y exige simultaneidad con otro evento, en oraciones en las que tendría que haberse dicho, por ejemplo, *Mi hermana es manager y trabaja cortando pelo, Aprendí inglés mirando televisión, Se gana la vida cocinando y lavando platos*, etc.

El habla de nuestros informantes 201 y 417 parece no estar gobernada por un sistema de lengua que incluya esas restricciones, lo cual facilita en estos hablantes la producción de gerundios no simultáneos, y con valor nominal, como los que hemos encontrado en nuestro corpus en Nueva York. Y no son estas dos innovaciones sintácticas propias solamente del español de la urbe neoyorquina, sino que han sido documentadas también en los otros grandes centros hispanohablantes de Norteamérica, como por ejemplo en el análisis del español de Miami de López Morales (2003: 181 y sigs.).

La hibridación sintáctica y el término *espanglish*

¿Hemos dado, por fin, en estos dos últimos datos, las preposiciones y los gerundios, con fenómenos de hibridación, con la tan anunciada mezcla con el inglés del español estadounidense, sobre todo el español popular, y el de segunda generación? Es posible que así sea. Los gerundios asimultáneos de valor nominal, que acabamos de documentar, no pueden haberse generado por una gramática española que opere por sí sola, sino que delatan la coactuación, en la formación de estas emisiones, de una gramática inglesa en la que estos gerundios son permitidos. Igualmente, los complementos directos con referencia a seres animados, en construcción con el verbo sin preposición *a*, parecen indicar la existencia de un sistema subyacente en el que han penetrado elementos de la sintaxis inglesa, donde este tipo de construcción es normal, conclusión reforzada por usos como *Necesitan a virar todo eso,* donde la preposición española *a* parece usarse siguiendo los patrones de la inglesa *to*.

Estos casos, conviene destacar, no son, como los otros de los que nos hemos venido ocupando hasta ahora, fenómenos de uso que se malentienden como innovaciones 'estructurales'. Estimamos que estos datos demuestran que muchos hablantes de español popular del país, en paralelo con el resto del mundo hispánico, no solo se nutren de palabras de otras lenguas, usan palabras con significados propios, despliegan una fraseología innovadora generada dentro de cauces sintácticos inalterados, y tienen construcciones sintácticas que se desconocen en otros sitios, sino que, con respecto a algunos rasgos, operan con una gramática en la que han penetrado elementos del inglés[3].

La relevancia de esta conclusión para nuestras consideraciones sobre la infelicidad del vocablo *espanglish* descansa en el hecho de que la hibridación que postulamos ahora, para el caso de las preposiciones y los gerundios, no abarca, ni muchísimo menos, la totalidad del sistema de lengua, sino que se limita a ciertos compartimentos de esta. Si quisiéramos calcular la proporción de elementos inalterados del español y la de factores ingleses que conviven en las gramáticas con las que estos hispanohablantes norteamericanos generan emisiones en español, nos percataríamos del carácter hispánico de su lengua y de lo irrisorio que resulta caracterizar y nombrar un enorme y complejísimo sistema, tal como la estructura de una lengua, con referencia a dos o tres, o cuatro o cinco, de sus cientos de componentes. Observemos, para entender la importancia de este cálculo, una muestra de habla de una joven de segunda generación, de origen puertorriqueño, que hemos escogido porque su habla manifiesta los dos elementos que hemos tratado:

> Después de trabajar en la conferencia y ayudando con la gente y las recepciones, y presentándome para ayudar a las personas que están allí… encontré con mucha gente que conozco ahora… muchos amigos… *you know I met a lot of new people.* Después íbamos a salir… vamos a los discos a beber… Pero que ahí también conocí mucha gente, y salí con un muchacho ahí que se enamoró conmigo pero que… bueno… yo no estaba enamorada con él [risa] pero que todavía él me llama también. Todavía me llama a ver cómo estoy, y le digo, lo más bien y cómo tú estás, y bien y quiere ir para Nueva York a visitarme, y le dije bueno, yo no sé, porque yo voy para [risa] California… pero que allá los discos allá, ay tan tan chévere, que están allá. Que la gente tienen… *they're so free. They're having a good time* (401).

Vemos aquí el gerundio asimultáneo y nominal en *después de trabajar en la conferencia y ayudando con la gente,* que hemos postulado como probablemente co-generado por un elemento de gramática inglesa, y vemos también, en *conocí mucha gente,* (equivalente al español general *conocí a mucha gente),* y en *se enamoró conmigo (se enamoró de mí),* usos preposicionales que hacen patente la presencia de un elemento inglés latente en la gramática con la que esta hablante ha generado sus emisiones.

Fijémonos, antes de nada, en que estos fenómenos son variables. La joven no siempre omite el *a* personal (dice *para ayudar a las personas,* no *para ayudar las personas)* y no siempre usa gerundio donde la gramática española exige infinitivo (dice *después de trabajar,* no *después de trabajando).* Vemos que la penetración del inglés es real, pero superficial; la pieza del inglés que parece haberse insertado en el motor sintáctico de la lengua de esta joven no es la única que se activa al producir emisiones, sino que se vale también de la pieza original que adquirió de la gramática de sus padres. El elemento autóctono español no ha sido desplazado por la importación inglesa, sino que ambos conviven en la gramática de esta hablante.

Preguntémonos ahora: compartiendo el espacio generatriz gramatical con estos mecanismos invasivos del inglés, ¿cuántos elementos hispánicos encontramos? Esta joven maneja una sintaxis de rasgos netamente españoles, donde, muy a diferencia de otras lenguas, los complementos van pospuestos a los núcleos, los verbos se articulan en diferentes tiempos *(voy, conocí, estaba),* las personas verbales concuerdan con sus sujetos (tercera persona *llama,* primera persona *digo),* los verbos tienen diferentes conjugaciones *(encontré,* no *encontrí; conocí,* no *conocé)* y se conjugan de forma variable *(voy, digo,* no *iro, diso),* los sustantivos concuerdan con sus adjetivos y los verbos despliegan formas simples y formas complejas *(voy, iba a salir).* Más concretamente, esta joven neoyorquina, guiada por una gramática española, coloca los núcleos preposicionales antepuestos a sus complementos (*'de* trabajar', *'en* la conferencia', *'para* ayudar') y no refleja nunca el rasgo inglés de posposición preposicional; coloca los pronombres objetos antes del verbo (*'me* llama', *'le* digo') y nunca, como en inglés, pospuestos a este; maneja con soltura, además, la posibilidad de posposición si el verbo es de forma no personal ('a visitar*me*'); antepone en las interrogativas, como es normal en el español caribeño de sus padres, el pronombre sujeto al verbo ('¿cómo *tú* estás?'), y no coloca, como en inglés, el pronombre pospuesto al verbo; marca con concordancia la relación entre el artículo y el sustantivo (*'la* conferencia', *'las* recepciones'), y nunca, como en inglés, usa artículos invariables; alterna, según la gramática española, entre pronombres sujetos expresos (*'yo* no estaba') y tácitos o nulos ('que o conozco, conocí') y no insiste, como en inglés, en que todos sean expresos.

Un recuento completo de la capacidad gramatical española, inalterada por el inglés, que subyace en la muestra de habla de esta puertorriqueña donde encontramos dos rasgos del inglés, nos haría compilar una lista mucho más larga. Queda perfectamente claro que aplicar el término *espanglish* a lo que dice esta joven es, desde el punto de vista analítico, totalmente injustificable. En su cháchara juvenil y despreocupada, no cabe duda de que la hablante se vale de un mecanismo lingüístico netamente hispánico, en el cual la presencia (con efectos variables, no categóricos) de los elementos estructurales ingleses representa una ínfima proporción del total. La insistencia en nombrar el todo por una proporción tan pequeñísima de sus partes no puede ser nada convincente.

La teoría lingüística y el español popular de los Estados Unidos

El proponer, como hace el término *espanglish*, que ha surgido ante nosotros una lengua nueva no sería, de por sí, una propuesta descabellada, pues es de todos conocido que han nacido nuevas lenguas una y otra vez en la historia, y no solo en la historia más remota, sino en la que registra los acontecimientos de pasados muy cercanos. El palenquero del norte de Colombia, el papiamentu de Curazao y Aruba, el haitiano y el jamaiquino, son todas lenguas nuevas, nacidas, como lo sería el *espanglish*, de la mezcla de idiomas traídos de distintos lugares (de Europa y de África en los casos mencionados). En las sociedades haitianas, jamaiquinas, etc., se ha cimentado una nueva lengua, usada por miles de hablantes que no tienen ya ningún conocimiento, ni memoria alguna, ni inmediata ni remota, de los idiomas que aportaron elementos estructurales y léxicos a su lengua actual. No nos sorprenderíamos los lingüistas, por tanto, si alguien nos dijera que *espanglish* es el nombre de una de esas nuevas lenguas que tanto han honrado la capacidad creadora del ser humano, de una lengua nueva nacida en los Estados Unidos, reflejo palpable de la creatividad de los hablantes bilingües.

Las lenguas *criollas*, que es ese el vocablo técnico para referirse a idiomas como el palenquero, el papiamentu y el haitiano, han sido estudiadas con detenimiento, tanto en su estructura como en su ámbito social. Ninguna ha surgido de situaciones de bilingüismo como la de los hispanos estadounidenses. Las lenguas criollas no son casi nunca terceristas, productos de la mezcla de dos lenguas, sino multigénicas, surgidas de ambientes políglotas (en los casos mencionados, una lengua europea y varias africanas), donde todos se vieron obligados a edificar un idioma estructuralmente nuevo sobre las bases del muy inasequible léxico del acrolecto europeo (Whinnom, 1971). Por lo tanto, si el llamado *espanglish* fuera una nueva lengua, o un conjunto de rasgos que hacia eso se encaminara, o sea, si fuera un criollo, o al menos un protocriollo fraguado en estos ambientes bilingües, representaría todo un pasmoso descubrimiento para la teoría criollística, y rompería con todo el precedente de lo que ha sucedido en el pasado.

¿El nombre de una manera de hablar?

Los investigadores que, a toda costa, y enfrentados con datos y argumentos como los que hemos esgrimido, insisten en utilizar el término *espanglish* aducen en su defensa que lo utilizan, no como el nombre de una lengua híbrida, sino como el de una manera de utilizar dos lenguas. En la obra más citada para documentar el término *espanglish*, Zentella (1997) lo utiliza para referirse a las estrategias conversacionales y comunicativas de los bilingües neoyorquinos (1997: 116), y más concretamente a la práctica del bilingüe de intercalar frases y oraciones en inglés en discursos en español, o viceversa (1997: 112), sosteniendo siempre la tesis, por lo demás irrebatible, de que estas prácticas lingüísticas no son ni caóticas ni aleatorias, sino que responden a patrones de comportamiento sistemáticos, y por lo tanto, susceptibles de ordenamiento y de análisis.

No resulta totalmente carente de interés para nuestro tema la propuesta de Zentella, y de muchos otros sociolingüistas (vid. Auer, 1998; Myers-Scotton, 1993), de que el bilingüe, al cambiar de una lengua a otra, lejos de andar a tumbos y tropezones, se comporta ciñéndose a reglas bien establecidas. Los puertorriqueños en las grabaciones de Zentella, por ejemplo, al hacer sus intercalaciones, produjeron oraciones gramaticales en una lengua o en la otra en más del 90% de las alternancias (1997: 124, 135 y sigs.). Quiere esto decir que ni aquí, en el momento en que las lenguas más se acercan una a la otra en el uso, encontramos transferencias o penetraciones lingüísticas dignas del nombre *espanglish*. Y tampoco carece totalmente de interés la insistencia de estos autores sobre el hecho de que el cambio de lengua en sí reviste características de profundo contenido expresivo e identitario. Todas estas observaciones son importantes, pero en última instancia abordan cuestiones de naturaleza muy diferente de la que aquí nos ocupa.

Lo que verdaderamente nos interesa es la precisión que hacen Zentella y sus seguidores, en virtud de la cual *espanglish* es el nombre, no de las lenguas, ni de la una ni de la otra, ni de una híbrida tercera, como sugiere el término, sino de las prácticas en sí que despliega el hablante al usarlas. El cimiento fundacional de esta precisión es la importantísima distinción, de la cual ya nos hemos valido en este ensayo, entre lengua y habla, entre el sistema lingüístico y sus usos; como tal, el concepto tiene que recibir el beneplácito de cualquiera que quiera pensar con detenimiento sobre el bilingüismo. Pero no porque la distinción sea acertada podemos aceptar que los usos y prácticas del bilingüe tengan que tener un nombre, ni que sea aconsejable que ese nombre sea *espanglish*, pues el uso del vocablo desemboca, siempre, en confusiones y equívocos, inducidos por la forma de la palabra, equívocos de los cuales no están exentos los lingüistas y educadores, ni siquiera los mismos autores que insisten en que, para ellos, *espanglish* no es el nombre de una lengua híbrida sino de prácticas lingüísticas bilingües.

Para el lego, incluyendo aquí todo el que no tenga una muy sólida formación como lingüista, y a veces hasta para el lingüista, no es nada natural distinguir entre la lengua y la práctica de la lengua. El que use el término *espanglish*, e insista en que este no implica mezcla de lenguas, actúa de forma ingenua. La palabra *espanglish* siempre se interpretará como una referencia a la hibridación lingüística, y por mucho que se insista en no ser ese el sentido que se propone, la forma misma de la palabra, y la manera en que normalmente se piensa sobre las lenguas, conspirarán para entronizar el malentendido. Si propusiéramos el vocablo *grinitosis,* e insistiéramos en que no es el nombre de una enfermedad, o el vocablo *grinicidiom,* e informáramos con insistencia de que no es el nombre de un crimen, estaríamos en la misma situación, y no podríamos sorprendernos de que se nos malentendiera. La palabra *espanglish* es desafortunada y mendaz porque todos la interpretan, en buena lógica, puesto que sus componentes obvios son las palabras *Spanish* e *English*, como un aserto sobre el estatus híbrido de la lengua, no ya simplemente el de su práctica.

La confusión llega hasta los propios autores que así quieren que entendamos el término. En la prosa de Zentella nos encontramos, con referencia a los bilingües de su estudio (1997: 116), frases como 'mastery of the grammar of Spanglish' (el dominio de la gramática del *espanglish*). Habrá que perdonar a sus lectores si entienden que 'dominio' y 'gramática', complementados por *espanglish*, hacen referencia a una lengua híbrida y no simplemente a una serie de prácticas comunicativas.

Cuando pasamos del trabajo de investigadores de primera línea a académicos en otros campos, con intereses que van más allá de sus áreas de competencia, el equívoco causado por el término *espanglish* adquiere proporciones alarmantes. Para tomar un solo ejemplo, consideremos la obra de Ilan Stavans. Profesor de español y traductor, Stavans cuenta en su haber con libros sobre poesía hispanoamericana, y sobre la situación cultural y social de los hispanohablantes en los Estados Unidos (2001a, 2001b). Pero es por su actividad en pro de la difusión del concepto *Spanglish* por lo que quizás más se le conozca, y son citas obligatorias las de lo que el autor llama 'diccionarios' (2000, 2003), aunque no sean estas estrictamente obras científicas de lexicografía.

En ellas el término *Spanglish* se refiere, a veces, a una lengua (el título de un libro habla de un 'new American language', una nueva lengua americana), y otras veces, no ya a unas prácticas, sino a un encuentro entre dos culturas. No queda nunca exactamente claro, ni en las obras ni en las frecuentes intervenciones públicas y de Internet del autor, qué es exactamente un diccionario de un encuentro, ni por qué el diccionario de *espanglish* se nutre, en gran medida, de palabras normales y corrientes del español. Ya hace mucho tiempo el lingüista puertorriqueño William Milán instaba a sus colegas a desechar el vocablo (1982: 202 y sigs.), precisamente porque lo consideraba peligroso. En obras como la de Stavans, y en los equívocos entre lenguas, prácticas, culturas y encuentros que estas obras fomentan, los temores de Milán se ven lamentablemente confirmados. Los hechos de habla que hemos revisado en este trabajo demuestran que el encuentro de las dos culturas y las prácticas de los bilingües no han llevado, en cuanto a la lengua se refiere, a nada que pueda lógicamente llamarse *espanglish*.

Consecuencias

Descartamos el término *espanglish* porque no tiene justificación desde el punto de vista estrictamente objetivo, porque entendemos, por las razones aducidas, que carece completamente de valor para el que quiera pensar con cierto nivel de cordura sobre la situación del español en los Estados Unidos y entenderla en su dimensión real. Más allá de esta conclusión, no es campo de nuestra competencia ponderar las ventajas o desventajas políticas y sociales del término, y manos más competentes hay que sabrán contestar la pregunta sobre si la ficción creada por el vocablo, la de que los hispanoamericanos que viven en Norteamérica y sus hijos hablan un idioma híbrido, y como tal fundamentalmente distinto del español de otros sitios, redunda en algún beneficio para los millones que integran esa comunidad. Creemos que la respuesta a esa pregunta es negativa, que la invención de que en este país se habla una lengua cualitativamente diferente a la de España e Hispanoamérica perjudica sobremanera a los hispanos de los Estados Unidos. Pero es problema complejo, y el lingüista prudente teme las once varas de una camisa político-social que quizás no debiera ni probarse.

Se suele decir que muchos hispanos en 'el País del Norte' ya enarbolan el término en cuestión con orgullo, y lo consideran bandera de autoestima e identidad; que la palabra es de gran valor para hispanoamericanos de todas las generaciones, quienes gustosamente se enlistan en las filas de los que dicen hablar *espanglish*. Sabemos que, efectivamente, hay artistas, profesores, comentaristas, redactores, internautas, periodistas y formadores de opinión de todas clases que gustan de usar el vocablo. Lo que no sabemos es si, en general, como hecho sociológico de proyección masiva, haya entre los hispanos de los Estados Unidos un uso constante, ni mucho menos algún apego, al concepto de 'hablar *espanglish*'. La idea sugiere, con gran claridad, que lo que uno habla no es español, sino *espanglish*, y no tenemos noticia de que, en un mundo cada vez más globalizado, donde las vidas y las identidades transnacionales son cada vez más importantes, a nadie de origen hispánico le pueda interesar 'no hablar español'. Los líderes y formadores de opinión le hacen al pueblo esa propuesta, pero dudamos mucho que se reciba con ningún grado de aceptación.

Los líderes 'latinos' que proponen que su lengua sea el *espanglish* (no el español) entroncan —tristemente— con una antigua tradición norteamericana de denuesto a los inmigrantes provenientes del mundo hispánico. Es tradición que nació y se estableció en los Estados Unidos cuando se iniciaba el período de inmigración hispanoamericana, durante las décadas de 1940 y 1950; se trataba de una estrategia de desprecio al hispano, que consistía, en aquellos tiempos, en denigrar la lengua del inmigrante, por parte de profesores y líderes de opinión estadounidenses, por no ser lo que en inglés llamaban 'Castilian Spanish.' Lo que

usted habla, se le decía al inmigrante, no es español, porque no refleja la norma de Castilla. Esa actitud, que no existió nunca ni de esa forma ni a ese grado ni en España ni en Hispanoamérica, sirvió durante muchos años, en los Estados Unidos, para enviar a centenares de miles de hispanohablantes a la irrelevancia lingüística, muchos de los cuales
aceptaron la crítica y decidieron que la lengua que habían traído de México, de Puerto Rico, de Cuba o de cualquier otro sitio, no tenía ningún valor. El desprecio por la lengua es
parte integral de la minusvaloración racial y personal a la que se han visto sujetos los hispanoamericanos a manos de muchos sectores de la sociedad norteamericana (Urciuoli,
1996). La estrategia de ayer de privar al inmigrante de su lengua por no ser 'Castilian' se
ha transmutado en la de hoy, esta vez, por ser *espanglish*.

Comparemos la situación del hablante de lengua popular de los Estados Unidos con la de
hablantes equivalentes en España o Hispanoamérica. En esos ámbitos, el hablante con
poca instrucción, con pocos recursos económicos y con un dominio muy limitado de los
registros formales de la lengua sabe, a pesar de todo, porque así se lo explica la sociedad
en que vive, que existe un camino hacia el progreso personal y económico, y que una parte de esa andadura involucra la adquisición, por medio de la educación y la lectura, de los
registros más formales de su propia lengua. Esto es así para cualquier persona en cualquier parte del mundo, pero obviamente lo es aún más para el que cuente como lengua
materna suya, o semimaterna por ser la de sus padres, una de las grandes lenguas del
mundo, en cuya lista (compuesta, según se cuente, de por lo menos el chino mandarín, el
inglés, el ruso y el hindi) aparece siempre el español. Ningún hablante de español en España o América, por mucho que su conocimiento se limite a los registros orales y populares, o por muy expuesta que esté su habla al contacto con otras lenguas peninsulares o
indígenas americanas, sería instado por los líderes de su comunidad a no considerarse
hablante del español, sobre todo si, como hemos visto en el caso de los Estados Unidos,
los hechos objetivos y el análisis técnico de esos hechos demuestran lo contrario.

La estrategia más normal, por parte de los líderes de opinión y los encargados de difundir
ideas, sobre todo en el ámbito de la enseñanza, es recalcar la continuidad que existe entre
la competencia lingüística popular y la culta, para así incentivar la posibilidad de expandir
los repertorios lingüísticos del hablante. Son solamente los líderes de opinión del país los
que, por razones difíciles de entender, se prestan al triste juego de privar a los hispanos
norteamericanos de una importante vía de acceso al progreso personal, que es el potencial de dominio del español general y de su lectoescritura, punto al que se llega con mucha más facilidad si uno piensa que maneja una variante del español, no si se ha dejado
convencer de otra cosa, de que lo que habla es *espanglish*.

Cualquiera que conozca las interioridades del servicio diplomático de los Estados Unidos
relacionado con España o Hispanoamérica, las del profesorado de español en las universidades norteamericanas, las de las secciones de venta a Hispanoamérica y España de las
grandes corporaciones, de las agencias publicitarias y de mercadeo enfocadas hacia el
mundo hispánico, o de las editoriales que preparan materiales escolares para la enseñanza del español en escuelas secundarias (negocio de inmensas ganancias en el país), nota-
rá siempre, y con justificada preocupación, que en las filas de todos estos sectores militan
relativamente pocos hispanos y poquísimos de los nacidos en los Estados Unidos.

Muy por el contrario, el personal de todos estos sectores suele consistir, en una proporción relativamente baja, en inmigrantes de primera generación y, sobre todo, en una proporción mucho más alta, en personas procedentes de familias norteamericanas anglohablantes de otros orígenes, que han aprendido el español como segunda lengua (y que
mucho se cuidan de no llamarle *espanglish*). No es que pensemos, ingenuamente, que todo esto se deba a factores lingüísticos, y estamos plenamente conscientes de que no es
fácil escalar, desde las limitaciones de la clase obrera inmigrada, a puestos de trabajo que

requieren mucho, muchísimo más, que un simple dominio, aunque sea muy sólido del español general. Pensamos, simplemente, que el español general es un recurso personal y económico asequible para todos los hablantes de las formas populares del español en todas partes, y que no hay por qué privar de él a un grupo de hablantes sobre quienes, de forma inverosímil, se insiste en decir que no hablan español, sino *espanglish*.

Resumen

Vemos, en resumen, que la lengua de los hispanos de los Estados Unidos es, simplemente, una más de las variantes populares del español, marcada, como todas, por localismos léxicos, que son muchas veces de origen extrahispánico, y que abarcan, como en todas partes, significados y formas desconocidas fuera del ámbito local. Del léxico exógeno de esta forma del español, cuando se sacan cuentas en serio, con métodos experimentales o sobre muestras de habla representativas, encontramos una bajísima incidencia, aun contabilizando los préstamos ingleses de la segunda generación. Se encuentra en el español popular estadounidense, como en el de todas partes, una gran huella fraseológica privativa del lugar, que está ensamblada, sin embargo, con elementos netamente hispánicos, aunque, en este caso, adaptada en lo expresivo a figuras conceptuales provenientes del mundo cultural anglosajón. También es fácil notar en las comunidades hispanohablantes del país, sobre todo entre ciertos hablantes, una asidua alternancia entre el inglés y el español en el discurso oral, alternancia que obedece a patrones regulares muy estudiados, y que de por sí no justifica el uso del vocablo *espanglish*.

El intento de salvar el vocablo diciendo que se aplica solamente a las prácticas falla por completo, porque ni siquiera los que suscriben la propuesta logran separar, de forma regular y metódica, las prácticas de habla, por una parte, y la lengua por otra, distinción que, aunque muy recomendable, y de la cual nos valemos aquí, casi nunca, ni el lego ni el académico llegan a mantener con claridad. Así mismo notamos, como característica clave de la sintaxis del español del país, una marcada reducción de recursos estructurales, la cual, por deplorable que pueda parecer a algunos, no justifica tampoco la denominación de *espanglish*, pues conlleva una disminución de la competencia lingüística, no una mezcla con unidades estructurales extrahispánicas. Por lo demás, es también parte muy notable de esta lengua popular la enorme envergadura del abrazo sintáctico hispánico con que el hablante de segunda generación todavía hace acopio de su léxico, produciendo de esta forma discursos generados por una gramática de rasgos muy mayoritariamente hispánicos. Los elementos sintácticos del inglés que hallamos insertos en la estructura española, aun en la de la segunda generación, suman una muy pequeña proporción de la competencia gramatical del hablante, en quien es plenamente demostrable, para el que quiera observar, la vigencia de la maquinaria sintáctica española. Ante estos datos, fácilmente observables por cualquier estudioso de la realidad lingüística norteamericana, resulta inadmisible la utilización del término *espanglish*, sobre todo cuando este sirve, por muy buenas que sean las intenciones de sus proponentes, para cerrar a los hablantes las puertas hacia el progreso personal y económico que debe representarles el dominio del español general.

Notas

[1] El número al final del texto corresponde al del informante en el corpus.

[2] La importancia de la metáfora en la construcción de la fraseología de las hablas ha sido ampliamente documentada, y la destacan de forma elocuente en su conocida obra Lakoff y Johnson (1980).

[3] Aquí también cabría señalar, como hemos hecho antes, que la situación de los Estados Unidos es paralela a la de otros sitios; sabemos, por ejemplo, que hay zonas bilingües del Perú donde los clíticos y los gerundios delatan un sistema subyacente español que comparte parcelas sintácticas con elementos gramaticales del quechua, vid. Klee (1996).

IV 'LATINOS' E HISPANOHABLANTES: GRADOS DE DOMINIO DEL ESPAÑOL

Mexicanos

Carmen Silva Corvalán, Andrew Lynch,
Patricia MacGregor y Kim Potowski

Puertorriqueños

Amparo Morales

Cubanos

Humberto López Morales

Dominicanos

Orlando Alba

Otras procedencias

Andrew Lynch

El español isleño

José Antonio Samper y Clara Eugenia Hernández

Los hispanos de etnicidad mixta

Kim Potowski

Mexicanos

Carmen Silva Corvalán, Andrew Lynch, Patricia MacGregor y Kim Potowski

Monolingüismo[1]

Andrew Lynch

Español

Los primeros trabajos importantes sobre la lengua española en los Estados Unidos fueron los de Aurelio Espinosa, publicados a principios del siglo XX. Su extensa descripción del español de Nuevo México y el sur de Colorado apareció en 1911 en Santa Fe, y sus ahora famosos *Estudios sobre el español de Nuevo México* fueron publicados en 1909 (*Fonología*), 1911-1913 (*Morfología*) y 1914-1915 (*Los elementos del inglés*). Posteriormente todos estos trabajos fueron traducidos al español para su publicación en la *Biblioteca de dialectología hispanoamericana* en Buenos Aires en 1930 (*Parte I*) y 1946 (*Parte II*). Los trabajos de Espinosa eran descriptivos; resalta en ellos la labor de un dialectólogo entrenado en filología contemporánea que buscaba documentar la situación lingüística de una de las principales variedades del español en las Américas. Como afirma Lipski, Espinosa 'en ningún momento se refiere al español como otra cosa que la lengua natural e inevitable de Nuevo México' (2000: 3).

Según Espinosa (1909, 1930), a principios del siglo XX se podían identificar tres dialectos distintos del español en Nuevo México: el del Valle de San Luis (sur de Colorado), el de Santa Fe y el de Albuquerque. Entre los distintivos procesos fonológicos patentes en las transcripciones fonéticas que Espinosa (1930) ofrece de hablantes de cada uno de estos dialectos, se observa la elisión de las consonantes nasales (*cuando* como [kwã:do]), la aspiración de la /s/ inicial y final (*quise* como [kihe] y *quieres* como [kjereh]), el cierre vocálico (*quiero* como [kjeru]), la velarización de /f/ en posición inicial de palabra (*se fue* [se xwe]) y el rehilamiento de la /y/ palatal (*yo* como [žo]), proceso que se da hoy día en el español rioplatense (p. 281-282). Espinosa advirtió que, en el español de Santa Fe, la fricativización y el ensordecimiento de la /r/ eran bastante común, mientras que en el español de San Luis (Colorado) la vibrante múltiple nunca se asibilaba, sino que se pronunciaba más bien como en el español castellano (1930: 281). También observó que en el español de Albuquerque había una fuerte tendencia a pronunciar consonantes como /i/, y que la realización de /s/ como [h] era un proceso general, menos común en los otros dos dialectos (1930: 281). Ninguno de estos rasgos se puede atribuir al contacto con el inglés, sino más bien a procesos fonológicos inherentes a la variedad del español que llevaron los españoles a Nuevo México —un dialecto mayormente perdido durante la segunda mitad del siglo XX debido a la llegada de muchos anglohablantes a la región y a la concomitante expansión del inglés.

Espinosa observó que la influencia del inglés era más aparente en el vocabulario y la sintaxis del español de San Luis y menos notable en la variedad de Santa Fe —hecho atribuible a la distribución geográfica de los asentamientos anglohablantes en Colorado y Nuevo México a finales del siglo XIX y comienzos del XX—. Otro rasgo notable son los numerosos arcaísmos que aparecen en sus transcripciones, tales como *vido* (por *visto*), *mesmo* (por *mismo*), *pos* y *pus* (por *pues*), y *ha dir* (por *dirá*), algunos de los cuales persisten en las actuales variedades del norte de México y el suroeste de los Estados Unidos (vid. Sánchez, 1994; Santa Ana y Parodi, 1998). En su ya clásico artículo sobre el 'habla mixta' en

Nuevo México, publicado por primera vez en 1917, Espinosa comentaba la situación de los grupos hispano y anglohablante y el creciente antagonismo cultural y sociolingüístico que existía hacia el español en Nuevo México a comienzos del siglo XX:

> Con la introducción de las vías ferroviarias y el muy rápido progreso comercial de los últimos treinta años, junto al constante crecimiento de las grandes ciudades y pueblos en Nuevo México, se perjudican la fusión racial, el contacto mutuo y la armonía entre los dos grupos. El cambio también ha sido producto parcial de la llegada a Nuevo México de gentes de otras nacionalidades, especialmente judíos e italianos. En las nuevas ciudades tales como Albuquerque, East Las Vegas, Silver City y Roswell, donde la gente de habla inglesa es numéricamente superior, se considera al hispano como persona de raza inferior, y los casamientos interraciales ya no son tan frecuentes. En algunos casos la elite americana, que en aquellas ciudades mira con desprecio a los habitantes hispanos de Nuevo México, son judíos de la clase baja y americanos pobres que se han enriquecido por medio de métodos muy cuestionables. Sin embargo, fuera de algunas de estas ciudades americanas recién establecidas, el elemento hispano es aún el más importante y predominante. Las ciudades de Santa Fe, Taos, Socorro, Las Cruces, Tomé y West Las Vegas, junto con una cantidad de villas y poblados más pequeños, son predominantemente hispanas. En estos lugares, la influencia del inglés en las costumbres lingüísticas y en el estilo de vida es insignificante. Algunos lugares muy aislados como Taos y Santa Fe —traduzco— son todavía enteramente hispanos y continuarán así, tal vez, por más de un siglo (1975: 100).

Espinosa señaló que en zonas en las que el inglés se había convertido en la única lengua escolar, como en Roswell y Albuquerque, los niños hispanos 'hablan el inglés al igual que los anglos y hablan un español muy pobre' (1975: 101), un modelo que presagiaría el continuo desplazamiento del español por el inglés en las décadas posteriores. Ya se había vuelto tan intensa la influencia del inglés sobre el español nuevomexicano para la época en que escribe Espinosa que hasta los hispanohablantes monolingües de zonas muy remotas usaban préstamos del inglés sin reconocerlos como tal. Comentaba el autor —traduzco— que:

> Una vez que las palabras son adoptadas y se convierten fonéticamente en español, llegan a formar parte del vocabulario del español de Nuevo México y nadie es consciente de que son palabras del inglés. Los nuevomexicanos que vienen de zonas de la sierra o de remotos pueblos rurales y que solo hablan español, al llegar a la ciudad y decir en la farmacia, *'Quier' una boteit'e penquila'* (< 'pain-killer', un analgésico), o decir en una cantina, *'Quier' un frasquitu e juisque'* (< whiskey), están hablando, según su modo de ver, el español puro (1975: 103).

Espinosa caracterizó la integración de tales anglicismos al español de Nuevo México como una necesidad real, dado el creciente dominio del inglés en las esferas comercial, educativa y política de este estado recién integrado a la Unión estadounidense en 1912 (Espinosa, 1975: 102). En el mismo estudio (1975: 105), Espinosa destacó el fenómeno de la traducción directa de construcciones sintácticas del inglés en el español de la zona, particularmente notable en los periódicos locales.

Hay que afirmar que la labor de este investigador fue grande y muy precisa, pues los temas y fenómenos que enfocaba hace ya casi un siglo (1917) constituyen hoy día los más investigados y más ampliamente comentados entre los estudiosos del español en los Estados Unidos: la presión sociolingüística que el inglés ejerce sobre el español en el contexto estadounidense, el desplazamiento generacional del español por el inglés, el antagonismo social y cultural hacia los grupos de habla hispana, el intercambio de códigos, y las influencias sintácticas y léxicas del inglés en el español.

Ya en nuestros días, Bills (2005) observa que '...entre los de ascendencia mexicana de Nuevo México existen dos etnias hispanas bien distintas... Los hablantes del español tradicional suelen identificarse como *Hispanic* o *Spanish American* o aun *Spanish*. Los hablantes del español mexicano se identifican como *Mexican* o *Mexican American* o *Chicano*' (p. 74). Bills ofrece como evidencia de esta tajante división sociocultural en el actual Nuevo México los resultados del censo del año 2000: el 90% de los hispanos del condado sureño de

Doña Ana se identificaron como *Mexican*, mientras que en el condado norteño de Río Arriba, el 81% se clasificaron a sí mismos como *Other Hispanic* (2005: 74-75).

Está demostrado —con datos del censo— que los índices más altos de uso del español en hogares mexicanos corresponden a aquellas zonas donde se ha dado un fuerte influjo de inmigrantes en los últimos años. Los inmigrantes mexicanos son, en su gran mayoría, monolingües de español, y algunos son funcionalmente analfabetos en su lengua materna. Estos dos hechos contribuyen, sin lugar a dudas, a la continuidad del español en suelo estadounidense, pues la llegada a este país de millones de mexicanos sin mucho conocimiento de inglés impulsa y perpetúa el uso del español entre hablantes de generaciones sucesivas. Aun así, hay que afirmar que resultaría imposible encontrar a un méxico-americano nacido y criado en los Estados Unidos que no dominara el inglés.

El gran poder económico que ahora tienen los inmigrantes hispanohablantes en el país ha impulsado la creación de todo tipo de servicios y medios de comunicación, lo que hace posible vivir sin necesidad de saber mucho inglés en aquellas zonas de alta concentración hispana, como las que se encuentran en Chicago, Los Ángeles, San Diego, El Paso y otras ciudades y pueblos a lo largo de la frontera con México. La necesidad que tienen los sectores comerciales y gubernamentales en la zona fronteriza de brindar servicios en español se constató en un estudio realizado por Villa y Villa (2005). Los autores contactaron con un total de 146 empresas, pequeños negocios, tiendas, hoteles, bancos y oficinas gubernamentales en el Mesilla Valley del sur de Nuevo México, zona que incluye la ciudad de Las Cruces, para investigar la situación de los empleados bilingües y las funciones que estos cumplen. Los resultados de la encuesta fueron sorprendentes: tan solo un 12% de todas las instituciones encuestadas indicaron que empleaban a personas bilingües para hacer negocios 'internacionales', por ejemplo, con México (p. 176). Es decir, la gran mayoría (el 88%) de las instituciones de la zona contratan a empleados bilingües para atender las necesidades de un mercado hispanohablante doméstico. Más sorprendente aún es el hecho de que un 91% de las instituciones encuestadas paga el mismo sueldo a sus empleados bilingües que a los monolingües, lo cual sugeriría que en el mercado laboral de esta zona el hecho de ser bilingüe tiene poco valor económico.

Villa y Villa señalan que este último hecho puede deberse a la facilidad con que se puede contratar a personas bilingües en la zona, en la que una mayoría de la población general conoce ambas lenguas; solo el 10% de las instituciones encuestadas indicó que les resultaba difícil contratar a empleados bilingües (p. 177). Villa y Villa —traduzco— concluyen que: 'en la región estudiada, los individuos bilingües participan constantemente en la elección de una u otra lengua, y cabe poca duda de que las variables económicas influyen en la elección. La presión económica de hablar inglés es abrumadora, y esa presión solo puede ir en aumento conforme se va avanzando en la escala económica' (2005: 181).

La presión social y cultural de aprender y usar el inglés en los Estados Unidos es abrumadora, y los inmigrantes se dan cuenta muy pronto de que el que no pueda comunicarse en inglés no tiene mucha esperanza de conseguir un trabajo fuera de los ámbitos de la construcción, el mantenimiento de edificios, la limpieza, la jardinería, la agricultura o la industria manual. A modo de ejemplo, una de las entrevistadas de un estudio etnográfico realizado por Schecter y Bayley (2002: 67) en el norte de California comentó que su falta de capacidad en inglés le impedía conseguir un trabajo que no implicara usar las manos. Después de 18 años en el país, Dolores, oriunda de un pueblo cercano a Guanajuato, donde ni siquiera había completado la educación primaria, se encontraba en una situación laboral muy difícil:

> Yo necesito un trabajo donde no utilice mucho mis manos, ya, porque están acabadas. Entonces si yo hubiera sabido inglés, yo hubiera tenido escuela, yo tuviera otra clase de trabajo, pero por mi situación de mi limitación de inglés no he tenido escuela. Nada más trabajé veinte y un años hasta la fecha. No sé que va a ser de mi futuro.

Inglés

La gran necesidad de saber inglés en los ámbitos laboral y educativo causa que los inmigrantes de primera generación insistan en que sus hijos lo aprendan. Aun entre familias donde hay una alta conciencia del valor del bilingüismo, muchos padres quieren que la educación formal de sus hijos sea completamente en inglés. Uno de los padres del estudio de Schecter y Bayley (2002) insistió en que toda la educación primaria de su hijo fuera en inglés, a pesar de que en casa se recalcara la importancia del español y se hablara con el hijo siempre en esa lengua. Cuando se enteró de que su hijo iba a estudiar en un programa bilingüe, Raúl se negó:

> Les dije yo que no, que si le iban a poner en el salón bilingüe yo lo sacaba de la escuela y lo ponía en otra escuela, porque el español estoy yo pa' enseñárselos [sic]… Yo los mando a la escuela a enseñarles en inglés, no el español. Si yo quisiera que supieran el español me los llevo a México, verdad.

Farr y Domínguez Barajas (2005) encontraron lo mismo entre familias mexicanas radicadas en Chicago. Una madre, inmigrante de México, explicó que cuando una de sus hijas fue asignada a un programa bilingüe tuvo miedo de que se confundiera y exigió que no le enseñaran en español:

> … cuando yo me di cuenta, hablé con la maestra y le dije que se iba a confundir mucho teniendo los dos [idiomas], que por qué no me hacía favor de ponerla nomás en inglés… Porque entonces el español lo iba a aprender aquí en casa, ¿verdad?... Muchos niños pierden el tiempo porque los tienen confundidos (Farr y Domínguez Barajas, 2005: 55).

Un padre del mismo estudio en Chicago expresó que para él sus hijos tienen la obligación de usar solo inglés en la escuela:

> … [la educación bilingüe] es un tratamiento especial porque si nosotros aprendimos inglés, lo aprendimos por obligación, por necesidad del trabajo. Los hijos que son nacidos aquí tienen que aprender el inglés con más razón porque ellos son de aquí. Este es su país de ellos, así es que obligatoriamente tienen que saber ellos un inglés perfecto. Eso es obligatorio (2005: 56).

Todos estos ejemplos sirven para ilustrar la relación diglósica que guarda el español con el inglés entre la población mexicana radicada en los Estados Unidos. Para la gran mayoría de ellos, el inglés es la lengua de los estudios, de los ámbitos formales y, en muchos casos, públicos, mientras que el español queda relegado a la casa y las conversaciones entre familiares y amistades. González (2001) afirma este estado de cosas en una investigación etnográfica del uso del español entre familias mexicanas en Tucson, Arizona. Al reflexionar sobre su propia niñez en esa ciudad, González escribió —traduzco— que:

> … sabía que las dimensiones del español eran muy diferentes de las del inglés… El español era lengua de la familia, la comida, la música, del rito —en suma, de la identidad… El inglés era para la aritmética, el consultorio del médico, la maestra… Aunque en mi familia mezclábamos las lenguas sin esfuerzo, el simbolismo subyacente era paralelo: el hogar se desenvolvía en español; el 'más allá' se construía en inglés (González, 2001: 50).

Pero el uso del español en el ámbito familiar también se vuelve mucho más restringido entre méxico-americanos de tercera y cuarta generación, quienes se comunican casi exclusivamente en inglés con sus hermanos y amistades, y con cualquier individuo que no perciban como inmigrante de primera generación o bilingüe dominante del español. Los que no están muy expuestos al español con padres y/o abuelos, o a través de redes sociales que incluyen hablantes de primera generación (fenómeno que Silva Corvalán [1994] denomina *bilingüismo cíclico*), son típicamente monolingües en inglés, a veces con alguna capacidad de entender español, pero sin la habilidad de hablarlo. Entre los mexicanos nacidos en los Estados Unidos, los índices de monolingüismo en inglés son considerables. Vale reiterar que, según los datos del censo del año 2000, una quinta parte de los mexicanos (el 21,2%) indicó que hablaba solo inglés en casa. La mayoría de ellos vive en los estados del suroeste, donde las poblaciones méxico-americanas y chicanas están muy arraigadas y donde las políticas lingüísticas a favor del uso exclusivo del inglés en las escuelas y en la vida pública fueron particularmente severas hasta la década de 1970. De hecho, a mediados del siglo XX los niños eran castigados por hablar español en la escuela, incluso durante los recesos. González (2001: 178) afirma —traduzco— que 'la confluencia de estas ideologías del lenguaje —el valor económico del inglés, la influencia de campañas a favor del uso exclusivo del inglés, el purismo lingüístico y la inseguridad lingüística— influye en los niños para privilegiar el inglés sobre el español, muchas veces 'a expensas del español'.

El inglés que hablan muchos méxico-americanos, particularmente en el suroeste, tiene rasgos distintivos. Entre las principales características del inglés 'chicano' Fought (2006: 81-83) subraya las siguientes:

- menos reducción de vocales inacentuadas que en otros dialectos del inglés americano, que tienden a reducir a *schwa* [ə] las vocales átonas, por ejemplo: *together* como [tʰugɛðɚ] en vez de [tʰəgɛðɚ];
- falta de diptongación de las vocales altas *i* y *u*, que suelen pronunciarse como [ij] y [uw] en otros dialectos del inglés americano;
- realización más alargada o 'tensa' de [I] en ciertos contextos, particularmente en el caso del morfema *-ing* que denota la forma progresiva de los verbos: *going* como [gowin] en lugar de [gowIn];
- realización de la fricativa interdental *th* como oclusiva: *then* como [dɛn] en lugar de [ðɛn], también común en variedades del inglés afroamericano;
- debilitamiento y elisión de consonantes finales: *night* como [naj] o [najʔ] (glotalización) en vez de [najt];
- prosodia más característica del español, con ritmo silábico en vez de ritmo acentual;
- usos no normativos de preposiciones y de algunas formas verbales, particularmente *could* y *would*.

Fought (2006: 82) mantiene que la combinación de dichos rasgos fonéticos y prosódicos hace que el inglés chicano —traduzco— 'suene más como español', particularmente en lo que respecta a la cualidad de ciertas vocales, la tendencia de producir sílabas abiertas al elidir las consonantes finales y la duración de sílabas en la cadena de habla (ritmo silábico). Fought observa que el efecto de dichos rasgos 'ha contribuido a la idea equivocada que tiene mucha gente al oír el inglés chicano de que el hablante tiene que ser nativo de español y que apenas está aprendiendo inglés', cuando en realidad son rasgos característicos de hablantes monolingües del inglés que poseen muy poco conocimiento de español (Fought, 2006: 82).

Bilingüismo
Carmen Silva Corvalán y Andrew Lynch

Usos y dominios

Las zonas fronterizas

En general, se ha observado que los méxico-americanos que viven en las zonas fronterizas con México tienden a adquirir una competencia más completa en español, debido probablemente a la preponderancia de monolingües y bilingües dominantes de español en esas zonas, la vitalidad de la lengua en la vida pública y el constante intercambio económico y cultural con México y los países de Centroamérica.

En Tucson (Arizona), Jaramillo (1995) destacó la 'legitimización pasiva' del español en esa zona durante la década de los noventa, observando que la pérdida intergeneracional del español —traduzco— 'parece estar mitigada, en alguna medida, por la preponderancia de particulares factores macrosociolingüísticos que favorecen la vitalidad lingüística' (p. 85). Entre aquellos factores figuran: la proximidad a México, la continua llegada de hablantes monolingües o dominantes de español, el tamaño y el crecimiento de la población méxico-americana en Tucson además de la densidad, distribución, solidaridad, y homogeneidad de la misma, la segregación social y económica de las comunidades mexicanas y méxico-americanas en Tucson, el orgullo étnico y la lealtad lingüística, el valor comercial del español en Tucson y el fácil acceso a medios orales y escritos en español (Jaramillo, 1995: 85-86).

Teschner (1995) ha caracterizado la situación de la ciudad de El Paso (Texas) como una de 'cabezas de playa, islas y conductos' (*'beachheads, islands and conduits'*). Explica —traduzco— que:

> El Paso funciona simultáneamente como una cabeza de playa para los nacionales mexicanos, cuya impresionante utilización de los servicios educativos, médicos, comerciales y financieros de la ciudad ha garantizado que estos estén disponibles siempre en español; como una isla lingüística para un gran porcentaje de la población méxico-americana de la ciudad, la cual por razones instrumentales tiene que aprender inglés pero que a la misma vez no puede abandonar el español; y como un conducto de asimilación anglosajona, aunque sea parcialmente, dado el hecho de que El Paso se integra a la economía y la sociedad estadounidenses (p. 103-104).

En el Valle del Río Grande de Texas, Amastae (1982) concluyó que 'aunque la evidencia es mixta, la interpretación más apropiada de ella puede basarse en no suponer que el uso de una lengua excluya el uso de la otra. A la vez que la evidencia indica que el español es desplazado totalmente por el inglés, tampoco se hace total y exclusivo el uso del inglés, de modo que manejar ambas lenguas se hace más estable y equilibrado' (p. 274). Amastae (1982) encuestó a 679 estudiantes universitarios del sur de Texas sobre sus antecedentes sociolingüísticos y reveló que, conforme se aumentaban los ingresos económicos del padre, se disminuía la probabilidad de tener el español como primera lengua (p. 270). Esta tendencia refleja la ideología dominante del inglés como la lengua de movilidad socioeconómica en los Estados Unidos y refuerza las propuestas de Sánchez (1994) referentes a la situación del suroeste y las de Rivera Mills (2000) en su estudio de hispanos en el norte de California. Sin embargo, en el estudio de Amastae (1982), los datos referentes a los ingresos económicos de la madre revelaron otra tendencia muy importante. Como se observa en el cuadro 1, el porcentaje de encuestados nacidos en el país que dicen tener el español como primera lengua va disminuyendo a medida que el salario de la madre va alcanzando los 12.000 dólares, pero el porcentaje de los mismos aumenta al 75% al exceder esta cantidad los ingresos de la madre, invirtiendo así el patrón. Igualmente, los índices de habilidad oral 'avanzada' en español eran más altos en los dos grupos que conformaban los extremos en cuanto a ingresos económicos de la madre: el 37,5% de los encuestados cuyas madres percibían 12.001 dólares o más anuales indicaron tener habilidad avanzada en español y el 33,1% de aquellos cuyas madres ganaban entre 0 y 6.000 dólares anuales indicaron lo mismo. Estos datos se exponen en el cuadro 2.

Así y todo, mientras se comprueba la correlación entre la movilidad socioeconómica y el dominio del inglés respecto al papel del padre en el estudio de Amastae (1982), se nota la inversión del proceso entre las madres con sueldos superiores. Si bien el inglés se asocia con la movilidad social en las comunidades del sur de Texas, el español también se asocia con el avance económico entre las mujeres, quienes pueden fomentar la adquisición y el uso del español entre sus hijos como instrumento social y como símbolo de orgullo familiar. De modo semejante, Hidalgo (1993) observó entre mexicanos de Chula Vista (zona de San Diego), California, que las jóvenes en su estudio utilizaban el español con mayor frecuencia que los muchachos, y parecían identificarse más íntimamente con una 'manera mexicana de ser y hablar' (p. 64). Hidalgo notó además una correlación positiva entre disminución de uso del español, actitudes menos positivas hacia el español y un estatus socioeconómico más alto del padre, lo cual sugeriría que, igual que en el Valle del Río Grande, la movilidad social entre los hombres es concomitante con el predominio del inglés en Chula Vista.

cuadro 1 **Encuestados nacidos en los Estados Unidos que indican tener el español como primera lengua en el Valle del Río Grande (Texas)**

Ingresos del padre	%	Ingresos de la madre	%
4.000-6.000 $	87	4.000-6.000 $	75,4
6.001-8.000 $	78,2	6.001-8.000 $	66
8.001-12.000 $	73,3	8.001-12.000 $	50
12.001 $ o más	40,4	12.001 $ o más	75

Fuente: Amastae (1982: 270).

cuadro 2 **Encuestados nacidos en los Estados Unidos que indican poseer habilidades orales avanzadas en español en el Valle del Río Grande (Texas)**

Ingresos de la madre	Habilidad avanzada
0-6.000 $	33,1%
6.001-8.000 $	28,9%
8.001-12.000 $	9,1%
12.001 $ o más	37,5%

Fuente: Amastae (1982: 272).

Volviendo al Valle del Río Grande, Anderson Mejías (2005) presentó un análisis preliminar de datos de entrevistas sociolingüísticas realizadas con 255 hispanos de la zona, que habían adquirido el español como primera lengua durante la infancia. Los participantes del estudio representaban cinco generaciones delimitadas según los siguientes criterios: primera generación: personas que habían nacido fuera de los Estados Unidos; segunda generación: individuos nacidos en este país de padre o madre (o ambos) nacidos fuera; tercera generación: hablantes nacidos en Norteamérica de padres también nacidos en los Estados Unidos, pero de abuelos nacidos fuera; cuarta generación: hablantes de padres con al menos un abuelo nacido en los Estados Unidos y otro nacido fuera; quinta generación: individuos, padres y abuelos nacidos en territorio de la Unión.

La autora explica que dicha delimitación refleja más adecuadamente la realidad sociolingüística del suroeste, dado el hecho de que en esa región el flujo de inmigrantes hispanoamericanos (particularmente mexicanos) —traduzco—'es un proceso continuo y las relaciones con un ancestro monolingüe del español pueden trascender las generaciones' (Anderson Mejías, 2005: 2). La autora encontró que el uso del inglés para propósitos de la entrevista aumentó sustancialmente entre hablantes de tercera, cuarta y quinta generación. También observó un alto grado de variabilidad en la lengua española 'y la disposición a hablarla' entre dichos hablantes, y afirmó que 'el uso del español parece cambiar conforme cada generación se aleja de la experiencia de inmigrante' (2005: 11). En fin, el estudio de Anderson Mejías parece confirmar la noción de que la continuidad generacional del español en el sur de Texas constituye un proceso muy complejo, sumamente dinámico, en el cual intervienen diversos factores sociales. La histórica pauta de pérdida observada entre personas de tercera y cuarta generación de grupos inmigrantes previos (europeos y asiáticos, por ejemplo) no se da siempre entre grupos hispanos, particularmente entre los que residen en la zona de la frontera.

Las grandes urbes

El influjo de inmigrantes monolingües o bilingües dominantes en español y la concomitante visibilidad y viabilidad que ha cobrado la lengua en la vida pública estadounidense en los últimos años han sentado las bases potenciales para la continuidad idiomática. Las zonas urbanas se han visto particularmente afectadas al respecto. Por ejemplo, al comparar las situaciones del español en Los Ángeles (California) y San Antonio (Texas), Mary Ellen García (2003) nota un uso más general y más amplio del español en la primera ciudad. La autora advierte que las elevadas tasas de inmigración en Los Ángeles han servido para revitalizar el uso del español entre todas las generaciones en esta ciudad, fenómeno que no se ha dado en San Antonio, donde el porcentaje de hispanos nacidos en el extranjero es mucho menor (el 16% frente al 60% en el condado de Los Ángeles). García observa un uso más restringido del español en la vida pública en San Antonio, pero, a la vez, un mayor sentido de solidaridad y cohesión sociocultural entre la influyente población méxico-americana. Por otro lado, en Los Ángeles, donde casi la mitad de la población hispana ha nacido en el extranjero, García sugiere que el gran flujo de inmigrantes ha dividido la ciudad en el terreno sociocultural a la vez que ha servido para unificarla más en el plano lingüístico del español. En fin, podemos suponer que la fuerte presencia de monolingües y bilingües dominantes en español ha contribuido al bilingüismo cíclico y al mantenimiento del español en esta ciudad.

Sin embargo, mientras que en el ámbito social el mantenimiento del español es incuestionable, en el ámbito individual o familiar, por otro lado, es muy común el cambio hacia el inglés. Los hijos de inmigrantes de la primera generación pueden adquirir el español en casa, pero la gran mayoría se hace gradualmente dominante en inglés al pasar, bien por un programa bilingüe de transición o por un programa de inmersión en inglés. De aquí en adelante nos referimos a los mexicanos que han inmigrado a Los Ángeles después de los 12 años de edad como grupo 1 (G. 1); a los que han llegado a los 12 años o antes, o que han nacido en Los Ángeles, como grupo 2 (G. 2); y a los hijos de estos, como grupo 3 (G. 3).

Dentro del hogar, los hijos mayores de una pareja de inmigrantes por lo general aprenden solo español en casa y mantienen un buen nivel de competencia comunicativa en esta lengua a lo largo de su vida. Los menores, en cambio, aprenden español e inglés en casa y es más probable que mantengan una variedad de contacto diferente de las normas lingüísticas del primer grupo. Finalmente, los nietos de los primeros inmigrantes pueden adquirir español, pero esta situación no es común en centros urbanos como Nueva York, Chicago y Los Ángeles (vid. Zentella, 1997).

Los padres con frecuencia se proponen mantener el español al menos como la lengua de la comunicación en casa, pero con mucha frecuencia también estos buenos propósitos fallan. El ejemplo 1 retrata esta situación en las palabras de Ali, del grupo 1 y de su hijo menor, Eno, del grupo 2. Aunque Ali se había propuesto y quería que todos sus hijos hablaran español, solo el mayor lo hace; los demás lo entienden, pero contestan siempre en inglés. Nótese, además, que la madre dice que ella siempre les habla a sus hijos en español, pero en verdad también lo hace en inglés.

(1) A= Ali, G. 1; E= Eno (hijo de A, G. 2); C= investigadora.
C: Entonces digo yo, 'Si yo no les entendiera [a mis hijos cuando hablan en inglés], no me podría comunicar con mis hijos así íntimamente. Todo sería una comunicación, así como de... / A: Fría./ C: fría, como de extranjeros casi, ¿verdad?, extraños, ¿no?

E: If I talked Spanish to my mom, she'd probably think I'm sick. [risas] ['Si yo le hablara en español a mi mamá, a lo mejor pensaría que estoy enfermo'.]

A: I wish you would. ['Ojalá que me hablaras en español'.]

E: I'd shock her. I'd shock her. I, I really would. ['La sorprendería muchísimo, la sorprendería, seguro que la sorprendería'.]

A: I wish you would ['Ojalá que me hablaras en español'], porque mira. Hay una cosa, m'hijito, muy importante, ¿verdad? Yo todo el tiempo he querido que ustedes hablen, hablen bien los dos idiomas. Siempre. Por eso yo siempre les he hablado en español. Y ahora, es tu responsabilidad, muy grande tu responsabilidad, de que tú hables español para que el niño [hijo de E] aprenda a hablar el español.

E: But, I'm way ahead of you. ['Pero, yo te llevo la delantera'.]

C: O, o llevarlo, tra–traerlo para acá más seguido, o llevarlo a México.

A: Yo quería, yo deseaba toda mi vida haberlos llevado a ellos a México, pero no pude.

Un cuestionario que buscaba patrones de uso del español y el inglés, basado principalmente en los usados por Dorian (1981) y Fishman et ál. (1971: ch. 5), se aplicó personalmente a 45 méxico-americanos en Los Ángeles.

El cuestionario incluye, casi con exclusividad, preguntas cerradas, lo que elimina el problema de que los participantes se alejen de las respuestas esperadas, ya que lo que se quiere de ellos es que escojan de entre un grupo de categorías ofrecidas de antemano, además de brindarnos la posibilidad de cuantificar y de comparar las respuestas.

Dicho cuestionario, aplicado entre los grupos de hablantes 1, 2 y 3, estaba integrado por 79 preguntas cerradas y cuatro abiertas (Silva Corvalán, 1994: cap. 6). En lo referente a los factores que determinaban en qué lengua se debía hablar, español o inglés, los participantes estuvieron de acuerdo en que cambiaban de lengua tan pronto se 'trababan' y no podían hallar la palabra correspondiente en una u otra lengua, o cuando una palabra (en la otra lengua) describía mejor la situación dada. En lo concerniente al problema del intercambio de códigos, así lo expresaba uno de los participantes de G. 3 (19): 'yo... (porque) algunas ideas se expresan mejor en español'.

Algunos hablantes de los grupos 2 y 3 estuvieron de acuerdo en que, cuando hablaban español frente a un sujeto monolingüe en inglés, no percibían ningún sentimiento de hostilidad. Incluso, en caso de ser lo contrario, eso no les privaba de hacer uso de la lengua que quisieran usar. Sin embargo, un participante del grupo 1 expuso que en cierta ocasión alguien le dijo que 'debería aprender inglés', a lo que respondió en esa lengua, para que supiera que sí lo hablaba. Este sujeto (R3) ocupaba el puesto de jefe de una compañía. Cabe preguntarse si este hablante monolingüe habría aceptado sin mayor obstáculo la respuesta de R3 si este no hubiese ocupado este cargo.

Las respuestas de los interlocutores a las pruebas efectuadas sobre su uso del español indicaron un muy evidente declinar en el manejo del español entre los grupos. Esta situación se experimenta no solamente en ámbitos como el trabajo o la iglesia, sino también en ambientes familiares. Mientras que los participantes del grupo 1 daban a conocer que hablaban español casi exclusivamente con sus padres, abuelos e hijos, algunos sujetos de los grupos 2 y 3 informaban que lo manejaban solo ocasionalmente, o solo a veces, con sus padres y con sus hijos, y cuatro de ellos, en el grupo 3, respondieron que nunca lo usaban para comunicarse con ellos.

Esta situación más o menos general queda reflejada en la evaluación espontánea de la realidad lingüística familiar hecha por una hablante del grupo 2, Rina, de 21 años de edad, que presentamos en el ejemplo 2. Rina ha explicado antes que sus padres le exigían a ella, la mayor de los hijos, que hablara español en casa, pero con los hermanos menores no tuvieron la misma exigencia.

(2) ... y mi hermanita chiquita sí habla español, pero no creo que tiene la voca, el voca, ¿el vocabulario? [Investigadora: Sí, el vocabulario] Sí, no tiene mucha vocabulario para, para estar en una conversación. Y, y yo estaba diciendo, 'Pos otra vez necesitamos de esa regla'.

En el ámbito laboral, el español tiende a ser la lengua más usada con los compañeros y no tanto con jefes o supervisores. Esto suele ser así porque los que ocupan puestos de supervisión suelen ser bilingües, más comúnmente tienen el inglés como lengua dominante. Podría también ser el caso, sin embargo, de que un gran número de trabajadores inmigrantes hablantes de español, que viven en la zona de Los Ángeles, provea un estímulo a los méxico-americanos de los grupos 2 y 3 que ayude a revivir sus ya perdidas capacidades lingüísticas, haciéndoles hablar español en situaciones laborales, aunque el inglés sea la lengua dominante en los niveles de jefes y supervisores.

Una situación de reaprendizaje del español (a la que nos referimos como 'bilingüismo cíclico') es descrita espontáneamente por Lola (mujer de 37 años, grupo 2) en relación a su esposo, del tercer grupo. El esposo de Lola es hijo del dueño de la imprenta a la que se refiere ella en el ejemplo 3.

(3) Y digo yo que este señor [su esposo] su español era horrible, ¿verdad?, porque lo había perdido cuando se mudaron a ese vecindad. Sí, pero cuando nos casamos entonces ya no era el estudiante, ya se puso a trabajar en la planta. Y en la planta, los hombres que trabajan las imprentas casi todos son hispanoamericanos. Vienen de distintos países, pero todos hablan español. Entonces por su amistad, en la imprenta él pudo aprender español.

Con respecto al hecho de hablar español con desconocidos, los sujetos del grupo 1 dudaron en utilizar español con individuos que no constituían 'parte del grupo' (por ejemplo, dependientes, maestros, oficiales de la policía, etc.). Esta corriente se hace más fuerte en los grupos 2 y 3.

En un sentido global, confiamos en que el cuestionario resulte ser una muestra precisa de la reducción del uso del español que afecta a las comunidades méxico-americanas. Esto es lo que revelan sus resultados, tanto en el uso del español en relación con ciertos temas o tipos de actividades en los grupos 2 y 3.

Queda demostrado que tanto el uso del español escrito y de su lectura son mucho menos frecuentes que las actividades de comunicación oral. Por ejemplo, la mitad de los informantes en el grupo 1 confesaron que con frecuencia o casi siempre leían publicaciones en lengua española, unos pocos escribían cartas en español casi siempre o frecuentemente, pero casi todos los sujetos de este grupo indicaron que escuchaban la radio en español, oían música o veían programas de televisión en español, casi siempre o con mucha frecuencia.

Aunque no existan muchas instancias de leer, escribir y escuchar español en los grupos 2 y 3, algunos de estos dijeron que 'a veces' leían publicaciones en español y que, con frecuencia, veían programas de televisión en español. Entre los participantes del grupo 3, la actividad epistolar también existía. El que este grupo mantenga cierto nivel de educación es alentador (no hallamos índices de analfabetismo entre hablantes de ninguna de estas lenguas).

Como era de esperar, dada la diferencia de niveles de capacidad en el uso del español a través del contínuum, los informantes del grupo 1 muestran una más amplia preferencia hacia su lengua materna que los del grupo 3, que se inclinan a favor del inglés, mientras que los del grupo 2 se sitúan en medio de ambos, con repuestas sobre el uso del español distribuidas casi de manera uniforme, entre 'frecuentemente', 'a veces' y 'nunca'. En estos grupos el aumento del uso del inglés es gradual.

Las respuestas a varios puntos en relación a los contactos con México, bien a través de viajes al país o bien por recibir visitantes de allí, muestran que las relaciones se mantienen fuertes en los grupos 1 y 2, y bastante estrechas en el grupo 3. Esta relación con México propicia de manera importante el mantenimiento del español, a la vez que incentiva a los méxico-americanos a aprender o a mejorar el conocimiento del español.

Más al norte en el estado de California, en San Francisco, el estudio longitudinal de Merino (1983) sobre las capacidades lingüísticas de niños chicanos inscritos en un programa bilingüe reveló una acusada reducción del español desde el *kindergarten* hasta el cuarto año escolar. Los 32 niños que conformaban la muestra de Merino demostraban un desarrollo normal de las habilidades productivas en inglés, mientras que el 50% de ellos reflejaba una disminución de las mismas en español y otro 25% demostraba no haber avanzado nada en su adquisición de esta lengua (p. 286).

Al sur de la zona metropolitana de San Francisco, Pease Álvarez, Hakuta y Bayley (1996) exploraron la relación entre grado de exposición al español y el nivel de suficiencia lingüística en esta lengua entre 64 niños de origen mexicano. Para el análisis, se identificó a cuatro grupos de niños: 1) nacidos en México de padres y madres también mexicanos; 2) nacidos en los Estados Unidos de padre mexicano y madre que había emigrado de México a una edad mayor de 15 años; 3) nacidos en Norteamérica de madre mexicana que había inmigrado a la edad de diez años o menos; 4) nacidos en los Estados Unidos de madre también nacida en el país. Los participantes del estudio respondieron a preguntas sobre su uso del español y del inglés con diferentes interlocutores (madre, padre, hermanos mayores, amigos) y sus actitudes hacia el bilingüismo, hicieron un examen de vocabulario receptivo y relataron narrativas. Estas últimas sirvieron como la base de análisis de distinción aspectual, cohesión referencial y expresión del sujeto nulo en el habla de los niños. Los autores comentaron que era muy notable el grado de mantenimiento del español entre los niños y concluyeron que no se da una simple relación lineal entre el grado de exposición a una lengua y el grado de competencia que se adquiere en la misma (147-148). La adquisición del español por parte de los niños parecía depender más directamente del uso que se hacía de esa lengua en interacciones con adultos en el hogar, independientemente de los patrones de uso fuera de la casa.

Pero a la vez que Pease Álvarez et ál. (1996: 148) afirman que la plena adquisición de la lengua materna no tiene por qué ser concomitante con el grado de exposición a la misma, también nos indican que la mayoría de los niños de madres nacidas en los Estados Unidos tenían poca o ninguna habilidad productiva en español. Tomando en cuenta este último hecho, nos preguntamos si la presión externa del inglés no tendrá más peso de lo que Pease Álvarez et ál. suponen. De todos modos, hay que afirmar que su argumento principal merece especial atención entre los estudiosos de lenguas en contacto, a saber: los cuestionarios de uso lingüístico no constituyen una base lo suficientemente amplia y compleja para llegar a conclusiones fiables respecto a la competencia lingüística de individuos bilingües (vid. Pedraza, Attinasi y Hoffman, 1980). Al respecto, Pease Álvarez et ál. afirman que si hubieran tomado en cuenta solo los patrones de uso del español indicados en la encuesta referente a usos lingüísticos, tendrían que haber concluido que el desplazamiento de esta lengua por el inglés era 'dramático' entre los niños de su estudio. Sin embargo, las medidas de producción empleadas para la investigación desmienten esta aparente realidad, según ellos, pues los resultados de estas últimas reflejan niveles de competencia en español 'bastante firmes' entre los niños (1996: 147).

Estudios de la zona de Chicago constatan la inestabilidad del bilingüismo español-inglés también en esa zona metropolitana. En sus investigaciones sobre datos del censo de 1990 y actitudes lingüísticas en el noroeste de Indiana (las ciudades de Gary y East Chicago), Mendieta (1994, 1997) observó que los resultados apuntaban hacia el desplazamiento del español por el inglés. En la ciudad de Chicago, Potowski (2003) observó la acusada disminución de uso del español entre hablantes de segunda y tercera generación, basándose en datos de una encuesta realizada entre 800 estudiantes hispanos a nivel secundario y universitario. Como se refleja en el cuadro 3, los estudiantes que llegaron a los Estados Unidos después de los once años de edad (G1) o entre las edades de cinco y once (G1.5) indicaron que hablaban español con sus padres más del 85% del tiempo y con sus hermanos y amigos más del 50%. Aquellos estudiantes cuyos padres habían nacido en este país o que habían llegado antes de los cinco años (G3) afirmaron que usaban el español para comunicarse con sus padres solo en un 34% de las ocasiones, en un 19% con sus hermanos y en un 24% con su mejor amigo.

cuadro 3 Uso del español con padres, hermanos y mejores amigos entre 'latinos' de Chicago, según generación

Generación en los Estados Unidos	Con los padres	Con los hermanos	Con el mejor amigo
G1 N= 210	88%	74,4%	74%
G1.5 N= 145	86,1%	52,9%	50,8%
G2 N= 394	72,7%	36,6%	32%
G3 N= 66	33,6%	19,1%	24,3%

Fuente: Potowski (2003).

Según Potowski (2003), estos números ofrecen clara evidencia del desplazamiento generacional hacia el inglés entre los hispanos de Chicago. Sin embargo, advierte que el total abandono del español no se da por cuatro razones principales: actitudes positivas hacia el español, popularidad de la música en español, altos niveles de competencia comunicativa en español entre la población encuestada y la llegada constante de jóvenes inmigrantes hispanohablantes de primera generación.

En su estudio etnográfico de una red social de *rancheros* mexicanos en Chicago, Farr y Domínguez Barajas (2005: 57) concluyen —traduzco— que 'a pesar de muchos años de mantener vínculos transnacionales entre su *rancho* y Chicago, y a pesar de que mantienen formas de ser y de hablar *rancheras*, esta red social brega con problemas de identidad lingüística y cultural que surgen de las realidades de la escuela y el trabajo en Chicago, particularmente en cuanto a lengua y educación. El que releguen el español al ámbito privado de la casa limita el acceso que tienen sus hijos al modo escrito en español y al dialecto estándar (*la norma culta*). Es más, tal como su dialecto rural era denigrado en México, sigue siendo denigrado en Chicago'. Farr (2006) ofrece un amplio examen de 'formas de ser y de hablar *rancheras*' entre mexicanos en Chicago, demostrando cómo se transmiten y se mantienen determinados códigos sociales y culturales entre la generación joven en los Estados Unidos a través de fuertes vínculos personales y familiares con el *rancho* en México y la migración cíclica entre el *rancho* y Chicago.

En Detroit (Míchigan), Cashman (2001) exploró la relación entre red social y uso de español e inglés en un grupo de 22 hispanos, principalmente mexicanos. Reveló que existía un desplazamiento general hacia el inglés entre la segunda generación, observando que el grado de uso del español entre los bilingües nacidos en este país guardaba una estrecha relación con el número de hablantes monolingües de español que formaban parte de sus redes sociales: cuanto más alto era el porcentaje de monolingües de español en la red social de un hablante, más alta era la frecuencia de uso de esta lengua. Por el contrario, se dio una fuerte correlación negativa entre el uso de español y el porcentaje de hablantes monolingües de inglés en las redes sociales de los nacidos en los Estados Unidos. Entre la primera generación en Detroit, Cashman encontró una correlación positiva entre edad de llegada y uso del español: cuanto mayor era el individuo al llegar, más español usaba en la vida cotidiana. Encontró también que a medida que la primera generación lograba más altos niveles de educación, menos español usaba.

¿Nuevas tendencias?

Se ha sugerido que la tradicional pauta de pérdida generacional del español entre hispanos en los Estados Unidos se ha alterado en los últimos años, desde el censo nacional de 2000, particularmente entre mexicanos. Por ejemplo, en un estudio estadístico que comparaba datos del American Community Survey (U.S. Census Bureau) de los años 2000 al 2003 empleando la técnica de cohortes sintéticas (*synthetic cohorts*), Mora, Villa y Dávila (2005: 138) encontraron que los niños de 5 a 9 años de edad que habían nacido en México y que vivían en uno de los estados fronterizos con México eran significativamente más propensos a hablar español en casa en el año 2003 que en 2000, lo cual llevó a estos autores a afirmar que '*algo* fomenta el mantenimiento del español en casa entre niños nacidos en México que residen en los estados que hacen frontera con México'. Este hecho contrasta marcadamente con los datos de niños de otros grupos inmigrantes (hispanos de origen no mexicano, asiáticos e inmigrantes de otros orígenes), entre quienes las tasas de uso de una lengua no inglesa en casa disminuyeron notablemente entre 2000 y 2003 (Mora et ál., 2005: 135). En el caso de niños inmigrantes de otros orígenes (no hispanos y no asiáticos), la tasa de disminución fue estadísticamente significativa.

El estudio de Mora et ál. (2005) también reveló que entre los distintos grupos de niños nacidos en los Estados Unidos de padre y madre inmigrantes (méxico-americanos, hispanos de origen no mexicano, asiáticos e inmigrantes de otros orígenes), los méxico-americanos eran los únicos que no reflejaban una disminución significativa del uso de la lengua materna en casa. Al contrario, las tasas de uso del español aumentaron entre los méxico-americanos (nacidos en los Estados Unidos) en los estados fronterizos, del 88,6% en el año 2000 al 91,2% en 2003 (Mora et ál., 2005: 135). Los autores concluyeron que los inmigrantes de México que viven en la zona de la frontera —traduzco— 'se sienten cómodos al hablar el español con sus hijos y al ver que sus hijos aprenden la lengua. Parecen reconocer de modo implícito que sus hijos no corren el riesgo de no aprender el inglés... Es más, no parecen sentirse amenazados por factores ambientales que los presionarían a abandonar su lengua materna' (Mora et ál., 2005: 141).

En el estado de Colorado, que no comparte frontera con México, también se ha documentado en años recientes un cambio en la dinámica del uso del español. A partir de un análisis de datos de los censos de 1980, 1990 y 2000, McCullough y Jenkins (2005) afirman que la relación entre el número y la densidad de hablantes, la lealtad hacia el idioma y la retención del mismo en distintas zonas del estado comenzó a cambiar durante la década de los noventa. Argumentan que el creciente flujo de inmigrantes hispanohablantes desde 1990 a determinadas zonas —particularmente la metropolitana de Denver, la capital y la mayor ciudad de toda la región de las Montañas Rocosas— ha impulsado cambios importantes en los índices de lealtad y retención lingüísticas, tal como las definieron Hudson, Hernández Chávez y Bills (1995) en un estudio previo. Siguiendo la misma metodología de Hudson et ál. (1995), McCullough y Jenkins (2005: 105) documentaron dos hechos muy importantes, resultados de cambios demográficos y sociolingüísticos ocurridos desde la realización de aquel estudio, que consideraba datos del censo de 1980. Primero, que el Valle de San Luis, histórico baluarte del español situado en el suroeste de Colorado, limítrofe con Nuevo México, ya no figuraba como la región más 'hispanohablante' del estado. Los índices de lealtad lingüística en el Valle de San Luis disminuyeron del 91% en 1980 al 71% en 2000 mientras que los mismos en la zona de Denver (al este de la cordillera de las Montañas Rocosas) aumentaron del 54% en 1980 al 66% en 2000. En cuanto a la retención intergeneracional del español en estas dos zonas, el índice en el Valle de San Luis bajó de un 71% en 1980 a un 56% en 2000 al mismo tiempo que en Denver subió de un 45% en 1980 a un 79% en el año 2000.

El segundo hecho importante que subrayan McCullough y Jenkins (2005) está relacionado con lo socioeconómico. Estos autores encontraron que la correlación negativa entre lealtad y retención del español y mayores ingresos económicos observada por Hudson et ál. en los datos de 1980 ya no se daba para el año 2000, lo cual los llevó a concluir que entre los hispanos en Colorado 'el ascenso económico ya no ocurre a expensas del mantenimiento del español' (McCullough y Jenkins, 2005: 105). Señalan, sin embargo, que la educación formal sigue correlacionándose negativamente con la lealtad y la retención del español en Colorado, igual que en los datos de 1980.

Resultados lingüísticos: el continuo de competencia bilingüe

El español en los Estados Unidos se caracteriza por fenómenos típicos de una situación de bilingüismo social, es decir, de bilingüismo intenso (uso frecuente de dos lenguas) y extendido (alto número de bilingües). Revisamos aquí algunos de los efectos lingüísticos que ha tenido el bilingüismo social inglés-español en el español de méxico-americanos pertenecientes a diferentes generaciones o grupos. Recordemos que nos referimos a la primera generación de inmigrantes como 'grupo 1', a sus hijos como 'grupo 2' y a sus nietos como 'grupo 3'. El trabajo está basado en el examen de datos obtenidos en Los Ángeles, pero muchos de los fenómenos constatados en esta comunidad tienen un alcance más general. Zentella (1997), por ejemplo, muestra resultados casi idénticos con respecto al sistema verbal de diferentes generaciones de puertorriqueños en Nueva York.

En esta situación de bilingüismo social, con frecuentes casos de bilingüismo cíclico (de reaprendizaje del español), consideramos *bilingüe* a un individuo que tiene un cierto nivel de competencia en el uso de dos lenguas como vehículos de comunicación, sin que esta competencia tenga necesariamente que ser igual a la que posee un hablante de la variedad estándar de las lenguas correspondientes. Así pues, puede identificarse un continuo respecto al grado de dominio de las dos lenguas en contacto. En nuestro caso, este continuo comprende desde un español estándar sin restricciones a un uso meramente simbólico del español y viceversa. Esto apunta claramente al hecho de que no hay un español de los méxico-americanos, sino muchos, lo que se refleja en la gran complejidad lingüística observada en las comunidades bilingües (vid. Elías-Olivares, 1979). Además, en el nivel individual, los lectos de los bilingües representan una amplia gama de niveles *dinámicos* de competencia; es decir, es en principio posible que un individuo se mueva o esté moviéndose hacia uno u otro extremo del continuo de competencia en cualquier momento sincrónico de su vida.

La ausencia de un proceso de estandarización del español en los Estados Unidos alimenta aún más la heterogeneidad que se da incluso entre los inmigrantes de primera generación. Por otra parte, los hablantes nacidos en Norteamérica representan una variedad de español relativamente más homogénea en el sentido de que se caracteriza por los típicos fenómenos de contacto: simplificación gramatical y léxica, préstamo masivo del inglés e intercambio de códigos, es decir, alternancia entre el español y el inglés en el mismo turno de habla (Silva Corvalán, 1994).

Los ejemplos 1 a 3, tomados de conversaciones grabadas con méxico-americanos de los grupos 1, 2 y 3, ilustran tres puntos en un continuo de desplazamiento hacia el inglés. La información entre paréntesis dada al final de cada ejemplo corresponde al grupo (G.) al que pertenece el hablante.

(1) S: Bueno, cuando murió mi papá, vivíamos en una casa bastante, muy grande, donde había, este, muchas huertas, frutales, alrededor. Estaba en el centro la casa y estaba rodeada de puros árboles, puros, puros árboles frutales. O sea que salíamos de allí y, con una canasta o algo así. La llenábamos de duraznos, manzanas, toda clase de, de fruta. Y verdura también que, se sembraba allí. Rábanos, lechuga, todas clases de verduras (G. 1).

(2) H = Investigador; R = Robert
   H: ¿Y tu tortuga cómo la conseguiste?

R: Un día yo y mi papá estábamos regresando de, de, de un parque con, con un troque de mi tío. Y estábamos cruzando la calle. Y nos paramos porque estaba un *stop sign*. Y mi papá dijo, 'Ey, Roberto. Quita esa tortuga que está en la calle'. Y no le creí, *you know*. Y miré. Y creí que era *un piedra*, pero grande. Y no le hice caso. Entonces me dijo, 'Apúrele. Quita esa tortuga', *you know*. Y me asomé otra vez. Y sí era tortuga. ¡Estaba caminando *ese piedra* grande! [risa] Pues me salí del carro, del troque. Y fui y conseguí *el tortuga*. Y me *lo* llevé pa' mi casa (G. 2).

(3) C= Investigadora; N= Nancy

C: ¿Y cómo lo haces para poder entender todo en español y hablar en inglés? ¿Cómo lo haces?

N: *Ay, ya no sé*, I don't know. I'm surprised to be able to do that.
'No sé. Me sorprende poder hacer eso' (G. 3).

Nótese que en el ejemplo 1 no se observan diferencias con una norma general para el español oral. En el ejemplo 2, en cambio, un hablante del grupo 2 usa las expresiones *you know* 'tú sabes' y *stop sign* 'señal de detenerse' en inglés, no establece la concordancia de género femenino en algunas frases nominales ni en un pronombre clítico (en cursiva en el ejemplo 2) y usa solo *estar* como auxiliar en todas las construcciones progresivas en las que hablantes nacidos en México usarían con mayor probabilidad formas con semi-auxiliares (por ejemplo *venir*, *ir*). A pesar de estas desviaciones de las normas, su español parece solo ligeramente ajeno al nativo y es perfectamente comprensible.

En contraste, en el ejemplo 3 el uso de español es principalmente un símbolo de la etnicidad de la hablante y de sus lazos culturales con la comunidad hispana a la que pertenece. Esta hablante está, de hecho, en el último estadio del continuo de competencia en español, mientras que su competencia en inglés se sitúa en el extremo superior. Las diferencias ilustradas en los ejemplos 1 a 3 indican que los estudios que sostienen que describen algún aspecto de la lengua o de las lenguas usadas por hablantes bilingües quedarán invalidados si no toman en cuenta y especifican explícitamente el lugar que estos hablantes ocupan en el continuo bilingüe.

Desafortunadamente, la mayoría de los estudios lingüísticos del español en los Estados Unidos no hace referencia a este continuo, lo que debilita el valor de las descripciones ofrecidas. De los fenómenos identificados en la bibliografía, préstamos, transferencia o interferencia, alternancia de lenguas, simplificación, pérdida de lengua y convergencia gramatical, quizá el más estudiado haya sido el préstamo léxico (vid. varios trabajos en Amastae y Elías-Olivares, 1982; Bills, 1974; Hernández-Chávez et ál., 1975 y los estudios de Craddock, 1976; Otheguy, 1993, y Otheguy, García, y Fernández, 1989, entre otros). Más recientemente, sin embargo, ha crecido el interés por investigar el préstamo sintáctico o transferencia sintáctica.

Rasgos léxicos

Además de la simplificación de categorías gramaticales y la transferencia de formas y significados del inglés, los bilingües desarrollan otras estrategias encaminadas a aligerar el peso cognitivo que acarrea el tener que recordar y usar dos sistemas lingüísticos diferentes. Al usar español, regularizan formas, desarrollan construcciones perifrásticas que reemplazan formas verbales simples y, como bien ilustran los ejemplos 2 y 3, con frecuencia cambian de una lengua a la otra. Es de esperar, nos parece, que cuando dos o más hablantes poseen la habilidad de comunicarse en dos o más lenguas hagan uso de esta ventaja tanto en la conversación como en la expresión escrita.

El resultado de aplicar estas estrategias conduce a cambios más o menos insignificantes en inglés (el inglés de los hispanos ha recibido poca atención de los estudiosos), pero produce cambios más o menos considerables en español. La transferencia del inglés al español está claramente atestiguada en préstamos y calcos de expresiones inglesas, y en la transferencia de funciones pragmáticas del discurso (por ejemplo, 'Cuídate' y 'ai te gua-cho' —vernáculo— o 'Te veo' —coloquial—, de las expresiones inglesas *Take care!* y *See you*, que se convierten en fórmulas de despedida en español).

La gran cantidad de préstamos léxicos tomados del inglés hace que a menudo, y además con un tono de cierta desaprobación, se evalúe el español como una lengua mezclada, sin prestar la debida atención a su complejidad sociolingüística ni considerar, entre otros, que los tipos de préstamo y su frecuencia varían según los niveles de dominio lingüístico y la situación comunicativa.

Así como el castellano incorporó préstamos del árabe y de las lenguas amerindias, el español ha incorporado libremente préstamos del inglés, especialmente para aquellos conceptos que representan diferencias culturales y que no tienen correspondencia exacta en español: *cama tamaño king* '¿cama muy ancha?', *master suite* '¿dormitorio y baño principal?', '¿suite matrimonial?', *lonche* '¿un almuerzo ligero/comida ligera?', *esnak* '¿un refrigerio?', *imeil* '¿correo electrónico?'.

Como es natural en situaciones de contacto lingüístico, los anglicismos léxicos penetran el español, incluso el de los hablantes del grupo 1. Los ejemplos incluidos aquí corresponden a anglicismos de uso muy general en los Estados Unidos, más allá de las comunidades bilingües méxico-americanas. Los clasificamos en tres tipos, justificados lingüísticamente por su posible efecto semántico o sintáctico y por la mayor o menor presencia de estos préstamos en diferentes grupos según el tiempo de residencia en el país.

Tipo 1: *Préstamos de una palabra.* Transferencia de formas con sus significados: *mapear* de 'to mop' (trapear el piso), *sinke* de 'sink' (lavaplatos), *troca* o *troque* de 'truck' (camión), *so* de 'so' (así que), *marqueta* de 'market' (mercado), *obertain* de 'overtime' (tiempo extra), *bil* de 'bill' (cuenta), etc. La transferencia de signos lingüísticos constituye el tipo de préstamo más frecuente en el grupo 1, mientras que la transferencia de significados solamente (calcos), es mucho menor. Lo contrario se da en el grupo 2, donde los calcos sobrepasan a los préstamos (Silva Corvalán, 1994).

Tipo 2: *Calcos de una palabra.* Transferencia de significados a significantes ya existentes en español: *moverse* incorpora el significado del inglés 'to move' (mudarse de casa), *atender* de 'to attend' (asistir), *aplicación* de 'application' (solicitud), *colectar* de 'to collect' (coleccionar), *cartón (de leche)* de 'carton (of milk)', (caja —de leche—), *carpeta* de 'carpet' (moqueta/alfombra), *grados* de 'grades' (calificaciones/notas), etc.

Tipo 3: *Calcos complejos.* Son calcos que involucran una o más palabras en construcciones que tienen paralelos en inglés. Estos calcos alteran rasgos semánticos o pragmáticos del español y pueden llegar a tener consecuencias en la sintaxis de la lengua, especialmente en aspectos como el orden de palabras, las restricciones de selección y la subcategorización de las formas que los bilingües seleccionan como correspondientes a las de la lengua modelo, el inglés. Este tipo de calcos ocurre principalmente entre hablantes del grupo 3 y con mucha menor frecuencia entre los bilingües del grupo 2. En el grupo 1 solo hemos constatado el calco de construcciones sencillas como *máquina de contestar* de 'answering machine' (contestador automático), *máquina lavadora* de 'washing machine' (lavadora de ropa), *escuela alta* de 'high school', *días de semana* de 'weekdays' (días de trabajo), además del uso de *para atrás*, que estudiaremos a continuación.

Obsérvese el ejemplo 4, en el que el hablante bilingüe ha establecido un paralelo entre la expresión inglesa (*go*) *back* e (*ir*) *para* [*pa'*] *atrás*, que son superficialmente paralelas ya que las estructuras no son idénticas: [verbo-adverbio] en inglés, pero [verbo-preposición-adverbio] en español. Otros ejemplos recogidos en Los Ángeles incluyen: *regresar a alguien para atrás* ('mandar de vuelta'), *dar para atrás* ('devolver'), *traer a alguien para atrás* ('traer de vuelta').

(4) a. Se fue pa' atrás pa' México. [Esp. gen.: 'Regresó a México'.]
b. 'He went back to Mexico'.
Expresiones apareadas: (go) back [v-adv], (ir) para [pa'] atrás [v-prep-adv]

En el ejemplo 4, a y b tienen elementos léxicos paralelos con significados parcialmente equivalentes: go es igual a ir en Voy a México 'I go to Mexico', and back es igual a atrás en Está atrás 'It's in the back', pero back y atrás no comparten la extensión metafórica que incorpora el concepto de repetición o regreso en inglés (como en go back, call back, give back, etc.). Este concepto o extensión metafórica es lo que se copia del inglés y se transfiere a para atrás. En variedades del español que no están en contacto con el inglés, además del significado literal o denotativo de ubicación en una parte o lugar posterior (como en mirar para atrás 'look back', pasar a (X) para atrás 'pass (X) to the back'), atrás se ha extendido metafóricamente para referirse a tiempo, con el sentido de 'hace mucho tiempo' (ejemplo 5). Así pues, el proceso involucrado en ejemplos del tipo de 4, la extensión metafórica de atrás, no es extraño al español y no modifica su sintaxis.

(5) Esta situación se viene arrastrando de muy atrás [= desde hace mucho tiempo].

Otro ejemplo de transferencia no exacta lo ofrece la expresión 'no son tus negocios', que corresponde al inglés it's none of your business (ejemplo 6).

(6) No son tus negocios.
'It's none of your business'.
Esp. gen.: 'No te metas'/'No es cuestión tuya'/'¡Qué te importa a ti!'

En este caso también es el concepto, no la estructura, lo que se transfiere. La versión en español no tiene sujeto gramatical expreso, la cópula es plural y no singular, y el predicado nominal es plural y no singular, como en inglés.

Ahora bien, la transferencia se inicia al aparearse expresiones específicas en actos concretos de comunicación, pero con el tiempo las unidades involucradas pueden cambiar sus rasgos semánticos y sus posibilidades de coocurrencia más allá de la expresión o de la construcción específica en la que pudo ocurrir el primer acto de transferencia. Este tipo de cambio es ilustrado por usos innovadores de la palabra cómo.

Nótese que en los ejemplos 7 y 8 el calco de una construcción paralela en inglés afecta el significado de la palabra cómo incluida en esta construcción.

(7) a. Y tu carro que compraste, ¿cómo te gusta? (G. 2)
Inglés: 'and the car you bought, how do you like it?'
b. Mi carro me encanta. (G. 2)

(8) ¿Cómo te gustó [la película]? (G. 2)
Inglés: 'how did you like it [the movie]?'

En español, el adverbio de modo cómo no tiene en contexto interrogativo el significado de 'hasta qué punto, cantidad o grado', como lo puede tener how en inglés. Pero la estructura interrogativa ¿cómo X gustar Y? existe en español, como muestra el ejemplo (9), en el que cómo tiene el sentido de 'manera'. La respuesta dada en (10 B) no es aceptable en el español general, aunque sí lo es en la expresión correspondiente en inglés y también en el español de Los Ángeles. Así pues, ejemplos del tipo de (7) y (8) ilustran un nuevo uso pragmático de la lengua, un nuevo patrón de coocurrencias léxicas, un nuevo patrón de uso (Heine y Kuteva, 2005: 44) y no una innovación en el nivel abstracto.

(9) A: ¿Cómo te gusta el bistec?
B: Me gusta bien cocido.

(10) A: ¿Cómo te gusta el bistec? 'How do you like the steak?'
B: *Me encanta, 'I love it'. [Aceptable en inglés]
C: Me encanta. [Aceptable en el español de Los Ángeles]

Las posibilidades de coocurrencia de *cómo* han cambiado además en el contexto de complemento de *saber*. En este contexto, 'cómo' tiene el sentido de 'manera de una situación específica', como en (11a), que podría responderse apropiadamente con instrucciones sobre la manera de hacer algo, como en (11b). En este ejemplo hay correspondencia entre el español y el inglés. Pero el significado más amplio de *how* en inglés le permite coocurrir con *to know* 'saber' cuando lo que se sabe es un tipo de conocimiento o destreza general, como se ilustra en (12). En español, el ejemplo 12 debe traducirse sin *cómo*, pero en el español de Los Ángeles es aceptable, como muestra el ejemplo 13.

(11) a. María no sabe *cómo* irse a la universidad.
'Mary doesn't know *how* to get to the university'
b. Dile que tome el bus 73.
'Tell her to take bus 73'.

(12) He knows *how* to read now.
'Ya sabe Ø leer ya'.

(13) Sí sabía *cómo* hablar español. (G. 3)
'He did know *how* to speak Spanish'.
Esp. gen.: 'Sí sabía Ø hablar español'.

Un caso similar ilustra la extensión de los usos de la palabra *tiempo*, como en (14) a (16).
(14) Es un modo de *tener un buen tiempo*. (G. 3)
Esp. gen.: 'Es un modo de *pasar un buen rato*' / '*pasarlo bien*'.

(15) ...pero cuando llegó el *tiempo* que ellos ya querían sus carritos... (G. 3)
Esp. gen.: 'pero cuando llegó el *momento* en que ellos ya querían sus carritos'.

(16) porque otro *tiempo* —ando en el carro— y empecé a notar que... (G. 2)
Esp. gen.: 'porque otra *vez*'/'en otra *ocasión*...'.

La palabra *tiempo* es bastante vulnerable en una situación de contacto porque coincide con algunos de los usos del inglés *time*. Este paralelismo parcial favorece la extensión de 'tiempo', un concepto general básicamente durativo en español, a la noción de un punto específico: 'una de muchas instancias, una ocasión, una hora, un momento' (como en los ejemplos dados).

El calco de la expresión idiomática inglesa *to change one's mind* 'cambiar de opinión' se constata también en el grupo 3, como en el ejemplo 17.
(17) So, él sabrá si se *cambia su mente*. (G. 3)
Inglés: so he'll know if (he) 'se' *changes his mind*
Esp. gen.: 'Así que él sabrá si *cambia de opinión*'.

El verbo *cambiar(se)* en español requiere un objeto alienable (por ejemplo, 'So, él sabrá si se cambia la corbata'), pero en el ejemplo 17 ocurre con un objeto inalienable. También es posible que la palabra *mente* haya extendido su significado de 'memoria, recuerdo' para incorporar uno de los sentidos de *mind* en inglés: opinión, punto de vista, intención. Por otra parte, la construcción reflexiva de 17 ilustra un cierto grado de confusión en el uso de estas estructuras.

Los hablantes de los grupos 2 y 3 calcan la estructura sintáctico-semántica de *to like* 'gustar', aunque no exactamente (ejemplos 18-21). Los únicos ejemplos de calco exacto con el tema codificado como objeto directo, ausencia de pronombre clítico y ausencia de *a*, son producidos por dos hablantes con muy baja competencia en español (ejemplos 20 y 21).
(18) Se llama la Sra. X, pero naden (sic) le gusta, *a* ella. (G. 2)
(19) Los cocodrilos les gustaron *a* matar. (G. 2)
(20) Y gusta golf mucho. (G. 3)
(21) Yo gusto eso. (G. 3)

También entre hablantes del grupo 3 se constatan órdenes de palabras pragmáticamente marcados en español que reproducen el correspondiente orden neutral de palabras en inglés. En el contexto donde ocurre el calco no hay indicación de condiciones pragmáticas marcadas, como ilustramos en los ejemplos 22 y 23.

(22) Ella hablaba como yo más o menos, *machucado español*, mitad las palabras inglés y mitad, palabras español. (G. 3)

Inglés: 'She spoke like me more or less, *chopped up Spanish*,...'

(23) Esa es una *diferente generación*. (G. 3)

Inglés: 'that's a *different generation*'.

El ejemplo 24 también muestra un cambio de orden en una construcción que calca la secuencia *that is why*. Este calco se constata en los grupos 2 y 3. Nótese que el orden de 24 es propio del español con la conjunción causativa *porque* (ej. 25), pero entonces el significado de la construcción sería diferente.

(24) y *eso es por qué* nosotros fuimos p'allá. (G. 3)

Inglés: 'and *that is why* we went there'.

Esp. gen.: 'y *por eso es que* nosotros fuimos p'allá'.

(25) Y este regalo es porque nosotros fuimos a verla.

El orden de los argumentos en español, controlado por reglas semántico-pragmáticas, también es susceptible de modificación al copiar el orden fijo del inglés. Es bien sabido que el español permite el orden sujeto-verbo (S-V) y verbo-sujeto y que V-S es la estrategia seleccionada para introducir el referente del sujeto en el discurso. El inglés, en cambio, no tiene la misma flexibilidad en el orden de los argumentos, como muestra la comparación del orden V-S en 26a con la traducción correspondiente en inglés, que presenta el orden S-V en 26b.

(26) a. Ya llegó el profesor.

b. 'The teacher has already arrived'.

A partir del grupo 2, los hablantes bilingües producen un alto porcentaje de oraciones intransitivas con el orden S-V, paralelo al del inglés, en vez del más frecuente orden V-S usado en el grupo 1, como en el ejemplo 26bis.

(26bis) Empezaron a pelear y la policía llegó.

La preferencia por el uso de un orden paralelo al del inglés es solo una tendencia, sin embargo. La variación SVX-VSX se constata en numerosos casos. La cuantificación de un total de 643 oraciones con sujeto expreso en datos obtenidos de quince hablantes méxico-americanos muestra solo un leve aumento en el uso de sujetos preverbales a través de los tres grupos, es decir, a medida que el uso del español se hace menos frecuente: grupo 1, 74% (99/133); grupo 2, 77% (177/230); grupo 3, 80% (223/280). Estos porcentajes dan prueba de que el español en los Estados Unidos mantiene casi intactas la flexibilidad en el orden de los argumentos y las condiciones pragmáticas que controlan esta flexibilidad.

Los calcos complejos se distribuyen diferentemente en los tres grupos que representan el continuo bilingüe: están prácticamente ausentes en el grupo 1 y, aunque aumentan en los grupos 2 y 3, no llegan a ser tan numerosos como los calcos simples o los préstamos. En estos dos grupos, por otra parte, se constata frecuentemente la falta de preposiciones o usos que no responden a la norma en el español hispanoamericano popular o estándar. En algunos casos estas modificaciones pueden atribuirse a influencia directa del inglés (por ejemplo, el 27), pero en muchos casos no (ejemplo 27bis).

(27) para llegar allá *en tiempo*. (G. 3)

Inglés: '*on time*'.

(27bis) ¿Qué son tus planes *del* futuro? (G. 2)

Inglés: 'What are your plans *for* 'para/por' the future?'

Rasgos morfosintácticos

La estructura oracional y los marcadores de discurso

En el español de la primera generación de inmigrantes se constata toda la gama de estructuras simples y complejas del español oral, además de las características expresiones fáticas y marcas en el discurso dirigidas a motivar la atención del interlocutor (por ejemplo, *fíjate, pues mira, imagínate, ¿Me entiendes?, ¿Tú crees?, ¿Cómo te podría decir?*). Con frecuencia se usan también estructuras con valor evaluativo, tales como:

a. Cláusulas comparativas y exclamativas: *Tenía mucho más dinero que ella, ¡Dios mío, pero cómo!*

b. Cláusulas hipotéticas de modo: *Las televisiones estaban como... como si fueran nuevecitas.*

c. Adjetivos calificados por adverbios de grado y adjetivos superlativos: *muy baratas, bien empacaditas, Una de esas televisiones tenía una parte, pero viejísima.*

d. Discurso directo: *y dice, '¿Pues, sabes qué?' dice 'No le hace lo que tú pienses, tú te vas a casar con mi hijo'. Y le dije yo, 'Bueno, ándele pues'.*

Las estructuras ilustradas en a-d se usan con menor frecuencia a medida que se desciende en el continuo bilingüe, hasta llegar a su completa desaparición en los estadios que reflejan un uso más restringido del español en el grupo 3. Las expresiones fáticas, de emotividad y los marcadores de discurso ocurren casi exclusivamente en inglés (*you know* 'tú sabes', *you see* '¿ves?', *well* 'bueno', *let's see* 'veamos', *I love it* 'me encanta', *he's cute* 'es simpático').

Además, se observa claramente una tendencia decreciente en la frecuencia de uso de cláusulas subordinadas. Esta situación ha sido examinada cuantitativamente en datos de hablantes méxico-americanos por Gutiérrez (1995), quien muestra que las cláusulas subordinadas nominales, adjetivales y adverbiales disminuyen de 46% en el grupo 1 a 29%, y a 24% en los grupos 2 y 3, respectivamente.

Los pronombres clíticos verbales

Muchos usos de los pronombres átonos (*me, te, lo, se*, etc.) en variedades del español hablado en los Estados Unidos, aunque considerados 'desviados' de la norma, se encuentran sin embargo en otras variedades plenamente funcionales del español en España e Hispanoamérica. Por ejemplo, usos que denotan pérdida de marca de caso ('*A María le vieron en la biblioteca*'), género o número ('*Le mandé el libro a ellos*'), o incluso la ausencia del pronombre (A: '*¿Quién trae el vino?*'. B: '*Ø Traigo yo*', en variedades del español hablado en la comunidad autónoma vasca). Una diferencia importante es que estos fenómenos no afectan a todas las personas gramaticales ni ocurren todos en un solo dialecto fuera de Norteamérica, en cambio sí ocurren todos en algunas variedades simplificadas del español de los méxico-americanos.

Un examen de más o menos 30 horas de conversaciones grabadas con hablantes de los grupos 2 y 3 muestra, sin embargo, que el porcentaje de omisión de clíticos es bajo (alrededor del 4%, de los cuales más de la mitad corresponde al grupo 3) y que afecta principalmente a los llamados clíticos reflexivos (Gutiérrez y Silva Corvalán, 1993). Los ejemplos 28 y 29 ilustran casos de omisión.

(28) ... tenimos (sic) una y nosotros Ø llevamos. [la] (G. 3)
(29) Allí, no podemos a bañar Ø. [nos] (G. 2)

La omisión de un pronombre clítico verbal obligatorio ha sido también constatada en construcciones donde se propone que el clítico funciona como marcador de posesión de la entidad a la que se refiere el objeto directo. Esta omisión se ilustra en el ejemplo (30), donde el clítico *me* ha sido omitido y la idea de posesión está marcada por un determinante posesivo en el objeto directo.

(30) ... y me dieron en la cara, y Ø quebraron mi, mi *jaw* ('mandíbula'). (G. 3)

Ejemplos del tipo de (30) ocurren en el habla de muchos de los bilingües nacidos en los Estados Unidos. Más frecuente en el grupo 2, sin embargo, es la aparición del clítico además de un determinante posesivo correferencial, como en (31).

(31) ... y *me* pegó a mí en *mi* brazo. (G. 2)

Los clíticos son, además, afectados por procesos que se manifiestan también en otras clases de palabras, tales como modificaciones en la marca de caso (32), género (33) y número (34).

(32) Yo *lo* [por 'le'] doy dinero, pero él me paga p'atrás. (G. 3)
(33) La policía dice que *la* [al hombre] murieron (por 'mataron') ahí. (G. 3)
(34) Yo creo que no *lo* [los libros] usan. (G. 2)

Los ejemplos (32) y (33) no corresponden a la tendencia más frecuente en otras variedades del español, que es hacia el uso del dativo en vez de acusativo en cuanto a caso (por ejemplo, en el centro de España) y del masculino en vez de femenino cuando se neutraliza el género (por ejemplo, en variedades del español de Perú).

El bajo porcentaje de usos no normativos registrados es prueba de la resistencia del sistema de clíticos. En verdad, hay casos en los que el verbo es producido en inglés y el clítico correspondiente aparece en español en su esperada posición preverbal, como en (35).

(35) ... y lo que queda –*lo invest in stock* ('invierte en acciones') o algo así. (G. 3)

La oposición *ser-estar* con predicados adjetivales

El fenómeno de simplificación de una oposición léxica en dirección al uso categórico de una de estas en un contexto lingüístico específico se constata en la extensión de la cópula verbal *estar* a expensas de *ser* en predicados adjetivales. Es bien sabido que en el español medieval *estar* tenía una distribución más reducida de la que tiene en variedades estándares actuales. La expansión de *estar* parece mucho más avanzada en México que en otros países hispanohablantes, donde aún no es posible emitir un enunciado como el de (36), constatado en México.

(36) ... y ahora vivimos allí en Prados Verdes en las casas de Infonavit, *están chiquitas*, pero *están bonitas* (Gutiérrez, 1994).

Así pues, no es sorprendente encontrar el mismo fenómeno de extensión de *estar* en el español hablado en las comunidades méxico-americanas de Los Ángeles. El efecto que parece tener la situación de bilingüismo en este caso es simplemente el de acelerar la extensión a un número cada vez mayor de adjetivos (Silva Corvalán, 1994). Esto se puede ver claramente ilustrado al comparar ejemplos de hablantes de los diferentes grupos: el ejemplo 37 del grupo 1, en el que se usa *ser* en el mismo contexto discursivo en el que un hablante del grupo 2 usa *estar* (ejemplo 38); en 39 y 40, hablantes del grupo 2 usan *estar* en contextos de descripción de cualidades físicas que no cambian; y en 41 a 43 hablantes del tercer grupo también usan *estar* en contextos en los que en otras variedades del español se usaría *ser*.

(37) (Mi abuelita) *es blanca. Ni es gorda ni es delgada.* Está bien. (G. 1)
(38) *Él es blanco* y – no está, *ni está gordo ni está flaco.* Está en medio. (G. 2)
(39) C: ¿Y sus colores [de la novia] así?
R: *Está muy clara*, como mi papá. (G. 2)
(40) Yo digo que *la mía* [la nariz] *está chistosa*. Nunca me ha gustado mucho mi nariz. (G. 2)
(41) 'Todos los Campas son altos —como me dijo mi tío— menos usted, Daniel'. Y yo le

dije p'atrás: 'Pero *yo estoy inteligente* y muy guapo y no te puedo tener todo'. (G. 3)

(42) Una de esas recá-, recámaras es el *master bedroom*, el más grande. Y *el otro está pequeñito*. (G. 3)

(43) Teníamos otro cabanete (sic) allá arriba - pero *estaba muy largo*, y no cabía la hielera, y no estaba, no *estaba ancho*. (G. 3)

El sistema verbal

Simplificación, generalización y pérdida de categorías gramaticales y oposiciones léxicas son fácilmente observables en el sistema verbal del español de los méxico-americanos, que va desde un sistema verbal equivalente al estándar en Hispanoamérica hasta un sistema (que he resumido en 44) en el que solo se mantienen el infinitivo y el gerundio junto al presente, pretérito e imperfecto del indicativo, más dos tiempos perifrásticos: futuro (*Dice que va a venir*) y condicional (*Dijo que iba a venir*).

(44) Sistema verbal reducido:

Infinitivo	Indicativo:	Presente	Futuro perifrástico
Gerundio		Pretérito	(*va a venir*)
		Imperfecto	Condicional perifrástico
			(*iba a venir*)

Los procesos más drásticos de simplificación empiezan a darse en los niveles medios del continuo bilingüe. El sistema verbal del grupo 1 no se diferencia del que se describe generalmente para las variedades de español hablado en Hispanoamérica. Los grupos 2 y 3, en cambio, presentan ausencia de futuro morfológico (Fut.-RefFut.) y pérdida temprana del condicional simple (Cond.), del condicional perfecto o compuesto (Cond. Perf.) y del pluscuamperfecto de indicativo (Pluscperf.); ninguno de los tiempos perfectos (Perf.) aparece en el habla de un gran número de hablantes del grupo 3 (vid. Gutiérrez, 1995; Silva Corvalán, 1994; Torres, 1989; Zentella, 1997).

Los ejemplos del 45 al 48 ilustran usos del sistema verbal que se diferencian de las normas del grupo 1 y que pueden considerarse, sin embargo, la norma del español en Los Ángeles.

(45) Esta fue la primera casa que compramos. *Estamos* (por 'hemos estado') como *fifteen years* aquí. (G. 3)

(46) Iba a ser profesional, pero creo que *tenía* (por 'tuvo') un accidente. (G. 2)

(47) A: ¿Y qué me dices de tu educación si tus padres se *hubieran quedado* en México? B: No *estudiaba* (por 'habría/hubiera estudiado') mucho, yo creo. (G. 2)

(48) Se comunicó con el *police department* a ver si tenían uno que *estaba* (por 'estuviera') interesado en ser *teacher*, so, me llamaron a mí. (G. 3)

Otra manifestación de la extensión de *estar* se constata en la simplificación de semiauxiliares. Por ejemplo, en el grupo 1 se forman construcciones progresivas con diferentes semiauxiliares: *estar, ir, venir*, mientras que en los grupos 2 y 3 el progresivo se construye casi exclusivamente con *estar*, como muestran los ejemplos 49a y 49b. En 49a, un hablante del grupo 1 habría usado el semiauxiliar *venir*, 'veníamos regresando' (o el imperfecto 'regresábamos') y en 49b posiblemente el semiauxiliar *ir*, 'íbamos cruzando'.

(49a). Un día yo y mi papá *estábamos regresando* de, de, de un parque con, con un troque de mi tío. (49b) Y *estábamos cruzando* la calle. Y nos paramos porque estaba un *stop sign*. Y mi papá dijo... (G. 2)

Grupo 1: (49a): 'veníamos regresando' o 'regresábamos'
(49b): 'íbamos cruzando'

La cópula *estar* se infiltra además en los ámbitos del verbo de existencia *haber* a partir del grupo 2, como ilustra el ejemplo 50.

(50) Y nos paramos porque *estaba* un *stop sign*. (G. 2) [Porque 'había un signo de pare']

Se manifiesta una preferencia progresiva por el uso de indicativo en vez de subjuntivo y una neutralización de la oposición pretérito-imperfecto con un cierto número de verbos estativos en favor del imperfecto (*era, estaba, tenía, había, podía, quería* por *fue, estuvo, tuvo, hubo, pudo, quiso*), y, con verbos dinámicos, en el uso de pretérito en vez de imperfecto (*fue, corrió, habló* por *iba, corría, hablaba*) (Silva Corvalán, 1994).

Un cambio que se observa a través de la historia del español es la tendencia a eliminar tiempos de subjuntivo. Hoy en día en el español no reducido existen contextos que requieren el uso categórico de indicativo o subjuntivo y otros contextos, variables, donde los dos modos son posibles (51).

(51) Quizá lo lee/lea bien. (Variable)

En el español de los grupos 2 y 3 se manifiesta una clara preferencia por el uso de formas de indicativo por subjuntivo. Se trata de un proceso de cambio en dirección a reglas categóricas ya que el subjuntivo tiende a mantenerse en los contextos obligatorios (ejemplo 52) y a no usarse en aquellos en los que es posible la variación, pragmáticamente determinada, con formas de indicativo (ejemplo 53).

(52) El subjuntivo se retiene en contexto causativo obligatorio:
El profesor hacía que yo *hiciera the problem*. (G. 2)
(53) Indicativo en contexto en que el Grupo 1 prefiere subjuntivo:
No creo que *tengo* tiempo. (G. 2)

El cuadro 4 resume los porcentajes de uso del subjuntivo, en contextos lingüísticos obligatorios y opcionales, a través de los tres grupos estudiados. La disminución gradual de 42,4%, a 26,5% y a 17,3% es claro indicio del impacto reductivo que sufre el español como lengua minoritaria.

cuadro 4	Uso del subjuntivo en tres grupos de hablantes	
Grupo 1	376/886	42,4%
Grupo 2	225/849	26,5%
Grupo 3	171/986	17,3%

Estos y otros fenómenos muestran que la pérdida de estructuras no es aleatoria sino condicionada, al menos por la distribución más amplia de una variante en competencia, lo que determina que esta se retenga y se extienda a un número cada vez mayor de contextos lingüísticos en detrimento de la variante menos frecuente.

Nos preguntamos qué justificaría este tipo de pérdida: ¿Por qué en el español reducido se prefieren *estar* y el indicativo, por ejemplo? Nos parece que la respuesta se encuentra en las condiciones en que se adquiere una lengua: los niños adquieren en el hogar las formas que se usan con mayor frecuencia. Si el proceso de adquisición del español se interrumpe entre los 5 y los 6 años, al iniciarse la escolarización en inglés, los niños no tendrán la oportunidad de adquirir, entre otros, los tiempos verbales del modo subjuntivo, poco frecuentes en los temas de conversación dirigidos a ellos, ni una gama más completa de semiauxiliares, ni los usos menos concretizantes de la cópula *ser*. Así pues, el resultado sería el sistema más reducido que caracteriza a los adultos bilingües de los grupos 2 y 3.

Los resultados desplegados en el cuadro 5 muestran los vacíos en el sistema de cuatro niños méxico-americanos y de una hablante adulta del grupo 3 (Ali) en comparación con Sil, mujer mexicana de 24 años que inmigró a los Estados Unidos a los 14 años de edad.

cuadro 5 **Nivel de desarrollo del sistema verbal en español y en inglés. Dos adultas (Sil y Ali) y cuatro niños (con edades comprendidas entre 5 años y un mes y 5 años y seis meses)**

	Sil G. 1 esp.	Daisy mon. esp.	Cindy mon. esp.	Bryan bil. esp.	Mike bil. esp.	Mike bil. ing.	Ali G. 3 esp.
Infinitivo	+	+	+	+	+	+	+
Gerundio	+	+	+	+	+	+	+
Participio	+	+	+	+	+	+	+
Presente	+	+	+	+	x	+	+
Fut. Perifrástico	+	+	+	+	+	+	+
Pret. Perf. Comp.	+	+	+	+	+	+	−
Pretérito	+	+	#	#	#	+	#
Imperfecto	+	+	+	+	@	1**	@
Presente Sub.	+	+	x	+	x		−
Imperfecto Sub.	+	2	x	−	−		−
Cond.-Ref. Fut.	+	−	−	−	1*	+	−
Cond.-Ref. Pas.	+	−	−	−	−		−
Infinitivo Perf.	+	−	−	−	−		−
Pret. Perf. Sub.	+	−	−	−	−		−
Plu. Sub.	+	−	x	−	−		−
Pluscperf.	+	−	−	−	−	−	−
Fut.-Ref. Pres.	+	−	−	−	−		−
Fut.-Ref. Fut.	+	−	−	1	−	+	−
Cond. Perf.	+	−	−	−	−		−

Leyenda para interpretar el cuadro 5:
mon. = dominante en español.
bil. = bilingüe más o menos equilibrado.
esp. = español.
ing. = inglés.
1* = Un caso de 'podría'.
2** = Un caso de *used to* 'acostumbraba'.
1, 2 = Forma usada una o dos veces, a pesar de haber más contextos para su uso.
+ = Forma usada de acuerdo con las normas del español oral.
- = Forma ausente en los datos.
= Formas de imperfecto usadas en contextos perfectivos.
@ = Formas de pretérito usadas en contextos imperfectivos.
x = Forma no usada en todos los contextos en que se requiere.

Presentamos además información sobre el inglés para demostrar que la ausencia de algunas formas verbales en español no se debe a inmadurez cognitiva, ya que las formas correspondientes aparecen en el inglés usado por el niño que habla esta lengua con fluidez (Mike). El problema es, pues, solamente lingüístico.

El sistema reducido de los adultos ilustrado en el cuadro 5 por la hablante Ali corresponde al sistema de los niños bilingües, con una excepción: los niños en cuyo hogar se habla español (Bryan y Mike) han adquirido el pretérito perfecto compuesto. En el hogar de los padres de Ali, en cambio, sí se habla inglés y español, como en el caso de Bryan y Mike. Pero en estos hogares en los que se usan las dos lenguas, las oportunidades de uso del español disminuyen, mientras que el contacto con el inglés se intensifica. Esta es la situación característica de un bilingüismo sustractivo que conduce a los sistemas simplificados estudiados en este trabajo.

Los enunciados producidos por los niños evidencian los mismos usos simplificados del sistema verbal que se ilustran en el habla de los adultos. La neutralización de la oposición pretérito-imperfecto —ilustrada en (46) en el habla de un adulto— se constata también en los niños (ejemplos 54 y 55).

(54) R: ¿Y cuándo es tu cumpleaños?
M: Ya *era*. *Era* el 2 [por 'fue']. (Mike, 5 años y 5 meses)

(55) R: ¿Y te gusta, te gusta [el karate]?
M: Ajá. Es que yo no más todos los días *hice* [por 'hacía'] así esto, mire, así [ruido], pero..., así lo puedo hacer ahora. (Mike, 5 años y 5 meses)

En los datos de los niños aparece solamente *estar* como semiauxiliar de formas progresivas y *estar* en alternancia con *haber* existencial, hechos que también apuntan a la adquisición incompleta como factor determinante de (al menos algunos) procesos de simplificación constatados en los adultos. Usos no convencionales identificados en la niñez se mantienen hasta la edad adulta.

En secciones anteriores hemos dicho que en la situación familiar típica, los hijos mayores adquieren en casa solamente el español, y mantienen un buen nivel de competencia comunicativa en esta lengua durante toda su vida, con mayores o menores limitaciones dependiendo de un número de factores extralingüísticos, mientras que los hijos menores adquieren ambos español e inglés en casa. Estos últimos tienen una mayor tendencia a desarrollar y mantener una variedad de español en contacto caracterizada por diferencias más acusadas con respecto a la norma lingüística de los padres. Cuando un niño nacido en los Estados Unidos vive en contacto con sus abuelos, puede llegar a adquirir español en casa; pero muy a menudo su dominio es limitado y su nivel de comprensión de la lengua es más desarrollado que el de producción, tal como ilustra el ejemplo (56), seleccionado de una conversación con José, de 17 años de edad:

(56) Investigadora (R), José (J)
R: ¿Pero con quién hablas en español tú, a veces, digamos?
J: Hable yo – yo, a ver – yo hable con mi a, abue, abuela – más de mi a, abuelo, porque cuando yo hable con mi abuelo él no entende, él tiene uno problema – eso – *ears. So whenever I have a chance to speak, I speak to my grandparents. So, I don't speak, I just – listen to what they're saying, and then I, I — hear it in my brain and, and – and try to understand instead of speaking back at them because I, – they understand English as much*[2].

Es obvio que José, de tercera generación en los Estados Unidos, está haciendo un esfuerzo para hablar con la investigadora en español. Muchos inmigrantes de segunda generación, por otro lado, hablan español con cierta fluidez y su variedad parece tener solamente 'un sabor diferente' pero es completamente inteligible.

Hay excepciones a esta situación típica. Uno puede, a veces, dar con un hablante de segunda generación que, o bien nunca adquirió el español, o lo adquirió pero lo perdió completamente, o dejó de usarlo por unos años y está en el proceso de reactivarlo, un fenómeno que ha recibido el nombre de *bilingüismo cíclico* (Torres, 1989). Asimismo, un hablante de tercera generación, en casos excepcionales, puede haber adquirido el español desde el nacimiento y haberlo mantenido.

El ejemplo 57 muestra un fragmento de una hablante de tercera generación que ha experimentado un bilingüismo cíclico. Esta mujer dejó de usar el español durante la adolescencia, pero lo había activado de nuevo dos años antes de ser grabada, ya que se había casado con un inmigrante de primera generación, un tipo de matrimonio intergeneracional bastante frecuente que favorece el mantenimiento del español. En este pasaje se refiere a cuando su marido perdió su trabajo, por lo que decidieron mudarse a otra ciudad.

(57) *They were laying off. So, I didn't get laid off. Ramón, Ramón got laid off. And I quit because he got laid off. Because I was working, and he was working at nights...*[3] Dije, 'No, si lo van a descansar a él, ¿pa' qué me quedo yo, especial yo?' Yo, de aquí, como, 'onde puedo agarrar trabajo. Él, es más difícil... (G. 3)

Los hablantes con dominio muy reducido del español hablan el inglés con fluidez y en muy raras ocasiones se ven forzados a utilizar el español. Por lo tanto, el español que usan, frecuentemente insertado dentro de enunciados en inglés, retiene algunas flexiones verbales y morfemas de género, número y caso como ilustran (56) y (57). No hay elementos foráneos que penetren en la gramática del español, que por otro lado sí sufre reducción y simplificación.

Conclusión

En el caso del español actual en los Estados Unidos, vemos que una primera generación de inmigrantes transfiere básicamente léxico: palabras y frases fijas. En la segunda generación se observa una reducción de los dominios de uso del español, la lengua minoritaria, y falta de escolaridad completa en ella. Esto conduce al desarrollo de una variedad en la que se constatan procesos de simplificación y pérdida (por ejemplo en el sistema verbal, las preposiciones, las oraciones compuestas y el léxico), un cierto grado de confusión en la marcación de género y número, la aceleración de la difusión de fenómenos de cambio ya presentes en la variedad ancestral, la incorporación de préstamos y calcos léxicos del inglés y la alternancia más o menos frecuente entre ambas lenguas. Más allá de esta segunda generación, la situación sociolingüística se torna aún más compleja y difícil de predecir o describir.

Una pregunta que surge en relación con estos resultados del contacto es si se puede justificar la tan oída afirmación de que el español de los Estados Unidos es muy diferente o incluso que es una aberración. Es importante tener en cuenta que no hay 'un' español de los Estados Unidos sino muchos; tal afirmación podría ser dirigida a los niveles más bajos de dominio del idioma, pero en todo caso, los hablantes que se encuentran en estos niveles usan el español muy raramente y solo cuando se ven forzados por circunstancias especiales. Con respecto al español de los hispanos nacidos en este país que lo usan más regularmente y con cierto grado de fluidez, me parece que lo que crea la impresión negativa, en mi opinión exagerada, es básicamente la simplificación de la morfología de tiempo, modo y aspecto y de concordancia de género, así como confusiones en el uso de preposiciones. El hecho de que casi cada oración contenga uno o más de estos fenómenos, y por tanto un punto de posible desviación de la norma de los inmigrantes de primera generación, parece ser un factor considerable en la creación de estereotipos de errores generalizados y falta de sistematicidad.

La alternancia de códigos

Carmen Silva Corvalán y Kim Potowski

Introducción

Entre los fenómenos característicos del bilingüismo y el multilingüismo se encuentran la *simplificación*, la *hipergeneralización*, la *transferencia*, el *análisis*, la *convergencia* y la *alternancia de códigos*. La *alternancia de códigos* se define generalmente como el uso alternado de dos lenguas por el mismo hablante en un hecho de habla. Estos cambios pueden darse dentro de una sola oración, o en el punto de acabar una oración y empezar otra. Es posible que en una situación diglósica, caracterizada por una separación de los dos idiomas debida a la extrema especialización situacional y/o temática de cada una, la alternancia de códigos no sea un fenómeno tan frecuente como en situaciones de bilingüismo no diglósico.

El español y el inglés en los Estados Unidos viven en una situación de bilingüismo no diglósico. Es decir, un gran número de bilingües méxico-americanos en inglés y español usan las dos lenguas sin restricciones temáticas ni de dominio situacional y ambas lenguas cumplen funciones tanto públicas como privadas. Este contexto no diglósico favorece el contacto continuo de las dos lenguas y, por ende, los consecuentes fenómenos de transferencia lingüística y alternancia de códigos. (Hay que subrayar que, en estas comunidades bilingües no diglósicas, la lengua minoritaria se encuentra en mayor peligro de desaparecer que en aquellas comunidades donde su uso es exigido en un cierto número de dominios). Además de ser más común en las comunidades no diglósicas, como las de los Estados Unidos, la alternancia de códigos es más frecuente entre hispanohablantes de segunda generación —los nacidos en el país o que llegaron antes de los 6 años de edad— debido a que han desarrollado niveles altos de competencia en inglés a la vez que han retenido habilidades comunicativas en español. Dado que los bilingües tienen dos códigos lingüísticos a su disposición, es de esperar que utilicen ambos si la situación se lo permite. Esta alternancia de códigos es un fenómeno muy interesante, controlado por reglas tanto gramaticales como funcionales, que aquí presentamos en sus rasgos generales.

Restricciones gramaticales sobre el cambio de códigos

Se ha propuesto que la alternancia de códigos está sujeta al menos a dos restricciones gramaticales (Poplack, 1980). La primera es la restricción morfemática, según la cual no puede cambiarse de código entre dos morfemas ligados. Por ejemplo, no se produciría *compranding* —del español 'comprando' y el inglés 'buying'— porque no se pueden separar los morfemas ligados -*ando* ni -*ing*. La segunda restricción es sintáctica; propone que solo puede cambiarse de código en aquellos puntos en que las estructuras de las dos lenguas son equivalentes. Es decir, no se produciría un ejemplo como 'Yo le *bought* un abrigo' porque las estructuras del español y del inglés no son equivalentes en los puntos de cambio; el enunciado tiene que respetar las reglas gramaticales tanto del español como del inglés. Este ejemplo, en cambio, viola las reglas del inglés, según las cuales el pronombre de objeto indirecto tiene que expresarse después del verbo (*bought him*, no *him bought*).

Aunque se han presentado contraejemplos a estas dos restricciones, así como otros modelos para analizar el cambio de códigos (véase, por ejemplo, Myers-Scotton, 1993), en general son válidas en el caso de la alternancia español-inglés, especialmente si los hablantes se encuentran en los estadios superiores del continuo bilingüe. Esto indica que ellos conocen intuitivamente las reglas sintácticas de las dos lenguas, una idea que ha encontrado apoyo empírico. Por ejemplo, Gingras (1974) y Toribio (2001) demostraron que varios grupos de bilingües rechazaban textos con alternancias de código malformadas —es decir, que violaban las restricciones gramaticales presentadas arriba— de manera bastante consistente.

En general, los puntos más comunes para cambiar de código son entre un sustantivo y su cláusula relativa ('Había tres mujeres *who wanted their money back*'), entre un sujeto y su predicado ('*My brother and my uncle* querían llegar para las cinco'), entre un verbo y su objeto ('Por fin comieron *their sandwiches*') y entre una frase adverbial y la cláusula modificada ('Todas las noches, *the boy asked for his blanket*'). Desde luego son muchos los puntos que son incompatibles con el cambio de códigos, entre ellos entre un verbo auxiliar y su frase verbal ('*The newspapers had* empezado a ignorar el tema'), entre una negación y su frase verbal ('Los árboles ya no *had leaves*') y entre un pronombre y la frase verbal ('Déjame enseñarte la cámara que yo *bought*').

Motivos comunicativos del cambio de códigos

Entre los factores externos que se han identificado como promotores de la alternancia se incluyen el entorno físico, los participantes, el tema de la conversación y la identificación étnica. En cuanto a la función comunicativa de la alternancia de códigos, las funciones propuestas incluyen: la codificación de citas (discurso directo), repeticiones e interjecciones, la codificación de emociones y una función retórica o expresiva. Veamos algunos ejemplos de alternancia español-inglés producidos por hablantes méxico-americanos.

(1) Le dije, 'You look so upset today. Did you have a hard day?' Le digo en una forma *nice*, pero también en una *hostile way*. (G3)
[... 'Pareces muy molesto hoy. ¿Tuviste un día muy difícil?' ... 'agradable', ... 'manera hostil'.]

(2) Una cosa que yo quise hacer cuando fui a Acapulco... Me subí en ese *parachute ride*, arriba del agua. Me subí en eso. *Oh! I loved that!* (G2)
[... 'paracaídas', ... '¡Ah! ¡Me encantó eso!']

(3) ...en cinco minutos me dijeron que podía *go ahead*, y *so* pues me fui. Y como cuarta milla alguien estaba *coming down at me*. Nadie lo paró y me, me machucó de frente. (G. 3)
[... 'seguir', 'así que' ... 'venía bajando derecho hacia mí' ...]

(4) Prosa de un escritor chicano (Ricardo Sánchez, *Canto y grito mi liberación*, Nueva York, Doubleday, 1973, p. 148): *Why, I questioned myself, did I have to daily portray myself as a* neo-gringo cuando mi realidad tenía más sangre y pasión?
['¿Por qué, me pregunté a mí mismo, tenía que retratarme a diario como un...']

(5) Y la señora que *my grandmother worked for* tenía *twenty-seven rooms, you know, and we had our own house ... in the back, where we lived at*, y ... mi abuelito no pagaba renta. (G. 3)
[... 'para la que trabajaba mi abuela tenía veintisiete piezas, ¿ves?, y nosotros teníamos nuestra propia casa... al fondo, donde vivíamos...']

Cada uno de los ejemplos dados ilustra una función diferente de la alternancia de códigos. El ejemplo 1 corresponde a la frecuente tendencia a reproducir el discurso directo en la lengua en que fue codificado originalmente. En el ejemplo 2 la alternancia se da en *parachute ride*, un ítem léxico que la hablante puede no conocer en español, y en una expresión de emotividad, *Oh! I loved that!* Estos tipos de expresiones emotivas aparecen frecuentemente en la lengua en que el hablante tiene mayor competencia. El ejemplo 3 también ilustra el uso del inglés para compensar falta de léxico, temporal o permanente, en español. Aquí se usa además la palabra *so*, que prácticamente ha sustituido a 'así que' incluso en el habla de los inmigrantes mexicanos de primera generación. Por otra parte, el ejemplo 4 ilustra el uso llamado 'retórico' (vid. Koike, 1987) de la alternancia de códigos, que observamos que no se da solamente en la lengua oral.

Finalmente, el ejemplo 5, producido por una hablante cuyos abuelos habían emigrado de México, representa un caso de bilingüismo cíclico interesante. El ejemplo reproduce casi exactamente la sintaxis inglesa en los puntos donde se produce la alternancia. Así pues, en la cláusula relativa, *que my grandmother worked for...*, literalmente: 'que mi abuela trabajaba para', la alternancia viola las reglas sintácticas del español de primera generación (y por supuesto también la restricción de la 'equivalencia estructural'), pues la preposición *para* que debía ocurrir antes del relativo *que* aparece en inglés al final de la cláusula relativa. Parece, pues, que la sintaxis de los hablantes bilingües cíclicos tiende a converger en gran medida con la del inglés, de tal manera que su español evidencia ya sea un cierto número de estructuras paralelas con las del inglés o directamente prestadas del inglés, con léxico español; es decir, podríamos decir que se trata casi de un inglés 'relexificado'.

Como lo han demostrado numerosos estudios, la alternancia de lenguas es un estilo comunicativo característico de grupos con niveles más o menos equilibrados de competencia bilingüe. Se da de manera limitada en otros grupos, para quienes la alternancia tiene más bien un valor emblemático o sirve para compensar el olvido o la falta de material lingüístico. Por otra parte, la función retórica de la alternancia es manejada con maestría por los bilingües equilibrados. Considérese el ejemplo 6, una anécdota narrada por 'A.' (G2), completa y comprensible ateniéndonos solamente a los segmentos en español, en la que los pasajes en inglés tienen básicamente un valor expresivo.

(6) C: Sí. Pero decían que estaba peligroso para hacer surfing.
A: *Even for the surfers* también ['incluso para los surfers']. /Sí, sí./ Vi uno que se subió en una, una ola de esas. Y luego *quebró. It broke* ('rompió'), arriba así, y él estaba así co/, casi mero arriba/, y, y lo agarró y, y lo, y lo voltió así y se lo, se lo llevó *all the way in* ['hasta el fondo'].
Yo en San Pedro me agarró una de esas, *long time ago when I was younger* ['hace mucho tiempo cuando yo era más joven']. Me 'garró allí en/ *You know where the breaker is in San Pedro?* ['¿Sabes dónde está el rompeolas en San Pedro?']
C: ¿Haciendo surfing o nadando?
A: No, nadando. *I used to like to ride, ride the waves in* ['Me gustaba dejarme llevar por las olas']. Me agarró una de esas y me voltió así, y, todo el cuerpo. Y me llevó así, y iba yo tragando hasta agua. Y me, me 'garró y me raspó todas las piernas. *I was bleeding up on my leg,* ['Mi pierna estaba sangrando'] porque me, me 'garró abajo y me llevó hasta abajo, *all the way down,* ['hasta el fondo'] y, me raspó las, las piedras o conchas, yo no sé qué sería lo que había abajo. *My legs were all bleeding* ['Mis piernas estaban sangrando'].

En este ejemplo, el hablante cambia al inglés solamente cuando da información auxiliar, con función de orientación y evaluación. Las cláusulas estrictamente narrativas no contienen alternancia (vid. Koike, 1987).

Para concluir con este apartado sobre la relación entre el nivel de competencia bilingüe y el tipo de cambio de código, es interesante notar que, entre niños bilingües, parece haber un desarrollo del cambio de códigos, de forma parecida a cualquier desarrollo lingüístico; los niños insertan con más frecuencia palabras aisladas en la otra lengua, como en (7), mientras que los mayores además cambian de código insertando oraciones y frases completas en la otra lengua (McClure, 1981; Meisel, 1994; Zentella, 1997; Wei y Hua, 2006).

(7) ¿Hay jugo en la *bag*, mami?

Actitudes hacia el cambio de códigos

En cuanto a las actitudes hacia el cambio de códigos, observamos que predomina la actitud de que esta práctica es una mezcla caótica que se da cuando un hablante no sabe cómo decir algo en una de sus dos lenguas. Sin embargo, como han delineado las secciones anteriores, no solo hay reglas gramaticales que rigen los cambios posibles, sino que son muchos los motivos comunicativos para hacerlo. En cuanto a la acusación de que se trata de una práctica debida a la falta de conocimiento léxico, Zentella (1997) demostró que, en un corpus lingüístico producido por cinco niñas puertorriqueñas en Nueva York, en nada menos que el 75% de los cambios de código, las niñas sabían decir el material cambiado en el idioma original. Es decir, si bien es cierto que algunos cambios de código pueden deberse a una falta de vocabulario, la mayoría parece deberse a funciones comunicativas.

A pesar de la gramática organizadora subyacente y los motivos comunicativos bien delineados, muchas comunidades bilingües parecen haber interiorizado actitudes negativas hacia los cambios de código. Se le aplican los términos *Spanglish, Tex-Mex, mocho, pocho, español quebrado* y otros, no solo en España (Valle, 2006) sino en los mismos Estados Unidos (Anzaldúa, 1987; Fernández, 1990; Flores, 1993; Galindo, 1996, entre otros). Muchos individuos que cambian de códigos tildan la práctica de un 'español mal hablado' e incluso niegan hacerlo. Sin embargo, algunos como Ramos (2001) defienden públicamente las influencias del inglés sobre el español, incluyendo el cambio de códigos:

> Ante las nuevas convergencias en las comunicaciones, la globalización, los embates de la [sic] Internet y el *espanglish*, el español no puede más que fortalecerse. Se debilitaría si lo guardáramos como reliquia en una cajita de cristal o lo repitiéramos como pericos de diccionario. Pero el español, como una lengua vivísima, se construye (y valga la redundancia) en nuestras lenguas gastadas y pastosas, no en sesiones de exorcismo lingüístico.

Sin duda esta práctica seguirá produciéndose, debido tanto a sus funciones comunicativas como a su función como símbolo de identidad étnica de los bilingües méxico-americanos: dos culturas en contacto implican también dos lenguas en contacto que se entrelazan al compartir el espacio comunicativo.

Creencias y actitudes

Carmen Silva Corvalán y Patricia MacGregor

Las actitudes que tanto monolingües como bilingües tienen hacia algunos aspectos del bilingüismo social —mantenimiento de ambas lenguas, estatus público o privado asignado a cada una de ellas, corrección idiomática y adecuación de la lengua minoritaria, etc.— pueden arrojar luz sobre las motivaciones que patrocinan la conservación o el olvido de la lengua más débil. El estudio de las actitudes ha constituido el tema dominante en numerosas investigaciones que han intentado predecir el futuro de lenguas minoritarias en contextos bilingües, así como descubrir el estatus simbólico que las lenguas en cuestión pudieran tener para determinados grupos sociales.

La posición mental (sentimientos y emociones) que los individuos tienen —o están dispuestos a revelar— hacia ciertos hechos específicos no es fácil de medir, puesto que ello conlleva convertir sentimientos subjetivos en material medible objetivamente. En cuanto a métodos directos, el cuestionario ha sido uno de los instrumentos más utilizados para obtener información aprovechable sobre aspectos específicos del bilingüismo, como por ejemplo, la alternancia de códigos, los dominios apropiados para el uso de las lenguas en contacto, autoinformes sobre el manejo de ciertos patrones lingüísticos y los niveles de conocimiento y fluidez de los idiomas concernidos. Los cuestionarios poseen un gran número de ventajas innegables sobre la observación directa o las entrevistas personales. Una mayor cantidad de personas puede ser examinada en un tiempo relativamente corto y las respuestas a preguntas cerradas pueden revisarse y tabularse con relativa facilidad. Lamentablemente, los cuestionarios también tienen fallos y desventajas.

Las actitudes, sin embargo, no solo conllevan una perspectiva mentalista, que implica que deben ser inferidas de la introspección del sujeto y/o de la interpretación de los investigadores de la conducta pública, sino también del actual comportamiento público observable (vid. Agheyishi y Fishman, 1970).

Este punto de vista componencial (componentes cognitivos, afectivos y conativos) dicta la inclusión en el cuestionario de preguntas que obtienen información sobre las diversas dimensiones de las actitudes del lenguaje.

En un estudio realizado en Los Ángeles, Silva Corvalán (1994) aplicó una batería de cuestionarios a cuarenta y cinco méxico-americanos (vid. sección 'Usos, dominios y resultados') con el propósito de obtener datos sobre los diversos componentes de las actitudes lingüísticas que pudieran ser comparables con estudios realizados en otras regiones de los Estados Unidos. Los cuestionarios incluían principalmente preguntas cerradas para eliminar así el problema del fallo de los encuestados al no centrarse en la dimensión esperada. Así, pues, lo que tiene que hacer el encuestado es solo escoger entre un grupo de categorías.

Sin tener en cuenta cuánta reducción ha experimentado el español en cuanto a los dominios de uso y de recursos lingüísticos de los grupos 2 y 3, casi todos los hablantes de estos grupos, así como en el grupo 1, responden con un enfático 'sí, estoy de acuerdo' a la frase: 'Cuándo tenga hijos, quiero que sean capaces de hablar español con fluidez'. Solo tres hablantes del grupo 3 responden que la fluidez completa no es básica, 'un poco de español estaría bien'. Pero de igual modo, todos los hablantes menos dos en el grupo 1 están de acuerdo en la frase de que 'cuando tenga hijos, quiero que sean capaces de hablar inglés con fluidez'.

Cuestionarios sobre actitudes

Cuestionarios A y B

El Cuestionario A fue respondido por hablantes en el grupo 1, y el B, por hablantes de los grupos 2 y 3. A los del grupo 1 se les pidió que seleccionaran las razones principales que *tenían* para estar contentos por saber español, mientras que a los grupos 2 y 3 se les pedía que escribieran las razones más importantes que *tendrían* si alguna vez intentaban mejorar o mantener su español (Silva Corvalán, 1994).

Cuando se les presentaba el cuestionario, se pedía a los encuestados que hicieran un círculo en las razones que les parecían importantes, trazaran una línea a través de las menos importantes, pusieran un asterisco al lado de la razón o de las dos razones más importantes, y dejaran sin marcar aquellas que les resultaran neutrales. También se les pedía que escribieran sus razones principales si estas no estaban incluidas en el cuestionario. Ninguno de los encuestados añadió razón alguna.

Las preguntas del cuestionario corresponden a cuatro dimensiones de actitudes aplicadas por Mejías y Anderson (1988) en su estudio sobre las actitudes hacia el idioma de los residentes del Valle del Río Grande de Texas. La dimensión de *identidad de grupo* (G), se refiere al uso del español como un valor público de símbolo de grupo y valores y tradiciones duraderas, con la identidad étnica como su centro, como se ilustra en esta frase. 'Me haría sentirme más una parte de la comunidad en la que vivo', seleccionada en respuesta a 'Si alguna vez intentara mejorar o mantener mi español, mis razones principales serían'. La dimensión *sentimental* (S) se refiere a los propios sentimientos, las emociones y la satisfacción personal que el bilingüe experimenta en el uso del español, como se ilustra en esta cuestión: 'El español es un idioma muy rico y expresivo'. La dimensión *de comunicación* (C) se refiere al uso del español en público y en la comunicación interpersonal, por ejemplo, para la comunicación de información en español, como aparece ilustrado en esta cuestión: 'Es necesario para la comunicación diaria'. Por último, la dimensión *instrumental* (I) se refiere al uso del español para beneficio personal, beneficios y ganancias materiales, como aparece ilustrado en la afirmación: 'Me ayuda a ganar dinero en mi trabajo'. Las dimensiones de comunicación e identidad del grupo representan perspectivas intrínsecas, a través de las cuales los bilingües se ven a sí mismos como parte de aquellos que identifican el uso del español como símbolo de un grupo o comunidad, mientras que las dimensiones instrumental y sentimental representan perspectivas intrínsecas, a través de las cuales los bilingües se ven a sí mismos como individuos.

En su estudio, Mejías y Anderson (1988) informaban de que, para su muestreo completo de 293 sujetos, el uso del español para la comunicación es más sólido en las cuatro dimensiones de actitudes (aprobadas por una media del 45,9% de su muestreo). A esto le siguen razones de valor (22,6%), sentimentales (15,2%) e instrumentales (13,2%).

Basados en este resultado, suponen que el español se mantendrá junto con el inglés en el Valle de Río Grande, Texas, en lugar de ser sustituido por este. Pero Mejías y Anderson encuentran una contradicción al mantenimiento fuerte del idioma español cuando consideran la variable del grupo generacional. Observan que aunque los encuestados de tercera y cuarta generación, cuya residencia en los Estados Unidos ha sido más larga, escogieron razones más comunicativas para mantener el español, los encuestados de primera y segunda generación escogieron razones más sentimentales para mantener el español. Los autores interpretan que esto indica una tendencia hacia el cambio de idioma a una distancia prudencial del español, entre los residentes más nuevos, por ejemplo, los encuestados de primera y segunda generación. Atribuyen esto —traduzco— a 'un deseo temporal de cambio del español que se moderará cuando la residencia esté más establecida' (p. 406).

En nuestro muestreo, aunque mucho menor que el de Mejías y Anderson, encontramos un resultado diferente: un porcentaje mayor de nuestros encuestados selecciona la dimensión instrumental como la más importante (34%), con las razones de comunicación en tercer lugar, seleccionadas por únicamente el 23% de la muestra. Para la muestra total de los encuestados, la actitud hacia el uso del español por razones instrumentales es la más contundente de entre las cuatro dimensiones. La actitud hacia el uso del español por razones sentimentales es la seleccionada por el 26% de la muestra, seguida por razones de comunicación. Las de identidad de grupo son las más débiles en las cuatro dimensiones de actitudes, con solo una media del 17% de los encuestados que la han escogido (vid. el cuadro 6).

cuadro 6				
	Grupo 1 (N=12)	Grupo 2 (N=16)	Grupo 3 (N=11)	Grupo 4 (N=39)
Identidad de grupo	25%	12%	6%	17%
Sentimental	27%	27%	22%	26%
Comunicación	21%	27%	22%	23%
Instrumental	27%	33%	50%	34%

Nota: La dimensión más importante para valorar el español está basada en el porcentaje de encuestados que han seleccionado razones de cada uno (N= número de encuestados).

Es evidente en el cuadro 6 que la dimensión de comunicación de las actitudes aumenta en importancia desde el grupo 1 (21%) al grupo 2 (27%). El peso más bajo dado a razones comunicativas en el grupo 1, comparadas con las razones de identidad de grupo y las razones sentimentales, puede indicar que los inmigrantes recientes sienten todavía nostalgia de su cultura y de su tierra nativa. Sin embargo, se necesita una explicación diferente para justificar la disminución del valor asignado a las razones comunicativas del grupo 3 (22%), cuando se compara con el 2. De hecho, el debilitamiento del motivo comunicativo, cuando la competencia del idioma español es más baja, también tiene sentido, dado que una persona con una competencia productiva reducida del español no tenderá a usar este idioma ni para leer ni para la comunicación oral, a menos que sea absolutamente necesario. Para nuestra muestra, los casos absolutamente necesarios implican aquellos en los que el bilingüe de bajo rendimiento debe comunicarse con inmigrantes recientes que hablan español o visitantes que no entienden inglés. Si no, la interacción tiene lugar en los dos idiomas: cada interlocutor usa el suyo dominante sabiendo que el que lo escucha comprende tanto inglés como español.

En términos de diferencias de competencia de idioma e intergeneracionales, en el grupo 1, las actitudes hacia el uso del español y las razones instrumentales y las sentimentales son las más contundentes de las cuatro dimensiones (27%). Aunque en un grupo bien equilibrado en su conjunto, las particulares, las dimensiones intrínsecas de actitud (S e I) están apoyadas por los encuestados del grupo 1 como las más importantes para mantener el español, con las razones comunicativas como las más débiles. Estos resultados están de acuerdo en parte con los obtenidos por Mejías y Anderson entre los inmigrantes de primera generación, quienes también escogieron razones más sentimentales para el mantenimiento del español.

Incluso aunque difieran en grados, las relaciones de la dimensión de actitud de los grupos 2 y 3 son idénticas. Las razones instrumentales son las más importantes en el mantenimiento del español, seguidas por las razones de S y C, mientras que las de la identidad de grupo son las más débiles. Estos resultados globales parecen apuntar en la dirección de comunidades bilingües de posible diversidad de méxico-americanos a través de los Estados Unidos en términos de actitud y motivaciones hacia el mantenimiento del español, aunque deben llevarse a cabo muchos estudios de bastante más alcance y profundidad, que usen metodologías y cuestionarios idénticos, antes de poder establecer una generalización firme. Por lo tanto, las comparaciones a través de las comunidades presentadas aquí son necesariamente provisionales.

En el Valle del Río Grande, los encuestados de Mejías y Anderson escogieron razones comunicativas —aquellas que tratan del entendimiento y de la comunicación interpersonal— como las más importantes para mantener el español en su comunidad, siendo las razones instrumentales las más débiles. En Los Ángeles, nuestra muestra escogió razones instrumentales y sentimentales, las cuales trataban de los beneficios personales y la satisfacción emocional, como las razones más importantes para usar o mantener el español en su comunidad. Un examen del porcentaje de encuestados que pusieron asteriscos en las cuestiones confirma que de las tres razones comunicativas ofrecidas, solamente 'hablar con gente de otros países que hablan español' recibe un número igual de asteriscos en los tres grupos, pero no el apoyo más fuerte.

Los hablantes en los grupos 1 y 2 asignan un alto valor a la frase 'se está extendiendo tener más de un idioma', que es, en efecto, un principio abstracto. La razón utilitarista de 'saber más de un idioma' está favorecida por el grupo 3, mientras que la puramente intelectual, la razón abstracta, recibe una cálida respuesta del grupo 2. Las cuestiones con más asteriscos en los tres grupos no se refieren, por lo tanto, al español específicamente, sino a la noción más general o no específica de 'otro idioma'. Esta actitud coincide con la opinión espontánea expresada por uno de los hablantes en el grupo 2, como aparece en el siguiente ejemplo:

> *Insisten que se… claro, las dos [idiomas]. Somos así. Es una cosa… bonito hablar dos idiomas. Es algo que enriquece a la persona. Es algo que enriquece a la sociedad. Es, es educación, es cultura. Te proporciona dos sistemas de pensamiento, ¿sabes?* (f27, G. 2)

Hay una diferencia al considerar el número de cuestiones a las que los hablantes pusieron asteriscos, lo que también apunta a una situación muy descorazonadora. Aunque a todos los encuestados se les pidió que pusieran un asterisco en la razón o en las dos razones más importantes para mantener o mejorar su conocimiento de español, en el grupo 1, cuatro encuestados marcaron tres razones; en el grupo 2, solamente dos encuestados marcaron tres razones; pero en el grupo 3, nadie marcó más de dos razones (ni ofrecieron otras posibles razones en la sección del cuestionario que les animaran a hacerlo así). Este patrón selectivo parece indicar que los hablantes del grupo 1 tienen más razones importantes para mantener el español y consecuentemente marcaron más cuestiones; en el grupo 2 se marcaron menos, y menos todavía en el grupo 3. Esto puede reflejar un debilitamiento del apoyo hacia el mantenimiento del español en los grupos 2 y 3.

Además, los bilingües nacidos en los Estados Unidos no consideran, sobre todo, que la conservación o la protección de la tradición y de la integración del grupo sea el motivo más importante para mantener el idioma de sus antepasados. Dos motivos del G fueron

279

seleccionados como los más importantes por el 12,5% de los encuestados en el grupo 2, y un bajo 9,1% de estos en el grupo 3 (es decir, uno de cada once) pone asterisco a una sola razón del G: 'Es el idioma de mis amigos y vecinos'. Esta cuestión, sin embargo, también se calificó como la menos importante por los tres hablantes (27,3%) de este mismo grupo.

Los tres grupos estuvieron de acuerdo en su alto porcentaje de rechazo de las dos motivaciones instrumentales que valoran el español como un 'idioma secreto', y como un medio para hacer dinero en un trabajo. Aunque esta última elección, obviamente, dependa del tipo de ocupación, parece ser en su totalidad una precisa valoración dada a la secundaria y oficiosa situación del español y a la principal del inglés. Del mismo modo, los tres grupos coinciden en no tachar nunca la frase 'Se está extendiendo tener más de un idioma', una motivación intelectual a la que también los encuestados en los tres grupos pusieron un asterisco.

Generalmente, pues, los resultados de los cuestionarios I, II y III parecen indicar una correlación entre la disminución del número y de la fuerza de las motivaciones o razones para mantener o mejorar el conocimiento del español, la reducción en los dominios del uso del español en la comunidad y el desgaste lingüístico de este idioma (vid. sección 'Resultados lingüísticos: el continuo de competencia bilingüe').

Cuestionario C

El Cuestionario C, dirigido a los tres grupos, incluía cuestiones que examinaban actitudes positivas y negativas hacia el español y hacia el inglés. Parece quedar claro en las respuestas que las actitudes hacia ambas lenguas son, en general, bastante positivas. No es sorprendente que el grupo 1 fuera ligeramente más favorable al español que los otros dos grupos. La media de acuerdo con frases positivas sobre el español disminuye desde el grupo 1 a los grupos 2 y 3. Las mujeres y los hombres no parecen diferir significativamente con respecto a su apoyo al español. Alguna división de opinión menor parece ocurrir en el punto límite de edad en los grupos 2 y 3, en donde las frases negativas sobre el español reciben un rechazo muy fuerte por parte de los encuestados más jóvenes.

Esta tendencia favorable puede ser debida a los cambios sociales de actitud hacia el bilingüismo en general en los últimos treinta años del siglo XX. De hecho, mientras que los bilingües más viejos afirman haber sido castigados por usar el español en el colegio, los bilingües más jóvenes no han tenido tal experiencia. Por otro lado, algunos de ellos han asistido a escuelas en donde se estaba fomentando algún tipo de educación bilingüe. Esta situación puede haber cambiado de nuevo en los últimos quince años, después de que algunos estados aprobaran leyes que prohíben la educación bilingüe y como consecuencia, además, del aumento de inmigrantes mexicanos, quizás indocumentados, lo que ha hecho muy palpable la presencia del español con el consecuente rechazo de los que desaprueban este tipo de inmigración y el uso de otra lengua en lugares públicos que no sea el inglés.

Cuestionario D

El Cuestionario D, el último dirigido a los tres grupos, investigaba el grado de compromiso a la hora de actuar para mantener la cultura y el idioma de los antepasados. Se basaba en 'la escala de compromiso de diez cuestiones' de Fishman (Fishman et ál., 1971: cap. 5). Esta escala de compromiso fue usada por Fishman para examinar la posible mayor relevancia que puedan tener las actitudes con respecto a un posterior comportamiento comprometido (p. 108). Estadísticas muy refinadas le permitieron confirmar esta relevancia. En gran medida, observa que la actitud hacia el idioma y los informes propios de su uso no parecen asegurar a los vaticinadores del idioma determinados comportamientos a no ser que estos informes tengan que ver con cuestiones de 'actitud del tipo-compromiso'. Del mismo modo, Dorian (1981) apunta también la existencia de una laguna —traduzco— 'entre las actitudes relativamente positivas hacia el gaélico... y la disposición de que se hiciera algo para llevar a cabo esas actitudes' (p. 174).

A pesar de las posibles debilidades metodológicas implícitas en la aplicación de un cuestionario, parece de interés comparar las respuestas obtenidas de los hablantes y aventurar algunas explicaciones sobre sus diferentes grados de compromiso conductual para apoyar el mantenimiento y el fortalecimiento de la cultura mexicana y del español como un idioma de la comunidad.

La media de las respuestas se calcula marcando las respuestas 'sí' con un punto y las respuestas 'no' con cero. Así, cuanto más alto el promedio, más fuerte puede interpretarse que es el compromiso. Seis hablantes (distribuidos igualmente en los tres grupos) respondieron 'no' a todas las preguntas y no firmaron el cuestionario. El resto lo firmó, a pesar del número de respuestas positivas y negativas.

Los resultados indican claramente que el grado de compromiso varía dentro de cada uno de los tres grupos. Solamente cuando se comparan los resultados globales de cada grupo, la disposición a participar activamente en actividades orientadas a un programa que fomentara el español y la cultura mexicana disminuye constantemente y de manera bastante drástica en los casos en que aumenta la duración de la residencia de la familia en los Estados Unidos. Estos resultados contrastan con las actitudes positivas hacia el español que los hablantes revelaron en sus respuestas al cuestionario C. Al mismo tiempo, estuvieron de acuerdo con las observaciones de Dorian y de Fishman de que las comunidades bilingües muestran una desesperante laguna entre las actitudes positivas hacia un idioma en retroceso o secundario y la disposición a hacer o tener algo hecho para poner en práctica esas actitudes.

La escala de compromiso muestra con claridad que más encuestados en el grupo 1 estuvieron de acuerdo en responder 'sí' a un mayor número de cuestiones. El número de cuestiones en las que estuvieron de acuerdo disminuye, sin embargo, cuando bajamos el continuo de la competencia. Esto coincide con los resultados de los cuestionarios A y B, que revelan un descenso en el número de las razones más importantes para mantener el español. Significativo es el hecho de que el tipo más intelectual de actividad ('¿Le gustaría asistir a una conferencia sobre el tema de cómo las personas de Los Ángeles con antepasados mexicanos pueden mejorar su dominio del idioma español y de la cultura mexicana?') recibe el apoyo más fuerte en los grupos 2 y 3, que también es considerable en el grupo 1.

Esta respuesta está de acuerdo con el apoyo que el 'principio abstracto' recibió en los cuestionarios A y B. Consecuente con este apoyo es el rechazo por parte de la mayoría de los hablantes a la propuesta más tajante a 'unirse a un mitin de protesta contra las personas de Los Ángeles con antepasados mexicanos que han dejado de hablar y leer el idioma español'.

Por lo demás, digno de mencionar en estas respuestas es el hecho de que el grado de compromiso puede ser casi exactamente inverso entre hermanos o cónyuges. Por ejemplo, un hablante en el grupo 1 responde 'no' a todas las preguntas, mientras que su hermano gemelo responde 'sí' a todas. Del mismo modo, la única respuesta negativa de un hablante en el grupo 2 es a participar en un mitin de protesta, pero su hermana no se compromete con cuatro de las nueve cuestiones. Un ejemplo más procede de otro hablante en el grupo 2 que responde 'sí' solo a una cuestión (hacer una contribución de 15 dólares), mientras que su hermano responde 'no' a esta cuestión, pero 'sí' a otras cinco.

Tendencias recientes

En la actualización de datos estadísticos sobre las actitudes hacia el español en el Valle del Bajo Río Grande de Texas llevada acabo en 1982, Mejías, Anderson y Carlson (2002) examinaron varios puntos relacionados con el mantenimiento de esta lengua y el intercambio de códigos. Este estudio reciente confirma una importante conclusión de aquel trabajo inicial: los sujetos del Valle del Bajo Río Grande muestran una gran lealtad al español, favoreciendo su mantenimiento, tanto en ambientes privados como públicos. Mejías et ál. informan de que en muchos casos estas actitudes incluso se han fortalecido. También descubren que el ambiente sociolingüístico en el Valle Sur había cambiado y que estos cambios señalan una transición de actitudes hacia el español que, en ciertas ocasiones, favorece el cambio al inglés. El resultado se debe a que los individuos que integran esa comunidad reflejaron actitudes muy diferentes según el nivel de escolaridad en que se encontraran y según se tratase de profesores o de estudiantes.

Así, mientras los estudiantes se inclinaban a favorecer el inglés por ser la lengua que más los ayudaba a su superación personal, aquellos profesionales que se relacionaban más estrechamente con diversos sectores de la comunidad reconocían la importancia de conservar el español como lengua más funcional dentro de todos los grupos de la comunidad. No obstante, al momento de tener en cuenta el grupo generacional de los informantes en cuestión, hallaron los investigadores que a una mayor separación del estatus de inmigrantes correspondía un notable descenso en el deseo de mantener la lengua materna. En conjunto, el estudio amerita un cuidadoso seguimiento para determinar si se mantiene la lengua española o si, con el tiempo, asistimos a su sustitución por el inglés.

Pease Álvarez (2002) sugiere que la mezcla de diversidad y de convergencia de los resultados obtenidos en el estudio de Mejías et ál. es un índice de la heterogeneidad de la comunidad hispanohablante mexicana en general. En California, durante entrevistas con varias familias descendientes de mexicanos, la autora descubrió que la actitud de ambos grupos de informantes con respecto al uso del español estaba basada en sus respectivas experiencias, historia sociocultural, fuerzas de carácter externo y nivel económico.

Con todo, Pease Álvarez (2002) halla que una mayoría abrumadora de sus informantes valora el español como un factor importante de identidad étnica, sin importar el tiempo que exista con la historia de sus ancestros mexicanos. Es más, mientras ambos, padres e hijos, favorecen el mantenimiento del español a la par del inglés, muestran una especial sensibilidad a las fuerzas, sociales y políticas, que influyen en sus actitudes y en su uso de la lengua española. Así, aquellos informantes que se identifican como más apegados al uso del inglés retienen contactos afectivos con el español y con su herencia mexicana. Sin embargo, su pudor al no hablar lo que ellos perciben como uso correcto de la lengua española les lleva a suprimirla del todo.

Encuentra también Pease Álvarez que mientras aquellos informantes adultos evitan la práctica de mezclar español e inglés, los jóvenes no parecen tener muchos escrúpulos al hacerlo. Otro grupo, aquellos informantes, padres de familia más dados a socializar, retenían más la lengua materna y reconocían, al mismo tiempo, que el hecho de que ambos padres trabajasen fuera del hogar no favorecía la conservación del español en sus hijos —ya que servían de modelos—, aunque, por otro lado, estimaban que forzar en la casa el uso del español podría traer más resultados negativos que positivos. Estos, por su lado, consideraban positiva la necesidad de mejorar su español para poder tener un más amplio contacto dentro de la comunidad, en especial con miembros de la familia más inmediata a su alrededor o en México, a la vez que les evitaba pasar por momentos vergonzosos al decir algo incorrecto en español o al utilizar el inglés para tratar de comunicarse. La autora hacía notar que 'entre las familias de la zona este, el español es valorado a través de *experiencias inmigratorias*, aunque el papel que ocupa en la vida de hijos y familias parece transformarse de acuerdo a sus respectivas circunstancias y sus experiencias' (p. 134).

Pease Álvarez encontró entre los padres más actitudes positivas aún en lo que respecta al mantenimiento del español que estos transmitían a sus hijos; de más importancia fue la constatación de que incluso los sujetos que admitían haber perdido su dominio del español expresaban el deseo de que tanto ellos como sus hijos llegaran a recuperarlo. En conjunto, Pease-Álvarez anota que se debería ir tras un modelo que sugiriera un camino directo y progresivo que vaya de mantenimiento a cambio, o más apropiadamente, 'concebir un crecimiento de lenguas y culturas múltiples como multifacéticos y dinámicos' (p. 135) para ponderar con certeza la naturaleza compleja de las comunidades mexicano-americanas de habla española en los Estados Unidos.

Conclusión

En general, por lo tanto, los resultados de los cuestionarios aplicados por Silva Corvalán (1994) indican una correlación entre lo siguiente: disminución en el número y fuerza de las motivaciones o razones para mantener o mejorar el conocimiento del español, reducción en los dominios del uso del español en la comunidad y desgaste lingüístico de este idioma secundario como aparece reflejado en las diferentes variedades características de los grupos 1, 2 y 3. Las actitudes hacia el idioma español y la cultura mexicana (cuestionario IV) continúan en general siendo muy positivas. Sin embargo, la fidelidad implícita en estas actitudes positivas parece estar en conflicto con el comportamiento imparcial revelado por las respuestas al cuestionario D dadas por encuestados en el grupo 2 y en particular por aquellos en el grupo 3. Es necesario tener en cuenta, sin embargo, la sugerencia de Fishman (Fishman et ál., 1971) de que 'ciertas poblaciones [poblaciones politizadas por el idioma e ideologizadas por el idioma] pueden afirmar sus comportamientos de idioma legítimamente pero otras [la población general] no'. Nuestro muestreo se ajusta generalmente a la categoría de 'población general'.

Notas

[1] Algunas secciones del apartado 'Monolingüismo', así como del apartado siguiente 'Bilingüismo', proceden de Klee y Lynch (en prensa), *El español en contacto con otras lenguas*.

[2] '... – oídos. Así que cuando tengo la oportunidad de hablar, hablo con mis abuelos. Así que no hablo, solo escucho lo que dicen, y luego yo, yo – lo oigo en mi cerebro y, y – y trato de entender en vez de hablarles en español, porque yo – ellos entienden inglés bien'.

[3] 'Estaban despidiendo. Pero a mí no me despidieron. Ramón, a Ramón lo despidieron. Y yo me salí porque lo despidieron a él. Porque yo estaba trabajando, y él estaba trabajando de noche...'.

Puertorriqueños

Amparo Morales

Usos, dominios, resultados

Interacción lingüística

Los últimos datos censales de 2004 señalan que un porcentaje representativo de puertorriqueños habla inglés en la casa y de los que no lo utilizan en este ámbito, una importante mayoría lo habla muy bien. Son datos que, a primera vista, contrastan con la opinión tan extendida de que los puertorriqueños no se asimilan y que no hablan inglés. El cuadro 1 muestra los datos.

cuadro 1 Lengua hablada en la casa por los puertorriqueños y dominio del inglés		
Solo inglés en la casa	No inglés en la casa, pero lo hablan muy bien	No inglés en la casa y hablan muy poco inglés
30,6%	47,2%	22,2%

Fuente: Censo 2004. ACS. Profiles S0201.

El censo utiliza dos medidas para clasificar a los inmigrantes según el dominio que muestran del inglés. La medida tradicional es el porcentaje de personas de cinco años o más que, según las preguntas del censo, hablan inglés *muy bien* (*very well*); la otra, el aislamiento lingüístico (*linguistic isolation*), establecida en el censo de 1990. El 17,3% de los puertorriqueños de 5 años o más estaban lingüísticamente aislados en 1990[1].

Como se ve en el cuadro 1, una proporción representativa de puertorriqueños dice que es bilingüe (47,2%) y un porcentaje muy significativo afirma que habla inglés (77,8%). Además, el español se mantiene en casi el 70%. Los datos son bastante halagüeños, aunque hay que tener en cuenta que proceden de opiniones de los hablantes sobre sus propias destrezas y no siempre hay objetividad en la autoevaluación. Aunque se señale que se habla inglés, la realidad es que a muchos de ellos el inglés que dominan no les permite una verdadera participación en la sociedad americana, no es el inglés que facilita la buena exposición oral ni el que mantiene las destrezas de lectura y escritura necesarias. Ello se comprueba especialmente en la vida diaria de las ciudades con núcleos importantes de puertorriqueños, como Nueva York o Chicago. Tampoco, aunque se indique que se habla español en la casa, ese español reúne las cualidades asociadas al habla estándar del idioma; se trata de un español sintácticamente empobrecido y con grandes lagunas léxicas.

En la ciudad de Nueva York, asentamiento principal de la comunidad puertorriqueña, se han realizado las investigaciones lingüísticas más abarcadoras sobre estos temas (Attinasi et ál., 1982; Attinasi, 1985; Pedraza, 1985; Poplack, 1982; Torres, 1989, 1990, 1997; Zentella, 1990, 1997; Jany, 2001; Otheguy y Zentella, 2007, las más cercanas). En ellas se ha señalado que el bilingüismo de la ciudad de Nueva York, y así pudiera ser el de otras comunidades similares, es un bilingüismo estable. Indican que aunque no se ha producido una situación de diglosia (Ferguson, 1964; Fishman, 1967), sino que los dos idiomas, español e inglés, interactúan en los distintos ámbitos, el español logra mantenerse[2]. Eso se percibe en cuanto uno se acerca a los vecindarios y recorre los comercios y los lugares públicos de la ciudad.

Como señala Zentella (1997) el español se oye en los negocios y en las tiendas de la Quinta Avenida, en el corazón del distrito comercial de Brentwood, en sus bodegas, en restaurantes, en tiendas de todo tipo, etc. Los hombres del vecindario, puertorriqueños, dominicanos y centroamericanos, se reúnen a hablar enfrente de los pequeños centros comerciales, frecuentemente en español o con alternancia de lenguas. Las mujeres se reúnen cerca de los niños y hablan español o inglés según la edad, las más jóvenes en inglés, unas y otras con alternancia de lenguas. Pero los hispanos se reúnen y conviven en muchas otras zonas del vecindario; hablan español e inglés en las agencias de servicio a la comunidad y en las iglesias, la mayoría de las iglesias católicas celebran la misa y las ceremonias en inglés y algunas reuniones o convocatorias de vecinos se llevan a cabo en inglés. Los empleados de los comercios de la barriada son puertorriqueños bilingües, muchos de ellos con dominio del inglés, pero que hablan o entienden español, que es la lengua de muchos de los clientes. Las iglesias, especialmente, las evangélicas, reciben a muchos puertorriqueños en español. Las ceremonias y actos eclesiásticos son actividades atractivas a las que acuden muchos hispanos, particularmente a los servicios programados en español. En algunas de estas iglesias se dan clases en español e, incluso, se ofrecen servicios de cuidado de niños. Son espacios importantes de mantenimiento del español en los que el inglés no está muy lejano.

Situación bastante similar se ha descrito en Chicago, en la zona de Cartagena Square, en el vecindario de Marquin High School, zona de concentración de puertorriqueños y de mexicanos (Ghosh Johnson, 2005). En esa escuela el 79,5% de los estudiantes puertorriqueños había nacido en los Estados Unidos, lo que si bien es una muestra de que ha declinado la llegada de nuevos inmigrantes puertorriqueños a esa zona, no indica que el vaivén entre Puerto Rico y ese país haya cesado. Los puertorriqueños han logrado cierta preponderancia política y comunitaria, lo que les ayuda a mantener el español. De hecho, el español perdura por la gran concentración de hispanos más o menos aislados que hay en ella y por los continuos viajes de ida y vuelta a la isla. Por otro lado, la escuela, el servicio militar, las instituciones religiosas, los matrimonios mixtos y los medios de comunicación favorecen el desplazamiento hacia el inglés y, efectivamente, el paso al monolingüismo en inglés en estos jóvenes puertorriqueños de Cartagena Square es superior al que sufren los mexicanos con los cuales conviven (Ghosh Johnson, 2005: 308). No hay que olvidar que los puertorriqueños se suelen asociar con los afroamericanos monolingües en inglés.

No sucede lo mismo a los puertorriqueños que viven fuera de las grandes ciudades. Estos se integran a la población general monolingüe en inglés y se asimilan a su cultura. Aunque muchos de ellos, por voluntad propia o por el tipo de empleo o de vida que mantienen, son bilingües, la lengua dominante —o única— de sus descendientes es el inglés. Se ha comprobado que en este ambiente no urbano el conocimiento de esta lengua es casi general y el 88% de los jóvenes graduados de escuela secundaria prefieren el inglés como medio de comunicación. Sobre ellos, lamentablemente, existen pocos estudios; la mayoría se ha hecho en las barriadas típicas de las ciudades con grandes concentraciones de puertorriqueños, que ofrecen una visión parcial del conjunto de esta población. Se trata de vecindarios pobres con problemas de desempleo, prostitución y droga.

Esta situación de convivencia lingüística de las grandes ciudades podría ser un impedimento para la estabilidad del español, pero este se continúa oyendo desde hace unos cuantos años en las grandes capitales estadounidenses y ahora se oye también en las áreas no urbanas y en zonas más apartadas. La situación demográfica explica gran parte de esta situación, dado que la llegada de nuevos inmigrantes no cesa; hay un constante proceso de renovación de población en el que los recién llegados, hablantes de español, se van incorporando a la comunidad, mientras los de segunda o tercera generación pasan al grupo general de habla inglesa.

La estabilidad del español se debe, así pues, a que la inmigración puertorriqueña no cesa. Como ocurre con otros grupos hispanos, siempre hay una nueva población de puertorriqueños dispuesta a probar suerte en los Estados Unidos, especialmente cuando muchos de ellos tienen allí familiares o amigos en cuyas casas pueden residir. Por otro lado, al tener los puertorriqueños entrada libre a los Estados Unidos, los viajes a Puerto Rico son constantes, hay, así pues, una continua renovación del español. Se trata de un desplazamiento lingüístico con vaivén (O. García, 2003: 11). La migración circular crea un contacto constante y cercano entre el español de la isla y el inglés continental y favorece que, por lo menos, se mantenga siempre una parte de población bilingüe.

Por otro lado, casi todas las investigaciones sobre el español en los Estados Unidos que examinan la transmisión lingüística intergeneracional demuestran que se pierde el español al llegar a la tercera generación: así se ve en los análisis sobre el español de los puertorriqueños en Nueva York que se citan en este trabajo (Zentella, 1997 y Torres, 1997, especialmente). Las preferencias idiomáticas de los hablantes boricuas en Norteamérica se mantienen relativamente similares a las generales de los hispanos. El perfil lingüístico generacional que presentan los inmigrantes hispanos, repetido en muchos trabajos, indica que el monolingüismo en inglés y el bilingüismo aumentan según se extiende el tiempo de residencia en los Estados Unidos. En los estudios de mantenimiento del español ya se ha comprobado ese desplazamiento (Hudson et ál., 1995). La tendencia al monolingüismo en inglés y, menos, al bilingüismo por parte de las generaciones más jóvenes se reflejaba con índices precisos. Los puertorriqueños no son una excepción al proceso.

Repertorios lingüísticos

Como señalamos, la mayoría de estudios sobre el uso idiomático de los puertorriqueños se ha efectuado en comunidades bastante cerradas y un tanto aisladas del resto de la nación. De hecho, los puertorriqueños eran en 2003 el grupo de mayor concentración en las grandes ciudades, el 55,8% vivía en ellas (Falcón, 2004). El Barrio de Nueva York[3], también conocido como el 'Harlem hispano' o el 'Harlem del este', es la zona de Manhattan que ha recibido más atención de los investigadores[4].

Zentella (1997), en su trabajo de 1979 a 1993[5], analizó el patrón lingüístico de una muestra de residentes del Bloque en el Barrio (conjunto de edificios) con amplia mayoría de inquilinos puertorriqueños. Con los sesenta y dos jóvenes investigados pudo establecer seis categorías de uso de español e inglés.

Estas son: 1. español dominante, inglés débil, (SpD);
2. español dominante, inglés fuerte (SpB);
3. bilingüe balanceado (BB)[6];
4. inglés dominante, español fuerte (InB);
5. inglés dominante, español débil (InD);
6. monolingüe en inglés, con limitada comprensión del español (InM).

Ya solo el hecho de que se hubieran podido establecer tantos grupos indica la heterogeneidad lingüística que se da en este vecindario, que es un enclave restringido demográficamente y con homogeneidad étnica y económica. Como se observa en el cuadro 2, las categorías que recogen a los hablantes bilingües o con dominio de inglés suman el 92% de sus miembros. De ellos, mantienen el español con diferente grado de habilidad un 76%.

cuadro 2   Repertorio lingüístico y representatividad cuantitativa (1980)

SpD	SpB	BB	InB	InD	InM
8%	7%	23%	38%	19%	5%

Fuente: Zentella (1997).

A lo largo de los años se ha comprobado que, aunque en una situación dada, el bilingüismo pueda ser la norma tanto en padres como en hijos, es una constante observar que los hijos hablan menos español que los padres y que estos, cuando se comunican con ellos, siguen cierta adaptación a sus circunstancias y les hablan preferentemente en inglés. Hay un desplazamiento lingüístico interno generacional. Estos hechos se pudieron corroborar en el Barrio, uno de los lugares que se considera prácticamente un enclave hispano. Cuando Zentella (1997) inició su investigación en 1980, la interacción inglés-español se encontraba como se ve en el cuadro 2: al menos un 8% tenía más fluidez en español que en inglés. El patrón cambia unos años más tarde; entre 1980 y 1993 los muchachos aceleran el proceso de desplazamiento lingüístico, acercándose al monolingüismo al inglés. En 1993, cuando repitió el análisis con los mismos estudiantes, ya no encontró ninguno que tuviera más fluidez en español que en inglés. Así se ve en el cuadro 3.

cuadro 3 Repertorio lingüístico y representatividad cuantitativa (1993)

SpD	SpB	BB	InB	InD	InM
–	–	6%	22%	37%	34%

Fuente: Zentella (1997: 49).

El comportamiento lingüístico de estos jóvenes puede cambiar posteriormente según las circunstancias y ambientes de su vida futura. Si el bilingüismo no es una necesidad en su trabajo o se establece como norma en la casa, el español irá desapareciendo.

Estos datos se corroboran en otras investigaciones, como la efectuada en la comunidad de Brentwood, un suburbio de Nueva York en Long Island (Torres, 1997)[7]. En ella, el 81% de los puertorriqueños se identificó como bilingüe y el 18%, como monolingüe en español, pero cuando se les preguntaba cuál era la lengua que conocían más, el 62% señaló que el inglés, el 22% conocía ambas y solo el 14% hablaba español únicamente. Desde luego, mostraban diferencias generacionales que establecían distintos patrones en el intercambio comunicativo.

En investigaciones anteriores sobre estas barriadas neoyorquinas se había comprobado la preferencia de los puertorriqueños por el inglés (Attinasi, 1979; Attinasi et ál., 1982). En Washington Heights y Elmhurst-Corona (García et ál., 1988), habían salido a relucir ciertas diferencias en esas preferencias, que dependían de la situación socioeconómica de la comunidad. Así en Elmhurst-Corona, que mantiene una población de clase media de estudiantes y profesionales con un nivel educativo más alto que el de su vecina[8], se encontraron familias que preferían comunicarse totalmente en inglés. Se trata, además, en este caso, de una población multiétnica y multilingüe, que tiene mayor comunicación con anglohablantes.

Patrones comunicativos

Los puertorriqueños adultos de Brentwood (Torres, 1997) utilizan el inglés cuando conversan con amigos, compañeros de trabajo o superiores, y el español, cuando hablan con las esposas o parientes. El 49% lo usaba para comunicarse con sus esposas y más del 70%, para hablar con sus padres. Cambian el patrón cuando hablan con los hijos: el 42% de los padres hablaba inglés a sus hijos y el 38% usaba ambas lenguas.

Las contestaciones de los jóvenes indican que usan menos español que sus padres. El 40% de los estudiantes hablaba en inglés a los padres y el 35%, en ambas lenguas, pero el 65% de ellos usaba inglés cuando hablaba con amigos o compañeros de clase y solo un 6% usaba ambas lenguas en esas ocasiones (Torres, 1997: 23)[9].

Cuando la población hispana es muy heterogénea, los estudios comparativos muestran un hecho que se ha señalado repetidamente: los puertorriqueños son los hispanos que más pronto pasan al inglés. El cuadro 4 recoge los datos de García et ál. (1988) sobre centroamericanos, suramericanos, dominicanos, cubanos y puertorriqueños de reciente llegada a Nueva York.

cuadro 4 **Uso exclusivo del español con diferentes interlocutores**

	Padre	Madre	Hermanos	Niños
Centroamericanos	100%	100%	99%	80%
Suramericanos	100%	100%	79%	78%
Dominicanos	98%	97%	85%	70%
Cubanos	94%	96%	81%	50%
Puertorriqueños	86%	83%	72%	48%

Fuente: García et ál. (1988).

En todos los grupos nacionales los puertorriqueños mantienen menos el español al hablar con otros miembros de la familia y es con los más jóvenes con los que menos lo usan.

Según todos los estudios hechos, cuanto más tiempo están en el país los hijos de los inmigrantes más se distancian lingüísticamente de sus padres y, a la larga, pierden la lengua materna. Pero se da la circunstancia de que es posible que la primera generación de hablantes hispanos que vivan en una zona en la que predominantemente se hable español y que trabajen y se muevan en un círculo estrecho de hablantes de español, nunca aprendan a hablar más que una modalidad rudimentaria de inglés e incluso lleguen a la tercera generación en esas circunstancias. Esto se da en muy pocos casos porque en esa situación rompen la comunicación con parte de sus hijos y nietos.

La gran concentración de inmigrantes en áreas urbanas como las de Nueva York o Chicago ha producido formaciones culturales complejas que han transformado las ciudades. En estas áreas ha habido una explosión de prensa, radio y televisión en español. Esta estructura hace más fácil a los inmigrantes mantener sus modelos culturales y sus prácticas lingüísticas. Estas áreas son muy visibles y audibles por el resto de la población.

Dominios

La casa

Dentro de ese español estable, como se ha caracterizado, y en el ambiente más favorecedor como es el de la casa, hay variaciones en la preferencia idiomática según a quién se habla. El sexo y la edad fueron los factores determinantes del uso lingüístico en la casa: las mujeres y los mayores favorecen el español. Cuando en el hogar viven los abuelos, se establece un bilingüismo que privilegia al español, lo hablan también los niños y los padres, especialmente en la interacción con madres y esposas amas de casa. Aunque se señala repetidamente que el inglés ha entrado en todos los dominios del español, continúa siendo la casa el espacio menos favorable para su uso. El bienestar económico no siempre debilita el uso del español en la casa, en comunidades neoyorquinas de clase media, con clara inclinación al uso del inglés, como Elmhurst-Corona, también en la casa se hablaba español (García et ál., 1988).

Aun con todo, el inglés no está muy alejado. Ningún espacio social ha sido impenetrable para el inglés, que se usa hasta en los espacios más familiares y menos formales[10]. Attinasi (1985) y Mendieta (1994: 81) habían señalado que en el noroeste de Indiana el inglés convivía con el español en la casa; posteriormente Torres (1997), a la luz de los datos de su investigación, reconoce que la casa no es un dominio exclusivo del español ni del inglés (Torres, 1997: 23). En Marquin, Chicago, tampoco la casa es un espacio completo de uso del español. Incluso en esta zona, de concentración puertorriqueña, se informa que el inglés tiene más uso en la casa del que se esperaba. No hay que olvidar que habiendo jóvenes en los hogares el trato con ellos promueve el uso del inglés[11]. El tipo e idioma de los programas de televisión seleccionados ayuda a establecer la preferencia por una u otra lengua. El rechazo a muchos programas en español de los grupos hispanos obedece a que no siempre la televisión en español ofrece los programas adecuados para un tipo de público poco localista y popular.

El trabajo

Por regla general el trabajo en los Estados Unidos exige el conocimiento del inglés. Las conversaciones con compañeros del trabajo en el Barrio se realizan en inglés, aunque un 20% de empleados habla exclusivamente en español y el 50% usa ambas lenguas. Las conversaciones con el jefe eran exclusivamente en inglés (Torres, 1997). Existen empleos, sin embargo, en los que la conversación en español es necesaria, bien porque los mismos jefes son hispanos o porque el negocio tiene clientela hispana. Cada vez son más las instituciones públicas o privadas que solicitan empleados bilingües, y algunas ofrecen cursos con esos fines. Por ejemplo, la Escuela de Salud Pública (School of Public Health) de la Universidad de North Carolina at Chapel Hill inició en 2006 un curso nuevo de español para los empleados de la salud que no sabían español y estaban tratando a pacientes hispanos. Como esta, otras muchas instituciones tienen que proveer a sus empleados conocimiento de español mediante cursos especiales.

La escuela

Siempre se ha dicho que la escuela es el espacio más importante de pérdida del español, que es el dominio por excelencia del inglés. Aunque el uso lingüístico en la escuela dependerá del programa que esté operando, dada la escasa cantidad de programas bilingües y el tiempo tan limitado que los estudiantes permanecen en ellos, la mayoría de los niños puertorriqueños, como señala Zentella (1997), está en programas monolingües en inglés, en clases en las que el maestro es también monolingüe en esa lengua. El uso lingüístico de cada niño varía de acuerdo al grado y a la cantidad de tiempo que ha estado en el programa y según las actitudes y la capacidad receptiva que muestra en ambas lenguas, pero el paso al inglés se hace lo antes posible.

Muy pocos niños estudian en programas bilingües enriquecedores, sino en los transicionales que los llevan rápidamente al inglés. De las cerca de 5.000 escuelas públicas de Nueva York solo 25 aproximadamente participan de los nuevos programas de inmersión dual. Con ello, muchos de estos niños comienzan la escolaridad utilizando el inglés como medio de enseñanza cuando aún no han desarrollado las destrezas apropiadas para el manejo adecuado del español. En la escuela están privados de lecturas en español y si en la casa no las tienen, pierden la herramienta más efectiva para lograr un español funcional.

La iglesia

Las madres puertorriqueñas inculcan a sus hijos creencias religiosas desde muy temprano, aunque en muchos de ellos estas van desapareciendo con los años. Con todo, en general, el 75% de los hispanos es miembro de una iglesia y de ellos un 35% asiste a servicios en español, con lo cual la iglesia deja de ser un dominio único del inglés, como se había señalado en su momento. Precisamente por ello, hoy se observa en la población puertorriqueña un desvío de los feligreses hacia las iglesias protestantes porque contrario a las católicas, que en su mayoría operan en inglés, las protestantes mantienen sacerdotes y servicios en español[12]. En Nueva York hay iglesias metodistas, pentecostales, episcopales, evangelistas, luteranas, etc. Estas iglesias propician la intercomunicación entre los feligreses y pasan a ser, además de un centro de oración, un espacio de reunión y socialización.

Diferencias por sexo

Por tradición, en la cultura puertorriqueña las niñas siempre han estado más cerca de la casa, de la madre y de los mayores del hogar y eso las acerca más al español, aunque en los juegos domina el inglés y todos, niños y niñas, ven la televisión y las películas en esta lengua, y cantan y bailan las canciones y la música americana. Las muchachas tienen que jugar con otras niñas cerca de la casa y, en ocasiones, cuidar de hermanitos pequeños. Son las que ayudan a las madres en las tareas domésticas y ven con ellas las novelas en español. Los muchachos, por el contrario, pasan más tiempo fuera de casa e, incluso, pueden alejarse del vecindario y jugar e interactuar, en mayor número de ocasiones, con niños afroamericanos monolingües en inglés. Ello hace que unos y otros se comporten de modo diferente en la selección idiomática: ellas tienden a usar ambos, inglés y español, y los muchachos favorecen el inglés. En ello reflejan la norma de la comunidad adulta.

El español hablado por los puertorriqueños en los Estados Unidos

Características lingüísticas

Describir actualmente el perfil lingüístico del español de cualquier comunidad hispana de los Estados Unidos, dada la variedad de modalidades que la representan, puede ser una empresa difícil. En general, las variedades estudiadas, debido a la procedencia de sus hablantes, que en su mayoría pertenecen a comunidades campesinas cuyo español no está enmarcado en los modelos normativos nacionales, son poco representativas del español estándar. Además de ello, por efectos del contacto de lenguas, son variedades poco útiles para la enseñanza y la educación formal.

Hay que reconocer la falta de una infraestructura eficaz que ayude a implantar una política uniforme sobre el español del país. Aunque existe una Academia Norteamericana de la Lengua Española, situada precisamente en Nueva York, ni esa organización ni ninguna otra tiene medios legislativos, legales o morales para poner en práctica una política lingüística como las existentes en otros países hispanohablantes. El español hablado en los Estados Unidos es sumamente pluricéntrico en cualquier región y las normas de uso emanan directamente de los hablantes. La falta de medios necesarios para instituir una sola variedad como el estándar favorece la caracterización del español estadounidense como idioma de normas casuísticas endocéntricas.

Existe por parte de los educadores cierta inclinación a preferir variedades cultivadas[13] e, incluso, se ha propuesto el uso de variedades exocéntricas, es decir, de hablas cultas o prestigiosas de países hispanoamericanos como modelos para la educación, pero dada la situación social y étnica de los hablantes hispanos y el carácter pluricéntrico del español, el fracaso estaría asegurado de antemano. Los educadores insisten en que cualquier esfuerzo que se dedique a introducir normas externas para el español de ese país tropezaría con la defensa a ultranza de la identidad nacional de cada núcleo hispanoamericano y la energía combativa y defensiva de las minorías juveniles.

En cuanto a la lengua escrita, el poder adquisitivo de los hispanos como grupo garantiza que las gramáticas y los diccionarios sean recursos disponibles. Estos pueden ser importados de países hispanohablantes —teniendo en cuenta que las principales editoriales que se dedican a la publicación de estos textos se encuentran en los límites territoriales—, o bien pueden realizarse en el país por profesionales que quieran contribuir a la creación de materiales y ofrecer apoyo al desarrollo del idioma. Hay gran interés en conseguir la normalización del español escrito estadounidense, aunque su uso no es, por ahora, representativo de su extensión oral. Se da la circunstancia de que autores, investigadores y profesores universitarios prefieren publicar en inglés. Así salió a relucir en Morales (2001), que mostró que las tesis doctorales escritas en español sobre temas hispánicos publicadas en *Hispania* habían decaído en el año 1998 —último que se consideró— respecto a años anteriores. Ese año, el 61% de ese tipo de investigación estaba escrita en inglés[14].

Con todo, la presencia demográfica de los hispanohablantes en los Estados Unidos así como su creciente estatus económico establecen firmemente el español estadounidense como variedad importante del español general[15]. No hay que olvidar que ese país representa, hoy por hoy, la segunda población, en cuanto a número de hablantes de español en el mundo, solo precedido por México, y que muy pronto podría ser el primero. Lo que suceda allí tendrá importantes repercusiones para el futuro de nuestro idioma compartido.

Sintaxis

Refiriéndose a las características puramente lingüísticas de ese español hablado en la ciudad de Nueva York, el influjo del inglés, tanto de tipo léxico y fraseológico como de naturaleza sintáctica y aun fonética es un hecho[16]. Precisamente, debido a los rasgos anglicados, la modalidad expresiva neoyorquina ha recibido el nombre de *spanglish* por algunos autores[17]. En otros grupos étnicos esa misma modalidad expresiva ha sido bautizada con otros nombres. Por ejemplo, en algunos programas de radio de Texas y California se usa el nombre de *tejano* (derivada de *chicano*), otros la nombran como *tex-mex* o *border lingo*.

Según Álvarez Nazario (1983), la variedad empobrecida del español de la segunda y tercera generaciones de puertorriqueños es un habla pasajera que desaparecerá, bien por el paso total al inglés de los que se quedan en los Estados Unidos o por la readquisición del español estándar puertorriqueño, si regresan a la isla. Los estudios muestran un cuadro más complejo: ligada a la temporalidad individual se da la persistencia social. Por eso, este español deteriorado se ha considerado una modalidad estable por los especialistas. Estable con la misma estabilidad demográfica que tiene todo el español en ese país. Ella consiste en que es un espacio de interlengua por el que pasan todos los hablantes que se encuentran en el proceso de adquirir la lengua de sus ancestros o de perder la materna que los identificó de muy niños.

Lo estable es la modalidad en sí misma, el subsistema activo y vivo del cual participan grupos importantes de hablantes, aunque esos hablantes, de por sí, lo utilicen como sistema pasajero en camino a su estandarización total o a la pérdida. Algunos especialistas la consideran, incluso, lengua materna de muchos de los que nacen y viven en el continente[18]. Esa modalidad ha sido recogida por muchos escritores hispanos y hoy cuenta, incluso, con diccionarios, con el fin, según los autores de estas obras, de normalizar una práctica que ya define un comportamiento habitual de los usuarios[19]. Los que creen que se trata de una nueva modalidad de habla, opinión que no compartimos, intentan describirla en gramáticas e, incluso, llegan a diseñarse cursos para su enseñanza en algunas universidades de la Unión[20].

No es fácil establecer los rasgos que caracterizan el español de los puertorriqueños[21]. Como se ha indicado en muchas ocasiones, en el discurso de los puertorriqueños, como en el de cualquier otro hispano, se puede establecer un contínuum que se mueve desde las modalidades más influidas por el inglés de los que son ya casi monolingües en esa lengua, a la de los bilingües equilibrados con mayor dominio de español o monolingües en español. Sirva de ejemplo las categorías lingüísticas que estableció Zentella (1997) para reflejar la modalidad del español puertorriqueño del Bloque en el Barrio de Nueva York:
1. español dominante, inglés débil;
2. español dominante, inglés fuerte;

3. bilingüe equilibrado;
4. inglés dominante, español fuerte;
5. inglés dominante, español débil;
6. monolingüe en inglés, con limitada comprensión del español.

Los datos que se presentan, aunque aún insuficientes para trazar un patrón seguro, muestran que los hablantes bilingües, es decir, los que aún hablan español, no lo mantienen aislado e independiente del inglés, sino que los dos idiomas interactúan a lo largo de todos los dominios de uso. Pero también indican que, frente a las consecuencias negativas de esta ausencia de diglosia y del hecho general de que el español se está perdiendo, la dinámica sociolingüística y demográfica que se observa en las comunidades bilingües puertorriqueñas favorece el mantenimiento del español, tanto por la continua llegada de nuevos inmigrantes, como por los reiterados viajes de ida y vuelta que hacen a la isla.

Los análisis publicados hasta ahora sobre el español de los puertorriqueños de los Estados Unidos permiten trazar un patrón aproximado que presentamos a continuación.

Uso verbal en la estructura narrativa

Las historias o narraciones que se recogen en el discurso de los inmigrantes puertorriqueños son textos idóneos para el análisis lingüístico. Las narraciones —*narrativas* como las denomina Labov (1973)— pueden ser espacios propicios para la manifestación del debilitamiento del español en los bilingües[22]. Las narrativas tienen una estructura comunicativa uniforme y en ella aparecen patrones organizados de formas verbales. Pueden referirse a hechos que pasaron hace muchos años o a sucesos recientes que cuenta el hablante, pero en todos se establece el mismo patrón en el uso de los tiempos verbales. Este patrón se refleja en su distribución en los distintos componentes que constituyen la narrativa: abstracción inicial, orientación, acción, evaluación, resolución y coda[23]. Un ejemplo corto de narrativa es el siguiente (Dupey, 2006):

> Inf. (Orientación) Estábamos en la playa. Que mami nos llevaba mucho a la playa. Pero mami no sabe nadar. Entonces estaba mi hermano y yo. Entonces mi hermano no sabía nadar. Mi hermano era mayor que yo, pero no sabía nadar.
> (Acción) Y de momento vino una corriente y nos llevó bien para atrás. Entonces él me trataba de sacar, pero en la desesperación yo, como qué paso, y yo me lo hundía. Entonces él me trataba de coger y de levantarme y de echarme para el frente. Pero yo, a la misma vez de esto, como que no podía... Entonces después vino un americano que nos había visto porque empezamos a gritar ¡ay! que si help, mi hermano gritaba en español y yo gritaba en inglés. Entonces mi mami se había tirado pero como que mami no sabía nadar...
> (Evaluación) Porque... como que nosotros estábamos en un área turística, si gritamos en español, tal vez no nos entienden.
> (Resolución) Entonces vino el americano y nos sacó.

Los acercamientos hechos a las narrativas del discurso puertorriqueño medían contrastivamente la distribución de formas verbales en los distintos grupos de hablantes de la comunidad. Partían de la base de que la influencia del inglés podía haber alterado su proporción y distribución en los hablantes de mayor contacto con esta lengua. Los resultados parecen indicar que las narrativas son estructuras muy básicas y, en cierta medida, poco permeables a esa influencia. No se encontró alteración significativa en la representatividad de los tiempos verbales de cada componente. La distribución de las formas verbales recogida en ellas presenta pocos cambios entre los distintos grupos de hablantes. Abunda, como se esperaba, el pasado simple en la acción, el imperfecto de indicativo en la orientación, el presente de indicativo en la evaluación y en la coda[24]. Tal vez, lo más relevante es la frecuencia que alcanza el uso del presente de indicativo en su valor de presente histórico compitiendo con el pretérito indefinido en las acciones en los grupos de mayor contacto con el inglés (Dupey, 2006). Ese uso, que coincide con la tendencia general de estos hablantes de utilizar el presente en detrimento de otros tiempos verbales, es una de las características de su discurso, que suele ser poco elaborado y muy coloquial[25]. Se da el hecho, además, de que, dada la frecuencia de alternancia de lenguas en estos grupos, muchas formas verbales se producen en inglés, aunque siempre manteniendo el patrón establecido. Véanse los ejemplos siguientes:

Bueno, era el festival de... coros menonitas de la... todo Estados Unidos, Canada *and*... el Caribe. Y este... eso fue en abril. Este... *It was cold*. Hacía mucho frío. Fue en abril, o sea, se supone que... pero allá siempre hace frío (Dupey, 2006).

And then ese moreno grande, que era el cocinero, viene y me dice 'estás castigada y hasta que no te comas los cornflakes, no te vas a jugar'. I know that que siempre yo hablaba inglés pero el español, yo no recuerdo desde cuando lo empecé a hablar (Dupey, 2006).

Y eso fue... el peligro. Eso fue cuando chiquito (Dupey, 2006).

Además de la abundancia del presente, la simplificación del sistema verbal se manifiesta en el mayor uso de perífrasis verbales, especialmente la forma progresiva, y en la ausencia de otras formas como el futuro simple, el perfecto y el pretérito perfecto. Se trata, estas últimas, de tiempos verbales que también se están perdiendo en comunidades monolingües.

Es significativa la alta frecuencia del uso de *fue*. Torres (1997: 51), siguiendo los hallazgos de Silva Corvalán (1990), señalaba que el 54% de todos los casos de *fue* en las narrativas del grupo de mayor contacto con el inglés funciona con el significado de *ir* y el resto (46%) con el de *ser*: *Él aprendió rápido y fue pa la escuela en septiembre* (Torres, 1997).

Los porcentajes de los otros grupos están menos equilibrados, con un 35% de casos de *fue (ir)* en el grupo intermedio y 28%, en el de menor contacto.

No solo domina *fue* con el significado de *ir*, sino que también ocupa el lugar de otras más formales (*sucedió, resultó...*). Estos datos pueden interpretarse como la disminución de la capacidad semántica del verbo *ir*, que se manifiesta con pérdida de parte de sus funciones en la forma *fue*, pérdida que se manifiesta de modo progresivo en las tres generaciones de hablantes, aunque afecta particularmente a la tercera generación. Es una de las manifestaciones del proceso de pérdida de una lengua que va haciéndose cada vez más emblemática, utilizando rutinas sencillas y fijas y simplificando su léxico.

El debilitamiento del sistema verbal se observa en los trabajos que dan una mirada general a todo el sistema; en ellos se comprueba la disminución o la pérdida de algunas formas[26]. Los tiempos verbales más afectados son el pasado simple en su confusión con el imperfecto, el pasado compuesto, muy poco utilizado, el futuro simple, sustituido por la forma perifrástica, el presente y el imperfecto de subjuntivo, sustituidos por las formas de indicativo, y el condicional. Otras formas compuestas son sustituidas por otras más simples, pero lo más importante es constatar que en muchas ocasiones no se construyen oraciones agramaticales o anómalas por el mal uso de un tiempo verbal, sino que las formas no se utilizan porque el hablante no construye los contextos que permitirían su aparición. Así sucede especialmente con el pluscuamperfecto de indicativo y el subjuntivo, el condicional compuesto y el futuro compuesto (Zentella, 1997)[27]. El sistema se va simplificando siguiendo un discurso más pragmático, ligado directamente a la situación de habla y a sus circunstancias inmediatas.

Variación modal

Se ha señalado reiteradamente al debilitamiento del subjuntivo como uno de los aspectos gramaticales que se han visto más afectados por la simplificación lingüística. Este debilitamiento se observa también en las comunidades monolingües; ambas siguen un patrón de pérdida que está muy relacionado con la clase semántica del verbo de la oración matriz. La pérdida se da más en los contextos en los que el uso del subjuntivo es opcional, es decir, en las oraciones subordinadas de verbos marcados por la tradición investigativa como de alternancia en el uso de subjuntivo e indicativo.

Los estudios sobre las comunidades bilingües han sacado a relucir este hecho, señalando que los hablantes de la segunda y tercera generación son los que manifiestan más claramente el proceso y, también, que son los contextos de variabilidad, no los categóricos, los más afectados.

Los resultados en el español de los puertorriqueños continentales no coinciden totalmente. Torres (1988 y 1997), en un primer acercamiento, no encontró pruebas significativas de debilitamiento por parte del grupo de mayor contacto. En el discurso de la comunidad neoyorquina el subjuntivo representaba el 4,6% del total de uso verbal en la primera generación y el 4,1% en la segunda (Torres, 1988). En Torres (1997), que midió este uso en las narrativas, el total fue de 3,4%, y la comparación entre los grupos no arrojó tampoco datos significativos. Según la autora, todos los grupos utilizaban el subjuntivo entre el 60% y el 65% de las veces en los contextos variables. En los categóricos solo aparecieron dos casos en los que no fue usado, en el grupo tres.

La autora encontró las mayores diferencias en las oraciones condicionales, que mostraban en el tercer grupo una gama más amplia de variantes, incluyendo las no canónicas. Por ejemplo: *Si no fuera porque yo hubiera sabido que tú tenías quince años yo te hubiera mandao al hospital* (Torres, 1997).

Se comprende que estas estructuras complejas con enlaces semánticos internos crean problemas en los hablantes que no tienen un buen dominio del español.

El uso del subjuntivo se había analizado en trabajos anteriores por otros autores y habían ofrecido resultados diferentes. En los textos de entrevistas de hablantes *neorriqueños* recién llegados a la isla, comparados con los monolingües en español, se obtuvo una menor realización del subjuntivo en los primeros, que preferían el indicativo (Morales, 1986b; Rivera, 1986). Además, el subjuntivo era sustituido también, en otros contextos, por el infinitivo con un sujeto expreso. Esta construcción de infinitivo con sujeto expreso, típica del español de Puerto Rico[28], ofrece contextos más marcados en los textos de los bilingües puertorriqueños; en su discurso se encontraron ejemplos como los siguientes: *No es bueno una persona sentirse así* (Morales, 1986). *Era duro para yo meterme con esos niños ingleses* (Morales, 1986). Los resultados aparecen en el cuadro 5.

cuadro 5 **Infinitivo, subjuntivo e infinitivo con sujeto expreso**

	Monolingües	Bilingües (*neorriqueños*)
Infinitivo	6%	9%
Subjuntivo	89%	69%
Inf. + sujeto expreso	5%	14%

Fuente: Rivera (1986).

Trabajos más recientes de la variación modal subjuntivo/indicativo en los que se midieron solo determinados contextos obtuvieron datos que mostraban la tendencia al indicativo por parte de los grupos de mayor contacto con el inglés (Dupey, 2006). En estos contextos variables (subordinadas de *suponer, molestar, dar pena, no saber, no pensar,* etc.), se encontró que estos preferían el indicativo. Los porcentajes aparecen en el cuadro 6.

Este grupo producía oraciones como las siguientes:

Me dio mucha pena que le hicieron eso al trucker ¡bendito! (Dupey, 2006).
Y se suponía que yo me regresaba pero... pues no fue así (Dupey, 2006).
Yo no creo que lo vuelvo a coger nunca (Dupey, 2006).

cuadro 6   Uso del modo subjuntivo en contextos de variación

	Subjuntivo
Grupo monolingüe	100%
Grupo intermedio	78,78%
Grupo bilingüe	8,33%

Fuente: Dupey (2006).

Dadas las condiciones particulares de estos grupos bilingües *neorriqueños* que han nacido en los Estados Unidos y que han hecho allí sus estudios no sorprende que, aunque se puedan expresar en español, este sea muy poco elaborado. Muchos de estos jóvenes no han recibido los refuerzos lingüísticos necesarios para desarrollar las destrezas relacionadas con el modo subjuntivo y las formas verbales compuestas. Ante esa ausencia los procesos de simplificación y generalización lingüística les ofrecen expresiones más sencillas que se justifican pragmáticamente porque cumplen con las normas del discurso asertivo, directo y familiar que los caracteriza.

Expresión de sujeto pronominal

La aparición del sujeto pronominal en la oración flexiva es un espacio de posible variación debido a las diferentes normas de realización de sujeto pronominal que mantienen las dos lenguas en contacto, español e inglés. El inglés exige siempre, o en mayor número de contextos que el español, la aparición del sujeto pronominal.

Las investigaciones realizadas hasta ahora no muestran que el inglés sea la causa de la abundante aparición de sujeto pronominal en los textos puertorriqueños. En Morales (1986a) se contrastaron los datos encontrados en las entrevistas de hablantes monolingües con los de hablantes *neorriqueños*. Los resultados mostraron que no había diferencias en la frecuencia de aparición del sujeto pronominal (vid. cuadro 7).

cuadro 7   Aparición de sujeto pronominal

	Monolingües	Bilingües (*neorriqueños*)
Primera persona	46,47%	46,32%
Segunda persona	67,34%	52,68%
Tercera persona	36,95%	38,28%
Primera plural	19,33%	26,07%
Tercera plural	17,72%	31,69%

Fuente: Morales (1986).

Tampoco se pudo probar la influencia del inglés en investigaciones realizadas en los Estados Unidos en las comunidades puertorriqueñas (Hochberg, 1986; Cameron, 1993). Ni posteriormente en el trabajo de Jany (2001), que obtuvo los siguientes resultados generales, contrastando la aparición de sujeto pronominal en hablantes puertorriqueños de la isla y los neoyorquinos (vid. cuadro 8).

cuadro 8   Aparición de sujeto pronominal

	Nueva York	Puerto Rico
Sujeto expreso	52,2%	47,8%

Fuente: Jany (2001).

Las diferencias cuantitativas observadas según las clases de verbos tampoco resultaron significativas en los análisis estadísticos del Varbrul, que rechazó la variable de conocimiento y uso lingüístico en los puertorriqueños de Nueva York frente a los de la isla (Jany, 2001). Los hablantes de Puerto Rico como los de Nueva York manifiestan comportamientos similares en el uso del sujeto pronominal. Las variables lingüísticas sí fueron significativas: sujetos no específicos y cambio de referencia y de turno, que favorecían la expresión del sujeto.

Todo indica, pues, que no hay ningún factor que confirme, por ahora, en el análisis general de todas las personas pronominales, la influencia directa del inglés en la expresión del sujeto pronominal.

Con todo, la aparición de sujeto pronominal en el español de los puertorriqueños bilingües de la isla o de la ciudad de Nueva York ha mostrado ser un fenómeno complejo. Por un lado, las dos primeras personas parecen controladas por fuerzas pragmáticas internas que las llevan a la realización del pronombre sujeto en todos los dialectos del español, caracterizando particularmente al dialecto puertorriqueño por la intensidad del fenómeno. Las terceras personas, especialmente las plurales y la primera persona plural, parecen no estar sujetas a esas restricciones pragmáticas y podrían sufrir con mayor flexibilidad procesos de influencia, de ahí los datos del cuadro 7, en el que se ve una mayor aparición de *ellos* en el discurso de los bilingües[29]. También se ha observado que en estas formas pronominales los contextos de referencia impersonal o arbitraria de tercera persona plural (*-n*) serían, de tratarse de una influencia lingüística, más idóneos para la aparición del sujeto pronominal, puesto que en inglés el verbo no aparecería sin sujeto. Obsérvese como esa referencia impersonal en español puede aparecer representada solo por la flexión verbal en *pasan* y, ocasionalmente, también con el pronombre y la flexión en *ellos me dan*.

> El ejército te ayuda en los estudios. Ahora estoy tratando de luchar una pensión, por la rodilla que tengo un poco mala... a ver si me la pasan la pensión de por los menos un diez por ciento, entonces ellos me dan los estudios vocacionales, tú sabes, que ellos lo pagan (Morales, 1986).

Estos aspectos están aún por estudiar.

Formas impersonales

Siguiendo esta línea de investigación, otro acercamiento hecho al discurso de los hablantes bilingües ha sido observar el uso de las formas impersonales, especialmente el *se* impersonal, categoría inexistente en inglés. Las formas impersonales en español son: la flexión verbal de tercera persona plural (*-n*), las formas pronominales *tú* y *uno* con referentes arbitrarios o inespecíficos y el *se* impersonal[30].

> Pero era que uno gozaba y no teníamos miedo en ese instante (Morales, 1995).
> ¡Ah! Sí, cuando me asaltaron en el banco (Morales, 1995).
> ¡Tienen un arte para perder todo lo que se les entrega! (Morales, 1995).
> Te toman la licencia a quién tú vas a visitar (Morales, 1995).

La clasificación y conteo de estas formas arrojó datos que permitieron establecer dos tipos de formas impersonales o arbitrarias: incluyentes, porque incluía al hablante (*-mos, uno, tú*) y excluyentes, en las que este no estaba presente (*-n*). El *se* impersonal podía aparecer tanto en un contexto como en otro, es decir, se encontraron *se* inclusivos y *se* exclusivos[31]:

> Allí uno tiene que nadar, se llegaba todo mojado (inclusivo).
> De ahí que al regresar a Puerto Rico con toda esa facilidad que se me ofreció en el ejército (exclusivo).

Se partía de que los hablantes bilingües tenderían a usar *tú, uno* —similares a *you, one*— o cualquier otra forma antes que el *se* impersonal, por no tenerla en el modelo del inglés. Los resultados cuantitativos aparecen en los cuadros 9 y 10:

cuadro 9 **Uso de las variantes inespecíficas (*se* exclusivo y *-n*)**

	Monolingües	Bilingües (*neorriqueños*)
Se exclusivo	66,87%	15,32%
3.ª p. plural *(-n)*	33,12%	84,67%

Fuente: Morales (1995).

cuadro 10 **Uso de las variantes inespecíficas (*se* inclusivo, *tú*, *uno*)**

	Monolingües	Bilingües (*neorriqueños*)
Se inclusivo	46%	8,35%
Uno	43,34%	56,33%
Tú	10,64%	35,30%

Fuente: Morales (1995).

El menor uso de *se* inclusivo por parte de los hablantes bilingües con mayor dominio del inglés se justifica no solo porque el inglés no tenga una forma similar y utilice *you* o *one* en su lugar[32], sino además, porque *tú* y *uno*, diferentes al *se*, llevan a un discurso más informal y directo, en el que el hablante parece relacionarse de un modo más cercano con el interlocutor, uso lingüístico propio de estos grupos.

En un estudio posterior de Jany (2001), que contrastaba puertorriqueños residentes en la isla con los de los Estados Unidos, la investigadora también encontró una mayoría de casos de *uno* en los grupos de hablantes de Nueva York y una cierta tendencia a perder el *se* exclusivo[33].

Preposiciones

El paradigma preposicional en su conjunto constituye una parcela propicia para el cambio lingüístico. No solo se sustituyen unas preposiciones por otras sino que en ocasiones se eliminan algunas necesarias o se añaden en contextos que no las necesitan. Esto, a grandes rasgos, es un problema del español moderno, que afecta tanto a bilingües como a monolingües. En un análisis y recuento de preposiciones en textos de entrevistas con estudiantes puertorriqueños monolingües y bilingües (*neorriqueños*) se encontró que, en ambos textos, la preposición *en* fue la más utilizada en lugar de otras. Las preposiciones más veces sustituidas en este caso fueron *a* y *de*. En los textos de los hablantes bilingües las preposiciones que se usaron más veces en lugar de otras más adecuadas fueron *para* y *por*:

El ambiente en los Hobbie Cats era mi favorito (Yamín, 1991).
Yo vivía en Indiana por dieciocho años (Yamín, 1991).
Cuando era tiempo para matricularme en la escuela, no me dejaron (Yamín, 1991).

Los resultados se recogen en el cuadro 11.

cuadro 11 **Uso preposicional**

Preposiciones	Monolingües	Bilingües
Para	1/25 (4%)	10/55 (18,18%)
Con	0/25	2/55 (3,63%)
En	13/25 (52%)	21/55 (38,18%)
Por	0/25	9/55 (16,36%)
De	4/25 (16%)	6/55 (10,9%)
A	5/25 (20%)	5/55 (9,09%)
Hacia	2/25 (8%)	2/55 (3,63%)

Fuente: Yamín (1991).

Frases nominales sujeto

Sobre la frase nominal sujeto, el español no cuenta con muchos trabajos de contacto de lenguas, especialmente cuando se trata de lengua escrita. En un acercamiento muy superficial a algunos textos en español de autores bilingües hemos encontrado casos de ausencia de determinantes en frases nominales que funcionan como sujetos oracionales. La obra de los escritores puertorriqueños de Nueva York que escriben en español o que escriben en inglés y luego la traducen al español —aunque haya sido traducida por el mismo autor— ofrece materiales interesantes para este tipo de análisis. Sirvan de ejemplo estas oraciones:

> De adentro de las casas perros ladraban al yo pasar.
> Don Teo dibujó un collar en el pescuezo del cerdo con un arco de su cuchillo y sangre brotó dentro de la palangana de Mami y gotitas salpicaron su delantal[34].
> En las calles y en la casas de la ciudad muchas actividades y canales de información rodean a los niños.

En español, estas frases nominales sujeto no solo tendrían un artículo determinado antepuesto sino que normalmente estarían pospuestos. El sujeto tema o tópico se antepone en español acompañado de determinante; en las pocas ocasiones en que se trata de un sujeto foco, este suele ir pospuesto[35]. Esta posición antepuesta y sin artículo de un sujeto foco es un recurso muy marcado y poco usado en español, que tiende a colocar la unidad con información nueva pospuesta al verbo. Estos datos indican que la posición de las unidades en la oración, especialmente en lengua escrita, puede ser un *locus* propicio para la influencia lingüística, sobre todo, porque el inglés presenta un orden fijo, o más fijo que el español, de las unidades de la oración.

Influencias interdialectales

Como hemos visto en los datos demográficos, hoy los puertorriqueños de Nueva York no solo conviven con el inglés, sino con otros dialectos hispanos. Nueva York se ha convertido en una comunidad hispánica pluridialectal. Dominicanos, cubanos, colombianos, ecuatorianos y mexicanos interactúan con ellos en el mismo espacio y, como consecuencia, debemos suponer que podrá haber ciertos cambios que lleven a la asimilación lingüística. Los resultados de esta convivencia en los Estados Unidos son difíciles de prever.

Los estudios realizados hasta ahora han identificado dos fuerzas de cambio que producen soluciones opuestas: por un lado, pudiera suceder, como indicó Labov (1973) que el deseo de distinguirse de los otros, como sucedió en la isla de Marta Vineyard, lleve a los grupos hispanos de Nueva York a reforzar los rasgos distinguidores de su modalidad, y en este caso, los dialectalismos podrían cobrar fuerza. Ejemplo de ello es la situación de los puertorriqueños en Marquin, núcleo en el que conviven puertorriqueños y mexicanos. Los puertorriqueños están concentrados en unos cuantos vecindarios y demográficamente son el segundo grupo hispano; su estatus institucional es alto y están bien representados políticamente. Ghosh Johnson (2005) comprobó que puertorriqueños y mexicanos mantenían separados sus dialectos. Parece ser que las barreras ideológicas, por sus diferencias étnicas y diferencias en cuanto a ciudadanía, habían impuesto también las lingüísticas[36].

Esta situación de mayor o menor asimilación entre las distintas modalidades de español que se hablan en los Estados Unidos hace que la investigación haya reorientado algunas vías de análisis y se incluya ahora la nivelación dialectal como uno de los procesos importantes de cualquier estudio. Por ejemplo, en California, Silva Corvalán (2000: 80) nos dejaba saber que el constante flujo de centroamericanos con su característico voseo, aspiración de -s final y aspiración de s- en inicio de sílaba (*hopa* por *sopa*), rasgos desconocidos en la mayoría de los dialectos mexicanos, debían ser tenidos en cuenta a la hora de caracterizar el español en California; el perfil mexicano de esta variedad ya no estaba tan claro. Cabría pensar que la interacción continua de todos estos hablantes de distintas variedades llevará a la nivelación lingüística y a la creación de una variedad pandialectal. Cobra importancia este hecho si tenemos en cuenta que hoy existen en Nueva York investigaciones que parten de estos postulados y están dirigidas a medir esos efectos; por ejemplo, la iniciada en la City University of New York sobre la aparición de sujeto pronominal, que quiere medir ambas cosas: nivelación dialectal e influencia del inglés (Otheguy y Zentella, 2001)[37].

Por otro lado, se dan circunstancias externas favorecedoras de la extensión y difusión de estas modalidades y de la correspondiente asimilación. En muchos canales de televisión en español (de las emisoras CNN y CBS de los Estados Unidos, por ejemplo), que llevan su señal a casi todo el mundo hispánico, esta asimilación se da en la expresión tanto en los locutores de hablar cuidado, como en la del hombre de la calle que vive los acontecimientos y los espectáculos que llevan a la pantalla la vida real. Estos últimos espacios van acompañados de dialectalismos y casos de intercambios de códigos[38]. Estamos, pues, en la vorágine de una explosión demográfica que abre nuevas veredas lingüísticas a unos y a otros.

En la descripción que Álvarez Nazario (1983) hacía del español de los puertorriqueños de Nueva York, incluía tanto particularidades causadas por la influencia del inglés como elementos procedentes de los dialectos de las zonas rurales del país. Lo consignaba diciendo que a diferencia de lo que es el uso oral cotidiano de la isla, en el que las presiones cultas contribuyen a delinear las fronteras entre los varios estratos socioculturales, la expresión hispánica de Nueva York constituía un islote cerrado y conservador, de mayor o menor rusticidad y vulgarismo, reflejo del habla popular que representaba. Sus ejemplos eran muy elocuentes, léxico arcaico: *compaña, atenencias, contesta, comparanza, mestura*; aspiraciones de [h]: *mojoso, ajogo, cajne*; alteraciones vocálicas: *polecía, prencipal, nengún, dispertar*, etc. y otras cuantas que nos recuerdan, desde luego, el habla rural isleña.

Hago hincapié en estas observaciones de Álvarez Nazario porque los dialectalismos de los hispanos en los Estados Unidos se han convertido en tema importante de discusión de muchos trabajos actuales. Hoy en día, a los investigadores les interesa conocer si en el puertorriqueño de Nueva York permanecen los cambios de timbre de las vocales *e, o*, rasgos dialectales que ya habían interesado a este investigador (*polecía, prencipal*, etc.) junto a otros de influencia lingüística, como el paso de /b/ a /v/. Se discute la posibilidad de que el hablante mantenga, junto a los anglicismos propios de su contexto, los rasgos populares nacionales que lo identifican frente al grupo general de hispanos e, incluso, que enarbole con pasión estas expresiones dialectales como banderines de su identidad nacional.

Léxico

Tradicionalmente se ha señalado que el léxico es una de las parcelas más vulnerables a la influencia de otra lengua porque al estar constituido por paradigmas abiertos puede incorporar nuevos términos sin grandes reajustes, aunque haya parcelas básicas del vocabulario que sean casi totalmente impermeables[39]. En estas incorporaciones léxicas están implícitos los cambios tecnológicos, culturales e ideológicos que experimentan las poblaciones, particularmente si se desplazan a otras comunidades.

Los préstamos, en general definidos como palabras de una lengua extranjera que se usan en la propia, son procesos complejos que se reflejan tanto en la incorporación de nuevas formas léxicas a nuevos usos, como en la sustitución de formas patrimoniales por otras nuevas. En las comunidades bilingües, además de los préstamos, se dan los desplazamientos semánticos cuando una palabra hispana adquiere un significado prestado de otra lengua y las construcciones calcadas reflejan construcciones inglesas con palabras del español. Así es costumbre distinguir entre préstamos, desvíos semánticos y calcos. Los primeros, a su vez, se clasifican en crudos y adaptados según su integración al español. De las investigaciones realizadas sobre el léxico de los puertorriqueños en Nueva York se han recogido los siguientes datos en cuanto a las categorías sintácticas más representadas en estos préstamos (vid. cuadro 12).

La representación de estos procesos en los textos de los inmigrantes muestra la diferencia cuantitativa entre los préstamos crudos o no integrados y las otras dos categorías, los adaptados y los calcos. Los primeros son los más frecuentes (vid. cuadro 13).

cuadro 12 **Categoría gramatical de los préstamos univerbales**

	Grupo 1	Grupo 2	Grupo 3
Nombres	83%	35%	28%
Verbos	1%	2%	2%
Adjetivos	2%	8%	3%
Adverbios	0%	2%	2%
Marcadores del discurso	14%	53%	66%

Fuente: Torres (1997).

cuadro 13 **Distribución de préstamos y calcos**

	Grupo 1	Grupo 2	Grupo 3
Integrados	3%	4%	13%
No integrados	87%	72%	63%
Calcos	9%	24%	24%

Fuente: Torres (1997).

Los hablantes de mayor contacto con el inglés (grupo 3) usan más préstamos adaptados y calcos que los otros grupos, especialmente los llamados calcos plurimembres (*phrasal calques*).

Los anglicismos que se presentan a continuación han sido recogidos por varios autores (Zentella, 1997; Otheguy et ál., 1989; Jany, 2001; Dupey, 2006). En su mayoría son palabras que se repiten reiteradamente en los hablantes de la comunidad puertorriqueña de Nueva York[40] (vid. página siguiente).

La lista muestra que, efectivamente, la mayoría de préstamos se utilizan en la forma no adaptada, aunque eso no quiere decir que no sufran adaptaciones cuando se pronuncian. No siempre un anglicismo se pronuncia de la misma manera; no todos los hablantes siguen los mismos procesos fonéticos y las expresiones ofrecen una gama amplia de variantes que no siempre recuerdan el original. Existen también anglicismos no adaptados momentáneos que se utilizan en situaciones únicas y que no han pasado a formar parte del repertorio de la comunidad. Estos forman parte de las alternancias de códigos. Algunos de la lista, como señalan los autores, cualificarían posiblemente también como casos de alternancia.

Anglicismos de uso frecuente

acknowledgement (reconocimiento)

administrative assistant (asistente de administración)

advanced English (inglés superior)

advertising (publicidad)

air force (fuerza aérea)

aplicar (solicitar)

army (ejército)

back up (plan) (plan alterno)

basement (sótano)

basquetball (baloncesto)

beibi, beibito (infante)

béisbol (baseball)

bil (billete)

bildin (edificio)

bilingual (bilingüe)

bitchy (melindroso)

bloque (manzana, cuadra)

blurry (nebuloso, borroso)

boila (boiler)

boom (explosión)

borderline (límite, frontera)

bos/boso/bosa (jefe/jefa)

bowling (bolos)

bowtie (lazo, tipo de corbata)

boy scout (niño escucha)

break (descanso)

broken English (inglés reducido)

broken Spanish (español reducido)

budget (presupuesto)

bumper (parachoques)

burger (hamburguesa)

bus (autobús)

chance (oportunidad)

chequear (revisar, verificar)

chipe (barato)

circle (círculo)

class day (día de actividades escolares)

close contact (amistad íntima)

coat (abrigo)

comedy (comedia)

Commonwealth (estado asociado, ELA)

commotion (conmoción)

contestar para atrás (responder)

cornflakes (cereal)

correr para (postularse)

courage (valentía, coraje)

coworker (compañero de trabajo)

crismas (tarjetas de navidad)

cuora (quarter)

cupón (vale de alimento <coupon)

daddy (papi)

dance (baile)

day care (cuidado de niños)

deal (arreglo)

degree (grado académico)

downtown (centro de la ciudad)

elementary school (escuela primaria)

esprei (rociador)

explorer (explorador)

factoría (fábrica)

family trip (viaje familiar)

farewell (despedida)

fingerprint (huella)

feeling (sentimiento)

fishing-rod (caña de pescar)

floorgirl (muchacha de piso)

football (fútbol)

foreman (capataz)

fraternize (confraternizar)

fries (papas fritas)

frisarse (to freeze)

fry cook (cocinero)

fuel (combustible)

full time (jornada completa)

funny (gracioso, cómico)

gap (laguna)

garage sale (venta casera)

garment industry (industria de la ropa)

gas station (gasolinera)

gate (portón)

gate room (sala de salida)

goggles (gafas protectoras)

good terms (armonía)

good bye (adiós, despedida)

grandmaster (gran maestro)

guelfér (asistencia pública <welfare)

guest speaker (orador invitado)

gufear (divertirse)

gufeo (diversión)

hall (recibidor, sala)

handball (balonmano)

handyman (encargado de mantenimiento de un inmueble)

happy (feliz)

heart attack (ataque cardiaco)

high school (escuela secundaria)

high society (alta sociedad)

hockey (jóquey)

homeless (sin techo)

horoscope (horóscopo)

host (anfitrión, presentador)

hurricane (huracán)

ice cream (helado)

icon (icono)

imeil (correo electrónico)

internet

interpreter (intérprete)

introducir (presentar)

janguear (divertirse)

janitor (conserje)

jobi (pasatiempo)

joguear (correr)

jolopero (asaltante <hold up)

joqui (jinete)

juquearse (conectarse, <to hook up)

kindergarten (jardín de infancia)

knowledge (conocimiento)

laboratory scientist (científico de laboratorio)

laundry (lavandería)

layoff (despido)

lobster (langosta)

lonchar (almorzar)

machine presser (máquina prensadora)

main branch (rama principal)

manager (gerente)

marine (marino, marinero)

marketa (mercado)

marketing (mercadeo)

meeting (reunión)

merchant (comerciante)

middle school (escuela intermedia)

moder (mamá)

moverse (mudarse)

Native American (indio norteamericano)

Navy (la Marina)

neighborhood (vecindario)

news (noticias)

Newyorican

nigger (negro)

officer (oficial militar)

on call (de guardia)

parquear (estacionar)

part time (jornada parcial)

party (fiesta)

piece work (trabajo a destajo)

piquels (encurtidos)

playland (parque de diversiones)

project (caserío)

public school (escuela pública)

push-up (flexión)

rapear (bailar rap)

receiving (recibimiento)

receptionist (recepcionista)

recording studio (estudio de grabación)

renta (alquiler)

rollerblades (patinete de ruedas)

rocheo (ajoro)

scrach (arañazo)

shelter (refugio)

shipping (envío)

shopping bag (bolsa)

show (espectáculo)

snowman (muñeco de nieve)

social security (seguro social)

softball

Spanglish

Spanish class

Spik (hablante de español)

sport (deporte)

sticker (calcomanía)

street vendor (vendedor de la calle)

student council (consejo de estudiantes)

suerita (chaqueta, jersey)

suntan (bronceado)

supplier (suplidor)

supplies (provisiones)

swimming (natación)

synthesizer (sintetizador)

talk show (espectáculo de preguntas)

tax (impuesto)

taxear (conducir un taxi)

teenager

ticket

town house (apartamento adosado)

trouble (dificultad)

trucker (camionero)

underwater diving (bucear)

volibol

volleyball

volver para atrás (regresar)

warning (aviso)

weekend

white (anglosajón)

wintertime (temporada invernal)

work (trabajo, empleo)

yarda (patio <yard)

yuppi (joven profesional)

Alternancia de códigos

Bilingüismo y alternancia de códigos

La persona bilingüe en inglés y español puede hablar en cualquiera de estos idiomas e, incluso, puede expresarse en ambos en el mismo discurso. Esta es una de las manifestaciones más conocidas de los bilingües: el cambio o la alternancia de códigos (en inglés, *code switching*). La alternancia de código puede ser de una sola palabra y, en ese caso, se puede confundir con el anglicismo crudo. Se han escrito ya muchas páginas sobre ello (Poplack y Sankoff, 1984; Zentella, 1997; Torres, 1997; Donovan, 2004, entre otros). El préstamo es una unidad anglicada que ha pasado o puede pasar a las generaciones posteriores. La representatividad que el término tenga en el discurso del propio hablante y en el discurso de la comunidad, junto a la frecuencia de uso y la integración morfofonológica y sintáctica, son otras de las propiedades que establecerán la diferencia. Siempre habrá casos límite que podrían ser nombrados por ambas categorías.

Este modo de comunicación ha recibido muchas críticas, especialmente de los educadores, que ven en su uso posibles deficiencias en una o en ambas lenguas o un gran descuido. Muchos estudiosos, sin embargo, alaban la creatividad que entraña el proceso y el dominio lingüístico que supone la alternancia de dos lenguas. Algunos de sus usuarios ven en él algo más que un modo de hablar o un recurso para suplir las fallas léxicas; para ellos es la expresión de su propia identidad y símbolo de solidaridad con el grupo al que pertenecen. Es, desde luego, muy común en las comunidades bilingües de los Estados Unidos y en todas las sociedades que manejan más de una lengua.

Hay diferencias en cuanto a su concepción y, también, problemas de terminología. No todos los lingüistas están de acuerdo en las categorías establecidas (Eastman, 1992: 1). En las distintas investigaciones hechas sobre la población puertorriqueña de la ciudad de Nueva York (Torres, 1997; Zentella, 1997; Jany, 2001, por nombrar las más recientes) surgen también otros nombres, entre ellos, *code mixing* y *crutching* con significados específicos en cada trabajo. Zentella llama alternancia de lenguas al cambio de idioma producido cuando aparece un nuevo interlocutor o en un nuevo turno de habla y *code switching* al cambio que se produce en el mismo turno de habla con el mismo interlocutor (Zentella, 1997: 97)[41].

Motivaciones de la alternancia

La alternancia puede tener diferentes motivaciones, entre ellas, querer comunicar una experiencia compartida de un modo más íntimo, establecer identidad social, cultural o étnica, crear confianza con el interlocutor, etc. Lleva a cabo diferentes funciones comunicativas: citar a otra persona en el medio de la conversación, pasar a una experiencia diferente de lo que se relata, subrayar una expresión, aclarar una aseveración, etc. Según Zentella (1997), el cambio de código en el Bloque obedecía a la inclusión de una cita o expresión recogida de otra persona o cuando se quería conseguir la aprobación del interlocutor. También un cambio de tópico o inserción de una expresión no relacionada con lo anterior producía la alternancia, como en los ejemplos siguientes:

Vamos a preguntarle. It's raining! (Zentella, 1997).
Él me dijo, Call the police! (Zentella, 1997).
Porque estamos en huelga de gasoline, right? (Zentella, 1997).

Otras veces el hablante no recordaba un término y se encontraba en la necesidad de sustituir en la otra lengua una palabra olvidada momentáneamente:

You shouldn't take that out because you're gonna stay mellá (Zentella, 1997).

Donovan (2004) señala que los hablantes monolingües poseen la habilidad de realizar cambios de estilo cuando las situaciones pragmáticas o lingüísticas los motivan a realizar determinada expresión y que los hablantes bilingües, en situaciones similares, cambian de código. Esta razón estilística podría ser una de las motivaciones, pero su utilización implica, además del manejo de un estilo lingüístico particular, una estrategia innovadora con la que se manifiestan los valores del grupo. Con ello se siguen las normas del repertorio lingüístico de la comunidad, lo que ayuda a los hablantes a construir una identidad social. Aunque la alternancia de código es típica de los hablantes bilingües, esta modalidad discursiva puede darse también en los que tienen un conocimiento incipiente de la segunda lengua. Simplemente copian las expresiones que oyen a su alrededor, especialmente de los hablantes de su mismo grupo social y generacional.

Tipos de alternancia

Las alternancias se dan tanto en las fronteras oracionales como dentro de la misma oración. Hay cambios interoracionales y cambios intraoracionales. Estos últimos no se realizan normalmente entre las unidades que mantienen una relación sintáctica muy estrecha.

En las calles y en la casas del Barrio los niños están rodeados de actividades y canales de información en ambas lenguas, inglés y español. Radio, TV, teléfono, amigos, parientes, jóvenes y mayores con los que conversan en los dos idiomas. Hacen la elección lingüística dependiendo de la situación y del interlocutor de ese momento, se mueven de una lengua a otra con facilidad, acoplándose a las circunstancias del momento. En general, los niños respondían en la lengua en la que se les hablaba: a los mayores y cuidadores, en español, porque solían ser personas monolingües en esa lengua, a los otros niños, generalmente en inglés (Zentella, 1997). En estas comunidades puertorriqueñas, el Barrio y similares, no existe diglosia; las investigaciones han demostrado la yuxtaposición de ambas lenguas en muchos contextos y la alternancia de un idioma a otro en las mismas situaciones de habla, lo cual parece implicar que se están usando dos gramáticas o dos sistemas lingüísticos a la vez.

Zentella (1997) llegó a recoger 1.685 casos de *code switching* producidos principalmente por cinco niños en 103 horas de grabación en los primeros 18 meses del estudio. La autora concluye que los datos obtenidos muestran que los niños dependen y descansan en el vocabulario del inglés, patrón que se ha corroborado en estudios etnográficos de autorreflexión (Zentella, 1997: 107). En pocas ocasiones la alternancia venía precedida de pausa, sino que la integración de las dos lenguas producía una actuación tan afín como el habla de un monolingüe[42].

Los hablantes bilingües parecen utilizar las alternancias interoracionales con una frecuencia un tanto superior a las intraoracionales. En la investigación de Dupey (2006), en treinta y seis narrativas analizadas se produjeron un total de 247 cambios de código, 141 interoracionales y 106 intraoracionales[43] (vid. cuadro 14).

Las categorías sintácticas que más favorecieron la alternancia en las investigaciones realizadas hasta ahora fueron las conjunciones o marcadores discursivos, las frases preposicionales, las frases nominales y los adverbios. Los datos de Zentella (1997) aparecen a continuación en el cuadro 15.

La jerarquía seguida en las alternancias intraoracionales se muestra en el siguiente cuadro 16.

Conclusión

De todos los datos analizados hasta ahora podemos concluir que los bilingües en las comunidades estadounidenses presentan un grado de integración de inglés y español muy alto y que copian y adaptan expresiones inglesas al español para las cuales esta lengua tiene, la mayoría de las veces, formas bien establecidas. Además, crean nuevas formas y nuevas acepciones a las tradicionales debido la influencia del inglés.

cuadro 14 **Tipos de cambio de código**

Interoracionales	Intraoracionales
141 (57%)	106 (43%)

Fuente: Dupey (2006).

cuadro 15 **Jerarquía sintáctica en las alternancias**

Categorías	Grado de aparición
Oraciones	23%
Nombres	14%
Cláusulas independientes o subordinadas	12%
FN objetos	6%
Conjunciones	6%

Fuente: Zentella (1997).

cuadro 16 **Jerarquía sintáctica en los *code switching* intraoracionales**

Categorías	Grado de aparición
FN sujeto	14,28%
FN objeto	1,58%
FP	20,62%
FV	7,93%
Frase adverbial	9,52%
Adjetivo atributo	4%
Conjunción/marcador discurso	26,97%
Repeticiones/otros	12,69%

Fuente: Dupey (2006).

Creencias y actitudes

Actitudes hacia el inglés y el español

Las actitudes que muestran los puertorriqueños de los Estados Unidos no son simples ni homogéneas, pues dependen de la historia particular de cada uno de ellos. Estas actitudes cambian dependiendo del lugar de nacimiento, del tiempo de llegada al país, de la escolarización previa, de la situación socioeconómica, de las relaciones familiares, de la zona en la que se ha instalado, etc. En términos generales, la actitud de los inmigrantes hispanos es positiva hacia los dos idiomas: el español se ve con beneplácito en las comunidades bilingües estudiadas, y también el inglés, que se asocia con el progreso. A mayor tiempo de estancia en Norteamérica, mejor situación educativa y económica y mayor incremento de actitudes positivas hacia el inglés. Esta es la norma, aunque pudiera no ser así para todos; algunos educadores observan que las largas estancias en los Estados Unidos de los que llegaron de niños pueden estar ligadas a actitudes negativas en algunos de ellos. Las aspiraciones de éxito escolar y progreso con las que llegan a la escuela estadounidense se pueden transformar en conductas ligadas a la deserción escolar, las drogas y el pandillaje (Rumbaut, 1996).

Los datos sobre actitudes y comportamiento lingüístico de los nuevos inmigrantes prueban que para estos es importante aprender inglés. Cuando se les pregunta a los niños inmigrantes si aprender inglés es importante, la inmensa mayoría responde que sí, aunque el 47% de ellos admita que aprender inglés es difícil. Según los informes censales tres cuartas partes de todos los inmigrantes que viven en los Estados Unidos por un período de diez o más años dicen que hablan inglés. Incluso en las zonas donde hay una gran densidad de nuevos inmigrantes el conocimiento del inglés entre los niños es casi general, aunque su inglés no se acerque a la lengua estándar. La actitud positiva hacia el inglés es un hecho que se constata en las investigaciones. En Indiana Attinasi (1985) analiza las actitudes lingüísticas de los mexicanos y puertorriqueños y las compara con las obtenidas previamente en Nueva York. Se repite la evaluación del inglés como la forma 'más cómoda' y 'mejor' de comunicarse. El cuadro 17 recoge los datos de Attinasi:

cuadro 17 **Evaluación de inglés y español en Indiana y Nueva York**

		Indiana	Nueva York: maestros	Nueva York: Bloque
'Mejor'	Español	18,4%	15%	29,7%
	Bilingüe	35,4%	30%	39,6%
	Inglés	46,2%	52,5%	29,7%
'Más cómoda'	Español	23,1%	16,7%	33%
	Bilingüe	20%	25%	19,7%
	Inglés	55,4%	58,3%	47,3%

Fuente: Attinasi (1985: 45).

En la comunidad del noroeste de Indiana estudiada por Mendieta (1994, 1997), este autor (1994) encontró que el grado de lealtad lingüística era de un 79% en East Chicago, de un 64% en Gary y de menos en las otras comunidades.

En contraste con estos datos, la opinión generalizada de la comunidad cree que los hijos de inmigrantes no se asimilan. En el caso de poblaciones que están continuamente renovándose por la inmigración reiterada, esta situación impide ver la gran proporción de asimilación que hay en la segunda y en la tercera generación. El observador desde fuera no diferencia a unos de otros, de hecho solo ve a los recién llegados que aún no se han asimilado y no han aprendido inglés. Estas opiniones alimentan comentarios poco favorables sobre los inmigrantes. Se ha señalado que los últimos son diferentes de los que llegaban anteriormente. Se dice que están menos educados, menos diestros, más propensos a tener problemas con la ley, menos inclinados a compartir la cultura americana y sus valores y menos inclinados a ser americanos en nombre y espíritu (Brimelow, 1995).

Los grupos actuales de jóvenes que alardean de su identidad marchando con su bandera y sus símbolos nacionales crean preocupación a gran número de estadounidenses, lo mismo que las recientes marchas pidiendo un cambio en las leyes migratorias. El debate sobre el inglés como lengua oficial de los Estados Unidos se ha inspirado en estas opiniones que están detrás del movimiento del 'Solo Inglés' (English Only)[44]. Muchos estadounidenses piensan que la unidad lingüística se ha roto y que la sociedad puede llegar a un completo caos si siguen llegando más inmigrantes.

Aprender inglés no significa olvidar la lengua materna. La gran mayoría señala que mantener su lengua era también importante. En esto se destacan los niños hispanos porque son los inmigrantes más dispuestos a mantener su propia lengua (Portes y Schauffler, 1994). En términos generales las actitudes hacia el español por parte de los puertorriqueños de Nueva York, niños y adultos, son positivas. Así se ha recogido en diferentes estudios que encuentran evidencia de ello (Zentella, 1990b y 1997; García et ál., 1988; Torres, 1997; Jany, 2001).

Actitudes de los adultos

En las investigaciones de la ciudad de Nueva York en Brentwood, Long Island, el 93% de los padres puertorriqueños señalaba que era importante que sus hijos aprendieran español y un porcentaje un poco mayor, 98%, decía que era importante que sus hijos aprendieran inglés. En esa comunidad, el 50% de ellos daba como motivo que el español 'es parte de su herencia cultural'; y el 50% o más quería que aprendieran inglés, porque 'es la lengua de los Estados Unidos' y les facilitará el no tener que depender de los estadounidenses. En términos generales, los análisis muestran que para los adultos el español hay que mantenerlo para comunicarse con los familiares monolingües, pero no parecen adjudicarle muchas ventajas laborales o profesionales. La información que ofrece Jany (2001), también de la ciudad de Nueva York, muestra que las actitudes eran positivas hacia ambas lenguas, pero con condicionamientos: el 56% de los puertorriqueños adultos se quejan de que sufren discriminación, y más del 50% de los jóvenes y adultos creen que el discrimen que sufren es por la lengua, por hablar español.

La mayoría de los padres, si no todos, quieren que sus hijos sean bilingües. Así mantienen el español por razones afectivas y el inglés por ser la lengua con la que podrán obtener empleo y evitar la discriminación. Los adultos monolingües en inglés, o con pocas destrezas en español, preferían el inglés.

No están todos de acuerdo en cuanto a quién le corresponde la enseñanza del español, si bien algunos padres consideran que esta enseñanza debe recaer en la escuela y el hogar, otros piensan que solo debe enseñarse en el hogar por los padres y que en la escuela deben aprender inglés (Zentella, 1997; Torres, 1997; Jany, 2001).

Actitudes de los estudiantes

El 89% de los estudiantes puertorriqueños señala que para ellos es importante hablar español y el 99% dice lo mismo del inglés. En general, como sus padres, aprecian el valor de ser bilingües y señalan que ambos idiomas son valiosos en sus vidas. Las razones que dan para mantener o desarrollar el español son también afectivas. Es la lengua de sus ancestros, acrecienta su cultura y pueden hablar con padres y parientes. Esta fue la segunda respuesta más popular a la pregunta de por qué es importante hablar español. Otra contestación repetida fue 'Soy puertorriqueño, en Puerto Rico se habla español, pues yo debo hablar español'. Pero, aunque hayan tenido por lo menos un año de educación bilingüe o clases en ESL, menos de un 10% identificaba el español como importante para la educación; la mayoría lo ve como la lengua familiar que les ayuda a mantener esos lazos familiares (Torres, 1997: 29). Resultado esperable si en la escuela todas las asignaturas se dan en inglés y en ella reciben los contenidos importantes de las ciencias.

El 38% cree que el discrimen que sufren es por el idioma que hablan (Torres, 1997). Esta percepción, que al principio no forma parte de sus creencias, empieza a serlo según van alcanzando más edad. No es extraño que muchos jóvenes quieran distanciarse de ese español que está estigmatizado; si hablan inglés, simplemente se les identifica como hispanos de los Estados Unidos, pero si hablan español, se les califica de puertorriqueños o dominicanos (García et ál., 1988: 496).

En cuanto al inglés, expresan que es importante hablarlo porque era la lengua de los Estados Unidos; esa fue la respuesta más frecuente[45]. Otra de las razones más repetidas fue que el inglés era importante para la educación porque la escuela es en inglés y todo se aprende en ese idioma.

Actitudes hacia la identidad nacional

La identidad de los puertorriqueños como pueblo hispano con sus rasgos propios, costumbres y tradiciones no parece estar en peligro aunque estos sean residentes de los Estados Unidos. La identidad de los puertorriqueños monolingües en inglés tampoco está en debate, nadie duda de su puertorriqueñidad. En una investigación llevada a cabo en el Barrio de Nueva York, el 100% de los 91 miembros entrevistados de la comunidad señaló que 'se puede hablar inglés y ser parte de la cultura puertorriqueña' (Attinasi, 1979). Esta opinión fue comprobada posteriormente con jóvenes nacidos y criados en Nueva York que volvieron a la isla, y al ser preguntados si era posible que una persona que hablaba solamente inglés se mantuviera como puertorriqueña, el 91% estuvo de acuerdo en que era posible (Zentella, 1990)[46]. Jany (2001), en su estudio neoyorquino, encontró que sus informantes mantenían una actitud positiva hacia el español porque es un elemento constitutivo de su identidad y un factor que unifica a todos los hispanos. De hecho, aun los nacidos en los Estados Unidos se sentían puertorriqueños ciento porciento.

Para gran parte de los padres e hijos entrevistados, la lengua no representa el rasgo más crucial de la identidad hispana o puertorriqueña. El español está vivo en la comunidad, pero aun en los que no lo hablan, la cultura puertorriqueña está viva en ellos. Asocian su identidad a las costumbres y tradiciones y a un modo de ser y actuar que, según ellos, los caracteriza (Zentella, 1997).

Actitudes hacia la educación bilingüe

La educación bilingüe está directamente relacionada con los inmigrantes y es un tema que ha ocasionado discusiones encendidas y mucho apasionamiento. Las opiniones y actitudes sobre ella varían. Unos la ven como una ayuda importante para sus hijos, que no saben inglés, necesaria para transmitirles la herencia cultural y una clara ventaja para que puedan manejar dos o más lenguas en el futuro. Otros consideran que esos programas bilingües mantienen a los hijos con una ciudadanía de segundo grado que no les garantiza el triunfo profesional ni una buena educación[47]. En general, los que se oponen a ella la consideran como un manifiesto rechazo a la integración a la cultura americana[48]. La animosidad de la sociedad americana contra la enseñanza en español ha acrecentado estas últimas reacciones en los grupos hispanos.

Hay excepciones. En DiBenedetto (2001) se recogen actitudes muy positivas por parte de estudiantes puertorriqueños de escuela secundaria hacia la educación bilingüe y, en general, hacia la enseñanza en las escuelas públicas americanas. Se trata de una investigación llevada a cabo en la escuela Thomas A. Edison High de Filadelfia. Estos estudiantes, todos nacidos en Puerto Rico, aunque aún tenían deficiencias manifiestas en inglés, expresaban su satisfacción con la enseñanza recibida en el programa bilingüe, un programa de inglés como lengua secundaria en una comunidad pequeña de aprendizaje (Small Learning Community, SLC). En general, señalaban que estaban recibiendo en la escuela una enseñanza similar a la que recibían los estadounidenses de lengua materna inglesa en otras escuelas y la mayoría, la consideraba superior a la que se impartía en su país. Las preferencias por la educación bilingüe, según manifestaron, obedecían a la cordial interacción entre estudiantes y entre estudiantes y maestros, situación muy diferente al temor y la frustración que sentían cuando pasaban a las clases regulares.

Actitudes hacia la alternancia de códigos

La alternancia de códigos dentro de una oración o entre oraciones ha recibido muchas críticas, especialmente de los educadores que ven en ese uso posibles deficiencias en una o ambas lenguas o, en todo caso, descuido al hablar. Los propios bilingües dudan en su valoración, aunque en Brentwood un 82% de los adultos alternaba español e inglés, el 39% de ellos señalaba que eso no era correcto, y criticaban especialmente la alternancia dentro de la misma oración. El 77% de los estudiantes también alternaban códigos y, como sus padres, una buena proporción de ellos creía que esto no era adecuado.

Los usuarios del cambio de códigos piensan que es un problema, pero lo justifican. Hay opiniones muy variadas en la justificación: muchos señalan que no siempre tienen la palabra necesaria en una de las lenguas; otros, que suena muy agradable y los amigos lo prefieren; también que es el discurso que los identifica y que se sienten mejor hablando así. Los que ven en él algo más que un modo de hablar, es decir, los que lo ven como la expresión de su propia identidad, lo apoyan como símbolo de solidaridad. Cuando se les pregunta directamente por qué lo usan, la gran mayoría de los adultos señalan que es un hábito, los estudiantes, también, aunque gran parte de ellos no tiene una contestación segura. A continuación ofrecemos el cuadro 18 con los resultados obtenidos por Torres (1997) a esa pregunta.

cuadro 18 **Razones para usar la alternancia de códigos**

	Hábito	Falta palabra	Contexto	No conozco	Más fácil	Expresivo
Padres	50%	24%	18%	2%	5%	1%
Estudiantes	12%	31%	12%	36%	3%	6%

Fuente: Torres (1997).

En general, padres e hijos, a pesar de que lo usan, son bastante críticos cuando tienen que dar su opinión sobre la alternancia de lenguas; piensan que esa es una de las causas que hace que su modo de hablar esté estigmatizado.

Notas

[1] Véase la nota 9 del capítulo de 'Educación y cultura', en el censo 2004.

[2] Eso no quiere decir, desde luego, que en algunos dominios no pueda existir cierta preferencia por una u otra lengua. La diglosia facilita que las lenguas tiendan a mantenerse estables porque en esas circunstancias cada lengua tiene funciones y ámbitos particulares de uso.

[3] El Barrio se extiende al norte desde la calle 96 a la 125 y al este desde la Quinta Avenida a la Primera.

[4] Al comienzo de 1980, la población del Barrio era de 112.915 personas, con un 47,7% de hispanos (la mayoría, puertorriqueños), 43,1% de afroamericanos, 7,6% de blancos y 3,3% de otros. Esta composición demográfica cambió años después.

[5] Los que participaron en el estudio componían tres grupos: los nacidos en Puerto Rico o el padre o pariente que los cuidaba había nacido en la isla y llevaban en los Estados Unidos por lo menos diez años; los nacidos en Norteamérica de padres nacidos en la isla, y los nacidos en los Estados Unidos de padres nacidos en ese país. En los últimos grupos se encuentran los casos de monolingüismo en inglés.

[6] El bilingüismo equilibrado es en realidad una utopía, aunque una persona conozca o hable dos lenguas dependiendo de las circunstancias en que se encuentre, una u otra será dominante en una situación dada.

[7] Torres (1997) presenta los resultados obtenidos del grupo puertorriqueño en una investigación de más amplio alcance. Se compone de adultos y estudiantes. De los primeros, el 42% había nacido en Puerto Rico y el 13% en Nueva York. De los 74 estudiantes, el 85% había nacido en los Estados Unidos y el 15% en Puerto Rico, cursaban desde el 5.º grado hasta el 12.º.

[8] En esa comunidad, el 60% había terminado la escuela secundaria y el 40% había cursado *college*.

[9] Todos los muchachos señalaban que hablaban mucho más español con su madre, pero con los parientes no ancianos generalmente hablaban en inglés.

[10] A pesar de ello, en el estudio de la comunidad puertorriqueña de Nueva Jersey Fishman asociaba el español a dominios especiales (Fishman et ál., 1971).

[11] Por otro lado Attinasi et ál. (1982: 157) indicaban que se usa mucho menos español en la casa del que se confiesa. Hay, pues, entre los puertorriqueños un sentimiento de que el español debe mantenerse y usarse, y se sienten incómodos si tienen que informar que no lo han hecho.

[12] Sirvan de ejemplo estos nombres de iglesias de Nueva York: Iglesia Bíblica Cristiana, Iglesia Cristiana Reconciliación, Iglesia El Camino, Iglesia Pentecostal Amor y Santidad, Iglesia Monte Calvario, etc.

[13] Es una tendencia que ha existido desde hace muchos años, que mostraba preferencia por las variedades peninsulares, las costarricenses y las colombianas. Esta tendencia empezó a cuestionarse a principios del siglo XX.

[14] Según Estelle Irizarry, activa defensora del español, existe entre los especialistas en Filología Hispánica y áreas afines cierto esnobismo o sentido de inferioridad que les hace preferir el inglés (Pardiñas, 1999). También hay que considerar la mayor posibilidad de divulgación que ofrecen los trabajos en inglés.

[15] Hay que reconocer que aunque la mayoría de los hispanohablantes pertenecen a las clases humildes, ya forman un grupo demográfico potente con poder económico cada día más importante. La sección Hispanic Business Inc. de His-

panTelligence (2001) señalaba que el poder de compra de los hispanos sobrepasaba los 492,5 millardos de dólares (492,5 *billion dollars*).

[16] Así lo expresaba Álvarez Nazario (1983: 76) refiriéndose a los puertorriqueños de Nueva York: 'En el medio geográfico y social de la urbe norteña, donde el español de los emigrados de Puerto Rico se encuentra en continuo contacto con el idioma inglés, el influjo anglicista —tanto de tipo léxico y fraseológico como de naturaleza sintáctica y aun fonética— habrá de dejarse sentir con notoria fuerza sobre el vernáculo de nuestros compatriotas allí ubicados, imprimiéndole a su habla de todos los días lo que viene a ser quizá su nota más saliente y característica'.

[17] Ha recibido, también, otros nombres: *Ingleñol*, *Spanish broken*, *Espanglish* y *Espaninglish* (Zentella, 1997).

[18] Algunos lingüistas (Ilan Stavans) se atreven a decir que el *spanglish* es una modalidad del español que se pudiera considerar como un dialecto en sí misma. La mayoría de los especialistas lo definen como una interlengua típica de la segunda generación de 'latinos' en los Estados Unidos.

[19] Como ejemplo se podría citar la obra *Living in Spanglish*, que presenta el *spanglish* como el símbolo más patente de esta expresión cultural, que para el autor, Ed Morales, ya no es hispana, sino 'latina', con el significado de panhispánico.

[20] Es bien conocido que Ilan Stavans, de Amherst College, publicó la primera parte de la traducción al *spanglish* del *Quijote* y también *Spanglish: The making of a New American language*. Fue avalado, además, por la Escuela de Investigaciones Sociales de Nueva York, que ofrece un curso de *spanglish* para doctores, enfermeras y trabajadores sociales.

[21] Las descripciones del español neoyorquino señalan que se trata de una modalidad de naturaleza empobrecida que oscila entre dos idiomas sin afirmarse plenamente en ninguno de ellos (Álvarez Nazario, 1983: 79). También, nos dice que es una modalidad lingüística que retiene la estructura fonológica, morfológica y sintáctica del español puertorriqueño, aunque mucho de su vocabulario procede del inglés. Esta definición nos recuerda la que Thomason (1995: 20) nos da de las lenguas mixtas que como la 'media lengua' de Ecuador tiene la gramática del quechua y el léxico del español.

[22] Son pasajes narrativos en los que los hablantes cuentan experiencias de su vida, suelen ser sucesos que los han afectado mucho o que han tenido especial interés para ellos.

[23] No todas las narrativas contienen todas las partes señaladas, pero no por eso dejan de serlo; la abstracción es el constituyente que falta más a menudo (Labov, 1973).

[24] En la evaluación y la coda el hablante recoge toda la experiencia narrada para hacer el comentario final. La evaluación constituye una reacción personal ante los hechos, en ella el hablante se acerca a la situación de habla y al interlocutor; por eso el verbo suele estar en presente.

[25] Los procesos de simplificación lingüística que acompañan al discurso de muchos bilingües traen consigo un discurso más directo y simplificado con preferencia por las formas verbales más frecuentes y menos elaboradas, porque el hablante ha perdido o no alcanzó nunca las variantes más formales.

[26] Silva Corvalán (1990, 1994) habla de un continuo de ausencia de tiempos verbales en los inmigrantes mexicanos de Los Ángeles, en los que el proceso de pérdida se realiza según la generación a la que pertenecen los inmigrantes y los rasgos de contacto. Zentella lo muestra también en los puertorriqueños del Bloque (Zentella, 1997: 188-189).

[27] La pérdida de estas formas verbales se ha documentado igualmente, aunque en menor proporción, en las comunidades monolingües.

[28] El infinitivo con sujeto expreso es una construcción característica del español de Puerto Rico, que suele utilizarse especialmente en las construcciones con *para*. Una oración típica y poco marcada sería: *Para tú estudiar en esa universidad necesitas tener buenas notas*.

[29] La flexión de primera persona plural (-*mos*) es más compleja. Encierra tanto casos específicos como inespecificados, no siempre muy claros porque siempre hay una entidad referencial subyacente: *En Puerto Rico la gente es feliz, vamos a la playa, nos bañamos y uno se olvida de lo malo*.

[30] No se incluyeron los casos de pasiva refleja, estructura que quedó fuera del conteo.

[31] Los casos de *se* ambiguo, en los que el contexto no permitía identificar si había o no inclusión del hablante, fueron excluidos del conteo de variantes.

[32] Los usos de *you* y *one* no son siempre intercambiables en inglés, *one* se usa en contextos más formales.

[33] Hay que tener en cuenta que los conteos se hicieron de modo diferente sin considerar las formas que eran variantes y podían alternar en los distintos casos, por ello no son comparables todos los casos.

[34] Agradezco a Ángela di Tullio haberme proporcionado estos ejemplos de *Cuando yo era puertorriqueña* de Esmeralda Santiago.

[35] Una unidad temática es la que ofrece información consabida, normalmente es una entidad repetida del discurso anterior; la información nueva aparece en el foco que está pospuesto (el verbo o algún complemento). Los sujetos no suelen ser focos, es decir no suelen aportar información nueva. En *Luisa dijo la verdad*, si la información nueva recae en *Luisa*, el hablante posiblemente elegiría: *Fue Luisa la que dijo la verdad*.

[36] Ghosh Johnson (2005: 317) comprobó que puertorriqueños y mexicanos mantenían separados sus dialectos; parece ser que las barreras ideológicas, por sus diferencias étnicas y diferencias en cuanto a ciudadanía, habían impuesto las lingüísticas.

[37] A. Zentella y R. Otheguy y su equipo continúan los trabajos, los más recientes son Lapidus y Otheguy, 2005a y 2005b y Otheguy et ál., 2007.

[38] La situación actual de mezcla étnica e interacción dialectal no parece en principio ser factor suficiente para detener la influencia léxica. El papel hegemónico que los Estados Unidos ejercen sobre el resto de naciones se refleja no solo en el léxico sino además en los estilos de vida, en la copia de ideales y metas, etc., que los inmigrantes asimilan con rapidez.

[39] El léxico parece mucho menos permeable en los términos referentes al cuerpo humano.

[40] *Trópico en Manhattan*, novela que trata de los puertorriqueños en Nueva York a fines de los cuarenta, incluye un glosario de ochenta *nuyorriqueñismos*. Es una de las primeras listas de ese tipo, su autor es Guillermo Cotto-Thurner.

[41] Zentella (1997: 97) llama *crutching* al *code switching* sin significado comunicativo, que obedece simplemente al olvido momentáneo de una palabra.

[42] Según la autora el *code switching* les servía de elemento organizador del discurso.

[43] En Dupey (2006) los resultados cuantitativos del *code switching* intraoracional fueron bastante similares entre los bilingües equilibrados y los que tenían menos dominio del inglés; podría tratarse de un rasgo de estilo compartido por muchos jóvenes que están en situaciones de contacto.

[44] El movimiento que favorece el inglés como lengua oficial de los Estados Unidos, que impulsó el senador S. I. Hayakawa en 1981, ha recibido varios nombres, los más conocidos, English Only e English First. El primero cuenta con la aprobación del 85% de los estadounidenses. Tienen el inglés como lengua oficial veintiséis estados; los últimos en aceptar la medida fueron Kansas e Idaho en 2007. Por el contrario, aceptaron la resolución de English Plus: Nuevo México, Washington, Oregón y Rhode Island.

[45] Según uno de los estudiantes: 'People in the U.S. speak English. In this world if you don't speak it, you need someone to speak for you, I would rather speak for myself' ('La gente en los Estados Unidos habla inglés. En este mundo, si tú no lo hablas, necesitas a alguien que lo hable por ti. Yo quiero hablar por mi mismo').

[46] Zentella (1997: 53) comentaba así la opinión del antropólogo Seda Bonilla, que cuestionaba la posibilidad de que se consideraran puertorriqueños a los que no hablaban español.

[47] Tal vez por ello algunos padres hicieron huelga en Nueva York y en California para que sus hijos no entraran en los programas bilingües; de ahí la Propuesta 227, que abolió la educación bilingüe en California en 1998, que pasó a un programa de inmersión en inglés.

[48] Algunos adultos señalaban que: 'Siempre hay discriminación en contra de los hispanos de Brentwood, aunque estemos bien preparados educacionalmente', y otro expresaba: 'Anyone who live [sic] here should learn English. If not go back to where they come from' ('Todo el que vive aquí debe aprender inglés; si no, que se vuelva al lugar de donde vino').

Cubanos

Humberto López Morales

Monolingüismo

Español

Los monolingües en español constituyen una abrumadora minoría entre los cubanos; solo pertenecen a este grupo hablantes de edad medio alta o muy avanzada, y los inmigrantes recién llegados o con poco tiempo de estancia en los Estados Unidos.

En el primer caso, la situación es y será así por mucho tiempo, debido a la facilidad que ofrece el Gran Miami, en el que suelen avecindarse, para llevar una vida absolutamente normal sin necesidad de saber inglés. No debe olvidarse que el español es hoy lengua pública en el condado de Miami-Dade, como corresponde a una comunidad bilingüe y bicultural[1].

Hace ya dos décadas, un conocido sociólogo neoyorquino, David Rieff (1987: 224), afirmaba que hacía ya tiempo que los cubanos habían tomado el control de la 'atmósfera' de la ciudad, premisa que lo llevó a concluir: 'Los cubanos son probablemente los únicos que en realidad se sienten cómodos en el condado Dade en estos días, y Miami —subrayo— *es su ciudad*'[2]. Cinco años después, por ejemplo, Lisandro Pérez (1992: 93) subrayaba el hecho de que 'los cubanos en Miami podían comprar una casa o un automóvil, obtener un tratamiento médico especializado o consultar a un abogado o a un contable, todo, utilizando únicamente el español'. Estas afirmaciones, que no son ni esporádicas ni aisladas, siguen hoy en pie, incluso mucho más fortalecidas.

Inglés

Algunos de los cubanos nacidos en la isla hablaban inglés antes de llegar a suelo norte americano, bien porque lo habían estudiado en Cuba o en los mismos Estados Unidos durante sus estudios secundarios o universitarios. Entre los llegados en la primera ola de inmigrantes había un 37,6% de profesionales, ejecutivos y altos administrativos que manejaban esa lengua sin dificultad, y de seguro que otro porciento, este más modesto, de personal de oficina especializado y de vendedores también se podría comunicar en inglés. En 1973, los cubanos que manejaban bien la lengua mayoritaria correspondían al 44,8% de la población exilada; en 1980, la proporción había crecido al 57,4%. Hoy es mucho mayor.

Hacia el bilingüismo

La mayoría de los cubanos que no hablaba inglés, salvo los mayores, suele aprenderlo por los alicientes que ofrece el bilingüismo a los inmigrantes para conseguir un desempeño profesional pleno, sobre todo, cuando se vive fuera del Gran Miami. Sin embargo, salvo excepciones contadísimas, ninguno de estos dos grupos llega nunca a convertirse en hablantes monolingües en esa lengua. Entre los cubanos, el monolingüismo inglés es fenómeno extraño y ajeno.

No causa sorpresa que esto sea así, siendo la cubana una inmigración muy reciente: aproximadamente el 72% de estos inmigrantes ha nacido en la isla y solo un 28% lo ha hecho en suelo norteamericano. Entre los nacidos en Cuba, los que a su llegada contaban con 18 años o más constituyen hoy el 64,3%, los que tenían entre 17 y 7 años, el 25,7%, y los que habían cumplido un máximo de seis años, un 10%.

La primera generación de inmigrantes, la nacida en Cuba, aunque heterogénea en cuanto al tiempo de residencia en el país anfitrión, es, con mucho, la más numerosa. En el caso de los mayores de 18 años se trata, cuando menos, de jóvenes con su lengua materna suficientemente adquirida y, en caso de contar con estudios, terminada la escuela primaria completa y algunos también la secundaria. El segundo grupo, situado a lo largo de un período de unos diez años, es más heterogéneo y constituye realmente un grupo bisagra. El tercero y último ha tenido un proceso in situ de adquisición de su lengua materna relativamente corto, pues a lo sumo ha durado seis años; apenas ha habido tiempo de que su escolarización reglada hubiese podido comenzar.

Solo estos últimos sujetos y, por supuesto, los nacidos en los Estados Unidos, en su gran mayoría de padre y madre cubanos, han estado expuestos desde muy temprano al contacto con el inglés, lengua que suelen manejar con mucha fluidez, en ocasiones en detrimento de su español, pero no de su olvido.

El factor educativo y, sobre todo, el instrumento lingüístico en que se llevó a cabo la escolarización, no importa el lugar en que esta fue impartida, han tenido mucho que ver en el estado actual de la cuestión.

cuadro 1 Lengua del proceso educativo según lugar de nacimiento (porcentaje de uso)

	Cuba	Estados Unidos
Toda en español	67,1%	10%
Toda bilingüe	22,8%	30%
Español e inglés	7,1%	50%
Toda en inglés	2,8%	10%

Cuando se revisan las cifras correspondientes a la lengua de la instrucción de los cubanos que residen en los Estados Unidos, encontramos que, entre los nacidos en Cuba, la mayoría ha recibido su educación en español (67,1%), mientras que muy pocos (2,8%) lo hicieron en inglés; sorprendentemente la enseñanza bilingüe alcanza un importante 22,8%. Los que han nacido en territorio de la Unión, por el contrario, muestran cifras paralelas de educación en español o en inglés, en contraste con el 50% que la ha recibido alternativamente en inglés y en español, y el 30%, que ha disfrutado de una instrucción completamente bilingüe.

Los datos son muy evidentes. Los nacidos en Cuba, aun teniendo en cuenta los llegados de niños o de adolescentes, presentan, como era de esperar, las cifras más altas de escolarización completamente en español, aunque no deja de ser significativo que cerca de la cuarta parte haya disfrutado de una educación bilingüe. Entre los nacidos en territorio norteamericano los datos son también ilustrativos: cifras mínimas para la enseñanza exclusiva en español o en inglés, y apuesta fuerte por la educación bilingüe.

Se ve cuán importante es aquí el lugar de nacimiento y la edad de llegada. Es interesante subrayar que, en el caso de la escolarización, estamos ante una variable tan importante que neutraliza, no solo el factor generacional sino también el nivel sociocultural. Es verdad que, en cuanto a enseñanza bilingüe, los sujetos del estrato medio-alto y medio aportan cifras algo superiores a las del medio-bajo, pero esas diferencias no son significativas.

La instrucción reglada, los múltiples cursos ofrecidos por todas partes para el aprendizaje del inglés, los cursillos y seminarios de capacitación profesional, de actualización, de especialización y de un variado número de propósitos, el contacto con los medios de comunicación pública más lo aprendido en la universidad 'de la calle' han llegado a producir en el Gran Miami, con las excepciones señaladas, una situación de bilingüismo casi generalizada, aunque —como era de esperar— con muy variados grados de competencia.

cuadro 2 **Grados de competencia de español y de inglés según lugar de nacimiento y edad de llegada a los Estados Unidos**

	Nacidos en Cuba		Nacidos en los Estados Unidos	
	Español	Inglés	Español	Inglés
Adultos	99,5%	70%	–	–
Jóvenes/adolescentes	96%	95%	–	–
Niños	90,5%	97%	74%	100%

El patrón que presenta este cuadro 2 está claramente estratificado: entre los nacidos en Cuba se observa que, cuando se va desde el grupo de los llegados con más años a los más pequeños, hay un ligero descenso de la competencia en español (99,5% < 96% < 90,5%) y, por el contrario, un importante incremento en el dominio del inglés (70% > 95% > 97%), a tal grado, que ya en los llegados con seis años o menos la competencia en inglés es superior a la de español. Con todo, se observará que aun en este último grupo el índice de dominio de la lengua materna es sumamente alto. Sin embargo, entre los nacidos en los Estados Unidos el dominio del inglés es absoluto (100%), mientras que el del español es relativamente bajo (74%).

Una mirada atenta a la variable generacional repite en cierto sentido lo subrayado arriba. El grupo que actualmente cuenta con más de 55 años, el de los adultos, ofrece un índice de conocimiento del inglés de un 55,5%; a partir de aquí hacia abajo en el espectro etario este índice va recuperándose paulatinamente: jóvenes (85,5%), adolescentes (86,5%) y niños (100%). Las cifras para el español, sin embargo, se mantienen relativamente estables: adultos (95%), jóvenes (95,5%), adolescentes (97%) y niños (99%). Queda claro que asistimos a la repetición del perfil ofrecido por la variable 'lugar de nacimiento': un aumento paulatino de la competencia en inglés relacionado con la edad temprana del contacto lingüístico y una apreciable lealtad idiomática a la lengua materna[3].

Entre el grupo de los nacidos en Norteamérica, los índices de dominio del inglés son siempre los máximos (100%); pero lo que en realidad vale la pena subrayar es el hecho de que la generación más joven (15-20 años) posee una competencia en español ligeramente superior a la de la generación siguiente (31-35 años). Estos datos parecerían indicar el comienzo de una involución con respecto al dominio del español entre los hablantes de este grupo.

cuadro 3

Nivel sociocultural	Nacidos en Cuba		Nacidos en los Estados Unidos	
	Español	Inglés	Español	Inglés
Medio-alto	96,5%	88,5%	75%	100%
Medio	94,5%	86%	73%	100%
Medio-bajo	100%	63,5%	77,5%	97,2%

Mientras que la estratificación sociocultural de los nacidos en territorio de la Unión no muestra diferencias importantes en el dominio de ambos idiomas, entre los nacidos en

Cuba, por el contrario, se ve el descenso de la competencia en inglés a medida que se baja en el espectro. Las pequeñas fluctuaciones apreciadas con respecto al español indican que aumenta hasta el máximo la seguridad lingüística de los hablantes del nivel medio-bajo, en contraste con los márgenes de 3,5% y 5,5% de los niveles superior y medio. Aunque las diferencias son tan pequeñas que apenas merecen comentario, no está de más señalar que los estudios sobre grado de conciencia lingüística señalan que existe una fuerte relación asociativa entre ella y el nivel sociocultural de los hablantes: los índices más bajos de conciencia lingüística se dan en el nivel más modesto del espectro (López Morales, 1979). Las dudas respecto al correcto contenido semántico de las palabras españolas o en cuestiones tan superficiales como la ortografía, más el temor a la contaminación inadvertida del inglés, entre otras razones, son las causantes de la inseguridad lingüística que, con índices muy bajos, muestran los niveles alto y medio del espectro (vid. cuadro 3).

Usos, dominios, resultados

Desde 1979, en que el sociólogo del lenguaje Joshua Fishman dedicó importantes observaciones a este tema, los conceptos de *ámbito de uso, dominio* y *elección idiomática* son moneda frecuente en los estudios de lenguas en contacto. En el primer caso, el hablante bilingüe (o multilingüe) escoge una determinada lengua para una situación comunicativa dada; todas estas situaciones implican un contexto situacional específico, integrado por las características de los participantes, el escenario en el que interactúan y el propósito de la comunicación.

En el caso de los protagonistas de la comunicación sobresalen varias circunstancias. El emisor, el tipo de receptor y, si procede, la clase de relación personal que exista entre los interlocutores. Del emisor entran en juego muchas cosas (cultura, inteligencia, dominio de los idiomas que maneje, etc.). El receptor, dependiendo del tipo de comunicación, puede ser un individuo, varios, todo un público e incluso una grabadora (o algunos de estos simultáneamente); si la comunicación se lleva a cabo con un público, habrá diferencias si este está compuesto por colegas, por estudiantes, por correligionarios, etc. También altamente variado es el propósito que subyace a cada acto comunicativo: informar, divertir, convencer, ofender, rechazar, etc. El propósito suele estar en relación asociativa con el tema, y también con la modalidad del discurso: argumentativo, narrativo, etc., pero fundamentalmente con la orientación que quiera darle el emisor a la comunicación: convergente, si se acomoda a su interlocutor (para acercarse a él y granjearse su adhesión), divergente, si decide mantenerse distante. Ambos casos han sido muy estudiados por la 'Teoría de la acomodación' (Bell, 1984).

Los estudiosos mantienen posiciones encontradas en cuanto al papel de estos factores en la elección idiomática, y seguirán enfrentados hasta que no reconozcan que en cada acto comunicativo varía su importancia; la generalización aquí es altamente peligrosa. El problema es que estas circunstancias varían (tanto ellas mismas como su peso específico), incluso dentro del mismo ámbito idiomático, entre hablantes monolingües de la misma lengua.

Cuando este esquema se centra en el receptor, como sucede principalmente en la comunicación mediática, es necesario realizar ciertas matizaciones, pero nada que cambie lo esencial: se lee, se escucha y se escucha y se ve con más agrado aquello que resulta más atractivo para el lector, el radioescucha o el telespectador; es decir, ciertas características del emisor, preferencia por determinados temas, orientación convergente (sobre todo en cuanto a ideología se refiere). En situaciones de lenguas en contacto todos estos factores se acentúan: los bilingües equilibrados prefieren una lengua a otra porque en ella se accede a emisores con mayor capacidad analítica o a información más rigurosa, o estos son más apuestos y elegantes, o poseen mejor voz y modales; también por la frecuencia con que aparecen ciertos temas que interesan, y la simpatía que genera la forma de tratarlos, o porque nos introduce en un ámbito cultural afín, e incluso familiar, etc. Es evidente que, en los casos de bilingües no equilibrados y, por supuesto, de monolingües, el peso mayor —o único— recae sobre la lengua materna: aquí las opciones de escoger de entre dos o más lenguas son pocas, o no las hay en absoluto.

Ámbitos de uso: los interactivos

Los diversos ámbitos de uso pueden dividirse en dos grandes grupos, según la comunicación que se establezca sea de carácter interactivo o solo receptivo. Entre los primeros, destacaremos el ámbito familiar, el vecinal, el social, el laboral, el estudiantil y el religioso; en el segundo, los medios de comunicación pública. Sin embargo, hay un ámbito transicional entre ellos que, al menos parcialmente, disfruta de ambas características: el ocio cultural[4].

La familia

Cuando dentro del ámbito familiar el sujeto habla con personas mayores que él, la comunidad cubana usa el español siempre (86,1%) o preferentemente (7,4%).

En las cuatro generaciones de los llegados de la isla, aunque con pequeños matices, la comunicación en español es, con mucho, la preponderante (I. 100%; II. 90,5%; III. 95% y IV. 94,4%). Las tres generaciones de los nacidos en territorio de la Unión indican que en sus conversaciones con familiares mayores solo manejan el español.

Con respecto al sexo/género, los nacidos en Norteamérica favorecen el uso del español, sin ninguna otra opción posible (100%). Los hombres y las mujeres llegados de Cuba, en cambio, lo usan respectivamente en un 91,2% y un 94,3% de las ocasiones[5].

Si la comunicación familiar es con personas de la misma edad, las cifras empiezan a perder su contundencia.

Los sujetos llegados de la isla usan el español con muy diferente intensidad: los adultos y los jóvenes lo hacen en un 77%, los adolescentes, en un 33,3%, y los niños solo en un 16,6%. Las diferencias con respecto a la comunicación con personas mayores son aquí muy notables.

Los adultos y los jóvenes nunca hablan en inglés con los familiares de su edad, pero con esta excepción, los demás sí: los adolescentes, en un 38,8%, porcentaje ligeramente superior al del uso del español, y los nacidos en tierra del continente lo hacen en un 50%, más que ningún otro grupo.

El perfil ofrecido por el análisis generacional es de una claridad meridiana: hay una dicotomía diáfana entre los nacidos en uno u otro lugar. En el caso de los Estados Unidos, las casillas no empiezan a ofrecer cifras hasta que toca el turno a la comunicación en inglés únicamente, y lo hace la segunda generación con la mitad de los totales. Esta misma generación ofrece un 16,6% de uso mayormente en esa lengua, pero los números más contundentes van hacia el manejo de ambas. Entre las generaciones cubanas, la mayor se distingue porque solo maneja el español en su comunicación con familiares de la misma edad que ellos. En el resto de los datos, aunque las cifras están muy repartidas, queda claro que, en la segunda y la tercera generación, los porcentajes más altos van a los extremos del parámetro: o 'solo en español' o 'en ambas lenguas'. No sorprende que la primera generación use el inglés en un 42,8%.

Los hombres y las mujeres de un sitio y de otro presentan una distribución complementaria: los de la isla favorecen la comunicación en español y los del continente, en inglés.

La comunicación con familiares menores ofrece un panorama interesante. Es lógico que sean los llegados de Cuba con más de 18 años los que se comuniquen más asiduamente en español, aun con los miembros menores de la familia (53,3%). Esta puntuación va seguida por los llegados con 6 años o menos que hablan entre sí en ambas lenguas (42,8%).

Del resto de los datos, lo que sigue en significación es la estratificación que presentan los nacidos en los Estados Unidos; aunque los porcentajes más altos van hacia la comunicación en inglés o en ambas lenguas, no se aprecia un contraste importante con las otras opciones.

El análisis del perfil generacional, de tanta importancia para vislumbrar el futuro, ofrece sorpresas de sumo interés: todas las generaciones de cubanos insulares, excepción hecha de la primera (entre 15 y 20 años), se comunican en español o mayormente en español con los menores (II. 44,4%, III. 53,3% y IV. 33,3%); las cifras correspondientes a 'solo en inglés' (y 'mayormente en inglés'), de nuevo con la excepción de los más jóvenes (50%), no las sobrepasan nunca. Las generaciones de los norteamericanos de nacimiento, por el contrario, prefieren el inglés, siempre (II. 33,3%, III. 50%), o en la mayoría de las ocasiones (I. 50%, II. 16,6%), aunque los datos correspondientes al manejo de ambas lenguas no son nada desdeñables (I. 59%, II. 33,3%).

La variable sexo/género, salvo en ocasiones muy contadas, queda neutralizada; las mayores diferencias no se dan entre hombres y mujeres, sino entre los lugares de nacimiento. Sin duda las excepciones a este patrón aparecen en el grupo de los nacidos en la Unión: los hombres no usan el español en exclusiva (0%), mientras que las mujeres, aunque en un pequeño porcentaje de ellas (14,2%), lo hacen en la mayoría de las ocasiones; cuando el uso no es absoluto sino mayoritario, el esquema se invierte y son los hombres los que presentan los mayores porcentajes de uso: 33,3%. Los hombres no se dirigen nunca en ambas lenguas a los miembros de su familia de menor edad, pero las mujeres lo hacen en un 42,8%.

Las conclusiones generales a las que puede llegarse con respecto al ámbito familiar pueden apreciarse en la gráfica 1.

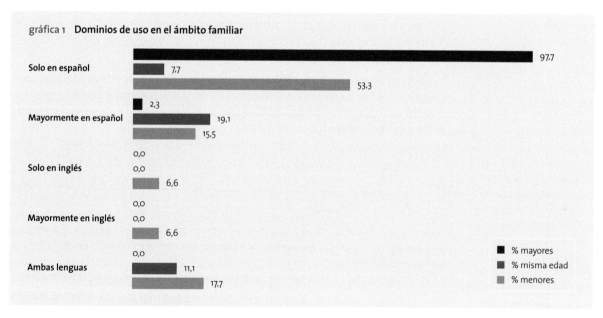

gráfica 1　Dominios de uso en el ámbito familiar

En efecto, en los dos primeros casos, cuando se habla a mayores o a miembros de la familia de la misma edad, el uso del español es completamente mayoritario en la comunidad cubana del Gran Miami; en cambio, esas cifras bajan abruptamente cuando la comunicación es con menores. La tendencia más destacada aquí es a establecer comunicaciones en ambas lenguas indistintamente, como corresponde a una comunidad bilingüe, y en segundo lugar, a no demasiada distancia, solo en español. El uso del inglés en exclusiva alcanza los índices más bajos, si exceptuamos las opciones de 'mayormente en español' y 'mayormente en inglés'. Aunque sumáramos estas posibilidades a las de 'solo en español' o 'solo en inglés', respectivamente, el perfil general del ámbito familiar no se alteraría.

El barrio, los vecinos

La lengua usada más abundantemente con los vecinos es el español. Entre los nacidos en Cuba, los que aportan las cifras mayores son los llegados con 18 años o más (63,3%); los otros dos grupos lo hacen en igual medida (59%). A partir de aquí, para adultos (13,6%) y jóvenes (11,1%) hay cifras menores para la comunicación mayormente en español. El uso del inglés es casi anecdótico (4,5% y 5,5%, respectivamente), igual que la categoría 'mayormente en inglés'. Las conversaciones en ambas lenguas son las más numerosas después de las de en español (15,9%, 33,3% y 33,3%). Obsérvese que, en este último caso, las cifras aumentan al pasar del grupo de los llegados con 18 años o más a los demás, de llegada más temprana.

Entre los nacidos en los Estados Unidos también las preferencias van hacia el español (40%) y, lo mismo que en el grupo de los cubanos de nacimiento, le sigue la comunicación en ambas lenguas.

El análisis generacional no ofrece curvas estratificadas. Los que usan más el español son los de la tercera generación de cubanos, seguida de la cuarta, es decir las mayores del espectro etario; la segunda ofrece cifras más bajas, aunque por un margen muy corto prefiere la comunicación en español; la primera presenta números paralelos en la comunicación en ambas lenguas. El resto de los datos, con una excepción, son poco elocuentes. La excepción la constituyen las dos generaciones más jóvenes, que usan ambas lenguas indistintamente con porcentajes considerables.

Las diferencias de sexo/género son curiosas. Entre los nacidos en Cuba, las mujeres usan más el español en su comunicación vecinal (63,8% frente a 53,1%); en cambio son los hombres nacidos en Norteamérica los que llevan aquí la primacía (66,6% frente a 28,6%). Cuando a estos números se suman los producidos por el uso mayoritario del español, las cifras resultantes son las mayores de todo el cuadro. Siguiendo el patrón general ya visto, el manejo del inglés es francamente minoritario, aun entre los nacidos en suelo de la Unión. Las cifras se recuperan algo en el caso de la comunicación en ambas lenguas.

Las actividades sociales

Como era de esperar, los llegados a las costas estadounidenses con 18 años o más son los que usan el español más abundantemente (60,5%), en contraste con los llegados con menos edad. Ninguno de estos sujetos acude al inglés en sus actividades sociales de manera preferente. Esto indica que los hablantes adolescentes (72,2%) y los niños (57,1%) compensan sus bajos números anteriores con el manejo de ambas lenguas.

Entre los nacidos en los Estados Unidos, la gran mayoría se comunica tanto en español como en inglés en sus actividades sociales (71,4%), si bien el resto lo hace exclusivamente en inglés (28,6%).

Es esperable que, a medida que se avanza en el parámetro generacional de los nacidos en Cuba, aumente el uso del español en estos contextos comunicativos; también lo es que, por el contrario, suceda lo opuesto entre los norteamericanos de nacimiento, aunque aquí la situación no es tan diáfana. Puede notarse que, aunque no con los números más altos, la comunicación social en ambas lenguas es también frecuente.

Los hombres y las mujeres no se diferencian aquí de manera notable, en este caso es el lugar de nacimiento el que marca la pauta.

El círculo laboral

La selección idiomática en el ámbito laboral ha sido estudiada atendiendo a dos aspectos: la lengua, 1) manejada al hablar espontáneamente con los compañeros, y 2) en las reuniones de trabajo.

En el primer tipo de comunicación, las conversaciones espontáneas, con excepción del grupo adulto y joven, que tiene sus mayores cifras en la comunicación en español, el resto de los cubanos nacidos en la isla lo hace preferentemente en ambas lenguas, dependiendo de la lengua que hable el interlocutor. El uso absoluto del inglés y el mayoritario son escasos en este tipo de conversaciones espontáneas, con la excepción de los llegados con 6 años de edad o menos, que hacen subir al 50% la opción 'mayoritariamente en inglés'.

Entre los nacidos en suelo norteamericano, la comunicación más frecuente es en ambas lenguas. Es verdad que usan algo más el inglés, pero estas diferencias son prácticamente insignificantes.

Los integrantes de la primera generación de entre los nacidos en la isla hablan con sus compañeros de trabajo mayormente en inglés o en ambas lenguas. Los de la segunda utilizan tanto el español como el inglés (65%), según quién sea el sujeto con el que charlan; sus comunicaciones en español y 'mayormente en inglés' tienen el mismo peso estadístico (15%). A medida que examinamos la selección idiomática en las dos generaciones mayores, los números van favoreciendo al español (25% > 41,6%), pero no en exclusiva, ni siquiera en mayoría, aunque ninguna otra opción las supera. Ambas coinciden en el uso mayoritario del español (25%).

Los que nacieron en territorio de la Unión presentan unas curvas generacionales discrepantes. Los jóvenes usan español o ambas lenguas en igual proporción (50%). Salvo la segunda generación, nadie usa el inglés en exclusiva, y solo la última maneja mayormente el inglés en estas conversaciones (50%). Los números más altos van hacia la comunicación en ambas lenguas.

La variante sexo/género no es demasiado interesante. De nuevo, las diferencias más significativas son producto del lugar de nacimiento. Entre los nacidos en Cuba tanto los unos como las otras se comunican en español, mayormente en español o en ambas lenguas, mientras que, entre los norteamericanos de nacimiento, ellos y ellas, usan muy poco español en estas comunicaciones; los hombres comparten a partes iguales los usos del inglés y de ambas lenguas (50%); las mujeres, mayoritariamente, en ambas lenguas (71,4%).

El otro aspecto del estudio de la selección idiomática en el ámbito laboral se refiere a las reuniones de trabajo. Es un parámetro que ofrece algunas debilidades. Por una parte, cierto tipo de empresas, pequeñas o domésticas, no realizan reuniones formales de trabajo, y en otras, algunos empleados, de baja jerarquía, no tienen acceso a ellas. Por otra parte, quienes deciden la lengua, o las lenguas, manejadas en estas reuniones son los que las presiden. Con todo, es interesante saber si, a pesar de estos inconvenientes, la lengua minoritaria —el español— tiene algún espacio en este tipo de comunicación, sobre todo, teniendo en cuenta la importante cantidad de negocios hispanos existentes en la zona.

Entre los cubanos llegados de adultos o jóvenes, el uso del inglés es de un 25,6%, la cuarta parte de todas las ocasiones; en cambio la suma de las que se realizan solo en español o mayormente en esa lengua produce un 49,7%, casi la mitad de los casos. Pero la presencia del inglés va en constante aumento en los otros dos grupos, los llegados de adolescentes (44,4%) y, sobre todo, los que tenían 6 años o menos en el momento del arribo (60%), mientras que el español, por el contrario, va cediendo espacios hasta desaparecer del todo. A pesar de ello, las cifras que apuntan hacia el uso de ambas lenguas no son despreciables.

El contraste entre los individuos nacidos en uno u otro lado del estrecho de la Florida es elocuente. No hay reuniones de trabajo en español para los segundos, mientras que en el 20% de ellas usan esta lengua entre los del primer grupo. A partir de aquí los perfiles son casi paralelos, aunque siempre con cifras más altas, incluyendo las que se realizan en ambas lenguas, para los norteamericanos de origen.

Los estudios

En el caso del ámbito estudiantil, hemos atendido únicamente a los contextos comunicativos en los que el hablante tiene opciones en la selección idiomática, es decir, fuera de las clases mismas y de cualquier otra actividad reglada por la institución de que se trate. Nuestro interés va hacia las conversaciones tenidas con los compañeros de estudio en encuentros ajenos a las situaciones anteriores: en los pasillos, en la cafetería, etc. No puede perderse de vista que, también en estos últimos casos, la elección lingüística puede estar condicionada por el tipo de receptor, pero a pesar de ello, se ha querido explorar este dominio, que ha llegado a convertirse en clásico en este tipo de pesquisa.

El grupo adulto y joven de los llegados de Cuba maneja el español en exclusiva en un 38,7% y, preferentemente, en un 29%, es decir, casi en un 70%, si se sumaran ambos porcentajes. Pero se invierten los términos al pasar a los dos grupos restantes, el adolescente (6,2%) y el infantil (0%).

Tampoco las comunicaciones en inglés, con excepción del grupo adolescente, son muy llamativas. Lo más notable es la fortaleza del uso de ambas lenguas, que curiosamente progresa estratificatoriamente: 25,8% > 43,7% > 50%.

Hay fuertes contrastes con el colectivo de los nacidos en la Unión, pues aquí la comunicación en español es inexistente; son fundamentalmente en inglés, pues sumadas las absolutas con las relativas, el porcentaje sube a algo más de la mitad, aunque las conversaciones que se realizan en ambas lenguas indistintamente ofrecen aquí una competencia considerable (44,4%).

En cuanto a las generaciones, los números no producen sorpresas: el español va ganando terreno (0% > 15,7% > 18,2% > 85,7%) al pasar de las primeras generaciones a las últimas, entre los llegados de la isla, aunque los números correspondientes a esta selección no son despreciables, como que entre los llegados con 18 años o más constituye el 100%. Los más débiles son los que corresponden al inglés en exclusiva; ya remontan algo en el grupo de entre 15 y 20 años de edad. Sin duda, salvo en la generación IV, las comunicaciones en ambas lenguas son las más importantes.

Entre los nacidos en el exilio, solo inglés y mayormente inglés. La única excepción aquí es la tercera generación, que acude siempre a ambas lenguas.

El análisis del factor sexo/género indica que, entre los cubanos de nacimiento, los hombres usan español el doble de veces (32,1%) que las mujeres (16%). Los datos para las dos posibilidades del uso de la lengua mayoritaria no son elocuentes, pero sí los correspondientes al manejo de ambas lenguas, en el que las mujeres llevan la delantera (M. 28,6%, F. 40%). Entre los norteamericanos de nacimiento, ni ellos ni ellas usan el español en ningún caso; los porcentajes más altos van hacia el inglés y, en cifras más modestas, hacia el manejo de ambas.

Las actividades religiosas

Salvo razones de superficie —conveniencias horarias, fundamentalmente— la selección idiomática en el ámbito de las actividades religiosas recae en la preferencia del individuo.

Aquí los tres grupos de cubanos se inclinan hacia el español, aunque los números decrecen desde el grupo de adultos y jóvenes hasta el de los niños (64,3% > 53,3% > 42,8%); en los llegados con 18 años o más, la opción 'mayormente español' cuenta con un 16,6%, lo que no ocurre con los otros restantes. Las casillas que comprenden a la lengua mayoritaria no poseen cifras de importancia, pero sí el manejo de ambas lenguas, aunque a una distancia considerable de las obtenidas por la lengua materna.

Los nacidos en el exilio prefieren la misa y los servicios en español, aunque con menor entusiasmo también se inclinan por el empleo de las dos lenguas indistintamente siempre con ventaja para el español (38,9% y 27,8%). A pesar de su mayor exposición a la cultura y a la lengua del país receptor, las alternativas del inglés en exclusiva y de 'mayormente en inglés' son menores (33,4%).

Examinadas las generaciones, el panorama que se vislumbra es el que sigue: las generaciones II, III y IV de los nacidos en Cuba seleccionan decididamente las actividades religiosas en español. La primera generación (15 a 20 años), en cambio, lo hace solo en inglés (50%) o 'mayormente en inglés' (50%). El resto de este cuadro ofrece cifras menores, incluyendo los que se decantan por el empleo tanto de español como de inglés. Entre los nacidos en el exilio no varían mucho las cosas: también, excepción hecha de los más jóvenes, se prefiere el español y, por contraste, esos —exactamente igual que los del grupo cubano de nacimiento—, dividen sus preferencias entre 'solo en inglés' y 'mayormente en inglés'. La tercera generación se inclina por ambas lenguas indistintamente, en un 33,3% de las ocasiones, una de cada tres.

El comportamiento de hombres y mujeres sigue unas pautas bien definidas: ellas prefieren el español más que ellos, independientemente del lugar de nacimiento: M. 48,3%, F. 68,6%; M. 33,3%, F. 50%. En el primer caso se dan cifras —la de los hombres, no tan menores (17,2%)— en la casilla de 'mayormente en español'. Este mismo grupo patrocina poco las actividades religiosas en inglés, no así los nacidos en la Unión, sobre todo los hombres, que se inclinan más hacia el inglés[6].

Un ámbito transicional: el ocio cultural

Las actividades culturales de placer y descanso han sido medidas con dos parámetros: los libros que se leen (no los de lectura obligatoria, sino los escogidos) y las canciones que 'se escuchan'. Este ámbito está a medio camino entre los que han sido examinados hasta aquí, de carácter plenamente interactivo, y los receptivos. Sobre todo en el caso de 'las canciones', la actividad receptora que puede tener la lectura de libros no está presente plenamente aquí, pues sabido es que muchos hablantes memorizan e 'interpretan' sus canciones favoritas (incluidos algunos pequeños cambios en las letras) y no solo en solitario.

La lectura de libros

Con respecto a la lectura de libros por placer, los cubanos en general se inclinan a favor del inglés. Entre los que han nacido en la isla esa preferencia va en aumento desde el grupo de adultos y jóvenes hasta el infantil (8% > 17,6% > 71,4%), y entre los nacidos en territorio de la Unión, al 38,9% que la apoya sin excepciones hay que sumar otro 38,9% de los que leen estos libros 'mayormente en inglés'.

No es que las demás cifras carezcan de importancia: entre los llegados de Cuba, sobre todo los que lo hicieron con 18 o más años de edad, las preferencias van al español sin ningún género de duda (50%), pero no así en los dos grupos restantes. También son de interés los datos que pertenecen a la casilla 'en ambas lenguas', ya que, entre los que han nacido en el exilio, los porcentajes son tan importantes, como que los llegados con entre 7 y 17 años lo favorecen notablemente (47%). En el caso de los norteamericanos de origen, si bien es verdad que nunca leen este tipo de libro solo en español, ofrecen un interesante 22,2% de lectura bilingüe.

El estudio generacional es en parte reflejo de la situación que acaba de verse: las preferencias hacia la lectura en español en los cubanos de nacimiento y hacia el inglés entre los nacidos en los Estados Unidos. Hay, no obstante, algunas matizaciones. El número de ocasiones en que se lee en español crece considerablemente desde la segunda generación a la cuarta (II. 19% > III. 41,9% > IV. 60%); estos porcentajes, además, están muy apoyados por los casos en que se lee mayormente los escritos en español. En este grupo, menos en la generación más joven (100% en inglés), los libros escritos en la lengua mayoritaria no parecen provocar mucho entusiasmo, aunque la lectura en ambas lenguas indistintamente consigue una media cercana a la cuarta parte del total.

Por contraste, todas las generaciones de las nacidas ya en tierras norteamericanas leen libros en inglés, únicamente o en la mayoría de las ocasiones, aunque también lo hacen en cualquiera de las dos lenguas de la comunidad.

Los hombres del grupo adulto y juvenil leen algo más en español que las mujeres (M. 42,8%, F. 37,9%); también más en inglés que ellas (M. 14,3%, F. 6,8%), pero menos que las mujeres con respecto a los libros escritos en una u otra lengua (M. 22,8%, F. 34,5%). Ni unos ni otras de los nacidos en el exilio leen libros escritos en español; aquí las cifras favorecen la lectura en inglés, y algo (28,6%, una cuarta parte), la bilingüe.

Las canciones

Con las canciones que se prefiere escuchar, en cambio, la situación es muy otra. Aquí las referencias van indistintamente hacia una u otra lengua, sobre todo —en el caso de los que han nacido en la isla— en aquellos que llegaron con menos años (A. 25,5% > B. 62,5% > C. 85,7%). En los grupos adulto y juvenil y adolescente, sin embargo, se prefiere también las que llevan letra en la lengua materna.

Las sorpresas están en los nacidos en tierra norteamericana, que se decantan, en una importante mayoría (72,2%), por las canciones en cualquiera de las dos lenguas de la comunidad, y con cifras bastante inferiores (16,6%) por las que llevan letra en español. Sin embargo, ninguno de los integrantes de este grupo escucha canciones en inglés.

El panorama generacional es también algo sorprendente, ya que los más jóvenes (15 a 20 años) de los nacidos en Cuba prefieren solo (100%) las canciones en ambas lenguas indistintamente. En general, aunque con porcentajes más matizados, también las escritas en español gozan de simpatías, aunque el esquema que aparece no es estratificatorio (II. 26,1%, III. 39,1%, IV. 35%). Los números para la preferencia hacia el inglés carecen de importancia.

Entre los nacidos en los Estados Unidos, todas las generaciones se inclinan por oír canciones tanto en español como en inglés; nadie las prefiere solo en inglés, y solo en español, la tercera generación, que lo hace en la mitad de las ocasiones (50%).

Entre hombres y mujeres de los llegados de la isla las diferencias son de matices únicamente: preferencia por ambas lenguas en primer lugar (M. 42,2%, F. 40%) y las canciones con letra en español, en segundo (M. 28,8%, F. 37,1%), con ventaja aquí para ellas. Entre los nacidos en la Unión, salvo las mujeres (14,2%), nadie escucha canciones solo en español; son también ellas las más asiduas a canciones con letra en una lengua o en la otra (M. 33,3%, F. 85,7%); en el caso de los hombres existe una ligera inclinación hacia las letras en inglés[7].

Antes de pasar a los medios de comunicación pública, recapitulemos lo visto hasta aquí, con la ayuda de la gráfica 2[8].

gráfica 2 **Preferencias lingüísticas en los distinto ámbitos de uso**

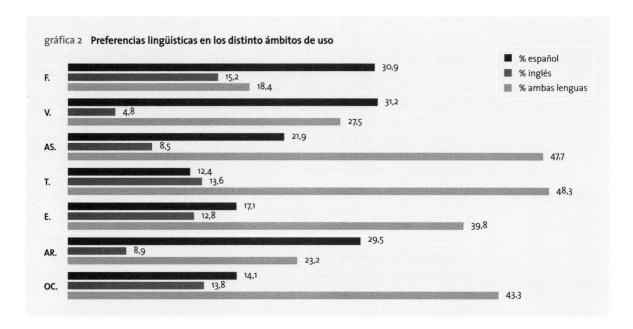

En el primer grupo de barras se indica la preferencia por el español en los siete ámbitos estudiados hasta aquí (F: familia, V: vecinos, AS: actividades sociales, T: trabajo, ámbito laboral, E: estudios, AR: actividades religiosas y OC: ocio cultural); en el segundo, la preferencia por el inglés, y en el tercero, por ambas lenguas indistintamente. Se observará con facilidad que en los ámbitos familia, vecinos y actividades religiosas las barras correspondientes al español son las más altas; en los demás casos, las que triunfan por sobre las otras corresponden al manejo de las dos lenguas, especialmente en las relaciones sociales, el círculo laboral y el de los estudios. En ningún caso, las barras correspondientes al inglés son superiores a las de la selección idiomática del español y a la de ambas lenguas.

Los medios de comunicación

El consumo de medios de comunicación es una actividad fundamentalmente receptora; es el denominador común que los une a todos. Sin embargo, existen diferencias significativas entre ellos, en primerísimo lugar, el tipo de canal utilizado en la comunicación. De aquí que se organicen las consideraciones que siguen en torno a la prensa, la radio y la televisión.

La prensa

Las preferencias idiomáticas de los nacidos en Cuba de acuerdo a su edad de llegada a suelo norteamericano nos dejan saber lo siguiente:

Los cubanos llegados con más de 18 años prefieren claramente la lectura de periódicos en español y, consecuentemente, apenas muestran alguna inclinación por la prensa en inglés. No obstante, una cuarta parte de ellos confiesa que la lee en ambos idiomas. La situación va cambiando a medida que nos acercamos a los llegados con menos años. En el caso del grupo adolescente, la preferencia por el español disminuye hasta el 11%, situación que contrasta —y mucho— con el 60% de los del grupo adulto y juvenil. Esta cifra tan modesta anticipa un importante cambio en la preferencia idiomática: leen la prensa solo en inglés algo más de la cuarta parte de los integrantes de este grupo (27,7%), y con números muy cercanos los que lo hacen mayormente en inglés (22,2%); también es superior el número de los que la leen en ambos idiomas (38,8%). La situación de los llegados con 6 años o menos es abiertamente dicotómica: no eligen el español en ningún caso, más de la mitad de ellos lee exclusivamente en inglés (57,1%), y más de la cuarta parte, mayormente en inglés (28,6%). La preferencia por ambas lenguas es la más baja de los tres grupos, pues se detiene en un escaso 14%.

Al analizar los datos que ofrecen los hablantes nacidos en Cuba y en los Estados Unidos, se ve que los primeros prefieren solo el español en un 23,7% y mayormente el español, en un 3,7%; se inclina hacia el inglés en exclusiva el 29% y lo prefiere mayoritariamente, otro 17,6%. Una cuarta parte, el 25,8%, lee la prensa en ambos idiomas. Entre los nacidos en tierras de la Unión, nadie selecciona el español como lengua de los periódicos, mientras que la gran mayoría (77,7%) se decide por el inglés en exclusiva. No obstante, la cifra de los que aseguran que leen indistintamente en inglés y en español es solo dos puntos inferior a la de los cubanos del grupo adulto y juvenil.

Es evidente que la prensa en inglés crece, como era de esperar, por el peso de los nacidos en suelo norteamericano, y ello considerablemente hasta el 53,3%. Es cierto que en segundo lugar, pero en un puesto muy distante, se encuentra el grupo de los lectores bilingües (24%). El resto de las cifras, en especial las relativas al español, son muy bajas. Una idea de conjunto más elocuente la obtenemos al sumar las cantidades correspondientes al uso exclusivo de una lengua con el uso mayoritario de la misma: el inglés alcanza el mayor índice de uso (62,1%) y el español, el más bajo (13,6%); en un nivel intermedio, la prensa escrita en cualquiera de estas lenguas (24%).

Una mirada a la distribución generacional pone de manifiesto que las tres últimas generaciones de los llegados de Cuba prefieren la prensa en español, sobre todo, la III y la IV (II. 9,4% > III. 21,7% > IV. 32,4%). Estos porcentajes están muy apoyados en estos mismos grupos etarios por la lectura de la prensa 'mayormente en español' (II. 22,2%, III. 10,9%, IV. 38,1%). Los números más importantes, sin embargo, los obtienen los periódicos en inglés, bien leídos en exclusiva o muy abundantemente y, también, los que se inclinan por la lectura de los escritos en cualquiera de las dos lenguas. Los números más modestos para la prensa en inglés los tienen los de la última generación (9,5%). En cuanto a la opción 'en ambas lenguas', el patrón es el siguiente: II. 20%, III. 22,7%, IV. 20%, aunque tampoco muy contrastivo.

Los lectores nacidos en los Estados Unidos concentran sus números en la prensa en inglés (I. 21,9%, II. 53,3%, III. 100%) y, en segundo lugar, en ambas lenguas, sobre todo, las dos generaciones más jóvenes (I. 78,1%, II. 46,7%).

Entre hombres y mujeres de los llegados de la isla no hay diferencias de relieve en ningún caso; entre los nacidos en la Unión, los hombres leen más el periódico en inglés (100%) que las mujeres (66,6%). Frente a la postura exclusiva de ellos, ellas también acuden a la prensa en ambas lenguas (33,3%, una tercera parte).

La radio

Con respecto a la radiodifusión, la preferencia idiomática que muestran los sujetos de la encuesta es de gran interés.

De nuevo son los llegados de Cuba con 18 años o más los que muestran una fuerte preferencia por la radio en español, con cifras cinco veces mayor que los que prefieren el inglés (55,5% frente a 11,1%); no es desdeñable, sin embargo, el 20% que escucha la radio en ambas lenguas indistintamente. Entre los del grupo adolescente, las preferencias van sin discusión a la audición en ambas lenguas (61,1%). Lo más llamativo es que ninguno de estos sujetos se incline hacia la radio en inglés. El perfil de los llegados de muy pequeños es más coherente: doble de preferencias por las transmisiones en inglés (28,6% frente al 14,3%), un altísimo 42,8% que oye la radio mayormente en inglés también, lo que inclina notoriamente la balanza hacia esta lengua. Los que actúan en este caso de manera mixta (14,3%) presentan las cifras más bajas de los tres grupos de los nacidos en Cuba.

Al examinar los datos procedentes de los nacidos en Cuba y en los Estados Unidos vemos que la selección del español en las transmisiones radiofónicas más que duplica las del inglés (30,7% contra 13,2%), aunque el 19,4% que prefiere mayormente las inglesas reduce bastante estas diferencias. Aunque por un margen pequeñísimo, la cifra más importante es para la selección indiscriminada. Sumamente curioso es el patrón que arroja el conjunto de los nacidos en suelo norteamericano: equilibrio absoluto entre las preferencias por la radio en español y en inglés (10%), mientras que una abrumadora mayoría (80%) prefiere hacerlo indistintamente en una u otra lengua. Es verdad que este grupo da los índices más bajos del conjunto a la radio en español (10%), pero también lo es el que, con excepción del grupo de adolescentes, también muestre los índices más bajos hacia la radio exclusivamente en inglés (10%), situación muy sorpresiva y al mismo tiempo elocuente.

El perfil más alto lo tiene aquí la preferencia por ambas lenguas, que apoyada por el peso que le confiere el grupo adolescente de los nacidos en Cuba casi triplica la más alta de las demás opciones, la de 'solo en español' (20,3%). Las transmisiones en inglés alcanzan muy poco más de la mitad de esta última cifra, aunque el 9,7% de los que se inclinan por 'mayormente en inglés' cambia sustancialmente las cosas.

Todos los grupos generacionales de los nacidos en Cuba, menos el más joven, escuchan la radio en español, entre un 16,9% de la segunda y el 34,9% de la cuarta; entre los que lo hacen mayormente en español —también las últimas generaciones— sobresale la cuarta generación, con un alto 56,6%. En cambio esta última no patrocina en absoluto la programación radiofónica en inglés, en contraste con las otras, aunque ninguna con la fuerza de la I. (50%). En la opción 'mayormente en inglés', el patrón es irregular (I. 50%, II. 19,7%, III. 26,1%, IV. 0%); los grupos generaciones intermedios apoyan la programación en cualquiera de las dos lenguas (II. 29,6%, III. 21,5%).

Las cosas resultan más diáfanas entre los nacidos en suelo norteamericano. La tercera generación escucha la radio en español (89,3%), mientras la segunda lo hace fundamentalmente en inglés (61,7%), aunque las tres ofrecen cifras en la casilla 'en ambas lenguas' (I. 100%, II. 38,3%, III. 10,7%).

Al revisar los datos de sexo/género se descubre que no hay diferencias significativas entre las preferencias de hombres y de mujeres de los nacidos en Cuba, con la excepción de que ellos duplican las cifras (13,8%) que ofrecen ellas en la opción 'mayormente en inglés' (5,8%). En los estadounidenses de nacimiento, las mujeres escuchan la radio en español (14,2%) y los hombres, no; en cambio, estos últimos lo hacen siempre (33,3%) y ellas, no. En los dos casos se prefieren las emisiones en ambas lenguas indistintamente, aunque aquí son mayoría las mujeres (M. 66,6%, F. 85,7%).

La televisión

Todos los cubanos nacidos en la isla prefieren ver televisión en cualquiera de las dos lenguas.

Sin excepción estas cifras son las más altas de todas, si bien el grupo de los llegados a la Unión de adultos y de jóvenes las reduce significativamente al darle más peso a la televisión en español (24,4%). La situación es dicotómica: únicamente este grupo ve televisión 'solo en español' y 'mayormente en español', mientras que los demás no lo hacen nunca. Ello conlleva por fuerza que los números para las otras opciones estén muy condicionados por este hecho. Sin embargo, las mayores preferencias no van hacia la televisión en inglés, que se mantienen en cifras modestas (11,1% y 14,3%); ni siquiera son importantes las de la opción 'mayormente en inglés'. Queda claro que, a pesar de estas matizaciones, los cubanos de Miami se inclinan, en cuanto a transmisiones televisivas, por cualquiera de estas lenguas de manera indistinta.

Entre los nacidos en los Estados Unidos, no cambia la preferencia de los otros cubanos: no importa la lengua —español o inglés— en la selección de los programas. En cambio hay mayor respaldo hacia la televisión en inglés, como demuestra ese 20% de 'solo en inglés' y el 10% de 'mayormente en inglés'. No deja de ser curioso que el 10% de este grupo prefiera ver la televisión en español, máxime cuando los grupos más jóvenes de los nacidos en la isla descartan completamente esta opción.

A medida que se asciende en el espectro generacional, el grupo de los nacidos en Cuba, suben las opciones hacia los canales que transmiten en español (II. 9% > III. 16,7% > IV. 83,1%). Salvo la primera generación (87,5%), los programas en inglés no despiertan demasiado interés, si bien la opción 'mayormente en inglés' no es la más débil (II. 54,5%, III. 12,5%, IV. 11%), aunque muestra un constante descenso según se avanza en las generaciones. Entre los nacidos en el exilio, la generación más joven —sorprendentemente— ve solo la televisión en español en un 86,2% de los casos, y las otras dos, sobre todo la mayor, en cambio, la prefiere en inglés (75,7%). La intermedia también exhibe porcentajes altos si se suman las cifras de las dos opciones 'solo en inglés' y 'mayormente en inglés' (69,4%). Todas las generaciones se acercan también a los programas en cualquiera de las dos lenguas aunque con diferencias (I. 13,8%, II. 38,5%, III. 24,2%).

El estudio de la variable sexo/género indica que entre los llegados de Cuba las mujeres se inclinan más hacia los programas en español (M. 13,3%, F. 27,9%), mientras que los hombres van mucho más hacia el inglés (M. 31,5%, F. 6,2%). Ambos lo hacen también en cualquiera de estas lenguas. Entre los nacidos en tierras estadounidenses, de nuevo las mujeres ven televisión solo en español en un 37,6%, la tercera parte de las veces, mientras que los hombres no lo hacen nunca. Como contrapartida, son ellas las que ven la televisión solo en inglés (37,6%) y ellos no, aunque en la casilla de 'mayormente en inglés' los señores muestran un importantísimo 75,2%. También aquí, y en porcentajes idénticos (24,8%), ambos grupos acuden a los programas en una u otra lengua.

Observaciones finales

No cabe duda de que la elección idiomática por parte del sujeto depende de que las circunstancias de la comunicación se lo permitan. Esa posibilidad queda anulada, en mayor o en menor medida, si la decisión no depende del hablante mismo sino del conjunto de factores que intervienen en el acto comunicativo. Si el receptor, o los receptores, hablan únicamente una de las lenguas, o si en la comunicación grupal algunos no son capaces de manejar una de ellas, bien por necesidades imperiosas, bien por motivos de cortesía, el hablante bilingüe se ve obligado a utilizar una de las lenguas de que dispone. Añádase a estas posibilidades lo determinado por ciertas políticas lingüísticas, tanto oficiales como privadas.

Algunas de estas circunstancias pueden estar presentes en los ámbitos vecinal, social, laboral y estudiantil; en ellos, la comunicación con individuos monolingües, obliga, en caso de haberla, a comunicarnos en su lengua. En cambio, esta es de libre elección en las actividades religiosas, en lo relativo al ocio cultural y a los medios de comunicación pública. El ámbito familiar suele incluirse en esta nómina, pero para ello se requiere que todos los miembros de la familia sean bilingües, lo que suele chocar —con excepciones muy notables— al menos en el caso de inmigraciones recientes, en las que las generaciones mayores suelen ser monolingües en español.

En los casos en que realmente existe opción, la comunidad cubana, en general, se inclina por el español en sus dos posibilidades, como uso exclusivo o como manejo compartido, aunque mayoritario, como demuestran los datos presentados. Hay, sin embargo, algunas excepciones: incluso los nacidos en Cuba muestran una ligera preferencia por la lectura recreativa en inglés (31,9%, frente al 28,8% en ambas lenguas y el 20% de solo en español).

Entre los medios de comunicación pública, la comunidad cubana se inclina con claridad a la elección indistinta de ambas lenguas en el caso de la radio (55,9%) y de la televisión (58,9%), no así en la prensa para la que se inclina abiertamente hacia el inglés (62,2%)[9]. En cuanto a la elección entre español e inglés, esta última lengua obtiene puntuaciones más altas, tanto en la prensa como en la televisión, no así en la radio para la que, aunque por un escaso margen, esa comunidad prefiere el español[10].

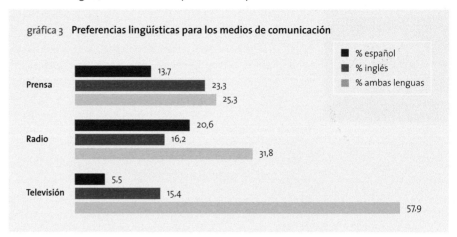

gráfica 3 **Preferencias lingüísticas para los medios de comunicación**

- ■ % español
- ■ % inglés
- ■ % ambas lenguas

Prensa: 13,7 / 23,3 / 25,3

Radio: 20,6 / 16,2 / 31,8

Televisión: 5,5 / 15,4 / 57,9

El contacto lingüístico

El contacto de dos lenguas puede producir una variada gama de fenómenos: préstamos, calcos, transferencias, convergencias y alternancias[11].

Préstamos

Los préstamos, mayoritariamente de carácter léxico pero dados también en otros niveles de lengua, son transferencias estables de una lengua en otra; se trata de términos que copian exactamente, o con ligeras modificaciones, la forma y el contenido semántico de un término o de una expresión de la lengua extranjera:

> *badgrown, down town, file, marketing, OK, part time, teenager*, etc.
> *so what, kiss my ass, to call back, to make sex, oh, yes!*, etc.

Es una influencia superficial desde el punto de vista lingüístico, pero posee cierta variedad de tipos y de grados; las actitudes que provocan en la comunidad receptora son también múltiples.

Existe otro tipo de préstamo, el parcial, que consta de un morfema de base en inglés y un elemento derivativo en español. Abundan en aquellas variedades del español más influidas por esa lengua: *parquear, chequear, lisar, lonchar*, procedentes de los verbos *to park*, *to check*, *to lease* y *to lunch*, respectivamente, que han añadido los formantes de la conjugación española de tema en *a*. Poplack (1983) indicó que estos compuestos siempre se formaban sobre morfemas básicos ya hispanizados (*parqueo, chequeo, lis* (<*lease*), *lonch, lonche*). Sin embargo, en el español de la comunidad cubana de Miami, además de los mencionados arriba, se encuentran verbos como *liquiar, printear* y *aprochar*, derivados de *leak*, 'goteo', *to print*, 'imprimir', y *to approach*, 'acercarse', que no han formado previamente palabras hispanizadas; otro tanto puede decirse del sustantivo *sorteadora* (<*to sort*), 'máquina clasificadora'.

Por otra parte, están los préstamos híbridos: '*manager* general', 'dinero *standing*' y 'compañía de *retail*'.

El total de préstamos léxicos encontrados en el corpus[12] ascendió a 680, lo que constituye menos del 0,01%, proporción apenas anecdótica, como se ve. Los que se documentan, tanto en los bilingües equilibrados (B) como en los bilingües con predominio del español (A) o del inglés (C), suman 112 (López Morales, 2002: 200-201).

Préstamos léxicos comunes a todos los grupos[13] – Índices de uso[14]

down town	18,04%	CD	9,73%	background	4,68%
mouse	22,64%	pinerbutter	9,18%	turnpike	4,22%
basket ball	21,53%	teller	9,43%	breisers	4,27%
sándwich	16,86%	baby sitter	8,86%	trailer	4,63%
lunch	21%	highway	9,12%	gab	4,80%
hamburger	19,43%	teenager	8,54%	softball	4,21%
hot dog	17,68%	yes	8,53%	board	3,77%
Internet	18,68%	team	7,34%	network	3,97%
express way	17,63%	open house	7,91%	catshup	3,47%
ticket	17,32%	income	7,06%	test	3,80%
break	17,23%	spelling	6,28%	dossier	3,16%
pitcher	15,32%	jeep	6,49%	relax	3,78%
shopping [center]	17,23%	quarter	6,32%	research	3,36%
welfare	16,26%	marketing	6,77%	[música] pop	3,27%
rock	10,98%	bip/bipper	6,48%	scholarship	3,04%
bacon	13,68%	terminal face	6,12%	non profit	3,24%
potato chips	12,20%	cool	5,94%	financial aid	3,17%
home rum	13,41%	snack	5,88%	handyman	3,45%
e-mail	12,97%	el know how	5,63%	microwave	3,31%
manager	13,11%	spray	5,29%	African-Americans	3,28%
show	14,13%	melting pot	6,31%	appliances	3,87%
tax	13,76%	standars	6,27%	broker	3,95%
part-time	13,86%	by pass	5,75%	switch	3,44%
rap	13,36%	Christmas	6,13%	camp	3,98%
mall	12,91%	average	5,93%	ferry	2,67%
hobby	13,22%	ride	6,36%	ring	2,26%
strock	13,17%	resort	5,90%	foreman	2,29%
locker	12,68%	fax	5,87%	American way of life	2,37%
software	13,34%	cable	5,24%	customer	2,74%
data base	12,88%	training	6,02%	claxon	2,31%
full-time	13,44%	chip	5,49%	book keeping	2,55%
weekend	12,13%	shock	5,28%	house sale	2,42%
file	12,67%	ready	5,13%	continental breakfast	1,96%
nice	9,88%	money order	4,32%	subway	1,36%
kindergarten	9,21%	real state	4,36%	mutual funds	1,27%
meeting	9,94%	real time	4,51%	stock market	1,12%

Todos los préstamos léxicos del corpus se distribuyen de la manera que ilustra el cuadro 4.

cuadro 4	Distribución de préstamos (%)	
A	B	C
20,8%	21,3%	57,2%
Total de préstamos = 680		

Los préstamos existen —y han existido siempre— por razones muy específicas: porque 1) la lengua no posee ninguna palabra para referirse a algo; se trata de préstamos necesarios, 2) determinadas palabras extranjeras adquieren una valoración muy positiva en la comunidad de habla, bien porque se crean más elegantes y expresivas, bien porque se las ve más concisas, con mayor precisión, 3) resultan más cómodas y fáciles de recordar y producir que las nativas, y 4) se trata de palabras que nombran objetos desconocidos con anterioridad[15].

Un asunto que ha merecido mucha atención de los estudiosos es el relativo a la integración de la palabra prestada a la lengua receptora; aquí el proceso va desde el respeto absoluto al original hasta la adopción total a los patrones lingüísticos de la lengua prestataria. La adaptación puede ser solo de carácter fonético, de índole morfológica o de naturaleza sintáctica (Meechan y Poplack, 1995).

En el primer caso se mantiene la estructura fonológica, pero se adapta la pronunciación. En el segundo, el préstamo se adapta a la morfología, por ejemplo, se dota a los verbos de formas paradigmáticas de la lengua receptora (*printear* < *to print*, 'imprimir': *printeado, printeando, printeó, printeaba,* etc.), o se asigna género a categorías nominales que no lo tienen en el original (*spelling* > el spelling; *lunch* > el lonch; *Christmas* > las Christmas; *scholarship* > la scholarship, etc.), asunto este que ha sido muy estudiado y debatido (Arndt, 1970; Tucker, Lambert y Rigault, 1977; Barkin, 1980; Clyne, 1996, y sobre todo, Zamora, 1975; Poplack, 1980; Poplack y Sankoff, 1980, y Beardsmore, 1971).

La suerte de los préstamos no es siempre la misma: algunos llegan para permanecer por tiempo indefinido, pero no todos. Cuando el préstamo aparece en boca de una persona específica o, aunque este no sea el caso, su uso sea enteramente ocasional, se trata de préstamos espontáneos o de transición. En estos casos, se puede hablar de auténticas alternancias de código.

Los préstamos también pueden ser clasificados por su frecuencia de uso en una comunidad de habla determinada (García, 1996; Morales, 2001a; Gimeno y Gimeno, 2003), y dentro de estos, por clases de palabras (Muysken, 1981).

Calcos

La categoría *calco* está integrada por traducciones literales de una lengua a la otra: *rascacielos* (<*skycraper*), *salón de belleza* (<*beauty parlor*), *compulsorio* (<*compulsory*), 'obligatorio', *locación* (<*location*), 'ubicación', *comerciales* (<*commercials*), 'anuncios de radio' y televisión', y muchos más.

En el español cubano de Miami se manejan los siguientes: *retiro* (<*retirement*), *retirarse* (<*to retire*), y los compuestos 'programa de retiro', 'plan de retiro', *consumerismo* (<*consumerism*), *honores* (<*honors*), *buldoza* (<*bulldozer*), *estudio* (<*studio [apartment]*), *carro* (<*car*), *internalizar* (<*to internalize*), *a tiempo completo* (<*full time*), *a tiempo parcial* (<*part time*), *plomero* (<*plomber*), *mantenimiento* (<*maintenance*), *reservación* (<*reservation*), *trago* (<*drink*), *área* (<*area*), *educacional* (<*educational*), *controversial* (<*controversial*), *seguimiento* (<*following*), *populación* (<*population*), *times* (<*teams*), *remodelar* (<*to remodel*), y el moderno *drogas sociales* (<*social drugs*). La mayoría de ellos sustituye, aunque no siempre de manera absoluta, a los términos españoles *jubilación, jubilarse, consumismo, premios* (reconocimientos, medallas, diplomas), *aplanadora, apartamento pequeño* (de una sola pieza), *automóvil* (*máquina*, en Cuba), *interiorizar, dedicación exclusiva, dedicación parcial, fontanero, reserva, copa, zona, educativo, controvertible, atención* [*continua*], *población, equipos,* y *reconstruir/rehabilitar*.

Debe añadirse de inmediato que todos estos calcos no se deben a influencias *recientes* del inglés en la comunidad miamense; algunos de ellos ya estaban total o parcialmente asentados en la variedad cubana del español desde antes de la diáspora: al menos, *retiro, retirarse, buldózer, a tiempo completo, a tiempo parcial, plomero, reservación, trago, área, educacional* y *controversial*. Y desde luego, no eran exclusivos de Cuba.

Hay otros calcos —los aditivos— que añaden un segundo significado a los términos españoles, extendiendo su ámbito semántico original:

aplicación (<*application*, 'solicitud'): 1. 'Diligencia, instancia', 2. *Solicitud*: 'Llenamos la aplicación él y yo'. 'Uno aplica en diferentes campos'.

asistente (<*assistant*, 'ayudante'): 1. 'Que asiste', 2. *Ayudante*: 'Yo en La Habana había sido asistente del Dr. X'.

asistir (<*to assist*, 'ayudar'): 1. Asistir, 2. *Ayudar*: 'Yo asistía a todos esos niños con problemas de movilidad'.

cortar (<*to cut*, 'separar'): 1. Cortar, 2. *Separar*: 'Se hizo el bobo y lo cortaron de Champaignac Catholic High School'.

confidente (<*confident*, 'confiado, seguro'): 1. Confidente, 2. *Confiado, seguro*: 'Hasta ahora, ya estoy bien confidente con todos los tipos de cirugía'.

consistente (< *consistent*, 'consecuente'): 1. Referido a cosa, que tiene consistencia, 2. *Consecuente*: 'La universidad no lo enseña todo; en la calle fue donde aprendí que en la vida hay que ser consistente'.

cualificado (<*qualified*, 'calificado'): 1. De autoridad, mérito y respeto, 2. *Calificado*: 'Si no tienes un papelito que diga que estás cualificado, no consigues nada'.

dar (<*to give*, 'regalar'): 1. Dar, 2. Regalar; 'Es muy bueno. Todas las Navidades me da muchas cosas'.

embarazar(se) (<*to embarrass*, 'avergonzar, desconcertar'): 1. Dejar encinta a una mujer, 2. *Avergonzar, desconcertar*: 'Decía tantas malas palabras que hasta yo estaba embarazado'.

envolver (<*involve*, 'implicar, comprometer'): 1. Envolver, enrollar, 2. *Implicar*: 'Es natural que ellos, que son su familia, estén más envueltos en este asunto'.

evento (<*event*, 'acontecimiento, suceso'): 1. Acaecimiento, hecho imprevisto, 2. *Suceso*: 'Miami ha cambiado mucho; ahora hay muchos eventos: ópera, ballet, teatro, conciertos sinfónicos, y de todo'.

eventualmente (<*eventually*, 'finalmente'): 1. Casualmente, 2. *Finalmente*: 'Esperó semanas y semanas, pero eventualmente le llegó el certificado'.

ignorar (<*to ignore*, 'no hacer caso'): 1. Desconocer, 2. *No hacer caso*: 'Todas esas cosas es mejor ignorarlas, porque si no, vas berrinche tras berrinche'.

introducir (<*to introduce*, 'presentar'): 1. Introducir, 2. *Presentar*: 'Entonces me fui para donde estaban las muchachas y me introduje yo mismo'.

línea (<*line*, 'cola'): 1. Línea, 2. *Cola*: 'Llegamos tempranito y ya la línea era tremenda'.

literatura (<literature, 'impresos, propaganda'): 1. Literatura, 2. *Impresos, propaganda:* 'Soy loco con los carros. Leo toda la literatura que cae en mis manos'.

memoria (<*memory*, 'memoria, recuerdos'): 1. Memoria, 2. *Recuerdos*: 'Lo siento, pero no tengo ninguna memoria de eso'.

mente (<*mind*, 'parecer, entendimiento'): 1. Mente, 2. *Parecer*: 'Por mí ella cambió su mente porque quería ser maestra'.

mover (<*to move*, 'mudanza de una a otra parte'): 1. Mover, 2. *Mudanza de una a otra parte:* 'J. se mueve mucho; en un año ha estado en seis países latinoamericanos'.

oír (<*to ear*, 'estar al corriente'): 1. Oír, 2. *Estar al corriente*: 'No oigo nada de ese compañero desde hace dos veranos'.

posición (<*position*, 'empleo, puesto'): 1. Postura, actitud en que algo o alguien está puesto, 2. *Empleo, puesto*: 'Empezó manejando el ascensor y hoy tiene una posición de primera'.

Por último, otros calcos adoptan el sentido de la palabra extranjera, relegando el original de la lengua receptora; es el caso de *ganga* (<*gang*), 'pandilla juvenil', *promotor*; (<*promoter*), 'el que lanza y maneja a artistas y deportistas'; *enfatizar* (*to emphasize*), 'destacar, hacer hincapié'.

En ocasiones, lo que se traduce literalmente no es una palabra sino un elemento fraseológico:

hace(n) años atrás (<*years ago*): 'Hace más de 40 años atrás'.

a nivel de (<*at the level of*): 'A nivel de high school hay que hacerlo mejor en spelling'.

hacer el sexo (<*to make sex*): 'Solo les interesa hacer el sexo'.

llamar para atrás (<*to call back*): 'Me dijo que lo llamara para atrás, pero se me olvidó'.

no mucho (<*not much*):   — ¿Y a ti no te gusta el rock?
                        — No mucho.

tomar el lugar de (<*to take the place of*): 'Tenemos que tomar un poco el lugar de su mamá'.

¡oh, sí! (<*oh, yes!*):   — ¿Lo pasaron bien en los cayos este weekend?
                    — ¡Oh, sí!

En todos estos casos se trata de calcos que conviven en minoría con expresiones del español estándar.

Transferencias

La transferencia es una noción que habla también de la influencia de una lengua (A) sobre otra (B), pero se diferencia de otros conceptos de este mismo ámbito en que produce estructuras agramaticales en la lengua receptora.

Las transferencias encontradas en el habla cubana de Miami son pocas y con frecuencias bajísimas.

Ser y estar

Aunque en otras comunidades hispanas de los Estados Unidos —Los Ángeles, por ejemplo (Silva Corvalán, 1986; 1994: 92-121)— los contornos semánticos de los verbos *ser* y *estar* han llegado a estar algo borrosos, de manera que *estar* está invadiendo los casos de *ser*; en la comunidad cubana de Miami, por el contrario, se mantienen con mucha solidez los patrones del español estándar. Solo en cuatro ocasiones se pudo constatar un desvío de la norma, por influencia del inglés:

'Tú *eres* [estás] muy orgullosa de esta ciudad'.
'Ella *es* [está] orgullosa de ser hispana'.
'Yo *soy* [estoy] bien orgulloso de mi cultura'.

'Yo *estaba* [era] mayor que ellos'.

La explicación de estos pocos ejemplos hay que buscarla en el hecho de que el verbo *to be* en inglés condensa todos los valores que el español asigna bien a *ser*, bien a *estar*. Es asunto que merece atención especial en un futuro inmediato, sobre todo, estudiándolo con muestras jóvenes de mucha exposición a la lengua anfitriona, pues los casos señalados pertenecen a sujetos bilingües con amplio predominio del inglés; de momento, la baja frecuencia de casos no permite realizar ningún análisis variacionista con profundidad. De cualquier forma, el último ejemplo coincide con otros de Los Ángeles, por lo que pudiera estar en línea con el fenómeno estudiado allí.

Gerundios con valor nominal

Más casos, aunque no muchos más, hemos encontrado de gerundios con valor nominal:

'Y después de todo eso, *empezando* [empezar] aquí de nuevo'.
'Como ya te dije, al llegar aquí, *empezando* [empezar] una vida nueva'.
'Me sentí con mucha tristeza de *trabajando* [trabajar] con ese tipo de populación'.
'Parte de mi enseñanza fue psicología y la otra especialidad fue *recuperando* [recuperar] personas con problemas físicos'.
'El álgebra es *multiplicando* [multiplicar] y *dividiendo* [dividir] variables'.

En todos los casos, se trata de transferencias muy gruesas donde no se explica el rasgo [+continuativo] que implica el gerundio, sino de valores nominales, del que solo dispone en español de una forma verbal no conjugable: el infinitivo. Estos cinco ejemplos pertenecen a sujetos bilingües con predominio del inglés[16].

Ausencia de actualizador nominal

A diferencia del inglés, que exige pocos actualizadores nominales, el español —salvo casos muy específicos— los convierte en obligatorios con mucha frecuencia; de aquí que los dos ejemplos encontrados disuenen considerablemente:

'Está muy bien en Ø [el] colegio'.
'Hemos hecho Ø [la] mitad del trabajo'.

En ambos casos se trata de la misma hablante anterior, que posee una competencia lingüística muy pobre en español; es evidente que estamos ante auténticas transferencias —quizás individuales— ya que en inglés las expresiones paralelas no llevarían actualizador.

Inestabilidad preposicional

El sistema preposicional, como se sabe, suele ser de gran complejidad en todas las lenguas que poseen esta clase de palabra. No debe sorprender que, en situaciones de lenguas en contacto, este se vea ampliamente afectado, máxime, cuando aun entre hablantes de lengua materna se producen irregularidades que los normativistas (García Yebra, 1988) no cesan de comentar y censurar. En esta comunidad se dan cuatro casos de elisión preposicional:

'Bueno, eso depende Ø [de] con quién yo esté hablando'.
'Todo eso ocurre porque ellos están Ø [en] falta de algo'.
'Tuve la oportunidad de oír Ø [a] mucha gente'.
'La situación es muy difícil; han torturado Ø [a] muchas personas'.

y otros cuatro de usos no estándares:

'Asistí *en* la escuela en ese pueblo'.
'Estudié siempre *en* la noche'.
'Se pasaba la vida *en* dieta y estaba gorda igual'.
'Pues te vas a sorprender, pero no voté *por* él'.

En realidad, estamos ante cuestiones diferentes. Las elisiones preposicionales pueden obedecer a procesos de elisión que poco tengan que ver con la influencia del inglés (aunque en algunos casos, esta pudiera parecer evidente), documentados ya con mucho detalle en algunos lugares. En especial, el desgaste de la preposición *a*, cuando esta introduce objeto directo [+animado] o sentido como tal, está muy extendido en grandes parcelas del mundo hispánico, aunque no creo que con la pujanza que el fenómeno tiene, por ejemplo, en Puerto Rico (Jesús Mateo, 1985).

Con respecto a los usos anómalos, el primero es en verdad curioso; el segundo es norma en varias zonas dialectales de Hispanoamérica y, el tercero, es transferencia del inglés 'on (a) diet'. Con respecto a *votar por*, se ha dicho en más de una ocasión que este régimen preposicional de *votar* es copia del inglés (*to vote for*) y así parece ser, pero no se ha subrayado lo bastante que las isoglosas de *votar por* coinciden con el uso del viejo marinerismo *botar* ('echar, tirar'), aún conservado con fuerza en varias regiones americanas, lo que creaba ambigüedades, dado que no existen diferencias de pronunciación entre *v* y *b*, por lo menos desde el siglo XVI (si es que alguna vez las hubo): no era lo mismo 'botar a alguien' que 'votar por alguien'. De aquí que el régimen del verbo *votar* cambiara en esas zonas de *a* a *por*: el influjo del inglés vino a solucionar este problema de ambigüedad semántica, tan incómoda para todas las lenguas.

Ausencia de concordancia de género y número

De nuevo estamos ante otros casos que señalan la escasa competencia en español de uno de los sujetos:

> 'Están en el colegio, y son unos niños bien *dócil* [dóciles]'.
> 'Todo eso ocurrió en la vida de ese *niños* [niño]'.
> 'Claro que es *el* [la] *mismo* [misma] filosofía de la enseñanza'.
> '*Las* [los] esquemas no son definitivos'.
> 'Hemos ido hasta *el* [la] capital del Estado'.

Nada que revista la menor importancia, pues parece quedar claro que se trata de insuficiencias en la competencia del español y no de índice de desgaste lingüístico.

Clíticos sin concordancia

Si las concordancias de género y número no han sido adquiridas de manera correcta por ese tipo de hablante, las concordancias de número del clítico no deben causar el menor asombro:

> 'Hay niños que *le* [les] *interesan* [interesa] el deporte'.
> 'A algunos, como que se *le* [les] *olvidan* [olvida] que ellos también fueron estudiantes'.

Solo dos casos de este curioso fenómeno; corresponden a sujetos distintos, pero una forma parte del grupo de los llegados a suelo norteamericano con 6 años o menos y el otro, al de los nacidos en los Estados Unidos. Debe advertirse que ambos sujetos suelen pronunciar sus eses finales con gran cuidado, como sibilantes plenas, por lo que no es posible pensar que estemos ante casos de elisiones de -/s/.

Orden de palabras

Este caso, en cambio, merece mayor detenimiento. La norma hispánica permite que los ordinales vayan antepuestos o pospuestos a sus núcleos nominales (octavo grado/grado octavo, quinta avenida/avenida quinta, vigésimo segundo congreso/congreso vigésimo segundo), pero los numerales solo pueden posponerse (aula 14, no 14 aula, calle 8, no 8 calle). No cabe duda de que, por influencia del inglés, abundan ejemplos como estos, sin que ellos guarden relación alguna con las variables extralingüísticas de este estudio:

> 'Eso está en la 42 avenida y la 4 calle'.
> 'Es en la 97 avenida y la 64 calle'.
> 'Bird Road y la 83 avenida'.
> 'Subimos al 7 piso'.
> 'Allí estudié hasta el 12 grado'.

Del total de 83 casos que existen en el corpus de estudio, 64 siguen este patrón irregular (el 77,1%); 9 de ellos (10,8%) solucionan el asunto eliminando el núcleo:

> 'Cuando llegues a la 79 y la 18, tienes que doblar a izquierda'.
> 'Coge la 49, que viene siendo la 103'.
> 'Está en la misma esquina de la 137 y Riverside'.

Los 10 ejemplos restantes, apenas un 12%, son normativos:
> 'Allí estudié de sexto a octavo grado'.

'Entonces vivíamos muy cerca de la calle 8'.

Pero hay que señalar que entre estos últimos figuran dos en que un hablante hace referencia a La Habana ('calle 25 y L', 'calle 6 y 23'), caso curioso, si se tiene en cuenta que este mismo sujeto es el autor, cuando habla de Miami, de expresiones ajenas a la norma estándar. No cuento un caso híbrido ('décimo, 11 y 12 grados'), caso que parece indicar, comparándolo con los demás, que después del 'décimo' no se conocen otros ordinales. Es una situación que se está generalizando a pasos agigantados y no en comunidades bilingües[17].

Convergencias

La convergencia también es producto del influjo de A sobre B, pero se logra gracias al olvido de opciones lingüísticas en una de las lenguas del contacto o de modificar sensiblemente los índices de frecuencia de algunos de sus fenómenos (Mougeon, Beniak y Valois, 1985).

El análisis de la convergencia se enfrenta a problemas metodológicos no resueltos del todo todavía, entre ellos el más importante es la ausencia de descripciones de norma con la que contrastar los resultados. Por si esto fuera poco, las lenguas están en continuo proceso de cambio, lo que hace difícil saber si el contraste que se establece es debido a la convergencia con una lengua extranjera o a cambios naturales internos de la propia. En los casos de comunidades bilingües en los que las lenguas no tienen asignadas funciones específicas, si una lengua desplaza completamente a la otra, el hecho es fácilmente observable; no lo sería tanto si tendieran a fundirse y coincidieran parcialmente sus realizaciones, que es precisamente a lo que se ha llamado convergencia. Es muy posible que los cambios debidos a la transferencia de elementos de un sistema lingüístico a otro den por resultado un sistema convergente, debido a que estos procesos llevan ya cierto grado de fusión (Diebold, 1964: 495).

Convergencias léxicas

A pesar de las dificultades señaladas arriba, hay tres casos seguros de convergencias léxicas: *rentar, salario* y *reparar*. En el español general, todos ellos forman parte de conjuntos de equivalencias semánticas: [alquilar~rentar], [sueldo~salario] y [arreglar~reparar]. En la variedad cubana del español las seis palabras que integran estos conjuntos tenían uso habitual, sin embargo, en la comunidad cubana miamense, por influencia de las voces inglesas *to rent, salary* y *to repair*; las parejas correspondientes (*alquilar, sueldo* y *arreglar*) han ido perdiendo frecuencia, hasta tal extremo que en nuestro corpus no aparece ninguna de ellas ni una sola vez.

Otro caso algo más complejo es la neutralización de una serie de vocablos (sucesos, celebraciones, festividades, etc.) a base del término *actividades* (<*activities*), de ámbito semántico más amplio y de contornos difusos, que engloba a otras palabras, a fuerza de quitarles especificidad.

Las convergencias, aunque en este caso no se trate de pérdida de opciones semánticas puesto que son sinónimos, quedan muy al descubierto.

Convergencias sintácticas

La ausencia/presencia de sujetos pronominales es fenómeno muy estudiado, sobre todo, en la zona caribeña. Sabido es que en español las formas verbales conjugadas llevan un formante de persona-sujeto, por lo que no es necesario añadirles sujetos pronominales: 'escribo' y no '*yo* escribo', 'cantaban' y no '*ellos* cantaban', 'hablamos' y no '*nosotros* hablamos'; de ahí que nuestra lengua no esté marcada positivamente con respecto a la obligatoriedad del uso de sujetos pronominales, como el inglés, por ejemplo, que con excepción de las terceras personas del singular del presente de indicativo —*(she/he dances)*— necesita de estas marcas pronominales para saber quién es el sujeto de la acción: '*I* dance', '*you* dance', '*we* dance', etc.

Los sujetos pronominales carecen de significado semántico, aunque hay ocasiones en que su presencia es obligatoria para deshacer alguna ambigüedad, como cuando es foco de contraste: '*Yo* quiero ir al cine, pero *ella* prefiere el teatro'. En el resto de los casos, si tiene algún significado, es de naturaleza pragmática. De aquí que en la mayoría de los casos se elida, bien cuando no se produce ambigüedad ('*Ø/yo* no veo televisión'), bien en los casos en que no hay cambio de tópico oracional ('*Ø/yo* iré a la tienda y *Ø/yo* compraré los regalos').

Si, a pesar de ello, los hablantes de una comunidad hispana presentan muchos casos de sujeto pronominal expreso cuando no es necesario, el asunto suele achacarse a influencias de alguna lengua en la que esta presencia sea obligatoria. El avance hacia la obligatoriedad de estos sujetos sería un caso de convergencia gramatical. El fenómeno suele darse en zonas monolingües, como Caracas (Bentivoglio, 1987), y en otras como Puerto Rico, en la que el influjo del inglés es considerable, aunque su población sea mayormente hispanohablante (Morales, 1986a).

Eliminadas de nuestro corpus las ocasiones de posible ambigüedad ('*Yo* no sé si *tú* te acuerdas', '*Él* y *yo*, los dos trabajamos', '¿Cómo *tú* me vas a forzar a mí?') y las enfáticas ('¡*Yo* valgo para eso!', 'Tienes que confesar todo lo que *tú* has hecho que no es bueno', 'Y me dicen que *ellos* van a llevar al bebé'), examinamos el resto de los ejemplos. De una parte los de sujeto pronominal expreso:

> 'El trabajo que *nosotros* hacemos es básico'.
> '*Yo* no sé por qué fue'.
> '*Nosotros* pensábamos que no iba a pasar nada'.
> 'Todo depende de las investigaciones que *ellos* hagan'.

De otra, los casos de elisión:

> '¿Ø Has tenido chance de comer algo?
> 'Ø Recojo mi maleta, Ø saco los libros que necesito, y Ø hablo con mis amigas'.
> 'Lo único que Ø sabemos es que ya no cierran los sábados'.
> 'Si lo vieras, Ø lo saco y Ø lo entro como si nada'.

Los primeros constituyen el 37% de los casos, y los segundos, el restante 63%. El proceso no está muy desarrollado, como se ve. Llama la atención que no aparezcan sujetos pronominales en ninguno de los casos en que no hay cambio de tópico oracional ('Cuando toca el timbre, pues Ø salimos y Ø vamos a la próxima clase') o, si se expresan, es solo en la primera oración ('*Yo* me he dedicado mucho a los que viven fuera de Miami y Ø he trabajado duro con ellos', '*Yo*, cuando llegué y Ø trabajé en los barcos, pensé que la cosa era muy dura', '*Yo* recibo el dinero y Ø salgo de él').

De cualquier forma, no tenemos modo de saber si los casos de presencia de sujeto pronominal que observamos en la comunidad cubana de Miami se deben a convergencia con el inglés, o si no son más que prolongaciones de unos procesos iniciados en Cuba; carecemos de estudios que nos dejen ver cómo era —y es— esta parcela de la sintaxis cubana, pero es posible que el fenómeno exista, ya que parece plausible, como ha señalado Morales (1986a), que las gramáticas de los dialectos caribeños tengan ciertos denominadores comunes.

Este fenómeno se concatena con otro, muy presente en Puerto Rico, que consiste en colocar sujeto pronominal ante formas no conjugadas, como los infinitivos. La gramática española anota casos en los que este sujeto puede utilizarse, pero pospuesto al verbo ('Al salir *nosotros*, comenzó a llover'), pero en nuestro corpus, el único ejemplo que se ha obtenido es con sujeto antepuesto: 'Al *nosotros* hablar del asunto, se callaron'. Otro único ejemplo lo constituye la curiosa construcción: 'Entonces, tenía que *yo* salir sola' en lugar de 'Entonces Ø/*yo* tenía que salir sola'; al ser un caso aislado, es posible que se trate de una de esas estructuras que de vez en cuando se producen en la oralidad.

Otro tanto parece haber pasado con la oración 'Sé que el día que yo no les *convengo*, me botarán'. Hubiese podido tratarse de un ejemplo de erosión de subjuntivo (*convengo* por *convenga*), fenómeno extendido y muy estudiado en otras comunidades bilingües español-inglés (Silva Corvalán, 1994: 26-30) y monolingües (Morales, 1986b; Rivera, 1986), aunque sometidas a influencias del inglés, que propician la convergencia hacia el indicativo, dada la inexistencia en esta lengua de modo subjuntivo. Pero la búsqueda resultó infructuosa.

Alternancias

Alternancias léxicas

Este tipo de alternancia de código, fenómeno que consiste en el uso alterno de dos lenguas por el mismo hablante en el mismo discurso, está constituido por unidades léxicas, tanto simples como complejas. No son palabras que se usan con cierta frecuencia en una comunidad de habla dada, como los préstamos y los calcos, sino las que *ocasionalmente* utiliza el hablante en un momento dado de su comunicación espontánea, y que quizás no vuelva a utilizar. Estas apariciones están motivadas por las mismas causas que la alternancia sintáctica, con mucho, la más estudiada:

'Yo trabajo como *window clerk*, y no sabes todo el ejercicio que hago allí en el correo; siempre de un lado para otro'.
'Ese muchacho no tiene mucho de *support* en su familia'.
'Quería que las cosas cambiaran, lo cual es *unrealistic*'.

No solo en el caso de la sintaxis se hace difícil determinar si ciertas estructuras son ejemplos de alternancia de códigos, o si, por el contrario, ya están consolidadas en la lengua receptora, y forman parte de ella. También el léxico se enfrenta al problema. Contamos, sin embargo, con propuestas muy aceptables de Poplack (1987) y de Poplack et ál. (1988) que nos permiten distinguir, con criterios de rigurosa objetividad, términos muy asentados ya de estos otros que hacen su aparición ocasionalmente: 1) asimilación fonética, 2) integración social, 3) función discursiva y 4) frecuencia. De todos ellos, el más empleado es el primero (Otheguy, García y Fernández, 1989); aquí también lo hemos manejado, y añadimos el de la frecuencia y, en la medida de lo posible, el de función discursiva (vid. cuadro de la siguiente página).

Los términos que aquí se señalan como alternancias de código y no como 'préstamos' han sido pronunciados siempre con fonética inglesa, es decir, sin asimilación a la pronunciación española, y aparecen una sola vez, en boca de un solo sujeto. En este estudio se ha podido comprobar que efectivamente están presentes las tres razones que señala Silva Corvalán (1994: 190) como promotoras de la alternancia de códigos en general, no solo las léxicas: cuando el tema del discurso pide una lengua en especial, cuando el hablante no consigue expresar lo que desea en una lengua, o cuando se siente que las cosas se explican mejor en una de las lenguas que se manejan.

El análisis ha arrojado 63 casos de alternancia léxica, distribuidos de la manera que ilustra el cuadro 5 (López Morales, 2002: 201-202).

cuadro 5 **Léxico en alternancia (%)**		
A	B	C
4,8%	4,8%	90,4%
Total de préstamos = 63		

	A	B	C		A	B	C
Archobisp			x	mixture		x	
Art			x	modern			x
Assistant couch			x	money center			x
back time	x			palm tree			x
baptism			x	paper maché			x
chart			x	percent			x
church			x	pharaons			x
clash			x	poetry			x
counsel			x	prints			x
discipline			x	private level			x
diversified portafolio			x	proper			x
dragons			x	rape			x
eucharism			x	rapid			x
eucharistic			x	reconciliation			x
exponents			x	retracters			x
fair		x		return			x
foreign down			x	ritual			x
fractions			x	rude			x
free country			x	ruf			x
freedom of speech			x	Russians			x
friends			x	sculptors			x
health maintenance			x	serial murder			x
human characteristics			x	series			x
kid back		x		subtitles			x
late back			x	support			x
laser			x	text books			x
laser show			x	toilet	x		
life science			x	tumb			x
line backer			x	usual banks			x
location			x	window clerk		x	
mails			x				

Las estadísticas nos dejan ver que los bilingües con predominio del español y los equilibrados protagonizan muy pocos casos de alternancias léxicas, mientras que los bilingües con predominio del inglés muestran porcientos altísimos.

Alternancias sintácticas

La alternancia sintáctica muestra una tipología muy diversa. Según Poplack (1983), se trata de los siguientes casos:

Cambio tipo 'etiqueta':

¡Ave María! *¡Which English!* (08/436)
[¡Ave María! ¡Qué inglés!]

El material en inglés que se intercala *(¡Which English!)* funciona a manera de interjección, como una etiqueta; es un constituyente que se puede mover a discreción dentro de la estructura porque está desconectado sintácticamente; su posición —sea la que sea— no viola regla gramatical alguna:

Oh, my God! ¡Qué sorpresa me has dado!
¡Qué sorpresa me has dado! *Oh, my God!*

Cambio oracional:

'Yo no pongo la radio para no oír a ese hombre. *I don't like that'?*.
'Soy como la segunda... *I am the second man.* ¿Me entiendes? Soy la segunda persona que él utiliza para que lo ayude'.
E: ¿Y está muy lejos? [Pinar del Río de La Habana]
S: '*I meant... I guess... I can't measure it...* Eh, no tanto, pero... eh, no por la distancia, porque no sé la distancia exacta, sino porque hay que ir muy lento'.

En estas, se requiere un mayor conocimiento de ambas lenguas para producir oraciones completas (*'I don't like that'*, *'I am the second man'*, *'I can't measure it'*) en inglés, e insertarlas en un discurso construido en español.

Cambio intraoracional:

'Bueno, tú sabes, *I meant African-American'.*

'*Sí, pero at the same time,* es bueno, cariñoso; *that's very nice ¿tú sabes?'*

'Las cosas se hacen o no se hacen; conmigo is no gray, is blak or white. ¿Tú me entiendes?'.

'No lo sé muy bien, pero *whatever reason, you know'.*

'*You either...* te mantienes firme..., pero tú no puedes estar con Dios y con el diablo'.

Los cambios intraoracionales sí requieren de manera imprescindible un amplio manejo de las dos lenguas, pues para efectuarlos el hablante tiene que saber lo suficiente de sus estructuras como para no cambiar en puntos no permitidos por ambas gramáticas.

El análisis de un gran corpus de lengua espontánea, el primero que se realiza sobre este tema, permitió a Poplack y a su equipo examinar detenidamente la distribución sintáctica de los puntos de cambio. Encontraron que eran fundamentalmente dos los requisitos que regían. Primero, el de morfema dependiente impide que el cambio ocurra, aunque hay algunos contraejemplos (*liquiar, printear, aprochar*), como se ha visto antes. El segundo requisito es el de equivalencia, que especifica que el orden de los constituyentes de la oración que anteceden y suceden al cambio tiene que ser gramatical con respecto a ambas lenguas. La cogramaticalidad (equivalencia de ambas) y sus respectivos órdenes de palabras con respecto al punto de cambio han de coincidir.

La alternancia de códigos, por lo tanto, solo es permitida en enunciados que al ser trasladados de una lengua a otra resulten gramaticales en ambas lenguas del contacto; este respeto a los condicionantes sintácticos muestra la necesidad de que el sujeto posea un alto grado de competencia lingüística en las dos lenguas del contacto.

Los bilingües que solo tienen dominio efectivo de uno de los dos idiomas son capaces de efectuar cambios de código, manteniendo con frecuencia la gramaticalidad de ambas lenguas, pero gracias a que sus cambios son mayormente de tipo 'etiqueta'. En contraste, los bilingües equilibrados prefieren los cambios oracionales o los intraoracionales, que son los que requieren mayor competencia en los dos idiomas.

La autora concluye que algo importante que se desprende de este análisis es 'que aun en partes del discurso muy cercanas a uno o más cambios, el hablante mantiene estrictamente las distinciones cualitativas y cuantitativas entre la gramática española y la inglesa. Siempre que una posición del discurso, por ejemplo, una oración o un constituyente, pudo ser identificada claramente como monolingüe, tanto las reglas de la gramática monolingüe adecuada como los índices probabilísticos asociados fueron los únicos factores que entraron en juego. El análisis del cambio de código tiene profundas implicaciones para la teoría gramatical, ya que indica las maneras en que dos lenguas pueden reconciliar sus diferencias, pero no modificarlas, hasta dar por resultado una forma de comunicación tan funcional como el habla monolingüe.

Es cierto que existen contraejemplos al postulado que establece la existencia de una fuerte relación asociativa entre tipo de alternancia y una competencia idiomática bilingüe:

'Y la señora que *my grandmother worked for* tenía *twenty-seven years, you know, and we had our own house in the back, where we lived at,* y mi abuelito no pagaba renta'.

Como bien señala Silva Corvalán (2001), esta hablante no es fiel a lo establecido por el postulado anterior, pues, lejos de respetar las condiciones de gramaticalidad de ambas lenguas, se muestra fiel a la gramática inglesa en los puntos en que se establece la alternancia. La cláusula relativa *que my grandmother worked for* [lit: 'que mi abuela trabajaba para'] viola las reglas sintácticas del español y también la restricción de equivalencia funcional, pues la preposición *para*, que en español debería aparecer antes del relativo *(para la que trabajaba mi abuela)*, lo hace después de la cláusula, como en inglés.

'Como estaba *going part time, I was able to enjoyed it'.*

Este otro ejemplo del corpus miamense es también un contraejemplo, pues la autora rompe la unidad sintáctica en la perífrasis verbal *(estaba going* y no *was going).*

Sin embargo, a pesar de estos ejemplos (frecuentes en hablantes bilingües cíclicos), puede afirmarse que, en general, el postulado es correcto, sobre todo cuando se trata de bilingües equilibrados que, por manejar ambas lenguas con una competencia superior, tienen un buen conocimiento intuitivo de sus gramáticas.

Existe otro tipo de alternancia de códigos: se trata de marcadores del discurso. Unos son elementos introductorios *(Well...)*, otros, mantenedores comunicativos *(righ?, OK?, you know?)*, otros correctores de contenido o especificadores *(I meant, actually)*, y otros introductores de información adicional *(by the way).*

Lejos de las creencias superficiales de profanos (y no tan profanos), que ven el fenómeno como una clara manifestación de corrupción y deterioro lingüísticos, de conducta verbal indeterminada, algunos tipos de cambio de código resultan gobernados por requisitos funcionales y pragmáticos. La identidad étnico-cultural es, sin duda, de las más importantes, pero no debe olvidarse que, como en todo proceso comunicativo, intervienen más factores: las características sociales de los interlocutores, el contexto comunicativo y el tema de la conversación. Entre los puertorriqueños del Barrio, por ejemplo, el fenómeno resulta afectado por la etnicidad del interlocutor y por la formalidad de la situación comunicativa; si los hablantes son puertorriqueños y manejan un estilo espontáneo, los cambios son más frecuentes.

¿Por qué algunos hablantes bilingües manejan estas alternancias en sus discursos? Las investigaciones más recientes apuntan a varios propósitos.

Appel y Muysken (1986) indicaron que las razones por las cuales los hablantes bilingües efectuaban estos cambios coincidían en gran parte con las diversas funciones comunicativas que activaran. Para ello acudieron a la clasificación de las funciones del lenguaje establecidas por Jakobson: la alternancia puede darse para favorecer la función referencial (temas que predeterminan el uso de una lengua y no de otra), también la conativa, si ello conlleva una mayor implicación del interlocutor en el diálogo; la alternancia de lenguas puede favorecer las funciones expresiva y fática, y dependiendo de los casos (hacer gala de ciertas habilidades lingüísticas o efectuar juegos de palabras) la metalingüística y la poética. En esta misma línea de funcionalidad comunicativa, aunque con parámetros ligeramente diferenciados, se ha manifestado Beardsmore (1971).

Silva Corvalán (2001), por su parte, basada en los resultados de una minuciosa investigación, concentra lo anterior en tres posibilidades:

1. Intención de reproducir literalmente una cita:

La pobre mujer se decía: *What's wrong with me? What's wrong with me? I can not feel the way I thought one or two years ago?.*

Solo les digo [por teléfono]: '*Eh, how are you?,* y me conocen por la voz'.

Si yo hubiera nacido en este país y fuese norteamericana, yo no sería republicana. Yo fuera demócrata. *OK? 'For my country, for my people'.* Pero... porque no he nacido aquí, y me interesa más lo que pasa del lado de allá, soy republicana.

Y el cartel decía: '*Welcome to Africa'.*

2. Deseo de codificar emociones, subrayándolas en el discurso:

— Tú sabes que a mí me gusta todo. Me gusta la música americana, pero a mí me encanta la latina, la salsa, el merengue.

— ¿Te gusta esa gritería?.
— *Oh, my God!*

Todo está buenísimo. *I am so happy!*.

3. Manifestación de una función retórica o expresiva:

Why, I questioned myself, did I have to daily portray myself as a neogringo cuando mi realidad tenía más sangre y pasion? (Ricardo Sánchez, *Canto y grito mi liberación*).
[¿Por qué, me pregunté, tenía que retratarme a diario como un neogringo cuando mi realidad tenía más sangre y pasión?].

Es cierto que, junto a estas, pueden existir otras de carácter individual, pero resultan difíciles de descubrir y de codificar. Capítulo aparte lo constituyen los casos en que los hablantes desconocen la palabra precisa para nombrar algo en una de las lenguas, y acuden a la otra. Un posible ejemplo de esto se encuentra en la expresión:

Me subí a ese *parachute ride*, arriba del agua.

Esta misma razón parece explicar también varios casos de transferencias léxicas en el español de los inmigrados. Ha sido sugerido que algunos inmigrantes hispánicos de origen rural, generalmente depauperados económica y culturalmente, carecían en su lengua de palabras como *alfombra*, y que a esta carestía se debía la incorporación de préstamos como *carpet* (>*carpeta*).

De lo visto hasta aquí puede concluirse que, tanto en el plano de las trasferencias, como en el de las convergencias y en el de las alternancias de código, la comunidad cubana de Miami se inclina más hacia el plano léxico, del que presenta ejemplos de alguna abundancia. La sintaxis, en cambio, o bien ofrece escasos ejemplos, o el análisis no permite corroborar grandes influencias del inglés. De cualquier modo, tanto en lo referido al vocabulario como a la gramática, el español más trasferido es siempre el de los llegados de muy niños y el de los nacidos ya en los Estados Unidos.

Ahora bien, los casos menos frecuentes de alternancia de códigos son precisamente los de tipo 'etiqueta'; tampoco son demasiado abundantes los oracionales, pero sí —relativamente hablando— los intraoracionales. Si hacemos covariar esta circunstancia con los sujetos de los diferentes grupos estudiados, comprobamos que existe una relación asociativa fuerte entre los más expuestos al español, el de los llegados con 18 años o más, y las influencias más escasas y menos profundas del inglés, y viceversa, a pesar del alto grado de bilingüismo que muestran muchos de ellos.

Creencias y actitudes

El estudio de las actitudes lingüísticas es ya un capítulo de importancia en la investigación sociolingüística en general, pero cobra mucho mayor relieve al acercarnos a situaciones de lenguas en contacto[18]. Si una determinada lengua produce una actitud abiertamente positiva entre los individuos que integran una comunidad bilingüe (o multilingüe), su pervivencia, en primer lugar, está asegurada, pero también su cuidado (cumpliendo con criterios de corrección idiomática), su acceso a estilos de habla elegantes, e incluso, su cultivo literario.

La situación contraria, es decir, la actitud negativa, produce un resultado muy diferente: falta de aprecio por la lengua, uso relegado a ambientes exclusivamente familiares y, en último extremo, inicio de un proceso gradual de mortandad.

Tras cada uno de estos tipos de actitudes vive una serie de creencias que las motivan. El creer que una lengua es importante, por las razones que sean (cantidad de hablantes y dispersión geográfica, logros sociales y económicos, creaciones culturales, símbolo de identidad y un largo etcétera), o se cree útil para desenvolverse y avanzar socioeconómicamente, o se piensa que es reconocida, respetada y admirada por la comunidad internacional, por ejemplo, conduce al nacimiento de una actitud favorable, aunque esta pueda desarrollarse en grados muy diversos. Cuando nada de esto se da, sino todo lo contrario, las actitudes que terminan por establecerse entre los individuos son negativas, de rechazo.

En muchas ocasiones —como su nombre indica— las creencias no se corresponden con la realidad objetiva, pero intentar establecer esas diferencias sería un ejercicio banal, pues para el sujeto que las mantiene, sus creencias son hechos sólidos e incuestionables. Las actitudes, por lo tanto, son motores sobresalientes del cambio lingüístico, enriquecen las lenguas o las degradan, procesos ambos que pueden llevarlas a estadios diferentes, desde pequeños cambios solo perceptibles para el investigador, hasta momentos culminantes de éxito (declaraciones de *lengua oficial*, *lengua nacional* y, en los casos de comunidades bilingües, de *cooficialidad*), o de fracaso (el debilitamiento progresivo y, quizás, la muerte, la desaparición total).

Creencias y actitudes hacia el español

Para medir las actitudes lingüísticas hacia el español se tomaron como base tres dimensiones de extrema importancia y siete creencias correlacionadas con ellas:

Dimensión 1: Identidad cultural
1. El español, vehículo lingüístico de una gran cultura internacional.
2. El español, rasgo de identidad cultural entre los cubanos.
3. Hay que conservar el español, pues es la lengua de nuestros antepasados.

Dimensión 2: Orgullo étnico-lingüístico
1. No se siente incomodidad social ni vergüenza al hablar español en público.

Dimensión 3: Utilidad
1. Hablar español (además de inglés) produce ventajas salariales.
2. El español es lengua pública (no solo familiar).
3. Hablando solo español se puede recorrer una buena parte del mundo.

El resultado del análisis de la encuesta[19] arrojó lo siguiente:

1. La actitud positiva que los hablantes tienen hacia el español queda demostrada en el 97,4% de los que comparten sin reservas la creencia de que es el vehículo lingüístico de una gran cultura internacional.

2. Que el español sea considerado un rasgo de identidad cultural de los cubanos alcanzó un porcentaje de aceptación de un 93,8%.

3. La creencia de que hay que preservar el español por ser lengua de nuestros antepasados conquistó un 84,2%.

4. El creer que el español es lengua pública, no solo para usar en familia, subió a un 83,9%.

5. El no sentir incomodidad ni vergüenza al hablar español en público obtuvo un 79,1%

6. Estar convencido de que hablar español (además de inglés) produce innegables ventajas salariales alcanzó un 77,1%.

7. Que hablando solo español se puede recorrer una buena parte del mundo consiguió un 61,3%.

Estas cifras hablan elocuentemente de la existencia de una actitud muy positiva hacia el español en esta comunidad[20].

Creencia 1: 'El español es el vehículo de una gran cultura internacional'. Los datos básicos generados por esta creencia pueden verse en el cuadro 6.

cuadro 6 **El español es el vehículo lingüístico de una gran cultura internacional**

	A	B	C
1	95,5%	94,1%	100%
2	2,2%	0%	0%
3	2,2%	0%	0,7%
4	0%	0%	0%
5	0%	5,8%	1,9%

Esta creencia ha alcanzado cifras extremadamente altas entre la población examinada, no importa el grado de bilingüismo de los individuos: entre los que tienen predominio del español, el índice alcanzado fue de 95,5%; muy poco menos, un 94,1%, es lo que arroja el análisis de los bilingües equilibrados y un sorprendente 100% entre los que poseen un claro predominio del inglés. Obsérvese que en este caso la influencia de la cultura norteamericana no ha hecho la menor mella en esta creencia, pues los más expuestos a ella, como son los integrantes de este último grupo, son precisamente los que exhiben las cifras más altas de acuerdo absoluto.

Cuando los datos de esta actitud se examinan atendiendo al parámetro generacional, el panorama que se dibuja es el siguiente: entre los bilingües con predominio del español, todas las generaciones apoyan esta creencia con mucho entusiasmo: I. 100%, II. 95%, III. 93.3, IV. 100%. En la II hubo un 5% que, aunque apoyaba la creencia, mostraba algunos reparos. Entre los bilingües con predominio del inglés la creencia de que el español fuese el vehículo lingüístico de una gran cultura recibió unánimemente porcentajes de 100% en sus tres generaciones.

Por último, el examen del factor sexo/género puso de manifiesto que mientras todas la mujeres apoyan absolutamente esta creencia (100%), los hombres, en cambio, presentan varias diferencias: los que poseen predominio del español, la apoyan en un 94,1%. Es verdad que, en este último caso, un 2,9% mantiene también esta creencia, pero con algún reparo si bien, aunque estos números carecen de significado estadístico, otro 2,9% muestra una total oposición a ella.

Creencia 2: 'El español es importante por ser rasgo de la identidad cultural de los cubanos'. El cuadro 7 muestra los resultados básicos.

cuadro 7 **El español es importante porque es un rasgo de nuestra identidad cultural**

	A	B	C
1	91,1%	94,4%	100%
2	6,6%	5,5%	0%
3	2,2%	0%	0%
4	0%	0%	0%
5	0%	0%	0%

Lo más notable de lo que aquí puede observarse es que según se pasa de los bilingües con predominio del español al otro extremo del parámetro las cifras muestran un constante aumento: 91,1% > 94,4% > 100%. Nuevamente se repite el esquema anterior, curioso, si se tiene en cuenta que los valores más altos coinciden con el grupo más expuesto a los valores nacionales del país de recepción.

Queda muy claro que la relación 'español-identidad cultural' está muy firmemente asentada entre la población cubana miamense, porque, en aquellos grupos (A y B) en los que no se llegó al total, estuvieron compartidos con los apoyos condicionados [de acuerdo con reparos] (A. 6,6%, B. 5,5%).

Tras el análisis de las generaciones, el patrón actitudinal no se presenta con la misma claridad. La creencia alcanzó en las cuatro generaciones de bilingües con predominio del español puntuaciones que oscilan entre el 90% y el 100% (I. 100%, II. 90,5%, III. 92,6%, IV. 94,1%). Los porcentajes restantes pertenecen en su gran mayoría a sujetos que también mantienen esta relación, aunque con reservas (II. 4,7%, III. 7,4%, IV. 5,8%).

Muestran unidad de criterio los bilingües con predominio del inglés en sus dos generaciones extremas, la I y la III, ambas con reafirmaciones totales. En cambio, esta creencia de que el español es un signo importante de la identidad cultural no subió más de un 71,4% entre los sujetos de la segunda generación; el restante 28,6% de este grupo fue hacia el rechazo de esta creencia, bien es verdad que con reparos.

Las mujeres bilingües con predominio del español también la apoyan absolutamente, mientras que las que muestran predominio del inglés lo hacen en un 85,7%. La posición de estas últimas no es drástica porque, aunque el restante 14,2% vaya en apoyo del rechazo de la creencia, se trata de un rechazo atenuado. En este punto, la dicotomía entre ambos grupos marca diferencias de importancia. Entre los hombres bilingües con predominio del español se mantiene esta creencia en un 85,3%; a esta cifra se añade un 11,7% de apoyo, que también la muestra aunque con reservas. Los bilingües con predominio del inglés mantienen esta creencia en exclusiva.

Creencia 3: 'Hay que conservar el español porque es la lengua de nuestros antepasados'. Revisando los datos que ofrece el cuadro 8, es posible concluir que los bilingües con predominio del español ofrecen siempre márgenes de aceptación: A. 88,8%, B. 72,2%, C. 85,7%, cifras estas que podrían incrementarse a 93,2%, 100% y 100%, respectivamente, si se sumaran las aceptaciones atenuadas. Entre los que poseen un predominio acusado del inglés, los que responden en la afirmativa constituyen el 90%.

cuadro 8 **Hay que conservar el español porque es la lengua de nuestros antepasados**

	A	B	C
1	88,8%	72,2%	87,8%
2	4,4%	27,7%	7,1%
3	0%	0%	0%
4	0%	0%	0%
5	6,6%	0%	5%

No presenta mucha diferencia el examen del patrón generacional: todas las generaciones sitúan sus cifras más altas en las respuestas afirmativas plenas: I. 100%, II. 92,6%, III. 83,3% y IV. 82,3%, aunque puede percibirse un descenso gradual al acercarnos a los grupos de mayor edad. Hay también un apoyo a esta postura respetuosa de la tradición, aunque con reparos: II. 3,7%, III. 16,6%, IV. 5,8%. Se comprenderá que quede poco margen para los rechazos: apenas un 3,7% en la segunda generación y un 11,7% en la mayor.

Parecido perfil aflora entre los grupos generacionales de los bilingües con predominio del inglés; las puntuaciones mayores van a la posición positiva absoluta: I. 100%, II. 83,3%, III. 100%. El resto de los renglones queda en blanco, con excepción del 16,6% de rechazos totales que surge de la generación intermedia.

Las mujeres bilingües con predominio del español se muestran más favorables que los hombres en sus índices de aceptación: 94,4% frente al 81,2%; en cambio, entre los bilingües equilibrados o con predominio del inglés, son los hombres (100%) los que llevan la delantera a las mujeres (85,7%). Estos mismos casos coinciden en no aportar números para los rechazos, ni absolutos ni condicionados. En efecto, los hombres bilingües con predominio del español rechazan el respeto a la tradición de sus mayores solo en un 3,2%; sin embargo, las mujeres bilingües con predominio del inglés lo hacen en un 14,2%.

Creencia 4: 'El español solo sirve para hablar en la casa con la familia'. Esta creencia, en general, fue muy poco suscrita, lo que se traduce en una actitud positiva hacia el español (83,9%) (vid. cuadro 9).

cuadro 9   **El español solo sirve para hablar en la casa con la familia**

	A	B	C
1	2,2%	0%	14,3%
2	6,6%	0%	7,5%
3	0%	0%	0%
4	2,2%	0%	5%
5	88,8%	100%	73,5%

La rechazaron los bilingües con predominio del español, el 100% de los bilingües equilibrados, pero únicamente un 57,1% del grupo de bilingües con predominio del inglés. La rechaza también, aunque con reparos, un 2,2% del grupo A. El resto de las cifras se inclinan hacia el apoyo de la creencia, si bien con números siempre inferiores al rechazo. Sumados los porcentajes de aceptación total y condicionada, los sujetos del grupo A creen que el español solo sirve para ser manejado en ámbitos privados en un 8,8% (aceptación absoluta, 2,2%, condicionada, 6,6%), y los del grupo C, con cifras mucho más importantes (42,9%: un 14,3% de aceptación con reparos y un 28,6% de aceptación incondicionada).

Con respecto a las generaciones la situación es la siguiente: entre los del grupo A, la creencia es rechazada por el 33,3% de los más jóvenes, por un 90,4% de la segunda generación, por un 96,5% de la tercera, y un 82,4% de la cuarta. Salvo esta última, que muestra, además, un 5,8% de rechazo atenuado, el resto de las cifras pertenece a los que aceptan de alguna manera el papel familiar del español en la comunidad. No obstante, hay que señalar que, con excepción de un 5,8% de la cuarta generación, ninguna otra ofrece cifras de rechazo total; sí para el condicionado, aunque aquí los números no son significativos (II. 9,5% y III. 3,4%).

El rechazo de esta creencia, entre los bilingües con predominio del inglés, es total en la primera y tercera generaciones. En la intermedia, en cambio, la oposición alcanza un 71,4%, aunque podría sumársele el 14,3% de la negación condicionada. Otro 14,3% acepta la creencia totalmente. La comparación entre los índices de ambos grupos (A y C) es mucho más positiva para este último.

Todas las mujeres, no importa su clase de bilingüismo, la rechazan con más firmeza (95,8%) que los hombres (74,8%). Es cierto que este 74,8% que muestran los hombres cuenta también con un 3,3% de rechazos atenuados.

Creencia 5: 'No se siente ningún malestar social al hablar español en público'. Otra de las creencias analizadas tiene que ver con la sensación que produce en los hablantes el uso del español en público. Se estudian las diversas posibilidades que van desde sufrir incomodidad social e incluso una cierta vergüenza hasta su uso con total normalidad (vid. cuadro 10).

Entre los bilingües con predominio del español un 88,8% confiesa manejar esta lengua en público sin sentir el menor asomo de malestar social. Tampoco los del grupo B, de los bilingües equilibrados (94,4%) ni los del C (83,3%), solo que estos últimos añaden un 16,6%, de apoyos condicionales, pero sin testigos en contra: estos sujetos manejan siempre el español en público con total normalidad.

cuadro 10 **No siento ningún malestar social hablando español en público**

	A	B	C
1	88,8%	94,4%	66,6%
2	0%	0%	13,3%
3	0%	0%	5%
4	2,2%	0%	5%
5	8,8%	5,5%	5%

Los que se sienten incómodos al hablarlo constituyen el 8,8% del grupo A y un 5,5% para el B. No se trata en realidad de cifras muy altas (ni estadísticamente significativas), pero al 8,8% de los sujetos de A hay que añadir un 2,2% que está de acuerdo con ellos, aunque no de manera tajante.

El patrón que surge del análisis de la variable generacional es una fuerte relación asociativa entre la ausencia de malestar social al hablar español y las generaciones: las mayores afirman no sentirlo en un 77,7%, la tercera generación sube al 93,3%, la segunda, al 95%, y entre los jóvenes, son el 100% los que confiesan que emplean esta lengua con total normalidad. La postura contraria, salvo entre los mayores (16,6%), produce cifras muy bajas (II. 1,5%, III. 3,3%), si bien la tercera y la cuarta pudieran aumentar esos últimos índices añadiendo los correspondientes 3,3% y 5,5% de rechazos condicionados.

Los jóvenes del grupo C, bilingües con predominio del inglés, aceptan la creencia en un 50% (el otro 50% permanece neutral). La tercera generación, en cambio, indica de manera tajante que maneja el español en público con total tranquilidad. El grupo intermedio tiene sus cifras más divididas, pero con todo la mitad de ellos se une a la posición anterior, y un 16,6%, aunque con reparos, también.

Por otra parte, las mujeres del grupo A producen un porcentaje superior al de los hombres (94,3% frente al 82,8%) en la oposición a esta creencia. Consecuentemente son estos últimos los que ofrecen cifras ligeramente mayores de respuestas positivas: 8,6% frente a 5,7%, porcentajes anecdóticos, como se ve. En cambio, entre los del grupo C son los hombres, con un 66,6%, los que llevan la delantera con respecto al no (F. 42,8%). De los hombres de este grupo, el restante 33,3% también se inclina por el no condicionado. La situación se invierte en el caso de las mujeres: un 28,6% de síes absolutos, acompañado de un 14,3% de respuestas relativas.

Creencia 6. 'Es bueno hablar español (además de inglés) para ganar más dinero'. Muchos son los que creen que el hablar español puede producir ventajas económicas en la comunidad del Gran Miami (vid. cuadro 11).

cuadro 11 **Es bueno saber español (además de inglés) para ganar más dinero**

	A	B	C
1	75,5%	55,5%	77,8%
2	17,7%	22,2%	12,1%
3	4,4%	0%	0%
4	0%	16,6%	5%
5	2,2%	5,5%	5%

El grupo A confirma esta creencia en un 75,5%, el B se queda en un 55,5% y el C sube hasta un 85,7%. Es verdad que si se suman a estos los porcentajes de aceptación condicionada, las cifras serían: A. 93,2%, B. 77,7% y C. 90%. La aceptación es claramente mayoritaria.

La generación más joven, la de entre 15 y 20 años, exhibe una contundente respuesta positiva. Los otros tres niveles generacionales del grupo A presentan números más modestos: II. 71,4%, III. 73,3% y IV. 64,7%, en un perfil claramente descendente. Entre este grupo las cifras de aceptación de esta creencia son siempre mucho mayores que las de rechazo, porque sumados estos datos absolutos a los condicionados, los números suben a II. 80,9%, III. 96,6% y IV. 88,2%, respectivamente. Los que no comparten esta creencia lo hacen en porcentajes muy bajos y solo en las generaciones II (4,7%) y IV (5,8%); la diferencia está en que mientras los sujetos de la generación mayor no ofrecen rechazos condicionados, la II lo hace en un 9,5%. La tercera no presenta rechazos absolutos; los relativos constituyen el 3,3%.

Entre los bilingües con predominio del inglés, los más jóvenes muestran su apoyo total a esta creencia; los de las otras generaciones, en porcentajes de 66,6% y 50%. Es importante subrayar aquí que siempre la generación más joven, no importa cual sea su tipo de bilingüismo, exhibe cifras contundentes: 100%. A partir de aquí las cosas empiezan a cambiar, aunque en la segunda generación la creencia subiría al 83,2% si contáramos también los síes atenuados. Lo más sorprendente de este conjunto de datos es que los mayores de este grupo rechazan la creencia en un 50%.

Las mujeres de ambos grupos de sujetos apoyan con más firmeza que los hombres la creencia de que con el español (además del inglés) se pueden recibir mejores retribuciones salariales: 81,8% entre las del grupo A, y 86,7% entre las del C. En el caso de los hombres, contrasta mucho el 69,6% de los del grupo A frente al 33,3% de los del C. La cifra de aceptación de esta creencia entre los hombres del primer grupo se recupera si añadimos el 24,2% de la aceptación con reparos (93,8%) hasta sobrepasar los números arrojados por las mujeres del mismo grupo (87,8%). En cambio, los hombres bilingües con predominio del inglés rechazan esta creencia en un 66,6% —dos de cada tres— siempre que se sumen ambas clases de rechazo. Las diferencias de género entre los sujetos de este último grupo son muy drásticas: las mujeres solo apoyan la creencia, mientras que los del sexo masculino la rechazan mayoritariamente.

Creencia 7: 'Uno puede recorrer una buena parte del mundo hablando solo español'. La última de las creencias estudiadas aquí, mantiene que 'se puede recorrer una buena parte del mundo hablando solo español' (vid. cuadro 12).

cuadro 12 **Uno puede recorrer una buena parte del mundo hablando solo español**

	A	B	C
1	68,8%	66,6%	55%
2	6,6%	16,6%	21,6%
3	11,1%	5,5%	0%
4	0%	0%	5%
5	13,3%	11,1%	18,3%

En los individuos del grupo A esta creencia alcanzó un 68%, entre los del B, un 66,6%, y entre los del C, un 55%. Es verdad que estas cifras, ya de por sí mayoritarias, aumentan considerablemente —75,4%, 83,2% y 76,6%— al sumar las aceptaciones condicionadas. A la luz de estos números, se comprenderá que el rechazo a esta creencia sea menor: 13,3%, 11,1% y 16,6% respectivamente.

Al clasificar estos datos por niveles generacionales las cifras son muy positivas: entre los 15 y los 55 años, las tres primeras generaciones del grupo A, las aceptaciones son muy fuertes: 100%, 95%, 93,3%, pero en los sujetos de más de 55 años estos porcentajes se quedan en el 77,7%. Las cifras de rechazo son poco importantes en las generaciones intermedias (II. 5%, III. 6,6%); no así en la IV, que arroja un 22,1%. Entre los bilingües con predominio del inglés, grupo C, las dos generaciones extremas se dan la mano: bien en respuestas absolutas, bien sumando ambas, llegan al 100%. La generación intermedia, por el contrario, divide sus respuestas por igual entre aceptación (50%) y rechazo (50%).

Los hombres de los tres grupos muestran índices más altos de respuestas positivas: 80% frente al 65,7% de las mujeres. Diferencias mayores aún comienzan a aparecer cuando añadimos a estos porcentajes las aceptaciones atenuadas. Los hombres del grupo A suben al 96,6%, mientras que los de los otros grupos no modifican su puntuación. Las mujeres, en cambio, llegan a 71,4% entre las del primero, y a un 71,3% entre las de los otros, con lo que esta variable queda neutralizada.

Las creencias que sustentan la actitud de los hablantes de esta comunidad de habla hacia el español quedan reflejadas en la gráfica 4.

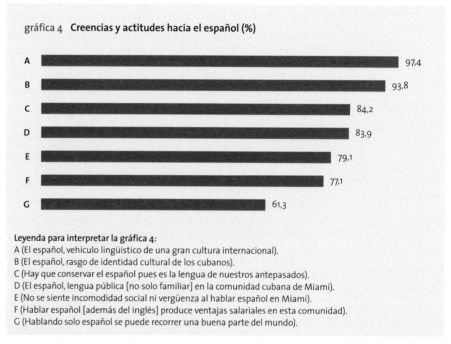

gráfica 4   Creencias y actitudes hacia el español (%)

A	97,4
B	93,8
C	84,2
D	83,9
E	79,1
F	77,1
G	61,3

Leyenda para interpretar la gráfica 4:
A (El español, vehículo lingüístico de una gran cultura internacional).
B (El español, rasgo de identidad cultural de los cubanos).
C (Hay que conservar el español pues es la lengua de nuestros antepasados).
D (El español, lengua pública [no solo familiar] en la comunidad cubana de Miami).
E (No se siente incomodidad social ni vergüenza al hablar español en Miami).
F (Hablar español [además del inglés] produce ventajas salariales en esta comunidad).
G (Hablando solo español se puede recorrer una buena parte del mundo).

Como puede observarse, las siete creencias analizadas, aunque siempre con valores positivos, presentan diferente peso en la comunidad cubana del Gran Miami, aunque la media aritmética general de todas estas cifras es de 82,4%, lo que indica que la actitud de todos estos hablantes hacia el español, no importa el grupo al que pertenezcan (con respecto al tipo de bilingüismo), es altamente positiva.

Creencias y actitudes hacia el inglés

Para medir las actitudes lingüísticas hacia el inglés se tomaron como base las siguientes dimensiones y creencias:

Dimensión 1: Utilidad
1. El inglés es una lengua extremadamente útil.
2. El inglés es la lengua exclusiva de los grandes negocios internacionales.

Dimensión 2: Prestigio
1. La comunidad cubana miamense siente que los que hablan inglés son personas más importantes.

Dimensión 3: Modernidad y atractivo
1. El inglés es una lengua muy atractiva.
2. La música popular con letra en inglés es más moderna.

Los resultados generales del análisis fueron los siguientes:

1. La actitud positiva que los sujetos de la muestra tienen hacia el inglés queda demostrada en un 89,1% de los que comparten sin reservas la creencia de que se trata de una lengua muy útil.

2. La creencia de que el inglés es una lengua atractiva alcanzó el 77,1%.

3. La creencia de que la música popular que lleva letra en inglés es más moderna, por su parte, logró una aceptabilidad del 16,6%.

4. A que el inglés sea la lengua exclusiva de los grandes negocios internacionales la muestra respondió de manera interesante.

5. La creencia que considera que el hecho de que una persona hable inglés la convierte ante los ojos de la sociedad hispana miamense en un individuo más importante: es evidente que, de obtener aquí números muy altos, la actitud hacia la lengua anfitriona sería sumamente favorable, pero los datos positivos obtenidos no parecen confirmar este supuesto: 11,6%.

Creencia 1: 'El inglés es una lengua extremadamente útil'. Los hablantes bilingües con predominio del español hacen suya esta creencia en un 86,6%, mientras que los bilingües equilibrados hacen llegar sus números hasta el máximo y los que presentan predominio del inglés se quedan en un 85%. El más variado en cuanto a la aceptación o rechazo de esta creencia, el A, presenta un 8,8% de neutralidad, un 2,2% se muestra partidario de aceptar la utilidad del inglés, pero con reservas, y otro 2,2% la rechaza de plano. Salvo esta última cifra, de muy poco relieve estadístico, el resto de los números resultan ampliamente positivos. La situación no deja de ser curiosa pues hay mayor rechazo a esta creencia entre los del grupo C (5%) que entre los del A (2,2%) (vid. cuadro 13).

cuadro 13 **El inglés es una lengua extremadamente útil**

	A	B	C
1	86,6%	100%	85%
2	2,2%	0%	10%
3	8,8%	0%	0%
4	0%	0%	0%
5	2,2%	0%	5%

Al examinar las estadísticas producidas por la variable generacional surge un esquema perfectamente estratificatorio entre los bilingües con predominio del español: el apoyo a esta creencia disminuye, aunque poco, a medida que se pasa de la generación más joven a la mayor: I. 100%, II. 100%, III. 90%, IV. 88,2%. Lo que indican estas cifras es que las primeras generaciones tienen una confianza ilimitada en el inglés como lengua útil, pero que las mayores, sin embargo, tienen dudas al respecto.

Más errático es el patrón que emerge entre los bilingües con predominio del inglés: las dos generaciones extremas, la I (15-20 años) y la III (36-55 años) abrazan esta creencia de manera absoluta. La que rompe esta línea es el grupo intermedio (entre 21 y 35 años), que solo la apoya incondicionalmente en un 50%. Si a esta cifra sumáramos el 33,3% que lo hace con reparos, subiríamos al 83,3%, porciento menos chocante. Con todo, hay un 16,6% que no apoya esta creencia en absoluto.

El análisis del sexo/género no aporta datos especialmente significativos: tanto hombres como mujeres del grupo A ofrecen cifras estimables a favor de esta creencia: 93,9% y 91,6%. Ninguno del resto de los números se inscribe en la categoría de rechazo. Entre los del grupo C, los hombres muestran su preferencia absoluta, pero las mujeres cuestionan la utilidad de la lengua inglesa, ya que solo el 57,1% le ofrece su apoyo, si bien otro 28,6% lo hace también, aunque con reservas. Un 14,2% la rechaza.

Creencia 2: 'El inglés es una lengua muy poco atractiva'. La considera atractiva el 65,1% de los bilingües con predominio del español; entre los bilingües equilibrados lo hace el 77,7%, y los de predominio del inglés, el 82,8%. Es verdad que los índices de aceptación condicionada son lo suficientemente altos como para superar las opiniones en contra (A. 13,9%, B. 11,1%, C. 7,1%), pues sumados a las cifras anteriores son los más altos. No obstante, hay un 16,3% del grupo A y un 5,5% del B que no creen que esa lengua sea atractiva; también en ambos colectivos aparecen cifras de rechazo atenuado (2,3% y 5,5%), aunque menores. En general, puede decirse que, si bien no con el grado de éxito que alcanzaron los que creen en la utilidad del inglés, los que apoyan lo relativo a su atractivo son mayoría incuestionada. (vid. cuadro 14).

cuadro 14	**El inglés es una lengua muy poco atractiva**		
	A	B	C
1	16,3%	5,5%	0%
2	2,3%	5,5%	5%
3	2,3%	0%	5%
4	13,9%	11,1%	7,1%
5	65,1%	77,7%	82,8%

Entre los hablantes del grupo A las generaciones establecen una clara dicotomía entre la primera, que apoya al máximo esta creencia, y las otras tres, que se mueven entre el 80,9% de la segunda y el 58,6% de la tercera (la IV está entre ambas, con un 75%). Son precisamente estas las únicas que ofrecen cifras de rechazo total, según un orden ascendente: II. 4,7% > III. 13,8% > IV. 18,7%. Si a la tercera generación (entre 36 y 55 años) se le sumara el 6,8% de desestimación condicionada, obtendríamos un 20%, es decir, la quinta parte de este nivel generacional. A pesar de ello, el patrón observado en las dos variables anteriores se mantiene, sobre todo, si contamos con los números de la aceptación con reparos.

En el grupo C —salvo la tercera generación, cuyo apoyo es absoluto— las dos anteriores presentan comportamientos discrepantes. La generación I limita su apoyo total y único al 50%, y la II, al 83,3%. En esta segunda no hay cifras negativas, sino de neutralidad (16,6%), pero en la generación joven el rechazo atenuado sube hasta el 50%, justamente la misma cifra que la del apoyo absoluto.

Analizada la variable sexo/género encontramos que entre el grupo A, las mujeres se inclinan más que los hombres hacia la creencia de que el inglés es una lengua atractiva: 78,3% frente al 64,7%. Si a estas cifras se sumaran las de apoyo con reservas (13,5 en las mujeres y 11,6 en los hombres), casi en nada variarían las proporciones señaladas arriba. En concordancia con ellas, es esperable que los índices de rechazo sean superiores en los hombres: 17,6% frente a 5,4%. En este caso, tampoco el añadir los números de desestimación condicionada lograría alterar los resultados.

Los hombres del grupo C, por el contrario, abrazan esta creencia en un 100%; las mujeres de este grupo lo hacen en el 71,4%. No hay rechazos absolutos a esta creencia, solo relativos y con números bajos (14,3%).

A partir de aquí, las otras tres creencias estudiadas bajan drásticamente sus cifras positivas, datos estos que obligan a matizar con fineza su interpretación, tanto particular, en cuanto a la creencia en cuestión, como general, en cuanto al papel que desempeña en el estudio de la actitud hacia esta lengua.

Creencia 3: 'Las canciones con letra en inglés son más modernas' (vid. cuadro 15).

cuadro 15 **Las canciones en inglés son más modernas**

	A	B	C
1	13,3%	0%	26,6%
2	13,3%	0%	0%
3	6,6%	11,1%	18,3%
4	11,1%	22,2%	10%
5	55,5%	66,6%	45%

La situación se dibuja de la siguiente manera: el grupo A presenta un 13,3% a su favor; el B puntúa con cero ambas aceptaciones, la absoluta y la relativa, y el C, que solo ofrece aceptación incondicionada, con un 26,6%, es decir, uno de cada cuatro de sus sujetos. Dejando de lado la banda de las posiciones neutrales (A. 6,6%, B. 11,1%, C. 16,6%), el resto de las puntuaciones indican el rechazo mayoritario que esta creencia tiene en la comunidad, siempre con porcentajes en torno al 50% (A. 55,5%. B. 66,6%, C. 45%). En los primeros grupos se dan aceptaciones atenuadas que harían subir estos índices, en caso de realizar la sumatoria, a 66,6% en el grupo A y a 88,8% en el B. A pesar de que en todos los grupos triunfa la oposición a esta creencia, los bilingües con predominio del inglés son, de todos, los que menos la rechazan.

No caben grandes dudas de que, con respecto a esta particular creencia, el factor generacional reviste una importancia de excepción. Los datos que corresponden al grupo A ponen en una casilla aparte a los sujetos más jóvenes, que muestran un sólido apoyo a la creencia de que la música en inglés es más moderna. El resto de las generaciones la apoya también, pero con mucho desgano: II. 5%, III. 9,4%, IV, 11,7%. Se observa que las cifras van subiendo algo al dirigirnos hacia la generación mayor; sin embargo, ni aun sumando a estos números las aceptaciones condicionadas los números logran remontar de manera relevante (II. 15%, III. 15,6%, IV. 23,4%), a pesar del relativo entusiasmo mostrado por los mayores hacia este tipo de música.

No obstante, las oposiciones a esta creencia son mayoritarias en las tres últimas generaciones: 60%, 56,2% y 58,8%, respectivamente, que se convertirían en 75%, 65,6% y 76,6% si tomásemos en consideración las respuestas de rechazos con reparos.

Entre los del grupo C, bilingües con predominio del inglés, también la primera generación apoya la creencia, pero solo en un 50% (el otro 50% permanece neutral). Al otro extremo se coloca la tercera generación, y última para este grupo, con un rechazo total. Sumamente matizadas se muestran las posturas del segundo colectivo generacional: la aprobación absoluta consigue un 16,6%, el rechazo, algo menos del doble (33,3%), aunque otro tanto de oposiciones matizadas refuerza esta posición (que iría al 66,6%).

Comparten esta creencia en un 57,1% los hombres del grupo A, y las mujeres, en un 56,2%, con lo que el paralelismo es casi perfecto. También se establece un acercamiento de posturas en las condenas con reparos (14,3% frente al 12,5%); pero esta posición se separa al examinar las posturas positivas: aquí los hombres triplican holgadamente la puntuación de las mujeres (20% frente al 6,2%), aunque por compensación, las respuestas de apoyo atenuado son mayores en número en las mujeres (12,5% frente al 5,7%).

Los hombres del grupo C apoyan la creencia con más del doble de puntuación que las mujeres (33,3% frente al 14,3%), sin que haya posibilidades de incrementar estas cifras porque no se produjo otro tipo de aceptaciones. Entre los hombres el rechazo absoluto es del 33,3%, es decir, que en principio, uno de cada tres sujetos de este grupo apoya la creencia, mientras que otro de esos mismos tres la rechaza. Cierto que el rechazo con reparos suma otro 33,3%, lo que podría hacer subir este renglón al 66,6%. Las mujeres son más contundentes en la oposición incondicional (42,2%), aunque menos en la inconformidad con reparos (14,2%). Las posiciones entre hombres y mujeres están encontradas en ambos grupos: los hombres apoyan más y rechazan menos en el grupo de los bilingües con predominio del español, siempre, claro está, con el rechazo por delante; en cambio, en el grupo C son las mujeres las que se oponen más y apoyan menos la creencia de que la modernidad de la música en inglés sea superior.

Creencia 4: 'El inglés es la lengua exclusiva de los grandes negocios internacionales'. El 21,7% de los bilingües con predominio del español respondió estar enteramente de acuerdo, pero los del grupo B asintieron solo en el 11,1%, y los del C, en un 15%. En los tres grupos, sin embargo, los asentimientos condicionados (15,2%, 11,1% y 15%) lograrían modificar el hecho de ser una creencia minoritaria en la población. Aquí las cifras mayores van hacia el rechazo: A. 36,9%, B. 50%, C. 40%, y esto si no se consideran los rechazos con alguna reserva; si se incluyeran esas cifras, entonces los números negativos serían 60,8%, 72,2% y 72,1%, respectivamente. La elocuencia de estos porcentajes es muy evidente: la mayoría del grupo de bilingües con predominio del español no cree que el inglés cumpla la función que se le adjudica en el enunciado de esta creencia (vid. cuadro 16).

cuadro 16 **El inglés es la lengua exclusiva de los grandes negocios internacionales**

	A	B	C
1	21,7%	11,1%	15%
2	15,2%	11,1%	15%
3	2,1%	5,5%	10%
4	23,9%	22,2%	32,1%
5	36,9%	50%	40%

Las cosas no cambian cuando se contempla la situación desde la óptica de las generaciones. Entre los más jóvenes del grupo A el resultado fue nulo y en las otras tres las respuestas positivas fueron de 13% > 16,6% > 22,2%, cifras a todas luces escasas. Bien es verdad que al menos en los grupos III y IV las afirmaciones con reparos llegaron al 16,6% y al 22,2%, pero este refuerzo no redundaría en un cambio considerable de situación.

La generación joven, algo más escéptica al parecer, coloca el total de sus cifras en la franja neutral de la creencia; no es el único grupo que actúa de esta forma, pero el III, que es el otro, lo hace en un modesto 6,6%. Aquí, como en la variable anterior, los porcentajes más altos van hacia el rechazo absoluto: II. 34,8%. III. 36,6% y IV. 50%. Debe señalarse, sin embargo, que con el refuerzo añadido de las desautorizaciones condicionadas las cifras subirían al 87%, 59,9% y 55,5%, lo que hace más evidente aún la opinión negativa de la mayoría de los sujetos.

Por su parte, entre los bilingües con predominio del inglés las opiniones están más matizadas: los individuos de la segunda y tercera generación mantienen la aceptación de la creencia en cuotas de un 33,3% y un 50%. Los jóvenes también muestran su escepticismo adjudicando puntuación cero a este renglón. Sin embargo, es muy fuerte el apoyo atenuado en los dos primeros casos (50% y 33,3%). El resto de los números va a la descalificación total: I. 50%, II. 33,3%, III. 50%.

Al acercarnos al grupo C sorprende que la generación joven rechace *in sólidum* la creencia, mientras que la tercera abrace la aceptación en su totalidad. Curiosamente el nivel medio otorga la misma puntuación a la aceptación plena (42,8%) que al rechazo (42,8%). Sin embargo, en este grupo existe un 14,3% de apoyo condicionado, lo que terminaría por inclinar la balanza hacia el polo positivo.

Por último, entre los hombres del grupo A, la postura favorable duplica las cifras arrojadas por las mujeres (22,8% frente al 11,7%), pero, en cambio, se mantienen paralelas en el rechazo total (40% frente al 41,2%). Son muy bajas las cifras de neutralidad, pero elocuentes las de quienes actúan con un margen condicional. A pesar de ello, aunque sumemos los números respectivos, el balance final sería el siguiente: 34,2% los hombres y 26,5% las mujeres, a favor; 60% los primeros y 70,6% las segundas, en contra.

Entre los del grupo C, las posturas positivas, si bien sumándolas todas, absolutas y condicionadas, son mayoría: 66,6% de los hombres y 57,8% de las mujeres. Los rechazos, en cambio —solo hay cifras para la postura tajante—, son del 33,3% y del 42,8%. Obsérvese que a pesar de las diferencias numéricas, las más escépticas son siempre las mujeres.

Creencia 5: 'Cuando uno habla inglés parece que es una persona más importante'. Es evidente que de obtener aquí números muy altos, la actitud hacia la lengua anfitriona sería sumamente favorable (vid. cuadro 17).

cuadro 17 **Cuando uno habla inglés parece que es una persona más importante**

	A	B	C
1	26,8%	5,5%	7,1%
2	14,6%	0%	0%
3	7,3%	0%	5,5%
4	14,6%	16,6%	25,4%
5	51,3%	77,7%	61,8%

Entre los del grupo A, la aceptación de esta creencia solo consigue el 26,8% en el grupo A, el 5,5% en el B, y el 7,1% en el C, números muy bajos, como se ve. Las cifras son invariables, con excepción del grupo A, porque solo aquí hay números (14,6%) para los apoyos matizados. El rechazo total a esta creencia va desde el 51,3% en el grupo A, pasando por el 77,7% en el B, y llegando al 61,8% en el C. Los resultados, ya de por sí, resultan contundentes. Si, además, añadiésemos los rechazos atenuados, las cifras negativas se dispararían aún más: A. 65,9%, B. 94,3% y C. 87,2%.

Pero lo más curioso de todo es que la situación que se da entre los del grupo C, el de los bilingües con predominio del inglés, es muy similar a los otros dos: no hay apoyo para esta creencia. El grueso de las cifras, descontando un pequeño margen de neutralidad, va hacia el rechazo, que en la postura sin paliativos sube al 61,8%, es decir, que la mantienen bastante más de la mitad de los individuos de este grupo. Si, además, se añadiera el 25,4% de los que la rechazan condicionadamente, las cifras serían aplastantes (87,2%).

El perfil que ofrecen las generaciones del grupo A, por otra parte, coloca sus números más altos en las respuestas que indican inconformidad con la creencia. Sin llegar al caso extremo de la generación joven, cuya oposición es total, también las otras muestran porcentajes de importancia: II. 68,4%, III. 51,7%, IV. 40,9%, cifras que engordarían llamativamente si les fueran añadidas las de rechazo con reparos (II. 79,3%, III. 68,9%, IV. 59,8%). Frente a estas cantidades las posturas positivas se ven muy superadas, pues las cifras que muestran no logran superar el 20%, el equivalente a uno de cada cinco sujetos de estos grupos: II. 10,5%, III. 17,2% y IV. 18,2%. Aunque, como en el caso de los rechazos, uniésemos los números procedentes de las respuestas condicionadas, estos son tan bajos (II. 5,3%, III. 10,3%, IV. 9%) que en poco o nada cambiaría el patrón anterior.

En el grupo C el panorama es más severo aún, pues ninguna de las tres generaciones que se estudian en este colectivo consigue puntuación alguna para las dos posibilidades de aceptación que se ofrecen, la absoluta y la condicionada. En cambio, en la categoría de descalificación absoluta, las cifras son del 50% para la generación joven, del 66,6% para la intermedia, y del 50% para la mayor. Si se suman los datos procedentes del rechazo con reparos, se alcanzaría el 100% en las generaciones extremas y el 83,2% para la intermedia, que completaría su total con un 16,6% de neutrales.

Es evidente que, en este grupo, los más jóvenes son los más tajantes en el rechazo de esta creencia, es decir, que no creen que la sociedad (y ellos mismos, naturalmente) considere a una persona más importante que otra por el hecho de hablar inglés. Es curioso que a partir de aquí el rechazo se va atenuando a medida que nos dirigimos a la generación mayor. El grupo C es más tajante, pues su única posición aunque con matices es el rechazo.

Un cierto margen de aceptación, aunque escaso, aparece entre los hombres del grupo A (17,6%), pero no entre las mujeres, quienes, en concordancia, son las más firmes en su postura de rechazo: 61,3% sin añadir las respuestas condicionadas (83,9%, sumándolas), frente al 58,8% de los hombres, que se convierte en un 70,5% si le añadimos las respuestas negativas, aunque con reparos. El grupo C solo muestra rechazo, como se ha visto; aquí las mujeres vuelven a ser algo más enérgicas (71,4%) sin contar con las respuestas atenuadas, mientras que los hombres exhiben un 66,6%. Si se efectuara la operación de suma que permitiera unir todas las voces discrepantes, entonces la realidad sería el 100% para los hombres frente al 85,7% para las mujeres. Este último porcentaje de diferencia lo llenan las neutrales.

Revisadas en su conjunto las cinco creencias que subyacen a las actitudes hacia el inglés, encontramos los resultados que muestra la gráfica 5.

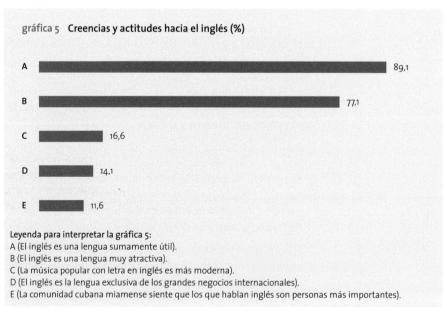

gráfica 5   Creencias y actitudes hacia el inglés (%)

A   89,1
B   77,1
C   16,6
D   14,1
E   11,6

Leyenda para interpretar la gráfica 5:
A (El inglés es una lengua sumamente útil).
B (El inglés es una lengua muy atractiva).
C (La música popular con letra en inglés es más moderna).
D (El inglés es la lengua exclusiva de los grandes negocios internacionales).
E (La comunidad cubana miamense siente que los que hablan inglés son personas más importantes).

Aunque, de las creencias estudiadas aquí, dos obtienen puntuaciones positivas —la utilidad de esta lengua, 89,1%; y el inglés, lengua atractiva, 77,1%— las otras tres, en cambio, se quedan con cifras muy bajas: las canciones con letra en inglés son más modernas, 16,6%;

es la lengua exclusiva de los grandes negocios internacionales, 14,1%, y la persona que la hable parece más importante en la comunidad, 11,6%. La media de todo esto es de 41,7%. La actitud, por lo tanto, de los cubanos del Gran Miami hacia el inglés no es, en general, demasiado positiva.

No obstante, revísese a continuación el éxito extraordinario que alcanza la actitud hacia el bilingüismo, lo que nos llevará a matizar —mucho— los datos presentados arriba sobre el inglés. Es innegable que no se quiere al inglés solo, sino siempre en convivencia con el español.

Creencias y actitudes hacia el bilingüismo

Las actitudes hacia el bilingüismo son muy contundentes en la mayoría de los casos.

cuadro 18 **La situación ideal para quienes vivimos en este país es el bilingüismo**

	A	B	C
1	95,5%	100%	92,8%
2	2,2%	0%	7,1%
3	2,2%	0%	0%
4	0%	0%	0%
5	0%	0%	0%

Entre los bilingües con predominio del español, aun tratándose de actitudes muy favorables hacia el bilingüismo, existen pequeñísimas matizaciones. Los de este grupo mantienen un 95,5% a favor, más un 2,2% que se inserta en la misma preferencia, aunque lo hace con reparos. Los bilingües equilibrados muestran un 100% de respuestas favorables. Los bilingües con predominio del inglés exhiben un 92,8% de actitud positiva hacia el bilingüismo —'la situación ideal para quienes vivimos en este país'—, pero debe señalarse que el otro 7,1% que falta lo tienen quienes, aunque no de manera incondicional, también siguen esta tendencia (vid. cuadro 18).

El patrón actitudinal que marcan las cuatro generaciones del grupo A es el que sigue: I (15-20 años), un 100%; II (21-35), un 95,2%; III. (36-55), un 100%; y IV (más de 55), un 88,2%. En la segunda generación, si se añade el 4,7% de los sujetos que mantienen actitud favorable pero condicionada, se llegaría también a la cifra máxima. La cuarta generación mantiene la puntuación más baja de todas debido a que un 5,8% no ha desarrollado ninguna actitud a este respecto. El otro 5,8% restante corresponde a una postura favorable, aunque atenuada.

Por último, son los hombres los que presentan índices sumamente positivos, en contraste con las mujeres, que ofrecen una cifra ligeramente menor (91,8%). A pesar de que se trata de cifras muy altas, deja de contar con un 8,1%, que se reparte entre los que condicionan su actitud (5,4%) y aquellos que carecen de ella (2,7%).

A las claras queda —y el hecho más evidente es que no hay muestras de actitud negativa, ni absoluta ni condicionada— que los cubanos de Miami mantienen una actitud muy positiva hacia el bilingüismo[21].

Consideraciones finales

Las actitudes más favorables entre los cubanos del Gran Miami van hacia el bilingüismo, situación que consideran muy conveniente y útil, viviendo —como están— en una cultura ajena. Inmediatamente después, las más positivas las recibe la lengua materna: esa comunidad se siente muy orgullosa de poseer una lengua de relieve internacional, que identifica a sus miembros con una gran tradición cultural, y que, además, es de suma utilidad, puesto que incluso proporciona —en los mismos Estados Unidos— ventajas salariales de importancia. Muy potenciadas se encuentran las tres dimensiones que subyacen a las aseveraciones que sirvieron de material a la escala: identidad cultural, orgullo étnico-lingüístico y utilidad práctica. Se trata, por lo tanto, de un caso sobresaliente de lealtad lingüística.

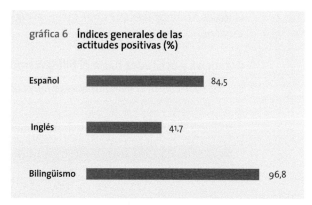

gráfica 6 **Índices generales de las actitudes positivas (%)**

Español — 84,5

Inglés — 41,7

Bilingüismo — 96,8

Con respecto al inglés, no como parte de contextos bilingües, sino de manera individualizada, las actitudes positivas alcanzaron una puntuación poco mayor de 40, porque si bien es verdad que la consideran una lengua útil y atractiva, aunque esto último en menor medida, no la ven, por ejemplo, como vehículo exclusivo de transacciones económicas internacionales, como quizás hubiese sido esperable. La situación con respecto a las dimensiones subyacentes no es diáfana: la comunidad apoya la utilidad práctica a medias, pues acepta una de sus aseveraciones ('El inglés es una lengua sumamente útil') y rechazan otra ('El inglés es la lengua exclusiva de los grandes negocios internacionales'); la dimensión 'prestigio' no fue suscrita y, por último, en la de modernidad y atractivo, solo corroboró una de las dos ('El inglés es una lengua muy atractiva').

Notas

[1] La ordenanza del 'English only' estuvo vigente en el condado de Miami-Dade desde 1980 a 1993, año en que fue derogada, volviendo al antiguo estatus de condado bilingüe y bicultural. Vid. en esta Enciclopedia, López Morales y De la Cuesta.

[2] 'Cubans have largely taken control of the athmosfere of the city'; 'Cubans are probably the only people who really do feel confortable in Dade County these days (...) and Miami is their own town' (vid. en esta Enciclopedia, López Morales).

[3] Según los datos de finales de la década de los setenta (Solé, 1979), a pesar de que para un 75% de los adolescentes que integraba la muestra de su estudio el español era lengua aprendida desde la infancia, solo el 26% de ellos afirmaba que tenía un mejor dominio del español que del inglés, mientras que un 39% confesaba lo contrario; solo un 35% indicaba que poseía igual competencia en ambas lenguas. El 25% restante aprendió español conjuntamente con el inglés. Esto, explicaba el autor, se debía a que el 12% de los entrevistados había nacido en los Estados Unidos y porque del 88% que había nacido en Cuba un 48% había salido de la isla con edades comprendidas entre 1 y 3 años. En cuanto a la competencia lingüística en español, un 90% de los jóvenes confesaba que entendía español perfectamente, y el 10% restante aseguraba que lo entendía 'bastante bien'; un 68% lo hablaba con completa fluidez y un 30% consideraba que lo hacía con 'bastante fluidez'. Un 56% lo escribía con facilidad, mientras que para un 32%, en cambio, la escritura le ofrecía dificultades. Todos los cuadros y gráficas en este artículo son de elaboración propia.

[4] Los datos que se ofrecen a continuación son el resultado de una investigación de gran alcance (López Morales, 2005) efectuada sobre una muestra empírica por cuotas proporcionales con afijación proporcional que tomó en consideración (1) el lugar de nacimiento (Cuba o los Estados Unidos), (2) la generación y (3) el sexo/género; en el caso de los nacidos en Cuba, (4) la edad de llegada a tierras norteamericanas. Estaba integrada por 80 sujetos. Los encuestadores fueron cuatro, de manera que cada uno de ellos se encargó de 20 entrevistas, cumpliendo así lo indicado por Shuy, Wolfram y Riley (1968), de que lo óptimo es que varios investigadores hagan pocas encuestas y no que uno solo haga muchas. El hecho de que entre encuestadotes y sujetos hubiese relaciones previas de amistad es una alternativa muy exitosa a la metodología de redes lingüísticas. Vid. Moreno Fernández (1990: 96) y López Morales (2003: 72-74). El cuestionario que se manejó en la investigación que sirve de base a esta sección estaba integrado por una serie de aseveraciones que debían ser completadas con alguna de las posibilidades ofrecidas, por ejemplo:

Cuando hablo con personas mayores de mi familia (abuelos, padres, tíos, etc.), lo hago
_____ solo en español.

_____ mayormente en español.
_____ solo en inglés.
_____ mayormente en inglés.
_____ en ambas lenguas indistintamente.

[5] En una investigación hecha con jóvenes de 15 a 18 años de la comunidad cubana del Gran Miami, Solé (1979) encontró que en los diálogos con sus abuelos estos usaban español en un 92% de las ocasiones; los abuelos por su parte también manejaban esa lengua: los hombres en un 90% y las mujeres, en un 98%. Cuando los jóvenes hablaban con miembros de la segunda generación —padres y tíos— el uso del español disminuía: un 62% usaba exclusivamente la lengua materna, un 21% la empleaba 'casi siempre', y un 12% la alternaba con el inglés. En el trato recíproco, lo utilizaban en exclusiva un 73% de los padres (un 74% en el caso de las madres) y un 21% 'casi siempre'. Los usos lingüísticos de estos sujetos mostraban otros patrones: entre hermanos, el español se manejaba en un 25%, un 41% usaba ambas lenguas y un 38% prefería 'casi siempre' el inglés. Al hablar con niños, un 43% empleaba ambas lenguas, un 30% usaba el inglés preferentemente, y un 62%, exclusivamente el español. De estos datos se pueden sacar varias conclusiones: no cabe duda de que entonces ya existía un cierto grado de desplazamiento del español por el inglés entre los miembros de la generación más joven, en el uso que de él hacen, no en la competencia que puedan tener de aquel idioma. El hecho que demuestra que preferencia de uso y competencia lingüística no siempre van de la mano se deja ver en las comunicaciones efectuadas en el ámbito familiar. En el caso de la submuestra miamense de la investigación de Ramírez (1992), todos respondieron 'mayormente en español' cuando se trataba de hablar con sus abuelos y sus padres, incluso con sus hermanos, aunque los porcentajes aquí son algo menores.

[6] En el trabajo de Ramírez (1992) —se trata de una muestra de adolescentes— se encontró que, en otros ámbitos de uso ajenos a la familia (vecindad, escuela, iglesia, recreo), los datos eran más heterogéneos: mayormente en español en la iglesia, y en ambos idiomas al hablar con los vecinos; en la escuela y en el recreo, mayormente en inglés.

[7] Las pocas investigaciones realizadas sobre este tema (Solé, 1982; Ramírez, 1992), ambas sobre población adolescente y juvenil —siempre menores de 18 años— han dado resultados muy parecidos con respecto a la lengua seleccionada con mayor asiduidad en el caso de los medios de comunicación pública: se prefería mayormente en inglés. El que se decidieran entonces (ya se ha visto que la situación ha cambiado algo) por la comunicación en inglés era y es explicable en hablantes bilingües, dado que todavía hoy los medios en esa lengua son mucho más numerosos y variados. En la misma línea está la preferencia por la lectura de libros en inglés; en este caso, las ofertas de libros en español que se encuentran en las librerías de la ciudad no pueden competir en absoluto con la riqueza de materiales en inglés.

[8] Para efectos de esta gráfica se han unido los datos correspondientes a los tres contextos situacionales del ámbito familiar (al hablar con 1. personas mayores, 2. de la misma edad y 3. con menores), los dos del ámbito laboral (1. con los compañeros, 2. en reuniones de trabajo) y los dos correspondientes al ocio cultural (1. libros, 2. canciones).

[9] La gráfica 3 ha sido preparada sumando en cada caso las cifras correspondientes a las opciones 'solo en español' y 'mayormente en español', por una parte, y 'solo en inglés' y 'mayormente en inglés', por otra.

[10] Estos datos son eminentemente descriptivos y no hacen más que despejar el camino que debe seguirse hacia la explicación de estas elecciones. Lo que queda claro es que esta comunidad muestra un bilingüismo muy extendido, al menos desde el punto de vista de la recepción de los mensajes. Este hecho apoya el que se proceda a efectuar investigaciones más centradas en la causalidad de tales decisiones, pues la insuficiencia (carencia, en algunos casos) de competencia en inglés de los inmigrados no debe ser una razón importante.

[11] Desde hace ya varias décadas los lingüistas vienen proponiendo topologías muy diversas para los extranjerismos léxicos. Envío al lector interesado a las recientes obras de Gómez Capuz (1998), Morales (2001a) y Gimeno y Gimeno (2003), tanto para un estado de la cuestión, como para propuestas específicas de gran interés. Muy concretamente, apoyado en los préstamos del inglés a hispanos de comunidades bilingües de los Estados Unidos, Otheguy (1995). Sobre lenguas en contacto en general, vid. Silva Corvalán (1990) y Otheguy y García (1993).

[12] El corpus que sirvió de base a la investigación (vid. n. 4) estaba integrado por una cantidad considerable de horas de grabación, pero solo 40 de ellas (2.400 minutos) se tomaron en cuenta. Este corpus fue completamente transliterado en ortografía regular.

[13] Se excluyen de este recuento: nombres de países, regiones, ciudades y zonas dentro de estas (West Miami), fenómenos naturales (Lake Buena Vista, Huracán Andrew), avenidas, calles y carreteras; colegios, academias y universidades; hospitales; nombres de razas de animales; marcas registradas, canciones, obras musicales, obras dramáticas, etc. Tampoco el nombre de instituciones (School Board, Nacional Board) ni de programas (Extended Foreign Language, Affirmative Acting); nombres de épocas (Renaissance) y vocabulario relativo a cuestiones educativas, motivadas por estructuras culturales particulares (high school, college, Business Administration, Nursery School, Graduate School, Bachelor, Master, Bachelor's degree, senior, junior, undergraduate).

[14] Para el cálculo de estos índices de uso se aplicó la fórmula de dispersión aplicada por Morales (1986a, 2001b):

$$D = 1 - \frac{n \times 2 - T2}{2T}$$

que evalúa los datos de frecuencia en los distintos conjuntos establecidos y ofrece un índice para cada entrada; la dispersión se multiplica después por la frecuencia total alcanzada por cada término: U = F x D.

[15] Una señora, integrante de la muestra de este estudio, explicó cuidadosamente a su encuestador que siempre utilizaba *microwave*, a pesar de que sabía que en español se decía *microondas*, pero que había conocido este tipo de horno en los Estados Unidos con ese nombre; así lo había aprendido, de manera que era la palabra que le venía espontáneamente. 'Esto no existía cuando yo vivía en Cuba', concluyó.

[16] Morales (1986b) no encuentra estructuras sintácticas de este tipo en sus estudios sobre el español de Puerto Rico, pero sí otras que parecen marcar el inicio de este tipo de transferencia: 'Lo que ese muchacho hace es revisando las muestras', sería un ejemplo de habla viva de entre varios —no muchos— que logró extraer de su corpus. La investigadora explicaba entonces que el rasgo de [+continuidad], característico del gerundio, estaba propiciado por la semántica oracional, que daba a entender que la revisión de las muestras era una actividad continua. El hecho de que, además, se tratara de una estructura de cópula y que el gerundio estuviera en el rema oracional parecía añadir más factores propiciadores.

[17] Existen en nuestro corpus otras estructuras oracionales curiosas, auténticos *hapax*, que no vale la pena estudiar aquí, pues ni siquiera sabemos si son fortuitas dentro del habla de un individuo: la adversativa *pero* invadiendo el terreno de *sino* (No solamente desde mi punto de vista, *pero* desde el punto de vista de ella), que pudiera ser un caso de convergencia; la duplicación del tema de la oración ('*Esa obra* era *una* que me gustó muchísimo?'); haber impersonal conjugado como de sexta persona ('*Habían* gente de Hispanoamérica'), que parece ser una concordancia con *gente*, que copiaría la pluralidad de *people*; y de los enigmáticos 'No tengo completo casos de autismo' y '¿Qué posiblemente tú podrías dialogar con él?'.

[18] La bibliografía desarrollada sobre actitudes hacia lenguas extranjeras —convivan o no en el mismo territorio, como es el caso de lenguas en contacto— ha crecido considerablemente en los últimos años. Desde el trabajo pionero de Lambert, Anisfeldt y Yeni-Kornshian (1965), que abrió la puerta a estos estudios, los títulos recientes de que hoy disponemos son abundantes y sobresalientes: vid., a manera de ejemplo: Alvar, 1981, 1982; Granda, 1981; Attinasi, 1983; Quilis, 1983; López Morales, 1988, y Lynch y Klee, 2003.

[19] El estudio de las actitudes lingüísticas se llevó a acabo a través de una escala tipo Likert. Se trata de instrumentos construidos por una serie de aseveraciones positivas o negativas, ante las cuales el sujeto debe manifestar su aceptación o su rechazo. Estas aseveraciones son manifiestas y latentes; se construyen a partir de juicios que expresan alguna relación postulada a nivel de la teoría sustantiva y de observaciones empíricas de afirmaciones de grupos o de sujetos pertenecientes estos a asociaciones que manifiestan la propiedad que se quiere medir. No piden respuestas dicotómicas, sino que trabajan con escalas de intensidad. Cada uno de los puntos del cuestionario estaba constituido por una aseveración; eran de estructura cerrada, pero ofrecían diversas posibilidades: 1. Totalmente de acuerdo, 2. De acuerdo con reparos, 3. Me da lo mismo, 4. En desacuerdo con reparos, 5. En total desacuerdo.

[20] Una de las investigaciones de Solé (1979: 8) dejó ver en su momento que la actitud hacia el español entre jóvenes de 15 a 20 años, estudiantes de escuela secundaria, primera generación entonces de cubanos criados y educados en los Estados Unidos, era muy positiva, al extremo de confesar que su desplazamiento progresivo por el inglés 'representaría una pérdida lamentable'. Su muestra no es comparable con la de este estudio, pero con todo de este trabajo pueden sacarse lecciones de importancia. El autor, tras subrayar que el español constituía para sus sujetos un referente positivo, sustentado este en motivos afectivos y pragmáticos, explica que 'conscientes de las circunstancias que los llevaron al exilio y conscientes también del fuerte sentimiento de lealtad a las tradiciones e instituciones de sus antecesores, no es de extrañar, entonces, que para ellos el español sea símbolo y vehículo integral de su herencia hispánica'. En un trabajo posterior, el mismo Solé (1982), trabajando con adolescentes y jóvenes, indicaba que un 96% pensaba que el mantenimiento del español era necesario, puesto que se trataba de un componente importante de su herencia cultural; un 75% creía que el español debería ser fortalecido en la comunidad, y un 72% no veía ninguna desventaja en usarlo. Un 55% de esa misma muestra señalaba que los más jóvenes estaban olvidando su lengua materna y usando demasiado el inglés, y que eso les preocupaba. Insistían, además, en que el español había que conservarlo, porque si no, se perdería una señal sobresaliente de identidad y de orgullo étnico. Sin embargo, en el trabajo de Castellanos (1990: 53) el 80% de sus sujetos (entre 13 y 67 años, nacidos en Cuba y en los Estados Unidos) consideraron que el inglés era 'esencial', y el 17,3% lo tenía como 'muy importante'; con respecto al español, en cambio, solo el 50% lo creía 'esencial' y el 36,5% lo tenía por 'muy importante'.

[21] Tal parece que las actitudes positivas hacia el bilingüismo que Solé (1982) encontró hace ahora 20 años se han ido acentuando. Aquellos que en su momento eran jóvenes de entre 15 y 18 años de edad, estudiantes de escuela secundaria, primera generación de cubanos criados y educados en los Estados Unidos (con independencia de su lugar de nacimiento), formarían hoy parte de la segunda generación (21-35 años) o incluso de la tercera (35-55 años) de nuestro estudio que, como se ha visto, mantienen actitudes positivas hacia el bilingüismo con índices muy altos. La generación que actualmente ofrecería un paralelo más estrecho con la estudiada por él en 1982 es nuestra primera (entre 15 y 20 años), precisamente una de las que ofrece la puntuación máxima, en contraste con el 91% que entonces confesaba que el bilingüismo era una situación ideal para ellos. Como se ve, un importante número de esos jóvenes veía el bilingüismo como una situación ideal. El bilingüismo es, sin duda, enriquecedor (25%); el inglés debe manejarse porque es la lengua oficial [sic]; el español también.

Dominicanos

Orlando Alba

Monolingüismo

Español

Aunque no existen estudios que permitan establecer con precisión la proporción exacta de los monolingües en español en la comunidad dominicana en los Estados Unidos, muchos la consideran mayor que la correspondiente a otros grupos de inmigrantes hispanos, como los cubanos y los puertorriqueños, principalmente. Para encontrar una explicación a esta situación hay que tomar en consideración dos factores básicos que sin duda favorecen la utilización del español como único medio de comunicación. Por un lado, la tendencia de muchos dominicanos a permanecer encerrados en su propio grupo, y a no tener relaciones estrechas con los norteamericanos, sean estos blancos o negros, ni con inmigrantes nativos de otras procedencias. Por otra parte, es conocido su empeño por no perder el contacto con su país de origen, al que viajan continuamente, y con el que conservan comunicación permanente, a través del teléfono y de medios como Internet y la televisión vía satélite, entre otros.

Como es natural, el monolingüismo en español se produce de manera especial entre los inmigrantes recientes, un grupo que se renueva cada día con la adición de los que continúan llegando ininterrumpidamente, y entre los que solo han vivido en territorio norteamericano durante poco tiempo. Pero también es muy común la situación de muchos dominicanos de primera generación, de edad adulta o avanzada, con 25 o más años de residencia en los Estados Unidos, que pueden considerarse monolingües en español, ya que su competencia en inglés, tanto la activa como la pasiva, es notablemente limitada.

De acuerdo con una investigación realizada a finales de la década de los años ochenta por Ofelia García, Isabel Evangelista, Mabel Martínez, Carmen Disla y Bonifacio Paulino (1988) en dos comunidades de Nueva York, el 100% de los entrevistados indicó que hablaba bien español. Esta autoevaluación fue ratificada con la adecuada actuación lingüística que exhibieron al responder las preguntas del cuestionario. Solo 9 de un total de 294 de los entrevistados prefirieron responder en inglés. El 97% restante se expresó con fluidez en su lengua materna. En uno de los barrios, Washington Heights[1], se utilizó una muestra de 118 informantes, de los cuales aproximadamente el 80% eran dominicanos. La mitad de todos los entrevistados señaló que no hablaba inglés. Además, los resultados de este estudio de García et ál. (1988: 484) confirman que los residentes de Washington Heights, en su mayoría dominicanos, ven más la televisión en español, escuchan más estaciones de radio en español, leen más en español y hablan más entre sí en español que los residentes de Elmhurst-Corona.

En varios sectores de la ciudad de Nueva York se pueden realizar las actividades normales de la vida cotidiana sin necesidad de saber absolutamente nada de inglés. En muchas iglesias se ofrecen los servicios religiosos en español; existen clubes y asociaciones que realizan en español actos, reuniones, competencias deportivas, concursos; y las actividades comerciales se desarrollan también en español, en bodegas, supermercados, oficinas, agencias de envíos, casas de cambio, restaurantes, farmacias, peluquerías, barberías, etc.

Inglés

La mayoría de los inmigrantes europeos que llegaron a los Estados Unidos al final del siglo XIX y a lo largo de todo el siglo XX, al cabo de tres generaciones, ya se habían convertido en hablantes exclusivos de inglés. Esta misma situación parece repetirse ahora, más o menos, con los hispanos a pesar de las continuas oleadas inmigratorias.

Diversos estudios destacan la rapidez del giro lingüístico hacia el inglés entre los hijos de los inmigrantes, a pesar de las condiciones que pueden favorecer la continuidad del español[2]. María Jesús Criado (2004) señala que, según un estudio efectuado por el *Washington Post*, la Fundación Familia de H. Kayser e investigadores de Harvard en el año 2000, casi el 80% de los miembros de la tercera generación en la comunidad hispana hablaban únicamente, o sobre todo, inglés en casa, y apenas el 1% hacía un uso más extensivo del español. Estas proporciones fueron confirmadas también por la encuesta, en 2002, del Centro Pew Hispanic y la fundación citada, como se puede observar en la gráfica 1.

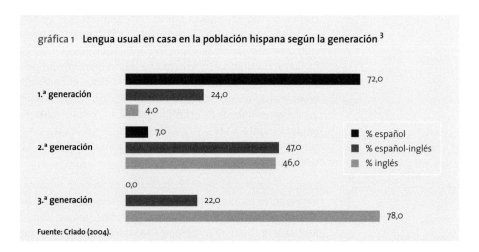

gráfica 1   **Lengua usual en casa en la población hispana según la generación** [3]

1.ª generación — 72,0; 24,0; 4,0

2.ª generación — 7,0; 47,0; 46,0

3.ª generación — 0,0; 22,0; 78,0

■ % español
■ % español-inglés
■ % inglés

Fuente: Criado (2004).

La preeminencia del inglés se revela también en el terreno de las actitudes. Según los datos de Portes y Rumbaut (2001), el 95% de los cubanos que asisten a escuelas privadas bilingües prefiere hablar inglés. Entre los mexicanos, esta cifra desciende al 73,3%. Con frecuencia, además, la falta de aprecio o el bajo nivel de estimación hacia el español por parte de los hijos se transforma en un abierto rechazo a emplearlo incluso con los padres, aunque estos insistan en ello o no dominen el inglés.

Sin embargo, la comunidad dominicana presenta a este respecto un panorama ligeramente distinto. En contraposición con el número relativamente importante de dominicanos que solo hablan español, el monolingüismo en inglés es un fenómeno bastante aislado y más bien raro dentro de ese grupo caribeño.

El paso de una generación a otra tiene un poderoso efecto erosivo en la retención de la lengua materna. En la medida en que aumenta el tiempo de residencia en los Estados Unidos, también se eleva gradualmente la proporción de los inmigrantes que hablan solo inglés en casa (vid. Rumbaut, 2007). Al llegar a la tercera generación y, por supuesto, a las siguientes —cuando las hay— el paso hacia el monolingüismo en inglés es casi automático. La mayor parte de los niños, entonces, solo habla inglés en casa, lo que convierte en poco probable que al llegar a la adultez sean bilingües.

Ahora bien, en estudios llevados a cabo por Alba, Logan y Lutz (2002) y por Richard Alba (2004) se concluye que aunque efectivamente el patrón predominante entre los miembros de la tercera generación de inmigrantes es el monolingüismo en inglés, la excepción a la regla la constituyen los dominicanos. Este grupo es conocido por sus constantes idas y venidas a su país de origen, al que siempre se mantienen ligados, y también por el firme empeño de los padres en que sus hijos aprendan español como indicio de lealtad a sus antepasados y a su país.

El cuadro 1, elaborado con datos de la investigación de Richard Alba (2004), muestra de manera muy clara este importante cambio intergeneracional. En todos los casos se observa un dramático incremento del monolingüismo en inglés al llegar a la tercera generación, es decir, a la de los niños cuyos padres también nacieron en los Estados Unidos. Dentro de esta categoría, hablan solamente inglés en casa el 68% de los cubanos y el 71% de los mexicanos. Pero de los dominicanos lo hacen menos de la mitad, apenas el 43,7%. Cabe destacar también el hecho de que en la segunda generación el uso exclusivo del inglés caracteriza a menos del 10% de la población dominicana, una proporción muy inferior a la que se registra en otros grupos, en especial, entre los puertorriqueños, con el 29%, y los cubanos, con el 26,5%.

cuadro 1 **Porciento de niños (6-15 años), según el factor generacional, que hablan solamente inglés en casa**

	Primera generación	Segunda generación	Tercera generación
Mexicanos	5,1%	11,1%	71,2%
Puertorriqueños	11,6%	28,9%	61,9%
Cubanos	5,5%	26,5%	67,9%
Dominicanos	5,6%	9,7%	43,7%

Fuente: Richard Alba (2004).

Usos, dominios, resultados

Lamentablemente no son abundantes los estudios que se han llevado a cabo sobre la actuación lingüística de los dominicanos en los Estados Unidos. Y entre los realizados, no existen investigaciones generales que abarquen una muestra representativa de ese universo que está conformado por cerca de un millón y medio de inmigrantes, concentrados principalmente en la costa este del país.

Hasta la fecha, dos investigadores han estado a la cabeza de los pocos trabajos que analizan diversos aspectos del español dominicano en suelo norteamericano: Almeida Jacqueline Toribio (2000a, 2000b, 2003, 2006) y Benjamin Bailey (2000a, 2000b, 2000c, 2002, 2003). Es oportuno también consignar aquí el proyecto iniciado desde hace unos años por Robert Smead y Orlando Alba, que hasta ahora ha reunido un gran cúmulo de datos, aún a la espera de ser analizados[4].

Generalmente se agrupan las tres variedades hispánicas antillanas (la cubana, la puertorriqueña y la dominicana) bajo la etiqueta de 'español del Caribe', como si se tratara de una sola entidad dialectal. Así, por ejemplo, en el caso del español hablado por las comunidades inmigrantes de Nueva York, se suele generalizar afirmando que representa la variedad caribeña, en oposición a la que se habla en Los Ángeles, por ejemplo, que ilustra principalmente la modalidad mexicana. Sin embargo, esta impresión de unidad y a veces, incluso, de uniformidad contrasta con las creencias y apreciaciones subjetivas de los propios hablantes cubanos, dominicanos y puertorriqueños, para quienes sus respectivos dialectos son inconfundibles. Se sabe que el hombre de la calle y también los medios de comunicación a menudo utilizan con bastante eficacia una serie de fenómenos lingüísticos como índices caracterizadores de los nativos de cada país. A este respecto, es pertinente citar el comentario hecho por un conocido humorista dominicano[5] en un teatro de la ciudad de Nueva York, ante una audiencia compuesta principalmente por dominicanos:

> Señore, lo dominicano somo una raza que no damo a conocer dondequiera que vamo. El dominicano no tiene que ver para darse a conocer. Mira, lo dominicano vamo a Puer-

to Rico, y hablamo como puertorriqueño. Cruzamo pa Miami, y hablamo una mehcla de puertorriqueño con cubano. Y ponemo vaina de aquí. Y te dicen, pue nene, ehpérate un momento que tengo que ir a chequear esa vaina, chico, que eso e... ta del carajo.

Cuando el comediante afirma 'lo dominicano vamo a Puerto Rico y hablamo como puertorriqueño; cruzamo pa Miami, y hablamo una mehcla de puertorriqueño con cubano', obviamente da a entender que considera distinto su modo de hablar y el de sus compatriotas al de los nacionales de las otras dos islas.

En este mismo sentido, Bailey (2002: 57) señala que los adolescentes dominicanos de Providence distinguen con facilidad la modalidad dominicana de la puertorriqueña, que es la variedad hispánica más similar a la suya y también la más difundida en esa ciudad, después de la dominicana. Basan su distinción en diferencias de pronunciación, en especial relativas a la entonación, y en el distinto contenido semántico de ciertas palabras.

La discrepancia de visiones, es decir, la de quienes perciben la variedad caribeña como única y la de los que consideran que cada comunidad antillana posee una identidad dialectal diferente, podría tener su explicación en variados factores. En tanto unos (los lingüistas o los investigadores), en su búsqueda de patrones y de generalizaciones, con frecuencia se inclinan por poner el énfasis en las semejanzas, los otros (los usuarios, los hablantes) centran especialmente su atención en las diferencias, en lo individualizador. Desde otra perspectiva, desde fuera, el observador suele fijarse solo en el habla culta y tiende a percibir la realidad en su conjunto, sin discriminar los detalles o los aspectos particulares. Esto explicaría su percepción de homogeneidad o de unidad. En cambio, desde dentro, a los hablantes les resulta más fácil advertir las diferencias con las que tienen un contacto directo o inmediato.

Bilingüismo equilibrado o desequilibrado

En las situaciones de lenguas en contacto, como es el caso del español de los dominicanos en los Estados Unidos, el bilingüismo resulta natural. Este hecho se presenta con mayor frecuencia en la población de segunda y de tercera generación, porque entre los inmigrantes dominicanos de primera generación es muy común el monolingüismo en español.

En general, puede decirse que la tendencia regular se orienta a un bilingüismo con predominio del español entre los miembros de la primera generación, que han emigrado en edad adulta y han logrado aprender inglés. Recuérdese que muchos de ellos permanecen, durante toda su vida, monolingües en español. Por el contrario, es más común el bilingüismo con predominio del inglés entre quienes han emigrado antes de los 12 ó 13 años de edad, en especial si han asistido a la escuela en inglés, y, por supuesto, entre los componentes de la segunda generación. En la determinación de la situación lingüística de los que llegan antes de los 12 ó 13 años, los factores que parecen ejercer una contribución mayor son la asistencia a la escuela y el entorno social en el que se desenvuelven. No hay que olvidar que en la comunidad inmigrante no es raro que la realidad económica obligue a muchos adolescentes a trabajar, y en ciertos casos, los conduzca a la deserción escolar.

Ahora bien, el fenómeno del bilingüismo reviste una complejidad tan grande que conviene realizar ciertas precisiones a este respecto. La primera de ellas tiene que ver con el hecho de que las lenguas o los códigos lingüísticos, como el inglés o el español, no son entidades monolíticas y homogéneas, sino que, al contrario, encierran una multiplicidad de elementos y de formas. En realidad, las lenguas son macrosistemas, o conjuntos de posibilidades, caracterizados por su heterogeneidad y su variabilidad.

En el caso específico de los dominicanos de segunda generación, estudiantes de bachillerato en una escuela de Providence, Bailey (2002) resalta la diversidad de formas que utilizan cuando se comunican entre sí. En simples y breves intervenciones que sostienen los participantes en sus diálogos, en los que generalmente alternan el uso de ambas lenguas, se pueden observar peculiaridades propias del español dominicano, del inglés afroamericano, del inglés de la clase trabajadora de Providence, etc.

Otra observación que se impone con relación a la complejidad de la situación lingüística en cualquier comunidad, pero en especial en la de un grupo de inmigrantes, es el hecho de que coexisten diversas generaciones de hablantes. Por un lado están los miembros de la primera generación, los nacidos en su país de origen. Pero dentro de esta categoría, se cuentan los que han emigrado a una edad muy temprana y los que han llegado ya de adultos. Entre los últimos hay que distinguir a los recién llegados de los que tienen 15, 20 o más años de residencia en el país anfitrión. Y por supuesto, la realidad lingüística es muy distinta entre los componentes de la segunda generación, nacidos en los Estados Unidos de padres inmigrantes, y aun más entre los de la tercera generación, hijos de padres que también nacieron en el lugar de acogida de sus antepasados.

Aparte de las consideraciones anteriores, tampoco deben olvidarse las diferencias en cuanto al nivel sociocultural y las relativas a la procedencia geográfica de los inmigrantes en su país de origen. En relación con el primero de esos factores, si es verdad que la mayoría de dominicanos radicados en Norteamérica se encuentran situados en la zona inferior de la escala social, hay que reconocer que tampoco existe homogeneidad ni mucho menos uniformidad en este sentido. Frente a personas de muy escasa escolaridad, que apenas están alfabetizadas, también hay ciudadanos de clase media, sin duda en una proporción menor a la representada por los primeros, con estudios secundarios e incluso universitarios. De los dominicanos de segunda generación de más de 25 años de edad, el 21,9% ha terminado una carrera universitaria y cerca del 38% tiene algún tipo de educación superior (Hernández y Rivera-Batiz, 2003). En este terreno, la situación de los inmigrantes dominicanos es visiblemente superior a la de los mexicanos y puertorriqueños. Entre los primeros, solamente el 13,3% ha terminado una carrera universitaria y entre los segundos, el 12,1%. Los cubanos son los únicos que aventajan a los dominicanos en cuanto al nivel de educación. Frente al 22% de dominicanos nacidos en los Estados Unidos, los cubanos que lo han logrado representan el 36% de su comunidad.

Con respecto a la variable 'procedencia geográfica', son de conocimiento general las diferencias, especialmente fonéticas, que separan a los habitantes de la región norte o Cibao, por ejemplo, de los de Santo Domingo, la capital del país.

No se puede pasar por alto, además, el factor de mayor importancia tal vez en la selección de una u otra variedad por parte del hablante: el estilo de habla, que depende de la situación concreta en la que se encuentran los interlocutores. Está ampliamente documentado el caso de los hijos que hablan en español con sus padres, pero alternan en inglés con sus hermanos y con sus compañeros de escuela.

Las precisiones anteriores permiten entender que las características que se citan aquí como propias del español de los dominicanos en los Estados Unidos, por lo general, tienen una aplicación parcial, relativa a un subgrupo, no a la totalidad de la población.

El español dominicano en los Estados Unidos

Fenómenos fonéticos

La /d/ intervocálica postónica

Un ejemplo concreto que sirve para ilustrar lo comentado es el de la elisión de la /d/ intervocálica postónica, en casos como *acabao*, por *acabado*. Según indica la gráfica 2, que recoge los datos de una investigación realizada hace poco tiempo en la República Dominicana, el grupo social bajo supera al alto en cuanto a la frecuencia con que suprime la /d/ en una proporción mayor de tres a uno. Estos resultados certifican la idea de que la eliminación abundante de la /d/ es un fenómeno sin prestigio, que se percibe como síntoma de escasa educación. La diferencia tan notable en la frecuencia con que el cambio es producido por ambos grupos lo convierte en un hecho que identifica a quienes más lo practican: los hablantes del nivel social bajo. En otras palabras, el proceso de elisión de la /d/ intervocálica postónica es un claro indicador de diferencias sociales y educativas entre los dominicanos, sean residentes en su país, o en los Estados Unidos. Se trata de un hecho, verificado objetivamente, que desmiente los juicios infundados emitidos por algunos investigadores para quienes el proceso de debilitamiento y elisión de la /d/ intervocálica no constituye una marca sociolingüística de educación y de nivel social en el español del país y consecuentemente en el de la comunidad dominicana de los Estados Unidos[6].

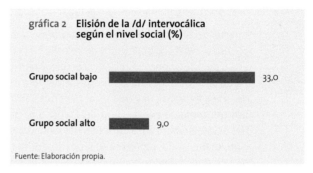

gráfica 2   Elisión de la /d/ intervocálica
            según el nivel social (%)

Grupo social bajo   33,0

Grupo social alto   9,0

Fuente: Elaboración propia.

A modo de ilustración se presentan dos fragmentos: el primero corresponde a una mujer de clase media alta y el segundo a un obrero de clase baja. Según se observa, en el primer texto aparecen ocho /d/ intervocálicas, todas conservadas. En cambio, en el segundo, la mitad de esos segmentos son elididos.

A. 'Al regresar, nunca trabajé, pero siempre me han gustado todas esas otras actividades, eso de las Damas Amigas de la Universidad, que el Patronato del Hospital de Niños, el Voluntariado ahora en el hospital. Eso siempre me ha gustado y lo he seguido y entonces ahora, desde enero, estoy yendo a la veterinaria de tarde, porque también sucede que la cuñada mía, Marta, está encinta y entonces, a la hora que dé a luz, soy yo la que me voy a quedar allá, así es que...'.

B. 'Yo no tengo má na, má nada absolutamente. Tengo un hijo que etá en la ecuela, y son cincuentamí cosa. El papá mío y la mamá y la mamá mía tán ahí también, que hay que etarlo viendo. En siendo cosita que se mueva, tengo yo que saber de todo. Adió, yo tengo, que los viejo mío me lo traje, vedá, ...su comida no le falta, pero aunque quede pasao, porque to lo mese tengo que quedá pasao'.

Las líquidas /r/ y /l/

Lo mismo se debe decir con relación a las diferencias asociadas con el factor diatópico. En el español popular de la República Dominicana, las variaciones que presentan las líquidas /l/ y /r/ cuando se sitúan en posición final de sílaba son una de las características más típicas de la pronunciación espontánea que, por lo demás, tienen una función sintomática de la procedencia geográfica de los hablantes. Los dominicanos pueden reconocer generalmente si un conciudadano es de la región suroeste, de la zona este, del Cibao o de la capital, según pronuncie *argo*, *aggo*, *aigo* (algo), o *puelta* (puerta), respectivamente.

Todas estas diferencias, tanto las creadas por el factor sociocultural, como las condicionadas por la procedencia geográfica, se manifiestan de igual modo en la lengua de los inmigrantes. Estos adquieren su modo de hablar, lógicamente, en el contexto social de sus familiares y de su grupo de amigos o de compañeros, no en el vacío. En este sentido, es natural, y así lo han señalado diversos autores, que el español hablado por los dominicanos de Nueva York o de Massachusetts reproduzca las mismas características del que se habla en la República Dominicana.

En uno de sus trabajos sobre la situación de la lengua de los dominicanos en Nueva York, Toribio (2000a: 260) cita la observación hecha por uno de sus informantes, ya de regreso en la República Dominicana, que había trabajado como maestro en una escuela de una comunidad de Nueva York con gran presencia dominicana:

> Yo conozco muchachos, que han nacido allá en los Estados Unidos, que nunca conocían la República Dominicana y hablaban con una <i> más fuerte que cualquier gente de un campo de aquí. Ese caso lo vi yo en un muchacho que nació en Lawrence, Massachusetts. Y tú lo oías hablando y tú creías que estabas hablando con un muchacho de cualquier campo de Salcedo, porque los papás eso era lo que hablaban. Y ellos estudiando español en la escuela y estudiando inglés, y hablaban común y corriente como cualquier cibaeño, cibaeños de los que hablan malo.

Los procesos de igualación de las consonantes /r/ y /l/ en posición final de sílaba y de palabra son frecuentes particularmente en el habla de las personas del nivel social bajo, sobre todo cuando se expresan en estilo espontáneo[7].

Este último cambio, llamado *vocalización*, es, sin duda, el rasgo fonético más típico y peculiar del español de la República Dominicana —transplantado por supuesto a la comunidad dominicana de los Estados Unidos— ya que no se produce, al menos con la misma vitalidad, en ningún otro país del mundo hispánico.

No hay que dejarse engañar, sin embargo, por la falsa impresión de que en cada región existe una gran uniformidad lingüística, y pensar, por ejemplo, que en el Cibao todos dicen *pueita* en lugar de *puerta*, y en el suroeste, *úrtimo* por *último*. En primer lugar, es necesario recordar que no hablan igual todos los integrantes de la sociedad. El modo de hablar de los miembros de un grupo sociocultural suele ser diferente del de los otros grupos. Por otra parte, las soluciones citadas no son las únicas empleadas por un mismo hablante. Todas alternan con otras, porque las lenguas son esencialmente variables. Un resultado muy frecuente es la eliminación de la consonante (*poque, jugá*), que alcanza incluso a la /r/ inicial de sílaba de la preposición *para*, reducida a *pa*. También se produce el mantenimiento de la /r/ y de la /l/ con mayor o menor frecuencia. Pero ninguna de las variantes de /r/ y de /l/ presentadas en la enumeración anterior pertenece al nivel culto y formal del español hablado en el país.

La /s/ final de sílaba y de palabra

Sin duda, una de las características más notables de la pronunciación dominicana de los inmigrantes es la elevada frecuencia con que se elimina la /s/ final de sílaba y de palabra, igual que sus compatriotas insulares, lo que genera formas como *ete*, por *este*, o *do*, en vez de *dos*. Esta relajación tiene su origen en una disminución de la energía articulatoria, reflejada en un descenso de la intensidad, que caracteriza la pronunciación de todo sonido colocado al final de la sílaba. Obsérvese que la pérdida no ocurre si la /s/ está al inicio de sílaba, como en *silla* o en *peso*. Son frecuentes casos como *dede* por *desde* y *lune* en vez de *lunes*, pero resultaría extraño escuchar *opa* por *sopa* o *beo* por *beso*.

Aunque puede haber casos excepcionales, como en cualquier otro campo, es válido afirmar que todos los dominicanos eliminan la /s/ en determinadas circunstancias. Pero, como es lógico, existen diferencias en cuanto a la proporción en que lo hacen unos y otros. En este sentido, tiene una gran importancia el elemento sociocultural, en especial, el nivel de educación de la persona.

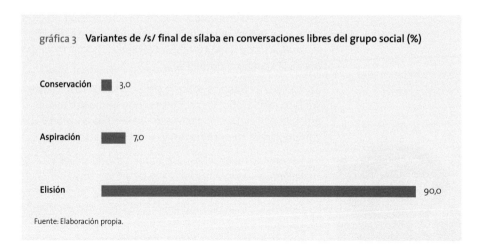

gráfica 3   Variantes de /s/ final de sílaba en conversaciones libres del grupo social (%)

Conservación 3,0

Aspiración 7,0

Elisión 90,0

Fuente: Elaboración propia.

El proceso de reducción llega a ser casi sistemático en el nivel social bajo, que suprime 9 de cada 10 /s/ finales, como indica la gráfica 3. Este hecho sugiere la idea de que la supresión tan repetida de esta consonante es un fenómeno rechazado socialmente. Así lo indica también el descenso de la pérdida de la /s/ cuando se pasa del estilo espontáneo a otro más formal, o cuando habla una persona de nivel social alto.

Según señala la gráfica 4, los hablantes con educación superior también eliminan la /s/, pero lo hacen mucho menos: en 4 de cada 10 ocasiones. En lo que respecta a la realización aspirada de la /s/, resulta claro que se trata de una variante de prestigio, apreciada por la sociedad. Esta pronunciación, que consiste en una especie de soplo de aire que al salir roza el fondo de la boca, es similar a una jota: *lojamígo*, en vez de *los amigos*; *laíjla*, por *la isla*, *medálomíjmo*, en lugar de *me da lo mismo*. Es la variante mayoritaria en el habla del grupo social alto, como ilustra la gráfica 4. Representa aproximadamente la mitad del total de /s/ colocadas al final de sílaba en el interior de la palabra. El dato autoriza a pensar que esta forma de pronunciación de la /s/ constituye una variante aceptada y reconocida como propia del habla culta dominicana.

gráfica 4   Variantes de /s/ final de sílaba en conversaciones libres del grupo social alto (%)

Conservación 11,0

Aspiración 48,0

Elisión 41,0

Fuente: Elaboración propia.

Tanto en la República Dominicana como entre los dominicanos inmigrantes, la conservación de la /s/ en forma plena tiene prestigio, pero su frecuencia en el habla natural debe mantenerse dentro de ciertas proporciones. Rebasar esos límites, pronunciando toda /s/ situada en posición implosiva, puede resultar cursi, rebuscado, aun dentro de la norma culta del país. Podría decirse que el español estándar dominicano no juzga natural ni apropiada la retención sistemática de la /s/, porque se le concede un espacio importante a la aspiración, como se vio antes, y otro menor a la supresión. La conservación constante de este segmento en todos los contextos suele considerarse afectada y puede percibirse como pretenciosa. En una encuesta realizada hace poco entre estudiantes universitarios, 3 de cada 4 expresaron que les sonaba 'raro y rebuscado' un compañero que al hablar pronunciara cada /s/ colocada al final de la sílaba.

Conviene precisar que, de acuerdo con los resultados del estudio de García et ál. (1988: 505), en el caso de los hablantes cultos dominicanos en los Estados Unidos, se observa una tendencia conservadora, que los lleva a una pronunciación menos radical, más apegada a los patrones del español estándar. El comportamiento conservador de estos hablantes cultos en el terreno fonético no va acompañado, sin embargo, en el ámbito léxico, de un abandono de las formas típicas de su dialecto. De hecho, continúan utilizando unidades regionales del Caribe, como *guagua* (autobús), e incluso distintivas de la República Dominicana, como *auyama* (calabaza) o *chichigua* (cometa). Estos datos indican claramente que al menos ciertos elementos léxicos regionales no tienen el valor sociolingüístico, discriminador del nivel social y educativo de los hablantes, que sí tiene la pronunciación. Una pronunciación muy radical, que elimina con elevada frecuencia la /s/ final de sílaba y la /d/ intervocálica, y que elide o transforma en una semivocal [i] las líquidas implosivas, es un claro indicador de falta de educación dentro de la comunidad dominicana.

Fenómenos morfológico-sintácticos

En el campo de la morfología y de la sintaxis existen también varios fenómenos que contribuyen a conformar la identidad de la modalidad dominicana:

Empleo constante del pronombre delante del verbo

En el español dominicano, y en su transplante a suelo norteamericano, se introduce de manera sistemática el pronombre sujeto ante el verbo en contextos en los que otras variedades hispánicas no lo hacen por ser un uso innecesario. Un rasgo continuamente resaltado del sistema español es que las marcas morfológicas verbales hacen redundante el empleo del pronombre sujeto. De manera que en una oración como 'Si me avisas con tiempo, puedo ayudarte con tu mudanza', resulta evidente por la distinta forma de su terminación que los verbos *avisas* y *puedo* tienen como sujeto los pronombres *tú* y *yo*, respectivamente. El uso de esos pronombres es opcional y tendría una función enfática. Sin embargo, en el español espontáneo de los dominicanos es muy común que, sin que haya intención enfática, dicha oración aparezca bajo la forma 'Si *tú* me avisas, *yo* puedo ayudarte con tu mudanza'.

La posibilidad de la oposición en gran medida ha desaparecido, y se escuchan con mucha frecuencia, sin ninguna intención enfática, oraciones del tipo siguiente:

'Cuando *tú* viene(s) a ver, se hace de noche', en lugar de 'Cuando vienes a ver, se hace de noche'.

'*Yo* supe que *tú* te vas', en vez de 'Supe que te vas'.

Una de las razones de este uso, que es común en el habla de todos los sectores sociales, y aceptado por la norma culta del país, podría ser la búsqueda de un ajuste del sistema para compensar la desaparición de la /s/ final, que borra la marca de la segunda persona singular.

En realidad, podría decirse que la presencia del pronombre se ha convertido en una expresión sistemática y constante, especialmente en el caso de *tú*, de las nociones de persona y de número en el español de los dominicanos. La pérdida frecuente de la /s/ final en las formas verbales de segunda persona no provoca, por tanto, ningún peligro de confusión para el oyente, ya que la misma información es expresada por el pronombre: '*tú* canta', '*él* canta'. Se trata de un comportamiento similar al de otras lenguas, como el inglés.

Es conveniente precisar que la aparición del pronombre no resulta equivalente en las distintas personas del discurso. De acuerdo con los datos de un reciente trabajo llevado a cabo con datos de conversaciones libres de 35 dominicanos, la forma pronominal *tú* se encuentra presente delante del verbo en el 96% de las ocasiones. En cambio, de un total de 849 formas verbales terminadas en /s/ en las que la información de persona y de número no depende de la /s/ (en la primera del plural —*amamos, tenemos, fuimos*— y en las irregulares *es* y *eres*), el pronombre solamente acompaña al verbo en el 31% de los casos. Tal comportamiento permite sospechar que el abundante empleo de los pronombres en el español de los dominicanos está condicionado, al menos parcialmente, por factores funcionales. En otras palabras, su uso aumenta precisamente cuando se hace necesario como recurso compensatorio: en aquellos casos en los que la información está contenida en la /s/ que, al ser eliminada de la pronunciación, podría crear una confusión.

Muchos hablantes no son conscientes siquiera de que existe otra forma, que es precisamente la estándar en la mayor parte del mundo hispánico: *Si quieres, te llamo mañana*. Parece que no eligen entre dos alternativas, sino que la única opción que tienen disponible a la hora de hablar es la que incluye el pronombre.

Dentro de este esquema sintáctico se encuentran algunas frases muy usuales en la conversación espontánea y familiar, que funcionan como muletillas o como formas de enlace dentro de la cadena del discurso. Una de ellas la utilizan los interlocutores para iniciar sus intervenciones en una conversación: *Yo* quiero que *tú* sepas...; y la otra para finalizarlas o como forma de conexión entre una y otra parte del discurso: ¿*Tú* ve(s)?

En uno de sus trabajos, Toribio (2000a: 254) cita estos fragmentos producidos por algunos de los informantes de su investigación:

'*Yo* no lo vi, *él* estaba en Massachusetts, acababa de llegar, pero muy probable para el domingo pasado, que fue Día de las Madres allá, *él* estaba en Nueva York... *Él* estaba donde Eugenia, y *yo* creo que *él* se va a quedar allá...'.

'*Ellos* me dijeron que *yo* tenía anemia... Si *ellos* me dicen que *yo* estoy en peligro cuando *ellos* me entren la aguja por el ombligo, *yo* me voy a ver en una situación de estrés'.

Como señala la autora, este uso de los pronombres sujeto ha proliferado a través del sistema pronominal hasta tal punto que aparece incluso delante de formas verbales que fonológicamente permiten identificar la persona y el número, como es el caso de '*yo* no lo vi', '*yo* creo', 'Si *ellos* me *dicen* que *yo* estoy...'. En muchos de estos casos, la presencia del pronombre no añade ningún valor enfático, por lo que la explicación podría encontrarse en una presión paradigmática. Esta hipótesis, entiende Toribio, parece estar avalada por el uso del pronombre en casos de sujetos pronominales inanimados como los siguientes:

'Las guaguas no se paran aquí; *ellas* pasan de largo'.
'A la cisterna mía ya no le falta agua. *Ella* tiene agua'.

Pero sin duda una de las características sintácticas más llamativas y distintivas del dialecto dominicano es el uso del pronombre expletivo *ello*, sin valor referencial, sobre todo delante del verbo impersonal *haber*.

'*Ello* no hay agua'.
'*Ello* había mucha gente'.
'*Ello* llegan guagua *hata* allá'.

El uso de este pronombre, que según Jiménez Sabater (1975: 164) se encuentra circunscrito al Cibao, la región norte dominicana, es propio de los estilos espontáneos, especialmente en el habla popular y campesina. No pertenece a la norma culta del país, como ocurre en el caso del uso redundante ya citado, que caracteriza el habla de todos, independientemente del nivel social al que pertenezcan (Si *tú* me avisas, *yo* puedo ayudarte).

Por otra parte, es un fenómeno que tiene un carácter restringido desde el punto de vista de su distribución geográfica, ya que no forma parte de la sintaxis del español del resto del Caribe ni de ninguno de los otros países del mundo hispanohablante.

El empleo sistemático de los pronombres antepuestos al verbo, incluyendo el *ello* antes de verbo impersonal en la zona norte dominicana, podría ser el resultado de una tendencia del español del Caribe, como ha sugerido Morales (1986a) en sus análisis sobre el español de Puerto Rico, a mantener de forma explícita en la superficie la estructura sujeto-verbo-objeto. El apego estricto a este orden llamado SVO llevaría a los hablantes del Caribe a introducir los pronombres en contextos en los que otros dialectos no los usan. Se observa este uso, pero muy debilitado, entre inmigrantes dominicanos de los Estados Unidos procedentes de esta zona.

Pronombres antepuestos a formas verbales no finitas

Otra estructura sintáctica muy común en el español de todos los niveles sociales dominicanos, ampliamente documentada también en el habla de la comunidad inmigrante en los Estados Unidos, es la anteposición de sujeto, generalmente pronominal, en construcciones verbales de infinitivo o de gerundio como las siguientes:

'Antes de *tú* entrar en ese salón, *tú* tienes que marcar el número de tu tarjeta'.
'Al *yo* pasar por la puerta, se me manchó la camisa'.

En el estudio previamente citado de Toribio (2000a: 257) se citan, entre otros, los ejemplos siguientes:

'Mira muchachito, ven acá, para *nosotros* verte'.
'En *tú* estando con ella, nada te pasa'.

Por su parte, Bailey (2002: 55) recoge de uno de sus sujetos la oración siguiente:

'Quítate la gorra para *yo* ver la greña tuya'.

Dentro de la norma académica del español general, cuando se desea o se requiere expresar el sujeto de la forma verbal no finita, existe una clara preferencia por la posposición, como se observa en estos ejemplos:

'Al llegar *ella,* comenzó la reunión'.
'Por no tener *yo* corbata, me impidieron entrar al salón'.

No inversión del orden sujeto-verbo en la interrogación

En las interrogaciones, el sujeto suele anteponerse al verbo y no posponerse, como prefiere la norma general del español. De este modo, en lugar de las oraciones interrogativas típicas del español, según el modelo de *¿Cuándo llegó Ana?* o *¿Qué quieres (tú)?*, en el español dominicano es normal escuchar:

'¿Cuándo *Ana* llegó?'.
'¿Qué *tú* quieres?'.

Y, como es lógico suponer, esta fórmula, que se ha convertido en el saludo informal preferido de los dominicanos, se manifiesta de la manera siguiente en el habla espontánea: '¿Cómo *tú* tá?'.

Este orden de palabras, que también se encuentra extendido en el español de los demás países del Caribe, no ofrece mayores variaciones sociolingüísticas y caracteriza por igual el habla de los diferentes grupos sociales dominicanos. Se trata de una manifestación más del orden relativamente fijo de las palabras al que tiende la sintaxis dominicana, como indica Toribio (2000a: 255). Estas estructuras aparecen atestiguadas también por Bailey (2002: 54-55) en el habla de los estudiantes dominicanos de Providence.

Doble negación

Una construcción sintáctica que tiene un gran valor identificador del español de los dominicanos, ya que no se ha documentado en ningún otro país de habla hispánica, es el enunciado que contiene un marcador negativo antepuesto y otro pospuesto al verbo, como se puede apreciar en las siguientes oraciones:

'Yo *no* sé decirle *no*'.
'Por aquí casi *nunca* lo usan así *no*'.
'Nosotro(s) *no* queremo(s) *no*'.

A este fenómeno, típico fundamentalmente del estilo conversacional de los estratos sociales bajos, hace una breve referencia Jiménez Sabater (1975). Comenta el autor que este esquema sintáctico puede ser útil para distinguir una oración afirmativa como *Nosotros nos vamos*, que en el habla popular se pronuncia *Nosotro no vamo*, de la construcción negativa dominicana *Nosotro no vamo no*. Considera que la primera se sigue percibiendo como afirmativa porque se opone a la segunda con la doble negación.

Habría que precisar señalando un detalle que se le escapa al autor: la doble negación refuerza una distinción que nunca se ha perdido, porque la naturaleza inacentuada del *no* procedente del pronombre *nos* en la oración afirmativa (*Nosotro no vamo*), lo hace inconfundible con el adverbio negativo 'no', que es palabra acentuada (Nosotro *nó* vamo *nó*).

Más recientemente, Schwegler (1996) ha realizado un estudio minucioso de estas estructuras. Algunos de los aspectos más importantes destacados por el lingüista son los siguientes:

1. El uso de la construcción con doble negación no enfática es común en los sectores sociales bajos y está marcadamente estigmatizado en el país.

2. La negación postverbal dominicana se integra dentro del enunciado, formando una sola unidad de entonación, es decir, no se trata de la partícula negativa del español general que se repite fuera del resto de la oración, con carácter enfático (*No me gustó, no*).

3. La doble negación se emplea para contradecir o refutar informaciones o presuposiciones contenidas en el discurso anterior. Así, ante la afirmación, hecha por el investigador, '¡Ahora sí vamos a comer aguacates!', un informante dominicano le responde: 'Aquí no hay aguacates no. No es la temporada'. Es posible notar que ante la suposición del investigador de que en ese lugar *había aguacates*, el hablante siente la necesidad de corregir esa falsa implicación y lo hace con la doble negación. Con ella comunica que *no hay aguacates* y, además, que *la presuposición del interlocutor de que aquí hay aguacates es falsa*. Pero, en la frase siguiente, 'No es la temporada', el hablante utiliza la negación simple, preverbal, porque en este caso su intención no es la de rechazar o reformar una falsa presuposición, sino la de informar, simplemente, que *ahora no es la temporada de los aguacates*.

4. Aunque el uso del fenómeno es una característica de los hablantes de los grupos sociales inferiores, esto no significa que ellos no recurran también al uso de la negación simple y que esta sea de uso exclusivo de los hablantes cultos. Los hablantes de sociolectos bajos que utilizan estas estructuras tienen a su disposición dos construcciones negativas, la simple y la doble, que utilizan de acuerdo con una serie de factores pragmáticos, como la presencia o ausencia de presuposiciones en el discurso previo.

5. La doble negación dominicana puede atribuirse a la influencia africana. Hay indicios de que el origen de estas estructuras está vinculado con un primitivo código afroportugués.

Se trata de una construcción sintáctica muy extendida en el habla popular espontánea. Y como sucede con otros fenómenos estigmatizados, los hablantes la utilizan de forma natural, sin tener conciencia a veces de que lo están haciendo.

Resulta muy interesante la aparición del fenómeno en medio de la alternancia de códigos que practican los inmigrantes dominicanos. En el estudio de Bailey se documenta el siguiente caso:

'Yo *no* quiero quedar after school *no*'.

El ejemplo anterior parece indicar que la estructura con doble negación está profundamente arraigada en la competencia lingüística de los dominicanos.

Fenómenos léxicos

Como es natural, se producen en el español de los inmigrantes dominicanos ciertas importaciones, mayormente léxicas, desde la lengua mayoritaria. En este proceso se incluyen préstamos léxicos ya asimilados por la lengua y de uso generalizado, como *lunch*, *show* o *ticket*; préstamos de entrada más reciente, menos difundidos y aún no asimilados a la estructura española, como *full-time* [fultaim] o *ride* [raid]; calcos en los que no se transfiere una forma léxica en sí, sino el sentido de un elemento del inglés a una palabra del español similar fonológicamente a la inglesa, como es el caso de *aplicación*, en lugar de *solicitud*; *parientes*, para referirse a los *padres*.

Los préstamos se integran de manera especial en ciertas áreas semánticas que se muestran más permeables que otras a la influencia del inglés. Por ejemplo, en el campo de la ropa o el vestido, son de uso común términos como *brasier*, *jeans*, *panties*, *poloché* (de *polo shirt*); en el terreno de la alimentación, *catchup*, *fruit punch*, *pancake*, *sandwich*; en la casa, *clóset*, *freezer*, *suiche*; en el mundo de la tecnología, *chatear*, *email*, *escanear*, *fax*; en los medios de transporte, *bómper*, *cloche*, *yipeta* (vehículo todo terreno, SUV); y en los deportes, el béisbol ha motivado la entrada de una enorme cantidad de palabras, entre las que sobresalen *bate*, *batear*, *bound*, *foul*, *hit*, *home run*, *out*, *pitcher*, *safe*.

En otras ocasiones, la influencia se manifiesta más allá de la palabra aislada, en construcciones sintácticas que Otheguy y García (1998) denominan calcos fraseológicos (*phrasal calques*) y Silva Corvalán (1994) llama calcos léxico-sintácticos, del tipo *llamar para atrás* ('to call back'). Este tipo de fenómeno es documentado por Bailey (2002: 68-69) en el español de los jóvenes dominicanos de Providence. Uno de sus ejemplos aparece en el siguiente diálogo:

Ana: Mira, ¿qué hora tú tienes?
Isabella: ¿Eh?
Ana: ¿Qué hora tú tienes?
Isabella: I´ll have to check my beeper.

En lugar de utilizar la versión tradicional o normal en español para esta pregunta ('¿Qué hora es?'), la estudiante elige la estructura '¿Qué hora tú tienes?', que según el autor constituye una copia o una formulación basada en el modelo de la expresión inglesa '¿What time do you have?'.

En otro intercambio, la misma joven se expresa así:

Ana: Isabella, *¿cómo tú haces* outline, I mean, to underline stuff?
Isabella: Control 'u'.

La pregunta '¿cómo tú haces...?' parece haber sido construida siguiendo el modelo de la estructura inglesa 'How do you do...?'. Esta versión ha prevalecido sobre la más típica del español en este contexto, la impersonal con 'se': '¿Cómo se hace...?'.

Dentro del campo estrictamente léxico, resulta interesante el desplazamiento que en la comunidad dominicana de los Estados Unidos ha sufrido el término *colmado* (o *pulpería* en ambientes rurales), usado en la República Dominicana para designar una tienda de comestibles. Su lugar ha sido ocupado por la forma *bodega*, probablemente a causa de la influencia cubana y puertorriqueña.

A continuación se ofrece una lista de varios elementos léxicos muy frecuentes en el habla popular de los dominicanos, tanto de los que permanecen en su país, como de los residentes en el exterior:

aguajero:	fanfarrón, que habla mucho y hace poco.
allantoso:	que trata de impresionar a los demás.
barajar:	perder el tiempo, no concentrarse en el trabajo.
bola:	autoestop, forma de transporte gratuito.
bonche:	diversión, fiesta.
bufear:	burlarse de alguien, engañarlo; *bufeo.*
calimete:	paja para sorber líquidos.
can:	diversión, fiesta; *canear, canero.*
comparón:	engreído, pretencioso, orgulloso; *comparancia.*
concón:	arroz que se pega al fondo de la olla o la paila.
concho:	carro de transporte público urbano; también es eufemismo de *coño.*
cuarto:	dinero; *cuartal.*
cuquear:	incitar, provocar.
chele:	centavo; *chelear, chelero.*
chepa:	casualidad; *chepazo, cheposo.*
chercha:	fiesta, can, bonche; *cherchar.*
chichigua:	cometa, papalote.
chin:	poquito.
chiripero:	persona que hace trabajos ocasionales; *chiripa, chiripear.*
chiva:	mujer fácil y muy coqueta; *chivear.*
chivatear:	delatar; *chivateo, chivato.*
chivo:	escrito que lleva un estudiante para copiarlo disimuladamente en el examen; parte de algo que por descuido o inexperiencia se deja sin pintar, limpiar, cortar, etc.
chivo:	como adjetivo, se emplea en el sentido de receloso, desconfiado.
chopa:	despectivamente, mujer de vida alegre y a veces también, sirvienta; *chopero.*
figurear:	mostrarse pretenciosamente en público para atraer la atención; *figureo, figurero.*
fracatán:	gran cantidad de personas o de cosas.
frisa:	manta usada para abrigarse en la cama.
funda:	bolsa, recipiente flexible de papel, de plástico, de tela; *enfundar.*
fuñir:	molestar; *fuñenda, fuñón.*
guapo:	valiente; *guapear.*
macuteo:	exigencia de dinero, por parte de una autoridad policial o administrativa, a cambio de la exención de algún trámite o responsabilidad; *macutear.*
mangú:	comida consistente en plátano verde cocido y amasado.
marchanta:	vendedora ambulante de verduras.
matatán:	persona muy habilidosa para algo, a quien se considera experta en un oficio.
motoconcho:	motocicleta utilizada para el transporte individual de pasajeros; *motoconchista.*
pariguayo:	persona muy tímida o tonta, de escasas habilidades; *pariguayar.*
pique:	coraje, enojo.
quipe:	comida de origen árabe, especie de croqueta de trigo rellena de carne; *quipero.*

rebú:	desorden, reyerta; *rebusero.*
san:	juego en el que los participantes aportan periódicamente una suma de dinero, y el total corresponde a cada uno, por turno, según el número que se le haya asignado.
tajalán:	muchacho muy crecido.
tollo:	desorden, mezcolanza; cosa mal hecha; *tolloso.*
tostón:	rodaja frita de plátano verde; también se llama *frito verde*, o simplemente *frito.*
yeyo:	mareo, desmayo.
yipeta:	vehículo deportivo, todoterreno.
yunyún:	hielo raspado, mezclado con un refresco; un sinónimo es *friofrío; yunyunero.*

Muchas de las palabras anteriores son propias del habla popular o del estilo informal de otros grupos socioculturales: *aguajero, allantoso, bola, bonche, bufear, can, carpeta, comparón, cuarto, cuquear, chele, chepa, chercha, chin, chiripero, chiva, chivatear, chivo, chopa, figurear, fracatán, fuñir, guapo, macuteo, matatán, pariguayo, pique, rebú, tajalán, tollo, yeyo.* Las otras son neutras en cuanto al estilo y pueden ser utilizadas en distintas situaciones: *calimete, concón, concho, chichigua, frisa, funda, mangú, marchanta, motoconcho, quipe, san, tostón, yipeta, yunyún.*

Finalmente, es muy característico del habla informal dominicana el uso frecuente del término *vaina*, sobre todo en expresiones con valor exclamativo de disgusto o desaprobación: '¡Qué vaina! ¡Mira esa vaina! ¡Déjate de vaina! Pásame esa vaina'.

Alternancia de códigos

Como es lógico suponer, el habla de la comunidad dominicana en los Estados Unidos manifiesta como uno de sus rasgos el fenómeno de la alternancia de códigos. Pero se trata de un problema al que muy pocos le han dedicado atención.

Bailey (2000a: 176 y sigs.), en el primero de sus estudios, indica que la mayoría de los análisis sobre alternancia de códigos atribuyen los cambios a estrategias conversacionales, que son consideradas como si existieran independientemente y con anterioridad a las interacciones entre el hablante y el oyente. Argumenta que si bien estas categorías permiten explicar muchas funciones comunes de la alternancia de códigos, son incapaces de captar las funciones que emergen de la interacción. Considera que muchos cambios que surgen en la interacción de los miembros del grupo se explican mejor desde una perspectiva analítica conversacional, considerando el intercambio de códigos como un fenómeno interactivo.

Para lograr su objetivo, el investigador realiza la grabación en video de la interacción natural de un grupo de estudiantes dominicanos de una escuela secundaria de Rhode Island, cuya población hispana representa el 60% de su matrícula y, dentro de ella, los dominicanos constituyen el grupo más numeroso. La muestra está constituida por seis estudiantes domínico-americanos, con edades comprendidas entre los 16 y los 18 años, que fueron observados y entrevistados repetidas veces a través de un año escolar, y grabados en video durante un día completo en un contexto no escolar.

El nuevo enfoque interactivo en el análisis de la alternancia de códigos no se limita al estudio de las emisiones orales grabadas para ser reproducidas de forma auditiva. Se parte de la premisa de que los turnos que agotan los interlocutores, e incluso ciertas cláusulas, solamente se ponen en evidencia cuando se toman en cuenta y se documentan las miradas, los movimientos de cabeza o la orientación corporal de los participantes. Este tipo de análisis ha sido liderado por Auer (1984, 1988, 1995, 1998) desde la década de los años ochenta. Bailey (2000a) señala, sin embargo, que a pesar del desarrollo y de la difusión de este enfoque, muchos análisis continúan presentando los cambios de código fuera de su contexto secuencial e interactivo. Pone como ejemplo un estudio de Zentella (1997b), en el que se describen con estrategias contextuales 21 categorías de intercambios de códigos entre puertorriqueños de Nueva York. Pero, aunque muchos de sus ejemplos de intercambio de códigos evidencian la naturaleza interactiva, muchas veces no verbal, de los cambios, esta no se toma en cuenta como base de sus categorizaciones.

Categoría: Demandas enojadas *(Aggravating requests)*
    'Ella tiene... Shut up. Lemme tell you'.

Categoría: Atracción de atención *(Attention attraction)*
    'Éste se está llenando, lookit, Ana' (Zentella, 1997b: 95).

En ambos casos, las alternancias de código que realiza el hablante ocurren en simultaneidad con una referencia explícita a un comportamiento del interlocutor: el fallo en escuchar apropiadamente, en el primer caso, y en dirigir una mirada, en el segundo. Estos cambios no son activados por unas estrategias preexistentes, sino por una conducta que se exhibe en ese preciso momento y lugar.

Además, el análisis lingüístico formal conduce a enfatizar la oración como unidad de análisis, aun cuando los datos pueden ser explicados mejor mediante otras unidades. Al estudiar la gramática del intercambio de códigos, Zentella considera el enunciado siguiente, por ejemplo, como una oración con un cambio de códigos en la frase adverbial:

    'Ráscame allí, allí mismo, a little bit down' (Zentella, 1997b: 118).

Sin embargo, puntualiza Bailey (2000a), cuando el hablante dice *allí mismo* y luego produce el intercambio, *a little bit down*, lo hace en respuesta al comportamiento de su interlocutor, que lo está rascando. Entiende que, desde una perspectiva interactiva, la secuencia anterior contiene por lo menos cinco turnos de interacción, dos de los cuales corresponden a un participante que permanece invisible en la explicación de tipo oracional:

1. Demanda: 'Ráscame allí'.
2. Aceptación y ejecución: el interlocutor rasca al hablante en un lugar, demostrando que ha entendido el allí.
3. El hablante confirma como correcta la comprensión del allí de su interlocutor, y por eso dice: 'Allí mismo'.
4. El interlocutor cambia el lugar donde está rascando.
5. El hablante precisa o corrige el lugar donde quiere ser rascado: 'a little bit down'.

El análisis lingüístico que gira en torno a la unidad oracional lleva a una categorización de este intercambio basada en constituyentes sintácticos, como si estos tres enunciados fueran producidos por el hablante en medio de un vacío social. Si bien es cierto que las tres expresiones (*Ráscame allí – allí mismo – a little bit down*) pueden ser yuxtapuestas y presentadas como una oración, por cierto difícil, resultan mejor explicadas como turnos o como unidades de turno en un contexto interactivo, secuencial y manejado localmente.

Un aspecto importante destacado por Bailey es la ambigüedad y la simultaneidad de las funciones, o mejor, la multifuncionalidad del cambio de códigos que se revela en el habla de los domínico-americanos. En el diálogo siguiente se encuentra un ejemplo que puede ser visto como situacional, como contextualizador no marcado del discurso y como metafórico al mismo tiempo.

'Tres estudiantes se encuentran sentados en el salón de clases. Claudia es guatemalteca; Wilson es un inmigrante dominicano con muchos años en los Estados Unidos; y Eduardo es dominicano recién llegado. Eduardo acusa a Wilson, en broma, de ser haitiano, lo cual es un insulto festivo bastante frecuente en la República Dominicana dirigido a las personas de color negro. Eduardo sabe que Wilson no es haitiano. Claudia parece no estar segura de la identidad de Wilson a raíz de la acusación de Eduardo y de la aceptación inicial, en broma, por parte de Wilson, de esa acusación'.

Wilson:	(Cantando) Dame del pollito.
Eduardo:	¿Tú no dique eres de Haití? Tú no eres dominicano, Wilson.
Wilson:	Yo nací en Haití. (Wilson se vuelve hacia Eduardo sonriendo).
Eduardo:	(Movimientos hacia la cámara, Wilson mira la cámara).
Wilson:	Pero me crié en Santo Domingo.

(Eduardo junta las manos, haciendo la señal del cornudo con los dedos medio y anular hacia abajo, detrás de la cabeza de Wilson; Wilson gira hacia Eduardo y lo golpea en la pierna con la palma de la mano).

Claudia:	So, you´re Haitian, huh?
Wilson:	No, I´m Dominican.
Claudia:	You were born in DR? (Dominican Republic)
Wilson:	Yeah.
Eduardo:	Nació en Haití.
Wilson:	En Santo Domingo.
Eduardo:	Es haitiano.
Wilson:	Es mentira. Ven acá, ¿a quién tú le vas... a quién tú le vas a creer, a mí o a estos dos locos? (Girando la cabeza primero hacia un lado y luego hacia el otro, para señalar a Eduardo y a otro colega situado del lado opuesto).

El intercambio de códigos que hace Wilson al decir 'En Santo Domingo' puede entenderse que cumple funciones sociales y pragmáticas múltiples. En primer lugar, funciona como un cambio situacional. Eduardo, un inmigrante recién llegado, tiene escaso dominio del inglés y, por esa razón, él y Wilson se hablan solamente en español. Wilson le habla en inglés a Claudia, que también lleva mucho tiempo de residencia en los Estados Unidos, pero cuando Eduardo se reintegra a la conversación en español, Wilson cambia y utiliza el español, una lengua que entienden tanto Claudia como Eduardo.

Por otra parte, el cambio también puede interpretarse como un contextualizador no marcado del discurso, que aclara la conexión entre el turno de Wilson y el turno previo de Eduardo. Al emplear el mismo código utilizado por Eduardo, Wilson manifiesta que está respondiendo la imputación planteada por Eduardo, y lo corrige conectando su respuesta a la afirmación de Eduardo no solamente por medio de una estructura sintáctica paralela (*en...*), sino a través del uso del mismo código.

En tercer lugar, el cambio de código de Wilson también tiene un significado metafórico relacionado con su identidad social. Wilson es de ascendencia negra, africana, y en la República Dominicana mucha gente, en especial los jóvenes, tildan jocosamente a las personas de color de ser haitianos, lo cual es una calificación despreciable para la mayoría de los dominicanos. En este sentido, cuando Wilson cambia de inglés a español, primero diciendo 'en Santo Domingo', para refutar a Eduardo, y luego en su turno dirigido a Claudia, reafirma y demuestra su fluidez en español ('Es mentira. Ven acá, ¿a quién tú le vas... a quién tú le vas a creer, a mí o a estos dos locos?'). Y esta fluidez, lógicamente, actúa como una señal inequívoca de su identidad dominicana, y como refutación contundente del falso alegato de que es haitiano, expresado festivamente por su compañero.

En la comunidad dominicana de los Estados Unidos se conocen con frecuencia también casos similares en el ambiente familiar, cuando el hijo conversa en español con su madre, que es monolingüe en español, pero cambia a inglés para responder a un hermano, que interviene en la conversación. Una circunstancia distinta se presenta cuando los padres, que a menudo tienen competencia pasiva pero no activa en inglés, se dirigen a los hijos en español, pero estos responden en inglés, porque entienden, pero no son capaces o no se sienten cómodos hablando español, justamente a la inversa de como ocurre con sus padres. Esta situación es más frecuente sobre todo con los jóvenes de segunda generación, es decir, con los nacidos en los Estados Unidos.

Creencias y actitudes hacia el español dominicano

Cuando se habla del español de los dominicanos dentro del fascinante campo de las creencias y de las actitudes lingüísticas, no cabe duda de que el tema al que más se hace referencia es el relativo a la inseguridad lingüística que muestran explícitamente. Casi todos los investigadores que abordan el problema insisten en que los dominicanos tienen una autoestima lingüística muy baja, que menosprecian su propio modo de hablar. La única excepción en este sentido la constituye Bailey (2002: 58) cuando afirma que sus informantes, seis estudiantes dominicanos de Providence, no consideran menos apropiada su variedad de español que las otras variedades, contrariamente a lo que encuentran Zentella (1997b) y Toribio (2000b) para los dominicanos de Nueva York.

Las investigaciones llevadas a cabo en el país sobre el tema en cuestión confirman el hecho de que los dominicanos revelan una actitud de pesimismo al enfrentarse con la realidad de los graves problemas económicos, políticos y sociales que han sufrido generación tras generación. Durante décadas, el devenir de diversos acontecimientos históricos y políticos del país parece haber creado en la mente de muchos ciudadanos un sentimiento de frustración que los lleva a pensar que los problemas nacionales no tienen solución, que 'esto no hay quien lo arregle'. A veces se llega, incluso, a una especie de fatalismo religioso[8].

En un reciente noticiario de televisión en el que se ofrecían las opiniones de varios choferes del transporte público urbano (*concho*) en Santo Domingo con relación al aumento del precio de la gasolina y del costo de la vida en el país, uno de ellos expresó lo siguiente:

> 'Yo le voy a decir algo. Fíjese. Eto e cuetión de profecía, cumpliéndose. Eso e parte de la Biblia. O sea, que nadie va a resolver eto. Ningún presidente'.

Otro comentaba:

> 'Yo voté por el presidente creyendo su promesa de que iba a bajar la comida y la gasolina. Pero todo son iguale: cuando llegan arriba, se olvidan de lo pobre'[9].

En estas circunstancias, luce comprensible tanto el deseo de una gran cantidad de dominicanos de emigrar a otros países, especialmente a los Estados Unidos, como la creencia generalizada de que lo extranjero es superior a lo nativo[10]. No resulta inverosímil suponer que este estado de cosas haya ocasionado algún efecto en la percepción que tiene la población sobre la modalidad de español que habla.

Hace varios años, González Tirado (1987: 31-47) planteó la idea de que muchos dominicanos tienen un tipo de complejo de inferioridad lingüística que los mueve a preferir las formas no hispánicas por considerarlas más distinguidas y prestigiosas que las castizas[11]. De esta manera, el autor trata de encontrar la explicación por la que en el país se acogen con tanta facilidad los préstamos de procedencia inglesa, no solamente en el habla corriente y ordinaria, sino especialmente en las narraciones deportivas, en la prensa escrita, donde aparecen expresiones como *money player* ('jugador de dinero'), *implementar un acuerdo*, *paquete de medidas*, *teacher*. Ese complejo se nutre, según él, de la falsa creencia de que una lengua (el inglés) es superior a otra (el español).

Pero este sentimiento de inferioridad de los dominicanos se manifiesta también con relación a otras variedades del español, es decir, con respecto al español hablado en otras partes. Es bien sabido que muchos dominicanos muestran una actitud negativa hacia su propia manera de hablar y la consideran inferior, menos correcta, que la de otros países hispánicos. Entre estos países donde 'se habla mejor', se suele citar como ejemplo a España, Colombia y Costa Rica.

La situación anteriormente descrita ilustra con claridad el fenómeno de la inseguridad lingüística, que ocurre cuando el hablante cree que su modo de hablar no es correcto y, como consecuencia, existe un desacuerdo entre las formas que él considera adecuadas y las que en efecto utiliza en su habla espontánea[12].

Parecería lógico pensar que los dominicanos que tienen inseguridad lingüística, es decir, los que creen que su modo de hablar es inferior al de otros, traten de abandonar las formas propias, que juzgan incorrectas, para reemplazarlas por las ajenas, que evalúan como superiores. Sin embargo, no es eso lo que generalmente sucede. Las personas que consideran su modo de hablar inadecuado o poco elegante siguen hablando igual y raras veces lo sustituyen por otro. ¿Cómo se explica esta aparente contradicción?

La respuesta a este dilema se encuentra en el hecho de que la conducta verbal constituye un acto mediante el cual los hablantes afirman su identidad, no solo desde el punto de vista individual, sino también como miembros de un grupo social, como residentes en una región y como ciudadanos de una nación[13]. Este valor social del habla, como indicador de identidad y lazo de unión entre los miembros de un grupo, fomenta en los hablantes el desarrollo de un sentimiento de lealtad lingüística que los ata al modo de hablar de su comunidad. Como resultado de ello, se produce un choque entre dos posiciones encontradas: la inseguridad y la lealtad. La fuerza negativa de la inseguridad queda así neutralizada por el poder positivo de la lealtad y esta antítesis genera un equilibrio dinámico que permite la actuación y el desenvolvimiento natural de los hablantes como usuarios competentes de su dialecto. En definitiva, parece confirmarse aquí el sentido de la sentencia de José Martí ('Nuestro vino es agrio, pero es nuestro vino'). El valor de la identidad social y de la lealtad al grupo (la idea de lo propio, lo *nuestro*) pesa tanto o más que la admisión de debilidad o el reconocimiento de la miseria (la conciencia de lo *agrio*).

La pertenencia a un grupo impone un compromiso que por lo general no se puede ignorar fácil e impunemente. Podría decirse que la relación armoniosa con los demás miembros de la comunidad exige una naturalidad, una espontaneidad y una llaneza que son innegociables. Por eso la lealtad lingüística constituye un factor que favorece fuertemente el mantenimiento de los dialectos y de las hablas populares por más desprestigiados que estén. Abandonar la propia forma de hablar para adoptar una ajena implica incurrir en un desacato que la comunidad no suele tolerar: la deslealtad lingüística. Casi siempre, esa sustitución es considerada por los demás como un acto de arrogancia y de traición al grupo, a la región, al país. Consecuentemente, la condena social no se hace esperar y la persona afectada recibe como sanción las burlas y el rechazo de familiares, amigos, vecinos, compañeros de trabajo y de la comunidad en general.

Por otra parte, en el caso de que alguien intentara imitar el modo de hablar de otro lugar, nada garantiza que su esfuerzo sería exitoso. No basta con la voluntad de *querer* hacer algo: hace falta tener la capacidad y el entrenamiento necesarios para *poder* hacerlo. La adquisición de un nuevo dialecto puede ser una tarea menos difícil que el aprendizaje de una segunda lengua, pero no deja de ser un asunto complejo que envuelve el dominio de un sistema completo, con distintas formas de pronunciación y curvas de entonación, otras estructuras sintácticas y diversas unidades léxicas. Supuesta la capacidad, el manejo adecuado de todo esto requiere una enorme inversión en esfuerzo y en tiempo. Desde esta perspectiva, se entiende con mucha claridad que no es tan fácil dar el paso y decidirse a sustituir su manera de hablar por la de otros. Sencillamente, el riesgo de hacer el ridículo es demasiado alto. Cuando algunos hablantes dominicanos se empeñan, por ejemplo, en pronunciar la *zeta*, pero siguen utilizando su entonación habitual y diciendo *papa* (no *patata*), *carro* (no *coche*), *Lo conozco desde niño* (no *Le conozco desde niño*), *Ustedes hablan bien* (no *Vosotros habláis bien*), su intento resulta no solo risible, sino también incoherente e incompleto.

Las ideas precedentes han recibido corroboración en diversas ocasiones. En un estudio sobre el español de los dominicanos en Nueva York, Toribio destaca que los dominicanos que residen en esa ciudad norteamericana mantienen firmemente su dialecto a pesar del estigma que pesa sobre él, menospreciado incluso por ellos mismos. Muestran un alto grado de lealtad lingüística, porque el modo de hablar constituye el medio más importante con que cuentan para expresar su dominicanidad. Es cierto que su español no tiene prestigio abierto en el contexto general de la sociedad, pero sí disfruta de prestigio encubierto, porque actúa como un claro indicador de pertenencia a un grupo y como símbolo de su identidad nacional, ligada con el pasado hispánico y opuesta a la de sus vecinos haitianos de origen africano. Uno de los comentarios citados por la autora corresponde a una joven informante que expresa lo siguiente:

'La cultura dominicana incluye mucho el idioma. Yo diría que ser dominicano y hablar español es importante, por no decir original. El dominicano que no hable español [dominicano] puede sentirse igual de orgulloso, pero le falta algo'.

Por su parte, Alvar (1986: 152-171) estudió las actitudes de un grupo de dominicanos que debían evaluar unas grabaciones en las que aparecían dos voces representando la modalidad lingüística norteña española y dos, la variedad dominicana. Una de las conclusiones del análisis es que la mayoría de los informantes preferían el español peninsular por considerarlo mejor, más correcto. Sin embargo, no faltaron quienes expresaron su preferencia por la variedad dominicana aduciendo que les parecía más fácil de entender y, sobre todo, porque era dominicana, es decir, por su valor de símbolo de la nacionalidad. Según los resultados del estudio de Alvar, se confirma que aunque muchos dominicanos de todos los niveles socioculturales piensan que el español hablado en su país es peor que el empleado en otros lugares, específicamente en España, entienden que su utilización constituye un valor que merece ser conservado como forma de expresión de lo propio, en oposición a lo ajeno. De nuevo se percibe el equilibrio entre dos fuerzas antagónicas que gobiernan la actuación lingüística de muchos dominicanos: la inseguridad y la lealtad.

Recientemente se realizó un sondeo en el que se pedía a un grupo de 138 jóvenes universitarios de Santo Domingo y de Santiago que expresaran su acuerdo o su desacuerdo con este enunciado:

'El español que hablamos los dominicanos es peor y menos correcto que el que se habla en otros países, como España y Colombia'.

| Muy de acuerdo | De acuerdo | En desacuerdo | Muy en desacuerdo |

Los encuestados debían seleccionar, dentro de una escala valorativa como la que se muestra aquí, su grado de aprobación o desaprobación del enunciado anterior y de otros similares.

La encuesta arrojó como resultado que el 62% de los estudiantes estaba 'De acuerdo' o 'Muy de acuerdo', lo que confirma la idea tantas veces reiterada de que muchos dominicanos no juzgan positivamente su manera de hablar el español. En otras palabras, se verifica la presencia en la conciencia lingüística de la mayoría de los encuestados de cierta dosis de inseguridad, ya que revelan la existencia de un desajuste entre las formas que consideran correctas y las que realmente utilizan al hablar. Es importante notar que, dentro del 62% que comparte la creencia expresada en el enunciado, la mayoría (el 75%) no solamente está 'De acuerdo', sino que manifestó estar 'Muy de acuerdo'.

Hay que hacer constar, sin embargo, que los índices de aprobación y desaprobación del enunciado evaluativo resultaron muy diferentes en ambas ciudades. En Santiago, el nivel de aprecio al habla del país es inferior en un 19% al que se da en la capital. En la ciudad corazón del Cibao, un 70% concuerda con la idea de que el español de los dominicanos es inferior al de otros lugares y solamente el 30% desaprueba dicha afirmación. En cambio, en Santo Domingo, casi la mitad de la muestra, el 49%, expresa su rechazo al enunciado, lo que debe interpretarse como una afirmación de aprecio o conformidad con su forma de hablar. Se puede decir entonces que los capitaleños superan a los santiagueros en lo que respecta a su seguridad lingüística, que a su vez es un reflejo de lo que podría llamarse la satisfacción o la estimación de su propia modalidad lingüística. Estos hechos resultan comprensibles si se piensa que la capital, sede de la administración gubernamental, es un centro urbano más importante que Santiago, con todo lo que eso implica en cuanto a la concentración de la mayoría de las actividades de la vida económica, cultural, social y deportiva del país. Como es lógico, tales circunstancias tienden a infundir en sus habitantes un grado más alto de orgullo y de aprecio social.

La diferencia de valoración del español dominicano según la zona de residencia parece también coherente con la evaluación que se da a ciertos rasgos identificadores del dialecto de cada región. Se sabe que algunas formas de pronunciación que se producen con mayor frecuencia en el habla de los grupos sociales bajos y que son más abundantes en el estilo informal, como *puelta*, *pueita*, *puetta*, en lugar de *puerta*, están estigmatizadas, no son apreciadas por la sociedad en general. Sin embargo, existen diferencias en cuanto al grado de rechazo que se asigna a cada una de ellas. Por ejemplo, la pronunciación capitaleña (*puelta*) disfruta de cierta tolerancia social, en claro contraste con la repulsa que suelen suscitar las variantes populares propias de las otras regiones, como la vocalización cibaeña *pueita*, que se asocia generalmente con la idea de escasa educación o de procedencia rural.

Resulta altamente significativo, por otra parte, el hecho de que la opinión de la inmensa mayoría de los encuestados cambia drásticamente cuando la cuestión se plantea en términos positivos y el enunciado valorativo resalta de forma explícita la capacidad del dialecto de servir como símbolo de la nacionalidad.

Una de las afirmaciones sometidas a evaluación fue la siguiente:

> 'Nuestra manera de hablar el español nos identifica como dominicanos; por eso no se justifica el tratar de imitar el habla de otros países'.

La reacción suscitada por este enunciado fue abrumadoramente favorable. El 87% de la muestra de estudiantes está 'De acuerdo', y más de la mitad está 'Muy de acuerdo', con el valor del español dominicano como marcador de la identidad nacional.

Tales resultados demuestran que la inseguridad lingüística reviste una complejidad mayor que la que suele asignársele y que, para lograr una mejor comprensión del fenómeno, su análisis debe realizarse conjuntamente con el del orgullo y la lealtad a la comunidad de habla. Todo lleva a pensar que, excepto tal vez en situaciones patológicas, la inseguridad lingüística deja espacio para el aprecio y el apego a la modalidad lingüística propia.

Se puede extraer la conclusión de que en realidad, aunque parezca contradictorio, el sentimiento de inferioridad es superado por el de solidaridad o de lealtad. El primero, manifestado por la creencia de que el español hablado en el país es inferior al de otras zonas ('nuestro vino es *agrio*'), es sostenido por el 62% de la muestra. En cambio, el segundo, expresado por la idea de que el modo de hablar constituye un símbolo de la dominicanidad y que por tanto no se justifica imitar a otros ('pero es *nuestro* vino'), es compartido por el 87%. De manera coherente con lo expuesto con anterioridad, los datos corroboran una vez más el equilibrio entre la inseguridad y la lealtad. Ambas establecen una relación de mutua tolerancia, creando el ambiente propicio para su convivencia pacífica.

En definitiva, el estado mental de inseguridad lingüística de muchos dominicanos no es incompatible con la presencia subyacente en la conciencia de los ciudadanos del orgullo por su forma de hablar, que constituye el medio más efectivo para expresar solidaridad y lealtad a su grupo, a su comunidad, a su país. El modo de hablar una lengua constituye un factor importante en la configuración de la identidad cultural de las personas de cada país. Indiscutiblemente, el habla representa la más visible tarjeta de presentación con que cuentan los ciudadanos de cualquier nación. En tal sentido, los dominicanos se distinguen de los chilenos o de los salvadoreños, por ejemplo, no solo por lo que comen, por sus tradiciones, por su música, sino, especialmente, por su manera de hablar el español.

Hace ya unos veinte años, Zentella (1990a) documentaba el fenómeno de la inseguridad lingüística de los dominicanos en la ciudad de Nueva York, donde los propios dominicanos manifiestan una falta de aprecio a su modo de hablar. Según la autora, este sentimiento es reforzado por el rechazo que muestran otros grupos de inmigrantes hispanos (los cubanos, los colombianos y los puertorriqueños) hacia el español dominicano. En un trabajo posterior, la investigadora puertorriqueña analiza una serie de formas léxicas en cuatro dialectos hispánicos de Nueva York. En dicho estudio, se pidió a 194 hispanohablantes (73 puertorriqueños, 51 colombianos, 50 dominicanos y 20 cubanos) que identificaran 25 objetos presentados en dibujos e ilustraciones, indicando la palabra con la que se referían a dichos objetos en la conversación ordinaria.

La autora entiende que, a la circunstancia favorecedora de la adopción de anglicismos que supone la nueva realidad social de los inmigrantes y su deseo de aprender inglés, se añade otra presión. El anglicismo puede desempeñar una función neutralizadora de variantes dialectales competidoras, a causa del prestigio atribuido al inglés, y de este modo se resuelve el conflicto sin favorecer a un grupo a expensas del otro. Tal motivación fomenta y estimula el uso de más préstamos. Esta hipótesis parece confirmarse con los resultados obtenidos para el término inglés *kite*. Para designar ese objeto, en cada uno de los cuatro países representados en el estudio existe una forma distinta que fue utilizada por la mayoría de los sujetos de cada grupo: el 60% de los puertorriqueños seleccionó *chiringa*; el 76% de los dominicanos, *chichigua*; el 86% de los cubanos, *papalote*; y el 92% de los colombianos, *cometa*.

La capacidad lingüística parece constituir un factor relevante en la adopción o no del préstamo. Ningún miembro de los grupos que mayoritariamente consideran tener muy buena o excelente capacidad en español (los colombianos y los cubanos) mencionó la forma *kite*. Los dominicanos, que se asignaron una baja autoevaluación tanto en inglés como en español, confirman su tendencia a la inseguridad lingüística, lo cual podría ser un factor de importancia en la adopción de anglicismos como elemento que eleva el estatus y como medio de evitar las críticas a su modalidad de español, rechazada por los demás grupos. El estudio de Zentella presenta evidencias en este mismo sentido. Los miembros de los demás grupos rechazan las formas léxicas dominicanas y tienden a asimilar las variantes regionales de otros grupos. Algunos miembros de cada grupo, excepto los cubanos, han adoptado la forma *cometa*, usual de los colombianos; algunos de cada grupo, excepto los puertorriqueños, han adoptado la forma cubana (de origen mexicano) *papalote*; y algunos de cada grupo, excepto los colombianos, han adoptado la puertorriqueña *chiringa*. Los únicos que han tomado variantes propias de los otros tres grupos son dominicanos y, concomitantemente, el término dominicano *chichigua* fue el único que no fue adoptado por ninguno de los miembros de los otros tres grupos. Este es un hecho muy elocuente sobre el poder de las variables sociales en el proceso de nivelación o igualación dialectal.

Los factores sociales, como el nivel de educación, la raza, el poder económico, etc. contribuyen a determinar las actitudes de un grupo con relación a los otros, y con relación a los

rasgos de su modo de hablar. Y se sabe que una actitud negativa puede frenar la propagación de un elemento, y una actitud positiva puede favorecerla. En Nueva York, los dominicanos constituyen uno de los grupos inmigrantes más pobres, con menos educación y,
entre los hispanos, de los más negros de la ciudad. Tales circunstancias motivan el que
sean discriminados como individuos y como grupo, y que también sea menospreciada su
manera de hablar, que se caracteriza por el radicalismo consonántico (elisión muy frecuente de la /s/, neutralización de las líquidas implosivas, etc.). La autora destaca que el
hecho de que la variedad cubana no experimente el mismo grado de rechazo que la dominicana, a pesar de que también practica el radicalismo consonántico, revela la fuerza
de los factores sociales frente a los lingüísticos.

Los hablantes de nivel social más alto pueden exhibir rasgos fonológicos radicales y a pesar de ello evalúan positivamente su dialecto y expresan actitudes negativas hacia el de
otros. Zentella cita el caso de una joven cubana de 21 años, con 15 en los Estados Unidos,
que expresa así su prejuicio sobre la forma de hablar de los dominicanos: 'Yo siempre pensaba que hablaban feo'. Pero su propia variedad de español contiene numerosos ejemplos
de rasgos radicales no estándares, como la alternancia de /r/ y /l/ o la pérdida de la /s/. Y a
pesar de todo ello, la joven se muestra orgullosa del español cubano:

> 'Yo no creo que debemos *cambial* la manera que *yo* hablo el español, a mí me gusta co-
> mo *yo* hablo el español, porque *yo* creo que los *cubano* tienen el español más bonito'.

Esta actitud positiva entre los cubanos contrasta con las evaluaciones negativas que hacen los dominicanos de su propio dialecto. El 80% de ellos consideran que su español no
debe ser enseñado en las escuelas, y el 35% aduce la razón de que es incorrecto o malo.

De acuerdo con los resultados anteriores, cabe plantear las siguientes preguntas: ¿La variedad lingüística dominicana está llamada a desaparecer del territorio norteamericano?
¿Se impondrán las modalidades cubana y colombiana? La investigadora puntualiza que si
bien es cierto que el papel de las actitudes positivas y del prestigio es poderoso, hay que
tener en cuenta que a menudo el prestigio encubierto contrarresta las expresiones de rechazo. Por eso, muchos dialectos no estándares y sin prestigio se mantienen a pesar del
rechazo que sufren. Los miembros de la comunidad valoran ciertas formas no estándares
porque funcionan como señales de lealtad, solidaridad, rudeza, masculinidad, y por eso
las incorporan a su manera de hablar. En el estudio, varios dominicanos asociaron la pronunciación frecuente de la /s/ con afeminamiento y con presunción. De manera que aunque la conservación de este segmento es considerada abiertamente como correcta en la
comunidad dominicana, su elisión puede asociarse de forma encubierta a la idea de masculinidad, de espontaneidad y de naturalidad.

El fenómeno de la inseguridad lingüística es estudiado también por Toribio (2000a y
2001), quien cita diversas opiniones en las que algunos inmigrantes dominicanos evalúan
negativamente su propia lengua y expresan admiración por otras variedades hispánicas
(Toribio, 2000a: 258):

> 'Los dominicanos tenemos el problema que hablamos con faltas ortográficas... Aquí
> se habla con falta ortográfica, no solo se escribe, sino que se habla también' (hombre
> de clase alta, 35 años).

> 'No sé por qué los niños no hablan un español mejor que el que hablan, que es tan po-
> bre' (hombre de clase media, 62 años).

> 'Me gusta cómo hablan los españoles... Para como hablan los españoles y como habla-
> mos nosotros aquí, hay mucha diferencia' (hombre de clase media, 30 años).

Esta predilección por la modalidad peninsular y su enfática negación de toda relación con
los haitianos, entiende la autora, constituyen un intento de reafirmar su hispanidad, con-

vertida en una obsesión que fue promovida principalmente durante la época de la dictadura de Trujillo.

Pero a pesar de las presiones que podrían llevar a los dominicanos a abandonar el español a favor del inglés, o a preferir otras modalidades hispánicas más prestigiosas que la suya, los dominicanos residentes en los Estados Unidos conservan sólidamente su dialecto. Según Toribio, este hecho se debe a varios factores. La primera razón por la que mantienen su modo de hablar es porque el español los define como hispanos. Y no solo el español, sino el habla dominicana, porque se enorgullecen de ser dominicanos primero, e hispanos después. Es un asunto de identidad nacional. Otra razón mencionada por la autora es la discriminación que enfrentan los dominicanos que tienen rasgos africanos en los Estados Unidos. Muchos han sufrido esta discriminación racial, y por eso tienden a hablar español para desligarse y diferenciarse de los afroamericanos. En la República Dominicana, la citada actitud tiene su correlato en el rechazo que muestran muchos ciudadanos del país hacia sus vecinos haitianos y en su afán de reafirmar su hispanidad. Esto los lleva a identificarse más con la herencia española que con otros elementos raciales y culturales que también definen la identidad nacional.

En conclusión, parece estar claro que a pesar del estigma que lo empaña, el español de los dominicanos se mantendrá vigente en los Estados Unidos, porque constituye la mejor tarjeta de identidad con que los inmigrantes afirman su presencia dentro del contexto multinacional en el que viven. De momento, solo cabe esperar que en un futuro cercano se intensifiquen los esfuerzos por estudiar y conocer mejor la realidad lingüística de esa pujante comunidad de dominicanos, compuesta aproximadamente por un millón y medio de personas.

Notas

[1] El barrio de Manhattan llamado Washington Heights es también conocido como 'Quisqueya Heights' debido a su alta población de origen dominicano. Quisqueya es el nombre indígena con que se designa a la República Dominicana. El tramo de Broadway que discurre por esta zona de la ciudad es llamado entre los dominicanos 'Avenida Dominicana'. Y la avenida de Saint Nicholas, en el tramo que está al norte de la calle 162, fue renombrada de manera oficial Juan Pablo Duarte Boulevard, en honor al héroe de la independencia del país caribeño. La prensa local hispana destaca que en Washington Heights no solo se consiguen con facilidad productos agrícolas de la República Dominicana, como mangos, aguacates, limoncillos (quenepas), lechosas (papayas), cocos de agua y jugos naturales de tamarindo y de guayaba, sino que también se habla español.

[2] Entre las condiciones que favorecen la continuidad del español en estos jóvenes se encuentran la concentración residencial, la proximidad a los lugares de origen, el entramado mediático y el interés económico.

[3] Los datos presentados en esta gráfica proceden de Criado (2004), que a su vez utilizó como fuente el Nacional Survey of Latinos, de Pew Hispanic y Kaiser Foundation (2002).

[4] El proyecto, patrocinado por Brigham Young University, ya ha realizado más de 80 grabaciones de conversaciones libres de 45 minutos de duración cada una; las entrevistas se han hecho en dos ciudades donde se concentra la mayor cantidad de inmigrantes dominicanos: Nueva York, con más de 550.000, y Lawrence, en Massachusetts, con más de 22.000.

[5] Se trata de Felipe Polanco, Boruga, cuyos chistes pueden escucharse en http://www.youtube.com/.

[6] A la hora de caracterizar el modo de hablar de los dominicanos, Bailey (2000b: 557) afirma que se diferencia del español peninsular y del de otros países de Hispanoamérica más que las demás variedades del Caribe. Opina que determinadas formas de pronunciación tienden a ser marcadores sociolingüísticos de educación y de nivel social en Puerto Rico y en Cuba, pero que en la República Dominicana esas variantes representan la pronunciación estándar en las diversas regiones y grupos sociales. Pone como ejemplo el debilitamiento y la elisión de la /d/ intervocálica, que en Puerto Rico discriminan socialmente, en tanto en la República Dominicana el referido segmento desaparece en todos los sociolectos y en todas las regiones. Apoya su opinión con la afirmación que en el mismo sentido formula John Lipski (1994: 363): 'la /d/ intervocálica [sic] suele caer en todos los sociolectos y en todas las regiones'. Hay que precisar que la última parte de la afirmación anterior es correcta, ya que el proceso de referencia ocurre por igual en todos los rincones geográficos del país. Pero es totalmente inexacta la impresión de que el proceso sucede por igual en todos los sociolectos.

[7] El cambio se manifiesta de diferentes formas según las regiones, lo cual permite dividir el territorio nacional en varias zonas dialectales (Jiménez Sabater, 1975).

A. Santo Domingo, la capital, y algunas zonas de la región oriental:
   Solución preferente: (l) y (Ø): *puelta* por puerta, *comé* por comer.

B.   Suroeste:
     Solución preferente: (r): *úrtimo* por último, *paper* por papel.
C.   Este:
     Solución preferente: asimilación a la consonante siguiente.
     puetta por puerta, *fadda* por falda.
D.   Región norte o Cibao:
     Solución preferente: una semivocal (i): *pueita* por puerta, *faida* por falda, *mai* por mar o mal.

[8] Esta visión pesimista de las cosas ha encontrado eco en varios intelectuales, entre los que se destaca José Ramón López, quien en la primera mitad del siglo XX escribió *La alimentación y las razas*. En el ensayo 'Los intelectuales dominicanos en el siglo XX', publicado en la página electrónica *Letras Dominicanas*, Andrés L. Mateo concluye que 'los intelectuales dominicanos en el siglo XX libraron su combate. Pesimistas, en la mayoría de los casos'.

[9] A pesar de su carácter anecdótico, resulta oportuno recordar aquí que hace unos años, un destacado candidato a la Presidencia del país se lamentaba del deterioro que, según él, había experimentado la lengua de los dominicanos, no solamente en el uso común de la población, sino incluso en la versión formal de la prensa escrita. Como parte de su plan de gobierno en el campo de la educación, el referido político proponía una estrategia mágica para resolver el problema: traer maestros españoles, colombianos y costarricenses que enseñarían en cursillos de verano el 'buen español' a los maestros dominicanos. Una vez entrenados, los maestros ejercerían su influencia multiplicadora transmitiendo a los estudiantes sus nuevos conocimientos.

[10] Este estado mental de inseguridad lingüística se revela de distintas formas según Labov, en el inglés de Nueva York, especialmente en la clase media baja. Estos hablantes muestran un rango mayor de variación estilística que los demás hablantes, se esfuerzan más en utilizar las formas 'correctas' y manifiestan una fuerte actitud negativa hacia su propia forma de hablar. Véase W. Labov (1973), *Sociolinguistics Patterns*, Filadelfia: University of Pennsylvania Press, p. 117.

[11] Tales consideraciones permiten subrayar la importancia del prestigio encubierto, ese valor implícito que los miembros de una comunidad de habla asocian a las formas que utilizan normalmente en el habla espontánea, pero que intentan evitar en situaciones formales. De esta manera, fenómenos locales que en el contexto general de la sociedad se consideran prohibidos o inapropiados adquieren una función positiva de expresión de la solidaridad de cada miembro del grupo con los otros.

[12] Dentro de esta línea de pensamiento, A. Galmés de Fuentes (1964) señala que 'el temor... a despertar las risas o burlas de los vecinos por el empleo de un lenguaje afectado, es un freno que retiene la desaparición de los dialectos y contribuye eficazmente a mantener viva el habla tradicional. Y este temor a incurrir, ante los vecinos de una comunidad, en la afectación, al emplear formas extrañas a los usos dialectales del lugar, es de todos los minutos del día, mientras que el temor opuesto a ser bastos, poco refinados, a que conduce el mismo complejo de inferioridad, solo ocurre alguna que otra vez cuando un forastero visita el lugar, perturbando la intimidad de su vecindario'.

[13] Sobre el particular, M. Saville-Troike (2003: 23) sostiene que los miembros de una misma comunidad por lo general pueden entender las distintas variedades sociales y regionales de una lengua, pero no hablarlas. Solamente algunos imitadores de gran talento son capaces de hacerlo.

Otras procedencias

Andrew Lynch

Introducción

No debe extrañar que la gran mayoría de las investigaciones sociolingüísticas referentes a grupos hispanohablantes de los Estados Unidos hayan sido dedicadas a mexicanos y a méxico-americanos, ya que estos constituyen la mayoría de la población hispana a nivel nacional. La escasez de estudios referentes a otros grupos se debe a lo recientes que son las inmigraciones procedentes de zonas más allá de México y del Caribe. Como los salvadoreños, guatemaltecos, hondureños, nicaragüenses, colombianos, ecuatorianos y peruanos no comienzan a llegar a este país en grandes números hasta la década de 1980, es solo en los últimos años que, aparte del plano léxico, comenzamos a vislumbrar los rasgos diferenciales del habla de una 'segunda generación' de estas variedades del español en territorio estadounidense.

En este capítulo resumo las pocas indagaciones que se han realizado sobre los grupos más numerosos procedentes de Centroamérica y Suramérica, y hago algunas observaciones personales respecto a la convivencia de diversos grupos hispanohablantes en la ciudad de Miami, donde la inmigración desde países centroamericanos y sudamericanos ha aumentado drásticamente en años recientes.

Salvadoreños

Con respecto a la convivencia en Houston entre mexicanos y salvadoreños, Hernández (2002: 100) observa que —traduzco— 'aunque existe una situación de intenso contacto entre las dos comunidades, las actitudes de los mexicanos hacia el lenguaje de los salvadoreños tienden a ser negativas'. Apunta que al imitar el habla salvadoreña, los mexicanos aspiran la /s/ y usan *vos* en lugar de *tú*. Es obvio, pues, que entre estos dos grupos el uso de dichas variantes es altamente consciente a nivel social.

Aaron y Hernández (2007) llegan precisamente a esta conclusión al examinar la reducción de la /s/ final en entrevistas grabadas con 12 salvadoreños radicados en Houston, realizadas por un hablante mexicano. Aunque los resultados del estudio reflejaron un alto grado de acomodación a la norma mexicana (por ejemplo, de no aspirar o elidir la /s/), proceso correlacionado significativamente con la edad de llegada de los salvadoreños a esta urbe, la intensidad de los contactos que indicaron tener los participantes del estudio con mexicanos no se mostró como variable significativa, lo cual llevó a los autores a concluir que 'la acomodación dialectal en Houston no depende de patrones de contacto individual, sino que es impulsada por las presiones sociales en un sentido general, sin importar las interacciones personales' (p. 340).

Hernández (2002) también constata procesos de acomodación dialectal entre salvadoreños en Houston en cuanto al voseo y al uso de *andar* en construcciones transitivas, como en los siguientes ejemplos (p. 104):

> Allí llegan todos. Tenías que *andar* vehículo pa' llevártelos.
> No, sí, puedes *andar* arma.
> Ya va a hacer ahora en mayo tres años que me entregaron una virgen y la *ando* de peregrina.

Hernández explica que en este tipo de contexto se prefiere el verbo *traer* en variedades mexicanas, por ejemplo (p. 103):

No, yo no *traigo* feria tampoco, le digo. Me dice que: sí, *traes*. ¿Sabes qué güey? No *traigo*, le dije. No *traigo* y no estés fregando.

Los resultados del análisis eran muy ilustrativos del proceso de acomodación de parte de los hablantes salvadoreños en cuanto a estas dos variantes. Después de cuantificar la ocurrencia de estas en entrevistas realizadas por el mismo hablante mexicano con 12 salvadoreños que habían vivido más de cinco años en Houston, un inmigrante recién llegado que llevaba solo dos semanas viviendo en esta ciudad y dos individuos radicados en El Salvador, el investigador dividió a los 12 de Houston según su edad de llegada a los Estados Unidos: los que habían inmigrado siendo mayores de 21 años (Grupo 1), los que tenían entre 14 y 20 años al inmigrar (Grupo 2) y los que habían llegado durante la niñez con menos de 11 años (Grupo 3).

El cuadro 1 refleja que entre los salvadoreños que inmigraron a Houston durante la niñez el uso de *tú* era absoluto, y existía una fuerte preferencia por el uso de *traer* en el tipo de construcciones ejemplificadas arriba.

cuadro 1 **Frecuencias de uso de *tuteo/voseo* y *traer/andar* entre hablantes salvadoreños radicados en Houston (Texas)**

	El Salvador	Grupos 1 y 2 (hablantes que inmigraron a Houston siendo mayores de 14 años)	Grupo 3 (hablantes que inmigraron a Houston siendo menores de 11 años)
tuteo	12% (19/161)	94,5% (240/254)	100% (38/38)
voseo	88% (142/161)	5,5% (14/254)	0%
traer u otro verbo	18% (2/11)	70% (21/30)	69% (11/16)
andar	82% (9/11)	30% (9/30)	31% (5/16)

Fuente: Datos adaptados de Hernández (2002: 104).

Así y todo, Hernández concluye que las actitudes negativas que tienden a tener los mexicanos hacia el dialecto salvadoreño parecen reforzar la inseguridad lingüística entre los propios salvadoreños en Houston, fenómeno que se manifiesta en la variante más 'consciente': el voseo. En cuanto a la total eliminación de *vos* entre los hablantes del Grupo 3, Schreffler (1994: 107) argumentó que —traduzco— 'el deseo de muchos salvadoreños de integrarse entre la población mexicana los anima a adquirir formas de hablar mexicanas. A este fin, se ven obligados a eliminar el rasgo lingüístico que más fácilmente los identifica como salvadoreños'.

Guatemaltecos

Aunque una gran parte de los inmigrantes guatemaltecos tienen poco conocimiento del español al llegar a los Estados Unidos, lo adquieren una vez establecidos en este país, trabajando al lado de mexicanos e inmigrantes procedentes de muchos otros países de habla hispana. Lipski (2000) señala que, en el esfuerzo de hacerse pasar por mexicanos americanos para no ser descubiertos por el Servicio de Inmigración, muchos guatemaltecos indocumentados evitan el uso de particularidades distintivas del habla guatemalteca (por ejemplo, el uso de *vos*) e intentan reproducir el habla mexicana.

Faltan estudios sobre tales procesos de asimilación dialectal entre guatemaltecos y mexicanos, así como investigaciones que destaquen la influencia del inglés en las variedades lingüísticas habladas por inmigrantes guatemaltecos y su integración sociolingüística en la sociedad anglohablante mayoritaria. En este sentido es excepcional el estudio de Harper (1996), que explora el impacto de la experiencia inmigratoria en la comunicación de los conceptos culturales de respeto y confianza entre mujeres guatemaltecas en una zona rural de Guatemala y en el contexto urbano de Los Ángeles, California.

Colombianos

Orozco (2004: 58) identifica cuatro factores que condicionan la nivelación dialectal entre hispanohablantes de origen colombiano en Nueva York: la convivencia de hablantes oriundos de todas partes de ese país, el fuerte influjo de variedades del español caribeño —incluyendo las de las costas—, la influencia mutua de las variedades del español de Nueva York y las de Colombia a raíz de visitas entre las dos orillas y la influencia del inglés, tanto directa como indirecta, en el español de la urbe estadounidense.

En cuanto al uso del inglés entre colombianos en Nueva York, Orozco (2007: 315) afirma que la mayoría de los jóvenes colombo-americanos hablan inglés sin mucho acento y que son dominantes en esta lengua. Explica que los únicos que siguen siendo monolingües en español después de más de diez años en los Estados Unidos son los que inmigran a una edad mayor, los que tienen poco contacto con personas anglohablantes y los que no se desenvuelven en ámbitos laborales.

En un artículo referente al fenómeno de nivelación léxica entre colombianos, puertorriqueños, cubanos y dominicanos radicados en la ciudad de Nueva York, Zentella (1990: 1.102) comentó que la retención de los vocablos y rasgos más característicos del dialecto 'conservador', más afín al modelo de las hablas castellanas del norte de España, parecía fomentar el prestigio social de la variedad colombiana en esta urbe. Es más, Zentella afirmó que el prestigio del dialecto colombiano —y del cubano también en este mismo contexto— se ve favorecido por factores raciales y socioeconómicos: 'Puesto que la raza, la educación formal y la clase social están estrechamente vinculadas en las comunidades hispanas de Nueva York, por ejemplo, cubanos y colombianos de clase media también son los que tienden a tener más altos niveles de educación formal y una tez más clara, las variedades de español que ellos hablan son menos estigmatizadas que las que hablan los más pobres y oscuros inmigrantes caribeños' (p. 1.102).

Asimismo, entre los colombianos de Miami, donde predominan los grupos cubanos, Hurtado (2002) destacó el fenómeno de la estigmatización de las variantes caribeñas. Hurtado afirmó que, a la vez que existe una influencia interdialectal, 'también es factible un fenómeno de resistencia a la asimilación a una norma, en este caso posiblemente la cubana... Dicha resistencia puede estar fundada en los estereotipos lingüísticos conocidos en Hispanoamérica: la idea generalizada de que las habladas en la zona circuncaribe son variedades de menor prestigio' (2002: 167).

Hurtado (2002: 160) también observa que, para los colombo-americanos, 'el hecho de hablar una variedad específica del español (una forma en la que algunas veces se detecta la falta de dominio de la lengua) los impulsa a utilizar el inglés para evitar fallas en la comunicación o malentendidos'. Zentella (1990: 1.101) constata la misma tendencia en interacciones de grupos mixtos en Nueva York, y sugiere que la difusión de anglicismos en las hablas hispanas de esta urbe se puede atribuir tal vez al intento de evitar malentendidos y manifestar un lenguaje menos marcado en el terreno étnico y nacional.

Un ejemplo de tal tipo de malentendidos entre colombianos y caribeños es el siguiente, contado por una colombiana que llevaba diez años viviendo en Nueva York:

> En la huelga de los trenes me dice, 'Vamos a coger la wawa'. Y yo, yo la seguía pero yo no sabía. ¿La wawa? No, porque para no'tros es un animal. Y entonces yo le 'ij', 'Pero mi-

ra que allí viene el bus que me... que pasa por mi casa'. Y dijo, 'Sí, sí, en ese nos vamos'. '¿Pero no 'ijiste que ibas a coger la wawa?'. Y entonces ya ella me explicó (Zentella, 1990: 1.099).

En el plano morfosintáctico se da otra suerte de factores. El trabajo de Orozco (2004, 2007) enfoca el uso del presente simple *(voy)* y las formas del futuro sintético *(iré)* y perifrástico *(voy a ir)* para expresar futuridad en el habla de los colombianos de Nueva York y de Barranquilla, a fin de desvelar, desde una perspectiva comparativa, el posible impacto del contacto con el inglés y con otras variedades del español entre estos primeros. Los resultados, basados en un análisis cuantitativo de grabaciones de entrevistas sociolingüísticas, reflejaron un uso preferencial del futuro perifrástico en hablantes de ambas ciudades, pero esta forma se dio con mayor frecuencia, a expensas de las otras dos, en la comunidad neoyorquina. A saber, en Nueva York el futuro sintético se manifestó en el 7% de los contextos posibles y el presente simple en el 30%, mientras que en Barranquilla las formas sintéticas alcanzaron el 18% y las del presente se dieron en el 36% de los casos (Orozco, 2007: 317). No obstante, el análisis estadístico de los factores lingüísticos que condicionaban la elección de formas en contextos del futuro (por ejemplo, tipo y extensión de la cláusula, persona y número del sujeto, número de sílabas en la forma sintética del verbo, transitividad del verbo, presencia de algún marcador adverbial, etc.) reveló que los grupos de factores que ejercían una influencia significativa en el habla de la comunidad neoyorquina eran los mismos que operaban en el habla de los barranquilleros.

Así y todo, Orozco concluyó que entre los colombianos de Nueva York —traduzco— 'el efecto normativo [del futuro sintético] se ve atenuado y manifiesta un subyacente cambio en marcha que favorece el futuro perifrástico. Dicho cambio es propulsado por los efectos del contacto lingüístico, incluyendo la influencia que ejerce el bilingüismo en inglés' (2007: 325). El autor enfatiza que 'como resultado del contacto directo con el inglés y con otros dialectos del español, en Nueva York se ha acelerado un cambio que se originó en el español de Colombia antes del inicio de la situación de contacto lingüístico' (p. 325).

Entre colombianos radicados en Miami, Hurtado (2001 y 2005) indagó sobre el efecto de factores discursivos, sintácticos y generacionales en la expresión del pronombre de sujeto, un aspecto sintáctico-semántico de la lengua que se considera propicio a la influencia del inglés, ya que en esta lengua es casi obligatorio el sujeto explícito pero en español es mucho más usual el sujeto nulo. El estudio se basó en entrevistas y conversaciones grabadas con 46 individuos de origen colombiano divididos en dos grupos: aquellos que habían nacido en Colombia y que habían llegado a los Estados Unidos después de los 11 años de edad (33 entrevistados), y aquellos que habían nacido en este país o que habían llegado a él con menos de 11 años (13 entrevistados). El análisis de Hurtado (2005: 337) reveló muy poca diferencia entre estos dos grupos. En el caso del primero el porcentaje de pronombres explícitos era del 54% y en el segundo grupo alcanzaba el 51%. Los resultados de un análisis de VARBRUL —test estadístico empleado en muchos estudios variacionistas— tampoco revelaron diferencias significativas entre los dos grupos, hecho que Hurtado atribuye a la inmigración relativamente reciente de los colombianos.

Es decir, no se dan indicios de la posible influencia del inglés en este aspecto del español de los colombo-americanos porque la segunda generación todavía sigue muy expuesta al habla de la primera generación, constituida por sus padres.

Por otro lado, Otheguy y Zentella (2007) sí constatan un alza en la frecuencia de pronombres de sujeto explícitos en el habla de los colombianos nacidos y criados en la ciudad de Nueva York. Es el resultado alcanzado del análisis de un conjunto de datos, que comprendían 63.500 verbos enunciados en un contexto de entrevista por 142 hablantes con raíces en seis países distintos: por un lado Colombia, Ecuador y México (agrupados como dialecto 'continental'), y por otro lado Puerto Rico, Cuba y la República Dominicana (agrupados como dialecto 'caribeño').

Al comparar estos datos con hablantes continentales recién llegados a Nueva York y los que habían nacido en esa ciudad, se encontró una diferencia significativa en cuanto al uso del pronombre de sujeto explícito: un 24% entre los primeros y un 32% entre estos últimos (p. 288). Los autores concluyeron que 'obra de forma activa, entre los hispanoamericanos de Nueva York, una clara influencia del inglés sobre la frecuencia de uso del pronombre explícito en español, influencia que... es ya detectable entre los criados en la ciudad con raíces en la zona caribeña, y palpable en los nacidos en Nueva York, tanto de procedencia caribeña como continental' (Otheguy y Zentella, 2007: 290).

En cuanto al grado de conocimiento y uso del español entre aquellos hispanohablantes nacidos en Nueva York o criados en esta ciudad, Otheguy y Zentella notan que aunque encontraron muchos que ya usaban poco el español, también hallaron 'muchos otros para los cuales el español e[ra] la lengua de uso diario y de dominio extenso' (p. 275).

La diversidad panhispánica: el caso de Miami

Desde sus raíces como sede del exilio cubano durante las décadas de 1960 y 1970 y baluarte de la política anticastrista, la población hispanoparlante de Miami se ha vuelto sumamente diversa en años recientes. Los datos de la encuesta más reciente de la Oficina del Censo (2006) referentes a los orígenes de la población hispana residente en el condado de Miami-Dade reflejan este hecho. Como se puede ver en la tabla 3 de dicho censo 2006, aunque los cubanos siguen siendo el grupo más numeroso, apenas constituyen una mayoría (52%) de la población hispana en su totalidad. Ahora comparten el espacio urbano con grandes grupos de colombianos, nicaragüenses, puertorriqueños y dominicanos, todos los cuales echan raíces en el sur de la Florida principalmente durante la década de 1980. Los hondureños, venezolanos, peruanos y argentinos representan inmigraciones más recientes, provocadas por las crisis políticas y económicas que se vive en los respectivos países de origen en los últimos años. Gran parte de los mexicanos y guatemaltecos habitan las zonas más rurales del condado, donde desempeñan trabajos en el sector agrícola.

cuadro 2   Grupos hispanos de más de 20.000 personas en el condado de Miami-Dade (Florida) en 2006

Grupos	Número	Porcentaje correspondiente al origen de la población hispana en el condado
Población total del condado	2.402.208	
Población hispana total en el condado	1.471.709	
Cubanos	767.349	52,1%
Colombianos	102.118	6,9%
Nicaragüenses	100.258	6,8%
Puertorriqueños	88.579	6,0%
Dominicanos	49.430	3,4%
Hondureños	47.927	3,3%
Mexicanos	41.942	2,9%
Venezolanos	40.981	2,8%
Peruanos	34.106	2,3%
Argentinos	25.134	1,7%
Guatemaltecos	24.292	1,7%

Fuente: U.S. Census Bureau, American Community Survey (2006).

Saskia Sassen (2000: 89-92), experta en temas de globalización, caracteriza a Miami como 'ciudad de funciones globales' y argumenta que las formas de expansión económica que experimentó esta urbe durante la década de 1990 trascendieron las operaciones de importación y exportación del original enclave de cubanos en la zona. Las dimensiones culturales de la economía global de Miami son descritas por Yúdice (2003), quien caracteriza la ciudad como la 'capital cultural de Latinoamérica' y afirma que —traduzco— 'la tendencia de unión de la cultura, particularmente la cultura latina, y la economía, fenómeno manifestado en la industria del entretenimiento, les brinda a los profesionales biculturales y bilingües en Miami mayores oportunidades que en cualquier otra ciudad estadounidense' (2003: 210).

No obstante, una vez en Miami los inmigrantes hispanos se enfrentan a una realidad sociocultural que no es la que se proyecta en muchas de las películas y los programas de televisión. Además de la necesidad de aprender y usar el inglés en muchos aspectos de la vida, existe el reto de establecer una nueva identidad como 'hispano' o 'latino' en una ciudad estadounidense cuya mayoría es de origen hispanoamericano y donde se habla español en todas partes, en el trabajo, en la calle, en la radio, en las tiendas, en los restaurantes, en los consultorios médicos y en el vecindario. Para algunos, el tema de la identidad miamense se vuelve difícil. Cada vez que un hispanohablante en Miami conoce a alguien fuera de su propia red social o su grupo étnico, se enfrenta a dos grandes retos. Primero, se le presenta el reto de superar los estereotipos o prejuicios, sean positivos o negativos, que se puede tener de alguien de otro grupo nacional, raza o clase social.

Al mismo tiempo, se pasa por un proceso de acomodación del habla, en que uno va ajustando las normas de su habla regional al habla del interlocutor, a saber: encontrar el pronombre de tratamiento personal más adecuado (*tú* si es caribeño, *usted* si es colombiano o ecuatoriano, *vos* si es de Centroamérica o del Cono Sur) y saber si uno está familiarizado con las conjugaciones correspondientes, ajustar las normas fonológicas (aspirar la /s/ más si es caribeño o menos si es de Centroamérica o Suramérica, neutralizar entonaciones muy distintivas, etc.) si se busca identificarse más con el interlocutor, evitar el uso de palabras y frases que pueden resultar ofensivas o ininteligibles para el interlocutor (por ejemplo: *guagua* o *jimagua* para quien no sea cubano, *papaya* para quien es cubano, *bicho* entre puertorriqueños, *coño* para quien no sea caribeño, *pileta* para quien no sea argentino, *coger* para el sudamericano en general, etc.), y negociar el código en términos de la posible integración de anglicismos, inserción de palabras del inglés y alternancia o no de las dos lenguas (español e inglés) en el discurso.

Este último fenómeno es de suma importancia si se trata de un interlocutor bilingüe que lleva muchos años en los Estados Unidos o que ha nacido en este país y tiene un dominio completo del inglés, o que incluso preferiría hablar en inglés. Vale la pena destacar que los mismos retos se le presentan a la persona que no es de origen hispano pero que habla español con fluidez, como es el caso del presente autor y de muchos otros que son hablantes nativos de inglés, portugués, criollo haitiano, francés u otra lengua común en Miami y que tienen el español como segunda lengua.

Para ilustrar el tipo de malentendidos que ocurren a diario entre hispanohablantes en Miami, ofrezco los siguientes ejemplos, parecidos al de Zentella (1990) más arriba. En una tienda de fotocopias, cuando un venezolano con poco conocimiento del inglés le preguntó al empleado si podía pagar en efectivo, el empleado —un cubano-americano de tercera generación que era dominante en inglés— le respondió que no, que en la tienda solo aceptaban *cash* (pronunciado [káč], como si fuera una palabra española) o tarjeta de crédito. En otra ocasión, el presente autor le dijo a un amigo cubano-americano de segunda generación que no encontraba donde estacionar el coche y que por eso había llegado tarde a una fiesta. El amigo preguntó: '¿Qué querías hacer con el carro? ¿Qué problema tenía?'. Al explicarle lo que quería decir, este exclamó: '¡Ah! Que no encontrabas dónde parquearlo'.

Hurtado (2002:166) también observa ejemplos de este tipo entre colombianos en Miami, a saber:

> No *ando* dinero, hoy no *ando* dinero. Yo decía pero qué es esto. Es tanto tanto lo que uno escucha todos los días eso que un día alguien me preguntó y dije ay no, hoy no puedo hacer eso porque no *ando* dinero. Cuando me dice qué es lo que usted está diciendo, ay claro, caí en cuenta de que tanto escucharles a ellas uno termina hablando de la misma manera.

Hurtado afirma que 'aunque el grupo cubano es el que ostenta el poder económico y político, su influencia no ha podido trascender al campo lingüístico a pesar de que posee los medios de difusión necesarios para la propagación de su variedad: la respuesta del grupo de los no cubanos es de resistencia a la asimilación de las formas lingüísticas características de la variedad cubana' (p. 168). Según la perspectiva de Hurtado, la tendencia entre grupos no cubanos es a acomodar su habla 'a corto plazo' al tipo de interlocutor para evitar los malentendidos.

Bien puede ser que la continua inmigración de grupos de origen distinto impida la consolidación de una variedad propia del español en Miami y sirva para mantener el uso de variantes regionales dentro de este espacio urbano, tal como argumenta Hurtado (2002), quien agrega que las inmigraciones de personas de las clases media y alta, con más altos niveles de educación formal, contribuyen a la resistencia de variantes locales, particulares de Miami.

Entre los que nacen y se crían en Miami, el inglés constituye el código principal de interacción, sin importar los orígenes nacionales, e incluso muchos hispanos miamenses de segunda y tercera generación opinan que el inglés debe ser la lengua oficial de los Estados Unidos y la única lengua de instrucción formal para los niños hispanohablantes (Lynch y Klee, 2003). De hecho, el uso del inglés a veces sirve conscientemente para marcar la distancia social entre los hispanos 'americanos' —o al menos 'americanizados'— y los que acaban de llegar de algún país hispanoamericano o que llevan pocos años en Miami, es decir, el dominio del inglés es una muestra clara de la superioridad sociocultural en algunos contextos y situaciones. A modo de ejemplo, los estudiantes de ESOL (inglés para hablantes de otros idiomas) en muchas escuelas secundarias en Miami se mantienen socialmente segregados de los estudiantes que se han criado en este país, que se refieren a estos primeros como *refs* (forma abreviada de *refugees*, 'refugiados'). Además de la manera de vestir, la selección idiomática en las conversaciones con amigos y amigas sirve para diferenciar a los estudiantes en terreno sociocultural y para marcar los límites sociopsicológicos entre los dos grupos. Stepick, Grenier, Castro y Dunn (2003) han observado el mismo fenómeno entre inmigrantes haitianos y grupos afroamericanos en las escuelas secundarias de Miami.

Entre las generaciones nacidas en los Estados Unidos o criadas en este país, las diferencias de origen nacional y étnico comienzan a borrarse entre los hispanos de Miami, ya que estos se comunican casi siempre en inglés e incluso a veces ni siquiera saben de qué país ha inmigrado la familia de un amigo o una compañera de la escuela o del trabajo. Solo saben que es *hispana* pero no saben *de dónde*. Como bien indica Hurtado (2002:160), 'el inglés es una lengua 'neutral'…, ya que se utiliza en interacciones grupales para no indicar la pertenencia a un grupo hispano específico, es decir, para señalar una neutralidad étnica'. Esta autora atribuye el uso del español entre hablantes de la segunda generación de colombianos principalmente a motivos instrumentales (por ejemplo, de necesidad práctica), puesto que, según ella, para algunos de estos ya 'no existen lazos que los vinculen con el ser hispano o colombiano' (p. 162). Aparte de la dimensión instrumental, el español sigue teniendo un alto valor cultural para algunos hablantes de la tercera generación de cubanos en Miami, como he notado previamente (Lynch, 1999 y 2000).

En suma, hay que recalcar el alto valor de integración que tienen las lenguas inglesa y española en Miami, ya que cada una sirve no solo para marcar la identidad étnica y sociocultural de uno ('anglo-' y 'afroamericano' frente a 'hispano' o 'latino'), sino también para comunicar toda una serie de valores socioculturales y económicos entre los propios hispanos miamenses. Asimismo, el alto valor instrumental que tiene cada uno de estos idiomas en la vida pública y en las esferas locales y globales de la economía en Miami promueve la adquisición y uso tanto del inglés como del español. En los años venideros esta situación ha de mantenerse así.

El español isleño

José Antonio Samper y Clara Eugenia Hernández

Introducción

Hasta hace muy poco tiempo el dialecto de los isleños de St. Bernard Parish constituía una de las variedades menos conocida del español en los Estados Unidos, pero, por fortuna, la situación ha cambiado significativamente gracias a una serie de investigaciones publicadas a lo largo de los años noventa.

El primer estudio sobre esta variedad, con la metodología propia de la lingüística de los años cuarenta, constituyó la tesis doctoral de MacCurdy, presentada en 1948 en la Universidad de Carolina del Norte a partir de las encuestas realizadas a lo largo de varias estancias del autor en St. Bernard Parish. La tesis fue parcialmente publicada (pues solo se incluyeron los capítulos dedicados al vocabulario y a la fonología y morfología) en el año 1950 (vid. reseña de Pérez Vidal, 1950)[1]. La contribución de MacCurdy en este tema se completa con una serie de trabajos sobre otros aspectos del folclore y de la literatura oral de los isleños, además de aportar un listado de voces recogidas en tres visitas a la comunidad bruli en el año 1948 (MacCurdy, 1959).

Armistead ha dedicado el libro *The Spanish tradition in Louisiana: Isleño folkliterature* (1992a)[2] y muchos artículos a la cultura tradicional y la literatura oral isleñas. Desde un punto de vista lingüístico, destacan 'Tres dialectos españoles de Luisiana' (1991), artículo en el que realiza una acertada delimitación del isleño con respecto al bruli y el adaeseño, y los trabajos que analizan diversos componentes del léxico utilizado por los descendientes de los canarios (Armistead, 1992b, 1994 y 1997).

Lipski publicó en 1990 su investigación sobre el español isleño, una variedad que, desde una perspectiva histórica, permite vislumbrar modelos de pronunciación y de formación de palabras de los dialectos canarios de siglos anteriores y hace posible rellenar lagunas en los estudios de la evolución de los dialectos hispánicos. Por otro lado, el estudio de esta modalidad lingüística aporta una información muy valiosa sobre el empleo de una lengua vestigial, que el investigador pone en relación con los procesos de criollización y de muerte de las lenguas, y para las teorías del bilingüismo. Algunos artículos posteriores de Lipski completan la visión sobre el isleño aportada en un libro suyo publicado en 1990.

Estudios posteriores han insistido en la consideración de la variedad isleña como una muestra de lengua moribunda. En su tesis doctoral F. A. Coles (1991) aplicó la perspectiva metodológica de las redes sociales en el estudio de la comunidad y encontró una serie de rasgos fonéticos variables (como la elisión de -/s/) que pueden interpretarse como manifestación de solidaridad grupal. Coles también da mucha importancia a las creencias y actitudes lingüísticas de los hablantes como elementos determinantes en su actuación lingüística (vid. otras publicaciones de Coles en la bibliografía).

La investigación de Holloway (1997a) tiene el interés de trabajar con la otra comunidad descendiente de los antiguos colonos isleños: los brulis de Ascension Parish, cuya modalidad dialectal está más cercana a la muerte que la de St. Bernard Parish. El estudio de Holloway, que solo pudo contar con ocho informantes, aporta datos de gran interés para conocer cuáles son los rasgos que mantienen las lenguas moribundas y los procesos que en ellas se cumplen, así como los factores sociales que contribuyen a la total desaparición de una modalidad lingüística.

En 1998, la Universidad de Las Palmas de Gran Canaria edita el trabajo del conocido dialectólogo español Manuel Alvar sobre el dialecto de Luisiana. Este estudio se basa fundamentalmente en las respuestas que dieron los hablantes de aquella modalidad a tres cuestionarios: el del *Atlas Lingüístico y Etnográfico de las Islas Canarias* (ALEICan), el del *Atlas Lingüístico de Hispanoamérica* (ALH) y el del *Léxico de los marineros peninsulares* (LMP). Los amplios materiales acopiados por el profesor Alvar y su profundo conocimiento de la dialectología hispánica le permiten trazar una visión muy ajustada de las características esenciales de la modalidad estudiada y su relación con otras zonas dialectales con las que ha tenido contacto. Como recoge su propio título, en este estudio destacan los aspectos que la relacionan con el español hablado en las Islas Canarias.

Lestrade (1999) persigue comparar los rasgos característicos del isleño, tal como fueron descritos en los primeros estudios, con la situación que presenta el dialecto en los años finales de la década de los noventa. Lestrade se centra en el léxico de los isleños de St. Bernard Parish en la actualidad y el proceso de desgaste que puede percibirse a través de la consideración de diversas variables como género, edad, nivel educativo y profesión o actitud en tres grupos de informantes (bilingües, semihablantes y *rememberers*); de esta forma puede precisar los campos léxicos en que perdura más vocabulario regional. El estudio incluye también un análisis de las actitudes hacia el isleño y sus tradiciones entre los escolares de la comunidad.

Características generales

Prácticamente todos los estudiosos de esta variedad, desde MacCurdy, hablan de la próxima e inevitable desaparición del español isleño. Lipski (1990) —que en este punto corrobora la situación descrita por Varela (1979)— constató en el momento en que realizaba su trabajo que si las generaciones mayores todavía hablaban español y muy poco inglés, los más jóvenes o bien eran bilingües equilibrados o hablaban solo inglés; eran ya muy pocos los isleños con menos de 50 años que usaban la variedad dialectal. Por eso auguraba que el español desaparecería de San Bernardo en el plazo de unos veinte años. Con este futuro alarmante también está de acuerdo Armistead (1992a). Quedan ya muy lejos los tiempos, recordados por los hablantes mayores, en que el español era la lengua materna de la comunidad y los niños isleños eran castigados por sus profesores porque la hablaban en los recreos. Asimismo Alvar (1998) vaticina la segura desaparición del español: piensa que, tras la muerte de los isleños a los que entrevista, no podrá hablarse de que exista el español, ni criollo ni vestigial; para él, el canario de Luisiana es un dialecto desarraigado que sufre el cerco de otra lengua. No difieren en este sentido las conclusiones de Coles (1991) ni las de Lestrade (1999).

El actual reconocimiento cultural, folclórico, de la herencia isleña, que incluye contactos frecuentes con los canarios de la otra orilla, y la preocupación reflejada en la creación de entidades como Los Isleños Heritage and Cultural Society no suponen el mantenimiento del español, ya que los propios hablantes isleños ven irremediable su desaparición. Esto es evidente cuando los hablantes mayores se ven obligados a emplear el inglés en las conversaciones cotidianas con sus hijos e incluso en las reuniones de Los Isleños Heritage and Cultural Society (Coles, 1993). En la decadencia de la lengua, según Lipski (1990), puede haber influido también el que estos hablantes hayan considerado que su modalidad no es prestigiosa, porque la ven como el resultado de una mezcla con el inglés y el *creole*. Esa creencia se ha modificado, al menos parcialmente, al relacionarse con los hispanos que se acercan a su comunidad y en las visitas recientes a Canarias. En las islas el español de San Bernardo se percibe como una modalidad canaria más, con cierto aire rural y arcaico.

Como ya hemos indicado, los isleños no son el único grupo de hablantes de español en el estado de Luisiana. Además de ellos, que, sin duda, constituyen el grupo más relevante, se debe recordar (vid. Armistead, 1991, 1992a y 2007) a los brulis (que viven en las parroquias de Ascensión, Assumption e Iberville, en la orilla oeste del Misisipí, a unas 60 millas al noroeste de Nueva Orleans) y a los adaeseños (que se encuentran en los asentamientos de Spanish Lake y de Zwolle-Noble, zonas de las parroquias de Natchitoches y Sabine, respectivamente, a unas 100 millas al sur de Shreveport, en el noroeste de Luisiana).

El nombre de los brulis[3] procede del francés *brûlé* 'quemado', según la pronunciación del inglés de Luisiana[4]. Descienden del mismo grupo de canarios que se instalaron en San Bernardo (hay evidentes semejanzas lingüísticas entre ambas comunidades), pero el bruli es hoy una modalidad prácticamente muerta. Armistead (1991) afirmaba que en los años ochenta el bruli ya 'se encontraba *in articulo mortis*', confirmando así lo que había señalado MacCurdy (1959) unos treinta años antes ('el español de los brulis tiene los días contados'). El amplio y detallado estudio de Holloway (1997a) muestra que el dialecto se encuentra al borde de la extinción lingüística y predice que desaparecerá en el transcurso de una década; esta última afirmación es consecuente con la constatación de que en 1991 y 1992, años en que Holloway realiza las entrevistas para su estudio, ya son menos de diez los hablantes del dialecto bruli en Ascension Parish[5]. A diferencia de la comunidad isleña de San Bernardo, los brulis no contaron con el refuerzo de inmigrantes hispanos posteriores, permanecieron completamente aislados[6] y acabaron fuertemente influidos por el francés *cadjin*, no solo en el terreno léxico sino también —y de forma muy intensa— en el fonológico. Los propios cambios de nombres y apellidos al francés (de Acosta a Lacoste, de Plasencia a Plaisance, por ejemplo) son una manifestación evidente de tal influjo[7]. Del estudio de Holloway se desprende asimismo que ha habido un progreso muy importante de ciertos fenómenos en los cuarenta años transcurridos desde que MacCurdy realizó su estudio en la comunidad[8].

Los adaeseños, que reciben su nombre del fuerte fronterizo de Los Adaes, abandonado por los españoles en 1773, presentan rasgos muy diferentes. Su característica principal es la ascendencia amerindia, por el origen mexicano de la guarnición y por la presencia de indios caddos, bidaes, choctaws y lipan-apaches. Hoy se considera el adaeseño como una modalidad arcaica del español mexicano y del suroeste de los Estados Unidos. Esta variedad, igual que la anterior, se encuentra en grave peligro: solo algún anciano puede mantener una conversación coherente; en general, en el resto de la comunidad se conserva un léxico español meramente pasivo.

En su estudio pionero, MacCurdy (1950, 1975) señalaba que el español isleño constituía un caso único de mantenimiento del español y destacaba, además del contacto con el francés, las semejanzas fónicas y morfológicas entre esa variedad dialectal y el habla popular de Andalucía, de Canarias y de las Antillas, sobre todo de Santo Domingo. La amplitud de las relaciones que indica MacCurdy se comprende si se tiene en cuenta que su investigación se realiza en los años cuarenta, cuando se contaba con muy pocos trabajos sobre el español de Canarias. El propio estudioso norteamericano escribe: 'Desgraciadamente, no existe ningún estudio completo que comprenda la fonología del español hablado en Canarias' (1975: 513-514). Esta afirmación coincide con lo que dice Alvar en 1962 ('el dialecto canario es el peor conocido de todos los españoles') y que confirma el año siguiente: 'Pensemos que hasta *El español de Tenerife* (1959) nunca se había publicado un libro sobre los aspectos románicos de la lingüística canaria; que hoy aún no se ha descrito ninguna de sus particularidades locales; que hasta 1959 no se había precisado la articulación de ningún sonido del español insular' (Alvar, 1963: 168).

En cuanto a la relación con el español de Santo Domingo, MacCurdy señala la llegada a Luisiana en 1794 de un importante número de dominicanos, trabajadores de la caña de azúcar, con los que habrían entrado en contacto los isleños. Pero, como indica Pérez Vidal (1950), no hay que olvidar la posible influencia de los canarios en la modalidad dominicana: el siglo XVIII conoció una nutrida emigración desde las Canarias con la finalidad de poblar La Española (solo entre 1720 y 1764 llegaron a Santo Domingo 40 barcos con un total de 483 familias del archipiélago, casi todas de 5 miembros). Pérez Vidal recuerda asimismo que las semejanzas entre canarios y dominicanos hacen difícil distinguir si una característica tiene un origen predominantemente canario o caribeño.

Lipski (1990) resalta el carácter arcaizante del isleño. Aunque es cierto que este rasgo caracteriza en general al español de Hispanoamérica, la pervivencia de los arcaísmos se manifiesta más intensamente en zonas, como San Bernardo, que han permanecido aisladas.

Alvar (1998) destaca, como peculiaridad del isleño, su carácter desarraigado, su existencia autónoma en relación con el español de las islas. Este hecho conlleva cierta inestabilidad, por la combinación de rasgos propios del antiguo dialecto canario con otros que son producto de una evolución, muy moderada. El español isleño presenta un polimorfismo atenuado, con menos variantes que las que se encuentran en Canarias como manifestaciones de un determinado fenómeno. Esto es claramente perceptible en el campo de la fonética.

Rasgos fónicos

Todos los estudiosos del español isleño han destacado la gran coincidencia de los rasgos fónicos de esta modalidad con los que se dan en Canarias.

El vocalismo

Como ocurre con otras muchas variedades hispanas, los rasgos más sobresalientes del español isleño se encuentran en el consonantismo; como es bien sabido, el vocalismo español es muy estable y por eso en todos los estudios se insiste en que las vocales tónicas muestran la fijeza característica en todas las modalidades dialectales; únicamente podría destacarse el alargamiento que suele acompañar a la pronunciación de las acentuadas, que recoge Alvar (1998: 41). Los demás ejemplos de cambios en las vocales tónicas (*semos*, *mesmo*) pueden explicarse como variantes de tipo arcaico o popular, o como formaciones analógicas (Lipski, 1990: 18).

Como es esperable, se registran muchos casos de vacilación en las vocales átonas (*estilla*, *legarto*, *dicir*, *custurera*); Alvar (1998) destaca, entre ellos, la inestabilidad de la vocal *i* y el acusado cierre de la *-o* final, que suena a veces como *-u* en contextos no solo átonos, ya que también el dialectólogo español los oye sistemáticamente en la terminación *-ón*[9]. También Lestrade (2002) resalta los cambios de la vocal inacentuada /o/, que llega a oírse [u] (*rumana* 'romana'). Esta misma estudiosa encuentra muchos ejemplos de centralización de las vocales inacentuadas (*chaquere* 'chaqueta'), un rasgo que en sus encuestas se manifiesta incluso en las vocales tónicas (*guiterra* 'guitarra').

En los diptongos se ha señalado la reducción en casos como *pacencia* o *anque* (MacCurdy, 1975: 516). Lipski (1990: 19) destaca la frecuencia de la abertura y centralización del diptongo [ei], que acaba oyéndose [ai] (*seis* > *sais*; *treinta* > *trainta*) y considera que se trata de un rasgo traído de España, bien por los primeros colonos, bien por emigrantes posteriores.

Los hiatos se convierten frecuentemente en diptongos (*pior* 'peor', *tualla* 'toalla', *tiatro* 'teatro', y muchos ejemplos de verbos terminados en *-ear*); en otras ocasiones se constata el cambio de acento a la vocal más abierta (*mái* 'maíz'; *páis* 'país').

El consonantismo

En el consonantismo del español isleño han de señalarse como rasgos más sobresalientes aquellos que lo sitúan dentro de la macronorma atlántica del español. Entre ellos el más importante es el seseo generalizado. La ausencia de /θ/ constituye un reflejo tanto de la procedencia canaria del isleño como de la nivelación dialectal que ha tenido lugar con las oleadas migratorias más recientes (Lipski, 1990: 32)[10]. La /s/ tiene una realización predorsal, como la que se da en las islas. Alvar, Moreno y Alvar la describen como 'muy dental, mate y apoyando el ápice de la lengua en los incisivos inferiores y con dos estrechamientos del predorso de la lengua (uno contra los alvéolos y otro contra los incisivos superiores)' (1998: 42). Los análisis espectrográficos de varios ejemplos de [s] indican que la mayor concentración de energía se produce alrededor de los 4.000 Hz (Alvar, 2000: 102). MacCurdy (1975: 520) registró algunos casos de realización aspirada —o incluso velar— de /s/ en posición explosiva (*nohotros, nojotros* 'nosotros', *ajustado* 'asustado', *cojecha* 'cosecha'), pero otros estudiosos, como Alvar o Lipski, no registran ningún ejemplo de tal tipo[11].

Otra característica del español canario (que comparte con el andaluz y el caribeño) es el acusado debilitamiento consonántico en posición implosiva. Tales procesos afectan a las consonantes -/s/, -/n/, -/r/ y -/l/. No puede olvidarse el rasgo fónico que, dentro del consonantismo, refleja más intensamente la relación de las hablas de Luisiana con las canarias: la especial articulación de la /c/, que incluye una realización adherente que habitualmente sirve como marca de identificación del dialecto canario.

Nos referiremos en primer lugar a los fenómenos que han recibido un tratamiento de carácter cuantitativo para explicar la variabilidad.

El debilitamiento de la /s/ en posición implosiva constituye el fenómeno fónico variable más importante del español y por eso ha sido el más estudiado en el mundo hispánico. A partir de los datos cuantitativos que extrae de sus grabaciones a hablantes isleños, Lipski sitúa la modalidad de San Bernardo en el grupo de aquellos dialectos que aspiran o eliden frecuentemente la -/s/ final prevocálica, es decir, los del sur de España, la mayoría de los centroamericanos, los caribeños y la mayor parte de las variedades de la costa pacífica en Suramérica, además de los canarios[12]. El cuadro 1 recoge los resultados cuantitativos de -/s/ implosiva en diversas modalidades canarias y otras hispánicas (Lipski, 1990: 22) y el 2 y el 3, los aportados por diversas investigaciones cuantitativas sobre variedades de las Islas Canarias (vid. Samper, en prensa).

cuadro 1 **Comportamiento de /s/ en el isleño y en otros dialectos del español (%)**

Dialecto	/sC/			/s#C/			/s##/			/s#VT/			/s/#VÁ		
	[s]	[h]	[Ø]	[s]	[h]	[Ø]	[s]	[h]	[Ø]	[s]	[h]	[Ø]	[s]	[h]	[Ø]
Isleño	11	76	13	3	62	35	4	11	85	49	30	21	10	57	33
Fuerteventura (rural)	3	82	15	0	88	12	0	17	83	53	46	1	1	92	7
La Gomera (rural)	5	93	2	2	94	4	11	12	77	84	11	5	4	93	3
Gran Canaria (rural)	0	88	12	0	87	13	0	11	88	73	21	6	0	94	6
El Hierro (rural)	46	54	0	15	84	1	70	16	14	89	9	2	13	87	0
Lanzarote (rural)	7	82	11	0	83	17	0	20	80	74	24	2	3	80	17
La Palma (rural)	3	89	8	1	93	6	2	18	80	48	52	0	3	94	3
Tenerife (rural)	2	66	32	0	90	10	3	19	78	84	16	0	3	87	10
Sevilla	0	95	5	0	91	9	5	2	93	69	10	21	1	46	54
Granada	0	82	18	0	85	15	1	2	97	0	15	85	2	50	48
Cuba	3	97	0	2	75	23	61	13	26	48	28	25	20	53	27
República Dominicana	8	17	75	5	25	70	36	10	54	50	5	45	17	22	61
Panamá	2	89	9	1	82	17	25	6	69	69	17	14	2	39	59
Puerto Rico	3	92	5	4	69	27	46	22	32	45	32	23	16	53	31
Venezuela	7	40	53	3	47	50	38	16	46	57	26	17	15	52	33

Leyenda para el cuadro: C = consonante; # = espacio entre palabras; ## = espacio entre frases; VT = vocal tónica; VÁ = vocal átona.
Fuente: Lipski (1990: 22).

cuadro 2   Distribución de variantes de -/s/ en varias modalidades canarias[13]

	[s]	[h]	A	[Ø]
El Hierro	13,4%	83,6%	—	3%
Santa Cruz de Tenerife	9,8%	80%	—	10%
Las Palmas de Gran Canaria (n. culta)	3,9%	67,8%	6,4%	21,7%
Telde (Gran Canaria)	2,2%	65%	6,3%	26,5%
Las Palmas de Gran Canaria	2,9%	57,8%	6,5%	32,7%

Fuentes: Véase en detalle en nota 13.

Algo que llama la atención del estudioso norteamericano —y que también puede comprobarse con los datos del cuadro 3— es que la realización sibilante [s] se mantiene más en el isleño que en la mayoría de las modalidades canarias (con la única excepción de las variedades más conservadoras de La Gomera y El Hierro). Esto parece indicar, según Lipski, que después de la emigración de los isleños hubo en las Islas Canarias un acusado avance en el proceso de debilitamiento de -/s/, puesto que el habla de aquellos refleja etapas anteriores del proceso evolutivo.

Otro aspecto cuantitativo que cabe destacar es que el isleño mantiene diferenciado el tratamiento de -/s/ final ante vocal tónica y vocal átona (49% frente a 10% de realización sibilante), si bien es cierto que la diferencia no es tan marcada como la que, en general, se registra en las variedades canarias[14].

cuadro 3   Distribución de variantes de -/s/ según contexto prevocálico
en varias modalidades canarias

	VT (vocal tónica)			VÁ (vocal átona)		
	[s]	[h]	[Ø]	[s]	[h]	[Ø]
El Hierro	41,3%	53,7%	5%	10,3%	86,9%	2,8%
Santa Cruz de Tenerife	77,3%	21,9%	0,6%	5,7%	90,8%	3,4%
Las Palmas (n. culta)	46,2%	38,2%	15,6%	3,5%	86,7%	9,7%
Telde (Gran Canaria)	26,5%	53,7%	19,8%	1,1%	72,7%	26,2%
Las Palmas de Gran Canaria	41,1%	28,6%	30,3%	2,4%	66,7%	30,9%

Fuente: Véase en detalle en nota 13.

Alvar (1998: 43-44) aporta información detallada de las realizaciones de la /s/ implosiva ante los distintos tipos de consonantes:

— ante oclusiva sorda se produce una solución doble: -hp- (ehpeho, ehtrecho), la más general, y -pp- (eppeho);
— ante sonora, se pierde la -s y la consonante se pronuncia fricativa (do bota, bueno día, lo garbanso);
— la implosiva desaparece siempre ante consonante espirante (do flore);
— ante nasal, junto a la pérdida de -s (la mohca 'las moscas') se registra, más raramente, su aspiración (doh niño);
— se mantiene regularmente la aspiración ante la lateral l (loh laso);
— la sibilante desaparece ante consonante palatal, sonora o sorda (la yegua 'las yeguas', la chincha 'las chinches').

Coles (1991: 160-192) considera que la -s funciona como un marcador dentro de la comunidad de habla de San Bernardo, puesto que es una variable sujeta a cambio según el grado de formalidad estilística. Al analizar pormenorizadamente la variación de la sibilante implosiva en los distintos tipos de informantes y en los diferentes contextos, observa que los semihablantes favorecen la pérdida y la aspiración de -s en los estilos más espontáneos, incluso en una proporción superior a la que ofrecen los hablantes más viejos, bilingües equilibrados. Se trata, según la investigadora, de una estrategia de acomodación lingüística para manifestar su solidaridad con el grupo, ya que los hablantes reconocen las realizaciones elididas y aspiradas como un rasgo distintivo del dialecto.

En cuanto a las líquidas implosivas, destaca la pérdida de -l y -r en posición final de palabra (trabahá 'trabajar', caracó 'caracol', morí 'morir'). Precisamente la caída de la -r de los infinitivos es uno de los rasgos que, según Alvar (1998: 106), diferencia más claramente este dialecto de Luisiana de los que se hablan en el estado vecino de Texas desde el punto de vista fonético. De acuerdo con lo que indica este investigador, la pérdida de la consonante final solo deja de producirse en los monosílabos (mal, flor, yel 'hiel') por su escaso cuerpo fónico y por la posibilidad de que se creen homofonías[15].

En posición interior de palabra se registran numerosos casos de neutralización, con diversas realizaciones (corchón 'colchón', vuerta 'vuelta', puelta 'puerta'); Lipski, que ha analizado cuantitativamente el fenómeno y lo ha comparado con lo que ocurre en otras zonas hispánicas donde también se documenta, indica que no se produce una aplicación regular de reglas fonológicas específicas de neutralización[16].

Coles (1991: 216) indica que es frecuente la geminación de /rl/ en las formas de infinitivo seguidas por un pronombre enclítico (matalla 'matarla', vella 'verla').

La /r/ implosiva también puede realizarse como [h]. Esto se produce, como en Canarias, cuando la vibrante precede a la consonante nasal /n/ (cuehno 'cuerno', cahnero 'carnero', inviehnar 'invernar', cahná 'encarnada'); el proceso puede incluir también la ocasional realización como -nn- (tonniyo 'tornillo').

Todas estas manifestaciones de los procesos de debilitamiento y neutralización de las consonantes líquidas implosivas ya se atestiguaban, en español andaluz, canario y americano en el siglo XVIII; lo que no se puede saber con los datos actuales es si el fenómeno llegó desde Canarias o ha sido el resultado de una evolución posterior, alejada de influencias normativas (Lipski, 1990: 28).

Aunque MacCurdy (1975: 51-52) señaló que en isleño también se producía la vocalización de las líquidas implosivas (cueipo 'cuerpo', ei marinero 'el marinero'), como la que se registra en Santo Domingo, tal realización no debe de estar muy generalizada ya que los estudios más recientes no aluden a ella.

La variación de la nasal implosiva en el español isleño es un tema controvertido porque los distintos estudios aportan una información muy divergente. Mientras que MacCurdy (1975: 53) indica que se articula generalmente velar en el contexto prepausal cuando sigue a una vocal posterior (agallón), los datos de Lipski (1990: 23-26) reflejan una presencia ampliamente mayoritaria de la [n] alveolar ante pausa (alcanza un 82% de frecuencia, frente al escaso 2% de la realización velar y el 16% de la elisión). Más significativas aún resultan las cifras que obtiene para el contexto en que -n final de palabra precede a una vocal (bien hecho, un árbol): ahí la alveolar es casi categórica (94%, con un 6% de elisiones y ausencia de la variante [ŋ]). Si se presupone que el isleño refleja las características del español canario de finales del siglo XVIII, se puede pensar, según Lipski, que en ese momento no existiría en Canarias velarización o esta se encontraría en sus fases iniciales y por eso no fue llevada a Luisiana. La ausencia de velarización en el contexto prevocálico entre los hablantes isleños también reflejaría, cuando se compara con los datos de las modalidades canarias, que en estas la extensión del proceso de velarización es relativamente reciente. Para Lipski, la ausencia de /n/ velar es un reflejo de la herencia canaria, porque la velarización fue una realización tardía en las islas, mientras que, al parecer, existía en el sur peninsular desde al menos tres siglos antes. Los resultados de la tesis doctoral de Coles

(1991: 221) corroboran los datos anteriores: la [n] alveolar es categórica en los tres estilos que diferencia.

El estudio posterior de Alvar (1998: 45), sin embargo, destaca la fuerte velarización de la nasal final, como en las islas. El espectrograma que se incluye en el estudio de Alvar, Moreno y Alvar (1998: 50) refleja la articulación velar de -n final en la palabra *pan*, tal como fue pronunciada por uno de los informantes de San Bernardo.

MacCurdy (1975) y Alvar (1998) también destacan, en relación con la -n implosiva, el tratamiento del encuentro *nh*, ya que frecuentemente se resuelve con la eliminación de la nasal (queda la resonancia nasal en la vocal precedente): *narãha* 'naranja', *sãhita* 'zanjita'.

Otros fenómenos consonánticos

En el español isleño es muy frecuente —'abrumadora', señala Alvar (1998: 42)— la pérdida de -*d*- intervocálica: *enreína* 'enredina', *deo* 'dedo', *comía* 'comida'[17]. El amplio estudio que dedica Coles (1991: 192-211) a esta variable confirma la apreciación del dialectólogo español y aporta datos de gran interés sobre la variación de la consonante según el grado de formalidad. La elisión de -*d*- es estilísticamente más estable que la de -/s/: los semihablantes mantienen un índice de pérdida similar (muy bajo, entre el 13% y el 15%) en la entrevista y en el habla más espontánea, ya que no perciben esta variable como un marcador y, por consiguiente, no acomodan su actuación a la norma tradicional del grupo en los estilos más informales. La -*d* final se elide siempre (solo los semihablantes estudiados por Coles (1991: 199) la mantienen en unas proporciones destacadas, en torno al 50%)[18].

La /f/ se realiza prácticamente siempre como labiodental según MacCurdy (1975: 519) y Lipski (1991: 16), y muy raramente como bilabial; sin embargo, Alvar (1998: 55) encuentra que es general esta pronunciación bilabial.

El español isleño se caracteriza por el yeísmo. La pérdida de /λ/ puede deberse, de acuerdo con Lipski (1990: 18), a una neutralización fonológica espontánea y no a influencia directa de otra modalidad dialectal. La articulación de /y/ es muy abierta; es, según indican Alvar, Moreno y Alvar (1998) en su estudio espectrográfico, un sonido vocalizado y muy débil, cercano al que describió Alvar (1972) para Las Palmas de Gran Canaria. Tanto MacCurdy como Lipski indican que puede llegar a perderse cuando es intervocálica en contacto con /i/ o /e/ (*sía* 'silla', *mía* 'milla', *ea* 'ella')[19].

Alvar (1998: 45) destaca la presencia de dos alófonos de /c/ en el español isleño: una *ch* muy adherente y otra muy palatal, la más frecuente; ambas se caracterizan porque su articulación 'supone una superficie de mojamiento muy superior al que tiene la *ch* castellana', como reflejan los espectrogramas que se reproducen en el trabajo instrumental (Alvar, 2000: 103-104). Lo más destacable, según este investigador, es que la articulación de la *ch* adherente solo se recoge en zonas donde existió colonización canaria, lo que sería una señal de que este es uno de los rasgos que habrían llevado los emigrantes a Luisiana. Históricamente constituiría una prueba de que esa articulación mojada ya existía en las modalidades canarias a finales del XVIII.

La /x/ se realiza como una aspiración [h]. En este sonido coinciden también los casos de mantenimiento de la aspirada procedente de *F*- latina: *hoyo, hacer, hervir*[20].

La /b/ puede realizarse como [v] por influencia del inglés: los bilingües y los semihablantes entrevistados por Lestrade (2002) aseguraban que el uso de [v] en *cebolla* o *un barco* era 'correcto' en su modalidad dialectal. De acuerdo con los datos de Lestrade, [v] no solo alterna con la fricativa [β] sino también con la oclusiva [b][21].

Entre los fenómenos de carácter esporádico, Alvar (1998: 46-17) destaca la metátesis de *r* como el rasgo más característico del español isleño, incluso frente a las hablas canarias, donde tal fenómeno no tiene mayor relevancia. Hay metátesis progresiva en *pedrí* 'perdiz', *muedre* 'muerde', *vedrá* 'verdad'; la regresiva se documenta en términos como *parde* 'padre', *lardiyo* 'ladrillo'. Este fenómeno, tan peculiar, ya había sido observado anteriormente por MacCurdy (1975) y por Lipski (1990). En relación con esta misma consonante, Alvar registra algunos ejemplos de epéntesis (*delantre* 'delante', *lacre* 'lago' < ing. *lake*); reduplicación (*ferderales* 'federales') y eliminación (*legumbe* 'legumbre').

Lipski (1990: 28-29) resalta que las circunstancias que han rodeado el desarrollo del español isleño (el origen popular y rural de los primeros colonos, la ausencia de limitaciones normativas y la falta casi total de contacto con otras variedades hispánicas) explican que se hayan desarrollado algunos rasgos fonológicos alejados de la norma oficial. Entre ellos destacan, como hemos indicado, las metátesis de /r/ (*drumí* 'dormir') o la falsa reestructuración fonológica en construcciones del tipo *al sotro día* 'al otro día', *un sijo* 'un hijo'[22].

Rasgos morfológicos y sintácticos

En este apartado comentaremos las características morfológicas y sintácticas que se han considerado propias del español isleño tradicional.

1. En cuanto a la morfología nominal, se registran cambios en el género de ciertos sustantivos. Como en los estratos populares de Canarias, son masculinos *costumbre*, *sartén* y *ubre*, formas documentadas por MacCurdy (1975: 527) y por Alvar (1998: 30, 48). Otros hechos que afectan al género son la preferencia por la concordancia femenina de *mar* (la mar) y la fluctuación entre masculino y femenino que se produce con *calor*, *color* y *miel*. Alvar (1998: 47-48), al trabajar con distintos cuestionarios en San Bernardo, notó también que se trataban como femeninos los sustantivos de origen griego terminados en *-a* (*la mapa*, *la problema*), que algunos sustantivos femeninos acabados en *-e* sustituían su vocal final por *-a* (*liendra* 'liendre', *chincha* 'chinche') y que se usaba algún femenino anómalo (*fófora* 'fosforo').

En lo referente al número, se registran plurales dobles en determinados nombres terminados en vocal acentuada: *pieses* 'pies', *cafeses* 'cafés'. Casos parecidos son *pañeses* (del francés *panier*, 'cestos') y *pareses* 'paredes', formado a partir de un singular *paré*.

2. La morfología pronominal presenta la esperada ausencia de *vosotros*, sustituido siempre por *ustedes*, lo mismo que ocurre con las formas verbales y pronominales correspondientes. En singular se emplea siempre *tú* (nunca *vos*). La forma *vos* con valor de segunda persona de plural, según Armistead (2007: 60), se conserva fosilizada en las fórmulas introductorias de algunas décimas ('Señores, vo voy contar'); en estos ejemplos aparece *vos* y no *os* (Alvar, 1998: 32), como ocurre en las islas canarias de La Gomera, La Palma y en ciertas zonas rurales de Tenerife.

El uso de los pronombres personales átonos se ajusta al etimológico: *lo(s)*, *la(s)* para el complemento directo; *le(s)* para el indirecto. Lipski (1990: 39) recoge el empleo de *los* por *nos* como clítico de primera persona de plural (*los vamos* 'nos vamos'), un uso que puede oírse también entre los hablantes de estratos culturales bajos de ciertas zonas del archipiélago y que ha perdurado también en la colonia de origen canario de la región uruguaya de Canelones (vid. Groppi y Malcuori, 1992).

Entre los indefinidos es predominante el uso de las formas no estándares *naide* y *naiden* en lugar del normativo *nadie*, que prácticamente no se emplea. MacCurdy (1975: 528) registró el uso de la forma pronominal interrogativa *cuála*.

3. La ausencia de una norma académica prestigiosa ha favorecido que en el español isleño se hayan desarrollado una serie de tendencias no normativas que se manifiestan claramente en un terreno como la conjugación verbal, tan susceptible de verse afectado por la analogía. Para Alvar (1998: 48), lo más llamativo de las diferencias que, con respecto al

estándar, tienen lugar en San Bernardo es su coincidencia con las que él mismo ha registrado en las modalidades canarias.

Uno de los rasgos destacados por diversos estudiosos (MacCurdy, 1975: 529; Lipski, 1990: 35) es la adición de una -s final en la segunda persona de singular del perfecto simple, por analogía con otros tiempos verbales (*dijistes, ganastes*). Según Lipski, en Luisiana este es un fenómeno categórico (a diferencia de otros dialectos, en los que el carácter categórico o no de este rasgo sirve como indicador del nivel sociocultural de los hablantes). En relación con esta misma forma del verbo, Alvar destaca en sus encuestas la elisión de la -s interna en la terminación -*ste*, dando lugar a formas como *vite* 'viste', *trahite* 'trajiste'[23]. La copla siguiente, recogida por Armistead a una hablante isleña, es un ejemplo, entre muchos, que refleja el uso que venimos comentando: 'El pañuelo que me dites, / el domingo de Pasión, / lo tengo escrito en el alma / y firme en el corasón' (2007: 146).

Lipski (1990: 39) y Armistead (2007: 60) documentan, aunque con una presencia asistemática, el uso de -*nos* por -*mos* en la terminación proparoxítona de las formas de primera persona de plural del pretérito imperfecto de indicativo y de subjuntivo: *fuéranos, estábanos, comíanos*. El fenómeno no debe de estar muy extendido porque Alvar (1998: 106) considera que la abrumadora presencia de -*mos* (y no -*nos*) es precisamente uno de los rasgos que delimitan más nítidamente el español isleño frente al hablado en las zonas texanas (el uso de la terminación en -*nos* —frecuentísimo en estas regiones de Texas— 'solo lo utilizó un informante marinero' en Luisiana).

Alvar (1998: 35) señala la traslación acentual en la primera persona de plural del presente de subjuntivo, hecho también registrado en Canarias tal como se refleja en el ALEICan: *fréguemo* 'freguemos', *güélamo* 'olamos'.

La época de constitución del español isleño y su desarrollo en los dos siglos siguientes explican sobradamente la aparición de formas verbales arcaicas, que se han mantenido en los niveles populares de muchos dialectos hispánicos: *haiga* 'haya', *truje* 'traje', *vaiga* 'vaya', *ha* 'he', *hamos* 'hemos', *vide* 'vi' son habituales en el español de San Bernardo.

También es usual el empleo de *dir* para el verbo *ir*, con la consiguiente formación del imperfecto en *diba* (o *día*) y del participio en *dío*, que se han documentado frecuentemente en las variedades rurales de Canarias y el Caribe. Lestrade (2002) indica que sus informantes, que utilizaron la forma *dir*, emplearon variablemente *dia, iba* y *via* para el imperfecto.

En el español isleño también se producen otros fenómenos analógicos, de carácter no sistemático, en la conjugación verbal; algunos no son muy frecuentes en otros dialectos hispánicos. Entre ellos cabe señalar la diptongación en posiciones inacentuadas (*vuelvemos* 'volvemos', *güelemos* 'olemos'), las diptongaciones no etimológicas (*apriendo* 'aprendo', *comprienda* 'comprenda'), la reducción de diptongos a monoptongos (*volo* 'vuelo', *podo* 'puedo'), los cambios en la vocal del lexema verbal (*pidir* 'pedir', *dicimos* 'decimos', *midimos* 'medimos') y el empleo, para la segunda persona de singular del imperativo, de las formas *pone* 'pon' y *sale* 'sal'.

En relación con los tiempos verbales, Alvar destaca la sustitución de las formas del futuro sintético por la perífrasis *ir* + infinitivo. También resalta el uso frecuente del perfecto simple en construcciones en que el español de Castilla emplearía el perfecto compuesto, en total coincidencia con las respuestas que le habían dado los informantes canarios consultados en el ALEICan ('esta mañana *fui* al mercado', '*bailé* toda esta tarde'). En la apódosis de las condicionales alternan el imperfecto de subjuntivo y el condicional ('si tuviera dinero, lo *compraría / comprara*'; 'si todos fueran como tú, entonceh ehtuviera *alright*')[24].

4. En el español isleño —como en otras muchas hablas arcaicas y populares— se usan aún los adverbios *entodavía, endenantes, ansina/asina*.

En cuanto a la sintaxis, se han señalado las siguientes características:

(a) Las respuestas que dieron los informantes de Alvar en Luisiana reflejan una serie de construcciones que, como ocurre en el español canario, coinciden con los usos normativos: en la combinación de los pronombres átonos siempre aparece el orden 'se me cayó', 'se te cayó'; igualmente en las oraciones pasivas reflejas hay concordancia entre sujeto y verbo ('se cortaron árboles', 'se venden papas').

(b) Anteposición del sujeto pronominal en oraciones interrogativas como las siguientes:
   ¿Por qué usté llora? (L 40)
   ¿Cuántoh dotoreh uhté vio? (L 41)

Esta construcción, usual en el dialecto isleño[25], pudo haber sido llevada a Luisiana, según Lipski (1990: 39-42), por los colonos canarios, ya que él considera que se trata de un posible portuguesismo en las islas[26]. Contra esta hipótesis se encuentra el hecho objetivo de que la abundante bibliografía sobre el español de Canarias no refleja tal uso, ni siquiera en zonas rurales aisladas.

(c) Infinitivo con sujeto antepuesto. En el español isleño esta construcción tiene una elevada frecuencia pues casi ha llegado a eliminar a la forma alternante, la cláusula subordinada con verbo conjugado en subjuntivo:
   Eso no é pa loh pato poné loh huevo. (L 43)
   Jesucrihto noh ponía la idea qué nosotro jacé. (L 43)

Lipski (1990: 42-44) supone que tal construcción también pudo ser llevada originariamente a Luisiana por los colonos canarios (su frecuente empleo entre los isleños más viejos, con poca competencia en inglés, puede reforzar esta teoría); sin embargo, el que tal variante haya llegado a ser casi categórica en Luisiana[27] lleva a pensar que ha sido reforzada por el contacto con el inglés.

Por influencia directa del inglés, en estas construcciones la forma pronominal tónica que funciona como término de preposición (mí, ti) puede llegar a sustituir al pronombre sujeto (yo, tú): 'Eso é pa mí lonchá' (L 45)[28].

(d) Indicativo por subjuntivo. En las cláusulas subordinadas (de uso poco frecuente) la forma normativa del subjuntivo puede ser reemplazada por una del indicativo[29]: 'No faltó nada [para] que no[s] morimo [muriéramos]' (L 45)[30].

El léxico

Contamos con varios listados léxicos que nos permiten conocer el vocabulario utilizado por los isleños de Luisiana. El repertorio más amplio se encuentra en el libro de Alvar (1998), que recoge las respuestas que los informantes de San Bernardo aportaron a las preguntas de los cuestionarios del ALEICan, del ALH y del LMP. Estas encuestas tienen la gran ventaja de que proporcionan no solo el léxico diferencial, sino también otro de carácter general, y, además, permiten establecer valiosas comparaciones con las respuestas obtenidas en otras comunidades hispánicas. Para el léxico característico de la comunidad bruli es esencial la información que aporta Holloway (1997a, 1997b), que completa la relación ofrecida anteriormente por MacCurdy (1959).

Ya en el trabajo pionero sobre el dialecto isleño, MacCurdy (1975) había señalado la necesidad de registrar el léxico usual en la comunidad y no solo el diferencial, puesto que 'el vocabulario luisianés se compone principalmente de palabras castellanas, corrientes en todas partes de España' (p. 481). Sin embargo, por razones muy comprensibles, él mismo se limitó a aportar una relación de palabras peculiares: arcaísmos, variantes fonéticas, palabras hispanizadas de origen francés, palabras que conservan su pronunciación francesa, palabras usadas solo en Canarias o en América, lusitanismos y anglicismos. Igualmente el libro de Lipski aporta una limitada relación de léxico diferencial con la finalidad de reflejar los procesos lingüísticos que se han producido en tal variedad.

En el léxico de los isleños se encuentran, como era de esperar, términos de muy variadas procedencias[31]:

1. Las palabras españolas tradicionales, como ya había observado MacCurdy, constituyen el elemento predominante. Cuando Alvar comenta las respuestas que sus informantes dieron a las preguntas del cuestionario empleado en el ALEICan, señala que obtuvo un total de 547 términos válidos; lo más relevante es que, de esos 547 vocablos, 310 son propios del español patrimonial (se trata, por consiguiente, de un elevado 56,7% del total). Entre los isleños de St. Bernard siguen muy vivas voces como *zapato, chispa, rescoldo, iglesia, cobarde, gordo, siesta, mediodía, lucero*, etc., extendidas por todo el mundo hispánico. Alvar destaca asimismo el vocabulario que debieron crear los isleños con el fin de contrarrestar los deterioros del tiempo o de hacer frente a nuevas necesidades comunicativas para las que no contaban con términos adecuados[32]. En esos casos ha sido determinante el recurso a la analogía, que se ha complementado con otros tres procedimientos: (a) las creaciones en que 'el término no marcado se hace patente en especificaciones aclaratorias': *partí el pehcueso* 'desnucarse', *clavo cambao* 'escarpia', *tina lavá* 'lavadero', *loh pieh p-arriba* '(hacer) el pino'; (b) las adaptaciones desde campos asociativos próximos: *calsonsiyo* 'braga', *lavador* 'palangana', *marca* 'cicatriz'; y (c) las creaciones metafóricas: *engaño* 'hijo nacido tardíamente', *soldao* 'zángano (de la colmena)', *(día) tonto* 'bochornoso'.

También tiene un carácter marcadamente panhispánico el abundante léxico marinero. Se trata de un vocabulario que, como señala Alvar, no lo pudieron traer los colonos de finales del XVIII porque ellos eran agricultores. El léxico marinero es, por tanto, el resultado de oleadas migratorias posteriores y por eso resulta tan unitario. Naturalmente, como en el vocabulario general, no faltan adaptaciones y reajustes también en este campo: para 'viento de popa' los isleños utilizan *viento d'atrá*; para 'cabecear' *picá de proba* o para 'atracar' *poné de lao*; se emplean, pues, los procedimientos típicos de un reajuste léxico, con desplazamientos significativos, metaforizaciones y otros recursos que, en muchas ocasiones, reflejan un evidente empobrecimiento.

Lipski (1990) resalta el mantenimiento de formas populares y arcaicas entre los isleños[33]. Considera que tales vocablos se pudieron mantener porque los inmigrantes que se fueron incorporando a la comunidad de San Bernardo también provenían de estratos socioculturales bajos, probablemente de regiones rurales o costeras.

2. Canarismos. El léxico procedente de las islas que ha perdurado en San Bernardo ha llamado la atención de todos los estudiosos, si bien es cierto que no todos coinciden en otorgarle la misma importancia. MacCurdy (1975: 482) recogió canarismos de diverso origen, entre los que sobresalen los lusitanismos, algo que no debe sorprender dada la significativa presencia de este tipo de léxico en las islas[34]. En su listado de voces MacCurdy incorpora la aclaración 'corriente en Canarias' para indicar la relación del léxico que recoge en San Bernardo con el del archipiélago; entre esos vocablos figuran *cambado* 'torcido', *cambear* 'cambiar', *cuca* 'cucaracha', *encetar* 'empezar', *endrogarse* 'endeudarse', *gofio* 'harina de maíz', *guirre* 'buitre', *nombrete* 'apodo', *piña* 'mazorca de maíz', *sarampio* 'sarampión', *solajero* 'sol muy intenso'. Para Lipski (1990: 81), la raíz dialectal canaria rural se manifiesta en vocablos como *gofio, chipiar* y probablemente en *guagua* y *faca*. A Alvar, profundo conocedor del léxico empleado en el archipiélago, le debemos el análisis más detallado y completo de los canarismos entre los isleños de Luisiana[35]; distingue los grupos siguientes (1998: 99-100):

(a) Palabras españolas no incluidas en la lengua común que viajaron con los emigrantes del siglo XVIII: *cuero* 'piel', *gañote* 'garganta', *quebrá* 'hernia', *encocriyao* 'agachado'.

(b) Términos que habían sufrido un proceso de adaptación en Canarias y que fueron tras-plantados desde las islas: *vuelta cahnero* 'voltereta', *fanguero* 'barrizal', *quehada* 'mandí-bula'.

(c) Portuguesismos, que hoy mantienen su vitalidad en Canarias: *gago* 'tartamudo', *fecha-dura* 'cerradura', *debaso* 'holgazán'.

(d) Guanchismos, como *gofio* 'harina de maíz', *beletén* 'calostro' o *guirre* 'ave carroñera'. A pesar de su reducido número, la presencia de estas voces es sumamente significativa co-mo muestra del origen canario de aquella comunidad de habla. Coles (1991: 228) ha regis-trado la aparición de topónimos guanches (como *Bencheque* y *Acusa*) en las letras de las décimas, aunque hoy son sustituidos por los términos ingleses.

Basándose en los datos del ALEICan, Alvar indica que estos dialectalismos relacionan el español luisianés sobre todo con el de las islas occidentales del archipiélago, fundamen-talmente con La Palma.

La presencia de los canarismos se manifiesta con toda claridad cuando el mismo investi-gador compara los resultados de Luisiana con los de Texas al aplicar el cuestionario del *Atlas Lingüístico de Hispanoamérica*: el *buchito* de los isleños se contrapone al *sorbo* o *tra-guito* de los texanos; el *arco la vieja* de los primeros al *arco iris* de los últimos, y sobresalen los portuguesismos que afloran en el español isleño de Luisiana y que faltan en las varie-dades de Texas.

El 'Breve vocabulario del español de Luisiana', que incorpora Alvar como parte sexta de su libro (1998: 161-208), pone de relieve, una vez más, la importancia de los dialectalismos ca-narios. En esas páginas se registran, a partir de las encuestas que el investigador realizó en San Bernardo, voces tan inequívocamente regionales como *guagua* 'autobús', *hablan-tín* 'charlatán', *gago* 'tartamudo', *gofio* 'harina de maíz', *gomo* 'gajo', *espejuelos* 'lentes', *fe-chadura* 'cerradura', *ferruje* 'óxido, herrumbre', *día de los finados, frangollar* 'hacer mal las cosas', *friolento* 'friolero', *chinchorro* 'red', *chivo* 'macho cabrío', *cambar* 'curvar', *camisilla* 'camisa de hombre', *cansera* 'pereza', *carajiento* 'enojado', *beletén* 'calostro', *botarate* 'ma-nirroto', *ansia* 'náusea', *tina* 'vasija para recoger el agua filtrada', *ruin* 'leche agria', 'hembra en celo', *piña* 'puñetazo' o *liña* 'sedal para pescar'.

3. Portuguesismos. Los numerosos vocablos de este origen, un rasgo destacado por todos los estudiosos del español isleño desde MacCurdy (1950), han sido considerados unáni-memente como una manifestación más de la herencia canaria y, por eso, han sido incor-porados por muchos investigadores, como vimos en el apartado anterior, dentro de los ca-narismos. Como ya hemos indicado, los lusitanismos constituyen una de las diferencias más relevantes del léxico de San Bernardo con respecto al de los dialectos texanos: *gago, totizo, fechadura, debaso, enchumbar, falcón* o *corujo* son ejemplos de préstamos del por-tugués que perviven entre los hablantes de Luisiana y que Alvar (1998) no registró en Te-xas cuando hizo las encuestas del ALH[36]. Coles (1991: 232) recuerda que algunos de los lusitanismos (ella cita los casos de *apopar* 'animar', *lanchón* 'zapato grande' y *tolete* 'per-sona torpe') son antiguos marinerismos que han cobrado nuevos significados.

4. Galicismos. La abundancia de galicismos es, sin duda, el rasgo más llamativo de la va-riedad española hablada en San Bernardo[37]. El estrecho contacto con los hablantes de francés de la zona (en ciertos momentos pudo darse incluso una situación de bilingüis-mo) dejó, como indica Lipski (1990: 81), lógicas secuelas. Los isleños tomaron del dialecto francés de Luisiana no solo numerosas voces para designar herramientas de trabajo, utensilios domésticos, partes del mobiliario, vestimentas, etc., que desconocían a su llega-da al Nuevo Continente, sino también otras muchas de uso frecuente (*tanta* 'tía', *fruí* 'fre-gar'). MacCurdy incluye un buen número de estas palabras en su vocabulario; entre ellas figuran *agrafa* 'tenazas para pescar ostras', *amador* 'aficionado a la pesca', *balancé* 'columpio', *bucana* 'humo', *canar* 'pato', *coclís* 'tos ferina', *creyón* 'lápiz', *cher* 'novio, querido', *fuete* 'látigo', *garota* 'zanahoria', *gató* 'tarta', *lacre* 'lago'. Y Alvar (1998: 113-115) completa la relación con algunas otras (*trusó* 'ajuar', *sampión* 'seta', *petilorié* 'laurel', *gardefur* 'balaustrada', etc.)[38].

5. Elementos procedentes del español caribeño. Ya MacCurdy (1975: 482) destacó la presencia de voces antillanas en el léxico luisianés, algo que confirmaron después Armistead (2007) y Lipski (1990: 81-82). Para este último estudioso, la incorporación de vocablos como *jaiba, caimán, tegurón, matungo* o *macaco* es una muestra de esa influencia caribeña, que no tiene por qué ser directa. Dado que no está documentada la existencia de contactos permanentes entre las dos zonas, puede pensarse que tales palabras pudieron haber sido introducidas a través de los marineros españoles que llegaban a Luisiana y que habían pasado previamente por los puertos caribeños y, por tanto, se habían familiarizado con un léxico y unos referentes desconocidos en la otra parte del Atlántico. Por otro lado, según Lipski, tampoco debe descartarse la relación directa, dada la cercanía de la costa de Luisiana con Cuba y, también, la existencia del comercio de contrabando que pudo producirse entre las dos zonas mientras duró la Ley seca.

6. Anglicismos. Aunque desde etapas tempranas los canarios debieron incorporar anglicismos con el fin de designar aquellas realidades propias de sus nuevas ocupaciones para las que no disponían de un nombre español, la influencia del léxico inglés fue muy limitada hasta los comienzos del siglo XX. MacCurdy (1975: 482) escribía en su trabajo de tesis doctoral: 'Contrariamente a lo que se podía esperar, hay relativamente pocas palabras inglesas hispanizadas en el dialecto luisianés'[39]. Naturalmente esa situación ha cambiado a lo largo del siglo XX; en ello ha influido, sin duda, la extensión de la enseñanza en inglés. Entre los anglicismos (antiguos o recientes) que han documentado los distintos estudiosos (muchos de ellos ampliamente extendidos entre todos los hispanos estadounidenses) se encuentran *cotón* 'algodón', *ganga* 'pandilla', *grocería* 'almacén de comestibles', *farmero* 'granjero', *trol* 'red barredera', *guachimán* 'vigilante', *lonchar* 'almorzar', *suiche* 'interruptor' y *sinc* 'fregadero'.

El español isleño como lengua vestigial

Hoy nadie duda de la muy próxima desaparición de las variedades canarias llevadas en el siglo XVIII a Luisiana. Hace unos años Alvar (1998: 101) lo anunciaba con estas palabras: 'El *isleño* morirá [...] ha quedado como nave al garete desasistido del mundo hispánico'. Dada la situación de la comunidad, con muy pocos hablantes de español entre los isleños de menos de 50 años, muchos estudiosos han considerado una tarea urgente e inaplazable investigar estos últimos momentos del dialecto (vid. Coles, 1991: 1).

Realmente ha sido drástica la transformación de la situación lingüística en los últimos tiempos. Si las generaciones anteriores hablaban español y recurrían al inglés solo ocasionalmente, en la actualidad los isleños o bien son bilingües más o menos equilibrados, o bien hablan únicamente inglés. Hoy en San Bernardo los hablantes mayores necesitan recurrir al inglés en las conversaciones cotidianas con sus hijos; es un síntoma inequívoco de que los propios isleños aceptan la desaparición del español como algo inevitable. Como indica Coles (1993), pueden mantenerse algunas costumbres y la conciencia del origen como vínculos del grupo étnico, pero eso no significa que la lengua perdure, ya que el español no se transmite a las generaciones más jóvenes.

Neumann Holzschuh (2000) ha comparado la situación de los dos grupos de español vestigial[40] con el *cadjin*, un 'français marginal'. La situación de ambos idiomas es muy parecida: son lenguas de transmisión exclusivamente oral que sufren la fuerte competencia del inglés, muy acusada en el último siglo[41].

Una de las dificultades para el investigador de lenguas moribundas es la de distinguir los distintos tipos de hablantes según su competencia en la lengua en extinción (Dorian, 1977). Lipski utiliza el término *semihablantes* ('hablantes a medias' o hispanohablantes vestigiales) para referirse a las 'personas en cuyas familias se ha producido una disloca- ción idiomática del español al inglés en el transcurso de una o dos generaciones, y donde existe una competencia lingüística desequilibrada hacia los conocimientos receptivos o pasivos' (2004c: 244). Lestrade (1999, 2002), por su parte, diferencia en su investigación tres tipos de informantes: (a) *bilingües*, que pueden llevar una conversación fluida sin va- cilar sobre las formas gramaticales que utilizan; (b) *semihablantes*, capaces de tratar di- versos temas pero inseguros en cuanto a la terminología y las formas gramaticales (espe- cialmente en lo que respecta al género y a la conjugación verbal); son hablantes que reconocen que han olvidado (o no han llegado a aprender adecuadamente) ciertos aspec- tos de la lengua[42]; y (c) *rememberers*, que pueden producir oraciones aisladas pero que ge- neralmente no utilizan el dialecto[43].

Realmente la comunidad isleña no se había visto afectada por los cambios lingüísticos que se han dado en otros grupos de hispanos en los Estados Unidos como consecuencia del contacto con la lengua dominante. Sin embargo, en las dos últimas generaciones se constata una creciente influencia del inglés, perceptible en todos los ámbitos lingüísticos.

— En el habla de los isleños jóvenes se pueden escuchar esporádicamente realizaciones fonéticas que parecen deberse a la influencia del inglés. Entre esos rasgos (vid. Lipski, 1990: 84; Lestrade, 2002) se encuentran la pronunciación alveolar del grupo /tr/, la ve- larización de la -/l/ implosiva o la elisión de /b/ ante /r/ (*porecito* 'pobrecito').

— Como en las demás comunidades de habla española en los Estados Unidos, en la mo- dalidad isleña abundan hoy los anglicismos léxicos, que han venido a sustituir a los tradicionales préstamos del francés criollo. El sufijo *-iar* es el más productivo para la creación de formas verbales (*trapiar* [< *trap*], *pumpiar* [< *pump*]), pero también se for- man verbos con el sufijo *-ar* (*suichar, lonchar, embildar*). Asimismo se han creado nu- merosos neologismos a partir de palabras inglesas: *farmero* [< *farmer*], *guachimán* [< *watchman*], *grocería* [< *grocery store*].

— En todas las modalidades lingüísticas moribundas se manifiesta una 'tendencia a la invariabilidad' (Neumann Holzschuh, 2000) que conlleva una reducción de los para- digmas de las distintas categorías gramaticales. Lipski (1990: 47-67) ha hecho una de- tallada y precisa exposición de estos fenómenos, que ha servido como modelo en estu- dios posteriores sobre el dialecto:

Reducción de la morfología verbal

Se manifiesta especialmente en los siguientes rasgos:

(a) Uso frecuente de la tercera persona de singular, la menos marcada[44]:
    Yo no puede hacé la vida de pescando. (C 283)

(b) Utilización de las formas de la tercera persona de plural en lugar de las de primera:
    Nosotros saben [sabemos] trabajá junto. (L 54)

Esta tendencia al lexema invariable, común en los procesos de aprendizaje de lenguas y de criollización, se produce tanto en los dialectos españoles vestigiales como en el *cadjin* (Neumann Holzschuh, 2000).

La reducción del inventario de formas se manifiesta también en el subjuntivo, que deja de emplearse progresivamente en *cadjin* y en isleño, del mismo modo que en otras lenguas moribundas. Según Coles (1991: 281), los semihablantes de San Bernardo, a diferencia de los bilingües equilibrados, ya no usan el subjuntivo nunca:
    Pero ¿quiere que los niños saben las décimas? (C 182)

La tendencia al uso de expresiones perifrásticas en lugar de las formas verbales sintéticas se manifiesta especialmente en las que designan futuro: en bruli (Holloway, 1997a) ha desaparecido el futuro morfológico y se utilizan únicamente construcciones perifrásticas con *ir a* + infinitivo.

Reducción de la morfología nominal

Como en todas las variedades marginales, es frecuente la reducción y neutralización del género de los sustantivos y adjetivos, que comúnmente aparecen en la forma de masculino singular. Esta tendencia se manifiesta de dos maneras[45]:

(a) Se asigna un género no etimológico:
Era cosa serio; un bonito mujer[46]. (L 56)

Este rasgo se oye especialmente a los semihablantes (vid. Lestrade, 2002).

(b) Se produce discordancia genérica dentro de una misma frase:
Esta décima fue composío pol mi tío; la casita ese. (L 56)

Reducción de preposiciones

(a) Se eliden *a* y *de* porque sus valores semánticos pueden ser reconstruidos contextualmente[47]:
La compañía [de] asaite; tú jura[s] [a] un isleño. (L 57)

(b) Se elimina la preposición con determinados verbos:
Comenzaba [en] setiembre[48]. (L 57)

Reducción de la complejidad sintáctica

Esta reducción puede llegar a producir oraciones agramaticales:
No faltó nada no morimo [No faltó nada para que nos muriéramos]. (L 58)

Empleo de *tener* con valor existencial[49]

A [en] casa [de] loh muchacho tiene una armónica. (L 59)

Eliminación del artículo

Según Lipski (1990: 87), solo tiene lugar ocasionalmente entre los isleños más jóvenes:
La gente que viene de [la] ehcuela. (L 60)

Uso de pronombres sujeto redundantes (sobre todo los de primera y segunda persona, tanto en singular como en plural)[50]

Yo tengo a dos hijo; yo tengo a Al y yo tengo a Paul. (L 62)

Las formas de segunda persona de singular *tú* y *usted* se emplean frecuentemente con valor impersonal:

Si usted va mucho afuera, mira el tiempo que usted pierde. (L 88)

Confusión en el uso de *ser* y *estar*

Es un rasgo que, según Lestrade (2002), se produce solo entre los semihablantes:

Las personas que eran en la ihla. (Le 106)

Uso del gerundio donde el español exige infinitivo

No vamos hablar de robando [robar]. (L 87)

Calcos en los numerales compuestos

Se producen calcos como *docecientos* 'mil doscientos'. Para las fechas alternan las construcciones 'mil novecientos veinte' y 'diecinueve veinte'.

Construcciones con *para atrás (patrás)*

El anglicismo sintáctico más llamativo, según Lipski, es la abundancia de estas construcciones con *para atrás* (pa tras): *venir patrás* 'regresar'; *pagar patrás* 'saldar una deuda'; *coger patrás* 'retener, arrebatar'. Se trata de un uso frecuente en los otros grupos hispanos de los Estados Unidos, pero, en opinión de Lipski, ha podido surgir espontáneamente entre los isleños, dado el aislamiento en que han vivido estos.

Usos pronominales

En cuanto al uso pronominal, Holloway (1997b: 67) señala la pérdida en el bruli de las variantes formales *usted* y *ustedes*. Es una muestra, según este investigador, del monoestilismo que caracteriza a las lenguas utilizadas solo en el ámbito familiar. Holloway (1997a: 149-150) aclara que realmente pueden encontrarse casos de *usted*, pero los hablantes brulis no tienen conciencia de la diferencia entre las dos formas. Por eso en la misma frase pueden simultanear ambos tratamientos: *Coja allí y llama tu gente*. En la variedad isleña, como muestra la investigación de Coles (1991: 292), sí se mantienen diferenciadas las dos formas de tratamiento, un dato que no confirma lo que había indicado en 1979 Varela sobre la práctica desaparición del *usted*.

Infinitivos con sujetos nominales

Entre los rasgos que manifiestan la influencia del inglés puede recordarse asimismo el ya señalado uso casi exclusivo de la construcción de infinitivos con sujetos nominales ('se curan sin nadie jacer nada'), en lugar de la forma subjuntiva precedida de *que*[51]. La construcción también se documenta en Canarias alternando con la más general en español.

La alternancia de códigos en el español isleño

Según Lipski (1990: 92-96), el cambio de código no es tan frecuente entre los isleños como en otras comunidades hispanas de los Estados Unidos. Son varias las razones que, según este investigador, explican este hecho: (a) en San Bernardo no ha habido realmente un período de bilingüismo estable, que es la situación que propicia este fenómeno, por el rápido paso del español al inglés y por la dispersión geográfica de los isleños, que ha impedido la formación de grupos de hablantes bilingües en estrecho contacto; (b) los hablantes más viejos de la comunidad no saben el suficiente inglés; y (c) los más jóvenes no saben tanto español como para incorporar cambios de código relativamente complejos (solo pueden introducir expresiones del tipo *adiós*, *hasta mañana*).

Lestrade (1999: 56-64) ha estudiado los cambios de código realizados por sus informantes de San Bernardo y los ha clasificado en no marcados (los cambios esperables) y marcados (los cambios inesperados o que persiguen modificar la relación entre los interlocutores). En las entrevistas que constituyen la base de su trabajo, los hablantes pasaron del español al inglés, según Lestrade, en los casos siguientes:

(a) Cuando pensaban que no se les había entendido adecuadamente:

Y el hurón, un mink, un hurón le llaman, era un mink y sato, era un racoon. (Le 58)

(b) Cuando reproducían literalmente algo dicho previamente:

El viene pompea yo digo: 'you can spray here, but we...'. (Le 59)

(c) Cuando no disponían del término español[52]. Pueden incorporarse en este grupo los ejemplos en que los hablantes no tenían seguridad sobre un término español y preferían utilizar el inglés:

Que no come de más / los calorie, so many calories of of / por día. (Le 59)
¿Cómo se dice? Saxophone lessons. (Le 62)

(d) Cuando deseaban mantener la pronunciación de los nombres propios ingleses:
Para venir aquí en ese tiempo / con los Trade Winds. (Le 61)

(e) Cuando querían enfatizar. Se trata de un cambio que solo pueden realizar los bilingües con alta competencia en las dos lenguas:
You dern right que te matan por él. (Le 62)

A modo de conclusión

Durante más de 200 años los descendientes de los emigrantes canarios consiguieron mantener una lengua con las características propias de la modalidad que llevaron los primeros colonos en 1778. Se trata de un extraordinario ejemplo de lealtad lingüística en unas circunstancias poco propicias.

Sin embargo, hoy la aventura está próxima a su fin. Todos los investigadores que se han acercado al estudio del dialecto, desde diferentes perspectivas, coinciden en pronosticar la inminente desaparición de la variedad isleña. La influencia del inglés, que ha ido creciendo desde el comienzo del siglo XX y que ha contado con un aliado tan poderoso como la enseñanza oficial, ha sido contundente y ha arrinconado al español hablado en la parroquia de San Bernardo. Hoy el inglés es la lengua materna de los isleños con menos de 50 años y los esfuerzos serios que se hacen actualmente en la comunidad para mantener vivo el recuerdo del origen étnico no persiguen la ya utópica conservación del dialecto.

Notas

[1] En 1975 se publicó una traducción española de este trabajo (con ciertas reducciones) en el *Anuario de Estudios Atlánticos*, revista del Museo Canario de Las Palmas de Gran Canaria. El artículo sirvió para dar a conocer al público español las peculiaridades de una modalidad dialectal de la que apenas se tenía conocimiento.

[2] En 2007 se ha publicado la traducción al español de este libro.

[3] Esta denominación fue propuesta por MacCurdy (1950); los habitantes de la zona no utilizan este nombre (vid. Holloway, 1997b).

[4] Muchos de estos colonos canarios, a mediados del XIX, vendieron ventajosamente sus tierras en el *bayou* Lafourche a los norteamericanos y se instalaron en terrenos más alejados, donde quemaban la vegetación para crear nuevas zonas de cultivo. De esta práctica proviene el nombre *bruli*. Algunos de ellos trabajaron en las cercanas plantaciones de caña de azúcar. Vid., entre otros, Din (1988: 89), Holloway (1997a: 22-24) y Armistead (2007: 20).

[5] Holloway entrevista a 8 informantes (5 hombres y 3 mujeres). El más joven tenía 48 años y el más viejo, 89. En esa reducida muestra se incluyen hablantes monolingües en inglés, bilingües, semihablantes (con competencia muy restringida) y *rememberers* (personas que nunca fueron hablantes de español pero que recuerdan palabras y frases aisladas).

[6] Incluso en relación con los isleños de San Bernardo, a pesar de que la distancia geográfica entre las dos parroquias no supere las 75 millas.

[7] El uso de los nombres franceses, en lugar de los hispanos, es una tendencia que ha perdurado hasta nuestros días en esa comunidad.

[8] Uno de los fenómenos que reflejan más nítidamente el cambio, como veremos posteriormente, es la lateralización generalizada de la vibrante implosiva: *cuelpo, hielba*.

[9] Un rasgo que destaca Holloway (1997a: 102) en la variedad bruli es la nasalización de la vocal final tras la pérdida de la consonante nasal en vocablos como *pan*, [pã], *ratón* [ratõ].

[10] Armistead, sin embargo, anota la 'presencia esporádica de una fricativa interdental sorda' (2007: 60).

[11] En la modalidad de Ascension Parish se produce una intensa sonorización de *s* intervocálica, que no afecta solamente a los préstamos procedentes del francés; así vocablos como *guisar* o *coser* se pronuncian [gizá], [kozé], respectivamente (vid. Holloway, 1997a: 110).

[12] Entre los brulis el índice de elisión es mucho más elevado que en San Bernardo y que en las modalidades de las Islas Canarias, pues los datos de Holloway (1997a: 112) aportan porcentajes muy cercanos a los que se registran en República Dominicana. Llama la atención especialmente la elevada elisión de -/s/ en la posición preconsonántica.

[13] Los datos de los cuadros 2 y 3 han sido extraídos de los trabajos de Pérez Martín (2003), Almeida (1990), Samper y Hernández Cabrera (1995), Cabrera Frías (2003) y Samper (1990).

[14] Es interesante constatar, como indica Holloway (1997a: 114), que en bruli la -/s/ se sonoriza cuando la palabra inicial comienza por vocal acentuada, pero no cuando la vocal inicial es átona.

[15] Según Holloway (1997a: 115-117), en bruli también se documenta un alto índice de elisión de la -r final de palabra (un 74% de los casos que contabiliza); sin embargo, a diferencia de lo que ocurre entre los isleños, no se pierde prácticamente nunca la -l final.

[16] La situación es muy distinta en la comunidad de los brulis. Allí Holloway (1997a: 115-117), a diferencia de lo que había indicado MacCurdy (1950), encuentra que prácticamente no hay casos de cambio [l] > [r], mientras que el paso de [r] a [l] en el contexto preconsonántico alcanza unos porcentajes mucho más elevados que en cualquier comunidad hispánica: la realización lateral de la combinación /rC/ llega a un significativo 87%.

[17] Es mucho más acusada la elisión de -d- en bruli. Si Coles (1991: 194) encuentra un 66% de pérdida en San Bernardo en el estilo más informal, Holloway (1997a: 108) contabiliza un 94% de elisiones en la comunidad bruli.

[18] Además de los rasgos indicados por diversos estudiosos sobre la modalidad isleña, Holloway (1997a, 1997b) indica que entre los brulis se constata la pérdida de d cuando va precedida de n (jablano 'hablando', cuano 'cuando').

[19] El mismo fenómeno se documenta en la variedad bruli (vid. Holloway, 1997a: 119).

[20] Sin embargo, no se mantiene la aspiración en hambre (lo que, según Alvar, se puede deber a influencia extraña) ni en hembra (MacCurdy, 1975: 519). Puede pensarse (vid. Holloway, 1997a: 122) que en San Bernardo ha habido en los últimos años una reducción de la aspiración de las palabras procedentes de f- inicial latina; a esa conclusión se llega si se comparan los datos que aportó MacCurdy (1950) y los que recoge en 1991 Coles (quien solo oye la aspiración a los más viejos y únicamente en formas del verbo hacer). Entre los hablantes de Ascension Parish la realización aspirada es abrumadoramente mayoritaria: Holloway registra un elevado 88% de ocurrencias (jablá 'hablar', jolmiga 'hormiga', jigo 'higo', jilo 'hilo', jarina 'harina').

[21] Es un uso que también se documenta en bruli.

[22] Un fenómeno que ha avanzado mucho más en el dialecto bruli que en el isleño es la aféresis vocálica en voces como buja 'aguja', melicano 'americano'. Varios estudios sobre el español isleño han documentado estas mismas voces con mantenimiento de su vocal inicial (vid. Holloway, 1997a: 103-104). Entre los brulis también se produce la neutralización de /r/ y /rr/, sobre todo en posición inicial de palabra. Holloway aporta un dato significativo: en ese contexto el 57% de los ejemplos de su corpus ha sido realizado como una vibrante simple.

[23] Vid. asimismo la indicación que incorpora Craddock (1992) sobre las formas hablastes/hablates.

[24] En el bruli, variedad, como sabemos, más avanzada en el proceso de mortandad, la reducción del sistema verbal es más acusada. De acuerdo con Holloway (1997a: 134), esta modalidad dialectal retiene solamente el presente, pretérito, imperfecto, presente progresivo y pasado progresivo en el modo indicativo. Se trata de la manifestación de las últimas etapas de un proceso de reducción que se ha observado en otras comunidades hispanas.

[25] Holloway también la registra en Ascension Parish.

[26] Lipski también aporta otra posible explicación: la construcción pudo ser usual en el español peninsular, sobre todo en Andalucía, y solo ha quedado fosilizada o ha sido restablecida en ciertas zonas de Hispanoamérica.

[27] Lo mismo puede decirse en relación con el español bruli (Holloway, 1997b: 66).

[28] Es característico del español bruli (no se documenta en el isleño) el uso de la forma plena del pronombre como término de la preposición: 'ehto es bueno pa tú'; 'el sabro e(s) pa tú y pa Dio'.

[29] Vid. también Holloway (1997a: 137) para ejemplos en el dialecto bruli.

[30] Un rasgo que no se registra entre los isleños, pero que es característico de la modalidad bruli, es la sistemática anteposición al sustantivo de ciertos adjetivos de carácter descriptivo: 'eh un chiquito oso'. Para Holloway (1997a: 141) este uso es resultado de la influencia francesa.

[31] Coles (1991: 236) indica el porcentaje que representan las distintas voces, según su etimología, en el diccionario isleño que aportó MacCurdy (1950): un 67% deriva del español, un 20% del francés (el 12% del francés estándar y el 8% restante del acadiano de Luisiana), un 4% del portugués, un 3% del inglés, un 1% del caribe, taíno, náhuatl, quechua y tupi, y un 4% de origen desconocido.

[32] Se pueden asimilar a este grupo de términos aquellos que Lipski (1990: 68-82) considera modificaciones fónicas y morfológicas que se encuentran en el español popular o se han formado en San Bernardo y también los cambios semánticos de palabras españolas a través de evolución espontánea o de calcos semánticos del francés o del inglés. En su listado aparecen ejemplos como alegresía 'felicidad' (que alterna con el más general alegría), ehcoñá 'castrar', limosna 'suscripción para ayudar a algún miembro de la comunidad' o tormenta 'trabajo, preocupación'.

[33] También Holloway (1997b) recoge algunos arcaísmos (como tiseras, melecina, dir) entre los vocablos que todavía están vigentes entre sus informantes de Ascension Parish.

[34] Vid. la reseña del trabajo de MacCurdy hecha por Pérez Vidal (1950), que precisa el origen de algunas voces incluidas en la relación del profesor norteamericano.

[35] Como aclara el dialectólogo español, no siempre es fácil delimitar el carácter canario de los vocablos, especialmente en aquellos casos en que las variedades insulares comparten la palabra con otras zonas del español (en estos casos, como es natural, Alvar se refiere a esos vocablos que, bien han tenido un proceso de adaptación en las islas, o bien presentan una frecuencia de uso que no alcanzan en otras sintopías).

[36] En la comunidad bruli Holloway también documenta portuguesismos como emborrallar, fechadura y pila (pilla).

[37] El elevado número de vocablos de origen portugués y de préstamos franceses constituye, según Varela (1979), una de las principales diferencias entre el léxico del español isleño y el de Cuba.

³⁸ La influencia francesa es aún más perceptible en el dialecto bruli. Holloway (1997a: 147) aporta ejemplos de transferencias del francés acadiano, como el uso del verbo *llegar* 'pasar, ocurrir', calco sintáctico basado en el francés *arriver*.

³⁹ Este hecho podría explicarse, según MacCurdy, porque los isleños, al ser casi todos bilingües, utilizaban la pronunciación inglesa (es decir, no incorporaban la palabra) cuando necesitaban utilizar una voz de esa procedencia.

⁴⁰ Para comentar las características de estas modalidades de origen español se basa en los trabajos de Lipski (1990) y Holloway (1997a).

⁴¹ Para esta investigadora, estas variedades vestigiales reflejan procesos paralelos que manifiestan cómo evolucionan las lenguas románicas cuando se encuentran en una situación de aislamiento y, hoy, de erosión lingüística gradual.

⁴² Según Coles (1991: 28), que sigue a Dorian (1981), estos hablantes se caracterizan también porque utilizan muchas formas anglicadas y por la dificultad que muestran para realizar cambios de estilos. Con los semihablantes de su investigación en San Bernardo no pudo obtener muestras en el estilo de máxima formalidad.

⁴³ Coles precisa que son esos hablantes que pueden seguir una conversación en español, pero que tienen grandes dificultades para participar activamente en un diálogo.

⁴⁴ Curiosamente Lestrade (1999: 47) encuentra que entre sus informantes este rasgo constituye una excepción, propia únicamente de los semihablantes.

⁴⁵ Además de estas dos manifestaciones, Holloway (1997a: 100-101) señala que entre los brulis en algunos casos se produce la indistinción de género por la confusión de timbre vocálico entre *-a* y *-o*, que se pronuncian como variantes centralizadas. La tendencia a la realización de vocales mixtas la observa también Lestrade (2002) en la comunidad de San Bernardo.

⁴⁶ Coles (1991: 284) recoge ejemplos de duda en relación con el género del dialectalismo *pehe* 'pez'.

⁴⁷ En bruli, según Holloway (1997a: 133), los casos de elisión de la preposición *de* pueden verse favorecidos por la frecuente pérdida de *-d-* en posición intervocálica.

⁴⁸ La influencia inglesa en el bruli se manifiesta asimismo en los usos no estándares de *por* y *para*: 'cuano se casa eh po [para] la vía' (Holloway, 1997a: 133).

⁴⁹ En contraste con este rasgo indicado por Lipski, Lestrade (2002: 49) encuentra entre los semihablantes que entrevista el uso de *ser* en lugar de *tener* o *haber*: 'la hija es treinti cinco', 'no eran mucha gente en la isla'.

⁵⁰ La investigación de Coles (1991: 293) no llegó a un resultado concluyente sobre la correlación entre los niveles de frecuencia del empleo del pronombre sujeto en San Bernardo y el contacto con el inglés o la muerte de la lengua. Lestrade (2002), por su parte, observó que el uso redundante del pronombre personal sujeto caracteriza el habla de los bilingües de mayor edad y no solo la de los semihablantes y *rememberers*.

⁵¹ Holloway (1997a: 137) afirma que en bruli el subjuntivo prácticamente ha desaparecido.

⁵² Como es sabido, hay problemas para considerar estos casos como cambios de código o simplemente como préstamos.

Los hispanos de etnicidad mixta

Kim Potowski

La población hispana en los Estados Unidos se vuelve cada vez más heterogénea, como indica el cuadro 1. Si antes se consideraba que Nueva York era puertorriqueño, Los Ángeles mexicano y Miami cubano, ahora hace falta reconceptualizar el perfil hispanohablante de estos lugares, ya que ahora viven en ellos números significativos de hablantes de otras procedencias. Por ejemplo, vemos que en Nueva York, Los Ángeles y Miami, la población hispana de origen denominado 'otros' ha subido entre un 25% y un 36%.

cuadro 1   **Grupos hispanos en varias grandes ciudades de los Estados Unidos**

	Grupo hispano predominante (% de todos los hispanos locales)	Otros grupos hispanos (% de todos los hispanos locales)
Nueva York	Puertorriqueños: 37%	Dominicanos: 19% Mexicanos: 9% Otros: 36%
Los Ángeles	Mexicanos: 64%	Salvadoreños: 7% Guatemaltecos: 4% Otros: 25%
Miami	Cubanos: 52%	Nicaragüenses: 9% Hondureños: 5% Otros: 34%
Chicago	Mexicanos: 70%	Puertorriqueños: 15% Guatemaltecos: 2% Otros: 13%

Fuente: Censo (2000).

Sin embargo, ha habido relativamente pocos estudios sobre el contacto lingüístico entre estos diferentes grupos. Describiremos brevemente aquí cinco de ellos. Zentella (1990) analizó el contacto interdialectal en el plano léxico entre 194 puertorriqueños, dominicanos, colombianos y cubanos en Nueva York y encontró que no siempre fue la variedad léxica usada por el mayor número de personas la que se esparcía entre los miembros de otros grupos; las variables sociales de clase, nivel de educación formal y raza influían en las actitudes y adopciones lingüísticas de los hablantes. Específicamente, las variantes de los cubanos y los colombianos eran más conocidas que las de los puertorriqueños y dominicanos. Otheguy y Zentella (2007) examinaron la expresión del pronombre personal de sujeto entre seis grupos diferentes de hispanohablantes, también en Nueva York, y divididos entre grupos caribeños y grupos no caribeños.

No encontraron evidencia de nivelación dialectal: los bilingües de la segunda generación seguían usando los pronombres según el dialecto de los padres. Sin embargo, Otheguy et ál. (2005) indicaron la existencia de un mayor uso de pronombres con verbos de la segunda persona singular entre los no caribeños nacidos en los Estados Unidos, comparados con los no caribeños recién llegados; los autores indican que ello se debe a un proceso de nivelación y no al contacto con el inglés, ya que este último probablemente conllevaría un mayor uso de los pronombres también con la tercera persona singular, que no se dio.

Por último, ha habido dos estudios sobre el contacto entre mexicanos y puertorriqueños en la región Medio Oeste del país. El estudio etnográfico de Ghosh Johnson (2005) reveló una frontera etnolingüística profunda que dividía a los alumnos mexicanos de los puertorriqueños en una escuela preparatoria de Chicago; por lo tanto, no se encontró evidencia de debilitamiento de la /s/ al final de sílaba entre los mexicanos ni una reducida producción de este rasgo entre los puertorriqueños. Ramos-Pellicia (2004) señaló que los puertorriqueños, con mejores trabajos y sin el estigma de ser inmigrantes ilegales, gozaban de mayor prestigio que los inmigrantes mexicanos recientes en una zona rural del estado de Ohio y, por lo tanto, no convergían sobre las variantes mexicanas locales.

Es lógico suponer que, tarde o temprano, la convivencia de múltiples grupos hispanos —es decir, individuos con padres de diferentes grupos dialectales— dará lugar a variedades mixtas. Aún menos se sabe sobre los resultados lingüísticos de este fenómeno, cada vez más frecuente, del contacto dialectal dentro de una misma familia. Aquí describiremos brevemente los estudios que hay de momento en Chicago, Nueva York y Los Ángeles sobre el español de los hispanos mixtos.

Chicago cuenta con la tercera población hispana más grande del país, que a su vez está compuesta por la segunda comunidad mexicana más numerosa del país fuera de Los Ángeles y por la segunda comunidad puertorriqueña al margen de Nueva York. Además, según Pérez (2003), Chicago es la única ciudad donde estas dos comunidades han convivido durante más de cincuenta años, por lo cual tiene sentido que el primer estudio sobre los llamados 'mexirriqueños' se haya producido aquí. Rúa (2001), en un trabajo sobre identidad étnica en Chicago, encontró que los mexirriqueños —el término que estos individuos se autoaplicaban en esa ciudad— se sentían obligados a identificarse ya como mexicanos o como puertorriqueños. De manera parecida, Ramos-Pellicia, en una comunidad rural del estado de Ohio, descubrió la preferencia por insistir en su etnicidad puertorriqueña, debido al fuerte estigma asociado a inmigrantes mexicanos indocumentados. Curiosamente, los participantes en Ohio no se autoidentificaban como mexirriqueños, sino como individuos con un padre mexicano y el otro puertorriqueño.

Pero la variante de español adquirida en casa difícilmente se puede cambiar; es decir, el español de un individuo de etnicidad mixta podría identificarlo claramente como mexicano o como puertorriqueño e incluso contradecir cualquier decisión consciente de enfatizar solo una de las dos identidades. Como se ha explicado en esta Enciclopedia, el español puertorriqueño presenta muy frecuentemente aspiración u omisión de /s/ final de sílaba, velarización de la vibrante múltiple /r/ y lambdacismos como [bailal] para /bailar/, mientras que el español mexicano, además de no exhibir estos rasgos, presenta vocales finales sordas, una /r/ silabada y ciertos patrones de entonación (para mayores detalles sobre las diferencias entre estos dos dialectos, que son altamente notables, vid. Lipski, 1994).

Deseando indagar sobre la variedad del español que hablaban los mexirriqueños en Chicago, Potowski y Matts (2007) obtuvieron un corpus compuesto por entrevistas hechas a 20 individuos, en las que también se manejó la repetición de un cuento corto y una actividad de identificación léxica, compuesta por fotos de 16 objetos cotidianos cuyos nombres difieren en el español mexicano (por ejemplo, *alberca*, *naranja* y *aretes*) frente al español puertorriqueño (*piscina*, *china* y *pantallas*, respectivamente). Las muestras fueron analizadas por un grupo compuesto, por un lado, por lingüistas (entre ellos fonólogos) y, por el otro, por hispanos bilingües de Chicago, que representan a las personas típicas con las cuales, día a día, tienen contacto estos individuos. Los evaluadores asignaron una clasificación sobre una escala con varios puntos entre 'totalmente mexicano' y 'totalmente puertorriqueño', entre ellos la opción 'no puedo identificar esta muestra como puertorriqueña ni mexicana'. Se buscaba determinar si uno de los dos dialectos predominaba o si había cierta hibridización de los dos.

A diferencia de Rúa (2001), estos participantes no sintieron ninguna presión por enfatizar ni esconder ninguna de las dos afiliaciones étnicas; declararon rotundamente que 'eran las dos cosas'. Una posible explicación es que los datos se recogieron diez años más tarde que los de Rúa (2001) y mayoritariamente en la zona norte de Chicago, donde hay mayor mezcla de estas dos comunidades. Rúa se enfocó en la zona sureña de la ciudad, que es mayoritariamente mexicana. En cuanto a su producción lingüística, en 11 de los 20 casos, el español de estos individuos mexirriqueños tenía un parecido más fuerte con el del grupo etnolingüístico de la madre. Es decir, su español sonaba más puertorriqueño si la madre era puertorriqueña y más mexicano si la madre era mexicana. Ninguna otra categoría investigada, como la potencial influencia del español hablado por los amigos o en la vecindad, se correlacionaba con la clasificación asignada por los evaluadores. Todos los participantes indicaron ser conscientes de las principales diferencias entre las dos variedades del español y relataron en sus entrevistas anécdotas sobre cómo su propia variedad los marcaba etnolingüísticamente. Aunque unos cuantos profesaron tener la habilidad de cambiar entre los dos dialectos, la mayoría no lo podía hacer con éxito.

Esta influencia de la madre en el desarrollo de rasgos léxicos y fonológicos en una situación de contacto dialectal, si bien poco sorprendente, necesita de más investigaciones. Aunque el campo del bilingüismo hace frecuente referencia a la 'lengua materna', pocos estudios se han centrado en la influencia de la madre en la transmisión de lenguas, particularmente cuando su lengua o su variedad difiere de la del padre y/o la de la sociedad. Por ejemplo, Kamada (1997) encontró que en los matrimonios bilingües solo se transmitía la lengua minoritaria a los niños cuando se trataba de la lengua de la madre. Cuando la lengua minoritaria era la del padre, los niños no la adquirían. Roberts (1997) demostró que los niños habían adquirido en mayor grado los cambios fonológicos de la madre y otros miembros femeninos de la comunidad de habla que los de los padres, lo cual según la autora constituye suficiente evidencia para apoyar la sugerencia de Labov (1973) de que las mujeres encabezan los cambios lingüísticos debido a las asimetrías en el cuidado de niños.

El reciente estudio sobre los mexirriqueños en Chicago (Potowski, 2008) ha contado con un mayor número de participantes. Un hallazgo interesante fue que el acento fonológico se correlacionaba con la producción léxica: la gente que 'sonaba puertorriqueña' también producía más vocabulario puertorriqueño, y la que 'sonaba mexicana' producía un mayor número de variantes mexicanas. Del mismo modo que hablamos de una lengua materna, estos datos apoyan la existencia de un 'dialecto materno'. El estudio encontró de nuevo que el español de 20 de cada 27 individuos manifestaba rasgos léxicos y fonológicos parecidos al dialecto de la madre, e incluso cuando informaron hablar menos español con ella que con el padre. Está, por ejemplo, el caso del joven que dijo hablar el 90% en español con su padre mexicano y solo el 50% con su madre puertorriqueña, pero lingüística y culturalmente manifestó rasgos dominantemente puertorriqueños, como el uso de la palabra *bochinchar* y el pedirle *la bendición* al saludar o despedirse de la abuela. Otro ejemplo fue el de la joven que afirmaba sentir muchísima más conexión con su padre mexicano —cuyos amigos y preferencias musicales y culinarias eran todos mexicanos— y cuyo español, sin embargo, recibió la evaluación de 'muy puertorriqueño'.

Aun así, cabe subrayar que no eran únicamente las madres quienes influían sobre el español de los mexirriqueños. En algunos casos, el padre era el único de la familia que hablaba español con los hijos, o fue la comunidad local y/o otros miembros de la familia quienes impartieron su variedad. Además, se debe notar que tres cuartas partes de los participantes (20 de 27), sin importar si evidenciaban rasgos parecidos o diferentes a los del grupo etnolingüístico de la madre, lo hacían de manera clara, recibiendo evaluaciones promedias a un lado del continuo entre mexicano y puertorriqueño. El otro 25% constituyó casos de hibridización dialectal de tal grado que incluso los fonólogos no concordaban en sus análisis de las muestras de habla de los hablantes. También se vieron muestras de habla con rasgos fonológicos puertorriqueños al lado de usos léxicos claramente mexicanos. Estos resultados confirman la complejidad de factores vinculados con la adquisición de lenguas y dialectos.

Pasando ahora a Nueva York, Barrera Tobón, en un trabajo que está en fase de preparación, ha analizado el español de 10 'puertocolombianos' a través de una entrevista y tres actividades: la identificación de vocabulario (Zentella, 1990; Potowski, 2008), la preferencia léxica —o sea: qué palabras preferían en determinadas situaciones (Zentella, 1990)— y la disponibilidad léxica, que les pide a los participantes que en cierto período de tiempo nombren todas las palabras que se les ocurran en varios campos léxicos, por ejemplo 'las bebidas' o 'la casa' (López Morales, 1999; Moreno, 2007). Evaluaron las entrevistas dos lingüistas y dos no lingüistas, que decidían si predominaban rasgos fonológicos puertorriqueños o colombianos (hay que señalar que todos los padres colombianos eran del interior del país y no de la zona caribeña). Por último, se comparó el uso de pronombres de sujeto, un fenómeno variable en español, con el de un grupo de control de puertorriqueños y colombianos en la ciudad de Nueva York. La autora encontró una clara correlación positiva entre la nacionalidad de la madre y los rasgos fonológicos, léxicos y sintácticos del hijo, aunque la correlación con la variable sintáctica no fue tan fuerte como las otras dos. Estos resultados de nuevo corroboran la importancia de la madre en la transmisión de una lengua minoritaria, como lo es el español en los Estados Unidos, lo que sugiere que esta transmisión lingüística es otro ejemplo de 'la formación de identidad étnica que cargan las mujeres sobre los hombros' (Pérez, 2003: 112) o, más precisamente, en la boca.

Otro estudio del español de los hispanos mixtos se ha llevado a cabo en la zona de Los Ángeles, donde, de modo parecido al caso de Chicago, los mexicanos constituyen el grupo de hispanohablantes más grande: el 79% de la población hispana local. Carreira, en un trabajo que está en fase de publicación, ha estudiado el español de 17 adultos de descendencia mexicana-centroamericana siguiendo la metodología de Potowski (2008) y Barrera Tobón. Este estudió no analizó el acento de los participantes, ya que el español mexicano y el guatemalteco comparten muchos rasgos fonológicos. Aun así, se les pidió que indicaran si su propio español sonaba más mexicano, más guatemalteco o como una combinación de los dos. Los resultados preliminares señalaron un índice más alto de hibridización dialectal y nivelación léxica que en los estudios anteriormente citados. Los participantes no manifestaron ninguna preferencia por el vocabulario de cualquier grupo, aunque mostraron preferencia por las variantes mexicanas en los foros públicos. Además, describieron su propio español como una combinación de los dialectos de sus padres. Se está elaborando un estudio más amplio en Los Ángeles incluyendo a individuos de parentesco salvadoreño, ecuatoriano y guatemalteco.

Para concluir este apartado, los adultos de etnicidad mixta en los Estados Unidos parecen contar con varias opciones para identificarse, y estas elecciones se pueden ver afectadas por muchos factores. Sin embargo, los niños normalmente no controlan los dialectos que adquieren, y estar expuestos a dos dialectos del español desde una edad temprana puede dar lugar a varios resultados lingüísticos. Hay mucho futuro para este tipo de investigación ya que, como se mencionó anteriormente, la heterogeneidad de las comunidades hispanas va en aumento. Otra área interesante son los mismos padres de las uniones mixtas, dado que suelen hablar más español que los hijos. De hecho, varios participantes indicaron que uno de sus padres no manifestaba los rasgos típicos de su grupo dialectal y que, por ejemplo, su padre mexicano había adoptado frases y elocuciones puertorriqueñas. Dados los patrones de inmigración recientes, el fenómeno de los hispanos mixtos se vuelve un tema de alto interés que seguramente dejará huella sobre el español de los Estados Unidos.

V LA ENSEÑANZA DEL ESPAÑOL EN LOS ESTADOS UNIDOS

**El uso del español en la enseñanza.
La educación bilingüe**

Ofelia García

La enseñanza del español como lengua extranjera

Ofelia García

La enseñanza del español en cifras

Carlos Domínguez

El uso del español en la enseñanza.
La educación bilingüe

Ofelia García

Los antecedentes[1]

De acuerdo con Heinz Kloss (1977), el español en los Estados Unidos puede considerarse con derechos especiales, ya que lo hablaban aquellos que llegaron desde la Península Ibérica y colonizaron el suroeste y otras zonas de lo que después serían los Estados Unidos. Sin embargo, en vez de considerarse lengua de pobladores originarios, por tanto, con derechos especiales para ser utilizada y desarrollada en el sistema educativo, por el contrario, el español ha ido adquiriendo identidad como lengua de pueblos conquistados y colonizados, por lo que fue convirtiéndose en un simple instrumento para facilitar el desplazamiento lingüístico hacia el inglés.

En 1848, como consecuencia del Tratado de Guadalupe Hidalgo, México pierde la mitad de sus territorios (los actuales estados de California, Arizona, Texas, Nevada, Nuevo México, Utah y parte de Colorado y Wyoming). Como para entonces el español había reemplazado, en gran parte, a las lenguas indígenas que se encontraban asentadas en esos territorios, las nuevas autoridades acuden a él, aunque solo como medida temporal. Un buen ejemplo de esto es el caso de Nuevo México (que incluía el actual estado de Arizona)[2]: en 1850 se incorpora a la Unión; en 1874, todavía un 70% de las escuelas de este territorio enseñaban solamente en español, un 33% eran bilingües en su régimen de instrucción[3] y un escaso 5% eran monolingües en inglés. Quince años después, en 1889, el 42% eran ya monolingües en inglés, el 28% utilizaban ambas lenguas, mientras que solo el 30% enseñaban en español (Valle, 2003).

Dos años más tarde un estatuto en Nuevo México exigió que se utilizara solamente el inglés en la enseñanza. En treinta años, Nuevo México pasó de ser un territorio hispanohablante a un estado anglohablante. La escuela norteamericana bien se encargó de promover el desplazamiento hacia el inglés, que se exigía de aquellos que tuvieran pretensiones de convertirse en estados de la Unión.

La primera mitad del siglo XX y la xenofobia, que envolvió a los Estados Unidos como resultado del crecimiento de la inmigración europea, silenciaron cualquier esfuerzo por utilizar el español en la enseñanza[4]. La sociedad norteamericana atravesaba entonces por un período de aislamiento y nacionalismo extremos. Al mismo tiempo, empezaba a desarrollarse un sistema de escuelas públicas que definía su papel como homogeneizador y alentador de un nacionalismo anglohablante. Aunque en 1903 solo 14 de los 48 estados de la Unión requerían que se utilizara el inglés en la enseñanza, veinte años después, en 1923, había un total de 34 que contaban con leyes que exigían la enseñanza monolingüe en inglés (Castellanos, 1983). Castellanos (1983: 39) describe cómo los estados podían revocar la certificación de cualquier maestro que hablara en español y cómo los estudiantes hispanohablantes sufrían lo que se denominó *Spanish detention*, castigo que se les daba por hablar español en clase.

En 1923, la Corte Suprema de los Estados Unidos falló en contra de un estatuto del estado de Nebraska que declaraba ilícito la enseñanza de asignaturas en otra lengua que no fuese el inglés (caso 'Meyer *versus* Nebraska'). El español en la enseñanza volvía a ser posible. Pero a pesar de la actitud tolerante de esta decisión jurídica, la depresión económica en que se sumió el país en los años treinta, seguida por la Segunda Guerra Mundial, evitó que se hicieran grandes cambios en este sentido. Los estudiantes de origen mexicano continuaban educándose inadecuadamente en escuelas segregadas y solo en inglés. Hubo que esperar hasta la segunda mitad del siglo XX para ver renacer el interés por el uso del español como lengua de la enseñanza.

La segunda mitad del siglo XX

¿Cómo renace el español como lengua de enseñanza en los Estados Unidos a partir de 1960? Son, por lo menos, tres los factores que inciden en este resurgir: el despertar del interés por los derechos civiles de todos los ciudadanos, el creciente número de inmigrantes hispanohablantes y el poder persuasivo de la primera oleada de cubanos que llegaron a la Florida por aquella época.

En 1954, la Corte Suprema de los Estados Unidos falló en contra de la segregación por considerarla inconstitucional, decisión que dio comienzo a una nueva época. El caso judicial 'Brown *versus* Board of Education' estableció que no hay igualdad si se recibe una educación segregada.

Ya en plena era de derechos civiles, en 1965, la nueva ley de inmigración (Immigration and Naturalization Services Act of 1965, también conocida como Hart Celler o INS Act) revocó el sistema de cuotas que limitaba la inmigración hispanoamericana[5]. A partir de entonces, el número de estudiantes hispanohablantes se acrecentó, y aunque la mayoría seguía siendo de origen mexicano, llegaron también otros del Caribe, y de Centroamérica y Suramérica.

Con la ayuda de la Fundación Ford, el primer programa de educación bilingüe después de la Segunda Guerra Mundial fue establecido en la escuela primaria de Coral Way, en el condado de Dade (Miami, la Florida), en 1963. Aquellos cubanos recién llegados pensaban que su estancia en los Estados Unidos iba a ser corta y deseaban que sus hijos mantuvieran altos niveles de español académico, al mismo tiempo que aprendían inglés. La mitad del currículo se enseñaba en inglés y la otra, en español. Además del grupo de niños cubanos, había otro que no lo era.

En los primeros grados, los niños recibían instrucción en su lengua materna, aunque desde el principio se mezclaban los grupos etnolingüísticos en las clases de música y arte, además de en el recreo y en el almuerzo.

Aunque siempre hubo escuelitas bilingües en el suroeste del país, organizadas por comunidades hispanohablantes, el éxito de la Coral Way School dio como resultado que se desarrollaran muchas otras escuelas públicas bilingües en el suroeste: dos en el distrito escolar de San Antonio y dos más en otros lugares de Texas en 1964, una en Nuevo México y una cuarta en Texas en 1965, y en 1966 otra más en San Antonio, la quinta, y otras dos, la sexta y la séptima, también en Texas. En 1966 se establecieron dos escuelas bilingües en California, y otra en Arizona, y al año siguiente una segunda abrió sus puertas en Nuevo México (Castellanos, 1983). Todas ellas utilizaban el español, además del inglés, para educar a niños de origen méxico-americano. Su propósito era que adquirieran bien el inglés, pero que también mantuvieran el español, es decir, eran programas de 'educación bilingüe de mantenimiento'.

El comienzo de la educación bilingüe en los Estados Unidos tiene lugar sin intervención alguna del Gobierno federal. Desde entonces hasta el día de hoy muchos grupos hispanohablantes continúan apoyando la creación de escuelas bilingües privadas en todo el país. (vid., por ejemplo, García y Otheguy [1985, 1988] sobre las escuelas cubanoamericanas del condado de Miami-Dade.

En la segunda mitad de la década de los sesenta, el Gobierno federal decide que las escuelas públicas presten más atención a los estudiantes de descendencia hispánica, y apoyan por primera vez el desarrollo de programas de educación bilingüe en las escuelas públicas. En 1968, el Congreso de los Estados Unidos aprueba la que se conoce como Ley de Educación Bilingüe (Título VII del Elementary and Secondary Education Act). Desde el principio, la ley no fue más que una manera de distribuir fondos federales a aquellos distritos escolares que utilizaran el español para educar a los estudiantes hispanohablantes hasta que pudieran recibir instrucción en inglés. Como se trataba de este tipo de fondos, el Congreso tenía que revalidar la vigencia de la ley cada cuatro años. La primera vez que se efectuó, en 1974, el Gobierno federal dio una definición de lo que para ellos era la educación bilingüe:

> Es instrucción, llevada a cabo en inglés y con el estudio de esta lengua, y (en la medida necesaria para que el niño progrese adecuadamente a través del sistema escolar) de la lengua materna de los niños que no hablen bien el inglés; y esa instrucción debe ser llevada a cabo con apreciación por la herencia cultural de esos niños (vid. Castellanos, 1983: 120)[6].

Colegio hispano en Harlem (Nueva York).

Se apoyaba entonces solo 'la educación bilingüe transicional', privando de apoyo a aquellos programas que utilizaran el español en la enseñanza con otros fines. El mensaje del Gobierno federal era claro: español para transición hacia el inglés, sí; español para su mantenimiento, no.

El uso del español en la educación bilingüe de niños hispanohablantes se benefició también del caso judicial 'Lau *versus* Nichols', en el que un grupo de padres chinos alegaba que sus hijos no estaban recibiendo una educación adecuada. En este caso, que llegó a la Corte Suprema, el juez William O. Douglas dictaminó en 1974 que si los niños no hablaban inglés, de nada valía tener el mismo currículo, los mismos libros y los mismos maestros, puesto que ello solo no constituye una auténtica igualdad educativa. Aunque el alto tribunal no exige la educación bilingüe, sí establece que hay que buscar remedio a la educación desigual que recibían quienes no hablan bien inglés. Como resultado del 'caso Lau', muchos distritos escolares adoptaron la educación bilingüe, aunque solo para aquellos que no hablaban la lengua dominante, que eran, en su inmensa mayoría, hispanohablantes.

En 1984, la revalidación de la vigencia de la Ley de Educación Bilingüe aprobó los programas conocidos como 'educación bilingüe de desarrollo', que tienen mucha semejanza con los llamados 'de mantenimiento', solo que ahora se entiende que es importante no solo mantener la lengua de los niños hispanohablantes, sino también desarrollarla a través de una educación continua. En realidad, estos programas fueron, y continúan siendo, muy pocos. Ese mismo año, la ley autorizó, por primera vez, que el 4% de los fondos federales se utilizaran en programas que enseñaran exclusivamente en inglés. El clima político a favor del uso del español en la enseñanza empezaba a cambiar. Por ejemplo, poco después de su toma de posición, el presidente Ronald Wilson Reagan declaró: 'Es totalmente equivocado y va en contra de los preceptos norteamericanos el tener un programa de educación bilingüe que esté dedicado abiertamente a preservar su lengua materna'[7].

En 1981, el senador Samuel Ichiye Hayakawa introduce una enmienda a la Constitución para hacer del inglés la lengua oficial de los Estados Unidos. A pesar de su fracaso, muchos estados han aprobado las llamadas 'English Only laws', que convierten al inglés en lengua oficial del estado. En 2007, el número de estados que había aprobado dicha ley era de 30.

La revalidación de la Ley de Educación Bilingüe de 1988 amplió el apoyo a los programas que utilizaran solamente el inglés, aumentando el porcentaje permitido del 4% al 25%, mientras que limitó a tres años el tiempo que los niños podían pasar en programas de educación bilingüe. La última revalidación de vigencia de esta ley fue en 1994, y en ella se le dio pleno cupo a los programas que utilizaran el inglés para educar a los que no lo hablaban, suprimiendo la cuota del número de programas de esta índole que podían recibir fondos federales. Pero al mismo tiempo se le dio atención a programas en los que participaran tanto niños hispanohablantes como anglohablantes, en los que la instrucción se llevaba a cabo en inglés y en español a partes iguales: los llamados 'programas de educación bilingüe de dos vías', 'inmersión bilingüe', 'inmersión dual' o simplemente 'dual'.

A medida que ha ido creciendo la población hispana en los Estados Unidos, las escuelas estadounidenses han reaccionado en contra de la educación bilingüe, sobre todo en California, un estado en el que la mitad de los escolares de entre 5 y 17 años hablan lenguas distintas del inglés en sus hogares, y concretamente español un tercio de ellos. El mayor embate al español en la escuela llegó en forma de una iniciativa presentada a los votantes californianos en 1998, auspiciada y financiada por Ron Unz, un millonario del Silicon Valley. Fue la Proposición 227 (California Education Code, Section 305-306), llamada 'English for the Children', que proponía la enseñanza exclusiva en inglés para todos los niños en las escuelas públicas de California, y que aquellos que no lo supieran al ingresar en las aulas asistieran a programas de inmersión en esa lengua durante un período transitorio de menos de un año (Valle, 2003). El 61% de los californianos votó a favor, pero el voto hispano fue de dos a uno en contra de la iniciativa.

Unz siguió su ofensiva y en el año 2000 el 63% de los votantes de Arizona aprobaban la Proposición 203 (Arizona Revised Statutes 15-751-755), que prohibía también la educación bilingüe en ese estado, y en 2002 Massachusetts votó en contra de la educación bilingüe y a favor de la Pregunta 2 (Pregunta 2, G.L. c. 71A), que abolía la educación bilingüe en el estado. Sin embargo, ese mismo año, los votantes de Colorado derrotaron una enmienda a su Constitución que declaraba ilegal la educación bilingüe. La campaña llevada en contra de Unz transmitió un anuncio por televisión que recordaba a los votantes que esa iniciativa 'pondría a los niños que apenas hablaban inglés en clases regulares, creando así caos y trastornando el aprendizaje' (citado en inglés en Crawford, 2004: 330).

En los últimos cinco años, a medida que el español adquiere estatus global y local en los Estados Unidos, la palabra 'bilingüe' ha sido silenciada. Este silencio se hace evidente en el cambio de nombre de los dos organismos federales encargados de la educación bilingüe en el país.

Office of Bilingual Education and Minority Languages Affairs (OBEMLA) —>	Office of English Language Acquisition, Language Enhancement and Academic Achievement for LEP students (OELA)
National Clearinghouse for Bilingual Education (NCBE) —>	National Clearinghouse for English Language Acquisition and Language Instruction Educational Programs (NCELA)

La palabra *bilingual* ha desaparecido y, en su lugar, ha surgido un notable interés por la adquisición del inglés.

Otro ejemplo de este cambio es que la Ley de Educación Bilingüe (VII Elementary and Secondary Education Act) de 2002 fue revocada. La nueva ley, conocida como No Child Left Behind (NCLB), contiene un título (III. Public Law 107-110) el llamado 'Language Instruction for Limited English Proficient and Immigrant Students', que habla solamente de la adquisición del inglés por los inmigrantes y por aquellos otros que no lo hablen. La palabra 'bilingüe' ha desaparecido; en muchos ámbitos educativos también se habla de ser *dual language* y no de *bilingual*.

Habría que preguntarse el porqué de este esfuerzo estadounidense por limitar su bilingüismo, y sobre todo, su español. Susan Wright (2004) nos da pautas sobre el tema al decir que, a pesar de que los Estados Unidos son los inventores del concepto de la globalización, se oponen a su propia creación afincándose, cada vez más, en el concepto de 'una nación-una lengua', que es indefendible en el siglo XXI. Otra de las razones aducidas tiene que ver con el papel estelar que va adquiriendo el español en el país, no solo por el número cada vez más importante de sus hablantes, sino también por el nuevo interés en la 'latinidad' creada por la cultura popular —con sus muchos iconos, como Ricky Martin y Shakira— y alentada por la mayor presencia de España en el escenario global.

Es esta última observación la que ha animado en los últimos años el tipo de 'educación bilingüe de dos vías'. A pesar del poco interés de las autoridades educativas en el bilingüismo, negando con ello su potencial, las comunidades anglohablantes e hispanas han abierto otro cauce, en el que sus hijos logran educarse con la posibilidad de ser bilingües. No son muchos los programas de esta índole, pero son suficientes para hacer notar que estamos ante un nuevo fenómeno: que el español en los Estados Unidos cuenta más que antes, y que los padres, tanto los hispanos como los que no lo son, buscan maneras de desarrollar el bilingüismo de sus hijos. De acuerdo con el Center for Applied Linguistics (Centro de Lingüística Aplicada) de Washington, de los 337 programas bilingües de inmersión de dos vías que fueron identificados en noviembre de 2006, 316 de ellos son en español.

La ventaja de la educación bilingüe sobre el aprendizaje del español como materia reside en sus mayores posibilidades de desarrollo lingüístico y de aprendizaje. Otra ventaja es que el español en la educación bilingüe se puede incorporar al currículo de la escuela primaria, creando así más oportunidades de llegar a apreciar la lengua y sus culturas. La educación bilingüe tiene también más posibilidades de forjar un espacio múltiple e integrado, y no separado y aislado, en que el español ocupe el mismo espacio y escaño que el inglés. Las posibilidades de construir múltiples identidades lingüísticas, además de competencias, son mayores con la educación bilingüe. Debido a ello, las autoridades gubernamentales y escolares se resisten a su crecimiento, mientras que los padres y las comunidades reclaman el derecho de que sus hijos puedan manejarse en el contexto bilingüe inglés-español y pluricultural que caracteriza a los Estados Unidos.

Resumimos entonces en el cuadro 1 los tres tipos de educación bilingüe que existen en el país en los que el español se usa como medio de instrucción.

cuadro 1 **El español en la enseñanza. Educación bilingüe**

Nombre del programa	De transición	De desarrollo	De dos vías/ Inmersión bilingüe/ De lengua dual
Objetivo	Asimilación lingüística	Bilingüismo	Bilingüismo
Estudiantes	Hispanos	Hispanos	Hispanos y no hispanos
Perfil lingüístico de estudiantes	Hablantes monolingües de español	Hablantes monolingües de español Hablantes bilingües	Hablantes bilingües Hablantes monolingües de español Hablantes monolingües de inglés

Fuente: Elaboración propia.

Notas

[1] Una buena parte de la información que sigue forma parte del capítulo 8 de mi libro *Bilingual Education for a Globalized World* (ed. Basil Blackwell, en prensa).

[2] Arizona y Nuevo México se separan como territorios en 1873. La información que sigue es sobre el territorio de Nuevo México.

[3] La educación bilingüe es el uso de dos lenguas como medio de instrucción; por ende, el uso del español en la enseñanza, es decir, tanto su uso como lengua única al principio de la formación del estado-nación estadounidense como acompañado por el inglés, es lo que denominamos 'educación bilingüe', que se considera en este artículo. La enseñanza del español como lengua extranjera es el tema del siguiente artículo.

[4] Es importante hacer notar que este período marca precisamente el comienzo de la enseñanza del español como materia académica en las escuelas secundarias de los Estados Unidos, cuando se sustituye el alemán por el español. Esta información será relatada en el próximo artículo.

[5] La ley de inmigración anterior, el National Origins Act of 1924 (también conocida como The Johnson-Redd Act), había limitado el número de inmigrantes de cualquier país que podían ser admitidos en los Estados Unidos al 2% de la cantidad de personas de ese país que vivieran en suelo norteamericano en 1890.

[6] It is instruction given in, and study of, English and (to the extent necessary to allow a child to progress effectively through the education system) the native language of the children of limited English speaking ability; and such instruction is given with appreciation for the cultural heritage of such children...

[7] [I]t is absolutely wrong and against American concepts to have a bilingual education program that is now openly, admittedly dedicated to preserving their native language.

La enseñanza del español como lengua extranjera

Ofelia García

Los comienzos

La tradición de enseñar español en los Estados Unidos se remonta a 1813, año en que George Ticknor ocupó la primera cátedra de francés y español en Harvard[1]. Y esa tradición basada en la lectura de literatura peninsular, muchas veces en traducción al inglés, la continuaron en esa universidad, a lo largo del siglo XIX, Henry Wadsworth Longfellow, James Russell Lowell, Washington Irving y William Prescott. El objetivo de esa enseñanza universitaria no era la adquisición del español, y por ende el bilingüismo, sino la interpretación de textos literarios y el desarrollo de conocimientos filológicos.

La introducción de la enseñanza del español en la escuela secundaria norteamericana fue resultado del antagonismo —producto de la Primera Guerra Mundial— hacia todo lo que fuera alemán. Cuando se funda la American Association of Teachers of Spanish and Portuguese (Asociación Americana de Profesores de Español y Portugués) en 1917, esta adopta como lema: 'La guerra se ganará a través de la substitución del alemán por el español'. Sin embargo, es interesante hacer notar que el primer presidente de la AATSP, Lawrence Walkins, estaba en desacuerdo con que el español se enseñara a nivel primario, y también con la contratación de maestros hispanohablantes. El español empezó a enseñarse en las escuelas secundarias norteamericanas cómo se había enseñado en la universidad, con énfasis en la lectura y sin el menor reconocimiento del español que se hablaba en el suroeste del país (Ofelia García, 1997 y 2003).

Poco fue el interés por la enseñanza del español durante la mayor parte del siglo XX: en 1934, solo un 6% de los alumnos de secundaria estudiaban español. Aun el francés, entonces la lengua extranjera más popular, atraía solamente al 11% del estudiantado. (Crawford, 2004). En un informe de 1949 sobre lo que se debía enseñar en la secundaria (*What the High Schools ought to teach*) se establece que el estudio de lenguas extranjeras era inútil y que solo servía para mejorar el inglés de los alumnos. Pero se avecinaba un cambio que hizo que los Estados Unidos reconsideraran el papel de las lenguas extranjeras en el currículo.

En 1957, año en que los rusos lanzan el *Sputnik*, las lenguas extranjeras junto con las matemáticas y las ciencias se convierten en armas importantes en la Guerra Fría. Al año siguiente se aprueba el National Defense Education Act, incrementando el apoyo financiero a aquellas escuelas que desarrollaran programas en estos idiomas. Pero la ayuda fue poca, ya que la ideología lingüística hacia esas lenguas, y sobre todo sobre el español, seguía siendo negativa.

Casi dos décadas después, para fines de 1970, solo un 22% de los alumnos de la escuela secundaria estudiaban lenguas extranjeras; en las universidades, en 1977, el porcentaje de estos alumnos era de solo el 8%. Como resultado de estas cifras tan exiguas, en abril de 1978, el Gobierno del presidente James Carter crea una comisión que estudie la situación del aprendizaje de lenguas extranjeras en el país: la President's Commission on Foreign Languages and International Studies. Como resultado de esta investigación la comisión dejó en evidencia la 'escandalosa incompetencia' de los norteamericanos en el manejo de otras lenguas. Y al mismo tiempo, tal vez por primera vez, una comisión gubernamental apuntaba a un recurso importante en los Estados Unidos: sus minorías lingüísticas y, sobre todo, la hispanohablante.

Entran los hispanohablantes

El Immigration and Naturalization Services Act de 1965 (también conocido como Hart Celler o el INS Act de 1965) revoca las cuotas que limitaban la inmigración hispanoamericana. Aunque la mayoría de los hispanos seguía siendo de origen mexicano, llegan también —al margen de puertorriqueños, que eran ciudadanos de la Unión— inmigrantes de otras partes del Caribe y de Centroamérica y Suramérica.

Para fines de 1970, ya se contaba con más de una década de experiencia en el uso del español en programas de educación bilingüe como medio de instrucción para estudiantes hispanohablantes. Hasta ese entonces, la *enseñanza del español* había ido por cauces diferentes a los del *español en la enseñanza* y la denominada educación bilingüe. Mientras que los maestros de la asignatura de español en la secundaria y en la universidad exigían un español nativo sin contacto con el inglés, los maestros bilingües de la escuela primaria y de la secundaria tenían una actitud más flexible en cuanto a la lengua, permitiendo que los estudiantes utilizaran su bilingüismo como instrumento de aprendizaje. En la escuela secundaria esas diferencias llegaron a ser más marcadas, pues había departamentos bilingües en los que los maestros enseñaban ciencia, matemáticas y estudios sociales en español al creciente número de recién llegados de Hispanoamérica, pero también había departamentos de español que, además de seguir recibiendo estudiantes anglohablantes, empezaron a incluir en sus clases a otros recién llegados, que venían con diferentes variedades dialectales de español.

A esas clases de español como lengua extranjera también empezaron a llegar muchos estudiantes de descendencia hispánica que hablaban español en distintos grados y a veces solo con habilidad receptora y no productora. La situación se complicaba, puesto que entonces la enseñanza del español no podía tener matiz de lengua extranjera, sino que era claramente una lengua hablada en casa.

Fue Guadalupe Valdés, la primera estudiosa de la enseñanza del español, la que reclamó un tratamiento diferente para enseñar a hispanohablantes, iniciando el campo de lo que entonces se llamó 'español para hispanohablantes', 'español para nativos' o 'español para bilingües'. Al principio, esta especialidad se ocupaba de remediar *el problema* del español que estos niños traían de sus casas. En 1978, Valdés organizó un Instituto financiado por el National Endowment for the Humanities para estudiar cómo enseñar español a esos hispanohablantes. Y solo fue poco a poco, y a través del trabajo de muchos, que los educadores se fueron dando cuenta de que no se trataba de resolver o corregir ese español, sino de extenderlo a otra variedad más estándar, al mismo tiempo que se conservaban sus características de lengua local. Al bilingüismo de estos estudiantes se sumaba un respeto por su bidialectismo o su multidialectismo, importante para interactuar en todos los mundos —comunitarios y académicos, privados y públicos— para los que el español era importante en los Estados Unidos.

Sin embargo, a pesar de los 43 millones de hispanos que viven en los Estados Unidos, hoy día hay pocos programas de español para hispanohablantes. Por ejemplo, en el año 2000, solo un 1,9% de los estudiantes de español de escuela secundaria (41.212) asistían a estas clases. Si comparamos esta cifra con los 8.595.305 escolares (de 5 a 17 años) clasificados como hispanos en el censo del año 2000, o con los 928.765 que tienen entre 15 y 17 años, nos damos cuenta de que el número de estudiantes en esas clases es mínimo.

Recientemente, y tal vez para distanciarse de los ataques abiertos al español y al bilingüismo hispano en los Estados Unidos, el español para hispanohablantes se ha bautizado 'español como lengua de herencia'. En otra ocasión (Ofelia García, 2005) he señalado que esto es también un paso atrás que, además, deja de nombrar una realidad estadounidense: el hecho de que somos muchos en el país los *Spanish speakers*. Además, el concepto de 'lengua de herencia' encubre al español por el inglés, para muchos 'la única lengua que cuenta, la única moderna y del presente, la única del futuro'. Para muchos de los que hablamos español en los Estados Unidos, este idioma no es una herencia, es una de las lenguas de nuestro presente y de nuestro futuro.

Aumentos y desfases

No cabe duda, sin embargo, de que el gran crecimiento de estudiantes de español hoy día mucho tiene que ver con el aumento de la población hispanohablante en el país. El censo reveló que en 1960 había 6,9 millones de hispanos, mientras que en el de 2005 se señalaban 42 millones, es decir, un aumento de un 500%. De la misma manera, el número de estudiantes de español en las escuelas públicas secundarias ha aumentado de 691.024 en 1958 a 4.057.608 en el año 2000, lo que significa un aumento de un 487% (Draper y Hicks, 2002). Aunque muchos continúan dando énfasis a la enseñanza del español como lengua extranjera, es su arraigo local lo que alienta su enseñanza en los Estados Unidos.

El crecimiento del español en las escuelas secundarias ha sido espectacular, como se observa en el cuadro 1.

cuadro 1 **Matrícula en clases de español, grados 9-12, 1948-2000**

Año	Número
1948	443.000
1960	933.000
1970	1.811.000
1982	1.563.000
1990	2.611.000
2000	4.058.000

Fuente: National Center for Education Statistics, Digest of Education Statistics.

Si comparamos la matrícula de español en el año 2000, con la de otras lenguas, bien se nota su posición privilegiada en la enseñanza secundaria, como se ve en el cuadro 2.

cuadro 2 **Matrícula en lenguas extranjeras, grados 9-12, 2000**

Español	4.058.000
Francés	1.075.000
Alemán	283.000
Italiano	64.000
Japonés	51.000
Ruso	11.000

Fuente: National Center for Education Statistics, Digest of Education Statistics.

El español es la lengua más popular en las escuelas secundarias del país. En los grados 7 a 12, un 70% estudia español, mientras que solo un 18% selecciona el francés, un 5% el alemán, un 3% el latín y un 1% el italiano. El árabe, el chino, el farsi, el japonés, el coreano, el ruso y el hindi/urdu componen menos de un 1% del total de los que estudian lenguas extranjeras (Draper y Hicks, 2002). Sin embargo, a pesar de que el español es la lengua más popular en las escuelas secundarias, un 70% de los estudiantes están en los niveles básicos (Draper y Hicks, 2002) y muchos lo abandonan al finalizar ese nivel.

El patrón de posición privilegiada del español se observa al revisar la matrícula de lenguas extranjeras en las universidades estadounidenses. El cuadro 3 indica la matrícula de los diez idiomas más populares:

cuadro 3 Matrícula en universidades, 2002	
Español	746.267
Francés	201.979
Alemán	91.100
Italiano	63.899
Lengua de signos (ASL)	60.781
Japonés	52.238
Chino	34.153
Latín	29.841
Ruso	23.921
Griego antiguo	20.376

Fuente: Welles (2004: 9).

En los niveles universitarios, la distribución de lenguas cambia, y aunque el español ocupa el primer lugar, siendo estudiado por más de la mitad de los alumnos, se empieza a estudiar otras lenguas, como la lengua de signos, el japonés y el chino. De los estudiantes universitarios de lenguas extranjeras, un 53% estudia español y un 14% francés, pero ambas lenguas muestran un descenso si comparamos estas cifras con las de la escuela secundaria. En contraste con este hecho, el alemán (7%), el italiano (5%), la lengua de signos (4%), el japonés (4%), y el chino (2%) obtienen aumentos de matrícula, si bien modestos (Welles, 2004).

A pesar de su creciente popularidad, las escuelas estadounidenses insisten en controlar el español para que vaya por cauces *extranjeros* y no *nacionales*. Ejemplo de esto es el hecho de que haya tantos maestros de español que apenas lo hablen, por lo que los textos de enseñanza para la secundaria están escritos para los que no pueden seguir explicaciones complejas en español. Una buena parte de estos manuales está en inglés y las lecciones de español en la secundaria se imparten muchas veces en inglés. Por lo general, el profesorado rechaza todas las variantes dialectales del español hablado por los estudiantes de ascendencia hispánica.

Otro ejemplo claro de cómo la enseñanza del español se sigue ciñendo a sus moldes de 'lengua extranjera' nos lo revela la estructura del examen de español que realizan en el estado de Nueva York los estudiantes avanzados al terminar una secuencia de tres años de estudio. El examen, que se conoce como el *Regents* de español, está escrito en inglés y español, lo cual asegura de que solo aquellos que hablen inglés podrán aprobarlo, medida que excluye a todos los recién llegados de países hispanohablantes, que sí son competentes en su lengua materna.

Por ejemplo, después de leer las instrucciones en inglés, los estudiantes escuchan un texto leído por el maestro:

You are listening to the radio in Spain and you hear:

Subway to Sally es un grupo musical que se ha apoderado de las listas de popularidad en gran parte de Europa. Y no es para menos, pues estos siete alemanes han podido hacer una mezcla de lo más extraño, ya que combinan melodías de la Edad Media con música típica europea y sonidos de metal moderno. Así que si eres una de las personas que le gusta escuchar cosas nuevas en la escena musical, este disco es para ti.

What is unique about this group's music?
> Their music is played on all the major subways in Europe.
> Their music combines old melodies with modern sounds.
> Their music features an orchestra.
> Their music is only sold in Germany.

Lo único que está en español es el texto que el estudiante escucha; las preguntas y las opciones de respuesta están todas en inglés, igual que la contextualización del texto. Todo el examen, aun las secciones de lectura y escritura, está construido de la misma manera: en la sección de lectura, las preguntas y las opciones están en inglés, en la de escritura, la situación sobre la que hay que escribir y los puntos que se deben incluir, también. Los estudiantes recién llegados de países hispanohablantes, monolingües en español, no pueden tener éxito en este tipo de examen. El español se enseña en los Estados Unidos a través del inglés.

A pesar del gran interés por estudiar español, las escuelas estadounidenses no ofrecen programas extensos ni de calidad. El español como lengua extranjera se estudia solo cinco horas —o menos— a la semana (Branaman y Rhodes, 1997) y únicamente un 31% de las escuelas primarias imparten instrucción en lenguas extranjeras. Son cuatro los estados que exigen el estudio de una lengua extranjera como requisito de graduación de la escuela secundaria (National Council of State Supervisors for Languages, 2006). La nueva legislación de No Child Left Behind Act (NCLB) de 2002 ha tenido efectos negativos en los programas de lenguas extranjeras por su énfasis en los exámenes de lectura y escritura exclusivamente en inglés.

El futuro

A pesar de la disonancia entre la corriente que insiste en que el español sea enseñado como lengua extranjera, y la realidad creciente del español estadounidense, es claro que a los jóvenes, lo mismo hispanos que estadounidenses anglohablantes, les interesa estudiar español ya que lo ven como arma importante de presente y futuro. La creciente globalización ha logrado que el español en los Estados Unidos no sea solo visto como lengua de una población conquistada y colonizada o una 'lengua de la casa', sino también como un idioma que está de moda, que se habla en todas partes, en el cine y en la farándula: lo habla Penélope Cruz, y lo cantan en combinación con el inglés Shakira y Ricky Martin, además de los muchos *raperos* de *regaeton*. El español también sirve para conseguir empleo, sobre todo a nivel inicial. Es importante hasta para vender hamburguesas o zapatos. El mercado hispano en los Estados Unidos es de más de 800 billones de dólares anuales.

A este creciente interés en la enseñanza del español, producto de la globalización y la localización del español en los Estados Unidos, se ha unido una cuestión de seguridad y de defensa. El 26 de septiembre de 2001, un informe de la selecta Comisión Permanente en cuestiones de Inteligencia de la Cámara de Representantes (House Permanent Select Committee on Intelligence) afirmó categóricamente que el conocimiento de otras lenguas era esencial para la seguridad del Estado. Como resultado de esta declaración, se creó el programa de asistencia a las lenguas extranjeras de 2006 (Foreign Language Assistance Program of 2006) y se aumentó el presupuesto para desarrollar programas para estudiantes de primaria y secundaria, de 17,8 se pasó a 21,7 millones de dólares. Ese año también la Iniciativa de Seguridad Nacional (National Security Language Initiative de 2006) presupuestó 114 millones para universidades que enseñaran las llamadas lenguas críticas: árabe, chino, hindi/urdu, farsi y ruso. Aunque el español queda excluido de estas prioridades, se nota otra vez, como en el caso del *Sputnik*, un interés por enlazar las lenguas con la defensa nacional. Solo que ahora se le da cierta cabida a los que ya la hablan como lengua del hogar.

A este mayor interés por la enseñanza del español por motivos nacionales (de defensa y de mercado) o globales (de la industria del entretenimiento) se ha unido el interés de España de que el español, con gran presencia por supuesto en Iberoamérica y en los Estados Unidos, se extienda a los países que no son de descendencia hispánica, y así convertirla en una lengua verdaderamente global. La labor pedagógica de los Institutos Cervantes bien sirve a esta función, enfatizando la enseñanza del español como lengua extranjera en sus cuatro centros de los Estados Unidos: Albuquerque, Chicago, Seattle y Nueva York.

El futuro de la enseñanza del español en los Estados Unidos tendrá mucho que ver con la conciliación de tendencias que apuntan hacia intereses diversos la de las autoridades educativas estadounidenses, que pretenden controlarlo y enseñarlo solo superficialmente, el de la creciente población hispana que exige que se le enseñe, incorporando sus múltiples variantes y sus muchos rasgos del inglés, y el de la población norteamericana que nota la creciente importancia de los hispanohablantes y el potencial económico de ese mercado, el de los jóvenes que cantan 'la vida loca' y también el interés de España, que busca insertar el español dentro de una corriente global y que intenta extender la lengua a quienes aun no la hablan. En cuanto al español, los intereses globales y nacionales de los Estados Unidos, España, Hispanoamérica y la comunidad hispánica de este país parecen estar en desacuerdo. El potencial de la enseñanza del español en los Estados Unidos no rendirá fruto hasta conciliar todas estas tendencias.

Nota

[1] Esta información está basada en Ofelia García (1993, 2003 y en prensa a y b).

La enseñanza del español en cifras

Carlos Domínguez

Introducción

En los Estados Unidos el Gobierno de la nación está parcialmente descentralizado y el control de muchas funciones públicas, como la enseñanza escolar, depende primordialmente de cada uno de los estados y de las comunidades locales. En consecuencia, hay grandes variantes en la estructura organizativa entre un estado y otro, e incluso dentro de un mismo estado. No obstante, la estructura básica incluye 12 años de escuela regular, precedidos de uno o dos años de educación preescolar y seguidos a menudo por un sistema de educación superior que finaliza con una licenciatura de cuatro años (asociado, licenciatura, maestría, doctorado) así como con una serie de certificados y diplomas desprovistos del grado de licenciado. El cuadro 1 muestra la estructura general del sistema educativo estadounidense[1].

Los estudiantes siguen la siguiente progresión en su sistema educativo:

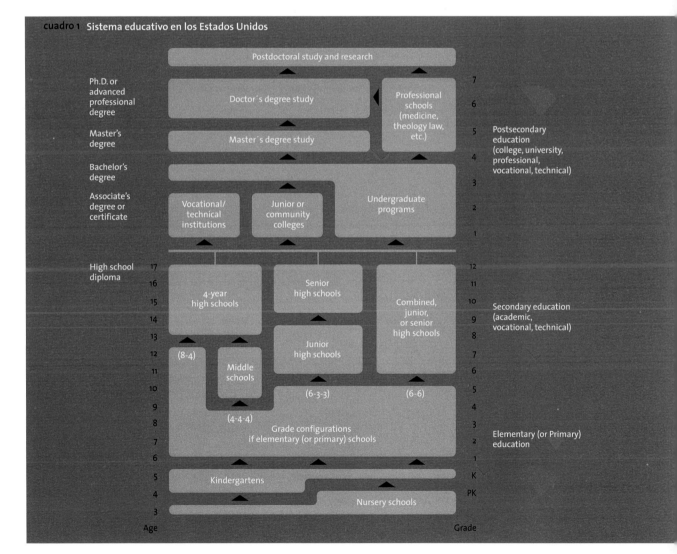

cuadro 1 Sistema educativo en los Estados Unidos

Escuela primaria o elemental[2]

Grado		Edad
Jardín de infancia		5-6
1	(Primero)	6-7
2	(Segundo)	7-8
3	(Tercero)	8-9
4	(Cuarto)	9-10
5	(Quinto)	10-11

Escuela intermedia

Grado		Edad
6	(Sexto)	11-12
7	(Séptimo)	12-13[3]
8	(Octavo)	13-14

Escuela secundaria

Grado		Edad
9	(Estudiante de primer año)	14-15
10	(Estudiante de segundo año)	15-16
11	(Estudiante de tercer año)	16-17
12	(Estudiante de último año)	17-18

Formación profesional

Dentro de la etapa de educación secundaria, los alumnos pueden acceder a estudios de tipo profesional. Estas enseñanzas se ofrecen en las Vocational and Technical Schools (escuelas vocacionales o técnicas) incluidas dentro de High School o de Junior College.

Educación universitaria

Los estudios superiores pueden cursarse en escuelas técnicas, en colegios universitarios y en las universidades.

Centros de enseñanza superior	Titulación
Community/Junior/Technical College (Escuela Técnica)	Associate (Diplomatura/Ciclo formativo)
College (Colegio Universitario)	Bachelor of Arts (BA), Bachelor of Science (BSc) (Diplomatura/ Licenciatura en Letras o en Ciencias)
University (Universidad)	Diplomaturas, Licenciaturas, Máster (MA, MSc), Doctorados

Número de alumnos por nivel en las escuelas estadounidenses

En los Estados Unidos se observa un evidente y progresivo aumento del número de alumnos matriculados en los distintos centros educativos, sobre todo en los niveles de escolarización obligatoria. En el cuadro 2 se muestra la evolución en la matriculación desde el año 2004, el número de alumnos del presente curso y las previsiones para una serie de años venideros publicadas por el National Center for Education Statistics.

cuadro 2 **Matriculación global por niveles educativos (previsión hasta 2015)** Datos pre-universidad (cifras expresadas en miles)[4]

Año	Escuelas públicas de elemental y secundaria			Escuelas públicas de elemental y secundaria			Total elemental y secund.	Postsecundaria			Total matrículas de todos los niveles
	Jardín de infancia hasta el grado 8	Grados 9 a 12	Total	Jardín de infancia hasta el grado 8	Grados 9 a 12	Total		Pública	Privada	Total	
2004	34.178	14.617	48.795	4.812	1.338	6.150	54.945	12.980	4.292	17.272	72.217
2005	33.823	14.887	48.710	4.702	1.360	6.062	54.772	13.022	4.466	17.488	72.260
2006	33.906	15.042	48.948	4.752	1.375	6.127	55.075	13.360	4.288	17.648	72.723
2007	33.990	15.101	49.091	4.765	1.382	6.147	55.238	13.555	4.361	17.916	73.154
2008	34.154	15.013	49.167	4.791	1.374	6.165	55.332	13.765	4.437	18.202	73.534
2009	34.350	14.917	49.267	4.821	1.365	6.186	55.453	13.968	4.511	18.479	73.932
2010	34.618	14.797	49.415	4.860	1.355	6.215	55.630	14.159	4.587	18.746	74.376
2011	34.907	14.730	49.637	4.901	1.348	6.249	55.886	14.311	4.645	18.956	74.842
2012	35.297	14.641	49.938	4.954	1.341	6.295	56.233	14.473	4.709	19.182	75.415
2013	35.724	14.569	50.293	5.010	1.334	6.344	56.637	14.659	4.780	19.439	76.076
2014	36.143	14.593	50.736	5.066	1.335	6.401	57.137	14.835	4.847	19.682	76.819
2015	36.439	14.780	51.219	5.110	1.351	6.461	57.680	14.974	4.900	19.874	77.554

Los programas de lengua extranjera en el sistema educativo norteamericano

En el sistema educativo norteamericano no existe un currículo de enseñanza de lenguas extranjeras a escala federal en el que se detallen los objetivos, los métodos de enseñanza y los de evaluación, ni una ley federal que establezca la obligatoriedad de este tipo de enseñanza.

Los planes de estudios se deciden en cada estado y, en última instancia, en las instituciones locales o en cada uno de los distritos escolares. Por ello, mientras que en algunos estados la presencia del estudio de idiomas en el currículo escolar es importante, en otros se les presta una mínima atención e incluso es posible terminar los estudios universitarios sin haber estudiado ninguna lengua extranjera. Del mismo modo, el inicio de estos estudios comienza en algunos casos en la enseñanza primaria y en otros en la secundaria. En unos y otros la lengua extranjera se enseña como una asignatura más del currículo escolar.

La mayoría de los estudiantes comienza los estudios de una lengua extranjera en la escuela intermedia o en la escuela secundaria. En algunos planes de estudio se exige que los alumnos hayan cursado un número determinado de horas de un idioma extranjero durante, al menos, dos años para poder obtener su titulación.

Existe una amplia gama de programas diseñados para la enseñanza de idiomas en la 'escuela elemental' o primaria. Estos programas varían según su intensidad y en función de los objetivos que pretenden. Por un lado, están los programas conocidos como FLES (Foreign Language in the Elementary School), en los que el profesor de lengua extranjera enfoca la clase al desarrollo de una competencia lingüística en los alumnos, fundamentalmente, en el plano oral. No se desatiende la enseñanza de la gramática pero esta se aprende a través de la conversación. Las clases se imparten de dos a cinco veces por semana con una duración de veinte a cuarenta minutos. Por otro, existe la posibilidad de iniciar al niño en distintas lenguas y culturas siguiendo el llamado programa exploratorio de lengua extranjera FLEX (Foreign Language Experience). El objetivo principal es una introducción al aprendizaje de idiomas, el conocimiento de la cultura, el reconocimiento de la lengua y la cultura de estudio y la motivación para seguir el estudio de alguna lengua extranjera. El tiempo dedicado a un único idioma oscila entre uno y varios días a la semana durante un período comprendido entre seis y nueve semanas. Los programas FLEX se orientan fundamentalmente al aprendizaje de vocabulario. Están destinados a ser una especie de catálogo de idiomas después del cual los estudiantes están preparados para elegir un idioma y comenzar el programa de aprendizaje de la lengua elegida[5].

Los programas de lengua extranjera en la escuela primaria podrían dividirse en dos categorías generales: inmersión total e inmersión parcial.

Programas de inmersión

Los programas de inmersión lingüística están dirigidos a escolares que tienen como lengua propia una distinta a la que se emplea en la escuela para enseñar los contenidos y, especialmente, como lengua de aprendizaje de la lectura y la escritura. Los alumnos, independientemente de su lengua materna, se escolarizan en la segunda lengua, la que es objeto de aprendizaje. Según el grado de inmersión estos programas pueden ser de:

Inmersión total

Programas en los que todas las materias que se enseñan en los grados inferiores (K-2) se imparten en lengua extranjera; la enseñanza en inglés suele aumentar en los últimos grados (3-6) entre un 20% y un 50%, dependiendo del programa.

Inmersión parcial

Programas en los que hasta el 50% de las materias se imparten en lengua extranjera; en algunos programas, el material enseñado en la lengua extranjera se ve reforzado en inglés.

Dos vías de inmersión

Son programas de inmersión dual que tienen como objetivo conseguir que los alumnos participantes, sean hablantes de inglés o de cualquier otra lengua, se conviertan en bilingües. El programa reúne en un mismo grupo, en una proporción en torno al 50%, a alumnos que hablan español y a alumnos que hablan inglés. El tiempo dedicado a cada lengua comienza en la enseñanza infantil con un 90% en español y un 10% en inglés hasta pasar progresivamente al 50% en cada lengua en los niveles altos.

El cuadro 3[6] ofrece los datos del curso académico 2007-2008 referidos a las matrículas en los programas de inmersión del total de escuelas por estado, distribuidas según los distintos niveles educativos en los Estados Unidos.

Del conjunto de centros escolares de los Estados Unidos, el cuadro 4 recoge el número de distritos y centros de inmersión por estados[7] y el cuadro 5 el número de escuelas con programas de inmersión por niveles educativos (2007)[8]. El cuadro 6, a continuación, recoge los datos globales correspondientes a la evolución experimentada por los programas de inmersión desde 1962 hasta 2007. Finalmente, los cuadros 7 y 8 presentan, respectivamente, los idiomas de enseñanza en los programas de inmersión y los programas existentes de dos vías de inmersión.

En los últimos diez años, las escuelas han mostrado un interés creciente en comenzar los estudios de lenguas extranjeras en los primeros grados. Han influido en este hecho una serie de informes estatales instando a que el estudio de otros idiomas, aparte del inglés, comience a temprana edad. A esto se unen las investigaciones que demuestran que el estudio de un segundo idioma da resultados mucho mejores cuanto antes se comience el proceso de aprendizaje, además de contribuir todo el proceso a mantener conductas positivas hacia la diversidad. A partir del año 2000 se ha incluido la enseñanza de idiomas como parte del currículo, junto a las materias tradicionales, y se han publicado normativas nacionales, no obligatorias, para los programas de lenguas extranjeras a partir de los jardines de infancia hasta el grado 12. A pesar de ello, la mayoría de las escuelas no han respondido adecuadamente a los nuevos retos a los que la nación se enfrentará en el siglo XXI.

cuadro 3 Matrículas en programas de inmersión en lengua extranjera por estados y niveles educativos

	Primaria	Media	Superior	Otras	Total
Alabama	709	254	275	106	1.344
Alaska	169	34	51	193	447
Arizona	1.083	249	385	129	1.846
Arkansas	562	212	297	28	1.099
California	5.583	1.340	1.062	239	8.224
Carolina del Norte	1.355	467	362	57	2.241
Carolina del Sur	630	254	194	13	1.091
Colorado	989	290	278	56	1.613
Connecticut	551	160	148	156	1.015
Dakota del Norte	287	36	172	3	498
Dakota del Sur	348	170	165	6	689
Delaware	107	39	25	2	173
Dto. de Columbia	132	29	28	14	203
Florida	1.909	548	417	137	3.011
Georgia	1.244	450	341	32	2.067
Hawái	180	37	42	21	280
Idaho	343	113	117	30	603
Illinois	2.476	739	620	64	3.899
Indiana	1.144	341	329	50	1.864
Iowa	773	285	327	36	1.421
Kansas	780	255	347	24	1.406
Kentucky	741	238	221	12	1.212
Luisiana	698	242	211	80	1.231
Maine	404	115	111	16	646
Maryland	858	234	177	13	1.282
Massachusetts	1.167	342	260	49	1.818
Míchigan	2.042	642	600	160	3.444
Minnesota	925	245	417	44	1.631
Misisipi	448	182	190	76	896
Misuri	1.231	377	491	91	2.190
Montana	431	232	169	2	834
Nebraska	734	108	287	2	1.131
Nevada	335	88	78	18	519
Nueva Jersey	1.528	453	325	26	2.332
Nueva York	2.499	834	764	277	4.374
Nuevo Hampshire	299	99	79	3	480
Nuevo México	458	173	136	17	784
Ohio	2.151	734	770	191	3.846
Oklahoma	967	333	466	22	1.788
Oregón	651	188	217	148	1.204
Pensilvania	1.905	559	599	78	3.141
Rhode Island	206	57	44	3	310
Tenessee	979	313	289	47	1.628
Texas	4.029	1.605	1.109	293	7.036
Utah	501	132	117	23	773
Vermont	223	27	48	18	316
Virginia	1.180	341	298	19	1.838
Virginia Occidental	466	125	114	8	713
Washington	1.128	351	305	77	1.861
Wisconsin	1.234	373	471	76	2.154
Wyoming	200	77	64	5	346
Total	**51.972**	**16.121**	**15.409**	**3.290**	**86.792**

cuadro 4 — Número de distritos y centros de inmersión por estado

Estado	Número de distritos	Número de escuelas
California	61	100
Texas	25	51
Nueva York	8	28
Nuevo México	6	19
Illinois	11	18
Arizona	9	12
Oregón	8	12
Massachusetts	6	10
Florida	6	8
Colorado	5	8
Connecticut	5	6
Virginia	2	6
Carolina del Norte	5	5
Washington	5	5
Idaho	1	5
Wisconsin	4	4
Minnesota	3	4
Nebraska	2	4
Nueva Jersey	2	4
Georgia	3	3
Maryland	2	3
Alaska	1	3
Distrito de Columbia	1	3
Iowa	1	3
Míchigan	2	2
Utah	2	2
Maine	1	1
Ohio	1	1
Total	**188**	**330**

cuadro 5 — Escuelas con programas de inmersión por niveles educativos (2007)

Nivel	Número de escuelas
Cursos iniciales de la escuela elemental	78
Cursos iniciales de la escuela elemental hasta los últimos cursos de la elemental	163
Cursos iniciales de la escuela elemental hasta los iniciales de la secundaria	23
Cursos iniciales de la escuela elemental hasta los últimos de la escuela secundaria	2
Escuela elemental superior*	13
Escuela secundaria (cursos iniciales)*	40
Escuela secundaria (últimos cursos)*	11
Total	**330**

* Escuelas que comienzan en los primeros grados de primaria.

cuadro 6 — Evolución de los programas de inmersión (1962-2007)

Año	Nuevos programas	Programas existentes	Total
1962	1	0	1
1971	1	1	2
1972	0	2	2
1973	0	2	2
1974	2	2	4
1975	2	4	6
1976	0	6	6
1977	0	6	6
1978	0	6	6
1979	1	6	7
1980	1	7	8
1981	1	8	9
1982	5	9	14
1983	2	14	16
1984	1	16	17
1985	1	17	18
1986	5	18	23
1987	1	23	24
1988	2	24	26
1989	3	26	29
1990	6	29	35
1991	8	35	43
1992	15	43	58
1993	12	58	70
1994	7	70	77
1995	21	77	98
1996	26	98	124
1997	25	124	149
1998	28	149	177
1999	25	177	202
2000	30	202	232
2001	25	232	257
2002	11	257	268
2003	14	268	282
2004	22	282	304
2005	10	304	314
2006	10	314	324
2007	6	324	330

cuadro 7 **Idiomas de enseñanza en los programas de inmersión**

Idiomas	Número de programas	Porcentaje total
Español	132	42,6%
Francés	90	29,0%
Hawaiano	26	8,4%
Japonés	22	7,1%
Mandarín	12	3,9%
Alemán	10	3,2%
Árabe	2	0,6%
Italiano	2	0,6%
Ruso	2	0,6%
Cantonés	1	0,3%
Danés	1	0,3%
Griego	1	0,3%
Noruego	1	0,3%
Sueco	1	0,3%
Otros	7	2,5%
Total	310	100%

cuadro 8 **Programas existentes de dos vías de inmersión**

Idiomas de instrucción	Número de escuelas
Español/inglés	308
Francés/inglés	8
Coreano/inglés	4
Cantonés/inglés	3
Mandarín/inglés	2
Navajo/inglés	1
Japonés/inglés	1
Francés/inglés, español/inglés, alemán/inglés	1
Chino/inglés	1
Francés/inglés, mandarín/inglés	1
Total escuelas	330

En el año 2000, solo alrededor de un tercio de todos los estudiantes pertenecientes a los niveles de enseñanza intermedia y secundaria (grados 6 a 12) estaban matriculados en algún curso de lengua extranjera. En secundaria, concretamente, la cifra de los matriculados en algún curso de lengua extranjera alcanzaba el 44%; sin embargo, en primaria esa cifra solo llegaba al 5% del alumnado. En los últimos años, estas cifras han ido aumentando progresivamente, hasta llegar en el pasado curso académico 2006-2007 a superar los 4 millones de estudiantes de español en el nivel de secundaria y los 700.000 alumnos en el nivel de escuela elemental (véase en detalle el cuadro 19, al final del artículo).

Hoy por hoy los cursos de español siguen dominando las estadísticas, con cerca del 78% de todas las matrículas de idiomas en los grados 7 a 12, seguidos de los cursos de francés con un 28,8% y el alemán, muy por detrás, con un 5,4%.

La enseñanza de lenguas extranjeras en la educación superior

En la educación superior, las lenguas extranjeras se enseñan en la mayoría de los casos por medio de programas tradicionales, como una asignatura más del currículo, normalmente en clases de cuarenta a cincuenta minutos, de tres a cinco veces por semana.

En 2006, el número de matrículas en idiomas distintos del inglés aumentó en un 12,9%, un total de 180.557 matrículas más que en 2002. Los datos muestran, tomando como base las 15 lenguas más demandadas, un aumento continuo en el interés por el estudio de idiomas modernos. Se puede observar que el interés por el árabe ha aumentado de forma muy significativa. Tras los atentados del 11 de septiembre de 2001 se fomentó el conocimiento de esta lengua, dada la escasez de intérpretes y la necesidad de contar con estos profesionales. El español es el idioma más enseñado en los Estados Unidos, con un porcentaje de un 10,3% de aumento con respecto a 2002, como puede observarse en el cuadro 9.

cuadro 9   **Matrículas en cursos de idiomas entre 2002 y 2006 en instituciones norteamericanas de educación superior[9]**

Idiomas	2002	2006	Evolución (%)
Español	746.267	822.985	10,3
Francés	201.979	206.426	2,2
Alemán	91.100	94.264	3,5
Lengua de signos	60.781	78.829	29,7
Italiano	63.899	78.368	22,6
Japonés	52.238	66.605	27,5
Chino	34.153	51.582	51,0
Latín	29.841	32.191	7,9
Ruso	23.921	24.845	3,9
Árabe	10.584	23.974	126,5
Griego antiguo	20.376	22.849	12,1
Hebreo bíblico	14.183	14.140	-0,3
Portugués	8.385	10.267	22,4
Hebreo moderno	8.619	9.612	11,5
Coreano	5.211	7.145	37,1
Otras lenguas	25.716	33.728	31,2
Total	**1.397.253**	**1.577.810**	**12,9**

La gráfica 1 muestra la comparación en el número de matrículas en español en los últimos años con respecto al alemán y al francés. Se observa que, mientras el francés o el alemán tienen un crecimiento paulatino muy parecido, el español mantiene un aumento significativo y progresivo en los años estudiados.

gráfica 1   **Evolución comparada de las matrículas de español, francés y alemán en el ámbito universitario**

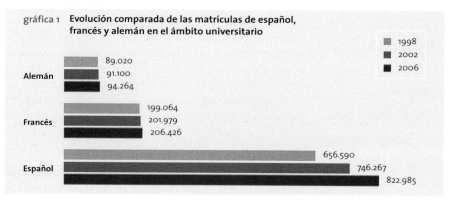

En números reales, el español ganó 89.677 estudiantes entre 1998 y 2002 y 76.718 estudiantes entre 2002 y 2006. Las cifras muestran que el español sigue siendo el idioma más enseñado en la educación superior norteamericana. El número de alumnos supera con mucho al de otros idiomas durante el año 2006. Comparándolo con el francés, que es el segundo idioma más demandado, observamos que lo supera en 616.559 matrículas; en cuanto al alemán, este solo atrae la mitad de las matrículas que el francés. El cuadro 10, con datos obtenidos de la Modern Language Association (MLA), muestra con más claridad las cifras referentes al número de matriculados en español en los distintos niveles universitarios americanos, distribuidas por estados durante el año 2006. El cuadro 11, por su parte, indica la evolución en el número de alumnos matriculados en los doce idiomas más demandados en el sistema universitario estadounidense desde 1990 hasta 2006. A continuación, el cuadro 12 ilustra la situación en el año 2006 para las matrículas en todos los idiomas extranjeros ofertados en la enseñanza superior norteamericana.

Presencia del Ministerio de Educación y Ciencia español en los Estados Unidos

Oficinas

La Consejería de Educación es un órgano técnico de la Misión Diplomática que depende funcionalmente del Ministerio de Educación. Su función fundamental es promover, dirigir y gestionar las distintas acciones educativas del Ministerio en los Estados Unidos.

Para llevar a cabo su labor y garantizar su presencia cultural y educativa en el país dispone de centros educativos de diferente titularidad y suscribe acuerdos de colaboración con centros extranjeros en los que se difunde la lengua y cultura españolas (secciones españolas, agrupaciones culturales, centros de convenio). Estos centros educativos disponen, en este momento, de unos 2.000 profesores para atender a un número aproximado de 5.800 alumnos (véase, más adelante, el cuadro 18).

La Consejería de Educación y Ciencia[12] en los Estados Unidos se divide en cuatro zonas geográficas: Nueva York, Los Ángeles, Miami y Washington.

Secciones españolas

Las denominadas Secciones Españolas en centros de titularidad de otros estados se enmarcan dentro de las acciones de promoción y difusión de la lengua y cultura españolas que el Ministerio de Educación y Ciencia español lleva a cabo en el exterior, con el fin de ampliar las posibilidades de recibir educación reglada española integrada en los sistemas educativos propios del país en el que se encuentran ubicadas dichas Secciones, en el contexto de experiencias educativas de carácter intercultural y de promoción del bilingüismo.

Se ofrece a los alumnos españoles o extranjeros inscritos en dicho programa el marco adecuado para cursar las enseñanzas de lengua y cultura españolas dentro del horario escolar y del sistema educativo del país de residencia. Se desarrollan currículos de lengua y literatura española propios del sistema educativo español y currículos integrados de historia y geografía de España y del país correspondiente. En el presente curso escolar funcionan dos secciones españolas, una en Nueva York y otra en Miami-Dade, en las que se encuentran destinados once funcionarios españoles que, juntamente con profesorado norteamericano, imparten docencia a unos 2.000 alumnos. El cuadro 13 muestra la evolución del número de alumnos matriculados en las Secciones Españolas en los últimos once cursos académicos. Se observa un aumento considerable en el último curso, solo comparable con el producido en el período 2004-2005, y solo superado por el del curso 1998-1999.

cuadro 10 Matrículas en español en el ámbito universitario, por estados (2006)[10]

Estado	Universidades	Pregrado inferior	Pregrado superior	Total Pregrado	Graduados	Total
Alabama	41	7.987	1.373	9.360	203	9.563
Alaska	5	789	101	890	0	890
Arizona	27	18.722	2.703	21.425	361	21.786
Arkansas	31	5.924	1.181	7.105	106	7.211
California	189	80.279	11.513	91.792	1.274	93.066
Carolina del Norte	105	32.048	5.355	37.403	146	37.549
Carolina del Sur	51	16.937	2.077	19.014	111	19.125
Colorado	32	9.231	3.013	12.244	582	12.826
Connecticut	33	6.176	2.289	8.465	112	8.577
Dakota del Norte	12	1..232	330	1.562	0	1.562
Dakota del Sur	12	1.529	402	1.931	1	1.932
Delaware	7	2.923	481	3.404	20	3.424
Distrito de Columbia	10	5.042	1.485	6.527	397	6.924
Florida	66	23.468	3.266	26.734	459	27.193
Georgia	61	17.746	3.945	21.691	252	21.943
Hawái	11	1.603	367	1.970	14	1.984
Idaho	9	3.100	1.154	4.254	0	4.254
Illinois	106	25.217	5.650	30.867	398	31.265
Indiana	61	15.808	4.288	20.096	349	20.445
Iowa	46	8.118	2.520	10.638	144	10.782
Kansas	43	6.506	1.226	7.732	97	7.829
Kentucky	42	9.082	1.390	10.472	179	10.651
Luisiana	26	8.195	1.113	9.308	124	9.432
Maine	19	1.475	435	1.910	2	1.912
Maryland	39	9.709	2.300	12.009	104	12.113
Massachusetts	73	14.076	6.039	20.115	305	20.420
Míchigan	65	19.082	5.470	24.552	275	24.827
Minnesota	50	11.003	2.979	13.982	107	14.089
Misisipi	30	8.366	1.078	9.444	27	9.471
Misuri	56	13.062	3.436	16.498	142	16.640
Montana	11	1.210	305	1.515	33	1.548
Nebraska	28	4.238	1.197	5.435	41	5.476
Nevada	8	4.780	716	5.496	64	5.560
Nueva Jersey	45	15.337	3.267	18.604	223	18.827
Nueva York	158	51.006	8.671	59.677	1.002	60.679
Nuevo Hampshire	17	1.909	1.039	2.948	57	3.005
Nuevo México	23	6.112	2.077	8.189	284	8.473
Ohio	90	22.353	4.332	26.685	454	27.139
Oklahoma	38	8.586	1.416	10.002	33	10.035
Oregón	33	10.044	3.021	13.065	94	13.159
Pensilvania	136	36.806	7.467	44.273	401	44.674
Rhode Island	9	3.256	634	3.890	49	3.939
Tenessee	52	15.417	2.757	18.174	189	18.363
Texas	130	51.744	9.497	61.241	929	62.170
Utah	11	3.722	4.369	8.091	153	8.244
Vermont	16	1.654	621	2.275	0	2.275
Virginia	69	19.238	4.895	24.133	263	24.396
Virginia Occidental	23	4.605	576	5.181	56	5.237
Washington	45	10.815	1.692	12.507	98	12.605
Wisconsin	40	10.712	4.905	15.617	204	15.821
Wyoming	8	1.453	189	1.642	33	1.675
Totales	**2.348**	**669.432**	**142.602**	**812.034**	**10.951**	**822.985**

cuadro 11   Matrículas en las 12 lenguas extranjeras más demandadas en el ámbito universitario[11]

Lengua	1990	1995	1998	2002	2006
Español	533.944	606.286	656.590	746.267	822.985
Francés	272.472	205.351	199.064	201.979	206.426
Alemán	133.348	96.263	89.020	91.100	94.264
Lengua de signos	1.602	4.304	11.420	60.781	78.829
Italiano	49.699	43.760	49.287	63.899	78.368
Japonés	45.717	44.723	43.141	52.238	66.605
Chino	19.490	26.471	28.456	34.153	51.582
Ruso	44.626	24.729	23.791	23.921	24.845
Árabe	3.475	4.444	5.505	10.584	23.974
Hebreo	12.995	13.127	15.833	22.802	23.752
Portugués	6.211	6.531	6.926	8.385	10.267
Coreano	2.286	3.343	4.479	5.211	7.145
Total	1.125.865	1.079.332	1.133.512	1.321.320	1.489.042

cuadro 12   Número de matrículas en lenguas extranjeras en el ámbito universitario en 2006

Lengua	Total
Español	822.985
Francés	206.426
Alemán	94.264
Lengua de signos	78.829
Italiano	78.368
Japonés	66.605
Chino	51.582
Latín	31.170
Ruso	24.845
Árabe	23.974
Hebreo	23.752
Griego clásico	16.426
Portugués	10.267
Coreano	7.145
Otras lenguas	31.314
Total	1.567.95

cuadro 13   Evolución en las Secciones Españolas en centros de los Estados Unidos durante el período 1997-1998/2007-2008

Alumnos										
1997-1998	1998-1999	1999-2000	2000-2001	2001-2002	2002-2003	2003-2004	2004-2005	2005-2006	2006-2007	2007-2008
1.275	1.423	1.517	1.757	1.723	1.838	1.820	1.992	1.913	1.962	2.144

Profesores										
1997-1998	1998-1999	1999-2000	2000-2001	2001-2002	2002-2003	2003-2004	2004-2005	2005-2006	2006-2007	2007-2008
9	7	7	7	8	8	8	9	10	11	12

Escuela Internacional de las Naciones Unidas (UNIS)

La Escuela Internacional de las Naciones Unidas[13] fue fundada en 1947 por familias y profesionales relacionados con la Organización de Naciones Unidas. UNIS tiene un equipo docente de 70 nacionalidades y 1.450 estudiantes de 115 países diferentes. Incluye dos campus: uno en Manhattan y otro en Queens. En el campus de Manhattan se imparten todos los niveles, desde infantil hasta segundo de bachillerato. En el de Queens, desde primero hasta octavo grado.

El español se enseña desde la escuela elemental. Actualmente, hay 14 profesores impartiendo español en el centro, cuatro de los cuales son funcionarios enviados por el Ministerio de Educación y Ciencia español.

La lengua se enseña en dos modalidades: español como lengua materna y español como lengua extranjera, y los alumnos se agrupan según su nivel de competencia dentro de estos tres grupos: principiante, estándar y avanzado.

Programa de Estudios Internacionales (PEI) en Miami

El Ministerio de Educación y Ciencia español estableció en el curso escolar 1986-1987, en colaboración con el Distrito Escolar del condado de Miami-Dade, la Sección Española del Programa de Estudios Internacionales (PEI), siendo Sunset Elementary la primera escuela en la que se implantó.

Durante el curso escolar 2006-2007 el Ministerio de Educación y Ciencia de España tuvo destinados en este programa a 7 funcionarios docentes, que, junto a otros tantos profesores visitantes españoles y a unos 80 profesores estadounidenses, atienden a los más de 1.300 estudiantes matriculados en el PEI en los siete centros del programa.

Cabe destacar que todos los centros participantes acreditan su excelencia académica mediante la máxima calificación de 'A', basada en los exámenes estandarizados del estado de Florida (FCAT). Los centros participantes son los siguientes: Sunset Elementary School, G.W. Carver Middle School, Coral Way K-8 Bilingual Center, Ada Merritt K-8 Center, North Dade Center for Modern Languages Elementary School, Ponce de León Middle School e International Studies Charter High School (ISCHS).

Agrupaciones de Lengua y Cultura Españolas

El Real Decreto 564/1987, de 15 de abril, regula la acción educativa en el exterior y contempla la creación de Agrupaciones de Lengua y Cultura Españolas[14]. La finalidad de estas agrupaciones es la atención, en régimen de clases complementarias de lengua y cultura españolas, de aquellos alumnos que no puedan acceder a las enseñanzas de lengua y cultura españolas en el sistema educativo del país en el que estén escolarizados. Estas enseñanzas se imparten fuera del horario escolar regular del alumno, generalmente en locales cedidos por las instituciones educativas del país de residencia. Estas aulas se ordenan en una estructura organizativa denominada Agrupación de Lengua y Cultura Españolas.

Las enseñanzas de lengua y cultura españolas de estas clases complementarias se articulan en cuatro niveles educativos, denominados Nivel I, Nivel II, Nivel III y Nivel IV, que se desarrollan a lo largo de diez años. Una vez alcanzados los objetivos establecidos para los niveles I, II y III, los alumnos reciben una acreditación firmada por el director de la Agrupación de Lengua y Cultura correspondiente. Conseguidos los objetivos correspondientes al nivel IV, tras superar una prueba final, los alumnos reciben un certificado de Lengua y Cultura españolas expedido por el Ministerio de Educación y Ciencia.

La Agrupación de Lengua y Cultura Españolas (ALCE) de Nueva York lleva más de veinticinco años impartiendo clases de lengua y cultura a los hijos de los residentes españoles ubicados en esta zona de Norteamérica. La componen las siguientes aulas: Newark, en el estado de Nueva Jersey; Queens, en el barrio de Nueva York del mismo nombre; White Plains, en el condado de Westchester del estado de Nueva York, y Manhattan, grupo situado en la Escuela Internacional de las Naciones Unidas, en Nueva York. En el área de influencia de la capital federal (Washington D.C.) se encuentran abiertas dos aulas, en los estados de Maryland y Virginia. Los datos sobre los Estados Unidos muestran un número total de alumnos de 751, atendidos por nueve profesores, de los que seis son funcionarios, dos contratados laborales y uno contratado interino.

En el área de Washington D.C. existen dos emplazamientos: uno de ellos está en Rockville (Maryland) y el otro en Arlington (Virginia). Esta última, que empezó a funcionar experimentalmente en el curso 2005-2006, presta atención en este curso a los alumnos de los niveles primero y segundo.

Como novedad importante, en el aula de Washington D.C. ha empezado en este curso académico el proyecto ALCE-hispana, que permite la matriculación en las Aulas de Lengua y Cultura Españolas a los hijos de familias oriundas de un país cuya lengua es el español. La atención a los 172 alumnos de esta zona está asistida, durante el presente curso académico, por dos profesores a tiempo completo.

A continuación, se ofrecen en el cuadro 14 los datos referentes a alumnos y profesores en las ALCE en Nueva York y Washington.

cuadro 14 Datos de las ALCE en los Estados Unidos (curso 2007-2008)

Agrupaciones	Aulas	Alumnos						Profesores					
		Lengua y cultura españolas					Total	Funcionarios		Contratados		Interinos	Total
		NI	NII	NIII	NIV	CR		MA	SEC	ESP	EXTR		
Nueva York	6	208	190	181	172	0	751	6	0	2	0	0	9
Washington	2	54	46	42	30	0	172						2
Total	8	262	236	223	202	0	923						11

Programa de Profesores Visitantes

El Programa de Profesores Visitantes es un programa de cooperación internacional creado por el Ministerio de Educación y Ciencia y uno de sus objetivos prioritarios es contribuir a mejorar la calidad de la enseñanza de la lengua y cultura españolas en los Estados Unidos y Canadá. El cuadro 15 muestra la distribución en los distintos estados y el número total (1.169) de profesores visitantes, en el presente curso 2007-2008.

Programa de Auxiliares de Conversación en los Estados Unidos

El Ministerio de Educación y Ciencia, en virtud de los convenios bilaterales de Cooperación Cultural, Científica y Técnica suscritos entre España y diferentes países y de los memorandos acordados con diversos estados y distritos escolares de los Estados Unidos y Canadá, viene realizando un intercambio de Auxiliares de Conversación. Con este programa se persigue una doble finalidad: por una parte, facilitar a los auxiliares de conversación el perfeccionamiento del idioma de su país de destino a la vez que enseñan su lengua de origen y, por otra, integrar en los centros españoles a expertos en la promoción y enseñanza de lenguas extranjeras. El cuadro 16 muestra el número de auxiliares de conversación en el presente curso 2007-2008.

Programa de Academias Internacionales Españolas (ISAS)

Durante el curso 2003-2004 se puso en marcha de manera experimental el programa de Academias Internacionales Españolas, con siete escuelas en los Estados Unidos: dos en Illinois, tres en California y otras dos en Florida. El proyecto de las ISAS, consistente en establecer un programa educativo en inglés y en español de cooperación internacional entre las escuelas públicas norteamericanas y el Ministerio de Educación y Ciencia, con el fin de alcanzar objetivos de excelencia académica a través de la implantación de un currículo integrado y en un entorno bilingüe, no solo se está consolidando sino que se encuentra en una muy clara fase de expansión.

El cuadro 17 muestra los datos sobre el número de Academias Internacionales Españolas referentes a 2005 y 2006; no se dispone de datos concretos con respecto al número de alumnos o profesores.

Finalmente, ofrecemos en el cuadro 18 todos los datos referidos a la acción educativa del Ministerio de Educación y Ciencia español en los Estados Unidos (2006-2007).

cuadro 15 **Programa de Profesores Visitantes en los Estados Unidos (curso 2007-2008)**

	Primaria	Secundaria	TOTAL
California	235	79	314
Carolina del Norte	9	14	23
Carolina del Sur	6	15	21
Connecticut	3	7	10
Florida	25	16	41
Georgia	4	4	8
Illinois	179	53	232
Indiana	12	6	18
Iowa	4	13	17
Kansas	4	22	26
Kentucky	4	14	18
Luisiana	16	4	20
Maryland	1	4	5
Massachusetts	9	13	22
Nebraska	7	15	22
Nevada	11	12	23
Nueva York	4	49	53
Nuevo México	14	5	19
Ohio	5	4	9
Oregón	4	1	5
Pensilvania	0	4	4
Tenessee	11	18	29
Texas	156	26	182
Utah	11	1	12
Virginia	7	10	17
Washington D.C.	9	1	10
Washington	1	6	7
Wisconsin	1	1	2
TOTAL	752	417	1.169

cuadro 16 **Auxiliares de conversación en los Estados Unidos (curso 2007-2008)**

Auxiliares de conversación		Total
Españoles	Extranjeros	
35	745	780

cuadro 17 **Academias Internacionales Españolas en los Estados Unidos**

	Número de Academias Internacionales Españolas en los Estados Unidos	
Estado	Abiertas en 2005	Abiertas en 2006
California	3	0
Carolina del Norte	1	0
Carolina del Sur	0	1
Florida	3	0
Illinois	2	4
Indiana	1	4
Nuevo México	0	2
Ohio	0	1
Oregón	0	1
Texas	0	4
Washington	0	3
Total	10	20

cuadro 18 **Datos del número de alumnos y profesores (Ministerio de Educación y Ciencia español en los Estados Unidos)**

Auxiliares	Alumnos	Profesores
Secciones Españolas	2.144	12
UNIS	1.450	14
PEI Miami	1.300	94
ALCE	923	11
Academias Internacionales Españolas	No hay datos	No hay datos
Programa de profesores visitantes		1.169
Programa de auxiliares de conversación		780
Total	5.817	2.080

La presencia del Instituto Cervantes en los Estados Unidos

El Instituto Cervantes es una institución pública creada por el Gobierno de España en 1991 para la promoción y la enseñanza de la lengua española y para la difusión de la cultura española e hispanoamericana.

Su sede central se encuentra en Madrid; a su vez, en la ciudad de Alcalá de Henares, el Instituto Cervantes cuenta con otra sede, en la que se ubica el Centro de Formación de Profesores de Español, también perteneciente al Instituto Cervantes, donde se imparten cursos de perfeccionamiento en didáctica del español para los profesores de español como lengua extranjera, así como un Máster en Enseñanza del Español como Lengua Extranjera.

El Cervantes cuenta, asimismo, con sedes que ya abarcan los cinco continentes: Europa, Asia, África, América y Oceanía (con la apertura reciente de una sede en Australia). Los centros del Instituto Cervantes en el exterior suman (con fecha de marzo de 2008) la cifra de 69.

Entre los objetivos y funciones del Instituto Cervantes figuran la organización de cursos generales y especiales de lengua española, así como de las lenguas cooficiales en España; la expedición, en nombre del Ministerio de Educación y Ciencia español, de los Diplomas de Español como Lengua Extranjera (DELE) y la organización de los exámenes para su obtención; la actualización de los métodos de enseñanza y de formación del profesorado; el apoyo a la labor de los hispanistas; la participación en programas de difusión de la lengua española, como la organización de los Congresos Internacionales de la Lengua Española o la coordinación de publicaciones enfocadas en el análisis de la situación del español en el mundo, y la realización de actividades de difusión cultural en colaboración con otros organismos españoles e hispanoamericanos y con entidades de los países anfitriones.

Entre las iniciativas más trascendentes desarrolladas por el Instituto Cervantes para asegurar la calidad en la promoción de la enseñanza del español como lengua extranjera y un mayor alcance en la difusión internacional de los contenidos culturales en lengua española, destacan dos proyectos de gran importancia. El primero de ellos es la elaboración del *Plan curricular del Instituto Cervantes*, publicación que integra los contenidos y objetivos de aprendizaje, estructurados en seis niveles de progresión en el estudio de la lengua española. Esta publicación se basa en las directrices y recomendaciones para la enseñanza de lenguas extranjeras recogidas por el Consejo de Europa en el *Marco común europeo de referencia para las lenguas*. El segundo de los proyectos más recientes y destacables del Instituto Cervantes es el lanzamiento de Cervantes TV, un canal cultural de televisión en español a través de Internet, con cobertura mundial. Con Cervantes TV, el Instituto se convierte en la primera institución europea para la difusión de la lengua y la cultura que cuenta con su propio canal de televisión y que puede transmitir y hacer llegar los contenidos culturales y didácticos del Cervantes a aquellos lugares donde no llega presencialmente.

El Instituto Cervantes cuenta con cuatro sedes en los Estados Unidos, situadas en las ciudades de Nueva York (Nueva York), Chicago (Illinois), Albuquerque (Nuevo México) y Seattle (Washington).

Instituto Cervantes de Nueva York

El centro del Instituto Cervantes en Nueva York ofrece cursos de español generales y especiales, así como cursos de formación de profesores de español. En el área docente, el centro de Nueva York mantiene una oferta creciente, con un incremento en el número de alumnos inscritos en los cursos de español, cifra que ha experimentado un crecimiento del 16,14% en el último curso, con un total de 3.980 matriculados en 474 cursos ofertados en 2006-2007. Por su parte, el programa de formación de profesores de este centro es ya merecedor de un notable reconocimiento en los círculos académicos de la ciudad; el número de profesores de español que han demandado los cursos de perfeccionamiento ofertados por el centro ha llegado a los 604 matriculados. Los cursos especiales, en particular los seminarios dedicados a gastronomía y vino, han alcanzado un elevado grado de popularidad. Junto al número de matrículas, ha de constatarse un aumento en los usuarios de la biblioteca y en el de socios del instituto. El grado de influencia del Instituto Cervantes en la vida cultural de la ciudad puede medirse por dos indicadores significativos: el aumento de público asistente a las actividades culturales y una presencia mayor en los medios de comunicación locales y españoles.

Entre las actividades culturales organizadas por este centro en el último curso académico destacan especialmente la coproducción de la exposición 'Contra el fascismo: Nueva York y la Guerra Civil española', inaugurada en el Museo de la ciudad de Nueva York, y las doce mesas redondas celebradas durante el Festival 'Voces del Mundo', que organiza el PEN American Center. La participación en el festival de cine 'Spanish Cinema Now', en el Festival Flamenco de Nueva York y en el 'TeatroStageFest', dedicado al teatro hispánico, muestra la consolidación del Instituto Cervantes como institución cultural en Nueva York.

Entre algunos de los actos más destacables se contarían el homenaje de Carlos Fuentes a Alfonso Reyes o el encuentro entre Enrique Vila-Matas y Paul Auster, uno de los eventos más multitudinarios y de mayor alcance mediático de la temporada. Una de las innovaciones mejor acogidas por el público neoyorquino ha sido la implantación de la serie 'Tertulia en el Cervantes', abierta a la mirada sobre lo español de personalidades de relieve en la vida cultural de la ciudad, como Siri Hustvedt, Mike Wallace o Eric Darton, entre otros. Por último, cabe añadir la participación del Instituto Cervantes de Nueva York, durante el otoño, en la V Bienal del Museo del Barrio.

Sede del Instituto Cervantes en Nueva York.

Instituto Cervantes de Chicago

El centro del Instituto Cervantes en Chicago ofrece, igualmente, cursos de español generales y especiales, así como cursos de formación de profesores de español. En el área docente, el centro de Chicago ha registrado en el pasado curso académico 2006-2007 un total de 1.304 matriculados en 223 cursos ofertados. Por su parte, a través del programa de formación de profesores de este centro se han formado en estos cursos un total de 92 profesores de español en el pasado año académico.

En el área de la difusión cultural, cabe destacar la realización de unas primeras jornadas profesionales dedicadas al estudio de los clásicos españoles en la escena a las que asistieron cerca de 40 profesores de universidades norteamericanas y ponentes españoles. El Instituto Cervantes de Chicago tiene la intención de dar continuidad a esta iniciativa, que no existía en el panorama universitario norteamericano, y podrá consolidarse en los próximos años con la colaboración de instituciones españolas y norteamericanas. En el ámbito cultural, cabe añadir asimismo la inauguración de la exposición 'Granada 2004' del pintor catalán Joan Hernández Pijuan, la organización del Festival Flamenco y del Latino Film Festival y las jornadas dedicadas al escritor Tomás Eloy Martínez y al arquitecto Juan Herreros. De igual modo, se prestó atención especial a la literatura en lengua española escrita en el área de Chicago, con la presentación de la novela publicada por la editorial Tusquets *Guadalajara de noche*, del autor hondureño León Leyva. Por último, cabe destacar también la retrospectiva dedicada al cineasta catalán Pere Portabella en el Gene Siskel Center, la cinemateca del Art Institute de Chicago.

Instituto Cervantes de Albuquerque

El centro del Instituto Cervantes en Albuquerque mantiene una oferta variada de cursos generales de lengua española y cursos especiales. El número de alumnos inscritos en los cursos ha experimentado un crecimiento del 43,39% en el curso académico 2006-2007 con respecto al curso anterior, y el número de matrículas ha llegado a 846, en un total de 117 cursos ofertados. Las clases, que se han diversificado, se ofrecen también en Udall Hall, gracias a la Secretaría de Cultura del Gobierno de Nuevo México, y en instituciones escolares de prestigio como la Santa Fe Preparatory School. A todo ello, cabe añadir una iniciativa pionera propiciada por el centro del Instituto en la ciudad de Albuquerque: la celebración de un curso de enseñanza de 'Español, lengua de herencia', en colaboración con el Centro Nacional de Cultura Hispana (NHCC) de Nuevo México.

En el ámbito cultural, el centro del Instituto Cervantes de Albuquerque ha afianzado su apuesta por los artistas independientes y las nuevas tendencias frente a las propuestas convencionales, en todas las disciplinas. El cine sigue siendo una de las actividades que registra una mayor aceptación, con la celebración del ciclo 'Cine en construcción', breve panorama del nuevo cine hispanoamericano; el ciclo 'Blanco y negro', recorrido por el cine clásico español, y el ciclo '1.000 palabras', con la participación de la autora venezolana Silda Cordoliani.

El Instituto Cervantes de Albuquerque incluyó también en el curso pasado un homenaje al poeta Ángel González, que residió en esta ciudad durante más de treinta años, así como la celebración de la obra de Roberto Bolaño, un autor especialmente ligado al suroeste de los Estados Unidos y a la cultura de la frontera. El centro incorporó a su programación cultural otra serie de actividades enfocadas en la exploración de las estrechas relaciones entre la cultura neomexicana y sus fuentes peninsulares.

Instituto Cervantes de Seattle

La apertura del Instituto Cervantes de Seattle, el 8 de marzo de 2007, supuso un paso adelante en el ambicioso proyecto de expansión del Instituto Cervantes en los Estados Unidos. Durante los actos oficiales de inauguración, el Parlamento Estatal declaró el mes de marzo de 2007 como el 'Mes del Instituto Cervantes en el estado de Washington'.

Situado en el seno del Departamento de Español de la Universidad de Washington y dependiente del Instituto Cervantes de Nueva York, cumple la doble función de insertarse académica y culturalmente en la comunidad universitaria y ofrecer los productos estrella del Instituto: el Diploma de Español como Lengua Extranjera y el Aula Virtual de Español (AVE).

Durante su primer año, el Instituto Cervantes de Seattle ha realizado presentaciones y seminarios ante la comunidad académica en general, se han atendido las consultas individuales de los profesores de la universidad y se ha promocionado el curso de tutores del Aula Virtual de Español del Instituto Cervantes. Al mismo tiempo, se han mantenido conversaciones con la editora MacGraw-Hill y el especialista Bill Van Patten para el proyecto de elaboración de un manual universitario basado en el AVE; además, se ha ofrecido el

DELE a la comunidad académica y a la Superintendencia de Educación del estado. Por otro lado, se han desarrollado varios programas piloto en la aplicación de la nueva versión del AVE 2.0 a la docencia semipresencial con grupos de alumnos de la universidad, con senadores y representantes del Capitolio de Olimpia y con altos ejecutivos de la multinacional Starbucks. Como resultado de esta acción se firmó un convenio de colaboración entre el Instituto Cervantes y Starbucks Corporation para la enseñanza de español a los trabajadores de la empresa.

Entre las actividades culturales más sobresalientes merecen citarse el programa 'Proyecto Paz: Reconciliation and Historical Memory in Contemporary Spain', con la exposición 'Corresponsales en la Guerra Civil española (1936-1939)'; la presentación de la traducción al inglés de la obra de César Vallejo por parte de Clayton Eshleman; la celebración del Día del Libro, en conexión por videoconferencia con el Círculo de Bellas Artes de Madrid; la conferencia del poeta y profesor Martín Espada, y, especialmente, la participación del Instituto Cervantes en el XXXIII Festival Internacional de Cine de Seattle.

La enseñanza del español en los Estados Unidos por parte de instituciones hispanoamericanas[15]

La enseñanza del español en el territorio estadounidense no es exclusiva de España, ya que son muchos los países hispanoamericanos que ofertan sus cursos de español cuyo objetivo es atraer al público norteamericano. Dentro de los países hispanoamericanos que cuentan con una oferta de español en los Estados Unidos, destacan principalmente México y Argentina. Podríamos situar la región de Centroamérica en un segundo plano. La oferta mexicana está orientada principalmente al mercado de los Estados Unidos: como puntos fuertes de esta oferta podríamos destacar el papel del amplio colectivo de profesores de origen mexicano que ejercen la docencia en los Estados Unidos.

Respecto a Argentina, se trata de una oferta muy incipiente, con una cuota de mercado que aún no puede calificarse como altamente significativa, y centrada sobre todo por proximidad geográfica en el mercado brasileño.

No se dispone de cifras o datos concretos con respecto al número de alumnos o profesores de español en este sector.

Academias de idiomas y otros centros de estudios privados

El mercado estadounidense difiere claramente del europeo en el grado de implicación del sector empresarial privado en el ámbito de la enseñanza de lenguas extranjeras. El estudiante norteamericano aprende idiomas, si es que lo hace, durante el instituto o la universidad. Pocos son los estudiantes que desean ampliar sus conocimientos de idiomas a través de otras instituciones. Aun así, cabe destacar que, dentro del sector, los cursos de idiomas se comercializan también a través de empresas privadas. En este sentido diversos Centros de Estudios Privados y Centros de Idiomas Privados garantizan al alumno el correcto aprendizaje de idiomas. Los primeros imparten también otras disciplinas aparte del idioma, mientras que los segundos están especializados básicamente en cursos de idiomas. En comparación con Europa, en los Estados Unidos apenas existen centros privados o academias dedicados exclusivamente a impartir cursos de idiomas. Uno de los grupos empresariales más presentes en el mercado americano es Berlitz, el centro de idiomas más conocido en los Estados Unidos.

Tampoco se dispone de cifras o datos concretos con respecto al número de alumnos o profesores de español en este sector.

Conclusión

La lengua española, en los últimos años, ha sufrido una evolución que la ha llevado a pasar del ámbito doméstico a todos los sectores sociales (comercio, servicios públicos, medios de comunicación). La creciente inmigración hispana y el aumento de su población han hecho que el español se haya ido implantando en el ámbito educativo estadounidense. En lo que se refiere al sistema educativo reglado, las cifras muestran una presencia importante, debida bien a las políticas de integración, bien a la enseñanza del español como segunda lengua. La presencia de la lengua española en la enseñanza elemental comienza a ver un número creciente de matrículas, mientras que en la secundaria se fortalece el predominio que ya tenía desde los años cuarenta. La enseñanza superior, que ya era la más demandada en la década de los setenta, sigue su expansión con fuerza, después de multiplicar por cuatro el número de matrículas entre 1960 y 2002. No es raro este fenómeno si consideramos que muchas instituciones exigen ya el conocimiento de un idioma para ingresar o finalizar sus estudios, y, dentro de estos, el español se empieza a ver como ventajoso en las relaciones cotidianas del mundo real. En el cuadro 19 ofrecemos una recopilación de todos los datos disponibles referentes al número de alumnos y profesores de español en los distinto ámbitos y niveles educativos en los Estados Unidos.

cuadro 19 **Datos del número de alumnos y profesores de español en los Estados Unidos (2006-2007)**

		Alumnos	Profesores
Sistema educativo reglado estadounidense	Enseñanza elemental	699.765	No se dispone del dato
	Enseñanza secundaria	4.057.608	No se dispone del dato
	Enseñanza superior (universidad)	822.985	No se dispone del dato
Ministerio de Educación y Ciencia español	Secciones Españolas	2.144	12
	UNIS	1.450	14
	PEI Miami	1.300	94
	ALCE	923	11
	Programa de profesores visitantes		1.169
	Programa de auxiliares de conversación		780
	Academias Internacionales Españolas	No se dispone de los datos	
	Academias de idiomas y centros privados	No se dispone de los datos	
	Instituto Cervantes	6.130	70
Total		5.592.305	2.150 Cifra parcial: no hay más datos

El evidente interés por el español y el consecuente crecimiento de su enseñanza en los Estados Unidos se encuentran con un problema importante: la falta de profesores y profesores bien formados; no es suficiente la experiencia profesional por sí sola. Para ser profesor de español como lengua extranjera no basta con ser nativo o haberlo estudiado incluso hasta cierto grado universitario; pueden ser puntos importantes pero no únicos. La formación pedagógica debe tener un peso importante. Sería fundamental la colaboración profesional entre las distintas instituciones, tanto nacionales como extranjeras, con objeto de evitar el intrusismo y conseguir una formación adecuada de los profesionales que se dedican a la enseñanza de español como lengua extranjera en el país.

Es opinión generalizada entre los especialistas la necesidad de adaptarse a cada situación de enseñanza según el país en el que se aprenda nuestra lengua, así como la creación de un entorno común aprovechando Internet y las tecnologías de la información y la comunicación para la difusión y publicación de revistas y materiales didácticos, que sirva, además, como foro de intercambio de ideas, experiencias, etc. accesibles a través de la Red y que sirvan para poner en contacto a los profesores repartidos por el mundo.

Las instituciones españolas deben apoyar todos los programas formativos de este tipo para los profesores de español como lengua extranjera, para lograr su formación especializada en enseñanza, aprendizaje, evaluación, etc. En este sentido es ya importante la labor realizada por las Consejerías de Educación del Ministerio de Educación y Ciencia español con sus asesores lingüísticos y el trabajo llevado a cabo por las distintas asociaciones de profesores de español como lengua extranjera. Por su pare, el Instituto Cervantes lleva ya una larga andadura realizando una importante labor en la formación de profesores, no solo en el extranjero, también dentro de España. A su vez, ha dado un paso fundamental en la creación de un marco curricular que define los tramos de aprendizaje del español como lengua extranjera con iniciativas como la publicación del *Plan curricular del Instituto Cervantes. Niveles de referencia para el español,* entre otras.

Solo con la creación de un cuerpo preparado de profesores para la enseñanza del español —y no solo esto, sino también otro de formadores de profesores— se conseguirá cubrir de forma adecuada las demandas que hoy reclama la enseñanza de nuestra lengua y que se podrían resumir con las palabras del profesor Francisco Marcos Marín (2006: 187)[16]: 'un mínimo de cinco millones de estudiantes están matriculados en español en la enseñanza pública, con datos bastante fiables para la secundaria y las universidades. Si se añaden los estudiantes de la enseñanza privada reglada, los de *colleges* y universidades que no llegan a graduarse y los de centros privados, incluyendo los del Instituto Cervantes, la cifra podría acercarse bastante a los 6.000.000 y el mercado está muy lejos de su saturación, por lo visto, hay todavía una posibilidad de crecimiento de hasta un 60% más. Las consecuencias de esta contabilidad, sin duda, imponen un ejercicio de responsabilidad'.

Notas

[1] Vid. http://nces.ed.gov/programs/digest/do6/.

[2] Vid. General School Information, una publicación en línea del Departamento de Educación de Colorado (http://www.cde.state.co.us/index_home.htm/).

[3] Algunos sistemas tienen Escuela Secundaria Básica para los grados 7 y 8.

[4] Vid. http://nces.ed.gov/programs/digest/do7/.

[5] Vid. http://www.learner.org/index.html/.

[6] Vid. Center for Applied Linguistics, Directory of foreign language immersion programs in U.S. schools (enero de 2008), en http://www.cal.org/resources/immersion/. Datos actualizados con fecha de enero de 2008.

[7] Vid. Center for Applied Linguistics, *Directory of Two-Way Bilingual Immersion Programs in the U.S.* (enero de 2008), en http://www.cal.org/twi/directory/. Directorio actualizado con fecha de 24 de enero de 2008.

[8] Vid. http://www.cal.org/twi/directory/.

[9] Vid., en http://www.mla.org/, Enrollments in Languages Other Than English in United States Institutions of Higher Education, Fall 2006.

[10] Vid. http://www.mla.org/2006_flenrollmentsurvey/.

[11] No se incluyen el latín ni el griego clásico.

[12] Ministerio de Educación y Ciencia, *El mundo estudia español,* Subdirección General de Cooperación Internacional, 2006, datos actualizados con fecha de 2007, en http://www.mec.es/redele/Biblioteca2007/elmundo.shtml/.

[13] Ministerio de Educación y Ciencia. Consejería de Educación y Ciencia en Estados Unidos. *Boletín de noticias,* n.º 20, octubre de 2006, en http://www.creade.org/educa/.

[14] Ministerio de Educación y Ciencia. Consejería de Educación y Ciencia en Estados Unidos. *Boletín de noticias,* n.º 20, octubre de 2006, en http://www.creade.org/educa/. Datos actualizados con fecha de febrero de 2008.

[15] Vid. Maite Sáez Lanao, *El español como recurso económico en Estados Unidos,* Los Ángeles: Oficina Económica y Comercial de España en Los Ángeles, 2007.

[16] Vid. 'Español y lengua hispana en los Estados Unidos de América', en *Enciclopedia del español en el mundo: Anuario del Instituto Cervantes 2006-2007.* Madrid: Instituto Cervantes; Barcelona: Random House Mondadori, 2006, pp. 178-187.

VI DEPARTAMENTOS UNIVERSITARIOS, HISPANISTAS, ASOCIACIONES E INSTITUCIONES CULTURALES

La universidad norteamericana:
departamentos de español, grandes figuras del hispanismo
y asociaciones e instituciones culturales

Gerardo Piña Rosales

La universidad norteamericana: departamentos de español, grandes figuras del hispanismo y asociaciones e instituciones culturales

Gerardo Piña Rosales

Departamentos de español

Como paradigma de los programas de lengua y literaturas hispánicas que se ofrecen —a nivel subgraduado y graduado— en la mayoría de las universidades estadounidenses, basta con que examinemos uno de ellos para que nos hagamos una idea del carácter, objetivos y contenido de los mismos: el de la Universidad de Chicago, por ejemplo. El Departamento de Lenguas Romances de esta universidad ofrece los siguientes cursos en I) Lengua: 1) Español elemental, en tres niveles, con énfasis en gramática, vocabulario y práctica oral; 2) Lengua, Historia y Cultura, tres cursos de nivel intermedio donde los estudiantes repasan lo aprendido en cursos anteriores y practican con la ayuda de materiales audiovisuales; 3) Tres cursos de lengua, historia y cultura para estudiantes bilingües; 4) Curso de redacción académica; 5) Curso de redacción académica para hablantes nativos; 6) Discurso académico; 7) Las regiones del español. II) Literatura y Cultura: 1) Literatura hispánica: textos clásicos (escritores de la Edad Media, Renacimiento, Siglo de Oro); 2) Literatura hispánica: textos españoles contemporáneos (escritores como Larra, Espronceda, Zorrilla, Bécquer, Pardo Bazán, Galdós, Unamuno, Valle-Inclán, Machado, Lorca, Cela, Laforet y Matute); 3) Literatura hispánica: textos hispanoamericanos, desde la colonia a la independencia (de autores como Colón, Cabeza de Vaca, Garcilaso, Sor Juana, Sigüenza y Góngora, Bello, Bolívar, Sarmiento y Echeverría); 4) Literatura hispánica: textos hispanoamericanos, del Modernismo al presente (José Martí, Rubén Darío, Mariano Azuela, Pablo Neruda, César Vallejo, Teresa de la Parra, Jorge Luis Borges, Octavio Paz, Rosario Castellanos, Mario Vargas Llosa, Diamela Eltit y Pedro Pietri); 5) Discurso académico para hablantes nativos; 6) Introducción al análisis literario; 7) Revisiones de la historia colonial en la novela y el cine latinoamericanos (por ejemplo, se analizan películas de Nicolás Echevarría, María Luisa Bemberg, Nelson Pereira dos Santos y Lucía Murat, y novelas de Miguel Otero Silva, Juan José Saer, Carmen Buollosa y Laura Esquivel); 8) Don Quijote, y 9) Teatro y teatralidad medieval y prelopista (se suelen leer obras y autores como el *Auto de los reyes magos*, el *Libro de buen amor*, el *Corbacho* y *La Celestina*, Diego Gómez Manrique, Juan del Encina, Rodrigo Cota, Lucas Fernández, Gil Vicente, Bartolomé de Torres Naharro y Cristóbal de Castillejo).

No debe resultar extraño ver que en estos programas de lengua y literatura hispánicas se ofrecen cursos para estudiantes bilingües ('Heritage Speakers'). ¿Cómo se benefician los estudiantes hispanos del estudio del español? Puede parecer obvio, pero los estudiantes hispanos se benefician enormemente del estudio de la lengua española. En algunos casos, la alfabetización se consigue de un modo mucho más rápido y eficaz si se le permite al estudiante que mantenga y perfeccione la lengua materna. En los centros de educación donde el estudiantado es multicultural, los estudiantes bilingües y biculturales pueden ser modelos para el fecundo trasvase de ideas y el enraizamiento de la tolerancia y del respeto mutuos. Una comunidad que favorece el multilingüismo y el multiculturalismo proyecta una imagen positiva de identidad entre sus miembros. Crece, por tanto, la solidaridad entre ellos. La globalización que avanza a pasos agigantados en nuestra época obliga a los Estados Unidos a plantearse diferentes vías en más de una lengua en el mundo de los negocios. Ser monolingüe es suicida.

No faltan iniciativas para remediar esta situación. Por ejemplo, la Universidad de California en Los Ángeles, la Oficina de Educación de la Asociación Americana de Maestros de Español y Portugués y el Instituto Mexicano de Cultura, con los auspicios del National Endowment for the Humanities, ofrecieron un seminario de seis semanas, durante el verano de 2000, para profesores universitarios interesados en la enseñanza del español a los estudiantes de origen hispano. Los participantes en el seminario tuvieron la oportunidad de compartir conocimientos y experiencias con estudiantes de origen hispano así como con pioneros de la enseñanza del español; repasaron, analizaron y desarrollaron nuevos programas de estudio y parámetros con los que detectar problemas, etc. Algunos de los temas que se trataron durante esas seis semanas fueron los siguientes:

- La importancia que tiene para estos estudiantes el conocer del modo más profundo posible las culturas hispánicas en los Estados Unidos. Desde la primera clase se debe hacer hincapié en la importancia de la presencia hispánica en los Estados Unidos: que los alumnos sepan que fueron los españoles los primeros exploradores de lo que vino a ser el territorio estadounidense; que, antes de que Hudson avistara las aguas del río que ahora lleva su nombre, este había sido explorado por Esteban Gómez y bautizado como río San Antonio; que la Florida fue española hasta 1819; y que en el suroeste, la zona de los estados de California, Nevada, Arizona, Utah, Nuevo México, Texas y partes de Colorado y de Kansas, perteneció al virreinato de Nueva España, con capital en la Ciudad de México, hasta 1821, a México hasta 1848, y desde entonces a los Estados Unidos.

- La necesidad de que el profesor conozca, aunque sea superficialmente, las variantes del español de los Estados Unidos. Así, se habló de que el español hablado en el país se podía dividir en cuatro grupos, a saber (1) el chicano, (2) el cubano, (3) el puertorriqueño y (4) las hablas residuales como el judeoespañol, el isleño (Luisiana) y el español de la región del río Sabine (Luisiana y Texas). Además de estos grupos, hay personas originarias de otros países de Centroamérica y Sudamérica que llegan a formar comunidades hispanohablantes demográficamente significativas, como en Washington D.C.

- Es esencial que los educadores sean conscientes de la necesidad del estudio de lenguas extranjeras en los Estados Unidos, de la importancia del mantenimiento de la lengua materna y de las estrategias políticas y administrativas capaces de conseguir esos fines.

- Es fundamental que se reconozca la necesidad de incrementar los programas de la enseñanza del español a los universitarios de origen hispano.

- La educación bilingüe y bicultural deberá sustentarse en lo ya conseguido. No se ha de perseguir tanto la transición al inglés del estudiantado como el mantenimiento del español, la lengua materna.

- El American Council on the Teaching of Foreign Languages y la American Association of Teachers of Spanish and Portuguese deberían trazar unas pautas claras y definidas con las que evaluar los programas existentes y los que se crearán en el futuro.

- La enseñanza del español a estos estudiantes de origen hispano deberá desarrollarse en el marco adecuado que vehicule su éxito tanto en un plano personal como en el profesional.

- En los medios académicos, se debería también hacer uso del español —o al menos, tenerlo como referencia— en el estudio de otras disciplinas como la literatura, la historia, la política, el arte, la música, la filosofía, la economía, las ciencias, la tecnología, la diplomacia y la religión.

- Antes de que el estudiante se matricule en un curso de español para hispanohablantes, es imprescindible que se calibre su nivel de conocimientos en dicho idioma.

- Las universidades deberían ofrecer una especialidad que combinase el estudio de la interpretación, la traducción y la metodología para la enseñanza del español a hispanohablantes.

• Las pautas para la evaluación de programas de este tipo y su publicación en las *webtecas* correspondientes deberían ser determinadas por organizaciones como la Asociación de Profesores de Español y Portugués, la Clearinghouse on Languages and Linguistics (ERIC/CLL) y la National Clearinghouse for Bilingual Education (NCBE).

Grandes figuras del hispanismo

Las primeras cátedras de español en los Estados Unidos fueron las de Harvard (1819), Virginia (1825) y Yale (1826). El primer hispanista anglosajón fue Washington Irving, autor no solo de los famosos *Cuentos de la Alhambra*, sino también de una de las primeras biografías de Cristóbal Colón. Henry Wadsworth Longfellow tradujo al inglés las *Coplas* de Jorge Manrique y publicó varios ensayos sobre literatura española. William Cullen Bryant tradujo romances moriscos y como director del *Evening Post* incluyó en la revista muchos artículos sobre temas peninsulares. Pero el grupo más importante de hispanistas fue sin duda el bostoniano. Hay que mencionar a George Ticknor, profesor de español en Harvard y autor de una *Historia de la literatura española*. A William H. Prescott debemos importantes estudios sobre la conquista de México y Perú, así como una historia del reinado de los Reyes Católicos. Otros hispanistas importantes han sido French E. Chadwick, Horace E. Flack, Marrion Wilcox y A. Irving Leonard, especialista en Góngora; Hubert H. Bancroft (1832-1918) y Edward G. Bourne (1860-1908) han reivindicado la obra de España en América. C. Brinton, H. Coffin, W. W. Collins, J. A. Gade, C. S. Rickets y L. Williams se interesaron por el arte español. Jeremiah D. M. Ford (1873-1958) es autor de las antologías *Old Spanish Readings* (1906) y *Spanish Anthology* (1901). Edith F. Helman fue una estudiosa de Goya. Charles Carroll Marden hizo la edición crítica del *Poema* de Fernán González y editó el anónimo *Libro de Apolonio* y los *Milagros de Nuestra Señora* de Gonzalo de Berceo; Katherine R. Whitmore escribió sobre la lírica contemporánea y la Generación del 98. Charles Philip Wagner es autor de una *Spanish Grammar*; George T. Northup hizo ediciones de textos medievales como *El libro de los gatos*; Raymond S. Willis estudió el *Libro de Alexandre*; Lewis U. Hanke se especializó en la historiografía de Indias, y publicó excelentes estudios sobre el padre Bartolomé de las Casas; Ada M. Coe, Benjamin B. Ashcom, Ruth Lee Kennedy y Gerald Edward Wade estudiaron particularmente el teatro; Sylvanus Griswold Morley y Courtney Bruerton se dedicaron al Siglo de Oro, especialmente a las obras de Lope de Vega; Sturgis E. Leavitt se aplicó a los estudios bibliográficos; Edwin B. Place editó el *Amadís de Gaula*; Nicholson B. Adams se consagró al drama romántico; Henry H. Carter editó el *Cancionero de Ajuda*; J. P. Wickersham Crawford estudió la vida y las obras de Cristóbal Suárez de Figueroa; Edwin B. Williams compuso un diccionario bilingüe; y también Henry R. Kahane, Dwight L. Bolinger y Norman P. Sacks. Entre los discípulos de Américo Castro en la Universidad de Princeton figuran Albert A. Sicroff, Stephen Gilman y Edmund L. King, especialista en la obra de Gabriel Miró. Rudolph Schevill editó con Adolfo Bonilla las *Obras completas* de Miguel de Cervantes; Joseph G. Fucilla estudió la huella italiana en las letras hispánicas y Archer Milton Huntington, quien tuvo por profesor a otro hispanista, William Ireland Knapp, fundó la Hispanic Society of America.

Otros importantes hispanistas estadounidenses lo han sido —y algunos lo siguen siendo— Otis H. Green, Yakov Malkiel, Ralph Hayward Keniston, Lloyd Kasten y Lawrence B. Kiddle, Theodore S. Beardsley, Erwin Kempton Mapes, John E. Englekirk, John Esten Keller, Leo Spitzer, Alan S. Trueblood, Laurel H. Turk, Bruce W. Wardropper, Anthony Zahareas, Isaías Lerner, Walter T. Pattison, Richard Pattee, Russell P. Sebold, Mack Singleton, Edwin S. Morby, James O. Crosby, John McMurry Hill, Richard Herr, Everett W. Hesse, John Dowling, Elías L. Rivers, Donald F. Fogelquist, Karl Ludwig Selig, Victor R. B. Oelschläger, William H. Shoemaker, Kenneth R. Scholberg, Kessel Schwartz, Martin Nozick, Estelle Irizarry, Robert Blake, James Mandrell, Elizabeth Scarlett, Roberta Johnson, Shirley Magnini, R. Kronik, Janet Pérez,

Iván A. Schulman, Thomas Mermall, Philip Silver, David K. Herzberger, William Sherzer, Howard Mancing, James Parr, Ramón Buckley y Susan Kirkpatrick.

La mayoría de las universidades norteamericanas cuentan con magníficos departamentos de lengua y literaturas hispánicas. No hay que olvidar que hoy día el español es la lengua 'extranjera' más estudiada en los Estados Unidos, habiendo desbancado al francés y al alemán, aun en estados donde estas lenguas, por razones históricas y geopolíticas, habían sido las preferidas. En muchos de los departamentos de español sobresalen excelentes figuras del hispanismo, tanto profesores españoles como hispanoamericanos. Mencionaremos (por orden alfabético) algunos de ellos, las universidades donde han enseñado o enseñan y algunas de sus obras:

Jaime Alazraki fue profesor de Literatura Hispanoamericana en la Universidad de California, San Diego, en los años setenta. En los ochenta pasó a la Universidad de Harvard. Ha enseñado también en la Universidad de Columbia.

Ángel Alcalá fue profesor de Filosofía en la Universidad Pontificia de Salamanca y, luego, hasta su jubilación en 1998, de Literatura Española en The City University of New York (Brooklyn College). Ha publicado una veintena larga de libros y un centenar de artículos en revistas especializadas sobre distintos temas en esas áreas, especialmente sobre escritores del Siglo de Oro, la Inquisición y Miguel Servet, cuyas obras completas está editando en seis volúmenes. Su obra *Alcalá Zamora y la agonía de la República* fue premiada por cuatro Reales Academias en 2001. Miembro correspondiente de la Real Academia de la Historia, lo es también de la Argentina de Ciencias Morales y Políticas.

Fernando Alegría enseñó en Berkeley entre 1964 y 1967 y luego en la Universidad de Stanford hasta su jubilación en 1998. Fue una de las figuras más destacadas en la introducción de la literatura hispanoamericana en los Estados Unidos, donde su influencia fue enorme. Sus obras sobre historia de la literatura —*La novela hispanoamericana del siglo XX* (1967), *Literatura chilena del siglo XX* (1967), *Literatura chilena contemporánea* (1969), *Literatura y revolución* (1970) y *Literatura y praxis en América Latina* (1974)— se encuentran entre lo principal del género.

José Amor y Vázquez fue profesor en Brown University hasta su jubilación. Es autor de obras como *Máscaras mexicanas en la poesía de Cernuda* y *Moreno Villa: Quetzalcóatl y Xochipilli* y *De regionalismo y literatura: Yeats y Valle-Inclán*.

Enrique Anderson Imbert fue destituido de su cátedra en Tucumán con el advenimiento del Gobierno de Juan Domingo Perón. Entonces se dirigió a los Estados Unidos con una beca de la Universidad de Columbia. En 1947 comenzó a enseñar en la Universidad de Míchigan, donde permanecería hasta 1965. En ese año fue designado 'Victor S. Thomas Professor' de Literatura Hispánica en la Universidad de Harvard, cargo que mantendría hasta su jubilación en 1980. Fue miembro de la Academia Norteamericana de la Lengua Española. Son reputados sus ensayos sobre la historia literaria hispanoamericana, como *Historia de la literatura hispanoamericana* (1954), *El realismo mágico y otros ensayos* (1979), *La crítica literaria y sus otros métodos* (1979) y sus estudios sobre Domingo Faustino Sarmiento y Rubén Darío.

Samuel G. Armistead es, sin duda, el nombre más sobresaliente en el ámbito de los estudios sobre la cultura sefardí. Son imprescindibles en este campo sus libros *El Romancero judeo-español en el Archivo Menéndez Pidal: catálogo-índice de romances y canciones*, *Tres calas en el romancero sefardí (Rodas, Jerusalén, Estados Unidos)*, *En torno al romancero sefardí: (hispanismo y balcanismo de la tradición judeo-española)* y *La tradición española en La Luisiana*.

J. M. Avalle Arce es uno de los cervantistas más ilustres. Algunos de sus libros sobre Cervantes y autores del Siglo de Oro son *Suma Cervantina*, *La novela pastoril española*, *Nuevos des-*

lindes cervantinos, Don Quijote como forma de vida, 'La Galatea' de Cervantes: cuatrocientos años después, Cervantes y lo pastoril y *Enciclopedia cervantina*. Es profesor en la Universidad de California, Santa Bárbara.

Francisco Ayala impartió clases de Literatura Española en las universidades de Princeton, Rutgers, New York University, Chicago y el Graduate Center de The City University of New York. Entre su copiosa bibliografía hay que señalar libros como *La invención del Quijote* (1950), *Tratado de sociología* (1947), *El escritor en la sociedad de masas* (1956), *'El curioso impertinente', de Miguel de Cervantes* (1967), *El cine, arte y espectáculo* (1969), *El Lazarillo: reexaminado. Nuevo examen de algunos aspectos* (1971), *Cervantes y Quevedo* (1974), *La novela: Galdós y Unamuno* (1974) y *Galdós en su tiempo* (1978).

César Barja fue profesor en la Universidad de Harvard (1916-1917) y después decidió aceptar una oferta como profesor de español en Connecticut College. Se orientó entonces definitivamente a la Filología Hispánica y pasó como profesor de español a la Universidad de Míchigan (1920-1921), luego a Smith College (1921-1924) y por último a la Universidad de California en Los Ángeles, donde fue nombrado profesor asociado en 1927 y titular en 1930. Escribió tres libros de crítica literaria: *Libros y autores clásicos* (1922), *Libros y autores modernos* (1925) y *Libros y autores contemporáneos* (1935).

Odón Betanzos Palacios, cofundador y director de la Academia Norteamericana de la Lengua Española hasta su muerte en 2007, fue profesor en la Universidad de la Ciudad de Nueva York (recinto de Staten Island). Además de sus libros de poesía, Betanzos dedicó varios estudios a la Generación del 98, Miguel Hernández y Federico García Lorca.

Carlos Blanco Aguinaga emigró a Francia y luego a México, donde estudió. Prosiguió sus estudios en la Universidad de Harvard y durante muchos años fue profesor en la Universidad de La Jolla (San Diego), donde se jubiló. Ensayista, historiador de literatura, novelista y cuentista. Entre sus libros se cuentan *El Unamuno contemplativo* (1975), *Juventud del 98* (1998), *Sobre el Modernismo, desde la periferia* (1998). En coautoría, junto con Iris M. Zavala y Julio Puértolas, *Historia social de la literatura española* (1979) y, junto con José R. Monleón, *Del franquismo a la posmodernidad: cultura española, 1975-1990* (1995).

Dionisio Cañas es profesor en Baruch College y en el Graduate Center de The City University of New York (CUNY). Además de una amplia y fascinante obra poética, ha publicado dos importantes estudios sobre figuras destacadas del llamado Grupo Poético de los años cincuenta: *Poesía y percepción* (1984) y *Claudio Rodríguez* (1988). En 1994 apareció *El poeta y la ciudad (Nueva York y los escritores hispanos)*.

María Soledad Carrasco Urgoiti fue profesora emérita de CUNY (Hunter College), miembro numerario de la Hispanic Society of America y de la Academia Norteamericana de la Lengua Española. Entre sus libros figuran estudios sobre la novela breve de tema morisco, *Los moriscos y Ginés Pérez de Hita* y *Vidas fronterizas en las letras españolas*.

Joaquín Casalduero fue profesor en Harvard University durante un período de tres años. Posteriormente, pasó por las universidades de Cambridge (Massachusetts) —donde coincide con Jorge Guillén— y Riverside (California) desde 1959 hasta 1964, con un breve paréntesis entre 1962 y 1964, cuando dirigió la Escuela Graduada de Middlebury College, en Madrid. Tras su vuelta a los Estados Unidos, se traslada a Western Reserve University, en Cleveland, como catedrático. En 1972 vuelve a California. Primero, a University of Southern California (1972-1980), y después a la Universidad de California en Los Ángeles, donde se jubila en 1993. Algunas de sus obras son: *La imagen del monarca en la Castilla del siglo XI* (1972), *Estructura y diseño en la literatura castellana medieval* (1975), *La creación literaria de la Edad Media y del Renacimiento* (1977) y *El misterio de la redención y la cultura medieval* (1988).

Américo Castro marchó a los Estados Unidos al estallar la Guerra Civil; allí enseñó literatura en la Universidad de Wisconsin (1937-1939), Texas (1939-1940) y Princeton (1940-1953), y tuvo importantes discípulos, como Russell P. Sebold o Stephen Gilman. En 1953 fue nombrado profesor emérito de la Universidad de Princeton. Libros suyos son: *Vida de Lope de Vega* (1919) y *El pensamiento de Cervantes* (1925); y también *Don Juan en la literatura española* (1924), *Santa Teresa y otros ensayos* (1932), *Lo hispánico y el erasmismo* (1942), *Aspectos del vivir hispánico* (1949), *La realidad histórica de España* (1954), *Semblanzas y estudios españoles* (1956), *Hacia Cervantes* (1958), *Origen, ser y existir de los españoles* (1959) y *De la edad conflictiva* (1961).

Luis Cernuda desempeñó el cargo de profesor en Mount Holyoke College, South Hadley, Massachusetts, desde 1947 hasta 1952. Además de su obra poética, Cernuda dedicó varios estudios a poetas españoles, especialmente a Bécquer. Gran parte de su obra ensayística se encuentra recogida en *Literatura Poesía I y II*. En este mismo plantel y a cargo del Departamento de Español se desempeñó, hasta su jubilación, la hispanista norteamericana Joan Ciruti.

Luis Cernuda.

José Francisco Cirre fue profesor de Literatura Española en Wayne State University de Detroit. Cirre colaboró en varias revistas estadounidenses e hispanoamericanas, consagrándose principalmente al estudio de la Generación del 27 en su libro *Fama y espíritu de una lírica española (1920-1935)* (1950). También analizó la obra de José Moreno Villa en *La poesía de José Moreno Villa* (1963) y la de Salinas en *El mundo lírico de Pedro Salinas* (1982).

Ariel Dorfman ha enseñado en Duke University desde 1985. Entre sus libros hay que mencionar: *Imaginación y violencia en América* (1972), *Hacia la liberación del lector latinoamericano* (1984), *Sin ir más lejos: ensayos y crónicas irreverentes* (1986), *De elefantes, literatura y miedo: ensayos sobre la comunicación americana* (1988), *Terapia* (2001), *Máscara: a novel* (2004) y *Otros septiembres: provocaciones desde el Norte perplejo* (2007), entre otros.

Manuel Durán Gili fue catedrático, desde 1960 hasta 1998, en la Universidad de Yale. Es autor o coautor de 43 libros y 150 artículos sobre temas de crítica literaria, historia de la literatura, literatura comparada, poesía, etc. Ha publicado extensamente sobre Cervantes, Quevedo, Fray Luis de León, Calderón, Lorca, Valle-Inclán, Machado, Fuentes, Paz, etc.

Ana María Fagundo obtuvo el Doctorado en Literatura Comparada por la Universidad de Washington en 1967 con especialidades en Literatura Inglesa, Norteamericana y Española. De 1967 a 2001 enseñó Literatura Española del Siglo XX en la Universidad de California (recinto de Riverside). Ha dedicado importantes artículos y libros a figuras de la literatura norteamericana, entre los que destacan *Vida y obra de Emily Dickinson* (1973), *Antología bilingüe de poesía norteamericana contemporánea, 1950-1980* (1988) y *Literatura femenina de España y las Américas* (1995). También ha escrito extensamente artículos en revistas especializadas sobre Miguel Hernández, Alejandra Pizarnik, Olga Orozco, Blas de Otero, Carlos Bousoño, José Hierro, etc. Fue editora de la revista literaria *Alaluz* en la Universidad de California y en la actualidad ha editado más de veinte libros de poesía.

James D. Fernández dirige el Centro Juan Carlos I, en New York University, uno de los puntos neurálgicos de la cultura española en Nueva York. El profesor Fernández ha escrito trabajos muy sagaces sobre el género autobiográfico en la literatura española.

Luis Fernández Cifuentes es hoy profesor en la Universidad de Harvard, habiendo enseñado antes en Princeton University. El profesor Fernández Cifuentes es estudioso de la literatura española e hispanoamericana contemporáneas, la narrativa del siglo XIX, la literatura de viaje, etc.

José Ferrater Mora ocupó la cátedra de Filosofía en Bryn Mawr College desde 1949 hasta su jubilación en 1979. Su *Diccionario de Filosofía* se considera ya un clásico en su género.

Eugenio Fernández Granell residió en Nueva York desde 1957 hasta 1985, año en que volvió a España y se instaló en Madrid, donde falleció hace unos años. Granell se doctoró en Sociología y Antropología en la New School for Social Research de Nueva York y enseñó, durante varias décadas, en Brooklyn College de CUNY. Publicó libros de ensayos como *Estudio Preliminar a la obra 'Así que pasen cinco años', de Federico García Lorca*, entre otros, siempre fiel a la misma línea surrealista de su obra de ficción.

Ángel Flores nació en Puerto Rico a principios del siglo veinte y ha dedicado más de la mitad de su vida al estudio y crítica de las literaturas hispánicas y europeas. Ha actuado como crítico de literaturas extranjeras en el *New York Herald Tribune* y ha ocupado diversas cátedras en universidades norteamericanas. Es profesor emérito de Lenguas Románicas y Literaturas Comparadas en Queens College de The City University of New York (CUNY). Destacamos de entre su copiosa producción su *Historia y antología del cuento y la novela en Hispanoamérica* (1959), *El realismo mágico en el cuento hispanoamericano* (1976), *Expliquemos a Kafka* (1983), *Expliquémonos a Borges como poeta* (1984) y los volúmenes de *Narrativa hispanoamericana, 1916-1981*, entre una considerable producción de libros en inglés que versan sobre las literaturas hispánicas en general y temas de las literaturas francesas y alemana.

Eugenio Florit vivió muchos años en Nueva York, escenario de casi todo su trabajo como ensayista, crítico literario y traductor. En los cursos de la Escuela de Verano de Middlebury, en Vermont, trabó amistad con Jorge Guillén, Luis Cernuda y Pedro Salinas, y ayudó a formar a numerosos estudiantes promoviendo actividades culturales a través del Instituto Hispánico. De su obra destacan *Trópico* (1930), *Conversación con mi padre* (1949), *Asonante final y Lo que queda* (1995). Recibió en 1994 el Premio Fray Luis de León, de la Universidad Pontificia de Salamanca, y el Premio Mitre, concedido por The Hispanic Society of America, en Nueva York. En 1991, 1994 y 1995 fue uno de los tres candidatos presentados para el Premio Cervantes de ese año por la Academia Norteamericana de la Lengua Española.

Víctor Fuentes ha destacado por sus perspicaces y eruditos estudios sobre narradores de la vanguardia española. Entre sus más de doscientas publicaciones destacan los siguientes libros: *La marcha al pueblo en las letras españolas* (1917-1936), *El cántico material y espiritual de César Vallejo*, *Benjamín Jarnés. Biografía y metaficción* y *Buñuel, cine y literatura* (Premio Letras de Oro, 1988). Es profesor emérito de la Universidad de California (Santa Bárbara).

Roberto Galván es oriundo de San Antonio, Texas. Ha sido profesor en Tulane University, Trinity University (San Antonio, Texas) y Southwest Texas State University, San Marcos (Texas). Actualmente es catedrático en la Universidad de Texas (Austin). Es miembro numerario de la Academia Norteamericana de la Lengua Española. Con Richard Teschner, ha publicado *The Dictionary of the Spanish of Texas* (1975) y *The Dictionary of Chicano Spanish* (1977) y *El quetzal emplumeca: A Chicano Anthology* (1977). Está considerado como la máxima autoridad en el español chicano.

Francisco García Lorca fue crítico literario y profesor universitario en Queens College y en la Universidad de Columbia en Nueva York, pues vivió exiliado en los Estados Unidos. Escribió una excelente biografía de su famoso hermano, *Federico y su mundo (de Fuente Vaqueros a Madrid)* (1981), una biografía de Ángel Ganivet, *Ángel Ganivet. Su idea del hombre* (1952) y varios ensayos sobre José de Espronceda y la poesía.

Ildefonso Manuel Gil salió de España en los años sesenta para dar clases en los Estados Unidos. Enseñó en Brooklyn College y en el Graduate Center de CUNY. Desarrolló una importante carrera como novelista, poeta y ensayista, donde destacan sus trabajos sobre Federico García Lorca y Benjamín Jarnés. En la transición volvió a España, donde recibió varios galardones y acabó trabajando como director de la Institución Fernando el Católico, en Zaragoza.

Ángel González se trasladó a Nuevo México, a la Universidad de Albuquerque, en 1972. Impartió clases en esa universidad como profesor invitado durante un semestre. En 1973 pasó una temporada en los Estados Unidos como profesor invitado en las universidades de Utah, Maryland y Texas. En 1974 regresó a la Universidad de Nuevo México, esta vez permanentemente, como profesor de Literatura Española Contemporánea, y allí permaneció hasta su jubilación.

Manuel Pedro González, nacido en las Islas Canarias, se marcha a La Habana en 1910 y años más tarde se traslada a los Estados Unidos. Ha sido profesor en Goucher College, en Maryland, y en la Universidad de California, Los Ángeles. Fue uno de los fundadores del Instituto de Literatura Iberoamericana y su primer presidente, y uno de los codirectores de la *Revista Iberoamericana*. Publicó extensamente en revistas profesionales y entre sus libros destacan los dedicados a estudiar la obra de José Martí.

Roberto González Echevarría es autor de varios trabajos fundamentales sobre literatura hispanoamericana (Alejo Carpentier, Pablo Neruda, Severo Sarduy, etc.) y sobre el Barroco español e hispanoamericano. Sus *Oxford Book of Latin American Short Stories* (editor) y *The Cambridge History of Latin American Literature* son libros imprescindibles en el campo de la literatura hispanoamericana. Es catedrático en Yale University.

Emilio González López había sido diputado de la Federación Republicana Gallega por La Coruña en 1931, antes de exiliarse a los Estados Unidos. En ese país, fue profesor de Lengua y Literatura Española en Hunter College de Nueva York desde 1940. Fue fundador del programa doctoral de Literaturas Hispánicas del Graduate Center de The City University of New York (CUNY). Entre sus obras destacan: *El espíritu universitario, Galicia, su alma y su cultura, Grandeza y decadencia del Reino de Galicia, Doña Emilia Pardo Bazán, novelista de Galicia* y *La Galicia de los Austrias*. Sus estudios sobre Valle-Inclán son también muy estimados.

Claudio Guillén se exilió junto a su familia a los Estados Unidos tras la Guerra Civil. Se doctoró en Harvard en 1953 y se especializó en literatura comparada; fue catedrático de esta materia en las universidades de San Diego (1965-1976), Princeton y Harvard (1978-1985). Entre sus obras más destacables habría que citar: *Teorías de la historia literaria* (1989), *El sol de los desterrados. Literatura y exilio* (1995) y *De leyendas y lecciones: siglos XIX, XX y XXI* (2006).

Jorge Guillén estuvo preso durante la Guerra Civil y logró salir de España en 1938 para establecerse en los Estados Unidos. Fue profesor de varias universidades norteamericanas, especialmente de la Universidad de Harvard. Sus poemas están recogidos en varias colecciones, especialmente en *Cántico* y *Clamor*.

Ricardo Gullón viajó a Puerto Rico en 1953 para visitar a su amigo Juan Ramón Jiménez, exiliado político, y permaneció allí durante tres años. Después de trasladarse a los Estados Unidos decidió instalarse en aquel país, desarrollando la docencia en Literatura Española en las universidades de Columbia, Chicago y California, pero sobre todo en la Universidad de Texas en Austin. Fue uno de los máximos especialistas en las obras de Juan Ramón Jiménez, Benito Pérez Galdós, Antonio Machado y Miguel de Unamuno. Durante años, la Universidad de Texas en Austin se distinguió por traer a su campus a escritores hispanos reconocidos y brindarles a sus estudiantes la oportunidad de tenerlos de profesores por un corto tiempo, entre ellos podemos citar al mexicano Octavio Paz, al argentino Jorge Luis Borges y al español José Luis Aranguren. Otros catedráticos notables de esta misma universidad lo han sido los argentinos Delfín Leocadio Garaza, Luis Arocena y Risieri Frondizi.

Rolando Hinojosa Smith es hoy el novelista chicano más importante de los Estados Unidos. Escribe tanto en inglés como en español. Fue el primer escritor estadounidense en lengua española en ver reconocida su obra internacionalmente, cuando le fue concedido el Premio Casa de las Américas por su novela *Klail City y sus alrededores*. Es autor de una extensa saga narrativa, ambientada en la ciudad texana ficticia de Klail City, de la que se han publicado hasta el momento doce novelas, aunque algunos títulos han conocido reediciones con modificaciones significativas. Su obra ha sido traducida a varias lenguas.

José Olivio Jiménez marchó a los Estados Unidos poco después del triunfo de la Revolución cubana. En Nueva York fue durante muchos años profesor de Lengua y Literatura Españolas en Hunter College y el Graduate Center de The City University of New York. Recordemos algunas de sus obras más significativas: *Antología de la poesía hispanoamericana contemporánea* (1971), *Cinco poetas del tiempo* (1964), en los que estudió la obra poética de Cernuda, Vicente Aleixandre, José Hierro, Carlos Bousoño y Francisco Brines: *Diez años de poesía española (1960-1970)* (1972), *Estudios sobre poesía cubana contemporánea* (1967), *Antonio Machado y la poesía española de postguerra* (1975), *Vicente Aleixandre: una aventura hacia el conocimiento* (1982) y *La poesía de Francisco Brines* (2001).

Juan Ramón Jiménez se vio obligado a abandonar España al estallar la Guerra Civil española. Los Estados Unidos, Cuba y Puerto Rico fueron sus sucesivos lugares de residencia. En los Estados Unidos enseñó en la Universidad de Maryland y en la de Miami. Escribió, ya en América, los *Romances de Coral Gables* (1948) y *Animal de fondo* (1949). Se traslada a Puerto Rico en 1951 y enseña en su universidad hasta su muerte el 29 de mayo de 1958. Es allí, en 1956, durante su estancia en la isla caribeña, donde recibe el Premio Nobel de Literatura.

Nicolás Kanellos es profesor en la Universidad de Houston, Texas, y ocupa la Cátedra Brown Foundation en Literatura Hispánica. Es además director del Centro de Investigación para la Recuperación de la Herencia Literaria Hispana en los Estados Unidos. El profesor Kanellos ha recibido numerosos premios a su labor crítica e investigadora, entre ellos el concedido por la Casa Blanca en 1988 en reconocimiento a su trabajo intelectual. Es autor de numerosas publicaciones entre las que se encuentran *En otra voz: antología de la literatura hispana de los Estados Unidos* (2002), *Hispanic Periodicals in the United States: A Brief History and Comprehensive Bibliography* (2000), *A History of Hispanic Theater in the United States: Origins to 1940* (1990) y *Nuevos Pasos: Chicano and Puerto Rican Drama* (1989), entre otras. Es editor y fundador de la antigua *Revista Chicano-Riqueña*, actualmente *The Americas Review* y fundador de *Arte Público Press*.

Eduardo Lago es actualmente el director del Instituto Cervantes de Nueva York, donde reside desde 1987. Trabaja como profesor de Literatura en Sarah Lawrence College. En 2006 ganó el Premio Nadal con su novela *Llámame Brooklyn*, así como el Premio de la Crítica de narrativa castellana. En 2001 obtuvo el Premio de Crítica Literaria Bartolomé March por su estudio de las traducciones al español de la obra de James Joyce, *Ulysses*.

Isaías Lerner se doctoró por la Universidad de Illinois, Urbana-Champaign. Enseñó en Northern Illinois University antes de incorporarse en 1971 al cuerpo docente de Lehman College, de CUNY. Desde 1978 ha enseñado en el Graduate Center de The City University of New York (CUNY). Baste mencionar dos de sus libros: *Arcaísmos léxicos del español de América y su edición de la Silva de varia lección, de Pedro Mexías* (2003). Ha publicado, además, una excelente edición crítica del *Quijote*, muy utilizada en ámbitos universitarios.

María Rosa Lida (1910-1962), humanista, medievalista y ensayista, se dedicó a la filología. De origen judeoargentino, fue discípula predilecta de Amado Alonso. Perteneció a la Academia Argentina de Letras. Fue profesora en las universidades de California, Harvard, Ohio,

Wisconsin, Illinois y Stanford. En Berkeley conoció al lingüista ruso Yakov Malkiel, con quien se casó en 1948. Sus estudios críticos *La originalidad artística de 'La Celestina'* (1962), sus trabajos sobre el *Libro de buen amor* (1941) y las traducciones del griego y del latín son considerables aportaciones a la cultura hispánica.

Raimundo Lida (1908-1979), hermano de María Rosa Lida, es también filólogo, crítico y ensayista especializado en Filología Románica, literatura de los Siglos de Oro y también en el Modernismo literario. Fue colaborador cercano de Amado Alonso y de Pedro Henríquez Ureña en el Instituto de Filología de la Universidad de Buenos Aires y secretario de redacción de la *Revista de Filología Moderna* y más tarde, en México, de la *Nueva Revista de Filología Hispánica*. Fue profesor invitado en varias universidades norteamericanas y entre sus muchos honores fue elegido miembro de la American Academy of Arts and Sciences (1970). Entre sus publicaciones destacan *Introducción a la estilística romance* (1932) y con Amado Alonso las monografías *El impresionismo en el lenguaje* (1936) y *El español en Chile* (1940).

Vicente Llorens se exilia, después de la Guerra Civil, a Santo Domingo. Pasa luego a la Universidad de Puerto Rico. En 1947 fija su residencia en Norteamérica, y comienza a enseñar en la Universidad Johns Hopkins de Baltimore y posteriormente en Princeton. Al jubilarse en 1972, la Universidad de Princeton lo nombró profesor emérito y no cesó de ejercer su profesión, con algunas interesantes aportaciones en la Stony Brook, hasta 1976. Dos de sus libros más conocidos son *Liberales y Románticos: una emigración española en Inglaterra, 1823-1834* y *Memorias de una emigración: Santo Domingo, 1939-1945*.

Humberto López Morales ha sido profesor en las universidades de New Hampshire (Durham), en la de Texas (Austin), Rice (Houston) y Puerto Rico, Río Piedras. Actualmente es secretario general de la Asociación de Academias de la Lengua Española con sede en Madrid. Su obra ensayística abarca más de doscientos títulos y es autor de más de cincuenta libros, publicados en los Estados Unidos, Hispanoamérica y España, entre los que cabe citar: *Estratificación social del español de Puerto Rico*, *Métodos de investigación lingüística*, *La aventura del español en América*, *Los cubanos de Miami / Lengua y sociedad* y *La globalización del léxico hispánico*.

Manuel Mantero enseña, desde 1973, en la Universidad de Georgia, donde tiene una cátedra especial de Literatura Española. Entre sus libros de ensayo y crítica merecen citarse: *Los derechos del hombre en la poesía hispánica contemporánea* (1973) y *Poetas españoles de posguerra* (1986).

Francisco A. Marcos Marín es profesor, en la actualidad, de la Universidad de Texas en San Antonio, y lo ha sido de muchas instituciones de enseñanza alrededor del mundo. Cuenta en su muy nutrido haber con el Premio Humboldt de Investigación de 2004. Es miembro correspondiente de la Academia Norteamericana de la Lengua Española y de la Academia Argentina de Letras. Es autor de más de veinticinco libros impresos, entre los que destacamos: *Poesía narrativa árabe y épica hispánica*, *El comentario lingüístico*, *Literatura castellana medieval*, *Introducción a la lingüística: historia y modelos* y *Reforma y modernización del español*. Colabora frecuentemente con diarios españoles y del continente americano, además de servicios de prensa. Fue coordinador de programas retransmitidos por diversas emisoras de radio, como Radio Nacional Argentina y Radio Exterior de España.

Juan Marichal, prestigioso historiador e intelectual, fue profesor en Harvard. Es autor de los libros: *Tres voces de Pedro Salinas* (1976), *Teoría e historia del ensayismo hispánico* (1984), *El secreto de España* (1996) y *El intelectual y la política en España (1898-1936)* (1990), entre otros.

Francisco Márquez Villanueva se trasladó a Norteamérica en 1959. Ha sido profesor en diversos centros de enseñanza superior de los Estados Unidos y Canadá. En 1978 se incorporó al Departamento de Lenguas Románicas de la Universidad de Harvard, donde actualmente dirige como profesor de investigación la cátedra Arthur Kingsley Porter. Es autor de una veintena de libros y cerca de doscientos artículos sobre temas filológicos, históricos y culturales relativos principalmente a la Edad Media y los Siglos de Oro. Entre sus libros, baste mencionar *De la España judeoconversa* y *Personajes y temas cervantinos*.

Carlos Mellizo es en la actualidad profesor de Lenguas Modernas en la Universidad de Wyoming. Mellizo ha traducido al español obras de Hobbes, Locke, Hume, Mill y otros autores clásicos del pensamiento británico, y ha publicado numerosos trabajos de crítica filosófica y literaria.

María Rosa Menocal, una de las medievalistas más notables en la actualidad, ha publicado numerosos libros y monografías sobre la presencia árabe en la literatura medieval española. Enseña en la Universidad de Yale. También en la misma Universidad de Yale enseña Noël Valis, autora de monografías esenciales sobre Clarín y Jacinto Octavio Picón. Además ha sido traductora de poetas españoles de la Generación del 27.

Sylvia Molloy nació en Buenos Aires y lleva más de treinta años en los Estados Unidos. Ha sido profesora de Literatura Hispanoamericana y Comparada en la Universidad de Yale y en la de Princeton. Actualmente es catedrática en New York University. Es autora de la novela *El común olvido* (2002), de un libro de relatos, *Varia imaginación* (2003) y de numerosos ensayos críticos, entre los que se cuentan *Las letras de Borges* (1979) y *Acto de presencia: la literatura autobiográfica en Hispanoamérica* (1995).

Mabel Moraña es profesora de Literatura Hispanoamericana en la Universidad de Pittsburgh. Es directora de publicaciones de la *Revista Iberoamericana*. Algunos de sus libros son: *Literatura y cultura nacional en Hispanoamérica (1910-1940)* (1984), *Memorias de la generación fantasma* (1988), *Relecturas del Barroco de Indias* (1994) y *La imaginación histórica en el siglo XIX* (1994).

Ciriaco Morón Arroyo, licenciado en Filosofía por la Universidad Pontificia de Salamanca, fue catedrático de Humanidades en la Universidad de Cornell hasta su jubilación. Es doctor honoris causa por la Universidad Saint Joseph de Filadelfia. Entre sus numerosas publicaciones destacan: *Sentido y forma de 'La Celestina'* (1974), *Nuevas meditaciones del Quijote* (1976) y *El alma de España (cien años de inseguridad)*.

Gonzalo Navajas es catedrático de Literatura Moderna y Cine en la Universidad de California, Irvine. Comparte las actividades de teórico de la cultura, novelista y crítico. Autor de numerosos libros sobre literatura moderna y teoría literaria, cine, arquitectura y cultura popular. Entre ellos destacan: *Teoría y práctica de la novela española posmoderna* (1987), *Miguel de Unamuno: bipolaridad y síntesis ficcional. Una lectura posmoderna* (1988), *Pío Baroja. El escritor y la crítica* (1990), *Más allá de la posmodernidad. Estética de la nueva novela y cine españoles* (1996) y *La narrativa española en la era global. Imagen/Comunicación/Ficción* (2002).

Federico de Onís fue profesor de Literatura Española en la Universidad de Columbia en Nueva York, desde 1916 hasta su jubilación. También lo fue de las escuelas de verano de México y de Puerto Rico. Contribuyó de forma decisiva a la difusión del hispanismo en los Estados Unidos. Fue miembro de la Hispanic Society of America, redactor de la *Revista de Filología Española* de Madrid y de la *Romanic Review* de Nueva York, y colaborador de *The New York Times*, *The Evening Post*, *North American Review* e *Hispania*. Publicó ediciones críticas en la colección Clásicos Castellanos de la Editorial Espasa-Calpe: la *Vida de Diego de Torres y Villarroel* (1912) y los *Nombres de Cristo de Fray Luis de León* (tres vols., 1914, 1917 y 1922), así como, en colaboración con Américo Castro, un volumen de *Fueros leoneses* (1916). Entre sus trabajos de crítica se cuentan *Sobre la transmisión de la obra literaria de Fray Luis de León* (1915), *El español en los Estados Unidos* (1920), *Jacinto Benavente* (1923), *El Martín Fierro y la poesía tradicional* (1924), *Ensayos sobre el sentido de la cultura española* (1932) y *Antología de la poesía española e hispanoamericana (1882-1932)* (1934).

Julio Ortega, catedrático de Literatura Latinoamericana de la Universidad de Brown, es autor de *Convergencias / Disidencias / Insidencias* (1973) y *Antología de la Poesía Hispanoamericana Actual* (1999), entre otros libros. Dirige el Proyecto Transatlántico.

José Miguel Oviedo es profesor de Literatura Hispanoamericana en la Universidad de Pensilvania. Su libro más reciente es *Dossier Vargas Llosa* (2007).

Graciela Palau de Nemes es catedrática y profesora emérita en la Universidad de Maryland, College Park. Cubana de nacimiento, ha estudiado en Puerto Rico y en los Estados Unidos. Se ha dedicado a los estudios de la literatura hispanoamericana y española y ha concentrado su investigación en la *Vida y obra de Juan Ramón Jiménez*, que es el título de una de sus numerosas publicaciones, entre las que destacan otros títulos sobre las obras de Darío, Paz, Gallegos, Vargas Llosa y Borges, entre otros. Uno de sus últimos libros se concentra en los diarios de Zenobia Camprubí. La ciudad de Moguer, cuna del poeta Juan Ramón Jiménez, ha nombrado una calle con el nombre de Graciela Palau, en homenaje a la biógrafa del premio Nobel español.

José Luis S. Ponce de León fue profesor, hasta su reciente jubilación, en la Universidad de California (Howard). Es autor de numerosos estudios sobre narrativa española contemporánea. Entre sus trabajos destaca su libro *La novela española de la Guerra Civil, 1936-1939*.

Gregory Rabassa (norteamericano de origen cubano) es quizá el más conocido y apreciado traductor literario al inglés de obras hispanoamericanas. Recordemos sus ya legendarias traducciones de *Rayuela* (1966), *Cien años de soledad* (1970), *La casa verde* y *Conversaciones en la catedral, Paradiso, La guaracha del macho Camacho, Una meditación* y *Volverás a Región*. Es profesor en Queens College y en el Graduate Center de The City University of New York (CUNY).

Ángel Rama, después de un largo periplo por varios continentes, se radicó, junto a su segunda esposa, la crítica de arte Marta Traba, en los Estados Unidos. En ese país desarrolló una fructífera actividad académica en las universidades de Stanford y Maryland, y ofreció ciclos de conferencias en otros recintos de estudios. Algunas de sus obras son: *Transculturación Narrativa en América* (1982), *La Ciudad Letrada* (1984), *La Crítica de la Cultura en América Latina* (1985) y *La Novela en América Latina. Panoramas 1920-1980* (1986).

Agapito Rey, aunque nacido en Pontevedra, se educó en los Estados Unidos, donde vivió desde su adolescencia y donde completó sus estudios, centrados en el medievalismo y en algunos aspectos de la herencia hispánica de los Estados Unidos. Fue profesor de la Universidad de Indiana. Editó y estudió las *Sumas de historia troyana de Leomarte*, (1932), los *Castigos e documentos del rey don Sancho* (1952), el *Regimiento de Príncipes* (1952) y el *Libro de los cien capítulos* (1960).

Ángel del Río fue catedrático de Lengua y Literatura Españolas de la Universidad de Nueva York. Es autor de una excelente antología de ensayistas, *El concepto contemporáneo de España* (1946); se le debe una puntual *Historia de la literatura española* (1948) en dos volúmenes. Otras importantes obras suyas son *Vida y obra de Federico García Lorca* (1952), *Estudios galdosianos* (1953), *Introducción a 'Poeta en Nueva York', de Lorca* (1958), *El mundo hispánico y el mundo anglosajón en América. Choque y atracción de dos culturas* (1960) y *Antología General de Literatura Española*, en colaboración con su esposa, Amelia A. del Río (1954, 2.ª edición 1960).

Hugo Rodríguez Alcalá es autor de más de cuarenta libros de historia literaria. Es doctor en Derecho y Ciencias Sociales (Asunción, 1943) y obtiene su doctorado en Filosofía y Letras en la Universidad de Wisconsin, Madison, en 1953. Ha impartido clases en varias universidades norteamericanas durante casi cuarenta años y recibido galardones de importancia, entre los que anotamos el Premio de las Humanidades y las Artes de los Estados Unidos en 1969 y la Medalla Gabriela Mistral conferida por el Gobierno de Chile en 1996, entre otros. Entre sus libros mencionaremos algunos como *Historia de la literatura paraguaya* (1970), *Narrativa hispanoamericana: Guiraldes, Carpentier, Roa Bastos, Rulfo* (1973), *Literatura de la independencia* (1980) y *Ricardo Guiraldes: apología y detracción* (1986), entre muchos más. Fue presidente de la Academia Paraguaya de la Lengua Española (1989-1994) y fue fundador del Taller Cuento Breve de Asunción.

Emir Rodríguez Monegal fue, desde 1969 a 1985, profesor de Literatura Hispanoamericana en la Universidad de Yale. Entre sus obras hay que señalar: *Narradores de esta América* (1961), *El viajero inmóvil: Introducción a Pablo Neruda* (1966), *El desterrado: Vida y obra de Horacio Quiroga* (1968), *Borges: Hacia una lectura poética* (1976) y *Jorge Luis Borges: una biografía literaria* (1985).

Alfredo A. Roggiano ha sido poeta, ensayista y crítico literario. Fue director de la *Revista Iberoamericana* y profesor de la Universidad de Pittsburgh, donde se le confirió el título de profesor emérito distinguido. Publicó varios tomos de poesía en su Argentina natal, así como en México. Trabajó en la obra de Pedro Henríquez Ureña y de Octavio Paz, entre otros.

Carlos Rojas fue, desde 1960, profesor de literatura en la Universidad de Emory (Atlanta). Como ensayista ha publicado *Diálogos para otra España* (1966), *Por qué perdimos la guerra* (1969), *Diez figuras ante la Guerra Civil* (1973) y *La Guerra Civil vista por los exiliados* (1975).

José Rubia Barcia se exilió, después de la Guerra Civil, primero a Francia, después a Cuba y finalmente a los Estados Unidos, donde trabajó con Luis Buñuel en Hollywood. Rubia Barcia publicó libros y artículos sobre Valle-Inclán, Unamuno, García Lorca y otros escritores del siglo XX. Fue también traductor al inglés de la poesía de César Vallejo.

Roberto Ruiz ejerció la docencia durante más de cuarenta años en Wheaton College, Massachusetts. Aunque se le conoce fundamentalmente por su obra cuentística y novelística, Roberto Ruiz ha publicado trabajos esenciales sobre narrativa española contemporánea, y, particularmente, sobre la de los exiliados españoles del 39.

Pedro Salinas marchó a América para enseñar en Wellesley College y en la Universidad Johns Hopkins de Baltimore. En el verano de 1943 se trasladó a la Universidad de Puerto Rico. En 1946 regresó a su cátedra de la Universidad Johns Hopkins. Sus poemarios más conocidos y celebrados son *La voz a ti debida* (1933), *Razón de amor* (1936) y *El contemplado* (1946).

Antonio Sánchez Barbudo estuvo exiliado primero en México y posteriormente en los Estados Unidos. Fue profesor de Literatura Española de la Universidad de Texas y de la de Wisconsin. Recordemos, entre sus trabajos críticos: *Estudios sobre Galdós, Unamuno y Machado* (1959), *La segunda época de Juan Ramón Jiménez* (1962), *Cincuenta poemas comentados* (1963), *Los poemas de Antonio Machado* y *El sentimiento de la expresión*. En estas mismas universidades, la de Texas, en Austin, y la de Wisconsin, en Madison, también se distinguieron los profesores Américo Paredes, en la primera, y Roberto G. Sánchez, en la última.

Lía Schwartz fue profesora en Fordham University y Darmouth University. En la actualidad es directora del Programa Doctoral en Literaturas Hispánicas y Luso-brasileñas, de la Universidad de la Ciudad de Nueva York, programa que ha logrado, en los últimos años, estar a la altura de los mejores del país, y aun superarlos (como atestiguan las encuestas y evaluaciones más recientes). La profesora Schwartz es autora de libros seminales sobre Quevedo, Barahona de Soto o los Argensola.

Ramón J. Sender se embarcó como tantos exiliados hacia México, en donde vivió hasta 1942, año en que se trasladó a los Estados Unidos, donde fue profesor de Literatura en la Universidad de San Diego. Entre sus libros de temas americanos merecen recordarse: *Epitalamio del prieto Trinidad* (1942), *La aventura equinoccial de Lope de Aguirre* (1968),

El bandido adolescente (1965), *La tesis de Nancy* (1969), *Mexicayotl* (1940), *Novelas ejemplares de Cíbola* (1961), *El extraño señor Photynos y otras narraciones americanas* (1968) y *Relatos fronterizos* (1970).

Ramón J. Sender.

Arturo Serrano Plaja se exilió en 1939 y vivió en la Argentina, París y los Estados Unidos. Es autor de libros de poesía: *El hombre y el trabajo* (1938), *Versos de guerra y paz* (1944), *La mano de Dios pasa por este perro* (1965); de cuentos: *Del cielo y el escombro* (1943), y de la novela *Don Manuel de Lora* (1946). Publicó una *Antología de los místicos españoles* (1946) y el ensayo *Realismo 'mágico' en Cervantes* (1966).

Gonzalo Sobejano, catedrático de Literatura Española de la Universidad de Columbia, en Nueva York, es uno de los más respetados críticos de la novela contemporánea. Ha sido profesor visitante en prestigiosos centros universitarios norteamericanos: Queens College, Midlebury College, Maryland, Princeton y Berkeley, en California. Desde su primer libro, *El epíteto en la lírica española*, a *Forma literaria y sensibilidad social* o *Nietzsche en España*, Sobejano ha tratado temas muy diversos de la literatura española reciente (entre cuyos libros destaca *Novela española de nuestro tiempo*) o en relación con la novela del siglo XIX (con libros como *Clarín en su obra ejemplar* y ediciones magistrales de *La Regenta*, Galdós, Delibes, etc.).

Antonio G. Solalinde recorrió los Estados Unidos dando conferencias sobre literatura española en las universidades de Columbia, Míchigan, California, Stanford, Wisconsin, Harvard, Cornell y otras. Entre sus trabajos destacan una edición de los *Milagros de Nuestra Señora* de Gonzalo de Berceo y diversos artículos relativos a la obra del rey Alfonso X, como 'El códice florentino de las Cantigas y su relación con los demás manuscritos' y la 'Intervención personal de Alfonso X en la redacción de sus obras'. Editó además el *Viaje de Turquía*, el *Calila e Dimna* y *Cien romances escogidos*, entre muchos más. Tradujo del italiano el *Cervantes* de Paolo Savj-López en 1917 y la *Legislación Bolchevista. Leyes y decretos promulgados por el gobierno de los Soviets* (Madrid, 1912).

Eduardo Subirats, profesor de Filosofía en New York University, es autor de exitosos libros como *Linterna Mágica*, *El continente vacío*, *América o la memoria histórica*, *El alma y la muerte* y *La ilustración insuficiente*.

Jesús Torrecilla es profesor de Literatura en la Universidad de California en Los Ángeles (UCLA). Entre sus libros de crítica literaria destacan: *Razón, Tradición y Modernidad: Revisión de la Ilustración Hispánica* (1996), *La Generación del 98 frente al nuevo fin de siglo* (2000) y *España exótica: La formación de la identidad española moderna* (2004).

Arturo Torres Rioseco, uno de los fundadores del Instituto Internacional de Literatura Iberoamericana y también ex director de la *Revista Iberoamericana*. Nacido en Chile, donde obtiene su título de profesor de Estado en 1918, se marcha a Nueva York. Enseña en Williams College, en la Universidad de Minnesota, en la Universidad de Texas, en la de Columbia y en la de California (Berkeley). Su obra publicada abarca estudios sobre la literatura hispanoamericana en general y en particular sobre el Modernismo.

George Yúdice es conocidísimo en los ámbitos culturales hispánicos de los Estados Unidos por sus estudios sobre autores del Modernismo y de la posmodernidad. Enseña en New York University.

Concha Zardoya se doctoró, tras su marcha a los Estados Unidos, en la Universidad de Illinois con la tesis *España en la poesía americana*. Después impartió clases de Literatura Española en las universidades de Tulane, California, Yale, Indiana y Boston. Algunos de sus estudios son: *Miguel Hernández. Vida y obra* (1955), *Historia de la Literatura Norteamericana* (1956), *Poesía y teatro de Gil Vicente* (1977) y *Poesía española del siglo XX* (1974).

Carmen de Zulueta fue alumna de la Institución Libre de Enseñanza y del Instituto-Escuela antes de comenzar sus estudios de Filosofía y Letras. El estallido de la guerra le sorprendió en Roma cuando su padre, Luis de Zulueta, ocupaba el cargo de embajador de España ante la Santa Sede. Desde esta ciudad comenzó un exilio que le llevaría a Inglaterra, Francia y Colombia, donde concluyó su licenciatura universitaria y obtuvo una beca para ampliar sus estudios en los Estados Unidos. Desde entonces reside en este país, en el que, entre otros planteles, ha enseñado Lengua y Literatura Españolas en la Universidad de Harvard, y durante más de dos décadas en el Lehman College, de CUNY. Entre sus obras cabe destacar la edición y anotación de *Cartas desde prisión de Julián Besteiro* (1988), *Ni convento ni college: La Residencia de Señoritas* (1993), *Compañeros de Paseo* (2001), el volumen autobiográfico *La España que pudo ser: memorias de una institución republicana* (2000) y *Caminos de España y América* (2004).

Asociaciones e instituciones culturales

La Asociación Americana de Profesores de Español y Portugués (AATSP)

De las asociaciones profesionales que tienen como objetivo principal el estudio y difusión de la lengua española en los Estados Unidos las dos más importantes son, sin duda, la AATSP y la Modern Language Association (MLA). La primera, con sede en Filadelfia, promociona el español en los Estados Unidos desde 1918 y es la voz principal de la enseñanza del español y del portugués en el país y, probablemente, la organización sin fines lucrativos, con enfoque en esos idiomas específicos, más grande del mundo. Actualmente cuenta con unos 13.000 miembros, que representan la enseñanza del español desde la escuela primaria hasta los estudios de posgrado. Además hay también aproximadamente 1.100 bibliotecas académicas que se encuentran registradas en la AATSP para tener derecho a los bonos anuales de suscripción que ofrece *Hispania*, la revista de la asociación. Según sus estatutos, la asociación, además de promover las investigaciones sobre la enseñanza y el aprendizaje del español y del portugués, sirve de red profesional donde los miembros internacionales pueden discutir temas de interés hispánico por todos los medios de comunicación que proporciona la tecnología moderna. Mediante la difusión de los resultados de investigación científica, la AATSP abre puertas para conocer mejor la cultura hispánica en todos sus aspectos tanto literarios, lingüísticos y pedagógicos como artísticos y filosóficos. Sus estudios no solo se limitan a la comunidad académica, sino que se extienden también a la esfera de los negocios, las comunicaciones, la formación médica y jurídica y otros campos que forman parte del mundo pluricultural de nuestros días.

The Modern Language Association (MLA)

Fundada en 1883, la Modern Language Association (MLA) les ofrece a sus miembros la posibilidad de compartir con otros colegas los resultados de sus investigaciones académicas y pedagógicas y de discutir la situación actual y el futuro del mundo académico. Los miembros de la MLA celebran una convención anual (donde se presentan más de 2.000 ponencias), trabajan con organizaciones similares y patrocinan uno de los mejores programas editoriales en el campo de las humanidades. Desde su fundación, la MLA se ha esforzado por consolidar el estudio y la enseñanza de la lengua y de la literatura, no solo de las de lengua inglesa sino de otras lenguas, entre las que ocupa un lugar preeminente el español. Actualmente la MLA cuenta con más de 30.000 miembros. Entre sus publicaciones destaca *MLA Internacional Bibliography*, impresa, en línea y en cederrón. Los miembros reciben las siguientes publicaciones: *ADE Bulletin, ADFL Bulletin, Profesión* y *PMLA*.

The Hispanic Society of America

Entre las instituciones hispánicas más antiguas de los Estados Unidos se encuentra la Hispanic Society of America, fundada en 1904, en Nueva York, por el hispanófilo Archer Milton Huntington. Fue ideada como la combinación de una colección y una biblioteca de consulta que pusiera de manifiesto todos los aspectos de las culturas hispánicas. Para alojar la fundación, Huntington edificó en Broadway, entre las calles 155 y 156, un bellísimo y armónico grupo de edificios agrupados en torno a una plazoleta. Desde su inauguración, no han cesado las exposiciones y conferencias destinadas a ilustrar la historia, la cultura y el arte de las civilizaciones hispánicas. En su día, bajo la dirección personal de Huntington, se publicaron más de 200 libros monográficos relacionados con distintas facetas de nuestra cultura. Por otra parte, la biblioteca, que fue la piedra angular de las colecciones de Huntington, posee un departamento de manuscritos y libros raros, que representan una mina de recursos para los investigadores de la historia y la cultura hispánica. Se encuentran allí 15.000 libros impresos antes de 1701, incluso 250 incunables, así como ejemplares únicos y primeras ediciones de obras significativas. Además de los libros raros, la sociedad mantiene una biblioteca de investigación sobre nuestras culturas, que hoy cuenta con más de 250.000 títulos, además de una hemeroteca.

Sede de la Hispanic Society of America.

The Spanish Institute

También en Nueva York, se creó el Spanish Institute en 1954, con el propósito de promover la comprensión de la cultura española y su influencia en las Américas mediante una variedad de programas: conferencias, enseñanza del idioma, exposiciones y actividades culturales relacionadas con España e Hispanoamérica. El Spanish Institute se esfuerza también en estrechar vínculos entre los países hispanos y los Estados Unidos. Se organizan allí almuerzos y cenas en los que se discuten distintos aspectos económicos, políticos y sociales que afectan a nuestros países. En los últimos años, y quizás por influencia de algunos miembros del Patronato, prominentes hombres de negocios de la zona metropolitana, la mayoría de las conferencias, mesas redondas, etc., se realizan en inglés.

La Academia Norteamericana de la Lengua Española (ANLE)

La Academia Norteamericana de la Lengua Española (ANLE) es la corporación más reciente de las 22 que integran la Asociación de Academias de la Lengua Española. Aunque la idea de su fundación se venía gestando desde hacía más de cien años, no se plasmó en realidad hasta 1973. En esa ocasión, Tomás Navarro Tomás, miembro de la Real Academia Española, exiliado en Nueva York, inició el proyecto para la creación de la Academia Norteamericana, con la colaboración del chileno Carlos McHale, el español Odón Betanzos Palacios, el ecuatoriano Gumersindo Yépez, el puertorriqueño Juan Avilés y el español Jaime Santamaría. En 1980, en el Congreso de la Asociación de Academias celebrado en Lima, la Academia Norteamericana fue admitida en el seno de la Asociación de Academias, con los mismos derechos y obligaciones que las otras veintiuna. Desde 1973 a 1978, dirigió la Academia Norteamericana el lexicógrafo Carlos McHale y, a su muerte, fue nombrado para ocupar ese puesto el poeta y profesor Odón Betanzos Palacios, que lo hizo hasta su fallecimiento en septiembre de 2007.

La Academia Norteamericana de la Lengua es una corporación sin fines de lucro, cuya finalidad declarada es fomentar la unidad y defensa de la lengua española, excluyendo toda política. Tiene su sede en Nueva York, pero puede celebrar sesiones en otras partes de los Estados Unidos. Los aportes de instituciones filantrópicas y las donaciones de amantes de la lengua española contribuyen a su sostén. Integran la Academia Norteamericana creadores, lingüistas, lexicógrafos, ensayistas, investigadores científicos y literarios, historiadores de la lengua, profesores universitarios, traductores y un número cada vez mayor de científicos y técnicos de diversos ramos. En la nómina de académicos de la Norteamericana han figurado (y en algunos casos figuran aún) nombres tan descollantes como los de Tomás Navarro Tomás, Jorge Guillén, Ramón J. Sender, Ferrater Mora, Joan Corominas, Odón Betanzos Palacios, Ildefonso Manuel Gil, Enrique Anderson Imbert, Eugenio Florit, Rolando Hinojosa Smith y Fernando Alegría.

Los miembros numerarios son 36, y es obligatorio que residan en los Estados Unidos en el momento de su ingreso. Los miembros correspondientes son ya más de 100, y pueden residir en cualquier parte del mundo. La ANLE publica un *Boletín*, dirigido por Eugenio Chang-Rodríguez, y *Glosas*, que dirige Joaquín Segura. En la Academia Norteamericana funcionan las siguientes comisiones: la Comisión de Traducciones, presidida por Joaquín Segura, que colabora con la Comisión de Vocabulario Técnico de la Real Academia Española, con la Comisión de Diccionarios de la RAE y con la Comisión Permanente de la Asociación de Academias de la Lengua Española; la Comisión de Lexicografía, presidida por Roberto A. Galván, que colabora con la Comisión de Lexicografía de la RAE; la Comisión de Vocabulario Médico, presidida por el neurólogo Antonio Culebras, con la que colabora Joaquín Segura; la Comisión de Gramática, presidida por Carlos Alberto Solé e integrada por Joaquín Segura, Gerardo Piña Rosales, Nicolás Toscano, Beatriz Varela, Luis Pérez Botero y Pedro Guerrero; la Comisión de Estudios del Español en los Estados Unidos, presidida por Theodore Beardsley; la Comisión de Informática, presidida por Estelle Irizarry y de la que es coordinadora Leticia Molinero; la Comisión de Educación, presidida por Gerardo Piña Rosales, y la Comisión de Estudios Medievales, presidida por Nicolás Toscano.

El Instituto Cervantes: Nueva York, Chicago, Albuquerque y Seattle

El Instituto Cervantes está representado en los Estados Unidos por tres sedes: la de Nueva York, la de Chicago y la de Albuquerque, así como por el Aula Cervantes en la ciudad de Seattle. Se trata de una organización pública mundial creada por el Gobierno de España en 1991 para la promoción y la enseñanza de la lengua española y para la difusión de la cultura española e hispanoamericana. Sus directores son designados entre destacados representantes de las letras, de las academias, universidades y otras instituciones sociales. Aunque la enseñanza del idioma es un aspecto primordial del Instituto Cervantes, es valiosísima su labor de apoyo a los hispanistas. El Cervantes colabora con otros organismos españoles e hispanoamericanos para realizar actividades culturales tales como conferencias, presentaciones de libros, conciertos y exposiciones de arte. Además, sus bibliotecas ponen a la disposición del público una amplia selección de literatura en español y de videos de las películas más importantes producidas en español. En este sentido, la Biblioteca Jorge Luis Borges es quizás una de las más completas de los Estados Unidos en libros y revistas sobre literatura española contemporánea y, en particular, sobre literatura del exilio español republicano.

Rótulo del Instituto Cervantes de Nueva York.

Sede del Instituto Cervantes en Albuquerque.

El Centro Cultural Español de Miami

Uno de los centros de actividad cultural hispana más conocidos en la zona del sur de la Florida, en el condado de Miami-Dade propiamente, es el Centro Cultural Español de Cooperación Iberoamericana, que opera como adscrito a la red de centros culturales de la Agencia Española de Cooperación Internacional (AECI), organismo autónomo parte del Ministerio de Asuntos Exteriores del Gobierno de España. El centro se constituyó como tal en 1996 en la ciudad de Coral Gables y su sede fue inaugurada por el premio Nobel de literatura Camilo José Cela. Otras sedes funcionan en las ciudades de México, Santo Domingo, Santiago de Chile, Montevideo, San José, Lima y en Buenos Aires y Rosario, en la Argentina. Este espacio es uno 'de encuentro, participación e intercambio en el que se vive y se promueve la cultura española y la cultura en español' y en el mismo se busca la diversidad de todas las manifestaciones culturales de la cultura hispánica, las hispanoamericanas en general y aquellas surgidas dentro de los Estados Unidos. Los miembros que abonan cuotas anuales, así como el público en general, acuden a puestas en escena de piezas teatrales, recitales, presentaciones de libros, conferencias, talleres y exposiciones de arte durante todo el año. En la actualidad D.ª María del Valle ejerce como directora del centro.

El Centro Rey Juan Carlos I de la Universidad de Nueva York (NYU)

El programa del Centro Rey Juan Carlos I de España fue creado por New York University en 1997 para el estudio de España y el mundo hispanohablante. Mediante la fundación de este centro, la NYU intenta convertirse en una de las instituciones más importantes del mundo para la investigación y la enseñanza de la cultura hispánica moderna. El centro se ha dedicado a fomentar la interacción entre las comunidades académicas, diplomáticas, públicas y de negocios de Nueva York y de los países hispánicos. Al mismo tiempo, se ofrece allí una programación muy variada para atraer una audiencia diversa entre los universitarios y la comunidad hispanohablante de la ciudad.

Asociación de Licenciados y Doctores Españoles en los Estados Unidos (ALDEEU)

El objetivo primordial de la asociación es el de proteger, difundir y fomentar la cultura española en los Estados Unidos, como atestiguan los vínculos establecidos, desde hace tiempo, entre ALDEEU y la Academia Norteamericana de la Lengua Española y la Fundación Cultura Hispánica, entre otras prestigiosas instituciones españolas en el país. En los estatutos de ALDEEU se recomienda que la asociación entable relaciones más estrechas con el Gobierno de España. Con este fin, se inició, hace ya tiempo, un proyecto, que, a la larga, fue al-

VI DEPARTAMENTOS UNIVERSITARIOS, HISPANISTAS, ASOCIACIONES E INSTITUCIONES CULTURALES

tamente beneficioso para ALDEEU: el de la doble ciudadanía. ALDEEU se ha esforzado siempre en tender puentes de unión con entidades españolas, hispanoamericanas y estadounidenses. En este sentido, valga traer a colación los vínculos establecidos entre ALDEEU y varias universidades de los Estados Unidos e instituciones españolas. No en vano, la sede de ALDEEU se encuentra en el Graduate Center de The City University of New York; la revista *Cuadernos de ALDEEU* recibe el respaldo de The Behrend College, en Pensilvania, y de Barry University, en la Florida; y dos simposios dedicados a estudiar la presencia hispánica en los Estados Unidos se celebraron en St. John's University y Teachers College de Columbia University; y las dos últimas asambleas anuales de la asociación tuvieron lugar en Burgos y en Ávila, gracias al apoyo del Instituto Castellano-Leonés de la Lengua. La publicación oficial de ALDEEU es *Cuadernos de ALDEEU*. En los últimos años se han publicado las Actas de la Asamblea de Granada, *Andalucía y las Américas: Crisol de mestizajes*, editadas por Antonio Pamies y Wenceslao Carlos Lozano; las Actas del I Simposio Presencia Hispánica en los Estados Unidos, *Presencia hispánica en los Estados Unidos*, celebrado en St. John's University en mayo de 2001; las Actas del II Simposio Presencia Hispánica en los Estados Unidos, *Hispanos en Estados Unidos: el tercer pilar de la Hispanidad*, celebrado en Teachers College, Columbia University, en mayo de 2002; las Actas de la XXIII Asamblea General de Jaén, *Jaén: Cruce de caminos, encuentro de culturas*, y el libro, *Locura y éxtasis en las letras y artes hispánicas*, editado por Gerardo Piña Rosales. ALDEEU cuenta también con un boletín que se publica en forma digital, *Puente Atlántico*.

Círculo de Escritores y Poetas Iberoamericanos (CEPI)

El Círculo de Escritores y Poetas Iberoamericanos fue creado en 1949 con la misión de difundir la lengua española y establecer lazos de unión con la comunidad anglosajona; fue fundado por un grupo de puertorriqueños y españoles, entre los que se contaban Juan Avilés, César Torres y Jesús de Galíndez (este último fue el exiliado vasco que conoció tan a fondo la dictadura de Trujillo en Santo Domingo y que, después, en la Universidad de Columbia, escribió una tesis titulada *La era de Trujillo*, libro que le costó la vida). Con el CEPI han colaborado poetas como Julia de Burgos, Clemente Soto Vélez y Odón Betanzos. Y, entre sus múltiples actividades, destaca el Certamen Literario Internacional Odón Betanzos Palacios, que otorga anualmente premios en poesía, cuento y ensayo.

Fundación Cultura Hispánica de los Estados Unidos

Aunque fundada más recientemente que el CEPI, es muy importante también la Fundación Cultura Hispánica, creada hace tres lustros por Rafael de los Casares, Emilio González López y Odón Betanzos, con el fin de estudiar y rescatar la presencia hispánica en los Estados Unidos. La fundación ha presentado una serie de conferencias sobre la historia y la importancia de los hispanos en este país, y ha publicado libros relacionados con el tema. Las ponencias de los últimos años aparecieron en 2003 reunidas en un volumen titulado *España en las Américas*, a cargo de los profesores Gerardo Piña Rosales y Nicolás Toscano.

A las asociaciones e instituciones culturales mencionadas cabe añadir la labor desempeñada en el ámbito del hispanismo en los Estados Unidos por estas otras: Association for Hispanic Classical Theater (ACHT), Cervantes Society of America (CSA), Latin American Studies Association (LASA), National Association of Hispanic and Latino Studies, Society for Renaissance & Baroque Poetry y Society of Spanish & Spanish-American Studies (SSAS).

VII LOS MEDIOS DE COMUNICACIÓN

La prensa escrita

Alberto Gómez Font

La radio hispana en los Estados Unidos

Marcos Miranda y Elinet Medina

La televisión

Olga Connor

Los libros y manuales de estilo

Alberto Gómez Font

La ciberhabla juvenil en los Estados Unidos

Jorge Ignacio Covarrubias

La prensa escrita

Alberto Gómez Font

Estado actual

En los Estados Unidos hay actualmente muchos diarios y semanarios en español que cubren ya casi todo el mapa del país. Si hace algunos años, a mediados del siglo XX, la prensa hispana solo estaba presente en algunos estados y en unas cuantas ciudades (Los Ángeles, Tampa, Miami, Nueva York, San Antonio) en donde se concentraba la mayoría de la inmigración hispanoamericana, hoy en día, debido a que los estadounidenses de origen hispano se reparten por todo el país, podemos encontrar periódicos en español en cualquier rincón de cualquier estado.

Pero no solo ha aumentado la cantidad de publicaciones, sino también su calidad. Al principio, haciendo excepción de algunos diarios importantes, casi toda la prensa escrita en español en los Estados Unidos estaba considerada, no sin algo de razón, como de segunda categoría, y ello se debía a que el público al que estaba dirigida, los inmigrantes hispanos, en su mayoría, apenas tenía acceso a la cultura y su capacidad económica era muy limitada.

Las cosas han ido cambiando para bien y hoy podemos afirmar que una gran cantidad de estadounidenses de origen hispano ya han alcanzado el nivel cultural que sus padres o abuelos no tenían y ello ha sucedido al mismo tiempo que ha ido creciendo su poder económico. Y no solo aumentan sus conocimientos y sus ingresos, sino también su número; la población hispana crece muy rápidamente, lo que hace que haya cada vez más hispanos integrados en la población económicamente activa del país, más hispanos con sus propios negocios y más hispanos propietarios de sus viviendas.

Por ello la prensa escrita en español de ese país ya no es de segunda categoría, sino tan buena como la de expresión inglesa, y tanto los asuntos que se tratan como la calidad del español que se usa van elevando día a día el nivel. Los hispanos de los Estados Unidos necesitan estar bien informados sobre la política, la economía y la sociedad del país. Por ello la prensa escrita en español tiene la obligación de ayudar a que esa progresión no se detenga y debe comprometerse con la mejor formación cultural de sus lectores.

El aumento de la presencia de la prensa en español se debe también a que muchas empresas han comenzado a publicar materiales en esta lengua. Cadenas de periódicos que antes solo se editaban en inglés, como Freedom, Gannet, McClatchy, Knight Ridder y Pulitzer, publican ya en español. Se trata en muchas ocasiones de periódicos o semanarios que son el hermano menor de las versiones en inglés, pero tienen la gran ventaja de compartir recursos como imprenta, edificios, servicios de agencias informativas, etc., lo que reduce enormemente los costes de producción. Al mismo tiempo, los antiguos diarios en español propiedad de familias van desapareciendo.

Las empresas en inglés contratan editores y periodistas en español para sus nuevos productos con la intención de que las noticias se redacten directamente en esa lengua y no se limiten a meras traducciones.

La historia de la prensa escrita en español en el territorio de los Estados Unidos data del siglo XIX. El primer periódico del que se tiene referencia es *El Misisipí*, cuya primera edición se publicó en Nueva Orleans en 1808. Durante el tiempo en que los estados del suroeste formaban parte de México, antes de 1848, hubo más de 12 publicaciones en español en esa región.

No obstante, el resurgimiento de la prensa en español se dio poco antes de la Primera Guerra Mundial; en 1913 aparecieron dos periódicos con el mismo nombre: *La Prensa*. Más adelante fueron surgiendo otros diarios que se convirtieron en los principales testimonios de la historia en español de ese país. En la actualidad, hay más de 600 publicaciones hispanas de las que están en circulación más de 20.000.000 de ejemplares repartidos por todo el territorio de los Estados Unidos y uno de cada ocho estadounidenses lee prensa en español. La National Association of Hispanic Publications, con sede en Washington, cuyos miembros son la mayoría de los más importantes diarios estadounidenses en español, afirma que las cerca de 200 publicaciones afiliadas poseen entre todas una circulación de más de 12.000.000 de ejemplares que llegan a más del 50% de las familias hispanas, al menos una vez por semana.

Los tres grandes diarios hispanos de los Estados Unidos (*La Opinión*, *El Nuevo Herald* y el *Diario La Prensa*) y el semanario *La Raza* se unieron en septiembre de 2003 para tratar de frenar la expansión de *Hoy*, el diario en español de Tribune Co. (empresa propietaria del *Chicago Tribune*, *Los Angeles Times* y *Newsday*), primera experiencia de un periódico en español de ámbito nacional en los Estados Unidos, gracias a sus ediciones de Nueva York (posteriormente vendida al grupo ImpreMedia), Chicago y Los Ángeles, que lo situaron como el segundo diario hispano del país.

El buen uso del español en la prensa de los Estados Unidos

Es digna de encomio la preocupación que demuestran muchos de estos diarios y semanarios en la búsqueda de un español correcto, pues son conscientes de la responsabilidad que tienen como formadores, como maestros, en el buen uso de la lengua de los hispanos estadounidenses.

Los grandes diarios, como *La Opinión* o el *Nuevo Herald*, y otros más pequeños, como el *Diario La Estrella* (ponemos solo tres ejemplos de los que hemos analizado, pero ello no implica que no suceda lo mismo en los demás), cuidan mucho el buen uso del español y están muy bien escritos, y tienen especial cuidado en la ortografía, hasta el punto de que es harto difícil encontrar algún error en sus páginas.

Principales empresas editoras de diarios en español en los Estados Unidos

ImpreMedia

Es la compañía de publicación de periódicos en español más grande de los Estados Unidos; su sede está en Nueva York y abarca más del 72% del mercado hispano en California, Nueva York, la Florida e Illinois. Tiene ocho periódicos en español que juntos llegan a más de 16 millones de lectores: *La Opinión*, en Los Ángeles; *Diario La Prensa*, en Nueva York; *La Raza*, en Chicago; *El Mensajero*, en San Francisco; *La Prensa*, en la Florida; *Hoy*, en Nueva York; *Contigo*, en Nueva York (publicación dominical gratuita distribuida en cinco zonas con alta densidad de población hispana: Bronx, Hudson, Kings, Manhattan y Queens), y *La Opinión Contigo*, en Los Ángeles (publicación dominical gratuita distribuida en cinco zonas con alta densidad de población hispana: East Los Ángeles, Huntington Park, Montebello/El Monte, San Fernando Valley y Santa Ana).

Las publicaciones de ImpreMedia también incluyen *La Vibra*, publicación semanal de entretenimiento para los hispanos urbanos jóvenes, con una circulación de 534.000 ejemplares, y la revista *Vista*, publicada en inglés y español y distribuida en 31 periódicos, con una tirada de 1.000.000 de ejemplares.

Tribune Company

Es la propietaria del diario *Hoy*, en sus ediciones de Chicago y Los Ángeles, de dos semanarios en español en Orlando y en el sur de la Florida, además de otros importantes diarios y semanarios en inglés. Se fundó en 1847 y actualmente es una compañía multimedia de gran importancia con sede central en Chicago, donde su principal periódico es el *Chicago Tribune*.

McClatchy Company

Tras la compra del grupo editorial Knight Ridder, la compañía McClatchy es propietaria de uno de los diarios más importantes en español: *El Nuevo Herald*, de Miami, así como del Diario *La Estrella*, de Fort Worth (Texas).

Fundado en 1813, en la actualidad es el tercer grupo en importancia dedicado a los medios de comunicación en los Estados Unidos

The Hearst Corporation

Es otra de las grandes compañías propietarias de medios de comunicación en los Estados Unidos, entre los que se cuenta un importante periódico en español: el *Tiempo de Laredo*. Fundada por el empresario Randolph Hearst, tiene su sede central en Nueva York. Otro de sus diarios, el *San Antonio Express*, de Texas, incluye desde 2004 el semanario en español *Conexión*.

Freedom Communications Inc.

Tiene su sede en Irvine, California, y publica 33 diarios y 77 semanarios, entre los que se imprimen en español los diarios de Texas, *El Nuevo Heraldo* (en Brownsville) y *La Frontera* (en McAllen), así como los semanarios *Excelsior* (en Santa Ana, California); *Bajo el Sol* (en Yuma, Arizona); *El Mojave* (en Victorville, California); *La Voz de Alamance* (en Burlington, Carolina del Norte); *Noticiero Semanal* (en Porterville, California); *El Semanario* (en Odessa, Texas), y *La Estrella* (en Harlingen, Texas).

Diarios publicados en español en los Estados Unidos.

Principales diarios en español en los Estados Unidos

Diario La Prensa

El primer ejemplar del *Diario La Prensa* de Nueva York (que en un principio era semanal) se publicó el 12 de octubre de 1913 y su fundador y propietario fue el español Rafael Viera. La información la dirigía el escritor y periodista colombiano José María Vargas Vila. En 1963 se fusionó con *El Diario*, publicación que había fundado el dominicano Porfirio Dominicci en la década de los cincuenta. *El Diario La Prensa* es el periódico más antiguo de los escritos en español que circulan en los Estados Unidos y es el más leído entre los hispanos de Nueva York, con alrededor de 240.000 lectores diarios y 630.000 los fines de semana.

La Opinión

La Opinión es el diario estadounidense en español que cuenta con más lectores. Se fundó en Los Ángeles el 16 de septiembre de 1926 y es, después de *Los Angeles Times* (en inglés), el segundo diario de esa ciudad en los índices de venta. Su fundador fue Ignacio E. Lozano y el negocio pasó a manos de sus hijos y de sus nietos. Actualmente la directora es Mónica Lozano.

Durante la década de los ochenta el periódico aumentó de manera muy considerable sus ventas; en diez años pasó de 35.000 ejemplares a 100.000, lo que redundó en mejoras en la calidad de la impresión. En el año 2000 apareció la versión en Internet con el nombre de *La Opinión Digital*.

Actualmente pertenece a ImpreMedia, la principal compañía de publicación de periódicos en español de los Estados Unidos, en la que también están el *Diario La Prensa*, de Nueva

York, y el semanario *La Raza*, de Chicago. Tiene una circulación diaria de 124.057 ejemplares, con 520.397 lectores diarios y 1.200.000 los fines de semana.

La Opinión también edita la revista *La Vibra*, que es una guía semanal de ocio con secciones de música, cine y TV, entre otras. Su circulación semanal es de 528.192 ejemplares. Además se publica *La Opinión Contigo*, una revista gratuita de fin de semana que cuenta con 348.795 lectores semanales y que se envía por correo a más de 255.091 hogares en zonas de población hispana importante.

Diario Las Américas

Este periódico fue fundado en Miami el 4 de julio de 1953 por el nicaragüense Horacio Aguirre. Está dirigido especialmente a los cubanos residentes en la ciudad de Miami y en el sur del estado de la Florida, aunque también tiene suscriptores en otras regiones de los Estados Unidos.

El Nuevo Herald

Apareció en 1976 como suplemento en español del diario *The Miami Herald*; casi todo su contenido se traducía entonces del periódico en inglés. Después, en 1987, se cambió el diseño y se le puso el nombre *El Nuevo Herald*. Es propiedad de la cadena de medios de comunicación McClatchy, que absorbió en 2006 al grupo editorial (con más de 12 periódicos) Knight Ridder.

Actualmente es el segundo diario en español más leído en los Estados Unidos. Se venden 86.958 ejemplares los días laborables y el fin de semana aumentan hasta los 99.024 en su edición dominical. Su público principal son los cubanos residentes en Miami y la Florida, aunque es también el periódico en español más leído por los demás hispanos de este estado, sea cual sea su procedencia.

El Nuevo Herald.

Hoy (Nueva York)

En la actualidad es propiedad de ImpreMedia, desde que esta compañía lo compró a su anterior propietario y fundador, el grupo Tribune. El diario *Hoy* de Nueva York se fundó en 1998; se reparte gratuitamente y tiene una circulación de unos 56.000 ejemplares diarios. Es uno de los diarios en español más importantes de los Estados Unidos.

Hoy (Los Ángeles y Chicago)

En 2003 se fundó en Chicago el diario *Hoy*, hermano de la edición de Nueva York. Con la aparición del *Hoy* de Chicago se reemplazó al semanario *¡Éxito!*, publicado durante diez años por el Chicago Tribune. En enero de 2004 comenzó a circular una versión de *Hoy* para el área de Los Ángeles, con un formato de tamaño tabloide.

El Nuevo Heraldo y La Frontera

La empresa Freedom Communications lanzó en el año 2000 *El Nuevo Heraldo* en Brownsville, Texas, con una tirada de 20.000 ejemplares diarios de formato universal y en 2004 apareció *La Frontera*, tabloide que se publica seis veces por semana en la localidad de McAllen. Los dos periódicos tienen una influencia significativa en la zona fronteriza.

Al Día

Publicado por el *Dallas Morning News* en Dallas, Texas, se fundó en 2003; actualmente tiene una difusión diaria de 40.000 ejemplares. Es propiedad de la Corporación Belo, que también publica el semanario *La Prensa* en Riverside, California.

El Día

Fundado en 1995 en Houston, circula de lunes a sábado con 22.000 ejemplares. Forma parte del grupo de publicaciones *La Subasta*, cuyos propietarios lo anuncian como 'el periódico del pueblo'.

El Diario

El 16 de mayo de 2005, la empresa Editora Paso del Norte comenzó la publicación de *El Diario de El Paso*, en El Paso, Texas, que en la actualidad tiene una circulación diaria de 21.000 ejemplares.

El Mensajero

Fundado en 1987, comenzó con una circulación limitada de 30.000 ejemplares. Hoy en día vende más de 112.000 ejemplares y llega a San José, San Francisco y Oakland, las ciudades del área de la bahía donde se concentra la mayor cantidad de personas de habla hispana.

Diario La Estrella

Se fundó en 1993. Al principio era un suplemento del diario en inglés *Star Telegram*, de Fort Worth, Texas; después pasó a ser una publicación separada que se editaba dos veces por semana; más adelante, hasta hace poco tiempo, se transformó en diario de distribución gratuita, y en la actualidad ha sufrido —como otros diarios parecidos— un pequeño retroceso por causa del auge de la prensa digital y ha vuelto a ser semanal, con dos ediciones: la del viernes, que se reparte en la calle y de la que se difunden 100.000 ejemplares, y la del sábado, que se envía por correo a 150.000 hogares del estado de Texas. Es propiedad de la cadena de medios de comunicación McClatchy.

El Hispano

Se fundó en 1986 para atender a las necesidades de información de la entonces creciente comunidad hispana en Dallas. Es el pionero de los periódicos hispanos en Texas y cuenta con una circulación actual de 28.447 ejemplares.

Rumbo

Es un periódico gratuito que se distribuye en Houston, San Antonio y a lo largo del Valle del Río Grande en el estado de Texas. Se fundó en el año 2003 y tomó importancia en 2004, cuando el grupo editorial Recoletos (de España) adquirió Meximérica Media, que se encargó de la publicación del periódico. El nombre del diario está inspirado en la frase 'voy rumbo al norte', usada por los inmigrantes mexicanos e hispanoamericanos cuando se dirigen hacia los Estados Unidos.

Se distribuye los viernes con la siguiente difusión: 100.000 ejemplares en Houston, 50.000 en San Antonio y 45.000 en el Valle del Río Grande (también hay una edición para Austin). La distribución se hace a domicilio y en tiendas, supermercados, oficinas, restaurantes, etc. Está dirigido a un público de origen principalmente mexicano. La población mexicana en los Estados Unidos —aproximadamente 26 millones— representa dos tercios de la población hispana del país.

Meximérica tiene previsto editar periódicos en otras zonas de Texas y tal vez en otros estados. En Texas es donde más se advierte el crecimiento de la prensa escrita en español. Diariamente circulan *Rumbo* en San Antonio, Austin, Houston y en El Valle; *Al Día* y el *Diario La*

Estrella en Dallas y Fort Worth; *El Tiempo* en Laredo; *El Día* en Houston, y *La Frontera* y *El Nuevo Heraldo* en el Valle, además de otros muchos semanarios y suplementos.

Diario gratuito *Rumbo*.

Enlace

En 1998 The San Diego Union-Tribune comenzó a ofrecer una publicación mensual en español. Como respuesta a la demanda de los lectores, el periódico se convirtió en semanario dos años más tarde. *Enlace* es el semanario de mayor circulación en español de la región fronteriza de California.

Enlace está dirigido a los hispanos del condado de San Diego que usan el español como idioma principal así como a la población de Tijuana que cruza la frontera con frecuencia para ir al trabajo, hacer compras y visitar a familiares.

Con una tirada de 85.000 ejemplares, *Enlace* se entrega a domicilio cada sábado en ciertas zonas seleccionadas del condado de San Diego, y se distribuye en comercios, restaurantes y tiendas frecuentados por el público hispano.

La misión de *Enlace* va más allá de la publicación de un periódico semanal, puesto que el semanario se dedica a apoyar programas de fomento de la educación y la alfabetización.

Diario La Prensa

Es el periódico hispano más antiguo de la Florida central. Se fundó en 1983. Es un semanario que se reparte gratuitamente en 3.100 puntos. Tiene una distribución semanal de 44.723 ejemplares en Orlando y Tampa.

Atlanta Latino

Atlanta Latino Newspaper es la mayor publicación bilingüe de Georgia. Es un periódico semanal con una circulación de 30.000 ejemplares, que se envían a más de 2.000 puntos de distribución en treinta ciudades de los trece condados metropolitanos de Atlanta.

Mi Gente

Con sede en Charlotte (Carolina del Norte), el periódico semanal *Mi Gente* se fundó en 2002 y en la actualidad tiene una circulación de 25.000 ejemplares, que se distribuyen en Carolina del Norte y Carolina del Sur. Da cobertura a los temas de noticias locales, nacionales, hispanoamericanas, con énfasis en el tema de la inmigración.

La Raza

La Raza se distribuye desde 1970 en Chicago. Es el semanario más leído en esta ciudad y tiene una circulación de 185.000 periódicos semanales. *La Raza* pertenece a ImpreMedia, la compañía de publicación de periódicos en español más importante en los Estados Unidos.

Tiempo de Laredo

Aparece encartado en *The Laredo Morning Times*, que se fundó en 1881; en 1984 fue adquirido por el grupo de comunicación Hearst.

Principales revistas en español en los Estados Unidos

En los Estados Unidos pueden encontrarse muchísimas revistas en español. Las más numerosas son, sin duda, las especializadas en temas literarios o culturales. Existen otras que trabajan con una amplia variedad de temas, pero que imprimen versiones españolas de otras publicadas originalmente en inglés, y un grupo nada reducido que, aunque escritas originalmente en español, se imprimen en el extranjero, tanto en México como en España.

Entre aquellas que están en español y que se editan en territorio norteamericano —que constituyen el tema de este apartado— se encuentran *Selecta Magazine, TVyNovelas, Fama* o *¡Mira!*, entre otras.

Selecta Magazine, que acaba de cumplir sus primeros 25 años de vida, está concebida para la comunidad hispana del país. Su directora editorial, Lisbet Fernández Viña, ha querido crear una revista elegante y refinada, la máxima expresión del *glamour* a escala internacional. Se publica en Coral Gables, en la Florida. En ella, en gran formato y muy buen diseño, el lector —en especial las lectoras— puede encontrar temas de alta costura, joyas, accesorios, vinos y licores, decoración, libros y un rico etcétera.

Las otras tres son todas revistas del corazón, con un fuerte ingrediente de farándula, televisión, cine, protagonistas, amores, etc. *TVyNovelas* tiene su sede en Nueva York, aunque la Oficina Internacional de Redacción se encuentra en Miami. Pertenece a la Editorial Televisa Internacional, S. A. Su director es Juan Manuel Cortés. Entre sus secciones están las de moda, belleza, cocina, inmigración, farándula, horóscopo y una 'sexy entrevista' muy aparatosa. *Fama*, publicada por Fama Publishing, Inc., tiene su Departamento Editorial en la ciudad de Miami. Su director, Al Vázquez, ha elaborado esta publicación para satisfacer al lector interesado en el mundo de los famosos; entre sus secciones habituales se encuentran 'Guapo entero', 'Protagonistas', 'Moda', 'Viajes', 'Belleza y bienestar', 'Horóscopo', etc. *¡Mira!* es obra de la empresa American Media, Inc. de Nueva York y su jefa de redacción es Elvira de las Casas. Como las anteriores prioriza temas relacionados con la televisión, las parejas, la belleza, las noticias de Hollywood, la moda, la cocina, etc.

Algunas publicaciones del mismo corte de las mencionadas son también *Alma Magazine*, que dirige Alejandro R. Gasquet; *Socialite*, que se ocupa de festejos sociales, actividades culturales, farándula y espectáculos en el sur de la Florida; *Cristina*, revista mensual que se publica desde 1991 a cargo de la empresaria y presentadora de televisión Cristina Saralegui, y la desaparecida revista *Hombre de Mundo*.

Otra revista, esta vez con contenido primordialmente centrado en ensayos políticos y sociales, fue *Opiniones Latinoamericanas*, editada en su momento por Arturo Villar, en Coral Gables, Florida, que tuvo una buena difusión y una gran acogida. También han desaparecido las revistas *Tu dinero*, que exploraba el mundo de las finanzas, los bienes raíces, los créditos comerciales y los negocios; y *Tiempos*, que se publicaba simultáneamente en dieciséis países hispanoamericanos, además de en los Estados Unidos. Entre las revistas hispanas más curiosas se encuentran, por ejemplo, *Retila Magazine*, editada en Los Ángeles, California, y que se ocupa de las manifestaciones musicales, en especial el *rock and roll* en español, y la revista *El Centinela*, publicación mensual de la Iglesia Adventista del Séptimo Día y que es la publicación de carácter religioso más antigua en los Estados Unidos.

Existen también otras muchas revistas de diferente categoría y calidad, entre las que se encuentran *El Uno, La política cómica, Identidad Latina, Hola amigos, Horizonte, Enfoque 3* y la *Revista Socio Cultural Ibero-Americana*, publicación de la Cámara de Comercio Latina, entre otras. Un acápite aparte, y digno de mencionar, serían aquellas revistas de carácter didáctico, diseñadas para alumnos de español de escuelas elementales y secundarias, entre las que se encuentran *Ahora, Eres*, etc., y muchas más que integran otras ya editadas fuera de los Estados Unidos.

Otros diarios y semanarios en español en los Estados Unidos

Arizona

En Phoenix: *La Voz, Monitor Hispano* y *Prensa Hispana*. En Tucson: *Diario La Estrella*. En Yuma: *Bajo el Sol*.

Arkansas

En Little Rock: *Hola Arkansas*.

California

En Escondido: *Hispanos Unidos*. En Fresno: *Vida en el Valle*. En Indio: *La Prensa Hispana*. En Los Ángeles: *La Opinión* y *Hoy*. En Porterville: *Noticiero Semanal*. En Riverside: *Diario La Prensa*. En San Diego: *Enlace, Diario Latino, El Latino, Diario La Prensa* y *San Diego*. En San Francisco: *Bohemio News* y *El Mensajero*. En San José: *El Observador, La Oferta* y *Nuevo Mundo*. En Santa Ana: *Excelsior*. En Victorville: *El Mojave*.

Carolina del Norte

En Burlington: *La Voz de Alamance*. En Charlotte: *Mi Gente, El Progreso Hispano, La Noticia, Qué Pasa, El Soplón* y *Hola Noticias*. En Fletcher: *La Voz Independiente*. En Raleigh: *La Conexión*.

Carolina del Sur

En Columbia: *Latino*. En Mt. Pleasant: *Vida Latina*.

Colorado

En Bayfield: *El Valle Hispanic News*. En Denver: *Clasificados Hispanos de Colorado*.

Connecticut

En Bethel: *El Canillita*. En West Hartford: *Identidad Latina*.

Washington D.C.

Washington Hispanic.

La Florida

En Davie: *El Colombiano*. En Ft. Lauderdale: *El Sentinel*. En Hialeah: *Hialeah News*. En Miami: *Diario Las Américas, El Argentino, El Correo de Cuba, El Nuevo Herald, La Campana, La Prensa de Honduras, Prensa Isleña* y *El Popular*. En Orlando: *El Nuevo Día, La Prensa Orlando* y *Latino International News*. En Sarasota: *7días*. En Tampa: *Nuevo Siglo Tampa*. En West Palm Beach: *La Palma Interactivo*.

Georgia

En Atlanta: *Mundo Hispánico*. En Lawrenceville: *La Visión*. En Norcross: *Atlanta Latino*.

Illinois

En Chicago: *Hoy Extra, La Raza* y *El Puente*. En Cicero: *El Imparcial*.

Luisiana

En Kenner: *Vocero News*.

Massachusetts

El Vocero Hispano. En Boston: *El Mundo Boston* y *La Semana*. En Lawrence: *Lawrence Interactivo, Rumbo* y *Siglo 21*.

Míchigan

En Grand Rapids: *El Vocero Hispano*.

Minnesota

En Minneapolis: *Gente de Minnesota*. En St. Paul: *La Prensa de Minnesota*.

Misuri

En Columbia: *Adelante*. En Kansas City: *Dos Mundos*.

Nevada

En Las Vegas: *El Mundo*. En Reno: *Ahora News* y *Periódico La Unión*.

Nueva Jersey

En Union City: *Dominican Times News*.

Nueva York

En Baldwin: *Noticia Hispanoamericana*. En Bayshore: *The Bilingual News*. En la ciudad de Nueva York: *El Compás, El Diario de Nueva York, Diario La Prensa, El Mirador Paraguayo, Hola Hoy, Hoy* y *Wall Street Journal* (Interactivo).

Oklahoma

En Oklahoma City: *El Nacional News*. En Tulsa: *Hispano de Tulsa* y *La Guía de Tulsa*.

Diario gratuito *El Mundo* de Austin (Texas).

Texas

En Austin: *El Mundo* y *Rumbo*. En Brownsville: *El Nuevo Heraldo*. En Bryan: *El Pueblo*. En Carrollton: *El Sol de Texas*. En Dallas: *Diario La Estrella, El Sol, Al Día, El Extra, El Heraldo News, El Hispano News*. En El Paso: *El Paso Times*. En El Valle: *Nuevo Heraldo, La Frontera* y *Rumbo*. En Fort Worth: *Diario La Estrella*. En Harlingen: *Diario La Estrella*. En Houston: *El Día, Rumbo, Enfoque Deportivo* y *Semana*. En Laredo: *El Clamor* y *Tiempo de Laredo*. En McAllen: *Periódico USA* y *La Frontera*. En Odessa: *El Semanario*. En San Antonio: *El Continental, La Nueva Opinión, La Prensa de San Antonio, Rumbo* y *San Antonio News*.

Virginia

En Arlington: *El Tiempo Latino* y *La Nación USA*.

Washington

En Pasco: *La Voz Hispanic*.

La radio hispana en los Estados Unidos

Marcos Miranda y Elinet Medina

Introducción

Desde los primeros indicios de lo que hoy conocemos como la radio, esta tuvo como objetivo primordial informar al público del acontecer que le rodeaba. En sus inicios, fue un medio netamente informativo, pero a medida que transcurrió el tiempo fue cambiando hasta llegar a la radio comercial, que es lo que escuchamos hoy en día.

Mientras exista el hombre existirán los medios masivos de comunicación, porque todos ellos sin excepción tienen como objetivo informar, modificar y crear estados de opinión que permitan al ser humano tomar decisiones políticas, económicas y sociales, que lleven en última instancia a modificar costumbres, conductas y comportamientos en la sociedad que le toque vivir.

La radio es un medio poderoso para la educación de las masas en todos los sentidos; es además un aliciente para las personas de la tercera edad, que la ven como un amigo al que se le pueden confiar sus cuitas, o es un medio de ayuda que buscan aquellas personas que necesitan consejos para aliviar sus penas. En fin, es una herramienta esencial en la vida de muchas personas.

Sin embargo, como uno de los medios de comunicación más importantes se ha beneficiado de los cambios de la tecnología. Se han abierto nuevas formas de expresión; los creativos de cada medio exploran diferentes especialidades y buscan mejorar cada día más la calidad de sus producciones.

Esta calidad, sin embargo, no podría ser posible si los propietarios de las emisoras, los ejecutivos de la radio, los ingenieros técnicos, los especialistas, los creativos, los directores de programación, los directores de programas, los productores, los locutores, los actores, los musicalizadores, en fin, todos los soldados que forman el ejército de la radiodifusión, no fuesen responsables de mantener la vigencia de la radio frente al bombardeo tecnológico de este siglo.

El concepto de libertad en la radio y en todos los medios debe ser prioritario para la creación de sociedades sanas desde el punto de vista económico y social. En los regímenes totalitarios se utiliza la radio y todos los medios en función de su propaganda ideológica centralizada. La radio utilizada como medio para exponer la libertad de expresión, de creación y de valores será, junto al creciente desarrollo tecnológico de las comunicaciones, uno de los baluartes más importantes para llevar el concepto pleno de libertad a la humanidad en los próximos siglos.

Comienzos y expansión

La radio en español en los Estados Unidos tuvo sus comienzos en la década de 1920, cuando las emisoras en inglés vendían sus horarios menos deseables a personas de origen hispano, quienes los utilizaban para transmitir un poco de música, comentarios y anuncios de interés a sus comunidades. Poco a poco la programación en español fue aumentando y varios empresarios de origen mexicano y otros países fueron adquiriendo mayor participación y control de emisoras con esta clase de programación.

A fines de 1990 en los Estados Unidos ya había unas 233 emisoras de radio (177 AM y 56 FM) transmitiendo exclusivamente en español. A estas se suman más de 300 que transmiten en este idioma parte del tiempo. Dada la distribución tan extensa de este medio, prácticamente toda la población hispana de los Estados Unidos puede sintonizar por lo menos una emisora de radio con programación en español.

En las grandes metrópolis con mayores concentraciones de hispanos, como por ejemplo Los Ángeles, Nueva York, Miami y Chicago, hay una gran variedad de emisoras y de géneros musicales para atraer a las diversas poblaciones hispanas, ya sea por sus orígenes nacionales u otras características demográficas como la edad, el sexo, los ingresos y la educación.

De las emisoras que transmiten exclusivamente en español, solo 77 son propiedad de hispanoamericanos; las demás pertenecen a individuos o corporaciones estadounidenses. Dadas las oportunidades de grandes audiencias y lucro en estos medios, la radio en español de los Estados Unidos ha continuado creciendo cada año al igual que han ido aumentando los beneficios por anuncios comerciales.

En 1990 la radio a nivel nacional y local generó facturas que sobrepasaron los 211 millones de dólares, de los cuales 96 millones provinieron de apenas diez emisoras. De estas diez, solamente cuatro son de propiedad mayoritaria hispana.

Aunque la música y los anuncios comerciales son los espacios más escuchados en la radio, muchas emisoras también ofrecen programas de noticias, algunos de los cuales son producidos por los departamentos de noticias de las propias emisoras, como sucede con Univisión Radio, por ejemplo, y otros provienen de empresas de servicios noticiosos como el Spanish Information Service (SIS), Radio Noticias de UPI, Cadena Radio Centro y Noticiero Latino. En total, más de 200 emisoras de radio en español en los Estados Unidos están afiliadas a estos cuatro servicios informativos, que transmiten reportajes en vivo desde toda Hispanoamérica.

De igual manera las diferentes emisoras han ido sumando a su contenido una diversidad de programas que reflejan los gustos e intereses de los oyentes, como por ejemplo, programas sobre salud, finanzas, deporte, inmigración, entretenimiento, cocina o religión; programas sociales como el de la doctora Isabel, todos con el propósito de mantener bien informado al oyente y poder ayudarlo en su vida y quehacer diario. Diferentes emisoras cubanas, colombianas, venezolanas, nicaragüenses y mexicanas, todas con una variedad de acentos y talentos e ideas nuevas, han irrumpido en las frecuencias radiales, haciendo más diversas las propuestas que el público puede escoger.

La cadena de radio con más oyentes es Univisión Radio, seguida de Hispanic Radio Network y Entravisión Radio, pero además hay otras muchas emisoras en español: Americans for Radio Diversity, Amor 107.5, El Cucuy, eRitmo.com, Estéreo Latino, Estéreo Sol, Frecuencia Latina, La Campeona, La Cubanísima, La Fantástica, La Favorita, La Ley 1079, La Ley 941, La Mega, La Mexicana, La Nueva, La Nueva Tropical, La Nueva 105.9, La Primerísima, La Tremenda, La Zeta, Latino Mix FM, Latino USA, Los Dudes.com, Radio Alerta, Radio América, Radio Avance, Radio Bilingüe, Radio Esperanza, Radio Fiesta, Radio Interativa FM, Radio Mambi La Grande, Radio Omega, Radio Única, Radio y Música, Ritmo Guanaco, Romance FM, Solo Para Mujeres, Stereo Fiesta, Super Estrella y Rhythm Radio, por citar algunas de ellas.

El futuro éxito de la radio en español en los Estados Unidos depende de la creatividad de los que están involucrados en esa tarea. Se implementarán algunas fórmulas para lograr una transmisión con calidad, como por ejemplo usar un sonido de alta fidelidad para la transmisión. Exigir un nivel profesional en la selección del personal de la emisora radial, así como mantener un cuadro de actores estable que identifique a la emisora en sus producciones dramáticas y de comedias, es muy necesario en las emisoras hispánicas, así como el respeto a los valores éticos que favorezcan la comunicación en la sociedad. Máxima calidad en la producción con una variedad en la programación, dinamismo en las noticias, reporteros que estén en el lugar de los hechos noticiosos, programas musicales (por especialidad), programación humorística, programación dramática, programación deportiva, programas de variedades, programas inteligentes de concursos millonarios.

Emisoras y cadenas

Cadena Radio Centro

Con su sede en Dallas, ofrece desde 1985 sus servicios informativos a 57 emisoras de radio en español. Esta empresa es una subsidiaria de la Organización Radio Centro de México, que es dueña de nueve emisoras de radio en ese país y donde también tiene más de 100 emisoras afiliadas a su red informativa. Cadena Radio Centro opera con dos líneas informativas. Una que sale al aire con reportajes de cinco minutos al toque de la hora; tres de las transmisiones diarias provienen de Ciudad de México. La otra línea, con promociones, información variada y de eventos especiales, llega a las emisoras afiliadas, las cuales retransmiten lo recibido según sus intereses locales o regionales. Algunos de los segmentos provienen de las afiliadas mismas.

CNN en Español Radio

Cable News Network (Red de Noticias por Cable), mejor conocida como CNN, es una cadena de televisión estadounidense fundada en 1980 por el empresario Ted Turner. Desde su lanzamiento el 1 de junio de 1980, la cadena se ha expandido notablemente, incluyendo en la actualidad 15 cadenas de televisión por cable y satélite, doce sitios en la Red y dos cadenas de radio. CNN cuenta también con CNN en Español, una cadena que emite para Hispanoamérica, lanzada el 17 de marzo de 1997. Su sede se encuentra en Atlanta, Georgia.

CNN distribuye también programas de radio en español a través de CNN en Español Radio.

CNN en Español Radio mantiene informado al público a través de sus redes de estaciones afiliadas en Hispanoamérica y en los Estados Unidos. Ofrece noticieros en vivo y cobertura en directo de los sucesos, con servicios exclusivos a través de satélite, teléfono e Internet. CNN en Español es un servicio de noticias que brinda a sus estaciones afiliadas en Hispanoamérica y los Estados Unidos un amplio y variado contenido informativo, a través de sus servicios de enlaces exclusivos y conexión en vivo por teléfono desde el lugar de los acontecimientos, entre la estación de radio afiliada y los corresponsales y presentadores de CNN en Español Radio y de la cadena de televisión CNN en Español; además de la programación vía satélite, realiza la cobertura de noticias en vivo a Hispanoamérica y a los Estados Unidos, a la hora en punto, de lunes a viernes. Este servicio incluye la transmisión simultánea del audio de la cadena de televisión CNN en Español y una programación por Internet 'a la carta', un servicio exclusivo de noticias vía Internet, que ofrece a sus estaciones afiliadas informes, entrevistas y segmentos especiales producidos especialmente para radio por los presentadores de CNN en Español.

Sede de la cadena CNN en Los Ángeles.

Entravisión Radio

Entravisión Radio es uno de los grupos de radio en español más importantes de los Estados Unidos y pertenece a Entravisión Communications Corporation. Se creó en 1996 con sede en Santa Mónica (California). Sus fundadores fueron Walter F. Ulloa y Philip C. Wilkinson. Entravisión al principio era solo radio, pero posteriormente creció y ahora también posee estaciones de televisión, con la creación del grupo Entravisión Communications Corporation. Posee 47 estaciones de radio (36 FM y 11 AM), seis de ellas en Los Ángeles, cuatro en Phoenix, cinco en El Paso y tres en Denver. Existen diez estaciones de radio donde Entravisión Communications Corporation también posee estaciones de televisión. Su programación básicamente es musical y posee tres formatos principales: Super Estrella, con música pop y *rock* en español; La Tricolor, radio con gran influencia mexicana, y José, con éxitos de música en español desde los años setenta hasta la actualidad.

Hispanic Broadcasting Corporation/Univisión Radio

Hispanic Broadcasting Corporation (HBC) era la mayor difusora de radio de habla hispana en los Estados Unidos con sede en Dallas. Fue creada en 1997 a través de la fusión de Tichenor Media Systems y Heftel Broadcasting Corporation. En septiembre de 2003 se consumó la adquisición por parte del grupo audiovisual de Univisión, que también es líder de la televisión en español en los Estados Unidos, y se formó un gigante de la teleradiodifusión en español. De este modo, HBC pasa a denominarse Univisión Radio, creando así la compañía más importante de medios de comunicación al servicio de la población hispana de los Estados Unidos.

Actualmente Univisión Radio es propietaria y operadora de 70 estaciones en 16 de los 25 principales mercados hispanos de los Estados Unidos, incluyendo Los Ángeles, Nueva York, Miami, San Francisco-San José, Chicago, Houston, San Antonio, Dallas, McAllen, Brownsville, Harlingen, San Diego, El Paso, Phoenix, Fresno, Albuquerque y Las Vegas. Univisión Radio también es propietaria y operadora de cinco estaciones de radio en Puerto Rico.

La estrategia de Univisión Radio ha sido comprar estaciones radiales en inglés, principalmente en los mercados hispanos más grandes en los Estados Unidos, y lanzarlas como estaciones radiales con formato en español. Incluyendo a sus estaciones afiliadas, la cadena Univisión Radio llega aproximadamente al 73% de la población hispana de los Estados Unidos y semanalmente cuenta con más de 10 millones de oyentes.

Univisión Radio ofrece 50 formatos radiales con programación a nivel local, incluyendo 34 formatos en los 10 principales mercados hispanos en los Estados Unidos y 20 formatos en los 5 principales mercados hispanos en Norteamérica. La programación ofrece gran variedad de música norteamericana e hispanoamericana e incluye música regional mexicana, romántica, 'tropical', tejana, éxitos contemporáneos, viejos populares (*oldies*) en español, *hip-hop* en español, noticias (*talk-shows*) y sección de deportes de interés para la audiencia hispana.

Sede de Hispanic Broadcasting Corporation/Univisión Radio en Miami.

Radio Cadena Noticias Univisión (Talk Deportes AM Cadena) es un formato que tiene como objetivo informar a los oyentes sobre una amplia gama de temas locales, nacionales e internacionales. Los espacios incluyen programas de presentadores, con discusiones, debates, entrevistas, temas deportivos e información útil. Sus *talk-shows* cuentan con presentadores renombrados en programación local y sindicada, como la doctora Isabel, Julie Stav, Armando Pérez Roura, la doctora Aliza Lifshitz, Oscar Haza y muchos otros. Radio Cadena Univisión también ofrece el único noticiero matutino dominical a nivel nacional, *Tu Voz en Washington*, que se transmite en vivo desde la Oficina de Noticias de Univisión en Washington. *Tu Voz en Washington* es presentado por la veterana periodista Lourdes Meluzá.

En la sección de informaciones útiles, comentaristas de noticias locales y profesionales con experiencia de la cadena Univisión presentan primicias e información práctica, al mismo tiempo que informan a la audiencia sobre finanzas, hogar, temas familiares, oportunidades laborales y participación en la comunidad.

En la sección de deportes, *Locura por el Fútbol* es el programa diario principal de temas deportivos, que presenta noticias, comentarios, entrevistas y permite la participación del público, lo que hace ágil y atractivo este largo espacio dedicado a los deportes.

Univisión Radio presenta a algunas de las más grandes estrellas radiales en español del país, incluyendo a 'Piolín', el popular personaje radial de Los Ángeles; a Javier Romero y a Osvaldo Vega, los reyes de la radio matutina en Miami; a Raúl Brindis, presentador del programa radial de mayor sintonía en la mañana en Houston, *El Pistolero*, el ícono matutino más popular de Chicago y muchos otros. Muchos de estos programas son distribuidos en otros mercados hispanos en los Estados Unidos, extendiendo el talento de estas estrellas a oyentes de habla hispana de todo el país.

Las principales estaciones de Univisión Radio en algunas ciudades de los Estados Unidos son las siguientes: Los Ángeles (4FM/1AM), Nueva York (1FM/1AM), Miami-Ft. Lauderdale (2FM/2AM), Chicago (1FM/2AM), Houston (6FM/2AM), San Francisco (3FM), Dallas-Ft. Worth (5FM/2AM), San Antonio (4FM/2AM), McAllen-Brownsville (2FM/1AM), Phoenix (5FM), San Diego (2FM), El Paso (1FM/2AM) y Fresno-Visalia (1FM). A continuación, se ofrece, así mismo, información sobre la localización de las principales estaciones hispanas que forman parte de la cadena Univisión Radio. En Albuquerque: La jefa 105.1 FM, Coyote 102.5 FM y Kiss 97.3 FM. En Austin: Recuerdo 107.7 FM y La Kebuena 104.3 FM. En Chicago: La Kebuena 105.1 FM, Pasión 106.7 FM, La Kalle 103.1-93.5 FM y La Tremenda 1200 AM. En Dallas: Estéreo Latino 107.1 FM, La Kebuena 107.9 FM, Recuerdo 94.1 FM y La Kalle 99.1 FM. En El Paso: La Kebuena 97.5 FM y Radio KAMA 750 AM. En Fresno: La Kalle 107.9 FM, Qué onda 92.1 FM y Recuerdo 107.5 FM. En Houston: Estéreo Latino 102.9 FM, Recuerdo 106.5 FM, La Kebuena 93.3 FM, La Tremenda 1010 AM, Party 104.9 FM y Tejano 980 AM. En Las Vegas: Recuerdo 99.3 FM, La Nueva 103.5 FM y Radio Variedades 870 AM. En Los Ángeles: KLOVE 107.5 FM, La Nueva 101.9 FM, Recuerdo 103.9 - 98.3 FM y Radio 1020 AM. En McAllen: KGBT 98.5 FM, La Tremenda 1530 FM y Recuerdo 96.1 FM. En Nueva York: La Kalle 105.9-92.7 FM, La Kebuena 92.7 FM y WADO 1280 AM. En Phoenix: La Nueva 105.9-105.3 FM y Recuerdo 100.3-106.3 FM. En San Antonio: Recuerdo 95.1 FM, Estéreo Latino 92.9 FM, The Beat 98.5 FM y Tejano 107.5 FM. En San Diego: Recuerdo 102.9 FM y La Nueva 106.5 FM. En San Francisco: Estéreo Sol 98.9-99.1 FM, La Kalle 100.7-105.7 FM, Recuerdo 100.3 FM y KLOK 1170 AM.

El caso de Miami

El mercado de la radio en Miami-Fort Lauderdale ha sido uno de los quince mejores mercados en los Estados Unidos durante décadas. La gran población hispana que comenzó a llegar a principios de los años sesenta, debido al éxodo de los cubanos hacia Miami, hizo que este mercado fuese uno de los primeros de la nación en adoptar los formatos de la música 'latina'. Incluso a través de los años, las 40 estaciones más populares han apoyado a los artistas 'latinos' durante todo este tiempo. En aquel entonces, la tradicional radio en inglés de Miami empezó a evolucionar y es la nueva población hispana, en este caso la cubana, la que comienza a comprar espacios radiales para exponer los temas que le afectan, y así comienza a cambiar la radio en inglés en la ciudad. La necesidad de comunicarse, de dar a conocer a los que se quedaban en la isla y lo que estaba sucediendo del otro lado del mar fue el motor impulsor de la radio en Miami. Aparecieron emisoras como La Fabulosa, La Cubanísima, Radio Fe, Radio Mambí o RHC Cadena Azul, algunas de las cuales todavía se mantienen en el aire pero con diferentes formatos.

Desde esa época hasta la fecha, el camino ha sido largo. Hoy, 48 años después de aquel Miami lejano, donde solo se escuchaba la radio en inglés, la radio hispana en Miami es todo un potencial económico, político y social en el sur de la Florida y ya no solo existe la tradicional audiencia cubana, sino también hay otra audiencia, la población de los otros países que ha emigrado a los Estados Unidos y que hoy son una amalgama de gustos y sentimientos, como Colombia, Venezuela, Argentina o Ecuador, por citar algunos, pero donde todos, en general, de una manera u otra influyen en la radio que se escucha en la ciudad de Miami.

Las principales estaciones en Miami son: AMOR 107.5 FM, La Kalle 98.3 FM, Radio Mambí WAQI 710 AM y, finalmente, la histórica WQBA 1140 AM, una de las emisoras de radio de habla hispana más antiguas de los Estados Unidos, que merece unas líneas aparte.

WQBA 1140 AM

Durante cuatro décadas, WQBA ha ofrecido la mayor y más completa información noticiosa y comentarios de los temas y acontecimientos ocurridos en el sur de la Florida. La estación comercial de Miami WMIE, que transmitía en 1140 AM, con sus estudios ubicados en la calle 36 del noroeste de Miami fue el inicio de lo que hoy se conoce como la WQBA 1140 AM.

En aquel entonces, con una potencia de 10.000 vatios, la WMIE se escuchaba con claridad en las provincias centrales de Cuba y en parte de La Habana, Pinar del Río y Camagüey. A principio del exilio, los cubanos comenzaron a comprar espacios en esta estación que transmitía en inglés, siendo algunos de los más populares *El Periódico del Aire*, de Juan Amador Rodríguez, y el noticiero de Norman Díaz. Al ir llegando más cubanos a Miami, la WMIE pasó toda su programación al idioma español, fue cambiando de indicativos, y hoy en día es la WQBA. Las siglas WMIE actualmente pertenecen a una estación FM del centro de la Florida. Lo que hoy se conoce como WQBA 1140 AM comenzó como parte de la emisora WMIE que, más tarde, fue adquirida por la Susquehanna Broadcasting Corporation. Esta tenía varias emisoras en los Estados Unidos y la convirtió en una emisora comercial con transmisión completa y con programación variada, noticieros, música, etc.

Una vez adquirida la emisora, la nombraron Radio Continental, nombre que duró poco tiempo y al que le siguió WQBA, La Cubanísima. La primera identificación musical de la nueva emisora fue realizada por la cantante ya fallecida Celia Cruz. En aquellos momentos, el gerente general de la emisora era Herb Levine, quien representaba a intereses americanos. El director de noticias en español era el comentarista radial de origen cubano Emilio Milián, que fue víctima posteriormente de un atentado en la ciudad de Miami en 1976; este, que había abandonado Cuba en 1965, trabajaba en la WMIE antes de convertirse en la WQBA. Debido a las lesiones sufridas y a su estado de salud, fue sustituido por Julio Enrique Méndez. El director de ventas por la parte americana era Jack Noble, que fue quien impulsó el género de la novela en la emisora. Se elaboraron una gran cantidad de novelas radiales, entre las que destacó la conocida *Esmeralda*, escrita por Delia Fiallo, novela que obtuvo el mayor índice de audiencia en aquella época; también le siguió otra novela

Verónica Angustias, escrita por Mario Martín, y a estas les siguieron otras como *La pasión de Silvia Eugenia*, entre muchas otras.

A partir de 1985, las grabaciones de esas novelas fueron más tarde retransmitidas con gran éxito por Radio Martí. Cuando la WQBA sale al aire lo hace con una programación exitosa, con locutores como Alexis Farí con el programa *El show de las factorías*. Un programa que se realizaba en las mañanas y donde Farí iba de visita a las diferentes factorías que en aquella época tenían su ubicación en Miami. La mayoría de los exiliados cubanos trabajaban en ellas, y de ahí su gran audiencia por parte, sobre todo, de las mujeres.

Por la tarde contaba con un programa que se llamaba el *Show de la tarde*, que tenía como locutor a Eduardo González Rubio, que contó también con muy buena acogida por parte de los radioescuchas. La emisora contaba por la mañana y la tarde con casi el total de la audiencia de Miami. Sin embargo, en esa misma época existía otra emisora en español, La Fabulosa, que contaba con la audiencia de Miami, sobre todo en la noche, con un programa de noticias, conducido por Antonio Arias, que fue el primer *talk-show* en la radio en español (con la participación del público a través del teléfono), un verdadero éxito en la radio de Miami, del que Omar Marchán era el director musical. Para derrotar a La Fabulosa en las horas de la noche contrataron en la WQBA a Jorge Luis Hernández, con la esperanza de conquistar la programación de la noche. Aparece entonces el programa *Usted y las noticias* y luego el programa *Estudio Uno*, que duraba tres horas y donde se hacían comentarios de las noticias más importantes. Este programa llegó a obtener los índices más altos del país y de Miami en cuanto a audiencia se refiere. De 1972 a 1982, Jorge Luis Hernández se convierte en el director de noticias de la emisora. Según la revista especializada *Billboard*, en ese período de tiempo la emisora logró obtener el segundo lugar en audiencia de todas las emisoras de los Estados Unidos en cualquier idioma. Durante este mismo período, la Susquehanna Broadcasting Corporation compra una emisora de radio FM y la convierte en una emisora musical. Fue la primera emisora que transmitía en los dos idiomas y se llamó Super Q (se daban boletines de noticias de dos minutos solamente). Más tarde, la Susquehanna Broadcasting Corporation vende tanto esta emisora como la WQBA a la cadena radial americana Tichenor Media Systems. Esta cadena la tiene por seis años y luego la vende a Univisión Radio, los actuales propietarios. Tomás García Fusté sustituye a Jorge Luis Hernández como director de la emisora. Claudia Puig es la gerente general.

La WQBA ha apoyado a la comunidad hispana de diferentes maneras, y una de ellas es la famosa Parada de los Reyes Magos, creada hace 37 años. Este evento comenzó como una forma de preservar una de las tradiciones más populares de Hispanoamérica. Y lo que comenzó como un esfuerzo modesto de la estación se ha convertido en una de las cinco principales actividades hispanas navideñas del país, con una asistencia aproximada de más de 500.000 personas.

Redes radiofónicas nacionales e internacionales

Hispanic Radio Network

Hispanic Radio Network (HRN) es un canal de radio de los Estados Unidos en español fundado en 1982. Actualmente, forma parte del Hispanic Communications Network (HCN), que engloba medios de comunicación en español, de radio, televisión, prensa e Internet. Las emisiones de radio cubren más del 90% del mercado hispano total a través de 200 estaciones de radio distribuidas por todos los Estados Unidos. Tiene una audiencia acumulativa de cinco millones de oyentes.

International Broadcasting Bureau

International Broadcasting Bureau (IBB) es una agencia federal del Gobierno de los Estados

Unidos creada en 1994 para producir programas de radio y televisión políticos dirigidos a audiencias de países extranjeros. IBB reemplaza al Bureau of Broadcasting. La misma legislación que crea la IBB también establece la Broadcasting Board of Governors (BBG), encargada de supervisar todas las transmisiones de radio y televisión no militares del Gobierno federal. La IBB está compuesta de servicios con financiamiento federal del antiguo Bureau of Broadcasting y de otros servicios creados por ley por el Congreso del Gobierno de los Estados Unidos. Estos son: Voice of America (VOA, 1942), WORLDNET Television, Film Service and Radio y la Oficina de Transmisiones para Cuba a cargo de Radio Martí (1985) y TV Martí (1990).

La Voz de América

La Voz de América es un servicio oficial de radiodifusión internacional del Gobierno de los Estados Unidos de América para todo el mundo y transmite en muchos idiomas en cientos de estaciones a lo largo y ancho del mundo. Es administrada por el International Broadcasting Bureau. La Voz de América fue organizada en 1942 bajo la tutela de la Oficina de Información de Guerra y transmitía programas de ayuda en la ocupación de Europa y el norte de África a manos de los alemanes. Sin embargo, la experiencia de programas en onda corta ya se realizaba hacia Hispanoamérica, por parte de estaciones privadas, desde 1941. Comenzó a transmitir el 24 de febrero de 1942 y empleaba las estaciones de onda corta del Columbia Broadcasting System (CBS) y de la National Broadcasting Company (NBC). Esta transmisión a Europa empezó con las palabras en alemán del locutor William Harlan Hale ('Aquí habla una voz desde América...'), lo que dio origen al nombre de la estación. Ya en junio de 1942 contaba con transmisiones en 27 idiomas. La VOA comenzó a transmitir información hacia la antigua URSS el 17 de febrero de 1947. Durante la Guerra Fría fue administrada por la United States Information Agency (USIA), ya desaparecida. En 1980, la VOA expandió su servicio a la televisión y colaboró en la creación de programas especiales para Radio Martí (1985) y TV Martí (1990). Desde 1959 la VOA usa inglés especial en la transmisión de sus noticieros para facilitar su comprensión a los oyentes no nativos de inglés.

A partir del año 2000, la VOA comienza a ofrecer sus servicios en inglés en Internet. Hasta la fecha, la VOA está disponible en otros lenguajes a través de una red de distribución que usa más de 14.000 servidores en 65 países. El presupuesto para 2007 propone reducciones de su programación en inglés al eliminar VOA Noticias, ahora VOA Radio, mientras espera seguir ofreciendo VOA en África, VOA especial en inglés y la página electrónica de VOA en Internet.

Página electrónica de
La Voz de América.

Bajo mandato de una ley aprobada por el Gobierno de los Estados Unidos, la Smith-Mundt Act de 1948, los servicios que presta la VOA no se transmiten dentro de los Estados Unidos. La razón principal se basa en la idea de mantener al Gobierno federal apartado de los asuntos domésticos, a diferencia de lo que sucede en otros países. Con dicha ley se evitaba que el Gobierno interviniera al tiempo que se resguardaban los intereses de las empresas particulares dedicadas a la transmisión de información. De todas formas, los estadounidenses pueden escuchar la emisora a través de la onda corta o de Internet.

La organización matriz de la VOA es el International Broadcasting Bureau, que es supervisado por el Broadcasting Board of Governors, cuyos integrantes son designados directamente por el presidente de los Estados Unidos. La Voz de América tiene su sede central en Washington D.C. Desde sus estudios mantiene una programación en español para las Repúblicas Americanas, que es el nombre del departamento que diseña y lleva a cabo dichas programaciones.

Radio Martí

Como parte de dicha organización, comenzó a transmitir en español en 1985 Radio Martí, emisora creada y financiada por el Gobierno estadounidense durante la presidencia de Ronald Reagan, que transmite en las bandas de onda corta y onda media hacia la isla de Cuba. Inició sus transmisiones en Washington D.C. el 20 de mayo de ese año. La emisora se rige por el Acta de Transmisiones Radiales para Cuba, aprobada por el Congreso norteamericano en 1983. Radio Martí transmite siete días a la semana, 24 horas al día, noticias y programas variados enfocados en la actualidad cubana e internacional. Aunque la emisora fue diseñada para ser escuchada, en onda media y larga, por oyentes cubanos en Cuba, puede sintonizarse en varias frecuencias de onda corta y mediante el uso de Internet en todo el mundo. Justificamos su inclusión en estos párrafos ya que sus programas y la información que provee en español gozan de una gran popularidad en la audiencia hispana que reside en los Estados Unidos, y no solo en los oyentes de Cuba y de Hispanoamérica. Con un transmisor situado en Miami, utiliza una potencia de transmisión mucho mayor de la necesaria, para intentar contrarrestar las transmisiones del Gobierno cubano en las mismas frecuencias. Bajo la autoridad de la Oficina de Transmisiones a Cuba (Office of Cuba Broadcasting, OCB), la operación incluye en la actualidad las transmisiones de Televisión Martí. Desde su fundación la emisora ha contado con varios directores generales de Radio Martí y de la Oficina de Transmisiones a Cuba (OCB) mencionada arriba, entre los que se encuentran los de origen cubano Ernesto Betancourt, Rolando Bonachea, Herminio San Román, Roberto Rodríguez Tejera, Salvador Lew, Orlando Rodríguez Sardiñas, Marta Yedra y los más recientes Jorge Luis Hernández y Pedro Roig. Un experto número de profesionales conforma una plantilla de locutores, escritores, periodistas, analistas, productores, actores y técnicos de radio y televisión provenientes de varios países hispanoamericanos, norteamericanos y, en su mayoría, cubanos y cubano-americanos.

Otras estaciones de radio

La Cumbia Caliente

Como parte de Entravisión Radio, una división de Entravisión Communications Corporation, Oye 97.5, La Cumbia Caliente, forma parte del formato de la estación KLYY/Riverside-Los Ángeles (97.5 FM). Es la primera estación *country* (campesina o guajira) dedicada a difundir los diversos sonidos de México y del sur y centro de América. La estación está enfocada a una audiencia adulta, entre 18 y 44 años, que se identifica con la cultura de los mexicanos y con la de los residentes de países de Centroamérica y Suramérica, que son la mayoría de los hispanos que vive en Los Ángeles.

La Favorita

La Favorita (Orgullosamente Mexicana) es una red de radiodifusión en español que transmite las 24 horas del día. La red incluye varias estaciones de radio que cubren el Valle Central de California, desde Bakersfield en el sur, hasta Sacramento en el norte. Son: KBYN/KSKD-FM (Modesto Stockton), KNTO-FM (Merced-Fresno), KCFA-FM (Sacramento) y KAFY-AM (Bakerfield-Tulare). Está localizada en el corazón de Valle de San Joaquín, rico por su agricultura, se transmite a casi más de 300.000 hogares hispanos con un potencial de 4,8 oyentes por hogar. KCFA es una de las señales más potentes de radio en el condado de Yolo y en Sacramento. Su formato es música guajira o campesina *(country)* mexicana, y está destinada a adultos de entre 18 y 49 años.

La Mega 1400 AM

LA Mega 1400 es la única estación hispana en el norte de Nevada con formato de música contemporánea las 24 horas del día. La audiencia está compuesta mayormente por hombres y mujeres entre los 25 y 54 años de edad, empleados de plantilla y con un gran poder adquisitivo.

La Preciosa KBFP 105.3 FM

Una estación que transmite desde Delano, California. Se le concedió la licencia el 24 de agosto de 1988. Transmite a una potencia de 35.000 vatios y está considerada una estación FM de clase B.

La Poderosa WWW fe 670 AM

Emisora que transmite las 24 horas del día todos los días de la semana con noticias locales e internacionales. Además contiene segmentos acerca de Hispanoamérica con informaciones actualizadas desde la República Dominicana, Colombia, Perú, Argentina, Venezuela y Puerto Rico a través de sus corresponsales locales.

Kebuena 97.9 FM

La emisora Kebuena 97.9 FM cuenta con varias emisoras a la vez que abarcan distintos territorios, como son las ciudades de Modesto Stockton y Sacramento en California, Tri-Cities y Wenatchee/Moses en Washington y Boise-Nampa, en Idaho.

La Movidita WSGH 1040 AM

La Movidita cubre las ciudades de Lewisville Winston-Salem, Greensboro, High Point. Brinda lo último en música, noticias de actualidad, la situación del tráfico y el estado del tiempo. *Shows* entretenidos, con participación en juegos telefónicos y con posibilidad de ganar premios.

Noticiero Latino

Producido por Radio Bilingüe Network de Fresno (California), se destaca por ser el único servicio noticioso en español producido por una empresa de radio no comercial en los Estados Unidos cuyos propietarios y coordinadores son 'latinos' residentes en este país. También se distingue por estar dedicado exclusivamente a informar y ayudar a interpretar acontecimientos y temas en los Estados Unidos, Hispanoamérica y el Caribe que estén relacionados con los hispanos en Norteamérica, por ejemplo inmigración, derechos civiles, salud, educación, cultura y los logros de los 'latinos'. Utilizando información recopilada por sus reporteros locales y a través de su red de corresponsales en el país, México y Puerto Rico, Noticiero Latino ofrece de lunes a viernes un programa diario de 8 a 10 minutos de duración, por vía telefónica y dos veces por semana por satélite. Noticiero Latino comenzó en 1985 y actualmente sus servicios informativos son utilizados por más de 40 emisoras en el país, una en Puerto Rico y otras 70 en México. Los vínculos con México se facilitan a través de Radiodifusoras Asociadas S. A. (RASA), la red de Comunicación 2000, la cadena OIR y el sistema nacional de Noticieros del Instituto Mexicano de la Radio.

Radio América 1540 AM

Radio América es una emisora de habla hispana que transmite desde la ciudad de Wheaton en el estado de Maryland y que cubre toda el área metropolitana de Washington D.C., en la cual residen unos 800.000 hispanos. Su frecuencia, 1540 AM, es la señal radial hispana más antigua en la gran urbe de la capital de los Estados Unidos. Sólidamente establecida desde el año 1997, es una emisora 'de hispanos para hispanos'. Su propietario es Alejandro Carrasco, una de las personalidades radiales 'latinas' que ha logrado convertirse en un exitoso empresario de medios de comunicación en los Estados Unidos. El éxito de la emisora se basa en cuatro aspectos fundamentales: credibilidad, estabilidad, profesionalismo y orientación comunitaria.

Radio Caracol 1260 AM

Caracol 1260 AM, emisora adulta con formatos de noticias, deportes y entretenimiento, pertenece a GLR (Grupo Latino de Radio, http://www.glradio.com/), subsidiario internacional de Unión Radio, compañía *holding* de los activos de radio del Grupo PRISA. El Grupo PRISA es, a su vez, una compañía líder en comunicación en España y en la producción y distribución de contenidos en español que opera en más de 22 países en el mundo.

Qué bueno 1280 AM

Esta estación, en Denver (Colorado), cuenta con una programación variada para el radioescucha hispano.

Radio Noticias

Comenzó en 1983 como una división en español de United Press International (UPI), una de las empresas informativas más grandes del mundo. Desde su sede en Washington D.C., Radio Noticias distribuye a 42 emisoras afiliadas sus noticieros.

Radio Paz 830 AM

Fue fundada en diciembre de 1990 por el padre Federico Capdepón, sacerdote de la Archidiócesis de Miami. Con el programa *Amanecer* (un espacio matutino de dos horas diarias) este sacerdote comenzó a evangelizar a través de los medios de comunicación. Después de varios años de trabajo arduo, el padre Federico consigue su sueño. Gracias al apoyo de sus oyentes y patrocinadores, el 9 de agosto de 1996, Radio Paz 830 AM comienza a transmitir 24 horas al día y así se convierte en la primera emisora radial católica hispana en los Estados Unidos de América. Para llegar a la comunidad del sur de la Florida en inglés, creole haitiano y portugués, el padre Federico une esfuerzos con EWTN, estación fundadora de la emisora, para comenzar un servicio satelital desde Radio Paz en Miami, conocido como PaxNet. Actualmente, el padre Alberto Cutié es el presidente y director general de la emisora.

Radio Zion 1580 AM (La Radio del Espíritu)

Nace el 16 de septiembre del año 2004 cuando el apóstol Dr. Otto René Azurdia, director general de los ministerios Llamada Final, negocia con la emisora KBLA 1580 AM, que se encontraba bajo la corporación Multicultural Radio Broadcasting. Con una cobertura de 50.000 vatios de potencia, alcanza a más de 80 ciudades que conforman el gran condado de Los Ángeles, el Valle de San Fernando, el condado de San Bernardino, el condado de Orange, Valencia, Palmdale, Lancaster y Simi Valley en el condado de Ventura hasta San Juan Capistrano. Tiene como misión desarrollar una programación cristiana variada para la familia y para todas las edades.

Renacer 106.1 FM

La misión de Renacer 106.1 FM es brindar a los radioyentes un concepto totalmente distinto a lo que tradicionalmente se conocía como radio cristiana. Es la primera emisora en Puerto Rico de música cristiana contemporánea y con mensajes positivos, dirigida a un público joven adulto. Su lema 'Donde la música vive' fue creado con el propósito de proyectar al oyente hispano estilos de vida mediante el contenido de cada canción y programa. La programación cuenta con *talk-shows* y ofrece una programación musical con variedad de géneros, como balada, balada *pop, pop rock, reggaeton* y ritmos tropicales, tanto en inglés como en español. La audiencia está compuesta en su mayoría por adultos con principios religiosos.

Spanish Information Service (SIS)

Tiene su sede en Dallas, Texas. Desde allí distribuye a 46 emisoras su noticiero en español. SIS, que comenzó a funcionar en 1976, es una división de la empresa estadounidense Command Communications Inc., que provee de servicios informativos y noticias deportivas en Texas y a nivel nacional.

Red del sistema de transmisiones en español

Spanish Broadcasting System, Inc. (SBS)

Es una de las mayores compañías de radiodifusión del mundo hispano en los Estados Unidos, propiedad de Raúl Alarcón. Actualmente es propietaria y opera estaciones en siete de los principales mercados hispanos de los Estados Unidos, incluidos Los Ángeles, Nueva York, Puerto Rico, Miami, Chicago y San Francisco. La compañía también opera LaMusica.com, un sitio bilingüe en Internet. Entre las estaciones de radio de la cadena se encuentran las siguientes:

La Mega WSKQ 97.9 FM

Con sede en la ciudad de Nueva York, usa el formato 'Spanish Tropical' (Tropical español). Cuenta con programación diaria de lunes a viernes.

Amor WPAT 93.1 FM

Con sede en Nueva York, es una emisora cuyo formato está diseñado para adultos hispanos. La música que ofrece abarca los siguientes géneros: salsa, *reggaeton*, merengue y música 'latina'.

Clásica WCMQ 92 FM

Con sede en Hialeah (la Florida), comenzó a emitir el 26 de septiembre de 1996, con una potencia de 31.000 vatios y una antena de 650 pies de altura para cubrir los condados de Dade, Broward y Monroe. Enfocada a una audiencia adulta hispana de entre 25 y 65 años, cuenta con el formato 'Spanish Oldies'. Su lema es 'Ahora más clásica que nunca'.

El Zol WXDJ 95.7 FM

Con sede en Miami, es una emisora de formato llamado 'Spanish Tropical'. Uno de los programas más escuchados es *El Vacilón de la Mañana*.

Romance WRMA 106.7

También tiene a la ciudad de Fort Lauderdale en la Florida como la ciudad de la licencia. Enfocada para el adulto hispano, la emisora transmite a una potencia 100.000 vatios, cubriendo los condados de Dade, Broward, Palm Beach y Monroe. El género musical por excelencia de esta emisora es el de la balada contemporánea.

Latino KXOL 96.3

Con sede en Los Ángeles, cuenta con un formato 'Rhythmic CHR'. Hace las transmisiones con una potencia de 6.600 vatios. Se le otorgó la licencia para transmitir el 5 de octubre de 2006. Está considerada una emisora FM de clase B.

La Raza KLAX 97.9 (Los Ángeles), La Raza KRZZ 93.3 FM (San Francisco) y La Ley WLEY 107.9 (Chicago) transmiten música regional mexicana.

Superestrella

Esta emisora, con sede en Los Ángeles, es propiedad o está administrada por Entravisión Communications Corporation (Entravisión) y es parte de la familia de compañías de Entravisión.

W Radio 690 LA

Perteneciente también al grupo GLR en los Estados Unidos, es una estación de California que ofrece noticias, entretenimiento, cultura, espectáculos y deporte. W Radio logra encontrar el balance con su formato de radio hablada mediante la incorporación de comunicadores que representan juventud, experiencia y madurez radiofónica.

WIRP La Nueva 883 FM

Una estación sin ánimo de lucro con una programación completamente diferente y renovadora. Orientada a llevar mensajes positivos, frescos y optimistas a su audiencia por medio de una extensa variedad musical que cubre diferentes géneros musicales. La misión de la emisora es presentar una alternativa distinta en FM, resaltando los valores familiares. El 70% de la programación es musical y una gran parte del 30% restante es para los patrocinadores.

WRMI (Radio Miami Internacional)

Una emisora de radio privada estadounidense que no está afiliada con ninguna organización gubernamental, política ni religiosa. WRMI inició sus transmisiones en junio de 2004 y los estudios y transmisores están ubicados en Miami. Desde Miami, capital hispanoamericana, WRMI Radio Miami Internacional transmite vía onda corta e Internet. La mayoría de sus programas se transmiten en español o en inglés. La programación de la emisora está casi en su totalidad ocupada por programas religiosos, algunos anticastristas y boletines de información para radioaficionados. Transmite con 50.000 vatios de potencia con una antena dirigida al Caribe e Hispanoamérica, y con otra antena hacia Norteamérica. Toda la programación sale también en vivo por Internet en su página electrónica. La frecuencia utilizada es de 9,955 kHz para el Caribe e Hispanoamérica, y 7,385 kHz para América del Norte. WRMI es miembro de la Asociación Nacional de Radiodifusoras de Onda Corta (NASB) y su gerente general, Jeff White, es actualmente presidente de la NASB. Vende espacios de tiempo a organizaciones y compañías para que transmitan sus propios programas políticos, religiosos, comerciales y culturales.

Radio Lobo KLVO 97.7 FM

Emisora ubicada en Albuquerque.

WMGE-FM 94.9

Con sede en Miami Beach, esta estación transmite con una potencia de 98.000 vatios. Considerada como estación de clase C, se le concedió la licencia el 21 de marzo de 2005.

Locutores de la radio hispana en los Estados Unidos

Los pilares en los que se asientan las transmisiones radiales son aquellos locutores, presentadores y animadores de programas que atraen a una audiencia determinada y mantienen, con su talento, los estándares y los niveles de éxito en que se apoya el negocio de la radiodifusión. A continuación ofrecemos una breve lista de los locutores y presentadores hispanos más reconocidos en los Estados Unidos en los últimos años: Oscar Abadía, Renán Almendares Coello, Agustín Acosta, Claudia Acosta, Guillermo Álvarez-Guedes, José Alfonso Almora, Mireya Álvarez, Carlos Álvarez, Oneyda Anturi, Juan Carlos Alonso, José Antonio, Paula Arcila, Santiago Aranegui, Argelia Atilano, Eucario Bermúdez, Luis Barrera, Sonia Barriel, José Bejarán, Silvia Botello, Anita Bravo, Carlos Luis Brito, Luis del Busto, César Bustillo, Néstor Cabell, Tatiana Cagueñas, Martha Flores, Martha Casañas, Yoly Cuello, Carlos Cataño, Enrique Córdoba, Jairo Castro, Marisol Correa, Luis Enrique 'Coco' Cárdenas, Alejandro Carrasco, Flavia Colombo Abdullah, Humberto Cortina, José Ramón Cotti, Edgardo Clavel 'Wadoman', María Asunción Desax-Guerrero, Aníbal Ramón Domínguez, Rodrigo Durán,

Nancy Elías, Enrique Encinosa, Armando Enríquez, Edgar Enciso, Alexis Farí, Avelio Felipe, Leopoldo Fernández, Alina Fernández Revuelta, Jaime Flores, Silvia Font, Ofelia Fox, Martin Frisancho, Efraín García, Gisela García, Magaly García, Roxana García, Tomás García Fusté, Samuel Gálvez, Eduardo González Rubio, Horacio Gioffre, Jacobo Goldstein, Hortensia Guzmán, Oscar Haza, Miguel Ángel Herrera, Dr. Elmer Huerta, Iván Hernández, Francisco Javier 'Noonie', Lourdes D'Kendall, Aleida Leal, Iván Lapinell, Cely Ledesma, Grecia Lemus, Jorge Leyton, Dra. Aliza A. Lifshitz, Moisés López, Eduardo Luján, Oscar Merchán, Marcos Miranda, Alfredo Monroy, María Luisa Morales, Martha Jorge, Marcela Luévanos, Mario Maniera, Rafael Mancera 'Vinculado', Roxana Recio, Rafael Martínez Sixto, Mario Martín, Francisco Mercado, Lourdes Montaner, Jorge Mora, Manuel Morales Flores, Gustavo Neri, Elio Oliva, Jorge Orellana, Carlos 'Escopeta' Osorio, Pepe Pastoriza, Pedro de Pool, Ninoska Pérez Castellón, Armando Pérez Roura, Alejandra de la Paz, Bernadette Pardo, Martha Picanes, Bichara Pinera, Madeline Portalatin, José Antonio Ponseti, Madelin Prendes, Beatriz Pino, Jorge L. Quites Morales 'Frankie Jay', Arístides Quinteros, Hilda Rabilero, José Luis Ramos, Tomás P. Regalado, Raquel Regalado, Oscar del Río, Jorge Riopedre, Ernesto Ríos, Javier Romero, Wilson Romero, Gilberto Rosal, Rosendo Rosell, Nelson Rubio, Bertha Sandoval, Rocío Sandoval, Jennifer Saldarriaga, Alberto Sardiñas, Félix Sánchez, Tony Sánchez, Sarimar, Marcia Silva, Sofía Soria, Eddie 'Piolín' Sotelo, Raúl Tápanes, Daniel Torres, Bruno Tokars, Sylvana Tróccoli, Leda Ulloa, Sarvelio del Valle, Eduardo Vásquez 'El Flaco', Héctor Velázquez Mejía, Mario Vela, Omar Velasco, Osvaldo Vega y Marta Yedra.

Páginas de Internet de algunas de las principales emisoras:

Amor 93.1: http://www.931amor.com/
Clásica 92: http://www.clasica92fm.com/
El Zol 95.7 FM: http://www.elzol.com/
Estereotempo: http://www.spanishbroadcasting.com/stations_pr/
Hispanic Radio Network: http://www.hcnmedia.com/
International Broadcasting Bureau: http://www.ibb.gov/
Kebuena 97.9: http://www.lakebuena.com/
La Cumbia Caliente: http://oye975.com/
La Favorita: http://www.lafavorita.net/
La Ley 107.9: http://www.laley1079.com/
La Mega 1400 AM: http://www.lameganet.com/
La Mega FM: http://www.lamega.fm/
La Movidita: http://www.radiolamovidita.com/
La Poderosa: http://www.lapoderosa.com/
La Preciosa KBFP-FM 105.3 MHz: http://bayareasp.lapreciosa.com/
La Raza 93.3: http://www.yosoyraza.com/
La Raza 97.9: http://www.979laraza.com/
La Voz de América: http://www.voanews.com/
La X.FM: 100.7 FM 103.7 FM: http://www.lax.fm/
La Zeta: http://www.spanishbroadcasting.com/stations_pr/
Latino 96.3: http://www.latino963.com/
Noticiero Latino: http://www.radiobilingue.org/archive/noticierolatino.htm/
Qué bueno 1280 AM: http://www.radioquebueno.com/
Radio América 1540 AM: http://www.radioamerica.net/
Radio Caracol 1260AM: http://www.caracol1260.com/
Radio Lobo 97.7: http://www.radiolobo.net/
Radio Martí: http://www.martinoticias.com/
Radio Noticias: http://www.radionoticias.com/
Radio Paz: http://www.paxcc.org/radiopaz/

Radio Zion 1580 AM: http://www.zionmultimedia.com/
Reggaetón 94: http://www.spanishbroadcasting.com/stations_pr/
Renacer 106.1 FM http://www.renacer1061.com/
Romance 106.7: http://www.romance106fm.com/
Romance 96.5: http://www.spanishbroadcasting.com/stations_pr/
Spanish Broadcasting System, Inc.: http://www.spanishbroadcasting.com/
Superestrella: http://www.superestrella.com/
W Radio 690 LA: http://www.wradio690.com/
WIRP La Nueva 883FM: http://www.lanueva883fm.com/programacion.php/
WMGE-FM 94.9 MHz: http://www.mega949.com/
WRMI: http://www.wrmi.net/
WUNO-AM 630 kHz: http://www.notiuno.com/

La televisión

Olga Connor

Introducción

Las transmisiones en lengua española por la televisión norteamericana han sido una especie de colonización mediática de los empresarios mexicanos, después de haber emigrado millones de habitantes desde México de manera continua hasta representar la suma de más de 40 millones en este país, o sea, el 14% de la población. De estos, alrededor de un 5% habla solamente español. La televisión mantiene el idioma vivo y, en cierto modo, evita la completa adaptación al idioma inglés e integración a la cultura norteamericana de la primera generación.

Con la masiva entrada de mexicanos en los Estados Unidos, ese ha sido el mayor contingente étnico al que se dirigió la programación desde el principio. Era de esperarse que México fuera fundacional en ese sistema y que de allí provinieran las primeras inversiones. La cadena más importante en la televisión norteamericana en español es Univisión, con más de 600 afiliados. Fue iniciada a principios de los sesenta en Los Ángeles, pero su origen data de 1955 en San Antonio, Texas, cuando KCOR-TV, luego KWEX-TV, empezó a transmitir a la comunidad mayormente de origen mexicano de San Antonio, Texas. Esa estación se incorporó a Spanish International Network (SIN) de Telesistem Mexicano, predecesora de Televisa. Luego se iniciaron KMEX-TV Canal 34, de Los Ángeles, la más receptora de todas las emisoras afiliadas de Univisión, que comenzó en 1962, también bajo la Cadena SIN.

Dos décadas vitales: los ochenta y los noventa

Hacia los años ochenta, Univisión estuvo a la cabeza en la propuesta de que había un mundo que se podría calificar como 'hispano' en los Estados Unidos. Este concepto resultó significativo económicamente, pero tuvo además un impacto importante en los usos del idioma español. Comercialmente la televisión se convirtió en un medio más atractivo, pero en la agrupación ficticia de todos los 'hispanos' lo único que contaba era el uso de una lengua común que los podría unir en las diferentes regiones, en los distintos estados de la Unión norteamericana donde también se hablaba esta lengua. Era necesario entonces usar un español 'neutro', llamado así para vencer las diferencias de los mercados previamente seccionados. Estas divisiones correspondían originalmente a las regiones del nordeste de los Estados Unidos, donde viven los puertorriqueños, principalmente en Nueva York, la región del sur de la Florida, donde se concentran los cubanos, esencialmente en Miami; y la región de los mexicanos en el suroeste de los Estados Unidos y en Chicago. Anteriormente los publicitarios tenían que producir campañas de avisos de diverso estilo para cada región. Esto cambió con la decisión de considerar a todos los hispanohablantes dentro de un mismo mercado.

En 1954, Ángel Ramos comenzó las transmisiones de la estación Telemundo en San Juan, Puerto Rico. Hoy es una cadena norteamericana, con base en Hialeah, la Florida, la segunda en importancia en los Estados Unidos y la segunda en producción de contenidos para programas en español en el mundo. Produce telenovelas en este país, en México y en Colombia, entre otras regiones, y otros programas de los que se enorgullece su actual presidente Don Browne, que defiende la incursión en el mundo digital de todo tipo, Internet, teléfonos, etc. Ahora Telemundo Communications Group es parte de NBC Universal, una división de General Electric, que en 2002 adquirió la empresa. Jeff Gaspint, presidente de Universal, supervisa la cadena, que tiene cerca de 2.000 empleados, y llega al 93% de los hispanos en 142 mercados, por aire, cable y satélite.

A principios de los noventa, ambas cadenas, Univisión y Telemundo, recibieron los resultados de una investigación de mercado de la compañía encuestadora A.C. Nielsen llamada Survey Hispánico Nielsen, que persuadió a los ejecutivos de publicidad neoyorquinos de que el mercado era mucho mayor y valía la pena llamarlo 'hispano', como ya se venía anunciando con la campaña de 'Lo Nuestro' por el canal 23 de Miami. Se consideró que este grupo sería una sola audiencia nacional que representaría alrededor del 30% al 40% más de lo previamente analizado. También se investigó quiénes eran esos televidentes: individuos recién llegados de cualquier parte de Hispanoamérica, personas que no han cambiado sus hábitos de comunicarse en español, aunque hablen y entiendan inglés, y también hombres y mujeres de mayor cultura y de mayores ingresos que disfrutan de ambos tipos de programación, en inglés y en español. Por grupos de procedencia se obtuvo el siguiente resultado: un 70% de la teleaudiencia era mexicana o méxico-americana; un 10%, puertorriqueños y cubano-americanos, y el resto de otros países hispanoamericanos.

Los números hablan por sí solos. La programación tiene una tendencia a satisfacer a los grupos de ascendencia mexicana y la mayoría de los programas de la firma Univisión proviene de Televisa, en México, la mayor fuente de programación en español en el mundo. Las telenovelas, esas creaciones típicamente iberoamericanas, son el principal entretenimiento, y se transmiten en las horas punta y también durante el día.

Con la aparición de la televisión por cable se ha empezado a ver cambios en las cadenas, porque en el verano de 2007 Mega TV en Miami anunció que lanzaría una cadena nacional por DIRECTV Más, y en la actualidad es un hecho. Otras estaciones locales han podido tener acceso a la pantalla, como América TV en Miami, TV Azteca desde México y V-Me por el cable de transmisiones públicas, el Public Broadcasting System (PBS). Las compañías proveedoras de telenovelas que se han añadido a Televisa son Venevisión de Venezuela, O'Globo de Brasil y la propia Telemundo, que se está dedicando a la venta de su programación de telenovelas producidas en la propia empresa. Alguna programación procede también de Argentina, a través de Dorimedia Group.

Hay dos grandes noticieros nacionales en español, el de Univisión y el de Telemundo, que le han dado el estrellato a varias figuras, como los mexicanos María Elena Salinas y Jorge Ramos, el argentino Enrique Gratas y el uruguayo Pedro Sevcec. La cubana Mirka de Llanos y la puertorriqueña María Celeste Arrarás, que comenzaron el programa *Primer Impacto* de Univisión, cobraron gran fama con este formato de noticias con grandes reportajes. Arrarás está ahora dirigiendo el programa *Al Rojo Vivo* en Telemundo. Ambos son programas enfrentados que se transmiten por las dos cadenas.

Las dos empresas compiten en las noticias y en la transmisión de telenovelas en las horas de mayor audiencia, es decir de 6 de la tarde a 10 de la noche. Los canales locales buscan competir con programación de temas locales, donde se entrevista a figuras de la farándula, del mundo del entretenimiento y del teatro y a conocidos políticos locales o que visitan la ciudad. Sus noticias están dirigidas a atraer la atención de un sector más local.

Dos personalidades que han captado la teleaudiencia hispana a nivel nacional han sido Mario Kreutzberger, el famoso Don Francisco, presentador chileno que trajo a las ondas nacionales norteamericanas su programa *Sábado Gigante*, y la cubano-americana Cristina Saralegui, que salió de la jefatura de *Cosmopolitan en Español* a su programa *Cristina*, rival de Oprah Winfred, la estadounidense de raza negra de la cadena norteamericana CBS. La mexicana María Antonieta Collins ha obtenido fama con sus transmisiones de noticias en Univisión los fines de semana y recientemente ha pasado a un programa matutino con Telemundo, *Cada día*, del cual es copresentadora junto a José Díaz Balart, hermano de los congresistas cubano-americanos de los Estados Unidos, Lincoln y Mario Díaz Balart. Collins ha sido también una escritora de éxito de libros de autoayuda que la han convertido en figura internacional.

Univisión: la cadena gigante

Univisión es la mayor cadena en español en los Estados Unidos. Además de sus 18 estaciones de alta potencia y 8 de baja potencia, la cadena se distribuye a través de 66 estaciones afiliadas y de 1.834 afiliadas de cable en los Estados Unidos. Hoy día Joe Uva es el gerente en jefe de Operaciones de Univision Communications, Inc., que tiene las oficinas centrales en Nueva York, y antes las tuvo en Los Ángeles, pero produce y transmite sus programas desde Miami, y se puede ver por cable en casi todo el país. También dispone de varias estaciones locales en mercados con grandes poblaciones hispanas. La emisora no transmite con subtítulos en inglés como su competidora Telemundo, pero sus programas sí se pueden ver en español a elección del televidente. Los actuales propietarios de la cadena son parte de un consorcio operado desde California por Haim Saban, TPG Capital, L.P. y Thomas H. Lee Partners, quienes la adquirieron en marzo de 2006.

La historia de Univisión comienza en 1955 cuando KCOR-TV, luego KWEX-TV, empezó a transmitir a la comunidad de habla hispana de San Antonio (Texas). Esa estación se hizo parte de Spanish International Network (SIN), que le pertenecía a Telesistem Mexicano, la empresa más grande de comunicaciones y la predecesora de Televisa. KMEX-TV Canal 34 de Los Ángeles, la más receptora de todas las emisoras afiliadas de Univisión, comenzó en 1962. Desde entonces y por los próximos veinte años, SIN ha adquirido otras emisoras locales de televisión en español y se ha expandido a Miami, Nueva York y Chicago.

En 1986 la cadena le fue vendida a la empresa estadounidense Hallmark, porque la Comisión Federal de Comunicaciones (FCC), que regula las emisiones interestatales y que le rinde cuentas al Congreso de los Estados Unidos, descubrió que una cadena extranjera estaba al mando de una empresa norteamericana de comunicaciones, en pleno incumplimiento con las leyes federales ya establecidas. A partir de entonces surge el nombre Univisión, que le da el dueño de la SIN, Emilio Azcárraga, quien a su vez nombra a Joaquín Blaya gerente general.

Blaya firmó contrato con dos programas que cambiarían el destino de la cadena: *Cristina* y *Sábado Gigante*. Por la mañana producirían *Mundo Latino*, con los cubanos Lucy Pereda y Frank Moro. Moro prefirió regresar a las telenovelas en México, que lo hicieron famoso, junto a Ernesto Alonso, y Jorge Ramos vino a sustituirlo. Ya para 1988 el plan era captar, definitivamente, la audiencia nacional. *TV Mujer*, estilo de revista con cocina y otros asuntos de interés femenino, fue uno de los programas nacionales con Lucy Pereda y Gabriel Traversari. Lauri Flores, de Houston, Texas, vino a reemplazar a Pereda y subió los índices de audiencia al máximo en programas en español durante el día. También se originó *Noticias y Más*, con Jackie Nespral y un grupo de tres periodistas: Ambrosio Hernández, Mirka de Llanos y Raúl Peimbert.

La empresa a cargo, Hallmark, opta por seguir transmitiendo telenovelas, deportes y películas de Televisa, pero la otra mitad de la programación sería producida en los Estados Unidos, con talento nacional. Esto gustó a las audiencias hispanas, porque las noticias eran del país donde vivían, y las comedias tenían contenidos más afines. Pero Hallmark no pudo recobrar su inversión, que era muy costosa con la producción interna, y en 1992 tuvo que vender la empresa.

En ese mismo año, 1992, el consorcio que lideraba esta cadena lo dirigía Jerry Perenchino, un financiero del mundo del entretenimiento que era dueño de una estación de televisión en Nueva Jersey. Un 25% era de Venevisión, una compañía venezolana, otro 25% de Televisa, el conglomerado mexicano que produce mayor cantidad de programas en español en el mundo. Esta configuración era un modo de aparentar que era una cadena americana y al mismo tiempo seguir con el control de la programación mexicana, que, como ya se ha señalado, comenzó con el nombre de SIN, Spanish International Network. El grupo liderado por Perenchino regresaría a Televisa, por lo que despidió a una tercera parte del equipo laboral de Miami. La parrilla —listado de horarios de programación— volvió a ser producida en México y se cancelaron los programas creados en los Estados Unidos.

Las telenovelas de Televisa, entre las recientes, *Amor Real*, producida por la gran productora mexicana Carla Estrada, y *La bella más fea*, basada en *Yo soy Betty, la fea*, novela colombiana de Fernando Gaytán, que se ha convertido en fenómeno mundial, tienen mayor audiencia que ningún canal norteamericano. Estas telenovelas se presentaron en la hora de mayor audiencia y, a diferencia de las novelas transmitidas en España, en Alemania y en los Estados Unidos, duran solo unos tres o cuatro meses. Debido al impacto de estos programas, muchas series presentan temas que puedan educar y no solo entretener. *Los ricos también lloran* es un clásico del género, y fue un éxito en Rusia a principios de los noventa. *El derecho de nacer*, del cubano Félix B. Caignet, fue el comienzo de la radionovela y luego la telenovela, que en México tuvo de protagonista a Ernesto Alonso. Pero el contrato entre Televisa y Univisión concluye en 2012 y ya están trayendo talentos a Miami para establecer un centro de producciones que compense la pérdida en la programación.

El noticiero de Univisión ofrece noticias nacionales; tiene a Enrique Gratas como presentador de las once de la noche y a María Elena Salinas y Jorge Ramos en el de las seis de la tarde, y aunque se reflejan sucesos importantes de los países de origen, informan mayormente sobre los temas de los inmigrantes legales e ilegales, que son cada vez más acuciantes. Este noticiero compite con el de Telemundo y también con programas de canales hispanos por cable, que llegan a más de cien en todo el país.

Antonio Valverde presentador del noticiero matutino *Primera edición* de Univisión.

Telemundo: la cadena que produce contenidos

Telemundo tiene en estos momentos una posibilidad mayor en el mercado, porque está produciendo y vendiendo programas que realiza en Colombia y en México además de en sus estudios en los Estados Unidos. La mayoría de estos programas son novelas en serie o telenovelas. La razón de este avance se debe a Don Browne, presidente de la cadena desde 2005, y que lleva veinte años desde que comenzó Telemundo, con base primero en Puerto Rico, por lo que considera a Ángel Ramos y Fina Hill sus mentores. Telemundo no ha descansado solamente en la producción de telenovelas, como *Amores descarados*, *El zorro*, *Dame chocolate* y *Anita no te rajes*. También ha ideado otros conceptos como el programa *Las quinceañeras*, un tipo de *reality show* que se empezó a filmar en México y se continuó en Miami, y otro basado en casos reales, titulado *Decisiones*.

Debido a que Telemundo tiene solamente un promedio del 11% al 14% de aceptación en la teleaudiencia, las nuevas tecnologías representan la carta de triunfo que piensa usar para la competencia. Además tiene a su lado a la cadena norteamericana NBC, que compró Telemundo hace más de cuatro años, y funcionan ambas en el mismo edificio en Miramar, en las afueras de Miami. 'NBC está lista para invertir en lo nuevo', declaró Browne, y según cifras dadas en la revista *Variety*, solamente en las telenovelas se han gastado en 2003 más de 40 millones de dólares, y la cifra subió unos 20 millones más en 2004. La cadena hispana se apuntará ahora al encendido digital, al cable y, finalmente, al mundo entero, como México, en primer lugar, y luego Hispanoamérica y España. Una cadena nacida en los Estados Unidos que se exporta a sí misma. Por otra parte, vende las telenovelas 'enlatadas' que produce a Oriente Medio, a China y a otros sesenta países más y son dobladas a más de 20 idiomas. Univisión no puede ganar dinero vendiendo el producto porque no produce, así que la competencia de Telemundo como productora es Televisa. *El cuerpo del deseo* y *Pasión de gavilanes*, producidas por Telemundo, han sido las telenovelas de más audiencia en España, por ejemplo, y han sido producidas por una cadena norteamericana.

En el cable están con Mun2, que transmite un 75% de su programación en inglés y solo un 25% en español, para atraer a los jóvenes hispanos. También existe la página electrónica http://telemundo.yahoo.com/, para la que producen el contenido, e iTunes, en sociedad con la compañía Apple, que transmite contenidos originales de Telemundo, como la famosa *El cuerpo del deseo*, y otras más nuevas, como *Marina* y *La viuda de blanco*.

Browne ha afirmado: 'Es importante saber que el público en los Estados Unidos recibe su información en idioma español principalmente de la televisión, y por eso tenemos una gran responsabilidad sobre nuestros hombros. Producimos lo que mostramos, hecho por hispanos para los hispanos'. Sin embargo, algunas de las telenovelas más exitosas en la cadena Telemundo son las brasileñas, como la nueva producción de *La esclava Isaura*, originalmente creada por Globo TV, en 1976. *El clon* fue otra de las telenovelas que hicieron época, también de Globo, escrita por Gloria Pérez, y en Miami creó una moda de bailar y de vestir, ganándole a toda la competencia. Ambas novelas fueron dobladas al español, como lo fueron *Xica*, *Terra Nostra*, etc. Ello se debe a que los brasileños tienen una industria de telenovelas parecida a la industria norteamericana de Hollywood para las películas, como lo confirma Mauro Alencar en su libro sobre la industria en Brasil.

Telemundo creció y aumentó su audiencia en el año 2006 en una muy buena proporción calculada mes a mes en comparación con los mismos meses del año anterior, dando como resultado hasta un 8% más de aceptación popular. Sin embargo, los canales locales se ocupan de sacarle grandes beneficios. En Miami, el programa de Oscar Haza, *A Mano Limpia* en el canal 41, América TV, cuyo gerente es Omar Romay, les quita popularidad a los competidores en el espacio de ocho a nueve de la noche. Se estima que esos productos esencialmente locales van a robar audiencia a las cadenas nacionales. Mega TV es otra competidora con periodistas de mucha experiencia, como María Elvira Salazar y Jaime Bayly.

Entre las telenovelas producidas por Telemundo recientemente se encuentra *El Zorro: la espada y la rosa*, grabada en Colombia, con un guión del venezolano Kiko Oliveri. La popular *Dame chocolate*, de Perla Farías, se produjo en Miami, y aún se muestra por las ondas en 2008. Farías, a su vez, estuvo a cargo de la creación de una clase que enseña cómo escribir telenovelas, *Taller Telemundo*, en el Miami-Dade College, patrocinada por su presidente Eduardo Padrón y el presidente de la cadena Telemundo, Don Browne. La mitad de los graduados trabajan ahora para la cadena. En un principio unos 4.000 estudiantes solicitaron matricularse en estas clases impartidas en español. Se destacó Eric Hernández, un joven 'balsero' cubano, que ha tenido mucho éxito en la cadena.

El talento en las noticias nacionales está representado en un presentador de larga trayectoria, Pedro Sevcec. Para noticias con profundidad *Al Rojo Vivo*, con María Celeste Arrarás, es una competencia de fuego para *Primer Impacto*, de Univisión. En noticias, Telemundo ha cubierto desde las marchas de grupos de inmigrantes en todo el país pidiendo reformas, hasta los cambios de poder en México. La historia de México es muy importante para los hispanos en los Estados Unidos y Don Browne lo sabe; fue periodista de noticias y estableció un buró de NBC en Miami en 1979, una época de grandes cambios en Hispanoamérica, cuando aumenta la emigración a este país, por eso se compromete con este fenómeno social que le da impulso a las transmisiones en español.

Publicidad con los presentadores de Telemundo y celebración del Festival de la Calle Ocho en Miami.

La historia de la cadena se remonta a la década de los ochenta. Entre 1970 y 1980 Telemundo WKAQ, entonces en Puerto Rico, fue una gran empresa productora de telenovelas, tales como *El hijo de Ángela María*, *Coralito* y otras, además de muchos programas variados que se verían luego en los Estados Unidos como *El Show de las Doce*, *Noche de Gala*, *Super Sábados*, etc. Su logotipo era la señal de dos dedos en el aire para simbolizar el nombre del canal 2. En 1985, Estrella Communications, de Joe Wallach y Paul Nierdermeyer, perteneciente al Reliance Group Holding, compró KVEA de Los Ángeles. Era la primera estación independiente en español en esa ciudad. Varias estaciones fueron adquiridas al año siguiente, 1986, por Reliance, como la de Fort Lauderdale / Miami WSCV, la de Puerto Rico WKAQ-TV y la de Nueva York WNJU. Así comenzó el grupo Telemundo que conocemos hoy, adquiriendo además estaciones en San Francisco, Houston y San Antonio.

En Miami, Gustavo Godoy inició el noticiero de la cadena Telemundo HBC, Hispanic Broadcasting Company. Telemundo, que ya tenía los canales 51 y 47 en Nueva York y el canal 52 en Los Ángeles, contaba con figuras como Pedro Sevcec, Ricardo Brown, María Elvira Salazar, Carlos Botifoll, Jorge Gestoso y Lana Montalván, que fueron parte de aquel equipo que salió al aire en febrero de 1987. Era una estructura muy grande, con oficinas y burós de información en tres lugares diferentes: en Washington D.C., en Buenos Aires y en San Salvador, lugar este último donde la guerra hacía estragos en esos momentos. Al cabo del año, Telemundo cambió de parecer y contrató el noticiero de CNN en Español. Luego entre 1990 y 1991 vuelven a hacer un noticiero producido por la cadena. Godoy se marcha a San Antonio, Texas, desde donde trabajó por un tiempo con un pionero del medio, René Anselmo.

Entre los años 1988 y 1991, Telemundo siguió adquiriendo estaciones en Texas, Nuevo México, Arizona y Washington. Ellos le entregaron las noticias a CNN, con los presentadores María Elvira Salazar y Jorge Gestoso. Por un tiempo también trabajó allí la ex Miss Universo Cecilia Bolocco, que fuera esposa del presidente de la Argentina, Carlos Menem. En 1992, Joaquín Blaya, ex gerente general de Univisión, llegó a administrar Telemundo. Las telenovelas comenzaron a producirse en casa, y de ahí surgieron *Angélica, mi vida* y *María Elena*, con Lucía Méndez, que también interpretó *Tres destinos* y *Señora Tentación*. Todas fueron ampliamente mercadeadas a nivel internacional, no obstante Televisa compró la casa productora Capitalvisión, y recortó las bases de este negocio.

En 1998 Sony Pictures Entertainment compró Telemundo asociado con Liberty Media. En 2001, fue comprado por NBC, con Jim MacNamara como gerente general, que le pasó el mando tres años más tarde a Don Browne. En 2004 se creó Telemundo Television Studios, en Miami, y los programas son subtitulados en inglés desde el año 2004 y en español desde el año 2000. Actualmente se emplean más de 100 millones de dólares en la producción de programas originales de Telemundo. Ellos son también pioneros en el uso de colocación de productos dentro del espectáculo para eliminar los cortes del programa para los anunciantes, que piensan implementar en el año 2008 en el programa *Ídolos de juventud*.

La expansión actual en la creación y distribución de programas es hacia México, un mercado natural que es como una extensión de todo el sudoeste norteamericano, de ahí que hayan iniciado Estudios Mexicanos Telemundo. La otra audiencia es a través de la propia NBC, que querrá captar la población bilingüe con contenido hispano, relevante para sus vidas pero en el idioma del país, el inglés, reflejando la cultura hispana con frases intercaladas en español, como sucede con la reciente serie *Cane* de CBS.

Mega TV: a escala nacional

A partir del 17 de octubre de 2007 Spanish Broadcasting System, Inc., SBS, ingresó a una nueva etapa con uno de los proveedores de televisión vía satélite de los Estados Unidos, DIRECTV Más. Bajo este acuerdo, la estación televisiva de SBS, Mega TV canal 22 de Miami, será distribuida a escala nacional empezando por el canal 405, lo que ocurre a solamente un año y medio de haber inaugurado sus operaciones en Miami.

Mega TV es la estación televisiva con mayor crecimiento en la historia de la televisión en el mercado del sur de la Florida. Esto se comprueba por los niveles de audiencia alcanzados en un tiempo récord.

DIRECTV Más, a través del canal 405, emitirá la programación estelar las 24 horas incluyendo los siguientes espectáculos: *María Elvira Live*, *Bayly*, *Paparazzi TV*, *Mega News*, la megaserie brasileña *Chocolate con Pimienta*, *El Círculo*, *Lamusica.com*, *Handyman*, *Raíces & Recuerdos*, *Mis 15*, *Agenda del Inmigrante* y *Mega Cine*. Además, se capitalizará en los exitosos programas radiales de SBS con el nuevo formato 'Radio en Televisión', transmitidos desde Los Ángeles y Nueva York. Es una programación por suscripción.

Cynthia Hudson Fernández es la directora general creativa y vicepresidenta ejecutiva de SBS que está implementando estos cambios, junto a John de Armas, vicepresidente de World Direct, DIRECTV, Inc. Entre los principales programas que Mega TV presentará a través de DIRECTV Más se encuentran: *Bayly*, conducido por el escritor y renombrado periodista peruano Jaime Bayly, que se considera uno de los mejores entrevistadores de la televisión hispana, de estilo poco convencional y extraordinaria personalidad, además de novelista y poeta; *Maria Elvira Live*, con la experimentada periodista María Elvira Salazar, que presenta temas actuales en un programa tipo debate; *Paparazzi TV*, conducido por Frank Cairo, que como su nombre indica se ocupa del mundo de la farándula; *El Círculo*, una vez a la semana con la periodista de sociales de *El Nuevo Herald*, de Miami, Ana Remos, informando sobre los ricos y famosos; *Agenda del Inmigrante*, a cargo de María Garza, para que el público pueda hacerle llegar sus consultas a través de http://www.mega.tv/ y entrar en conversaciones directas con especialistas; *Mega News*, revista diaria de noticias donde se analizan las historias que afectan a los hispanos en los Estados Unidos, con información pertinente desde una perspectiva nacional, con acontecimientos, cultura y entretenimiento, conducido por Camilo Egaña y María Regina Bustamante. Otro de los programas de mayor difusión es *Oppenheimer presenta*, un programa de corte político y social, a cargo del periodista argentino Andrés Oppenheimer, premio Pulitzer 1987, Ortega y Gasset 1993 y Premio Rey de España (Agencia EFE) de 2001.

Spanish Broadcasting System, Inc. es la mayor empresa del mundo del espectáculo y de medios de comunicación de los Estados Unidos controlada por hispanos. La empresa es propietaria de 20 radioemisoras situadas en los principales mercados hispanos de Nueva

York, Los Ángeles, Miami, Chicago, San Francisco y Puerto Rico, incluyendo la estación de radio número uno en español en Norteamérica, WSKQ-FM de la ciudad de Nueva York. La empresa posee además cuatro de las siete estaciones de mayores niveles de audiencia, cuyos formatos incluyen: 'tropical', 'regional mexicano', 'música contemporánea adulta' —en español— y 'urbana'. SBS también es propietaria de Mega TV y de http://www.lamusica.com/, un portal de Internet con contenido en inglés y español. SBS produce conciertos en vivo y eventos a lo largo de los Estados Unidos, incluyendo Puerto Rico. La página electrónica corporativa de la empresa se puede visitar en http://www.spanishbroadcasting.com/.

DIRECTV, Inc.

DIRECTV Más™ ofrece programación en idioma español y la más reciente tecnología de satélites, combinadas para proveer a los televidentes una imagen y un sonido de alta calidad digital a precios competitivos. El servicio proporciona acceso a más de 55 canales en idioma español incluyendo programación procedente de México, América Central y América del Sur, España, Puerto Rico y la República Dominicana. La programación de DIRECTV Más incluye deportes, películas, música, noticias y programas educativos y acceso a más de 250 canales en inglés de la programación de DIRECTV®, con opciones de *pay per view* (pago por visión) y programas deportivos disponibles en televisión.

Nota

Este trabajo ha sido compuesto con entrevistas realizadas por la autora a María Elena Salinas (2006, *Cristina, La Revista*), Don Browne (2007, *Vista Magazine*), Gustavo Godoy (2007, *Vista Magazine*), Cristina Saralegui (1984, *Cosmopolitan* y 2005, *Cristina, La Revista*). Otras entrevistas con escritores, productores, presentadores y magnates de la industria de la telenovela han sido también llevadas a cabo por Olga Connor para su columna del diario *El Nuevo Herald*; entre los entrevistados se encuentran Perla Farías, Carla Estrada, Kiko Oliver, Gloria Pérez, Mauro Alencar, Delia Fiallo, Arquímedes Rivero, Amanda Ospina, Vicky Roig y Evelio Taillacq. Otra información ha sido obtenida en la Cumbre Mundial de la Industria de la Telenovela y la Ficción, I, II, III, IV y V; y en las revistas *TVMAS* y *OnlyTelenovelas*, dirigidas por Amanda Ospina, publicadas en Buenos Aires (las sesiones comenzaron en Miami y continuaron en Barcelona y Madrid). Además, la información sobre MegaTv se ha obtenido gracias a Isabel Bucaram Montana, directora de Mercadeo y Comunicaciones de Spanish Broadcasting System.

Los libros y manuales de estilo

Alberto Gómez Font

Introducción

Junto con los diccionarios, las gramáticas y los libros de ortografía nos encontramos con otro tipo de guías de uso del español actual: los manuales de estilo. La mayor parte pertenece a los medios de comunicación, es decir, a la prensa, tanto escrita como oral; manuales que, en muchas ocasiones, están redactados o supervisados por expertos en la lengua y, en los demás casos, están copiados de los primeros. Así, pues, cualquier persona que se aproxime al estudio del español deberá tener muy en cuenta el uso que de este se hace en la prensa y deberá consultar los libros de estilo de periódicos, emisoras de radio y canales de televisión, en los que encontrará resueltas muchas de las dudas que se irá planteando a medida que avance en su conocimiento.

Casi todos los libros o manuales de estilo tienen las mismas características: constan de dos partes bien diferenciadas; la primera dedicada a establecer las normas y los criterios puramente periodísticos y la segunda es una guía para lograr que el español usado en las noticias sea lo más correcto posible. En esta segunda parte es habitual que se incluyan apéndices con listas de abreviaturas, siglas, topónimos y otros materiales específicos del medio de comunicación para el que se haya redactado el manual.

Otro tipo de manuales de estilo son los concebidos como un diccionario, es decir, sin las divisiones ni los capítulos tradicionales, sino en forma de lista de la *a* a la *z* en la que se incluyen explicaciones que apenas ocupan un renglón y otras que pueden abarcar varias páginas.

Debido al auge de los medios de comunicación en español en los Estados Unidos, donde surgen nuevos periódicos, canales de televisión y emisoras de radio en nuestra lengua, sea en Miami, en Nueva York, en Chicago, en Los Ángeles o en cualquier otra ciudad, aumenta también el número de periodistas procedentes de distintos países hispanohablantes que al sentarse a redactar sus noticias, en las mesas de redacción de sus medios, sienten inseguridad en el uso del español y necesitan emplear diccionarios y otras fuentes para resolver sus dudas.

La prensa liebre o los crímenes del idioma, Emilio Bernal Labrada.

Manuales generales

Algunos de los manuales de estilo están escritos para ser usados por los periodistas hispanos de los Estados Unidos en general; son libros que no pertenecen a ningún medio de comunicación, libros generales firmados por sus autores o por la institución que los promovió. Los principales son:

Un Manual de Estilo. Escrito por Mario Llerena (†). De este libro hay dos ediciones; la primera es de 1981, hecha por el autor, en Miami, y la segunda es de 1999, de la editorial Logoi, también en Miami.

Mario Llerena, en la introducción del manual, dice que son necesarias fuentes de guía y consulta, accesibles y claras, adonde pueda recurrir todo el que desee hablar y escribir con propiedad y corrección, muy especialmente el que escribe para el público[1]. Su obra, según el autor, es un intento de responder a esa necesidad. Además, su propósito es ayudar a la deseable y necesaria unidad y armonía de las leyes que gobiernan el uso del idioma.

Estilo y referencia: manual para uso en los medios de comunicación en español. Está escrito por Patricio Lerzundi. Editado en Princeton (Nueva Jersey) por Linden Lane Press en 1993.

Patricio Lerzundi, escritor chileno, graduado en Columbia University, se doctoró en Literatura en 1979 en el Graduate Center de la Universidad de la Ciudad de Nueva York (CUNY). Trabajó en la agencia United Press International (UPI). Más tarde formó parte de la plana mayor de los dos diarios hispanos más importantes de Nueva York, el *Diario La Prensa* y *Noticias del Mundo* (este último ya no se publica), donde se desempeñó como director de la edición metropolitana. *Estilo y Referencia* surgió cuando la Universidad Complutense de Madrid le pidió en 1990 que dictara un curso de verano sobre 'La lengua española en los medios de comunicación en los Estados Unidos'. Patricio Lerzundi reside actualmente en Nueva York, donde es director del Programa de Periodismo Multilingüe de Lehman College (CUNY).

Manual de Estilo. Escrito por César García Pons. Es la primera edición del *Manual del Centro Técnico de la Sociedad Interamericana de Prensa*, editada en Nueva York por Hobbs, Dorman & Co., Inc., en 1965.

La segunda edición, escrita por José Luis Martínez Albertos y Luisa Santamaría Suárez, se titula también *Manual de Estilo* y se editó en Indianápolis en 1993.

Si bien la Sociedad Interamericana de Prensa (SIP) no es un organismo estadounidense, se incluye en esta relación porque la sede central de la sociedad está en Miami. Sus autores son dos profesores españoles de redacción periodística de la Universidad Complutense de Madrid.

El libro, como casi todos los de su tipo, está dividido en dos partes (además de algunos apéndices), una dedicada a normas gramaticales, a cargo de Luisa Santamaría Suárez, y otra sobre normas de estilo periodístico, elaborada por José Luis Martínez Albertos.

Guía de estilo para periodistas. Ha sido escrito por Gerardo Piña Rosales (director de la Academia Norteamericana de la Lengua Española) y Rafael Corbalán, y editado por la Hispanic Cultural Foundation of the United States, Nueva York, 1997.

Manual de Estilo de la National Association of Hispanic Journalists (NAHJ). Editado en Washington por Knight Ridder, en 2004.

Se trata de un manual de estilo de español escrito con el propósito de servir de guía para los periodistas que redactan en español internacional en los Estados Unidos, el país donde más laboratorios ha habido y sigue habiendo en los que se crea a diario el español válido para todos los hispanohablantes consumidores de información a través de los medios de comunicación que se escriben o se transmiten en nuestra lengua. La National Association of Hispanic Journalists (NAHJ), en la que se agrupan los principales periodistas de televisión, radio y prensa escrita de ese país, creó un grupo de trabajo formado por periodistas de distintos medios y distintas nacionalidades y les encargó la redacción de un manual de estilo común para todos ellos. El equipo estuvo dirigido por Alberto Gómez Font, de la Fundación del Español Urgente (Madrid), y en la redacción participaron Raúl Caballero, Benito García, Ruth Merino, Lilia O'Hara, Francisco Pérez Rivera, Gabriel Vélez Suau y el propio Gómez Font.

En el prólogo, firmado por Javier Aldape y Liza Gross, se explica que el manual trata de atender las circunstancias particulares de los periodistas que trabajan en medios de comunicación en los Estados Unidos y Puerto Rico y que deben enfrentarse todos los días con la omnipresente influencia del idioma inglés.

El manual aclara dudas y ofrece recomendaciones para desarrollar un estilo de redacción claro y preciso, que no solo sea fiel a los fundamentos del idioma español sino que, simultáneamente, recoja e incorpore las idiosincrasias idiomáticas que surgen en el entorno anglohablante.

El Manual de Estilo de la NAHJ está organizado de modo similar a los manuales de otras asociaciones, agencias de prensa y medios de comunicación. Allí se habla de problemas ortográficos y gramaticales, se establece la forma adecuada de siglas y abreviaturas, omnipresentes en todos los ámbitos de la información, se aclara la denominación y transcripción de decenas de nombres de personas y de lugares, propios y extraños, además de listar los símbolos, medidas y magnitudes más utilizadas en la prensa hispana.

Ahora bien, este manual tiene algunos apartados que afectan específicamente al trabajo del periodista en los Estados Unidos: el que se dedica al llamado *espanglish*, el de los errores más comunes del estilo periodístico y el de las normas de pronunciación.

El Manual de Estilo fue auspiciado por la corporación Knight Ridder. Liza Gross, por entonces editora gerente de presentaciones y operaciones de *The Miami Herald*, y Javier J. Aldape, a la sazón vicepresidente del *Fort Worth Star-Telegram* y editor del *Diario La Estrella*, fueron los coordinadores de la publicación.

La NAHJ es la asociación más grande para periodistas hispanos del país, con casi 2.000 miembros. Fundada en 1984, la misión de la asociación es aumentar el número de periodistas hispanos que trabajan en las salas de prensa de los Estados Unidos y mejorar la cobertura de noticias de esa comunidad.

Manuales de medios de comunicación

Otros libros y manuales de estilo están escritos para ser usados por los redactores de determinados medios de comunicación, es decir, son libros que sirven de guía (sobre periodismo y lenguaje) para una empresa y son de obligado cumplimiento para quienes trabajan en ella. Veamos algunos, por orden de aparición:

Manual de Selecciones (Normas generales de redacción), preparado bajo la dirección de Jorge Cárdenas Nanneti y publicado el año 1959 en La Habana por *Selecciones* del Reader's Digest, S. A.

Es el primer libro de estilo de un medio de comunicación en español en los Estados Unidos (y en el mundo) del que tenemos referencia. Está destinado a lograr una buena traducción del inglés —idioma original de la revista— al español y contiene además una serie de normas gramaticales y ortográficas de gran utilidad, que coinciden casi totalmente con las que años después aparecerían en el *Manual de Estilo* de la Agencia EFE (Madrid: Castalia, 1978) y en otros libros similares, tanto en los Estados Unidos como en Hispanoamérica y España.

En la introducción, el autor indica claramente los objetivos del libro:

> La absoluta corrección gramatical y el empleo exclusivo de giros típicamente castizos son indispensables. Debido a su inmensa circulación, *Selecciones* tiene en este punto una responsabilidad mucho más grande que la de cualquier otra revista en español. Rogamos prescindir de toda clase de anglicismos y galicismos. Tampoco convienen los regionalismos que no se entienden fuera del país de origen, por ejemplo: *vitrina* por *escaparate*, *casquillo* por *herradura*, *pibe* por *niño*, *ameritar* por *merecer*, etc.

Además, el autor abre una puerta a las palabras nuevas —los neologismos— e indica que hay muchas que son indispensables aunque la Academia no las haya recogido aún en su diccionario.

Uno de los capítulos más interesantes es el titulado 'Palabras engañosas', que consiste en una lista de palabras inglesas que aparecen con frecuencia mal traducidas, con la correspondiente explicación para cada una.

Manual de estilo y referencia de United Press Internacional (UPI), escrito por Abel Dimant (†) y publicado en Nueva York, por UPI, en 1981.

La primera edición tiene 64 páginas y está ordenada alfabéticamente. La segunda edición, publicada en 1988, está fechada en Washington y tiene dos anexos: 'Procedimientos de UPI' y 'Nombres de países, territorios y gentilicios', además de un glosario de 71 páginas.

En la introducción de la primera edición, Dimant explica que, en la parte estilística, se ha intentado armonizar lo teórico con lo práctico, tomando como base textos de la Real Academia Española y asimilando al mismo tiempo los vocablos, expresiones y giros idiomáticos que el uso diario ha consagrado como los de mayor aceptación. El manual contiene recomendaciones para evitar errores de construcción, anglicismos, galicismos, latinismos y solecismos. Establece que el término *hispano*, debido a su extendido uso, se usará como adjetivo y sustantivo para designar a los residentes de los Estados Unidos de origen y habla hispana.

Manual de Noticieros de Televisión en Español de Univisión, escrito por Javier Sierra y distribuido (en copias mecanografiadas) en 1991.

El manual de Univisión consta de una introducción y 145 páginas, estructuradas en orden alfabético. Contiene aclaraciones sobre el uso apropiado de términos geográficos en español, anglicismos frecuentes que se presentan en los Estados Unidos y la traducción de los nombres oficiales de las instituciones gubernamentales.

El glosario incluye vocablos vinculados con la temática de los hispanos en los Estados Unidos y la terminología propia de la producción de noticieros.

Libro de estilo de Telenoticias. No llegó a editarse como libro, pero se repartieron ejemplares fotocopiados (hojas escritas por una cara en computadora).

En 1994 se organizaron unos cursos de formación en el canal de televisión Antena 3 TV, en Madrid, y allí se presentó un experimento relacionado con el 'español internacional': mostraron los originales de lo que iba a ser el *Libro de estilo* de Telenoticias, que es una cadena de información general participada por Antena 3 cuya sede de producción y transmisión está en Miami, y explicaron que al redactarlo habían tenido como principal objetivo conseguir que en sus programas se utilizase un 'español neutro', válido para cualquier telespectador de cualquier país hispanohablante. Y en efecto, en el libro se menciona ese propósito en un apartado titulado así, 'Español neutro (términos y acentos, dicción, ritmos)', donde se explica que 'al ser Telenoticias una cadena de televisión que pretende ofrecer noticias a todos los hispanohablantes está obligada a realizar un esfuerzo muy importante para conseguir que su producto sea recibido por todos en las mejores condiciones posibles'. Y para ello en el libro se establecen unas normas tendentes a unificar con el objetivo de conseguir un español inteligible y aceptable por todos: normas fonéticas, un diccionario de términos tabúes y una lista de palabras (83 términos), que podríamos calificar de localismos, con su equivalente en 'español general'. Se trata, pues, de un manual de estilo enfocado al 'español internacional'.

Pocos meses más tarde, en diciembre de 1994, comenzó a funcionar un canal de televisión en español especializado en información, con el nombre de TeleNoticias. Se emitía desde Miami y eran socios la cadena española Antena 3 TV, la Agencia Reuters, la cadena estadounidense Telemundo y el grupo argentino multimedia Clarín.

Borrador de Manual de Técnica y Estilo de ECO Latinoamérica, editado en Miami por el Buró de Asignaciones de ECO. Participaron en la redacción los siguientes periodistas: Yvette Avilés, Eileen Cardet, María González Sieira, Martha Inés Orozco, Fabiola Ortiz, Verónica O'Shea, Karen Poniachik, Rafael Prieto Zartha y Sisita Súñez.

En el capítulo titulado 'Lenguaje', después de indicar que no se deben usar localismos, extranjerismos (como expresiones en *espanglish*), arcaísmos o barbarismos, se recomienda que se acuda a los diccionarios, para resolver las dudas terminológicas o de traducción, y se anuncia lo siguiente: 'Estamos trabajando en la elaboración de un manual con la traducción y usos de muchos términos y palabras que utilizamos frecuentemente (por ejemplo: se utilizará 'automóvil' y no *carro, coche* o *auto*; también se utilizará 'inversionistas' y no *inversores*).

ECO Latinoamérica fue una división de ECO, un servicio internacional de noticias de televisión de la empresa Televisa de México. Se creó en abril de 1994 y funcionó desde Miami hasta 1999 con el propósito de asignar las historias, unificar criterios en la producción de los reportajes y el lenguaje de los 19 corresponsales, que trabajaban en Suramérica, Centroamérica y el Caribe.

En 1995 ECO Latinoamérica se hizo cargo de la supervisión de los 14 corresponsales en los Estados Unidos y Canadá, que estaban en Nueva York, Los Ángeles, Miami, Chicago, Washington, Vancouver, Quebec y San Antonio.

La Empresa de Comunicaciones Orbitales (ECO) fue el primer servicio de noticias de televisión en español de 24 horas al día. Comenzó sus operaciones el 1 de septiembre de 1988 y dejó de existir el 1 de mayo de 2001. Después de ECO funcionaron con el formato de información todo el día el Canal de Noticias NBC, CBS Telenoticias y CNN en Español. Este último es el único que continúa emitiendo.

Manual de Estilo de Reuters (2.ª edición). Escrito por Alberto Arévalo y publicado en Miami en 1995.

El libro, de 180 páginas, está dividido en dos partes ordenadas alfabéticamente: glosario de normas y recomendaciones y glosario de estilo y normas para cobertura de deportes.

Arévalo dice en la presentación: 'El idioma no se aprende por ósmosis y mucho menos leyendo los diarios. Es fundamental leer a los grandes autores de la lengua. El periodista debe cuidar el idioma porque es el material con el que trabaja'.

Prontuario de *El Nuevo Herald*. Números 18, 19 y 20. Miami, 1995-96. Folletos de periodicidad irregular (de tres a seis meses entre cada número) en los que se aconseja sobre el uso correcto de palabras, frases y expresiones dudosas, especialmente del inglés. También hay listas de faltas de ortografía detectadas en el diario y explicaciones sobre el uso de las mayúsculas.

Manual de Estilo y Escritura para *El Nuevo Herald*, escrito por Antonio Bosch y Tony Especia y editado en Miami por *El Nuevo Herald* en 1996.

Manual de Técnicas de Redacción Periodística de Associated Press, escrito por Jorge Covarrubias y editado en Nueva York por Associated Press, 1996.

El autor, periodista y filólogo, contó con la colaboración del periodista José D. Abreu, editor del Departamento Latinoamericano de AP. Jorge Covarrubias, profesor de periodismo, literatura, traducción y buen uso del español en la prensa en varias universidades de los Estados Unidos, trabaja en AP desde 1973.

El libro es un compendio de normas propias de la redacción periodística y de la gramática y destaca la importancia de una redacción precisa para transmitir el significado de los acontecimientos de un modo accesible al lector, respetando a la vez las reglas gramaticales y estilísticas.

La última parte se titula 'Gramática y estilo' y en ella se explican los errores más habituales en la redacción de noticias en español en el entorno anglohablante de Associated Press.

Manual de estilo y referencia de CNN en Español, edición a cargo de Enrique Durand, editada solo para uso interno del canal de televisión en Atlanta, en el año 2002.

Es la segunda edición impresa del *Manual de estilo y referencia* que sigue los pasos de la obra preparada por Abel Dimant en 1999 y tiene por fin promocionar una guía práctica de normas y términos a todos los profesionales que trabajan en el quehacer informativo de CNN en Español.

Esta edición, dirigida por Enrique Durand, refleja la propia evolución en el esfuerzo constante por mejorar la comunicación y se hace eco de la actualización del *Diccionario de la Lengua Española* (Real Academia Española), abriendo las puertas a términos que han pasado el filtro del uso popular o logrado las preferencias de los medios de comunicación. En la introducción se indica que se ha dedicado un esfuerzo especial a expandir la *Guía para traducciones*, para evitar el desplazamiento de palabras perfectamente correctas por anglicismos impuestos por la moda. Y se añade que en los medios nacionales se manifiesta la audiencia nacional, con una influencia atenuada del inglés y con una característica más localista y, sin embargo, en los medios internacionales se vislumbra una necesidad de comprensión a nivel mundial, con un lenguaje claro, simple, de uso general, evitando extranjerismos.

Los periodistas de CNN, corresponsales, redactores, editores y presentadores se sirven de instrumentos y estrategias para realizar un buen manejo del idioma: manuales de estilo, diccionarios, búsqueda de recursos en Internet, consultas entre colegas, mensajes de la audiencia, entre otros. Se sigue un proceso de depuración idiomática que comienza en la redacción, continúa en una revisión obligatoria y termina con la verificación de salida al aire.

Dentro del *Manual de estilo* se establecen normas de uso uniforme, por ejemplo: no se usa ni *americano* ni *norteamericano*, se usa 'estadounidense' como gentilicio de los Estados Unidos; se usa 'coche bomba' en vez de *carro bomba* o *autobomba*, 'presupuestario' y no *presupuestal*. También hay un manejo de conceptos nuevos como la *InfoCinta*, *ethnic profiling*, que sería la 'singularización racial', y el *soft money* o sea 'contribuciones indirectas'. El personal de CNN evita usar anglicismos en el vocabulario de redacción: *aggresive* como 'enérgico' y no como 'agresivo'; act, como 'ley' y no como 'acta'; *domestic*, como 'nacional' o como 'interno', pero no como *doméstico*. También en la gramática se toman las medidas pertinentes para evitar modificaciones de estilo.

Hacia un acuerdo general

La mayor parte de los medios de comunicación en español, tanto en los Estados Unidos como en Hispanoamérica y España, que se preocupan por cuidar y mejorar el uso del idioma (muchos de ellos lo demuestran editando libros o manuales de estilo), sienten desde hace ya algunos años la necesidad de trabajar juntos para así evitar que se den soluciones diferentes a las mismas dudas de uso del español.

Muchos de esos medios de comunicación apoyaron un proyecto que se presentó en Zacatecas en 1997, en el I Congreso Internacional de la Lengua Española. En ese proyecto, patrocinado por el Instituto Cervantes, se invitaba a todos los interesados a trabajar juntos en la recopilación de materiales para la posterior redacción de un libro de estilo común para todos los medios de comunicación hispanohablantes. Más adelante la Asociación de Academias de la Lengua Española retomó el proyecto y finalmente vio la luz el *Diccionario panhispánico de dudas*, que actualmente es la obra de referencia para todos los que tratan de escribir mejor en español.

En la presentación de este diccionario, celebrada en Madrid en noviembre de 2005, en la sede de la Real Academia Española, estuvieron presentes algunos representantes de los principales medios de comunicación de Hispanoamérica, España y los Estados Unidos, que firmaron la siguiente declaración:

'Los representantes de los medios de comunicación reunidos en la Real Academia Española con motivo de la presentación del *Diccionario panhispánico de dudas*:

1. Valoramos de manera muy positiva el esfuerzo realizado por las veintidós Academias de la Lengua Española para ofrecer a todo el mundo hispanohablante una solución consensuada a las más frecuentes dudas lingüísticas. Creemos que con ello se presta un eficaz servicio a la fundamental unidad del idioma, dentro del respeto a su diversidad de realización.

2. Nos satisface comprobar que son muchos los textos periodísticos que han servido de base de documentación de la continua evolución de la lengua, y que el trabajo de nuestros libros de estilo y las observaciones que hemos formulado a las Academias, de manera particular y en reuniones específicas, han sido aprovechados con amplitud.

3. Por ello nos comprometemos a continuar esa colaboración aportando críticas y sugerencias que puedan enriquecer el texto y contribuyan a la permanente actualización de la obra.

4. Conscientes de la responsabilidad que en el buen uso de la lengua nos impone el poder de influencia de los medios, nos comprometemos a adoptar como norma básica de referencia la que todas las Academias han fijado en este *Diccionario panhispánico de dudas* y animamos a otros medios de comunicación a sumarse a esta iniciativa'.

Entre los firmantes de la declaración estaban representados los diarios estadounidenses el *Nuevo Herald*, de Miami, y *La Opinión*, de Los Ángeles.

Diccionario panhispánico de dudas.

Nota

' El escritor, periodista e intelectual cubano Mario Llerena falleció en diciembre de 2006 a la edad de 93 años.

La ciberhabla juvenil en los Estados Unidos

Jorge Ignacio Covarrubias

Propósito y mecánica

El propósito de este informe es describir las características del discurso juvenil en español en los Estados Unidos tal como se presenta en los medios de comunicación electrónicos y cotejarlas con las conclusiones de la crítica especializada.

Para eso se tuvieron en cuenta todos los medios actuales en los que se manifiesta esa 'ciberhabla': 1) correo electrónico, 2) *blogs*, 3) salas de chat públicas, 4) salas de chat privadas (como MSN, en la que solamente se puede dialogar con interlocutores autorizados), 5) páginas personales (como MySpace) y 6) mensajes de texto (MDT).

Inmediatamente se descartaron el correo electrónico y los MDT, tanto por la dificultad de acceso de ambos —a menos de tener autorización de los usuarios— como a la extrema limitación de espacio de estos últimos. Los *blogs* también quedaron descartados porque no siempre es fácil precisar la edad de sus autores y además porque la proporción de adolescentes parece ser menor que en otros canales.

Las salas de chat públicas presentaban la desventaja de la limitación de espacio y las restricciones que impone la 'netiqueta', o sea, la 'etiqueta en la Red', y las salas de chat privadas, el espacio limitado que cuentan para escribir y la dificultad de acceder a una Red que no fuese la propia, lo que resta objetividad al observador.

David Crystal (2007) notaba recientemente —traduzco— que 'encontrar datos es uno de los problemas al que nos enfrentamos en este campo. Tremendamente difícil. Si queremos analizar correos electrónicos, una conversación (chat) electrónica en zonas o salones de conversaciones electrónicas (*chat rooms*), mensajes virtuales en juegos electrónicos, mensajes rápidos recibidos y guardados en los archivos de la computadora, etc., ¿va alguien a estar dispuesto a facilitárnoslos? ¿Va usted a cedernos sus correos para que los analicemos? Textos con mensajes personales, ¿los va a ofrecer para que los leamos? No, de ninguna manera, no lo haría. La gente no quiere ceder sus documentos guardados en archivos electrónicos. Ese es el grave problema con el que se enfrenta la investigación de este tema'.

Optamos entonces por las páginas personales que, además de mostrar el mensaje de autopresentación del usuario de la página, incluyen comentarios de terceros.

Elegimos http://www.hi5.com/ por su proyección internacional y la facilidad de buscar entre distintas nacionalidades y edades. Buscamos entonces jóvenes de hasta 20 años en los Estados Unidos que escribiesen en español, para lo cual restringimos la búsqueda a 'Origen étnico hispanoamericano' y a las palabras clave '*Hispanic*', 'Hispano', 'Hispana', '*Latin*', 'Latino' y 'Latina'.

Conseguimos de ese modo 60 ejemplos, 46 de mujeres (76,6%) de 14 a 20 años, con un promedio de edad de 16,9 años, y 14 de varones (23,3%), de 16 a 19 años, con uno de 18 años. El promedio general fue de 17,2 años. Seis mujeres y dos varones no consignaron su edad.

¿Por qué más mujeres que varones? Pues en esa franja de edad —hasta los 20 años— las mujeres superan por mucho a los varones. El 20 de septiembre de 2007, una búsqueda en http://www.hi5.com/ de chicos y chicas de esa edad, bajo la categoría 'Latinoamericano', dio como resultado 72.000 mujeres y 44.000 varones; con la palabra clave '*Hispanic*' 2.100 mujeres y 1.000 varones, y con la palabra '*Latin*' 3.400 mujeres y 1.600 varones.

Es interesante señalar que, hace diez años, Hugh Miller y Russell Mather (1998) encontraban una proporción inversa en *home pages*: 'El cómputo general estimado —traduzco— de páginas en la lista fue de un 15% en las mujeres y de un 75% en los hombres, un 10% corresponde a 'otros' (compañías, universidades o entidades imposibles de identificar solo por el nombre)'.

Cabe aclarar que probablemente la edad promedio en este trabajo es inferior a la señalada, ya que muchos jóvenes de muy corta edad —en especial niñas— se aumentan la edad en las páginas personales. Aunque no se dio el caso en nuestro corpus, hemos visto otros ejemplos de niñas que mencionan una edad en la página y luego aclaran que tienen menos años en su mensaje de presentación.

cuadro 1 **Edades representadas en los ejemplos en este informe**

Edades	N.º de mujeres	N.º de varones	Totales
De 14 años	1	0	1
De 15 años	2	0	2
De 16 años	11	1	12
De 17 años	14	2	16
De 18 años	8	5	15
De 19 años	3	4	9
De 20 años	1	0	1
Media de sujetos	6	2	8
Promedio de edad	16,975	18	17,21

Fuente: Elaboración propia.

En total, las muestras incluyen ejemplos de 13 estados de los Estados Unidos: California, Florida, Georgia, Illinois, Maryland, Massachusetts, Minnesota, Nueva Jersey, Nueva York, Texas, Pensilvania, Rhode Island y Virginia.

cuadro 2 **Estados de los Estados Unidos representados en este informe**

Estados	Mujeres	Ciudades	Varones	Ciudades	Totales
NY	6	Corona, Huntington Station, Glen Cove, Bay Shore, Port Chester, Bronx	6	Wyandanch (2), West Babylon, Jackson Heights, Milbrook, Nueva York	12
MA	1	Lawrence	1	Methuen	2
FL	14	Fort Lauderdale (4), Hollywood (3), Miami (2), Boca Raton, Orlando, Pompano Beach, Fort Myers, Hialeah	2	Hollywood, Tampa	16
GA	8	Roswell (2), Swanee (2), Duluth, Lawrenceville, Alfaretta, Atlanta	1	Norcross	9
IL	3	Berwyn, Willisville, Chicago	0		3
NJ	3	West Milford, Dover, Clifton	0		3
TX	3	Weslaco, Brownsville, San Antonio	1	El Paso	4
PA	1	Wind Gap	1	Filadelfia	3
CA	3	Calexico, San Diego, Brawley	0		3
RI	1	Providence	0		1
MD	1	Parkville	0		1
MN	1	Granite Falls	0		1
VA	1	Chantilly, Farnham	0		1
Total		13 estados			59

Fuente: Elaboración propia.

Estudiamos los 60 ejemplos recogidos para detectar y consignar las características que se presentaban por lo menos en dos de ellos. Finalmente encontramos en ellos 40 características que se encuentran desde 2 a 52 ejemplos (3,3% a 86,6%) y, en vez de clasificarlos por criterios gramaticales como morfología, sintaxis, puntuación, etc., decidimos ordenarlos de mayor a menor en orden de frecuencia.

Y decidimos ilustrar cada una de las 40 características con dos ejemplos que mostrasen aspectos distintos de su manifestación en el discurso juvenil.

Como necesitábamos 80 ejemplos ilustrativos y teníamos 60 textos juveniles en nuestro corpus, en el afán de no repetir los textos, en algunos casos hemos utilizado una u otra parte de ellos. De ese modo hemos podido usar como ejemplos 59 de nuestros textos, parcial o totalmente, sin repetir ninguno.

Características del discurso juvenil en los nuevos medios de comunicación

A continuación ofrecemos, en orden de frecuencia, las características que hemos encontrado en el discurso juvenil en las páginas personales en Internet, con su porcentaje de frecuencia.

Desconocimiento o desprecio de la ortografía (86,6%)

Es el rasgo más frecuente de la ciberhabla juvenil con 52 manifestaciones en nuestro corpus de 60 ejemplos, lo que significa un porcentaje de 86,6%.

Distinguimos entre desconocimiento y desprecio de la ortografía en coincidencia con la mayoría de los investigadores que señalan que los numerosos errores se deben a desconocimiento o intencionalidad, y creemos que en la mayoría de los casos obran ambos motivos.

Joan Mayans i Planells (2005) se refiere a las 'dejadeces gramaticales' de las que dice anteriormente que 'algunas... son involuntarias. Otras, en cambio, son voluntarias' (Mayans i Planells, 2000), y también que 'existe un altísimo grado de voluntariedad en buena parte de las *incorrecciones* normativas de los usuarios'. Y José Morala (2001) recalca que 'hay... abundantes transgresiones ortográficas que son conscientes y cuidadosamente elegidas por quienes las utilizan'.

Mireia Galindo Solé y Clàudia Pons Moll (2000) conjeturan que puede haber una intención de imitar la oralidad con la distorsión ortográfica: 'Está claro —traduzco— que en algunos casos se hace difícil discernir si se trata simplemente de faltas de ortografía o si, por el contrario, hay una voluntad deliberada de acercarse a lo oral...'. Coincide Marta Torres i Vilatarsana (1999) cuando dice —traduzco— que 'esta nueva variedad intenta recoger la fonética coloquial transgrediendo la norma ortográfica'.

Para David Crystal (2007) —traduzco—, 'hoy, por primera vez la gente está dispuesta a demostrar cómo les gustaría realmente que se deletrearan las palabras. Hasta la llegada de Internet no tenían forma de ejercer una auténtica democracia lingüística'.

La ortografía, opina Pedro Luis Barcia (2007), 'tiene dos vías fuertes para su fijación: la visual, por la lectura, que cada vez pierde más terreno entre los adolescentes, y la kinésica, en la medida en que la mano escribe una y otra vez la palabra correctamente, se consolida su uso automático. La práctica del chat ocupa el espacio de la lectura diaria y la escritura contrahecha reiterada reafirma su condición antiortográfica'.

Crystal (en Bañón Hernández, 2002) llega a la conclusión de que 'la mayoría de los errores ortográficos no distraen del contenido del mensaje'.

ey..ke onda..no se si te acuerdes de mi...soy Laura...de la pace..este.. antes iva al parque y era amiga de flowerz..bueno antes..no pos..nadamas te keria decir @$^^&*)
(&$%^#$%%^$(FELICIDADES!$!$!$@$@^&(%## y ke te valla muy bien kn Dora!!!
-Laura

_____ESPANIOL_____

~*HOLA TODOS?? COMO ESTAN?? BUENO TENGO MUCHAS COSAS PARA DESIR
LE DE MI PERO LO VOI ASER VIEN SIMPLE...OK MY NOMBRE ES PAOLO PERO ME
LLAMAN PABLO,DJ PABLO,Y GHOST,LLASE LOS NOMBRES SON BIEN
RARROS=)YO TENGO ESOS NOMBRES POR MUCHAS RASONES.YO SOY DE *LIMA
PERU* PERO ESTOY VIVIENDO EN TAMPA FLORIDA ES UN POCO HABURRIDO
PERO TENGO QUE VIVIR MY VIDA ASI. YO ESTOY EN HIGH SCHOOL EL
NOMBRE DE LA ESCUELA SE LLAMA ALONSO EGUALITO COMO MY SEGUNDO
NOMBRE.YO TENGO 2 HERMANOS BRUNO Y RENZO ELLOS TAMBIEN
TIENEN UN hi5 LOS AMO MUCHO.YO TENGO UN MySpace TAMBIEN MI WEB PA-
GE ES WWW.MYSPACE.COM/YOUNGGHOST1415

BUENO YA NO QIUERO ESCRIBIR TANTO PERO

SI QIUEREN CONOSER ME MAS ADD ME...BYE BYE QUE DIOS LE VENDIGA=)*~

Abreviaciones (83,3%)

El segundo rasgo más frecuente del discurso juvenil en los nuevos medios de comunicación son las abreviaciones con 50 casos en los 60 ejemplos de nuestro corpus, lo que da
un elevado porcentaje de 83,3%.

Ese rasgo se hace evidente en la ciberhabla hasta dar la impresión de que todo está
abreviado, mutilado, 'jibarizado', pero cabe distinguir entre quienes emplean abreviaciones y en qué proporción.

Según David Crystal (2007), 'de acuerdo a la impresión popular, es un 100%, todo está
abreviado... Pero los estudios actuales dan porcentajes de un 6%, de un 8% y de un 10%
respectivamente. En otras palabras, solo una pequeña parte de los textos emplea esas
abreviaturas que tanto han atraído las primeras páginas de los periódicos y anunciado
calamidades'.

En nuestro estudio, aunque 50 de los 60 textos utilizan alguna o muchas abreviaciones,
el porcentaje de palabras abreviadas con respecto al total de palabras usadas es del
12,9% (249 abreviaciones sobre 3.053 palabras). Solo uno de los 60 textos presentaba
más de un 50% de palabras abreviadas (7 sobre 16), con un 56,2%, en contraposición con
10 textos que no utilizaban ninguna. Es interesante constatar que quienes presentaban
mayor porcentaje de abreviaciones eran mujeres (56,2% y 45%) y que quienes usaban
menos eran varones (que utilizaron entre 32 y 133 palabras sin abreviar ninguna).

Para hacer más preciso el recuento estadístico de cada una de las características de la
jerga juvenil, dividiremos las abreviaciones en cinco categorías: 1) aféresis (supresión de
algún sonido al principio de un vocablo); 2) acortamiento (reducción de algún sonido al
final de una palabra); 3) fuga de letras (en el interior de una palabra); 4) acrónimos (tipo
de sigla que se pronuncia como una palabra o vocablo formado por la unión de elementos de dos o más palabras y maxiabreviaturas), según Pedro Luis Barcia, reducciones como NPH (no puedo hablar), y 5) simplificación de dígrafos, categorías que iremos incluyendo en orden de frecuencia.

cuadro 3 Ejemplos con más y con menos abreviaciones representados en este informe

	Palabras no abreviadas	Palabras abreviadas	Sexo	Edad
Mayor proporción de abreviaciones en las palabras	7	9	Mujer	16
	6	5	Mujer	18
Menor proporción de abreviaciones en las palabras	133	0	Varón	17
	120	0	Varón	16
	38	0	Varón	17
	32	0	Varón	X

Fuente: Elaboración propia.

Puntos suspensivos (76,6%)

Una de las características que más llama la atención en la jerga juvenil es la presencia de los puntos suspensivos, en muchos casos prolongados hasta el cansancio. Aparece en 47 de nuestros ejemplos, lo que da un porcentaje del 76,6%. En total, los puntos suspensivos aparecen 243 veces.

Ana María Calvo Revilla (2002) dice que en el discurso juvenil 'se percibe también preferencia por el empleo de oraciones cortas, gramaticalmente simples, por una sintaxis pobre, entrecortada y abierta a una interpretación libre mediante el empleo de puntos suspensivos'. Y Pedro Luis Barcia (2007) nota '...el prolongar los suspensivos, más de tres, con ánimo de incentivar la sugerencia'.

> q ojala siempre estemos en contactos....tu sabes q puedes contar conmigo en todo okis... y q para mi eres como mi primis, asi q mas respeto ps....mil besote y ya nos vemos pronto...te kiero mucho dani ^_^

> MENTIRAAAAAAA!!!!!!!!!!!............
>
> ......yo no corrumpo a los menores...mas bien uds m corrumpen a mi jajaja......oye vdd? k vas a hacer pa halloween, mira t invito a una fiesta..s con disfraz...pero no t preocupes no necesitas gastar $$$ n disfraz xk ya lo traes puesto jajajjaa k joda!...yayaya no molesto mas m voyyyyyyyyyyyyyyyyyyyyyy......extra?enme......oe GRACIAS X TUS TIPS M STAN FUNCIONANDO .....MUY PRONTO CAERA JAJAJAJAJJAJA K MAS KISIERA.................BUENO AMIX BYEBYE.tu amiga la k mas kieres y extra?as GABBY.............................JAJAJAJAJAJ

Unos grafemas sustituyen a otros (75%)

También saltan a la vista en los textos juveniles las sustituciones de unas letras por otras; Pedro Luis Barcia (2007) observa que 'unos grafemas sustituyen a otros: *k* por *c*, la *x* por *ch*, la *y* por *ll*'. Kiero aparece 37 veces en nuestro corpus en un total de 6 ejemplos y la *x* sustituye a la *ch* 6 veces.

> ..::..PuEz m3 ll@m0 pAuLA...... m3 gUzTa mUx0o SaLiiR k0n MiiZ AmiiGaz y pUeZ PaSaRla BaKaN()..::..

> ME gUsTa iR Al BoLicHe y cInE Y SaLiR KOn MIs AmiGaS DiVeRtiRmE A LO mAxImO .. nO mE guStA eSTaR aBuRrIdA SiEmPrE tEnGo AlGo Ke aSeR pArA no aBuRrIrMe ...

Ausencia de acentos (71,6%)

Otra de las características más frecuentes es la omisión de los acentos, que en nuestra colección de ejemplos se da en 43 de los 60 casos.

> nasi Mc, Con el don De RaPiAr Y deSd K lo DeScUBri Es Lo UnIkO K Ago, Sea ImPrOvIsANdo, eN una DisCoTeK Oh Un SHow.

> mira k estos dias an sido un pokito tristes sin romy! pero igual super feliz pork se ke ahi te tengo a vos jojo!! mi ultimo a?o en centennial jojo y me la estoy pasando suer vacano espero y asi siga!!vos sos re linda y espero sigas asi siempre!!besitos y kuidate!! ah y no sigas triste por romy!! ya hablaremos kon ella vale! so bee happy no matter what!! and rock on! girl!.... love u!!

Presencia de la oralidad (68,3%)

La gran mayoría de los especialistas coincide en afirmar que la imitación del habla es una de las características del discurso juvenil en los nuevos medios de comunicación, que se presenta en 41 de nuestros 60 ejemplos, con una proporción superior a los dos tercios.

Como señala Michel Marcoccia (2005) —traduzco—, 'numerosos trabajos muestran que el estilo de los escritos mediáticos para el ordenador están marcados por la oralidad'. Para María José Blanco Rodríguez (2002): 'La comunicación en los chats es gráfica, es solo texto; pero conforme a la concepción que subyace a la producción de los enunciados y a las modalidades lingüísticas empleadas según la situación que rodea al acto de comunicación y las necesidades comunicativas de los hablantes, la comunicación en los chats puede calificarse de hablada'.

Y Ana María Calvo Revilla (2002) acota que 'los límites entre la oralidad y la escritura no están tan delimitados; se escribe muchas veces como se habla, sin medir las palabras y manifestar lo primero que se le ocurre'.

Varios críticos hablan de 'texto escrito oralizado' (Elke Hentschel, 1998; J. Llisterri, 2002; Leonardo Gómez Torrego, 2001; Jordi Bascuñana, 2007); de 'escritura oralizada' (Pedro Luis Barcia, 2007), de 'oralidad escrita' (Diego Levis, 2006) o de *converses escrites* (Mireia Galindo Solé y Clàudia Pons Moll, 2000). Para David Crystal (2007): 'Ahora tenemos un tercer medio, la comunicación electrónica. Ni habla ni escritura, algo nuevo: comunicación mediática, llamada ahora CMC (Comunicación mediática por computadora)'.

La mayoría coincide en señalar que esa imitación del habla obra a modo de compensación de la ausencia de los medios paralingüísticos de comunicación (gestos, entonación, mirada, etc.).

'Además de signos no verbales de conducta espacial, lenguaje corporal y expresiones faciales, queda toda una zona paralingüística de signos comunicativos que considerar: pausas breves y silencios temporales, tonos de voz e indicadores prosódicos... Nuevos códigos y muy específicos se desarrollan en estas circunstancias y pueden ayudar, si no totalmente, al menos por la mayor parte de los signos metacomunicativos perdidos', observa Elke Hentschel (1998).

Y María José Blanco Rodríguez (2002) comenta que 'en la mayoría de la bibliografía que existe sobre esta nueva forma de comunicación, se considera que muchos de los rasgos de distinta naturaleza que sirven para poder caracterizarla, o son imitaciones, reflejos del habla, maneras de suplir, por parte de los usuarios de IRC, las deficiencias de una comunicación solo texto; o son estrategias de adaptación al medio'.

bUeno giRl! te quIEro! cuIDaTE!
c u ! sKOoL
nIce Kiss U gaVE Me ThaT oNE lAsT tIMe!
=D
BeSossss

WaAzZzAA *LiLiiiiiiiiiiii* ;)!...?CoMo As EsTadO?...ESPeRoO Ke BiEN ;)...BueNO PuEs AKi
Te DejO EL LiNk De Mi *NeW* TRaiL...Pa' Ke Te VaYAS A ESHaR uN TaKiToOo ;) :D JeJeJe
LoL'zZ.....(((WwW.PiCtUrETRaiL.CoM/_LaS_DiAbLiTaS_))) ;) ...& dON't fO-GeT 2 SiGN
MaH *G-BoOoK* PLi'zZ :D!...HaLLa BaCk LaTa'zZ!...BuH-ByE'zZ!...*HuGg'zZ* & *KiSsE-
'zZ*!...*TaKe CaRe Cu'zZ i CaRe*!...LuV Ya'zZ!

Fuga de letras en el interior de una palabra (65%)

La supresión de letras en el interior de una palabra, que aparece en 39 de nuestros 60 ejemplos, es el más frecuente de los cinco casos de abreviación que enumeramos antes.

David Crystal (2006) lo atribuye al hecho de que 'los usuarios son muy conscientes del gran valor informativo de las consonantes opuestas a las vocales, calificando de excelentes (XLNT) esas pérdidas vocálicas'.

José Morala (2001) y Ana María Calvo Revilla (2002) observan la supresión generalizada de letras, en particular la *e*, que junto con la *a* son las dos más frecuentes en el idioma español. Morala observa que la *e* se suprime de forma casi generalizada, más aún en los casos en los que se combina con consonantes *(be, ce, de, te)* en cuyo nombre interviene (*tngo* 'tengo', *bso* 'beso'). Y J. Llisterri (2002) nota la elisión en el interior de palabra de la *d* y con menor frecuencia de *r* y *n*.

Pedro Luis Barcia (2007) subraya que 'se suprimen las vocales en las palabras comunes: *bn* (bueno)... O varias letras por palabras: *tb* (también)'. En nuestros ejemplos, *bn* aparece 9 veces y *tb* ninguna.

Pues vOs tMbN me caEs re Bnnnn! y Pues naDa ahora estoy re triste por que se me ha perdido el arito del ombligo y no lo encuentro y pues se me va a cerrar... =(pero im gonna miss u too when i go to TN, hoPe you gUYs HaVE FUUUUN !! gooo party a LoT! =D

eiiiitttaalleeee, jajaj :P pUes aki saluDnd0tE koRason y tMb para deciRte k puEdes kntar knmi-goo paRa lo k sea tonTolin

Reiteración de palabras, letras o signos (60%)

La repetición de palabras, letras o signos se presenta en 36 de nuestros 60 ejemplos, para un total del 60%.

Ana María Calvo Revilla (2002) la atribuye 'fundamentalmente a la rapidez con que se escribe, a la improvisación y a la falta de una ordenación previa de las ideas y de una adecuada disposición de los materiales lingüísticos'. Para Pedro Luis Barcia (2007), se debe a 'la pobreza léxica, y, con ella, las repeticiones de vocablos y de expresiones, pues se carece de sinónimos y variantes... La escritura reiterada del mismo signo para acentuar, supuestamente, el énfasis de lo escrito'.

Encontramos 67 veces repetido el cierre del signo de admiración (!) y 6 veces repetido el cierre del signo de interrogación (?).

TE KiERO UN CHiNGO â™^ ..TE KiERO UN CHiNGO â™^ ...TE KiERO UN CHiN-
GO â™^ ....TE KiERO UN CHiNGO â™^ .....TE KiERO UN CHiNGO â™^ ......TE KiE-
RO UN CHiNGO â™^ ....TE KiERO UN CHiNGO â™^ ....TE KiERO UN CHiNGO
â™^ ....TE KiERO UN CHiNGO â™^ ......TE KiERO UN CHiNGO â™^ .....TE KiERO
UN CHiNGO â™^ .....TE KiERO UN CHiNGO â™^ ....TE KiERO UN CHiNGO â™^
...TE KiERO UN CHiNGO â™^ ..TE KiERO UN CHiNGO â™^ .TE KiERO UN CHiN-
GO â™^ .TE KiERO UN CHiNGO â™^ ..TE KiERO UN CHiNGO â™^ ...TE KiERO
UN CHiNGO â™^ ....TE KiERO UN CHiNGO â™^ .....TE KiERO UN CHiNGO â™^
......TE KiERO UN CHiNGO â™^ ....TE KiERO UN CHiNGO â™^ ....TE KiERO UN
CHiNGO â™^ ....TE KiERO UN CHiNGO â™^ ......TE KiERO UN CHiNGO â™^
.....TE KiERO UN CHiNGO â™^ .....TE KiERO UN CHiNGO â™^ ....TE KiERO UN
CHiNGO â™^ ...TE KiERO UN CHiNGO â™^ ..TE KiERO UN CHiNGO â™^ .TE KiE-
RO UN CHiNGO â™^ si me kieres igual, devuelvemelo!!!!!

si si muy lindo el testy pis monga... jaja ...un buen testy siempre tiene q empezar con el gran cariño pis jaaa!! ...oe y como es eso q sobradasoo si ya te expliq q yo nu entro al inter pa chatear si no
hacer los ricos trabajos(nu como una amix q vive en el chat)... yaa q rara ves este en plan H es otra
cosa pis ... y apart tu eres la sobradasa ya monga no lo nieges si te animas hablar solo es si no ta en
linea el sonsito jaaa :P o si tas aburrida paq te haga reir me computas tu payasin osi nu paq te
cuente mi vida mi triste vida abuaa ... q trist qtrist naa q ver ...esa monga la mas posera eso no lo
puedes negar lo q si me parece q eres bien chismosaa pero claro eso ta sin confirmar peroo too kie-
re q le cuente eso ya es un paso pis...ahh y el q ta enamorado nu soy yo si nuu una mongita jaja
...si no te hago recordar un nick q lei por ahi ... 'TE AMO SONSITO' jiji... q me dices de eso jaa
el amor el amor jaa!! ... uy ih si pis imaginate ya taba apunto de morir por q no me enviabas un
testy te imaginas hibas a ser la culpable claro pis como el tuyo son los mas lindos (claro pis eso es
lo q tu dices) y ya pis ya kmbie el tipo de letra paq m envies mas y too el mundo lo pueda leer FE-
LIZ o alguna cosita mas jaaa... ya pis estudiosaa ... q va ser estudiosa si manda hacer sus trabajos y
nunk vaa a clases con la escuza q para de viaje claro claro pis si eia es la jugadora estrella nu se puede perder ni un paltiito ...bueno pis monga ablauz toy q hago trabajitos pis tu sabs solo q taba en
el rico relax y ya pis me anime por hacer tu testy ...ya pis orita a seguir con los trabajos abuaa ...q
estudioso q soy jaja y ya naa de vicio me entere q beto y daniel viven en el play ... pero ni asi me
van a ganar pis jeje pobres chicos ... oy si te cuidas bechos

Acortamiento al final de las palabras (58,3%)

Este es el segundo rasgo más frecuente de las abreviaciones, detrás de la fuga de letras en
el interior de un vocablo, con 35 casos en los 60 ejemplos de este trabajo.

Así lo reconoce Ana María Calvo Revilla (2002), que al enumerar las características del discurso juvenil señala que: 'También aparecen abreviaturas por truncamiento, esto es, por eliminación de las letras o sílabas finales de una palabra'. Y J. Llisterri (2002) especifica que 'en
posición final de palabra las grafías representan la elisión en el habla de la aproximante
dental, la aproximante alveolar y la fricativa alveolar'.

Hol@ chika! bueno espero q estes bien abrigadita jejej q hace un frio d l@ c@g@d@!!! <<< :(

En este tiempo q t he llegado a conocer me has caido re-bien!

y bueno ESTUDI@ MUCHiIiIiO! P@ q salgas adelante!!!

T.Q.M. besitos~~~RuBy~~~~...:::BabyLocs:::...4ev@:::...

> Hola............ y q como t a ido en la eskuela ya q ase tiempos no ablamos. Bueno t keria desir q t ves muy linda en esas fotos q puciste en tu profile, y q kisiera bolver ablar con tigo y volvert a ver..... Cuidate mucho. TQM

Uso incorrecto de mayúsculas y minúsculas (56,6%)

Este se presenta como otro de los rasgos característicos de la ciberhabla con 34 casos en las 60 muestras.

Aparte de señalar esta característica específica como el uso indebido de mayúsculas y minúsculas, hemos incorporado otros dos rasgos relacionados que veremos más adelante: el uso de las mayúsculas para indicar que se grita y la alternación intencional de mayúsculas y minúsculas como recurso lúdico.

> tefy vuelvaaaa!....ya te estrañoooooo!!!!.....yo se ke es mentira vuelvaaaaaa =P....parz la adoroo!...acuerdecee!!!!.... 5 AÑOS, 22 DE JULIO, 2012....EL TELEFONO AMARILLOOO OKKK?????....la amuuuu!...chausss

> puedo comer en peter piper pizza gratis :D?
> hahaha ntc
> no creo vea, mmmmmmm
> weno mmmm Porfin ya salimos y tenemos unas
> 3 semanas de vacaciones, jeje...
> cuidate

Signos de interrogación y admiración solamente al cierre (56,6%)

Pedro Luis Barcia (2007) enumera, entre las características que nota en el discurso juvenil, 'el manejo indebido de signos, como el solo cerrar y no abrir los de interrogación y exclamación, a la manera inglesa'.

Ese rasgo característico lo encontramos en 34 de las 60 muestras del corpus, pero en todos (o sea el 100%) los casos en que aparecen en los textos signos de interrogación y admiración. Es decir, que no hemos encontrado un solo caso de apertura de ninguno de ambos signos.

> ***hola fea***
> como tass?????? bueno u know k yo tambien t exta*o !!!!!!!
> y k hass echo lokizz????
> bueno cuidate :) lolu
> **tefa**

> LOKOOOOOOOO!!!!!!!!!! que fue oieeeeee loko si que te haz perdido como te va?>?

Simplificación de los dígrafos (50%)

Responde a la simplificación de dígrafos, es decir, los signos ortográficos compuestos de dos letras para representar un fonema, como en español *ll, ch, rr, qu*.

Mireia Galindo Solé y Clàudia Pons Moll (2000) lo notan en el catalán: 'Esta aversión a los dígrafos —traduzco— motivada también por la despesa que representan en la elaboración del mensaje escrito, se resuelve con la incorporación de grafías no genuinas en el sistema ortográfico catalán, como se hace con la *k*, mediante la omisión de la *u* en el dígrafo *qu*, o bien recurriendo directamente a la ortografía natural... La sustitución del dígrafo por grafías únicas'.

En nuestros ejemplos, la simplificación más frecuente es la de *qu*. Se sustituye por *k* un total de 49 veces en 16 ejemplos y por *q* 70 veces en 13 ejemplos. Siete veces en cuatro ejemplos se simplifica *ch* por *x* y en uno se sustituye *rr* por *r*. En ninguno de ellos hemos visto la simplificación de *ll* por *y*.

Cabe hacer notar que mientras los varones representaban el 38,5% de los ejemplos de casos de sustitución de *qu* por *q*, descendían a un 17,6% de quienes preferían sustituirlo por *k*, lo que parece indicar una preferencia de los varones por *q* y de las mujeres por *k*.

> take caree!!!...
>
> Y SaBz mE alEgROO mUXOOo!..q me scribas!!
>
> ..xaOoO!! pRomOoO!:p
>
> BESHOTESS!!..BYE!

> je:P—primera en hacer esto k ChiDo!!_je_bueno Ni?a rara k odio aboresco!(nada k ver te adoro eres buena onda me kaesbn!!ovioOoO!!)—aL

Aféresis: supresión de algún sonido al principio de un vocablo (45%)

Aparece aquí el tercer rasgo más frecuente de las abreviaciones, detrás de la fuga de letras en el interior de una palabra y del acortamiento al final.

Cabe hacer notar que tiene sentido este orden, ya que estudios psicológicos han demostrado que la comprensión de una palabra es menor cuando se suprimen elementos al principio que al hacerlo al final o en el medio.

En nuestro estudio hemos encontrado aféresis en 27 de 60 casos, lo que da un 45%, porcentaje que coincide casi exactamente con el que encuentra J. Llisterri (2002), quien nota respecto de la supresión de elementos al principio de las palabras que 'puede observarse que, en conjunto, las variantes con elisión aparecen en un 44,5% de los casos'.

Para Mireia Galindo Solé y Clàudia Pons Moll (2000): 'Son habituales, por ejemplo, las aféresis, es decir, las elisiones de las vocales átonas iniciales, en palabras de uso frecuente, tan características del habla coloquial... En estos tipos de textos tampoco faltan las elisiones de sílabas iniciales, o de consonantes, sobre todo en palabras de uso frecuente'.

Y José Morala (2001) indica que: 'Frases completas se convierten en siglas, palabras a las que se les pierden las vocales y aféresis constantes hacen que un texto escrito con las peculiares normas ortográficas de este medio tenga un aspecto jibarizado en el que parece desecharse todo aquello que no sea estrictamente necesario para transmitir el mensaje'.

> cOmo tash que has hecho?

> m nkanta tar kn mi flako (yisus) lo k sea kn tal d tar kn mi amorsote!!! .pimp_my_profile { Generat...

Cambio de código (45%)

El cambio de código se da cuando '*I start to speak in English* y termino hablando en español', es decir, el salto de un idioma a otro a veces en la misma oración o en la misma frase.

Tratándose de jóvenes de habla española que viven en los Estados Unidos, es previsible que los ejemplos de nuestro corpus muestren cambio de códigos entre el español y el inglés.

Aunque en el habla de chicos y chicas de otros países abundan también las palabras en inglés, que se ha convertido en el idioma de comunicación universal. Lo encontramos en 27 de los 60 casos, lo que supone un 45%.

David Crystal (2007) lo encuentra aun en el inglés: '[E]l intercambio de códigos, una y otra vez, entre una, dos, tres y más lenguas... Lo que es probable, hablando en términos de globalización, la norma' —y agrega— 'porque cuando se piensa en ello, la mayor parte de la gente en el mundo es bilingüe'.

> JAJAJA NO TE CREAS DANY SUP CHAMA THANK'S 4 THE ADD GIRL U TAKE SO LONG TO ADD ME TO UR HI5 EHHHH ANYWAYS...FUE SUPER KOOL HABER ESTADO KONTIGO EN EL SENIOR YEAR! WE HAVE A LOT OF FUN JOJOJOJO ANYWAYS TAKE CARE Y NOS ESTAMOS VIENDO ESTE SUMMER RIGHT!...BESITOS...CHAO!...

> brown hair, hispanic/COLOMBIAN, greenish eyes. Ustedes saben como soy nosierto..;) pues me gusta 'chill'... me gusta hacer de todo molestar ... otra cosa esq me gusta bailar, salsa, or what ever sounds good...tanbn me gusta el rock _-jiji!!... y aunque me guste dormir tambien me gusta el ejercisio...;) me gusta ir al cine... io voglio parlare italiano perfeto :D. jijiji... check out my myspace is

Frases breves (43,3%)

Pese a que en las páginas personales los jóvenes tienen más espacio para explayarse que en las salas de chat y mucho más que en el espacio más reducido de los MDT, las frases breves aparecen en 26 de nuestros 60 ejemplos, lo que confirma que es una de las características de la ciberhabla, independientemente del canal.

Así lo nota Ana María Calvo Revilla (2002) cuando señala que: 'Se percibe también preferencia por el empleo de oraciones cortas, gramaticalmente simples, por una sintaxis pobre, entrecortada y abierta a una interpretación libre mediante el empleo de puntos suspensivos'.

> 0mg!!!!
> n0 sabia que tenias hi5!!!
> YAY!!!....im s0 happy que me encontrastes!!
> jeje!
> i l0ve u l0kit0 mi0o!!
> n0s vem0s mañana!
> un bes0!
> gabby

> HoLA ANgEla!!
> FeLiZ NaViDaD y PrOsPeRo A?O NuEvO..
> CuIdAtE MuChO
> Bye..

Las mayúsculas a modo de grito (43,3%)

Ya hemos visto el mal uso de mayúsculas y minúsculas. Una de las funciones que se les da a las mayúsculas es la de representar el grito, tal como vemos en 26 casos en nuestro corpus. La mayoría de los críticos reconoce ese uso.

'La inclusión de frases con letras mayúsculas en un mensaje indica que está gritando', dice Pedro Luis Barcia (2007). Coinciden con él Joan Mayans i Planells (2000) y Elke Hentschel

(1998). José Morala (2001) aclara que 'existe una norma generalmente aceptada por la que el uso de las mayúsculas en el correo o en el chat equivale a gritar al interlocutor'. Y Michel Marcoccia (2005) acota que la etiqueta en las salas de chat (conocida como 'netiqueta') impone restricciones a los usuarios en ese terreno: '[L]a *netiqueta* instituye una convención de interpretación de mensajes escritos en mayúsculas que supone una representación de lo verbal: escribir en mayúsculas significa gritar'.

> HEY >> TITO - YANKEE << !!!! haha KE ONDA MORILLO!!!! HAHA KE HACIENDO!??? PUES YO NADA NO MAZ AKI EN LA ESKUELA .. ESTUDIANDO!!! SHIT .. APRENDE A MI!!! LOL I'M JK. HELL YEA .. I'M THE FIRST ONE TO LEAVE YOU TESTI-MO-NIAL!!! HAHA =) I'M BAD ASS LIKE THAT . LOL . AY JUST CUZ I'M YO' SISTA!!! HUH. ANYWAYS JUST CAME BY TO SAY HI OK.. WELL TAKE CARE AND STAY OUT OF TROUBLE..!!!! I DONT' WANT ANY GIRLS NEAR YOU!! OR I'LL $%*#ty*&#*$*@#@$%%!!!!!!! HAHA JK . esta bien I GUESS! AIGHT ! BUH BYE

> ME CAES SUPER BIEN, Y CADA VEZ ME DOI CUNTA QUE LAS APARIENCIAS EN-GA?AN, ESPERO QUE NO CAMIBIES Y QUE SIGAMOS ASI DE CLOSE!!!!
>
>   CHAITO!!!!! XOXO *L()R3N@*

Onomatopeyas (40%)

'El uso de onomatopeyas... es remarcablemente abundante', dice Joan Mayans i Planells (2000). Y José Morala (2001) afirma que 'constantemente aparecen en las conversaciones virtuales las onomatopeyas con las que se representa la risa. Desde una risa callada, casi solo sonrisa, hasta la carcajada más hilarante y burlona, pasando por toda una gama inter-media de la que, solo por el contexto, se podría precisar algo más su valor significativo'.

Hemos encontrado onomatopeyas en 24 de 60 ejemplos, lo que supone un 40%.

> un beso de aqui a ya...muahzzzzzzz

> Diablo e$a mami $i ta bella... Yo te amo mujer... Mami u been 4 me 4 da longe$t... I dont even remember... & I apprecieate u 4 dat... MUAH$... I LOVE U MAMI!!!!

Emoticonos (36,6%)

Aludimos aquí a los signos gráficos que se utilizan para representar icónicamente caras o gestos, y que también se conocen como *smileys*, que, en versiones de Word 97 o más moder-nas, al escribir los más comunes se transforman automáticamente en *dingbats*, esos íconos utilizados tradicionalmente en la tipografía. Eso ocurre cuando uno escribe, por ejemplo, [:)] (cara sonriente) en una conversación de MSN y se convierte automáticamente en el dibujo, después de ejecutar el mensaje. Encontramos emoticonos en 22 de los 60 casos.

Varios de los estudiosos los califican de pictogramas, como Michel Marcoccia (2005): 'Los *smileys* —traduzco— (o emoticonos) son muy conocidos... Por su naturaleza, se pueden asi-milar los *smileys* a los pictogramas'. También están de acuerdo Diego Levis (2006) y Marta Torres i Vilatarsana (1999). Según Elke Hentschel (1998), 'solo tres o cuatro de ellos se usan regularmente, y uno los encuentra frecuentemente por su versión abreviada (por ejemplo, perder la nariz)'. Se refiere a la cara sonriente con y sin nariz [:-)] y [:)] y a la cara de tristeza, depresión o disgusto, con y sin nariz: [:-(] y [:(].

Pese a su popularidad, en nuestros ejemplos no hemos encontrado nada más que tres ve-ces la carita sonriente sin nariz y una sola la cara deprimente sin nariz.

En cambio hemos encontrado 11 veces en 7 ejemplos otro emoticono que representa la sonrisa [:D] y 6 veces uno que simboliza sacar la lengua [:P]. Siete veces aparece [XD], otra versión de la risa, y ninguna [XP], otra versión de la expresión burlona de sacar la lengua.

Otros que hallamos son [X_X] (una vez) y [U_U] (dos veces en el mismo ejemplo).

¿Qué significan esos dos signos? La ambigüedad que suelen presentar algunos emoticonos se debe a que no hay un código universal. Les preguntamos a algunos de nuestros informantes juveniles qué significaban y nos respondieron lo siguiente:

[X_X]

Leyla, de 16 años: 'Como para decir: no lo puedo creer'. José Ramón, de 13 años: 'Dormido, muerto'. Marco, de 13 años: 'Seriedad, o cara de que vas a decir algo importante'. Candelaria, de 15 años: 'Ni idea. Jamás lo he usado'.

[U_U]

Leyla, de 16 años: 'Parecen dos lolas de mujer, ja ja'. José Ramón, de 13 años: 'Ojos cerrados'. Marco, de 13 años: '¿Son párpados?'. Candelaria, de 15 años: 'No sé'.

'Nuestra experiencia' —dice Francisco Marcos Marín (2000) sobre los emoticones— 'es que su uso puede deparar algún malentendido'. Paradójicamente, y pese a que algunos de estos pictogramas no son reconocidos universalmente, muchas veces se usan con propósitos de desambiguación, es decir, para aclarar posibles malentendidos. Como dice Marcoccia (2005), 'permiten aclarar las ambigüedades de los enunciados irónicos o humorísticos' o, como aclara Pedro Luis Barcia (2007): 'En caso de que no esté bien definida verbalmente la intencionalidad irónica, humorística o sarcástica, use emoticonos que subrayen o ratifiquen ese carácter'.

Marta Torres i Vilatarsana (1999) dice que: 'El uso de los emoticonos va más allá de mostrar la alegría o la tristeza del momento: contribuye a la construcción del texto desde un punto de vista pragmático; por ejemplo, pueden reforzar o atenuar un acto de amenaza de la imagen... e incluso son imprescindibles para la interpretación y desambiguación de enunciados, funciones que desempeñan la entonación y el lenguaje no verbal en las conversaciones presenciales'. La misma autora clasifica los emoticonos: '1. Emoticonos que expresen emoción. 2. Emoticonos que ayuden a la interpretación del mensaje. 3. Emoticonos de complicidad. 4. Emoticonos preservadores de la imagen. 5. Emoticonos amenazadores de la imagen'.

oeeeeeeeeeeee mamon xD! tan cheeres los videos y si tienes razon no he visto esos videos X_X jajaja solo escuche pz =P oe ptm gracias x tus coment me gustaria hacer lo mismo pero un huevon llamado josue no tiene ni una foto !!! Joder hombre ! xD!!! oe ponte fotos pz y videos a tu hi5 ya se q tu no eres de usar muxo esta nota pero ptm modificate pz xD! bueno tio cuidate muxo y cualkier cosa pasa la voz noma aki toy yo xD! pa q mas ?? aight !! xD!!!

@l3gr3 qu3 disfrut@ l@ vid@ 3so 3s todo m@my @si 3st3 n3n3 okidoki =) XD...

```
   __ ,.
 ,-,(c ';')_))
 '//(__=3((_-|>
 ' L L ))
```

```
 . - . - .
  >>-'._- .'_->
  ' . . '
  '.'
```

Uso incorrecto de los signos de puntuación (36,6%)

El uso incorrecto de los signos de puntuación o su omisión también se advierte en muchos de los mensajes juveniles, como lo hemos notado en 22 de los 60 ejemplos de nuestro corpus, para un 36,6%.

Ana María Calvo Revilla (2002) nota la 'desaparición de los signos de puntuación, sustituidos, en la mayoría de los casos, por signos de admiración, interrogación, etc., en un uso enfático de la lengua'. Michel Marcoccia (2005) habla de 'la puntuación expresiva... su valor expresivo, emotivo y afectivo' y Antonio Bañón Hernández (2002) halla una 'revitalización de signos especiales de puntuación'.

Pedro Luis Barcia (2007) aconseja en la revista *Wired*: 'Juegue con los puntos, los guiones y las barras'; y señala 'el desconocimiento del uso apropiado de los signos de puntuación, desde tildes a comas... La supresión de todos los signos... El uso arbitrario de los signos de puntuación, particularmente de la coma'.

> hola como estas??dime klo w at...no tu sabes pasando para enseñar un poco de mi amor a tu pagina igul ati....

> soy Un cHiKo ReCoNtRa zAnAhOrIa aJJJjJjAAaA tU Ya sAbEs pS K Te vOy sTaR eXpLiKaN-dO Ps .....!!!!!!XD ReCOnTrA PaTa Y ESo sI PrImErO DEjAmE Tu nUmErO Y YO Te llAmo JaaaAAAA MisMo mEtRo JjeeEeEeEE

Alargamiento de palabras, epéntesis o añadido de algún sonido dentro de un vocablo (36,6%)

Esta característica aparece en 22 de los 60 ejemplos con un porcentaje del 36,66%.

Es advertida por varios de los críticos, como Mireia Galindo Solé y Clàudia Pons Moll (2000), quienes notan 'los alargamientos vocálicos y consonánticos', mientras Pedro Luis Barcia (2007) atribuye el reiterar vocales a 'cargar de expresividad lo que se dice', y Joan Mayans i Planells (2000) dice que entre las 'distorsiones voluntarias que pretenden dar énfasis, tono, cadencias, volumen, etc.', está entre otros recursos alargar las vocales.

En nuestros ejemplos, los alargamientos se dan en la *o* (18 veces), *a* (17), *e* (8), *s* (8), *i* (4), *u* (2).

> te quiero muchooooooooooooooooooooooooooooooooooo y lo sabes k es asi..............ven pa ca.......pa c coro fullllll
>
> te quieroooooo mi niña....de tu amiga stephanie...

> tefy vuelvaaaa!....ya te estrañoooooo!!!!.....yo se ke es mentira vuelvaaaaaa =P....parz la adoroo!...acuerdecee!!!!.... 5 AÑOS, 22 DE JULIO, 2012....EL TELEFONO AMARILLOOO OKKK?????....la amuuuu!...chausss

Vocabulario limitado (31,6%)

'Con el uso de los medios digitales, el vocabulario se empobrece', nota Diego Levis (2006). El vocabulario limitado es uno de los rasgos que aparece con cierta frecuencia en los ejemplos de nuestro corpus, específicamente en el 31,66% de los casos con 19 sobre 60.

> hey princesa como as estado ima lit bit sad I really don't know k rollo ni k tengo pero pos aver k pasa ok well ay te dejo bye bye te amo t/c xoxoxo

> yeeeeerbbbba ,all? lo tigere del etranjero, ke lo wa, eo vacachan ta perdio ute y no na con uno yo te digo ke eta gente dede ke ven dolare se ponen,,, mi ermanao ute sabe ke yo toy pa loke ute necesite y no c pierda tanto q eso e malo u nou

Alternación de mayúsculas y minúsculas (30%)

Uno de los rasgos que refuerzan el carácter lúdico de la jerga juvenil es la alternación de mayúsculas y minúsculas, que notamos en 18 casos y que da al texto cierta sinuosidad gráfica.

Para José Morala (2001), el uso combinado de mayúsculas y minúsculas sirve también para crear una 'especie de juego de palabras en el que cabe más de una lectura'.

> WeLL I WaS B0Rn In LIMA!! (monterrico0,SuRcO0)Me EnAcNtA SaLiR C0n mis AmIg0S a BaIlAr,al Mall ETC. I Am 5'3 I HaVe GrEn EyEs and Br0wn HaIr ,S0Y UnA PerS0na SuPER FUUNNN to0 B ArOunD...BuT Ye Si KiEreN SaVeR m0re JuSt Dr0p A NoTe

> Ok.PrImErO Q ToDo sOy pAiSa...mE eNcAnTa sAlIr A RuMbIaR...CoNcEr gEnTe....MoLeStAr,,,SaLiR CoN LoS PaRcErOs..etc

Fragmentación de frases y oraciones (30%)

Esta característica que da al discurso juvenil un ritmo fragmentario y *stacatto* aparece también en 18 de los 60 ejemplos de nuestro corpus.

Muchos de los casos muestran un estilo telegráfico que se acentúa en las salas de chat y en las salas de contacto como MSN y sobre todo en los MDT por su limitación de espacio.

> klaroOoO!!
> SI iO tMbN mE AcUeRdOo
> mUy Bn
> De tii!!
> ..x lO vIstO Te zTa iEnDO dE Lo MeJoR!!
> ..zPEROo Q SiGa aZiI!
> HAY EzoS rEcUeRDoZ De iNFaNcIa jaja!
> ..gabi tIeNe rAzONn!!
> ..a kien...xumis C le OcUrRiO PoNeRle PlANeTa TiERrA!!
>
> pa ke despues no dija..ke nunca le escribo..lol..
> bueno mi mejor amiguito... te deceo una feliz anavidad,(espero ke tus deceos se kumplan)... ke todo lo ke vengan en el año 2007 sea super, tu saves k kuentas kon migo pa las ke sea..
> te quiero mucho..y escribame mentiroso..lol

Grafía fonética (28,3%)

Como señala Pedro Luis Barcia (2007), 'se usa fonéticamente el nombre de las letras: *ch* (che), *t* (te), *p* (pe), *s* (ese), *k* (ka), etc', característica que encontramos en 17 casos para una representación del 28,33%.

En nuestro corpus los casos más frecuentes se dan con las letras *t* (15 veces), *d* (11 veces) y *c* (10 veces, 7 de ellas por el español 'se' y 3 por el inglés 'see'). Este rasgo, a juzgar por J. Llisterri (2002), 'se centra en los aspectos fonéticos de la lengua hablada que encuentran su traducción en el uso de determinadas grafías y que constituyen, en ciertos casos, una auténtica 'transcripción fonética'.

'Encontramos una especie de deletreo fonético', observa Elke Hentschel (1998). Y agrega una observación interesante de que esa transcripción fonética refleja una actitud de los hablantes sobre el lenguaje y arroja luz sobre los procesos de cambio en el idioma: 'La manera en que el chat usa y deletrea las lenguas muestra muy realistamente la forma en que se usa la lengua en las conversaciones habituales del día a día y la forma en que los hablantes sienten las fronteras morfológicas... El chat provee una forma de obtener información de primera mano sobre las actitudes de los hablantes hacia hechos del lenguaje, como fonéticos, fonológicos y morfológicos y por supuesto sintácticos, lo que nos proporciona pistas para entender los actuales procesos de cambios lingüísticos... Las conversaciones nos aproximan a las estructuras fonéticas y fonológicas, morfológicas y sintácticas de la lengua diaria según las perciben sus hablantes nativos'.

En nuestros ejemplos, la *q* se utiliza fonéticamente 79 veces y la *k*, 51.

> Ke puedo decir de este pelado...Namas Ke es una chingonada de primo...Y tabien wey aki estoy para lo ke kieras o c te ofreska..Aka t espero en Valle Para agarrar el pedo...Jajajajajaja...

> oeeeee cambia las fotos......ya tas igual k OTRA PERSONITA jajajaj xk sera/?.......oye no as scribo pa jodert un ratito px.....oye sabes k c m acabn d antojar unas galletas d las k venden n la cafeteria n marshall!!!!11 viejos tiempos no?...n fin ESPERO!!!!!!!!!!!!!!!!!!K T STES PORTANDO MUYYYYYY BIENNNNNNNNNN(conste k ya yo t dije eh? jajja) pero bueno t deseo d corazon mcuha felicidad jajajjam pucha esk cada ves k mando indirectas m mato d risa ......ppero no hace falta decir mas ..tu m ntiendes no? ....no puedo poner o scribir mas xk luego CIERTAS PERSONITAS k no kiero decir su nombre , pero k soty viendo n la foto 'k'...c enojan asi k mejor shhhhhhhhhhhhhh.........y tambien t paso a LOS DOS les voy a dar un jalon d oreja bien grande pa k keden como DUMBO......xk ya s l colmo jajajajjajajajajajajajaja mentira...............oye px studia y NO T VUELES LAS CLASES EH!!!!!!!............ni le stes meienod ideas a OTRAS PERSONAS 'K' k lo hagan...k mal ejemplo k eres pa la sociedad jajjaa si mira kien habla...la k t dijo pa irnos x ahi,....pero bueno pa la prox nos vamos todosssssssssssssssssss.................

Descoyuntamiento sintáctico (28,3%)

Para señalar esta característica, que notamos en 17 ejemplos, apelamos a la terminología de Pedro Luis Barcia (2007), que encuentra en la ciberhabla 'discursos inconsistentes, vacuos, desordenados, asintácticos', mientras Marta Torres i Vilatarsana (1999) nota 'incoherencias en el nivel textual'.

'No podemos asegurar que Internet haya generado una sintaxis nueva del español', comenta Leonardo Gómez Torrego (2001), quien añade los rasgos que encuentra en el discurso juvenil: 'La sintaxis resulta distorsionada o fragmentada y poco elaborada. La subordinación es escasa, por lo que el subjuntivo tiene una pobre presencia: los enunciados se desparraman a veces sin conectores, o con conectores exclusivos de la lengua oral. Las conjunciones subordinantes se limitan a *que*, *si* y poco más, mientras que abundan las coordinantes, sobre todo copulativas y disyuntivas. Como la referencia discursiva suele ser la del participante en el momento en que se comunica con los demás, el presente de indicativo es la forma verbal más empleada'.

También Francisco Marcos Marín (2000) acota que 'el uso del subjuntivo se simplifica y tiende a reducirse a las formas simples o solo al presente, cuando no desaparece', y Mireia Galindo Solé y Clàudia Pons Moll (2000) notan 'todo un conjunto de características más bien exclusivas de la lengua coloquial, como el uso de una sintaxis sencilla compuesta por oraciones breves, preeminencia de la yuxtaposición, etc. y de una morfología simplificada y liberada de normas prescriptivas'.

'Quien escribe el mensaje se siente, quizá de un modo inconsciente, en posesión de una mayor libertad idiomática', conjetura Ana María Calvo Revilla (2002), 'de ahí que el orden de las palabras esté más gobernado por un orden psicológico que lógico, sin seguir la estructura gramatical sintáctica'.

> hey klk en q tu ta y esa melena lollol yo my email is joel_k_17@hotmail.com ya tu sabes

> yo men pila que se va florentin a brazil mi broher pila que regresa el cholo ya vas haber otro kavie-des ese men de florentin no cumple con el contracto ese men ... pila que los nuevos refuerzo se viene

Incorporación de préstamos (26,6%)

Una característica de todo idioma es el préstamo, que en lingüística se define como 'un elemento, generalmente léxico, que una lengua toma de otra'. Tratándose de jóvenes que escriben español en los Estados Unidos, es previsible que su ciberhabla presente numerosos ejemplos del inglés, que además de ser la lengua mayoritaria se ha convertido en el idioma de comunicación universal.

Aun en otros ámbitos, el inglés tiene su influencia, tal como lo indican Mireia Galindo Solé y Clàudia Pons Moll (2000) cuando dicen que 'el recurso al inglés es habitual' en España en general y en Cataluña en particular.

En nuestros ejemplos no solamente tenemos numerosos términos en inglés, como hemos visto en los casos de cambio de código, sino también lo notamos en algunos de los préstamos populares de ese idioma como 'lol' (*lots of laugh, laughing out loud*) y 'xoxo' (*hugs and kisses*).

Este rasgo lo hemos comprobado en 16 de los 60 ejemplos, para un total del 26,6%.

LOL aparece 22 veces en nuestro corpus y XOXO, 3.

> HElLo CUnAdIta...lol ....CoMo tas? espero Q bien...bueno te cuento q tu me CaEs super bien eres una persona re vacana...never change!....y pues te deseo lo mejor wit my 'brother'...lol .....U gUyS lOoK sO cUtE 2GeThEr AwWwWwWwW ....Q lInDOs .... Yo en este momento no tengo la misma suerte.....(sux) lol u know why...lol

> ey papa!! como tu estas?? wen u comin to new york baby i miss ya so fuckin much lol j/p ;)na mentira amiguito vago!! bueno cuando es k tu vas a venir pa ki ya comenzo la escuela y tu todavia sigues en vacation jaja
>
> iite pa take care
>
> holla bck @ cha gurl
>
> ~Iris~
>
> ps. happy now i comment ya page NI99A LOL

Vocativos (función apelativa) (26,6%)

Algunos estudiosos, como Ana María Calvo Revilla (2002) y Leonardo Gómez Torrego (2001), destacan la presencia de vocativos y el énfasis en la función apelativa en las jergas juveniles, que encontramos en este trabajo en 16 casos para un 26,6%.

> bueno lokita, solo kiero decirte q eres una linda persona, q te tengo un gran cari?o en este tiempo q t conosco y q ojala siempre estemos en contactos....

> ay wz gud mamita..i like diz lil site thing n i like ur page.try 2 get mad pplz 2 join..myspace is gettin 2 crowded..lolz.
>
> ueno ma showin u sum love since aint nobody did yet.bueno ya tu saves.bring it bak..love ya.mwuahz

Espaciado de palabras (21,6%)

Esta característica la hemos encontrado en 13 de nuestros 60 ejemplos. Pedro Luis Barcia (2007) nota 'el espaciado de letras y de palabras para recalcarlas'.

> PuEs sOy uNa PeRsOnA sUpEr KuRaDa.. sImpRe PuEdEN koNtAr koN mIgO pArA LO Ke kiErAn oKaS...EeMm..

> HOLAAAAAA!!!!
> MIRA ME PARECE QUE ERES UN MAN SUPER KOOL!!! ESPERO QUE NUNKA CAMBIES!!!!
> *L()R3N@*

> HOLA ANDRE!!!!
> NUNKA ME IMAGINE QUE ME IVA HABLAR CON TIGO COMO NOS ESTAMOS HABLANDO AHORITA (QUE MAMERA) JAJAJAJA J/K.

Fusión de palabras (21,6%)

Curiosamente, la fusión de palabras se da en nuestro corpus con la misma frecuencia que el espaciado de palabras, es decir, en 13 de 60 textos.

Mireia Galindo Solé y Clàudia Pons Moll (2000) destacan que: 'La unión de piezas átonas es especialmente frecuente cuando se trata de clíticos', o sea, elementos gramaticales átonos que se ligan morfológicamente a una forma anterior o posterior.

> bu3no un n3n3 s3ncillo humild3 m@s qu3 todo 3so sip p@rr@nd3ro fi3st3ro d3todo un poqito p3ro no l3 3ntro @los cul3ros ok bu3no m3 gust@ l@ g3nt3

> klk corino aki trakilita pase poraki ajoderte jejejjejejejj bye k me tengo k hir

Acrónimos y maxiabreviaturas (21,6%)

Esta es la cuarta subdivisión de las abreviaciones después de la fuga de letras en el interior de una palabra, acortamiento y aféresis, con una presencia del 21,6% por su aparición en 13 de los 60 ejemplos.

Empleamos el término 'maxiabreviaturas' siguiendo a Pedro Luis Barcia (2007), que las ejemplifica con 'NLS (no lo sé), NPN (no pasa nada), NPH (no puedo hablar), NSN (no sé nada)' aludiendo a una publicación de una marca de teléfonos celulares en Argentina dirigida a los usuarios jóvenes.

José Morala (2001) observa que: 'Uno de los recursos más utilizados en el mundo anglosajón es el de los acrónimos, especialmente los formados por tres letras, que reciben el nombre de TLAs (*three-letter acronyms*). Dichas siglas —que tienen un uso constante en chats, foros y correos— resumen la actitud del usuario, las circunstancias en las que escribe o simplemente evitan repeticiones de frases que, por consabidas, pueden resultar innecesarias', y ejemplifica: 'BRB, *be right back*, IMY, *in my opinion*'.

Dice que en español solo encuentra unos pocos —usados preferentemente en México— que encajarían en lo que en inglés denominan TLAs: NSC, 'no se crean, es broma'; NTC, 'no te creas, es broma'.

En nuestro corpus, PTM ('puta madre') aparece 3 veces en minúsculas en dos de los ejemplos, KLK (probablemente 'qué locura') 3, TQM ('te quiero mucho') 2 (una en mayúsculas y una en minúsculas), TKM ('te quiero mucho') 1 (en minúsculas y con puntos intermedios) y NTC 1 vez (en minúsculas).

Barcia (2007) indica también que en la jerga juvenil se dan muy pocas abreviaturas tradicionales, lo que hemos comprobado también nosotros con una sola, ATT ('atentamente'), una vez.

> 00e!ptm sunni sunshine...k haces chula de tu madre?!!wutz gud dis chibola iz ma bytchz!!!damn we b thro sooo muchhh.
>
> t.q.m. nena cuidate ya?dun let ur lil azz get into trouble...n if u eva iz jus me hit me up n am der.n dun evn mention if a bytch wana hit chu!!!

> hey kid! hahah hey tqm cuidate mucho besitos y aver cundo me llamas well y bye hahahha oh y ahora toma con precausion como YO!!! ok.....
>
> T.Q.M
>
> ~*~Nandy~*~

Recurso alfanumérico y sustitución de letras por números y signos (21,6%)

Esta característica la hallamos en 13 de los 60 ejemplos para un 21,66%.

Algunas de las sustituciones más comunes de letras son A:4, E:3 y S:5, aunque también notamos [I:!] y [o:()]. Asimismo encontramos en nuestros ejemplos 9 instancias de la utilización del signo x por la palabra 'por'.

Según Julio César Araújo (2004), 'los signos de puntuación, letras, números y otros caracteres se combinan con el fin de transmitir emociones y otras manifestaciones para sustituir a la comunicación cara a cara. No sería, entonces, redundante afirmar que esos caracteres fueran (en el sentido bakhtiniano) absorbidos e interpretados por el género chat, reconfigurando una nueva escritura'.

> W3ll @m r3@lly $w33t cu@ndo k!ero u n03 S0y m3d!@ 3n0j0n@ y b3l!3v3 m3 $! m3 bu$c@$ m3 3ncu3ntr@$...... @m @lw@yz ch!||!ng w m@ h0m3gurls...

> ï¿½¹/²()y ull4 n3n4 k3 l3 guï¿½¹/²t4 p4ï¿_arla bn c()n m!ï¿½¹/² p4ï¿½¹/²ï¿½¹/²3ï¿½¹/²ï¿½¹/² !!!!!k!3r() c()ll()c3ï¿½¹/² 4(v)!g()ï¿½¹/² k3 n() ï¿½¹/²34n !p()cr!t4s y k3 d!g4ll l4ï¿½¹/² ï¿½¹/²()s4s 3n l4 c4ï¿½¹/²4 d3 l4 p3rï¿½¹/²()n4!!!y k3 ll() ï¿½¹/²34ll 4burr!doï¿½¹/²...... bu3n() t4mbn k!3r() 3nc()ntr4r ull (v)4ll k3 ï¿½¹/²3p4ll

Supresión de la *h* (21,6%)

La supresión de la *h*, común en la jerga juvenil, es notada por Pedro Barcia (2007) a principio de palabra.

Mireia Galindo Solé y Clàudia Pons Moll (2000) dicen que 'la oralidad también se deja ver en la omisión casi sistemática de las grafías mudas. Luego, en este tipo de textos, no son frecuentes ni las h ni las r postónicas finales'.

> SOy De MEdEllIn CoLoMBia PaIsa 100% INCHA DeL NACIONAL

> aL granoO pues SoLo kIerOo K sePas K DoiI GraCiAs X averte KoNoCiDo as SidOo uNa Ange-LiTa GuArDiAnA pa' Mi :D_y NeTa NuNkA mE VoI a oLvIdAr De TI!_WuEnO Te DeJo Sa-bIenDo K TiEnEs UnA AmIgA k PuEdEs KoNtAr KoN OkkaSs!!?!_bUeNo Bai BaI!(K)MuAh!!Te KuIdAs!att. la mas fellita!

'Rebús' o uso del sonido de los números o signos para representar sílabas (20%)

Algunos de los críticos califican esta combinación de 'rebús', cuya definición es 'acertijo basado en la combinación de letras, dibujos, números u otros signos ortográficos con el objeto de que los sonidos o significados que representan formen palabras o una frase que hay que adivinar'.

Para David Crystal (2006), la ciberhabla tiene como 'su principal característica... la abreviación rebús, formas creadas por una combinación de letras, letras que representan sílabas y logaritmos (como & y numerales) como se ve en 'NE1', '2day', 'B4' y 'l8r' ('later'). Tales formas no están restringidas al *Textspeak*; aparecen en otros dominios electrónicos, tales como correos y grupos de chat'.

En español encontramos 100pre en dos ejemplos y salu2 en uno. En ninguno de los ejemplos se ha encontrado 5mentarios, 'es3' y '9cita', para un total de tres casos.

Ana María Calvo Revilla (2002) lo considera un rasgo particular de las jergas juveniles en los nuevos medios de comunicación: 'Figuran también abreviaciones que combinan letras y números, jugando con la representación fonética de los sonidos (ej.: 'salu2' en lugar de 'saludos')'.

'La combinación de letras y números para formar palabras en una suerte de jeroglífico alfanumérico está muy extendida en inglés, especialmente con los números 2, 4 y 8, coincidentes con secuencias fónicas de bastante uso ('CU L8R' *See You Later*, '10Q' *Thank You*, '4U' *For you*). El uso de este recurso en español está mucho menos extendido... ('salu2', 'es3', '5mentarios', '9cita')', acota José Morala (2001).

Y en sus observaciones del discurso juvenil en catalán, Mireia Galindo Solé y Clàudia Pons Moll (2000) lo atribuyen a una 'voluntad lúdica evidente: se trata de explotar al máximo los recursos que ofrece el teclado. Así, *adéu* se transforma en 'de1', 'd2' y 'a10' o simplemente '10'; 'os3' es *ostres*; '2 de vegades' es 'doncs', y *xq?* equivale a 'per qué?'.

En nuestro corpus *xq* aparece dos veces y *d2* ninguna, y los demás ejemplos de las autoras no son aplicables al español.

> mUChOS besooooss y salu2 al hermano!
>
> =D ..daNi...!!!

> albita linda ...muchas gracias x tu testi taba bien lindo :D:D:D:D!!!!.... puchis eres una chik super q nunk le vez q no tenga la sonrisa en la carita ella 100pre smile hasta x las puras bueno lokita cdt mucho y espero q cumplas to tus dreams ok.... y never give up... ahh q tal mi spanglish !!! jajaja-bueno cuentas con mio pa lo q sea ok te kiere mucho ~~~KATHY~~~

Interjecciones (20%)

Este rasgo, que hallamos en 12 de nuestros 60 ejemplos con una presencia del 20%, ha sido notado por varios críticos, entre ellos Ana María Calvo Revilla (2002), Leonardo Gómez Torrego (2001) y Mireia Galindo Solé y Clàudia Pons Moll (2000).

hey sup girl!!! komo andas paulinuchis jojojojo!!

WU3N0 S0ii UNA CHiiB0LA SUP3R PiiLA5 Y Bii3N H0N35TA CR30 Y0...0H A L0 M3J0R N0 PR0 iiF i KN0 5UMTiiN K3 C Tii3N...

Imperativos (en función apelativa) (16,6%)

Según observa Leonardo Gómez Torrego (2001): 'Se vuelcan en un chat todos aquellos recursos propios de las funciones apelativa y expresiva como vocativos continuos, imperativos o fórmulas varias de mandato, interrogaciones normales y retóricas, interjecciones y frases interjectivas'.

DIMELO KLK RAMONA.AKI NADAMAS KERIA DESIR K BUENA AMIGA ERES Y TU SIEMPRE ESTA AHI CUANDO TE NECESITO Y TU ASES CUANTO JUGAN Y CUAN-TO TIENES K SER SERIA......

PARA TODAS LAS LOCAS QUE DICEN SER MUY NICE Osea, me tapo un ojo , me tapo el otro... Y NADA KE VER!!! Osea, comprate un cochinito y ahorrate tus comentarios. Osea, vas despues de la W, porque eres un X. Osea, haz click y minimizate. Osea, consiguete un mapa y ubicate pues. Osea, no me hagas perder mi V.I.T. (Very Important Time) Osea, subete al TITA-NIC y hundete pues. Osea, comprate una vida y cargala a mi cuenta pues. Osea, ke onda con tu planeta, se salio de orbita? Escudo protector, ACTIVATE!!! (Cuando venga un chusko cerca) Osea, subete a un arbol, hazte un capullo y madura `pues. Osea, cero ke te afecte y multiplicalo por mil. Osea, busca tus acuarelas y pinta tu mundo. Osea, fresa fresa pero no para tu mermelada pues. Osea, si tienes espejo pues ahi te ves. Osea, multiplicate en cero y anulate! Osea, comprate un N'sync y bye bye bye! Osea, comprate un bosque y pierdete, manyaz!!! Chao. JAJAJA QUE ASCO LAS NICE NO CREEN?

Estilo entrecortado, telegráfico (15%)

Es otra de las características del discurso juvenil, que se enlaza con el rasgo ya señalado de las frases breves, y que se da en nuestro corpus en 9 de los 60 ejemplos.

emmm... tOi estudiandO ingLes...tngo mis lindas bEias amiassss...JALIE..andrea angelik ale lizeC ivO i evi =) emmm... na masss... U_U

hola nia como esta
espero que este muy bien
hola......fea......gorda....
te digo la verda ere linda gorda bella
nana.......gorda nia te quiero mucho
fea.......es nia....jajajaaja
cuidate mucho gorda de nia
fea......bye.....nia.....
un kiss.........gorda
jajajajajajja........te amor nia

esta buena rica.........mami rica
fea.................sexy
te amor nia com corazon
te quiero como hermana
no te olvide que tiene una hermana en la mala
y la buena ok bye fea.............jajaajaj te quiero
mucho..

Función fática (13,3%)

'La ausencia del receptor del mensaje' —dice Ana María Calvo Revilla (2002)— 'se manifiesta en el empleo de la función fática, bien para mantener la conversación (¿me escuchas?, ¿me explico?), para prolongarla (dime lo que piensas), o para interrumpir la comunicación'. Advertimos esta característica en 8 de nuestros ejemplos.

> LUCIAAA!! oe lok! q tal! ahha yo toy aqui en peru y puxa....lo maximo alucina! hahahaha toy uper contenta but i miss jersey a lot! i miss my friends!!!1 specially my Johnny Pay! hahahha he the love of my life! hahaha oye eso d marialejandra..la encontrast? xq idk how u do that! pero yo noc como 'mandarte' su hi5! hahaha en fin me retiro pissshhhhhh! ya hablamos! chao

> te quiero mucho..y escribame mentiroso..lol
> bueno te dejo..espero ke la pases mucho te llamo lueguito
> att:tu mejor friend..la mejor PAULIS

Irreverencia (11,6%)

'La modalidad de escritura en el ciberespacio es una modalidad más bien irreverente, desprejuiciada, poco formal, libre de ataduras y estilos, en definitiva, podríamos decir más posmoderna', comenta Roberto Balaguer Prestes (2005).

Por su parte la revista *Wired*, citada por Pedro Luis Barcia (2007), insta a expresarse de esta manera a los jóvenes usuarios: 'Sea irreverente'.

'El comportamiento antinormativo propio de los jóvenes... es un rasgo de identidad generacional', afirma María Gabriela Palazzo (2005). 'Los actos anticorteses... son aquellos que tienen forma descortés —desde la normativa adulta— pero funcionan estratégicamente como refuerzos en la construcción de la imagen personal y grupal juvenil... Este uso continuo de lo proscrito (...) es parte de una estrategia global de manifestarse como diferente, con una identidad rebelde y en desacuerdo con las normas establecidas'.

Para Joan Mayans i Planells (2000), 'los chats tienen un ambiente reactivo, fresco, descarado, a veces desafiante, donde abundan las conversaciones escatológicas y un abundante uso de tacos' [malas palabras]. Y Abelardo San Martín (2001) nota que 'la falta de copresencia física entre los interlocutores favorece la expresión de actos descorteses para lo que se recurre no solo a la utilización de enunciados soeces y agresivos, que en el entorno virtual se denomina *flaming*, sino también a alteraciones tipográficas típicas del texto electrónico'.

De nuestros 60 ejemplos, 7 manifiestan palpablemente esa irreverencia que notan los críticos.

> Eres una d mis 15 ZORRAS, PUTAS, STUPIDAS A LAS Q AMO CON TODO MI HIGADO... DIGO CORAZON JEJE T ADORO... PERO NO T ME EMOCIONES MUCHO OK??? JAAA... Primero quiero decir q t quiero un ass!!! Considerate afortunada por enviarte esto ZORRITA... pero si no me lo devuelves...lo entiendo. (+ T VALE IMBECIL.. UKSS...DIGO AMIIGUITA) JAJAJA En cuanto termines de leer esto debes enviarlo a 19 amigas,(nada de hombres) SI NO ME LLEGA EN 5 MINUTOS T MATO... BROMITA... Eres una d las ZORRAS a la q aprecio muchisisisisimo tal vez no desde la primera ves q te vi OBVIAMNT!!! pero si desde cuando me apoyaste por primera vez, por eso te digo q a partir d ahora y 100pre puedes contar conmigo!!! para lo q sea: una u? webas q se paso de pendejo, o lo q sea!!! ASI SE MUERA TU PERRO LO Q SEA AHI VOY A TAR BITCH...LOV-U ... ahora mandale esto a tus 15 PERRITAS favoritas... :D :D T aaaDDDoooRRRooo LokiTAAAaaa!!

> ClaUDIa ?????????? whos that, u mean ruby :) pues q paso loka q de nuevo, a huevo SaN lUiS pOtOsI!!!!!!!!!! el q no es paisa q me chupe una nalga (jejejeje) q ViVA MexIcO K-brones, y puto el q no, pues wat can i say about my brother yea looks from la hermanita:), damn i didnt know u where from there to q chido no wonder me caiste bien ese dia, o y de esa foto de mi guey y yo esque wat can i say se me paro un pelo y pues no me aguante lol....... j/k.... pues mira no nos ablamos tan,tan bien pero una cosa si te digo me cais bien y pareses una chaba bien cheverre, buena onda, hojala nos ablemos mas y aser buenas amigas, te cuidas much love y te la picas o si no le digo a mi hermano q te balla ayudar jejejeje.....

Uso de signos en vez de palabras (10%)

Se da con alguna frecuencia en la ciberhabla el uso de los signos para representar palabras como 'x' en vez de 'por'. También se puede suponer que se emplean '+' por 'más', '-' por 'menos'.

El caso de 'x' aparece nueve veces en un total de seis ejemplos de nuestro corpus en representación de la palabra 'por'. Los otros dos no están representados.

> hi..3sperOo k t3z Bn X allA eN kol0Mbiia aunk no kreOo k t3z mal...tu sAb3z..(cute gurl) jeje..bueno ajola t valla bn y kuidate mux0o bye bye....

> ayyyyy...solo dime un nombre n dat gurl iz fukked.ya u noe how we do n i how i plai ma game.ma bad 4 not writin ur testi sooner...u noe all da drama k esta pasado x aka.bueno te escribo esto xq u deserve it...y como ya soy otra peruanita solerita bonita como tu mayb sum1 boi c ma pic...n wellz...LoL.nah hellz nah yo todavia kiero mi babi danni muchismo pero ya el fueeeee...um yea.tonta listen i dun gota sai i got ur back cuz 4eva u noe i do.we realli hav2 talk mo...shyt wait a min... i c u evrydai.watta...DAMN SHYT DEN I SHUDNT EVN write 2 u.jeje mentira!!!gracias x el testi.amiguita aka ta el tuyo. n rembr u got a comadre aki in saddle brook dat is now n 100x esenyandote mucho carino!
>
>   FeLiNa::::..........................<<<<<<$$$$ya tu sabs$$$$

Caligrama (3,3%)

Según el *Diccionario de la Lengua Española* de la Real Academia Española, caligrama es un 'escrito, por lo general poético, en que la disposición tipográfica procura representar el contenido del poema'. Lo encontramos en dos de los ejemplos de nuestra muestra.

> Hola Hanz komo vaj. Ejpero k
> u doin ite. Bueno Hanz I waz
> j/ passin 2 say 'Hi'
>
> BuEnO m3
> d3jp!do::hugz:~n~:kisses::

(caligrama en forma de corazón con el texto: Just ShoWiNg SuMe LuV 2 M@ NiKK@)

```
##########*_____
__*#############_____
__#############_____
_################_____**##*_____
__################_____*##########_____
__################___*############_____
___###############*_#############*_____
____############################*_____
_____###########################_____
_____###########################=_____
_____=#######################_____
_____#####################_____
_____*#################=_____
_____*################_____
_____*##############_____
_____############_____
_____#########_____
_____=#######*_____
_____######_____
_____####_____
_____###_____
_____#_____
___E3E3E3E3____E3E3____E3___E3__E3E3E3E3 _
_____E3____E3___E3__E3_E3_____E3_____ _
_____E3____E3___E3___E3E3_____E3E3____ _
_____E3____E3E3E3E3___E3_E3_____E3____ _
_____E3____E3___E3___E3___E3___E3E3E3E3 _
_____ _
____E3E3_____E3E3_____E3E3E3____E3E3E3E3_ _
__E3___E3__E3___E3____E3___E3___E3_____ _
__E3_____E3___E3___E3_E3_____E3E3_____ _
__E3____E3__E3E3E3E3___E3E3_____E3_____ _
____E3E3____E3____E3__E3_E3____ E3E3E3E3__
```

Conclusiones

Consideraciones generales

Llegamos entonces a la conclusión de que el discurso juvenil de los estadounidenses que escriben en español en los nuevos medios de comunicación electrónicos se caracteriza por el desconocimiento o desprecio de la ortografía, las abreviaciones de las palabras y de las frases hasta con acrónimos, la sustitución de unos grafemas por otros, la omisión de acentos, la reiteración de signos, palabras y letras; la omisión de mayúsculas excepto para indicar el grito o su alternación caprichosa con las minúsculas, el cambio de código, las frases breves, las onomatopeyas, los emoticonos, el desconocimiento o indiferencia por el uso correcto de los signos de puntuación, el alargamiento de algunas palabras, el vocabulario limitado, la fragmentación en frases y oraciones, la grafía fonética, el descoyuntamiento sintáctico, el uso de préstamos lingüísticos sobre todo del inglés, el uso de vocativos, el espaciamiento de palabras, la fusión de palabras, el recurso alfanumérico con la sustitución de letras por números, la supresión de la 'h', el rebús, o sea el uso del sonido de los números o signos para representar sílabas, y el uso de interjecciones, rasgos todos ellos que se presentan por lo menos en el 20% de nuestros ejemplos.

cuadro 4 **Características de las páginas personales**		
Número de apariciones entre los 60 ejemplos	**Descripción**	**Porcentaje**
52	Desconocimiento o desprecio de la ortografía	86,66%
50	Abreviaciones	83,33%
46	Puntos suspensivos	76,66%
45	Grafemas que sustituyen a otros (k=c, x=ch, y=ll)	75%
43	No usa acentos	71,66%
41	Imitación del habla	68,33%
39	Fuga de letras en el interior de una palabra	65%
36	Reiteración de letras, signos, para cargar expresividad	60%
35	Acortamiento (reducción al final de un vocablo)	58,33%
34	No usa mayúsculas ni minúsculas donde corresponde	56,66%
34	Signos de interrogación y admiración solo al cierre	56,66%
30	Simplificación de dígrafos (ch–x, ll▪y, rr–r)	50%
27	Aféresis (supresión de algún sonido al principio de un vocablo)	45%
27	Cambio de código	45%
26	Frases breves	43,33%
26	Uso de mayúsculas para indicar que se grita	43,33%
24	Onomatopeyas	40%
22	Emoticonos	36,66%
22	Desconocimiento del uso de los signos de puntuación, supresión	36,66%
22	Alargamiento de palabras y epéntesis (añadir algún sonido dentro de un vocablo)	36,66%
19	Vocabulario limitado	31,66%
18	Alternación de mayúsculas y minúsculas	30%
18	Fragmentación en frases, oraciones	30%
17	Grafía fonética (k=c, x=ch, y=ll)	28,33%
17	Descoyuntamiento sintáctico, simplificación sintáctica, saltos temáticos	28,33%
16	Aceptación de préstamos (lol, xoxo)	26,66%
16	Vocativos (función apelativa)	26,66%
13	Espaciado de palabras para recalcarlas	21,66%
13	Fusión de palabras	21,66%
13	Acrónimos (sigla que se pronuncia como una palabra), maxiabreviaturas NLS, NPH, APB, BTW	21,66%
13	Recurso alfanumérico con sustitución de letras por números (3=e, 4=a, 5=s)	21,66%
13	Supresión de la 'h'	21,66%
12	Rebús, uso del sonido de los números o signos para representar sílabas (100pre)	20%
12	Interjecciones	20%
10	Imperativos (función apelativa)	16,66%
9	Estilo entrecortado, telegráfico	15%
8	Función fática	13,33%
7	Irreverencia	11,66%
6	Uso de signos en vez de palabras (x=por)	10%
2	Caligrama (la disposición tipográfica representa el contenido del texto)	3,33%

Fuente: Elaboración propia.

¿Estilo propio? ¿Lenguaje propio?

¿Tiene este discurso juvenil un estilo propio? 'Creemos que hay un discurso juvenil que difiere del discurso adulto', comenta María Gabriela Palazzo (2005).

¿Y cómo lo define la crítica especializada? Para Ana María Calvo Revilla (2002) se trata de 'un estilo rápido y relajado de escritura, poco reflexivo, espontáneo y vivo'. En él, María Helena Araújo e Sá y Silvia Melo (2006) ven un 'galimatías gráfico, revelador de una coloquialidad transbordante y de un contexto de producción exuberante que se asemeja al ambiente copioso de un bar'.

'Antinormativismo' es el rasgo que le encuentra Joan Mayans i Planells (2005). 'Naturaleza emotiva, expresiva y participativa' es el rasgo de estilo que destaca María José Blanco Rodríguez (2002). Marta Torres i Vilatarsana (2001) describe el 'modo escrito espontáneo, tenor interactivo y tono informal', Julio César Araújo (2004) lo llama 'estilo híbrido' y Roberto Balaguer Prestes (2005) lo caracteriza como 'una modalidad más bien irreverente, desprejuiciada, poco formal, libre de ataduras y estilos, en definitiva podríamos decir más posmoderna'. Luego, 'un nuevo estilo ha surgido indudablemente en la manera de usar la lengua', dice David Crystal (2007).

Pero que ese discurso juvenil presente rasgos característicos y un estilo propio no significa de ninguna manera que se trate de un nuevo lenguaje.

'Escuchamos y leemos en muchos sitios hablar, abusivamente, de que los muchachos han creado un *lenguaje del chat* o, incluso, una *lengua del chat*, o una *lengua o lenguaje de los mensajes de texto*', dice Pedro Luis Barcia (2007). Y agrega: 'No hay tal cosa: el chat y el mensaje de texto son la lengua común, maltratada, alterada, abreviada, a lo sumo, con la incorporación ocasional de emoticonos, pero es la lengua de todos. De lo que debemos hablar es de la lengua en el chat, de la lengua en los mensajes de texto... Es la lengua común, la de todos, simplificada, deformada, jibarizada'.

'No existe... una *lengua del chat* ni una *lengua de los MDT* porque no disponen el chat y los mensajes de convenciones y abreviaturas universales, de códigos de uso general, sino de acuerdos solo grupales entre sectores de usuarios, que convienen o fijan por el uso ciertas morfologías para algunas palabras, abreviaciones para tales voces y otras peculiaridades', dice Barcia (2007). 'Estas convenciones cambian de grupo a grupo. Es frecuente leer en entrevistas periodísticas declaraciones de jóvenes que manifiestan no entender muchas voces, lo que les escriben sus compañeros, y se ven obligados a pedir que les repitan el mensaje o se lo aclaren por teléfono; ello revela la inexistencia de códigos generales'.

Así lo confirma Christopher Rhoads (2007) cuando dice refiriéndose al inglés que 'no existe ningún código estandarizado'.

Lo visual y lo textual

El recurso típico de los emoticonos, que escritos con signos se transforman en íconos en las versiones de Word 97 en adelante, lleva a algunos teóricos a advertir el paulatino predominio de lo visual sobre lo textual.

Como advierte J. Tuson (1996), 'el predominio de la imagen sobre la letra impresa podría representar una *passa endarrere* en el devenir de la humanidad', dice Marta Torres i Vilatarsana (1999). Y Ana María Calvo Revilla (2002) dice que en los emoticonos 'hay un claro desplazamiento del lenguaje verbal por el lenguaje visual'.

Jay David Bolter (1991), uno de los principales teóricos del hipertexto, dice que 'la representación perceptual se usa para desplazar o reemplazar el texto verbal' y que 'las palabras ya no parecen transmitir convicción sin la reaparición de la imaginería latente. La misma prosa se esfuerza por tornarse icónica'. Pero 'paradójicamente en plena *civilización de la imagen*', observa Diego Levis (2006), 'las personas utilizan cada vez más la escritura para comunicarse entre ellas'.

'La palabra vuelve a estar escrita', señala Roberto Balaguer Prestes (2005). Marta Torres i Vilatarsana (1999) nota 'el retorno a la práctica de la escritura por parte de los usuarios de Internet' y María José Blanco Rodríguez (2002) habla de 'un relanzamiento de la escritura'.

'Nuestros adolescentes, mediante el chat, escriben mucho, muchísimo', replica Pedro Luis Barcia (2007), 'y cada día peor'.

Nota

Agradecemos la colaboración que han brindado para este artículo el diario *La Opinión* de Los Ángeles y el semanario *Somos Magazine* de la Florida, además de la de Dariela Sosa de Caracas.

VIII LA LENGUA ESPAÑOLA Y LA LEGISLACIÓN ESTADOUNIDENSE

La lengua española
y la legislación estadounidense

Leonel Antonio de la Cuesta

La lengua española y la legislación estadounidense

Leonel Antonio de la Cuesta

La situación en los siglos XX y XXI

A pesar de algunos antecedentes, sin duda de gran interés, los verdaderos problemas de política lingüística en los Estados Unidos han aparecido en el último cuarto del siglo pasado. Surgen con el movimiento llamado English Only (solo inglés) y están estrechamente ligados con una actitud antiinmigrante, que constituye uno de los problemas políticos más graves de los siglos XX y XXI.

Efectivamente, durante los siglos XVIII y XIX el problema de la oficialidad del inglés en los Estados Unidos había tenido carácter local o regional, ya que se había debido a consecuencias de guerras de expansión, mediante las cuales se adquirieron nuevos territorios en los que se hablaban otras lenguas europeas.

En el siglo XX el asunto pasa al plano nacional, pero no se relaciona ya con guerras internacionales sino con el problema de la inmigración. La inmigración se asocia con el aprendizaje y uso de la lengua inglesa por parte de los inmigrantes, pero al principio tuvo un carácter religioso (anticatólico) y étnico: así la exclusión de la inmigración china (1872) y la japonesa (1907), y las campañas de americanización de los inmigrantes europeos a finales del siglo XIX y principios del XX[1].

Pero, a pesar de que esta campaña se exacerbó durante el período correspondiente a las dos guerras mundiales, no dio lugar a la presentación de proyectos legislativos a nivel nacional, encaminados a declarar al inglés como la lengua oficial del país.

La inmigración hispana en los Estados Unidos

Hasta 1965 los Estados Unidos no habían establecido un límite al número de inmigrantes hispanos que podían radicarse en el país. La cifra se fijó entonces en 120.000 por año. Sin embargo, a principios del siglo XXI los hispanohablantes pasaron a constituir la primera minoría del país superando a los negros. Además, se afirma que residen ilegalmente unos 12.000.000 no contabilizados. A este fenómeno puramente demográfico hay que sumar otros de orden político.

Entre 1954 y 1968 se desarrolló el movimiento llamado Civil Rights Movement, encaminado a reivindicar los derechos de los negros conculcados después de la Guerra Civil del siglo XIX. Esta reivindicación, liderada por Martin Luther King Jr., es bien conocida. El movimiento dio origen a un clima de multiculturalismo que favoreció a las demás minorías. Ya en 1960, la elección a la presidencia del país de John Fitzgerald Kennedy, de religión católica, había puesto fin al monopolio de la cultura WASP (White Anglosaxon Protestant o blanca, anglosajona y protestante) en la cúpula gobernante. Comenzó a extenderse entonces un espíritu de ayuda a las demás etnias. Así, en 1968 el Congreso aprobó la llamada Bilingual Education Act, una ley que propiciaba el mantenimiento y desarrollo de otras lenguas y ayudaba al aprendizaje del inglés a estudiantes monolingües en otras lenguas. Diez años más tarde se abrogó la parte referente al mantenimiento de las lenguas extranjeras. También en 1978 se promulgó la Ley de Intérpretes Federales, la cual dispuso que el Estado ofreciera gratuitamente servicios de intérpretes profesionales a los acusados de delitos federales que no dominaran el inglés. En general, en la década de los ochenta se facilitaron las publicaciones en español y en otras lenguas de diversos documentos oficiales, tales como instrucciones para rellenar planillas de impuestos, exámenes de las licencias para la conducción de vehículos, boletas electorales y sus consiguientes instrucciones, algunos programas para minusválidos, documentos de la Seguridad Social y otros[2].

Estas medidas favorecían a todas las minorías lingüísticas aunque, por su número, los hispanohablantes resultaban ser los más beneficiados.

En medio de este clima positivo para el multiculturalismo se produjo, sin embargo, una reacción antibilingüe y antiinmigrante. Se inició en la ciudad de Miami en 1980, pero después se manifestaría a escala nacional. Era el nacimiento del English Only.

La batalla de Miami

En 1958 la ciudad de Miami, fundada en 1896, era una pequeña ciudad del más puro estilo sureño con una población que aumentaba en invierno y disminuía en verano. La llegada masiva de los cubanos que huían del régimen comunista y la ayuda, también masiva, del Gobierno de los Estados Unidos produjeron un cambio sustancial en la ciudad, que en poco tiempo se convirtió en una importante metrópoli[3].

En los inicios de la década de los setenta esta inmigración cubana consiguió generar numerosos negocios y muchos inmigrantes encontraron trabajo en empresas propiedad de cubanos que habían llegado en los años sesenta. Baste decir que en casi quince años el número de empresas cubanas se multiplicó por ocho: de 3.447 en 1969 a 24.898 en 1982. En 1970 una tercera parte de los negocios y pequeñas empresas de Miami (8.500) eran propiedad de cubanos o estaban administrados por ellos. Por esa misma época, de los setenta bancos de la zona metropolitana o Gran Miami, cinco tenían un presidente o un alto cargo cubano. Esto fue posible por una estructura familiar que favoreció la incorporación masiva de la mujer a la fuerza laboral y al control de la natalidad. Todo ello determinó que en 1973 el condado de Dade aprobara una ordenanza que daba al español estatus de cooficialidad dentro de las estructuras del Gobierno local. Durante siete años la ordenanza estuvo en vigor, pero produjo mucho malestar entre las clases media y baja de los anglohablantes blancos.

El crecimiento demográfico aunado al éxito económico determinó un quebrantamiento del viejo principio de americanización primero y éxito económico después. Los cubanos de Miami en 1973, a diferencia de otros grupos de emigrantes hispanos, eran mayormente blancos, de origen urbano, educados y habían sabido incorporarse a los mecanismos económicos del poder sin renunciar a su lengua. En 1976 había aparecido la primera edición española del influyente rotativo *The Miami Herald*. No había conflictos con lo que ordinariamente se denomina *The Establishment* estadounidense.

Sin embargo, aparte de la elite anglosajona, el resentimiento aumentó en una buena parte de la población autóctona. Se trataba de una situación nunca vista antes: en lugar de asimilarse con rapidez a la cultura dominante o, al menos, mostrar su subordinación a ella, los cubanos recién llegados parecían adueñarse de todo.

Fue entonces cuando un grupo de blancos anglosajones solicitó y obtuvo que se sometiera a referendo la medida que establecía el bilingüismo y el biculturalismo aprobados en 1973. Triunfaron. La nueva medida prohibía que se allegaran fondos públicos con el propósito de utilizar cualquier lengua que no fuera la inglesa y que todas las reuniones gubernamentales del condado, audiencias y publicaciones deberían ser únicamente en inglés. Por tanto, quedaban prohibidas las traducciones al español de documentos públicos y la continuación de un amplio número de servicios bilingües. El 71% de los blancos anglohablantes aprobaron la nueva ordenanza, así como el 54% de los negros y un 15% de los hispanos. Hay que hacer constar nuevamente que la elite anglosajona se opuso a la medida.

¿Qué motivos llevaron a estos ciudadanos a votar contra el bilingüismo? En realidad era una lucha por el dominio étnico, la supremacía cultural y, en parte, el poder económico. Los negocios hispanos ofrecían una feroz competencia y, por otra parte, era irritante para estos anglohablantes tener que manejar el español para conseguir un buen puesto de trabajo en la mayoría de los casos. El colmo eran los carteles que decían *English Spoken Here* que aparecían en diversos establecimientos comerciales. Con el decurso de los años el número de hispanos (no solo cubanos) continuó creciendo y su poder económico y político también. En 1993 se revocó la medida de 1980 del English Only, volviendo al estatus de condado bilingüe y bicultural. Es un caso único hasta ahora en los Estados Unidos.

Caricatura de L. Fresquet.
Miqui-jote.

Los orígenes y desarrollo del English Only a nivel nacional

Un año después del episodio de Miami, el senador federal Samuel I. Hayakawa, republicano de California, presentó un proyecto (designado en la nomenclatura del Congreso de la Unión como S. J. Res. 72) destinado a declarar al inglés lengua oficial única de los Estados Unidos mediante una enmienda a la Constitución federal. Lo irónico era que la propuesta la formulara un descendiente de japoneses[4].

Pero una modificación a la Constitución federal tiene que ser aprobada por las dos terceras partes de ambos cuerpos colegisladores y ratificada por las tres cuartas partes de las legislaturas de los cincuenta estados de la Unión. La propuesta fracasó. Sin embargo, entre 1981 y 1990 se sometieron al Congreso dieciséis proyectos más o menos similares, unos muy amplios y otros que no pasaban de cuatro renglones.

Esos proyectos pueden clasificarse en dos grandes categorías: 1) los que simplemente declaran al inglés como lengua oficial de los Estados Unidos y dejan la interpretación de esta declaración al arbitrio de los poderes de la Unión, es decir, Legislativo, Ejecutivo y Judicial; y 2) el llamado English Only Mandate, mucho más radical, pues prohíbe el uso de cualquier lengua que no sea el inglés en los documentos emanados de los mencionados poderes del Estado, salvo las obvias excepciones: relaciones internacionales, enseñanza de lenguas extranjeras, comercio internacional, medidas de urgencia, etc. Esta prohibición se extendería a los estados federados y a los organismos de las administraciones locales. Ninguna de estas proposiciones ha sido discutida en el Congreso, ni siquiera en los comités de las dos cámaras.

Estos proyectos han sido apoyados por dos poderosos grupos de influencia: el llamado U.S. English, primero, y el English Only después.

Tras diez años de infructuosas gestiones destinadas a lograr la enmienda a la Constitución federal, los susodichos grupos se han dedicado a conseguir su objetivo en tres frentes: 1) Modificación de la legislación federal ordinaria; 2) Modificación de la legislación constitucional de los cincuenta estados de la Unión, y 3) Adopción de medidas que se opongan al multiculturalismo a nivel local.

De acuerdo con el ordenamiento jerárquico de las leyes dentro del marco del derecho constitucional de los Estados Unidos, tras la Constitución federal vienen las leyes federales, cuyo rango es superior al de las constituciones de los estados federados. Las leyes federales son aprobadas por mayoría simple en ambas cámaras y sancionadas y promulgadas por el presidente de los Estados Unidos. En los últimos años se han presentado al Congreso varios proyectos de ley de lo que genéricamente se ha llamado Language of Government Legislation (Legislación sobre la Lengua del Gobierno). Hasta ahora ninguno ha sido aprobado por ambos cuerpos colegisladores.

Estos proyectos disponen, en primer lugar, que el inglés sea la única lengua en la que todos los funcionarios federales, electos o designados, se expresen en sus actividades oficiales. Segundo, que todas las disposiciones legales de la Federación —leyes, decretos, ordenanzas, etc.— sean redactadas y publicadas en lengua inglesa. Tercero, que toda la información producida por el Gobierno federal y sus dependencias, sean cuales fueren, estén redactadas y publicadas en inglés, así como toda comunicación preparada en nombre del Gobierno federal o por otras entidades u organismos. Cuarto, se concede el derecho de reclamar ante los tribunales si las anteriores disposiciones no se cumplen, extendiéndose este derecho de reclamación tanto a la esfera del derecho público como del privado. Y quinto, se establecen las clásicas excepciones: diplomacia, comercio internacional, salud pública, seguridad nacional, enseñanza de lenguas extranjeras, procedimientos criminales, programas de preservación de lenguas amerindias, etc.

En definitiva, casi una repetición de las propuestas enmiendas constitucionales pero constreñidas al plano de la Administración pública federal. Como quiera que este intento ha fracasado hasta ahora, lo mismo en el Gobierno de William Jefferson Clinton como en el de George Walker Bush, el movimiento de English Only se ha concentrado en los otros dos niveles de Gobierno: las constituciones estatales y el Gobierno municipal.

El idioma oficial en las constituciones estatales

En los Estados Unidos, como en todo estado federal, cada una de las entidades federadas tiene su propia Constitución. En estas leyes fundamentales se establece la forma en que soberanamente cada estado determina el contenido y sentido de los asuntos de Gobierno que no ha cedido al ente federal. Entre otras muchas atribuciones, las constituciones estatales regulan la educación a todos los niveles, el ejercicio de las profesiones y oficios, el sistema de derecho civil y penal, la organización de la Guardia Nacional en el estado y un larguísimo etcétera. En muchos casos, las disposiciones legales difieren radicalmente de un estado a otro[5].

El English Only ha tenido en este ámbito un éxito bastante notable, pues treinta entidades federadas han declarado al inglés como lengua oficial; las otras no han hecho declaración alguna al respecto.

¿Cómo han conseguido estas declaraciones? La lucha ha sido larga y con numerosas intervenciones de los tribunales de justicia. Tratando de resumir, puede decirse que en unos casos ha sido mediante plebiscito, enmienda constitucional votada por la legislatura respectiva, por ley aprobada por las cámaras o por interpretación judicial[6].

Algunos casos curiosos, aparte del tantas veces mencionado caso de Hawái, son el de Luisiana, que tuvo que adoptar el inglés como lengua oficial como condición previa a su ingreso en la Unión en 1807, y también Massachusetts, cuyos tribunales determinaron que su Constitución original había establecido implícitamente el inglés como lengua oficial[7].

Paralelamente a los grupos políticos que propician el English Only se han organizado, especialmente en los estados del sudoeste, grupos paramilitares con declaradas intenciones antiinmigrantes. El más conocido es el de los Minuteman, así llamado en recuerdo de los grupos antibritánicos surgidos en el siglo XVIII durante la Guerra de Independencia. Estos grupos se dedican a 'cazar' a inmigrantes ilegales que intentan cruzar la frontera con México y ponerlos a disposición de los guardafronteras. Como es de esperar, los métodos de esta cacería humana están, en muchísimas ocasiones, reñidos con el respeto a los derechos humanos porque han sido objeto de denuncias y otras acciones judiciales por parte de los defensores de los derechos de los inmigrantes.

Hay varias cosas que no se pueden dejar de mencionar. En primer lugar, que la preocupación sea con la frontera sur; la del norte no parece importar. Recordemos, sin embargo, que Canadá es un estado en el que no reina la armonía lingüística y que, por tanto, pudieran llegar de allí 'malos ejemplos'. En segundo lugar, las razones alegadas por los distintos grupos paramilitares varían mucho. Unos pretenden proteger la porosa frontera (en realidad lo es, pues en el año 2006 hubo 900.000 intentos de cruce ilegal) de la infiltración de elementos 'terroristas'. Sin embargo, hasta ahora no ha habido grupos o personas de origen hispano a los que se haya acusado de pertenecer o relacionarse con Al Qaeda u otros sectores fundamentalistas islámicos[8].

Otros grupos alegan que persiguen a los miembros de una inexistente conspiración encaminada a establecer uno o varios estados independientes en los territorios adquiridos por los Estados Unidos a mediados del siglo XIX. Serían, desde luego, territorios donde el español recuperaría sus fueros y el inglés se vería relegado a una categoría inferior. Se presenta a los inmigrantes como protagonistas de una invasión incruenta pero sediciosa. Pero estos alegatos no tienen, hasta ahora, la menor vinculación con la realidad de estos inmigrantes, cuyo interés es llegar a los Estados Unidos para mejorar su condición de vida, una motivación, como se ve, de tipo económico.

Se da el caso, además, de que los inmigrantes son necesarios, pues en este país, según se ha publicado, uno de cada cuatro campesinos son extranjeros ilegales. También son imprescindibles en actividades como la construcción, las empacadoras, los servicios hospitalarios, la limpieza pública y privada, la jardinería y otras muchas que los 'nativos' se niegan a llevar a cabo.

Otros grupos, los que tienen mayor contacto con los medios de comunicación, se presentan como defensores del orden jurídico nacional, causa muy defendible, solo que el fin no justifica los medios. Estos grupos han disminuido su agresividad tras el envío en el año 2006 de tropas de la Guardia Nacional para reforzar a los guardafronteras, pero no han desaparecido.

El English Plus

Frente a este ataque de los enemigos de los hispanos y del español, se ha organizado otro movimiento llamado English Plus. El mismo intenta que se facilite el aprendizaje del inglés a los recién llegados, pero sin obligarlos a abandonar sus lenguas maternas, sino procurando más bien que las desarrollen.

Este movimiento se basa en el razonamiento de que los Estados Unidos gastan anualmente miles de millones de dólares en la enseñanza de idiomas extranjeros a los hablantes monolingües del inglés[9].

Solo una porción muy pequeña de este dinero se emplea en mantener la lengua materna de los inmigrantes y de sus hijos; por lo tanto, la propuesta sería más económica y efectiva y respondería mejor a satisfacer la necesidad nacional mencionada.

Si consideramos que desde la década de los ochenta el crecimiento de la población de los Estados Unidos nacida en el extranjero ha sido de un 40%, sin contar los inmigrantes ilegales y su descendencia, es innegable que invertir fondos públicos en el mantenimiento de las lenguas maternas de estos futuros ciudadanos aumentaría la riqueza lingüística del país y redundaría en su beneficio. No es posible negar tampoco que el español, lengua de la primera minoría del país, se ha convertido de facto en la segunda lengua nacional. Si se considera que la diversidad lingüística (pues hay otras lenguas como el coreano, el vietnamita, el árabe, etc.) es algo positivo, la conservación de estas lenguas, unido a un plan que facilite el pronto aprendizaje del inglés, resulta una solución más racional que el English Only[10].

La política lingüística a nivel local y privado

Aunque la inmigración es uno de los asuntos que constitucionalmente pertenecen a la jurisdicción federal, en los últimos años muchos condados y municipalidades han tomado acuerdos y aprobado resoluciones en torno a la inmigración. Son tantos y tan variados los casos que resulta imposible hacer una lista de estos incidentes. Lógicamente, algunos son a favor y otros en contra.

Algunas entidades se han declarado 'santuario' (calco del inglés *sanctuary*, 'refugio') para los inmigrantes ilegales. En el mes de julio de 2007, 130 municipalidades habían tomado medidas para prohibir el alquiler de viviendas a los ilegales; otras les han prohibido congregarse en distintos puntos de la población para esperar la llegada de posibles empleadores, y otras han habilitado a la policía local para que arresten a los sin papeles, inmiscuyéndose así en las prerrogativas de los agentes federales, únicos autorizados para la búsqueda y captura de estos extranjeros[11].

Tanto unas medidas como las otras (a favor y en contra de los ilegales) han sido objeto de demandas y denuncias ante los tribunales con diversos y hasta contrapuestos resultados. En el verano del año 2007 se presentó en el Senado de la Unión un proyecto de ley de reforma migratoria. El texto era bastante confuso y hasta contradictorio. A pesar de estar apoyado en apariencia por ambos partidos políticos y por la Casa Blanca, no llegó a discutirse en el pleno por la enorme cantidad de enmiendas que se presentaron. Una de ellas era la declaración del inglés como lengua oficial de los Estados Unidos.

Manifestación en 2002 a favor de la igualdad de derechos de los inmigrantes.

A nivel privado, en numerosas empresas se ha prohibido a los empleados que hablen en español entre ellos durante las horas de trabajo o mientras permanezcan en el recinto laboral. En casi todos los casos los tribunales han determinado que tal medida es inconstitucional por negar la libertad de expresión.

Las fuerzas políticas en conflicto

Como afirma James Crawford (1992), el English Only nació en 1981 como un movimiento marginal que ha ido ganando fuerzas hasta tener millones de afiliados y un respetable presupuesto, que le permite cabildear a todos los niveles de la cosa pública. Cabe, pues, preguntarse ¿de dónde salen los partidarios de esta peculiar filosofía lingüística y política, y qué se proponen?

El propio Crawford, eminente investigador y quizás la máxima autoridad en este asunto, afirma que los partidarios del English Only son una abigarrada coaligación de elementos heterogéneos con intenciones similares, pero no iguales. Según este investigador, la lista de los mismos comprende a:

• personas que desean preservar la lengua común (inglés) y evitar conflictos étnicos.

• fanáticos intransigentes que pretenden abrogar las ventajas conseguidas por las minorías lingüísticas en materia de derechos cívicos y libertades públicas.

- conservadores que intentan imponer a través del idioma común su sentido de unidad nacional y responsabilidades cívicas.

- liberales (en política) que temen que la necesaria asimilación de los inmigrantes se vea afectada por la educación bilingüe y la publicación de boletas electorales y otros materiales políticos en lenguas que no sean el inglés.

- nacionalistas intransigentes que procuran crear un mal ambiente a los inmigrantes en el seno de la nación y propiciar la disminución de sus cuotas de entrada al país.

- eurocéntricos que se resienten porque no se les da más facilidades para la inmigración que las actuales leyes conceden a los hispanos y a los asiáticos.

- políticos partidarios de una actitud internacional aislacionista y de xenofobia interna.

- racistas que equiparan el multiculturalismo con el separatismo étnico, y

- misoneístas, que se sienten amenazados por la diversidad y la novedad entre otros factores.

Es conveniente hacer constar, sin embargo, que la mayoría de las asociaciones profesionales relacionadas con el estudio de la lengua se oponen al proyecto de English Only. Entre estas se encuentran: Linguistic Society of America, National Council of Teachers of English to Speakers of Other Languages, etc. Igualmente la inmensa mayoría de las iglesias y otras formaciones de la religión organizada también se oponen al English Only, y muchas de ellas encabezan la lucha por los derechos humanos de los inmigrantes. En mayo de 2007 se ha creado un nuevo movimiento religioso llamado New Sanctuary Movement encaminado a ofrecer refugio en iglesias, templos, sinagogas, etc. a los perseguidos por no tener sus papeles en regla. La precursora de este movimiento fue Elvira Arellano, una mexicana con orden de deportación, que se refugió en una iglesia protestante de Chicago en agosto de 2006. Los líderes de este movimiento se inspiran en el Antiguo Testamento, donde dicen que 103 veces Dios se proclama el Señor de los extranjeros.

Balance y saldo

La legislación estadounidense en materia de política lingüística es extraordinariamente compleja. Por un lado, están los textos legales, inexistentes en algunos niveles, carentes de coordinación en otros y hasta contrarios. Por otra parte, están las luchas políticas en torno a los problemas sociales indicados, cuya solución podría quizás hacer cesar o aliviar este estado de cosas. Ya se ha visto en las páginas anteriores que el problema central es el de la regulación de la inmigración, que es mayoritariamente hispana e ilegal. Corolario de este problema es el de la educación bilingüe, en estrecha relación con el control de la inmigración ilegal.

Recientemente se ha llegado a decretar la construcción de un muro en la frontera sur del país, muro que muchos comparan con el de Berlín. Como se apuntó, en el verano de 2007 se trató de pasar una nueva ley de reforma migratoria, pero el intento fracasó y consecuentemente la problemática se ha agravado notablemente. Mientras este asunto no se resuelva y se determine cuántos hispanohablantes viven en este país de una manera u otra (legal o ilegalmente), cómo legalizar la situación de los ilegales y cómo regular el acceso de la inmigración legal, en otras palabras, mientras no se decida la suerte de posiblemente 40 millones de seres humanos, no se podrá formular una política lingüística racional y coherente que abarque la educación de los inmigrantes y de sus hijos y el papel de la lengua materna de estos.

Si se tratara de un caso como el de Australia y hasta cierto punto el de Canadá, donde los inmigrantes hablan muchas lenguas, la problemática sería distinta, pero el hecho es que la inmensa mayoría habla una sola, el español. Esto da pábulo a toda suerte de xenofobias, especialmente la hispanofobia, de parte de toda clase de misoneístas, como ya se apuntó. Entre los elementos más sofisticados de la población nativa estadounidense la actitud es variada. Por un lado, están los empresarios de ciertas industrias que favorecen la presencia de mano de obra barata. Por otro, aquellos que ven una siniestra invasión de su territorio con vistas a establecer unos fantasmagóricos estados hispanohablantes. Igualmente hay quienes se molestan por tener que aprender el español para poder ocupar buenos puestos de trabajo (y no tan buenos) en ciertas regiones del país.

El English Only lo provocó al principio el extraordinario éxito de los cubanos en Miami. Estos, a menos de 15 años de su llegada —casi siempre con una absoluta carencia inicial de recursos—, se proyectaron como un grupo que no renunciaba al uso de su lengua materna para triunfar. Sin embargo, el crecimiento del movimiento se ha producido por la presencia masiva de grupos hispanos, mayoritariamente mexicanos y centroamericanos, a los que se acusa injustamente de querer quitar el pan a los hijos del país y corromper sus tradiciones. De hecho, se sabe que los hispanos, en este momento, están abriendo nuevos negocios en una proporción tres veces mayor a la media nacional. En el verano del año 2007, en que se redacta este capítulo, la guerra continúa y no se prevé su fin.

En relación con los textos legales, ya se ha visto que no existe ninguna declaración o prescripción al respecto en la Constitución federal. En realidad, en los Estados Unidos nunca ha habido una política lingüística predeterminada, sino políticas ad hoc, como se apuntó anteriormente. Tampoco existe ahora, ni ha existido en el pasado, una organización pública, federal o estatal, que se ocupe de formular dicha política basada en estudios científicos.

La legislación federal, en algunos casos, permite la publicación en lenguas extranjeras de ciertos documentos, así como información relativa a diversas actividades de dichos gobiernos, pero no lo hace de una manera sistemática. La misma legislación sobre inmigración es inconsecuente con reglas diferentes para los diversos grupos de hispanos. Por ejemplo, la llamada Ley de Ajuste Cubano concede a estos la residencia legal inmediata siempre que físicamente toquen territorio americano; es la llamada política de 'pies secos, pies mojados'. Los hondureños y nicaragüenses caen dentro del TPS o estatus de protección temporal, que les permite residir y trabajar 'temporalmente' en este país, pero no regresar de visita a sus países de origen. Ahora se habla de extender el TPS a los venezolanos. Los demás hispanoamericanos pueden ser deportados de no tener documentos adecuados si son apresados por el Servicio de Inmigración.

Ya se mencionó la situación de la legislación constitucional de los estados federados: treinta proclaman el inglés como lengua oficial y veinte no. Hawái es el único estado oficialmente bilingüe.

Sin embargo, de no variar sustancialmente las circunstancias actuales (cierre absoluto de la frontera sur, expulsión de millones de indocumentados, cancelación de toda la legislación federal y estatal favorable a la difusión del español, etc.), el español ya es de facto la segunda lengua de los Estados Unidos. Con todo, que sea proclamada como tal o como lengua cooficial en los textos legales correspondientes es algo que podría ocurrir, pero a largo plazo.

Notas

[1] La notable escritora norteamericana Helen Hunt Jackson describe estas crueldades en su famosa novela *Ramona*, publicada en 1884. En esta obra, la autora deja constancia de los atropellos contra los indios e hispanos asentados en tierras californianas.

[2] Un estudio completo de los muchos servicios que brinda el Gobierno federal en español aparece en el capítulo de esta *Enciclopedia* escrito por el profesor Francisco A. Marcos Marín de la University of Texas en San Antonio.

[3] Lo relativo a las olas de inmigraciones de cubanos y sus asentamientos en Miami, que hicieron posible este cambio, ha sido tratado en esta Enciclopedia por Humberto López Morales.

[4] Recuérdese que los japoneses habían sido maltratados en los Estados Unidos, durante los siglos XIX y XX, y que entre 1941 y 1946, en tiempos de la Segunda Guerra Mundial, a muchos de ellos se les despojó de sus bienes y se les encerró en campos de concentración.

[5] Para dar un solo ejemplo, en Nevada está parcialmente permitida la prostitución, cosa que todos los demás estados rechazan. Por supuesto, los estados pueden escoger su idioma oficial aparte del inglés como lo ha hecho Hawái.

[6] Los estados federados que han aprobado la declaración de oficialidad del inglés, por orden de la fecha de aprobación, son: Luisiana (1807), Montana (1920), Illinois (1969), Massachusetts (1975), Hawái (bilingüe) (1978), Virginia (1981, 1996), Indiana (1984), Kentucky (1984), Tennessee (1984), California (1986), Georgia (1986, 1996), Arkansas (1987), Carolina del Norte (1987), Carolina del Sur (1987), Dakota del Sur (1987), Misisipi (1987), Colorado (1988), Florida (1988), Misuri (1988), Alabama (1990), Nuevo Hampshire (1995), Wyoming (1996), Alaska (1998), Utah (2000), Iowa (2002), Arizona (2006), Idaho (2007). Los veinte estados que no lo han hecho son: Connecticut, Delaware, Kansas, Maine, Maryland, Míchigan, Minnesota, Nevada, Nueva Jersey, Nuevo México, Oklahoma, Ohio, Oregón, Pensilvania, Rhode Island, Texas, Vermont, Virginia Occidental, Washington y Wisconsin.

[7] Muchos creen que el estado de Nuevo México es bilingüe porque ha adoptado un himno o canción oficial con dos letras, una en inglés y otra en español. Esta última, aprobada en 1995, lleva por título *Mi lindo Nuevo México*.

[8] De hecho, el único hispano acusado de estas actividades ha sido, hasta ahora, José Padilla, ciudadano norteamericano por nacimiento.

[9] El conocimiento de las lenguas extranjeras se declaró desde el lanzamiento del *Sputnik* (1957) como una necesidad para la seguridad nacional y el comercio internacional.

[10] Hasta ahora, los estados donde se han aprobado resoluciones favorables al English Plus son: Nuevo México (1989), Oregón (1985), Rhode Island (1992) y Washington (1989).

[11] Quizá el más emblemático haya sido el caso de la municipalidad de Hazleton en Pensilvania, que, no satisfecha con todo esto, declaró el inglés como lengua oficial de la ciudad.

IX ACTIVIDADES CULTURALES

Revistas literarias: desde los orígenes al presente

Víctor Fuentes

Introducción

La prensa periódica en español de los Estados Unidos es, y desde principios del siglo XIX, una vastísima red de ríos verbales impresos, cientos, miles, que atraviesan el enorme país de norte a sur y de este a oeste y por los que discurren la savia de sus pobladores de habla hispana, nosotros; en una presencia que se remonta al medio milenio, que se cumplirá en 2012, desde el arribo de Ponce de León y de su grupo de hispanohablantes a la Florida. Con el creciente interés en la producción cultural y literaria de los hispanos o 'latinos', desde hace ya algunos años esta prensa periódica ha sido tema de importantes trabajos[1]. No obstante, y a pesar del gran caudal de conocimiento acumulado en estos trabajos, el terreno por investigar sigue siendo inmenso: un riquísimo filón para nuevos libros, tesis doctorales, artículos y conferencias.

El presente artículo se centra en una serie de revistas que, a grandes rasgos, sirven como hitos del historial de todas ellas: la visión será generalizadora y sintética. Debe advertirse que la producción literaria y cultural en la prensa periódica rebasa con mucho el caudal de lo publicado en las revistas propiamente culturales y literarias: varias de las hoy consideradas 'obras maestras' de la literatura en español se publicaron en periódicos de este país (*Los de abajo*, de Mariano Azuela, en un periódico de El Paso; *Nuestra América*, de José Martí, en otro de Nueva York, por citar dos de los ejemplos más destacados), y la mayoría de escritores en español en los Estados Unidos se ejercitaron en el periodismo, en varios casos haciendo a la vez de editores y de escritores. El caso de José Martí y el periódico *Patria* sería un ejemplo de esto, aunque ni mucho menos único, como se irá destacando. Considero esta materia en su contexto histórico, político, social y cultural, insertándola en una sucesión de períodos y tendencias en relación con los grupos de escritores vinculados a las distintas publicaciones.

Las primeras publicaciones

La primera de las revistas culturales, y la que pone el listón muy en alto, es *El Habanero* del cubano Félix Varela, uno de los escritores clásicos en español de los Estados Unidos. La revista se publicó en Filadelfia y en Nueva York entre 1824 y 1826, consta de seis números y aparece subtitulada como *Papel político, científico y literario*. En ella, Varela abrió el camino a una literatura ensayística en español que continuarán en el país escritores como Hostos, Martí y Pedro Henríquez Ureña, limitándome a tres 'históricos', que también expusieron su pensamiento en la prensa periódica. En *El Habanero*, Varela se dirige, principalmente, a la juventud, 'para quien principalmente escribo', como concluye en su ensayo *Máscaras políticas*, donde denuncia el oportunismo político bajo el enmascaramiento del 'patriotismo', y en religión, la máscara del fanatismo. Este ensayo mantiene hoy plena actualidad. También, entre 1829 y 1830, un grupo de exiliados españoles publicaron la revista *El Aguinaldo*.

Siguiendo la inspiración y el ejemplo de Varela y de José María Heredia, el primer cantor poético del exilio moderno en la literatura en español desde Nueva York, en los años cuarenta y cincuenta florece entre dicha ciudad, Filadelfia y Nueva Orleans un grupo de escritores exiliados cubanos que continuarán los temas de la Ilustración, vinculados al de la independencia de Cuba de la Corona de España, y del destierro. Se trata de un grupo que cuenta con escritores reconocidos como Miguel Teurbe Tolón, Leopoldo Turla, José Agustín Quintero, Cirilo Villaverde, Pedro Santacilia y Juan Clemente Zenea, que publicaron o colaboraron, con ensayos y poesías, en varios periódicos de Nueva Orleans (*El Independiente, El correo de Luisiana*) y de Nueva York: *La verdad* (1848), *El filibustero* (1853), defendiendo, como el título de este último indica, la tendencia anexionista: anexión de Cuba a los Estados Unidos. De aquí que en el propio Nueva York y en Nueva Orleans otros periódicos 'hispanos' se enfrentaran a ellos acogiéndose a una concepción general del hispanoamericanismo, tales como *La crónica* de Nueva York y *Patria* de Nueva Orleans.

Aunque lo que interesa destacar, sobre todo, es el nexo que une a todos los grupos y sus publicaciones, a través de la historia: su común identidad —por encima de la propia y nacional— de hispanos o 'latinos' y el idioma español; en alguna ocasión se aludirá a diferencias de posiciones ideológicas o de clases y de desconocimiento mutuo, cuando no de rechazo. A este respecto, y siguiendo con el ejemplo, anterior, aquellos escritores agrupados en *El laúd del desterrado* (1858) pasan por alto, cuando defienden el filibusterismo y el anexionismo norteamericano, la guerra de los Estados Unidos con México (1846-1848) y el enorme territorio mexicano que pasó a manos del Gobierno norteamericano. Como resultado de tal ocupación, y frente a ella, a partir de 1848 surgió en California y en los estados del suroeste un grupo de escritores con sus publicaciones en español, junto a una literatura oral de resistencia al expolio y de defensa de la identidad cultural y del idioma. Aunque, en dichas fechas, no se logre publicar una revista cultural exponente de esto, el periódico *El clamor público*, editado por Francisco P. Ramírez, en Los Ángeles, en la década de los cincuenta de aquel siglo, con su sección literaria, podría considerarse como tal revista. Se trata ahora, en estas regiones anexionadas, del destierro en el propio suelo y de un exilio interior; 'extranjeros en su propio país', como expresara Pablo de la Guerra en un discurso recogido en *El clamor público* en 1860.

Tal condición, y desde dichas fechas, halla su expresión literaria en la literatura oral, y en multitud de artículos, cuentos y poemas, publicados principalmente en los periódicos de Texas, Nuevo México, Arizona, Colorado y California, principalmente. Realmente, aquí tendríamos la semilla de la literatura y las publicaciones periódicas, y la de la defensa 'militante' de las identidades y culturas de las minorías 'latinas' que se extienden por el país en las tres primeras décadas del siglo XX y que tendrán su eclosión con el 'Movimiento' de los años sesenta.

Volviendo al este del país, entre la segunda mitad del siglo XIX y fines de siglo, y, principalmente, en Nueva York contamos ya con lo que llamo una 'ciudad letrada' en español, la cual responde a la existencia de una considerable comunidad de habla hispana formada por profesionales, comerciantes, obreros y representantes diplomáticos de los distintos países hispanoamericanos y de España, de cuyo seno surgen asociaciones sociales, políticas y culturales y una serie de editoriales y de libros así como varios periódicos y revistas. Algo que ininterrumpidamente, con sus altas y bajas, pero *in crescendo*, se ha mantenido hasta hoy, extendiéndose por toda la nación. En el terreno de las revistas, contamos con *El Ateneo: Repertorio Ilustrado de Arte, Ciencia y Literatura* (1774-1777) y *El Mundo Nuevo/América Ilustrada* (1871-1875), antecedente de *La Revista Ilustrada de Nueva York* (1886-¿1898?). Estas dos publicaciones tuvieron pretensiones y logros de ser revistas culturales, equivalentes a las publicadas en inglés, tales como *Harper*, o también en otras capitales de los países europeos. *La Revista Ilustrada de Nueva York* supuso un sostenido ensayo de aglutinar en una misma publicación a los escritores más notables de los países hispanoamericanos y de España, junto a los residentes en el país, en pro de la difusión de la cultura y literatura hispanoamericana. En un suelto de diciembre de 1886, leemos: '*La Revista Ilustrada* va a todas partes en que se habla el hermoso idioma de Castilla, y en donde quiera se arraiga, y en donde quiera la aprecian'[2].

Se dan ya en ella muestras de los comienzos del Modernismo, con colaboraciones del propio Rubén Darío: una de estas, 'La risa', dedicada a José Martí, quien publicó en la misma revista (en enero de 1891, su famosísimo ensayo *Nuestra América*). Asimismo, encontramos poesías de los mexicanos Salvador Díaz Mirón y Manuel Gutiérrez Nájera. También se publicaron varias de las *Tradiciones* de Ricardo Palma y otros escritos de consagradas plumas, entre ellas las de los españoles Emilio Castelar, Juan Valera y Emilia Pardo Bazán. Hay en la revista una conjunción de escritores realistas-naturalistas y modernistas. Varios de los colaboradores son escritores hispanoamericanos reconocidos en sus países, pero con una larga permanencia en los Estados Unidos, por lo cual los podemos considerar hoy como escritores 'latinos', tal es el caso de Rafael Pombo, Juan Pérez Bonalde, los hermanos Antonio y Francisco Sellén y los que quizá sean los más asiduos colaboradores de la revista, Nicanor Bolet Peraza y Román Mayorga Rivas, por completo olvidados en la actualidad. También cuenta con una considerable presencia de escritoras, algunas de ellas inclinadas a lo que hoy consideraríamos literatura feminista, entre otras la ya mencionada Emilia Pardo Bazán, la peruana Amalia Puga, Amalia Son, con su artículo 'La mujer sudamericana' (1892: 7), Dolores Montenegro, guatemalteca, alabada por Darío, Mercedes Matamoros, Sofía Casanova, quien más tarde escribiría un famoso libro sobre la Revolución rusa, y la puertorriqueña Lola Rodríguez de Tió, que desempeñará un papel importante en la unión de cubanos y puertorriqueños en la lucha independentista y, tras la guerra, en la afirmación de ambas identidades nacionales y culturales.

Dentro de esta dirección y contexto, destaca el semanario *Patria* (1892-1895), dirigido por Martí y que, aparte de ser portavoz del movimiento independentista de cubanos y puertorriqueños en un momento en que la independencia de ambas naciones parece estar tan al alcance, tiene un gran valor cultural y literario; en gran parte, por la colaboración asidua del propio Martí, el gran clásico moderno de las letras en español en los Estados Unidos[3]. Solo por ellos, *Patria* ocupa un lugar de distinción en la historia de las letras en español en los Estados Unidos. De Martí, igualmente, hay que destacar y celebrar su magnífica revista dedicada a los niños, *La Edad de Oro* (1889), donde se publicaron cuentos del propio Martí, entre ellos el famosísimo 'La muñeca negra'.

Ya a través del propio ideario martiano en sus propios artículos y en otros de las páginas de *Patria* encontramos presente la tendencia obrerista, exponente de las luchas y reivindicaciones obreras que, en español, hallará profusa expresión en este país, desde hacia fines del siglo XIX hasta nuestros días, en multitud de periódicos y revistas, vinculados a distintos momentos y movimientos. El más influyente de todos ellos, en nuestro tiempo, ha sido *El Malcriado*, 'Voz oficial de la Unión de Trabajadores Campesinos', de César Chávez, publicado entre 1964 y hasta finales de los años ochenta[4]. En la época de entre siglos, en el este, de Nueva York a Tampa, entre los obreros fabriles, del mar y de las tabacaleras, españoles, cubanos y puertorriqueños, principalmente, se publican varios de estos periódicos y revistas; destacan, entre ellos, los de tendencia proletaria-anarquista, como, y limitándome a Nueva York: *El despertar* (1891-1912), *Cultura obrera* (1911-1927) y *Cultura proletaria*, que se extendió, en distintas etapas, desde 1910 hasta 1959. Figura principal de esta prensa obrera fue el anarquista español Pedro Esteve. De la difusión de estas revistas encontramos las siguientes palabras en un artículo de Alfonso Castilla, 'Los españoles en West Virginia. Descubrimiento de 3.000 compatriotas', publicado en *Las Novedades* (24-II-1916, p. 6). Al decirle un obrero, 'según acabo de leer en la *Cultura Obrera*', Castilla inquiere: 'Y qué Cultura es esa', a lo que el interpelado responde: 'La *Cultura Obrera* de Nueva York. Nuestro libro de texto en castellano; la revista, no ya de mayor circulación, ¡la única!, que de nuestro idioma llega hasta nosotros'.

En el oeste, en California, sobresale *Regeneración*, publicada en Los Ángeles, por los hermanos Flores Magón, Ricardo y Enrique y un grupo de anarquistas mexicanos (entre ellos, Práxedes Guerrero y Librado Rivera, y las hermanas texanas Teresa y Andrea Villarreal, editoras, respectivamente, de los periódicos *El Obrero* [1909] y *La Mujer Moderna* [1915-1919]). De *Regeneración*, revista ya bastante estudiada, por considerarla como un especial ejemplo de toda aquella prensa obrera, destacaré brevemente los siguientes datos:

1. Siguiendo los pasos de sus redactores, es una revista transnacional, migratoria, del exilio y el destierro: fundada en la Ciudad de México en 1900, es exiliada a los Estados Unidos en 1904, tiene sede temporal en distintas ciudades del país, San Luis (Misuri), San Antonio, Los Ángeles, donde se instala en 1910 y vive hasta 1918, cuando su director es condenado a veinte años de prisión; en esta ciudad morirá en 1922, por un 'Manifiesto' en que se llama a que 'nos coloquemos a la altura de las circunstancias y sin temor propaguemos nuestro santo ideal anarquista, el único humano, el único justo, el único verdadero'. Este artículo, que termina con la consigna magonista, adaptada por los zapatistas, 'Tierra y libertad', y que hoy sobresale por su prosa lírica, le costó a su autor la pérdida de su libertad y, como resultado, la muerte.

2. Como Martí y *Patria*, desde Nueva York, dieron su aliento e ideario al último tramo de la lucha por la independencia de Cuba, Flores Magón y los colaboradores de *Regeneración*, desde Los Ángeles, fueron abanderados de la Revolución mexicana y principales impulsores de su ideario obrero-campesino.

3. Al igual que *Patria*, *Regeneración* merece un lugar destacado en la historia de las letras en español en los Estados Unidos, en gran parte por los artículos de su director, Ricardo Flores Magón, quien también fuera un literato, como dejó constancia en cuentos, poesía, obras de teatro y literatura epistolar.

Con la guerra contra España de 1898 y la intervención de los Estados Unidos en Cuba y en Puerto Rico y otras injerencias en el hemisferio americano, se dio un distanciamiento entre los pueblos hispanoamericanos y España frente a los Estados Unidos, y una afirmación de lo hispánico y 'latino' contra lo anglosajón. Expresión literaria de esto serán la oda 'A Roosevelt', de Rubén Darío, y el tan celebrado libro *Ariel*, de José Enrique Rodó. Sin embargo, con ocasión de la Primera Guerra Mundial, a partir de 1914, cuando América queda tan cortada de Europa, se originan renovados lazos del panamericanismo, y España, país neutral en la guerra, ve reconocido en los Estados Unidos un prestigio perdido durante la guerra del 98 y en los años inmediatos a ella: 'España está de moda', leemos en un artículo de *Las Novedades* (10-II-1916, p. 11), traducido del *Evening World*, donde se decía: '¡España captura Nueva York! ¡La ciudad se rinde humildemente! ¿Quiere usted una unión?', añadiendo, entre otros subtitulares: 'Velos y mantillas se venden en las tiendas de la Quinta Avenida y los 'frijoles' son populares en los restaurantes de Nueva York. ¡Acordaos del Maine!'. Por aquellas fechas triunfaban en Nueva York las famosas bailarinas españolas ('las danzaderas' del título de la gran novela de Ramón Pérez de Ayala, *Troteras y danzaderas*, precisamente publicada en 1916): La argentina, Antonia Mercé, Sevillanita, y Tórtola Valencia, muy promocionadas por la prensa en español de Nueva York. Por primera vez en la historia del Metropolitan Opera House de Nueva York se cantaba una ópera en español, y con gran éxito: *Goyescas*, del maestro Enrique Granados, estrenada en enero de 1916.

Los comienzos de un nuevo siglo

Con motivo de la guerra, el alemán, el idioma entonces más extendido en los Estados Unidos después del inglés, empieza a perder terreno y el español a ganarlo. En este contexto, Nueva York vuelve a ser la gran capital en la que confluyen importantes artistas y escritores de los países de habla hispana, y a tono con esto se da una proliferación de publicaciones en español. Un semanario neoyorquino hispano, de larga tradición, *Las Novedades*, subtitulado *España y los pueblos hispanoamericanos*, actualiza la labor cultural y literaria realizada por *La Revista Ilustrada de Nueva York*. Frente a la destrucción de las naciones europeas en guerra entre ellas, *Las Novedades* se presenta como portavoz de los valores e ideales de 'La Raza', título de un apartado que se repite en la revista, fomentando un nuevo panhispanoamericanismo: '*Las Novedades* es el periódico de toda una raza, la voz de veinte naciones y para veinte naciones, alzada a altura tal que pueda ser oída desde todas ellas y desde cualquier lugar del planeta'.

Rubén Darío.

La existencia de esta revista semanal, publicada por F. J. Peynado y J. B. Vicini Burgos, abarca bastantes años. Como ya se diera en *La Revista Ilustrada*, en *Las Novedades* hay una amplia sección de arte y literatura: obras mundiales, de España y de Hispanoamérica. Siguen publicándose textos de autores hispanoamericanos ya aparecidos en aquella revista: Rubén Darío (a cuya muerte, el 6 de febrero de 1916, se da amplísima cobertura y el número del 17 de febrero contiene un homenaje al 'divino' Rubén), Gutiérrez Nájera, Ricardo Palma, además de otros, tan actuales en aquellas fechas, como el uruguayo José Enrique Rodó y los mexicanos José Vasconcelos, Alfonso Reyes y Luis Martín Guzmán. Aspira esta revista a poner el español, la cultura y la literatura española e hispanoamericana a la altura de un primer rango mundial; para ello cuenta entre sus redactores con el dominicano Pedro Henríquez Ureña y el poeta nicaragüense Salomón de la Selva, ambos de reconocido prestigio. El primero redacta una sección, 'Arte y Teatro', en la que presenta al lector de la revista los acontecimientos actuales más importantes en el mundo neoyorquino del arte, de la literatura y de la música. Por su parte, Salomón de la Selva, poeta bilingüe, traduce al español a los poetas norteamericanos más representativos del momento. El punto culminante de este empeño de difundir en la prensa el 'arte artístico' y la alta cultura es el número 'Homenaje a Cervantes', el domingo 23 de abril de 1916. Un número posiblemente inigualable en la prensa de todo el mundo hispánico en tal día, aunque también *La Crónica de San Francisco*, en la misma fecha, publicó una edición de lujo dedicada a Cervantes. Entre las nutridas colaboraciones que aparecen en el número homenaje de *Las Novedades*, tres son de antología: 'Nueva Interpretación del Quijote', de Pedro Henríquez Ureña; 'Don Quijote, el Cristo guerrero', de José Enrique Rodó; y un originalísimo poema de Salomón de la Selva, escrito en inglés y traducido al español por él mismo, 'His Last Adventure' (Su última aventura), en que don Quijote se planta ante la Estatua de la Libertad[5].

La salida de Pedro Henríquez Ureña de la redacción de *Las Novedades*, precisamente en abril de 1916, para reintegrarse, poco después, a la enseñanza en la Universidad de Minnesota, podemos decir que marca una época: pues, a partir de aquellas fechas, y con el auge que toma la enseñanza del español en las universidades, varios de los escritores e intelectuales españoles e hispanoamericanos que llegan al país pasan a la enseñanza universitaria y a fundar y a publicar en las revistas académicas en español que empiezan a surgir. Se consuma un divorcio entre los periódicos y revistas populares y las publicaciones académicas, en detrimento del lector en general y de la cultura de las comunidades de habla hispana. *La Revista Hispánica Moderna*, publicada, a partir de 1934, por Federico de Onís, en la Casa de las Españas de la Universidad de Columbia, marca la transición: se trata de una revista académica, pero que, en sus últimas páginas, tenía una sección de actividades culturales y artísticas de la comunidad. Posteriormente, esto desaparece en las revistas universitarias de, por y para hispanistas académicos que se dan a partir, principalmente, de los años sesenta, aunque no se extingue del todo la práctica de que escritores y escritoras de nota colaboren en periódicos y revistas comunitarias de las distintas minorías 'latinas', como señalaré con algún ejemplo. El estudio de las revistas académicas del hispanismo norteamericano daría para todo otro largo ensayo. Aquí nos limitamos a las que inciden en la comunidad hispanohablante, dirigidas al lector medio.

Entre los años veinte y cincuenta, y dado el gran aumento de las comunidades hispanas o 'latinas', principalmente la mexicana y la puertorriqueña, se suceden periódicos y semanarios que defienden los derechos de estas comunidades, propagan los valores lingüísticos y culturales y se hacen eco de los acontecimientos sociales, festivos y culturales de las respectivas comunidades. En los años veinte y treinta, destaca en Nueva York un grupo de escritores y activistas puertorriqueños, los hermanos Colón, Jesús y Joaquín, Alberto O'Farril, Bernardo Vega, Arturo Alfonso Schomburg y varios más que se unen en torno a diarios y semanarios como *Gráfico, Semanario Defensa de la Raza Hispana* (1927-1931). En el oeste y suroeste, principalmente en San Antonio, Los Ángeles y San Francisco, también se da una concentración de escritores y periodistas; en este caso, la mayoría son exiliados de la Revolución mexicana. En San Antonio, el intelectual y político Nemesio García Naranjo funda la *Revista mexicana* (1915-1920), con miras de difundir la alta cultura, en un intento parecido al de *Las Novedades,* pero centrado en la literatura y el arte de la esfera mexicana. Daniel Venegas dirige *El Malcriado*, revista festiva, de humor e ingenio dirigida a los trabajadores inmigrantes mexicanos, y cuyo título pudo haber inspirado el del periódico de los campesinos de César Chávez. En San Francisco, Jorge Urica dirige y colabora en *Hispano-América* (1914-1934), donde publicó sus *Crónicas diabólicas*, posteriormente recogidas en libro por Juan Rodríguez.

Tras la Segunda Guerra Mundial se da un proceso de asimilación y menguan estas publicaciones, que también habían disminuido en los años treinta, debido a la Depresión, el descenso de la inmigración española con el nuevo sistema contra la inmigración de países del sur de Europa y la repatriación de gran número de mexicanos. Un ejemplo del reflujo que señalo lo encontramos en el *A.B.C.*, periódico de Chicago que se anuncia, a finales de los años cuarenta, como: 'The Only Spanish Weekly in the Middle West', aunque antes existieron varios, en la misma ciudad, y, a principios de los cincuenta, se publicaba la revista *Vida latina*, quizá la primera publicación en que la voz 'latina' intenta reemplazar a la de hispana o hispanoamericana. Excepción al proceso señalado sería, en los años cuarenta, la prensa de los exiliados españoles con motivo de la guerra civil, destacando entre esta *Ibérica. Agrupación de Combatientes y Exiliados de la República Española* (1942), *Liberación* y *España Libre,* de larga duración, 1939-1977 (logrando sobrevivir al dictador español), y la prensa de los escritores puertorriqueños antes mencionados, cada vez más identificados con la causa del comunismo internacional y de la independencia de Puerto Rico. De esta prensa tan solo mencionamos aquí, y como uno de los ejemplos más representativos, el semanario *Pueblos Hispanos*. Semanario progresista, 'defensor de las minorías hispánicas', entre las que se reconocía, en aquellas fechas, a la filipina, de corta vida (1943-1944), fundado y dirigido por el reconocido poeta y militante Antonio Corretjer y en el que colaboró la gran poeta Julia de Burgos, entre otros ya destacados escritores puertorriqueños. Al igual que Ricardo Flores Magón con *Regeneración,* Corretjer acabó en prisión por su semanario.

Los años sesenta y los setenta

El empalme Flores Magón-Corretjer conduce o, por lo menos, apunta a la eclosión de periódicos y revistas que, en defensa de las minorías hispánicas y como expresión de ellas, se da cuando surge el movimiento de los años sesenta y setenta. Esta prensa, por lo general, es bilingüe y, en el caso de la chicana, en especial, presta un relieve particular al caló, o a lo que se denomina *espanglish*. Mencionaré aquí tan solo tres o cuatro de aquellas revistas en las que se cultiva el español en sus distintas variantes.

Abre el camino *El Grito*, publicada en Berkeley, precisamente la ciudad universitaria que dio el mayor impulso estudiantil al movimiento de los años sesenta. *El Grito,* cuyo editor fue Octavio Romano, profesor de la Universidad de Berkeley, se publicó entre 1967 y 1974, y aunque es bilingüe y, en principio, los ensayos que marcan la línea editorial militante son en inglés, paulatinamente su énfasis se traslada al español, en gran parte debido a que en la revista publican el grupo de escritores chicanos que escriben en español y que ya hoy consideramos como 'clásicos': Tomás Rivera, Miguel Méndez, Rolando Hinojosa y una pléyade de escritores en español, entre quienes también destacan Estela Portillo y Rosaura Sánchez.

Este grupo, unido a otros escritores 'latinos', principalmente puertorriqueños, también impulsa *La revista Chicano-Riqueña*, dirigida por Nicolás Kanellos, iniciada en 1973, y con el importante propósito de unificar a escritores y artistas de las dos minorías 'latinas', principales protagonistas del movimiento nacional de los años sesenta y setenta. La revista duró 13 años y en 1986, ya en la era de 'La Restauración' del presidente Ronald Reagan, se transformó, con poca fortuna pues no logró sobrevivir, en *The Americas Review. A Review of Hispanic Literature and Art of the United States*. Como se desprende ya del título, aunque se siguen publicando colaboraciones en español, el inglés pasó a ser el principal vehículo de expresión. Antes de esta, y agrupando a algunos de los escritores de *El Grito* y de *La revista Chicano-Riqueña*, apareció, entre 1980 y 1981, *La palabra. Revista de Literatura Chicana*, escrita en español en su totalidad, editada en Arizona por Justo S. Alarcón. Otra revista de aquellas fechas (1974), y que todavía se sigue publicando, es *The Bilingual Review. La Revista Bilingüe*, dirigida por Gary D. Keller. Aunque se trata de una revista académica, de la Universidad de Arizona, tiene el mérito de que, como las anteriormente mencionadas, es una de las primeras revistas en publicar, en inglés y en español, literatura de autores hispanos del país.

A partir de los años setenta, con la emigración de exiliados políticos de Chile y Argentina e, inmediatamente después, y en mayor número, de los procedentes de las guerras centroamericanas en El Salvador, Nicaragua y Guatemala, y la posterior emigración o exilio económico desde estos países centroamericanos, la República Dominicana y, principalmente, de México, el caudal, las posibilidades y los logros de las publicaciones en español se multiplican y prolifera la prensa y las revistas identificadas con las distintas minorías 'latinas'.

Destacaremos solamente dos de las más importantes y sostenidas: *Literatura chilena en el exilio*, comenzada en Los Ángeles, en 1977, y cuyo primer director fue Fernando Alegría, un caso que repite el de otros intelectuales hispanoamericanos, desde el siglo XIX, ya mencionados, de querer llegar, por medio de la prensa, a un público más general que el restringido del ámbito intelectual. Aunque se trata de una revista que aspira a ser un vínculo de los intelectuales chilenos en el exilio, y a promover sus trabajos, tanto su primer director, como su editor, y luego director, el poeta David Valjalo, la convierten en una revista que aspira a llegar a toda la comunidad del exilio chileno, y no solo en los Estados Unidos. Radicaba, en un principio, entre 1977 y 1985, en Los Ángeles, como *Regeneración*, y al igual que esta tiene una vida itinerante, transnacional, pero con recorrido inverso, pues, tras cinco años en Madrid, 1985-1990, pasa a Santiago de Chile desde 1990, ya, y desde 1981, como *Revista de Literatura Chilena*.

Los años finales del siglo XX y principios del XXI

En la línea cultural y literaria de esta revista y de otros semanarios anteriores, como *La Revista Ilustrada de Nueva York* y *Las Novedades*, durante media década de los años ochenta, entre 1980 y 1986, *La Opinión de Los Ángeles* publicó un semanario cultural y literario, *La Comunidad*, dirigido por Sergio Muñoz[6]. Así, en el primer número del suplemento apareció un artículo de Carlos Fuentes sobre Paz y, posteriormente, con ocasión de una visita de Fuentes a Los Ángeles se publicó un artículo de Octavio Paz sobre Fuentes. Y en otros números aparecen escritos de —y sobre— García Márquez. Se repetía lo ya dado en *El Habanero*, *La Revista Ilustrada de Nueva York*, *Las Novedades* y *Literatura chilena en el exilio*: que escritores de primer, primerísimo, rango, publicaran en la prensa de los Estados Unidos y en español. Añade Sergio Muñoz que, para él, el suplemento *La Comunidad* estaba en un lugar

Carlos Fuentes.

privilegiado para recoger la cultura de tres fuentes artísticas y literarias: la de los Estados Unidos, la de México, combinada con toda la efervescencia de la cultura chicana del momento. Aspiró a ser un punto de encuentro de tres culturas distintas, aunque también *La Comunidad* abría un espacio plural, literatura, artes plásticas, el cine y el teatro, que abarcaba además lo centroamericano, lo hispanoamericano, en general, y asimismo el arte y la cultura españoles, ibéricos, como cierto antídoto al énfasis chicano, de aquellos tiempos, en negar esta cultura. Retomó, pues, *La Comunidad,* a fines del siglo XX, la constante hispanoamericana que ha caracterizado a tantas de estas revistas a través de dos siglos.

Un caso especial, y en cierto modo aparte, dadas sus propias peculiaridades políticas, es el de las revistas vinculadas a la eclosión cultural, artística y literaria, y muy marcadamente en español, del exilio cubano en los Estados Unidos, desde 1959 hasta el presente. Se trata de toda una floración de revistas culturales, donde también colaboran escritores cubanos de primera fila, tema ya muy bien estudiado[7]. Aquí nos limitaremos a mencionar cuatro de las más destacadas: *Exilio* (1965-1973), dirigida por Víctor Batista Falla; *Areito*, fundada por Lourdes Casal; *Caribe*, fundada en Hawái en 1966 por Matías Montes Huidobro y Yara González y que, en una segunda época, sigue publicándose en la actualidad por Armando González Pérez y Jorge Febles, y, por último, *Linden Line Magazine*, fundada por Heberto Padilla en 1982, y continuada por su esposa, la poeta Belkis Cuza Malé, y que ya cuenta con más de 25 años de existencia.

Desde los años noventa, con el nuevo auge de la inmigración hispanoamericana, principalmente de México y de los países de Centroamérica, se vive en el país un nuevo impulso de revistas bilingües y en español, muchas de ellas de vida efímera, destino de tantas revistas en cualquier confín del mundo. Solo en Chicago, en la década de los noventa, se publicaron, y sucesivamente, *Fé de Erratas, Zorros y Erizos, Arma cultural* y *Tropel*. Para terminar esta ya larga visión panorámica, mencionaremos cinco revistas, de difusión nacional, que se publican en la actualidad, a lo largo y ancho del país, sin señales de decaimiento.

En Santa Bárbara (California), Luis Leal y quien esto escribe lanzamos *Ventana Abierta*, 'revista latina de literatura, arte y cultura', totalmente en español; se publica dos veces al año (otoño y primavera) y cuenta ya con 12 años de existencia y 23 números publicados. Aunque con base en la Universidad, está dirigida al público en general, al lector medio. Quisimos que la revista fuera eso: 'una ventana abierta' para quienes en este país nos expresamos en el idioma español. Sus colaboradores representan a todas las comunidades hispanohablantes del país y la revista abarca todos los géneros literarios. *Baquiana*, revista literaria (poesía, cuento, entrevista, narrativa, teatro), se publica en Miami y cuenta con su propia editorial. Su directora es Maricel Mayor Marsán. Va ya por el año IX y el número 49/50. Incluye colaboraciones y noticias de la literatura hispana en el país, la cubana, la hispanoamericana y española en general. Es una revista muy al día de los acontecimientos culturales y literarios. En Nueva York, y más reciente, se publica la revista trimestral *Sinalefa,* ya con 15 números, dirigida por Rafael Bordao. Se trata de una revista ágil, ilustrada, con atrayentes portadas y contraportadas en color, y que en sus cuarenta y tantas páginas comprime un gran variado muestrario literario de escritores de todo el ámbito hispánico. Se anuncia en ella un diverso número de publicaciones hispanas, varias de ellas en Internet (*Cronopios, Casa Tomada, Atanay, El Ateje*, entre otras publicaciones de países hispanoamericanos y de España), y se nos dice que la revista 'llega a más de 12 países'. En Houston, Rose Mary Salum publica y dirige *Literal. Latin American Voices*, revista bilingüe (algunos ensayos se publican en ambas lenguas, otros y varios poemas se publican en español o en inglés, o en traducción del español al inglés), de muy elegante presentación, ilustrada por pintores, fotógrafos o escultores hispanoamericanos de renombre universal, quienes también aparecen tratados en la revista. Aunque incluye artistas y escritores hispanos e hispanoamericanos, en general, la revista, que se distribuye en los Estados Unidos y en México, da especial atención a escritores y artistas mexicanos de renombre. *Literal* se publica cuatrimestralmente y va ya por su tomo 10 (otoño de 2007). En Chicago, varios de los escritores y artistas, de origen hispanoamericano, que participaron en la sucesión de revistas, ya mencionadas, en la década de los noventa (Moira Pujols, José Castro, Raúl Dorantes, Febronio Zatarian, Gerardo Cárdenas, Olivia Maciel, entre otros), se reagruparon en 2003 en *Contratiempo*, revista mensual cultural, literaria y artística, que, en octubre de 2007, ha llegado a sus cincuenta números. Su director editorial es Fernando Olszanski y la directora ejecutiva, Moira Pujols. Aparte de lo literario y artístico, *Contratiempo*, con su tirada de 6.000 ejemplares y de distribución gratuita, da gran prioridad a problemas sociales o culturales de acuciante actualidad y gran relevancia para la comunidad 'latina', y no solamente la gran comunidad de la zona de Chicago. Por ejemplo, el tema principal de su último número 50 (octubre de 2007) es: 'Salud global y local'.

Entre el 12 y el 14 de octubre de 2007, *Contratiempo* ha patrocinado, con el apoyo de universidades de Chicago, el 'Primer encuentro nacional de publicaciones bilingües y en español' (¡primer encuentro tras dos siglos de existencia de estas publicaciones!), celebrado con gran éxito. Este 'encuentro', en cierto modo, ha sido también un refrendo de esta larga tradición, cuya memoria e historia se han rescatado en estas páginas, y al mismo tiempo ha sentado las bases para lo que podría ser, en un futuro no lejano, una asociación nacional de revistas culturales y literarias 'latinas'.

Página electrónica de la revista literaria *Contratiempo*.

Las revistas electrónicas

A propósito de un futuro ya presente, no podríamos acabar sin mencionar el auge de revistas culturales y literarias que se está experimentado en la Red y sin destacar algunas de las más señaladas: *Baquiana*, publicación ya mencionada, también tiene su existencia electrónica: http://www.baquiana.com/; *El ateje* (http://www.elateje.com/), dirigida por Luis de la Paz, cuenta ya con siete años de existencia; *Red Literaria* (http://www.red-literaria/), con amplísima información literaria de todo el mundo hispánico; *La Peregrina Magazine* (http://www.laperegrinamagazine.com/), revista cultural que cuenta con Carmen Karin Aldrey como directora y diseñadora, quien presenta la revista con un exquisito diseño. Y, por último, *Medialsla*, dirigida por el escritor dominicano René Rodríguez Soriano, de gran calado y amplia difusión de más de 1.020 resúmenes, agrupa a un número de colaboradores en diversos países y se bifurca en su propia red de *blogs* de prosa y poesía (http://espanol.groups.yahoo.com/group/medialsla/). Estas revistas electrónicas tienen enlaces, y están vinculadas, con varios otros portales literarios cibernéticos del país, de los diversos países hispanoamericanos y de España, lo que hace posible que sus lectores estén al día en obras, autores y noticias de las aportaciones y tendencias literarias y artísticas que se están realizando en todos los países de habla hispana, incluyendo, entre estos, a los Estados Unidos. Se trata de un gran logro irreversible, con raíces en un pasado remoto, y que promete un futuro de esplendor para las letras en español de los Estados Unidos.

Notas

[1] Cf. el importantísimo estudio de Nicolás Kanellos y Helvetia Martell (2000), *Hispanic Periodicals in the United States: Origins to 1960.*

[2] En 1976, los profesores Vernon A. Chamberlin e Iván A. Schulman publicaron su libro sobre *La Revista Ilustrada de Nueva York*, el cual nos permite conocer la amplitud y el alcance de la revista.

[3] Carlos Ripoll (1971) publicó un estudio del semanario, *Patria: El periódico de José Martí. Registro general 1892-1895*, donde, aparte de este registro, publica, en un apéndice, la impresionante lista de artículos del propio Martí.

[4] Bajo el título de *Spaniards*, Rafael Chabrán tiene un detallado estudio sobre la prensa obrera de españoles, puertorriqueños y mexicanos en los Estados Unidos.

[5] En el libro *Pedro Henríquez Ureña en los Estados Unidos*, de Alfredo Roggiano (1961), en la antología de textos del autor se recoge la serie de sus artículos publicados en *Las Novedades*: toda una serie de escritos de alta cultura y de literatura que van desde Eurípides o Bernard Shaw, Beethoven y Wagner o *Goyescas*, hasta uno sobre 'La filosofía en la América Española', o sobre Rubén Darío, además del ya citado sobre Cervantes.

[6] En conversación telefónica con este (septiembre de 2007), quien llegara, a fines de los años setenta, a estudiar el doctorado en la Universidad de California, en Los Ángeles, procedente de los medios artísticos y literarios de la Ciudad de México, me dice que pasó también a trabajar en un puesto administrativo en el diario *La Opinión* y que propuso a su director fundar un suplemento cultural, siguiendo una práctica tan extendida en los periódicos de la capital mexicana. El Sr. Lozano le dio el visto bueno, pero sin casi ningún apoyo monetario. Se daba el caso de que Sergio Muñoz tenía amistad con Octavio Paz, Carlos Fuentes y Gabriel García Márquez, y recurrió a ellos. Los tres, muy interesados en la difusión de la literatura en español en los Estados Unidos, le dijeron: 'Sí, lo que te haga falta de nuestros escritos, cógelo'.

[7] Me remito al extenso trabajo 'Instituciones y revistas culturales cubanas' por Orlando Rodríguez Sardiñas, publicado en este mismo volumen.

Mexicanos y centroamericanos: instituciones culturales y revistas literarias

Daniel R. Fernández

Instituciones culturales

En cuanto a instituciones culturales se refiere, el pueblo méxico-estadounidense ha tenido que luchar por muchos años para abrirse paso en Norteamérica y erigir sus propios órganos de expresión y difusión cultural. No hay que olvidar que al final de la guerra entre México y los Estados Unidos los mexicanos quedaron huérfanos en tanto se refiere a instituciones de cualquier tipo. Oficialmente, según estipulaba el Tratado de Guadalupe Hidalgo de 1848, los más de 77.000 mexicanos que habitaban en los territorios cedidos a los Estados Unidos pasaban a ser ciudadanos estadounidenses, con los mismos derechos, privilegios y garantías que sus conciudadanos anglosajones. Según este tratado, las instituciones estadounidenses se encargarían de proteger los derechos e intereses de estos nuevos estadounidenses. La realidad fue otra muy distinta. La mayoría de los mexicanos, de hecho, pronto se vieron desplazados y subordinados por los anglosajones. Enajenados en su propia tierra e inermes ante una serie de leyes discriminatorias que se promulgaron en contra de sus intereses, los mexicanos perdieron sus tierras, bienes, poder y privilegios sociales.

Hacia finales del siglo XIX y principios del XX, para defenderse y prestarse apoyo mutuo, en el seno de la población mexicana se empiezan a formar sociedades fraternales mutualistas. Sociedades tales como la Alianza Hispano Americana (1894), la Sociedad Protección Mutua de Trabajadores Unidos (1900), la Cámara de Comercio Mexicana (1918), la Sociedad Mutualista Mexicana (1918) y la Sociedad Unión Cultural Mexicana (1924) proporcionaban a sus miembros todo tipo de servicios, protección, asesoría y apoyo económico en tiempos de penuria. Pero más allá de estos beneficios, estas y otras entidades mutualistas ayudaban al mexicano a proteger y a defender su identidad cultural, pues hay que hacer hincapié en el hecho de que un rasgo común de estas sociedades era precisamente la promoción de la identidad y cultura mexicanas y la defensa de la lengua española. La formación de las sociedades mutualistas fue un paso decisivo, ya que era fundamental la cooperación y la ayuda mutua para lograr la supervivencia del méxico-estadounidense en todos los planos de su existencia: social, político, económico, laboral, lingüístico y cultural.

No es de extrañar, pues, el hecho de que desde que existen mexicanos en la Unión Estadounidense es imposible deslindar la cultura y el idioma de la lucha por la justicia social. De ahí que la defensa de la cultura mexicana y el idioma español siempre haya sido vista como uno de los postulados fundamentales de la mayoría de los organismos y las instituciones méxico-estadounidenses que se han formado a lo largo de los años. Tal es exactamente el caso de la Liga de Ciudadanos Latinoamericanos Unidos (LULAC), fundada en 1929, en Corpus Christi, Texas. No es esta únicamente la organización de hispanos con mayor tradición en el país, sino también la más numerosa, ya que cuenta hoy con más de 115.000 miembros activos en toda la extensión territorial de los Estados Unidos. Según el cibersitio oficial de LULAC: '[L]a misión de la Liga de Ciudadanos Latinoamericanos Unidos (LULAC) es mejorar la situación económica, los logros educativos, la influencia política, la salud y los derechos civiles de la población hispana de los Estados Unidos'. Han sido muchos y variados los logros de este organismo. Por ejemplo, en 1945 logró que se eliminase la segregación étnica en el sistema escolar público del condado de Orange, California, cuyas escuelas no permitían a los niños y jóvenes mexicanos asistir a las escuelas de los anglosajones. En la actualidad, LULAC ofrece una amplia gama de servicios públicos, otorga becas de estudio y administra varios programas educativos y culturales. En los últimos años LULAC ha luchado enconadamente en contra del movimiento English Only, movimiento que propone la eliminación de la enseñanza bilingüe en varios estados del país.

Actualmente hay muchas fundaciones y asociaciones cuyo propósito primordial es el fomento de la educación. Cabe mencionar aquí la Association of Mexican-American Educators, instituida en 1965, la National Association of Chicano and Chicana Studies (NACCS) y la Society for the Advancement of Chicanos and Native Americans in Science (SACNAS), ambas fundadas a principios de los años setenta. Una de las organizaciones más visibles y activas, si bien de las más extremistas y radicales, es el Movimiento Estudiantil Chicano de Aztlán (MEChA), fundado en 1969. Según su texto fundacional, 'El Plan espiritual de Aztlán', MEChA es una entidad cuya meta es precisamente la independencia total, la autodeterminación política y cultural del pueblo chicano en los antiguos territorios mexicanos.

Aparte de estas instituciones y otras entidades nacionales, existen un sinnúmero de organismos regionales y locales que promueven la cultura mexicana. Por ejemplo, en la ciudad de Nueva York, la cual en las últimas dos décadas ha recibido a miles de inmigrantes provenientes de Guerrero y Puebla y de otros estados de la república mexicana, han empezado a surgir varias organizaciones. Las que más se destacan son la Asociación Tepeyac de Nueva York, la Casa Puebla y la Asociación Mano a Mano: Cultura Mexicana Sin Fronteras. Todos estos organismos sin ánimo de lucro han surgido en los últimos diez años con el fin no solo de prestar servicios básicos al inmigrante sino también el de promover la cultura mexicana por medio de programas y talleres educativos y mediante la organización y el patrocinio de actividades y actos culturales de todo tipo.

Queda claro, pues, que los mexicanos han tenido que forjarse sus propias instituciones por sí solos y por sus propios medios, sin ayuda directa de la república mexicana. Bien es sabido que, tras la pérdida de sus territorios nacionales, México se desentendió de sus ciudadanos en los Estados Unidos, quienes de muchas maneras se sintieron abandonados por su patria. Desgraciadamente, durante la segunda parte del siglo XIX y la mayor parte del XX, México hizo muy poco por mitigar ese sentimiento y estado de abandono. A partir de la última década del siglo XX, sin embargo, el Gobierno mexicano ha tratado de rectificar los errores pasados y ha empezado a poner en práctica una serie de políticas de 'acercamiento'. En 1996, por ejemplo, se aprueba en México una reforma constitucional que permite que el mexicano en el extranjero tenga dos nacionalidades. Es decir, a partir del 20 de marzo de 1998, fecha en que entra en vigor la reforma constitucional, el mexicano de los Estados Unidos puede por fin adquirir la nacionalidad estadounidense sin riesgo a perder la mexicana.

Además, como parte de estas políticas de acercamiento, el Gobierno mexicano, por medio de la Secretaría de Relaciones Exteriores, crea en 1990 el Programa para Comunidades Mexicanas en el Extranjero. Por medio de este programa el Gobierno mexicano dona anualmente miles de textos, ofrece clases de alfabetización, entrena y envía maestros a trabajar con comunidades mexicanas en los Estados Unidos.

Asimismo, como parte de esta misma iniciativa se dispuso la fundación en Nueva York, Los Ángeles, San Antonio y en otras once ciudades estadounidenses del Instituto Cultural Mexicano, cuyo propósito es el de difundir y potenciar la cultura mexicana en los Estados Unidos. Por medio de sus diversas localidades el Instituto ofrece clases y talleres y también organiza y patrocina exposiciones de arte y fotografía, obras de teatro, ponencias, actos musicales, congresos y conferencias.

Los centroamericanos en los Estados Unidos, cuya mayoría llega al país en los años setenta y ochenta, aún tienen mucho camino que recorrer en lo concerniente a la institucionalización de sus propios organismos culturales. Sin embargo, hay indicios de que las cosas marchan por buen camino. En todas las ciudades en donde hay centroamericanos, por ejemplo, existen centros de ayuda al inmigrante, centros donde los inmigrantes del Istmo se reúnen y comparten sus tradiciones. Pongamos por caso el Centro de Recursos para Centroamericanos (CARECEN) de Los Ángeles, fundado en 1983 por un grupo de refugiados salvadoreños con el fin de ofrecer asesoría y ayuda legal a quienes buscaban legalizar su estado migratorio en el país anfitrión. Con el pasar del tiempo el centro fue ampliándose en su enfoque y en el tipo de servicios que brindaba; actualmente, aparte de los servicios básicos que proporciona a inmigrantes, ofrece varios programas educativos y cursos de capacitación profesional. Como este hay múltiples centros a lo largo y ancho del país que operan localmente; es de esperarse que, con el tiempo, estas organizaciones se amplíen y extiendan su alcance para ocuparse de asuntos culturales.

Revistas literarias

Bien es sabido que las revistas literarias tienen su apogeo en el siglo XIX en Europa; pero, como nos lo recuerda Luis Leal, los primeros barruntos de lo que vendría a conocerse como el género de la revista literaria tienen su origen dos siglos antes, en el *Giornale d'letterati* de Francesco Nazzari, publicado en 1668, en la *Nouvelles de la Républic des Lettres*, publicada por el filósofo francés Pierre Bayle en Holanda, y en *Le Mercure Galant*, editado en 1672. En el mundo hispano, hacia 1739, Juan Salafranca y Leopoldo Gerónimo Puig editan el *Diario de los literatos de España* y en México José Antonio Azlate saca a la luz su *Diario Literario de México*.

En los territorios mexicanos norteños que habrían de pasar a manos estadounidenses tras la firma del Tratado de Guadalupe Hidalgo en 1848, hay que esperar, sin embargo, hasta finales del siglo XIX para que empiecen a editarse y a distribuirse las primeras gacetas y revistas literarias. Es entonces cuando surgen publicaciones como la *Revista Hispano-Americana* (1889) y la *Revista Católica* (1875-1900) de Las Vegas, Nuevo México, en la que se publica por entregas una de las primeras novelas escritas en español en los Estados Unidos, *Deudas pagadas* (1875), de autor anónimo. Hay que advertir, no obstante, que en esta época y desde un principio, en los Estados Unidos los periódicos han desempeñado un papel fundamental en la difusión de obras literarias escritas en español.

Alfonso Reyes.

Ya bien entrado el siglo XX, se funda en Nueva York la revista *La Nueva Democracia* (1920-1963), dirigida en un principio por Samuel Guy Inman como órgano del Comité de Cooperación en la América Latina. En los años treinta la revista pasa a manos del pensador mexicano Alberto Rembao (1895-1963), radicado en Nueva York, quien la dirigió hasta su muerte en 1963, año en que deja de editarse. Se distingue esta revista no solo por su longevidad, fenómeno insólito en el precario mundo de las revistas literarias, sino también por la calidad de lo que publicaba: en sus hojas colaboran intelectuales y escritores de la talla de Alfonso Reyes, José Vasconcelos, Gabriela Mistral, Juana de Ibarbourou, Francisco Romero, Germán Arciniegas, Luis Alberto Sánchez, Arturo Capdevila, Gastón Figueira y Víctor Raúl Haya de la Torre, entre otros.

Desafortunadamente son pocas las revistas como *La Nueva Democracia* que se dan en los Estados Unidos en la primera mitad del siglo XX. Habrá que esperar hasta el surgimiento del movimiento chicano de los años sesenta y setenta para que las revistas literarias mexicano-estadounidenses lleguen a su momento de mayor pujanza. Hay que destacar aquí revistas como *El Grito* (1967-1974), *Con Safos* (1968-1972), *Aztlán* (1970-), *La Palabra: Revista de Literatura Chicana* (1979-1985) y *Revista Chicano-Riqueña* (1973-1985). Por medio de las páginas de estas y otras publicaciones se dieron a conocer los escritores chicanos más importantes del momento. Hubo de hecho un sinnúmero de revistas de corta vida que, sin embargo, no por ello son menos importantes. Cabe mencionar aquí, por ejemplo, publicaciones como *Tejidos* (1974-1978), de la ciudad de Austin, y *Caracol* (1974-1977), de San Antonio; ambas revistas fueron claves en la gestación del 'renacimiento chicano' que surgió en Texas en la década de los setenta. Estas y otras revistas reunieron en torno suyo a un grupo importante de escritores chicanos, dándoles un foro para que se expresasen.

No obstante, la mayoría de las revistas que nacen en los años sesenta y setenta, con la excepción de un puñado de ellas, no pudieron sobreponerse al cúmulo de problemas que las plagaron desde el principio. Es la estudiosa y escritora chicana Yvonne Yarbro Bejarano (1980) en 'Reseña de revistas chicanas: problemas y tendencias' quien nos explica que 'unos problemas muy comunes [de las revistas literarias chicanas] son la publicación irregular, la escasez de crítica literaria, el énfasis en la poesía a expensas de la ficción y el teatro, y el número excesivo de errores tipográficos, sobre todo en español. Por otra parte, parece que las revistas se han vuelto más selectivas en el material que publican. El problema más apremiante, sin embargo, sigue siendo el de sobrevivir. Algunas veteranas han desaparecido y otras siguen bajo otra forma, pero ya no son revistas'.

Este último es verdaderamente el problema más apremiante; aunque pocas, existen revistas que se han mantenido en pie hasta nuestros días. Tal es el caso de *The American Review* (1973-), que continúa la tradición de la *Revista Chicano-Riqueña*, fundada por Nicolás Kanellos y Luis Dávila, y la revista *Aztlán* de Los Ángeles. Sin embargo, solo sobreviven gracias a la protección y al patrocinio de las universidades que las auspician. Sin este tipo de apoyo pocas revistas literarias méxico-estadounidenses sobrevivirían los embates y las presiones económicas que suelen ser el azote de las revistas literarias; pues, como es bien sabido, como regla general no son muchas las personas que patrocinan y se suscriben a publicaciones de este tipo. Por el mismo motivo son verdaderamente pocas las revistas literarias independientes. Como nos dice Víctor Fuentes (1998: 12), director asociado de la revista semestral *Ventana Abierta*: '[L]as revistas de creación y de pensamiento, en español, fuera del ámbito académico se pueden contar con uno o dos dedos de la mano'. Pese a las dificultades, Víctor Fuentes, al lado de Luis Leal, gran estudioso de la literatura mexicana y chicana, lanzaron en 1996 el primer número de *Ventana Abierta,* que, en el decir de sus editores, 'es una revista independiente fundada con el propósito de llenar un hueco en las vías de comunicación hoy entre latinos/as que desean expresarse en español', como reza la frenteportada de cada uno de los más de veinte números que han salido hasta la fecha.

Hay indicios de que este mismo hueco se está llenando también de otra manera y por otros medios. En la Red, por ejemplo, es hoy posible encontrar un sinnúmero de revistas literarias en versión electrónica y también múltiples cibersitios, que si bien no siguen el formato clásico de la revista literaria, de igual manera proporcionan mucha información sobre la literatura méxico-estadounidense. Tal es el caso del cibersitio *La Bloga*, por ejemplo, que es mucho más que un *web log*, o un diario de Internet. En *La Bloga* podemos encontrar reseñas, entrevistas a escritores chicanos y biografías de estos. Además, *La Bloga* nos ofrece un sinnúmero de enlaces mediante los cuales se puede acceder a la obra poética, ensayística y narrativa de varios autores. Quizá sea este el futuro de la revista literaria, aunque no hay que olvidar que este tipo de formato tiene también sus problemas y limitaciones; uno de estos, por ejemplo, es el hecho de que los cibersitios no son permanentes y que de un día para otro, por uno u otro motivo, pueden desaparecer de la Red. La revista literaria clásica aún no pierde, pues, 'su posesión privilegiada entre el periódico y el libro, más permanente que el primero y más accesible que este', que 'la convierte en el medio ideal para la expresión inmediata de ideas y obras literarias de creación y artísticas' (vid. el artículo de Víctor Fuentes).

Instituciones y revistas culturales cubanas

Orlando Rodríguez Sardiñas (Rossardi)

Introducción

Desde muy temprano los cubanos residentes fuera de la Isla sienten la necesidad de reunirse en grupos, tertulias, clubes, etc., para llevar a cabo tareas culturales y cívicas que en cierta manera les pongan, nuevamente, en contacto con el territorio dejado atrás a la vez que les ayuden a conservar su identidad en el país extranjero elegido para echar raíces. En su mayoría las instituciones que se van creando persiguen más unos objetivos políticos que literarios y de entretenimiento social y popular que de desarrollo intelectual. No obstante, son muchas las asociaciones culturales que se crean para mantener vivo el interés en las letras y las artes y para incentivar la creación entre los jóvenes, además de mantener y divulgar los valores artísticos entre los mayores y la comunidad en general.

Instituciones culturales

La violenta etapa de la historia cubana llamada Guerra de los Diez Años (1868-1878) provoca una notable emigración de cubanos hacia ciudades norteamericanas: Nueva York en el norte y al sur, en la península de la Florida, Tampa y Cayo Hueso (Key West) fueron las primeras escogidas por la emigración cubana para iniciar una nueva vida; mucho más tarde, la ciudad de Miami va a recibir una gran población de exiliados, sobre todo a principios de 1959, cuando la Revolución de Fidel Castro se hace cargo del Gobierno de la Isla. En el siglo XIX, en Tampa y en Cayo Hueso los cubanos, que en su mayoría se ganan la vida en la industria del tabaco en 'factorías' de la zona, se unen luego afuera en instituciones patrióticas o clubes sociales con el propósito de mantener el espíritu y la identidad nacional a flote y de obtener ayuda económica para la lucha armada contra el Gobierno colonial. Se tienen noticias de que cerca de cincuenta asociaciones y clubes de mujeres cubanas se fundan durante estos años. En las últimas décadas del siglo XIX dichas ciudades, incluyendo Nueva York, van a dar refugio a miles de exiliados integrantes de grupos cívicos y culturales que van desde la creación del grupo La Liga (Nueva York), a cargo de su fundador negro Rafael Serra, hasta la inauguración del Partido Revolucionario Cubano, que funda José Martí a principios de 1882 en Tampa y Cayo Hueso, organizaciones que animan tertulias y recitales musicales con el objetivo de recaudar fondos para la guerra librada en Cuba. Por el estilo se crearán otras sociedades, gremios y clubes como el Club San Carlos, la Sociedad Martí-Maceo, el Club Nacional Cubano, el Círculo Cubano, el Centro Cultural Cubano, etc., en las zonas de Cayo Hueso, Ybor City, Tampa y Nueva York.

No será, sin embargo, hasta mediados del siglo XX, con el arribo de un nuevo éxodo hacia los Estados Unidos y, con preferencia, a la ciudad de Miami, cuando las instituciones artísticas y culturales se multipliquen y adquieran una dimensión nacional y a veces internacional.

En Miami, los planteles de enseñanza secundaria y superior, sobre todo aquellos de educación universitaria, han sido lugares ideales para reunir a los estudiantes por grupos de afinidad y muy en especial por nacionalidades. Es el caso de grupos como la Cuban American Student Association (CASA), o Asociación de Estudiantes Cubano Americanos, que proliferan en muchísimas universidades del país, en particular en aquellas universidades situadas en ciudades con un alto índice de población de origen cubano, como Miami y Nueva York. Las asociaciones más conocidas son las de la Universidad Estatal de la Florida (FSU), la de la Universidad de la Florida (University of Florida), la de la Universidad Internacional de la Florida (FIU) y la Universidad de Miami (UM); cabe destacar asimismo las de las universidades de Nueva York (NYU) y Columbia (CU), y otras más alejadas de esos centros de población hispana, como lo son las universidades de Cornell y la de Duke, o las de Míchigan, Boston College, University of Missouri y las instituciones más reconocidas, como las de Harvard y Yale, que mantienen sendas organizaciones CAUSA (Cuban American Undergraduate Student Association), donde se agrupan alumnos que no han pasado todavía a la Escuela de Posgrado.

También dentro de los recintos universitarios, aunque no con exclusividad, los intentos más fructíferos de constituir estas organizaciones son aquellos creados para el estudio e investigación de la política, la sociedad y también la actividad artística y literaria del cubano, dentro y fuera de Cuba. Entre las más conocidas están aquellas involucradas más bien en asuntos políticos y cívicos, aunque en ocasiones organizan y promueven actividades culturales y artísticas de calidad. Destacamos, entre otras, la Cuban American National Council (CNC), fundada en 1972, y la Cuban American National Foundation (CANF), fundada en 1981. De esta última emana la J.M.C. Freedom Foundation (Fundación para la Libertad, Jorge Más Canosa), que mantiene un Fondo de Estudios Cubanos que auspicia investigaciones, publicaciones y conferencias sobre Cuba y sobre la presencia y el impacto de la comunidad cubana en los Estados Unidos. Otras dos organizaciones, probablemente las más antiguas del área, son la Asociación Cubana de Artes Plásticas en el Exilio y la Asociación Fraternal Latinoamericana, que organizan, tan temprano como en 1964, 1965 y 1966, exposiciones anuales de libros y exposiciones colectivas de artistas en el exilio; a este respecto, esta última es responsable de la 'Primera exposición simultánea de arte y poesía/Miami', diciembre de 1966, con presentaciones de los autores participantes, entre ellos Norma Niurka Acevedo, Alberto Baeza Flores, Juan William Bush, Raimundo Fernández Bonilla, Rita Geada, José Kozer, Ana Rosa Núñez, María Antonia Rodríguez Ichaso, Elena Ulacia y Orlando Rossardi, bajo la coordinación del poeta Mauricio Fernández. Entre los pintores, Roberto Estopiñán, Lourdes Gómez Franca, Rosana McAllister, Enrique Riverón, Baruj Salinas y Rafael Soriano; y la presentación del grupo Teatro 66, bajo la dirección de Miguel Ponce.

Otra organización muy importante, esta vez de carácter gubernamental, es el Hispanic Heritage Council (Consejo de la Hispanidad), que organiza una buena cantidad de actividades culturales cuyo objetivo es dar a conocer y diseminar la cultura hispana; una de ellas, y sin duda la más importante, es el Festival de la Hispanidad, que viene celebrándose anualmente desde su fundación en 1973 todos los meses de octubre. Las actividades de esta institución no solo involucran a los cubanos del área, sino a todos los grupos hispanos de la ciudad de Miami y sus alrededores.

En la Universidad Internacional de la Florida (Florida International University) se funda en 1991 el Instituto de Investigaciones Cubanas (Cuban Research Institute, CRI) con la finalidad de estudiar la política, la sociedad y la economía cubanas en general, dentro y fuera de Cuba. El instituto ofrece, además de dichas posibilidades, cursos sobre esos temas, intercambio académico con profesores e intelectuales de la Isla además de preparar congresos anuales a los que acuden estudiosos en diversas áreas de interés académico y artístico. El instituto también diseña y ofrece a la comunidad actividades culturales como entrevistas con creadores, presentaciones y exposiciones de obras de artistas y programas de interés cívico, histórico y social. Responsables del centro son su director Damián Fernández y la escritora Uva de Aragón y, anteriormente, su fundador y director hasta el año 2003, Lisandro Pérez. El instituto mantiene un portal electrónico de información sobre la naturaleza de los acontecimientos históricos, los cambios políticos, sociales y económicos que ocurren en la Isla y la respuesta del exilio a estos cambios: http://cubainfo.fiu.edu/. Otra organización de parecido signo al CRI, pero totalmente independiente, es el Instituto de Estudios Cubanos

(Institute of Cuban Studies), que empieza a concertar esfuerzos de varios académicos y profesionales desde muy pronto en 1969 y luego en 1971 con las Primera y Segunda Reunión de Estudios Cubanos, respectivamente, aunque no es hasta 1973 cuando se establece oficialmente dicho grupo. El alma de la organización es la profesora María Cristina Herrera, que congregará a su alrededor a otros profesores e intelectuales como Lourdes Casal, Laureano y Víctor Batista Falla, Andrés Valdespino, Humberto Piñera Llera, Jorge Castellanos, José S. Prince, Carmelo Mesa Lago, Emilio Cueto, Mercedes García Tudurí, Luis Aguilar León, José Ignacio Rasco, Raimundo Fernández Bonilla, Julián Orbón y Leonel Antonio de la Cuesta, entre otros. Hacia mediados de los noventa la institución se renueva y aparecen otras figuras de prestigio como Marifeli Pérez-Stable, Enrique Baloyra, Lisandro Pérez, Jorge Domínguez, Damián Fernández, Uva de Aragón, etc.

Esta misma Universidad Internacional de la Florida va a ceder espacio para las tertulias, reuniones y actividades del grupo The Cove/Rincón Internacional, fundado por Marily A. Reyes, que lleva a cabo una tarea encomiable como es reunir a diversos grupos de la comunidad, de distintas nacionalidades hispanas, aficionados a la literatura y a las artes, brindando la oportunidad de que escritores de todas las edades que comienzan una carrera literaria se den a conocer leyendo y hasta publicando sus obras en la revista del mismo nombre que saca la institución periódicamente. La organización ofrece talleres de creación literaria donde participan conocidos escritores del área y exposiciones de pintura y escultura. También organiza unos premios anuales de poesía y narrativa y muchos de sus miembros asisten a congresos internacionales en Europa e Hispanoamérica. Una organización creada en 2005 para conservar la cultura afrocubana y en general los valores culturales de la llamada 'diáspora' es, precisamente, el Centro Cultural de la Diáspora (Diaspora Cultural Center, Inc.), cuyos objetivos son la investigación, compilación, conservación y diseminación de las culturas yoruba y lucumí importadas de África a las regiones del Caribe, a Brasil y a los Estados Unidos. Su grupo directivo, formado por Miguel Ramos, Glern Corredeira, Rosalind Medina, José Travieso, Raúl Piélago, Carlos Mielgo y Rigoberto Fernández, se encarga de ofrecer a sus miembros conferencias, exposiciones y actividades que tengan que ver con los objetivos de la asociación.

La Cuban Heritage Collection (Colección de la Herencia Cubana) de la Biblioteca Otto G. Richter de la Universidad de Miami es una biblioteca especializada en libros y documentos sobre Cuba y, en particular, sobre la obra y las publicaciones de los cubanos del exilio. La biblioteca, que forma parte de la fundada en 1926, se ha dedicado, sobre todo a partir de 1959, a obtener casi todo lo que los cubanos publican fuera de la Isla. Sus primeras bibliotecarias fueron Rosa Abella (1920-2007), que desde muy temprano fue acumulando documentos del exilio, y la poeta Ana Rosa Núñez (1926-1999), que la acompañó en el esfuerzo un poco más tarde. En la actualidad se ocupan de ella Lesbia Orta Varona y su directora, Esperanza de Varona. Parte de sus actividades es presentar exhibiciones, exposiciones y conferencias culturales y artísticas. En sus archivos se mantienen manuscritos valiosísimos de escritores cubanos del calibre de Lydia Cabrera, Gastón Baquero, Enrique Labrador Ruiz y José Lezama Lima, entre muchos más. La colección posee unos importantes archivos digitales sobre teatro cubano e hispanoamericano (Cuban/Latino Theater Archive), a los que artistas, dramaturgos, investigadores e interesados en general pueden llegar con facilidad y leer sus páginas: http://scholar.library.miami.edu/archivoteatral/.

Entre 1988 y 1997, la Universidad de Miami mantuvo el prestigioso premio literario Letras de Oro, dirigido por el profesor Joaquín Roy y con la colaboración de empresas privadas y el Gobierno de España. Dicho premio fue ganado por numerosos creadores hispanos, caso de autores como Javier Campos, Lucía Guerra, Fernando Villaverde y Carlos Victoria, entre muchos otros que en la actualidad gozan de merecida reputación. Otro centro que por años abre sus puertas a los hispanos y a los cubanos en particular para celebrar reuniones, exposiciones, congresos y actos públicos literarios y artísticos, es el John J. Koubek Memorial

Página electrónica
del Cuban/Latino Theater
Archive alojada
en la Universidad de Miami.

Center, bajo la dirección de Pablo Chao, que forma parte del Instituto para los Estudios Cubanos y Cubano-Americanos (Institute for Cuban and Cuban-American Studies, ICCAS) de la Universidad de Miami, institución académica que mantiene un espacio para el estudio e investigación de todo lo relacionado con Cuba y los cubano-americanos. Organiza cursos, seminarios, conferencias y cursillos de verano. El instituto también cuenta con la Casa Bacardí, la cátedra de Estudios Cubanos Emilio Bacardí Moreau y el Proyecto de Transición para Cuba (Cuban Transition Project). Los salones que brinda la Casa Bacardí se usan para actividades culturales, conferencias, exposiciones, conciertos y reuniones para discutir y estudiar los asuntos cubanos de todo tipo. La institución saca a la luz una serie de excelentes publicaciones anuales sobre asuntos políticos, sociales y económicos relacionados con Cuba. El ICCAS, dirigido por el profesor Jaime Suchlicki, cuenta además con un notable grupo de colaboradores y asesores que mantienen al día las actividades del instituto dentro y fuera de la comunidad. Una institución con objetivos semejantes al ICCAS será el Instituto de Estudios Cubanos y del Caribe (Cuban and Caribbean Studies Institute) de la Universidad de Tulane en Nueva Orleans (http://www.cuba.tulane.edu/), parte del Centro Stone para Estudios Latinoamericanos de la misma institución universitaria y que en un principio se llamó Instituto de Estudios Cubanos (Cuban Studies Institute). La institución, oficialmente establecida en 1997, ha estado a cargo de las profesoras Ana M. López y Marilyn G. Miller y, en general, ofrece cursos, facilita investigaciones e intercambios académicos y mantiene un programa de conferencias y reuniones sobre los temas cubanos y caribeños.

Otra variedad de instituciones culturales independientes son aquellas organizadas por intelectuales y artistas cubanos y cubano-americanos que unen sus esfuerzos para llevar a cabo actividades y, en numerosas ocasiones, publicar revistas de arte y literatura patrocinadas por la institución. Una de las organizaciones más antiguas es Círculo de Cultura Panamericano, que mantiene la publicación *Círculo: Revista de Cultura* (vid., infra, el apartado dedicado a 'Revistas literarias') y que funda Carlos M. Raggi en 1963. La organización funciona con un enorme éxito hasta la fecha y sus integrantes celebran un buen número de actividades durante todo el año, además de congresos anuales a los que concurren sus miembros y una gran cantidad de público tanto en el área de Nueva York, en invierno, como en la ciudad de Miami durante el verano. Otra organización literaria, con base en Nueva York, que provee conferencias, exposiciones artísticas y presentaciones de libros, sobre todo de poesía, es el Centro Cultural Cubano (CCC), que en la actualidad dirigen la poeta Iraida Iturralde y Lourdes Gil, y cuyo fundador en 1972 fue el escritor y cineasta cubano Iván Acosta.

En la ciudad de Miami existe una organización fundada con la 'misión de preservar y compartir la herencia cultural cubana' trasplantada con el éxodo de los cubanos en 1959. Se trata del Cuban Museum, Inc. (Museo Cubano), entre cuyos objetivos está el de servir de vehículo a intelectuales y artistas cubanos para con sus aportes contribuir al enriquecimiento cultural de la comunidad. La organización, a cargo de su presidenta Ofelia Tabares-

Fernández y de un grupo entre los que se encuentran Alfredo y Martha Caballero, Jorge Alonso, Yolanda Nader y otros, se ocupa de presentar actividades como conferencias, exposiciones y recitales musicales y entrega premios literarios en las artes y la literatura. Con un aporte económico sustancial otorgado por el condado de Dade en la Florida, el Museo Cubano ha adquirido terrenos para edificar un edificio en el cual se albergarían salones de exposiciones permanentes y espacios para disfrutar de otras actividades culturales. También en la ciudad de Miami, se crea una organización cultural, la Asociación de Hispanistas de las Américas, dirigida por la filóloga Concepción T. Alzola y la escritora Gladys Zaldívar, que organizan reuniones, conferencias y recitales, y que publican y distribuyen una variada serie de monografías lingüísticas y literarias.

También en Queens, en el área metropolitana de la ciudad de Nueva York, el dramaturgo Pedro Monge Rafuls funda, a finales de 1977, el Centro Ollantay para las Artes (Ollantay Art Heritage Center) como un grupo de teatro con actores y para artistas y dramaturgos hispanoamericanos, que organiza lecturas de autores del área en una biblioteca pública, además de ofrecer tertulias literarias y exposiciones de pintura y fotografía que ponen de relieve las diversas contribuciones no solo de cubanos sino de emigrantes procedentes de varios países hispanoamericanos. La organización publica una excelente revista, *Ollantay* (vid., infra, 'Revistas literarias'), dedicada a la dramaturgia, al teatro como espectáculo y al estudio de las artes escénicas en general. El Centro Ollantay también organiza talleres de poesía y narrativa, festivales de cine y puestas de teatro ambulante. En 1989 organizó un programa sobre literatura donde se discutió, entre otros asuntos, 'el problema de la lengua para el escritor hispano' radicado en los Estados Unidos. Una propuesta de carácter reciente es la Feria Multilingüe del Libro de Nueva York, que desde el verano de 2006 celebra, en el área neoyorquina de Astoria, un encuentro de autores, en su gran mayoría 'independientes' y que publican en varios idiomas, siendo de mayor representación la obra de los escritores hispanos. Otra iniciativa también reciente es la Feria Internacional del Libro de la ciudad de Dallas, en Texas, que abrió sus puertas en 2006 coordinada por Miriam Rodríguez, y que da a conocer a autores hispanos en presentaciones de libros, debates, recitales, etc., bajo el patrocinio de varias publicaciones y periódicos en español del área como *El Hispano, El Líder, El Extra* y *Novedades*.

Otras organizaciones y salas dedicadas solo a propuestas teatrales y musicales hispanas son la Agrupación Lírica, la Sociedad Hispanoamericana de Arte, Teatro 66, la Asociación Internacional de Música, la Academia Cubana de Ballet, El Carrusel, Las Máscaras, La Danza, La Comedia (1 y 2), Teatro Avante, Teatro de Bellas Artes (antiguo América), Astral, Teatros Cuba, Essex, Havanafama Teatro Estudio, Teatro Abanico, Prometeo (grupo teatral del Miami-Dade College), que funda la actriz y poeta cubana Teresa María Rojas, Teatro Venevisión, Teatro Guiñol, Teatro Nuevo en Miami; Teatro Lírico Español en Tampa y, en la ciudad de Nueva York, Teatro Repertorio Español (Spanish Repertory Theater of New York), fundada en 1968 por Gilberto Zaldívar y René Buch, entidad que goza de una enorme reputación y que ha recibido excelentes críticas y premios por sus producciones y su larga trayectoria. Entre todos estos grupos se destaca la institución cultural más arraigada en la comunidad exiliada de la ciudad de Miami, la Sociedad Pro Arte Grateli, que se funda en 1967 con el esfuerzo de la conocida soprano lírica cubana Martha Pérez y del tenor Miguel de Grandy II, junto a Pili de la Rosa y Demetrio Aguilera Menéndez. La asociación lleva a cabo la puesta de producciones de comedias musicales, conciertos, zarzuelas y obras dramáticas. Otro grupo cultural organizado en 2005 es la Asociación Latinoamericana de Proyectos Culturales (ALPC) con un Centro Cultural Visual y el boletín electrónico *Arte Insomne* (vid., infra, 'Revistas electrónicas'), que alienta propuestas de 'todos los artistas de habla castellana interesados en promover proyectos de artes'. Su directiva actual está integrada por la pintora Fiorella Vano y las escritoras Odaliz de León y Julie De Grandy.

En la ciudad de Miami surgen instituciones como el Grupo Artístico Literario Abril (GALA) que se funda en 1977 'con el propósito de facilitar el acercamiento entre los amantes de las letras y las artes'. El grupo inicialmente lo componen Arístides Sosa de Quesada, Amelia del Castillo, Julio Estorino, José Ferrer, Araceli Ferrer, Silvia Orellana y José Manuel Cuscó, que se reúnen alrededor de la figura del 'Poeta Nacional de Cuba', residente en Miami, Agustín Acosta. El Grupo ofrece conferencias, recitales, exposiciones y, sobre todo, crea premios de poesía, de cuento y de pintura, el premio de teatro Penélope y el literario Pluma de Oro, otorgado cada año a una personalidad destacada en la defensa de los Derechos Humanos. Entre los invitados de todas partes del mundo que pronuncian conferencias figuran algunos como Carmen Conde, Alfredo Givré, Rubeinstein Moreira, Enrique Ángel de Renzis, Oscar Ligaluppi, Ana María Fagundo y José Romera Castillo, entre muchos más. La organización se disuelve el 17 de marzo de 1997. Otra de esas organizaciones fue la Asociación de Críticos y Comentaristas de Arte (ACCA) bajo la dirección de su fundadora, Josefina Rubio, cuyo objetivo era promover las artes en general y que otorgaba premios anuales en áreas tan diversas como la poesía, la narrativa y el drama, la puesta en escena de piezas de teatro, actores y actrices y los programas radiales y de televisión hispanos, entre otras muchas más categorías artísticas y literarias. También en Miami, en años más recientes, radican Herencia Cultural Cubana y la Asociación Nacional de Educadores Cubano-Americanos (National Association of Cuban American Educators, NACAE), cuya directiva y miembros llevan a cabo multitud de actividades artísticas y literarias, como el congreso 'Cuba: Exilio y Cultura' celebrado los primeros días de octubre de 1999 y que publicó un tomo, *Cuba: Exilio y Cultura. Memoria del Congreso del Milenio* (Ediciones Universal, Miami, 2002), que contiene las ponencias presentadas en literatura, escultura, arquitectura, poesía, educación, música y ciencias sociales. La revista *Herencia* es la estupenda publicación periódica bilingüe que edita la asociación y que se publica con una periodicidad de dos veces por año a partir de su primer número, que vio la luz en enero de 1995. El contenido de la publicación, bellamente ilustrada, se centra casi con exclusividad en la historia de Cuba y del exilio, la arquitectura, la música y las artes plásticas. Ha publicado excelentes números dedicados a un tema central, como el especial sobre la fecha del 20 de mayo, aniversario de la independencia cubana en 1902. Integran ambas instituciones Eduardo Zayas-Bazán, Alberto S. Bustamante, Armando F. Cobelo, Federico R. Justiniani, Eduardo Suárez Rivas, Gastón Fernández Torriente, David Cabarrocas, Lourdes Abascal Zayas-Bazán, Yolanda Cobelo, Marcos Antonio Ramos, Rogelio de la Torre y Julio Hernández-Miyares, entre otros.

Parte importante de esta actividad cultural lo forma una extensa red de unas 110 organizaciones creadas bajo los nombres de Municipios de Cuba en el Exilio, en las que sus miembros se organizan por grupos regionales o municipales y que, como parte de sus objetivos, llevan a cabo funciones de carácter cívico, artístico y literario. Todos estos grupos se unen oficialmente bajo una entidad llamada Junta Patriótica Cubana. Puede obtenerse información de estos grupos a través del espacio electrónico http://www.elexiliocubano.com/, que mantiene un directorio como 'punto de encuentro' con anécdotas, estadísticas, entrevistas, fotos, etc., acerca de la distribución de los cubanos en el exilio. Otra organización de gran interés es la Fundación Educacional José Martí (José Marti Educational Foundation, Inc.), que ofrece en sus páginas obras de José Martí, biografía, aspectos de la historia de Cuba e información sobre actividades culturales. La fundación ha creado una página electrónica, http://www.josemarti.org/, cuya función es la de hacer posible la diseminación de la vida y la obra del héroe nacional cubano y en la que se puede obtener información de esas actividades. Una de las tareas fundamentales que se propone la organización es la de 'ayudar a entrenar a los alumnos' y servir a los maestros en el uso de Internet para facilitar la lectura de textos martianos como 'apoyo a la docencia'. Para ello se escogen materiales de lectura apropiados para los lectores jóvenes teniendo en cuenta 'el nivel del vocabulario, contenido, dificultad de sintaxis y otros aspectos'. Para facilitar esta actividad la fundación ha creado el Premio José Martí, concedido a través de la Feria OLÉ (Orgullosos de Leer en Español), para estudiantes de las escuelas del condado de Dade en la ciudad de Miami. Colaboran en esta empresa, entre otros, Jorge Camacho, Eduardo Lolo, Mirtha J. Fernández, Ogsmande Leocayllers y la compositora y cantante Hilda Luisa Díaz-Perera, que a su vez mantiene una página, http://www.grupocanaveral.com/, con música tradicional hispanoamericana 'para difundir nuestra cultura', materiales educativos de enseñanza primaria y secundaria, disquetes y libros guías para el trabajo escolar además de información sobre talleres y conciertos.

Una seria organización de alcance internacional es el PEN Club de Escritores Cubanos en el Exilio, grupo que forma parte del PEN Internacional de Escritores con sede en Londres y que funciona oficialmente bajo la autorización, por voto unánime, otorgada por el Congreso Internacional del PEN en Edimburgo en 1997. La organización, fundada ese mismo año por prestigiosos escritores cubanos residentes en los Estados Unidos radicados muchos de ellos en las ciudades de Miami y Nueva York, celebra frecuentes funciones literarias y reuniones de sus miembros en ambas ciudades; además, sus delegados asisten anualmente a los congresos anuales convocados por el PEN Internacional alrededor del mundo. En uno de esos congresos, el sexagésimo séptimo, de mayo del año 2000 en Moscú, la organización de exiliados logró el voto unánime a la propuesta presentada por los delegados Ángel Cuadra y Orlando Rodríguez Sardiñas (Rossardi) y los miembros de la comisión Ernesto Díaz Rodríguez y Frank Fernández, para condenar el régimen cubano por violaciones a la libertad de expresión de prensa y represiones a los escritores de la Isla. En marzo de 2000 la organización patrocinó un exitoso Primer Encuentro con Centros PEN de Hispanoamérica en la ciudad de Miami al que asistieron numerosos y prestigiosos escritores hispanoamericanos, entre los que se encontraba el por entonces presidente del PEN Internacional, el poeta mexicano Homero Aridjis, y en 2001 edita un tomo, *La literatura cubana del exilio* (Ediciones Universal), que proporciona una valiosa información sobre lo publicado hasta el momento en narrativa, poesía, teatro y ensayo. Los dirigentes del PEN, en la actualidad, son los escritores Armando Álvarez Bravo, Luis Ignacio Larcada, José Antonio Albertini, Ángel Cuadra y Amelia del Castillo.

El Instituto Cultural René Ariza (ICRA) se organiza a finales de 2005 con el propósito de promover y divulgar las creaciones teatrales de autores cubanos en el exilio. Desde su fundación ha programado lecturas dramatizadas de autores como Matías Montes Huidobro, José Abreu Felipe, Maricel Mayor Marsán, Ivonne López Arenal, Julio Matas, Orlando Rodríguez Sardiñas (Rossardi), Raúl de Cárdenas, Marcos Miranda y el propio René Ariza (1940-2000), entre otros. La organización ha instituido los premios anuales de teatro ICRA a la labor de autores, críticos e investigadores del teatro cubano que se escribe fuera de la Isla. Desde la fecha de su fundación estos premios han sido conferidos al crítico y profesor José Antonio Escarpanter, al dramaturgo Matías Montes Huidobro, al dramaturgo Julio Matas y a la profesora y actriz 'Nena' Acevedo. Sus directivos son Ivonne López Arenal, Luis de la Paz, Mario García Joya, Marcos Miranda, Orlando Rossardi y la profesora e investigadora Yara González Montes. Otras dos organizaciones de prestigio que reúnen a sus miembros en convocatorias de serias y variadas charlas de intelectuales, artistas y expertos en diversas materias culturales son el Instituto Jacques Maritain de Cuba y el Instituto Cultural Hispanoamericano, bajo el liderazgo de José Ignacio Rasco el primero, y de Manuel Muñiz y Andrés Surí el último. Otras instituciones culturales dignas de ser mencionadas son el Club Cultural de Miami Atenea, fundado en 1995 por el escritor Orestes Pérez, y la mucho más antigua Academia Poética de Miami, fundada por el poeta Darío Espina.

Es absolutamente imprescindible mencionar el espacio que ofrece la Miami International Book Fair (Feria Internacional del Libro de Miami) para la difusión de la cultura hispana en general y, con especial interés, el que ocupa cada año la presentación de libros de autores que publican sus obras en español. Esta organización, patrocinada principalmente por el Miami-Dade College, cuyo rector es el cubano Eduardo Padrón, está dirigida por un equipo de expertos que desde su apertura inicial en 1983 tiene a su cargo organizar una inmensa red de paneles, conferenciantes de primera magnitud, presentadores de libros y sus autores, casetas de libreros y actividades para niños, entre otras ofertas que son parte integral de la feria, una de las actividades culturales más esperadas cada año en Miami y a la cual concurren miles de visitantes de todas partes del mundo. Uno de sus directores es Alina Interián, que en la actualidad también dirige el Centro de las Artes Literarias de la Florida, institución que ocupa un bello teatro antiguo remodelado, Tower, en la famosa calle 8 del suroeste de la ciudad de Miami, con varias salas y áreas de exposición de pintura y escultura y que patrocina numerosas actividades culturales y artísticas.

Frente por frente a este teatro Tower existe otro espacio de dos plantas, el llamado Latin Quarters, con sala de exposiciones y un estupendo teatro arena en manos de su director, Tony Wagner, que también es centro para múltiples reuniones de arte y de literatura. En la misma calle 8 también se encuentra la Librería Universal de Juan Manuel Salvat, que mantiene un atractivo salón de conferencias donde casi semanalmente se presentan, en su mayoría, los libros de los autores cubanos del área. También es en esa calle 8 donde todos los últimos viernes de mes se celebra el llamado Viernes Cultural de la Calle Ocho, con quioscos de comida típica española e hispanoamericana, áreas para ventas de cerámica popular y pintura, además de esquinas donde se toca y canta la música de muchos países hispanos del continente. Otros muchos actos culturales hispanos también se celebran en el Teatro Manuel Artime, que dispone de un excelente y amplísimo espacio para conciertos y recitales. Creada por el Gobierno del condado Miami-Dade (División de Arte y Cultura) en 1996, la organización Raíces Hispanic Heritage Cultural Arts Center mantiene un centro dedicado a cubrir las necesidades de la comunidad hispana de conservar y promover el arte y la cultura hispanos y ofrece, entre otras actividades, programas para los niños entre seis y ocho años para aprender artes plásticas, música y danza.

De enorme importancia para la literatura hispana, y la cubana en especial, son los archivos de grabaciones de la literatura hispana (Archive of Hispanic Literature on Tape) de la Biblioteca del Congreso en Washington D.C. Hasta la fecha existen más de seiscientas grabaciones de poetas hispanos, entre los que se encuentran Gabriela Mistral, Octavio Paz, Pablo Neruda, Gabriel García Márquez, Mario Vargas Llosa y Jorge Luis Borges. Entre los cubanos de dentro y fuera de la Isla la colección posee grabaciones de Nicolás Guillén, Hilda Perera, Miguel Barnet, Eliseo Diego, Roberto Fernández Retamar, José Triana, Severo Sarduy, Eugenio Florit, Guillermo Cabrera Infante, Antonio Benítez Rojo, Ángel Cuadra, Armando Valladares, Belkis Cuza Malé, Orlando Rossardi, Heberto Padilla, Juana Rosa Pita y Roberto Valero, entre otros.

Desde temprano —alrededor de los años setenta—, grupos de escritores, artistas e intelectuales cubanos se organizan y convocan en reuniones y congresos para exponer la situación y el desarrollo de la cultura, las artes, la literatura, de los cubanos en el exilio. Evidencia de ello es el Primer Congreso de Literatura Cubana en el Exterior, convocado en 1973 por el Centro Cultural Cubano de Nueva York (CCCNY) y que tiene lugar entre el 14 y el 16 de diciembre de ese año, en los recintos de la catedral de Saint John The Divine, al oeste de la ciudad de Nueva York, y que va a reunir a una parte muy importante de los artistas exiliados del momento.

Otra reunión de gran envergadura fue la convocatoria internacional del Comité de Intelectuales Cubanos, que organiza el Primer Congreso de Intelectuales Cubanos Disidentes, en la Casa de la Química, Universidad de la Sorbonne de París, entre el 10 y el 12 de abril de 1979, y que auspició el Comité de Intelectuales para una Europa Libre (CIEL), que dirigían los intelectuales franceses Eugène Ionesco, Jean-Francois Revel, Claude Chabrol, Raymond Aron, Jean-Marie Benoist y Alain Ravennes, entre otros, junto al español Fernando Arrabal. A partir de dicha convocatoria se llevarán a cabo otras reuniones de la misma índole en otras ciudades de los Estados Unidos. Formaron parte del Comité Gestor Luis Aguilar León, Alberto Baeza Flores, Gastón Baquero, Rolando López Dirube, Enrique Labrador Ruiz, Modesto Maidique, Eduardo Manet, Leví Marrero, Elena Mederos, Carlos Alberto Montaner, Miguel Sales y Ramón Suárez, entre otros. En la organización participaron Frank Calzón, Ramón Cernuda, Lillian Bertot, Uva de Aragón, José Ignacio Rasco, Siro del Castillo, Alicia Rodríguez, María Antonieta Prío, Teresa Saldice, Pedro Ramón López, Omar Torres y Mario Villar Roces. Las ponencias estuvieron a cargo de Carlos Alberto Montaner, Alberto Baeza Flores, Dominique Dhombres, Alain Ravennes, Siro del Castillo, José Ignacio Rasco, Julio Hernández-Miyares, Orlando Rossardi, Uva de Aragón, Omar Torres, Rodolfo Guzmán y Modesto Maidique, entre otros.

También en la zona de Los Ángeles, California, los cubanos han encontrado espacio para sus actividades artísticas y literarias y existe, ya desde hace tres o cuatro décadas, una extensa comunidad que organiza exposiciones, puestas de teatro, conferencias, etc. Entre las asociaciones más destacadas encontramos la Fundación Bilingüe de las Artes (Bilingual Foundation for the Arts), fundada en los años ochenta y cuya directora artística es la cubana Margarita Galbán; el proyecto AfroCuba, dirigido por Jorge Luis Rodríguez y también fundador del Stage of the Arts, organizaciones para promover y divulgar la cultura iberoamericana, además de la cubana. Otras organizaciones culturales de importancia son la Sociedad José Martí, la Cofradía de la Caridad del Cobre, el Club cubano de Glendale, el Círculo manzanillero, el Club cubano de Monterrey Park, el Club de San Gabriel y la Peña cubana, que mantienen vivas las tradiciones culturales de la Isla y que otorgan reconocimientos a figuras distinguidas de las artes y las letras. El Patronato José Martí se ha destacado por entregar, cada año, la distinción la Rosa Blanca a cubanos que sobresalen en cualquier actividad cultural y patriótica de reconocido mérito.

Las revistas literarias

La tradición de publicaciones literarias de los cubanos, los de la Isla tanto como los que residen fuera de ella, se remonta al siglo XIX y muy particularmente a la segunda mitad del siglo XX, en que estos deciden desplazarse en grandes masas y vivir, sobre todo por razones políticas, fuera del territorio nacional. Esta tradición se hace evidente en la publicación de unas 122 revistas que salieron en la Isla entre los años 1902 y 1958, y que recoge Roberto Esquenazi Mayo en *A survey of Cuban Revistas* (1993), bibliografía anotada publicada por la Biblioteca del Congreso de los Estados Unidos. Este desplazamiento va a escoger con preferencia las ciudades del sur de la Florida, Miami y Tampa, así como la ciudad de Nueva York y áreas urbanas, en el vecino estado de Nueva Jersey. Los primeros intentos de recoger las producciones de creadores en sus diversos espacios literarios, con especial interés la poesía, se llevarán a cabo lenta y difícilmente, bajo el patrocinio de esforzados mecenas que, en la mayoría de las ocasiones, serán los propios autores. Estos juntaban los materiales y los textos, localizaban nuevas fuentes y mantenían contacto con los escritores, y casi siempre sufragaban los gastos de publicación y distribución. A este supremo esfuerzo habría que añadir, de un lado, la presión del entorno que se manifestaba en una lengua que no era la del país, y del otro, como lo expresa Ivette Leyva Martínez (2000), el desafío de 'la incomprensión de los demás exiliados, que les exigían un rol político inmediato', causa, por demás, de una cierta proliferación de textos de dudoso valor literario que van a multiplicarse en varias publicaciones. Las tiradas de revistas literarias cubanas van a salir al mercado en los albores de los años sesenta y, año tras año, se crearán nuevas publicaciones que se mantendrán activas, con más o menos vigor y éxito. Algunas pasarán de mano en mano en bellas ediciones; otras, como los panfletos publicados en Nueva York *Pim-pam-pum* y *Poesía Inter-nos* (alrededor de unas 200 tiradas entre 1973 y 1980), del profesor Oscar Fernández de la Vega, llegarán a los lectores en hojas sueltas, dobladas, de escaso valor editorial pero de considerable importancia para la investigación.

Miami: la gran aglutinadora

Cuadernos Desterrados. Bajo la tutela del poeta Mauricio Fernández, sale a la luz en septiembre de 1964 el primero de once números de la revista *Cuadernos Desterrados.* Entre sus colaboradores encontramos reunidos dos o tres grupos generacionales, aunque despuntan con más asiduidad los poetas que se dan en llamar de la Generación del Sesenta, entre los que se destacan las aportaciones de Rita Geada y Orlando Rossardi junto a las de Ana Rosa Núñez y Pablo Le Riverend y aquellas del poeta de origen chileno, pero afincado en Cuba y en su exilio, Alberto Baeza Flores, entre otros. No faltan, como es menester en muchas de estas ediciones exiliadas, los apuntes martianos, y en uno de estos números el reconocido poeta Eugenio Florit escoge una selección de poemas del apóstol de la nacionalidad cubana. El número 12 de la revista trae un revelador artículo sobre la llamada Generación del Sesenta, bajo la firma del profesor Carlos M. Raggi, que funda en Nueva York, en 1963, la organización cultural Círculo de Cultura Panamericano.

Cuadernos 66. En enero de 1966 aparece la edición de esta revista que ha suplantado a *Cuadernos Desterrados* para cambiar el diseño tipográfico y traer renovadas contribuciones. Uno de estos cuadernos, ahora en formato de 11x8, lleva en una de sus entregas (n.º 14, marzo-abril de 1966), junto a las colaboraciones de Elena Ulacia y Emilio Saldarriaga, artículos sobre Ana María Matute de Gastón Anido Meulener y poemas de la argentina M. Ángeles Schlumpp Toledo; acompañados de una apreciación sobre los cuadros y las pinturas de Enrique Riverón y de un artículo de Baeza Flores sobre 'La poesía de Orlando Rossardi', autor que, junto a Mauricio Fernández, pertenece a esta primera generación del exilio.

Cuadernos del hombre libre. Con esta publicación, que ve la luz en julio de 1966 (número de mayo-junio), queda de nuevo resuelto el nuevo intento literario de su director, Mauricio Fernández, que reemplazará los antiguos títulos y tomará nuevos bríos. Su editor, siempre con deseos de extender el campo estrecho del exilio, se abre a varias latitudes e intenta ampliar el camino que más tarde tomará *Punto Cardinal* y, sobre todo, la revista *Enlace* en sus varios períodos, ensanchando su horizonte al arte, a la crítica, al cine y al teatro. Todos estos cuadernos tuvieron la loable encomienda de aunar las voluntades y satisfacer las necesidades editoriales de un grupo disperso de creadores cubanos.

Resumen bimestral de arte y cultura. Comienza bajo el nombre de *Boletín de la ACAPE* y se trata de una serie de boletines editados por Wilfredo Alcover y que, desde junio de 1966 y hasta julio de 1977, tenían como sello distintivo el de dar a conocer las ofertas de las diversas exposiciones de arte, escultura, pintura, cerámica, etc., que se producían en la ciudad de Miami. Su formato era muy simple y a veces rudimentario, pero llenaba cierto vacío informativo que la prensa hispana del momento no recogía. Por otro lado, incluía secciones de reseñas literarias y artísticas y en ocasiones traía poemas de los nuevos creadores que residían en la ciudad y hasta fuera de ella.

Nueva generación. Aparece a finales de 1965, primeramente en Miami y más tarde se edita en Nueva York, y desaparece en 1972, siempre bajo la dirección de José C. Prince Chelala. Revista de tendencia democristiana que prefería los temas relacionados con las ciencias sociales, mantenía un consejo editorial de jóvenes estudiantes en su mayoría que, al correr de sus números, dio más y más cabida en sus páginas al contenido literario, sobre todo poesía y relato. De postura un tanto revolucionaria, sus pronunciamientos editoriales promovían la reivindicación social y mantenían una independencia económica y política para los países hispanoamericanos fuera de toda injerencia foránea. En 1973, Mauricio Fernández saca a la luz una revista quincenal, *Imagen,* de la que se publican veintiséis números y que se centra más en cuestiones publicitarias y comerciales, aunque aparecen cuentos y noticias culturales en algunos de ellos. La revista deja de publicarse en 1974.

Punto Cardinal. La revista hizo su aparición en la primavera de 1967 y se mantiene vigente hasta 1969. Su director, de nuevo Mauricio Fernández, quiere dejar constancia de que es una publicación literaria combativa, una 'revista de acción poética' que intenta dar espacio entre sus páginas no solo a los valores jóvenes del exilio cubano y poner de relieve los consagrados, sino a otros creadores hispanoamericanos siempre que existan en sus obras valores probados. En ella nuevamente intervienen autoras femeninas como Ana Rosa Núñez, que en 1970 sacará un extenso tomo antológico, *Poesía en Éxodo,* y Rita Geada, que ese mismo año publica el poemario *Cuando cantan las pisadas,* junto a colaboraciones de José Kozer e ilustraciones del pintor Baruj Salinas. Una lectura a sus últimas páginas, donde están listadas las revistas literarias que se reciben en la redacción de *Punto Cardinal,* muestra una enorme correspondencia y flujo de publicaciones de todo el mundo hispano, sobre todo de España e Hispanoamérica.

Guillermo Cabrera Infante.

Alacrán azul. Dos números ilustrados, en 1970 y 1971, con buena colaboración, hacen toda la vida de esta publicación que su editor, Juan Manuel Salvat, y sus directores, José Antonio Arcocha y Fernando Palenzuela, con la dirección artística del pintor José María Mijares, presentan con un tremendo optimismo y asumiendo la responsabilidad, según expone su página editorial, de editar una revista que haga 'causa común con dos simples verdades: la libertad y la poesía'. En su primer número se presenta una 'especie' de entrevista que José A. Arcocha le hiciera a Lydia Cabrera en su paso por Nueva York camino de Miami y un cuento, *El vuelo de Jicotea,* de la autora de *El monte;* una entrevista especial de Kjell A. Johansson con Guillermo Cabrera Infante llevada a cabo el verano de 1969 en Londres y con estupendas fotos de Néstor Almendros. El citado número también incluye un fragmento, *Meta final,* de Cabrera Infante, de *Tres Tristes Tigres* que nunca salió en la edición de la novela. Otras colaboraciones cuentan con unos fragmentos recordatorios de Calvert Casey y relatos de Gabriel García Márquez, entre otros aportes de Fernando Palenzuela, Natalio Galán, Alberto Baeza Flores, Ana Rosa Núñez, Wifredo Fernández, Constantino Manuel Torres y Claudio B. Charosky. El segundo número incluye contribuciones especiales de Lydia Cabrera, Lourdes Casal, Eugenio Florit y dedica un homenaje a José Baragaño.

Krisis. Revista trimestral de información cultural de tipo general y secciones literarias que aparece en 1975 y que sobrevive hasta 1979. La revista la patrocinaba la Cuban Studies Foundation (Fundación de Estudios Cubanos) bajo la dirección de Manuel Acosta y un grupo de codirectores.

Enlace. En colaboración editorial con el poeta Orlando Rossardi, Mauricio Fernández saca la revista *Enlace,* que aparece trimestralmente en dos etapas: la primera comienza con el primer número de julio a septiembre de 1976 y termina cuando comienza su segunda etapa, que dura solamente un año, de 1984 a 1985 y esta vez con dirección postal en Nueva York, aunque la sede central de la revista se mantiene aún en la ciudad de Miami. Las cincuenta y dos páginas de dicho primer número, que se adorna con fotos e ilustraciones, pretenden recoger un panorama más amplio que solo el de los cubanos residentes en los Estados Unidos, añadiendo esta vez un buen número de valiosas firmas. Su propósito queda fijado en las palabras iniciales: 'Entre todos trataremos de hacer una revista de calibre dentro del nivel intelectual al que ha llegado Hispanoamérica'. Ese buen calibre de la revista queda evidente en las colaboraciones de Jean Michel Fossey con entrevista exclusiva a Juan Goytisolo, un documento inédito de Pablo Neruda, una entrevista a José Donoso y ensayos y poemas de Juan Liscano, Carlos Fuentes, Enrique Lihn, Ana María Navales y Félix Grande, además de contar con un nutrido grupo de escritores del patio como Humberto Piñera, Silvia Eugenia Odio, José A. Escarpanter junto a las muestras de arte de Ricardo Viera. Otros escritores cubanos, como Eugenio Florit, Ángel Gaztelu, Rogelio Llopis, Carlos M. Luis, Wifredo

Fernández, Pura del Prado, Gladys Zaldívar, Rita Geada y de nuevo José Kozer —que se estrena también como coeditor de la segunda etapa de *Enlace* junto a Orlando Rossardi—, aparecerán en sucesivos números. Es importante señalar que un número *Enlace 2* de la revista rinde homenaje a José Lezama Lima con firmas como Severo Sarduy, José Donoso, Jorge Edwards, Nivaria Tejera y Eloísa Lezama Lima, entre otros ya mencionados. El número también incluye colaboraciones de Roberto Armijo, Carlos Germán Belli, José Emilio Pacheco y cuentos de Elvira Orphée y Gustavo A. Gordeazábal.

Guángara libertaria. Esta revista, de carácter histórico-sindicalista y sobre todo concebida dentro de una ideología anarquista, se mantiene vigente por varios años, desde su salida muy temprano en 1980 y hasta su desaparición en 1992. La dirección de la misma la integraba un colectivo entre los que se encuentran Santiago Cobo, Omar Dieguez, Luis Dulzaides y Frank Fernández, entre otros. No obstante un marcado contenido de artículos de anarquistas cubanos y españoles, de artículos traducidos del inglés de revistas anarquistas norteamericanas y de noticias de Cuba y del exilio cubano, la revista concede espacio para que entren escritores de varias generaciones, incluyendo los nuevos escritores y poetas que llegan por el puente marítimo del Mariel, como lo es el caso de Esteban Luis Cárdenas, Miguel Correa, Pedro Leyva y Roberto Valero, entre otros. Es de destacar la colaboración de conocidos escritores exiliados cubanos como Enrique Labrador Ruiz y el historiador Leví Marrero junto a nombres como el de José Baragaño, el dramaturgo Matías Montes Huidobro, el novelista Celedonio González y el ensayista y crítico de arte Carlos M. Luis.

Dramaturgos. Publicación dedicada exclusivamente al teatro, a la labor de los dramaturgos y a los acontecimientos escénicos. Es una pequeña revista de gran valor en un formato muy simple. La sacan Matías Montes Huidobro y Yara González Montes, que deciden poner de relieve los logros de los dramaturgos cubanos que residen fuera de Cuba. Varios números sueltos que circulan en universidades y entre conocedores salen a la luz entre mediados de los ochenta y los noventa.

Anales literarios. Esta es una revista de tres números solamente y cada uno está dedicado a un tema de importancia dentro de la literatura cubana del exterior. La publican Matías Montes Huidobro y Yara González Montes, que se proponen, según exponen sus editores, ayudar en la divulgación de la literatura cubana del exilio, 'así como a la herencia cultural cubana del pasado'. En 1995 sale el primer tomo, *Dramaturgos,* de 304 páginas de extensión, totalmente concentrado en el teatro y en los textos de los creadores incluidos. El segundo tomo, *Poetas femeninas* (1998), de 175 páginas, y el tercero, *Narradores* (2001), de 156 páginas, representan materiales de indispensable consulta para entender la literatura llevada a cabo por los cubanos que dejan Cuba y se asientan en otras latitudes, sobre todo en los Estados Unidos de América.

Apuntes posmodernos (Postmodern Notes). Surge en 1990 y su editor, José Antonio Solís Silva, apunta que la publicación, de carácter bilingüe, responde al entusiasmo de 'un grupo de amigos, cubanos, cubano-americanos, hispanos, latinos, americanos de origen hispano' que mantenían gustos semejantes por textos donde se pusiera en evidencia la pasión por el misterio de 'lo humano' reflejado en cualquier tema dentro de cualquier texto de interés, además de ser una publicación para reflexionar sobre las teorías más recientes en la historia, la sociedad y, en particular, la literatura occidental y la cubano-americana. En casi una docena de tiradas la revista va a acoger serios análisis y contribuciones de firmas importantes de ensayistas y narradores contemporáneos cubanos y cubano-americanos. Deja de publicarse en la primavera de 2000.

Újule. La revista, que llega a publicar tres estupendos números, ve la luz en abril de 1994 bajo el cuidado de Lorenzo García Vega y otros colaboradores como Manuel Díaz Martínez, Octavio Armand y Carlos A. Díaz. Pretende 'hacer literatura' y quiere descartar cualquier vínculo político o literario —como recoge su proposición inicial— 'ni con la madre de los tomates'. En ella aparecen, hasta su última entrega de 1995, contribuciones de autores cubanos residentes en los Estados Unidos, Hispanoamérica y Europa, como Carlos Victoria, Carlos M. Luis y José Triana. Es importante destacar la segunda edición de la revista, dedicada extensamente a recordar los aportes del grupo Orígenes a la literatura cubana.

Catálogo de letras. Su fundador fue el escritor Soren Triff y estuvo vigente entre 1994 y 1999. La revista publicaba en su mayoría ensayos sobre la situación política y social de Cuba e incluía reseñas de creadores cubanos en la Isla y en el exilio. Fue un foro para publicaciones de 'las dos orillas' que estimulaba la creación poniendo énfasis en los valores probados de la obra literaria. Su editor y muchos de sus colaboradores formaban parte de discusiones sobre la desobediencia civil en Cuba y el grupo organizaba encuentros para discutir puntos políticos y culturales de interés para la comunidad.

Carta lírica y *Gaceta lírica.* La primera sale en 1996 bajo la dirección del poeta Francisco Henríquez, que fue cofundador, junto a Darío Espina, de la Academia Poética de Miami. La segunda de estas publicaciones es el órgano oficial de la mencionada Academia Poética de Miami y fue dirigida, hasta 1998, por el propio Francisco Henríquez.

Baquiana. Anuario. Esta revista, como lo indica su nombre, aparece anualmente y reúne las colaboraciones de la revista electrónica del mismo nombre (vid., infra, 'Revistas electrónicas') en una muy seria a la vez que atractiva publicación con un excelente formato. Hasta la fecha es la única propuesta literaria que utiliza sus espacios cibernéticos con una periodicidad de tres veces al año y luego los vierte en material gráfico para diseminar y mantener de otra forma su contenido literario y artístico. Su primer número anual de 1999-2000 expone en su 'Carta del Editor' que el interés principal de la revista es 'vincular a través del mundo de las letras a todas y a cada una de las comunidades del ámbito iberoamericano' mediante la obra literaria y crítica de autores de 'diversos países de América Latina, así como de España y de aquellos que aunque viven dentro de los Estados Unidos, desarrollan su labor literaria en el idioma castellano'. Dirigen la revista el periodista chileno Patricio E. Palacios y la escritora cubana Maricel Mayor Marsán. Entre sus colaboradores aparecen tanto las contribuciones críticas y literarias de varias generaciones de autores cubanos, hispanoamericanos y españoles como los nombres de los ya consagrados del mundo hispano en general. De esos nombres mencionamos solo algunos como José Alcántara Almánzar, José María Álvarez, Jorge Eduardo Arellano, Odón Betanzos Palacios, Francisco Brines, Luis Cano, Juana Castro, Marta de Arévalo, Luis Alberto de Cuenca, Isaac Goldemberg, Ángela Hernández, Margalit Matitiahu, Víctor Montoya, Gerardo Piña Rosales, David Sánchez Juliao y Raúl Zurita, entre otros. Los autores cubanos cuentan con aportaciones de José Abreu Felippe, Armando Álvarez Bravo, Jesús J. Barquet, Antonio Benítez Rojo, Daína Chaviano, Luis de la Paz, Rita Geada, Orlando González Esteva, Yara González Montes, Humberto López Morales, Maricel Mayor Marsán, Matías Montes Huidobro, Mireya Robles, Orlando Rossardi y Gladys Zaldívar, entre otros muchos. La revista ha sido presentada en varias partes de Europa y de Hispanoamérica y ha tenido una gran acogida de artistas, escritores y organizaciones culturales en diversos países.

El nuevo mundo. Con formato tabloide, esta es una de las publicaciones informativas y culturales de más reciente aparición, agosto de 2007. De ella dicen sus editores que 'no fue por casualidad que surgiera allí, donde se encuentran la cultura anglosajona y las más variadas expresiones de la latina, donde se topan el indio, el negro y el blanco, donde en resumen hallamos los metales maleables con los que se forjará algún día una república mejor, federada y *novo mundana*' y apuntan que la publicación 'se abre a todas las voces, no importa sus ideologías, que tengan algo que decir en prosa o verso sobre la sociedades americanas, sobre el modo en que estas interactúan y sobre todo cómo mejorarlas'. Su grupo editorial lo componen su director Carlos Manuel Estefanía Aulet y un equipo de redacción con Milvia Méndez, Carlos Viamontes, Henrik Jesús Hernández y Germán Díaz Guerra. La revista-periódico cuenta con más artículos políticos, ecológicos y económicos que litera-rios, pero también con secciones culturales, teatro y poesía. En este primer número apare-cen artículos de varios colaboradores, entre los que están Ramiro Azit, Germán Díaz Gue-rra, Beatriz del Carmen Pedroso, Henrik J. Hernández, Mario Rivera Guzmán, José J. Moreno Masó, María Elena Espinosa, Milvia Méndez y Dominique Gay-Sylvestre, entre otros.

Nueva York: la urbe del norte

Abraxas. De esta pequeña revista solo salen dos números, en el otoño de 1960, y fue obra de los profesores de South Hampton College Jorge García Gómez y Sara P. Fernández; ade-más de otorgar interés en sus páginas a cuestiones sociales, también dedica un importan-te espacio a la literatura.

Protesta. Esta revista de poesía se publica muy pronto, en 1962, y se conoce solamente un número. Fue creada en Nueva York, aunque su publicación se hace en la editorial Da-mascus Road de Allentown, Pensilvania. El título quiere mostrar la protesta de sus direc-tores 'contra el silencio que les había impuesto el exilio en un país que habla otro idio-ma'. Esos mismos directores, Juan William Bush y Mercedes Cortázar, formaban parte en aquel momento de los llamados 'street poets' (poetas callejeros), a los que pertenecían muchos poetas de la generación 'Beat' que se reunía en el barrio neoyorquino del Villa-ge. A los cubanos que integraban aquel grupo se les apodó como el Paula Street Work-shop (Grupo del taller de la calle Paula), por ser la calle donde nació José Martí en La Ha-bana. Su primer número publica poemas de Isel Rivero y del poeta norteamericano Jack Micheline, residentes en aquellos días en Nueva York, además de los poetas Silvia Barros y René Ariza, que se encontraban en Cuba, así como de los propios editores. La revista pretende proveer literatura e información de actividades culturales al mismo tiempo. Aparecen obras en inglés y en español.

Exilio. Estamos ante una revista trimestral que se abre al mercado en 1965 bajo el cuidado y patrocinio de Víctor Batista Falla y la codirección del poeta y profesor Raimundo Fernández Bonilla. Con algunos cambios en su estructura editorial y en su formato, la revista se man-tiene hasta 1973 con un consejo editorial que integran, además de los citados Batista Falla y Fernández Bonilla, Humberto Piñera, Carlos M. Luis y Julián Orbón. En su editorial del nú-mero 3 sus editores hacen la propuesta de estar 'arraigados al orbe cultural europeo' y des-tacan 'con fervor especial, nuestra viva tradición hispánica'. Ese mismo número acomoda en sus páginas las plumas de Gastón Baquero, Luis Aguilar León, Orlando Rossardi, Raimundo Fernández Bonilla, Rosario Rexach, Ana Rosa Núñez, Rita Geada y José L. Varela-Ibarra, entre

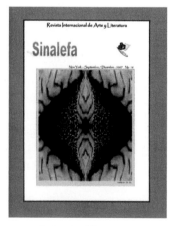

Revista *Exilio*.

Revista *Sinalefa*.

otros nombres. Hacia finales de los sesenta la revista publica más trabajos de autores extranjeros y de hispanistas y profesores universitarios, entre los que se destacan Julián Marías, Gregory Rabassa, Isaac Goldemberg, Iván A. Schulman y Luis Leal, mezclados siempre con creaciones originales de poetas, narradores y ensayistas hispanoamericanos y cubanos como Octavio Armand, Rolando Campins, José Kozer, José Mario, José Antonio Arcocha, Francisco Vives, Mercedes Cortázar y los ya más conocidos como Lino Novás Calvo, Eugenio Florit y Lydia Cabrera.

Vanguardia. Es una revista en formato corto que desde su encabezamiento dice ser 'la primera revista en español de poesía en los Estados Unidos de América'. Sale a la luz en 1968 y su director, el poeta Rolando Campins, propone una 'tribuna libre, abierta a la creación y a la belleza'. Participaron en esta revista, que solo mantuvo unos tres números, un buen grupo de creadores del patio entre los que encontramos a José Antonio Arcocha, Dolores Prida y Lalita Curvelo, junto a otros de varias partes del globo: Víctor Fernández Fragoso, Fray Gonzalo de Córdoba, Antonio Murciano, Luis Carlos Flores, Antonio Oliver Belmás y Odón Betanzos Palacios.

La Nueva Sangre. Esta publicación, que se crea en 1969, la dirigen la poeta y dramaturga Dolores Prida y la escritora y poeta Mercedes Cortázar, además del grupo que componen Mateo Antúnez, Anagilda Garrastegui, Marcos Goldfarb, Teresa Lamadrid, Ángel Nieves, Gilda Orlandi y Herminio Vargas. Sus objetivos fueron dar a conocer a escritores jóvenes que se expresaban en español, vivieran donde vivieran, a la vez que se ponía en evidencia que 'en Estados Unidos había buenos escritores que persistían en escribir y publicar en español'. Su consejo editorial lo formaban cubanos, puertorriqueños y peruanos como Rolando Campins, Víctor Fragoso, Herminio Vargas e Isaac Goldemberg. Traía bellas ilustraciones de la pintora Zilia Sánchez y en sus números publica un buen número de poetas cubanos que alcanzarán buen nombre en el futuro: Mireya Robles, Rita Geada, José Kozer, José Antonio Arcocha y residentes fuera de los Estados Unidos como René Ariza, Belkis Cuza Malé, Isel Rivero, Lilliam Moro y Nivaria Tejera. Además, publicaron en esta revista la poeta argentina Alejandra Pizarnik, la española Ana María Navales, el venezolano Juan Liscano y la chilena Raquel Jodorowsky.

Revista Cubana. Tenemos con esta publicación una de las revistas de más empaque y mayor dignidad académica que haya existido en estos años. Los números 1 (enero-junio de 1968) y 2 (julio-diciembre de 1968) son dos gruesos tomos con paginación corrida, hasta la página 270 el primero y hasta la 508 el segundo, ambos propuestos como homenaje a la fecha patriótica cubana del 10 de octubre, el primer tomo, y al apóstol cubano José Martí, el segundo. Su director, el profesor de Queens College Carlos Ripoll, aparece acompañado de un grupo distinguido de intelectuales exiliados cubanos, entre ellos Humberto Piñera, Julio Hernández-Miyares, Eugenio Florit, José Olivio Jiménez, Carmelo Mesa Lago, Otto Olivera y Fermín Peraza. Como es de esperar, los artículos que allí aparecen corresponden al tema escogido de los homenajes en cuestión y los firman valiosas plumas de varias generaciones como Humberto Piñera, Juan J. Remos, Rosario Rexach, Félix Lizaso, Rosa Abella, Jorge Mañach, Andrés Valdespino, Ana Rosa Núñez, Zenaida Gutiérrez Vega, Carmelo Mesa Lago y Alberto Gutiérrez de la Solana, entre otros.

Areíto. Revista de ensayo, cuento, poesía, con entrevistas y sobre todo con artículos que despertaron la polémica y el debate. Su directora fue la escritora Lourdes Casal y la publicación salió en abril de 1974. En el consejo de dirección estaban también Raúl Alzaga, Francisco Aruca, Vicente Dopico, Margarita Lejarza, Marifeli Pérez-Stable y José Ramón Villalón. Entre sus colaboradores se encontraba el escritor Román de la Campa. Como lo expresa Leonel Antonio de la Cuesta (2002) la revista 'casi después de aparecer se convirtió en el vocero del grupo de exiliados que se reconcilió con el Gobierno de Castro a raíz del diálogo de 1978'. Su directora, ganadora de un concurso Casa de las Américas (1974), fallecería en Cuba en 1981 y con su muerte también dejaría de publicarse la revista. Dos meses antes de la publicación de *Areíto*, en febrero de 1974 se publica una revista, *Joven Cuba*, que dura hasta 1976 y que desarrolla presupuestos semejantes a los de la publicación mencionada.

Escandalar. Revista a cargo del escritor Octavio Armand, cuyo primer número es de enero/marzo de 1978 y se edita en Elmhurst, Nueva York. Su última entrega, la número siete, circuló a mediados del mes de abril de 1984. Fue una muy buena publicación que tuvo una gran aceptación entre los escritores y artistas. Sus ediciones incluían autores norteamericanos, hispanoamericanos y europeos de reconocimiento que se traducían al español, como es el caso de Bernard Malamud, o de Edward Said, de Roland Barthes o de Donald Barthelme, John Gardner, Arthur Miller, Robert Smithson, Mark Strand, etc. Otros nombres que allí aparecían fueron Álvaro Mutis, José Biano, Salvador Garmendía, Julia Kristeva, Alberto Girri, Griselda Gambaro y Alfredo Bryce Echenique, entre muchos más de reconocimiento internacional.

Románica. Esta publicación ve la luz hacia 1972 y aparece patrocinada por la Escuela de Estudios de Posgrado de la Universidad de Nueva York (Washington Square University College of Art and Science). La revista estuvo al cuidado de sus editoras, las poetas cubanas Iraida Iturralde y Lourdes Gil. Es una revista que ofrece artículos en varias lenguas: inglés, francés, portugués, italiano, aunque priman las contribuciones en lengua española. En sus páginas se publican serios ensayos sobre literatura en general, teatro, poesía y reseñas de libros, además de obras de creación, poesía y narrativa.

Unveiling Cuba. Se trata de una publicación bilingüe (español-inglés) que en 1982 saca a la luz un importante grupo de escritores bajo la dirección de Ismael Lorenzo y cuyo propósito es 'la lucha antitotalitaria y la preservación de la cultura en el exilio'. Entre sus colaboradores más cercanos podemos encontrar a Reinaldo Arenas y a editores como Heriberto Dixon, Giulio V. Blanc, Peter Bloch, María de los Ángeles Hernández, Carlos Alberto Montaner, Ninoska Pérez Castellón y Pedro Pérez. La revista se proponía la divulgación de la obra literaria, artística y ensayística de los cubanos fuera de Cuba, además de incluir artículos políticos que despertaron polémicas no solo de cubanos sino también de extranjeros. La revista alcanzó unos diez números y aparecieron en sus páginas notables creadores como Peter Bloch, Eduardo Manet, Juan Goytisolo y Álvaro Vargas Llosa, acompañados por escritores jóvenes como Marcia Morgado, Mercedes Ares, Esteban Luis Cárdenas, Alicia Rodríguez y Jorge Luis Romeu, entre muchos más.

La Nuez. La revista se estrena en mayo de 1988 y ese primer número cubría los meses de enero a abril. Su director fue el poeta cubano Rafael Bordao y su subdirectora Celeste Ewers, con un consejo editorial integrado por Jorge Valls, Felipe Lázaro y Eduardo Lolo y los asesores Peter Bloch y Heriberto Dixon. La revista alcanza un éxito notable y logra editar quince números hasta 1993, aunque su última tirada la conforma un número triple que sale en los primeros meses de 1994. Colaboran en ella un grupo nutrido de escritores entre los que destacamos a Antonio Benítez Rojo, Rafael Catalá, Reinaldo García Ramos, Jesús Barquet, Ángel Cuadra, Reinaldo Arenas, Armando Álvarez Bravo, Armando Fernández, Luis Mario, Julio Hernández-Miyares, Nedda G. de Anhalt, Alina Galliano, Alejandro Armengol y Carlos Victoria, entre muchos más. Una gran cantidad de escritores hispanoamericanos y españoles colaboran con la revista con sus ensayos, poemas y relatos, entre ellos Odón Betanzos, Ilan Stavans, Clara Janés, Amparo Amorós, Isaac Goldemberg, Juan Luis Pla Benito, José Luis Najenson, Jaime Montesinos y Nikos Dimou, entre otros. En 1990 *La Nuez* obtiene fondos públicos del Consejo para las Artes del Estado de Nueva York y logra diseminar sus ediciones por planteles de enseñanza secundaria y superior en los Estados Unidos y hacer llegar la revista a más de quince países del mundo de habla hispana.

Mariel. Al impacto social y político que produce el gran éxodo de cubanos desde el puerto cubano del Mariel a través del estrecho de la Florida a Cayo Hueso en los Estados Unidos, acompaña una fructífera ola de creadores, entre los que se encuentra un excelente grupo de poetas, narradores y dramaturgos además de pintores y músicos. La revista *Mariel*, que sale a la luz pública el 23 de abril de 1983 y dejó de publicarse en abril de 1985 con su tirada número ocho, es muestra de este rico caudal artístico. Una excelente edición especial de aniversario, *Mariel. 20 años después* (Miami, primavera de 2003), a cargo del poeta Reinaldo García Ramos, recoge los nombres de casi todos los componentes que participaron en aquella productiva aventura para las letras cubanas y que en esta fecha ya gozan de una bien merecida reputación. Con una propuesta amplia de ensayo, poesía, narrativa, reseñas, arte, etc., se unieron a sus filas y en torno al escritor Reinaldo Arenas 'un grupo de marielitos' que secundarían a este en el intento de editar una publicación periódica, entre los que se hallaban Juan Abreu, René Cifuentes, Luis de la Paz, Roberto Valero, Carlos Victoria, Reinaldo García Ramos y Marcia Morgado. A estos nombres se les une la colaboración de reconocidas plumas como la de Lydia Cabrera, Severo Sarduy, Guillermo Cabrera Infante y muchos más. En 1986 Reinaldo Arenas, Marcia Morgado y Juan Abreu intentan renovar los bríos de *Mariel* con una nueva publicación bilingüe, *Mariel Magazine*, que no se mantiene mucho tiempo.

Ollantay. Es una publicación que se concentra en el teatro hispano en general, en las producciones y en los dramaturgos cubanos e hispanoamericanos que escriben en los Estados Unidos, bajo el cuidado de su editor, Pedro Monge Rafuls. Su primer número sale en 1993 respaldado por Ollantay Press y con la fama bien ganada del Ollantay Art Heritage Center (Centro Ollantay para las Artes), situado en el área metropolitana de la ciudad de Nueva York, en la zona del barrio de Queens (vid., supra, Instituciones culturales). Su primer número fue una propuesta que se distribuía mayormente en las universidades del país y también del extranjero hasta alcanzar los estupendos tomos actuales que, además de crítica teatral, ensayos críticos sobre la dramaturgia y el arte escénico, han publicado más de 40 piezas completas de teatro en español y en inglés.

Sinalefa. Su primer número es de 2002 y se publica tres veces al año bajo las riendas de su fundador, el poeta Rafael Bordao. Sus editores quieren presentar una 'revista internacional de arte y literatura' y pretenden que en casi todos sus números aparezcan colaboraciones importantes sobre estos temas, a la vez que se ofrezcan ensayos sobre aspectos del pasado literario cubano y del más reciente, además de noticias del mundo literario hispanoamericano y el español. Entre sus editores y colaboradores se encuentran, además de su director, Louis Bourne, Gerardo Piña Rosales, Matías Montes Huidobro, Héctor Romero, Julio Hernández-Miyares, Octavio de la Suarée, Luis Mario, Felipe Lázaro, Amelia del Castillo y otros. En algunos números encontramos valiosos ensayos de escritores como Lino Novás Calvo, Roland Barthes, José Lezama Lima y otros muchos más.

Revistas en otros lugares en los Estados Unidos

California

El gato tuerto. Una excelente gaceta trimestral de arte y literatura al cuidado de la poeta Carlota Caulfield, profesora del Mills College. Desde su salida en la primavera de 1986 contó con un buen número de colaboradores de primer orden, como los 'subscriptores de honor' Eugenio Florit y Ángel Aparicio Laurencio, así como Gastón Baquero, José Abreu Felippe, Rolando Campins, Roberto Cazorla, Felipe Lázaro, César Leante, Edith Llerena, José Mario, Lilliam Moro, Juana Rosa Pita, Miguel Sales, Pío E. Serrano, Carlos Miguel Suárez Radillo y un largo etcétera.

Contacto. La revista fue fundada el 1 de julio de 1994 en Burbank, California, y la dirige el escritor cubano Jesús Hernández Cuéllar. Se trata de una revista 'independiente, dedicada a divulgar temas de interés para los lectores de habla hispana'. En ella se recogen noticias y artículos de interés acerca de los hispanoamericanos que residen en el país e incluye secciones de negocios, tecnología, ciencia y salud, publicidad, además de arte y cultura. Mantiene una edición electrónica de gran interés. El 13 de abril de 1998, el periódico *ABC* de Madrid dedicó casi completamente el tema de portada a cubrir los logros de esta revista. Además de su director y editor, cuenta con la colaboración de Xiomara Hernández y Aleida Durán, directora asociada y editora asociada, respectivamente.

Hawái (y después en Míchigan, la Florida y Wisconsin)

Caribe. La primera etapa de esta estupenda revista aparece bajo el cuidado de sus editores, Matías Montes Huidobro y Yara González Montes, ambos profesores en la Universidad de Hawái que deciden, desde tan apartada isla del Pacífico, añadir su aporte a las publicaciones de literatura hispanoamericana que circulaban en territorio norteamericano y entre subscriptores de España e Hispanoamérica. Salen a la luz cuatro números entre la primavera de 1976 y el otoño de 1977. Los artículos que allí fueron apareciendo recorren una extensa gama de temas y los firman destacados escritores y profesores de universidades diseminados, sobre todo, en planteles de los Estados Unidos de América. Allí pueden leerse contribuciones de Raymond D. Souza, Seymour Menton, Carmelo Gariano, Alfredo Roggiano, Jorge Rodríguez Florido, David William Foster, Julio Matas y Alberto Gutiérrez de la Solana, entre muchos más. Un segundo período lo marca la publicación de la misma, cuyo primer número sale al mercado en diciembre de 1998. La revista, que aparece dos veces al año, se editó hasta 2006 en la Universidad de Western Michigan (Kalamazoo), año en que pasa a la Universidad del Norte de la Florida (Jacksonville) y la misma se distribuye desde la Universidad de Marquette en Milwaukee, Wisconsin. A cargo de la publicación se encuentran los profesores Jorge Febles y Armando González Pérez. La revista se mantiene vigente y cuenta con una ficha de colaboradores de extraordinario reconocimiento de varias partes de Hispanoamérica y de los Estados Unidos. Hasta la fecha solo se ha publicado un número especial de *Caribe* (tomo 4, número 2, invierno de 2001-2002), dedicado al escritor cubano José Corrales.

Nueva Jersey

Círculo: Revista de Cultura. La revista es la publicación oficial del Círculo de Cultura Panamericano que funda Carlos M. Raggi en 1963 y un grupo de eminentes colaboradores, casi todos profesores universitarios, entre los que se encontraban Luis A. Baralt, José Cid Pérez, Dolores Martí de Cid, Alberto Gutiérrez de la Solana, Leví Marrero, Calixto Masó, Humberto Piñera, Florentino Martínez, Edilberto Marbán y Mercedes y Rosaura García Tudurí. Sus componentes mantienen actividades culturales, encuentros y reuniones dos veces al año donde se presentan ponencias sobre literatura hispanoamericana y española, en especial literatura cubana. La revista, que vio la luz en 1970, sigue vigente hasta la fecha y en sus páginas publican ensayos y reseñas de libros un valioso grupo de intelectuales y artistas de la comunidad. Editan la revista Elio Alba Buffill y Esther Sánchez Grey Alba, a quienes acompaña una docena de asesores. La página electrónica, http://www.circulodeculturapanamericano.org/, que mantiene la organización contiene una reproducción de los índices de todos los volúmenes de la revista a partir de 1975 más ensayos de historia y crítica literaria, bibliografías de autores importantes, convocatorias a concursos y congresos, etc.

Círculo Poético. Es la segunda publicación del Círculo de Cultura Panamericano y, como indica su nombre, se dedica solo a la poesía y publica poemas de sus miembros y de otros poetas cubanos e hispanoamericanos. Se funda en 1971, un año después de *Círculo: Revista de Cultura*, y la dirigió en principio Ana H. González de Raggi. En la actualidad editan la revista Octavio de la Suarée y René León.

Envíos. Estos 'cuadernos de literatura' se publican en 1971 y se mantienen en vigencia hasta 1973. Su director es Alberto Romero, que tiene de subdirector a Francisco E. Feito y a un extenso grupo de colaboradores entre los que encontramos a Leonardo Fernández Marcané, Octavio de la Suarée, Matías Montes Huidobro, Humberto Peña, Alberto Baeza Flores, Israel Rodríguez, Gladys Zaldívar, José Kozer, Rolando Campins, Julio Hernández-Miyares, Mauricio Fernández, Silvia Eugenia Odio, Mercedes Cortázar, Rita Geada, Martha Padilla, Pura del Prado, Ana Rosa Núñez, Mireya Robles, Ángel Cuadra y Jorge Guitart, entre muchos más. Tres números de la revista fueron dedicados a diferentes temas de interés, como el teatro español representado en Nueva York y las figuras de los poetas Juan Clemente Zenea y Agustín Acosta.

Contra Viento y Marea. Cuando dejan de publicarse los cuadernos *Envíos,* su editor, Alberto Romero, y sus directores, Francisco E. Feito y Octavio de la Suarée, fundan una editorial y una revista cuyo primer número ve la luz en agosto de 1977 y su segundo número en enero de 1978. En ella colaboran, entre otros, los poetas Mireya Robles, Justo Rodríguez Santos, Pablo Le Riverend, Matías Montes Huidobro, José Corrales y Emilio Bejel. La editorial publica algunos tomos de poesía, entre los que se hallan los de los poetas Pablo Le Riverend, José Corrales, Omar Torres y el propio Alberto Romero.

Linden Lane Magazine. Como más de un crítico de la literatura cubana en el exilio señala, esta publicación es una de las referencias imprescindibles en el recuerdo de las revistas literarias cubanas del destierro. Sus editores han sido los poetas Heberto Padilla (1932-2000) y Belkis Cuza Malé, y la revista se ha mantenido desde su fundación en marzo de 1982 hasta el presente. *Linden Lane* es el nombre de la calle donde tenían su residencia los fundadores y editores de la revista en la ciudad de Princeton. Como especifica Belkis Cuza Malé, la revista oscila entre 32 y 38 páginas, aunque algunas tiradas son de 65 para conmemorar los diez años de publicación del *magazine*. La propuesta es, simplemente, 'difundir la literatura cubana del exilio', aunque en muchos números se invita a escritores y artistas de varias nacionalidades y 'algún que otro' autor que permanece en Cuba. Se publicaron dos números dedicados exclusivamente a los escritores y artistas cubanos en el exilio en los primeros meses de 1991 y en ella han publicado los nombres más conocidos de la literatura cubana que se gesta fuera de Cuba. En la actualidad su editora ha creado una organización, La Casa Azul: Centro Cultural Cubano Heberto Padilla, que presenta exposiciones de pintura cubana y es un centro para la divulgación de la cultura cubana en el área de Fort Worth, Texas.

Ohio

Término. Ya avanzada la década de 1980, muchos artistas, poetas y dramaturgos del grupo que se ha dado en llamar Mariel y que la revista del mismo nombre juntó y promovió, se van desplazando a diferentes zonas del país. Dos de estos jóvenes artistas, Roberto Madrigal y Manuel F. Ballagas, se afincan en la ciudad de Cincinnati, Ohio, donde fundan la editorial Término y la revista del mismo nombre, a finales de 1982. La revista saca a la luz ocho números con una propuesta de publicar tanto en español como en inglés. Bajo el mismo nombre, Término, aparece la editorial que coordina el crítico Carlos Espinosa Domínguez.

Pensilvania

Consenso. Revista de Literatura. Esta publicación, que 'intentó ser una revista dedicada a la literatura creativa', saca a la luz seis excelentes números (1977-1980) bajo la dirección del profesor, escritor y crítico literario Luis F. González-Cruz, su asesor el dramaturgo Julio Matas y los consejeros Concha Zardoya, David Lagmanovich y Matías Montes Huidobro; estuvo patrocinada por Pennsylvania State University en New Kensington. En esos números se publicaron trabajos de profesores y escritores cubanos, hispanoamericanos y españoles como Jorge Guillén, Concha Zardoya, Enrique Anderson Imbert, Félix Grande, Octavio Armand, Juan Goytisolo, Severo Sarduy, Lydia Cabrera, José Antonio Arcocha, Juana Rosa Pita, Enrique

Gómez-Correa, Daniel Devoto, Juan Liscano, Gonzalo Rojas, Manuel Durán, Ana María Navales, Robert Lima, Ricardo Pau-Llosa, Eugenio Florit, Saúl Yurkievich, Donald A. Yates y otros.

Virginia

Poetas de Enlace. Bajo la dirección editorial de Silvia Eugenia Odio y la coordinación de Mauricio Fernández, que había cambiado su lugar de residencia de Miami a la ciudad de Arlington en Virginia, se intenta ahora retomar las riendas de la antigua *Enlace* y sale a la luz este tabloide en papel periódico el verano de 1992. El intento no pasa mucho más allá de un par de tiradas, pero su contenido es digno de mención. En estos números aparecen nombres que ya hemos visto en las entregas anteriores de la revista, como Mercedes Cortázar, José Kozer, Orlando Rossardi y sus promotores Silvia Eugenia Odio y Mauricio Fernández, junto a Carlos Germán Belli, Rogelio Llopis Fuentes y Wifredo Fernández, entre otros. Juntamos a este renovado intento de los editores de *Enlace* la publicación de una *plaquette*, *Estancias extranjeras*, que se edita en mayo de 1995 y que reúne las contribuciones de José Kozer, Silvia Eugenia Odio, Mauricio Fernández y un documento interesante: '¿Por qué escribir en español en los Estados Unidos?', de la poeta Mercedes Cortázar, que se reproduce en las páginas de esta *Enciclopedia*.

Otras publicaciones

Un buen número de publicaciones periódicas se pierden en el camino de la historia literaria de los cubanos residentes en los Estados Unidos por razones como las escasas tiradas, la poca difusión o el limitado espacio en que se divulgan, y van a quedar solo en la memoria de conocedores y de amigos o archivos de bibliotecas muy especializadas. Ese será el caso de algunos loables esfuerzos editoriales como *Cultura y Verdad* (1963), que se publica en Medellín, Colombia, y dirige Luisa Sánchez de Pérez; *Punto y Aparte* (1968), *Cubanacán* (1974), *Joven Cuba* (1974), *Dobbs Ferry* (1976), *Escolios* (1976) y *Lyra,* de las poetas Lourdes Gil e Iraida Iturralde, entre otros. Otras revistas saldrán bajo el patrocinio de universidades y serán más bien publicaciones de tipo académico con aportaciones serias en los campos de la historia, la política y la economía, entre otros. Ese será el caso de *Cuban Studies (Estudios Cubanos)* (1972 y 1975), que publica su director, Carmelo Mesa Lago, en el Centro de Estudios Latinoamericanos de la Universidad de Pittsburg, Pensilvania. También es necesario mencionar una revista dedicada más a las artes plásticas que a otras manifestaciones: *Noticias de Arte* (gaceta quincenal de las artes visuales, escénicas, musicales y literarias), fundada en Nueva York a finales de los años setenta por Florencio García Cisneros con la asistencia de Giulio V. Blanc y que se deja de publicar en 1995 con el fallecimiento, en el mismo año, de sus fundadores. Esta revista sacará un número especial muy representativo en noviembre de 1981 dedicado a *Mariel: Escritores, pintores.* Cabe resaltar, asimismo, revistas que abarcaban temas muy variados, como lo fue *Punto y aparte*, de Luis Dulzaides, que, desde su primer número en diciembre de 1973, informaba sobre las artes plásticas, la literatura, el teatro, la música, los programas de radio y televisión, entre otras cosas.

Revistas electrónicas

Arte Insomne. El Centro Cultural Visual de este boletín electrónico de la Asociación Latinoamericana de Proyectos Culturales (ALPC), que se da a conocer en el año 2005, 'está encaminado a incentivar a un grupo numeroso de artistas, intelectuales y amigos de las Artes para que sin presiones de ninguna índole asistan a cualquier hora del día o de la noche sin tener que comprar boletos, no reservar lunetas, menos tener la presión del tráfico o el no poder asistir por las interminables distancias, a un Centro Virtual donde usted se dirige cuando lo desea realmente y visita las salas de su interés y opina sobre esta u otra obra de

Arte expuesta, interrelaciona con los pintores, grabadores, fotógrafos, etc., o lee y escucha a los poetas de su preferencia en recitales virtuales, también a los trovadores, y a los demás músicos de uno u otro género, e intercambia con ellos criterios, cuenta con la primicia de leer los capítulos de la última novela que está escribiendo cualquier escritor asociado a nuestro centro o la crítica que sobre cualquier obra publicada haya salido en diferentes medios de comunicación' (http://www.arteinsomne.com/).

Baquiana. En el verano de 1999 sale a la Red esta publicación cuatrimestral que se ha mantenido hasta la fecha con un éxito cada vez mayor. Sus editores y directores, el periodista chileno Patricio E. Palacios y la poeta y dramaturga Maricel Mayor Marsán, han logrado abrir un foro internacional de gran importancia para 'vincular a través del mundo de las letras a todas y cada una de las comunidades del ámbito iberoamericano que conviven en el sur de la Florida'. Además de las ofertas literarias que brinda la revista —poesía, cuento, ensayo, crítica, teatro, entrevistas y artículos de opinión—, sus editores se comprometen con un anuario (vid., supra, Revistas literarias) en forma de libro que contiene la producción de todo lo sacado anteriormente en sus páginas cibernéticas. Por otro lado, *Baquiana* organiza con frecuencia importantísimas conferencias sobre temas de interés para la comunidad, como lo han sido los diálogos sobre el español: '¿Español o *Espanglish?*' y '¿Cuál es el futuro de nuestra lengua en los Estados Unidos?', con la participación de expertos. Dichas conferencias y las discusiones llevadas a cabo en esas reuniones son publicadas luego en forma de libro y distribuidas en bibliotecas y librerías dentro y fuera del país (http://www.baquiana.com/).

Boletín de la Casa Azul. Una revista que edita la escritora Belkis Cuza Malé en Fort Worth, Texas, y que mantuvo vivo el importante tabloide *Linden Lane Magazine* a la muerte del poeta Heberto Padilla. La editora está a la cabeza del Centro Cultural Cubano Heberto Padilla, que ofrece tertulias, exposiciones, conciertos, etc. En el boletín aparecen ensayos, reseñas de libros, promociones y *blogs* para mantener información y discusiones literarias (http://www.lacasaazul.org/).

Contacto. Esta revista mantiene una estupenda edición electrónica que ha recibido numerosos y favorables comentarios de varios países y es ampliamente leída fuera y dentro de los Estados Unidos (http://www.contactomagazine.com/).

Corner. Editada dos veces al año, entre 1998 y 2002, por la profesora y poeta cubana Carlota Caulfield (Mills College) y dedicada a estudios y otros materiales sobre la vanguardia en arte, literatura y música. Con una amplia representación europea e hispanoamericana, llevaba a la Red un variado material en diferentes lenguas, inglés, francés y portugués, y con una amplia representación de artículos en la lengua española. Componían sus páginas de colaboradores escritores como David W. Bernstein, Xavier Canals y Juan Gelpi, entre otros (http://www.cornermag.org/).

Cubista Magazine. Desde Los Ángeles y Nueva York, aparece en la Red en el año 2004 con un destacado Consejo de Redacción integrado por Enrico Mario Santí, David Landau, Rolando

Revista electrónica *Baquiana.*

Revista electrónica *El Ateje.*

Sánchez Mejías, Ernesto Hernández Busto, Néstor Díaz de Villegas, Carlos Aguilera e Idalia Morejó. Sus páginas están organizadas en secciones de ensayo, narrativa, crítica de arte, poesía y contiene un *blog* para la correspondencia con los lectores. Hasta la fecha se han publicado seis números en los que colabora un amplio y valioso equipo, formado, entre otros, por Rafael Rojas, Félix Lizárraga, Ramón Alejandro, Jorge Guitart, Virgil Suárez, Alejandro Armengol, Isis Wirth, Juan Abreu, Miñuca Villaverde, Duanel Díaz Infante, Rosa Ileana Boudet, Carlos Victoria, Pablo Díaz Espí, Alfredo Triff y Juan Carlos Betancourt (http://cubistamagazine.com/).

Decir del Agua. Una revista digital extraordinariamente cuidada donde se da espacio exclusivamente a la poesía y a la pintura. Una propuesta de su editor, el poeta Reinaldo García Ramos, pretende 'destacar las obras de pintura y de poesía en pie de igualdad', aunque más tarde, a partir de su cuarta entrega, la poesía pasa a ser casi de interés único y el arte (foto, pintura, dibujo, grabado, etc.) más bien formará parte como 'participante —según su editor— en un diálogo misterioso con los poemas publicados en la revista'. Con una estupenda acogida de sus lectores, cuenta con espacios que cubren autores hispanos en los Estados Unidos, Hispanoamérica y Europa. Algunos de sus números han sido dedicados a la nueva literatura mexicana, brasileña y portuguesa, bajo el cuidado de editores invitados (http://www.decirdelagua.com/).

El Ateje. Es una seria publicación especializada en la literatura cubana que aparece con un primer número para el período junio-septiembre de 2001. Desde entonces las entregas de la misma, bajo la dirección del escritor Luis de la Paz y la asistencia en el diseño de Jesús Hernández, han contado con un valioso y extenso grupo de colaboradores de varias generaciones de escritores cubanos que viven fuera de la Isla, entre los que aparecen José Abreu Felipe, Amelia del Castillo, Olga Connor, Antonio Conte, Joaquín Gálvez, Orlando Rossardi, José Antonio Albertini, Rafael Bordao, Carlos Victoria, Ángel Cuadra, José Antonio Escarpanter, Luis F. González-Cruz y Nedda G. de Anhalt, entre muchos más. Las publicaciones continúan con acierto y éxito hasta el momento (http://www.elateje.com/).

El Tonto de la Colina. Este espacio sale a la Red con su primera tirada en julio de 2006 y lo dirige el escritor Ignacio T. Granados. Forma parte de un portal que también mantiene la Librería Ediciones Itinerantes Paradiso (http://editpar.com/) para promover la venta de sus ediciones de autores cubanos, hispanoamericanos y europeos. Los números publicados hasta la fecha traen colaboraciones de escritores como Vicente Echerri, Rafael Artime Medina, Bernardo Marques Ravelo, Rodrigo de la Luz, Joaquín Gálvez, Marta Sepúlveda, Raúl Tápanes, Reinaldo García Ramos y el propio Ignacio Granados (http://www.editpar.com/eltontoiv/).

Encuentro en la Red. Se trata de un extenso diario dedicado mucho más al ensayo de tipo político y a las noticias del acontecer, sobre todo en Cuba o relacionado con los asuntos cubanos en los Estados Unidos y el mundo, que de una revista propiamente literaria. No obstante es digno de destacar aquel contenido que reseña, critica y difunde la obra de algunos autores cubanos de importancia y que mantiene al día información sobre exposiciones de arte, recitales de música y conferencias, además de espacios de opinión y cultura. Esta extensa publicación periódica, cuyo primer número se inserta en la Red en diciembre de 2000, es parte de la publicación *Encuentro de la cultura cubana* y de la Asociación Encuentro, con sede en Madrid, España (http://www.cubaencuentro.com/).

Expoescritores. Desde la ciudad de Atlanta, en el estado de Georgia, su editora, la poeta Mercedes Cortázar, saca la revista en 2000 con una selección de poemas de un grupo de poetas cubanos del exilio como Martha Padilla, Mauricio Fernández y Orlando Rossardi, junto a las producciones de Andrée Conrad y Lucía Ballester. Más tarde el formato acoge unos espacios mucho más amplios de literatura y cultura, bajo la responsabilidad de autores como Luis Ignacio Larcada, Gladys Zaldívar, William Navarrete, Isis Wirth y Amelia del Castillo, entre otros.

Sus páginas también se dedican a novedades culturales, artículos y a *blogs* o bitácoras sobre literatura y cultura. La revista contiene una muy buena conexión con suplementos electrónicos culturales y editoriales del mundo hispano (http://www.expoescritores.com/).

Hispanet. Más que una revista es una extensa página sobre aspectos relacionados con la literatura hispánica que incluimos por su tremendo interés. Bajo el subtítulo de 'recursos en Internet para la enseñanza de la literatura hispánica', sus páginas ofrecen una red de enlaces además de listas de revistas, libros y secciones de narrativa, poesía, tecnología y teatro, junto a artículos y foro de discusiones. La página está a cargo del profesor español de la Universidad Internacional de la Florida (Florida International University) Santiago Juan Navarro (http://members.tripod.com/sjuannavarro/).

La Gota de Agua. Se trata más bien de una pequeña muestra de poesía dentro de las promociones de la editorial La Gota de Agua, de Rolando D. H. Morelli, y toma su nombre de antiguas ediciones que sacara en su momento el poeta cubano radicado en España José Mario Rodríguez (1940-2002). El editor se propone hacer obras asequibles de autores cubanos al lector 'de hoy y de mañana'. Sus páginas incluyen poesía y fragmentos de novela por entrega. Poetas cubanos como Orlando Rossardi y el propio Morelli comparten con españoles y chilenos las páginas de esta publicación (http://www.edicioneslagotadeagua.com/).

La Otra Ventana. Esta publicación en la Red tiene de director a Ernesto Suárez, los editores Alexis Romay y Sonia Alvarado Valdés y cuenta con un equipo técnico compuesto por Michael A. Silvares, la editora Sonia Alvarado y el propio Ernesto Suárez. Acepta contribuciones en literatura y en las artes plásticas y ofrece secciones de opinión, música y sociedad (http://www.laotraventana.com/).

La Zorra y el Cuervo. Esta revista es 'una suerte de fábula inacabada, ex profeso' en el decir de su editor, George Riverón, que con su jefe de redacción, Carlos Pintado, y un nutrido consejo editorial publican en la Red su primera entrega en septiembre de 2006. La revista cuenta con grabados y fotografías de gran calidad y su formato es agradable y ayuda a recrearse en la lectura de sus incisos de narrativa, ensayo, poemas, reseñas, etc. Nombres reconocidos ocupan sus páginas, entre ellos, Reinaldo García Ramos, Félix Lizárraga, Odette Alonso, Juan Cueto, Alberto Lauro y Antonio José Ponte, junto a un grupo nutrido de creadores cubanos e hispanoamericanos (http://www.lazorrayelcuervo.com/).

La Habana Elegante. Su nombre ilustra el formato de la revista, que es verdaderamente elegante además de extensa. Desde su primer número, puesto en la Red en la primavera de 1998, su editor, Francisco Morán, se ha propuesto remedar, en cierta forma, aquella otra que vio la luz en La Habana el 4 de agosto de 1883, a la que sucedió *La Habana Literaria*, y que fue, sin dudas, una de las mejores revistas de aquellos años. Esta publicación en formato electrónico intenta 'devolverle a La Habana un pedazo de sí misma' a la vez que pretende llegar a todos los cubanos en cualquier parte del mundo. Se trata entonces de 'un homenaje a La Habana', a la poesía, el ensayo literario, la crítica y la narrativa cubana, y un intento de ofrecer muestras eficaces de arte, dibujo, diseño y fotografía en general. La revista logra crear una bella y eficaz envoltura para brindar a los interesados una buena muestra de la literatura cubana, clásica y contemporánea, y de aquella otra desperdigada por el mundo en la voz de muchos exiliados (http://www.habanaelegante.com/).

La Peregrina Magazine. La revista es 'una publicación de generalidades culturales' con la intención de 'brindarle un espacio a los nuevos creadores en todos los rincones de las artes'. Sus páginas recogen poesía, cuento, arte, teatro, etc., a la vez que secciones sobre salud, música, religión y folclore en ediciones trimestrales que comienzan alrededor de 2003 bajo la dirección de Carmen Karin Aldrey, sus editores, Germán Guerra y Ena Columbié, y con la ayuda de David Lago, William Navarrete, Juan Cueto Roig y Félix Luis Viera (http://www.laperegrinamagazine.com/).

Literatura Cubana en el Exilio. Espacio que nace, según sus editores, para 'difundir el pensamiento y obra del cubano del exilio' en la Red. Sus páginas recogen ensayos, cuentos, poemas y abre sus páginas a cualquier controversia 'respetuosa' acerca de los trabajos e ideas presentados. El editor de la revista, el poeta cubano Napoleón Lizardo, ha mantenido exitosamente esta publicación desde marzo de 2004 y perdura hasta el presente con gran número de visitas (http://www.groups.msn.com/literaturacubanaenelexilio/).

Mula Verde Review. Esta revista electrónica sale en mayo de 2005 con la propuesta de 'crear una cadena que uniera a los hispanos e hispanistas de distintos puntos del globo, un centro virtual para aquellos nódulos de la cultura hispana que se reparten por todas partes'. Su primer número se lanza en París, en la Maison de L'Amerique Latine, y el segundo número se dedica a la Feria Internacional de Guadalajara, México, 2005. Tiene colaboradores en poesía y narrativa y ambas tiradas contienen archivos literarios, una sobre Perú y la otra sobre Venezuela. Sus editores son Luis Marcelino Gómez y Jorge A. Salbo y cuenta con un consejo editorial donde aparecen Elizabeth Burgos, Adriana Herrera y Reinaldo Sánchez, entre otros (http://www.mulaverde.com/).

Nexos. Esta revista se publicó en enero de 1998 y han salido once números con una periodicidad trimestral. Su fundador fue el poeta Carlos Sotuyo. Su codirector, Luis de la Paz —que en el año 2001 saca en la Red *El Ateje*—, se incorpora a la revista a partir de su segunda entrega de marzo de ese mismo año. Entre sus integrantes y colaboradores están Madeline Cámara, Uva de Aragón, Rolando D. H. Morelli y Jorge Luis Llópiz, entre otros. Como punto de partida la revista tenía dos secciones, una de poesía y otra de narrativa, y más tarde se añaden las de ensayo, teatro y reseñas. A partir del número siete se comienzan a preparar números homenajes a figuras de la cultura como Eugenio Florit, Ana Rosa Núñez, Virgilio Piñera, Lino Novás Calvo y, en su último número, a Reinaldo Arenas. Ediciones Universal sacará luego el tomo *Reinaldo Arenas aunque anochezca, textos y documentos*, de Luis de la Paz (2001), en el que se recoge este número casi íntegramente (http://members.tripod.com/nexos2/index/).

Otro lunes. El número de inicio de esta revista hispanoamericana de cultura, bajo la dirección del escritor y periodista Amir Valle, sale en mayo de 2007. Sus editores pretenden que la publicación sea 'una afirmación de las libertades intelectuales, como parte del preciado y riesgoso ejercicio de la libertad personal que ha caracterizado a las sociedades actuales, especialmente en un país como Cuba'. Otros administradores de la revista son los escritores León de la Hoz y Ladislao Aguado. Junto a una aclaración de que la revista no debe identificarse con *Lunes de Revolución*, revista del diario *Lunes* fundada en Cuba por Guillermo Cabrera Infante, insisten en que 'el espíritu de libertad, modernidad y vocación cívica y universal' sí unen a ambos esfuerzos. La revista cuenta, en su primer número, con una amplia representación de serios intelectuales cubanos, en artículos de opinión, ensayos, reseñas, entrevistas y materiales de creación literaria (http://www.otrolunes.com/).

Poesía Hispana. La publicación dirigida por los poetas Astur Morsella, Jorge Antonio Moré, Sara Martínez Castro y Luis Mario, con el apoyo técnico de Guillermo Cruz, sale en agosto de 2002 y es, en el decir de sus editores, 'un llamado a los poetas de todas las latitudes' para enviar colaboraciones poéticas (http://www.poesiahispana.com/).

Poetas 2000. Es una revista con restricción de entrada y a la que solo se accede mediante suscripción. Fue fundada el 16 de mayo de 2000 por el poeta Nelson Jiménez Vivero y es una publicación mensual que brinda reseñas, artículos, comentarios, obras de creación, etc. (http://www.poetas2000.sitio.net/).

Red Literaria. Esta publicación electrónica quiere 'explorar la obra de los escritores contemporáneos' y ofrece un boletín mensual con una muestra de dichos escritores, cubanos en su mayoría. Su director, David Ross, y su subdirector, Alejandro Lainez, mantienen una serie de espacios de crítica y ensayo 'para compartir criterios sobre autores vivos o recientemente muertos', preferentemente dentro de cierto 'prisma polémico' que atraiga lectores y creadores interesados. Encabezan uno de sus espacios dieciséis fotos de escritores residentes fuera de Cuba con breves biografías y sus obras como 'punto de partida para conocer la literatura de un país en el que casi el veinte por ciento de su población vive en el exilio'. Encontramos entre estos a Eliseo Diego, Reinaldo Arenas, Carlos Alberto Montaner, Guillermo Cabrera Infante, Zoé Valdés, Yanitzia Canetti, Daína Chaviano, Antonio Benítez Rojo, Matías Montes Huidobro y Carlos Victoria, entre otros. La revista especifica que no publica poemas, cuentos ni fragmentos de novela, solamente artículos, comentarios o reseñas. Dos secciones de gran interés son la de noticias mensuales y la que ofrece un listado de artículos por contenido temático y por zonas que cubren la literatura hispanoamericana, la española, etc. Es, sin duda, una de las ofertas más atractivas de los espacios electrónicos (http://www.red-literaria.com/).

Teatro en Miami. Esta excelente revista electrónica se publica desde principios de 2000 y se actualiza semanalmente. Hasta finales de febrero de 2007 había tenido una tirada de 370 números que reúne los títulos cibernéticos de *Teatro Mundial, Arte Miami y Miami Arte* bajo el patrocinio de la Corporación Teatro en Miami. Su director es el escritor y crítico teatral Ernesto García, que coordina un serio grupo de columnistas y colaboradores a cargo de reseñas teatrales, críticas, artículos, etc. La revista ofrece un exhaustivo panorama teatral que contiene información actualizada del mundo teatral y fílmico, de los dramaturgos y sus piezas alrededor del mundo hispano y de aquellos creadores que publican sus obras en los Estados Unidos. Mantiene una cartelera al día de lo que se pone en escena en España (Barcelona y Madrid), Cuba y las capitales hispanoamericanas, aunque enfoca su interés principal en ciudades como Miami y Nueva York. Proporciona conexiones importantes con galerías de arte, periódicos, revistas y organizaciones teatrales del mundo (http://www.teatroenmiami.com/).

De entre páginas electrónicas personales y de grupos relacionadas con Cuba y con aspectos de la cultura o las artes, a veces muy tangencialmente, queremos destacar unos espacios de interés como: http://www.liceocubano.com/, comunidad virtual para encontrar información que abarca los diferentes aspectos referentes a Cuba y los cubanos alrededor del mundo; la página de la comunidad judía solo publicada en inglés por Jewish Cuba Connection, Inc. (http://www.jewishcuba.org/), establecida en Marina del Rey, California, que provee material para aquellos interesados en el desarrollo del judaísmo en la Isla; y una página especial, *La Nueva Cuba*, que dice ser el 'primer periódico independiente en la Internet' y que está, en su gran mayoría, interesado solamente en asuntos políticos cubanos, aunque también ofrece artículos sobre la sociedad y otros sobre artes plásticas y de cultura en general. Su director es Antonio M. Rivera (http://www.lanuevacuba.com/).

Vale la pena mencionar la extensa página http://www.intercuba.com/ ('Publicidad e información al alcance de todos'), que provee un sitio interactivo en Internet y una edición impresa, *InterCuba Express*. Ambas publicaciones ofrecen la oportunidad a sus anunciantes y a sus lectores de interactuar 'y conocerse en un ambiente de cubana y franca asociación'. Además de proporcionar un amplio directorio de negocios en detalle, un sistema de publicidad e información de la situación política y social dentro y fuera de Cuba, provee unas páginas literarias a cargo del escritor William Navarrete bajo el nombre de 'Tintero Literario' con noticias y artículos sobre publicaciones. Sus directores son Ahmed Y. Martel, Lourdes Pagani y Daisy Gil Ortiz. También es necesario hablar de *Calibán,* la revista literaria, y de la página http://www.artecuba.com/, que desde París publicó Mary Montes en 1998 y que mantuvo cinco números hasta el año 2000, en que dejó de publicarse.

Apéndice

Un número notable de publicaciones literarias dedicadas a las letras cubanas de la Isla y del exilio han salido a la luz en distintas partes del mundo, sobre todo a partir de la última mitad de los años noventa y ya comenzado el siglo XXI: *Cuba Nuestra* y *El Heraldo Cubano* (Estocolmo), *Sin Visa* y *Trozos de Cuba* (París) representan solo unos pocos ejemplos de estos esfuerzos editoriales. No obstante, es en España donde se publican las revistas literarias que más aceptación y mayor difusión han tenido entre los cubanos del exterior, en especial entre los cubanos exiliados y cubano-americanos que residen en los Estados Unidos de América. Los cuadernos *El Puente*, revista dedicada solamente a la poesía, y las publicaciones *Encuentro de la cultura cubana* y la *Revista Hispano Cubana*, ambas de la segunda mitad de la década de los noventa, son formidables ejemplos:

El Puente. Resumen Literario. Esta serie de revistas dedicadas casi con exclusividad a la poesía surge en Madrid bajo la tutela del poeta José Mario Rodríguez (1940-2002), exiliado que en Cuba organizara las ediciones El Puente y la revista literaria del mismo nombre, a cuya sombra se reunía un grupo de poetas, los 'novísimos', entre los que se encontraban poetas de posterior notoriedad. La editorial publica una *Novísima Poesía Cubana*, antología a cargo de Reinaldo García Ramos y Ana María Simo, que recoge la actividad de esos poetas. *El Puente. Resumen Literario* saca unos cincuenta números entre 1978 y 1981 con la colaboración de escritores cubanos residentes en el exterior. Alguno de ellos, como el número 33 (1982), está dedicado a un grupo determinado de poetas en Miami, donde aparecen Pura del Prado, Julio Estorino, Lucas Lamadrid, Amelia del Castillo, Adela Jaume, Uva de Aragón Clavijo, Raquel Fundora, Arístides Sosa de Quesada, Sara Martínez Castro y Orlando Rossardi, entre otros. *El Puente. Resumen Literario* fue un aporte importante al conocimiento y divulgación de la poesía cubana del exilio.

Encuentro de la cultura cubana. El esfuerzo editorial de su director y fundador, Jesús Díaz (1941-2002), con esta revista cuyo primer número sale a la luz en Madrid, en el verano de 1996, se ha visto ampliamente recompensado con el enorme éxito que ha alcanzado la publicación a través de los años y con la difusión a escala internacional —incluyendo territorio cubano— de un enorme caudal de información política, social y literaria que pone de relieve la producción de muchos escritores cubanos residentes fuera de la Isla, además de una buena cantidad de voces que discrepan con las líneas establecidas por el régimen que ocupara el Gobierno de Cuba en enero de 1959. La gran repercusión que ha alcanzado esta revista se ha mantenido en publicaciones trimestrales que recogen colaboraciones de un numeroso y valioso grupo de intelectuales y artistas cubanos, dentro y fuera de territorio cubano. A la desaparición de su fundador aparecen como directores de la publicación el poeta Manuel Díaz Martínez y el escritor Antonio José Ponte. La revista es patrocinada por la Asociación Encuentro de la Cultura Cubana, que preside Annabelle Rodríguez, quien también mantiene la dirección ejecutiva de la misma.

Revista Hispano Cubana. Esta revista cuatrimestral, nacida en la primavera de 1998, tiene por objetivo mantener información al día sobre política, cultura y arte haciendo hincapié en 'reforzar los vínculos que existen entre España y Cuba' mediante la publicación de análisis sobre la situación cubana en la Isla y divulgando la obra de los cubanos fuera de ella. La revista es una publicación de la Fundación Hispano Cubana fundada por Guillermo Gortázar y se mantiene bajo la dirección de Javier Martínez-Corbalán y de un grupo editorial que cuenta con Orlando Fondevila, Begoña Martínez y colaboradores de gran calibre, como María Elena Cruz Varela, Manuel Díaz Martínez, Roberto Fandiño, Felipe Lázaro, César Leante, Jacobo Machover, Fabio Murrieta, Raúl Rivero y Pío E. Serrano, entre otros. Hasta la fecha la publicación ha gozado de una gran aceptación entre los lectores interesados y se distribuye entre subscriptores, en su mayoría hispanos en los Estados Unidos, en España e Hispanoamérica, a la vez que cuenta con una buena difusión clandestina en Cuba.

Instituciones y revistas culturales dominicanas

Franklin Gutiérrez

Introducción

Tanto el ajusticiamiento del dictador Rafael Leónidas Trujillo Molina en 1961, como la guerra de abril de 1965, que perseguía la reposición del Gobierno de Juan Bosch derrocado en septiembre de 1963, anunciaron cambios notorios en la producción e interpretación del arte, la cultura, la política y la literatura dominicanas, controladas durante tres décadas por la tiranía trujillista. Empero, la llegada al poder de Joaquín Balaguer Ricardo en 1966[1], en vez de prolongar y fortalecer dichos cambios, impidió que la sociedad dominicana pusiera en práctica los proyectos culturales enarbolados por los escritores e intelectuales. Durante esos doce años surgió un número considerable de clubes culturales y deportivos, cuya misión primaria era servir de refugio a la juventud de entonces, que utilizó la cultura y los deportes para contrarrestar la represión y la persecución políticas desatadas por el Gobierno contra ella.

La coerción ideológica y la inseguridad ciudadana auspiciadas por la Administración balaguerista desde su ascenso al poder en perjuicio de sus adversarios generaron una elevada dosis de inseguridad personal en la población, lo que motivó a muchos dominicanos a emigrar hacia los Estados Unidos[2], particularmente a Nueva York y a Venezuela, país este último que tuvo, hasta inicios de los ochenta, una industria petrolera privilegiada en relación con el resto de Hispanoamérica.

Las instituciones culturales

Desde los momentos iniciales de su asentamiento masivo en la urbe neoyorquina, a finales de la década de los sesenta, los dominicanos interesados en mantener sus raíces culturales se reunían en clubes cívicos y culturales, que emulaban los modelos establecidos en ese momento en la República Dominicana. Muchas de estas organizaciones, creadas originalmente sin fines recreativos, ofertaron a sus miembros la posibilidad de valorar y entender la patria dejada atrás desde otras perspectivas sociales. Los nombres con los que bautizaron a la mayoría de ellas evidencian la necesidad de sus fundadores y miembros de continuar asidos emocionalmente a la tierra de origen y de proteger la identidad dominicana fuera de la isla. Las pioneras de esas organizaciones son: el Club Cívico Cultural Dominicano (1962), el Centro Cívico Cultural Juan Pablo Duarte (1966)[3] y el Club Los Autónomos (1968). Con posterioridad surgieron el 30 de Marzo (1972), el María Trinidad Sánchez (1979), el Movimiento Cultural Hatuey (1978), el Club Cultural Amantes del Progreso (1978), el Club Unidad Hispana (1979), el Club Orlando Martínez (1982), el Club Hermanas Mirabal (1974), el Club Los Bravos (1973), Primada de América (1976), el Club Los Hijos de Jicome (1979), el Club Francomacorisanos Unidos (1979), la Hermandad Dominicana (1974), Las Tres Antillas (1978), los Hijos de Quisqueya (1980), los Hermanos Unidos de Queens (1981), el Géminis (1982), el Club Nizao (1985) y el Enriquillo, entre otros.

El ascenso al poder del Partido Revolucionario Dominicano en 1978 reorientó la motivación que dio origen a los primeros clubes cívicos y culturales fundados por dominicanos en Nueva York. Los dirigentes políticos y activistas culturales de entonces, muchos de los cuales habían abandonado la isla presionados por el hostigamiento del Gobierno balaguerista, asumieron que la sustitución de Balaguer en la presidencia de la República cerraba un capítulo nefasto en la historia política y social dominicana; en consecuencia, consideraron necesario orientar el arte y la cultura por el sendero de la liberación.

En la década de los ochenta y los noventa el número de clubes dominicanos continúa aumentando en los Estados Unidos debido al crecimiento acelerado de la emigración, ascendente ya al medio millón de habitantes. Sin embargo, a los clubes culturales se agrega una nueva modalidad de agrupación: las organizaciones provinciales, identificadas indistintamente como clubes, asociaciones o centros. Fueron pocas las provincias y municipios importantes de la República Dominicana que no estuvieron representadas por una de esas tres modalidades. De importante presencia en sus respectivas zonas geográficas fueron: Hijos de Sánchez Ramírez (1983), Centro Comunal Tamboril (1986), Francomacorisanos Unidos (1979), el Club Tamboril, Hijos y Amigos de Altamira (1983), Los Hijos de Farfán, Núcleo de Santiagueros, Macorisanos Serie 23, el Centro Social Romanense, el Centro Socio Cultural Dajabón, la Asociación de Sancheros, la Asociación Comunal Mocana, el Club Imbert, la Alianza Maeña, el Club Boca Chica, etc.

A finales de los noventa, ante la imposibilidad de mantener el costo de operación de los mismos, debido al aumento de los alquileres y de los servicios básicos, muchos de estos clubes se convirtieron en centros de recreación orientados a la práctica de juegos de salón (billar, dominó, *ping-pong*), deportes *(softball)* y eventos para recaudar recursos económicos (fiestas, veladas y rifas) entre sus miembros y amigos.

Además de en Nueva York, los clubes se extendieron también a otros estados y ciudades norteamericanos donde reside una cantidad significativa de dominicanos. Rhode Island fue el asiento de los clubes: Los Autónomos, Quisqueya, Los Trinitarios y Juvenil Avance del Progreso. En Haverstraw, el Deportivo Cultural; en Boston, Gregorio Luperón; en Nueva Jersey, Ramón Matías Mella, San Andrés y Boca Chica; en Lawrence, Los Trinitarios.

La proliferación de organizaciones de esta naturaleza en la zona neoyorquina motivó la creación, en 1978, de la Asociación de Clubes y Grupos Culturales de Nueva York (ASOGROCUL), presidida por el Club María Trinidad Sánchez y capitaneada por Ángel Mescaín. Actualmente, muy pocos de los clubes fundados en la etapa inicial del movimiento 'clubístico' dominicano en Nueva York sobreviven. El alto costo operativo de los mismos y el cambio de intereses políticos y sociales de los sucesores de sus creadores han reducido significativamente el número de instituciones de esa naturaleza.

Agrupaciones literarias

Paralelo a las publicaciones antes citadas nacieron también las agrupaciones literarias en las que numerosos escritores dominicanos establecidos en la urbe neoyorquina y sus contornos, con intereses políticos y literarios comunes, se reunían a intercambiar y analizar sus propuestas creativas. De ellas merecen atención especial: el Círculo de Escritores Dominicanos (1983), integrado por Silvio Torres-Saillant, Viriato Sención, Esteban Torres y Juan Rivero. Posteriormente apareció el Colectivo de Escritores Dominicanos (1984), donde militaban José Carvajal, Franklin Gutiérrez, Diógenes Abreu, José de la Rosa, Guillermo Gutiérrez, Tomás Rivera Martínez, José Cornielle, Héctor Rivera y Dagoberto López. Luego, en 1986, José Carvajal fundó Pensum, cuya compilación, *Espiga del siglo* (1984), reúne textos de José de la Rosa, Guillermo Gutiérrez, José Carvajal y José Cornielle.

De los grupos que reemplazaron a los anteriores los más relevantes son: Palabras: Expresión Cultural, constituido por los poetas José Segura, Diógenes Abreu, Ivelisse Fanith, Dagoberto López, René Guerrero, Juan Matos, Mayobanex Pérez, Wanda Miroslava Peguero,

Marisol Espaillat Pineda y Peña María. Parte de su producción fue reunida en un volumen titulado *La palabra como cuerpo del delito*, publicado en 2001. En el grupo Trazarte concurren poetas, escritores y pintores músicos. Esta agrupación, en cuyo ejercicio pone en escena diferentes manifestaciones artísticas, fue fundada por Félix García en 2002, con el apoyo de Osiris Mosquea, Santiago Núñez, Héctor Alves, Jimmy Lama y Francis Mateo.

Tertulias literarias

Hay dos modalidades de tertulias literarias de la diáspora dominicana estadounidense. La primera está representada por quienes, siguiendo las pautas generales de los talleres literarios, se reúnen para analizar la producción de sus colegas y ayudarse mutuamente a mejorar la calidad de la misma. En este grupo pueden ubicarse la Tertulia de escritoras dominicanas en los Estados Unidos, creada y dirigida por la doctora Daisy Cocco De Filippis en 1994. Aunque en esta tertulia se reúnen mayormente escritoras dominicanas, a ella también asisten creadoras de otras nacionalidades (Cuba, Puerto Rico, Argentina, México, España, etc.). Entre las asiduas tertulianas dominicanas figuran: Marianela Medrano, Yrene Santos, Josefina Báez, Angie Cruz, Ynoemia Villar, Francisca Suárez Coalla, Sonia Rivera Valdés y Margarita Drago. Otra tertulia digna de mención es Nosotros Contamos, fundada en 2001 por José Acosta y José López, en la Casa de la Cultura Dominicana en Nueva York. Sus integrantes (Frank Adolfo, Lucila Rutinel, Tomás Modesto Galán, José Acosta, Ramón Núñez, Miguel Espaillat, Mirelle Palmansa, entre otros) se reúnen actualmente el último domingo de cada mes, ahora bajo en auspicio del Comisionado Dominicano de Cultura en los Estados Unidos.

La segunda categoría la componen escritores, dramaturgos y artistas plásticos interesados en difundir sus creaciones a través de actividades públicas, entre ellas: lecturas, conferencias y exposiciones pictóricas organizadas por instituciones comunitarias dedicadas a la difusión de la cultura dominicana en los Estados Unidos. Muestras representativas de esta modalidad son: la Tertulia Pedro Mir, surgida una década atrás en Lawrence, Massachusetts, por iniciativa de los poetas César Sánchez Beras y Juan Matos, la cual tiene presencia en los eventos culturales más importantes de Boston, Massachusetts, Lawrence y pueblos aledaños. Vale destacar también, por su incidencia en la vida literaria y cultural neoyorquina un lustro atrás, la Tertulia Bohemia Arte Vivo, que comenzó a funcionar en 1999 bajo la coordinación de Félix García, Santiago Núñez y Miriam Ventura. De más reciente aparición (2004) es La Guarida, tertulia fundada y dirigida por Marisol Espaillat que promueve a escritores, intérpretes musicales, pintores y teatritos dominicanos e hispanoamericanos radicados en Nueva York.

Revistas literarias

Cinco revistas dominaron el escenario de difusión de la literatura producida por dominicanos en los Estados Unidos, específicamente en el estado de Nueva York: *Letras e imágenes*, fundada por Juan Torres y Esteban Torres en 1980, cuya vida se prolongó por un año. *Inquietudes*, creada por José Carvajal en 1981, de igual duración que la anterior. *Alcance*, fundada en 1982 por Franklin Gutiérrez; el último número de esta publicación apareció en 1995. *Mambrú*, nacida en 1984, también bajo la tutela de José Carvajal, y *Punto 7* (1985), órgano de difusión del Círculo de Escritores Dominicanos, compuesto por Silvio Torres-Saillant, Viriato Sención, Esteban Torres y Juan Rivero.

Los textos aparecidos en estas revistas muestran no solamente los aspectos cuantitativos y cualitativos de la producción literaria de entonces sino, además, la postura ideológica y las posiciones estéticas antagónicas de quienes dirigían las mismas. Precisa señalar que la aparición de estas revistas, por tratarse de publicaciones sin ánimo de lucro, era muy irregular y estaba sujeta a las condiciones materiales de sus directores, quienes no lograron encontrar patrocinadores ni mecenas para su sobrevivencia.

Otra revista que vio la luz pública a finales de los noventa fue *De Azur*, editada por los poetas Leandro Morales y Carlos Rodríguez. En el invierno de 1998 la revista *Brújula-Compass*, coordinada por el escritor peruano Isaac Goldemberg, y auspiciada por Hostos Community College, publicó, bajo el título de *Escritores dominicanos en los Estados Unidos*, un número que recoge una cantidad significativa de textos de más de treinta escritores dominicanos establecidos en Norteamérica.

Notas

[1] El primer período de Gobierno de Joaquín Balaguer Ricardo comprende desde 1966 hasta 1978.

[2] Muchos dominicanos aprovecharon las facilidades emigratorias ofrecidas por el Departamento de Inmigración y Naturalización de los Estados Unidos como parte de las negociaciones de paz entre las dos naciones en conflicto.

[3] En 1988 esta institución fue rebautizada como Instituto Duartiano de Nueva York. Luego, tras su incorporación a las leyes del estado de Nueva York, en 1998, se convirtió en Instituto Duartiano de los Estados Unidos, Inc.

X   LA PRODUCCIÓN LITERARIA EN ESPAÑOL

¿Por qué escribir en español en los Estados Unidos?

Mercedes Cortázar

El idioma, como la familia y la nacionalidad, no se escoge. Se nace al azar en un país, en una familia, y hablando un idioma determinado. Sin embargo, aunque no se ha escogido, el idioma, como la familia y la nacionalidad, se hace parte de uno mismo en la primera infancia. La lengua materna es tan natural que no merece, usualmente, pensar en ella, esto es, mientras vivamos en el país que nos vio nacer y hablemos un solo idioma.

Al dejar nuestro país de origen no solo abandonamos la patria, sino la familia, los amigos, el entorno conocido, las plantas, las flores, el paisaje, los olores, la comida, la infancia. Todo se expresaba a través del idioma que, al surgir de los recuerdos recónditos de los primeros años, se ha enraizado al ser, a la región más privada del espíritu. Es el lenguaje del corazón.

El exilio es una muerte que nos deja con vida, y con la tarea de construir, ya adultos, una nueva existencia, sin padres ni infancia. Somos adultos, pero niños en el nuevo país, y hemos de aprender todo desde el principio, sin el encanto de descubrir el mundo por primera vez, ni el disfrute de la indulgencia con que los otros juzgan al infante.

La situación es parecida a la de quien sufre una enfermedad mental o padece un defecto físico: mudez, sordera o discapacidad psíquica. Los niños merecen nuestra condescendencia, pero los impedidos nos impacientan. Para salir de esa situación incómoda hay que aprender, a toda carrera, lo que los demás toman por descontado. El nuevo idioma es lo principal que debe aprenderse de esa forma apresurada y violenta: con una pistola en la sien. Un idioma así aprendido tiene algo de obligado, de desagrado en su raíz: no se adquirió en el amor del hogar, sino en la indiferencia y la hostilidad de la lucha por la vida. Así fue, por lo menos, en mi caso.

El inglés era, y es, necesario para la supervivencia y el español se convirtió en una lengua de lujo que me revelaba la buena literatura, y que usaba para comunicarme con mis amistades más íntimas. La lengua materna se convirtió en algo misterioso, oculto, en una ceremonia esotérica que debía preservarse de los estadounidenses de forma que recordaba el celo con que los sufíes guardaban sus secretos místicos ante la intolerante mayoría musulmana. El inglés servía, y sirve, para arreglar problemas prácticos, para comunicarse con mis compañeros de trabajo con los que no tengo nada en común. Es una lengua exotérica, vulgar, utilitaria.

Por supuesto que no pensé escribir en inglés en la primera etapa de mi residencia en los Estados Unidos porque, desde mi ignorancia y hostilidad, creía que en inglés solo podían decirse estupideces. La segunda etapa, en la que el inglés invadió mi poesía, paradójicamente comenzó cuando me mudé a Miami, donde el español es hablado comúnmente por miles de inmigrantes hispanoamericanos. Había escrito unos cuantos poemas en inglés antes de irme de Nueva York, pero la etapa de escribir poesía en inglés verdaderamente comenzó en Miami. Entonces me era absolutamente imposible escribir poemas en español y cuando lo intenté, impulsada por la irritación de mis amigos, que consideraban eso como una deserción rastrera, me di cuenta de que podía escribir unos cuantos versos forzados en español, pero que invariablemente terminaba el poema en inglés. En mi mente, la poesía hablaba en inglés.

Al mismo tiempo, escribía prosa en español, en un español desenfrenado, liberado a veces de la gramática, pero que no era *espanglish*. Una amiga solía decirme en esa época que hablaba como la gente escribía y escribía como la gente hablaba. Un crítico me dijo que mi estilo le recordaba la prosa delirante de Henry Miller; a mí me parecía una comunicación ingenua, un balbuceo, en el que creía con la fe incierta del náufrago que arroja al mar una botella con una nota en la que narra todas las vicisitudes del naufragio, y el exacto paralelo y meridiano donde se encuentra; un náufrago que tiene pocas esperanzas de que la botella sea encontrada por el barco que emprenderá el rescate, y piensa, en lo más oculto de su mente, que irá a parar a alguna isla de la Polinesia en que los nativos, ignorando la nota desesperada que contiene, la adorarán como un símbolo del demonio marino Aremata-Rorua.

Me hallaba escindida entre los dos idiomas de una forma muy incómoda y que me creaba momentos de vergüenza, porque me sentía dominada por una fuerza del 'Más Allá', por un espíritu que me hacía escribir en inglés con una compulsión que no podía explicar de una forma racional.

Al regresar de un viaje a Puerto Rico volví a escribir poesía en español y todo regresó a la normalidad. Sin embargo, esta normalidad es rareza para la mayoría. Sé que en los Estados Unidos, gran centro editorial donde aspiran publicar muchos escritores de todo el mundo, resulta extraño que no escriba prosa y poesía solamente en inglés, tras haber pasado más de cuarenta años en los Estados Unidos, y de haber publicado artículos, ensayos y críticas en ese idioma. Lo que la mayoría ignora es que tuve que escribir por necesidad económica o por compromiso de amistad. Nunca lo hice por placer.

En Miami, por capricho, me propuse conocer el inglés a fondo y pude apreciar sus virtudes. Me percaté de que se podía escribir de muchas formas en inglés que serían difíciles y poco naturales en español. Conocí, más que la letra, el espíritu del idioma. Admiré más cabalmente sus grandes escritores y poetas, sus logros expresivos, su riqueza, profundidad y precisión, sin olvidar que el inglés no estaba enraizado a la infancia, a la esencia del ser, que era una lengua ajena.

Persistir en lo que para mí es la normalidad me ha llevado a dedicarme a una actividad absurda, porque hasta ahora no ha tenido objeto ya que el resultado lógico de escribir es publicar. Para el escritor que escribe en español en los Estados Unidos es difícil encontrar editora que le publique, porque las editoriales de Nueva York están interesadas en publicar solo obras en inglés y usualmente traducen libros escritos en otra lengua cuando han tenido éxito en sus respectivos países. ¿Por qué insistir en escribir en español, entonces?

Aparte de que el español pertenece a mi infancia, también encierra una forma idónea de ver la vida, una manera de expresarla, un ritmo de pensamiento. El propósito más obvio de un idioma es posibilitar la comunicación, pero además engloba una historia cultural, una óptica, una manera de ser y de no ser; algo inefable. Esa esencia intrínseca del español es mi lenguaje natural, la forma en que más auténticamente se expresa mi espíritu. Además, eso inexpresable que exuda el idioma me proporciona gozo, deleite al usar sus palabras, placer al escuchar sus sonidos, júbilo al explorar sus posibilidades.

Escoger esta postura no ha sido fácil, porque no se puede evitar el compararse con otros que han tomado el camino opuesto. Los escritores de origen hispano que han escrito en inglés o en *espanglish* han sido reconocidos en los Estados Unidos y hasta en España.

Es comprensible que los Estados Unidos reconozca a los que escogen su idioma o sean influidos por este, pero España debe reconocer a los que han resistido el potente embate de la lengua más poderosa del planeta, y que se expresan en español aunque les cueste el silencio editorial. Esta es una actitud tozuda y heroica, muy a la española.

Los editores españoles han ignorado durante tiempo a los escritores que escriben en español en los Estados Unidos, tal vez porque pensaban que los más de cuarenta millones de hispanos que residen en este país son inmigrantes analfabetos. Esto no es así. En los Estados Unidos existe un gran grupo lector de libros escritos en español que lee exclusivamente en ese idioma y otro numeroso que lee en inglés, aunque prefiere el español natal. Entre ese público culto hay escritores que escriben en español. Tal vez influidos por la facilidad de comunicación de Internet, algunos editores españoles ahora comienzan a publicar a escritores hispanoamericanos, y hasta uno que otro cubano residente en los Estados Unidos.

La escritora belga Margarite Yourcenar vivió muchos años en los Estados Unidos, pero nunca dejó de escribir en un francés perfecto, a tal punto que ingresó en la Academia Real Belga de Lengua y Literatura y en la Academia Francesa. Su caso, por supuesto, no puede compararse por completo al de los hispanoamericanos en los Estados Unidos, porque Yourcenar podía publicar en Francia. No obstante, si hubiera estado en esta situación, me resulta difícil imaginarla escribiendo en inglés o en *franglish*. Yourcenar tenía un espíritu muy francés, un aire galo, que se hubiera perdido en otro idioma, aunque, afortunadamente para sus lectores de habla castellana, puede apreciarse bastante en español gracias a la excelente traducción que hiciera Julio Cortázar de las *Memorias de Adriano*.

Vladimir Nabokov, que escribió en inglés algunos de sus libros por razones prácticas, y que sabía muy bien lo que costaba ese travestismo espiritual, decía que al escribir en ese idioma se sentía como un virtuoso del piano al que la explosión de una bomba le hubiera dejado solo tres dedos. Los que han leído sus primeras novelas escritas originalmente en ruso, incluso en traducción, pueden constatar la diferencia entre el vuelo poético, el goce de la palabra de estas y la sequedad intelectual de las escritas en inglés.

Como el francés de Yourcenar y el ruso de Nabokov, el español de Cervantes tiene matices ocultos, significados secretos, oscuras complicidades; es posible regodearse en una descripción saboreando las palabras, los sonidos, sus posibles combinaciones, como si fueran manjares. Se puede disfrutar el extender y confundir creativamente el significado de las palabras e incluso fracturar la sintaxis en un juego barroco o hermético.

Dice Václav Havel: 'El hombre moderno de hoy, aparte de perder respeto a muchas otras cosas, perdió el respeto al secreto de la palabra'. Escribir en español en los Estados Unidos es respetar el secreto de la palabra.

El idioma de la imaginación

Eduardo Lago

Hasta donde alcanza mi memoria de lector, siempre he vivido a caballo entre dos lenguas. Cuando tenía apenas 10 años, mi madre se empeñó en que aprendiera inglés y antes de dominar a fondo las estructuras del idioma, me zambullí en su literatura. Desde entonces, el canon literario anglosajón ha ejercido sobre mí una poderosa fascinación. Empecé al revés, por lo más difícil, la poesía. Mis primeras lecturas fueron dos antologías, una de Robert Graves y otra de W. H. Auden. Después, absurdamente, Shakespeare. Cuando tenía 16 años adquirí un volumen de sus obras completas en una librería de viejo de Stratford-upon-Avon, por una libra esterlina. Con la ayuda de un pequeño diccionario, emprendí la labor de traducir *Romeo y Julieta*. Al cabo de dos escenas desistí. A los 19 años una editorial me encargó mi primera traducción profesional, una novela de Christopher Isherwood. Después vendría una larga nómina de títulos, algunos firmados por autores de gran envergadura, como Henry James, Sylvia Plath, William Dean Howells, Hamlin Garland o Charles Brockden Brown. Hubo otros nombres, como John Christopher, David Galloway o Maurice Sendak, a quienes los guardianes del canon exigen colocar en otro plano. A mí me resulta difícil separarlos.

Traducir es una experiencia estética que te permite llegar a lo más íntimo de una imaginación ajena. No existe forma más profunda de leer. Recuerdo con perfecta claridad todos y cada uno de los universos narrativos y poéticos que me tocó trasladar al español (jamás los elegía yo), y aunque se trata de textos cualitativamente muy distintos entre sí, el largo tiempo que conviví con ellos me hace hermanarlos. Se da otra circunstancia. Parafraseando a William Gass, traducir me franqueó el acceso al 'corazón del corazón' de la escritura creativa. Tengo para mí que no hay mejor manera de iniciarse en los misterios de la creación literaria que el ejercicio de la traducción.

En 1987 me trasladé a Nueva York con carácter definitivo y mis referentes culturales experimentaron un cambio brusco. Tras hacer entrega de la versión española de *El plantador de tabaco*, de John Barth (1.500 folios mecanografiados y 5 años de trabajo), tomé la decisión de no volver a traducir jamás. A ello se añadió la circunstancia de que, por un giro inesperado del destino, emprendí un doctorado en literatura española. Por espacio de ocho años, me sometí a un rigurosísimo plan de estudios que me obligó a repasar a conciencia el canon literario hispánico. Mi tesis doctoral, en la que empleé cinco años, es un análisis exhaustivo de uno de los textos más difíciles, hermosos y enigmáticos de nuestra historia literaria: *Agudeza y arte de ingenio,* de Baltasar Gracián. En mi opinión, el tratado penetra en el alma del idioma como no lo ha hecho jamás ninguna obra escrita en español. Me falta hacer mención a una de las mayores sorpresas que me aguardaban al otro lado del Atlántico: el descubrimiento de una literatura entonces emergente, la de los escritores hispanos que se expresan en inglés. Se trata de un fenómeno complejo, con ramificaciones fascinantes.

Cuando, en 1997, se me propuso verter al español el primer libro de Junot Díaz, considerado hoy uno de los narradores más importantes de su país, decidí aceptar el encargo, porque me di cuenta de manera instantánea de que la tarea que debía realizar no era exactamente una traducción. La lengua literaria de Óscar Hijuelos, Sandra Cisneros o Junot Díaz es una variante del inglés sumamente peculiar. Por detrás del entramado de las frases se abre paso la forma de ser de nuestra lengua, salpicando la prosa de vocablos y expresiones en español, erosionando la sintaxis, confiriendo a los textos un aire inequívocamente hispánico. Las obras de los hispanos que escriben en inglés están impregnadas de una honda nostalgia por el paraíso perdido de la lengua española. En sus páginas los dos idiomas se encuentran separados por una membrana sumamente porosa. Vertí el libro al español sabiendo que lo que estaba llevando a cabo era una labor de restauración. El texto de llegada era el resultado de una operación de regreso al español.

Es cierto que siempre ha habido y seguirá habiendo escritores que optan por una lengua distinta a la materna, pero no es este el caso de los hispanos. Si escriben en inglés es porque es la lengua que dominan intelectualmente, aunque en el plano emocional vivan un conflicto. No tienen elección. Octavio Paz puso el dedo en la llaga al afirmar (en *Convergencias*) que para escribir en otro idioma es preciso cambiar de alma. Ceslaw Milosz, que durante los 50 años que vivió en los Estados Unidos jamás escribió una línea que no estuviera en polaco, justificó su decisión aduciendo que la única patria que le quedaba era su lengua materna. Renunciar a ella habría equivalido en su caso a abdicar de los orígenes de su propio ser. Eliot vio bien la cuestión desde otra perspectiva cuando dejó sentado que escribir es inscribirse en la tradición y remontarse a los orígenes de la lengua.

¿Tiene la imaginación un idioma propio, o es posible imponérselo desde fuera? Técnicamente, me resultaría posible escribir en inglés. Es el idioma en el que vivo inmerso desde hace 20 años, y sin embargo, jamás me he planteado la posibilidad de escribir en él. La realidad no adquiere forma inteligible hasta que se la confieren las palabras, sin las cuales tampoco es posible el pensamiento. Con la imaginación sucede algo parecido: carece de textura hasta que se la proporcionan las palabras. En mi caso, me resulta imposible dar vida a un mundo ficcional si no lo hago con las de mi lengua materna. Es cierto que, viviendo en Nueva York, muchas veces el español ha estado físicamente ausente de mi entorno. Pero hay un punto de referencia que jamás he perdido: el del oído interno, donde según Harold Bloom radica el sentido de lo poético (por eso no es posible traducir la poesía, como Milosz sabía perfectamente). Es ahí donde se encuentra la raíz de la creación literaria para mí. Ningún idioma es superior a ningún otro, ninguno es más apto para la filosofía, ninguno está más cerca de ser la lengua de una supuesta divinidad, ninguno es más válido para expresar las formas absolutas de un hipotético idioma universal. Todos son producto de la experiencia humana más inmediata y han servido de vehículo a nuestras emociones más íntimas desde la época en que se configuró nuestra imaginación, cuando desarrollamos por primera vez la sed de escuchar historias, en el alba de la infancia. No es posible abandonar la lengua materna sin que se produzca una merma de la capacidad expresiva. Ni siquiera se libró de eso Nabokov, dicen quienes lo han leído en ruso. Los escritores hispanos de los Estados Unidos no tienen a su alcance la opción de cambiar de idioma: su lengua literaria es el inglés. La mía, el español, con una importante diferencia de matiz: el idioma en el que escribo tiene una presencia cada vez mayor en el entorno en el que vivo desde hace veinte años. A medida que va pasando el tiempo, lo echo menos en falta. Para mí y para otros, escribir en español en Nueva York se está convirtiendo en algo que resulta cada vez más natural.

LA NARRATIVA

La narrativa mexicana y centroamericana

Daniel R. Fernández

Las primeras manifestaciones

La narrativa mexicana escrita en español en los antiguos territorios mexicanos que ahora forman parte de los Estados Unidos de América tiene por supuesto sus antecedentes en las crónicas y escritos de Álvar Núñez Cabeza de Vaca, fray Marcos de Niza, Gaspar Pérez de Villagrá y otros. Sería, sin embargo, anacrónico incluir a estos dentro de la nómina de los autores mexicanos que han escrito en este país cuando anteceden por siglos a la fundación de ambas entidades, México y los Estados Unidos, como naciones independientes. Estos escritores y sus escritos pertenecen sin duda al período colonial español. Propiamente dicho, solo se puede hablar de narrativa mexicana a partir de 1821, año en que, tras once años de contienda, México logra independizarse de la Corona española. Sin embargo, muy poco disfrutó la República Mexicana de sus territorios norteños; en 1836 Texas declara su independencia para después incorporarse al País del Norte; en 1848, tras una humillante derrota a manos del ejército estadounidense, México se ve obligado a firmar el Tratado de Guadalupe Hidalgo, en el que oficialmente cede a los Estados Unidos aproximadamente la mitad de su territorio nacional (California, Texas, Nuevo México, Arizona, Utah, partes de Colorado, Wyoming, Kansas y Oklahoma).

Son pocas las obras escritas que nos han quedado de este breve período mexicano comprendido entre los años 1821 y 1848. Existen, por ejemplo, las memorias del padre Antonio José Martínez (1793-1867), patriota mexicano y párroco de Taos, Nuevo México. Su *Reacción de méritos*, publicada en 1837, da cuenta de su participación en los grandes acontecimientos y contiendas de su tiempo. Nacido en un territorio español que después pasa a manos mexicanas y luego a estadounidenses, el padre Martínez fue pionero en muchos respectos. Como pedagogo su labor se destaca por haber fundado la primera escuela de enseñanza mixta en Nuevo México. Fue él, asimismo, quien trajo, a principios de la década de 1830, la primera imprenta de Nuevo México, que empleó para publicar libros para la enseñanza (manuales de ortografía, aritmética, etc.), así como varios tratados de teología, política y pedagogía. Hacia principios de la misma década, el padre franciscano fray Jerónimo Boscana, en la misión de San Juan Capistrano, ubicada en lo que actualmente es el condado de Orange, California, termina de escribir su *Relación histórica* sobre los indígenas juaneños. El manuscrito no se publicó, como apunta Luis Leal, sino hasta 1846, en su versión traducida al inglés, en el libro *Life in California*, de Alfred Robinson (1846: 9).

Pero, desgraciadamente, aparte de estos textos y de los que aún quedan por descubrirse, son pocos los escritos que tenemos que nos dan testimonio narrado de aquella época de transición. Sin embargo, si bien la tradición escrita pasa entonces por un momento de infertilidad, no ocurre lo mismo en tanto a la tradición oral, ubérrima en leyendas, mitos, fábulas y corridos. Una reseña de la narrativa mexicana en los Estados Unidos, de hecho, por muy somera que sea, no puede pasar por alto el corrido, género lírico-narrativo de carácter popular cantado en México y en los Estados Unidos desde comienzos del siglo XIX hasta nuestros días. Como el romance español, género del cual decanta, el corrido es una forma literaria en extremo flexible que admite gran variedad de temas; en sus versos octosilábicos de rima asonantada se relatan desde historias sentimentales y crímenes pasionales hasta sucesos y tragedias nacionales, desde las pequeñas fechorías del cuatrero de pueblo hasta las grandes proezas del héroe nacional. De autoría tradicionalmente anónima, el corrido es el registro, la memoria del pueblo, de sus ansiedades, de sus anhelos y desdichas, de sus victorias y derrotas.

En los territorios anexados por el País del Norte, el corrido presenta ciertos rasgos autóctonos que, según Américo Paredes, quizá el estudioso más importante del folclore méxico-estadounidense, emanan de las circunstancias especiales y de la precariedad existencial en las que se encontraba un pueblo mexicano que de pronto se ve marginado en su propia tierra. En corridos como el de Gregorio Cortez, Joaquín Murrieta y tantos otros, el héroe es un mexicano que, viendo sus derechos pisoteados o su honor ultrajado por anglosajones con poder y autoridad, se ve impelido a buscar la venganza por medio de la violencia. El protagonista entonces se ve acorralado por una avasalladora multitud de 'rinches' (*rangers* texanos); mostrando gran arrojo, el héroe logra aniquilar a varios de sus adversarios, pero no sin al final sucumbir ante el numeroso enemigo. '¡Ah, cuánto *rinche* montado, para un solo mexicano!', dice el corrido de Gregorio Cortez. Según Paredes, la trama y las circunstancias presentadas en este tipo de corrido son representativos del estado mental de los mexicanos al verse desplazados y atacados por todos los flancos de su existencia por un pueblo cada vez más numeroso y poderoso que ellos (1979: 13).

Las últimas décadas del siglo XIX

A caballo entre la tradición oral y la escrita se encuentran los testimonios de muchos méxico-estadounidenses que hasta hace poco se desconocían y que aún ahora en su mayoría permanecen inéditos. Más de un centenar de recuerdos, reminiscencias, apuntes, memorias en manuscrito se alojan, por ejemplo, en la biblioteca Hubert Howe Bancroft de la Universidad de California, en Berkeley. La biblioteca lleva el nombre de un comerciante de libros e historiador que durante la década de 1870, con la ayuda de un equipo de entrevistadores y amanuenses, recogió docenas de testimonios orales como parte de la investigación de fondo para su obra *History of California*, publicada en siete volúmenes entre los años 1884 y 1889. Enrique Cerruti y Thomas Savage, los principales colaboradores de Bancroft, recorrieron durante años el estado de California, entrevistando a 'californios', como se les llamaba a los antiguos habitantes de California de habla hispana, y transcribiendo sus historias y testimonios. Entre estos manuscritos de variada extensión destacan los de Eulalia Pérez (*Una vieja y sus recuerdos*, 1877), Apolinaria Lorenzana (*Memorias de la Beata*, 1878), José María Amador (*Memorias sobre la historia de California*, 1877), María de las Angustias de la Guerra de Ord (*Ocurrencias en California*, 1978), Pablo Vallejo (*Notas históricas sobre California*, 1874) y Mariano G. Vallejo (*Recuerdos históricos y personales tocante a la alta California*, 1875). Según Genaro Padilla (1993: 153), estudioso a quien se le debe en gran medida el redescubrimiento y revalorización de estas obras, bulle en estos textos 'una obsesiva y nostálgica tendencia a recrear los días pasados', tendencia natural si tomamos en cuenta que estamos ante un grupo de personas que se vio obligado a vivir en carne propia la ruptura social, cultural, política y económica que supuso la anexión del estado y su incorporación a los Estados Unidos. Despojados de sus tierras y bienes, desbancados de su lugar en la sociedad, burlados por las leyes y las autoridades anglosajonas, que en un principio habían prometido defender sus derechos, los 'californios' no pueden sino sentir las contradicciones de quienes repentinamente se convierten en extranjeros en su propia tierra.

Hacia las tres últimas décadas del siglo XIX empiezan a aparecer en los periódicos hispanos del suroeste de los Estados Unidos poemas, cuentos y novelas por entregas. De estas últimas, la primera de que se tiene noticia, de autor anónimo, lleva el título de *Deudas pagadas*. Publicada en 1875 en la *Revista Católica* de Las Vegas, Nuevo México, la novela cuenta la historia de un soldado español en el norte de África. Por la temática y otros indicios textuales se cree que su autor era español. Seis años después, también en Nuevo México, se publica en un periódico 'La historia de un caminante', o sea, *Gervasio y Aurora* (1881) de Manuel M. Salazar, autor novomexicano que vivió entre 1854 y 1911. La novela, de la cual solo se conservan fragmentos, cuenta las historias amorosas y desventuras sentimentales del joven protagonista, Gervasio. De la pluma de otro autor novomexicano, Eusebio Chacón (1870-1948), aparecen en 1892 dos novelas de corte romántico-naturalista: *El hijo de la tormenta* y *Tras la tormenta la calma*. La primera presenta la historia de un bandolero desalmado que azota y pone en jaque a los habitantes de una región. La segunda, cuyo tema central es el honor, da cuenta del triángulo amoroso formado por dos jóvenes, Lola y Pablo, y un personaje de estirpe claramente donjuanesca, Luciano. Como bien lo apunta Francisco Lomelí (1980), estas narraciones ostentan rasgos que las colocan claramente dentro de la tradición de las letras hispánicas. Se cree que, como estas obras, hay otras que aún faltan por descubrirse. En lo que a esto se refiere, hay que aplaudir la ingente labor que desde hace varios años llevan a cabo Américo Paredes, Luis Leal, Francisco Lomelí, Nicolás Kanellos, Genaro Padilla y tantos otros estudiosos que se han encargado de recuperar gran parte de la tradición hispánica literaria del siglo decimonónico que por tanto tiempo había permanecido soterrada.

Comienza un nuevo siglo

Hacia finales del siglo XIX y principios del XX, llega a los Estados Unidos un gran número de intelectuales mexicanos que se exilian en el País del Norte a causa de las convulsiones políticas que azotaron a la República Mexicana. Uno de estos intelectuales fue el periodista Adolfo Carrillo (1865-1926), a quien se le había perseguido, hecho prisionero y luego exiliado por criticar abiertamente al Gobierno del dictador Porfirio Díaz. Al periodista Adolfo Carrillo se le atribuyen las *Memorias inéditas del Lic. Don Sebastián Lerdo de Tejada,* publicada anónimamente en Texas (1889). Esta obra, en la que se ataca al Gobierno de Díaz, tuvo bastante éxito entre los lectores de ambos lados de la frontera a juzgar por las varias reimpresiones que de ella se hicieron en los Estados Unidos y en México. Hacia 1897, Carrillo se afinca en San Francisco, donde establece un taller de imprenta. Ese mismo año aparece la novela *Memorias del Marqués de San Basilisco,* relato con toques picarescos que se le atribuye también a Carrillo. Su obra más conocida, sin embargo, es *Cuentos Californianos* (1922), en la que recoge leyendas e historias costumbristas de California.

La lucha armada que se da para derrocar al Gobierno de Porfirio Díaz y los conflictos que surgen entre las diferentes facciones dentro de la Revolución Mexicana provocan el exilio de muchos ciudadanos mexicanos, que se refugiaron en varias ciudades del suroeste de los Estados Unidos. Perseguido por el Gobierno porfirista, llega a Texas, en la primera década del siglo XX, el revolucionario y pensador anarquista Ricardo Flores Magón (1874-1922), periodista, dramaturgo y narrador, quien al lado de su hermano Enrique (1877-1954) establece en la ciudad de El Paso el periódico *Regeneración*. Unos años más tarde, en la misma ciudad, el célebre novelista Mariano Azuela (1873-1952) daría inicio a lo que después se conocería como el género de la novela de la Revolución con la publicación por entregas de *Los de abajo* (1915) en el periódico *El Paso del Norte*. Al igual que Azuela, también se exilia en los Estados Unidos la otra figura fundadora de la novela de la Revolución, Martín Luis Guzmán (1887-1976), autor de *El águila y la serpiente* (1928) y *La sombra del caudillo* (1929). Uno de los personajes más relevantes de la época, José Vasconcelos (1882-1959), narrador, ensayista, pedagogo y político, también se ve obligado a vivir exiliado durante algunos años en el País del Norte.

Ricardo y Enrique Flores Magón, Mariano Azuela, Martín Luis Guzmán y José Vasconcelos son, sin duda, las figuras más destacadas de lo que se conoce hoy como la generación del 'México de afuera'. Sin embargo, sería un error pensar que estos revolucionarios exiliados son representativos de la totalidad del grupo en sí. De hecho, la mayoría de los que conformaban este grupo de exiliados distaban mucho de ser liberales y mucho menos revolucionarios. Entre estos había incluso un gran número de porfiristas y otros que estaban descontentos con los cambios que propugnaba la Revolución y se oponían enconadamente a ellos. Según Nicolás Kanellos (1998: 3), entre los intelectuales del 'México de afuera' prima de hecho una ideología de marcado conservadurismo. Desde las columnas de varios periódicos hispanos, se proponen ante todo proteger al pueblo mexicano, al 'México de afuera', contra toda influencia perniciosa anglosajona. Les interesa la preservación de la religión católica y los valores tradicionales, la defensa de la integridad del idioma español y la exaltación del nacionalismo mexicano.

Uno de los mayores exponentes de este tipo de ideología conservadora es Julio G. Arce (1870-1926), más conocido por su seudónimo, Jorge Ulica, cuyas *Crónicas diabólicas* circularon en un gran número de periódicos del sureste de los Estados Unidos desde 1919 hasta mediados de los años veinte. En sus cuadros de costumbres Ulica narra y comenta con humor e ironía los sucesos del momento y lanza sátiras contra todos aquellos que no se adhieren a sus ideales reaccionarios. Eran víctimas de su desdén y sus diatribas las personas pobres e incultas que hablaban mal el español y, sobre todo, aquellas que se expresaban en lo que para él era la abominación por excelencia, el *espanglish*. Sin embargo, uno de sus blancos predilectos era la mujer moderna y desinhibida de los años veinte, la *flapper* estadounidense, que para él era símbolo máximo de la degeneración moral.

Otro cronista mexicano que hay que destacar es Daniel Venegas, de cuya vida sabemos muy poco, salvo que durante la primera mitad del siglo XX vivió en Los Ángeles, donde escribió varias obras de teatro y también una serie de narraciones costumbristas aparecidas en *El Malcriado*, periódico editado por él mismo durante el segundo lustro de los años veinte. A diferencia de Arce y de tantos otros que despreciaban a las clases populares y se complacían en hacer mofa de ellas, Venegas era mucho más allegado al pueblo y se identificaba con sus luchas y quebrantos. A este autor se le conoce hoy no tanto por sus crónicas, de las cuales se conservan muy pocas, sino por su novela *Las aventuras de don Chipote o cuando los pericos mamen*, que salió a la luz en 1928 en el periódico *El Heraldo de México* de la ciudad de Los Ángeles. La novela cuenta los infortunios de don Chipote, los apuros por los que pasa y lo que tiene que sufrir 'camellando' (trabajando como camello) en Texas, Arizona y California. Al final del relato, deportado, derrotado, humillado y desengañado, el protagonista vuelve a México para estar con su doña Chipota y sus 'chipotitos' y cultivar su parcela de tierra. Cuando, al acordarse de sus andanzas en territorio norteamericano, le llega la añoranza, pronto se desengaña llegando 'a la conclusión de que los mexicanos se harían ricos en los Estados Unidos: 'cuando los pericos mamen', es decir, jamás' (Venegas, 1999: 159). La novela, narrada magistralmente en tono pícaro y jocoso, tiene pues una moraleja muy clara. Con ella, nos dice el autor, no quiere 'negar que algunos paisanos hayan hecho algo en los Estados Unidos, pero estos que podemos decir garbanzos de a libra, son una minoría; en cambio la mayoría solo viene a Estados Unidos a dejar todas sus energías, a ser maltratados por capataces y humillados por ciudadanos del país, los que, una vez que los paisanos llegan a viejos, les niegan hasta el derecho de trabajar para darles de comer a sus hijos' (1999: 20).

De semejante temática había aparecido dos años antes en el sur de los Estados Unidos la novela *El sol de Texas* (1926), de Conrado Espinoza (1897-1977), que en los años veinte trabajó como periodista de *La Opinión* de Los Ángeles y de *La Prensa* de San Antonio. La obra relata las desventuras de dos familias mexicanas, los García y los Quijanos, que, huyendo de los villistas, carrancistas y demás facciones revolucionarias y, en busca de paz y bienestar económico, emigran a los Estados Unidos. Al igual que don Chipote, los protagonistas de *El sol de Texas* solo encuentran discriminación y abusos en el País del Norte. Pero, a diferencia de Daniel Venegas, que se expresa en un español híbrido y experimental y se identifica con los obreros inmigrantes, Conrado Espinoza escribe en un español pulcro y elegante y se distancia de 'la chicanada'. Como nos dice John Pluecker en su introducción a la edición de 2007 de la obra, 'la postura' del narrador de *El Sol de Texas* 'es compleja'. Por un lado, celebra la capacidad de resistencia que tiene el inmigrante mexicano, el trabajador común y corriente, que enfrenta en tierra ajena toda la discriminación y maltrato de los anglosajones. Pero, por otra parte, la postura nacionalista del autor exige de su narrador (y de sí mismo) una actitud de rechazo frente a cualquier inmigrante que decida quedarse en la tierra de los 'gringos'

(p. 7). En su rechazo de la cultura chicana y en su actitud paternalista ante el inmigrante, Espinoza es un claro exponente de la ideología conservadora que propugnaban Julio G. Arce y los demás escritores del 'México de afuera'. Sin embargo, a diferencia de estos, como nos dice Pluecker, Espinoza no cree en la posibilidad de crear y mantener un México fuera del espacio geográfico nacional. Fuera de México, el mexicano pierde su dignidad, se corrompe y traiciona tanto a su patria como a sí mismo. El único camino digno es el retorno. En su novela, los que no vuelven a su tierra son 'los que se quedaban rezagados porque se habían empapado en las manchas que caían sobre la raza, de los perdidos entre la canalla que se entregaba al bulegaje y a la miseria, de los que andarían escabulléndose a la ley de que soportarían con la frente baja todas las afrentas' (p. 110).

El auge de la narrativa

Este período de tiempo que comprende las dos últimas décadas del siglo XIX y las primeras tres del siglo XX es una de las épocas más fértiles de la narrativa mexicana escrita en español en los Estados Unidos. Los siguientes tres decenios serán menos feraces en cuanto a la producción literaria en español se refiere, si bien no faltan los autores mexicanos o de ascendencia mexicana que escriben y publican en inglés. Tal es el caso de María Cristina Mena (1893-1965), que publicó narraciones breves en revistas como *Cosmopolitan*, *Household* y *American Magazine* para un público anglohablante; de Josefina Niggli (1893-1983), autora de la colección de cuentos *Mexican Village* (1945) y la novela *Step Down, Elder Brother* (1948); de Cleofás Jaramillo (1878-1956), autora de la autobiografía *Romance of a Little Village Girl* (1955), y de Mario Suárez, cuyos cuentos aparecieron en la revista *Arizona Quarterly* durante los años cuarenta.

Pero hay que esperar hasta los años sesenta y setenta para que la literatura escrita en español resurja de nuevo con la misma pujanza que alentaba a los escritores del 'México de afuera'. Tal renacimiento brota del seno del movimiento chicano, encabezado en un principio por el activista César Chávez, quien galvanizó a la sociedad civil méxico-estadounidense en apoyo de los trabajadores del campo. Las palabras 'chicano' y 'chicanada' hasta ese entonces se habían empleado peyorativamente para referirse a los inmigrantes mexicanos recién llegados o los campesinos de origen humilde, como se puede constatar en los escritos de los cronistas de la primera mitad del siglo. No obstante, a partir de los años sesenta, el vocablo 'chicano' empieza a adquirir un significado positivo; el ser chicano de hecho se convierte en motivo de orgullo. La palabra en sí es más que mero gentilicio o nombre empleado para designar a cierto grupo étnico. Como nos dice José Antonio Gurpegui (2003: 31): 'A diferencia de otras acepciones del tipo *native-american*, *asian-american* o *afro-american*..., la denominación de *chicano* tiene una carga ideológica, social y política, que no caracteriza necesariamente a aquellas denominaciones. Se trata de un término que surge con el Movimiento Chicano que estará íntimamente unido al Civil Rights Movement'.

Por lo regular, el escritor chicano escribe obras que reflejan su compromiso con 'La causa'; en ellas denuncia la discriminación y los abusos perpetrados en contra del pueblo mexicano de los Estados Unidos y se adhiere a este en su lucha por la justicia social. Uno de los temas más importantes de la literatura chicana es la exploración y defensa de la identidad; el chicano a veces se siente incomprendido y atrapado entre dos culturas monolíticas que no admiten la hibridez lingüística y cultural. Esta problemática es el eje central de la que se considera es la primera novela chicana, *Pocho* (1959), escrita por Antonio Villarreal (1924), así como de varias otras obras importantes como *Bless Me, Ultima* (1972), de Rodolfo Anaya, y *House on Mango Street* (1984), de Sandra Cisneros, todas estas escritas en inglés.

Si bien muchas de las obras chicanas se han escrito en inglés, algunas de las de mayor relieve se han escrito en el idioma de Cervantes. La primera novela chicana escrita en español es de Tomás Rivera (1935-1984) y lleva el título de *Y no se lo tragó la tierra* (1971). Mediante monólogos, diálogos, anécdotas y viñetas de marcado sabor rulfiano, el autor representa la dura vida del campesino mexicano en los Estados Unidos. Es difícil saber quién es el verdadero protagonista de la obra, o los campesinos que trabajan en 'la labor' bajo el inclemente sol de Texas, o bien la muerte que los acecha en cada página tras sus múltiples máscaras (asesinatos, suicidios, muertes por insolación, por accidente, etc.). La novela fue editada por la editorial Quinto Sol, que por ese entonces se perfilaba como una de las instituciones más importantes en tanto a la difusión de la cultura chicana.

En la misma editorial, al año siguiente, Rolando Hinojosa (1929-) publica *Estampas del Valle y otras obras* (1972), la primera entrega de una sucesión de novelas que conforman su 'Klail City Death Trip series'. En ella y en *Klail City y sus alrededores* (1976), ganadora del prestigioso premio Casa de las Américas, *Claros varones de Belken* (1981), *Mi querido Rafa* (1981), y en tantas otras, Hinojosa busca darle voz a una comunidad méxico-estadounidense avecinada en Klail City, ciudad ficticia del también ficticio condado de Belken (Texas). La obra de Hinojosa es de difícil catálogo; en ella figuran cientos de voces narrativas que se expresan fragmentariamente por medio de estampas, anécdotas, diálogos, monólogos, epístolas, partes policíacos, informes judiciales, testimonios, artículos periodísticos, anécdotas, poemas y entrevistas. Se trata aquí de llegar a una especie de historia colectiva de un pueblo méxico-texano en constante fricción con el mundo de los 'bolillos' (anglo-estadounidenses).

Dos años más tarde, en 1974, se publica una de las novelas claves de la literatura chicana, *Peregrinos de Aztlán*, de Miguel Méndez, quien se distingue de Rivera y de Hinojosa por escribir exclusivamente en español y por ser autodidacta. En el prefacio el autor, que confiesa escribir desde su 'condición de mexicano indio, espalda mojada y chicano', nos dice lo que sigue: 'Desde estos antiguos dominios de mis abuelos indios escribo esta humildísima obra, reafirmando la gran fe que profeso a mi pueblo chicano, explotado por la perversidad humana. Relegado de la instrucción bilingüe que le es idónea y desdeñado en su demanda de auxilio por la ignorancia de unos, la indiferencia de otros y, más que todo, por la malevolencia de los que pretenden someterlo a la esclavitud eternamente y sostener en el contraste de su miseria el mito de la superioridad del blanco' (Méndez, 1989: 10). Los protagonistas de Méndez son indígenas, vagabundos, prostitutas, drogadictos, desamparados, en suma, la gente que vive marginada en la zona fronteriza. Hay de hecho en la novela cierto ánimo totalizador; Méndez se propone darnos un panorama muralístico del pueblo chicano, de su lucha por la supervivencia. Entre las otras obras de Méndez cabe destacar *El sueño de Santa María de las Piedras* (1986), que mereció los elogios de Camilo José Cela, y *Cuentos para niños traviesos*, refundición chicana del *Libro de Calila y Dimna*.

En 1975 se edita en México la novela *Caras viejas y vino nuevo*, de la pluma del autor californiano Alejandro Morales (1944-). Por medio de un lenguaje neonaturalista y en ocasiones 'tremendista', como bien lo apunta Salvador Rodríguez del Pino, esta obra explora el submundo de la realidad urbana, el sórdido ambiente de la drogadicción y de las pandillas de Los Ángeles (1982: 66). La estructura fragmentaria de la novela y la hibridez lingüística del texto pueden presentar dificultades para el lector tradicional. Uno de los reseñadores del texto, Evodio Escalante (1976: 87) nos dice que 'en efecto, el libro de Morales es otra cosa, y su lectura no puede hacerse, por ejemplo, con el criterio con que se lee una novela de Yáñez, Revueltas, o incluso José Agustín. Un solo hecho basta para colocarlo en otro espacio de lectura: su característica de libro chicano. Es cierto que ha sido escrito en español, o en algo que parece español —de otro modo el editor no diría, con gran desinformación, que se trata probablemente de la primera novela chicana escrita en esa lengua—'. De entre las otras novelas de Morales hay que destacar *Reto en el paraíso* (1982), que cubre más de 100 años de la vida de una familia de terratenientes 'californios' venida a menos a raíz de leyes discriminatorias impuestas por angloamericanos.

Si bien el mundo urbano angelino que nos presenta Alejandro Morales en *Caras viejas y vino nuevo* es un espacio inhóspito y sórdido, no lo es menos el que describe Aristeo Brito (1942-) en su novela *El diablo en Texas* (1976). En esta el autor se propone describir el pueblo tejano de Presidio, que como explicita su nombre es una especie de cárcel. Brito empieza su relato de la siguiente manera: 'Yo vengo de un pueblito llamado Presidio. Allá en los más remotos confines de la tierra surge seco y baldío. Cuando quiero contarles cómo realmente es, no puedo, porque me lo imagino como un vapor eterno. Quisiera también poderlo fijar en un cuadro por un instante, así como pintura pero se me puebla la mente de sombras alargadas, sombras que me susurran al oído diciéndome que Presidio está muy lejos del cielo. Que nacer allí es nacer medio muerto; que trabajar allí es morirse...' (p. 121). Como nos dice Charles Tatum (1990:1), guarda esta obra una clara semejanza con la novela *Pedro Páramo* y el cuento 'Luvina' de Juan Rulfo. Al igual que Luvina y Comala, Presidio es un pueblo donde no sucede nada, donde reina la muerte y la desdicha, y de donde los jóvenes huyen en cuanto pueden. En Presidio lo único que pueden esperar es permanecer esclavizados al sol y al azadón, a los abusos de don Benito (Ben Lynch), el Pedro Páramo gringo que domina las existencias de los presidianos/presidiarios.

En cambio, el pueblo de Tierra Amarilla que describe en sus narraciones el escritor novomexicano Sabine Reyes Ulibarrí (1919-2003) no podría ser más distinto de Presidio; Tierra Amarilla es, de hecho, una especie de paraíso perdido o, más bien, a punto de perderse. Como nos dice Aguilar Melantzón (1973:155), 'la mayoría de los cuentos de Ulibarrí presentan como personajes a parientes, conocidos o amigos del autor. Sus textos se caracterizan por un profundo arraigo a la tierra y una sentida nostalgia por el pasado. Regularmente se clasifican dentro de las llamadas narraciones folklóricas'. En libros de cuentos como *Tierra Amarilla* (1971), *Mi abuela fumaba puros y otros cuentos de Tierra Amarilla* (1977) y *El gobernador Glu Glu y otros cuentos* (1988), Ulibarrí se propone la recuperación de una tradición hispánica a punto de desvanecerse: en una prosa altamente estilizada y poética donde lo real se mezcla con lo fantástico, Ulibarrí se propone documentar la historia, el anecdotario, los mitos y leyendas de un pueblo hispano-mexicano cuya fundación se remonta a tres siglos antes de la fundación de los Estados Unidos como nación. Ulibarrí, quien fue estudioso de la obra de Juan Ramón Jiménez y de Benito Pérez Galdós, escribió todas sus narraciones en español y fue en vida siempre acérrimo defensor del idioma de Cervantes en los Estados Unidos.

Lastimosamente, este fervor por la lengua española de la generación a la que perteneció Ulibarrí se ha visto mermado en las últimas décadas. Pese a que Rolando Hinojosa, Miguel Méndez y Alejandro Morales siguen escribiendo y editando sus obras en español, han sido muy pocos los que han seguido sus pasos. De hecho, los autores chicanos que llegan después de esta generación escriben sus obras casi invariablemente en inglés. Entre estos hay numerosos escritores de gran valía e importancia. Sin embargo, en este breve artículo nos hemos limitado a dar cuenta, a grandes rasgos, solamente de los autores que han escrito en español. Para trazar una historia completa de la literatura méxico-estadounidense habría que incluir a autores tales como Juan Nepomuceno Seguín, María Amparo Ruiz de Burton, Jovita González, fray Angélico Chávez, Américo Paredes, Rodolfo Anaya, Ron Arias, María Helena Viramontes, Sandra Cisneros, Gloria Anzaldúa, Cherrie Moraga, Ana Castillo, Luis A. Urrea, Dense Chávez, Dagoberto Gilb, Luis J. Rodríguez, Norma Cantú, Alberto Álvaro Ríos, Ernesto Galarza, John Rechy, Oscar 'Zeta' Acosta, Rubén Martínez, y tantos otros que han escrito y escriben sus obras en inglés.

No podemos concluir este breve recuento sin mencionar al gran poeta y novelista José Emilio Pacheco (1939-), autor de obras tan destacadas como *Morirás lejos* (1967), *El principio del placer* (1972) y *Las batallas del desierto* (1981), quien reside parte del año en los Estados Unidos, donde imparte cursos de literatura hispanoamericana en la Universidad de Maryland. Otra de las grandes figuras de la literatura mexicana contemporánea, Carmen Boullosa, autora de *Mejor desaparece* (1987) y *Son vacas, somos puercos* (1991), lleva viviendo varios años en la ciudad de Nueva York, donde es profesora de literatura en el City College of New York. No obstante, pese a que vive en dicha ciudad, nos dice Boullosa (2007): 'Mi ciudad sigue siendo la de México, allá transcurren mis imaginaciones, mis memorias y mis vidas imaginarias, aunque a veces, por fuerza de los personajes, tengan que visitar otras latitudes'.

Narrativa centroamericana

Es bien sabido que, pese a haber producido figuras de la talla de Rubén Darío y Miguel Ángel Asturias, la literatura centroamericana se estudia y se conoce muy poco en los Estados Unidos. Como nos menciona el poeta, ensayista y narrador nicaragüense Horacio Peña (1999), 'junto a las grandes naciones latinoamericanas, la literatura centroamericana es la Cenicienta que espera ese toque mágico que la haga abrirse a los profesores universitarios, a las editoriales norteamericanas, demasiado ocupadas y preocupadas con otros países y regiones de Latinoamérica que, por una u otra razón, tienen más visibilidad que nuestra región incógnita'. Si la literatura centroamericana que cuenta con escritores consagrados no se estudia, menos aún se estudia aquella producida en los Estados Unidos por inmigrantes procedentes del Istmo.

No obstante, hay que tener presente el hecho de que la inmigración de esta región de Hispanoamérica es un fenómeno bastante reciente. Si bien siempre ha habido inmigrantes centroamericanos en los Estados Unidos, la gran mayoría ha llegado al coloso del norte hacia finales de la década de los setenta y principios de los ochenta. Muchos de los que llegaron entonces ya empiezan a abrirse camino en el mundo de las letras hispánicas estadounidenses. Antes de la llegada de estos, sin embargo, ya un escritor centroamericano había dejado su huella y había empezado a abrir brecha. Hablamos de Gustavo Alemán Bolaños, periodista nicaragüense que hacia principios de siglo trabajó para el *Diario La Prensa* de Nueva York y el rotativo *The Herald Tribune*. En 1925 este publica *La factoría*, novela en la cual describe la dura realidad del inmigrante hispano en los Estados Unidos. El narrador del relato es un intelectual hispanoamericano que, no pudiendo encontrar un empleo acorde con su preparación y sus facultades, se ve obligado a trabajar como obrero en una 'factoría' donde se confeccionan bolsos y monederos. Según Nicolás Kanellos (2003b), la novela es una sutil protesta hecha contra la deshumanización y la explotación que los trabajadores hispanos se ven obligados a sufrir en los Estados Unidos. Al final de la narración, decepcionado y cansado de trabajar y vivir como 'hombre-máquina', el protagonista vuelve a su país, tal y como lo hace don Chipote en la obra de Daniel Venegas publicada en esos mismos años.

Ahora bien, el caso de Gustavo Alemán Bolaños es insólito. Como se ha dicho antes, la gran mayoría de los inmigrantes centroamericanos llegan a los Estados Unidos en la década de los setenta y ochenta. Emigran al País del Norte huyendo de los conflictos armados que plagaron a los países del Istmo. No es de extrañar, entonces, que ambos temas, la guerra civil y la emigración, tengan un lugar central en la narrativa centroamericana escrita por estos. Tal es el caso, por ejemplo, de la narrativa del salvadoreño Mario Bencastro (1949-), quien en 1989 publicó su primera novela, *Disparo en la catedral* (1989), sobre el asesinato del monseñor Oscar Arnulfo Romero en 1980, arzobispo de San Salvador ejecutado al principio de la Guerra Civil Salvadoreña. Su segunda obra, *Árbol de la vida*, retoma y explora el tema de la guerra civil. No es sino hasta la publicación de *Odisea del Norte,* en 1999, cuando Bencastro se aleja del escenario centroamericano para centrar su atención en la precaria vida de los inmigrantes salvadoreños en los Estados Unidos; los personajes de esta novela, tras haber sobrevivido al peligroso viaje (la odisea) hacia el norte, deben enfrentarse en su nuevo medio a la incomprensión, a la violencia policíaca, a la pobreza y a un sinnúmero de dificultades laborales y existenciales. Hacinados en apartamentos donde se vive en condiciones infrahumanas y se respira el miedo a la 'migra', los emigrantes de Bencastro se ven inmersos en una multitud de problemas de adaptación. De ahí que el tema de la identidad sea una de las problemáticas centrales de la narrativa de Bencastro. En una de sus obras más recientes, *Viaje a la tierra del abuelo* (2004), dicho sea por caso, el protagonista del relato, Sergio, es un adolescente salvadoreño criado en los Estados Unidos que de repente se ve obligado a emprender el viaje de regreso hacia El Salvador para transportar el cadáver de su abuelo, cuyo último deseo había sido que se le enterrase en su tierra natal. En esta novela de aprendizaje, el periplo, lleno de sobresaltos y peligros, se convierte para el joven en exploración y búsqueda de la identidad y de lo que significa la patria para esta.

Un narrador centroamericano que descuella por la calidad de sus obras y la favorable acogida que el público lector y los críticos estadounidenses le han brindado es el hondureño Roberto Quesada (1962-), quien desde 1989 ha residido en Nueva York, ciudad donde trabaja como representante diplomático de su país ante la Organización de las Naciones Unidas. Su primera novela, *Los barcos* (1988), es una clara denuncia de la explotación que sufren los países centroamericanos a manos de compañías transnacionales estadounidenses. Las tensiones políticas, las huelgas y protestas laborales y la Revolución sandinista de Nicaragua forman el marco ambiental de una historia de amor entre el protagonista, Guillermo, y su novia, Idalia. En otras novelas de Quesada, sin embargo, el centro de atención ya no es la lucha del hondureño por el cambio social en su propio país sino la lucha del inmigrante centroamericano en los Estados Unidos por el éxito profesional y personal. En novelas como *Big Banana* (2000) y *Nunca entres por Miami* (2002), ambas editadas por editoriales españolas, Quesada narra con ironía y humor los chascos y desengaños que se llevan quienes llegan a los Estados Unidos con sus maletas llenas de sueños e ilusiones y se enfrentan a una realidad muy distinta de la que esperaban encontrar.

Roberto Quesada con su
libro *Big Banana*.

Hay escritores, sin embargo, cuyas miradas no se han alejado de Centroamérica, donde escenifican casi la totalidad de sus narraciones. Tal es el caso del novelista guatemalteco Arturo Arias (1950-), quien desde hace varios años se desempeña como investigador, ensayista y docente en varias universidades estadounidenses. Sus novelas giran en torno del conflicto armado de Guatemala y de las contradicciones y fracasos de la izquierda de ese país. Hasta la fecha ha escrito las siguientes novelas: *Después de las bombas* (1979), *Itzam Na* (1981, ganadora del premio Casa de las Américas), *Jaguar en llamas* (1990), *Los caminos de Paxil* (1991) y *Sopa de Caracol* (1998). En esta última novela esperpéntica y carnavalesca se ofrece una especie de crítica de quienes defraudaron y traicionaron los ideales revolucionarios.

Los ideales y las contradicciones de la Revolución también tienen un papel protagónico en la obra de la poeta y narradora Gioconda Belli (1949-), quien desde principios de la década de los noventa reside en los Estados Unidos, aunque también vive parte del año en su natal Nicaragua. Entre sus obras de narración se encuentra la novela *Mujer habitada*, sobre la toma de conciencia de una mujer nicaragüense de clase media alta (1988), y la autobiografía

El país bajo mi piel (2001), en la que narra episodios de su vida como madre, esposa, amante, escritora y revolucionaria sandinista.

Hay muchos otros escritores centroamericanos que, si bien son menos conocidos que Mario Bencastro, Roberto Quesada, Arturo Arias y Gioconda Belli, no por ello es menor el empeño con que luchan para que las letras centroamericanas lleguen a tomar el lugar que les corresponde en los Estados Unidos. Cabe destacar aquí la labor de Jorge Kattán Zablah, en cuyas narraciones breves de corte costumbrista se trata de recuperar y reconstruir con humor e ironía el terruño natal. Sus cuentos han aparecido en colecciones como *Cuentos de don Macario* (1999), *Pecados y pecadillos* (2003) y también en la revista literaria *Ventana Abierta*, editada por Luis Leal y Víctor Fuentes, en Santa Bárbara, California. De hecho, en 1999 la misma revista, en cuyas páginas aparecen a menudo obras críticas y de creación de Jorge Kattán Zablah, Rima de Vallona, Horacio Peña, Martivón Galindo, así como de varios otros escritores del Istmo radicados en los Estados Unidos, le dedicó un número especial a la literatura centroamericana. Clara señal es esta del creciente interés que está suscitando la literatura del Istmo en Norteamérica. Lo es también el hecho de que, en octubre y noviembre del año 2002, la American Society haya organizado y auspiciado en su sede de Nueva York una serie de ponencias y encuentros dedicada a la literatura centroamericana. En la serie de actos, que llevaba el título de 'El quetzal que surge de las cenizas', participaron varios de los escritores más conocidos de la región de Centroamérica: el salvadoreño Manlio Argueta, los guatemaltecos Arturo Arias y Víctor Montejo, los nicaragüenses Ernesto Cardenal, Claribel Alegría, Sergio Ramírez y Gioconda Belli, los hondureños Roberto Quesada y Roberto Sosa, y la costarricense Ana Istarú. No cabe duda de que poco a poco la Cenicienta está recibiendo el 'toque mágico' que el escritor Horacio Peña anhelaba, y que la narrativa centroamericana, llevada de la mano de un creciente interés por parte de la crítica y del éxito editorial de varias obras destacadas, se está abriendo paso en los Estados Unidos y en el mundo.

La producción narrativa puertorriqueña

Marisa Franco Steeves

Antecedentes

La muestra más temprana de la literatura puertorriqueña escrita en español en los Estados Unidos que conocemos hasta la fecha pertenece a los exiliados políticos que emigraron a Nueva York a finales del siglo XIX para escapar de la opresión colonial del régimen español. Sin embargo, ante la nueva circunstancia histórica del cambio de soberanía a raíz de la guerra hispanoamericana de 1898, en la cual Puerto Rico pasaría a ser territorio de los Estados Unidos, estos grupos de intelectuales nacionalistas fueron renovando sus luchas de liberación y adoptando nuevas causas sociales para responder a las necesidades de la reciente realidad política de la isla y sus consecuencias en el exterior. En la primera década del siglo XX jóvenes líderes patriotas continuaban viajando a la gran urbe para fortalecer la defensa de los derechos de los trabajadores puertorriqueños en suelo norteamericano y en la isla. El puertorriqueño Arturo Alfonso Schomburg (1874-1938) representa una de esas voces tempranas de protesta durante este período de la historia puertorriqueña junto con el periodista Francisco Gonzalo Marín (1863-1897), Luisa Capetillo (1879-1922) y Jesús Colón (1901-1974). Aunque la gran mayoría de la obra literaria-periodística de estos escritores se encuentra dispersa y en muchos casos incompleta, fragmentada en cartas, revistas, diarios y periódicos revolucionarios de corta vida, la labor de conservación de documentos de la diáspora puertorriqueña realizada por instituciones como el Centro de Estudios Puertorriqueños (CUNY), creado en 1973 en la ciudad de Nueva York, ha desempeñado un papel fundamental en el desarrollo y la comprensión de la compleja experiencia migratoria. El centro no solo ha ofrecido servicios a las comunidades puertorriqueñas en Nueva York en las últimas décadas sino que también ha impulsado las investigaciones sobre la migración boricua en todas sus dimensiones (el lenguaje, la cultura, la política y la educación, por ejemplo). Una muestra de ello se pone de manifiesto en el archivo-biblioteca, donde encontramos numerosos textos que ofrecen testimonio de las contribuciones de los puertorriqueños a la ciudad de Nueva York y una cantidad de materiales como fotos o actas de nacimiento de esos primeros emigrantes que fueron a trabajar como tabaqueros u obreros agrícolas antes y durante la Primera Guerra Mundial. También allí se conservan los documentos de las figuras intelectuales que participaron en las diferentes organizaciones que irían surgiendo para atender las necesidades de las comunidades puertorriqueñas como la Asociación para el Desarrollo de los Puertorriqueños. Ese es el caso de la escritora puertorriqueña Pura Teresa Belpré (1897-1985), la primera bibliotecaria puertorriqueña en el sistema de Bibliotecas Públicas de Nueva York, que no solo hizo una labor de recopilación de historias tradicionales boricuas, sino que también cultivó su sensibilidad literaria en narraciones. Fue pionera en su campo y por su gestión como bibliotecaria la Biblioteca Pública de Nueva York atendió las necesidades de los emigrantes que hablaban español. Las colecciones de libros, correspondencia, periódicos, música y materiales audiovisuales que se conservan en el centro revelan aspectos de la diáspora enmarcada en las luchas, los trabajos, las frustraciones y los logros de estos puertorriqueños que día a día enfrentaban las dificultades de una realidad tan compleja.

Durante las primeras décadas del siglo XX, entre la Primera y la Segunda Guerra Mundial, la isla de Puerto Rico sufrió cambios políticos y sociales que impulsaron una nueva emigración masiva de trabajadores puertorriqueños hacia la ciudad de Nueva York y otros lugares de los Estados Unidos. Puerto Rico, un país agrícola, se fue convirtiendo en una moderna colonia azucarera cuya explotación obligó a cientos de puertorriqueños a buscar nuevas opciones de progreso económico y social. En este período de entreguerras la ciudadanía norteamericana, que le fue otorgada a los puertorriqueños en 1917, facilitaría la emigración legal de estos emigrantes pero también tendría toda una serie de consecuencias jurídicas, militares y políticas que todavía en la actualidad se discuten en los foros políticos del país. De acuerdo con las cifras de Blanca Silvestrini, durante el período de entreguerras entre 1910 y 1939 emigraron unas 70.000 personas aproximadamente, mientras que en las décadas del cuarenta y del cincuenta la cifra llega hasta los 600.000. A diferencia de los emigrantes políticos del siglo XIX y principios del XX, la gran mayoría de los emigrantes que salieron del país en estas décadas no tenían educación, eran campesinos y tenían razones económicas para emprender el viaje. La ciudad neoyorquina continuó siendo el destino transitorio y/o permanente de la gran mayoría de emigrantes determinados a encontrar una mejor calidad de vida. Otro acontecimiento histórico que contribuyó a impulsar un tercer momento de migración externa durante las décadas del cincuenta y del sesenta fue el triunfo del Partido Popular Democrático en 1940. Con su nuevo proyecto colonial bajo la dirección del primer gobernador puertorriqueño electo por el pueblo, Luis Muñoz Marín, se agilizó otro proceso de modernización del país acelerado por el triunfo del populismo desarrollista, la industrialización y el crecimiento urbano. Durante estas décadas el éxodo de campesinos puertorriqueños va a ser masivo por los problemas de desempleo y las dificultades de la vida diaria. En la ciudad de Nueva York había oportunidades de empleo para emigrantes puertorriqueños en los centros textiles y productores de ropa estadounidenses y las gestiones del Gobierno muñocista para facilitar contratos con corporaciones agrícolas a grupos de emigrantes hacían atractiva la aventura del viaje. Pero la realidad que vivieron los puertorriqueños fue radicalmente distinta: encontraron vivienda en edificios deteriorados sin facilidades ni empleos bien pagados y poco o casi ningún acceso a la educación. De modo que más tarde comenzaron a surgir comunidades puertorriqueñas en otras partes de los Estados Unidos como en las grandes ciudades de Chicago, Boston y Filadelfia; y también en ciudades más reducidas como Albany (Nueva York), Worcester (Massachusetts) y Hartford (Connecticut). Eventualmente otros grupos de emigrantes puertorriqueños llegaron hasta Hawái. Según las fuentes históricas, en 1970 existen otras comunidades puertorriqueñas más pequeñas en lugares tales como Newark, Paterson y Hoboken en Nueva Jersey; en Boston, Massachusetts; en Hartford y Bridgeport, en Connecticut; en Chicago, Illinois; en Cleveland, Ohio; Miami, Florida; y Los Ángeles, California, por ejemplo.

Aunque podemos considerar tres momentos históricos de migraciones de puertorriqueños hacia los Estados Unidos (durante las últimas décadas del siglo XIX, el período de entreguerras y en las décadas subsiguientes a la Segunda Guerra Mundial), esta división no corresponde a la producción literaria de los escritores puertorriqueños que se desarrolla durante todo el siglo XX. La situación se complica cuando se toman en consideración ciertos aspectos de la diáspora puertorriqueña como el flujo constante de emigrantes entre ambos países y las nuevas generaciones de puertorriqueños nacidos y criados en los Estados Unidos, cuya experiencia es distinta a la de sus padres. Por otra parte, la literatura escrita por emigrantes evoluciona hacia nuevas estéticas de afirmación cultural que no solo se expresan en el idioma vernáculo, sino que se desarrollan en la compleja situación de los textos bilingües y en otros casos se escoge el inglés como lengua literaria. Más sorprendente aún es el hecho de que, a pesar de que contamos con una literatura puertorriqueña producida en los Estados Unidos desde el principio del siglo XX, no es hasta la década de los ochenta cuando sale el primer libro que examina dicha producción literaria, *The Nuyorican Experience: Literature of the Puerto Rican Minority* (Westport: Greenwood Press, 1982), escrito por el profesor de la Universidad de Puerto Rico Eugene V. Mohr. Este estudio es un excelente trabajo de investigación que ofrece una visión panorámica de las obras escritas por los emigrantes puertorriqueños a partir de la década del veinte hasta el grupo de poetas y dramaturgos de la comunidad nuyorican de la década del treinta, pero se ocupa principalmente de los textos sobre Nueva York y la experiencia *nuyorican*. Otros textos importantes han seguido ese esfuerzo crítico de situar y comprender la literatura puertorriqueña escrita a partir de la experiencia migratoria, como se observa en la obra ensayística del puertorriqueño Juan Flores, que resulta muy útil para la comprensión del fenómeno literario. De especial interés es el ensayo de Juan Flores que dialoga directamente con el libro de Mohr titulado *Literatura puertorriqueña en los Estados Unidos: etapas y perspectivas*, de 1993 (traducido al español por Fernando Rodríguez y Carmen Rivera Izcoa para la publicación del libro de Flores *La venganza de Cortijo y otros ensayos*, por Ediciones Huracán, en 1997), para la comprensión de la producción literaria de los escritores puertorriqueños radicados en los Estados Unidos y su relación con la cultura literaria de Puerto Rico. Se suma al esfuerzo de reconocimiento y validación de una literatura todavía desconocida por la mayoría de los lectores norteamericanos y los propios puertorriqueños el libro de Lisa Sánchez González, *Boricua Literature* (Nueva York, 2001), en el cual la autora le asigna un papel fundamental a los primeros emigrantes escritores y líderes políticos, como Luisa Capetillo, Pura Teresa Belpré y Arturo Schomburg, en la formación y el desarrollo de la literatura puertorriqueña en los Estados Unidos. Esta historia de la literatura de la diáspora puertorriqueña termina con el estudio de la obra contemporánea de escritores puertorriqueños que escriben en inglés, tales como Esmeralda Santiago y Judith Ortiz Cofer.

Otros estudios de interés histórico-cultural del fenómeno puertorriqueño son: *La emigración a Nueva York en la novela puertorriqueña en los cuentos de José Luis González, Pedro Juan Soto y José Luis Vivas Maldonado* (Madrid, 1988), de Rafael Falcón; los libros de William Luis, *Dance between two cultures* (Vanderbilt, 2001) y *Puerto Ricans in the United Status*; y *The Puerto Rican movement: voices from the diaspora*, editado por Andrés Torres y José E. Velázquez (Filadelfia, 1998), entre otros.

Por otra parte, contamos con estudios de figuras intelectuales radicadas en la isla que estudian la literatura de la diáspora puertorriqueña escrita en inglés, como el libro de la investigadora Carmen Dolores Hernández, *Puerto Rican Voices in English* (Connecticut, 1997). Esperamos todavía por la publicación de textos comprensivos de la literatura puertorriqueña en los Estados Unidos escrita en idioma español. El asunto resulta más insólito cuando consideramos que la experiencia de la diáspora ha sido una constante temática en la literatura puertorriqueña producida en la isla. Tanto es así que gran parte de los intelectuales preocupados por la experiencia migratoria viajaban frecuentemente a la gran manzana por temporadas para conocer más a fondo los problemas del emigrante puertorriqueño. La nómina de escritores es extensa pero cabe mencionar algunos nombres reconocidos como el del escritor Manuel Zeno Gandía, con su novela *Redentores* (1925), René Marqués, con su obra *La carreta* (1953), y el novelista Enrique Laguerre, con *La ceiba en el tiesto* (1956). Figuran también los cuentos de José Luis González sobre la experiencia migratoria: *En Nueva York y otras desgracias* (Huracán, 1981). En el caso de los narradores y ensayistas puertorriqueños, la nómina de escritores contemporáneos que publican en español son, en su gran mayoría, profesores de universidades norteamericanas.

Los líderes políticos

Entre los primeros escritores puertorriqueños que se trasladaron a los Estados Unidos en el siglo XIX se destaca el historiador Arturo Alfonso Schomburg (1874-1938), quien emigró en 1891 al Lower East Side en la ciudad neoyorquina para unirse a la comunidad puertorriqueña de tabaqueros y figuras intelectuales que se habían asentado en dicho lugar. Perteneció a los movimientos revolucionarios de su tiempo y participó en la fundación de la organización nacionalista el Club Dos Antillas junto a otras figuras intelectuales como Eugenio María de Hostos, Ramón Emeterio Betances, Lola Rodríguez de Tió y Sotero Figueroa. Arturo Schomburg se dedicó al estudio de la historia de la comunidad afroamericana, sus orígenes africanos y la aportación en el Caribe, y su colección de libros y materiales sobre estos temas se conservan en la actualidad en el Centro Schomburg ubicado en Harlem. Aunque sus ensayos en español se limitan a varios escritos tempranos (cartas y artículos) de difícil acceso, su importancia radica en el papel que desempeñaría junto a otras figuras, como Pura Teresa Belpré, en la formación y el desarrollo de las comunidades puertorriqueñas en Nueva York.

Otro representante de estos primeros emigrantes en Nueva York es el poeta y periodista Francisco Gonzalo Marín (1863-1897), mejor conocido como Pachín Marín. Este escritor puertorriqueño nos ofrece uno de los primeros testimonios de la vida en los Estados Unidos durante el siglo XIX en su ensayo 'Nueva York por dentro: Una faz de su vida bohemia', publicado en el periódico hispano *La gaceta del pueblo* (1892). También publicó cuentos y ensayos de carácter autobiográfico durante su estancia en la gran manzana en ese mismo periódico, entre los cuales cabe mencionar 'El termómetro', 'Asesino' y 'Recuerdos de Puerto Plata'.

Una visión revolucionaria más radical la ofrece la escritora anarquista Luisa Capetillo (1879-1922), figura de creciente importancia en la historia literaria de la isla y de los movimientos feministas. Cuando sale de Puerto Rico en 1912 para participar en las organizaciones sindicales y las luchas obreras en Nueva York, en Tampa (Florida) y en Cuba, ya tenía una obra ensayística encaminada. Esta defensora de los derechos de las mujeres y los trabajadores cuenta con las siguientes publicaciones anteriores a su partida: *Ensayos libertarios* (1907), *La humanidad del futuro* (1910) y *Escuela moderna* (1910). Además sacó bajo su propia casa editorial Biblioteca Roja su libro *Mi Opinión sobre las libertades, derechos y deberes de la mujer como compañera, madre y ser independiente* (1911). Tiene ensayos en revistas y periódicos como *Cultura Obrera* y el libro *Influencias de las ideas modernas* (1916). Regresa a la ciudad de Nueva York en 1919, donde funda una casa de hospedaje y establece un restaurante (Chelsea), que se convertirá en el refugio de figuras hispanas comprometidas con las luchas obreras. En esta ciudad continúa escribiendo y trabaja como lectora en las fábricas de tabaco. Otros ensayos recopilados recientemente en el libro del ensayista puertorriqueño Julio Ramos son 'Situación del trabajador puertorriqueño' y 'Anarquismo y espiritismo'. Un año antes de su muerte, en 1922, algunos de sus escritos fueron incluidos en el libro *Voces de Liberación* (Argentina, 1921) junto con textos de otras mujeres progresistas de todas partes del mundo como Emma Goldman, Rosa Luxemburgo y Clara Zetkin.

De gran importancia para conocer la experiencia de los puertorriqueños en Nueva York es la obra de Jesús Colón (1901-1974). Este militante comunista, que emigró en 1918, publica ensayos y artículos en español desde la década del veinte hasta los años cuarenta, antes de publicar su obra testimonial en inglés sobre su experiencia neoyorquina, *A Puerto Rican in New York and Other Sketches* (1961). Algunos relatos cortos de este texto fundamental aparecieron en español en el periódico *Pueblos Hispanos* (1943 y 1944), antes de que se publicaran en la década del sesenta. Otros textos en español son *La única manera. A los puertorriqueños, en Nueva York* (1923) y *Vida Alegre* (1931). Sus ensayos periodísticos en español de esta época se encuentran dispersos en diferentes periódicos de Nueva York como *Gráfico, El Nuevo Mundo, Vida Obrera, El Machete criollo, La Voz* y durante la década del cuarenta en el periódico antifascista *Liberación*, foro público en el cual debatían escritores de España, Cuba, Puerto Rico y otros hispanoamericanos fortaleciendo sus voces de protesta. Jesús Colón también se mantenía activo en la vida política de la isla con sus contribuciones ensayísticas al periódico socialista *Justicia* (Puerto Rico, 1923) y *Unión Obrera*. Fue más tarde, durante la década del cincuenta, cuando comenzaría a escribir en inglés en periódicos como el *Daily Worker*. Cultivó además el cuento y la poesía.

Período de entreguerras

El estudioso de las literaturas hispánicas y europeas Ángel Flores nace en Puerto Rico a principios del siglo XX, pero luego emigraría a los Estados Unidos, donde ocupará diferentes cátedras en varias universidades norteamericanas. Escribió una prolífica obra ensayística en español como los textos *Aproximaciones a Octavio Paz* (México, 1974), *Aproximaciones a Horacio Quiroga* (Venezuela, 1976) y *Expliquémonos a Kafka* (México, 1983), que contiene un prólogo de gran interés biográfico en el cual el investigador ofrece una interpretación amplia de la obra kafkiana. Otras publicaciones importantes son *Nuevas aproximaciones a Pablo Neruda* (México, 1987) y los ocho volúmenes de *Narrativa hispanoamericana* (Siglo XXI, 1981-1985), que constituyen un clásico de la historia literaria hispanoamericana.

Otra figura puertorriqueña que se lanzó a la aventura universitaria en los Estados Unidos fue la abogada, profesora, ensayista y crítica literaria Nilita Vientós Gastón (1905-1989). Luchadora incansable del fortalecimiento y desarrollo del ambiente cultural del país antes y después de su experiencia en suelo estadounidense, fundó y dirigió la revista *Asomante* (1945-1970), que luego se llamó *Sin nombre* (1970-1983). Entre sus publicaciones más significativas, tenemos la *Introducción a Henry James* (1956), *Impresiones de un viaje* (1957), *Índice cultural* (tomos de 1962, 1964, 1971 y 1984) y *El mundo de la infancia* (1984); cuenta además con numerosos ensayos periodísticos publicados en el diario *El Mundo* (1948). Entre 1945 y 1961 presidió el Ateneo Puertorriqueño en la isla; fundó y presidió la Casa Nacional de la Cultura y fue la primera mujer abogada del Departamento de Justicia. Como procuradora auxiliar general de Puerto Rico esta incansable defensora del idioma logró que el Tribunal Supremo determinase el español como lengua de Puerto Rico.

Pedro Juan Labarthe (1906-1966) es otro profesor universitario que cultivó diversos géneros como la novela, el teatro y el ensayo. Fue profesor en varias instituciones en los Estados Unidos durante la década del treinta. Regresa a Puerto Rico para ejercer la cátedra como docente hasta 1945, cuando es becado por el Departamento de Instrucción Pública de Puerto Rico para realizar estudios doctorales en Letras en la Universidad Nacional Autónoma de México (UNAM). Durante ese tiempo ejerció como catedrático de literatura española e hispanoamericana y de historia hispanoamericana en la Universidad de Wesleyan en Bloomington, Illinois. Fue corresponsal del periódico *El Mundo* (San Juan). Desde 1946 hasta 1965 permanece en los Estados Unidos, donde se hace miembro de diversas organizaciones como el Club de Escritores de Pittsburgh, de la Sociedad de Poetas Británicos y Americanos. Su obra ensayística se encuentra en sus textos sobre poesía, *Antología de poetas contemporáneos de Puerto Rico* (1946) y *Gabriela Mistral como la conocí yo y cinco poemas* (1963).

Desde las décadas del cincuenta y el sesenta hasta el presente

El escritor Clemente Soto Vélez (1905-1993), mejor conocido como uno de los poetas fundadores del movimiento atalayista de la corriente vanguardista puertorriqueña durante la década del treinta junto con Graciany Miranda Archilla y Alfredo Margenat, era filósofo y periodista. Cuando emigró hacia los Estados Unidos en la década del cuarenta tenía publicado un libro de ensayos titulado *Escolios* (1937). Estuvo nueve años en diferentes cárceles en Puerto Rico y los Estados Unidos por sus actividades políticas como militante nacionalista. Durante la década del cuarenta se estableció en Nueva York y luego ejerció la labor editorial del periódico *Pueblos Hispanos* (1943), dirigido por el líder nacionalista Pedro Albizu Campos. En los años cincuenta fundó *La voz de Puerto Rico en Estados Unidos*. En 1960 fue presidente honorario vitalicio del CEPI (Círculo de Escritores y Poetas Iberoamericanos de Nueva York). Participó activamente como miembro del Instituto de Puerto Rico en Nueva York.

La ensayista puertorriqueña María Teresa Babín (1910-1989) se desempeñó como catedrática de literatura en varias instituciones superiores de Puerto Rico y los Estados Unidos. Sus artículos y ensayos literarios, en adición a los de carácter educativo y político, aparecieron en importantes revistas y periódicos del país y de Hispanoamérica. Estudió su doctorado en Columbia University en 1954. Aparte de su libro *Introducción a la cultura hispánica* (1949), de carácter didáctico, María Teresa Babín presenta su faceta propiamente literaria en su colección de ensayos *Fantasía boricua* (1956), *Panorama de la cultura puertorriqueña* (1958), la fábula teatral *La hora colmada* (1960), *La gesta de Puerto Rico* (1967), y los poemarios *Las voces de tu voz* (1962) y *La barca varada* (1982). Fue honrada con la distinción de profesora emérita del Herbert H. Lehman College de Nueva York (1978), donde ejerció su labor docente desde 1969 hasta 1978, y dirigió el Departamento de Estudios Puertorriqueños de dicha institución.

Después de ser expulsado del recinto por su militancia independentista y su apasionada defensa a la autonomía universitaria y a los derechos de los estudiantes en 1948, José Ferrer Canales (1913-2005) se marchó a los Estados Unidos, donde, primero, ingresó a la Universidad de Columbia, en Nueva York, con la intención de continuar estudios doctorales en Filosofía y Letras. Pero las presiones económicas lo obligaron a ejercer la enseñanza en otras instituciones. Finalmente, alcanzaría aquella meta en la UNAM en 1952. Más adelante ejerció como profesor de literatura en las universidades de Dillard (en Nueva Orleans); Howard (en Washington D.C.) y en la de Houston, Texas, antes de regresar a Puerto Rico a principios de la década de 1960, donde se le otorgó el título de catedrático. Dictó conferencias en diversas universidades norteamericanas, cubanas, mexicanas y dominicanas, como también participó en congresos literarios celebrados en diferentes partes del mundo. Entre sus ensayos se destacan: *Marginalia* (1939); *Por nuestra lengua y nuestra soberanía* (1941); *Agonía y esperanza de Puerto Rico* (1962); *Imagen de Varona* (1964); *Acentos cívicos: Martí, Puerto Rico y otros temas* y *Ghandi: evocación del centenario* (1972); *Asteriscos* (1990), y *Martí y Hostos* (1990). Tiene cuentos y artículos periodísticos sobre educación política publicados en la *Revista Hispánica Moderna*, *Revista Iberoamericana*, *Repertorio Americano*, *Revista del Colegio de Abogados*, *Asomante* y *La Torre*.

A diferencia de los otros ensayistas mencionados, Luz María Umpierre-Herrera (¿1957?) emigró a los Estados Unidos en 1974 para completar sus estudios graduados en Bryn Mawr College, Pensilvania, y desde entonces estableció su residencia en suelo norteamericano. Ejerció la docencia en Rutgers University durante la década del ochenta. Aunque es una poeta reconocida, Luz María Umpierre es autora de numerosos libros publicados y de artículos en periódicos y revistas. Entre los más conocidos se destacan: *Ideología y novela en Puerto Rico: un estudio de la narrativa de Zeno, Laguerre y Soto* (Playor, 1983) y la obra *Nuevas aproximaciones críticas a la literatura puertorriqueña contemporánea* (Cultural, 1983), que contiene una colección de ensayos de crítica literaria. La ensayista es una profesora de literatura que ha sido reconocida como una incansable luchadora contra la discriminación y defensora de los derechos humanos.

El ensayista, crítico literario y profesor de literatura hispanoamericana Arcadio Díaz Quiñones (1940) reside en la Universidad de Princeton desde el año 1982. Entre sus libros publicados sobre diversos temas se destacan: *Conversación con José Luis González* (1976), *El almuerzo en la hierba (Llorens Torres, Palés Matos, René Marqués)* (1982), *Cintio Viter: la memoria integradora* (1987), *La memoria rota: ensayos de cultura y política* (1993), *El arte de bregar y otros ensayos* (2000) y su más reciente entrega, *Sobre los principios. Los intelectuales caribeños y la tradición* (Argentina, 2006), donde desarrolla su visión sobre cómo los escritores del Caribe hispánico moderno han entendido sus comienzos y el papel que han desempeñado en el desarrollo de las tradiciones literarias y en los imaginarios nacionales. Preparó además la edición de la obra de Tomás Blanco *El prejuicio racial en Puerto Rico* (1985) y la edición conmemorativa, en el año 2000, de los veinticinco años de *La guaracha del Macho Camacho* de Luis Rafael Sánchez a cargo de la editorial Cátedra.

Una escritora que lleva veinte años como residente en Nueva York es la medievalista Marithelma Costa (1955), profesora de Hunter College (CUNY), que tiene una obra extensa de ensayos sobre la experiencia de los hispanos en los Estados Unidos. Junto con Alvin Joaquín Figueroa, publicó *Kaligrafiando: conversaciones con Clemente Soto Vélez* (1990); tiene libros de

La guaracha del Macho Camacho, Luis Rafael Sánchez.

entrevistas con figuras intelectuales de relieve, entre los cuales se destacan *Enrique Laguerre: una conversación* (San Juan, 2000) y *Las dos caras de la escritura. Conversaciones con M. Benedetti, M. Corti, U. Eco, S. Molloy, C. París, R. Piglia, X. Rubert de Ventós, E. Sábato, S. Sontag, G. Torrente Ballester, N. Vientós Gastón* (San Juan, 1988). Además, cuenta con numerosos ensayos sobre temas como las problemáticas de la realidad migratoria publicados en revistas, como 'El Caribe, la poesía y Nueva York', en *Revista Turia* (1999), y 'Y qué dicen los escritores neorriqueños sobre el idioma, la literatura y la identidad nacional. Los bárbaros subvierten a Roma: Situación sociolingüística y literaria de los boricuas en la metrópoli', en *Cuadernos del Idioma* (1992).

Otro ensayista contemporáneo de una prolífera obra publicada es Julio Ramos (1957). Obtuvo su doctorado en la Universidad de Princeton y actualmente ejerce la docencia en el Departamento de Español y Portugués de la Universidad de Berkeley, California. Ha recibido numerosos premios como el Official Selection 1995 Margaret Mead International Film, NYC; el Festival Merit Award, LASA, 1995, y el Ethnographic Documentary Prize, East Bay Media International Film and Video Festival, Berkeley, 1997. Entre sus publicaciones mencionamos: *Desencuentros de la modernidad en América Latina: literatura y política en el S. XIX* (Fondo de Cultura Económica, 1989), *Paradojas de la letra* (Universidad Andina Simón Bolívar, 1996) y *Amor y anarquía: los escritos de Luisa Capetillo* (Huracán, 1992).

Recipiente del premio de literatura 2006 del Instituto de Cultura Puertorriqueña en la categoría de ensayo por el libro *Pedreira nunca hizo esto*, el escritor puertorriqueño Francisco Cabanillas (1959) se encamina hacia un futuro prometedor. Partió hacia el sur de Ohio a principios de los ochenta para continuar sus estudios universitarios en la Universidad de Cincinnati, y desde 1991 enseña literatura y cultura hispanoamericana y caribeña en Bowling Green State University, al norte de Ohio. Sus ensayos han sido publicados en revistas como *Sargasso, Revista Cupey* y la revista del centro, *Journal of Puerto Rican Studies*.

Con una larga lista de obras publicadas, el escritor Efraín Barradas se une a la nómina de autores contemporáneos que residen en los Estados Unidos. Es autor de *Partes de un todo: ensayos y notas sobre literatura puertorriqueña en los Estados Unidos* (Puerto Rico, 1998) y *Herejes y mitificadores: muestra de poesía puertorriqueña en los Estados Unidos* (Huracán, 1980). Tiene además estudios sobre figuras puertorriqueñas ante la experiencia norteamericana, como se pone de manifiesto en su trabajo sobre la poeta puertorriqueña Julia de Burgos: *Entre la esencia y la forma: Sobre el momento neoyorquino en la poesía de Julia de Burgos* (Mairena, 1985). Otras publicaciones periodísticas se titulan 'Pasillo, pasillistas, pasillismo', en *Diálogo* (UPR, 1996); 'Cine mexicano, modernidad y memoria', en *El Nuevo Día* (San Juan, 1999); y finalmente, 'Veracruz' y 'Toña la Negra y Don Quijote', en *Diálogo* (UPR, 1999).

Pedro López Adorno se doctoró en Filosofía y Letras de la Universidad de Nueva York en 1982 y ejerce como catedrático asociado en el Departamento de Estudios Negros y Puertorriqueños de Hunter College (CUNY). Su ensayo 'Descolonización, literatura y Utopía: El caso puertorriqueño' fue leído en un congreso celebrado en la ciudad de Nueva York en el año 1992. Su antología de poesía puertorriqueña que está vinculada a la experiencia migratoria de los puertorriqueños hacia los Estados Unidos, *Papiros de Babel* (1991), contiene un estudio introductorio de interés sociohistórico para la labor de interpretación de esta problemática.

El sociólogo César Ayala (1960) cursó sus estudios universitarios en Princeton y Suny (Binghamton) durante los ochenta y los noventa, y actualmente se desempeña como profesor de la Universidad de California en Los Ángeles. Ha escrito numerosos ensayos académicos en español sobre la situación de Vieques, temas de historia y sociología. En la *Revista de Ciencias Sociales* (Puerto Rico) ha publicado 'Entre dos aguas: economía, sociedad, e intervención estatal en Vieques, 1942-1948' (2005) y 'Del latifundio azucarero al latifundio militar: las expropiaciones de la marina en la década del cuarenta' (2001); en *Pensamiento crítico* (Puerto Rico), 'Lo que no podemos de hacer es dejar de luchar: entrevista a José Tabares' (1994) y 'Análisis de las elecciones en Estados Unidos' (1989); y en la revista del Centro de Investigaciones Históricas (Puerto Rico), 'La nueva plantación Caribeña: 1898-1934', (1994). También ha colaborado con el periódico puertorriqueño *Claridad* con su ensayo 'La desaparición de los barrios de Vieques' (2000). En la revista *Viento Sur* (Madrid) en el año 1997 figuran los ensayos titulados 'El giro a la derecha de los sandinistas' y 'EE. UU.: Neoliberalismo y xenofobia'.

Narrativa cubana: el cuento y el relato. La novela de los cubanos

José Abreu Felippe, Luis de la Paz y Uva de Aragón

El cuento y el relato cubano

José Abreu Felippe y Luis de la Paz

Arte de contar y sus primeras manifestaciones

El arte define el alma de un país. Independientemente de la forma en que se expresen las ideas o los sentimientos, y se recoja el acontecer cotidiano con sus tribulaciones y sus mejores instantes, este va configurando, como si se tratase de la mejor savia, un legado que se transforma, casi espontáneamente, en historia vivida, en historia narrada —pintada, cantada, representada—, en historia recreada por su gente.

Poco a poco, con el esfuerzo mental y físico de esa misma gente, de los criollos en este caso, se va forjando su literatura y va naciendo además ese espacio tan frecuentado por los escritores cubanos, La Habana, con sus problemas y necesidades, con sus esclavos y aquel notable grupo de exiliados que recogían en papel sus quejas y sus dolores, como José Martí, Félix Varela, Juan Clemente Zenea, Cirilo Villaverde y José María Heredia. Ahí quedan *Petrona y Rosalía,* de Félix Tanco; la *Autobiografía de un esclavo,* de Juan Francisco Manzano; *Francisco: el ingenio o las delicias del campo,* de Anselmo Suárez y Romero; *Sab,* de Gertrudis Gómez de Avellaneda; *El Ranchador,* de Pedro José Morillas, y la más conocida obra sobre la esclavitud, *Cecilia Valdés,* de Cirilo Villaverde, las huellas más sólidas sobre el tema.

Pero todo lugar habitable suele a veces ser un sitio terrible, y ese espanto, ese sentir se recoge también en su literatura. En la colonia, Ramón de Palma (1812-1860) escribe las primeras narraciones indianistas y Anselmo Suárez y Romero (1818-1878) la obra citada, que se ha catalogado como la primera novela negrista del continente (Fornet, 1967). Un exiliado a los Estados Unidos, Esteban Borrero (1849-1906), escribe *Lectura de Pascuas* (La Habana, 1899), considerado el primer libro de cuentos de la literatura cubana. Este último, hijo de un hombre distinguido, Esteban Borrero Echeverría, aprendió las primeras letras en una escuela que abrió su propia madre, la misma donde años más tarde ejercería como profesor. Al estallar la guerra de 1868 se alza en armas con sus alumnos y en el monte llega a fundar dos escuelas. Cae prisionero y sufre prisión. En 1879 publica, en compañía de Enrique José Varona y otros amigos y poetas, *Arpas amigas.* A las tertulias de su hogar asistían, entre otros, Julián del Casal y los hermanos Uhrbach. En 1895 se ve forzado a emigrar a Cayo Hueso, donde dirige la escuela del Club San Carlos. En 1902, al proclamarse la República, regresa a Cuba, donde ocupa importante cargos, funda revistas, publica varios libros y deja otros inéditos, entre ellos un tomo de poesía. Se suicida a los 57 años en una habitación de hotel en San Diego de los Baños. Había nacido en Puerto Príncipe, Camagüey.

El quehacer literario de los exiliados de Cuba

El quehacer literario durante la etapa colonial había sido bastante limitado y una parte de sus autores había realizado su obra en el destierro. Y este es uno de los componentes más curiosos en la literatura cubana, la sombra del exilio siempre rondando a sus creadores. Desde sus fundadores, pues los primeros textos literarios, incluidos los escritos en la isla, los hicieron gentes desarraigadas, en este caso conquistadores. Luego, la guerra de los diez años y la de 1895 provocaron una avalancha de intelectuales al exilio. Alcanzada la independencia, aún cuando el país no era gobernado enteramente por cubanos, pues la Enmienda Platt establecía una desagradable huella en la estructura del naciente poder político, muchos de estos escritores exiliados regresaron a la isla, fomentándose una creciente creatividad artística.

Al país regresan Miguel de Carrión y Carlos Loveira, dos de los más conocidos escritores cubanos de finales del siglo XIX, que se habían establecido en los Estados Unidos. Por el vecino del norte pasaron figuras como Luis Rodríguez Embil y Juana Borrero —hija de Esteban—, joven y bella, que dejó su vida en Cayo Hueso. Otro notable creador, Ramón Meza, autor de *Mi tío el empleado*, pasó por Canadá y los Estados Unidos, mientras que Jesús Castellanos vivió en México, donde además trabajó, como algunos de los anteriores, por la causa de la libertad de Cuba.

El vivir fuera de la patria por motivos políticos es lo que permite apuntar que la literatura cubana está marcada profundamente por el exilio de sus escritores, y aunque para algunos la expresión resulte una aseveración innumerables veces escuchada, la realidad de esa poderosa palabra, exilio, se impone y ha acompañado durante toda su historia a los escritores cubanos.

El exilio desde 1959

A finales de los años cincuenta ocurre en Cuba un proceso de transformación política e ideológica denominado Revolución encabezado por Fidel Castro. El proceso revolucionario tenía la peculiaridad de politizar —y polarizar— la sociedad cubana. Eran cambios radicales, dictatoriales y más que antidemocráticos, dirigidos en contra del individuo, en el sentido de que obligaban al ciudadano a participar forzosamente del 'proceso revolucionario', y quien no se sometiera pagaría las consecuencias, como pérdida del trabajo, la posibilidad de realizar estudios superiores, etc. El estado contra el individuo. En el aspecto intelectual esa política despachó al exilio a muchos escritores y artistas, y el futuro de la intelectualidad cubana quedó marcado con una frase lapidaria pronunciada por el dictador Castro el 30 de junio de 1961 en la Biblioteca Nacional, dentro de un discurso que ha pasado a ser conocido como *Palabras a los intelectuales*: 'Dentro de la Revolución, todo; contra la Revolución nada'. La suerte del quehacer literario quedaba de esa manera sellada.

Contrariamente a las etapas sociales anteriores, donde los preceptos constitucionales no se respetaban del todo, pero sí se permitía y toleraba la oposición política, con periódicos independientes, imprentas privadas y libre circulación de las personas, el nuevo régimen reprimió de inmediato a la clase intelectual, interviniendo los periódicos, nacionalizando las imprentas y cerrando las fronteras. De repente el mundo civilizado y capitalista era el enemigo de la sociedad cubana, y la órbita comunista, de economía centralizada y rígidos controles sobre el ciudadano, el aliado incondicional. Toda esta involución social envió al exilio a miles de cubanos de todos los estratos sociales. Se estima que en casi cinco décadas más de un millón y medio de cubanos han abandonado el país como exiliados.

Los libros que se publicaban en la isla tenían que ser, con alguna que otra excepción, cantatas al régimen, redactadas en el más riguroso y latoso estilo del realismo socialista, siendo tal vez *La última mujer y el próximo combate,* de Manuel Cofiño López, el más triste ejemplo de esa etapa. Quienes no funcionaran en esos cánones eran enemigos de la Revolución.

Los escritores que habían nacido en los años treinta y principios de los cuarenta, y que habían publicado sus obras antes de la llegada del castrismo al poder, tenían la memoria de un pasado, una cultura universal y amplia, mientras que los nuevos escritores, los que nacieron en los cincuenta, se convertían en fruto de la nueva realidad denominada 'el hombre nuevo'. Esas personas se hicieron adultos y escritores en una realidad delirante, en una suerte de realidad virtual. Lo más turbador sufrido por esas generaciones fue la falta de información, el cierre prácticamente de las fronteras cubanas, la maldición insular y la represión creciente del régimen.

Narradores cubanos en los Estados Unidos. Después de 1959

El nuevo exilio, el que huye del castrismo, lo encabezan figuras como Lydia Cabrera (La Habana, 1900-Miami, 1991)[1], que se había dado a conocer con sus *Cuentos negros de Cuba* (La Habana, 1940) —aparecido primero en francés en 1936, bajo el sello Gallimard— y que abandona Cuba muy al principio del nuevo régimen. En el destierro, comienza a publicar su extensa obra, siendo *Ayapá: cuentos de jicotea* (1971) su primer libro de relatos publicado en Miami. La cuantiosa obra de esta autora se prolonga hasta su muerte. Otros libros suyos incluidos en esta categoría son: *¿Por qué?: cuentos de negros de Cuba* (La Habana, 1948), *Itinerario del insomnio, Trinidad de Cuba* (Miami, 1977) y *Cuentos para adultos, niños y retrasados mentales* (Miami, 1983). Es imprescindible destacar que la obra de Cabrera se nutre también de numerosos diccionarios y estudios de temas afrocubanos y no puede dejar de mencionarse su obra monumental, *El monte*. La escritora y antropóloga Lydia Cabrera, autora de más de veinte libros, es una de las figuras centrales de la cultura cubana que supo combinar como nadie el rigor de la investigación con la belleza de su prosa. De ella, el escritor Reinaldo Arenas dijo: 'Tocada por una dimensión trascendente, Lydia Cabrera encarna el espíritu renacentista en nuestras letras: la curiosidad incesante' (Arenas, 1986).

Si la figura literaria de Lydia Cabrera tuvo un peso determinante en el inicio del exilio, otros creadores, como Lino Novás Calvo (Mañón, La Coruña, 1905-Nueva York, 1983), uno de los tres grandes 'cubanos' nacidos en España, junto a Carlos Montenegro y Ángel Gaztelu, también sentaron pautas. Novás Calvo se estableció en Nueva York, ejerciendo el periodismo y el magisterio. En la Babel de Hierro publicó *Maneras de contar* (Nueva York, 1970), un texto antológico de su narrativa que incluía relatos aparecidos en otros libros suyos, así como textos nuevos. Novás Calvo es considerado un precursor del realismo mágico y del lenguaje coloquial. Entre sus relatos particularmente conmovedores se encuentran *La noche de Ramón Yendía, Long Island* y *Trínquenme ahí a ese hombre*. El escritor es también autor de una única novela, por demás excelente, *El negrero, vida novelada de Pedro Blanco Fernández de Trava*, sobre la trata de negros en las Antillas, reeditada en España por Tusquets en 1999. En España han aparecido también antologías de sus cuentos como *El comisario ciego y otros relatos* (2003), en la colección Biblioteca del Exilio, y *Otras maneras de contar* (2005).

De enorme y abarcadora se puede definir la obra de José Sánchez-Boudy (La Habana, 1928). Este escritor ha sido un incansable estudioso de la lengua y del habla populares. Su legado incluye diccionarios, ensayos y abundante narrativa. Destaca en su cuentística *Cuentos grises* (1966), su primer libro de cuentos, publicado en Barcelona por la editorial Bosch. En Miami publica *Cuentos del hombre* (1969), casa con la que posteriormente editará la mayor parte de su obra literaria, que se aproxima a un centenar de libros, entre ellos, *Cuentos a luna llena* (1971), *Cuentos blancos y negros* (1983), *Cuentos de la niñez* (1983), *Cuentos de una vida vivida* (2007) y *Cuentos del camino de la vida* (2007). En un aparte se recogerán algunos de los libros sobre estampas y folclor cubano publicados en el exilio, donde Sánchez-Boudy encabeza la lista.

La producción literaria de Celedonio González (1923-2006) es también amplia, con novelas como *El espesor del pellejo de un gato ya cadáver* (1978), *Que veinte años no es nada* (1987) y *Fontainebleau Park* (1998). Además, publicó *La soledad es una amiga que vendrá* (1971), considerado por su editor Juan Manuel Salvat, de Ediciones Universal, 'uno de los primeros libros de cuentos publicados en el exilio'. Había nacido en Esperanza, antigua provincia de Las Villas (hoy Cienfuegos), vivió unos años en la ciudad de Washington D.C., donde trabajó como escritor para la emisora Radio Martí, y regresó a Miami, donde falleció.

Esas figuras resultan las iniciadoras, literariamente hablando, del destierro castrista, lo que las convierte de alguna manera en símbolos de esta etapa. Poco a poco, a medida que más cubanos abandonaban la isla, crecía también el número de escritores. Entre ellos, el ya mencionado Carlos Montenegro (Puebla de Caramiñal, Galicia, 1900-Miami, 1981), que se había dado a conocer en Cuba con los libros de relatos *El renuevo y otros cuentos* (1929), *Dos barcos* (1934) y *Los héroes* (1941), y que al igual que Lino Novás Calvo escribió una única novela, *Hombres sin mujer* (1937), con varias reediciones en España y Cuba. Esta pieza, junto a *El Ángel de Sodoma* (1929) de Alfonso Hernández Catá (1885-1940), es precursora del tema del homosexualismo en la literatura cubana. Montenegro no publicó en vida ningún libro fuera de la isla, aunque sí cuentos en revistas y otras publicaciones. Un estudio importante sobre el autor es el de Enrique J. Pujals, *La obra narrativa de Carlos Montenegro*, aparecido en Ediciones Universal en 1979.

Como ya se apuntó, algunos autores formados literariamente durante la República marchan al exilio cuando comienza a recrudecerse la censura y la represión a los intelectuales. Este período, iniciado en 1959, ha sido el más extenso desde la fundación de la nación cubana, y abarca casi cinco décadas. Enrique Labrador Ruiz (Sagua La Grande, Cuba, 1902-Miami, 1991) es uno de esos exiliados. Labrador creó un rico mundo expresivo a través de sus 'novelas gaseiformes' y 'novelines neblinosos'. *El laberinto de sí mismo* (La Habana, 1933) ya marcaba la pauta. *La sangre hambrienta* (La Habana, 1950) le valió el Premio Nacional de Novela. En su producción cuentística aparecen *Conejito Ulán* —por el que recibió en 1946 el Premio Nacional de Cuento Hernández Catá—, *Carne de quimera* (La Habana, 1947), *Trailer de sueños* (La Habana, 1949) y *El gallo en el espejo* (La Habana, 1953). En Miami publica *Cartas a la Carte* (1991), que fue su último libro y al que el autor había llamado, con esa gracia y esa ironía que lo caracterizaban, 'pre-póstumo'. Es un texto, dentro de la laberíntica narrativa de este gran conversador que fue Labrador Ruiz, escrito como un epistolario —46 cartas en total— donde prevalece el tono meditativo, ensayístico, a partir de la pérdida y la soledad.

En 1960 aparece en México *Enterrado vivo*, de Andrés Rivero Collado (La Habana, 1936), considerada por algunos estudiosos la primera novela del exilio cubano después de Castro. Es un libro que aborda los acontecimientos de la llegada al poder y la represión contra los ricos y los oficiales del ejército de Batista. Años después publicó *Rojo y negro: cuentos sobre la tragedia cubana* (Carolina del Sur, 1964), *Cuentos para entender* (Miami, 1979), *49 cuentos mínimos y una triste leyenda* (1979), *Recuerdos* (1980), *Sorpresivamente* (1981) y *Somos como somos* (1982), estos tres últimos publicados por Cruzada Spanish Publications, en Miami. La lista de autores y títulos aparecidos en la primera década de los sesenta y los primeros años de la siguiente en el exilio incluye a Gerardo E. Martínez Solanas (La Habana, 1940), *Dos cuentos y dos leyendas* (Argentina, 1964) y Bernardo Viera Trejo con *Militantes de odio y otros relatos de la Revolución cubana* (Miami, 1964). También a Salvador Díaz Versón (1905-1982), *Ya el mundo oscurece* (México, 1961); Emilio Fernández Camus, *Caminos llenos de borrascas* (1962), y Manuel Cobo Sousa, *El cielo será nuestro* (1965). Siguen otras obras que abordan la nueva problemática cubana como *El grito* de Orlando Núñez Pérez, aparecida en 1966; *De buena cepa* (1967), de René G. Landa; *Los desposeídos*, publicada en 1972 por Ramiro Gómez Kemp, así como *El viaje más largo* (1974), de Humberto J. Peña, para mencionar algunos libros de narrativa que marcaron el impulso de la literatura cubana de los exiliados cubanos en los Estados Unidos.

Libros de cuentos publicados en el exilio por escritores cubanos en esos años son: *Ya no habrá más domingos* (1971) y *Espinas al viento* (1983), de Humberto J. Peña. El ya mencionado *La soledad es una amiga que vendrá*, de Celedonio González (1971); *Las pirañas y otros cuentos cubanos* (1972), de Asela Gutiérrez Kann (1916-2003); *Chirrinero* (1975) y *Capodigruppo: relatos europeos* (1989), de Raoul García Iglesias; *Cuentos de aquí y de allá* (1977), de Manuel Cachán (La Habana, 1942). Este autor tiene una larga lista de títulos publicados, incluido *Solamente un sueño*, cuentos, aparecidos bajo el sello Letras Cubanas en 2004, la editorial oficial de la dictadura castrista. Alberto Fibla (La Habana, 1928) da a conocer *Cuentos* (1984), en su importante colección Biblioteca Cubana Contemporánea y Gustavo Arencibia, *Cuentos del barrio mío* (México, 2005). *Sin olvidar Raíces al viento* (1974) y *Cuentos del Caribe* (1992), de Anita Arroyo, escritora cubana nacida en Milán, Italia, en 1914, y que muere en Puerto Rico en 1994.

El destierro cubano amplía sus horizontes literarios con otras publicaciones que también dejaron huellas en el panorama literario como *Selima y otros cuentos* (1976), de Manuel Rodríguez Mancebo (cuentos de misterio). Este autor publicó en Cuba dos libros de relatos: *La cara* y *La corbata púrpura*. Algunos narradores cubanos escriben sobre su nueva circunstancia, como Ángel Castro Martínez (Matanzas, Cuba, 1930), que en 1972 da a conocer *Cuentos Yanquis* y al año siguiente *Cuentos de Nueva York*, ambos publicados por Ediciones Universal. Sin embargo, su primer libro es *Cuentos del exilio cubano* (Nueva York, 1970). También podría incluirse en ese grupo a Enrique J. Ventura (Sagua La Grande, 1933), con *Pancho Canoa y otros relatos* (1973) y a René A. Jiménez, con las narraciones históricas *Reminiscencias cubanas* (1977) y *Siete cuentos cubanos* (Miami, 1982).

El relato breve escrito por mujeres tiene a la cabeza a la escritora Uva de Aragón (La Habana, 1944), que en otras oportunidades ha firmado como Uva A. Clavijo. Valga señalar que esta situación es debida al uso del apellido de soltera y de casada indistintamente, y no a un seudónimo. Firmando como Clavijo, la escritora publicó *Eternidad* (Madrid, 1972), su primer libro, una recopilación de viñetas. Años después, con Ediciones Universal, da a conocer *Ni verdad ni mentira y otros cuentos* (1976) y *No puedo más y otros cuentos* (1989). En su producción narrativa hay que mencionar la novela, *Memoria del silencio* (2002). La escritora también ha abordado otros géneros como la poesía, el periodismo y el ensayo. Otros autores de relatos y cuentos, aunque no publicados en forma de libro, han sido los poetas Rita Geada y Orlando Rossardi, ambos pertenecientes a la llamada Generación del Sesenta.

La década del setenta incluye, asimismo, a otros autores con libros que dejaron una mayor o menor huella: Roberto G. Fernández (Las Villas, Cuba, 1949), con *Cuentos sin rumbo* (1975) y *La vida es un especial* (1983), una noveleta; Alberto Acosta Tijero, con *La pierna artificial y otros cuentos* (Nueva York, 1971), relatos de temas rurales y costumbristas; Oscar Gómez Vidal (Cienfuegos, Cuba, 1923-California, 1995), autor de *Diez cuentos de Ciudad amarga* (Madrid, 1975) y *¿Sabes la noticia...? ¡Dios llega mañana!* (Nueva York, 1978); Ana Alomá Velilla, con *Una luz en el camino* (1976); Joaquín de León, con *Sin reproche y otros cuentos* (México, 1970); Leopoldo Hernández (1921-1994), con *Eric* (1971) y *Cuentos viejos, breves, minúsculos* (1977); Ignacio R. M. Galbis, con *Trece relatos sombríos* (1979); Lourdes Casal, con *Los fundadores: Alfonso y otros cuentos* (1973); José Antonio Arcocha (1938), con *El esplendor de la entrada* (1975); Pablo Le Riverend (1907-1991), con *Jaula de sombras* (Barcelona, 1977), y Luis Aguilar León (Manzanillo, Cuba, 1925), brillante periodista, profesor y ensayista de larga trayectoria, con *Cómo se me murieron las palabras y otros cuentos* (1984). Finalmente, Carlos Alberto Montaner, que en la actualidad comparte su residencia entre Madrid y Miami, con *Póker de brujas y otros cuentos* (1968) e *Instantáneas al borde del abismo* (1970), los dos publicados por la editorial San Juan en Puerto Rico.

Poeta de larga trayectoria que de repente publica un libro de cuentos es Amelia del Castillo (Matanzas, 1923), que en 2001 da a conocer *De trampas y fantasías*, donde reúne su producción narrativa de varios años. Entre las cuentistas también figuran Ofelia Martín Hudson (La Habana, 1938), autora de *Contar otras hazañas* (1996) y Ana María Alvarado, con *Crónica de una tierra en la distancia* (Miami, 1989). Énfasis requiere la escritora Hilda Perera (La Habana, 1926), que ha publicado novelas, cuentos y literatura para niños y jóvenes. Entre los cuentos destacan *Cuentos para chicos y grandes* (1975) y *Cuentos de Apolo* (Nueva York, 2000). Otros libros de relatos suyos son *De encuentros y despedidas* (España, 1997) y *El duende del mar* (México, 1995). Sus excelentes novelas, tal vez lo más sobresaliente de su obra, son *Plantado, Los Robledal* y *El sitio de nadie*.

La cuentística cubana se ha enriquecido con *La vieja furia de los fusiles* (1990) y *La memoria del olvido* (Puerto Rico, 1996), ambos de Andrés Candelario (1934); *Veinte cuentos breves de la revolución cubana y un juicio final* (1987), de Ricardo J. Aguiar; *El último de la brigada* (1994), escrito por Eugenio Cuevas, un relato novelado sobre la lucha en Playa Girón; *Todos heridos por el norte y por el sur* (1981), de Alberto Müller (La Habana, 1939), y *El ángulo desconocido,* de Luis Amador 'Chamizo' (Argentina, 1988), cuentos testimoniales donde el autor narra hechos del presidio político cubano. Estos últimos libros, en general, toman la guerra y la lucha por la libertad como eje central de los relatos. Sobre temas más generales versan los cuentos de Raúl Tápanes Estrella (Matanzas, 1938), autor de *Enigmas* (1987) y *Nivel inferior y otros cuentos* (1996).

El dramaturgo Ramón Ferreira (Chantada, Galicia, 1921-Miami, 2007), autor de *El hombre inmaculado,* su más celebrada pieza, también ha cultivado exitosamente la narrativa con *Los malos olores de este mundo* (1969), *Papá cuéntame un cuento* (1989), *Más allá la isla* (1991) y *Tiburón y otros cuentos,* este último publicado en La Habana en 1952 y por el que recibió el Premio Nacional de Literatura.

También con una larga tradición iniciada con el teatro se encuentra Matías Montes Huidobro (Sagua La Grande, 1931), que ha incursionado con gran éxito como novelista, poeta, ensayista y narrador. Su novela, *Esa fuente de dolor* (1999), recibió el Premio Café Gijón 1997. Ha publicado los volúmenes de cuentos: *La anunciación y otros cuentos cubanos* (1967), *Ratas en la isla* (2004) y *El hijo noveno y otros cuentos* (2007). Un tercer dramaturgo que ha hecho su aporte a la narrativa y el cuento es Julio Matas (La Habana, 1931), que ya en 1963, en Cuba, publicó en las Ediciones R que dirigía Virgilio Piñera el libro *Catálogo de imprevistos.* En el exilio dio a conocer las colecciones de relatos *Erinias* (1971) y *Transiciones, migraciones* (1993), ambas con Ediciones Universal en Miami.

Otros escritores con volúmenes de relatos son Rafael Ferrer Luque, autor de *El vuelo de la golondrina: narraciones de un exiliado* (Nueva York-Nueva Jersey, 1983); Luis Ángel Casas (La Habana, 1928), con *Trece cuentos nerviosos: narraciones burlescas y diabólicas* (1990) y *Cuentos para la medianoche* (1992). Raúl García Huerta (La Habana, 1929) ha publicado una recopilación de sus cuentos, con el título *Cuentos.* Alberto Andino dio a conocer *Frutos de mi trasplante* (1980), así como Diosdado Consuegra (Camagüey, Cuba, 1944), autor de *Lo que le pasó al espantapájaros: narraciones animistas y otros cuentos* (1988) y *El emperador frente al espejo* (cuentos animistas), también en Ediciones Universal, 1990. Y Ondina Ybarra Behar, con *Cuentos del recuerdo* (Puerto Rico, 1989).

Los escritores del Mariel: un necesario aparte

El éxodo del Mariel, en 1980, llevó a las costas de la Florida en apenas unos meses a 125.000 cubanos de todos los estratos sociales y niveles culturales. Escritores, pintores, escultores, músicos, actores, nutrieron el exilio de Miami con su experiencia y talento. La figura literaria más notable de ese éxodo fue Reinaldo Arenas (Holguín, Cuba, 1943-Nueva York, 1990), quien ya era conocido en el exterior por su exitosa novela *El mundo alucinante* (1969), un delirante canto a la libertad individual, que había ganado en Francia el premio a la mejor novela extranjera ese mismo año. Reinaldo Arenas sirvió como aglutinador y enlace entre los escritores ya establecidos en el exilio y los otros escritores recién llegados, la mayoría de ellos sin haber publicado nada en Cuba.

La explosión artística del Mariel se extendió por prácticamente todo el espectro creativo. Actores como Evelio Taillacq y María Montoya y novelistas como Nicolás Abreu (*El lago, Miami en brumas* y *La mujer sin tetas*), su hermano Juan (*Orlán veinticinco, Cinco cervezas y Diosa*), Roberto Madrigal (*Zona congelada*) y Roberto Valero (1955-1994), con *Este viento de cuaresma*, que fue fundamentalmente un excelente poeta y un agudo ensayista, como también los poetas Leandro Eduardo Campa (*Little Havana Memorial Park*), quien dejó inédito un magnífico libro de relatos (*Curso para estafar y otras historias*), Rafael Bordao, Jesús Barquet, Reinaldo García Ramos, Andrés Reynaldo e Ismael Lorenzo, entre muchos otros. Para estos y los novelistas véanse las secciones correspondientes en este trabajo. Por tratarse también en estos párrafos del uso de la lengua española en las manifestaciones artísticas, no mencionamos aquí la extensa contribución de un buen grupo de artistas plásticos y de bailarines integrantes de este grupo.

Entre los escritores del Mariel hay varios autores que han publicado libros de cuentos. Reinaldo Arenas publicó *Con los ojos cerrados* (1972), *La vieja Rosa* (1980), *Termina el desfile* (1981), la noveleta *Arturo la estrella más brillante* (1984), *Viaje a La Habana* (1991) y *Adiós a mamá* (1996). Otro de los más destacados autores de ese grupo es Carlos Victoria (Camagüey, 1950-Miami, 2007), quien dio a conocer *Las sombras en la playa* (1992), *El resbaloso y otros cuentos* (1997) y *El salón del ciego* (2004), todos publicados por Ediciones Universal, así como *Cuentos 1992-2004* (2004), una antología personal que incluye nuevos textos. Su obra ha sido traducida al francés y al inglés. En 1993 recibió el Premio Letras de Oro por su novela *Puente en la oscuridad*. El conjunto de su obra aborda la relación del individuo ante la soledad y el desamparo. Destaca, asimismo, Luis de la Paz (La Habana, 1956), autor de *Un verano incesante* (1996) y *El otro lado* (1999), ambos publicados por Ediciones Universal. A este grupo se integra Rolando D. H. Morelli (Dinamarca, 1953) con los libros *Algo está pasando* (1992), *Coral Reef, voces a la deriva* (2001) y *Lo que te cuente es poco* (2007). Este escritor llegó a Cuba con cinco años de edad.

Otras voces del Mariel son Luis Marcelino Gómez (Holguín, 1950), que formó parte, en calidad de médico, de las tropas cubanas que intervinieron en la guerra de Angola en los años setenta. De esas experiencias surgieron *Memorias de Angola, cuentos africanos* (Bogotá, Colombia, 2003) y *Donde el sol es más rojo* (1994). Otro libro suyo de cuentos es *Oneiros* (2002). Una escritora, también poeta, del mismo grupo es Rina Lastres (Manzanillo, 1946), autora de *Soledad para tres y una vaca* (2006).

También llegó a los Estados Unidos, durante el éxodo del Mariel, Carlos A. Díaz Barrios (Camagüey, 1950). Poeta, narrador y editor, ha sido distinguido con varios premios literarios en España y el Letras de Oro en Miami. Sus libros de cuentos son *La bella durmiente*, *Los charcos de la memoria*, *Historia de un pálido transeúnte* y *Un domingo en el mercado*, todos publicados por La Torre de Papel en 2004. *Como agua profunda* apareció en 2005, por la misma editorial, y en 2006, *Los dulces boleros del infierno*.

En torno al grupo del Mariel: otro necesario aparte

La llamada Generación del Mariel la componen, por tradición, aquellos artistas que llegaron a las costas norteamericanas en barcos desde el puerto del Mariel, al oeste de La Habana, en 1980. El fenómeno Mariel fue una coyuntura política y social que se presentó de manera inesperada tras el asilo de más de 10.000 personas en la Embajada del Perú en la capital cubana. El Gobierno cubano, buscándole una válvula de escape, instó a los cubanos residentes en los Estados Unidos a que fueran a buscar a sus familiares a la isla. El resultado fue un desafío a las autoridades migratorias y la política de los Estados Unidos y el arribo a Cayo Hueso de 125.000 personas en unos pocos meses.

Antes de los sucesos del Mariel, ya estaban saliendo de Cuba algunos escritores que habían estado presos por razones políticas, como Néstor Díaz de Villegas (Cumanayagua, Cuba, 1956), Esteban Luis Cárdenas (Ciego de Ávila, Cuba, 1945) y René Ariza (La Habana, 1940-San Francisco, California, 1994). Esos autores, de no haberse ido de una manera 'ordenada', muy bien hubieran formado parte del éxodo marítimo del Mariel. Este contexto cubre también a otros creadores que, al cerrarse las salidas por mar, quedaron atrapados en la isla y no salieron hasta años después. De manera que la Generación del Mariel es más extensa y abarca también a un grupo de escritores que salieron un tiempo antes y un tiempo después de 1980. La llamada Generación del Mariel es un fenómeno muy complejo cuyo análisis escapa a los propósitos de este trabajo; sin embargo, es necesario apuntar que en ella se aglutina una pléyade de creadores unidos por circunstancias y afinidades muy particulares que van más allá de una fecha y un punto de salida.

En el grupo de los 'antes de' se encuentra, como ya se mencionó, Esteban Luis Cárdenas, destacado poeta y autor del libro de cuentos *Un café exquisito* (2001), cuyo relato titular es imprescindible en cualquier antología sobre el cuento cubano. También Manuel C. Díaz (La Habana, 1942), con *El año del ras de mar* (1993), *Subasta de sueños* (2001), ambas novelas, y el libro de cuentos *Un paraíso bajo las estrellas* (1995). Rozando el mítico año 1980 llegó Vicente Echerri (Trinidad, Cuba, 1948), quien ha publicado *Historia de la otra revolución* (1998), relatos sobre la lucha en las montañas del Escambray.

Uno de los autores más extraordinarios de ese grupo fue Guillermo Rosales (La Habana, 1946-Miami, 1993), Premio Letras de Oro con *Boarding Home* (Barcelona, 1987), una de las más brillantes novelas del exilio, publicada también como *La casa de los náufragos* (2003). Póstumamente apareció *El juego de la viola* (1994), que puede considerarse un volumen de relatos. Otro escritor ya fallecido, Reinaldo Bragado Bretaña (La Habana, 1953-Miami, 2005), dio a conocer novelas, poesía, ensayos y artículos periodísticos, así como los libros de cuentos *Bajo el sombrero* y *En torno al cero*, publicados por el sello Editorial Outsider en 1994, editorial creada por el propio autor.

Otras dos figuras destacadas de este período anterior y posterior al Mariel son el ya mencionado René Ariza, dramaturgo, pintor, actor y narrador, y José Abreu Felippe. Ariza obtuvo el Premio de Teatro de la Unión de Escritores y Artistas de Cuba, UNEAC, con su pieza *La vuelta a la manzana*. Posteriormente fue perseguido en la isla por sus ideas, encarcelado y condenado a 8 años de prisión por intentar sacar un manuscrito al extranjero. Salió al exilio en 1979, muy afectado emocionalmente. Sus últimos meses de vida quedaron reflejados en el documental *Retrato inconcluso de René Ariza* del realizador Rubén Lavernia. En el exilio publicó poesía y el libro de relatos póstumo *Cuentos breves y brevísimos* (1997).

José Abreu Felippe (La Habana, 1947), dramaturgo, poeta y narrador, forma parte de una familia de escritores. Sus hermanos Juan y Nicolás sí abandonaron Cuba durante el éxodo del Mariel. José salió de la isla vía España en 1983. Su obra principal es la pentalogía *El olvido y la calma*, de la que ha publicado *Sabanalamar, Siempre la lluvia* y *Dile adiós a la Virgen*. El autor tiene dos libros de cuentos, *Cuentos mortales* (2003) y *Yo no soy vegetariano* (2006). En conjunto los hermanos Abreu dieron a conocer *Habanera fue* (1998), tres relatos largos o noveletas en homenaje a la madre de los escritores, muerta en un accidente.

Parte del legado del grupo del Mariel, incluidos los 'antes de' y los 'después de', se reúne en la importante antología *Cuentos desde Miami* (Barcelona, 2004), compilada por Juan Abreu.

Otros cuentistas

A lo largo del exilio cubano se han publicado numerosos libros en distintos géneros, donde hay que destacar, de manera especial, el testimonial. El hecho de dejar una huella de lo sufrido ha producido una literatura de autores que, en algunos casos, publicaron un solo libro y de otros que han continuado con solidez una obra literaria: *Los unos, los otros y el ceibo* (1971) y *La otra cara de la moneda* (1984, de Beltrán de Quirós, seudónimo de Jorge Luis Romeu, La Habana, 1945); *Cuentos políticos* (Nueva York, 1971), de Manuel Cachán, al que ya hemos citado; *Yo vengo de los Arabos* (1986), *Descargas de un matancero de pueblo chiquito* (1990) y *Viñetas y puñetas* (2004), de Esteban J. Palacios Hoyos, todos publicados bajo el sello Ediciones Universal de Miami; *De mujeres y perros* (1989), de Félix Rizo Morgan (Matanzas, 1954); *Un sitio en el corazón* (1990), de Arnaldo Salas, y *Sin tiempo ni distancia* (1990), de la escritora Isabel Rodríguez, una serie de relatos históricos. Ediciones Universal, fundada en 1965, es la casa más importante y de mayor tradición en Miami y, por su extenso fondo editorial en español, probablemente la más grande en los Estados Unidos.

Sobre la cuentística cubana en el exilio, el escritor y crítico literario Manuel C. Díaz ha señalado que: 'Uno de los rasgos fundamentales de la cuentística cubana en el exilio —al menos, la de los primeros años— ha sido su virtual condición de literatura comprometida. En la mejor aceptación del término, claro. Al igual que en la novelística, aquí también persiste el tema de lo cubano'; luego añade: 'Los primeros cuentos eran contundentes denuncias políticas presentadas en forma de ficción, y reflejaban las experiencias de la lucha contra el castrismo y el horror del presidio político' (vid. Manuel C. Díaz, en AA.VV., *La literatura cubana del exilio*, 2001).

Otros autores cubanos con libros de cuentos son: José Manuel Álvarez, *Cuentos y crónicas cubanas* (1990); Mercedes Muriedas, *Años de Ofún* (1993); Humberto Delgado Jenkins (Matanzas, 1939), *Cuentos de tierra, aire y mar* (1995); Alberto Hernández Chiroldes (Pinar del Río, Cuba, 1943), *A diez pasos del paraíso* (1996); Carlos Rubio Albet (Pinar del Río, 1944), *Caleidoscopio* (Miami, 1980); Lourdes Tomás (La Habana, 1956), *Las dos caras de 'D'* (1985), y Alberto Martínez Herrera (1923-1995), *Retahíla* (1994). De este mismo escritor es *Los coleccionistas,* publicado en La Habana en 1957.

Más libros y autores

Frank Rivera (1938) tiene una producción narrativa que incluye *Cuentos cubanos,* (1992) y *Varadero y otros cuentos cubanos* (1998). También con varios libros tenemos a Pablo López Capestany, autor de *Arco y flecha: cuentos cubanos* (1986), *La viña del señor* (1997) y *Cuentos sencillos* (1998). Alberto Romero (La Habana, 1936), con *Cuentos del Cerro* (2003) y *Cuentos militares: historia de soldados y rebeldes* (2004), ambos publicados por Editorial Nosotros. Esta misma editorial dio a conocer *Historias para dormir al insomnio* (2005), de Francisco E. Feito (La Habana, 1931), escritor cubano residente en Nueva Jersey, que ha publicado algunos libros de poesía y recibido un accésit en el Premio Internacional de Poesía Luys Santamarina-Ciudad de Cieza, 1999, en España. Una cubana que tiene residencia entre Nueva York y Madrid es Rosario Hiriart (La Habana), quien publicó el libro de cuentos *Tu ojo, cocodrilo verde* (Madrid, 1984). A los anteriores se suman Luis Martínez Fernández, con *Historia de un oscuro amor y otros cuentos* (1987) y Manuel Matías Serpa (La Habana, 1941), con *Día de yo y noches de vino y rosa* (Barcelona, 1989), libro ganador del Concurso Letras de Oro (1987-1988) en el género de cuento.

Un escritor con una obra sólida es Fernando Villaverde (La Habana, 1938), autor de *Crónicas del Mariel* (1992), *Las tetas europeas* (1997) y *Los labios pintados de Diderot y otros viajes algo imaginarios* (1993). Con este libro ganó el Concurso Letras de Oro en el género de cuento.

Daína Chaviano (La Habana, 1957) es, tal vez, la más conocida y traducida escritora cubana en la actualidad junto a Zoé Valdés, que vive en Francia desde su salida de Cuba. Chaviano, que reside en Miami, ha recibido el Premio Azorín de Novela. Su trayectoria se inició en Cuba con libros de temas de ciencia ficción. En el exilio ha continuado su carrera de una manera ascendente. Ha publicado *La isla de los amores infinitos, El hombre, la hembra y el hambre, Gata encerrada* y *Casa de juegos,* entre otras novelas. En cuento dio a conocer, antes de su salida de la isla, *Los mundos que amo* (La Habana, 1980), *Historias de hadas para adultos* (1986), *El abrevadero de los dinosaurios* (1990), *Amoroso planeta* (1990) y, más tarde, *País de dragones* (Caracas, 1997). Se han citado las primeras ediciones, pero algunos de estos libros han sido reeditados en España después del año 2000. Un poeta y ensayista que también ha incursionado en el relato es Armando Álvarez Bravo (La Habana, 1938) con *Las traiciones del recuerdo* (Francia, 1996) y *El día más memorable* (1999).

La isla de los amores infinitos, Daína Chaviano.

Los cuentistas más recientes en el exilio

La literatura cubana en los Estados Unidos se nutre continuamente de nuevas voces, que van enriqueciendo el panorama literario de los cubanos exiliados. Este acápite lo encabeza el escritor Armando de Armas (Cienfuegos, 1958), autor de *Mala jugada* (1996) y *Carga de la caballería* (2006), dos libros de relatos de peso. Un autor que, por el tiempo que lleva en el destierro, no clasifica como recién llegado es José M. González Llorente (La Habana, 1939). El caso de este escritor es particularmente interesante, pues ha comenzado a publicar sus libros tras la edad del retiro, lo cual lo integra entre los creadores más recientes. Ha dado a conocer las novelas *La odisea de Obalunko* y *Tierra elegida*, y los libros de cuentos *Reloj de sangre y otros relatos* (2005) y *La confesión del comandante y otros relatos* (2005). González Llorente ha sido una revelación por el poder narrativo que posee. Otra autora que tampoco clasifica como recién llegada, pero que publica su primer libro en el nuevo milenio, es la habanera Olga Connor, quien dio a conocer *Palabras de mujer (Parables of woman)* (2006), un libro bilingüe y muy singular en su estructura, que recoge cartas, poemas, viñetas y cuentos, lo que lo hace difícil de clasificar.

Otros cuentistas de la última hornada son: Jorge Luis Llópiz (La Habana, 1960), autor de *Juego de intenciones* (2000); Antonio Conte (La Habana, 1944), que ha dado a conocer los volúmenes de cuentos *Agua del recuerdo* (1985) y, al año siguiente, *Y vendrá la mañana*. Dos cuentistas talentosos son Santiago Rodríguez 'Chago' (Guantánamo, Cuba, 1940), con *La vida en pedazos* (1999) y *Una tarde con Lezama Lima y otros cuentos* (1999), ambos con Término Editorial en Cincinnati, Ohio; y Rodolfo Martínez Sotomayor (La Habana, 1966), con *Contrastes* (1996) y *Claustrofobia y otros encierros* (2005). Destacan, asimismo, José M. Henríquez (Unión de Reyes, Matanzas), con la noveleta, *La mujer culebra* (Miami, 1990) y Alejandro Lorenzo (La Habana, 1943), con *Los cuentos de Mateo* (Los Ángeles, 2004).

Juan Cueto Roig, natural de Caibarién, es otro escritor que lleva muchos años residiendo en los Estados Unidos. Se dio a conocer como poeta, pero también ha publicado cuentos. Sus relatos, que destilan un constante y exquisito humor, están recogidos en *Ex-cuetos* (2002), *Hallarás lobregueces* (2004) y *Verycuetos* (2007), un libro inclasificable, que recoge anécdotas, traducciones, comentarios, reseñas, relatos y crónicas. También haciendo uso del humor en la literatura se encuentra Enrique del Risco 'Enrisco' (La Habana, 1967), con su libro *El comandante ya tiene quien le escriba* (2003), una colección de artículos. Del Risco, que reside en Nueva Jersey, tiene en su haber varias colecciones de cuentos publicadas en Cuba, entre ellas, *Pérdida y recuperación de la memoria* y *Lágrimas de cocodrilo*. Rita Martín (La

Habana, 1963) ha publicado *Sin perro y sin Penélope* (2003). Entre los cuentistas más destacados se encuentra, además, Alejandro Armengol (Camagüey, 1949), autor de *La galería invisible* (2000) y *Miamenses y más* (2002).

En el citado texto de Manuel C. Díaz, el ensayista señala: 'Con el tiempo, la temática de los cuentos fue cambiando y aparecieron narraciones que intentaban reflejar la realidad del exilio en sus distintas facetas: las frustraciones iniciales, el proceso de adaptación y finalmente la asimilación. Este cambio temático, aunque introduce en las obras elementos considerados universales, no logra que desaparezca la angustia del exilio político. En realidad, lo que hace es transformarla. Así vemos cómo los escritores, a pesar de triunfar en otras profesiones, siguen escribiendo sobre Cuba' (vid. Manuel C. Díaz, en AA.VV., *La literatura cubana del exilio*, 2001).

Aquí es necesario hacer un aparte para un joven notable creador desaparecido demasiado temprano. Con *Mario in the Heaven's Gate y otros cuentos suicidas* (Pinar del Río, 1999), el escritor Juan Francisco Pulido (Cienfuegos, 1978- Minnesota, 2001) dejó una huella imborrable en la narrativa cubana. Su único libro fue ganador del Premio Vitral de Narrativa convocado por la *Revista Vitral*, relacionada con la Arquidiócesis de Pinar del Río.

Mario in the Heaven's Gate y otros cuentos suicidas reúne cinco cuentos escritos con una prosa ágil y segura. Si se considera que el libro fue editado en 1999, cuando el autor contaba 21 años de edad, es de suponer que los cuentos los escribió entre uno y dos años antes, cuando tenía entre 19 y 20 años. En cada relato, el tema central es la muerte, con toda la carga que tal situación representa. La obsesión por la muerte, específicamente el suicidio, fue tan persistente en su vida que finalmente se la quitó en Minnesota el 27 de febrero de 2001.

Antes de venir a los Estados Unidos, Pulido fue encarcelado por sus ideas y por hacer reclamos de libertad y democracia para Cuba. Su rebeldía y su postura cercana a la Iglesia católica le causaron muchos problemas en la isla, lo que lo forzó a marchar al exilio.

El círculo de amigos con los que compartió en Miami le hizo un homenaje póstumo con la publicación de *Palabras por un joven suicida* (2006), libro al cuidado de Rodolfo Martínez Sotomayor que recoge, entre otros materiales, tres de los cuentos de su único libro, así como una muestra de su poesía y algunos artículos.

El cuento breve en torno al folclor y las leyendas

En cualquier exilio los temas que evoquen el país de origen constituyen un marco de interés para el público, que por razones obvias intenta estar en contacto con sus raíces. Entre los escritores cubanos exiliados, algunos han profundizado, de una manera seria y profesional, en el rescate del folclor y las leyendas nacionales. Como ya se ha apuntado, una de las figuras que con más dedicación ha trabajado en recoger ese legado, incluido el habla popular, las estampas y leyendas cubanas es José Sánchez-Boudy. Junto a él otros escritores de mucho prestigio, como Concepción T. Alzola, Anita Arroyo y la propia etnóloga Lydia Cabrera, han abordado el tema. Entre los libros de Sánchez-Boudy —todos publicados por Ediciones Universal—, están: *El picúo, el fisto, el barrio y otras estampas* (1977), *Fulastres y fulastrones y otras estampas cubanas* (1987), *Potaje y otro mazote de estampas cubanas* (1988), *Dile a Catalina que te compre un guayo (estampas costumbristas)* y *Partiendo el 'jon'* (1991), otro libro de estampas de este prolífero autor.

La más fermosa (1975) es un hermoso libro de leyendas preparado por Concepción T. Alzola, al igual que *Habla tradicional de Cuba: refranero familiar* (1987). La leyenda aparece también reflejada en *De Guacamaya a la Sierra de Rafael Rasco* (1972); *Estampillas de colores* (1985), de Jorge A. Pedraza; *Pinceladas criollas* (1987), de Jorge R. Placencia; *Otra pelambre de la jutía: estampas y leyendas de la isla grande* (Miami, 2006), de Severino Puente (Pinar del Río,

1930) y *Anécdotas cubanas* (1996), de Ana María Alvarado. Estampas humorísticas se recogen en *Mis cuentos picantes* (1979), de Rosendo Rosell (Las Villas, 1918), un libro sobre el humor y la picardía del criollo, escrito por una respetada figura del periodismo cubano. *Pica gallo* (1989), de Emilio Santana, es también una serie de estampas humorísticas del exilio cubano y *Folcloreano* (2005), cuentos de Roberto Cruzamora (1939-2007). Reconocimiento especial merecen Eladio Secades (1908-1976) y Fausto Miranda (Puerto Padre, Cuba, 1914-Miami, 2006), verdaderos maestros reconocidos por sus estampas y crónicas cubanas. Secades publica en 1969 *Las mejores estampas de Secades: la Cuba de antes y la Cuba comunista* (México). En 1983 Ediciones Universal editó *Las mejores estampas de Secades: estampas costumbristas cubanas de ayer y de hoy*. Por su parte, Miranda recogió una selección de su columna periodística *Usted es viejo, pero viejo de verdad* en un libro, publicado en 1997 por The Miami Herald Publishing Co.

El relato en otros autores

Otros cubanos exiliados que han hecho su aporte a la literatura en el género del cuento son José López Heredia con *A rey muerto, rey puesto y unos relatos más* (1989); Manuel Dorta Duque con *Charada: cuentos sencillos* (Puerto Rico, 1982); Berta Savariego, autora de *La mandolina y otros cuentos* (1988); José Manuel Álvarez, con *Cuentos y crónicas cubanas* (1990); Maruxa Núñez de Villavicencio, autora de *Cuentos* (1987); Salvador E. Subirá-Turró (1938), con *Tiempo de viajar* (2005), y Olga Rosado (La Habana, 1926), autora de *Más allá del recuerdo* (1996) y *Un rostro inolvidable* (1997), ambos libros con tres relatos cada uno, publicados por Ediciones Universal.

También se podrían agregar: *Balseros cubanos* (1999), de la escritora cubana residente en Nueva Jersey Carmen Vázquez Fernández; *Astillas, fugas, eclipses* (2001), de Mirza L. González; *Cuentos, simplemente cuentos* (2004), de Alicia G. Barrionuevo, y *Cuentos de mi Cuba* (2007), de Enriqueta Piedra del Pino.

De los maestros del cuento

Los maestros del cuento cubano en el exilio, como ya se ha mencionado, son Lino Novás Calvo, Enrique Labrador Ruiz, Carlos Montenegro, Lydia Cabrera y Calvert Casey (Baltimore, Maryland, 1924-Roma, 1969). Sin olvidar a dos escritores de primera categoría que vivieron fuera de los Estados Unidos como lo son Guillermo Cabrera Infante (Gibara, Cuba, 1929-Londres, 2005) y Severo Sarduy (Camagüey, 1937-París, 1993) y que, claro, no son parte del cuerpo de este trabajo. Uno de los más eficaces cuentistas también lo fue Antonio Benítez Rojo (La Habana, 1931-Northampton, Massachusetts, 2005). En la edición de *Paso de los vientos* (1999), el autor apunta: 'Con esta colección de cuentos doy fin a un viejo proyecto: escribir una trilogía sobre el Caribe… Preceden al presente libro la novela *El mar de las lentejas* y los ensayos de *La isla que se repite*'. Benítez Rojo es autor de *Estatuas sepultadas*, otro de los cuentos antológicos de la literatura cubana, que está recogido en su libro *Estatuas sepultadas y otros relatos* (1984). Es preciso mencionar una vez más a José Lorenzo Fuentes (Santa Clara, Cuba, 1928), Premio Internacional de Cuento Hernández Catá, 1952, y Premio Nacional de Novela, 1967, autor del volumen de cuentos *Después de la gaviota* (La Habana, 1968) y de varias novelas.

Estudios críticos de autores cubanos

Un buen número de estudiosos cubanos residentes fuera de Cuba se ha dado a la tarea de adentrarse en la obra de los narradores cubanos y, en especial, el cuento y el relato. Entre dichos estudios citamos solo algunos títulos como *Panorama del cuento cubano*, de Berardo

Valdés (Miami, 1976); *El cuento cubano; panorámica y antología,* de Pedro Izquierdo Tejido (San José, Costa Rica, 1983); *Diccionario biográfico de escritores cubanos en el exilio (contemporáneos),* de Pablo Le Riverend (Newark, Nueva Jersey, 1990); *Narrativa y Libertad: cuentos cubanos de la diáspora,* de Julio Hernández-Miyares (Miami, 1996); *Cuentos cubanos contemporáneos* (1966-1990), de Madeline Cámara (México, 1989); *20 cuentistas cubanos,* de Leonardo Fernández Marcané (ed.) (Miami, 1978); *El cuento cubano del exilio: un enfoque,* de Roberto G. Fernández (Miami, 1977), y *La literatura cubana del exilio,* del Pen Club de Escritores Cubanos en el Exilio, (2001).

A manera de resumen

Entre los escritores del exilio en los Estados Unidos existe una tendencia o inclinación mayor a la novela y la poesía—fenómeno que probablemente no tenga nada de particular, pues parece repetirse con demasiada frecuencia en muchos otros lugares—, que al cuento o el relato breve. Incluso algunas editoriales señalan que, en la actualidad, el cuento no es muy favorecido desde el punto de vista económico, aunque, al parecer, esta tendencia ha cambiado algo en los últimos años. En el marco de la literatura de autores cubanos residentes en los Estados Unidos, el cuento tampoco ha sido muy acogido por los escritores. Es cierto que un número considerable de autores, en algún que otro momento de su carrera, ha escrito y publicado cuentos, pero escapa al marco de este breve trabajo referirnos a piezas aisladas aparecidas en antologías o revistas especializadas y solo hemos considerado autores con al menos un libro publicado en español.

Lo que sí queda claro es que los cubanos, viviendo en un país donde la lengua es el inglés, han seguido escribiendo y publicando en su idioma, el español, prácticamente para un público local y minoritario, algo que resulta más que interesante.

La literatura cubana sigue su paso firme en los Estados Unidos y cada día nuevas voces surgen y se integran al exilio literario cubano.

La novela de los cubanos

Uva de Aragón

Antecedentes

Gran parte de la literatura cubana del siglo XIX, en el que cuajó la formación de la nacionalidad cubana, se produjo fuera de Cuba, y muy en especial en los Estados Unidos. La novela no fue una excepción. Se destacan tres obras claves. La primera es *Sab* de Gertrudis Gómez de Avellaneda, publicada en España en 1841, narración romántica de gran valor por su perspectiva feminista y su tema antiesclavista, que se adelanta por una década a la famosa *Uncle Tom's Cabin,* de la autora estadounidense Harriet Beecher Stowe. Esta obra de juventud de doña Tula exhibe una de las características que marcaría gran parte de la novelística cubana, la protesta social.

La segunda cronológicamente, pero sin duda la más importante de las novelas cubanas de la centuria decimonónica, es *Cecilia Valdés o la Loma del Ángel* de Cirilo Villaverde, publicada en su totalidad en Nueva York en 1879, aunque la primera parte había visto ya la luz en La Habana en 1839. Se destaca la obra de Villaverde por sus cuadros costumbristas, su tesis antiesclavista y su visión realista, según el propio criterio del autor. *Cecilia Valdés* trasciende los límites de la narrativa cubana para convertirse en uno de los clásicos del romanticismo hispanoamericano.

Amistad Funesta o Lucía Jérez, la breve novela de José Martí escrita y publicada en Nueva York en 1885, sobresale por su estilo modernista y coloca a la novelística cubana en la contemporaneidad.

El 20 de mayo de 1902 se inaugura la República de Cuba. Aunque el país ha contado con dos figuras claves del modernismo —Martí y Julián del Casal—, y aunque ese movimiento tiene una robusta representación en la poesía de principios del siglo XX en autores como Regino Boti, Agustín Acosta, José Manuel Poveda, Mariano Brull y María Luisa Milanés, no sucedió lo mismo con la narrativa.

El clima sociopolítico de la isla llevó a muchos escritores de la primera y segunda generación republicana a concentrar su creación en temas nacionales, con un marcado énfasis en lo social, tendencia que ya se observaba en la literatura cubana desde el siglo anterior. Las obras de Jesús Castellanos (1879-1912), José Antonio Ramos (1882-1928), Miguel de Carrión (1882-1928) y Carlos Loveira (1882-1928), todos escritores de la primera generación republicana, reflejan, satirizan y critican el ambiente de la época. Hubo excepciones. Alfonso Hernández Catá (1885-1940), quizás porque como diplomático vivió gran parte de su vida fuera de Cuba, produjo una obra con el preciosismo estilístico del modernismo y un mayor afán universalista. En todos ellos hay influencia del naturalismo de Émile Zola.

Aun en autores de la segunda generación como Enrique Serpa (1900-1968) y Carlos Montenegro (1900-1981) encontramos huellas del naturalismo. Las novelas más destacadas de cada autor son *Contrabando* y *Hombres sin mujer*, respectivamente, ambas publicadas en 1938, la primera en La Habana y la segunda en México.

En los años treinta va a producirse cierta renovación en la estética narrativa cubana con obras como *Ecu-Yamba-O* (1933) de Alejo Carpentier (1904-1980), en que plantea la problemática social del negro ya en la República, pero con una tímida huella, en el orden técnico, de los movimientos de vanguardia. Vale señalar que Carpentier, quien llegaría a ser uno de los novelistas cubanos más destacados del siglo XX, escribió esta obra fuera de Cuba y la publicó en Madrid. Ya fuera por razones políticas o por ocupar puestos diplomáticos, Carpentier vivió largas temporadas en el extranjero, donde se publicó la mayor parte de su obra, un ejemplo más del gran aporte a las letras cubanas desde el exterior. Dentro del tema negrista, tan presente en las letras cubanas, se coloca otro gran aporte a la novelística cubana, *El negrero, vida novelada de Pedro Blanco Fernández de Trava* (Madrid, 1933) de Lino Novás Calvo (1903-1983), reeditada en La Habana en 1973 bajo el título, *Pedro Blanco, el Negrero*.

El intento más serio de sacar a la novelística cubana de su estancamiento lo consigue Enrique Labrador Ruiz (1902-1991) con la trilogía de sus novelas 'gaseiformes' publicadas entre 1936 y 1940. Labrador Ruiz se consagra como novelista con *La sangre hambrienta* (1950).

En la década del cincuenta el Grupo Orígenes alcanza una altísima calidad en la poesía, pero en la narrativa solo produce *La carne de René* (1952) de Virgilio Piñera (1912-1979), obra de corte kafkiano. No sería hasta 1966 cuando José Lezama Lima (1910-1976) publicara su monumental novela *Paradiso*, una de las obras maestras de la narrativa cubana.

Otra novela que merece atención durante la primera mitad del siglo XX es *Jardín*, de Dulce María Loynaz (1902-1997), publicada en Madrid en 1951, una muestra más de que autores cubanos continuaron publicando en el extranjero. Loynaz, quien mereció el Premio Cervantes en 1992, nació y murió en Cuba.

Ruptura y continuidad

Con el fin de la República y la toma del poder de la Revolución cubana el 1 de enero de 1959, se produce una innegable ruptura en casi todos los renglones de la vida nacional. Muy pronto no caben medias tintas. Los cubanos se sienten forzados a escoger entre la lealtad al castrocomunismo o tomar el camino del exilio, o de la oposición política, la que llevaba muchas veces al paredón de fusilamiento, la cárcel o el ostracismo. De la generación ya madura, con una obra de peso en su haber, entre los novelistas mencionados quedaron en la isla, por una razón u otra, Carpentier, Serpa, Piñera, Lezama Lima y Loynaz. Salieron al destierro Novás Calvo, Montenegro y Labrador Ruiz. Aunque produjeron cuentos, ensayos y colaboraciones periodísticas, ninguno de los tres aportó nuevas novelas a la bibliografía cubana.

La división en generaciones de los novelistas que han escrito fuera de Cuba presenta no pocas dificultades. Por una parte, es un género, contrario a lo que sucede con la poesía, los cuentos, e incluso los ensayos, que no se presta para antologías. La falta de comunicación entre los escritores durante los primeros años de exilio —muy anteriores al correo electrónico e Internet— no hizo propicio que surgieran grupos literarios, especialmente entre los novelistas, tal vez porque la necesidad de crear un mundo cerrado en la novela requiere de mayor soledad.

Otra dificultad reside en que algunos novelistas escribieron parte de su obra en Cuba y otra en el destierro. ¿Debemos dividir la obra de Reinaldo Arenas o Daína Chaviano, por ejemplo, según su lugar de residencia al momento de escribirla? Incluso en el presente existen escritores en condiciones ambiguas, que viven y publican en el exterior, pero siguen vinculados al régimen de La Habana. Naturalmente que esta problemática se resolverá fácilmente con el paso del tiempo, pues al igual que las obras escritas en el exterior en el siglo XIX forman parte indiscutible de la literatura cubana, las que se han publicado en español en distintas partes del mundo en las últimas cinco décadas regresarán a formar parte del patrimonio nacional cubano. Pese a la ruptura, a nuestro juicio, la literatura cubana es una, independiente de su lugar de creación.

La continuidad de lo que llegaría a ser una extensa producción novelística en el destierro fue la labor de una generación que comenzaba a destacarse en su país cuando tomaron el camino del exilio, como Guillermo Cabrera Infante (1929-2005), Hilda Perera (1926), Luis Ricardo Alonso (1929) y Matías Montes Huidobro (1931), entre otros. Menos Cabrera Infante, que lo hizo desde Londres, todos escribirían el resto de su obra desde territorio estadounidense.

Como todo acontecimiento de gran impacto en un país, la Revolución cubana produjo asimismo una serie de escritores que publican textos muchas veces autobiográficos, testimoniales, que quizás no se hubieran escrito si no hubiera sido por el peso de los acontecimientos políticos en personas cuya profesión principal no era la literatura. En esta categoría se encuentran, por ejemplo, Salvador Díaz Versón y Raoul A. Fowler, ambos nacidos en 1905, con sus respectivas novelas *Ya el mundo oscurece* (1961) y *En las garras de la paloma* (1967).

Surge otra generación nacida en los treinta y los cuarenta que va a publicar sus primeras obras fuera de Cuba y mantener una producción sostenida, como Severo Sarduy, Mireya Robles, Juan Arcocha, Mayra Montero, Carlos Alberto Montaner y otros. En esta generación se encuentran, asimismo, muchos que llegaron muy jóvenes a los Estados Unidos y, sin embargo, se empeñaron en escribir en español, como Omar Torres (1945) y Uva de Aragón (1944). Otro grupo literario de indiscutible cohesión es el denominado Mariel, marcado por haber salido por ese puerto de la isla en 1980 en unos de los mayores éxodos de la historia contemporánea, de más de 125.000 cubanos en apenas seis meses. Sin embargo, este grupo, en el que sobresalen Reinaldo Arenas, Roberto Valero, Miguel Correa, Carlos Victoria y los hermanos Juan y Nicolás Abreu Felippe, entre otros, lo componen escritores de distintas edades, y, a mi entender, ninguna o muy pocas mujeres, pues la experiencia de venir en esa difícil situación creada después de la entrada de 10.000 cubanos en la Embajada del Perú en abril de 1980 tuvo en su mayoría protagonistas masculinos. Estos escritores renovaron la narrativa cubana del destierro, aportando una temática nueva, la de la vida dentro de Cuba de 1960 a 1980. En los noventa, surgió en la diáspora la Generación de los Ochenta, así llamada porque empezaron a irrumpir en la vida cultural en Cuba en esa década. Luego muchos salieron de Cuba con becas y residieron, y en algunos casos aún lo hacen, principalmente en México, pero mantuvieron o aún mantienen vínculos con la isla. Entre los novelistas, se destacan Eliseo Alberto (Lichi) (1951), ganador del primer premio de novela Alfaguara, con *Caracol Beach*, y Andrés Jorge (1960), merecedor del Premio Primera Novela de la editorial Joaquín Mortiz, con *Pan de mi cuerpo*, ambos residentes en México.

Ha habido una tendencia entre algunos autores que llegaron muy pequeños a los Estados Unidos a escribir en inglés. Ese corpus literario, que incluye novelas traducidas al español, desborda los parámetros de este estudio. Sin embargo, es interesante notar que algunos de estos escritores también han escrito parte de su obra en la lengua de Cervantes, como son los casos de Roberto G. Fernández con *La vida es un special* (1981) y Elías Miguel Muñoz con *Los viajes de Orlando Cachumbambé* (1984) y *Vida mía* (2006).

En las últimas décadas, existen novelistas de todas las edades que publican en diversas ciudades fuera de Cuba. De Barcelona a México, de Miami a Caracas, de Nueva York a Madrid, la novela en manos de autores cubanos se ha convertido, en los albores del siglo XXI, en un género de primera categoría en comparación con la producción de cualquier otro país hispanoamericano.

Es necesario insistir en que cualquier agrupación generacional o cronológica será siempre discutible y necesariamente abierta a revisión. Por ejemplo, pueden encontrarse tres escritores nacidos en Cuba el mismo año y si uno salió de Cuba en 1960, otro en 1980 y otro permanece en la isla, su ubicación en estos momentos podrá ser diferente, pero no será así cuando puedan reconciliarse en las bibliotecas cubanas las obras escritas en todas las orillas.

Estas páginas no pretenden ofrecer un panorama crítico de la novela cubana escrita en español fuera de Cuba después de 1959, sino simplemente apuntar algunas características generales de distintas etapas y presentar una bibliografía lo más completa posible sobre lo escrito en español por autores que residen en los Estados Unidos, en la que habrá ausencias inevitables e involuntarias. Será suficiente para mostrar su sorprendente volumen, y ojalá inspire a otros a estudios más profundos.

Los comienzos

Si se piensa en los aires de fervor revolucionario que recorrieron el mundo en la década del sesenta, si se rememora el apoyo que recibió la Revolución de enero entre los intelectuales europeos e hispanoamericanos, y si se conoce la condición de orfandad en que se encontraban los cubanos desterrados cuando salieron de la isla, no puede dejar de producir asombro que en la primera década de exilio se hayan publicado una veintena de novelas en distintas ciudades del mundo.

Uno de los objetivos primordiales de los exiliados era entonces denunciar la situación en su país, con la que estaban en desacuerdo. Esa es la intención principal de las primeras novelas de que tenemos conocimiento, *Ya el mundo oscurece*, novela histórica de la revolución de Cuba de Salvador Díaz Versón (1905-1982), publicada en México en 1961, y *Caminos llenos de borrascas* de E. F. Camus, que aparece en Madrid en 1962. Ambos autores, a nuestro entender, residían en los Estados Unidos en esas fechas[2].

En 1965 Eugenio Sánchez Torrentó publica *Francisco Manduley: la historia de un pescador de ranas en Miami*. En esa misma ciudad salen a la luz en 1967 *En las garras de la paloma* de Raoul A. Fowler y *De buena cepa*, de René G. Landa. El profesor de Luis Ricardo Alonso ve *Territorio Libre*, editada en Oviedo, España. En 1967 el humorista Rolando Álvarez de Villa, residente de Miami, gana el Premio de Novela Ciudad de Oviedo con una obra seria, *El olor de la muerte que viene*, que se publica en Madrid al año siguiente. En 1969 Pablo A. López publica *Ayer sin mañana* (Miami)[3].

El despegue

La década del setenta sienta una base sólida de la literatura cubana del exilio. Los cubanos comienzan a dirigir editoriales. Aunque aún saldrán a la luz obras cuya publicación costean sus autores y son de dudosa calidad, se van distinguiendo los escritores de oficio de los de domingo. En el mismo 1970 *El candidato*, de Luis Ricardo Alonso, queda finalista del Premio Nadal 1969 (Barcelona).

En Miami, que pronto se convertirá en un lugar clave de publicaciones cubanas, especialmente debido a las Ediciones Universal, en 1971 Celedonio González publica su primera novela, *Los primos*, y José Sánchez-Boudy, *Lilayando: antinovela*. Pero como en estos años no abundan editoriales en los Estados Unidos que publiquen en español, los autores también recurren a editoriales españolas, que además brindan un especial prestigio. En Barcelona aparece *Los dioses ajenos*, de Luis Ricardo Alonso. Al año siguiente Ramiro Gómez Kemp merece el Premio Café Gijón con *Los desposeídos* (Miami) e Hilda Perera queda finalista del Premio Planeta con *El sitio de nadie* (Barcelona).

Arturo Alfonso Roselló, residente en Nueva York, publica en 1972 dos novelas: *El pantano en la cima* y T*res dimensiones*, en Barcelona, donde también se edita *No hay aceras* (finalista Premio Planeta 1968), de Pedro Entenza, muerto a edad temprana en un trágico accidente en Washington D.C., en 1969. En Miami aparecen *Un obrero de vanguardia*, de Francisco Chao Hermida y *La sacudida violenta*, de Cipriano F. Eduardo González. Miguel F. Márquez y de la Cerra publica *El gallo cantó* (San Juan, Puerto Rico). Ramiro Gómez Kemp da a luz tres novelas en 1973: *El turpial* (México), *La garra y la carne* (Barcelona) y *Los años verdes* (Miami). También en Miami se publica *Los cuatro embajadores*, de Celedonio González.

Anita Arroyo, que hasta el momento había publicado literatura infantil, nos da la novela *Raíces al viento* (San Juan) en 1974, fecha en que también aparecen *Ventana al infinito* de Raúl Tápanes Estrella (Nueva York), *Orbus Terrarum: la ciudad de Humanitas* de José Sánchez-Boudy (Miami) y la primera novela de Humberto J. Peña, *El viaje más largo* (Miami). En 1975 ven la luz *Desterrados al fuego* de Matías Montes Huidobro (México), *Los pobrecitos pobres (novela humorística)* de Álvaro de Villa (Miami) y *El príncipe ermitaño* de Mario Galeote, Jr. (Miami).

Cada vez la narrativa cubana es más fecunda, con cerca de una decena de novelas publicadas en 1976: *Carlos* de Raúl Tápanes Estrella (Nueva York); *¿Ha muerto la humanidad?* (Miami), de Manuel Linares Lanuez; *El Palacio y la furia*, de Luis Ricardo Alonso (Barcelona); *Entre el todo y la nada*, de René G. Landa (Miami); *Quiquiribú mandinga*, de Raúl Acosta Rubio (Miami); *Anecdotario del comandante*, de Arturo A. Fox (Miami), y *El corredor Kresto* (Miami) y *Los cruzados de la aurora* (Miami), de José Sánchez-Boudy. Dos mujeres publican sus novelas en 1977: aparecen *Felices Pascuas*, de Hilda Perera (Barcelona) y *Sentado sobre una maleta* (Miami) y *Tres veces amor* (Miami), de Olga Rosado.

Continúa aumentando el corpus narrativo de la diáspora con la publicación de *El espeso del pellejo de un gato ya cadáver*, de Celedonio González (Miami); *Lilayando pal tu: mojito y picardía cubana: antinovela*, de José Sánchez-Boudy (Miami); *La triste historia de mi vida oscura*, de Armando Couto (Miami), y *Los intrusos*, de Mariana Adelstein (Miami). El siguiente año de 1979 se añaden a la nómina de novelas cubanas *Aventuras de amor del doctor Fonda*, de Nicolás Puente Duany (Miami); *Donde termina la noche*, de Olga Rosado (Miami); *Niquín el cesante*, de José Sánchez-Boudy (Miami), y *Rumbo al punto cierto*, de Rosario Rexach (Nueva York)[4].

El Mariel y la década del ochenta

A partir de 1980 se puede observar una creciente cantidad y calidad en la novelística de la diáspora. En primer término, los autores que llevan escribiendo varios años fuera de Cuba van madurando en el oficio de narrar. A ello se suma que en 1980 se produce el éxodo de más de 125.000 cubanos por el puerto del Mariel, entre los cuales se encuentran un número significativo de escritores y pintores. Poco o ningún equipaje los acompaña, pero traen con ellos dolorosas vivencias y un irrefrenable deseo de poder contar. Las experiencias vividas en la isla, sumado a nuevos usos del lenguaje, renovarán la novelística de la diáspora con la llegada de los escritores de la Generación del Mariel, entre los que se destacan en la narrativa: Reinaldo Arenas, Roberto Valero, Carlos Victoria, Miguel Correa y los hermanos Juan y Nicolás Abreu Felippe.

Los escritores de la Generación del Mariel editaron una revista literaria con el mismo nombre. Años después, reflexiona Miguel Correa sobre su contenido y razón de ser:

'Los ocho números de la revista *Mariel* (1983-1985) fueron *un viaje* por la tradición cubana. El primer número estuvo dedicado a José Lezama Lima, el último a Martí, también hubo números dedicados a Virgilio Piñera, a Enrique Labrador Ruiz, a Carlos Montenegro, a José Manuel Poveda y a Gastón Baquero. Creo que esta preocupación del grupo del Mariel por la tradición literaria nacional cubana responde a la necesidad, siempre presente en autores noveles (incluso mayor en el caso de autores condenados a un exilio literario), de apropiarse y reescribir la tradición. La apropiación de zonas del canon nacional tiene como objetivo la creación de un espacio propio, de un territorio desde donde sea posible escribir y ser leído, pero esta apropiación implica una desterritorialización de la tradición' (*El Ateje*, 2003: II, 6, 2/5).

Los escritores mencionados por Correa habían sido prohibidos, convenientemente olvidados o manipulados, por diversas razones, y fue necesario para estos escritores salir al exterior para reclamar las figuras del canon literario nacional. En 1980 no se nota aún la presencia editorial de los escritores del Mariel. Las novelas publicadas ese año son *Segar a los muertos*, de Matías Montes Huidobro (Miami) y *Frutos de mi transplante*, de Alberto Antino (Miami).

Otro de esos momentos prolíficos de la novelística cubana en el exterior se produce en 1981 con más de una docena de publicaciones, como *Caña roja*, de Eutimio Alonso (Miami); *El dominó azul*, de Manuel Rodríguez Mancebo (Miami); *Guaimí*, de Genaro Marín (Miami); *A noventa millas*, de Aurístela Soler (Miami); *Fiesta de abril*, de Berta Savariego (Miami); *Apenas un bolero*, de Omar Torres (Miami) y *La vida es un especial*, de Roberto G. Fernández (Miami). En Nueva York aparecen *Una mujer difícil*, de Raúl Tápanes Estrella y *Días ácratas, sin ley ni Dios*, de Alberto Guigou. Dos novelistas de larga trayectoria ofrecen nuevas entregas: Hilda Perera, con *Plantados* (Barcelona), sobre el presidio político cubano, y Luis Ricardo Alonso, con *El Supremísimo* (Barcelona), ficción que se inscribe en la tradición hispanoamericana de obras sobre la figura del dictador.

Heberto Padilla (1932-2000), protagonista en Cuba del célebre 'Caso Padilla' en 1971, cuando su arresto y autocrítica causaron un escándalo internacional por la falta de libertad y la represión que sufrían los intelectuales en Cuba, llegó a los Estados Unidos en 1980, no por el puerto del Mariel, sino por una gestión del senador de Massachusetts Edward Kennedy. En 1981 su novela sobre la situación de los escritores en la isla, *En mi jardín pastan los héroes*, se publica en Barcelona. En esa misma ciudad aparecen al año siguiente dos novelas de Reinaldo Arenas, *Otra vez el mar* y *Cantando en el puertas giratorias o los reveses de las sílabas de pozo*, publicada anteriormente como *Celestino antes del alba* en La Habana. En Miami ven la luz, de Enrique Alfonso Fernández, *Operación Elefante*; y de Ricardo R. Sardiña, *Cuando el verde olivo se tornó rojo. La hostería del tesoro*, de Ismael Lorenzo sale en Nueva York.

Sigue enriqueciéndose la bibliografía de novelas cubanas publicadas en el extranjero con la publicación en 1983 de *El palacio de las blanquísimas mofetas*, de Reinaldo Arenas (Barcelona); *Al norte del infierno*, de Miguel Correa (Miami); *Tierra de extraños*, de José Antonio Albertini (Miami); *Los otros marielitos*, de Milton Martínez (Nueva Orleans), y *La conversación*, de Juan Arcocha (Milburn, Nueva Jersey). También los lectores pueden disfrutar de *El labe-*

Otra vez el mar,
Reinaldo Arenas.

rinto de sí mismo, de Enrique Labrador Ruiz (Nueva York), edición facsímile de su primera novela, publicada en La Habana en 1933.

En 1984 aparecen nuevas novelas: de Reinaldo Arenas, *Arturo, la estrella más brillante,* editada en Barcelona, así como *El mar de las lentejas* de Antonio Benítez Rojo (1931-2005), novela publicada en La Habana en 1979, donde también el autor publicó la novela *Los inquilinos* en 1976 y otros libros de cuentos. Benítez Rojo llegó a los Estados Unidos en 1980, después de abandonar una delegación de su país con la que viajó a París. En 1984 hay que sumar los títulos *Los viajes de Orlando Cachumbambé* de Elías Miguel Muñoz, *Cicerone* de Diosdado Consuegra y *La otra cara de la moneda: los nuevos patitos,* de Beltrán de Quirós, publicados en Miami. También, en 1984 y 1985, respectivamente, Ismael Lorenzo saca su *Alicia en el país de las mil camas* y *La ciudad maravillosa,* en Cincinnati, Ohio.

Carlos A. Díaz Barrios, escritor de la generación del Mariel y director de la editorial Torres de Papel en Miami, publica en 1985 *El jardín del tiempo.* Otras novelas de ese año son *La resurrección de las tataguayas,* de Diosdado Consuegra (Madrid); Ricardo Bofill, *El tiempo es el diablo* (Madrid), que causó gran escándalo porque se acusó al autor de plagio; y *Hagiografía de Narcisa la bella,* de Mireya Robles (Hanover, Nuevo Hampshire), reeditada en La Habana en 2002 en uno de los pocos casos, pero no el único, en que se han publicado en Cuba obras de escritores exiliados que no han fallecido. En 1986 Omar Torres publica en Houston, Texas, *Al partir,* una novela histórica basada en la vida de Evangelina Cossío, quien se escapa de una prisión española en Cuba durante la guerra de independencia de 1895-1898.

Miami continúa siendo un centro importante para los cubanos de la diáspora. Se publican en esa ciudad, en 1986, *Las sábanas y el tiempo,* de Frank Rivera; *El círculo de la muerte,* de Waldo de Castroverde; *Adiós a la paz,* de Daniel Habana; *El rumbo,* de Joaquín Delgado-Sánchez, y *Balada gregoriana,* de Carlos A. Díaz Barrios. Y en 1987, *El diario de un cubanito: el diario de Frank Rodríguez,* de Ralph Rewes; *Sitio de máscaras,* de Milton Martínez; *Que 20 años no es nada,* de Celedonio González, y *Boarding Home,* de Guillermo Rosales, ganador del prestigioso Premio Letras de Oro en su primera convocatoria bajo el patrocinio de la Universidad de Miami y la compañía American Express. En 1987 Hilda Perera, escritora de sólida trayectoria, da a luz *Los Robledal* (México), la historia de una familia cubana, y *La trenza de la hermosa luna* de Mayra Montero, residente en San Juan, queda finalista del Premio Herralde de Novela en España. El consagrado Reinaldo Arenas publica *La loma del ángel* (Barcelona).

La década termina con un considerable número de novelas publicadas. En 1988, *Florisardo, el séptimo elegido,* de Armando Couto; *Los baños de canela,* de Juan Arcocha, y *Donde nace la corriente,* de Alexander Aznarez ven la luz en Miami. Al año siguiente, aparecen en esa ciudad *La estación equivocada,* de Reinaldo Bragado Bretaña; *Un golondrino no compone primavera,* de Eloy González-Arguelles, y *Los fieles amantes,* de Susy Soriano[5].

La década del noventa: postmodernismo y transnacionalismo

Varias circunstancias van a afectar favorablemente a la expansión de publicaciones de autores cubanos fuera de la isla. En primer término, con la caída del muro de Berlín en 1989, se produce en Cuba una severa crisis económica, denominada por el Gobierno como 'período especial'. Al mismo tiempo, crecen las inquietudes de la generación que había comenzado a despuntar en los ochenta, armados de lecturas postmodernas, teorías feministas y visiones transnacionales. El régimen de Cuba permite a un abundante número de pintores y escritores residir en otros países, especialmente México, sin tener que romper nexos con Cuba. Apodados 'los exiliados de terciopelo', estos intelectuales van haciéndose más críticos del régimen con el tiempo. De un modo u otro, se trata de una nueva generación que pronto comenzará a publicar en diversos géneros.

El período especial dificulta extraordinariamente las ediciones en Cuba, debido a la escasez de papel, por lo que los escritores intentarán publicar en el extranjero, que si antes era prácticamente prohibido, se hace ahora con el beneplácito del Gobierno. La situación económica provoca que aumente el número de cubanos que huyen por balsa, lo cual llega al nivel de crisis en 1994, año en que el régimen permite la salida por mar libremente y se van más de 35.000 cubanos en pocas semanas. Se encuentran en este grupo pocos escritores, pero el tema de los 'balseros' se intensifica en las novelas de los noventa. Naturalmente que los escritores que llevan años escribiendo en la diáspora también continúan publicando, de modo que, sobre todo en la primera mitad de la década, va a ser más lo que los cubanos publican fuera de Cuba que dentro[6].

De todos modos, en los primeros años de la década estos fenómenos no se reflejan aún en las editoriales, aunque ya puede notarse la riqueza de la narrativa cubana. En 1990, por ejemplo, se publica de Carlos Rubio Albet, *Quadrivium*, Premio Internacional Nuevo León 1989 (México). En Miami, ese mismo año, ven la luz *Hondo corre el cauto*, novela de trasfondo histórico de Manuel Márquez Sterling; *Un sitio en el corazón*, de Arnaldo Salas; *Rompiendo cadenas*, de Juan G. González; *Pecadores... por amor*, de Mercedes Acosta Sánchez, así como tres obras de Reinaldo Arenas: *Viaje a La Habana (novela en tres viajes)*, *El portero* y *El asalto*, que tendrán en años subsiguientes múltiples ediciones.

El 7 de diciembre de 1990, Reinaldo Arenas, enfermo de SIDA, se suicida en Nueva York. Universal y criollo, buen amigo y mal enemigo, tierno y amargo, barroco y sencillo en su estilo, homosexual fuera de todo clóset o disfraz, escribió febrilmente en la década que vivió en los Estados Unidos. Sus colegas y amigos recibieron con tristeza la noticia de su trágico fallecimiento. Dejó varias obras inéditas, duras y agrias como sus últimos días. Muchas de las obras de Arenas han sido traducidas a varios idiomas y merecido múltiples ediciones. Su fama logró, asimismo, un mayor reconocimiento de la literatura cubana de la diáspora.

En 1991 sigue en ascenso el número de novelas publicadas. En Miami solamente, aparecen *Traición a la sangre*, de Raúl Tápanes Estrella; *Las chilenas*, de Manuel Matías; *La Habana 1995*, de Ileana González Monserrat; *Una cita con el diablo*, de Francisco Quintana; *La maestra normal*, de Manuel Gálvez; *Ni tiempo para pedir auxilio*, de Fausto Canel; *Espacio y albedrío*, de Milton Martínez; *El fulgor de las estrellas*, de Miriam Morell; *Pajarito castaño*, de Nicolás Pérez Díez-Argüelles; *Más allá la isla*, de Ramón Ferreira; *Los ojos del paraíso*, de Darcia Moretti, Premio Letras de Oro 1989-1990, y una de las obras póstumas de Reinaldo Arenas, *El color del verano*[7]. Norberto Fuentes, también de reconocida trayectoria en la isla, publica *El último santuario: una novela de campaña* (México) cuando ya está viviendo en los Estados Unidos.

En Miami, el año 1992 es fecundo con la publicación de *Senderos de rocío y sal*, de Manuel Prieres; *Entrelazos*, de Julia Miranda y María López; *La escapada*, de Mercedes Acosta Sánchez; *El Lago*, de Nicolás Abreu Felippe; *Las pequeñas muertes*, de Anita Arroyo; *Los balseros de la libertad,* de Josefina Leyva; *La casa vacía,* de May Betancourt; *El sol tiene manchas,* de René Reyna; *La escapada,* de Raúl Tápanes; *Estrella y Un día... Tal vez un viernes,* de Carlos Deupi.

El acontecimiento literario más notorio de 1992 es la publicación póstuma en Barcelona de la autobiografía de Reinaldo Arenas, *Antes que anochezca.* Con el mismo título, el filme en inglés sobre la vida de Arenas del realizador Julian Schnabel, *Before Night Falls* (2000), arrasaría con los premios internacionales de cine, de los cuales cabe mencionar el Premio del Gran Jurado del Festival Internacional de Cine de Venecia, que otorga la Coppa Volpi al mejor actor al español Javier Bardem, cuya interpretación de Reinaldo Arenas también le gana nominaciones a los premios Oscar y Globo de Oro, entre otros.

Antes que anochezca, Julian Schnabel.

Continúa en 1993 la copiosa bibliografía de novelas publicadas en Miami con *El año del ras de mar,* de Manuel C. Díaz; *Graciela,* de Ignacio Hugo Pérez-Cruz; *Operación Judas,* de Carlos Berenguer; *Sin previo aviso,* de Adolfo León Sousa; *El tamarindo (The Tamarind Tree),* de María Vega de Febles; *En tierra extraña,* de Martha Yanes y Ondina Pino, y *Operación Pedro Pan: el éxodo de los niños cubanos, Historia novelada,* de Josefina Leyva. También aparece en Madrid *La noche de Ina,* de Hilda Perera, quien vive en Miami. Es preciso mencionar que Hilda Perera, quien ha cultivado asimismo la literatura infantil, ha publicado varias novelas para jóvenes tituladas *Mai* (1983), *Kike* (1984), *Mumu* (Madrid, 1990) y *La jaula del unicornio* (Barcelona, 1991). *Y salieron del humo...,* de Leopoldo Hernández, se publica en Honolulú, Hawái, prueba de que los cubanos están disgregados por el mundo entero. En 1993 otro cubano, Carlos Victoria, es galardonado con el Premio Letras de Oro por su novela *Puente en la oscuridad,* mientras que José Abreu Felippe queda finalista con *Siempre la lluvia,* ambas publicadas en Miami en 1994 al igual que otra novela de Carlos Victoria, *La travesía secreta,* y *El último de la Brigada* (relato novelado sobre la lucha de Playa Girón), de Eugenio Cuevas; *El mundo, gigantesco manicomio,* de Mario Galeote, Jr.; *Este viento de cuaresma,* de Roberto Valero; *El juego de la viola,* de Guillermo Rosales; *El tiempo inagotado de Irene Marquina,* de Josefina Leyva, y *Pensar es un pecado,* de Exora Renteros.

Miami, llamada por algunos la capital del exilio, ofrece nuevos títulos de novelas: *Conspiración,* de May Betancourt; *Monólogo con Yolanda,* de Alberto Müller; *Elena Varela,* de Martha M. Bueno; *La película de Polo Moro y La estrella que cayó una noche en el mar,* de Luis Ricardo Alonso, esta última inscrita en el grupo de novelas sobre 'balseros'. La lista de novelas que ven la luz en 1995 incluye también *Amor de mis amores,* de Alfredo F. Fernández (México) y una primera edición de *Donde tú eres mi sol* (Miami), de Jorge Luis Seco, traducida al inglés en 1999 bajo el título *The Only Sun I Need. La piel y la máscara,* de Mayra Montero se publica en 1996 (Barcelona) y *Lina,* de Martha M. Bueno; *La cúpula,* de Manuel Márquez Sterling; *A flote de Pablo Moro y La casa del moralista,* de Humberto J. Peña, en Miami. Todos estos autores residen en los Estados Unidos.

En 1997 se publican también *Saga* de Carlos Rubio Albet (Nueva York), *La 'Seguridad' llama dos veces...; y los orichas,* también de Ricardo Menéndez; *Descenso al abismo,* de R. Fasco; *El mundo sin Clara,* de Félix Rizo; *La ruta del mago,* de Carlos Victoria, y *El juego de la viola,* de Guillermo Rosales (novela póstuma), publicadas todas en Miami.

Para las novelistas cubanas, 1998 es un buen año. Daína Chaviano gana el Premio Azorín con *El hombre, la hembra y el hambre* (Barcelona). Marcia Morgado se une a la nómina de mujeres escritoras con, *69: Memorias eróticas de una cubanoamericana* (Barcelona). *La muerte definitiva de Pedro el largo,* de Mireya Robles se publica en México. En Miami verán la luz *Rut, la que huyó de la Biblia,* de Josefina Leyva; *Calle Ocho,* de María Luisa Orihuela, además de *Retrato de una pesadilla,* de Jesús E. García, y *Fontainebleau Park,* de Celedonio González. *En los finales del siglo XX,* de Alberto Fibla aparece sin lugar de publicación.

El año 1999 es también exitoso para la novelística cubana de la diáspora. Matías Montes Huidobro publica *Esa fuente de dolor* (Madrid), merecedora del Premio de Novela Café Gijón en 1997. Aparecen también *Casa de juegos,* de Daína Chaviano (Barcelona) y, de Reinaldo Bragado Bretaña (1953-2005), *La noche vigilada*, en Tempe, Arizona, que se publicaría en inglés en 2004 bajo el título de *Night Watch*[8].

La actualidad

En la actualidad existe un verdadero *boom* en la novelística cubana y una mayor dificultad en cualquier intento de clasificación en grupos o generaciones. Se plantean, por ejemplo, los siguientes interrogantes: ¿debe colocarse a un autor nacido en los cuarenta con otro nacido en los veinte porque ambos han escrito desde hace años fuera de Cuba? ¿Sería mejor agrupar a los nacidos en el cuarenta en un mismo renglón, independientemente de su fecha de salida de Cuba? Indudablemente que hay argumentos a favor o en contra de los dos planteamientos. Los escritores del llamado 'exilio histórico', especialmente si han residido en los Estados Unidos y no habían publicado en Cuba, han confrontado los mismos problemas de luchar contra la injerencia del inglés en la escritura y de tener solo oportunidades de publicar sus obras en ediciones de poca circulación, casi siempre para el consumo de sus compatriotas. Es muy raro que el escritor llegado a los Estados Unidos antes del Mariel haya logrado la atención de las grandes casas editoras de España u otros países hispánicos.

Por el contrario, los autores que salieron después de 1980, cuando el rostro feo de la Revolución cubana comenzó a hacerse más visible en el mundo, y que con sus publicaciones en la isla se habían beneficiado de la caja de resonancia de la Revolución, encontraron más facilidades para publicar. Esto es independiente de que haya buenos y malos escritores en ambos grupos. Otras diferencias son las vivencias distintas en los primeros años de desarrollo de cada escritor. Sin embargo, hay raíces históricas y lecturas comunes que unen a los escritores, que en definitiva se han ido encontrando en ese mundo sin fronteras que forman la diáspora y el texto. Por eso repetimos que cualquier clasificación es temporal y abierta a futuras rectificaciones.

En la actualidad, publican escritores que forman parte de la diáspora en distintos momentos, desde los sesenta hasta antes de ayer. Sus estilos y temas son de gran variedad, aunque la presencia de Cuba es recurrente en casi todos. Sin duda son en su mayoría novelistas marcados por la Revolución y la diáspora, de una forma u otra. Sus voces no son monocordes, aunque si se escuchan con cuidado hay un acento doloroso en casi todas, un punto desgarrado, una herida abierta, en algunos casos oculta, en otros, claramente visible. De un modo u otro, se trata de un momento en alza de la novelística de la diáspora cubana.

Mujer en traje de batalla, Antonio Benítez Rojo.

Entre otras publicaciones se inaugura el milenio[9] con la novela *El patio de mi casa* (Barcelona), de Rosario Hiriart, profesora y ensayista, que vive entre Madrid y Nueva York, y en Miami aparecen *Labios sellados,* de Carmen Alea Paz; *Leyenda de amor,* de Alexander Aznarez, y *Miami en brumas,* del ya consagrado novelista Nicolás Abreu Felippe. En Nueva Orleans ve la luz *Domingo, el abuelo astral: novela ectoplasmática,* de Milton Martínez y en California *Las siete estaciones de una búsqueda,* de Josefina Leyva.

En 2001 novelistas de reconocida trayectoria aportan nuevos títulos: Daína Chaviano, *Gata encerrada* (Barcelona); Antonio Benítez Rojo, *Mujer en traje de batalla* (Madrid); Matías Montes Huidobro, *Concierto para sordos* (Tempe, Arizona), y Reinaldo Bragado Bretaña, *La ciudad hechizada* (Miami). También salen a la luz en Miami la novela testimonio de María Elena Cruz Varela, *Dios en las cárceles cubanas; Subasta de sueños,* de Manuel C. Díaz, y *La fundación de Santa Elena de Yarayá,* de Carmen Navarro (1912). Fernando Velásquez Medina publica *Última rumba en La Habana* (Nueva York)[10].

En 2002 se conmemora el centenario de la República de Cuba y sus autores parecen celebrarlo con una explosión de nuevas novelas. En Miami solamente, se publican *Sabanalamar,* de José Abreu Felippe, y *Memoria del silencio,* de Uva de Aragón, que aspira a insertarse en una nueva corriente de textos de reconciliación, así como *Alquimia Magna,* de Daniel Fernández; *Vuelta al génesis,* de Onilda A. Jiménez; *El entierro del enterrador,* de J. A. Albertini; *El oro de Manny Plaza: Operación Carnero,* de Juan Alborná Salado y la primera novela de José M. González Llorente, *La odisea del Obalunko.* Escritores de categoría continúan ampliando su obra con más novelas, muchas veces publicadas por editoriales fuera de los Estados Unidos. Así, Matías Montes Huidobro, profesor por muchos años en Hawái, y residente desde su jubilación en Miami, publica *Parto en el cosmos* (Madrid); Daína Chaviano, *Fábulas de una abuela extraterrestre* (México), y Juan Abreu Felippe, *Gimnasio* (Barcelona)[11].

Las mujeres van a ocupar un lugar crecientemente significativo en la novelística de la diáspora. En 2003 María Elena Cruz Varela obtiene el premio de novela histórica Alfonso X el Sabio con *Juana de Arco: el corazón del verdugo* (Madrid), mientras que Mayra Montero publica *Vana ilusión: las memorias noveladas de Narciso Figueroa* (San Juan). El fecundo Juan Abreu Felippe firma *Orlán Veinticinco,* en Barcelona. En San Juan aparecen *El éxito del tigre,* de Luis Manuel García Méndez; *Un ciervo herido,* de Félix Luis Viera, y *La desobediencia,* de Alejandro F. Aguilar. Dos novelas de César Leante, *Pan negro* y *Muelle de caballería,* se publican en Miami, así como *Entre dos luces (modelo de un destino antillano),* de Julio Matas y la segunda novela de José M. González Llorente, *Tierra elegida.* En California Jorge Luis Seco da a luz *Cuba: Solo para turistas*[12].

Las novedades de 2004 incluyen *Una mujer y otras cuatro,* de Mireya Robles (San Juan), inscrita en la temática de la literatura gay y lesbiana; la novela juvenil de Daína Chaviano, *Los mundos que amo* (Bogotá); *Ratas en la isla,* de Matías Montes Huidobro (Cádiz), y *Cinco cervezas,* de Juan Abreu Felippe (Barcelona). En 2004 aparecen también *El instrumento de Changó,* de Emilio Surí (Cádiz); *Estatuas de carne,* de Raúl Tápanes Estrella (Miami); *La ciudad de las magnolias,* de May Betancourt (Madrid); *Casino azul,* de Carmen Alea Paz (California); *Entre los rostros de Tailandia,* de Josefina Leyva (Miami); *Posesas de La Habana,* de Teresa Dovalpage (Los Ángeles), y *El general sombra,* de Arnoldo Tauler (Los Ángeles), novela histórica sobre el caso del general Arnaldo Ochoa en 1989[13].

En 2005 las letras cubanas se visten de duelo con la muerte de dos importantes escritores contemporáneos. Guillermo Cabrera Infante, nacido en Gibara en 1926, fallece en Londres, donde residía. Cabrera Infante fue galardonado con el Premio Cervantes 1997 por el conjunto de su obra, convirtiéndose en el tercer escritor cubano en recibirlo (los otros fueron Alejo Carpentier, en 1977, y Dulce María Loynaz, en 1992). Polémico y controvertido, sus novelas, especialmente *Tres Tristes Tigres,* son ya clásicos, y la totalidad de su obra constituye un sólido bloque y una referencia imprescindible no solo en la literatura cubana sino en la hispanoamericana.

Antonio Benítez Rojo, nacido en La Habana en 1931, murió en Northampton, Massachusetts, en 2005. Una de las voces más importantes de la narrativa y el ensayo cubano, en 1967 obtuvo el Premio Casa de las Américas por su libro *Tute de reyes*, en uno de cuyos cuentos ('Estatuas sepultadas') se basó el director Tomás Gutiérrez Alea para su película *Los sobrevivientes* (1979). Su libro de ensayos *La isla que se repite: el Caribe y la perspectiva posmoderna* (1992) es considerado internacionalmente como una de las más importantes obras sobre el Caribe, y la versión en inglés de su novela *El mar de las lentejas* fue aclamada como uno de los libros más importantes publicados en los Estados Unidos durante 1991, según el *New York Times Book Review*. Fue catedrático de Literatura Latinoamericana y del Caribe en Amherst College, Massachusetts, y era altamente respetado en el mundo académico norteamericano.

El arcoiris de Orolún, Anatomía de un cubano soñador, de Luis F. González-Cruz; *La mujer sin tetas,* de Nicolás Abreu Felippe, y la novela testimonio *El imperio de la simulación,* de Adela Soto Álvarez se publican en Miami en 2005. En Dover, Nuevo Hampshire, aparece *Casa de cambio,* de Alejandro Aguilar[14]. Tres importantes escritoras dan a luz nuevas novelas en 2006: Mayra Montero publica, *Son de almendra* (Madrid); Daína Chaviano, *La isla de los amores infinitos* (Barcelona), y María Elena Cruz Varela, *La hija de Cuba* (Barcelona). En Valencia se publica *Vida mía,* de Elías Miguel Muñoz, un autor que ha escrito la mayor parte de su obra en inglés[15].

Juan Abreu Felippe publica, *Diosa* (Barcelona), en 2007 y Carolina Ferrero, *Amor y perdón* (Dover, Nuevo Hampshire). Los últimos títulos de que tenemos noticias al escribir estos papeles son *Bonpland # 8,* de Roberto Luque Escalona; *Entre dos luces. Modelo de un estilo antillano,* de Julio Matas; *Sentir que es un soplo la vida,* de Enrique J. Ventura, y *El pez volador,* de Eduardo Zayas Bazán, todas publicadas en Miami en 2007.

Conclusiones

En una entrevista a Cabrera Infante por Jesús Hernández Cuéllar, al preguntarle qué significa para él ser un escritor exiliado, responde:

> 'Para mí es esencialmente un escritor que ha perdido su lector natural, que es el lector de Cuba. Tengo, es verdad, mis lectores repartidos por el mundo. Incluso lectores cubanos en [los] Estados Unidos y otras tierras. Pero el lector cubano es el que está sometido a otras presiones, no solo políticas sino vitales y lingüísticas, para quienes mis libros son una conexión con el pasado que es presente y no sujetos de la nostalgia, que es la prisión de la memoria. Espero, como ocurrió con Martí y Cirilo Villaverde, que mis libros se puedan leer en Cuba libre un día sin zozobras, como son comprarlos en bolsa negra o leerlos con los agentes de Seguridad del Estado ahí, mirando por encima del hombro, leyendo sin mover los labios'.

Creo que el autor de *Tres tristes tigres* capta con exactitud que, al margen de cuántos éxitos un autor alcance, y de todo discurso, por veraz y sincero que sea, sobre ciudadanías transnacionales, el escritor cubano fuera de su país —llámese exiliado o diaspórico— se sentirá siempre incompleto sin su lector natural, el de Cuba, que comparte sus puntos de referencia, lenguaje, tradición literaria, historia común.

Notas

[1] Existe una discrepancia en cuanto a la fecha y el lugar de nacimiento de la escritora. Hay quienes afirman que nació en Nueva York el 20 de mayo de 1899 y otros que ocurrió en La Habana el 20 de mayo de 1900. La estudiosa de la obra de Cabrera, la profesora Mariela A. Gutiérrez opina que Lydia Cabrera nace en La Habana el 20 de mayo de 1899 (aunque la autora siempre afirmó que fue en 1900, en la Calzada de Galiano, número 79, lugar que existe aún hoy día).

[2] En 1963 publica en Barcelona Severo Sarduy (1937-1993) su primera novela, *Gestos*. Sarduy se había opuesto al régimen del dictador Fulgencio Batista después del golpe de Estado de 1952, y, pese a su juventud, se convirtió en un importante intelectual en los primeros momentos de la Revolución. Sin embargo, cuando se va a estudiar a Madrid, y luego a París, no regresa a La Habana y fija su residencia en la capital francesa. Su novela, contraria a la de otros cubanos exiliados, no es una denuncia al castrismo sino que tiene lugar durante el batistato. Se ve ya el

espíritu trasgresor, el estilo barroco y la obsesión por los elementos chinos y negros de la cultura cubana que marcarían la obra de este escritor sobresaliente.

[3] Los cubanos también publican en otros países. En 1965, Manuel Linares Lanuez da a luz *Los Fernández (*Barcelona); Manuel Cobo Sousa, *El cielo será nuestro* (Medellín, Colombia); Orlando Núñez Pérez, *El grito* (San José, Costa Rica), y José Antonio Mases, *La invasión* (Barcelona). En 1967 dos novelas de significación se publican: *De donde son los cantantes,* de Severo Sarduy (México) y la emblemática *Tres tristes tigres,* de Guillermo Cabrera Infante, escrita en La Habana pero que ve la luz en Barcelona. También, *Polvos y lodos,* de Alberto Andino (Madrid). Sale a la luz en 1969 *Notas de un simulador* (Barcelona), de Calvert Casey, escritor de trágico fin, quien ese mismo año se suicida en Roma, en plenitud de vida, pues contaba con 45 años.

[4] También aumentan las publicaciones de novelas de autores cubanos en otras partes del mundo, especialmente España. Se publica en 1971 *Por cuenta propia,* de Juan Arcocha (Barcelona); en 1972, Nivaria Tejera recibe el Premio Biblioteca Breve, con *Sonámbulos del sol* (Barcelona) y se publica la primera novela de un miembro de las generaciones más jóvenes, *Perromundo,* de Carlos Alberto Montaner. Ese mismo año Severo Sarduy publica su tercera novela, *Cobra,* en Buenos Aires, y en Madrid aparece *La bala perdida,* de Juan Arcocha. En 1974, *Claudia a Teresa,* de Pancho Vives. Dos novelas cubanas se editaron en Caracas en 1975: *Desnudo en Caracas,* de Fausto Masó y *Coa Bai: la tierra de los muertos,* de Rafael Casado. A Juan Arcocha se debe *Operación Viceversa* (Madrid). De 1978 son *Maitreya,* de Severo Sarduy (Barcelona), *Cuadrángulos,* de Gina Obrador (Madrid) y *El universo de Nina,* de Darcia Moretti (Argentina). La década cierra con broche de oro con la publicación en 1979 de *La Habana para un infante difunto,* de Guillermo Cabrera Infante (Barcelona), uno de los autores cubanos de mayor reconocimiento internacional.

[5] España continúa siendo un mercado importante para los escritores cubanos. En 1980 aparece *El momento del ave,* de Pancho Vives (Madrid) y en 1984, de Severo Sarduy, *Colibrí* (Barcelona). En 1981 se publican en Barcelona *Juan Tatiana y los hombres abundantes,* de Juan Arcocha y *Capitán de cimarrones,* de César Leante. En 1987 Nicolás Abreu Felippe da a luz en Madrid la novela testimonial *Al borde de la cerca.* En Barcelona se publican ese mismo año nuevas obras de reconocidos novelistas: *El Cristo de la rue Jacob,* de Severo Sarduy; *La era imaginaria,* de René Vázquez Díaz; *Trama,* de Carlos Alberto Montaner, y *La ranura del horizonte en llamas,* de Daniel Iglesias Kennedy. En 1988 aparece en Caracas *Gran Café,* de Fausto Masó; en Madrid; *Calembour,* de César Leante, y *El otro lado de la zarza ardiendo,* de Graciela García-Marrúz. La nómina de novelas de la década del ochenta se completa con *A orillas del paraíso,* de José Antonio Albertini (México) y *El gran incendio,* de Daniel Iglesias Kennedy (Barcelona).

[6] Es de notar que el tema mismo de la miseria y los males sociales que genera, como la prostitución o 'jineterismo', va a ser uno de los argumentos nuevos de estos años, especialmente en Zoé Valdés, nacida en 1959, año del triunfo de la Revolución, quien fija su residencia en París y pronto alcanza fama internacional.

[7] Del otro lado del Atlántico aparecen en 1990 *Cocuyo,* de Severo Sarduy (Barcelona) y *Ruyam,* de Pancho Vives (Madrid), y en 1995, en Madrid, *Memoria de siglos,* de Jacobo Machover y *Los dedos en el barro,* de María Felicia Vera (1963), escritora que ya había publicado en Cuba, donde recibió el Premio David. Jesús Díaz (1942-2002), reconocido intelectual quien había publicado en Cuba la novela *Las iniciales de la tierra,* deja el país en 1991 y ese mismo año queda finalista del Premio Nadal con *Las palabras perdidas* (Barcelona, 1992). Eliseo Alberto, parte del grupo de escritores que sale de Cuba a principios de los noventa hacia México, da a luz *La eternidad por fin comienza un lunes* (Barcelona), cuando aún reside en Cuba, donde había recibido el Premio Nacional de la Crítica 1983 (para jóvenes) por la novela *La fogata roja.* En 1991 Mayra Montero, residente en Puerto Rico, queda finalista en el XIII Premio La Sonrisa Vertical con *La última noche que pasé contigo* y publica al año siguiente *Del rojo de su sombra* (Barcelona), y más tarde, en 1995, recibe el Premio LiteraturPreis con *Tú, la oscuridad* (Barcelona).

[8] En la década de los noventa se publican en España y otros países importantes novelas. En 1991, en México, la profesora Beatriz Bernal publica *Rabo de nube* con el pseudónimo Caridad Rubio. *Casa de Cuba* de Julio E. Miranda (1945-1996) (Caracas) sale en 1992. *Pájaros en la playa* de Severo Sarduy sale a la luz en Barcelona en 1994. En 1995 irrumpe en la narrativa cubana en el exterior Zoé Valdés con *La nada cotidiana,* publicada en París, con ediciones subsiguientes en España, Suiza, Alemania, Italia y otros países. Ese mismo año Valdés obtiene el Premio Novela Breve Juan March Cencillo, convocado por la Fundación Bartolomé March Servera, de Palma de Mallorca, con *La hija del embajador* (Palma de Mallorca, España). No es la única novelista galardonada. También se publican en España en esa fecha *La hija del cazador,* de Daniel Iglesias Kennedy (Madrid), *Cuba, 1930: república angelical,* de Rolando Rodríguez (Madrid) y *La isla de Cundeamor,* de René Vázquez Díaz (Madrid), novela reeditada en La Habana en 2002. Al siguiente año, 1997, Zoé Valdés da a luz *Café Nostalgia* (Barcelona) y surge otra joven novelista, Yanitzia Canetti, que nos ofrece dos títulos: *Al otro lado* (Barcelona) y *Novelita Rosa* (Andover, Massachusetts). El próximo año, 1996, es rico en acontecimientos importantes en la literatura de la diáspora cubana. Dos escritores de larga trayectoria aportan nuevas novelas: Jesús Díaz publica, *Aguaceros dispersos,* editada en Barcelona, y Zoé Valdés obtiene gran éxito con, *Te di la vida entera,* finalista Premio Planeta, de la que se hacen múltiples ediciones en poco tiempo. También publica *Sangre azul,* ya antes publicada en La Habana, y la noveleta, *Ira de ángeles* (Barcelona). Otra novela de 1996 es *Maceta,* de Luis A. Betancourt (Madrid). En 1998 Eliseo Alberto obtiene el Primer Premio Alfaguara con, *Caracol Beach* (Madrid). Aparecen, asimismo, *Naturaleza muerta con abejas,* de Atilio Caballero (Madrid); *Mariel* ,de José Prats Sariol (México), y *Pan de mi cuerpo,* de Andrés Jorge (1960) (México), merecedora del Premio Primera Novela de la editorial Joaquín Mortiz. Otra narración premiada es *Una ciudad con nombre de mujer,* de Julio E. Miranda (Caracas), merecedor del Premio de Literatura Mariano Picón Salas. También en 1999 en la capital española salen a la luz *La fábula,* de José de Eliseo Alberto; *Los paraísos artificiales,*de Benigno Nieto, y *Las vacaciones de Hegel,* de Armando Valdés Zamora, finalista del concurso Felipe Trigo en España. La traducción francesa de esta novela fue candidata al premio a la mejor primera novela del año en Francia. Mario L. Guillot Carvajal publica la novela corta, *Familia de patriotas,* con la que obtuvo un accésit en el premio Ateneo de Valladolid. Es en Barcelona donde se concentrará el mayor número de publicaciones en 1999 con la novela de Zoé Valdés, *Querido primer novio; Livadia,* de José Manuel Prieto González, y *El bello ojo de la tuerta,* de César Leante. René Vázquez Díaz publica *Fredrika en el paraíso* en Caracas.

[9] En el año 2000, Mayra Montero obtiene el XXII Premio La Sonrisa Vertical, con *Púrpura profunda* (Barcelona). Ese mismo año se publica una nueva novela de Jesús Díaz, *Siberiana,* en Madrid, así como *El castillo de los ultrajes*

(Memorias de un derrumbe) de Paulina Fátima, y Eutimio Alonso publica *Amor y muerte bajo el roble* (Zamora, España); Antonio Conte, quien había ya publicado narraciones cortas en La Habana, da a luz la novela *La fuente se rompió* (Bogotá).

[10] En 2001 Zoé Valdés publica *Milagro en Miami* y Juan Abreu Felippe, *Garbageland* (Barcelona). En Madrid, una nueva entrega de Daniel Iglesias Kennedy, *Esta tarde se pone el sol*.

[11] De los escritores que no residen en los Estados Unidos podemos anotar que, en 2002, Jesús Díaz publica *Las cuatro fugas de Manuel* (Madrid); Abilio Estévez, *Los palacios distantes* (Barcelona); Zoé Valdés, *Al pie de mi padre* (Barcelona); Andrés Jorge, *Voyeurs* (México), y Antonio Álvarez Gil merece el V Premio de Novela de Badajoz con *Naufragios* (Sevilla). Evelio Domínguez escribe una novela en décimas, *El héroe del espigón* (novela en décimas), publicada en Madrid, donde también aparecen *Poniendo los sueños de penitencia* (*Encantada de conocerme*) de Nidia Fajardo Ledea y *Espacio vacío* de Daniel Iglesias Kennedy. Dos mujeres, una en Francia y otra en Puerto Rico, publican este año sendas novelas; la primera, Nivaria Tejera, *Espero para la noche soñarte*, *Revolución* (Miami), y Mayra Montero, *El capitán de los dormidos* (Barcelona).

[12] En 2003 Zoé Valdés gana el Premio de Novela Fernando Lara con *Lobas del mar* (Barcelona), Gisela García Martín da a luz *Nunca podré olvidarte* en Madrid y, en México, Julieta Campos (1932-2007) publica su monumental novela *La forza del destino*.

[13] En 2004 autores cubanos merecen tres nuevos premios literarios: el de Novela Ciudad de Valladolid otorgado a Antonio Álvarez Gil por *Delirio Nórdico*, el Premio de Novela Corta Villanueva del Pardillo a Lilliam Moro por *En la boca del lobo* (Madrid) y el III Premio de Novela Ciudad de Torrevieja por *La eternidad del instante* (Barcelona) a Zoé Valdés, quien también publica *Los misterios de La Habana* en esa misma ciudad. También ese año se publican *Dos cubalibres: 'Nadie quiere más a Cuba que yo'* de Eliseo Alberto (Barcelona-México) y *Cienfuegos, 17 de agosto* de Empar Hernández y Pablo Bonell Goytisolo (Barcelona).

[14] En España, en 2005, Eliseo Altunaga Barreras publica *Canto de gemido* (Sevilla); Regina Ávila, *Bolero, ma non Troppo* (Valencia) y Mario Guillot, *Iré a Santiago de Cuba* (Madrid).

[15] También en otros países sobresale la producción narrativa femenina. En 2006 Zoé Valdés publica *Bailar con la vida* (Barcelona), a la que se suman Mayda Silva, con *Hacia un mundo nuevo* (Madrid) y Teresa Dovalpage, con *Muerte de un murciano en La Habana* (Barcelona), finalista del XXIV Premio Herralde de Novela de ese año. Sale a la luz un nuevo título de Daniel Iglesias Kennedy, *El marmitón apacible*, y en Valencia Daniel García Carrera aporta *Billete al paraíso* (Madrid), parte de la literatura gay. Daniel Iglesias Kennedy da a luz *La hija del cazador* (Valencia). Aparecen, asimismo, en 2007 *La semana más larga*, de León de la Hoz (Madrid); *El domador*, de Lourdes Tomás Fernández de Castro (Buenos Aires); *La memoria olvidada*, de Luis G. Ruisánchez (Madrid); *Salidas de emergencia*, de Alexis Romay (Tenerife), y *Memorias del desarrollo*, de Edmundo Desnoes (Sevilla).

La narrativa dominicana

Franklin Gutiérrez

Los primeros años

Uno de los primeros dominicanos notables llegados a los Estados Unidos, concretamente a la ciudad de Nueva York, fue Fabio Fiallo, cuya designación como cónsul dominicano en esta ciudad ocurrió en 1905, en el Gobierno presidido por Carlos Morales Languasco. Tres años después de su llegada apareció su libro *Cuentos frágiles* (1908), obra pionera del discurso romántico que acompañaría todo el resto de su producción poética y narrativa. Aunque algunas de las narraciones de *Cuentos frágiles*, como 'Ernesto de Anquises' y 'La domadora', habían aparecido en la República Dominicana en las revistas *Letras y Ciencias* (1899) y *La Cuna de América* (1903), la mayoría de las historias, y el libro en su conjunto, fueron escritas y divulgadas por primera vez en Nueva York.

Pero el escritor dominicano más prolífico en el Nueva York de principios de siglo (1915-1920) fue Manuel Florentino Cestero, con tres obras publicadas: *El canto del cisne* (1915), *Estados Unidos por dentro* (1918) y *El amor en New York* (1920). *El canto del cisne* es un conjunto de ocho cuentos de aliento modernista, como lo sugiere el título, que relatan diferentes aspectos de la vida neoyorquina. El caso de *Estados Unidos por dentro*, publicada en México en 1918 por el sello editorial Andrés Botas e Hijos, es curioso e inverosímil. Esta obra de Cestero nunca ha sido cotejada en las bibliografías literarias dominicanas ni mencionada por los historiadores literarios nacionales. El tema general de *Estados Unidos por dentro* es la deshumanización de la sociedad norteamericana. El volumen en cuestión está compuesto por una introducción dividida en cinco partes y 42 historias orientadas a demostrar que los norteamericanos solo funcionan empujados por el dinero, la ambición y el egoísmo. Más que cuentos en sí, esas narraciones de Cestero son crónicas y retratos de la realidad cruda y del comportamiento de la sociedad norteamericana que él conoció. Aunque no penetra profundamente en la psicología de sus protagonistas, Cestero analiza desde diversas perspectivas políticas la idiosincrasia de los estadounidenses y las causas que, a su entender, han hecho de los Estados Unidos un país inapropiado para alcanzar el sueño americano que ellos mismos pregonan. *El amor en New York*, por su parte, es una novela cuya temática revela la imposibilidad de conquistar plenamente el amor en un medio tan materialista como el neoyorquino.

Otra figura apreciable de la literatura dominicana en los Estados Unidos de la primera mitad del siglo XX fue Andrés Francisco Requena, que en 1938 publica la novela *Los enemigos de la tierra*, en la que narra el desplazamiento del campesino dominicano hacia la capital, Santo Domingo.

En 1949 apareció el volumen *Los cuentos que Nueva York no sabe* de la autoría de Ángel Rafael Lamarche, compuesto por catorce historias que recogen las impresiones de su viaje a la gran urbe en la cuarta década del siglo XX. En sus cuentos Lamarche coincide con Florentino Cestero y Bergés Bordas en lo referente a las excentricidades de la sociedad norteamericana.

Otros dos escritores que, muchos años más tarde, compartieron el espacio geográfico neoyorquino fueron Chiqui Vicioso y Edgar Paiewonsky. Aparte de *Oficio de postmuerte*, la única obra que he podido cotejar en los setenta es la novela *Mejorar la raza* (1974), de Miguel Vázquez.

Los últimos años del siglo XX

En lo referente a la literatura, el estado actual de esta difiere sustancialmente de los setenta y los ochenta tanto cualitativa como cuantitativamente. Ello obedece a dos razones fundamentales. Primero, el asentamiento en Nueva York de numerosos intelectuales, académicos, periodistas y escritores nacionales desde 1990 hasta el presente y, segundo, a la existencia de segundas y terceras generaciones de dominicanos nacidos y formados académicamente en los Estados Unidos que están incursionando en el terreno de las letras. Un rastreo bibliográfico que realicé recientemente me permitió identificar a 87 escritores dominicanos en los Estados Unidos, con unas 286 obras publicadas. De ellos 74 residen en Nueva York y el resto en otros estados. Aunque la lista incluye a los activos desde los setenta, aproximadamente medio centenar de esas voces, compuesto por poetas, cuentistas, novelistas, ensayistas y teatristas, historiadores y sociólogos, son parte del más reciente grupo de escritores de la diáspora.

Muestra del avance vertiginoso del referido movimiento literario es la aparición de *Historias de Washington Heights y otros rincones del mundo* (1993), preparada por Daisy Cocco De Filippis y Franklin Gutiérrez. Es una colección de diez relatos sobre diferentes aspectos de la cotidianidad neoyorquina. A esta sigue *La palabra como cuerpo del delito* (2001), de Diógenes Abreu y Dagoberto López. Cabe destacar también el ensayo *La novela dominicana en New York*, obra en la que Héctor Amarante analiza las novelas *La sin par andariega Mamá Uca* (1988), de Juan Rivero; *Por nada del mundo* (1990), de José Carvajal; *Los que falsificaron la firma de Dios* (1992) y *Los ojos de montaña* (1997), de Viriato Sención; *La vieja casa de la tierra* (1993) y *El día que Colón llegó* (1993), de Rafael Villa Espinal; *De cómo las chicas García perdieron su acento* (1994), de Julia Álvarez; *Marina de la Cruz: radiografía de una emigrante* (1994), de Félix Darío Mendoza; *Los cuentos de Mount Hope* (1995), de Tomás Modesto; *La conjura de los hijos de Belial* (1995), de Juan Torres; *El corredor de los malditos* (1995), de P. J. Pérez, y *Tres heroínas y un tirano* (1996), de Miguel Aquino García.

A esos títulos hay que agregar otras novelas de reciente factura como *Conflicto en el paraíso de los dioses* (1997) y *Mar de sangre: una historia hecha novela* (2000), de Elba Doménech Soto; *Al este del Broadway* (1999), de José Moya; *Los muertos también hablan* (2001) y *Los hijos de agua ceniza* (2001), de Ramón A. Ramírez Báez; *Con flores a la reyna* (2002), de Francisco Rodríguez de León; *Entre dos mundos* (2003), de Dinorah Coronado, y *Génesis si acaso* (2003), de Ángel Garrido. Una de las novelas más trascendentales de la narrativa dominicana contemporánea, *Carnaval de Sodoma*, de Pedro Antonio Valdez, fue escrita también en Nueva York.

La narrativa corta es un género que ha encontrado en los últimos años un espacio singular en la preferencia de los escritores dominicanos de la diáspora; entre ellos resaltan José Carvajal (*De barrio y de ciudad*, 1990); Santiago Gutiérrez (*Los perros de la noche*, 1993); Ynoemia Villar (*Hubo una vez... y dos son tres*, 1993, y *De mujeres y vampiros: Armagedón*, 1999); Viriato Sención (*La enana celania y otros cuentos*, 1994); Tomás Modesto (*Los niños del Monte Edén*, 1998); Juan Rivero (*Nueva York 2014*, 1999); José Acosta (*El efecto dominó*, 2001), galardonada con el premio de cuentos de la Universidad Central del Este en 2000; Pedro Antonio Valdez (*La rosa y el sudario*, 2000), y Fernando Valerio Holguín (*Autorretratos*, 2002, y *Memorias del último cielo*, 2002).

La narrativa de la diáspora dominicana neoyorquina de los noventa se aleja, en gran medida, de la melancolía y la nostalgia por la patria exhibidas por los escritores de las dos décadas anteriores. Se observa en estos autores un marcado interés por la problemática propia del espacio geográfico y social donde desarrollan sus vidas cotidianas. Nueva York deja de ser la ciudad perfecta, la fuente de producción de dólares, de enormes rascacielos y luces deslumbrantes idealizada por los inmigrantes dominicanos de los setenta, para tornarse en un lugar real, en un medio donde hay que vencer la discriminación racial, satisfacer las necesidades de subsistencia y los conflictos de identidad que desde hace un par de lustros comenzaron a aflorar en las generaciones de los nacidos en Nueva York quince o veinte años atrás.

Otros narradores hispanoamericanos

Daniel R. Fernández

Para efectuar un breve recuento de la narrativa sudamericana en los Estados Unidos hay que empezar por el colombiano Alirio Díaz Guerra. Hijo de una familia acomodada, Alirio Díaz Guerra nació en Colombia en el año 1863. Durante su juventud militó en el Partido Liberal en las contiendas entre conservadores y liberales que un compatriota suyo, Gabriel García Márquez, ilustraría tan vivamente en una de las obras cumbres de la literatura hispánica, *Cien años de soledad* (1967). Después de vivir exiliado en Venezuela algunos años, pasa a Nueva York en 1895, ciudad en la que permanece hasta su muerte a mediados de los años treinta. A los 19 años de haber llegado a Nueva York, en 1914, publica la novela *Lucas Guevara*, obra que desconoceríamos enteramente si en 1976 el estudioso Nicolás Kanellos no hubiese encontrado un arrumbado ejemplar de esta en la Biblioteca Pública de la ciudad de Nueva York. La novela cuenta la historia de Lucas Guevara, joven de clase media que emigra a los Estados Unidos. En la ciudad de Nueva York, Lucas, mozo inteligente pero en extremo ingenuo e incauto, es víctima de una serie de estafadores y embusteros. Nueva York es presentada como una ciudad sórdida, devoradora, despiadada enemiga de la inocencia y de la moralidad. En 'las entrañas de la bestia', para emplear la frase de José Martí, al joven protagonista pronto se le ve rondando los barrios bajos, cayendo en los vicios más abyectos, sin poder oponer resistencia alguna ante las más inmundas tentaciones. Tras una sucesión de fracasos, tropiezos y quebrantos, viviendo en la miseria y la vagabundez, sumido en la más angustiosa y amarga de las depresiones, decide tirarse del Brooklyn Bridge y así acabar con todo.

La novela de Alirio Díaz Guerra es una clara denuncia del mundo yanqui del materialismo y de la pobreza espiritual que José Enrique Rodó denunciaría de manera más directa en su célebre *Ariel* (1900). Guarda una clara semejanza la obra de Díaz Guerra con *La factoría*, publicada once años después por el periodista y escritor nicaragüense Gustavo Alemán Bolaños. Ambas tienen como protagonistas a jóvenes pertenecientes a la clase intelectual hispanoamericana, individuos que llegan a Nueva York con muchas ilusiones y las mejores intenciones. En la novela de Díaz Guerra así como en la de Alemán Bolaños, la gran metrópolis yanqui termina devorándolos, ya sea por medio del envilecimiento, como en el caso de Lucas Guevara, o mediante un proceso de deshumanización, como se da en el caso del narrador de *La factoría*.

El protagonista de esta última se convierte de hecho en 'hombre-máquina' al tener que trabajar como obrero común en una fábrica debido a que no puede encontrar un empleo acorde con sus facultades y su preparación. La situación que retrata aquí el autor, aunque no insólita, no ha sido el caso común para la generalidad de la intelligentsia hispanoamericana que, por diversos motivos, ha emigrado a los Estados Unidos. Al llegar, la mayoría, de hecho, se ha amparado a la sombra de varias universidades estadounidenses de prestigio donde han podido desempeñarse como profesores, investigadores y escritores. Es importante recalcar que, si bien es cierto que muchos escritores de América del Sur llegan a los Estados Unidos en busca de oportunidades económicas y profesionales, un alto porcentaje emigra hacia el País del Norte por razones políticas. Entre estos podemos contar un gran número de chilenos y rioplatenses que salen de sus países en los años sesenta, setenta y ochenta, huyendo de las guerras sucias, la represión, las desapariciones y la censura, males que plagaron a las naciones de América del Sur durante aquellos años. Sería prolijo hacer una enumeración de todos estos. En lo que sigue nos limitaremos a mencionar solo a los más conocidos y destacados.

Una de las figuras más importantes de las letras chilenas e hispanoamericanas del siglo es, sin duda, Fernando Alegría (1918-2005). Después de haber estudiado letras en la Universidad de Chile, se traslada a los Estados Unidos, donde estudia en la Universidad de Bowling Green y obtiene una maestría en 1941 para después doctorarse por la Universidad de California en su recinto de Berkeley en 1947. Aunque durante un breve período de tiempo vuelve a Chile con el propósito de participar como agregado cultural en el Gobierno de Salvador Allende, transcurrió la mayor parte de su vida en los Estados Unidos, donde trabajó como catedrático en las universidades de Berkeley y Stanford. Fue, asimismo, miembro de número de la Academia Norteamericana de la Lengua Española (ANLE), así como correspondiente de la Real Academia Española. Entre sus obras de ficción más conocidas es importante mencionar *Lautaro, joven libertador de Arauco* (1943), *Caballo de copas* (1957) y *Allende, mi vecino el presidente* (1989).

En 1949, dos años después de que Fernando Alegría obtuviera su doctorado, un joven aspirante a escritor, José Donoso (1924-1996), llega a la Universidad de Princeton con una beca y el propósito de estudiar una maestría en literatura inglesa. No muchos saben que, durante aquellos años (1949-1951), antes de escribir las obras que le darían fama internacional, novelas como *Coronación* (1957), *El lugar sin límites* (1965) y *El obsceno pájaro de la noche* (1970), Donoso empieza a publicar sus primeros cuentos breves en una revista universitaria, los cuales redacta en lengua inglesa. Después de terminar sus estudios de posgrado, regresa a Chile y posteriormente viaja a España, país donde reside varios años. No obstante, Donoso vuelve con frecuencia a los Estados Unidos, donde pasa extensas temporadas e imparte clases en las universidades de Princeton, Iowa y Dartmouth. Destaca su asociación con el prestigioso Programa de Creación Literaria de la Universidad de Iowa, para el cual colabora como docente entre 1965 y 1967 y nuevamente en 1991. Por este mismo programa, por cierto, ha pasado lo más granado del ámbito literario chileno de la actualidad: los escritores Roberto Ampuero (1996), Jaime Collyer (1995), Alejandra Cosamagna (2003) y Alberto Fuguet (1994). Los años que José Donoso vive en Norteamérica le sirven de material de base para la última novela que edita antes de su fallecimiento, *Donde van a morir los elefantes* (1995), áspera sátira de los Estados Unidos y de su ambiente universitario.

Al igual que Fernando Alegría, el dramaturgo, ensayista, guionista y poeta Ariel Dorfman (1942-) era partidario de Salvador Allende, para quien trabajó como asesor. A raíz del golpe de Estado encabezado por Augusto Pinochet y los otros miembros de la Junta Militar, en 1973, Ariel Dorfman, como muchos compatriotas suyos, se ve obligado a salir al exilio. A partir de 1973 vive en los Estados Unidos, donde se desempeña como catedrático en la Universidad de Duke, ubicada en el estado de Carolina del Norte. Entre su obra narrativa es importante señalar *Moros en la costa* (1973), *Viudas* (1981), *La última canción de Manuel Sendero* (1982), *Dorando la píldora* (1985), *La nana y el iceberg* (2000) y *Terapia: una novela* (2001).

Al igual que Ariel Dorfman, Isabel Allende (1942-) tuvo que exiliarse durante los años setenta a causa de sus vínculos con el presidente Salvador Allende. Huelga decir que no hace falta presentación alguna sobre la autora de *La casa de los espíritus* (1982) y los *Cuentos de Eva Luna* (1989), obras que le han dado fama y reconocimiento internacionales. Es Isabel Allende, sin duda alguna, aparte de Gabriel García Márquez, la escritora hispanoamericana que más éxito editorial ha tenido en las últimas dos décadas. Esta venturosa circunstancia le ha permitido, a diferencia de sus compatriotas, poder dedicarse por entero a su labor como escritora sin tener que recurrir al generoso auspicio de alguna universidad angloamericana de prestigio.

Entre los intelectuales argentinos que hicieron de los Estados Unidos su casa, una de las figuras más salientes es Enrique Anderson Imbert (1910-2000). En su natal Argentina estudia filosofía y letras bajo la tutela de Pedro Henríquez Ureña y Alejandro Korn para después iniciar su carrera como escritor y profesor en la Universidad de Cuyo. En 1947, durante el Gobierno de Perón, viéndose destituido de su cargo, viaja a los Estados Unidos con una beca

La casa de los espíritus,
Isabel Allende

Guggenheim. En el país anfitrión dicta clases en las universidades de Míchigan, Columbia y Harvard. En esta última universidad se le otorga la prestigiosa cátedra Victor S. Thomas de Literatura Hispánica en 1965, puesto que ocupa hasta su jubilación en 1980. De su obra de narración hay que señalar las novelas *Vigilia* (1934), *Las pruebas del caos* (1946), *Fuga* (1995), *Evocación de sombras en la ciudad geométrica* (1989), así como sus colecciones de cuentos *El gato Cheshire* (1965), *El leve Pedro: antología de cuentos* (1976), *El grimorio* (1961) y *La locura juega al ajedrez* (1971).

En los años setenta y ochenta llegan muchos escritores rioplatenses a los Estados Unidos huyendo de la persecución y la censura impuestas por las dictaduras militares. Entre estos se encuentra una de las escritoras más destacadas del llamado 'posboom' de la literatura hispanoamericana. Nos referimos aquí a la escritora Luisa Valenzuela (1938-), en cuyas narraciones *Aquí pasan cosas raras* (1975) y *Cambio de armas* (1982) retrata con crudeza esta angustiosa y dolorosa realidad que se vive en Argentina durante estos años de represión e inestabilidad política. Luisa Valenzuela trabajó como docente en la Universidad de Columbia de Nueva York, ciudad en la que vive durante la década de los ochenta hasta su retorno a la Argentina en 1990.

En la misma ciudad estadounidense se afinca hacia el año de 1963 otra de las grandes figuras del 'posboom' hispanoamericano, Manuel Puig (1932-1990), quien, al igual que Valenzuela, trabaja como profesor en la Universidad de Columbia. Durante su larga estancia en Nueva York, escribe gran parte de su obra narrativa. Sus novelas *La traición de Rita Hayworth* (1968), *Boquitas pintadas* (1972) y *El beso de la mujer araña* (1976) ya son parte imprescindible del canon de narrativa hispanoamericana del siglo XX, como se puede constatar en los programas de estudios de las universidades de los Estados Unidos y de todo el continente americano.

A mediados de la década de los ochenta llega a los Estados Unidos uno de los autores hispanoamericanos más relevantes de los últimos años, Tomás Eloy Martínez (1934-). De 1984 a 1987 dicta clases en la Universidad de Maryland y después acepta una cátedra en la Universidad de Rutgers, Nueva Jersey, institución en la que actualmente dirige el Programa de Estudios Latinoamericanos. A Tomás Eloy Martínez se le conoce principalmente por su novela *Santa Evita*, publicada en 1995, obra de gran éxito editorial; hasta la fecha se ha editado en 50 países y se ha traducido a 32 lenguas, lo cual la convierte en una de las obras en lengua española más traducidas de toda la historia. Entre sus otras novelas cabe mencionar *La novela de Perón* (1985), *La mano del amo* (1991) y *El vuelo de la reina* (2002).

Al igual que Luisa Valenzuela, Manuel Puig y Tomás Eloy Martínez, Ricardo Piglia (1941-) es, sin duda, una de las grandes figuras de las letras argentinas. Desde hace varios años vive en los Estados Unidos, donde trabaja como catedrático en la Universidad de Princeton. Sus libros de narración más conocidos son *Nombre falso* (1975), *Respiración artificial* (1980) y *Plata quemada* (1997), novela esta con la que gana el Premio Planeta. La narrativa de Ricardo Piglia se distingue por su complejidad conceptual, así como por la maestría técnica que en ella exhibe el autor rioplatense.

Entre los autores peruanos, el primero que hay que nombrar aquí es al periodista, activista político y novelista Ciro Alegría (1909-1967). Ciro Alegría es uno de los más importantes exponentes de la narrativa indigenista hispanoamericana; sus obras *Los perros hambrientos* (1939) y *El mundo es ancho y ajeno* (1941) tienen un lugar privilegiado dentro de la historia de las letras hispanoamericanas del siglo XX. Alegría fue un hombre comprometido con el pueblo no solo en su narrativa contestataria sino también en sus acciones en el ámbito político. De hecho, su militancia en la Alianza Popular Revolucionaria Americana (APRA) lo lleva primero a la cárcel en 1932 y luego al exilio en 1934. Después de vivir algunos años en Chile, se afinca en los Estados Unidos, donde pasa la década de los cuarenta. En Nueva York el autor andino imparte clases de literatura en la Universidad de Columbia y escribe para la prensa.

Uno de los escritores peruanos más importantes y reconocidos de nuestros tiempos es, sin duda, Isaac Goldemberg (1945-), quien ha vivido en la ciudad de Nueva York desde 1964. En su novela más elogiada y premiada, *La vida a plazos de don Jacobo Lerner* (1980), Goldemberg lleva a cabo una profunda indagación sobre lo que significa ser judío y peruano a la vez. Un jurado de estudiosos internacionales convocado por el National Yiddish Book Center ha nombrado a esta novela como una de las obras de autoría judía más importantes de los últimos 150 años. Aparte de esta reconocida obra, cabe mencionar otras obras suyas: *La vida al contado* (1992), *Tiempo al tiempo* (1984), *El nombre del padre* (2001) y *Tierra de nadie* (2006). Desde su cátedra de 'distinguished professor' en el Hostos Community College, Isaac Goldemberg dirige el Instituto de Escritores Latinoamericanos, entidad dedicada al fomento de las letras hispánicas en los Estados Unidos. Goldemberg, asimismo, edita la *Revista Hostoniana (Hostos Review)*, espacio por medio del cual muchos escritores hispanohablantes residentes en el país se expresan. En 2005 Goldemberg dedica un número especial de la *Revista Hostoniana* a la obra de más de setenta autores peruanos que viven en los Estados Unidos. El número, que lleva el título de 'Destellos digitales: Escritores peruanos en los Estados Unidos: 1970-2005', recoge la obra de varios narradores, entre estos, Laura Riesco, Gregorio Martínez, Jorge Ninaypata, Christian Fernández, Walter Ventosilla, Héctor Velarde, Rodolfo Pereira, Manuel Rilo, César Céspedes, Diego Trelles, Daniel Alarcón, Hugo Ruiz Campuzano, Beto Ortiz, Gladys Susana Guzmán, Alejandro Sánchez Aizcorbe, José Alberto Bravo de Rueda, José Castro Urioste, Julio León y Fredy Amílcar.

Se incluye en este número, asimismo, un texto de Eduardo González Viaña (1941-), escritor cuya prosa ha recibido los elogios no solo de Isaac Goldemberg, sino también del distinguido narrador Alfredo Bryce Echenique. En 1999 se le otorga el prestigioso premio Juan Rulfo por su cuento 'Siete Noches en California', relato que se incluiría después en la colección *Los sueños de América*, que aparece en 2000 bajo el sello de Alfaguara. El tema de estas narraciones, así como el de su última novela, *El corrido de Dante* (2006), es la inmigración hispanoamericana a los Estados Unidos, desplazamiento que el autor ve en términos épicos y bíblicos comparándolo a menudo con el viaje a la tierra prometida hecha por los judíos. Desde 1990 vive en los Estados Unidos, donde ha dado clases en las universidades de Berkeley, Dartmouth y Oregón. Entre sus otras obras narrativas es importante hacer mención de *Los peces muertos* (1964), *Habla Sampedro: llama a los brujos* (1979), *El tiempo del amor* (1984), *El amor se va volando* (1990), *Sarita Colonia viene volando* (1987) y *El correo de Salem* (1998).

No podemos concluir este breve recuento sin mencionar, aunque sea someramente, a una de las figuras más prometedoras de las letras hispánicas, el joven boliviano Edmundo Paz Soldán (1967-), quien desde hace muchos años reside en los Estados Unidos, donde se desempeña como profesor en la Universidad de Cornell. Entre las distinciones de este joven escritor está el haber ganado el premio Juan Rulfo en 1997 y el Premio Nacional de la Novela en Bolivia, en 2002. Paz Soldán ha escrito las siguientes obras de ficción: *Amores imperfectos* (1998), *Río fugitivo* (1998), *Sueños digitales* (2000), *La materia del deseo* (2001) y *El delirio de Turing* (2003).

La narrativa española

Gerardo Piña Rosales

Introducción

Numerosísimas y variadas son las aportaciones de los pueblos hispánicos —en todos los campos del saber— a lo que hoy llamamos los Estados Unidos de América. Desde *Presencia española en los Estados Unidos*, el libro ya clásico de Carlos M. Fernández Shaw (1972), donde se estudian las contribuciones de España en Norteamérica, hasta los estudios de Thomas Wyer, Alberto Moncada, Fausto Avendaño, Francisco Marcos Marín y otros sobre la vida de los hispanos en los Estados Unidos, hemos ido constatando cuán verdadero y apropiado es el santo y seña de este país, *E Pluribus Unum*, pero también cuán frágil y engañoso. El número creciente y la pujanza del hispano en unas tierras que por tradición e historia no pueden serle ajenas constituyen un fenómeno innegable de fuerza arrolladora.

Intentar ofrecer una panorámica de la literatura española en los Estados Unidos en unas pocas páginas es, a todas luces, una empresa que roza con lo quimérico. Se podría elaborar una nómina, con sus comentarios pertinentes, de escritores españoles en Norteamérica, pero este corpus literario es tan vasto y tan complejo, que la nómina habría de reducirse a una aséptica lista de nombres y títulos. Nos limitaremos, pues, a trazar los parámetros que delimitan y definen a esa literatura, deteniéndonos, 'a vuelatecla', en algunos de los escritores más representativos.

Consciente de la provisionalidad de la siguiente división y animados tan solo por el prurito de ir desbrozando grava en este campo tan feraz como inexplorado, dividimos la literatura española escrita por españoles residentes en los Estados Unidos en cinco grandes períodos: el primero de ellos comenzaría con una comedia escrita, in situ, por Marcos Farfán de los Godos, y representada en los aledaños de El Paso, con ocasión de la toma de posesión del reino de Nuevo México por Juan de Oñate, el 30 de abril de 1598, y concluiría con la fundación de los Estados Unidos en 1776; el segundo se extendería desde esas fechas hasta la Primera Guerra Mundial; el tercero llegaría hasta la Guerra Civil española y el penoso exilio que esta provocara; el cuarto período podría dividirse a su vez en dos fases: una, que alcanzaría hasta los años cincuenta, en los que se produjo el llamado 'último exilio' (y que preferimos llamar 'emigración intelectual' o 'fuga de cerebros'), y la otra, hasta 1977, año de la disolución del Gobierno republicano en el exilio; el quinto y, por ahora, último período, llegaría hasta nuestros días.

El caso de Felipe Alfau

Nacido en Barcelona en 1902, en el seno de una familia de periodistas, de políticos y de artistas, Felipe Alfau emigró a los Estados Unidos a los 14 años de edad. Su familia se radicó en la ciudad de Nueva York, y su padre, ex gobernador de provincias en las Filipinas, fue corrector del semanario *Noticias*. Alfau, que al principio había deseado ser director de orquesta, se dedicó a escribir crítica musical, en español, para *La Prensa*. Tomó un par de cursos en la Universidad de Columbia con Federico de Onís. Escribió, en inglés, su primera novela, *Locos. Una comedia de gestos*, en 1928, pero el libro no fue publicado hasta 1936, cuando Farrar y Rinehart lo incluyó como uno de los primeros títulos en su serie de 'Los descubridores'. Por entonces, Alfau comenzó a escribir poesía en su lengua materna. Su segunda novela, *Chromos*, la acabó en los últimos años cuarenta; sin embargo, incluso con la ayuda de amigos entusiastas como Chandler Brossard, Charles Simmons y Daniel Talbot, que lo hicieron circular entre redactores, la novela seguía siendo inédita hasta 1990, cuando el Dalkey Archive la rescató del olvido. *Chromos* trata de los emigrantes españoles en los Estados Unidos, seres detenidos en el tiempo con una imagen típica y tópica del país que dejaron atrás. Esta segunda novela de Alfau llegó a ser candidata al National Book Award en 1990. Las dos novelas fueron traducidas al español poco después. Alfau escribió también un libro de poesía en español, *La poesía cursi*, escrito entre 1923 y 1987, y publicado, en edición bilingüe, en 1992; y un libro de relatos infantiles, en inglés, *Old Tales from Spain (Cuentos españoles de antaño)*, escrito en 1929, donde se reúnen diez relatos inspirados en leyendas tradicionales españolas. Murió en 1999.

Novelistas exiliados

Después de la Guerra Civil española (incivil, internacional) sobrevino en el país un éxodo de grandes y graves consecuencias. Por razones naturales de afinidad cultural y lingüística, la mayoría de los escritores españoles del éxodo y del llanto brujuleó hacia países hispanoamericanos, muy especialmente México, centro de gravedad espiritual y material del transtierro. Algunos de ellos, tras pasar varios años en tierras hispanoamericanas, acabaron afincándose en los Estados Unidos. Es este el caso de Ramón J. Sender, Francisco Ayala, Eugenio F. Granell, José Ferrater Mora y Roberto Ruiz.

Ramón José Sender Garcés, conocido como Ramón J. Sender (Chalamera del Cinca, 1901-San Diego, California, 1982), vivió cuarenta años en Norteamérica, tras varios años de exilio en Francia y México. Entre las novelas que escribió ya en el destierro, son de destacar *La esfera, El lugar del hombre, El verdugo afable, Réquiem por un campesino español, Bizancio* y *Los cinco libros de Ariadna*. Lugar especial merecen, por presentar una temática 'estadounidense', sus *Relatos fronterizos*, que contienen 'Aventura de Texas', 'Adiós, pájaro negro', 'Utrillo', 'En el Grand Canyon', 'Chesman', 'A bordo de un avión', 'El calendario azteca', 'Despedida en Bourg Madame', 'Gaceta del acabamiento de Nevendorf', 'Un seudo', 'La guerra', 'Manuela en Copacabana', 'Pantera negra', 'Germinal', 'Aquel día en El Paso', 'De las memorias del profesor N' y 'Velada'. En el decenio de los setenta, Sender retornó del exilio en dos oportunidades (1974 y 1976). Moriría, sin embargo, en San Diego, California, durante la noche del 15 al 16 de enero de 1982. Sus cenizas fueron dispersadas, unos días después, en el océano Pacífico. Quedan sus libros, una obra extensa con inigualables chispazos intensos, que han convertido a Sender en un clásico de la literatura española del siglo XX.

Francisco Ayala también residió varios años en los Estados Unidos. Nacido en Granada en 1906, se trasladó muy joven aún a Madrid. Al finalizar la Guerra Civil, se exilió a Buenos Aires, donde publicó algunas de sus obras, impartió clases de Sociología en la Universidad de La Plata de 1939 a 1950 y fundó la revista literaria *Realidad*. Más tarde, se trasladó a Puerto Rico, donde fundó la conocida revista *La Torre*. Desde Puerto Rico viajó a los Estados Unidos de América, donde enseñó literatura española en las universidades de Princeton, Rutgers, New York University, Chicago y la City University of New York. Regresó temporalmente a España en 1969 y, de manera definitiva, en 1980. De su época estadounidense hay que mencionar novelas como *Historia de macacos* (1955), publicada con anterioridad en la revista *Sur* (1952), *Muertes de perro* (1958) y *El fondo del vaso* (1962). Otras obras posteriores son: *El as de bastos* (1963), que recoge siete cuentos, *Mis páginas mejores* (1965) y *Obras narrativas completas* (1969).

Segundo Serrano Poncela nació en Madrid en 1912, se graduó en Filosofía y Letras en la Universidad de Madrid e inició estudios de Leyes, que nunca concluyó, pues desde muy joven dedicó sus mejores energías a la política. Instaurada la República en 1931, se incorporó a las Juventudes Socialistas. Serrano Poncela salió al destierro y viajó por Francia, África, el Caribe y los Estados Unidos. Recibió asilo en la República Dominicana y trabajó allí como periodista, publicista y profesor universitario. Pasó más tarde a Puerto Rico, y en 1968 se estableció en Venezuela, donde trabajó en la Universidad Central y participó después en la fundación de la Universidad Simón Bolívar, en la cual fue profesor hasta su muerte, en 1976.

De su breve estadía en los Estados Unidos surgió su novela *Habitación para hombre solo*, publicada en suelo español en 1963, cuando ya tenía una abundante producción de relatos, poemas, ensayos y artículos publicados en tierras americanas. La novela se divide en tres partes bien diferenciadas: en la primera, la voz narrativa, innominada, se dirige al personaje central, igualmente innominado, y le habla desde adentro usando la segunda persona. La segunda parte, titulada 'Numina rerum' ('Los nombres de las cosas'), está constituida por tres poemas: en dos de ellos ('Helena' y 'Marina') el agonista toma la palabra valiéndose de la metáfora poética para expresar experiencias sensuales, lúbricas y pasionales, interrumpidas por la quebrada voz del desterrado. La última parte de la novela, titulada 'Paralipomena' ('Las cosas omitidas'), es una serie de cinco secuencias de remembranzas, en las que se alternan imágenes dolorosas de la infancia (la muerte de la madre) con testimonios existenciales del pasado reciente en el Caribe.

Nacido en La Coruña en 1912, Eugenio F. Granell se exilió después de la Guerra Civil en Santo Domingo, para trasladarse luego a Guatemala y años después a Puerto Rico. En los años cincuenta se radicó en Nueva York, ciudad en la que viviría hasta 1984, cuando, jubilado de la universidad pero no de la vida, regresó a España, donde prosiguió, hasta su muerte en 2001, su extraordinaria labor pictórica y literaria. Eugenio F. Granell conoció a André Breton en Santo Domingo: desde entonces, y para siempre, su arte se haría furiosamente surrealista. El surrealismo, nacido de los experimentos dadaístas y de las entrañas del Maldoror lautréamontiano, le proporcionaría a Granell el vehículo ideal con el que reanudar y revitalizar la corriente surrealista española —guadiánica, mas pertinaz— de Quevedo y Torres Villarroel, de Solana y Valle-Inclán. El segundo libro de Eugenio F. Granell, *Isla cofre mítico*, apareció en Puerto Rico, en 1951, en una tirada de 250 ejemplares ilustrados, numerados y firmados por el autor. Granell escribió este texto poético, híbrido y premonitorio en homenaje a André Breton y a su esposa, Elisa. En 1948 Breton había publicado *Martinique, charmeuse des serpents*, uno de sus libros menos conocidos. El texto de Granell aspira a ser el comentario poético de ese libro bretoniano. Es la isla, sembradora de mitos y símbolos, nueva y renacida esperanza, la que acoge a esos exiliados y les permite vislumbrar otro horizonte.

No todo paraíso estaba perdido, pensaba Breton. *Isla cofre mítico* es un texto abierto a varias posibles lecturas: Granell se adhiere a la esperanza bretoniana de un nuevo mito; esboza una historiografía geográfico-cultural de la isla, anunciando así el renacimiento surrealista. En *Isla cofre mítico* aparecen ya muchos de los rasgos temáticos y formales de la obra granelleana, que habrán de alcanzar su razón de ser en posteriores escritos: la defensa de la universalidad frente a cualquier localismo reductor o chauvinista; el humor, rezumante de ironía; y, sobre todo, una cosmovisión punteada por insólitas metáforas. En 1959 publicó Granell *La novela del Indio Tupinamba*, visión esperpéntica de la Guerra Civil española (en la que había participado como miembro del POUM), alegato antibelicista y antimilitarista, donde, como en aguafuerte goyesco, se denuncian la brutalidad, el horror y la insensata crueldad de toda guerra.

En 1967 apareció su novela corta *El clavo, parodia del mundo científico-tecnológico*, en la que, como en la paradigmática novela de Orwell, *Animal Farm*, se ridiculizan las ínfulas mecanicistas de la tan cacareada modernidad. De 1968 es su novela *Lo que sucedió*, meditación sobre la historia de España, pero con un propósito desmitificador y subversivo. En esta novela, Granell pone en la picota muchas de las sempiternas lacras de la historia española, por lo que este texto seminal podría considerarse precursor de *La reivindicación del Conde don Julián*, de Juan Goytisolo. En 1970 Eugenio F. Granell publica en México el volumen de relatos *Federica no era tonta y otros cuentos*, en los que se incluyen textos de diferente pelaje y extensión, aunque todos de carácter surrealista.

No es aún suficientemente conocida la obra de ficción del filósofo José Ferrater Mora. Nació en Barcelona en 1912. En 1936 obtuvo la licenciatura en Filosofía por la Universidad de Barcelona. Durante la Guerra Civil luchó en diferentes frentes en defensa de la República. Al terminar la guerra, cruzó la frontera francesa y vivió varios meses en París, hasta que consiguió viajar a Cuba, donde comenzó a redactar la primera edición de su famoso *Diccionario de Filosofía*. Desde 1949 hasta su jubilación en 1979 ocupó la cátedra de Filosofía en Bryn Mawr College. Fue también numerario de la Academia Norteamericana de la Lengua Española y correspondiente de la Real Academia Española. Falleció en Barcelona en 1991. Además de sus obras filosóficas, José Ferrater Mora cultivó también la novela y el cuento. He aquí algunos de sus títulos: *Siete relatos capitales* (1979), *Claudia, mi Claudia* (1982), *Voltaire en Nueva York* (1985), *Hecho en Corona* (1986), *El juego de la verdad* (1988), *Regreso del Infierno* (1989), *La señorita Goldie* (1991), *Mujeres al borde de la leyenda* (1991).

Roberto Ruiz nació en Madrid en 1925 y salió de España en 1939. Ha vivido en Francia, Santo Domingo, México, donde se tituló en Filosofía, y en los Estados Unidos, donde ejerció la docencia durante más de cuarenta años. Actualmente reside en Massachusetts. A diferencia de aquellos escritores que habían comenzado a publicar años antes del desgarrón de nuestra Guerra Civil —en la que participaron activamente—, como Francisco Ayala, Ramón J. Sender o Max Aub, y de quienes al exiliarse contaban, si no con una obra literaria definida, al menos con recursos y experiencias para iniciarla —como los casos de Manuel Andújar, Serrano Poncela y Eugenio Fernández Granell—, Roberto Ruiz era todavía un niño cuando estalló la guerra española. Los autores de esta generación —llamada de los cachorros o *nepantla*—, a la que pertenecen también Clemente Airó, Paulino Masip y Arturo Souto Alabarce, entre otros, no se identificaban ya con los problemas de sus padres, aunque tampoco se asimilaran totalmente a la cultura mexicana.

En 1954 Roberto Ruiz publica *Esquemas*, libro de cuentos que, aunque primerizo, muestra ya las cualidades de un narrador nato, seguro en el trazo descriptivo, de léxico castizo de cuño realista. *Plaza sin muros* (1960) (verso de García Lorca), su primera novela, alegato antimilitarista, denuncia el embrutecimiento que produce la vida militar y exalta un tipo de heroísmo diferente, menos retórico, más humano. Con *El último oasis* (1964), Roberto Ruiz encuentra su voz narrativa. Por esta novela, producto de sus traumáticos recuerdos infantiles de la Guerra Civil, desfilan personajes destruidos por la contienda. Como en la villa de Orán, en *La Peste*, de Albert Camus, el campo de concentración es un universo lo suficientemente abarcable para estudiar la condición del desterrado político, pero también para reflexionar en la hecatombe europea. Como en *Saint-Cyprien, plage...*, de Andújar, o en *El Cristo de 200.000 brazos*, de Bartra, también en *El último oasis* el campo de concentración es un microcosmos de cieno, piojos, hambre y pura miseria. *Los jueces implacables* (1970) representa la visión de un mundo en caos. Como sus narraciones anteriores, esta novela de Roberto Ruiz rezuma pesimismo y desesperanza. Se nos cuenta cómo, en un país imaginario, los estamentos sociales, en pugna, se enfrentan a un proceso revolucionario que desembocará en guerra civil. Al final, no habrá ni vencedores ni vencidos. En *Los jueces implacables* se denuncia la barbarie de la guerra, de toda guerra, siempre injustificable, destructora del individuo, arrasadora de todos los valores.

En 1977 apareció *Paraíso cerrado, cielo abierto*, novela que gira en torno al símbolo del exilio y de la condición humana, o del ser humano como desterrado a *nativitate*, encerrado en un supuesto paraíso de donde no hay huida posible. La isla, como en *Epitalamio del prieto Trinidad*, de Ramón J. Sender, es una alegoría de la incomunicación entre los hombres; su carácter carcelario inflige en los condenados una alienación aún mayor. *Paraíso cerrado, cielo abierto* refleja, pues, la naturaleza exiliada de la condición humana y la problemática del destierro. El ámbito del exilio —sus circunstancias físicas, geográficas e históricas— coadyuva a la reflexión sobre el hombre de hoy, prisionero de un progreso que conlleva irremisiblemente el cáncer de su propia desmesura y arrogancia.

El escritor, forzado a vivir en un medio hostil, cuya lengua a veces desconoce, apartado de su público, ha de aferrarse a la única patria posible: su lengua. La crisis lingüística del desterrado es una triste realidad. Roberto Ruiz ha realizado un titánico esfuerzo para que su escritura no traicione sus propias raíces. *Paraíso cerrado, cielo abierto* es un texto experimental, de léxico troquelado en escritura serena, a veces desapasionada, en busca ante todo de la depuración de los superfluos lastres retóricos en los que suelen caer a veces algunos de los narradores del exilio. En *Contra la luz que muere* (un verso de Dylan Thomas), novela corta, publicada en 1982, Roberto Ruiz continúa la exploración de esos territorios acotados por la marginación y el desarraigo: en esta ocasión, la cárcel, otro símbolo del exilio. *Ironías* (2006), libro de cuentos, es, por ahora, su última entrega.

Emigración intelectual

Durante los años cincuenta y sesenta, debido a la desastrosa situación económica y pobreza cultural española, se produjo en el país una grave emigración intelectual o fuga de cerebros. Entre los narradores que abandonaron aquella triste y achabacanada España se encontraban, entre otros, Odón Betanzos Palacios, Carlos Rojas, José Luis S. Ponce de León, Víctor Fuentes y Carlos Varo.

Desde su arribo a Nueva York en 1953, Odón Betanzos Palacios (nacido en Rociana del Condado, en 1925) desplegó una incansable —quijotesca— labor en defensa y difusión de la lengua y la cultura españolas a todo lo largo y ancho de la Unión. Ejemplos fehacientes de esa ininterrumpida actividad son la fundación, con Eloy Vaqueros, ex ministro de la Gobernación, en 1956, de la editorial Mensaje; la creación, en 1973, de la Academia Norteamericana de la Lengua Española, que dirigió, desde entonces y hasta su muerte en 2007, con visión clara y equilibrado pulso. Betanzos fue también presidente del Círculo de Escritores y Poetas Iberoamericanos de Nueva York (CEPI) y director de la Fundación Cultura Hispánica de los Estados Unidos. Como reconocimiento a sus denodados esfuerzos, la ciudad de Nueva York le otorgó en 1986 el Premio de la Libertad, y México, en 1990, el Premio Vasconcelos. El Gobierno español le concedió la Encomienda del Mérito Civil. La Diputación Provincial de Huelva publicó en 1990 —en una edición en dos volúmenes— la novela de Odón Betanzos *Palacios Diosdado de lo Alto*, escrita entre 1967 y 1973 (año en que vio la luz la primera parte), que es ante todo una meditación serena y decantada sobre la Guerra Civil española y los primeros años de la dictadura franquista.

Diosdado de lo Alto —como el Guernica de Picasso— constituye, en esencia, un manifiesto antibelicista y antimilitarista. Soluciones poéticas eternas —Amor, Paz, Libertad— triangulan la cosmogonía betanciana, vertebrando su moral y su arte. La esencia poética se alimenta de la universalidad del Cosmos y surge —quizá por provenir de fuentes tan excelsas— dotada de los más puros acentos bíblicos. Solo en el Amor, en el ecuménico Amor —parece decirnos Betanzos—, nos será posible encontrar la única vía de redención y regeneración humanas. En un mundo en caos, el humanismo libertario y redentorista que proclama *Diosdado de lo Alto* aspira a la Paz, a la Armonía Universal. El hombre posee, además, el derecho a vivir en libertad; libertad sin cortapisas, sin límites ni fronteras. Pero no nos engañemos: no se trata de una libertad física, geográfica o psicológica, sino de una verdadera liberación espiritual. La libertad del espíritu triunfará entonces de todo castrante materialismo, de toda ambición rastrera, de todo venenoso reconcomio. Por su ambiciosa concepción metafísica, por su valiente denuncia de los males y lacras de nuestro tiempo, por su ejemplar humanismo libertario y redentorista, por su lenguaje lírico y altamente metafórico y por su estructura compleja, palimpséstica, la novela *Diosdado de lo Alto* está llamada a ocupar pronto el lugar señero que le corresponde en el panorama narrativo español contemporáneo. El tiempo y su natural cedazo tendrán, como siempre, la última palabra.

El mundo mítico y mágico de Picasso, Carlos Rojas.

Nacido en Barcelona en 1928, Carlos Rojas se doctoró en Filosofía y Letras por la Universidad de Madrid. Desde 1960 fue profesor de literatura en la Universidad de Emory, Atlanta. Carlos Rojas es un escritor prolífico cuyos caracteres han reflejado siempre los acontecimientos y las biografías históricos de España. Estos personajes pueden ser diablos, monstruos o artistas. Sus historias se centran generalmente en personalidades que sufren angustia existencial y luchan por entender la condición humana, debatiéndose entre un sentido de culpabilidad y un sentido de mortalidad. En las novelas de Rojas se suelen incorporar como personajes a espectros del pasado histórico europeo así como a personas reales y contemporáneas.

Entre sus numerosas novelas destacan: *De barro y esperanza* (1957), *El futuro ha comenzado* (1958), *Adolfo Hitler está en mi casa* (1965) y *Aquelarre* (1970). Obtuvo el Premio Planeta de 1973 con su novela *Azaña*, y en 1980 fue galardonado con el Premio Nadal por otra obra narrativa, *El ingenioso hidalgo y poeta Federico García Lorca asciende a los infiernos*, que narra los últimos días de la vida del poeta andaluz, su paso por Madrid y el viaje a Granada. También ha conseguido los premios Ateneo de Sevilla, con *Memorias inéditas de José Antonio*, y el Nacional de Literatura Miguel de Cervantes, en 1968, con *Auto de fe*. Entre sus últimos títulos se encuentran *El sueño de Sarajevo* (1982), *El jardín de las Hespérides* (1988), *El jardín de Atocha* (1990), *Proceso a Godoy* (1992) y *El bastardo del rey* (1999).

José Luis Sierra Ponce de León nació en Vigo, Galicia. Se licenció en Derecho en la Universidad de Santiago de Compostela, aunque nunca ejerció como abogado, y en los Estados Unidos se doctoró en Literaturas Hispánicas en la Universidad de Stanford, dedicándose después a la enseñanza de la lengua y literatura españolas. Es miembro correspondiente de la Academia Norteamericana de la Lengua Española. Vive en San Francisco, California, desde donde hace frecuentes viajes a España y a México. Publicó narraciones breves en inglés, un libro (*La novela española de la guerra civil, 1936-1939*) y varios artículos sobre el tema de la guerra en la literatura. El exilio de los republicanos españoles en México pasó a su novela *La seducción de Hernán Cortés*, texto complejo, experimental, de variados recursos lingüísticos y estructurales, y de una temática 'seria' (la Guerra Civil, el exilio, el mestizaje, etc.).

El tema de la investigación literaria en los medios universitarios es tratado con ironía y sentido del humor en *El hombre de los gatos, investigador literario*, una reciente novela, en la que, con tinte jocoso, se juega con la ilogicidad y lo inverosímil; se mezclan los diversos discursos —histórico, político, religioso, sexual, académico, erudito, etc.— con las jergas callejeras, con el lenguaje popular; se amontonan incongruencias, anacronismos; se socavan las convenciones literarias a través de comentarios de tipo metaliterario y reflexiones sobre los trucos y añagazas del narrador. *El hombre de los gatos...* entronca con el surrealismo (surrealismo a la española, claro está, cuyos más preclaros exponentes son Goya, Valle-Inclán y Solana), no tanto por su cacareado humor negro, como por ese prurito de autoirrisión, de autoironía que se desprende de sus páginas. Y, desde luego, porque el signo ingenioso muestra cómo la momentánea liberación de las cadenas de la lógica puede suscitar la sonrisa, la risa y hasta la hilaridad, aunque se trate de una novela, género que, a diferencia de la poesía, es tan poco propicio a estos menesteres.

En este y otros sentidos, José Luis S. Ponce de León se acerca a su paisano, el pintor y escritor gallego, exiliado, Eugenio F. Granell. Como en los relatos de Granell, en *El hombre de los gatos...* lo absurdo funciona como una constante que desarbola todo el sistema de reglas, leyes y normas que coartan, que encorsetan al ser humano. Como Granell, Ponce de León ridiculiza la pomposidad de los títulos académicos, que, en nuestros días, han llegado a tener más importancia y relevancia que la persona misma que los ostenta (algunos catedráticos, cual archigenerales, enarbolan sus títulos académicos como si fueran medallas, condecoraciones de guerra). Del mismo modo que Granell, Ponce de León (por boca de Luna Tico) hace referencias a obras del pensamiento español contemporáneo —*La rebelión de las masas*, de Ortega, es un ejemplo—, así como a escritores, músicos, filósofos y pintores de la civilización occidental. Ambos aluden a una obra o a un autor por referencias indirectas; citan nombres de la literatura o el arte en contextos totalmente ajenos a esas disciplinas; ponen en boca de un personaje del que nunca las esperaríamos citas eruditas, etc. En *El hombre de los gatos...*, como en los textos granelleanos, el lenguaje, altamente metafórico, está impregnado de una polisemia que lo invade todo, que todo lo trastoca, como fuente genésica de infinitas probabilidades semánticas. En la historia del sistema literario, la comicidad suele traducirse lingüísticamente en una lista abierta de pelajes estéticos, que se sirven tanto de lo representado como del modo de representación: lo irónico, lo paródico, lo satírico, lo lúdico, lo tragicómico, lo bufonesco, lo gracioso, lo grotesco. Todos estos aspectos de lo cómico se hallan presentes en *El hombre de los gatos....* La ironía logra el distanciamiento del lector frente al texto, le hace sentir su doblez, le obliga a mirar críticamente lo que allí se dice y ha de ser sustituido por otro sentido distinto. Su uso solo es posible tras un previo pacto de complicidad, un guiño de inteligencia, entre autor y lector.

Doctorado en Lenguas y Literaturas Románicas por la Universidad de Nueva York (1961 y 1964), Víctor Fuentes es actualmente profesor emérito de la Universidad de California, en Santa Bárbara. Se especializa en literatura española, siglos XIX y XX, con énfasis en los distintos períodos y movimientos (realismo-naturalismo, vanguardia, literatura social, posmodernismo), y una perspectiva teórica, histórica, social y cultural; cine y literatura; literatura hispana en los Estados Unidos. Es coeditor —con Luis Leal— de la revista *Ventana Abierta*, del Centro de Estudios Chicanos de la Universidad de California, en Santa Bárbara. En los últimos años ha publicado *Morir en Isla Vista*, novela autobiográfica, 'Un cuento neoyorquino de finales de los 50 (en tecnicolor)', en *Acentos femeninos y marco estético del nuevo milenio* (2000), y 'Amerikaka', en *Seis narradores españoles en Nueva York* (2006).

Seis narradores españoles en Nueva York.

Carlos Varo, de origen andaluz y extremeño, nació en Cambados (Pontevedra) —donde su padre ejerció durante algunos años su profesión de abogado-notario—, justo frente al caserón habitado un día por don Ramón María del Valle-Inclán, el 18 de agosto de 1936, justamente el día de la muerte de Federico García Lorca. Doctor en Filosofía y Letras, dictó durante muchos años Literatura y Cultura Clásica en la Universidad de Puerto Rico y ha ejercido la docencia en varias universidades norteamericanas. Es autor de *Génesis y evolución del Quijote* (1968); publicó en 1974 su *Puerto Rico: Radiografía de un pueblo asediado*, cuya distribución no fue autorizada en España; y, en 1982, la edición modernizada, con el texto facsimilar, estudio y notas de la anónima *Carajicomedia*, de 1519. Fue director de la colección 'Buen Amor/Loco Amor' de Ruedo Ibérico, París, y en San Juan, de la colección literaria 'Aguja para mareantes'. Fundó y dirigió la revista multidisciplinar académica *Plural*. En 1987, la editorial Seix Barral (Barcelona) publicó su novela *Rosa Mystica*, reeditada en 1999 por la editorial Verbum (Madrid). En la recién aparecida antología *Escritores españoles en los Estados Unidos* se incluye un avance de su novela en marcha *En soledad, de amor herido*.

Los años sesenta y setenta

A finales de los sesenta y principios de los setenta, y por circunstancias diversas, desde la aventura personal hasta razones laborales —y casi todos ellos dedicados a la docencia universitaria—, fueron afincándose en los Estados Unidos escritores como Carlos Mellizo, Gonzalo Navajas, Jesús Torrecilla, Gerardo Piña Rosales, Carlos Perellón y Eduardo Lago.

Carlos Mellizo nació en Madrid, en 1942. Cursó estudios de Filosofía y Letras en la Universidad Complutense, donde se doctoró en 1970. En la actualidad es profesor de Lenguas Modernas en la Universidad de Wyoming. Mellizo ha traducido al español obras de Hobbes, Locke, Hume, Mill y otros autores clásicos del pensamiento británico, y ha publicado numerosos trabajos de crítica filosófica y literaria. Como narrador, recibió en dos ocasiones el Premio Hucha de Plata de Cuentos, y el Primer Premio del Certamen Literario Odón Betanzos Palacios, del Círculo de Escritores Iberoamericanos de Nueva York. Los relatos de Carlos Mellizo han aparecido en principales revistas literarias del mundo hispánico como *Revista de Occidente, Revista Interamericana, Ínsula, Papeles de Son Armadans, Cuadernos Hispanoamericanos*, etc. Hasta la fecha, se han publicado tres colecciones de cuentos suyos: *Los cocodrilos* (1970), *Historia de Sonia y otras historias* (1987) y *Una cuestión de tiempo* (1991).

Nacido en Barcelona en 1946, Gonzalo Navajas es catedrático de Literatura Moderna y Cine en la Universidad de California, en Irvine. Comparte las actividades de teórico de la cultura, novelista y crítico. Autor de numerosos libros sobre literatura moderna y teoría literaria, cine, arquitectura y cultura popular. Entre ellos destacan: *Teoría y práctica de la novela española posmoderna* (1987); *Miguel de Unamuno: bipolaridad y síntesis ficcional. Una lectura posmoderna* (1988); *Pío Baroja. El escritor y la crítica* (1990); *Más allá de la posmodernidad. Estética de la nueva novela y cine españoles* (1996), y *La narrativa española en la era global. Imagen / Comunicación / Ficción* (2002). Como narrador, ha publicado tres novelas: *De la destrucción de la urbe* (1987), *Una pregunta más para el amor* (1991) y *La última estación* (2001).

Gerardo Piña Rosales nació en La Línea de la Concepción (Cádiz) en 1948. Hizo estudios superiores en el Instituto Español de Tánger (Marruecos), en la Universidad de Granada y en la Universidad de Salamanca. Ya en Nueva York (donde reside desde 1973), se doctoró por el Centro de Estudios Graduados de esa misma universidad con una tesis sobre la literatura del exilio español de 1939. Desde 1981 ejerce como profesor de Literatura y Lengua españolas en el Lehman College y el Graduate Center de la City University of New York. Es miembro de número y director de la Academia Norteamericana de la Lengua Española, correspondiente de la Real Academia Española y presidente del Círculo de Escritores y Poetas Iberoamericanos de Nueva York.

Gerardo Piña Rosales es autor de *Narrativa breve de Manuel Andújar* (1988) y *La obra narrativa de S. Serrano Poncela* (1999). Como editor ha publicado: *Acentos femeninos y marco estético del nuevo milenio* (2000); *1898: entre el desencanto y la esperanza* (1999), *Presencia hispánica en los Estados Unidos* (2003), *España en las Américas* (2004), *Odón Betanzos Palacios o la integridad del árbol herido* (2005), *Seis narradores españoles en Nueva York* (2006) y *Escritores españoles en los Estados Unidos. Antología* (2007), en la que apareció por primera vez la versión original de su 'novella' *Don Quijote en Manhattan*. En 2006 ganó el Primer Premio en el Concurso Literario Internacional del Casino / Ayuntamiento de Lorca por su novela *Desde esta cámara oscura*. Sus cuentos (y fotografías) han aparecido en *Cuadernos de ALDEEU, Sinalefa, The Grove, Ventana abierta*, etc. El diálogo entre lo visual y lo verbal, tanto de carácter 'ekfrástico' como puramente descriptivo, es frecuente en la literatura española; pero no lo es tanto la utilización de la imagen engarzada al mismo texto, recurso más contrapuntístico que meramente dialógico. No son otra cosa sus 'Fotogrerías'.

Jesús Torrecilla nació en Villar del Pedroso (Cáceres) en 1954. Es licenciado por la Universidad de La Laguna (España) y doctor por la University of Southern California. Es catedrático de literatura en la Universidad de California en Los Ángeles (UCLA). Entre sus libros de crítica literaria caben destacar: *Razón, Tradición y Modernidad: Revisión de la Ilustración Hispánica* (1996), *La imitación colectiva: modernidad vs. autenticidad en la literatura española* (1996), *El Tiempo y los Márgenes. Europa como utopía y como amenaza en la literatura española* (1996), *La Generación del 98 frente al nuevo fin de siglo* (2000) y *España exótica: la formación de la identidad española moderna* (2004). Como narrador ha publicado, además de numerosos cuentos en periódicos y revistas, las novelas *Tornados* (1998) y *Guía de Los Ángeles* (2001). De esta última —donde las referencias culturales a España y a los Estados Unidos se barajan constantemente, plasmándose así la doble vida del emigrado— se reproduce un capítulo en *Escritores españoles en Estados Unidos*.

Eduardo Lago (nacido en Madrid, en 1954) se trasladó con carácter definitivo a Nueva York, donde vive desde hace casi veinte años. Se doctoró por el Graduate Center de la City University of New York y es profesor en el Sarah Lawrence College. Actualmente es director del Instituto Cervantes de Nueva York. Colaborador en diversos medios periodísticos españoles, en 2001 obtuvo el Premio de Crítica Literaria Bartolomé March por un estudio sobre las traducciones al español de *Ulises*, de James Joyce. Ha traducido obras de Charles Brockden Brown, Hamlin Garland, William Dean Howells, Henry James, Sylvia Plath, Christopher Isherwood, Junot Díaz y John Barth. Lago ha mostrado especial interés en la teoría de la traducción, la estética del Barroco y las relaciones entre los escritores de ficción hispanos de los Estados Unidos y los iberoamericanos. Es autor de *Cuentos dispersos*, una colección de relatos; *Cuaderno de México, memoria de su viaje a Chiapas*; y *Dark and Yellow Rooms*, un ensayo ilustrado sobre pintura. *Llámame Brooklyn*, su primera novela, ganadora —entre otros— del Premio Nadal (2006), es un texto estructuralmente complejo, laberíntico, que entronca no solo con la mejor narrativa estadounidense actual (Roth, Auster), sino también con obras clave de la literaria española e hispanoamericana contemporáneas.

Carlos Perellón nació en Madrid en 1957. Ha vivido en Madrid, Lima y Nueva York, donde reside desde hace 22 años. En 1994 ganó el I Premio de Novela Ciudad de Majadahonda por su primera novela, *Amanda*, y el XII Premio Herralde de Novela por su segunda, *La ciudad doble*, publicada ese mismo año. *La ciudad doble* muestra, en parte, la influencia de las ciudades estadounidenses en las que vivió el autor y en parte sus lecturas de Saul Bellow, John Dos Passos y Vladimir Nabokov. Por estas fechas Carlos Perellón acaba de terminar su tercera novela, *Al final del tiempo*, y una colección de relatos titulada *Inventario de pintores raros*. En *Seis narradores españoles en Nueva York* se reproduce su fascinante 'Amanda en Nueva York', mientras que en *Escritores españoles en Estados Unidos* aparece su cuento 'El vecino desconocido', donde el narrador reconstruye, a través de la viuda de un pintor ruso recién fallecido en Nueva York, los años de miedo, opresión y oprobio que el artista tuvo que sufrir en la Rusia de Stalin.

Son muchas las revistas donde han aparecido contribuciones de escritores españoles residentes en los Estados Unidos, y también los libros que se han publicado con sus obras. Mencionaré solo unos pocos a los que he estado estrechamente vinculado. En 2003, bajo el sello de St. John's University y ALDEEU (Asociación de Licenciados y Doctores Españoles en los Estados Unidos), apareció el libro *Presencia hispánica en los Estados Unidos*, coeditado por Nicolás Toscano, Gerardo Piña Rosales, Rafael Corbalán y Carmen Fernández Klohe, que, además de estudios literarios, históricos, sociológicos, etc., sobre los hispanos en los Estados Unidos, dedica una sección a la creación literaria. En ella, aparecieron los relatos de Gerardo Piña Rosales, 'Una noche con Ramón y Lautréamont (fotogrería)', y de Carlos Mellizo, 'Antes del descenso'. El otro libro, *Hispanos en los Estados Unidos: Tercer pilar de la hispanidad*, del año 2004, coeditado por Piña Rosales, Corbalán, Toscano y Klohe, y publicado por Teachers College-Columbia University y ALDEEU, recoge dos relatos, uno de Gerardo Piña-Rosales, 'El secreto de Artemisia', y otro de Paquita Suárez Coalla, 'La matanza'.

LA POESÍA

Mexicanos: poesía chicana

Gerardo Piña Rosales

Introducción

Después del Tratado de Guadalupe Hidalgo en 1848, pasó a los Estados Unidos el vasto territorio que va desde Texas hasta el océano Pacífico, y al norte hasta Wyoming, comprometiéndose estos a garantizar la igualdad del mexicano en aquellas tierras frente al colonizador anglosajón y por hacer que se respetaran los bienes y haciendas de los allí asentados desde tiempo inmemorial. Desde entonces hasta hoy, los mexicanos —mestizos en su mayoría— acusan a los Estados Unidos de haber hecho caso omiso de aquellos compromisos.

Los méxico-americanos —o chicanos— se hallan diseminados por los estados de California, Arizona, Texas, Nuevo México, Colorado y Utah, y, en número cada vez mayor, por otros estados de la Unión. La comunidad méxico-americana se puede dividir en tres grandes grupos: los mexicanos, la mayoría de emigrantes —legales o ilegales— con larga permanencia en el nuevo país (que era el viejo) o recientemente llegados de México, que hablan español y se identifican con México; los nacidos en los Estados Unidos, que son los chicanos propiamente dichos, y que enarbolan su orgullo hispánico —y, sobre todo, indígena, precolombino—, bilingües, aun cuando la última generación se exprese más y más en la lengua mayoritaria; y, por último, los texanos, independientes y un tanto al margen de las últimas corrientes migratorias.

La literatura chicana

La literatura chicana dispone ya de un importante aparato bibliográfico en español y en inglés, habiendo sido estudiada por la crítica desde enfoques estilísticos tradicionales hasta los más recientes deconstruccionistas derridianos y bajtinianos. El libro de Charles Tatum, *La literatura chicana*, publicado en 1982 en inglés, y pésimamente traducido al español en 1986, ofrece de manera metodológica un amplio panorama sobre la creación literaria chicana contemporánea. En 1989, *Bilingual Review Press*, de la Universidad Estatal de Arizona, publicó —editado por Gary Keller, Rafael Magallán y Alma García— el volumen interdisciplinario *Curriculum Resources in Chicano Studies*, con una extensa bibliografía sobre el tema. Uno de los mejores estudios sobre poesía chicana es, sin duda, el libro de Cordelia Candelaria, *Chicano Poetry*.

El estudio de la creación literaria chicana debe tener en cuenta las especiales características de esta, como el hecho de que sus raíces estén en la literatura mexicana, y en lengua española, aunque los chicanos sean ciudadanos americanos y hayan estudiado en las escuelas públicas del país, y en inglés. Uno puede encontrar el uso de español e inglés en un mismo texto entre los escritores chicanos. Estos cambios de códigos son frecuentes en la literatura chicana, aunque no todos los escritores chicanos los usan para escribir, ya que muchos lo hacen en inglés o en español, y algunos en ediciones bilingües, con traducciones del lenguaje original. El lenguaje de esta poesía refleja la realidad de la vida chicana: el discurso poético presenta una mezcla entre el inglés y el español o una combinación de ambos idiomas, el llamado 'fenómeno binario', según la terminología de Philip Ortego, que recoge el habla popular del pocho, el argot o jerga del pachuco, con sus innumerables giros en caló.

La poesía chicana cultiva las formas populares, de tradición oral, y las formas cultas, que siguen la tradición literaria escrita. Desde los 'corridos' anónimos, la literatura chicana, oral o escrita, ha seguido una sola tradición de resistencia. Hasta los años setenta predominan en el corpus poético chicano los temas de carácter social. A mediados de los setenta comienza a notarse un cambio, como también ocurre entre los poetas puertorriqueños de

Nueva York: hay una mayor amplitud de temas, aunque el espíritu que subyace sigue siendo revolucionario. Al laberinto de la soledad de Octavio Paz se habrán de incorporar ahora las bifurcaciones, cuetos y vericuetos del alma atormentada del chicano. Abundan también en esta poesía incursiones en el México contemporáneo, así como en su origen azteca y maya. Otros se refieren a la vida del chicano en los Estados Unidos, sobre todo en los barrios de las grandes ciudades, en los guetos de Los Ángeles, Chicago o San Francisco. En general hay en estos temas una exaltación de los valores tradicionales de la familia chicana y del carnalismo, ese sentimiento de hermandad, de solidaridad entre los chicanos.

Poetas chicanos

Sabine R. Ulibarrí nació en 1919, en Tierra Amarilla, Nuevo México. Comenzó su larga carrera como educador, escritor, poeta, ensayista, crítico y estadista en los colegios del condado de Río Arriba, en 1938, y después en la Escuela Normal El Rito. Durante la Segunda Guerra Mundial, Ulibarrí se distinguió por su valor y recibió varias condecoraciones. Después de la guerra, se graduó por la Universidad de Nuevo México en literatura inglesa e hispánica. Ya en los años cincuenta empezó a impartir clases en la Universidad de Nuevo México, mientras preparaba el doctorado en la Universidad de California, Los Ángeles. Su tesis doctoral versó sobre Juan Ramón Jiménez. Entre sus libros de poesía, hay que mencionar *Al cielo se sube a pie* (1961) y *Amor y Ecuador* (1966).

Rodolfo 'Corky' González (1928-2005) fue boxeador, poeta y activista político. Fue él quien convocó la famosa Conferencia de la Juventud Chicana en marzo de 1969. En aquella conferencia se promulgó el Plan Espiritual de Aztlán, manifiesto que abogaba por la igualdad de derechos para los chicanos. Como poeta, Corky González fue autor del poema épico —tanto documento social como obra literaria— *Yo soy Joaquín (I am Joaquin)*, publicado en 1967, que refleja a cabalidad la preocupación poética y social de los sesenta y principios de los setenta. Como afirma el mismo Corky González en el prólogo, su poema es una búsqueda de identidad y de raíces culturales. *Yo soy Joaquín* muestra la actitud afirmativa, nacionalista, de los chicanos y de la Raza. En tono declamatorio y exaltado, Corky González hace la apología del orgullo cultural méxico-americano y denuncia la explotación de la cultura dominante anglosajona. Aparecen símbolos comunes a la cultura mexicana y se evocan también los mitos ancestrales de esta civilización: Cuauhtémoc, Hidalgo, Pancho Villa, Joaquín Murrieta.

Sergio Elizondo, otro de los destacados cultivadores de la poesía chicana contemporánea, es el autor del conocido *Perros y antiperros: una épica chicana*. Nacido en Sinaloa (México) en 1930, hijo de un antiguo combatiente en la Revolución de 1910, Sergio Elizondo emigró a los Estados Unidos (según le cuenta a Bruce Novoa en *Chicano Authors*) como 'espalda mojada' hasta llegar a ser profesor en la Universidad Estatal de Nuevo México. A diferencia de otros poetas chicanos, Sergio Elizondo escribe predominantemente en español (uno de los seis modos lingüísticos en que está escrita la poesía chicana). Tanto *Perros y antiperros* como *Libro para batos y chavalas chicanas* son, en esencia, una profunda y torturada meditación sobre la naturaleza del chicano y sus conflictivas relaciones con el anglosajón. Aun cuando en la poesía de Sergio Elizondo esté presente la protesta social, esta poesía no puede ser considerada política (lo que, por otra parte, sería una contradicción). Y resulta curioso —aunque explicable— que su poesía no sea ni demasiado culta ni altamente metafórica, como cabría esperarse de un poeta que conoce y ha asumido gran parte de la tradición poética y cultural hispánica.

José Montoya, nacido en 1932 en Escoboza, Nuevo México, al noreste de Albuquerque, es autor de otro de los títulos más significativos de la poesía chicana: 'El Louie', conocidísima y archiantologada —oficial y piratescamente— elegía interlingüe a Louie Rodríguez, líder de un grupo pachuco de Fowler, California, durante los años cuarenta y cincuenta. Louie, paradigma, arquetipo, síntesis del pachuco, tiene el coraje de rechazar los cantos sirénicos de la sociedad dominante y termina muriendo, adicto a las drogas, en un sórdido cuartucho de un hotel innominado.

Ricardo Sánchez, otro de los grandes poetas chicanos bilingües, nació en 1941 en El Paso (Texas), y como él mismo suele decir, 'manito por herencia y pachuco por experiencia', recordando sin duda sus humildes orígenes y sus años de cárcel, penuria, rechazo y marginación. Ricardo Sánchez, 'chicano, pinto y oprimido', siente que debe solidarizarse con la causa del pueblo para aspirar con él a una liberación popular y humanizante, y denuncia la sordidez de la vida moderna, soñando con un mundo íntegro donde la estética y la humanización sean horizontes y puntales permanentes. Sus libros, *Canto y grito mi liberación* (1971), *Hechizo (Spells)* (1976) y otros, recogen la experiencia colectiva de los chicanos en un lenguaje poético híbrido, delirante, iconoclasta y revulsivo. En sentido estricto, esta poética bien podría denominarse 'poética de liberación'.

Alurista 'Alberto Urista', nacido en la Ciudad de México en 1947 y emigrado a California a los 12 años, es tal vez la figura más representativa de la poesía chicana contemporánea. Su poesía es un canto a la liberación, una denuncia de las fuerzas opresoras encarnadas en el 'gringo', al que ve como un ser monstruoso, suicida, antiecológico. La vida de Alurista es una constante búsqueda de sí mismo como artista y como hombre. Son fácilmente rastreables en sus textos las huellas de sus variopintos estudios, que van desde el taoísmo, el hinduismo, la filosofía occidental hasta la tradición espiritual náhuatl. *Floricanto de Aztlán* (1971) es un alegato para que el chicano recobre su identidad y se levante contra los míster Jones, arquetipos del norteamericano deshumanizado. Otras de sus obras son *Nationchild plumaroja, 1969-1972* (1972) y *Cantares arrullos* (1975).

Tino Villanueva es natural de San Marcos, en el estado de Texas. En 1972 apareció en Nueva York su poemario *Hay otra voz: poems*. En *Hay otra voz: poems*, junto a trece poemas en inglés y doce en español, se incluyen cinco textos mezclados, fenómeno que Bruce Novoa denomina interlingüismo, porque si bien el bilingüismo implica un salto de un código lingüístico a otro, el interlingüismo se fundamenta en la tensión de ambos idiomas al mismo tiempo, creándose así un tercer lenguaje.

Rafael Jesús González es autor de *El hacedor de imágenes* (1977), poesía que gira en torno al mundo precolombino y las filosofías orientales, sin desdeñar la problemática humana, existencial y social.

Miguel Méndez, el conocido novelista, es el autor de *Los criaderos humanos (Épica de los desamparados y Sahuaros)*, poemario donde declara que la única salvación del hombre, y en particular la del chicano acosado por una sociedad mecanicista y supertecnológica, radica en el retorno y reintegración al mundo natural.

Lucha Corpi es autora de *Palabras de mediodía* (1980), donde, con acento lírico, exalta la amistad, el amor y la superación personal y colectiva.

Alberto Ruy Sánchez, novelista y cuentista, es, además, autor de un interesantísimo poemario, *La inaccesible* (1990). Ruy Sánchez proviene de la Baja California, donde pasó la infancia. En 1975 viajó a París, donde vivió hasta 1983. En Francia siguió los seminarios de Roland Barthes, Michel Foucault, Jacques Rancière, André Chastel y otros intelectuales de fuste. Se doctoró por la Universidad de París. Regresó posteriormente a México, donde durante varios años trabajó para la revista *Vuelta*.

Pat Mora, nacida en 1942, en El Paso, Texas, es autora de tres poemarios significativos: *Cantos* (1984), *Comunión* (1995) y *Sonrisas* (1994).

Ana Castillo, nacida en 1953, en un barrio de Chicago, Illinois, escenario de su niñez y juventud, es, además de poeta, novelista, cuentista y ensayista. Obtuvo la maestría en Literatura Hispanoamericana y Estudios del Caribe por la Universidad de Chicago, y el doctorado en Estudios Americanos por la Universidad de Bremen, en Alemania. Es autora de un interesante poemario titulado *Otro canto* (1977).

La poesía puertorriqueña

Luis Alberto Ambroggio

Introducción

Por la característica del trabajo a seguir, omitimos en este ensayo la poesía puertorriqueña insular, desde los movimientos romántico y costumbrista presentes en la pluma de un José Gautier Benítez con aquella trilogía de poemas tan indicativos ya en sus títulos —'A Puerto Rico (ausencia)'; 'A Puerto Rico (regreso)'; 'A Puerto Rico (Canto)', y muchos otros—, hasta llegar a las manifestaciones antirrománticas y a las corrientes premodernistas, período del cual solo nos limitamos a destacar a Lola Rodríguez de Tió (1848-1924), que vivió, en uno de sus tantos traslados dentro de su prolongado exilio, en la ciudad de Nueva York. Entre su poesía más conocida están los poemarios *Mis Cantares* (1876), *Claros y nieblas* (1885), *A mi Patria en la muerte de Corchado* (1885) y *Nochebuena* (1887). Del breve decasílabo titulado *Autógrafo* unos versos la retratan: 'Yo no me siento nunca extranjera; / En todas partes hogar y abrigo / Amplia me ofrece la azul esfera; / Siempre mis sienes un seno amigo / Hallan en una u otra ribera / Porque la Patria llevo conmigo', como así también sus famosos versos de 'A Cuba', que proclaman una característica de la hermandad de las naciones caribeñas en la lucha por su independencia: '...Cuba y Puerto son / de un pájaro dos alas, / reciben flores o balas / sobre un mismo corazón'. Al lado del nombre de Lola Rodríguez de Tió debemos añadir los nombres del ensayista Eugenio María de Hostos (1839-1903), del diplomático y poeta Ramón Betances (1827-1898), del afropuertorriqueño Sotero Figueroa (1851-1923) y de Francisco Gonzalo 'Pachín' Marín (1863-1897), autor de *Flores nacientes* (1884) y *Romances* (1891), entre otros, y que concibió y diseñó la bandera de Puerto Rico. También vive por largos períodos en los Estados Unidos, a partir de los años cincuenta, el poeta Graciany Miranda Archilla (1908-1993), que en su momento dirige la sección dominical de *El Diario La Prensa* de Nueva York y que va a participar activamente en actividades de la comunidad puertorriqueña de esa ciudad. Entre sus libros se encuentran *Cadenas de ensueños* (1926), *Responso a mis poemas náufragos* (1930), *Sí de mi tierra* (1937), *El oro en la espiga* (1941), *Himno a la caballa* (1971) y *Camino de la sed* (1990). Dejó inédito el libro *Visita al cero verde*.

También por las razones arriba esgrimidas quedan fuera de nuestros propósitos los más reconocidos de la poesía puertorriqueña insular del siglo XX, como Luis Lloréns Torres (1878-1944), Evaristo Ribera Chevremont (1896-1976), Luis Palés Matos (1899-1959) y Francisco Matos Paoli (1915-2000); del mismo modo lo hacemos con los llamados poetas de la Generación del Ochenta y también algunos posteriores a estos.

Los poetas y sus poemas en español

Uno de los creadores puertorriqueños con obra señera y versos en español que vive y produce en los Estados Unidos es Juan Antonio Corretjer (1908-1985). Durante cinco años el escritor estuvo encarcelado (Atlanta, 1937-1942) por problemas políticos. Vivirá en Nueva York, donde va a producir la mayor parte de su obra poética. Entre sus títulos se encuentran *Agueybaná* (1932), *Ulises* (1933) —en el que comienza a destruir la tesis del insularismo literario y político con su postulado 'versos al mar de un hombre de tierra adentro'—, *Amor a Puerto Rico* (1937) y *Cántico de guerra* (1937). En 1950 escribe el cantar épico de Puerto Rico *Alabanza en la Torre de Ciales*, que publica posteriormente, en 1953.

Otro conocido activista, encarcelado también junto al político nacionalista Pedro Albizu Campos y Juan Antonio Corretjer, fue el poeta Clemente Soto Vélez (1905-1993), quien escribió en

Nueva York a partir de los años cincuenta. Sus libros: *Escalio* (1937), *Abrazo interno* (1954), *Árboles* (1955), *Caballo de palo* (1959) y *La tierra prometida* (1979). Su Obra poética ha sido publicada por el Instituto de Cultura Puertorriqueña en 1989. También hay que destacar a Julia de Burgos (1914-1953), con sus tres poemarios *Poema en veinte surcos* (1936), *Canción de la verdad sencilla* (1937) y *El mar y tú* (1954), de donde son aquellos versos idiosincrásicos de la esencia puertorriqueña: 'Morir conmigo misma, abandonada y sola / en la más densa roca de una isla desierta'. A estos se suman los nombres de Tomás R. Gares (1892), con sus poemarios *Agridulce: poemas* (1969) y *Jardín sonoro* (1975), autor de aquellos rotundos versos:

> Dicen que el sonoro idioma castellano
> Herido está de muerte en el solar...
> Mientras recuerde mi patria su pasado
> la lengua de Castilla se hablará... (*Artes y Letras*, 1934)

Clara Lair (1895-1974), José I. de Diego Padró (1899-1974), fundador junto a Luis Palés Matos del movimiento de vanguardia que se llamó 'diepalismo', formado con la unión de ambos apellidos, y que publica *La última lámpara de los dioses* (1921), *Ocho epístolas mostrencas* (1952) y *Escaparate iluminado* (1959); Erasmo Vando (1896-1988), que vivió en el sur, antes de llegar a Nueva York, con su poema 'United States' y la colección *Amores: poemas* (1996); Jesús Colón (1901-1974), con su famoso soneto 'The Flapper': 'Como una niña chole que fuera neoyorquina / rasga el aire la 'flapper' contorneándose toda. / Su traje, un futurismo de la última moda, / hace mil sugerencias con su seda divina...'. También Emilio R. Delgado (1901-1967), fundador en 1925 del noísmo; Felipe N. Arana (1902-1962); José Dávila Semprit (1902-1958), autor de *Brazos Bronce* (1933); Juan Avilés (1905), presidente del influyente Círculo de Escritores y Poetas Iberoamericanos (CEPI); Ángel M. Arroyo (1908); el ya mencionado Graciany Miranda Archilla (1908-1993), fundador del movimiento altayalista; Ramón Ruiz de Hoyos (1908); Pedro Carrasquillo (1909-1964), uno de los mayores exponentes del jibarismo en la poesía; César Gilberto Torres (1912), del CEPI, con su poema 'Al presidente Roosevelt', con ecos del famoso poema dariano; Poliana Carranza (1917); José Emilio González (1918-1990), con su vanguardismo hegeliano; Carmen Puigodllers (1919), con su poemario *Dominio de Alas* (1955), y Diana Ramírez de Arellano (1919), con sus poemas 'Salmo penitencial de desterrados' y 'A Puerto Rico'.

Más tarde aparecen Roberto 'Boquio' Alberti (1930-1985), con *Canciones de un Febrero* (1965); Jaime Carrero (1931), con el poemario *Jet neorriqueño* (1964), precursor del 'Movimiento Neorriqueño'; Ernesto Álvarez Valle (1937), autor de *Sobre el Puente de Brooklyn*; el español pero esencialmente puertorriqueño Alfredo Matilla Rivas (1937); Olga Nolla (1938-2001); Rosario Ferré (1938), cuya estadía en varios lugares de los Estados Unidos, y en especial en la zona metropolitana de Washington D.C., mientras sacaba su doctorado en la Universidad de Maryland, marcó su autoidentidad como mujer, crítica literaria y su obra poética, y que publica su primer libro de poemas, *Fábulas de la garza desangrada*, en 1984, *Las dos Venecias* (poemas y relatos) en 1992 y su *Antología personal* en 1994. Además, debemos mencionar a Juan Manuel Rivera (1943), con sus *Poemas de la nieve negra* (1986), y otros representantes tanto en el período preneorriqueño, como en el neorriqueño y posneorriqueño, que iremos mencionando, como el poeta y antólogo Iván Silén (1944-), poeta de la subcultura marcado por un anarquismo nihilista y con un yo poético alterado (en el sentido de otredad) y a la deriva[1], con Víctor Fragoso (1944), Brenda Alejandro (1947), Lourdes Vázquez[2] (1949) y Orlando José Hernández (1952), que participan en su antología *Los Paraguas Amarillos* (Ediciones del Norte y Bilingual Press, 1983), además de Ferré y Soto. Asimismo, Alfredo Villanueva Collado (1944), con muchos poemarios, entre ellos, *En el imperio de la papa frita*[3], y José Luis Colón Santiago (1945-2001), con sus poemarios *La primera vez que yo vi el paraíso* (1989) y *Aquí, mi sur del Bronx* (1990). También los incluidos en la antología *Herejes y Mitificadores: muestra de la poesía puertorriqueña en los Estados Unidos* (Puerto Rico: Ediciones Huracán, 1980) y todavía no mencionados, aunque varios de ellos escriben primordialmente en inglés y podrían encasillarse con la poesía 'niuyorriqueña' o 'niuyorricana': Roberto Marquez (1942); Louis Reyes Rivera (1945); José Ángel Figueroa (1946), con *Noo York*; David Hernández (1946); Julio Marzán (1946), con *Puerta de Tierra* (1998); Luz María Umpierre (1947), que desde la salida de su poemario en 1979, *En el país de las maravillas*, ha seguido publicando poesía, artículos y narrativa; Carmen Valle (1948), poesía en español de contrastes con los poemarios *Un poco de lo no dicho* (1980), *Glenn Miller y varias vidas después* (1983), *De todo da la noche al que la tienta* (1987), *Preguntas* (1989), *Desde Marruecos te escribo* (ed. bilingüe, 1993), *Entre la vigilia y el sueño de las fieras* (ed. bilingüe, 1996) y *Esta casa flotante y abierta* (2004); finalmente, Jesús (Papoleto) Meléndez (1951), Néstor Barreto (1952) y el antes mencionado Orlando José Hernández (1952).

Poesía e intranquilidad social

La poesía social y política del Movimiento Neorriqueño, fundado por Jesús Colón (1901) y antologado en dos libros fundamentales —*Nuyorican Poetry: an Anthology of Puerto Rican words and feelings*, editado por Miguel Algarín y Miguel Piñero (Nueva York: Morrow, 1975), y *Aloud: voices from the Nuyorican Poets Café*, editado por Miguel Algarín y Bob Holman (Nueva York: H. Holt, 1994), que me dedicara Miguel Algarín en 1995, con nombres como los del propio Miguel Algarín (1941), Pedro Pietri (1944-2006), Miguel Piñero (1947-1988), Sandra María Esteves (1948), Martita Morales, Lucky Cienfuegos y otros—, se caracteriza por su antiintelectualismo y su profeso antiesteticismo. Los poemas fueron escritos en su mayoría en el inglés 'vernáculo' del 'barrio' (más bien un concepto que un lugar físico definido) puertorriqueño en Nueva York, por lo que no nos detenemos en el mismo, a pesar de abundar las incrustaciones de palabras en español y, en ocasiones, con versiones bilingües originales. Sirva como ejemplo este fragmento del poema 'Puerto Rican Obituary' del recientemente fallecido Pedro Pietri, una de sus más destacadas e influyentes figuras:

> Aquí se habla Español all the time
> Aquí you salute your flag first
> Aquí there are no dial soap commercials
> Aquí everybody smells good
> Aquí tv dinner do not have a future
> Aquí the men and women admire desire
> And never get tired of each other
> Aquí Qué Pasa Power is what's happening
> Aquí to be called negrito
> Means to be called LOVE.

No se prejuzga en este ensayo sobre el debate de si la poesía puertorriqueña no escrita en español sigue siendo puertorriqueña, como se discutió acaloradamente a raíz de este movimiento poético que quiso preservar esa manera peculiar de expresión del puertorriqueño de Nueva York, pero que —por ejemplo, en Víctor Hernández Cruz (1949)— dio paso al reencuentro con el español y a la hispanidad de la identidad lingüística puertorriqueña, como lo señala Francisco Cabanillas en su artículo 'España desde la poesía nuyorican' (*Revista Espéculo*, 2006, 33: 7 y 8). Lo cierto es que —como apunta Alfredo Villanueva Collado— 'la poesía puertorriqueña de los Estados Unidos fluye por dos vertientes determinadas por el idioma que se utiliza tanto como identificación que los autores hacen de su propia nacionalidad: una diaspórica, en español, y una que se puede considerar literatura étnica estadounidense dentro de la ficción multicultural'[4].

De este modo, este movimiento literario permitió que otros poetas puertorriqueños en los Estados Unidos desarrollaran sus propios estilos diferenciados del grupo en cuestión tanto en su temática como en su forma. Así ocurre con lo dicho por Frances Aparicio[5], que cataloga la expresión como 'poesía posneorriqueña' o 'nuyorricana': aquí se encuentran poetas como Tato Laviera (1951), los ya mencionados Víctor Hernández Cruz y Luz María Umpierre, y Martín Espada (1957). Es una poesía de amalgama y cambio de códigos. Algunos de estos poetas, como Laviera y Víctor Hernández Cruz, son en muchas ocasiones bastante osados y atrevidos en su uso del español, como lo comprobamos en este fragmento de *Enclave* (1985) de Tato Laviera:

sabes, pinche, que me visto
estilo zoot suit marce de
pachuco royal chicano air
force montoyado en rojo
azul verde marrón Nuevo
callejero chicano carnales
eseandome como si el ése ése
echón que se lanza en las
avenidas del inglés con
treinta millones de batos
locos hablando en secreto
con el chale-ése-no-la-chingues
vacilón a los gringos americanos...

...
tengo las venas aculturadas
escribo en spanglish
abraham en español.
...
hablo lo inglés matao
hablo lo español matao
no sé leer ninguno bien
...

('My graduation speech')

Algo asimismo constatable en los poemas de Víctor Hernández Cruz en Maraca (2001), 'Federico García Lorca', 'De tres raíces', 'Bobadilla, España' y 'Semillas', con una marcada progresión metapoética desde el afrocentrismo 'niuyorricano' al aprecio y elogio de lo hispano, un español del Caribe.

Junto a estos movimientos debemos mencionar la creación poética de los poetas puertorriqueños continentales como Joaquín Torres Feliciano (1945), con *Cachivache* (1976); Vilma Byron Brunet (1946), con *Semblanza* y *Colma Populo*; Olga Casanova Sánchez (1947), con *Raíz al aire*; Elizan Escobar (1948); Manuel Ramos Otero (1948-1990), con *El libro de la muerte* (1985) e *Invitación al polvo* (1991); Carlos A. Rodríguez Matos (1949); David Cortes Cabán (1952), con *Poemas y otros silencios* (1981), *Al final de las palabras* (1985), *Una hora antes* (1990), *Libro de los regresos* (1999) y *Ritual de pájaros: Antología personal 1981-2002* (2004); Giannina Braschi (1953), con *El imperio de los sueños*; Luz Ivonne Ochart (1954), con sus poemarios *Ritos de muerte* y *Obra poética*; Jan Martínez (1954), con sus poemarios *Minuto de silencio* (1977), *Archivo de cuentas* (1987) y *Jardín, obra escogida (1977-1997)* (1998); Marithelma Costa (1955), que publicó tres poemarios: *De Al'vión* (1987), *De tierra y de agua* (1988) y *Diario Oiraí* (1997), y Arnaldo Sepúlveda (1956), con *El Libro de sí*. Ellos integran —entre muchos otros ya mencionados— la antología *Papiros de Babel: Antología de la Poesía puertorriqueña en Nueva York* (Editorial Universidad de Puerto Rico, 1991), una de las más completas hasta la fecha, que ha editado el destacado poeta y crítico Pedro López Adorno (1954), autor a su vez de *Rapto continuo* (1999), *Viaje del cautivo* (1998), *Concierto para desobedientes* (1996), *Los oficios* (1991), *País llamado cuerpo* (1991), *Las glorias de su ruina* (1988) y *Hacia el poema invisible* (1981). A estos podemos añadir algunos poetas no incluidos en la antología de López Adorno, como Marta Magaly Quiñones (1945), autora de *Entre mi voz y el tiempo* (1969), *Era que el mundo era* (1974), *Zumbayllu* (1976), *Cantándolo a la noche misma* (1978), *En la pequeña antilla* (1982), *Nombrar* (1985), *Razón de lucha* (1989), *Sueños de papel* (1996) y *Mi mundo* (2003); Judith Ortiz Cofer (1952), que escribe principalmente en inglés; Myrna Nieves (1949), con *Viaje a la lluvia: poemas* (2002); Egla Blouin; María Juliana Villafañe, con *Dimensiones en el amor* (1992) y *Entre Dimensiones* (2002); Paul González, con dos pequeños poemarios: *Poems for May, June or April* y *Confundido por el Mar Caribe y el Río Culebrina*; Naomí Ayala (1964), que escribe poemas en español y tiene en curso de publicación con *Bilingual Review Press* un poemario bilingüe de su autoría, aunque sus primeros poemarios, *This Side of Early* (2007) y *Wild Animals on the Moon* (1997), fueron escritos en inglés; finalmente, Rebecca Villarreal y otros, con poesías antologadas y obras premiadas, quienes han publicado poemas en español, a veces en inglés, o con estrofas bilingües, pero siempre fieles a su sentido de identidad, hispanismo y nacionalismo, como cosmovisión, puertorriqueños, en un acto consciente de resistencia y desafío a la cultura anglosajona, con diversas características de las diferentes tendencias estéticas: romanticismo, vanguardia, surrealismo, modernismo, postmodernismo. Sentido de identidad en el exilio marcado por nostalgias, por ejemplo, de comidas, costumbres, estabilidad (frente al flujo y caos), sentido de minoría.

Las diferentes oleadas del 'posniuyorriqueñismo' o 'niuyorricanismo' han tenido escenarios diversos y producciones desiguales en su calidad estética. Uno de ellos ha sido captado por Juan Flores y Jorge Matos en su edición de 1999 en la *Revista de Estudios Puertorriqueños* con su selección de poetas 'diasporricanos'. Otras de las nuevas generaciones poéticas, ahora llamados 'neorriqueños', publican en antologías, revistas 'latinas' o multiculturales como *Ratallax, The Americas Review* y otras, con 'nuevas' propuestas estilísticas y temáticas, aboliendo geografías y distinciones, dado que expresan una realidad más compleja en un territorio fluido y, por lo tanto, abordan temas más amplios que los de la identidad, que —en palabras de Juan Flores y Mayra Santos Febres— 'ya definitivamente no es vista como un bloque monolítico, coherente y atado a un idioma o un espacio geográfico o a una etnia/raza. La ven, en cambio, como un territorio poroso, lleno de contradicciones y de experiencias yuxtapuestas que también definen esa terrible y hermosa realidad que es ser puertorriqueño', como lo consigna 'Micrófono abierto: nuevas literaturas puertorriqueñas' (*Hostos Review*, 2005, 2: 12).

La antología *La ciudad prestada: poesía latinoamericana posmoderna en Nueva York* (Santo Domingo, 2002), compilada y editada por Pedro López Adorno, incluye a los poetas puertorriqueños Juan Manuel Rivera, Giannina Braschi y el propio Pedro López Adorno, anteriormente mencionados en otros contextos.

Las últimas manifestaciones

Las últimas generaciones de la novísima poesía puertorriqueña, aquellas llamadas de los ochenta y los noventa, se destacan en la edición de *Hostos Review* (2005, 2) bajo el título 'Micrófono abierto: nuevas literaturas puertorriqueñas', trabajo de Juan Flores y Mayra Santos Febres, que incluye a poetas —además de los anteriormente citados en relación con otros grupos o movimientos— como Mariposa, de Nueva York, con su 'Ode to the Disporican (pa mi gente)'; Moisés Agosto-Rosario (1965), con los poemarios *Porqué la construcción de los profetas* (1988) y *Poemas de lógica inmune* (1993); la puertorriqueña-costarricense Kattia Chico (1969); Caridad de la Luz, alias 'La Bruja', poeta, actriz, cantante; María Luisa Arroyo (1971), autora de *Raíces de Silencio* (2005); Chiara Merino Pérez Carvajal (1973); el 'rapero' Gallego (1974); Uroyoán Noel (1976), con sus libros *Las flores del Mall* (2000) y *La lógica Kool* (2006); Willie Perdomo, voz del barrio (East Harlem) que dice 'Yo soy Boricua! Yo soy Africano! I ain't lyin'. Pero mi pelo is kinky y curly y mi skin no es negro pero it can pass...' en su poemario *Nigger-Reecan Blues* (1996) y escribe su *blog* en español pero su poesía mayormente en inglés; Guillermo Rebollo-Gil (1979), que publicó los poemarios *Veinte* (2000), *Sonero* (2003) y *Teoría de Conspiración* (2005), y que ha obtenido importantes reconocimientos como poeta novel; David Caleb Acevedo (1980); Nicole Cecilia Delgado (1980), y Raquel Z. Rivera. Los poetas que menciono a continuación escriben casi exclusivamente en inglés, aunque incluyen frases o versos en español en sus creaciones: Edwin Torres (1958); Tony Medina, ahora en Howard University; el puertorriqueño-ecuatoriano Emanuel Xavier (1971), con sus poemarios *Pier Queen* (1997) y *Americano* (2002); Nydia Rojas en Wisconsin; Ed Morales; Frank Varela; Shaggy Flores; Anthony Morales; Sandra García Rivera; el nuevo 'niuyorricano' Flaco Navaja; Héctor Luis Rivera y Ray Ramírez, fundadores de *Welfare Poets*;

la afropuertorriqueña Aya de León; Magda Martínez; Hugo J. Ríos Cordero; John Rodríguez, y Bonafide Rojas, autor de *Pelo bueno*. Son pocos los poetas de esta antología que tienen poemarios publicados, pero sus creaciones literarias han aparecido en revistas, antologías en papel o virtuales. Algunos de los autores presentes en la antología de Juan Flores y Mayra Santos Febres no han sido mencionados por publicar en otros géneros literarios o solo en inglés, o por residir fuera de los Estados Unidos. La poesía de estas generaciones de los ochenta y noventa es una poesía híbrida, como afirmamos anteriormente, con nuevas temáticas y estilos, experiencias y *performances* de *hip-hop*, con formas múltiples de difusión artística, pero auténticamente puertorriqueños, 'diasporriqueños' o 'neorriqueños' en su fondo de inspiración y creación poética.

Esta aproximación y breve reseña del cuerpo poético de la poesía puertorriqueña en español, en los Estados Unidos[6], recorre una rica y variada creación que aúna expresiones lingüísticas variadas, populares e indígenas, además de la española, con el deseo de alcanzar características de una identidad autóctona y lograr aportaciones de métricas de acervo tradicional como las décimas y los corridos, y que además mezcla lo africano y lo anglo, captado en las calles de Nueva York y otros lugares. Poesía y poetas que se han manifestado con las tendencias de los movimientos modernista, de vanguardia, posmodernista, novísimo y los típicos movimientos 'niuyorricanos' con sus cambios de códigos y mezclas idiomáticas, con temas idiosincrásicos de identidad nacional, de lucha patriótica, nacionalista y social, a partir de las realidades difíciles del barrio y de una nación en conflicto con su ser político, su nostalgia del campo y de la naturaleza, su identidad propia en un continuo flujo del acá y del allá, del salir y del regresar física o espiritualmente a la Isla, como fuente de creatividad.

Notas

[1] Algunos de sus poemarios: *Después del suicidio*, Santo Domingo, 1970. *El pájaro loco*, Ediciones Puerto, Puerto Rico, 1972. *Los poemas de Filí-Melé*, El Libro Viaje, Nueva York, 1976. *La poesía como libertá*, Instituto de Cultura Puertorriqueña, Puerto Rico, 1992. *Casandra & Yocasta*, Instituto de Cultura Puertorriqueña, Puerto Rico, 2001.

[2] Nacida en 1949, ampliamente antologada y publicada en revistas. Su libro de poemas *Las hembras* (Papeles del Andalicán, Chile, 1987) fue mencionado por la crítica puertorriqueña como uno de los diez mejores libros del año. En 1988 el Museo Omar Rayo de Colombia publica el texto *La rosa mecánica* en su serie de mujeres poetas de América Latina. Entre 1995 y 1997 publica las *plaquettes El amor urgente, The Broken Heart* y *Erótica de bolsillo*. En 1999 publica su libro de cuentos *Historias de Pulgarcito* (Ediciones Cultural); es autora, además, de *Bestiary: Selected Poems 1986-1997* (2004); *La estatuilla* (2004); *Salmos del cuerpo ardiente* (México: Chihuahua Arde, 2004); *May the Transvestites of my island who tap their heels exquisitely* (2004); *Obituario* (2004); *Desnudo con Huesos (Nude with Bones)* (2003), y *Park Slope* (2003).

[3] Tiene once poemarios publicados, entre los cuales podemos mencionar, además del primero citado, *La guerrilla fantasma* (1989), *La voz de la mujer que llevo dentro* (1990), *Pato salvaje* (1991), *Entre la inocencia y la manzana* (1996), *La voz de su dueño* (1999) y *Pan errante* (2005).

[4] En 'Poetas de la diáspora puertorriqueña: idioma, canonicidad e identidad nacional' (http://www.redyaccion.com/poetas de PuertoRico.htm/).

[5] En la discusión de la poesía 'preniuyorricana', 'niuyorricana' y 'posniuyorricana' me baso y complemento el estudio de Frances R. Aparicio de 1993, 'From Ethnicity to Multiculturalism: An Historical Overview of Puerto Rican Literature in the United States', incluido en el *Handbook of Hispanic Cultures in the United States: Literature and Art*, editado por Francisco Lomelí, coordinación general de la obra de Nicolás Kanellos y Claudio Esteva-Fabregat, Arte Público Press, University of Houston.

[6] Hemos omitido referencias a antologías en inglés como *The Puerto Rican Poets* (1972), de Alfredo Mantilla e Iván Silén; *Borinquen: An Anthology of Puerto Rican Literature* (1973), de María Teresa Babín y Stan Steiner; *Inventing a Word: An Anthology of Twentieth Century Puerto Rican Poetry* (1980), de Julio Marzán; *Boricuas: Influential Puerto Rican Writings* (1995), antología editada por Roberto Santiago, y *Puerto Rican Writers at Home in the USA*, de Faythe Turner.

Poesía cubana

Orlando Rodríguez Sardiñas (Rossardi) y Jesús J. Barquet

Poesía cubana: primeras manifestaciones hasta 1990

Orlando Rodríguez Sardiñas (Rossardi)

Cubanos emigrados, exililados y cubano-americanos

Los cubanos han llegado a los Estados Unidos en olas sucesivas de emigraciones y en su mayoría con carácter de exiliados desde mediados del siglo XIX hasta la fecha, y se han distribuido con preferencia primero en las ciudades de Tampa, Cayo Hueso y Nueva York, y más tarde, ya avanzado el siglo XX, en la ciudad de Miami. Otros grupos, desde 1850 hoy día, pueden ser localizados en casi todas las grandes ciudades norteamericanas, especialmente aquellas situadas en la costa del Atlántico. Desde muy temprano, en su residencia en suelo extranjero el cubano se ha mantenido intelectualmente activo intentando con gran afán divulgar sus creaciones artísticas, publicando su producción literaria —con particular afecto la poesía— en folletines y periódicos, además de lograr reunirla luego en forma de libro, como es muestra la antología *El laúd del desterrado* (Nueva York, 1858), que reúne la producción poética de un grupo de emigrados de entonces como José Agustín Quintero (1829-1885), Pedro Santacilia (1826-1910), Pedro Ángel Castellón (1820-1856), Leopoldo Turla (1818-1877) y Juan Clemente Zenea (1832-1871). Ya por esas fechas los esfuerzos editoriales de los cubanos serán múltiples y muy variados. Algunos publican colecciones como el poemario *El Arpa del Proscripto* (Nueva York, 1856), de Pedro Santacilia y otros sacan a la luz más de una docena de periódicos y folletos de todo tipo como *El Horizonte* (Nueva York, 1850), de Miguel Teurbe Tolón, *La verdad* (Nueva York, 1848-1860), *El Mulato* (Nueva York, 1854) y *El Eco de Cuba* (Nueva York, 1855), escritos en español aunque con algún contenido en inglés y que dedicaban sus páginas mayormente a dar informes del conflicto de los criollos con el Gobierno de la Península, pero que a su vez ofrecían, aquí y allá, poemas y artículos sobre arte y literatura de plumas distinguidas.

Cuando José Martí llega a Nueva York en 1880 ya los intelectuales cubanos habían estado publicando por más de cincuenta años. A la gran actividad literaria y editorial de Martí en sus quince años de exilio le acompañan otros esfuerzos como los de Enrique Piñeyro, que dirigiera el periódico trisemanal *La Revolución* y que fundara luego *El Mundo Nuevo* con contenido político, aunque incluía secciones de modas y de literatura; los de Juan Ignacio de Armas, con su *América Ilustrada*; o hasta aquellos folletines satíricos de Martín Morúa Delgado, e incluso la publicación de un *Diccionario tecnológico* (inglés/español), como el que edita Néstor Ponce de León y Laguardia. Baste mencionar la variedad de las obras apuntadas para darnos una idea de la dimensión de esas publicaciones en el siglo XIX.

Podemos dividir en tres grandes grupos las olas de cubanos que llegan a los Estados Unidos a partir de la Revolución de 1959. Un primer contingente de más de 200.000 entre 1959 y los años de 1961 y 1962, los años de la invasión de Bahía de Cochinos o Playa Girón y la llamada 'Crisis de los Cohetes'. Un segundo grupo de unos 300.000 individuos que entra al país por vía aérea o marítima, y mediante trámites oficiales organizados entre 1965 y 1975. Más tarde, con la apertura del puente marítimo del puerto del Mariel entrarán más de 125.000 refugiados. También ha de tenerse en cuenta que alrededor de unos 150.000 cubanos más entran a los Estados Unidos por terceros países, y aquellos otros que llegan a tierras norteamericanas en rústicas embarcaciones y que se les conoce por el nombre genérico de 'balseros'. Este enorme caudal humano no solo ha marcado de una manera profunda la experiencia afectiva, social y económica, moral y cultural de estos cubanos, sino la historia más reciente de los Estados Unidos de Norteamérica añadiendo al país, entre otros muchos factores, un nuevo y muy vital grupo social, el cubano-americano.

Antecedentes: las dos orillas

Con la entrada de Fidel Castro en La Habana en enero de 1959 prácticamente comienza la salida de los nuevos exiliados a los Estados Unidos. Un grupo de poetas ya hechos y con una obra considerable se mantiene en plena producción cuando se produce el cambio[1]. Estos escritores ya habían formado parte de otros quehaceres anteriores y hasta de otros exilios: Ángel Gaztelu (1914-2004), Cintio Vitier (1921), José Lezama Lima (1910-1976), Virgilio Piñera (1912-1979), Fina García Marruz (1923), Octavio Smith (1912-1987), Gastón Baquero (1918-1997), Eugenio Florit (1903-1999), Samuel Feijoo (1914-1992), Eliseo Diego (1920-1993), Lorenzo García Vega (1926) y Agustín Acosta (1886-1979) son unos ejemplos. Mientras unos tomaban bando del lado oficialista, algunos de los mencionados se divorciarían de cualquier atadura ideológica con la Revolución y otros lo harían inclusive dejando la Isla y marchando al exilio. Entre aquellos poetas que forman parte del primer contingente de emigrados algunos ya han publicado sus obras en Cuba, en libros o en publicaciones diversas, y otros comienzan a dar sus primeros pasos en el oficio. Unos llegan a ver sus nombres de nuevo en revistas, esta vez publicadas fuera de Cuba y otros, los menos, aparecerán en una serie de poemarios que se publican durante estos primeros años, quizás los más duros, de un éxodo que se extenderá luego por muchos años.

Un grupo de poetas muy jóvenes por entonces hace su aparición y podríamos dividirlos en promociones: la Primera y la Segunda Promoción de la Revolución, y de las que se nutren los grupos que podríamos llamar luego de la Primera y Segunda Promoción del Exilio. Al segundo grupo o promoción pertenecen aquellos nacidos a partir de 1940 y que son llamados 'novísimos', que en Cuba se reúnen a la sombra de la revista *El Puente* (vid. Revistas literarias, en el artículo 'Instituciones y revistas culturales cubanas' en esta Enciclopedia), encabezada por el poeta José Mario Rodríguez (1940-2002). Los 'puentistas' editan en 1962 una antología, *Novísima poesía cubana*, y cuando más tarde se disponían a sacar una *Segunda Novísima poesía cubana*, la edición es confiscada por las autoridades del Gobierno revolucionario junto a otros libros publicados por el grupo editorial. Algunos de estos poetas van a dar a la cárcel, entre ellos su director, José Mario Rodríguez, que luego se marcha al exilio. Otros se pasan y se acogen a las pautas revolucionarias de la revista *El caimán barbudo*, suplemento cultural del periódico *Juventud Rebelde*, dirigida en aquel momento por el escritor Jesús Díaz (1941-2002), que se dedica a atacar fuertemente a los que llama 'desviacionistas' de la *Novísima*, y que mucho más tarde, en 1996, fundaría en Madrid, España, la revista *Encuentro* (vid. Revistas literarias). Formaban aquel grupo, entre otros, Orlando Alomá, Luis Rogelio Nogueras, Guillermo Rodríguez Rivera, Víctor Casaús, Félix Contreras y Helio Orovio.

Dos caminos: la Isla y el exilio

Es posible llegar a una nómina, más o menos extensa, que, excluyendo a los escritores nacidos antes de 1925 (Primera y Segunda Generación Republicana), recoja a dos grandes grupos de poetas cubanos unidos todos en un mismo quehacer literario, pero separados por la visión —aceptación o rechazo— de los acontecimientos políticos y sociales del momento. De un primer grupo, los nacidos entre 1925 y 1940, unos se mantendrán en la Isla, como Rolando Escardó, Roberto Branly, Ana Núñez Machín, Roberto Fernández Retamar, Pablo

Armando Fernández, Fayad Jamís, Pedro de Oráa, Rafael Alcides, César López, Antón Arrufat y Luis Suardíaz. El poeta Manuel Díaz Martínez permanecerá hasta 1992, y Ángel Cuadra, Alberto Müller y Heberto Padilla tendrán que ver cumplidas sus sentencias de cárcel para dejar el país definitivamente. Otro grupo optará por dejar la Isla, entre ellos Ana Rosa Núñez, Antonio Giraudier, Pura del Prado, Armando Álvarez Bravo, Matías Montes Huidobro, Raimundo Fernández Bonilla, Fernando Palenzuela, José A. Baragaño, Carlos M. Luis, Jack Rojas, Martha Padilla, Mireya Robles, Yolanda Ortal Miranda, Rita Geada, Jorge García Gómez, José Antonio Arcocha, Mauricio Fernández y Orlando Rossardi, entre otros de menos reconocimiento en las letras cubanas de esos años.

A un segundo grupo, aquellos nacidos después de 1940, pertenecen los 'Novísimos' a los que hemos hecho referencia y entre los que se encontraban algunos que optaron por dejar el país, como Belkis Cuza Malé, Isel Rivero, Mercedes Cortázar, Reinaldo (Felipe) García Ramos y José Mario Rodríguez. Algunos de estos, como lo es el caso de Nancy Morejón y Miguel Barnet, aún permanecen en la Isla. Al entusiasmo de estos jóvenes y al desánimo posterior de algunos de ellos se suman otros poetas como David Fernández (Chericián), Delfín Prats, Lilliam Moro, Manuel Ballagas, Luis Rogelio Nogueras, Lina de Feria, Pedro Pérez Sarduy, Guillermo Rodríguez Rivera y René Ariza. Este último abandonará el país después de sufrir el rigor de la prisión y de estar injustamente confinado entre dementes. Años más tarde, con las publicaciones de revistas y las ediciones de libros en el exilio, un buen número de jóvenes autores de calidad hará su entrada a la escena literaria del destierro; entre ellos se destacan Rolando Campins, José Kozer y Dolores Prida, que se darán a conocer durante esos primeros años.

Poemas y poetas: los primeros años

Si bien la poesía del momento está marcada por la triste experiencia del exilio y la consecuente separación de lugares y seres queridos, que en muchas ocasiones provocan creaciones de escaso calibre, no es menos cierto que en estos primeros años se dan también señales inequívocas de una producción poética de calidad. Entre 1960 y 1975 salen al mercado cuatro libros que dan muestra de esa producción y que reúnen los nombres de un extenso grupo de poetas dispersos que publican por estas fechas. En primer lugar, el volumen *Poesía cubana contemporánea (un ensayo de antología)*, de Humberto López Morales, publicado en Cádiz, España, en 1963 y luego reeditado por Las Américas Publishing Co. de Nueva York en 1967, ofrece una muestra de esta producción, pero se ocupa solamente de los nombres de autores que publican sus obras en la Isla, aunque ya establece el puente con el exilio incorporando dos destacados nombres de poetas que ya residen fuera de Cuba, Eugenio Florit y Gastón Baquero, y al joven poeta Orlando Rossardi, que desde 1960 se había asentado en España y más tarde residirá en los Estados Unidos.

En 1970 la poeta y bibliotecaria Ana Rosa Núñez edita el tomo pionero *Poesía en éxodo (el exilio cubano en su poesía, 1959-1969)*, que sacan a la venta las Ediciones Universal de Miami. En sus páginas iniciales, 'a manera de pequeño prólogo', la poeta expresa que 'movida por el temor a que tanto material humano se pierda en el horizonte de ediciones limitadas en su mayoría, he creído y he sido entusiasmada en este propósito por un número de archiveros del dolor, a recoger la producción poética del exilio cubano, atendiendo solamente a una calidad: la calidad del dolor por ausencia, por incomprensión, por falta de raíz telúrica'. Como lo expone su autora, la antología cubre un amplio y diverso campo de investigación en el que entran revistas, libros, folletos, periódicos, etc. En 1973 los profesores Matías Montes Huidobro y Yara González sacan en España (Colección Plaza Mayor Scholar) una importante *Bibliografía crítica de la poesía cubana (Exilio: 1959-1971)*, cuya intención es la de 'divulgar la poesía cubana en el exilio, procurando, además, ofrecer una mínima orientación crítica'. El tomo es un documento indispensable para orientarse en las publicaciones de esos años. Y, por último, la antología reunida con un estudio preliminar, también publicada en España y en ese mismo año de 1973, *La última poesía cubana (1959-1973)*, de Orlando Rodríguez Sardiñas (Rossardi), bajo la firma editorial Hispanova de Ediciones. Este volumen es un trabajo extenso que por primera vez reúne un buen número de producciones de poetas de Cuba y del exilio. Como lo explica su autor, 'las antologías y los estudios de poesía cubana que desde 1960 al presente se han publicado, pecan de partidismos de uno u otro color, y amparados por políticas de estrechas miras tratan de ignorar la producción de la otra orilla en un afán de reducir al olvido lo imposible de olvidar (...) mostrar la verdadera cara de nuestra poesía actual...'. Estos cuatro libros ya recogen un corpus considerable de poesía en el que se expone lo bueno y excelente junto a creaciones de muy relativo valor literario, pero que quedan como prueba de esa efervescente actividad literaria de los primeros años de exilio cubano[2]. Por ello es necesario hacer un recuento de muchas de esas producciones y, muy brevemente, de algunas de las circunstancias que giran a su alrededor.

La última poesía cubana, Orlando Rodríguez Sardiñas (Rossardi).

De los años sesenta en adelante

En 1960 circulan entre los exiliados el poemario de Rafael Esténger *Cuba en la cruz* y el 'marcadamente comprometido' volumen *Sangre de Cuba*, de Miguel González, ambos publicados en México, pero el mejor recibimiento para la poesía de la década lo hacen Gastón Baquero[3] con su libro *Poemas escritos en España* y Eugenio Florit, con *Siete poemas* (Montevideo, Uruguay). Al año siguiente ven la luz los poemarios *Cantos de Libertad* (Miami), de Modesto García Méndez, y *Patria en lágrimas, poemas de dolor, de lucha y de esperanza* (México), de Ofelia Suárez de Fox, bajo el seudónimo de 'Li-An-Su'. En 1962 salen *Versos claros como agua* (Buenos Aires), de Ana Alomá Velilla; *Poemas del exilio* (Miami), de Alfredo Cepero Sotolongo, y *Rosal de amor y recuerdo* (Miami), de Berta Miranda. En ese año, 1963, y como ya se ha mencionado, se publica en Cádiz, España, la antología y estudio de Humberto López Morales, *Poesía cubana contemporánea*, que viene a ser una especie de puente para dar paso a poetas que luego llevarán a cabo el resto de su obra en el exilio, como lo indican Matías Montes Huidobro y Yara González en su *Bibliografía crítica de la poesía cubana* antes citada, al decir que 'el libro va más allá del marco de la insularidad geográfica cubana'. Este año aparecen *Marchas de guerra y cantos de presidio* (Coral Gables), de Manuel Artime, un libro cuyos versos fueron escritos en prisión después de transcurridos los hechos históricos de Bahía de Cochinos; también en 1963 se publica *Remanso* (Coral Gables), de Francis González Vélez, y un libro importante, *Tundra* (Nueva York), de Isel Rivero, que en Cuba ya había publicado *Fantasías de la noche* (1959) y *La marcha de los hurones* (1960) bajo el patrocinio editorial de El Puente, y que se marchará a residir más tarde en Viena y en España.

Al siguiente año, 1964, Sergio Becerra publica *Poéticas* (Miami); Pablo Le Riverend, *Glosas martianas* (Miami) y *Cantos del dilatado olvido* (Miami); Lourdes Gómez Franca, *Poemas íntimos* (Miami); y dos libros de muy seria factura salen también al mercado este año: *Ciuda-*

des, de Jorge García Gómez, y *El diámetro y lo estero*, de Orlando Rossardi, ambos publicados en Madrid. Algunos poemas del libro de este último serán los primeros de autor exiliado —junto a los de Florit y Baquero— recogidos luego en una antología editada fuera de Cuba y en este caso de nuevo en España, la *Poesía cubana contemporánea* (1964), de López Morales mencionada antes. Durante 1965 publica Ángeles Caiñas Ponzoa, *Versos* (Nueva York); Ana H. González, *La sombra invitada* (Nueva York), y Mercedes Cortázar, en edición bilingüe español y francés, *Dos poemas* (Nueva York). En las ediciones Ínsula, Eugenio Florit, profesor en la Universidad de Columbia, publica su *Hábito de esperanza* (Madrid), que reúne poemas de 1936 a 1964, y en su edición *Antología de poesía española, 1964-1965* (Madrid: Aguilar), que recoge lo mejor de lo publicado en España ese año, ya aparecen consignadas dos entradas a poetas cubanos exiliados: Gastón Baquero, residente en Madrid, y Orlando Rossardi, que se marchará luego a estudiar a los Estados Unidos.

En 1966 un pequeño poemario sin paginar, *Elegía en azul*, de Ángeles Caiñas Ponzoa, se publica en Chile, y Pablo Le Riverend edita *Pena trillada* (Miami). También salen los poemas religiosos de *Manantial de mis anhelos* (Nueva York), de Rafael Matos; los tomos *Beso del sol* (Boston-Valencia), de Ignacio A. Ortiz Bello y *Veinticinco poemas y un monólogo* (Miami), de Enrique J. Ventura, y *Poemas del exilio,* de Leonardo García Fox; *Vecindario* (Madrid), de Rolando Campins[4] (vid. también nota 3). En diciembre, y entre el 27 al 30 de ese mes, se celebra un encuentro literario y artístico de importancia, la 'Primera Exposición Simultánea de Arte y Poesía/Miami 1966', que reúne a un grupo de escritores jóvenes del momento, entre los que se encontraban su promotor, Mauricio Fernández, y los poetas Juan William Bush, Norma Niurka Acevedo, Mari Rodríguez Ichaso, José Kozer y Orlando Rossardi, entre otros.

El año 1967 es de gran actividad editorial para la poesía publicada en el exterior: Juan William Bush saca el breve pero muy legítimo poemario, *Los muros rotos* (Miami); Arístides Sosa de Quesada, *Errante* (Nebraska); Concha Valdés Miranda, *Sus poemas y canciones* (Miami); Ángeles Caiñas Ponzoa, *Agonías* (Bilbao); Luis Cartañá, *Estos humanos dioses* (Barcelona); Benito Maciques, *Ansias* (Nueva Jersey); Oscar Ruiz-Sierra Fernández, *Pensando en Cuba* (San Juan); y dos libros de un mismo autor pero muy diferentes en tema y estilo, como lo son *Poemas de otoño e invierno* y *Ritmo de solá*, de José Sánchez-Boudy, publicados ambos en Barcelona. Otros libros de interés son *Espacio deseado* (Nueva York), de Carlos M. Luis, y el libro de Dolores Prida, *Treinta y un poemas* (Nueva York). Sin embargo, los libros de mayor importancia son *Las siete lunas de enero* (Miami), de Ana Rosa Núñez, *Meridiano presente* (Miami), de Mauricio Fernández, ambos bajo la firma editorial de Cuadernos del Hombre Libre, del mismo Fernández; *Cuando cantan las pisadas* (Buenos Aires), de Rita Geada, que ya nos había anticipado *Desvelado silencio* (1959) en Cuba y la pequeña edición bilingüe —español y portugués— *Ao romper da aurora (Pulsar del alba)* (Lisboa); y el volumen *La vaca de los ojos largos* (Honolulú), del también dramaturgo Matías Montes Huidobro. Este último grupo de creadores va a formar parte de la llamada Generación del Sesenta, a la que otros más se incorporan y que dejan una fuerte huella en la poesía cubana del exilio y, por consiguiente, dentro de la literatura cubana contemporánea. Es importante destacar que este año sale el ensayo *Estudios sobre poesía cubana contemporánea* (Nueva York), del profesor José Olivio Jiménez, que destaca la obra de cinco poetas de los cuales tres van a residir en los Estados Unidos.

En 1968, Lorenzo Abella publica *Isla sin alba* (Puerto Rico); Ángeles Caiñas Ponzoa, *Diez romances* (Nueva York); Mercedes García Tudurí, *Ausencia* (Madrid); Enrique Ventura, *Veinte cantos y una elegía* (Miami) y la futura editora de la revista *Areíto* (vid. Revistas literarias), Lourdes Casal, *Cuadernos de agosto* (Nueva York). Sin embargo, los libros más destacados ese año son, sin lugar a dudas, *Tambor sin cuero* (Madrid), de Jack Rojas; la primera edición de *Poemas de Israel* (Puerto Rico), de Israel Rodríguez; *Señal en el agua* (Costa Rica), de Teresa María Rojas; *El libro tonto* (Madrid), de Julio E. Miranda y *El rito de los símbolos* (Miami), de Mauricio Fernández, que en 1964 había editado la primera revista literaria del exilio, *Cuader-*

nos Desterrados (vid. Revistas literarias) en la ciudad de Miami. El año de 1969 se publican en Nueva York *Trece poemas y una epístola,* de Rubén Arango; *Desnudez y Destierro*, ambos de Ángeles Caiñas Ponzoa; *Carta invernal* (Miami), de Ignacio Ortiz Bello; *Poemas del silencio* (Barcelona), de José Sánchez-Boudy; *Veinte cantos y una elegía,* de Enrique J. Ventura, y se dan a conocer tres libros de gran interés: *El reino impenetrable,* de José Antonio Arcocha, y *Sonsonero mulato* (Nueva York) y *Habitante de toda esperanza* (Palencia), de Rolando Campins, que pronto se marchará a España, donde habrá de publicar el resto de su producción. Ese mismo año se publica el pequeño tomo en edición bilingüe de Rita Geada, *Poemas escogidos* (Niza) y un volumen, *Poesía en mesa redonda* (Tegucigalpa), de Antonio de Undurraga con poemas de Alberto Baeza Flores, Rita Geada, Ana Rosa Núñez y Teresa María Rojas. También en 1969 publican Jorge Díaz Molina, *En la ruta del deber* (Miami); José Sánchez-Boudy, *Poemas del silencio* (Barcelona); Ignacio A. Ortiz Bello, los poemarios, *Martha, letanías de amor* y *Carta invernal*, los dos en Miami; Carlos Alberto Montaner, *Los combatientes* (Puerto Rico), y Mauricio Fernández dos libros, *Los caminos enanos* y *Región y existencia*, ambos en la ciudad de Miami.

En 1970 sale al mercado una edición de *Cinco poetisas cubanas* (Miami) de Ángel Aparicio Laurencio, con las colaboraciones de Mercedes García Tudurí, Rita Geada, Pura del Prado, Ana Rosa Núñez y Teresa María Rojas. En su estudio preliminar el editor hace hincapié en que 'asombra comprobar que en un medio adverso, los cubanos del destierro se hayan entregado a la tarea de conservar y acrecentar su patrimonio cultural y artístico...'. *Nuestro Gustavo Adolfo Bécquer* (Miami) es un tomo homenaje que cuatro poetas deciden rendirle al poeta sevillano, y lo hacen bajo el nombre de Grupo Coaybay; ellas son Martha Padilla, Josefina Inclán, Pura del Prado y Ana Rosa Núñez.

Pero el año está particularmente marcado por la publicación de un libro fundamental: *Poesía en éxodo* (Miami), de esta última, Ana Rosa Núñez, que recoge una selección de la poesía cubana en el exilio entre los años 1959 y 1969, aquellos poemas que han visto la luz en libros, en revistas, en periódicos y hasta se han dado a conocer en programas de radio. Este año su autora también publica *Viaje al casabe* (Miami) y en las ediciones de El Puente, José Mario, que como editor había publicado unos nueve títulos en Cuba antes de su salida en 1968, da a conocer *No hablemos de la desesperación* (Madrid) y edita un tomo, *Lenguaje de mudos*, de Delfín Prats, poeta residente en la Isla, que circula con gran aceptación en el exilio. Rita Geada saca el libro *Mascarada* (Barcelona), que obtuvo el premio español Carabela de Oro del año anterior, y Martha Padilla, que en Cuba había publicado *Comitiva al crepúsculo* y *Modos del pan*, publica en Miami *La alborada del tigre*. También en 1970 se publican *Horizonte no es siempre lejanía* (Nueva York), de Octavio Armand; *Amuletos del sueño* (Miami), de Fernando Palenzuela; *Mordiendo el tiempo* (Puerto Rico), de Norma Niurka Acevedo; *Tiempo en sombra* (Barcelona), de José Ángel Buesa; *Alegrías de coco* (Barcelona), de José Sánchez-Boudy; *Lejos de mi patria* (Miami), de Sergio Becerra; *Formas y espíritus* (Miami), de Pablo R. Fajardo; *El lecho nuestro de cada día* (Puerto Rico), de Carlos López Hernández; *Recuerdos de un instante...* (Madrid), de Eduardo J. Tejera; *La estrella sobre la llaga* (Ohio), de Pablo Le Riverend, y el breve tomo *Año nuevo* (San Francisco), de José Varela-Ibarra. Dos tomos de poesía y una antología son particularmente bienvenidos ese año. Se trata de *Que voy de vuelo* (Madrid), de Orlando Rossardi; *Calendario del hombre descalzo* (Miami), de Mauricio Fernández —que también dará a conocer un poemario en francés, *Géométrie pour un dialogue*, en Niza—, y la *Antología penúltima* (Madrid), de Eugenio Florit, un conjunto de la obra del poeta hasta la fecha con un excelente estudio preliminar del profesor y crítico cubano José Olivio Jiménez (1926-2003).

El año 1971, el *affaire* Padilla y los cubanos del exilio

En Cuba y en 1968 el poeta Heberto Padilla obtiene el premio Julián del Casal concedido por la UNEAC (Unión de Escritores y Artistas de Cuba) a su libro *Fuera del juego*, tras la concesión de un jurado compuesto por J. M. Cohen, César Calvo, José Lezama Lima, José Z. Tallet y Manuel Díaz Martínez. Sin embargo, el comité director de la UNEAC hace objeciones a la obra por ofrecer 'puntos conflictivos en un orden político' y, aunque decide publicar el libro, lo hace con una nota aclaratoria expresando su desacuerdo por entender que la misma es ideológicamente contraria a la Revolución. Más tarde, en febrero de 1971 Padilla es detenido y puesto en libertad el 28 de abril tras firmar una confesión en la que se acusaba a sí mismo de difamar la Revolución.

El caso tuvo dimensiones internacionales y levantó una ola de protesta en el mundo intelectual extranjero en la que se acusaba al Gobierno cubano de adoptar medidas de tipo 'estalinista' para la supresión del pensamiento libre. Un documento protesta firmado a finales de mayo de 1971 contiene, entre otras muchas firmas, aquellas de partidarios del régimen de la Isla como Jean-Paul Sartre, Mario Vargas Llosa, Juan y Luis Goytisolo, Carlos Fuentes, José María Castellet, Simone de Beauvoir, Alberto Moravia, Maurice Nadeau, Juan Rulfo, Natalie Sarraute, Susan Sontag, José Ángel Valente, Julio Cortázar y el cubano Carlos Franqui, ex director del diario *Revolución*, que se encuentra fuera de Cuba. Ese mismo año, 1971, y en relación directa con estos acontecimientos, la Editorial San Juan, en Puerto Rico, publica una edición del libro de Padilla *Fuera del juego* que contiene una rica cronología e información de lo ocurrido entre noviembre de 1968 y julio de 1971. Al año siguiente, 1972, la hermana de Heberto Padilla, Martha Padilla, prologa una nueva edición de *Fuera del juego* (Puerto Rico) y la Editorial San Juan de nuevo saca otra edición del libro *El justo tiempo humano*, publicado en Cuba en 1962. Más tarde, Padilla situará su residencia en los Estados Unidos y desde Nueva Jersey, junto a su esposa, la poeta Belkis Cuza Malé, publicará la revista literaria *Linden Lane*.

La década de los setenta

En 1971 también se publican dos libros de Pablo Le Riverend, *Minutos en mí quedados* y quizás su poemario más logrado, *La alegría sin quehacer*, ambos editados en Ohio. También salen los *Poemas del destierro* (Madrid), de Ángel A. Castro; *Brasas en la nieve* (Miami), de Arístides Sosa de Quesada; *Versos míos* (Oviedo), de Rosa M. Cabrera; *Humo y palabra* (Madrid), de Roberto Padrón, con prólogo de Carlos Alberto Montaner; el tomo *Un poeta cubano; poemas y décimas* (Miami), de Luis Mario; *Sinfonía martiana* (Madrid), de Manuel H. Hernández; *Raíces en el corazón* (Miami), de Enrique J. Ventura; *Poemas de mi fantasía* (Madrid), de Carlos Manuel Taracido; *Horario del viento* (Miami) y *Mis poemas preferidos* (Nueva York), los dos de José Ángel Buesa; *Grito* (Nueva York), de Iván Acosta; *Sonámbulo del sol* (Barcelona), de Ana Rosa Núñez; *Voces de dos mundos* (Miami), de Eduardo J. Tejera; *Raíces en el corazón* (Miami), de Enrique J. Ventura, y *Sangre, fusil y canana* (Madrid), de Jack Rojas. Otros poemarios de gran interés ese año son: *La destrucción de mi doble* (Madrid), de José Antonio Arcocha; *El visitante* (Valencia), de Gladys Zaldívar, con prólogo de Concepción T. Alzola; *Raíz en el desierto* (Barcelona), de Teresa María Rojas, y el libro de viñetas *Eternidad* (Madrid), de Uva de Aragón Clavijo, además de la tercera edición neoyorquina del libro de Israel Rodríguez, *El libro de Israel*. Este año la revista literaria mexicana *El Rehilete* (número 34) publica todo un número especial dedicado a los 'Poetas latinoamericanos radicados en los EE. UU.', en selección y estudio de José Kozer. De los treinta poetas incluidos entre Chile, Perú, Ecuador, El Salvador, la Argentina, República Dominicana, Paraguay, Puerto Rico y un español, trece son cubanos, todos residentes en los Estados Unidos: Norma Niurka Acevedo, Juan Arcocha, Octavio Armand, Mercedes Cortázar, Hamaury Ener Cruz, Mauricio Fernández, Rita Geada, Martha Padilla, Dolores Prida, Mireya Robles, José Varela-Ibarra, Orlando Rossardi y el propio José Kozer.

Los años 1972 y 1973 recogen una serie de publicaciones de interés, entre las que se destacan la mencionada antología de Orlando Rodríguez Sardiñas *La última poesía cubana* (Madrid), que se nutre de una selección de las producciones de los poetas que publican antes de la fecha de su salida. Del libro en cuestión se ha dicho que es 'la primera antología integral' de la poesía de Cuba y del exilio que 'hasta el momento [1994] es el antecedente más completo en ofrecer una visión de conjunto de la poesía de las dos orillas [y que] aunque ha pasado mucho tiempo de su publicación, tiene todavía vigencia cuando analiza las causas que oscurecen la correcta comprensión del acontecer poético cubano contemporáneo'[5]. En 1972 se publica *Mi Habana* (Miami) de Álvaro de Villa; *Las horas furtivas* (Miami), de Gustavo Godoy; *Expresiones* (Miami), de Sergio Tigera; *Gotas de presente* (Miami), de Rogelio A. de la Torre, y salen los tomos *La otra orilla* (Nueva York), *Otoño enamorado* (Barcelona) y *Color de orisha* (Barcelona), de Pura del Prado, que en Cuba ya había publicado cuatro poemarios. También se publican dos libros de Martha Padilla, *El fin del tiempo injusto* y *Los tiros del miserere*, en Puerto Rico y en Miami, respectivamente. En Barcelona, Mireya Robles editará este año su *Tiempo artesano* y también en 1972 se publican en Madrid *Eternidad,* de Uva de Aragón Clavijo; en Miami, *Rumores de mi bohío,* de Oscar Pérez Moro; y en Nueva York, los poemarios, *Padres y otras profanaciones* de José Kozer y *Ritmos acribillados,* de Lorenzo García Vega.

Ya en 1973 la editorial La Gota de Agua de José Mario (vid. Editoriales cubanas, en el artículo 'Las empresas editoriales de los cubanos en el exterior' en esta Enciclopedia) saca un tomo, *Provocaciones* (Madrid), con 'los últimos poemas inéditos del *affaire* Padilla', que contiene una esclarecedora introducción de su editor; Félix Cruz Álvarez publica, *Varadero: sueño con mareas* (Miami); aparece *Así es mi tierra* (Miami), de Oscar Pérez Moro; Fernando Palenzuela da a luz *Amuletos del sueño* (Miami); Rafael Catalá, *Caminos (Roads)* (Nueva York) —edición bilingüe—; Jaime E. Barba Jordi, *Más allá de la mies* (Miami); Carlos M. Luis, *Entrada en la semejanza* (Nueva York); Clara Niggemann, *En la puerta dorada* (Valencia); Teresa María Rojas, *La casa de agua* (Madrid); Ana Rosa Núñez, *Sol de un solo día* y *Los oficialeros*, ambos publicados en Miami; Juan Alonso, *Azul* (Nueva York); *Crocante de maní* (Miami), de José Sánchez-Boudy; Herminia D. Ibaceta, *Canto a Cuba* (Nueva Jersey); Luis Mario, *Desde mis domingos* (Miami); Enrique Márquez, *Esquema tentativo del poema* (Miami); Ricardo Pau-Llosa, *Veinticinco poemas (Twenty-five poems)* (Miami); Raquel Fundora, *Nostalgia inconsolable* (Miami); Francisco Henríquez, *Reflejos* (Nueva York); Arístides Sosa de Quesada, *Estos* (Miami); el pequeño poemario *Unisangrio* (Miami), como homenaje al poeta español Miguel Hernández de tres autores cubanos, Enrique Márquez, Orlando González Esteva y Oscar L. Martín; una tercera reedición del conocido poemario *Oasis* (Nueva York) de José Ángel Buesa, publicado en Cuba en 1949 y en México en 1964; y cuatro publicaciones que merecen consideración: *En los días que suceden* (Barcelona), de Mauricio Fernández; *Palabra de hombre* (Madrid), de Wifredo Fernández; *Poemas de Guadalupe* (Buenos Aires), de José Kozer, y el cuaderno conjunto del peruano Isaac Goldemberg y José Kozer, *De Chepén a La Habana* (Nueva York), con su aportación al libro *Por la libre de este último*.

Las publicaciones de libros de poesía en los años 1974 y 1975 cuentan con la tirada de un tomo especial bilingüe, *Poesía y política: Poemas escogidos de Heberto Padilla (Selected Poems of Heberto Padilla)* (Madrid-Washington), que editan Frank Calzón, Laura Ymayo y María Luisa Álvarez, bajo el patrocinio de la Universidad de Georgetown en la ciudad de Washington D.C., con traducciones al inglés de Berta Lastre, Jorge Guitart y Silvia Font, entre otros. Además, ese año publica Octavio Armand, *Entre testigos* (Madrid); Julio E. Hernández-Miyares, *Antillana Rotunda* (Barcelona); Maya Islas, *Sola... desnuda... sin nombre* (Nueva York); José Ángel Buesa, *Los naipes marcados* (San Juan, Puerto Rico) y *Poeta enamorado* (Nueva York); Fernán de la Vega (Oscar Fernández de la Vega), sus *Sonetos en vilo* (Nueva York); Emilio Bejel, *Del aire y la piedra* (Madrid); Ernesto Carmenate, *Un río inmóvil* (Nueva Jersey); Rafael Catalá, *Círculo cuadrado* (Nueva York-Madrid); Israel Rodríguez, *Materia virgen* (Madrid); y aparece el tomo *De tiempo y agonía* (Madrid), de Eugenio Florit.

En 1975 Fernán de la Vega saca tres tomos: *Filo que nunca siega, En inmóvil torrente* y *La indómita querella*, serie de sonetos publicados en Nueva York, y Carlos Fojo Hermida, *Poemas del último estío* (Miami); también contamos con el libro de José Antonio Arcocha, *Los límites del silencio* (Madrid); Luis Mario, *Y nació un poema* (Miami); José Sánchez-Priede, *A güiro limpio: poemas negros* (Miami); Esperanza Rubido, *Más allá del azul* (Miami); José Sánchez-Boudy, los tres libros *Pregones, Ekué abamkué, Ekué* y A*ché, Babalú, Ayé* (Miami); Eliana Rivero, *De cal y arena* (Sevilla); Maricel Mayor Marsán, *Lágrimas de papel* (Miami); Rafael Catalá, *Ojo sencillo: triqui-traque* (Nueva York); Pura del Prado, *Idilio del girasol* (Barcelona); Orlando González Esteva, *El ángel perplejo* (Miami); Octavio Armand, *Entre testigos* (Nueva York); Omar Torres, *Conversación primera* (Nueva York); Luis F. González-Cruz, el tomo bilingüe *Tirando al blanco (Shooting Gallery)* (Miami); los dos poemarios de Pablo Le Riverend, *De un doble* (Barcelona) y *El tiempo sobre las voces y el silencio* (Nueva Jersey); Félix Cruz Álvarez, *Sonetos* (Miami); Amelia del Castillo, *Urdimbre* (Miami); Pura del Prado, *Idilio del girasol* (Barcelona); y aparece el libro de José Kozer publicado en Tenerife, España, *Este judío de números y letras*.

Entre las publicaciones que salen en 1976 tenemos otros tres poemarios de Fernán de la Vega: *Al doblar de la ausencia, Entre verdes y azules* y *Reverso de la sombra*, todos publicados en Nueva York; el tomo de Justo Rodríguez Santos, *El diapasón del ventisquero* (Madrid); *Entre las rejas* (Miami), de Miguel Sales; *Siempre el amor* (Miami), de Carmen R. Borges; *Razón del mar* (Madrid), de Alina Fernández; *Los mercaderes del alba* (Miami), de Jaime E. Barba Jordi; *La luz en el camino* (Miami), de Ana Alomá Velilla; *Los desheredados* (Miami), de Manuel Prieres; *Comunión (Connecticut),* de Enrique Sacerio Garí; *Desvelo* (Madrid), de José A. Amaro Jiménez; y el tomo de Pablo Le Riverend, *Donde sudan mis labios* (Nueva Jersey), con un prólogo de Matías Montes Huidobro. También ese año ven la luz *Amanecer de la ceniza* (Coral Gables), de Wifredo Fernández; *Mujer martes* (Madrid), de Laura Ymayo; *Ecos de un laberinto* (Nueva York), de Omar Torres; *Piel menos mía* (Los Ángeles), de Octavio Armand; *Península* (Miami), de Elena Iglesias; *Cuerpos breves* (Tucson, Arizona), de Eliana Rivero; *En esta aurora* (México), de Mireya Robles; *Pan de sol* (Miami), de Juana Rosa Pita, y los libros de dos poetas que han estado en las prisiones políticas cubanas: *Impromtus* (Washington D.C., en la recién estrenada Ediciones Solar), de Ángel Cuadra y *Desde las rejas* (Miami), de Miguel Sales.

Al año siguiente, 1977, Juana Rosa Pita publica de nuevo otros dos libros de poemas, *Las cartas y las horas* y *Mar entre rejas*, ambos en la ciudad de Miami. También saca un tomo Ángel Cuadra, *Tiempo del hombre*, con prólogo de Pura del Prado, y Rita Geada publica *Vertizonte*; ambos libros serán publicados por la nueva editorial Hispanova de Ediciones en Madrid. Este año también salen al mercado *Homenaje a las furias* (Miami), de Félix Cruz Álvarez; *Direcciones y paraísos* y *Ese viaje único,* de Emilio Bejel, editados ambos en Nueva York; *Cosas pasan* (Caracas), de Octavio Armand; *Campo oscuro* (Miami), de Teresa María Rojas; *Edén* (Miami), de Waldo R. Mesa; *Esperando la alborada* (Miami), de Pablo Rodríguez; *Cantos de dos caminos* (Barcelona), de Lucas Lamadrid; *Güiro, clave y cencerro* (Miami), de José Sánchez-Priede; *77 Poemas del destierro* (Miami), de Aldo R. Forés; *Chubascos del exilio* (Miami), de Aurelio Torrente; *Tiempo congelado* (Miami), de José Sánchez-Boudy; *Horizontes* (Washington D.C.-Miami), de Raoul García Iglesias; *Palabralfa* (Nueva Jersey), de Israel Rodríguez; *Homenaje a las furias* (Miami), de Félix Cruz Álvarez; *Los milanos de la luna* (Miami), de Jaime E. Barba Jordi; y *Proyección* (Miami), de José Ignacio Beaumud.

La producción poética en los años 1978 y 1979 se revela en libros como la antología *Cinco poetas disidentes* (Madrid), prologada por Ramón J. Sender, que incluye a Ángel Cuadra, Ernesto Díaz Rodríguez, Heberto Padilla, Miguel Sales y Armando Valladares, y el tomo *Entronque: cuatro poetas cubanos* (Madrid), de Enrique Márquez. En ese año 1978 también salen *El libro de Wifredo* (Madrid), de Wifredo Fernández; *Trigo de luna* (Santo Domingo), de Agustín Acosta; *Por más señas* (Barcelona), de Pablo Le Riverend; *Desde el pueblo donde vivo* (Nueva Jersey), de Alberto Romero; *Tengo prisa* (Miami), de Olga Rosado; *El arca de los sueños* (Miami), de Juana Rosa Pita; *Límites al mar* (Mayagüez, Puerto Rico), de Luis Cartañá;

Mundo de aire (Miami), de Elena Iglesias; *Ausencias* (Miami), de Rogelio A. de la Torre; *Los mascarones de oliva* (Miami), de Ulises Prieto; *Instantes violados* (Nueva York), de Xavier Urpí; *Tiempo sin regreso* (Nueva York), de Mary Calleiro; *Prófugo de la sal* (Miami), de Luis Mario; *Construcciones* (Nueva York), de Frank Rivera; *Razones y amarguras: poemas del que llega a los 40* (Nueva Jersey), de José Corrales; *Ancla* (Tampa), de Jorge Riopedre; *Tiempo robado* (Nueva Jersey), de Omar Torres; *Diecisiete poemas y un saludo* (Miami), de Maricel Mayor Marsán; *Sombras de papel* (Nueva York), de Maya Islas, y los cuatro volúmenes de Jaime E. Barba Jordi que ven la luz en Miami: *La cólera del viento, Velamen, Rumor y pulso* y *Romancero antillano*. Los libros a tener en seria consideración ese año son *Versos de exilio* (Miami), de Uva de Aragón Clavijo; *Voces de silencio* (Madrid), de Amelia del Castillo y la primera edición de *Y así tomaron posesión de las ciudades* (Barcelona), de José Kozer. También este año, Siglo XXI Editores (México) saca un libro polémico editado por el Grupo Areíto: *Contra viento y marea: jóvenes cubanos hablan desde su exilio en Estados Unidos*, libro de gran interés para ahondar en la experiencia 'diaspórica' de los jóvenes cubanos y cubano-americanos. En 1979 se publica la *Antología Solar* (Miami), a cargo de Juana Rosa Pita y David Lagmanovich, que recoge selecciones de Ángel Cuadra, Raoul García y Elena Iglesias y de los propios editores. Otros libros del año serán *Los naipes conjurados* (Madrid), de Justo Rodríguez Santos; *Rumbo al punto cierto* (Nueva York), de Rosario Rexach; *Reflejos de luna* (Miami), de Lillian D. Bertot; *Como escribir con erizo* (México), de Octavio Armand; *Pálpitos* (Madrid), de José A. Amaro Jiménez; *Eurídice en la fuente* (Miami) y *Manual de magia* (Barcelona), de Juana Rosa Pita; la *plaquette, Poemas* (Barcelona), de Pablo Le Riverend; la segunda edición de Kozer, esta vez en México, de *Y tomaron posesión de las ciudades*; *Crayolas* (Miami), de Norman Rodríguez; *Tiempo congelado* (Miami), de José Sánchez-Boudy; *Por los caminos del aire* (Miami), de Jaime E. Barba Jordi; *Sonetario y poemas en silencio* (Miami), de Carmen R. Borges; los relatos poéticos de Concepción T. Alzola, *Las canciones y los días* (Miami); *Cubanacán* (Miami), de Jorge A. Riopedre; *Versos de ayer y de hoy* (Miami), de Juan F. López; los libros de muy seria consideración *De su ardiente llama* (Miami) y la bilingüe y muy cuidada edición *Fabulación de Eneas*, ambos de Gladys Zaldívar; y *El mundo se dilata* (Miami), de Orlando González Esteva, quien este mismo año saca un pequeño libro con un enjundioso ensayo, *De la poesía* (Miami, Ediciones Isimir), precisamente sobre el desenvolvimiento de la creación poética en el exilio. También en 1979 se publican dos tomos más de Pablo Le Riverend: *Con una salvedad congruente* y *Antología de primera intención*, ambos en Barcelona; el libro *Poemas en correspondencia* (Washington D.C.-Miami), de Ángel Cuadra Landrove, con traducciones al inglés de Donald D. Walsh; y los grandes versos del tomo *Versos pequeños* (Miami), de Eugenio Florit.

La década de 1980 a 1990

Estos diez años se caracterizan por la salida de buenas selecciones antológicas que ya empiezan a recoger la copiosa producción poética de los cubanos residentes en los Estados Unidos y por el acontecimiento político, social y literario que provoca el llamado 'éxodo del Mariel', circunstancia que da nombre a un grupo de creadores que se constituyen rápidamente en grupo artístico y literario. Una de esas antologías es *Poesía compartida: ocho poetas cubanos* (Miami) en 1980, que trae selecciones de Roberto Cazorla, Amelia del Castillo, Rita Geada, Isel Rivero, Lucas Lamadrid, Pablo Le Riverend, Orlando Rossardi y Matías Montes Huidobro, con prólogo de este último. Ese año Benita C. Barroso publica *Caminos* (Miami); Manuel H. Hernández, *Romancero de la invasión* (Miami); Alina Galliano, *Entre el párpado y la mejilla* (Bogotá); José Corrales, *Los trabajos de Cerión* (Barcelona); Felipe Lázaro, *In Memoriam* (Madrid); Octavio Armand, *Biografía para feacios* (Valencia) y *Superficies* (Caracas); Norman Rodríguez, *Canto a Martí* (Miami); María Gómez Carbonell, *Volver* (Miami); Raoul García Iglesias, *Crónicas del porvenir* (Miami); Darío Espina Pérez, Pablo Le Riverend, *Hijo de Cuba soy, me llaman Pablo* (Barcelona), con poemas desde 1962 hasta 1980; Rafael

Catalá, *Copulantes* (Santo Domingo); Juana Rosa Pita, *Viajes de Penélope* (Miami); Gladys Zaldívar, *Zéjeles para el clavel* (Miami) y *La baranda de oro* (Miami); Armando Valladares, *El corazón con que vivo* (Miami); Manuel J. Santayana, *La luz sitiada* (Miami); Alberto Müller, *USA, tierra condenada* (Miami); y José Kozer, tres tomos: *Jamón de las abreviaturas* y *Nueve láminas*, ambos publicados en México, y *La rueca de los semblantes* (León).

En 1981 *Azor en vuelo* (Barcelona) reúne una selección de poemas de diecisiete poetas cubanos y en las Ediciones Universal sale el tomo *Tres Goldarás en la poesía del siglo XX*; también en este año se editan los poemarios *Raíces y alas* y *Una isla, la más bella* (Miami), de Nieves del Rosario Márquez; *Las óperas del sueño* (Miami), de Justo Rodríguez Santos; *Poemas interreales* (Pensilvania), de Enrique Sacerio Garí; *El pudor infinito* (Miami), de Norman Rodríguez; *María: cuando la muerte canta* (Miami), de Luis Conte Agüero; *A sangre y fuego* (Miami), de Darío Espina Pérez; *Días ácratas* (Nueva York), de Alberto Guigou; *Gesta de siete bravos* (Miami), de Manuel H. Hernández; *Esa palabra* (Miami), de Rubén D. Rumbaut; *Capilla ardiente* (Miami), de Teresa María Rojas; *Ditirambos* (Madrid), de Felipe Lázaro; *Sin decir el mar* (Madrid), de Jesús Barquet; *La baranda de oro* (Madrid), de Gladys Zaldívar; *Donde estoy no hay luz y está enrejado* (Madrid), de Jorge Valls Arango; *Mañas de la poesía* (Miami), de Orlando González Esteva; *El hombre junto al mar* (Barcelona), de Heberto Padilla; *Cauce de tiempo* (Madrid-Miami), de Amelia del Castillo; *Entresemáforos* (Miami), de Uva de Aragón Clavijo; los tomos *De nunca a siempre* (Miami) y *Línea en diluvio* (Nueva York), de Omar Torres; *Es peligroso asomarse* (Madrid), de Gastón Álvaro Santana, y *El Central* (Barcelona), de Reinaldo Arenas.

En 1982 Armando Álvarez Bravo, que ya había publicado en Cuba los tomos *El azoro* (1964) y *Relaciones* (1973), da a conocer su libro, premiado el año anterior, *Para domar un animal* (Madrid), y además *Juicio de residencia* (Madrid). Roberto Valero publica, *Desde un oscuro ángulo* (Madrid) con un prólogo de Reinaldo Arenas; Antonio Acosta, *Mis poemas de otoño* (Nueva Jersey); Jaime E. Barba Jordi, *La llama de cristal* (Miami); Gastón Álvaro Santana, *Es peligroso asomarse* (Madrid); Ninoska Pérez Castellón, *Dulcámara (Bittersweet)* (Miami); Josefina A. Pujals, *Que color del otoño* (México); Arminda Valdés Ginebra, *Poemas* (Madrid); José Ángel Buesa, *Para ellas: Libro de amor* (Miami); Olga Rosado, *Pecadora* (Miami); y Roberto Yanes, *Herejías recientes (Recent Heresies)*, libro bilingüe, en una curiosa edición con innovadores diseños gráficos. Pablo Le Riverend publica, en 1983, *Ir tolerando el látigo del tiempo* (Nueva Jersey); el mismo año el sacerdote Fernando López, jesuita, da a luz *¡Mami! Cuánto te quiero* (Miami). También en 1983 se publican los títulos *Crónicas del Caribe* (Miami), de Juana Rosa Pita; de Raquel Fundora, *El canto del viento* (Nueva York); Ana Rosa Núñez, *Atlas poética* (Miami); Mercedes García Tudurí, *Andariega de Dios: tiempo de exilio* (Nueva York); Darío Espina Pérez, *Poemario de historia universal* y *Fabulario y otras rimas*, ambos en Miami; Lourdes Gil, *Vencido el fuego de la especie* (Nueva Jersey), y José Kozer saca en México su poemario *Bajo este cien*. También en Miami, y en 1983, Luis Mario publica un tomo de 'ensayos técnicos-literarios', *Poesía y poetas*; y José B. Fernández y Roberto G. Fernández editan un importante tomo de referencia, *Índice bibliográfico de autores cubanos (Diáspora, 1959-1979)* en la editorial Universal de Miami. En 1984 sale un volumen, *9 poetas cubanos*, de la editorial Catoblepas (Madrid), fundada por el poeta Felipe Lázaro, que recoge una selección de la poesía de Lillian Bertot, Rafael Bordao, Luis Cartañá, José Corrales, Mercedes Limón, Elías M. Muñoz, Alicia Rodríguez, Esperanza Rubido y el propio Felipe Lázaro. Este año también salen al mercado *La otra cara de la moneda* (Miami) de Beltrán de Quirós; *Entre las islas del silencio* (Miami), de Ernesto Carmenate; *Sale del verso el corazón ileso* (Miami), de Carlos Casanova Cancio; *De la sangre de otras venas* (Madrid), de Roberto Martín Pérez; *Ondas del eco* (Nueva York), de Herminia D. Ibaceta; *Sonetos del amor, de la vida y de la muerte* (Miami), de Agustín D. López; los tomos *Bolívar o el sueño que interroga* (Miami) y *Clamor* (Miami), de Jaime E. Barba Jordi; *Poema del parque* (Miami), de José Sánchez-Boudy; los poemarios *A la paloma nocturna*, *Desde mis soledades* y *Hojarasca y otros poemas* (Miami), de Jorge Valls; la edición facsímil, sacada clandestinamente de la cárcel en Cuba, de *La campana del alba* (Madrid), del preso político y poeta Ernesto Díaz Rodríguez; *En fin, la* *noche* (Miami), de Roberto Valero; *Las lejanías* (Madrid), de Armando Álvarez Bravo; y el volumen *Donde habita el recuerdo* (Miami), de Eugenio Florit.

Índice Bibliográfico de autores cubanos (Diáspora, 1959-1979), José B. Fernández y Roberto G. Fernández.

Este año de 1985 recoge importantes publicaciones poéticas, como los dos volúmenes del ex preso político Ángel Cuadra, *Esa tristeza que nos inunda* (Madrid) y *Fantasía para el viernes* (Miami); el pequeño libro con portada del pintor José Mijares, *Tus ojos y yo* (Miami), de Uva de Aragón Clavijo; el poemario bilingüe, *A veces me llamo infancia (Sometimes I call myself childhood)* (Miami), de Carlota Caulfield, y la selección de poemas, también en edición bilingüe español-italiano, *Grumo d'alba* (Pisa), de Juana Rosa Pita. Asimismo, aparecen *Dharma* (Miami), de Roberto Valero; *Tierra metalizada* (Miami), de Alberto Müller; *Amor sin fronteras* (Miami), de Tirso R. Herrera Cabello; *Distancia de un espacio prometido* (Miami), de Mary Calleiro; *Ríos y poemas* (Miami), de Oscar Pérez Moro; *Con meneo y guaguancó* (Miami), de José M. Sánchez-Priede; *Un ojo de asombro* (Madrid), de Benigno S. Nieto; *Calificación al lado* (Nueva York), de Jesús Blas Comas; *Orestes de noche* (Madrid), de José Abreu Felippe; *Libro de las exhortaciones al amor* (Madrid), de Juan Abreu; *Imágenes* (Nueva York), de Antonio Acosta; *En la otra orilla del silencio* (Miami), de Omar G. Amador; *El castillo de iras* (México), de Josefina A. Pujals; *Lo esperado, lo vivido (Borrowed time)* (Madrid), publicación bilingüe, de Enrique Márquez; *La garza sin sombras* (Barcelona), de José Kozer; los tomos de Jesús Barquet, *Ícaro* (Nueva Orleans) y *Sagradas herejías* (Miami); de Eugenio Florit, *Momentos* (Miami), y los tres volúmenes de las *Obras completas* de este último editados en Nebraska.

En 1986 la editorial Catoblepas de Madrid saca un tomo, *Poesía cubana contemporánea*, que contiene una selección de 49 poetas residentes fuera de la Isla, muchos de ellos residentes en los Estados Unidos: José Abreu Felippe, Magali Alabau, Armando Álvarez Bravo, Octavio Armand, Gastón Baquero, Benita C. Barroso, Rafael Bordao, Ernesto Carmenate, Amelia del Castillo, Luis Cartañá, Roberto Cazorla, Uva A. Clavijo, Elena Clavijo Pérez, Belkis Cuza Malé, Hortensia Delmonte Ponce de León, Eugenio Florit, Alina Galliano, Ángel Gaztelu Gorriti, Rita Geada, Luis F. González-Cruz, José Kozer, David Lago, Lucas Lamadrid, Felipe Lázaro, Pablo Le Riverend, Mercedes Limón, Agustín D. López, Edith Llerena Blanco, José Mario, Enrique Márquez, Claudio Martell, Lilliam Moro, Benigno S. Nieto, Clara Niggemann, Jorge Oliva, Heberto Padilla, Isabel Parera, Juana Rosa Pita, Francisco Revuelta Hatuey, Isel Rivero, Justo Rodríguez Santos, Orlando Saa, Enrique Sacerio-Garí, José Sánchez-Boudy, Pío E. Serrano, Arminda Valdés Ginebra, Armando Valladares y Orlando Acosta.

Este año también se publican los siguientes libros de poesía: *La inquietud del ala* (Barcelona), de Antonio Acosta; *Canto a Bolívar* (Montevideo), de Nieves del Rosario Márquez; *¡Salve América!* (Miami), de José Raúl Goldarás; los poemarios *Patrióticas* y *Candelario Soledá. Guayaba y látigo* (Miami), de José Sánchez-Boudy; *La soledad detenida* (Miami), de Sara Martínez Castro; *Disgregaciones* (Madrid), de Luis F. González-Cruz; los dos poemarios de Magali Alabau, *Electra Clitemnestra* (Chile) y *La extremaunción diaria* (Barcelona); *El Infierno de Ariel* y *El Purgatorio de Ariel*, de Jaime E. Barba Jordi, ambos publicados en Miami; *Clamor adulto* (Miami), de José A. Amaro Jiménez; los poemarios de Norman Rodríguez, *Regreso a la llama* y *La luz distante*, publicados ambos en Miami; *Visiones de ventana* (Chicago), de Jorge Rodríguez Florido; *Sangre bajo las banderas* (Miami), de Enrique Joaquín Piedra; *Rostro cercano* (Maryland), de Maricel Mayor Marsán; *Con Cuba en la garganta* (Barcelona), de Benita C. Barroso; *Diario de un caracol* (Miami), de Mercedes Ares; *De una angustia por destino* (Barcelona), de Orlando Saa; *Proyectura* (Madrid), de Rafael Bordao; *La niñez que dilata* (Madrid), de Walter de las Casas; *Agua y espejos* (Miami), de Amelia del Castillo; *Luz en la piedra* (Madrid), de Vicente Echerri; *Ciencia-poesía* (Madrid), de Rafael Catalá; *Herir el tiempo* (Madrid), de Amando Fernández (1949-1994), con prólogo de Eugenio Florit, y el tomo *Perfil de la materia* (Miami); *El sol tatuado* (Boston) de Juana Rosa Pita, y *El tiempo es una mujer que espera* (Madrid), de Carlota Caulfield.

Los últimos años de una década

Los tres últimos años de la década del ochenta resultan de una inmensa actividad para la poesía. En 1987 Eugenio Florit saca su *Castillo interior y otros versos* y *A pesar de todo* (Miami) y *Abecedario de un día gris* (Madrid); Gladys Zaldívar publica *Viene el asedio* (Miami); José Sánchez-Boudy, *Acuara Ochún de caracoles verdes: canto a mi Habana* (Madrid); Carlota Caulfield, *Oscuridad divina* (Madrid); Reinaldo García Ramos, *El buen peligro* (Madrid); Jesús Blas Comas, *Monólogo del infantado* (Los Ángeles); Esperanza Rubido, *En un mundo de nombres* (Madrid); José Abreu Felippe, *Cantos y elegías* (Madrid); Magali Alabau, *Ras* (Nueva York); Jaime E. Barba Jordi, *El Paraíso de Ariel* (Miami); Olga Rosado, *Dos décadas* (Miami); Roberto Ponciano, *Canto indispensable* (Miami); Oscar Pérez Moro, *Liras criollas* (Miami); Salvador E. Subirá, *Don Sinsonte de la Palma* (Miami); Juan Martín, *Hasta que el tiempo estalle* (Miami); Oscar Guerra, *Misceláneas campesinas* (Miami); Darío Espina Pérez, *Politemas: biografía lírica de Martí* (Miami). Este año, además, Juana Rosa Pita saca el tomo bilingüe (español-italiano) *Aires etruscos (Arie etrusche)* (Cagliari) y *Plaza sitiada* (San José, Costa Rica) y Amando Fernández los poemarios, *Azar en sombras* (Miami) y *Pentagrama* (Jaén, España); Ana Rosa Núñez, *Verde sobre azul* (Miami); Iraida Iturralde, *Tropel de espejos* (Madrid); José Kozer, *El carillón de los muertos* (Buenos Aires); Octavio Armand, *Origami* (Caracas), y Andrés Reynaldo, *La canción de las esferas* (Barcelona), premio Letras de Oro.

Dos libros publicados en 1988, *Carolina Cuban, en triple crown* (Arizona) de Gustavo Pérez Firmat y la selección antológica de Carolina Hospital *The Cuban Writers, 'Los atrevidos'* (Princeton, Nueva Jersey), marcan un hito en la producción literaria de los cubanos residentes fuera de Cuba. Esta vez se trata de la muestra de un grupo de enorme creatividad, los cubanos-americanos, que indistintamente publican sus poemas en español o en inglés, aunque muchos de ellos van a preferir el inglés como lengua general de comunicación escrita. El libro de Carolina Hospital incluye textos de Roberto G. Fernández, Ricardo Pau-Llosa, Mercedes Limón, Pablo Medina, Iraida Iturralde, Lourdes Gil, Jorge Guitart, Carlos Rubio, Berta Sánchez-Bello, Elías Miguel Muñoz, Gustavo Pérez Firmat y la propia editora Carolina Hospital. También en 1988 salen al mercado varios tomos que recogen una excelente selección de poesía de autores cubanos y cubano-americanos que publican sus poemas fuera de Cuba. Pablo Le Riverend publica un muy útil *Diccionario biográfico de poetas cubanos en el exilio (contemporáneos)* y Felipe Lázaro los volúmenes *Poetas cubanos en España*[6] y *Poetas cubanos en Nueva York*. Este último, que contiene un excelente prólogo de José Olivio Jiménez, trae textos de Antonio Acosta, Magali Alabau, Reinaldo Arenas, Rafael Bordao, Ernesto Carmenate, Walter de las Casas, Inés del Castillo, Rafael Catalá, José Corrales, Ernesto Escudero, Alina Galliano, Jorge García Gómez, Reinaldo García Ramos, Lourdes Gil, Antonio Giraudier, Maya Islas, Iraida Iturralde, José Kozer, Pablo Le Riverend, Rolando D. H. Morelli, Emilio M. Mozo, Isabel Perera, Luisa M. Perdigó, Isel Rivero, Justo Rodríguez Santos, Orlando Saa, Arminda Valdés Ginebra y Jorge Valls. Otra antología publicada este año es *107 poetas cubanos del exilio. Antología poética hispanoamericana* (Miami), de Darío Espina Pérez.

También en 1988, Elías Miguel Muñoz publica su importante ensayo *Desde esta orilla: poesía cubana del exilio* (Madrid), y Silvia Burunat y Ofelia García dan a conocer el tomo *Veinte años de literatura cubanoamericana: antología 1962-1982* (Tempe, Arizona); Ángel Cuadra, *Las señales y los sueños* (Teruel) y el largo poema *Réquiem violento por Jan Palach* (Miami); José Sánchez-Boudy, *Tus ojos Cuba: sosiego, viento, ola* (Miami); Roberto Ponciano, *Canto indispensable* (Miami); Pedro F. Báez, *Insomnia* (Miami); Luis Cartañá, *Canciones olvidadas* (Madrid); Amando Fernández, *El ruiseñor y la espada* (Córdoba); Eugenio Florit, *Las noches* (Miami); Ana Rosa Núñez, *Hora doce* (Buenos Aires); Israel Rodríguez, *La estatua de sal* (Miami); Benita C. Barroso, *Políndromo amor y dudas* (Madrid); José Kozer, *Carece de causa* (Buenos Aires); Miguel González, *Don Quijote de América* (Madrid); Rodolfo Häsler, *Tratado de licantropía* (Madrid); Luis Cartañá, *Canciones olvidadas* (Madrid); Roberto Martín Pérez, *Claro que estoy pensando* (Miami); Francisco Lorié Bertot, *La inmóvil carrera* (Miami); Fernando Pérez, *Poemas* (Miami); Noel Jardines, *Pan caníbal* (Barcelona); Rafael Bordao, *Acrobacia de abandono* (Madrid); Orlando González Esteva, *El pájaro tras la flecha* (México), y Rita Geada, *Esa lluvia de fuego que nos quema*, publicado en Madrid.

En 1989 la editorial Betania (Madrid), del poeta cubano Felipe Lázaro (vid. Editoriales cubanas), mantiene una intensa actividad y publica el libro de Lourdes Gil, *Blanca aldaba preludia*; los tomos de Elías Miguel Muñoz, *No fue posible el sol*; de Gustavo Pérez-Firmat, *Equivocaciones*; de Luis Ignacio Larcada, *La imagen que no se deteriora*; de Arminda Valdés-Miranda, *Sombras imaginarias*; y de Maya Islas, *Altazora acompañando a Vicente*. Otros libros de poemas publicados por Betania ese año son *Hasta el presente: poesía casi completa*, de Alina Galliano; *Hermana*, de Magali Alabau; *Permanencia del fuego*, de Luis Cartañá; *Tropel de espejos*, de Iraida Iturralde y *Voluntad de vivir manifestándose*, de Reinaldo Arenas. También este año Lillian D. Bertot publica *Separados por la espuma* (Miami) y Jorge Valls, *Coloquio del azogamiento* (Miami); Berta G. Montalvo, *Para mi gaveta* (Miami); Félix Cruz Álvarez, *Entre el río y el eco* (México); fray Miguel Ángel Loredo, franciscano, *De la necesidad y el amor* (Miami); José Sánchez-Boudy, *Mi barrio y mi esquina* (Miami); Ángel Pardo, los poemarios *Neomambí* y *Horizonte a la deriva* (Miami); Olga Rosado, *Guajiro: poesías* (Miami), y Luis Mario, *La Misma* (Miami); Emilio Bejel, *Casas deshabitadas* (Santo Domingo), y *Tercero sueño y otros poemas* (Miami) de Eugenio Florit.

De esta extensa producción de libros de poemas en el mercado, durante los años consignados, algunos de ellos aparecen sin paginar y otros sin lugar o fecha de publicación; entre estos encontramos los poemarios de Ángeles Caíñas Ponzoa, *Elegía en azul*; Nina Folch, *Cosecha de otoño*; Eulalia García, *Yamín*; Lidia Berdeal Montalvo, *Espigas doradas, alas al viento*; José Raúl Bernardo, *Poemas místicos*; Leonardo García Fox, *Poemas del exilio*; el tomo de Carlos González Tadeo, *Arpegios de una lira*; *Poemas innominados* de Andrés Vargas Gómez, y *Esperando la alborada* de Pablo Rodríguez. En los años noventa, la producción de libros de poesía se mantiene en un altísimo nivel y de eso da cuenta el recuento de esas próximas décadas.

Cubanos: poesía cubana y cubano-americana 1990-2007

Jesús J. Baquet

Introducción

La década del noventa ratificará y continuará diversificando y enriqueciendo la poesía cubana y cubano-americana dentro de los Estados Unidos. Se mantiene el constante arribo de escritores provenientes de la Isla o de otros países ('terceros países', en la jerga migratoria cubana), tales como España y México. Como había ocurrido en los años ochenta, no solo llegan a los Estados Unidos poetas provenientes de diferentes promociones literarias anteriores que, por una u otra causa, no habían abandonado el país, sino también, y fundamentalmente, los jóvenes nacidos después de 1959. Las primicias literarias de estos jóvenes ocurren hacia la segunda mitad de los años ochenta (la llamada Generación de los Ochenta) o en los años posteriores. Todos ellos han vivido en carne propia los dramáticos efectos de la caída del socialismo real en Europa, el llamado 'Período Especial', de extrema crisis material y moral dentro de la Isla, la dolarización de la economía nacional, la crisis de los 'balseros' en 1994 —otro éxodo masivo que remedó al del puerto del Mariel en 1980—, así como el desencanto de los mayores que alguna vez creyeron y empeñaron su vida en el proceso político iniciado en 1959, desencanto este que en los jóvenes —como había ocurrido ya entre los escritores y artistas del Grupo del Mariel— se traduce como descreimiento o desinterés o desconfianza ante las sirenas de la Utopía y sus varias formas de establecer la autoridad. Pero, a diferencia de los lustros anteriores, los jóvenes de los noventa han vivido expuestos, por momentos, no solo a una mayor permisividad en el ámbito ideoestético y cultural de la Isla, sino también a mayores intercambios afectivos y culturales con el mundo de 'afuera'. Por haber aprovechado estos mayores espacios, muchos de ellos llegan a los Estados Unidos con obras publicadas y hasta premiadas dentro o fuera de la Isla.

Además de las ventajas de comunicación que trae la aparición de Internet —en Cuba llamada Intranet debido a las restricciones con que se ha implementado y, aunque el uso de Intranet no es masivo, muchos escritores por razones personales o laborales tienen acceso a ella— y de menores restricciones para viajar al extranjero o para concursar y publicar fuera del país, aparecen de pronto en la Isla, en número rápidamente creciente, los extranjeros: turistas pero también escritores, artistas, académicos, estudiantes y parientes, muchos de ellos descendientes de cubanos o sencillamente cubanos 'de fuera'. A partir de 1990 se puede observar a poetas cubanos del exilio que viajan de visita a la Isla y hasta algunos que divulgan su obra en Cuba a través de lecturas, encuentros y publicaciones en las editoriales nacionales. Por otra parte, también es posible ver a los 'de dentro' haciendo viajes al exterior, incluyendo los Estados Unidos, y hasta residir en el extranjero sin romper oficial o radicalmente con el Gobierno de Fidel Castro, por lo que una peculiaridad de este período es aquella inusitada propuesta de que abandonar el país o, si se prefiere, fijar residencia en el extranjero no sea un hecho calificable únicamente con la palabra 'exilio', sino que los hechos ahora se hacen más complejos hasta ponerse en uso otros términos tales como 'diáspora', 'exilio rosado', 'exilio de terciopelo', 'emigración' y 'comunidad cubana en el exterior', algunos de los cuales constituyen, para muchos exiliados, meros paliativos o eufemismos lingüísticos, cuando no recursos retórico-demagógicos de nombrar una realidad obvia: sea cual fuere la causa, después de 1990 sigue reafirmándose e incrementándose la presencia cubana en los Estados Unidos, la cual continúa contando, cuando se cumplen los correspondientes requisitos migratorios, con el salvoconducto legal del Gobierno estadounidense. Además, aunque no constituye exclusivamente un enclave cubano y cubano-americano, Miami, con sus regiones aledañas (Coral Gables, Hialeah, Miami Beach, etc.), sigue siendo el centro neurálgico de dicha población, el espacio imantado que la convoca y reclama. Aunque dueña de su propia identidad multicultural y afán cosmopolita, la zona extendida de Miami no deja de ser, en lo referente a lo cubano, una extensión de la cultura insular.

El período posterior a 1990 está, pues, marcado por todas las tensiones hasta aquí descritas: en los Estados Unidos, y de manera ejemplar en Miami, conviven representantes de las primeras generaciones republicanas (Eugenio Florit, Lorenzo García Vega) con los de los años cincuenta, sesenta y setenta (Pura del Prado, Armando Álvarez Bravo, Rita Geada, José Kozer), los marielitos (Reinaldo García Ramos, Carlos A. Díaz Barrios), los cubano-americanos (Ricardo Pau-Llosa, Dionisio D. Martínez) y los jóvenes llegados después de 1990 (Félix Lizárraga, Germán Guerra, Carlos Pintado); todos utilizan las mismas casas editoriales de Miami o de otras ciudades del mundo (Universal, Betania, Verbum, La Torre de Papel, Strumento, etc.) y las mismas revistas en papel o electrónicas (*Baquiana, Encuentro de la cultura cubana, Linden Lane Magazine, La Habana Elegante, Decir del agua, La Zorra y el Cuervo*, etc.); los autodeclarados 'exiliados' conviven pacíficamente con los autodeclarados 'emigrados'; algunos viajan a, y publican en, la Isla, mientras que otros prefieren no hacerlo hasta cuando lo consideren políticamente factible; unos practican la décima y el soneto y tratan asuntos tradicionales como el paisaje insular y la nostalgia, mientras que otros se aventuran en personalísimos y poco convencionales asuntos de forma y contenido; unos elogian el país adoptivo, otros lo critican duramente. Es decir, el espacio democrático en que viven permite y garantiza esta pluralidad de opiniones y opciones en todos los ámbitos del ser social, y especialmente en lo político y lo literario.

Resultado de lo anterior es el hecho de que, como novedades destacables a partir de 1990, no solo algunos cubanos exiliados (Eugenio Florit, Juana Rosa Pita, José Kozer, Mauricio Fernández, etc.), ya sea muertos o vivos, tengan sus obras publicadas en Cuba, algo que unos lustros antes resultaba totalmente impensable en la Isla; sino que también algunos antologadores y críticos erradiquen de sus trabajos la distinción entre poetas 'de dentro' y poetas 'de fuera' y busquen integrarlos a todos en un único corpus poético nacional.

1990

Como observaremos, cada año nos ofrece una muestra significativa de lo vasto y lo variado que es el asunto de las publicaciones de poesía. Solo en 1990 aparecen los siguientes títulos: *Venías*, de Roberto Valero (1955-1994), integrante del Grupo del Mariel y residente en Washington D.C.; *El prisma de la razón*, de Armando Álvarez Bravo (1938), perteneciente a la Generación del Cincuenta y residente en Miami; *En este andar febril*, de Clara Niggemann (1910); *Nuevos sueños*, de Lidia Alfonso de Fonteboa (1924); *Sabor de tierra amarga*, de Mercedes Limón, con prólogo de Elías Miguel Muñoz; *Noser* (prólogo de Ana Rosa Núñez), de Mario G. Beruvides (1959); *Miniaturas*, de Berta G. Montalvo; *Soliloquios del amor y la muerte*, de Juan Martín (1954); *Los viernes lloro y el sábado sale el sol*, de Ela Lee, residente en los Estados Unidos desde 1966; *Atrás he dejado la ciudad fantástica: la poesía en su definición mejor*, de Silvia Eugenia Odio; *Iris del alma en las gotas de vida*, de Nieves del Rosario Márquez (1931); *Vocabulario sencillo: décimas cubanas*, de Oscar Guerra; *Sendero de ensueños*, de Raquel Fundora de Rodríguez Aragón (1924); *Barlow Avenue* (prólogo de Israel Rodríguez), de Rafael Román Martel (1958), radicado en los Estados Unidos desde 1973; *Vigilia del aliento*, de Arminda Valdés Ginebra (1923), una voz injustamente poco estudiada por la crítica; *De donde oscilan los seres en sus proporciones* y la *plaquette*, *Verdehalago*, de José Kozer (1940), quien emigra a los Estados Unidos en 1960 y reside en Nueva York hasta 1997, así como el cuaderno *Dos con Lezama, un tercero a Florit, dos para Silvia Eugenia y otros más*, de Mauricio Fernández (1938), quien sale de Cuba en los años sesenta y despliega una amplia labor de divulgación literaria entre 1964 y 1973.

Conscientes de que viven en un país principalmente de habla inglesa y en aras de llegar a un público internacional, los autores no descuidan la posibilidad de editar poemarios bilingües y, en algunos casos, hasta trilingües. Este año aparecen *Osadía de los soles truncos (Daring of the brief suns)* (traducción al inglés de Angela McEwan), de Lydia Vélez Román; *Sorbos de luz (Sips of Light)* (traducción al inglés de Mario Salvatierra y la autora), de Juana Rosa Pita (1939), en el exilio desde 1961; *Crisantemos, Chrysanthemums* (traducción al inglés de Jay H. Leal y prólogo de John C. Stout), de Ana Rosa Núñez (1926-1999), que residió en Miami desde su exilio en 1965 hasta su muerte; y *Polvo de ángel (Angel Dust, Polvere d'angelo)*, de Carlota Caulfield (1953), con traducción al inglés de Carol Maier, y al italiano de Pietro Civitareale, y textos introductorios de ambos traductores y Miguel Ángel Zapata.

El exilio es también espacio donde voces silenciadas en la Isla encuentran apoyo y difusión: también bilingüe aparece en 1990 *Everyone will have to listen (Todos me van a tener que oír)*, de la autora disidente residente en Cuba Tania Díaz Castro (1939), en traducción al inglés de Pablo Medina y Carolina Hospital, poemario que constituye una reedición del original publicado en La Habana en 1970 y al que se le suman otros poemas aparecidos posteriormente en la revista *Linden Lane Magazine*, dirigida por Belkis Cuza Malé y Heberto Padilla.

Se recuperan también figuras relevantes del pasado: en Miami aparecen recogidas en el volumen *Alma errante*; *América* las respectivas ediciones facsimilares de estos dos poemarios de Emilia Bernal (1884-1964), el primero publicado originalmente en La Habana en 1916 y el segundo en Chile en 1938. En Cuba van surgiendo voces del exilio, cautelosamente primero mediante el rescate de autores ya difuntos: en *Matanzas* aparece *Exlibris*, de Agustín Acosta (1886-1979), autor nombrado Poeta Nacional por el Congreso de la República de Cuba en 1955 y despojado de dicho título por el Gobierno castrista cuando el poeta optó por el exilio.

La importante editorial madrileña Betania, dirigida por el poeta cubano Felipe Lázaro, tiene el mérito de haber destacado la producción poética de Reinaldo Arenas (1943-1990), más conocido internacionalmente como narrador e integrante del Grupo del Mariel. Después de la aparición en 1989 de una recopilación de la poesía dispersa de Arenas, bajo el título de *Voluntad de vivir manifestándose*, Betania publica en 1990 otra suerte de recopilación titulada *Leprosorio (trilogía poética)*, la cual incluye, dentro de la referida estructura trilógica, el largo poema *El central*, cuya primera edición en forma de libro había aparecido en Barcelona bajo el sello Seix Barral en 1981, en francés *(La plantation)* en 1983 y en inglés *(El central: a Cuban sugar mill)* en 1984. *Voluntad de vivir manifestándose* reaparecerá en Buenos Aires bajo el sello Adriana Hidalgo Editora en 2001.

Tras los cinco poemarios publicados entre 1986 y 1989, Amando Fernández (1949-1994), quien marcha a España en 1960 y se traslada a Miami en 1980, es ahora una de las voces imprescindibles del exilio cubano. La década del noventa presenciará su batalla y su triunfo contra una muerte anunciada: este año aparecen sus poemarios *Los siete círculos* (Premio Antonio González de Lama) y *Materia y forma* (Premio de Poesía Ciudad de Badajoz, 1989). Por otra parte, la reconocida narradora Alma Flor Ada, en colaboración con F. Isabel Campoy, publica varias colecciones de poesía para niños: *Huertos de coral, Gorrión gorrión, Nuevo día, La rama azul, Ríos de lava, Dulce es la sal* y *El verde limón*. Y de su propia autoría publica, también para el público infantil, el poemario *Abecedario de los animales*, con ilustraciones de Vivi Escrivá. Y aunque radicado en Inglaterra, Pedro Pérez Sarduy (1943) publica en Nueva York, en edición bilingüe, *Cumbite and other poems (Cumbite y otros poemas)*.

Dos antologías con colaboraciones de poetas del exilio aparecen este año: *Los municipios en décimas*, editada por Francisco Henríquez, Oscar Pérez Moro y Darío Espina Pérez, quien edita además *Poetisas cubanas contemporáneas*, con textos de Mercedes García Tudurí, Ana Celia Santos y Lourdes Gil, entre otras.

Dentro del mundo académico estadounidense —en muchos casos, ganado por una izquierda política que, durante décadas y por razones ideológicas, había excluido de sus estudios generales sobre el exilio y los 'latinos' estadounidenses a los cubanos residentes en los Estados Unidos— aparece *Paradise lost or gained? The literature of Hispanic exile*, editado por Fernando Alegría y Jorge Ruffinelli, quienes cautelosamente registran allí al exilio cubano al incluir poemas en español de Alina Galliano y de José Quiroga, así como artículos sobre poetas cubanas en los Estados Unidos.

Dos diccionarios ayudan a registrar esta vasta producción cubana: *Diccionario biográfico de escritores cubanos en el exilio (contemporáneos)*, de Pablo Le Riverend; y, más enciclopédicamente, el *Dictionary of twentieth-century Cuban literature*, editado por Julio A. Martínez, quien incluye sucintos ensayos sobre la actividad literaria del exilio y, en particular, sobre la obra individual de muchos poetas residentes en los Estados Unidos, tales como Agustín Acosta, Eugenio Florit, Amelia del Castillo, Rita Geada, Orlando Rossardi, José Kozer, José Sánchez-Boudy, Gladys Zaldívar, Juana Rosa Pita, Ángel Cuadra y Octavio Armand, entre otros.

1991

Los años noventa encuentran muy activo al veterano poeta Eugenio Florit (1903-1999). Nacido en Madrid, se traslada desde muy joven a Cuba y forma parte fundamental de la cultura nacional republicana desde la publicación de sus *32 poemas breves* y *Trópico*, en 1927 y 1930, respectivamente, y su activa participación en las revistas literarias de entonces. En los años cuarenta se instala en Nueva York y, a diferencia de muchos otros autores, no regresa a Cuba con el triunfo de la Revolución cubana en 1959 sino que, por el contrario, se identifica con la causa del exilio desde sus inicios en los años sesenta. Para 1980 ya está residiendo en Miami, donde publica casi todos sus últimos poemarios. Tras publicar en 1990 una nueva traducción de *El cementerio marino*, de Paul Valéry, Florit publica ahora *Niño de ayer* (con dibujos de José Luis Florit); *Hasta luego: versos 1990-1991*, el cual tendrá una segunda edición ampliada en 1992; y el quinto volumen de sus *Obras completas*, editado por Luis González del Valle y Roberto Esquenazi Mayo, en Colorado.

Antiguo integrante del importante Grupo Orígenes que lideraba José Lezama Lima (1910-1976) en La Habana en los años cuarenta y cincuenta, y llegado al exilio (Nueva York y Miami fundamentalmente) en 1968, Lorenzo García Vega (1926) recopila su dispersa obra poética en *Poemas para penúltima vez, 1948-1989*. Otro antiguo origenista, Gastón Baquero (1918-1997), exiliado en Madrid desde los años sesenta, publica *Poemas invisibles*.

El ritmo de las publicaciones y triunfos literarios de Amando Fernández no cesa: este año aparecen *Espacio mayor* (Premio Juan Ramón Jiménez) y *Antología personal*. Otros poemarios de autores cubanos del exilio que resultan premiados son *Inmanencia de las cenizas* (Premio Agustín Acosta de Poesía, 1990), de Inés del Castillo (1927), residente en Nueva York; y el curiosísimo poema largo *No estaré en tu camino* (Premio Adonáis), de Roberto Valero. Y decenas de poemarios se suman al concierto poético: *Sonetario y romancero*, de Darío Espina Pérez; *Marginalmente literario*, de Emilio M. Mozo (1941), residente en Andover, Massachusetts; *Uno y veinte golpes por América*, de Ana Rosa Núñez; *Por dentro*, de Jorge J. Rodríguez Florido (1943), quien reside en los Estados Unidos desde 1962 y en Chicago desde 1970; *Sigo zurciendo las medias de mi hijo*, de Arminda Valdés Ginebra; *Caibarién*, de Aurelio N. Torrente (1924); *Dispersos*, de César Alónimo (1928); *Así cualquiera puede ser poeta*, de Julio E. Miranda (1945-1999), quien desde su exilio en 1961 residió en varios países, entre ellos los Estados Unidos; *Sus últimos poemas*, de Agustín López, con introducción de Luis Martínez; *Cajón de parafernales*, del también dramaturgo José Corrales, nacido en 1937 y residente en Nueva York desde 1965 hasta su muerte en 2002; *Sobre esta clara piel octogenaria*, de Pablo Le Riverend (1907-1991), en el exilio desde los años sesenta; *La palabra poética: discurso en verso*, de Luis Ángel Casas (1928); *Las aristas desnudas*, de Amelia del Castillo (1923); y el tomo *Los espacios llenos* (con prólogo de Gastón Baquero), de Orlando Rossardi (1938), quien desde su salida de Cuba en 1960 ha residido en los Estados Unidos y España. Este poemario suyo aparece bajo el sello de la prestigiosa editorial Verbum, dirigida en Madrid por el también poeta cubano Pío E. Serrano.

En homenaje a Alberto Baeza Flores (1914-1998) —nacido en Santiago de Chile, pero íntimamente vinculado a los destinos cubanos desde 1939, y en el exilio desde 1960 hasta su fallecimiento en Miami—, el poeta español Juan Ruiz de Torres publica *Las dos orillas: poemas de los encuentros*, con obras de ambos. Otro homenaje, ahora póstumo, realizan Matías Montes Huidobro y Yara González Montes al editar *Memorias de un joven que nació en enero*, de Guillermo Hernández (1959-1988), llegado a Miami en 1980 vía Mariel, libro que incluye, entre otros textos, su poesía. Tras la aparición de sus memorias, *Self-portrait of the other*, bajo el sello de la famosa casa Farrar, Straus, Giroux, de Nueva York, en 1990 (*La mauvaise mémoire* y *La mala memoria* serán los títulos que ellas adopten al publicarse en francés en 1991 y en español en 1992, respectivamente), Heberto Padilla (1932-2000) publica en la misma casa editorial una excelente edición bilingüe español-inglés de su poesía intitulada *A fountain, a house of stone*, con Alastair Reid y Alexander Coleman como traductores. Otros poemarios bilingües español-inglés de este año son *Sea of my infancy (Mar de mi infancia)* (traducción de Ildara Klee), de Ernesto Díaz Rodríguez (1939); *Merla* (traducción de Edgar Soberon), de Maya Islas (1947), en el exilio desde 1965; y *Pequeña antología* (traducción de Tom Hall), de René Ariza (1940-1994), llegado al exilio tras su salida de la prisión en Cuba en 1979. La *plaquette, Prójimos (Intimates)* constituye, después de la edición bilingüe de *The ark upon the number en 1982,* el segundo poemario bilingüe de José Kozer con traducción al inglés de Amiel Alcalay.

En 1991 aparece también *Voces en sueños* (versos y cuentos para niños de todas las edades), de Estela García Cabrera, en colaboración con Olga Bizoso y Migdalia González. Nacida en 1945, García Cabrera llega a los Estados Unidos en 1962 y se instala en Puerto Rico en 1966. Desde allí, y más particularmente en la ciudad de Ponce, ha desplegado una extensa labor como profesora de lengua y literatura hispánicas, difusora radial de la literatura infantil a través del laureado programa *Una aventura con el saber*, y directora desde 1995 de la revista universitaria *Horizontes*, órgano de la Pontificia Universidad Católica de Puerto Rico; dicha revista está dedicada mayormente a la crítica y creación literarias, así como a todo lo relacionado con la enseñanza de la lengua española. Autora de textos sobre la lengua española, tales como *Abriendo caminos: el español como segundo idioma* y *Español práctico*, ambos de 1997 y pensados en función de los jóvenes hispanos residentes en los Estados Unidos, García Cabrera se había estrenado como poeta en 1987 con *Al oeste de mi voz*.

Dirigidas por Juana Rosa Pita y Jesús J. Barquet, ven la luz en Nueva Orleans las *plaquettes* de poesía Edizione de Amatori, en las que aparecieron varios cubanos residentes en los Estados Unidos, tales como Reinaldo García Ramos (*Baladita del crack*), Mercedes Cortázar (*La Afrodita de Gnido*), Mario de Salvatierra (*La casa escrita*), Carlota Caulfield (*Tríptico de furias*) y los propios editores: Juana Rosa Pita (*Proyecto de infinito* y *Escandinavas: andante con spirito*) y Jesús J. Barquet (*El libro de las palabras, El libro de las estaciones* y *El libro de los cuerpos, plaquettes* estas incluidas después en su poemario de 1994 *Un no rompido sueño*).

En lo referente a antologías colectivas, resalta *Poetas cubanas en Nueva York: antología breve (Cuban women poets in New York: a brief anthology)* (prólogo de Perla Rozencvaig), editada por Felipe Lázaro en su editorial Betania. Lázaro dirige aquí su atención hacia un grupo de autoras (Lourdes Gil, Iraida Iturralde, Alina Galliano, Magali Alabau y Maya Islas) que, desde sus diferentes estéticas individuales, comienzan a destacarse en el escenario poético cubano-americano del área de Nueva York a fines de la década del setenta. Aunque no formaban, en sentido estricto, un 'grupo' literario, la constante presencia de sus obras individuales y la intensa gestión cultural que desplegaron las hicieron aparecer ante el público lector como tal. Esta idea se refuerza más adelante, en 1997, cuando aparece *Web of memories: interviews with five Cuban women poets*, editado por Carlota Caulfield, donde junto a Juana Rosa Pita aparecen cuatro de dichas poetisas del área de Nueva York: Maya Islas, Magali Alabau, Lourdes Gil y Alina Galliano. Por otra parte, la mencionada revista *Linden Lane Magazine*, editada entonces en Princeton, Nueva Jersey, dedica los números de octubre-diciembre de 1990 (volumen 9, número 4) y de enero-marzo de 1991 (volumen 10, número 1) a una amplia muestra de 'Escritores y artistas cubanos del exilio', con amplia representación de poetas residentes en los Estados Unidos. Exiliado en Miami desde 1967, Luis Mario (1935) publica en otra casa editorial fundamental del exilio cubano —las Ediciones Universal de Miami, dirigidas por Juan Manuel Salvat— la prescriptiva literaria *Ciencia y arte del verso castellano*.

1992

Dos autores clásicos del exilio cubano entregan una selección de sus respectivas obras poéticas: en Miami, Eugenio Florit publica una *Antología personal*, mientras que en Madrid Gastón Baquero edita su *Autoantología comentada*. A esto se suman los siguientes poemarios: *Gotas de rocío*, de Berta G. Montalvo; *Enjambre*, de Gabriela Castellanos (1944), cuya vida ha alternado entre los Estados Unidos y Colombia; *El amor resucitado y amor y filosofía*, de Herminia D. Ibaceta (1933); *El espíritu que sustancia*, de Rolando Campins (1940), quien llega a Nueva York en 1959; *Las palabras y las sombras* (prólogo de Manuel Ulacia), de Manuel J. Santayana (1953), residente en Miami desde 1967; *Una paz difícil*, de Francisco E. Feito; *La bandera cubana: historia y poesía*, de Mercedes García Tudurí (1904-1997); *Jirones*, de Ydilia Jiménez (1912); *El caracol y el tiempo*, de Carmen Alea Paz (1924); *Cantos y elegías*, de José Abreu Felippe (1947), quien sale al exilio español en 1983 y se traslada a Miami en 1987; *Dimensión del alba*, de Antonio Acosta (1929); la *plaquette*, *En la décima noche de Saturno*, de Lucía Ballester; y en edición artesanal de tiraje reducido, *La edad de piedra*, de Néstor Díaz de Villegas (1956), quien reside en los Estados Unidos desde 1979.

Tras su exitosa aparición en el panorama poético del exilio cubano en la segunda mitad de los años ochenta, con cuatro poemarios que ganaron la atención de lectores y críticos, la antigua actriz y directora teatral radicada en Nueva York desde los años sesenta Magali Alabau publica ahora *Hemos llegado a Ilión*, sobre el álgido tema del regreso del exiliado cubano como 'turista' a la Isla, poemario que tendrá una segunda edición en 1995. Por otra parte, Alma Flor Ada publica tres poemarios para niños y jóvenes: *Caballito blanco*, *El cuento del gato* y *Cinco pollitos*; y Alberto Baeza Flores aparece incluido en el volumen colectivo *El estanque amanece*, publicado en Madrid.

La importante poetisa, entonces disidente en Cuba, María Elena Cruz Varela (1953), y que residirá en Madrid y más tarde en Miami, recibe un homenaje de los poetas del exilio: *Guirnalda poética dedicada a María Elena Cruz Varela*, y se publica su poemario *El ángel agotado (The exhausted angel)*, con textos de Nicasio Silva y Uva A. Clavijo, poemario que la editorial Plaza & Janés de Barcelona reeditará solamente en español en 1999. Otras ediciones bilingües español-inglés de 1992 son *Mayaland*, del autor cubano-americano Robert Lima; y *Memoria de un pasado (Remembrance of a time just past)* (traducción de Hugh A. Harter), de Guillermo Arango (1939). Y añadiendo el italiano, aparece el poemario trilingüe *Sorbos venecianos (Sorsi veneziani, Venetian Sips)*, de Juana Rosa Pita, quien publica además *Florencia nuestra (biografía poemática)*, con introducción de Luis Ignacio Larcada.

Tras recopilar en 1989 su poesía en *Hasta el presente: poesía casi completa*, Alina Galliano (1950) gana el Premio Letras de Oro 1990-1991, con *La geometría de lo incandescente (en fija residencia)*; mientras que el Primer Premio V Centenario se adjudica a *La Conquista de América en sesenta sonetos*, de Francisco Henríquez (1928), quien por esta fecha comienza a editar los cuadernillos de poesía *Carta lírica*, publicación asociada a la organización académica Círculo de Cultura Panamericano, con sede en Miami y Nueva Jersey.

Nedda G. de Anhalt, Víctor Manuel Mendiola y Manuel Ulacia editan en México *La fiesta innombrable*. Trece poetas cubanos, con presentaciones de Anhalt, Gastón Baquero y Guillermo Cabrera Infante. Incluyen allí a los siguientes poetas del exilio estadounidense: Eugenio Florit, Ángel Gaztelu, Justo Rodríguez Santos, José Kozer, Orlando González Esteva, Heberto Padilla y Belkis Cuza Malé. También en México, Alejandro González Acosta edita una selección de 'Poesía cubana de hoy' para la revista *Universidad de México* (número 496, mayo de 1992, pp. 62-75), con colaboraciones de Rafael Bordao y Jesús J. Barquet; mientras que Pedro N. Regalado edita en Miami la *Antología de poetas güineros en el exilio*.

1993

Tras publicar su traducción al español de *Piranese*, de Pierre Seghers, Ana Rosa Núñez reedita su poemario de 1973, *Sol de un solo día* (con un texto de Eugenio Florit) y publica una especie de epistolario poético entre ella y Mario G. Beruvides: *Cartas al tiempo*. A estas obras suyas se suman las siguientes: *Cuba en mis versos*, de Luis Mario; *Una como biografía espiritual*, de Emilio M. Mozo; *Naufragios y comentarios*, de Armando Álvarez Bravo; *Ave lira: poesías de amor*, de Conchita Utrera (1912); *Renuevo tras la lluvia. Equilibrio del ansia*, de Arminda Valdés Ginebra; *Jardines de la rima: poemas laureados y otros poemas*, de Francisco Henríquez; *Cuba heroica*, de Darío Espina Pérez; *Palabras encantadas*, de Benigno Dou, nacido en Caracas en 1955, pero identificado con Cuba desde sus años de residencia en la Isla (1967 a 1980); *El niño de guano*, de Lourdes Gómez Franca, con ilustraciones de Pablo Cano; *Confabulación en la inocencia*, de Mauricio Fernández; *Cuarenta y más cuasi-sonetos*, de Arístides Sosa de Quesada (1908-2000), quien reside en Miami desde 1975 y donde funda la organización literaria Gala; *4 de septiembre de 1933: evocación sentimental*, de Miguel González (1918-1996), en el exilio desde 1960 hasta su fallecimiento en Miami; *Malpartida*, primer poemario de la ensayista Rosario Hiriart, quien reside en Nueva York y Madrid; y *Transfiguración de la armonía*, de Juana Rosa Pita.

Este año aparece una reedición facsimilar de *Ala: poesías*, de Agustín Acosta, inicialmente publicado en 1915, ahora con introducción de Luis Mario. En *Con el soneto*, Eugenio Florit recopila sonetos suyos provenientes de sus libros publicados entre 1937 (*Doble acento*) y 1987 *(Hasta luego)*. De José Kozer aparecen *Una índole* y las *plaquettes, Trazas del lirondo* (separata del número 16 de la revista mexicana *Casa del tiempo*) y *José Kozer: selección de su poesía*, ambas con prólogo de Jacobo Sefamí. Amando Fernández publica tres poemarios, uno de ellos premiado: *Museo natural* (Premio José María Heredia 1992), *El minotauro* y *Lingua franca*. Y Lorenzo García Vega publica también tres 'textos': *Variaciones a como veredicto para el sol de otras dudas: fragmento de una construcción 1936, Espacios para lo huyuyo* y *Collages de un notario*, y aquí vale señalar que, ya para esta fecha, la obra de García Vega va indefiniendo cada vez más las fronteras entre poesía, narrativa de ficción y memoria autobiográfica, como él mismo reconocerá años después en *El oficio de perder* (2004) al afirmar que, en vez de escribir poemas o narraciones en este período de su escritura, 'mi vocación es acercarme al Texto' (p. 266).

En la importante colección de poesía La Torre de Papel, dirigida en Coral Gables por el poeta Carlos A. Díaz Barrios, aparecen *Empieza la ciudad*, de Lourdes Gil (1951); *Blanco sobre blanco* (1986-1993), de Emilio de Armas (1946); *Arcanos del otro*, de Walt Jiménez (1963), autor de origen cubano nacido en Jersey City, Nueva Jersey; *Las puertas de la noche*, del propio Díaz Barrios (1950), integrante del Grupo del Mariel y residente en Miami; y *Cantos del centinela*, de Esteban Luis Cárdenas (1945), quien llega a los Estados Unidos en 1980 y se asocia también al Grupo del Mariel. Otros poemarios de autores de este grupo son *Caverna fiel*, de Reinaldo García Ramos (1944), antiguo integrante del Grupo El Puente en los años sesenta en La Habana y, ya en el exilio, uno de los editores de la revista *Mariel* (1983-1985); y la *plaquette El libro de los puentes*, de Jesús J. Barquet (1953), quien desde 1980 ha residido en Nueva Orleans y Las Cruces, Nuevo México.

De Magali Alabau se reedita, ahora en edición bilingüe, su poemario de 1985, *Hermana (Sister)* (prólogo de Librada Hernández), en traducción al inglés de Anne Twitty, traductora también de su otro poemario bilingüe publicado este año: *Liebe*. También bilingüe aparecen *Escrito hasta en los bordes (Written even in the margins)*, de René Ariza, con introducción de Carlota Caulfield y traducción al inglés de Alfonso Texidor, Richard Hack, Tom Hall y Jonathan Comisar, entre otros; y *Juan Tomás: Poems and offerings (Poemas y ofrendas)*, de Juan Tomás (1953-1974), textos compilados póstumamente por Mercedes F. Tomás.

Una antología de disidentes se publica en Washington D.C.: *El desierto que canta (Poesía underground cubana)*, editada y prologada por Omar López Montenegro y dedicada a autores que, desde dentro de Cuba, luchan por el respeto a los derechos humanos en la Isla. Incluye, entre otros, a Fernando Núñez Ramos, Rogelio Fabio Hurtado y Clara Estela Jaime Doris; algunos de estos autores, tales como Adalberto Guerra Hernández y Armando Araya García, llegarán más tarde al exilio. En América Latina aparecen la *Antología de la poesía hispanoamericana moderna*, coordinada por Guillermo Sucre en Caracas, con poemas de Octavio Armand; y *Poetas en la casa de la luna: poesía latinoamericana contemporánea*, publicada por la Universidad de Nuevo León, México, y editada por Margarito Cuéllar y Rei Berroa, con poemas de Orlando Rossardi.

1994

Este año resulta ser importante para Carlos A. Díaz Barrios: gana el Premio Hispanoamericano de Poesía Juan Ramón Jiménez 1994 por *Oficio de responso* (en homenaje a Amando Fernández) y publica además *La caza* y *El regreso del hijo pródigo* en su colección La Torre de Papel. De Amando Fernández aparecen *Ciudad, isla invisible* y *El riesgo calculado*, este segundo dentro de las Ediciones Cocodrilo Verde que funda entonces y dirige la escritora cubana Rosario Hiriart.

Un reconocimiento más se añade a la obra de Juana Rosa Pita: el Premio Letras de Oro 1992-1993 de la Universidad de Miami por *Una estación en tren: vivace legatissimo*, mientras Jesús J. Barquet recibe el Segundo Premio de Poesía Chicano-Latina 1993 de la Universidad de California en Irvine por *Un no rompido sueño*. También de Barquet aparecen este año *El libro del desterrado: instantes robados, 1981-1993*, y la *plaquette El libro de los héroes*, ilustrada por Arnold Mesches. Y tras recibir el único accésit del Premio Carmen Conde en Madrid en 1992, Amelia del Castillo publica *Géminis deshabitado*.

Otros poemarios de 1994 son los siguientes: *Espejos*, de César Alónimo; *La piedra del cielo*, de Alejandro Lorenzo (1953), quien reside en Miami desde 1993; *Elogio del garabato*, de Orlando González Esteva (1952), residente en Miami desde 1965; *Cuaderno de caligrafía*, del premiado narrador Fernando Villaverde (1938), quien reside en Miami desde 1978; *Afán del agua, 1987-1994*, de Nicasio Silverio (1930); *Perfil de frente*, de Martha Padilla, quien reside en los Estados Unidos desde 1957; *Alma secreta*, de Ernesto Escudero (1953), perteneciente al Grupo del Mariel; *La palabra total*, de Mercedes F. Tomás; *Vivencias del campo cubano*, de Francisco Henríquez y Oscar Pérez Moro; *El carrusel*, poemario de Ernesto Díaz Rodríguez dedicado al público adolescente; *Diario poético de una exiliada cubana*, de Gina Moya; *Poemas para avivar un ocaso*, último poemario de Antonio Giraudier (1928-1994); *Acerca de algo inefable*, de Rolando Campins; *Serenatas para Araceli*, de Oscar Gómez Vidal (1923-1995), quien llegó al exilio en 1962 y radicó en California; *Entero lugar*, de Laura Ymayo Tartakoff, residente en Cleveland, Ohio; *Tras la huella de lo imposible*, de Raúl Dopico (1963), exiliado primero en la Ciudad de México y más tarde en Miami; y *La voz inevitable*, de Ángel Cuadra (1931), residente en Miami y sobre cuya vida y obra aparece este año *Ángel Cuadra: the poet in socialist Cuba*, de Warren Hampton.

Dentro de la tradicional modalidad de la poesía afrocubana, pero renovándola y enriqueciéndola, aparece el extraordinario poemario *En el vientre del trópico*, de Alina Galliano, acompañado por un casete de la recitadora Carmina Benguría, y con prólogo de Carlos Franqui e ilustraciones de Roberto Estopiñán. Más conocida por su obra narrativa, Daína Chaviano (1957), residente en Miami, publica *Confesiones eróticas y otros hechizos*. Y siguiendo la tendencia de su poemario *Casas deshabitadas: un poema contado* (1989) de mezclar poesía y memoria narrativa —memoria vuelta novela en 2005 con *El horizonte de mi piel*, aparecida en 2003 en inglés bajo el título de *The write way home*, en traducción de Stephen Clark—, Emilio Bejel (1944) publica ahora *El libro regalado (poema-cuento)*, con la siguiente advertencia: 'Este poemario en realidad puede leerse como un solo cuento poétizado de una biografía imaginada por el poeta a lo largo de su vida en diferentes espacios del mundo'.

Como señalamos al inicio, la década del noventa es prolija en antologías que incluyen indistintamente a poetas cubanos 'de dentro' y 'de fuera' de la Isla, aspecto este que encontramos antes solamente en dos antologías: la censurada *Novísima poesía cubana* (1962), editada por Reinaldo García Ramos y Ana María Simo en La Habana bajo el sello editorial de El Puente y que incluía a la ya exiliada Isel Rivero, y *La última poesía cubana* (1973), editada por Orlando Rodríguez Sardiñas (Orlando Rossardi) en Madrid. Dicha concepción inclusiva se trunca después por aspectos políticos, y solo en los años noventa comienza a restablecerse con antologías tales como *La poesía de las dos orillas: Cuba, 1959-1993*, editada este año por León de la Hoz en Madrid, la cual incluye a los siguientes poetas residentes en los Estados Unidos: Magali Alabau, Armando Álvarez Bravo, Belkis Cuza Malé, José Kozer, Amando Fernández, Gustavo Pérez Firmat y Andrés Reynaldo.

Dos antologías del exilio son *Lírica del exilio cubano*, editada y prologada por Darío Espina Pérez; y *Antología poética familiar*, editada por Alma Rosa Gil y prologada por Mercedes García Tudurí. Basado en dos congresos literarios sobre la literatura del exilio realizados en Nueva York en 1989 y 1992, Pedro R. Monge Rafuls edita *Lo que no se ha dicho*, con una sección (pp. 153-262) mayormente dedicada a la poesía de los cubanos residentes en los Estados Unidos, con textos críticos y testimonios escritos por poetas tales como Ángel Cuadra, Lourdes Gil, Reinaldo García Ramos, Maya Islas, Jesús J. Barquet y Belkis Cuza Malé.

1995

Eugenio Florit y Gastón Baquero continúan recopilando sus respectivas obras poéticas: el primero en *Lo que queda*, y el segundo en *Antología (1937-1994)* y en *Poesía completa*, la cual se reeditará en 1998. Póstumamente aparece el volumen *La rendición. Las túnicas doradas. Las miradas de Jano*, de Amando Fernández; y Carlos A. Díaz Barrios gana el Premio Letras de Oro 1993-1994 con *La claridad del paisaje*. Del incansable José Kozer aparecen los poemarios *Et mutabili*, *A Caná* y *Los paréntesis* (edición y prólogo de Roberto Echavarren). La obra poética de Kozer, quien se halla traduciendo al español a autores tales como Natsume Soseki (*Mon/La puerta*, en 1991) y Nathaniel Hawthorne (*Libro de las maravillas para chicos y chicas*, en 1992, y *Leyendas del bosque frondoso*, en 1995), había sido en 1994 el objeto de estudio del libro *La poesía de José Kozer. De la recta a las cajas chinas*, de Aida L. Heredia.

Otros poemarios de este año son los siguientes: *Temporal sin agua* y la recopilación de textos, incluyendo poesía, titulada *La sal de los cuentos: ensayos, cuentos, aconteceres y sonetos*, de Estrella Brito Burón (1930-1998); *Ofelia, mi pueblo y los niños*, de Miguel González; *Poemas del hombre y su sombra*, de Oscar Gómez Vidal; *Imágenes desde Cuba*, de Josefina Leyva; *El álbum de las sombrillas*, del narrador Reinaldo Bragado Bretaña (1953-2005), residente en Miami desde 1988 hasta su muerte; *Donde se ocultan las sombras*, haikus de Berta G. Montalvo; *Cavidad*, de Ignacio Cabrera Más; *Infancia del pan nuestro*, sugestivo poemario de Juana Rosa Pita sobre la figura de Jesucristo; *Sólo ardiendo*, poemario de Emilio de Armas que tendrá sucesivas reimpresiones; *Frente al espejo purificador*, de Benigno Dou; *Visita al paraíso*, de Luis Conte Agüero (1924); *Veinte estrellas y una piedra: versos a la deriva*, de Francisco Henríquez; *Las hambres terrestres*, de José Corrales; *Son peregrino*, primer poemario del crítico literario Enrico Mario Santí (1950), quien reside desde niño en los Estados Unidos; *Poemario épico y lírico: relacionado con la Independencia de Hispanoamérica*, de Darío Espina Pérez; y el volumen *Estancias extranjeras*, con poemas de Silvia Eugenia Odio y José Kozer, un texto en prosa de Mauricio Fernández y el '¿Por qué escribir en español en los Estados Unidos?', de Mercedes Cortázar (véase el artículo en esta Enciclopedia).

Del polémico y siempre interesante poeta y crítico cubano-americano Gustavo Pérez Firmat (1949), quien llega de niño a los Estados Unidos y ha residido en Miami, Carolina del Norte y Nueva York, aparece *Bilingual Blues (Poems, 1981-1994)*, donde mezclando español, inglés y *espanglish* se encuentran poemas inéditos junto a otros ya publicados en 'Carolina Cuban', del poemario colectivo *Triple Crown* (1987) (pp. 121-167) y en *Equivocaciones* (1989). La base interlingüística de su imaginación y lenguaje poéticos es cuestionada años después por él mismo en *Cincuenta lecciones de exilio y desexilio* (2000), donde se mezclan entonces prosa reflexiva y verso, entre otras formas de discurso. La prestigiosa antropóloga cubano-americana de origen judío Ruth Behar (1956), residente en Ann Arbor, Míchigan, tras editar en inglés este año la amplia recopilación de textos de todo tipo (*Bridges to Cuba /Puentes a Cuba*) sobre cuestiones de identidad y nacionalidad cubanas y cubano-americanas escritos por autores de dentro y de fuera de la Isla, publica en las artesanales Ediciones Vigía, en Matanzas, Cuba, su poemario bilingüe *Poemas que vuelven a Cuba (Poems returned to Cuba)*, con ilustraciones de Rolando Estévez Jordán. Otro cubano-americano, Alan West (1953), publica *Dar nombres a la lluvia (Finding voices in the rain)* (1953), en traducción al inglés de Mark Schafer y el autor.

Rafael Bordao (1951), integrante del Grupo del Mariel y residente en Nueva York, publica *Escurriduras de la soledad* (introducción de Odón Betanzos Palacios) y, en formato bilingüe, *El libro de las interferencias (The book of interferentes)*, en traducción al inglés de Louis Bourne. De igual forma, Carlota Caulfield entrega la *plaquette, Estrofas de papel, barro y tinta* y el cuaderno bilingüe *Libro de los XXXIX escalones (Libro dei XXXIX gradini)*, en traducción al italiano de Pietro Civitareale. Felipe Lázaro y Bladimir Zamora publican en la editorial Betania, de Madrid, otra antología inclusiva: *Poesía cubana: la Isla entera*, con numerosos colaboradores cubanos residentes en los Estados Unidos: entre otros, aparecen allí Isel Rivero, Belkis Cuza Malé, Reinaldo García Ramos, Magali Alabau, Gustavo Pérez Firmat, Alina Galliano, Maya Islas, Rafael Bordao, Orlando González Esteva, Carlota Caulfield, Daína Chaviano, Roberto Valero, Iraida Iturralde, Mercedes Limón y Jesús J. Barquet.

En coedición con la narradora mexicana Rosario Sanmiguel, Barquet publica en la frontera de Ciudad Juárez-El Paso *Más allá de la Isla: 66 creadores cubanos*, amplia muestra de literatura cubana de fuera de Cuba que cuenta con una extensa sección dedicada exclusivamente a la poesía ('Rumor de la tierra', pp. 59-105) de las más diversas promociones: Eugenio Florit, Juana Rosa Pita, José Corrales, José Kozer, Ángel Cuadra, Alina Galliano, Iraida Iturralde, Orlando Rossardi, Maya Islas, Magali Alabau, Uva de Aragón, Francisco Morán, María Elena Cruz Varela, Carlota Caulfield, Roberto Valero y Amando Fernández, entre muchos otros, comparten dicha sección con autores cubano-americanos tales como Gustavo Pérez Firmat, Ricardo Pau-Llosa y Carolina Hospital, estos tres en traducción al español.

También sobre el exilio son la antología *Cuba, la cercana lejanía (los poetas del éxodo)*, editada por Oscar Abel Ligaluppi, y la antología de poetas decimistas *Guitarras del exilio cubano*, editada y prologada por Darío Espina Pérez. Por otra parte, el Instituto de Estudios Latinoamericanos de Nueva York incluye a José Kozer y Magali Alabau en su antología bilingüe *Escritores latinoamericanos judíos en los EE. UU. (Latin-American Jewish Writers in the US)*.

1996

En este año, 1996[7], aparece *Lejanía...* (prólogo de Luis Mario), poemario póstumo de Agustín Acosta; y Armando Álvarez Bravo publica, además de su ensayo autobiográfico *Autorretrato a trancos*, el poemario *Trenos*, con ilustraciones de Ramón Alejandro, en la Colección Baralanube de Éditions Deleatur que este dirige. Hortensia Munilla Tauler (1932) publica *Pétalos* y gana el Primer Premio en Poesía, del Instituto de Cultura Peruana de Miami, con su poemario *Efluvios del alma*.

Asociándose al neobarroco hispanoamericano de autores tales como el cubano José Lezama Lima, el uruguayo Eduardo Milán, el brasilero Haroldo de Campos y los argentinos Néstor Perlongher y Osvaldo Lamborghini, entre otros, José Kozer incluye una selección de su poesía en la antología *Medusario. Muestra de poesía latinoamericana*, la cual edita en compañía de Roberto Echavarren y Jacobo Sefamí, con prólogos de Perlongher y Echavarren y epílogo de Tamara Kamenszain. Publica, además, la *plaquette, La maquinaria ilimitada*, con prólogo del poeta dominicano León Félix Batista.

Continúan apareciendo numerosos poemarios: entre otros, *En la tarde, tarde* (prólogo de Raoul García Iglesias e ilustraciones de Gilberto Marino), de Juan Cueto, en exilio desde 1966; *Nadie espera que escriba* (introducción de María Elena Cruz Varela e ilustraciones de Jonathan Cabrera Montes de Oca y Eddy Díaz Souza), de Elena Montes de Oca (1950), en el exilio miamense desde 1994; *Desde lo más recóndito: alumbramientos de las reconditeces*, de Francisco Henríquez; *Primavera lírica*, del decimista Oscar Pérez Moro; *El tiempo mismo*, de Teresa Sansirene; *El mensajero de los duendes*, de Alfredo Leiseca (1945-2002), llegado al exilio en 1961; *Fosa común*, de Orlando González Esteva, publicado simultáneamente en Miami y en México; *Literatura cubana del exilio: obra de Darío Espina Pérez*, editado por Orlando Gómez Gil; *Entre el agua y el pan* (prólogo de Virgilio López Lemus), de Emilio M. Mozo; *Hierba dura, antología (1956-1995)*, de la renombrada teatrista Teresa María Rojas, en el exilio desde 1962 y residente en Miami; *Semejanzas*, de Emilio de Armas; *Memoria de mí: primer cuaderno*, de Orlando Rossardi; el cuaderno *Poemas de New England*, de Rita Geada (1937), quien reside en los Estados Unidos desde 1963; *Los nombres del amor*, de Uva de Aragón Clavijo (1944), en el exilio desde 1959; *El cerco de las transfiguraciones*, de Lourdes Gil; y *A las puertas del papel con amoroso fuego* (prólogo de Marjorie Agosin), de Carlota Caulfield.

1997

Para Francisco Morán, (1952), director de la revista electrónica *La Habana Elegante* y residente de los Estados Unidos desde 1994, este resulta ser un año importante: gana el accésit del XVI Premio Esquío de Poesía 1997 con *Ecce Homo* y el II Premio Internacional de Poesía Luys Santamarina-Ciudad de Cieza 1997 con *Habanero tú* (ilustraciones de Raúl Parrado González). Aparece además en Cuba su *plaquette, Dance with wolves*.

Proveniente del Grupo Orígenes y residiendo ahora en Miami, el padre Ángel Gaztelu publica *Meditación de la noche* y reedita su poemario *Gradual de laúdes*, con prólogo de su colega de grupo Gastón Baquero y estudios de Ángel Esteban y Javier de Navascués. El destacado dramaturgo, narrador y crítico Matías Montes Huidobro (1931), que reside en los Estados Unidos desde 1961, enriquece su obra al recopilar en *Nunca de mí te vas* su poesía inédita o dispersa en diferentes publicaciones desde 1950. Alma Flor Ada publica el poemario bilingüe *Gathering the sun: an ABC in Spanish and English*, para el público infantil, en traducción al inglés de Rosa Zubizarreta y con ilustraciones de Simón Silva. De Jorge Oliva (1942-1986), quien llega al exilio en 1973, se reedita, ahora en La Habana, su poemario *Donde una llama nunca se apaga*, de 1984. El pintor cubano Ramón Alejandro, entonces residente en Miami, continúa editando e ilustrando poemarios en su Colección Baralanube de Éditions Deleatur: en 1997 publica *Ciudad mágica*, de Esteban Luis Cárdenas, y *Anarquía en Disneylandia. El crepúsculo de los fetiches*, de Néstor Díaz de Villegas, quien además entrega este año el poemario *Vicio de Miami*.

Otras publicaciones poéticas son las siguientes: *AAA1144* (prólogo de Jacobo Sefamí), de José Kozer; *Último sueño*, de Rosario Hiriart; *De encuentros y despedidas*, de Hilda Perera, quien es más conocida por su importante obra narrativa tanto para adultos como para niños y adolescentes; *Cabos sueltos*, de Armando Álvarez Bravo; *Texturas*, de Gastón Álvaro Santana (1936), residente en Miami; *La máquina del tiempo*, de Julio E. Miranda; *Sin una canción desesperada* (prólogo de Anita Arroyo), de Mario G. Beruvides; *Discurso de las infan-tas*, de Iraida Iturralde (1954), en el exilio desde 1962 y residente en Nueva York; *Escrito para borrar (Cuaderno de playa)*, de Orlando González Esteva, poemario que se reeditara en Mé-xico al año siguiente; y las *plaquettes, Voces íntimas*, de Francisco Henríquez, y *Jardín impre-visible*, de Jesús J. Barquet.

Aparece, ahora en versión bilingüe, la segunda edición de *Libro de los XXXIX escalones (Book of the XXXIX stops)*, de Carlota Caulfield, en traducción al inglés de Angela McEwan. La an-tología *Con un mismo fuego: poesía cubana*, editada por Aitana Alberti León, incluye a Ma-gali Alabau. Darío Espina Pérez publica en Miami, bajo el sello de la Academia Poética de Miami, la preceptiva literaria *Mecánica del verso y de la estrofa*, y Francisco Henríquez publi-ca *La décima*.

Tras una intensa labor como poeta, ensayista y director de la importante revista literaria de vanguardia *Escandalar* (1978-1984), y tras la aparición de su poesía en inglés a cargo de la traductora Carol Maier, en *With dusk* (1984) y *Refractions (poemas y ensayos, 1994)*, Octavio Armand (1946), con residencia alternada entre Nueva York y Caracas, reaparece ahora con la recopilación de ensayos titulada *El pez volador*, los cuales continúan sus reflexiones me-tapoéticas de *Superficies* (1980) y, junto a este libro, entregan claves para la comprensión de su poesía. Años atrás, la obra poética de Armand había sido el objeto de estudio de *Conver-sación con la esfinge: una lectura de la obra de Octavio Armand* (1984), de Juan Antonio Vas-co, y de *Octavio Armand y el espejo, o América como ucronía* (1988), de Luis Justo.

1998

Tras dirigir en 1994 los dos únicos números de la revista *Újule*, Lorenzo García Vega publica ahora su texto *Vilis* en la Colección Baralanube, con ilustraciones de Ramón Alejandro, quien ilustra y publica además *Confesiones del estrangulador de Flagler Street*, de Néstor Díaz de Villegas. Este publica también *Héroes* e ilustra la *plaquette, Dos poemas*, de Germán Guerra (1966). Con dicha *plaquette*, Guerra inicia la Colección Strumento, dedicada a la poesía. Llegado a los Estados Unidos en 1992, Guerra es autor también de *Metal*.

Del Grupo del Mariel aparecen *Naufragios: transacciones de fin de siglo, 1989-1997* (prólogo de Virgilio López Lemus), de Jesús J. Barquet; *Little Havana. Memorial Park*, de Leandro Eduardo Campa (1953); así como *El lenguaje del ausente* y el cuaderno *Propinas para la liber-tad* (Premio Internacional de Poesía Poeta en Nueva York, 1997), ambos de Rafael Bordao, quien se mantiene muy activo editando revistas literarias tales como *La Nuez* y *Sinalefa*. Radicado desde 1997 en Hallandale, la Florida, José Kozer publica *Dípticos* (prólogo de Ores-tes Hurtado) y *Réplicas* (prólogo de Víctor Fowler Calzada), este último bajo el sello de las Ediciones Vigía en Cuba, con ilustraciones de Rolando Estévez Jordán; reedita además su poemario *La maquinaria ilimitada*. La casa Universal, de Miami, reedita *Fuera del juego*, de Heberto Padilla, celebrando así los treinta años (1968-1998) de su controversial primera edición en Cuba. De José Corrales aparece *Dos poemarios (¿Dónde estoy? Muecas y palabre-rías)*. Su poesía, parcialmente inédita y escasamente divulgada, conjuntamente con su pro-ducción dramática, será años después motivo de un excelente dosier en el número Invier-no 2001-2002 / Verano 2002 de la revista literaria *Caribe* (pp. 169-262).

Otras publicaciones poéticas de este año son las siguientes: *Raíz de flor y café (poemas afrocubanos)*, de Antonio Acosta; *José Julián Martí y Pérez, mentor y héroe: biografía lírica*, de Nieves del Rosario Márquez; *Canción a solo*, de Luis Marcelino Gómez; *Don Quijote en Amé-rica*, de Miguel González; *Loa a la invasión del Titán de Bronce: Antonio Maceo Grajales* y *Décimas desde mi conuco oriental*, de Manuel I. Aparicio Paneqe (1927), residente en la Flori-da; así como las *plaquettes Malteses*, de Laura Ymayo Tartakoff, y *Herida en el costado (pala-bras a solas con Dios)*, de Xonia Benguria. Aparece un solo poemario bilingüe, *Un corazón dividido (A split heart)* (prólogo de Max Figueroa Esteva), de Maricel Mayor Marsán (1952), quien reside en los Estados Unidos desde 1970 y dirige en Miami la revista literaria y las ediciones *Baquiana*.

Entre las antologías más relevantes de este año se encuentran las siguientes: *Poetas cubanos marginados*, editada y prologada por Francisco J. Peñas Bermejo, la cual incluye, entre otros, a Teresa María Rojas, Arminda Valdés Ginebra, Alina Galliano, Belkis Cuza Malé, Heberto Padilla y Ana Rosa Núñez; y *Reunión de ausentes: antología de poetas cubanos*, editada por Benigno Dou y Fernando Villaverde y con prólogo de Germán Guerra, quien señala allí que la ciudad de Miami constituye el punto de convergencia de esta compilación, la cual incluye a ellos tres junto con Néstor Díaz de Villegas, Emilio de Armas, Joaquín Gálvez, Rita Martín, Esteban Luis Cárdenas, Alejandro Lorenzo y Félix Lizárraga, entre otros. Por otra parte, Francisco Henríquez continúa su interés por la estrofa típica de la poesía campesina cubana al publicar la antología inclusiva *Décimas cubanas de dos orillas*.

Confeccionada desde Cuba por Jorge Luis Arcos, aparece *La isla poética: antología de poetas cubanos nacidos a partir de 1940 (Die poetische Insel: Antologie kubanischer Dichter ab Jarhrgang 1940)* (traducción al alemán de Marie Therese Kerschbaumer), la cual incluye a José Kozer. También desde Cuba, Virgilio López Lemus edita para el número de diciembre de 1998 de la revista literaria *Zurgai*, de Bilbao, España, un amplio dosier titulado 'De la poesía cubana', el cual incluye un importante texto crítico de Omar González sobre dicha producción literaria y las colaboraciones de José Kozer, Juana Rosa Pita, Orlando González Esteva, Jesús J. Barquet, Lourdes Gil, Amando Fernández, Gustavo Pérez Firmat y Jorge Oliva. Desde México, editada y prologada por Fredo Arias de la Canal, aparece otra compilación inclusiva: *Antología cósmica de ocho poetas cubanas*, donde Amelia del Castillo, Ana Rosa Núñez y Juana Rosa Pita comparten el espacio con poetas residentes en la Isla.

Mientras tanto, Matías Montes Huidobro y Yara González Montes reúnen en *Anales Literarios. Poetas* esclarecedores estudios generales y particulares sobre el aporte de la mujer a la poesía del exilio cubano. Entre las numerosas autoras estudiadas en este volumen se hallan Ana Rosa Núñez, Rita Geada, Gladys Zaldívar, Pura del Prado, Rosario Hiriart, Teresa María Rojas, Carlota Caulfield, Iraida Iturralde, Uva de Aragón, Amelia del Castillo y Juana Rosa Pita. Por su parte, Isabel Álvarez Borland realiza en *From person to persona: Cuban-American literature of exile* un estudio sistemático de las características fundamentales de la producción literaria cubana en los Estados Unidos.

1999

Como en cada año, son muy diversas entre sí las publicaciones poéticas y se muestran activas todas las promociones de autores: ahora aparecen *Tela de concierto* (prólogo de Jesús J. Barquet), de Juana Rosa Pita; *Palíndromo en otra cerradura (Homenaje a Duchamp)*, de Lorenzo García Vega; *Farándula, Al traste* y, mezclando poema y prosa —adulterando, señala el propio autor—, *Mezcla para dos tiempos*, de José Kozer; *De tiempo, espacio y armonía*, de Orlando E. Saa (1925); *Sonetos cósmicos y líricos* (prólogo de Fredo Arias de la Canal), de Francisco Henríquez; *El parto de la flecha y las estelas*, de Nieves del Rosario Márquez; *En pos del rumbo*, de Herminia D. Ibaceta; *Antes y después del mar*, de Alejandro Lorenzo; *Hambre de pez*, de Luis Marcelino Gómez; *Son de ausencia*, de Octavio Armand; *Los poemas de nadie*, seguido de *El último a la feria*, de Víctor Rodríguez Núñez (1955); *En el ala del mosquito*, de Emilio M. Mozo, con textos de Alfonso Ortega Carmona y Manuel Sánchez del Bosque; *La canción de Ícaro*, de Carlos A. Díaz Barrios; *Colón cantado*, de Luis Mario; *Poesía en tres paisajes (Rastro de un merodeador nocturno, Noticias de nadie, Sólo se puede confiar en la soledad)*, de Armando Álvarez Bravo; *Parque de diversiones*, de Alberto Romero; *La traición de Cuba: todos los cubanos hemos sido Abeles* (prólogo de Carlos Alberto Montaner), de

Leonel Morejón Almagro; *A la manera de Arcimboldo* (ilustraciones de Ramón Alejandro), del también narrador Félix Lizárraga (1958), quien en 1991 publica en Cuba su primer poemario, *Busca del unicornio*, y en 1994 se traslada a los Estados Unidos; y el pequeño volumen póstumo *Peces de plata*, de Pedro Jesús Campos (1954-1992), quien tras su llegada a los Estados Unidos durante el éxodo del Mariel publica un breve cuaderno de poesía, *Canto de preparación*, en colaboración con Néstor Díaz de Villegas. Por otra parte, Francisco E. Feito obtiene este año un accésit al IV Premio Internacional de Poesía Luys Santamarina-Ciudad de Cieza 1999 con su poemario *...como tú me nombres*.

En las pequeñas ediciones Una Sola Palabra, Emilio de Armas publica o republica desde Coral Gables, en la Florida, sus poemarios: este año reedita *La extraña fiesta, 1968-1978*, aparecido en 1981 en La Habana tras obtener el Premio 13 de Marzo; *Reclamos y presencias*, aparecido en La Habana en 1983; y *Sólo ardiendo*, cuya primera edición data de 1995. De Enrique Sacerio Garí (1945), radicado en Pensilvania, reaparecen los *Poemas interreales*, ahora en una edición que amplía la primera aparición de 1981, y que en 2004 será reeditada por Letras Cubanas en La Habana. Armando Betancourt de Hita y Emilio Bernal Labrada realizan la reedición crítica *Emilia Bernal: su vida y su obra*, con textos de Bernal Labrada y de Luis Mario. De igual forma reaparece la obra de Ángel Cuadra en la *Antología de la poesía cósmica de Ángel Cuadra*, en edición y con prólogo de Fredo Arias de la Canal.

En 1999 aparece la antología *Al fin del siglo: 20 poetas*, editada por Francisco Álvarez Koki y Pedro R. Monge Rafuls y dedicada a la poesía escrita en español en el área de Nueva York por autores locales de diferentes orígenes nacionales: Cuba, Puerto Rico, República Dominicana, Nicaragua, Venezuela, Colombia, Argentina y España. Entre varios temas, la prologuista Ana María Hernández desarrolla el de la posible existencia de una poesía hispano-neoyorquina, es decir, una poesía que no fuera simplísticamente concebida como 'voces desarraigadas de otras tierras' ni como 'elementos marginales de una cultura predominantemente anglófona', sino como 'el anuncio de una nueva conciencia' a principios del siglo XXI: 'Los heraldos de una visión latinoamericana en Nueva York, el cruce de todos los caminos del mundo' (p. 20). Los cubanos incluidos en esta antología son Rafael Bordao, José Corrales, Alina Galliano, Maya Islas y Rafael Román Martel.

En La Habana aparece publicada por *Letras Cubanas* la voluminosa antología *Las palabras son islas: panorama de la poesía cubana. Siglo XX (1900-1998)*, editada y prologada por Jorge Luis Arcos, la cual incluye a varios poetas residentes en los Estados Unidos tales como Agustín Acosta, Eugenio Florit, Justo Rodríguez Santos, Lorenzo García Vega, Heberto Padilla, Armando Álvarez Bravo, Lourdes Casal, José Kozer, Isel Rivero, Belkis Cuza Malé, Reinaldo García Ramos, Magali Alabau, Maya Islas, Amando Fernández, Lourdes Gil, Jesús J. Barquet e Iraida Iturralde, entre otros. También desde La Habana, Virgilio López Lemus edita *Doscientos años de poesía cubana. 1790-1990. Cien poemas antológicos*, e incluye en ella a Agustín Acosta, Eugenio Florit, Heberto Padilla y Juana Rosa Pita.

La antología de poesía hispanoamericana *Prístina y última piedra*, editada por Eduardo Milán y Ernesto Lumbreras, incluye a José Kozer, Orlando González Esteva y Octavio Armand. Y la compilación *Entre líneas III*, la cual recoge los premios y las menciones de la tercera edición del Premio de Poesía Frontera Pellicer-Frost 1999, incluye poemas en versión bilingüe de Jesús J. Barquet, con traducción al inglés de Jeannete Geiman y Claudia González.

Para ayudar a comprender la poesía del exilio, aparece *Dile que pienso en ella*, un libro de conversaciones entre Nedda G. de Anhalt y varios autores (Lorenzo García Vega, Justo Rodríguez Santos, Belkis Cuza Malé y el padre Ángel Gaztelu, entre otros) sobre sus respectivas obras poéticas y Cuba. Y de Jesús J. Barquet se publica en La Habana el estudio *Escrituras poéticas de una nación: Dulce María Loynaz, Juana Rosa Pita y Carlota Caulfield* (Premio Lourdes Casal de Crítica Literaria 1998).

2000

Entre los poemarios aparecidos este año se hallan los siguientes: *El hambre de la espiga*, de Amelia del Castillo; *Los descosidos labios del silencio*, de Rafael Bordao; *Errores y horrores: sinopsis histórica poética del siglo XX* (prólogo de Leonardo Fernández Marcané), de Maricel Mayor Marsán, poemario que tendrá una segunda edición en 2001; *La canción del emigrante*, de Carlos A. Díaz Barrios; *Buenos días, adiós, hasta mañana: sonetos para pensar*, de Francisco Henríquez; *Diez sonetos ocultos*, de Ángel Cuadra; *Con la madera de los sueños*, de Ivonne M. Martín (1946); *Cuaderno interrumpido*, de Alejandro Armengol, residente en los Estados Unidos desde 1983; la antología póstuma *Desde donde vivo*, de Francisco Riverón Hernández (1917-1975); *Cartas a Sílfide*, de Jesús E. García (1942); *Jirones del alma*, de Manuel I. Aparicio Paneqe; *Núcleos* (ilustraciones de Mario Bencomo, Jorge Pantoja y Baruj Salinas), de Carlos M. Luis; *Palabra de mujer*, de Isabel Parera (1952); *Los acróbatas desnudos*, de Gastón Álvaro Santana; *Oración inconclusa*, de Víctor Rodríguez Núñez; *Palabras en fila, en clase y en recreo*, de Juan Cueto, quien en 2004 realizará una excelente selección y traducción al español de la poesía de E. E. Cummings: *En época de lilas: cuarenta y cuatro poemas*; *Alguien canta en la resaca*, primer poemario de Joaquín Gálvez (1965), radicado en los Estados Unidos desde 1989 y particularmente en Miami desde 1995; y *La seducción del Minotauro*, de Carlos Pintado (1974), residente en Miami desde 1997.

Manuel Sosa (1967), Premio David de Poesía en Cuba en 1991 con *Utopías del reino* (1992), llega a los Estados Unidos en 1999 y va a residir en la ciudad de Atlanta, donde publica este año su poemario *Canon*, el cual será reeditado en Cuba en 2007. Aparecen, ya póstumos, el sexto y último volumen de las *Obras completas*, de Eugenio Florit, proyecto iniciado en 1982 por Luis T. González del Valle, ahora desde Lincoln, Nebraska, y una recopilación de textos sobre el poeta y su obra: *Homenaje a Eugenio Florit: de lo eterno, lo mejor*, editado por Ana Rosa Núñez, Rita Martín y Lesbia Orta Varona, en Miami.

De Alma Flor Ada aparecen seis colecciones de poesía para niños: *Mambrú, Pimpón, Azul y verde, Antón Pirulero, Lienzo y papel* y *Chuchurumbé*. Y en colaboración con F. Isabel Campoy y diferentes ilustradores publica cuatro cuadernos bajo el subtítulo común de *Diario del poeta: Letras, Rimas, Palabras* y *Poemas*. José Kozer comienza a ser descubierto en Brasil: *Geometria da agua & outros poemas* es su primer poemario bilingüe en este sentido, con traducción al portugués de Claudio Daniel y Luiz Roberto Guedes.

En otoño de 2000, el número 18 de la revista *Encuentro de la cultura cubana* publica el dosier 'Miami', con una sección de poesía (pp. 125-150) en la que aparecen Eugenio Florit, Teresa María Rojas, Mauricio Fernández, Orlando Rossardi, José Kozer, Germán Guerra, Manuel Santayana, Félix Cruz Álvarez, Benigno Dou, Andrés Reynaldo, Ángel Cuadra, Gladys Zaldívar, Juana Rosa Pita, Néstor Díaz de Villegas, Esteban Luis Cárdenas, Félix Lizárraga, Emilio de Armas y Orlando González Esteva. Por su parte, Francisco Morán edita y prologa *La Isla en su tinta. Antología de la poesía cubana*, con poetas cubanos de todos los tiempos y lugares de residencia, y donde se incluye a Gustavo Pérez Firmat, Maya Islas, Orlando Rossardi, Eugenio Florit, Agustín Acosta, Elías Miguel Muñoz, Francisco Morán, Orlando González Esteva, Rafael Bordao, Heberto Padilla, Magali Alabau, Jesús J. Barquet, Alina Galliano, Roberto Valero, Armando Álvarez Bravo y Reinaldo García Ramos, entre otros. Asimismo, Fredo Arias de la Canal publica en México el primer volumen de su *Antología de la poesía cósmica cubana*, en la cual incluye a autores residentes en los Estados Unidos, tales como Emilia Bernal, Agustín Acosta, Eugenio Florit, Clara Niggemann, Lucas Lamadrid, Ana Rosa Núñez, Pura del Prado, René Ariza, Roberto Valero y Antonio Giraudier.

En Cuba, *La eterna danza: antología de poesía erótica cubana del siglo XVIII a nuestros días*, editada por Víctor Fowler Calzada, incluye a Francisco Morán y Daína Chaviano. Y en Europa, Rolando Sánchez Mejías incluye a José Kozer en su compilación de *Nueve poetas cubanos del siglo XX*. Poetas cubanos residentes en los Estados Unidos pueden hallarse también

Orlando Rossardi, Rita Geada,
José Ignacio Rasco, Uva de
Aragón y Reinaldo Arenas en
Nueva Jersey, Rutgers, 1982.

en *Antología compartida de poetas hispanos de Miami*, editada por Alberto Romero y Rosa Tezanos Pinto, y en la antología bilingüe *Entre rascacielos: doce poetas hispanos en Nueva York (Amidst skycrapers: twelve Hispanic poets in New York)*, editada por Marie-Lise Gazarian Gautier, la cual incluye a Maya Islas.

Un texto híbrido, que mezcla ensayos, narraciones y poemas de autores cubanos en los Estados Unidos, tales como Eliana Rivero, Uva de Aragón, Emilio Bejel y Jesús J. Barquet, aparece en Santa Clara, Cuba, en edición y con prólogo de Ambrosio Fornet: *Memorias recobradas: introducción al discurso literario de la diáspora*. Mientras que en el exilio, Raquel Romeu publica un valioso estudio crítico sobre las *Voces de mujeres en las letras cubanas*.

2001

Este año presenta todas las marcas afirmativas de una poesía en constante ebullición y reafirmación: importantes premios internacionales, salud creativa de muchos de sus creadores, poemarios bilingües, compilaciones y antologías perdurables, y un texto didáctico que comienza a rescatar, organizar e interpretar la historia de la literatura cubana del exilio y, en particular, la de su poesía.

Empecemos por los premios internacionales obtenidos en España: Rita Geada, voz fundamental del exilio poético, gana el VI Premio Internacional de Poesía Luys Santamarina-Ciudad de Cieza 2001 con *Espejo de la tierra*. Le siguen Francisco Morán, con el prestigioso Premio Luis Cernuda 1999 obtenido por su poemario *El cuerpo del delito*, y José Abreu Felippe, con el Premio de Poesía Gastón Baquero 2000 adjudicado a su *El tiempo afuera*.

La salud creativa de esta poesía se aprecia en la siguiente lista de publicaciones de este año: *En la llanura*, de Reinaldo García Ramos; *Naufragio y sedición en la Isla de Juana: poesía 1987-1995*, de Jorge Salcedo (1968), residente en Massachusetts; *Fuente de cristal*, de Ivonne M. Martín; *Los panes y los peces*, de Félix Lizárraga; *Inusitado abril traen sus manos*, de Jorge Antonio Pérez (1956), residente en Miami desde 1991; *Deseo de donde se era*, de Rosa Inguanzo; *Un canto, la vida: sutileza del contorno* y *El amor, a pesar de los intentos*, de Tony Ruano (1946); *Remos sin barca*, de Manuel I. Aparicio Paneqe; *Aprendiz de poeta (1987-1998)* (prólogo de Manuel Núñez), de Carlos X. Ardavín (1967), quien reside en San Antonio, Texas; *Biografía de José Martí en 221 décimas*, de Darío Espina Pérez; *Mi música en otra parte*, de Nivia Montenegro; *Ripios y epigramas* (prólogo de Arquímedes Ruiz), de Ena Columbié (1957), quien reside en Los Ángeles desde su salida de Cuba en 1996 y es coeditora de la revista electrónica *La Peregrina Magazine*; *Escorzo de un instante*, de Humberto López Cruz (1959), residente en Orlando, la Florida; y *La voz de Adán y yo* (prólogo de Luis María Anson), de María Elena Cruz Varela, sobre quien aparece este año una monografía crítica de Madeline Cámara: *Vocación de Casandra: poesía femenina cubana subversiva en María Elena Cruz Varela*.

Reaparece además una de las voces más singulares de la poesia cubana en Miami, Gladys Zaldívar (1937), residente en los Estados Unidos desde 1968: *La soledad fulgurada* (1988-1999) es su primer poemario después del largo silencio poético que siguió a sus tres poemarios de los años ochenta. Varias publicaciones bilingües salen también a la luz: *From the other shore (Desde la otra orilla)* (traducción al inglés de Lauren Hermele e ilustraciones de Juan José Catalán), de Jorge Luis Seco (1949), residente en Nueva Jersey; *Todo lo que guardé (Everything I kept)*, de Ruth Behar, de nuevo con Ediciones Vigía e ilustrado por Rolando Estévez Jordán; la antología personal *Los despojos del sueño (The debris of dreams)*, de Rafael Bordao, en traducción al inglés de Louis Bourne y Scott Eavenson; y *Hôtel des étrangers* (prólogo de Margarita O'Byrne Curtis), de Emilio M. Mozo, en edición bilingüe español-inglés, no obstante su título en francés. Y se reeditan, en versión bilingüe también, de Jesús J. Barquet su poemario de 1998 *Naufragios: transacciones de fin de siglo, 1989-1997 (Shipwrecks: turn of the century transactions, 1989-1997)*, con prólogo de Pío E. Serrano y traducción al inglés de Gilberto Lucero y el autor, como un suplemento dentro de la revista literaria *Puerto del Sol* (primavera de 2001, pp. 43-195); y de Carlota Caulfield, su poemario de 1996 *A las puertas del papel, con amoroso fuego (At the paper gates with burning desire)*, en traducción al inglés de Angela McEwan y la autora, quien este año publica además *Autorretrato en ojo ajeno* y *Quincunce*, garantizando así con estos nuevos poemarios un relevante lugar dentro del ámbito poético nacional. Y bilingüe español-portugués aparece *Rupestres*, de José Kozer, en traducción de Claudio Daniel y Luiz Roberto Guedes.

En el área de las compilaciones, Juan Abreu edita y proloza la poesía completa del renombrado narrador Reinaldo Arenas bajo el título de *Inferno*, mientras que la editorial Letras Cubanas de La Habana publica una extensa antología de la poesía de José Kozer: *No buscan reflejarse*, editada y prologada por Jorge Luis Arcos.

Entre las antologías publicadas este año se destaca *La pérdida y el sueño. Antología de poetas cubanos en la Florida*, al cuidado de Carlos Espinosa Domínguez, quien incluye, junto a autores cuya poesía aparece fundamentalmente en inglés tales como Ricardo Pau-Llosa y Dionisio D. Martínez, una amplia representación de autores residentes en la Florida que publican o publicaban casi exclusivamente en español, tales como Eugenio Florit, Amelia del Castillo, Lorenzo García Vega, Pura del Prado, Gladys Zaldívar, Félix Cruz Álvarez, Rita Geada, Armando Álvarez Bravo, Mauricio Fernández, Orlando Rossardi, Teresa María Rojas, Juana Rosa Pita, José Kozer, Reinaldo García Ramos, Emilio de Armas, Amando Fernández, Carlos A. Díaz Barrios, Orlando González Esteva, Andrés Reynaldo, Manuel J. Santayana y Félix Lizárraga.

De nuevo en la tendencia inclusiva aparece el segundo volumen de la *Antología de la poesía cósmica cubana*, a cargo de Fredo Arias de la Canal, con colaboraciones de Mercedes García Tudurí, Heberto Padilla, Arminda Valdés Ginebra, Amelia del Castillo, Ernesto Carmenate, Lorenzo García Vega, Rita Geada, Ángel Cuadra, Orlando Rossardi, Juana Rosa Pita, José Kozer, Reinaldo Arenas, Isel Rivero, Uva de Aragón, Armando Álvarez Bravo, Jesús J. Barquet, Rafael Bordao, Iraida Iturralde, Maya Islas, Magali Alabau, Lourdes Gil, Reinaldo García Ramos y muchos más.

Otras compilaciones de interés resultan ser *Nuestra voz (Our voice, Notre voix)*, antología de escritoras del PEN Internacional, la cual incorpora las voces de Rita Geada y Amelia del Castillo; *ReMembering Cuba: Legacy of a diaspora*, editada por Andrea O'Reilly Herrera, con versiones bilingües de poemas de Emilio M. Mozo, Heberto Padilla, Orlando Rossardi y Jesús J. Barquet; y *Antología de la décima cósmica de Matanzas y zonas aledañas, Cuba*, editada por Francisco Henríquez.

El texto didáctico que nos orienta por toda esta vasta y dispersa producción poética es ahora *El peregrino en comarca ajena. Panorama crítico de la literatura cubana del exilio*, de Carlos Espinosa Domínguez, el cual constituye un primer intento de historizar, con afán enciclopédico, este proceso literario que se inició en 1959 y que, por décadas, estuvo marcado por la dispersión geográfica y la desinformación: 'Espinosa recoge meticulosamente las partículas dispersas' por el *big bang* del exilio y, con ellas, crea y ordena un panorama no historiado hasta entonces y en el que escritores 'muy conocidos' confluyen con otros 'de escasísima divulgación', afirma Diana Álvarez Amell en su reseña aparecida en el número 25 de la revista *Encuentro de la cultura cubana* (2002, p. 326). Los tres períodos fundamentales hallados por Espinosa Domínguez en el proceso poético del exilio son los siguientes: 1960-1969: Entre la nostalgia y la denuncia; 1970-1979: El despegue, y 1980-1998: La consolidación.

Con tema más específico, aparece el artículo 'La poesía: el tema de lo cubano', de Ángel Cuadra, en *La literatura cubana del exilio* (pp. 11-37), recopilación de estudios críticos realizada en Miami por el PEN Club de Escritores Cubanos en el Exilio.

2002

Este año cuenta con menos ofertas poéticas que el año anterior. Algunas de ellas son *La isla rota* (ilustraciones de Gladys Triana), de Iraida Iturralde; *Íntimo color. Cuaderno de pausa, música y viaje*, de Laura Ymayo Tartakoff; *Sueños de ayer y de hoy: poemario antológico*, de Lidia Alfonso de Fonteboa; *Sonetario cósmico de Herminia D. Ibaceta*, de Herminia D. Ibaceta; *De la décima a la espinela*, de Francisco Henríquez; *Mujer de invierno*, de Rodrigo de la Luz (1969), en exilio desde 1998 y residente en Miami; *El alma en la piedra*, de Gabriela Castellanos; y la colección de décimas *Pétalos y alas*, de Ángel Martín Rodríguez.

Tras publicar varios poemarios en inglés y estar catalogado como autor cubano-americano, Pablo Medina (1948) publica en español *Puntos de apoyo*. Belkis Cuza Malé (1942), quien ha residido en Nueva Jersey y Texas desde inicios de los años ochenta, reedita, ahora con prólogo de Pío E. Serrano, *Juego de damas*, cuya primera edición de 1970 en la Isla desapareció rápidamente de circulación. *Doble acento, 1930-1992: antología poética*, de Eugenio Florit, es editada por José Olivio Jiménez e incluye un antiguo homenaje de Juan Ramón Jiménez a Florit.

Es, sin embargo, un año altamente prolífico para José Kozer: aparecen sus poemarios *Rosa cúbica* (prólogo de Reynaldo Jiménez); *La voracidad grafómana: José Kozer* (edición de Jacobo Sefamí); *Un caso llamado FK* (epílogo de Antonio José Ponte e ilustraciones de Salvador González); *Ánima*; una segunda edición aumentada de su antología de 1983, *Bajo este cien y otros poemas*; y en versión bilingüe, *Madame Chu & outros poemas* (edición y traducción al portugués de Claudio Daniel y Luiz Roberto Guedes). Kozer aparece además en *En otra voz: antología de la literatura hispana de los Estados Unidos*, editada por Nicolás Kanellos.

También es un año prolífico en antologías, como veremos a continuación. *Poesía cubana del siglo XX*, editada en México por Jesús J. Barquet y Norberto Codina, incluye a Agustín Acosta, Eugenio Florit, Lorenzo García Vega, Lourdes Casal, Rita Geada, Juana Rosa Pita, José Kozer, Reinaldo García Ramos, Amando Fernández, Magali Alabau, Orlando González Esteva, Alina Galliano y Carlota Caulfield, entre otros; lleva un prólogo de Barquet y un extenso listado cronológico de las 'Antologías de poesía culta y popular cubana' desde 1903 hasta 2002, preparado por Barquet, Codina y Jorge Luis Arcos.

Poemas cubanos del siglo XX, editada en España por Manuel Díaz Martínez, incluye a Eugenio Florit, Agustín Acosta, Lorenzo García Vega, José Kozer y Francisco Morán. *Los poetas de Orígenes*, editada en México por Jorge Luis Arcos, incluye a tres origenistas residentes en el exilio estadounidense: Ángel Gaztelu, Lorenzo García Vega y Justo Rodríguez Santos, pero de ellos solamente García Vega aparece con poesía publicada tras su salida del país, por lo que se desatienden aquí los cuatro poemarios publicados por Rodríguez Santos entre 1976 y 1981. *Voces viajeras (poetisas cubanas de hoy)*, editada por Carlota Caulfield, incluye a Juana Rosa Pita, Alina Galliano, Magali Alabau y Maya Islas.

Al reeditar este año la *Antología de la poesía cubana* preparada por José Lezama Lima en La Habana, en 1965, la cual compendiaba los siglos XVII, XVIII y XIX en tres tomos, Ángel Esteban y Álvaro Salvador completan ahora este panorama de la poesía cubana con un cuarto tomo dedicado al siglo XX, compilado y prologado por ellos mismos y en el que incluyen a numerosos poetas cubanos residentes en los Estados Unidos, tales como Eugenio Florit, Lorenzo García Vega, José Kozer, Orlando Rossardi, Juana Rosa Pita, Reinaldo Arenas, Emilio de Armas, Lourdes Gil, Iraida Iturralde, Francisco Morán, Carlota Caulfield, Amando Fernández, Gustavo Pérez Firmat, Orlando González Esteva, Jorge Oliva, Rita Geada, Roberto Valero, José Abreu Felippe, Jesús J. Barquet y Carlos A. Díaz Barrios, entre otros.

Otras compilaciones más generales son las siguientes: *Las poetas de la búsqueda*, editada por Jaime D. Parra, incluye a Carlota Caulfield; *Poetry and plural identifications: a chapbook of poems*, editada por Carlota Caulfield, incluye, en versión bilingüe, poemas de Caulfield y Jesús J. Barquet; *Heridos por la luz. Muestra de poesía cubana contemporánea*, editada por Jorge Souza, incluye a Octavio Armand y Maya Islas; *Para decir te quiero*, editada por la narradora argentina Ana María Shua, incluye a Jesús J. Barquet y Eliana Rivero.

Dos tomos que incluyen numerosos estudios de la poesía del exilio son *Creación y exilio. Memorias del I Encuentro Internacional 'Con Cuba en la distancia'*, editado por Fabio Murrieta Rodríguez, y *Cuba, exilio y cultura: memoria del congreso del milenio*, editado por Leonardo Fernández Marcané, Julio E. Hernández-Miyares y Gastón Fernández Torriente.

2003

Este año le entrega el Primer Premio Hispanoamericano de Poesía Dulce María Loynaz 2002 a Carlota Caulfield por su hermoso poemario *Movimientos metálicos para juguetes abandonados*, al cual añade ella otro libro con temas afines: *El libro de Giulio Camillo: maqueta para un teatro de la memoria (The book of Giulio Camillo: a model for a theater of memory, Il libro de Giulio Camillo: modello per um teatro della memoria)*, en traducción al inglés de Mary G. Berg y la autora, y al italiano de Pietro Civitareale.

Carlos X. Ardavín también acude al italiano en *Florilegio en dos voces (Fiorilegio in due voci)* (traducción e introducción de Giovanni Di Pietro); mientras que Néstor Díaz de Villegas, director de la revista electrónica *Cubista Magazine* y residente en Los Ángeles, opta por el inglés en *Por el camino de Sade: sonetos (Sade's way: sonnets)* (traducción de David Landau).

Este año reaparece Isel Rivero (1941), quien desde su salida de Cuba en 1961 ha residido en Nueva York, Viena y Madrid, y constituye una de las voces más relevantes del grupo cubano El Puente, de vida efímera y políticamente conflictiva en La Habana de los años sesenta. Ausente del panorama poético del exilio cubano desde la publicación de *El banquete* en 1981, Rivero reúne ahora toda su obra poética dispersa en *Relato del horizonte* (prólogo de Pepa Roma). Por otra parte, Gladys Zaldívar, después de su feliz reaparición en 2001 y de su primer poemario escrito originalmente en inglés, *Severed garden* (2002), continúa recopilando sus poemas en español y entrega ahora *Cantata de las ruinas (1984-1996)*. En 2005, su poesía es además motivo de la recopilación crítica *De la trova provenzal al barroco hispánico: la poesía de Gladys Zaldívar*, editada por Luis A. Jiménez en Miami, la cual incluye una entrevista con la autora.

En Miami, Ignacio Theodoro Granados Herrera (1963), hijo de los reconocidos escritores negros Manuel Granados y Georgina Herrera, funda las Ediciones Itinerante Paradiso, cuyo portal de Internet está dedicado mayormente a la presencia negra dentro de la cultura cubana, y bajo este sello publica con su nombre los poemarios *El banquete, Nuevo cantar de las delicias, From overtown* (en español o inglés) y *Cartas para Angélica*; y bajo el seudónimo de Erasmo de la Cruz edita *Zohar: quiere decir esplendor* y *La muerte de Patroclo*.

Tras la publicación en 1998 de *Mi vida con los delfines*, donde mezclando prosa y verso aparecen reflexiones sobre la creación poética, su obra y la métrica, Orlando González Esteva publica *La noche (gunsaku)*, con ilustraciones de Ramiro Fernández Saus. Poemas de Alberto Baeza Flores reaparecen póstumamente, junto a otros de dos autores dominicanos, en *Los triálogos: poesía a tres voces*, editado por Tomás Castro Burdiez; y con ilustraciones de Armando Guiller, Arturo Cuenca y Carmen Junquera aparece *Tantra tanka*, de Arístides Falcón Paradí (1956), quien llega a los Estados Unidos en 1985 y radica en Nueva York desde 1989.

José Kozer revisa antiguas publicaciones: reaparece *Jarrón de las abreviaturas*, originalmente de 1980, ahora con un grabado de Baruj Salinas; y siguiendo la edición de 1974 de *Poemas de Guadalupe*, aparece ahora en Santiago de Chile su *plaquette, Suite Guadalupe*, con epílogo de Reynaldo Jiménez. Por otra parte, sus diarios de 1985 a 1997, parcialmente recopilados y reordenados en *Una huella destartalada*, entregan valiosos comentarios y reflexiones suyas sobre la poesía y el lenguaje poético.

Numerosos poemarios salen a la luz pública: *La ciencia de los adioses*, de Rolando Jorge (1955), residente en Miami desde 1999; *En el tiempo de los adioses* (prólogo de Natalia Carbajosa Palmero), de Maricel Mayor Marsán; *Poemario de las estrellas*, de Benita C. Barroso (1938) y Carmen R. Borges (1939), edición al cuidado de Ignacio Hugo Pérez-Cruz; *Voces que dictan* (prólogo de Florence L. Yudin), de Eugenio A. Angulo; *Para medir los sueños*, de Juan Jennis (1973), residente en Miami desde su salida de Cuba en 1995; *Forzadas al silencio*, de Rosario Hiriart; *Canción del suicida*, de Emilio Surí Quesada (1952), residente en Miami; *De los resúmenes y el tiempo*, de Ángel Cuadra; *Saga de la mariposa* (ilustraciones de Bernhard Eck), de Ivonne M. Martín; *Poemas desde el horizonte*, de Mariela Abreu Ortet (1971), residente en Miami; *Mi cantar: un mensaje positivo*, de Juan Suárez; *La suma vigilante en tres tiempos*, de Olga González del Pico (1927); *Poemas cubanos en décimas criollas*, de Luis Ángel Casas; y *Hábito de ser*, de Rina Lastres (1946), quien reside en los Estados Unidos desde 1980.

En Cuba también la presencia de la poesía del exilio se hace sentir gracias a la labor del poeta y crítico Virgilio López Lemus. Este edita y prologa dos extensas antologías para su publicación en la Isla: la *Órbita de Eugenio Florit* y *Cantar de isla*, de Juana Rosa Pita, quien publica además en Madrid el cuaderno *Cartas y cantigas*, con prólogo del propio López Lemus. Florit halla, además, su poesía recopilada y publicada por Manuel García Verdecia bajo el título de *Puro cantar, el corazón abierto*, en la ciudad cubana de Holguín. Ya antes, en 1997 y 1998, respectivamente, las Ediciones Vigía habían publicado sus traducciones al español de dos poetas estadounidenses: *Endecha sin música (Dirge without music)*, de Edna St. Vincent Millay (1892-1950), y *Like the leaves themselves (Como las hojas mismas)*, de Wallace Stevens (1879-1955), ambos textos con ilustraciones de Yohan Enrique Trujillo.

Dos importantes antologías colectivas ven la luz este año: *Al pie de la memoria. Antología de poetas cubanos muertos en el exilio (1959-2002)*, editada por Felipe Lázaro, con textos introductorios del editor y de Manuel Díaz Martínez, incluye una extensa lista de autores residentes en los Estados Unidos, desde Emilia Bernal, Agustín Acosta, Eugenio Florit, Pura del Prado, Lucas Lamadrid, Justo Rodríguez Santos, Adela Jaume y Rafael Esténger, hasta Luis Cartañá, Jorge Oliva, Roberto Valero y Amando Fernández; y la *Antología de la poesía cubana censurada*, editada por Zoé Valdés, la cual incluye a Belkis Cuza Malé, Heberto Padilla, María Elena Cruz Varela y Ángel Cuadra, entre otros.

Editado por Maricel Mayor Marsán y Jesús J. Barquet aparece *Haz de incitaciones: poetas y artistas cubanos hablan*, con prólogo de Olympia B. González. En este libro de testimonios, tres poetas residentes en los Estados Unidos (Jesús J. Barquet, Maricel Mayor Marsán y Carlota Caulfield) se unen a dos poetas residentes en Europa (María Elena Blanco y Pío E. Serrano) y a los pintores Gladys Triana y Yovani Bauta —quienes han ilustrado varios poemarios de poetas cubanos— para hablar sobre los vínculos entre sus respectivas obras y otras ramas de la actividad artística humana.

2004

En la editorial Letras Cubanas de La Habana aparece *Al despertar los alisios*, de Mauricio Fernández, y en las Ediciones Vigía *La cortada* (ilustraciones de Rolando Estévez Jordán), de Ruth Behar. La editorial Pre-Textos de Valencia, España, reedita en un solo volumen los poemarios *Elogio del garabato* y *Fosa común*, del renombrado poeta Orlando González Esteva, editados por primera vez en 1994 y 1996, respectivamente.

Es significativo el número de poemarios que se publican este año: *Sin fecha de extinción: manual de guerra y resurrección, 2000-2004* (ilustraciones de Yovani Bauta), de Jesús J. Barquet; *Quemando luces*, de Maya Islas; *Garabatos*, de Estela García Cabrera; *Y el mar sigue batiendo*, de Rita Geada; *La belleza del físico mundo, poemario para niños*, de Armando Álvarez Bravo; el cuaderno *Únicas ofrendas (cinco poemas)*, de Reinaldo García Ramos; *Pozo de sed* (portada e ilustraciones de Ana Carballosa), de Teresa María Rojas; *Mares sin playa*, de Manuel I. Aparicio Paneqe; *Con raro olor a mundo: primera antología 1978-1998*, de Víctor Rodríguez Núñez, ahora residente de Gambier, Ohio; *Joe Louis en el jardín del sueño, Rosas negras de Amenofis* y *Las memorias de Judas. Un verano en Ocala*, de Carlos A. Díaz Barrios; *País de agua* (prólogo de Florence L. Yudin), de Carlos E. Cenzano (1957), residente en los Estados Unidos desde 1992; *Musgos y Miami*, de José R. Vilahomat (1960), residente en Arkansas; *Curazao 24: cuidado con el perro*, de Reinaldo Bragado Bretaña; *Allá en el techo, una gata*, de Esther Trujillo García; *Cavilaciones del loco*, de Lismel Cabrero (1968), residente en Miami; *Cuando el polvo ser espíritu desea*, de Alfredo Iser; *El diablo vencido: géneros hechizados*, de Gastón Álvaro Santana; *Mi pueblo, más allá de la nostalgia* (ilustraciones de Gabriel Zubiat), de Tony Ruano; y *Poemas*, de Cástulo Gregorisch (1938), en el exilio desde 1961 y actualmente residente en Pembroke Pines, Florida.

Además de reeditarse su poemario de 1988 *Carece de causa*, la obra de José Kozer es la causa del volumen *In situ*, el cual incluye charlas y poemas suyos, un ensayo crítico de Tamara Kamenszain y una entrevista de Asunción Horno Delgado al autor. Al año de su aparición en Miami, se publica en Madrid la segunda edición de *Forzadas al silencio*, de Rosario Hiriart, mientras que en Nueva York aparece una versión bilingüe del mismo, *Forzadas al silencio (Reduits au silence)*, traducida al francés por Jacobo Machover. *Reflexiones II: narrativas, poemas y fragmentos editoriales (Reflections II: narratives, poems and editorial fragments)* es un volumen bilingüe de Marily A. Reyes (1946). Y una reedición de *Quincunce (Quincunx)*, de Carlota Caulfield, ahora en edición bilingüe con traducción al inglés de Mary G. Berg y la autora, aparece como un suplemento dentro de la revista literaria *Puerto del Sol* (primavera de 2004, pp. 149-206). Caulfield también publica *Memoria de la mirada*, cuaderno trilingüe sobre la obra plástica de Carmen Riera, con traducción al inglés de Mary G. Berg y la autora, y al catalán de Montserrat Abelló.

Entre las antologías están *Palabras en el fuego: creadores de Miami dicen*, que incluye a Ángel Cuadra, Germán Guerra, Amelia del Castillo, Teresa María Rojas, Orlando González Esteva y Félix Lizárraga, entre otros, y *La Habana Elegante*. Número especial por el V Aniversario de la edición electrónica de *La Habana Elegante*, editado por Francisco Morán. Asimismo, Luis Mario prologa una reedición facsimilar de la segunda edición publicada en 1958 en Madrid de *Las cien mejores poesías cubanas*, a cargo de José María Chacón y Calvo.

2005

Este año[8] es fundamental en el reconocimiento internacional de la obra de Lorenzo García Vega. Tras la publicación en 2004 de sus segundas memorias, *El oficio de perder* (sus primeras memorias, *Los años de Orígenes*, datan de 1979), García Vega publica en Coral Gables *Papeles sin ángel*, y en Buenos Aires *Cuerdas para Aleister* (prólogo de Rafael Cippolini) y *No mueras sin laberinto (poemas 1998-2004)*, con selección y prólogo de Liliana García Carril. *El oficio de perder* constituye un texto revelador de la génesis y el sentido de los libros que el autor escribió en los años sesenta y setenta, así como de su relación con las vanguardias.

También en Argentina cosecha éxitos José Kozer. Siguiendo el reconocimiento internacional de su obra, aparece en edición del poeta y editor argentino Reynaldo Jiménez para la editorial Visor, de Madrid, su libro *Y del esparto la invariabilidad. Antología, 1983-2004*. En México Kozer publica además *Ogi no mato*.

Emilio de Armas obtiene el Premio Eugenio Florit 2002 por su poemario *Sobre la brevedad de la ceniza*. Y de la autora de *Color de orisha: poemas a los santos ñañigos* (1972) e *Idilio del girasol* (1975), *Pura del Prado (1931-1996)*, aparece la *Antología de la poesía cósmica de Pura del Prado, 1931-96*, en edición de Fredo Arias de la Canal. En Matanzas se publica *Última poesía*, de Agustín Acosta, en edición y con prólogo de Yolanda C. Brito.

Tras publicar cuatro poemarios en Cuba entre 1994 y 2003, tales como *Extraños seres de la culpa* (1999) y *Escritos invernales* (2003), y ganar en España el accésit al Premio Encina de la Cañada en 1997 con su poemario *Los días del perdón* (1998), George Riverón (1972) se instala en Miami y publica *Señal de vida*, con prólogo de Reinaldo García Ramos. Residente en Miami desde 1990, Santiago Rodríguez (1940) recopila, entre otros, sus poemas en prosa escritos entre 1965 y 1966 en *El socialismo y el hombre viejo*. *Tropismos*, de Augusto Lemus, con epílogo de Germán Guerra, inicia las publicaciones de las Ediciones EntreRíos, dirigidas por Guerra y la poeta Ena Columbié. Y numerosos poemarios enriquecen el ámbito poético nacional desde el exilio: *Un pedazo de azul para el naufragio*, de Amelia del Castillo; *Pensamiento del tiempo*, de Juana Rosa Pita; *El viaje de los elegidos*, de Joaquín Gálvez; *Búscame la tristeza: antología poética*, de Carmen R. Borges; *Casa de todos* y *La noche y los suyos*, de Orlando González Esteva; *Cuadernos de La Habana* (prólogo de Carlos Espinosa Domínguez), de Lilliam Moro (1946), quien estuvo asociada al grupo El Puente y, una vez exiliada en 1970, ha residido en España y los Estados Unidos; *El libro del tío Ez (2003-2005)*, de Pablo de Cuba Soria (1980), residente en Miami desde 2004; *Sombras viajeras*, de Rolando Jorge; *Poemas II*, de Cástulo Gregorisch; *Melodías de mujer*, de Joely R. Villalba; *Una suma de frágiles combates*, de Lucía Ballester; *La plaga*, de Luis Alberto Acosta (1946); *Palmeras del desierto: sonetos y romances*, de José L. Castellanos; *Forma de ser*, de Tony Ruano; *La voz por enterrar*, de Fernando Palenzuela (1938), antiguo fundador y director de la revista literaria *Alacrán azul* (1970-1971), publicada en Miami; *La mujer vista por un poeta*, de Darío Espina Pérez; *Box office draw*, de Carlos A. Díaz Barrios; el cuadernillo *Epigramas, dicherías y otros disparates*, de Francisco Hernández; *Montaje de universos*, de Gastón Álvaro Santana; *Palabras en la noche, 1988-1994*, de Carlos Sotuyo (1958), quien desde Miami dirige la colección Homagno; *El diablo en el cuerpo*, de Carlos Pintado; *Ausencias diarias*, de Juan Martín; *Meditaciones, adioses y otros poemas* y *Glosas* (prólogo de Fredo Arias de la Canal), de Francisco Henríquez; y los poemarios póstumos *Con 'to' los hierros: poesía negra* y *Poemas de un emigrante*, del asturiano enraizado en Cuba José María Sánchez Priede, editados por el hijo del autor, el escritor José Sánchez-Boudy.

Octavio Armand continúa desarrollando su ensayística sobre la 'estética de la fealdad', en *El aliento del dragón* (Caracas: Ediciones de la Casa de la Poesía J. A. Pérez Bonalde, 2005). Aparece aquí, además, su iluminador ensayo de 1986 'La poesía como erub' (pp. 155-162), sobre la condición del ser exiliado o desterrado. Tras señalar una analogía (y reconocer una posible exageración al hacerlo) entre 'los millones de latinoamericanos en el exilio' y la

Los pies en la tierra,
Orlando Rossardi.

diáspora judía, apunta allí Armand que el exilio es, además de una enajenación, un cosmopolitismo, ya que todas las paredes 'se convierten en ventanas': el exiliado, afirma, 'traslada y traduce: vive entre dos orillas' (p. 161). De Jorge Olivera Castillo (1962), disidente en la Isla, aparece en la colección Bibliotecas Independientes de Miami *Confesiones antes del crepúsculo*. Este año la revista electrónica *Decir del agua*, dirigida por el poeta Reinaldo García Ramos desde Miami Beach, la Florida, incluye en el número 9 de enero de 2005 el dosier 'Arcanos de la espera: veinte poetas cubanos en Miami', editado por el también poeta Germán Guerra, y allí aparecen colaboraciones de Joaquín Badajoz, José Abreu Felippe, Esteban Luis Cárdenas, José Kozer, Emilio de Armas, Orlando González Esteva, Juan Carlos Valls, Félix Cruz Álvarez, Heriberto Hernández Medina, María Elena Cruz Varela, Joaquín Gálvez, Manuel Santayana, Teresa María Rojas, Pablo de Cuba Soria, Félix Lizárraga, Juan Jennis, Reinaldo García Ramos, Elena Tamargo, Rolando Jorge y Andrés Reynaldo.

Otra compilación de este año es la *Antología de la poesía cósmica de La Habana*, editada por Yasmín Sierra Montes, con prólogo de Roberto Carlos Hernández Ferro, la cual incluye a Armando Álvarez Bravo, Jesús J. Barquet, Lourdes Casal, Luis Ángel Casas, Ángel Cuadra, Lourdes Gil, Iraida Iturralde, José Kozer, Ana Rosa Núñez, Juana Rosa Pita, Orlando Rossardi y Arminda Valdés Ginebra, entre otros. Y aparece un libro curioso, *Una Cuba: cinco voces*, en el que dos poetas exiliados, José Kozer y Lorenzo García Vega, comparten poemas y opiniones con tres poetas residentes en la Isla, Antonio José Ponte, Soleida Ríos y Reina María Rodríguez.

En el terreno de la teoría y la crítica literarias destaca *Discursos desde la diáspora*, de Eliana Rivero, quien reflexiona magistralmente sobre temas altamente pertinentes a la poesía cubana producida dentro de los Estados Unidos. Su desarrollo y aplicación de conceptos como diáspora, latinidad, cubanidad, panhispanidad y feminidad, así como su capacidad de observar el discurso cubano-estadounidense dentro del marco mayor de la producción cultural de otros grupos hispano-estadounidenses, tales como los chicanos, los dominicanos y los 'nuyoricans', hacen de este libro ya una valiosa referencia.

2006

Este año le entrega varios premios a los poetas cubanos residentes en los Estados Unidos: Reinaldo García Ramos obtiene el XI Premio Internacional de Poesía Luys Santamarina-Ciudad de Cieza 2006 por su libro *Obra del fugitivo*; Víctor Rodríguez Núñez obtiene un accésit al Premio Fray Luis de León de Poesía 2005 por *Actas de medianoche I*; Francisco Henríquez,

Burnt Sugar. Caña quemada. Contemporary Cuban Poetry in English and Spanish, Lori Marie Carlson, Óscar Hijuelos.

el Premio José Vasconcelos 2006 por *Cubaneando en seis sonetillos: venduta de cosas cubanas*; y Heriberto Hernández Medina (1964), residente en Miami desde 2001, el IX Premio Internacional de Poesía Nicolás Guillén por su poemario *Las sucesivas puertas*, todavía inédito.

Ena Columbié retoma y revisa en *Ripios*, con prólogo de Félix Lizárraga e ilustraciones de Joherms Quiala, textos de su poemario parcialmente homónimo de 2001, y publica su libro bajo el sello de las Ediciones EntreRíos, que dirige en Miami el poeta Germán Guerra; de igual forma, Heriberto Hernández Medina reúne en *Los frutos del vacío* poemas de sus colecciones publicadas en Cuba con otros hasta entonces inéditos.

La producción poética de los diversos autores se mantiene constante con libros tales como *Los pies en la tierra*, de Orlando Rossardi, que saca la editorial Verbum en Madrid; *Los nietos de Ulises*, de Carlos A. Díaz Barrios; *Tocada por el astro*, de Rita Martín (1963), radicada en Miami desde 1994; *Caos: espirales túrgicas e Irak*, de José R. Vilahomat; *Amaos los unos a los otros. Poemas homoeróticos*, de Oscar Piñera Arenas (seudónimo de Santiago Martín, 1955), residente en Miami; *Orgasmo*, de Luis Alberto Acosta; *Yo soy un ser poeta*, de Raúl Carmenate (1946), llegado al exilio en 1979 tras sufrir prisión en Cuba; *Poemas de fuego y tierra (antología y nuevos poemas)*, de Jorge Antonio Doré (1949), exiliado en Barcelona en 1961 y residente en Miami desde 1974; *Acompáñame a estar solo*, de Rachel R. Alfonso; *Todo corazón*, de Tonita Granda y Tony García; *Nada es propio*, de Lucía Ballester; *Luna de hiel envuelta para tres*, de María Cecilia Barquet Rodríguez, en colaboración con dos poetas mexicanos; y *Cita crepuscular*, de José Manuel Cuscó.

De José Kozer se reedita en Buenos Aires el poemario de 1985 *La garza sin sombras*, en Caracas *Trasvasando*, mientras que en México se reedita su poemario de 1987 *El carillón de los muertos* y en Nueva York aparece en español e inglés *Stet: selected poems*, en edición y traducción de Mark Weiss. Tras publicar varios poemarios en Cuba entre 1986 y 1996, tales como *Juegos preferidos* (1992) y *Anotaciones para un archivo* (1999), Alejandro Fonseca (1954) llega a Miami en 2000 y publica *Ínsula del cosmos*. Estela García Cabrera regresa con su poesía para niños: *Nueve lunas* (ilustraciones de S. Damary Burgos); y como homenaje a las víctimas del atentado terrorista del 11 de septiembre de 2001 a las Torres Gemelas de Nueva York, aparece en versión bilingüe el intenso poemario *Poemas desde Church Street (Poems from Church Street)*, de Maricel Mayor Marsán, quien editó en 2005 el volumen *Español o espanglish: ¿cuál es el futuro de nuestra lengua en los Estados Unidos?*

Asimismo, aparece *Cuba. Poesía, arte y sociedad*, recopilación de estudios sobre poesía cubana escritos, entre otros colaboradores, por una residente de los Estados Unidos: Ivette

Fuentes. Y en Filadelfia se publica *Layka froyka: el romance de cuando yo era niña*, reveladora autobiografía de la poeta errante Emilia Bernal, originalmente publicada en 1925 y 1931, ahora en edición de Rolando D. H. Morelli bajo el sello La Gota de Agua, dirigido por él.

Lori Carlson y Óscar Hijuelos editan, en formato bilingüe, *Burnt sugar. Caña quemada: Contemporary Cuban poetry in English and Spanish*, con colaboraciones de Gustavo Pérez Firmat, Pablo Medina, Rita Geada, Orlando Rossardi, Orlando González Esteva, Uva de Aragón, Pura del Prado, Carolina Hospital, Laura Ymayo Tartakoff, Jesús J. Barquet, Rita María Martínez, Heberto Padilla, Belkis Cuza Malé, Ruth Behar, Virgil Suárez, Rafael Catalá, Reinaldo Arenas, Luis Cartañá, José Abreu Felippe, Enrique Sacerio Garí, Severo Sarduy, Lourdes Gil, Adrián Castro, Dionisio D. Martínez, Dolores Prida y Ángel Cuadra, entre otros.

La revista *Encuentro de la cultura cubana* publica el dosier 'Poesía homoerótica' (números 41-42, verano-otoño de 2006, pp. 115-132), que incluye, entre otros, a varios autores cubanos que residen o han residido en los Estados Unidos: Jesús Jambrina, Félix Lizárraga, Jorge Oliva, Francisco Morán, Jesús J. Barquet y Néstor Díaz de Villegas. Otra compilación, *Palabras por un joven suicida: homenaje al escritor Juan Francisco Pulido*, editada por Rodolfo Martínez Sotomayor, incluye colaboraciones poéticas de Joaquín Gálvez y José Abreu Felippe, entre otros.

Dentro de la crítica de poesía, aparece la recopilación de ensayos *Feminine voices in contemporary Afro-Cuban poetry (Voces femeninas en la poesía afrocubana contemporánea)*, editada por Armando González Pérez, con textos que estudian la obra de Pura del Prado, Alina Galliano y la poesía afrocubana.

2007

Hasta octubre de este año tenemos las siguientes buenas noticias del ámbito poético: Víctor Rodríguez Núñez gana otro reconocimiento internacional al obtener el XXV Premio Leonor de Poesía 2006 por *Actas de medianoche II*, y Carlos Pintado recibe el Premio Internacional de Poesía Saint Jordi 2006, en Girona, Cataluña, por su colección 'Autorretrato en azul', la cual se convierte en una sección de su poemario *Habitación a oscuras*.

De Pintado aparece, además, *Los bosques de Mortefontaine*; de Isel Rivero, *Las noches del cuervo*, y de José Kozer, *De donde son los poemas* y *Práctica*. En su extenso libro *Toda la belleza del viaje*, Rolando Jorge recopila su producción poética de 1997 a 2006, incluyendo su poemario de 2003 *La ciencia de los adioses*. Armando Álvarez Bravo también recopila en *A ras de mundo* antiguos y nuevos poemas escritos desde 1964, cuando publica en Cuba su primer poemario, *El azoro*. Tras publicar en 2005 un conjunto de memorias escritas indistintamente en prosa y en verso, en español y en inglés, titulado *Ticket to ride (some ways to play my tunes)*, Carlota Caulfield compila selectivamente su obra en la antología bilingüe *A mapmaker's diary. Selected poems*, con traducción al inglés de Mary G. Berg y prólogo de Aimée González Bolaños. También bilingüe, aparece en Italia un poemario ya clásico dentro de la poesía cubana del exilio, desde su primera edición en 1980: *Viajes de Penélope (I viaggi di Penelope)*, de Juana Rosa Pita, en traducción de Alessio Brandolini y con introducción de Martha Canfield y el epílogo (antiguo prólogo de la primera edición) de Reinaldo Arenas.

Otras publicaciones del año 2007 son *Trilogía del paria*, de Joaquín Gálvez; *Caminante sin lunas*, de Julio E. Hernández-Miyares; *El suelo americano y otras historias en décimas*, de Roberto N. Morales; *Numeritos*, de Roberto Ferrer (1951); *Libro de silencio*, de Germán Guerra; *Mar de adentro*, de Sylvia Landa; *Migajas de un sentimiento*, libro de poemas y fotografías de Josué Barredo y Alejandro Rentería, residentes en Miami; *Árbol sin hojas*, de Manuel I. Aparicio Paneqe; *Memorias... poemas*, de Raúl Fabio Pino (1953); y *Luces y sombras*, de José María Sánchez Priede, con prólogo de José Sánchez-Boudy.

Aparece además la antología *Los poetas del PEN de escritores cubanos en el exilio. Una colección de poemas*, editada por Armando Álvarez Bravo, la cual incluye una amplia nómina de autores de diferentes promociones y fechas de llegada a los Estados Unidos, tales como Eugenio Florit, Rita Geada, Luis F. González-Cruz, Luis Mario, Berta G. Montalvo, Alberto Müller, Ana Rosa Núñez, Martha Padilla, Orlando Rossardi, Gladys Zaldívar, Amelia del Castillo, José Corrales, Mercedes Cortázar, Félix Cruz Álvarez, Rafael Bordao, Ángel Cuadra, Belkis Cuza Malé, Ernesto Díaz Rodríguez y el propio Álvarez Bravo, entre otros. También en este año, 2007, aparece una antología bilingüe, inglés y español, bajo el título *Island of my hunger: Cuban poetry today* (City Lights, San Francisco), prologada por Francisco Morán y con aportaciones de Orlando González Esteva, Jesús J. Barquet, Félix Lizárraga, Germán Guerra y el propio Morán.

Tras las numerosas antologías que desde los años noventa, tanto dentro como fuera de Cuba, han insistido en la necesaria empresa de reconstruir sin prejuicios extraliterarios el cuerpo diaspórico de la poesía cubana, aparece ahora en la revista sevillana *Renacimiento* (números 51-54) un dosier de título genérico: 'Poesía cubana actual (1970-2006)', editado e ilustrado por José Pérez Olivares, que, sin señalar un tema específico que justifique su elección y exclusiones, parece haber desatendido la vastísima y diversamente rica producción poética cubana de los Estados Unidos, como aquí se ha podido comprobar: solo un texto del exiliado José Kozer y poemas del emigrado Víctor Rodríguez Núñez se incluyen en esta selección de más de quince autores.

Notas

[1] Véase más información de la que aquí se provee en el artículo de Rodríguez Sardiñas 'Cuba: Poesía entre Revolución y Exilio', en *Revista / Review Interamericana*, Puerto Rico, vol. IV, n.º 3, otoño de 1974.

[2] Es pertinente apuntar que algunos de estos libros no han sido publicados en suelo norteamericano, aunque todos sus autores son cubanos o cubano-americanos, con residencia en su gran mayoría en los Estados Unidos, y que estas creaciones circulan entre un público de lectores hispanos que vive en Norteamérica, sobre todo aquel grupo exiliado que reside en los grandes núcleos urbanos de Miami, Tampa, Nueva York, Nueva Jersey, Washington, Boston, Chicago, Los Ángeles, etc., y es allí donde también tienen repercusión y donde son discutidas en revistas y tertulias.

[3] La índole de este trabajo excluye por definición la mención de las obras de muchas de las figuras de máxima importancia dentro de la poesía cubana escrita fuera y, desde luego, dentro de Cuba. Este es el caso de Gastón Baquero, ya que el poeta, a su salida de Cuba, escoge como lugar de residencia permanente a España, lugar donde ha de morir en 1997. Centramos nuestro ensayo, pues, en aquellos poetas que residen por tiempo indefinido dentro de los Estados Unidos y en este territorio crean la mayor parte de sus obras, aunque, como hemos dicho antes, no siempre sea este el lugar donde las mismas se publiquen. Este es el caso de otros muchos, entre los que se encuentra el chileno-cubano Alberto Baeza Flores, con una enorme obra poética y que, aunque muere en Miami en 1998, va a vivir gran parte del tiempo de su exilio en países de Centroamérica y en España.

[4] El libro del editor y poeta radicado en España Felipe Lázaro *Poetas cubanos en España* (Madrid: Betania, 1988), que reúne selecciones de José Abreu Felippe, Alberto Baeza Flores, Gastón Baquero, Benita C. Barroso, Rolando Campins, Luis Cartañá, Roberto Cazorla, Elena Clavijo Pérez, David Lago, Felipe Lázaro, José Mario, Roberto Padrón, Francisco Revuelta Hatuey, Miguel Sales, José Sánchez Sordo, Pío E. Serrano, Armando Valladares y Pancho Vives, da cuenta de la extensa obra de este grupo de creadores radicados en España, como lo indica su título. Aunque algunos de ellos solo van a residir dos o tres años en Madrid, Barcelona u otras ciudades españolas, y luego se trasladan a otro país, con preferencia a los Estados Unidos.

Un caso opuesto, es decir, el traslado desde los Estados Unidos a España, en este caso Las Palmas de Gran Canaria, es el del fructífero poeta Rolando Campins, que publica sus primeras cosas en Nueva York, específicamente *Sonsonero mulato* (1969), y que más tarde da a conocer más de veinte libros de poesía publicados casi todos en la ciudad de su residencia definitiva.

Otros poetas radicados fuera de los Estados Unidos y con una obra importante serán Lilliam Moro, Edith Llerena, Isel Rivero, Rosario Hiriart, Rodolfo Häsler, Julio E. Miranda, Oscar Gómez Vidal, Orlando Fondevila, Antonio Giraudier, Carlos Miguel Suárez Radillo, Iván Portela, Felipe González Concepción y Clara Niggemann, repartidos por España, México, Puerto Rico y Venezuela. Los escritores Nivaria Tejera y Severo Sarduy, que viven en Francia, en la ciudad de París propiamente, y que también escriben en francés, han publicado algunas de sus obras en español en lugares tan disímiles como Barcelona, Palma de Mallorca, Santa Cruz de Tenerife y hasta Lisboa, Portugal.

[5] Felipe Lázaro y Bladimir Zamora, *Poesía cubana: La Isla Entera*, Madrid: Betania, 1995, p. 9.

[6] Véase nota 4.

[7] Es necesario consignar que, en este año, llegan al exilio desde Cuba dos voces disidentes que van a refugiarse en España y no en los Estados Unidos: la del poeta y periodista independiente Raúl Rivero (1945), antiguo integrante del grupo fundador de la revista literaria cubana *El Caimán Barbudo* en 1966, con su poemario *Firmado en La Habana*, el cual aparecerá en 1998 en francés bajo el título de *Signé a La Havane*, con prólogo de Eduardo Manet y traducción de Fanchita y François Maspero; y la voz de Rogelio Fabio Hurtado (1946), con *El poeta entre dos tigres*, publicado por La Torre de Papel. De la antigua disidente María Elena Cruz Varela, llegada al exilio en 1994 y que residió temporalmente tanto en España como en los Estados Unidos, aparece *Balada de la sangre (Ballad of the blood)*, edición bilingüe realizada y traducida al inglés por Mayrim Cruz Bernal y Deborah Digges.

[8] De este año es también la publicación de un residente en París desde su salida de Cuba en 1991, William Navarrete (1968), que se halla desplegando desde Europa, con el respaldo de la editorial Aduana Vieja —radicada en Cádiz, España, y dirigida por Fabio Murrieta Rodríguez— y de la comunidad cubana de Miami, una encomiable labor de difusión de la poesía cubana del exilio, así como de la obra de poetas cubanos en prisión. Navarrete publica este año su poemario *Edad de miedo al frío y otros poemas*, merecedor en 2004 del Premio de Poesía Eugenio Florit del ya mencionado Círculo de Cultura Panamericano.

La poesía de los dominicanos

Franklin Gutiérrez

Antecedentes

Fabio Fiallo, dominicano notable que llega a Nueva York a principios del siglo XX, contaba con una obra literaria incipiente entonces, que se reducía al poemario *Primavera sentimental* (1902). Otra figura apreciable de la literatura dominicana en los Estados Unidos de la primera mitad del siglo XX fue Andrés Francisco Requena, que en 1937 publicó su poemario *Romancero heroico del generalísimo*, en honor de Leónidas Trujillo.

Un acontecimiento literario destacable a principios de la década de los setenta fue el taller de poesía dictado en 1973, en Columbia University, por los poetas chilenos Nicanor Parra y Humberto Díaz Casanueva, donde participaron Alexis Gómez Rosa y Rafael Núñez Cedeño[1]. Ese mismo año Alexis Gómez Rosa publicó *Oficio de Post-muerte*. Los poemarios *Permutable Republic (República permutable)* (1979), de Diógenes Nina, y *Tiempo de amor* (1979), de Paúl Rojas, tienen valor como documento histórico, mas no como textos literarios representativos de esa década.

De la década de los ochenta hasta el presente

Un evento pionero en el decenio siguiente fue el taller literario Rácata en 1982, patrocinado por Hostos Community College, en cuya primera versión, dirigida por el poeta puertorriqueño Clemente Soto Vélez, participaron los dominicanos Tomás Rivera Martínez, Fermín Cruz, Rafael Díaz, Franklin Gutiérrez, Juan Torres y José Carvajal, quienes aparecen en *Esta urticante pasión de la pimienta*, antología poética que recoge la producción de todos los integrantes de dicho taller.

A partir de Rácata la situación de la literatura dominicana comenzó a cambiar notablemente, pues los escritores criollos, diseminados por diferentes sectores neoyorquinos, iniciaron un proceso de integración que culminó en un amplio programa de difusión de la cultura dominicana en Nueva York. Los clubes culturales de Nueva York, Nueva Jersey, Providence, Boston y las universidades de esos y otros estados sirvieron de escenario para desarrollar dicho programa. En 1983 la Asociación de Clubes y Grupos Culturales de Nueva York auspició la publicación de la primera antología de poetas dominicanos residentes en esa urbe, titulada *Niveles del imán*. Esa tarea le fue asignada a Franklin Gutiérrez, quien también compiló con el título *Voces del exilio*, poemas, de José Carvajal, Héctor Rivera, José de la Rosa, Diógenes Abreu, Dagoberto López, Franklin Gutiérrez, Guillermo Francisco y Tomás Rivera Martínez. En un período de solo tres años (1982-1984) se publicaron alrededor de 12 poemarios[2].

En 1985 Daisy Cocco De Filippis, autora en 1982 de *Estudios semióticos de poesía dominicana*, entra en contacto, por medio de quien suscribe, con el ambiente literario de Washington Heights[3]. Desde entonces su aporte a la literatura dominicana de la diáspora ha sido incalculable. De ella y de Emma Jane Robinett es la primera compilación bilingüe de poetas dominicanos en Nueva York, titulada *Poemas del exilio y otras inquietudes* (1988), y numerosas antologías y compilaciones que resaltan el quehacer literario de la mujer dominicana, tanto en los Estados Unidos como en la República Dominicana.

El género más cultivado fue la poesía y los temas predominantes eran: la evocación a la patria física y sentimental dejada atrás y el impacto emocional producido por los contrastes de la sociedad de Norteamérica en muchos de estos escritores recién llegados. Uno de los autores que posiblemente mejor resume ambos sentimientos y, en consecuencia, el discurso poético de esa década, es Héctor Rivera en sus poemas 'Los emigrantes del siglo' y 'Poema 7', incluidos en sus poemarios *Biografía del silencio* (1983) y *Poemas no comunes para matar la muerte* (1984), respectivamente. En el primero, Rivera entiende el exilio como una punzada taladrante que destroza la intimidad del ser humano hasta dejarlo divagando en un espacio físico indeterminado e inalcanzable:

> Nosotros
> los emigrantes del siglo
> vagaremos con un pedazo de tierra
> colgado del pecho
> sin un sitio que reemplace
> la nostalgia
> miraremos siempre distantes
> dibujando en nuestros ojos
> lacerados por rascacielos
> nuestra última noción
> de patria.

En el segundo poema la ciudad, receptora del poeta angustiado y nostálgico, no es 'la capital del mundo' ni 'la Gran Manzana', calificativos con los que se oferta a Nueva York como la tierra anhelada por todos, sino un túnel donde la esperanza de progreso sucumbe paulatinamente:

> A pesar
> de
> sus
> letreros
> luminosos
> New
> York
> sigue
> siendo
> una
> gran sombra.

Si los ochenta es un decenio de arranque, los noventa es una década de definición para la literatura de la diáspora dominicana neoyorquina. La poesía, el género más cultivado en las letras dominicanas, tiene representantes de valía en Miriam Ventura (*Claves para fantasmas*, 1996); Carlos Rodríguez (*El ojo y otras clasificaciones de la magia*, 1995); Alexis Gómez (*New York City en tránsito de pie quebrado*, 1993, y *Si dios quiere y otros versos por encargo*, 1997); Miguel Aníbal Perdomo (*El inquilino y sus fantasmas*, 1997); Juan Rivero (*Sinfonía inmóvil*, 1997); León Félix Batista (*Negro eterno*, 1997; *Vicio*, 1999, y *Burdel Nirvana*, 2001); Jorge Piña (*Andrógino ciego: metapoesía*, 1998, y *Ars metaonirica*, 2003); José Alejandro Peña (*Blasfemias de la flauta*, 1999, y *El fantasma de Broadway Street y otros poemas*, 2002); José Acosta (*Destrucciones*, 1999); Marianela Medrano (*Curada de espantos*, 2002), e Yrene Santos (*El incansable juego*, 2002). También continúan vigentes, algunos de ellos, incluso, en el campo creativo y en el activismo cultural simultáneamente: Diógenes Abreu, Dagoberto López, Teonilda Madera, Juan Matos, José López Campusano, Frank Martínez, Diógenes Nina, César Sánchez Beras y Eloy Alberto Tejera. El tema recurrente de un considerable número de estos poetas es la ciudad de Nueva York, observada desde múltiples ópticas y aceptada o rechazada acorde con las vivencias personales de cada uno.

De Daisy Cocco De Filippis y de Emma Jane Robinett es la primera compilación bilingüe de poetas dominicanos en Nueva York, titulada *Poemas del exilio y otras inquietudes* (1988), y numerosas antologías y compilaciones que resaltan el quehacer literario de la mujer dominicana, tanto en los Estados Unidos como en la República Dominicana.

Notas

[1] Rafael Núñez Cedeño es profesor de Lingüística Hispánica y director del Departamento de Estudios Latinoamericanos de la Universidad de Chicago-Illinois, ciudad donde reside desde hace más de 20 años.

[2] Entre los años 1982, 1983 y 1984 aparecieron los siguientes poemarios: *Poemas de isla*, de Dagoberto López; *El libro de paloma*, de Juan Rivero; *Hojas de octubre, Niveles del imán* e *Inriri*, de Franklin Gutiérrez; *Para lo que fue creada Filí Melé*, de José Carvajal; *El deseo y la realidad*, de Juan Torres; *Poemas no comunes para matar la muerte*, de Héctor Rivera; *Grito desde caña*, de Gerardo Tapia; *El humo de la lámpara*, de Carlos Márquez; *Al rescate del hombre*, de Manuel Marshall, y *Un posible sarcasmo del oficio*, de José Carvajal. Entre 1985 y 1990 esta lista fue ampliamente superada. Las publicaciones de ese lustro incluyen poesía, ensayo, cuento, novela, etc.

[3] Washington Heights es la zona neoyorquina de mayor concentración de dominicanos. Muchos la llaman Quisqueya Heights.

Poetas andinos y del Cono Sur

Marlene Gottlieb

A diferencia de los caribeños y mexicanos residentes en los Estados Unidos, los poetas andinos y del Cono Sur no suelen identificarse como 'latinos'. A pesar de haberse trasladado a vivir a los Estados Unidos, la mayoría ejerciendo como profesores de lengua y literatura hispánicas, estos poetas siguen identificándose con sus países de origen. Muchos vinieron exiliados de su país por motivos políticos y siguen viéndose insertados en la tradición poética natal. Escriben mayormente en español y en general no se nota la influencia del inglés en su expresión. Los temas son universales (el amor, la muerte, el tiempo), pero marcados por la nostalgia por su país de origen, ubicando sus recuerdos en lugares dejados atrás o recién vueltos a visitar después de una larga temporada fuera. A veces los poetas colocan su discurso en su nuevo ambiente (Nueva York, Filadelfia, Boston, etc.), pero por lo general no suelen intentar captar la cultura popular de estos lugares. Sirven más bien de trasfondo para sus reflexiones sobre la vida.

Como estadísticamente son una minoría dentro de los grupos hispanos en los Estados Unidos, sus obras no suelen ser recogidas en las antologías de literatura escrita por hispanohablantes en los Estados Unidos. Un trabajo clave para investigar estos temas es el libro *Hispanic Literature in the United States. A Comprehensive Reference*, de Nicolás Kanellos (2003a), que apenas los nombra. Cuando en septiembre de 2006 la Biblioteca del Congreso dedicó un simposio a 450 años de poesía hispánica en los Estados Unidos, entre los muchos poetas caribeños y chicanos solo se encontraba un poeta argentino y ningún otro del Cono Sur ni de los países andinos. La asociación que quizás haya promovido más la diseminación de la poesía de estos poetas es la Latin American Writers Institute de Hostos Community College de la Universidad de la Ciudad de Nueva York. Este organismo distribuye semanalmente noticias electrónicas que anuncian los libros nuevos de los hispanohablantes en los Estados Unidos e incluye poetas andinos y del Cono Sur. De hecho, la revista publicada por la organización, *Hostos Review* (*Revista Hostosiana*), dedicó el número tres (2005) a escritores peruanos en los Estados Unidos. Otras fuentes de información muy útiles son la antología *Piel. Palabra* de Francisco Álvarez Koki, publicada en 2003; la antología de poetas sudamericanas residentes en los Estados Unidos editada por la poeta argentina Zulema Moret y publicada en Madrid en 2004; *Mujeres mirando al sur,* y el estudio del poeta argentino Luis Alberto Ambroggio 'Poesía de Estados Unidos en español: Voces sin espacio', publicado en 2006 en *Prometeo Digital* (http://www.prometeodigital.org/).

El siguiente repaso panorámico se limita a destacar algunos de los poetas que más reconocimiento han recibido en los Estados Unidos. Lamentamos que inevitablemente quedarán fuera muchos, a pesar del catálogo de nombres incluido al final de cada sección.

Perú

Julio Ortega (1942-). Es más conocido como crítico literario y narrador que como poeta, pero ha publicado un número considerable de poemas en revistas literarias de los Estados Unidos. Actualmente ejerce como catedrático de literatura hispanoamericana en Brown University.

Cecilia Bustamante (1932-2006). Ganadora del Premio Nacional de Poesía del Perú de 1965 por su libro *Nuevos poemas* y *Audiencia*, vivía en Austin, Texas. Es autora de *Leyendas* (1983), *Modulación transitoria* (1986) y *Motherblood* (1995). Escribía en español e inglés sobre momentos íntimos y percepciones de la vida cotidiana tanto peruanas como universales. Carlos Germán Belli, en su homenaje elegíaco 'Presencia de Cecilia Bustamante', la llama 'una Eva del siglo XX, que contra viento y marea se yergue firmemente contra los consabidos avatares humanos, y que abrazará con fervor las corrientes feministas'.

Isaac Goldemberg (1945-). Es profesor distinguido de Hostos Community College de la Universidad de la Ciudad de Nueva York. Aunque quizás más conocido como narrador, ha publicado numerosos libros de poesía: *Tiempo de silencio* (1970), *Del Chepén a la Habana* (1973), *Hombre de paso* (1981, 2004), *La vida al contado* (1991, 1992, 2004), *Cuerpo del amor* (2000), *Las cuentas y los inventarios* (2000), *Peruvian Blues* (2001, 2004), *Los autorretratos y las máscaras* (2002, 2004), *El amor y los sueños* (2003, 2004), *Crónicas del exilio* (2003, 2004) y *Los Cementerios Reales: Antología poética 1981-2003* (2004). La obra de Goldemberg se inserta en el mundo conflictivo judeo-peruano.

Miguel Ángel Zapata (1955-). Es profesor en Hofstra University en Nueva York y figura muy activa en los círculos literarios estadounidenses. Es autor de muchos poemarios, algunos de los cuales han sido traducidos al inglés: *Poemas para violín y orquesta* (1991), *Lumbre de la letra* (1997), *Escribir bajo el polvo* (2000), *El cielo que me escribe* (2002), *Cuervos* (2003), *Los muslos sobre la grama* (2005), *A Sparrow in the House of Seven Patios* (2005) e *Iguana* (2006). Cultiva también poemas en prosa.

Eduardo Chirinos (1960-). Es autor de innumerables libros de poesía, muchos publicados en España: *Cuadernos de Horacio Morell* (1981), *Crónicas de un ocioso* (1983), *Archivo de huellas digitales* (1985), *Rituales del conocimiento y del sueño* (1987), *El libro de los encuentros* (1988), *Recuerda, cuerpo...* (Madrid, 1991), *El equilibrista de Bayard Street* (1998), *Naufragio de los días: antología poética 1978-1998* (Sevilla, 1999), *Amores y desamores* (1999), *Abecedario del agua* (Valencia, 2000), *Breve historia de la música* (Premio Casa de América de Poesía, Madrid, 2001), *Escrito en Missoula* (Valencia, 2003), *Derrota del otoño. Antología personal* (2003) y *No tengo ruiseñores en el dedo* (Valencia, 2006). Algunos de sus poemas tienen un marcado elemento lúdico y un lenguaje oral que coexisten con una nostalgia melancólica e íntima. Actualmente reside en Missoula, Montana, donde se desempeña como profesor de literatura hispanoamericana y española en la Universidad de Montana.

Otros poetas peruanos residentes en los Estados Unidos dignos de nombrar son: Raúl Bueno, José Cerna Bazán, Jaime Urco, Pedro Granados, Marita Troiano, Mario Montalbetti, José Antonio Mazzotti, Rafael Dávila-Franco, Sandro Chiri, Rocío Silva-Santisteban, Jorge Frisancho, Mariela Dreyfus, Oswaldo Chanove, Roger Santiváñez, Alfredo Ejalde, Lorenzo Helguero, Ericka Ghersi, José Luis Falconi, Victoria Guerrero, Odi Gonzales, Rocío Uchofen, Luis Chávez, Enrique Bernales, Chrystian Zegarra, Carlos Villacorta, Enrique Bruce y Ulises González.

Ecuador

Jaime Montesinos (1938-). Es crítico literario y autor de *Al filo del canto* (1989) y *Quizá andes* (1991). Sus poemas han sido publicados en muchas revistas y antologías.

Chile

Pedro Lastra (1932-). Distinguido crítico literario y catedrático emérito de Stony Brook University, es autor de numerosos libros de poesía: *Traslado a la mañana* (1959), *Y éramos inmortales* (1969, 1974), *Cuaderno de la doble vida* (1984), *Diario de viaje y otros poemas* (1998), *Canción del pasajero* (2001) y *Palabras de amor* (2002).

Óscar Hahn (1938-). Reconocido tanto por Neruda como por Lihn como uno de los poetas más originales de los últimos años, la obra poética de Hahn (*Arte de morir*, 1977; *Mal de amor*, 1981; *Imágenes nucleares*, 1983, y *Estrellas fijas en un cielo blanco*, 1989) ha sido recopilada en *Tratado de sortilegios* (1992). En 1995 publica *Poemas robados*, cuyo título revela su sentido lúdico y desafiante. Su poesía se caracteriza por su preocupación metapoética, su predilección por la intertextualidad y lo que ha llamado Lihn su 'doblaje mimético' de los clásicos españoles al estilo neomanierista. Ejerce como catedrático en la Universidad de Iowa.

Patricio Lerzundi (1940-). Crítico literario y periodista, es catedrático en Lehman College de la City University of New York. A través del monólogo dramático, trata de recuperar con su mirada revisionista y crítica tanto figuras claves como olvidadas de la historia de Chile. Entre sus obras más destacadas se encuentran *Palabras de carne y hueso* (1971), *Nuestro Señor Queupulicán y otros poemas que tratan de Arauco* (1985, ganadora del Primer Premio del Concurso de Poesía *Linden Lane Magazine*, dirigido por el poeta cubano, ya fallecido, Heberto Padilla y Belkis Cuza-Malé), *Rapa Nui* (1999) y *La Quintrala y Ñanku, el mestizo Alejo* (2001).

Marjorie Agosin (1955-). Es catedrática en Wellesley College. Sus poemas tratan de la situación de la mujer, los derechos humanos, su experiencia como judía en Hispanoamérica y su país de origen, Chile. Siempre escribe en español, pero su obra ha sido muy bien acogida en el mundo de habla inglesa y, por lo tanto, muchas de sus obras han sido traducidas al inglés o publicadas en ediciones bilingües. En 1995 ganó el Latino Literature Prize por *Toward the Splendid City (Hacia la ciudad esplendorosa)* y en 1996 el Ministerio de Cultura de España le otorgó el Premio Letras de Oro por su obra *Noche estrellada (Starry Night)*. Más recientemente, ha ganado el Latino Book Award for Best Poetry Book in Spanish por su *Among the Angels of Memory (Entre los ángeles de la memoria)* (2006). También es autora de *Dear Anne Frank* (edición bilingüe), *Melodious Women, Witches and Other Things (Brujas y algo más)*, *Mujeres de humo* (1987), *An Absence of Shadows* (1998) y *At the Threshold of Memory* (2003).

Cecilia Vicuña (1948-). Poeta y artista visual y espacial, recalca su identificación con la población indígena mapuche. Su preocupación por el lenguaje, sus juegos de palabras y el sentimiento lúdico que caracterizan su poesía revelan la influencia de su compatriota Nicanor Parra. Muchas de sus obras toman el formato multilingüe e incluyen vídeos y performances. Es autora de *La Wikuña* (1990), *Palabra e hilo* (1996) y *Palabrarmas* (1994, reeditado en 2006). Sus filmes y vídeos se han exhibido en el Museo de Arte Moderno de Nueva York, en el Museo de Arte Contemporáneo de Chile, en el Museo Etnográfico de Buenos Aires, en el Festival Internacional de Cine de Kiel (Alemania) y en el Museo de Arte Reina Sofía de Madrid. *QUIPOem The Precarious, The Art & Poetry of Cecilia Vicuña* (1997), de Catherine de Zegher, es, hasta la fecha, la principal publicación sobre su obra.

Emma Sepúlveda (1950-). Nacida en Argentina y criada en Chile, es profesora de literatura hispanoamericana en la Universidad de Nevada. Ha publicado *Tiempo cómplice del tiempo* (1989), *A la muerte y otras dudas* (1996) y *Death to Silence (Muerte al silencio)* (1997). Su poesía habla de la experiencia de vivir en dos culturas y dos idiomas, del exilio y de temas femeninos.

Otros poetas chilenos que merecen nombrarse son Enrique Giordano, Raúl Barrientos, David Valjalo, Juan Armando Epple, Javier Campos, Lilianet Brintrup, Álvaro Leiva, Jesús Sepúlveda, Miriam Balboa, Mary Rosa Moraga Barrow, Oscar Sarmiento, Luis Correa-Díaz y Alicia Galaz Vivar.

Argentina

Luis Alberto Ambroggio (1945-). Es autor de nueve libros de poesía, entre los cuales se encuentran *Poemas de amor y vida* (1987), *Hombre del aire* (1992), *Oda ensimismada* (1992), *Poemas desterrados* (1995), *Los habitantes del poeta* (1997), *Por si amanece: cantos de guerra*

(1997), *El testigo se desnuda* (2002) y *Laberintos de humo* (2004), con el que ganó la Convocatoria de la Televisión Española sobre poemas de la soledad en 2004. Pertenece a la Academia Norteamericana de la Lengua Española. Su poesía ha sido caracterizada por su 'sencillez engañosa'.

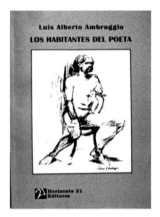

Los habitantes del poeta, Luis Alberto Ambroggio

Tamara Kamenszain (1947-). Es crítica literaria y poeta de varios tomos, entre los cuales se destacan: *Del otro lado del Mediterráneo* (1973), *Los No* (1977), *La casa grande* (1986), *Vida de living* (1991), *Tango Bar* (1998) y *El ghetto* (2003). Kamenszain describe su propia poesía como 'neobarroca sobria de pocas palabras'.

María Negroni (1951-). Es catedrática en Sarah Lawrence College en Nueva York. Entre sus libros de poesía se destacan: *De tanto desolar* (1985), *Per/canta* (1989), *La jaula bajo el trapo* (1991), *Islandia* (1994), *El viaje de la noche* (1994; Argentine National Book Award 1997), *Diario Extranjero* (Caracas, 2001), *Camera delle Meraviglie* (2002) y *La ineptitud* (2002). Su poesía está marcada por vetas oníricas surrealistas al estilo de Alejandra Pizarnik.

Mercedes Roffé (1954-). Es autora de numerosos libros de poesía, entre los cuales se cuentan *Poemas* (Madrid, 1978), *El tapiz de Ferdinand Oziel* (Buenos Aires, 1983), *Cámara baja* (Buenos Aires, 1987; Chile, 1996), *La noche y las palabras* (Buenos Aires, 1996; Chile, 1998), *Definiciones Mayas* (Nueva York, 1999), *Antología poética* (Caracas, 2000), *Canto errante* (Buenos Aires, 2002) y *Memorial de agravios* (Córdoba, 2002), así como *La ópera fantasma* (2005).

Otros poetas argentinos dignos de reconocimiento son Alicia Borinsky, David Lagmanovich, Zulema Moret, Gladys Illarregui, Alicia Portnoy, José Aníbal Yaryura Tobías, Mariano Gowland, Alicia Ghiragossian, Lila Zemborain, Cristina Iglesias Kinczly y Elena Smidt.

Uruguay

Eduardo Espina (1954-). Ganador del Premio Latino de Literatura 2007, del Instituto de Escritores Latinoamericanos, por su libro *El cutis patrio*, ha escrito numerosos libros de poesía, entre los cuales se destacan: *Valores personales* (1982), *La caza nupcial* (1993), *El oro y la liviandad del brillo* (1994), *Coto de casa* (1995), *Lee un poco más despacio* (1999) y *Mínimo de un mundo visible* (2003). Se le ha clasificado entre los poetas neobarrocos del lenguaje.

Merecen nombrarse también, entre los poetas uruguayos residentes en los Estados Unidos, Roberto Echavarren y Cristina Rodríguez Cabral.

La poesía española

Gerardo Piña Rosales

La poesía colonial (1542-1810)

Los exploradores, frailes, viajeros, conquistadores, dejaron un legado escrito en diferentes tipos de prosa narrativa (crónicas, memorias, relaciones, diarios, cartas) testimonios de sus hazañas y descubrimientos, como también poesía. El poema de Pérez de Villagrá, procurador general de la expedición a Nuevo México, oriundo de Puebla de los Ángeles y educado en Salamanca, titulado 'Historia' (publicado en Alcalá de Henares), en 34 estrofas, detalla en versos la expedición, la naturaleza y las costumbres de los habitantes de Nuevo México (vaquero, aventada-rodeo), concluyendo con la conquista y destrucción de la ciudad de Ácoma. Continuó esta tradición poética Miguel de Quintana, quien llegó a Nuevo México en 1693 y permaneció allí por el resto de sus días. La 'Relación' de Alonso de León (1649), que capitaneó la expedición a la bahía del Espíritu Santo, Texas, finalizada por un autor anónimo en 1690, contiene la elegía de un soldado 'Ante un cadáver', inspiración de poemas posteriores. También en este contexto de relaciones, podría citar los poemas de fray Manuel de Arroyo y los del autor anónimo de 'Los Comanches' con su héroe Cuerno Verde.

La poesía del exilio: 1939

En esta ocasión solo voy a referirme, y en líneas generales, a la obra de algunos poetas representativos de los tres últimos períodos a los que aludí anteriormente.

Poco más de un siglo después de la emigración de los liberales españoles, un nuevo contingente de exiliados republicanos españoles, todo un grupo de profesores universitarios y de escritores, llegaron a los Estados Unidos a finales de los años treinta, dando otro fuerte impulso a la creación literaria en español en los Estados Unidos. Destacaré aquí, muy de pasada, a cuatro de sus figuras principales. Qué duda cabe de que de los poetas de la España peregrina el más ilustre fue el moguereño Juan Ramón Jiménez, quien, como ha subrayado Sánchez Barbudo, escribiría su libro más complejo y misterioso precisamente en el exilio norteamericano: *Animal de fondo* (1949). Su última gran obra poética, escrita en los Estados Unidos y en Puerto Rico, culmina el largo ciclo de la poesía modernista, en la acepción amplia del término. Su libro *De este costado* podría ser también el título de toda esta poesía americana y exiliada de Juan Ramón. Y Salinas, quien por aquellos años comenzaba a desencantarse del hechizo tecnológico (¡en el país de las tecnologías!) que antaño tanto estimara y que acabará denostando por deshumanizante y despersonalizador. Y cómo omitir el nombre de Luis Cernuda, quien tras larga estancia en los claustros de Inglaterra en aquel Glasgow —de 'vómito de niebla y fastidio'— residió varios años en los Estados Unidos, perseguido, acosado por aquel sentimiento de orfandad que lo acompañó siempre, aun cuando hallara su voz mejor en el exilio. Varios de los poemarios de *La realidad y el deseo* los escribió Luis Cernuda en el exilio de los Estados Unidos. Cómo olvidar a Jorge Guillén, para quien, en los poemas de *Cántico* escritos después de la Segunda Guerra Mundial, el mundo parecía no estar ya tan bien hecho, y cuyos versos, en *Clamor*, habían adquirido una temporalidad de la que antes carecían.

En la generación más joven de poetas exiliados, la de quienes eran aún muy niños o muy jóvenes durante la guerra, el poeta y ensayista Manuel Durán, educado en Francia y México, ha realizado la mayor parte de su obra en los Estados Unidos, en Yale, para ser exactos. Manuel Durán Gili nació en Barcelona, en 1925. Llegó a México adolescente, al terminar la

Guerra Civil española. Después de estudiar Filosofía y Letras en México, obtuvo el doctorado en Lenguas y Literaturas Románicas por la Universidad de Princeton (donde fue discípulo de Américo Castro). Hizo estudios de postgrado en la Sorbona y en el Collège de France. Desde 1960 hasta 1998 fue catedrático en la Universidad de Yale. Recibió la Beca Guggenheim, así como la Cruz de la Orden de Isabel la Católica. Reside en Florida. Es autor o coautor de 43 libros y 150 artículos sobre temas de crítica literaria, historia de la literatura, literatura comparada, poesía, etc. Ha publicado extensamente sobre Cervantes, Quevedo, Fray Luis de León, Calderón, Lorca, Valle-Inclán, Machado, Fuentes, Paz, etc. Entre sus libros de poesía hay que mencionar: *Puente* (1946), *Ciudad asediada* (1954), *La paloma azul* (1959), *La piedra en la mano* (1950), *El lugar del hombre* (1965) y *El lago de los signos* (1952). Una selección de sus poemas apareció en la antología de Gustavo Correa *Antología de la poesía española (1900-1980)*; y otros, breves e iluminadores como haikus, en la antología *Escritores españoles en los Estados Unidos*.

Poetas de la emigración: décadas del cincuenta y el sesenta

Ildefonso Manuel Gil, poeta y novelista, nació en Paniza (Zaragoza) en 1912. Licenciado en Derecho por la Universidad de Madrid y doctor en Letras, impartió clases de filosofía en la Universidad de Zaragoza, y literatura española en Nueva York. Residió durante varias décadas en Nueva Jersey. Él mismo se considera adscrito a la Generación de 1936, a la par que los críticos le vinculan al grupo de la revista *Hora de España*. Su primer poemario lo publica en 1931 con el título *Borradores*, al que le sigue *La voz cálida* en 1934, aparecido en la revista literaria *Literatura*, fundada por él y Ricardo Gullón, con el que logra un reconocimiento en el panorama poético español de la época. Con la Guerra Civil española, vive la experiencia de la cárcel en Teruel, y pierde su puesto administrativo. Publica una *Historia de la literatura universal* y una importante traducción en verso de *Os Luisiadas* de Camoens, hasta que marcha a los Estados Unidos, en respuesta a la llamada de su amigo el escritor Francisco Ayala. Su obra poética crece en calidad e intensidad dentro de una parquedad relativa, desde los tanteos de *Borradores* (1931) y *La voz cálida* (1934), hasta la plenitud exigente de *Poemas de dolor antiguo* (1945), *El tiempo recobrado* (1947), *Cancionerillo del recuerdo y de la tierra* (1951), *El incurable* (1947), *Los días del hombre* (1968) y otros títulos. Destaquemos, para el conjunto de su poesía, la antología *Poesía*, y un libro logradísimo, *Luz sonreída, Goya, amarga luz*, en el que destaca el conocido poema 'Los fusilamientos'. Otros libros poéticos son *Poemas del tiempo y del poema* (1973), *Elegía total* (1976), *Hombre en su tierra* (1978) y *Las colinas* (1990).

La obra poética de Odón Betanzos comprende sesenta y cuatro poemarios, agavillados en tres antologías: *Santidad y Guerrería* (1969), *Hombre de Luz* (1972) y *La Mano Universal* (1979), y tres poemarios últimos: *Poemas del Hombre y las Desolaciones* (1986), *De ese Dios de las totalidades* (1988) y *Sonetos de la muerte* (2000), que contienen, a mi entender, lo más granado de la poética betanciana. *Poemas del Hombre y las Desolaciones* y *De ese Dios de las totalidades* reflejan, con denunciantes ánimos, la dantesca visión de un mundo en crisis, donde el hombre ha de buscar a Dios entre la niebla. Si en poemarios anteriores el poeta había tratado los temas consubstanciales al hombre —Dios, Naturaleza, Amor, Muerte— en contenidos versos de sabor popular y métrica tradicional, ahora en cambio, el verso —o más bien el versículo— se enfurece, se encrespa y estalla, semejante al mundo mismo que describe, desquiciado y convulso. Parece como si el poeta hubiese emprendido un viaje, un azaroso y arriesgado periplo por los ignotos e inefables confines de la divinidad. De ahí que sus críticos (Rafides, Álvarez Bravo, Padilla Valencia) hayan hablado de poesía mística, o al menos visionaria, enraizada —¡eso sí!— en el espíritu mismo de España y encarnada, nada más y nada menos, que por Nuestro Señor Don Quijote, visionario insigne. Aunque publicado en 1988, *De ese Dios de las totalidades* fue escrito en los años sesenta. Este poemario representa la reconciliación de Betanzos con el hombre y con el mundo. Después de años de reconcomios, después de años de luchas contra el caos y la pesadilla de la sangre derramada, el poeta, en un reencuentro con Dios, el de las totalidades, el omnipresente, logra superar el odio, y alcanza la armonía y la paz por el amor. Reencontrarse con Dios significó reencontrarse consigo mismo, puesto que el hombre, la criatura humana, no es sino célula de la Divinidad. Poesía mística, pero de un misticismo donde se conjugan por igual lo cordial con lo existencial, con lo metafísico. En 1994, la Diputación Provincial de Huelva y la Fundación Odón Betanzos Palacios nos hicieron el entrañable regalo de un libro singular: me refiero, claro está, a la *Antología poética de Odón Betanzos Palacios*, con selección, edición, introducción y notas de su más preclaro exégeta, José María Padilla Valencia, bellamente ilustrado por Juan Manuel Núñez. Por desgracia, la muerte sí está presente en la obra betanciana: sus *Sonetos de la muerte*, semejantes al epitafio, a la elegía, entre el individualismo y la convención, constituyen una meditación metafísica sobre la fragilidad de la vida, sobre la implacabilidad de la muerte.

Ángel González nace en Oviedo, en 1925, en el seno de una familia de clase media venida a menos a causa de la Guerra Civil. En 1950 empieza en Madrid a estudiar periodismo. En 1955 pide la excedencia en el trabajo y se marcha a Barcelona durante un período, donde ejerce como corrector de estilo de algunas editoriales. De esa forma entabla amistad con Carlos Barral, Jaime Gil de Biedma y José Agustín Goytisolo. En 1965 publica *Palabra sobre palabra*, dentro de la colección 'Poesía para todos'. Este libro se compondrá básicamente de una breve selección de poemas de amor. Durante un tiempo viaja por Francia, Italia, Inglaterra, entre otros países europeos, con el fin de asistir a diversos congresos de escritores. En 1967 edita en la colección 'El Bardo', en Barcelona, *Tratado de urbanismo*. En 1968, bajo el mismo título que había empleado para el poemario de 1965, *Palabra sobre palabra*, publica su poesía completa en la editorial Seix Barral. En 1970 es invitado a dar unas conferencias en la Universidad de Nuevo México, Albuquerque. En 1972 se traslada finalmente a Nuevo México, a la Universidad de Albuquerque. Imparte clases en esta universidad como profesor invitado durante un semestre. En 1973 pasa una temporada en los Estados Unidos como profesor invitado en las universidades de Utah, Maryland y Texas. En 1974 regresa a la Universidad de Nuevo México, esta vez permanentemente, como profesor de Literatura Española Contemporánea. En 1977 Miguel González Gerth traduce algunos poemas de Ángel González y los incluye en su libro *Thirteen Poems and Some Drawings*. En 1993 el poeta se jubila como profesor de la Universidad de Nuevo México. Sigue residiendo en los Estados Unidos, pero las visitas a España son cada vez más frecuentes. En 1996 es nombrado miembro de la Real Academia Española. Posteriormente se edita *Luz, o fuego, o vida* por la Universidad de Salamanca y Patrimonio Nacional, con una amplia introducción de Víctor García de la Concha. En 2000 publica el libro *101+19 = 120 poemas*, volumen en el que se recogen ciento un poemas de su obra anterior junto a otros diecinueve inéditos. En 2001 se edita en Tusquets su nuevo libro de poemas, *Otoños y otras luces*, dentro de la colección 'Nuevos textos sagrados', dirigida por Antoni Marí. Fallece en Madrid en enero de 2008.

Ángel González.

Manuel Mantero nació en Sevilla en 1930. Desde 1969 vive en los Estados Unidos. Desde 1973 enseña en la Universidad de Georgia, donde tiene una cátedra especial de Literatura Española. De sus libros publicados de poesía caben mencionar: *Mínimas del ciprés y los labios* (1958), *Tiempo del hombre* (1960), *La lámpara común* (1962), *Misa solemne* (1966), *Poesía 1958-1971* (1972), *Poesía completa* (1972), *Ya quiere amanecer* (1975), *Memorias de Deucalión* (1982) y *Antología* (1990). Y entre sus libros de ensayo y crítica: *Poesía española contemporánea* (1966), *La poesía del yo al nosotros* (1971), *Los derechos del hombre en la poesía hispánica contemporánea* (1973) y *Poetas españoles de posguerra* (1986). Ha publicado además dos novelas, *Estiércol de león* (1980) y *Antes muerto que mudado* (1990), y un libro misceláneo, *Crates de Tebas* (1980).

Miguel Sáez (Mojácar, 1932), radicado en Nueva York desde hace más de cuarenta y cinco años, además de médico y cirujano es poeta de una gran sensibilidad nostálgica y filosófica. Es autor de dos poemarios: *Mojácar desde mis adentros* (2006) y *Vidas vulnerables*, aún en proceso de publicación. En el primero, como claramente indica su título, celebra con gran cariño el entorno natural de su querido Mojácar, con sus propias experiencias, amistades y amores de juventud. *Vidas vulnerables* es un tomo primordialmente de reflexión filosófica, de meditaciones sobre la vida y su sentido de un hombre de setenta y cinco años que contempla la vida con la sabiduría que trae la madurez. Sáez es un poeta de estilo clásico. Emplea en su mayoría cuartetos octosílabos con rima de romance, tanto consonante como asonante, pero últimamente ha empezado a experimentar con versos más largos, con nuevas estrofas polimétricas y a veces sin rima. Estos ritmos van acorde con lo que el poeta ha llamado 'el vigor de la calma', que marca una segunda etapa en su obra.

Ana María Fagundo nació en Santa Cruz de Tenerife en 1938. En 1967 obtuvo el Doctorado en Literatura Comparada por la Universidad de Washington, con especialidades en Literatura Inglesa, Norteamericana y Española. De 1967 a 2001 enseñó Literatura Española del Siglo XX en la Universidad de California (campus de Riverside). Ha publicado los poemarios: *Brotes* (1965), *Isla adentro* (1969), *Diario de una muerte* (1970), *Configurado tiempo* (1974), *Invención de la luz* (1978), *Desde Chanatel, el canto* (1981), *Como quien no dice voz alguna al viento* (1984) y *Retornos sobre la siempre ausencia* (1989). Estos poemarios han sido recogidos en *Obra poética* (1990), *Isla en sí* (antología de su poesía, 1993), *El sol, la sombra, en el instante* (1994), *La miríada de los sonámbulos* (narraciones, 1994), *Antología poética* (1994), *Trasterrado marzo* (1999), *Obra poética: 1965-2000* (dos tomos), *En isla: antología poética: 1965-2003* (2003) y *Palabras sobre los días* (2004). Desde su primer poemario, *Brotes*, hasta *Palabras sobre los días*, la voz de Ana María Fagundo no ha dejado de cantar los temas consubstanciales al hombre y a la mujer de nuestro tiempo, la magia del poema, el misterio del ser, el amor, el dolor ante la muerte del ser querido, la naturaleza. Y la soledad; la soledad y el sentimiento de extranjería, de desarraigo, perdida y reencontrada una y otra vez la memoria de un pasado cuyas claves habría que rastrear tal vez por todo el archipiélago canario.

Últimas generaciones de poetas españoles

Ignacio Barrero nació en Toledo en 1948 y reside en Nueva York desde 1978. Es doctor por la Universidad de la Ciudad de Nueva York y enseña lengua y literatura españolas en el Borough of Manhattan Co. College. Ha traducido a Robert Frost, Jane Kenyon, Donald Hall y otros poetas norteamericanos contemporáneos. Es autor de *Siete sonetos, In tempore belli* (Premio de Poesía Gastón Baquero) y *Siete postales del sur y una postdata*, de edición no venal. Ha sido incluido en *Líneas urbanas. Lectura de Nueva York* (Llibros del pexe, 2002), editado por José Luis García Martín, y en la antología *Miradas de Nueva York (Mapa poético)*, de Juan Luis Tapia. Algunos de sus poemas han sido traducidos al inglés por Gary Racz y publicados en la revista *Downtown Brooklyn* de la Universidad de Long Island. Ha colaborado, entre otras, en las siguientes revistas: *Aldonza, Clarín, Calandrajas, El*

Súmmum, Grama, Hélice, Hermes, Hueso Húmero, Manxa, Poesía española, Reloj de arena, Revistatlántica y *Turia*.

El Instituto Cervantes exhibió esta banderola con *El Gran Poema de Nadie* que cerró el taller de poesía del catedrático Dioniosio Cañas en junio de 2008.

Dionisio Cañas (Tomelloso, 1949) es profesor en Baruch College y en el Graduate Center, CUNY. Reside en Nueva York desde los años setenta. Ha publicado dos importantes estudios sobre figuras destacadas del llamado Grupo Poético de los años cincuenta: *Poesía y percepción* (1984) y *Claudio Rodríguez* (1988). En 1994 apareció *El poeta y la ciudad (Nueva York y los escritores hispanos)*. Su obra lírica comprende los siguientes títulos: *El ave sorda y otros poemas* (1980), *Lugar, río Hudson* (1981), *La caverna de Lot* (1981), *Los secuestrados días del amor* (1983), *El fin de las razas felices* (1987) y *En lugar del amor* (1990). Es, asimismo, autor de un libro de historia, *Tomelloso en la frontera del miedo (Historia de un pueblo rural: 1931-1951)* y, con el grupo de artistas Estrujenbank, de un volumen de ensayos, *Los tigres se perfuman con dinamita* (1992).

En las últimas generaciones de escritores españoles en los Estados Unidos sobresalen Fernando Operé, profesor de la Universidad de Virginia, autor de *Despedidas* (1986), *Días de lluvia y otros soles* (1987), *¿Quién eres tú, Betty Blue?* (1991) y *Acróbata de ternuras* (1994). Los poemas de Fernando Operé nos recuerdan a veces al mejor Guillén. Sabemos que el mundo no está bien hecho, pero al menos también podemos encontrar en él una voz amiga, un rayo de esperanza.

De entre la hornada más joven de escritores españoles que despuntan en el panorama literario estadounidense se encuentra Francisco Álvarez Koki, nacido en Galicia en 1957. Después de algunos poemarios de tanteo, Koki publicó *Sombra de luna* (1990), que, pese al evidente influjo —embrujo— lorquiano, representa un salto adelante en su trayectoria poética. El libro reúne poemas de intenso contenido social y poemas de carácter ontológico. No es que la vena lírica se haya agotado, no es que el amor se bata en retirada, sino que ante la degradante y deshumanizante realidad neoyorquina, el poeta sale de su órbita personal, intimista, subjetiva, para abrazar al otro, para solidarizarse con las víctimas del monstruo: las masas esclavizadas al consumismo más atroz, manipuladas por los poderosos, siempre insaciables de poder y de dinero. Otro de los temas capitales en *Sombra de Luna* es el de la emigración, el del exilio, pues aunque los dos fenómenos tengan un origen distinto, ambos comparten los mismos signos de extrañamiento, de desesperanza, de frustración. Pero no nos engañemos: no se trata tanto de exilio geográfico (lo que ya de por sí sería bastante), sino de exilio existencial, metafísico. Desprovisto de su entorno, mutiladas sus señas de identidad, el poeta, acosado por la 'edvardmunchesca urbofrenia' de su diario existir, se siente solidario con los parias de la tierra. *Desde la otra orilla* (1994) —preciosa edición del Concello de Tomiño, con dibujos de Xavier Pousa y Mario Rodríguez— agavilla poemas de diferente pelaje: 'New York New York', donde el cliché de la Gran Manzana se hace añicos, destrozado por esa realidad cotidiana, embrutecedora, del *subway* y los siniestros guetos; 'Chalatenango', en memoria de una niña asesinada por la casta militar de El Salvador; 'Canción del emigrante', en el que se vuelve a la obsesión del exilio, ese tiempo detenido, ese paréntesis infausto; 'Retrato cubista', donde el erotismo se descompone y recompone una y otra vez en el texto/espejo del poema. En su último poemario, *Entre tu cuerpo y mi cuerpo*, Álvarez Koki pulsa todas las cuerdas del tema amoroso: desde el amor idealizado, utópico, quijotesco, amielino, hasta el erotismo más desenfadado y crudo. El poeta no canta al amor, sino a la amada, a la mujer de carne y hueso, con quien comparte pan y lecho, con quien navega, día a día, noche a noche, por ese gran desconocido océano que llamamos vida.

Santiago García Castañón (Avilés, 1959) es doctor en Literatura Española y licenciado en Filología Anglogermánica. Ha sido profesor de la Universidad de Oviedo y de varias universidades de los Estados Unidos, país en el que reside desde 1985. En la actualidad es catedrático de Literatura Española en Georgia College and State University. Historiador de la literatura, traductor, conferenciante, poeta y novelista, García-Castañón es autor de una amplia obra crítica (libros y artículos) centrada principalmente en autores no canónicos del Siglo de Oro. Entre sus obras de creación literaria destacan los libros de poemas *Tiempos imperfectos* (1994), *Entre las sombras* (1996) y *Lo que queda* (2002). Es autor, además, de la novela histórica *El castillo de los halcones* (2004). En el caso de Santiago García-Castañón, más que de poemas cabría hablar de antipoemas. Sea como fuere, en su poesía, aparentemente desenfadada y sencilla, se almacena todo un arsenal de vitriólicas invectivas contra una sociedad hipócrita, gazmoña y, en el fondo, terriblemente destructora.

Marta López-Luaces se doctoró en Literatura Hispanoamericana en 1999 en la Universidad de Nueva York. Desde 1998 es profesora de Lengua y Literatura españolas en Montclair State University. Fue fundadora —con Gerardo Piña Rosales y Carmen Fernández Klohe— de la revista *Galerna*. López-Luaces ha publicado un gran número de artículos sobre la obra de escritores como Elena Garro y Silvina Ocampo y poetas argentinos como Alejandra Pizarnik, Diana Bellesi y Mercedes Roffé. Ha publicado también varios libros de poesía, entre los que destaca *Distancias y Destierros*, traducido al inglés como *The Mirror and the Soul*, y recientemente un libro de cuentos, *La Virgen de la Noche*.

Tina Escaja (cuyo seudónimo literario es Alma Pérez) nació en Zamora en 1965 y creció en un barrio de las afueras de Barcelona. En la actualidad es profesora titular de español en la Universidad de Vermont. Tina Escaja ha publicado trabajos de ficción y de poesía en http://www.badosa.com/, como su poemario *Respiración mecánica* y su serie poética hipertextual, compuesta por *Velo City* y *Desprendiendo*. En ficción, además de la novela *Bola Luna*, hay que mencionar su relato policíaco 'Asesinato en el laboratorio de idiomas' (en tres partes) y la novela hipertextual *Pinzas de metal*. Tina Escaja ha colaborado también con sus poemas en el disco *A Campá da Lúa*, interpretado por el grupo compostelano In Itinere (2002). En diciembre de 2003 obtuvo el II Premio Hispanoamericano de Poesía Dulce María Loynaz por su trabajo *Caída libre* (La Laguna, Tenerife: Gobierno de Canarias, 2004).

Nacido en La Rioja, en 1965, Alberto Acereda es licenciado en Filología Hispánica por la Universidad de Barcelona y doctor en Lenguas Románicas por la University of Georgia. Ejerce como profesor titular de Literatura Hispánica en la Arizona State University. Es miembro correspondiente de la Academia Norteamericana de la Lengua Española. Algunas de sus publicaciones son: *Rubén Darío, poeta trágico (Una nueva visión)* (1992), *El lenguaje poético de Miguel Hernández* (1995) y *La Marquesa de Fuerte-Híjar. Una dramaturga de la Ilustración* (2000). Como editor, ha publicado: *Antología poética. Rubén Darío* (1996), *Poesía erótica. Rubén Darío* (1997), *El Modernismo poético. Estudio crítico y antología temática* (2001) y *Poemas filosóficos. Rubén Darío* (2005). Los primeros poemas que publica Alberto Acereda, aunque no son, desde luego, los primeros que escribe, pues ya en ellos brota una voz de corte clásico, de inspiración existencial y hasta metafísica, han aparecido en la antología *Escritores españoles en los Estados Unidos*.

Ignacio López-Calvo nació en Segovia en 1968. Cursó la licenciatura en Filología Inglesa por la Universidad Complutense de Madrid (1991) y se doctoró en Lenguas Románicas por la University of Georgia en 1997. Actualmente se desempeña como profesor de Literatura Hispanoamericana en la Universidad de North Texas. Ha publicado tres libros sobre literatura y cultura hispanoamericanas: *Written in Exile. Chilean Fiction from 1973-Present* (2001), *Religión y militarismo en la obra de Marcos Aguinis 1963-2000* (2002) y *Trujillo and God: Literary Representations of the Dominican Dictator* (2005), así como un poemario titulado *Las sirenas del castigo* (2005). Asimismo, ha publicado más de treinta artículos sobre literatura y cultura hispanas en revistas como *Cuadernos Americanos*, *Revista Iberoamericana*, *Alba de América*, *Confluencia*, *Francographies*, *Revista Interamericana*, *Journal of Lesbian Studies*, *La Torre* y *Cuadernos de ALDEEU*. Se especializa en narrativa del Cono Sur y del Caribe y en teoría literaria, y su último proyecto es un libro que se titulará *They Did It Silently: Imaging the*

Chinese in Cuban Literature and Culture. Los poemas de Ignacio López-Calvo nos hablan de emigración, de exilio, pues aunque ambos fenómenos sean de naturaleza distinta, la actitud psicológica, de desarraigo, del que los padece, son semejantes.

Ana Merino (Madrid, 1971) es licenciada en Historia Moderna y Contemporánea por la Universidad Autónoma de Madrid. Realizó estudios de postgrado en Columbus, Ohio. Realizó el doctorado en la Universidad de Pittsburgh, donde escribió una tesis sobre el cómic en el mundo hispanoamericano. En la actualidad imparte clases de literatura y estudios culturales en Dartmouth College. En 1994 obtiene el Premio Adonáis con su libro *Preparativos para un viaje*. En 1997 publica su segundo poemario: *Los días gemelos*. Su obra ha sido recogida en diversas antologías de poesía joven como son *Joven Poesía Española*, de Carlos Álvarez-Ude; *Ellas tienen la palabra*, de Jesús Munárriz y Noni Benegas (1997), y *La generación del 99*, de José Luis García Martín (1999). Ha publicado, además, *Preparativos para un viaje* (1995) (ganadora del XLVIII Premio Adonáis), *Los días gemelos* (1997), *La voz de los relojes* (2000), *Juegos de niños* (2003), *Compañera de celda* (2006) y *Cell Mate* (traducido al inglés por Elizabeth Polli, 2007).

EL GÉNERO DRAMÁTICO

El teatro chicano

Gerardo Piña Rosales

El teatro puertorriqueño

Luis Alberto Ambroggio

El teatro cubano

Matías Montes Huidobro

El teatro chicano

Gerardo Piña Rosales

Introducción

El teatro chicano refleja la vida de los chicanos y mexicanos en los Estados Unidos. La participación del público es fundamental en este tipo de teatro. Es frecuente que haya una interacción intensa entre actores y espectadores. No se trata de un teatro de imaginación, un teatro donde la palabra es el elemento esencial, sino más bien de un teatro donde imperan lo gestual, el folclore y la poesía de raíz popular (las pastorelas, por ejemplo). Tampoco se trata del consabido teatro realista en el sentido brechtiano de la palabra, ni teatro existencial de problemática psicológica, sino que se busca ante todo la provocación, el despertar de las conciencias de la clase trabajadora frente a una situación de injusticia social: la marginación a la que esa clase se ve condenada por la clase dominante, anglosajona. En otras palabras, no es un teatro para hacer la digestión, sino todo lo contrario: un alegato en contra de las normas establecidas y una llamada a quebrantar la estabilidad social.

El teatro chicano

El teatro chicano contemporáneo arranca de 1965, cuando Luis Valdez fundó, en Delano, el Teatro Campesino. Es posible que algunos dramaturgos antes que Luis Valdez hubieran intentado formar un movimiento teatral durante la lucha de los derechos humanos de los trabajadores del campo, pero la verdad es que ese movimiento no tomó carta de naturaleza hasta que Valdez le propuso a César Chávez hacer un teatro que mostrara, sin ambages ni falsos histrionismos, y, desde luego, exento de estereotipos al pairo, los graves problemas con los que se enfrentaban los trabajadores agrícolas; un teatro que recogiera las inquietudes de ese grupo marginado. A Chávez le pareció estupenda la idea de Valdez. Por eso, años después, Luis Valdez pudo afirmar que 'el teatro chicano no hubiera sido posible sin César Chávez'. Luis Valdez se trasladó en 1967 a Del Rey, California, donde fundaría el Centro Campesino Cultural, que pronto se daría a conocer con el montaje de breves obras llamadas 'actos', que ilustraban la problemática socioeconómica del chicano. En 1970 se puso en escena la obra *Vietnam Campesino*, como acto de solidaridad con los vietnamitas acosados por los ejércitos norteamericanos. En 1971 Luis Valdez y su farándula se trasladaron a San Juan Bautista, California, donde iniciaron un nuevo tipo de teatro experimental, en que los mitos de la cultura chicana habrían de presentarse adecuándose al nivel cultural de los espectadores. Valdez escribió, pues, dos clases de dramas: el 'acto' y el 'mito'. En los actos predomina la problemática social, en particular la que presentaba la situación discriminada de los obreros del campo, explotados por los patrones anglosajones. Entre los actos, sobresalen *Las dos caras del patroncito* y *Vietnam campesino*. En este último, como en *Soldado raso*, se denuncia, además, el sistema militar norteamericano, que obligaba al chicano a ser carne de cañón en una guerra que le era ajena. Los dramas del tipo 'mito', como *La piedra del sol* y *Bernabé*, giran en torno al pasado precolombino del chicano. En este teatro indigenista, Valdez cayó en la trampa de idealizar el pasado chicano, recargando las tintas en la opresión española (no olvidemos que la lengua de la mayoría de estos dramas es, al fin y al cabo, el español), incurriendo así en otro tipo de mitificación, obsolescente e ingenua.

Un drama bastante desconocido, que, a mi parecer, está bien logrado en la trayectoria histórica, aunque un tanto mitificante y utópico, es el que lleva por título *Dawn (El amanecer)*, del poeta Alurista. Parte de la mitología religiosa azteca y trata de llevarla al mundo moderno. Entre los personajes religiosos de la antigüedad, y junto a ellos, como Quetzalcoatl (símbolo del mestizo en el drama), incluye a dos dioses modernísimos: Pepsi-coatl y Coca-coatl (símbolos del imperialismo capitalista norteamericano).

Los teatros

En 1971, Jorge Huerta fundó el Teatro de la Esperanza, en Santa Bárbara, que se dedicaría a montar obras con figuras arquetípicas y alegóricas de la comunidad chicana y sus opreso-res, así como de sus mitos aztecas y sus símbolos ancestrales. Pronto recibió invitaciones a festivales teatrales y en 1973 publicó una colección de sus obras colectivas e individuales. Entre las obras más importantes presentadas por el Teatro de la Esperanza hay que men-cionar: *Guadalupe* (colectiva), *La víctima* (1976), *Juan Epitafio* (Joey García), *Brujerías* (Rodri-go Duarte Clark), *La trampa sin salida* (Frank Verdugo), *Pánfila la curandera* (colectiva), *La bolsa negra* (Frank Ramírez) y *Los Pelados* (Felipe Castro), entre otras, todas ellas de tema político.

Del Teatro Nacional de Aztlán, fundado en 1976 por estudiantes de la Universidad Estatal de California, surgió la figura de Carlos Morton, autor del celebrado *Corrido de Pancho Dia-blo* y otras obras de carácter bufo, donde se parodian la religión y la cultura chicanas, siem-pre con un guiño cómplice al espectador.

Una de las figuras que más hizo por el teatro chicano fue Juan Felipe Herrera, nacido en 1948 en Fowler (California), poeta, dibujante, maestro y activista político. Era hijo de traba-jadores temporeros del campo, que recorrían faenando, según las temporadas de cose-chas, todo el Valle de San Joaquín, el sur de California y el Valle de Salinas. Como en el caso del novelista Tomás Rivera, también en Juan Felipe Herrera sus experiencias como trabaja-dor del campo fueron decisivas a la hora de crear para el teatro. Su inspiración proviene de su propia comunidad y del arte que de ella nace. En los años setenta, cuando era director del Centro Cultural de la Raza, Juan Felipe Herrera se dedicó a montar teatro al aire libre, en Balboa Park. En 1971 fundó Teatro Tolteca en la Universidad de California, Los Ángeles, com-pañía que destacó por la integración en los dramas de todo tipo de música, sobre todo el *jazz*. En 1983, en la zona de la Bahía, Herrera fundó otro grupo teatral, Troka, con el que montó obras en las que las voces y la percusión coadyuvaban intensamente al dramatismo del montaje. En 1990 creó en Fresno el Teatro Zapata, dirigido fundamentalmente a los jó-venes. En 1993, también en Fresno, formó el grupo Manikrudo, dedicado a presentar obras de carácter multicultural. Y en 2003 organizó el Teatro Ambulante de Salud (The Traveling Health Theater), dirigido a los emigrantes del Valle de San Joaquín.

El Teatro de la Gente es una compañía bilingüe formada en 1970 por estudiantes del Cole-gio y la Universidad de San José, California. La mayor parte de su creación es colectiva y se compone de actos, mitos, corridos y marionetas. Ha desarrollado sus actividades en la zona de la Bahía, pero también lo ha hecho por todo el estado de California, donde se ha ganado una sólida reputación. El Teatro de la Gente ha apoyado la formación de otros grupos tea-trales, y ha impartido cursos en escuelas y poblaciones aledañas a su sede. También traba-ja en giras por otras zonas de los Estados Unidos y su obra más conocida es *El Corrido de Juan Endrogado*, que trata sobre la adicción al consumo como falso medio de lograr la feli-cidad, ante el que propone la unidad familiar. Otro de los hechos importantes en la historia del Teatro de la Gente fue su patrocinio al IV Festival Anual de Teatros Chicanos.

El Teatro Aztlán inició sus actividades en 1970 con estudiantes de la Universidad Estatal de California. Sus temas van de lo político a la autocrítica, como en *La casa de los locos*, donde se revelan y ridiculizan los estereotipos del macho.

Su Teatro nació en 1971 en Denver, Colorado, con el objetivo de denunciar las condicio-nes sociales y económicas de chicanos y 'latinos'. Según los críticos, de haber aparecido en

Los Ángeles o Nueva York, en vez de Colorado, tendría ya el reconocimiento nacional por su calidad, pues está considerada como una de las compañías teatrales más exitosas de los Estados Unidos.

Por su parte, el Teatro Los Topes es una compañía de San Francisco, fundada en 1971, que se dedica al trabajo de improvisación con parodias y comedias sobre asuntos sociopolíticos.

El Teatro Urbano es un grupo comunitario formado en 1972, en Los Ángeles. Se definió a sí mismo como un teatro de guerrillas cuyo fin era 'educar e informar a nuestra raza sobre los problemas que existen en los barrios, como el consumo de enervantes, las condiciones sociopolíticas, etcétera'. Una de sus obras es *Anti-Bicentennial Special*, realizada para aprovechar los festejos del bicentenario de los Estados Unidos como marco de crítica a los Padres Fundadores de ese país y sus promesas incumplidas.

El Teatro Libertad fue organizado en 1975 por campesinos, activistas, estudiantes y obreros de Tucson (Arizona), para adaptar obras del Teatro Campesino a sus experiencias locales. Con el cambio de nombre también comenzaron a producir sus propios textos, entre los que se encuentran *Los peregrinos, Los cabrones* y *El Vacile'76*.

El puertorriqueño Art Mercado fundó en 1977, en Houston, Texas, el Teatro Bilingüe. Se trata de una organización multidisciplinar que lleva muchos años montando obras en lugares poco menos que propicios —garajes, sótanos, parques, etc.—. Pero han persistido, y, gracias a donaciones de organismos chicanos e hispanos en general, están construyendo un centro artístico en Houston. Muchas de sus obras presentan problemas actuales, como el sida, la droga entre los jóvenes, etc.

El Teatro Guadalupe, dirigido por Jorge Piña desde 1986, está situado en uno de los barrios más pobres de San Antonio, Texas. En 1983 empezó a producir obras con el apoyo del Gobierno local. En sus tres primeros años de existencia, los miembros de este teatro lograron realizar 15 obras, de las cuales tres eran infantiles, tres mexicanas, una estadounidense y siete textos chicanos. Su trabajo ha llegado a Arizona, Texas y California. Sus textos son casi siempre bilingües, y su temática gira en torno a la inmigración, la participación de chicanos en las guerras, la identidad chicana, el maltrato a menores chicanos en las escuelas, entre otros.

El Teatro Desengaño del Pueblo es una de las compañías teatrales mixtas, pues reúne en su elenco a actores chicanos y puertorriqueños de diversas edades, desde niños hasta adultos. Su sede está en la ciudad de Gary, Indiana, y sus temas son urbanos.

El Teatro de Los Pobres, con sede en El Paso, Texas, escenifica clásicos españoles y mexicanos.

El Teatro de los Niños es uno de los grupos más originales por dedicarse exclusivamente al público infantil chicano. Está dirigido por Viviana Aparicio Chamberlain, único adulto en la compañía, pues todos sus actores son niños a los que se guía para crear sus declaraciones acerca de la vida en los Estados Unidos. Una de sus producciones más conocidas es *La Bella y la Migra*, parodia de *La Bella y la Bestia*, en títeres de cachiporra.

Por supuesto, además de las ya mencionadas, existen y han existido muchas otras agrupaciones, como Teatro Rascuache y Teatro Alma Latina, además de pequeñas compañías estudiantiles y comunitarias. Con más o menos profesionalización, sin recursos o con ellos, todas las compañías han jugado un papel trascendente para sus comunidades. Muchas no han alcanzado más fama que la local, y otras perecen a los pocos años o meses de trabajo, pero la semilla de la conciencia y la identidad chicanas ha sido esparcida gracias al trabajo de actores y dramaturgos: esa es su verdadera importancia, más allá de las aportaciones a la literatura y al arte que pudieran o no haber hecho.

El teatro puertorriqueño

Luis Alberto Ambroggio

Pasos iniciales. De la isla al continente, ida y vuelta

Al final de siglo XIX, y ya con una considerable presencia, los grupos teatrales de Puerto Rico, a causa de la misma historia que vivía la isla, van a producir sainetes políticos y críticos contra el Gobierno de España, en su lucha por la autodeterminación e independencia. A partir del 25 de julio de 1898, con el desembarco de las tropas norteamericanas en Puerto Rico primero y luego con la nueva realidad y dependencia política como Estado Libre Asociado a los Estados Unidos, se va a determinar el final de una época del teatro puertorriqueño y el inicio de otra con sus propias oportunidades y complicaciones.

El Gobierno estadounidense ya instalado en territorio isleño va a desplegar su cultura y poner de manifiesto sus expresiones artísticas con compañías teatrales que presentaban obras en inglés, sin mucha aceptación por parte de la población puertorriqueña, que solicitaba a las compañías locales y españolas que hicieran una dramaturgia más a tono con la situación que se vivía. El crítico Frank Dauster, entre otros, afirma que el teatro puertorriqueño no gozó de una larga tradición durante el siglo XX y que solo a partir del año 1938 los puertorriqueños se van a dedicar más seriamente al fomento del teatro profesional en mayor escala, con las preocupaciones relacionadas con la identidad bicultural de la isla, problemática nacional y experiencia colonial que se hacía notar en la expresión dramática. Sin embargo, estos temas motivan a principio de siglo obras como *Tres banderas*, de Eugenio Astol (1912); *Don Pepe*, de Jesús M. Amadeo (1913); *El Grito de Lares*, de Luis Lloréns Torres (1914), o *Por mi tierra y por mi dama*, de Matías González García (1929), temas que resurgen años más tarde en *La Resentida*, de Enrique Laguerre (1944).

Además, incluso en esas primeras décadas del siglo XX, a pesar de la situación económica deprimida y la difícil realidad social y política, los movimientos europeos de revolución social y las luchas entre las clases, las creaciones se hicieron presentes en el quehacer teatral puertorriqueño con dos vertientes bien diferenciadas: el 'teatro de alta sociedad', expresión nostálgica de la España ida y de los grandes dramaturgos españoles, en el que se destacaron las comedias de José Pérez Lozada; y el 'teatro obrero', que pretendía enseñar a defenderse de las explotaciones, siendo los autores y actores más destacados de esta vertiente Ramón Romero Rosa (*La emancipación del obrero*, 1903), Enrique Plaza, José Limón de Arce (*Redención*, 1906), Magdaleno González, Luisa Capetillo (que estuvo entre 1912 y 1913 en Nueva York y Tampa, presente en piezas como *En el campo: amor libre* y *Matrimonio sin amor, consecuencia el adulterio*, 1906), y Franca de Armiño, que tendrá especial importancia en el desarrollo del teatro puertorriqueño en los Estados Unidos.

Más allá de la catastrófica depresión económica, los años veinte y treinta se caracterizaron por un clima de gran inestabilidad política a raíz de las campañas del Gobierno en la isla por reprimir el nacionalismo que reafirmaba la identidad puertorriqueña ante el impacto de la cultura estadounidense; y que tenía antecedentes en las campañas patrióticas de independencia y autonomía. En este contexto, el público frecuentaba el teatro para divertirse, por un lado, y por otro, para apoyar las expresiones de los temas preocupantes en dichos montajes. Los autores y los actores de entonces que mejor articularon estas sensaciones en sus obras teatrales fueron: Nemesio Canales, con *El héroe Galopante*; Luis Lloréns Torres, con la ya mencionada obra *El Grito de Lares*, de gran éxito, siendo el actor y dramaturgo puertorriqueño Juan Nadal Santa Coloma el empresario propulsor del teatro nacional más reconocido en estos primeros treinta años del siglo, cuyo esfuerzo se extendió hasta Nueva

York, donde con el Teatro Variedades, en 1932, monta la zarzuela puertorriqueña *Días de Reyes* y otras obras en los años 1933-1934. El montaje de la obra *El Grito de Lares* en el Teatro Hispano de Nueva York tuvo una gran repercusión e importancia para el teatro puertorriqueño en los Estados Unidos.

El Certamen de Teatro del Ateneo Puertorriqueño del año 1938 fue una de las actividades más importantes del siglo en lo que se refiere a su influencia en las características temáticas y producciones del teatro puertorriqueño futuro. Ante la convocatoria para dramaturgos a que sometieran obras de teatro de alto sentido puertorriqueño, obras de la nacionalidad y de la actualidad palpitante, concurren numerosos participantes, de los que emergieron eximios ganadores: Manuel Méndez Ballester, con su obra *El clamor de los surcos* (1938), Fernando Sierra Berdecía, con su obra *Esta Noche juega el jóker,* y Gonzalo Arocho del Toro, con *El desmonte*. Tres obras que marcaron una nueva era en el teatro puertorriqueño, con temas fundamentales y aún vigentes de la sociedad puertorriqueña: la usurpación de la tierra, la emigración de puertorriqueños a Nueva York y la emigración del campo a la ciudad. Manuel Méndez Ballester escribiría después la más importante tragedia puertorriqueña hasta la fecha, *Tiempo Muerto* (1940), una de las obras claves en el esfuerzo por encontrar la esencia de la puertorriqueñidad, y fundaría un grupo, juntándose con importantes grupos de teatro como Tinglado Puertorriqueño y Areyto (creado en 1940 por el importante dramaturgo de la época Emilio S. Belaval y Marrero Núñez), para quienes la consigna era —según las palabras del propio Belaval— 'crear un teatro puertorriqueño, donde todo nos pertenezca'. Con ese entusiasmo y convicción de un teatro nacional varios actores, autores y diseñadores salieron del país en busca de nuevos horizontes, conocimientos y experiencias, camino espiritual y psicológico de ese ir y regresar tan característico de la identidad contemporánea puertorriqueña.

Manhattan, otra isla con nuevos escenarios

A los Estados Unidos viajaron René Marqués y el afropuertorriqueño Francisco Arriví, a España viajó el actor José Luis 'Chavito' Marrero. De los Estados Unidos llegó el director Leopoldo Santiago Lavandero, quien crea, a mediados de los años cuarenta, el Teatro Rodante Universitario. Bajo su tutela se desarrollaron jóvenes que luego llegarían a ser grandes directores como Victoria Espinosa, Nilda González y, posteriormente, Myrna Casas, acaso la más importante dramaturga de este siglo, cuya obra y logros detallaremos luego y cuya formación teatral la realizó en los Estados Unidos (Vassar College, Boston College y finalmente la Universidad de Nueva York), donde vivió por un extenso período.

En este contexto se desarrollaron las actividades de los dramaturgos más destacados del teatro contemporáneo en Puerto Rico, los antes mencionados Francisco Arriví y René Marqués, inmersos en el Teatro de la Resistencia, así llamado por tener un tema en común: la resistencia cultural, social y política del pueblo puertorriqueño ante la americanización y la lucha por definir y defender la identidad puertorriqueña. Con la creación del Instituto de Cultura Puertorriqueña, surge la División de Teatro del mismo, que dirigirá Francisco Arriví. Se crea el Festival de Teatro Puertorriqueño y su Festival Internacional, que tanta importancia e influencia ha tenido y sigue teniendo en el cultivo y la promoción de la dramaturgia puertorriqueña, a nivel nacional e internacional. Entre las obras de Arriví se encuentran *Vejigantes, Sirena, Bolero y Plena* y *Cóctel de Don Nadie*, recogida esta última en el tercer tomo de *Teatro selecto contemporáneo hispanoamericano* de Orlando Rodríguez Sardiñas y Carlos Miguel Suárez Radillo (1971). Una de las piezas más conocidas de René Marqués, considerada como una de las más importantes del teatro puertorriqueño de todos los tiempos, *La Carreta*, que se estrenara en la Sala del Ateneo, tuvo una enorme acogida y un gran impacto en el desarrollo del teatro puertorriqueño en los Estados Unidos cuando en 1953 la monta Roberto Rodríguez en la iglesia de San Sebastián en Nueva York. Otro residente de la ciudad de Nueva York lo fue, por un tiempo, Manuel Méndez Ballester, otro dramaturgo de esta época que produjo obras teatrales de crítica social como *Arriba las Mujeres, Bienvenido Don Goyito* y *Los cocorocos*.

Entre los autores puertorriqueños que experimentan con el teatro del absurdo se destacaron Myrna Casas, con sus obras *Absurdos en soledad* (1963) y *Tres* (1974), y Luis Rafael Sánchez, que aúna influencias universalistas con su experiencia insular en obras como *La pasión según Antígona* (1968), *O casi el Alma y Sol 13, interior*. Pero Myrna Casas experimentó otros lenguajes y estilos dramáticos, a lo largo de su prolongada, polifacética y exitosa carrera de dramaturga, que se inicia en 1960 y continúa en el siglo XXI, como lo hace también Sánchez. Dos dramaturgos que ejemplifican uno de los tantos casos en que el teatro puertorriqueño de la isla y de los Estados Unidos se confunden. Myrna Casas desarrolló una innovadora serie de piezas en las que enjuicia la sociedad puertorriqueña actual, como *Este país no existe* (1993) y *El Gran Circo Eucraniano*, exitosa pieza teatral, con la cual participó en el Cuarto Festival de Teatro Hispanoamericano de Miami en 1989 y que recibe una gran acogida por parte de la crítica de Nueva York. Otras obras suyas son *Cristal roto en el tiempo* (1960), *Eugenia Victoria Herrera* (1964), *La Trampa* (1963-1964), *El impromptu de San Juan* (1966), *Voces* (2000), y algunas aún inéditas: *No todas tienen* (1975, revisada en 1994), *Al garete* (1994), *Flash* (1997) y *Qué sospecha tengo* (2001). Luis Rafael Sánchez escribe en 1985 los monólogos recogidos en la obra *Quíntuples*, con influencias de Brecht y Pirandello, muy bien recibida por el público y ampliamente representada hasta el presente en los Estados Unidos.

El teatro colectivo de finales de los años sesenta, acaso provocado en parte por una actitud de rechazo y protesta contra la guerra de Vietnam, marcó el comienzo de una revolución teatral que se extenderá hasta mediados de los setenta. El Teatro del 60 formado en la isla, que en 1974 se consagra con la obra *Puerto Rico Fuá*, del argentino-puertorriqueño Carlos Ferrari, también tuvo su sede en Nueva York y logra montajes históricos como la pieza colectiva *La verdadera historia de Pedro Navajas*. Cabe también mencionar el grupo formado por Avelo Puerto Rican Youth Defense Committee, creado por la actriz y dramaturga Piri Fernández de Lewis, que escribió y montó en 1968, en forma colectiva, las obras *El grito en el tiempo* y *Tributo*. Posteriormente, algunos de los autores de estos colectivos empezaron a trabajar individualmente y sus obras se estrenaron con éxito, como las de Jaime Carrero, Samuel Molina, Jacobo Morales, José Luis Ramos Escobar, Edgar Quiles y Rosa Luisa Márquez[1].

Otra de las expresiones dramáticas puertorriqueñas más originales e importantes en los Estados Unidos en la década de los sesenta-setenta fue la generada por el Movimiento Neoyorriqueño, concentrada en el de Nuyorican Poets' Cafe. Si bien el Teatro Neoyorriqueño no es una forma específica de teatro, sino más bien un conjunto ecléctico de expresiones teatrales que va desde el teatro callejero, monólogos o producciones en algunos de los teatros ya mencionados como el Teatro Rodante Puertorriqueño (The Puerto Rican Traveling Theater), que lleva a cabo producciones en español de clásicos como son los entremeses de Cervantes, por ejemplo; los Festivales del Teatro de Shakespeare de Nueva York de Joseph Papp y en los teatros de Broadway. Ya Jaime Carrero reconoció en los sesenta esta identidad peculiar del barrio puertorriqueño en Nueva York creando y aplicando el término 'nuyorican' a esta expresión literaria y teatral, que plasma en el desarrollo estilístico y temático de algunas de sus piezas, como *Noo Jall* y *Pipo Subway no sabe reír*. En el grupo de dramaturgos del Movimiento Neoyorriqueño se destacaron Miguel Algarín; Lucky Cienfuegos, con *America Congo Manía*, y Tato Laviera y Pedro Pietri, con las obras escritas en español previamente citadas. Algunos de ellos compusieron sus piezas en la cárcel; este es el caso de Lucky Cienfuegos y de Miguel Piñero. Todas ellas van a reflejar la realidad del 'barrio', de la calle, con temas como el crimen, la droga, los comportamientos sexuales y de otros tipos que desafían la 'normalidad'. Más recientemente, algunos exponentes de este movimiento han producido obras con la ayuda de talleres teatrales y planteles universitarios y residencias; se pueden mencionar algunas como *Bodega*, de Federico Fraguada; *Family Scenes* —obra traducida al español y representada en esta lengua—, de Ivette M. Ramírez; *Ariano*, de Richard V. Irizarry; *First Class*, de Cándido Tirado y Eduardo Gallardo, piezas que han sido recogidas en una interesante antología de John Astush publicada en 1991. Además de en el Nuyorican Poets' Cafe, las obras de estos se han representado en Aquarius, el Latin Insomniacs, The Family, Teatro Otra Cosa y en The Puerto Rican Bilingual Workshop, fundado en 1973 por Carla Pinza, que con Woody King Jr. produjo en 1975 *Mon dongo*, una 'salsa musical' de Ramón Ramírez, pieza que en 1979 también se estrena en Broadway.

Recital del Nuyorican Poets' Cafe en septiembre de 2004.

Las últimas décadas del siglo XX y los primeros años del XXI

A pesar de las crisis del teatro tanto en la isla como en el continente, entre los años ochenta y noventa el teatro puertorriqueño adquirió fuerza y se expandió, aunque no se produjeron rupturas o creaciones destacables en cuanto a su posible importancia literaria histórica. El Teatro Repertorio Español, uno de los más activos teatros hispanos de la ciudad de Nueva York, llevó a escena en 1990, en el Gramercy Arts Theater de Rhode Island, que también ha ofrecido sala para el Teatro Rodante Puertorriqueño, *El Huésped,* de Pedro Juan Soto, una obra sobre la tragedia de una familia puertorriqueña en Nueva York, y también *Los jíbaros progresistas*, una especie de representación musical, sobre el Puerto Rico rural de hace 130 años, obra del compositor puertorriqueño Manuel González, con un libreto basado en una pieza de Ramón Méndez Quiñones.

En Nueva York, el Teatro Pregones, sin duda uno de los más destacados teatros 'latinos' en los Estados Unidos, prolongó en esta década de principios de siglo sus entregas de piezas teatrales puertorriqueñas, con *En Tres Actos*, de Janis Astor del Valle y Tere Martínez, en 2000; *Los ángeles se han fatigado*, de Luis Rafael Sánchez, en 2001; *The Ballad of María Sabida*, basada en un cuento de Judith Ortiz Cofer, en 2001; *Geni y el Zepelín*, pieza de José Luis Ramos Escobar, en 2001. En 2005, Teatro Pregones abrió las puertas de su nueva sede con la puesta en escena de *La Rosa Roja*, una pieza desarrollada y dirigida por Rosalba Rolón, que tiene como personaje principal a Jesús Colón, símbolo de la experiencia migratoria puertorriqueña. Colón (1901-1974) llegó a Nueva York en 1917, donde participó y creó agrupaciones cívicas, culturales y políticas que beneficiaron la formación de la comunidad puertorriqueña, desempeñándose paralelamente en diversas áreas de la escritura. Colón, en 1959, desafió al Comité de Actividades Anti-Americanas del Congreso. A esta obra le siguió *El bolero fue mi ruina*, basada en una historia de Manuel Ramos Otero, escrita en 1997, y la *première* del musical *Betsy*. En su temporada 2006-2007 se presentó *El último rosario de Medea*, obra del galardonado poeta y dramaturgo puertorriqueño José Manuel Torres Santiago, uniéndose al elenco la actriz Lupita Ferrer en el rol de Medea.

También, en los últimos años, el Teatro del 60 enriqueció su trayectoria de montar obras puertorriqueñas en Nueva York con *Quíntuples*, de Luis Rafael Sánchez, en 2001-2003, y

Tiempo muerto, de Manuel Méndez Ballester, en el año 2004. Aquí, como en otros espacios teatrales, los dramaturgos puertorriqueños nacidos en los Estados Unidos, junto a otros que viajan entre Borinquen y Manhattan con mucha frecuencia, han seguido la labor escénica, que integran generaciones nuevas y menos nuevas en los nombres de Rosalba Rolón, Pedro Pietri, Alfredo Mantilla, Myrna Casas, Orlando Rodríguez, Pedro Juan Soto, Miguel Piñero, Eduardo Iván López, Rubén González, Eva Cristina Casas, Carlos Vega Abreu, Janis Astor del Valle, Tere Martínez, José Luis Ramos Escobar, Cándido Tirado, Migdalia Cruz, Carmen Rivera, Nancy Nevárez y otros autores más que hemos mencionado previamente.

Las nuevas generaciones de dramaturgos, en las cuales hay muchos grupos, productores, actores y directores trabajando en estos momentos, persisten en la búsqueda de nuevas formas y contenidos novedosos. Eventualmente, las luchas entre las formas teatrales disminuirán, aunque nunca se podrá agotar la imaginación, y se acentuarán los contenidos —planteamientos y cuestionamientos—, que son los que motivan al público a acudir al teatro, una de las expresiones más candentes de la rica, compleja y cambiante identidad puertorriqueña. Esta historia, que nos toca vivir, recién comienza a ser escrita.

Nota

[1] En este período se destacaron en la isla actores, escritores, escenógrafos que componen teatros colectivos como el Tajo del Alacrán, con obras como *Brecht to Brecht*, 1967, *Estamos en algo*, luego *La nueva vida*, en 1969, y finalmente, entre los años 1970 y 1971, presentan pequeñas piezas representadas en las calles como *La tumba del jíbaro*, *La venta del bacalao rebelde*, *Las huelgas*, *La despropiación* y *Qué importa un muerto más*. La pieza *Gloria, la bolitera*, de Lydia Milagros González (1971), sobrevivió al grupo. El Teatro Anamú, que duró tres años, entre 1972 y 1975, estrena las obras *Este solar es mío y tú lo sabías* (1972), de Jorge Rodríguez y Emanuel Logroño; *Bahía Sucia-Bahía Negra* (1972), escrita por los autores recién mencionados y otros; *Ya los perros no se amarran con longanizas* (1973), de Jorge Rodríguez y José Luis Ramos, y *Pipo Subway no sabe reír*, de Jaime Carrero; cabe destacar, asimismo, los Teatros Morivivi, el Teatro de Guerrilla, el Colectivo Nacional y el arriba mencionado Teatro del 60.

El teatro cubano

Matías Montes Huidobro

Antecedentes

Aunque durante el siglo XIX, a consecuencia de las luchas independentistas, un buen número de escritores, ensayistas, narradores y poetas escriben y publican un considerable número de obras fuera del territorio insular, incluyendo los Estados Unidos, no puede decirse lo mismo de nuestros dramaturgos, cuya nómina se reduce al caso de Gertrudis Gómez de Avellaneda, que publicará y estrenará extensamente en España. Durante el período republicano (1902-1959), el imperativo del exilio cultural de los escritores cubanos, y en particular los dramaturgos, será esporádico y transitorio, como en el caso de José Antonio Ramos, que en funciones diplomáticas residió algún tiempo en los Estados Unidos y llevó a efecto investigaciones literarias, y que aunque posiblemente gestara textos dramáticos, narrativos y ensayísticos en este país, no llegó a publicarlos en el lugar de la escritura. Por consiguiente, la existencia de una dramaturgia en español en los Estados Unidos es un fenómeno único de valor permanente y con manifiesta coherencia, que empezará a desarrollarse vigorosamente a partir de 1959, consecuencia inmediata del cambio político ocurrido en la isla.

Las dificultades que presenta el análisis de esta dramaturgia son muchas. Una de ellas es que un número considerable de textos permanecen inéditos y que existe una desproporción desmedida entre la producción de estos escritores y el montaje de sus obras, que es reducido, en comparación con el montaje de obras de escritores que no son cubanos exiliados, que tienen preferencia en el repertorio teatral, salvo honrosas excepciones. Las actividades de las mismas se desarrollan en dos áreas urbanas fundamentales: Miami y Nueva York, a la que podría agregarse, más limitadamente, Los Ángeles.

La dicotomía entre texto y representación crea un conflicto específico del teatro, ya que si bien la puesta en escena es el objetivo último de la obra, la misma, sin la publicación del texto, carece de permanencia. La obra dramática existe más allá del hecho de haber sido o no representada, dado que si está publicada puede representarse en cualquier momento. Además, el texto publicado puede ser consultado críticamente, mientras que todo montaje se limita a la cita que sirve de punto de referencia. Ante las dificultades de montaje de esta dramaturgia, la lectura dramática (a veces llevada a efecto casi a niveles de representación) queda como una alternativa intermedia, como veremos en otros momentos. A estos problemas investigativos se une el sistemático desprecio que sienten muchos directores por el autor, al que no reconocen como agente del 'espectáculo'.

Si bien el número de dramaturgos que sale de Cuba durante los sesenta constituye una nómina reducida, no se puede decir lo mismo de los artistas vinculados a las artes escénicas que toman el camino del exilio. Nos interesa en este momento señalar que las primeras muestras de la dramaturgia cubana que se desarrollará en los Estados Unidos tendrán lugar en torno al 'teatro bufo', que va a tener su sede específica en Miami. No obstante lo extenso de esta producción, por tratarse de textos que permanecen inéditos, la evaluación crítica es prácticamente imposible en todas sus dimensiones, a pesar de investigaciones parciales que se han hecho con este propósito. Ampliaremos estas referencias al tratar el teatro como espectáculo, limitándonos por el momento a los cultivadores del género dramático en su sentido más estricto.

Dos décadas difíciles

El período que comprende las décadas de los sesenta y los setenta establecerá las bases de la dramaturgia cubana en los Estados Unidos como una consecuencia del exilio. La primera oleada migratoria tiene lugar a partir del ascenso de Fidel Castro al poder y podría extenderse hasta el éxodo del Mariel en 1980. Las circunstancias adversas para el teatro que ahora nos interesa explican el largo silencio de los pocos dramaturgos que salen de Cuba a principios de los sesenta, ya que no tendrán la más remota posibilidad de ver sus obras en escena. Poco a poco se irán superando estas limitaciones, siempre muy parcialmente. Luis Alejandro Baralt, Marcelo Salinas y José Cid Pérez se encuentran entre los dramaturgos de la primera generación republicana que toman el camino del exilio. Si bien Baralt no deja ningún texto escrito en este período, se le atribuyen a Salinas dos, inéditos y sin estrenar, *El café de Lamparilla* y *En el santo nombre de la decencia*.

Cuba detrás del telón I. Teatro cubano (1959-1961), Matías Montes Huidobro.

El caso de José Cid es mucho más complejo. Cuando en noviembre de 1960 toma el camino del exilio trae consigo varias obras sin publicar. Una de ellas es *El primer cliente*, que no se publicará hasta 1965. No será hasta 1968 cuando escriba *Su última conquista*, pieza menor dentro de su extensa producción dramática que subirá a escena en Nueva York, dirigida por Francisco Morín, en 1979. *La rebelión de los títeres*, cuyo primer acto había terminado en Cuba en 1939, la concluirá en Nueva York en 1977, y se publicará, conjuntamente con *La comedia de los muertos*, ese mismo año. Estos desajustes entre escritura, montaje y publicación son una muestra de las vicisitudes por las que va a pasar la dramaturgia que estamos investigando.

Leopoldo Hernández, Matías Montes Huidobro y Raúl de Cárdenas, que ya habían estrenado en Cuba antes del triunfo revolucionario, engrosarán las filas de la diáspora a principios de los sesenta, a la que se unirá poco después Julio Matas, configurando el primer grupo representativo de un éxodo que se va a extender por todo el resto del siglo XX. De esta promoción y período es el caso del poeta Orlando Rossardi, que bajo el impacto del absurdo escribe una 'comedia breve en dos actos y dos oscuros', *La visita*, donde entremezcla líricamente la memoria y el olvido, la cual, por uno de esos desquiciamientos cronológicos del exilio, no se publicará hasta 1997 (Virginia, Editorial Imagen). La pieza tuvo dos dramatizaciones, una en Madrid, 1962, en el teatro del antiguo Instituto de Cultura Hispánica, y otra en enero de 2007, en el teatro Havanafama bajo el auspicio del Centro Cultural René Ariza y con la dirección de Marcos Miranda. No incluimos en este recorrido ni a José Triana ni a Eduardo Manet, porque su producción dramática fuera de Cuba se desarrolla, casi en su totalidad, en Francia.

De este pequeño núcleo de donde parte esta dramaturgia será Hernández el primero en dejar constancia de su presencia escénica, excepción titánica de un movimiento teatral que se va a desarrollar contra viento y marea. Sin embargo, Pedro Román será el autor de la primera obra de larga duración que se estrena con la temática del exilio, *Hamburguesas y sirenazos*, inédita. Dejando a un lado las piezas sin publicar y sin estrenar de Leopoldo Hernández, o las que escribe en inglés, que son numerosas, en 1969 estrena *Guáimaro, Lección de historia* y *Liberación*. De mayor importancia son los estrenos, ese mismo año, de *940 S.W. Segunda Calle*, en Miami, e *Infierno y duda*, en Los Ángeles, piezas que señalan el punto de partida de esta dramaturgia y las que dan la tónica a textos ulteriores de este teatro: la temática de las dos orillas y la línea de continuidad con la dramaturgia insular; la dirección realista-costumbrista, como muestra *940 S.W. Segunda Calle*, y la conciencia experimental, existencialista y vanguardista, en el caso de *Infierno y duda*, que es un nexo con el teatro insular de los cincuenta.

La pieza *940 S.W. Segunda Calle* representa la continuidad del costumbrismo dentro de las nuevas circunstancias cubanas, incluyendo el choque cultural y la fijación de la memoria histórica. De corte realista, sigue las peripecias de tres familias que viven sucesivamente en un apartamento situado en el South West (suroeste) de Miami, que es la zona donde se va a ubicar el exilio cubano durante los sesenta. La obra establece una línea de continuidad con el realismo tradicional que encontramos en la dramaturgia cubana de la República y está transida de un auténtico sentimiento de simpatía que despliega Hernández en el trazado de sus personajes, particularmente los marginados. Cubre por primera vez, en toda su tristeza, un espacio del sufrimiento de los exiliados que tiene muy pocas muestras en el teatro nacional y configura una nueva dirección del discurso de los marginados. Por su parte, en *Infierno y duda*, cuya acción se desarrolla en las mazmorras de la Cabaña, el tema de la traición unido al de la responsabilidad adquiere una trayectoria alucinante de raigambre existencialista, elaborada a través de una suplantación de caracteres que enriquece la obra y amplía las perspectivas de un tema que se reitera una y otra vez en la dramaturgia cubana. Esta obra se llevará a escena en Los Ángeles en 1972, bajo el Patronato del Teatro de Güines, dirección de Nena Acevedo, que también la dirigiría en Miami.

Estos son los límites de la dramaturgia cubana de los sesenta, ya que de los restantes dramaturgos mencionados (Matas, Montes Huidobro y De Cárdenas) no se estrena ni se publica nada durante esa década.

Teatro contra viento y marea

No obstante las dificultades, la producción de Leopoldo Hernández durante los setenta es copiosa. Aunque no es nuestro propósito señalar el número considerable de piezas inéditas y sin estrenar que escriben los dramaturgos cubanos en los Estados Unidos, cabe señalarlo en el caso particular de Hernández, por su importancia como dramaturgo y por el carácter sintomático que representa. En los años setenta va a escribir teatro con más fervor que nunca, contra viento y marea, y logrará algunas puestas en escena, continuando la trayectoria que venía realizando desde la década previa. En 1970, en Hollywood, California, el grupo Seis Actores estrena *Hollywood 70*, representando un intento de reubicación cultural del dramaturgo. Su continuación, *Hollywood 73*, es llevada a escena por el mismo grupo teatral en 1973. Ambas obras son fuertemente realistas y controvertidas, dada la preocupación del autor por los marginados, según reza el programa y notas publicadas en la prensa, cuya acción tiene lugar en Hollywood en las fechas indicadas, con la presencia de la prostituta, el policía, el drogadicto, la chicana, el proxeneta, etc. Otros títulos son: *Estaño mundo nuestro* (1970), *Galería # 7* (1971), *Los rojos también creen* (1972), *El músico* (1971), *4 de julio* (1973), *El suceso* (1975), *Irene o las débiles potencias* (1976), *El homenaje* (1976), *Última fiesta* (1976), *Recital* (1977), *Ovni* (1978), *Jacinto* (1978) y *Bórralas de tu vida* (1979). Todas ellas permanecen inéditas, dificultando su consulta, salvo *No negocie, Sr. Presidente* (1976), sobre el terrorismo y la clandestinidad en Cuba. A esto hay que agregar una serie de monólogos: *Nadie* (1973), *Tipit* (1973, finalista del Premio Gala de 1988), *Retorno (1978)*, *Cheo (1975)* y *Los pobres ricos* (1979). Solo los dos últimos han sido publicados. Aunque todas sus obras no son excepcionales, cuenta con marcados logros, en los cuales entremezcla elementos realistas, expresionistas y brechtianos, donde la responsabilidad de decidir entre actuar o no constituye el núcleo existencialista en el que se debaten sus personajes, cuya naturaleza ética es un factor determinante.

La dislocación histórico-política que determina el exilio se acrecienta en los Estados Unidos por una cuestión de idioma. Al salir de Cuba los dramaturgos traen consigo una carga creadora que no se ha publicado en el país de origen, o producen textos que se escriben originalmente en español, ya en los Estados Unidos. Tal es el caso, por ejemplo, de Montes Huidobro, autor de *La Madre y la Guillotina*, y Matas, autor de *Juego de damas*, que vuelven 'a escena' con estas dos obras escritas en español, aunque primero se publican inicialmente en inglés, en 1973, en *Selected Latin American One Act Plays*. No se publicarán en español hasta 1991 y 1992 respectivamente. El canon editorial se invierte, pero la identidad a través del original las define. La importancia de ambas radica en que representan la continuidad del movimiento de vanguardia que se gesta en Cuba a fines de los cincuenta y principios de los sesenta, con su carga de absurdo, crueldad y metateatralidad, que constituyen la marca de fábrica de este movimiento en su país de origen y que desde principios de los setenta se trasladará al exilio, como también tuvo que hacer el teatro vernáculo. El estreno de *La Madre y la Guillotina* tendrá lugar en 1976, dirigida por Francisco Morín, en el Contemporary Hispanic Theater, Symposium and Festival, celebrado en el Queensborough Community College de Nueva York, que es posiblemente el primer festival de esta naturaleza que tiene lugar en este país. Este mismo año subirá a escena en el Mercy College y el Café Teatro El Portón. El estreno de *Juego de damas* tendrá lugar en el Primer Festival Internacional de Teatro celebrado en Miami en 1986, dirección de Rafael de Acha. Manuel Martín en Nueva York, en 1970, para Teatro Dúo, y Cecilio Noble en Miami, en 1976, llevarán a escena *La palangana*, de Raúl de Cárdenas, su gran éxito teatral en Cuba en 1961.

La posibilidad de publicación del texto dramático, aunque reducida, significará una apertura, que incluye la incursión en este género de autores que van a cultivarlo de forma esporádica. Esto ocurre con José Sánchez-Boudy, que a través de Ediciones Universal publicará, en 1971, *Homo sapiens*, donde aparecen cinco piezas en un acto: *El negro con olor a azufre, El hombre de ayer y de hoy, ¡Los asesinos, los asesinos!, La ciudad de Humanitas* y *Los apestados*. La inexperiencia de Sánchez-Boudy como dramaturgo lastra el valor teatral de estas piezas cortas. Mucho más significativa es la publicación de *La soledad de Playa Larga* (1975) sobre la invasión de Bahía de Cochinos, que viene a ser una respuesta del exilio a la dramaturgia politizada del teatro insular dominada por la creación colectiva y el realismo socialista. Ya para 1980 dará a conocer *La rebelión de los negros*, que incluye cuatro piezas teatrales: *El hombre que era dos, Tres tiros en Viernes Santo, El héroe* y la que le da título a la edición, que es la más ambiciosa del grupo, ubicada en la antigüedad romana, y que desarrolla un enfrentamiento entre cristianismo y paganía.

Francisco Mascaró escribe dos obras con un objetivo catequístico y parroquial: *Rita de Casia* y *Dios hablará esta noche*, que va a publicar en 1991. Enrique J. Ventura hace una breve incursión teatral en su poemario *Veinticinco poemas y un monólogo dramático* (1966). Estas esporádicas actividades se extenderán más allá de los setenta con repercusión muy limitada como dramaturgia. El grupo Mater Dei, dirigido por Norberto Perdomo, lleva a escena dramas religiosos, llegando a estrenar en el Festival de Teatro Hispano de 1986 *Dos reinas para un trono*, un drama histórico en torno a María Estuardo e Isabel de Inglaterra.

El teatro: documento de la represión

La férrea represión de la dictadura castrista, que se va a acrecentar con la persecución de los homosexuales, la creación de los campamentos de la UMAP, a la que van a parar muchos escritores, la declaración final del Primer Congreso de Educación y Cultura de 1971, y las medidas represivas que se ponen en práctica a partir del 'caso Padilla' y que caracterizan el 'quinquenio gris' que comprende la primera década de los setenta, va a llevar a la creación de una producción dramática que se gesta en las cárceles cubanas pero que, por razones obvias, no se estrena ni publica en Cuba, sino que acabará formando parte del teatro español en los Estados Unidos a través de montajes y publicaciones ulteriores. Tal es el caso de *Prometeo*, de Tomás Fernández Travieso, escrita en Cuba en la prisión de Guanajay en 1969 y que se saca clandestinamente del país, estrenándose en Miami, por el grupo Prometeo, en 1976; hecho que determina que al autor se le abra una nueva causa y le pidan cinco años adicionales por diversionismo ideológico, hasta que es indultado en 1979 y sale de Cuba. *Prometeo*, que se publicará en 1991, es una pieza teatralmente válida, un largo y desolador recitativo ante el muro de la desolación donde el autor interioriza la crueldad de la experiencia cubana carcelaria en un paisaje rocoso que viene a ser la cámara negra que envuelve la obra.

De índole similar, pero dramáticamente superior, es *Los perros jíbaros,* de Jorge Valls, que escribe en los años setenta cuando sufre prisión en las cárceles de Boniato, considerada como un campo de concentración castrista. Esta obra se estrena en 1982 y se publica en la revista *Tribu* en 1983, cuando el autor todavía sufre prisión en Cuba. No hay ninguna referencia directa a la experiencia cubana, pero el texto es, indiscutiblemente, una proyección de la misma. La acción se desarrolla realmente en una cámara negra, ya que las referencias escenográficas son básicamente superfluas. Toda la obra respira la atmósfera claustrofóbica de una prisión sin posible escapatoria, que es lo que debió de inspirar a Valls de acuerdo con su experiencia individual, que lo lleva a una metaforización colectiva. En última instancia todo es una cárcel, encerrados los personajes (todo un pueblo) bajo la amenaza feroz de los perros jíbaros. Si Valls escribe la obra en prisión, se desprende claramente que la experiencia crea el texto. Entre todas las metáforas, el autor selecciona la de estos perros feroces que impactan visualmente, como bestias de Picasso, o del mexicano Tamayo. Toma su imagen visual y sonora para sintetizar todo un sistema de represión política. Podría decirse que, dramáticamente hablando, el encierro de Valls no fue teatralmente en vano.

Desprendiéndose de este contexto ideológico, Mario Peña estrena, en 1974, *Fuera de juego*, sobre el caso Padilla, afincada en el acontecer político inmediato, configurada como un '*collage*-documento', ya que el autor funciona intertextualmente, utilizando poemas de Padilla y representando escenas de *La noche de los asesinos* y *Dos viejos pánicos*. Esta imaginativa concepción apunta hacia la postmodernidad, con un concepto de vanguardia que, además de representar una línea de continuidad con la vanguardia teatral cubana de fines de los cincuenta y principios de los sesenta, da un salto con conciencia documental y de futuro.

Por consiguiente, para mediados de los setenta, la dramaturgia de la diáspora establecida en los Estados Unidos avanza con pasos más seguros, incluyendo la aparición de un nuevo dramaturgo, José Corrales, que a partir de esta década va a producir un cuerpo dramático decididamente importante. En 1967 se lleva a efecto una lectura dramática de *Un vals de Chopin* en El Portón, que no va a ser publicada hasta 1995 en *Anales Literarios. Dramaturgos*. Muestra de un estilo único y elaborado, Corrales construye la realidad sin completarla, dejando espacios vacíos, inquietantes, con diálogos inconclusos que quedan en el aire como una incógnita, como si fuera el ejercicio de un virtuoso que, intencionalmente, omite notas en el pentagrama. En 1971, en colaboración con Herberto Dumé, inspirada en *La loca de Chaillot* de Giradoux, escribe *Faramalla*, que será llevada a escena en Nueva York por el Dumé Spanish Theater, y en 1978 la misma agrupación teatral estrena *Juana Machete, la muerte en bicicleta*, muestra de un vernáculo gay con referencias sexuales explícitas que representan una especie de respuesta sin cortapisas a las cadenas impuestas al discurso homosexual en el espacio insular. Ambas piezas permanecen inéditas, conjuntamente con *Bulto postal* (1976). *El espíritu de Navidad*, inédita, es de 1975. Pero la contribución realmente significativa en este momento es *Las hetairas habaneras* (l977), sin estrenar, que no se publicará hasta 1988, escrita en colaboración con Manuel Pereiras (1950), autor de numerosos textos dramáticos mayormente escritos en inglés. *Las hetairas habaneras* representa una línea de continuidad con la tradición paródica del teatro cubano, al modo de *Electra Garrigó* de Piñera, vinculada por la crítica con la comedia libérrima de Aristófanes (Escarpanter) y *Las troyanas* (Febles) de Eurípides. Corrales y Pereiras utilizan el principio descaracterizador del bufo cubano, cuyo objetivo no es otro que eliminar el mito histórico, en este caso Fidel Castro. La conciencia colectiva de la obra se forma dentro de los límites de un prostíbulo habanero, en la tradición de *Réquiem por Yarini*, estableciendo fuertes lazos de continuidad con el mejor teatro cubano, sin que ello le reste originalidad. Escrita parcialmente en verso, la experimentación verbal sirve de ropaje a una pieza única, muy compleja, que es una parábola de la castración histórica cubana. Armando González Pérez la incluirá en *Presencia negra: Teatro cubano de la diáspora* (1999).

El Súper (1977) es otro texto importante que se escribe y se lleva a escena en Nueva York (1977) y Miami (1978), recibiendo numerosos premios. Se opone estilísticamente a *Las hetairas habaneras*, representando la continuidad del realismo en el teatro cubano. La versión fílmica (1979) y su publicación (1982) le van a garantizar a su autor, Iván Acosta, una presencia permanente en nuestra dramaturgia. La primera obra que escribe es *Grito 71*, moderna y revolucionaria, con participación del público, música y ritmo de *rock*, que se montará en Nueva York y Nueva Jersey, con gran éxito, en el Henry Street Playhouse. En 1972 es coautor y director de *Abdala-José Martí*, que fue la primera obra en español presentada en el Festival del Lincoln Center. Situada la acción de *El Súper* en Nueva York, la pieza es cubanísima. Debido precisamente al desplazamiento territorial, lo cubano se afinca en su propia ausencia, a pesar de la constante intrusión de lo foráneo y los correspondientes anglicismos entremezclados con las expresiones más comunes del 'lenguaje cubano'. Escrita en español, el biculturalismo léxico lleva a secuencias de un humorismo delirante, que es un fuerte del teatro de Acosta. El costumbrismo lúdico y la cubanidad neoyorquina que hay en ella crean un contrapunto del idioma acompañado de una tensión dramática donde el realismo se entremezcla con un elemento intrínseco de absurdidad que hay en las situaciones. Pero dentro de una apariencia superficial hay un desgarramiento interno y Acosta estuvo a punto de crear un protagonista a la altura del Willy Loman de Arthur Miller. Aunque en su conjunto no lo logra, en muchos momentos da en el blanco en el tratamiento desolador del marginalismo.

Bajo la influencia del vernáculo que va creando un público en los setenta, José Enrique Puente publica, al parecer en una edición limitada, *Laura Olga* (1977), versión paródica del film de Otto Preminger, donde entremezcla intertextualmente el suspense fílmico del *film noir* con la actualidad política local, vista satíricamente. Posteriormente publicará *Los funerales de Bernarda Alba* y *Neruda y Lorca en el purgatorio*, ambas de 1998, más ambiciosas pero menos logradas.

En Nueva York, el grupo Prometeo, bajo la dirección de su fundador, va a estrenar dos obras breves de Alberto Guigou. *Huida*, muy breve, sobre dos jóvenes revolucionarios que huyen después de haber llevado a efecto un sabotaje, se estrena en el Café Teatro El Portón en 1976. *Bruno*, sobre los estados emocionales de la adolescencia, se estrena en 1980. Ambas obras las publicará *Senda nueva de ediciones* en 1985. Completando el programa de estos montajes, Morín llevará a escena dramatizaciones tomadas de la narrativa: un monólogo de Carlos Alberto Montaner, *La cólera de Otelo*, y otro de Guillermo Cabrera Infante, *Josefina atiende a los señores*.

Finalmente, la década del setenta se cierra con el retorno a la dramaturgia cubana de Matías Montes Huidobro, tras un lapsus que se inicia en 1961, cuando pasa a residir en los Estados Unidos, adonde llega con texto inéditos; entre ellos, *La sal de los muertos*, publicada en España en *Teatro hispanoamericano contemporáneo*, editada por Orlando Rodríguez Sardiñas (Orlando Rossardi) y Carlos Miguel Suárez Radillo (1971), y que será la primera inclusión antológica de un escritor de la diáspora. Pero en realidad, su retorno de forma activa y directa tiene lugar en 1976, mediante una correlación entre texto y representación. Al ya mencionado estreno en ese año de *La Madre y la Guillotina*, se une la publicación de *Ojos para no ver*, que no se va a estrenar hasta 1993 en el Festival Internacional de Teatro de Miami. Una versión corta de esta obra, bajo el título de *Hablando en chino*, fue publicada en la revista *Escolios* (1977) y estrenada en Marquette University en 1988. La importancia de *Ojos para no ver* en la dramaturgia cubana es muy sencilla: al ser una muestra del expresionismo histórico que refleja la patología castrista, es la obra que no se podía escribir en Cuba y que tuvo que hacerse en el exilio. Significa, además, una continuidad del discurso de la 'nueva' orilla, que va a entroncar con la del nuevo discurso de la dramaturgia cubana en español que va emergiendo en los Estados Unidos. Aunque no se dice explícitamente, el protagonista, Solavaya, proyecta la figura tiránica de Fidel Castro (sin ser excluyente de otras tiranías) con una aproximación expresionista y valleinclanesca, en la cual se hace uso también del libertinaje antijerárquico de la parodia.

Estos dramaturgos, fieles al idioma, configuran la primera oleada exílica y van a seguir trabajando hasta solidificar la dramaturgia cubana escrita en los Estados Unidos, estableciendo las bases, el prestigio y la voluntad de ser del teatro cubano de la diáspora. Las dificultades de poder llevar sus obras a escena, dado el poco apoyo que reciben y el desinterés de las agrupaciones teatrales por sus obras, salvo excepción, llevan a que se opte por la publicación del texto dramático como una alternativa frente al montaje. Para los dramaturgos, el panorama no puede ser más desolador, al encontrarse en un contexto inhóspito, sin público y sin escenario. A esto habría que agregar el limitado número de directores de peso, con conocimiento de las artes escénicas, visión nacionalista, preparación suficiente y recursos para poder llevar a escena montajes de estas obras, particularmente durante las dos primeras décadas. En 1981, Leopoldo Hernández escribe la que posiblemente sea su obra más importante, *Siempre tuvimos miedo*, sin concesiones ni efectismos, que es una de las primeras muestras del contrapunto 'de las dos orillas' y de la temática del 'reencuentro', insularidad y exilio. El mismo tiene lugar con motivo de la visita que Él, que reside en Los Ángeles, le hace a Ella, su hermana, que vive en Cuba. Esta temática se va a repetir con frecuencia en la dramaturgia cubana, incluyendo la insular, pero es Hernández el que da los primeros pasos y hace un radical planteamiento. Recriminaciones y recuerdos se entremezclan con puntos de vista políticos de ambas partes, que mantienen su equilibrio gracias a los mutuos reproches de los personajes. Una lectura dramática llevada a efecto en el Coconut Grove Playhouse, en 1986, dejó constancia de su intensidad dramática, dada mediante el violento contrapunto dialógico entre los hermanos, que se encuentran en el callejón sin salida en el cual los ha colocado la historia. Especial mención merece *Tres azules para Michael* (1975), finalista del Premio Letras de Oro de 1988, inédita. Es francamente lamentable que muchas de las obras de Hernández no se hayan estrenado ni publicado.

Persona, vida y máscara en el teatro cubano, Matías Montes Huidobro, 1973.

La desproporción entre escritura, publicación y montaje se pone de manifiesto también en el caso de Julio Matas. *Juego de damas* se lleva a escena en 1986, durante el Festival Internacional de Teatro Hispánico de Miami. En *El extravío* reelabora la leyenda del Minotauro de Creta en un contexto caribeño, con todos sus pormenores, y nos presenta un grotesco de la conducta republicana gracias al tratamiento folletinesco de la acción y los sentimientos. Se estrena en 1992 durante el mencionado festival; otros montajes de la obra tendrán lugar al año siguiente. Aunque algunos de sus textos se han llevado a escena en inglés, varias ediciones de sus obras dejan constancia de una producción sin estrenar, bastante extensa, que escribe mayormente durante las dos últimas décadas del siglo XX. En *Teatro*, publicada en 1990, reúne *La crónica y el suceso* (1963), *El extravío* (1987-1988) y *Aquí cruza el ciervo* (1984-1988). Esta última es un refinado rejuego de relaciones bisexuales que componen un triángulo, más cerca del tono clásico de *Té y simpatía* que de otra cosa, planteado casi con el refinamiento y la flema inglesa de un dramaturgo que ve nuestro tradicional desparpajo con ironía, del que parece estar burlándose inclusive cuando lo disimula con una sonrisa reticente. Aunque ocasionalmente el diálogo se resienta bajo la influencia del inglés, a propósito quizás dada la ubicación de la acción en un medio sajón, el refinado juego y rejuego de la heterosexualidad y la homosexualidad la distingue, favorablemente, de otros tratamientos más explícitos y chapuceros.

En *Juegos y rejuegos* (1992) aparecen seis obras en un acto, entre ellas *Juego de damas*, que se publica finalmente en español, y *Diálogo de Poeta y Máximo*, con implicaciones políticas poco frecuentes en este dramaturgo. La línea paródica, con fuertes elementos del grotesco, lo insólito y lo absurdista, mezclada con pinceladas de la crónica roja, se pone de manifiesto en mayor o menor medida en casi todas las obras, pero adquiere sus tonos más fuertes en *Historia natural* y *Madrid lunático*, siendo esta última una especie de parodia muy personal del descubrimiento. Las dos mejores son *El cambio*, donde se hace patente la ambigüedad de la conducta, y *Tonos*, una pieza brutal donde aparentemente no está pasando nada mientras está pasando todo. Con amplia experiencia como director, Matas aplica su práctica escénica y las minuciosas didascalias, donde gestos y movimientos aparecen debidamente señalados, representan un montaje textual de sus obras, como también veremos en las ocho piezas que reúne en *El rapto de La Habana*.

Aunque publicado el libro en el año 2002, por razones obvias los textos son posiblemente de fines del siglo XX. Matas lo divide en tres partes, siendo la primera 'Claroscuros de las Indias', que comprende dos ambiciosos proyectos escénicos, con un peculiar y a veces inusitado tratamiento de los elementos históricos y culturales: *Mortimer o El rapto de La Habana* y *Las Indias Galantes*. Bajo el título de 'Dos tragedias cubanas', aparecen *El hijo de Tadeo Rey* e *Ifigenia en Gran Caimán*, mitificaciones caribeñas de temáticas clásicas, donde lo trágico y lo melodramático se entremezclan en el contexto de una gestualidad que podría estimarse paródica. Concluye con cuatro piezas en otro tono, que agrupa como 'más o menos ligeras'. Para Matas la conducta humana es un grotesco, que se pone de manifiesto en personajes y situaciones de *Tócame, Roque, El asedio, Pretérito indefinido* y *Los parientes lejanos*. Esta última es la mejor del libro, ubicando la acción en Miami en los años ochenta, y sometiendo al exilio a un tratamiento irónico y contemporáneo, poco frecuente en la dramaturgia que se escribe en los Estados Unidos. Evita lo estrictamente costumbrista, con referentes a la realidad inmediata, y dándole un toque en que guarda residuos de un absurdo paródico, que le dan una tónica muy especial.

Aunque en los setenta Teatro Dúo en Nueva York lleva a escena *La palangana*, bajo la dirección de Manuel Martín, y en 1975 Bilingual Foundation for the Arts la monta en Los Ángeles, dirigida por Margarita Galván, mientras que en 1984 lo hace Eduardo Corbé en Miami, no será hasta la segunda mitad de los ochenta cuando Raúl de Cárdenas da a conocer nuevos textos. Lo hará con mucha vitalidad, hasta convertirse en el dramaturgo cubano más representado en los Estados Unidos, en los tres centros de mayor actividad teatral hispánica: Miami, Nueva York y Los Ángeles. En 1986, Bilingual Foundation of the Arts lleva a escena *La muerte de Rosendo*, cuyo título original es *En el Barrio de Colón*, en línea de continuidad con la temática de *Réquiem por Yarini*, de Carlos Felipe. Ese mismo año, en Miami, en el Teatro de Bellas Artes, Tony Wagner va a dirigir *Las Carbonell de la calle Obispo*, que al año siguiente Latin American Theater Ensemble montará en Nueva York bajo la dirección de Manolo Pérez Morales. En 1994, en Miami, tendrá lugar la reposición de *Las Carbonell de la calle Obispo*. El hecho de que esta obra se llevara a escena en los montajes de Miami con un reparto masculino haciendo el papel de las Carbonell acrecentó su popularidad, aunque en Nueva York también recibió una excelente acogida con el correspondiente elenco femenino.

El éxito de esta pieza va a establecer a Raúl de Cárdenas como el costumbrista cubano por excelencia, que recoge a través del humor rasgos representativos del carácter nacional. El público se reconoce en las congojas y tribulaciones de los personajes, al mismo tiempo que fija a través de episodios con calor humano las vivencias históricas experimentadas por los cubanos, cargadas de nostalgia. Esto iniciará una secuela de 'las Carbonell'. La acción que en la pieza anterior se inicia en 1949 dará un salto a 1955 en *Las Carbonell en las alturas del Vedado*, convirtiéndose, al escribir la tercera parte, en *Las Carbonell de una Vieja Habana*, cuya acción se desarrolla en 1965 al tener lugar el éxodo de Camarioca. En el montaje que tendrá lugar en Los Ángeles, por Havanafama, dirección de Juan Roca, pasará a llamarse

Las Capote se van en bote, y en el que hará Gabriel Gorcés en Nueva York, para el Latin American Theater Ensemble, cambiarán su apellido para llamarse 'las Portela'. Con un número de variantes De Cárdenas configura una trilogía de los avatares, trifulcas, alegrías, tristezas y nostalgias de las Carbonell.

En 1986 el Teatro Sibi, dirigido por Manuel Tourón, estrenará *Al ayer no se le dice adiós*. En el mismo tono, Mario Martín se encargará del montaje de *Aquí no se baila el danzón*, en Grateli, en 1987. En 1989 tendrá lugar el estreno de *Luz Divina, Santera. Espiritista de una a cinco*, dirigida por Paul D'Alba; Rolando Zaragoza la dirigirá en Nueva York en 1990 para Latin American Theater Ensemble. En 1992, fue presentada por el Puerto Rican Traveling Theater, en inglés y español, *Así en Miami como en el cielo*, dirigida por Alba Oms. Entre 1990 y 1996, bajo la dirección de Juan Roca, Havanafama va a darle acogida a la obra de este dramaturgo, llevando a escena en Los Ángeles y sus alrededores: *Luz Divina, Santera. Espiritista de una a cinco; En el Barrio de Colón*, versión con música especialmente compuesta para esta producción; *Tropicana, la época de Oro*, también con música; *Las muchachitas de la sagüesera* (que también se presentó en Las Vegas); *Sucedió en La Habana* y *Las sombras no se olvidan* (publicada por The Presbyter's Peartree Press en 1993), escrita siguiendo procedimientos del teatro documental sobre el ex preso político Alberto Fibla. En 1999, la Avellaneda Theater Company de Los Ángeles, bajo la dirección de Ivonne López Arenal, llevó a escena *La Peregrina*, sobre la vida de Gertrudis Gómez de Avellaneda, en la cual De Cárdenas trasciende los límites del costumbrismo para trabajar con la multitud de contradicciones y problemas psicológicos de una de nuestras más complejas personalidades literarias. Otro tanto hará con *Un hombre al amanecer*, un monodrama sobre la figura de José Martí, que recibe el Premio Letras de Oro de 1989. Aunque situada en los momentos que preceden a su muerte, De Cárdenas hace un recorrido por la vida de Martí, a niveles privados y públicos, destacando en particular su dimensión apostólica.

Lamentablemente, la mayor parte de su teatro está sin editarse. Por fortuna, en 1988, Editorial Persona publica una de sus mejores obras, *Recuerdos de familia*, donde, sin perder el humor que lo caracteriza, este se depura funcionalmente y se profundiza al hacer un recorrido por la trayectoria histórica cubana. 'En el marco familiar cotidiano de la familia Molina se sintieron los efectos de los acontecimientos nacionales, que a modo de círculo concéntrico exterior los envolvía y los presionaba. En la obra percibimos un movimiento que va del círculo máximo de lo nacional al círculo mínimo de lo familiar. Es de la relación de estos dos espacios que el conflicto surge' (según Yara González Montes en el prólogo a la obra). En 1999, Armando González Pérez incluirá *Los hijos de Ochún* en *Presencia negra: teatro cubano de la diáspora*. Inspirada en *Los persas* de Eurípides, De Cárdenas conjuga la tragedia con la historia contemporánea al ubicar el enfrentamiento de las dos orillas en torno a la invasión de Playa Girón. A esto une componentes afrocubanos, con sus *orishas* y sus leyendas, que constituyen una nota diferencial.

En cuanto a Matías Montes Huidobro, a fines de los setenta y principios de los ochenta escribe *Funeral en Teruel*, texto experimental, con el carácter de teatro total, donde intertextualiza atemporalmente la tradición literaria española con el choteo cubano. Parcialmente publicada en traducción al inglés en 1982, no aparecerá en su versión original en español hasta 1990. Residente en Hawái, su reinserción teatral será lenta y difícil. En 1982 la revista *Prismal-Cabral* publicará *La navaja de Olofé*, que no se estrenará hasta el Primer Festival de Teatro Hispano de Miami, en 1986, donde lo afrocubano y lo freudiano se funden dramáticamente, sujeto el desarrollo de la acción a una serie de desdoblamientos terrenales y míticos de los protagonistas. Se realizó una lectura dramática de la misma en Theater Fest. 94, en Dallas. Se ha llevado a escena en Brasil. *Gas en los poros*, que escribe y publica en Cuba, es llevada a escena por Prometeo en The City University of New York y en Drew University en 1987, con lecturas dramáticas en el Theater Fest. 94, Dallas, Texas, en 1994, y en la Primera Conferencia de Cultura y Literatura Caribeña, Marquette University, Milwaukee,

2004. También se han hecho lecturas dramáticas de esta obra en la Argentina y Venezuela. De *Los acosados* se hizo una lectura dramática en el Instituto Cultural René Ariza, en 2006. Ambas obras son textos representativos del movimiento de vanguardia y resistencia estética que se desarrolla en Cuba durante la primera mitad de la década de los sesenta.

Pero es *Exilio* un texto clave dentro de su producción dramática, determinante de su posición en el teatro cubano, por la confrontación histórica fuera del estricto contexto familiar, característica de la dramaturgia del exilio. En este caso, mediante técnicas metateatrales e intertextuales, el tiempo y el espacio se mezclan, encontrándose entre las primeras obras que hacen un planteamiento directo y radical sobre la persecución a los homosexuales en Cuba. Finalista del concurso Letras de Oro, fue objeto de una lectura dramática en el Coconut Grove Playhouse en 1986, a la que siguió en 1987 otra lectura en El Portón, de Nueva York. La publica Editorial Persona en 1988. Su estreno tiene lugar en el Museo Cubano de Arte y Cultura, en 1988, por Gran Teatro Cubano, dirección de Herberto Dumé, que la vuelve a llevar a escena en 1996 en Miami, en el Creation Art Center, y después en el Congreso del Milenio. Cuba: Exilio y Cultura, 1999. Con *Las paraguayas*, finalista del Premio Letras de Oro de 1988, trasciende los límites de lo cubano y presenta una panorámica del abuso de poder y la situación de la mujer en el entorno hispanoamericano. Recibió una subvención de la Lilla Wallace Foundation para un montaje por Teatro Campesino, California, que nunca se llevó a efecto, haciéndose solamente una lectura dramática en 1989. Fue publicada por la revista *Gestos* en 2000 y por *Caribe*, como libro, en 2004, con motivo del reconocimiento de su trayectoria dramática, llevada a efecto en la Universidad de Milwaukee en 2004. En *El hombre del agua*, publicada en la revista *Baquiana, Anuario 2003-2004*, reconstruye el contexto paraguayo en términos cubanos. De esta obra se desprende también, como monólogo, *La diosa del Iguazú*, publicado en la revista *Puentelibre*, en México, en el año 1995. Al año siguiente escribe *Su cara mitad*, donde construye y deconstruye metateatralmente, con ambigüedad, desdoblamientos y contradicciones, las relaciones de los personajes, entremezclando la sexualidad, el choque cultural, la lucha de clases y las propuestas terroristas. Carlos Espinosa Domínguez confirma los valores de la obra al incluirla en *Teatro cubano contemporáneo. Antología*, en 1992. Teatro de las Américas la estrena en Oxnard, California, en 2005. A principios de los noventa escribe *Oscuro total*, entre el teatro de la crueldad, el absurdo y la tragedia griega, sobre el matricidio, el parricidio, el filiacidio y el reciclaje de la violencia en general, acrecentando la violencia. La publica Ollantay en 1997 y se estrena en el Festival de Teatro Hispánico de Miami en 2000. *Obras en un acto* (Editorial Persona, 1991) es una retrospectiva de sus obras en un acto, que incluye textos hasta el momento inéditos y sin estrenar: *Fetos, La garganta del diablo, La soga* y *Lección de historia*.

Dos tragedias del teatro cubano: Fermín Borges y René Ariza

La creciente represión que tiene lugar en Cuba en la década de los setenta va a dar lugar a textos que se escriben en Cuba pero que no se pueden dar a conocer hasta que se estrenan o publican en los Estados Unidos. El caso más representativo viene a ser el de René Ariza. Víctima de acusaciones, expulsiones y purgas, sufre un sinfín de humillaciones y encarcelamientos hasta que en 1979 llega a los Estados Unidos como ex preso político. En 1980 hizo una lectura de *Contra el orden socialista y otras cositas* que anticipa su ulterior participación en el filme *Conducta impropia* (1982). A partir de este momento, ofrece recitales y lecturas de sus textos, especie de 'minidramas' donde se entremezclan elementos del absurdo y el teatro de la crueldad que reflejan la traumática experiencia cubana. En 1983, en la revista *Mariel*, aparecerán tres muestras de este pequeño teatro de estructura circular y claustrofóbica: *El que faltaba, El asunto* y *Juego con muñecas*. Otros textos, como *La reunión* (1971), *Declaración de principios* (1979) y *Una vendedora de flores de nuestro tiempo* (1980), escritos originalmente en español, solo se han publicado en traducción al inglés. En 1986 el propio Ariza presentó en el teatro Sibi el unipersonal *Hablando en cubano*, haciendo de intérprete de su propia obra y dándole un carácter más impactante al texto. Otro unipersonal tendrá lugar en 1990, auspiciado por Teatro Avante, donde Ariza volverá a interpretar sus textos: *La causa, La trampa, Sueña, La reunión, Las moscas, La defensa tiene la palabra, La venda, Los bravos, El día que me detuvieron, Relatos sospechosos, Fallamos* y *La vuelta a la manzana*. En dicho espectáculo se entremezclaban *sketches*, canciones y poesías. Reviviendo sus vivencias, Ariza creaba el suspense y revivía sus experiencias haciéndonos sentir la posible presencia en el público de un hipotético delator que podía llevárselo preso, como ocurría en Cuba: un contrapunto entre ficción y paranoia. *La vuelta a la manzana*, que recibiera en Cuba el Premio José Antonio Ramos, pieza difícil con predominio del absurdo y la crueldad y multitud de desdoblamientos, fue llevada a escena por el Latin American Theater Ensemble, bajo la dirección de Mario Peña. En 1991, durante el Festival Internacional de Teatro Hispano de Miami, se estrenará *Los tres cerditos y el lobo carnicero*, donde se pone de manifiesto su preocupación por los niños y la ecología. El espectáculo *El cuento de René*, presentado por Prometeo en el Festival Internacional de Teatro Hispano de 2006, donde se conjugan sus textos con su biografía, es una prueba de su presencia e importancia, así como la creación del Instituto Cultural René Ariza en 2005 y la instauración del Premio René Ariza.

De parecida trayectoria mítico-trágica es el caso de Fermín Borges, que, como ocurrió en Cuba, va a dejar una obra incompleta y sin publicar, aunque significativa de los descalabros de la dramaturgia que nos ocupa. En 1981 inaugura en Miami el Teatro Versailles con un recital del poeta Luis Ángel Casas. Para 1984, aparentemente, terminó *Los naranjos azules de Biscayne Boulevard* sobre el éxodo del Mariel y las relaciones que se establecen entre un grupo de 'marielitos' y una señora que le da acogida, siendo una muestra en el exilio de la preocupación de Borges por los marginados, como ocurrió con las obras escritas en Cuba. Ya enfermo, después de sufrir un infarto, hizo una lectura pública del primer acto. Inédita, y hasta el momento desaparecida, queda la referencia como una muestra de los avatares de este período de la cultura cubana en los Estados Unidos. Se le atribuye otro texto, posiblemente desaparecido, *El volumen de Carlota*. De 1987 es una pieza en un acto, de carácter poético-político, *Cantata para un joven poeta cubano asesinado por Fidel Castro*, en memoria de Luis Aurelio Nazario.

El éxodo del Mariel: un personaje inesperado

Aunque las dificultades no desaparecen, los ochenta van a representar una dinámica más agresiva y, pese a los obstáculos a los que se tendrán que enfrentar los dramaturgos cubanos, una mayor vitalidad se pondrá de manifiesto. A esto se unirá un hecho histórico inesperado, no previsto: el éxodo del Mariel.

Reinaldo Arenas, que es la figura más representativa de la Generación del Mariel, va a enriquecer el panorama teatral con *Persecución* (1986), que comienza a escribir en La Habana en 1973 y termina de hacerlo en Nueva York en 1985. Está formada por 'cinco piezas de teatro experimental' (*El traidor, El paraíso, Ella y yo, El reprimero* y *El poeta*) que pueden funcionar independientemente o configurando un texto único. La acción se desarrolla dentro del marco total de persecución castrista, donde si por un lado hay humor y parodia, por el otro hay un desgarramiento individual y colectivo, expresado escénicamente con técnicas de vanguardia.

Ya más específicamente definido como dramaturgo, José Abreu Felippe, que tiene en su haber una sólida obra narrativa, enriquece la dramaturgia del exilio en 1988 con la publicación de *Amar así*, cuya acción aparece dividida en dos planos, uno exterior y otro interno, representando el primero la pesadilla sociopolítica bajo el castrismo, mientras que el otro plano es atemporal, con elementos simbólicos y míticos que alternan con el nivel más directo. En 1998 se publica *Teatro*, donde aparecen *Parapetados, Un cuerpo que con el tiempo se va perfeccionando, Alguien quiere decir una oración, Si de verdad uno muriera* y *Muerte por aire*. En su teatro se entremezclan lo lírico con lo prosaico, elementos afincados en la realidad con otros de carácter trascendente, lo coloquial con lo hermético, lo analítico con lo teatral, lo surrealista y onírico con lo simbólico. Su preocupación por el Tiempo y la Muerte, como indica José A. Escarpanter en el prólogo, compone un teatro difícil aunque decididamente original y rico en posibilidades interpretativas. *Si de verdad uno muriera* tuvo una lectura dramática en 2006, llevada a efecto en Miami por el Instituto René Ariza.

A esta generación pertenece Guillermo Hernández, fundador de la Casa de la Cultura Cubana, fallecido prematuramente en Miami en 1991, que dejó una obra incompleta, *Barquito de papel*, reconstrucción de un acto de repudio, prácticamente en un acto, del corte de los minitextos de René Ariza pero de tónica realista, publicada en *Memorias de un joven que nació en enero* (1991) por Editorial Persona, edición de Yara González Montes y Matías Montes Huidobro.

Una cubanía neoyorquina: teatro y fidelidad léxica

Una nueva oleada de dramaturgos, fieles al lenguaje, va a aparecer en el ambiente cosmopolita neoyorquino, creando variantes de la cubanía. Más jóvenes que los de la primera oleada migratoria, aunque desarrollan su obra en un país de habla inglesa, se manifiestan fieles a su intrínseca cubanía, y utilizan el español como agente creador, a pesar de que en algunas ocasiones escriban textos en inglés. No se olvide que Martí era el más neoyorquino de todos los cubanos, pero nunca abandonó la identidad a través del idioma. No todos siguen este modelo, prefiriendo el idioma del país que les da acogida.

En Nueva York, Iván Acosta sigue trabajando en su dramaturgia sin abandonar su sentido del humor, al mismo tiempo que escribe guiones de cine, aunque ninguna de sus piezas ulteriores va a tener el impacto de *El Súper*. En 1989 publica *Un cubiche en la luna* y otras obras, que le da título a una edición que incluye también *No son todos los que están...* y *Recojan las serpentinas que se acabó el carnaval*. El humor juega un papel importante en las tres, como se desprende de inmediato de los títulos de las mismas, que siguen la tradición de nuestros vernáculos y cuyos personajes están caracterizados en tono de farsa. No faltan tonos sombríos, particularmente en la tercera del grupo, pero los mejores momentos los logra el autor a través de las situaciones más divertidas, que en el caso de la segunda guarda relaciones con el absurdo. Naturalmente, las obras de Acosta no pierden de vista la situación política cubana, entremezclada con implicaciones relacionadas con conflictos internacionales, siempre, básicamente, divirtiendo. De lineamientos similares es *Rosa y el ajusticiador del canalla*, que quedó finalista en el Letras de Oro de 1993 y ha sido llevada al cine. *Grito 71, Abdala-José Martí, Rosa y el ajusticiador del canalla* y *Esperando en el aeropuerto internacional de Miami* han sido publicadas cibernéticamente por Alexander Street Press. La última mencionada es un monólogo de un hombre esperando por sus hijos procedentes de Cuba. Se estrenó en el Henry St. Playhouse de Nueva York y después se hizo un montaje en el Teatro Park de Union City. Recientemente han tenido lugar en el Teatro Retablo lecturas dramáticas de dos monólogos: *Cosas que encontré en mi camino* y *Carmen Candela*.

En cuanto a José Corrales, en 1987 escribe *Las sábanas*, cuya lectura dramática tendrá lugar en El Portón de Nueva York. De ese mismo año es *El vestido rojo*, mientras que *Vida y mentira*, de Lila Ruiz es de 1989. Entre 1991 y 1993 escribe una trilogía de piezas dramáticas muy importantes bajo el título de *Los tres Marios*, formada por *De cuerpo presente* (1991), estrenada por el grupo TEBA en Nueva York, *El palacio de los gritos* (1992) y *Miguel y Mario* (1993).

En 1999 estrenará *Allá en el año 98*. El Centro Creativo Experimental Inaru, también en Nueva York, estrenará *De cuerpo presente* en 1996. Muchos de sus textos serán publicados por The Presbyter's Peartree: *El palacio de los gritos* (1992), *Temporal* (1993), *Nocturno de cañas bravas* (1994), *Orlando* (1998), *Walter a primera vista* (1998), *Cuestión de santidad* (1998). De *Brillo funerario* (1996) el Grupo Teatral El Duende, dirigido por Raúl García Huerta, llevó a efecto una lectura dramática en el Koubek Memorial Center de la Universidad de Miami. *Un vals de Chopin* aparecerá en *El tiempo en un acto*, publicada por *Ollantay* en 1999. *Vida y mentira* de Lila Ruiz, en la revista *Caribe* en 2001-2002, después de su muerte, en un número homenaje. Tiene varias obras inéditas y el limitadísimo número de montajes contrasta con la abundancia y calidad de su producción.

Quizás su obra más importante y compleja sea *Cuestión de santidad*, donde confluyen y se refinan una serie de elementos que caracterizan su hermetismo escénico. La obra es física, sexualmente explícita, corporal, fisiológica, biológica. Esto la ubica en un plano carnal primario con personajes que buscan en escena una expresión erótica al desnudo, sin cortapisas. Pero estas manifestaciones son, al mismo tiempo, ambiguas, insinuantes, refinadas, y si se quiere, mórbidas, perversas y decadentes; decididamente chocantes. El cuerpo se hace escénicamente palpable. Los personajes no salen de un constante estado de lujuria, con ellos mismos o con los demás, del mismo u opuesto sexo, tocándose, excitándose, besándose. Sin embargo, aunque puedan producir una sacudida violenta por el impacto de unas situaciones límites demasiado explícitas, no son ni ordinarios, ni groseros, ni vulgares, ni chabacanos (salvo en la medida que lo requiera la caracterización), ni 'chancleteros', y ello se debe a que existen dentro de un complejo contexto que trasciende la inmediatez de los actos. Estas características, en mayor o menor grado, se ponen de manifiesto en casi todas sus obras, reduciéndose en intensidad en piezas algo más convencionales como *Temporal*, *Allá en el año 98* y *Vida y mentira de Lila Ruiz*. Corrales llega a un homoerotismo metafísico y su hedonismo corporal, por omisión explícita de lo político, es en sí mismo una declaración política.

En fecha tan temprana como 1968 tiene lugar en Nueva York, por Teatro Dúo, una lectura de *La muerte y otras cositas* de Pedro R. Monge Rafuls, pero no será hasta 1986 cuando entre más activamente en el movimiento teatral con *Cristóbal Colón y otros locos*, con una lectura dramatizada en Ollantay Center for the Arts. Al año siguiente, 1987, tiene lugar el estreno de su monólogo *En este apartamento hay fuego todos los días*, formando parte del Festival de Teatros Hispanos de Nueva York de IATI. De 1989 es su comedia *Limonada para el Virrey*, de la cual tiene lugar una lectura en el Latin American Theater Ensemble, El Portón, ese mismo año. *Solidarios* (1989) es finalista del Concurso McDonalds del Puerto Rico Traveling Theater de Nueva York; se estrena en 1990 en el programa de teatro viajero del Ollantay, seguida de un montaje en el Teatro-Festival de Pregones, Nueva York, 1990. *El instante fugitivo* se escribe y se estrena en 1989 por Teatro Dúo. *Easy Money* (1989), en español a pesar de su título en inglés, la estrena Ollantay en 1990. *Noche de ronda*, de 1990, llevada a escena por The Lesbian and Gay Community Center en 1991, fue escrita con el objetivo inmediato de educar a la comunidad hispánica respecto al sida; otros montajes tuvieron lugar en 1992 y 2003. En 1994, The TEBA Group de Nueva York llevó a escena *Momentos*, formada por cinco obras breves: *La solución*, *No hay mal que dure cien años*, *Soldados somos y a la guerra vamos*, *Las lágrimas del alma* y *Consejo a un muchacho que ha empezado a vivir*. *Recordando a mamá* es de 1990 y se estrena en Bogotá en 2004. *La oreja militar*, de 1993, se estrena en 2001 en Buenos Aires, teniendo lugar una lectura dramatizada en Lima en 2005. *Y todo por un cochino pedazo de papel verde*, una obra corta, sube a escena en 1998 en Nueva York con motivo del centenario de la Guerra Hispanoamericana. *Una cordial discrepancia* (1996) fue estrenada en el XLII Congreso del Círculo Panamericano en 2004; la misma producción fue presentada en el Graduate Center, City University de Nueva York, ese mismo año. *Pase adelante si quiere* es un monólogo que se estrena en 2006 por Teatro

Estudio Internacional, bajo la dirección del autor, producida por Teatro Estudio Internacional; una lectura previa se llevó a cabo por el Latin American Theater Ensemble, en 1999. Han tenido lugar lecturas dramáticas de *Nadie se va del todo* (1991); *Las lágrimas del alma* (1994), en Los Ángeles, en 1997, durante el Festival 97 del Cuban American Cultural Institute; *Se ruega puntualidad* (1995) en Perú, en 2005; *Madre sólo hay una* (1997), en El Portón del Barrio, Julia de Burgos Cultural Center, Nueva York, en 2004; *Simplemente Camila* (1999), por Latin American Theater Ensemble, en 1999.

Hasta la fecha, Monge Rafuls ha publicado: *En este apartamento hay fuego todos los días* (revista *Linden Lane*, 1990); *Nadie se va del todo*, en *Teatro: cinco autores cubanos* (Nueva York: Ollantay, 1995); *Las lágrimas del alma y Soldados somos y a la guerra vamos* (Puentelibre, 1995); *Se ruega puntualidad* (Nueva York: Ollantay, 1997); *Recordando a mamá*, en la *Antología crítica del teatro breve hispanoamericano. 1948-1993* (Medellín: Universidad de Antioquia, 1997) y en *El tiempo en un acto. 13 obras de teatro cubano* (Nueva York: Ollantay, 1999); *Otra historia*, en *Presencia negra: Teatro cubano de la diáspora. Antología crítica*, edición de Armando González Pérez (Madrid: Betania, 1999); *Una cordial discrepancia* (revista *Caribe*, 2004-2005), y *La oreja militar* (revista *Baquiana*, Anuario 2005-2006).

Se ruega puntualidad es una pieza complicada y por momentos intencionalmente caótica, como una especie de 'todo vale' donde realismo, crueldad, absurdo, grotesco y expresionismo se entremezclan y producen un desconcierto carnavalesco. Los elementos musicales que entran en juego (Frankie Ruiz, Raphael, La Lupe, Olga Guillot, Massiel, conga cubana, zamba brasileña), frecuentes en muchos dramaturgos de la diáspora, donde la memoria musical es parte de la memoria de Cuba, forman parte de este efecto carnavalesco. *Nadie se va del todo*, de otro tono, es una pieza sobre el tema de las dos orillas, con la peculiaridad de que la acción, que se desarrolla en Miami, Nueva York, La Habana y el Central Zaza, se mueve en un plano único trasladándose sin transición de un espacio al otro y del presente al pasado, lo que acrecienta el significado metafórico de la obra, y se borran las fronteras de espacio y tiempo, formando una unidad física, geográfica e histórica. Quizás sea *Otra historia* su obra más importante, ya que los planteamientos relativos a la relación bisexual del protagonista no se limitan a la triangularidad de las relaciones personales, sino que se complican dentro de otros componentes culturales, incluyendo las relaciones generacionales; el choque entre el tradicional machismo hispánico y la cultura sajona y el multiculturalismo neoyorquino; la situación y marginación de la mujer y, principalmente, los mitos afrocubanos, que son factores determinantes del desarrollo y juegan un papel decisivo en las caracterizaciones, la evolución del argumento y el desenlace. *Una cordial discrepancia* es una obra breve sobre un desencuentro matrimonial, también entre el realismo y el absurdismo, con un toque de desquiciamiento dado por el protagonista.

Héctor Santiago, participante del movimiento teatral en Cuba desde antes de llegar a los Estados Unidos, fue depurado de la Universidad de La Habana por razones ideológicas, internado en la UMAP y condenado a cinco años de prisión. Su obra fue incautada por Seguridad del Estado, viviendo en el exilio desde 1979. Su teatro no se da a conocer hasta la década de los noventa. En 1995-1996 recibe el Premio Letras de Oro por *Vida y pasión de La Peregrina*, que se publica en 1997 y se estrenó en el Festival Internacional de Teatro de 1998. Es uno de sus trabajos más importantes, donde el autor percibe la obra no solo haciendo el análisis psicológico de una vida tan compleja como la de Gertrudis Gómez de Avellaneda, sino dentro de un contexto expresionista que requiere un montaje poético-teatral, sin que se pierda de vista la trayectoria personal. Esto se enriquece con el juego intertextual, donde poemas y escenas de las obras de la protagonista son parte integral de la que escribe Santiago. De este período es también *La eterna noche* de Juan Francisco Manzano (1995), que Armando González Pérez incluye en *Presencia negra: teatro cubano de la diáspora* (1999). Santiago utiliza fragmentos originales de las memorias de Manzano desdoblando al protagonista en varias etapas de su vida. La concepción es expresionista, distribuyendo a los personajes entre títeres y esperpentos. Esto le da al texto una teatral irrealidad, acrecentada por la presencia de Ikú (la muerte afrocubana), cuyo impacto se acrecienta por dirigir a los actores, marcar gestos y entradas y salidas. De otro carácter es *Las noches de la chambelona*, publicada por The Presbyter's Peartree en 1992 (que también publica *El loco juego de las locas* y *Rosalba la lluvia* en 1995), donde entra en juego lo que podríamos llamar la 'dialéctica travesti', con la que van a trabajar muchos dramaturgos del exilio, a modo de lo que ocurre en el cine con Almodóvar, entre los que sobresalen varios textos de Santiago. La mitificación travesti a partir de Madame Frufrú en *Las noches de la chambelona* se reitera en *Madame Camille Escuela de Danza*, publicada por *Ollantay* en 1994. En este caso, utiliza el travestismo de Madame Camille para ir del grotesco al teatro de la crueldad (sin faltar lo escatológico) con un tratamiento caótico de las situaciones, donde también puede detectarse un contenido político. Fue estrenada por el Folgueira's Itinerant Theater en California en 2000, que la lleva ese mismo año al Festival Internacional de Teatro de Curitiba, Brasil. *La Diva en la octava casa*, estrenada en Miami por Havanafama (2007), forma parte de estos lineamientos, que invitan a un virtuosismo interpretativo que solo se trasciende a sí mismo cuando el intercambio de la transformación externa que se le exige al actor-hombre haciendo el papel de mujer no pierda de vista la internalización del conflicto, cualquiera que sea —cosa que frecuentemente se pierde de vista—. De lo contrario se queda en la cáscara, fascinando al público en la medida que no se reconozca al hombre detrás de la mujer. Héctor Santiago ha trabajado también con la temática de las dos orillas. En *Teatro: cinco autores cubanos* (1995), se incluye *Balada de un verano en La Habana*, escrita en 1992, sobre un reencuentro entre dos hermanos, que pierde relieve dentro de la dramaturgia cubana por estar precedido por *Siempre tuvimos miedo* (1981) de Hernández, donde tiene lugar un reencuentro de similar naturaleza. Fue estrenada por Gran Teatro Cubano en 1995, que también llevó a escena *En busca del Paraíso* (1997), dirección de Dumé, mucho más lograda. Formada por una serie de estampas, tiene el carácter de una estructura fragmentada que se compone poco a poco hasta que se configura el todo. *Pasiones y mordazas de Sor Juana Inés de la Cruz* (1997), *Aventuras de Arlequín enamorado* (1998) y *Voces de América* (1999), sin publicar, fueron estrenadas por IATI en Nueva York en las fechas indicadas. *El día que se robaron los colores* fue llevada a escena en la Universidad de Kansas en 1997, y por la Universidad de Texas, Kingsville, en 1999. *Yemayá Awoyó* fue publicada por la revista *Caribe* en 2005-2006. Un enfrentamiento de los dioses de los ritos yorubas, se publican los dos primeros 'patakíes' de los cuatro que forman la obra.

El discurso homoerótico del que dejan muestra algunas obras de Santiago y de Monge Rafuls está presente en otras obras de dramaturgos cubanos residentes en Nueva York, llegando a manifestaciones directas, muy explícitas, donde entran en juego el grotesco y la farsa. No es un discurso político indirecto, ya que representa una reacción que antagoniza con la homofobia del discurso castrista en sus peores momentos y de mayor persecución. Implica también un punto de avanzada respecto a las directrices del movimiento gay, aunque sus formas expresivas no tienen que ser necesariamente compartidas por toda la comunidad homoerótica. De hecho también puede producir un efecto alienatorio, ya que sus situaciones límites no son fácilmente transferibles a un público o un lector que no esté familiarizado con estos contextos ambientales. De este carácter es *Canciones de la vellonera*, de Randy Barceló, presentada por Duo Theater en 1983 y publicada por The Presbyter's Peartree en 1996, poco después de su muerte en 1994. El encuentro entre Yo y Él tiene lugar a ritmo de bolero (sin faltar un cierto grado de angustia y frustración), que es una referencia específica en la obra, poniéndose ahora al servicio del discurso homoerótico, como tradicionalmente ha ocurrido con el discurso heterosexual.

Con una más extensa producción en inglés que en español, las obras de Reinaldo Ferrada publicadas en este último idioma se reducen a dos textos y manifiestan una sexualidad explícita, de una sordidez y violencia extremas, francamente desagradable, como es el caso de *La puta del millón* (Betania, 1989), que se desarrolla en un contexto prostibulario neo-yorquino. *La visionaria* (Betania, 1989) causó escándalo en el Festival Latino de Nueva York en 1984, tanto por explícitas referencias sexuales como por el irreverente tratamiento de referencias bíblicas y cristianas. *Un tiesto de Margaritas* y *Dientes* se presentaron en el Festival de Fordham University en el Lincoln Center en los años 1975 y 1977, respectivamente.

El incremento de la dramaturgia femenina

El número de dramaturgas del exilio no es muy numeroso, pero ha ido aumentando a fines de las dos últimas décadas, para acrecentar su presencia a medida que se acerca el siglo XXI. La decana de las dramaturgas cubanas en el exilio es María Irene Fornés, pero como su extensa producción ha sido en inglés, su importancia como muestra del español en los Estados Unidos es mínima. También ha trabajado a través del INTAR en Nueva York en la formación de dramaturgos, incluyendo cubanos o personas de ascendencia cubana, pero favoreciendo el inglés como agente creador del drama. No hay que ignorar, dentro de todo esto, las paradojas de las circunstancias: voces que han preferido el inglés, como vehículo creador, retornan al idioma materno del que se habían separado. De su obra dramática, solo podemos dejar constancia de dos. Una de ellas es *La plaza chica*, publicada por The Presbyter's Peartree en 1993, lamentablemente melodramática y folletinesca, que no es ejemplo de su mejor teatro. La otra es *Fefu y sus amigas*, que tras una exitosa trayectoria de montajes y publicaciones en inglés, es traducida al español por la autora e incluida en *Teatro: cinco autores cubanos* (1995). Esta publicación es importante, ya que representa una reinserción (parcial y algo tardía) al canon del idioma que había abandonado por tantos años, a través de una pieza en la que entra en juego la voz de la mujer, con sus frustraciones, apetencias y logros, dentro del devenir cotidiano.

Dolores Prida es otra dramaturga con una trayectoria establecida, que ha escrito obras en español y en inglés. En *Beautiful Señoritas and Other Plays* (Arte Público Press, 1991) aparecen varios de sus textos. *Coser y cantar* (1981) tiene la peculiaridad de ser un texto bilingüe, de carácter funcional, ya que esta dicotomía representa un conflicto de identidad a través del idioma en sí mismo, complicada por el enfrentamiento de una identidad femenina en lucha, a la larga, no solo consigo misma: She, que habla en inglés, y Ella, que lo hace en español. En *Pantallas* (1986) apocalipsis y metateatralidad se entremezclan de forma poco afortunada, mientras que *Botánica* (1991), también en español, es una de las mejores obras de esta dramaturga. Sigue una línea realista y costumbrista donde lo cubano se entremezcla con lo puertorriqueño (predominando esto último), en un contexto neoyorquino étnico-nacionalista presentado con autenticidad y convicción. Repertorio Español estrenó *Casa propia* (1999), donde sigue la línea del realismo costumbrista que fue el signo de los colectivos del teatro cubano de los años setenta.

En 1986 Uva de Aragón escribe *Con todos y para el bien de todos*, una farsa que desarrolla a partir de una frase martiana muy conocida. Escrita originalmente en español, solo ha sido publicada en traducción al inglés en *Cuban-American Theater*, editada por Rodolfo Cortina, anticipando un contrapunto dialéctico del exilio que se repetirá una y otra vez: el destino nacional después de Castro. *Teatro* (1989), de Mary Calleiro, incluye varias obras breves, no muy bien logradas, donde predominan elementos psicológicos irracionales: *Un simple hombre*, *Los payasos*, *Los insuficientes* y *El viejo* (que es la mejor del grupo). Entre las obras en español escritas por Julie de Grandy, que tiene una larga trayectoria como actriz, las siguientes se han representado en Miami, Nueva York, Nueva Jersey y México: *Doble fondo* (1990), *Minorca Playhouse*, Premio ACCA; *La herencia*, también premiada por ACCA, llevada a escena en el Dade County Auditorium en 1993 y por Carrousel Playhouse en 1994; *Conexión sin hilo*, que se estrenó en México en 1997 en el Teatro Vetustiano Carranza, y después por el Latin American Theater Ensemble (2006) en Nueva York y el Hudson Exploited Theater Company (2006) en Nueva Jersey; *Trampa mortal*, finalista del concurso Letras de Oro, representada en Florida International University en 1997 y en el Teatro Casanova en 1998; *La mala pasada* (1998) en The Cove/Rincón; y *Volumen descontrolado* (1998), por el Latin American Theater Ensemble, Nueva York. En 1991, Senda Nueva de Ediciones publica *The Sleepwalkers's Ballads*, de Yolanda Ortal-Miranda. En esta edición se incluyen dos obras dramáticas en español: *Un punto que se pierde en la distancia y en el tiempo*, que fue finalista en el concurso Letras de Oro, y *Balada sonámbula de los desterrados del sueño*, mostrando en sus textos su interés por el análisis psicológico de la conducta femenina. En *El tiempo en un acto* (Ollantay, 1999) se incluye *¿Cuánto me das marinero?*, un peculiar contrapunto de dos mujeres en alta mar, de Carmen Duarte, escrita y publicada en Cuba en 1994.

La voz femenina en el teatro infantil se deja escuchar por Nena Acevedo en *El ratón aventurero* (1961), *Regalo de Navidad* (1982) y *Qué triste es vivir* (1986); y por Marta Llovio, que estrena piezas de teatro para niños, aún inéditas en libro. Otras obras de este tipo de teatro son aquellas de Concepción T. Alzola conocidas en *La estrellita de Belén* y *Martina Rock*, estrenadas por Teatro Guignol en Miami en 1980 y 1981, respectivamente; y esas de Gladys Zaldívar en *Crónicas del Ruiseñor* y *Colombina en contrapunto*, publicadas por la Asociación de Hispanistas de las Américas en 1999.

En 1999, Ileana González Monserrat, que también es novelista y periodista, escribe una obra documental y apocalíptica, muy interesante, *HoloCastro*, donde la autora utiliza lo histórico, el documento, la intertextualidad, una extensa galería de personajes que se desdoblan, información distribuida al público y recursos metateatrales, proyecciones que aparecen en pantalla y efectos sonoros de múltiple naturaleza, para crear un efecto caótico destinado a ofrecer una visión apocalíptica de la realidad nacional. Otra pieza de autora femenina será *Ángeles en la calle* (1992), de la dramaturga y directora Norma Rojas.

Maricel Mayor Marsán, editora de Ediciones Baquiana, cuya revista ha servido también como agente de divulgación de textos dramáticos escritos en el exilio, poeta, narradora y crítica literaria, contribuye a enriquecer la dramaturgia femenina con la publicación de *Gravitaciones teatrales* (2002): *Análisis de madurez*, *La roca*, *El plan de las aguas*, que ha sido llevada a escena en Chile varias veces, tuvo una lectura dramática en *Cámara Oscura*, bajo los auspicios del Instituto Cultural René Ariza, en 2006; *Las muchachas decentes no viven solas*, que ha sido presentada por el Grupo Teatral Capricornio en Broward County Library (2004), en el Centro Cultural Español de Miami (2003), en la Universidad Internacional de la Florida (2002) y en el Miami-Dade Community College (2002); *Lazos que atan y desatan las almas* ha sido presentada, por el mismo grupo, en Broward County Library (2004), el Centro Cultural Español de Miami (2002) y el Miami-Dade Community College (2001); y *Testimonios de mis días*, en Books and Books de Coral Gables (2003) y en el Centro Cultural Español (2003). Aunque las tres últimas aportan planteamientos específicos sobre las circunstancias de la mujer (en una triple perspectiva: la amistad, la relación madre-hija, y la marginación y el abandono), las tres primeras tienen una mayor dinámica escénica, presentando en la primera del grupo un tratamiento irónico sobre la conducta en el mundo de los negocios. El plan de las aguas muestra una conciencia ecológica bien caracterizada a través de personajes alegóricos que trascienden estas limitaciones hasta adquirir vigencia de carne y hueso. En *La roca*, la más original de todas, el contrapunto es al mismo tiempo teórico y realista, gracias a la dinámica de un diálogo que la autora maneja con destreza. Algunas de estas obras han sido publicadas previamente en la versión digital e impresa de la revista literaria *Baquiana* y en The Latino Press/Latin American Writers Institute del Eugenio María de Hostos Community College de la ciudad de Nueva York. Varias de ellas han sido puestas en escena —como se ha mencionado antes— por el Grupo Teatral Capricornio en la Biblioteca Pública del Condado de Broward, en el Centro Cultural Español de Cooperación Iberoamericana de Miami, en la librería Books and Books de Coral Gables, en el Miami-Dade Community College (Recinto de Kendall), en la Universidad Internacional de la

Florida (Recinto de Tamiami, Miami) y en la Universidad de Saint Thomas de Frederictown, Nueva Brunswick, Canadá, por el Grupo Teatral Fantoche. De algunas de ellas se han hecho representaciones en el extranjero.

Ivonne López Arenal, licenciada en Artes Escénicas por el Instituto Superior de Arte de La Habana, es actriz (cine y teatro), directora y dramaturga. Estrenó, bajo su dirección y para La Avellaneda Theater Company, su obra *Gaviotas habaneras*, en Los Ángeles, en 2002. Una lectura parcial de la misma se llevó a efecto en Miami, en 2006, auspiciada por el Instituto Cultural René Ariza. A partir del reencuentro de una pareja, en Miami, que años atrás, en Cuba, tuvo una relación amatoria que ella recuerda y él no, se desarrolla una trama donde el discurso femenino adquiere niveles de sugerencia poco frecuentes en nuestro teatro. *El Reina María* aparece publicado en la revista *Baquiana* en el anuario VI, de 2004-2005. Es una pieza sobre el encuentro de dos amigas con un joven teñido de rubio, que es casi una evocación de *El travieso Jimmy*, de Carlos Felipe, donde entremezcla desencanto, frustraciones e ilusiones de tres personajes asociados con el teatro.

Cristina Rebull emerge como la voz femenina más reciente del teatro cubano, con piezas estrenadas, algunas de ellas en Cuba, que ahora pasan a formar parte del repertorio de Miami: *Frijoles colorados, Mujeres y estrellas* y, en particular, *El último bolero*, que ha sido objeto de repetidos montajes.

Otros aportes

Incursiones esporádicas de escritores más conocidos en otros géneros dramáticos; de actores o directores que llevan a escena textos que no se publican y no se pueden evaluar; o simplemente autores con una producción limitada o bilingüe, en muchos casos inédita, que llevan a escena obras que desaparecen de cartelera, componen un conjunto de la dramaturgia cubana un tanto caótico y difícil de organizar.

Dada su extensa carrera en Cuba y en los Estados Unidos, en la radio y la televisión, y en trabajos de dirección, la obra dramática de Marcos Miranda resulta menos conocida: *La santa visita*, llevada a escena en el Teatro Martí de Miami en 1993; *Lina, esplendor y decadencia de una estrella*, ganadora del Premio Carlos Felipe de Teatro en el concurso de la Asociación de Críticos y Comentaristas de las Artes de 2002; *Amparo y Clementina*, que obtiene accésit en el Premio Internacional de Teatro Alberto Gutiérrez de la Solana, 2003; y *Réquiem por Oscar*, que obtiene el XVIII Premio de Teatro Radiofónico Margarita Xirgu, que otorga la Agencia Española de Cooperación Internacional y Radio Exterior de España. También estrena y dirige su monólogo *Raíces*, en 2006, en el Instituto de estudios cubanos y cubano-americanos de Miami.

Miguel González Pando escribe *La familia Pilón* en 1981, una comedia dramática sobre el choque cultural sufrido por una familia cubana en los Estados Unidos, que es llevada a escena ese mismo año por Bilingual/Bicultural Productions en Miami, pero que permanece inédita. Escritor bilingüe, *Había una vez un sueño* (1987) fue finalista del Premio Letras de Oro, revisada en 1990. Con el título de *A las mil maravillas*, Teatro Avante hizo una lectura de la misma en 1991. El actor Evelio Taillacq ha estrenado varias obras: *Yo quiero ser*, monólogo sobre el 'ser' y el 'tener', estrenado en el Teatro Manuel Artime de Miami en 1991 y representado ulteriormente en Mérida, San Juan y Madrid; *¡Ay, Mamá!*, comedia de situaciones sobre la soledad de las personas mayores en la sociedad moderna que se estrenó en el Teatro Casanova en 1995; *Tal para cual*, una comedia sobre las relaciones matrimoniales, llevada a escena en el Manuel Artime y en el Teatro Casanova en 1994, y en el Bellas Artes de San Juan de Puerto Rico en 1996. De Rafael Blanco, sobre conflictos familiares y choque cultural, se han llevado a escena *Lola* y *La caída*, mientras que Prometeo ha estrenado *La abuela* y *El viaje*, del poeta Orlando González Esteva. El Taller del Garabato da a conocer en el

VII Festival Internacional de Teatro Hispano de Miami, en 1992, *Patio interior* de José Ignacio Cabrera, que según Luis F. González-Cruz es una muestra 'sobre todo lo que no debe ser el buen teatro', pero, según Armando Correa, es un texto 'cuidadosamente elaborado' donde el manejo del lenguaje, la riqueza de los diálogos, demostraban 'la sólida formación literaria y el bagaje cultural del creador'. Texto inédito, es imposible que lleguemos a nuestras propias conclusiones, lo que demuestra la importancia de la publicación. Asimismo, Mario Ernesto Sánchez, director del Festival Internacional de Teatro Hispano de Miami, actor y director escénico de larga trayectoria, estrena *Matacumbe, el vuelo de Pedro Pan* (1995), polémica y sombría.

El concurso Letras de Oro sirvió de incentivo creador y da a conocer nuevas voces del teatro cubano. Fernando Villaverde, más conocido como narrador, recibe el premio de 1989-1990 por *Cosas de viejo*, donde convergen lo costumbrista con lo policíaco al desarrollar las peripecias que tienen lugar en un asilo con motivo de la misteriosa desaparición de dos ancianos. En 1994 Manuel Márquez Sterling lo recibe por *La salsa del diablo*, una pieza dramática fuera de serie merecedora de mayor atención, donde tiene lugar una inserción del discurso operático dentro del género dramático mediante un tratamiento paródico, y que desarrolla meticulosamente las enigmáticas relaciones entre Rossini y Meyerber. Además, Marcos Casanova recibe el Premio Letras de Oro por su obra *La libertad prestada*, en la cual la protagonista se mueve entre la realidad inmediata y el desequilibrio mental, utilizando las secuencias retrospectivas de una forma más o menos convencional, en la línea de algunos textos de Raúl de Cárdenas y Fernando Villaverde.

En 1980, José Carril, presentando a veces obras de su autoría y tras una larga experiencia en Cuba, funda Teatro Guiñol, incluyendo adaptaciones de escritores cubanos.

La línea donde el vernáculo y el costumbrismo constituyen las notas dominantes, en conjunción con lo musical, se pone de manifiesto en textos dispersos que aparecen en diferentes fuentes críticas, como es el caso de *Piña, Mamey o Zapote* o *La estatua de don Lucho* (1987), de Tony Betancourt, que rebasa los límites del teatro bufo, haciéndose patente, de acuerdo con el crítico José A. Escarpanter, el humor negro y su asociación con la farsa de *Aristófanes y Plauto*. En la época en que se funda el Centro Cultural Cubano de Nueva York, a principios de los setenta, empieza a escribir Omar Torres, coautor de *Abdala-José Martí*, con varias obras inéditas, entre las que sobresale *Cumbancha-cubiche* (1976), en la cual a través de la música entronca con lo nacional y hace una propuesta experimental que mantiene relaciones con el teatro vernáculo. De Orestes Matacena *(Cuba Libre)*, Juan Veira *(Héctor)* y Manuel Pereiras *(Las bodas de Hipólita)* se llevan a efecto lecturas escenificadas en El Portón de Nueva York en 1987. De otro carácter, la experiencia histórica del Mariel inspira a Mario Martín a escribir *Resurrección en abril* (1981), cambiando el tono al año siguiente con *Mamá cumple ochenta años* (1982). También Mario Peña, a través del Latin American Theater Ensemble, en El Portón del Barrio (director artístico, Víctor Acosta, y director ejecutivo, Margarita Toirac), da a conocer obras de su cosecha de carácter innovador y experimental: *La ramera de la cueva, Attapolis, El pez que fuma*.

Havanafama, en Los Ángeles y Miami, estrena *Salsa en el solar* de Rosa Sánchez y Ofelia Fox; *El muerto en el salón del Durofrío, Cleopatra y su corte, Cenicienta* y *Drácula* de Roberto Antinoo; *En este convento...* de Maritza Ravant; *Jinetera* de Manuel Lorenzo Abdala; *La Diva en la Octava Casa* de Héctor Santiago, además de las obras de Raúl de Cárdenas ya mencionadas. El carácter inédito de muchas de estas obras imposibilita su evaluación crítica.

El español como segundo idioma

Dado el hecho de que muchos escritores nacidos en Cuba van a escribir su obra básicamente en inglés, su producción se desarrolla en un territorio fronterizo que va de una identidad cultural a otra, y en esencia están fuera de los perímetros 'del español en los Estados Unidos'. A nuestro modo de ver, el lenguaje es lo que determina la identidad del escritor, y salvo en aquellos casos de un teatro no verbal, lo cierto es que, sencillamente, un escritor define su identidad literaria a través del idioma, incluyendo a los dramaturgos. Esto explica las delimitaciones de este ensayo. No obstante ello, al montarse o publicarse la obra en español, el texto en traducción pasa a ser parte del español en los Estados Unidos, adquiriendo una cubanía de segunda mano por vía de la traducción que, como tal, no puede reproducir exactamente el original ni da la medida del manejo directo del lenguaje por el autor. Son obras muy cubanas, excepto por un detalle que ciertamente no es de menor monta: los originales están escritos en un idioma extranjero. No se deja de ser cubano, pero no se puede pertenecer a dos literaturas al mismo tiempo: una cosa o la otra. Los textos escritos originalmente en inglés no pertenecen a las letras hispánicas. La ambientación de un texto no determina su identidad literaria. El idioma es el factor determinante.

El montaje de estas obras resulta comercialmente apetecible, ya que vienen respaldadas por el éxito de una trayectoria en inglés, y al mismo tiempo producen la 'patriótica' connotación de ser obras 'cubanas', que en muchos casos está acompañado de un costumbrismo de fácil digestión y montaje que las hace cómodamente asimilables y comerciales. Pero lo cierto es que la identidad literaria se establece a través del idioma, particularmente si se escribe en un país donde el idioma es otro. Un escritor nacido en Cuba sigue siendo cubano en cualquier lugar donde se encuentre, pero sus obras dejan de pertenecer a la literatura de su país de origen cuando las escribe en otro idioma. Ya traducidas, por extensión, forman parte, marginalmente, del español en los Estados Unidos.

Repertorio Español, en Nueva York, lleva a escena: *Las damas modernas de Guanabacoa* (1986) y *Revoltillo* (1987) de Eduardo Machado, y cuyos originales están escritos en inglés, como también es el caso de *Ana en el trópico*, con montajes en las temporadas de 2004 y 2005. En Miami, *Ana en el trópico* y *Dos hermanas y un piano* (también en traducción al español), ambas de Nilo Cruz, han sido llevadas a escena bajo los auspicios del Hispanic Theater Guild.

Algo parecido ocurre con frecuencia con textos que pasan por estar escritos originalmente en español e incluso por cubanos, sin acreditárseles la paternidad o maternidad del mismo al texto de origen. El hecho no es solo frecuente en el vernáculo, como el caso de *Enriqueta se ha puesto a dieta*, que uno asume es de Cremata y Ugarte —siendo una adaptación libre de *My Fat Friend,* de Charles Laurence, que posiblemente ni se ha enterado—, la cual tuvo más de cuatrocientas representaciones a teatro lleno en el Teatro las Máscaras. Lo mismo ocurre con casos más sofisticados y de mayores pretensiones.

La dramaturgia de la otra orilla sube a escena en el exilio

Al contrario de lo que ocurre en Cuba, donde no se llevan a escena obras de autores cubanos en general y mucho menos de aquellos que han perseverado en no identificarse con el régimen de La Habana, en los Estados Unidos se han representado reiteradamente obras de autores cubanos residentes en Cuba, sin excluir aquellos más fuertemente vinculados al régimen. No son textos que se escriben en los Estados Unidos, pero sí son textos cubanos que se llevan a escena en este país, y que merecen cuando menos mencionarse por razones de montaje escénico, sin contar los que se han llevado a efecto por Teatro Escambray y Cubana de Acero, y otros colectivos cubanos, en universidades, teatros y festivales. Pero, al contrario de lo que se ha repetido reiteradamente, el exilio le ha dado amplia acogida a esta dramaturgia, realmente más de lo que se merece, ya que ha sido un intercambio de un solo lado no correspondido por el régimen de La Habana.

Desde principios de los setenta Herberto Dumé inicia esta apertura con montajes en Nueva York del Dumé Hispanic Theater: *La casa vieja* (1973), *El robo del cochino* (1975), de Abelardo Estorino, Premio Nacional de Literatura y Premio Nacional de Teatro de Cuba. A esto seguirá, en 1976, un montaje en Nueva York de *Santa Camila de La Habana Vieja*, de José Brene, cuyo teatro ha estado radicalmente identificado con el régimen de La Habana. En Miami, Dumé montará *María Antonia*, de Eugenio Hernández Espinosa. *Las pericas,* de Nicolás Dorr se ha llevado a escena en Los Ángeles (Havanafama) y Nueva York (Latin American Theater Ensemble), y posiblemente en otras ciudades. De Estorino, Repertorio Español representa: *Vagos rumores* (1996), *Parece blanca* (1998) y *El baile* (2000). Adaptaciones de *El lobo, el bosque y el hombre nuevo,* de Senel Paz, más conocido por el filme *Fresa y chocolate,* han tenido más de un montaje en Miami, incluyendo el de Gerardo Riverón y Raúl Durán en el Teatro Bellas Artes de Miami, en 1994. A ello se va a unir, en 2002, el que tiene lugar en el Teatro Abanico, en Coral Gables, monólogo de Sara María Cruz que se presentó en La Habana en la sede del grupo Bertold Brecht, por Joel Angelino, que es el que también lo hace en Miami. El colectivo Má Teodora se ha dedicado específicamente a la divulgación de esta dramaturgia, llevando a escena *Santa Cecilia* (1995) y *La noche* (1998), de Abilio Estévez, así como *Delirio habanero* y *Manteca* (2002), de Alberto Pedro. *Los cuentos del Decamerón,* de Héctor Quintero, Premio Nacional de Teatro, se han montado en el Centro Cultural Latin Quarter, y *Cuando Teodoro se muera,* de Tomás González, en Kímbara Cumbara en La Pequeña Habana. De Quintero también se ha montado *Si llueves te mojas como los demás,* por Havanafama, en Los Ángeles. Durante el Festival del Monólogo que se celebró en Miami en 2001, los dramaturgos más representativos del exilio no fueron invitados, dándoseles preferencia a los insulares y llevándose a escena textos de Eugenio Hernández Espinosa, Premio Nacional de Teatro: *Las lamentaciones de Obba Yuru* y *Lagarto Pisabonito,* así como *Esperando a Odiseo,* de Alberto Pedro. *El enano en la botella,* de Abilio Estévez, a partir del montaje que tuvo lugar en 2002 ha sido un éxito repetido de Grettel Trujillo. Sirva este repertorio de una muestra parcial de la dramaturgia cubana insular que se lleva a escena en los Estados Unidos, sin cortapisas de ninguna clase, el cual, lamentablemente, no permite un discurso abierto, porque se trata de un intercambio de un solo lado.

El Festival Internacional de Teatro de Miami

La apertura del Primer Festival de Teatro Hispano bajo el lema de 'Acting Together' (Actuando en Conjunto), 'una corporación no lucrativa, compuesta por casi todas las organizaciones de teatro hispano del sur de la Florida', le dio al festival un carácter comunitario, que incluyó, específicamente, la presentación de *Tres dramaturgos del exilio* por Teatro Nuevo, bajo la dirección de Rafael de Acha, programa compuesto equilibradamente por el montaje de *Coser y cantar,* de la dramaturga Dolores Prida; *La navaja de Olofé,* de Matías Montes Huidobro, y *El asunto de René Ariza* (en inglés), en una adecuada proporción generacional, de género y de lenguaje. Por presiones comunitarias anticastristas, dada la supuesta asociación o simpatía de la dramaturga con el castrismo, el montaje de *Coser y cantar* tuvo que cancelarse. Participan en este primer festival muchas agrupaciones teatrales de la comunidad, con predominio de directores, actores y agrupaciones formadas por núcleos cubanos: Teatro Avante, Prometeo, María Julia Casanova, Teatro Nuevo, Chicos, Mater Dei, Teatro Guignol Florida International University, Pro Arte Grateli, el Departamento de Teatro y Danza de la Universidad Internacional de La Florida, International Arts, con la cooperación de otras instituciones. De mayor importancia es el montaje de *Una caja de zapatos vacía* (Avante), de Virgilio Piñera, en 1987, mucho antes de que se diera a conocer en Cuba. Al año siguiente se llevarán a escena *Dos viejos pánicos* (ACME Acting Company) y *El Chino* (Prometeo), de Carlos Felipe, en 1989. De este año es el montaje de *La noche de los asesinos* (Avante). Ya en 2005, volverá Virgilio Piñera, con *Falsa alarma* (Prometeo). A medida que ha tenido lugar la internalización del festival, la participación de las agrupaciones teatrales de la comunidad (mayormente cubanas) va decreciendo, salvo la presencia permanente de Avante y Prometeo, que se convierten en las dos agrupaciones teatrales más fuertes de la comunidad. A partir del estreno en el año 2000 de *Lila, la mariposa* de Rolando Ferrer, adaptación de Raquel Carrió utilizando un procedimiento de deconstrucción marxista y siguiendo las líneas del montaje que tuvo lugar en Cuba, el festival, en conjunción con Avante, va a estrenar con sistemática regularidad otras adaptaciones de Carrió: *El vuelo del Quijote*, en colaboración con Lilliam Vega, 2003; *El filántropo*, 2005, en realidad una adaptación de Raquel Carrió bastante apartada del original; *La tempestad*, 2006, en colaboración con Flora Lauten, Premio Nacional de Teatro, Cuba; *Yerma*, 2007, mientras la extensa nómina de obras de dramaturgos cubanos citados en este ensayo cargan con el peso de textos inéditos que no suben a escena. El canon político-ideológico que determinó la crisis de *Coser y cantar* en 1986 se invierte radicalmente.

Las obras cubanas, escritas originalmente en español por autores residentes en los Estados Unidos, son las siguientes: *La navaja de Olofé* (Teatro Nuevo), de Matías Montes Huidobro; *Juego de damas* (Teatro Nuevo), de Julio Matas; *Los tres cerditos y el lobo carnicero* (Avante), de René Ariza; *Invierno en Hollywood* (State of the Arts), de Jesús Hernández Cuéllar; *Café con leche* (Repertorio Español), de Gloria González; *El extravío* (Avante), de Julio Matas; *Patio Interior* (Taller del Garabato), de José Ignacio Cabrera; *Ojos para no ver* (Prometeo), de Matías Montes Huidobro; *La época del mamey* (Avante), de Andrés Nóbregas; *Matacumbe* (Avante), de Mario Ernesto Sánchez; *La Peregrina*, de Héctor Santiago; *Lola* (Avante), de Rafael Blanco; *Oscuro total,* de Matías Montes Huidobro (Trigolabrado y Pro Teatro Cubano); *El hombre inmaculado* (Avante), de Ramón Ferreira, y *La mujer de Antonio* (Maderamen), de Frank Domínguez. En algunos casos se trata de obras cortas y poco representativas de nuestra más sólida dramaturgia: *La pequeña intrusa* (Chicos), de José Vicente Quiroga; *Esto no tiene nombre* y *Los quince de Yaniré* (International Art Center), de Julio O'Farril; *La sorda* (International Art Center), de Andrés Nóbregas. También: *A quien pueda interesar,* de Miriam Acevedo (Avante y Comité Italiano por los Derechos Humanos de Cuba); *Desde la orilla*, espectáculo montado por Grisela Pujalá Soto, Lilliam Vega y Sandra García.

De otros autores cubanos con textos originalmente escritos en español: *La noche de los asesinos,* de José Triana (dos montajes: Prometeo y Teatro Garabato).

De autores cubanos con textos originalmente escritos en inglés: *Una cosita que alivie el sufrir,* de René R. Alomá (Avante), y *Revoltillo,* de Eduardo Machado (Avante).

De autores cubanos residentes en Cuba: *Zenea* (Prometeo), de Abilio Estévez; *Tres tazas de trigo* (Avante), de Salvador Lemis; *La feria de los inventos,* de Raquel Carrió (Avante), y *Santa Cecilia* (Galiano 108), de Abilio Estévez.

Prometeo presenta adaptaciones cubanizadas que toman como punto de partida textos franceses, ambas de Félix Lizárraga: *Matías y el aviador,* inspirada en el cuento 'El principito' de Saint-Exupéry, y *La farsa maravillosa del gato con botas,* basada en el de Perrault.

La página impresa y la permanencia del texto dramático

Ciertas actividades editoriales van a llevar a efecto importantes contribuciones a fin de preservar y divulgar, en los Estados Unidos, el patrimonio cultural que representa este teatro. A pesar de que la puesta en escena es esencial, sin la publicación del texto no hay permanencia ni posibilidad de análisis crítico: espectáculo y texto deben estar correlacionados, aunque los teatristas insisten en subestimar este punto de vista. Si la obra dramática no se hubiera publicado, la tragedia griega, el teatro isabelino, la 'comedia' del Siglo de Oro, no nos harían compañía.

Ya desde 1987, The Society of Spanish and Spanish-American Studies publica una edición crítica a cargo de José A. Escarpanter y José A. Madrigal de una pieza clave del teatro cubano con repercusiones contemporáneas: *Perro huevero aunque le quemen el hocico,* de Juan Francisco Valerio. A ello le sigue, en 1988, *Teatro* de Carlos Felipe, también al cuidado de Escarpanter y

José A. Madrigal, que constituye una de las contribuciones editoriales más importantes en relación con la preservación y divulgación del patrimonio cultural cubano. Presidida la edición por una documentada introducción de José A. Escarpanter, que complementa con notas aclaratorias, necesarias para un mejor entendimiento de los textos, esta edición, además de las obras previamente publicadas (*El Chino, Capricho en rojo, El travieso Jimmy, Réquiem por Yarini, Ibrahim* y *Los compadres*), incluye textos hasta el momento inéditos (*Esta noche en el bosque, Tambores, La bruja del obenque*) y el texto de la creación colectiva *De película*.

Las Ediciones Universal, aunque en menor medida que en el caso de otros géneros literarios, siguen siendo vehículo de preservación del patrimonio nacional, con la publicación de textos de Montes Huidobro, Acosta, Matas, Sánchez-Boudy, ya mencionados. Sobresalen dentro de este conjunto: *Una caja de zapatos vacía* (1986), de Virgilio Piñera, sujeto a marginación en Cuba, edición crítica de Luis F. González-Cruz, publicada por primera vez en el exilio; *Persecución* (1986), de Arenas, con materiales en peligro de perderse para las letras cubanas, y *Teatro* (1993), de Ramón Ferreira, que contiene la totalidad de su obra dramática.

Por otra parte, Senda Nueva de Ediciones publica *Teatro cubano: tres obras dramáticas,* de José Antonio Ramos (1983), y *Teatro cubano. Dos obras de vanguardia,* de José Cid Pérez (1989), editadas por Esther Sánchez Grey. También, *Bruno* (1985), de Alberto Guigou.

La Editorial Persona, con Yara González Montes y Matías Montes Huidobro como editores, publica en 1987 *Los negros catedráticos,* de Francisco Fernández, fundador de 'los bufos habaneros', cuya edición crítica actualiza lingüísticamente un texto medular del vernáculo cubano. A esto seguirán varias obras del teatro contemporáneo: *Las hetairas habaneras* (1988) ,de Corrales y Pereiras; *Recuerdos de familia* (1988), de Raúl de Cárdenas; *Siempre tuvimos miedo* (1988) y *Piezas cortas* (1990), de Hernández; *Ceremonial de guerra,* de José Triana (1990), obra escrita en Cuba durante el período de marginación sufrido por Triana en Cuba, hasta ese momento inédita, con aproximaciones estilísticas y temáticas de otro carácter; y varias obras de Montes Huidobro: *Exilio* (1988), *Funeral en Teruel* (1990) y *Obras en un acto* (1991). En la primera etapa de la revista *Dramaturgos* (1987-1988), también al cuidado de ambos editores, aparecieron varios textos de esta dramaturgia: *El piano,* de Corrales (primer cuadro de *Un vals de Chopin*); escenas de *La muerte de Rosendo,* de Raúl de Cárdenas, pieza hasta el momento inédita; de *La visita,* de Rossardi, y de *La consagración del miedo,* de Hernández. En 1995, en *Anales Literarios (Dramaturgos)* se publica *Un vals de Chopin* de Corrales.

Revista *Ollantay.*

En 1993 se inicia la publicación de *Ollantay,* donde aparecerán obras de autores hispanoamericanos, incluyendo dramaturgos cubanos de la diáspora. Entre ellas: en 1994, *Madame Camille, escuela de danza,* de Héctor Santiago; en 1995, *En este apartamento hay fuego todos los días,* de Pedro Monge Rafuls; en 1997, *Oscuro total,* de Matías Montes Huidobro; en 2003, *El vestido rojo,* de José Corrales; en 2006; *Algo cayó del cielo,* de Eddy Díaz Souza, y *La infanta que quiso tener los ojos verdes,* de Eduardo Manet; en 2007, *Noche de ronda,* de Pedro Monge Rafuls. *Ollantay* publica además dos colecciones importantes: *Teatro: cinco autores cubanos,* donde aparecen: *Fefu y sus amigas,* de María Irene Fornés, escrita originalmente en inglés; *Las monjas* de Eduardo Manet, muestra del más violento teatro de la crueldad que responde a las premisas del teatro cubano de vanguardia de los sesenta, y aunque escrita originalmente en español hace un recorrido internacional en lengua francesa hasta reubicarse en su punto de partida con esta edición; *Nadie se va del todo,* de Pedro Monge Rafuls; *Balada de un verano en La Habana,* de Héctor Santiago, y *La fiesta,* de José Triana, que confirma su fidelidad al idioma con este texto cuya publicación es una importante contribución editorial, trasladándonos a un espacio carnavalesco y popular, en la tradición de su *Revolico en el Campo de Marte*.

En la revista *Caribe* se han publicado obras de José Corrales (*Vida y mentira,* de Lila Ruiz, 2002), Héctor Santiago (*Yemayá Awoyó,* 2004) y Pedro Monge Rafuls (*Una cordial discrepancia,* revista *Caribe,* 2004-2005).

En los anuarios de la revista literaria *Baquiana* se han publicado las siguientes obras de autores cubanos: *Análisis de madurez* y *Lazos que atan y desatan las almas* (2000-2001), de Maricel Mayor Marsán; *Caronte y los güijes* (2001-2002), de Gastón Álvaro Santana; *La roca* (2001-2002), de Maricel Mayor Marsán; *El hombre del agua* (2003-2004), de Matías Montes Huidobro (2004); *La reina María* (2004-2005), de Ivonne López Arenal (2005); y *La oreja militar* (2005-2006), de Pedro Monge Rafuls. En el anuario 2006-2007 se publican *Suicídame*, de Yoshvani Medina; *El gatillo alegre*, de Karla Barro De Vent Du Mois; y *Réquiem por Oscar*, de Nicasio Silverio y Marcos Miranda, que en el año 2003 obtiene el Premio Margarita Xirgu de Teatro Radiofónico otorgado por la Oficina Iberoamericana de Cooperación Internacional del Ministerio de Asuntos Exteriores de España.

Las ediciones de carácter antológico publicadas por académicos norteamericanos, o por editoriales extranjeras que seleccionan obras en español de autores cubanos residentes en los Estados Unidos, ayudan a preservar el patrimonio de esta dramaturgia. El punto de partida lo dan Orlando Rodríguez Sardiñas (Orlando Rossardi) y Carlos Miguel Suárez Radillo, que publican la primera obra antologada de un autor cubano de la diáspora, *La sal de los muertos*, de Matías Montes Huidobro, en *Teatro Selecto Hispanoamericano Contemporáneo* (1971). Mirza L. González incluye *La Madre y la Guillotina*, de Matías Montes Huidobro en *Literatura revolucionaria hispanoamericana. Antología* (Betania, 1994). *La navaja de Olofé*, de Matías Montes Huidobro; *Otra historia*, de Pedro Monge Rafuls; *Los hijos de Ochún*, de Raúl de Cárdenas; *Las hetairas habaneras*, de José Corrales y Manuel Pereiras, y *La eterna noche de Juan Francisco Manzano*, de Héctor Santiago son incluidas en *Presencia negra: teatro cubano de la diáspora* (Betania, 1999), editada por Armando González Pérez. *Teatro cubano contemporáneo. Antología* (Centro de Documentación Teatral, España, 1992), coordinada por Carlos Espinosa Domínguez, selecciona *Su cara mitad*, de Matías Montes Huidobro; *Sanguivin en Unión City*, de Manuel Martín. Jr., y *Una cosita que alivie el sufrir*, de René Alomá.

Olvidos y reconocimientos

Toda esta dramaturgia ha sido objeto de pocos reconocimientos, particularmente en Miami, que es el área que debía estar más comprometida con el teatro cubano de la diáspora. La Asociación de Críticos y Comentaristas de Arte (ACCA), fundada por la periodista Josefina Rubio, otorgó algunos reconocimientos, pero esta institución dejó de funcionar pocos años después de la muerte de su fundadora. En la última etapa se crea el concurso Carlos Felipe, que reconoce la producción de autores cubanos. El Festival Internacional de Teatro Hispano de Miami ha otorgado anualmente un importante galardón teatral bajo el signo de 'Una vida dedicada a las artes escénicas', reconociendo, merecidamente, el trabajo de cuatro directores cubanos (Francisco Morín, Ramón Antonio Crusellas, María Julia Casanova y Andrés Castro) y María Irene Fornés, cuya dedicación al teatro es innegable, pero cuya obra dramática ha sido escrita mayormente en inglés. Dos dramaturgos, Isaac Chocrón, venezolano, y Enrique Buenaventura, uno de los pilares marxistas del teatro de creación colectiva, han sido honrados por su trabajo. Ninguno de los dramaturgos cubanos que han hecho gran parte de su obra en los Estados Unidos ha sido merecedor de tal reconocimiento. Havanafama y el congreso 'Celebrando a Martí' le han rendido homenaje a Raúl de Cárdenas por la labor teatral que ha venido realizando. Afortunadamente, el Instituto Cubano-Americano de Los Ángeles, en un período más corto de tiempo, entre 1997 y 2001, en un período de cinco años, les otorgó la Palma Espinada a varios dramaturgos cubanos: José Triana, Raúl de Cárdenas, Pedro Monge Rafuls, José Corrales y Matías Montes Huidobro. La Fundación René Ariza, en un período de tres años, ha ido llenando este vacío, otorgándole el Premio René Ariza a dos dramaturgos: Montes Huidobro (2007) y Julio Matas (2008), a un investigador del género dramático, José A. Escarpanter (2006), y a la actriz, educadora y directora teatral Nena Acevedo (2008).

De los logros y avatares de esta dramaturgia deja constancia visual el documental *Raíces aéreas*, escrito y dirigido por Ernesto García, producido por Sandra García, bajo los auspicios de Teatro Miami Corporation, donde los testimonios del crítico José A. Escarpanter y de los dramaturgos Ivonne López Arenal, Julio Matas, José Abreu Felippe y Matías Montes Huidobro, con escena de algunas de sus obras, incluyendo textos de Eduardo Manet, dejan un documento fundamental para un mejor entendimiento de lo que representa la obra de los dramaturgos de la diáspora. Complementa la extraordinaria labor llevada por Ernesto García en la página electrónica http://teatroenmiami.com/, que es posiblemente el mayor vehículo de información internacional sobre el teatro de habla hispana en los Estados Unidos.

Los comienzos de un nuevo siglo

Para fines de los noventa y principios de 2000, se dan a conocer nuevos dramaturgos cuya valoración definitiva queda pendiente. Es el caso de Jorge Trigoura, actor, director y autor de *Si las balsas hablaran*, *Vuelo directo* y *Reencuentro con doble E*, que fundó Trigolabrado en colaboración con su esposa, Leanne Labrada, donde llevó a escena sus propias obras, en las que hace planteamientos directos, teatralmente dinámicos, sobre los conflictos inmediatos del exilio, los riesgos que se asumen y la traumática experiencia que esto representa. Víctor Varela, que en 1988 llevó a efecto en Cuba un proyecto experimental con el montaje de *La cuarta pared*, intenta hacer algo similar en Miami a través de Teatro Obstáculo, sin similar resonancia, llevando a escena textos suyos, interesantes e innovadores: *Melodrama cuarta pared II* (1998), *Aplaude con una mano* (2001), *Nonato en Útero* (2003). Larry Villanueva se vuelve autor, actor y director de su propia obra cuando lleva a escena *Allá fuera hay fresco* (1997) en el Centro Cultural Latin Quarter, considerada como 'una descarga en un acto', donde se entremezclan, como es frecuente, absurdo, costumbrismo y crueldad, en las relaciones de una pareja. También sobre el contrapunto de una pareja y la lucha interna por el poder es *Memoria cotidiana* (1995), de Arístides Falcón, de la cual se llevará a efecto una dramatización cercana a un montaje en el Instituto Arte Teatral Internacional (AITI) de Nueva York, en 2002. *Tres en uno*, en 2003, fue un programa presentado por el Latin Quarter Cultural Center, con un monólogo de Julio O'Farril, estrenado en 1987 durante el segundo Festival de Teatro Hispano de Miami, una adaptación de una obra en inglés de Christina Sánchez; textos de menor importancia que sobreviven por dos décadas y resucitan gracias a las intervenciones musicales de Jorge Hernández. Frank Quintana, que en el año 2000 demostró finalmente sus condiciones actorales en *Oscuro total* bajo la dirección de Jorge Trigoura, se convierte en autor con el monólogo *La mujer de Antonio*, en línea de continuidad con una tradición dramático-musical, vinculada al vernáculo y la cultura popular, que representa una corriente permanente de la dramaturgia de la diáspora, reiteradamente utilizada por De Cárdenas, Monge, Santiago, Corrales, Acosta, Barceló, Santeiro, Betancourt y muchos otros.

Ernesto García (1969), autor y director, escribe *El celador del desierto* (2003, Teatro Abanico), una obra de tónica expresionista a través de una percepción distorsionada y alucinante del mundo, donde cinco celadores sobreviven a una hecatombe en un espacio dramático apocalíptico. Sigue la línea sombría de textos tan disímiles como *Los perros jíbaros*, de Jorge Valls o *Un arropamiento sartorial en la caverna platónica*, de Piñera, en las cuales se siente, sin tenerse que especificar, la experiencia cubana de las cuatro últimas décadas del siglo XX. En el año 2006 lleva a escena *Improvisando a Chejov*, en el que hace un montaje, con acompañamientos visuales electrónicos, de varios textos del dramaturgo ruso. Para 2007, Teatro en Miami abre las puertas de su propia sala con el montaje de *Sangre*, de Ernesto García, inspirada en *Antígona*, donde el conflicto entre la fidelidad familiar y el abuso de poder por el Estado sufre cambios originales y un montaje audaz, con reminiscencias obviamente cubanas. Su último estreno ha sido *Aroma de un viaje* (2007).

La crisis que representa el montaje de esta dramaturgia se pone de manifiesto con la puesta en escena de *Un objeto de deseo,* de Matías Montes Huidobro (dirigida por Mario Salas Lanz), que, por sus condiciones de dramaturgo, narrador, poeta y ensayista, asume conjuntamente con Yara González Montes los riesgos de producción a través de Pro Teatro Cubano. Las exitosas representaciones en Teatro Ocho formaron parte también de las actividades del congreso 'Celebrando a Martí', en memoria del apóstol de la independencia de Cuba. Obra de madurez, el texto, rico en desdoblamientos, contrapuntos y efectos metateatrales, explora las relaciones personales de Martí con su esposa, Carmen Zayas Bazán, y las que sostiene intertextualmente con su personaje, Lucía Jerez, sirviéndole al autor de pretexto para planteamientos sobre el carácter y la conducta nacional.

Represetanción de *Un objeto de deseo*, Matías Montes Huidobro.

El carácter nacional: vigencia a través del idioma

No deja de ser impresionante el trabajo realizado por un grupo de dramaturgos que han hecho gran parte de su obra teatral, o toda ella, en un país no solo extranjero sino de un idioma que no es el materno. Esa unidad a través del idioma, que casi nos remonta a una consigna nacionalista hispánica, es lo que ha garantizado la vigencia por casi medio siglo de una dramaturgia casi sin escenario. El peso de los textos que no han sido montados o publicados es seguramente mayor que el de aquellos que han logrado ambos objetivos y, sin embargo, la dramaturgia existe contra viento y marea. Estamos seguros, no importa las limitaciones que puedan tener muchos de sus textos, que una fenomenología creadora de este carácter no ha tenido lugar en toda la historia del teatro mundial, muestra arquetípica de la voluntad de ser.

Agradecimientos: A Lesbia Varona, bibliotecaria, por la información que me ayudó a conseguir en The Cuban Heritage Collection de la Universidad de Miami; a Ernesto García, por facilitarme su ayuda a través de http://teatroenmiami.com/, y a Yara González Montes, por ayudarme a coordinar los datos de esta investigación.

EL ENSAYO

El ensayo cubano

Elio Alba Buffill

Introducción

El gran desarrollo que ha tenido el ensayo cubano en los últimos cincuenta años en los Estados Unidos tiene su origen en ese exilio masivo que se ha venido produciendo por décadas y que se extiende hasta el presente momento histórico, producto de la implantación en Cuba de una dictadura marxista que desde su inicio ha despojado a la población de la libertad política necesaria para un correcto funcionamiento de la sociedad civil y a la vez ha desconocido los derechos humanos básicos por los que se rige el mundo civilizado.

Los ingredientes esenciales del trabajo ensayístico llevado a cabo fuera de la Isla, especialmente en territorio de Norteamérica, tienen su raíz en algunos postulados como lo son: 1) la necesidad de acercarse espiritual e intelectualmente a la tierra que se dejó atrás. Esa pérdida y ese alejamiento provocan una angustia especial entre los exiliados y despiertan un sentimiento de nostalgia que se refleja en aquel deseo de indagar 2) el pasado cultural y las páginas de la historia que el régimen de la Isla ha distorsionado para sus propósitos. De aquí que los intelectuales del exilio se hayan dado a la tarea de estudiar esas páginas y de 3) reevaluar la relevancia de esa cultura en aportaciones a la Historia, la Filosofía, las Artes, etc., en el pueblo cubano, de la Isla y del exilio, con el legítimo deseo de 4) preservar una conciencia nacional, que pese al desarraigo y la lejanía se ha mantenido vigente y que, como decía José Martí, era aquella 'comunidad de intereses, unidad de fines, fusión dulcísima y consoladora de amores y esperanzas' (1978).

Antecedentes históricos

En nuestro acercamiento a la materia cabe anotar la curiosa coincidencia histórica de aquellos acontecimientos producidos en las últimas décadas del siglo XIX, hechos políticos que conllevaron el desplazamiento al extranjero de una buena parte de la población de la Isla y que, en esa ocasión, dicha emigración también hubo de concentrarse en su mayoría en territorio de los Estados Unidos. En esta misma centuria decimonona fue el ansia de independencia política que surgió en el pueblo cubano la que produjo, primero, la llamada Guerra de los Diez Años (1868 a 1878) y después la guerra de 1895, que conllevó la fundación de la República de Cuba en 1902, todo lo cual determinó la salida hacia este vecino del norte de muchos simpatizantes de la causa independentista.

Como lo he escrito anteriormente (1998), es posible señalar como características tradicionales del ensayo cubano, también manifiestas en la ensayística elaborada fuera de la Isla, su gran contenido humanístico, la constante referencia a la cultura española, la búsqueda de sus esencias hispanoamericanas y el permanente enfrentamiento al proceso cultural de la Isla. Estas constantes temáticas surgieron en el lento proceso de siglos de formación de la nacionalidad cubana y están indisolublemente unidas a su tradición cultural.

Una revisión histórica hace evidente que los pensadores cubanos se sintieran necesariamente herederos de la extraordinaria historia cultural española, sus logros literarios y culturales y, a través de ella, de la llamada civilización occidental. Al mismo tiempo, y ya dentro del plano político y económico, se hacían eco del malestar criollo y denunciaban la actitud de determinados gobernadores españoles de subordinar la satisfacción de los legítimos anhelos del pueblo de la colonia, para beneficiar en cambio muy poderosos intereses de la metrópoli.

Esta doble actitud condiciona la ensayística cubana del siglo XIX en general y se hace muy patente en la gran cantidad de escritores que se desplazaron a los Estados Unidos para no ser perseguidos en su patria por sus ideales políticos. Existía en ellos, junto a la actitud de crítica al régimen colonial, un hondo afán de conocimiento, un intenso deseo de descubrir las razones de nuestras deficiencias, de poder encontrar las soluciones por medio del análisis y de la investigación.

Estas corrientes de pensamiento que recorren toda la América hispana están en el fondo transidas de las ideas de la Ilustración del siglo XVIII. Es innegable que el movimiento de la Ilustración fue fundamental en la gesta de libertad que recorrió nuestro continente y que también tuvo influencia en Cuba, aunque la posición de la Isla como punto de entrada de la metrópoli al continente y su insularidad fueron causas parciales, por lo menos en cierta medida, de que Cuba no fuera arrastrada en ese tiempo por los poderosos vientos de liberación que recorrieron Hispanoamérica. El movimiento romántico, más tarde, con su respeto a la dignidad humana, su prédica de libertad, su amor y exaltación de la belleza de la naturaleza, tenía que ser de gran atracción a ese grupo de destacados cubanos que estaban surgiendo en Cuba. Estos se caracterizaron por su erudición y una genuina preocupación por estudiar el desenvolvimiento cultural tanto de la metrópoli como de la naciente patria. Entre ellos se incluía, en la primera parte del siglo XIX, a Félix Varela, José de la Luz y Caballero, Antonio Bachiller y Morales, José Antonio Saco y, en la segunda mitad, a Manuel Sanguily, Enrique José Varona, Enrique Piñeyro, José Martí, etc.

Estudio y valoración del humanismo

José Martí.

El gran contenido humanístico y el afán de estudiar la cultura hispánica en general, es decir, la española y la hispanoamericana, constituyen también características de la labor de la ensayística y la exegética del exilio cubano contemporáneo. En efecto, si examinamos los trabajos de esa naturaleza de los escritores del presente y prolongado exilio, encontraremos en muchos de ellos un acercamiento desde una multiplicidad de perspectivas a los temas tratados, lo que está relacionado con su aludido humanismo. Tomemos como ejemplo los valiosos estudios sobre José Martí de Roberto Agramonte, escritos en la diáspora cuando ocupaba una cátedra en la Universidad de Puerto Rico y luego durante su jubilación, primero en Puerto Rico y más tarde en la ciudad de Miami, Florida.

Estos trabajos nos muestran que, además del punto de vista literario, Agramonte se enfrenta al escritor estudiado desde perspectivas filosóficas, sociológicas, psicológicas y pedagógicas. Así, en su libro *Martí y su concepción del mundo* (1971) Agramonte comienza estudiando al hombre y al escritor, pero después realiza un muy feliz esfuerzo de sistematización del pensamiento filosófico del destacado escritor cubano. El crítico, con una valiosa documentación tomada de la amplia obra martiana esparcida en numerosas publicaciones de la época, plantea la condición de filósofo de Martí a pesar de que este no hubiera escrito libros orgánicos de filosofía. Un acercamiento sociológico es utilizado por Agramonte en su obra en dos volúmenes *Martí y su concepción de la sociedad* (1979 y 1982), donde no solamente explica las ideas sociológicas de Martí sino que, con su extraordinaria erudición, las va estudiando en relación con las de las figuras más destacadas en esa materia del pensamiento universal. En su libro *Las doctrinas educativas y políticas de José Martí* (1991) el crítico se acerca en la primera parte a la teoría de la educación de Martí, donde evalúa desde las implicaciones filosóficas que conlleva la problemática de la existencia hasta el aspecto metodológico, y en la segunda nos señala cómo la revolución de independencia por la que luchaba Martí estaba basada en un equilibrio social y se encaminaba a lograr una plasmación efectiva de un sistema de democracia representativa.

Igual muestra de su humanismo y erudición da prueba Agramonte en sus libros sobre Montalvo, donde hay enfrentamientos a sus aspectos literarios, análisis de sus características de escritor, recopilación y publicación de unas trescientas veinte cartas escritas por el ensayista ecuatoriano o dirigidas a él, estudios sobre trabajos desconocidos de Montalvo o indagaciones sobre Montalvo y la literatura francesa, al mismo tiempo que trabajos acerca de Montalvo como filósofo, además de un muy fundamentado libro en tres volúmenes titulado *La filosofía de Montalvo*[1] (1992). Aunque la preocupación de Agramonte por Montalvo fue una constante de toda su vida, algunas de sus obras sobre el insigne ensayista ecuatoriano fueron escritas y publicadas durante su larga estancia de profesor en la Universidad de Puerto Rico.

Ese humanismo se encuentra de la misma manera reflejado en otros muy valiosos exégetas del exilio. Citemos, como ejemplos representativos de esa constante, a Humberto Piñera, que fuera profesor de la Universidad de Nueva York, que no solo continuó en el exilio la vertiente filosófica de su ensayística, que le había ganado reconocimiento continental desde su temprana juventud, sino también cultivó con mayor énfasis la filosófica-literaria, que le valió una muy positiva crítica por sus obras, *El pensamiento español en los siglos XVI y XVII* (1970), *Unamuno y Ortega. Contraste entre dos pensadores* (1965) y su *Idea, sentimiento y sensibilidad de José Martí* (1980). También la obra de Mercedes García Tudurí, profesora de Saint Thomas University, de Florida, por muchos años, muestra las mismas facetas que había mostrado en su patria, es decir, la literaria, la filosófica, la sociológica, la político-jurídica y la pedagógica. Igual apreciación puede hacerse de José Olivio Jiménez, que hace patente en su exegética una vasta erudición literaria que le ganó justa fama de especialista de la poesía española contemporánea, del modernismo y de la poesía cubana, pero en la que su extraordinario conocimiento literario se desplaza hacia otras disciplinas.

Cultura e historia de España

La segunda característica del ensayo cubano, que también está reflejada en la labor del exilio, es la tendencia a evaluar la historia cultural de España, lo que se relaciona con la búsqueda de las esencias hispanoamericanas y el constante indagar sobre el proceso histórico y cultural de Cuba. El interés por la cultura española se hace patente en toda la historia literaria cubana por la gran cantidad de libros y artículos en periódicos y revistas sobre esa materia. En el exilio cubano se han dedicado numerosos ensayos críticos a estudiar trabajos sobre literatura y cultura española, bien enfrentándose directamente a la obra de los autores españoles, bien estudiando los libros sobre esos autores de España, de algunas figuras muy representativas de la literatura cubana, que merecieron en su época gran reconocimiento crítico.

Entre esos abundantes ensayos críticos de análisis directo de la literatura española destacaremos algunos como ejemplos. Uno de los primeros que debemos mencionar es a José Olivio Jiménez, que hace patente en su exegética una vasta erudición literaria que le ganó justa fama de especialista de la poesía española contemporánea, del modernismo y de la poesía cubana, pero en la que su extraordinario conocimiento literario se desplaza hacia otras disciplinas. Entre sus aportes se destaca la positiva acogida de la crítica peninsular de sus libros *Cinco poetas del tiempo* (1964), *Diez años de poesía española, 1960-1970* (1972) y *La presencia de Antonio Machado en la poesía de la posguerra* (1983). A estas obras siguieron libros específicos o antológicos sobre determinados poetas como Vicente Aleixandre o Francisco Brines y una antología, esta en colaboración con un profesor español, Dionisio Cañas, de siete poetas españoles de la posguerra.

Otras serias aportaciones dentro de esa corriente, que ha sido muy amplia en la exegética cubana, fueron las del antes mencionado Humberto Piñera Llera, con sus libros ya citados *Unamuno y Ortega y Gasset. Contraste entre dos pensadores* y *El pensamiento español en los siglos XVI y XVII*, a los que se unen *Novela y ensayo en Azorín* (1971) y otros meritorios ensayos sobre Cervantes, Quevedo, Antonio Machado, etc. En el primer libro mencionado, Piñera presenta con ponderación y objetividad el contraste entre la angustia unamuniana y el optimismo intelectual orteguiano. Aunque defiende a Ortega de las acusaciones que sobre su aristocraticismo se le han hecho, pues señala que el mismo fue esencialmente espiritual, no deja de indicar ciertas contradicciones de Ortega. El segundo libro citado es uno de los que recibió más reconocimiento dentro de la vertiente literaria-filosófica de sus obras. En él, muestra su extraordinaria cultura al fijar las bases de los siglos XVI y XVII. Es un profundo estudio del Renacimiento y el Barroco, que ilumina la labor literaria de Juan Luis Vives y los erasmistas españoles, de Fray Luis de León, de Diego Saavedra Fajardo, de Baltasar Gracián y de Francisco de Quevedo y Villegas.

Otro valioso ejemplo de ese interés exegético por la literatura española es el de Humberto López Morales, que efectuó aportes fundamentales en los estudios del antiguo teatro español en su libro *Tradición y creación en los orígenes del teatro castellano* (1978) y en valiosas antologías sobre la materia que introdujo con acuciosos y eruditos estudios preliminares[2]. Otros ejemplos son los trabajos de Matías Montes Huidobro sobre Ángel Ganivet, Leopoldo Alas, Juan Valera, Camilo José Cela; y los de Yara González Montes sobre santa Teresa de Jesús, Rosalía de Castro, Juan Ruiz de Alarcón y Rafael Alberti; y aquellos estudios de Rosario Hiriart, sobre Francisco Ayala, Ildefonso Manuel Gil o Carmen Conde; los de Carlos Alberto Montaner sobre Unamuno, Larra, Ortega y Gasset, Pérez Galdós, etc.; y aquellos de Luis F. González-Cruz sobre Eugenio D'Ors; los de Zenaida Gutiérrez Vega sobre Carmen Conde y Victoria Kent, y el reciente libro de Oneida Sánchez sobre Luis Felipe Vivanco, Luis M. Rosales y el ya citado Ildefonso Manuel Gil, que dan constancia de la dedicación a estos temas.

Otros trabajos muy serios sobre fundamentales estudios de la exegética cubana acerca de la literatura española son dignos de mencionar. Ese es el caso del valioso acercamiento al tema cervantino que fue la obra *Examen del Quijotismo de Jorge Mañach* (1950), que efectuaron Andrés Valdespino, Amalia de la Torre, Luis F. González-Cruz y Rosario Rexach, en sus respectivos libros sobre ese autor[3]. A estudiar la conferencia sobre Cervantes de Enrique José Varona, considerada por la exegética hispanoamericana como uno de los más importantes ejemplos de la crítica taineana en este continente, y otros trabajos de Varona sobre el Manco de Lepanto menos conocidos y hasta algunos artículos casi olvidados por más de un siglo, dediqué mi libro *Los estudios cervantinos de Enrique José Varona* (1979). Igualmente, los profesores Ángela Aguirre y Gilberto Cancela dedican valiosos capítulos de sus respectivas obras sobre Enrique Piñeyro[4] a evaluar los libros de este sobre el poeta Manuel José Quintana y el titulado *El romanticismo español* (1936), que le ganaron en su época, a Piñeyro, el respeto y la admiración de la crítica española; por su parte, Zenaida Gutiérrez Vega empleó una parte sustancial de su labor ensayística y crítica a analizar la vida y la obra de José María Chacón y Calvo, quien con innumerables artículos publicados en revistas literarias y con su obra *Ensayos de literatura española* (1928) cimentó su fama de hispanista, reconocida por Ramón Menéndez y Pidal y otros grandes exégetas de España.

Cultura e historia de Hispanoamérica

Ligada a la temática española está la hispanoamericana. La indagación y la búsqueda de las esencias de Hispanoamérica es una constante de la ensayística de la América hispana en general no solo del siglo XIX sino también del XX[5]. La dedicación de los escritores del exilio al ensayo hispanoamericano es muy numerosa y valiosa. Una de las contribuciones más extensas y universales dentro del tema es la obra de Jorge Mañach (Sagua La Grande, 1898-San Juan, 1961), que por tratarse de un autor que reside y muere en Puerto Rico, a su salida definitiva de Cuba, solo consignamos en nota[6]. Entre las aportaciones de esa vertiente puede citarse, como representativa, el libro del profesor Carlos Ripoll, *Conciencia intelectual de América. Antología del ensayo hispanoamericano (1836-1959)* (1966), que, además de una valiosa selección, tiene una esclarecedora introducción donde el autor se acerca a la temática de ese ensayo, incluye muy documentadas notas sobre los ensayistas estudiados, su obra y su significación en la historia de ese género en la América hispana y una selecta bibliografía activa y pasiva de cada uno de ellos.

Entre las obras importantes de este tipo están el libro de Anita Arroyo *América en su literatura*, que tiene acápites muy bien estructurados sobre Martí, Hostos, José Enrique Rodó, Pedro Henríquez Ureña, Alfonso Reyes, Enrique José Varona y Jaime Benítez; la obra de Manuel Gómez Reinoso, *Aproximaciones a la literatura hispanoamericana* (1993), donde dedica valiosos ensayos a Alfonso Reyes, Pedro Henríquez Ureña y Concha Meléndez, además de aquellos en los que estudia al cubano Jorge Mañach; y el volumen *Historia crítica de la literatura hispanoamericana* (1968), de Orlando Gómez Gil, entre otros. Como muestra de ensayos críticos sobre un autor específico, en este caso un poeta colombiano, se encuentra el libro *León de Greiff: una poética de vanguardia* (1974), de Orlando Rodríguez Sardiñas.

Otros muchos ensayistas cubanos, sobre todo profesores universitarios, han incursionado en este tipo de obra ensayística, ya en la dedicada a estudios de la literatura hispanoamericana como a la española; entre ellos encontramos algunos nombres, casi todos profesores cubanos con cátedras en universidades norteamericanas, como José Juan Arrom, Madeline Cámara, Jorge Febles, Uva de Aragón, Rita Geada, Luis F. González-Cruz, Yara González Montes, Lorenzo García Vega, Aurelio de la Vega, José A. Escarpanter, Georgina Sabat de Rivers, Rosario Rexach, Julio E. Hernández-Miyares, Jorge Camacho, Jesse Fernández, Leonardo Fernández Marcané, Emilio Bejel, Armando González Pérez, Hortensia Ruiz del Vizo, Rolando D. H. Morelli, Lisandro Pérez, Mariela Gutiérrez, Jorge Rodríguez Florido, Julio Rodríguez Luis, Concepción T. Alzola, Gladys Zaldívar, Elías Miguel Muñoz, Carlos Espinosa Domínguez y Alberto Hernández Chiroldes, por mencionar solo unos pocos que residen en los Estados Unidos. Otro estupendo ensayista cubano, pero que en este caso fija su residencia en España, lo ha sido Mario Parajón.

Acercamiento al proceso cultural cubano

Corresponde ahora detenernos en el enfrentamiento de los escritores cubanos en los Estados Unidos al proceso cultural de su patria. Hemos aludido ya a que el sentimiento de nostalgia ante el forzado alejamiento de la tierra natal y el afán de mostrar el valioso pasado cultural que el actual régimen totalitario de Cuba ha desconocido por intereses políticos han sido factores favorables al desarrollo del ensayo cubano en este país en las últimas décadas. Es también cierto que el exilio ha mantenido las que hemos apuntado como constantes temáticas fundamentales del ensayo cubano a través de su historia, pero creemos también que hay bases racionales para afirmar que, de todas ellas, es ese enfrentamiento al proceso histórico y cultural de la patria la que se ha hecho más patente en la labor de estos escritores, lo que es fácil comprender, dados los tiempos de crisis que está atravesando la nación cubana.

Todo esto justifica la gran atención de los ensayistas y críticos cubanos residentes en suelo norteamericano en la obra y las ideas de los fundadores de la nación, muy especialmente en José Martí, al que las más modernas interpretaciones exegéticas señalan como uno de los verdaderos fundadores de la corriente intimista del modernismo y el que une, a su alta jerarquía literaria, su labor central en el proceso de la independencia cubana. Como ya hemos mencionado anteriormente al estudiar el humanismo que ha caracterizado la labor ensayística del exilio, han merecido muy positiva crítica las obras sobre Martí de Roberto Agramonte, Humberto Piñera y José Olivio Jiménez, los que con esos aportes, al enfrentarse con objetividad al pensamiento martiano, han destacado los siguientes aspectos: Agramonte, la ubicación de Martí dentro de las corrientes filosóficas espiritualistas y, por tanto, muy alejadas del materialismo marxista al que se ha pretendido afiliar su obra; Piñera, la gran vinculación democrática del pensamiento del apóstol de la libertad de Cuba; y Jiménez, el acercamiento de Martí a ciertas vertientes de la filosofía existencial, es decir, aquellas que están más en concordancia con la Trascendencia, o sea, con las posiciones que el crítico consideraba más cercanas a las ideas religiosas del autor de *Ismaelillo*.

Un profesor, crítico e historiador cubano que merece una mención muy especial, pues se ha destacado por su devoción martiana, ha sido Carlos Ripoll, quien, en su considerable obra escrita en los Estados Unidos sobre el particular, lo ha analizado fundamentalmente desde las perspectivas literarias, sociológicas, históricas y políticas, descubriendo nuevos trabajos que permanecían desconocidos, además de demostrar con adecuada fundamentación la falsedad de vincular a Martí al materialismo comunista.

Igual propósito ha inspirado ensayos de Andrés Valdespino y Octavio R. Costa. La bibliografía martiana del exilio cubano es sumamente extensa. Baste referirnos a las memorias de los dos congresos que sobre Martí organizó el Círculo de Cultura Panamericano de este país, que llevan por títulos: *José Martí ante la crítica actual* (1983) y *José Martí en el centenario de su muerte* (1996); ambas contienen numerosos ensayos de profesores cubanos, pero también de otros catedráticos hispanoamericanos, donde se estudia a Martí desde diferentes perspectivas y en sus diferentes facetas literarias. Por último, deben citarse contribuciones de una generación más joven con innovadoras aproximaciones como *Martí y la Filosofía* (1974) de Wifredo Fernández; los trabajos de Eduardo Lolo *Mar de Espuma. Martí y la literatura infantil* (1995) y *Después del rayo y el fuego* (2003) acerca de José Martí; *La mujer en Martí* (1999), de Onilda Jiménez, y *José Martí: análisis y conclusiones* (2000), de Ángel Cuadra, entre otras igualmente valiosas. En enero de 2005, en el Koubek Memorial Center de la Universidad de Miami, se lleva a cabo un extenso congreso, 'Celebrando a José Martí', a cargo de Yara González Montes, Matías Montes Huidobro y Orlando Rodríguez Sardiñas (Rossardi), que convoca a un gran número de escritores expertos en la obra de Martí. Muchos de estos trabajos ya han sido publicados en revistas profesionales y en periódicos, y aún esperan ser publicados en forma de memoria.

Después de José Martí, han sido el presbítero Félix Varela y Enrique José Varona las otras dos figuras de destacados cubanos que más han recibido la atención de sus compatriotas residentes en los Estados Unidos. Ellos han sido evaluados como filósofos, educadores y patriotas por gran número de exégetas, habiéndose fijado por esta crítica ciertos paralelismos entre los mismos, pese a las diferencias sustanciales que conllevó el positivismo de Varona y la posición religiosa del padre Varela. De ambos se han ocupado Humberto Piñera y Mercedes García Tudurí con acápites específicos en sus respectivas historias de la filosofía cubana. En cuanto a Varela, podemos citar a Rosario Rexach, que en su ya mencionado libro *Dos figuras cubanas y una sola actitud* (1991) plantea paralelismos y contrastes entre Varela y Mañach, y los estudios de monseñor Raúl del Valle, que presentan a Varela como un precursor del movimiento ecuménico experimentado por la Iglesia católica en el siglo XX. Además, se han publicado en este país muy valiosas colecciones de ensayos sobre el mismo. Entre ellas están el *Homenaje a Varela* de la Sociedad Cubana de Filosofía; el volumen de 1989 de *Círculo: Revista de Cultura*, que recogió las ponencias del Congreso del CCP en conmemoración del bicentenario de su nacimiento; el libro *El Padre Varela. Pensador, sacerdote y patriota*, que recogió el Congreso de 1988 de la Universidad de Georgetown, en la ciudad de Washington D.C.; y *Varela en su centenario*, publicado por el Instituto Jacques Maritain de Miami.

Sobre Enrique José Varona en el exilio se han publicado tres libros: dos míos, el ya citado sobre sus estudios cervantinos y otro en que lo evalúo no solo como literato, sino también en su vertiente filosófica y política-social, *Enrique José Varona. Crítica y creación literaria*

(1976); y uno de José Sánchez-Boudy, *Enrique José Varona y Cuba* (1990), donde estudia al patriota, al sociólogo y al educador. Además, existen numerosos trabajos sobre el insigne escritor que aparecieron en periódicos, revistas y colecciones sobre literatura cubana escritos por buenos ensayistas como José Ignacio Rasco, Octavio R. Costa, Carlos Alberto Montaner, Zenaida Gutiérrez Vega, Rosa M. Cabrera, Octavio de la Suarée, Matías Montes Huidobro, Ángela Aguirre, etc.

Enrique José Varona: *Crítica y creación literaria*, Elio Alba Buffill.

Otros ensayistas cubanos del siglo XIX a los que estudiosos cubanos residentes en los Estados Unidos han dedicado trabajos han sido Francisco de Arango y Parreño, José Antonio Saco, José de la Luz y Caballero, Manuel Sanguily y Enrique Piñeyro. Por ejemplo, Raúl Shelton, en su trabajo 'Francisco de Arango y Parreño', que aparece en *Forjadores de la conciencia nacional* (1984), colección de ensayos publicado por el Patronato Ramón Guiteras, señaló el pragmatismo que caracterizaba la estrategia política de Arango y Parreño, ya que sostenía que todas sus propuestas en beneficio de la colonia iban a beneficiar a España y, como no incluía en sus escritos ningunas connotaciones o referencias que pudieran afiliarlo a los movimientos separatistas que ya empezaban a surgir en Cuba, se permitía criticar abiertamente a la administración española de Cuba, sin ser ni tan siquiera censurado porque partía de la premisa de que España quería el bien de Cuba.

Por otro lado, Nicasio Silverio Sainz hizo en *Tres Vidas Paralelas* (1973) un estudio comparativo entre Arango y Parreño, Félix Varela y José Antonio Saco, como fundadores de la patria. José Ignacio Rasco, en 'José Antonio Saco, defensor de la nacionalidad cubana', que aparece en el ya citado libro *Forjadores de la conciencia nacional*, partiendo del estudio de Fernando Ortiz acerca de los cinco grandes campos de batalla de Saco, es decir, la lucha contra el despotismo colonial, la esclavitud, el anexionismo norteamericano, el absolutismo político y la revolución prematura, sostiene que en todos ellos Saco estuvo presente siempre llevando a cabo la defensa de la nacionalidad incipiente, de la cubanía raigal.

De José de la Luz y Caballero, entre otros igualmente valiosos, citemos un excelente trabajo de Juan J. Remos como un ejemplo muy significativo de la gran función histórica de La Luz y Caballero, que se titula 'La influencia del Colegio El Salvador en la generación de 1868', que apareció en *La Revista Cubana* de Nueva York; en él, como indica su título, subraya la fecunda labor del ilustre erudito y maestro que creó el prestigioso colegio con el deliberado propósito de forjar hombres capaces de crear la patria del futuro, pues, efectivamente, de las aulas de El Salvador salieron muchos héroes cuya participación fue esencial en la guerra de 1868. De Manuel Sanguily, el digno patriota, brillante escritor, erudito y crítico literario, que tanto en el campo de la cultura como en el campo de la política se destacó, mencionaremos a su conocido biógrafo Octavio R. Costa, que en numerosos ensayos escritos en este país se enfrentó a sus diferentes facetas, aunque su mayor concentración ha sido en el hombre público. Junto a Costa, por su devoción a Sanguily hay que mencionar a Luis Valdespino, que en sus numerosos artículos y ensayos concentró su atención en el hombre público. También el que suscribe se ha detenido en varias ocasiones a estudiar su significación en el pensamiento cubano.

Al propio tiempo, los escritores cubanos del exilio también se han preocupado por evaluar la vida y la obra de otros destacados pensadores y escritores nacionales del siglo XX, como José María Chacón y Calvo, Jorge Mañach, Francisco Ichaso, Medardo Vitier o Félix Lizaso. En este trabajo, aunque analizándola desde otras perspectivas, nos hemos detenido en la valiosa exegética sobre Mañach de Andrés Valdespino, Amalia de la Torre, Nicolás Emilio Álvarez y Rosario Rexach, a los que debe añadirse el libro de Jorge Luis Martí, *El periodismo literario de Jorge Mañach* (1977), y en cuanto a José María Chacón y Calvo hay que mencionar siempre los libros de Zenaida Gutiérrez Vega[7], que pueden servir de ejemplos de la preocupación del exilio cubano por los ensayistas del siglo XX.

Búsqueda de la nación y la nacionalidad

También debemos revisar la vertiente histórica del ensayo cubano en el exilio. Esta se dedicó fundamentalmente a estudiar el proceso histórico de la nación cubana o se concentró en indagar y analizar las causas de la instauración del régimen marxista. Una obra extraordinaria de gran contenido ensayístico es la monumental *Cuba. Economía y Sociedad* (1972-1990), de Leví Marrero en quince volúmenes, que une al enfoque histórico el sociológico y el económico. En ella, Marrero evaluó los elementos geográficos que condicionaron el devenir del pueblo cubano a través de los siglos y se enfrentó al acontecer histórico, indagando sus antecedentes y los factores económicos que los habían influido. Se detuvo a analizar las influencias recíprocas entre los problemas económicos y los sociales y estudió muy inteligentemente cómo esta interrelación contribuyó a la formación del proceso histórico de Cuba. En resumen, Leví Marrero logró el objetivo que se había propuesto al escribir esa obra, que fue, como él con gran precisión señaló, la reconstrucción de la historia interna de Cuba.

Un libro de 1963, en los inicios del exilio, con énfasis en el acercamiento económico a la historia de la Isla, fue *Estudio sobre Cuba*[8] (1963) del Grupo Cubano de Investigaciones de la Universidad de Miami, compuesto por José R. Álvarez Díaz, Roberto González Cofiño, Roberto E. Hernández Morales, José H. Millán González, Rafael Miguel Zayas, Raúl Shelton Ovich y Ofelia Tabares de Fernández Díaz. Otros importantes estudios, como los de los profesores Antonio Jorge y Jorge Salazar Carrillo, también se adentran por las mismas vías.

Un muy reconocido historiador exiliado fue Carlos Márquez Sterling, que ya en Cuba era miembro de la Academia de la Historia y tenía valiosos libros publicados, entre ellos su famosa biografía *Ignacio Agramonte, el bayardo de la revolución cubana* (1936). Después de salir de Cuba, publicó en este país *Historia de Cuba. Desde Colón a Fidel Castro* (1969). Además, en 1975 publicó *Historia de la isla de Cuba* (1969) con la colaboración de su hijo Manuel, que también tiene varios libros de historia. Posteriormente, Carlos Márquez Sterling dio a la luz pública *Historia de los Estados Unidos de Norteamérica* (1983), entre otras muy valiosas obras.

Otros brillantes historiadores cubanos, con residencia en los Estados Unidos, como Calixto Masó, Herminio Portell Vilá, Edilberto Marbán, Rafael Esténger, Carlos Raggi y Mario Riera Hernández, han escrito muy interesantes ensayos en la prensa hispánica de este país, sobre la historia de Cuba en general, la desaparición de la República y los fracasos de la dictadura comunista cubana en particular. Algunos de ellos también reeditaron libros escritos en Cuba o escribieron otros nuevos muy relevantes.

Una figura que se destacó mucho en el exilio y que publicó en este país una muy amplia obra histórica que abarcó no solamente la cubana, sino también la hispanoamericana, la española y la universal fue el ya mencionado con anterioridad Octavio R. Costa. Otros escritores igualmente sobresalientes son: José Ignacio Lasaga, baste mencionar su edición bilingüe *Vidas Cubanas* (1988); Néstor Carbonell Cortina, que ha escrito numerosos artículos en la prensa hispana y libros, como, por ejemplo, *El espíritu de la Constitución de 1940* (Madrid, 1974), *Grandes debates de la Constituyente cubana de 1940* (2001), *Por la libertad de Cuba: una historia inconclusa* (1996) y *La Cuba eterna, ayer, hoy y mañana* (2004), que demuestran su amplio conocimiento de la historia cubana, del Derecho en general y específicamente del Constitucional. Otros estudios sobre las constituciones cubanas de gran valor son los de Leonel Antonio de la Cuesta, desde su *Constituciones cubanas, desde 1812 hasta nuestros días* (Nueva York: Ediciones Exilio, 1974), hasta su más reciente aportación bajo el mismo título, edición ampliada y corregida (2002), con un extenso y excelente estudio inicial.

Entre varios ejemplos que también se deben citar como representativos de esa vertiente, además de adentrarse en cabilaciones socio-políticas de gran interés, se hallan las obras de Carlos Alberto Montaner, presente en sus libros *Informe secreto sobre la revolución cubana* (1976) y *Fidel Castro y la revolución cubana* (1983); los trabajos de Agustín Tamargo, con su libro *Furias e improperios* (1972), y Ariel Remos con su libro *En torno al nuevo orden mundial: Cuba en la órbita de la gran conspiración* (1997), en la que plantea una interesante tesis que trata de explicar la vacilante posición del Gobierno norteamericano en sus relaciones con el Gobierno comunista cubano. Por esta vía también proponen trabajos de gran interés los profesores Juan M. Clark, Guillermo J. Grenier, Ernesto Betancourt y Juan Benemelis, entre otros.

Otro fecundo historiador lo ha sido Enrique Ros, que ha publicado numerosos volúmenes, la mayoría de ellos sobre la dictadura comunista cubana y sus personajes principales, aunque también ha estudiado la Revolución de 1933 y sus consecuencias históricas. Sus libros están dotados de una sólida documentación, que es el resultado de una muy rigurosa investigación, inspirada en la búsqueda de la verdad histórica. De ahí sus constantes esfuerzos para lograr la verificación de los hechos, lo que se hace muy evidente en sus libros. La prensa hispana en los Estados Unidos ha dado a conocer muchos artículos de divulgación histórica de otros autores igualmente relevantes, como José Ignacio Rasco, Claudio Benedí, Marcos Antonio Ramos, Luis Aguilar León, José Antonio Albertini, Rolando Espinosa, Ángel Cuadra, Emilio Martínez Paula, Alberto Yannuzzi y René León.

La gran labor de los escritores cubanos en los Estados Unidos ha sido extraordinaria en los cinco géneros literarios y la evaluación crítica a esa vasta producción ha sido inconmensurable. En efecto, los escritores cubanos que han tenido que salir de su país tienen una producción literaria tan amplia y de tanto valor, que ha logrado amplio reconocimiento. Una prueba de ello, por solo citar un ejemplo, son los premios literarios internacionales que han merecido algunos de esos creadores. Las fichas bibliográficas en los índices internacionales sobre literatura cubana referentes a la labor de crítica literaria y a la evaluación de distintos aspectos de la cultura, de los escritores del exilio cubano, exceden en muchos casos a las de la Isla. Entre los nombres de prominentes ensayistas, residentes en los Estados Unidos, que abordan el tema de la nacionalidad en sus más variados aspectos y en sus múltiples facetas, destacamos a Antonio Benítez Rojo, Roberto G. Fernández, Enrico Mario Santí, Marifeli Pérez-Stable, Gustavo Pérez Firmat y Emilio Ichikawa, entre otros. El estudio de la producción ensayística de estos escritores daría para llenar muchas páginas. Otro joven escritor de enorme interés es el prolífero Rafael Rojas, que no ha sido consignado en esta relación por tratarse de un ensayista que ha fijado su lugar de residencia en México, donde ocupa una cátedra universitaria. Un caso semejante es el del joven ensayista cubano Ernesto Hernández Busto, que ha fijado su residencia en Barcelona, España.

La extensa obra de casi todos estos escritores ha sido recogida en varios índices bibliográficos, como lo evidencian los ensayos que forman parte de la *Bibliografía crítica de la poesía cubana* (1972) de Yara González Montes y Matías Montes Huidobro, y en el libro de Alberto Gutiérrez de la Solana, que fue publicado con el título de *Investigación y Crítica Literaria y Lingüística* (1978). A estas obras siguieron los trabajos de José B. Fernández y Roberto G. Fernández de 1983, el de David William Foster de 1985, el de Daniel C. Maratos y Marnesba D. Hill de 1986, el de Pablo Le Riverend de 1990 y el de Julio Martínez de 1990.

La labor ensayística del exilio cubano en este país parece augurar su relevancia no solamente en la historia literaria cubana en general sino también en la del ensayo hispano escrito en español en los Estados Unidos, nación a la que el extraordinario aumento de la emigración de habla hispana en la última mitad del siglo XX le está creando la urgencia de comprender la importancia que para su inmediato desarrollo y su desenvolvimiento futuro tiene, y va a tener, la gran tradición cultural española e hispanoamericana.

Notas

[1] Me he detenido en la dedicación de Agramonte a la obra de Montalvo en mi trabajo 'Roberto Agramonte, ensayista', que apareció en mi libro aludido *Cubanos de dos siglos*, Miami: Ediciones Universal, 1998, pp. 142-155.

[2] Véanse de este autor sus libros *Tradición y creación en los orígenes del teatro castellano*, Madrid: Ediciones Alcalá, 1968; *Teatro selecto de Torres Naharro*, Nueva York: Las Américas Publishing Co., 1970, y la edición y el prólogo del libro de Bartolomé de Torres Naharro *Tres comedias. Soldadesca, Ymenea, Aquilana*, Nueva York: Las Américas Publishing Co., 1965.

[3] Me refiero a las siguientes obras: Andrés Valdespino, *Jorge Mañach y su generación en las letras cubanas*, Miami: Ediciones Universal, 1971; Amalia V. de la Torre, *Jorge Mañach, maestro del ensayo*, Miami: Ediciones Universal, 1978; Nicolás Emilio Álvarez, *La obra literaria de Jorge Mañach*, Madrid: Ediciones J. Porrúa, 1979, y Rosario Rexach, *Dos figuras cubanas y una sola actitud, Félix Varela, 1788-1853, Jorge Mañach, 1888-1961*, Miami: Ediciones Universal, 1991.

[4] Véanse: Gilberto Cancela, *Enrique Piñeyro. Su vida y su obra*, Miami: Ediciones Universal, 1977, y Ángela Aguirre, *Vida y crítica literaria de Enrique Piñeyro*, Nueva York: Senda Nueva de Ediciones, 1981.

[5] Recuérdese en la centuria decimonona a Andrés Bello, Juan Bautista Alberdi, Domingo Faustino Sarmiento, Juan Montalvo, Eugenio María de Hostos y José Martí, y en la del veinte, a Pedro Henríquez Ureña, Mariano Picón Salas, Alfonso Reyes, José Vasconcelos, Juan Carlos Mariátegui y Jorge Mañach.

[6] Jorge Mañach vive en los Estados Unidos entre 1915 y 1920, año en que se gradúa de la Universidad de Harvard, y entre sus innumerables trabajos precisamente uno de los fundamentales fue su libro *Teoría de la frontera* (San Juan, 1970), en el que se recogieron las conferencias que en el exilio estaba preparando para la Universidad de Puerto Rico. En este libro, el destacado ensayista meditó sobre nuestra manera de ser, nuestro destino y las relaciones entre las dos Américas. Mañach vio la necesidad de complementarse y enriquecerse que tienen las culturas de Hispanoamérica y los Estados Unidos. Comprendió que el mensaje de Rodó en su *Ariel* produjo felizmente cierta contención de los excesos del entusiasmo por el positivismo, pero consideró que las manifestaciones que había brindado la alta cultura norteamericana en el siglo XX, no solo en la investigación científica sino en la creación artística en los más altos planos de universalidad, determinarían necesariamente un cambio en nuestra perspectiva de esa cultura. *Teoría de la frontera* es el libro de Mañach que más se concentra en la temática hispanoamericana, aunque indudablemente hay que leerlo a la luz de sus trabajos sobre Martí, especialmente *El espíritu de Martí* (San Juan, 1972), donde al analizar el pensamiento hispanoamericano de este, el lector atisba algunas de las propias ideas de Mañach y su ya aludido estudio sobre el quijotismo, en el que estudia cómo esta concepción cervantina forma parte integral de la idiosincrasia de los pueblos hispanoamericanos.

[7] Me refiero a los siguientes libros de Zenaida Gutiérrez Vega: *José María Chacón y Calvo, hispanista cubano* (1969), Madrid: Ediciones Cultura Hispánica; *Epistolario Alfonso Reyes-José M. Chacón* (1976); *Estudio bibliográfico de José M. Chacón* (1982); *Fernando Ortiz en sus cartas a José M. Chacón* (1982), y *Corresponsales españoles de José M. Chacón* (1986). Su último libro es *José María Chacón y Calvo: corresponsales cubanos* (2006). Todos, salvo el primero, publicados en Madrid por Fundación Universitaria Española.

[8] Este volumen conjunto, *Estudio sobre Cuba*, fue publicado en Miami, por Litho Arts. Inc. y Ediciones Universal, en 1963.

Ensayistas dominicanos

Franklin Gutiérrez

Antecedentes

Son tres las razones principales que motivaron la huida de muchos representantes notables de la cultura entre 1900 y 1960. La primera de ellas, la crisis económica, la inestabilidad política y el trastorno moral que el dictador Ulises Heureaux dejo como herencia en el país, en concreto en los quince primeros años del siglo XX; la segunda de las razones fue el aumento de la emigración europea hacia Norteamérica, que llegó a la cifra de un millón de personas al año, hecho este que quizás sirvió como estímulo para animar a muchos hispanoamericanos y caribeños a emigrar de sus países, y la tercera razón fue la persecución ideológica iniciada por Trujillo contra todos aquellos que se opusieran a su estilo de gobierno. Numerosos intelectuales y escritores hispanoamericanos y caribeños eligieron los Estados Unidos como país de destino, y esto no fue algo casual, sino producto de la imagen de una nación que se anunciaba como tierra de libertades y propicia para las oportunidades económicas y educativas[1]. Entre los iniciadores de ese proceso emigratorio dominicano se encuentra los hermanos Pedro y Max Henríquez Ureña, el último de los cuales llegó a la patria de Walt Whitman en el siglo XX.

En efecto, en 1901, Francisco Henríquez y Carvajal fue enviado a los Estados Unidos por el presidente Juan Isidro Jimenes a negociar la deuda externa dejada por el dictador Francisco Ulises Heureaux al país. Entre las cosas importantes que llevó Henríquez y Carvajal a Norteamérica estaban el anhelo de cumplir con la encomienda del presidente Jimenes y a sus hijos Frank y Pedro. Meses después llegaría Max. La primera estadía de los hermanos Henríquez Ureña en los Estados Unidos duró cuatro años (1901-1904) Esos primeros años ayudaron, particularmente a Pedro Henríquez Ureña, a sentar los principios que colocarían posteriormente su nombre y su obra junto a la de José Martí, José Enrique Rodó, Alfonso Reyes, Andrés Bello y otros protagonistas de la emancipación literaria y cultural hispanoamericanas. De ese período son sus poesías juveniles, su estudio crítico dedicado a la obra de D'Annunzio y su primer encuentro con el teatro norteamericano.

La segunda estadía de Pedro Henríquez Ureña en los Estados Unidos va de 1914 a 1919. En esa ocasión se desempeñó primero como corresponsal del periódico *Heraldo de Cuba* en Washington (1914-1915) y luego como redactor del semanario *Las Novedades* (1915-1916) de Nueva York, donde escribió sobre leyes, costumbres, artes plásticas y teatro. En la imprenta del referido periódico dio a la publicidad la versión definitiva de su pieza teatral *El nacimiento de Dionisio* (1916). En 1917 se integró al personal docente de la Universidad de Minnesota como profesor de español, literatura del siglo XIX e historia de la civilización española e hispanoamericana. También enseñó drama español y poesía lírica de los siglos XIX y XX en las escuelas de verano de las universidades de Chicago y de California. En 1940 retornó a los Estados Unidos como invitado especial de la Universidad de Harvard para dictar conferencias y seminarios en la prestigiosa cátedra Charles Eliot Norton (1940-1941). Fruto de dicha cátedra es su obra *Las corrientes literarias en Hispanoamérica*, publicada por la Harvard University Press en 1946. La presencia de Pedro Henríquez Ureña en los Estados Unidos en los albores del siglo XX marca un momento importante en la difusión de la literatura dominicana en Norteamérica, ya que su entusiasmo y sabiduría estimularon a sus discípulos, amigos y allegados, a acercarse a la literatura y cultura dominicanas y del resto del Caribe, entre los que figuraban norteamericanos e hispanoamericanos.

Vale destacar, en el tercer lustro del siglo, la integración de varios dominicanos a la dirección del semanario neoyorquino *Las Novedades*, un tabloide de temas políticos y culturales que acogió positivamente la producción literaria de Fabio Fiallo, José M. Bernard, Manuel Florentino Cestero, Jesusa Alfau de Solalinde, Francisco Henríquez y Carvajal y Manuel de Jesús Galván Velásquez, cuarto hijo del autor de *Enriquillo*, Manuel de Jesús Galván. Este último, en su condición de redactor de dicho semanario mantuvo, entre 1916 y 1918, un interesante espacio denominado 'Crónica General' donde comentaba temas políticos, sociales y económicos norteamericanos e hispanoamericanos. En muchas de esas crónicas Galván Velásquez arremetió abiertamente contra el entonces presidente norteamericano, Woodrow Wilson (1913-1921), por haber ordenado la primera intervención norteamericana en la República Dominicana en 1916. Además, censura la presión ejercida por los Estados Unidos sobre Hispanoamérica para que países como México, Brasil y Argentina, entre otros, se convirtieran en sus aliados en la Primera Guerra Mundial.

Los escasos historiadores y analistas del capítulo Nueva York de la literatura dominicana atribuyen erróneamente la fundación de *Las Novedades* a Francisco José Peynado. Sin embargo, cuando Francisco José Peynado asumió la dirección de *Las Novedades* este ya tenía cuarenta años de existencia. *Las Novedades* fue fundado en 1876 por José G. García, quien lo dirigió hasta el 5 de noviembre de 1914, fecha en que Peynado llegó a la dirección del mismo. El equipo de Peynado estaba compuesto por Manuel de Jesús Galván Velásquez (jefe de redacción) y Manuel Florentino Cestero (redactor). Posteriormente, el 22 de julio de 1915, se sumó al mismo Pedro Henríquez Ureña. Peynado cesó como director de dicha publicación el 16 de octubre de 1916, al ser sustituido por Antonio Abad Alfau, quien a su vez fue sustituido el 30 de noviembre de 1918 por Rafael Montafur al adquirir este último los derechos de *Las Novedades* cuando estuvo a punto de desaparecer por problemas económicos. Manuel Florentino Cestero y Pedro Henríquez Ureña dimitieron junto con Peynado, pero Manuel de Jesús Galván Velásquez, por su condición de yerno de Antonio Abad Alfau, continuó en la redacción de *Las Novedades* hasta finales de 1918.

De la misma época de Manuel Florentino Cestero es la producción de Jesusa Alfau Galván de Solalinde, nieta de Manuel de Jesús Galván, quien vivió en Nueva York entre 1916 y 1920. Durante su estadía en la urbe neoyorquina colaboró con periódicos norteamericanos y españoles, especialmente con el semanario *Las Novedades*, dirigido por su padre, entre 1916 y 1918. Sus artículos en *Las Novedades*, ilustrados por ella misma, versaban sobre crítica de arte y temas sociales cotidianos. De ellos cabe destacar, por su frescura y ambientación, 'Visiones del norte', 'El amor de las Estrellas' y 'Thanksgiving', entre otros. Hacia 1920 estableció su residencia en Wisconsin, donde permaneció hasta 1937, año en que se trasladó a México, país en el que vivió hasta el momento de su muerte, ocurrida en 1943. En Wisconsin desarrolló junto con su esposo, el destacado investigador y académico español Antonio G. Solalinde, una amplia labor de investigación en las áreas de filología y educación. Llegó, incluso, a impartir cátedras de dichas materias en la Universidad de Wisconsin.

Otra figura apreciable de la literatura dominicana en los Estados Unidos de la primera mitad del siglo XX fue Andrés Francisco Requena, autor del libro de ensayo *Un paladín de la democracia: el generalísimo Trujillo Molina*, publicado en 1938. Requena había sido nombrado agregado de la Embajada dominicana en Chile. Sin embargo, en 1940, poco después de la aparición de otra de sus obras laudatorias a Trujillo, el poemario *Romance de Puerto Trujillo*, disgustado por las actuaciones de la maquinaria política trujillista, renunció a dicho cargo y se refugió en Cuba. De Cuba se trasladó a los Estados Unidos y se incorporó al ejército norteamericano, del cual fue expulsado en 1946. En 1948 fundó en Nueva York el periódico *Patria*, que le sirvió de tribuna para denunciar los males que afectaban a la sociedad dominicana de entonces. En 1949 firmó su pacto con la muerte al publicar *Cementerios sin cruces*, novela en la que, además de censurar los múltiples crímenes ordenados por Trujillo, ridiculiza y caricaturiza al dictador. A partir de entonces fue acosado y perseguido por matones del tirano, que lo asesinaron en una calle neoyorquina el 2 de octubre de 1952[2].

Las tres últimas décadas del siglo XX

Los dominicanos radicados en Nueva York en los años setenta partieron de la premisa falsa de que su distanciamiento de la patria no se prolongaría por más de dos o tres años, tiempo suficiente para producir un buen atado de dólares e invertirlos en cualquier tipo de negocio que les permitiera vivir tranquilamente en su tierra natal. En el prólogo a su libro *Dominicanos en Nueva York*, Ángela Peña describe las causas que empujaron a muchos criollos a viajar a Nueva York y el impacto que recibió dicho grupo de emigrantes cuando comprobó que la 'Gran Manzana' (la ciudad de Nueva York) no era tan dulce como les aseguraron[3]. Esa creencia en el retorno inmediato a la isla tuvo resultados ambivalentes, pues mientras, por un lado, los dominicanos desplazaban a judíos, griegos y cubanos de Washington Heights y se convertían en propietarios de la mayoría de los negocios de ese sector, por otro, descuidaban su ingreso a los centros académicos y su participación en la política partidista norteamericana. La primera de estas opciones arrojó frutos positivos, pues a partir de entonces la comunidad dominicana emergió como un grupo económicamente progresista y batallador; pero la segunda retrasó su inserción en la vida cultural, política y educativa norteamericana, generando así un estancamiento en dichas áreas del cual apenas comenzamos a liberarnos.

En 1985 Daisy Cocco De Filippis, autora en 1982 de *Estudios semióticos de poesía dominicana*, entra en contacto, por medio de quien suscribe, con el ambiente literario de Washington Heights[4]. Desde entonces su aporte a la literatura dominicana de la diáspora ha sido incalculable.

En lo referente a la literatura, el estado actual de esta difiere sustancialmente de los setenta y los ochenta tanto cualitativa como cuantitativamente. Ello obedece a dos razones fundamentales. Primero, el asentamiento en Nueva York de numerosos intelectuales, académicos, periodistas y escritores nacionales desde 1990 hasta el presente y, segundo, a la existencia de segundas y terceras generaciones de dominicanos nacidos y formados académicamente en los Estados Unidos que están incursionando en el terreno de las letras. Un rastreo bibliográfico que realicé recientemente me permitió identificar a 87 escritores dominicanos en los Estados Unidos, con unas 286 obras publicadas. De ellos 74 residen en Nueva York y el resto en otros estados del país. Aunque la lista incluye a los activos desde los setenta, aproximadamente medio centenar de esas voces, compuesto por poetas, cuentistas, novelistas, ensayistas y teatristas, historiadores y sociólogos son parte del más reciente grupo de escritores de la diáspora.

Muestra del avance vertiginoso del referido movimiento literario es la aparición de *Historias de Washington Heights y otros rincones del mundo* (1993), preparada por Daisy Cocco De Filippis y Franklin Gutiérrez, y *Tertuliando. Hanging Out, Dominicanas and Friends* (1997), de la misma autora. La primera es una colección de diez relatos sobre diferentes aspectos de la cotidianidad neoyorquina y la segunda, una muestra de la producción del grupo Tertulia de escritoras dominicanas fundado por De Filippis en 1993. A estas sigue *La palabra como cuerpo del delito* (2001), de Diógenes Abreu y Dagoberto López, un conjunto de textos en español e inglés de una decena de poetas miembros de la agrupación Palabra: expresión cultural. También cabe destacar el ensayo *La novela dominicana en New York*, obra en la que Héctor Amarante analiza las novelas *La sin par andariega Mamá Uca* (1988), de Juan Rivero; *Por nada del mundo* (1990), de José Carvajal; *Los que falsificaron la firma de Dios* (1992) y *Los ojos de montaña* (1997), de Viriato Sención; *La vieja casa de la tierra* (1993) y *El día que Colón llegó* (1993), de Rafael Villa Espinal; *De cómo las chicas García perdieron su acento* (1994), de Julia Álvarez; *Marina de la Cruz: radiografía de una emigrante* (1994), de Félix Darío Mendoza; *Los cuentos de Mount Hope* (1995), de Tomás Modesto; *La conjura de los hijos de Belial* (1995), de Juan Torres; *El corredor de los malditos* (1995), de P. J. Pérez, y *Tres heroínas y un tirano* (1996), de Miguel Aquino García.

Un hecho singular de los noventa es la incorporación del ensayo sociológico e histórico a la bibliografía dominicana de la diáspora. Antes de los noventa los géneros cultivados eran poesía, cuento y novela, muchos de cuyos textos abordan mayormente el tema de la emigración desde una óptica artística con predominio del clamor patrio y el desasosiego espiritual de vivir en el exilio. Pero la madurez de esa emigración dominicana, que ya arribó a sus cuatro décadas, ha ofrecido a historiadores, sociólogos y ensayistas material suficiente para analizar la realidad social dominicana en los Estados Unidos desde las perspectivas social, cultural, económica, política y educativa. Dentro de esa tendencia sobresalen las obras: *The Dominican Americans* (1998), de Ramona Hernández y Silvio Torres-Saillant; *El furioso merengue del norte: una historia de la comunidad dominicana en los Estados Unidos* (1998), de Francisco Rodríguez de León; *El retorno de las yolas* (1999), de Silvio Torres-Saillant; *La emigración dominicana hacia los Estados Unidos* (2003), de Antonio Méndez; *Sobre cultura y política cultural de los dominicanos en los Estados Unidos y el poder de Trujillo* (2003), de Francisco Chapman y *Desde la Diáspora (A Diaspora Position)* (2003), de Daisy Cocco De Filippis. Otros, como José Moya (*Una empresa llamada Estados Unidos*, 1994); Miguel Aquino García (*Holocausto en el Caribe*, 1995); José Novas (*Lilís y los agentes del Tío Sam*, 1999, y *Balaguer, Trujillo y el beso de Judas*, 2001) y Eloy Tejera (*El día que Balaguer muera*, 2001), aunque residentes en los Estados Unidos, han incursionado poco en los temas de la diáspora, pues se han sumado a ese cuantioso número de escritores nacionales cuyo tema central sigue siendo Trujillo y, más recientemente, Balaguer.

Notas

[1] Desde la llegada de los ingleses ocupantes del *Mayflower* y el *Pilgrim* entre 1600 y 1625, los Estados Unidos han difundido la idea de que el suyo es el único territorio donde se puede alcanzar libertad personal y progreso económico simultáneamente.

[2] Los periódicos neoyorquinos *La Prensa* y *Daily Compass* difundieron ampliamente la noticia del asesinato de Requena y señalaron a Félix Bernardino, entonces cónsul dominicano en dicha ciudad, como responsable intelectual del asesinato.

[3] Ángela Peña, *Dominicanos en Nueva York*, Santo Domingo: Editorial Corripio, 2000.

[4] Washington Heights es el área neoyorquina de mayor concentración de dominicanos. Muchos la llaman Quisqueya Heights.

Otros ensayistas hispanoamericanos

Daniel R. Fernández

Octavio Paz.

En *El laberinto de la soledad* (1950), una de la obras cumbres de las letras hispanoamericanas, el poeta y pensador mexicano Octavio Paz (1914-1998) nos confiesa que 'muchas de las reflexiones que forman parte de este ensayo nacieron fuera de México, durante dos años de estancia en los Estados Unidos' (p. 147). Este pequeño dato, que a primera vista parece insignificante, de hecho dista mucho de serlo. Que uno de los discursos de la identidad más importantes del siglo pasado haya empezado a fraguarse en los Estados Unidos no es asimismo insólito. Recordemos, por ejemplo, que mucho del ideario de José Martí en torno a 'nuestra América' también tuvo su origen en los Estados Unidos, mediante la experiencia del prócer cubano en 'las entrañas de la bestia'. Es innegable el hecho de que el País del Norte y la cultura anglosajona han sido siempre el punto de referencia contra el cual muchos pensadores hispanoamericanos han construido sus conceptos sobre la identidad. Es sencillamente imposible pensar en la cultura hispanoamericana de los dos últimos siglos sin tener en cuenta la influencia que sobre esta ha ejercido, de manera positiva algunas veces y negativa las demás, el Coloso del Norte. Para Octavio Paz y para muchos otros, el País del Norte ha sido de muchas maneras el monstruo, el minotauro, alrededor del cual estos Dédalos hispanoamericanos han construido sus ideologías nacionales y continentales, algunas veces para protegerse y otras para marcar sus distancias.

Pero si bien los Estados Unidos han sido vistos como una amenaza por pensadores como José Martí, José Enrique Rodó, Octavio Paz y tantos otros, también es cierto que ha habido quienes no han compartido tal visión. Pensemos, por ejemplo, en una de las mentes más importantes que ha dado el continente, si bien también una de las más polémicas: el periodista, pedagogo, reformador y estadista argentino Domingo Faustino Sarmiento (1811-1888). En 1845, el mismo año en que se publica la obra que lo inmortalizaría, *Civilización y Barbarie. Vida de Juan Facundo Quiroga, y aspecto físico, costumbres y hábitos de la República Argentina*, Sarmiento se embarca primero hacia Europa y luego a Norteamérica para estudiar sus respectivos sistemas educativos. En los Estados Unidos conoce al gran pedagogo Horace Mann, con quien entabla una estrecha amistad que a la larga influiría mucho en las ideas de Sarmiento sobre la enseñanza. Sarmiento no solo admira las reformas educativas que se están fraguando e impulsando en su país anfitrión, sino que queda deslumbrado ante la pujanza de los Estados Unidos, ante su industria, su sistema político, social y económico. Para Sarmiento este país representa la civilización, la realidad a la que debe aspirar la República Argentina una vez que haya derrotado las fuerzas de la barbarie. En 1847 vuelve a su patria para participar en la vida política y cívica de su país. Años más tarde, en 1865, vuelve a los Estados Unidos como ministro plenipotenciario de Argentina, cargo que desempeñará hasta 1868, año en que retorna a su país y es elegido presidente de la República. Durante esta última estancia en los Estados Unidos redacta y publica la *Vida de Abraham Lincoln* y *Escuelas, base de la prosperidad de la república en los Estados Unidos* (1866).

En el siglo XX serán muchos los intelectuales sudamericanos que, siguiendo los pasos de Sarmiento, viajarán a los Estados Unidos. No nos detendremos en los casos en que las estancias de tales pensadores en ese país hayan sido demasiado efímeras. Nos limitaremos a mencionar y a tratar brevemente solo a aquellos que han hecho de los Estados Unidos su casa por un tiempo más o menos extenso.

Empezamos nuestro breve recuento de los ensayistas sudamericanos del siglo XX con Enrique Anderson Imbert (1910-2000), quien después de haberse formado en Argentina bajo la tutela de Pedro Henríquez Ureña y Alejandro Korn y de desempeñarse algunos años como profesor en la Universidad de Cuyo, se ve obligado a emigrar hacia los Estados Unidos en 1947. En el país anfitrión dicta clases de literatura en las universidades de Michigan, Columbia y Harvard. En esta última se le otorga la prestigiosa cátedra Victor S. Thomas de Literatura Hispánica en 1965, puesto que ocupa hasta su jubilación en 1980. De su obra ensayística es importante destacar los siguientes títulos: *La flecha en el aire* (1937), *La crítica literaria contemporánea* (1957), *La originalidad de Rubén Darío* (1967), *Genio y figura de Sarmiento* (1967), *Teoría y crítica del cuento* (1979), *El realismo mágico y otros ensayos* (1979), *La crítica y otros medios* (1979) y *Mentiras y mentirosos en el mundo de las letras* (1992). Su obra más conocida, sin embargo, sigue siendo su *Historia de la literatura hispanoamericana*, publicada en México, en 1954. En Harvard tiene la oportunidad de darle la bienvenida a Jorge Luis Borges (1899-1985), quien como 'Charles Eliot Norton Professor of Poetry' da un ciclo de conferencias en dicha institución entre 1967 y 1968.

A Harvard llega también Amado Alonso (1896-1952), otra de las grandes figuras de las letras hispánicas de la primera mitad del siglo XX. Es profesor de dicha universidad desde 1946 hasta su muerte en 1952. Alonso, nacido en Navarra (España) y nacionalizado argentino, había ya producido muchas de sus obras más sobresalientes. Se le conoce sobre todo por haber sido uno de los pioneros de la estilística y del estructuralismo en lengua española. Fue de hecho Amado Alonso quien tradujo al español *El curso de lingüística general*, de Ferdinand de Saussure en 1945. Entre sus obras más relevantes se encuentran los siguientes títulos: *El problema de la lengua en América* (1935), *Castellano, español, idioma nacional* (1938), *Poesía y estilo de Pablo Neruda* (1940), y, en colaboración con el dominicano Pedro Henríquez Ureña, *Gramática castellana* (1938).

Cuatro años antes de la llegada de Alonso, en 1942, había arribado a los Estados Unidos el gran pensador e historiador colombiano Germán Arciniegas (1900-1999). Vive exiliado en los Estados Unidos, mayormente en Nueva York, de 1942 a 1959. Durante este período trabaja como profesor en las universidades de Chicago, California (en Berkeley) y Columbia. Durante estos años publica, asimismo, varias de sus obras más importantes como, por ejemplo, *Entre la libertad y el miedo* (1952), libro en que denuncia la opresión de las dictaduras militares en su propio país así como en otros países del continente. A Arciniegas se le conoce también por sus biografías y obras de historia. Aquí mencionaremos solo algunas de las más conocidas: *El estudiante de la mesa redonda* (1932), *América tierra firme* (1937), *Biografía del Caribe* (1945), *América mágica: los hombres y los meses* (1959), *Nueva imagen del Caribe* (1970), *América en Europa. Buenos Aires* y *El revés de la historia* (1980).

Un par de años antes de que llegara Germán Arciniegas a los Estados Unidos, emigra al mismo país una de las figuras más importantes de las letras chilenas e hispanoamericanas del siglo, Fernando Alegría (1918-2005). Después de haber estudiado letras en la Universidad de Chile, se traslada a los Estados Unidos, donde estudia en la Universidad de Bowling Green, de la cual obtiene una maestría en 1941 para después doctorarse de la Universidad de Berkeley en 1947. Aunque durante un breve período de tiempo vuelve a Chile con el propósito de participar como agregado cultural en el Gobierno de Salvador Allende, transcurrió la mayor parte de su vida en Norteamérica, donde trabajó como catedrático en las universidades de Berkeley y Stanford. Fue, asimismo, miembro de número de la Academia Norteamericana de la Lengua Española (ANLE), así como miembro correspondiente de la Real Academia Española. De su obra ensayística es importante destacar los títulos a continuación: *La poesía chilena. Orígenes y desarrollo: del siglo XVI al XIX* (1954), *La novela hispanoamericana del XX* (1967), *La literatura chilena del siglo XX* (1967), *La literatura chilena contemporánea, Literatura y revolución* (1970) y *Literatura y praxis en América Latina* (1974).

No podemos concluir este breve recuento de esta ilustre generación sin mencionar al uruguayo Emir Rodríguez Monegal (1921-1985). Rodríguez Monegal se desempeñó como profesor en la Universidad de Yale desde 1969 hasta su muerte en 1985. Entre sus obras sobresalen sus libros sobre Horacio Quiroga, Pablo Neruda, Jorge Luis Borges y Juan Carlos Onetti. Este estudioso uruguayo es una figura clave no solo por sus valiosos trabajos de investigación, sino también por los vínculos que sostuvo con varios de los personajes más importantes de las letras hispanoamericanas. Por muchos años, por ejemplo, mantuvo una estrecha amistad con Jorge Luis Borges, quien, dicho sea de paso, lo incluye como personaje en uno de sus relatos ('La otra muerte'). También fue amigo de Pablo Neruda, quien le entrega sus documentos íntimos para la elaboración de su biografía. Bajo el auspicio y con el patrocinio de la Fundación Ford funda en 1966 *Mundo Nuevo*, revista de difusión internacional. Por medio de esta se publican y se dan conocer fuera de sus países varios escritores como Guillermo Cabrera Infante, Manuel Puig y Severo Sarduy.

Contemporáneo y compatriota de Rodríguez Monegal, aunque muy distinto de este en cuanto a ideas estéticas, sociales y políticas, Ángel Rama (1926-1983) fue también una de las figuras más influyentes del continente. Por razones políticas, emigra Rama a los Estados Unidos durante la década de los setenta, donde pasa algunos años antes de fijar su residencia en Venezuela. En los Estados Unidos trabaja como profesor en la Universidad de Maryland. Su libro *La ciudad letrada* (1984) es uno de los textos fundadores del campo de los estudios culturales hispanoamericanos. Entre las obras importantes de Rama cabe también mencionar los títulos: *Rubén Darío y el modernismo* (1970) y *Transculturación narrativa en América Latina* (1982).

En 1974 un discípulo de Ángel Rama, Jorge Ruffinelli (1943-), tiene que salir de Uruguay al igual que su maestro, huyendo de la persecución del régimen militar que se impuso en aquel país. Al igual que Rama, en Uruguay se vincula con la izquierda hispanoamericana y dirige el semanario *Marcha*. Llega primero a México, donde trabaja como director del Centro de Investigaciones Lingüístico-Literarias en la Universidad Veracruzana, cargo que sostiene hasta que emigra a los Estados Unidos en 1986. Desde entonces trabaja como profesor titular en la Universidad de Stanford, desde donde edita y dirige la revista *Nuevo Texto Crítico*, continuación de la revista *Texto Crítico* que había fundado años atrás en México. Ruffinelli ha realizado una importantísima labor como estudioso de la literatura mexicana e hispanoamericana. Mencionamos aquí solo algunas de sus obras más destacadas: *José Revueltas: ficción, política y verdad* (1977), *Crítica en marcha* (1979), *El lugar de Rulfo* (1980), *Literatura e ideología: el primer Mariano Azuela*, obra por la cual recibe el Premio Nacional de Ensayo en México en 1982, y su último libro hasta la fecha, *La sonrisa de Gardel: biografía, mito y ficción* (2004).

Al igual que Ángel Rama y Jorge Ruffinelli, el dramaturgo, ensayista, guionista y poeta chileno Ariel Dorfman (1942-) tuvo que exiliarse por sus vínculos con la izquierda de su país. A principios de los años setenta, se adhiere al Gobierno de Salvador Allende, para el cual colabora como asesor. A raíz del golpe de Estado encabezado por Augusto Pinochet y los otros miembros de la Junta Militar, Ariel Dorfman, como muchos compatriotas suyos, se ve obligado a vivir en el exilio. A partir de 1973 vive en los Estados Unidos, donde se desempeña como catedrático en la Universidad de Duke, ubicada en el estado de Carolina del Norte. Su obra ensayística más célebre es, sin duda, *Para leer al Pato Donald* (1971), libro que escribe en colaboración con Armand Mattelart. Otras obras relevantes de Dorfman son *Ensayos quemados en Chile* (1974), *La última aventura del Llanero Solitario* (1979), *Reader's nuestro que estás en la tierra* (1980), *Patos, elefantes y héroes* (1985), *Sin ir más lejos* (1986) y *Los sueños nucleares de Reagan* (1986). Su especialidad es la crítica de la cultura popular hecha desde una perspectiva marxista.

Jorge Ruffinelli y Ariel Dorfman pertenecen a una influyente generación de ensayistas e investigadores sudamericanos que se han asentado en los Estados Unidos en las últimas tres décadas. Entre los rioplatenses que integran esta generación se encuentran: la crítica argentina Sylvia Molloy, profesora en la Universidad de Nueva York, reconocida autora de enjundiosos estudios sobre la obra de Jorge Luis Borges y de una original e innovadora disertación sobre el género de la autobiografía, *Acto de presencia* (1997); la estudiosa argentina Josefina Ludmer, profesora en la Universidad de Yale, quien ha hecho importantes aportaciones al entendimiento del género gauchesco y de la literatura policíaca; la uruguaya Mabel Moraña, profesora de Minnesota, quien en numerosos trabajos continúa la línea trazada por su compatriota Ángel Rama; y el argentino Walter Mignolo, discípulo de Roland Barthes y Gérard Genette y estudioso de la semiótica, la globalización y la posmodernidad.

Asimismo, es preciso mencionar que hay un grupo importante de ensayistas peruanos también radicados en los Estados Unidos. Aquí es imprescindible hacer mención a Eugenio Chang-Rodríguez, miembro numerario y fundador de la Academia Norteamericana de la Lengua Española (ANLE), quien por muchas décadas fue profesor en la Universidad de la Ciudad de Nueva York (CUNY). En 1957 publica uno de sus libros más importantes, con una introducción de Germán Arciniegas, *La literatura política de González Prada, Mariátegui y Haya de la Torre*. Entre sus otros libros descuellan los siguientes: *Latinoamérica, su civilización y su cultura* (1983), *Poética e ideología en José Carlos Mariátegui* (1983), *Entre dos fuegos: reminiscencias de las Américas y Asia* (2005) y *Una vida agónica, Víctor Raúl Haya de la Torre: testimonio de parte* (2007).

Uno de los autores peruanos más visibles en los Estados Unidos es, sin duda alguna, el cuentista, poeta y dramaturgo Julio Ortega, profesor de la Universidad de Brown y autor de *Crítica de la identidad: la pregunta por el Perú en su literatura* (1988), *Una poética del cambio* (1991), *Arte de innovar* (1994) y *Caja de herramientas* (2000). Por último, hay que tener en cuenta la importante labor que durante años ha llevado a cabo el estudioso peruano José Miguel Oviedo, profesor titular de la Universidad de Pensilvania y autor de una notable obra ensayística, entre cuyos títulos se encuentran *Mario Vargas Llosa: la invención de una realidad* (1970), *Escrito al margen* (1982) y *Breve historia del ensayo hispanoamericano* (1990).

Los españoles y el ensayo literario

Gerardo Piña Rosales

Introducción

Aquí solo nos referiremos al ensayo de carácter literario y a dos contribuciones extraordinarias al ensayo filosófico. Para ello, seguiré la misma división establecida en las secciones anteriores, partiendo de las contribuciones de los escritores exiliados hasta las de los más recientes.

El ensayo literario

Andrew Debicki, de la Universidad de Kansas, publicó en 1992, en el número 75 de *Hispania*, el artículo 'Contributions by Hispanists in the United States to the Study of the Twentieth Century Spanish Literature, 1950-1989'. Su estudio, partiendo de revistas como *Hispania*, *Hispanic Review*, *PMLA*, *Revista Hispánica Moderna*, *MLN* e *Hispanófila*, reveló que en los años cincuenta se publicaron en esas revistas 112 artículos sobre literatura española contemporánea. Es impresionante consignar los nombres de los autores: José Luis Aranguren, Germán Bleiberg, Joaquín Casalduero, Carlos Clavería, Eugenio F. Granell, Ildefonso Manuel Gil, Francisco García Lorca, Jorge Guillén, Ricardo Gullón, Vicente Llorens, Ramón F. Montesinos, Ramón J. Sender, Pedro Salinas, Juan Ramón Jiménez, Arturo Serrano Plaja, José Rubia Barcia, Blanco Aguinaga, José Luis Cano, Manuel Durán, Javier Herrero, López Morillas, Juan Marichal y Gonzalo Sobejano. Todos ellos, recuerda Debicki, se caracterizaban por practicar una crítica ecléctica, que hoy llamaríamos interdisciplinar, y lo que es más importante, mostraban una dedicación plena a los estudios humanistas. También es interesante notar que, sin la experiencia del exilio, tal vez Américo Castro no hubiese escrito *España en su historia*, ni Vicente Llorens, *Liberales y románticos: una emigración española en Inglaterra (1823-1834)*.

Federico de Onís (1888-1966) llegó a los Estados Unidos en 1916, invitado por el presidente de la Universidad de Columbia, Murray Butler, a petición de Archer Huntington, el famoso filántropo, fundador de la Hispanic Society of America. Onís fundó la Casa Hispánica en 1930. En 1945, el Centro de Estudios Históricos publicó su importante *Antología de la poesía española e hispanoamericana (1882-1932)*.

Otra de las figuras señeras, ya entre los exiliados, fue Américo Castro. Se podría hablar de dos etapas bien definidas en la vida y obra de Américo Castro: una primera preguerra civil y la otra ya en los Estados Unidos. Desde su llegada a Princeton en los años cuarenta, la orientación de sus estudios iba a ser distinta a la que había seguido en España. Sus ideas sobre el mudejarismo cultural de la Península durante el Medioevo cristalizarían en su obra *La realidad histórica de España*, obra polémica, denostada por muchos, elogiada por otros. Otros de sus libros fundamentales fueron: *Aspectos del vivir hispánico* (1949), *Hacia Cervantes* (1957), *De la Edad conflictiva* (1961), *De la España que aún no conocía* (1972) y *Españoles al margen* (1973).

Ángel del Río (1901-1962) fue también una figura imprescindible en la historia del hispanismo en los Estados Unidos. Todavía hoy su *Historia de la literatura española* (1948) impresiona por su visión intelectual y elegante erudición. Catedrático de Lengua y Literatura españolas de la Universidad de Nueva York, es autor de una excelente antología de ensayistas, *El concepto contemporáneo de España* (1946); se le debe una puntual *Historia de la literatura española* (1948) en dos volúmenes. Otras importantes obras suyas son *Vida y obra de*

Federico García Lorca (1952), *Estudios galdosianos* (1953), *Introducción a 'Poeta en Nueva York', de Lorca* (1958), *El mundo hispánico y el mundo anglosajón en América. Choque y atracción de dos culturas* (1960) y *Antología general de Literatura Española*, en colaboración con su esposa, Amelia A. del Río (1954).

Antonio Sánchez Barbudo (Madrid, 1910-Palm Beach, 1995) fue empleado del Ministerio de Instrucción Pública (1931-1936) y colaborador de *El Sol, Hoja Literaria* y *Hora de España*. En 1938 recibió el Premio Nacional de Literatura. Tras la Guerra Civil vivió exiliado en México y los Estados Unidos. Fue profesor de español de la Universidad de Texas y Wisconsin. Escribió obras de ficción, como *Entre dos fuegos* (1938) y *Sueños de grandeza* (1945). Entre sus estudios literarios destacan *Una pregunta sobre España* (1945), *Estudios sobre Galdós, Unamuno y Machado* (1959) y *La segunda época de Juan Ramón Jiménez* (1962). En todos ellos resulta admirable el equilibrio entre literatura y pensamiento.

Francisco Ayala inicia en 1956 su estancia como profesor en los Estados Unidos. Durante esos años continuó publicando libros y ensayos sobre teoría literaria. Sus estudios fueron siempre, como diríamos hoy, interdisciplinarios, con calas continuas en la intertextualidad y la literatura comparada. Basten dos títulos de su ya enjundiosa obra crítica: *Tecnología y libertad* (1959) y *Reflexiones sobre la estructura narrativa* (1970).

Francisco Ayala.

José Rubia Barcia (1914-1997) había nacido en Ferrol. Hoy la ciudad gallega guarda en un centro cultural su biblioteca y archivo personal. Estudió árabe y literatura hispano-árabe en la Universidad de Granada. Después de la Guerra Civil, se exilió primero a Francia, después a Cuba, para radicarse poco después en los Estados Unidos. En aquellos primeros años de su estancia estadounidense, Rubia Barcia colaboró con Luis Buñuel en Hollywood. En 1947 fue contratado en la Universidad de California, en Los Ángeles. En los años cincuenta fue víctima del 'McCarthismo' o cacería de brujas, que denunció con valentía en sus numerosos artículos y columnas publicados en Nueva York y Los Ángeles, y que después fueron recogidos en *Prosas de razón y hiel: desde el exilio, desmitificando al franquismo y ensoñando una España mejor* (1976). Su traducción de la poesía de César Vallejo, al alimón con Clayton Eshleman, le valió el National Book Award, en 1979. No podemos terminar esta breve nota sin mencionar su monumental *Bibliografía e Iconografía de Valle-Inclán* (1886-1936).

Joaquín Casalduero Martí (Barcelona, 1903-Madrid, 1990) se doctoró en Filosofía y Letras en 1927 por la Universidad de Madrid; fue lector de español en las universidades de Estrasburgo (1925-1927), Marburgo (1927-1929), Cambridge (1930-1931) y Oxford (1931); en este último año se trasladó a los Estados Unidos, donde enseñó lengua y literatura españolas en las universidades de Wisconsin (1942) y Nueva York (1947), y en el Middlebury College Spanish School entre 1932 y 1948. Fue discípulo de Ramón Menéndez Pidal y dio numerosas e importantes conferencias en universidades, ateneos y sociedades culturales de España y América. Algunos de sus importantes estudios son: *Vida y obra de Galdós* (1942), *Jorge Guillén: 'Cántico'* (1946), *Sentido y forma del 'Quijote' (1605-1615)* (1949), *Sentido y forma del teatro de Cervantes* (1951), *Espronceda* (1961) y *Estudios sobre literatura española* (1962).

Ricardo Gullón nació en Astorga (León), en 1908. Se licenció en Derecho por la Universidad de Madrid para ejercer posteriormente en diversas ciudades españolas como funcionario del Estado. Al finalizar la Guerra Civil española fue hecho prisionero por haber colaborado con el ejército republicano. Fue liberado gracias a la ayuda de Luis Rosales y Luis Felipe Vivanco, pero se le apartó de su actividad profesional durante tres años. A partir de 1949 alterna la docencia universitaria en la Universidad Internacional Menéndez Pelayo (UIMP) con la actividad jurídica. En 1953 viaja a Puerto Rico para visitar a su amigo Juan Ramón Jiménez, exiliado político, y permanece allí durante tres años. Después de trasladarse a los Estados Unidos decide instalarse en aquel país, desarrollando la docencia en literatura española en las universidades de Columbia, Chicago, California y, por último, en la Universidad de Texas en Austin. Especialista en la obra de Juan Ramón Jiménez, Benito Pérez Galdós,

Antonio Machado y Miguel de Unamuno, en 1989 ingresa en la Real Academia Española. En 1989 fue galardonado con el Premio Príncipe de Asturias de las Letras. Murió en Madrid, en 1991. Recordemos algunos de sus seminales estudios: *La poesía de Jorge Guillén* (1949), *Galdós, novelista moderno* (1957), *Estudios sobre Juan Ramón Jiménez* (1960), *La invención del 98 y otros ensayos* (1969), *Direcciones del modernismo* (1971) y *Espacios poéticos de Antonio Machado* (1987).

Gonzalo Sobejano enseñó en los Estados Unidos desde 1963, primero como profesor asociado de la Universidad de Columbia en Nueva York, luego como profesor en la Universidad de Pittsburgh en el estado de Pensilvania. Posteriormente fue profesor de la Universidad de Pensilvania, en la ciudad de Filadelfia, hasta 1986, pasando este año a la Universidad de Columbia, en Nueva York, donde es catedrático. Fue profesor invitado o visitante en el Queens College, Middlebury College, Maryland, Princeton y Berkeley. Obtuvo prestigiosas becas universitarias americanas, como la John Simon Guggenheim y el Lindback Award for Distinguished Teaching de la Universidad de Pensilvania; o la Cruz de Comendador de la Orden de Isabel la Católica, concedida por el rey de España en 1986. Fue elegido durante dos mandatos vicepresidente de la Asociación Internacional de Hispanistas, y en 1989 fue investido doctor honoris causa por la Universidad de Murcia. Es miembro de número de la Hispanic Society of America. Es autor de memorables estudios como *El epíteto en la poesía española* (1956) y *Forma literaria y sensibilidad social: Mateo Alemán, Galdós, Clarín, el 98 y Valle-Inclán* (1967); su estudio *Nietzsche en España* (1967) es ya un clásico. Otras obras importantes suyas son *Novela española de nuestro tiempo (en busca del pueblo perdido)* (1970); *La novela española contemporánea: 1940-1995. Doce estudios* (2003) y *Clarín en su obra ejemplar* (1985). Sus ediciones de *La Regenta* de Clarín y de *La mortaja* de Miguel Delibes son modelos de erudición y elegancia estilística.

El ensayo filosófico

En el campo del ensayo filosófico, solo mencionaré dos nombres, pero en ellos se resume toda una manera de pensar y sentir de dos épocas muy diferentes: José Ferrater Mora y Eduardo Subirats. El *Diccionario de filosofía*, en cuatro volúmenes (1941-1979), de Ferrater Mora es, sin duda, el más importante en su género en español y uno de los más destacados diccionarios de filosofía de la actualidad. Siguieron después libros tan sustanciales como *Variaciones sobre el espíritu* (1945), *La ironía, la muerte y la admiración* (1946), *El hombre en la encrucijada* (1952), *Cuatro visiones de la historia universal: San Agustín, Vico, Voltaire, Hegel* (1952), *Cuestiones disputadas: Ensayos de filosofía* (1955), *Lógica matemática* (1955) —tan empleada por sucesivas generaciones de filósofos—, *¿Qué es la lógica?* (1957), *La filosofía en el mundo de hoy* (1959), *El ser y la muerte: Bosquejo de filosofía integracionista* (1962) —donde planteó su sistema como un problema de emergencia desde cuatro niveles fundamentales: el físico, el orgánico, el social y el cultural—, *El ser y el sentido* (1967), *El hombre y su medio y otros ensayos* (1971), *Las crisis humanas* (1972), *Cambio de marcha en la filosofía* (1974), *De la materia a la razón* (1979) —donde expuso una aplicación de su 'filosofía integracionista' a la realidad esencial de la muerte—, *Ética aplicada: del aborto a la violencia* (1981), *Fundamentos de filosofía* (1985) y *Modos de hacer filosofía* (1985).

Eduardo Subirats.

El filósofo Eduardo Subirats (Barcelona, 1947) es profesor en el Departamento de Español y Portugués de la Universidad de Nueva York. Son obras suyas: *El continente vacío* (1994), *Linterna mágica* (1997) y *Culturas virtuales* (2001). En su último ensayo publicado por Losada, *Memoria y Exilio*, estudia la historia ibérica e hispanoamericana, desde el análisis y la profundidad, y al margen de la cultura oficial. Su pensamiento desmonta nuestro sistema social de referencias culturales, desde las argucias económicas y publicitarias hasta las ideológicas y tecnológicas.

XI   ESPECTÁCULOS

El teatro

Los conciertos

El cine

EL TEATRO

Espectáculos puertorriqueños

Luis Alberto Ambroggio

Teatro cubano

Matías Montes Huidobro

Espectáculos dominicanos

Franklin Gutiérrez

Teatro español

Gerardo Piña Rosales

Los festivales de teatro

Esther Sánchez Grey

Espectáculos puertorriqueños

Luis Alberto Ambroggio

Teatro puertorriqueño y actividades escénicas

A partir del quehacer teatral reseñado, pero con características e influencias peculiares, a veces independiente y a ratos paralelo, surgió el teatro puertorriqueño creado, escrito, producido y montado en los Estados Unidos. Se registran estos comienzos a finales del siglo XIX, cuando en Nueva York se inicia la puesta en escena de una forma semiprofesional o *amateur* de referente puertorriqueño[1]. Los puertorriqueños entonces configuraban un grupo de expatriados que junto a los grupos de cubanos y dominicanos luchaban por la independencia de sus respectivos países. La afluencia de inmigrantes puertorriqueños en Nueva York, ya ciudadanos estadounidenses, se incrementó notablemente al fin del siglo XIX y comienzos del siglo XX. Quizá podamos nombrar a Arquímedes Pous, si bien nacido en Cuba, como uno de los precursores del teatro puertorriqueño en su condición de autor, actor y coreógrafo, dado que en 1921 en Nueva York creó y montó con seguidores puertorriqueños los *bufos* que también repitió en teatros de Boston, Filadelfia y otras ciudades estadounidenses. Pous, más tarde, se traslada a Puerto Rico para vivir sus últimos años, y fallece en Mayagüez el 16 de abril del año 1926.

Otras compañías precursoras del teatro puertorriqueño en los Estados Unidos, específicamente en la ciudad de Nueva York, son: la Compañía Teatral Puertorriqueña, la Sociedad Cultural Puertorriqueña, la Compañía Alejandro Tapia y Rivera, la Compañía Teatral Betancourt y la Mutualista Obrera Puertorriqueña.

En los años treinta, en los teatros San José y Variedades se distinguió el antes mencionado empresario teatral, director y dramaturgo puertorriqueño Juan Nadal Santa Coloma. Los teatros Campoamor y Cervantes, de poca duración, ofrecieron espectáculos de revistas y variedades como *Fantasía puertorriqueña*.

El teatro en los Estados Unidos

A partir de 1937, el Teatro Hispano, bajo el patrocinio del empresario mexicano Del Pozo, comenzó a montar obras de interés para la comunidad puertorriqueña de Nueva York, como *En las playas de Borinquen* y *Fantasía en Blanco y Negro*; también la obra de Luis Lloréns Torres, *El Grito de Lares*, que celebraba la proclamación de la independencia de Puerto Rico. En los años siguientes se ofrecieron zarzuelas en las que resaltaba la actuación del *negrito* puertorriqueño Antonio Rodríguez. Dos escritores puertorriqueños se destacaron en esta época con dramas de carácter revolucionario propugnando la justicia social obrera en su versión marxista y la causa republicana española: el prolífico ensayista y militante José Enamorado Cuesta (1892-1976), con su obra *El pueblo en marcha*, y Franca de Armiño, integrantes de los llamados 'dramaturgos obreros', se presentan con un drama titulado *Los hipócritas*, pieza llevada a escena en el Park Palace Theater en el año 1933.

Durante esa época, Gonzalo O'Neill es otro de los dramaturgos puertorriqueños más activos en Nueva York, autor que acentúa en su obra el nacionalismo puertorriqueño y la independencia de los estados. Poeta publicado, originario de Aguadillas, emigró a Nueva York, donde se convirtió en benefactor de los inmigrantes de Puerto Rico. Su primera obra de teatro fue *La Indiana borinqueña* (1922), a la que siguió *Moncho Reyes* (1923), siendo la más exitosa y reconocida por su logro artístico su tercera obra, *Bajo una sola bandera* (1928), que se estrenó en el mismo año en el Park Palace Theater de Nueva York y en 1934 en el teatro

Union Settlement de East Harlem, como evento histórico en este asentamiento puertorriqueño. También se difundió, entre otras, su obra *Amoríos borincanos*, que debutó en el Teatro Hispano en el año 1938. Aunque con mucha menos proyección, otros escritores de este momento son Alberto M. González y Frank Martínez, algunas de cuyas obras hemos mencionado.

Teatro entre 1940 y 1980

Ya a partir de 1940, el Teatro Hispano de Nueva York se dedicó casi exclusivamente a una audiencia de clase trabajadora predominantemente puertorriqueña. La concentración de la producción teatral puertorriqueña se situó en Nueva York, aunque surgieron con los años y la movilidad de los inmigrantes de Puerto Rico nuevos centros de actividad literaria y artística puertorriqueña como Boston, Filadelfia, más recientemente Miami y, con esporádicas representaciones, Washington D.C. Se deben destacar dos personajes de esta época que, si bien sobresalieron por su activismo político, también lo lograron por su dedicación teatral. Son ellos Emelí Vélez y su esposo Erasmo Vando, actor, autor, uno de los pioneros del teatro puertorriqueño en Nueva York. Cautivado por su belleza, Vando invitó a Emelí a unirse a su grupo de actores que escenificaban obras escritas por él y por otros escritores como Gonzalo O'Neill. La actriz llegó a convertirse en una de las actrices favoritas de Vando y más tarde en su esposa.

Las expresiones dramáticas puertorriqueñas de esta época se encuadraron en el fenómeno del vodevil estadounidense, fundado por Tony Pastor (1837-1908), compuesto de espectáculos cómicos o de danza realizados por artistas, muchos de ellos inmigrantes recién llegados a los Estados Unidos que viajaban de un lugar a otro, con una gran carga étnica en su composición y expresión burlesca. Uno de los actores (cantautores) más destacados de este tipo de teatro fue el puertorriqueño Bobby Capó, casado con la actriz puertorriqueña Nydia Vázquez. A finales de los cuarenta y principios de los cincuenta la Farándula Panamericana puso en escena obras teatrales puertorriqueñas con actores puertorriqueños que residían en Nueva York, como el poeta Ángel Ringau Ramos, en el Master's Auditorium y el Belmont Theater. Otra actriz puertorriqueña que se destacó en el Teatro Hispano en los años cuarenta fue Diosa Costello, acaso la artista puertorriqueña más famosa de los Estados Unidos de ese tiempo.

En 1953-1954 se produjo un evento que tendrá un impacto duradero en la historia del teatro hispano y puertorriqueño en los Estados Unidos y fue, como se ha mencionado antes, la puesta en escena de la obra de René Marqués *La Carreta*, en la iglesia de San Sebastián, que dirigió el joven dramaturgo Roberto Rodríguez. El éxito de esta obra motiva a Roberto Rodríguez y a la actriz y directora Miriam Colón, parte del grupo de la Farándula Panamericana, a fundar el Nuevo Círculo Dramático, que administró el Teatro Arena. Otras agrupaciones surgieron en esta época como el Teatro Club y el Teatro Experimental. El quehacer teatral hispánico en Nueva York tiene tal éxito y popularidad que el Teatro Shakespeare de Nueva York, que por entonces dirigía Joseph Papp, abre en 1964 su festival con obras de Shakespeare en traducción al español. A su vez, Miriam Colón, con la ayuda de la unidad móvil del Shakespeare Festival, funda el Teatro Rodante Puertorriqueño (The Puerto Rican Traveling Theater) en 1967, un teatro profesional bilingüe que puso en escena obras de dramaturgos de la isla y más tarde de autores de origen puertorriqueño nacidos en su mayoría en Nueva York, así como de escritores hispanoamericanos y españoles. Esta agrupación goza hoy de su propio teatro y escuela de drama.

Desde su comienzo montó en los sesenta, setenta y ochenta obras en español, algunas con versiones en inglés, de los más importantes dramaturgos puertorriqueños de la época como René Marqués (*La carreta*, en 1967; *Los soles truncos/Fanlights*, en 1980; *La muerte no entrará en palacio*, en 1981); Luis Rafael Sánchez (*La farsa del amor compradito*, en 1968; *La pasión según Antígona Pérez*, en 1972; *Los ángeles se han fatigado*, en 1974; *Quíntuples*, en 1989); Manuel Méndez Ballester (*Encrucijada/Crossroads*, en 1969); Pedro Juan Soto (*El huésped/Garabatos/Los inocentes*, en 1974); Ramón Méndez Quiñones (*Un jíbaro*, en 1978, y *Los jíbaros progresistas*, en 1981); Luis Rechani Agrait (*La compañía*, en 1978); Joseph Lizardi (*El macho*, en 1979); Estrella Artau (*Marine tiger*, en 1983); Federico Fraguada (*Bodega*, en 1986 y luego en 1987); Eduardo Iván López (*Una dama con visión/Lady with a view*, traducida al español, en 1986); Richard V. Irizarry (*Ariano*, en 1988), y Cándido Tirado (*First class*, representada con traducción al español, en 1988).

Del mismo modo, el Teatro Rodante Puertorriqueño también ha llevado a escena piezas de autores 'niuyorriqueños', pero muchas de ellas escritas en inglés; otras puestas en escena han sido en español, como las piezas de Jaime Carrero *Pipo subway no sabe reír*, en 1973, y *Betances*, en 1981; la obra de Eduardo Gallardo, con traducción al español, *Simpson street*, en 1979 y en 1985, y la de Pedro Pietri, *Las masas son crasas/The masses are asses*, en 1984, donde el uso del español y del inglés intercambia papeles.

Muy temprano también se introdujo el teatro callejero improvisado, un fenómeno que se popularizó en Hispanoamérica, como vehículo de concienciación política de las masas y clases trabajadoras. Así surgieron las agrupaciones de creatividad y actuación colectiva, de variado éxito y duración, como aquellos grupos del Teatro Jurutungo, el Teatro Pobre de América o el Nuevo Teatro Pobre de América. Este último fue fundado por Pedro Santaliz, que se traslada a Nueva York en 1965 y que viajaba entre Nueva York y Puerto Rico con frecuencia. Este va a montar obras clásicas del repertorio puertorriqueño y otras como *El grito en el tiempo*, en 1968; *Cemí en el palacio de Járlem*, en 1969; *Islas de las lechozas*, en 1970; *Felices días, danza para compadritos, Guarapos y Los Presos*, en 1971; *Isla sin nombre*, en 1972; *Los angelitos y sus velas y sus angelitos*, en 1973, y *Oda al rey de Járlem* y *La Fábula de Rico y Puerto*, en 1974. Además, Santaliz lleva a escena obras de su autoría como *Cadencia en el país de las maravillas y sus amigos de la conchinchina o el rey príncipe sapo*, en 1973; *El rito del esclavito Para-Niguas, del brujo esclavo Sala-serio y de sus amigos del país de los ñáñigos*, en 1975; *La culata del niño Dios de Belén*, en 1975; *El caserío perfecto*, en 1976, y *Serenito se cayó frente a Padín*, en 1976, combinando actores profesionales con *amateurs*. Todos estos teatros continuaron la labor de preservar la identidad y la cultura puertorriqueñas.

Otros teatros, sin ser específicamente puertorriqueños —Nuestro Teatro, Teatro Dúo, el Instituto de Arte Teatral (IATE), el Instituto de Arte Teatral Internacional (IATI), el Latin American Theater Ensemble, el INTAR, el Tremont Art Group y el Thalia—, han hospedado a compañías teatrales puertorriqueñas o trabajado con ellas, aunque muchas de sus producciones sean traducciones de autores hispanos al inglés. El Teatro de Orilla, uno de ellos, fundado en 1971 por los artistas y educadores puertorriqueños Soledad Romero y Rafael Acevedo, debutó en el Lower Side de Manhattan en 1972 con la pieza colectiva *¿Este tren para en Delancey?* También puso en escena, en el año 1973, *Pelohambre no se rinde o las tribulaciones de un pueblo gulembo*. Otras obras puertorriqueñas de su repertorio fueron *Preciosa por ser un encanto, por ser un edén*, de Alfredo Mantilla; *Puerto Rican Obituary*, de Pedro Pietri; *La farsa del hombre que dijo que no*, de Lydia Milagros González, y *Bayaminiña*, de Pedro Juan Soto.

El Teatro de Orilla se desintegró en 1978, pero hizo posible la evolución de otros grupos teatrales en vía de creación o ya existentes como el Teatro Rodante Puertorriqueño (Puerto Rican Traveling Theater), The Puerto Rican Ensemble, el Nuevo Teatro Pobre de América, y ciertos componentes del Teatro de Orilla se agruparon en el Teatro Cuatro, fundado en 1974 por el argentino Oscar Ciccone. El Teatro Cuatro devino en uno de los más interesantes de estos grupos y aún sobrevive. Agrupa actores, autores y personal de teatro puertorriqueño e hispanoamericano, en el barrio sureste de la ciudad (Lower East Side) y en el sur del Bronx. Ampliamente comprometido con su comunidad y entregado a faenas pedagógicas de franca educación política y de justicia social, se convirtió en los setenta en un teatro popular, integrando miembros pobres puertorriqueños y sin previa educación teatral. Entre sus actividades y obras colectivas montadas se halla *¿Qué encontré en Nueva York?* Se asoció más tarde con el Festival de Shakespeare de Nueva York, donde se organizó el primer festival de teatro popular hispanoamericano en 1976. Otros grupos teatrales puertorriqueños surgieron también en esta época: The Nuyorican Poets' Café, La Virazón y The Hostos Community Theater Ensemble. Como paréntesis de interés cabe señalar que, en el año 1977, el puertorriqueño Art Mercado fundó en Houston, Texas, el Teatro Bilingüe, que tendrá un papel importante en el quehacer teatral de la zona, si bien su contexto sería por lo general la cultura chicana.

En 1979 la distinguida dramaturga puertorriqueña Rosalba Rolón, con David Crommer y Luis Meléndez, fundó en la zona del Bronx el Teatro Pregones, de reconocimiento internacional, con la expresa misión de 'crear y presentar teatro contemporáneo arraigado en expresiones artísticas y musicales puertorriqueñas y 'latinas' y presentar artistas de diversas culturas ofreciéndoles a los 'latinos' y a otras comunidades un medio artístico para enaltecer nuestros roles en la sociedad'. Con influencias brechtianas, utilizaron la técnica de creación colectiva, buscando un lenguaje común que la comunidad del sur del Bronx (El Barrio) entendiera. Iniciaron sus funciones con una pieza colectiva llamada *La Colección – 100 años de teatro puertorriqueño*, que incorporaba escenas de 11 obras de teatro representativas de la dramaturgia puertorriqueña entre los años 1878 y 1978, escenas de las obras de Luis Rafael Sánchez, René Marqués, Manuel Méndez Ballester y Ramón Méndez Quiñones, entre otras. Las escenas incluían música y una serie de 'pregones' que entonan los tradicionales vendedores ambulantes. Colaboraron en ella el director Víctor Fragoso y la actriz Marta de la Cruz, y los músicos Eduardo Carrasquillo y Gilberto Díaz. Tuvo una recepción excepcional por parte del público puertorriqueño e hispano de Nueva York. Otras obras que montaron fueron *Areyto de Pescadores* (Eduardo Gallardo, en 1982), *La Caravana* (Alvan Colón Lespier, en 1986) y, en colaboración con Boal, el Teatro del Oprimido, *El Abrazo*, que trataba la convivencia con el incipiente y difícil problema del sida.

El teatro funcionó a lo largo de su historia en varios lugares: su primera sala teatral fue en la iglesia de Santa Ana de la zona del Bronx en 1985, luego la sede provisional se ubicó en la Casa Blanca, un café-teatro, hasta obtener, en 2005, su propia sala, que se inauguró con la presentación de *La rosa roja (The Red Rose)*, musical bilingüe basado en textos, cartas y testimonios del activista y periodista puertorriqueño Jesús Colón, quien solía firmar sus trabajos como 'Miquis Tikis', personaje a quien dio vida Danny Rivera, en lo que fue su debut en una sala de teatro local.

Cabe mencionar a cuatro artistas que ayudaron a consolidar la compañía del Teatro Pregones durante distintas etapas de los años ochenta: Sandra Rodríguez (1980), Alvan Colón Lespier (1981), Judith Rivera (1986) y Jorge B. Merced (1987). Y las obras de referencia puertorriqueña, en español, que montaron durante esta época: *El circo* (obra colectiva de Pregones, en 1981); *La ofrenda*, basada en poemas de J. A. Corretjer, en 1984; *The Night We Became People Again (La noche que volvimos a ser gente)*, basada en una historia de José Luis González, en 1984; *El antillano*, basada en la correspondencia de Ramón Emeterio Betances, en 1985; *Pepe Coquí* (obra colectiva de Pregones, en 1985); *Tiempo muerto*, de Manuel Méndez Ballester, en 1985; *Cantata a Lares*, basada en la historia, literatura y recuerdos populares sobre la insurrección de 1868, puesta en escena en 1986; *Migrants!*, una cantata alrededor del tema de la diáspora puertorriqueña, en 1986; *Remote Control*, de Rosalba Rolón, en 1987, y *Voces de acero (Voices of Steel)*, pieza inspirada en el testimonio de prisioneros políticos puertorriqueños, en 1989.

El Teatro del 60 también tuvo una larga historia de producciones de obras puertorriqueñas en Nueva York, empezando con *La Trampa*, de Myrna Casas, en 1964; *Spiks*, de Pedro Juan

Soto, en 1976; *La verdadera historia de Pedro Navaja*, de Pablo Cabrera, en 1984, e *Indocumentados*, de José L. Ramos Escobar, en 1989 y en 1990.

A finales de la década del setenta apareció una importante antología teatral, *Nuevos Pasos: Chicano and Puerto Rican Drama*, de Nicolás Kanellos y Jorge A. Huerta (1989), que incluye, entre otras, las siguientes obras de puertorriqueños: *The Sun Always Shines for the Cool*, del fallecido Miguel Piñero, de intensidad dramática y lenguaje del 'bajo mundo' donde el intercambio de códigos es muy frecuente; y *Olú Clemente*, de Miguel Algarín y Tato Laviera, con estructura de ritual, elegía que celebra el altruismo del atleta puertorriqueño Roberto Clemente a través del canto afro-caribeño y del testimonio histórico y personal. Faltan, en su reedición diez años más tarde, obras que tuvieron grandes éxitos, como la de Pedro Pietri que hemos citado antes, *The masses are asses*, pieza escrita en inglés pero representada en español bajo el título *Las masas son crasas*.

En el año 1982 se funda el Teatro La TEA (Latin American Theater Experiment & Associates), de larga trayectoria e importancia para la dramaturgia puertorriqueña, con sede en el Centro Cultural Clemente Soto Vélez, que abre sus puertas a grupos de teatro experimental, a organizaciones teatrales y a autores hispanos. Una de sus últimas puestas en escena, en junio de 2007, fue la pieza *Albizu, todo o nada*, de Viviana Torres, bajo la dirección de Luis Oliva.

En el año 1976, Hugo y Rebeca Medrano crearon en Washington D.C. el Teatro Gala, que tendrá la cooperación de puertorriqueños como la escritora Egla Blouin, traductora de varias de las obras montadas, algunos autores puertorriqueños y piezas como por ejemplo: *The masses are asses*, de Pedro Pietri, en 1979; *Los soles truncos/The fanlights*, de René Marqués, en 1987; *Turulete*, de Carmen Alicia Morales, en 1993; *Quíntuples*, de Luis Rafael Sánchez, en 1998, y *Cantando los Juanes del Pueblo*, de Ángel Vázquez, en 2003.

En la Florida, en ciudades como Miami, donde además de los cubanos, los grupos hispanos tienen una gran representación, se han llevado a escena en diversos teatros y festivales obras de autores puertorriqueños tanto nacidos en la isla como residentes o nacidos en los Estados Unidos. Serios estudiosos y críticos de teatro se han ocupado del teatro puertorriqueño; este es el caso del cubano Matías Montes Huidobro, residente en la ciudad de Miami, con su libro *Persona: vida y máscara en el teatro puertorriqueño* (1986), que hace un serio recorrido sobre la historia y el desenvolvimiento del tema. La Sociedad Educativa de las Artes, Inc. (SEA), fundada en Puerto Rico en el año 1985, pionera en el campo del teatro educativo, tiene sedes, además de en Puerto Rico, en Nueva York y en la Florida. Myrna Casas montó su obra *El Gran Circo Eucraniano*, con la que representó a Puerto Rico en el Cuarto Festival de Teatro Hispanoamericano de Miami en 1989, siendo recibida con gran entusiasmo. Más tarde, Juan González Bonilla estrenó en la ciudad de Miami, la primera vez que una de sus obras se presentó fuera de Puerto Rico, su obra *Despedida de una soltera*. Es de esperar que la presencia puertorriqueña en la actividad teatral del estado de la Florida, y en particular en las actividades escénicas de Miami, continúe en las siguientes décadas.

La última década del siglo XX

A partir de 1990, el Teatro Rodante Puertorriqueño ha mantenido puestas escénicas en Nueva York, Newark y Nueva Jersey. Algunas de ellas son: en 1990, *Ariano*, de Richard V. Irizarry, y *Spanish eyes* —en traducción al español—, de Eduardo Iván López; en 1993, y en español, *The boiler room*, de Rubén González, y *Los jíbaros progresistas*, de Ramón Méndez Quiñones; en 1995, la traducción al español de *Simpson street*, de Eduardo Gallardo, y *The Blackout (El apagón)*, en adaptación de Rosalba Rolón y primera producción presentada en colaboración con el Teatro Pregones; en 1997, *Baile cangrejero*, también en colaboración con el Teatro Pregones; en 1998, *Checking out / Morir soñando*, de Cándido Tirado, y en 1999, la pieza *Julia de Burgos, child of water (Julia de Burgos, criatura del agua)*, de Carmen Rivera.

El Teatro de la Luna, fundado en el área metropolitana de Washington D.C., en el año 1991, bajo la dirección de Mario Marcel y Nucky Walder, puso en escena numerosas obras puertorriqueñas como *Mistiblu* de Roberto Ramos-Perea en la temporada 1995-1996, así como en sus Festivales Internacionales de Teatro Hispano: en el primero, de 1998, la obra del mismo autor, bajo su dirección, con la compañía *El Cemí*; y en el segundo festival, 1999, la obra *La Madona con el corazón de piedra* de Abniel Marat, con la compañía Aleph, Inc.

El actor Mario Guerra en la obra *Delirio Habanero* del grupo Teatro de la Luna.

En el año 1994 empezó a funcionar en Nueva York la anteriormente mencionada Sociedad Educativa de las Artes, Inc. (SEA). En ese mismo año se fundó el Teatro Círculo con una compañía formada por un grupo de artistas puertorriqueños y que ha recibido numerosos premios, incluido el OBIE por la obra *La Dama duende*. Uno de sus miembros fundadores fue la reconocida dramaturga Eva Cristina Vázquez, que ha actuado en diversas producciones, como *Puerto Rico Fuá*, *Los Titingos* de Juan Bobo, *Un Quijote en Nueva York* y en su propia obra *Amor Perdido*, que recorrió variados escenarios en diferentes ciudades estadounidenses.

Lucy Boscana sobresalió como una de las artistas del escenario mejor consideradas en estos tiempos, por lo que se la llamó 'la Primera Dama del teatro puertorriqueño'.

El Teatro Pregones siguió con su repertorio de obras, que incluyó, en 1990, *Imágenes de un padre*, basada en entrevistas con Laura Albizu Menezes; en 1991, *Baile cangrejero*, a partir de poemas de Guillén, Vizcarrondo, Cruz, Palés, Cabral y Burgos; *Tangalatín*, también basada en poemas de Palés, Vizcarrondo y Santa Cruz; *El último rosario de Medea*, de José Manuel Torres Santiago; en 1992, *El Apagón (The Blackout)*, que hemos mencionado, y *La noche que volvimos a ser gente*, basada en cuentos de José Luis González; en 1993, *Quíntuples*, de Luis Rafael Sánchez; en 1996, *La otra orilla*, de Eusebio Calonge; en 1997, *El bolero fue mi ruina*, basada en un cuento de Manuel Ramos Otero; en 1998, *San Miguel, amarra tu perro*, basada en los registros literarios, históricos y populares de la independencia de Puerto Rico y los movimientos nacionalistas, además de otras producciones en lengua inglesa que no son parte de este trabajo.

El Teatro del 60 también continuó su larga historia de producciones de obras puertorriqueñas en Nueva York con la pieza *Cofres*, de José L. Ramos Escobar, en 1991; de nuevo la puesta en escena de *La pasión según Antígona Pérez*, de Luis Rafael Sánchez, en 1992; *La farsa del amor compradito*, del mismo autor, en 1998, y *Puertorriqueños*, obra de José L. Ramos Escobar, que sube a escena en 1999.

Los primeros años del presente siglo

El Teatro de la Luna, por su parte, continuó presentando en la zona metropolitana de Washington D.C., dentro del marco de sus Festivales Internacionales de Teatro Hispano, obras puertorriqueñas como *Una de cal y una de arena*, obra experimental colectiva dirigida por Pedro Adorno con la compañía Agua, Sol y Sereno, en 2000; *Voces* de Myrna Casas, con la compañía Vissepo Producciones, Inc., en 2001; *Otro maldito amor*, de Orlando Rodrí-guez, con la compañía Artefacto Inc., en 2002, y *Entre el amor y los genios*, de Carlos Vega Abreu, con la compañía Laberuchi, Inc., en 2003. En 2004 el Teatro de la Luna monta *Tres noches tropicales y una vida de infierno* de Myrna Casas, con Producciones Cisne; *Juegos de obsesión*, basada en textos de Myrna Casas, adaptada y actuada por Provi Sein, con la com-pañía Producciones Aleph, Inc., y *Las Reinas del Chantecler*, de Myrna Casas, *première* dirigi-da por la misma autora y con Angela Meyer de protagonista, con Producciones Cisne, Inc., en el año 2006.

En abril de 2003, el Teatro IATI (Instituto de Arte Teatral Internacional) estrenó *En barco de papel: Hostos*, una adaptación del famoso cuento del ensayista puertorriqueño Eugenio María de Hostos hecha por Pablo García-Gámez, en el Hostos Center for the Performing Arts del Hostos Community College. Esta misma obra se presentó en septiembre con la compañía Hamm & Clov Stage Company en la Biblioteca de Riverfront Library en Yonkers, ante una concurrida audiencia que recibió la obra con grandes aplausos.

En coproducción del Teatro Círculo con el Teatro IATI se presenta, en septiembre de 2005, la obra *Un Quijote en Nueva York*, escrita y dirigida por el puertorriqueño Luis Caballero, basa-da en la inmortal obra de Miguel de Cervantes. Comedia que relata una historia de amor llena de fantasía, imaginación y sueños no realizados, el Quijote de Caballero inicia sus aventuras en el condado de Bronx, de mayoría hispana, y descansa en el Parque Central. En febrero de 2007, el Teatro Gramercy, en cooperación con el Teatro ECAS de Providence, Rho-de Island, presentó *Los titingos de Juan Bobo*, pieza de Carlos Ferrari y dirigida por José Cheo Oliveras, basada en los cuentos, cantos y bailes tradicionales del folclore puertorriqueño.

La temporada teatral de 2007 empezó con la obra de Carmen Rivera *La gringa*, que lleva a escena la compañía Repertorio Español con su sede en el teatro Gramercy Arts en Nueva York. En la temporada 'nuyorican' del Ateneo en abril de 2007, como parte del XXX Festival de Teatro del Ateneo de Puerto Rico se montaron tres obras de los dramaturgos niuyorri-queños Cándido Tirado, Migdalia Cruz y de la mencionada Carmen Rivera. También se pre-sentó *Los nenes de mamá (Momma's Boys)*, del dramaturgo Cándido Tirado, obra coganadora del IV Concurso Nacional de Obras Teatrales Nuestras Voces. Cerrando la serie de teatro 'nuyorican', la compañía Monarch Theater llevó a escena la obra *Pelaje (Fur)*, de Mig-dalia Cruz, quien ha escrito más de treinta obras de teatro.

El Teatro Rodante Puertorriqueño (Puerto Rican Traveling Theater) que, a lo largo de sus cuarenta años de historia, entregó a su público, en diferentes localidades, diversos clásicos puertorriqueños y piezas de autores niuyorriqueños, continuó sus temporadas con tales obras como: en 2000, *King without castle (Rey sin castillo)*, de Cándido Tirado; *Blind alley (Callejón sin salida)*, de Nancy Nevárez, y *The mischievous Juan bobo (Los titingos de Juan Bo-bo)*, de Carlos Ferrari, en colaboración con el Teatro Círculo. En el año 2001, *How happy are the barbies (Qué felices son las barbies)*, de Wanda Arriaga, en colaboración con el Teatro Cír-culo. En el año 2002 se lleva a escena *Bernarda*, de Oscar A. Colón. En 2003, *La bruja (The witch)*, de Caridad de la Luz. En 2005, *The Ortiz sisters of Mott Haven (Las hermanas Ortiz de Mott Haven)*, de Carlos J. Serrano. Finalmente, en la temporada de 2007 se representó la obra de Roberto Ramos-Perea *Malasangre (Bad Blood)*, en una actuación que alternó el es-pañol y el inglés.

También en mayo-junio de 2007, en el Teatro Círculo se estrenó *Lágrimas negras*, espectá-culo de una sola persona escrito y actuado por la ya mencionada dramaturga puertorri-queña Eva Cristina Vázquez, cuyo libro sobre el desarrollo y la actividad del Teatro Pregones (2003) merece mencionarse como ejemplo de investigación crítica sobre la experiencia teatral y la dramaturgia puertorriqueñas, su historia, su misión, su estética y su influencia social. A finales de 2007, se presenta la obra musical *¿Quién mató a Héctor Lavoe?*, inspira-da en la historia de David Maldonado, escrita y dirigida por Pablo Cabrera, y protagonizada por el actor Raúl Carbonell; ha sido acaso una de las obras de mayor éxito en la historia del teatro puertorriqueño. Cabe notar que Carbonell encarnó en 88 funciones a Lavoe desde noviembre de 1999 hasta febrero de 2000, y en ese año ganó el Premio de la Asociación de Cronistas de Espectáculos de Nueva York (ACE) como 'Mejor Actor', por ese papel. Esta pieza se hubo de presentar después en las ciudades estadounidenses de Orlando, Chicago y Los Ángeles.

Conclusión

Esta presentación no pretende, ni puede, ser exhaustiva. Se han omitido, por lo general, montajes de revistas, de teatro-poesía o de espectáculos de variedades. Solo hemos recorrido y ofrecido un panorama diverso con datos, nombres, obras y centros o salas de teatro que representan una historia y una experiencia que ilustran la actividad y el dinamismo del teatro puertorriqueño en los Estados Unidos, en español, y con carácter somero en la isla; también nos hemos referido, aquí y allá, a aquella impronta del teatro puertorriqueño y niuyorriqueño que se manifiesta de manera bilingüe y, muy de pasada, en inglés. Todo este rico teatro expresa la identidad y cultura puertorriqueñas del aquí y del allí, con todas sus influencias, su compleja idiosincrasia y su fluidez de movimiento, oscilando siempre entre ambos lugares, dando a conocer sus peculiares componentes y realidades históricas y lingüísticas, su vida, sus costumbres y las luchas culturales, sociales y políticas de un pueblo que vive entre el espacio de una isla y el de un continente, los Estados Unidos. Son experiencias múltiples de multiculturalismo, presentes en una dinámica conformación de identidad, a través de lo sublime y lo cotidiano, expresadas con la gama de todas las emociones.

Nota

[1] Una serie de estudios claves nos guían en esta sección de nuestro ensayo, encabezados por los publicados por el profesor Nicolás Kanellos y otros especialistas. Entre estas referencias nos limitamos a citar los siguientes trabajos publicados por Arte Público Press de la Universidad de Houston: John Antush, (ed.) *Recent Puerto Rican Theater: Five Plays from New York* (1991). Nicolás Kanellos, (ed.) *Hispanic Theater in the United States* (1984) y *History of Hispanic Theater in the United States: Origins to 1940* (1990). Nicolás Kanellos y Jorge Huerta, *Nuevos Pasos: Chicano and Puerto Rican Theater* (1989), y el resumen de Nicolás Kanellos, 'Brief History of Hispanic Theater in the United States', que aparece en el *Handbook of Hispanic Cultures in the United States: Literature and Art*, editado por Francisco Lomelí, coordinación general de Nicolás Kanellos y Claudio Esteva-Fabregat (Houston: Arte Público Press, 1993). Además, utilizamos material de: Rosalina Perales, 'Traspaso de Límites: teatro puertorriqueño en Estados Unidos', San Juan: Universidad de Puerto Rico (2006); Roberto Ramos-Perea, *Teatro Puertorriqueño contemporáneo (1982-2003): Ensayos para una interpretación y otros escritos*, San Juan: Publicaciones Gaviota, 2003, y José Luis Ramos, 'El teatro puertorriqueño en Estados Unidos: ¿teatro nacional o teatro de minoría?' en *Gestos*, VII, 14 (1992), pp. 85-93.

Teatro cubano

Matías Montes Huidobro

Introducción

Dentro de las limitaciones del caso, el teatro como espectáculo con antecedentes cubanos empieza a funcionar en Tampa, específicamente en Ybor City, a fines del siglo XIX. Confluyen en la comunidad tampeña dos fuerzas económicas, la del capital y la del trabajo. De un lado, las apetencias culturales de la primera llevan a la creación de salas teatrales que sirven para ofrecer funciones de grupos profesionales en gira, formados por cubanos y españoles que visitan Ybor City. Del otro, los problemas obreros que se van a ir desarrollando en el siglo XX van a dar lugar a manifestaciones de la lucha de clases que encontrarán su expresión a través del teatro. De ahí que surjan movimientos teatrales de agitación ideológica. En la década de los treinta, en un período de inestabilidad política, según investigaciones de Nicolás Kanellos, en los archivos de la sociedad afro-cubana de ayuda social y financiera conocida como Unión Martí-Maceo (obviamente, de raigambre cubana), se encuentran dos obras de teatro, una comedia de confusión de identidades llamada *Los novios*, obra bufa afro-cubana, y otra en un acto, *Hambre*, un drama social sobre las miserias de las clases trabajadoras, con obvias connotaciones de lucha de clases. Aunque Kanellos no especifica la autoría de estos textos, el vínculo cubano-tampeño invita a las especulaciones, que habrá que dejar para investigaciones más profundas.

Si bien el número de dramaturgos que salen de Cuba constituye una nómina reducida, no se puede decir lo mismo de los artistas vinculados a las artes escénicas que toman el camino del exilio. Muchos de ellos pertenecían a la farándula habanera, asociados tangencialmente al movimiento dramático nacional, aunque en estrecha relación, en numerosos casos, con el desarrollo de las salas teatrales que funcionaron en Cuba en los años cincuenta. Un número considerable de estos artistas tenían un nombre establecido, en particular en los medios de radio y telecomunicación, cuyo desarrollo en Cuba nos colocaba a la cabeza de todos los otros países de habla hispana, incluyendo México y la Argentina, que desempeñaban un papel mucho más importante en la industria cinematográfica. Este fenómeno seguirá ocurriendo a lo largo del siglo XX, y el número de graduados en artes escénicas del Instituto Superior de Arte de La Habana sigue nutriendo el teatro del exilio como ocurrió durante las dos primeras décadas. Se puede decir que estos artistas pasarán a situarse fundamentalmente en Miami y Nueva York, y en menor cuantía en Los Ángeles, tres zonas urbanas de muy diferente carácter, siendo Miami la que define, más agresivamente, el uso del español como vía de expresión a través de sus espectáculos, incluyendo el género dramático.

Miami

En Miami en particular tiene lugar el exilio del bufo. Aunque se puede dejar constancia global de este movimiento, los textos que se llevan a escena, tanto en Cuba en el período republicano como en Miami en el posrevolucionario, permanecen inéditos y fuera de nuestro alcance, por lo que requieren una investigación más especializada y de otra naturaleza. Sin embargo, los espectáculos de este carácter han sido los más numerosos y de mayor público, especialmente hasta los años noventa. En todo caso, si de teatro popular se trata, y al que con tanta insistencia se refiere la crítica cubana, y de un teatro, además, con espectadores que pagan su entrada, el vernáculo cubano en Miami lo ha tenido por cuarenta años. En los primeros años de los sesenta, el negrito y el gallego siguieron vigentes en los escenarios miamenses, con Federico Piñeiro, Alberto Garrido, Leopoldo Fernández y Rosendo

Rosell, entre los más populares. No solo en Miami, sino en Hialeah, donde Néstor Cabell creó el negrito 'Bijirita' en 1964, y algunos otros artistas hicieron teatro folclórico con los populares personajes del negrito y el gallego. En la calle 8, Chela Castro tiene éxito con *La Nalgada*. Menos suerte tiene Miguel Ponce con Teatro 66 y Teatro 67. La respuesta del exilio a toda la dramaturgia de creación colectiva amoldada al discurso oficial castrista será un teatro irreverente de desacato ideológico, que al no poderse desarrollar en Cuba, siguiendo las tradiciones más auténticas de nuestro nacionalismo descaracterizador, busca en Miami la oportunidad de decir lo que no se puede decir en la Isla. Claro está que se le ha descaracterizado por comercial y por encontrarse asociado con una burguesía anticastrista, pero también el bufo cubano se sostuvo en Cuba gracias a esa burguesía que era la que podía pagar su entrada a los espectáculos habaneros de los hermanos Robreño, Federico Villoch y otros libretistas del bufo. Se trata de un género representativo de la absoluta libertad de expresión, que dice lo que quiere decir sin cortapisas, particularmente en dos direcciones: la política y la sexual. Como ambas quedan sujetas a la represión gubernamental en Cuba, donde cualquier manifestación paródica del poder es vista como desobediencia y desacato contrarrevolucionario sujeto a condenas carcelarias, el vernáculo tiene que tomar el camino del exilio.

Una de las investigaciones más importantes sobre el desarrollo de la vida teatral en estos años en Miami la lleva a efecto un brasileño, Paolo de Paula, que escribe una tesis de maestría para la Northeast Missouri State University, titulada *Theater in Exile. The Cuban Theater in Miami*, que nos ha servido para guiarnos en estos comentarios, donde hace referencia a su vez a otra fuente de documentación, 'El movimiento artístico y teatral en Miami' de Josefina Rubio, en la cual se indica que los primeros esfuerzos del teatro cubano en Miami se inician a través de *sketches* que se llevan a escena en cines, entre las películas, como el caso de Radio Centro en la calle Flagler, con autores como Federico Piñeiro, Ana Margarita Martínez Casado, Leopoldo Hernández, Alberto Garrido, Rafael Correa, Rosendo Rosell, etc. Desde 1968, Alfonso Cremata y Salvador Ugarte van a participar activamente en el desarrollo de nuestro vernáculo chancletero en Miami, hasta que llegan a fundar Las Máscaras, que después contará con otras dos salas. Sin embargo, este movimiento no se ampliará de forma significativa hasta la década del setenta. Sobresale entre todos Armando Roblán, cuyas excepcionales imitaciones del propio Fidel Castro lo llevaron, según anecdotario del actor, a que este le pidiera que ocupara su lugar en un acto en el cual se fraguaba un atentado, del que se salvó el propio Roblán por la decisión, en el último momento, de no hacerlo. Al salvarse, logró Castro una presencia paródica permanente en el bufo cubano de Miami. *Regan mandó a correr a Khadaffy y a Fidel* (1986), *Enriqueta se ha puesto a dieta* (1983), *El Honeymoon de Enriqueta* (1986) y *La azafata metió la pata* (1986) son algunos títulos representativos de este tipo de teatro popular. Todavía en los años noventa el vernáculo de Miami mantiene su vigencia en el Martí, Las Máscaras, Trail, Bellas Artes, etc. El repertorio se enriquece con otros títulos: *En los 90 Fidel sí revienta*, *Cuba la balsera para comisionada*, *Cuba será liberada* y *A Cuba me voy hoy mismo que se acabó el comunismo*, etc.

La actividad teatral en los setenta se incrementa con la fundación de numerosas agrupaciones teatrales, que van de proyectos de carácter popular a otros más ambiciosos: en 1970, Las Máscaras (Salvador Ugarte y Alfonso Cremata); 1971, Teatro Martí (Leopoldo Fernández); 1972, Los comediantes (Mario Martín, Osvaldo Calvo, Norma Zúñiga y Aleida Leal); 1973, La Comedia 1 (Ernesto Capote); 1973-1975, Teatro Carrusel (Enrique Beltrán); 1976, Repertorio Español (Mario Arellano); 1977, Teatro Experimental. La Danza Estudio (Armando Navarro); 1978, Teatro Blanquita Amaro (Blanquita Amaro); 1979, Teatro La Comedia 2 (Ernesto Capote), Teatro Versailles (Fermín Borges), Café Teatro Cabell (Néstor Cabell) y Teatro Avante (Mario Ernesto Sánchez y Alina Interián).

Además de estas agrupaciones, surgen otras de más corta duración. En todo caso, vale mencionar algunos de estos esfuerzos: Teatralia (Mario Martín y Norma Zúñiga), Arlequín (José Vicente Quiroga), El Círculo (Cecilio Noble), Teatro Amateur (Paul Díaz), Studio 3 (Griselda

Nogueras y Teresa María Rojas), Patronato de Teatro Ada Merrit (Rolando Amador y Raúl Dulzaides), Producciones Anlo (Loreta Anaya), Los Juglares (Sergio Doré), Taller de Arte y Drama (Patricia Parra), Producciones Reyes (Florencio Reyes), CEMI (Eduardo Corbé), Teatro 80 (Griselda Nogueras, Rosa Felipe y José H. Hernando), RAS (Mario Ernesto Sánchez y Teresa María Rojas), Arco (Aurora Collazo y Manolo Goego), Repertorio VII (Eduardo Corbé), Teatro Bar Estudio (Orlando Lima, Aleida Leal y Armando Navarro), La Ronda Teatro Bar (Lourdes y Ernesto Montaner), Café Teatro el Romántico (Miguel de Grandy Jr.), Proscenio (María Julia Casanova), Chicos (Martha Lovio) y El Duende (Raúl García Huerta). Como el cubano tiene particular preferencia por todo espectáculo musical, muchas de estas agrupaciones se inclinan más en esta dirección.

Ciertamente la mayor parte de las agrupaciones que han funcionado en la ciudad son cubanas en la medida en que directores, productores, actores y actrices, escenógrafos, luminotécnicos, etc., también lo son, aunque el repertorio no es, necesariamente, cubano. A riesgo de omisiones, y pasando por alto los estrenos del teatro vernáculo, los siguientes directores cubanos, en menor o mayor cuantía, han dirigido obras de autores cubanos: Mario Ernesto Sánchez, Teresa María Rojas, Francisco Morín, Mario Martín, Tony Wagner, Rolando Moreno, Cecilio Noble, Eduardo Corbé, Manolo Tourón, Paul D'Alba, Nena Acevedo, Ivonne López Arenal, Evelio Taillacq, Juan Roca, María Julia Casanova, Ana Viña, Mario Salas Lanz, René Ariza, Herberto Dumé, René Buch, Jesús Hernández Cuéllar, Miriam Acevedo, Sandra García, Alberto Sarraín, Marilyn Romero, Frank Quintana, Andrés Nóbregas, Lilliam Vega, Rafael de Acha, José Ignacio Cabrera, Víctor Varela, Juan Cejas, Jorge Luis Morejón, José González, Marcos Casanova, Marcos Miranda y Norma Rojas.

María Julia Casanova, autora de comedias musicales y propietaria de la Sala Hubert de Blank, se exilia en 1960, ansiosa de continuar con sus proyectos teatrales en Miami, cosa que no podrá adquirir forma hasta la década de los setenta. Su libro *Mi vida en el teatro* da una idea de las circunstancias de estos artistas que tuvieron que irse del país por discrepancias ideológicas, éticas y estéticas con la Revolución. La lista de actores y actrices mencionados es extensa, pero refleja también una actitud que va a perdurar en el movimiento teatral del exilio: el desinterés por la dramaturgia cubana a favor de un repertorio dominado por otras dramaturgias, incluyendo textos absolutamente mediocres y sin importancia. La mayor parte de los títulos (salvo en el caso de Cocteau, Lorca, Benavente, Anouilh, Noel Coward, o la propia María Julia Casanova) aparecen sin el nombre del autor, aunque no hay indicación de que fueran autores cubanos. Ese desajuste se pondrá de manifiesto en otros proyectos, pero de todos modos durante los sesenta no se llegará muy lejos. No será hasta 1973 cuando la propia María Julia Casanova regrese al teatro con el estreno de *Doña Rosita la Soltera*, de García Lorca en el Teatro Gusman. De esta forma nos vamos a enfrentar con un teatro que es cubano en la medida de sus participantes, pero que no lo es en la medida de las obras que se llevan a escena. Bajo la dirección de María Julia Casanova, el repertorio incluye, durante las dos primeras décadas: *Un amante de tres a cinco, Diario de Ana Frank, Mujeres, El baile, Rosas de Otoño, Tan perfecto no te quiero, Ninotchka* y *La Malquerida*. Este auge la lleva a exclamar: 'Había comenzado —¡por fin!— un movimiento teatral realizado por los artistas cubanos en el exilio', a lo que bien hubiera podido agregar: sin dramaturgos cubanos, de los cuales aparentemente se podría prescindir, según criterio de Casanova.

Otros estrenos de esa época son: *Memorias de un director* y *Las mariposas son libres*. Posteriormente, cuando se crea La Danza, se llevan a escena: *5to cielo a la derecha, Hola Mundo, Triángulo, Nuestro Pueblo, Bendita seas, Corona de amor* y *Abelardo y Eloisa*. A este período seguirán, en el Teatro de Bellas Artes, una reposición de *Mujeres, La reina enamorada, Problemas de familia* y *Edith* (libreto de María Julia Casanova y Vivian Ruiz). El Teatro Casanova se va a abrir con *Rivales*, una adaptación de una novela de Somerset Maugham, seguida de *Una huésped en Navidad, Ha llegado un inspector, El marido de mi esposa, Cita de amor, La barca sin pescador, Espíritu burlón, Sarah, Pepa, Pepe y Pepito, El águila de dos cabezas, El favorito* y *Sucedió en Miami*. Salvo esta obra y dos textos de Evelio Taillacq (*Yo quiero ser* y *Tal para cual*), los dramaturgos cubanos de la diáspora brillan por su ausencia. No dejo de reconocer el esfuerzo monumental que estos montajes debieron de representar, los grandes sacrificios económicos, los posibles méritos de los trabajos de dirección y, en particular, el tremendo esfuerzo de un sinnúmero de actores, pero esto no es óbice para lamentarnos de que los dramaturgos cubanos, prácticamente, no formen parte de este proyecto.

The Hispanic Theater Guild, con sede en Teatro 8, una de las mejores salas teatrales de la comunidad, ha llevado a escena un considerable número de autores europeos (españoles, franceses, italianos, ingleses, rusos), pero no tiene en su haber ningún montaje del núcleo de dramaturgos que componen la base de la dramaturgia que estamos analizando, salvo *Ana en el trópico* y *Dos hermanas y un piano,* de Nilo Cruz, escritas originalmente en inglés; *Alma de Cuba,* de Rolando Moreno, y *Con la frente en el polvo,* de Luis G. Basurto. *Las impuras,* sobre la novela de Carrión; *Réquiem por Yarini,* de Carlos Felipe, y *El No,* de Virgilio Piñera han sido tres montajes de clásicos cubanos.

A partir de los ochenta irán apareciendo otras agrupaciones: Centro Dramático Antonín Artaud, Teatro Nuevo, Gran Teatro Cubano, Má Teodora, Centro Cultural Latin Quarter, Andrómaca Players, Havanafama, Trigolabrado, Kimbara Qumbara, Trotamundo, Taller del Garabato, Teatro Obstáculo, Pro Teatro Cubano, y en fecha tan reciente como 2007, Teatro en Miami y Maderamen. También existen específicos espacios teatrales, como el Teatro de Bellas Artes, por ejemplo, que le ha dado acogida al mejor teatro y también al farandulero, que no nos concierne.

Lo cierto es que en medio siglo de teatro cubano en Miami (para situarnos en el marco de una determinada cronología) muchas agrupaciones teatrales han aparecido y desaparecido en un movimiento pendular titánico, penoso y desolador. Muy pocas han subsistido. Gran Teatro Cubano, por ejemplo, fue un esfuerzo monumental de Herberto Dumé, que a fines de los setenta se traslada de Miami a Nueva York, logrando un justo equilibrio de trabajos de dirección que abarcó clásicos (*El chino,* de Carlos Felipe), contemporáneos insulares (*María Antonia,* de Hernández Espinosa) y cubanos de la diáspora (*Exilio,* de Matías Montes Huidobro; *Balada de un verano en La Habana* y *En busca del Paraíso,* de Héctor Santiago). El Centro Dramático Antonín Artaud realizó montajes de *La noche de los asesinos de Triana* y *Falsa alarma,* de Piñera en 1983. Desde 2005, Havanafama, dirigida por Juan Roca, se ha establecido en Miami, llevando a escena, en un período de tres años, obras de Raúl de Cárdenas (*Suite Habana, Luz Divina, Santera. Espiritista de Una a Cinco, Se van las Capote, En el barrio de Colón, Las muchachitas de la sagüecera*), Cristina Rebull (*El último bolero*) y Manuel Lorenzo Abdala (*Jinetera*).

Por consiguiente, de todas estas agrupaciones son Avante y Prometeo las que han mantenido su vigencia por más largo período de tiempo, siendo de hecho las que cuentan con un apoyo financiero más amplio y más estable. Avante, por estar al frente del Festival Internacional de Teatro de Miami, vehículo de sus producciones; la segunda, por ser parte del sistema educativo del Miami-Dade College, circunstancias privilegiadas que no tienen las otras agrupaciones, que, fundamentalmente, no cuentan con fondos municipales, estatales o federales en medida suficiente para realizar sus labores de forma continuada. De ahí la mayor responsabilidad histórico-teatral de las instituciones que reciben subvenciones públicas o comunitarias, ya que son las que tienen la oportunidad de promover y proyectar internacionalmente la dramaturgia cubana escrita en los Estados Unidos, cosa que lamentablemente no ha ocurrido; responsabilidad histórica que no se ha logrado. Naturalmente, desde el punto de vista del idioma, actores y directores cubanos lo mantienen en pie desde los escenarios: cada palabra que se dice reafirma el lenguaje.

Avante, bajo la dirección de Mario Ernesto Sánchez, se funda en 1978. El repertorio de obras presentadas en traducción al español es extenso, así como los montajes procedentes del teatro español e hispanoamericano de esta compañía: *Deborah* (1981), *Damas retiradas* (1981), *Homenaje* (1981), *¿Quién le teme a Virginia Wolf?* (1981), *Hasta el año que viene* (1981-1982), *Un tranvía llamado deseo* (1982), *Capítulo dos* (1982), *Las niñas ricas de Camagüey* (adaptación de *La casa de Bernarda Alba*) (1982), *Aquí ya es otoño* (1982), *La marquesa de Larkspur Lotion* (1983), *Los monstruos sagrados* (1983), *Don Gil de las Calzas Verdes* (1983), *Las brujas de Salem* (1984), *Lorca o el lenguaje del amor* (1984), *La trabajadora milagrosa* (1985), *La Chunga* (1988), *Bodas de sangre* (1988), *El día que me quieras* (1990), *Las galas del difunto* (1991), *Ligazón* (1991), *Mirando al tendido* (1995), *La muerte y la doncella* (1997) y *Cenizas sobre el mar* (2001). En 1997, Grisela Pujalá Soto, Sandra García y Lilliam Vega presentarán *Desde la orilla*, espectáculo basado e inspirado en poemas de escritores hispanoamericanos.

El repertorio de teatro cubano se inicia con *Electra Garrigó* (1978) y *Aire frío* (1981), de Virgilio Piñera, que sufría en Cuba un momento de mayor marginación, hasta llegar en 1987 a un estreno mundial de mayor monta, *Una caja de zapatos vacía* (1987), que se representará de nuevo en 2005. *Aire frío* volverá a escena en 1982 y 1986, y *Jesús* en 1994. En 1983 tendrá lugar un montaje de *El gordo y el flaco*. Otras contribuciones significativas son los montajes de *La noche de los asesinos* de José Triana en 1989, y *Recuerdos de Tulipa*, de Manuel Reguera Saumell en 1983; de ese mismo año será el ciclo de teatro experimental, dirigido por Francisco Morín, con tres textos de Guillermo Cabrera Infante procedentes de *Tres tristes tigres*. En la temporada de 1984 se presenta *La época del mamey*, de Andrés Nóbregas. En 1986 se estrena *Alguna cosita que alivie el sufrir*, del dramaturgo cubano René R. Alomá, residente en Canadá, y en 1993 tiene lugar el estreno mundial de *Tres tazas de trigo*, de Salvador Lemis, dramaturgo cubano residente en Cuba. En 1990 auspiciará la presentación de un unipersonal de René Ariza, que interpretará textos suyos: *La causa, La trampa, Sueños, La reunión, Las moscas, La defensa tiene la palabra, La venda, Los bravos, El día que me detuvieron, Relatos sospechosos* y *Fallamos*. En 1991, *La caída*, de Rafael Blanco, en inglés y español, sobre conflictos de identidad. De ese mismo año: *Los tres cerditos y el lobo carnicero*, de Ariza. En 1995 auspicia un espectáculo titulado *Presencia de José Martí*, que incluye escenas de *Abdala* y el montaje de *Amor con amor se paga*. Mario Ernesto Sánchez hace una incursión como dramaturgo con *Matacumbe, el vuelo de Pedro Pan* (1994), donde pone de relieve abusos cometidos con algunos de estos niños en el campamento que le da título a la obra. En 1991, en cooperación con el Comité Italiano por los Derechos Humanos en Cuba, Miriam Acevedo presentó el unipersonal *A quien pueda interesar*, con textos de Cabrera Infante, Arenas, Hurtado, Franqui, Padilla, Piñera, Triana y la propia actriz.

A partir del estreno en el año 2000 de *Lila, la mariposa*, de Rolando Ferrer, adaptación de Raquel Carrió utilizando un procedimiento de deconstrucción marxista y siguiendo las líneas del montaje que tuvo lugar en Cuba, Avante va a estrenar con sistemática regularidad otras adaptaciones de Carrió (*El vuelo del Quijote*, en colaboración con Lilliam Vega, 2003; *El filántropo*, 2005; *La tempestad*, 2006, en colaboración con Flora Lauten, Premio Nacional de Teatro, Cuba; y *Yerma*, 2007) y trabajos originales (*La feria de los inventos*, 2002). Esta presencia de Carrió contrasta con la presencia secundaria, en un período de treinta años, de dramaturgos cubanos residentes en los Estados Unidos, que es realmente reducida: Julio Matas (*El extravío*, 1992), Rafael Blanco (*Lola*, 1996), Héctor Santiago (*La peregrina*, 1999) y Ramón Ferrera (*El hombre inmaculado*, 2003). En otro nivel está el caso de René Ariza con una muestra de teatro infantil (*Los tres cerditos y el lobo carnicero*, 1993). Como estos montajes están asociados con el Festival Internacional de Teatro Hispano, esto coloca a Carrió, que reside en Cuba, en posición de ventaja con respecto a los dramaturgos cubanos que residen en los Estados Unidos, que quedan excluidos de una proyección internacional. Estos comentarios no desmerecen en nada la extraordinaria labor que ha realizado su director, a través de Avante y el Festival Internacional de Teatro Hispano de Miami, por un período de más de medio siglo.

El grupo Prometeo, fundado por Teresa María Rojas en 1972, lleva a escena dos clásicos contemporáneos: *Electra Garrigó* de Virgilio Piñera en 1987 y *El chino* de Carlos Felipe en 1989.

También tiene en su haber: *Aire frío* y *Estudio en blanco y negro*, ambas de Piñera, y *La noche de los asesinos de Triana*. De los autores del siglo XIX: *La hija de las flores*, de Gertrudis Gómez de Avellaneda. En 2005 se lleva a efecto el montaje de *Falsa alarma*. Todas estas obras representan una contribución de mayor importancia en cuanto a la divulgación de nuestro mejor teatro. Del teatro cubano insular ha llevado a escena *La verdadera culpa de Juan Clemente Zenea* (1991), de Abilio Estévez, y del cubano en el exilio; *Ojos para no ver,* de Matías Montes Huidobro en 1993. Prometeo estrena adaptando textos para el teatro de *Suandende,* de Lydia Cabrera, y *Persecución,* de Reinaldo Arenas en 2001. En 2005, lleva a escena un espectáculo, *El cuento de René*, en memoria de René Ariza. Además, estrena *La abuela* y *El viaje,* del poeta Orlando González Esteva. Otros montajes en español procedentes de otras dramaturgias han sido: *El álbum familiar* (1987), *Los invasores* (1988), *Sabina y Lucrecia* (1992), *El retablo de las maravillas* (1995), *Fiesta de máscaras* (1997), *Fango negro* (1998) y *Gestos para nada* (1999). También se han presentado adaptaciones cubanizadas, realizadas por Félix Lizárraga, que toman como punto de partida textos franceses: *Matías y el aviador*, inspirada en el cuento *El principito* de Saint-Exupéry; y *La farsa maravillosa del gato con botas*, basada en el de Perrault. Deben citarse, además: *Estampas de la novelística cubana*, donde se reúnen textos de Hilda Perera, Carlos Alberto Montaner, Pedro Entenza, Pedro Ramón López, Guillermo Cabrera Infante y Celedonio González; *2007* de Tete Casuso; *Ejercicio a Constantino,* de Glenda Díaz Rigau; *Guaracha Rock,* de la propia Teresa María Rojas y sus estudiantes, y espectáculos para la Feria Internacional del Libro de Miami. No obstante estas valiosas contribuciones, si Prometeo, como dice su directora, ha llevado a escena 'más de 90 obras del teatro clásico y contemporáneo', incluyendo, entre otros, 'Lope, Calderón, Anouilh, Carballido, Strindberg, Sartre, Betti, Wolf, Casona, Molière, Chalbaud, Artl, Lorca, Borges, Arrabal, Solórzano, Paz, Greene, Inge, Williams', etc., su labor se ha quedado corta (en un período de más de treinta años) respecto a la divulgación de la dramaturgia cubana en los Estados Unidos.

Página electrónica del Teatro Avante.

Página electrónica del Teatro Prometeo.

Estas circunstancias han llevado a la búsqueda de salidas de divulgación intermedia entre el texto y el espectáculo, y los dramaturgos cubanos en los Estados Unidos han recurrido a las lecturas dramáticas como vehículos de comunicación con el público. Como estas lecturas no tienen la resonancia de un espectáculo teatral con todas las de la ley, es difícil dar una información exhaustiva de las mismas, como es el caso de la información incompleta que tenemos de las lecturas que llevó a efecto Nena Acevedo con el apoyo de Teatro Avante, en la década del noventa. En 1986 Rafael de Acha organiza la serie *Dramaturgos a las ocho*, donde se llevaron a efecto lecturas de *Exilio*, de Matías Montes Huidobro; *Recuerdos de familia*, de Raúl de Cárdenas; *Siempre tuvimos miedo*, de Leopoldo Hernández, y *Sanguivin en Union City*, de Manuel Martín Jr. En 1988, Editorial Persona, en colaboración con la Casa de la Cultura Cubana y la Biblioteca y el Instituto Superior de Estudios Cubanos de la Universidad de Miami, realizaron una serie de lecturas parciales de *Recuerdos de familia*, de Raúl de Cárdenas; *Las hetairas habaneras*, de Corrales y Pereiras; *Siempre tuvimos miedo*, de Leopoldo Hernández; *Exilio*, de Matías Montes Huidobro y la primera lectura pública de

Un arropamiento sartorial de la caverna platónica, de Virgilio Piñera, acompañado de una serie de conferencias, paneles y un fórum abierto de actores y actrices donde se discutió 'La responsabilidad histórica del teatro cubano en Miami'. Con motivo de la presentación de su libro *El teatro cubano de la República,* Matías Montes Huidobro organiza en 2003, en el Centro Cultural Español de Cooperación Iberoamericana, una serie de lecturas dramáticas: escenas de *Tembladera,* de José Antonio Ramos; *La sombra,* de Ramón Sánchez Varona; *Drama en un acto,* de Flora Díaz Parrado, y *Falsa alarma,* de Virgilio Piñera, dirigida esta última por Sandra García. Asimismo, con motivo de la presentación de su libro *La narrativa cubana entre la memoria y el olvido,* se lleva a efecto una lectura de *Un león enfrenado,* versión en un acto de *Un objeto de deseo,* en Ediciones Universal, en 2005, bajo la dirección de Ivonne López Arenal. También bajo su dirección, la Avellaneda Theater Company realizará una dramatización de *La Peregrina,* de Raúl de Cárdenas durante la celebración del Congreso de Verano del Círculo de Cultura Panamericano de 2007. Pro Teatro Cubano hará una lectura dramatizada de *Los siervos,* en adaptación de Matías Montes Huidobro, en el Koubek Memorial Center de la Universidad de Miami en 2003. The Cove/Rincón, institución cultural fundada y dirigida por Marily A. Reyes, ha dado a conocer los siguientes textos de autores cubanos: *Las rejas de una botella,* de Ángel Nodal; *Un simple nombre,* de Mary Calleiro; *Atormentado delirio,* de Blanca Pereda; *Celebración de vida,* de Ivonne Martín y Marily A. Reyes; *La fiesta de zapatón,* de Ernesto Molina, y *Las muchachas decentes no viven solas,* de Maricel Mayor Marsán.

La creación del Instituto Cultural René Ariza (ICRA) viene a ser una luz al final del túnel. Esta institución ha organizado, durante los años 2006 y 2007, una serie de lecturas dramáticas que se han llevado a efecto en la sede teatral de Havanafama, algunas de ellas casi a niveles de montaje: *Si de verdad uno muriera,* de José Abreu Felippe; *El plan de las aguas,* de Maricel Mayor Marsán; *Dile a fragancia que yo la quiero,* de Raúl de Cárdenas; *Gaviotas Habaneras,* de Ivonne López Arenal; *Reencuentro con doble E,* de Jorge Trigoura; *Los acosados,* de Matías Montes Huidobro; *La visita,* de Orlando Rossardi; *Tres piezas breves (El asunto, Ser escritor* y *Máscaras),* de René Ariza; *Los parientes lejanos,* de Julio Matas; *La Diva,* de Héctor Quintero; *Rezando con el enemigo,* de Luis Santeiro, y *Los siervos,* de Virgilio Piñera, configurando un total de doce lecturas dramáticas en un período de dos años, que es una cifra sin precedentes.

Sin lugar a dudas, desde el año de su fundación en 1986, el Festival Internacional de Teatro de Miami es el evento teatral de mayor resonancia en esta ciudad. El Primer Festival de Teatro Hispano, bajo el lema de 'Acting Together' (Actuando en Conjunto), se caracterizó por la participación de un grupo considerable de agrupaciones teatrales de la comunidad. La apertura del primer festival, bajo la dirección de Rafael de Acha, estuvo en manos de Teatro Nuevo, que presentó tres obras dramáticas de autores de la diáspora: *La navaja de Olofé,* de Matías Montes Huidobro; *El asunto,* de René Ariza (en inglés), y *Juego de damas,* de Julio Matas. Participaron en este primer festival directores, actores y agrupaciones formadas por núcleos cubanos: Teatro Avante, Prometeo, María Julia Casanova, Teatro Nuevo, Chicos, Mater Dei, Teatro Guignol Florida International University, Pro Arte Grateli, el Departamento de Teatro y Danza de la Universidad Internacional de la Florida e International Arts, con la cooperación de otras instituciones. A medida que ha tenido lugar la internacionalización del festival, la participación de las agrupaciones teatrales de la comunidad (mayormente cubanas) ha ido decreciendo, salvo la presencia permanente de Avante y Prometeo.

De mayor importancia han sido los montajes de *Una caja de zapatos vacía* (Avante), *Dos viejos pánicos* (ACME Acting Company), y *Falsa alarma* (Prometeo), todas de Piñera; *El Chino* (Prometeo), de Felipe; y varios montajes de *La noche de los asesinos* (Avante, Teatro Garabato).

Las obras cubanas, escritas originalmente en español por autores residentes en los Estados Unidos, son las siguientes: *La navaja de Olofé* (Teatro Nuevo), de Matías Montes Huidobro,

Juego de damas (Teatro Nuevo), de Julio Matas; *Los tres cerditos y el lobo carnicero* (Avante), de René Ariza; *Invierno en Hollywood* (State of the Arts), de Jesús Hernández Cuéllar; *Café con leche* (Repertorio Español), de Gloria González; *El extravío* (Avante), de Julio Matas; *Patio Interior* (Taller del Garabato), de José Ignacio Cabrera; *Ojos para no ver* (Prometeo), de Matías Montes Huidobro; *La época del mamey* (Avante), de Andrés Nóbegras; *Matacumbe* (Avante), de Mario Ernesto Sánchez; *La Peregrina*, de Héctor Santiago; *Lola* (Avante), de Rafael Blanco; *Oscuro total,* de Matías Montes Huidobro (Trigolabrado y Pro Teatro Cubano); *El hombre inmaculado* (Avante), de Ramón Ferreira, y *La mujer de Antonio* (Maderamen), de Frank Quintana. En algunos casos se trata de obras cortas y poco representativas de nuestra más sólida dramaturgia: *La pequeña intrusa* (Chicos), de José Vicente Quiroga; *Esto no tiene nombre* y *Los quince de Yaniré* (International Art Center), de Julio O'Farril, y *La sorda* (International Art Center), de Andrés Nóbregas. También: *A quien pueda interesar,* de Miriam Acevedo (Avante y Comité Italiano por los Derechos Humanos de Cuba) y *Desde la orilla,* espectáculo montado por Grisela Pujalá Soto, Lilliam Vega y Sandra García.

Se han montado también textos originalmente escritos en inglés: *Una cosita que alivie el sufrir,* de René R. Alomá (Avante); *Revoltillo,* de Eduardo Machado (Avante), así como textos de autores cubanos residentes en Cuba: *La verdadera culpa de Juan Clemente Zenea* (Prometeo), de Abilio Estévez; *Tres tazas de trigo* (Avante), de Salvador Lemis; *La feria de los inventos,* de Raquel Carrió (Avante), cuyas adaptaciones a partir del año 2000 han sido significativas, como se ha indicado previamente.

El hecho de que la trayectoria de Avante y Prometeo esté vinculada estrechamente al desarrollo del festival obliga forzosamente a duplicar la información, ya que las actividades de ambas instituciones están intrínsecamente relacionadas con el festival.

Finalmente, los montajes a partir del año 2000 de obras indicadas en el inciso correspondiente a la dramaturgia en los comienzos de un nuevo siglo, a las que remito al lector, forman parte del teatro como espectáculo, donde texto y representación se unifican para alcanzar un mismo objetivo: hacer teatro.

Nueva York, períodos iniciales

El teatro de habla hispana empieza a desarrollarse en la ciudad de Nueva York alrededor de 1910, incrementándose gradualmente. Entre 1921 y 1923 la Compañía del Teatro Español lleva a escena obras de los hermanos Álvarez Quintero, Benavente, Dicenta, Martínez Sierra y Muñoz Seca, y posteriormente montajes de *La vida es sueño* y *Don Juan Tenorio.* Predominará, como siempre, el teatro como espectáculo asociado con la música y el género lírico en sus múltiples variantes, pero no se puede decir que guarden una relación directa como teatro cubano, particularmente en lo que al género dramático se refiere. Por consiguiente, el desarrollo del mismo va a definirse a partir de la diáspora cubana de 1959.

En 1966 Max Ferrá funda INTAR, que se ha dedicado a producir teatro en inglés escrito por dramaturgos 'latinos', por lo cual no cae dentro del ámbito de este trabajo. Repertorio Español, fundado en 1968 por el dramaturgo cubano René Buch como director artístico y Gilberto Zaldívar como director ejecutivo, llegará a convertirse en la agrupación teatral más importante de la ciudad de Nueva York, pero en un período de cuarenta años ha llevado a escena muy pocas obras de autores cubanos residentes en este país, aunque por lo demás la institución ha contado con el respaldo de la comunidad de habla hispana de la ciudad. Como su nombre indica, se ha centrado particularmente en el repertorio español, donde el interés por lo cubano es marginal. Además, en los Estados Unidos el español no desempeñaba el papel preponderante que ha adquirido a partir de la última década del siglo XX y el mercado teatral estaba acondicionado a círculos académicos, que era un público básico. No podría anticiparse el 'populismo' hispánico, dado por una población marginal que adquiere fuerzas y que va a determinar el repertorio, incluyendo la posición políticamente correcta de la izquierda, que abarca también lo que se produce en Cuba. Casi veinte años después de su fundación, a medida que el 'latino' se fortifica en el cosmopolitismo neoyorquino, estrenará una obra cubana, en español, aunque el texto esté originalmente escrito en inglés: *Las damas modernas de Guanabacoa* (1986), de Eduardo Machado, y al año siguiente, del mismo autor, *Revoltillo*, también escrita originalmente en inglés. A pesar de nuestras reservas, estas producciones han sido espectáculos que han tenido éxito. Después vienen *Botánica* (1991), de Dolores Prida y *Café con leche* (1993), de Gloria González, tirando siempre a lo popular etnicista. Para fines de siglo, Prida vuelve otra vez con *Casa propia* (1998); mientras que de Nilo Cruz, Pulitzer en mano (que es un premio arquetípicamente norteamericano), estrena en español *Ana en el trópico*. Originalmente escrita en inglés, se presenta en las temporadas de 2004 y 2005, después de llevarse a escena en múltiples teatros de habla inglesa. Abelardo Estorino, Premio Nacional de Literatura y de Teatro en Cuba, ha sido llevado a escena en repetidas ocasiones: *Parece blanca* (1998, 2000) y *El baile* (2001, 2002).

Volviendo a los sesenta, en 1969 Manuel Martín y Magali Alabau se lanzan con un proyecto mucho más modesto y perecedero: Teatro Dúo, una salita minúscula para veintinueve espectadores, donde se llevan a escena obras en inglés y en español.

A principios de los setenta, dos de los más prestigiosos directores teatrales cubanos, Francisco Morín y Herberto Dumé se establecerán en Nueva York, manteniendo su compromiso con el idioma y con la nacionalidad. El primero continuará su labor, en la medida de sus posibilidades, con Prometeo, llegando a abrir una salita en el área del Lincoln Center, siendo el primer director que lleva a escena en este país una obra de Virgilio Piñera, *Dos viejos pánicos*, y *La madre y la guillotina*, la primera obra de Matías Montes Huidobro que se estrena en el exilio. A esto se unirá el montaje de *La última conquista*, de José Cid; cuentos de Carlos Alberto Montaner y un monólogo, *La cólera de Otelo*; otro de Cabrera Infante, *Josefina atiende a los señores*; *Gas en los poros*, de Montes Huidobro y *Los perros jíbaros*, de Valls.

Dumé fundará el Dumé Spanish Theater. Ciertamente el repertorio de su empresa teatral se inclina hacia lo mejor del teatro universal (*Fando y Lis, El arquitecto y el emperador de Asiria, El tío Vania, La dama de las camelias, La señorita Julia, El malentendido, El retablo de la avaricia, Espectros, Medea, La voz humana, El bello indiferente, El pez que fuma y Esperando a Godot*), tarea monumental en un período de diez años; pero, por otra parte, será el primero en llevar a escena, en los Estados Unidos, el *Réquiem por Yarini* (1972), de Felipe y *La noche de los asesinos* (1976), de Triana. También llevará a escena *Faramalla* (1971), que escribe en colaboración con José Corrales; *El robo del cochino* (1975) y *La casa vieja* (1973), de Estorino; *La muerte del Ñeque* (1975), de Triana; *Juana Machete o la muerte en bicicleta,* de Corrales, y *Santa Camila de La Habana Vieja,* de Brene. En 1978, abandona Nueva York y se establece en Miami.

El Latin American Theater Ensemble (LATE), bien conocido como El Portón, ha realizado una extensa labor divulgando el teatro cubano. Víctor Acosta y Mario Peña han sido sus directores artísticos, y Margarita Toirac su directora ejecutiva. Ha llevado a escena muchas obras de autores cubanos.

También ha organizado lecturas escenificadas. En la del año 1987 se realizaron las lecturas de *Recojan las serpentinas que se acabó el carnaval*, de Iván Acosta; *Cuba libre,* de Orestes Matacena; *Recuerdos de familia y Anécdotas de una habanera*, de Raúl de Cárdenas; *Exilio,* de Matías Montes Huidobro; *Piña, Mamey o Sapote*, de Tony Betancourt; *Un vals de Chopin*, de José Corrales; *Las bodas de Hipólita*, de Manuel Pereiras, y *Héctor*, de Juan Viera.

Este recorrido por los espectáculos y las puestas en escena de los grupos teatrales cubanos de la ciudad de Nueva York es forzosamente limitado y cubre los períodos iniciales en que la actividad teatral tomaba fuerza y se abría paso robando la atención de las grandes manifestaciones teatrales y cinematográficas de una urbe como Nueva York.

Los Ángeles

En Los Ángeles, el teatro cubano tiene repercusiones más limitadas, ya que el predominio de una comunidad de origen mexicano determina la orientación de la dramaturgia. En 1973 se crea la Fundación Bilingüe de las Artes, bajo la dirección de la actriz mexicana Margarita Galbán, pero sus vínculos con los dramaturgos cubanos son esporádicos. Entre sus montajes de obras de autores cubanos deben señalarse *Martínez*, de Leopoldo Hernández, que tuvo considerable éxito, interpretado por Luis Ávalos (que también dirigió una obra suya, *Con mi rosa sí que no*, para su propia compañía, Américas Theater Corporation), actor cubano de mucho prestigio en la comunidad. De Raúl de Cárdenas ha montado: *La palangana, La muerte de Rosendo, Sucedió en La Habana* y *Juventud, divino tesoro*.

Leopoldo Hernández logra algunos montajes y el grupo Seis Actores lleva a escena *Hollywood 70* y *Hollywood 73*. La Fundación Bilingüe también montó *La muerte de Rosendo* de Raúl de Cárdenas. Estos datos dejan constancia de un movimiento dramático, en cuanto al teatro cubano en escena se refiere, francamente precario.

En los años noventa Jorge Folgueira participa en Los Ángeles en un festival de teatro con el montaje de *La noche de los asesinos* de José Triana. En los noventa empieza a desarrollar proyectos teatrales bilingües y funda el Folgueria Itinerant Theater, que llevará a escena *Madame Camille* y *Balada de un verano en La Habana*, de Héctor Santiago. En el año 2001 organiza el Festival Internacional de Teatro de Los Ángeles.

En 1994 Ivonne López Arenal dirige una versión corta de *De película*, de Carlos Felipe en el Teatro de la Cofradía de la Caridad de Torrance, California, en 1994. Ese mismo año, bajo su dirección, en Los Ángeles Theater Center, el Grupo Teatro del Juglar, patrocinado por el Departamento de Asuntos Culturales, como parte de los eventos del mes de la hispanidad, lleva a escena *Réquiem por Yarini*, de Carlos Felipe. En 1998 la creación de la Avellaneda Actor's Theater, que funda Ivonne López Arenal, pone en marcha un ambicioso proyecto con el propósito de darle al teatro cubano en Los Ángeles una dimensión más amplia. Contando con el patrocinio del Cuban American Cultural Institute y la revista *Contacto*, se lleva a efecto la puesta en escena de *El Súper*, de Iván Acosta, bajo la dirección de Jorge Folgueira. Una versión de *La peregrina*, de Raúl de Cárdenas es presentada en el Teatro Rolling Hills State de Palos Verdes, California, 1999. En 2002 se estrena en Los Ángeles Theater Center, en una coproducción del Cuban American Cultural Institute y el Departamento de Asuntos Culturales de Los Ángeles, su obra *Gaviotas habaneras*, bajo su dirección.

Entre 1997 y 2001, el Cuban American Cultural Institute de California patrocina una serie de actividades culturales y festivales que se celebraron anualmente, entre las cuales el teatro cubano en español que se escribe en los Estados Unidos jugó un papel protagónico. En 1997, Julio Villegas estuvo a cargo de un espectáculo teatral con escenas de *Nadie se va del todo*, de Pedro Monge, así como de varias obras de Raúl de Cárdenas (*Las Carbonel, Luz Divina..., Recuerdos de familia, Aquí no se baila el danzón, Amapola indómita* y *Las sombras no se olvidan*). A esto se une la entrega del galardón La Palma Espinada a actores (Luis Ávalos, Efrén Besanilla), actrices (Marie Curie) y autores (Raúl de Cárdenas, Pedro Monge, José Corrales, José Triana, Matías Montes Huidobro) cubanos. Se llevaron a escena montajes de Trigolabrado (con sede en Miami), bajo la dirección de Jorge Trigoura: *Si las balsas hablaran* (2000) y *Reencuentro con doble E* (2001), de la que también es autor. También patrocinó el montaje de *Oscuro total*, de Matías Montes Huidobro, durante el Festival Internacional de Teatro Hispano que se celebró en Miami en el año 2000.

En 1985 Juan Roca funda Havanafama en la ciudad de Los Ángeles, llevando a escena un número considerable de obras de autores cubanos: Raúl de Cárdenas (*Las capote se van en bote, Luz Divina. Santera. Espiritista de una a cinco, En el Barrio de Colón, Tropicana, la Época de Oro, Las muchachitas de la sagüesera, Amapola indómita, Sucedió en La Habana, Las sombras no se olvidan*), Rosa Sánchez y Ofelia Fox (*Salsa en el solar*), Roberto Antinoo (*Cleopatra y su corte, El muerto en el salón del Durofrío, Cenicienta, Drácula*), Maritza Ravant (*En este convento...*), Héctor Quintero (*Si llueve te mojas*), Virgilio Piñera (*La niñita querida*), Senel Paz (*Fresa y chocolate*) y Nicolás Dorr (*Las pericas*).

Página electrónica del Teatro Havanafama.

Finalmente, en Oxnard, una comunidad eminentemente chicano-americana en las cercanías de Los Ángeles, Teatro de las Américas, fundado por Margaret Cortese, dedicado exclusivamente al montaje de obras en español, estrena por primera vez una obra de autor cubano, *Su cara mitad*, de Matías Montes Huidobro.

Es evidente que, dentro de un contexto un tanto indefinido, el teatro cubano en Los Ángeles, a nivel de espectáculo, adquiere un impulso renovador a fines del siglo XX y principios del XXI, que esperamos sea fructífero y duradero.

Espectáculos dominicanos

Franklin Gutiérrez

Los montajes teatrales

En la ciudad de Nueva York, aunque no de manera sistemática, varias compañías y grupos dominicanos representaron obras dramáticas de autores dominicanos e hispanoamericanos. Se han distinguido por sus montajes escénicos la Compañía Nuevo Surco, el Movimiento Cultural Hatuey y el Grupo Cultural Orientación. Todos ellos, sin embargo, se han ocupado más asiduamente de la presentación de otros tipos de espectáculos públicos, especialmente de la poesía coreada y de la recitación.

Otros espectáculos culturales

En la década de los setenta la poesía coreada y dramatizada ganó gran popularidad en la República Dominicana, convirtiéndose en uno de los principales recursos utilizados por las agrupaciones culturales y políticas para denunciar los atropellos del Gobierno encabezado por Joaquín Balaguer Ricardo contra la juventud de entonces. Muchas de esas agrupaciones surgieron por instrucción expresa de los principales partidos de izquierda opuestos al régimen de turno, quienes indirectamente las dirigían.

Esa modalidad de protesta fue trasladada desde la República Dominicana hacia Nueva York por muchos de los criollos que abandonaron la isla. Entre los poetas quisqueyanos interpretados figuraban Pedro Mir, Manuel del Cabral, Juan Sánchez Lamouth, Mateo Morisson, Norberto James, Franklin Gutiérrez, Dagoberto López y Anastasio Jiménez, Jacques Viaux, Carmen Natalia y Rubén Suro, entre otros. También, los extranjeros Pablo Neruda, César Vallejo, Nicolás Guillén y Ernesto Cardenal. Los textos eran seleccionados por su contenido político, por la carga social de los mismos y por la sencillez con la que estos expresaran la problemática social de los sectores más desposeídos de la sociedad dominicana.

Muchos fueron los grupos intérpretes de la poesía coreada y dramatizada surgidos en Nueva York y en estados periféricos desde el primer lustro de los setenta hasta inicios de los noventa, pero los de mayor presencia fueron: Terpsícore[1], fundado por Juan Valdez (1974-1978); Nuevo Surco[2], fundado por Dagoberto López (1980-1987); el Grupo Origen[3], fundado en 1983 por Daniel Abreu y dirigido desde 1984 por Dagoberto López, que desapareció en 1986; el Jacques Viaux[4], fundado por Dagoberto López en 1979 y que pertenecía al Club Amantes del Progreso; el Movimiento Cultural Hatuey[5], creado por Luis Ramón Nolasco, Esmeralda Nolasco y Dagoberto López, cuyo campo de acción trascendía la poesía dramatizada, pues también presentaban teatro, bailes folclóricos y canciones sociales, pero desapareció en 1978; el Grupo Cultural Orientación, surgido en 1983 por iniciativa de los hermanos Fortunato (Eugenio, Claudio, Cano, José y Carmen), incluía en su repertorio poesía dramatizada, bailes folclóricos, teatro y canciones populares; dejó de existir en 1995. El Grupo Superación y Esperanza[6] funcionó desde 1983 en la Escuela Intermedia Pedro Albizu Campos, bajo la tutoría de Carmen Rubiños y Dagoberto López; sus apariciones públicas cesaron en 1985. La última de estas agrupaciones con presencia significativa fue el Grupo Cultural Tamboril[7], creado por Dagoberto López en 1992 y desaparecido en 1997.

Conjuntamente con las agrupaciones arriba mencionadas hubo declamadores independientes de notable presencia en la comunidad dominicana establecida en los Estados Unidos. Pero a diferencia de esos grupos, cuya materia prima la aportaban esencialmente poetas hispanoamericanos cuyos versos clamaban por la desaparición de las dictaduras entonces vigentes en el continente, el material poético escogido por ellos para sus presentaciones provenía del repertorio tradicional criollo e hispanoamericano usado por otros declamadores del momento, entre ellos Juan Llibre, Héctor J. Díaz, Carlos Lebrón Saviñón, Ángel Torres Solares, Luis Carbonell, Jorge Raúl Guerrero, el Indio Duarte y el Indio Araucano, quienes interpretaban poemas negroides de Nicolás Guillén, Luis Palés Matos, Emilio Ballagas y Manuel del Cabral; asimismo, empleaban textos de orientación social de Federico García Lorca, Miguel Hernández, Pedro Mir, Rubén Darío y José Martí, y poemas amorosos de José Ángel Buesa y Pablo Neruda, entre otros.

En Nueva York, las voces más destacadas en el arte de declamar son Justo Luperón (Frank Adolfo), Alejandro Almánzar y Dagoberto López, quienes llevan décadas ofertando sus interpretaciones en múltiples escenarios.

Notas

[1] Sus miembros fueron: Cifré Ozuna, Belkis Ravelo, Juan Sánchez, Susana Ramírez, Francisco Santillana, Dagoberto López, Héctor Rivera, Julio César Pérez y Reinero López.

[2] Sus miembros fueron: Rubén Anderson, Alexis Eralte, Ramón Gutiérrez, Guillermo Gutiérrez, Lorenzo Torres, Carmen Torres, Arsenio Torres, Diógenes Abreu, Héctor Rivera, Karina Rieke y los peruanos Carmen y Francisco Rubiños.

[3] Lo integraban Yvelisse Soriano, Rafael Lozano, Carmen Lozano y Johnny Lozano.

[4] Compuesto por Nelia, Leonarda y Dignora Then, y Salvador, Sergio y Polo Santana.

[5] El Movimiento Cultural Hatuey fue creado por instrucción del movimiento izquierdista 1J4. Mayormente interpretaban poetas de la diáspora, entre ellos: Héctor Rivera, Anastasio Jiménez y Tomás Rivera Martínez.

[6] Los demás integrantes eran: Ramón López, Benito Abreu, Carmen Abreu, Héctor Rivera, Yvelisse Soriano, Gilda Gómez y Adela Gómez.

[7] Estaba formado por: Slegne Anele López, Ninel López y Camino Arena. Su repertorio incluía también poemas de Carlos Irigoyen.

Teatro español

Gerardo Piña Rosales

Antecedentes

La primera obra de teatro, en español, que se presentó en lo que hoy son los Estados Unidos sería la comedia escrita, in situ, por Marcos Farfán de los Godos, y representada en los aledaños de El Paso, con ocasión de la toma de posesión del reino de Nuevo México, por Juan de Oñate, el 30 de abril de 1598. El título de esta primera comedia en español escrita en territorio estadounidense nunca llega a mencionarse.

A principios del siglo XX las obras dramáticas españolas gozaron de gran popularidad en los Estados Unidos. Las obras de Jacinto Benavente, Martínez Sierra, los hermanos Álvarez Quintero (Serafín, 1871-1938, y Joaquín, 1873-1944) y, algo más adelante, Federico García Lorca (1898-1936), alcanzaron un éxito considerable en los escenarios norteamericanos. En 1920, el Theater Guild montó *La malquerida*, de Benavente (traducida por John Garrett Underhill), que obtuvo un gran éxito de taquilla. También logró mucho éxito *Canción de cuna*, de Martínez Sierra, que se representó por vez primera en Times Square Theater en 1921. Otra obra de Martínez Sierra, *El reino de Dios*, inauguró el Ethel Barrymore Theater. En la temporada de 1929-1930 se presentaron en Nueva York nada menos que tres comedias de los Álvarez Quintero. Una obra muy representada por entonces fue *El gran Galeoto*, de Echegaray, mientras que de García Lorca se representaron con gran frecuencia y éxito *El amor de don Perlimplín con Belisa en su jardín*, *Bodas de sangre*, *Yerma*, *La casa de Bernarda Alba*, *Doña Rosita la soltera* y *La zapatera prodigiosa*.

Teatro español en Nueva York

Existen en Nueva York varias compañías de teatro que montan obras en español. La más conocida es, sin duda, el Repertorio Español, que se fundó en 1968 con el objetivo de presentar producciones de alta calidad del teatro hispanoamericano, de España y obras escritas por hispanoamericanos residentes en los Estados Unidos. En 1972, Repertorio Español se mudó al teatro Gramercy Arts, donde aún permanece. Su primera producción, *Who's Afraid of Virginia Woolf?*, suscitó el interés de los críticos teatrales de los principales periódicos en español e inglés del país. Durante los últimos años se ha facilitado el acceso al teatro de un público cada vez mayor que incluye a jubilados, estudiantes e hispanos de todas las nacionalidades. Dos años después, Robert Weber Federico se unió a la compañía como diseñador residente y productor artístico asociado, completando así la estructura administrativa de la organización. A principios de 2006, Robert Weber Federico fue nombrado director ejecutivo de la organización.

Desde sus comienzos, Repertorio Español ha mantenido una compañía de actores de gran profesionalidad y entusiasmo, como Ricardo Barber, Ana Margarita Martínez Casado, René Sánchez y Ofelia González, la primera actriz en ganar un premio OBIE sin haber utilizado el idioma inglés. Además de obras teatrales, Repertorio Español inició, a partir de 1973, una serie de recitales de música y danza, como los de Pilar Rioja. En 1980 Pablo Zinger se unió a la compañía como director musical, y comenzaron a presentarse zarzuelas y óperas. En 1984 la compañía comenzó a comisionar y presentar obras teatrales escritas por nuevos dramaturgos. En 1991 se inauguró un sistema de traducción simultánea al inglés eliminando así las barreras del idioma. Repertorio Español ha recibido varios reconocimientos importantes, entre los que se encuentran un Drama Desk Award Honorario en 1996, un premio OBIE por la serie *Voces Nuevas* en 1996, una distinción especial por parte del gobernador del estado de Nueva York, al igual que un sinnúmero de premios ACE otorgados por la Asociación de Cronistas de Espectáculos. Los logros artísticos de la compañía, el respaldo del público, la participación de las más distinguidas compañías del país y el continuo auspicio de agencias gubernamentales han coadyuvado para que el Repertorio Español se convierta en un gran tesoro nacional.

La actriz y directora Silvia Brito fundó, en Sunnyside (Queens), en 1977, el Teatro Español de THALIA, organización sin fines de lucro. THALIA es el único teatro hispano bilingüe en Queens, condado donde viven más de 600.000 hispanos. Desde que se fundó, THALIA ha ofrecido más de cien obras de teatro, zarzuelas, danza, etc. Antonio Gala, Jaime Salom y Jerónimo López Mozo viajaron a Nueva York en varias ocasiones para asistir al estreno de sus obras en THALIA. A partir de 2001, THALIA comenzó a presentar obras de dramaturgos de las Américas. Con respecto a la zarzuela, THALIA se ha dedicado, con devoción y buen hacer, a la preservación y promoción de este género musical. A mi juicio, una de las producciones más interesantes de THALIA fue la presentación, bilingüe, de *El Guernica de Picasso/Picasso's Guernica*, en el año 2000, montada por el director español Gil Orrios.

Usando como simbología la fuerza que representa el teatro precolombino y las raíces 'latinas' del barrio de Queens en Nueva York, donde están representadas todas las comunidades hispanoamericanas, se fundó hace 27 años el grupo Ollantay Theater Ensamble. En aquel entonces el propósito era llevar a escena obras de autores hispanos, montar exposiciones de pintores y fotógrafos, publicar *Ollantay Magazine* —editada por el dramaturgo cubano Pedro Monge Rafuls— y hacer presentaciones de libros y talleres para resaltar los valores de los hispanohablantes en Nueva York.

En la calle 4, al este de Manhattan, Teatro Dúo presenta obras de autores hispanos, a veces en español y a veces en inglés. Además, Teatro Dúo comisiona nuevas obras a dramaturgos hispanos de los Estados Unidos. De la misma característica es Amistad World Theater, fundado por Samuel Barton en 1981 y ubicado en la calle 53, oeste.

Desde que el 30 de septiembre de 1994 Teatro Círculo pusiese en escena, en el Auditorio Proshansky del Centro de Graduados de la City University of New York, tres entremeses de Miguel de Cervantes —*El juez de los divorcios, El viejo celoso* y *Los habladores*—, esta compañía teatral no ha cesado de cosechar éxitos. Con los *Entremeses*, Teatro Círculo recorrió los cinco condados de Nueva York, participó en el XX Festival del Siglo de Oro en El Paso (marzo de 1995) y recibió tres nominaciones de la Asociación de Críticos de Espectáculos de Nueva York (ACE), inclusive la nominación a la mejor producción del año. En noviembre de 1995 Teatro Círculo estrenó la obra *Los titingós de Juan Bobo*, pieza costumbrista puertorriqueña que recoge los cuentos de la tradición oral sobre Juan Bobo (arquetipo del hombre hispanoamericano de buen corazón). Esta producción recibió cinco nominaciones de la ACE, así como el premio a la mejor producción del año. En enero de 1996 Teatro Círculo estrenó *La dama duende*, de Calderón, bajo la dirección de Carmelo Santana Mojica. En marzo de ese mismo año Teatro Círculo inauguró el XXI Festival del Siglo de Oro de El Paso con *La dama duende*, y en otoño estrenó en Nueva York *La celosa de sí misma*, de Tirso de Molina. Teatro Círculo es una compañía fundada en su mayoría por un grupo de actores puertorriqueños residentes en la ciudad de Nueva York. La compañía adquirió su propio edificio en la calle 4 del East Village en Manhattan (al lado del legendario Teatro La Mamma). El teatro clásico que representa Teatro Círculo es distinto del que hace Repertorio Español. A los integrantes de Teatro Círculo les interesa más el trabajo de tipo investigativo, arqueológico, lo que parece uno de los factores más importantes, porque, en la tradición actoral hispánica, tanto en España como en Hispanoamérica, se abre un largo hiato, desde que en un momento dado el teatro del Siglo de Oro deja de ser representado. Hay infinidad de trabajos sobre aspectos literarios de este teatro, sobre el área representacional, pero sobre la técnica actoral es muy poco lo que puede deducirse. El nombre de la compañía, Teatro Círculo, alude a la figura del círculo, a su carácter místico; el círculo como figura que une a los extremos, en este caso, el pasado con el presente. La figura del círculo es una metáfora del sincretismo de este fin de siglo que nos ha tocado vivir. Si echamos una ojeada a la cartelera teatral hispana neoyorquina, da grima comprobar la proliferación de comedias de carácter frívolo, superficiales, anodinas, mientras que las obras clásicas, las obras críticas (sean del período que sean) brillan por su ausencia. En los últimos años hay una tendencia a representar cada vez menos teatro clásico.

En 2006, con el apoyo económico del Consulado de Cultura de Nueva York, del Centro Rey Juan Carlos I en la Universidad de Nueva York, de la Cámara de Comercio de España en los Estados Unidos, del Queen Sofia Institute y del Instituto Cervantes, se presentó en el teatro The Duke de Broadway, en plena calle 42 con la Novena, frente al New Amsterdam Theater, la obra *Zanahorias*. Escrita por Antonio Zancada, recién salido de la escuela de Arte Dramático de Madrid, y representada en 2001 en la sala Triángulo de Lavapiés por otros estudiantes de la RESAD agrupados en la compañía Túeresboba, la obra dio un salto mortal. Tras la negativa de Repertorio Español de producir *Zanahorias*, Francisco Reyes tuvo que producirla solo. Esto es: gestionar cada cosa y además buscar la financiación, y convencer a los programadores del The Duke de que *Zanahorias* era un espectáculo a la altura. Y lo era.

En julio de 2007, en el Rose Theater, del Lincoln Center, se llevó a cabo la presentación del Centro Dramático Nacional de *Divinas Palabras*, de Ramón del Valle-Inclán, en español, con traducción simultánea al inglés (en pantalla), dirigida por Gerardo Vega y con actores y actrices de la talla de Fidel Almansa, Pilar Bayona, Ester Bellver, Sonsoles Benedicto, etc. Por primera vez en la historia del Lincoln Center Festival, uno de los más prestigiosos de la temporada veraniega neoyorquina, el escenario se llenó de voces españolas. Las reseñas en el *New York Times* fueron buenas, aunque daba grima leer a veces los comentarios de algunos críticos norteamericanos, desconocedores no solo del teatro español sino de la cultura española.

Teatro español en otros estados de la Unión Americana

Desde su fundación en 1991, en Washington D.C., el Teatro de la Luna ha desplegado una intensa actividad teatral. Su labor ha sido reconocida en diversas ocasiones: la organización, a través de su director, Mario Marcel, recibió el Elizabeth Campbell Award y el premio STAR. Teatro de la Luna se ha dedicado fundamentalmente al teatro hispanoamericano, aunque ha presentado en los últimos años varias obras de escritores españoles; por ejemplo, *El público*, de Lorca, dirigida por Yayo Grassi. También se han presentado numerosas obras de dramaturgos españoles en sus famosos festivales de teatro hispano: en 1993, *Noche de primavera sin sueño*, de Jardiel Poncela, dirigida por Mario Marcel; en 1994, *Los sirvientes*, de Alfonso Paso, dirigida por Mario Marcel; en 1998, *La barraca de Federico, de Cervantes, Casona y Lorca*, dirigida por Mario Marcel; en 1999, *Trafalgar*, de Agustín Iglesias, y dirigida por el autor, de Teatro Guirigay y Teatro Algarabía; en 2000, *Entremeses del Siglo de Otro*, por Algarabía Teatro, y la obra *El paso del cometa*, dirigida por Isidro Rodríguez Gallardo; en 2001, *Chiquilladas*, de Raymon Cousse, dirigida por el autor, del Teatro del Olmo; en 2003, *El hombre gato-gallo*, Teatro de Títeres Tragaluz, de Darío Cardona; en 2005, *Ñaque o de piojos y actores*, de José Sanchis Sinisterra, dirigida por Juan Carlos Moretti, del Teatro del Azar (Valladolid), y en 2007, *Que nos quiten lo bailao*, de Laila Ripio.

Fernando Arrabal fue invitado en dos ocasiones a Miami, una en 1984 durante la campaña mundial que este emprende para la liberación del escritor cubano Armando Valladares. La invitación fue extendida por el programa del Humanista en Residencia del Florida Endowment for the Humanities, el escritor cubano Orlando Rodríguez Sardiñas (Rossardi), a nombre del

Fernando Arrabal.

entonces Miami-Dade Community College. En dicha ocasión el grupo teatral Prometeo presentó la pieza del autor *Picnic en el campo de batalla*, dirigida por Teresa María Rojas con los alumnos de Prometeo. Otra ocasión fue la invitación de julio de 2007 del Miami-Dade College para ofrecer una conferencia, como complemento de un programa de tres de sus obras cortas, *Los dos verdugos*, *Oración* y *Picnic*, interpretadas por los alumnos del taller Actor's Arena, dirigido por Max Ferrá. En Miami se habían visto ya cinco de sus obras: *Fando y Lis*; la ya señalada anteriormente, *Picnic en el campo de batalla*; *El Jardín de las delicias*, dirigida por Mario Ernesto Sánchez, en coproducción con Prometeo; *El arquitecto y el emperador de Asiria*, dirigida por Miguel Ponce, y *Los verdugos*, dirigida por Javier Siut, en Prometeo.

En 2007, en las jornadas finales del Festival Internacional de Teatro Hispano, en el local del Carnival Center, como aporte escénico del Teatro Avante al festival se presentó *Yerma*, de Lorca. La puesta en escena fue una versión o adaptación de Raquel Carrió, que llevó a efecto como directora Lilliam Vega.

La compañía Teatro del Mentidero, de Sevilla, fundada en 1979 a iniciativa del actor Ramón Rivero y con la posterior colaboración de Santiago Escalante, escritor y director, participó también en el Festival de Teatro Hispano. En esa ocasión presentó, en el teatro Miracle, de Coral Gables, la obra *Mía Madre Amadísima*, de Santiago Escalante.

También Teatro Abanico, en Miami, dirigido por Bárbara Safille, ofrece obras teatrales españolas. Por ejemplo, en 2007, representaron *Las galas del difunto*, de Ramón del Valle-Inclán.

Por último, y aunque solo tangencialmente relacionado con las puestas en escena del teatro español en los Estados Unidos, conviene mencionar que, desde marzo de 2002, la Association for Hispanic Classical Theater, de Arizona, posee un cibersitio (http://www.trinity.edu/ora/comedia/textlist.html/), donde se pueden consultar textos teatrales preparados por especialistas en el Siglo de Oro español. La gran mayoría de estos textos se editaron a base de textos manuscritos o impresos en los siglos XVII y XVIII, y se encuentran aquí sin toda la parafernalia académica de notas y variantes. Entre los textos que pueden consultarse se hallan: el *Auto de los Reyes Magos*; *El Alcalde de Zalamea*, *La Dama duende*, *El Mágico prodigioso*, *No hay burlas con el amor* y *El Príncipe constante*, de Calderón de la Barca; *El curioso impertinente* y *Las mocedades del Cid*, de Guillén de Castro; *Los baños de Argel*, *La elección de los alcaldes de Daganzo*, *El juez de los divorcios* y *La Numancia*, de Miguel de Cervantes; *Los empeños de una casa* y *El amor es más laberinto*, de Sor Juana Inés de la Cruz; *La adúltera virtuosa*, de Mira de Amescua; *Entremeses*, de Quiñones de Benavente; *La verdad sospechosa*, de Juan Ruiz de Alarcón; *El Burlador de Sevilla*, de Tirso de Molina; *Arte nuevo de hacer comedias*, *El Caballero de Olmedo*, *El castigo sin venganza*, *La dama boba*, *Fuenteovejuna*, *Peribáñez y el comendador de Ocaña* y *El perro del hortelano*, de Lope de Vega, y *Reinar después de morir*, de Luis Vélez de Guevara.

Los festivales de teatro

Esther Sánchez Grey

Ejercicios iniciales

Los Estados Unidos, como se sabe, es un país abierto a muchas culturas y el teatro no quedó exceptuado del impacto de literaturas e influencias extranjeras[1]. Entre las primeras está, como es natural, la de los irlandeses, que traían una larga tradición teatral y por lo tanto su influencia fue muy decisiva. También dejaron honda huella los judíos y los italianos, cada uno a su manera, pues estos se proyectaron mayormente hacia la música, ya fuera clásica o folclórica, y los primeros encontraron en la dramaturgia un mejor medio de expresión.

El aporte hispánico estuvo determinado en sus inicios por dos grupos mayoritarios: el de los mexicanos en el suroeste, que para principios del siglo XX ya se identificaban en una cultura mixta méxico-americana que se ha dado en llamar chicana, y la de los puertorriqueños, que llegaron masivamente a Nueva York después de la Segunda Guerra Mundial. Posteriormente, a partir de 1960, se produjo la llegada masiva de los cubanos como exiliados políticos, a consecuencia de la implantación en la isla de un sistema comunista. Los dos primeros corresponden a grupos migratorios, lo cual implica un asentamiento que parte de la individualidad, en tanto que el tercero, por su razón política, conlleva la temporalidad de una situación exterior. Es decir, que cada uno de estos grupos traía la influencia de sus raíces y su problemática e iba creando una dramaturgia que recogía el eco de sus propias circunstancias.

Hay que recordar, sin embargo, sin entrar en muchos detalles, que en esas primeras décadas del siglo XX el teatro norteamericano estaba tratando de abrirse caminos propios y surgían grupos independientes a pesar de ciertas circunstancias que no favorecían esos propósitos, como fueron la depresión económica, las dos guerras mundiales y el desarrollo de la televisión alrededor de los años cuarenta y cincuenta. Había el interés de hacer que el arte teatral tomara una dimensión nacional, puesto que la ciudad de Nueva York era el centro indiscutido en ese campo con las producciones de Broadway primero y el surgimiento posterior del movimiento Off-Broadway. En 1935 el Congreso le dio un subsidio a la American National Theater and Academy (ANTA)/Academia Nacional del Teatro Americano para que difundiera información y estimulara la actividad teatral en otros estados, además de ofrecer entrenamiento en los diversos campos que la misma requiere, pero no fue hasta después de la Segunda Guerra Mundial cuando los teatros regionales empezaron a coger fuerza en ciudades como Dallas, Houston, Washington y San Francisco. Para mediados de la pasada centuria aparecieron los primeros festivales sobre el teatro shakesperiano; entre ellos, el más famoso de todos, el New York Shakespeare Festival, establecido en 1954 por Joseph Papp, que desde 1957 se ofrece gratis en el Parque Central de esa ciudad. A este siguieron el de Stratford, Connecticut, con una temporada anual de quince semanas, el de Ashland, Oregón, el de San Diego, California, y otros que se ofrecen los veranos en zonas turísticas. Como resultado de todo esto, en muchas universidades y *colleges* del país se empezaron a ofrecer cursos de teatro y actualmente hay programas de estudio muy importantes en ese campo.

En estas circunstancias, el teatro hispano tenía que esperar la oportunidad propicia para poder tener voz en el mundo norteamericano. Según el profesor John Miller, de la Universidad de Nueva York (NYU), la esfera en que este encontraba acogida por la década de los cuarenta era en las aulas universitarias de Barnard College, Columbia University y Middlebury College (Kanellos, 1984: 25), debido a que en esos centros docentes profesaban muchos intelectuales españoles, refugiados de la Guerra Civil, como eran Ángel del Río y Amelia Agostina del Río, además del cubano Luis A. Baralt y el poeta Eugenio Florit. Pero fuera de esos ámbitos, el teatro hispano tuvo que llegar traducido, como paso inicial para ser conocido. Los centros universitarios fueron los que se enfrentaron a la empresa de dar a conocer la literatura dramática de Hispanoamérica. En muchas universidades de los Estados Unidos se empezaron a presentar piezas de autores hispanoamericanos y brasileños inclusive, en traducción al inglés, y también era muy significativo que en 1967 se creara en la Universidad de Kansas el Centro de Estudios Latinoamericanos y su revista *Latin American Theater Review (Reseñas de Teatro Hispanoamericano)*, dedicada a divulgar exclusivamente el teatro de Hispanoamérica, y que en su edición de otoño de 1968 se comenzara a publicar una sección de sinopsis de piezas teatrales de Hispanoamérica y del Brasil, para estimular la traducción o la dirección de las mismas en su idioma original o en inglés. También con ese propósito de difusión surgió la iniciativa de una institución cultural de Boston, la Pan American Society of New England (Sociedad Panamericana de Nueva Inglaterra), de crear un archivo de piezas hispanoamericanas traducidas al inglés al cual podía tener acceso quien lo solicitara personalmente, y en enero de 1971 esta institución se unía al International Forum Theater (Foro Internacional de Teatro) para presentar *The Criminals (La noche de los asesinos)* del cubano José Triana en el Boston Center for the Arts (Centro para las Artes de Boston).

El escritor mexicano Carlos Solórzano aclaró muy sucintamente por qué el teatro hispanoamericano estaba listo para ser traducido a otros idiomas, en una charla en el *college* de Hiram, Ohio, en 1968, con ocasión de la presentación en inglés de su pieza *Las manos de Dios*. Dijo él: '...el teatro ha cobrado una nueva dimensión que le permite ser traducido a otros idiomas para verse difundido entre nuevos públicos, que aun sin conocer la problemática propia de Latinoamérica pueden advertir en este teatro una originalidad en sus formas expresivas y captar al mismo tiempo los alcances cada vez más universales de su contenido' (*LATR* 2 (1): 58).

Lo cierto es que por la década de los sesenta el estudio del español empezó a adquirir un auge extraordinario y la forma dialogada de la literatura dramática resultaba un auxiliar magnífico para la enseñanza del idioma en todos los niveles. En un estudio realizado por la Universidad de Kansas, se comprobó que de 83 centros universitarios encuestados, el 60% ofrecía cursos en teatro hispanoamericano.

En 1968 ya se habla de un Pan American Theater Festival (Festival de Teatro Panamericano) en Southern Illinois University, en el que se presentó en inglés la pieza *Corona de sombra*, del mexicano Rodolfo Usigli. La producción estuvo a cargo de un grupo de estudiantes graduados y como resultado de ella se escribieron tres tesis de maestría: una en actuación, otra en producción escénica y otra en escenografía. Presentaciones como estas continuaron haciéndose en los centros universitarios de todo el país, a través de los años, promovidas muchas veces por los departamentos de español con la colaboración de los de teatro o con grupos independientes, o formando parte de algún festival.

Esa madurez del teatro hispanoamericano que percibía Solórzano se empezaba a mostrar ya en los diversos festivales que por los años sesenta empezaron a celebrarse en distintos países de Hispanoamérica como Venezuela, Colombia, Argentina, México, Ecuador, Chile, Perú y Costa Rica. Además, cabe hacer notar que el teatro hispanoamericano se hizo también presente en algunas ocasiones en los festivales mundiales de Nancy, Francia. Como antecedente del interés por este teatro hispanoamericano en los Estados Unidos, fuera del ámbito universitario, se pudiera mencionar The Latin American Opinion Fair celebrado en la primavera de 1972 en la Iglesia St. Clement de la ciudad de Nueva York, en que se presentaron piezas de autores brasileños, peruanos, colombianos, argentinos y chilenos.

Mención aparte debe tener el Teatro Chicano, que responde, al menos en sus orígenes, al propósito educativo que tuvieron los actos sacramentales en tiempo de la conquista, adaptados como es natural a las circunstancias presentes que imponían la adaptación de la cultura maya-azteca con la blanca del oeste norteamericano, identificada por ellos como la de los 'gabachos'. En 1965, bajo la influencia de la institución gubernamental Casa de las Américas, Luis Valdés funda el Teatro Campesino, con un propósito netamente político y revolucionario de excitar las masas campesinas a demandas sociales y a huelgas proletarias. Este era uno entre otros grupos que respondían a los lineamientos del Teatro Chicano. Por la época de los setenta ya había como veinticinco distribuidos en Seattle de Washington, San Antonio en Texas y Santa Bárbara en California. Uno de los más importantes fue el Teatro de la Esperanza, organizado por Jorge Huerta, que promovió en 1971 la organización de The National Theater of Aztlán[2] (El Teatro Nacional de Aztlán), después del Segundo Festival de Teatro Chicano, para que sirviera como centro informativo y de difusión de materiales e ideas entre los teatros chicanos y promoviera la celebración de festivales y seminarios. Para el Quinto Festival, que se llevó a la propia Ciudad de México, ya contaba con más de diecisiete grupos teatrales residentes solamente en California y Texas. Dos o tres años más tarde la institución publicaba una revista que se identificaba con las siglas de la misma, TENAZ, y con los años, el propósito de llegar a las grandes masas campesinas, mayormente de raíces indígenas, fue teniendo éxito a través del teatro.

Los festivales de Teatro Chicano siguieron celebrándose a la vez que se consolidaba y se extendía la organización entre los distintos grupos teatrales que fueron surgiendo en los estados del oeste norteamericano y en el propio México, adonde se llevaron muchos de los festivales, con una participación integral de los grupos mexicanos con los de los Estados Unidos e incluso con el grupo puertorriqueño Teatro Calle Cuatro, de Nueva York, que se hizo parte de TENAZ para el Sexto Festival de Teatro Chicano. El Séptimo Festival, en 1976, se extendió geográficamente, pues tuvo asiento en Seattle, Washington, del 24 de junio al 4 de julio; en Denver, Colorado, del 10 al 17 de julio; en San José, California, del 6 al 8 de agosto; y en Los Ángeles, California, del 22 al 29 de agosto. Además, participaron en el First Latin American Popular Theater Festival (Primer Festival de Teatro Popular Latinoamericano), representado por el grupo Teatro Cuatro de Nueva York. Más de cuarenta teatros participaron en este Séptimo Festival de Teatro Chicano y miles de personas recibieron el mensaje propagandístico que se pretendía enviar. Según la crítica, 'TENAZ decidió multiplicar los festivales este año en orden de informar mejor al pueblo y contrarrestar el efecto chovinista de las celebraciones del bicentenario estadounidense'[3]. Un proyecto tan ambicioso experimentó, desde luego, sus altas y sus bajas. El inaugural en Seattle tuvo un pobre planeamiento y falta de coordinación. El de Denver, por el contrario, fue muy exitoso; logró contar con la participación de diez grupos que actuaron cada noche ante audiencias de más de doscientas personas y se presentó, por último, una pieza bufa que cumplía el propósito del festival, llamada *Anti-Bicentennial Special (Especial del Anti-Bicentenario)*, en la que se ridiculizaban las bases democráticas de los Estados Unidos. El de San José se coordinó para que coincidiera con una huelga obrera que estaba proyectada y toda su producción estuvo orientada a respaldar la misma, y el de Los Ángeles estuvo interferido por la presencia de una institución marxista-leninista de apoyo a los trabajadores indocumentados, que solo habla de los mexicanos y no reconoce a los chicanos, pero a pesar de estos inconvenientes se pudieron presentar un par de sátiras de temas chicanos y otra por el grupo Teatro Cuatro sobre las aventuras de un puertorriqueño que llega a la gran urbe, titulada *¿Qué encontré en Nueva York?* Con el tiempo y la interferencia partidista de la izquierda, la institución TENAZ se debilitó, pero ha luchado para mantener su representación del mundo hispano en los Estados Unidos[4]. Cuando anuncia, para mayo de 1984, su Duodécimo Festival Internacional de Teatro Chicano/Latino en Santa Bárbara, California, especifica que el propósito principal del mismo será buscar nuevos miembros y animar el entusiasmo dentro de la organización buscando la incorporación de nuevos grupos y finalmente fortalecer la posición de TENAZ dentro del movimiento teatral, principalmente el hispanoamericano. Para esos fines dice contar con el apoyo de teatristas y críticos de todas partes, particularmente de Cuba y Nicaragua, que fueron especialmente invitados (*LATR* 17 (2) [1984]: 72).

Aparte de ese movimiento de raíz mexicana, el esfuerzo por difundir el teatro hispanoamericano en general siguió su curso natural, promovido fundamentalmente por la comunidad universitaria. Del 23 de octubre al 1 de noviembre de 1972 se celebra en San Francisco, California, el Primer Festival Internacional de Teatro Latinoamericano, auspiciado básicamente por dos instituciones: Casa-Fondo de Recursos Culturales, que agrupaba otros grupos 'latinos', entre ellos Casa Hispana de Bellas Artes, que fue a la que le presentó el proyecto el director, Domingo Lo Giudice, y la Casa Internacional de la Universidad de San Francisco. En el mismo participaron siete grupos iberoamericanos procedentes de Argentina, Bolivia, Brasil, Colombia, Ecuador, México y Venezuela, y seis grupos de los Estados Unidos: el Mime Troupe de San Francisco, el Julian Theater, el American Conservatory Theater, el Círculo Teatral de San Francisco, el Teatro Campesino de San Juan Bautista y el Teatro de la Esperanza de la Universidad de Santa Bárbara, pertenecientes estos dos últimos al Teatro Nacional de Aztlán (*LATR* 6 (1): 77-85).

En abril de 1973 tiene lugar el II Pan American Theater Festival (Segundo Festival Panamericano de Teatro), con residencia esta vez en el Chicago Museum of Science and Industry (Museo de Ciencia e Industria de Chicago). En la primera semana actuaron dos grupos: uno de Indiana University Northwest, dirigido por Nicolás Kanellos, que presentó seis pequeñas piezas de un acto, que traían un mensaje político a la vez que mostraba la idiosincrasia 'latina', y el segundo fue el Spanish American Theater Academy (Academia de Teatro Hispanoamericano), dirigido por la puertorriqueña Monserrate Ramos, que presentó una pieza de tres actos de su autoría. En la segunda semana subieron a escena la pieza colombiana *Aquí también moja la lluvia,* de Frank Ramírez y Bernardo Romero Pereiro, y dos de las *Historias para ser contadas,* del argentino Osvaldo Dragún, interpretadas todas por los estudiantes de drama del Chicago's Loop City College.

Otro grupo mayoritario que dejó sentir su voz fue el de los puertorriqueños. En agosto de 1976 se celebró el Primer Festival de Teatro Popular Latinoamericano, auspiciado por distintas organizaciones: ASPIRA de Nueva York, el Centro de Estudios Puertorriqueños, Amigos de Puerto Rico, el Grupo Guazabara, Teatro Cuatro y Teatro Jurutungo y la ayuda financiera del New York State Council for the Arts (Consejo de las Artes del Estado de Nueva York), y la cooperación de Joseph Papp y el New York Shakespeare Festival's Public. El propósito era proveer una oportunidad de intercambio entre grupos representativos de Hispanoamérica y los Estados Unidos, pero tenía también una finalidad política revolucionaria, como quedó plasmada en la declaración con que se cerró el festival. Efectivamente, al mismo concurrieron grupos de Colombia (La Candelaria), de México (Informe y Zumbón), de Panamá (Trashumantes), de Puerto Rico (Rueda Roja), chicano (Teatro Urbano), de Nueva York (Teatro Cuatro) y de los Estados Unidos (Mass Transit), y se hicieron seminarios en los que participaron los dramaturgos Enrique Buenaventura de Colombia, Augusto Boal de Brasil y el crítico español de teatro José Monleón (Walkman, 1976). El Segundo Festival se celebró en 1981 y recibió el Fourth Annual Village Theater Award (IV Premio Anual del Teatro del Village) por su aportación cultural al teatro neoyorquino. Además, fue la primera vez que se convocó un concurso para autores nacionales, en español, inglés o bilingüe con un premio en dinero y la publicación de la obra. El Tercer Festival tuvo lugar del 1 al 15 de agosto de 1982 en el New York Shakespeare Public Theater, auspiciado por el productor Joseph Papp y con la colaboración de Teatro Cuatro y el Museo del Barrio. Se proyectó la participación de grupos de Nueva York y California, entre los nacionales, y del exterior: de Colombia, Argentina, Brasil, Cuba, Puerto Rico, México, Guatemala, El Salvador y Nicaragua. Además, se planeaba un congreso sobre el teatro en América Latina y el Caribe al que fueron invitados intelectuales hispanoamericanos como Eduardo Galeano, Ernesto Cardenal, José Juan Arrom, Enrique Buenaventura y Santiago García, entre otros. La finalidad del teatro popular es 'crear una alternativa al teatro comercial tradicional, identificándose e inspirándose en temas de trascendencia popular' (Moreno, 1982).

En la primavera de 1976 tuvo lugar, en cuatro noches sucesivas, el Primer Festival de Teatro Latinoamericano en la ciudad de Boston, Massachusetts, coordinado por un Comité Pro Teatro Hispanoamericano en Boston integrado por miembros de la Compañía Hispánica de Teatro, periodistas, profesionales de la televisión y profesores universitarios. El propósito era hacer al público de Boston receptivo a las manifestaciones culturales de toda Hispano-américa, y la importancia que esta iniciativa tuvo era que la comunidad hispana de dicha ciudad contaba con menos de quince años de existencia. Se aspiraba a establecer una tra-dición de festivales anuales, con coloquios, foros, películas y talleres dramáticos. Este Pri-mer Festival se centró en el teatro argentino y el puertorriqueño. En la primera noche, Tea-tro Repertorio Español de Nueva York presentó con mucho éxito, bajo la dirección de René Buch, la simpática comedia argentina *La fiaca*, de Ricardo Talesnik. Las presentaciones su-cesivas se dedicaron al teatro puertorriqueño. En la segunda noche subió a escena *La pa-sión según Antígona Pérez*, de Luis Rafael Sánchez, que fue invitado especialmente por el comité organizador y que al día siguiente habló sobre su obra en general a los estudiantes de la Universidad de Massachusetts. Por la noche, el grupo de Nueva York Teatro Cuatro presentó su espectáculo *¿Qué encontramos en Nueva York?*, que trata de las experiencias de un jíbaro en la gran urbe. La última noche un grupo nuevo, La Virazón, hizo la adapta-ción dramática de tres cuentos: 'El pasaje' de José Luis González, y 'Los inocentes' y 'Ausen-cia', de Pedro Juan Soto, presentados como tres episodios de la producción *Spiks* (Ben-Ur, 1977). Los organizadores quedaron satisfechos con la acogida que recibió este esfuerzo por parte del público y para la primavera de 1978 se anunció el Segundo Festival con la partici-pación del Teatro Bilingüe de Texas, Teatro Cuatro de Nueva York y Los Mascarones de Méxi-co, así como la presencia del dramaturgo brasileño Augusto Boal en un seminario y la del profesor Frank Dauster para dirigir un coloquio (*LATR* 11 (2): 128). En definitiva, se cambió la fecha para octubre, del 19 al 29, y participaron los grupos anunciados con excepción de Los Mascarones, además de otros que se añadieron: de Washington, Teatro Gala; de Nueva York, Rafael y Vali y The Family, y de Boston, Grupo Virazón, Teatro Acción e Hispanic Theater Company. Se contó además con los dos distinguidos invitados que se habían anunciado (*LATR* 12 (1) [1978]: 114).

Esfuerzos a partir de los ochenta

Un esfuerzo por difundir la cultura hispánica que merece mención especial por la relevan-cia que llegaron a alcanzar en todo el suroeste norteamericano fueron los Festivales de Teatro del Siglo de Oro que se iniciaron en 1976. En marzo de 1980, del 7 al 22, se celebró con gran éxito el Quinto, con la participación de numerosos grupos, tanto nacionales como del extranjero. Las obras que se presentaron por grupos de México fueron: *Amor es más labe-rinto*, de Sor Juana Inés de la Cruz (Escuela de Arte Teatral del Instituto Nacional de Bellas Artes); *El caballero de Olmedo*, de Lope de Vega (Teatro Universitario de la Universidad Au-tónoma de Nuevo León en Monterrey); *Los pasos*, de Lope de Rueda (Escuela de Bellas Artes de la Universidad Autónoma de Chihuahua); auto sacramental *La amistad en peligro*, de Jo-sé de Valdivieso (Teatro Universitario de Veracruz en Jalapa); *Las paredes oyen*, de Juan Ruiz de Alarcón (Instituto de Ciencias Sociales y Administración de la Universidad Nacional Au-tónoma de Ciudad Juárez en Chihuahua); *Los empeños de un engaño*, de Juan Ruiz de Alar-cón (Departamento de Teatro de la Universidad Nacional Autónoma de México); *Donde hay agravios, no hay celos*, de Francisco de Rojas Zorrilla (Teatristas de Aguascalientes. Casa de la Cultura); *El gran teatro del mundo*, de Calderón de la Barca (Grupo de Teatro del Insti-tuto del Seguro Social de Chihuahua), y *El anzuelo de Fenisa*, de Lope de Vega (Talleres de Teatro. Universidad Autónoma de Hidalgo en Pachuca). Por grupos de los Estados Unidos:

La Celestina, Fernando de Rojas.

La vida es sueño, de Calderón de la Barca (Grupo Prometeo de Miami-Dade Community College de Miami, Florida); *La creación del mundo* y *Primera culpa del hombre*, de Lope de Vega (Asociación de Estudiantes. University of Texas en El Paso); *La Celestina*, de Fernando de Rojas (Compañía de Teatro Repertorio Español de Nueva York), y de España: *La dama duende*, de Calderón de la Barca (Compañía Pequeño Teatro de Madrid). Lo que se apreció en la mayoría de las presentaciones fue que se respetaran los textos originales y lograr así que estas piezas subieran a escena tal como lo habían hecho siglos atrás. Un par de grupos, sin embargo, se valieron de algunos elementos para hacerlas portadoras de un mensaje panfletario y otros no fueron lo suficientemente preparados pero, en general, el resultado fue muy positivo, pues se pudo presentar un panorama casi completo de los autores relevantes del Siglo de Oro, con la excepción de Tirso de Molina. La recepción del público fue muy favorable en general, pero hubo dos presentaciones que recibieron una respuesta muy especial: la que hizo Repertorio Español de *La Celestina* y la de *La dama duende* del grupo madrileño. Otra modalidad que se introdujo fue la de presentar un breve simposio después de cada función en la que participaron cuatro profesores universitarios y el público tuvo ocasión de hacer preguntas y aclarar conceptos. Como resultado final de este Quinto Festival se otorgaron premios a los directores, actores, actrices, producciones, vestuarios y escenografías, dentro de dos categorías: la profesional y la no profesional (Pérez y Rodríguez, 1980).

Entre el 13 de marzo y el 7 de abril de 1982 se celebró un festival/simposio sobre Teatro Latinoamericano en la Universidad de Kansas en Lawrence. El festival se inauguró con *Historias para ser contadas* (Elenco Experimental de la Universidad de Texas en El Paso), del argentino Osvaldo Dragún y le siguió en versión inglesa, bajo el título de *The Impostor*, la pieza *El gesticulador* (Producciones Pot-Pourrí, Universidad de Kansas), del mexicano Rodolfo Usigli. Ambas obras son estudiadas frecuentemente en los planes universitarios de los Estados Unidos. Proveniente de Chile, pero con residencia en Caracas, Venezuela, la Compañía de los Cuatro presentó dos piezas de jóvenes autores: *El vendedor,* de la venezolana Mariela Romero, una patética denuncia contra el machismo, y *Por la razón a la fuerza,* del chileno Jaime Miranda, en la que se presenta la tragedia del desarraigo en los exiliados, con todas sus implicaciones. Del sólido patrimonio teatral chileno subieron a escena *Flores de papel* (Teatro Universitario de la Universidad Veracruzana de México), de Egon Wolf y *El cepillo de dientes* (Nuestro Teatro de Nueva York), de Jorge Díaz. De Brasil se presentó un monólogo, *Apareceu a Margarida*, en dos versiones diferentes: una en español con el título de *La señorita Margarita*, actuada por la actriz de la televisión colombiana Rosita Alonso, y la otra en inglés, *Miss Margarida's Way*, con la actuación de la actriz profesional de Broadway y Hollywood Estelle Parsons. Aparte de las representaciones teatrales, también se celebró un simposio bajo el título de 'Contextos y perspectivas del Teatro Latinoamericano de hoy' con videos de homenajes hechos y eruditas ponencias y discusiones esclarecedoras a tres notables autores del continente americano como son Rodolfo Usigli de México, César Rengifo de Venezuela y René Marqués de Puerto Rico. Se contó además con la presencia de dramaturgos procedentes de Iberoamérica y de los Estados Unidos como Enrique Buenaventura de Colombia, Emilio Carballido y Luisa Josefina Hernández de México, Edward Albee de los Estados Unidos y el joven David Benavente de Chile (Márceles Daconte, 1982).

Bajo el auspicio de la Fundación Bilingüe de las Artes de Los Ángeles, en California, se efectuó durante el mes de agosto de 1983 el Primer Festival de Teatro bajo la coordinación general de Susana Castillo y la colaboración de distinguidos escritores y directores. Se presentaron cuatro piezas de un solo acto, algunas en inglés y otras en español: *El cepillo de dientes,* de Jorge Díaz, dirigido por Susana Castillo y Charles Baldazua; *The Company Forgives a Moment of Madness (La compañía perdona un momento de locura),* del venezolano Rodolfo Santana, y *Do Not Negotiate Mr. President (No negocie, Señor Presidente),* del cubano Leopoldo Hernández, dirigidas las dos por Margarita Galbán; y *María Cristina me quiere gobernar,* del venezolano José Gabriel Núñez, que llevó a cabo el director invitado venezolano Armando Gota. Para el año siguiente se proyectó el Segundo, para los meses de abril y mayo, con la participación de grupos internacionales (*LATR* 17 (1) [1983]: 46).

En 1984 surge uno de los más importantes, si no el más, de los festivales que se realizan en los Estados Unidos, por la profesionalidad de las producciones y porque ha mantenido ininterrumpidamente su labor desde que se fundó como un encuentro de conjuntos locales, en una ciudad que no tenía una sólida tradición de teatro hispano, pero que estaba siendo asiento, desde 1960, de una mayoritaria concentración de cubanos exiliados. Ya por los años ochenta, como lo consigna un artículo del *Diario Las Américas* (1982), se apreciaba en Miami un espléndido florecimiento artístico y cultural que se reflejaba en funciones de *ballet* y de ópera con un selecto repertorio y cantantes de fama internacional, conciertos de la Orquesta Filarmónica de la Florida y la Sinfónica de Miami Beach, entre otras atracciones culturales[5]. Como resultado de ese movimiento cultural, se fundó el Teatro Avante[6] en 1979, por el actor y director cubano Mario Ernesto Sánchez, con el objetivo de preservar la herencia cultural hispánica en general y cubana en particular, a través de lo mejor del teatro universal. Con más amplia perspectiva, en 1984 el Teatro Avante promovió la fundación del Festival Internacional de Teatro Hispano, bajo los auspicios del Departamento de Eventos Culturales de Miami-Dade (Miami-Dade Cultural Affairs Department) y a esos efectos se constituyó Acting Together (Actuando en Conjunto), compuesta de diez grupos teatrales locales, como una organización colectiva no utilitaria que se encargaría de levantar los fondos necesarios, hacer la programación, coordinar las actividades y promover la publicidad.

En 1985 se concreta la idea de lo que dio en llamarse 'teatro popular' o 'nuevo teatro', que ya venía gestándose desde los sesenta bajo el modelo de lo que hacía TENAZ. La novedad era que se traía al este y así surge el Primer Festival de Nuevo Teatro, que se celebra del 5 al 9 de junio en Washington D.C., en el Theater Lab del Kennedy Center y en los auditorios de dos iglesias del barrio hispanoamericano, puesto que ese era el público que se buscaba. El festival tenía un reconocido matiz político de izquierda y quizás por eso no tuvo el éxito en la finalidad que se proponía (Weiss, 1986).

En 1985 se celebra en Nueva York un festival 'latino' iniciado originalmente por el grupo puertorriqueño Teatro Cuatro con la ayuda de la organización ASPIRA. En este se conmemoraban los veinte años de la creación del Teatro Campesino de Luis Valdés. Por este grupo se presentaron, de este autor: *The Dark Root of a Scream (Las raíces oscuras de un grito)*, que a partir del último verso de *Bodas de sangre*, de Lorca pretende imitar dicha obra en su composición temática, y *Soldado raso*, sobre el tema del combatiente que tiene que partir a la guerra. También fueron parte del programa: *La verdadera historia de Pedro Navaja*, del puertorriqueño Pablo Carrera (Teatro del Sesenta), en la que la música y la danza tienen una fuerte influencia aun en el movimiento dramático de la pieza; *Los materiales de la ira y el amor*, de los ecuatorianos Wilson Pico y Susana Reyes, también usando el arte de la danza como portadora de un mensaje; *Bolívar*, del español José Antonio Rial (Fundación Rajatablas, Venezuela), con el propósito ambicioso de evaluar la situación política de Hispanoamérica; *El loco y la triste*, de Juan Radrigán (Universidad Católica de Chile), un estudio de sentimientos humanos; *Feliz Año Viejo* (Núcleo Pessoal de Victor's Productions), recuerdos de un joven paralítico, desde su silla de ruedas; *La increíble y triste historia de la cándida Eréndira y de su abuela desalmada* (Teatro El Local, Colombia), una adaptación de la novela de García Márquez; *El jinete de la divina providencia* (Teatro de la Universidad de Sinaloa, México), de Oscar Liera, basada en una figura legendaria del folclore mexicano, y *Los compadritos* (Comedia Nacional Cervantes, Argentina), de Roberto Cossa, una comedia basada en la recreación de un hecho histórico. Finalmente, se presentaron siete piezas en homenaje a la mujer, es decir, que la usaran como tema o que fuera escrita por una autora: *Muffet: Inna All A Wi* (Sistren Collective de Jamaica), una secuencia de escenas; *Mujeres sin hombres*, de Edwin Gallardo (La Candelaria, Colombia), ganadora del primer concurso de obras hispanas del New York Shakespeare Festival; y, por último, tres producciones unipersonales: *Si me permiten hablar, Brincando encima de aquello* y *Una mujer sola* (Versényi, 1985).

Los festivales sobre el Siglo de Oro se siguieron presentando anualmente. El XI Festival de Teatro del Siglo de Oro se celebró en el Chamizal National Memorial en El Paso, Texas, durante el mes de marzo de 1986. Los grupos de México presentaron las siguientes piezas: *El burlador de Sevilla* (Escuela de Bellas Artes, Universidad Autónoma de Chihuahua), *El celoso prudente* (La Columna de Aguascalientes), *Los empeños de una casa* (Grupo de Teatro del Instituto Mexicano del Seguro Social, Chihuahua), *La vida del Buscón* (Compañía de Teatro, Universidad de Colima), *El dueño de las estrellas* (Escuela de Arte Teatral, Instituto Nacional de Bellas Artes) y *Marta la piadosa* (Centro Universitario de Teatro, Universidad Nacional Autónoma de México). De los Estados Unidos: *In Love but Discreet (La discreta enamorada)* (University Theater, University of Missouri en Columbia) y *Por el sótano y el torno* (Departamento de Drama, Universidad de Puerto Rico). De España: *La dama duende* (Compañía Pequeño Teatro de Madrid) y, conjuntamente de España y los Estados Unidos, *Entremeses de mujeres en farsa picante* (Teatro Real Español y Latin American Theater Ensemble, Nueva York). En este festival se otorgaron premios dentro de las dos categorías como en años anteriores, pero en esta ocasión se hicieron varias adaptaciones como, por ejemplo, el *Buscón* presentado en prosa, *La dama duende* de Calderón en una versión en zarzuela, la traducción al inglés de *La discreta enamorada* y, lo más extraordinario, la producción imaginativa de *Marta la piadosa* de Tirso, fusionando el drama clásico con la realidad mexicana, a través de proyecciones visuales y auditivas. Todo esto fue material de discusión, entre otros temas, en el Simposio Anual que regularmente se celebra con ensayos académicos sobre el Siglo de Oro y mesas redondas de intercambio de ideas (Larson, 1986).

En el mes de mayo de 1986 se celebra el I Festival de Teatro Hispano de Miami bajo los auspicios del Teatro Avante y su director artístico y productor, Mario Ernesto Sánchez, a quien se debe el éxito de este proyecto, que se ha convertido en un acontecimiento anual de relevancia internacional, y la participación de los integrantes de Actuando en Conjunto. El programa se componía de las siguientes piezas: *Alguna cosita que alivie el sufrir*, de René R. Alomá (Teatro Avante y Teatro de Bellas Artes); *Mimí y Fifí en el río Orinoco*, de Emilio Carballido (International Arts); *Apartamento de solteras*, adaptación de la obra de Jaime de Armiñán (Chicos Inc.); *Dos reinas para un trono*, de Norberto Perdomo (Mater Dei, Inc.); *El cuento de todos los cuentos* (Teatro Guiñol), colección de historias clásicas infantiles; *Suicide Prohibited in Springtime (Prohibido suicidarse en primavera)*, de Alejandro Casona (Prometeo), y *El barberillo de Lavapiés*, de Francisco Asenjo Barbieri. Además, se estableció lo que se llamó programa educativo, que incluiría mesas redondas, discusiones dirigidas, conferencias, etc. Como parte de este se presentó un coloquio bajo el título de 'Tres dramaturgos del exilio' en el que intervinieron René Ariza, Julio Matas y Matías Montes Huidobro, representativos de la última promoción de la dramaturgia cubana, antes de establecerse el comunismo en Cuba.

Entre el 16 de mayo y el 6 de julio de 1986 se llevó a cabo, bajo los auspicios del Instituto de Cultura Puertorriqueña y el National Endowment for the Arts (Presupuesto Nacional para las Artes), un Festival de Teatro de Dramaturgos Jóvenes dedicado a Francisco Arriví, con el propósito de estimular la creación dramática. A esos fines se escogieron cuatro piezas entre veinte propuestas y cada autor recibió 4.000 dólares y la oportunidad de presentar su obra gratis. Las piezas seleccionadas fueron: *Metamorfosis de una pena*, monólogo de Antonio García del Toro; *La casa de los inmortales*, de Carlos Canales; *Las Horas de los dioses nocturnos*, de Teresa Marichal y *Malén*, de Josefina Maldonado (*LATR* 20 (1) [1986]: 122).

En agosto del mismo año tiene lugar de nuevo, en Nueva York, otro Festival Latino con setenta y tres presentaciones que incluían cine, música, danza y representaciones teatrales por treinta y cuatro grupos provenientes de quince países. Este tipo de festivales, producidos por muchos años por Joseph Papp, 'en sus comienzos invitó a los grupos locales, pero pronto enfocó su interés en traer principalmente a grupos de determinada orientación política de la América Latina' (Monge, 1994). Entre las piezas que se presentaron estaban: *Alguna cosita que alivie el sufrir*, de René R. Alomá (Teatro Avante, Miami), con el tema de la separación familiar en la Cuba castrista; *Lo que está en el aire* (ICTUS, Chile), una dramática historia sobre la fuerza de la opresión; *Quintuples*, del puertorriqueño Luis Rafael Sánchez (Teatro de Puerto Rico Inc.), desarrollada en seis monólogos, el del padre y sus cinco hijos; *¡Fight! (Lucha)*, del cubano Manuel Martín; *Lady With a View (Dama con una visión)*, de Eduardo Iván López (Puerto Rican Traveling Theater), con el tema de una señora inmigrante, determinada a dar a luz al pie de la Estatua de la Libertad; *Bodas de sangre*, de Lorca, una adaptación muy original e impresionante hecha en el anfiteatro natural de Thompson Park en las montañas de Catskill, en una versión mexicana del inmortal drama, y *Bolívar*, de José Luis Rial (Rajatablas, Venezuela), un intento de desmitificación de la figura histórica (Walkman y Starita, 1986, y Walkman, 1987).

Ya por la década de los ochenta, los festivales de TENAZ habían adquirido cierta regularidad. En 1988 se inauguró, el 5 de julio, el XIV Festival Internacional de Teatro Chicano en San Antonio, Texas, con doce presentaciones y la participación de grupos de Minnesota, Nueva York, California, Nuevo México, Arizona, Texas, además de uno de Cuernavaca, México, y el actor peruano Edgard Guillén, para un unipersonal (Frischmann, 1990). En la misma ciudad de Texas, el Guadalupe Arts Center auspició el XVI Festival Internacional de Teatro Chicano Latino de TENAZ, del 10 al 15 de noviembre de 1992, con un denso programa que incluyó diez funciones con sesiones de crítica después de cada una, una lectura dramatizada, cuatro foros y siete talleres dirigidos por especialistas en cada materia. Las obras que se presentaron fueron: *Crónica*, del colombiano Enrique Buenaventura (Teatro Experimental de Cali), basada en uno de los episodios contados por Bernal Díaz del Castillo en su famosa *Historia*; *Que cada quien... la ponga... como quiera* (Grupo Cultural Cero, Cuernavaca, México); *Heroes and Saints*, de Cherrie Moraga (Los Actores de San Antonio, TX); *Heat your Own*, de Raquel Salinas; el unipersonal de Belinda Acosta, *Machisma*; *Laura's House*, de Terry Tafoya Earp (Teatro del Valle, Arizona); *Ludlow o El grito de las minas*, de Anthony García (El Centro su Teatro, Colorado); *Dancing with the Missing*, de Ron Conboy (Teatro de la Esperanza, California), y *Locura lo cura*, un colectivo del grupo Chicano Secret Service de Los Ángeles (Rizk, 1993).

El II Festival de Teatro Hispano de Miami, en 1987, abrió con una pieza de Virgilio Piñera que recientemente se había logrado sacar de Cuba, *Una caja de zapatos vacía* (Teatro Avante, Miami). Con la total participación de grupos locales le siguieron: *Orquídeas y panteras* (Coconut Grove Playhouse), de Alfonso Vallejo; *Mud (Fango)* (South End Alternative Theater), de María Irene Fornés, en inglés; *La pequeña intrusa* (Grupo Chicos); *Los quince de Yaniré* y *Eso no tiene nombre*, las dos de Julio O'Farril, y *La sorda*, de Andrés Nóbregas, presentadas las tres por International Arts Center; *El hombre, la bestia y la virtud* (Sociedad Pro Arte Grateli), de Luigi Pirandello; *El álbum familiar* (Prometeo de Miami-Dade College), de José Luis Alonso de Santos; y *El viejo grupo* (Andrómana Players/Teatro de Bellas Artes), de Román Chalbaud.

El III Festival de Miami se celebró en el Teatro Minorca de Coral Gables y empezó el 12 de mayo de 1988 con *Bodas de sangre*, de Lorca (Teatro Avante, Miami) en su versión original, en un montaje muy imaginativo en el que las luces, los sonidos y aun los silencios contribuían a crear el ambiente dramático de la pieza; *Los invasores*, del chileno Egon Wolf (Prometeo, Miami-Dade Community College), con sus dos fuerzas antagónicas que mantienen la tensión de principio a final, los mendigos y los ricos cuya casa vienen aquellos a usurpar; *Tito*, monólogo de Rómulo Arellano (Compañía de Teatro de Albuquerque), sobre las vivencias de un joven chicano; *Rosas de dos aromas*, de Emilio Carballido (Andrómaca Players, Miami), simpática comedia de crítica al machismo y de algunas costumbres urbanas; *The Conduct of Life (La conducta en la vida)*, de María Irene Fornés (South End Alternative Theater, Miami), en versión inglesa, que pretende hacer el retrato de un personaje perverso; *La dama duende*, de Calderón de la Barca, traducida al inglés como *The Phantom Lady* (Florida Shakespeare Festival, Miami), hecha con un gran sentido poético y una fina interpretación de los enredos propios de las comedias de capa y espada del siglo XVII; *Revoltillo*, de Eduardo Machado (Repertorio Español, Nueva York), que con el marco de las durezas del exilio de los cubanos resultó ofensiva tanto para esta comunidad como para muchas otras hispanoamericanas que componen la sociedad norteamericana, y, por último, *Dos viejos pánicos*, de Virgilio Piñera (Acme Acting Company) con su sustrato de muerte y de miedo. El festival cerró el 29 de mayo, con una sesión crítica de evaluación y sugerencias para el del próximo año, integrada por profesores de tres universidades de la Florida y dos de Pensilvania (Márceles Daconte, 1988).

El IV Festival de Miami, en 1989, ya se hizo internacional, pues a él acudió, de un total de doce compañías, siete extranjeras, con cuatro locales de Miami y uno de Chicago. La apertura del festival fue con *La noche de los asesinos*, de José Triana (Teatro Avante, Miami), en una presentación magnífica. El programa incluyó además: *Paper Flowers (Flores de papel)*, de Egon Wolf (The Bridge Theater, Miami) en versión inglesa; *Miss Panamá Inc.*, de Rosa María Crespo (Andrómaca Players, Miami); *El tango*, de Paco Sagarzazu (Teatro Estudio de San Sebastián, España); *Legionaria*, de Fernando Quiñones (Teatro del Mentidero, España), monólogo adaptado de la novela *Las mil noches*, de Hortensia Romero; *Lovers and Keepers*, de María Irene Fornés (Blind Parrot Production, Chicago); *O.K.*, de Isaac Chocrón (Teatro La Baranda, Bogotá); *El gran circo ucraniano*, de Myrna Casas (Producciones Cisne, Puerto Rico), y el espectáculo de danza *Los gemelos* por el conjunto Diques Tiquis de Costa Rica. En la segunda parte del festival se presentaron *El chino*, de Carlos Felipe (Prometeo, Miami), que solo se había montado una vez en La Habana en 1947; la difícil pieza *El arquitecto y el emperador de Asiria*, de Fernando Arrabal, por el Taller de Artes de Medellín, Colombia, y *El inquisidor*, de Francisco Ruiz Ramón (Florida Shakespeare Festival, Coral Gables, Florida). Varios de los dramaturgos representados estuvieron presentes en este festival para, junto a otros expertos del arte teatral, evaluar las presentaciones, y se instauró el Lifetime Achievement Award, reconocimiento a 'Una Vida de Dedicación a las Artes', que se le otorgó al prestigioso director y mentor cubano Francisco Morín (Escarpanter, 1990, y González-Cruz, 1989).

Los noventa: consolidación de espacios internacionales

El V Festival de Teatro Hispano de Miami se celebró del 18 de mayo al 10 de junio de 1990 en el Ashe Auditorium de la Universidad de Miami. Participaron grupos teatrales de siete países, con un total de doce producciones, duplicadas algunas de ellas en versiones en español y en inglés. Entre las actividades del mismo se incluyó un programa educativo compuesto por especialistas en las diversas artes dramáticas con los cuales académicos, teatristas y público en general pudieron intercambiar ideas y experiencias. Entre las producciones teatrales merece señalarse: *El día que me quieras*, de José Ignacio Cabrujas (Teatro Avante, los Estados Unidos), en el que se presenta un hecho al parecer muy sencillo —como es que se aparezca en la casa de una familia venezolana el cantante Carlos Gardel—, pero que sitúa a los personajes en un dilema de alcance moral, político y social; *La señorita de Tacna*, de Mario Vargas Llosa (Andrómaca Players, Miami), que en sentido retroactivo recrea las memorias de una solterona ya centenaria; *El loco y la triste*, de Juan Radrigán (Surco, San José, Costa Rica), una pieza de solo dos personajes, un vagabundo iluso y una prostituta de buen corazón, en la que hay que apreciar como su mayor mérito 'la reelaboración, a un nivel muy popular, de gran variedad de temas y símbolos que han viajado desde la antigüedad hasta nuestros días'; *Ingenuas palomas*, de Alejandro Sieveking (Teatro El Carrousel, Santiago, Chile), una simpática comedia con algo de intriga policiaca; *Con las alas* encogidas, de Guillermo Gentile (El Teatrón, Buenos Aires, Argentina), actuada y dirigida por el autor, con un tema de matiz filosófico pues trata de establecer que los seres que se distingan de la generalidad por algo, ya sea físico, moral o intelectual, han de sufrir el rechazo ajeno y les es muy difícil alcanzar la felicidad; *The Electric Hummingbird (El sinsonte eléctrico)*, de Ignacio Medrano Carbó (Grupo Prometeo, Miami, Florida), de un acto y dos escenas, en las que se presenta la ilusión y consecuente fracaso de un autor que trata de vender su guión cinematográfico en Hollywood; *Detrás de la avenida,* de Elio Palencia (Centro de Directores para el Nuevo Teatro, Caracas, Venezuela), que se vale del teatro dentro del teatro para presentar el bajo mundo de cualquier ciudad, en este caso Caracas, con las aberraciones sexuales, drogas, violencia, etc., que son de esperar, cuando un joven escritor acude allí en busca de material literario; *La Nonna,* de Roberto Cossa (Repertorio Español, Nueva York), que con un humor negro muy bien manejado pretende que su personaje principal, la abuela centenaria de una familia de seis, con un apetito insaciable, sea emblemático de algo que no ha quedado bien delineado; *Made in Buenos Aires (Hecho en Buenos Aires)*, de Nelly Fernández Tiscornia (Gala Hispanic Theater, Washington), presenta la situación ambivalente de los que dejan su país para buscar nuevos horizontes y los que regresan de otras tierras al lar nativo, ciclo evolutivo que confronta siempre cualquier emigrante; *Dicen que la distancia es el olvido,* de Jorge Díaz (Bilingual Foundation of the Arts, Los Ángeles, California), y, por último, *Cierren las puertas,* de Víctor Hugo Rascón Banda (Organización Teatral de la Universidad Veracruzana, México), con la que terminó el festival, que con el tema manido del que regresa a reclamarle lo suyo al usurpador de hacienda y familia, tiene más de espectáculo musical y folclórico que de teatro dramático. El Premio 'Una Vida de Dedicación a las Artes' le fue dado al filántropo cubano Ramón Antonio Crusellas (Escarpanter, 1991, y González-Cruz, 1990).

Del 31 de mayo al 16 junio de 1991 se celebró en los teatros Minorca y Carrusel de Coral Gables el VI Festival de Miami con la participación de grupos de ocho países que montaron diecisiete producciones, y su programa educativo de cuatro sesiones. Este año se introdujo por primera vez espectáculos musicales y teatro infantil. Las obras presentadas fueron: *Ligazón* y *Las galas de difunto,* de Ramón del Valle-Inclán (Teatro Avante, Miami), dos piezas del mismo autor que tienen en común el ambiente de augurios y brujas; *Each Day Dies with Sleep (Cada día muere con el sueño)* (The Latino Chicago Theater Company, los Estados Unidos), del puertorriqueño José Rivera, con un mensaje positivo de estoicismo y perseverancia; *La verdadera culpa,* de Juan Clemente Zenea de Abilio Estévez (Prometeo, Miami-Dade Community College, Miami), basada en la vida del poeta, reconstruida por un joven que siglos después ocupa la misma celda de aquel antes de ser fusilado en tiempos de la colonia en Cuba; *Invierno en Hollywood,* de Jesús Hernández Cuéllar (Stage of the Arts, Los Ángeles, California), el encuentro entre un periodista y una actriz que tenía un pasado tenebroso; *Los ritos del retorno o las trampas de la fe,* de Juan Carlos Moyano (Teatro Tierra, Colombia), un intento de teatro biográfico, con monólogos tomados de la obra de Sor Juana Inés de la Cruz; *A quien pueda interesar o 'His Master's Voice' (To Whom It May Concern or 'La voz de su amo')*, recopilación de textos hecha por Miriam Acevedo, de bien conocidos escritores cubanos contemporáneos como Reinaldo Arenas, Guillermo Cabrera Infante, Carlos Franqui, Oscar Hurtado, Heberto Padilla, Virgilio Piñera y José Triana, un unipersonal que impactó al público con el reclamo de militancia en pro del respeto a la dignidad del ser humano; *Una cosa es una cosa,* de María Teresa Hincapié de Bogotá, *Colombia*, otro unipersonal, algo desconcertante, hasta que revela el mensaje de que la vida es un laberinto que uno mismo crea y luego destruye, para recomenzarlo de nuevo; *As God Meant It (Como Dios lo quiso),* del argentino Claudio Emilio Ferrari (The Inter.-American Art Theater, Miami), con un propósito de crítica social, de que el que nace pobre no puede salir de esa condición por más que quiera; *El acompañante,* de Isaac Chocrón (Consejo Nacional de Cultura Nacional de Teatro, Venezuela), una pieza con notas absurdistas que se puede catalogar dentro del teatro de la crueldad; *Guanahaní, el sueño de Colón,* de Roberto Espina (Neoteatro, Chile), que presenta las alucinaciones de un demente que cree ser el Descubridor de América, aun cuando le dan de alta; *Tres buenos compañeros,* de Roberto Cossa (Compañía Nacional de Teatro, Costa Rica), el drama de tres hombres que han de decidir cuál debe ser el que pierda el trabajo, puesto que el jefe les ha dejado esa opción para hacer el reajuste económico necesario; *Café con leche,* de Gloria González (Repertorio Español, Nueva York), comedia que no llega a dar ningún mensaje, y *Vinagre de Jerez,* de Juan Macandé (La Zaranda, España), la historia de tres marginados, ilusos, que sueñan con alcanzar lo que sus condiciones físicas hacen imposible. La pieza de teatro para niños fue *Los tres cerditos y el lobo carnicero,* de René Ariza (Teatro Avante), muy bien presentada. La otra novedad fueron dos espectáculos de danza y otro musical. Uno de los de danza fue *Poema del amor oscuro*, en el que el coreógrafo Pedro Pablo Peña hizo que los bailarines interpretaran personajes de algunas de las obras de Lorca, pero incorporando sus propios sentimientos, y el otro, *Ciudad sin sueño*, estaba basado en la pieza de Lorca *Poeta en Nueva York*, todo actuado por Creation Ballet Company de Nueva York. El espectáculo musical, con el título *Música Maya Contemporánea*, era efectivamente de música moderna para instrumentos indígenas y electrónicos, tomando de melodías originales de los indios de Guatemala, sin perder su prístina simpleza y gracia, interpretado por el Grupo Terracota de Guatemala. El Premio 'Una Vida de Dedicación a las Artes' se le otorgó a la directora, productora y diseñadora cubana María Julia Casanova (Escarpanter, 1992, y González-Cruz, 1991).

Una Beca Fulbright le permitió a Carlos Morton organizar por primera vez el festival On the Border/Between Bridges, en el que participaron cinco grupos chicanos y dos mexicanos con el objeto de unir dos tradiciones teatrales que tienen en común el lenguaje, la cultura y el espíritu, pero están separadas por la manera de vivir y las fronteras territoriales. El mismo tuvo lugar en la Universidad de California en Riverside, del 10 al 14 de julio de 1991, y contó para ello con la colaboración muy eficaz de Eduardo Rodríguez Solís, que coordinó la participación mexicana. La idea estaba basada en que este intercambio cultural se produjera cada año en un lugar distinto de la frontera, desde California hasta Texas. En la apertura se presentó el espectáculo de danza, mímica y poesía *Impressions of the Border (Impresiones del borde)* (Máscara Mágica de San Diego, Southwestern College), con temas chicanos contemporáneos y un subyacente tono didáctico; le siguieron una serie de viñetas cómicas escenificadas por un trío de Berkeley que se hace llamar *The Chicano Secret Service (El Servicio Secreto Chicano)* y estas presentaciones: *Brindis to Love (Brindis al Amor),* de Carlos García, una versión chicana de la pieza corta de Chéjhov *Una proposición matrimonial*; un unipersonal bilingüe titulado, *A Woman's Work (Trabajo de una mujer)* (Ruby Nelda Pérez); *El Primero,* de Israel Horovitz (Punto y Coma, San Diego, California), una pieza absurdista, y finalmente, por los grupos teatrales de México, *Juegos profanos,* de Carlos Olmos, y *La hora de las locas,* de Pablo Salinas, presente en el festival (Daniel, 1991).

El VII Festival de Teatro de Miami tuvo lugar del 12 al 28 de junio de 1992 con la participación de quince grupos teatrales, de los cuales once vinieron del extranjero. A partir de este año se empezó a celebrar en el festival el Día Internacional del Niño. La temporada abrió con *El extravío,* de Julio Matas (Teatro Avante), un drama de ambiente cubano, inspirado en la leyenda griega del Minotauro; entre las otras que siguieron se cuentan: *Adiós, Ayacucho* (Grupo Yuyachkani, Perú), adaptación dramática de un cuento de Julio Ortega, hecha por Miguel Rubio; *Perdonen la tristeza* (La Zaranda, de Jerez de la Frontera, España), creación colectiva sobre la desaparición final de un teatro; *El juego que todos jugamos,* de Alejandro Jodorowsky (Teatro Producciones Candilejas, Guatemala), con un mensaje positivo de mejoramiento personal y la participación de quien quiera subir a escena, del público; *La carreta,* de René Marqués (Teatro Rodante Puertorriqueño, Nueva York); *Yo madre, yo hija,* de Brígida Alexander (Teatro de Las Américas, México); *Sabina y Lucrecia,* de Alberto Adellach, pieza concebida dentro de los parámetros del antiteatro, y *La hora menguada,* de César Rojas, presentadas la dos por Prometeo de Miami-Dade Community College, adaptación de un cuento de Rómulo Gallegos; y *Patio interior,* de José Ignacio Cabrera (Taller del Garabato, Miami, Florida). Dos obras de García Lorca fueron montadas por compañías extranjeras, con gran libertad de interpretación y profesionalismo: una, bajo el título *Ahora somos dos* (Teatro Podol, Kiev, Ucrania), se basó en *La zapatera prodigiosa* y *Amor de don Perlimplín con Belisa en su jardín,* en versión rusa, y la otra (Teatro do Ornitorrinco, Brasil) siguió el texto de *La zapatera prodigiosa,* pero le añadió novedades y caprichos. Muy original fue el acto de pantomima titulado *Gramasque,* de la argentina Graciela Binaghi, discípula de Marcel Marceau, en el que puso de relieve la meticulosidad con la que prepara sus criaturas teatrales. El espectáculo de danza moderna, *Los obscenos,* estuvo a cargo esta vez de Danza Losdenmedium de Costa Rica, con una enorme plasticidad artística y habilidad acrobática. Como función para niños se presentó *Espíritu. Viaje al recuerdo,* de Jesús Roche (Teatro Arca, Barcelona), con el tema de un fantasmita amnésico que quiere construirse un pasado y una nueva existencia. A las representaciones se añadieron sesiones educativas, discusiones críticas, talleres y presentaciones de profesores, críticos y teatristas. El Premio 'Una Vida de Dedicación a las Artes' se le concedió al director cubano Andrés Castro (González-Cruz, 1992).

El VIII Festival de Teatro Hispano en Miami se celebró del 10 al 27 de junio de 1993 con la participación de trece conjuntos teatrales, de los cuales solo tres eran locales, otro vino de Puerto Rico y los demás del extranjero: uno de España y cuatro de Iberoamérica (Argentina, Brasil, Colombia, Costa Rica, Chile, México y Perú). Se presentaron las siguientes piezas: *De las consecuencias del mucho leer,* de Héctor Noguera (Teatro Camino de Santiago, Chile), inspirada en Don Quijote; *Tudo de uma vez,* de María Alice Vergueiro y Cacá Rosset (Teatro do Ornitorrinco, Brasil), versión del monodrama de Jean Cocteau, *El bello indiferente; Pinocchio,* creación colectiva del Conjunto La Troppa de Chile; *Imaginerías,* de Enrique Vargas (Saltamiedos, Colombia); *Tango varsoviano,* de Alberto Félix Alberto (Teatro del Sur, Argentina), con un tema de barrio arrabalero; *El otro exilio,* de Paulino y Rosa Sabugal (Taller del Sótano, México), inspirada en la vida y obra de Albert Camus; *Este país... ¡no existe! O La conjuración del guayacán,* de Myrna Casas (Producciones Cisne, Puerto Rico), y *Los melindres de Belisa,* de Lope de Vega (Micomicón, España). Los conjuntos locales presentaron: *Los tres cerditos...,* el musical de Edwin Pabellón (Cami, Miami), espectáculo infantil que se empezó a ofrecer gratis a todos los niños asistentes y sus acompañantes; *Ojos para no ver,* de Matías Montes Huidobro (Prometeo, Miami) y *Tres tazas de trigo,* de Salvador Lemis (Teatro Avante). También hubo un espectáculo de danza, *Cavillaca,* con Luciana Proano, presentado por Aceituna Albina de Perú, y dos programas unipersonales: *La historia de Ixquic* y *Memorias del ombligo del mundo* (Teatro Quetzal, Costa Rica), interpretados ambos por Rubén Pagura y con la participación de J. F. Cerdas en el segundo. El Premio 'Una Vida de Dedicación a las Artes' se concedió al actor, director y educador argentino Alejandro Boero (Escarpanter, 1993).

El Teatro Pregones produjo del 7 al 18 de julio de 1993 su Segundo Festival Bienal de Teatro con la colaboración de INTAR, Hispanic American Arts Center (Centro de Artes Hispanoamericanas), Repertorio Español y el Puerto Rican Traveling Theater (Teatro Rodante Puertorriqueño). El festival abrió con *El último rosario de Medea,* adaptación de un poema del puertorriqueño José Manuel Torres Santiago, hecha por el propio autor. Le siguió una actuación unipersonal de Ofelia Medina en la que esta mezcló sus propios textos con los de la gran poetisa Sor Juana Inés de la Cruz. Bajo el título de *Historias,* se presentó una actuación multidisciplinaria con la intervención coreográfica de danza, trozos de documentales fílmicos y declamación narrativa que resultó muy original. De Perú llegó como creación colectiva un dueto basado en una canción muy popular en cierta época de la historia peruana, de título *No me toques ese vals.* El Grupo Rasgos de Nueva York presentó *Ya viene Pancho Villa,* basado en la historia de la Revolución mexicana de 1910. Usando la técnica circense de mucho movimiento y multiplicidad de personajes, hubo dos espectáculos, uno procedente del oeste y otro de Puerto Rico. Otro unipersonal escrito y actuado por Ruby Nelda Pérez fue *A Woman's Work (El trabajo de una mujer).* De la República Dominicana se presentó *La fábula de los cinco caminantes,* de Iván García, y de Denver, Colorado, *Ludlow: El grito de las minas,* de Anthony J. García. El festival se cerró con un espectáculo musical de inspiración mexicana llamado *Bohemiada* y una lectura dramatizada de Perla marina: homenaje en un acto del cubano Abilio Estévez (Falquez-Certain, 1993).

En el IX Festival de Teatro Hispano de Miami, en 1994, tuvo gran relevancia el programa educativo que coauspició el Miami-Dade College, especialmente el simposio de dos días en el que, bajo el lema 'Diferencias entre nosotros', se trató el tema de los hispanos y el teatro en los Estados Unidos y se intentó establecer las peculiaridades de los tres grupos hispanos mayoritarios en este país: cubanos, puertorriqueños y chicanos. Hubo además talleres, seminarios y foros después de las presentaciones. Estas fueron: *Mirando al tendido,* de Rodolfo Santana (Teatro Avante, Coral Gables, Florida); *At the Limit,* de Norma Lillia (Trupe 108, Brasil); *Una larga primavera,* de Edith Cabrera (Cami, Miami, Florida); *Señoras,* de José Simón Escalona (Fundación Cultural José Ángel Lamas); *El viejo criado,* de Roberto Cossa (Comedia Cordobesa, Argentina); *Noche cadabra,* de Ishtar Yasin (Teatro Ámbar, Costa Rica); *El olor del popcorn,* de José Luis Ramos Escobar (El Roble Escénico, Puerto Rico); *La noche de los asesinos,* de José Triana (Teatro Aquelarre, Colombia); *¡Ay, Carmela!,* de José Sanchis Sinisterra (Institución Teatral el Galpón, Uruguay; era la primera vez que concurría Uruguay), y *Lo que cala son los filos,* de Mauricio Jiménez (Producciones El Pecado, México). El Día Internacional del Niño se celebró con *Un tesoro en el bolsillo,* de Enkarni Genua (Txotxongillo, España) y *Fando and Lis,* de Fernando Arrabal (Prometeo, Miami, Florida), gratis para niños y adultos. El Premio 'Una Vida de Dedicación a las Artes' se le concedió al dramaturgo venezolano Isaac Chocrón.

La Universidad de Cincinnati, Ohio, patrocinó en 1994 un simposio/festival sobre las mujeres 'latinas' de los Estados Unidos dedicadas al teatro. El mismo se desarrolló con el título de 'Un escenario propio', del 5 al 8 de octubre. Como se indicaba, en el mismo hubo paneles sobre diversos temas, con ponencias académicas, así como mesas redondas con la participación de las escritoras invitadas. Las actividades referentes al simposio se efectuaron en el Hotel Westin en Cincinnati y las representaciones teatrales en The Carnegie Theater en Covington, Kentucky. Las piezas presentadas fueron: *Jardín de otoño (Autumn Garden),* de Diana Raznovich (Argentina), sobre el efecto de la televisión en tres personajes que han perdido su capacidad para lidiar con la realidad; *Tres idiotas españolas,* de Lidia Falcón (España), en tres cuadros en los que se presentan tres mitos femeninos; *Suburban News (Noticias del suburbio),* de Nora Glickman (Nueva York); *The Agony of Ecstasy (La agonía del éxtasis o El suplicio del placer),* de Sabina Berman (México), en versión inglesa; *Solas en la madriguera,* de Cristina Escofet (Argentina), un unipersonal en el que se revisa y cuestiona lo que significa ser mujer; *Retratos y Retalhos,* una reunión de textos de quince autoras, presentados en cuadros sobre las distintas etapas en la vida de una mujer, recogidos por María Pompeu (Brasil); *Helénicas,* poemas para el público, de Margarita Borja (España); *Antígona furiosa,* de Griselda Gambaro (Argentina), una reinterpretación del mito; *La llamada de Lauren,* de Paloma Pedrero (España), con el tema del travestismo; *Enigma de una mujer,* de Aleyda Morales (Puerto Rico), un monólogo en el que se intenta presentar al ser humano desprovisto de las máscaras sociales; *Yours for the Asking (Usted también podrá disfrutar de ella),* de Ana Diosdado (España), en inglés, sobre el poder de los medios de comunicación en los seres humanos; *La madre,* de Sara Joffré (Perú); *Los volcanes,* de Estela Leñero (México), y *Mujeres del Paraguay,* de Marilyn Godoy, estas tres últimas en lecturas dramatizadas. El festival terminó con: *Si me permiten hablar,* otra recopilación de textos testimoniales de distintas figuras históricas femeninas; *Where Were You When We Needed You, Pancho Villa? (¿Dónde estabas cuando te necesitamos, Pancho Villa?),* de Silvana Wood (Tucson, Arizona); *Obsesiva condesa,* de Raquel Araujo, y *Scar,* de Caridad Svich, ambas de Los Ángeles, California (Seda y García, 1995).

El X Festival de Teatro Hispano de Miami se desarrolló entre el 1 y el 18 de junio de 1995. De los trece espectáculos presentados, uno, con el título de *Por qué cantamos* (Grupo Contrapunto, Santa Cruz de la Sierra, Bolivia), se dedicó a la música vocal y otros dos a la danza: *De los huesos de pájaro* y *El instante ceniza, no diamante*, ambos ejecutados por Mabel Dai Chee Chang de Argentina. Las representaciones teatrales fueron las siguientes: *El circo* (Serendipity, México), creación colectiva de teatro infantil; *Casting*, de Julie de Grandy (Producciones AMA, Miami), que busca alertar sobre problemas candentes del mundo actual; *Marisol*, de José Rivera (New World Rep Company, Miami), una pieza algo ambiciosa en su planteamiento; *El retablo de las maravillas*, de Cervantes (Prometeo de Miami-Dade Community College), cuya puesta en escena se complementó con una conferencia del profesor Paco Torres Monreal; *El Lazarillo de Tormes*, otro clásico (El Galpón, Uruguay); *La Chunga* de Vargas Llosa (Teatro do Ornitorrinco, Núcleo Dos, Brasil), y *Matecumbe: El vuelo de un Pedro Pan*, de Mario Ernesto Sánchez (Teatro Avante, Miami), sobre el tema de los niños cubanos que llegaron solos a los Estados Unidos, como refugiados del comunismo. En las producciones siguientes, se buscaba el predominio de los signos escénicos sobre la palabra. El Grupo Cultural Yuyachkani de Perú presentó dos espectáculos de creación colectiva: el estreno mundial de *Yuyachkani y serenata* y *No me toquen ese valse*, presentado en festivales anteriores con mucho éxito. De España llegó otro estreno mundial, el de *Obra póstuma*, de Eusebio Calonge (Teatro La Zaranda, Andalucía), y de la Argentina, *La pasajera*, de Alberto Félix Alberto, con la que se cerró el festival, con admirables efectos escénicos y un texto bastante críptico. Como se cumplía con este el décimo aniversario de este compromiso con las artes, se seleccionaron en esta ocasión cinco de los montajes más notables de años anteriores para ser presentados en INTAR en el Off-Broadway de Nueva York en fecha posterior. Los grupos invitados fueron: Compañía Do Ornitorrinco de Brasil, Teatro del Sur de Argentina, El Galpón de Uruguay, La Zaranda de España y Yuyachkani de Perú. Además, se llevó a cabo la segunda conferencia nacional 'Diferencias entre nosotros' entre especialistas residentes en la zona norte. El Premio 'Una Vida de Dedicación a las Artes' de este año le correspondió al teatrista español José Monleón (Escarpanter, 1995).

El XI Festival de Teatro Hispano en Miami, de 1996, es el que ha recibido una crítica más entusiasta de todos los celebrados, pues tanto los medios de difusión como el público en general elogiaron el trabajo de todas las compañías participantes, tanto nacionales como extranjeras, por su alta calidad artística. Por otra parte, el Miami-Dade College acogió la conferencia 'Diferencias entre nosotros', como una actividad educativa que se celebraría anualmente. La de este año se dedicó a 'La mujer y el teatro (Women in Theater)'. Las piezas presentadas fueron las siguientes: *Hazme de la noche un cuento*, de Jorge Márquez (Teatro Avante, Coral Gables, Florida); *Persona, Villalobos, Lágrima y Bull's Eyes*, de Luquini (Giovanni Luquini Company, Miami Beach, Florida); *Los muchachos del barrio*, creación colectiva (FUNDLDI, Costa Rica); *Neruda, déjame cantar por ti*, de Franklin Caicedo (Compañía Franklin Caicedo, Argentina), con poemas de Pablo Neruda; *Cosas mías*, de Pelusa Vera, Julio de la Paz y Mario Díaz; *La Celestina*, de Fernando de Rojas (Teatro Guirigay, Madrid, España); *La noche*, de Abilio Estévez (Grupo Cultural La Ma Teodora y Creation Art Center, Miami); *Aeroplanos*, de Carlos Gorostiza (Teatro Circular, Montevideo, Uruguay); *Yerma*, de Federico García Lorca (Prometeo, Miami-Dade College-Wolfson, Miami); *Actores de provincia*, de Jorge Ricci (Equipo Teatro Llanura, Santa Fe, Argentina); *Quíntuples*, de Luis Rafael Sánchez (Pregones Theater, Bronx, Nueva York); *El clásico binomio*, de Jorge Ricci y Rafael Bruza (Equipo Teatro Llanura, Argentina), y *Gertrude Stein, Alice Toklas y Pablo Picasso*, de A. Nogueira (Abufelou-se Produções e Promoções Artísticas, LTDA, Brasil). El Premio 'Una Vida de Dedicación de las Artes' se le otorgó al productor, actor y director brasileño Antonio Abujamra.

En el XII Festival, en 1997, participó la Florida Grand Opera de Miami en una pieza de ópera de María Irene Fornés y la conferencia 'Diferencias entre nosotros' se dedicó al tema: 'Influencia afro en el teatro hispano: ritual, mito e historia', y en uno de los talleres de este programa educativo se les enseñó a estudiantes de drama y a actores profesionales el método 'Susuki' de actuación. Las presentaciones fueron: *Los fantasmas de Tulemón*, de Gilberto Pinto (Teatro

Avante, Coral Gables, Florida); *Balseros,* ópera de María Irene Fornés (Florida Grand Opera, Miami-Dade C. College y South Florida Composers Alliance, Miami, Florida); *Kao,* de Paulo Atto (Compañía Teatral Avatar, Brasil); *El seductor,* de Benjamín Galemiri (Grupo el Bufón Negro, Santiago, Chile); *Amargo,* de Agustín Núñez (Centro de Investigación, Divulgación Teatral, Asunción, Paraguay), primera vez que concurría este país; *Fiesta de máscaras,* de Roberto Arlt (Prometeo, Miami-Dade C. College, Wolfson, Miami, Florida); *Romeo,* de Julio Salvatierra (Teatro Meridional, Madrid, España); *Viaje al centro de la Tierra*, creación colectiva (La Troppa, Santiago, Chile); *E-Mociones,* de Leandro Soto (Universidad de Búfalo, Centro de las Artes, Búfalo, Nueva York); *La caja,* de Hugo Hiriart (Producciones Arte Nuevo, Ciudad de México); *Bartleby, el escribiente,* de Álvaro Ángel Malmierca (Teatro del Escorpión, Montevideo, Uruguay); *Fausto,* de Raúl Sansica y Roberto Bárcena (Grupo Entramite, Córdoba, Argentina), y *Che, tanguito,* de Franklin Caicedo (Compañía Franklin Caicedo, Buenos Aires, Argentina). El Premio 'Una Vida de Dedicación a las Artes' le correspondió a la actriz, directora y educadora puertorriqueña Victoria Espinosa.

Federico García Lorca.

En 1998 se celebró por diez días consecutivos el XIII Festival de Teatro Hispano de Miami, en dos teatros, uno de Coral Gables y otro de Miami, y participaron España, Argentina, Brasil, Colombia, Honduras, México, Venezuela, República Dominicana (por primera vez) y los Estados Unidos, con dos grupos de Miami, Florida. Se dedicó a celebrar el primer centenario del nacimiento del eminente poeta y dramaturgo español Federico García Lorca. A ese efecto, en el programa educativo, con la cooperación del Centro Cultural Español, se presentó una exhibición visual y talleres de estudio sobre Lorca, además de un simposio internacional bajo el lema de 'Lorca. Vida y obra'. Entre las presentaciones, una estuvo dedicada a la danza *Tronos,* de Jimmy Ortiz (Danza Losdeenmedium, San José, Costa Rica) y otra a la música: *Alma de saxofón*, producción de Cuatro Vientos (Buenos Aires, Argentina). La apertura del festival fue con *La peregrina,* del cubano Héctor Santiago (Teatro Avante, Coral Gables, Florida), pieza que obtuvo el Premio Letras de Oro de 1995-1996; *La catedral del helado* (Teatro sin Fronteras, Tegucigalpa, Honduras), una adaptación de un cuento de Senel Paz, que sirvió de base al filme *Fresa y chocolate*, interpretados los dos papeles por un solo actor; *Fango negro,* del venezolano José Gabriel Núñez (Prometeo, Miami-Dade C. College, Florida); *Cloud Tectonics,* de José Rivera (New Theater, Coral Gables, Florida); *Pavlov: dos segundos antes del crimen,* de Gustavo Ott (Teatro San Martín de Caracas, Venezuela), una crítica a los medios de comunicación que limitan el albedrío humano; *Don Juan en Chapultepec,* de Vicente Leñero (Compañía Nacional de Teatro, México), una imaginativa elaboración de una supuesta historia de amor entre la emperatriz Carlota y el poeta José Zorrilla; *Wishky Sour,* de Chiqui Vicioso (Teatro Simarrón, Santo Domingo, República Dominicana), primera vez que este país concurre; *Coração Na Boca,* de Chico Azevedo (Ticiana Studart Produções Artísticas, Brasil); *Amor de don Perlimplín con Belisa en su jardín,* de Federico García Lorca (Teatro Espada de Madera, Madrid, España); *Calisto,* de Julio Salvatierra (Teatro Meridional, Madrid, España), un unipersonal sobre el personaje de ese nombre en *La Celestina*; *Un golpe a la tristeza,* actuado por el mimo Carlos Álvarez, de Bogotá; *Colombia*, en celebración del Día Internacional del Niño, y *La tempestad,* de Claudio Hochman (Teatro General San Martín, Buenos Aires, Argentina), una versión bastante libre del clásico de Shakespeare. El Premio 'Una Vida de Dedicación a las Artes' se le concedió a Héctor Mendoza, dramaturgo, actor, director y profesor mexicano (Escarpanter, 1998).

En 1998 tuvo lugar en Santa Fe, Nuevo México, organizado por Ángela Marino, lo que se llamó La Voz/Festival de las Américas, que incluía programas de música, danza, cine, teatro y arte en general, alegando el propósito de dar a conocer la cultura y los pueblos de Hispanoamérica. Las presentaciones teatrales fueron tres, del 12 al 21 de junio, y al final de cada una se abría un panel para discutir las distintas tendencias del teatro contemporáneo. La primera fue *Sagrado y obsceno (Sacred and obscene)* (1961), del dramaturgo y director de cine venezolano Román Chalbaud, traducida al inglés por Ángela Marino y escenificada por el grupo local Santa Fe Playhouse. La misma se desarrolla en el microcosmos de una humilde pensión, para presentar en ella, con el pretexto de un amor no admitido entre una joven católica y un estudiante marxista, la intolerancia de la religión, la imposición de las normas sociales, etc., es decir, los estereotipos que se le atribuyen a Hispanoamérica para justificar las revoluciones socialistas, especialmente después de la presencia de Castro en el panorama internacional. La segunda producción fue la farsa *El amor de don Perlimplín con Belisa en su jardín*, de García Lorca, en una interpretación a lo 'comedia del arte', a cargo del grupo estudiantil Teatro Demos de la Universidad de Cayey, en Puerto Rico, en la que las expresiones de los actores, tanto faciales como corporales, hacen posible la comunicación con el público, aunque no todos sean de habla hispana. La tercera producción, *Stuff!*, presentada por Plan B Evolving Arts, era una crítica abierta al capitalismo, bajo el tema de la sexualidad como mercancía que se vende y se compra, tratado con bastante desenfado (Milleret, 1998).

También en 1998 se presenta en Virginia y la zona metropolitana de Washington D.C. el I Festival Internacional de Teatro Hispano, patrocinado por el conocido Teatro de la Luna y sus directores, Mario Marcel y Nucky Walder. Desde ese año y hasta la fecha de hoy, se han venido llevando a escena producciones seleccionadas entre lo mejor del momento teatral de distintos países hispanoamericanos que reciben invitación para viajar a los Estados Unidos y representar sus producciones. Hasta la fecha han tenido representatividad elencos y autores de la Argentina, Colombia, Costa Rica, Chile, República Dominicana, Guatemala, México, Perú, Puerto Rico, El Salvador, Uruguay y Venezuela. Entre estos también intervienen grupos de elencos y autores hispanos del país, con la participación del propio equipo del Teatro de la Luna.

El XIV Festival de Teatro de 1999 se presentó esta vez en tres ciudades distintas: Miami, Coral Gables y Miami Beach, y contó con la colaboración de Florida Dance Association, Coconut Grove Playhouse y Miami Light Project. Entre las atracciones de este año estuvo la participación de una compañía de actores sordos que vino de España y la de otro grupo de Colombia que hizo teatro en las calles. El programa educativo incluyó foros después de las presentaciones, talleres sobre temas de teatro y selecciones de lectura de un nuevo libro de teatro. Las presentaciones fueron: *La muerte y la doncella*, de Ariel Dorfman (Teatro Avante, Coral Gables, Florida); *Alfonsina*, de Carlos Alberto Andreola (Compañía Argentina Amelia Bence, Buenos Aires, Argentina); *Lisboa 1500-O velho da horta*, de Gil Vicente (Teatro Ibérico, Lisboa, Portugal), primera vez que concurre este país; *Humboldt y Bonpland, taxidermistas*, de Ibsen Martínez (Grupo Actoral 80 y Grupo Teatral de Caracas, Venezuela); *Cuentos de hada*, de Raquel Diana (Institución Teatral El Galpón, Montevideo, Uruguay); *Gestos para nada*, de José Sanchis Sinisterra (Prometeo, Miami-Dade College, Wolfson, Miami, Florida); *Omstrab*, de Martíns, Amaral, Sodre, Lee y Laham (Núcleo Omstrab, Brasil); *Culopatía de estado*, de Rubén Pagura y Juan Fernando Cerdas (Teatro Quetzal, San José, Costa Rica); *Sleepwalkers (Sonámbulos)*, de Jorge Ignacio Cortinas (Area Stage, Miami, Florida); *La Señorita Doña Margarita*, de Roberto Athayde (Uroc Teatro, Madrid, España); *El álbum*, de Críspulo Torres B. (Teatro Tecal, Bogotá, Colombia); *El sí de las niñas*, de Leandro Fernández de Moratín; *Clown, Quijote de la Mancha*, de Miguel de Cervantes, y, finalmente, *Y por casa, ¿cómo andamos?*, de Osvaldo Dragún e Ismael Hase (Compañía Mabel Manzotti, Buenos Aires, Argentina). El Premio 'Una Vida de Dedicación a las Artes' se le entregó a la coreógrafa costarricense Mireya Barboza.

En el año 2000 el XV Festival de Teatro Hispano en Miami presentó quince producciones de diez países, dos de los cuales participaban por primera vez, Ecuador y Suiza, y se desarrolló en cuatro ciudades de la Florida: Miami, Coral Gables, Miami Beach y Key Biscayne. El programa incluyó dos estrenos mundiales, presentaciones en inglés y en español, teatro infantil bilingüe, teatro callejero y danza. El tema de la VII Conferencia Anual 'Diferencias entre nosotros' fue 'Teatro: inmigración y exilio'. En la misma se presentaron tres nuevos libros de teatro y un programa visual con videos, sobre el conocido director brasileño Antunes Filho, con traducción simultánea al inglés. Las presentaciones que se hicieron fueron: *Lila, la mariposa*, de Rolando Ferrer (Teatro Avante, Coral Gables, Florida); *Muerte súbita*, de Sabina Berman (Compañía Muerte Súbita, México); *El adiestramiento*, de Tere Mirachal (Agua, sol y sereno, San Juan, Puerto Rico); *La pérdida de mi alhama*, de Diego Casabat (Periplo, Compañía Teatral, Buenos Aires, Argentina); *The Great Confession (La gran confesión)*, de Sergio Amadeo de Cecco y Armando Chulak (The Bridge Theater, Miami, Florida); *La puerta estrecha*, de Eusebio Calonge (La Zaranda, Jerez de la Frontera, España); *Tap Dance*, de Isaac Chocrón (Grupo Teatral de Caracas, Venezuela); *El festín de las artes*, de Roberto Avendaño, *Maniobras*, de Sandra Moreno y Roberto Avendaño, y *Caballeros y dragones*, de Roberto Avendaño, presentadas las tres por Agrupación Teatral Cornisa 20, Ciudad de México; *Umbral*, de Cristina Castrillo (Teatro delle Radici, Suiza); *La valija*, de Julio Mauricio (Teatro Circular, Montevideo, Uruguay); *Oscuro total*, de Matías Montes Huidobro (Trigolabrado y Pro Teatro Cubano, Miami, Florida); *Nuestra Señora de las Nubes*, de Arístides Vargas (Grupo de Teatro Malayerba, Quito, Ecuador), y *Beso... en los ojos... en el alma... en la carne...*, de Tuca Pinheiro (Lo ATO, Brasil). El Premio 'Una Vida de Dedicación a las Artes' se le otorgó al profesor de la Universidad de Kansas George Woodyard, editor de *Latin American Theater Review* del Centro de Estudios Latinoamericanos de esa universidad.

El XVI Festival de Teatro de Miami siguió creciendo y del 1 al 17 de junio de 2001 se presentó en seis ciudades de la Florida: Miami, Coral Gables, Miami Beach, Homestead, Key Biscayne y Fort Lauderdale, y por segunda vez se llevó una extensión a Nueva York, del 20 al 30 de junio, producido por Arts International en colaboración con el Teatro Duke de Nueva York y el Teatro Avante de Miami. Las innovaciones de este año fueron varias, pero las más notables fueron tres: el *Concierto Clásico Latinoamericano* presentado por el Alauda Ensemble de México, las tres compañías de danza que participaron y hacer nueve de las quince producciones accesibles al público norteamericano, proveyendo traducciones al inglés de los diálogos, en lugares visibles. El programa educativo, copatrocinado por el Miami-Dade College, consistió en foros después de las presentaciones y talleres sobre actuación. Se presentaron las siguientes piezas: *Cenizas sobre el mar*, del colombiano José Assad (Teatro Avante y Miami-Dade College, Coral Gables, Florida), una producción espectacular en la que las luces y la música le dieron a la presentación una belleza visual extraordinaria, a pesar de que el espacio escénico se limita a una barca a la deriva con cuatro personajes; *La ciudad sitiada*, de Laila Ripoll (Micomicón, Madrid, España), de fuerte impacto puesto que trata de los efectos de una guerra, cualquier guerra; *El bolero fue mi ruina* (Teatro Pregones, Bronx, Nueva York), una unipersonal adaptación de un cuento del puertorriqueño Manuel Ramos Otero; *Nadie es profeta en su espejo*, de Jorge Díaz (Compañía Bufón Negro, Santiago, Chile), referente al aspecto político en la vida chilena; *Suandende*, de Lydia Cabrera y *Persecución*, de Reinaldo Arenas (Prometeo, Miami-Dade College, Wolfson, Miami, Florida), presentadas en secuencia, el cuento lucumí y el tercer acto de la pieza de Arenas; *Los cíngaros*, teatro acrobático y musical en zancos (Teatro Taller de Colombia, Bogotá, Colombia); *Las abarcas del tiempo*, de César Brie (Teatro de los Andes, Sucre, Bolivia), con una visión del mundo andino, dentro de un marco histórico milenario de las culturas quechua y aimara; *Jacinta. Todas las plegarias*, una combinación de teatro y danza de Susana Reyes y música de Moti Deren (Compañía Susana Reyes, Quito, Ecuador); *Melodrama*, de Felipe Miguez (Compañía DOS Atores, Brasil), basada en una rigurosa investigación sobre el género; *De monstruos y prodigios*, de Jorge Kuri (Compañía Nacional de Teatro de México, Ciudad de México), que tiene que ver con la historia de la ópera en Francia e Italia; *Sé que volverás*, de Tino Fernández (Fundación L'Explose, Bogotá, Colombia), y *Materia*, de Sergio Machado (Lumini, Compañía de Danza, Brasil). El Premio 'Una Vida de Dedicación a las Artes' le fue dado al dramaturgo colombiano Enrique Buenaventura. En la continuación del festival, en Nueva York, se repitieron tres de las presentaciones de Miami: *De monstruos, Melodrama* y *Las abarcas del tiempo*, y dos nuevas, *Nuestra Señora de las Nubes* (Grupo Malayerba, Ecuador) y

La puerta estrecha (La Zaranda, Jerez de la Frontera, España). Hubo además un encuentro académico, del 23 al 25 de junio, titulado *An Inter-American Dialogue: Corridors of Culture Through Theater (Un diálogo interamericano: Corredores de cultura a través del teatro)*, que contó con una selecta participación de expertos en la materia (Marrero, 2002).

El XVII Festival tuvo lugar del 31 de mayo al 16 de junio de 2002. Se presentó en Miami, Coral Gables, Miami Beach, Homestead y Fort Lauderdale, y tuvo una extensión en el Anfiteatro Ford de Los Ángeles, California, y en el Centro Cultural Hispánico (Hispanic Cultural Center) de Albuquerque, Nuevo México. En el programa se incluyeron tres piezas de teatro infantil además de mesas redondas sobre este tema y otras diversas sobre artes escénicas, así como exhibición de fotografías y talleres de teatro, y por primera vez participaron Nicaragua y Eslovenia. Siete de las trece producciones se hicieron accesibles al público de habla inglesa. En la primera noche se presentó una producción con el título de *Buñuel, Lorca y Dalí*, de Alfonso Plou (Teatro del Temple, Madrid, España), en la que se recreaban aspectos de la vida de estas tres figuras relevantes de las artes, a través de viñetas alusivas a distintos momentos de la juventud, madurez y vejez de los mismos. Entre las piezas que se presentaron en las noches sucesivas estaba un unipersonal de Juan Jones titulado *Sentimientos* (Compañía Juan Jones, Montevideo, Uruguay), con textos de Pirandello, Giacomo Leopardi, Shakespeare, García Lorca, Calderón y otros; *La casa de Rigoberto mira al sur* (Grupo de Teatro Justo Rufino Garay, Managua, Nicaragua), del argentino Arístides Vargas, con un definido mensaje sociopolítico anticapitalista; *Los ojos rotos* (Teatro Sombrero Verde, Santiago, Chile), adaptación de un cuento de Almudena Grandes, es una metáfora de la historia contemporánea de Chile, vista desde un plano universal; *La casa de Bernarda Alba* (Mladinsko Theater, Eslovenia), de García Lorca, en una versión muy subjetiva, fuerte y truculenta, en la que se añadían al texto de Lorca fragmentos propios del director y las actrices; *Silence, Silence, Silence,* de Vito Taufer, presentada por el mismo grupo de Eslovenia, fue un 'apasionante *ballet* de dimensiones cósmicas, con raros sonidos, voces ininteligibles, gritos enajenadores o absoluto silencio'; *Jardín de pulpos* (Grupo de Teatro Malayerba, Quito, Ecuador), de Arístides Vargas, con un gastado mensaje político, y Amanda de Giovanni Cruz (Compañía de Giovanni Cruz, Santo Domingo, República Dominicana), una creación vernácula con bailes afro-caribeños, toques de tambor y rituales vudú. El festival terminó con un 'ballet-teatro' titulado *Mira'M. Se dicen tantas cosas* (Compañía Marta Carrasco, Barcelona, España), de Marta Carrasco. Las piezas de teatro infantil que se presentaron fueron tres: *La feria de los inventos* (Teatro Avante y Miami-Dade C. College, Miami, Florida), de Raquel Carrió y William Vega, con un mensaje muy positivo sobre el conocimiento, basado en la historia de Galileo; *Farsa maravillosa del gato con botas* (Prometeo, Miami-Dade C. College) ,de Félix Lizárraga, cuyo texto pierde la finalidad didáctica del género; *Bichos do Brasil* (Pia Fraus, Brasil), con enormes marionetas representando los animales del Amazonas, y *La Farsa Quixotesca*, del mismo grupo brasileño, con infinidad de recursos técnicos para crear un ambiente de circo o teatro callejero. El Premio 'Una Vida de Dedicación a las Artes' se le otorgó al pintor chileno Claudio de Girolamano (González-Cruz, 2002).

En el XVIII Festival Internacional de Teatro, en 2003, se presentaron diez producciones en cuatro ciudades de la Florida con la usual participación de Hispanoamérica y España, de Eslovenia, que regresó, y de Japón, que concurrió por primera vez. Además, se hizo de nuevo una extensión en Los Ángeles, California, y por primera vez en Chicago, Illinois, en el Teatro Goodman. En el programa educativo se incluyeron foros, talleres sobre actuación y una mesa redonda de carácter internacional, con el tema 'Revisiting Cervantes (Volviendo a Cervantes)'. Se presentaron las siguientes piezas: *El vuelo del Quijote,* de Raquel Carrió y Lilliam Vega (Teatro Avante, Coral Gables, Florida); *Atra Bilis,* de Laila Ripio (Producciones Micomicón, Madrid, España); *Sancho Panza (Cervantes),* de Yoko Tawada (Lasenkan Theater, Japón); *Prometeo (relato del mar),* de Rodrigo García (Teatro Teloprometo, Santiago, Chile); *Matías y el aviador,* de Félix Lizárraga (Prometeo, Miami-Dade C. College, Wolfson, Miami);

Venecia, de Jorge Ácame (Presernovo Gledalisce, Eslovenia); *Defensa de Sancho Panza,* de Fernando Fernán Gómez (Plural Multimedia y Ocio, Madrid, España); *By the Hand of the Father (De la mano del Padre),* obra original con música (About Productions, Los Ángeles, California); *La Virgen triste,* de Elizabeth Mena (Galiano 108, CELCIT, Madrid, España), y *El automóvil gris,* de Enrique Rosas (Teatro de Ciertos Habitantes, Ciudad de México). El Premio 'Una Vida de Dedicación a las Artes' se le entregó a la actriz uruguaya Estela Medina.

En el XIX Festival de Teatro de Miami, en 2004, se ofrecieron nueve producciones de siete países provenientes de Hispanoamérica, España y los Estados Unidos, en cuatro ciudades de la Florida. Dentro del programa educativo se incluyó la celebración del Día Internacional del Niño, foros después de las presentaciones y una mesa redonda que, con el título de 'Teatro y Diáspora: Paradigmas del Teatro Latinoamericano', enfocó el aspecto de cómo la inmigración se refleja en el teatro. El festival se inició con la pieza *El hombre inmaculado* (Teatro Avante, Coral Gables, Florida), del cubano Ramón Ferreira, con el mensaje de que las ideologías extremas llevan a la destrucción de los que las profesan; *Fuente Ovejuna* (Compañía Ñaque, La Paz, Bolivia), de Lope de Vega, presentada como una historia relatada; *Dos hermanas* (Teatro Petra, Bogotá, Colombia), escrita y dirigida por Fabio Rubiano Orejuela, una tragedia doméstica con humor negro y algo de farsa; *Josephines's Bakery (La panadería de Josefina)* (Prometeo de Miami-Dade C. College, Wolfson, Miami, Florida), de Javier Siut y Frank Quintana, una versión actualizada y cómica de *La orquesta,* de Jean Anouilh; *Mabel (y Edgardo)* (Compañía Mabel, Buenos Aires, Argentina), de Claudia Cantero y Matías Martínez, un experimento basado en la improvisación y la ausencia de trama; *Cartas al pie de un árbol* (Mexicali a Secas, México), de Ángel Norzagaray, una poética pieza sobre los inmigrantes indocumentados y el choque de los dos mundos, y *Passport (Pasaporte)* (Teatro San Martín, Caracas, Venezuela), de Gustavo Ott. Para la celebración del Día del Niño se presentó una graciosa versión con bailes y cantos de *Pinocho* por el Grupo Prometeo de Miami-Dade C. College; además, *De viaje por Gloria Fuertes* (Teatro de Malta, España), espectáculo infantil, muy ameno, montado a partir de cuentos y poemas de Gloria Fuertes y bajo la dirección de Marta Torres, y, por último, *La feria de los inventos* (Teatro Avante, Coral Gables, Florida), de Raquel Carrió y Lilliam Vega, sobre Galileo y sus inventos. El Premio 'Una Vida de Dedicación a las Artes' lo recibió una leyenda del teatro en la República Dominicana, Rafael Villalona (González-Cruz, 2004).

Cartel del Festival Internacional de Teatro Hispano de 2004.

El XX Festival de Teatro Hispano en 2005 registró un récord de dieciocho producciones en representación de once países, de los cuales dos, Francia y Dinamarca, concurrían por primera vez. El programa educativo incluyó, como otros años, la celebración del Día Internacional del Niño, talleres de trabajo y foros después de las presentaciones, pero, además, presentó una exhibición de arte visual, 'Stained Glass for the Theater (Vidrios de colores para el teatro)', una mesa redonda de directores de teatro, la presentación de un libro y una conferencia titulada 'The Dynamics of Latino and Latin American Performing Arts Today (La dinámica de los latinos y el arte de la actuación en Latinoamérica, hoy)'. Las presentaciones

Cartel del Festival
Internacional de Teatro
Hispano de 2005.

fueron: *El filántropo,* de Virgilio Piñera, adaptado por Raquel Carrió (Teatro Avante, Coral Gables, Florida), con inclusión de algunos números musicales; *Madame Curie,* de Nidia Telles
(Compañía Nidia Telles, Montevideo, Uruguay), un unipersonal sobre la vida y obra de la
gran científica; *Falsa alarma,* de Virgilio Piñera (Prometeo, Miami-Dade C. College, Wolfson,
Miami, Florida), texto original del autor; *Canción breve para una ciudad frágil,* de Críspulo
Torres, cuatro historias de amor en distintas épocas de Bogotá, en un tono cómico, y *Domi-
tilo, el rey de la rumba*, ambas por Teatro Tecal (Bogotá, Colombia), esta última para celebrar
el Día Internacional del Niño; *Deliciosa provocación* (Teatro del Mentidero, Sevilla, España),
un monólogo tragicómico; *Contracciones* (Producciones EME, Buenos Aires, Argentina); *Intimidad* (Cuernos/Calabazitas, Ciudad de México); *Otras mujeres,* monólogo de Antonia
San Juan, y *El veneno del teatro,* de Rodolfo Sirera, las dos de Producciones Trece (Madrid, España); *Sólo para Paquita* (Groupe Zorongo, París, Francia), un monólogo sobre el abuso a la
mujer; *La tierra de Calibán* (CIACEN, Salvador, Bahía, Brasil), inspirada en *La tempestad* de
Shakespeare; *Crónicas desquiciadas,* de Indira Páez (Venevisión Internacional, Venezuela/
Miami, Florida), varios monólogos y escenas conjuntas; *Mujer gallina* (Teatro El Hijo, Santiago, Chile); *Celeste Flora,* de Juan García Larrondo (Albania, Cádiz, España), la historia de una
asesina de niñas con nombres de flores; *Aura,* de Cecilia Appleton y Rosanna Gamson (WW
/Contradanza, Los Ángeles, California), un *ballet* moderno con multitud de efectos escénicos, y *Alegría y dolor* (Insightout Co., Dinamarca), creación colectiva sobre la vida de Frida
Khalo. El Premio 'Una Vida de Dedicación a las Artes' se le otorgó a la dramaturga cubano-
americana María Irene Fornés, ganadora de siete premios Obie (González-Cruz, 2005).

En 2006, el XXI Festival Internacional de Teatro Hispano siguió su tradición de celebrar el
Día Internacional del Niño y concertar foros después de las presentaciones, para su evalua-
ción y crítica. La conferencia de este año tuvo por título: 'Current Trends in Latino and Latin
American Performing Arts (Tendencias actuales en las artes escénicas latinas y latinoamericanas)', en colaboración, como el año pasado, con el Centro de las Artes Literarias del Miami-Dade College de Florida. Las piezas presentadas fueron: *Una tempestad,* de William
Shakespeare (Teatro Avante, Coral Gables, Florida); *El hombre que vino del mar,* de Rolando
Moreno (Maroma Players y Creation Art Center, Miami, Florida); *Kuña Rekove,* de Edda de
los Ríos (La Farándula, Asunción, Paraguay); *Puck 'El Duende'* (La alegría del Amazonas),
de Antonio Vázquez Valencia (Mask! Entertainment, Bogotá, Colombia); *El cuento de René,*
de René Ariza (Prometeo, Miami-Dade C. College, Miami, Florida); *Mi madre amadísima,* de
Santiago Escalante (Teatro del Mentidero, Sevilla, España); *Casa matriz,* de Diana Raznovich
(Grupo Teatral La Máscara, Cali, Colombia); *El día que me quieras,* de José Ignacio Cabrujas (Grupo Actoral 80, Caracas, Venezuela); *Los niños de sal,* de Hernán Galindo (Producciones Hernán Galindo, Monterrey, México); *Yori Sam,* de Jon Gerdiaga (Fábrica de Teatro Imaginario, Bilbao, España), y *Picasso 1937, historia de Guernica,* de Carlos Panera (Maskarada
S.L., Bilbao, España). El Premio 'Una Vida de Dedicación a las Artes' se le concedió a la dramaturga, directora y actriz paraguaya Edda de los Ríos.

Representación de la obra
Kuña Rekove por el grupo La
Farándula de Asunción,
presentada en la apertura
del Festival Internacional de
Teatro Hispano de 2006.

Entre el 6 y el 29 de julio de 2007, se celebró el XXII Festival Internacional de Teatro Hispano en tres ciudades de la Florida: Miami, Coral Gables y Key Biscayne, y con la participación de seis países en trece producciones. El programa educativo incluyó foros después de los estrenos, talleres de teatro, una mesa redonda de directores teatrales y la conferencia anual con el mismo título del año pasado: 'Tendencias actuales en las artes escénicas latinas y latinoamericanas'. Las presentaciones fueron: *La omisión de la familia Coleman,* de Claudio Tolcachir (Timbre 4, Buenos Aires, Argentina), una situación familiar en la que se crean espacios cerrados, dentro de los espacios compartidos; *La casa de todos,* de Neher Jacqueline Briceño (Teatro Prometeo, Miami, Florida), ambientada en una peculiar pensión, las vidas de sus ocupantes quedan unidas por un extraño lazo que los arrastra a un final inesperado; *Soledad, ¿quién te acompaña?,* de María Silva (Teatro Nacional de Costa Rica, San José, Costa Rica), obra premiada en Costa Rica que trata de una mujer que regresa a su país al cabo de 20 años de ausencia y se enfrenta a sus recuerdos y sueños pasados; *The Ugly Duckling. The Little Mermaid (El patito feo y La sirenita),* de Ingrid Kristensen (Danseteater Ingrid Kristeater, Odense, Dinamarca), una interpretación de los dos cuentos de Hans Christian Andersen a través de imágenes narrativas que apelan a los sentidos; *Sobre un barco de papel,* de María Rosa Pfeiffer (Azul Teatro, Córdoba, Argentina), en la que el universo femenino se presenta en dos generaciones, madre e hija, que tratan de liberar los fantasmas interiores; *Entrañas* (Tizina Teatro, Barcelona, España), una pieza de creación colectiva de tres actores: Diego Lorca, Pako Merino y Laía Martí, y un director de escena: Stefan Metz, que se adentra en el tema universal de la guerra como fenómeno, partiendo de la experiencia personal de quienes algún día vivieron un conflicto bélico cualquiera; *¿Te acuerdas?* (Fábula, Teatro Infantil, Murcia, España), de Juan Pedro Romera; *Con las maletas hechas,* de Pepe Núñez (Vento Teatro, Florianópolis, Brasil), una comedia sin palabras en la que se abordan temas del mundo moderno y vemos cómo la falta de diálogo transforma pequeños conflictos en grandes tragedias; *Quita mitos,* de Tanya Saracho (Teatro Luna, Chicago), una graciosa comedia que cuestiona el conflicto cultural de tres mujeres mexicanas en cuanto a las complejas identidades del estereotipo de las méxico-americanas; *Dominicanish* (Ay Ombe Theater, Nueva York), un unipersonal de Josefina Báez sobre la vida de los dominicanos en la urbe neoyorquina; *La mujer,* de Antonio de Frank Quintana (Maderamen, Miami, Florida), los enredos de una mujer con su lengua y con un pasado que no se sabe si es real o falso; *¡Gaytino!,* de Dan Guerrero, un unipersonal que recorre la historia chicana y la experiencia gay del personaje, y *Yerma,* de Federico García Lorca, adaptada por Raquel Carrió (Teatro Avante, Miami, Florida), con una más amplia dimensión del personaje conocido. El Premio 'Una Vida de Dedicación a las Artes' se le otorgó a Miriam Colón Valle, fundadora y productora ejecutiva del Teatro Rodante Puertorriqueño de Nueva York.

Conclusiones

Como resultado de esta revisión de casi medio siglo de actividad del teatro iberoamericano en los Estados Unidos, se pueden establecer ciertas conclusiones, unas en cuanto a las fuerzas motrices que le dieron impulso y otras respecto a las consecuencias. Entre las primeras, el hecho de que la población hispana, que estaba centralizada en el oeste bajo la influencia mexicana, se extendiera al este por los años sesenta, con la llegada masiva del exilio cubano, fue una realidad sociológica que contribuyó a que surgieran el interés y la necesidad de aprender español. Por otra parte, la decisión de que se pusiera como requisito en los planes de estudio a nivel de la enseñanza secundaria y universitaria el aprendizaje de esta lengua hizo que en muchos de los textos de estudio se incluyeran selecciones de algunos clásicos del teatro español y del hispanoamericano, pues servían para facilitar la ampliación del vocabulario y para presentar la cultura e idiosincrasia de la civilización hispánica, según fuera el nivel de enseñanza que se tratara. Sin pretender hacer exclusiones en forma alguna, lo cierto es que la Universidad de Kansas realizó una función muy efectiva con su Centro de Estudios Latinoamericanos y su revista bianual, dirigida por el profesor George Woodyard, que empezó distribuyéndose en forma gratuita entre instituciones y personas interesadas y que recogió desde sus inicios, ininterrumpidamente, estudios críticos y de análisis del teatro hispánico y brasilero. Además, como ya se apuntó, en la mayoría de los centros universitarios se empezó a incluir cursos de teatro hispanoamericano y a propiciar su estudio en simposios y festivales.

Respecto a las consecuencias, es innegable que tanto el teatro norteamericano como el hispanoamericano han crecido juntos, pues se han influido mutuamente en cuanto a técnicas de presentación escenográficas y de interpretación principalmente; no tanto en la temática, puesto que el norteamericano mantiene más el interés en el individuo como tal, como parte integrante de un mundo cambiante que ofrece constantemente nuevos retos que hay que afrontar con los recursos individuales que cada cual tenga, en tanto que el hispanoamericano está más proyectado a la realidad social de cada país y, por lo tanto, en el teatro refleja las consecuencias de un poder opresor o clasista que los sojuzga o la nostalgia de encontrarse desprendido de sus raíces. Otra consecuencia que se puede señalar, y que es altamente positiva, es que a través del teatro ambas culturas, la norteamericana y la 'latina', se han identificado mutuamente con los problemas de cada cual, que es, indudablemente, un primer paso para empezar a comprenderse.

Notas

[1] Vid. Nicolás Kanellos, *Hispanic Theater in the United States*, Houston: Arte Público Press, 1984. Se han consultado para este trabajo, asimismo, las revistas: *Ollantay Theater Magazine, Latin American Theater Review (LATR)* y *Linden Lane Magazine*.

[2] Aztlán es la región mítica de donde, según la tradición, proceden los aztecas. Geográficamente corresponde al noroeste de México o la Alta California.

[3] Vid. el artículo de Nicolás Kanellos, 'Séptimo Festival de los Teatros Chicanos' (traducción de la autora), en *LATR* 10 (1) [1976]: 72.

[4] Para una revisión más completa de la historia de esta institución se puede consultar el trabajo de Graciela Perdomo-Galván, 'TENAZ's Sixth Seminar: Revolution? Revulsion? Evolution?', en *Ollantay Theater Magazine II* (1) [1994]: 16.

[5] 'Intensa actividad cultural en Miami', en *Diario Las Américas*, Sección Literatura y Arte, Miami, 20 de junio de 1982.

[6] 'Teatro Avante representa una verdadera fuerza de vanguardia en nuestra comunidad y, por estos esfuerzos, se ha distinguido a nivel nacional', en el artículo 'Teatro Avante. Miami, Florida', en *LATR* 23 (1) [1989]: 118.

LOS CONCIERTOS

Los conciertos hispanos
en los Estados Unidos: los cubanos

Marcos Miranda
y Norma Miranda

Los conciertos hispanos
en los Estados Unidos: los cubanos

Marcos Miranda y Norma Miranda

Una de las manifestaciones de mayor interés artístico entre los hispanos es la música y con ella las canciones de compositores que se expresan en español y que desde hace mucho tiempo han cantado sus intérpretes. En los Estados Unidos esto ha pasado desde finales del siglo XIX y, con mucha más frecuencia, ya entrado el siglo XX. Tal es el impacto de esta actividad que en los últimos años se concede un premio de gran envergadura a estos intérpretes y compositores, los Premios Grammy Latino; estos han seguido igual trayectoria que los famosos Grammy Awards, que desde principios de los setenta se empezaron a transmitir por la televisión norteamericana y que en un comienzo se llamaron Gramophon Awards, celebrados en la ciudad de Los Ángeles.

Durante la entrega de esos premios se conceden honores a diversas categorías dentro del campo de la música. Entre los reconocimientos otorgados a hispanos, desde años, figura un enorme número de compositores, cantautores e intérpretes residentes en Norteamérica que se sirven del español para comunicar su arte a la comunidad hispanohablante. Cantantes puertorriqueños, mexicano-americanos, centroamericanos y suramericanos colaboran para ofrecer espectáculos de calidad y de gran atractivo. Entre los cientos de nombres hispanos ya populares se encuentran los de Alejandro Sanz, los de Marc Anthony y Jennifer López, los de Ricky Martin y Yolandita Monge, los intérpretes de la música ranchera como Vicente Fernández y Cristian Castro, el de la desaparecida Selena, los grupos como Los Tigres del Norte y Los Lobos, los conocidos de Marco Antonio Solis, Ricardo Arjona, Elvis Crespo, Héctor Lavoe, Tego Calderón, Juan Luis Guerra, Carlos Ponce y aquellos otros que han obtenido los premios a la 'Persona del Año' como el propio Juan Luis Guerra (2007), Ricky Martin (2006), José José (2005), Carlos Santana (2004), Gilberto Gil (2003), Vicente Fernández (2002), Julio Iglesias (2001) y Emilio Estefan (2000), entre muchos otros hispanos que sobresalen y triunfan en los Estados Unidos.

El epígrafe que ofrecemos a continuación, 'Los conciertos: los cubanos', es solo una pequeña muestra de esta riquísima y variada cosecha artística que hemos esbozado arriba.

Los conciertos: los cubanos

Introducción

Después de una extensa investigación sobre los conciertos y espectáculos de cubanos en los Estados Unidos, llegamos a la conclusión de que la influencia cubana en la creación musical, letra y música, en todas sus variantes, ha sido una de las manifestaciones más importantes para el desarrollo de la lengua española en el país. Esta afirmación está avalada por la cantidad de intérpretes cubanos que, en su idioma de origen, el español, llevan más de un siglo impactando en el universo artístico y cultural de los Estados Unidos, junto a músicos norteamericanos y de otras nacionalidades que han hecho historia en la música clásica y popular de ese país.

Desde el siglo XVIII, encontramos datos que afirman que es muy posible que la primera cubana que cantó en español, en los Estados Unidos, haya sido la soprano Ana María Aguado, quien, en el año 1892, participa en veladas artísticas para recaudar fondos en la Babel de Hierro, destinados a la guerra que José Martí prepara para lograr la independencia de Cu-

847

ba. Esta soprano se presenta en 1894, en el Columbus Hall de Nueva York, con un éxito sin precedentes y llega a ocupar, durante años, la plaza de soprano solista en el coro de la iglesia neoyorquina de San Francisco Javier, posición altamente valorada en la época.

1900 - 1930

Con la llegada a Nueva York, en 1916, del gran maestro de la música cubana, el compositor, pianista y director Ernesto Lecuona, se abre un camino importante en el desarrollo de la música en español en Norteamérica. En la ciudad de los rascacielos Lecuona compone música para *ballet* y canciones, realiza las primeras grabaciones y ofrece un gran concierto en el famoso Teatro Aeolian Hall de la ciudad de los rascacielos, interpretando autores clásicos y piezas de su propia cosecha.

En 1927, Lecuona introduce la primera 'orquesta latina' en los Estados Unidos. Su repercusión en el mundo norteamericano llega a ser tan fuerte que la industria cinematográfica en Hollywood le invita a componer temas de películas. Trabaja en varios filmes, y en 1942 su canción 'Siempre en mi Corazón' es nominada para el premio Oscar, que ofrece anualmente la Academia de las Ciencias y las Artes Cinematográficas norteamericana.

1930 - 1940

Entre los años treinta y cuarenta se produce otro hito importante en el flujo de melodías hispanoamericanas en los Estados Unidos que van, como hemos dicho, desde la presencia de Lecuona hasta la llegada a Nueva York del cubano Guillermo Portabales, con su típica 'Guajira de Salón'. También el Trío Matamoros, dirigido por el músico cubano Miguel Matamoros, 'El Sonero Mayor de Cuba', desde su primera presentación en 1928, en Nueva York, hasta la última en los años noventa, ha sido una fuente importante de la música cubana en los Estados Unidos.

En 1930, otro cantante cubano deja su huella. Se trata de Antonio Machín, quien se presenta en numerosos conciertos y populariza en ese país la célebre canción 'El Manisero'. En el mundo de la música lírica también comienza a multiplicarse la presencia de artistas cubanos. A tal grado se hacen populares las canciones cubanas que el dúo compuesto por Lily Batet y Margot Blanco, formado en 1938, es escogido para cantarle al presidente estadounidense Franklin Delano Roosevelt, en la Casa Blanca, el 20 de mayo de 1939, como parte de la celebración del Aniversario del Nacimiento de la República de Cuba, en 1902.

Otra importante figura que abre el mercado norteamericano a la cultura, la música y al costumbrismo cubano es Desi Arnaz. Cantante, actor, director de orquesta y productor de televisión, Desiderio Alberto Arnaz y de la Acha llega a los Estados Unidos muy joven y se integra como músico a famosas orquestas como la de Xavier Cugat en 1937, hasta que crea la suya. Participa en el cine e incorpora la música y los ritmos cubanos en la televisión norteamericana, en el programa más popular de los Estados Unidos de todos los tiempos, *I Love Lucy*, del que es autor y protagonista junto a su esposa, la actriz norteamericana Lucille Ball, en el cual, además, mantuvo bajo contrato de la compañía productora del programa a su orquesta de música cubana en todos los capítulos de la serie, algo inusual en la época. Entre los muchos aportes de Desi a esta serie está la introducción de palabras en español en la televisión anglosajona. Su personaje recurría a su idioma materno para las expresiones más emotivas, familiarizando al gran público anglosajón con el idioma español y con la música cubana. Tito Puente, famoso músico puertorriqueño, dijo que la música 'latina' en los Estados Unidos se dividía en dos períodos: antes de Desi y después de Desi.

1940 - 1960

Es la etapa en la que alcanza su mayor fuerza la música popular cubana con la presencia de orquestas como La Sonora Matancera y Machito y su Orquesta, a quien se le une otro músico de la isla, en la dirección musical, Mario Bauzá y los cantantes Graciela y Miguelito Valdés, que traen el sonido afrocubano e incorporan el *jazz*; logran así un nuevo estilo que se materializa con la creación de la orquesta los Afro-cubans, que revoluciona la música popular y el *jazz* norteamericano. Se dice que Bauzá es el creador del *jazz* afrocubano. El cantante cubano Miguelito Valdés, radicado en Nueva York, en 1940, se convierte en el artista hispano más popular de esa época en el mundo del entretenimiento.

1960 - 1980

Otra cantante que influye notablemente en la música que se escucha en los Estados Unidos, desde su llegada a Nueva York en 1961, fue Celia Cruz, 'La Guarachera de Cuba'. Su expresión '¡Azúcar!' fue y sigue siendo sinónimo del ritmo de la música cubana actual en los Estados Unidos y en el mundo. Celia llegó a recibir una estrella en el importante paseo de la fama en Hollywood (California). Fue reconocida con cinco premios Grammy, uno de los galardones más importantes de los Estados Unidos. Se le otorgaron títulos honoris causa por tres prestigiosas universidades norteamericanas y recibió en 1994 el National Endowment for the Arts, de manos del entonces presidente William Clinton, el más alto reconocimiento que otorga el Gobierno de los Estados Unidos a un artista. Antes de su muerte en 2003, Celia Cruz ya había recibido innumerables discos de oro y platino por sus grandes éxitos en el mercado discográfico norteamericano.

Otra de las grandes figuras que marcó pauta en esa época fue la cancionera y bolerista cubana Olga Guillot, llamada 'La Reina del Bolero'. Fue la primera hispana en cantar en un concierto de gala en el Carnegie Hall de Nueva York, en 1964, y después en el Teatro Paramount, de Broadway. Ha ganado 14 discos de oro y 10 de platino. Durante sus 63 años de vida artística se ha presentado en todos los escenarios de los Estados Unidos, sobre todo en Miami. En noviembre de 2000, recibió el Premio a la Excelencia Musical de la Academia Latina de la Grabación (los Grammy Latinos). Ha mantenido la característica de cantar siempre en español, a pesar de las propuestas que le han hecho, de hacerlo en inglés, para conquistar el mercado anglosajón con su fuerza interpretativa. 'La Temperamental', como también se la conoce, siempre se negó: 'Es que yo pienso y siento en español'.

Las décadas del sesenta y setenta traen también una oleada de músicos, compositores y artistas cubanos que salen al exilio y se establecen en Nueva York, Tampa y, fundamentalmente, Miami. Comienza, por vez primera en esta última ciudad, la época de las grandes zarzuelas, cubanas y españolas y de conciertos de las figuras más reconocidas de la canción de la Cuba republicana, así como de personalidades mundialmente famosas que empiezan a crear un espacio escénico para preservar su cultura.

Muchos intentos por hacer arte en Miami se sucedieron en esas décadas, pero los más significativos en el campo de la canción y de mantener vivo el español en Norteamérica son: la Sociedad Pro Arte Grateli, creada en 1967 por Martha Pérez, Miguel de Grandy II, Pili de la Rosa y Demetrio Aguilera Menéndez, una institución que se convierte en uno de los pilares de la cultura cubana en el exilio y se mantiene en la actualidad. Más tarde, ALBA, creada en 1989 por el músico cubano Pedro Román, se da al rescate de la música y al reconocimiento de los artistas de la isla, creando el Parque Histórico de la Cultura Cubana en el exilio. ALBA abre los ojos a otros creadores hispanoamericanos, que ven un mercado que habla español en los Estados Unidos y que, en el sur de la Florida, pueden alcanzar un nuevo camino de éxito.

Otro papel importante para la realización de estos conciertos fue la creación de la Asociación de Críticos y Comentaristas de las Artes en Miami (ACCA), en 1975, por Josefina Rubio y un grupo de periodistas que le dan un vuelco cultural a la ciudad, creando un premio anual que promueve e incentiva el desarrollo de la canción, la música, la literatura, la pintura, el teatro, la televisión y la radio, con el objetivo de exaltar las artes en la población de habla hispana —más de 23 millones en esa época— y conservar las raíces 'latinas' en los Estados Unidos. Cantantes y figuras de toda Iberoamérica que hubieran trabajado en los Estados Unidos podían aspirar a la premiación en las distintas categorías, a través de nominaciones. Desafortunadamente, en 1997, después de la muerte de su fundadora, desaparece esta organización y todo lo que ella representaba después de 21 años de fecunda labor. Otros premios otorgados en Miami fueron los de la Asociación de Críticos de Norteamérica (ACRIN), creada por Ernesto y Lourdes Montaner, entregados por los editores de la prensa hispana, y el Chin de Plata, concebido por Chin Martínez, desaparecidos por similares acontecimientos.

En Nueva York, el Teatro Repertorio Español, que desde su creación en 1968 por René Buch, Gilberto Zaldívar y Robert Weber, fomenta el desarrollo cultural en idioma español, ofrece teatro, recitales, conciertos y zarzuelas con la presentación de grandes figuras teatrales de la lírica y la canción popular cubana y de otros países hispanoamericanos. El Metropolitan Opera House y el Carnegie Hall compiten ya, en esa época, con el Salón Paladium, que en 1950 abrió las puertas al son, la guaracha y a innumerables voces cubanas que impactan a la gran urbe.

Otra organización que apoya el talento hispanoamericano en Norteamérica es la Asociación de Cronistas del Espectáculo (ACE), creada en 1967 por un grupo de periodistas y corresponsales radicados en Nueva York, que premia el talento 'latino' en los Estados Unidos. La ACE, que ha contribuido a desarrollar el idioma español en la Gran Manzana, entregó sus primeros premios en el Club Sans Souci de Manhattan en mayo de 1969, bajo la dirección de Emilio García. Con el tiempo, se ha convertido en un premio internacional que añoran todos los artistas de habla hispana.

1980 - 1990

La década del ochenta, con la llegada de una nueva generación de cubanos en el 'éxodo del Mariel', y otra posterior en los años noventa, aporta un nuevo flujo de artistas cubanos al panorama musical de los Estados Unidos: Paquito D'Rivera, Israel López 'Cachao', Arturo Sandoval, Gonzalo Rubalcaba, etc., e intérpretes como: Maggie Carlés, Amaury Gutiérrez, Albita Rodríguez, Pancho Céspedes, Mirtha Medina y Annia Linares, por solo mencionar algunos, se fusionan a los pioneros que iniciaron el camino al éxito: Gloria y Emilio Estefan, Willy Chirino, Lissette, Frankie Marcos, etc., que habiendo crecido física y artísticamente en los Estados Unidos, son cultivadores exitosos de los ritmos y de la poesía que encierran sus composiciones partiendo de sus raíces. Esta unión generacional entre creadores musicales de ayer y de hoy es una muestra fehaciente de cómo ha influido la cultura musical cubana dentro de la sociedad norteamericana.

En el siglo XXI vemos que una nueva oleada de músicos, cantautores y compositores cubanos muy jóvenes recién llegados se suma a la actividad creativa junto con los cubanoamericanos, que en su búsqueda del origen de sus raíces redescubren las tradiciones de la música cubana y las fusionan a ritmos actuales como el rap, el *hip hop* y el *reggaeton*.

Miami, Nueva York y Los Ángeles se han convertido en la meca de los artistas cubanos que quieren llevar su arte al pueblo americano y a sus compatriotas. La avalancha de música hispanoamericana en los Estados Unidos, donde los cubanos fueron pioneros, ha sido tal que, en 1997, la Academia Latina de las Artes y Ciencias de la Grabación de los Estados Unidos —que ya en 2007 celebra su octava entrega de premios Grammy Latinos— creó una división para premiar a los intérpretes hispanoamericanos en los Estados Unidos.

Como hemos visto, desde el siglo XVIII hasta el presente el número de compositores, cantantes y músicos cubanos ha ido en aumento, y cada vez más tiene un peso mayor en la cultura norteamericana. Es tan extensa su participación en esta categoría artística, que consideramos este trabajo, aunque extenso, incompleto, por lo que exige una cotidiana investigación para futuras ediciones. Queda un aspecto muy interesante por desarrollar, el desarrollo de la música cubana en Tampa, Orlando y Los Ángeles.

Los artistas

Esa pléyade de artistas cubanos está integrada por una importante cantidad de cantantes de música popular y tradicional: Amaury Gutiérrez, Argelia Fragoso, Blanca Rosa Gil, Carlos Manuel Díaz Alonso ('Caíto'), Carlos Manuel, Candi Sosa, Concha Valdés Miranda, Coralia Fernández, José Antonio García ('Chamaco García'), David de Alba, Delia Díaz de Villegas, Dinorah Rivas, Donato Poveda, Elena Burke, Elsa Baeza, Flor de Loto, Franco Iglesias, Jorge Andrés Moreno ('G.Q.'), Graciela Pérez Gutiérrez, Gretell Caleiro, Guianko, Guillermo Portabales, Gustavo Rojas, Héctor Casanova, Héctor Riopelle, Ileana Cabanas, Isidro Cámara, Israel Sardiñas, Isaac Delgado, Jorge Bauer, Lena Nerio, Leonor Zamora, Lidia Rosa, Lita del Real, Lorenzo Hierrezuelo, Luis Bofill, Luis García, Luis Nadal, Francisco Guillo ('Machito'), Marcelino Guerra ('Rapinday'), Marcelino Valdés, Marisela Verena, Malena Burke, Manolín ('el médico de la salsa'), María Luisa Chorens, Marta Strada, Mercy Navarro, Miguelito Valdés, Mirtha Medina, Octavio Mendoza, Orlando Vallejo, Oscar D'Fontana, Panchito Riset, Pilar Arcos, Neiver Alberto Álvarez ('Qbanito'), Ramón Veloz, Raúl Gómez, René Cabel, Rey Ruiz, Roberto Torres, Sonia Corp, Susy Lemán, Tania Martí, Tata Ramos, Vicentico Valdés, Wilfredo Fernández, Xiomara Laugart y Yamila Guerra. Además de cantantes, son compositores: Carlos Ponce, Hanzel Enrique Martínez, Jorge Moreno, Lily Bartet, Marlem, Pedro Román y Tanya. Son pianistas, además de intérpretes: Lázaro Horta, Renee Barios, Roberto Lozano, Seve Matamoros, Soledad Delgado y Vicky Roig. José Luis Martínez, Lily Bartet y Osvaldo Rodríguez son también guitarristas.

Añádanse los cantautores Carlos Gómez Trinidad, Jorge Hernández y Mike Porcel, y los trovadores Manolo Blanco y Pedro Tamayo.

Otro grupo destacado lo integran los intérpretes del *bel canto*: las sopranos Ana Aguado de Tomás, Blanca Varela, Carolina Segrera, Caridad Suárez, Eglise Gutiérrez, Elizabeth Caballero, Estelita Santaló, Hortensia de Castroverde, María Ciérvide, Margarita Houtinner, María Teresa Carrillo, Marisa Molina, Maruchi Urquiaga, Maruja González, Maurene Colón, Virginia Alonso, Zoila Gálvez y Zoraida Marrero; las *mezzosopranos* Lola Pena y Mabel Ledo; los tenores Armando Pico, César Antonio Suárez, Jorge Pais, Manolo Álvarez Mera, Manolo Torriente, Miguel de Grandy I y Miguel de Grandy II; y los barítonos Adalberto del Campo, Bobby Jiménez, Jorge Gavira, José Le Matt y Paul Díaz.

Aparte de los solistas, también forman parte de este grupo de artistas los dúos Cabrisas Farach, Los Compadres, Las Diego, las Hermanas Márquez, los famosos Olga y Tony y Rossell y Cary; los tríos Los Cancilleres y los Hermanos Rigual; los grupos Cuarteto Habanero y el de Barbarito Diez, y la orquesta de los Hermanos Castro.

Los más destacados

A continuación aparecen fichas biográficas de las figuras más importantes que se han destacado como cantantes, tanto en la música popular como en la clásica, en los Estados Unidos, desde 1894 hasta 2007.

Annia Linares (La Habana). Comienza como actriz en la televisión cubana siendo una adolescente. En los años setenta y ochenta alcanza una meteórica posición como cantante en la esfera musical cubana. Realiza innumerables conciertos, programas de radio y televisión, grabaciones de discos y giras nacionales e internacionales. Su estilo, su potente voz y su carismática personalidad la sitúan en la cima de la popularidad a lo largo y ancho de la isla. En 1992 llega a Miami procedente de Venezuela y fija su residencia en esa ciudad.

Ana Margarita Martínez Casado (Camagüey). Cantante lírica y actriz. Descendiente de una notable familia del teatro cubano, cuya matriarca, Luisa, se remonta a mediados del siglo XIX. Es hija de Luis Manuel y sobrina del tenor lírico y actor Mario. En los años cincuenta y sesenta trabaja para la televisión cubana y el teatro lírico. Interviene en las temporadas de ópera de la Sociedad Pro Arte Musical. Estrena en Cuba las óperas *Ahmal y los visitantes nocturnos* y *Sor Angélica y Angélique*. En los años sesenta se radica en México, donde continúa su carrera en teatro, radio y televisión, compartiendo papeles con figuras como María Félix, David Reynoso y Cantinflas. Se traslada a Miami en 1970 y trabaja en musicales y en las zarzuelas *El Rey y yo, Luisa Fernanda, Cecilia Valdés* y otras. Durante cinco años es una de las protagonistas de *¿Qué pasa, USA?*, por el cual obtiene un premio Emmy. En 1981 viaja a Nueva York. Allí trabaja desde hace más de veinte años en el Teatro Repertorio Español.

Angelita Castany (La Habana). Debuta en el Teatro Encanto de Sagua La Grande (Las Villas), a la edad de tres años, como actriz en la compañía del maestro Ernesto Lecuona. Realiza innumerables giras por Cuba, con la compañía de su padre, 'El Gallego Castany', y con la empresa de Enrique Arredondo. En La Habana trabaja en cabarés, teatros, radio y televisión. En 1960 sale de Cuba contratada por el Terraza Casino, de México, con el espectáculo de pachanga *Cha de Mitsuco y Roberto*, y desde esa época hasta la actualidad realiza una extraordinaria carrera artística. Trabaja con los grandes del cine mexicano en los filmes *Por mis pistolas, El matrimonio como el demonio, Espérame en Siberia* y *El futbolista Fenómemo*. Actualmente se encuentra activa en los teatros de México.

Antonio Machín.

Antonio Machín (Sagua La Grande). Fallecido en 1977. De padre gallego y madre afrocubana, comienza a cantar en su pueblo y parte para La Habana, donde logra situarse en la orquesta de Aspiazu, en el exclusivo Casino Nacional, siendo en su época el primer cantante negro en alcanzar esa posición. Sale de gira hacia Nueva York en 1930, donde obtiene un rotundo éxito con su versión de 'El Manisero'. Crea su propio cuarteto, con el que graba más de 150 discos a finales de 1935, y parte hacia París, dejando cimentado el ritmo cubano en Nueva York. Triunfa plenamente en la capital francesa y huyendo de la Segunda Guerra Mundial se establece en España, donde fue un ídolo hasta su muerte.

Albita Rodríguez (La Habana). Comienza su carrera artística a muy temprana edad, junto a sus padres, ambos cultivadores de la tonada campesina. Siendo muy joven se hace notar por su aporte a la renovación de la música tradicional cubana, componiendo y cantando con aires muy personales. En 1990 se traslada a Colombia, donde se radica por tres años. Allí consolida la mezcla y fusión de ritmos, manteniendo sus raíces. En 1993 llega a Miami y se presenta en un conocido rincón bohemio donde conoce a Emilio Estefan, quien la firma en exclusiva. Viaja por Europa, Malasia, Australia, África e Hispanoamérica. Todos los discos que ha realizado en los Estados Unidos han sido nominados para los premios Grammy. En 2004 crea su propio sello disquero, Angels Dawn Records, y produce el CD *Albita Llegó*, que gana dos Grammy en la categoría Tropical Contemporáneo, como cantante y productora.

Blanquita Amaro (La Habana). Fallecida en 2007. Comienza su carrera a los nueve años, cuando gana un concurso de canto en el Teatro Payret de La Habana. Posteriormente alcanza gran fama como rumbera, llegando a protagonizar 23 películas realizadas en Cuba, México, España y Argentina. Presenta durante 28 años sus conciertos: Cuba, Canta y Baila, dirigidos por su hija Idania y producidos por su nieto Manolo del Cañal, en el Miami-Dade County Auditorium.

José Jacinto Villa Fernández ('Bola de Nieve') (Guanabacoa). Fallecido en 1971. Pianista, compositor e intérprete. Posiblemente se trata de uno de los fenómenos musicales más notables que ha dado Cuba. Se matricula en el Conservatorio Mateu a los 8 años de edad. En 1927 pretende lograr un doctorado en Pedagogía y Filosofía y Letras, cuando se matricula en la Escuela Normal para Maestros, pero la crisis económica que padece el país le hace cambiar de idea y dedicarse a la música para subsistir. Su primer contrato como profesional es con la banda de Gilberto Valdés, que toca en el centro nocturno La Verbena, en Marianao. En 1933, en lo que hoy sería una 'audición', en el bar Biltmore, del Hotel Sevilla, Rita Montaner lo ve y queda impresionada, y lo contrata más tarde como pianista acompañante, en la Ciudad de México. El éxito en la capital azteca fue apoteósico, a tal extremo de que, a pesar de que Rita regresa a Cuba, él continúa tocando en varios teatros de la capital. En el Teatro Máximo conoce al maestro Ernesto Lecuona, quien se hace asiduo a sus presentaciones.

Convencido por Lecuona, regresa a La Habana para ofrecer al público cubano su arte y se presenta en el Teatro Principal con el maestro; sus temas son: 'El Cabildo de María la O' y 'Como arrullo de Palmas'. Tiene su propio espacio radial, *El Gran Show de Bola de Nieve*, en la cadena CMQ. Viaja por toda Hispanoamérica, Europa y Asia. Comparte escenario con grandes estrellas del espectáculo. Su trabajo discográfico recoge varios LP y aún en 2000 su música y su voz continúan reeditándose con gran calidad, gracias al avance tecnológico de la industria. Los temas de su autoría 'Mamá Inés' y 'Drume Negrita' dan la vuelta al mundo. En medio de los muchos viajes que hace a México acompaña a su amiga Rita Montaner a los Estados Unidos y, entre otros, al famoso cantante Pedro Vargas, luego de presentarse en el Carnegie Hall de Nueva York, donde los aplausos le hacen salir nueve veces al escenario a saludar al público que lo ovacionaba delirantemente. Se presenta en el Café Society, donde Paul Robenson lo escucha y sale a cantarle. Participa en dos películas argentinas y en 1947, de regreso a los Estados Unidos, se presenta en Filadelfia, en septiembre de 1948, donde cosecha ovaciones de un público que lo consagra como suyo.

Carlos Oliva ('Sancti Spiritus'). Cantante, músico, compositor, productor y director de la orquesta Los Sobrinos del Juez. Siendo muy niño demuestra sus aptitudes musicales. Sale de Cuba en 1961, vía Colombia, para, posteriormente, radicarse en Miami. Forma un trío que comienza a actuar en el Hotel Sands de Miami Beach y se relaciona con el compositor y músico Julio Gutiérrez, y con él y otros talentos más se marcha a Nueva York. En 1967 forma el trío Los Sobrinos del Juez, que resulta un éxito y se convierte en la orquesta del mismo nombre. Es uno de los músicos iniciadores del movimiento donde se fusionan distintos ritmos que llegan a concretarse en lo que hoy se conoce como 'el ritmo de Miami'. Es ganador de varios premios, entre los que se destaca el preciado Emmy Award.

Celia Cruz (Úrsula Hilaria Celia Caridad Cruz Alfonso, La Habana). Fallecida en 2003. A pesar de comenzar en Cuba como cantante, pasa la mayor parte de su carrera trabajando en los Estados Unidos. Es la cantante cubana e hispanoamericana más exitosa del siglo XX, conocida en todo el mundo por su calidad y por su emblemática frase '¡Azúcar!', símbolo de su filosofía ante la vida y su amor por su tierra natal. Su inicio profesional comienza cuando, en 1948, Roderico Neyra (Rodney) funda el grupo Las Mulatas de Fuego.

Celia Cruz.

Celia es contratada junto a este grupo de bailarinas como cantante. Tanto es el éxito que llega a viajar a Venezuela en 1949. Allí graba con Sonora Caracas varios temas. En la década del cincuenta comienza a darse a conocer, grabando con la Sonora Matancera, hasta que en 1960 firma un contrato que se prolonga por quince años. En 1961 viaja con la orquesta a los Estados Unidos, procedentes de México, y se presentan en el Palladium Ballroom, en la ciudad de Nueva York. En 1973, encabeza, junto al pianista Larry Harlow, un concierto de música afrocubana en el Carnegie Hall de Nueva York. Allí Celia Cruz interpreta 'Gracia Divina', su primera canción del género salsa. En los años ochenta ofrece múltiples presentaciones en Hispanoamérica.

En 1989, gana su primer Premio Grammy y es invitada a celebrar los 65 años de la Sonora Matancera en el Central Park de Nueva York. También participa en el homenaje que se le hace a Lola Flores, 'La Faraona', en Miami. Ese año, el 25 de octubre, la ciudad de San Francisco declara ese día oficialmente dedicado a Celia Cruz. Recibe una estrella en el paseo de la fama en Hollywood, cinco premios Grammy, doctorados honoris causa de tres universidades norteamericanas, así como, en 1994, el National Endowment for the Arts, de manos del entonces presidente William Clinton, el más alto reconocimiento que otorga el Gobierno de los Estados Unidos a un artista. Multitud de discos de oro y platino, una carrera en la que graba más de 80 discos, acompañada en muchas de sus actuaciones por los más grandes cantantes de su tiempo, incluidos los de habla no hispana, son muestra del enorme reconocimiento internacional que recibe Celia Cruz, justamente llamada 'La reina de la salsa'.

Celia Cruz viaja por primera vez a Nueva York para recibir un disco de oro por las ventas del sello Seeco y recibe su primer disco en el Teatro Puerto Rico de la ciudad de Nueva York, con su tema 'Burundanga' (1957). Se presenta en el Teatro Puerto Rico de Nueva York, junto a Armando Manzanero y Lucho Gatica, con un lleno total el 6 de abril de 1960. Viaja con la Sonora Matancera a los Estados Unidos, donde comienza a cantar sin la Sonora Matancera en el Palladium Ballroom de la ciudad de Nueva York en 1961.

Más tarde, vuelve a integrarse a la Sonora Matancera y son contratados por Guillermo Arenas. Se separa de la Sonora Matancera después de 15 años de éxitos. En 1962 es invitada por Larry Harlow, pianista judío de la Fania, para que participe en la ópera 'latina' *Hommy*, en la cual canta una versión del tema 'Gracia Divina', como su primera canción de salsa, en un concierto de música afrocubana en el Carnegie Hall de Nueva York en 1973.

Posteriormente, participa en un legendario concierto grabado en vivo en el Yanquee Stadium con The Fania All-Stars, considerado el primer clásico del género, al lado de Pacheco, Barreto, Roena, Harlow, Lavoe, 'El Conde', Cheo, Miranda y Justo. Celia canta el tema 'Bemba Colorá', el cual causa un impacto impresionante en todo el público hispanoamericano. Se produce una película titulada *Salsa*; de esa producción cinematográfica se grabaron dos discos de larga duración. Fania All Stars realiza una extraordinaria grabación, en un hecho sin precedentes. La Reina Celia Cruz, al lado del Sonero Mayor, Ismael Rivera, canta en vivo el tema 'Cucala', ante una multitud enloquecida de alegría.

Celia Cruz, en 1978, interpreta nuevamente su estelar tema 'Bemba Colorá', esta vez con la Sonora Matancera, ante una gran multitud, en un homenaje en el Madison Square Garden, acompañada de todos aquellos que estuvieron a su lado siempre y también artistas invitados.

Es invitada para celebrar los 65 años de la Sonora Matancera en Nueva York, en un espectáculo histórico realizado inicialmente el día 1 de junio en el Carnegie Hall y luego el día 3 en el Parque Central, al lado de los desaparecidos Daniel Santos, Bobby Capó, Albertico Pérez, Carlos Argentino, Leo Marini, Albert Beltrán, Rogelio Martínez, 'Caíto', Yayo 'el Indio', 'Papaíto' y Vicentico Valdés. También participaron Calixto Leicea, Javier Vásquez, Welfo Gutiérrez, Roberto Torres, Alberto Valdés, Elpidio Vásquez y Joe Quijano, como director musical, entre otros, en 1989.

Participa en la película *Los Reyes del Mambo*, cantando en inglés. En este mismo año, 1991, canta a dúo con el cantante español Dyango, en el disco titulado *Corazón del Bolero*. Participa en el Homenaje a Lola Flores, 'La Faraona', en Miami, en 2002.

La cadena Telemundo transmite el especial *Celia Cruz: Azúcar* desde el Teatro Jackie Gleason de Miami. Es el tributo a la trayectoria artística de la popular 'Reina de la Salsa'.

El miércoles 2 de abril Celia canta en el Teatro Repertorio Español (TRE) de Manhattan; interpreta 'La Vida es un Carnaval', 'La Negra tiene Tumbao' y 'Bemba Colorá'. Ese mismo año fallece.

Entre sus premios y reconocimientos más importantes están los siguientes: Grammy por el disco que grabó con Ray Barreto (1989). En el Hall de la Fama de Hollywood tiene el número 12 de los artistas 'latinos' (1987). Recibe el doctorado honoris causa de la Universidad de Yale (1989). Recibe una nueva estrella en el Boulevard de la calle 8 en Miami (1990). Grammy a la mejor artista 'latina' (1990). Doctorado honoris causa de la Universidad Internacional de la Florida (1992). Acompaña a Johnny Ventura en la celebración de su 35 Aniversario (1992). Doctorado honoris causa de la Universidad de Miami (1999). Grammy por su álbum *Celia and Friends* (ese mismo año, Tito Puente fallece, víctima de un infarto) (2000). Grammy por su disco *Siempre Viviré* (2001). Grammy (el quinto recibido) por su trabajo *La negra tiene tumbao*, una producción musical del año 2002.

Desi Arnaz (Desiderio Alberto Arnaz y de Acha, Santiago de Cuba). Fallecido en 1986. Cantante, actor, director de orquesta, productor de televisión. Llega a los 16 años a los Estados Unidos, con sus conocimientos de música cubana. Pronto comienza como guitarrista con el Sexteto Siboney, sigue con Xavier Cugat en 1937, introduce la conga al público anglosajón y forma su propia orquesta en 1939, y protagoniza en Broadway el musical *Too Many Girls*. De Broadway salta a Hollywood para la versión cinematográfica de la obra y se casa en 1940 con la gran comediante Lucille Ball, con la que tiene dos hijos (Lucie, actriz y cantante; y Desi, músico). En 1949, con CBS, crea el programa más popular de la televisión norteamericana de todos los tiempos: *I Love Lucy*, en el que la única concesión personal que se permite es mantener su orquesta en la serie. En 1950 funda sus propios estudios de televisión, Desilú. Entre los muchos aportes de Desi, a través de su personaje en *I Love Lucy*, está la introducción de palabras en español en la televisión anglosajona. Su personaje recurre a su idioma materno para las expresiones más emotivas y familiariza al gran público con nuestra lengua y nuestra música, algo que no es ajeno a la carrera anterior de Desi. Tito Puente dijo que la música 'latina' en los Estados Unidos se divide en dos períodos: antes de Desi y después de Desi. Escribe sus memorias en un libro titulado *A Book*, que rápidamente logra integrar la lista de los más vendidos. Tiene el honor de ser el primer Rey del Carnaval de la Calle 8 de Miami. Desi Arnaz nunca escondió su origen étnico en unos años muy difíciles en los cuales los artistas hispanoamericanos eran poco reconocidos y respetados en Hollywood. Además, mantiene el orgullo de ser cubano, demostrando al mundo que su fuerte acento hispano al hablar inglés no era un impedimento para triunfar, por eso es el que más inspira a todos los hispanoamericanos a que lo sigan.

Gloria Estefan (Gloria María Fajardo, La Habana). A los 16 meses de edad Gloria y su familia llegan exiliados a Miami y se incorporan a una nueva vida. Siendo apenas una adolescente comienza a interesarse por la música, aunque en sus inicios no lo hace precisamente con los temas 'latinos'. En la década del setenta se gradúa de la Escuela Secundaria y años más tarde lo hace en psicología y comunicación y se vincula a una banda de jóvenes que tocaban temas en español, con lo que nace así su interés por la música de sus raíces; posteriormente, Emilio la escucha cantar en una reunión social y la contrata junto a su prima Mercy para su banda Los Latin Boy's. En 1978 la pareja contrae matrimonio y surge Miami Sound Machine, y comienza a grabar los primeros temas en español e inglés: 'MSM', 'Otra vez', 'Río' y 'A toda máquina'. A partir de 1981 viajan por Centroamérica y Suramérica y alcanzan un

Gloria Estefan.

gran éxito. Con *Mi tierra* (1993) obtiene el Premio Grammy y el reconocimiento de todos los hispanos dentro y fuera de los Estados Unidos. Con *Abriendo puertas* gana su segundo Grammy. Ha recibido, junto a su esposo, Emilio Estefan, innumerables premios y reconocimientos al más alto nivel nacional e internacional. Es una de las intérpretes cubanas más conocidas en el mundo entero. Con su última producción discográfica, *90 Millas*, realiza giras promocionales ofreciendo conciertos en toda la Unión Americana. Ha dado conciertos multitudinarios por América Latina, Europa y Asia, coronados siempre por el éxito y presentados en los Estados Unidos para el disfrute de su público.

Hortensia Coalla (Hortensia Verónica Coalla Ravaeiro, La Habana). Fallecida en 2000. Crece en el seno de una familia amante de la música. Su madre toca el piano y canta (soprano), y su tío toca el violín. Es en medio de una reunión familiar cuando descubren el talento de la niña para la música y comienza a estudiar posteriormente en la Academia Municipal, de la que son directores el maestro Modesto Fraga y Gonzalo Roig. Allí estudia y es descubierta por Ernesto Lecuona, a los 16 años. Debuta profesionalmente el 22 de marzo de 1929, en el Teatro Regina, interpretando el papel de la niña Luisa, acompañada del tenor Miguel de Grandy, en la obra de Lecuona, en colaboración con Eliseo Grenet, *Niña Rita*. Sus compañeros de reparto son María Ruiz (Niña Rita), Miguel de Grandy (Niño Julio), Cándita Quintana (José Rosario), Mimí Cal (Tomasa), Julita Muñoz, Luisa Obregón (Doña Mercedes) y Mario Martínez Casado. Más tarde, estrena *El batey* y *La flor del sitio*. En septiembre de 1929 Lecuona la invita a participar en sus conciertos en Panamá y Costa Rica. En 1932 se suma al elenco de la compañía del maestro, en el Teatro Principal de la Comedia, y actúa como invitada en el Teatro Martí, en funciones especiales de la Compañía Suárez Rodríguez. Su carrera va en ascenso y estrena las obras más representativas de la música cubana de los maestros Gonzalo Roig, su descubridor y amigo, Ernesto Lecuona, Jorge Anckermann, Armando Valdespí y otros. Recorre Centroamérica y Suramérica. Recibe el aplauso y el cariño del público de México, Perú, Costa Rica, Panamá, Chile y Argentina, donde la llaman 'La diva de Cuba'.

Es pionera de la radio y la televisión cubanas. El maestro Lecuona la cataloga como 'la voz más bella de Cuba' y le escribe, especialmente, 26 canciones. En la década del sesenta se exilia en los Estados Unidos, escogiendo la ciudad de Miami, donde es recibida como se merece por sus compañeros de la música y sus admiradores. Ofrece recitales y conciertos. Una de sus últimas presentaciones es el homenaje a Lecuona, en el año 1988, por el natalicio del maestro, en el Dade County Auditorium de Miami, donde pone de pie al público, que la ovaciona al cantar 'Desengaño', su canción predilecta, que le compone su amigo Ernesto Lecuona. Tiene en aquel momento 81 años de edad. Recibe en vida innumerables reconocimientos, premios y trofeos, entre los que destacan el doctorado honoris causa de la Universidad Filobizantina de Valencia, en 1988, 'por su contribución a la música universal'; el reconocimiento de la UNESCO, 'por su aporte a la preservación y divulgación de la zarzuela como género musical', y el último, el Premio Instituto San Carlos, por su trayectoria.

Jon Secada (La Habana). A los nueve años se marcha de Cuba con sus padres y se establece en Miami. Conoce a Gloria y a Emilio Estefan Jr. a finales de los ochenta, cuando Estefan lo llama después de escuchar una maqueta suya. Al poco tiempo, se convierte en uno de los cantantes más importantes del coro de Gloria. También es coautor de algunas de las mejores canciones de amor interpretadas por ella. Colabora con numerosos artistas, tanto como cantante como coautor: Ricky Martin, Jennifer López, Roberto Blades, Celia Cruz, Enmanuel, Carlos Ponce, José Luis Rodríguez y, por supuesto, Gloria Estefan, a quien le hace los coros durante varios años. Después de cinco años de colaboración con Emilio Estefan, ambos deciden comenzar a trabajar en su carrera en solitario. En 1992 lanza su álbum de presentación, que lleva como título *Jon Secada*. Ya es un veterano en el estudio y en el escenario y está muy bien preparado para enfrentar el éxito. Y así es, el álbum vende más de seis millones de copias en todo el mundo y es certificado con ventas de Triple Platino en los Estados Unidos, donde llega a alcanzar el puesto decimoquinto en la lista Billboard de álbumes pop.

También *Do you believe in Us* alcanza el puesto quinto en la lista de éxitos. Aunque en principio se va a editar totalmente en inglés, Jon consigue convencer a su discográfica para incluir dos temas en español. Ambos llegan al primer lugar de las listas 'latinas' y eso convence a todos de que hay que lanzar el álbum completo en español. Se llama *Otro día más sin verte* y lo consolida en España como uno de los mejores artistas adultos contemporáneos de los primeros años de los noventa. El mencionado disco se convierte en el Álbum Latino número uno, en 1992, y se le otorga su primer Premio Grammy por el Mejor Álbum Pop Latino. Su álbum *Amor* (1995), en español, lo hace ganador de su segundo Premio Grammy por la Mejor Interpretación Pop Latino. Ha trabajado, asimismo, como actor en Broadway.

Jon Secada.

La Lupe (Lupe Victoria Yoli Raymond, Santiago de Cuba). Fallecida en 1992. Cantante que se caracterizó por una pasión desenfrenada en escena. Estudia en la Escuela Normal porque, aunque le gusta mucho cantar, su padre prefiere que se dedique a la enseñanza. Mientras estudia, actúa en exteriores y en concursos radiales. Asiste a un concurso a la emisora radial CMKW de Santiago de Cuba, 'la onda musical de Oriente', y gana un premio imitando a Olga Guillot. Se presenta por primera vez, profesionalmente, en el Cabaret Copa Club de Santiago de Cuba. En 1955, se traslada a La Habana con su familia y, aunque ya tiene el título de maestra, nunca ejerce. En 1958 forma parte integrante del trío Los Tropicuba y conoce al músico Eulogio 'Yoyo' Reyes, con el que se casa. El matrimonio dura poco; ella abandona Los Tropicuba y se convierte de nuevo en solista, actuando en Le Mans y en el Night Club la Red. Graba su primer disco en 1960, en La Habana, titulado *Con el diablo en el cuerpo*, en el cual expone su explosiva forma de cantar. Jean Paul Sartre la bautiza como 'animal musical', cuando ella apenas tiene 20 años. Se exilia en 1962, en México. Va después a Nueva York y se convierte en la atracción del Apollo Theater y del Palladium con la orquesta de Mongo Santamaría, con quien hace pareja, y luego en el Lowe's Boulevard Theater, con Tito Puente. Con Mongo Santamaría hace un disco llamado *Mongo presenta a La Lupe*, en 1963. Después de una década exitosa, en 1974 graba *Un encuentro con La Lupe*. Se presenta en vivo en el Carnegie Hall de Nueva York en 1975 y arma un equipo con Tito Puente para hacer un álbum llamado *La pareja*, lanzado en 1978. Es la primera en ser llamada 'la Reina de la Salsa', antes de que ese calificativo recayera en su admirada Celia Cruz. Se la recuerda en los escenarios como 'La Yiyiyi', con su característico 'Ahí na'má'. En Panamá deslumbra en los carnavales con la orquesta de Tito Puente y en Puerto Rico arrebata, cuando intenta desnudarse ante las cámaras. De pronto, hace un viraje en su carrera, abandona la salsa y se concentra en el bolero: gime, canta, pelea y llora en sus actuaciones, al extremo de que el público no sabe cuál es la realidad o la interpretación. Sus versiones de 'La tirana, puro teatro' (ambas del genial Tite Curet) y 'Qué te Pedí' se rinden siempre al drama del amor feroz y desgraciado. En la plenitud de su éxito tiene un accidente que la deja inválida. Es cuando se retira a un modesto apartamento, tratando de lograr una cura por medio de la religión evangélica. Entonces decide elevar su canto solo a Dios y rechaza cualquier contrato. Fallece en un hospital de Nueva York, pobre y olvidada, a los 53 años, en 1992. Una calle de Nueva York lleva su nombre, *La Lupe Way*.

Lissette (Lissette Álvarez Chorens, La Habana). Actriz, compositora e intérprete. Su historia artística, comienza de la mano de sus padres, el popularísimo matrimonio de artistas cubanos Olga Chorens y Tony Álvarez, conocido como 'Olga y Tony', cuando hace su primera grabación a los cinco años y obtiene su primer éxito discográfico. Crece en Cuba entre camerinos y estudios de televisión, influida por la diversidad del repertorio de sus padres: folclore hispanoamericano, que incluye valses peruanos, tangos, sones cubanos y boleros. Emigra a los Estados Unidos, junto a su hermana Olga, en la década del sesenta. Después de tres años de separación de su familia, se vuelven a reunir con sus padres, que habían quedado en Cuba, y se instalan en Puerto Rico. Ya Lissette es una adolescente cuando se lanza como profesional al mundo del espectáculo. En la carrera discográfica ocupa rápidamente un lugar de preferencia en el gusto nacional.

Paralelamente, dirige sus propios espectáculos de televisión. Su inquietud artística y entusiasmo la llevan a presentarse en el Festival Hispanoamericano de la Canción en Miami, donde gana un primer lugar con el tema 'Sin Dios no hubiera nada', y obtiene un premio en el Festival OTI celebrado en España, en 1977, con su composición 'Si hay amor volverá'. Sus temas alcanzan los primeros lugares en la preferencia popular, incluyendo doce discos de oro. Entre sus éxitos más conocidos están: 'Salvaje', 'Lo voy a dividir', 'Eva', 'Maniquí', 'Eclipse total del amor', 'A veces', 'Cómo decirte', 'Poema 20', 'Máquina' y 'Copacabana'.

Forma parte del elenco de telenovelas y películas. En el filme norteamericano de la MGM *Winter Kills*, con Jeff Bridges y Anthony Perkins, escribe la canción que interpreta en una de sus escenas. La televisión sigue siendo un vehículo importante para la artista, cuando al principio de los ochenta se anota un gran éxito con sus especiales de televisión en dos cadenas norteamericanas. *Lissette and Friends* (Canal 10), junto a Melissa Manchester y Liz Torres, es altamente elogiado, conjuntamente con *Ladies and Gentlemen: Lissette*, con Michel Legrand y Henny Youngman (Canal 4); obtienen once premios Emmy, máximo galardón de la televisión norteamericana.

Otro de sus variados especiales para la televisión es *Lissette 1/2*, que gana el Bronze Award del New York Film Festival, mientras que *Lissette Salvaje* logra el premio Cemi, de Puerto Rico. Se presenta en importantes teatros como el Carnegie Hall y el Avery Fisher Hall del Lincoln Center de Nueva York; Jackie Gleason Theater, James L. Knight, Carnival Center en Miami y el Centro de Bellas Artes de Puerto Rico. Sus conciertos despiertan siempre los mejores comentarios de la crítica especializada y sus presentaciones en centros nocturnos como el Club Caribe del Caribe Milton, de San Juan, el Tropigala de Miami y el Trop World, de Atlantic City (Nueva Jersey), entre otros, se abarrotan de sus más fervientes admiradores.

Escribe, produce y publica más de un centenar de canciones y tiene en su haber más de una treintena de discos y premios como: The Emmy Award, El Cordero de Oro y El Meridiano de Oro de Venezuela. Recibe varios premios Aplauso 92, otorgados en Miami como Mejor Cantante Femenina y Mejor Baladista; varios Premios Ace de Nueva York a Mejor Cantante, Mejor Canción y Hall de la Fama. Y un galardón muy especial, el recibido de la UNICEF, otorgado por sus trabajos filantrópicos con la Fundación Willy Chirino y World Vision. Su más reciente disco es *Amarraditos*, un excelente trabajo discográfico realizado junto con su esposo, Willy Chirino.

Lucrecia (Lucrecia Pérez Sáez, La Habana). Compositora e intérprete y actriz. Aclamada en Europa, especialmente en Barcelona. Es licenciada en Música y Piano en el Instituto Superior de Arte de Cuba. Compone el tema de la banda sonora de la película-documental *Balseros*, nominada a los premios Oscar, en 2002, como Mejor Documental, y a los Premios Goya, en 2002. Lleva diez años en España y ha grabado once LP; el último, *Mira las luces*, salió en 2006. Después de una exitosa gira por la Península Ibérica, con *Pasión Cubana*, junto a Paquito D'Rivera, Celia Cruz y Albita, se presenta en el Lincoln Theater de Miami junto a D'Rivera, en 2002, en un extraordinario concierto. Desde 2003 hasta la fecha, se presenta anualmente en Miami, en los espectáculos benéficos de la organización Voices for Children. Es la cantante invitada por el Club Kiwanis de Miami, en marzo de 2005, en el Palacio de Vizcaya. Se presentó en los Carnavales de la Calle 8, en 2005, como estrella invitada a cantar en el escenario de los Kiwanis, y al Festival de la Calle 8, la fiesta callejera más grande de los Estados Unidos. En 2006 y 2007 se presenta en Miami, en los conciertos anuales para recaudar fondos para la Liga Contra el Cáncer, que transmite en vivo los conciertos desde el Fair Expo Center, de la Capital del Sol.

Luisa María Güell (La Habana). Cantante, actriz y compositora. En la adolescencia (década del sesenta), es un ídolo de la juventud cubana. Actúa en teatro y en carpas itinerantes, ofreciendo conciertos. Protagoniza varias comedias musicales estrenadas en la capital cubana, que después representa en toda la isla. Como actriz, trabaja en televisión y radio, en programas dramatizados. Hace cine. En 1968 sale de Cuba rumbo a España. Obtuvo el Primer Premio del Festival Internacional de la Canción en Málaga con el tema de Manuel Alejandro 'Ya no me vuelvo a enamorar'. Representando a España, ganó el Segundo Premio en el Festival de la Canción y la Voz de Puerto Rico, con el tema 'Yo me enamoro de ti', de Pablo Herrero y José Luis Armenteros. En Francia, representando a España, obtuvo el Premio al Mejor Intérprete y la Medalla de Oro Edith Piaf con el tema de su autoría 'Miedo Tengo'. En Venezuela fue seleccionada como la Mejor Cantante Extranjera. Y en Nueva York recibió los Premios ACE 1987 al Mejor Espectáculo y el Premio Trayectoria Artística Ejemplar 2001. En Miami recibe el premio ACCA a la Mejor Intérprete 1988 y al Mejor Concierto en 1998. En abril de 2007 produce, dirige e interpreta su CD número 25, *Luisa Maria Güell 'Una'*, donde interpreta el tema 'Volver' junto a Carlos Gardel y hace dúo con Libertad Lamarque. Escribe en español y traduce al francés la letra del tema instrumental de Astor Piazzolla 'Libertango', y traduce al idioma de Voltaire el inmortal tango 'Uno' de Mariano Mores, con la autorización de sus editoriales en Italia y la Argentina.

Maggie Carlés (La Habana). Cantante y actriz. Eterna enamorada del *ballet*, cambia las zapatillas por la voz y hace sus primeras incursiones con el grupo Los Cinco de Zequeira, y entra inmediatamente en las listas de éxitos de las emisoras radiofónicas que difundieron sus primeras grabaciones. Conoce a Luis Nodal cuando ambos son adolescentes y trabajaban en un *cabaret* en La Habana. Corre el año 1960 y Luis canta y administra la popular orquesta Sublime, que en 1972 pasa a ser la orquesta Típica Cubana. En 1975 ambos deciden unirse al grupo Los Magnéticos y, más tarde, en febrero de 1976, cantando el tema 'Feliz Final' irrumpen en los medios radiofónicos y televisivos como el dúo de Maggie y Luis, marcando un hito en el espectro musical cubano de los años setenta y ochenta. Durante diez años se mantienen en las listas de éxitos de la isla, década que le permite a Luis Nodal intuir que las potencialidades vocales de Maggie Carlés no pueden quedarse encerradas en los límites de una isla del Caribe, porque son patrimonio del mundo. Luis decide sacrificar su carrera como cantante para impulsar e internacionalizar la senda que le espera a Maggie Carlés. El mundo recibe a fuerza de aplausos a la cubanita que canta con la misma pasión el 'Ave María' de Schubert, la antológica 'New York, New York' o la criollísima 'Mamá Inés'. Polonia, Yugoslavia, Checoslovaquia, Rusia, Mongolia, Hungría, España, Francia, Europa entera a los pies de su voz. París abre el corazón de los franceses ante la cautivante mujer, que es calificada por muchos como una de las mejores voces femeninas del mundo. Maggie y Luis viajan a Francia y trabajan en París, en 1990, y en 1993 se establecen definitivamente en Miami. Maggie graba más de 17 discos de larga duración en los Estados Unidos y se sitúa en cuatro ocasiones entre los diez éxitos 'latinos' de la revista *Billboard*, donde permanece más de tres meses en el segundo lugar con su versión en español del tema del filme *The bodyguard (El guardaespaldas)*. Obtiene premios en festivales internacionales en Europa y en Hispanoamérica, interpretando canciones en nueve idiomas. La prensa la bautiza con el nombre de 'La voz'. El concierto Brodward Latino, que contiene grandes obras de Broadway en español e inglés, es grabado. Su actuación en el género dramático en 2005, en la obra *En el fondo del mar*, tiene una gran acogida de público durante 35 semanas en cartelera y por la crítica especializada en inglés y español.

Mara y Orlando (Mara González Rauchman y Orlando González Esteva; Palma Soriano, Cuba). La investigación, el rescate y la divulgación de la música popular cubana e hispanoamericana han sido una constante en las voces de este dúo en la interpretación de sus conciertos y presentaciones, no solamente en los Estados Unidos, sino en Centroamérica y Suramérica, Europa y Asia. Mara es graduada de la Escuela de Música de la Universidad de Miami. Interpreta numerosas zarzuelas en los papeles protagónicos y trabaja en la traducción, dirección vocal y doblaje de programas y películas para la televisión. Orlando es graduado de la Universidad de Washington, en Saint Louis (Misuri), y escribe varios libros de poemas, ensayos y antologías. Desde 1987 el dúo hace tres presentaciones anuales de sus conciertos, en el Miami-Dade County Auditorium. Frecuentemente se presentan en la radio del sur de la Florida, en programas vinculados a la música, donde continúan su labor de divulgación. González Esteva escribe una columna semanal para el periódico en español *El Nuevo Herald* y modera el programa *Mesa Revuelta*, para la emisora WAQI.

Martha Pérez (La Habana). Alterna con igual éxito los repertorios de soprano y *mezzosoprano*. Estudia canto en Cuba con la soprano rusa Maryla Granowska y con el director austriaco Paul Csonka. En 1955 realiza un viaje de estudios a Italia, becada por Pro Arte Musical y el Gobierno de Italia. Desde 1943 interviene en numerosos conciertos de la Orquesta Filarmónica de La Habana, dirigida por Erich Kleiber y Herbert von Karajan, entre otros. Participa en numerosas primeras audiciones de obras sinfónico-vocales y en las temporadas de ópera de la Sociedad Pro Arte Musical. Con ambas instituciones interviene en los estrenos en Cuba de *Juana en la Hoguera*, de Claudel-Honegger (OFH, T. Mayer, 1951); *El niño y los sortilegios*, de Ravel (OFH, T. Mayer, 1951); *Ahmal y los visitantes nocturnos*, de Menotti (SPAM, 1954); *Sor Angelica*, de Puccini (SPAM, 1955); y *El rapto de Lucrecia*, de Britten (SPAM, 1957). Participa, asimismo, en las exhumaciones de las óperas *Così fan tutte*, de Mozart (1956), y *El matrimonio secreto*, de Cimarosa (1958). En 1956 se presenta en el famoso Teatro La Scala de Milán, interpretando a la Preziosilla de *La forza del destino*, junto a Renata Tebaldi y Giuseppe di Stefano, y a la *Lola en Cavalleria rusticana*, junto a Giulietta Simionato. Trabaja con numerosas compañías líricas cubanas y españolas. Es famosa, principalmente, su interpretación de *Cecilia Valdés*, que graba en 1948, dirigida por el autor, Gonzalo Roig. También incursiona en el teatro dramático y la comedia musical *Weekend en Miami*, de P. D. Valcarce (dirigida por R. Vigón, 1950), en el Teatro América. En 1960 se establece en los Estados Unidos y funda la Sociedad Grateli (Gran Teatro Lírico), con la cual continúa su carrera de triunfos.

Manny Pérez (Santiago de Cuba). En 1982 hace su debut como corista en Greater Miami Opera, cantando en *Ballo in Maschera* con Pavarotti, Andrea Chenier y Plácido Domingo. Su debut como solista en un papel principal es en la Universidad de Miami, en la Florida, en 1983, como Il Marito en *Amelia al Ballo*, de Gian Carlo Menotti, dirigida por Menotti. Después canta Marcello en *La Boheme*, de Puccini, en 1984 y, posteriormente, Selim, en *Il turco in Italia*, de Rossini, en 1986. Más tarde, de la Universidad de Miami se muda a Nueva York, a estudiar ópera con Bill Schuman. En 1997, después de once años de estudio, decide incursionar en el repertorio de un 'tenor romántico pop'. Es ahí donde empieza su carrera como cantante popular. El primer concierto como tenor romántico pop es en el Fountainebleau Hilton Tropigala (cabaré donde se filma la película de Whitney Houston *The Bodyguard*), con Maggie Carlés, en septiembre de 1999. En el año 2000 lanza su primer disco con los productores de ENYA Mark Dold y Christian B., titulado *Vuelve a mí*, en español, y *Wonderlust*, en inglés. Y en 2001, Universal Records lanza el disco *Broadway Latino*, con la cantante cubana Maggie Carlés y Manny Pérez, en un concierto celebrado el 27 de octubre de 2002, en el Dade County Auditorium, en Miami. Continúa actuando en muchos conciertos en teatros de Miami: Teatro de Venevisión, Teatro Artime, y vuelve el dúo con Maggie Carlés en el Tropigala, en el Fountainebleau Hilton, en Miami Beach. Como se ha indicado, ha grabado dos discos, uno titulado *Vuelve a mí*, y otro con Maggie Carlés titulado *Broadway Latino*, distribuido por Universal Records hasta 2007.

Meme Solís (José Manuel Solís; Las Villas, Cuba). Compositor, pianista y director de grupos vocales. Inicia estudios musicales a los seis años de edad, en Santa Clara, ciudad en la que fue alumno del conservatorio Rita Chapu. Hace su primera presentación pública en el Teatro Cloris, de Santa Clara, en calidad de pianista acompañante de Olga Guillot. Con 17 años se instala en La Habana y continúa como pianista con algunos cantantes, entre ellos Fernando Albuerne, con quien trabaja en el salón Caribe del hotel Havana Hilton (hoy Habana Libre). Por la calidad de su ejecución y su talento, gana fama como pianista en La Habana de los cincuenta y trabaja junto a importantes vocalistas como Olga Guillot, Esther Borja, Xiomara Alfaro, Alba Marina, Rosita Fornés y las hermanas Lago. De manera especial se vincula con Elena Burke y la acompaña en diversas presentaciones, así como en el programa radial *A solas contigo*. En 1960 organiza su popular Cuarteto de Meme Solís, que domina en su estilo hasta 1969. Trabaja después en cabarés de la playa Santa María del Mar y en otras plazas, mientras Héctor Téllez, Miguel Ángel Piña y Farah María García, formados por él, alcanzan gran popularidad en la década siguiente. Graba siete discos de larga duración. En 1987 viaja a Madrid y posteriormente a los Estados Unidos. Trabaja con figuras internacionales como Celia Cruz, Josephine Baker, Bola de Nieve, Lucho Gatica, Libertad Lamarque, Olga Guillot, Lola Flores y otras. En su catálogo constan cerca de 300 obras, muchas de ellas grabadas por notables cantantes y músicos como Elena Burke, Libertad Lamarque, Fernando Álvarez, Rosita Fornés, Moraima Secada, Beatriz Márquez, Rubén González, Olga Guillot, Malena Burke, Omara Portuondo, Maggie Carlés, María Martha Serra Lima, Paquito Rivera y otros. Su trabajo lo hace acreedor de premios y distinciones internacionales. Entre sus composiciones se destacan: 'La distancia', 'Otro amanecer', 'Traigo mi voz', 'Ese hastío', 'Fue tu bendición', 'No mires para atrás', entre otras muchas. Se presenta en giras artísticas por México, Puerto Rico, España, Nicaragua, Costa Rica y los Estados Unidos. Reside en Nueva York. Anualmente hace uno o dos conciertos en Miami.

Miguel Matamoros (Santiago de Cuba). Fallecido en 1971. Uno de los grandes iconos de la música cubana y del mundo. Este genio musical incursiona en distintas disciplinas dentro de su profesión como aficionado, hasta que funda el Trío Matamoros en 1925, cuando tiene 31 años, junto con Rafael Cueto y Siro Rodríguez. Sus primeras grabaciones las realizan en Nueva York, en 1928. Regresan en 1930 para grabar nuevas canciones y participar en la película *Mosaicos internacionales*, producida por la Paramount Films, donde cantan *Promesa* y *El son de la loma*. En 1934, el trío es contratado para actuar en el Teatro Latino de Nueva York y graba para la firma RCA Víctor. En 1948, regresan nuevamente y se presentan en el Teatro Triboro con gran éxito. Al año siguiente hacen varias presentaciones en el Teatro Puerto Rico y graban para la RCA Víctor. En abril de 1955 viajan a Puerto Rico, donde actúan en Mayagüez y San Juan. En 1956, la gran popularidad que goza el trío entre la colonia hispana de la Gran Manzana los lleva de regreso contratados una vez más al Teatro Puerto Rico, contrato que se extiende quince días más. Por décima vez, el Trío Matamoros regresa a Nueva York el año 1957, esta vez a los teatros Puerto Rico y Palladium. El último viaje del trío es a Nueva York y Chicago, en marzo de 1960. En mayo del mismo año, Miguel Matamoros anuncia en Cuba, en el famoso programa de televisión *Jueves de Partagás*, la disolución del emblemático trío.

Olga Guillot (Santiago de Cuba). En 1930 se traslada con su familia a La Habana. Forma un dúo con su hermana Ana Luisa —dúo Hermanas Guillot—, que se presenta en la Corte Suprema del Arte y obtiene premio. En 1944 integra el conjunto vocal Siboney, de la pianista y autora Isolina Carrillo, de quien graba 'Miedo de ti', el primer bolero de la compositora. Pasa a trabajar como solista y canta en las emisoras Mil Diez, RHC Cadena Azul y CMQ. Realiza giras por casi toda América y luego recorre Europa, Asia y África. En 1964 ofrece un concierto de gala en el Carnegie Hall de Nueva York, con el que se convierte en la primera artista hispana que canta en el famoso teatro. Después actúa en el Teatro Paramount, de Broadway, y brinda también varios conciertos y galas en el Teatro Olimpia de París. Ha sido bautizada como 'La Reina del Bolero' por su temperamental estilo interpretativo, con temas como 'Tú me acostumbraste' y 'Sabor a mí', por solo mencionar dos de sus grandes éxitos. Recibe infinidad de trofeos, reconocimientos, distinciones y altos honores; el último en 2007, el Premio a la Excelencia Musical, que otorga la Academia Latina de Grabaciones Musicales de México. Obtiene también una veintena de discos de oro y platino y graba más de setenta LP. Trabaja en filmes y en telenovelas. Vive en la Ciudad de México y en Miami.

Rolando Laserie (Matanzas, Cuba). Fallecido en 1998. Comienza como percusionista en la Orquesta de los Hermanos Palau y en diferentes agrupaciones, hasta que ingresa en la Banda Gigante de Benny Moré como timbalero y cantante del coro. Graba una serie de discos con un repertorio muy completo que incluye autores tan disímiles como José Dolores Quiñones y Margarita Lecuona, con el acompañamiento de excelentes arreglos y de las mejores orquestas de la época. La producción musical de sus obras es de gran calidad y profesionalismo. En Miami, hasta su muerte, participó en numerosos conciertos. Su voz se consideró sinónimo de Cubaní. 'Mentiras tuyas', la canción de Mario Fernández Porta, fue su creación absoluta.

La Sonora Matancera. Ha sido quizás el más famoso conjunto de música cubana, nacido en la década del veinte, precisamente en la ciudad de Matanzas, entre las calles Jovellanos y Ayuntamiento. Considerada por el *Libro Guiness de los Récords* la banda con más tiempo en actividad. La Sonora Matancera estuvo liderada por el guitarrista y cantante Rogelio Martínez. Entre los muchos cambios de personal que vivió a lo largo de más de siete décadas, estuvieron los cantantes Daniel Holy, Nelson Pinedo, Albert Beltrán, Bobby Hood, Argentine Carlos, y su más grande alumna, Celia Cruz. Su director original, Valentín Cané, debido a su mala salud, abandonó la banda a fines de la década de los treinta. Inicialmente conocido como el Septeto Soprano, cambió su nombre por el de La Sonora Matancera en 1932. Abandonan la isla con destino a Nueva York al principio de los sesenta, donde se radicaron. Para el 65 aniversario de la fundación de La Sonora Matancera se celebró en el Central Park de Nueva York, el 1 de julio de 1989, un concierto integrado por todos los músicos con vida componentes de La Sonora Matancera, así como por sus cantantes. Se grabaron las presentaciones que tuvieron en el Carnegie Hall. Esa fue la última vez que todos se juntaban para tocar y cantar juntos. Se presentaron: Vicentico Valdés, Albert Beltrán, Nelson Pinedo, Celia Cruz, Daniel Santos, Celio González, Leo Marini, Alberto Pérez, Bobby Capó y Carlos Argentino, entre otros. Aquellos conciertos fueron memorables. En 1990, el luto ensombrece la agrupación con el fallecimiento de 'Caíto' y entra en su reemplazo Fernando Lavoy. En 1993 retorna Willy Rodríguez y graban su última producción, *De Nuevo México*, donde participa como invitado el famoso Adalberto Santiago. Yayo 'el Indio', se retira al año siguiente. A partir de ese momento se empezaron los preparativos para la celebración del 75 aniversario de la agrupación; lamentablemente, el 13 de mayo de 2001 falleció su director, Rogelio Martínez. Con esta irreparable pérdida La Sonora Matancera llegó a su fin. En cifras se puede decir que tuvo: 83 años de existencia, 1.057 grabaciones originales y 46 cantantes de 9 nacionalidades han dejado su voz en el acetato. De ellos, 11 mujeres (24%). Por este meridiano sonoro pasaron: 26 cubanos (57%), 11 puertorriqueños (24%), 2 colombianos (4%), 2 argentinos, 2 mexicanos y 1 haitiana. Sería prácticamente imposible detallar todos los conciertos que hizo La Sonora Matancera; baste decir que se presentó en casi todos los estados de la Unión Americana y que recorrió el mundo dando a conocer la música cubana.

Vicentico Valdés (La Habana). Fallecido en 1995. En los años cuarenta emigra a México y diez años después fija su residencia en Nueva York, donde canta con diferentes orquestas, hasta que se impone como solista y alcanza un gran éxito, siendo bautizado por los críticos de la época como 'la voz elástica de la canción'.

Willy Chirino (Consolación del Sur, Cuba). Percusionista, compositor e intérprete. Emigra hacia los Estados Unidos siendo apenas un adolescente. Su vida en Cuba transcurre tranquila, divertida y feliz en su pueblo natal. Su primera manifestación artística es la pintura; estudia artes plásticas y obtiene premios como retratista, pero nunca prospera en su empeño porque su pasión es otra. Aunque en su casa hay un piano, su uso está dedicado a 'las mujeres'. Ese prejuicio le impide relacionarse con el instrumento desde temprana edad. Su gusto por la música no se limita a tonadas campesinas. Escucha discos de Glenn Miller y Louis Amstrong y le divierten Little Richard, Elvis Presley y The Beatles, de quienes se considera un profundo conocedor.

Una tarde de febrero, en la celebración de las fiestas patronales en homenaje a la Virgen de la Candelaria, conoce a Benny Moré, uno de los artistas más populares de la isla. Para Willy, ese es un momento determinante en la visión de su propio futuro. A los 9 años, siente que puede ser como Benny. Es percusionista de la Orquesta de Julio Gutiérrez, en Nueva York. Sus canciones dan varias vueltas al mundo, interpretadas por él y por otros cantantes. Ese es el caso de 'Soy', grabada por más de sesenta artistas, entre ellos, los Gipsy Kinas, que llegan a vender más de siete millones de copias, lo que para un creador significa un ingreso importante. Pero hay otra composición en su largo catálogo de canciones que, si bien no tiene un significado millonario en las ventas, expresa su experiencia como exiliado. Se trata de 'Nuestro día ya viene llegando', uno de los emblemas del repertorio de Chirino. Cantantes como Raphael, Vicky Carr, Dyango, Ricardo Montaner, Celia Cruz y Oscar de León, entre muchas otras primeras figuras, llevan sus canciones por el mundo. También colabora con sus creaciones en tres telenovelas: *La zulianita*, *Pobre diabla* y *Laura Virginia*.

Con casi cuatro décadas de carrera, son múltiples los galardones recibidos; destacan, entre ellos, la calle que lleva su nombre en Miami y la designación de una estrella en su honor en la calle 8, de la misma ciudad, y otros como el FACE Award, el reconocimiento de la UNICEF y el Hispanic Heritage Award, otorgado por el Departamento de Estado del Gobierno de los Estados Unidos. Con Latinum Music Inc., su propia firma disquera, debuta con la producción de un disco doble de Lissette, su esposa, grabado en un concierto en vivo, en Puerto Rico.

Unos meses después, produce *Afro-disiac*, al que le siguen otras producciones como *Amarraditos*, que aparece en el CD *35 Aniversario*, que da nombre a su concierto multitudinario, de la misma suerte que *El Concierto del Milenio*, celebrado también en el James L. Knight Center de Miami. Su discografía cuenta con más de 20 álbumes originales. Recibe discos de platino por *Oxígeno* (1991) y *Acuarelas del Caribe* (1990), mientras que *Zarabanda* (1985), *South Beach* (1993), *Asere* (1995) y *Afro-disiac* (2000) llegan a conquistar el preciado disco de oro. Sus conciertos ocupan teatros, cabarés y estadios de muchos de los estados de la Unión: Miami-Dade County Auditoriun, Jackie Gleason, James L. Knight Center y Miami Arena, solo por mencionar algunos de Miami. Recibe varios Latin Grammy y es nominado en 2007, en la categoría de Mejor Álbum de Salsa, por la producción *35 Aniversario*.

Xiomara Alfaro (La Habana). Soprano de coloratura. Debuta en 1951, en la revista musical *Batamú*, presentada en el teatro habanero Martí por su autor, el compositor y director Obdulio Morales. Trabaja en los principales cabarés de La Habana: Sans Souci, en la revista *Bondelle*, con la cual viaja a Las Vegas, y en varias producciones de los famosos Tropicana y Montmartre. Se presenta en programas de radio, televisión y teatro. Realiza giras por distintos países de Europa e Hispanoamérica. Participa en el filme *Mambo*, con Silvana Mangano y Vittorio Gassman. Graba más de 12 discos LP con canciones cubanas y del repertorio internacional, muchos de ellos con su esposo, el maestro Rafael Benítez, como director y arreglista. Reside en los Estados Unidos, donde continúa actuando en conciertos y recitales. Gana dos premios ACCE, en Nueva York, por su trabajo en *Shows de variedades* en 1977 y 1994. No aparecen reseñas específicas de sus conciertos fuera de Miami.

Zoraida Marrero (Bejucal, Cuba). Fallecida en 2004. Es llamada 'la alondra de Cuba'. Se exilia en Nueva York, en 1960. Surge en la vida artística en el programa *La Corte Suprema del Arte*, en CMQ Radio, en La Habana, cantando un vals de Ernestina Lecuona titulado 'Noches de Amor'. Estrena, del maestro Ernesto Lecuona, 'Muñeca de cristal' y 'Te he visto pasar', grabado en uno de sus LP con el sello Kubaney. Interviene cantando en los papeles protagónicos de innumerables zarzuelas. La canción 'Siboney', de Lecuona, es la melodía más famosa de su repertorio, con la que se pasea, junto al maestro, por gran parte de América y Europa, a tal grado que el presidente Theodoro Roosevelt la invita a Washington para que la cante en la Casa Blanca. Realiza el espectáculo *Noches cubanas*, en el Carnegie Hall, que agrupa a luminarias de la música cubana radicadas en los Estados Unidos. Es la primera figura del Liborio, el mejor cabaré latino de Nueva York, en la década del sesenta. Mantiene vigente su vida artística hasta 1988. Su última actuación es en Miami con la Compañía Grateli.

Compositores cubanos dentro y fuera de los Estados Unidos

Un buen número de compositores, directores y arreglistas cubanos han salido de Cuba después de 1959 y se han asentado en los Estados Unidos, en Hispanoamérica y en Europa, sobre todo en España. Es el caso de muchos músicos notables como Alfredo Munar, Aurelio de la Vega, Baserva Soler, Ernesto Lecuona, Eugenio Guerra (Rosell), Frank Domínguez, Frankie Marcos, Flores Chaviano, Jorge Luis Piloto, Mari Lauret, Mario Fernández Porta, Martín Rojas, Osvaldo Farrés, René Touzet, Rosendo Rosell y Yalil Guerra, entre otros.

Muchos de ellos han contribuido y contribuyen todavía a la música cubana con piezas notables que han sido reconocidas internacionalmente. Otros han volcado lo mejor de sus talentos en libretos de canciones con letra en español que hoy día se recuerdan y atesoran por varios grupos generacionales, como las memorables zarzuelas del maestro Ernesto Lecuona, las composiciones populares de un Eugenio Guerra y un Rosendo Rosell, las entrañables canciones de Frank Domínguez y aquellas otras aportaciones de Mario Fernández Porta, Osvaldo Farrés y René Touzet. Queremos ofrecer este breve párrafo recordatorio para evitar excluir sus nombres por razones como su residencia definitiva o por el hecho de que no hayan contribuido con canciones con letra en español.

Recomendaciones de sitios electrónicos

Páginas electrónicas para consultas generales: http://soncubano.com/, http://cuabencuentro.com/, http://www.mambo-inn.com/, http://www.analitica.com/, http://www.geocities.com/salsajazz/, http://www.smithsonianjazz.geo/, http://www.elveraz.com/, con biografías de Radamés Giro, y algunas páginas en Wikipedia. También las páginas de University of Miami (http://www6.miami.edu/UMH/CDA/UMH_Main/) y, en especial, la de la *Cuban Heritage Collection* (http://www.library.miami.edu/chc/), así como el *Repertorio Histórico del Teatro Lírico Nacional de Cuba 1962-2002*, por Enrique Río Prado (http://www.cniae.cult.cu/TLirico_Nac_RepHistor.htm/).

Paginas electrónicas de talentos contemporáneos: sitios específicos, como el de la periodista María Argelia Vizcaíno (http://www.mariaargeliavizcaino.com/), y los sitios de Teatro Repertorio Español, Willy Chirino, Lissette Álvarez, Albita Rodríguez, Paquito D'Rivera, Xiomara Laugart, Donato Poveda, Carlos Ponce, así como la página electrónica del Instituto Cervantes de Nueva York (http://nuevayork.cervantes.es/es/default.shtm/).

Cabe destacar, asimismo, los trabajos del musicólogo Vernon W. Boggs, 'Salsiology: Afro-Cuban Music and the evolution of salsa in New York City', en *Latin American Music Review / Revista de Música Latinoamericana* 14 (1) (1993), pp. 172-175; Reinaldo Cedeño Pineda, 'Lupe legendaria, irrepetible', artículo publicado en *Rebelión*, el 24 de diciembre de 2005; y Nelson Rodriguez, 'Pat Rodriguez', en *Latin Beat Magazine*, diciembre de 2004. Entre las fuentes empleadas para la elaboración de este artículo, cabe resaltar, además, la información proporcionada por Pili de la Rosa, directora de la Sociedad Pro Arte Grateli, organización cultural creada en 1967 por ella misma junto a Martha Pérez, Miguel de Grandy II y Demetrio Aguilera Menéndez.

EL CINE

El cine en español en los Estados Unidos

Roberto Fandiño
y Joaquín Badajoz

El cine en español en los Estados Unidos

Roberto Fandiño y Joaquín Badajoz

Siglo XX: los hispanos

Roberto Fandiño

Introducción

Como parte de un continente en el que la mayoría de los países son de habla española, era de esperar que, apenas surgido el cine sonoro en los Estados Unidos, nuestro idioma hiciera sentir en él su presencia. Se empezó por frases ocasionalmente pronunciadas en el contexto del idioma inglés cuando una situación lo requería. Hallar esos momentos obligaría a rastrear entre películas parcial o enteramente desaparecidas o conservadas en precarias condiciones; un material que corresponde al período experimental —entre 1926 y 1929—, cuando la industria, en posesión de una técnica viable y segura, decide cambiar todas las estructuras y hacer que las películas se realicen y se proyecten con un sonido sincrónico que reproduce los sonidos ambientales y, sobre todo, las voces de los artistas que nos hablan desde la pantalla.

Sabemos que desde sus inicios, además de las frases ocasionales incluidas con un sentido realista en películas habladas en inglés, se hicieron cortos musicales en los que, por su importancia, no podían faltar las canciones en nuestro idioma. Poco tiempo después, por necesidades primordialmente comerciales, se llegó a las películas íntegramente habladas en español.

Entre las sorpresas desagradables que trajo el sonoro a la industria estadounidense se hallaba la posibilidad de perder el mercado de los países donde no se hablaba inglés, que hasta ese momento habían podido disfrutar sin barreras de un arte basado en la universalidad de la imagen y en unos rótulos, fáciles de traducir a otros idiomas, que especificaban los diálogos o aclaraban situaciones. Los magnates del cine de los Estados Unidos, temerosos de quedarse sin los mercados que habían llegado a controlar mundialmente, decidieron hacer de los estudios, al mismo tiempo, fábricas de traducciones de películas. Las soluciones que se impondrían después, el subtitulado o el doblaje, de momento resultaban poco confiables y se pensó que lo ideal sería hacer hablar a los actores en los idiomas de los clientes más asiduos y rentables: los de Francia, Alemania, Italia y los de habla española (España e Hispanoamérica). Pero hacer que los actores hablaran todas las lenguas era imposible, por lo cual el procedimiento que se adoptó fue el de las versiones. Para lograrlas solo se necesitaría, aprovechando los mismos sets, los mismos encuadres de cámara y los mismos movimientos de los actores, reemplazar a estos últimos por otros procedentes de los distintos países. Como el mercado más apreciado fue el hispano, las versiones más numerosas resultaron ser las habladas en español. Alrededor de ciento cincuenta películas de largometraje, muchas de ellas originales, y más de la mitad de este número en cortometrajes, se realizaron entre 1929 y 1939, año en que se abandonó una práctica que hasta cierto punto había sido descabellada y la industria se confió definitivamente al doblaje y el subtitulado. Principalmente en España, el público renunció a escuchar el timbre de la voz y las modulaciones y entonaciones de los actores y aceptó que estos fueran sustituidos por los llamados actores de doblaje. En Hispanoamérica predominó el subtitulado.

Comienzan las versiones

Desde los tiempos del cine mudo la presencia de los hispanos en Hollywood se había hecho notar. Varios nombres de actrices y actores brillaron en esa época: Dolores del Río, Ramón Novarro, Gilbert Roland, Antonio Moreno, y otros con menos brillo ya estaban allí e iban tomando posiciones: Lupe Vélez, Lupita Tovar, Raquel Torres, Barry Norton, José Crespo, Andrés de Segurola, Mona Maris, Paul Ellis, entre otros. La noticia de que los estudios se disponían a realizar películas habladas en español se propagó rápidamente y resultó un llamado al que acudieron espontáneamente muchos más de todas partes. También los estudios mandaron emisarios a otros países a buscar talentos y firmar contratos. Solo en la nómina de la Fox, se cuenta 'por encima del centenar de personas nativas de países de habla hispana en la compañía. Cincuenta y cinco eran artistas españoles, entre los cuales descollaban: Ernesto Vilches (1879-1954), María Fernanda Ladrón de Guevara (1896-1974), Conchita Montenegro, Luana Alcañiz (1906-1991), y Carmen Larrabeiti (1904-1968); y sesenta y nueve hispanoamericanos: treinta y siete mexicanos, ocho chilenos, siete argentinos, seis cubanos y los restantes de los diversos países de América Central y el Cono Sur' (Agramante y Castillo, 1998).

A Hollywood fueron más de un centenar de españoles, entre ellos algunas figuras connotadas como Rafael Ribelles, su mujer María Fernanda Ladrón de Guevara, Valentín Parera, Julio Peña, Eduardo Ugarte y Luis Buñuel, contratados por la Metro; Catalina Bárcena, Gregorio Martínez Sierra, Rosita Díaz Gimeno, Miguel Ligero, Ana María Custodio, Carmen Larrabeiti y Carlos Díaz de Mendoza, por la Fox. De manera especial se contrataron escritores para adaptar al español los diálogos en inglés y, a veces, para atender sus propias creaciones, como Enrique Jardiel Poncela, Edgar Neville, Miguel de Zárraga, José López Rubio, Antonio de Lara 'Tono', Eduardo Ugarte, Paul Pérez y René Borgia.

El período más intenso de producción transcurrió entre 1930 y el otoño de 1931. En año y medio se hicieron más filmes en español que en todo el tiempo restante. Tuvo tanta importancia y fue tan numerosa esta producción, que en un momento dado la mayoría de las películas que se veían en las pantallas de las capitales del mundo hispano eran producidas en Hollywood o sus colaterales de la Paramount (Astoria, en Nueva York, y Joinville, en París). Pero, aunque el público las tomaba como suyas, terminó rechazándolas. A la postre las versiones no tuvieron éxito.

En realidad, se trataba de subproductos que copiaban unos modelos cuidadosamente realizados por unos profesionales formados en otra cultura más desarrollada, en lo que a las artes escénicas se refiere, y los directores que se utilizaban para dirigirlas frecuentemente eran de segunda o tercera clase, a veces los que habían fracasado en realizaciones de la industria en inglés. Tampoco los estudios estaban dispuestos a invertir en las versiones un capital que se acercara al que costaban los originales. Y el público hispano en muchas ocasiones prefirió ver estos originales aunque no entendiera lo que en ellas se decía, porque podía disfrutar de obras hechas con rigor e inspiración y con actores excelentes que había conocido y admirado desde el período mudo. Para los americanos se supone que las películas en español no eran más que productos explotables cuyo valor se medía por su rendimiento.

Todas las razones anteriores han sido aducidas, pero seguramente no es todo, y apenas se lee en los trabajos que estudian la época —como las numerosísimas entrevistas que realizara Hernández Girbal (1992)— una sola línea autocrítica, y lo cierto es que el cine que se hizo en España y países de Hispanoamérica, inmediatamente después de esta experiencia, no fue muy superior a las versiones. La calidad de los intérpretes hispanos y, sobre todo, su formación no alcanzaban el nivel de los estadounidenses, y asimismo ocurría con los realizadores. La referencia más inmediata que todavía tenía el cine en ese momento era el teatro y el de mayor influencia en el mundo hispano era el de España, un teatro que todavía

utilizaba la anticuada concha del apuntador y en el que los actores, más que decir, decla-
maban. En los años treinta y cuarenta en Hispanoamérica surgió una generación de teatristas que modernizó la escena, pero ya la antigua metrópoli, inmersa en la guerra civil,
había detenido el reloj y la renovación le llegó tarde. A eso alude el director teatral cubano
Francisco Morín cuando, refiriéndose a una visita de la compañía de María Fernanda Ladrón de Guevara, dice que 'su teatro (sus fines y su estilo) estaba muy lejos de lo que hacía-
mos y de lo que nos proponíamos hacer' (1998). Aunque para los 'latinos' el espectáculo es
solo el espectáculo, no el negocio del espectáculo, y este planteamiento acusa una intención artística más elevada, eso no quiere decir necesariamente que el resultado tenga que
serlo.

Una guerra peculiar

Uno de los aspectos más importantes, que los productores de habla inglesa no tuvieron en
cuenta, fue el que provocó la llamada 'guerra de los acentos'. Para ellos el español era el
mismo idioma dondequiera que se hablara, pero para los que lo hablaban carecía de sentido que miembros de una misma familia denotaran, uno, su procedencia andaluza, otro, un
acento mexicano, y otro más, argentino. La búsqueda de un acento neutro no tuvo éxito.
Los mexicanos, sobre todo, aspiraban a imponer su modo particular de utilizar el idioma,
que chocó con el de los españoles. Edgar Neville, a la pregunta de Florentino Hernández
Girbal '¿Qué fue lo primero que hizo en Metro?', respondió: 'Lo primero, luchar con los elementos sudamericanos que intervenían en las versiones españolas. ¡No puede usted ima-
ginarse la clase de guerra que nos hacían en su deseo de seguir teniendo allí la hegemonía
de todo lo español! Campañas en periódicos, maniobras cerca de los dirigentes del Estudio,
oposición personal; en fin, todo lo que pudiera redundar en contra nuestra y beneficio suyo. [...] Por entonces logré llevar a Hollywood a Eduardo Ugarte y a José López Rubio; pero
no por esto se acabó nuestra lucha con los sudamericanos, que deseaban imponer en los
filmes un español absurdo. A tal extremo llegó su intromisión, que en el set producíamos
discusiones tremendas: nosotros, velando por la pureza del idioma, y ellos, defendiendo sus
modismos' (Hernández Girbal, 1992: 77).

El problema no estaba en la forma en que ha evolucionado el español en los distintos países (que no se ha diferenciado tanto como ha sucedido con otros idiomas), sino en la intolerancia; una intolerancia que se hace evidente en el propio Neville al suponer que la única
evolución válida del español es la que se ha producido en su región y al pensar que los modismos son una exclusividad de los demás. Todos padecemos ese rechazo a aceptar modalidades que presenten una cierta dificultad para entenderlas hablando nuestro propio
idioma.

La solución hubiese sido que las versiones se atuvieran al acento del lugar y si este no estaba definido se adoptase el que más conviniese a la trama y que los personajes de otras nacionalidades estuviesen justificados por el argumento, pero dada la disponibilidad de los
actores, las exigencias del guión y la poca sensibilidad de los productores yanquis en este
sentido, el asunto resultaba sumamente complicado y quedó sin solución. Para atenuarlo
en alguna medida se creó el cargo de director de doblaje, que cuidaba la dicción de los actores y le daba unidad y coherencia a las frases. El director de doblaje llegó a ser tan importante que en muchas ocasiones terminó asumiendo las funciones del director del filme, incapaz este, a veces, de entender los diálogos por no hablar español.

Las opiniones negativas del público y la crítica decidieron que los grandes estudios des-
echaran la producción de versiones y el cine en español en los Estados Unidos sufrió una
recesión. Solo la Fox continuó haciéndolas con cierta regularidad hasta que en 1935 también las desechó. Luego, aquellos las retomaron con alguna frecuencia, pero ya no con los

planteamientos iniciales. En esa segunda etapa, no sometida a la producción en serie, es donde encontramos las mejores realizaciones. A partir de 1939 y más tarde con la Segunda Guerra Mundial, se creó una situación en la industria del cine que dejó fuera toda posibilidad de continuarlas. La mayoría de los técnicos y artistas regresaron a sus casas. El futuro del cine hablado en nuestro idioma en los Estados Unidos pasaría a otras manos y perseguiría otros objetivos menos espurios que los meramente comerciales, pero eso ocurriría años después.

Los resultados

La valoración definitiva de lo que significó esta etapa para la cultura del cine hablado en español ha estado sometida a diferentes opiniones. Por un lado, hay que considerar las consecuencias de separar un elevado número de talentos de sus países de origen e incorporarlos al medio hollywoodense; por el otro, lo que hubiesen o no hubiesen podido hacer de no haber emigrado. Se puede pensar que la experiencia fue un buen entrenamiento, tanto para los actores como para los directores mexicanos, que favorecieron la industria de su país cuando se integraron a ella. También, que proporcionó un modo de subsistir a los que con el advenimiento del sonoro hubiesen perdido su puesto de trabajo en Hollywood. Mientras que Juan B. Heinink y Robert G. Dickson han expuesto que: 'Fuera cual fuera su verdadera intención, lo cierto es que con el invento de las versiones múltiples en diferentes idiomas, los productores del cine norteamericano desviaron camino de Hollywood a los profesionales que hubieran podido iniciar el despegue industrial en sus países de origen, debilitando o anulando los posibles brotes de competencia. Aunque para algunos esto serviría de promoción, los elementos de valor allí trasladados fueron, en general, infrautilizados y malgastados en productos de inferior calidad, motivando en el público una consecuente preferencia por el auténtico cine americano original, con subtítulos o doblado, y un rechazo de todo lo demás como material de desperdicio' (1990).

Es cierto que se produjeron muchas películas de inferior calidad, pero en esa época incipiente del sonoro, cuando ni Hispanoamérica ni España estaban preparadas para realizaciones complejas de largometrajes, aunque movidos solo por intereses mercantilistas, los estudios de Hollywood y muchos productores independientes propiciaron que pudieran hacerse películas en nuestro idioma que de otro modo no hubieran existido y, entre ellas, algunas que forman parte de lo más apreciado del público hispano como son las de Carlos Gardel, que siete décadas después se siguen poniendo y son objetos de culto. Con alguna distancia, pero formando parte también de los mitos cinematográficos de nuestros pueblos, están las de José Mojica y Tito Guízar, y algunos filmes de fuerte carácter español, como *Angelina o el honor de un brigadier*, que sirvieron de modelo a los que se hicieron más tarde en la Península. Una revisión concienzuda de todo este material seguramente revalorizaría algunas más.

El historiador argentino Domingo di Núbila piensa que las películas de Gardel fueron 'un factor que contribuyó decisivamente a popularizar al cine sonoro argentino de los primeros tiempos' (1998).

Algunos piensan que no en todos los casos la versión resultaba una caricatura chapucera del original. A principio de los noventa, se encontró en Cuba una copia de la desaparecida versión española de *Drácula*, que levantó el entusiasmo de la crítica al punto de considerarla superior al original dirigido por Tod Browning e interpretado por Bela Lugosi. En esta, el siniestro personaje está a cargo del actor español Carlos Villarías. Pero para los críticos cubanos Arturo Agramante y Luciano Castillo, este provoca 'más conmiseración que pavor' (Agramante y Castillo, 1998: 49). El entusiasmo por esta versión tal vez se deba a un súbito ataque de chovinismo hispano.

Las películas

En agosto de 1926, Vitaphone estrenó el primer corto sonoro de ambiente español, el cual conservaría su título original, *La fiesta*, sin traducirlo al inglés, con actuaciones de la vocalista Anna Case y los bailarines españoles Los Cansinos. En noviembre de ese mismo año, la famosa cantante española Raquel Meller realizó ante las cámaras sonoras de los estudios Fox-Movietone en Nueva York varios números de su repertorio como *La mujer del torero* y *Flor del mal*. Con estos filmes comienza Robert G. Dickson su 'recorrido histórico a través de los años de la producción de películas en español' en los Estados Unidos (2007).

Eventualmente, fueron apareciendo otros cortos hasta que, tomada la decisión de producir de manera regular películas sonoras en español, una empresa representada por la Universal produce un corto musical, *Una noche en Hollywood*, con el polifacético José Bohr, cantando y bailando. Bohr había nacido alemán y había crecido en el sur de Chile desde los cuatro años; luego, a los veinte, se radicó en Buenos Aires y, tras nacionalizarse argentino, emigró a los Estados Unidos. Tenía entonces veinticuatro años y era infatigable. Unos meses después de *Una noche en Hollywood*, apareció en otro corto, *Blanco y negro*.

Pero es Nueva York la ciudad que de pronto se convierte en el centro de producción de las películas en español por una nueva compañía, la Empire Production Inc. De ella saldría un buen número de cortos cantados y hablados en español. El moscovita Arcady Boytler (que luego haría una larga y fructífera carrera en México), además de ser el artista principal, tenía a su cuidado estas producciones, que también contaban con los cantantes españoles Fortunio Bonanova y Juan Pulido. Rodados en los estudios Metropolitan de Fort Lee, en Nueva Jersey, producirían una serie de títulos de filmes dramáticos y musicales, como *Sombras vengadoras*, *Flor de pasión*, *Los bombones del Abor*, *Granada*...

Dirigida por Juan J. Pablo, quien se había dado a conocer en el mundo del espectáculo como el ilusionista Li Ho Chang, surgió también en Nueva York, por esta misma época, la Hispano American Movitonal Films. Produjo una serie de musicales y comedias que se exhibieron con el título de *Revista hispano americana*. En ella intervenían el cantante mexicano Rodolfo Hoyos, la Orquesta Sanabria, de Puerto Rico, y la actriz española Carmen Rodríguez.

En medio de esta producción variada de cortos de no más de veinte minutos de duración, aparece el primer largometraje. Juan B. Heinink y Robert G. Dickson, a quienes debemos el estudio más completo realizado sobre este período del cine en español en los Estados Unidos, lo narran de manera no exenta de humor:

> Entonces entró en escena René Cardona, un cubano de 23 años que había actuado de galán joven junto a Raquel Meller en el primitivo corto sonoro *La mujer del torero* (1926). Él iba a ser el aventurero que tuvo la audacia de producir el primer proyecto de largometraje hablado en español. Con escaso capital, funda la compañía Cuba Internacional, y en septiembre de 1929 filma en los estudios Tec-Art de Hollywood *Sombras habaneras*, bajo la dirección de Cliff Wheeler, un militar austriaco, hijo de príncipes. [...] El ilusionado Cardona, que había reservado para sí uno de los papeles estelares, fue víctima de una exagerada racha de mala suerte, que comenzó con la pérdida de una buena parte del negativo filmado a causa de un incendio declarado en los laboratorios Consolidated, y que culminó con la suspensión del primer estreno de gala en Los Ángeles, cuando la sala estaba repleta de público, por culpa de una avería en el equipo de reproducción sonora. [...] Desprovista hasta de sus valores testimoniales *Sombras habaneras* facilitó el camino a *Sombras de gloria* que, con un gran despliegue publicitario, se haría con todos los honores, haciendo sombra a la anterior en casi todo, incluso [...], apropiándose descaradamente de la mitad del título (Heinink y Dickson, 1990: 26-27).

Sombras habaneras es un melodrama donde un jugador endeudado parece ser el asesino de un tahúr que ha querido abusar de su hermana. El argumento termina felizmente cuando el novio de la joven logra aclarar los hechos. La película fue dirigida por Cliff Wheeler y actuaron en ella, además del propio Cardona, la norteamericana Jacqueline Logan, el filipino Juan Torena y Paul Ellis.

Al fin pudo ser estrenada el 6 de diciembre. Tanto la crítica como la reacción del público le fueron adversas. Consideraron que estaba mal dirigida y mal actuada, que el guión era malo y que a cada momento caía en el ridículo. Eran críticas justas, pero además, en beneficio de *Sombras de gloria*, quisieron quitarle el que tal vez era su único merito: haber sido el primer largometraje en español rodado en los Estados Unidos.

Sombras de gloria, dirigida por Andrew L. Stone, también fue pionera, pero por haber sido la primera película en aplicar el sistema de rodaje de la doble versión. Su original era *Blaze O'Glory*, de George Crone y Renaud Hoffman. José Bohr y la mexicana Mona Rico interpretaron los papeles que, en aquella, correspondían a Eddie Dowling y Betty Compson.

Sombras de gloria fue muy bien acogida por el público, al que logró conmover con su alegato ético. Un artista se convierte en soldado por lealtad a su patria. En el frente le perdona la vida a un herido del enemigo, pero años después lo mata obsesionado por falsas apariencias. El discurso brillante de un abogado y el perdón del jurado procuran un final conmovedor (y grandilocuente) a la historia.

Un productor: Hal Roach

Hal Roach, el hombre que llegó a cumplir cien años, había nacido en Elmira, Nueva York, y a los veinte años se fue a Hollywood en plena etapa de cine mudo a trabajar de extra. Tres años después, recibió una herencia y con el famoso cómico Harold Lloyd comenzó a producir comedias cortas. Roach fue uno de los más prolíficos y exitosos productores independientes de Hollywood, con una visión muy clara a la hora de escoger sus actores. No pudiendo establecerse en el área de la llamada Meca del Cine, adquirió unos estudios en Culver City, donde desarrolló su magnífica labor. Cuando irrumpió el sonoro ya Roach era un veterano en la producción de cine mudo. En ese momento trabajaba con Stan Laurel y Oliver Hardy, Charley Chase, los muchachos de Our Gang (La Pandilla) y Harry Langdon. Con ellos se sumó, desde los primeros momentos, a la producción en español y a la de otros idiomas. Sus cortos, distribuidos por la Metro Goldwyn Mayer, fueron muy bien recibidos en todos los mercados. Desde luego, los actores secundarios eran reemplazados en estas versiones, pero sus figuras principales, por otra parte insustituibles, debían ellas mismas actuar y hablar en todos los idiomas. Debieron someterse a un raro aprendizaje que consistía en leer fonéticamente lo que debían decir. Les colocaban unas pizarras con los textos fuera del campo de la cámara. Un enrevesado acento basado en el suyo propio hizo las delicias de los públicos, sobre todo en el caso del Gordo y el Flaco, como se les llamaba a Laurel y Hardy. Años después, cuando se abandonó esta práctica, los actores que debían doblarlos trataron de imitar aquella forma de hablar graciosa y peculiar con que se les había conocido.

Con el inicio de 1930 comenzó la aparición de los cortos en español de estos personajes. El primero fue *Ladrones*, versión de *Night Owls*, típica narración de los descalabros que los cómicamente torpes Stan y Ollie eran capaces de cometer. A esta le siguieron *La vida nocturna, Tiembla o titubea, Radiomanía, Noche de duendes, De bote en bote, Los calaveras, Politiquerías...*

Hal Roach produjo con La Pandilla *Los pequeños papás, Los fantasmas* y *Los cazadores de osos*; con Harry Langdon, *La estación de gasolina* y *¡Pobre infeliz!*, y con Charley Chase, *El jugador de golf*.

Otros intentos

Después de su desafortunada intervención en los balbuceos del sonoro, Xavier Cugat quiso lograr realizaciones más serias. *Charros, gauchos y manolas*, sin embargo, no bastó para exonerarlo de sus pecados anteriores. Pretendía un resumen de la hispanidad a través de la música de México, Argentina y España, a la que añadía un corto de veinte minutos titulado *Un fotógrafo indiscreto*, hasta alcanzar la hora y media de duración. Pero todo resultaba inarmónico y lleno de lugares comunes. Carmen Castillo y Delia Magaña actuaban en el cuadro mexicano; Paul Ellis (Manuel Granado) y Carmen Granada, en el argentino, y María Alba, Martín Galárraga y José Peña 'Pepet' en el español. También actuaban otros como Romualdo Tirado y Marina Ortiz. Xavier Cugat no solo producía, sino que se ocupó personalmente de la dirección.

Igualmente poco afortunados resultaron una serie de filmes que comenzaron a aparecer conformando la producción típica. Melodramas o comedias con más pretensiones que logros como *Alma de gaucho*, con guión y actuación de Benjamín Ingénito O'Higgins, nombre que sensatamente nunca utilizó. Lo cambió por el de Paul Ellis y, ocasionalmente, como actor, por Manuel Granado. Ellis había nacido en Buenos Aires en 1896 y a mediados de los veinte ya lo encontramos en Hollywood. *Alma de gaucho* desarrolla el argumento banal de un joven que se enamora de una bella dama (Mona Maris) que a sus espaldas lo menosprecia, pero luego comprende que en realidad lo ama y cede a sus reclamos. La dirección aparece firmada por Henry Otto, pero el Chris Phillis a quien se atribuye la producción parece no ser otro que el mismo Paul Ellis.

Del mismo pelaje que *Alma de gaucho* fueron *La rosa de fuego*, con Don Alvarado, y *Así es la vida*, una comedia con José Bohr, Lolita Vendrell y Delia Magaña.

Algo especial ocurrió cuando la Fox tuvo la ocurrencia de contratar a una figura que comenzaba a obtener reconocimiento como tenor en la Compañía de Opera de Chicago. Se lo trajo a Hollywood como protagonista de *El precio de un beso* (*One Mad Kiss*, en el original), compartiendo cartel con Mona Maris y Antonio Moreno. El argumento estaba basado en la figura legendaria, tantas veces explotada, del bandido aventurero que defiende a los pobres contra los excesos de avaricia de los ricos. En este caso, al asunto se añade una bella bailarina, a quien el personaje, Savedra, ha jurado besar delante de todo el mundo mientras ella actúa en el Café Fandango. Savedra lo logra y ella finge sentirse ultrajada, pero solo para pasarle un arma con la que él conseguirá la libertad cuando es detenido en una emboscada que le tiende el rico y voraz cacique. El filme no resultó del agrado de los productores y se retrasó su exhibición hasta después de que se le hicieran varios arreglos. No imaginaron entonces que su primera intuición con el cantante de la Compañía de Ópera de Chicago había sido brillante: era nada más ni menos que José Mojica, quien llegaría a ser una gloria para los públicos hispanos.

Menos conflictiva resultó la versión de la Paramount de *The Benson Murder Case, El cuerpo del delito*. Fue un filme mayoritariamente español, tanto por la adaptación, debida al escritor catalán Joseph Carner Ribalta, como por la gran mayoría de los actores, presididos por Antonio Moreno, Ramón Pereda, María Alba, Andrés de Segurola, María Calvo y Carlos Villarías. Tal vez ello contribuyó al éxito que alcanzó en España. El tema, por su actualidad, seguramente también fue un motivo influyente. Trata del crac bancario de 1929, que estremeció la sociedad norteamericana e influyó en todo el mundo. Benson es un agente bancario a quien no le ha afectado la hecatombe económica, pero es responsable de la ruina de varios de sus clientes. Benson es asesinado. El fiscal acude al detective Philo Vance, que con gran astucia logra desenmascarar al culpable entre varios sospechosos. Después de terminado el filme y, tal vez, satisfechos los ejecutivos de la Paramount por el resultado del mismo, se tomó la determinación de ampliar la producción de películas en distintos idiomas y se consideró respaldar el proyecto de abrir unos estudios en Europa, con más fácil acceso a los talentos locales y a los centros de distribución. El complejo de Joinville, cerca de París, se puso en marcha. Venía a constituir una prueba de la absoluta confianza depositada en las dobles versiones.

Se iniciaba un camino que requería un cierto aprendizaje. ¿Cómo se harían estas versiones? De momento se realizaron de manera estrictamente simultánea hasta que Hal Roach decidió tomar en sus manos la dirección de *Monsieur Le Fox*, llevando hasta sus últimas consecuencias el procedimiento, esta vez en los cinco idiomas. Juan B. Heinink y Robert G. Dickson lo cuentan de manera muy ilustrativa: 'Los problemas comenzaron cuando asignaron el reparto: Gilbert Roland actuaría en las versiones inglesa y española, Barbara Leonard en todas excepto en la española, Lilian Savin en todas menos la inglesa, Arnold Corp en la francesa y alemana, George Davis en la inglesa, francesa y española, Frank Lacten en la inglesa y española, y así sucesivamente, de modo que durante el rodaje, tanto los actores como el director se encontraron envueltos en un lío permanente donde no sabían lo que habían hecho ni lo que les faltaba por hacer' (Heinink y Dickson, 1990: 46). A partir de esta demencial experiencia fue cuando se planteó la necesidad de terminar primero la versión original, e inclusive estrenarla, y luego producir las demás, que tendrían en aquella un modelo que facilitaría grandemente la labor.

Buster Keaton llegaba al sonoro en buena forma, controlando sus producciones y con comedias que eran muy bien aceptadas. Por arreglos con la Metro Goldwyn Mayer se vio sometido a las decisiones de la gran compañía. Se dice que su imposibilidad de adaptarse al sonoro, en lo profesional, y al alcohol, en lo personal, produjeron el declive de su carrera, pero lo cierto es que *Estrellados*, que rodó en el primer semestre de 1930, hablando él mismo en español como hacían Laurel y Hardy, no revela ninguna decadencia. La responsabilidad tal vez haya que buscarla en la propia Metro y el alcohol puede haber sido más una consecuencia que una causa.

En *Estrellados* —versión de *Free and Easy*— el genial cómico de *El maquinista de la general* interpreta a Canuto Cuadratín, un paleto de un pueblo de Kansas, devenido en mánager de una joven aspirante a estrella de cine (Raquel Torres). En tal papel, Keaton se verá en muchas de las situaciones que le son características y terminará, como es de esperar, frustrado en amores y logrado como cómico.

La tendencia al musical es inherente al *show business* norteamericano. En el cine sonoro adquiriría su máxima expresión. Los antecedentes de los grandes musicales de Hollywood los encontramos desde los primeros intentos que se hicieron por añadirle sonido a las imágenes. Logrado esto, en cuanto tuvieron un buen número de cortos de este género, prepararon ambiciosas películas como amplios muestrarios. Así fueron *The Hollywood Revue of 1929*, de la MGM; *The Show of Shows*, 1929 (*¡Arriba el telón!*) de la Warner; *Paramount On Parade (Galas de Paramount)* y *The King of Jazz (El rey del Jazz)* de la Universal. Todas ellas tuvieron sus versiones en español y en las dos últimas se incluyeron rodajes hechos especialmente con artistas 'latinos'.

Comienzan los años treinta

Después de mediados de 1930 y hasta el frenazo de la producción avanzado el siguiente año, la realización de las versiones adquiere una cierta regularidad en los grandes estudios; por otro lado, la gran afluencia de artistas y escritores españoles les da un cierto carácter y estilo.

A la versión de *Slightly Scarlet* se le dio el título de *Amor audaz* y la dirigió Louis Gasnier, que más tarde se convertiría en el director más asiduo de Carlos Gardel. Las interpretaciones estuvieron a cargo de Adolphe Menjou, Rosita Moreno, Ramón Pereda y Barry Norton. La actriz mexicana Rosita Moreno fue una estrella muy prolífica del cine hispano de Hollywood, llegando a protagonizar cerca de una veintena de películas. La Lucy Stravin, que se hace pasar por una condesa para robar un valioso collar de perlas, fue su primer rol y le dio la oportunidad de situarse como una actriz glamorosa e imprescindible. Otras películas de interés en este período fueron: *El hombre malo, Cascarrabias, Olimpia, Del mismo barro, Toda una vida, El presidio, Oriente y Occidente, Sevilla de mis amores, El barbero de Napoleón, Drácula, Resurrección, El código penal, La mujer X, Del infierno al cielo, Eran trece...*

Cuando los grandes estudios abandonan la producción regular de películas en español solo la Fox las continúa hasta 1935. En general cambia el carácter de las películas y aparecen originales en una proporción mucho mayor. De este período Heinink y Dickson hacen mención especial, a través de reseñas de las mismas o por ser representativas en algún sentido, de las siguientes: *La rosa de Francia, La cruz y la espada, Angelina o el honor de un brigadier, Tengo fe en ti, La vida bohemia, Castillos en el aire, Mis dos amores, Verbena trágica, Di que me quieres, Los hijos mandan, El trovador de la radio, Papá soltero, El otro soy yo, Cuando manda la Ley, El milagro de la Calle Mayor* e *Inmaculada*. De algunas de ellas hablaremos oportunamente.

Una de las más estimadas fue *Angelina o el honor de un brigadier*, de la que los propios Heinink y Dickson nos dicen que se trata de una película 'memorable' (Heinink y Dickson, 1990: 56). Es la versión cinematográfica de la obra homónima de Enrique Jardiel Poncela, adaptada a la pantalla por él mismo y Betty Reinhardt. El filme fue dirigido por Louis King.

Rosita Díaz Gimeno, actriz de 'simpatía arrolladora', como la describe Florentino Hernández Girbal (Hernández Girbal, 1992: 97), interpreta a Angelina. Rosita era una actriz madrileña que desde 1930 había acudido al llamado de las versiones. Intervino en cuatro filmes y regresó a España. Marchó de nuevo en 1934 y en los once meses que permaneció en esa ocasión filmó dos películas, una de ellas es *Angelina o el honor de un brigadier*. Volvería de nuevo a Hollywood, en plena Guerra Civil española, a rodar una película más y permanecería el resto de su vida exiliada en México y los Estados Unidos.

El protagonista masculino es José Crespo, quien desde 1928 había llegado al cine americano procedente de su país natal, España. Cuando se le asigna el rol de Germán Valderramas, Crespo ya ha recorrido en el cine hispano un largo camino que se inició interpretando el personaje de Kovacs de la película *Olimpia* (1930) y terminó con *El milagro de la calle mayor* en 1939. Todavía en 1941 se estrena *Tengo fe en ti*, cuyo rodaje había comenzado en 1937 y se había quedado rezagada. Posiblemente ningún otro actor hispano tuvo una permanencia más prolongada, continuada y fructífera que Crespo en el cine hispano de estos años. Cuando llegó al set de *Angelina o el honor de un brigadier* ya había actuado en diez películas, siempre con papeles de protagonista, y después todavía hizo cuatro más.

Germán es el cínico amante de la mujer del brigadier Marcial, padre de Angelina. Cuando Germán conoce a Angelina se encapricha con ella y decide raptarla sin importarle que esté comprometida con el poeta Rodolfo. Habiéndole propuesto sus dos enamorados la fuga, Angelina elige al nuevo pretendiente, pero son alcanzados por el novio desairado y el ofendido brigadier, que se bate con Germán y lo hiere. La aparición sobrenatural de los padres de Marcial pone las cosas en orden.

Por debajo de la simple apariencia de una comedia de enredo, se trata con fina ironía las convenciones y los sentimientos humanos, lo que le da una mayor profundidad a la obra. *Angelina o el honor de un brigadier* dio la medida de cuanto se podía alcanzar con los talentos y la formación hispana de que entonces se disponía y los recursos que la industria de cine estadounidense ponía a su disposición.

Los grandes cantantes: José Mojica

Después de su temprano arribo a Hollywood para hacerse cargo del papel estelar de *El precio de un beso* (1930), José Mojica trabajó ininterrumpidamente hasta mediados de 1934. En total protagonizó once películas, de las cuales tres fueron réplicas hechas casi al mismo tiempo que sus originales —*El precio de un beso, Hay que casar al príncipe* y *Mi último amor*—, tres fueron versiones de películas anteriores del período mudo —*Cuando el amor ríe* (*Paid to love*, 1927), *La ley del Harem* (*Fazil*, 1928) y *El caballero de la noche* (*Dick Turpin*,

1925)— y las cinco últimas fueron originales: *El rey de los gitanos, Melodía prohibida, La cruz y la espada, Un capitán de cosacos* y *Las fronteras del amor*.

La cruz y la espada (1933) trata de un monje franciscano, cuya comunidad se halla establecida en la Alta California por la época de la 'fiebre del oro', cuando la región se llena de delincuentes y forajidos de toda laya. El hermano Francisco se ve obligado a enfrentarse a un bandido que intenta secuestrar a Carmela, la novia de su amigo José Antonio. Lo consigue, pero se enamora de ella, faltando al mandamiento que dice 'no desearás la mujer de tu prójimo', algo que se agrava en este caso, pues ese prójimo es un amigo. Francisco descubre un filón de oro y las expectativas que surgen en él lo mueven a intentar seducir a la chica. Ella lo rechaza, pero enterado José Antonio, lo reta y lo hiere en una mano. La visión de la sangre le hace perdonar a un Francisco arrepentido que ahora sólo desea la felicidad de su amigo. En el filme, con Mojica actúan Anita Campillo en el papel de Carmela y Juan Torena como José Antonio.

José Mojica.

Como dato curioso vale decir que nueve años después de rodada esta película, en 1942, Mojica ingresó en el Seminario Franciscano de Cuzco, en Perú, adoptando el nombre de fray José de Guadalupe Mojica.

Su última interpretación en los Estados Unidos fue para *Las fronteras del amor* (1934), en la que repite con Rosita Moreno, que ya había sido su co-estrella en *Un capitán de cosacos* (Mojica también compartió reparto con Mona Maris, Carmen Larrabeiti y Ana María Custodio).

¿Cuáles son esas fronteras a las que se refiere el filme? No precisamente la infranqueable expuesta en *La cruz y la espada*, sino las que determinan las diferencias sociales. Carlos es un famoso tenor mexicano que se refugia en su hacienda huyendo del mundanal ruido. Hasta allí llega Alice Harrison, una frívola heredera norteamericana que al verlo se enamora de él. Pero lo ha tomado por un humilde pastor y desecha la posibilidad de un compromiso serio. El artista no revela su identidad, harto de ser querido no por él mismo, sino por lo que posee. El desenlace, tan tópico como el resto de la historia, es que el galán al fin consigue convencerla de que el amor es más importante que el dinero y la posición social.

Más interesante que sus filmes, y seguramente ello contribuyó a su fama, fue su propia vida. Así como *La cruz y la espada* vaticina su decisión a profesar en la orden franciscana, *Las fronteras del amor* anuncia al famoso tenor que desprecia los bienes materiales por el amor; ese desprecio fue real y el amor que lo motivó no fue profano sino sagrado. Mojica murió en total pobreza. Su libro autobiográfico, *Yo pecador*, fue llevado al cine en 1959.

Tito Guízar

Cuando en 1935 Tito Guízar rueda *Milagroso Hollywood*, un corto de casi 20 minutos que tuvo una moderada distribución, el famoso cantante mexicano ya llevaba algunos años en los Estados Unidos, había hallado un hueco en las transmisiones bilingües de la CBS y había aparecido en algún otro corto en inglés. Además, como cantante no era un improvisado, había educado su voz en Italia y había dado conciertos en escenarios importantes. Pero la modesta *Milagroso Hollywood* no significó para su carrera un verdadero despegue. Este no se produce hasta un año después, cuando el realizador Fernando de Fuentes, valorando sus cualidades físicas y su voz, le propone el papel principal de *Allá en el Rancho Grande*. El impacto del ranchero cantor en esta película fue tan grande que, a pesar de su abundante filmografía, es esta la que venía a la mente siempre que se le nombraba. Se le abrieron realmente las puertas de Hollywood, del que fue un descubrimiento tardío. Paramount se ocupó de sus filmes, producidos entre 1938 y 1939.

Con música compuesta por el propio Tito, *Mis dos amores* desarrolla un argumento convencional de la época con chico que lucha por conseguir el amor de chica, de la que lo separa el padre de ella (Carlos Villarías) por intereses materiales. Comparte protagonismo con Blanca de Castejón, actriz nacida en Puerto Rico y nacionalizada mexicana, con una importante trayectoria en el cine hispano de Hollywood (donde hizo siete películas) y luego en México como una renombrada estrella. *Mis dos amores* había sido dirigida por Nick Grindé, con quien el cantante no repitió la colaboración, a pesar de que sacó del guión el máximo de posibilidades.

Tito Guízar.

El trovador de la radio es la primera de las restantes cuatro películas rodadas en Hollywood por Tito Guízar. Estas cuatro están dirigidas por el peruano Richard Harlan y excepto *El otro soy yo*, que es una comedia, las otras son melodramas. En la primera, el conflicto parte de la pérdida de la voz del trovador como consecuencia de los engaños de su secretaria y de un médico amigo de la propia víctima. *Papá soltero* narra las peripecias de un buen hombre que prohíja una niña cuando se dirigía a Los Ángeles a cobrar una herencia. Ya en esta ciudad descubre que unos rufianes se han apoderado de los bienes que debían ser suyos. Trabaja como cantante para mantenerse al tiempo que hace gestiones para localizar a una hermana de la niña que lo aliviará de ese peso. *El otro soy yo* trata de unos hermanos gemelos (ambos interpretados por Tito Guízar) opuestos en carácter y vocación. Mientras uno es el presidente de una fábrica, el otro es un marinero. El empresario debe salir de viaje, pero es preciso que nadie note su ausencia, por lo que el marinero le sustituye en el trabajo y en el hogar, creando situaciones divertidas. Por último, *Cuando canta la ley* es una especie de *western* mexicano en el que el agente Alberto Galindo viaja por la frontera de México tras un forajido. La imprescindible situación romántica se produce cuando Galindo se enamora de la propietaria del rancho donde ha debido quedarse a trabajar. Las soluciones responden, desde luego, a las exigencias más convencionales.

Cuando canta la ley, también exhibida con el título *El rancho del pinar*, fue de las últimas películas hispanas rodadas en Hollywood en esta etapa. Todavía Tito Guízar protagonizaría un filme más, pero en inglés, *The Llano Kid*, antes de regresar a México, donde le esperaba una larga tarea.

El más grande

Carlos Gardel es el artista más mitificado del cine hispano. A ello han contribuido no solo su voz y su estilo, sino su personalidad y su condición de artista, más allá de sus dotes como actor. Consolidada su fama desde fines de los veinte, la Paramount le ofrece un contrato para rodar cuatro películas en sus estudios de Joinville, Francia. Sin embargo, la primera de ellas, *Las luces de Buenos Aires* (1931), con un personaje que deja poco espacio para su lucimiento y un guión menos que mediocre, no fue el inicio que la gran estrella merecía. La segunda incursión con Paramount ocurre casi un año y medio después, con resultados similares, aunque ya en ella interviene Alfredo Le Pera, que trabajará como guionista en la mayoría de las películas de Gardel y le procurará excelentes oportunidades de lucimiento. En *Espérame*, Le Pera se atiene a un argumento de Louis Gasnier, el más frecuente director de Gardel, pero el resultado tampoco es relevante. Mucho mejor fue *Melodía de arrabal*, con la gran diva Imperio Argentina, que ya había rodado cuatro filmes en Joinville antes de reunirse en este con Carlos Gardel. Juntos, inmediatamente después, continuarían con el rodaje del corto *La casa es seria*, a fines de 1933.

Con *La casa es seria* termina la etapa de Gardel en Joinville. Sus siguientes filmes, siempre para Paramount, se ruedan en los estudios de esta empresa en Astoria, Nueva York. Pero se harán con distintas condiciones. Gardel crea su propia compañía, la Exito's Spanish Pictures, que será financiada por la Western Electric, y la Paramount le contrata inicialmente dos películas, prorrogables a cuatro.

La primera sería *Cuesta abajo*, rodada en mayo de 1934, también con guión de Le Pera. Para entonces ya están establecidas las reglas. Se trata de crear argumentos más o menos convencionales para lucimiento del divo, con un fuerte ingrediente sentimental y con excusas suficientes para que él pueda intercalar sus canciones. Para la dirección Gardel trae de Joinville a Louis Gasnier. El rol estelar femenino está a cargo de Mona Maris.

Carlos Acuña es el eterno estudiante que nunca acaba la carrera, disfrutando de la vida alegre e irresponsable de estudiante. Rosa es hija del propietario del café de la facultad y está enamorada de Carlos, pero él sólo se deja querer, hasta que la vampiresa Raquel entra en su vida y lo arrastra en un largo viaje. Carlos descubre que Raquel es una coqueta frívola y mentirosa y canta *Cuesta abajo* mientras Mona Maris, oculta, lo mira, en una escena que algunos consideran la mejor de todo el cine de Gardel. Aparece entonces en escena su antiguo compañero de facultad, Jorge Linares, que lo salva de las redes de Raquel y lo lleva junto a la dulce Rosa, que no ha dejado de quererlo y esperar por él.

El público hispano, sobre todo en los Estados Unidos, Argentina y en muchas capitales hispanoamericanas, recibió *Cuesta abajo* con verdadero delirio.

El tango en Broadway, la siguiente película, rodada casi sin transición después de *Cuesta abajo*, fue una comedia. Los roles femeninos estuvieron a cargo de la española Trini Ramos y la guatemalteca Blanca Vischer. Le Pera es otra vez el autor del guión.

El tío de Alberto anuncia que vendrá a Nueva York a comprobar si el sobrino ha hecho una correcta inversión con el dinero que le ha dado, unos fondos que han ido a parar a una agencia de espectáculos. Alberto debe crear unas apariencias que satisfagan al exigente tío. Para ello hace pasar a su novia por su secretaria y su verdadera secretaria fingirá ser su novia. Los enredos que se crean cuando el tío se adapta a la situación mejor de lo esperado y le birla la novia a Alberto —creyendo que es su secretaria— tienen un inesperado final feliz cuando Alberto se enamora de verdad de su secretaria, la que pasaba por ser su novia.

Pero parece que sus seguidores preferían ver a un Gardel que sufre y se desgarra en la tesitura del tango que a un Gardel de comedia, de modo que *El tango en Broadway* no tuvo la magnífica acogida de *Cuesta abajo*, aunque resultó inolvidable la escena en que Alberto Bazán, en pijama, canta *Rubias de New York* rodeado de cuatro bellezas rubias.

En diciembre de 1934 Gardel rueda los números musicales 'Amargura' y 'Apure delantero buey' para *Cazadores de estrellas* (*The Big Broadcast of 1936*) y en enero comienza el rodaje de *El día que me quieras*.

Tanto para esta como para *Tango Bar*, su última película, Gardel utilizará un nuevo director, John Reinhard, pero seguirá trabajando con guiones de Alfredo Le Pera, que aunque son deficientes, siempre encuentran el modo de colocar al Zorzal, al Jilguero, al Mudo, en las situaciones que más conmueven a su público.

El día que me quieras trae de nuevo un argumento que lleva a excesos sentimentales y genera los mismos delirios que provocara *Cuesta abajo*.

Ahora Gardel es Julio Argüelles, un joven que reniega de su adinerada familia y se casa con una bailarina. Un tiempo después, se ve en la miseria, con una hija de pocos años y su mujer, Margarita, gravemente enferma. Decide ir en busca de ayuda a la casa de su progenitor, pero allí lo que hace es robar, siendo sorprendido por el gerente de los negocios de su padre. No puede evitar que su esposa muera. Pasan los años y su hija Marga se ha vuelto una mujer de gran parecido a su madre (ambos papeles están interpretados por la misma actriz, Rosita Moreno) y, como ella, es bailarina. Por su parte, Julio ha triunfado en todo el mundo y ha cambiado su apellido por el de Quiroga. Marga se enamora de un joven que resulta ser hijo del gerente. Este se opone al noviazgo porque ella es una artista, pero luego da su aprobación cuando descubre que es una Argüelles.

Más simple es la trama de *Tango bar*: la bailarina Laura Montalbán anda en negocios sucios, asociada a un comandante. Navega en un barco donde va el cantante Ricardo Fuentes, que se enamora de ella, aun cuando se da cuenta de sus actividades. Un tiempo después, Ricardo inaugura *Tango Bar*, un sitio para bailar, y tiene oportunidad de ayudar a Laura a librarse de la policía cuando oculta en su caja fuerte una pieza que ella ha robado. Pero el cantante no está dispuesto a seguir tolerando los actos delictivos de la dama y decide romper con ella. Las promesas de enmienda que le hace la chica y el amor que existe entre ellos le hacen comprender que en el futuro podrá confiar en ella.

Carlos Gardel.

El final de una etapa

En junio de 1939, se rueda *La inmaculada*, última película en esta etapa de lo que los estadounidenses llamaron los 'Latin films'. Estaba producida por Maurice M. Cohen y Fortunio Bonanova, que había sido uno de los iniciadores del cine hispano y ahora le ponía punto final. Se adjudicó el papel principal, compartiendo protagonismo con la excelente Andrea Palma, que hacía su segunda aparición en el cine de Hollywood. La primera había sido meses antes en *La última cita*. En 1934, Andrea saltó a la fama con *La mujer del puerto*, una de las más logradas cintas del llamado 'cine de pecadoras'. *La inmaculada* nos presenta un personaje opuesto, una mujer capaz de soportarlo todo por fidelidad a su esposo. Cuando este comprende que la ha hecho infeliz y prácticamente se suicida para que ella tenga la oportunidad de rehacer su vida con otro hombre, ya es tarde porque el otro hombre se ha casado.

La inmaculada cierra el período con un argumento folletinesco de los que tanto daño han hecho al cine hispano, que ni siquiera logra redimir la presencia de Andrea Palma.

La transición

Aunque la presencia hispana en el cine de Hollywood se mantuvo activa después de 1939, año en que dejaron de hacerse películas en español, y durante los años de la década del cuarenta, nuestro idioma casi desapareció de esa producción. Los hispanos estuvieron entonces representados por actores y actrices que desde la época del mudo cautivaban a los públicos de todas las latitudes, artistas seductores como Dolores del Río, Gilbert Roland, Lupe Vélez, Antonio Moreno, Ramón Novarro, César Romero, etc., a los que se iban añadiendo otros como María Móntez, Kathy Jurado, Rita Hayworth, Anthony Quinn, Ricardo Montalbán y muchos más. Pero todos en películas habladas en inglés y respondiendo a una estética y a unos contenidos estrictamente norteamericanos.

En 1954, un filme excepcional vino a romper la armonía, a mostrar un modo distinto de ver las cosas y señalar nuevos objetivos: *La sal de la tierra (The Salt of the Earth)* de Herbert Biberman. Este director había nacido en Filadelfia, estudiado en Yale y marchado a la Unión Soviética, donde se adoctrinó en las ideas marxistas. De regreso en los Estados Unidos, estrenó dos obras de teatro soviéticas y realizó otras actividades como artista militante comunista en plena guerra fría. Enjuiciado por actividades antinorteamericanas en el célebre proceso de 'los diez de Hollywood', fue encarcelado. Tras cumplir su condena, Biberman marchó a Nuevo México, donde rodó, como cine independiente, *La sal de la tierra*.

La acción transcurre en Silver City, pequeña población de Nuevo México, y se refiere a una huelga, que realmente había tenido lugar, por la que se habían paralizado los trabajos en las minas de zinc. Los mineros pedían principalmente seguridad, pues habían ocurrido varios accidentes graves. La testarudez de la empresa, que se negaba a negociar, y la entereza de los huelguistas apoyados por sus mujeres, que aprovecharon la circunstancia para plantear sus propias reivindicaciones, crearon una situación de paro indefinido. La tensión está magistralmente descrita por Biberman, quien toca resortes humanos que provocan la identificación del espectador con los obreros para que tome partido a su favor. Cuando a los hombres se les impide formar piquetes a la entrada de la mina, las mujeres ocupan su lugar y acaban en la cárcel con sus hijos pequeños. Pero a la postre, a los empresarios no les queda más remedio que ceder y el triunfo es de los mineros.

La realización recurre a lo que tantas veces hizo el neorrealismo italiano, utilizar gente del pueblo como actores y mezclarlos con profesionales que siguen una escuela rigurosamente realista. La gran actriz mexicana Rosaura Revueltas crea un personaje popular de gran fuerza, Esperanza Quintero, que destaca los contenidos de la trama. 'El filme abrió nuevos caminos para el tratamiento del sexismo, el racismo y la explotación en el trabajo, y al poner una voz de mujer, la de Revueltas, para narrar los acontecimientos. Se adelantó a su tiempo al tratar la desigualdad de género en las comunidades latinas'[1].

Ante las dificultades para exhibir el filme en los Estados Unidos, Biberman lo llevó a Europa, donde tuvo muy buena acogida y ganó premios. Más tarde en su país y, sobre todo, en el cine chicano y en otras comunidades marginadas, su influencia sería definitiva.

Después de los años cincuenta surgirán infinidad de pequeñas productoras independientes, constituidas la mayor parte de las veces para producir una sola película. Unas pocas mantendrían su continuidad, pero, en cualquier caso, el cine independiente siempre fue una saludable alternativa al cine de Hollywood y la que posibilitó en el país la existencia del cine hispano.

Los esfuerzos hispanos

Rolando Barrera, dominicano exiliado de Trujillo, desde finales de los cuarenta hacía teatro 'latino' en Nueva York con su grupo Futurismo. Fue uno de los pioneros en esta actividad (Ventura, 2007). Se interesó por el cine y como realizador de películas en español, fuera de la gran industria, también fue de los pioneros con una pequeña productora independiente. De 1954 es *Escombros*, que tuvo muchas dificultades de producción y un resultado artístico que, desafortunadamente, no estuvo a la altura del esfuerzo. Orientado más bien a la producción, en 1963 hizo *La canción del caribe*, rodada en Nueva York, Puerto Rico y República Dominicana. En esta cinta, el cineasta cubano Orlando Jiménez Leal sería el director de fotografía.

La intrincada relación entre los Estados Unidos y Puerto Rico hará que se produzca una numerosa cantidad de películas donde se aprecia la identidad puertorriqueña, pero la gran mayoría de las veces habladas en inglés.

Dirigida por el puertorriqueño Jerónimo Mitchell Meléndez, se rodó *Heroína* (1965). Como protagonistas tuvo una mexicana (Kitty de Hoyos) y un puertorriqueño (Jaime Sánchez), secundados por algunos actores cubanos (Otto Sirgo, José de San Antón...). La fotografía fue de un excelente camarógrafo también puertorriqueño (Luis A. Maisonet) y la edición estuvo a cargo de una diestra editora cubana (Gloria Piñeyro).

Según Bosley Crowther, del *The New York Times*:

> Tiene un impactante sabor de autenticidad a Harlem hispano, donde se concentra todo el drama de los drogadictos y los traficantes. [...] Calles familiares o reconocibles y zonas de este sub-barrio deplorable son escenario de la acción generalmente espeluznante y reincidente en la que una descarrilada juventud puertorriqueña es sacada de su hogar por sus padres y se ponen a propugnar los narcóticos. Pasadizos inconfundibles de Harlem y tugurios son la guarida de una sucesión de junkies y buscavidas que desfilan por el filme[2].

Producción puertorriqueña en los Estados Unidos también fue *Nueba Yol* (1995), una comedia con el tema de la inmigración, de Ángel Muñiz.

La historia es simple y bastante tópica: Balbuena pierde a su esposa al comienzo de la película y decide, animado por su amigo Fellito, marcharse a Nueva York —'Nueba Yol' la llama la gente de bajo nivel social y cultural—. Para conseguirlo hipoteca su casa y paga cinco mil dólares por una visa. Al llegar a la gran ciudad se va a vivir a casa de su primo Pedro y empieza a sufrir todas las calamidades que acechan a los inmigrantes ilegales. Luego, logra una posición junto al dueño de un restaurante y una relación amorosa, pero llega a la conclusión de que Nueva York es una especie de infierno y decide regresar a Santo Domingo.

Aun aliviada por el tratamiento humorístico, la imagen que se da de Nueva York es deprimente. Y no mejor parada queda la comunidad hispana, a pesar de los esfuerzos por destacar sus valores humanos. La película se convierte en un esfuerzo por desacreditar la idea del 'sueño americano'.

Las interpretaciones están a cargo de Luisito Martí, Caridad Ravelo, Raúl Carbonell, Rafael Villacona, Joel García y Alfonso Zayas.

Los conocidos presentadores del programa dominicano *El vacilón de la mañana*, Luis Jiménez y Moonshadow, llevaron sus lances al cine, en la película *El vacilón: The Movie* (2005), pero el resultado no les gustó ni a sus más fieles seguidores.

Los anglosajones

También realizadores anglosajones, sin mayores vínculos culturales con los hispanos —como había sido el caso de Herbert Biberman—, hacen películas con temas de estas comunidades y habladas en español o inglés, pero aun estas últimas con una presencia importante del idioma español.

El realizador Steve Fagin fue a La Habana con un proyecto cinematográfico, convocó a los actores y actrices blancos y negros más representativos del país, rodó ensayos, improvisaciones, planos de la vida habitual de la gente y con todo eso compuso *Tropicola* (1997), que aspira a dar una imagen de la situación real del pueblo en la isla bajo el régimen de Castro. Como los actores creían estar trabajando para una prueba que no sería utilizada como material válido, se comportaron y dijeron cosas un poco más allá del límite de lo permitido. El resultado es un filme de rara autenticidad que, efectivamente, revela aspectos menos divulgados de la realidad cubana. Por otra parte, se disfruta la frescura de unos buenos actores trabajando en algo que ellos creían provisional. Estos actores se sintieron engañados cuando luego supieron que lo que rodaron había sido utilizado. Sobre todo porque se quedaron esperando que se cumpliera la promesa de pagarles cuando se hicieran los rodajes definitivos. Actuaron Mario Balmaceda, Coralia Veloz, Ildefonso Tamayo, Tito Junco, Alden Knight, Adriana Santana, Samuel Claxton, Elvira Cervera, Gretel Pequeño, etc.

Traffic (2001) ganó cuatro estatuillas de la Academia de Hollywood, entre ellas una para su director, Steven Soderbergh. Es de las mejores películas que en los últimos años han tratado distintas historias que de alguna manera se entrelazan; en este caso, referidas al tema de la lucha contra la droga en los Estados Unidos. Un policía de Tijuana logra mantenerse honesto a pesar de las frecuentes y fáciles tentaciones que se le presentan, pero su compañero está atrapado en situaciones moralmente comprometidas —este episodio está enteramente hablado en español—. Del otro lado de la frontera, un juez, recientemente nombrado por el presidente en uno de los cargos más responsables de la lucha contra la droga, se dispone a realizar su trabajo cuando tiene que enfrentarse al hecho de que su propia hija es drogadicta. Dos agentes de la DEA se hacen con un testigo que permite arrestar a un adinerado narcotraficante que socialmente pasa por ser una persona honorable. Ni su propia esposa sabía de sus actividades, pero cuando se da cuenta de que su posición y la de sus hijos peligra, decide salvar el negocio de su esposo.

El filme adopta una estética muy realista y para ello busca un efecto de documental, algo que ya va siendo propio del género. Las actuaciones son magníficas y le valieron un Oscar, también, a Benicio del Toro. Las otras estrellas del elenco son Michael Douglas, Catherine Zeta-Jones, Salma Hayek, Tomás Milián, Luis Guzmán, Dennis Quaid, Steven Bauer, Don Cheadle, Benjamin Bratt, Albert Finney, James Brolin, Erika Christensen, Jacob Vargas...

Una de las más notables películas hechas en español por norteamericanos es la colombiana-americana *María, llena eres de gracia* (2004), un título sarcástico que se refiere a la droga que tragan unas mujeres en Colombia para introducirla en los Estados Unidos. Es el primer filme de Joshua Marston y sorprendió muy favorablemente a crítica y público.

María, llena eres de gracia,
Joshua Marston.

Una joven, María, trabaja en una empresa que cultiva flores para la exportación. Se siente incómoda en su trabajo por diferencias con su jefe y cuando se entera de que está embarazada rompe la relación laboral y se plantea la necesidad de encontrar otro modo de ayudar a su familia y resolver sus propias necesidades económicas. De momento decide irse a la ciudad. El azar la lleva a entrar en contacto con unos traficantes de droga y acepta hacer de mula, esto es, transportar cápsulas de heroína. Es un riesgo hasta de la propia vida que se ve compensado con una cantidad de dinero casi imposible de ganar de otra manera. El espectador asiste con María al aprendizaje de las peculiaridades de una actividad repugnante. Una vez cumplida la misión, María y la amiga con la que más ha confraternizado en la aventura deben decidir el destino que han de dar a sus vidas: regresar a Colombia o quedarse.

Del magnífico reparto de actores —Catalina Sandino Moreno, Yenny Paola Vega, Guilied López, Orlando Tobón, John Alex Toro, Patricia Rae, Virginia Ariza, etc.— destaca Catalina Sandino Moreno, que, a pesar de ser su primera actuación para el cine, ha obtenido numerosos premios y fue nominada al Oscar como mejor actriz.

De gran dramatismo es el documental de largometraje *Hijos de la guerra* (2007), dirigido por el fotógrafo Alexandre Fuchs. Es la historia de la banda Mara Salvatrucha (MS-13), formada principalmente por salvadoreños en los Estados Unidos que llegaron huyendo de la guerra civil en su país. Ha sido considerada por el FBI (Federal Bureau of Investigation) como la más violenta de las bandas hispanas que operan en las calles de varias ciudades norteamericanas. Ha tenido un rápido crecimiento que hoy alcanza los cien mil miembros. Actualmente se ha extendido a Centroamérica.

Estas películas, de las que las mencionadas solo constituyen unas pocas muestras, independientemente del valor que pueda tener cada una de ellas por separado, no forman un cuerpo articulado, como ocurre con el cine cubano del exilio y el cine chicano.

Cine cubano del exilio

Salvo en el período de la guerra de independencia a finales del siglo XIX, la emigración cubana a los Estados Unidos fue siempre discreta, no hubo éxodos masivos por cuestiones económicas. Solo en aquella ocasión se produjo una concentración importante de cubanos, principalmente en las ciudades de Tampa y Cayo Hueso. Estas comunidades se irían absorbiendo poco a poco en el tejido de la sociedad angloamericana, de modo que cuando a partir de 1959, de nuevo por razones políticas, se produce una verdadera avalancha que con los años ha llegado a superar el millón y medio de emigrantes, los recién llegados no encuentran conciudadanos con raíces en el medio norteamericano, como podría haber sucedido con los mexicanos o los puertorriqueños. La ciudad donde se concentraron en mayor número fue Miami, que como entonces era una ciudad pequeña y poco poblada, pudieron fácilmente hacerla suya. Los cubanos se quejarían de algunos aspectos de la cultura estadounidense que chocaban con su idiosincrasia, pero no se sintieron discriminados o segregados. Traían un buen nivel de instrucción y entre ellos algunos poseían una formación cinematográfica, por eso pudieron empezar a hacer películas aun antes que los chicanos que siempre estuvieron en el país.

Es en el documental donde el cine cubano del exilio presenta una producción variada y numerosa. Las razones son evidentes: las facilidades para su realización y la menor inversión económica que exige este género. Su característica principal ha sido la de exponer los acontecimientos que la situación política interna de la isla apenas permite divulgar y, aparte de otros posteriores también estimables, han tenido su máxima expresión en los dos grandes documentales de Néstor Almendros: *Conducta impropia* (1984), codirigida con Orlando Jiménez Leal, y *Nadie escuchaba* (1989), con Jorge Ulla, así como en *8A* (1993) de Jiménez Leal.

De *Conducta impropia* a *8A*, y antes y después de estas, hay muchos documentales que citar, unos de carácter nostálgico, que intentan rescatar la Cuba de antes del triunfo de la Revolución, y otros, la mayoría, que exponen acontecimientos del período en que ya esta se ha producido.

El cine de los cubanos exiliados funda sus antecedentes en tres documentales de principio de los sesenta. El primero es *La verdad de Cuba* (1962) de Manuel de la Pedrosa, un alegato anticastrista para consumo solo de la primera oleada de exiliados que se había refugiado en Miami. Manuel de la Pedrosa era un español cubanizado que realizó en la Cuba republicana un buen número de películas, entre 1950 —año en que hizo *Hotel de muchachas*— y 1959 —cuando rodó *Mares de pasión*—. Se trataba de comedias y musicales que no aportaron más que las películas mexicanas de segunda que se hacían por aquel tiempo.

El conocido cineasta Manolo Alonso, quien realizara en Cuba algunas de las películas más importantes de ese país anteriores al triunfo revolucionario —como *Siete muertes a plazo fijo* (1950) y *Casta de robles* (1954)—, dirige en 1963 un documental enfático y nostálgico titulado *La Cuba de ayer*, referido fundamentalmente a los años cincuenta. Su estilo grandilocuente daba una impresión de sectarismo que conspiró más contra su mensaje que la falta de comprensión que entonces existía de los problemas de Cuba.

El tercero de este movimiento documental que apenas comenzaba es *Cuba, satélite 13* (1963), también de Manuel de la Pedrosa, producido por Eduardo Palmer y con guión de José Guerra Alemán.

Eran documentales más interesados por su impacto político que por su resultado artístico y estaban muy influidos por el estilo de los noticieros cinematográficos de la época. Esta característica se mantendría de una manera más predominante de lo deseable en muchos de los trabajos posteriores del cine del exilio cubano.

Después de *Satélite 13*, se produce un largo vacío. Palmer, que había sido un activo productor de documentales en Cuba, dirige todos sus esfuerzos a la televisión, con la que ha estado colaborando desde enero de 1961, y logra programas que tendrán una amplia difusión por Hispanoamérica. Edita un noticiero cinematográfico, *El Panamericano*, que se distribuyó en los cines hispanos de los Estados Unidos y, a partir de 1962, en Centroamérica y la República Dominicana. De la Pedrosa se marcha a España y Manolo Alonso a un retiro que solo romperá, en una ocasión, varios años después, para dirigir otro documental, *El milagro del éxodo* (1987).

Nuevos realizadores

Miñuca Villaverde es una figura aislada que en Cuba había vivido el proceso inicial del ICAIC (Instituto Cubano del Arte e Industria Cinematográficos) y actuado como protagonista en una de las películas de su marido, el director Fernando Villaverde. Después de unos años de exilio, principalmente en Europa, viene a los Estados Unidos y en Texas, en 1974, realiza un bello documental titulado *A mi padre*. Miñuca es autora de una obra, no numerosa, pero intensa. Sus primeros trabajos, por falta de recursos, tenían bandas sonoras muy simples, en las que ni siquiera se escuchaban voces. Luego, cuando pudo, utilizó narraciones en inglés. El español en *A mi padre* está presente en las canciones de fondo, sobre todo en la voz de María Teresa Vera cantando la nostálgica canción 'Veinte años'.

El cine de ficción, curiosamente, se anticipa al grueso de la producción de documentales. El realizador Camilo Vila filma *Los gusanos* (1976) en un sitio rural de la República Dominicana, escogido por su parecido con Cuba. A pesar de la falta de recursos y la inexperiencia de entonces de su director, resulta un filme de calidad. Las actuaciones corresponden a Orestes Matacena, Mario Peña, Raimundo Hidalgo Gato, Clara Hernández, Rubén Rabasa, Marco Santiago, Doris Castellanos, Ángela Hayden y Reinaldo Medina. El guión es de Orestes Matacena y Clara Hernández.

> *Los gusanos* (el título alude a la manera despectiva en que se suele nombrar a los enemigos de la Revolución) se apoya en la pieza teatral homónima de Eduardo Corbé (dramaturgo cubano radicado en Nueva York), quien, a su vez, se inspira en la obra de teatro de Jean Paul Sartre *Muertos sin sepultura*, reubicando la trama del francés en el contexto cubano de los años sesenta. En *Los gusanos* un grupo de exiliados, contrarios a la Revolución de Fidel Castro, desembarca en Cuba con el fin de liberar a un importante prisionero político, pero una vez en tierra son apresados por un pelotón revolucionario. A la espera de los interrogatorios que le harán los oficiales de Seguridad del Estado, se desencadenarán una serie de conflictos entre prisioneros y custodios (García Borrero, 2007).

Los agentes de Seguridad del Estado no llegarán nunca, pero los oficiales al frente de las fuerzas revolucionarias, un teniente y un capitán, asistirán a la muerte —por distintas razones— de los prisioneros, hasta su total liquidación. Estos dos personajes encarnan sendas tendencias bien definidas en el comunismo cubano de aquellos años: la pro soviética y la nacionalista. El primero es, además, un torturador nato; el segundo conserva un cierto idealismo hasta saberse atrapado por la perversidad del sistema. *Los gusanos*, que tuvo una distribución muy deficiente, no alcanzó el reconocimiento que merecía.

Al año siguiente, Iván Acosta hace su primera incursión en la dirección cinematográfica con un cortometraje de ficción titulado *El ataúd* (1977, 28 minutos). Los personajes nunca hablan. Solo escuchamos los sonidos ambientales y la música de fondo, compuesta por

José Raúl Bernardo. La familia vive en una cabaña cerca del lago. El abuelo va a morir y espera sentado en una silla al aire libre, viendo cómo preparan su ataúd. Una anciana reza su rosario. El viejo muere y, ya en el féretro, comienza una larga peregrinación por distintos paisajes hasta llegar al océano, donde es arrojado el ataúd. Lo vemos alejarse hasta desaparecer en el oleaje.

Después de *El ataúd*, Iván Acosta rueda *Union City, ciudad de los sueños* (1986), una descripción física y humana de la ciudad. Y luego, un documental en el que recoge el gran desfile que anualmente los puertorriqueños llevan a cabo en Nueva York, titulado *La parada* (1987). La acción se centra en un grupo de muchachas que se preparan para desfilar en una carroza y luego, ya en pleno desfile, los problemas que se les presentan. Recoge los diálogos que ocasionalmente se cruzan entre ellas.

El Super

Acosta era además un dramaturgo que había escrito una pieza teatral titulada *El Super*. León Ichaso y Orlando Jiménez Leal le pidieron los derechos para llevarla al cine y un año después la película estuvo lista. Resultó ser el acontecimiento cinematográfico más importante del cine del exilio cubano hasta ese momento y tal vez hoy continúa siéndolo. En palabras del propio Acosta: '*El Super* se convirtió en los *Cien años de soledad* del exilio cubano'.

Las interpretaciones de Raimundo Hidalgo Gato, Reinaldo Medina, Zully Montero, Juan Granda, Elizabeth Peña (en su primera actuación) y Margarita Martínez Casado son excelentes.

Para una exhibición de la película, en 2007, en el Centro Cultural Cubano de Nueva York, se incluyó en la invitación la siguiente sinopsis del filme:

> *El Super* es la historia de Roberto y Aurelia, exiliados cubanos que viven en Nueva York con su hija Aurelita, de 17 años. Estamos en febrero de 1978 y el invierno es duro. Durante diez años Roberto ha sido el Super de un edificio de apartamentos en el Upper West Side, en el cual recoge la basura, enciende la caldera, repara ventanas y escucha las quejas constantes de los inquilinos. Deprimido y cansado por la vida que lleva, cuando recibe malas noticias de Cuba y se entera de que su hija puede estar embarazada, decide abandonar Nueva York y empezar una nueva vida en Miami[3].

Refiriéndose a la aspereza con que comienza la historia, Vincent Canby comenta:

> …usted podría sospechar que *El Super* va a ser desagradable, pero se equivocaría. Es divertida, moderada, un drama nada sentimental sobre personas en una peculiar transformación. […] *El Super* tiene mucho menos de política que de la desorientación de unos exiliados que se convierten en metáforas vivas de la condición humana. Tal persona es Roberto, interpretado con infinito buen humor y sentido común por Raimundo Hidalgo-Gato. […] Producido con un presupuesto muy bajo, pero con cuidado e inteligencia, y con un extraordinario reparto de actores cubanos y puertorriqueños[4].

El Super significó un gran esfuerzo que no contó para su producción con otro aporte económico que el que hicieron sus directores, Jiménez Leal y León Ichaso, y el productor cubano radicado en Puerto Rico Emilio Guede. El camino emprendido por *El Super* no tuvo la continuidad que era de esperar; no promovió un interés por crear un movimiento cinematográfico, que sin el amparo de los recursos financieros de una empresa difícilmente puede prosperar. Faltaron los medios y fue una pena, porque en ningún otro momento coincidieron en un lugar (Nueva York) tantos cineastas cubanos exiliados de talento. A Jiménez Leal, Ichaso y Acosta se sumaban Jorge Ulla, Orestes Matacena, la eficaz editora Gloria Piñeyro, intérpretes que entonces se iniciaban como Andy García e Elizabeth Peña y muchos artistas más que no encontraron las circunstancias adecuadas para desarrollarse. Solo el Centro Cultural Cubano de Nueva York, que dirigía el propio Iván Acosta, alentaba este propósito, pero sus medios eran muy precarios. Como ha apuntado con mucha claridad Narciso Hidalgo, refiriéndose de un modo más general al trabajo realizado por los cineastas exiliados:

> Ninguno de estos esfuerzos ha sido asistido por instituciones o personalidades importantes de la comunidad en el exilio, quienes frecuentemente han criticado los filmes hechos en el ICAIC, pero nunca pensaron respaldar los proyectos de estos u otros cineastas con fondos, gratificaciones o alguna otra forma de financiamiento. Hoy nos podemos preguntar: ¿Qué fundación, institución o asociación en el exilio ha creado un concurso, concedido un premio o dado fondos para la realización de proyectos cinematográficos? ¿Ha considerado la poderosa comunidad cubana de los Estados Unidos qué aspectos importantes de su cultura se están perdiendo y cómo el legado de esta cultura —dividida durante cuatro décadas— puede ser preservada en las películas?[5].

Otra obra surgida del impulso de este momento fue *Guaguasí* (1979), que dirigió Jorge Ulla, con la actuación de Orestes Matacena, Rolando Barral y un jovencísimo Andy García en su primera aparición cinematográfica. La fotografía es de Ramón Suárez, que había trabajado en Cuba con Tomás Gutiérrez Alea, en sus filmes más reconocidos de los primeros tiempos (*La muerte de un burócrata, Memorias del subdesarrollo...*). En el guión participaba Matacena, que llegaría a dirigir sus propias películas en idioma inglés.

La historia trata de un campesino torpe e ingenuo que llega a La Habana con los guerrilleros que combatieron en la Sierra Maestra. En la ciudad, Guaguasí —apodo que proviene de 'guagua sí'—, enamorado de una corista, vivirá experiencias y se comportará de una manera que se proponen como una metáfora del proceso de corrupción y descomposición de la Revolución. La idea, las intenciones y un humor directo y cáustico salvan la película de sus defectos de realización. A pesar de su inequívoca posición opuesta al régimen de Castro, el filme fue recibido como una obra moderada y eso contribuyó a que tuviera una buena acogida.

Sin conexión con este cine que se hace en Nueva York, el actor, escritor y cantante Pedro Román, con sus propios recursos y la colaboración de otros amigos, consigue llevar a la pantalla una obra suya: *¡Qué caliente está Miami!* (1980). Se trata de una comedia salpicada de números musicales (la bolerista Olga Guillot interviene en ella) en la que un cubano exiliado logra una posición acomodada con el negocio de compra y venta de propiedades. El personaje está casado y tiene una hija. En una casa vecina vive otro cubano, cuyo hijo está enamorado de la joven y mantiene con ella unas relaciones que ambos intentan ocultar por la oposición empecinada de los padres, que se detestan (como se puede ver, se trata del tema recurrente de *Romeo y Julieta*). Los dos hombres tienen que superar su enemistad cuando se descubre que la muchacha ha quedado embarazada. Al final, como corresponde al género, las cosas se arreglan y todo termina en una gran fiesta.

La película fue dirigida por Ramón Barco, un realizador cubano hijo de emigrantes del primer exilio que se habían establecido en Puerto Rico, donde concluyó su educación. Luego se fue a España y allí rodó *Mecanismo interior, Todos los gritos del silencio* y *El avispero*.

El protagonista de *¡Qué caliente está Miami!* es Raimundo Hidalgo Gato, el actor que tanto contribuyó al éxito de *El Super*. La famosa *vedette* cubana Blanquita Amaro, todavía en la plenitud de sus facultades, hizo de madre de la novia; y el papel del padre del novio se le asignó al padre del filme: Pedro Román.

Después de muchas dificultades provocadas principalmente por un productor asociado, la película logró estrenarse en un cine de Hialeah y otro de Nueva Jersey, pero solo por un día: nuevos obstáculos insalvables impidieron su exhibición y condenaron la película a ser engavetada.

De nuevo los documentales

La llegada de ciento treinta mil cubanos a los Estados Unidos en 1980, que creó una crisis mayor que la que le dio origen (la avalancha de casi once mil personas que se habían asilado en la embajada de Perú), dio motivo a nuevas películas de largometraje y a que comenzara a revitalizarse el género documental.

Jorge Ulla y Lorens Ott Jr. realizan *En sus propias palabras* y, poco tiempo después, Miñuca Villaverde, con materiales que rueda en los campamentos de refugiados, hace *La ciudad de las carpas*. Son trabajos para los cuales solo existe una ocasión —la del momento en que los hechos se producen— y exigen la disposición y la suerte de coincidir con el lugar y momento exactos.

El mayor interés de *En sus propias palabras* radica en las entrevistas hechas a los que vienen al exilio en el momento mismo de su llegada. Ello confiere al documental una gran frescura y lo enriquece con el estado emocional de unas personas que —independientemente de lo que se les ocurra decir al ser sorprendidos por la cámara— sienten que atraviesan un momento decisivo de su vida. La película, de 30 minutos de duración, preparó a Jorge Ulla, cuya experiencia había estado relacionada, más bien, con la ficción, para colaborar con Néstor Almendros en un trabajo más ambicioso: el de *Nadie escuchaba*.

La ciudad de las carpas es un filme más complejo y que abarca más vertientes, aunque la presencia dominante de los homosexuales parece imponerse a todas las demás. Aquí el tono sentimental de *A mi padre* ha desaparecido y lo más importante es la atención desprejuiciada a unas personas que trascienden la situación puntual por la que atraviesan, que no por ser extrema es menos eventual, y se presentan en su dimensión humana. Miñuca demuestra con *La ciudad de las carpas* que también es capaz de realizar con eficacia trabajos que están dentro de una línea más convencional que obras más personales que antes había realizado en Nueva York. Al igual que en *A mi padre*, la narración es en inglés y el español está presente en las canciones que cantan los refugiados y que expresan sus estados de ánimo.

Al año siguiente, en el documental *Miami: encuentro de dos culturas* (1981), Roberto Fandiño recoge para la televisión española el desarrollo y la influencia de los cubanos en Miami. Intenta demostrar que la vitalidad de la ciudad y el impulso con que se desarrolla convierten el acontecimiento de los 'marielitos' en un hecho que la ciudad puede absorber fácilmente. Recorre los problemas del bilingüismo, la educación, el incremento del tráfico aéreo y marítimo, la prensa, los conflictos que, para la cultura de los hispanos, representa vivir en un país que habla otro idioma, así como las ofertas en el mundo del espectáculo. Abrió las puertas del televidente español a una realidad cercana a ellos y cuya magnitud no conocía.

Orlando Jiménez Leal hace su primer gran documental, *La otra Cuba* (1983), producido por la RAI (Radio Televisión Italiana), con la colaboración de Carlos Franqui y Valerio Riva.

Franki —hombre de origen campesino, que vivió grandes privaciones en la infancia y luego fue un luchador social, un combatiente contra la dictadura de Fulgencio Batista, un guerrillero en la Sierra Maestra y un hombre de la Revolución hasta que se decepciona y se vuelve un disidente— sirve como hilo conductor para los períodos de la historia de Cuba descritos por el documental. Así se presenta, con abundancia de datos, la compleja y contradictoria situación en que se produce la lucha contra Batista; luego, la toma del poder por la Revolución, sus prometedores primeros tiempos y los acontecimientos que anunciaban su fracaso. Franki y Valerio moderan, entrevistan y conversan con una serie de personas —artistas, políticos y escritores— que vivieron aquellos tiempos y que dan su testimonio. La película viene a ser un recorrido nostálgico por situaciones difíciles, pero que se vivieron con la ilusión de alcanzar un ideal que más tarde o más temprano se materializaría, y la tristeza de que todo fue en vano. *La otra Cuba* fue uno de los primeros toques de alarma que sonaron con fuerza para llamar la atención sobre las frustraciones del régimen de Castro.

Poco tiempo después, Orlando Jiménez Leal hace con Néstor Almendros *Conducta impropia* (1984): un largo documental que, a pesar de los episodios dramáticos que narra, nunca pierde su desenfado y hasta un cierto sentido del humor. Lo que más llamaba la atención era que entre políticos, intelectuales y otras personas de prestigio, prestaban declaraciones —no sin cierto candor— homosexuales anónimos, y a veces muy amanerados, quienes contaban cómo sufrieron cárceles y maltratos. Estos testimonios directos de personas que padecieron esas situaciones son abundantes y variados.

Los documentales que indagan en la realidad y que se proponen ofrecer una información veraz que sustente una tesis deben recurrir por lo general al material de archivo, casi siempre de viejos noticieros. De la eficacia con que se manejen esos materiales depende el éxito de la obra. *Conducta impropia* es especialmente hábil en este sentido. Por ejemplo, selecciona una serie de tomas de Fidel Castro haciendo afirmaciones categóricas y se utilizan para cerrar secuencias en las que se ha hecho evidente lo contrario de lo que nos dice. El prestigio de Almendros y la denuncia de los abusos innegables ocurridos en los campos de las UMAP (Unidades Militares de Ayuda a la Producción, eufemismo con que se intentaban ocultar los campos de concentración para homosexuales, religiosos y desafectos al Gobierno) resultaron no un llamado a la atención como *La otra Cuba*, sino un mentís a las afirmaciones del régimen. Esta vez, como era de esperar, la respuesta fue enérgica, se movilizó la izquierda incondicional en los propios Estados Unidos y se hizo que el peón más fuerte con que contaba el régimen cubano en el campo del cine, Tomás Gutiérrez Alea, le contestara a Néstor Almendros desde las páginas del *Village Voice*. En definitiva, los partidarios de Castro no pudieron negar los hechos y la crítica contra el documental se basó en el argumento de que sus realizadores no mencionaron 'que esos campamentos fueron abolidos, en otras palabras, que incluso dentro de Cuba el cambio puede ser y en realidad ocurre' (López, 1993: 81). Lo cierto es que en el documental sí se menciona que los campos fueron abolidos y, además, lo importante es que en ninguna parte del mundo el derecho penal admite que si el delincuente se arrepiente después de cometido el crimen el delito deja de existir.

Una pausa y más documentales

En su nota autobiográfica para el libro del cine del exilio coordinado por Juan Antonio García Borrero, al que he venido haciendo referencia, Iván Acosta nos dice: 'Mi primer largometraje como director fue *Amigos*, filmado en Miami, Washington D.C., Union City, Nueva Jersey y Nueva York. *Amigos* es una comedia seria sobre la llegada de un *marielito* en 1980, y no fue escrita para el escenario como *El Super*. La escribí para la pantalla' (Acosta, 2007: 110).

El 'marielito' encuentra en Miami más contratiempos que venturas. Según el cartel que anuncia la película: 'libertad y abundancia', pero también 'confusión y engaño' y el rechazo de sus compatriotas, preocupados por los delincuentes que el Gobierno de Castro había introducido entre los emigrantes. Lo mejor que le pasa es reencontrarse con sus viejos amigos de Cuba, que intentan encaminarlo y, con ese propósito, lo sitúan en un campo de entrenamiento para ir a luchar contra el régimen cubano; pero el 'marielito' se mete en problemas mayores cuando, sin saberlo, transporta en una camioneta, hasta Union City, Nueva Jersey, un cargamento de drogas. Los maleantes con quienes se relaciona lo llevan en un auto al sur del Bronx y después de golpearlo lo arrojan, sin sentido, a un solar yermo. En sus delirios cree ver —¿o ve realmente?— a un carcelero apodado el Pirata Arce, que aterrorizaba a los presos políticos en las prisiones cubanas. Por fin es conducido a un hospital... psiquiátrico. Pero son los amigos de nuevo los que lo salvan: lo buscan, lo encuentran y lo sitúan esta vez en Miami, donde le compran una cafetería que lleva el nombre de Amigos.

El papel protagonista está interpretado por Rubén Rabasa y le acompañan Reinaldo Medina, Juan Granda, Lucy Pereda, Armando Naser, Juan Troya y otros. Con un guión mejor que la realización débil y vacilante, *Amigos* no cumplió con las expectativas creadas por el autor de la obra que dio origen a *El Super*.

En *El milagro del éxodo* (1987), que significa la reaparición de Manolo Alonso, se repiten las mismas características de *La Cuba de ayer*: un encendido amor patriótico y una idealización del pasado que le hacen perder lo que con más ahínco busca: credibilidad (esta desmesurada defensa del pasado republicano cubano solo encuentra una justa correspondencia en el ensañamiento con que los realizadores de la isla intentan demonizar ese pasado; claro ejemplo de ello es el documental *¡Viva la república!* [1972] de Pastor Vega).

El segundo documental de Néstor Almendros sobre la situación en Cuba, realizado con Jorge Ulla, es *Nadie escuchaba* (1988) y trata sobre las presiones y torturas a las que se ven sometidos los presos, aunque se mantiene menos atado al tema central que *Conducta impropia*, por lo que da la sensación de tener menos unidad. Ana M. López lo describe de este modo:

> Incapaces de filmar en Cuba (algo que por muchas razones obvias no podían esperar que fuese autorizado), Almendros y Ulla ubican sus denuncias en lugares en el exilio [...] donde entrevistan alrededor de treinta antiguos prisioneros políticos y a sus familiares, entre los que se incluyen personajes bien conocidos como Huber Matos y Armando Valladares y otros cuyas historias no habían sido escuchadas antes. Sus testimonios, presentados en unos primeros planos bellamente fotografiados, son perturbadores. En sus mejores momentos, la película entrelaza estas historias individuales de torturas y humillación, y condena al estado todo-poderoso que ha conseguido esconder estas actividades del escrutinio público. Su credibilidad surge no tanto por la agudeza de los entrevistados, sino por la dignidad visible de sobrevivientes que enfrentan las cámaras para revivir sus pasados (López, 1993: 82).

A pesar de los numerosos testimonios que contienen una fuerte carga emotiva, ninguno es más conmovedor que el que los realizadores acertadamente han escogido para el final del documental: la narración hecha por la madre del líder estudiantil Pedro Luis Boitel sobre la lucha y la muerte de este a consecuencia de una huelga de hambre en la cárcel. Boitel, que combatió la dictadura de Batista, se enfrentó después a la de Fidel Castro.

8A y más documentales

Las grabaciones de los juicios al general Arnaldo Ochoa, acusado de narcotráfico con otros altos mandos de las fuerzas de seguridad en Cuba, aunque editadas y censuradas, produjeron un abundante material que difundió la televisión y que resulta insólito. Los desatinos y la simulación de los que juzgan y la confusión de los acusados son tan evidentes que adquieren categoría dramática. Orlando Jiménez Leal advirtió esta cualidad y la utilizó para construir *8A* (1992), uno de los filmes más impactantes del cine del exilio cubano. La película utiliza una selección de aquellas transmisiones, editadas y mezcladas con escenas de ficción que intentan reproducir los supuestos hechos reales, para exponer una tesis de lo que pudo haber existido detrás de lo que oficialmente se informó y se representó. Aunque 'la realidad es invisible', según la frase de Jorge Luis Borges que el filme esgrime como divisa, queda claro —y esto es lo que en última instancia intenta decirnos— que aunque las cosas tampoco ocurrieran exactamente de la manera que la película lo propone, aquel juicio sirvió para ocultar asuntos muy comprometedores, mientras hacía creer que la Revolución se depuraba. En vez de un acto de justicia se consumaba una coartada de alto interés político, sacrificando a algunos de sus mejores cuadros. Dada la influencia que era capaz de ejercer el castrismo, no resulta raro que *8A* no tuviera la repercusión que debió tener ni que tampoco alcanzara el reconocimiento que se merecía.

De 1992 es el documental *Micky Moré*, realizado por Narciso Hidalgo sobre el exilio, en San Luis, Misuri, de un hermano—también músico— del gran compositor y cantante popular cubano Benny Moré.

El desaparecido profesor de la Universidad Internacional de la Florida Miguel González Pando, convertido en cineasta en sus últimos años, nos dejó tres interesantes trabajos: *Y *los quiero conocer: historia de Cuba en vivo. 1902-1959* (1992); *Calle 8: Cuban exile look at itself* (1994) y *Ni patria ni amo: voces del exilio cubano* (1996).

Otro profesor, Joe Cardona, del Miami-Dade College, habría de realizar documentales y películas de ficción muy populares en la comunidad de Miami. En 1993 —apoyado por la producción del experimentado Eduardo Palmer—, codirige con un compañero de su mismo centro de enseñanza, Alex Antón, su primer trabajo: el documental *Rompiendo el silencio*.

René Ariza, narrador, dramaturgo, actor y director de teatro, fue uno de los casos más obvios de la represión que sufría en Cuba el intelectual que intentaba mantenerse independiente. Sus manuscritos fueron secuestrados por la Seguridad del Estado y él condenado a prisión. Luego, marchó al exilio. Rubén Lavernia narra los aspectos más importantes de su recorrido en *Retrato inconcluso de René Ariza* (1993), y lo logra filmar en una larga entrevista unos pocos meses antes de su muerte en la ciudad de Los Ángeles. La imagen de Ariza, ya muy deteriorada por la enfermedad, logra transmitirnos el testimonio de su experiencia.

Cuba es un país en el que la música ocupa un lugar de los más importantes entre sus manifestaciones culturales; no es raro, pues, que surgieran documentales para estudiar o exaltar alguno de sus géneros o para honrar y divulgar los valores de sus mejores músicos. Filmes de este tipo aparecen con más frecuencia en los últimos años. En 1993, el actor Andy García concreta su pasión por la música cubana en el documental *Cachao, como su ritmo no hay dos*, una pasión que procuraría el mejor aporte a la película *The Lost City* (2005), que rodaría años más tarde totalmente en inglés. El bajista Israel Cachao López, uno de los grandes músicos populares cubanos, con 88 años fue un redescubrimiento de García y lo apadrinó en cuatro discos ganadores de premios Grammy.

Alberto Roldán, un cineasta notable en el ICAIC de los años sesenta, contratado en Washington D.C., por Radio y Televisión Martí, realiza varios documentales en que aborda temas importantes que son consecuencia del proceso político cubano: *Exilio en Moscú* (1990, 89 minutos), *Los años duros* (1991, 60 minutos), *Reflexión* (1991, 60 minutos), *Desafío* (1993, 30 minutos), *Desde la costa* (1994, 30 minutos), *A la deriva* (1994, 30 minutos) y *Masacre en alta mar* (1995, 30 minutos).

También Claudio Castillo, productor como Roldán en Televisión Martí, realiza algunos documentales. Se destaca en su obra *Peregrinación a Roma* (1998), que recoge el viaje a esa ciudad, desde Miami, de un grupo de cubanos que se oponen a la visita en ese momento del Papa a Cuba.

Azúcar amarga

León Ichaso, después de *El Super*, se insertó en la producción de la industria cinematográfica estadounidense. Un éxito con una película protagonizada por el conocido cantante de salsa Rubén Blades, *Crossover Dreams* (1985), lo situó entre los directores confiables que podían mantener su trabajo con regularidad; desde luego, en lengua inglesa. Otro éxito suyo fue *Sugar Hill* (1994). Cuando se sintió seguro, decidió emprender una aventura de satisfacción personal con sus propios recursos. En colaboración con Orestes Matacena, escribió un guión cuya acción ocurría en Cuba y en el que denunciaba las peores cosas que sucedían en ese país bajo el control absoluto de Fidel Castro. La película se llamó *Azúcar amarga* (1996) y se rodó en blanco y negro —como se supone que es el drama que nos narra el filme— en República Dominicana, para aprovechar sus escenarios, tan parecidos a los de Cuba. Está protagonizada por René Lavan y Mayte Vilán, secundados por Miguel Gutiérrez, Larry Villanueva, Orestes Matacena y Teresa María Rojas.

Su tema se propone como un resumen de las dificultades que viven los cubanos. Gustavo, un joven comunista fiel a los principios de la Revolución, conoce a Yolanda, realista y vital, y aunque sus ideas son antagónicas con respecto al sistema, se enamoran y empiezan un romance. El amor de los jóvenes sufrirá todo tipo de contratiempos, achacables al régimen político, y a la postre no triunfará. Gustavo aspira a una beca y el encargado de conseguírsela juega con sus aspiraciones y le miente. Su padre es un psiquiatra que, al no poder trabajar en su profesión, se gana la vida tocando el piano en un bar y su hermano un *rockero* de *heavy metal* que, desesperado por la prohibición y el acoso policial, se inyecta el virus del sida como protesta y a la espera de obtener beneficios. Y Yolanda debe dispensar favores sexuales a turistas extranjeros para sobrevivir en una situación familiar desesperada. Al final, Gustavo descubre la verdadera naturaleza de todo lo que le rodea y debe, además, decir adiós a Yolanda, que escapa en una balsa con la intención de llegar a la Florida. El joven se enfrenta consigo mismo para reconocer que ha sido engañado. Con la misma entereza con que antes fue fiel a la causa, va a la plaza donde Castro pronuncia un discurso y saca un arma con la intención absurda de matarlo. Desde luego, allí mismo cae abatido por los disparos de los que anónimamente, entre el público, cuidan la seguridad de los que detentan el poder.

Azúcar Amarga, León Ichaso.

Sin la armonía de *El Super* —por el contrario, algo desequilibrada desde el punto de vista formal—, *Azúcar amarga* es más audaz y, aunque tiene más defectos, también logra momentos más impactantes. El guión, por querer contarlo todo, resulta atiborrado; pero, la misma pasión que provoca desaciertos le da un tono emocional sostenido a la narración que es una de sus virtudes.

Como *El Super*, *Azúcar amarga* se equipara en calidad a las mejores películas de alrededor de doscientas producidas por el ICAIC desde el triunfo de la Revolución. *Azúcar amarga* revela el saber cinematográfico de su realizador y es comparable a las de mayor calidad hechas en Cuba, como son, sin duda, las de Gutiérrez Alea. Ichaso es, en cuanto al manejo de la forma, más hábil e imaginativo que el director castrista, aunque este controla con más rigor la exposición y el desarrollo de la historia, algo que encontramos en *El Super*, tal vez por la influencia de Jiménez Leal.

El fin de siglo

El pionero Eduardo Palmer, que había sido un activo productor de documentales en Cuba en los años cincuenta —y como hemos apuntado, había producido en Miami Cuba, *Satélite 13*—, desde principios de los noventa toma en sus manos la dirección de algunas de sus producciones, entre ellas *Fidel Castro y el narcotráfico* y *La conexión cubana*. Este título lo repite en 1999, con nuevos aportes, en un documental de 37 minutos. También en 1990 realiza *Fidel Castro, Cuba y la crisis económica*, y en 1995, su mejor obra, *Historia de la Brigada 2506*, de setenta y dos minutos de duración y que consumió año y medio de elaboración. Por último, en 1999, dirige *En un lugar sin alma*.

Sergio Giral, que había dejado una obra significativa en Cuba, viene al exilio y realiza en Miami *La imagen rota* (1996), con testimonios de ex directores del ICAIC y de otros que tuvieron una determinada importancia en esa institución. Da la sensación de situarse de una manera abierta hacia los temas que pudieran surgir de las entrevistas, pero luego se perfilan los de la frustración y la censura como los más recurrentes. Aparecen Orlando Jiménez Leal, Miñuca Villaverde, Nicolás Guillén Landrián, Fausto Canel, Eduardo Manet, Mario García Joya, Marco Antonio Abad, Roberto Fandiño y varios más. *La imagen rota* alude a muchas rupturas: la de obras fílmicas que quedaron interrumpidas, vidas desarraigadas que perdieron su continuidad en el exilio y conciencias que se fragmentaron para recomponerse en otra circunstancia y otras tierras.

Marisol Soto Rodríguez fue originalmente un joven cubano que llegó a Miami a través de la base de Guantánamo. Con un compañero de igual origen fundó la Rodríguez-González Productions y dirigió *Soy Travestí* (1998). El filme se anunció como 'el drama social de un joven que quiere llegar al mundo como realmente es'. La música está interpretada por la cantante Annia Linares y actúan además: Juan Miguel Canales, Orlando Fundicheli, Gerardo Riverón, Mirtha Medina, Sandra González, Yosvany Montano y Jorge Rodríguez.

Los dos jóvenes entusiastas, Joe Cardona y Alex Antón, emprenden la realización de un nuevo documental, *Adiós, patria* (1996). Un tiempo después, Cardona se asocia con Mario de Varona y en los años siguientes dirigirán juntos un buen número de documentales de largometraje, empezando con *Café con leche*. Luego, con el sello de la Public Broadcasting y producida por Palmer, *Havana: Portrait of Yesteryear* (1998). Mientras, Alex Antón realiza *Siempre presente* para el Canal 51. Cardona y De Varona completarán una vasta obra que incluye *The Fligh of Peter Pan* (1999); *Water, Mud and Factory* (1999); *Hony Girl* (2000); *Bro* (2001); *José Martí: Legacy of Freedom* (2002) y *Celia, The Queen* (2007), pero toda está hablada en inglés.

Ramón García termina en 1999 un curioso corto experimental de ficción titulado *www.ungatohabanero.com*, que actúa, dirige, escribe y fotografía.

En 1999, aparece una nueva documentalista residente en Nueva York, Mari Ichaso —hermana y ex esposa respectivamente de los veteranos León Ichaso y Orlando Jiménez Leal—. Se inicia con: *Marcadas por el paraíso*, al que han seguido *Hechos en Cuba: Niños del paraíso* (2001) y *Los últimos cubanos* (2006).

Enrique Oliver había rodado *Photo Album* (1986), 'un recuerdo afectivo de la experiencia del realizador cuando era un joven inmigrante llegado de Cuba'[6]. En 1999, en una coproducción de los Estados Unidos con España, logra hacer el largometraje *Cosas que olvidé recordar* (1999, 90 minutos), una comedia en la que actúan Larry Villanueva, Ana Torrent, Olga Mederiz, Blythe Danner, Al Romero y Alicia Borrachero.

Cosas que olvidé recordar,
Enrique Oliver.

Cosas que olvidé recordar cuenta la historia de Robertico, hijo de padres cubanos exiliados en los Estados Unidos. Su deseo es ser un americano más, pero siente que su familia se lo impide con sus costumbres y tradiciones. Ve un programa de televisión, cuya trama se desenvuelve alrededor de una familia típica norteamericana y, fascinado, se introduce en el televisor y se integra en ella. Su familia real se desespera y le ruega a la Virgen María que les devuelva a Robertico. La Virgen aparece en la casa como Nuestra Señora del Exilio y casi se convierte en un miembro más de la familia. Robertico, al final, tiene una toma de conciencia.

También de 1999 es un largometraje de Norton Rodríguez titulado *Libertad*. Un esfuerzo notable de producción y un guión cuidadosamente elaborado con testimonios de personas que vivieron el drama que el filme relata. Lamentablemente, el resultado artístico no está a la altura del esfuerzo, si bien resulta un documento de denuncia muy enérgico. Está interpretada por Oscar Torres en el papel del protagonista, con Roberto Escobar, Yeni Álvarez, Tony Pacheco, Carlos Velázquez, Luis Celeiro, Glenda Díaz, Marcela Cardona, Gabriele Menéndez, Pablo Durán, Ray Guiu, Gloria Kennedy y Carmen López. El argumento consiste en las torturas y abusos que debe sufrir un joven artista, Fidel Jiménez, cuando es arrestado porque intenta huir a Miami en una balsa.

Cine del exilio cubano en el siglo XXI

Uno de los temas que aflora con más interés en los últimos años del cine del exilio es el de la reunificación familiar, presente en el documental *Noventa millas* (2000) de Juan Carlos Zaldívar. El título alude a la distancia que existe entre Cuba y el punto más al sur de los Estados Unidos, una distancia convertida en símbolo de la separación.

Chambelona (2001) es un corto de ficción del actor Larry Villanueva —el Bobby de *Azúcar amarga* y el Robertico de *Cosas que olvidé recordar*—, en el que él mismo actúa con Alexa Kube, Carlos Caballero, Ana Carballosa, Gustavo Laborié, Frank Falcón, Carmen Olivares, Elizabeth Longo y Peter Sánchez. Según las propias palabras de su director, 'es una locura morbosa de mi cerebro, una travesura en beta' (Villanueva, 2007).

Nicolás Guillén Landrián (1938-2003) fue uno de los más brillantes documentalistas del ICAIC. Hizo su obra en la década de los sesenta y dio clásicos como *En un barrio viejo* (1963), *Ociel del Toa* (1965) y *Coffea Arábiga* (1968). Su carácter indisciplinado lo colocó en contradicción con el régimen y, después de ser internado en un hospital psiquiátrico y sufrir años de cárcel, logró marchar al exilio en 1989. Más que el cine, practicó la pintura, por ser un arte mucho más accesible desde el punto de vista de sus requerimientos materiales. Fuera de Cuba solo dejó una obra cinematográfica: *Inside Downtown* (2002), rodada en Miami. Treinta años después de no ponerse detrás de una cámara, su visión se repite con la misma frescura de *En un barrio viejo*. Los más diversos personajes —y si son marginales, mejor— despiertan su curiosidad y cruzan por la pantalla como si en ella pudieran volcar toda su vida, penetrada por un ojo que escudriña las conciencias, se identifica con ellas y comparte sus deseos, hasta que se convierte él mismo en un personaje más del desfile.

Adio Kerida: Un Viaje Cubano Sefardí (2002) es un 'documental personal que trata sobre la búsqueda de identidad e historia entre un grupo de judíos sefarditas con raíces en Cuba. El título del documental, *Adio Kerida*, proviene de una canción de amor sefardí, y su propósito es realzar los temas de expulsión, partida y exilio que yacen en el punto crucial del legado sefardita. Al mismo tiempo, el título invoca la energía creativa que se inyecta a una cultura cuando se cruzan las fronteras raciales, étnicas y nacionales' (Behar, 2007). Su autora es Ruth Behar, judía nacida en Cuba y emigrada con su familia a Nueva York en 1962. Es graduada en Artes y Letras y antropóloga.

Desde 2002 el Instituto de la Memoria Histórica contra el Totalitarismo ha patrocinado la realización de documentales que cumplan los objetivos de esa institución. Han patrocinado ya cuatro títulos. El primero fue *Al filo del machete* (2002), dirigido por Pedro Suárez Tintón, y su tema es los esfuerzos de lucha armada que se han hecho contra el castrismo. Los otros tres han estado dirigidos por Luis Guardia, con la estrecha colaboración, como productor, de Pedro Corzo. Ellos son: *Yo los he visto partir* (2003), que extiende el tema del anterior con nuevos aportes informativos de personas que se enfrentaron al régimen cubano; *Tributo a papá* (2004), que recoge el testimonio de 10 mujeres cuyos padres fueron ejecutados por sentencias dictadas en juicios irregulares sin garantías para los procesados; y *Guevara, anatomía de un mito* (2005), sobre los aspectos negativos menos conocidos de la personalidad de Che Guevara y sus consecuencias.

Las facilidades técnicas con que los interesados en realizar documentales han contado en los últimos años gracias a las nuevas tecnologías han dado lugar a una profusión de trabajos casi imposibles de inventariar de una manera exhaustiva. El Primer Festival de Cine Alternativo, que tuvo lugar en Miami en 2003, por los numerosos títulos que ofreció dio muestras de esa variedad y abundancia.

Mas allá del mar (2003, 80 minutos), de Lisandro Pérez-Rey, es un documental que, según Enrique Patterson, 'trata de dilucidar, a partir del testimonio de cubanos que abandonaron el país por el Puerto del Mariel en 1980, cuáles fueron las motivaciones para que alrededor de 130.000 personas abandonaran el país súbitamente hacia los Estados Unidos'. El documental se refiere a que ahora estas personas —sigue explicándonos Patterson— 'viven sus vidas realizadas, al margen de los proyectos colectivos, aunque otros, los menos, escriben un nuevo capítulo de una vida de fracasos'. Luego, revela el contenido del filme: 'Lo que convierte este documental en una denuncia aplastante es el testimonio de unos personajes que ni siquiera son opositores políticos, sino gente que huye porque el acto de vivir, respirar, opinar y tener sus creencias personales los estaba convirtiendo en ciudadanos indeseables' (Patterson, 2005: 183-184).

Al año siguiente Lisandro Pérez-Rey produce, dirige, edita y fotografía *La Fabri-K* (2004, 62 minutos), un documental sobre dos grupos del *hip-hop* cubano (Obsesión y Doble Filo) que se unen en uno solo (La Fabri-K) y, tras un duro trabajo de perfeccionamiento, hacen un viaje por los Estados Unidos, donde conocen otros grupos de *hip-hop* y tocan con The Roots. Entran en contacto con una sociedad completamente distinta de la que ellos han conocido, con otras costumbres y tiendas abarrotadas de bienes de consumo, camino del mítico Teatro Apolo de Harlem, donde tendrán su gran presentación. *La Fabri-K* fue un trabajo autorizado por el Gobierno de la isla.

Iván Acosta, cada vez más interesado en la música cubana, realiza en 2004 *Cómo se forma una rumba* (73 minutos). Músicos y cantantes explican coloquialmente las raíces y la forma en que surgieron los ritmos cubanos. Hablan Chico O'Farrill, Fajardo, Juan Pablo Torres, Israel Cantor, Malena Burke y David Oquendo con su orquesta Raíces habaneras. Todos ellos, además, hacen el aporte de sus interpretaciones musicales.

Rolando Díaz es autor de una abundante obra realizada en el ICAIC desde los años setenta, cuando contribuyó a romper la rigidez que entonces padecía el cine cubano con *Los pájaros tirándole a la escopeta* (1977). Desde su exilio en España, vino a Miami a rodar *Cercanía* (2005), para la que reunió un elenco de excelentes actores: Reinaldo Miravalles, Ana Viña, Lily Rentería, Larry Villanueva, Carlos Cruz, Grettel Trujillo, Alpha Acosta, Orlando Casín y otros. Cuenta las vicisitudes de un hombre mayor, Heriberto, a quien su hijo ha traído de Cuba. Incómodo, e incapaz de adaptarse a las exigencias de la convivencia con su familia, hecha a otras costumbres, entra en contradicciones con su nuera e intenta independizarse. Emprende distintas actividades, pero todas le resultan difíciles. Una nueva amiga cubana y un joven norteamericano serán sus apoyos en esta aventura con que ya tarde lo sorprende la vida.

Bye Bye Havana (2005, 58 minutos), de J. Michael Seyfert, no se plantea como un documental de denuncia y ni siquiera manifiesta una tendencia política, pero eso mismo hace que la imagen ruinosa de Cuba que muestra mueva a preguntarse la razón por la cual el país se ha deteriorado y a cuestionar la eficacia de su sistema político.

También de 2005 es el documental de Lisandro Pérez *Those I Left Behind* (46 minutos), hablado en español e inglés. Cuatro familias de exiliados sufren la separación de los que 'dejaron atrás' en Cuba, aún más cuando nuevas leyes restrictivas aumentan las dificultades para emprender los viajes.

René Cabel, el tenor de las antillas (2005) de Emilio Oscar Alcalde, cubano graduado en la antigua Unión Soviética, es otro documental sobre la música cubana, con entrevistas de archivo al propio Cabel (1914-1998) y con otras figuras con quienes compartió amistad y escenarios, como Olga Guillot, René Touzet y Roberto Ledesma.

También en el tema de la música insiste Iván Acosta con *Cándido manos de fuego* (2006, 86 minutos), sobre el percusionista Cándido Camero, que a sus 86 años mantiene intactas sus facultades. Cándido tiene el mérito de haber sido quien introdujo la percusión en el *jazz*. Él mismo nos cuenta su historia, y su narración es interrumpida frecuentemente con insertos en los que vemos sus magníficas interpretaciones con diferentes orquestas. Tocó con los grandes de la época: Bobby Sanabria, Randy Weston, Tony Bennett, Billy Taylor, Juan Márquez, Nelson 'El Flaco' Padrón, Xiomara Laugart, Federico Brito.

Pies Secos/Pies Mojados (2006, 18 minutos), del director estadounidense de origen cubano Carlos Gutiérrez, con Francisco Gattorno y Jorge Luis Álvarez, es un cortometraje de ficción que narra el drama de dos 'balseros' cubanos que, huyendo de Cuba en una balsa, llegan a una isla desierta en la que luchan por sobrevivir. El título alude a la ley de ese nombre que da derecho a permanecer en los Estados Unidos y optar por la residencia a los que logran alcanzar tierra firme.

Caridad, Madre mía (2007), de Javier Echeverría, trata otra vez el tema de la separación de la familia y evoca de manera particular a la virgen patrona de Cuba como consuelo inmediato y esperanza futura de solución del drama nacional.

Actualmente, el cine cubano del exilio parece fatigado. La situación de Cuba, tratada una y otra vez desde los pocos ángulos posibles, en películas con medios precarios, no da mucho más de sí después de casi medio siglo. Por otra parte, el tema ejerce un predominio tan fuerte en el imaginario del exilio cubano, que cualquier otro resulta baladí. Solo la música parece ofrecer una alternativa válida, pero no es suficiente. Tendrán que cambiar las circunstancias para que el cine de los cubanos en los Estados Unidos se reanime y desarrolle con nuevas perspectivas.

Cine chicano

El surgimiento del cine chicano estuvo marcado, como el cubano, por la política, aunque esta tuviera distintas orientaciones. La inmigración masiva cubana que vino a los Estados Unidos desde 1959 traía la idea de que su estancia sería provisional, solo mientras durara el régimen de Fidel Castro, al que le suponía una breve permanencia en el poder. Esta, sin embargo, terminó por prolongarse indefinidamente, y el cine que los cubanos desarrollaron en el país de adopción —de denuncia o nostalgia— se referiría casi siempre a la patria lejana.

Los chicanos, cuando inician su producción de filmes a finales de los sesenta, ya llevaban muchos años asentados en varias zonas del país y su problemática se refería a los efectos de una estancia consolidada y definitiva sin los reconocimientos de que eran merecedores. Se trataba de ventilar un diferendo con la sociedad que los había acogido sobre sus oportunidades y condiciones de vida y establecer unas bases con proyección de futuro. Se había constituido lo que se llamó el Movimiento Chicano, y el cine y, en general, el arte que se hicieron inmediatamente después siguieron su orientación y sus consignas.

Se reafirmó el orgullo étnico y cultural y se estimuló la toma de consciencia política. Se decidió influir en la manera de representar a los 'latinos' en los filmes y luchar contra los estereotipos que se habían seguido hasta entonces. Se descalificó el comercialismo y la 'dañina' superficialidad del cine de Hollywood y se adoptó un programa ideológico y contestatario. Se consideró que lo más importante era estimular películas que, aunque fueran de muy bajo presupuesto, exaltaran la cultura y la identidad mexicana-estadounidense.

Al igual que en el cine cubano del exilio, y por las mismas razones, el género más común fue el documental: la posibilidad de realizar la obra con una menor inversión y la facilidad e inmediatez que este género ofrecía para comunicar un mensaje, una denuncia o una información y encontrar modos de divulgarla, principalmente con la ayuda de la televisión.

La ideología estuvo bien definida desde los primeros momentos. Para promoverla se crearon organizaciones, como Chicano Cinema Coalition, Carisma, Justicia y Nacional Latino Media Coalition.

Entre sus objetivos estaban: promover la difusión de imágenes positivas de los chicanos y latinos en general; estimular la producción y exhibición de material fílmico originado dentro de la comunidad; presionar para la inclusión de temas chicanos en el cine y la televisión, así como lograr un adecuado entrenamiento técnico de chicanos para puestos dentro del cine y la televisión (Maciel, 2007).

La producción que se inicia con estos trabajos llegaría a ser numéricamente superior a la del cine cubano del exilio, tanto en el documental como en los largometrajes de ficción, y también alcanzaría un nivel más alto en calidad y repercusión.

Sus temas tradicionalmente abordaban la lucha por el reconocimiento de los derechos sociales de los chicanos, de sus costumbres y cultura, de los conflictos migratorios, del papel de la mujer, del abuso de los más fuertes y de la segregación.

El intenso crecimiento de los últimos tiempos por una migración que llegaba al país sin hablar inglés ha robustecido el español, pero el chicano es un pueblo de los Estados Unidos cuya educación se produce en inglés y naturalmente se asimila con facilidad a este idioma. La consecuencia es que el mayor volumen de su producción, que se dirige sobre todo a sus conciudadanos, es en idioma inglés, aunque con frecuencia —y eso es lo que la hace objeto de nuestra consideración— se introducen frases o escenas en nuestro idioma y, en el caso de los documentales, entrevistas a personas que solo hablan español.

El documental toma la palabra

Luis Valdez (1940-) había nacido en Delano, California. Estudió dramaturgia en la Universidad de San José. Su inquietud por los problemas sociales de los chicanos lo hace acercarse a César Chávez, el destacado líder agrario, quien presidía la Unión de Obreros Agrícolas, en el Valle de San Joaquín. Valdez crea el Teatro Campesino y emprende una exitosa labor como director teatral, pero su interés por el cine lo lleva a dedicarse a ese quehacer. Plantea algunos de los objetivos de la lucha social en el documental *Yo soy Joaquín* (1969), que sería el primero de este movimiento y que define la línea que se ha de seguir. Su argumento se basa en una de sus propias obras de teatro y en el poema épico homónimo de Jorge González.

Después de *Yo soy Joaquín*, Luis Valdez continuaría haciendo películas y en su filmografía actual se cuentan algunos de los títulos más importantes en la historia del cine hispano en los Estados Unidos. A ellos nos referiremos oportunamente.

Poco después aparecen nuevos documentales debidos a otra de las figuras sobresalientes del movimiento: Jesús Salvador Treviño (1946-), de El Paso, Texas, quien demostró temprano su militancia y su afán reivindicativo. Comienza trabajando para la televisión y luego dirige documentales como *Soledad* (1971) y *América tropical* (1971), donde cuenta las controversias suscitadas por el mural pintado por David Alfaro Siqueiros en un edificio de Los Ángeles en 1932, mural que luego fue borrado. Por la misma época, también un mural de Diego Rivera había sido borrado en un edificio del Rockefeller Center por haber introducido una imagen de Marx, cosa que se creyó con derecho a hacer. Contratado para representar una idílica América tropical, Siqueiros había aprovechado la oportunidad para hacer una fuerte acusación contra el imperialismo norteamericano en Hispanoamérica.

Al año siguiente Treviño realiza *Yo soy chicano* (1972, 60 minutos), un estudio de la evolución del pueblo chicano desde la época precolombina con referencias a los fundamentos de la nación mexicana, la conquista española, la guerra méxico-americana y la ocupación por los Estados Unidos de grandes territorios que convirtió a sus pobladores en mexicanos-americanos, más tarde llamados chicanos. Combina este material con entrevistas a personas destacadas que opinan sobre la situación actual y las perspectivas de futuro. Treviño también sería autor de *La Raza Unida* (1972).

El incidente de Lemon Grove —en el condado de San Diego, California— en 1930 resultó tan escandaloso y fue tan rebatido, que marcó un hito en la historia de la segregación escolar en los Estados Unidos. Fue un intento de crear una escuela aparte para niños de origen mexicano. El caso fue recordado en un excelente docudrama que tuvo una amplia acogida y numerosos premios: *The Lemon Grove Incident* (1985). Su director fue Frank Christopher, pero el proyecto tuvo en gran parte la autoría de Paul Espinosa, quien escribió el guión y lo produjo.

También típico de la lucha por los derechos es *Chicano Park* (1988), de Marilyn Mulford y Mario Barrera. Siguiendo la tradición muralista mexicana, los vecinos del barrio Logan de San Diego quisieron usar las paredes y estructuras al aire libre del parque debajo del puente San Diego-Coronado, para sus pinturas, bajorrelieves y esculturas. Para lograrlo, debieron luchar contra las autoridades y otras voces de la comunidad, pero al fin vencieron e impusieron una obra hoy reconocida por su alto valor artístico.

La mujer

La incorporación de la mujer significó un aporte valioso al cine chicano, con nuevos enfoques. De 1975 es *Garment Workers* de Susan Racho y, en 1977, Esperanza Vázquez, con Moctezuma Esparza, nos cuenta la historia de Águeda Martínez, una mujer chicana de Nuevo México que vivió 102 años y creó unos tejidos con diseños que se convirtieron en clásicos. La imagen de Águeda establece un nuevo concepto de la mujer chicana al presentarse como alguien emprendedor e independiente. El documental llevó su nombre.

Lourdes Portillo es una de las figuras que más relieve ha dado al documental chicano. Nacida en México, se considera a sí misma chicana, pues ha vivido y se ha desenvuelto siempre dentro de esa cultura. En 1978, realiza *After de Earthquake (Después del terremoto)*, sobre un refugiado nicaragüense en San Francisco. Un documental muy bien recibido internacionalmente. Pero la obra que la situará en el lugar importante que desde entonces ocupa es *The Mothers of Plaza de Mayo* (1985, 60 minutos). Aparte de numerosos premios, obtuvo una nominación de la Academia de Hollywood como mejor documental. Su siguiente trabajo, *La Ofrenda: The Days of the Dead* (1988, 60 minutos), es una de sus mejores obras. Trata de la celebración mexicana del día de los muertos.

En años sucesivos Portillo continuará su trabajo con otros títulos de interés, como *Vida* (1989, 10 minutos); *Columbus On Trial* (1992, 18 minutos) y *Mirrors of the Heart* (1993, 60 minutos).

Particularmente interesante resulta *The Devil Never Sleeps (El Diablo Nunca Duerme)* (1994, 82 minutos). El intento de verificar los hechos que condujeron a la muerte de un tío suyo lleva a la autora a realizar una indagación, en el pasado y en los personajes que rodearon al tío, que se convierte en una suprarrealidad más cercana a sí misma que a los hechos ocurridos. Hay también un desplazamiento geográfico hacia México que introduce el tema de la búsqueda de las raíces en la nacionalidad. La película está a medio camino entre el documental y la ficción.

Títulos más recientes de Lourdes Portillo son *Corpus: A Home Movie for Selena* (1999, 47 minutos) y *Señorita Extraviada (Missing Young Woman)* (2001, 74 minutos).

Sylvia Morales fue otra de las que hizo un valioso aporte: *Chicana* (1979, 23 minutos). Nos cuenta la actuación de la mujer dentro de esta cultura a través de su historia, para demostrarnos cómo, a pesar de su pobreza, ha sido capaz de incorporarse, política y laboralmente, a la vida activa de la nación, tanto en los Estados Unidos como en México.

Más recientemente, en 1997, Laura Angélica Simón retoma el tema de las arbitrariedades en el manejo de la inmigración unido a la discriminación en la enseñanza en *Fear at Hoover Elementary*. Los efectos de estos males se hacen sentir en el desamparo de los niños.

Desde *Twenty Years ¿y qué?* (1990) hasta ahora, Nancy de los Santos ha sido una trabajadora constante en los medios de difusión de la imagen. En 2002 colabora en la dirección de *The Bronze Screen: 100 Years of the Latino Image in American Cinema* y en 2006 dirige y produce con Dan Guerrero *The Original Chicano* (53 minutos), un documental 'sobre el legendario Lalo Guerrero, considerado el padre de la música chicana. Su trayectoria y repertorio hacen transitar al espectador por setenta años de historia mexicana y chicana, incluyendo la repatriación, los disturbios de Zoot Suit, las luchas sindicales del UFW, la minifalda y la problemática chicana, con su orgullo y prejuicios' (Festival Internacional de Cine de Guadalajara, 2007). Destacadas figuras como Edward James Olmos, Ry Cooder, Luis Valdez, Linda Ronstadt, Paul Rodríguez y otras describen la personalidad y el talento de Guerrero.

Otras notables realizadoras han sido: Graciela Sánchez (*No porque lo diga Fidel Castro*, 1988); Olivia Chumacero (*Mbamba*, 1989), France Salomé España (*Arena*, 1989), Sandra Hahn (*Replies of the Night*, 1989, y *Sleeping Between*, 1991), Teresa 'Osa' Hidalgo de la Riva (*Mujeria: The Olmeca Rap*, 1991), etc.

También los hombres

Otros documentalistas que merecen ser mencionados son: David García (*Réquiem 29*, 1971), José Luis Ruiz (*Cinco vidas*, 1972), Rick Tejada Flores (*Sí se puede*, 1973), Bobby Páramo (*Carnalitos*, 1973); Severo Pérez (*Cristal*, 1974), José Luis Ruiz (*Los no deseados*, 1975), Efraín Gutiérrez (Ray Téllez) (*Santeros*, 1986), Amy y Philip Brookman (*Mi otro yo*, 1988), Federico Antonio Reade (*Una lucha por mi pueblo*, 1990), Pablo Espinosa (*Uneasy Neighbors*, 1989, y *La nueva Tijuana*, 1990), Rick Leal (*Friday Night virtud de las estrellas*, 1990), Héctor Galán y Paul Espinosa (*Los mineros*, 1991, y *De Mujer a Mujer*, 1993), Beverley Sánchez-Padilla (*Cholo joto*, 1993), Augie Robles (*¡Viva 16!*, 1994), Valentín Aguirre y Augie Robles (*El Diablo Nunca duerme/The Devil Never Sleeps*, 1994) y Lourdes Portillo (*Chicano!*, 1996).

El largometraje

Quien primero se atreve con el largometraje es Efraín Gutiérrez. *Please, Don't Bury me Alive* (1976) aborda el tema de la guerra de Vietnam cuando esta ya ha terminado. Un soldado chicano regresa a casa para comprobar que sus problemas se mantienen vigentes.

Un año después, Jesús Salvador Treviño, una de las referencias fundamentales del cine chicano, hace su primer largometraje: *Raíces de sangre* (1981), que retoma claramente el antecedente creado por *La sal de la tierra* (1954), de Herbert J. Biberman, y plantea de nuevo la lucha de los trabajadores explotados por las grandes empresas. La producción estuvo apoyada directamente por el Gobierno de México a través de CONACINE.

No tarda en aparecer el tema de la emigración con *Alambrista*, de Robert M. Young, que daría el primer gran triunfo a este cine incipiente al ganar el premio Cámara de Oro en el Festival de Cannes. Roberto, un joven mexicano, logra cruzar subrepticiamente la frontera. Su propósito es hallar un trabajo que le permita enviar dinero a su familia y al hijo recién nacido que ha dejado en México. Sus experiencias revelan el trato injusto y los abusos de que son víctimas los emigrantes, más aún si son indocumentados. Al final Roberto regresa a México después de darse por vencido. A pesar de ser previsible, el argumento está inteligentemente tratado y resultó novedoso para su tiempo; eso, unido a una realización digna y a unas buenas actuaciones, justifica su éxito y la consideración que aún se le da a esta película.

El pionero Efraín Gutiérrez dirige *Amor chicano es para siempre* (1978) y *Run, Junkie, Run* (1979), pero el siguiente éxito del cine chicano, que hará que el mundo norteamericano empiece a tomarlo en cuenta, es *Zoot Suit* (1981) de Luis Valdez.

Esta cinta tiene su origen en una obra de teatro que Valdez escribe por encargo, sobre la historia de la ciudad de Los Ángeles.

> Se trata de la primera cinta comercial chicana realizada por el estudio Universal de Hollywood. […] La película lleva a la pantalla un episodio trágico que ocurrió en la vida real. En Los Ángeles, en 1942, a raíz de una pelea entre dos pandillas chicanas, se cometió un asesinato. La policía arrestó a cerca de 600 chicanos sospechosos y 25 de ellos fueron procesados por el crimen sin que existieran pruebas y sin un juicio justo (Maciel, 2007: 65).

La película está actuada por Daniel Valdez, Edward James Olmos, Tony Plana, Rose Portillo y Lupe Ontiveros.

Edward James Olmos se convertiría en una de las figuras más connotadas de todo el cine chicano, en su doble función de actor y director. Ha sido igualmente reconocido en el cine de Hollywood. Después de *Zoot Suit* encarnó a Gregorio Cortez, un personaje legendario del pueblo chicano, quien a principios del siglo XX se convirtió en un héroe popular cuando recorrió cientos de kilómetros huyendo de trescientos policías, que al fin lograron apresarlo. No era un delincuente, hirió de muerte a un *sheriff* en defensa propia, cuando intentó detenerlo injustamente. Fue declarado inocente por esta muerte, pero condenado a cadena perpetua porque en su huida mató a otro *sheriff*. La cinta fue dirigida por Robert Young y Moctezuma Esparza y se titula *The Ballad of Gregorio Cortez* (1982). Con Olmos actúan Pepe Serna y Rosanna DeSoto.

De nuevo Jesús Salvador Treviño toma la dirección para rendir homenaje a otro personaje notable: Juan Nepomuceno Seguin. Un mexicano de Texas de gran vocación política, que sirvió a texanos y mexicanos en distintas guerras. Estuvo del lado de Texas en su revolución contra el general Santa Ana y más tarde combatió junto a México en la guerra méxico-norteamericana. La intención de Treviño es mostrar la desairada posición en que se vio el mexicano de Texas cuando esta región dejó de ser mexicana y pasó a ser, primero, un país independiente y luego, parte de los Estados Unidos. El filme fue hecho para la televisión chicana.

El Norte y La Bamba

Más exitosa aún resultó *El Norte* (1983) de Gregory Nava (1949-), nacido en San Diego, California, y graduado en la escuela de cine de la UCLA (University of California, Los Ángeles). Ya había ganado en 1976 el 'Premio a la mejor primera película' en el Festival de Cine de Chicago, por su obra *Confessions of Amans* (1977).

El Norte relata la vida de dos jóvenes hermanos guatemaltecos, Rosa y Enrique, en tres historias difíciles que solo les conducen a la conclusión de que no hay lugar para ellos en el mundo. En la primera parte, deben huir de su pequeño pueblo natal cuando los militares matan a su padre y su madre desaparece. En la segunda parte, no logran sobrevivir en México debido a la pobreza y un coyote los guía a través de la frontera hasta alcanzar los Estados Unidos. Al final, en el país de las oportunidades encuentran que es casi imposible subsistir sin documentación. Rosa muere y Enrique debe resignarse a ser vilmente explotado. Actúan en el filme: Zaide Silvia Gutiérrez, David Villalpanda y Ernesto Gómez Cruz.

Pero la película que marcará un giro en la consideración del cine chicano en los Estados Unidos es *La Bamba* (1986). Fue la primera que consiguió una recaudación mayor en español que en inglés, llamando la atención sobre el potencial económico de la comunidad hispana. *La Bamba* significó otro paso más hacia adelante del escritor, actor y director Luis Valdez. Su guión y su factura no se apartan de las convenciones del cine comercial de Hollywood, solo cambian el medio y los personajes, ni siquiera mucho las situaciones. Son sus intérpretes Lou Diamond Phillips, Esai Morales, Rosanna DeSoto, Elizabeth Peña… El argumento sigue a grandes rasgos la historia del cantante chicano de *rock and roll*

Ritchie Valens (Ricardo Valente). El tema del triunfo del artista 'latino' en el medio nortea-mericano —que León Ichaso había tratado en *Crossover Dreams* (1985)— indirectamente plantea si es conveniente o no la asimilación a la cultura anglosajona, tan diferente a la hispana en muchos sentidos. En realidad el asunto es tan difícil que en todo el cine hispa-no en los Estados Unidos todavía no existe un filme donde la cuestión se proponga con claridad en un discurso bien razonado y convincente. Tal vez se están dando pasos más efectivos en la práctica que en la teoría. Tal vez hay todavía demasiados resabios naciona-listas y orgullo por las tradiciones culturales para poder exponer el tema sin embarazo.

Otras producciones

Una comedia vino a aligerar un cine que había sido tal vez demasiado serio hasta ese mo-mento: *Born in East L.A.* (1987) de Richard 'Cheech' Marin.

La policía toma a Rudy (interpretado por el propio 'Cheech'), un chicano de tercera genera-ción —pero con todo el aspecto de un mexicano recién llegado—, por un indocumentado y lo deportan a Tijuana, México. Allí Rudy conoce a Dolores y, para pagarse su regreso a los Es-tados Unidos, hace los trabajos a que se someten los que quieren pasar ilegalmente la frontera. Cuando parece que no va a lograrlo, la fantasía y el humor del guionista resuelven su situación y la de todos los que desean cruzar. Pero para caer de nuevo en dificultades, Rudy y Dolores son secuestrados por unos coyotes. Cuando la policía los libera, esta vez sí Rudy puede demostrar su ciudadanía, pero Dolores no. Una boda se les propicia como caída del cielo y resuelve definitivamente las cosas para beneplácito de todos.

Break Of Dawn (1988), de Isaac Artenstein, también es un filme de denuncia, pero recupera el tono grave.

> El tema central es la historia de un personaje de la vida real, Pedro J. González, quien fuera el pri-mer locutor de habla hispana de Los Ángeles y defensor de los derechos de los mexicanos duran-te los años de la Gran Depresión. González desempeñó un papel decisivo en la denuncia de las deportaciones masivas y de otras violaciones de los derechos humanos de los mexicanos. Su acti-tud, sin embargo, molestó mucho a algunos políticos. La parte final de esta cinta narra las presio-nes ejercidas contra Pedro González y su posterior encarcelamiento al fabricársele evidencias para acusarlo de violación. La película concluye cuando el protagonista es liberado después de seis años de cumplir su sentencia (Maciel, 2007: 67).

Los actores son Óscar Chávez en el papel de Pedro J. González, Kamala Lopez-Dawso, Tony Plana, María Rojo, María Rubell, Peter Henry Schroeder, Pepe Serna, Socorro Valdez, Valerie Wildman...

El director cubano Ramón Menéndez, integrado a la comunidad chicana, consigue una emocionante película: *Stand and Deliver* (1988), un clásico de esta cinematografía. Su tema es la discriminación escolar. Está casi exclusivamente hablada en lengua inglesa, algo que a partir de entonces empieza a ocurrir cada vez con más frecuencia y que es natural por la dificultad del gran público de los Estados Unidos para aceptar películas habladas en otro idioma, y porque la mayoría del pueblo chicano también habla en inglés. Así ocurre con *American Me* (1992), la primera película dirigida por Edward James Olmos, y con las que di-rigirá después.

Robert Rodríguez

En 1993 aparece un nuevo realizador chicano que va a revolucionar los objetivos y las moti-vaciones mantenidas hasta entonces. Se trata de Robert Rodríguez, que alcanzó notorie-dad a los veinticinco años con *El mariachi*, una cinta de ínfimo presupuesto, escrita, dirigi-da, fotografiada, editada y sonorizada por él mismo, pero que logró ser distribuida por

El mariachi, Robert Rodríguez.

Columbia Pictures. En ella no existen inquietudes sociopolíticas, denuncias, ansias reivindicativas ni mensajes. Aspira a ser solo cine y lo que el lenguaje cinematográfico, distorsionando la realidad, exagerándola, mostrando lo insólito y creando situaciones extremas, es capaz de provocar en el espectador. Lo mexicano no es más que un elemento tomado por su tipicidad, su gracia o su dramatismo. *El Mariachi*, abundando en tópicos de la cultura hispánica, rompía con las directrices del cine comprometido, que había alentado al cine chicano desde *La sal de la tierra*.

Robert Rodríguez (1968-) nació en San Antonio, Texas, hijo de una familia mexicana. Su incorporación al medio norteamericano ha sido espontánea y completa. Tal vez le ha ayudado su tipo físico, por el que nunca habría podido ocurrirle lo que al Rudy de *Born in East L.A.*

La siguiente producción de Robert Rodríguez, *Desperado* (1994), hecha con los recursos habituales de Hollywood, no logró transmitir la sensación de frescura y desenfado de *El Mariachi*, a pesar de ser casi una continuación de esta. Luego, asociado a Quentin Tarantino, con quien mantendrá una larga relación profesional, dirige *From Dusk Till Dawn* (1996), escrita por Tarantino.

Rodríguez ha continuado hasta el presente su carrera imaginativa y audaz, pero el inglés ha dominado su obra por completo. La osadía de una cinta enteramente hablada en español para el mercado estadounidense no volvió a repetirla.

Más filmes chicanos

My Family (1995, 2 horas y 10 minutos), de Gregory Nava, consigue narrar hechos dramáticos sin renunciar a las pinceladas de humor. El argumento se refiere a la saga de los Sánchez durante tres generaciones, a partir del momento en que el abuelo José viene a establecerse en los Estados Unidos. Está contado en tres partes acordes con cada generación. La primera se refiere a la separación y reunificación del matrimonio de José y su esposa, María, que había sido deportada a México con su niño, Chucho. La segunda cuenta la historia de Chucho, que al final muere tiroteado por la policía en presencia de su hijo, Jimmy. Y en la tercera, veinte años después, asistimos a los tormentos psicológicos de Jimmy entre estar en la cárcel o estar en libertad, hasta que elige esta última para dedicarse al último representante de la familia, su hijo, el pequeño Carlos. La película intenta constituirse en un fresco histórico de la vida de los chicanos desde los tiempos de la Gran Depresión, que incluye algunos temas básicos como: la emigración y la adaptación, las oportunidades reales, la delincuencia, la segregación, el apego a las tradiciones, etc. Las interpretaciones están a cargo de Esai Morales, Jimmy Smits, Edward James Olmos, Elpidia Carrillo, Eduardo López Rojas, Jenny Gago, Enrique Castillo y Rafael Cortés.

También *Selena* (1997) es de Gregory Nava. Resultó un acontecimiento, el mayor dentro del público 'latino' hasta el momento de su aparición y muy importante dentro del mundo anglohablante. Pero esta vez Nava hizo un filme totalmente hablado en inglés.

El nunca abandonado tema de los inmigrantes regresa con *La ciudad* (*The city*, 1998), de David Riker, un norteamericano de Boston que había vivido él mismo, en Londres, la experiencia del inmigrante. Las dificultades de los que llegan de otras partes buscando una vida mejor se describe en cuatro historias de inmigrantes hispanoamericanos de distintas regiones (Centroamérica, el Caribe, etc.) en la ciudad de Nueva York: 'Ladrillos', 'Casa', 'El titiritero' y 'Costurera'. La primera nos cuenta cómo un joven trabajador muere cuando una pared de ladrillos le cae encima. 'Casa' es muchas casas que impiden el amor de dos jóvenes. En 'El titiritero' un padre analfabeto intenta, sin conseguirlo, matricular a su hija en una escuela, y en el último cuento una madre, que ha dejado atrás a su hija enferma, lucha por conseguir el dinero que puede curarla. El elemento que une las narraciones es un fotógrafo que va dejando constancia gráfica de los personajes. Una idea tomada de la experiencia inmediata del propio Riker, que se inició profesionalmente como fotógrafo. La cinta es un muestrario de ilusiones y desilusiones, de pocos logros y muchos fracasos.

Es engañoso el título *Real Women Have Curves* (*Las mujeres de verdad tienen curvas*, 2002), que parece corresponder a una comedia frívola. Lo que plantea la realizadora colombiana Patricia Cardoso, su directora, es un tema serio. Ana es una joven chicana que acaba de terminar sus estudios secundarios y su madre considera que ya debe trabajar para ayudar al sostén de la familia. Ana acepta emplearse en la misma factoría donde ya trabajan su madre y su hermana. Allí aprende a admirarlas y respetarlas, pero también que la mejor manera de honrar a su comunidad y su cultura es superándose, y se marcha para terminar sus estudios superiores. Las actuaciones están a cargo de America Ferrera, Lupe Ontiveros, Ingrid Oliu, George López y Brian Sites.

¿Qué ocurriría si repentinamente desaparecen todos los hispanos de California? *Un día sin mexicanos* (*A Day Without a Mexican*, 2004, 110 minutos), de Sergio Arau, se plantea e intenta responder a esta pregunta. Las consecuencias serían menos halagüeñas de lo que los californianos suponen.

Edward James Olmos toma de nuevo la dirección y hace *Walkout* (2006), basada en una historia de la vida real sobre la líder estudiantil chicana Paula Crisóstomo. En 1968, harta del trato desigual recibido por los estudiantes de origen mexicano en las escuelas, convoca a un paro pacífico en cinco centros de enseñanza media del este de Los Ángeles.

Alexa Vega interpreta el papel de Paula y Michael Peña hace de un profesor también chicano que apoya la causa.

Bordertown (2007) es otra película de Gregory Nava, con Jennifer López, Antonio Banderas y Martin Sheen. La acción ocurre en Ciudad Juárez, cuya posición justifica el título del filme. En esa localidad, en los últimos años, se han producido infinidad de horribles asesinatos de mujeres. Las autoridades no han dedicado al caso la atención debida y los crímenes se han seguido produciendo impunemente. Nava, sensibilizado con estos hechos, quiso rodar una película que atrajera la atención de toda la ciudadanía mexicana, con la esperanza de que eso obligaría a hallarle una solución a tanto horror. En la película el *Chicago Sentinel* envía a su reportera Lauren Adrian (López) a investigar el caso. Cuando las cosas se complican Lauren acude a Díaz (Banderas), en busca de ayuda. Díaz es el propietario del diario *El Sol de Juárez*. Entre ellos, como era de esperar, se plantea una historia de amor que transcurre paralelamente a los peligros que enfrenta la periodista. Independientemente de sus buenas intenciones, el filme no logra superar las convenciones del género al que se adscribe y mucho menos los trabajos anteriores del propio Nava.

Babel

Alejandro González Iñárritu (1963-) nació en Ciudad de México Era un graduado de la Universidad Iberoamericana cuando estudió dirección de cine y teatro en los Estados Unidos. Muy joven comenzó a trabajar en la radio. Compuso música para películas y se diversificó en otras actividades hasta convertirse en un ejecutivo de Televisa. Por fin, decidió crear su propia compañía, Zeta Films, e inició su carrera como director de cine. Hizo *Detrás del dinero* (1995) para la televisión y luego *El timbre* (1996). En 2002 aportó el segmento 'México' al filme *11'09"01*, hecho por un grupo de afamados directores, pero su más substancioso y trascendental trabajo lo había logrado cuando se unió al escritor Guillermo Arriaga. Juntos proyectarían una trilogía compuesta por *Amores perros* (2000), *21 gramos* (2003) y *Babel* (2006).

Amores perros se rodó en México con producción mexicana. *21 gramos* se hizo entre México y los Estados Unidos, totalmente en inglés. *Babel*, de producción americana, sí es objeto de nuestro estudio porque en ella el español tiene una participación importante.

Iñárritu no es propiamente un director chicano; su infancia y primera juventud transcurrieron en su país de origen, pero por ser un mexicano que vive en los Estados Unidos y muy ligado a esa comunidad, *Babel* puede ser ubicada entre estas películas.

Un matrimonio de turistas estadounidenses viaja en un autobús, con otros excursionistas, por una región desértica de Marruecos. Una bala, disparada por unos niños que juegan con un rifle en una colina, hiere gravemente a la mujer. Las situaciones que se derivan de este hecho van a vincular personas y culturas de regiones muy distantes y crean un mapa humano en el que las diferencias económicas, políticas y sociales pierden su supremacía ante valores de la conciencia como la lealtad, la responsabilidad y la dignidad, relativizados por los problemas de la comunicación. Inevitablemente se verán involucrados en la historia los que en el sitio intentan prestar ayuda a la mujer, los otros turistas que ven obstaculizado su itinerario, los familiares del chico que ha disparado, los niños y la niñera mexicana de la mujer herida y el hombre que regaló el arma del disparo —un japonés con una hija sordomuda—. Cada uno con sus conflictos, con sus dramas, con sus vidas, en un mundo que es como una metáfora de las bíblicas torres de Babel. En la película se habla en inglés, árabe, japonés y español.

Babel, Alejandro
González Iñárritu.

Babel es la cumbre del cine hispano hecho en los Estados Unidos. Obtuvo el premio al mejor director en el Festival de Cannes, el Globo de Oro a la mejor película y logró siete nominaciones a los premios de la Academia de Hollywood. Perdió el Oscar a la mejor película y a la mejor dirección frente a Martin Scorsese, en una decisión que algunos críticos han considerado injusta porque ni siquiera se trataba de la mejor obra del director norteamericano —y seguramente inferior a *Babel*—, sino de un reconocimiento a una vida de dedicación al cine, sin duda brillante.

Dos de las nominaciones correspondieron, como actrices de reparto, a la mexicana Adriana Barraza y a la japonesa Rinko Kikuchi. El nivel de actuación en el filme es muy alto. Junto a estas dos reconocidas intervenciones están Gael García Bernal, Brad Pitt, Cate Blanchett, Elle Fanning, Mohamed Akhzam, Peter Wight, Harriet Walter, Trevor Martin y Matyelok Gibbs.

El futuro

Lo que comenzó como una lucha reivindicativa de derechos elementales se ha ido transformando a medida que muchos de esos derechos se han reconocido, y ha devenido en una situación de más alto nivel y más profunda. Como ha dicho Clara E. Rodríguez:

> Lo más notable de estos realizadores es el diálogo que ellos introdujeron. Para muchos, este diálogo empezó como una confrontación; el resultado ha sido una apertura de la experiencia americana y un añadido a la historia del cine americano. Estos realizadores y sus filmes son parte de la redefinición y la expansión de la cultura americana. De la misma manera que los escritores y poetas hispanoamericanos expresan sus derechos en sus escritos, estos realizadores llevan a la pantalla su visión particular e individual de lo que significa ser latino en los Estados Unidos. En el proceso,

ellos (como la mayoría de los realizadores) tienen un mensaje propio que aportar. Como ha dicho Cheech Marin acerca del filme que él dirigió, *Born in East L.A.*, él quiso hacer reír a los espectadores, pero también hacerlos reflexionar seriamente sobre el planteamiento del filme: la deportación de una tercera generación de méxico-americanos. Uno de sus objetivos fue hacer que la gente se diera cuenta de que la cultura latina es parte de la cultura americana, tanto como la cultura inglesa o la irlandesa o la italiana[7].

En los últimos años hemos visto aparecer una nueva generación de méxico-estadounidenses muy firmes en su identidad, pero menos militantes en cuanto a las viejas ideologías reivindicativas y que buscan con un trabajo óptimo y talento romper las barreras que imponen las segregaciones. Esperan, como Ana en *Real Women Have Curves*, lograr un destino mejor dejando la factoría y yendo a la universidad. En cuanto al cine, no luchar contra Hollywood, sino luchar desde Hollywood.

El crecimiento demográfico de los hispanos en los Estados Unidos, en vez de acentuar la separación de las comunidades, contribuye a la unificación de los que proceden de distintas naciones. Minorías tan caracterizadas como la chicana o la cubana se integran más en una cultura común hispana. Esto, lejos de acentuar la confrontación con los anglosajones, contribuye a crear un equilibrio que solo puede desembocar en una mayor armonía y en el respeto mutuo. Robert Rodríguez y Alejandro González Iñárritu parecen ser una prueba de ello.

El cine en español no ha tenido la presencia ni la fuerza que nuestro idioma ha logrado en otros campos —la literatura, la televisión...—. Es imposible prever los factores que determinarán su desarrollo, pero la calidad alcanzada por el cine de los hispanos en Hollywood y el hecho de contar con una población de más de cuarenta millones, de los cuales el 80% hablan español, permiten ser optimistas en este sentido. Se puede esperar que igual que en Canadá se hace un cine en inglés y otro en francés, ambos con un alto nivel artístico, en los Estados Unidos puedan hacerse películas en inglés y en español con la misma categoría. Este último, sin ninguna reminiscencia de aquel cine muchas veces innoble de principios del sonoro.

Siglo XXI. El *boom* 'latino' en Hollywood

Joaquín Badajoz

La mayoría de los expertos coinciden en que las películas más exitosas en español exhibidas en los Estados Unidos han sido *Amores perros* (2000), de Alejandro González Iñárritu, *Y tu mamá también* (2001), dirigida por Alfonso Cuarón, y *Hable con ella* (2002), de Pedro Almodóvar. Las tres fueron nominadas a los Oscar, con la consiguiente exposición de mercadeo y promoción de prensa que eso implica, aunque solo Almodóvar se llevó el premio a casa. De cualquier forma, que por tres años consecutivos las producciones en español sean consideradas dentro de sus categorías a los premios de la Academia Norteamericana es una clara señal de un cambio dentro de la conciencia ideo-estética de la nación.

El éxito de filmes como los mencionados colaboró para que las puertas del siglo XXI se abrieran con dos hechos de gran envergadura para el cine 'latino' en los Estados Unidos. En *Traffic* (2000), producción germano-norteamericana, dirigida por Steven Soderbergh, en la que se cruzan cuatro historias sobre la guerra contra el narcotráfico, parte de la trama transcurre en la frontera mexicana y esas escenas son filmadas en español con subtítulos en inglés. Por su actuación en esta cinta, el puertorriqueño Benicio del Toro ganó un Oscar que lo convierte en el primer actor hispano en recibir un premio de la Academia por un papel que contiene parlamentos clave para la trama en español. Al mismo tiempo, Julian Schnabel (director de *Basquiat*) decide llevar al cine una adaptación de la novela autobiográfica de Reinaldo Arenas *Antes que anochezca*. *Before Nights Falls* (2000) cuenta con un selecto reparto encabezado por Javier Bardem, con Olivier Martínez, Andre Di Stefano, Johnny Depp, Pedro Armendáriz Jr., Diego Luna y un espectacular momento de Sean Penn (irreconocible como el guajiro Cuco Sánchez). El filme, que en su mayor parte transcurre en Cuba (reconstruida en Yucatán, México), tiene parlamentos en español y le mereció al actor español Javier Bardem su primera nominación al Oscar. Este año también se produce el *tv-movie* bilingüe para HBO *For Love or County: The Arturo Sandoval Story*, dirigido por John Sargent, con actuaciones de Andy García, Mía Maestro, Gloria Estefan, David Paymer y Charles S. Dutton.

El español comienza a ser parte importante de producciones de mediano y alto presupuesto, pero ya tamizado por una sensibilidad 'latina', esa mezcla cultural cuyo referente más cercano podría ser la salsa, sensibilidad hispana trasvasada a la vida urbana norteamericana. Filmes como *Tortilla Soup* (2001), de María Ripoll, una comedia romántica méxico-americana, con Jackeline Obradors, Tamara Mello, Judy Herrera, Nikolai Kinski, Elizabeth Peña, Constance Marie y Héctor Elizondo, basado en *Eat Drink Man Woman (Yin Shi Nan Un*, título original en mandarín, de 1994), de Ang Lee; y *Empire* (2002), de Franc Reyes, con John Leguizamo, Peter Sarsgaard, Denise Richard, Isabella Rosellini y Sonia Braga, filmada en Miami y con parlamentos en español, son las muestras más conocidas de esta tendencia. Luego, el interés de algunos conocidos 'latinos' que han hecho carrera en Hollywood, como el colombiano John Leguizamo, por trabajar en producciones independientes o extranjeras en español es una muestra de que existe una simpatía y respeto a la lengua que años antes hubiera sido poco menos que una utopía. En *Crónicas* (2004), una coproducción mexicano-ecuatoriana, de Sebastián Cordero, por primera vez Leguizamo interpreta a un periodista hispano radicado en Miami que se expresa durante todo el filme principalmente en español.

Dos documentales notables de esta época, sobre todo por su contenido histórico y su indudable valor testimonial, son *Cómo se forma una rumba* (2001), de Iván Acosta, una expedición visual antropológica a los orígenes de la música popular cubana narrada por algunos de sus protagonistas en el exilio: Chico O'Farrill, Jos Fajardo, Juan Pablo Torres, Alfredo Valdés Jr., Cándido Camero, Horacio 'El Negro' Hernández, Israel Kantor, Malena Burke, David Oquendo, Vicente Sánchez, Águedo Valdés-Luna, Carlos y Marta, Ulises del Toro, Mirta Gómez, Paquito Hechavarría, Nelson Padrón, Armando López, Art Farmer, Super Son Cubano, Los Santos y Raíces Habaneras; y *Cuba mía* (2002), de Rhonda M. Mitriani, sobre la emigración judía en Cuba, un mediometraje filmado totalmente en Cuba. Para celebrar 100 años de presencia mestiza en el cine estadounidense, las chicanas Nancy de los Santos y Susan Racho, junto al mexicano-americano Alberto Domínguez, realizan el documental *The Bronze Screen: 100 Years of the Latino Image in American Cinema*, un recorrido por algunas de las principales figuras hispanas en los Estados Unidos, como: Benicio del Toro, Anthony Quinn, Dolores del Río, Pablo Ferro, Alfonso Arau, Wanda de Jesús, Kathy Jurado, John Leguizamo, Ricardo Montalbán, Rita Moreno, Lupe Ontiveros, César Romero, Henry Silva y Raquel Welch.

En estos primeros años del siglo XXI, los estudios Fox 2000 Pictures comienzan una política sostenida para producir filmes que toquen la realidad 'latina', dirigidos a un mercado que según las estadísticas es la minoría emergente más activa del país, también considerables consumidores de productos de entretenimiento. Como resultado de esta política, que ha incluido la firma reciente de acuerdos de colaboración con Venevisión Internacional para la distribución de filmes en español, se produce la cinta *Chasing Papi* (2003), uno de los primeros intentos de una compañía productora mayor por alcanzar a la comunidad de hispano-norteamericanos. *Chasing Papi*, dirigida por Linda Mendoza, reunió un reparto internacional de estrellas 'latinas' encabezado por la boricua Roselyn Sánchez, la colombiana Sofía Vergara, los norteamericanos de origen hispano Jaci Velásquez y Freddy Rodríguez, el mexicano Eduardo Verástegui, el boricua Carlos Ponce y la conocida actriz cubana María Conchita Alonso. Este mismo año se lanza otra coproducción bilingüe destacada uniendo intereses españoles, estadounidenses y británicos: *Imagining Argentina* (2003), dirigida por Christopher Hampton, con la actuación de Irene Escolar, Fernando Tielve, Héctor Bordón, Antonio Banderas, Emma Thompson, María Canals, Rubén Blades y Leticia Dolera.

Entre los cineastas cubano-americanos jóvenes, Lisandro Pérez-Rey se destaca por continuar la línea de inquietudes políticas de la vieja guardia de realizadores cubanos, a pesar de que muchos de estos temas ya no son cercanos sentimental ni estéticamente a su generación. En 2003, Pérez-Rey estrena su primer documental bilingüe, *Más allá del mar (Beyond the Sea)*, sobre el éxodo del Mariel, con el que ganó un premio en el Festival Internacional de Cine de Fort Lauderdale y el premio de la popularidad, en la categoría documental, del Made in Miami Film and Video Festival.

Quizás la película más importante de esta época sea *Maria Full of Grace* (2004), ópera prima del norteamericano Joshua Marston, una coproducción colombo-estadounidense, por la que recibió una nominación a los Oscar como mejor actriz principal la novel Catalina Sandino Moreno. *María Full of Grace* recibió una avalancha de 30 premios y 21 nominaciones en total, que la convierten en la producción estadounidense con actores hispanos más premiada de la historia. Ese mismo año, el importante director brasileño Walter Salles (*Central do Brasil, Abril Despedaçado*) es reclutado por Robert Redford para llevar al cine *Diarios de motocicleta* (2004), una coproducción multinacional en la que reciben créditos los Estados Unidos, Argentina, Cuba, Alemania, México, Inglaterra, Chile, Perú y Francia. *Diarios de motocicleta* es una *road-movie* que narra el viaje de dos jóvenes argentinos, uno de los cuales luego se convertiría en el controversial icono de la izquierda internacional: Ernesto 'Che' Guevara. Esta cinta recibió un Oscar a la mejor canción original escrita para una banda sonora cinematográfica, por el tema 'Al otro lado del río', del uruguayo Jorge Drexler.

Sergio Arau consigue este año financiamiento para llevar adelante un proyecto suyo de 1998 (*A Day without a Mexican / Un día sin mexicanos*), comedia fantástica y sátira político-social bilingüe que recrea el hipotético colapso de la sociedad norteamericana moderna en un día (el 14 de mayo) en el que los mexicanos desaparecen del país. Con este filme, Sergio, hijo del importante cineasta mexicano Alfonso Arau, alcanzó una India Catalina de Oro en el festival de Cartagena, Colombia, de 2005 (por mejor guión original), y el premio especial del jurado del Festival de Gramado, en Brasil.

Otro de los ejemplos de la incidencia del español en las superproducciones de Hollywood es la taquillera *Man on Fire* (2004), del director Tony Scott, una coproducción anglo-norteamericana-mexicana, rodada completamente en México, con Denzel Washington, Dakota Fanning, Marc Anthony, Radha Mitchell y Christopher Walken. Esta historia del colapso brutal entre dos mundos violentos, uno decadente y lleno de remordimientos y otro carcomido por la anarquía y la corrupción policial y moral, incluye momentos dramáticos clave que son resueltos totalmente en español, varios actores de reparto mexicanos que hablan en español y el simbólico final cerrado por la canción 'Una palabra', del trovador cubano Carlos Varela.

Durante 2004 aparecen algunos intentos aislados de cine independiente. En Miami, el director cubano recién exiliado Orlando Rojas, con una larga trayectoria dentro del cine cubano, produce el cortometraje documental *Versos robados (Stolen verses)*, un trabajo experimental en tributo al poeta chileno Pablo Neruda, en el centenario de su natalicio, y Sergio Giral produce el documental *Al bárbaro del ritmo*, homenaje a Benny Moré.

En Dallas, Texas, Marcos Nelson Suárez realiza su segundo largometraje en español bajo su sello, Mariel Films. *Tiempo para Morir*, que se estrenó en el Festival de Cine Independiente de Nueva York, en mayo de 2005, cuenta con un reparto de actores locales que incluye a Miguel Calderón, Lupita Colmenero, Sergio Puerto, Jesús 'Chuy' Cuéllar, Félix Cruz, Frank Vázquez y Salvador Sierra. El primer largo de Suárez, *The Cuban Connection*, data de 1997 y al parecer fue producido en México con los actores Mario Cimarro, Lupita Colmenero y 'El Flaco' Guzmán.

Amor Violento, de Norton Rodríguez, en 2005, reúne un reparto 'latino' encabezado por el cubano Roberto Escobar, con Marielena Pereira, Mercedes Christian, Carolina Ansuini y Susana Brito, entre otros, para reconstruir la historia basada en hechos reales de la vida de Mercedes Christian, luchadora de los derechos de las mujeres que sufren de abuso sexual. Este docudrama es completamente en español.

La obsesión por el regreso a las raíces ha llevado a aventuras como la del actor cubano Luis Moro y la directora estadounidense Lisa France, que se embarcaron en un viaje a La Habana, burlando las regulaciones de viajes a la isla establecidas por el Departamento de Estado de los Estados Unidos, para filmar la cinta independiente *Love & Suicide* (2005), protagonizada por Moro, el puertorriqueño Kamal del Castillo y Daisy McCrackin.

A esta experiencia le siguen algunos filmes independientes de gran calidad, como el bilingüe *The Three Burials of Melquíades Estrada* (2005), debut en la dirección de largometrajes del actor Tommy Lee Jones, con guión de Guillermo Arriaga (*Amores Perros, 21 Gramos, Babel*), una coproducción franco-norteamericana, en la que incluso el veterano Tommy Lee Jones tiene varios parlamentos en español. Curiosamente, *The Three Burials...* es también un regreso a las raíces, pero en su sentido antropológico, ya que el americano Peter Perkins (Jones) es encargado de trasladar el cadáver de su mejor amigo, Melquíades (Julio Cedillo), a través de la frontera hasta un utópico y desértico poblado mexicano. Este viaje le sirve a Perkins para conocer ese mundo sumergido y lejano del que le hablaba su amigo y experimentar él mismo la violencia de la transfrontera.

El debut cinematográfico de A. Y. Dexter Delara, especialista en efectos especiales de varias grandes producciones de Hollywood, es *English as a Second Language* (2005), una cinta bilingüe, en la que actúan Kuno Becker, Danielle Camastra, John Michael Higgis y María Conchita Alonso, otra historia de cruces de fronteras físicas y emocionales. Bolívar de la Cruz (Kuno Becker) viaja a los Estados Unidos y se encuentra con la bella Lola Sara (Danielle Camastra) para protagonizar una historia de amor, encuentros y desencuentros entre dos lados muy distintos de una misma cultura.

En 2005 Lionsgate decide llevar a la pantalla la versión de la novela homónima *La mujer de mi hermano*, del peruano Jaime Bayly. La estrategia es reunir un reparto de actores internacionales de primera línea para atraer el abigarrado mosaico de 'latinos' radicados en Norteamérica, así como a los cinéfilos a través de todo el continente. *La mujer de mi hermano* (2005) es el primer largometraje del peruano Ricardo de Montreuil —después del corto venezolano-estadounidense *Amigas* (2003)—. En esta coproducción de Argentina, México, Perú y los Estados Unidos, actúan la uruguaya Bárbara Mori, el peruano Christian Meier, el colombiano Manolo Cardona, la venezolana Gaby Espino, el chileno Beto Cuevas (vocalista del grupo La Ley) y los mexicanos Bruno Bichir y Angélica Aragón, entre otros.

El año de las grandes coproducciones es 2006. No cabe duda de que dos de las películas más importantes son dirigidas por hispanos, con un elenco representativo de actores hispanos. *Babel* (2006), coproducción franco-estadounidense-mexicana, es el tercer largometraje del mexicano Alejandro González Iñárritu, uno de los artífices del nuevo cinema mexicano. En la cinta, idea y guión de Guillermo Arriaga, comparten créditos, junto a Brad Pitt y Cate Blanchett, talento hispano como Gael García Bernal y Adriana Barraza, en una de sus historias paralelas que es filmada en español. Por esa actuación Barraza recibió una nominación al Oscar por actriz de reparto y el compositor argentino Gustavo Santaolalla su segundo Oscar por mejor banda sonora (el primero lo había recibido en 2005 por la aclamada *Brokeback Mountain*). La otra película del año es la multipremiada *El laberinto del fauno* (México-España-Estados Unidos), del importante director mexicano radicado en los Estados Unidos Guillermo del Toro, rodada completamente en español, y que le valió a Del Toro una nominación al Oscar, un premio Oscar por dirección de fotografía para el mexicano Guillermo Navarro y otro por escenografía para la mexicana Pilar Revuelta.

En este mismo año se estrena *Bella* (2006), el primer largometraje del mexicano-estadounidense Alejandro Gómez Monteverde, con Eduardo Verástegui, Tammy Blanchard, Manny Pérez, Ali Landri, Angélica Aragón, Jamie Tirelli y Ramón Rodríguez. Bella ganó el premio de la popularidad del importante Festival Internacional de Cine de Toronto y sigue la tendencia de introducir diálogos en español en ambientes íntimos y familiares, en los que los protagonistas bilingües intercambian frases que aparecen subtituladas. Una película emocionante y de exquisita factura.

Buscando a Leti (2006), de Dalia Tapia, escrita y filmada en español, narra la historia de una niña de 10 años que es dejada al cuidado de sus abuelos mientras sus padres viajan a los Estados Unidos en busca de trabajo. La niña es discriminada por su propia abuela Agustina, por su tez mestiza y sus facciones indígenas, pero encuentra la protección de su abuelo Vitorio. Esta situación se extiende por varios años, hasta que María, su madre, regresa para traerla a los Estados Unidos, separándola de su abuelo.

La corriente 'latina' se extiende a producciones de mediano presupuesto como *Quinceañera*, totalmente estadounidense, dirigida por Richard Glatzer y Wash Westmoreland, que introduce a uno de los nuevos talentos chicanos, Jesse García; y la comedia *Fast Food Nation* (2006), coproducción anglo-estadounidense, dirigida por Richard Linklater, con un vasto elenco de jóvenes talentos hispanos encabezados por Wilmer Valderrama, Catalina Sandino Moreno, Ana Claudia Talancón y el veterano Luis Guzmán, entre otros. El filme, en inglés, incluye parlamentos en español y referencias a la cultura hispana en los Estados Unidos. Ana Claudia Talancón, protagonista del aclamado filme *El crimen del Padre Amaro* (2002), junto a Gael García Bernal, comienza a ser considerada para los repartos de varias películas independientes realizadas en los Estados Unidos. A la par de su trabajo en *Fast Food Nation*, actúa en *Alone with her* (2006), un *thriller* de bajo presupuesto dirigido por el canadiense Eric Nicholas, en el que comparte roles con Colin Hanks (hijo de Tom Hanks). En el filme, ella es una bella chica hispana que comienza a ser espiada por un joven perturbado. La cinta debutó ese año en el Tribeca Film Festival y luego de pocas exhibiciones en salas de cine pasó a formato de DVD.

Una de las cintas con mayor participación hispana realizada por un estudio de Hollywood durante 2006 es *Nacho Libre*, de Paramount Pictures, en la que el conocido comediante Jack Black interpreta a un religioso que se encarga de la cocina en un orfanato y decide convertirse en luchador para invertir el dinero de los premios en la alimentación de los huérfanos. Filmada totalmente en México, con un abrumador reparto hispano encabezado por Ana de la Reguera (como la hermana Encarnación) y Héctor Jiménez (como el estrambótico Esqueleto), *partenaire* de Jack Black, *Nacho Libre* es una comedia menor, sin mayores ambiciones, pero entretenida.

Entre los principales esfuerzos independientes de este año está la filmación en Miami de la comedia *Cercanía*, dirigida por el cubano Rolando Díaz, con un importante reparto de artistas locales de calibre internacional como los exiliados primeros actores cubanos Reinaldo Miravalles, Ana Viña, Carlos Cruz y Orlando Casín, así como el cubano-americano Larry Villanueva (*Azúcar Amargo*) y la mexicana Alpha Acosta. El filme es el debut en el cine de la actriz de teatro cubana Grettel Trujillo. *Cercanía* tuvo un preestreno local y luego fue presentada oficialmente en la muestra del Festival Internacional de Cine Latino de Los Ángeles (LALIFF, por sus siglas en inglés) en 2006. Este mismo año, Ela Troyano dirige un excelente documental sobre La Lupe (*La Lupe Queen of Latin Soul*), la mítica cantante cubana exiliada desde 1962 hasta su muerte en 1992 en Nueva York; y Sergio Giral dirige *El camino de los Orishas (The Way of the Orishas)*, en español con subtítulos en inglés, un sorprendente viaje por la historia del sincretismo afrocubano y la travesía de practicantes y dioses yorubas hacia los Estados Unidos, como parte del amplio exilio cubano. Una religión que ha superado razas y clases sociales hasta convertirse en parte consustancial de la identidad afrocubana.

Aunque fueron rodadas durante 2006, *El Cantante*, sobre la vida del salsero boricua Héctor Lavoe, dirigida por León Ichaso, y *Bordertown*, de Gregory Nava, no se estrenarían hasta agosto de 2007 y febrero de 2008, respectivamente. La primera está protagonizada y producida por Marc Anthony y Jennifer López, con excelentes interpretaciones de ambos. En *Bordertown*, sobre los asesinatos de mujeres en Ciudad Juárez, repite Jennifer López en el rol protagónico, acompañada por Antonio Banderas y Kate del Castillo.

Como resultado de la activa filmografía hispana durante 2006, al año siguiente diez mexicanos fueron nominados al Oscar, una cifra sin precedentes en la historia de este premio: Guillermo Arriaga, Adriana Barraza y Alejandro González Iñárritu, por *Babel*; Fernando Cámara por *Apocalipsis*, de Mel Gibson; Alfonso Cuarón y Emmanuel Lubezki por *Children of Men*, y Pilar Revuelta, Eugenio Caballero, Guillermo Navarro y Guillermo del Toro, por *El laberinto del fauno*. Lo ganaron tres de ellos (Navarro, Revuelta y Caballero).

Probablemente *Hijos de la Guerra (Children of the War)* del realizador Alexandre Fuchs, hijo del veterano productor austriaco Léo L. Fuchs, sea el largometraje documental bilingüe más importante de este año. *Children of the War* se sumerge en la realidad de la pandilla urbana internacional más violenta de la década, la Mara Salvatrucha, también conocida como MS-13, que se ha extendido desde Centroamérica hasta los Estados Unidos, siendo declarada por el Buró Federal de Investigación (FBI, por sus siglas en inglés) como la pandilla callejera de mayor crecimiento y más peligrosa del país. A través de más de 80 entrevistas con fundadores y miembros de las pandillas, expertos en delincuencia juvenil y académicos, el documental revela las razones personales de muchos de sus miembros, las luchas clandestinas de poder y la incidencia de las políticas gubernamentales en la contención y agravamiento de la situación. Esta es, sin duda, la cobertura gráfica más completa hasta el momento sobre este fenómeno. La cinta incluye además un recorrido por las cárceles de El Salvador y las calles de los suburbios de Los Ángeles, infestadas de pandillas juveniles. Con *Children of the War*, Fuchs ganó el premio del Festival de Cine de Austin, Texas; el Chameleon y el Diane Seligman, del Festival Internacional de Cine de Brooklyn; y el premio al mejor documental del New York Latino Film Festival, en 2007.

Hijos de la guerra,
Alexandre Fuchs.

Desde que se estableció en Nueva York, en 1998, después de estudiar en la Universidad de Princeton, la mexicano-estadounidense Eva Aridjis, hija del poeta y novelista mexicano Homero Aridjis, ha dirigido dos notables documentales en español. Uno de ellos es *Niños de la calle (Children of the Street)* (2002), sobre los adolescentes drogadictos que vagabundean por las calles de Ciudad de México durmiendo en el metro y sumados a la ola de crímenes que azota a la ciudad, que se ha comercializado con crédito mexicano. Su segundo largometraje documental en español, *La Santa Muerte*, estrenado en 2007, se enfoca esta vez en otro tema mexicano, el vertiginoso crecimiento del culto a la Santa Muerte, un tema que también está presente en la última novela (homónima) de Homero Aridjis. La Santa Muerte o Santa Niña Blanca, como también se la conoce, es representada por una calavera (como La Katrina), adornada con vestido y manto, y lleva una guadaña en la diestra mientras sostiene el mundo en la palma de la mano izquierda. Este polémico culto sincrético popular, muy asociado a las celebraciones del día de los muertos en México, y que se ha extendido también a la zona del suroeste de los Estados Unidos, es considerado paganismo satánico por la religión católica. *La Santa Muerte* examina los orígenes del culto, bastante extendido entre las familias que viven en las comunidades más pobres y las pandillas juveniles; y además, recorre sus altares, de los que existen más de una veintena en varias ciudades mexicanas, las cárceles y los vecindarios donde se encuentran los más devotos creyentes, que la consideran una santa milagrosa. La leyenda azteca de la muerte es también centro de la trama de *The Dead One (El Muerto)*, una película de terror estrenada en agosto de 2007, basada en la historieta homónima del chicano Javier Hernández. En la cinta, rodada en inglés con algunos diálogos ocasionales en español, trabajan Wilmer Valderrama, Angie Cepeda, Tony Plana y María Conchita Alonso.

El premio del jurado de Sundance en 2007 recayó en la cinta *Padre Nuestro* (2007), una producción bilingüe del realizador Christopher Zalla, sobre un niño que llega de manera ilegal a Nueva York en busca de su padre y descubre que un impostor le ha robado su identidad para reclamar su herencia. En *Padre Nuestro*, actúan Jesús Ochoa, Armando Hernández, Jorge Adrián Espíndola y la actriz y también documentalista Paola Mendoza, directora del corto bilingüe *Still Standing* (2006), sobre los desastres del huracán Katrina.

El proyecto más exitoso, dentro de esta estrategia de las grandes compañías de producir un cine en español destinado a los consumidores hispanos en los Estados Unidos, es hasta la fecha la comedia *Ladrón que roba a ladrón*, del director cubano-americano, nacido en Nueva York, Joe Menéndez. La cinta, producida por Lionsgate y estrenada el 31 de agosto de 2007 en 340 salas de cine a lo largo del país, estableció un récord que seguramente estimulará experiencias similares: es el estreno masivo y con mayor recaudación de taquilla de un filme en español producido en los Estados Unidos. En *Ladrón que roba a ladrón*, se siguió la misma estrategia de seleccionar un reparto de actores internacionales, encabezado por el galán mexicano Fernando Colunga, el argentino-colombiano Miguel Varoni, los argentinos Saúl Lisazo y Julie Gonzalo, los mexicanos Gabriel Soto e Ivonne Montero, y la venezolano-americana Sonya Smith. La trama es simple: dos criminales se unen para robarle a Moctezuma 'Mocte' Valdés (Lisazo), poderoso productor de 'infomerciales' que ha construido su imperio y amasado una cuantiosa fortuna promoviendo productos de escasa calidad dirigidos a los emigrantes 'latinos'. Todo se complica cuando para lograr su plan maestro deben contratar a varios emigrantes sin experiencia en el negocio del crimen.

En marzo de 2008 se estrena otra producción de mediano presupuesto, bajo el sello de Fox Searchlight y The Weinstein Company. *La misma luna (Under the Same Moon)* está dirigida por Patricia Riggen, con guión original de Ligiah Villalobos, y tiene un reparto de primer nivel encabezado por los actores mexicanos Adrián Alonso, Kate del Castillo, Eugenio Derbez, Maya Zapata, Carmen Salinas, María Rojo, Mario Almada, la norteamericana de padres hondureños America Ferrera (estrella de *Real Women Have Curves*) y Los Tigres del Norte. *Under the Same Moon* vuelve sobre la tragedia de la emigración laboral que afecta a la comunidad hispana, sobre todo en la zona de la transfrontera, donde las familias se ven obligadas a separarse por razones económicas y políticas migratorias. Carlitos, un niño de 9 años que vive con su abuela en México, viaja de manera ilegal a los Estados Unidos para intentar reunirse con su madre Rosario, que a su vez intenta desesperadamente saber del paradero de su hijo.

Uno de los filmes más esperados de 2009 es la coproducción mexicano-estadounidense *México '68*, basada en la revuelta estudiantil mexicana del año 1968, de otro importante director mexicano radicado en los Estados Unidos, Alfonso Cuarón, con guión del mexicano Vicente Leñero (*El crimen del Padre Amaro*, 2002).

Notas

[1] 'The film broke new ground in its treatment of sexism, racism, and labor oppression and in having a female voice-over, that of Revueltas, narrate the events. It was far ahead of its time in dealing with gender inequality within Latino communities' (Clara E. Rodriguez, *Heroes, Lovers and Others. The Story of Latinos in Hollywood*. Washington: Smithsonian Books, 2004, pp. 128-129).

[2] 'Familiar or recognizable streets and areas of this deplorable slum district are the scene of the generally lurid, hackneyed action in which a misguided Puerto Rican youth is driven from his home by his father and becomes a pusher of narcotics. Unmistakable Harlem hallways and disheveled pads are the haunts of the succession of genuine looking junkies and hustlers who pass through the film' (Bosley Crowther, 'Heroina Tells a Story of Addicts in Harlem', en *The New York Times*, 11 de noviembre de 1965).

[3] '*El Super* is the story of Roberto and Aurelia, Cuban exiles living in New York City with their 17 year old daughter Aurelita. It's February 1978 and the winter is harsh. For ten years Roberto's been the super of an apartment building in the Upper West Side: picking up garbage, firing up the boiler, repairing windows and hearing constant complaints. Depressed and tired of the rut that his life has turned into, when he receives sad news from Cuba and learns that his daughter may be pregnant, he decides to leave New York to start a new life in Miami' (programa de la presentación de la película, Centro Cultural Cubano de Nueva York, 15 de octubre de 2007).

[4] '...you might suspect that *El Super* would be grim, but you'd be wrong. It's a funny, even-tempered, unsentimental drama about people in particular transit. [...] *El Super* is much less about politics than it is about the disorientation of exiles who become living metaphors for the human condition. Such a person is Roberto, played with infinite good humor and common sense by Raymundo Hidalgo-Gato. [...] Produced on a very low budget, but with care, intelligence and with a cast of marvelous Cuban and Puerto Rican actors' (Vincent Canby 'El Super', [1979] en Review. *The New York Times*, 29 de abril de 1978).

[5] 'None of these efforts has been followed up by the institutions or the important personalities in the exile community, who have frequently criticized the films made by the ICAIC but have never thought to back the projects of these and other filmmakers with funds, grants, or other financing. Today we can ask ourselves: What Cuban foundations, institution, or association on the exile community in the United States considered what important aspects of its culture the people are missing out on and how the legacy of this culture—one divided for four decades—can be preserved in motion pictures?' (Narciso Hidalgo, 'On Cuban Film', en *Hopscotch* 2 [4] [2001], p. 114).

[6] 'An affectionate remembrance of the filmmaker's experience as a young immigrant from Cuba' (Gary D. Keller, *Hispanics and United States Film: An Overview and Handbook*. Tempe, Arizona: Bilingual Review Press, 1994, p. 218).

[7] 'What is most remarkable about these filmmakers is the dialogue they inaugurated. For many, this dialogue began in opposition; yet it has resulted in opening up the American experience and adding to the history of American film. These filmmakers and their films are part of the ongoing redefinitions and expansions of American culture. In the same way that U.S.-Latino writers and poets express their birthright through their writing, these filmmakers bring to the screen their own unique and individual visions of what it means to be a Latino in the United States. In the process, they (like most filmmakers) have had particular messages to convey. As Cheech Marin has said of the film he directed, *Born en East L.A.*, he wanted to make audiences laugh, but he also wanted them to reflect more seriously on the film's theme: the deportation of a third-generation Mexican American. One if his aims was to 'make people realize that Latino culture is part of American culture, just as much as English or Irish or Italian culture' (Clara E. Rodríguez, óp. cit., pp. 199-200).

XII PUBLICACIONES

Editoriales que se dedican a la publicación de libros
en español en los Estados Unidos. Panorama
de las ediciones, catálogos y folletos

Maricel Mayor Marsán

Las empresas editoriales de los cubanos en el exterior.
Ediciones y catálogos

Orlando Rodríguez Sardiñas (Rossardi)

Editoriales que se dedican a la publicación de libros en español en los Estados Unidos. Panorama de las ediciones, catálogos y folletos

Maricel Mayor Marsán

Introducción

En la actualidad, una de las industrias que muestra un crecimiento sostenido en los Estados Unidos es la industria del libro en español. De acuerdo con la firma consultora Kiser & Associates, las ventas de libros exclusivamente en español en la nación norteamericana ascienden a más de 350 millones de dólares anuales. Dicha cifra supera las ventas de la Biblia y compite con los negocios de ventas de libros por correo en idioma inglés.

Hasta hace muy poco tiempo 'el 90% de los libros en español en los Estados Unidos eran publicados en el extranjero', de acuerdo con lo declarado por Lisa Alpert, editora del sello Random House Español, a la cadena noticiosa CNN en Español en el año 2001. Y según las informaciones disponibles, el 10% restante de los libros en español que se consumían en los Estados Unidos, hasta esa fecha, procedían de pequeñas empresas editoriales locales que tradicionalmente satisfacían las necesidades e intereses de diversos grupos hispanos en particular, de algunas editoriales universitarias y de las publicaciones de libros de textos para la enseñanza del español, en todos los niveles educativos, por grandes editoriales.

No existen cálculos precisos de lo que gastan los hispanos de manera individual o por familia en libros, pero sí existen cifras recientes de lo que genera dicha industria por las ventas de libros en español aproximadamente. Hasta el momento no se ha hecho un estudio detallado de los ingresos por este concepto debido a que, por lo general, las ventas de libros en español están dirigidas a las bibliotecas públicas y privadas, universidades, instituciones de enseñanza media y primaria, asociaciones culturales, instituciones gubernamentales, instituciones religiosas, instituciones dedicadas al bienestar y a la salud de las personas que hablan español, fundaciones sin fines de lucro y dedicadas a colaborar con el desarrollo intelectual de la comunidad inmigrante hispana (centros comunitarios y culturales), distribuidoras de libros en español (mayoristas) y librerías (minoristas).

Las estadísticas relacionadas con la venta de libros en español al detalle (por minoristas) no indican la cantidad de estos libros que son adquiridos por personas hispanas o de origen hispano o por otros estadounidenses que también hablan español o lo están aprendiendo. Lo más cercano que existe en cuanto a este tipo de datos es la información ofrecida por el sitio Español.com, un vendedor minorista de libros en español en línea, que llevó a cabo un estudio en 1999 donde se demuestra que casi un 50% de los hispanos con acceso al ciberespacio compraron un libro o revista por medio de ese canal de ventas. En la actualidad, el número de personas que hablan español y están conectadas a la Red asciende a 16 millones, de acuerdo con los datos que ofrece la firma de publicidad Hispanic Digital Network. Por otra parte, la organización Modern Language Association estima que un número superior a los 650.000 estudiantes universitarios o de instituciones de educación superior asisten a clases de español cada año. A esta cantidad se suman todos los estudiantes dispersos por el país, en instituciones de educación básica y secundaria, que estudian el idioma español como segunda lengua o participan en programas bilingües. Es de suponer que una buena parte del mercado de libros en español se encuentra entre estos estudiantes y los docentes que los enseñan.

Una valiosa información disponible sobre el mercado de libros en español está dirigida, de manera específica, a editores, mayoristas y distribuidores de estos libros, a través de los directorios que vende la firma consultora Kiser & Associates, con sede en San Diego, California. Entre los libros que ofrece dicha compañía se encuentran: *Directorio de bibliotecas públicas estadounidenses con colecciones en español, Directorio de editoriales estadounidenses con libros en español, Directorio de puntos de venta de libros en español en Estados Unidos, Cómo vender libros en español a las bibliotecas públicas* y *Cómo vender libros en español a las universidades.*

Otra magnífica fuente de información acerca de las publicaciones y el mercado de libros en español, así como estadísticas al respecto, nuevas empresas, agentes literarios, canales de distribución, reseñas de libros, entrevistas a escritores famosos y datos sobre nuevos portales de librerías virtuales, es la revista *Críticas* de la compañía Reed Elsevier, Inc. La revista está escrita en inglés y su público está constituido, en su mayoría, por bibliotecarios y librerías de todo el país que adquieren libros en español para satisfacer la demanda de los lectores hispanos y enriquecer sus colecciones. La lectura y suscripción a esta revista es gratuita en la Red, así como los boletines de información que envían mensualmente, de manera electrónica, a todos sus subscriptores. Dos números impresos se distribuyen al año como suplemento de las revistas *Publishers Weekly* y *School Library Journal,* de la misma compañía matriz.

De acuerdo con las estadísticas del censo del año 2000, la población hispana aumentó un 58% desde el censo anterior en el año 1990. Este incremento acelerado en un período de diez años y el auge de la lectura en español, a lo largo y ancho del país, han convertido a los Estados Unidos en la segunda nación importadora de libros de España en América, de acuerdo con las estadísticas del Instituto Español de Comercio Exterior y la Federación de Gremios de Editores de España, superando a otros mercados tradicionales del libro español en el continente.

La mayoría de los libros en español que se importan a los Estados Unidos proceden de México, España, Colombia, Ecuador y Argentina. México ocupa el primer lugar en las importaciones, con una cifra cercana a los 70 millones de dólares. España le sigue, en un segundo lugar, pese a las oscilaciones que ha tenido este renglón del mercado desde el año 2001, debido a la tasa cambiaria del euro con relación al dólar, un tanto desfavorable para el dólar y, por consiguiente, para las empresas importadoras norteamericanas. Entre las editoriales extranjeras que tienen una participación más activa en este mercado se encuentran: Fondo de Cultura Económica de México, Grupo Santillana de España y Grupo Editorial Planeta de España, las cuales disponen de oficinas de venta directa en los Estados Unidos.

Aunque el monto de las importaciones de libros en español desde diversos países y sellos editoriales sigue en aumento, hay que mencionar que existen alrededor de 200 empresas editoriales en los Estados Unidos que publican libros en español y se vislumbra una expansión de las mismas, así como el surgimiento de otras, debido a la tendencia del mercado norteamericano a favorecer más a las editoriales nacionales que a las internacionales.

Las razones para este tipo de preferencias se basan en lo siguiente:

• La mayoría de los bibliotecarios y administradores de librerías prefieren ahorrar tiempo al pedir libros de una editorial estadounidense o de una compañía distribuidora de libros, a nivel local o nacional.

• Los inconvenientes de localizar una empresa editorial en el exterior, establecer contacto, negociar un descuento y realizar los trámites de aduanas son más grandes que el ahorro que se puede obtener.

• Los altos costos de las llamadas de larga distancia internacional y los envíos de faxes internacionales.

- Dificultad a la hora de realizar las transacciones y pagos. Muchas editoriales internacionales no aceptan cheques en dólares debido a las excesivas deducciones bancarias, a la hora de cobrar los mismos, en sus respectivos países.

- Gastos excesivos, de correo o flete, por concepto de los envíos internacionales. Las tarifas postales han aumentado considerablemente en los últimos años.

Por otra parte, en vista del auge reciente de este mercado, muchas empresas editoriales que, hasta hace poco tiempo, se dedicaban solamente a la publicación de libros en inglés, han comenzado a dedicar muchas de sus publicaciones a los libros en español, bien sea por medio de traducciones de *best-sellers* en inglés al español o de la publicación de libros escritos por conocidas figuras mediáticas del mundo hispano en los Estados Unidos o de importantes autores del mundo literario hispanoamericano. También se dedican a la publicación en español de libros de texto, libros de arte, libros de autoayuda, libros comerciales, libros técnicos, libros científicos, libros religiosos y, aunque en menor escala, a la publicación y promoción de escritores norteamericanos de origen hispano o hispanoamericanos residentes en territorio estadounidense, dentro de lo que se denomina como literatura chicana o literatura 'latina' emergente. En este último tipo de publicaciones, las compañías suelen controlar el mercado en ambos idiomas, logrando acuerdos y derechos sobre las ediciones en español y en inglés de manera simultánea. Muchas de estas empresas han creado nuevos sellos editoriales, aparte de la compañía matriz de sus corporaciones, para así poder operar de manera independiente y paralela, aunque guardando una íntima relación de intereses comunes.

A propósito de esta explosión de publicaciones en español en la nación norteamericana, el periodista Daniel Shoer Roth, del diario *El Nuevo Herald*, nos indica lo siguiente:

> Con mayor frecuencia, las editoriales norteamericanas están publicando simultáneamente sus principales títulos en ediciones separadas en inglés y español, buscando maximizar sus esfuerzos de mercadeo y expandir su alcance sobre uno de los pocos segmentos que reporta crecimiento en la industria literaria: el mercado hispano. [...] Las editoriales también se están apresurando a adquirir los derechos en español para Estados Unidos de libros que recién comienzan a distribuirse en países de habla hispana, colocándolos en las librerías de esta nación incluso antes que su edición en inglés. Durante décadas estos títulos eran importados de Hispanoamérica o España y tardaban en arribar.

Existen más de cien empresas distribuidoras de libros en español a nivel regional y nacional en los Estados Unidos, las cuales facilitan el proceso de facturación del libro entre las editoriales y los posibles compradores, de manera expedita y eficiente, tales como: ABC's Book Supply, Adler's Foreign Books, Astran, Baker & Taylor, Bernard Hamel Spanish Books, Brodart Español, Continental Book Company, Chulainn Publishing Corporation, Distribooks, Downtown Book Center, Ebsco, Español.com, Follett Corporation, Hispanic Book Service, Howard Karno Books, Ibercultura, Ideal Foreign Books, Independent Publishers Group, Ingram Book Group, Latin American Book Source, L.D. Books, Lectorum Publications, Libros Latinos, Libros Sin Fronteras, Los Andes Publishing Company, Multi-Cultural Books and Videos, National Educational Systems, New Latin American Book Trade, Pan American Books, Public Square Books, Schoenhof's Foreign Books, Spanish Book Distributors, Spanish Speaking Bookstore Distribution y The Bilingual Publications, para nombrar las más conocidas.

Otra manera de distribución del libro en español, que tienen a su disposición las editoriales, es por medio de las librerías virtuales. En los Estados Unidos, las compañías más notables de este tipo son: Amazon.com, Barnesandnoble.com, Borders.com, Espiral.com, Clubmosaico.com (un club de libros multifacéticos para las familias hispanohablantes de los Estados Unidos) y Zipidee.com.

El doctor Roger Daniels (2002), profesor emérito de historia de la Universidad de Cincinnati y experto en la historia de la inmigración de los Estados Unidos, explica que en las cifras del censo de 2000 siete estados anotaban más de un millón de hispanos. Los siete estados con más de un millón de hispanos son: California: 10.966.556; Texas: 6.669.666; Nueva York: 2.867.583; Florida: 2.682.715; Illinois: 1.530.262; Arizona: 1.295.617, y Nueva Jersey: 1.117.191. Aunque la población ha aumentado bastante en los últimos siete años y se calcula que, en estos momentos, la cifra de hispanos en el país asciende a 43,5 millones, entre ciudadanos y residentes legales (sin contar a los casi diez millones de inmigrantes ilegales hispanos que viven en el país), las estadísticas siguen manteniéndose proporcionales, en cuanto a la localización demográfica de este grupo en dichas áreas. Por todo esto, no es casualidad que la mayoría de las empresas editoriales y distribuidoras de libros en español del país se encuentren en los estados anteriormente mencionados, donde existe una mayor concentración de la población hispana o de origen hispano.

A continuación, encontrarán una lista de las principales editoriales norteamericanas que se dedican a las publicaciones en español en los Estados Unidos:

Grandes empresas y conglomerados editoriales (por orden alfabético)

Carlsbad (Rochester, Nueva York)

Nombre que ha adoptado la compañía Gurze Book's en el mercado del libro en español. Esta editorial se dedica a la publicación de textos de autoayuda en inglés. Su sello de publicaciones en español se dedica a las traducciones de dichos libros, entre los que se destacan dos de sus libros más vendidos sobre desórdenes alimenticios: *Anorexia Nervosa: A Guide to Recovery (Cómo entender y superar la anorexia nerviosa)* y *Bulimia: A Guide to Recovery (Cómo entender y superar la bulimia)* (http://www.gurze.com/).

Ediciones Lerner / Lerner Publishing Group (Minneapolis, Minnesota)

La editorial Lerner Publishing Group fue fundada en 1959 y, en poco tiempo, se convirtió en una de las compañías independientes más grandes del país que está dedicada a la publicación de libros infantiles. Sus catálogos incluyen más de 3.500 títulos, entre libros de ficción y de no ficción, dirigidos al público comprendido en los grados que van desde kindergarten hasta el grado 12. También publica libros ilustrados con fotos, títulos suplementarios que apoyan los currículos de ciencias, estudios sociales e idiomas, al igual que novelas juveniles, libros deportivos, de vehículos y de manualidades. La compañía posee varios sellos editoriales: Lerner Publications, Millbrook Press, Carolrhoda Books, Graphic Universe, Twenty First Century Books, Lerner Classroom, Kar-Ben Publishing, First Avenue Editions y Ediciones Lerner. Esta última fue creada con el fin de comenzar a publicar las traducciones de sus libros en este idioma y duplicar la capacidad de las estrategias didácticas de sus materiales de estudio (http://www.lernerbooks.com/).

Editorial Unilit (Miami, Florida)

Una editorial de libros de temas religiosos en español, desde Biblias hasta libros para niños, novelas y ayuda personal. Su catálogo ofrece varios títulos del autor Bruce Wilkinson, fundador y presidente del ministerio 'A través de la Biblia'. El libro *La oración de Jabes*, una traducción del inglés al español, ha vendido más de un millón de ejemplares en los primeros nueve meses, después de su lanzamiento (http://www.editorialunilit.com/).

Grupo Nelson (Nashville, Tennessee)

Este grupo de empresas editoriales de libros en español fue creado en 2006 con el objetivo de llegar al mercado de hispanos en los Estados Unidos. Es la rama hispana del grupo empresarial Thomas Nelson Publishers. En el pasado, Caribe Betania era el único sello en español de este fuerte grupo editorial. Ahora, el Grupo Nelson ha sustituido las funciones de Caribe Betania y abarca diferentes publicaciones, desde Biblias hasta libros de belleza, y se ha convertido, en poco tiempo, en una de las empresas más sobresalientes en esta industria. Tiene cinco sellos editoriales: Editorial 10 Puntos (especializada en libros sobre la crianza y la familia, finanzas personales, salud y acondicionamiento, motivación personal y cultura popular), Editorial Betania (especializada en libros inspiracionales, vida cristiana y libros para niños), Editorial Católica (especializada en libros y Biblias católicas), Editorial Caribe (especializada en Biblias, libros de referencias bíblicas y productos religiosos electrónicos) y Líder Latino (especializada en libros de negocios y liderazgo). Sus catálogos están disponibles seis meses antes de que los libros estén en las librerías y utiliza diferentes tecnologías para dar a conocer sus publicaciones. La mayoría de sus títulos en español son traducciones de los libros que publica la casa matriz en inglés y ambas ediciones salen al mercado casi de manera simultánea, como parte de una estrategia de mercado de esta compañía. Entre los libros más recientes que han publicado en español, se destacan los siguientes: *Belleza Universal: La guía de belleza Miss Universo*, de Cara Birnbaum; *Las 21 leyes irrefutables del liderazgo: Siga estas leyes, y la gente lo seguirá a usted*, de John C. Maxwell; *No arrugue que no hay quien planche*, de Hada Maria Morales, y *Microempresa, Megavida: Cinco pasos para una gran vida a través de tu pequeña empresa*, de Louis Barajas (http://www.caribebetania.com/).

HarperCollins (Nueva York)

Es una de las principales editoriales de lengua inglesa en el mundo, y también es una filial de News Corporation (NYSE: NWS, NWS.A; ASX: NWS, NWSLV). Con sede en Nueva York, la compañía tiene grupos editoriales en los Estados Unidos, Canadá, el Reino Unido y Australia. Sus grupos editoriales incluyen a las siguientes compañías: HarperCollins General Books Group, HarperCollins Children's Books Group, Rayo, Zondervan, HarperCollins UK, HarperCollins Canada, HarperCollins Australia/New Zealand y HarperCollins India. Sus publicaciones alcanzan todo tipo de libros, desde libros religiosos hasta publicaciones infantiles. En el año 2006 se anunció un acuerdo de publicación global entre HarperCollins y el Grupo Planeta, la principal editorial en español a nivel internacional, para desarrollar una línea de libros en español y viceversa. HarperCollins publicará ciertos libros de Planeta en inglés para su distribución a través de los territorios de habla inglesa. Planeta también tendrá la opción de publicar en español un número determinado de títulos de HarperCollins en sus territorios de habla hispana. Dentro de los Estados Unidos, el sello editorial Rayo, que está a cargo de las publicaciones en español de HarperCollins, publicará en español muchos de los *best-sellers* del catálogo de Planeta para consumo del mercado norteamericano. Dicha iniciativa comenzó a funcionar a finales del año 2006 con el lanzamiento de dos novelas del reconocido autor español Carlos Ruiz Zafón: *El Príncipe de la Niebla* y *El Palacio de la Medianoche* (http://www.harpercollins.com/).

Página electrónica de Harper Collins.

Ideals Publications (Nashville, Tennessee)

Es una empresa editorial, de la compañía Guideposts, dedicada a los libros de temas religiosos y espirituales. La editorial comenzó a publicar libros en español, a principios del nuevo milenio, con la traducción del libro *The Story of Easter (La historia de la Semana Santa)*, un libro para niños. En menos de un año, se vendieron más de 6.000 ejemplares del libro y el mismo fue seleccionado para su lectura, entre otros libros, durante la fiesta ofrecida en la Casa Blanca para los niños en Eastern Sunday (Domingo de Pascua). Desde entonces, la editorial se ha concentrado en la publicación de libros infantiles, tanto en español como bilingües, que tienen que ver con las celebraciones religiosas, al igual que con personajes del Antiguo y Nuevo Testamento, con gran éxito de ventas (http://www.idealsbooks.com/).

ImpreMedia (Nueva York)

Es la principal firma de publicaciones impresas y digitales en español en los Estados Unidos. Las publicaciones de ImpreMedia incluyen: *El Diario La Prensa* y *Hoy* en Nueva York, *El Mensajero* en el área de la Bahía de San Francisco, *La Opinión* y *La Opinión Contigo* en Los Ángeles, *La Prensa* en Orlando y Tampa, y *La Raza* en Chicago, siendo los principales periódicos en español en su respectivos mercados. Los títulos de ImpreMedia también incluyen *La Vibra*, la principal publicación semanal de entretenimiento para los jóvenes 'latinos' de las zonas urbanas, con una circulación de 528.192 ejemplares en seis mercados hispanos clave, y *Vista magazine*, la revista bilingüe distribuida en 29 periódicos con un millón de copias a través de 23 mercados de los Estados Unidos ImpreMedia alcanza una gran parte de los lectores de español en el país (http://www.impremedia.com/).

Kensington Publishing Corp. (Nueva York)

Especializada en novelas románticas, esta casa publicadora posee los sellos editoriales Kensington, Pinnacle, Strapless, Zebra, Zebra Regency, Dafina (de temas afroamericanos), Bouquet (de temas contemporáneos), Ballad (de temas históricos), Brava (de temas eróticos) y Encanto (de temas hispanos). También posee otros sellos editoriales para libros de no ficción y para el desarrollo personal, tales como Citadel y Twin Streams, respectivamente. En la década de los noventa, el sello Encanto comenzó a publicar novelas escritas en español, utilizando algunos recursos bilingües, y con protagonistas hispanos, o por lo menos uno de los principales personajes siempre lo es. Algunos de los títulos que han publicado son: *Border Heat: Pasión en la frontera*, de Hebby Román; *Blue Moon*, de Dalia Vargas, y *Forever True*, de Elaine Alberro, escritoras de origen hispano (http://www.kensingtonbooks.com/).

Lectorum Publications (Nueva York)

Esta empresa fue adquirida por la compañía Scholastic en el año 1996. Aparte de ser la mayor distribuidora de libros en español a nivel nacional, con un mercado especializado en librerías hispanas, bibliotecas e instituciones de enseñanza en todos los niveles y más de 25.000 títulos en inventario, esta compañía se ha dedicado durante los últimos 16 años a realizar una labor editorial. Es la distribuidora exclusiva en los Estados Unidos de prestigiosas editoriales nacionales e internacionales, tales como: EntreLibros, Everest, Fondo de Cultura, Global, Juventud, Kalandraka, Kókinos, Litexsa, Lóguez, Melhoramentos, Noguer, Serres, y de los libros de la serie *Harry Potter* en español. Su catálogo de publicaciones propias abarca traducciones al español de más de un centenar de títulos, entre los que se encuentran: *Dr. Seuss, Franklin* y otros títulos infantiles populares. En este momento, la compañía está incorporando a su programa editorial obras originales de autores hispanos en los Estados Unidos (http://www.lectorum.com/).

McGraw-Hill (Nueva York)

Uno de los conglomerados editoriales más grandes de los Estados Unidos. Tiene oficinas y negocios editoriales en más de 30 países y publica libros en más de 40 idiomas, incluyendo el español. Los libros y materiales educativos de esta compañía van desde la primaria hasta la universidad (véanse las entradas a Glencoe/McGraw-Hill y Wright Group/McGraw-Hill en el apartado sobre 'Editoriales de libros de texto'). A nivel académico, esta editorial se distingue por sus publicaciones científico-técnicas de gran calidad, tanto en las áreas de Medicina, Enfermería, Biología, Veterinaria, Odontología y Fisioterapia como en la de Administración de Empresas, Informática, Ingeniería y Ciencias en general, lo que la convierte en una empresa líder en este sector editorial. Posee la más completa gama de catálogos en línea (*Online Public Access catalogs*) de libros de medicina, ingeniería y otras disciplinas científico-técnicas; todos de fácil acceso (http://www.mcgraw-hill.com/).

Microsoft Press (Seattle, Washington)

Esta editorial se dedica a publicar los libros que sirven de apoyo para utilizar las tecnologías y programas desarrollados por la propia compañía Microsoft a nivel mundial. Los libros se editan en casi todos los idiomas más utilizados en el planeta. A su vez, en cada idioma, la compañía tiene acuerdos con una o varias empresas editoriales especializadas dentro de los países donde se hablan los diferentes idiomas en que se van a publicar los libros, para así llevar a cabo la producción de los mismos de manera más eficiente. Hasta el momento, la empresa tiene oficinas en 90 países, agrupados en seis regiones corporativas (Norteamérica, Iberoamérica, Europa/Oriente Medio/África, Japón, el sureste Asiático y China). En el caso de las publicaciones en español, Microsoft Press tiene acuerdos con la editorial Anaya y las sedes editoriales de McGraw-Hill en España y México. En los Estados Unidos, sus libros se distribuyen en librerías convencionales, tiendas de computadoras y en las siguientes librerías virtuales: Amazon.com, Barnesandnoble.com, Bookpool.com, Buy.com y Quantumbooks.com (que se especializa en libros técnicos y profesionales) y Mocygo.com (que se especializa en libros de computación en español), entre otras (http://www.microsoft.com/learning/books/default.mspx/).

Random House / Random House Mondadori (Nueva York / Barcelona)

La compañía Random House es una de las que más inversiones han hecho en el mercado de libros en español. Es considerada la editorial líder del mercado. Con una larga tradición como casa publicadora de libros en inglés y con una fuerte presencia en el mundo editorial anglosajón, esta empresa decidió crear su propia editorial y catálogo de libros en español aparte, ante la demanda de los lectores hispanos. Originalmente, la compañía surgió bajo el nombre Random House Español y en 2003 fue clausurada, para dar paso a otra compañía con el nombre actual, y de mayor alcance, a través de su alianza con la compañía europea Mondadori. La mayoría de sus catálogos en español incluyen biografías de celebridades, títulos sobre cuidado de la salud, referencia, autoayuda, libros de conocimientos prácticos y traducciones de autores *best-sellers* en inglés, como Stephen King, autor de *The Shinning, Carrie* y *Salem's Lot.* Entre otros libros que ofrecen, se encuentran los títulos: *Recordando a Tito Puente: el rey del timbal,* de Steven Loza; *Inteligencia astrológica,* de Andrea Valeria; *Bendita entre las mujeres: Encuentros con la Virgen María y su mensaje,* de Gregory Scott Sparrow; *Cuando era puertorriqueña,* de Esmeralda Santiago, y *Cuando el monstruo despierta,* de María Antonieta Collins. La compañía Random House Mondadori reúne los sellos más destacados del mundo editorial en lengua española, e importa en la actualidad más de 120 títulos al año desde España e Hispanoamérica. Sus acuerdos comerciales con editoriales literarias como Sudamericana, Lumen, Debate o Mondadori se suman a la lista de otros acuerdos comerciales con importantes empresas editoriales, dirigidas a públicos más amplios, como Plaza & Janés, Grijalbo y DeBolsillo, y con las especializadas en temas o segmentos de población como la juvenil Montena y la infantil Beascoa. Otras editoriales están localizadas en territorio norteamericano, como Vintage Español, que depende de Knopf (otra división de Random House) y que tiene una orientación más literaria. Entre sus libros más vendidos se encuentran: *Vivir para contarla* y *Memorias de mis putas tristes,* de Gabriel García Márquez, al igual que la traducción del libro *My Life (Mi Vida),* de Bill Clinton.

Página electrónica de Random House Mondadori.

En poco tiempo, esta empresa se ha consolidado como una de las editoriales en idioma español más importantes de los Estados Unidos (http://www.randomhouse.com/ y http://www.randomhousemondadori.es/).

Rayo (Nueva York)

Sello editorial en español que pertenece a la editorial norteamericana HarperCollins, una de las más importantes de la nación. Su interés principal está dirigido a la publicación de autores hispanos o de origen hispano en los Estados Unidos como Alberto Fuguet y Óscar Hijuelos y, en especial, en figuras mediáticas como el periodista Jorge Ramos, presentador de noticias de Univisión y cuyo análisis de la influencia hispana en la campaña presidencial del año 2004, a través de su libro *La ola latina (The latino wave)*, se ha colocado entre los libros más vendidos. Otros libros que ha publicado en español, y con gran éxito de ventas, son los *best-sellers: El Alquimista* y *Once minutos,* del escritor brasileño Pablo Coelho. Por otra parte, los acuerdos recientes entre el conglomerado editorial HarperCollins y el Grupo Planeta, la editorial más importante de libros en español, con sucursales y grupos editoriales en España, Portugal e Hispanoamérica, han colocado a la editorial Rayo en una posición destacada dentro de la lista de editoriales que publican libros en español en los Estados Unidos en la actualidad. Entre los títulos más recientes que ha publicado se encuentran: *Una sencilla melodía habanera,* de Óscar Hijuelos; *Atravesando fronteras,* de Jorge Ramos; *La ciudad de las bestias,* de Isabel Allende; *Chicano SPA*, de Richard Vázquez; *Criando a su niño con orgullo latino*, de la doctora Carmen Inoa Vázquez; *Cortos,* de Alberto Fuguet; *Celia SPA (Mi vida),* de Celia Cruz y Ana Cristina Reymundo; *Cómo lidiar con los Ex*, de María Antonieta Collins; *El testamento del pescador,* de César Vidal; *Lo que le falta al tiempo,* de Ángela Becerra; *Inés del alma mía,* de Isabel Allende, y *El regalo del tiempo,* de Jorge Ramos (http://www.harper-collins.com/).

Reader's Digest (Pleasantville, Nueva York)

Su participación en el mercado de libros en español de los Estados Unidos es bastante reciente. Todos los títulos de los libros que conforman su catálogo en español provienen de los programas de correo directo de Reader's Digest en México, España o Suramérica. En su mayoría son traducciones de libros muy populares en inglés. Entre las publicaciones que encabezan la lista del catálogo tienen los siguientes títulos: *Alimentos que dañan, alimentos que curan (Foods That Harm, Foods That Heal), Cómo estimular la inteligencia de su hijo (How to Stimulate Your Child's Intelligence)* y *El asombroso cuerpo humano (Amazing Human Body)*. Aparte de funcionar a través del correo directo, la compañía también trabaja con librerías y otros sitios de venta de libros en idioma español, para así poder disminuir sus gastos de promoción (http://www.rd.com/).

Santillana Publishing USA (Miami, Florida)

Establecida legalmente en 1972, esta editorial se ha concentrado en la publicación de literatura infantil y obras de ficción para adultos. Pertenece al Grupo Santillana de España, que abarca los siguientes sellos: Alfaguara, Aguilar, Taurus, El País-Aguilar, Alfaguara Infantil y Juvenil y Altea, Punto de Lectura y Suma de Letras. A través del sello Alfaguara, aparte de publicar a muchos autores importantes en España y promoverlos en los Estados Unidos, la compañía ha publicado a destacados autores residentes en suelo estadounidense, como el chileno Alberto Fuguet, la cubana Daína Chaviano, el boliviano Edmundo Paz Soldán, el peruano Eduardo González Viaña y el cubano-americano John Lantigua, que en sus obras reflejan el sentir de los hispanos o la experiencia de sus vidas en Norteamérica (http://www.santillanausa.com/).

Simon & Schuster (Nueva York)

Esta empresa editorial es parte del conglomerado Viacom y está asociada a la Corporación

CBS. Consiste en varios sellos prestigiosos y reconocidos en el mercado de libros, como la propia Simon & Schuster, Pocket Books, Scribner, Free Press, Howard Books, Fireside, Touchstone, Atheneum Books para niños, Little Simon, Threshold Editions, Simon Spotlight, Simon Entertainment, Simon Scribbles y Atria, que es el sello que se encarga de las publicaciones en español. Desde 1996 se ha dedicado a traducir muchos de sus grandes *best-sellers* en inglés al español, como los libros infantiles *Dora the Explorer, SpongeBob, SquarePants, Rugrats* y *Blue's Clues*, como una manera de penetrar el mercado emergente de lectores en este idioma en los Estados Unidos. Uno de los títulos más recientes de este sello editorial es el libro *Dile adiós a tus temores,* de Marcos Witt. Su método para la enseñanza del español, por medio del sistema de audio Pimsleur Language Program (Spanish), es uno de los más populares en el mercado debido a la capacidad de integrarlos a diversas tecnologías, desde un teléfono móvil hasta una computadora portátil. Otra de las características de esta compañía, que atrae a muchos lectores, tanto en inglés como en español, es la disponibilidad de compras directas que la misma brinda al consumidor, por medio de su excelente sitio en el ciberespacio y los catálogos que tiene. La capacidad de distribución de esta empresa abarca a los Estados Unidos, Inglaterra y Australia, al igual que a otros mercados internacionales (http://www.simonsays.com/).

Taller del éxito editorial (Sunrise, Florida)

Fundada en 1990, esta compañía editorial tiene dos divisiones: Spanish Audios y Brainstorm Press. Ambas publican libros motivacionales, de crecimiento personal, liderazgo y autoayuda. Brainstorm Press se dedica a la publicación de libros impresos y la división Spanish Audios al desarrollo de los mismos como audiolibros. Sus catálogos se encuentran disponibles en la Red y son de fácil acceso. Es considerada una compañía líder en el mundo hispano en los Estados Unidos en la publicación de libros que ayudan al éxito personal y a las organizaciones. Algunos de sus audiolibros han recibido un disco de oro por vender más de un millón de copias. Entre los títulos que han tenido más acogida por el público se destacan: *El camino a la felicidad,* de Orison Swett Marden; *Valores de Excelencia para triunfar,* por Miguel Ángel Cornejo; *Como piensa el ser humano,* de James Allen, y los libros *En busca del sueño americano: Guía para triunfar en los Estados Unidos, Secretos del vendedor más rico del mundo, La vaca* y *La ley de la atracción,* del doctor Camilo Cruz. El audiolibro *La vaca,* del doctor Camilo Cruz ha sido ganador del Latino Book Award durante los últimos tres años, bajo la categoría de mejor libro de autoayuda (http://www.tdee.com/, http://www.Spanishaudios.com/ y http://www.brainstormpress.net/).

Time Warner/Time, Inc. (Nueva York)

Es la compañía publicadora de revistas más grande en los Estados Unidos e Inglaterra y la tercera editora de revistas en México, aparte de otros negocios que se extienden a la televisión, vídeo por cable, radio satélite, equipos portátiles e Internet. El número de publicaciones que tiene en la actualidad alcanza una cifra de más de 130 revistas, entre las que se encuentran títulos tan importantes en el mercado norteamericano como *Entertainment Weekly, Fortune, In Style, People, Real Simple, Time* y *Sports Illustrated*. Debido a la demanda creciente del público hispano, la compañía lanzó al mercado en 1996 la revista *People en Español,* que en poco tiempo se ha situado en el número cinco de las diez revistas con ganancias, por concepto de publicidad, por debajo de los 50 millones de dólares. Originalmente, se pensó en traducir el contenido de la revista *People,* del inglés al español, pero en poco tiempo *People en Español* comenzó a desarrollar sus propios temas, coincidiendo con los intereses de los lectores hispanos en particular. El Grupo Editorial Expansión, que pertenece a la compañía Time, Inc., tiene su sede en México y publica un total de 15 revistas, entre las que se encuentran: *Ambientes, Audi, Balance* y *Chilango* en español. Hasta el momento, las revistas solamente circulan en territorio mexicano (http://www.timewarner.com/ y http://www.peopleenespanol.com/).

Vidas (Grand Rapids, Míchigan)

Es el sello en español de la casa editorial Zondervan, una división de la editorial HarperCollins. Zondervan fue fundada en 1931 y es la principal compañía de comunicaciones cristianas a nivel internacional. Produce Biblias, libros religiosos, vídeos religiosos, DVD, una línea de productos de regalo con detalles religiosos de su grupo Inspirio y una marca de productos para niños de mucha aceptación y que provienen de su grupo Zonderkidz. Zondervan es la mayor publicadora de Biblias a nivel mundial y cuenta con la exclusividad de los derechos de publicación de la *Santa Biblia: Nueva Versión Internacional*, de la cual ha distribuido cerca de 200 millones de ejemplares alrededor de todo el mundo. Ha ganado muchos premios por sus libros y Biblias, por encima de cualquier otra editorial de este tipo. La edición en español de los libros del renombrado pastor Rick Warren ha superado las expectativas de ventas del sello Vidas, al vender en 2003 una cifra sin precedentes de 160.000 ejemplares de su libro *Una vida con propósito* en menos de siete meses. Su libro anterior, *Una iglesia con propósito*, ganó el premio Medallón de Oro y fue nombrado entre 'Los 100 libros cristianos que cambiaron el siglo veinte' (http://www.zondervan.com/).

Wileyn (Hoboken, Nueva Jersey)

Fundada en 1807, como una pequeña imprenta en Manhattan, esta compañía ha logrado convertirse en una empresa global que publica libros impresos y digitales. Tiene un catálogo extenso de publicaciones en el área científica y técnica, que abarcan: Administración de Empresas, Arquitectura, Astronomía, Computación, Contabilidad, Diseño, Física, Gastronomía, Geografía, Hotelería, Ingeniería, Medicina, Química, Psicología y Libros de Referencias, entre muchas otras. La mayoría de sus títulos están dirigidos al área profesional y a los estudiantes universitarios en todos los niveles. También tiene otros catálogos de interés, con publicaciones en diferentes formatos. Aunque muchos de sus libros académicos están traducidos al español, su serie de libros *Para Dummies (Para Tontos)*, que ayudan a las personas a vencer los problemas de la vida cotidiana en un formato divertido y fácil de comprender, se ha popularizado en los últimos años. Entre los títulos que más éxito de ventas tienen, se encuentran: *Windows XP Para Dummies, Office XP Para Dummies, Word 2002 Para Dummies, PCs Para Dummies, EBay Para Dummies, Fotografía Para Dummies* y *Crear Páginas Web Para Dummies*, entre otros (http://www.wiley.com/).

Pequeñas empresas editoriales

Son empresas independientes y, por lo general, de naturaleza privada. En algunos casos pertenecen a grupos culturales y organizaciones no lucrativas (*Non-profit*). Casi siempre publican libros de tiradas limitadas (de 500 a 5.000 libros como máximo por edición). La cantidad promedio de sus publicaciones suele ser de 1.000 ejemplares. Los canales de ventas y distribución que poseen no suelen ser de carácter nacional, sino más bien local o regional. En algunos casos tienen muy buenos catálogos y folletos de promoción, que son distribuidos a nivel nacional, y sus libros se venden de manera directa a las universidades y bibliotecas, por correo o por la Red. En otros casos, estos mecanismos de difusión y venta son inexistentes. Ese es el caso de ciertas asociaciones sin fines de lucro que distribuyen sus libros de manera gratuita, porque han sido subvencionadas previamente por alguna entidad gubernamental, tanto de procedencia local, como estatal o nacional. Tampoco tienen la atención de las grandes revistas comerciales que se dedican a reseñar y dar a conocer las nuevas publicaciones en el mercado de libros en español, porque estas pequeñas editoriales no se anuncian en las mismas, debido al alto costo de los anuncios. Como el objetivo de estas empresas no suele ser comercial sino cultural y étnico, muchos de sus libros suelen ser verdaderas contribuciones de la cultura nacional hispana en los Estados Unidos, más allá de las traducciones del inglés al español y los reconocidos éxitos de ventas que llegan de Hispanoamérica. Quizás, este es un renglón de la industria del libro que está pendiente de ser estudiado de manera acuciosa.

En este estudio, solamente hemos considerado los estados que tienen una mayor densidad de población hispana y algunas de las empresas que se mantienen activas y tienen las características descritas en el párrafo anterior, las cuales mencionamos a continuación (por orden alfabético, según los estados donde tienen su sede):

Arizona: Acacia Publishing, Bilingual Review Press, Butterworth Legal Publishers, Center for Mexican American Studies, Echo Media / Print Media Experts, Editorial Orbis Press, La Onda Publishing, Mexican Root Spanish Book, One Book Arizona, Panorama, Publishing Companies of Spanish Books, Río Nuevo Publishers.

California: Calaca Press, Espadaña Press, Floricanto Press, LAC/Mexican American Reference Collection, Lectura Books, MiraVista Press, Morning Glory Press, Nolo Press, Pájaro Press, Pureplay Press, Spanish Press, TIYM Publishing Co., Touscan Valley Publications, TQS Publications, Unicalibros Publishing Co.

Florida: Agualarga Editores/Dax Books, Bilingua Tec, Ediciones Baquiana, Editorial Cubana, Editorial El Almendro, Ediciones Universal, Fondo de Estudios Cubanos, Hispanova de Ediciones, Instituto y Biblioteca de la Libertad, Instituto Jacques Maritain de Cuba, Editorial La Torre de Papel, Editorial Silueta, Syllaba Press.

Illinois: Alianza de las Artes Puertorriqueñas de Chicago, Arena Cultural, Center for Latino Research, Contratiempo, Diálogo, La Raza, Letras Latinas, March/Abrazo Press, Momotombo Press, Swan Isle Press, The Poetry Center of Chicago, Tía Chucha Press.

Nueva Jersey: Carol Publishing, Hispanic Almanac, Markus Wiener Publishers, Publicaciones del Círculo de Cultura Panamericano, Scarecrow Press, Talisman House Publishers, The Latin Post.

Nueva York: Cobblehill Books, Editorial Alcance, Ediciones Edarcas, Ediciones Calíope, Ediciones Nuevo Espacio, Editorial Campana, Editorial Mensaje, Globo Libros, Monografías de ALDEEU (publicación de la Asociación de Licenciados y Doctores Españoles en los Estados Unidos), Ollantay Press, Serena Bay Books, Turtle Books.

Texas: Alianza Cultural de Artes y Letras de México/ACAL, Casa Argentina de San Antonio, Cinco Puntos Press, Editorial Linden Lane/Ellas, Gardenia Publishing, Integrity Press, Playcobooks, Vego Editorial, Wings Press.

Editoriales de libros de texto (por orden alfabético)

Ammie Enterprises (Fallbrook, California)

Compañía especializada en diccionarios y libros dirigidos al personal que trabaja en las escuelas y a los estudiantes de una segunda lengua. También ofrece una amplia variedad de materiales de audio, vídeo y juegos que facilitan el proceso de instrucción del español y otras lenguas (http://www.ammieenterprises.com/).

Amsco School Publications, Inc. (Nueva York)

Es una compañía de textos escolares que reflejan los requisitos de los currículos en las diferentes disciplinas, tanto a nivel nacional como en diferentes estados del país. Sus libros tienen manuales de guía para los maestros, grabaciones de audio y otros materiales suplementarios. En español ofrecen una nutrida lista de libros de lectura y métodos para la enseñanza del idioma en escuelas primarias y secundarias (http://www.amsco-pub.com/).

Applause, Learning Resources (Long Island, Nueva York)

Su catálogo ofrece una gran cantidad de materiales para la enseñanza de idiomas extranjeros, en especial el español. Los productos que desarrolla y promociona incluyen música, audiolibros, revistas, vídeos, películas, software, pósteres, mapas y guías de estudio (http://www.applauselearning.com/).

Audio-Forum (Madison, Connecticut)

Editorial creada en 1972 para facilitar el estudio y práctica individualizada de idiomas extranjeros. Posee un catálogo de más de 285 cursos en 142 idiomas para personas que estudian por su cuenta. Los métodos de enseñanza del español se ofrecen en un paquete complementario en CD-ROM, libros (en audio y texto) y vídeos, que contribuyen a la lista de *best-sellers* de la compañía. En algunos casos, dichos cursos están diseñados de manera específica para ciertas profesiones. Uno de sus cursos, bajo el título de *Foreign Service Institute Programmatic Spanish Course*, es utilizado, con gran éxito, por el Departamento de Estado de los Estados Unidos para entrenar a su personal diplomático. También publican en español libros de viajes, diccionarios, juegos, canciones y la Biblia (http://www.audioforum.com/).

Ballard & Tighe Publishers (Brea, California)

Esta editorial se dedica a la publicación de materiales novedosos de enseñanza, entrenamiento y exámenes para determinar la transición adecuada de los estudiantes de inglés como segunda lengua. Sus materiales didácticos son utilizados por más de 2.200 sistemas escolares a nivel estatal, regional y nacional a través de los Estados Unidos y en algunos países en el extranjero. Aunque la mayoría de sus textos se publican en inglés y están orientados a la enseñanza de este idioma, también están publicando algunos títulos relacionados en español (http://www.ballard-tighe.com/).

Página electrónica de Ballard & Tighe Publishers.

Barron's Educational Series, Inc. (Hauppauge, Nueva York)

Editorial fundada en 1941. Se especializa en la publicación de manuales de preparación para exámenes y directorios escolares. Es una de las más importantes empresas de este tipo, con una producción de 300 títulos anuales y un catálogo que se mantiene vigente con más de 2.000 títulos. Utiliza distintos métodos y bastante material complementario en la enseñanza del español. También tiene libros de lectura en español y libros bilingües de ilustraciones (*Picture books*), que facilitan la iniciación de los estudiantes a determinados temas como la naturaleza, la familia, el cuidado de los animales y los deportes (http://www.barronseduc.com/).

Bastos Book Co. (Woodside, Nueva York)

Publica métodos para la enseñanza del español, materiales bilingües y para el aprendizaje del inglés como segunda lengua, libros de texto para escuelas secundarias (Middle Schools /High Schools) y clásicos de la literatura para adultos. Especial incidencia en escritores puertorriqueños (http://www.bastosbooks.com/).

Carlex (Rochester, Míchigan)

Especialista en programas de estudios en español y francés. Su catálogo del año 2007 ofrece más de 2.000 materiales, entre los que se encuentran libros para la enseñanza del idioma, libros de tareas, diccionarios, mapas, juegos didácticos, premios, banderas, decoraciones escolares, pósteres, certificados y vídeos con contenidos culturales (http://www.carlexonline.com/).

Children's Book Press (San Francisco, California)

Una editorial que funciona como organización sin ánimo de lucro desde 1975. Está dedicada básicamente a la publicación de literatura infantil en versión bilingüe y de tipo multicultural, con el propósito de promover la cooperación y el entendimiento de las futuras generaciones, dándoles a los niños un conocimiento de su cultura, historia e importancia de la misma (http://www.childrensbookpress.org/).

Delta Systems Co. Inc., (McHenry, Illinois)

Agrupa las casas editoriales Delta Publishing Company, Delta Plus Program y Raven Tree Press. Estas compañías ofrecen catálogos muy completos de libros en inglés y en español. Tienen libros para el estudio del inglés como segundo idioma en todos los niveles, métodos para obtener la ciudadanía americana, publicaciones dirigidas a cursos vocacionales y libros bilingües para los lectores infantiles que se comunican en ambos idiomas (http://www.delta-systems.com/).

EMC Paradigm/World Languages (St. Paul, Minnesota)

Con más de cincuenta años de experiencia en el campo de las publicaciones escolares, esta editorial ofrece cursos impresos, en vídeo y CD-ROM, relacionados con la enseñanza y el aprendizaje de otros idiomas, entre los cuales se encuentra el español. En sus libros de lectura avanzada se encuentran *Don Quijote de la Mancha* (primera parte) y *El Lazarillo de Tormes* (http://www.emcp.com/).

Glencoe/McGraw-Hill (Blacklick, Ohio)

Editorial que forma parte del conglomerado de editoriales de la compañía McGraw-Hill. Publica libros de texto en general, pero su especialidad está en los libros de lectura y lenguaje diseñados para todos los niveles de enseñanza. Su catálogo tiene una buena selección de libros en español y métodos para estudiar dicho idioma en varios niveles, entre los que podemos citar: *¿Cómo te va?, ¡Buen viaje!, Galería de arte y vida, Tesoro literario* y *El español para nosotros: Curso para hispanohablantes* (http://www.glencoe.com/).

Hampton-Brown (Marina, California)

Tiene un amplio catálogo con muchos contenidos distintos: fonética, lectura temprana, desarrollo de vocabulario, paquetes temáticos y recursos para profesores, tanto en español como en inglés. Los grados escolares que cubren van desde kindergarten hasta octavo grado (http://www.hampton-brown.com/).

Heinle & Heinle (Thomson Learning) (Boston, Massachusetts)

Libros de texto para universidades, instituciones de educación superior, profesores, centros de referencia, agencias gubernamentales, corporaciones y profesionales en general. Ofrece mucho material complementario de lecturas y componentes de multimedia. Entre la diversidad de métodos de enseñanza que ofrecen se destacan los siguientes títulos: *Enlaces, Imagínate, Intercambios, Spanish for Global Communication, Plazas, Lugar de encuentros, Temas, ¡Tú dirás!, Spanish for the Global Community (Volúmenes I y II), Puentes, Spanish for Intensive and High-Beginner Courses, Rumbos, Civilización y cultura, Literatura y arte, Contacto, Lecturas intermedias,* y *¡Conozcámonos!: Curso práctico de español para el estudiante bilingüe en los Estados Unidos* (http://www.heinle.com/).

Holt, Rinehart and Winston (Austin, Texas)

Es una de las más grandes editoriales de libros de textos y todo tipo de materiales didácticos en los Estados Unidos. Es considerada la compañía líder en las publicaciones orientadas a la educación secundaria. Fue fundada en 1866. Tiene varias oficinas regionales en diversas partes del país, pero su oficina principal se encuentra en el estado de Texas. Sus ediciones comprenden todas las asignaturas escolares y abarcan diversos métodos de estudio del español, tanto a niveles intermedios como avanzados. Tiene un extenso catálogo de cursos y métodos para la enseñanza del idioma español, entre los que podemos destacar las colecciones de libros *En camino, Adelante, Encuentros, Nuevas vistas, ¡Ven conmigo!* y *¡Exprésate!,* los cuales incluyen mucho material de apoyo para los estudiantes y maestros, al igual que mucha información sobre la cultura de las diferentes nacionalidades que componen el grupo hispano en los Estados Unidos. Su más reciente colección, *¡Exprésate!,* combina en cada capítulo el estudio de la gramática y del vocabulario con un recorrido por diversos países de Hispanoamérica y algunos estados de la nación norteamericana, donde vive una mayor cantidad de hispanos, en un esfuerzo por mostrar la riqueza artística, geográfica, histórica, literaria y social de los mismos. El método viene acompañado de un magnífico material de apoyo (CD-ROM y DVD) y también ofrece un programa interactivo en el espacio cibernético, de fácil acceso para los estudiantes, para que puedan trabajar de manera independiente fuera de las clases (http://www.hrw.com/).

Houghton Mifflin (Boston, Massachusetts)

Es una de las editoriales de libros de texto más grandes de los Estados Unidos. Publica textos para todos los niveles de enseñanza, desde la primaria hasta la universidad, y sus ventas anuales superan el billón de dólares. Fue fundada en 1832 y posee una serie de compañías y sellos que le facilitan cubrir todas las áreas anteriormente mencionadas, tales como: Houghton Mifflin Company, Houghton Mifflin Children's, Clarion Books, American Heritage Dictionaries, Mariner Books, Peterson Field Guides, Taylor's Gardening Guides, Walter Lorraine Books, Kingfisher, Larousse y Chambers. Sus libros escolares están complementados con programas de instrucción electrónica y sus sistemas de evaluación están redactados de manera sistemática de acuerdo con los requisitos establecidos por cada estado en particular. Entre las publicaciones que tiene en español se pueden citar los métodos de enseñanza del idioma y los diccionarios bilingües (español/inglés, inglés/español). También publica libros, de ficción y no ficción, para niños y adultos, al igual que una variedad bien amplia de libros de referencias y guías, tanto en formato impreso como electrónico. Entre sus libros en español, se destaca el libro de referencia *El pequeño Larousse ilustrado* y un clásico de la literatura infantil, *Jorge el Curioso*. Entre sus títulos bilingües: *Piñatas and Paper Flowers/Piñatas y flores de papel,* de Lila Perl Yerkow, y traducido por la escritora Alma Flor Ada (http://www.hmco.com/).

Insight Media (Nueva York)

Tiene un catálogo disponible de alrededor de 10.000 títulos en DVD, CD-ROM y vídeos de diversos tipos para ser utilizados como complemento en los currículos de las escuelas secundarias y vocacionales, al igual que en universidades. Dispone de folletos que explican cada uno de los títulos. Ofrece mucho material didáctico en español y en muchas otras asignaturas (http://www.insight-media.com/).

Lee & Low Books (Nueva York)

Especialistas en libros de todo tipo para niños, esta compañía ofrece algunos títulos emparejados (mismo título en español e inglés) de poesía, cuentos, historias de personajes históricos y deportivos, con especial énfasis en el tema de la multiculturalidad. Tiene en su catálogo 15 audiolibros en español (http://www.leeandlow.com/).

Lingua Pro Software, Inc. (South Bend, Indiana)

Se dedica al desarrollo y publicación de programas de *software* para el aprendizaje del español y de diccionarios bilingües en inglés/español y español/inglés, mayormente para computadoras de la marca MacIntosh. Está afiliada a la compañía británica del mismo nombre, pero tiene su propia casa matriz en los Estados Unidos, la cual se encarga del mercado americano. Sus programas se distribuyen a través de una serie de tiendas digitales en la Red (vid. el siguiente enlace a su principal distribuidor: http://www.digibuy.com/).

McDougal Littell (Evanston, Illinois)

Es una subsidiaria de la editorial Houghton Mifflin Company. Se especializa en libros para la educación secundaria, desde el sexto hasta el doceno grado. Aunque su labor editorial es diversa, entre los libros de texto que publica tiene varios dedicados a la enseñanza del español con su respectivo material complementario. Tiene textos que van dirigidos a los estudiantes que aprenden el español como una segunda lengua al igual que a los estudiantes que hablan español como primera lengua, tales como *¡Avancemos!, ¡Bravo!* y *Lecturas para hispanohablantes* (http://www.mcdougallittell.com/).

MEP School Division (Skokie, Illinois)

Editorial dedicada a la publicación de libros relacionados con la enseñanza de idiomas europeos. Su catálogo en español incluye una combinación de materiales que van desde libros de lectura y literatura hasta humor, juegos, cultura y civilización, diccionarios ilustrados y las revistas *ELI*, que están diseñadas para la enseñanza de la lengua (http://www.mep-eli.com/).

Miraflores (Richford, Vermont)

La serie *Miraflores Cultural (Miraflores Thematic culture units)* ha sido desarrollada y llevada a cabo con el propósito de establecer parámetros nacionales, donde se integra la cultura en el aprendizaje de la lengua. Esta compañía parte de la premisa, y lo señala en su página en la Red, de que 'una manera de convertirse en un ciudadano educado es a través del estudio de lenguas extranjeras'. Sus materiales están orientados tanto para hispanohablantes como para anglohablantes que están aprendiendo español (http://www.miraflores.org/).

Multi-Cultural Books and Videos (Madison Heights, Míchigan)

Compañía que opera en Canadá y los Estados Unidos. Se especializa en libros de enseñanza de idiomas, audiolibros, diccionarios, discos compactos, películas y vídeos en DVD a bajo costo. Su catálogo del año 2007-2008, dirigido a las bibliotecas públicas y escolares, ofrece una amplia variedad de estos productos en el idioma español (http://www.multiculbv.com/).

NTC Publishing Group (WL) (Lincolnwood, Illinois)

The Ultimate Multimedia Spanish Vocabulary Program (para los grados 3-5) requiere habilidades básicas de lectura y escritura. También ofrecen toda clase de materiales mezclados para el aprendizaje del español y su literatura. Se pueden encontrar vídeos culturales valiosos. Sus métodos vienen acompañados de mucho material de apoyo, tales como *Conversando* y *Basic Spanish Conversation*. La empresa editorial NTC (National Textbook Company) es subsidiaria de Glencoe, que forma parte, a su vez, del conglomerado de compañías de la editorial McGraw-Hill (http://www.ntc-school.com/).

Pacific Learning (Huntington Beach, California)

Se especializa en publicaciones para estudiantes de escuelas primarias y secundarias (K-8). Ofrece mucho material de lectura y libros de texto en general. La compañía hace énfasis en su página electrónica acerca de la manera como están elaborados sus textos en español e indica que no solamente traducen los textos sino que los adaptan al correcto español, de acuerdo con todas las reglas gramaticales establecidas por la Real Academia Española. Entre sus publicaciones se encuentra una serie que incluye un diccionario y varios manuales de reglas gramaticales en español (http://www.pacificlearning.com/).

Pearson Scott Foresman (Glenview, Illinois)

Una de las más grandes editoriales del país. Es considerada la empresa líder en publicaciones de libros de texto para escuelas primarias. Fue fundada en 1896. Es una subsidiaria de la compañía Pearson Education, la cual también tiene como subsidiarias a las siguientes compañías: Prentice Hall, Pearson Achievement Solutions, Pearson Longman, Addison Wesley Higher Education, NCS Pearson, Celebration Press, Dale Seymour Publications, Dominie Press y Modern Curriculum Press, entre otras. Sus publicaciones comprenden libros desde kindergarten hasta el grado 12 e incluyen libros en español en casi todas las disciplinas. También tienen libros para la enseñanza del español, tales como *Paso a paso*. Los vídeos preparados para acompañar a algunos de sus cursos de español resultan muy útiles de manera independiente (http://scottforesman.com/).

Perma-bound books (Jacksonville, Illinois)

Tiene en su catálogo aproximadamente 3.000 títulos de todo tipo (libros de texto, originales, traducciones, cuentos, poemas, leyendas, novelas, ciencia, diccionarios) para estudiantes de escuelas primarias y secundarias (desde párvulos hasta doceno grado), con una variada selección de libros bilingües (español/inglés) y en español solamente (http://www.perma-bound.com/).

Prentice Hall (Upper Saddle River, Nueva Jersey)

Es considerada la empresa líder en publicaciones de libros de textos tecnológicos. También publica libros de diferentes materias para las escuelas secundarias y libros académicos y de referencia para el nivel universitario. Es una subsidiaria de la compañía Pearson Education, la cual también tiene como subsidiarias a las siguientes compañías: Pearson Achievement Solutions, Pearson Longman, Pearson Scott Foreman, Addison Wesley Higher Education, NCS Pearson, Celebration Press, Dale Seymour Publications, Dominie Press y Modern Curriculum Press, entre otras. Posee un amplio catálogo de libros para la enseñanza y el aprendizaje del idioma español, donde se destacan los siguientes títulos: *De nuevo: Spanish for High Beginners*, *Arriba: Comunicación y cultura*, *Gente: Edición norteamericana*, *Mosaicos: Spanish as a World Language*, *Trato hecho: Spanish for Real Life*, *Más Fácil: A Concise Review of Spanish Grammar* y la serie detectivesca *Lola Lago* (*Poderoso caballero*, *Por amor al arte*, *Una nota falsa* y *Vacaciones al sol*), para la lectura complementaria de los estudiantes intermedios y avanzados. En particular, el libro *Trato hecho: Spanish for Real Life* se destaca, no solamente por lo que pueda aportar a la enseñanza del idioma español, sino porque trata de promover el entendimiento de las culturas hispanas y la creciente importancia que tienen las mismas en el mundo actual, al igual que hace hincapié en la utilidad que tiene aprender español para la vida diaria en Norteamérica y en todo el mundo. La mayoría de sus textos vienen acompañados de mucho material de apoyo como programas de audio y vídeo. Algunos de sus textos, como *¡Arriba!* y *My Spanish Lab: Where language knows no bounds!*, también ofrecen programas interactivos en el espacio cibernético, de fácil acceso para los estudiantes, para que puedan trabajar de manera independiente fuera de clase. Su catálogo de textos académicos y literarios incluye muchos libros interesantes, tales como: *Mujeres de hoy: textos, voces e imágenes*, *Momentos cumbres de las literaturas*

Página electrónica
de Prentice Hall.

hispánicas: Introducción al análisis literario, El cuento: Arte y análisis, Huellas de las literaturas hispanoamericanas, Civilización y cultura de España, España: Ayer y hoy, España: Cultura y civilización, Sintaxis y morfología de la lengua española, Introducción a la lingüística española, Antología de autores españoles (Vol. I y II) y *España y los españoles de hoy: Historia, sociedad y cultura* (http://www.prenticehall.com/).

Queue, Inc. (Shelton, Connecticut)

Sus libros de trabajo, o tareas, están dedicados a la preparación de los estudiantes para los exámenes y evaluaciones de grado, de acuerdo con las estipulaciones de cada estado. Tienen material para computadoras en español, al igual que libros para la enseñanza del idioma, historia, cultura y turismo (http://www.qworkbooks.com/).

Richard C. Owen Publishers, Inc. (Katonah, Nueva York)

Con una colección de 82 títulos en español hasta el momento, su especialidad editorial se concentra en publicar libros de lectura para niños. Algunos libros han sido publicados simultáneamente en inglés y en español, para ser vendidos conjuntamente como *companion sets*, a fin de que los padres inmigrantes puedan leer los libros con sus hijos en casa y, de paso, los puedan ayudar en sus tareas escolares (http://www.RCOwen.com/).

Riverside Publishing (Itasca, Illinois)

Es una compañía de Houghton Mifflin Company. Se especializa en materiales para evaluación en diversos idiomas (español entre ellos). Está asociada a programas acreditados de postgrados en psicología y ofrece entrenamientos profesionales, libres de costo, para aquellos estudiantes que van a utilizar sus materiales, de acuerdo con los requisitos federales (http://www.riverpub.com/).

Saddleback Educational, Inc. (Costa Mesa, California)

Creada originalmente como una compañía distribuidora de libros educativos a escuelas, educadores e instituciones escolares en todo el mundo, ahora tiene su propia editorial. Las publicaciones salen regularmente en la primavera y el otoño. Aparte de los libros de texto que ofrece, sus catálogos tienen bastantes libros de lectura y algunos de consulta (diccionarios) en español e inglés, a un precio módico (http://www.sdlback.com/).

Scholastic (Nueva York)

Es la mayor editorial y distribuidora de libros y materiales en español y bilingües para niños, padres y educadores en los Estados Unidos. A nivel nacional, la empresa se asocia con líderes de la comunidad hispana, investigadores y expertos en educación para crear recursos, libros y materiales audiovisuales que resaltan la riqueza de la cultura 'latina' y fomentan las aptitudes académicas de los niños hispanos desde temprana edad. Tiene incomparables canales de distribución en las escuelas, a través de las ferias del libro de Scholastic y el club del libro de Scholastic (Club Leo), que se ha convertido en el club del libro para niños por excelencia, desde preescolar hasta octavo grado, con títulos en español, inglés y bilingües. El sello editorial Scholastic en español publica más de 100 títulos en español y bilingües al año, lo que sitúa a Scholastic como la empresa líder de publicaciones infantiles y libros escolares para niños en español en los Estados Unidos. Entre las obras originales en español que ha publicado se encuentran excelentes libros para niños de todas las edades, tales como *Trabalenguas, Refranes* y la nueva serie *Eric y Julieta*, títulos propios como *Clifford, el gran perro colorado (Clifford, The Big Red Dog)* y grandes éxitos de ventas como la serie del *Capitán Calzoncillos*, la serie de *Junie B. Jones* y libros escritos por Madonna. Scholastic respondió a la necesidad por parte de las comunidades de aportar un enfoque innovador para mejorar las aptitudes académicas y el desarrollo escolar de los niños hispanos con la creación de *Lee y serás*, una iniciativa polifacética y a largo plazo realizada en colaboración con el Consejo Nacional de la Raza (NCLR) y Verizon, respaldada por recursos educativos y líderes de la comunidad 'latina'. La iniciativa se lanzó como un programa piloto en el área de la Bahía de San Francisco en el otoño de 2003, y se expandió a nivel nacional en 2005 a ciudades como Los Ángeles, Dallas, Chicago, Nueva York, Washington D.C. y Miami. Siempre bajo un enfoque cultural, *Lee y serás* difunde el mensaje primordial de que el desarrollo de las aptitudes lingüísticas y de lectura de los niños empieza en casa, y que la comunidad tiene la responsabilidad de atender a las necesidades de lectura específicas de la comunidad hispana infantil. Esta iniciativa emplea una gran variedad de materiales y productos comerciales, entre ellos: *Caravana Virtual Lee y serás*, un programa en formato CD ROM que proporciona la información y los recursos necesarios para poner en práctica la iniciativa; *Álbum de familia Lee y serás*, una audioguía con historias culturales reales e 'ilustraciones' sobre cómo se adquieren y dominan las técnicas de lectura y escritura; y *Guía de Recursos de Nivel Básico Lee y serás*, que da a conocer los recursos disponibles para organizaciones comunitarias, individuos interesados e instituciones académicas que desarrollan el programa de instrucción básica con las familias.

La división de educación de Scholastic ofrece una gran variedad de material escolar y de consulta en español, tanto para hispanohablantes como para estudiantes de español como segundo idioma. Entre los cada vez más numerosos programas de aprendizaje que ofrece la compañía se encuentran *The Scholastic Early Childhood Program (Programa de Scholastic para la primera infancia)*, un extenso programa bilingüe para preescolar; *Wiggleworks español*, un programa interactivo de literatura española con CD ROM para los grados 1.º y 2.º; y la nueva *Guiding Reading en español*, con obras de la literatura española adaptadas por niveles, así como traducciones al español de libros favoritos que no solo mejoran el nivel de español de los niños, sino que facilitan la adquisición del inglés. El avanzado programa de intervención para la lectura *Read 180* ha demostrado que ayuda a los estudiantes de inglés con un innovador uso de la tecnología en sus apuntes bilingües.

Scholastic también publica las galardonadas revistas de suscripción en español como *Let's Find Out en español* para preescolar y *Scholastic News en español* para los primeros grados (del 1.º al 3.º), publicaciones informativas que conectan a los estudiantes con el mundo fuera de las aulas. Scholastic, asimismo, edita revistas en otros idiomas, libros y *software* para enseñar español e inglés como segundo idioma, así como libros para maestros de idiomas.

La división de publicaciones de Scholastic para bibliotecas publicó *A Rookie Reader* en español para el comercio con bibliotecas, y cuenta con una enciclopedia en español de gran éxito, *Nueva Enciclopedia Cumbre* en versión impresa y digital, que se vende en los Estados Unidos y Puerto Rico. La división ha lanzado recientemente la *Enciclopedia latina: historia, cultura y sociedad en los Estados Unidos*, el primer libro de consulta que analiza exhaustivamente todos los aspectos de la vida hispana en los Estados Unidos.

La compañía también difunde su extensa y variada gama de productos en español y bilingües a nivel mundial, a través de International Sales Force (Red Internacional de Ventas). Tiene una sucursal en Puerto Rico, bajo el nombre de Caribe Grolier, y opera compañías propias en Argentina y México (http://www.scholastic.com/).

Página electrónica de Scholastic.

Shortland Publications, Inc. (Denver, Colorado)

Esta compañía es parte de las empresas McGraw-Hill Wright Group. Sus publicaciones están dedicadas concretamente a los libros de ciencias y matemáticas. La mayoría de los libros están emparejados (inglés-español) y están dirigidos a un público variado, desde Pre-K (Pre-kindergarten) hasta las escuelas para adultos, al igual que a maestros y personal de administración de escuelas (http://www.shortland.com/).

Sosnowski Language Resources (Wayland, Massachusetts)

Fundada en 1993 por Mary Sosnowski, maestra de español por más de 35 años en escuelas primarias y secundarias. Previamente fue miembro de la Junta de Directores de la Asociación de Lenguas Extranjeras de Massachusetts. Sus publicaciones se dedican fundamentalmente a la literatura infantil en español. Tiene libros de ilustraciones y vídeos en español. Algunos libros incluyen un volumen en formato grande y seis de bolsillo del mismo título (http://www.sosnowskibooks.com/).

Wright Group / McGraw-Hill (DeSoto, Texas)

El Grupo Wright está compuesto por varias empresas editoriales importantes que se conocen como las compañías McGraw-Hill. Por más de 25 años se han dedicado a la publicación de libros de contenido diverso para escuelas primarias, secundarias e instituciones universitarias en todo el país. Sus catálogos se mantienen actualizados con títulos que se renuevan todo el tiempo, de acuerdo con las variantes de los currículos en diferentes estados y las estipulaciones de los sistemas de educación pública a través del país. En particular, los libros de texto *¡Viva el español!* y *Español para ti* han resultado de mucha utilidad para la enseñanza de la lengua española en escuelas primarias y, especialmente, entre los estudiantes que aprenden el idioma como su segunda lengua (http://www.wrightgroup.com/).

Editoriales universitarias

Las editoriales universitarias han servido durante mucho tiempo de fuente alternativa para las publicaciones académicas de muy alto nivel y, en algunos casos, para las publicaciones literarias, tanto en el campo de la ficción como de la no ficción, de algunos autores relacionados de manera directa con el mundo académico. Estas editoriales están fuera del control de los grandes conglomerados editoriales de carácter comercial y están supervisadas por personal especializado que responde a los intereses, de índole profesional, de cada institución en particular. Casi todas las universidades norteamericanas de prestigio mantienen un servicio editorial y solamente en los últimos años han comenzado a publicar algunos libros en español o relacionados con la cultura y literatura hispanoamericanas. No obstante, es necesario destacar la labor de algunas editoriales, vinculadas a universidades, que han demostrado un alto nivel de compromiso con la publicación de libros en español, al igual que con la literatura escrita por hispanos en los Estados Unidos. Algunas de las que han estado más activas en este aspecto son las siguientes:

Arte Público Press (Houston, Texas)

Tiene su sede en la Universidad de Houston. Fue fundada en 1979 por el doctor Nicolás Kanellos, quien es a su vez profesor de Literatura Hispana en dicha universidad. Es la editorial sin fines de lucro más antigua de literatura hispana que se conoce en los Estados Unidos. Publica alrededor de treinta títulos al año, entre los libros de ficción para adultos y los infantiles. Sus temas giran alrededor de la hispanidad en Norteamérica y todos sus autores son hispanos o de procedencia hispana, desde chicanos hasta puertorriqueños y cubanoamericanos. Se especializa en la publicación de novelas contemporáneas, cuentos, poesía y teatro. Muchos libros están en inglés, algunos en formato bilingüe y el resto en español. Tiene un amplio catálogo, tanto impreso como en la Red, que incluye también libros bilingües con ilustraciones para niños (*Picture books*) dentro de su colección *Piñata Books*. Algunos de sus autores más celebres son: el dramaturgo Miguel Piñero y los autores *best-sellers* Víctor Villaseñor y Nicholasa Mohr (http://www.arte.uh.edu/).

Ediciones Hispamérica (College Park, Maryland)

Tiene su sede en la Universidad de Maryland. Dirigida y fundada en 1972 por el escritor y catedrático Saúl Sosnowski, ex director del Departamento de Lenguas Romances y Literatura por casi tres décadas y actual director del Centro de Estudios Latinoamericanos de dicha institución universitaria. La editorial lleva una cantidad similar de años publicando la prestigiosa revista de literatura *Hispamérica*, la cual difunde la obra de muchos autores hispanoamericanos en los Estados Unidos y fuera de sus fronteras. La colección de libros de esta editorial comprende ediciones críticas sobre literatura y temas contemporáneos, libros de análisis socio-políticos, lingüística, semiótica y poesía. Entre los escritores publicados por esta editorial se encuentran: Isabel Álvarez Borland, Manlio Argueta, Emilio Bejel, Óscar Hahn, Ignacio Klich, Nadia Lie, Alicia Llerena, Maricel Mayor Marsán, Grinor Rojo, Abril Trigo, Myrna Solotorevsky y Alberto Villanueva (http://www.lasc.umd.edu/).

Latin American Writers Institute (LAWI) (Nueva York)

Tiene su sede en Hostos Community College desde 1992. El Instituto para Escritores Latinoamericanos fue fundado en 1987 por el profesor Isaac Goldemberg en el City College de Nueva York, con el propósito de promover la literatura de Hispanoamérica y la literatura 'latina' que se produce dentro de los Estados Unidos. La editorial tiene tres sellos: The Latino Press (para la publicación de libros en español o bilingües) y *Brújula/Compass y Hostos Review/Revista Hostosiana* (las dos revistas bilingües que publica). Aparte de las publicaciones, LAWI también auspicia a sus autores por medio de lecturas, conferencias y seminarios. Asimismo, organiza el festival 'latino' del libro LibroFest Latino BookFest y patrocina los premios Latino Literature Prize en poesía y ficción. La novela *El Corrido de Dante*, de Eduardo González Viaña, resultó ganadora del Premio Internacional del Libro Latino 2007/International Latino Book Award 2007 (http://www.hostos.cuny.edu/oaa/lawi.htm/).

The University of Wisconsin Press (Madison, Wisconsin)

Tiene su sede en la Universidad de Wisconsin. Esta editorial es una corporación sin fines de lucro que siempre ha publicado sus libros en inglés. Recientemente, ha comenzado a publicar libros en español, en un esfuerzo por atender los intereses multiculturales de la población estudiantil y del país en general. Una de sus series se titula *Escribiendo en latinidad: Voces autobiográficas de los latinos en los EE .UU./Writing in Latinidad: Autobiographical Voices of U.S. Latinos/as*. Publica entre seis y ocho títulos en español al año y está trabajando en la línea de optimizar los costos de traducción a través de la coedición con editoriales puertorriqueñas. Tiene buenos catálogos en versión digital. En sus catálogos del año 2007 se encuentran libros en ambos idiomas como: *Golpes bajos/Low Blows,* de Alicia Borinsky (traducido por Cala Franzen y la autora), y *San Juan/Memoir of a City,* de Edgardo Rodríguez Juliá (traducido por Peter Grandbois y con prólogo de Antonio Skármeta) (http://www.wisc.edu/wisconsinpress/).

Publicaciones gubernamentales

El Gobierno de los Estados Unidos publica una serie de libros y folletos de orientación ciudadana, a través de su agencia de publicaciones Federal Citizen Information Center (Pueblo, Colorado; http://www.pueblo.gsa.gov/). Desde hace varias décadas, estos libros y folletos están disponibles también en español, debido a la demanda de información por parte de la población hispana en todo el país. La mayoría de los folletos son gratis y otros se pueden obtener a un precio irrisorio. A continuación, una relación de los títulos más populares que tienen disponibles: *¡Pregunte! Preguntas que usted debe hacer acerca de sus inversiones* (2001); *¿Está enfermo uno de sus hijos?* (2003); *66 Maneras de ahorrar dinero* (2006); *Artritis* (2007); *Beneficios Federales para los Veteranos y sus Dependientes* (2005); *Bienvenidos a los Estados Unidos de América: Guía para inmigrantes nuevos* (2005); *Botox™* (2007); *Bronceadores con filtro solar y bronceado* (2007); *Cáncer de pulmón* (2007); *Cómo comprar lentes de contacto en Internet, por teléfono o por correo* (2007); *Cómo comprar una casa con un pago inicial bajo* (2007); *Cirugía de los ojos con láser o LASIK* (2007); *Colesterol* (2007); *Compra de medicamentos en Internet*, 2 pp. (2007); *Cosméticos*, 3 pp. (2007); *Cuidado de las lentes de contacto* (2007); *Depresión* (2007); *Derrame cerebral* (2007); *Diabetes* (2007); *Esterilidad* (2007); *Fibromas* (2007); *Fraudes por Afinidad* (2006); *Imágenes del cuerpo mediante la tomografía computarizada* (2007); *Incontinencia urinaria* (2007); *La enfermedad cardiaca en las mujeres* (2007); *La gripe* (2007); *La Menopausia y las Hormonas: Guía pequeña* (2003); *La mujer y el VIH* (2007); *Las alergias y la fiebre del heno (alergia al polen)* (2007); *Los medicamentos y el embarazo* (2007); *Mamografías* (2007); *Medicamentos de venta sin receta* (2007); *Medicamentos genéricos* (2007); *Osteoporosis* (2007); *Presión arterial alta (hipertensión)* (2007); *Pruebas de Papanicolaou* (2007); *Seguridad de los alimentos en restaurantes y en los sitios de comida para llevar* (2007); *Seguridad de los alimentos para personas de edad avanzada* (2007); *Suplementos dietéticos* (2007); *Teléfonos celulares (Móviles)* (2007); *Tintes y cremas alisadoras para el cabello* (2007); *Trastornos del sueño* (2007), y *El Virus del Nilo occidental* (2007).

Conclusiones

Es evidente que en los últimos diez años la industria del libro en español se ha multiplicado con una fuerza sin precedentes en los Estados Unidos.

Por una parte, las editoriales españolas, al igual que otras empresas de países de Hispanoamérica, están muy entusiastas a la hora de hacer negocios en este país porque saben que el mercado de libros es muy lucrativo y, además, es una forma de expandir la cultura y la lengua española. Una muestra de este entusiasmo fue la masiva participación de empresas editoriales españolas y del Ministerio de Cultura de España, así como representantes del Instituto Español de Comercio Exterior (ICEX) y la Federación de Gremios de Editores de España (FGEE), en la feria del libro BookExpoAmerica (BEA 2007), que tuvo lugar en Nueva York en junio de 2007. Y otra muestra de la importancia que tiene para los españoles este mercado es que dentro de los planes de promoción del libro español, el Ministerio de Cultura de España, con la ayuda del ICEX y la FGEE, ha desarrollado el proyecto virtual *América lee español* (http://www.americareadsspanish.org/) y la *Guía esencial de la lectura en español*, un manual que refleja los 500 libros españoles más leídos en los Estados Unidos.

Página electrónica
de *América lee español*.

Por otra parte, las grandes y pequeñas editoriales norteamericanas, que solamente se dedicaban al mercado del libro en inglés, han descubierto un renglón muy rentable en el tema de las publicaciones en español, coincidiendo con el incremento de la población hispana en la nación y su poder adquisitivo, y no van a dejar pasar por alto la oportunidad de negocios que esto representa. Muchas son las empresas norteamericanas de este tipo que han inaugurado divisiones y sellos editoriales exclusivamente para sus publicaciones en español, dentro y fuera del país. Otras, incluso, han establecido acuerdos comerciales con empresas españolas, como es el caso de HarperCollins / Planeta y Random House / Plaza & Janés.

La Asociación de Publicaciones Americanas (Association of American Publishers), que es la Asociación Nacional de la Industria del Libro en los Estados Unidos, agrupa a más de 300 firmas editoriales en el país, desde grandes publicaciones comerciales hasta pequeñas empresas editoriales privadas (lucrativas y no lucrativas), editoriales universitarias, editoriales escolares y sociedades científicas. Los miembros de la AAP publican libros de todo tipo y en todas las materias. Debido al surgimiento de tantas editoriales orientadas a la publicación de libros y otros productos en español, la AAP estableció en el año 2002 un grupo de trabajo, que se dedica al estudio del crecimiento de este mercado bajo el nombre de Publishing Latino Voices for America Task Force.

Para concluir, se puede afirmar que, como resultado del interés comercial generado por parte de los negocios y asociaciones editoriales hacia las publicaciones en español en general, los que resultan más favorecidos son los lectores. Estos se están beneficiando y se continuarán beneficiando por el clima de competitividad que se ha creado entre las empresas norteamericanas y de otros países, tanto por la variedad de títulos disponibles como por la calidad de los textos, el precio de los libros y el hecho de que, por primera vez en la historia, se les preste una atención especial a los escritores hispanos que viven y escriben en suelo estadounidense.

Para una información más amplia sobre el tema recomendamos acudir a los sitios virtuales a continuación: http://www.criticasmagazine.com/, http://www.elcultural.es/, http://www.LibrosNews.com/, http://www.lukor.com/literatura/ y http://www.americareads-spanish.org/.

Las empresas editoriales de los cubanos en el exterior. Ediciones y catálogos

Orlando Rodríguez Sardiñas (Rossardi)

Introducción

Las contiendas americanas por la separación y liberación de las colonias españolas de la tutela de la 'Madre Patria' durante el siglo XIX hacen que muchos hispanoamericanos emigren a los Estados Unidos y se asienten en las grandes ciudades de la época y en las diversas áreas donde se iban concentrando los hispanohablantes: San Francisco, San Antonio, Corpus Christi, Tampa, Cayo Hueso (Key West), Nueva Orleans, Nueva York, Baltimore, Chicago, etc. Los cubanos que dejaban la Isla preferían las ciudades de la Florida y la gran urbe de Nueva York, donde hallan adecuado espacio para sus actividades. Gran parte de esos emigrados y exiliados encuentran trabajo en la industria del tabaco, donde conforman sus sindicatos y crean sus asociaciones culturales. En la zona de Ybor City, Tampa, por ejemplo, existían más de diez 'factorías' de tabaco en 1895 y para 1900 ya se contaba con alrededor de 150 en las zonas de alrededor de la ciudad de Tampa, que producían la mayor parte del tabaco que se consumía en los Estados Unidos. Una práctica de gran repercusión y extraordinario beneficio dentro de las tabaquerías fue el *lector* de tabaquería, que entretenía a la vez que informaba a los trabajadores durante las largas jornadas de trabajo. En parte por ese estímulo, según lo anota en su monografía Nicolás Kanellos (vid. Kanellos, 2007), surgen luego las imprentas que editan los primeros periódicos de trabajadores. Estas imprentas, que publican mayormente en español, se multiplican y de allí, luego, van surgiendo las editoriales más exclusivas, que producirán sobre todo libros de creación literaria, reimpresiones de textos clásicos de historia, literatura y ensayo político y los periódicos que hasta nuestros días existen en las ciudades mencionadas.

No obstante, no será hasta la segunda mitad del siglo XX, con el gran aluvión de inmigración hispana a Norteamérica, cuando se intensifique y extienda la producción de libros y revistas en español. En la actualidad las editoriales hispanas y las imprentas y estudios de artes gráficas que sirven a la comunidad hispana se han extendido a todas las grandes ciudades de los Estados Unidos donde existe una abundante representación de habla española. En el caso de los cubanos, estos se han diseminado por todo el territorio norteamericano, aunque con preferencia se han asentado en la ciudad de Nueva York y áreas cercanas a ella, y en el sur de la Florida, donde han estimulado la industria del libro y han contribuido grandemente a la fundación de imprentas y editoriales a lo largo del país. Muchas de estas empresas están consignadas en estos párrafos. Es necesario anotar que algunas de estas editoriales, unas fundadas por cubanos y otras dirigidas por ellos, unas situadas en los Estados Unidos y otras emplazadas fuera de territorio norteamericano, sirven la necesidad de autores y lectores hispanohablantes y muy directamente la de cubanos y cubano-americanos que residen en los Estados Unidos.

Editoriales cubanas o dirigidas por cubanos en los Estados Unidos

AIP (Agencia de Informaciones Periodísticas)

La Editorial Agencia de Informaciones Periodísticas (Miami), que mantiene, desde el año 1964 y hasta 1970, unos *Cuadernos AIP* con carácter de tipo noticioso, publica entre los años 1964 y 1988 más de cuarenta volúmenes, entre los que se encuentran *La trayectoria de Castro: encumbramiento y derrumbe* (1964) y *Peligros y riesgos de comerciar con Castro*

(1965), ambos de José Álvarez Díaz; *Militantes del odio, y otros relatos de la revolución cubana* (1964), de Bernardo Viera Trejo; *Vida de Martí* (1965) y *Martí frente al comunismo: glosas de contrapunteo entre el hombre y el autómata marxista* (1966), ambos de Rafael Esténger; *Lo que no dijo la foto* (1966), de Bernardo Viera Trejo; *Martí y nosotros* (1966), de Jorge Zayas; *Elementos de geografía de Cuba* (1967), de Rolando Espinosa; *Exilio* (1967), de José Jorge Vila y Guillermo Zalamea Arenas; *La Cuba de mis recuerdos* (1970), de Esteban Valero; *Lejos de mi patria* (1970), de Sergio Becerra; *Cuba republicana, 1899-1958* (1974), de Mario Riera Hernández; *Sembrado en un ala* (1974), de Luis Conte Agüero; *La otra revolución cubana: polémica inconclusa* (1975), de José Keselman y Justo Carrillo; *Era una lágrima que amaba en silencio* (1975), de Lourdes Gómez Franca; *Estudio demográfico, social y económico de la comunidad latina del Condado Dade* (1976), de Orlando Álvarez; *¿Conoce usted su idioma?* (1977), de Olimpia Rosado; *Caminos de papel* (1977), de Humberto Medrano; *La poesía de Emilia Bernal* (1982), de Félix Cruz Álvarez, y *Cantos montaraces* (1983), de Barón Hernández Uley, entre otros libros de la editorial, algunos de ellos publicados en inglés y que aparecen, muchos de ellos, sin fecha de publicación.

Baquiana

Revista *Baquiana*.

En el caso de Ediciones Baquiana, la revista literaria cuatrimestral que se publica en Internet (vid. el artículo 'Instituciones y revistas culturales cubanas' en esta Enciclopedia) y el anuario impreso son parte de este proyecto que se funda en 1999 bajo la dirección de Patricio E. Palacios y la escritora cubana Maricel Mayor Marsán. El interés principal de sus editores es el de 'vincular a través del mundo de las letras a todas y a cada una de las comunidades del ámbito iberoamericano que conviven en el sur de la Florida, por medio de la publicación de escritores de diversos países de Hispanoamérica, así como de España y de aquellos que aunque viven dentro de los Estados Unidos, desarrollan su labor literaria en español, en un solo medio'. Además de la edición de los voluminosos anuarios impresos, las ediciones recogen títulos como *Errores y horrores: sinopsis histórico poética del Siglo XX* (2001), de Maricel Mayor Marsán; *Poemas desde el horizonte* (2003), de Mariela Abreu Ortet; *Haz de incitaciones: poetas y artistas cubanos hablan* (2003), edición de Jesús J. Barquet y Maricel Mayor Marsán y prólogo de Olympia B. González; *Retazos de vida y esperanza* (2004), de Fernando Escobar Giraldo; *Vengo pastoreando lunas* (2004), de Manuel Roberto Leonís Ruiz; *De padres, hijos y muerte* (2006), de Patricia E. Blumenreich; *Soledad para tres y una vaca* (2006), de Rina Lastres; *Poemas desde Church Street* (2006), de Maricel Mayor Marsán y la edición de *Español o Espanglish: ¿Cuál es el futuro de nuestra lengua en los Estados Unidos?* (2005 y 2006), con textos de las ponencias llevadas a cabo en el Centro Cultural Español (CCE) de la ciudad de Miami por especialistas, entre los que están Odón Betanzos Palacios, Pedro Blas González, Olga Connor, Luis de la Paz, Guillermo Lousteau Heguy, Orlando Rossardi, Francisco Javier Usero Vilchez, Beatriz Varela y Gladys Zaldívar.

Cambridge Brickhouse, Inc.

La editorial CBH (Cambridge Brickhouse, Inc.) es una empresa creada alrededor del año 1995, en Beverly Hills, California, bajo el nombre de Versal Group. Luego siguió operando en Massachusetts bajo Cambridge BrickHouse, Inc. y su sello de publicaciones CBH Books, con oficinas en Andover (Estados Unidos), Orizaba (México) y Buenos Aires (Argentina). Su principal función es desarrollar materiales educativos para empresas como Houghton Mifflin, McGraw-Hill, Harcourt, Scott Foresman y Holt, entre otras. Ofrece además servicios editoriales (traducción, edición, corrección, ilustración, etc.) a compañías nacionales y extranjeras interesadas en el mercado hispano en todo el mundo, como Rourke, Barefoot Books, Magic Maestro Music, etc. Hace unos años abrió una línea de publicaciones para ayudar a escritores de todas partes del mundo y en cualquier idioma, con un especial interés en autores hispanos. Dicha línea es CBH Books (http://www.cbhbooks.com/), que ofrece alternativas para aquellos autores que no encuentran salida al dilema editorial contemporáneo. El grupo de editores que lleva la empresa, dirigidos por su presidenta, la novelista cubana Yanitzia Canetti, está compuesto por treinta y dos individuos que se ocupan de leer, editar, corregir, diseñar e ilustrar los nuevos libros, y de promover sus ediciones en todo el orbe. Entre los editores, diseñadores y demás creativos hispanos que laboran y colaboran con la editorial están Manuel Alemán, Priscilla Colón, Olga Duque, Vanesa Michelangeli, José Ortega, Raquel Welin, Laura Sobrado, Estela Serafini, Ricardo Potes, Francisco Fernández, Julia Inés Ortiz, Verónica Molina y Diego Mansilla. Mantiene un variado catálogo que cubre todos los géneros literarios, arte, biografía, temas históricos, culturales, deportivos, filosóficos, educativos, y literatura infantil y juvenil. Para mayor información, visite http://www.cambridgebh.com/ y http://www.cbhbooks.com/.

Página electrónica
de Cambridge Brickhouse.

Cubana

La Editorial Cubana, que comienza sus funciones en 1987, lleva también el nombre de Luis Botifoll, empresario y mecenas de las artes en Miami y, hasta su muerte, un activo promotor de actividades culturales relacionadas con los cubanos del exilio y uno de los fundadores de Editorial Cubana. Su director es el profesor y ensayista José Ignacio Rasco, coordinador del Instituto Jacques Maritain de Cuba en Miami y presidente de honor del Partido Demócrata Cristiano de Cuba en el Exilio. Las publicaciones de la editorial abarcan temas muy variados, pero se centran en la historia, la política, la filosofía y la economía y, en especial, las relaciones de estas disciplinas con Cuba y los cubanos, además de reimpresiones de autores y obras de clásicos cubanos. Entre los libros de su catálogo destacamos: *Presidentes de Cuba, 1868-1933* (1987), publicado por el Patronato Ramón Guiteras; *Características de la evolución de la pintura en Cuba* (1988), de Guy Pérez Cisneros; *Santovenia: una vida con sentido histórico* (1989), de Octavio R. Costa; *Alma errante, América* (1990), de Emilia Bernal; *La revolución de Yara: 1868-1878* (1990), de Fernando Figueredo Socarrás; *Máximo Gómez, el Generalísimo* (1991), de Benigno Souza; *La posición filosófica del Padre Félix Varela* (1991), de Gustavo Amigó Jansen; *Los cubanos pintados por sí mismos* (1992), introducción de Alberto Hernández Chiroldes; *Ala: poesías* (1993), de Agustín Acosta; *Bustos y Rimas* (1993), de Julián del Casal, estudio de Julio E. Hernández-Miyares; *Historia y estilo* (1994), de Jorge Mañach, prólogo de Rosario Rexach; *Cuba y sus jueces* (1994), de Raimundo Cabrera; *Antología mayor: prosa y poesía de José Martí* (1995), compilación de Carlos Ripoll; *Manual del perfecto fulanista: apuntes para el estudio de nuestra dinámica político-social* (1995), de José Antonio Ramos; *Agramonte: el bayardo de la revolución cubana* (1995), de Carlos Márquez Sterling; *Cabezas de estudio: siluetas políticas* (1996), de Jesús Castellanos; *Cartas a Elpidio* (1996), del presbítero Félix Varela y Morales; *Diccionario biográfico cubano* (1996), de Francisco Calcagno; *Hombres y destinos* (1998), de Octavio R. Costa; *Estudios y conferencias* (1998), de Enrique José Varona; *Martí, hombre* (1998), de Gonzalo de Quesada y Miranda; *Episodios de la Revolución Cubana* (1999), de Manuel de la Cruz; *Un cementerio en las Antillas* (1999), de Alfonso Hernández Catá; *Vida de Don José de la Luz y Caballero* (2000), de José Ignacio Rodríguez; *Papeles políticos sobre Cuba* (2001), de José Antonio Saco; *La Enmienda Platt; la isla de corcho* (2002), de Luis Machado; *Redescubrimiento de Dios* (2002), de Rafael García Bárcena, y *Cuba: los primeros años de independencia* (2004), de Rafael Martínez Ortiz.

Ediciones del Directorio Magisterial Cubano en el Exilio

Muy temprano en los años sesenta, el profesor Rolando Espinosa (1925-2006) organiza el Colegio de Pedagogos Cubanos en el Exilio y funda el Directorio Magisterial Cubano en el Exilio en la ciudad de Miami, que llevará a cabo una amplia y valiosa labor comunitaria y editorial. Entre los títulos dados a conocer en esas ediciones, algunos sin reconocimiento o mención de autor, se encuentran: *Denuncia del estado de la enseñanza bajo el régimen comunista de Fidel Castro* (1961); *Inocentes: en defensa de los estudiantes universitarios cubanos* (1963), de Alberto Martell Valdés; *¿Debe mantenerse la autonomía universitaria?* (1964); *Las escuelas formadoras de maestros y su destrucción por los comunistas cubanos* (1964); *Anécdotas de la enseñanza comunista* (1965); *Reconstrucción democrática de Cuba: sugerencias a los maestros* (1965); *Elementos de historia de Cuba* (1965); *Síntesis de geografía de Cuba* (1965); *Los símbolos de la patria* (1965); *José Martí, apóstol de la libertad, un mensaje y una doctrina* (1965); *Destrucción de la escuela privada cubana* (1965); *La destrucción de la escuela primaria en Cuba* (1965); *La destrucción de la enseñanza universitaria* (1965); *El comunismo y la destrucción de la enseñanza secundaria en Cuba* (1965); *Problemas de la juventud cubana* (1965); *Cómo se apoderaron los comunistas de la Universidad de La Habana* (1966), de Juan Miguel Portuondo de Castro; *Nociones de educación democrática* (1966); *Martí y los norteamericanos en su propia palabra: pensamiento, sentimiento, vinculación y devoción por los Estados Unidos* (1966); *El comunismo en Cuba: la destrucción de las organizaciones magisteriales* (1966); *La mentira en la UNESCO* (1966), y *Proceso cultural: respuesta al farsante de Cuba Armando Hart* (1966), de Juan J. Remos, entre otros.

Eliseo Torres Editorial

Fue más bien una extensa y bien surtida librería y distribuidora de libros en español, una de las más antiguas en la ciudad de Nueva York, y desapareció al morir su propietario, Eliseo Torres. En 1995 Abelardo Linares, librero y poeta sevillano, adquiere su fondo de alrededor de un millón de volúmenes de poesía, novela y ensayo de autores que publican entre los años veinte y hasta los años ochenta. Abelardo Linares transporta el fondo a España. Allí la gran mayoría de esos libros se encuentran depositados en un almacén en Valencia de la Concepción, Sevilla (Librería Renacimiento), donde se catalogan y se venden a particulares y libreros. Algunos de los libros que Eliseo Torres & Sons (Eliseo Torres e Hijos) saca a la luz serán, en su mayoría, monografías y trabajos académicos. Entre los mismos se destacan: *Escritos desconocidos de José Martí* (1971), de Carlos Ripoll; *Antología crítica de la prosa modernista hispanoamericana* (1976), selección, introducción y bibliografía de José Olivio Jiménez; *Maneras de narrar: contraste de Lino Novas Calvo y Alfonso Hernández Catá* (1972), de Alberto Gutiérrez de la Solana; *La nueva ficción hispanoamericana a través de Miguel Ángel Asturias y Gabriel García Márquez* (1972), de Luis González del Valle y Vicente Cabrera; *La tragedia en el teatro de Unamuno, Valle-Inclán y García Lorca* (1975), de Luis González del Valle; *Quevedo y la poesía hispanoamericana del siglo XX: Vallejo, Carrera Andrade, Paz, Neruda y Borges* (1976), de Giuseppe Bellini, y *José Martí: Thoughts (Pensamientos)* (1980), antología bilingüe en edición de Carlos Ripoll, entre otros muchos más. Junto a Las Américas Publishing Co., que incorporó algunas de estas ediciones y existencias, la firma da a conocer una parte muy considerable de la literatura cubana de estos momentos.

Exilio

La editorial Exilio fue, en verdad, un componente de la excelente revista *Exilio* publicada en Nueva York (vid. el artículo 'Instituciones y revistas culturales cubanas' en esta Enciclopedia), que dirigieran Víctor Batista Falla y Raimundo Fernández Bonilla. Aparte de la revista, la editorial solo se ocupó de dar a conocer unas pocas publicaciones. Entre ellas se encuentran los libros de poemas *Ritmos acribillados* (1972), de Lorenzo García Vega; *Entrada en la semejanza* (1972), de Carlos M. Luis, y *Hermas viales* (1972) ,de Raimundo Fernández Bonilla, además del libro de Leonel Antonio de la Cuesta, *Constituciones cubanas desde 1912 hasta nuestros días*, que vio la luz en Nueva York en 1974.

Hispanova de Ediciones

En 1973 se lanza al mercado *La última poesía cubana: antología reunida (1959-1973)*, el primer libro de la editorial, cuya selección, estudio y notas son del propio editor, el poeta y crítico Orlando Rodríguez Sardiñas (Rossardi), que tiene de colaboradores cercanos a Jesús Lago Tourón y a Humberto López Morales. La editorial mantiene objetivos amplios, aunque dedica más espacio a la crítica literaria y a la lingüística. Entre algunos de sus libros destacamos los tomos *La estructura del narrador en la novela hispanoamericana contemporánea*, de Joan Rea Boorman (1976); *José Donoso: una insurrección contra la realidad*, de Isis Quinteros (1976), y el volumen de Elio Alba Buffill, *Enrique José Varona: crítica y creación literaria* (1976). La literatura española está representada por la *Historia de la literatura medieval española (I)*, de Humberto López Morales (1974); *Aproximación estructural al teatro de Lope de Vega*, de Eduardo Forastieri (1976), y el tomo de Israel Rodríguez, *La metáfora en la estructura poética de Jorge Guillén y Federico García Lorca* (1977). El tema lingüístico se ve representado por *Dialectología y sociolingüística. Temas puertorriqueños*, de Humberto López Morales (1974), y el tema de las traducciones por *Nociones fundamentales de traductología* (2003), de Leonel Antonio de la Cuesta. La creatividad literaria, poesía y novela preferentemente, aparece en tomos como *Vertizonte* (1977 y 1980), de Rita Geada; *Tiempo del hombre* (1977), de Ángel Cuadra; y los poemarios *Voces de silencio* (1978) y *Cauce de tiempo* (1981), de Amelia del Castillo. La novela *La ciudad de las magnolias*, de May Betancourt, una de las más recientes publicaciones de la editorial, salió al mercado en el año 2003.

Imprimatur/Catálogo de Letras

Parte integral de la revista *Catálogo de Letras*, vigente entre 1994 y 1999 (vid. el artículo 'Instituciones y revistas culturales cubanas' en esta Enciclopedia), su editor, el profesor y periodista Soren Triff, funda las ediciones Imprimatur, que sacan a la luz una serie de publicaciones literarias entre las que se hallan, cronológicamente: *El drama del hombre* (1990), de Eduardo Triff; *El maestro y Li* (1993), de Eduado Triff; *¿Qué podemos hacer?: un reporte de urgencia* (1994), de Alfredo Triff; *Donde reposan las hachas* (1994), de Eduardo Triff; la novela *El descalabro* (1995), de Eduardo Triff; *Desobedientes, artículos 1995-1996* (1996), de Soren Triff; *Ojo, pinta: pintores cubanos en el período especial* (2000), de Raúl Rivero, y *Cultura sin miedo: antología de la revista 'Catálogo de Letras', 1994-1999*, edición de Soren Triff (2000), que también edita la organización Center for a Free Cuba (Centro para una Cuba Libre), de la ciudad de Washington D.C.

Instituto y Biblioteca de la Libertad

El 28 de enero de 2003, el escritor cubano Carlos Alberto Montaner anuncia la creación, en los Estados Unidos, del Instituto y Biblioteca de la Libertad, una asociación sin fines de lucro concebida como movimiento cívico dedicado a generar las condiciones para lograr una transición pacífica hacia la democracia en Cuba y fomentar, tanto fuera como dentro de Cuba, las instituciones, los valores y principios, así como la información necesaria para el futuro desarrollo de la nación cubana. De inmediato, el instituto se da a la tarea de publicar unos tomos entre los que se encuentran: *Cuba: un siglo de doloroso aprendizaje* (2002 y 2003) y *Pérdida y recuperación de la República: Cuba a las puertas del fin del comunismo* (2003), ambos de Carlos Alberto Montaner; *Con todos y para el bien de todos: el pensamiento político y social de José Martí* (2003), de Laura Ymayo Tartakoff; *Cuba y sus Constituciones republicanas* (2003), de Beatriz Bernal, y *Voces tras las rejas: testimonio del presidio político actual en Cuba* (2004), coordinación y dirección de José M. González Llorente.

La Gota de Agua Ediciones

Su director es el escritor e investigador Rolando D. H. Morelli, responsable por la edición en la Red del espacio literario y publicitario *La Gota de Agua* y de *La Nueva Edad de Oro*, revista electrónica para niños (vid. el artículo 'Instituciones y revistas culturales cubanas' en esta Enciclopedia) con contribuciones de textos de varios escritores y artículos, poesías, cuentos, etc., de alrededor del mundo, para el deleite de los niños que lean español. Entre algunos de los libros publicados por la editorial se encuentran *Layka Froyka: el romance de cuando yo era niña (autobiografía)*, de Emilia Bernal; los tomos *Cuentos y relatos* y *Cuentos orientales y otra narrativa*, ambos del poeta romántico José María Heredia, en edición de Rolando D. H. Morelli; *El hijo noveno y otros cuentos*, de Matías Montes Huidobro; *Lo que te cuente es poco* y *Algo está pasando (Something's Brewing)* (edición bilingüe), de Rolando D. H. Morelli; *Voces femeninas en la poesía afrocubana contemporánea* (edición bilingüe), de Armando González Pérez, y *Poesías completas, 1853-1918*, de Luisa Pérez de Zambrana, edición de Ángel Huete.

La Torre de Papel

El proyecto editorial del poeta cubano Carlos A. Díaz Barrios se estrena en 1993, cuando saca, desde Coral Gables, en la Florida, una serie de publicaciones entre las que se hallan: *Oscuro el enigma*, de José Triana; *Cuatro ensayos sobre poesía cubana*, de Grisela Pujalá; los tomos *Espacios para lo huyuyo* y *Collages de un notario*, de Lorenzo García Vega; *Cantos del centinela*, de Esteban Luis Cárdenas; *Blanco sobre blanco (1986-1993)*, de Emilio de Armas; *Liebe*, de Magali Alabau; *Transfiguración de la armonía*, de Juana Rosa Pita; *Naufragios y comentarios*, de Armando Álvarez Bravo, y *Empieza la ciudad*, de Lourdes Gil, todos publicados en 1993. Entre los años 1994 y 2005 salen al mercado más de veinticinco títulos, entre los que se encuentran: *Afán del agua*, de Nicasio Silverio; *Donde el sol es más rojo*, de Luis Marcelino Gómez; *Ciudad, isla invisible*, de Amando Fernández; *El regreso del hijo pródigo* y *La caza*, ambos de Carlos A. Díaz Barrios; *Cuaderno de caligrafía*, de Fernando Villaverde; *Bajo el sombrero*, de Reinaldo Bragado Bretaña; *Son peregrino*, de Enrico Mario Santí; *Frente al espejo purificador*, de Benigno Dou; *Contrastes*, de Rodolfo Martínez Sotomayor; *El cerco de las transfiguraciones*, de Lourdes Gil; *Discurso de las infantas*, de Iraida Iturralde; *El velorio de Pura*, de Flora Díaz Parrado; *En los traspatios*, de Lino Novás Calvo; *Al norte del infierno*, de Miguel Correa Mujica; *Un pedazo de azul para el naufragio*, de Amelia del Castillo; *En la llanura*, de Reinaldo García Ramos, y *Fronesis*, de Ignacio T. Granados. Otros volúmenes, en su colección de relatos y cuentos *La Segunda Mirada*, son: *Trailer de sueños*, de Enrique Labrador Ruiz; *En los traspatios*, de Lino Novás Calvo, y *Papeles sin ángel*, de Lorenzo García Vega, entre otros.

Las Américas Publishing Co.

Es, sin lugar a dudas, el exponente mejor y más antiguo de librería hispana, de sitio de tertulias para el intercambio cultural y de editorial al servicio de la lengua española en los Estados Unidos. Las Américas abrió sus puertas en un sótano de la residencia particular del italiano Gaetano Massa y Gilda, su mujer, a mediados de los años cincuenta; luego, durante esos mismos años, se traslada a la calle 13 del barrio bohemio del Village, en el sur de la isla de Manhattan, para más tarde, en los años sesenta, abrir su espacio en la segunda planta del edificio situado en el número 152 Este de la calle 23. En 1971, el empresario español Germán Sánchez Ruipérez (GSR Publishing Group) adquiere su fondo y se instala en el número 37 de la Union Square West. Más tarde, en 1979, este vende la firma al periodista cubano Pedro Yanes, quien durante todos esos años estuvo siempre a cargo de la empresa y fue, hasta su desaparición, el alma de la misma. La librería se disolverá definitivamente en 1984. Aparte de los importantes títulos que publica la firma, uno de los aportes más característicos y ricos de esta librería-editorial fue el de mantener por años un lugar de tertulias donde se reunían, en sus visitas a la gran urbe de Nueva York, los intelectuales y artistas más importantes del mundo hispánico de esas décadas. Por ella pasaron Francisco Ayala, Federico de Onís, Emilio González López, Juan Bosch, Ernesto Sábato, Ramón J. Sender, Camilo José Cela, Pedro Juan Soto, Enrique Laguerre, Lino Novás Calvo, Eugenio Florit, Ricardo Gullón, Carlos Fuentes, Rafael Alberti, Nicanor Parra, Guillermo Cabrera Infante, Heberto Padilla, Emir Rodríguez Monegal y muchísimos más que intercambiaban ideas con estudiantes y lectores que acudían a la librería. De la extensa serie de títulos publicados citamos solo unos pocos que aparecen en su catálogo de 1977-1978: *Poética y poesía de Pablo Neruda*, de Jaime Alazraki; *Roma secretíssima*, de Germán Arciniegas; *Panorama de la cultura puertorriqueña*, de María Teresa Babín; *El Martí que yo conocí*, de Blanca Z. Baralt; *Julián del Casal. Vida y obra*, de Rosa M. Cabrera; *Vocabulario medieval castellano*, de Julio Cejador y Frauca; *Pláticas con Diviananda*, de Néstor Molina; *Modernismo y Vanguardia*, de Octavio Corvalán; *Historia de la literatura ibero-americana*, de Arturo Torres Rioseco; *La literatura de España desde sus orígenes hasta 1700*, antología de Ángel Flores; *Cien de las mejores poesías españolas*, de Eugenio Florit; *Historia de la civilización española*, de Emilio González López; *Cien de las mejores poesías hispanoamericanas*, de José Olivio Jiménez; los tomos *Estudio sobre el español de Cuba* y *Poesía cubana contemporánea*, ambos de Humberto López Morales; *Martí, ciudadano de América*, de Carlos Márquez Sterling; *Estudios de fonología española*, de Tomás Navarro; *El pensamiento español de los siglos XVI y XVII*, de Humberto Piñera Llera; *Estudios galdosianos*, de Ángel del Río; *La generación del 23 en Cuba y otros apuntes sobre el vanguardismo*, de Carlos Ripoll; *Crónica del alba*, de Ramón J. Sender; *Precursores del modernismo*, de Arturo Torres Rioseco, además de la serie de estupendos tomos de *Homenajes* a escritores como Fernando Alegría, Miguel Ángel Asturias, Alejo Carpentier, Carlos Fuentes, Gabriel García Márquez, Juan Carlos Onetti, Juan Rulfo, Mario Vargas Llosa y Agustín Yáñez, entre otros.

Linden Lane/Ellas

Los fundadores de la exitosa *Linden Lane Magazine* (vid. el artículo 'Instituciones y revistas culturales cubanas' en esta Enciclopedia), Heberto Padilla y Belkis Cuza Malé, ponen también en funcionamiento unas ediciones que cuentan con los tomos siguientes: *La conversación* (1983), de Juan Arcocha; *Un ojo de asombro* (1985), de Benigno S. Nieto; *Cuban American Writers: los atrevidos* (1988), de Carolina Hospital; *Libido* (1989), de Walter de las Casas; *Memoria de un pasado inmediato (Remembrace of a time just past)*, edición bilingüe (1992), de Guillermo Arango; *Cuba sin caudillos* (1994), de Ileana Fuentes, y *Rehenes de Castro* (1995), de Ernesto Díaz Rodríguez, entre otros.

Linkgua

El director de las ediciones Linkgua, el escritor Radamés Molina Montes, mantiene especial preferencia por las reimpresiones de la obra de autores clásicos cubanos aunque también se interesa en obras más recientes. Algunos de sus volúmenes, con los que se estrena el año 2003, son los tomos *Escenas americanas* y *Diario de campaña*, de José Martí, y *Diario de amor*, de Gertrudis Gómez de Avellaneda. Algunos de los títulos que salen entre los años 2004 y 2005 son *Ismaelillo* y la pieza *Adúltera*, ambos de José Martí; *Reflexiones políticas*, de Simón Bolívar; *Poemas*, de Julián del Casal; *La velada del helecho*, o *El donativo del diablo*, de Gertrudis Gómez de Avellaneda; *Arte de las putas*, de Nicolás Fernández de Moratín; *Espejo de paciencia*, de Silvestre de Balboa; *Poemas*, de José María Heredia; *Sab*, de Gertrudis Gómez de Avellaneda; *Poemas*, de Gabriel de la Concepción Valdés; *Poemas*, de José Jacinto Milanés; *Abdala*, de José Martí; *La isla de los mirlos negros*, de José Hugo Fernández; *Versos sencillos*, de José Martí; *Estudios críticos sobre historia y política*, de Juan Varela (sic; i. e., Valera), y *Nunca canté en Broadway: antología personal 1987-2001*, de Ramón Fernández Larrea, entre otros.

Mnemosyne

Desde 1969, y bajo la dirección del profesor Frank Wills de la Universidad de Miami, la editorial se dedica a publicar reediciones y copias facsímiles de obras de autores clásicos cubanos o sobre la isla de Cuba, además de ediciones de varios temas en inglés. Su director tuvo la cooperación cercana de la bibliotecaria Rosa Abella, fundadora de la Colección de la Herencia Cubana de la Universidad de Miami (Cuban Heritage Collection). Entre los quince o dieciséis libros en español publicados por la misma sobresalen: *Diálogos sobre el destino*, de Gustavo Pittaluga; *La conjura de la Ciénaga*, de Luis Felipe Rodríguez; *El bebedor de lágrimas*, de Alfonso Hernández Catá; *Los ciegos*, de Carlos Loveira; *Cien de las mejores poesías cubanas*, de Rafael Esténger; *Obra poética* (edición póstuma), de Emilio Ballagas; *Indagación del choteo*, de Jorge Mañach; *Historia de Cuba en sus relaciones con los Estados Unidos y España*, de Herminio Portell Vilá; *Ensayo político sobre la isla de Cuba*, del barón Alejandro de Humboldt; *Las ideas en Cuba: proceso del pensamiento político, filosófico y crítico en Cuba, principalmente durante el siglo XIX*, de Medardo Vitier; *Historia de la literatura cubana*, de Juan J. Remos y Rubio, y *Cuba en la mano (enciclopedia popular ilustrada)*, edición de Esteban Roldán Oliarte; todos publicados en 1969. Otros libros de interés que saca a la luz la editorial son *Vía crucis* y *Doña Guiomar, tiempos de la conquista (1536-1548)*, ambos de Emilio Bacardí Moreau, publicados en 1970, además del tomo *Martí visto por sus contemporáneos* (1976), con selección y prólogo de Antonio Calatayud.

Ollantay Press

La editorial está a cargo del dramaturgo cubano Pedro R. Monge Rafuls y es consecuencia directa de la organización cultural Centro Ollantay para las Artes que este funda en la zona neoyorquina de Queens en 1977 (vid. el artículo 'Instituciones y revistas culturales cubanas' en esta Enciclopedia). Sus objetivos son la publicación de ensayos sobre el teatro y la dramaturgia de los hispanos y las piezas de teatro que estos escriben y que, en algunas ocasiones, llevan a la escena. Entre sus publicaciones está la revista teatral *Ollantay* y algunos volúmenes, algunos de ellos bilingües, como: *Los escritores inmigrantes hispanos y la familia (Hispanic immigrant writers and the family)* (1989), de Julio Marzán; *Directorio de los escritores latinoamericanos en el área metropolitana de Nueva York* (1989), edición de Julio Marzán; *Los escritores inmigrantes hispanos y el problema de la identidad (Hispanic immigrant writers and the identity question)* (1989), edición de Silvio Torres-Saillant; *Lo que no se ha dicho, ensayos* (1994), edición de Pedro R. Monge Rafuls; *Poesída: antología de poesía sobre el sida* (1995), selección, notas e introducción de Carlos Antonio Rodríguez Matos; *Se ruega puntualidad* (1997), de Pedro R. Monge Rafuls, y *El tiempo en un acto, trece obras de teatro cubano* (1999), selección y prólogo de José Triana, entre otros.

Persona Editorial

El dramaturgo, novelista y ensayista Matías Montes Huidobro y su esposa, la profesora y ensayista Yara González Montes, que residen en Miami y que fueron profesores en la Universidad de Hawái, fundan esta editorial en 1987, especializada en el teatro cubano. El libro *Teoría y práctica del catedratismo en 'Los negros catedráticos' de Francisco Fernández*, de Matías Montes Huidobro, es la primera publicación de la editorial ese mismo año. Le siguen algunos títulos como: *Las hetairas habaneras* (1988), de José Corrales; *Recuerdos de familia* (1988), de Raúl de Cárdenas; *Siempre tuvimos miedo* (1988), de Leopoldo M. Hernández; *Exilio* (1988), de Matías Montes Huidobro; *Funeral en Teruel* (1990), de Matías Montes Huidobro; *Ceremonia de guerra* (1990), de José Triana; *Piezas cortas* (1990), de Leopoldo M. Hernández; *Obras en un acto* (1991), de Matías Montes Huidobro; *Memorias de un joven que nació en enero* (1991), de Guillermo Hernández; *Algo está pasando* (1992), de Rolando D. H. Morelli, e *...Y salieron del humo* (1994), de Leopoldo Hernández. Como parte de la editorial, se publicó un boletín teatral que se llamó *Dramaturgos* bajo la dirección y edición de ambos escritores. En él colaboran críticos como José Antonio Escarpanter y Hall Estrada, entre otros. Sus editores también publican tres números de una revista, *Anales Literarios* (vid. el artículo 'Instituciones y revistas culturales cubanas' en esta Enciclopedia), cuyos volúmenes fueron dedicados a los *Dramaturgos*, los *Poetas* y los *Narradores*. En 1965, el profesor

Stefan Baciu y el propio Matías Montes Huidobro, ambos profesores en la Universidad de Hawái, fundan el primer número de la *Carta internacional de poesía*, cuadernos *MELE*, palabra esta última que —como lo indican sus editores— quiere decir en hawaiano poesía. Los cuadernos, que pretenden ser un foro internacional desde esas islas del Pacífico, para diseminar la literatura y, sobre todo la poesía, sacan dos publicaciones, *Carte de cetire pentru tablourile lui Jacques Hérold* (1966), de Stefan Baciu, y *La vaca de los ojos largos* (1967), de Matías Montes Huidobro.

Senda Nueva de Ediciones

Hacia mediados de los años setenta se inauguran, en Nueva York, las ediciones Senda Nueva bajo la dirección del profesor y escritor Alberto Gutiérrez de la Solana y la asesoría literaria de Elio Alba Buffill. La editorial recesa con la muerte de su director en 1995. A partir de 1977, la editorial mantiene una intensa actividad editorial; de entre los títulos más representativos publicados sacamos los siguientes: *La obra literaria de Regino E. Boti* (1977), de Octavio de la Suarée, Jr.; *Investigación y crítica literaria y lingüística cubana* (1978), de su editor, Alberto Gutiérrez de la Solana; *Rubén Darío, prosa y poesía* (1978), edición de Alberto Gutiérrez de la Solana; *Los estudios cervantinos de Enrique José Varona* (1979), edición y estudio de Elio Alba Buffill; *De las jarchas a la poesía negra* (1979), de Rosa Valdés-Cruz; *De Mío Cid a Alfonso Reyes: perspectivas críticas* (1981), de Ignacio R. M. Galbis; *Festchrift, José Cid Pérez* (1981), edición de Alberto Gutiérrez de la Solana y Elio Alba Buffill; *Cuentos olvidados* (1982), de Alfonso Hernández Catá, compilados por Jorge Febles; *Teatro cubano: tres obras dramáticas de José Antonio Ramos* (1983), recopilación y estudio de Esther Sánchez Grey Alba; *Ensayos filosóficos* (1983), de Mercedes García Tudurí; *El laberinto de sí mismo* (1983), de Enrique Labrador Ruiz; *Bruno* (1985), de Alberto Guigou; *Conciencia y quimera* (1985), de Elio Alba Buffill; *Imágenes* (1985), de Antonio Acosta; *La península y la isla* (1986), de Luis Ignacio Larcada; *El dualismo en Miguel de Unamuno: análisis de tres dualidades* (1988), de Pedro María Sáenz de Argandoña; *Teatro cubano: dos obras de vanguardia de José Cid Pérez* (1989), edición de Esther Sánchez Grey Alba; *Sastre y su idea de la libertad* (1989), de Humberto Piñera Llera; *Un cuarto de siglo de república: de 'La chambelona' a La jornada gloriosa', 1917-1944* (1991), de G. Alberto Yannuzzi; *Ensayos sencillos: en torno a la poesía de José Martí* (1992), de Leopoldo Barroso; *Perfil siquiátrico de Fidel Castro Ruz* (1992), de Julio Garcerán de Vall; *El español cubano-americano* (1992), de Beatriz Varela; *José Martí, una biografía en fotos y documentos* (1992), de Carlos Ripoll, y *Carmen Conde, de viva voz* (1992), de Zenaida Gutiérrez Vega, entre otros muchos más.

SIBI Editorial

En 1975, la periodista cubana Nancy Pérez Crespo y su esposo, Juan Manuel Pérez Crespo, llegan de Nueva York decididos a abrir una librería a la que ponen por nombre SIBI, lugar que fue de reuniones y tertulias para muchísimos escritores cubanos e hispanoamericanos que residían o visitaban la ciudad de Miami en las décadas de los setenta y los ochenta. Un grupo que recibió gran acogida fue el de los escritores que llegaron al sur de la Florida por el puente marítimo del Mariel en 1980. La editorial en cuestión comienza sus actividades en 1978 con publicaciones como: *De Angola a Miami: relato de un combatiente internacionalista* (1978), de Leonardo Fonseca Llorente; *Los hijos de las tinieblas* (1978), de Emilio J. León; *A la paloma nocturna, desde mis soledades, hojarasca y otros poemas* (1984), de Jorge Valls; *Plomo y fantasía* (1984), de Tony Cuesta; *Las dos caras de D* (1985), de Lourdes Tomás; *Herir al tiempo* (1986), de Amando Fernández; *Las palmas son novias que esperan* (1987), de Miriam Morell; *Adelante occidente* (1988), de Mario Gómez-Zimmerman; *Orlando Bosch: el hombre que yo conozco* (1988), de Adriana D. Bosch; *Creo que estoy pensando* (1988), de Roberto Martín Pérez; *Versos cautivos: poesías del presidio político cubano, 1965-1980* (1989), de Daniel Morales León; *Propiedad de mi pasado* (1989), de Raoul García Iglesias; *Prohibido pensar* (1991), de Ernesto de la Fe; *Desmitificación del comunismo* (1995), de

Salvador Díaz Versón, edición de Nancy Pérez Crespo y Alberto Batista; *Obra periodística, 1964-1981* (1995), de Salvador Díaz Versón; *Conspiración* (1995), de May Betancourt; *En la tarde, tarde* (1996), de Juan Cueto Roig; *Firmado en La Habana* (1996), de Raúl Rivero, y *Tania, la guerrillera* (2000), de José A. Friedl Zapata, entre otros.

Solar Editorial

Se trata de ediciones literarias, poemarios y antologías, que la poeta cubana Juana Rosa Pita y el poeta argentino David Lagmanovich sacan a la luz en Washington D.C., a mediados de los años setenta, y que dirigen desde la Universidad Católica de América (The Catholic University of America). Sus primeros volúmenes son los poemarios de los propios editores *Pan de sol*, de Juana Rosa Pita, y *Contingencias*, de David Lagmanovich, ambos de 1976. Otras publicaciones son: *Fluctuaciones* (1977), de David Lagmanovich; *Mar entre Rejas* (1977), de Juana Rosa Pita; *Las cartas y las horas* (1977), de Juana Rosa Pita; *Península* (1977), de Elena Iglesias; *Horizonte* (1977), de Raoul García Iglesias; *Impromtus* (1977), de Ángel Cuadra; *El arca de los sueños* (1978), de Juana Rosa Pita; *Mundo de aire* (1978), de Elena Iglesias; *Antología Solar* (1979), que reúne textos de Ángel Cuadra, Raoul García Iglesias, Elena Iglesias, David Lagmanovich y Juana Rosa Pita; *Eurídice en la fuente* (1979), de Juana Rosa Pita; *Poemas en correspondencia desde prisión* (1979), edición bilingüe, de Ángel Cuadra; *Crónicas del porvenir* (1980), de Raoul García Iglesias; *Viajes de Penélope* (1980), de Juana Rosa Pita; *Homenaje a Ángel Cuadra* (1981), de Reinaldo Arenas et ál.; *Vaivenes* (1982), de David Lagmanovich; *Crónicas del Caribe* (1983), de Juana Rosa Pita; *En fin, la noche* (1984), de Roberto Valero; *Fantasía para el viernes* (1985), de Ángel Cuadra, y *El sol tatuado* (1986), de Juana Rosa Pita, entre otros volúmenes.

Término

Se funda en 1984, y forma parte integral de la revista *Término* (vid. el artículo 'Instituciones y revistas culturales cubanas' en esta Enciclopedia), bajo las riendas de Roberto Madrigal, Manuel F. Ballagas y la coordinación de ciertas publicaciones a cargo de Carlos Espinosa Domínguez. Los primeros libros publicados fueron *La ciudad maravillosa* y *Alicia en las mil y una camas*, ambas de Ismael Lorenzo. Tras unos años sin publicar la editorial da a luz en 1996 *Voces de silencio*, recopilación de ensayos que anteriormente habían sido publicados en las revistas *Término* y *Mariel*. La edición estuvo a cargo de Roberto Madrigal, que a su vez cooperó con cuatro ensayos de su propia cosecha. En el libro colaboraron Manuel F. Ballagas, Reinaldo García Ramos y Roberto Valero. Entre 1997 y 2005 salen al mercado *La vida en pedazos* (novela), *Una tarde con Lezama Lima* (cuentos) y *Mírala antes de morir* (novela), tres publicaciones de Santiago Rodríguez. Le siguen: *Las tetas europeas* (novela), de Fernando Villaverde; *Reunión de ausentes* (antología poética), editada por Benigno Dou, Fernando Villaverde y Germán Guerra; *La galería invisible* (cuentos), *Cuaderno interrumpido* (poesía) y *Miamenses y más* (cuentos), los tres de Alejandro Armengol. Otros libros publicados por la editorial serán la recopilación de textos *Virgilio Piñera en primera persona* (2003) y los ensayos *Lo que opina el otro: algunos apuntes sobre la crítica teatral* (2000), ambos tomos de Carlos Espinosa Domínguez. El mismo autor también publica en 2001 una importante antología de poetas cubanos en la Florida bajo el título *La pérdida y el sueño*. Término también se encarga de la serie *Las cuatro estaciones*, que había iniciado la editorial de Carlos A. Díaz Barrios y que, bajo la firma de la colección *La segunda mirada*, dirigirá Carlos Espinosa Domínguez.

Bajo esta sombrilla, la editorial publica una serie de títulos: *Juego de damas* (2002), de la poeta y editora de *Linden Lane Magazine* Belkis Cuza Malé, con un prólogo del también poeta y editor Pío E. Serrano; *Al norte del infierno* (2002), de Miguel Correa Mujica, con una introducción del novelista Reinaldo Arenas; *Aguafuertes negras*, del argentino Roberto Arlt; *Índice de la revista Exilio (1963-1973)*, del propio editor Carlos Espinosa Domínguez, que sale a la luz en 2003; *Las sábanas y el tiempo* (2004), de Frank Rivera, con una presentación del poeta y novelista cubano residente en Francia Severo Sarduy, y el tomo *Todos los libros, el libro* (2004), una edición de Carlos Espinosa Domínguez con textos de cincuenta y seis escritores, críticos y artistas cubanos que comentan sobre 'una obra de la literatura cubana que fuese significativa para ellos' y que, partiendo de esa premisa, redactan un texto en el cual explican las razones de esa selección. En ella aparecen algunos creadores como Uva de Aragón, Félix Cruz Álvarez, Néstor Díaz de Villegas, Reinaldo García Ramos, Orlando González Esteva, José Kozer, Matías Montes Huidobro, Rafael Rojas, Mike Porcel, Julio Matas, Manuel Díaz Rodríguez, Miguel Correa, Víctor Batista y Carlos Victoria, entre otros.

Universal

La editorial abrió sus puertas en 1965, dedicada a la venta y distribución de libros (Librería y Distribuidora Universal) y más tarde, en 1968, comienza como editorial propiamente, especializándose en temas hispanoamericanos pero con especial atención en temas y en textos de autores cubanos. Su fundador y director, Juan Manuel Salvat, a quien se le llama el 'decano' de los editores cubanos del exilio, y su colaboradora inmediata, Marta Ortiz Salvat, hacen hincapié en que su primera propuesta ha sido la de 'rescatar obras esenciales de la cultura cubana', además de 'servir de intermediarios a muchísimos creadores que, desterrados, no tenían posibilidades de ver sus obras en tinta y papel.' En el local de su librería se llevan a cabo, desde años, reuniones, tertulias y presentaciones de libros de los autores publicados en la editorial.

En su catálogo general de libros que ven la luz entre 1965 y 2001 se da una cifra de más de mil títulos, aunque hasta la fecha dicha cifra sobrepasa los 1.300 títulos. De ese extenso e importante fondo se destacan los siguientes: *Democracia y bienestar* (1967), de Oscar A. Echevarría; *Loores a la palma real* (1968) y *La Florida en Juan Ramón Jiménez* (1968), ambos de Ana Rosa Núñez; *La temática novelística de Alejo Carpentier* (1969), de José Sánchez-Boudy; *Carta invernal* (1969), de Ignacio A. Ortiz Bello; *El arte en Cuba* (1970), de Martha de Castro; *Cinco poetisas cubanas, 1935-1969* (1970), notas de Ángel Aparicio Laurencio; *Viaje al casabe* (1970) y *Poesía en éxodo* (1970), ambos de Ana Rosa Núñez; *Erinia* (1971), de Julio Matas; *Idapó, el sincretismo en los ´Cuentos negros´ de Lydia Cabrera* (1971), de Hilda Perera; *Mijares* (1971), textos de Alberto Baeza Flores; *Amuletos del sueño* (1972), de Fernando Palenzuela; *Los primos* (1972), de Celedonio González; *Desde mis domingos* (1973), de Luis Mario; *Persona, vida y máscara en el teatro cubano* (1973), de Matías Montes Huidobro; *Martí y la filosofía* (1974), de Wifredo Fernández; *Tirando al blanco (Shooting gallery)* (1975), de Luis F. González-Cruz; *Narradores cubanos de hoy* (1975), selección y estudio de Concepción T. Alzola; *Cuentos sin rumbo* (1975), de Roberto G. Fernández; *Lágrimas de papel* (1975), de Maricel Mayor Marsán; *Historia de la literatura cubana en el exilio, I* (1975), de José Sánchez-Boudy; *Antología del costumbrismo en Cuba* (1975), de Hortensia Ruiz del Vizo; *Entre las rejas* (1976), de Miguel Sales; *Raíces del alma cubana* (1976), de Florinda Álzaga; *Ni verdad, ni mentira y otros cuentos* (1977), de Uva de Aragón Clavijo; *Novelística cubana de los años 60* (1977), de Gladys Zaldívar; *20 cuentistas cubanos* (1978), edición de Leonardo Fernández Marcané; *Ojos para no ver* (1979), de Matías Montes Huidobro; *Las conversaciones y los días* (1979), de Concepción T. Alzola; *El ojo del ciclón* (1979), de Carlos Alberto Montaner; *Jacques Maritain y la Democracia Cristiana* (1980), de José Ignacio Rasco; *Introducción a la historia de la filosofía* (1980), de Humberto Piñera Llera; *Lo chino en el habla cubana* (1980), de Beatriz Varela; *La baranda de oro* (1981), de Gladys Zaldívar; *Apenas un bolero* (1981), de Omar Torres; *Todos heridos por el norte y por el sur* (1981), de Alberto Müller; *El super* (1982), de Iván Acosta; *Tierra de extraños* (1983), de José A. Albertini; *Los viajes de Orlando Cachumbambé* (1984), de Elías Miguel Muñoz; *Drahma* (1986), de Roberto Valero; *Anagó: vocabulario lucumí (el yoruba que se habla en Cuba)* (1986), de Lydia Cabrera; *Persecución: cinco piezas de teatro* (1986), de Reinaldo Arenas; *En torno a Lydia Cabrera, 1936-1986* (1987), de Isabel Castellanos y Josefina Inclán; *El pan de los muertos* (1988), de Enrique Labrador Ruiz; *Amar así* (1988), de José Abreu Felipe; *El prisma de la razón* (1990), de Armando Álvarez Bravo; *El portero* (1990), de

Reinaldo Arenas; *El lago* (1991), de Nicolás Abreu Felippe; *El color del verano* (1991), de Reinaldo Arenas; *Reflexiones sobre Cuba y su futuro* (1991), de Luis Aguilar León; *Crónicas del Mariel* (1992), de Fernando Villaverde; *Teatro* (1993), de Ramón Ferreira, estudio de José A. Escarpanter; *La voz inevitable* (1994), de Ángel Cuadra; *Un paraíso bajo las estrellas* (1995), de Manuel C. Díaz; *Un verano incesante* (1996), de Luis de la Paz; *La cúpula* (1996), de Manuel Márquez Sterling; *Cuentos breves y brevísimos* (1997), de René Ariza; *La ruta del mago* (1997), de Carlos Victoria; *Cubanos de dos siglos, XIX y XX* (1998), de Elio Alba Buffill; *Por amor al arte* (1998), de Francisco Morín; *Homenaje a Eugenio Florit: de lo eterno, lo mejor* (2000), edición de Ana Rosa Núñez, Rita Martín y Lesbia Orta Varona; *Cincuenta lecciones de exilio y desexilio* (2001), de Gustavo Pérez Firmat; *La ciudad hechizada* (2001), de Reinaldo Bragado Bretaña; *Un café exquisito* (2001), de Esteban Luis Cárdenas; *Ex-cuetos* (2002), de Juan Cueto; *El teatro cubano en el vórtice del compromiso, 1959-1961* (2002), de Matías Montes Huidobro; *El entierro del enterrador* (2002), de José A. Albertini; *Los cubanos de Miami: lengua y sociedad* (2003), de Humberto López Morales; *La política del adiós* (2003), de Rafael Rojas; *José Antonio Ramos: Itinerario del deseo, diario de amor* (2004), de Yara González Montes y Matías Montes Huidobro; *En la búsqueda de la felicidad* (2005), de Ernesto Fernández Travieso; *Reloj de sangre y otros relatos* (2005), de José M. González Llorente; *El arco iris de Olorún: anatomía de un cubano soñador* (2005), de Luis F. González-Cruz; *La economía cubana hoy* (2006), de Carmelo Mesa Lago; *Un objeto de deseo* (2006), de Matías Montes Huidobro; *Félix Varela: profundidad manifiesta, tomo I* (2007), del padre Fidel Rodríguez; *José Antonio Echevarría, vigencia y presencia* (2007), de Julio Fernández León, y *Para no ser un rinoceronte más* (2007), del padre Ernesto Fernández Travieso, jesuita, entre otros.

La literatura cubana del exilio.   *Morir de exilio*, Uva de Aragón.

Imprentas, colecciones y pequeñas editoriales

Durante varias décadas, los escritores cubanos en el exterior han encontrado un espacio dispuesto para la publicación de sus obras en las diversas editoriales como las que aquí se consignan, así como en otras del mundo hispano, en Hispanoamérica y en España; editoriales con más o menos producción y con mayor o menor presencia y prestigio en el mundo del libro. No obstante, muchos de ellos se han visto forzados a publicar sus textos (narrativa, poesía, ensayo, etc.) en imprentas y estudios de artes gráficas y hasta a crear en muchas ocasiones sus propias firmas editoriales, y distribuir luego personalmente su producción en librerías locales, nacionales e internacionales. Podemos citar algunas empresas como: ABRA ediciones, Nueva York; Interbooks Corporation, Coral Gables; Ediciones Isimir, Miami; San Lázaro Graphics Corp., Miami; Ultra Graphics Corporation, Miami; Editorial Mensaje, Nueva York; Ego Group, Miami; Ediciones Cambio, Miami; Colorama Printing y Saeta Ediciones, Miami; Verso, Nueva York; Nuevos Horizontes Internacionales, Miami; Arte Público Press, Texas; Rodes Print, Miami; Minitman, Miami; Loma Publishers, Miami; Spin Quality Printing, Miami; Ediciones Plaza d'Praha, Miami, y D'Fana Editions, Miami, entre otras muchas más.

Algunas empresas editoriales no se dan a conocer suficientemente, dada su escasa producción y una limitada distribución de su fondo, como por ejemplo la Editorial Cultural Moderna Poesía, en Miami; la Colección del Chicherekú en el Exilio, de Lydia Cabrera, en Miami; las Ediciones Q-21, de Pablo Le Riverend, en Newark, Nueva Jersey; El Palmar de Rafael Bordao, en Nueva York, y las Ediciones Edarcas, también en Nueva York. En Miami la firma Editorial Cernuda, fundada en sociedad en 1999, publica catorce volúmenes de la *Enciclopedia Martiana*, y más tarde la serie *Inglés ahora, Secretario bilingüe ahora, Ciudadanía USA ahora* y *Mecanografía bilingüe ahora*. La editorial cesa sus operaciones en 2001. También en Miami, las Ediciones Itinerantes Paradiso, de Ignacio T. Granados Herrera, sacan *El libro del tío Ez* (2005), de Pablo de Cuba Soria; *Smarra, o los demonios de la noche* (2006), de Charles Nodier; y con traducciones del propio director de la empresa, *Las fantasías de Gaspar de la Noche* (2004), y una *plaquette*, *De la traducción del Gaspar de la Noche* (2004), del francés Aloysius Bertrand.

Otras editoriales logran abrirse un pequeño espacio desde donde funcionar y van a extender, poco a poco, su órbita de influencia; algunas desaparecen tempranamente y otras permanecen vigentes hasta la fecha de hoy; entre ellas tenemos firmas como las siguientes:

Agualarga Editores/Dax Books

Al frente de la editorial se encuentra Raquel Rábade Roque, que había publicado con anterioridad *Cocina cubana: las mejores recetas* (Miami: Downtown Book Center, 1996) y que edita, entre otros títulos *Habana, a principios de siglo (Habana at the turn of the Century)* (1996); *Imágenes de La Habana antigua* (1996), de Antonio Ramón Peláez Huerta; *Mongo Grau: Cuba desde 1930/Ramón 'Mongo' Grau Alsina* (1997), de Valerie Ridderhoff, con traducción de Antonio Peláez Huertas y Antonio Santiago Peláez Barceló, y *La sexualidad en el habla cubana* (1998), de Carlos Paz Pérez.

Arcos

Su director, el poeta Luis Ignacio Larcada, funda la editorial en 1986 y la inaugura con su propio libro de poesía, *El piano de cristal*. La editorial publica ensayos y relatos, aunque se especializa en la poesía. Otras publicaciones son: *Cuba, año 2000* (1987), de Pedro Guerra; *Los romances hispánicos contenidos en El Ingenioso Hidalgo Don Quijote de la Mancha* (1987), de Jorge A. Silveira y Montes de Oca; *Las traducciones de Shakespeare en España, el ejemplo de Othello* (1988), de Ángeles Serrano; *La imagen que no se deteriora* (1989), de Luis Ignacio Larcada; *Espejos negros, los caminos del silencio* (1992), de Víctor Guillermo Marta; *Florencia nuestra, biografía poemática* (1992), de Juana Rosa Pita, y *Tierra del sur* (1993), del propio editor de la colección, Luis Ignacio Larcada.

Asociación de Hispanistas de las Américas

La organización existe gracias al esfuerzo y al patrocinio de dos escritoras y profesoras, la filóloga Concepción T. Alzola y la poeta Gladys Zaldívar. Desde la ciudad de Miami la editorial ha publicado, entre otros tomos, los poemarios: *De la luz sitiada* (1980), de Manuel J. Santayana; *Mañas de la poesía* (1981), de Orlando González Esteva, y *Viene el asedio* (1987), de Gladys Zaldívar. Además, han salido a la luz las monografías: *En torno a la poética de Mariano Brull* (1981), de Gladys Zaldívar; *El léxico de la marinería en el habla de Cuba* (1981), de Concepción T. Alzola; *Lydia Cabrera: de mitos y contemporáneos* (1986), de Gladys Zaldívar; *Habla tradicional de Cuba: refranero familiar* (1987), de Concepción T. Alzola, y *Una tarde con Lidia Cabrera: de lo cubano y la antropofagia* (2003), de Gladys Zaldívar.

Afuera

La empresa, de reciente fundación, mantiene —según sus postulados en la Red— 'una casa editorial dedicada a la poesía cubana contemporánea'. Su director editorial es Jorge Salcedo y pretende ocuparse de las producciones de poetas cuyas obras se elaboran en las últimas décadas del siglo XX y los primeros años del presente siglo. Del mismo modo quiere hacer accesibles los títulos de las colecciones poéticas en 'el fragmentado espacio de la nación y en el ámbito mayor del idioma'. El Consejo Editorial de las ediciones está abierto a la participación de todos los autores que publican en la misma y recibe ofertas para publicar mediante recomendación por parte de uno de los miembros de dicho consejo. Algunos de los libros de poemas que se dan a la venta de tipo electrónico (http://www.edicionesdeafuera.com/) son los siguientes: *Mañas de la poesía* (1981), de Orlando González Esteva; *Vicio de Miami* (1997), de Néstor Díaz de Villegas; *El lobo y el centauro* (2001), de Jesús David Curbelo; *La guerra nos perdone* (1992), de Jorge Salcedo; *El encanto perdido de la fidelidad* (1991), de Emilio García Montiel; *A la manera de Arcimboldo* (1999), de Félix Lizárraga, y *Mi corazón no es una puerta* (2000), de Juan Antonio Molina.

El Almendro

La editorial, de reciente creación, está a cargo del escritor Nicolás Abreu Felippe, que inaugura la misma con su novela *La mujer sin tetas* (2005). Otras publicaciones serán: *Me lo contó Juan Primito* (2005), de Daniel García Rangel; *Yo no soy vegetariano* (2006), de José Abreu Felippe; *Carga de la caballería* (2006) y el libro de ensayos *Mitos del antiexilio* (2007), ambos de Armando de Armas, y el libro de crónicas *Verycuetos* (2007), de Juan Cueto Roig, entre otros.

Fondo de Estudios Cubanos

Las publicaciones del fondo editorial están patrocinadas por la organización JMC Freedom Foundation y lo constituyen una colección de pequeños panfletos con información sobre asuntos que giran alrededor de la problemática política y social que de manera directa afecta a los cubanos exiliados y algunos volúmenes sobre historia y literatura de Cuba y del exilio. Algunos de sus tomos son: *Ideario de José Martí* (1995), de Carlos Ripoll; *Todo lo dieron por Cuba* (1995), de Mignon Medrano; *La imaginación literaria de la generación del Mariel* (2000), de Lillian D. Bertot, y *El hundimiento del remolcador 13 de marzo* (2001), de Jorge A. García.

Instituto Jacques Maritain de Cuba

La organización, cuyas riendas están en manos del intelectual y activista político cubano José Ignacio Rasco (vid. el artículo 'Instituciones y revistas culturales cubanas' en esta Enciclopedia), ha patrocinado la publicación de una serie de importantes monografías, entre las que se destacan: *Proceso de las ideas políticas en Cuba* (1987), *Pensadores hispanoamericanos* (1989), *Ideologías contemporáneas y sus raíces* (1990), *Varela en su bicentenario* (1991), *La nación cubana: esencia y existencia* (1999), *La mujer cubana: historia e intrahistoria* (2000) y el tomo *Miscelánea cubana* (2007), que contiene trabajos de miembros y colaboradores del instituto como José M. Hernández, Virgilio Beato, Uva de Aragón, Carlos Alberto Montaner, Joaquín Roy, Efrén Córdova, Rafael Rojas y el propio José Ignacio Rasco.

Nosotros

En Miami y a partir de 1999, su director, Alberto Romero, ha sacado al mercado una buena cantidad de libros de autores cubanos, de narrativa y poesía especialmente, entre los que citamos los siguientes: *...como tú me nombres* (1999), de Francisco E. Feito; *Parque de diversiones* (1999), de Alberto Romero; *Antología compartida de poetas hispanas de Miami* (2000), edición de Alberto Romero y Rosa Tezanos Pinto; *Y si mañana nunca llega* (2000), de Francisco E. Feito; *Desde el pueblo donde vivo* (2001), de Alberto Romero; *El barrio del Cerro* (2003 y 2004), de Alberto Romero; *Cuentos militares: historias de soldados y rebeldes* (2004), de Alberto Romero; *Barataria querida* (2005), de Francisco E. Feito; *Historia para dormir al insomnio* (2005), de Francisco E. Feito; *Nombres de Cuba* (2005), de Concepción T. Alzola, y *Caminante sin lunas* (2007), de Julio E. Hernández-Miyares.

Nueva Prensa Cubana

Es, más que una editorial, una organización que publica artículos de periodistas independientes en Cuba, y de la prensa independiente de la información centralizada que mantiene el Gobierno cubano. Su directora es la periodista cubana Nancy Pérez Crespo, que con anterioridad había fundado la librería SIBI en Miami, en 1975, y más tarde la editorial de ese nombre. Uno de los libros que ha publicado Nueva Prensa Cubana ha sido *Pruebas de contacto* (2003), del poeta y también periodista Raúl Rivero.

Presbyter's Peartree

De estas ediciones han aparecido alrededor de sesenta obras teatrales y otros tomos en forma de 'libretos', algunos en inglés, publicados por los dramaturgos cubanos José Corrales y Manuel Pereiras. Los tomos salen durante la década de 1990, en la ciudad de Princeton, Nueva Jersey. Muchos de estos volúmenes recogen piezas y libretos teatrales de los propios editores, además de obras de algunos otros dramaturgos cubanos como Raúl de Cárdenas, María Irene Fornés, Randy Barceló, Héctor Santiago y Pedro Monge Rafuls, entre otros.

Pureplay Press

Asentada en la ciudad californiana de Los Ángeles, la editorial comenzó a funcionar en 2001. Fue fundada por el escritor David Landau y se dedica a publicar trabajos acerca de la historia y la cultura cubanas en los campos de la narrativa, la historia, la poesía y los problemas políticos y sociales. Algunos de los títulos aparecidos hasta la fecha son, entre otros: *No siempre gana la muerte* (2001 y 2003), de David Landau; *Por el camino de Sade* (2003), edición bilingüe, de Néstor Díaz de Villegas; *Posesas de La Habana* (2004), de Teresa Dovalpage; *El general Sombra* (2004), de Arnoldo Tauler; *Jornadas de Mateo* (2004), de Alejandro Lorenzo; *Furia del discurso* (2006), de Miguel Correa Mujica, y *Breve historia de Cuba* (2006), de Jaime Suchlicki.

Silueta

La reciente editorial, fundada en Miami en el año 2006, es una iniciativa del poeta cubano Rodolfo Martínez Sotomayor, y hasta la fecha ha publicado *Palabras por un joven suicida. Homenaje al escritor Juan Francisco Pulido* (2006), selección y prólogo de Rodolfo M. Sotomayor, donde intervienen autores como Carlos Victoria, Armando de Armas, Luis de la Paz, Eva M. Vergara, José Abreu Felippe, Juan Francisco Pulido, Belkis Cuza Malé, José Antonio Pino, Alain González, Joaquín Gálvez y el propio editor Rodolfo Martínez Sotomayor, y el tomo de poesía *Trilogía del paria* (2007), de Joaquín Gálvez.

Apéndice

Editoriales cubanas fundadas fuera del territorio norteamericano que publican mayormente la obra de los cubano-americanos y los cubanos residentes en los Estados Unidos

Un acápite de suma importancia e imposible de excluir de nuestro trabajo es el de aquellas editoriales de cubanos o dirigidas por cubanos exiliados que han florecido en otros territorios, fuera de los Estados Unidos, y con particularidad en España, donde el cubano encuentra un sitio en que idioma y tradiciones se juntan para conformar un espacio de mayor disfrute para aquel que deja atrás su lugar de nacimiento.

Las empresas editoriales que se han fundado en España, ya desde muy temprano, en los años setenta, han encontrado en los cubanos exiliados en Nueva York, Miami y otras ciudades norteamericanas tierra abonada para llevar a cabo su misión. De la obra de estos se nutren en una gran mayoría sus catálogos y son estos los que mantienen viva, en muchas ocasiones, la fuente de ingreso que sostiene a la editorial en cuestión. Muchos de estos editores son escritores, poetas y dramaturgos ellos mismos y han vivido parte de sus vidas de exiliados en los Estados Unidos antes de trasladarse a España; por otro lado, han desarrollado una tarea de inmensas proporciones al publicar y diseminar, sobre todo en Norteamérica, la obra de creación literaria de estos artistas del exilio, escritores que en muchos casos no hallan otro espacio más a la mano que estas casas editoriales, donde son bienvenidos. Sus catálogos reflejan esta producción.

Dichas editoriales son, por orden alfabético, las siguientes:

Aduana Vieja

Como se consigna en la exposición de objetivos de su catálogo, este 'es un proyecto editorial independiente impulsado por la Asociación con Cuba en la distancia', dirigido por Fabio Murrieta y Grace Giselle Piney Roche desde Valencia, España, que tuvo a su cargo la organización del I Encuentro Internacional sobre Creación y Exilio, entre el 5 y el 9 de noviembre de 2001, en Cádiz. Su actividad editorial principal se centra en temas de interés para los cubanos, relacionados con Cuba y el exilio, o en obras de creadores cubanos. Sus primeras ediciones salen al mercado en 2003, y entre sus existencias encontramos títulos como *Guayaba Sweet: literatura Cubana en Estados Unidos* (2003), libro que inaugura la colección y que reúne ensayos de diecisiete autores cubanos sobre el desarrollo de la literatura cubana en los Estados Unidos; entre ellos hallamos textos de Gustavo Pérez Firmat, Isabel Álvarez Borland, Madeline Cámara, Eliana Rivero, Laura P. Alonso Gallo, Yvette Fuentes, Pablo Medina, Jorge Febles y Uva de Aragón, entre otros.

Algunos de sus títulos son: *Democracia, desarrollo y sociedad civil en Cuba. La Unión Europea frente al problema cubano* (2004), edición de Grace Giselle Piney Roche; *Discursos desde la diáspora* (2004), de Eliana Rivero; *Historias gentiles antes de la Resurrección* (2004), de Regis Iglesias Ramírez; *El instrumento de Changó* (2004), de Emilio Surí Quesada; *Ratas en la isla: cuentos cubanos* (2004), de Matías Montes Huidobro; *Ínsulas al pairo: poesía cubana contemporánea en París* (2004), selección y prólogo de William Navarrete; *Voces de América. Entrevistas con escritores americanos* (2004), edición de Laura Alonso Gallo; *Cuentos* (2004), de Carlos Victoria; *De la corte a la taberna* (2005), de Beatriz Maggi; *Cuentos completos* (2005), de Ezequiel Vieta; *Edad del miedo al frío* (2005), de William Navarrete; *Bienvenidos a la transición* (2005), edición de Grace Giselle Piney Roche; *El horizonte de mi piel* (2005), de Emilio Bejel; *Un caracol en su camino: antología personal 1965-2005* (2005), de Manuel Díaz Martínez; *Vendedor de olvidos* (2005), de Gina Pellón; *Lesiones de Historia* (2005), de Raúl Rivero; *La literatura Pop: consideraciones en torno a una tendencia literaria actual* (2006), edición y prólogo de María Cristina Santana Quintana; *Catalejo en lontananza: crónicas cubanas* (2006), de William Navarrete; *El marmitón apacible* (2006), de Daniel Iglesias Kennedy; *Regreso a Barataria* (2006), de Rafael Rubio; *La confesión del comandante y otras historias* (2006), de José M. González Llorente; *La ranura del horizonte en llamas* (2006), de Daniel Iglesias Kennedy; *Vida mía* (2006), de Elías Miguel Muñoz; *Cuba: ¿Revolución o involución?* (2007), de Oscar Espinosa Chepe; *Huésped del infierno* (2007), de Jorge Olivera; *Juguemos al carnaval* (2007), de María Ángeles Cavaría, y *Con el alma cautiva* (2007), de Néstor Rodríguez Lovaina.

Betania

El poeta cubano Felipe Lázaro crea Betania en Madrid, en enero de 1987, con el objetivo de que sirva a los poetas cubanos para publicar sus poemas y 'dejar constancia de esa escritura desterrada' y para ayudar a diseminar la cultura cubana. El primer título de la editorial fue el poemario *Para el amor pido la palabra*, del poeta español Francisco Álvarez Koki, residente en Nueva York. Ese mismo año saca un libro fundamental para la editorial, *Conversación con Gastón Baquero*, del propio editor. El género literario que más publica la editorial es la poesía y casi el 80% de su fondo, de más de cuatrocientos títulos, corresponde a poemarios o antologías de poesía. En la actualidad, Betania cuenta con doce colecciones: Poesía, Narrativa, Ensayo, Teatro, Literatura Infantil, Arte, Ciencias Sociales, Palabra Viva, Documentos y Antologías, Separata y Cuaderno de Debate.

Su editor se precia de haber publicado a casi toda la nueva generación de escritores cubanos y de cubano-americanos que crean su obra fuera del territorio cubano y por haber sido también, según su editor, 'una de las primeras editoriales cubanas del exilio que publicó a autores cubanos residentes en la Isla'. Algunos títulos de la editorial son: *Los muertos están cada día más indóciles* (1987), de Felipe Lázaro; *Oscuridad divina* (1987), de Carlota Caulfield; *Desde esta orilla: poesía cubana del exilio* (1988), estudio de Elías Miguel Muñoz; *Evocaciones* (1989), de Gustavo Pérez Firmat; *Tropel de espejos* (1989), de Iraida Iturralde; *Voluntad de vivir manifestándose* (1989), de Reinaldo Arenas; *Blanca aldaba preludia* (1989), de Lourdes Gil; *Hermana* (1989), de Magali Alabau; *Altazora acompañando a Vicente* (1989), de Maya Islas; *Hasta el presente: poesía casi completa* (1989), de Alina Galliano; *Permanencia del fuego* (1989), de Luis Cartañá; *Venías* (1990), de Roberto Valero; *Leprosorio, antología poética* (1990), de Reinaldo Arenas; *Las aristas desnudas* (1991), de Amelia del Castillo; *Memoria de siglos* (1991), de Jacobo Machover; *Entero lugar* (1994), de Laura Ymayo Tartakoff; *Cuadernos de Antinoo* (1994), de Alberto Lauro; *El carrusel* (1994), de Ernesto Díaz Rodríguez; *Confesiones eróticas y otros hechizos* (1994), de Daína Chaviano; *Memoria de mí* (1995), de Orlando Rossardi; *Poesía desde el paraíso* (1997), de Orlando Fondevila; *Herejías elegidas: antología poética* (1998), de Raúl Rivero; *El grito y otros poemas: antología poética* (2000), de José Mario; *Y se te morirán las manos vírgenes de mí* (2002), de Roberto Cazorla; *La ciudad muerta de Korad* (2002), de Oscar Hurtado; *Parto en el cosmos* (2002), de Matías Montes Huidobro; *Quemando luces* (2004), de Maya Islas, y *El viaje de los elegidos* (2005), de Joaquín Gálvez, entre otros.

No obstante, los volúmenes más representativos de la editorial son las antologías *Poetas cubanos en España* (1988), *Poetas cubanos en Nueva York* (1988), *Poetas cubanas en Nueva York (Cuban women poets in New York)*, edición bilingüe (1991); *Poesía cubana: La isla entera* (1995), de Felipe Lázaro y Bladimir Zamora; y *Al pie de la memoria: antología de poetas cubanos muertos en el exilio, 1959-2002* (2003), todos con selección y prólogos de Felipe Lázaro. Estas extensas antologías aportan un amplio e informativo panorama al estudio de la poesía cubana escrita fuera de Cuba. Junto al citado tomo de 1987, *Conversación con Gastón Baquero*, los volúmenes *Entrevistas a Gastón Baquero* (1998), de varios autores, y *Gastón Baquero: la invención de lo cotidiano* (2001), conforman un valioso aporte para conocer más a fondo la obra del poeta cubano fallecido en España.

Colibrí

Es su propio director, Víctor Batista Falla, quien afirma que 'desde el primer momento la intención general era publicar ensayos sobre Cuba' de autores cubanos y cubano-americanos que con anterioridad habían sacado sus trabajos en el mundo académico norteamericano, en inglés. La vocación editorial de Batista Falla se había probado en múltiples empresas financiando y dirigiendo revistas como *Exilio* (1965-1971) y *Escandalar* (1980-1985), ambas en la ciudad de Nueva York (vid. el artículo 'Instituciones y revistas culturales cubanas' en esta Enciclopedia), esfuerzos intelectuales de gran repercusión en la literatura cubana escrita fuera de Cuba. La editorial, que cuenta también con la colaboración directa de la escritora Helen Díaz, se inaugura en 1998, en Madrid, España, y desde la fecha ha publicado una serie de valiosos títulos, entre los que encontramos: *El arte de la espera: notas al margen de la política cubana* (1998), de Rafael Rojas; *La revolución cubana: orígenes, desarrollo y legado* (1998), de Marifeli Pérez-Stable; *Política y color en Cuba, la guerrita de 1912* (1998), de Rafael Fermoselle; *La prole de la Celestina: continuidades del barroco en las literaturas española e hispanoamericana* (1999), de Roberto González Echevarría; *Una nación para todos: raza, desigualdad y política en Cuba, 1900-2000* (2000), de Alejandro de la Fuente; *José Martí: la invención de Cuba* (2000), de Rafael Rojas; *Política y militarismo en la independencia de Cuba, 1898-1933* (2000), de José M. Hernández; *El descubrimiento de África en Cuba y Brasil, 1898-1969* (2001), de Octavio di Leo; *Cuba-España: el dilema autonomista, 1878-1898* (2001), de Marta Bizcarrondo; *Música y mestizaje: revolución artística y cambio social en La Habana, 1920-1940* (2002), de Robin D. Moore; *Fernando Ortiz: contrapunteo y transculturación* (2002), de Enrico Mario Santí; *De la casa a la calle: el movimiento cubano de la mujer a favor de la reforma legal, 1898-1940* (2002), de K. Lynn Stoner; *Economía y bienestar social en Cuba a comienzos del siglo XXI* (2003), de Carmelo Mesa Lago; *Cuba, un siglo de literatura, 1902-2002* (2004), coordinación de Anke Birkenmaier y Roberto González Echevarría; *La gloria de Cuba: historia del béisbol en la Isla* (2004), de Roberto González Echevarría; *Retrato de apóstata con fondo canónico: artículos, ensayos, un sermón* (2004), de Jorge Ferrer; *Filosofía cubana in nuce: ensayo de historia intelectual* (2005), de Alexis Jardines; *Límites del origenismo* (2005), de Duanel Díaz, e *Inventario de saldos: apuntes sobre literatura cubana* (2005), de Ernesto Hernández Busto.

Deleatur

En 1996 sale el primer tomo de la colección Baralanube de Éditions Deleatur, que desde Francia dirige el pintor cubano Ramón Alejandro. El tomo en cuestión es el poemario *Trenos*, de Armando Álvarez Bravo, ilustrado con dibujos del propio Ramón Alejandro. La editorial, que publica pocos volúmenes, se caracteriza por sacar hermosas ediciones ilustradas con dibujos del propio editor. Entre 1996 y 2000 publican también en ella Esteban Luis Cárdenas, *Ciudad mágica*, 1997; Antonio José Ponte, *Las comidas profundas*, 1997; Néstor Díaz de Villegas, *Anarquía en Disneylandia*, seguido de *El crepúsculo de los fetiches*, 1997; Lorenzo García Vega, *Vilis,* 1998; Néstor Díaz de Villegas, *Confesiones del estrangulador de Flagler Street*, 1998; Félix Lizárraga, *A la manera de Arcimboldo*, 1999, y Antonio José Ponte, *Cuentos de todas partes del Imperio*, 2000.

El Puente

Es una editorial que casi con exclusividad se dedicó a la publicación de la poesía de los cubanos que residían en el exterior. Su director, el poeta José Mario Rodríguez, que en 1968 sale de la Isla y desde esa fecha se radica en España, y que fue fundador de las ediciones del mismo nombre en La Habana, va a editar más de cincuenta números de la serie *Resumen Literario El Puente* (vid. el artículo 'Instituciones y revistas culturales cubanas' en esta Enciclopedia) dentro de su segundo sello editorial, La gota de Agua, entre los años 1979 y 1985. Dentro de este sello, las ediciones también publican: *Provocaciones* (1973), de Heberto Padilla; *Poema Falso T* (1978), de José Mario; *Resaca* (1979), de Carlos Verdecia; *Ideas sobre Cuba y su futuro: el microcosmos de Miami* (1979), de José Mario; *Esta calle mundial de indiferencia* (1981), de Roberto Cazorla; *El banquete* (1981), de Isel Rivero, y *El mundo es una misa para sordos* (1986), de Roberto Cazorla, entre otros. También se publican los poemarios *No hablemos de la desesperación* (primera edición, 1970, y segunda edición, 1983), del propio editor, José Mario, y *Lenguaje de mudos* (1970), del poeta, residente en Cuba, Delfín Prats. El editor, que muere en Madrid en el año 2002, había anunciado dos antologías, *Novísima poesía española*, *I* y *Novísima poesía cubana*, que nunca llegaron a publicarse.

Orígenes

Por unos quince años el profesor y escritor cubano Eugenio Suárez Galbán, con buena experiencia en el mundo de los libros, tuvo a su cargo la dirección de esta editorial con sede en Madrid. Del amplio fondo de la misma sacamos algunos de los libros más representativos para nuestro trabajo. A partir de 1980, la editorial añade a su catálogo más títulos con temas relativos a Hispanoamérica y al Caribe hispano, o de autores de estas tierras; entre ellos están: *Sombra verdadera* (1980), de Francisco Matos Paoli; *Cienciapoesía* (1986), de Rafael Catalá; *De García Márquez al postboom* (1986), de Juan Manuel Marcos; *Pablo Neruda y Nancy Cunard* (1987), de Rafael Osuna; *Antología del teatro del Siglo de Oro* (1889), edición de Eugenio Suárez Galbán; *La Ínsula sin nombre, homenaje a Nilita Vientós, José Luis Cano y Enrique Canito* (1990); *Cartas a una pelirroja* (1990), de Julio Cortázar, edición de Evelyn Picón Garfield; *Novelando La Habana: ubicación histórica y perspectiva urbana en la novela cubana de 1959 a 1980* (1990), de Ineke Phaf; y *Sobre el tiempo y los signos* (1992), de Eduardo Forastieri Braschi, entre otros muchos títulos de temas diversos.

Plaza Mayor

La editorial abre sus puertas en Río Piedras, Puerto Rico, en 1990, cuando Patricia Gutiérrez adquiere una parte de las operaciones de la editorial Playor y, hasta la fecha, ha desarrollado una incesante labor. La firma, que cuenta con un fondo editorial considerable, se ha dedicado con especial atención al estudio de la lengua española, aunque 'ha expandido su interés para cubrir otras áreas académicas, tanto para el aula universitaria como la escolar'. La editorial contribuye a perfeccionar el dominio de la lengua española por medio de una serie de lengua y literatura, *Pensamiento y comunicación*, en los niveles escolares del 7.º al 12.º grado. Sus ediciones se reparten entre las siguientes colecciones: *Biblioteca de autores de Puerto Rico, Clásicos comentados de la literatura puertorriqueña, Colección cultura cubana, Colección evolución, Colección nuestra lengua, Nueva comunicación, Dédalo e Ícaro*. Su relación de títulos incorpora también coediciones con la Academia Puertorriqueña de la Lengua Española, entre las que se encuentra la primera publicación de un diccionario hispanoamericano titulado *Tesoro lexicográfico del español de Puerto Rico*. Algunos títulos de su extenso fondo editorial son: *La sicología de la sensatez* (1994), de Carlos Varona; *Paso de los vientos* (1999), de Antonio Benítez Rojo; *Mi vida saxual* (1999), de Paquito D'Rivera; *Insularismo: ensayos de interpretación puertorriqueña* (2001), de Antonio S. Pedreira; *Anglicismos puertorriqueños* (2001a), de Amparo Morales; *Las criadas de La Habana* (2001), de Pedro Pérez Sarduy; *Descorriendo mamparas: la emigración cubana en los Estados Unidos* (2001), de Hedelberto López Blanch; *Cine cubano: ese ojo que nos ve* (2002), de Reinaldo González; *Las puertas de la noche* (2002), de Amir Valle Ojeda; *El viaje más largo* (2002), de Leonardo Padura; *Yo conocí a Benny Moré* (2003), de Félix Contreras; *Una mujer y otras cuatro* (2004), de Mireya Robles, y *El Gíbaro de Caguas* (2006), de Eduardo Forastieri Braschi, entre muchos más.

Playor

En Madrid, en 1972, el escritor Carlos Alberto Montaner saca a la luz la primera gran serie de títulos de su editorial Playor, cuyo extenso fondo goza, hasta la fecha, de un bien ganado éxito. Sus editores mantienen varias colecciones que se dedican a la poesía, al ensayo y la narrativa y las literaturas hispanoamericanas y españolas en general; publican, además, una serie de tomos sobre gramática, lingüística y la enseñanza de la lengua española, pero con especial atención en los estudios de la problemática político-social cubana contemporánea. Algunos de sus títulos más destacados son: *Cuba, economía y sociedad* (1972), de Leví Marrero; *Filigrana* (1972), de Emilio Bacardí Moreau; *Bibliografía crítica de la poesía cubana: exilio, 1959-1971* (1973), de Matías Montes Huidobro y Yara González Montes; *Palabra de hombre* (1973), de Wifredo Fernández; *Una historia inusitada* (1974), de Natalio Galán Sariol; *Introducción a la moderna gramática española* (1973), de José Antonio Escarpanter; *Agrarismo y revolución* (1974), de Mario Villar; *Una mirada sobre tres siglos: memorias* (1975), de Orestes Ferrara y Marino; *León de Greiff: una poética de vanguardia* (1975), de Orlando Rodríguez Sardiñas; *Agonemas martianos* (1975), de Oscar Fernández de la Vega; *Filosofía y literatura: aproximaciones* (1975), de Humberto Piñera Llera; *El diapasón del ventisquero* (1976), de Justo Rodríguez Santos; *Escrito en Cuba: cinco poetas disidentes* (1978), con prólogo de Ramón J. Sender; *La narrativa de la Revolución cubana* (1978), de Seymour Menton; *El libro de Wifredo* (1978), de Wifredo Fernández; *El comunismo cubano, 1959-1979* (1978), de Irving

Louis Horowitz; *Hacia una interpretación del teatro martiano* (1979), de José Cid Pérez y Dolores Martí de Cid; *De la literatura considerada como una forma de urticaria* (1980), de Carlos Alberto Montaner; *Las catedrales del agua* (1981), de Edith Llerena; *Donde estoy no hay luz y está enrejado* (1981), de Jorge Valls; *Sin decir el mar: poemas* (1981), de Jesús Barquet; *Cuaderno de viaje* (1981), de Pío E. Serrano; *Desde un oscuro ángulo* (1982), de Roberto Valero; *Fidel Castro y la revolución cubana* (1983), de Carlos Alberto Montaner; *La enseñanza de la lengua materna: lingüística para maestros de español* (1984), de Humberto López Morales; *De cómo se me murieron las palabras* (1984), de Luis Aguilar León; *Recuerdos compartidos* (1985), de Mari Rodríguez Ichaso; *Orestes de noche* (1985), de José Abreu Felippe; *Poesía caminante* (1985), de Alberto Baeza Flores; *Cuba, pedagogía y sectarismo* (1985), de Néstor Almendros; *La Revolución cubana, 25 años después* (1985), de Hugh S. Thomas; *La textualidad de Reinaldo Arenas: juegos de la escritura posmoderna* (1987), de Eduardo C. Béjar; *Al borde de la cerca: los 10 días que estremecieron a Cuba* (1987), de Nicolás Abreu Felippe; *El buen peligro* (1987), de Reinaldo García Ramos; *Esa lluvia de fuego que nos quema* (1988), de Rita Geada; *Cuba y España: percepciones y relaciones* (1988), de Joaquín Roy; *Historia de las religiones* (1989), de Marcos Antonio Ramos; *Poemas del 42* (1989), de Lilliam Moro, y *Pastiche: los 700 extranjerismos que más se utilizan en español* (1999), de José Antonio Escarpanter, entre muchos más.

Pliegos

El director y fundador de la empresa es el escritor cubano César Leante, que desde 1982, pero más propiamente desde 1984, pone en funcionamiento una dinámica editorial que cuenta con un fondo extenso y muy variado, especialmente novela y ensayo, aunque sus primeras ediciones también incluían la poesía. El escritor y editor ha plasmado sus experiencias personales de desertor del Gobierno cubano y exiliado en la España de los ochenta en una novela, *Volviendo la mirada* (Universal, 2002). Otros libros del escritor han salido con el sello de su propia firma, entre ellos su novela *Calembour* (1988), así como los ensayos *Fidel Castro: el fin del mito* (1991); *Hemingway y la revolución cubana* (1992); *Fidel Castro, la tiranía interminable* (2004); *Literatura y algo más* (2005) y el libro de relatos *Desnudo femenino y otros cuentos* (2004), con prólogo de Heberto Padilla. De su catálogo sacamos la siguiente selección: *Los textos dramáticos de Virgilio Piñera y el teatro del absurdo* (1989), de Raquel Aguilú de Murphy; *José Emilio Pacheco: poética y poesía del prosaísmo* (1990), de Daniel Torres; *Julio Cortázar: la imposibilidad de narrar* (1990), de Blanca Anderson; *José Donoso y el surrealismo: 'Tres novelitas burguesas'* (1990), de Hortensia R. Morell; *Versiones y reversiones históricas en la obra de Cabrera Infante* (1990), de Dinorah Hernández Lima; *Unamuno y Byron: la agonía de Caín* (1991), de Ofelia M. Hudson; *Narrativa feminista española de posguerra* (1991), de María Jesús Mayans; *Literatura fundacional americana: el Espejo de paciencia* (1993), de Juana Goergen; *Borges / Escher, Sarduy / Cobra: un encuentro posmoderno* (1996), de Lillian Manzo Cotas; *Desde Cuba con valor* (1997), de varios autores; *Del diablo mandinga al muntu mesiánico: el negro en la literatura hispanoamericana del siglo XX* (2001), de J. P. Tardieu; *Reina de la vida* (2001), de Benigno Nieto; *'Cartas de la condesa' en el Diario de la Marina, La Habana, 1909-1915* (2002), de Emilia Pardo Bazán; *La historia inédita de los años verde olivo* (2002), de Javier Ortega; y *La poesía de Nicolás Guillén* (2004), de Ezequiel Martínez Estrada.

Verbum

El poeta cubano Pío E. Serrano, que ya había tomado parte en varias aventuras editoriales y contaba con una muy buena experiencia en este campo, se asocia a otra persona que también conoce el mundo de los libros, Aurora Calviño, y juntos fundan en Madrid, en 1990, la editorial Verbum. Los editores van a fijar su principal interés en la publicación de libros de filología, estética, filosofía y la historia, además de la narrativa, la lengua, la poesía y el ensayo de autores españoles, hispanoamericanos y, muy en particular, de creadores cubanos.

La editorial, que ha logrado crear un sólido prestigio, sobre todo en sus colecciones literarias, cuenta en su haber con una amplia lista de títulos, entre los que se encuentran aquellos que ya daba a conocer su catálogo de 1991: *La Habana*, de José Lezama Lima; *Introducción a la estética*, de Jean Paul Richter; *La obra poética de Gil de Biedma*, de Pedro Aullón de Haro; *América vista por los europeos*, de Pedro Shimose; *Vocabulario temático y característico de Pío Baroja*, de Consuelo García Gallarín; *El oscuro oleaje de los días*, de Renán Flores Jaramillo; *Teatro*, de José Triana, y *Palabras personales*, de Eduardo Mora-Anda. Los libros sobre Cuba o de autores cubanos ocupan un lugar exclusivo en sus diferentes colecciones: *Ensayo: Salvador Cisneros Betancourt* (1993), de Fernando Bernal; *La poética de José Martí en su contexto* (1994), de Carlos Javier Morales; *La poesía de José Kozer* (1994), de Aida L. Heredia; *Memorias de un testigo* (1994), de Fernando Bernal; *Estudios sobre Gertrudis Gómez de Avellaneda* (1996), de Rosario Rexach; *Cartas de Severo Sarduy* (1996); *Lydia Cabrera: aproximaciones mítico-simbólicas a su cuentística* (1997), de Mariela A. Gutiérrez; *En torno al 98 cubano* (1997), de Enrique Pérez Cisneros; *Poetas contemporáneos de España y América* (1998), de José Olivio Jiménez; *Cartas a Eloísa y otra correspondencia* (1998), de José Lezama Lima; *Cien años de historia de Cuba, 1898-1998* (2000), de varios autores; *La voz de los maestros* (2001), de Roberto González Echevarría; *Cuba en su imagen: historia e identidad en la literatura cubana* (2002), de Adriana Méndez Rodenas, y *El teatro del absurdo en Cuba* (2002), de Ricardo Lobato Morchón. *Poesía: Poemas invisibles* (1991), de Gastón Baquero; *Los espacios llenos* (1991), de Orlando Rossardi; *Cantos y elegías* (1992), de José Abreu Felippe; *La caracola y la campana* (1993), de Carlos Miguel Suárez Radillo; *Caverna fiel* (1995), de Reinaldo García Ramos; *Desencuentros* (1995), de Miguel Sales; *Poemas del hombre y su sombra* (1995), de Oscar Gómez Vidal; *Poesía completa* (1998), de Gastón Baquero; *Otro día va a comenzar* (2000), de Efraín Rodríguez Santana; *Palabras en fila, en clase y en recreo* (2000), de Juan Cueto; *La isla en su tinta: antología de la poesía cubana* (2000), de Francisco Morán; *Los ángulos del silencio* (2001), de Ismael Sambra; *El tiempo afuera* (2001), de José Abreu Felippe; *La isla rota* (2002), de Iradia Iturralde; *Paso a nivel* (2005), de Manuel Díaz Martínez, y *Los pies en la tierra* (2006), de Orlando Rossardi. La serie *Antología de la poesía cubana* (2002), de José Lezama Lima (*Vol. I, Siglos XVII y XVIII; Vol. II, Siglo XIX; Vol. III, Siglo XIX y Siglo XX*), edición de Ángel Esteban y Álvaro Salvador, es un importante trabajo dentro del campo. Otro serio volumen de indispensable consulta es el tomo *Cuba, cronología: cinco siglos de historia, política y cultura* (2003), de Leopoldo Fornés-Bonavía Dolz.

Imprentas, colecciones y pequeñas editoriales fuera de los Estados Unidos

Al igual que aquellas pequeñas empresas editoriales de cubanos que fueron fundadas en territorio norteamericano, van a multiplicarse otras semejantes, con preferencia en Madrid y Barcelona, en España. Una de ellas será las Ediciones San Roque, del poeta y novelista cubano Alberto Lauro, que en 1997, y desde Madrid, edita elegantes *plaquettes* de poesía de autores cubanos importantes. También desde Madrid, la Fundación Hispano Cubana, que publica la revista de su nombre (vid. el artículo 'Instituciones y revistas culturales cubanas' en esta Enciclopedia), saca algunos títulos, a veces en coediciones, como lo son: *Poesía desde el Paraíso* (1997), de Orlando Fondevila; *Prisionero de Fidel Castro* (1998), de Odilio Alonso; *Herejías elegidas* (1998), de Raúl Rivero, y el volumen *Constituciones cubanas* (2007), de Leonel Antonio de la Cuesta, entre otros.

La escritora Nedda G. de Anhalt dirige, en México, las Ediciones La otra Cuba, y desde allí edita una serie de libros de escritores cubanos y otros que tratan asuntos relacionados con Cuba, entre los que se encuentran: *La magia del cariño* (1997), de Luis Grave de Peralta; *Esto es Cuba, y lo demás es cuento* (1998), de Vegard Bye y Dag Hoel; *Guadalajara, la guerrilla olvidada* (1996), de Guillermo Robles Garnica, y *Dile que pienso en ella* (1999), de la propia editora.

Otras firmas son la Colección Ceiba / Editorial Casiopea y las Ediciones Cocodrilo Verde. La primera saca hacia 1998, en Barcelona, los primeros libros de esta colección que la editorial catalana Casiopea encomienda al escritor cubano Iván de la Nuez. Entre esos primeros títulos se encuentran: *A la sombra del mar* (1998), de Juan Abreu; *La isla que se repite* (1998), de Antonio Benítez Rojo; *La balsa perpetua: soledad y conexiones de la cultura cubana* (1998), del propio Iván de la Nuez, y *69: memorias eróticas de una cubanoamericana* (1998), de Marcia Morgado, además de las antologías *Cuentos desde Miami* (2004) y *Mapas imaginarios. Nuevos poetas cubanos* (2005). La segunda, Ediciones Cocodrilo Verde, que desde Madrid dirige la escritora Rosario Hiriart, se ha dado a la tarea de sacar una serie de exclusivos libros de literatura cuyo primer volumen ve la luz en 1994, y continúan hasta la fecha. Algunos de sus títulos son: *El riesgo calculado* (1994), de Amando Fernández; *Las horas* (1995), de Rosario Hiriart; *Lo que queda* (1995), de Eugenio Florit; *De encuentros y despedidas* (1997), de Hilda Perera; *Meditación de la noche* (1997), de Ángel Gaztelu, y *Palabras escritas en la arena* (1997), de Gastón Baquero. Otros tomos más recientes incluyen: *A buena hora mangos verdes* (1998), de Nedda G. de Anhalt; *Sabor a tamarindo* (1999), de Rosario Hiriart; *Mirar las palabras* (2000), de Carlos Franqui; *Cuentos, Antología, 1936-1983* (2000), de Lydia Cabrera, y *El año próximo en... La Habana* (2001), de Jacobo Machover, entre otros.

XIII LAS TRADUCCIONES

Traducción y traductores

Joaquín Segura

Traducción y traductores

Joaquín Segura

La traducción en los Estados Unidos

La traducción en los Estados Unidos es un quehacer de suma importancia desde el punto de vista de la defensa nacional, de las comunicaciones internacionales —tanto del Estado como del sector privado— y del comercio mundial. Y es, cada vez más, una fuente de empleos y desempleos para el traductor que ve amenazado su futuro por las traducciones automáticas. En este artículo se tratará someramente de las diversas clases de traducción y de los diferentes medios que se utilizan al efecto, empezando por el traductor humano y pasando por la traducción totalmente automática, la semiautomática (con intervención de revisores humanos), los programas informáticos de ayuda al traductor humano y las 'memorias de traducción', así como algunas etapas históricas de la traducción, sus problemas y las posibilidades futuras.

En los Estados Unidos, como en muchos otros países, el campo de la traducción abarca tres parcelas principales: la traducción literaria, la traducción científico-técnica y la traducción general, dividida esta en dos vertientes, la de asuntos comerciales cotidianos y la de comunicaciones interpersonales por correo electrónico o por otras vías de Internet, en las que hoy se entrecruzan multitud de traducciones ultrarrápidas de temas más o menos noticiosos.

Traducción literaria, traducción general

La diferencia entre la traducción literaria (en este renglón convendría incluir la traducción jurídica, por razones que se aclararán enseguida) y la traducción general radica en el hecho de que a la primera se ha tratado de aplicar sin mucho éxito los progresos, lentos y escasos, realizados por la informática en el ramo de la traducción automática. Y es que los textos literarios y los jurídicos —los primeros por su naturaleza intuitiva y creadora, y los segundos porque no admiten errores de traducción que puedan redundar en penas pecuniarias apreciables y otras de vida o muerte— se han resistido, incólumes, a los intentos de utilizar programas de traducción totalmente automática.

La traducción literaria por seres humanos plantea, ya de por sí, problemas de interpretación del texto de origen. Si damos una novela a traducir a dos, tres o cuatro traductores competentes, ninguna de las versiones producidas coincidirá totalmente con la original del autor, ni tampoco entre sí, porque cada traductor encontrará distintos matices de significado y expresión en la obra original según sean sus conocimientos, gustos, intuiciones, acceso al autor y congenialidad con él, época en que se realiza la traducción y otras circunstancias que hacen de cada traducción un trabajo singular y distintivo. Y es muy difícil —hasta la fecha, imposible— hacer que los programas de traducción automática piensen y actúen como los traductores humanos. Todos los adelantos realizados en este campo han fracasado en su ambicioso objetivo de darnos traducciones de calidad, a menos que sus resultados sean prerevisados y poscorregidos por seres humanos, lo que significa que no son totalmente automáticos, sino más bien semiautomáticos (la nomenclatura misma es un poco confusa).

Los programas de traducción automática para textos técnicos también requieren en muchísimos casos la intervención de traductores humanos. Y aun así, en varias ocasiones recientes he revisado lo que otro traductor humano ya vio y corrigió, y todavía encontré en ellos errores de interpretación y toda clase de gazapos sintácticos y semánticos. También en este terreno se requiere formación técnica para poder entender bien lo que dice el original y expresarlo correctamente en el idioma de destino.

Otro problema de la traducción, que abarca los distintos campos a que va destinada, es la eterna pugna entre el enfoque literal, en el que el traductor sigue casi palabra por palabra lo que el autor escribió, y el planteamiento libre, que permite al traductor mayor amplitud para expresar no solo el significado de las palabras, sino el de las oraciones y frases completas, repensadas en español. 'La traducción es un arte, que a cada paso requiere la elección personal de diversas opciones incodificables por una máquina. No se trata de la sustitución directa de unos símbolos por otros de significado aproximadamente igual, sino de criterios más exigentes, cuya idoneidad depende de la formación y personalidad del traductor' (Hölstrom, 1951). Es decir, de lo que el traductor haya aprendido a lo largo de su vida y de la cultura o culturas que haya absorbido.

Traducciones literarias

Los Estados Unidos cuentan con muy buenos traductores literarios del español al inglés. Entre los más destacados mencionaremos a dos: Gregory Rabassa, traductor de *Cien años de soledad*, de García Márquez; *Rayuela*, de Julio Cortázar; *La ciudad y los perros*, del peruano-español Mario Vargas Llosa; *Paradiso*, del cubano José Lezama Lima, y varias obras en portugués del brasileño Jorge Amado. De Rabassa ha dicho García Márquez: 'Es el mejor escritor latinoamericano en inglés' (Rabassa, 2005). Otra gran traductora del español al inglés, Edith Grossman, publicó hace cuatro años (Cervantes, 2003), con gran aceptación de la crítica, su versión del *Quijote*, tantas veces y a tantas lenguas traducido ya. 'Encontré la voz en inglés moderno con que traducir el texto de Cervantes', dice Grossman en la introducción. Otra cosa que encontró fue la manera de dividir los párrafos enormes (a veces de cuatro o cinco páginas seguidas) del texto de Cervantes en porciones más fácilmente digeribles, a la vez que hacía gala de un inglés moderno y llano (la excepción son las peroratas de don Quijote, para las cuales adopta el lenguaje de los libros de caballería, que también ella retrotrae a su equivalente coetáneo en inglés). Con ello facilita mucho la lectura del *Quijote* a quienes lo leen en inglés. Por si eso fuera poco, les evita tener que consultar constantemente las notas a pie de página para enterarse de lo que dice el texto, como suele suceder con las versiones en español comentadas, y para explicar el significado de palabras y expresiones ya poco usadas o conocidas. Grossman las traduce directamente en el texto a su significado en el inglés actual (2003: 307).

Ya que hemos indicado que las máquinas suelen cometer frecuentes errores de traducción, diremos también que los traductores más encumbrados, incluso los literarios, producen a veces por descuido o pereza versiones no siempre fiables. Edith Grossman se apunta otro tanto en este sentido al traducir correctamente una expresión española que se les 'atragantó' a varios traductores anteriores del *Quijote*, y en especial a Samuel Putnam (Cervantes, 1949: 317), que publicó la suya, basada en las primeras ediciones de la obra de Cervantes, de 1605 y 1615, respectivamente.

En el capítulo XXXV de la primera parte de esta obra, Sancho exalta ante el cura la batalla que su amo ha librado en una cámara donde se guardan cueros de vino tinto. En este encuentro —que Sancho dice haber presenciado y en el que incluso ha visto 'correr la sangre'— don Quijote, cuchillo en mano, arremete contra un imaginario gigante, representado colectivamente por aquellos cueros. Momentos después, Sancho vuelve a entrar en la cámara, junto al cura incrédulo a quien había estado contando la gran batalla. Tan alucinado como don Quijote por lo sucedido en ese aposento, Sancho exclama: '¡No lo dije yo;... Sí, que no estaba yo borracho!: ¡mirad, si tiene ya puesto en sal mi amo al gigante! ¡Ciertos son los toros!'.

Putnam traduce esta última expresión como: 'You can depend on the bulls' y en la segunda nota al pie explica cómo la tradujeron algunos predecesores: 'Ormsby *has There is no doubt about the bulls,* and explains the saying as expressive probably of popular anxiety on the eve of a bull-fight. Motteux and Jarvis have: *Here are the bulls*; Lockhart's expression being *in allusion to the joy of the mob in Spain when they see the bulls running*'.

Parece increíble que todos ellos estuviesen tan despistados. Les hubiera bastado, para no extraviarse, consultar el diccionario académico, cuya última edición (2001) define el dicho bajo el término toro, de esta manera: *'ciertos son los –s*. Expr. coloq. Úsase para afirmar la certeza de algo, por lo general desagradable, que se temía o se había anunciado'. Varias ediciones anteriores del *Diccionario de la Lengua Española* también registran esta expresión, incluso las existentes en las respectivas épocas de estos traductores. Hasta ahora, que sepamos, solo Edith Grossman ha logrado dar en el clavo al traducir '¡Ciertos son los toros!' por '*Now is for sure!*', equivalente en inglés a la definición del diccionario académico. Además lo explica en breve nota a pie de página.

Una mirada al pasado

A modo de recordatorio

Allá por el año 1947, cuando empezaron a salir al mercado las máquinas traductoras, no había en este país tantos traductores independientes como ahora, ni tampoco tantas agencias de traducción. Las pocas que existían solían estar regentadas por ex traductores, al contrario de lo que sucede hoy en día, cuando gran parte, sino la mayoría, de esas agencias están en manos de 'administradores' de negocios.

Lo normal en aquellos tiempos para el traductor avezado o para el novato era buscar empleo en una empresa comercial como la IT&T, General Electric, Westinghouse, RCA, General Motors, etc., entre las muchas que tenían montado su propio departamento de traducción.

En estos empleos de empresa privada, el traductor solía tener a su disposición todas las facilidades y herramientas que necesitaba, un mentor y facilitador (en la persona del jefe del departamento), y acceso directo a los expertos de la compañía encargados de redactar los textos en inglés y que en muchos casos conocían o habían ya investigado los vocablos o expresiones que planteaban dudas. Otras veces, el traductor tenía a su alcance todo género de materiales de consulta sobre las especialidades de la empresa, además de diccionarios generales de inglés-español y muy escasos diccionarios técnicos. En la IT&T se contaba con el *Diccionario Comprensivo* de Sell, del que todavía conservo la parte de inglés a español. Es un tomazo de 1.700 páginas, de tipografía apretada y no siempre fácil de leer o entender. Había también por aquel entonces un *Diccionario multilingüe de telefonía*, preparado por expertos de la Comisión Internacional de Telecomunicaciones, que sí era de gran utilidad y ayuda. Todavía no existían el *Castilla* solo de inglés a español, ni su sucesor en dos direcciones, de español a inglés y de inglés a español, el *Beigbeder-Atienza* (tampoco se habían publicado aún el primer y segundo *Collazos*). Como diccionarios generales y manuales, de inglés-español, estaban el *Cuyás* y el *Williams*, entre otros.

Eso sí, cada traductor que se preciara tenía además su fichero de consulta, consistente en tarjetas donde guardaba cuanto término se le cruzaba en su cotidiana labor, tanto en español como en inglés. Terminada una traducción, se sometía a la crítica del jefe del departamento, lo que daba al novato la oportunidad de aprender y anotar las preferencias del maestro, su jefe. Las traducciones se componían en máquinas de escribir, lo que exigía hacer las correcciones con blanqueador o tiritas de papel pegadas al original —de ahí el nombre de la instrucción 'copiar y pegar' (*cut and paste*) que tantas veces usamos hoy quienes trabajamos con computadoras—. Y a menudo era necesario volver a mecanografiar el texto si había mucho que corregir. En aquellos tiempos se hablaba muy poco de lingüística, y menos aún de teorías de la traducción. Ni siquiera se enseñaban en las escuelas, colegios y facultades.

La gran mayoría de los traductores no eran verdaderos profesionales. Lo que sabían lo habían asimilado por ósmosis, por lecturas más o menos atentas, y a menudo sus conocimientos en materia técnica dejaban mucho que desear, por escasos o superficiales, a menos que hubiesen trabajado muchos años en la misma compañía y hubieran aprendido de memoria la terminología relativa a sus productos. De cuando en cuando, algún empleado estudiaba por su cuenta la terminología técnica o bien asistía a cursos sobre la materia, con lo que acababa aventajando a sus colegas en la traducción de materiales muy técnicos, por el simple hecho de entender mejor los textos originales, lo que además daba una buena base para conocer después otras técnicas más modernas derivadas de aquellas. Por otra parte, como estos estudios se hacían en inglés, con profesores y técnicos anglosajones, permitían conocer cómo estos hablaban y escribían. Coetáneamente, los traductores que tomaban estos cursos solían acumular libros y revistas en español que versaban sobre los mismos temas estudiados formalmente en inglés.

El traductor independiente, por otra parte, recibía por correo postal el texto que el cliente deseaba ver traducido, lo traducía y lo devolvía tan pronto como podía, junto con la factura. Quedaba así terminada su labor, salvo esperar a que, también por correo postal, le llegase el cheque por la suma facturada. No existían todavía el Fedex, el fax, el correo electrónico, las fotocopiadoras, las computadoras ni los disquetes grabables.

Otras perspectivas

Muy diferente era el trabajo en la revista norteamericana *LIFE en Español*[1].

La traducción en *LIFE en Español* era muy distinta de la que se hacía en la IT&T. El material que había que traducir era de carácter más universal y casi nunca el mismo de números anteriores. Se contaba con una gran profusión de medios de consulta, incluso los noventa y tantos tomos de la *Enciclopedia Espasa-Calpe*, que fueron para nosotros de inapreciable valor, sobre todo los suplementos de actualización, donde uno podía encontrar definiciones y explicaciones de cosas técnicas casi de última hora. También teníamos una enciclopedia más pequeña, la *UTEHA*, editada en México, con profusión de ilustraciones fotográficas y datos sobre Hispanoamérica. Además, cuando no se daba con un término apropiado después de largas búsquedas y consultas, se inventaba, y luego, entre paréntesis, se ponía el inglés, para que el lector no se despistara.

El cuerpo de traductores-redactores incluía a ocho o diez hispanoamericanos, en su mayoría escritores y periodistas. Había entre ellos argentinos, chilenos, peruanos, colombianos, mexicanos, cubanos y de varios países más. El hecho de que se lograra sacar una revista en español que todos sus lectores entendieran se debió a que, desde el principio, se consultaba a cada redactor cada vez que surgía la menor duda sobre cómo llamar a las cosas.

Siempre se encontraba un término que todos, o la mayoría, aceptaban como de primera o segunda elección. Sin saberlo, se resolvieron ya entonces muchos de los grandes problemas de la 'unidad en la variedad' del español, hoy tema de preocupación de las academias de la lengua. Y también se resolvió de esa manera el problema de los regionalismos dialectales, que habían obligado ya a *Selecciones del Reader's Digest* a publicar tres ediciones de esa revista: una para España, otra para México y el Caribe, y la tercera para el Cono Sur. Por supuesto, en *LIFE en Español* también se reflejaba el lenguaje de cada país o región en las citas de diálogos, en los relatos y en las crónicas colorísticas[2].

El señuelo de la automaticidad

Los resultados obtenidos durante la Segunda Guerra Mundial por los servicios de espionaje y desciframiento de códigos criptográficos, la Teoría de la Información y los principios subyacentes de los lenguajes naturales, dieron pábulo a investigaciones iniciales sobre traducción automática, aunque ya en estos esfuerzos alternaron las conquistas con las derrotas. Al principio (años 1947 a 1954), la traducción automática se basó mayormente en reglas gramaticales (mediante analizadores morfosintácticos) y en textos controlados a lo largo del proceso de traducción. Estas instalaciones solían utilizar el elemento humano para una primera revisión encaminada a superar en gran parte la ambigüedad en las operaciones del traductor automático. Y digo 'traductor automático', porque en realidad el elemento traductor de la máquina era y es un programa informático o conjunto de tales programas (*software*) especialmente ideado para esta actividad. La máquina, es decir, la computadora u ordenador (*hardware*), puede ser de cualquier marca, con tal de que tenga suficiente memoria y otras prestaciones necesarias para poder trabajar con el programa traductor. En los primeros tiempos de la traducción automática, estas computadoras solían ser de lo más potentes, tanto para la instalación central (*main frame*) como para los puestos de trabajo (*work stations*). Hecha la traducción por la máquina, a gran velocidad, se sometía a otra revisión para eliminar todo error introducido por el programa traductor, pues es bien sabido que estos programas suelen cometerlos con frecuencia.

En los años 1954 a 1960, la investigación en este campo siguió siendo bastante modesta (Hutchins, 1999). Se veía limitada por deficiencias en materia de equipos de computación, y en particular por insuficientes memorias internas, así como por la lentitud de acceso a los diccionarios bilingües o multilingües internos y a textos traducidos anteriormente y registrados en memoria, para ser consultados por la máquina. No existían todavía los lenguajes informáticos de alto nivel. Tampoco se podía acudir a los expertos lingüísticos en busca de ayuda, porque entre estos andaban todavía muy descuidadas o malparadas la sintaxis y la semántica en que se basaba por aquel entonces la traducción automática (Hutchins, 2001).

El obstáculo principal era la ambigüedad (polisemia) que presentaban las palabras y textos por traducir. Para reducirla se propusieron varias fórmulas, entre ellas el uso de un idioma intermedio de representación abstracta (interlingua), como el esperanto, el quechua y otros muchos, al que se traducía el texto original, que luego se emplearía para generar el texto o textos de destino. Este remedio desambiguador facilitaba la repetibilidad terminológica ya de entrada. Más adelante se sugirió, por una parte, el uso de lenguajes de transferencia de un idioma a otro directos o indirectos controlados de antemano (Hutchins, 1986), para evitar ambigüedades, y la limitación de los programas a usos específicos. Se experimentó con soluciones semiautomáticas que incluyeran programas de análisis semántico y sintáctico, basados en recientes investigaciones de Chomsky y otros (Hutchins, 1997) sobre gramática formal (especialmente apta para procesos de traducción automáticos). Sin embargo, para la mayoría de los estudios realizados durante este período, el sistema existente se consideraba transitorio y de probable reemplazo en un futuro no muy lejano.

Por aquel entonces, los diseñadores de programas automáticos sabían ya que cualquier sistema que pudieran poner a punto produciría resultados de escasa calidad, por lo que empezaron a apartarse de la reglamentación sintáctica y semántica que habían venido utilizando, y empezaron a investigar soluciones estadísticas (frecuencia de aparición de determinada palabra o expresión en textos ya traducidos, analizados y guardados en memoria), tanto los propios como los que podían cosecharse a través de Internet.

El ejemplo de los Laboratorios Xerox

Tal vez los más importantes programas informáticos de traducción automática por computadoras de gran capacidad fueran los llamados Systran y Logos, modificados por las empresas norteamericanas para lograr traducciones rápidas con destino a diversos países e idiomas.

Ya de antemano, en la etapa preparatoria de la traducción, la empresa Xerox (Kay, 2007), que contaba con un sistema Systran, inculcaba en los autores de manuales en inglés la necesidad de emplear solo palabras con significado unívoco, es decir, que incluso en las polisémicas (por ejemplo, *right*) se usara siempre la acepción correspondiente a posición ('a mano derecha'), y no la de carácter jurídico ('derecho' al voto), ni la de línea geométrica ('recta'), para las cuales se usarían otros sinónimos. De esta manera se aseguraría que la computadora, muy torpe en estas funciones diferenciales, entendería en todos los casos el significado asignado, y con ello se evitarían las ambigüedades léxicas.

La versión en inglés unívoco se sometía, antes de pasarla a la máquina traductora, a la lectura cuidadosa de un prerrevisor, quien se cercioraba de que no habían quedado ambigüedades en el texto traducido, ni otros problemas de redacción. A la salida de la máquina, un equipo de posrevisores miraba el texto para evitar incorrecciones y malas interpretaciones de toda laya en las lenguas de destino (entre ellas el español).

Estas traducciones, generalmente de materiales ya existentes en forma de ediciones anteriores —tales como manuales de uso o de reparaciones—, se enviaban por Internet a los destinatarios respectivos para que cada cual hiciese los cambios necesarios con el fin de adaptarlas a su cultura, proceso conocido como 'localización'. A veces, aprovechando la diferencia horaria entre esos países y los Estados Unidos, se podían recibir las respuestas al día siguiente, imprimir los manuales y expedirlos en uno o dos días, mientras que la preparación de las mismas versiones por traductores humanos imponía esperas hasta de seis meses, con lo que no se podían exportar los equipos respectivos hasta tener los manuales listos.

Llegó un momento, en 1966, en que una comisión especial, el Automatic Language Processing Advisory Committee (ALPAC, 1966), tras un estudio detenido del estado en que se hallaba la traducción automática en el ramo de la técnica, dictaminó en contra de su adopción, aduciendo que no existían sistemas automáticos capaces de producir una traducción de calidad y que no parecía que los hubiera a corto plazo. Según este informe, la traducción automática resultaba más lenta y el doble de cara que la traducción humana.

Si bien el informe de la ALPAC paró en seco muchas de las investigaciones y experimentos en traducción automática que se venían realizando en los Estados Unidos y en el resto del mundo (excepto en Canadá, Francia y Alemania), ello no impidió que siguiera pensándose en la función esencial de esta: la búsqueda de soluciones rápidas y totalmente automáticas. El énfasis equivocado en la traducción totalmente automática tuvo que corregirse ante los embates de la realidad, pues por sí solos tales sistemas no podían proporcionar la calidad que se necesitaba. Para hacer frente a esta situación, fue necesario recurrir nuevamente a la ayuda de traductores humanos que pulieran las traducciones automáticas.

Desde mediados de la década de 1970 y hasta la década de 1990, el sistema Systran fue instalado en los Estados Unidos por la Fuerza Aérea, y poco después por la Comisión de las Comunidades Europeas, para la traducción rápida del creciente número de documentos oficiales. Por otra parte, entre los últimos medios utilizados hacia el final de esa veintena de años figuraba la instalación ideada ad hoc por la Organización Panamericana de la Salud, y la traducción rápida y gratis que ofrecían el portal de Alta Vista y el de Google en Internet. Estas últimas no eran traducciones de calidad, pero sí desempeñaban un papel cada vez más importante en esta era de comunicaciones ultrarrápidas, con calidad o sin ella, generalmente sin ella. En realidad, el traductor, automático o humano, se estaba convirtiendo en 'vehículo comunicador' internacional.

En la traducción escrita es oportuno deslindar (1) su automatización, con la que se ha intentado realizar la totalidad del proceso traductor, pero cuyo resultado, incluso para lograr una calidad pasable, necesita invariablemente la intervención de revisores humanos; (2) la traducción asistida por computadora, en la que el traductor ejerce el control completo del producto final, incluidas las llamadas 'memorias de traducción', y (3) la traducción destinada a usuarios ocasionales que no son traductores, pero que entienden suficientemente los documentos escritos en otros idiomas para saber cuándo pueden eliminarse y cuándo deben pasarse a traductores profesionales que los hagan más presentables. Estas diferencias no se habían reconocido aún en la década que va desde 1970 a 1980.

En los últimos 25 años la traducción automática ha cambiado muy poco, salvo en el caso de la traducción oral (interpretación) tanto de conversaciones telefónicas como de diálogos de todas clases. Sin embargo, los problemas que dividieron a los investigadores siguen siendo los mismos. El primero de esos problemas se refiere a la distinción entre los enfoques denominados interlinguales y los de transferencia entre idiomas. El segundo problema concierne a la importancia relativa de las cuestiones lingüísticas frente al sentido común, intuición y conocimientos generales de los traductores humanos. Las únicas investigaciones que han aparecido en años recientes se han concentrado en el uso de traducciones anteriores ya existentes como fuente de información principal para la producción de nuevas versiones. De las formas que esto toma, una de ellas es la traducción a base de máquinas basadas en ejemplos, en las que una instalación computadora de diseño bastante convencional es capaz de consultar una recopilación existente de traducciones. Otra solución, más radical, es la propuesta por IBM, en la que la casi totalidad del corpus de conocimientos de que se vale el sistema ha sido adquirida a partir de las propiedades estadísticas de un corpus enorme de (buenas) traducciones ya existentes.

Era natural que todos estos adelantos y tropiezos reverberasen en el traductor humano, que en muchos casos se sentía amenazado por la posible abolición de su menester profesional y de su empleo. Esta amenaza dio lugar a dos modos de pensar. Ya para 1951, en los albores de la traducción automática, J. E. Hölstrom (1951), citado por J. Hutchins (2001), refiriéndose a la traducción literaria, consideraba en un informe preparado para la UNESCO que 'la traducción automática daría por resultado un estilo atroz, con más gazapos risibles y falsas apreciaciones de los que cometen los peores traductores humanos'.

La segunda actitud, que ha persistido también hasta el presente, es la de que no cabe duda de que los sistemas de traducción basados en computadoras no rivalizan realmente con el traductor humano, sino que más bien son medios de ayuda que le permiten aumentar su productividad en el campo de las traducciones técnicas y generales, o bien le proporcionan medios de traducir simultáneamente textos hablados que solo los intérpretes más aptos han podido traducir hasta ahora, pero no de la misma calidad.

Todo lo anterior pone de manifiesto la ventaja más importante de la traducción automática: su velocidad, hoy muchas veces superior a la del traductor humano. Por otra parte, el costo de controlar el lenguaje original y el uso de prerrevisores y posrevisores resultaba excesivo, al punto de que la Xerox, por ejemplo, abandonó el proyecto que hemos resaltado (vid. cita) y que había iniciado a manera de experimento.

No hicieron lo mismo las dependencias gubernamentales encargadas de recopilar toda la información 'crítica' escuchada, impresa o cifrada que se transmite por el ámbito internacional. El costo es un factor relativamente insignificante en estas altas esferas. Y tambíen pueden ejercer la opción, ante cualquier indicio de interés en el original, de hacérselo traducir por traductores avezados.

La Asociación Norteamericana de Traductores

La American Translators Association (ATA), fundada en 1959, al principio solo admitía en sus filas a socios de los Estados Unidos. En años recientes ha abierto las puertas a traductores e intérpretes de todo el mundo, tanto literarios como científico-técnicos, y asimismo a revisores de textos, dueños de agencias de traducción, coordinadores de proyectos, expertos y diseñadores de cibersitios y programas informáticos de traducción, y también a hospitales, universidades y organismos oficiales.

La ATA publica una revista, *The ATA Chronicle*[3], redactada totalmente en inglés, en la que se trata de asuntos técnicos, informáticos y de instrucción y guía para los traductores y para cuantos de alguna manera se relacionen con el mundo de la traducción, tanto hablada (interpretación) como escrita. Otro dato interesante: la ATA cuenta con una División Literaria de más de 300 socios, pero la de traductores generales acoge a cerca de 10.000.

El traductor general norteamericano

Ha sido y sigue siendo característico de los Estados Unidos el hecho de que no se necesite autorización alguna para ser traductor, salvo para asuntos judiciales, en los que sí se precisa

Martí, traductor, Leonel-Antonio de la Cuesta.

examen y licencia federal o estatal. Para lo demás, cualquiera que venga de otro país hispano, o los mismos norteamericanos que sepan español, o lo hayan estudiado en la escuela o en la universidad, pueden dedicarse a la traducción. El panorama de este menester —en muchos casos verdadera profesión ejercida por egresados universitarios con doctorado— ha cambiado mucho en este sentido. Hoy, mediante otro examen apropiado, incluso se puede obtener la certificación otorgada por la ATA, que viene a ser como una recomendación de aptitud profesional.

Volviendo a las máquinas y programas de traducción, en la década de 1990, ante la insuficiencia práctica de la traducción totalmente automática, empezó a cobrar ímpetu otra técnica que podía lograr resultados menos rápidos pero más correctos (porque incluye al propio traductor) con medios más económicos. Es la que podría calificarse de traducción semiautomática por medio de programas informáticos que guardan, ordenan y, sobre todo, son capaces de repetir en pantalla todas las palabras o textos que el traductor humano ha tecleado en otras ocasiones, o que ha recogido de otras fuentes, y hacerlo fácil y rápidamente accesible mediante una pulsación o combinación de pulsaciones de teclas cada vez que se necesita evocar algo en pantalla. Es más, esta traducción, como la 'automática', permite alinear párrafo por párrafo el original con la traducción, lo que facilita la corrección de errores porque se tienen los dos textos (por párrafos originales y traducidos) siempre a la vista, el uno encima o al lado del otro. En general, esta posibilidad la tenían por esa época solamente los 'puestos de trabajo' dotados de memorias de gran capacidad, conectados a una instalación central. Posteriormente se han ido abaratando esos puestos de trabajo, con lo que se ha generalizado su uso en las grandes organizaciones y empresas comerciales.

La traducción en nuestros días

Tras las experiencias con la traducción automática y la semiautomática (sobre todo con la intervención de revisores, generalmente traductores o redactores en español), se pasó a la etapa actual, en la que numerosos traductores independientes y agencias de traducción se han incorporado a una nueva forma de traducir, en realidad continuación de la traducción semiautomática pero con computadoras personales y con programas informáticos denominados 'memorias de traducción', en las que el traductor interviene en todo momento y solo recaba la ayuda de la máquina cuando sea necesario. Hasta cierto punto, podríamos decir que se han invertido los papeles del (programa) traductor informático y el del traductor humano.

Los nuevos sistemas no son tan rápidos como sus programas antecesores, pero así y todo tienen la virtud de reducir a casi la mitad el tiempo que el traductor invierte en un texto típico, que además, guardado en memoria electrónica y auxiliado por diccionarios bilingües y textos internos recopilados sobre el tema que se está traduciendo, puede reutilizarse cuantas veces sea necesario. Estos programas permiten una mayor repetibilidad de la terminología preferida por el cliente (o por el traductor humano)[4].

Entre esos programas, que suelen contar con ediciones en español, figuran Trados, Déja vù, Transit, Word Fast y Similis. Hay muchos otros, pero tal vez los más utilizados sean los cuatro primeros, que además representan casi una escala de precios y de posibilidades de traducción, administración y otras operaciones administrativas como cuenta de palabras y de tiempo, facturación y administración de proyectos. Estos programas son especialmente útiles para las agencias de traducción, a las que permiten reducir el uso de papel y ahorrarse operaciones repetidas, puesto que todo suele hacerse en forma electrónica y con los mismos archivos o parecidos.

Problemas lingüísticos de otra índole

Los anglicismos y el *espanglish* son otros problemas con los que se ve obligado a bregar el traductor en estos tiempos. En los Estados Unidos tal vez sean problemas únicos o por lo menos agudizados, por tratarse de fenómenos lingüísticos en que el español, no siendo el idioma oficial más que en un estado de la Unión, se usa al lado, por encima y por debajo del inglés, e incluso alcanza proyecciones internacionales gracias a Internet. De paso, el español norteamericano constituye lamentablemente en muchos casos un lenguaje híbrido, mezcla de un mal inglés y un peor español. Parte de ese *espanglish*, ese lenguaje que hablan gran número de los inmigrantes hispanoamericanos, lo forman los calcos y préstamos del inglés, repetidos hasta cierto punto por los medios de difusión.

Contra esta tendencia se alzan los traductores profesionales, los norteamericanos que hoy estudian en gran número la lengua española en las universidades del país, las muchas publicaciones y artículos periodísticos que tratan de los errores semánticos y sintácticos, de los 'falsos amigos' y de otros vicios del lenguaje hablado (y escrito). En el campo de la traducción hay una marcada tendencia hacia la superación profesional y a empleos bien remunerados, porque los clientes están aprendiendo que no todo lo barato, en traducción humana, es bueno. A esta campaña de concienciación del cliente ha contribuido sensiblemente un folleto distribuido por la ATA sobre lo que debe saber el cliente si quiere obtener traducciones competentes y eficaces.

Creo, pues, que a estas alturas es posible afirmar que en los Estados Unidos la traducción del español al inglés y viceversa comienza a disfrutar de buena salud, aunque todavía quedan importantes focos de infección, a menudo desconocidos o 'ninguneados' por las personas más afectadas.

El futuro

La derrota, en 1997, del ruso Garry Kasparov, entonces campeón mundial de ajedrez, por una supercomputadora IBM, la *Deep Blue*[5], parecería atizar el fuego de la imaginación al indicarnos que algunas máquinas automáticas comienzan a ejercer ciertas funciones pensantes e inventivas. Aun así, se necesita una vida entera para acumular toda la información y las peripecias que inventó y contó Cervantes en su *Don Quijote de la Mancha*. Por no decir, lo que sabe el resto de la humanidad.

Traducciones del inglés al español en los Estados Unidos

Agencias de traducción

Al margen del trabajo particular, las empresas que se dedican a traducir textos del inglés al español son muy numerosas. Entre las que ofrecen sus servicios en la Red, todas se encargan de satisfacer estas demandas, aunque en general trabajan con diversas lenguas (Ampersand, MultiLing, TransPerfect, Total Translations, Communicaid, ALS Internacional, Traslation-Service.com, entre muchas otras).

Las hay especializadas en traducciones del español al inglés y viceversa, como por ejemplo, Trusted Translations, que se dedica más a efectuar trabajos, incluso de textos técnicos, del inglés al español. Spanish Translations U.S. cuenta con un nutrido y variado grupo de especialistas que pueden traducir al 'español general' o a variedades específicas de Hispanoamérica (Argentina, Bolivia, Chile, Colombia, Costa Rica, Cuba, República Dominicana, Ecuador, El Salvador, Guatemala, Honduras, México, Nicaragua, Panamá, Paraguay, Perú, Puerto Rico, Uruguay y Venezuela) y a las de España; en sentido inverso, adaptan textos españoles al inglés de Canadá, del Reino Unido, de Australia y de los Estados Unidos. La Spanish Horizons, Inc., además de dedicarse a traducciones comunes, ofrece también servicios legales de certificación.

Los principales textos que llegan a estas empresas son despachos de prensa, trascripciones académicas, diplomas, certificados de nacimiento, certificados de matrimonio y de divorcio, documentos de inmigración, contratos y documentos legales, declaraciones financieras, informes de ingresos y ganancias, descripciones de productos, catálogos, material de mercadotecnia, documentos médicos y hospitalarios, pólizas de seguros, guías de viajes, además de los documentos más comunes, como libros, revistas, folletos, etc.

Formación de traductores y homologación

Titulaciones universitarias de traducción se pueden obtener en más de 20 centros a lo largo y ancho del país. La mayoría de ellos ofrece estos estudios entre un currículo amplísimo, como es común en universidades y *colleges*, pero también hay instituciones muy especializadas, como el Monterey Institute of Internacional Studies, el Critical Institute and Center for Translation Services de Florida A&M University o la Washington Academy of Languages. En todas ellas, y en Hawái, el Center for Interpretation and Traslation Studies, el español está ampliamente representado en sus ofertas.

La ATA ofrece una lista, renovada continuamente, de universidades, escuelas y centros donde se expide a los interesados un certificado homologado por la asociación. En la actualidad estas instituciones son 48; en más del 95% de ellas, el español forma parte de sus currículos.

Asociaciones de traductores

Existen en los Estados Unidos 25 asociaciones entre nacionales y locales, en ocasiones subsidiarias de las primeras. Las más importantes son la ya mencionada American Translators Association (ATA) y la especializada American Literary Translators Association. La primera, fundada en 1959, acepta entre sus miembros a traductores e intérpretes de todo el mundo, tanto literarios como técnico-científicos, y también a revisores de textos, dueños de agencias de traducción, coordinadores de proyectos, diseñadores de cibersitios y de programas informáticos de traducción y a instituciones varias, tanto oficiales como privadas.

La ATA cuenta con una importante División de Español, que publica su propia revista, *Intercambios*, especialmente dedicada a traductores de inglés a español y viceversa.

Revistas especializadas

La más importante de todas es *Intercambios*, órgano de expresión de la División de Español de la ATA. Este boletín, además de publicar artículos relacionados con el tema, sirve como vehículo de capacitación y comunicación entre los 487 miembros adscritos a esta división. Se ocupa también de propiciar la comunicación entre colegas, tanto para resolver problemas específicos de traducción, como para aprender peculiaridades del español en otros países y hasta para obtener ayuda y opiniones sobre el trabajo de cada cual. Se publica trimestralmente. Se puede consultar en línea, no solo el último ejemplar sino también números anteriores (http://www.ata-spd.org/).

Es necesario destacar que a *Intercambios* se une *Glosas*, una revista nacida en el seno de la Academia Norteamericana de la Lengua Española y preparada por su Comisión de Traducciones, que preside Joaquín Segura. En sus páginas, accesibles en Internet o por suscripción, el lector interesado encontrará muchos trabajos lingüísticos de excelente calidad relacionados con las traducciones en las que el español es la pieza dominante.

Revistas en inglés traducidas al español

El número, cada vez más creciente, de hispanohablantes de los Estados Unidos ha hecho que algunas revistas importantes de ese país hayan tenido que ser traducidas al español. Las pioneras fueron *LIFE en Español* (vid. supra) y *Selecciones del Reader's Digest* (1940).

Selecciones es una revista mensual propiedad de The Reader's Digest, que corresponde a la edición en español del *Reader's Digest* fundada en 1921. Publica artículos originales, resumidos o reimpresos de otras revistas, resúmenes de libros, colecciones de chistes, anécdotas, citas y escritos breves.

Comenzó siendo una edición para todo el mundo hispánico, especialmente para Hispanoamérica, pero desde principios de la década de los cincuenta surgieron varias ediciones regionales. Hoy existen las siguientes: (1) México; (2) Los Estados Unidos, Puerto Rico y la República Dominicana; (3) España; (4) Centroamérica (Costa Rica, El Salvador, Guatemala, Honduras, Nicaragua y Panamá); (5) la edición andina (Bolivia, Colombia, Educador, Perú y Venezuela); (6) la rioplatense (Argentina, Paraguay y Uruguay), y (7) la de Chile.

En la actualidad, a estas revistas iniciales se han unido *National Geographic en español*; *People en español*; *Maxim en español Magazine*; *Men's Health en español*; *Cosmopolitan en español*; *Americas, Spanish Edition*; *Hispanic Business, Spanish Edition*; *Colors, Spanish Edition*; *Automundo Magazine*; *ESPN Deportes*, y *Bodas USA / La Revista*, entre otras de menor tirada.

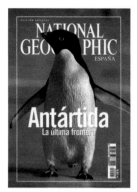

National Geographic en español.

National Geographic en español es una publicación mensual que abarca temas como geografía, ecología, ciencia, cultura, tecnología, etc. Se ocupa, en general, de todos los aspectos de la vida humana, su entorno y del impacto de la ciencia en el hombre y en la naturaleza; ofrece, además, la posibilidad de que sus lectores se involucren directamente en estos temas a través de viajes organizados. La información de la versión española se enriquece con materiales creados especialmente para ella.

People en español es una revista semanal que ofrece noticias de celebridades y famosos, del mundo del espectáculo y del entretenimiento; su contenido es superficial y está poblado por gente hermosa, con fama, dinero y aire distinguido.

Maxim en español Magazine es una revista esencialmente masculina, con temas ligeros y variados, enfocados con un aire audaz e irreverente. Está destinada a hombres jóvenes y activos. Ofrece temas de sexo, deportes, moda, chistes, salud, modales y similares.

Men's Health en español está dedicada al hombre hispano interesado en un estilo de vida saludable; ofrece un amplio espectro de temas, entre los que sobresalen los de ejercicios, vitalidad, información dietética, nutrición, etc.

Cosmopolitan en español es una revista pensada para la mujer independiente y liberada que busca proyectarse exitosamente tanto en el ámbito personal como en el profesional.

Americas, Spanish Edition publica artículos sobre pueblos y culturas de Hispanoamérica para promover un mejor entendimiento interamericano. Toca temas de arte, teatro, música y libros, entre otros. Atractiva por sus bellas fotografías.

Hispanic Business, Spanish Edition está dedicada al hombre de negocios. Trae un rico caudal de noticias financieras, de política, de mercados, de asuntos comunitarios, de tecnología y de investigación económica.

Colors, Spanish Edition está pensada especialmente para gente joven, interesada en conocer diversas culturas alrededor del mundo para entender mejor las variedades raciales, culturales y religiosas.

Automundo Magazine es la más famosa revista en español sobre automóviles y todo lo relacionado con ellos, desde aspectos de mecánica hasta carreras deportivas y profesionales.

ESPN Deportes es una especie de biblia laica en español sobre todo lo que signifique actividades deportivas.

Bodas USA / La Revista es la versión al español de la inglesa *Bridal Magazine*; la publica su editora, Lilian de la Torre-Jiménez, en California desde enero de 2008.

La traducción de libros en inglés al español

También la publicación de libros originalmente escritos en inglés, pero en traducción española, ha recibido un espaldarazo fenomenal debido a la gran cantidad de hispanos existentes en los Estados Unidos. Sin duda, el ejemplo más significativo de esto es la publicación de *Harry Potter y la Orden del Fénix (Harry Potter and the Order of the Phoenix)*, que vendió 50.000 ejemplares en un tiempo récord. La publicación en inglés de la última obra de esta saga, *Harry Potter and the Half-Blood Prince*, a pesar de sus 672 páginas, ha sido un auténtico *best-seller* en Norteamérica, pero las demandas por la versión española de quienes, aunque sean bilingües equilibrados, prefieren leer la obra en español, fueron enormes en número y muy constantes, tanto que la editorial barcelonesa Salamandra, editora de la versión en español, se vio obligada a trabajar a ritmos vertiginosos insospechados. En algunas librerías, como Lectorum de Nueva York y la Universal de Miami, ambas grandes negocios de libros en español, las listas de espera eran muy considerables.

Estos éxitos han obligado a que las editoriales se den prisa en producir las versiones traducidas, pues saben que el éxito de ventas está más que garantizado. La versión española del libro del presidente Clinton, *My Life*, por ejemplo, apareció en las librerías del país apenas unas pocas semanas después que el texto original. Ya se dispone de ediciones en ambas lenguas desde el momento mismo de la puesta en circulación; tal ha sido el caso, y no es el único, del libro de Andrew Weil, *Healthy aging*.

Milena Alberti, directora de las publicaciones en español de Vintage Español, una importante línea de la Random House, ha confesado que apremian la salida de la versión española de muchos libros: 'Es como cuando se solicita un pasaporte. Puede tomar dos meses, pero si se trabaja extra, puede estar en uno'.

La industria del libro se ha percatado de la importancia económica de esta demanda de libros en español, que ya constituyen el mayor mercado después de los publicados en inglés. Grandes sellos editoriales de los Estados Unidos, como Random House, Inc., Harper Collins y Simon & Schuster, se han convertido hoy en los editores más importantes del país de libros en español, traducidos del inglés o escritos directamente en español. Por su parte, la famosa cadena de librerías de Barnes & Noble, Inc. y el Borders Group han ampliado considerablemente sus ofertas de libros en español.

Notas

[1] El autor de este artículo trabajó en esta revista durante 18 años, primero como redactor y después como jefe de redacción.

[2] A instancias de dos miembros del cuerpo de redacción, se propuso la convocación de un concurso literario de cuento y novela corta, para el que se obtuvo la colaboración de destacadas personalidades literarias de Hispanoamérica, quienes integraron el jurado calificador. Entre los miembros del jurado, que estuvieron en Nueva York en varias ocasiones, figuraban el futuro Nobel mexicano Octavio Paz y extraoficialmente su colega Carlos Fuentes; el español Federico de Onís, director por aquel entonces del Departamento de Literatura Hispánica de la Universidad de Columbia; el venezolano Arturo Uslar Pietri; el chileno Hernán Díaz Arrieta; y el uruguayo Emir Rodríguez Monegal. Dentro de este acogedor ambiente literario, otras figuras pasaron por las oficinas de *LIFE en Español* y por el comedor de *LIFE*, entre los que se podría citar al futuro Nobel de Chile Pablo Neruda, con su esposa, Matilde; al futuro Nobel español Camilo José Cela; al citado Carlos Fuentes; al colombiano Germán Arciniegas, y que me perdonen, por la mala memoria, los muchos que me dejo en el tintero.

[3] Vid. 'Advertisement' (mayo de 2007), en *The ATA Chronicle*, 36 (5), p. 7.

[4] Un resultado imprevisto es que las agencias de traducción a menudo reducen la tarifa que venían pagando al traductor, por considerar que este produce el doble de texto del que antes producía en un determinado plazo de tiempo. Lo que no se tiene en cuenta es que el traductor a menudo tiene que comprar tales programas —no todos son baratos— y atravesar un período bastante largo e intensivo de capacitación para poder usarlos con mediana eficacia.

[5] Vid. *Deep Blue*, IBM Research home page (http://www.research.ibm.com/).

XIV LOS SERVICIOS PÚBLICOS EN ESPAÑOL

Los servicios religiosos

Francisco A. Marcos Marín

Los servicios religiosos

Estadísticamente, al menos, los Estados Unidos son el país más religioso del mundo: solo el 14,2% de sus habitantes se declaran sin religión. Los índices de participación en las ceremonias y de integración en las comunidades, sean parroquias, iglesias o grupos, son los más elevados que se registran. También contribuyen a ello la enorme descentralización del país y la importancia histórica que han tenido las iglesias como aglutinantes de la comunidad. Valga como ejemplo un fenómeno mediático de la relevancia de la *familia Simpson*, una célebre serie de dibujos por televisión que se emite en todo el mundo y que, aunque se burla de todas las instituciones, iglesias incluidas, no pone nunca en duda la existencia de Dios. Los miembros de la familia, como muchos norteamericanos, rezan antes de las comidas y cuando se enfrentan a alguna dificultad, asisten a los servicios dominicales en su iglesia, leen la Biblia y la citan. Son un espejo del comportamiento de muchos de sus compatriotas e inciden en la crítica del pecado nacional, la hipocresía, lo cual resulta innegablemente evangélico. Ya en 1831 Alexis de Tocqueville dijo que 'la religión en América no participa directamente en el gobierno de la sociedad; pero debe considerarse la primera de sus instituciones políticas'.

La población católica de los Estados Unidos supera los 67,3 millones de personas (el 23% de la población), a los que atienden algo menos de 42.000 sacerdotes. La mayoría de los hispanos son católicos, históricamente; pero también por su integración en las nuevas comunidades (http://pewforum.org/surveys/hispanic/). Hay diversos grupos protestantes y no faltan otras conversiones más anecdóticas, mínimas (http://netministries.org/see/churches/cho1331/).

El 68% de los hispanos se declara católico, el 20% protestante, el 8% secular, el 3% de otras denominaciones cristianas, el 1% de otras religiones y el 1% no sabe o no contesta (http://pewforum.org/surveys/hispanic/). Es manifiesto que, además de su papel histórico, las iglesias son el principal canal de integración de los inmigrantes en la vida social, cultural y política de los Estados Unidos.

Una primera consecuencia, en la que no hay que insistir demasiado, es que el español tiene carácter de lengua litúrgica. Muchas ceremonias religiosas se realizan en español, o son bilingües entre español e inglés. Es frecuente que las parroquias de las ciudades con mayor población hispana ofrezcan misas alternadas en las dos lenguas. El inglés es dominante en la comunidad protestante del conjunto de la nación. Si bien es cierto que hay un porcentaje de católicos de lengua inglesa (irlandeses, italianos o polacos, especialmente; pero también de origen africano o caribeño), o que un buen número de católicos se integra en la liturgia en inglés, el español es lengua de actividad religiosa, sobre todo en las regiones de predominio hispano. La norma del español en los servicios religiosos es la hispánica, tanto en la fonética como en la morfología o el léxico. Las traducciones empleadas en los oficios son las que se usan en Hispanoamérica. El libro de carácter religioso en español tiene también relevancia económica y cultural. Téngase en cuenta que el 88% de los norteamericanos que visita una librería se declara cristiano y que el 42% de ellos ha comprado alguna vez una Biblia o un libro religioso. En conjunto, recuérdese que, según la National Association of Hispanic Publications, cada hogar hispano compra un promedio de 6,4 libros para adultos y 5,6 para niños al año.

Norma y dialectos en los servicios religiosos

Al margen del español normativo de la liturgia, interesa también el español dialectal empleado en las comunicaciones diarias y en la actividad que explica la fuerza de la Iglesia católica: su compromiso con los inmigrantes. Indudablemente, el español del norte de México es el más representado numéricamente, sin olvidar la importancia de las variantes cubana y puertorriqueña en sus zonas de influencia. Los mexicanos participan también más en la vida de sus iglesias. Recuérdese que la Iglesia católica en México ha experimentado incluso un cierto ascenso a partir de 1995. El índice de ordenaciones sacerdotales en los Estados Unidos es bajo, 454 en 2005, por lo que es frecuente la incorporación de sacerdotes católicos de América Latina a parroquias norteamericanas. En menor proporción, también ocurre algo de esto en el caso de pastores protestantes o equivalentes; no es infrecuente que un mexicano dirija una iglesia protestante en áreas del sur.

La dimensión nacional y la local pueden ser muy distintas en lo que a las iglesias se refiere. El portal de Internet de la Conferencia Episcopal católica norteamericana (http://www.usccb.org/index.shtml/) está en inglés; pero tiene secciones en español también, especialmente las de carácter social, que incluye la educación (http://www.usccb.org/sdwp/ensenananzasocialcatolica.shtml/). La arquidiócesis de Miami tiene un periódico en Internet, *La voz católica*, solo en español (http://www.vozcatolica.org/). Más notable es que también lo tenga la arquidiócesis de Chicago, la cual posee su propio portal en español (http://www.archdiocese-chgo.org/spanish_website/home.shtm/). El portal de la arquidiócesis de San Antonio (Texas), (http://www.archdiosa.org/default.asp/), está principalmente en inglés; pero contiene partes bilingües. El arzobispo es también hispano. Destaca mucho más que parte de los textos en español se ofrecen en versión escrita (http://www.archdiosa.org/al_partir/default.asp/) y también en versión oral (http://www.archdiosa.org/al_partir/arch_gomez_july/ABJuly29.mp3/). Se tiene en cuenta de este modo el hecho indudable de que muchos hispanos comprenden el español pero no lo leen, bien porque no saben, bien porque no están acostumbrados a leerlo. A esto hay que añadir la importancia de la radio como medio de comunicación hispano, con abundante programación religiosa. Desde enero de 2004 EWTN Global Catholic Network tiene un acuerdo con la principal difusora de radio por satélite, lo que le permite ofrecer 24 horas de programación en inglés y en español (http://www.ewtn.com/spanish/radio.asp/). En el ámbito de la televisión, la actividad más importante de los católicos es la transmisión de la Santa Misa, que puede ser en inglés o, en las zonas más hispanas, bilingüe. En la Red, los católicos hispanos se benefician precisamente de la condición católica de su religión, que les permite disponer de recursos en todo el mundo: el portal católico de mayor amplitud tiene una versión es español (http://es.catholic.net/).

Página electrónica del la Conferencia Episcopal católica norteaméricana.

Los episcopales 'latinos' también tienen sus portales en español, empezando por el general, http://www.episcopaleslatinos.org/. La lengua litúrgica es también el español normativo hispánico y el hispanismo es una preocupación central de este grupo (http://www.episcopaleslatinos.org/hispanismo.htm/).

Junto a estos medios de difusión de distinto tipo, todos ellos dentro de la norma hispánica, son muchísimas las hojas parroquiales, las notas de reuniones y celebraciones locales y la publicidad que se inserta en ellas en las que aparece un español fuera de la norma. Aparece así el uso del tuteo generalizado (contáctanos), los acentos mal colocados (oraciónes), o ausentes (jovenes), o sintaxis, ortografía y semántica mixtas:

> ¿Califico para una Visita de un Voluntario de Servicios Sociales?
> Si vive dentro de los territorios de la parroquia (vea arriba), sin importar su religión, usted necesita pasar a la oficina de la parroquia durante las horas de oficina para solicitar asistencia.
> Nosotros podríamos ayudar con el recibo de luz, agua, o gas. También podríamos ayudar con comida y ropa.
> Por Favor de traer algún tipo de identificación valida para poder verificar su dirección actual. Cuando solicite asistencia con recibos de utilidades, por favor traiga su recibo original y al corriente.

Frases en las que se puede apreciar: impropiedades léxicas (califico, utilidades), mayúsculas múltiples injustificadas, ausencia de artículo, presencia innecesaria del pronombre sujeto (usted, nosotros) ausencia del pronombre objeto (ayudar + Ø), preposición innecesaria por mezcla de construcciones (por favor de traer), etc.

Si se continúa con el texto, se encuentran ejemplos de gerundio de simultaneidad que calca el -ing del inglés, más una construcción pasiva nada hispánica: 'Todas las familias solicitando asistencia deberán ser visitadas en persona'; o el galimatías: el reporte es enviado a la oficina de la parroquia para evaluación y determinación para ver que, si es que alguna ayuda será brindada'.

Como no podía ser menos, el español de los servicios a cargo de las iglesias refleja el contínuum de una lengua que va, desde el español normativo y general, hasta la frontera de la lengua mixta y de la conmutación de códigos con el inglés. Ese capítulo pertenece, sin embargo, a otra sección.

Servicios médicos y hospitalarios

Francisco A. Marcos Marín y Domingo Gómez

Red de asistencia sanitaria

Francisco A. Marcos Marín

Introducción

El Ministerio de Salud de los Estados Unidos (U.S. Department of Health and Human Services, DHHS) coordina desde 1985 una serie de esfuerzos para reducir o eliminar las divergencias en salud por razones étnicas o raciales. Se incluyen entre ellos empeños como los de *Hispanic Agenda for Action, Educational Excellence for Hispanic Americans, Improving Access to Services for Persons with Limited English Proficiency, Hispanic Employment in the Federal Government*, la *Initiative to Eliminate Racial and Ethnic Disparities in Health* y *Healthy People 2010*. Se encuentra información sobre todo ello en http://www.cdc.gov/omh/aboutus/executive.htm/. Las campañas públicas de toma de conciencia llevan títulos como *Closing the Health Gap* y *Take a Loved One to the Doctor Day*. La conciencia sanitaria, como se aprecia, ha ido por delante de la lingüística y la cultural.

Para los hispanos en los Estados Unidos, la divergencia sanitaria puede conllevar una calidad de vida inferior, la pérdida de oportunidades económicas y también una sensación de injusticia, con la tendencia al victimismo. A la sociedad le suponen descensos en la productividad, mayores costos sociales e injusticia social. Los programas de salud para las minorías y, especialmente, para hispanos (e hispanas, por la importancia que tienen los dedicados exclusivamente a la mujer), han adquirido una gran importancia y, como su corolario natural, han implicado también la necesidad de una visión diferente de las relaciones lingüísticas.

El principio de asistencia sanitaria en la lengua del paciente se encuentra, como ya se dijo, en el Acta de Derechos Civiles (Civil Rights Act) del 2 de julio de 1964 (Pub. L. 88-352, 78 Stat. 241, July 2, 1964). Incluye (42 U.S.C. §§ 2000d-2000d-7, Title 42- 'The Public Health and Welfare', Subchapter V-Federally Assisted Programs Sec. 2000d) la 'prohibición contra la exclusión de la participación o la denegación de beneficios y la discriminación en el marco de programas con financiación federal por razones de raza, color o nacionalidad originaria'. El concepto de 'nacionalidad originaria', valga la reiteración, se entendió desde el principio que lleva implícito el de diferencia lingüística y, por tanto, conocimiento limitado de la lengua inglesa.

Aunque los hospitales y servicios sanitarios cuenten con financiación federal, no está organizado el servicio sanitario de traducción e interpretación. En parte se palia la situación recurriendo a personal sanitario bilingüe, que es relativamente abundante, lo que se complementa con programas de entrenamiento específico en lengua española para profesionales sanitarios.

Los portales sanitarios en español

El Gobierno federal y las organizaciones de cobertura nacional ofrecen normalmente el español como opción. Muchas veces solo una parte de los portales, la divulgativa, está en español, mientras que, cuando una parte no se traduce, suele ser la administrativa o la más sujeta a puntos de interpretación legal, sin duda para evitar problemas de interpretación en litigios. Al ya mencionado Salud, Nutrición y Seguridad (Health, Nutrition and Safety): enfermedades, nutrición, prevención, seguro médico, publicaciones, guías médicas... (http://www.usa.gov/gobiernousa/Temas/Salud-Nutricion-Seguridad.shtml/), hay que unir otros muchos, como:

Página electrónica del Gobierno de los Estados Unidos sobre salud.

— CDC en español (Centros para el Control y la Prevención de Enfermedades) (Centers for Disease Control and Prevention), http://www.cdc.gov/spanish/default.htm/.

— Centro Nacional de Información de la Salud de la Mujer (National Women's Health Information Center), http://www.4woman.gov/espanol/.

— Healthfinder® español: http://www.healthfinder.gov/espanol/.

— MedlinePlus, información de salud de la Biblioteca Nacional de Medicina (http://medlineplus.gov/spanish/).

— Medicare en español (http://www.medicare.gov/Spanish/Overview.asp/).

Página electrónica de Healthfinder.

También hay que tener en cuenta los portales estatales, como el portal de salud del estado de Nueva York (http://www.health.state.ny.us/nysdoh/fhplus/application.htm/) o los portales de organizaciones educativas que sirven a comunidades muy necesitadas de esta información, como sucede con el South Texas Community College, una compleja institución con campus en McAllen, Weslaco y Rio Grande City, así como el Dr. Ramiro R. Casso Nursing and Allied Health Center en McAllen y el Technology Center al sur de McAllen, cerca de la zona de comercio exterior (Foreign Trade Zone) (http://www.southtexascollege.edu/lrc/Library/webdirectory/asusalud.htm/).

La Universidad de Carolina del Norte es parte de un proyecto de colaboración estatal, *Spanish Language and Cultural Training Initiative*, dirigido a promover el desarrollo de las capacidades lingüísticas y culturales en español para los profesionales de la salud (http://www.ncimmigranthealth.org/ahecspanishsum.html/), que incluye una gran variedad de servicios lingüísticos, incluida la oferta de intérpretes y traductores: http://www.ncimmigranthealth.org/hhcrindex.html/.

Ampliar estos datos para cada estado requiere una sencilla búsqueda por Internet. La guía para encontrar y evaluar la información sanitaria en Internet para los Estados Unidos está disponible en http://www.mlanet.org/resources/userguide.html/.

En otros casos, el objetivo son las enfermedades que se pueden considerar pandemias, como el sida. El Departamento de Salud ofrece, por ejemplo, una guía terminológica para lo relacionado con esta enfermedad. Se trata del resultado de la colaboración de una extensa red de instituciones y puede consultarse en http://hab.hrsa.gov/history/spanishterms.htm/.

Más interesante, sin duda, es saber qué tipo de respuesta tienen estas medidas entre los usuarios, para lo cual hay que valerse de encuestas y estadísticas. La Biblioteca Nacional de Medicina de los Estados Unidos (NLM en inglés) se ocupa de las reacciones de los usuarios de MedlinePlus y MedlinePlus en español. Mediante la *Encuesta Estadounidense del Índice de Satisfacción del Consumidor* se mide la satisfacción del usuario en Internet: http://www.nlm.nih.gov/medlineplus/spanish/survey2005/index.html/ muestra los resultados de la encuesta de 2005. El índice de respuesta es muy pequeño (1.199 en español, 901 en inglés), por lo que el dato de que hay más usuarios en español que contestan a la encuesta solo tiene un valor relativo, aunque sí valga la pena recoger que un 94% de los que acceden en español declaran que prefieren esa lengua para acceder a Internet.

Unos cincuenta millones de norteamericanos acceden a Internet para consultas relacionadas con la salud. El índice de crecimiento se sitúa en más del 30%. Los hispanos no llegan a ser el 30% de los que acceden a Internet por ese motivo; pero su índice de crecimiento se sitúa dentro de la tendencia general, lo que parece indicar que, en un futuro próximo, no se diferenciarán tampoco en este sentido del total de la población. La mayoría relativa de las consultas de este grupo está relacionada con las enfermedades de transmisión sexual, lo que obliga a poner en relación una vez más el comportamiento lingüístico con las pautas culturales. Es muy notable, en este sentido, la preocupación que se muestra en muchos portales por que las mujeres estén mejor informadas de estas enfermedades y su tratamiento, puesto que es conocida la dificultad que tienen para consultar personalmente este tipo de alteraciones de su salud o de su familia.

Las dimensiones del español en los servicios sanitarios

Una peculiaridad del español sanitario en los Estados Unidos es que, sin despreciar la necesidad de la traducción adecuada de los textos escritos (manuales de aparatos, instrucciones para el tratamiento de enfermedades, ingredientes farmacológicos), exige una relación directa con el paciente, relación que, normalmente, es oral.

El siguiente texto, cuya grafía se respeta, resume bien esta afirmación anterior:

> Soy estudiante de medicina en los Estados Unidos, en el ultimo año de la escuela. Queria estar preparada para comunicar con la gente española y hispanoamericana como doctora en mi residencia, y a este curso me ha dado mucho más confianza en comunicar en el 'español médico'. Elejí ese tipo de curso porque la medicina tiene mucho vocabulario especifico que no se puede aprender en otros cursos ni en la calle. El curso tiene materiales y ejercicios para asegurar que aprender este vocabulario es divertido y muy útil. Después de un mes, puedo hacer una entrevista medica en total —todos los sintomas, las preguntas y las enfermedades comunes, ahora los puedo discutir en español—. Ha superado mis expectativas. Lo más importante es que el curso tiene orientación muy practica a la entrevista con el paciente (sic).

La 'entrevista con el paciente' implica, por supuesto, la cuestión de las variantes dialectales del español norteamericano o, mejor, de los dialectos del español que se hablan en los Estados Unidos. También son muy distintas las reacciones culturales ante el médico o el entorno hospitalario. Caribeños, mexicanos del norte, del centro o del sur, peruanos, chilenos y argentinos discrepan en muchos aspectos de sus experiencias previas ante la sanidad, como lo hacen en su formación general o en sus creencias y actitudes personales. No es que los norteamericanos anglosajones o los otros americanos de otras minorías sean homogéneos, por supuesto. Hay que añadir que se produce el fenómeno de que la demanda de enseñanza de estos aspectos es más amplia. Además de incluir un progresivo interés por la gramática (y no solo por la comunicación), requiere también un conocimiento de aspectos socio-culturales que permitan al personal sanitario evaluar la capacidad que tienen un paciente y su familia de comprender unas instrucciones y seguir un tratamiento. Los límites no son solo los lingüísticos.

Servicios médicos

Domingo Gómez

Introducción

Cuando una persona se encuentra mal de salud es natural recurrir a su lengua natal para expresarse. La razón es que el individuo experimenta una regresión emocional a aquellos tiempos de la infancia en que se encontraba al amparo de la familia y protegido por ella.

El hispanohablante representa el grupo minoritario de mayor importancia en los Estados Unidos y, por lo tanto, no es de extrañar que en casi todos los estados del país haya una gran necesidad de servicios médicos y hospitalarios que se brinden utilizando el español como lengua de comunicación. De acuerdo con el censo llevado a cabo en el año 2000, hay cuatro estados con una población hispana de entre uno y diez millones de individuos. Estos son: Arizona, Texas, Nueva York y la Florida. California cuenta con una población de entre diez y diecisiete millones. Estas cifras no son exactas debido a que hay gran cantidad de inmigrantes sin un estatus legal conocido y que se calculan en alrededor de doce millones. Es obvio, sin embargo, que estamos hablando de poblaciones de habla hispana muy considerables.

El acceso a una variada atención médica y cuidados de hospital ofrecidos en el idioma español se ha mejorado en gran parte por mandato judicial. En 1974, el Tribunal Supremo de los Estados Unidos reconoció que los servicios que reciban asistencia financiera federal tienen la obligación de proveer ayuda, en la lengua madre, a personas que no dominen el idioma inglés. Dichas estipulaciones se basan en el Título VI del Acta de los Derechos Civiles del año 1964, y demás está decir que la puesta en vigor de esas leyes ha traído una verdadera bonanza para los traductores profesionales, ya que todos los centros de salud del país no cuentan con personal políglota.

Conseguir mejoras en el aspecto de la salud pública para los hispanos de los Estados Unidos es uno de los puntos más importantes de la agenda del Consejo Nacional de La Raza de Washington D.C. Este consejo es básicamente una organización de cabildeo para los hispanos y sus descendientes.

No cabe duda de que la población de habla española representa un mercado enorme en una sociedad donde la mayor parte de los servicios médicos se encuentran en manos privadas. Este es otro de los factores que influyen en que se presten servicios médicos en español. Allí donde encontramos gran densidad de población hispana, hayamos una buena representación de pequeñas y grandes clínicas, algunas de ellas asociadas a hospitales privados, a organizaciones que dependen del gobierno local y otras clínicas privadas totalmente independientes distribuidas en muchos centros metropolitanos.

Distribución de servicios

Zona metropolitana de Chicago

— Centro médico Saints Mary and Elizabeth Medical Center: participa en el programa PrimeCare con patrocinio federal que provee acceso a planes como el *Programa Estatal de Seguros de Salud para Niños*. Además, prestan servicios médicos a personas que no tengan seguro médico adecuado.

— Cuidado del Círculo Familiar: provee información acerca de asuntos relacionados con la salud y de cómo obtener ayuda médica, nutricional y física.

— Alivio Medical Center: provee exámenes de sangre preventivos y charlas sobre nutrición y cáncer de mama.

— Mount Sinai Hospital: provee exámenes para el diagnóstico del asma y charlas de tipo preventivas.

— Illinois Department of Public Health (Departamento del Centro de Salud Pública de Illinois): provee información acerca de cómo y dónde conseguir cuidados de alta calidad.

— Midwest Latino Health Research, Training and Policy Center: distribuye información acerca de sus clónicas.

— YMCA: ofrece información acerca de actividades para mantenerse saludable y en forma.

— HealthCare Alternative Systems, Inc. (Sistemas de Cuidado de la Salud Alternativos): ofrece información sobre el abuso de drogas, sobre salud mental y sobre servicios sociales.

Zona metropolitana de Los Ángeles

— AltaMed Health Service (Servicios de Salud AltaMed): provee buena calidad de servicios a los que no son atendidos adecuadamente y a los que carecen de seguro en el sur de California.

— AIDS Healthcare Foundation (Fundación para la Atención Médica del Sida): provee atención médica relacionada con el sida.

— El programa *Ventanillas de Salud*, patrocinado por el consulado de México en la ciudad, proporciona análisis de sangre y recomendaciones específicas a centros de salud.

— Hay también muchas clínicas del Department of Health (Departamento de Salud) y otras privadas que dan atención bilingüe en esta zona.

Zona metropolitana de Nueva York

En la zona metropolitana de Nueva York existen muchos y muy variados grupos minoritarios. Dada esta diversidad, es bastante difícil tener servicios comunitarios para una sola población étnica. Por lo tanto, los hispanos buscan el cuidado de la salud en español acudiendo a los muchos médicos que hablan español en esa comunidad. En enero de 2007 entró en vigor en Nueva York una ley que obliga a los hospitales que reciben fondos del Estado a ofrecer descuentos, planes de pago y servicios de urgencia, tanto a pacientes externos como internos. La ley también obliga a estos centros a notificar al paciente estos planes y descuentos cuando se inscriben para recibir servicios. Esto obviamente beneficia a aquellos inmigrantes indocumentados que de otra forma carecerían de cuidados. Como se mencionó antes, toda esta información debe ser ofrecida al paciente en su propio idioma.

Zona metropolitana de Miami

En Miami, donde la población de habla hispana supera el 50%, hay muchos servicios médicos que se ofrecen en español. El Jackson Memorial Hospital, afiliado a la Universidad de Miami, mantiene múltiples centros de atención médica con empleados bilingües. Allí se atiende a pacientes que abonan el pago de los servicios prestados de acuerdo con sus ingresos económicos. También han proliferado clínicas privadas que ofrecen servicios en español. Esto es especialmente cierto para aquellos de más de 65 años que participan del programa *Medicare*. Estas clínicas dan atención médica, entregan medicinas y ofrecen actividades sociales. Estos centros se han hecho tan populares que hasta los individuos de habla inglesa se han inscrito. La Liga Contra el Cáncer es una organización sin fines de lucro que ayuda a miles de pacientes con cáncer que no disponen de recursos para afrontar los gastos que esta enfermedad ocasiona. Cuentan con médicos voluntarios y es una de las instituciones más respetadas de la comunidad.

Liga Contra el Cáncer.

Otras zonas del país

Tanto los gobiernos estatales como los federales proveen programas de asistencia y orientación para mejorar la salud de los hispanos. Además, muchos centros universitarios proporcionan este tipo de orientación. La importancia de esto es que la detección temprana, la profilaxis y el tratamiento de las enfermedades dependen mucho de que el paciente pueda comprender los síntomas, causas y control de su enfermedad. Si esta información no se brindara en español, los pacientes no podrían participar en el cuidado y prevención de los males que les aquejan. El arribo de Internet ha revolucionado el acceso a la información en español tanto para los pacientes como para los que proveen el cuidado de la salud en los Estados Unidos. El Departamento de Salud prepara y publica varias páginas para acceder a esta información. Dos de las páginas más importantes son http://www.healthfinder.gov/ y la de The Office of Minority Health (http://www.omhrc.gov/). La primera incluye una biblioteca completa sobre información en español y noticias sobre temas de actualidad relacionados con la salud, que sirve tanto a profesionales, médicos y enfermeras, como a pacientes. La segunda tiene capítulos dedicados a diversas enfermedades físicas y mentales incluidos el abuso de drogas y el sida. El Centro para el Control y la Prevención de Enfermedades (CDC) publica una serie de temas sobre vacunas y enfermedades contagiosas también en español. Debido a que la diabetes es tan común entre los hispanos, la National Diabetes Information Clearinghouse da información sobre cómo controlar esta enfermedad a través de dietas, ejercicios y medicinas. Todas estas agencias envían también folletos a quienes lo soliciten, siendo de gran utilidad para aquellos que no posean ordenadores y para ser distribuidos por médicos y enfermeras entre sus pacientes.

En los estados de Arizona y Nuevo México hay relativamente escasa actividad comunitaria organizada para atender a pacientes hispanos monolingües, comparados con los otros sitios ya mencionados antes. Sin embargo, en la ciudad de Albuquerque, Nuevo México, el Presbyterian Medical Group es muy apreciado entre los hispanos de la zona.

El concepto de *Cultural Competence* (Pericia Cultural), entendido como capacitación de un individuo para llegar a ser competente en asuntos relacionados con culturas extranjeras, se ha impuesto en el mundo de la salud pública y privada en los Estados Unidos. Un punto importante del tema es el que se refiere a la lengua materna y las costumbres de los pacientes atendidos. En el caso de los hispanos, esta atención puede resultar un tanto compleja. Aunque todos ellos usan el español como lengua esencial de comunicación, la forma de enfrentar los diversos problemas relacionados con la atención de la salud resulta ser, en muchas ocasiones, diferente. Ejemplo de esto es la diversidad de las cocinas regionales y, por ende, las grandes variaciones existentes en el capítulo de la dieta de cada región del mundo hispano. Por eso, una buena parte de las universidades de los Estados Unidos ofrecen cursos para preparar a médicos y enfermeras en estos aspectos. El National Center for Cultural Competence ayuda a programas independientes que ofrecen estos cursos, al igual que lo hace con organizaciones, públicas o privadas, para la atención de la salud. Ofrece una gran variedad de publicaciones en español e inglés.

La Universidad de Duke, en Carolina del Norte, posee una excelente biblioteca electrónica a la que podemos acceder a través de Internet, que posee mucha información para la atención de la salud de los hispanos en los Estados Unidos. Se puede encontrar bajo Duke Medical Center Library Online-Hispanic-Latino Health (http://www.mclibrary.duke.edu/subject/latino/). La Facultad de Medicina de la Universidad de Yale también posee un departamento y un sitio rico en información de esta índole.

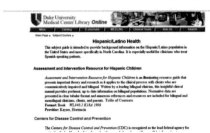

Página electrónica de la Universidad de Duke.

La Secretaría de Trabajo (The Department of Labor), en Washington D.C., también ofrece información en español sobre diversos aspectos para mantener la salud en el trabajo tanto para empleados como para empresarios. Otra fuente excelente de información en los aspectos tratados es MedlinePlus: Hispanic-American Health (http://www.nlm.nih.gov/medlineplus/hispanicamericanhealth.html/), que despliega datos e información desde genética hasta cómo disfrutar de una vida más saludable, siempre teniendo como punto de enfoque a la población hispana del país.

La industria privada también se ocupa de la salud de los hispanos. La Ford Motor Company ha donado más de 50 vehículos de transporte con capacidad para acomodar unas 15 personas cada uno al programa llamado Salud Sobre Ruedas, que facilita el acceso de personas hispanas a sus centros de salud.

Las dos cadenas nacionales de televisión en español, Univisión y Telemundo, ofrecen una buena variedad de programas en español sobre asuntos relacionados con la salud. Del mismo modo, una gran parte de las emisoras de radio en español, que transmiten desde las ciudades más grandes de los Estados Unidos, mantienen programas especializados en la salud. Entre los más populares están aquellos en los que un médico ofrece consejos sobre la salud y habla de avances en la medicina, y muchos de ellos dan la posibilidad de que los radioescuchas llamen a la emisora y consulten sus problemas y padecimientos.

De vital importancia para tener acceso adecuado a los servicios de salud en español es el personal profesional que los facilita. Sin médicos y enfermeras que puedan comunicarse en español con los pacientes y sus familias, sería imposible ofrecer y mantener una buena atención. Las enfermeras requieren cuatro años de estudios superiores para su formación y los médicos necesitan un mínimo de once años para poder ejercer su profesión. No existen muchas universidades en los Estados Unidos con facultades que tengan programas para producir un personal especializado totalmente bilingüe y debidamente capacitado que lleve a cabo una buena práctica entre los hispanos. Las diez universidades estadounidenses en las que se gradúan más médicos de habla española son:

— University of New México School of Medicine, con el 25% de graduados al año.

— University of Miami Leonard M. Miller School of Medicine, con el 23%.

— University of Texas Health Science Center at San Antonio, con el 17%.

— University of Texas Health Science Center at Houston-University of Texas Medical School at Houston, con el 15%.

— Stanford University-School of Medicine, con el 14%.

— University of Arizona College of Medicine con el 12%.

— University of Illinois College of Medicine, con el 12%.

— University of Texas Medical Branch at Galveston School of Medicine, con el 11%.

— University of Texas Southwestern Medical Center at Dallas-University of Texas Southwestern Medical School, con el 10%.

— Texas A&M University System Health Science Center-College of Medicine, con el 6%.

El resto de personal facultativo está compuesto por individuos que han estudiado en países de habla española y son ellos quienes han cubierto este espacio. Debido a la necesidad de médicos y enfermeras bilingües en este país, muchos hispanohablantes que se han graduado fuera de los Estados Unidos convalidan sus estudios y ejercen su profesión en los grandes centros urbanos donde se requieren sus servicios. Otro factor que influye para que los descendientes de hispanos nacidos o criados en este país salgan a estudiar medicina a países de habla española es el alto costo de estos estudios en las universidades norteamericanas.

Organizaciones profesionales en el terreno de la salud

En los Estados Unidos existen muchas organizaciones médicas y asociaciones de enfermeros que proveen becas para estudiantes de habla española.

Entre ellas se encuentran algunas como las siguientes:

— Sociedad Médica Argentino-Estadounidense: 854 Jefferson Street, Baldwin Harbor, Nueva York 11510.

— Colegio Médico Cubano Libre: P.O. Box 141016, Coral Gables, Florida 33144-1016.

— Confederation of Hispanic American Medical Associations: 900 Ridge Side Drive, Monterrey, California 917754.

— Dominican American Medical Society: 610 West 145 Street, Nueva York, Nueva York 10031.

— Interamerican College of Physicians and Surgeons, Inc.: 801 Pennsylvania Ave. NW, #820 Washington D.C. 20004.

— National Hispanic Medical Association: 1700 17th Street NW, Suite 405, Washington D.C. 20009.

— Peruvian American Medical Society: 448 Tamerland Drive, West Bloomfield, Míchigan 48322.

— Salvadoran American Medical Society: 221 W. Colorado Ave., Suite 424, Dallas, Texas 75208.

— Spanish-American Medical Society: 420 Lakeville Road, Lake Success, Nueva York 11042.

— United States Colombian Medical Association: 280 Aragon Avenue, Coral Gables, Florida 33134.

— Venezuelan American Medical Association: P.O. Box 15460, Plantation, Florida 33318-5460.

— Asociación Nacional de Enfermeras Hispanas (http://www.thehispanicnurses.org/).

En conclusión, el idioma español ocupa un acápite de suma importancia en el mundo de los cuidados médicos y hospitalarios en los Estados Unidos. Aunque, como hemos visto, muchos centros facilitan el acceso de los hablantes de español a estos servicios y algunas universidades y organizaciones abren el camino para que se preparen los individuos y se den las condiciones para llevar a cabo tal empresa, se necesitan aún más fuentes para saciar las necesidades de una población hispánica cada vez en mayor aumento. A facilitar información podrían contribuir las publicaciones que distribuyen los sectores del Gobierno federal que pudieran proveer aún más el acceso adecuado para el paciente e incluso para aquellas personas encargadas de los cuidados de estos pacientes. La falta de seguros médicos para muchas familias de hispanos crea un grave problema a la hora de obtener los cuidados básicos y es la que provoca que las salas de emergencias de los hospitales se hayan convertido en una vía rápida para lograr servicios médicos que de lo contrario no sería posible proporcionar.

Centros de información general

Los hispanos también pueden acudir a una serie de servicios de información sobre la salud que proveen las siguientes organizaciones privadas y gubernamentales: AMA (American Medical Association), International Medical Graduates, Directory of Medical Associations; Centers for Disease Control and Prevention; Duke University, Medical Center; Hispanic PR Wire, Miami; U.S. National Library of Medicine, Bethesda, MD; National Center for Cultural Competence, Georgetown University Center for Child & Human Development, Washington D.C.; National Council of La Raza, Washington D.C.; U.S. Department of Health and Human Services, Washington D.C.; U.S. Department of Labor, Washington D.C., entre otros.

Atención al ciudadano

Francisco A. Marcos Marín

La red de servicios públicos

La base del sistema económico de los Estados Unidos es la empresa privada junto con la libertad de comercio. Ralph Waldo Emerson, en sus *Ensayos* (1841), señaló como la autodependencia (*self-reliance*) es la virtud distintiva de los norteamericanos. Se cita el párrafo porque realmente sintetiza una diferencia fundamental entre el carácter español y el de Norteamérica:

> En la educación de cada hombre hay un momento en el que llega a la convicción de que la envidia es ignorancia, de que la imitación es suicidio, de que debe aceptarse como es, para lo bueno y lo malo, de que, aunque el amplio universo está lleno de bienes, ni un grano de maíz llegará a su plato sin su esfuerzo aplicado al pegujal que tiene que labrar[1].

Para muchos, en efecto, la dependencia de la ayuda externa es moralmente inaceptable; pero el Gobierno tiene que responder a las necesidades de quienes, por uno u otro motivo, se hallen en situación de necesidad. Los dos programas principales de los servicios públicos, desde el punto de vista del gasto (la mitad del presupuesto federal) son el bienestar público (*welfare*) y el de salud (*health*). El segundo se analizará en otro apartado y a ambos hay que añadir todo lo que especialmente implica intercambio lingüístico y exige, en consecuencia, traducción e interpretación.

El individualismo y la autodependencia no impiden que los Estados Unidos sean, estadísticamente, el país más solidario del mundo. Lo que sucede es que la sociedad prefiere la iniciativa privada al gasto público. Cuando se habla de *privado*, en muchas ocasiones, se incluyen las aportaciones de concejos, municipios o condados, porque en esas divisiones administrativas, que pueden gozar de gran autonomía, las decisiones de los ciudadanos son más directas e inmediatas. No se olvide tampoco que, indirectamente, hay siempre una aportación federal o estatal a las dádivas privadas, puesto que generalmente serán cantidades que se deduzcan de los impuestos: si los ciudadanos dan más dinero a caridad o solidaridad, como individuos, el Gobierno recibe menos impuestos, lo que es otra forma de contribución.

En un país de inmigrantes, los recién llegados han tenido que depender al principio de los que estaban, como testifica la importancia del día de Acción de Gracias, *Thanksgiving Day*, hispanizado como *San Guivinito*, que es el tributo a la capacidad individual y solidaria de resistencia, con la ayuda de Dios y que, sin duda por ello, se ha convertido con los años en la fiesta principal de los norteamericanos (cada vez más celebrada también en Europa, por el espíritu mimético de una sociedad que ha perdido sus cimientos). Cuando Europa inició sus programas de bienestar social desde finales del siglo XIX, América los recibió con desconfianza y, todo hay que decirlo, con la indiferencia que proporciona percibir el problema como ajeno: la industrialización y la abundancia y baratura de la tierra cultivable sostenían la creencia de que para trabajar bastaba con querer hacerlo.

Hubo que esperar hasta 1929, el comienzo de la Gran Depresión y el momento en el que muchos norteamericanos que querían trabajar no tenían trabajo. La presidencia de Herbert Hoover se convirtió en una clara muestra de la ineficacia del esquema anterior: la iniciativa privada y los gobiernos estatales y locales no pudieron contra la falta de fondos provocada por la quiebra. Este fracaso llevó a la presidencia a Franklin D. Roosevelt en 1932. Pocos días después de su toma de posesión, Roosevelt propuso al Congreso una completa legislación reformista, que fue aprobada casi totalmente. Por primera vez el Gobierno pudo crear miles de puestos de trabajo. Se trataba de programas temporales, para salvar el hiato económico; pero uno de ellos, la Seguridad Social, se convirtió en una institución permanente. La deducción de una pequeña cantidad de la paga de todos asegura a los jubilados una pequeña pensión y a los desempleados un subsidio de paro, además de otros tipos de ayuda a los necesitados.

Estos programas se completaron en los sesenta, especialmente en la presidencia de Lyndon B. Johnson, con los de ayuda médica, Medicaid y Medicare, las estampillas o cupones de comida a cargo del Ministerio de Agricultura, en realidad una especie de tarjeta de crédito limitado para comprar comida, o los programas de vivienda pública. En el año 2005, los pagos de la Seguridad Social supusieron 521.000 millones de dólares, mientras que la asistencia estatal al paro ascendió a 31.200 millones de dólares, para un porcentaje global de desempleo del 5,1%. Los cupones de comida del mismo año se entregaron a 25.717.830 personas, el 50,2% de ellas niños. En 2006, 26.671.819 personas recibieron esta ayuda, a la que se accede por un servicio específico de atención por Internet en español, http://www.fns.usda.gov/fns/sp-default.htm/.

Los americanos necesitados disponen también de la amplísima red privada. Casi el 50% de los norteamericanos mayores de dieciocho años participa en alguna actividad voluntaria, que goza del reconocimiento federal, el cual puede manifestarse en programas especiales de reconocimiento, medallas y diplomas que tanto gustan en esa sociedad. Las grandes empresas y las universidades disponen de páginas de Internet en las que se puede indicar el número de horas que cada uno de sus empleados y el conjunto dedican a este tipo de trabajos.

Es imprescindible entender lo anterior antes de proseguir, porque se implican los factores básicos para comprender la atención al ciudadano en los Estados Unidos: las agencias del Gobierno, la iniciativa privada y el hecho de que el destinatario principal añade a sus necesidades económicas, en muchos casos, las lingüísticas, puesto que muchos de los oficialmente pobres (aquellos cuya renta en una familia de cuatro personas es inferior a los 18.000 dólares) tienen también un pobre conocimiento de la lengua inglesa. Entre los que no dominan el inglés y necesitan la asistencia de la sociedad hay un 70% de hispanos.

La traducción y la atención al ciudadano

La atención al ciudadano en español en los Estados Unidos implica un proceso de traducción e interpretación. Es necesario entender que no se trata de una actividad espontánea, sino regulada. El principio que rige la atención al ciudadano en español está marcado por un conjunto de disposiciones legales de diverso rango, que deben enfocarse como justificación legal de traductores e intérpretes. Es imprescindible destacar, por ello, que dos de esos principios se encuentran en las diez primeras enmiendas a la Constitución de los Estados Unidos, es decir, forman parte de uno de los principios jurídicos fundamentales, el *Bill of Rights*. Hay, naturalmente, otras bases legales de carácter internacional, como la *Declaración Universal de los Derechos Humanos* o los *Derechos de mujeres y niños*, firmados por todos los países miembros de las Naciones Unidas, o la *Convención de Ginebra*, que no se tendrán en cuenta aquí, aunque sirvan de base legal universal. Lo que tratan de exponer estas páginas no es la legislación norteamericana sobre la lengua española, sino el uso del español en los servicios de atención a los ciudadanos.

Las enmiendas a la Constitución que recogen estos derechos son la quinta, la sexta y la decimocuarta. La quinta enmienda se refiere a los derechos de los procesados e incluye el *debido proceso legal*, que se interpreta como la posibilidad de entender las acusaciones que se le formulen y poder exponer en su propia defensa. Aunque la enmienda no lo diga explícitamente, la consecuencia es que cuando el procesado no puede hacerlo en inglés, el tribunal debe proporcionarle servicios de traducción e interpretación. Estos servicios, en consecuencia, son el primero y más importante de los servicios públicos en español dirigidos a los ciudadanos. El espíritu de la quinta enmienda se explicita en la sexta, en la cual se aclara lo que significa la presencia del procesado en el procedimiento legal. Por *presencia* se entiende, además de la presencia física, el acceso al conocimiento directo de los procedimientos, para 1) colaborar en la propia defensa mediante la participación activa, 2) recibir ayuda de los abogados y ayudarlos también, con datos e informaciones completas y comprensibles, 3) confrontar las declaraciones de los testigos del fiscal, con derecho al interrogatorio de la defensa, y 4) renunciar a estos derechos constitucionales de modo consciente, inteligente y voluntario. Evidentemente, para hacer lo anterior es preciso disponer del correspondiente acceso lingüístico, lo que de nuevo implica la presencia de traductores e intérpretes en los tribunales; pero también la necesidad de que las pruebas que se presenten hayan sido debidamente traducidas para que el acusado pueda comprenderlas. Esas exigencias en la aplicación de la ley benefician también a los residentes legales, aunque no sean ciudadanos en el sentido estricto. Esta extensión es la que se recoge en la decimocuarta enmienda.

En algunas ocasiones y para situaciones específicas se regula con mucha concreción. Por ejemplo, en el caso de la entrevista que se hace a quienes solicitan la ciudadanía norteamericana, está especificado que se examinará de la habilidad para leer, escribir y hablar inglés. Sin embargo, si en el día del examen el solicitante tiene más de 50 años de edad y ha sido residente permanente legal durante 20 años o más, o si tiene 55 años de edad y ha sido residente permanente legal durante 15 años o más, no necesitará tomar el examen de inglés. Además, también podrá hacer toda la entrevista en el idioma que escoja.

El Acta [o Ley] de Derechos Civiles (Civil Rights Act), publicada el 2 de julio de 1964 (Pub. L. 88-352, 78 Stat. 241, July 2, 1964), fue el paso definitivo hacia el reconocimiento de los derechos de las minorías y contra su discriminación. El título VI es especialmente importante, porque ha sido la base que ha permitido sostener los esfuerzos de los servicios públicos en español: impide la discriminación por organismos (agencias) del Gobierno que reciban financiación federal. Si se demuestra que uno de estos organismos ha violado el título VI, puede perder la financiación federal. En el futuro inmediato se intensificará el recurso a él por los pacientes de hospitales, que reciben buena parte de sus fondos del Gobierno federal, puesto que se dice explícitamente (42 U.S.C. §§ 2000d-2000d-7, TITLE 42-'The Public Health and Welfare', Subchapter V – 'Federally Assisted Programs' Sec. 2000d): 'prohibición contra la exclusión de la participación o la denegación de beneficios y la discriminación en el marco de programas con financiación federal por razones de raza, color o nacionalidad originaria'. El concepto de 'nacionalidad originaria' es el que más importa aquí, puesto que se entendió desde el principio que lleva implícito el de diferencia lingüística y, por tanto, conocimiento limitado de la lengua inglesa.

En 1966 el Tribunal Supremo introdujo otro elemento que impuso la exigencia de traducción en ciertos servicios públicos, como la aprehensión de sospechosos para su interrogatorio. Nótese que, frente a lo que han popularizado las series de televisión, lo que sigue se refiere solo a los sospechosos que pasan a interrogatorio; no es obligatorio en caso de detención: se trata de lo que se conoce en español como la *Advertencia Miranda (Miranda Warning)*[2]. Se llegó a ello como consecuencia del arresto y juicio de Ernesto Miranda por robo a mano armada, rapto y violación en 1963. Su confesión se produjo sin que nadie le advirtiera de que tenía derecho a un abogado y a permanecer en silencio para no incriminarse (enmiendas V y VI). Se tuvo que anular el juicio y celebrarse otro. Nueve años después, fue puesto en libertad bajo fianza, en 1972, y vivió con la ayuda que le proporcionaba vender advertencias de Miranda autografiadas por un dólar y medio. Detenido varias veces, pasó otro año en la cárcel. Fue acuchillado en una pelea, en La Amapola Bar de Phoenix

(Arizona) y murió en el Good Samaritan Hospital de esa ciudad el 31 de enero de 1976. Se detuvo a un sospechoso, a quien se le leyó la *Advertencia*, que, según el *Squire*, llevaba Miranda en su bolsillo también. Este acusado, cuya culpabilidad tampoco se probó, huyó a México, al parecer, y el homicidio quedó impune.

El caso Miranda recibió la relativa gloria del nombre; pero el problema ya se había planteado en otros juicios, de manera que la exigencia legal era inevitable, como lo fue inmediatamente la exigencia de la traducción. El precedente más destacable, en 1964, fue el caso de Danny Escobedo, quien fue detenido como sospechoso de asesinato y llevado a la sala de interrogatorios de la comisaría de policía. Pese a que solicitó ver a su abogado y este trató de verlo también, la policía lo impidió y tampoco le notificó su derecho a permanecer en silencio. Escobedo confesó, en esas condiciones; pero el Tribunal Supremo rechazó esa confesión por cinco votos contra cuatro, con lo que se planteó el problema legal que el juicio de Miranda dejó resuelto.

La versión española es una concisa muestra de las especificidades de los textos traducidos para el servicio de los ciudadanos, con reiteración innecesaria del pronombre sujeto, uso incorrecto del artículo (el derecho), coordinadas con elipsis a la inglesa (puede y será usada) o sintagmas ambiguos (tenerlo presente). Dice así:

> Usted tiene el derecho a guardar silencio.
> Cualquier cosa que usted diga puede y será usada en su contra en un tribunal.
> Usted tiene el derecho de llamar a un abogado y tenerlo presente durante el interrogatorio.
> Si usted no cuenta con los recursos para contratar a un abogado, le será asignado uno para representarlo, si usted así lo desea.

De todos los servicios públicos, la traducción e interpretación jurídicas son los más necesarios y empleados y no se limitan al español. Si se toma Nueva York como muestra, interesan datos como que se precisan intérpretes para una docena de lenguas a diario. El tribunal federal de Manhattan, por ejemplo, usa el español en un 70% de los casos. Las lenguas más usadas en el 30% restante son lenguas de China, como el chino común, el cantonés o el de Fuzhou. Al mes se requieren intérpretes para quince o veinte lenguas distintas. De acuerdo con la tradición cultural anglosajona, los intérpretes, que no están certificados en todos los estados, interpretan al servicio de la gente que no puede comunicarse suficientemente en inglés ante un tribunal. En este amplio grupo se incluyen tanto los acusados y los testigos en los tribunales de lo penal como los litigantes y testigos en los de lo civil. Además, trabajan fuera del ámbito del tribunal en reuniones abogado-cliente, traducción de pruebas escritas, sesiones de preparación de los testigos y entrevistas con el personal de apoyo al tribunal, por ejemplo en las condicionales. Las lenguas para las que existen certificados federales de interpretación son el español, el criollo haitiano y el navajo. La American Translators Association certifica también a quien desea someterse a sus pruebas, que se pueden realizar por Internet.

Pese a todo, no siempre se cumplen estas exigencias legales o no se cumplieron en el pasado, puesto que en el presente la conciencia general es mucho más acusada. En el marco estatal, solo unos pocos estados tienen estatutos en los que se especifica el derecho a un intérprete. En el marco federal, existe el marco jurídico que proporciona la Court Interpreters Act de 1978. Uno de los ejemplos tradicionales de la casuística implicada en esta situación es el caso *United States ex rel Negrón contra New York* (1970). Rogelio Negrón, un puertorriqueño de escasa instrucción y sin conocimientos de inglés, mató a un compañero de trabajo en una pelea de taberna en Suffolk County (Nueva York). Su abogado no hablaba español y no se le destinó ningún intérprete. En las pausas se le resumía lo que estaba ocurriendo e incluso algunos testigos que sabían español depusieron en inglés. Fue condenado a veinte años por asesinato en segundo grado. El segundo Tribunal Federal de Apelación anuló la sentencia porque no se le habían dado las garantías procesales de las enmiendas IV, V, VI y XIV.

Como consecuencia de esta situación, el Congreso se planteó una reforma legal, que condujo al Acta [o Ley] de Intérpretes de los Tribunales (Court Interpreters Act) de 1978. Lo fundamental para este estudio es que se estableció que el director de la Oficina Administrativa de los Tribunales de los Estados Unidos desarrollaría un programa que ayudaría a emplear intérpretes certificados o al menos con suficientes calificaciones en todos los procedimientos judiciales entablados por los Estados Unidos. De esta manera se inició oficialmente el servicio público de traducción e interpretación en los tribunales, que se fue perfeccionando progresivamente y que hoy garantiza a los acusados la mejor defensa en el marco de la ley. Como la investigación demostró que los servicios de interpretación se realizaban en muchas ocasiones por individuos que no tenían ninguna educación forense específica y que, por otra parte, los jueces y los abogados tampoco estaban suficientemente informados de las responsabilidades profesionales del intérprete o de cómo se veían afectadas las exigencias de habilidad técnica por su parte, el National Center for State Courts publicó en 1995 una *Guía modelo de interpretación forense* (http://www.ncsconline.org/wc/publications/Res_CtInte_ModelGuideChapter9Pub.pdf/), que se suma al *Code of Ethics and Professional Responsibilities*, publicado por la National Association of Judiciary Interpreters & Translators (NAJIT: http://www.najit.org/Documents/NAJITCodeofEthicsFINAL.pdf/).

La extensión de la atención lingüística

La última gran mejora de la atención lingüística se promulgó en 2000, mediante un decreto del presidente Bill Clinton (Presidency of the United States, Executive Order 13166, 'Improving Access to Services for Persons with Limited English Proficiency', August 11, 2000)[3]. En la sección primera, al definir sus propósitos, se afirma que 'el Gobierno federal proporciona y financia un conjunto de servicios que pone a disposición de personas que podrían ser beneficiarias de ellos, pero que no son competentes (*proficient*) en la lengua inglesa. El Gobierno federal se compromete a mejorar el acceso a estos servicios para las personas con competencia limitada en inglés' (las siglas en inglés son LEP: Limited English Proficiency). El Gobierno hace explícito al mismo tiempo que este compromiso va unido al desarrollo de programas para el aprendizaje del inglés. Importa destacar que lo que se resalta es el acceso de todos a los servicios que las instituciones o agencias federales ofrecen, independientemente de su competencia lingüística, es decir, en plena coherencia con el espíritu de las disposiciones sobre la traducción y el uso lingüístico que se han ido presentando.

Para ayudar a cada uno de los organismos implicados en ese fin, el Ministerio de Justicia publicó en 2002 una guía para resolver los problemas que son previsibles en el acceso a los servicios de las personas con competencia limitada en inglés (http://www.calea.org/Online/newsletter/No90/limitedenglish.htm/). Cada uno de los organismos de la Administración federal debe desarrollar sus propios estándares lingüísticos para tratar a esas personas, a partir de las disposiciones generales previstas en la guía. Los receptores de la ayuda, por su parte, también deben cooperar, asegurándose de que comprenden todo lo necesario para acceder a los programas de ayuda de cada organismo.

Guía de atención al ciudadano de Georgia.

El decreto distingue entre los programas que desarrolla directamente el Gobierno federal y los que se desarrollan con apoyo (financiación) del Gobierno federal. En ambos casos se explicita el modo de redacción y revisión de las guías propias o específicas, siguiendo las pautas marcadas por la guía general.

En suma, los ciudadanos y residentes de los Estados Unidos están protegidos por una legislación lingüística rica y compleja. Hasta hace poco, el público no ha tenido una conciencia clara de ello. Cada vez más, se invierte esta situación, los afectados recurren más y las instituciones se cuidan cada vez más de ofrecer este servicio público. Los sectores públicos a los que se dirige primordialmente esta atención lingüística son:

1. Seguridad social, bienestar público: pensiones y asistencia.

2. Salud, Medicare y Medicaid.

3. Educación.

4. Derechos Civiles. Servicios de inmigración y naturalización.

5. Oficina del censo.

6. Administración de Justicia.

7. Fuerzas Armadas de los Estados Unidos.

8. Seguridad Nacional y lucha antiterrorista.

9. Control de Drogas: DEA.

10. Agricultura.

11. Comercio, industria y desarrollo empresarial, sobre todo pymes.

12. Medioambiente.

13. Trabajo.

14. Vivienda y desarrollo urbano.

Los organismos federales

Los organismos o agencias federales que tienen que ofrecer servicios en español, con sus títulos oficiales, son los 64 siguientes:

1. Administrative Office of the Courts: Oficina de Administración de los Tribunales.

2. Agency for Toxic Substances and Disease Registry (CDC): Agencia para Sustancias Tóxicas y Registro de Enfermedades.

3. Appellate Section, Department of Justice, Civil Rights Division: División de Apelaciones, División de Derechos Civiles, Departamento [Ministerio] de Justicia de los Estados Unidos.

4. Assistant Attorney General for Civil Rights: Fiscal General Adjunto para Derechos Civiles.

5. Associate Justice of the Supreme Court: Juez Asociado de la Corte Suprema.

6. Attorney General: Secretario de Justicia; Ministro de Justicia; Procurador General.

7. Bureau of Citizenship and Immigration Services (BCIS), ahora U.S. Citizenship and Immigration Services (USCIS): Servicios de Ciudadanía e Inmigración de los Estados Unidos.

8. Bureau of the Census: Oficina del Censo.

9. Centers for Disease Control: Centros para el Control y la Prevención de Enfermedades.

10. Centers for Medicare & Medicaid Services (CMS): Centros de Servicios de Medicare y Medicaid.

11. Chief Justice of the Supreme Court: Juez Presidente de la Corte Suprema.

12. Circuit Court of Appeals: Tribunal Federal de Apelaciones.

13. Coordination and Review Section, Department of Justice, Civil Rights Division: Sección de Coordinación y Revisión, División de Derechos Civiles, Departamento [Ministerio] de Justicia de los Estados Unidos.

14. Civil Division, U.S. Department of Justice: División Civil, Departamento [Ministerio] de Justicia de los Estados Unidos.

15. Criminal Division, U.S. Department of Justice: División Penal, Departamento [Ministerio] de Justicia de los Estados Unidos.

16. Department of Agriculture: Departamento [Ministerio] de Agricultura.

17. Department of Education: Departamento [Ministerio] de Educación.

18. Department of Health & Human Services: Departamento [Ministerio] de Salud y Servicios Sociales.

19. Department of Homeland Security: Departamento [Ministerio] de Seguridad Nacional.

20. Department of Housing and Urban Development: Departamento [Ministerio] de Vivienda y Desarrollo Urbano de los Estados Unidos.

21. Drug Enforcement Administration (DEA): Dirección de Control de Drogas.

22. Environmental Protection Agency (EPA): Agencia de Protección Ambiental o Agencia de Protección Ambiental de los Estados Unidos.

23. Equal Employment Opportunity Commission (EEOC): Comisión para la Igualdad de Oportunidades en el Empleo.

24. Executive Office for Immigration Review (EOIR): Dirección Ejecutiva de Revisión de Casos de Inmigración.

25. Federal Court of Appeals: Corte Federal de Apelaciones.

26. Federal District Court: Corte Federal de Distrito.

27. Federal Emergency Management Agency (FEMA): Agencia Federal para el Manejo de Emergencias.

28. Federal Mediation and Conciliation Service: Servicio Federal de Mediación y Conciliación.

29. Federal Trade Commission: Comisión Federal de Comercio.

30. First Circuit Court of Appeals: Corte de Apelaciones para el Primer Circuito; [Tribunal Federal de Apelaciones del Primer Circuito].

31. General Services Administration: Administración de Servicios Generales.

32. Interagency Working Group: Grupo Interinstitucional de Trabajo .

33. Internal Revenue Service (IRS): Servicio de Impuestos Internos.

34. National Center on Birth Defects and Developmental Disabilities: Centro Nacional de Defectos Congénitos y Deficiencias del Desarrollo.

35. National Center for Chronic Disease Prevention and Health Promotion: Centro Nacional para la Prevención de Enfermedades Crónicas y la Promoción de la Salud.

36. National Center for Environmental Health: Centro Nacional de Salud Ambiental.

37. National Center for Health Statistics: Centro Nacional de Estadísticas de la Salud.

38. National Center for HIV, STD and TB Prevention: Centro Nacional para la Prevención del VIH, ETS y TB.

39. National Center for Infectious Diseases: Centro Nacional para Epidemias Infecciosas.

40. National Center for Injury Prevention and Control: Centro Nacional para la Prevención y Control de Lesiones.

41. National Credit Union Administration: Administración Nacional de Uniones de Crédito.

42. National Endowment for the Arts: Fundación Nacional para las Artes.

43. National Immunization Program: Programa Nacional de Inmunización.

44. National Institute for Occupational Safety and Health: Instituto Nacional de Salud y Seguridad Ocupacional.

45. National Institutes of Health: Institutos Nacionales de la Salud.

46. National Labor Relations Board (NLRB): Junta Nacional de Relaciones del Trabajo (o de Relaciones Laborales).

47. New York City Department for the Aging (DFTA): Departamento [Ministerio] para Personas Mayores de la ciudad de Nueva York.

48. Occupational Safety & Health Administration (OSHA): Administración de Seguridad y Salud Ocupacional.

49. Office of the Chief Administrative Hearing Officer (OCAHO): Jefatura de Audiencias Administrativas.

50. Office for Civil Rights, Department of Health and Human Services: Oficina para los Derechos Civiles, Departamento [Ministerio] de Salud y Servicios Humanos.

51. Office of Management and Budget: Oficina de Gerencia y Presupuesto.

52. Office of Special Counsel for Immigration-related Unfair Employment Practices (OSC): Oficina del Consejero Especial de Prácticas Injustas en el Empleo relacionadas con la Condición de Inmigrante.

53. Small Business Administration: Agencia Federal para el Desarrollo de la Pequeña Empresa.

54. Social Security Administration: Administración del Seguro Social.

55. Solicitor General, U.S. Department of Justice: Procurador General, Departamento [Ministerio] de Justicia de los Estados Unidos.

56. Special Litigation Section, Department of Justice, Civil Rights Division: Sección de Litigios Extraordinarios, División de Derechos Civiles, Departamento [Ministerio] de Justicia de los Estados Unidos.

57. Supreme Court: Tribunal Supremo [Corte Suprema].

58. Treasury Department: Departamento [Ministerio] del Tesoro.

59. United States Attorney: Procurador Federal; Fiscal Federal.

60. U.S. Department of Justice: Departamento [Ministerio] de Justicia de los Estados Unidos.

61. U.S. Food and Drug Administration: Administración de Alimentos y Medicamentos de los Estados Unidos.

62. Voting Section, Department of Justice, Civil Rights Division: Oficina de Asuntos Electorales, División de Derechos Civiles, Departamento [Ministerio] de Justicia de los Estados Unidos.

63. Women's Bureau, Department of Labor: Oficina de la Mujer del Departamento [Ministerio] de Trabajo.

64. Worker's Compensation Court: Tribunal de Indemnización por Accidentes de Trabajo.

Además, hay que tener en cuenta sus subdivisiones, de las cuales son especialmente importantes las de las Fuerzas Armadas y las Agencias de Seguridad, que tienen sus programas lingüísticos, en centros específicos o en convenios con universidades, lo que hace que el número de organizaciones federales que ofrecen servicios lingüísticos en español sea muy elevado. Considérese también, de todos modos, que estos servicios se ofrecen generalmente de manera incompleta. Cuando se accede a los portales de Internet de muchas de estas organizaciones, solo una parte de la información, por regla general, está en español y se advierte de la que solo se encuentra disponible en inglés.

Los portales de atención al ciudadano

Todas las agencias federales y estatales tienen portales de atención al ciudadano. Existe una lista completa disponible en la dirección http://www.usa.gov/gobiernousa/Agencias/index.shtml/ para las agencias federales y en la dirección http://www.usa.gov/gobiernousa/Temas/Estatales_Locales.shtml/ para las agencias estatales y locales. Lo que sigue es una selección y muestreo de las que, por su contenido, son más visitadas por los hispanos.

El Gobierno federal (Usa.gov) en español

El portal oficial del Gobierno de los Estados Unidos (http://www.usa.gov/) se denomina Gobierno Usa.gov en su versión española (http://www.usa.gov/gobiernousa/index.shtml/). Como se puede comprobar a continuación, es un portal exhaustivo, en el que se encuentran vínculos a los siguientes sectores:

Agricultura, energía y medioambiente (Agriculture, Energy and Environment).

> Recursos naturales, desarrollo rural, protección ambiental, calidad del aire y agua (http://www.usa.gov/gobiernousa/Temas/Agric_Ambiente.shtml/).

Beneficios y ayuda financiera (Benefits and Financial Assistance).

> Becas, beneficios federales, Seguro Social, medicare, etc. (http://www.usa.gov/gobiernousa/Temas/Beneficios.shtml/).

Ciencia y tecnología (Science and Technology).

> El espacio, la naturaleza, computadoras, Internet, etc. (http://www.usa.gov/gobiernousa/ Temas/Ciencia.shtml/).

Desastres y emergencias (Disasters and Emergencies).

> Huracanes, terrorismo, incendios, asistencia, etc. (http://www.usa.gov/gobiernousa/Temas/Desastres.shtml/).

Dinero e impuestos (Money and Taxes).

> Crédito, finanzas, cómo ahorrar, inversiones, etc. (http://www.usa.gov/gobiernousa/Temas/Dinero.shtml/).

Educación (Education).

> Ayuda financiera, estudiar en los Estados Unidos, bibliotecas públicas, etc. (http://www.usa.gov/gobiernousa/Temas/Educacion.shtml/).

Empleo (Employment).

> Trabajo, derechos de los trabajadores, discriminación, seguridad en el trabajo, etc. (http://www.usa.gov/gobiernousa/Temas/Empleo.shtml/).

Inmigración y ciudadanía (Immigration and Citizenship).

> Casos de inmigración, visados, cómo hacerse ciudadano, noticias, etc. (http://www.usa.gov/gobiernousa/Temas/Inmigracion.shtml/).

Leyes, datos y estadísticas (Laws, Data and Statistics).

Leyes, historia, derechos y deberes, etc. (http://www.usa.gov/gobiernousa/Temas/Leyes_Datos_ Estadisticas.shtml/).

Protección al consumidor (Consumer Protection).

Fraudes, reclamaciones, quejas, comprar con seguridad, etc. (http://www.usa.gov/gobiernousa/Temas/Consumidores.shtml/).

Salud, nutrición y seguridad (Health, Nutrition and Safety).

Enfermedades, nutrición, prevención, seguro médico, publicaciones, guías médicas, etc. (http://www.usa.gov/gobiernousa/Temas/Salud-Nutricion-Seguridad.shtml/).

Viajes, turismo y recreación (Travel, Tourism and Recreation).

Licencias de manejar/conducir, arte, cultura, viajes, etc. (http://www.usa.gov/gobiernousa/Temas/Viajes.shtml/).

Vivienda y familia (Housing and Family)

Cómo comprar o alquilar una vivienda, recursos para padres, personas de edad avanzada, etc. (http://www.usa.gov/gobiernousa/Temas/Hogar_Familia.shtml/).

Votaciones y elecciones (Voting and Elections).

Con información sobre cómo inscribirse para votar, elecciones, campañas, etc. (http://www.usa.gov/gobiernousa/Temas/Votaciones.shtml/).

Aunque en las páginas anteriores se pueda encontrar la información completa, otros organismos federales con portal en español ofrecen información similar, complementaria o repetida:

— Agencia Federal para el Desarrollo de la Pequeña Empresa (Small Business Administration): http://www.sba.gov/espanol/.

— Ayuda Estudiantil en la Página electrónica (Student Aid on the Web): http://studentaid.ed.gov/PORTALSWebApp/students/spanish/index.jsp/.

— La Casa Blanca (The White House): http://www.whitehouse.gov/espanol/index.es.html/.

Página electrónica de la Casa Blanca en español.

— Departamento de Estado [Ministerio del Interior] de los Estados Unidos (U.S. Department of State): http://usinfo.state.gov/esp/.

— Estado de Caso En Línea (U.S. Citizen and Immigration Services): https://egov.uscis.gov/cris/changeLocaleLanguage/.

— Departamento [Ministerio] de Agricultura: http://www.usda.gov/EnEspanol/.

— El IRS [Agencia Tributaria] en Español (Internal Revenue Service): http://www.irs.gov/espanol/index.html/.

— Federal Citizen Information Center, un portal federal localizado en Pueblo (Colorado), con enlaces a portales de organismos federales de consumidores, educación, gobierno, vivienda, asistencia social, salud y más: http://www.pueblo.gsa.gov/spanish/splinks.htm/.

— Página electrónica de Acción de los Consumidores (Consumer Action Website): http://espanol.consumeraction.gov/consumeraction/ y http://www.consumeraction.gov/.

— Seguro Social en Español (Social Security): http://www.ssa.gov/espanol/.

Además, hay que tener en cuenta los portales dedicados a la salud o los numerosísimos portales que ofrecen otros enlaces, informaciones parciales o suplementos en español, a veces estatales, a veces meramente locales o municipales, como, entre otros muchos:

— El portal de la Oficina Federal de Investigación en San Antonio (Texas): http://sanantonio.fbi.gov/espanol/esphis.htm/.

— Los portales de organizaciones profesionales, como grupos de abogados: http://abogada.com/abogados/.

— Las embajadas de los Estados Unidos de América en otros países, como por ejemplo la de Bogotá (Colombia): http://bogota.usembassy.gov/.

La información real de los portales en español

Aunque en algunas ocasiones los portales son plurilingües y ofrecen su información en lenguas como el chino o el árabe, lo habitual es que las dos lenguas empleadas sean el inglés y el español. Esta preferencia lingüística es general y fácilmente comprensible y se refleja en todo tipo de actividades, como la campaña contra el manejo de automóviles en estado de ebriedad: para ayudar a elevar el conocimiento sobre la campaña, el Congreso de los Estados Unidos aprobó para la Administración Nacional de Seguridad del Tráfico en las Carreteras (NHTSA, por sus siglas en inglés) la suma récord de 14 millones de dólares para producir anuncios de ámbito nacional y colocarlos en programas nacionales de radio y televisión en español e inglés de tal modo que estos coincidan con la *Campaña Nacional para Tomar Medidas Drásticas contra los Conductores Ebrios*. Volviendo a Internet, muchos de esos portales bilingües, sin embargo, ofrecen en español la página de entrada y luego advierten de que algunas de las informaciones solo están disponibles en inglés, de manera que cuando se entra en ellos, hay que estar preparado para encontrar el camino clausurado un poco después.

Por regla general, es la información más técnica la que se encuentra disponible en inglés. Por ejemplo, la oficina del censo ofrece en español una amplia información sobre los hispanos; pero el conjunto de los datos de la población y numerosas informaciones derivadas de ellos solo se publican en inglés, porque, evidentemente, las personas que acceden a este tipo de información tienen conocimientos suficientes de inglés, al tratarse de un público con algún grado de especialización. Otras veces se trata de informaciones que no deben de ser difícilmente comprensibles, como los días de pago de las prestaciones de la Seguridad Social, que no se destinan solo a los hispanos, por supuesto, y que se presentan como un calendario, en inglés, con las cifras correspondientes resaltadas. Por regla general, las páginas de empleos están en inglés, lo que indica que se supone que cualquier persona que acceda a un empleo a través de un portal federal (empleos federales también, normalmente) tiene que saber inglés, además de las otras lenguas que hable.

El español en los portales de Internet y en las oficinas de atención directa

La calidad del español en los portales de los organismos federales es comparable a la de un país hispanohablante. Puede haber una mayor incidencia de calcos, es decir, de construcciones originariamente españolas que toman valores propios del inglés, como construcciones prepositivas, o elementos léxicos que amplían su contenido por influjo del inglés, como *aplicar*, con el valor de 'solicitar', o *calificar* con el de 'tener derecho'; pero no puede hablarse de una generalización en Internet de un español descuidado. Naturalmente, cuando las páginas en español son locales, la variación puede ser mucho mayor; pero tampoco es posible hacer un recorrido por los portales en español, no ya exhaustivo sino quizás ni siquiera representativo.

La lista de los portales y organismos federales que se da anteriormente supone, sin duda, un elenco amplio; pero de ninguna manera completo. Si a ello se añade la iniciativa individual, como los *blogs*, por ejemplo, la imposibilidad de analizar todo lo que se presenta es evidente. Por ello la única técnica que puede aplicarse es la del muestreo. Por ejemplo, esta referencia del portal de la Oficina Regional en San Antonio (Texas), de la Oficina Federal de Investigación, correspondiente al año 1977:

> John H. Wood, Chief U.S. District Judge (Juez Principal del Juzgado Federal) fue asesinado cerca de su casa en San Antonio, Texas. La investigación, llamada WOODMUR, que se llevó a cabo como resultado de dicho acto fue la más extensa en la historia del FBI hasta ese tiempo. Charles V. Harrelson y otros cuatro individuos fueron condenados en 1982/1983 del asesinato.

El texto, como se ve, es perfectamente aceptable hasta la preposición final, quizás haya habido un cruce con 'acusados del' —nunca hay que descartar el fallo humano o la errata— pero la inconsecuencia del uso prepositivo es evidente.

El centro de información de Pueblo (Colorado) inserta la siguiente nota en su portal:

> A continuación encontrará algunos enlaces útiles a los recursos federales en español. Ofrecemos también recursos en otros idiomas. Cuando haga *click* en estos enlaces, estará saliendo de nuestra página web, entonces no olvide de ponernos en sus Favoritos.

O 'no se olvide de ponernos' o 'no olvide ponernos'; ha habido un cruce de las dos construcciones, nada que no se vea en otros muchos sitios. Los anglicismos crudos como *click* o *web* pueden encontrarse en miles de páginas de otros territorios del español. En cambio, usa 'enlaces', que en España, muy probablemente, hubiera sido *links*.

Es generalizado, en cambio, el uso de las mayúsculas en todas las palabras con contenido de un título, como suele hacerse en inglés, donde, por cierto, tampoco es obligatorio; así se encuentran: *Cuando su Niño Desaparece: Una Guía Para la Supervivencia de la Familia*, *El Centro Nacional de Información para Niños y Jóvenes con Discapacidades*, híbridos de mayúscula, minúscula y genitivo sajón, de paso, como USDA's el Servicio Agrícola de investigación-Ciencia Para Niños. Nótense también los artículos por calco del inglés en *El Centro, el Servicio. Viajes, turismo y recreación*, donde se calca el inglés *recreation*.

El texto de instrucciones sobre lo que se debe hacer cuando se advierte que un hijo ha desaparecido comienza con este párrafo:

> Las primeras 48 horas que siguen a la desaparición de un menor son las más críticas para encontrar y devolver ese niño al hogar, pero también pueden ser las más complicadas y caóticas. Use esta lista de control durante esas primeras horas para ayudarse a hacer todo lo que pueda para aumentar las posibilidades de recuperar a su hijo, pero si han pasado más de 48 horas desde que desapareció el niño, usted todavía debería tratar de seguir estos pasos lo antes posible. Todas estas medidas de acción descritas aquí son tratadas con más detalle más adelante en la Guía para ayudarle a comprender mejor lo que usted debería hacer y por qué.

Obviamente, en esas circunstancias se comprende que los padres no estén para gramatiquerías; pero el redactor podía haber escrito *devolver a ese niño al hogar* (la supresión de a antes del objeto directo es muy común en el español escrito en Norteamérica y posiblemente haya que relacionarla con algún rasgo dialectal arcaico del español norteamericano, ya que todavía en el siglo XVIII no estaba generalizada en España). La frase *usted toda-*

vía debería tratar de seguir estos pasos calca indudablemente los verbos modales ingleses y coloca el adverbio *todavía* en una posición un tanto anómala, además de la falsa rima. La pasiva *son tratadas* también resulta poco española (aunque en inglés tampoco sea tan elegante como algunos piensan). Con todo, se trata de detalles menores, que no sería raro encontrar en un texto de cualquier país hispanohablante.

Si se pasa al terreno privado, los atentados a la norma hispánica son mucho más frecuentes. Véanse algunas preguntas y respuestas de un centro de enseñanza para conducción de automóviles: '¿A que edad pueden los jóvenes aplicar por su permiso de conducir? A la edad de 16 años. Los padres o encargados de ellos tendrán que firmar un documento de consentimiento'.

Ya se mencionó *aplicar* por 'solicitar'; *aplicar por* calca además el uso prepositivo del inglés, *solicitar* no rige preposición. *Los padres o encargados de ellos* trata de evitar la ambigüedad del pronombre *sus*, con un giro muy común en diversas variantes de Hispanoamérica también. Hay más transgresiones en otra pregunta: '¿Cuantas horas de manejo necesito para aprender a manejar? Todo depende en el nivel de experiencia que te encuentras tales como principiante, intermedio o avanzando. Para darte una respuesta más correcta, nosotros necesitaríamos más información acerca de ti. Así que no dudes en llamarnos para darte mas orientación al respecto'.

Manejo y *manejar* son generales y aceptables, *expericiencia* es una simple errata tipográfica por *experiencia*. Por su parte, *depende en* es un calco sintáctico de *depends on*, y *que te encuentras* tendría que ser en *que te encuentres*; hay una fosilización del *que* y un indicativo en vez de subjuntivo. Nótese también el tuteo, mucho más frecuente en el español para hispanos en los Estados Unidos o Canadá que en el vecino México; es una simplificación frecuente en la reducción de tratamientos en sociedades de emigrantes. Falta el acento en *mas*, 'más orientación'.

En otras ocasiones es bastante difícil comprender lo que se quiere decir, como en esta información de un centro médico de Wisconsin: 'Nosotros podemos no divulgar resultados de los exámenes de HIV, alguna información médica confidencial o archivos de tratamiento de la salud mental por algunos propósitos listados abajo si su permiso escrito, a menos que sea requerido por la ley. Los resultados de sus exámenes de HIV, si alguno pueden ser divulgados con se estipula en los Estatutos de Wisconsin § 252.15(5)(a). Un listado de personas o circunstancias establecidas en ese estatuto está disponible según se solicite'.

Hay posiblemente una errata, molesta, en *si su permiso*, por 'sin su permiso'; *por algunos propósitos* parece ser un caso de error de *por* en vez de *para*. *Los resultados de sus exámenes de HIV, si alguno pueden ser divulgados con se estipula en* solo se puede entender si se retraduce al inglés *si alguno, if any,* y se corrige *con* en *como*. En este segundo caso solo se puede suponer una combinación de errata, *com*, con supresión de la vocal final, seguida de mala corrección de *com* en *con*. Cualquier lector de manuscritos sabe que estas correcciones, en los copistas, son muy frecuentes; en la era informática son sin duda más llamativas, pero igualmente humanas.

Tampoco hay que descartar que, en algunas ocasiones, se utilicen traducciones realizadas por programas informáticos, sobre todo por la facilidad de encontrar estos recursos de manera gratuita en Internet. Es el único modo de explicar ejemplos como *los chalecos salvavidas salvan vive*, donde *vive* traduce *lives*, que no es una tercera persona del verbo 'vivir', sino el plural del sustantivo 'vida', *life*. 'Salvan vidas' es, naturalmente, lo correcto en este caso.

La atención directa depende, naturalmente, de los niveles de conocimiento y experiencia de uso del español de los usuarios. La casuística sería, si no infinita, sí individual. Por ello es preferible fijarse en los programas federales que requieren un conocimiento lingüístico específico de los aspirantes a sus plazas. Hay dos ejemplos claros, la Agencia Antidroga, la

DEA, y la Oficina Federal de Investigación, el FBI. En ambos casos una parte esencial del trabajo depende de la transcripción y edición de conversaciones o textos orales, en general. Independientemente de la formación específica que se pueda conseguir en los centros adecuados, que incluyen programas universitarios, las agencias que trabajan en la frontera, como ocurre en Texas, prefieren que los hablantes dominen los registros bajos y conozcan las variantes fronterizas del mal llamado *spanglish, tex-mex, caló, pocho* y demás. Lo prefieren a que sus conocimientos de la lengua normativa sean incluso excelentes. Hay una desconfianza innata por parte del personal de reclutamiento de las agencias hacia la persona que utiliza el recurso alto del español, sin pararse a pensar que ello no tiene por qué impedir el conocimiento de los registros bajos, como en muchas ocasiones es el caso. Aunque hay indicios de que esta situación pueda cambiar en el futuro, de momento hay todavía muchos ejemplos de lo contrario; hará falta un cambio a una generación con mejor formación lingüística para que las agencias de seguridad y protección admitan que el conocimiento de los registros altos no es óbice para un perfecto reconocimiento de las formas de la variación lingüística en los restantes registros.

Datos y perspectivas

En 1949 se fundó la Administración de Servicios Generales (General Services Administration, GSA) de los Estados Unidos. Se presenta como 'una agencia de procuraduría centralizada y gerencia de propiedades del Gobierno federal', pero, en realidad, maneja más de la cuarta parte del presupuesto de lo que equivale a la Administración pública (como el Ministerio de Administraciones Públicas en España, por ejemplo). La GSA es la encargada de proveer toda la infraestructura de las agencias u organismos federales, tanto en lo concerniente a edificios y su habilitación como a las soluciones tecnológicas; la gerencia, en suma, hasta sus últimos detalles, puesto que incluye también los viajes del personal. El ámbito de influencia de su gestión supone 500.000 millones de dólares en bienes gubernamentales, en los que se incluyen 8.300 edificios que son propiedad del Gobierno federal o que este tiene en alquiler, así como 170.000 vehículos. La GSA es también la administradora del patrimonio nacional, para el que gestiona 420 propiedades históricas. Interesa aquí por su función como gerente de USA.gov y GobiernoUSA.gov, el portal oficial de información y servicios del Gobierno en inglés y en español.

GobiernoUSA.gov pasó a tener ese nombre el 19 de enero de 2007. Partió de un antecedente, Español.gov, y se amplió para atender mejor a las necesidades de los ciudadanos hispanohablantes. En palabras de Lurita Doan, administradora de la Administración de Servicios Generales de los Estados Unidos, 'aunque GobiernoUSA.gov fue creado y es manejado por empleados ejemplares de GSA, este sitio pertenece al pueblo y tiene una sola razón de existir: ayudar a los individuos a entender los temas del día y al Gobierno a responder por sus acciones'. Parece ser que los usuarios tenían dificultades de identificación del portal con el nombre anterior, en el que no se percibía una vinculación visible con una institución oficial. A principios de 2006, el Centro Federal de Información para el Público realizó una encuesta por Internet entre hispanos que viven en los Estados Unidos y el resultado fue una innegable preferencia por el nombre GobiernoUSA.gov para el portal oficial en español del Gobierno de los Estados Unidos. Con uno u otro nombre, lo que es significativo es que el portal del Gobierno en español tuvo casi 1,7 millones de visitas en el año 2006. La finalidad explícita es cumplir el compromiso de la GSA de proveer al público de recursos y servicios gubernamentales en español que estén a su disposición, sean de confianza y fáciles de usar. Como se señaló en los vínculos recogidos anteriormente, en GobiernoUSA.gov el público puede encontrar rápidamente información sobre inmigración, vivienda, programas federales y un sinfín de otros temas a través de recursos gubernamentales en el marco federal, estatal y local. La información también se encuentra organizada según los distintos tipos de consultores, con lo que se permite a los inmigrantes recientes, empresarios y visitantes de los Estados Unidos, entre otros, encontrar las respuestas que necesiten. Gracias a su ampliación y mejora, el portal del Gobierno en español ofrece a los usuarios un acceso más rápido y fácil a una mayor cantidad de recursos y programas. GobiernoUSA.gov permite a los visitantes ver los resultados de las búsquedas agrupados por temas y ordenados según su popularidad entre los usuarios. También les permite recibir por correo electrónico actualizaciones cuando cambia algún contenido en el portal. Conviene observar que la información sobre este servicio puntualiza que la navegación alternando Gobierno USA.gov y USA.gov es fácil y que esta posibilidad está orientada a que se pueda obtener información adicional en el otro idioma sobre temas específicos. Con ello se confirma una de las afirmaciones anteriores de esta presentación, la de que no todos los servicios se ofrecen en las dos lenguas. Sigue habiendo territorios a los cuales solo se puede acceder en la inglesa.

Página electrónica del Gobierno de los Estados Unidos en español.

El esfuerzo de atención al público en español que se realiza en los Estados Unidos es total y progresivo: abarca a toda la población hispanohablante, en los ámbitos federal, estatal y local. Es público y privado, en Red y presencial. La calidad del español usado varía mucho según el medio. En general, los portales del Gobierno federal en la Red muestran una proximidad a la norma hispánica muy consistente, mientras que los portales privados son los más alejados de ella. Las transgresiones a la norma no muestran diferencias llamativas respecto a las que se pueden observar en otros medios. En general, es más importante e insidioso el calco, es decir, la ampliación de estructuras originariamente hispanas que toman valores o construcciones propias del inglés, tanto en la semántica como en la sintaxis. Muchas de estas construcciones, al igual que ocurre con los préstamos, son compartidas con otras variantes de otros países hispanohablantes. El español escrito oficial, en consecuencia, no ofrece una cara de especial riesgo, se adecua a la norma. Las alteraciones aumentan cuando el radio de influencia de un escrito es menor y, mucho más, en la interacción oral, en la que el contínuum entre la lengua inglesa y la española es mucho más difícil de delimitar para hablantes que están obligados a realizar la conmutación de código permanentemente.

Notas

[1] 'There is a time in every man's education when he arrives at the conviction that envy is ignorance; that imitation is suicide; that he must take himself for better, for worse, as his portion; that though the wide universe is full of good, no kernel of nourishing corn can come to him but through his toil bestowed on that plot of ground which is given to him to till'. Nótese que la palabra toil, 'esfuerzo', es precisamente la que mucha gente elimina de la célebre frase de sir Winston Churchill, que no fue sangre, sudor y lágrimas, sino blood, sweat, tears and toil.

[2] 'You have the right to remain silent. If you give up that right, anything you say can and will be used against you in a court of law. You have the right to an attorney and to have an attorney present during questioning. If you cannot afford an attorney, one will be provided to you at no cost. During any questioning, you may decide at any time to exercise these rights, not answer any questions or make any statements'.

[3] Este decreto, típico de la imagen ejecutiva norteamericana, está firmado 'a bordo del Air Force 1', el avión presidencial: el presidente no descansa.

XV LA EMPRESA HISPÁNICA

Estado actual de la empresa hispánica

Emilio Bernal Labrada

La publicidad

Emilio Bernal Labrada

Estado actual de la empresa hispánica

Emilio Bernal Labrada

Introducción

Abordar este tema[1] supone concebir una evolución descomunal en el medio estadounidense, más allá de todo cuanto pudiera haberse imaginado apenas dos o tres decenios atrás, o aun dos o tres lustros. Las empresas que son total o mayoritariamente hispánicas (para considerarlas como tales es requisito que sean propiedad de hispanos en un mínimo del 51%) muestran una pujanza extraordinaria en todos los sectores, desde la industria y la construcción a las finanzas, la manufactura y los servicios.

Trátase no solo de empresas grandes, chicas y medianas que siguen creciendo y evolucionando, sino de las de nueva creación, de las que se consolidan y de las que echan ramas internacionales. Cabe destacar que son en gran medida los pequeños negocios los que impulsan el crecimiento del sector empresarial hispánico en los Estados Unidos. Y entre las microempresas pertenecientes a minorías, las estadísticas demuestran que son las de hispanos las que más se han multiplicado en los últimos años, por encima de las pertenecientes a afro-norteamericanos o al grupo formado por asiáticos e isleños del Pacífico.

Así lo indica la lista de las cien empresas de más rápido crecimiento compilada por la importante revista *Hispanic Business*, que también publica anualmente la lista de las '500 Empresas Hispánicas más Grandes' del país, así como la relación de los cien hispanos más influyentes de los Estados Unidos, con breve reseña biográfica de cada uno e incluso buen número de sus retratos. Cabe señalar que en dicha lista centenaria figuran no solamente empresarios sino educadores, artistas, políticos, escritores, altos funcionarios gubernamentales y demás.

En fin, que las empresas de propiedad hispánica representan un componente de creciente importancia en la economía mercantil de los Estados Unidos. Se calcula que su número se elevó a más de 2 millones en 2004, con ingresos de 273.800 millones de dólares. A base de la encuesta sobre negocios propiedad de minorías hecha en 1997, estas cifras señalan que entre las empresas de propiedad hispánica se han registrado incrementos de más del 80%, tanto en su número como en el monto de sus recaudaciones comerciales.

En atención a todo ello, puede pronosticarse que la tasa de crecimiento de la economía hispánica va a superar, en los próximos años, el ritmo que marque el país en general, ya que la creciente población hispánica y el incremento en su nivel de instrucción y profesionalismo permitirán a los hispanos asumir un papel más importante en el sector empresarial estadounidense. Se calcula que para 2010 habrá cerca de 3,2 millones de firmas hispánicas, lo que respondería a una tasa de crecimiento anual del 7,5%. Dígase, por último, que según las proyecciones para 2010 el total de firmas propiedad de hispanos se duplicaría con creces respecto al nivel del año 2000.

Aspectos demográficos y económicos

Es un hecho indiscutible que los millones de inmigrantes que en los últimos años han llegado a los Estados Unidos procedentes de todos los países hispanohablantes del mundo —unos por voluntad propia y otros por razones económicas o políticas— han transformado la nación. Un país que, etnias aparte, era de cultura casi exclusivamente anglosajona, ha pasado a ser, según los cálculos demográficos más recientes, la segunda o tercera nación hispánica del planeta (según las estadísticas que se consulten). México, lógicamente, sigue en primer lugar con más de cien millones de habitantes. La necesidad de labrarse un porvenir en un medio ajeno ha sido sin duda un gran incentivo para que estos recién llegados aplicaran su ingenio e inventiva a fin de formar compañías y sociedades que han alcanzado dimensiones económicas insospechadas.

Según las estadísticas de la Oficina del Censo de los Estados Unidos correspondientes a julio de 2007, la población hispánica ya superaba los 44 millones de habitantes, cifra que corresponde al 14,7% del total estadounidense. Ello significa que los hispanos vienen a ser —de hecho, lo son desde 2002, aproximadamente— la minoría más numerosa del país. Cabe señalar que, aparte de 'hispanos', también se usa, intercambiablemente y con mucha frecuencia, la designación 'latinos'. En todo caso, para el año 2010 se calcula que representarán el 15,5% de la población (para más información sobre este tema, véase en esta Enciclopedia la sección dedicada a 'La demografía hispánica en suelo norteamericano').

Por otra parte, desde el año 2000 el empleo de hispanos ha crecido en más del 16%, en tanto que la cifra correspondiente para la población general ha sido de apenas el 2%. Cabe señalar que los censos decenales, de los cuales el último fue en el año 2000, permiten a cada persona designar su origen étnico; es decir, que los hispanos pueden designarse como tales, independientemente de la raza a que puedan pertenecer. (Con cierta arbitrariedad, también pueden autoclasificarse en cuatro categorías: mexicanos, puertorriqueños, cubanos y 'otros hispanos').

Según datos de la citada Oficina del Censo, el crecimiento de las empresas hispánicas ha sido asombroso. Los ingresos percibidos por compañías hispánicas —luego de ajustes por concepto de inflación— que en 1982 eran de 30.900 millones de dólares, ascendieron en 2002 a 245.600 millones de dólares.

Como se observa en la gráfica 1, con cifras del censo económico de los Estados Unidos, las compañías que son propiedad de hispanos han registrado un ascenso sostenido desde 1987. En 2002 su número había llegado a 1,76 millones, o sea, al 6,8% del total de firmas existentes en los Estados Unidos en ese año, en tanto que en 2006 la cifra se había elevado a más de 2,36 millones.

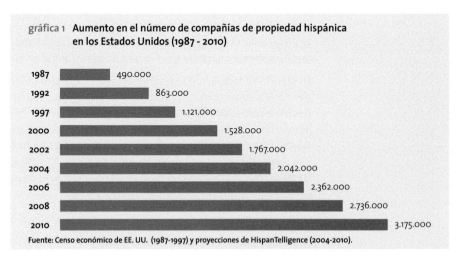

gráfica 1 **Aumento en el número de compañías de propiedad hispánica en los Estados Unidos (1987 - 2010)**

Año	Número
1987	490.000
1992	863.000
1997	1.121.000
2000	1.528.000
2002	1.767.000
2004	2.042.000
2006	2.362.000
2008	2.736.000
2010	3.175.000

Fuente: Censo económico de EE. UU. (1987-1997) y proyecciones de HispanTelligence (2004-2010).

Todos estos factores han impulsado el incremento de la influencia hispánica en el gran mercado de consumo estadounidense, así como en círculos oficiales y dependencias gubernamentales, a tal punto que se transforma cada vez más en país bilingüe. En su empaquetado, casi todos los artículos vienen con rótulos descriptivos, guías del usuario e instrucciones en español (aunque es lo consabido que en algunos casos las traducciones son muy deficientes, no hay duda de que están mejorando). En los sistemas telefónicos automatizados del Gobierno federal, así como de gobiernos estatales y locales, es normativo dar acceso a instrucciones en español. Asimismo, ello se observa cada vez más en el sector privado. En casi todas partes, los servicios públicos, letreros y señales tienden a ser bilingües o bien a aparecer de modo inteligible para quienes no hablen inglés. Algunos años atrás todo esto era bastante inusual, por no decir insólito.

Por otra parte, el poder adquisitivo de la población hispánica representa más del 13% del total para todo el país, habiéndose incrementado a un ritmo anual compuesto del 7,5%, más que duplicando la tasa global de casi el 3% correspondiente al país en general. En 2004 el poder adquisitivo de los hispanos llegó a 700.000 millones de dólares, cifra que deberá casi triplicarse para 2010.

Pero la reciente dinámica de la actividad empresarial hispánica no se debe únicamente a su fuerza demográfica, sino también a la elevación de su nivel de instrucción, a su diversidad geográfica y al advenimiento de segundas y terceras generaciones que saben aprovechar lo mejor de ambas culturas. Lo cierto no es tanto que la cultura estadounidense asimile a los hispanos, sino que estos más bien siguen un proceso de aculturación y se adaptan, pero conservando en gran medida, a la vez, sus propias costumbres y cultura.

Fomento federal a pequeños negociantes hispanos

Los hispanos han captado muy rápidamente la esencia fundamental y el funcionamiento del sistema económico y corporativo estadounidense, y se han valido de él para establecer multitud de eficientes pequeños negocios. Después del grupo de los asiáticos e isleños del Pacífico, los hispanos son los que más fondos han obtenido en préstamo de la Administración pro Pequeños Negocios (SBA, por sus siglas en inglés), que alcanzaron 755 millones de dólares en 2002.

Es más, gracias a la acelerada creación de pequeños negocios, las empresas hispánicas de un solo propietario representaron, en 1997, el 85,6% del total, si bien se adjudicaron solo el 22,6% del total de ingresos. No obstante, muchas compañías pertenecientes a hispanos están llegando a la etapa mediana del desarrollo, con ingresos anuales en el tramo de 5 a 50 millones de dólares.

Aspectos geográficos

En lo que atañe a la distribución geográfica del empresariado hispano, California ocupaba el primer lugar en cuanto al número de compañías con el 28% de ellas, en tanto que Texas albergaba un 20% y la Florida quedaba en tercer lugar con un poco menos. La mayor proporción de negocios hispanos se encontraba en Nuevo México, donde el 22% de todas las firmas pertenecen a hispanos.

En función de ingresos anuales, los negocios hispanos de la Florida ocupaban el primer lugar en la nación con un promedio de 182.000 dólares, seguidos por los de Texas con 164.000 dólares. No obstante, California y la Florida albergaban más del 50% de las empresas hispánicas del país, las cuales percibían el 56% del total nacional de ingresos corporativos hispánicos.

En cuanto a países de origen de los empresarios hispanos, México lleva la delantera al ser los mexicano-norteamericanos (también llamados 'chicanos') propietarios del 40% de las firmas hispánicas y percibir casi esa misma proporción del total de ingresos.

Avance económico y empresarial de la mujer hispana

La influencia de las hispanas en la economía estadounidense va en aumento, ya que desde 1979 hasta 2002 su ingreso real experimentó un incremento del 10%, con lo que el promedio de sus ingresos anuales per cápita subió de 18.700 dólares a 20.600 dólares. Además, las hispanas constituyen una creciente proporción de la población de los Estados Unidos, con representación notablemente mayor entre los grupos más jóvenes. Según pronósticos, para el año 2050 las hispanas integrarán el 25% de la población femenina del país. Las actuales tendencias indican que la mujer hispana tendrá un impacto cada vez mayor en la actividad mercantil de los Estados Unidos, sobre todo en el sector de nuevas iniciativas comerciales y en la pequeña empresa.

En cuanto al número de negocios hispanos de propiedad femenina, cabe señalar un notable desarrollo entre 1997 y 2002, período en que se produjo un aumento en su número de 470.000, o sea casi un 40%. Son mujeres las propietarias del 30% de los negocios hispanos del país, con lo que dan empleo al 12% de todos los que trabajan en operaciones comerciales hispánicas.

Análisis por sectores

A continuación se analizará en más detalle, y por sectores de la economía, el muy favorable desarrollo, la actual situación y las perspectivas de las empresas hispánicas en los Estados Unidos. Las grandes categorías sectoriales en que recaen las empresas, por orden de ingreso anual, son: comercio mayorista, servicios, construcción, comercio automotor, manufactura, finanzas, comercio detallista y transportes. Ello se presenta con claridad en la gráfica 2.

gráfica 2 **Ingresos de firmas de propiedad hispánica en los Estados Unidos, por sectores de actividad (miles de millones de dólares)**

Agricultura	6,5
Construcción	32,9
Manufactura	16,2
Transportes	13,5
Mayoreo	60,3
Ventas al detalle	45,6
Finanzas	39,7
Servicios	58,0
Otros	1,1

Fuente: Proyecciones de HispanTelligence a base de datos del censo económico de los Estados Unidos, ajustados para compensar la ausencia de ciertos tipos de compañías antes del año 1997.

Sector mayorista

A la cabeza de este sector se encuentra Brightstar Corporation, de Miami, Florida, que es la mayor cadena mundial en la distribución de teléfonos móviles y percibe un ingreso anual de 3.000 millones de dólares. Se destacan, igualmente, otras firmas que también tienen su sede en Miami, Florida, ciudad que es un gran eje empresarial hispánico y puente que conecta a los Estados Unidos con Hispanoamérica. Entre tales empresas se encuentran Quirch Foods Company, en undécimo lugar por sus ingresos, de 453 millones de dólares; Northwestern Meat Inc., con 176 millones de dólares, y Latin Node Inc., con 133 millones de dólares. Cabe observar, en cuanto a la localización de las empresas hispánicas, que los estados con mayor concentración de ellas son precisamente la Florida y en segundo lugar California.

En conjunto, el sector de ventas mayoristas representó el 3% del total de empresas hispánicas, pero su gran volumen de negocios hizo que se adjudicara el 22% del total de ingresos.

Sector de servicios

El sector de servicios ha registrado el mayor crecimiento entre las compañías de propiedad hispánica, aventajando a todos los demás en cuanto a concentración general y número de firmas. Ha mostrado gran pujanza y últimamente ha llegado a representar el 42% de las empresas hispánicas, en tanto que sus ingresos han constituido el 21% del total percibido por ellas. Se prevé, durante el decenio de 2000 a 2010, la creación en este sector de unas 850.000 empresas, lo que representará más de la mitad del incremento global en el número de firmas hispánicas.

Las empresas de servicios están bien representadas entre las primeras cincuenta de la lista de las '500 Empresas Hispánicas más Grandes'. Figura en tercer lugar en dicha lista Molina Healthcare, de Long Beach, California, seguida de diversas compañías que se especializan en seguros, gerencia, energía, diseños, finanzas, etc. Una de las diez mayores empresas de servicios es Spanish Broadcasting System, de Coconut Grove, la Florida, que posee veinte radioemisoras en siete de los mayores mercados hispánicos de los Estados Unidos, entre ellos Los Ángeles, Nueva York, Puerto Rico, Miami, Chicago y San Francisco. La empresa, que alcanzó 177 millones de dólares de ingresos en 2006, ocupa el lugar número 38 en la citada lista de las quinientas compañías más grandes.

Sector de la construcción

Este sector muestra una inusitada concentración geográfica, ya que de las diez empresas más grandes, siete se encuentran en la Florida. Pese al fuerte descenso del 20% en los ingresos del sector debido a la recesión en la compraventa de bienes raíces en todo Estados Unidos a partir de 2005, las tres empresas más importantes del sector se encontraban en los lugares cuarto, quinto y sexto en la citada lista de las '500 Empresas Hispánicas más Grandes'. Los ingresos de estas tres compañías en 2005 fueron de 1.409, 1.000 y 946 millones de dólares, respectivamente.

Se calcula que para el año 2010 las empresas hispánicas de construcción llegarán a representar el 12% del total de firmas hispánicas de nueva creación, si bien se considera que permanecerá estable la proporción general de empresas de propiedad hispánica correspondientes a la industria de la construcción, a un nivel cercano al 12%.

Sector automotor

Este sector se compone mayormente de concesionarios de importantes marcas de vehículos distribuidos por todo el país, cuya mayor concentración recae en los estados de Texas y la Florida. Pese al leve descenso en ingresos ocurrido por primera vez desde 2003, en 2006 se han seguido registrando fuertes ventas, si bien con menores utilidades.

En la lista de las '500 Empresas Hispánicas más Grandes', que como ya se dijo compila anualmente la revista *Hispanic Business* mediante encuestas e investigaciones comerciales, las compañías de este sector ocupan cinco lugares entre los primeros veinte. Entre ellas figuran The Burt Automotive Network, de Centenal, Colorado, en segundo lugar, y Ancira Enterprises, de San Antonio, Texas, en octavo.

Sector manufacturero

Las empresas industriales muestran un claro despegue de sus anteriores niveles, como consecuencia del incremento de la población hispánica y del poder adquisitivo de esta. Las cifras lo definen claramente, como puede apreciarse en la lista ya mencionada de las '500 Empresas Hispánicas más Grandes'.

La primera empresa de este sector es The Diez Group, de Dearborn, Míchigan, con ingresos anuales de 513 millones de dólares, seguida por López Foods Inc., de Oklahoma City, Oklahoma, cuya cifra anual de recaudaciones es de 465 millones de dólares.

Sector financiero

Integran este sector, mayormente, casas bancarias e hipotecarias y compañías aseguradoras. Las diez empresas más grandes en él comprendidas están concentradas principalmente en la Florida, California y Texas. Hay, además, una en Luisiana y otra en Connecticut. Por su tamaño, la primera compañía de este sector es International Bancshares Corp., de Laredo (Texas), y la segunda, Pan-American Life Insurance Co., de Nueva Orleans (Luisiana).

Se vislumbra, por cierto, un notable aumento en el número de firmas hispánicas que ofrecen servicios financieros, de seguros y de bienes raíces. Los datos del censo económico de los Estados Unidos muestran que, en 1982, las empresas de servicios financieros representaban menos del 5% del total de firmas hispánicas, proporción que para 1997 había subido dos puntos porcentuales, al 7%.

Más recientemente, en 2005, había casi 165.000 empresas hispánicas de servicios financieros, lo que supone el 8,1% del total de compañías de propiedad hispánica. Se estima que para 2010 esta cifra se elevará al doble, lo que significará que el número de tales firmas habrá experimentado un incremento general de más del 10%, con lo que alcanzarán a ser más del 9% del total de firmas hispánicas.

Sector detallista

Tomando como punto de partida para estas cifras los datos de 2005, este sector representó el 12,9% del número de negocios hispanos y el 17,3% del total de ingresos. Al respecto, es de observar que el 75% de los ingresos por ventas al detalle provinieron del comercio de automóviles y alimentos.

Por otra parte, la productividad por empleado en este sector mostró un fuerte incremento del 84% entre 2005 y 2006. El total de ingresos percibidos en 2006 por las 25 compañías detallistas que figuran en la lista de las '500 Empresas Hispánicas más Grandes' fue de 1.700 millones de dólares, cifra que representó un descenso del 11,3% en relación con el año anterior. La mayor empresa de este sector es Sedano's Supermarkets and Pharmacies, de Miami, Florida, con ingresos de 437 millones de dólares en 2006.

Por cierto que es en la Florida donde recae mayormente la concentración geográfica del sector, pues en dicho estado radican cinco de las diez mayores empresas detallistas; en segundo lugar se encuentra el estado de Nueva York, con tres empresas.

Si bien se espera que el número de empresas hispánicas siga aumentando y que estas representen alrededor del 3% de todas las compañías de nueva creación en los próximos años, este ramo ha venido decayendo como porcentaje de las firmas hispánicas. Se prevé una prolongación de esta tendencia diminutiva en medio de la sensibilidad a la inflación y la competencia más intensa engendrada por las grandes cadenas nacionales de tiendas. Así, la proporción de las compañías detallistas entre las de propiedad hispánica decayó del 22% en 1982 al 15% en 1990, y para el año 2010 se prevé que representen apenas el 6,7% del conjunto de compañías hispánicas.

Sector de transportes

Estas empresas se concentran geográficamente en Texas (cuatro compañías) y California (dos), con una en cada uno de los siguientes estados: Georgia, Nueva Jersey, Nueva York y Míchigan.

La mayor de todas las corporaciones del sector, USA Logistic Carriers, con sede en McAllen (Texas), ocupa el lugar número 89 en la lista de las '500 Empresas Hispánicas más Grandes'. Con solo seis años de vida, ha alcanzado ingresos cuya proyección para el año 2008 es de unos 135 millones de dólares. Según afirma su gerente financiero, esperan para entonces colocarse en primer lugar entre las firmas hispánicas de transporte en los Estados Unidos.

Sector de medios de información y espectáculos

No corresponde entrar en mucho detalle respecto a este sector —que por cierto forma parte de la categoría de servicios en la lista de las '500 Empresas Hispánicas más Grandes'—, puesto que otras secciones de esta enciclopedia se ocupan detalladamente del tema (véanse, en esta Enciclopedia, las secciones dedicadas a 'Los medios de comunicación' y 'Actividades culturales', respectivamente). Subsiste, sin embargo, el hecho de que si bien por sus dimensiones las empresas de este sector no reúnen, en general, los requisitos para figurar entre dicha lista de quinientas grandes empresas, la importancia que tienen su actividad informativa y su vínculo directo con la comunidad hispánica, al afianzar a diario la vigencia del idioma español como medio de comunicación y de unión entre los diversos grupos que la integran, compensa con mucho los factores que obran en contra de ello. Aunque su peso económico sea en algunos casos muy considerable, es difícil calibrarlo y determinar si efectivamente las empresas son de propiedad hispánica en un 51%. Para más datos sobre estos temas, véanse la sección dedicada a 'Los medios de comunicación' y el artículo titulado 'La publicidad', en esta Enciclopedia.

En cuanto a espectáculos y otras actividades culturales en lengua española, es de señalar que, si bien no son grandes operaciones de naturaleza rigurosamente empresarial o comercial, pues se trata de pequeñas agrupaciones de limitada amplitud económica que reciben gran parte de su financiamiento de fundaciones, grandes empresas y entidades gubernamentales, importa reconocer que dichas operaciones son muy numerosas, atraen considerable público y tienen amplia distribución geográfica, sobre todo en la Florida, California, Nueva York y, en general, la región nordeste del país.

Origen geográfico de los propietarios

Restaurante de comida cubana en Key West (La Florida).

Los mexicano-norteamericanos o chicanos son, aproximadamente, propietarios del 40% de los negocios hispanos en los Estados Unidos, y se adjudican la misma proporción de ingresos. La mitad de estos ingresos, más o menos, proceden de empresas en los sectores de manufactura, construcción y servicios. Por su parte, los puertorriqueños son dueños de apenas el 6% de las firmas hispánicas y generan el 4% de los ingresos empresariales. Las cifras correspondientes a los propietarios de origen cubano son relativamente notables considerando su menor nivel demográfico e indican que estos logran la más alta proporción de ingresos por firma en la economía hispánica de los Estados Unidos.

Las proporciones correspondientes a propietarios con otros países de origen arrojan cifras tan reducidas como para ser insignificantes.

Apoyo del Gobierno federal a la pequeña empresa

Para apoyar el fomento de la pequeña empresa, el Gobierno de los Estados Unidos ha establecido, conforme a su Administración pro Pequeños Negocios (Small Business Administration, SBA), el Programa de Desarrollo Comercial 8 (a). El propósito de este programa es estimular a la microempresa perteneciente al segmento demográfico que sufre desventajas sociales y económicas, ofreciendo facilidades para conseguir contratos federales. Según la SBA, las empresas de propiedad hispánica representaron el 25%, aproximadamente, del total de firmas beneficiadas con tales estímulos en el año fiscal 2001.

Conforme a otro plan de estímulo de la SBA, el Programa 7 (a), se ofrecen préstamos a pequeñas empresas que no consigan financiamiento a base de términos razonables en los mercados tradicionales. En cuanto a la tasa de utilización de este programa, las firmas hispánicas alcanzaron el segundo lugar entre los grupos minoritarios, con un 6,50% de los préstamos en el período de 1990 a 2000.

Las cifras correspondientes a los años fiscales 2001 y 2002 indican que el valor total de présta-mos concedidos desde el año 2000 a firmas de propiedad hispánica se incrementó en casi un 25%, en tanto que el número de préstamos se elevó en casi un 22%. En contraste, el monto promedio de los préstamos a firmas de propiedad hispánica, en ese mismo período, se redujo en un 6%. Para junio de 2003 el valor promedio de los préstamos concedidos a empresas his-pánicas conforme a este Programa 7 (a) de la SBA había disminuido aún más, si bien el núme-ro de préstamos a mediados de ese año ya se aproximaba al total otorgado en 2002.

Proyección de ingresos empresariales para 2010

Aun cuando sigue aumentando el número de compañías de propiedad hispánica, se esti-ma que los ingresos empresariales se incrementarán aún más. Para el año 2010 se calcula que el total de ingresos recaudados por empresas hispánicas crecerá en un 70% y alcanza-rá la suma anual de 463.000 millones de dólares, en tanto que el promedio de ingresos por compañía ascenderá más del 9% hasta llegar a 147.000 millones de dólares.

Parte importante del ingreso global de 274.000 millones de dólares percibido por las fir-mas de propiedad hispánica procederá del sector mayorista, que registrará 60.000 millo-nes de dólares en ventas en dicho año, o sea unos 2.000 millones de dólares más que las compañías de servicios.

La lista de las '500 Empresas Hispánicas más Grandes'

The power of Business en español, José Cancela.

En 2007 se cumplieron veinticinco años desde que, como ya se señaló al principio, la revista *Hispanic Business* comenzó a publicar la recopilación anual de las quinientas compañías hispánicas más grandes. Cabe advertir, ante todo, que por razones que sería holgado expli-car, no figuran en esta lista la multitud de microempresas familiares o de un solo propieta-rio, las cuales abundan por toda la nación, sobre todo en los barrios densamente poblados por hispanos. Se trata, por ejemplo, de los pequeños mercados, restaurantes, tiendas y de-más operaciones mercantiles que atienden mayormente a la población hispánica.

Como ya se señaló en el análisis sectorial, a la cabeza de estas '500 Empresas Hispánicas más Grandes' se encuentra Brightstar Corporation, que figura en la categoría de empresas mayoristas y es la mayor cadena mundial en la distribución de teléfonos móviles.

Importa señalar, por cierto, que no figuran en esta lista ciertas compañías internacionales de gigantescas dimensiones, como Bacardí, en razón de la dificultad para cerciorarse de que, en efecto, estuvieran en manos de hispanos en un nivel mínimo del 51%. Algo semejante ha su-cedido, al parecer, con la gran empresa Goya Foods, que pudiera haber pasado mayoritaria-mente a manos no hispánicas luego de una penosa y prolongada lucha intestina de sucesión.

Conclusión

En resumen, la empresa hispánica en los Estados Unidos no solo disfruta de excelente sa-lud, sino que crece y se amplía diariamente, con lo que se fortalece como factor importan-tísimo en el desarrollo económico así como social, cultural y hasta artístico del país. Dados la multiplicación de la población hispánica y el continuo aumento de la también hispánica inmigración, es sumamente dinámico y halagüeño el cuadro general de la situación actual y de las perspectivas para la actividad empresarial hispánica en los Estados Unidos.

Nota

[1] Importa advertir de que todos los datos y cifras que se ofrecen en este artículo sin señalar ningún otro año corresponden a 2005. Además, entiéndase que todas las sumas corresponden a dólares de los Estados Unidos.

La publicidad

Emilio Bernal Labrada

Introducción

Examinar la actividad publicitaria hispánica en los Estados Unidos de América es tarea que exige como punto de partida dos ángulos o puntos de vista diferentes:

Primero. Su creciente proliferación y valor económico, que superan con creces todas las proyecciones hasta el presente hechas.

Segundo. Su calidad y cualidad hispánicas, afectadas como están en una notable mayoría de los casos por el contacto con el inglés y el hecho de que la publicidad, en lugar de concebirse en español, sea el producto de una simple traducción de la versión hecha desde un principio en inglés para el público anglohablante.

El análisis a base del primero de estos aspectos se concentra, como ya se indicó, en su difusión e importancia económica. Las estadísticas dan constancia de que los anunciantes gastaron unos 3,3 miles de millones de dólares para comercializar sus productos y servicios a los hispanos de los Estados Unidos en el año 2005, lo que supone un incremento del 6,8% respecto al año anterior. Para una idea más clara del crecimiento de los anuncios en español en comparación con el mercado estadounidense en general, véase el siguiente cuadro.

cuadro 1 **Mercado hispano como porcentaje del mercado estadounidense general**

Año	Gastos publicitarios (millones de dólares)	% del total de los EE. UU.	Poder adquisitivo (miles de millones de dólares)	% del total de los EE. UU.	Población (miles)	% del total de los EE. UU.
2001	2.220,46	2,3%	584,61	7,5%	36.850	12,9%
2002	2.463,39	2,6%	626,56	7,8%	38.091	13,3%
2003	2.790,13	2,2%	668,51	8,1%	39.335	13,4%
2004	3.091,15	2,2%	699,78	8,5%	40.572	13,5%
2005	3.301,10	2,3%	767,80	8,9%	41.801	14,1%
Crecimiento de 2001 a 2005	48,7%		31,3%		13,4%	

Fuente: *Poder adquisitivo hispano en los Estados Unidos, 1978-2010*, de HispanTelligence, y *Mercado hispano de medios de información en los Estados Unidos, 2000-2007*, Oficina del Censo de los Estados Unidos.

Estas cifras son producto del incremento de la población hispánica, cuya proporción de la estadounidense, según fuentes fidedignas, llegó en el año 2005 a más de 43,5 millones, es decir, un incremento del 3% respecto a 2004. En cambio, en ese mismo período la población general de los Estados Unidos aumentó menos del 1%. Otras fuentes aseguran, conforme a estadísticas más recientes, de julio de 2007, que la población hispánica de los Estados Unidos, sin contar los 4 millones de habitantes de Puerto Rico ni los indocumentados —cuyo número se calcula en unos 12 millones— debió de haber superado los 45 millones de habitantes para mediados de 2007, cifra que llegará a más de 56 millones para 2010. En tal caso, los Estados Unidos parecerían haberse colocado ya —según las últimas investigaciones— en el segundo lugar en el mundo en cuanto a población hispánica. De todos modos, el sector demográfico hispano ha registrado un incremento meteórico a partir de los 3 millones que había en 1950, según el censo de ese año (para más detalles sobre este tema véase en esta Enciclopedia la sección titulada 'La demografía hispánica en suelo norteamericano').

Conforme los hispanos han ido desarrollando su nivel educativo y, por ende, sus posibilidades de empleo e ingresos, su poder adquisitivo ha llegado a representar una proporción cada vez mayor del total estadounidense, hasta alcanzar el 8,9% en 2005. Se calcula, por consiguiente, que para el año 2010 la publicidad dirigida al mercado hispano se habrá multiplicado extraordinariamente al paso que se va ampliando en la nación el reconocimiento de lo que es su sector de la población, su sostenido crecimiento y su importancia económica.

La publicidad hispánica se ha institucionalizado, por así decirlo, mediante la Association of Hispanic Advertising Agencies (Asociación de Agencias Publicitarias Hispánicas), más conocida como AHAA, por sus siglas en inglés. La entidad cumplió su primer decenio de vida en mayo de 2006, ocasión para la cual publicó una especie de revista conmemorativa que se distribuyó inserta en *Advertising Age*, el máximo órgano del ámbito publicitario en los Estados Unidos. Esta publicación de la AHAA ofrece un amplísimo contenido de artículos sobre la publicidad hispánica y sus pioneros en los Estados Unidos, y cubre toda la gama de actividades en ese ramo.

Por otra parte, la AHAA ha creado un Archivo de la Comercialización Hispánica (Archive of Hispanic Marketing), con objeto de conservar el pasado histórico de la actividad y brindar un camino hacia el futuro. Este archivo tendrá su sede en la Biblioteca de la Radio y la Televisión Norteamericanas (Library of American Broadcasting), localizada en el recinto de College Park de la Universidad de Maryland. La AHAA proyecta guardar en ese repositorio la historia oral y escrita, así como la documentación personal de los pioneros de la difusión, comercialización y publicidad hispánicas en los Estados Unidos. Es un lugar adonde podrán acudir los investigadores, escritores, estudiosos y estudiantes que deseen conocer mejor el pasado de estos ramos de actividad y hacer conjeturas sobre su futuro. En el archivo también se guardarán estudios y encuestas, recortes y vídeos de campañas publicitarias, imágenes, artículos publicados y demás materiales.

El primer aporte a este archivo lo hizo la señora Sara Sunshine, profesional de larga experiencia en el giro y una de las pioneras de la publicidad hispánica en los Estados Unidos, que quiso donar su libro de recortes y sus objetos y recuerdos para que allí se conservaran. El material en cuestión, que se remonta a principios de la década de 1960, abarca estudios, recortes, informes e investigaciones, tanto del ramo en general como personales. La señora Sunshine hizo entrega de todo este material en ocasión de un acto conmemorativo del décimo aniversario de la AHAA.

Uno de los grandes pioneros de la publicidad hispánica en los Estados Unidos ha sido Arturo Villar, cubano que se expatrió a Puerto Rico y de ahí pasó a los Estados Unidos, donde adquirió en 1975, con dos socios, el Latin American Features Syndicate (ALA), que luego transformó en casa editorial y le permitió lanzar la *Revista K*, publicación hispánica parecida a la revista estadounidense *Parade*, que se atiene al mismo sistema de distribución: forma parte de las ediciones dominicales de importantes diarios. Luego, al darse cuenta Villar de la importancia de los hispanos que tienen preferencia por el inglés, lanzó la publicación *Vista*, que según afirmó abarcaba un sector de la población norteamericana que había sido totalmente ignorado por las casas editoriales, la televisión, la radio y los anunciantes. Para 1986 *Vista* había alcanzado una circulación pagada de un millón de ejemplares y seguía creciendo.

Según fuentes bien informadas, el valor facturado de la publicidad en español ha subido vertiginosamente, de unos 500 millones de dólares en 1996 a más de 500.000 millones en 2007.

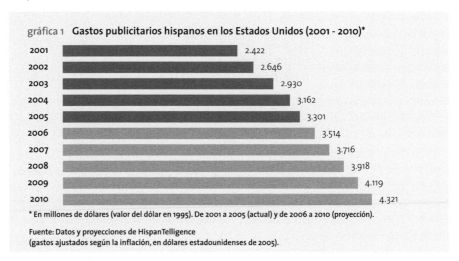

gráfica 1   **Gastos publicitarios hispanos en los Estados Unidos (2001 - 2010)***

Año	Valor
2001	2.422
2002	2.646
2003	2.930
2004	3.162
2005	3.301
2006	3.514
2007	3.716
2008	3.918
2009	4.119
2010	4.321

* En millones de dólares (valor del dólar en 1995). De 2001 a 2005 (actual) y de 2006 a 2010 (proyección).

Fuente: Datos y proyecciones de HispanTelligence
(gastos ajustados según la inflación, en dólares estadounidenses de 2005).

Pero la publicidad hispánica no se ha limitado a promover productos y servicios comerciales ya que, por el contrario, se ha ocupado de toda clase de campañas de servicio público a fin de informar a la población cuyo idioma predominante es el español de toda una serie de temas de interés: es decir, salud, economía, educación, política, cultura, etc. Son ejemplos de ello los anuncios que dan consejos sobre la salud, la seguridad en la conducción vehicular, los medios de proseguir la educación personal, la inscripción de votantes y la exhortación a ejercer el derecho al voto, y las posibilidades de incrementar el nivel cultural de grupos e individuos.

Claro está que, como se verá a continuación, las campañas de servicio público carecen en gran medida de la necesaria adaptación a la lengua y cultura hispánicas, motivo por el cual se ve notoriamente menguada su calidad y por tanto su eficacia, sobre todo en comparación con las típicas campañas comerciales, si bien estas también son bastante deficientes en tal sentido. Es un hecho lamentable, aunque teóricamente parezca fácil de remediar, que la publicidad en español consiste mayormente en una versión demasiado literal de conceptos que se han gestado en inglés, lo que, naturalmente, la priva del sabor, psicología y genio del español, elementos esenciales para que una campaña dé buen resultado.

Se observan ejemplos de estas faltas en la gran mayoría de los anuncios, que a simple vista muestran errores de redacción, ortografía y sintaxis, así como de uso de voces y expresiones ambiguas, desusadas e indebidas. Tampoco faltan casos de aparente falta de lógica debido a la errónea interpretación del sentido del original inglés. Todo ello, como es natural, produce entre el público hispanohablante medianamente instruido desfavorables impresiones, desconcierto y confusión. A veces se llegan a producir hilarantes errores que no pueden ser sino perjudiciales para el anunciante, y en definitiva dejan al consumidor con una imagen negativa del producto o servicio que se pretende promover. No son raros los casos de doble sentido no intencional que, al provocar sonrisas, le restan prestigio a la entidad que se anuncia.

Sería el caso dar algunos ejemplos, únicamente para dar idea del problema. Un anuncio de ómnibus ofrece el siguiente lema: 'Para menos. Viaja más'. Lo que pone a pensar que si su servicio es 'PARA MENOS', entonces decididamente sería mejor optar por no utilizarlo. Sin duda no pensaron en esa interpretación, pues hubieran puesto 'detente menos'.

Una gran cadena de tiendas de bricolaje y ferretería tiene por lema lo siguiente: 'Lo puedes hacer... y te podemos ayudar' (traducción excesivamente literal de 'You can do it... and we can help'). La primera parte de ese concepto se expresaría en español de manera muy diferente: 'Sí puedes', y la segunda requiere, igualmente, otras versiones, como estas: 'con la ayuda nuestra', 'si cuentas con nosotros', etc.

Otro ejemplo: un aviso de servicio público exhorta a usar los cinturones de seguridad mostrándonos cómo se salvan unos muñecos que sí los usan, con la siguiente afirmación: 'Usted puede aprender de un muñeco tonto' (traducción literal de 'You can learn a lot from a dummy'). Lo que plantearía la pregunta de si pudiera haber muñecos inteligentes, o siquiera pensantes. La solución cae por su peso: 'Hasta un muñeco lo sabe'.

Por último, cabe citar un caso tan sencillo como inexplicable. Un gran titular dice: '¿Qué es rosado y verde y en el bolso de cada mujer?'. Huelga decir que brilla por su ausencia el verbo 'ESTAR'. Debió decir: '...y ESTÁ (o 'se encuentra') en el bolso...'. No hay duda de que es copia, palabra por palabra, del inglés, que no diferencia entre *ser* y *estar*.

Pero también se observan con creciente frecuencia grandes aciertos, los cuales casi siempre revelan que el concepto se ha gestado en español, cosa que valdría la pena procurar por todos los medios, pues no hay duda de que la simple traducción de palabras o frases no logra el traslado o la adaptación intercultural que es de rigor en la materia.

Con todo, el ramo publicitario ha dado, colectivamente, grandes pasos de avance por definir lo que son el ciudadano, el consumidor y el mercado 'latinos'. Mediante estudios realizados por agrupaciones como el Proyecto de la Identidad Latina (Latino Identity Project), patrocinado por la AHAA, se ha procurado dar precisión a las cualidades que caracterizan a los hispanos. Para ello se han hecho análisis de fondo, con multiplicidad de matices y amplitud de criterios, que permiten determinar las actitudes y atributos fundamentales del hispano. Entre estos factores figuran el apego a la familia y a las tradiciones, la dedicación al trabajo, la religiosidad (abrumadoramente cristiana), el sentido de la amistad y la voluntad de superación sin menoscabo de los demás.

Se ha determinado, igualmente —y acaso por los mismos valores que se acaban de enumerar—, que los hispanos tienden a ser más fieles a una marca o empresa y, por tanto, menos cambiadizos. Todo ello se observa independientemente de su preferencia idiomática, que naturalmente tiende hacia el inglés entre quienes se han criado en los Estados Unidos o pertenecen a familias que llevan varias generaciones en el país, aunque el bilingüismo prevalece entre los inmigrantes y, en al menos, la primera generación de sus descendientes.

El desarrollo de la publicidad hispánica que se acaba de indicar la ha llevado a nuevos niveles de calidad, ingenio, inventiva e incluso a la incorporación de la música hispanoamericana en ciertos anuncios. Además, ha atraído a la profesión a jóvenes que tal vez antes hubieran preferido carreras más identificadas con la cultura estadounidense pero que hoy se sienten orgullosos del legado recibido de sus padres y abuelos. Es interesante señalar, por otra parte, que en algunas regiones estadounidenses —sobre todo en el sudoeste— el mercado hispano, independientemente de su identificación con el español o el inglés, representa el sector demográfico mayoritario, o casi. Por consiguiente, las agencias publicitarias hispánicas desempeñan un papel cada vez más importante en la creación e implementación de campañas dirigidas a la población en general, así como a las que se dirigen específicamente a la comunidad hispánica.

Muchos de los dirigentes publicitarios hispanos concuerdan en que se ha incrementado extraordinariamente la toma de conciencia respecto a la comunidad hispánica y al potencial que ofrece a los comerciantes del país, sea cual fuere su filiación étnica. En consecuencia, en los últimos años se ha puesto más en claro la conveniencia de que las campañas se encarguen directamente a una agencia hispánica con miras a llegar a ese sector, en lugar de ser tan solo adaptaciones de las campañas concebidas en inglés. En ello ha desempeñado importante función el ya citado Proyecto de la Identidad Latina, cuyos estudios e investigaciones impulsan el análisis a fondo del segmento hispano de la población, así como de sus subsegmentos, y el estudio de las técnicas y los medios necesarios para identificarlos debidamente y llegar a ellos con la mayor eficacia posible.

Los medios de comunicación hispanos

Puesto que son el vehículo publicitario que da acceso a la población hispánica del país, viene al caso hacer aquí un breve recuento del desarrollo y estado actual de los medios de información hispanos en los Estados Unidos.

La publicidad en la radio y la televisión

Las empresas hispánicas de radio y televisión han avanzado a pasos agigantados. Aunque las grandes ciudades han contado con radioemisoras de lengua española desde hace más de medio siglo, las teleemisoras de esta naturaleza eran prácticamente inexistentes unos treinta años atrás (véanse los artículos dedicados a la radio y televisión en esta Enciclopedia). Hoy, en cambio, hay dos grandes cadenas nacionales de televisión, Univisión y Telemundo, que cubren todo el país gracias mayormente a los servicios de cable y satélite. Llegan a todos los rincones del país veinticuatro horas al día y siete días a la semana, con programación muy completa que abarca todo tipo de presentaciones, incluso noticiarios, segmentos informativos, novelas y espectáculos de variedades.

Otra gran empresa en el grupo de los medios informativos es la ya mencionada Spanish Broadcasting System (véase el sector de servicios, en el artículo 'Estado actual de la empresa hispánica'), con sede en Coconut Grove (en las cercanías de Miami), Florida. Esta empresa figura entre las primeras cuarenta en la lista de 2007 de las '500 Empresas Hispánicas más Grandes', preparada por la importante revista *Hispanic Business*.

El siguiente cuadro permite observar los gastos de los cincuenta anunciantes más importantes del mercado hispano en los años 2000 a 2004.

cuadro 2 Gastos anuales de los 50 anunciantes más importantes del mercado hispano en los Estados Unidos (2000-2004)

	Total de gastos (en millones de dólares)	% de aumento
2000	658,37	20,6%
2001	832,67	26,5%
2002	1.061,15	27,4%
2003	1.146,05	8,0%
2004	1.234,16	7,7%
% de cambio 2000-2004		87,5%

Fuente: Association of Hispanic Advertising Agencies (AHAA). Las cifras correspondientes al año 2005 no figuran debido a un cambio de método que no permite compararlas con años anteriores.

Estas cifras son producto del incremento de la población hispánica, cuya proporción de la estadounidense, según fuentes fidedignas, llegó en el año 2007 al 14,7%, o sea, más de 44 millones, cifra que señala un incremento del 3% anual en los últimos tres años. En cambio, en ese mismo período la población general de los Estados Unidos ha registrado un crecimiento anual inferior al 1%. Otras fuentes indican que la población hispánica de los Estados Unidos, sin contar los 4 millones de habitantes de Puerto Rico ni los hispanos indocumentados —cuyo número se calcula en unos 12 millones—, debió de haber superado los 45 millones de habitantes para mediados de 2007. Se calcula que la población hispánica llegará a más de 56 millones para el año 2010. En todo caso, el sector demográfico hispano ha registrado un incremento meteórico a partir de los 3 millones que había en 1950, según el censo de ese año.

La publicidad y las publicaciones periódicas

Este sector muestra, igualmente, una enorme expansión. Se han multiplicado los periódicos publicados en lengua española, de periodicidad tanto diaria como semanal, que despliegan una enorme cantidad de anuncios publicitarios en español. Por la circulación de los mismos puede evaluarse la importancia de la publicidad que costea, en verdad, muchas de estas publicaciones en lengua española.

Publicidad insertada en un diario.

Se destaca sobre todo la ciudad de Miami, que cuenta con dos cotidianos muy importantes: el *Diario Las Américas* y *El Nuevo Herald*. El primero de estos, fundado en 1952, es el periódico hispano más antiguo de Miami, con una circulación de 66.000 ejemplares en 2005. Por su parte, *El Nuevo Herald*, fundado en 1998 como versión en español de *The Miami Herald*, su 'casa matriz', tenía en ese mismo año, 2005, una circulación de 90.000 ejemplares.

En Washington D.C., capital de la nación, se publica desde 1991 *El Tiempo Latino*, semanario muy completo y de formato grande, cuya circulación es de 34.000 ejemplares. Otro órgano importante es *El Pregonero*, de formato tabloide, con una circulación de unos 30.000 ejemplares.

En Chicago, Illinois, hay por lo menos seis periódicos hispanos, si bien se destaca entre todos *Gente*, un semanario impreso a todo color y con una circulación de unos 19.000 ejemplares.

En Houston, Texas, se publican dos semanarios importantes: *La Información*, el decano de la prensa hispánica de la ciudad, que fundó en 1979 el escritor Emilio Martínez Paula, miembro de la Academia Norteamericana, y que tiene hoy una circulación de unos 100.000 ejemplares, y *La Voz*, establecido poco después y con una circulación actual de 95.000 ejemplares.

En California es digno de mención el diario *La Opinión*, de Los Ángeles, fundado en 1926 y con una circulación actual de 125.000 ejemplares.

En Nueva York se destaca como decano de la prensa hispánica de dicha ciudad *El Diario-La Prensa*, uno de los más antiguos de la región atlántica del país. Establecido en 1913, su circulación actual es de 50.000 ejemplares.

No son estos órganos de prensa sino una muestra de los que han proliferado por toda la nación en ciudades grandes y pequeñas, siendo el caso que el total de periódicos ya sobrepasa el centenar. Los lugares más insospechados ya cuentan con sus órganos hispanos de prensa. Entre ellos figuran Tampa-St. Petersburg, Florida; Wilmington, Delaware; Winston-Salem, Carolina del Norte; Atlanta, Georgia; Orlando, Florida; Austin y Dallas-Fort Worth, Texas; Minneapolis-St. Paul, Minnesota; Memphis, Tennessee; Providence-New Bedford, Rhode Island; Tulsa, Oklahoma; Denver, Colorado; Las Vegas, Nevada; etc.

Del mismo modo, circulan en los Estados Unidos innumerables revistas hispánicas de todo tipo, la mayoría de las cuales se publican únicamente en español, o bien son bilingües. Entre las bilingües figura la excelente revista *AARP Segunda Juventud*, publicada por la AARP (siglas en inglés de la Asociación Norteamericana de Jubilados). Y entre las que se publican ciento por ciento en español figuran *Selecciones del Reader's Digest* y *People en español*, ambas de gran calidad e interés.

Excepcionalmente, algunas revistas, entre ellas la importante revista de negocios *Hispanic Business*, se publican únicamente en inglés, pese a concentrarse en el mercado hispánico. Por cierto que *Hispanic Business*, fundada en 1979, tiene una nada despreciable circulación mensual de 265.000 ejemplares. Es de notar que, pese a que los artículos son en inglés, trae alguna publicidad en español.

Entre múltiples revistas nuevas lanzadas en el año 2005 —cuya circulación, si se ha previsto una cifra, se da entre paréntesis en cada caso— figuran las siguientes: *¡Siempre Mujer!* (350.000 ejemplares), *Béisbol Mundial* (1.000.000 de ejemplares), *Prevention en español* (sin cifra), *Sports Illustrated Latino* (500.000 ejemplares) y *The Domingo Network* (650.000 ejemplares). Esta última publicación es un suplemento gratis que se distribuye con las ediciones dominicales de ciertos diarios.

La publicidad en Internet

En un libro reciente su autor, el miamense José Cancela (2007), daba el dato de que ya en 2004 la cantidad de negocios en manos de hispanos, en los Estados Unidos, ascendía a unos dos millones y la cifra iba en aumento, con un cálculo de unos 3,2 millones para el año 2010. Estas empresas utilizan todos los medios para darse a conocer y publicitar sus productos. Uno de los medios más usados en los últimos años ha sido Internet. Otro trabajo de enorme interés es el libro de María Isabel Valdés (2000), que ponía de relieve el resultado de la encuesta llevada a cabo por Nielsen Media Research's New Media Services entre hispanos de habla española, predominantemente, y también bilingües, donde se evidenciaba el uso publicitario de Internet. La encuesta telefónica, basada, en este caso, en productos lácteos, que incluía a hispanos de dieciséis años y adultos, mostraba el impacto positivo de la publicidad utilizada en la firma Univisión, en cuanto al hecho de discriminar entre marcas de productos al tiempo de hacer una selección adecuada. La muestra también concluía que tres de cada cinco hogares hispanos con acceso a Internet hacían buen uso de esta posibilidad en una frecuencia de al menos una vez al día, y que el 95% acudía a este uso al menos una vez a la semana. Estos estudios muestran la efectividad de la publicidad mediante la utilización de Internet. Una firma, LatinWebMonitor, se encarga de investigar periódicamente el uso de los anuncios publicitarios de las principales empresas hispanas con presencia en Internet. Existe una extensa red de sitios y páginas electrónicas, en español, para hispanos, que dan a conocer servicios y productos de toda índole, con temas que interesan a las mujeres y a los jóvenes, por separado; con atención a la música, a la cultura y a las artes, a los negocios, al mundo del entretenimiento y del cine, al campo de la salud, y algunas que ayudan a los hispanos a conseguir empleos; entre ellas destacamos solo una cuantas de interés general: http://www.demujer.com/, http://www.mujerweb.com/, http://www.mujerfutura.com/, http://www.nosotros.org/, http://www.arteamericas.com/, http://www.mundolatino.com/, http://www.espanol.com/, http://www.cinelasamericas.org/, http://www.cinemaluna.com/, http://www.latinofilm.com/, http://www.buenasalud.com/, http://www.joblatino.com/, http://www.saludos.com/, http://www.libroslatinos.com/, http://www.nuestrapalabra.org/, etc.

Conclusión

La publicidad hispánica en los Estados Unidos es una actividad floreciente y en etapa de rápido crecimiento, que consolida el español, a través de todos los medios de comunicación, como segundo idioma de la nación. Gracias al incremento de la población hispánica y al crecimiento y fortalecimiento de la radio, la televisión, la prensa e Internet en nuestro idioma, todo indica que la tendencia se irá afianzando cada vez más en los próximos años. Si las agencias publicitarias y los anunciantes continúan mejorando la calidad del español que emplean y esmerándose en llevar a cabo campañas concebidas desde un principio en español, el resultado será muy positivo, tanto para la salud del idioma en los Estados Unidos como para toda su población hispánica, actual y futura.

Ejemplos de publicidad en la prensa hispana.

El español estadounidense
y la nación cultural global

Gonzalo Navajas

Hoy... ¿y mañana?

Humberto López Morales

El español estadounidense
y la nación cultural global

Gonzalo Navajas

La identidad de la lengua

El hecho de la lengua ha recibido numerosas interpretaciones contrapuestas a lo largo de la historia intelectual. La lengua ha sido concebida simultáneamente como agente determinante de la unidad y de las diferencias sociales; como factor de integración y de división cultural y humana; o como instrumento de la afirmación de la libertad del individuo y la colectividad y de su sojuzgamiento. Para la orientación tipificada por Ernest Renan (1882: 27), la lengua es un factor de unificación cultural que contribuye a la cohesión de la nación y permite la emergencia de las grandes empresas culturales modernas adscritas al concepto de imperio político y cultural. La Francia posnapoleónica y de ambiciones políticas universales es un ejemplo. De modo contrario, para Homi Bhabha (1990: 19 y 317), la lengua es un agente determinante de la opresión de una cultura hegemónica sobre otras. El caso de la India dentro del imperio británico es un caso ilustrativo.

La lengua vehicula la creación de grandes narraciones históricas que asumen el papel dominador sobre otras culturas percibidas como subalternas y subsidiarias. Cohesión y unidad frente a diferencialidad y pluralidad son los presupuestos teóricos capitales sobre los que se asienta la discusión sobre el lenguaje. Y esos principios afectan también la consideración del español dentro de los parámetros culturales estadounidenses.

La inserción del español dentro del vasto y complejo entramado cultural de los Estados Unidos es una prueba determinante del modo en que el lenguaje es más que un componente de la comunicación humana. Es, sobre todo, un fenómeno social de dimensiones decisivas en el discurso cultural. El español en los Estados Unidos no se identifica con la nación, no crea y hace nación, ya que existe otra lengua, el inglés, que es la que ocupa ese lugar y función. No se identifica con una posición hegemónica —es solo una segunda lengua— y al mismo tiempo no es simplemente el receptor pasivo de un proceso de dominación o de exclusión cultural. A diferencia de las otras numerosas lenguas que, por la vía de la inmigración, se hablan en el país —desde el vietnamita, el coreano y el chino al portugués o al ruso—, el español reúne dos características distintivas que lo convierten en una excepción o fenómeno peculiar dentro del marco cultural estadounidense: en primer lugar, es una lengua hablada de manera habitual por unos cuarenta millones de personas procedentes de todos los países de habla hispana, aunque en su mayoría esos hablantes son de Hispanoamérica, particularmente de México.

Además, de modo diferente a otros idiomas de los Estados Unidos, el español es una lengua de implantación originaria y que, en amplias zonas del suroeste del país, precedió durante siglos al inglés como lengua predominante. Amparado en la historia y en la demografía, el español se ha ido convirtiendo gradualmente en ese país en una lengua paralela al inglés, una segunda vía comunicativa y cultural cuya fuerza y poder social, popular, mediático e incluso político es creciente. Ese paralelismo se ha producido no de manera deliberada y sistemática, porque no han existido unas estructuras organizadas que asumieran el papel de agentes de afirmación y promoción de la lengua. Ha ocurrido más bien en un proceso espontáneo a partir de la inserción masiva de diversos grupos de inmigración que han convertido al español en una lengua de ámbito nacional, que es usada de manera predominante e incluso casi exclusiva en numerosos sectores de la sociedad americana.

En California en particular y, sobre todo, en el corredor que conecta la amplia zona metro-politana de Los Ángeles y San Diego con Tijuana, en México, el español ocupa un papel central. Ello no equivale a afirmar que va a desplazar al inglés en esa y otras zonas similares del país, en Arizona, Nuevo México o Texas, sino que ha perdido el carácter de lengua extranjera para adquirir una naturaleza singular de lengua alternativa, una opción no secundaria y pasajera, sino un hecho social y cultural de proporciones mayores. A través de una dinámica vertical que ha operado de abajo hacia arriba, desde los hablantes anónimos en la interacción cotidiana hacia los medios de comunicación y la actividad política y cultural, el español se ha implantado, en primer lugar, porque es una realidad humana y demográfica inequívoca, que está destinada a seguir expansionándose en el futuro. Además, porque, a diferencia de los grupos venidos de otros continentes, la proximidad de los Estados Unidos con México y, más allá de México, con otros países de Hispanoamérica hace que, entre estos y la América hispánica, exista una continuidad física y geográfica que determina y define la naturaleza de sus relaciones lingüísticas y culturales. El mexicano que vive en California o en Texas es consciente de que esos estados americanos son una prolongación de su tierra mexicana que las circunstancias históricas han separado con fronteras que pueden ser consideradas como cuestionables. No es posible afirmar lo mismo de otros grupos inmigrados a los Estados Unidos para los que la separación geográfica ha supuesto un abandono de los orígenes o un extrañamiento con relación a ellos.

Como estudia Néstor García Canclini (1999), el paso fronterizo entre Tijuana y la zona metropolitana de San Diego es una separación, una barrera obstaculizante y divisoria, pero es, sobre todo, una incitación a la ruptura de esa separación impuesta por los agentes de la política que la realidad social y cultural desmiente (p. 35). Al mismo tiempo, a través de otro movimiento de presión vertical revertida que, iniciándose en el medio académico, ha operado de arriba hacia abajo, la ruptura de las fronteras físicas se ha visto acompañada por la transgresión de fronteras culturales, que se erigen a partir de parámetros no físicos sino intelectuales y psíquicos: el español se ha convertido en la lengua y la cultura preferente en el ámbito académico. No es ya solo la lengua de los trabajadores del campo y la construcción, sino también del medio universitario.

En la universidad, el español ha desplazado de manera abrumadora a todas las otras lenguas elegidas por los estudiantes como parte de sus programas de estudios. Estudiar español se ha transformado en un hecho habitual, lo que hace la gran mayoría de estudiantes como un acto natural y casi previsible a la hora de elegir el estudio de lenguas diferentes del inglés. El francés, el alemán o el italiano han perdido el impacto que tuvieron en épocas previas y se han convertido en lenguas secundarias frente a la emergencia del español (y en un número mucho menor algunas lenguas orientales, como el coreano o el chino). La fuerza demográfica, además de la fuerza académica del español, es uno de los hechos más notables de la evolución cultural de los Estados Unidos en las últimas tres décadas. A partir de la irradiación internacional de la cultura de los Estados Unidos, las consecuencias de esta eclosión en el resto del mundo pueden ser considerables y deben tener ramificaciones múltiples para el posicionamiento de la cultura hispana en el contexto internacional.

El español se ha beneficiado, además, de un cambio en la conciencia cultural americana en la que se ha debilitado el concepto tradicional de la unidad sobre la diferencia y ha sido desplazado por otro fundamentado en una mayor tolerancia de la diferencia sin necesidad de que esa diferencia sea reducida a una unidad absorbente y omnicomprensiva. El *pensiero debole* o pensamiento minimizado que, según Vattimo (1983: 28) y Lipovetsky (2004: 33), produce la disolución de las grandes ideologías decimonónicas que devastaron la historia del siglo XX hasta casi su destrucción ha sido acompañado por la emergencia de la *nazione debole*, una versión de la nación determinada por el nuevo modelo de la economía y la comunicación globales.

Por ello, el modelo social americano del *melting pot*, que produce la fusión de las diferencias en un crisol unificante, se ha visto reemplazado por una multiplicidad de opciones nacionales y culturales que pueden convivir entre sí sin necesidad de absorber a las demás. Esa es la razón de que, en la nueva sociedad americana global, sea más fácil mantenerse fiel a una identidad personal, con una lengua y un repertorio cultural propios, de lo que lo fue en las grandes inmigraciones del pasado en las que el olvido y la supresión de la lengua y la cultura originarias eran el testimonio del compromiso irrevocable con la nación de adopción. Además, para el trabajador mexicano o salvadoreño, el retorno al país abandonado es más asequible de lo que lo fue para el inmigrante sueco, alemán, italiano o polaco, que sabía que, al abordar el barco que había de llevarlo al centro de procesamiento migratorio de Ellis Island en Nueva York, ya no regresaría probablemente jamás a su lugar de origen.

¿Qué es, por tanto, el español estadounidense? ¿Cuál es la naturaleza definitoria de una lengua a la que no van adscritos los atributos habituales de la nación o de la administración de los asuntos convencionales de la sociedad? ¿Cuál es el estatus de esa lengua que, aun siendo minoritaria dentro del conglomerado político y social de los Estados Unidos, ha dejado progresivamente de ser tangencial para ir adquiriendo, de modo cada vez más patente, la calidad de vehículo social y cultural paralelo al de la cultura predominante en inglés?

El español norteamericano no puede ni aspira a cuestionar nunca el papel primordial y preferente del inglés. La supuesta interferencia y rivalidad del español con relación al inglés es tan solo una estrategia útil para la agenda de los segmentos más defensivos e intolerantes de una sociedad fundada, por definición, en la aceptación de la diferencia étnica, lingüística y de origen nacional. Esa diferencia se inserta, además, dentro de una entidad constituida por la agregación, en principio igualitaria, de sus componentes diversos en lugar de la negación y la supresión de unos en favor de otros teóricamente superiores y dominantes.

Las diversas propuestas políticas que han pretendido limitar las opciones del español no han obtenido más que un éxito parcial. La aparente amenaza del español a la unidad de la sociedad americana no se ha materializado en una realidad concreta. Ello es así porque el español no va adscrito a un proyecto político específico. Es, más bien, un distintivo sémico inequívocamente visible que da identidad a una amplia comunidad integrada por individuos de orígenes nacionales, sociales y económicos muy diversos y que está situada en un contexto que no le es automáticamente receptivo. La lengua, en este caso, adquiere dimensiones más abarcadoras de las que le son propias habitualmente. Se constituye en un macrocontexto o ámbito cultural que es excepcionalmente comprensivo porque carece de fronteras determinadas y su naturaleza es indeterminada y flexible, en perpetuo estado de definición. De ese modo, el español norteamericano emerge como una 'patria' o 'nación cultural', que, aun siendo abstracta y sin una referencialidad objetiva específica, produce unos vínculos poderosos entre aquellos que la constituyen. Porque esa nación cultural no va asociada con los signos convencionales de la nación —una bandera, un pasaporte, un himno— puede operar con mayor ductilidad y versatilidad que si estuviera sometida a las reglas y las leyes de las naciones convencionales.

El español norteamericano no produce identificación con una historia nacional específica porque su historia no es solo la historia de los Estados Unidos. Sus referentes más genuinos son la escritura, la cultura audiovisual, el cine, la música o la canción en español que todos los miembros de esa comunidad pueden compartir por igual por encima de sus orígenes nacionales particulares. De ese modo, la lengua opera metonímica y junguianamente a modo de un subconsciente compartido que, de modo latente, conecta las conciencias y las actividades de los miembros que constituyen la colectividad cultural hispana. Más de veinte naciones constituyen geográfica y políticamente esa comunidad, pero culturalmente todas ellas se integran dentro de un entorno que acoge dentro de sí las aspiraciones y la realidad humana de cuatrocientos millones de seres humanos. Lo que es característico del español norteamericano es que incluye a ciudadanos procedentes de todos los países de la comunidad hispánica internacional sin que ninguno de ellos se arrogue un papel preferente o dominante. Lo que los une no es una historia política común sino una trayectoria cultural presente y crecientemente futura a partir de un vínculo lingüístico compartido.

Podría argüirse que establecerse estrictamente en el área cultural es condenarse a la marginación frente a las fuerzas mayores del poder político y económico. Los órganos decisorios del poder no se hallan en la música, los libros o el cine, que en última instancia son dispensables frente a los programas económicos y sociales que emanan de los centros del poder político. La cultura puede ser obviada, además, en los medios de comunicación especialmente cuando adopta una función crítica o divergente del statu quo dominante. Ello, en parte, ha ocurrido así. El *mainstream* norteamericano ha tendido a ignorar la cultura en español no solo porque se vehicula en una lengua extranjera potencialmente cuestionadora de la supremacía del inglés, sino, sobre todo, porque la cultura hispánica puede percibirse como posiblemente desestabilizadora de los parámetros vigentes de la sociedad americana. Esa marginación, no obstante, es cada vez más difícil, sobre todo, porque la presión económica del español es creciente. Si no más, el mercado hispano es de progresiva relevancia para los planes de la industria y las corporaciones de consumo, que son conscientes de que el medio lingüístico es imprescindible para promover sus productos en el mercado.

Es cierto que el sistema político y social americano no va a hacer más que aquellas concesiones que juzgue compatibles con la protección de su naturaleza e intereses. Al mismo tiempo, ese mismo sistema es lo suficientemente pragmático como para no incurrir en el error de la obstaculización de una lengua y culturas que son una forma de penetración de un sector de la economía americana que es extenso y dinámico y se halla en continuo proceso de expansión. El constante incremento de la relevancia social y cultural de la minoría hispana y el aumento de su nivel educativo y adquisitivo así como de su influencia política deben producir una progresiva potenciación de su inserción en los círculos más próximos a los centros de decisión del país. No obstante, el proceso no será automático y sin resistencia y oposición, y requerirá el aumento de la participación cívica activa de todos los integrantes de la comunidad hispana.

Un hecho parece innegablemente cierto. La comunidad hispana es la primera y tal vez la única minoría inmigratoria que mantiene su lengua y su cultura de manera prioritaria, poniendo en entredicho el principio de absorción dentro del *mainstream* cultural que ha caracterizado tradicionalmente la inmigración a los Estados Unidos. El acceso pleno a esa sociedad ha ocurrido tradicionalmente solo después de satisfacer el elevado precio de la pérdida o debilitamiento de las marcas de identidad originales. La excepcionalidad hispánica se ampara en el hecho de que la aserción del emblema distintivo propio no se ha producido como un enfrentamiento directo a la cultura en inglés sino como un complemento paralelo suyo, un diálogo entre dos modos culturales que no tienen que concebirse como opuestos e incompatibles —en una relación de conflictividad— sino como propuestas diferenciadas de civilización cultural. Esta es una versión de la civilización que se concibe como la respuesta al reto de un medio con el que una colectividad se enfrenta. Habermas, Said, Ortega y Gasset y Toynbee, dentro del repertorio teórico y filosófico, son algunos de los soportes de este concepto, mientras que autores como Carlos Fuentes, Juan Goytisolo o Pedro Almodóvar lo son en el creativo (Habermas, 2001: 152).

La lengua como civilización

En el caso del español en los Estados Unidos, la lengua aparece, por tanto, como un modo de diferenciación cultural que define y configura un modo concreto de conducta con relación a unas circunstancias específicas. Las aportaciones centrales de la civilización hispana en los Estados Unidos se producen dentro de una *Weltanschauung* que prima las relaciones comunitarias tanto o más que las individuales y valora el contenido emotivo y afectivo de esas relaciones como más determinante que las motivaciones escuetamente racionales. Dentro de esa cosmovisión, la fuerza de lo local y primordialmente original predomina por encima de las construcciones abstractamente sistemáticas y comprensivas. Frente a la impersonalidad e indefinición del vasto repertorio social americano, el español confiere una identidad específica y clara al mismo tiempo que maleable de acuerdo con las formas de identidad de la cambiante y diversificada cultura contemporánea.

Es preciso, además, hacer otra consideración en torno a lo que Harold Bloom (1994) caracteriza como la formación de los órdenes culturales canónicos. Frente a la estructura clásica de la cultura —la *Kultur* académica que privilegia los textos y los autores del repertorio occidental tradicional organizados en Bloom en torno a Shakespeare, Dante y Cervantes—, la cultura hispana, tanto en su versión hispanoamericana como en la peninsular, es particularmente adepta a la hibridez de formas (p. 517). La fusión de los textos de la alta cultura y la cultura popular se produce en ella de modo natural y casi automático. Ese modo cultural que combina la profundidad conceptual y espiritual de Borges, Octavio Paz y Roberto Bolaño con la vitalidad existencial de Pedro Almodóvar, Gael García Bernal y Chavela Vargas (entre otros referentes) es especialmente compatible con la interconectividad de formas y géneros que la revolución de la comunicación global ha producido.

Frente a esa revolución pueden adoptarse posiciones defensivas, como la del propio Bloom (1994), que la percibe como una amenaza para el patrimonio occidental edificado sobre la primacía de la cultura literaria clásica. En esa visión, la continuidad de la cadena histórica es determinante: el presente está condicionado por los elementos del pasado cultural. La cultura en español en los Estados Unidos, con su permeabilidad hacia el inglés y otras lenguas y la penetración de lo popular dentro de lo canónico, diverge de esa versión lineal y jerárquica de la historia elaborada en torno a visiones ontologizadas de la nación, la lengua y la cultura. Puede servir, además, de modelo para la definición de la cultura de la comunicación posnacional que nos caracteriza.

La significación de las vías populares de la cultura es especialmente notable en la cultura hispana norteamericana porque un componente mayoritario de la población hispana en el país procede de capas sociales que no han podido beneficiarse de la experiencia de una educación formal. No obstante, la función de la universidad en la creciente relevancia cultural del español es indisputable. Los grandes *media*, las cadenas de televisión en particular, son el vehículo para la proyección de los componentes de la cultura popular, desde los programas de entretenimiento a la canción popular. Por su parte, los departamentos de español en las universidades cumplen la función del análisis y promoción de formas culturales más elaboradas y selectivas. Ambas formas son necesarias y, a pesar de sus diferencias aparentes, ambas son complementarias y se necesitan mutuamente para existir de manera plena. El posible menosprecio de la una hacia la otra —con recriminaciones de elitismo dirigidas a la cultura académica o de vulgaridad en contra de la cultura de masas— va adscrito a la supravaloración de la cultura literaria propia del modelo cultural del modernismo europeo del que Eugenio D'Ors, Ortega y Gasset y T. S. Eliot son modelos arquetípicos. La condición cultural del siglo XXI no acepta ya esas taxonomías infranqueables.

Es cierto que los departamentos de español han estado asociados estrechamente con un paradigma de la cultura supeditado a la literatura y la vía literaria. Las razones son varias. La más aparente es que los fundadores y primeros promotores de estos departamentos procedían de la literatura y la filología. En el caso de las figuras del exilio y la expatriación peninsular e hispanoamericana, como Ángel del Río, José Rubia Barcia y Enrique Anderson Imbert, la organización de un departamento en torno a períodos y figuras literarias sirvió para edificar y organizar una estructura cultural homogénea equiparable a la de los departamentos de inglés. De acuerdo con esos parámetros, el teatro isabelino y el romanticismo ingleses se correspondían claramente con movimientos similares en el caso español. El *modernism* angloamericano pudo ser asimilado así al modernismo hispano por encima de sus divergencias flagrantes.

Ese modelo, eficaz y útil durante largo tiempo, ha perdido su vigencia a causa de la explosión, en los Estados Unidos y en el mundo en general, de la comunicación global e instantánea y la incesante movilidad demográfica propias del siglo XXI. Los caminos de la cultura no pueden estructurarse ya solo en torno a la palabra escrita y, en el caso concreto de los Estados Unidos, los departamentos deben responder a la multiplicidad y diversidad de opciones culturales que el medio hispano genera. Esa es la razón de que los departamentos más avanzados y especialmente adeptos a la condición contemporánea hayan incluido en sus programas el medio visual y artístico: el cine en particular ha pasado a formar parte de algunos programas y es un elemento íntegro de ellos. Los departamentos de español son los instrumentos más apropiados para la estructuración y evaluación crítica de la cultura. Esa función será tanto más eficaz cuanto más responda a la realidad sociológica y cultural del amplísimo mundo hispánico tanto en el espacio norteamericano como en el internacional.

Sin embargo, en algunos casos, las ramificaciones de este cambio de orientación no han sido favorables ya que la potenciación del presente se ha producido en detrimento del posicionamiento histórico. De ese modo, el estudio del pasado y la cultura clásica ha disminuido. Los estudios medievales y clásicos han sufrido como consecuencia de esta reestructuración de los programas a partir del presente e incluso su existencia puede llegar a verse amenazada. El mantenimiento del equilibrio entre la concentración en la actualidad y la conexión con el pasado es uno de los retos intelectuales y administrativos que la cultura hispana en los Estados Unidos tiene que abordar y tratar con imaginación en el futuro.

La transnación de la cultura hispánica

El rasgo más intrínsecamente definitorio del siglo XXI es la interconectividad lingüística y cultural y la minimización de las fronteras y divisiones convencionales. Al mismo tiempo, la cultura global no ha producido la disolución de las diferencias y el sometimiento de la diversidad cultural a una sola vía o modelo, una especie de supercultura a la que todas las demás quedarían subordinadas. En lugar de esa uniformidad, ha ocurrido la emergencia de grandes zonas culturales o formaciones transnacionales de civilización. Uno de esos grandes segmentos o zonas es la cultura hispana. El español norteamericano cobra fuerza y sentido no como un hecho espacial y geográficamente aislado sino como un componente dentro de ese paradigma inclusivo. ¿Cuál es su naturaleza específica dentro de él?

La fusión multicultural y multinacional y la heterogeneidad lingüística son el modo que define esa realidad. El español de Norteamérica se caracteriza por una orientación doble: por una parte, opera dentro de la comunidad hispánica y con relación al modo en que el español se habla y escribe en los otros países de habla española. La intensa interacción con la literatura, el cine y la música de esos países es una ilustración de esta característica. Mantiene, además, una relación fecunda con el paradigma del archivo cultural en español y en especial con los grandes textos de la literatura del pasado. Esa vinculación se revela, por ejemplo, de manera más activa en el trabajo de los numerosos departamentos de español de la extensa red de universidades que existen en el país.

La otra orientación se concentra en las interconexiones con el inglés. Esta es una relación desigual ya que el español recibe aportaciones lingüísticas y culturales del inglés en mayor cuantía y con mayor intensidad de las que se producen en sentido contrario desde el español hacia el inglés. No es esta, no obstante, la única modalidad de la interacción entre las dos lenguas. Hay un nutrido grupo de autores que producen sus obras en inglés o en español o en una combinación de ambas lenguas y que manifiestan la interconexión con la otra cultura de referencia a través de una contextualización temática de sus obras que incorpora la biculturalidad. Los textos de Sandra Cisneros, Ana Castillo o Gary Soto y *la Antología de escritores españoles en Estados Unidos*, editada por Gerardo Piña Rosales, son algunos ejemplos.

Un espacio emblemático que recoge la fluidez y la versatilidad de las relaciones entre las dos grandes culturas mayoritarias de los Estados Unidos lo provee el corredor espacial y humano existente entre Los Ángeles y Tijuana. Como ha indicado García Canclini (1999), ese punto fronterizo, conflictivo y caótico en parte, revela flagrantemente los múltiples signos de desigualdad y abuso que sufre la comunidad hispana en el país. El español se identifica en este caso con indigencia y persecución y con la opresión de una cultura sobre otra. Al mismo tiempo, los ininterrumpidos contactos y conexiones que se revelan a lo largo de ese corredor de unos trescientos kilómetros de longitud entre las ciudades de Los Ángeles y Tijuana y sus aledaños son una prueba de que las fronteras dividen y separan, pero en este caso son también el punto de tránsito y comunicación entre dos modos culturales que, aunque diferentes, no son en absoluto incompatibles y están destinados a la mutua interacción.

En ese corredor, el español no es una manifestación lingüística y cultural ocasional y dispensable. Forma parte íntegra y constante de la sociedad en el comercio, las escuelas y los medios de comunicación. En Los Ángeles, San Diego, Santa Ana o San Juan Capistrano, el español y lo hispánico definen de manera decisiva la naturaleza humana y cultural de esos centros urbanos. Se ha desarrollado así un modelo de vías culturales paralelas que conviven manteniendo sus diferencias al mismo tiempo que se vivifican mutuamente. El español es la *lingua franca* de millones de seres humanos en una de las zonas más dinámicas de la sociedad americana. Esta realidad puede aplicarse a otras situaciones biculturales y bilingües similares en Texas, Arizona o la Florida. No hay duda de que esas situaciones están sometidas a innumerables presiones y fricciones, pero al mismo tiempo contribuyen a dinamizar y dar complejidad a la realidad cultural.

Conclusión. El español norteamericano no es un espejismo

La posición más fácil y expeditiva con relación al español de los Estados Unidos es ceder a la presión del contexto en que la lengua aparece ubicada. Esa ha sido tradicionalmente la realidad de las otras lenguas de las diversas olas de inmigración que han integrado la historia americana. Les ocurrió así al alemán, el polaco y el italiano, cuya presencia actual en la historia cultural del país es muy secundaria y ha quedado reducida a algunos reductos académicos y publicaciones periódicas de alcance muy limitado. Siguiendo ese modelo, el español podría aparecer como una visión aparencial y efímera destinada a disolverse ante la invasión de la cultura dominante. A lo más, estaría destinado al *ghetto*, es decir, una existencia parca y tangencial, un espacio del que sus habitantes esperan huir lo antes posible porque carece de todo atractivo para ellos.

El español norteamericano, no obstante, no es una ficción ni se identifica con la figura del *ghetto* para autodefinirse y caracterizarse. Su presente y su historia no lo permiten así. La población hispana es demasiado extensa como para ignorarla y condenarla a la eventual desaparición de su lengua y cultura o la experiencia castradora del *ghetto* perpetuo. Un *ghetto* que puede ser físico y realizarse en los barrios de las grandes ciudades del país, desde Nueva York a Chicago o Los Ángeles. O un *ghetto* que, interiorizado en la conciencia individual y colectiva, condiciona la imagen y la propia visión de los hispanos en el país.

Frente a este concepto del español de los Estados Unidos, emerge otro que afirma las características específicas de esta lengua y sistema cultural, diversos y universales a la vez, que constituyen una de las formaciones culturales más vitales y amplias con que insertarse dentro del marco de impersonalidad e indefinición de la sociedad y cultura globales que definen el siglo XXI. Un doble componente define, por tanto, al español de Norteamérica: forma parte activa de la transnación cultural hispana, a la que hace aportaciones fundadas en su especificidad y características concretas. Al mismo tiempo, procura un vehículo no solo de comunicación, sino también de identidad y de apoyo cultural a la vasta y creciente comunidad hispana dentro de un país inmenso que extiende su influencia sobre el resto del mundo. Son esa inmensidad e influencia las que permiten afirmar que el desarrollo del español y el hispanismo en los Estados Unidos tendrán una importancia capital y creciente para el destino de la lengua española en el nuevo mundo global.

Hoy... ¿y mañana?

Humberto López Morales

¿Existe realmente *una comunidad hispánica* en los Estados Unidos?

Todo lo visto anteriormente nos lleva por fuerza a desembocar en un tema apasionante pero difícil. ¿Existe realmente *una comunidad hispana* en los Estados Unidos? ¿O se trata más bien de un conjunto de comunidades con un alto grado (o al menos, suficiente) de personalidad? Las conclusiones que se han ido presentando en diferentes estudios son para todos los gustos, desde las más extremas, tanto en sentido positivo como negativo, hasta las de tendencias más conciliadoras: 'son más los elementos que nos unen que los que nos separan', o exactamente lo contrario. En esta última perspectiva se insertan las numerosas declaraciones de que lo único que une a estos grupos es —en la mayoría de las ocasiones— la lengua española (si bien se trata de diversas variedades regionales del español y de diversos grados de competencia lingüística) y, aunque en menor medida, la religión católica[1].

De momento lo único que puede decirse, dado el todavía escaso número de estudios contrastivos con base empírica, es lo relativo a: 1) las características de los inmigrados, 2) los deseos de retorno a sus lugares de origen, 3) el éxito económico, 4) los índices de escolaridad y 5) el grado de mantenimiento de la hispanidad y del español mismo (en su versión local).

Inmigrados y exiliados

En primer lugar están las características de los inmigrados y de los exiliados. Se ha dicho reiteradamente que existen dos tipos de individuos entre los llegados a los Estados Unidos: los que van en busca de una mejor situación socioeconómica, dada la vida precaria que han sufrido en sus respetivos países, y los que llegan a Norteamérica, bien con fondos económicos suficientes o al menos con potencialidad para conseguirlos. Aquí curiosamente casi todos los analistas oponen el caso cubano al del resto de la inmigración hispánica, lo que no deja de ser una drástica simplificación de la realidad.

Se dijo que el exilio cubano, político en su origen, estaba integrado por una elite culta y adinerada. Lo primero dio lugar a una política estadounidense de recepción de brazos abiertos y de ayudas de todo tipo como prueba de la admiración de los anfitriones por quienes abandonaban una vida de bienestar por rechazar principios políticos inadmisibles para la democracia. Estas ventajas, unidas a la buena formación profesional de estos inmigrantes, fueron responsables de su éxito económico inmediato[2].

Tal concepción fue sin duda inspirada por la situación reinante hasta los inicios de la década de los setenta. A partir de estos años, y aun de antes, aunque en proporciones más modestas, las cosas empezaron a cambiar. A medida que aumentaban los índices de depauperación de la isla, no eran únicamente motivos políticos sino también económicos (aunque reconociendo que lo uno es causa de lo otro) los que impulsaban a los cubanos al éxodo. Es verdad que a pesar de ciertas inyecciones desestabilizadoras, como la llegada de los 125.000 'marielitos' en graves momentos de inflación, la economía cubana de Miami se mantuvo en alza. Pero ello fue debido a factores muy específicos que empezaron a actuar desde los primeros momentos: la fundación de negocios y el aprovechamiento de las oportunidades brindadas para reiniciarse en la vida profesional, las facilidades intragrupales para la obtención de empleo, la estructura familiar trigeneracional, que favoreció la incorporación masiva de la mujer a la fuerza laboral, y el control de la natalidad (López Morales, 2003: 41-42).

En segundo lugar, se parte de la base de que los inmigrantes han llegado a los Estados Unidos, algunos tras no pocas vicisitudes, para quedarse, pero que con respecto a los exiliados, una vez eliminada la situación política (y religiosa) que había causado el alejamiento del país natal, el regreso no se haría esperar demasiado. Sin embargo, en el caso de los cubanos, que siempre han insistido con tenacidad en que no se los llame *inmigrantes* sino *exiliados*, las cosas no parecen estar tan claras.

Los datos procedentes de varias investigaciones nos hacen saber que, en 1972, el 70% de los encuestados declaró sus intenciones de regresar a la isla tan pronto como se produjera el ansiado cambio, pero dos años después los partidarios del regreso eran menos de la mitad (según Clark y Mendoza, en García, 1996: 238). Otro estudio de esos años (Portes et ál., 1985) descubrió que el 60% estaba decidido a abandonar los Estados Unidos tan pronto como la situación lo permitiese. Una encuesta periodística de *El Nuevo Herald* señaló en 1990 que solo el 15% de los 700.000 cubanos que entonces vivían en el condado de Miami-Dade estaba dispuesto a regresar a Cuba. Lisandro Pérez (1992), por su parte, declaró a este mismo periódico que creía que serían menos del 20% los que abandonarían la ciudad. No se dispone de información más reciente. Con todo, este punto, como se ve, no es definitorio[3].

Dentro del rubro de bienestar económico, deben revisarse dos índices de vital importancia: el estado de las empresas hispanas en Norteamérica y la situación financiera de las familias inmigradas.

Con respecto a las empresas hispanas, la situación queda planteada en el cuadro 1.

cuadro 1 Empresas hispanas en los Estados Unidos

Empresas	%	Facturación %
Mexicanas	49,1	37,9
Cubanas	12,1	21,4
Centroamericanas y suramericanas	20,9	16,6

Obsérvese que, aunque el porcentaje de empresas cubanas es de solo un 12,1%, su facturación es mayor que las centroamericanas y suramericanas. Repárese también en que si se tiene en cuenta el volumen demográfico de las diversas procedencias, las firmas comerciales cubanas deben ser proyectadas sobre un 5% de la población estadounidense que procede de la isla, mientras que las de los mexicanos lo serán sobre el 63,3%. Las diferencias parecen ser muy claras.

Sin duda estos datos deben tener alguna relación con la situación económica de los diferentes grupos de residentes hispanos en el país. El ingreso per cápita de familia entre ellos era, en 1992, el que muestra el cuadro 2.

cuadro 2 Ingresos per cápita familiares en 1992

	Mexicanos	Puertorriqueños	Cubanos	Suramericanos	Otros
Hasta 9.999 $	18,5%	31,2%	19,8%	18,1%	22,3%
Hasta 24.999 $	32,5%	30,5%	28,6%	34,9%	26,2%
Hasta 49.999 $	32,4%	25,3%	27,1%	30,8%	30,3%
50.000 $ o más	14%	12,9%	24,5%	16,2%	21,2%

Cuando se comparan entre sí las medias de ingresos, se repara en que son los cubanos los que reciben una media mayor de ingresos de 50.000 $ o más (24,5%). Aquí las distancias son notorias con respecto a los otros grupos, menos el rubro 'Otros', que también supera el 20%. Suramericanos, mexicanos y puertorriqueños se quedan muy por debajo. Pero cuando se revisan las cifras correspondientes a ingresos que van desde los 24.999 $ a los 49.999 $, el grupo cubano queda en cuarto lugar, y el mexicano en el primero. Si nos fijamos en las medias, por encima de todos están los del rubro 'Otros' (26.086 $), le sigue el grupo cubano (25.874 $) y continúan en leve descenso mexicanos (22.938 $), suramericanos (22.812 $) y puertorriqueños (18.999 $).

Ocho años más tarde, sin embargo, las diferencias se habían acrecentado algo (López Morales, 2000: 36): el grupo de cubanos estaba a punto de alcanzar la media de 50.000 $, seguido por los mexicanos (cerca de los 40.000 $), los de Centroamérica y Suramérica (poco menos que los mexicanos) y, por último, los puertorriqueños (unos 35.000 $). Parece evidente que desde el punto de vista económico, al menos atendiendo a estos dos parámetros, los cubanos están algo más despegados que el resto de los grupos principales de hispanos.

Los índices de escolarización son instrumentos muy fiables para medir el estatus cultural de los grupos de inmigrantes. En 1992, según datos del Current Population Survey (1992), la situación era la que puede observarse en el cuadro 3.

cuadro 3 Índice de escolarización en 1992

	Escuela Superior	Bachillerato	Maestría	Doctorado
Mexicanos	20%	6%	1,1%	0,1%
Puertorriqueños	25%	8%	2%	0,1%
Cubanos	38%	18%	4,5%	0,7%
Centroamericanos y suramericanos	33%	16%	3,1%	0,9%
Otros	37%	14%	4%	0,6%

El grupo cubano alcanzaba las cotas más altas en graduados de Escuela superior, de Bachillerato universitario (Licenciatura) y de Maestría, pero resulta superado por los centroamericanos y suramericanos con respecto a los doctorados, aunque bien es verdad que por poco margen.

Para el año 2001 se mantenían estas proporciones: entre los cubanos, un 70,3% había terminado los estudios de la Escuela superior y un 27,8% poseía títulos de Bachillerato universitario (Licenciatura). Estas cifras están por debajo de las de la población no hispana en cuanto a titulación de Escuela superior (87,7%), pero es la más alta de los grupos hispanos, seguida por los centroamericanos y suramericanos, que presentaban índices de 64% y de 18% para Escuela superior y Primer ciclo universitario, respectivamente.

Por otro lardo, si revisamos los índices de aculturación lingüística, según los datos de la Strategy Research Corporación (1998), observamos los datos que revela el cuadro 4.

cuadro 4 **Índices de aculturación lingüística en varias ciudades con amplia población hispana**

	Alta	Parcial	Escasa
Los Ángeles	13%	53%	34%
Nueva York	16%	63%	21%
Miami	8%	49%	43%
San Francisco	16%	61%	23%
Chicago	11%	65%	24%

Las diferencias saltan a la vista: Miami es la ciudad que menos aculturación lingüística presenta, en acusado contraste con Los Ángeles y, aunque con menos intensidad, con Nueva York, San Francisco o Chicago. Como la investigación está hecha sobre el total de hispanos de estas ciudades, hay que rehuir la tentación de concluir que los cubanos son los menos aculturados y los mexicanos y salvadoreños, los más. Luego este parámetro tampoco es concluyente.

Quizás más elocuentes sean las producciones culturales en español: en teatro y medios de comunicación social en español (Morales, 2001b), en particular, la prensa escrita, por ejemplo, Miami tiene más del doble que Los Ángeles y Nueva York juntos (Fradd, 1996: 9). Aunque la producción editorial de libros no llega a estas proporciones, sigue manteniendo un cómodo primer lugar[4]. Es posible que estos datos hablen a favor de un mayor cuidado y atención al cultivo de la hispanidad (en su variante local)[5].

Con respecto al mantenimiento del español, el cuadro 5 indica el porcentaje de uso del español en la casa.

cuadro 5 **Porcentaje de uso del español en casa**

Estados	% de población hispana	% de los que hablan español en casa
Nuevo México	38,2	26
Texas	25,5	20
California	25,4	18
Arizona	18,8	13
Florida	12,1	11
Nueva York	12,3	10
Colorado	12,8	6
Illinois	7,6	6
Washington D.C.	5	6

Estos datos de 1993 (U.S. Bureau of the Census, 1993), elaborados por Silva Corvalán (2000: 69), dejan ver la proporción de los que mantienen el español en el ámbito doméstico, pero no indican la calidad del español manejado. La misma autora ha preparado otro cuadro en el que muestra el porcentaje de hispanohablantes en la población hispana de los Estados Unidos (vid. cuadro 6).

cuadro 6 **Porcentaje de hispanohablantes entre la población hispana**

Estados	% de hispanohablantes
Florida	92
Nueva York	84
Illinois	81
Texas	79
California	72
Arizona	69
Nuevo México	69
Colorado	48

No es mucho lo que puede sacarse en claro de estos números con respecto a las procedencias de los hispanos (puesto que los datos están por estados), pero, de todas formas, que la Florida y Nueva York encabecen la lista significa que son las inmigraciones más recientes —puertorriqueños, cubanos y dominicanos— las que parecen mantener mejor la lengua materna.

Sin embargo, lo más importante es el uso del español en situaciones públicas. En esto, quizás el condado de Miami-Dade, dada su naturaleza oficial de bilingüe y bicultural, vaya a la cabeza del país. Hace ya tiempo, Lisandro Pérez (1992: 93) señaló con precisión que en Miami —se refería especialmente a los cubanos, pero su observación vale para cualquier hispano— se puede comprar una casa o un automóvil, obtener un tratamiento médico especializado o consultar a un abogado o a un contable, todo, utilizando únicamente el español.

A pesar de los cinco aspectos analizados, todavía estamos en un estado de indigencia informativa sobre los factores que podrían servir de denominadores comunes a los grupos hispanos radicados en los Estados Unidos. Se hace necesario fomentar más investigaciones en esta dirección. Aunque no se trate de un parámetro objetivo, valdría la pena intentar un estudio sobre las actitudes y las creencias de unos grupos hispanos hacia los demás (virtudes y vicios). Estos datos podrían llegar a ser muy iluminadores.

La lengua española, punto de unión

Hay que admitir que, de existir unidad entre estos grupos, no se trataría de una unidad racial, puesto que bajo el término 'hispano' no subyace esta noción, ni tampoco de una étnica; menos de una unidad cultural, que está muy lejos de darse. Es verdad que el nacimiento y la rápida propagación del vocablo 'latino' y su compañero 'la raza' sí suelen conllevar estas matizaciones. Aunque el asunto necesita de atención especial, parece que 'latino', término originario de los grupos del oeste del país, sí conlleva ciertos visos raciales, culturales y hasta lingüísticos: indigenismo ancestral frente a europeísmo, proletariado frente a burguesía, campesinado frente a cosmopolitismo, español como primera lengua o unida a un bilingüismo equilibrado, y un largo e impreciso etcétera. Solo la lengua, a pesar de las matizaciones que sea preciso hacer, se constituye en el vínculo único de grupos tan diversos desde tantos puntos de vista, lo que hace que esta lengua se dote 'de sustantividad suficiente como para operar de forma unitaria', como señala Gómez Dacal (2001: 171) muy atinadamente.

El papel fundamental que con ello adquiere el español en el país lo convierte en un instrumento crítico, que suscita reacciones encontradas. Las más sensatas y enriquecedoras se inclinan hacia la certificación de sociedades bilingües-biculturales, como lo es de nuevo el condado de Miami-Dade[6], pero estas han sido ampliamente minoritarias.

La reacción más entusiasta en los Estados Unidos, sobre todo (pero no únicamente) entre la población anglohablante de clase media, ha sido la contraria, la de intentar por todos los medios oficializar el inglés, de manera de convertirlo por ley en el único idioma oficial de la nación, con los consiguientes corolarios que impedirían la acción pública del español en todas sus facetas, incluida la educación y los usos públicos.

Pero, a pesar de ello, el español sigue su marcha imparable. Todos los estudios recientes así lo demuestran. Por una parte, los hispanohablantes jóvenes y adolescentes que estaban perdiendo su lengua materna vuelven a las escuelas para readquirir destrezas comunicativas adecuadas que les permitan entrar de lleno en la fuerza laboral más demandada, la bilingüe[7]. Por otra, la enseñanza del español como lengua extranjera supera todas las previsiones en los niveles preuniversitarios, y en las universidades desbanca, con un generoso 60% de matrículas, a todas las demás.

El español es la segunda lengua en importancia en los Estados Unidos: las comunicaciones, la publicidad, la política, la cultura y otros aspectos varios de la vida diaria del país hacen uso del español con una frecuencia impensada hace solo un par de décadas. Y las cosas no han hecho más que comenzar.

Hacia el futuro

Los Estados Unidos son hoy el segundo país hispanohablante del mundo, por el número de sus hablantes. Este hecho había sido proyectado para 2030 (Británica Word Data), pero ya es una realidad. Las proyecciones para el año 2050 convertirían a los Estados Unidos en el primero, desplazando a México de este sitial y, por supuesto, a los que hasta hace muy poco tiempo estaban tras él: España, Colombia y la Argentina. Y parece que estos otros datos también van a adelantarse a las fechas previstas y, además, con mucha premura. Si la declaración de la Oficina del Censo es correcta, y efectivamente 2,5 hispanos entran —y seguirán entrando— cada minuto a la corriente general hispánica, los más de 13 millones anuales de que se habla apoyarían sólidamente estas proyecciones.

Pero al margen de la demografía, los datos arrojados por las estadísticas oficiales del último decenio comprueban que paso a paso van aumentando los índices de escolarización de los hispanos y, consecuentemente, su situación laboral. Los hispanos serán más educados y cultos y obtendrán más ingresos por sus trabajos. Poco a poco dejarán de ser un grupo numeroso pero, en general, tenido —no sin ciertas razones— por ineducado y pobre, para convertirse en uno más numeroso aún, pero de naturaleza sociocultural muy diferente. No serán solo las empresas hispánicas, y todo lo que gira en torno a ellas, lo que destaque, sino las personas.

El porvenir de los hispanos en los Estados Unidos es ciertamente halagüeño. Es evidente que, con ello, tendrán que cambiar muchas cosas en ese país.

Notas

[1] El director ejecutivo del Secretariado de Asuntos Hispánicos de la Conferencia Episcopal de los Estados Unidos informó en un comunicado de prensa (*El Nuevo Herald*, 5 de marzo de 2000) de que de los 62.000.000 de miembros que integran la población católica estadounidense, un 30% son hispanos, es decir unos 18.600.000 fieles, algo más del 52% del total de inmigrantes de esta procedencia.

[2] Todo esto tiene que ser puesto en la perspectiva adecuada. Es verdad que las ayudas fueron muy generosas, pero también lo fueron, e incluso mayores, para otras inmigraciones, como la surasiática, y los resultados han sido muy contrastivos, puesto que estos últimos no han logrado superar los altos índices de desempleo, el umbral de pobreza y la dependencia del bienestar social (Bach et ál., 1982, Jensen y Tienda, 1985).

[3] Las muestras manejadas en todos estos estudios (menos en el caso de Lisandro Pérez [1992], que es una opinión personal) no distinguen entre exiliados de verdad y aquellos que fundamentan su carácter de refugiados en motivos

económicos, es decir, los cuasi-exiliados, de los que ya hemos hablado anteriormente. Quizás esta variable hubiese arrojado alguna luz sobre el asunto.

[4] Una revisión atenta al más reciente *Catálogo general de libros publicados 2001* de la Editorial Universal de Miami ofrece ocho colecciones: 'Colección Arte', 'Temas literarios' (con 13 secciones), 'Temas históricos, sociales y políticos' (con 6 secciones), 'Temas afroamericanos' (con 4 secciones), 'Colección diccionarios', 'Colección textos', 'Colección aprender' y 'Temas varios'. Más del 90% de todos los títulos son obras de autores cubanos, casi todas sobre Cuba. *El Catálogo* ofrece también muestras escogidas de discografía de música cubana y litografías a todo color con vistas de la Cuba de 1830.

[5] Hasta donde llegan mis noticias, la comunidad cubana es la única que ha producido una gran *Enciclopedia cubana*, que comenzó con siete volúmenes en su primera edición de los años setenta, y ya cuenta con catorce. Esta enciclopedia está destinada a preservar para las jóvenes generaciones el patrimonio cultural, histórico, político, económico, etc. de la Cuba de ayer. López Morales (2003: 204-211) ha señalado que el cultivo en el Gran Miami de la 'cubanía' no tiene parangón dentro de otros grupos hispanos del país.

[6] Desde 1973 el condado había sido oficialmente bilingüe y bicultural hasta noviembre de 1980, en que se revocó esa ordenanza por 251.259 votos contra 173.168, produciendo un gran malestar entre hispanos y cubanos en particular. Pero en 1993 el poder económico y político adquirido por estos hizo posible su revocación, caso único en la historia de este movimiento en los Estados Unidos (López Morales, 2003: 54-67).

[7] En el Gran Miami, San Antonio (Texas) y Jersey City, los puestos más atractivos son para bilingües equilibrados, muy especialmente en Miami, donde se han instalado unas 300 empresas españolas y varias multinacionales de origen hispanoamericano. Fradd y Boswell (1996) han mostrado que los hispanos de Miami que no hablan español o no lo hablan bien ganaron un promedio de 11.262 dólares al año; por otra parte, los que no hablan inglés solo recibieron 6.147. En cambio, aquellos que manejaban ambos idiomas recibieron sueldos de 18.105 dólares, es decir, 7.000 más que los monolingües en inglés de mayores ingresos. A esto se debe el entusiasmo de jóvenes hispanos que han perdido parte de sus destrezas comunicativas en español en volver a la escuela para perfeccionar su lengua materna. En el año académico 1997-1998 asistieron a estas clases en el sistema público 97.086 personas (Lynch, 2000).

FUENTES Y BIBLIOGRAFÍA

Fuentes y bibliografía

A

AARON, Jessi Elana y HERNÁNDEZ, José Esteban (2007). 'Quantitative evidence for contact-induced accommodation: shifts in /s/ reduction patterns in Salvadoran Spanish in Houston', en Kim Potowski y Richard Cameron (eds.), *Spanish in Contact: Policy, Social and Linguistic Inquiries*. Amsterdam-Filadelfia: John Benjamins Publishing Co., pp. 329-343.

ABAD PÉREZ, Antolín (1992). *Los franciscanos en América*. Madrid: Mapfre, pp. 94-95.

ABBOT, Carl (1976). *A History of the Centennial State*. Boulder (Colorado): Colorado Associated University Press.

ABRUÑA, Edna (1991). *Los Panchos*. Miami.

ACOSTA, Iván (2007). 'Otro esfuerzo por mantener las raíces de nuestra cultura', en Juan Antonio García Borrero (coord.), *Cine Cubano. Nación, diáspora e identidad*. Benalmádena (Málaga): Ayuntamiento de Benalmádena, Delegación de Juventud y Festejos.

ACOSTA, Leonardo (1993). *Elige tú que canto yo*. La Habana: Letras Cubanas.

ACUÑA, Rodolfo (2007). *Occupied America: A History of Chicanos*. Nueva York: Pearson Longman.

ADLER, Heidrun y HERR, Adrian (eds.) (1999). *De las dos orillas. Teatro cubano*. Madrid-Fráncfort: Iberoamericana-Vervuert.

— (eds.) (2003). *Extraños en dos patrias*. Madrid-Fráncfort: Iberoamericana-Vervuert.

ADORNO, Rolena (2006). 'De Guancane a Macondo: *La Florida del Inca* y los albores de la literatura latinoamericana', en Raquel Chang-Rodríguez (ed.), *Franqueando fronteras: Garcilaso de la Vega y 'La Florida del Inca'*. Lima: Pontificia Universidad Católica del Perú, pp. 149-180.

— (2006). 'El Inca Garcilaso: Writer of Hernando de Soto, Reader of Cabeza de Vaca', en Raquel Chang-Rodríguez (ed.), *Beyond Books and Borders: Garcilaso de la Vega and 'La Florida del Inca'*. Lewisburg (Pensilvania): Universidad de Bucknell, pp. 119-133.

ADORNO, Rolena y PAUTZ, Patrick Charles (1999). *Álvar Núñez Cabeza de Vaca. His Account, His Life, and the Expedition of Pánfilo de Narváez*. Lincoln (Nebraska): University of Nebraska Press, 3 vols.

'Advertisement' (mayo de 2007), en *ATA Chronicle*, 36 (5), p. 7.

AGARD, Frederick B. (1950). 'Present-Day Judaeo-Spanish in the United States', en *Hispania*, 33 (3), pp. 203-210.

AGHEYISHI, Rebecca y FISHMAN, Joshua A. 1970. 'Language attitude studies: A brief survey of methodological approaches', en *Anthropological Linguistics*, 12, pp. 137-157.

AGRAMONTE, Arturo y CASTILLO, Luciano (1998). *Ramón Peón, el hombre de los glóbulos negros*. México: Universidad Nacional Autónoma de México, Dirección General de Actividades Cinematográficas.

AGRAMONTE, Roberto (1971). *Martí y su concepción del mundo*. San Juan (Puerto Rico): Editorial de la Universidad de Puerto Rico.

— (1979 y 1982). *Martí y su concepción de la sociedad*. San Juan (Puerto Rico): Editorial de la Universidad de Puerto Rico.

— (1991). *Las doctrinas educativas y políticas de José Martí*. San Juan (Puerto Rico): Editorial de la Universidad de Puerto Rico.

Aguilar Melantón, Ricardo (1973). *Cuento chicano del siglo XX: Breve antología*. Las Cruces (Nuevo México): New Mexico State University.

Aguirre, Adalberto, Jr. (1993). 'Critical Notes Regarding the Dislocation of Chicanos by the Spanish-language Television Industry in the United States', en *Ethnic and Racial Studies,* enero, pp. 121-132.

Aguirre, Ángela (1981). *Vida y crítica literaria de Enrique Piñeyro*. Nueva York: Senda Nueva de Ediciones.

Ahern, Maureen (1989). 'The Certification of Cíbola, Discursive Strategies in *La relación del descubrimiento de las siete ciudades* by Fray Marcos de Niza (1539)', en *Dispositio,* 14, pp. 303-313.

— (1993). 'The Cross and the Gourd: The Appropiation of Ritual Signs in the Relaciones of Álvar Núñez Cabeza de Vaca and Fray Marcos de Niza', en Jerry M. Williams y Robert E. Lewis (eds.), *Early Images of the Americas*. Tucson (Arizona): University of Arizona, pp. 215-244.

Aja Díaz, Antonio (2000). 'La emigración cubana en los años noventa', en *Cuban Studies/Estudios Cubanos,* 30, pp. 1-25.

Alba Buffill, Elio (1976). *Enrique José Varona: crítica y creación literaria*. Madrid: Hispanova de Ediciones.

— (1979). *Los estudios cervantinos de Enrique José Varona*. Nueva York: Senda Nueva de Ediciones.

— (1998). *Cubanos de dos siglos, XIX y XX: ensayistas y críticos*. Miami: Editorial Universal.

Alba Buffill, Elio, Gutiérrez de la Solana, Alberto y Sánchez-Grey Alba, Esther (eds.) (1983). *José Martí ante la crítica actual (En el centenario del Ismaelillo)*. Memoria del II Congreso Cultural de Verano del CCP y la Universidad de Miami. Nueva Jersey: Círculo de Cultura Panamericano.

Alba, Orlando (1990). *Variación fonética y diversidad social en el español dominicano de Santiago*. Santiago de los Caballeros (República Dominicana): Pontificia Universidad Católica Madre y Maestra.

— (2004). *Cómo hablamos los dominicanos*. Santo Domingo: Grupo León Jimenes.

— (2006). *Lengua y béisbol en la República Dominicana*. Santo Domingo: Editora Nacional.

Alba, Richard (2004). *Language assimilation today: Bilingualism persists more than in the past, but English still dominates*, Working Paper no. 111. A Report of the Lewis Mumford Center for Comparative Urban and Regional Research at the University of Albany. University of California-San Diego, La Jolla, 92093-0548.

Alba, Richard, Logan, John y Lutz, Amy (2002). 'Only English by the third generation? Loss and preservation of the mother tongue among the grandchildren of contemporary immigrants', en *Demography,* 39, pp. 467-484.

Albero, Magdalena (2002). 'Adolescentes e Internet. Mitos y realidades de la sociedad de la información', en *Zer. Revista de estudios de comunicación,* **13, pp. 177-191.** Disponible en: http://www.ehu.es/zer/zer13/adolescetes13.htm/.

Alegría, Ciro (1943). *Lautaro, joven libertador de Arauco*. Santiago de Chile: Zig-Zag.

— (1957). *Caballo de copas*. Santiago de Chile: Zig-Zag.

— (1961). *Los perros hambrientos*. Santiago de Chile: Zig-Zag.

Alegría, Fernando (1954). *La poesía chilena: orígenes y desarrollo del siglo XVI al XIX*. Berkeley (California): University of California Press.

— (1959). *Breve historia de la novela hispano-americana*. México: Ediciones de Andrea.

— (1962). *Las fronteras del realismo; literatura chilena del siglo XX*. Santiago de Chile: Zig-Zag.

— (1966). *Historia de la novela hispanoamericana*. México: Ediciones de Andrea.

— (1967). *La novela hispano-americana, siglo XX*. Buenos Aires: Centro Editor de América Latina.

— (1968). *La literatura chilena contemporánea*. Buenos Aires: Centro Editor de América Latina.

— (1974). *Literatura y praxis en América Latina*. Caracas: Monte Ávila Editores.

— (1989). *Allende, mi vecino el presidente*. Santiago de Chile: Planeta.

Alemán Bolaños, Gustavo (1925). *La factoría*. Guatemala: Tipografía Sánchez y de Guise.

Allende, Isabel (1982). *La casa de los espíritus*. Barcelona: Plaza & Janés.

— (1989 y 1992). *Cuentos de Eva Luna*. Barcelona: Plaza & Janés.

Almeida, Manuel (1990). *Diferencias sociales en el habla de Santa Cruz de Tenerife*. La Laguna: Instituto de Estudios Canarios.

Alonso, Amado (1943). *Castellano, español, idioma nacional. Historia espiritual de tres nombres*. Buenos Aires: Instituto de Filología, Universidad de Buenos Aires.

Alpac (1966). *Language and Machines: Computers in Translation and Linguistics*. A report by the Automatic

Language Processing Advisory Committee, Division of Behavioral Sciences, National Reasearch Council. Washington D.C.: National Academy of Sciences.

ALVAR, Manuel (1962). *Dialectología española.* Madrid: Consejo Superior de Investigaciones Científicas (col. Cuadernos Bibliográficos, VII).

— (1963). 'El español de las Islas Canarias', en *Revista de Filología Española,* 46, pp. 166-170.

— (1972). *Niveles socio-culturales en el habla de Las Palmas de Gran Canaria.* Las Palmas de Gran Canaria: Cabildo Insular de Gran Canaria, Comisión de Educación y Cultura.

— (1975-1978). *Atlas Lingüístico y Etnográfico de las Islas Canarias (ALEICan).* Las Palmas de Gran Canaria: Cabildo Insular de Gran Canaria, 3 ts.

— (1981). 'Español, castellano, lenguas indígenas (Actitudes lingüísticas en Guatemala suboccidental)', en *Logos semantikós: Studia Lingüística in Honorem Eugenio Coseriu,* vol. 5. Madrid: Gredos, pp. 393-406.

— (1982). 'Español e inglés. Actitudes lingüísticas en Puerto Rico', en *Revista de Filología Española,* 52, pp. 1-38.

— (1985-1989). *Léxico de los marineros peninsulares.* Madrid: Arco Libros, 4 ts.

— (1986). 'Español de Santo Domingo y español de España: análisis de unas actitudes lingüísticas', en *Hombre, etnia, estado.* Madrid: Gredos, pp. 152-171.

— (1991). *Estudios de geografía lingüística.* Madrid: Paraninfo.

— (1992). 'El español de los Estados Unidos: diacronía y sincronía', en *Revista de Filología Española,* 72, pp. 469-490.

— (1995). *Por los caminos de nuestra lengua.* Alcalá de Henares (Madrid): Universidad de Alcalá de Henares.

— (1996). *Manual de dialectología hispánica: el español de América.* Barcelona: Ariel.

— (1998). *El dialecto canario de Luisiana.* Las Palmas de Gran Canaria: Universidad de Las Palmas de Gran Canaria.

— (2000). *El español en el sur de Estados Unidos. Estudios, encuestas, textos.* Alcalá de Henares (Madrid): Universidad de Alcalá-La Goleta.

ALVAR, Manuel, MORENO FERNÁNDEZ, Francisco y ALVAR, Elena (1998). 'Comentarios espectrográficos a unos sonidos del dialecto canario de la Luisiana', en *Estudios de lingüística y filología españolas. Homenaje a Germán Colón.* Madrid: Gredos, pp. 39-50.

ALVAR, Manuel y QUILIS, Antonio (1984). *Atlas Lingüístico de Hispanoamérica. Cuestionario.* Madrid: Instituto de Cooperación Iberoamericana.

ÁLVAREZ AMELL, Diana (2002). 'El soliloquio del enciclopedista', en *Encuentro de la cultura cubana,* 25, pp. 325-358.

ÁLVAREZ BORLAND, Isabel (1998). *Cuban-American Literature of Exile: From Person to Persona.* Charlottesville (Virginia): University of Virginia Press.

ÁLVAREZ DÍAZ, José R. et ál. (1963). *Un estudio sobre Cuba.* Miami: Ediciones Universal.

ÁLVAREZ KOKI, Francisco (ed.) (2003). *Piel/Palabra: nueve poetas españoles en Nueva York.* Pról. de Gerardo Piña Rosales. Nueva York: Consulado General de España [se recogen poemas de Odón Betanzos Palacios, Gonzalo Sobejano, Hilario Barrero, Dionisio Cañas, Antonio Garrido Moraga, Francisco Álvarez Koki, Alfonso Armada, Josefina Infante y Marta López Luaces].

ÁLVAREZ KOKI, Francisco y MONGE RAFULS, Pedro R. (1999). *Al fin del siglo: 20 poetas.* Nueva York: Ollantay Press.

ÁLVAREZ NAZARIO, Manuel (1983). 'El español que hablan los puertorriqueños en Nueva York', en *Philologia Hispaniensia: In honorem Manuel Alvar.* Madrid: Gredos, pp. 69-80.

ÁLVAREZ, Nicolás Emilio (1979). *La obra literaria de Jorge Mañach.* Madrid: J. Porrúa.

AMASTAE, Jon (1982). 'Language shift and maintenance in the Lower Rio Grande Valley of Southern Texas', en Florence Barkin, Elizabeth Brandt y Jacob Ornstein Galicia (eds.), *Bilingualism and Language Contact: Spanish, English, and Native American Languages.* Nueva York: Teachers College Press of Columbia University, pp. 261-277.

AMASTAE, Jon y ELÍAS-OLIVARES, Lucía (eds.) (1982). *Spanish in the United States: Sociolinguistic aspects.* Cambridge: Cambridge University Press.

AMBROGGIO, Luis Alberto (2004). 'Poesía de Estados Unidos en español', en Gerardo Piña Rosales et ál. (eds.), *Hispanos en los Estados Unidos: Tercer pilar de la hispanidad.* Nueva York: Teachers College-Columbia University/ALDEEU, pp. 197-213.

ANDERSEN, Roger W. (1982). 'Determining the linguistic attributes of language attrition', en Richard D. Lambert (ed.), *The loss of language skills.* Rowley (Massachusetts): Newbury House Publishers, pp. 83-118.

ANDERSON IMBERT, Enrique (1946). *Las pruebas del caos.* Bogotá: Yerba Buena.

— (1953). *Fuga.* Tucumán (Argentina): Jano.

— (1957). *La crítica literaria contemporánea*. Buenos Aires: Gure.

— (1961). *El grimorio*. Buenos Aires: Losada.

— (1965). *El gato de Cheshire*. Buenos Aires: Losada.

— (1967a). *Genio y figura de Sarmiento*. Buenos Aires: Editorial Universitaria de Buenos Aires.

— (1967b). *La originalidad de Rubén Darío*. Buenos Aires: Centro Editor de América Latina.

— (1971). *La locura juega al ajedrez*. México: Siglo XXI.

— (1972). *La flecha en el aire*. Buenos Aires: Gure.

— (1976a). *El realismo mágico y otros ensayos*. Caracas: Monte Ávila.

— (1976b). *El leve Pedro: antología de cuentos*. Madrid: Alianza Editorial.

— (1979). *La crítica literaria y sus métodos*. México: Alianza Editorial Mexicana.

— (1989). *Evocación de sombras en la ciudad geométrica*. Buenos Aires: Corregidor.

— (1992). *Mentiras y mentirosos en el mundo de las letras*. Buenos Aires: Vinciguerra.

— (1999). *Teoría y crítica del cuento*. Barcelona: Ariel.

ANDERSON MEJÍAS, Pamela (2005). 'Generation and Spanish language use in the Lower Rio Grande Vally of Texas', en *Southwest Journal of Linguistics*, 24, pp. 1-12.

ANDREWS, Edmund L. (1992). 'FCC Clears Hallmark Sale of Univision TV Network', en *The New York Times*, 1 de octubre.

ANNENBERG MEDIA. *Teacher resources and teacher professional development programming across the curriculum*, Disponible en: http://www.learner.org/index.html/.

ANTUSH, John (ed.) (1991). *Recent Puerto Rican Theater: Five Plays from New York*. Houston (Texas): Arte Público Press.

ANZALDÚA, Gloria (1987). *Borderlands/La Frontera: The New Mestiza*. San Francisco: Spinsters/Aunt Lute.

APPEL, René y MUYSKEN, Pieter (1986). *Language contact and bilingualism*. Londres: Edward Arnold.

ARAÚJO E SÁ, María Helena y MELO, Silvia (2006). 'Del caos a la creatividad: los *chats* entre lingüistas y didactas', en *Estudios de Lingüística del Español (ELiEs)*, 24. Disponible en: http://elies.rediris.es/elies24/araujo.htm/.

ARAÚJO, Julio César (2004). 'A organização constelar do genero *chat*', en *Anais do XX Jornada Nacional de Estudos Lingüísticos*. João Pessoa (Brasil): Idéia. Disponible en:

http://www.ufpe.br/nehte/artigos/ARAUJO20(2004).pdf/.

ARCINIEGAS, Germán (1932). *El estudiante de la mesa redonda*. Madrid: Juan Puedo.

— (1937). *América, tierra firme*. Santiago de Chile: Ercilla.

— (1945). *Biografía del Caribe*. Buenos Aires: Sudamericana.

— (1952). *Entre la libertad y el miedo*. México: Cultura.

— (1959). *América mágica: los hombres y los meses*. Buenos Aires: Sudamericana.

— (1970). *Nueva imagen del Caribe*. Buenos Aires: Sudamericana.

— (1975). *América en Europa*. Buenos Aires: Sudamericana.

— (1980). *El revés de la historia*. Bogotá: Plaza & Janés.

— (1988). *Bolívar: de San Jacinto a Santa Marta. Juventud y muerte del libertador*. Bogotá: Planeta.

ARENAS, Reinaldo (1986). *Necesidad de libertad*. México: Kosmos.

ARIAS, David (1992). *Spanish Roots of America*. Huntington (Indiana): Our Sunday Visitor.

ARMAND, Octavio (2005). 'La poesía como *erub*', en *El aliento del dragón*. Caracas: Casa de la Poesía J. A. Pérez Bonalde, pp. 155-162.

ARMAS MARCELO, Juan José (1998). 'De Las Américas', editorial en *ABC*, 4 de septiembre.

ARMISTEAD, Samuel G. (1991). 'Tres dialectos españoles de Luisiana', en *Lingüística Española Actual*, 13, pp. 279-301.

— (1992a). *The Spanish tradition in Louisiana: Isleño folk-literature*. Newark (Delaware): Juan de la Cuesta.

— (1992b). 'Portuguesismos en dos dialectos españoles de Luisiana', en *Revista de Filología Española*, 72, pp. 491-524.

— (1994). 'Un topónimo guanche en Luisiana', en *Philologica Canariensia*, 1, pp. 39-50.

— (1997). 'La fauna en el dialecto isleño de Luisiana: préstamos del francés cadjin', en *Anuario de Letras*, 35, pp. 61-76.

— (2007). *La tradición hispano-canaria en Luisiana*. Las Palmas de Gran Canaria: Anroart.

ARNAUD RABINAL, Juan Ignacio et ál. (1991). 'Estructura de la población de una sociedad de frontera: la Florida española, 1600-1763', en *Revista Complutense de Historia de América*, 17, pp. 93-120. [Consulta: 8 de noviembre de

2007] Disponible en: http://www.ucm.es/BUCM/revistas/ghi/11328312/articulosHA9191110093A/.

ARNAZ, Desi (1976). *A book (autobiography)*. Nueva York: Warner Books.

ARNDT, W. W. (1970). 'Non random assignment of loanwords: German noun gender', en *Word*, 26, pp. 244-253.

ARROYO, Anita (1967). *América en su literatura,* San Juan (Puerto Rico): Editorial de la Universidad de Puerto Rico.

ARTEAGA, José (1991). *Lucho Bermúdez, Maestro de maestros*. Bogotá: Intermedio.

ASOCIACIÓN AMERICANA DEL AVANCE DE LA CIENCIA. *Guatemala: memoria del silencio*, Disponible en: http://shr.aaas.org/guatemala-/ceh/mds/spanish/ [consulta: septiembre de 2007].

ASOCIACIÓN TEPEYAC DE NUEVA YORK, http://www.tepeyac.-org/.

ASSOCIATION OF MEXICAN-AMERICAN EDUCATORS, http://www.-amae.org/.

ATTINASI, John (1979). 'Language attitudes in a New York Puerto Rican Community', en Raymond Padilla (ed.), *Etnoperspectives in bilingual education research: Bilingual education and public policy in the United States.*Ypsilanti (Míchigan): Eastern Michigan University, pp. 408-461.

— (1983). 'Language attitudes and working class idiology in a Puerto Rican barrio of New York', en *Ethnic Groups*, 5, pp. 54-78.

— (1985). 'Hispanic attitudes in Northwest Indiana and New York', en Lucía Elías-Olivares (ed.), *Spanish language use and public life in the USA*. Nueva York: Mouton, pp. 27-58.

ATTINASI, John et ál. (1982). *Intergenerational Perspectives on Bilingualism: From Community to classroom*. Nueva York: Center for Puerto Rican Studies, Hunter College.

AUER, Peter (1984). *Bilingual Conversation*. Amsterdam-Filadelfia: John Benjamins.

— (1988). 'A conversation analytic approach to codeswitching and transfer', en Monica Heller (ed.), *Codeswitching: Anthropological and Sociolinguistic Perspectives*. Berlín-Nueva York: Mouton de Gruyter, pp. 187-213.

— (1995). 'The pragmatics of code-switching: A sequential approach', en Lesley Milroy y Pieter Muysken (eds.), *One Speaker, Two Speakers, Two Languages: Cross-Disciplinary Perspectives on Code-Switching*. Cambridge: Cambridge University Press, pp. 115-135.

— (1998a). *Code-switching in conversation: language, interaction and identity.* Londres-Nueva York: Routledge Publishers.

— (1998b). 'Introduction: Bilingual Conversation revisited', en Peter Auer (ed.), *Code-Switching in Conversation: Language, interaction and identity*. Nueva York: Routledge, pp. 1-24.

AUGUST, Diane y HAKUTA, Kenji (eds.) (1997). *Improving Schooling for Language-Minority Children.* Washington D.C.: National Academy Press.

AVENDAÑO, Fausto (ed.) (1989). *Literatura hispana de los Estados Unidos*. Houston (Texas): Arte Público Press.

AYALA, César (2003). *New York City Latino Population*, Census 2000. Disponible en: http://www.sscnet.ucla.edu/.

AZUELA, Mariano (1992). *Los de abajo,* ed. de Marta Portal. Madrid: Cátedra.

B

BABÍN, María Teresa (1949). *Introducción a la cultura puertorriqueña*. Boston: Heath.

— (1956). *Fantasía boricua; estampas de mi tierra*. Nueva York: Las Américas Publishing Company.

— (1958). *Panorama de la cultura puertorriqueña*. Nueva York: Las Américas Publishin Company.

— (1960). *La hora colmada (fábula teatral en dos actos)*. Santander: Imprenta Hermanos Bedia.

BACH, Robert L. (1985). 'Socialist construction and Cuba emigration: Explorations into Mariel', en *Cuban Studies/Estudios Cubanos,* 15, pp. 19-36.

BACH, Robert L., BACH, Jennifer B. y TRIPLETT, Timothy (1981-1982). 'The Flotilla entrants: Latest and most controversial', en *Cuban Studies/Estudios Cubanos*, 11/12, pp. 29-48.

BAILEY, Benjamin H. (2000a). 'Social and Interactional Functions of code switching among Dominican Americans', en *Pragmatics*, 10, pp. 165-193.

— (2000b). 'Language and negotiation of Ethnic/Racial Identity among Dominican Americans", en *Language in Society*, 29, pp. 555-582.

— (2000c). 'The Language of Multiple Identities among Dominican Americans', en *Journal of Linguistic Anthopology*, 10 (2), pp. 190-223.

— (2002). *Language, race, and negotiation of identity: a study of Dominican Americans*. Nueva York: LFB Scholarly Publishing.

— (2003). 'Dominican American Ethnic/Racial Identities and United States Social Categories', en *International Migration Review*, 35 (2), pp. 677-708.

BAKER, Colin (1993). *Foundations of bilingual education and bilingualism*. Clevedon (Reino Unido): Multilingual

Matters Ltd. (trad. esp., *Fundamentos de educación bilingüe y bilingüismo*. Madrid: Cátedra, 1997).

BAKER, Susan S. (2002). *Understanding Minland Puerto Rican Poverty*. Filadelfia: Temple University Press.

BALAGUER PRESTES, Roberto (2005). 'El *chat* y el Messenger: instrumentos de entrenamiento en comunicación para tiempos de incertidumbre y baja atención'. Ponencia presentada en las VIII Jornadas de AIDEP, The British Schools, Montevideo. Disponible en el Archivo del Observatorio para la CiberSociedad (http://www.cibersociedad.net/archivo/articulo.php?art=209/).

BAÑÓN HERNÁNDEZ, Antonio N. (2002). '*El lenguaje e Internet*, de David Crystal'. Reseña, en *Revista de Investigación Lingüística*, 5 (2), pp. 173-182. Disponible en: http://www.um.es/tonosdigital/znum5/Resenas/lenguajeeInternet.htm/.

BARCIA, Pedro Luis (2007a). *La lengua en las nuevas tecnologías*. Buenos Aires: Academia Argentina de Letras.

— (2007b). 'El español en el ciberespacio'. Exposición en el IV Congreso Internacional de la Lengua Española, Cartagena de Indias, Colombia, 2007. Versión digital en la Biblioteca Virtual Miguel de Cervantes, http://www.congresosdelalengua.es/cartagena/ponencias/seccion_2/25/pedro_luis.htm/.

BARKIN, Florence (1980). 'The role of loanword assimilation in gender assignement', en *The Bilingual Review/La Revista Bilingüe*, 7, pp. 105-112.

BARON, Dennis E. (1990). *The English-Only question: An Official Language for Americans?* Yale (New Haven, Connecticut): Yale University Press.

BARQUET, Jesús J. (2001). *Naufragios: transacciones de fin de siglo, 1989-1997 (Shipwrecks: turn of the century transactions, 1989-1997)*, pról. de Pío E. Serrano y trad. de Gilberto Lucero, en *Puerto del Sol*, primavera de 2001, pp. 43-195.

BARQUET, Jesús J. y SANMIGUEL, Rosario (1995). 'Más allá de la Isla: 66 creadores cubanos', en *Revista Puentelibre*, 2 (5 y 6).

BARRADAS, Efraín (1998). *Partes de un todo: ensayos y notas sobre literatura puertorriqueña en los EE. UU*. Río Piedras (Puerto Rico): Universidad de Puerto Rico.

BARRADAS, Efraín y RODRÍGUEZ, Rafael (1980). *Herejes y mitificadores: muestra de poesía puertorriqueña en los Estados Unidos*. Río Piedras (Puerto Rico): Huracán.

BARRERA TOBÓN, C. [en prensa]. *Phonological, lexical and syntactic features of mixed ethnicity. Latinos in New York City*.

BASCUÑANA, Jordi (2007). 'Entrevista a Salvador López Quero', en *CampusDiario*, n.º 1.306, 16 de agosto. Disponible en: http://www.campusred.net/campusdiario/20041216/entrev.htm/.

BEARDSMORE, Henry (1971). 'A gender problem in a language contact situation', en *Lingua*, 27, pp. 141-159.

BEHAR, Ruth (2007). 'About *Adio Kerida*'. Disponible en http://www.ruthbehar.com/AKAboutSpanish.htm/, [Consultado el 20 de octubre].

BELL, Allan (1984). 'Language style as audience design', en *Language in Society*, 13, pp. 145-159.

BELLI, Gioconda (1998). *Mujer habitada*. Managua: Vanguardia.

— (2001). *El país bajo mi piel: memorias, de amor y guerra*. Barcelona: Plaza & Janés.

BENCASTRO, Mario (1990). *Odisea del Norte*. Houston (Texas): Arte Público Press.

— (1997). *Árbol de la vida: Historias de la guerra civil*. Houston (Texas): Arte Público Press.

— (1997). *Disparo en la catedral*. Houston (Texas): Arte Público Press.

— (2004). *Viaje a la tierra del abuelo*. Houston (Texas): Arte Público Press.

BENTIVOGLIO, Paola (1987). *Los sujetos pronominales de primera persona en el habla de Caracas*. Caracas: Universidad Central de Venezuela.

BEN-UR, Lorraine Elena (1977). 'Primer Festival de Teatro Latinoamericano en Boston (marzo 2-5): Comienza una tradición', en *Latin American Theatre Review*, 10 (2), pp. 73-76.

BHABHA, Homi (1990). *Nation and Narration*. Londres: Routledge.

BILLS, Garland (ed.) (1974). *Southwest areal linguistics*. San Diego (California): Institute for Cultural Pluralism.

— (2005). 'Las comunidades lingüísticas y el mantenimiento del español en los Estados Unidos', en Luis Ortiz López y Manel Lacorte (eds.), *Contactos y contextos lingüísticos: el español en los Estados Unidos y en contacto con otras lenguas*. Madrid: Iberoamericana/Vervuert, pp. 55-83.

BILLS, Garland, HUDSON, Alan y HERNÁNDEZ CHÁVEZ, Eduardo (2000). 'Spanish home language use and English proficiency as differential measures of language maintenance and shift', en *Southwest Journal of Linguistics*, 19, pp. 11-27.

BLANCO, Jesús (1992). *80 años de son y soneros en el Caribe*. Caracas: Tropykos.

BLANCO RODRÍGUEZ, María José (2002). 'El *chat*: la conversación escrita', en *Estudios de Lingüística*, 16, pp. 43-88.

BLOOM, Harold (1994). *The Western Canon*. Nueva York: Harcourt, Brace.

BOGGS, Vernon W. (1993). 'Salsiology: Afro-Cuban Music and the evolution of salsa in New York City', en *Latin American Music Review/Revista de Música Latinoamericana*, 14 (1), pp. 172-175.

BOLTER, Jay David (1991). *The Computer, Hypertext, and the History of Writing*. Hillsdale (Nueva Jersey): Lawrence Erlbaum Associates, Publishers.

BOLTON, Herbert Eugene (1916). *Spanish Exploration in the Southwest, 1542-1706*. Nueva York: Charles Scribner's Son.

BORGES, Jorge Luis (1970). 'Pierre Menard, autor del *Quijote*', en Miguel Enguídanos (ed.), *Borges. Sus mejores páginas*. Nueva Jersey: Englewood Cliffs, pp. 51-60.

— (2001). 'La otra muerte', en *El Aleph*. Madrid: Alianza Editorial.

BOSWELL, Thomas D. (1994). *A demographic profile of Cuban Americans*. Miami: University of Miami, Cuban American Policy Center and Department of Geography.

BOSWELL, Thomas D. y CURTIS, James R. (1984). *The Cuban American experience: Culture, images, and perspectives*. Totowa (Nueva Jersey): Rowman y Allanheld.

BOSWELL, Thomas D. y RIVERO, Manuel (1988). *Bibliography for the Mariel-Cuban diaspora*. Gainesville (Florida): Center for Latin American Studies, University of Florida.

BOULLOSA, Carmen (1987). *Mejor desaparece*. México: Océano.

— (1991). *Son vacas, somos puercos: filibusteros del mar Caribe*. México: Era.

— (2007). 'Sobre la autora: Presentación', cibersitio personal de Carmen Boullosa, 15 de octubre. Disponible en: http://carmenboullosa.net/esp/about/bio.html/.

BOWEN, Robert L. (ed.) (1989). *A Report of the Cuban-Haitian Task Force*. Washington D.C.: United States Goverment Printing Office.

BRANAMAN, Lucinda y RHODES, Nancy (1997). *Foreign Language Instruction in the United States: A National Survey of Elementary and Secondary Schools*. Washington D.C.: Center for Applied Linguistics.

BRIMELOW, Peter (1995). *Alien Nation: Common Sense about America's Immigration Disaster*. Nueva York: Random House.

BRINKLEY-ROGERS, Paul H. (2001). 'Colombian exiles face uncertain U.S. future', en *The Miami Herald*, 6 de junio.

BRITO, Aristeo (1990). *El diablo en Texas/The devil in Texas*. Tempe (Arizona): Bilingual Press/Editorial Bilingüe.

BROWITT, Jeff (2005). 'En híbrida mescolanza: Exile and Cultural Anxiety in Alirio Díaz Guerra's Lucas Guevara', en *Portal*, 2 (1.1).

BROYLES GONZÁLEZ, Yolanda (1994). *El Teatro Campesino: Theatre in the Chicano Movement*. Austin (Texas): University of Texas Press.

BRUCE NOVOA, Juan D. (1980). *Chicano Authors: Inquiry by Interview*. Austin (Texas): University of Texas Press.

— (1990). *Retrospective: Collected Essays on Chicano Literature. Theory and History*. Houston (Texas): Arte Público Press.

BRUCE NOVOA, Juan D. y VALENTIN, David (1977). 'Revolutionizing the Popular Image: Essay on Chicano theatre', en *Latin American Literary Review*, 5 (10), pp. 42-50.

BURMA, John H. (ed.) (1970). *Mexican-Americans in the United States*. Nueva York: Harper and Row.

BURNS MANTLE, Robert (1927). *The Best Plays of 1926-27 and the Year Book of the Drama in America*. Nueva York: Dodd, Mead and Company.

BURUNAT, Silvia y GARCÍA, Ofelia (1988). *Veinte años de literatura cubanoamericana: antología 1962-1982*. Tempe (Arizona): Bilingual Press.

BUSHNELL, Amy Turner (1994). *Situado and Sabana: Spain's Support System for the Presidio and Mission Provinces of Florida*. Washington D.C.: Smithsonian Institution Press (col. Anthropological Papers of the American Museum of Natural History, 74).

— (2006). 'Réquiem por los conquistadores de menor fama: honor y olvido en una periferia marítima', en Raquel Chang-Rodríguez (ed.), *Franqueando fronteras: Garcilaso de la Vega y La Florida del Inca*. Lima: Pontificia Universidad Católica del Perú, pp. 87-96.

BUTLER, Rusty E. (1985). *On Creating Hispanic America: A Nation Within a Nation?* Washington D.C.: Councel for Inter-American Security.

BUXÓ I. REY, María de Jesús (1994). 'Violencia y estética en la cultura chicana', en Elyette Benjamin-Labarthe, Yves-Charles Grandjeat y Christian Lerat (eds.), *Actes du VI Congrès Européen Cultures D'Amerique Latine Aux États-Unis: Confrontations et Métissages*. Burdeos: Université Michel de Montaigne-Bordeaux III/Maison des Pays Ibériques, p. 344.

C

CABANILLAS, Francisco (2006): 'España desde la poesía nuyori-can', en *Espéculo. Revista de estudios literarios,* 33, pp. 7 y 8.

CABRERA FRÍAS, Salomé (2003). *Análisis sociolingüístico del segmento fonológico -/s/ en el español de Telde (Gran Canaria).* Memoria de licenciatura inédita, Universidad de Las Palmas de Gran Canaria.

CALVO REVILLA, Ana María (2002). 'Cambios lingüísticos ante el proceso de innovación tecnológica de la comunica-ción digital', en *Espéculo. Revista de estudios literarios,* 20. **Disponible en:** http://www.ucm.es/info/especulo/nu-mero20/digital.html/.

CAMERON, Richard (1993). *Pronominal and null subject variation in Spanish: Constraints, dialects, and functional compensation.* Tesis doctoral, University of Pennsylvania.

— (1994). 'Ambiguous agreement, functional compensa-tion, and non-specific *tú* in the Spanish of San Juan, Puerto Rico, and Madrid, Spain', en *Language Variation and Change,* 5, pp. 305-334.

CANBY, Vincent (1978). 'El Super' [1979], en *Review. The New York Times,* 29 de abril.

CANCELA, Gilberto (1977). *Enrique Piñeyro. Su vida y su obra.* Miami: Ediciones Universal.

CANCELA, José (2007). *The Power of Business en español.* Nueva York: Harpers Collins Publishers.

CANDELARIA, Cordelia (1986). *Chicano Poetry.* Westport (Connecticut): Greenwood Press.

CANFIELD, Delos Lincoln (1981). *Spanish Pronunciation in the Americas.* Chicago: The University of Chicago Press.

CANTERO SERENA, María José y ARRIBA GARCÍA, Clara de (2004). 'Actividades de mediación lingüística para la clase de ELE', en *Revista Electrónica de Didáctica ELE,* 2.

CÁRDENAS, Raúl de (1988). **Recuerdos de familia,** pról. de Yara González-Montes. Honolulu (Hawái): Persona.

CÁRDENAS Y CANO, Gabriel [Andrés González Barcia] (1723). *Ensayo Cronológico para la historia general de la Florida.* Madrid: Oficina Real.

CARPENTIER, Alejo (1980). *Ese músico que llevo dentro.* La Habana: Letras Cubanas, 3 vols.

CARREIRA, María [en prensa]. *The Spanish of mixed-ethni-city Latinos in the Los Angeles metropolitan area.*

CASANOVA, María Julia (2001). *Mi vida en el teatro.* Miami: Universal.

CASHMAN, Holly (2001). *Doing being bilingual: langua-ge maintenance, language shift, and conversational-codeswitching in Southwest Detroit.* Tesis doctoral. Ann Arbor: University of Michigan.

CASTAÑEDA NÁJERA, Pedro de (1992). 'La relación de la jorna-da de Cíbola', en Carmen de Mora, *Las siete ciudades de Cíbola: textos y testimonios sobre la expedición de Váz-quez Coronado.* Sevilla: Alfar, pp. 59-144.

CASTAÑEDA SHULAR, Antonia et ál. (1972). *Literatura Chica-na. Texto y contexto.* Nueva Jersey: Prentice Hall.

CASTAÑÓN GARCÍA, Juan (1978). 'Teatro Chicano and the Analysis of Sacred Symbols: Towards a Chicano World-View in the Social Sciences', en *Grito del Sol,* 3 (1), pp. 37-49.

CASTELLANOS, Diego (1983). *The Best of Two Worlds. Bilin-gual-Bicultural Education in the U.S.* Trenton (Nueva Jer-sey): New Jersey State Department of Education.

CASTELLANOS, Isabel (1990). 'The use of English and Span-ish among Cubans in Miami', en *Cuban Studies/Estudios Cubanos,* 20, pp. 49-63.

CASTILLEJOS, Silvia (1986). *La biografía de un grupo musical internacional: la Sonora Matancera.* México: Plaza & Janés.

CASTILLO, Susan y SCHWEITZER, Ivy (eds.) (2005). *A Compa-nion to the Literatures of Colonial America.* Oxford (Massachusetts): Blackwell.

CAULFIELD, Carlota (2004). 'Quincunce (Quincunx)', en *Puerto del Sol,* primavera de 2004, pp. 149-206.

CAZDEN, Courtney B. y SNOW, Catherine E. (eds.) (1990). 'English Plus: Issues in Bilingual Education', en *Annals of the American Academy of Political and Social Science,* vol. 508. Londres: Sage.

CAZORLA, Roberto et ál. (1980). *Poesía compartida: ocho poetas cubanos.* Miami: Ultra Graphics Corp.

CEDEÑO PINEDA, Reinaldo (2005). 'Lupe legendaria, irrepetible', en *Rebelión,* 24 de diciembre.

CENTER FOR ADVANCED INTERNATIONAL STUDIES (1967). *The Cuban imigration, 1959-1966, and its impact on Miami-Dade County.* Coral Gables (Florida): University of Miami.

CENTER FOR APPLIED LINGUISTICS (2006). *Directory of Foreign Language Immersion Programs in U.S. Schools.* Dis-ponible en: http://www.cal.org/.

— *Directory of Two-Way Bilingual Immersion Programs in the U.S.* Disponible en: http://www.cal.org/twi/directory/.

CENTRO DE RECURSOS PARA CENTROAMERICANOS (CARECEN), http://www.carecen-la.org/.

CERVANTES SAAVEDRA, Miguel de (1949). *Don Quixote de La Mancha,* trad. ingl. de Samuel Putnam. Nueva York: The Viking Press.

— (2003). *Don Quixote,* trad. ingl. de Edith Grossman. Nueva York: Harper Collins Publishers.

CHABRÁN, Rafael (1987). 'Spaniards', en Dirk Hoerder (ed.), *The Inmigrant Labor Press in North America, 1840-1970s. An Annotated Bibliography,* vol. 3. Nueva York: Greenwood Press, p. 151.

CHAMBERLIN, Vernon A. y SHULMAN, Iván A. (1976). *La revista ilustrada de Nueva York: History, anthology and index of literary selections.* Columbia: University of Missouri.

CHANG-RODRÍGUEZ, Eugenio (1957). *La literatura política de González Prada, Mariátegui y Haya de la Torre.* México: Ediciones de Andrea.

— (1983a). *Latinoamérica, su civilización y su cultura.* Rowley (Massachusetts): Newbury House Publishers.

— (1983b). *Poética e ideología en José Carlos Mariátegui.* Madrid: J. Porrúa Turanzas.

— (2005). *Entre dos fuegos: reminiscencias de las Américas y Asia.* Lima: Fondo Editorial del Congreso del Perú.

— (2007). *Una vida agónica, Víctor Raúl Haya de la Torre: testimonio de parte.* Lima: Fondo Editorial del Congreso del Perú.

CHANG RODRÍGUEZ, Raquel (ed.) (2006a). *Beyond Books and Borders: Garcilaso de la Vega and 'La Florida del Inca'.* Lewisburg (Pensilvania): Bucknell University Press.

— (ed.) (2006b). *Franqueando fronteras: Garcilaso de la Vega y 'La Florida del Inca'.* Lima: Pontificia Universidad Católica del Perú (vid., espec., 'Cruzando culturas y traspasando fronteras en *La Florida del Inca'*, pp. 181-198).

CHEDIAK, Natalio (1998). *Diccionario de Jazz Latino.* Madrid: Fundación Autor.

CIMADEVILLA, Francisco J. (2001). 'Puerto Ricans join U.S. Navy in record numbers', en *Casiano Communications,* 30 de agosto. Disponible en: http://www.puertorico-herald.org/.

CineWorks. The Guide to Films and Videos by Cine Acción Members (1993). San Francisco: Cine Acción.

CLACHAR, Arlene (1997). 'Ethnolinguistic identity and Spanish proficiency in a paradoxical situation: The case of Puerto Rican return migrants', en *Journal of multilingual and multicultural development,* 18 (2), pp. 107-123.

CLARK, Juan M. (1977). *The Cuba exodus: Background, evolution, impact.* Miami: Union of Cubans in Exile.

CLARK, Juan M., LASAGA, Jose I. y REQUE, Rose S. (1981). *The 1980 Mariel exodus: An assessment and prospects.* Washington D.C.: Council for Interamerican Security.

CLYNE, Michael (1996). 'Multilingualism', en Florian Coulmas (ed.), *Handbook of Sociolinguistics.* Oxford-Malden (Massachusetts): Blackwell Publishers, pp. 301-314.

COBAS, José y DUANY, Jorge (1995). *Los cubanos en Puerto Rico. Economía étnica e identidad cultural.* Río Piedras: Universidad de Puerto Rico.

COBOS, Rubén (1983). *A Dictionary of New Mexico and Southern Colorado Spanish.* Santa Fe: Museum of New Mexico Press.

CODINA, Norberto y BARQUET, Jesús J. (2002). *Poesía cubana del siglo XX.* México: Fondo de Cultura Económica.

COLES, Felice Anne (1991a). *Social and linguistic correlates to language death: Research from the isleño dialect of Spanish.* Tesis doctoral. University of Texas at Austin.

— (1991b). 'The isleño dialect of Spanish: Language maintenance strategies', en C. Klee (ed.), *Sociolinguistics of the Spanish-Speaking World.* Tempe (Arizona): Bilingual Press/Editorial Bilingüe, pp. 329-348.

— (1992). 'Isleño Spanish /s/ and Speech Accomodation', comunicación presentada en el *Annual Meeting of the Linguistic Society of America* (66th), Filadelfia, 9-12 de enero.

— (1993). 'Language maintenance institutions of the *Isleño* dialect of Spanish', en Ana Roca y John M. Lipski (eds.), *Spanish in the United States: linguistic contact and diversity.* Berlín: Mouton de Gruyter, pp. 121-134.

— (1995). 'Preserving 'the best' and 'typical' *Isleño* Spanish', comunicación presentada en el *Annual Meeting of the Linguistic Society of America* (69th), Nueva Orleans, 5-8 de enero.

— (1999). *Isleno Spanish.* Newcastle: Lincom Europa.

COLLAZO, Bobby (1987). *La última noche que pasé contigo: 40 años de farándula cubana.* San Juan: Cubanacán.

COLORADO DEPARTMENT OF EDUCATION, http://www.cde.state.co.us/.

COMMITTEE FOR ECONOMIC DEVELOPMENT (2006): *Education for Global Leadership: The Importance of International Studies and Foreign Language Education for U.S. Economic and National Security.* Washington. Disponible en: http://www.ced.-org/.

CONNOR, Olga (2002). 'Nancy Pérez Crespo, pionera de publicaciones del exilio cubano', en Fabio Murrieta (ed.), *Creación y exilio. Memorias del I Encuentro Internacional 'Con Cuba en la distancia',* Madrid: Editorial Hispano Cubana, p. 355.

CONSTANTAKIS, Patricia F. (1993). *Spanish-language Television and the 1988 Presidential Elecctions: A Case Study of*

'Dual-Identity' of Ethnic Minority Media. Tesis doctoral. University of Texas at Austin.

Correa Mujica, Miguel (2003). '**Consideraciones** sobre la revista *Mariel*', en *El Ateje*, 2 (6), pp. 2-5. Disponible en: http://www.elateje.com/0206/ensayo50206.htm/.

Cortina, Rodolfo y Moncada, Alberto (eds.) (1988). *Hispanos en los Estados Unidos*. Madrid: Cultura Hispánica.

Costa, Marithelma (2000). *Enrique Laguerre: una conversación*. San Juan (Puerto Rico): Plaza Mayor.

Costa, Marithelma y Figueroa, Alvin Joaquín (1990). *Kaligrafiando: conversaciones con Clemente Soto Vélez*. Río Piedras (Puerto Rico): Universidad de Puerto Rico.

Costa, Marithelma y López, Adelaida (eds.) (1988). *Las dos caras de la escritura: conversaciones con Mario Benedetti, María Corti, Umberto Eco, Sylvia Molloy, Carlos París, Ricardo Piglia, Xavier Rubert de Ventós, Ernesto Sábato, Susan Sontag, Gonzalo Torrente Ballester y Nilita Vientós Gastón*. San Juan (Puerto Rico): Editorial Sin Nombre.

Craddock, Jerry R. (1976). 'Lexical analysis of Southwest Spanish', en J. Donald Bowen y Jacob Ornstein (eds.), *Studies in Southwest Spanish*. Rowley (Massachusetts): Newbury House, pp. 45-70.

— (1992). 'Historia del español en los Estados Unidos', en César Hernández (coord.), *Historia y presente del Español de América*. Valladolid: Junta de Castilla y León, pp. 803-826.

— (1998). 'Juan de Oñate in Quivira', en *Journal of the Southwest*, 40, pp. 481-540.

— (1999). 'Fray Marcos de Niza, *Relación* (1539): Edition and Commentary', en *Romance Philology*, 53, pp. 69-118.

— (2002). 'La guerra justa en Nuevo México en 1598-1599', en *Initium*, 7, pp. 331-359.

Crawford, James (1992). *Language Loyalties. A Source Book on the Official English Controversy*. Chicago: University of Chicago Press.

— (2004). *Educating English Learners: Language Diversity in the Classroom (Bilingual Education: History, Politics, Theory, and Practice)* (5.ª ed.). Los Ángeles: Bilingual Educational Services.

Criado, María de Jesús (2002). *¿Perdurará lo 'hispano' en USA? Documento de trabajo*. Madrid: Real Instituto Elcano.

— (2003). *La lengua española en Estados Unidos: luces y sombras. Documento de trabajo*. Madrid: Real Instituto Elcano.

— (2004). 'Percepciones y actitudes en torno a la lengua española en los Estados Unidos', en *Migraciones Internacionales*, 2 (4), pp. 123-158.

Crowther, Bosley (1965). 'Heroina Tells a Story of Addicts in Harlem', en *The New York Times*, 11 de noviembre.

Crystal, David (2006). 'TXT, NE1?', en Susan Tresman y Ann Cooke (eds.), *The Dyslexia Handbook*. **Reading, Berks (Reino Unido)**: British Dyslexia Association.

— (2007). *Internet Linguistics* [ms. inéd.].

Cuadra, Ángel (2000). *José Martí. Análisis y conclusiones*. Miami: Ediciones Universal.

— (2001). 'La poesía: el tema de lo cubano', en *La literatura cubana del exilio*. Miami: Ediciones Universal, pp. 11-37.

Cuban Refugee Program Fact Sheet 1967.

Cuesta, Leonel Antonio de la (2002). 'Las revistas literarias de los exiliados entre 1959 y 1979', en *Cuba: Exilio y Cultura/Memoria del Congreso del Milenio*. Miami: Ediciones Universal.

— (2007) [1974]. *Constituciones cubanas desde 1812 hasta nuestros días*. (2.ª ed.) Miami: Editorial Alexandria Library.

Cueva, Julio (1992). *La Trova Tradicional Cubana*. La Habana: Letras Cubanas.

Cummins, Jim (1991). 'Interdependence of first- and second- language proficiency in bilingual children', en E. Bialystok (ed.), *Language processing in bilingual children*. Cambridge: Cambridge University Press, pp. 70-89.

D

Danford, Natalie (2005). 'How do you say 'Growing Pains' in Spanish?', en *Publishers Weekly*, 17 de enero.

Daniel, Lee. A. (1991). 'International Theatre Festival- On the Border/Between Bridges', en *Latin American Theatre Review*, 25 (1), pp. 147-150.

Daniels, Roger (2002). *Los Hispanos: la Minoría Mayoritaria (e-briefing)*. Cincinnati: University of Cincinnati.

Davis, Elizabeth B. [en prensa]. 'Conciencia trasatlántica y tradición épica: Mares y ríos en la *Historia de la Nueva México* de Gaspar Pérez de Villagrá (1610)', en Paul Firbas (ed.), *Épica y Colonia*.

Day, Jennifer Ch. (1996). *Population projections of the United States by age, sex, race, and Hispanic origin: 1995-2050. Current Population Reports P25-1130*. Washington D.C.: United States Bureau of the Census.

Debicki, Andrew (1992). 'Contributions by Hispanists in the United States to the Study of Twentieth-Century Spanish Literature', en *Hispania*, 75, pp. 918-929.

DEEP BLUE. IBM Research home page, http://www.re-search.ibm.com/.

DELGADO, Abelardo (1969). *Stupid America de Chicano: 25 Pieces of a Chicano Mind.* Denver (Colorado): Barrio Publications.

DEPARTMENT OF EDUCATION (Colorado) (CDE). *General School Information,* publicación en línea del Departamento de Educación de Colorado. Disponible en: **http://www.cde. state.co.us/index_home.htm/**.

DEPAULA, Paulob (1987). *Theatre in Exile: The Cuban Theatre in Miami.* Tesis de maestría. División of Fine Arts. Edición mecanografiada. Kirksville (Misuri): Northeast Missouri State University.

DÍAZ AYALA, Cristóbal (1993). *Del Areyto a la Nueva Trova: Historia de la Música Cubana.* 3.ª ed. La Habana: Cubanacán.

— (1999). *Cuando salí de La Habana. Cien años de música cubana por el mundo.* 3.ª ed. San Juan (Puerto Rico): Fundación Musicalia.

— (2002). *Enciclopedia discográfica de la música cubana 1925-1960.* Florida: Florida International University Libraries Fundación Musicalia. Disponible en: **http://gislab.fiu.edu/smc/**.

DÍAZ GUERRA, Alirio (2001). *Lucas Guevara.* Houston (Texas): Arte Público Press.

DÍAZ, Juan (1972). *Itinerario de la armada del Rey Católico a la isla de Yucatán en la india el año 1518 en la que fue por comandante y capitán general Juan de Grijalva.* México: Juan Pablos.

DÍAZ QUIÑONES, Arcadio (1982). *El almuerzo en la hierba.* Río Piedras (Puerto Rico): Huracán.

— (1987). *La memoria integradora.* San Juan (Puerto Rico): Ediciones Sin Nombre.

— (1993). *La memoria rota: ensayos de cultura y política.* San Juan (Puerto Rico): Huracán.

— (2000). *El arte de bregar y otros ensayos.* San Juan (Puerto Rico): Callejón.

DIBENEDETTO, Amy (2001). *The experience of Puerto Ricans in United States Schools: A truly bilingual one?* Senior Thesis, Linguistics and Languages. Swarthmore College, Pensilvania.

DICKSON, Robert G. (2007). *Los orígenes y desarrollo del cine hispano,* en *Nuevo Cine Latinoamericano,* 1, pp. 49-59. Disponible en: http://www.habanafilmfestival.com/revista/no1/pdf/nc 01_p48.pdf/.

DIEBOLD, Richard A. (1964). 'Incipient bilingualism', en Dell Hymes (ed.), *Language in culture and society. A Reader in Linguistics and Anthropology.* Nueva York-Evanson-Londres: Harper & Row Publishers.

DIN, Gilbert C. (1986). 'Canarios en la Luisiana en el siglo XIX', en *V Coloquio de Historia Canario-Americana (1982).* Las Palmas de Gran Canaria: Mancomunidad Provincial Interinsular de Cabildos de Las Palmas-Cabildo Insular de Gran Canaria, pp. 465-478.

— (1988). *The Canary Islanders of Louisiana.* Baton Rouge (Luisiana): Louisiana State University Press.

DONAHUE, Francisco (1972). 'Guerilla Theatre with a Mexican Accent', en *Latin American Theatre Review,* 6 (1), pp. 65-69.

DONOSO, José (1962). *Coronación.* Santiago de Chile: Zig-Zag.

— (1965). *El lugar sin límites.* Barcelona: Bruguera.

— (1970). *El obsceno pájaro de la noche.* Barcelona: Seix Barral.

— (1995). *Donde van a morir los elefantes.* Madrid: Santillana.

DONOVAN, Theresa L. (2004). *English Spanish code-switching in the Puerto Rico National Guard.* Tesis de Maestría. Río Piedras (Puerto Rico): Universidad de Puerto Rico.

DORFMAN, Ariel (1971). *Para leer al Pato Donald.* Valparaíso (Chile): Ediciones Universitarias de Valparaíso.

— (1973). *Moros en la costa.* Buenos Aires: Sudamericana.

— (1974). *Ensayos quemados en Chile: inocencia y neocolonialismo.* Buenos Aires: Ediciones de la Flor.

— (1979). *La última aventura del Llanero Solitario.* San José: EDUCA.

— (1980). *Reader's nuestro que estás en la tierra.* México: Nueva Imagen.

— (1982). *La última canción de Manuel Sendero.* México: Siglo XXI.

— (1985). *Dorando la píldora.* Santiago de Chile: Ediciones del Ornitorrinco.

— (1985). *Patos, elefantes y héroes: la infancia como subdesarrollo.* Buenos Aires: Ediciones de la Flor.

— (1986). *Los sueños nucleares de Reagan.* Buenos Aires: Legasa.

— (1986). *Sin ir más lejos. Ensayos y crónicas irreverentes.* Santiago de Chile: Pehuén CENECA.

— (1988). *Máscaras.* Buenos Aires: Sudamericana.

— (1997). *Viudas.* Madrid: Alfaguara.

— (2000). *La nana y el iceberg*. Barcelona: Seix Barral.

— (2001). *Terapia: una novela*. Nueva York: Siete Cuentos.

Dorian, Nancy C. (1977). 'The problem of the semi-speaker in language death', en *International Journal of the Sociology of Language,* 12, pp. 23-32.

— (1981). *Language death*. Filadelfia: University of Pennsylvania Press.

Draper, Jamie B. y Hicks, June H. (2002). *Foreign Language Enrollments in Public Secondary Schools, fall 2000*. Nueva York: American Council on the Teaching of Foreign Languages-Yonkers.

Duany, Jorge (2002). *Puerto Rican Nation on the Move. Identities on the Island and in the United States*. Chapel Hill (Carolina del Norte): University of North Carolina.

— (2006). 'Puerto Ricans in Orlando and Central Florida', en *Police Report* (Centro de Estudios Puertorriqueños, Hunter College [CUNY]), n.º 1, pp. 1-40.

Duignan, Peter J. y Gann, Lewis H. (1998). *Spanish Speakers in the United States. A History*. Lanham (Maryland): University Press of America.

Dupey, Robert (2006). *Análisis sociolingüístico del discurso de los jóvenes universitarios puertorriqueños*. Tesis doctoral. Río Piedras (Puerto Rico): Universidad de Puerto Rico.

Durán, Livie Isauro y Russell, Bernard (eds.) (1982). *Introduction to Chicano Studies*. Nueva York: Macmillan.

Durand, José (1954). 'La redacción de *La Florida del Inca*. Cronología', en *Revista Histórica,* 21, pp. 288-302.

E

Eastman, Carol (1992). 'Codeswitching as an urban language contact phenomenon', en *Code Switching. Journal of Multilingual and Multicultural Development,* 13 (1-2), pp. 1-17.

Eger, Ernestina (1980). 'Hacia una nueva bibliografía de revistas y periódicos chicanos', en *La Palabra: Revista de Literatura Chicana,* 2 (1), pp. 67-75.

— (1982). *A Bibliography of Criticism of Contemporary Chicano Literature*. Berkeley (California): Chicano Studies Library Publication.

Elías-Olivares, Lucía (1979). 'Language use in a Chicano community: A sociolinguistic approach', en J. B. Pride (ed.), *Sociolinguistic aspects of language learning and teaching*. Oxford: Oxford University Press, pp. 120-134.

— (ed.) (1983). *Spanish in the U.S. Setting. Beyond the Southwest*. Virginia: National Clearinghouse for Bilingual Education.

— 'El periodista y filósofo chihuahuense Alberto Rembao', en *La fragua*, 15 de enero de 2007, n.º **718. Disponible en:** http://www.uacj.mx/uehs/Publicaciones/fragua718.pdf/.

Elvas, Hidalgo de (1940). *Relação verdadeira dos trabalhos que o Governado d. Fernando de Souto e certos fidalgos Portugueses passaram no descobrimento da Province da lórida agora novamente escrita por um fidalgo de Elvas, prefaciada e anotada, om um glossário e índices/ por Frederico Gavazo Perry Vidal*. 3.ª ed. Lisboa: Divisão de Publicações e Biblioteca, Agência Geral das Colónias.

Encinias, Miguel, Rodríguez, Alfred y Sánchez, Joseph P. (1992). 'Introduction', en Gaspar Pérez de Villagra, *Historia de la Nueva México*. Albuquerque (Nuevo México): University of New Mexico Press, pp. XVII-XLIII.

Ercilla y Zúñiga, Alonso de (1993). *La Araucana*, ed. e introd. de Isaías Lerner. Madrid: Cátedra.

Escalante, Evodio (1976). 'Escrito en chicano', en *Siempre,* 1, p. 188.

Escalante, Felipe de y Barrado, Hernando (1583). *Breve y verdadera relación de la exploración de Nuevo México*.

Escarpanter, José A. (1988). 'El teatro cubano fuera de la isla', en Moisés Pérez Coterillo (ed.), *Escenario de dos mundos*. Madrid: Centro de Documentación Teatral, pp. 333-341.

— (1990). 'El IV Festival de Teatro Hispano (Miami, 1989)', en *Latin American Theatre Review,* 23 (2), p. 145.

— (1991). 'El V Festival de Teatro Hispano (Miami 1990)', en *Latin American Theatre Review,* 24 (2), p. 143.

— (1992). 'El VI Festival de Teatro Hispano (Miami, 1991)', en *Latin American Theatre Review,* 25 (1), p. 153.

— (1993). 'El VIII Festival de Teatro Hispano (Miami, 1993)', en *Latin American Theatre Review,* 27 (1), p. 107.

— (1995). 'El X Festival de Teatro Hispano (Miami, 1995)', en *Latin American Theatre Review,* 29 (1), p. 169.

— (1998). 'El XIII Festival Internacional de Teatro Hispano (Miami, 1998)', en *Latin American Theatre Review,* 32 (1), p. 135.

Escobedo, Alonso Gregorio de (1993) [c. 1604]. *Estudio y edición anotada de 'La Florida' de Alonso Gregorio de Escobedo, O. F. M. de Alexandra Elizabeth Sununu*. Tesis doctoral inédita. Graduate Center, City University of Nueva York (CUNY), 3 vols.

Espinosa, Aurelio (1909a). 'Studies in New Mexican Spanish. Part I: Phonology', en *University of New Mexico Bulletin: Language Series,* 1-2, pp. 47-162.

— (1909b). 'Studies in New Mexican Spanish. Part I: Phonology', en *Revue de Dialectologie Romane (RDR)*, I, pp. 157-239 y 269-300; 'Part II: Morphology', en *RDR*, III (1911), pp. 241-256; IV (1912), pp. 251-286; V (1913), pp. 142-172; y 'Part III: The English Elements', en *RDR*, VI (1914-1915), pp. 241-317. Trad. esp. de Amado Alonso y Ángel Rosenblat, *Estudios sobre el español de Nuevo Méjico, Parte I: Fonética y Parte II: Morfología*. Buenos Aires: Facultad de Filosofía de la Universidad, Instituto de Filología, 1930 y 1946 (col. Biblioteca de Dialectología Hispanoamericana, I-II).

— (1911). *The Spanish Language in New Mexico and Southern Colorado*. Santa Fe (Nuevo México): Historical Society of New Mexico.

— (1975) [1917]. 'Speech mixture in New Mexico: the influence of the English language on New Mexican Spanish', en Eduardo Hernández-Chávez, Andrew Cohen y Anthony Beltramo (eds.), *El lenguaje de los chicanos*. Arlington (Virginia): Center for Applied Linguistics, pp. 99-114.

ESPINOSA DOMÍNGUEZ, Carlos (2001). *El peregrino en comarca ajena*. Colorado: Society of Spanish and Spanish-American Studies.

— (2001). *La pérdida y el sueño. Antología de poetas cubanos en la Florida*. Ohio: Término Editorial.

ESPINOSA, Roque (2000). 'La crisis económica financiera ecuatoriana de finales de siglo y la dolarización'. Universidad Andina Simón Bolívar. Disponible en: **www.uasb.edu.ec/padh/centro/pdf/** [consulta: 25 de octubre de 2007].

ESPINOZA, Conrado (2007). *El sol de Texas: Under the Texas Sun*, introd. de John Pluecker. Houston (Texas): Arte Público Press.

ESTEBAN DEL CAMPO, Ángel y SALVADOR, Álvaro (2002). *Antología de la poesía cubana*. Madrid: Verbum.

ESTEVE, Humilce (1984). *El exilio cubano en Puerto Rico: su impacto político social, 1959-1983*. San Juan (Puerto Rico): Raíces.

EVANS, Robert (2004). 'Colombia vive atroz crisis de refugiados', en *El Nuevo Herald*, Miami, 5 de febrero.

F

FABRE, Genevieve (ed.) (1988). *European Perspectives on Hispanic Literature of the United States*. Houston (Texas): Arte Público Press.

FABRICIO, Roberto (1972a). 'Stranded to Spain, Cuabans wait and hope', en *The Miami Herald*, 16 de septiembre.

— (1972b). 'For a few exiles, U.S. cuts red tape', en *The Miami Herald*, 28 de noviembre.

FAGEN, Richard R., BRODY, Richard A. y O'LEARY, Thomas J. (1968). *Cuban in exile. Disaffection and the revolution*. Stanford (California): Stanford University Press.

FALCÓN, Angelo (1993). 'A divided nation. The Puerto Rican diaspora in the United States and the proposed referendum', en Edwin Meléndez y Edgardo Meléndez (eds.), *Colonial Dilemma*. Boston: South End Press, pp. 173-180.

— (2004). *Atlas of Stateside Puerto Ricans*. Washington D.C.: Puerto Rico Federal Affairs Administration.

FALCÓN, Rafael (1984). *La emigración puertorriqueña a Nueva York en los cuentos de José Luis González, Pedro Juan Soto y José Luis Vivas Maldonado*. Nueva York: Senda Nueva de Ediciones.

FALQUEZ-CERTAIN, Miguel (1993). 'Put Down the Book and the Broom: Come to Teatro Festival '93', en *Ollantay Theater Magazine*, II (1), p. 23.

FARIÑAS GONZÁLEZ, Manuel A. (2006). 'Mirada atlántica a través del objetivo canario-americano. La emigración isleña a Luisiana', comunicación presentada en las *Jornadas de Estudio de Música Tradicional*. Instituto de Estudios Hispánicos del Puerto de La Cruz, Tenerife.

FARR, Marcia (2006). *Rancheros in Chicagoacán: language and identity in a transnational community*. Austin (Texas): University of Texas Press.

FARR, Marcia y DOMÍNGUEZ BARAJAS, Elías (2005). 'Mexicanos in Chicago: language ideology and identity', en Ana Celia Zentella (ed.), *Building on strength: language and literacy in latino families and communities*. Nueva York: Teacher's College Press of Columbia University, pp. 46-59.

FERGUSON, Charles A. (1964). 'Diglossia', en Dell Hymes (ed.), *Language in culture and society. A Reader in Linguistics and Anthropology*. Nueva York-Evanson-Londres: Harper & Row Publishers, pp. 429-437.

FERNÁNDEZ DE OVIEDO VALDÉS, Gonzalo (1851-1855). *Historia general y natural de las Indias, islas y tierra firme del Mar Océano*. Madrid: Real Academia de la Historia, 4 vols.

FERNÁNDEZ, José B. y FERNÁNDEZ, Roberto G. (1981). *Índice Bibliográfico de Autores Cubanos (1959-1979)*. Miami: Ediciones Universal.

— (1983). *Índice Bibliográfico de Autores Cubanos (Diáspora 1959-1979)*. Miami: Ediciones Universal.

FERNÁNDEZ, Rosa (1990). 'Actitudes hacia los cambios de código en Nuevo México: Reacciones de un sujeto a ejemplos de su habla', en John Bergen (ed.), *Spanish in the United States: Sociolinguistic issues*. Washington D.C.: Georgetown University, pp. 49-58.

Fernández Shaw, Carlos M. (1972). *Presencia española en los Estados Unidos*. Madrid: Cultura Hispánica (trad. ingl., *The Hispanic Presence in North America*. Nueva York: Facts of File, 1991).

Fernández, Wifredo (1974). *Martí y la Filosofía*. Miami: Ediciones Universal.

Ferrer Canales, José (1964). *Imagen de Varona*. Santiago de Cuba: Universidad de Oriente.

— (1972). *Acentos cívicos: Martí, Puerto Rico y otros temas*. Río Piedras (Puerto Rico): Edil.

— (1990a). *Asteriscos*. Río Piedras (Puerto Rico): Universidad de Puerto Rico.

— (1990b). *Martí y Hostos*. Río Piedras (Puerto Rico): Centro de Estudios Avanzados de Puerto Rico y del Caribe.

Ferres, Antonio y Ortega, José (eds.) (1975). *Literatura española del último exilio*. Nueva York: Gordian Press.

Festival Internacional de Cine de Guadalajara, http://www.guadalajaracinemafest.com/english/pelicula.php?id=306/ [consulta: 13 de octubre de 2007].

Figueroa Aramoni, Rodulfo (1999). 'A Nation beyond Its Borders: The Program for Mexican Communities Abroad', en *The Journal of American History*, 86 (2), pp. 537-544. Disponible en: http://www.indiana.edu/~jah/mexico/rfigueroa.html/.

Figueroa, Frank M. (1994). *Encyclopedia of Latin American Music in New York*. Saint Petersburg (Florida): Pillar Publications.

Fisher, Christy (1994). 'Ratings Worth $40 Million? Networks Have No Doubts', en *Advertising Age*, Nueva York, 24 de enero.

Fishman, Joshua A. (1967). 'Bilingualism with and without diglossia: Diglossia with and without bilingualism', en *Journal of Social Issues*, 23 (2), pp. 29-38.

Fishman, Joshua A., Cooper, Robert L. y Ma, Roxana (1971). *Bilingualism in the barrio*. Indiana: Indiana University Press.

Fitzpatrick, Joseph (1971). *Puerto Rican Americans: The meaning of migration to the mainland*. Nueva Jersey: Prentice-Hall.

Flint, Richard y Shirley (2002). 'The Documents of the Coronado Expedition'. Fourth Interim Narrative Progress Report for the Period May 1, 2002 – October 30 (Final Report for Year 2) submitted to The National Historical Publications and Records Commission. Disponible en: http://www.psi.edu/coronado/flintupdate.html/ [consulta: 8 de noviembre de 2007].

Flores, Ángel (1974). *Aproximaciones a Octavio Paz*. México: J. Mortiz.

— (1976). *Aproximaciones a Horacio Quiroga*. Caracas: Monte Ávila.

— (1981). *Narrativa hispanoamericana, 1816-1981*. México: Siglo XXI.

— (comp.) (1987). *Nuevas aproximaciones a Pablo Neruda*. México: Fondo de Cultura Económica.

Flores, Arturo C. (1987). '1965-1986: El Teatro Campesino; algunas orientaciones teóricas', en *Confluencia*, 2 (2), pp. 116-121.

Flores, Juan (1993). *Divided Borders: Essays on Puerto Rican Identity*. Houston (Texas): Arte Público Press.

— (1997). *La venganza de Cortijo y otros ensayos*. Río Piedras (Puerto Rico): Huracán.

— (ed.) (2005). *Puerto Rican arrival in New York: narratives of the migration, 1920-1950*. Princeton (Nueva Jersey): Markus Wiener Publishers.

Flores, Nydia (2005). 'La expresión del pronombre personal sujeto en narrativas orales de puertorriqueños de Nueva York', en Luis Ortiz López y Manuel Lacorte (eds.), *Contactos y contextos lingüísticos. El español en los Estados Unidos y en contacto con otras lenguas*. Madrid: Iberoamericana, pp. 131-142.

Flores, Nydia y Toro, Jeannette (2000). 'The persistence of dialect features under conditions of contact and leveling', en *Southwest Journal of Linguistics*, 19 (2), pp. 31-42.

Foisie, Geoffrey (1994). 'Nielsen Expands Hispanic TV Ratings', en *Broadcasting & Cable*, 8 de agosto.

Folger, John K. y Nam, Charles B. (2005). *Education of the American Population*. Fuentes: U.S. Department of Education, National Center for Education Statistics, *Digest of Education Statistics 2003* y U.S. Census Bureau, *Current Population Survey* (marzo).

Fornander, Abraham (1985). *Fornander collection of Hawaiian antiquities and folklore: the Hawaiian account of the formation of their islands and origin of their race, with the traditions of their migrations, etc. as gathered from original sources by Abraham Fornander; with translations revised and illustrated with notes by Thomas G. Thrum*. Millwood, N.Y.: Kraus Reprint.

Fornet, Ambrosio (1967). *En Blanco y negro*. La Habana: Instituto del Libro.

Foster, David William (1985). *Cuban Literature. A Research Guide*. Nueva York: Garland Publishing.

FOUGHT, Carmen (2006). *Language and ethnicity*. Cambridge: Cambridge University Press.

FRADD, Sandra (1996). *The economic impact of Spanish language proficiency in Metropolitan Miami*. Miami: Greater Miami Chamber of Commerce & Cuban American National Council.

FRISCHMANN, Donald H. (1990). '¡Viva Tenaz!: El XIV Festival Internacional de Teatro Chicano Latino', en *Latin American Theatre Review*, 23 (2), p. 93.

FUENTES, Marta (2003). 'Editoriales y revistas cubanas en España', en *Revista Hispano Cubana*, 2.

FUENTES, Víctor (1998). 'Ventana abierta: desafíos y perspectivas para una revista latina en Español', en *Ventana Abierta*, 1 (4), p. 11.

— (2001). 'Constantes y variaciones exílicas en la obra (americana) del último Sender', en José Domingo Dueñas (ed.), *Sender y su tiempo. Crónica de un siglo*. Huesca: Instituto de Estudios Aragoneses.

G

GALINDO, Letticia (1996). 'Language use and language attitudes: A study of border women', en *Bilingual Review*, 21, pp. 5-17.

GALINDO SOLÉ, Mireia y PONS MOLLS, Clàudia (2000). 'La col·loquialitat en els xats: aspectes fonètics i interlingüístics'. Comunicación presentada en la *I Jornada sobre Comunicación Mediática por Ordenador en Catalán (CMO-Cat)*, Universidad de Barcelona, 1 de diciembre. Disponible en: http://www.ub.es/lincat/cmo-cat/galindo-pons.htm/.

GALLARDO, Bartolomé José (1863-1889). *Ensayo de una biblioteca española de libros raros y curiosos, formado con los apuntamientos de don Bartolomé José Gallardo, coordinados y aumentados por don M. R. Zarco del Valle y don J. Sancho Rayón*. Madrid: Rivadeneyra, 4 vols. (reimpr., Madrid: Gredos, 1968).

GALLOWAY, Patricia (ed.) (1997). *The Hernando de Soto Expedition: History, Historiography, and 'Discovery' in the Southeast*. Lincoln (Nebraska): University of Nebraska Press.

GALMÉS DE FUENTES, Álvaro (1964). 'El dialecto y la lengua general', en *Presente y futuro de la lengua española*, vol. II. Madrid: Cultura Hispánica, p. 131.

GALVÁN, Roberto y TESCHNER, Richard (1977). *El diccionario del español chicano*, 2.ª ed. Silver Spring (Maryland): Institute of Modern Languages.

GARCÍA BORRERO, Juan Antonio (2007). 'Introducción al discurso audiovisual de la diáspora cubana', en Juan Antonio García Borrero (coord.), *Cine Cubano. Nación, diáspora e identidad*. Benalmádena (Málaga): Ayuntamiento de Benalmádena, Delegación de Juventud y Festejos.

GARCÍA CANCLINI, Néstor (1999). *La globalización imaginada*. Barcelona: Paidós.

GARCÍA, Ernesto (dir.): http://www.teatroenmiami.com/.

GARCÍA, María Cristina (1996). *Cuban Exiles and Cuban Americans in South Florida, 1959-1994*. Berkeley (California): University of California Press.

GARCÍA, Mario T. (1990). *Mexican Americans. Leadership, Ideology, and Identity, 1930-1960*. New Haven (Connecticut): Yale University Press.

GARCÍA MÁRQUEZ, Gabriel (1967). *Cien años de soledad*. Buenos Aires: Sudamericana.

GARCÍA, Mary Ellen (2003). 'Speaking Spanish in Los Ángeles and San Antonio: who, where, when, why', en *Southwest Journal of Linguistics*, 22, pp. 1-21.

GARCÍA, Ofelia (1997). 'From Goya portraits to Goya beans: Elite traditions and popular streams in U.S. Spanish language policy', en *Southwest Journal of Linguistics*, 12 [1993], pp. 69-86.

— (2003). 'La enseñanza del español a los latinos de los EE. UU. Contra el viento del olvido y la marea del inglés', en *Ínsula*, n.º 679-680.

— (2005). 'Positioning heritage languages in the United States', en *Modern Language Journal*, 89 (4), pp. 601-605.

— [en prensa]. 'Living and Teaching *la lengua loca*: Glocalizing U.S. Spanish ideologies and practices', en Rafael Salaberry (ed.), *Language Allegiances and Bilingualism in the United States*. Clevedon (Reino Unido): Multilingual Matters.

— [en prensa]. 'Teaching Spanish and Spanish in Teaching in the U.S.: Integrating Bilingual Perspectives', en Anne Marie de Mejía y Christine Helot (eds.), *Integrated Perspectives towards Bilingual Education: Bridging the gap between prestigious bilingualism and the bilingualism of minorities*. Clevedon (Reino Unido): Multilingual Matters.

GARCÍA, Ofelia et ál. (1988). 'Spanish language use and attitudes. A study of two New York City communities', en *Language in Society*, 17, pp. 475-511.

GARCÍA, Ofelia y OTHEGUY, Ricardo (1985). 'The masters of survival send their children to school: Bilingual education in the ethnic schools of Miami', en *Bilingual Review/Revista Bilingüe*, 12, pp. 3-19.

— (1988). 'The bilingual education of Cuban American children in Dade County's ethnic schools', en *Language and Education*, 1, pp. 83-95.

GARCÍA RAMOS, Reinaldo (2007). 'Entrevista con Felipe Láza', en *Decir del agua*, 2.º ciclo, 1.ª entrega, enero.

GARCÍA RAMOS, Reinaldo y SIMO, Ana María (1962). *Novísima poesía cubana*. La Habana: El Puente.

GARCÍA RIERA, Emilio (1969-1987). *Historia documental del cine mexicano, 1926-1966*. México: Era, 9 vols.

— (1986). *Historia del cine mexicano*. México: SEP-Foro México.

GARCÍA VEGA, Lorenzo (2004). *El oficio de perder*. Puebla (México): Benemérita Universidad Autónoma de Puebla.

GARCÍA YEBRA, Valentín (1988). *Claudicación en el uso de preposiciones*. Madrid: Gredos.

GARCILASO DE LA VEGA, Inca (1956). *La Florida del Inca*, ed. de Emma Susana Speratti Piñero, pról. de Aurelio Miró Quesada, est. bibliogr. de José Durand. México: Fondo de Cultura Económica.

GARRIDO MEDINA, Joaquín (2001). 'Política lingüística del español en Estados Unidos', en Johannes Klare y Kerstin Störl-Stroyny (coords.), *Romanische Sprachen in Amerika (Festschrift H.-D. Paufler)*. Fráncfort del Meno: Lang. Disponible en: http://www.ucm.es/info/circulo/no1/garrido.htm/ [consulta: 15 de septiembre de 2007].

— (2006). 'El español en internet y en Estados Unidos: *Los retos del español* de Francisco Marcos Marín', en *Círculo de Lingüística Aplicada a la Comunicación (Clac)*, 28, pp. 39-43. Disponible en: http://www.ucm.es/info/circulo/no28/garrido.pdf/.

GARZA, Roberto J. (ed.) (1976). *Contemporary Chicano Theatre*. Notre Dame: University of Notre Dame Press.

GARZA, Sabino (1978). 'Teatro Chicano: A Creative Explosion', en *Caracol*, 4 (7), p. 3.

GEIGER, Maynard J. (1937). *The Franciscan Conquest of Florida, 1573-1618*. Washington D.C.: Catholic University of America Press.

GERHARD, Peter (1982). *The North Frontier of New Spain*. Princeton (Nueva Jersey): Princeton University Press.

— (1986). *Geografía histórica de la Nueva España, 1519-1821*. México: Universidad Nacional Autónoma de México.

GHOSH JOHNSON, Elka (2005). 'Mexiqueño? A case study of dialect contact', en *Penn Working Papers in Linguistics*, 11(2), pp. 91-104 (Selected Papers from NWAV, 33).

GIMENO, Francisco y GIMENO, María Victoria (2003). *El desplazamiento lingüístico del español por el inglés*. Madrid: Cátedra.

GINGRAS, Rosario (1974). 'Problems in the description of Spanish/English intrasentential code-switching', en G. Bills (ed.), *Southwest Areal Linguistics*. San Diego (California): University of California, Institute for Cultural Pluralism, pp. 167-174.

GOLDEMBERG, Isaac (1984). *Tiempo al tiempo*. Hanover (Nuevo Hampshire): Ediciones del Norte.

— (1992). *La vida al contado*. Lima: Lluvia Editores.

— (2001). *El nombre del padre*. Lima: Alfaguara.

— (2005). *La vida a plazos de don Jacobo Lerner*. Madrid: Sefarad.

GÓMEZ CAPUZ, Juan (1998). *El préstamo lingüístico. Concepto, problemas y métodos*. Valencia: Universidad de Valencia.

GÓMEZ DACAL, Gonzalo (2001). 'La población hispana de Estados Unidos', en *El español en el mundo. Anuario del Instituto Cervantes 2001*. Madrid-Barcelona: Instituto Cervantes-Plaza & Janés-Círculo de Lectores, pp. 169-242.

GÓMEZ GIL, Orlando (1968). *Historia crítica de la literatura hispanoamericana*. Nueva York: Holt, Rinehart and Winston.

GÓMEZ KEMP, Ramiro (1973). *Los años verdes*. Miami: Ediciones Universal.

GÓMEZ REINOSO, Manuel (1993). *Aproximaciones a la literatura hispanoamericana*. Miami: Ediciones Universal.

GÓMEZ TABANERA, José Manuel (ed.) (1990). *Franceses en la Florida*. Madrid: Historia 16.

GÓMEZ TORREGO, Leonardo (2001). 'La gramática en internet', en *II Congreso Internacional de la Lengua Española. El español en la Sociedad de la Información. Valladolid, 16-19 de octubre de 2001*. Valladolid: Instituto Cervantes-Real Academia Española.

GONZALES-BERRY, Erlinda (ed.) (c. 1989). *Pasó por aquí: Critical Essays on the New Mexican Literary Tradition*. Albuquerque (Nuevo México): University of New Mexico Press.

GONZÁLEZ ACOSTA, Alejandro (1992). 'Poesía cubana de hoy', en *Universidad de México: revista de la Universidad Nacional Autónoma de México*, 496, pp. 62-75.

GONZÁLEZ-CRUZ, Luis F. (1989). 'El IV Festival de Teatro Hispano: Miami', en *Linden Lane Magazine*, abril-julio, p. 23.

— (1990). 'El Quinto Festival Internacional de Teatro', en *Linden Lane Magazine*, julio-septiembre, p. 24.

— (1991). 'El Sexto Festival Internacional de Teatro en Miami', en *Linden Lane Magazine*, julio – septiembre, p. 19.

— (1992). 'El VII Festival Internacional de Teatro Hispano de Miami', en *Linden Lane Magazine*, septiembre, p. 7.

— (1994). 'Festival de Teatro de Miami', en *Linden Lane Magazine*, marzo, pp. 28-29.

— (2002). 'Festival Internacional de Teatro Hispano en Miami', en *Linden Lane Magazine*, marzo-junio, XXI (1 y 2), p. 34.

— (2004). 'XIX Festival Internacional de Teatro Hispano de Miami', en *Linden Lane Magazine*, verano-otoño-invierno, p. 29.

— (2005). 'El Festival Internacional de Teatro Hispano de Miami celebra su vigésimo aniversario', en *Latin American Theatre Review*, 39 (1), p. 147.

GONZÁLEZ MONTES, Yara y MONTES HUIDOBRO, Matías (1972). *Bibliografía crítica de la poesía cubana (Exilio: 1959-1971)*. Madrid: Plaza Mayor.

— (1973). *Bibliografía crítica de la poesía cubana (Exilio: 1959-1971)*. Madrid: Playor.

— (eds.) (1998). *Anales literarios/Poetas*, n.º 2, vol. II. Nueva York.

GONZÁLEZ, Norma (2001). *I am my language: discourses of women and children in the Borderlands*. Tucson (Arizona): University of Arizona Press.

GONZÁLEZ, Ray (ed.) (1992). *Aztlán: Latino Poets of the Nineties*. Boston: D.R. Godine.

GONZÁLEZ TIRADO, Rafael (1987). 'El complejo de inferioridad lingüística', en *Lenguaje y nacionalismo*, Santo Domingo: Gente, pp. 31-47.

GONZÁLEZ VIAÑA, Eduardo (1964). *Los peces muertos*. Trujillo (Perú): Casa de la Poesía.

— (1979). *Habla, Sampedro*. Barcelona: Argos Vergara.

— (1984). *El tiempo del amor*. Lima: Mosca Azul.

— (1990). *El amor se va volando*. Lima: Populibros.

— (1998). *Correo de Salem*. Lima: Mosca Azul.

— (2000). *Los sueños de América*. Lima: Alfaguara.

— (2006). *El corrido de Dante*. Houston (Texas): Arte Público Press.

GRANDA, Germán de (1981). 'Actitudes sociolingüísticas en el Paraguay', en *Revista Paraguaya de Sociolingüística*, 18, pp. 7-22.

GROPPI, Mirta y MALCUORI, Marisa (1992). 'Losotro semo canario. El habla rural del noreste de Canelones', en *Anuario de Lingüística Hispánica*, 8, pp. 127-145.

GRUPO AREÍTO (1978). *Contra viento y marea: jóvenes cubanos hablan desde su exilio en Estados Unidos*. México: Siglo XXI.

GUERRA, Felicia y ÁLVAREZ-DETRELL, Tamara (1997). *Braseros: Historia oral del éxodo cubano del '94/Oral history of the Cuba exodus of '94*. Miami: Ediciones Universal.

GUILLÉN, Claudio (1995). *El sol de los desterrados: literatura y exilio*. Barcelona: Cuaderns Crema.

GUILLOTTE, Joseph (1982). *Masters of the Marsh: An Introduction to the Ethnography of Lower St. Bernard Parish*. Nueva Orleans: National Park Service.

GURPEGUI, José Antonio (2002). 'Tipología literaria del modelo familiar chicano', en María Herrera Sobek, Francisco Lomelí y Juan Antonio Perles Rochel (eds.), *Perspectivas transatlánticas en la literatura chicana: Ensayos y creatividad*. Málaga: Universidad de Málaga.

— (2003). *Narrativa chicana: Nuevas propuestas analíticas*. Alcalá de Henares (Madrid): Universidad de Alcalá.

GUTIÉRREZ DE LA SOLANA, Alberto (1978). *Investigación y crítica literaria y lingüística cubana*. Nueva York: Senda Nueva de Ediciones.

GUTIÉRREZ, Heliodoro Javier (1993). *El español en El Barrio de Nueva York. Estudio léxico*. Nueva York: Academia Norteamericana de la Lengua Española.

GUTIÉRREZ, Manuel (1994). *Ser y estar en el habla de Michoacán, México*. México: Universidad Nacional Autónoma de México.

— (1995). 'On the future of the future tense in the Spanish of the Southwest', en Carmen Silva Corvalán (ed.), *Spanish in four continents*. Washington D.C.: Georgetown University Press, pp. 214-226.

GUTIÉRREZ, Manuel y SILVA CORVALÁN, Carmen (1993). 'Spanish clitics in a contact situation', en Ana Roca y John Lipski (eds.), *Spanish in the United States*. Berlín: Mouton, pp. 75-89.

GUTIÉRREZ VEGA, Zenaida (1969). *José María Chacón y Calvo, hispanista cubano*. Madrid: Cultura Hispánica.

— (1976). *Epistolario Alfonso Reyes-José M. Chacón*. Madrid: Fundación Universitaria Española.

— (1982a). *Estudio bibliográfico de José M. Chacón*. Madrid: Fundación Universitaria Española.

— (1982b). *Fernando Ortiz en sus cartas a José M. Chacón*. Madrid: Fundación Universitaria Española.

— (1986). *Corresponsales españoles de José M. Chacón*. Madrid: Fundación Universitaria Española.

— (2006). *José María Chacón y Calvo: corresponsales cubanos*. Madrid: Fundación Universitaria Española.

GUZMÁN, Luis Martín (1962). *La Sombra del Caudillo*. México: Compañía General de Ediciones.

— (1991). *El águila y la serpiente*. México: Porrúa.

H

HABERMAS, Jürgen (2001). *The Postnational Constellation*. Cambridge (Massachusetts): MIT Press.

HAKUTA, Kenji (1998). 'Bilingüismo y la educación bilingüe: una perspectiva para la investigación', en *Revista Pedagógica* (San Juan).

HAKUTA, Kenji y SNOW, Catherine (2000). 'The Role of Research in Policy Decisions about Bilingual Education', en *NABE Newsletter,* 9 (1), pp. 18-21.

HAMMOND, George P. y REY, Agapito (1953). *Don Juan de Onate, Colonizer of New Mexico 1595-1628*. Albuquerque (Nuevo México): University of New Mexico Press, 2 vols.

HANN, John H. (1996). *History of the Timucua Indians and Missions*. Gainesville (Florida): Florida University Press.

HARPER, Anneliese Marie (1996). *The impact of immigration on rural Guatemalan women's ways of speaking*. Tesis doctoral. Arizona State University.

HART GONZÁLEZ, Lucinda y FEINGOLD, Marcia (1990). 'Retention of Spanish in the home', en *International Journal of the Sociology of Language,* 8 (4), pp. 5-34.

HASLIP-VIERA, Gabriel (1996). 'The evolution of the Latino community in New York City: Early nineteenth century to the present', en Gabriel Haslip-Viera y Sherrie Baver (eds.), *Latinos in New York: Communities in transition.* Notre Dame: University of Notre Dame Press, pp. 3-30.

HASLIP-VIERA, Gabriel, FALCÓN, Angelo y MATOS RODRÍGUEZ, Félix (eds.) (2004). *Boricuas in Gotham. Puerto Ricans in the Making of Modern New York City.* Princeton (Nueva Jersey): Marcus Weiner Publishers.

HAWES LAVANDEROS, Cynthia (1999). *Recursos: A Directory of U.S. Organizations and Institutions Dedicated to Advancing Mutual Understanding with Mexico*. 2.ª ed. México: Biblioteca Benjamin Franklin.

HEIL, Alan L. Jr. (2003). *Voice of America: A History.* Nueva York: Columbia University Press.

HEINE, Bernd y KUTEVA, Tania (2005). *Language contact and grammatical change.* Cambridge: Cambridge University Press.

HEININK, Juan B. y DICKSON, Robert G. (1990). *Cita en Hollywood*. Bilbao: Mensajero, pp. 22-23.

HENRÍQUEZ UREÑA, Max (1963). *Panorama Histórico de la Literatura Cubana*. San Juan (Puerto Rico): Mirador.

HENTSCHEL, Elke (1998). 'Communication on IRC', en *Linguistic online,* 11/98. Disponible en: http://www.linguistikonline.de/irc.htm/.

HEREDIA, Pedro (1976). *Antonio Machín*. Barcelona: Miguel Arimany.

HERNÁNDEZ, Carmen Dolores (1997). *Puerto Rican Voices in English: Interviews with Writers*. Westport (Connecticut): Praeger.

— (2003). 'Escribiendo en la frontera', en Mercedes López Baralt (ed.), *Literatura puertorriqueña del siglo XX.* San Juan (Puerto Rico): Universidad de Puerto Rico, pp. 209-216.

HERNÁNDEZ-CHAVEZ, Eduardo (1997). 'Imperativo para la sobrevivencia cultural: la cuestión de la lengua para la estatividad en Nuevo México y en Puerto Rico'. Trabajo presentado en el *Seminario Internacional sobre la Lengua Española en los Estados Unidos*. San Juan (Puerto Rico): Universidad Interamericana de Puerto Rico.

HERNÁNDEZ-CHAVEZ, Eduardo, COHEN, Andrew D. y BELTRAMO, Anthony F. (eds.) (1975). *El lenguaje de los chicanos.* Arlington (Virginia): Center for Applied Linguistics.

HERNÁNDEZ CUÉLLAR, Jesús. 'Entrevista a Guillermo Cabrera Infante'. Disponible en: http://www.latinartmuseum.net/cabrera-_infante.htm/.

HERNÁNDEZ GIRBAL, Florentino (1992). *Los que pasaron por Hollywood*. Madrid: Verdoux.

HERNÁNDEZ GONZÁLEZ, Carmen (2001). 'Un viaje por *Sefarad:* la fortuna del judeoespañol', en *El español en el mundo. Anuario del Instituto Cervantes,* pp. 281-332. Disponible en: http://cvc.cervantes.es/obref/anuario/anuario_01/hernandez/p02.htm/ [consulta: 7 de septiembre de 2007].

HERNÁNDEZ GONZÁLEZ, Manuel (2005). *Canarias: la emigración: la emigración canaria a América a través de la historia*. Santa Cruz de Tenerife: Gobierno de Canarias-Centro de la Cultura Popular Canaria.

HERNÁNDEZ, José Esteban (2002). 'Accommodation in a dialect contact situation', en *Revista de Filología y Lingüística de la Universidad de Costa Rica,* 28, pp. 93-110.

HERNÁNDEZ MIYARES, Julio E., FERNÁNDEZ TORRIENTE, Gastón y FERNÁNDEZ MARCANÉ, Leonardo (eds.) (2002). *Cuba: exilio y cultura. Memoria del Congreso del Milenio.* Miami: Ediciones Universal.

HERNÁNDEZ, Ramona y RIVERA-BATIZ, Francisco (2003). 'Dominicans in the United States: A Socioeconomic Profile, 2000', en *Dominican Research Monographs*. Nueva York: City University of New York, Dominican Studies Institute.

HERNÁNDEZ RODRÍGUEZ, Germán (1982). 'La aportación de la isla de La Gomera al poblamiento de Luisiana 1777-78', en F. Morales Padrón (coord.), *IV Coloquio de Historia Canario-Americana (1980)*, t. II. Las Palmas de Gran Canaria: Cabildo Insular de Gran Canaria, pp. 227-245.

HERRERA SOBECK, María y SÁNCHEZ KORROL, Virgina (2000). *Recovering the U.S. HispanicLiterary Heritage*. Houston (Texas): Arte Público Press.

HIDALGO, Margarita (1993). 'The dialectics of Spanish language loyalty and maintenance on the US-Mexico border: A two-generation study', en Ana Roca y John Lipski (eds.), *Spanish in the United States: linguistic contact and diversity*. Berlín: Mouton de Gruyter, pp. 47-73.

HIDALGO, Narciso (2001). 'On Cuban Film', en *Hopscotch*, 2 (4).

HILTON, Sylvia-Lyn (1982). 'Introducción', en Garcilaso de la Vega, el Inca, *La Florida del Inca*, ed. de ~. Madrid: Fundación Universitaria Española, pp. 7-57.

HIRSCH, Rudolph (1951). *A study of some aspects of a Judeo-Spanish dialect as spoken by a New York Sephardic family*. Nueva York: Ann Arbor.

HISPANIA RESEARCH CORPORATION (1992). *Estudio sobre el idioma*. San Juan (Puerto Rico): Ateneo de Puerto Rico.

HOCHBERG, Judith (1986). 'Functional Compensation for /s/ deletion in Puerto Rican Spanish', en *Language*, 62 (3), pp. 609-621.

HOFFMAN, Paul E. (1990). *A New Andalucia and a Way to the Orient. The American Southeast During the Sixteenth Century*. Baton Rouge (Luisiana): Louisiana State University Press.

— (1992). *Luisiana*. Madrid: Mapfre.

— (1994). 'Narváez and Cabeza de Vaca in Florida', en Charles Hudson y Carmen Chavez Tesser (eds.), *The Forgotten Centuries: Indians and Europeans in the American South, 1521-1704*. Athens (Georgia): University of Georgia Press, pp. 50-73.

HOLLOWAY, Charles E. (1997a). *Dialect death. The case of Brule Spanish*. Amsterdam-Filadelfia: John Benjamins.

— (1997b). 'Divergent twins: Isleño and Brule Spanish in Louisiana', en *Southwest Journal of Linguistics*, 16 (1-2), pp. 55-72.

HÖLSTROM, John Edwin (1951). *Report on Interlingual Scientific and Technical Dictionaries*. París: Unesco.

HOOBLER, Dorothy y Thomas (1996). *The Cuban American family album*. Nueva York-Oxford: Oxford University Press.

HOWARD, Elizabeth R. y SUGARMAN, Julie (2006). 'Two-Way Immersion Programs: Features and Statistics', en *ERIC Educational Reports*, 1 de marzo. Disponible en: **http://www.cal.org/resources/Digest/0101twi.html/**.

HOZ, León de la (1994). *La poesía de las dos orillas: Cuba, 1959-1993*. Madrid: Libertarias.

HUARTE DE SAN JUAN, Juan (1989). *Examen de ingenios para las ciencias*, ed. de Guillermo Serés. Madrid: Cátedra.

HUDSON, Alan et ál. (1995). 'The many faces of language maintenance: Spanish language claiming in five southwestern states', en Carmen Silva Corvalán (ed.), *Spanish in four continents. Studies in language contact and bilingualism*. Washington D.C.: Georgetown University Press, pp. 165-183.

HUDSON, Richard A. (1981). *La sociolingüística*. Barcelona: Anagrama.

HUERTA, Jorge A. (ed.) (1973). *El teatro de la Esperanza: An Anthology of Chicano Drama*. Goleta (California): El Teatro de la Esperanza.

— (1982). *Chicano Theater: Themes and Forms*. Tempe (Arizona): Bilingual Press.

HUERTA, Jorge A. y KANELLOS, Nicolás (1989). *Nuevos pasos: Chicano and Puerto Rican Drama*. Houston (Texas): Arte Público Press.

HUMAN RIGHTS WATCH (1989). 'Overview of human rights developments: 1989'. Disponible en: **http://www.hrw.org/reports/-1989/WR89/Nicaragu.htm/** [consulta: 29 de octubre de 1989].

HURTADO, Luz Marcela (2001). *La variable expresión del sujeto en el español de los colombianos y colombo-americanos residentes en el condado de Miami-Dade*. Tesis doctoral. University of Florida.

— (2002). 'El mantenimiento del español en Miami-Dade, Florida', en *Litterae*, 11, pp. 148-170.

— (2005). 'Condicionamientos sintáctico-semánticos de la expresión del sujeto en el español colombiano', en *Hispania*, 88, pp. 335-348.

HUTCHINS, W. John (1986). *Machine Translation: Past, Present and Future*. Chichester (Reino Unido): Ellis Horwood.

— (1997). 'From first conception to first demonstration: the nascent years of machine translation, 1947-1954. A chronology', en *Machine Translation*, 2 (3), pp. 195-252.

— (1999). 'The Development and Use of Machine Translation Systems and Computer-Based Translation Tools', en *International Symposium on Machine Translation and*

Computer Language Information Processing, 16-28 June 1999, Pekín (China).

— (2001). 'Machine Translation and Human Translation: In competition or in complementation', en *Special Issue of International Journal of Translation*, 13, pp. 5-20.

I

INFOLATAM (2007). 'Remesas de inmigrantes superan toda la ayuda de gobiernos de países en desarrollo'. Disponible en: http://www.infolatam.com/ [consulta: 29 de octubre de 2007].

INSTITUTE FOR PUERTO RICAN POLICY (1996). 'The Status of Puerto Rican Children in the U.S.', en *IPR Datanote on the Puerto Rican Community*, n.º 18. Nueva York: IPR.

INSTITUTO CULTURAL MEXICANO EN NUEVA YORK, http://www.la-vitrina.com/.

INSTITUTO ESPAÑOL DE COMERCIO EXTERIOR (2007). *El español como recurso económico en Estados Unidos*. Oficina Económica y Comercial de la Embajada de España en Los Ángeles, octubre de 2007.

INSTITUTO NACIONAL DE ESTADÍSTICA Y CENSOS (2006). 'Las condiciones de vida de los ecuatorianos'. Disponible en: **http://www.inec.gov.ec/ecv/ecv.pdf/** [consulta: 28 de octubre de 2006].

IRVINE, Judith y GAL, Susan (2000). 'Language ideology and linguistic differentiation', en Paul V. Kroskrity (ed.), *Regimes of Language: Ideologies, Polities and Identities*. Santa Fe (Nuevo México): Oxford School of American Research Press, pp. 35-84.

ITZIGSOHN, José et ál. (1999). 'Mapping Dominican transnationalism: Narrow and broad transnational practices', en *Ehnic and Racial Studies*, 22 (2), p. 325.

J

JACKSON, William (1950). '*Modern Spanish Plays Produced in the United States, 1900-1947*', en Hispania, 33 (2), pp. 140-143.

JANY, Carmen (2001). *El impacto del inglés en el español puertorriqueño: un análisis comparativo*. Berlín: Peter Lang.

JARAMILLO, June (1995). 'The passive legitimization of Spanish. A macrosociolinguistic study of a quasi-border: Tucson, Arizona', en *International Journal of the Sociology of Language*, 114, pp. 67-91.

JENSEN, Leif et ál. (2006). 'Ethnic identities, language and economic outcomes among Dominican in a new destination', en *Social Science*, 87, pp. 1.088-1.099.

JENSEN, Leif y TIENDA, Marta (1985). 'Immigration and Public Assistance Participation: Dispelling the Myth of Dependency', en *Discussion Papers*, n.º 777-785.

JESÚS, Anthony de y VÁSQUEZ, Daniel W. (2005). *Exploring the education profile and pipeline for Latinos in New York State*. Nueva York: Centro de Estudios Puertorriqueños, Hunter College (CUNY) (Policy Brief, vol. 2). Disponible en: http://www.nylarnet.org/.

JESÚS MATEO, Antonia de (1985). *Estudio semántico de las preposiciones de movimiento en el habla culta de San Juan*. Tesis doctoral. Río Piedras (Puerto Rico): Universidad de Puerto Rico.

JIMÉNEZ, Alfredo (ed.) (1993-1994). *Handbook of Hispanic Cultures in the United States: History.* Houston-Madrid: Arte Público Press-Instituto de Cooperación Iberoamericana.

JIMÉNEZ, Francisco (ed.) (1979). *The Identification and Analysis of Chicano Literature*. Nueva York: Bilingual Press.

JIMÉNEZ, José Olivio (1964). *Cinco poetas del tiempo: Vicente Aleixandre, Luis Cernuda, José Hierro, Carlos Bousoño y Francisco Brines*. Madrid: Ínsula.

— (1972). *Diez años de poesía española, 1960-1970.* Madrid: Ínsula.

— (1983). *La presencia de Antonio Machado en la poesía de la posguerra*. Lincoln (Nebraska): Society of Spanish and Spanish American Studies.

JIMÉNEZ, Onilda (1999). *La mujer en Martí. En su pensamiento, vida y obra*. Miami: Ediciones Universal.

JIMÉNEZ SABATER, Maximiliano (1975). *Más datos sobre el español de la República Dominicana*. Santo Domingo: INTEC.

JUNTA DE PLANIFICACIÓN, GOBIERNO DE PUERTO RICO (2003). *Programa de Planificación Económica y Social*.

K

KAISER, Karin N. (2000). 'Spanish-Language Publishing in U.S. Nears Critical Mass', en *Publishers Weekly*, 18 de septiembre.

— (2007). *El Consumidor Escurridizo: ¿Quiénes son los lectores de libros en español?* San Diego: Kaiser y Associates, Spanish Book Industry Consultants.

KAMADA, Laurel (1997). *Bilingual Family Case Studies (Vol. 2). Monographs on Bilingualism No. 5*. Tokio: Japan Association for Language Teaching.

KANELLOS, Nicolás (1976). 'Séptimo Festival de los Teatros Chicanos', en *Latin American Theatre Review*, 10 (1), pp. 72-76.

— (ed.) (1981). *A Decade of Hispanic Literature: an anniversary anthology.* Houston (Texas): Revista Chicano Riqueña.

— (1984a). *Hispanic Theater in the United States.* Houston (Texas): Arte Público Press.

— (1984b). 'Las aventuras de don Chipote, obra precursora de la Novela Chicana', en *Hispania,* 67 (3), pp. 358-363.

— (1987). *Mexican American Theater: Legacy and Reality.* Pittsburgh (Pensilvania): Latin American Literacy Review Press.

— (1989). Dictionary of Hispanic Literature in the United States. Nueva York: Greenwood Press.

— (1990). *History of Hispanic Theatre in the United States: Origins to 1940 (1990).* Houston (Texas): Arte Público Press.

— (1998). 'Cronistas and Satire in Early Twentieth Century Hispanic Newspapers', en *MELUS,* 23 (1), pp. 3-25.

— (2002). *En otra voz: Antología de la literatura hispana de los Estados Unidos.* Houston (Texas): Arte Público Press.

— (2003a). *Hispanic Literature in the United States. A Comprehensive Reference.* Westport (Connecticut): Greenwood Press.

— (2003b). *Herencia: The Anthology of Hispanic Literature of the United States.* Oxford: Universidad de Oxford.

— (2003c). *Pecados y pecadillos: cuentos.* Santa Tecla (El Salvador): Clásicos Roxsil.

— (2007). *Recovering and Reconstructing Early Twentieth-Century Hispanic Immigrant Print Culture in the U.S.* Oxford: Oxford University Press.

KANELLOS, Nicolás y ESTEVA FABREGAT, Claudio (eds.) (1993-1994). *Handbook of Hispanic Cultures in the Unites States.* Houston-Madrid: Arte Público Press-Instituto de Cooperación Iberoamericana.

KANELLOS, Nicolás y HUERTA, Jorge A. (eds.) (1989). *Nuevos Pasos: Chicano and Puerto Rican Drama.* Houston (Texas): Arte Público Press.

KANELLOS, Nicolás y MARTELL, Helvetia (2000). *Hispanic Periodicals in the United States: Origins to 1960.* Houston (Texas): Arte Público Press.

KATTÁN ZABLAH, Jorge (1999). *Cuentos de don Macario.* San Salvador: Clásicos Roxsil.

KAY, Martin (1997). 'Machine Translation: The Disappointing Past and Present', en Giovanni Battista Varile et ál. (eds.), *Survey of the State of the Art in Human Language Technology.* Cambridge (Reino Unido): Cambridge University Press.

KELLER, Gary D. (1994). *Hispanics and United States Film: An Overview and Handbook.* Tempe (Arizona): Bilingual Review Press.

KELLER, Gary D. y JIMÉNEZ, Francisco (eds.) (1980). *Hispanics in the United States: An Anthology of Creative Literature.* Ypsilanti (Míchigan): Bilingual Review Press.

KESSELL, John L. (2002). *Spain in the Southwest. A narrative history of Colonial New Mexico, Arizona, Texas, and California.* Norman (Carolina del Norte): University of Oklahoma Press.

KING, John (1990). *Magic Reels: A History of Cinemas in Latin America.* Nueva York: Verso

KLEE, Carol (1996). 'The Spanish of the Peruvian Andes: The influence of Quechua on Spanish language structure', en **Ana Roca y John B. Jensen (eds.),** *Spanish in Contact: Issues in bilingualism.* Somerville (Massachusetts): Cascadilla Press, pp. 73-92.

KLEE, Carol y LYNCH, Andrew [en prensa]. *El español en contacto con otras lenguas.* Washington D.C.: Georgetown University Press.

KLOSS, Heinz (1977). *The American Bilingual Tradition.* Rowley (Massachusetts): Newbury House.

KOIKE, Dale (1987). 'Code switching in the bilingual Chicano narrative', en *Hispania,* 70 (1), pp. 148-154.

L

LABARTHE, Pedro Juan (1963). *Gabriela Mistral como la conocí yo y cinco poemas.* San Juan (Puerto Rico): Campos.

LA BLOGA, http://labloga.blogspot.com/.

LABOV, William (1973). *Sociolinguistic Patterns.* Filadelfia: University of Pennsylvania Press.

LAFAYE, Jacques (1984). 'Los milagros de Álvar Núñez Cabeza de Vaca (1527-1536)', en *Mesías, cruzadas, utopías: el judeocristianismo en las sociedades ibéricas,* trad. de Juan José Utrilla. México: Fondo de Cultura Económica, pp. 65-84.

LAKOFF, George y JOHNSON, Mark (1980). *Metaphors we live by.* Chicago: University of Chicago Press.

LAMBERT, Wallace, ANISFELDT, Moshe y YENI-KORNSHIAN, Grace (1965). 'Evaluational reactions of Jewish and Arab adolescents to dialect and language variation', en *Journal of Personality and Social Psychology,* 2, pp. 84-90.

LANDERS, Jane (1999). *Black Society in Spanish Florida.* Urbana: University of Illinois Press.

LANE, Kris (1998). *Pillaging the Empire: Piracy in the Americas, 1500-1750.* Armonk (Nueva York): M.E. Sharpe.

LAPIDUS, Naomi y OTHEGUY, Ricardo (2005a). 'Overt non-specific *ellos* in Spanish in New York', en *Spanish in Context*, 2 (2), pp. 157-174.

— (2005b). **'Contact Induced Change? Overt nonspecific *ellos* in Spanish in New York', en Lotfi Sayahi y Maurice Westmoreland (eds.), *Selected Proceedings of the Second Workshop on Spanish Sociolinguistics*. Somerville (Massachusetts): Cascadilla Proceedings Project, pp. 67-75.**

LARA MARTÍNEZ, Ricardo (1999). 'Mario Bencastro y la identidad salvadoreña-americana', en *Ventana Abierta*, 2 (6), pp. 22-29.

LARSON, Catherine (1986). 'The 11th Golden Age Drama Festival', en *Latin American Theatre Review*, 20 (1), p. 103.

LAYNE, Anni (2001). 'Wipe That Smile off Your Face', Fast-Company.com, marzo de 2001. Disponible en: http://www.fastcompany.com/articles/2001/04/emoticon_sidebar.html/.

LÁZARO, Felipe (1988). *Poetas cubanos en España*. Madrid: Betania.

— (1988). *Poetas cubanos en Nueva York*. Madrid: Betania.

— (1991). *Poetas cubanas en Nueva York: antología breve (Cuban women poets in New York: a brief anthology)*. Madrid: Betania.

LÁZARO, Felipe y ZAMORA, Bladimir (1995). *Poesía cubana: La isla entera (antología)*. Madrid: Betania.

LAZO, Rodrigo (2005). *Writing to Cuba/Filibustering and Cuban Exiles in the United States*. Chapell Hill (Carolina del Norte): University of North Carolina Press.

LEAGUE OF UNITED LATIN AMERICAN CITIZENS (LULAC), http://www.lulac.org/.

LEAL, Luis (1979). 'Mexican American Literature: A Historical Perspective', en Joseph Sommers y Tomás Ybarra Frausto (eds.), *Modern Chicano Writers: A Collection of Critical Essays*. Englewood Cliffs (Nueva Jersey): Prentice Hall, pp. 18-30.

— (1980). 'Cuatro siglos de prosa aztlanense', en *La Palabra: Revista de Literatura Chicana*, 2 (1), pp. 2-12.

— (1989). 'The First American Epic: Villagrá's *History of New Mexico*', en Erlinda Gonzales-Berry (ed.), *Pasó por aquí: Critical Essays on the New Mexican Literary Tradition*. Albuquerque (Nuevo México): University of New Mexico Press.

— (1997). 'Las revistas literarias latinas', en *Ventana Abierta*, 1 (2), p. 9.

— (1999). 'La literatura chicana: Una visión panorámica', en *Ventana Abierta*, 1 (1), pp. 7-17.

— (2006). 'Narrativa chicana: Precursoras (1872-1945)', en *Ventana Abierta*, 5 (20), pp. 18-19.

LEAL, Luis et ál. (eds.) (1982). *A Decade of Chicano Literature (1970-1979): Critical Essays and Bibliography*. Santa Bárbara (California): La Causa, pp. 73-81.

LE RIVEREND, Pablo (1988, 1990). *Diccionario biográfico de poetas cubanos en el exilio (contemporáneos)*. Newark (Nueva Jersey): Ediciones Q-21.

LERNER, Isaías (1983). 'Introducción' en Alonso de Ercilla y Zúñiga, *La Araucana*, ed., introd. y notas de ~ y **Marcos A. Morínigo**. Madrid: Castalia, pp. 9-58.

LESTRADE, Patricia M. (1999). *Trajectories in Isleño Spanish with special emphasis on the lexicon*. Tesis doctoral. Tuscaloosa (Alabama): University of Alabama.

— (2002). 'The continuing decline of Isleño Spanish in Louisiana', en *Southwest Journal of Linguistics*, 21 (1), pp. 99-117.

LEVIS, Diego (2006). 'El *chat*: el habla escrita de niños y jóvenes', en *UNIrevista*, 1 (3).

LEYVA MARTÍNEZ, Ivette (2000). 'Revistas literarias: desafiando los rigores del páramo', en *Encuentro de la cultura cubana*, 18, pp. 155-162.

LIMÓN, José Eduardo (1992). *Mexican Ballads, Chicano Poems: History and Influence in Mexican-American Social Poetry*. Berkeley (California): University of California Press.

LIPOVETSKY, Gilles (2004). *Les temps hypermodernes*. París: Bernard Grasset.

LIPSKI, John M. (1987). 'Language contact phenomena in Louisiana Isleño Spanish', en *American Speech*, 62 (4), pp. 320-331.

— (1988). 'Central American Spanish in the United States: some remarks on the Salvadoran community', en *Aztlán*, 17, pp. 91-123.

— (1989). 'Salvadorans in the United States: patterns of sociolinguistic integration', en *National Journal of Sociology*, 3 (1), pp. 97-119.

— (1990). *The language of the 'Isleños'. Vestigial Spanish in Louisiana*. Baton Rouge (Luisiana): Louisiana State University.

— (1994). *El español de América*. Madrid: Cátedra.

— (1996). 'Los dialectos vestigiales del español en los Estados Unidos: estado de la cuestión', en *Signo y Seña*, 6, pp. 459-489.

— (2000a). 'Back to zero or ahead to 2001? Issues and challenges in US Spanish research', en Ana Roca (ed.), *Re-*

search on Spanish in the United States: Linguistic issues and challenges. Somerville (Massachusetts): Cascadilla Press, pp. 1-41.

— (2000b). 'Central Americans in the United States', en Sandra McKay y Sau-ling Cynthia Wong (eds.), New immigrants in the United States. Cambridge (Reino Unido): Cambridge University Press, pp. 189-215.

— (2004a). 'El español de América: los contactos bilingües', en Rafael Cano (ed.), Historia de la lengua española. Barcelona: Ariel, pp. 1.117-1.138.

— (2004b). 'El español de América y los contactos bilingües recientes: apuntes microdialectológicos', en Revista Internacional de Lingüística Iberoamericana, 4, pp. 89-103.

— (2004c). 'La lengua española en los Estados Unidos: avanza a la vez que retrocede', en Revista Española de Lingüística, 33, pp. 231-260.

LLISTERRI, Joaquim (2002). 'Marcas fonéticas de la oralidad en la lengua de los chats: elisiones y epéntesis consonánticas', en Revista de Investigación Lingüística, 2 (5), pp. 61-100.

LOLO, Eduardo (1995). Mar de Espuma. Martí y la literatura infantil. Miami: Ediciones Universal.

— (2003). Después del rayo y el fuego. Madrid: Betania.

LOMELÍ, Francisco A. (1980). 'Eusebio Chacón: eslabón temprano de la novela chicana', en La Palabra: Revista de Literatura Chicana, 2 (1), pp. 47-56.

LOMELÍ, Francisco A., KANELLOS, Nicolás y ESTEVA FABREGAT, Claudio (eds.) (1993). Handbook of Hispanic Cultures in the United States. Literature and Art. Houston (Texas): Arte Público Press.

LOMELÍ, Francisco A. y SHIRLEY, Carl (eds.) (1989). Chicano Writers. Detroit: Gale Research.

LOMELÍ, Francisco A. y URIOSTO, Donaldo (eds.) (1973). Chicano Perspectives in Literature: A Critical and Annotated Bibliography. Albuquerque (Nuevo México): Pajarito.

LOPE BLANCH, Juan M. (1990). El español hablado en el Suroeste de los Estados Unidos. Materiales para su estudio. México: Universidad Nacional Autónoma de México.

LÓPEZ ADORNO, Pedro (1991). Papiros de Babel: antología de la poesía puertorriqueña en Nueva York. Río Piedras (Puerto Rico): Universidad de Puerto Rico.

— (2002). La ciudad prestada: poesía latinoamericana posmoderna en Nueva York. República Dominicana: s. n.

LÓPEZ, Ana M. (1993). 'Cuban cinema in exile: The 'other' island', en Jump Cut, 38 (6), pp. 51-59.

— (2007). 'La 'otra' isla: el cine cubano en el exilio', en Juan Antonio García Borrero (coord.), Cine Cubano. Na-

ción, diáspora e identidad. Benalmádena (Málaga): Ayuntamiento de Benalmádena, Delegación de Juventud y Festejos.

LÓPEZ, Miguel R. (2001). 'Disputed History and Poetry: Gaspar Pérez de Villagrá's Historia de la Nueva Mexico', en Bilingual Review, 26.

LÓPEZ MORALES, Humberto (1963). Poesía cubana contemporánea. Cádiz: Escelicer.

— (ed. y pról.) (1965). Tres comedias. Soldadesca, Ymenea, Aquilana, de Bartolomé de Torres Naharro. Nueva York: Las Américas Publishing Co.

— (1968). Tradición y creación en los orígenes del teatro castellano. Madrid: Alcalá.

— (1970). Teatro selecto de Torres Naharro. Nueva York: Las Américas Publishing Co.

— (1979). 'Dialectos verticales en San Juan: índices de conciencia lingüística', en Dialectología y sociolingüística. Temas puertorriqueños. Madrid: Hispanova, pp. 143-163.

— (1983). Estratificación social del español de San Juan de Puerto Rico. México: Universidad Nacional Autónoma de México.

— (1988). 'Bilingüismo y actitudes lingüísticas en Puerto Rico. Breve reseña bibliográfica', en Robert M. Hammond y Melvyn Resnick (eds.), Studies in Caribbean Spanish. Washington D.C.: Georgetown University Press, pp. 66-73.

— (1991). Investigaciones léxicas sobre el español antillano. Santiago de los Caballeros (República Dominicana): Pontificia Universidad Católica Madre y Maestra.

— (1992). El español del Caribe. Madrid: Mapfre.

— (1999). Léxico disponible de Puerto Rico. Madrid: Arco/Libros.

— (2000). 'El español en la Florida: los cubanos de Miami', en El español en el mundo. Anuario del Instituto Cervantes 2000. Madrid: Círculo de Lectores-Plaza & Janés.

— (2002). 'Los cubanos de Miami: actitudes lingüísticas hacia el español, el inglés, el bilingüismo y la alternancia de códigos', en Fabio Murrieta (ed.), Creación y exilio. Memorias del I Encuentro Internacional 'Con Cuba en la distancia'. Madrid: Editorial Hispano Cubana, pp. 17-27.

— (2003). Los cubanos de Miami: Lengua y sociedad. Miami: Ediciones Universal.

— (2005). La aventura del español en América. Madrid: Espasa Calpe.

— (2006). La globalización del léxico hispánico. Madrid: Espasa Calpe.

LÓPEZ MOZO, Jerónimo (2006). 'El teatro español en la universidad de Estados Unidos', en *Cuadernos hispanoamericanos*, 676, pp. 105-110.

LOZANO, Wenceslao Carlos (2006). 'Prólogo', en Francisco Álvarez Koki et ál., *Seis narradores españoles en Nueva York*. Granada: Dauro.

LUCENA SALMORAL, Manuel (1992). *Piratas, bucaneros, filibusteros y corsarios en América*. Madrid: Mapfre.

LUDMER, Josefina (1999). *El cuerpo del delito: un manual*. Buenos Aires: Perfil Libros.

— (2000). *El género gauchesco: un tratado sobre la patria*. Buenos Aires: Perfil Libros.

LUDWIG, Ed y SANTIBÁÑEZ, James (eds.) (1971). *The Chicanos, Mexican-American Voices*. Londres: Penguin Books.

LUIS, William (1997). *Dance between two cultures: Latino Caribbean literature written in the United States*. Nashville (Tennessee): Vanderbilt University Press.

LYNCH, Andrew (1999). *The subjunctive in Miami Cuban Spanish: bilingualism, contact and language variability*. Tesis doctoral. University of Minnesota.

— (2000). 'Spanish-speaking Miami in sociolinguistic perspective', en Ana Roca (ed.), *Research on Spanish in the United States*. Somerville (Massachusetts): Cascadilla Press, pp. 271-283.

LYNCH, Andrew y KLEE, Carol (2003). 'Estudio comparativo de actitudes hacia el español en los Estados Unidos: educación, política y entorno social', en *Lingüística Española Actual*, 27, pp. 273-300.

LYON, Eugene (1976). *The Enterprise of Florida: Pedro Menéndez de Avilés and the Spanish Conquest of 1565-1568*. Gainesville (Florida): Florida University Press.

— (ed.) (1995). *Pedro Menéndez de Avilés*. Nueva York: Garland.

— (2006). 'El resumen de la *Relación* de fray Sebastián de Cañete y otros relatos de la expedición de Hernando de Soto', en Raquel Chang-Rodríguez (ed.), *Franqueando fronteras: Garcilaso de la Vega y 'La Florida del Inca'*. Lima: Pontificia Universidad Católica del Perú, pp. 87-98.

M

MacCURDY, Raymond R. (1950). *The Spanish dialect in St. Bernard Parish, Louisiana*. Albuquerque (Nuevo México): University of New Mexico.

— (1959). 'A Spanish word-list of the 'Brulis' dwellers of Louisiana', en *Hispania*, 42 (4), pp. 547-554.

— (1975). 'Los 'isleños' de la Luisiana. Supervivencia de la lengua y folklore canarios', en *Anuario de Estudios Atlánticos*, 21, pp. 471-591.

MACIEL, David R. (2000). *El bandolero, el Pocho y la raza: Imágenes cinematográficas del chicano*. México: Consejo Nacional para la Cultura y las Artes-Siglo XXI Editores.

— (2007). 'La reconquista cinematográfica. Origen y desarrollo del cine chicano', en *Nuevo Cine Latinoamericano*, 5 de octubre, pp. 61-69. Disponible en: http://www.habanafilmfestival.com/revista/no1/pdf/nc 01_p60/.

MADRID RUBIO, Victoriano y ARMESTO RODRÍGUEZ, Elsía (1991). 'El autor y el poema de la *Historia de la Nueva México*', en Gaspar Pérez de Villagrá, *Historia de la Nueva México*, ed. de Victoriano Madrid Rubio, Elsía Armesto Rodríguez y Augusto Quintana Prieto. Astorga (León): Biblioteca de Autores Astorganos, pp. 7-46.

MANO A MANO. CULTURA MEXICANA SIN FRONTERAS, http://www.manoamano.us/.

MAÑACH, Jorge (1950). *Examen del Quijotismo*. Buenos Aires: Sudamericana.

MARATOS, Daniel C. y HILL, Marnesba D. (1986). *Escritores de la Diáspora Cubana/Manual Biobibliográfico (Cuban Exile Writers/A Biobibliographic Handbook)*. Metuchen (Nueva Jersey)-Londres: The Scarecrow Press.

MÁRCELES-DACONTE, Eduardo (1982). 'Para conocer el teatro de América Latina: Festival/Simposio en Kansas', en *Latin American Theatre Review*, 16 (1), pp. 77-83.

— (1988). '¡Arriba el telón! III Festival de Teatro Hispano en Miami', en *Latin American Theatre Review*, 22 (1), pp. 122-128.

MARCOCCIA, Michel (2005). 'La communication écrite médiatisée par ordinateur faire du face à face avec de l'écrit', en *Journée d'étude de l'ATALA 'Le traitement automatique des nouvelles formes de communication écrite (e-mails, forums, chats, SMS, etc.)'*. Disponible en: http://www.up.univ-mrs.fr/veronis/je-nfce/Marcoccia.pdf/.

MARCOS MARÍN, Francisco A. (2000). 'El español de internet', en *Anuario del Instituto Cervantes 2000*. Disponible en: http://cvc.cervantes.es/obref/anuario/anuario_00/marcos/p05.htm/.

— (2006). 'Español y lengua hispana en los Estados Unidos de América', en *Enciclopedia del español en el mundo: Anuario del Instituto Cervantes 2006-2007*. Madrid: Instituto Cervantes; Barcelona: Plaza & Janés, Círculo de Lectores, pp. 178-187.

— (2006). *Los retos del español*. Fráncfort-Madrid: Vervuert-Iberoamericana.

MÁRQUEZ STERLING, Carlos (1936). *Ignacio Agramonte. El bayardo de la revolución cubana*. La Habana: Seoane, Fernández y Cía., impresores.

— (1969). *Historia de Cuba. Desde Cristobal Colón a Fidel Castro*. Nueva York: Las Américas Publishing.

— (1983). *Historia de los Estados Unidos de Norteamérica*. Miami: Ediciones Universal.

MÁRQUEZ STERLING, Carlos y MÁRQUEZ STERLING, Manuel (1975). *Historia de la isla de Cuba*. Nueva York: Regents Publications.

MARRERO, Leví (1972-1990). *Cuba: Economía y sociedad*. San Juan (Puerto Rico): Morán Editores, 15 vols.

MARRERO, Teresa (2002). 'Éxito para el XVI Festival Internacional de Teatro Hispano del Teatro Avante', en *Latin American Theatre Review*, 35, pp. 109-132.

MARTÍ, Jorge Luis (1977). *El periodismo literario de Jorge Mañach*. San Juan (Puerto Rico): Universidad de Puerto Rico.

MARTÍ, José (1978). 'La República española ante la Revolución cubana', en *La Gran Enciclopedia Martiana*, vol. II. Miami: Editorial Martiana, p. 56.

MARTÍN BUTRAGUEÑO, Pedro (2002). *Variación lingüística y teoría fonológica*. México: El Colegio de México.

MARTINELL GIFRE, Emma (1992). *La comunicación entre españoles e indios: palabras y gestos*. Madrid: Mapfre.

MARTÍNEZ, Julio (ed.) (1990). *Dictionary of Twentieth-Century Cuban Literature*. Nueva York: Greenwood Press.

MARTÍNEZ, Tomás Eloy (1985). *La novela de Perón*. Buenos Aires: Legasa Literaria.

— (1991). *La mano del amo*. Buenos Aires: Planeta.

— (1995). *Santa Evita*. Barcelona: Seix Barral.

— (2002). *El vuelo de la reina*. Buenos Aires: Alfaguara.

MATEO, Andrés L. (1999). 'Los intelectuales dominicanos en el siglo XX', en *Letras Dominicanas*. Disponible en: http://usuarios.lycos.es/cielonaranja/mateo.htm/.

MATICORENA ESTRADA, Miguel (1967). 'Sobre las *Décadas* de Antonio de Herrera: la Florida', en *Anuario de Estudios Americanos*, 23, pp. 1.873-1.906.

MAYANS I PLANELLS, Joan (2000a). 'Género confuso, género chat', en *Textos de la CiberSociedad*, 1. Disponible en: http://www.cibersociedad.net/.

— (2000b). 'El lenguaje de los *chats*. Entre la diversión y la subversión', en *iWorld*, 29, pp. 42-50. Disponible en el Archivo del Observatorio para la CiberSociedad (http://www.cibersociedad.net/archivo/articulo.php?art=27/).

— (2005). 'De la incorrección normativa en los *chats*', en *Revista de Investigación Lingüística*, 5 (2), pp. 101-116. Disponible en: http://www.wikilearning.com/lengua_e_internet_wkccp_3256-2.htm/.

McCLURE, Erica (1981). 'Formal and functional aspects of codeswitched discourse of bilingual Children', en Richard Durán (ed.), *Latino language and communicative behavior*. Norwood (Nueva Jersey): Ablex, pp. 69-94.

McCULLOUGH, Robert y JENKINS, Devin (2005). 'Out with the old, in with the new? Recent trends in Spanish language use in Colorado', en *Southwest Journal of Linguistics*, 24, pp. 91-110.

McWILLIAMS, Carey (1990) [1948]. *North from Mexico. The Spanish-Speaking People of the United States*, ed. de Matt S. Meier. Nueva York: Praeger.

MECHAM, J. Lloyd (1926). 'Supplementary Documents relating to the Chamuscado Rodríguez Expedition', en *Southwestern Historical Quarter*, 29 (3), pp. 224-231. Disponible en: http://www.tsha.utexas.edu/publications/journals/shq/online/vo29/n3/issue.html/ [consulta: 29 de octubre de 2007].

MEDINA, M., SALDATE, M. y MISHRA, S. (1985). 'The sustaining effects of bilingual educatión : A follow-up study', en *Journal of Instructional Psychology*, 12 (3), pp. 132-139.

MEECHAN, Marjory y POPLACK, Shana (1995). 'Orphan categories in bilingual discourse; Adjetivation strategies in Wolof-French and Fongbe-French', en *Language Variation and Change*, 7, pp. 169-194.

MEISEL, Jurgen (1994). 'Code-switching in young bilingual children: The acquisition of grammatical Constraints', en *Studies in Second Language Acquisition*, 16, pp. 413-439.

MEJÍA SÁNCHEZ, Ernesto (1970). 'Gaspar Pérez de Villagrá en la Nueva España', en *Cuadernos del Centro de Estudios Literarios*, 1, pp. 6-21.

MEJÍAS, Hugo A. y ANDERSON, Pamela L. (1988). 'Attitude toward use of Spanish on the South Texas Border', en *Hispania*, 71, pp. 401-407.

MEJÍAS, Hugo A., ANDERSON, Pamela L. y CARLSON, Ralph (2002). 'Attitudes toward Spanish language maintenance or shift (LMLS) in the Lower Rio Grande Valley of South Texas', en *The International Journal of Sociology of Language*, 158, pp. 121-140.

Memoria circunstanciada de los lugares, clase de tierra, y producción de la provincia de la Florida, por donde transitó el Capitán Juan Pardo con su compañía de 120 soldados, a fin de descubrir camino para Nueva España en 1566 y 67, comenzando la ruta desde la Punta de Santa Elena, en la que firmó su trabajo el 23 de enero de 1569. Colección de documentos inéditos del Archivo de Indias. Archivo del Monasterio de San Esteban del Mar, Juan de Lavandera (Gijón).

Memoria del descubrimiento que Gaspar Castaño de Sosa, hizo en el Nuevo México, siendo teniente de gobernador y capitán general del Nuevo Reino de León, 27 de julio de 1590. Archivo de Indias, secc. Patronato, est. 1.º, caj. 1.º (ed. digital, Alicante, Biblioteca Virtual Miguel de Cervantes, 2004: http://www.cervantesvirtual.com/FichaObra.html?Ref=12683&portal=107/).

MÉNDEZ, Antonio A. (2003). *La emigración dominicana hacia los EE. UU.: mitos y realidades.* Santo Domingo: Surco.

MÉNDEZ, Miguel M. (1979). *Cuentos para niños traviesos.* Berkeley (California): Justa.

— (1986). *El sueño de Santa María de las Piedras.* Guadalajara (México): EDUG-Universidad de Guadalajara.

— (1989). *Peregrinos de Aztlán.* México: Era.

MENDIETA, Eva (1994). 'Índices de mantenimiento del español en el noroeste de Indiana', en *Southwest Journal of Linguistics,* 13, pp. 71-83.

— (1997). 'Actitudes y creencias lingüísticas en la comunidad hispana del noroeste de Indiana', en *Hispanic Linguistics,* 9, pp. 257-300.

— (1999). *El préstamo en el español de los Estados Unidos.* Nueva York: Peter Lang.

MENDOZA, Antonio de (1992). 'Instrucción de don Antonio de Mendoza, Visorey de Nueva España', en Carmen de Mora (ed.), *Las siete ciudades de Cíbola. Textos y testimonios sobre la expedición de Vázquez de Coronado.* Sevilla: Alfar, pp. 145-146.

MENDOZA, Rick (1994). 'The Year Belongs to Univision', en *Hispanic Business,* diciembre.

MENÉNDEZ DE AVILÉS, Pedro (2002). *Cartas sobre la Florida (1555-1574),* ed. e introd. de Juan Carlos Mercado. Fráncfort-Madrid: Vervuert-Iberoamericana.

MENÉNDEZ MARQUÉS, Pedro [s. d.]. *Reconocimiento de la costa de la Florida, Carolina y Virginia,* [AI/] LC, Florida and Louisiana, Ac. 399, pp. 151-157, 1.215.

MENÉNDEZ PELAYO, Marcelino (1948). *Historia de la poesía hispano-americana,* ed. de Enrique Sánchez Reyes. Madrid: Consejo Superior de Investigaciones Científicas, 2 vols.

MENJÍVAR, Cecilia (2000). *Fragmented ties: Salvadoran immigrant networks in America.* Berkeley (California): University of California Press.

MERCADO, Juan Carlos (2002). 'Introducción', en Pedro Menéndez de Avilés, *Cartas sobre la Florida (1555-1574).* Fráncfort-Madrid: Vervuert-Iberoamericana, pp. 140-148.

— (ed.) (2006). *Menéndez de Avilés y la Florida. Crónicas de sus expediciones.* Nueva York: Mellen.

MERINO, Bárbara (1983). 'Language loss in bilingual Chicano children', en *Journal of Applied Developmental Psychology,* 4, pp. 277-294.

MIGNOLO, Walter (1986). *Teoría del texto e interpretación de textos.* México: Universidad Nacional Autónoma de México.

— (1995). *The Darker Side of the Renaissance: Literacy, Territoriality, and Colonization.* Ann Arbor (Míchigan): University of Michigan Press.

— (2000). *Local Histories/Global Designs: Coloniality, Subaltern Knowledges, and Border Thinking.* Princeton (Nueva Jersey): Princeton University Press.

MIGRATION POLICY INSTITUTE (2003). *Unauthorized immigration to the United States.* Disponible en: http://www.migrationpolicy.org/pubs/USImmigrationFacts2003.pdf/ [consulta: 27 de octubre de 2003].

— (2004). *The Dominican Population in the United States: Growth and Distribution,* en http://www.migrationpolicy.org/pubs/USImmigrationFacts2004.pdf/.

MILÁN, William (1982). 'Spanish in the inner city: Puerto Rican speech in New York', en Joshua Fishman y Gary Keller (eds.), *Bilingual Education for Hispanic Students in the United States.* Nueva York: Teachers College Press, pp. 191-206.

MILANICH, Jerald T. (1999). *Laboring in the Fields of the Lord: Spanish Missions and Southeastern Indians.* Washington D.C.: Smithsonian Institution Press.

MILLER, Hugo y MATHER, Rusell (1998). 'The Presentation of Self in WWW Home Pages', en *International conference: 25-27 March 1998.* Bristol (Reino Unido).

MILLER, Wayne Herald (1976). 'Cuban Americans: A guide to the Cuban American experiences', en *A comprehensive bibliography for the study of American minorities.* Nueva York: New York University Press.

MILLER, Yvette de (1977). 'Chicano Literature', n.º especial de *Latin American Literaty Review,* 5 (10).

MILLERET, Margo (1998). 'La Voz/Festival of the Americas', en *Latin American Theatre Review,* 32 (1), pp. 143-148.

MINISTERIO DE EDUCACIÓN Y CIENCIA (2006a). *Boletín de noticias,* n.º 20 (octubre). Consejería de Educación y Ciencia-Embajada de España, Washington D.C.

— (2006b). *El mundo estudia español. Estados Unidos.* Subdirección General de Cooperación Internacional. Disponible en: http://www.mec.es/redele/Biblioteca2007/elmundo.shtml/.

— (2008). *Boletín de noticias,* n.º 31 (enero). Consejería de Educación y Ciencia. Embajada de España, Washington D.C.

MIRANDA, Marcos (2005). 'Vigencia de la radio en la sociedad tecnológica'. Ponencia. Universidad de Miami, 10-11.

MIRÓ QUESADA, Aurelio (1956). 'Prólogo', en Garcilaso de la Vega, el Inca, *La Florida del Inca,* ed. de Emma Susana Speratti Piñero, est. bibliogr. de José Durand. México: Fondo de Cultura Económica, pp. IX-LXXVI.

MODERN LANGUAGE ASSOCIATION (2006). **Enrollments in Languages Other Than English in United States Institutions of Higher Education, Fall 2006**. En: http://www.mla.org/.

MOHR, Eugene V. (1982). *The Nuyorican Experience: Literature of the Puerto Rican Minority.* Westport (Connecticut): Greenwood Press.

MOLINA, Armando (1999). 'La literatura centroamericana: la página en blanco', en *Ventana Abierta,* 2 (6), pp. 11-15.

MOLINA MARTÍNEZ, Miguel (1982). 'La participación canaria en la formación y reclutamiento del batallón de Luisiana', en Francisco Morales Padrón (coord.), *IV Coloquio de Historia Canario-Americana (1980),* t. II. Las Palmas de Gran Canaria: Cabildo Insular de Gran Canaria, pp. 133-224.

MOLLOY, Sylvia (1979). *Las letras de Borges.* Buenos Aires: Sudamericana.

— (1987). 'Alteridad y reconocimiento en los *Naufragios* de Álvar Núñez Cabeza de Vaca', en *Nueva Revista de Filología Hispánica,* 35 (2), pp. 425-449.

— (1997). *Acto de presencia: la literatura autobiográfica en Hispanoamérica.* México: Fondo de Cultura Económica-El Colegio de México.

MONCADA, Alberto (1992). *Norteamérica con acento hispano.* Madrid: Cultura Hispánica.

MONCADA, Alberto y OLIVAS, Juan (2003). *Hispanos 2000.* Madrid: Ediciones Libertarias.

MONGE RAFULS, Pedro R. (1994a). 'Los festivales y los dramaturgos', en *Ollantay Theater Magazine,* II (1), p. 6.

— (1994b). *Lo que no se ha dicho.* Nueva York: Jackson Heights.

MONTANÉ MARTÍ, Julio César (1995). *Por los senderos de la quimera: el viaje de fray Marcos de Niza.* Hermosillo (México): Instituto Sonorense de Cultura.

MONTANER, Carlos Alberto (1991). *Impacto de la emigración cubana en el Puerto Rico actual.* Río Piedras (Puerto Rico): San Juan.

MONTES HUIDOBRO, Matías (1986). *Persona: vida y máscara en el teatro puertorriqueño.* San Juan (Puerto Rico): Centro de Estudios Avanzados de Puerto Rico y el Caribe.

MONTES HUIDOBRO, Matías y GONZÁLEZ MONTES, Yara (eds.) (1995). *Anales literarios. Dramaturgos,* 1. V. Honolulu (Hawái).

MORA, Carmen de (1988). 'Introducción', en Garcilaso de la Vega, el Inca, *La Florida,* ed. de ~. Madrid: Alianza Editorial, pp. 19-81.

— (1993). 'Estudio preliminar', en *Las siete ciudades de Cíbola. Textos y testimonios sobre la expedición de Vázquez de Coronado,* ed. de ~. Sevilla: Alfar, pp. 13-55.

MORA, Marie, VILLA, Daniel y DÁVILA, Alberto (2005). 'Language maintenance among the children of immigrants: a comparison of border states with other regions of the U.S', en *Southwest Journal of Linguistics,* 24, pp. 127-144.

MORALA, José R. (2001). 'Entre arrobas, eñes y emoticones', en *II Congreso Internacional de la Lengua Española.* **El español en la Sociedad de la Información. Valladolid, 16-19 de octubre de 2001**. Valladolid: Instituto Cervantes-Real Academia Española. Disponible en: http://cvc.cervantes.es/obref/congresos/Valladolid/ponencias/nuevas_fronteras_del_espanol/4_lengua_y_escritura/morala_j.htm/.

MORALES, Alejandro (1975). *Caras viejas y vino nuevo.* México: Joaquín Mortiz.

— (1982). *Reto en el paraíso.* Ypsilanti (Míchigan): Bilingual Press/Editorial Bilingüe.

MORALES, Amparo (1986a). 'Algunos aspectos de lenguas en contacto: la aparición de sujeto pronominal en el español de Puerto Rico', en *Anuario de Letras,* 24, pp. 73-85.

— (1986b). *Gramáticas en contacto: Análisis sintácticos sobre el español de Puerto Rico.* Madrid: Playor.

— (1988). 'Infinitivos con sujeto expreso en el español de Puerto Rico', en R. Hammond y M. Resnick (eds.), *Studies in Caribbean Spanish Dialectology.* Washington D.C.: Georgetown University Press, pp. 85-96.

— (1992). 'El español en los Estados Unidos: aspectos lingüísticos y sociolingüísticos', en *Lingüística,* 4, pp. 125-170.

— (1995). 'The loss of the Spanish impersonal particle *se* among bilinguals. A descriptive profile', en Carmen Silva Corvalán (coord.), *Spanish in Four Continents. Studies in Language Contact and Bilingualism.* Washington D.C.: Georgetown University Press, pp. 148-164.

— (1999). 'Tendencias de la lengua española en los Estados Unidos', en *El español en el mundo. Anuario del Instituto Cervantes*. Madrid: Instituto Cervantes, pp. 241-272. Disponible en: http://cvc.cervantes.es/obref/anuario/anuario_99/morales/.

— (2001a). *Anglicismos puertorriqueños*. Madrid: Plaza Mayor, 2001.

— (2001b). 'El español en Estados Unidos. Medios de comunicación y Publicaciones', en *El español en el mundo. Anuario del Instituto Cervantes*. Madrid: Instituto Cervantes, pp. 243-280. Disponible en: http://cvc.cervantes.es/obref/anuario/anuario_01/morales/.

— (2005). 'Convivencia de español e inglés en Puerto Rico. Mitos y realidades', en Ed Morales (ed.), *Living in Spanish. The search for Latino identity in America*. Nueva York: Weekly Books.

Morán, Francisco (2000). *La isla en su tinta: antología de la poesía cubana*. Madrid: Verbum.

Moraña, Mabel (1984). *Literatura y cultura nacional en Hispanoamérica: 1910-1940*. Minneapolis (Minnesota): Institute for the Study of Ideologies and Literatures.

— (1997). *Ángel Rama y los estudios latinoamericanos*. Pittsburgh (Pensilvania): Instituto Internacional de Literatura Iberoamericana, Universidad de Pittsburgh.

— (2002). *Espacio urbano, comunicación y violencia en América Latina*. Pittsburgh (Pensilvania): Instituto Internacional de Literatura Iberoamericana.

Moreno de Alba, José G. (1992). 'El español hablado en México', en César Hernández (coord.), *Historia y presente del español de América*. Valladolid, Junta de Castilla y León, pp. 607-626.

— (1994). *La pronunciación del español en México*. México: El Colegio de México.

Moreno Fernández, Francisco (1990). *Metodología sociolingüística*. Madrid: Gredos.

— (ed.) (1993). *La división dialectal del español de América*. Alcalá de Henares (Madrid): Universidad de Alcalá.

— (1996). 'El español de y en los Estados Unidos de América', en *Cuadernos Cervantes de la Lengua Española*, 10, pp. 7-14.

— (2003). 'El Sudoeste de los Estados Unidos: historia y lengua', en *Cuadernos Hispanoamericanos*, 631, pp. 35-44.

— (2004). 'El futuro de la lengua española en los EE. UU.', en *Real Instituto Elcano*, 10, pp. 4-8 (ARI, n.º 69). Disponible en: http://www.realinstitutoelcano.org/analisis/479.asp/.

— (2007). 'Anglicismos en el léxico disponible de los adolescentes hispanos de Chicago', en Kim Potowski y Richard Cameron (eds.), *Spanish in Contact: Policy, Social and Linguistic Inquiries*. Amsterdam-Filadelfia: John Benjamins Publishing Co., pp. 41-60.

Moreno, Fernando (1982). 'III Festival de Teatro Popular Latinoamericano', en *Latin American Theatre Review*, 15 (2), p. 64.

Morín, Francisco (1998). *Por amor al arte*. Miami: Ediciones Universal.

Morse, Ann (2005). 'A Look at Immigrant Youth: Prospects and Promising Practices', en *2005 National Conference of State Legislatures. The Forum for America's Ideas*. Disponible en: http://www.ncsl.org/programs/health/forum/CPIimmigrantyouth.htm/.

Morton, Carlos (1978). 'The Many Masks of Teatro Chicano', en *Latin American Theatre Review*, 12 (1), pp. 87-88.

Mougeon, René, Beniak, Eric y Valois, Daniel (1985). 'A sociolinguistic study of language contact, shift, and change', en *Lingusitics*, 23, pp. 4-55.

Muir, Helen (2000). *Miami, USA*. Gainesville (Florida): University of Florida Press.

Muñoz, Elías Miguel (1988). *Desde esta orilla: poesía cubana del exilio*. Madrid: Betania.

Murrieta, Fabio (ed.) (2002) Creación y exilio. Memorias del I Encuentro Internacional 'Con Cuba en la distancia'. Madrid: Editorial Hispano Cubana.

Muysken, Pieter (1981). 'La mezcla de quechua y castellano [sic]: el caso de la media lengua en el Ecuador', en *Lexis*, 3, pp. 41-56.

Myers-Scotton, Carol (1993). *Dueling languages: Grammatical structure in code switching*. Oxford: Clarendon Press.

N

National Association for Chicana and Chicano Studies (NACCS), http://www.naccs.org/naccs/Default_EN.asp/.

National Center for Education Statistics (2007). *The Condition of Education 2007 U.S.* Washington D.C.: Department of Education. Disponible en: http://nces.ed.gov/.

— (2007). *Digest of Education Statistics 2007*. Washington D.C.: Department of Education. Disponible en: http://nces.ed.gov/programs/digest/.

Navarro García, Luis (1978). *La conquista de Nuevo México*. Madrid: Cultura Hispánica.

Neumann Holzschuh, Ingrid (2000). 'Español vestigial y francés marginal en Luisiana: erosión lingüística en *isleño*/bruli y en *cadjin*', en *Boletín de Lingüística,* 15 (1), pp. 36-64.

Nieto, Sonia (ed.) (2000). *Puerto Rican Students in U.S. Schools.* Mahwah (Nueva Jersey): Lawrence Erlbaum.

Niza, Fray Marcos de. 'Relación del descubrimiento de las siete ciudades de Cíbola', en Carmen de Mora (ed.), *Las siete ciudades de Cíbola. Textos y testimonios sobre la expedición de Vázquez de Coronado.* Sevilla: Alfar, pp. 147-166.

Noriega, Chon A. (1998). 'The Aztlán Film Institute's Top 100 List', en *Aztlán,* 23 (2). Disponible en: **http://www.chicano.ucla.edu/press/Media/documents/AztlanFilmListbyChon_000.pdf/.**

Núbila, Domingo di (1998). *Historia del cine argentino.* Buenos Aires: Ediciones del Jilguero.

Núñez, Ana Rosa (1970). *Poesía en éxodo.* Miami: Ediciones Universal.

Núñez Cabeza de Vaca, Álvar (1985) [1542]. *Naufragios,* ed., introd. y notas de Trinidad Barrero. Madrid: Alianza.

— (c. 2003). 'Relación de la jornada que hizo a la Florida', en Rolena Adorno y Patrick Charles Pautz, *The Narrative of Cabeza de Vaca. Translation of La Relacion,* vol. 1. Lincoln: University of Nebraska Press, pp. 15-291.

O

Obregón, Baltasar de (1584). *Crónica comentario o relaciones de los descubrimientos antiguos y modernos de N.E. y del Nuevo México, 1584,* [Archivo General de Indias], 1., 1-1-3/22.

Ochoa, George (2001). *Atlas of Hispanic-American History.* Nueva York: Checkmark Books.

O'Connors, Patricia (1977). *Gregorio and María Martínez Sierra.* Boston: Twayne World Authors Series.

Orovio, Helio (1991). *300 Boleros de Oro.* La Habana: UNEAC.

— (1992). *Diccionario de la Música Cubana,* 2.ª ed. La Habana: Letras Cubanas.

Orozco, Graciela, González Esther y Díaz de Cossío, Roger (2003). *Las organizaciones mexicano-americanas hispanas y mexicanas en Estados Unidos.* México: Centro de Estudios Migratorios.

Orozco, Rafael (2004). *A sociolinguistic study of Colombian Spanish in Colombia and New York City.* Tesis doctoral. New York University.

— (2007). 'The impact of linguistic constraints on the expression of futurity in the Spanish of New York Colombians', en Kim Potowski y Richard Cameron (eds.), *Spanish in Contact: Policy, Social and Linguistic Inquiries.* Amsterdam-Filadelfia: John Benjamins Publishing Co., pp. 311-327.

Ortega, Julio (1991). *Una poética del cambio.* Caracas: Biblioteca Ayacucho.

— (1994). *Arte de innovar.* México: Universidad Nacional Autónoma de México-Ediciones del Equilibrista.

— (1998). *Crítica de la identidad: la pregunta por el Perú en su literatura.* México: Fondo de Cultura Económica.

— (2000). *Caja de herramientas. Prácticas culturales para el nuevo siglo chileno.* Santiago de Chile: LOM.

Ortego, Philip (1971). 'The Chicano Renaissance', en *Social Casework,* 306.

Ortiz López, Luis y Lacorte, Manuel (eds.) (2005). *Contactos y contextos lingüísticos. El español en los Estados Unidos y en contacto con otras lenguas.* Madrid-Fráncfort: Iberoamericana-Vervuert, pp. 85-106.

— (2007). 'Una nueva mirada hacia el español que hablan los puertorriqueños en Nueva York', en Doris Martínez et ál., *Actas del Primer Congreso de Lengua y Literatura 'Manuel Álvarez Nazario'.* Mayagüez (Puerto Rico): Cepa-UPR-RUM, pp. 71-88.

Otheguy, Ricardo (1993). 'A reconsideration of the notion of loan translation in the analysis of U.S. Spanish', en Ana Roca y John M. Lipski (eds.), *Spanish in the United States: Linguistic contact and diversity.* Berlín: Mouton de Gruyter, pp. 21-41.

— (1995). 'When contact speakers talk, lingustic theory listens', en Ellen Contini-Morava y Barbara Sussman Goldberg (eds.), *Meaning as explanation: Advances in linguistics sign theory.* Berlín: Mouton de Gruyter, pp. 213-242.

— (2001). 'Simplificación y adaptación en el español de Nueva York', en *Ponencias del II Congreso Internacional de la Lengua Española.* Madrid: Centro Virtual Cervantes.

Otheguy, Ricardo, Erker, Daniel y Livert, David (2005). 'Initial stages and apparent changes in the variable use of subject personal pronouns in Spanish in New York', ponencia en la *XXXIV Reunión de la 'New Ways in Analyzing Variation',* Nueva York.

Otheguy, Ricardo y García, Ofelia (1988). 'Diffusion of lexical innovations in the Spanish of Cuban Americans', en Jacob Orenstein-Galicia, George Green y Dennis J. Bixler Márquez (eds.), *Research Issues and Problems in United States Spanish, Latin America and Southeastern Varieties.*

El Paso: Pan American University at Brownsville, pp. 203-237 (Río Grande Series in Language and Linguistics, n.º 2).

— (1993). 'Convergent conceptualizations as predictors of degree of contact in US. Spanish', en Ana Roca y John M. Lipski (eds.), *Spanish in the United States: Linguistics contact and diversity*. Berlín: Mouton, pp. 135-154.

OTHEGUY, Ricardo, GARCÍA, Ofelia y FERNÁNDEZ, Mariela (1989). 'Transferring, switching, and modeling in West New York Spanish: An intergenerational study', en *International Journal of the Sociology of Language*, 79 (n.º especial: 'U.S. Spanish: The language of Latinos', ed. por Irene Wherritt y Ofelia García), pp. 41-52.

OTHEGUY, Ricardo y LAPIDUS, Naomi (2005). 'Matización de la teoría de la simplificación en las lenguas en contacto: el concepto de la adaptación en el español de Nueva York', en Luis Ortiz y Manuel Lacorte (eds.), *Contactos y contextos lingüísticos. El español en los Estados Unidos y en contacto con otras lenguas*. Madrid-Fráncfort: Iberoamericana-Vervuert, pp. 143-160.

OTHEGUY, Ricardo y ZENTELLA, Ana Celia (2001). *The interaction of language and dialect contact: variable expression of Spanish subject pronouns in six Spanish dialects in New York City*. Project description. Graduate Center, City University of New York.

— (2007). 'Apuntes preliminares sobre el contacto lingüístico y dialectal en el uso pronominal del español en Nueva York´, en Kim Potowski y Richard Cameron (eds.), *Spanish in Contact: Policy, Social and Linguistic Inquiries*. Amsterdam-Filadelfia: John Benjamins Publishing Co., pp. 275-295.

OTHEGUY, Ricardo, ZENTELLA, Ana Celia y LIVERT David (2007). 'Language and dialect contact in Spanish in New York: Toward the formation of a speech community', en *Language*, 83 (4), pp. 1-33.

OVIEDO, José Miguel (1970). *Mario Vargas Llosa: La invención de una realidad*. Barcelona: Barral Editores.

— (1982). *Escrito al margen*. Bogotá: Instituto Colombiano de Cultura.

— (1990). *Breve historia del ensayo hispanoamericano*. Madrid: Alianza.

OWRE, J. Riis (1962). 'Apuntes sobre *La Florida* de Alonso de Escobedo', en *Actas de la Asociación Internacional de Hispanistas*, vol. 1. Centro Virtual Cervantes. Disponible en: http://213.4.108.140/obref/aih/pdf/01/aih_01_1_041.pdf/ [consulta: 30 de octubre de 2007].

P

PACHECO, Joaquín F., CÁRDENAS, Francisco de y MENDOZA, Luis Torres de (eds.) (1864-1884). *Colección de documentos inéditos, relativos al descubrimiento, conquista y organización de las antiguas posesiones españolas de América y Oceanía*. Madrid: [s. n.], 42 vols.

PACHECO, José Emilio (1967). *Morirás Lejos*. México: Joaquín Mortiz.

— (1972). *El principio del placer*. México: Joaquín Mortiz.

— (1981). *Batallas en el desierto*. México: Era.

PADILLA, Amado M. et ál. (1991). 'The English-Only Movement: Myth, Reality, and Implications for Psychology', en *Journal of the American Psychological Association*, 46 (2), pp. 120-130.

PADILLA, Genaro (1993). *My History, Not Yours: the Formation of Mexican American Autobiography*. Madison (Wisconsin): University of Wisconsin Press.

— (1993). 'Recovering Mexican-American Autobiography', en Ramón Gutierrez y Genaro Padilla (eds.), *Recovering the U.S. Hispanic Literary Heritage*. Houston (Texas): Arte Público Press, p. 153.

PADULA, Pablo (2006). *Secretos de impacto*. [S. l.]: Grijalbo.

PADURA FUENTES, Leonardo (1997). *Los rostros de la Salsa*. La Habana: Unión.

PAGDEN, Anthony (1995). *Lords of the World. Ideologies of Empire in Spain, Britain and France*. New Haven (Connecticut): Yale University Press.

PAINE MAHR, Aaron (1996). 'Villagrá, Gaspar Pérez de', en Barbara A. Tenenbaum (ed.), *Encyclopedia of Latin American History and Culture*, vol. 5. Nueva York: Scribner's, p. 418.

PALACIOS, Eliseo (1987). *Catálogo de música popular cubana*. La Habana: Pueblo y Educación.

PALAZZO, María Gabriel (2005). '¿Son corteses los jóvenes en el *chat*? Estudio de estrategias de interacción en la conversación virtual', en *Textos de la CiberSociedad*, 5. Disponible en: http://www.cibersociedad.net/.

PARDIÑAS BARNES, Patricia et ál. (1999). 'Special Feature. El español ¿lengua muerta en nuestra profesión?', en *Hispania*, 82 (2), pp. 177-189.

PAREDES, Américo (1958). *'With his Pistol in his Hand', a Border Ballad and its Hero*. Austin (Texas): University of Texas.

— (1979). 'The Folk Base of Chicano Literature', en Joseph Sommers y Tomás Ybarra Frausto (eds.), *Modern Chicano Writers: A Collection of Critical Essays*. Englewood Cliffs (Nueva Jersey): Prentice Hall.

PATTERSON, Enrique (2005). 'Tres testimonios cinematográficos', en *Encuentro de la cultura cubana*, 36, pp. 181-189.

PAZ, Luis de la (2006). 'Betania, una editorial cubana en España', en *Diario Las Américas*, 24 de junio.

PAZ, Octavio (2001) [1950]. *El laberinto de la soledad*, ed. de Enrico Mario Santí. Madrid: Cátedra.

PAZ SOLDÁN, Edmundo (1998a). *Río Fugitivo*. La Paz: Alfaguara.

— (1998b). *Amores imperfectos*. La Paz: Alfaguara.

— (2000). *Sueños digitales*. La Paz: Alfaguara.

— (2001). *La materia del deseo*. Miami: Alfaguara.

— (2003). *El delirio de Turing*. La Paz: Alfaguara.

PEASE ÁLVAREZ, Lucinda (2002). 'Moving beyond linear trajectories of language shift and bilingual language socialization', en *Hispanic Journal of Behavioral Sciences*, 24, pp. 114-137.

PEASE ÁLVAREZ, Lucinda, HAKUTA, Kenji y BAYLEY, Robert (1996). 'Spanish language proficiency and language use in a California Mexicano community', en *Southwest Journal of Linguistics*, 15, pp. 137-151.

PEDRAZA, Pedro (1985). 'Language maintenance among Puerto Ricans', en Lucía Elías-Olivares et ál. (eds.), *Spanish language use and public life in the United States*. Berlín: Mouton, pp. 59-72.

— (1987). *An ethnographic analysis of language use in the Puerto Rican community of East Harlem*. Nueva York: Centro de Estudios Puertorriqueños (Working Paper, 12).

PEDRAZA, Pedro, ATTINASI, John y HOFFMAN, Gerard (1980). *Rethinking diglosia*. Nueva York: Centro de Estudios Puertorriqueños (Working Paper, 9).

PEDRERO GONZÁLEZ, Amalia (2002). *Léxico español en el sudoeste de Estados Unidos*. Madrid: Consejo Superior de Investigaciones Científicas.

PEÑA, Ángela (2000). *Dominicanos en Nueva York*. Santo Domingo: Corripio.

PEÑA, Horacio (1999). 'La literatura centroamericana en los Estados Unidos', en *Ventana Abierta*, 2 (6).

PEÑA, Margarita (1996). 'Epic poetry', en Roberto González Echevarría y Enrique Pupo-Walker (ed.), *Cambridge History of Latin American Literature*, vol. 1. Cambridge: Cambridge University Press, pp. 213-258.

PEÑALOSA, Fernando (1984). *Central Americans in Los Angeles: Background, Language, Education*. Los Alamitos (California): National Center for Bilingual Research.

PERDOMO-GALVÁN, Graciela (1994). 'TENAZ's Sixth Seminar': Revolution? Revulsion? Evolution?', en *Ollantay Theater Magazine*, II (1), p. 16-22.

PÉREZ, Arturo y RODRÍGUEZ, Roberto (1980). 'Fifth Siglo de Oro Drama Festival', en *Latin American Theatre Review*, 13 (2), pp. 79-85.

PEREZ DE LUXÁN, Diego [s. d.]. *Entrada que hizo en el Nuevo México Antón de Espejo en el año de 82*, Archivo General de Indias, 1-1-3/22.

— [s. d.]. *Memorial de Espejo. Espejo al Rey*. En Joaquín F. Pacheco, Francisco de Cárdenas y Luis Torres de Mendoza (dirs.), *Coleccion de documentos inéditos relativos al descubrimiento, conquista y colonizacion de las posesiones españolas en América y Oceanía*, vol. XV. Madrid: Imprenta de M. Bernardo de Quirós, 1864, pp. 151, 161; 3.

PÉREZ DE VILLAGRÁ, Gaspar (1992). *Historia de la Nueva México*, ed. y trad. de Miguel Encinias, Alfred Rodríguez y Joseph P. Sánchez. Albuquerque (Nuevo México): University of New Mexico Press (ed. facs., Cervantes Virtual: http://www.cervantesvirtual.com/servlet/SirveObras/12706181025609384321435/index.htm/).

PÉREZ FIRMAT, Gustavo (1994). *Life on the Hyphen: The Cuban-American Way*. Austin (Texas): The University of Texas Press.

— (1995). *Bilingual Blues (Poems, 1981-1994)*. Tempe (Arizona): Bilingual Press.

PÉREZ, Gina (2003). 'Puertorriqueñas rencorosas y mejicanas sufridas: Gendered ethnic identity formation in Chicago's Latino communities', en *The Journal of Latin American Anthropology*, 8 (2), pp. 96-125.

PÉREZ GONZÁLEZ, María E. (2000). *Puerto Ricans in the United States*. Westport (Connecticut): Greenwod Press.

PÉREZ, Juan M. [s. d.]. 'The Hispanic Role in América', en *Coloquio. Revista cultural electrónica en inglés y español*: http://coloquio.com/coloquioonline/0604front.htm/.

PÉREZ, Lisandro (1992). 'Cuban Miami', en Guillermo J. Grenier y Alex Stepick III (eds.), *Miami now! Immigration, ethnicity, and social change*. Gainsville (Florida): University Press of Florida.

PÉREZ MARTÍN, Ana María (2003). *Estudio sociolingüístico de El Hierro*. Tesis doctoral. Las Palmas de Gran Canaria: Universidad de Las Palmas de Gran Canaria.

PÉREZ SANJURJO, Elena (1986). *Historia de la música cubana*. Miami: La Moderna Poesía.

PÉREZ VIDAL, José (1950). Reseña de *The Spanish Dialect in St. Bernard Parish, Louisiana*, de R. MacCurdy, en *Revista de Historia Canaria*, 16, pp. 418-425.

Pew Hispanic Center (2000). *Kaiser Family Foundation National Survey of Latinos*.

— (2002). *National Survey of Latinos*, marzo.

— (2006). Research report: *The size and characteristics of the unauthorized migrant population in the U.S.* Disponible en: http://pewhispanic.org/files/reports/61.pdf/ [consulta: agosto de 2007].

Piatt, William (1990). *Only English? Law and Language Policy in the United States*. Albuquerque (Nuevo México): University New Mexico Press.

Piglia, Ricardo (1975). *Nombre falso*. México: Siglo XXI.

— (1980). *Respiración artificial*. Buenos Aires: Pomaire.

— (1997). *Plata quemada*. Buenos Aires: Planeta.

Piña Rosales, Gerardo (1987). 'Teatro hispánico en Nueva York: el Décimo Festival Latino', en *Gestos. Teoría y Práctica del Teatro Hispánico*, 2 (4), pp. 146-149.

— (1995). 'Datos para una historia de la literatura española en los Estados Unidos', en *Spanish Writers in the United States, Brújula/Compass*, 22, pp. 38-40.

— (1997). 'La Compañía Teatro Círculo de Nueva York: entrevista con Cheo Oliveras, su director', en *Gestos. Teoría y Práctica del teatro hispánico*, 23, pp. 149-156.

— (ed.) (2007). *Escritores españoles en los Estados Unidos*. Nueva York: Academia Norteamericana de la Lengua Española.

Piña Rosales, Gerardo y Álvarez Koki, Francisco (eds.) (2006). *Seis narradores españoles en Nueva York*. Granada: Dauro.

Piña Rosales, Gerardo et ál. (eds.) (2004). *Hispanos en los Estados Unidos: Tercer pilar de la hispanidad*. Nueva York: Teachers College-Columbia University/ALDEEU.

Piñera Llera, Humberto (1965). *Unamuno y Ortega y Gasset, contraste entre dos pensadores*. México: Jus.

— (1970). *El pensamiento español de los siglos XVI y XVII*. Nueva York: Las Américas Publishing Co.

— (1971). *Novela y ensayo en Azorín*. Madrid: Agesa.

— (1980). *Idea, sentimiento y sensibilidad de José Martí*. Miami: Ediciones Universal.

Plan Espiritual de Aztlán, http://www.sscnet.ucla.edu/00W/chicano101-1/aztlan.htm/.

Platt, José (1977). 'Teatro Festival of Engage in East Los Angeles', en *Latin American Literacy Review*, 5 (10), pp. 45-148.

Poplack, Shana (1980). 'Sometimes I start a sentence in Spanish y termino en español', en *Linguistics*, 18, pp. 581-618.

— (1982). 'Sometimes I'll start a sentence in English y termino en español: Toward a typology of code-switching', en Jon Amastae y Lucía Elías-Olivares (eds.), *Spanish in the United States*, Cambridge: Cambridge University Press, pp. 230-263.

— (1983a). 'Bilingual competence: Linguistic interference or grammatical integrity?', en Lucía Elías-Olivares (ed.), *Spanish in the U.S. Beyond the Southwest*. Rosslyn (Virginia): National Clearinghouse for Bil Education, pp. 111-123.

— (1983b). 'Lenguas en contacto', en Humberto López Morales (ed.), *Introducción a la lingüística actual*. Madrid: Playor, pp. 183-207.

— (1987). 'Contrasting patterns and code-switching in two communities', en H. J. Waskentyne (ed.), *Methods V: Proceedings of the V International Conference on Methods in Dialectology*. Victoria: University of Victoria Press, pp. 86-98.

Poplack, Shana y Sankoff, David (1980). *Borrowing: The synchrony of integration*. Montreal: Centre de Recherche de Mathématique Appliquées (Raport Tecnique, n.° 1.158).

— (1984). 'Borrowing: The synchrony of integration', en *Linguistics*, 22, pp. 99-135.

Poplack, Shana, Sankoff, David y Miller, Chris (1988). 'The social correlates and linguistic consequences of lexical borrowing and assimilation', en *Linguistics*, 16, pp. 47-104.

Portes, Alejandro y Bach, Robert L. (1985). *Latin journey: Cuban and Mexican immigrants in the United States*. Berkeley (California): University of California Press.

Portes, Alejandro, Clark, Juan M. y Manning, Robert D. (1985). 'After Mariel: A survey of the resettlement experiences of 1980 Cuba refugees in Miami', en *Cuban Studies/Estudios Cubanos*, 15, pp. 37-59.

Portes, Alejandro y Rumbaut, Rubén (2001). *Legacies. The Story of the Immigrant Second Generation*. Berkeley (California): University of California Press-Russel Sage Foundation.

Portes, Alejandro y Schauffler, Richard (1994). 'Language and the Second Generation: Bilingualism Yesterday and Today', en *International Migration Review*, 28 (4), pp. 640-661.

Portes, Alejandro y Stepick, Alex (1993). *City on the edge: the transformation of Miami*. Berkeley (California): University of California Press.

Potowski, Kim (2003). 'Spanish language shift in Chicago', en *Southwest Journal of Linguistics*, 23, pp. 87-116.

— (2008). 'I was raised talking like my mom': The influence of mothers in the development of MexiRicans phonological and lexical features', en Jason Rothman y Mercedes Niño Murcia (eds.), *Linguistic Identity and Bilingualism in Different Hispanic Contexts*. Nueva York: John Benjamins.

POTOWSKI, Kim y MATTS, J. (2007). 'Interethnic language and identity: MexiRicans in Chicago', en *Journal of Language, Identity and Education*, 6 (3).

POUSADA, Alicia y POPLACK, Shana (1982). 'No case for convergence: The Puerto Rican verb system in a language contact situation', en Joshua Fishman y Gary Keller (eds.), *Bilingual education for Hispanic students in the United States*. Nueva York: Teachers College Press, pp. 207-237.

PREWIT DÍAZ, Joseph (1983). 'The Conflicts in In-School Cultural Behaviors of the Puerto Rican Migrant Children on the Mainland', en *Working Papers on Issues in Puerto Rican Education*, 105.

PRICE, Julia S. (1962). *The Off-Broadway Theater*. Nueva York: Scarecrow Press.

PROHÍAS, Rafael J. y CASAL Lourdes (1973). *The Cuban minority in the U.S.: Preliminary Report on need identification and program evaluation*. Boca Ratón (Florida): Florida Atlantic University.

PUIG, Manuel (1972). *Boquitas pintadas*. Buenos Aires: Sudamericana.

— (1991). *La traición de Rita Hayworth*. Barcelona: Biblioteca de Bolsillo.

— (1993). *El beso de la mujer araña*. Buenos Aires: Espasa Calpe Argentina.

PUPO-WALKER, Enrique (1992). 'Valoraciones del texto', en Álvar Núñez Cabeza de Vaca, *Los naufragios*, ed. de ~. Madrid: Castalia, pp. 81-154.

Q

QUESADA, Roberto (1988). *Los barcos: novela*. Tegucigalpa (Honduras): Baktun.

— (2000). *Big Banana*. Barcelona: Seix Barral.

— (2002). *Nunca entres por Miami*. México: Grijalbo.

QUILIS, Antonio (1983). 'Actitud de los ecuatoguineanos ante la lengua española', en *Lingüística Española Actual*, 5, pp. 269-275.

R

RABASA, José (2000). *Writing Violence on the Northern Frontier*. Durham (Carolina del Norte): Duke University Press.

RABASSA, Gregory (2005). 'Rabassa Remembers', entrevista con Bob Sutter, en *The Magazine of Queens College*, Nueva York, 1 de octubre.

RAMA, Ángel (1970). *Rubén Darío y el modernismo (circunstancia socioeconómica de un arte americano)*. Caracas: Biblioteca de la Universidad Central de Venezuela.

— (1982). *Transculturación narrativa en América Latina*. México: Siglo XXI.

— (1984). *La ciudad letrada*, introd. de Mario Vargas Llosa. Hanover (Nuevo Hampshire): Ediciones del Norte.

RAMÍREZ ALVARADO, María del Mar (1998). 'Mitos e información: geografía fantástica y primeras apreciaciones del continente americano', en *Actas de las IV Jornadas Internacionales de Jóvenes Investigadores en Comunicación*. La Laguna: Universidad de La Laguna. Disponible en: http://www.ull.es/publicaciones/latina/biblio /actasjovenes/60alva.htm/ [consulta: 5 de agosto de 2007].

RAMÍREZ, Arnulfo G. (1992). *El español de los Estados Unidos. El lenguaje de los hispanos*. Madrid: Mapfre.

RAMÍREZ, Roberto R. y CRUZ, Patricia de la (2002). *The Hispanic Population in the United States*. March 2002 CPR, P20-545. Washington D.C.: Census Bureau.

RAMOS ÁVALOS, J. (2001). 'En defensa del español mal hablado. El periodista en la era de las Convergencias', en *II Congreso Internacional de la Lengua Española. **El español en la Sociedad de la Información**. Valladolid, 16-19 de octubre de 2001*. Valladolid: Instituto Cervantes-Real Academia Española. Disponible en: http://cvc.cervantes.es /obref/congresos/Valladolid/ponencias/el_espanol_en_ la_sociedad/3_la_television_en_espanol/ramos_j.htm/ [consulta: 25 de octubre de 2007].

RAMOS, José Luis (1992). 'El teatro puertorriqueño en Estados Unidos: ¿teatro nacional o teatro de minoría?', en *Gestos*, VII (14), pp. 85-93.

RAMOS, Julio (1989). *Desencuentros de la modernidad en América Latina: literatura y política en el S. XIX*. México: Fondo de Cultura Económica.

— (1992). *Amor y anarquía: los escritos de Luisa Capetillo*. San Juan (Puerto Rico): Huracán.

— (1996). *Paradojas de la letra*. Quito: Universidad Andina Simón Bolívar.

RAMOS-PELLICIA, Michelle (2004). *Language contact and dialet contact: Cross-generational phonological variation in a Puerto Rican community in the Midwest of the United States*. Tesis doctoral. Ohio State University.

— [en prensa]. 'Ethnic identity among MexiRicans in the rural Midwest'.

Ramos-Perea, **Roberto** (2003). *Teatro Puertorriqueño contemporáneo (1982-2003): Ensayos para una interpretación y otros escritos*. San Juan (Puerto Rico): Publicaciones Gaviota.

Real Academia Española (1990). *Diccionario de Autoridades*. Madrid: Gredos, 3 vols. (ed. facs.).

— (2001). *Diccionario de la Lengua Española*. 22.ª ed. Madrid: Espasa Calpe.

Redón, Armando (1970). *The Chicano Manifesto*. Nueva York: MacMillan.

Renan, Ernest (1882). *Qu'est-ce qu'une nation?* París: Calmann Lévy.

Rexach, Rosario (1991). *Dos figuras cubanas y una sola actitud, Félix Varela, 1788-1853, Jorge Mañach, 1888-1961*. Miami: Ediciones Universal.

Reyes, Luis y Rubie, Pete (2002). *Los Hispanos en Hollywood*. Nueva York: Random House Español.

Rhee, Michelle y David, Rand A. (1998). 'The impact of language as a barrier in effective health care in an underserved urban Hispanic community', en *Mount Sinai Journal of Medicine*, 65 (5, 6), pp. 393-397.

Rhoads, **Christopher** (2007). 'What Did U $@y? Online Language Finds Its Voice', en *The Wall Street Journal Online,* 23 de agosto.

Rieff, David (1987). *Going to Miami: Exiles, turists, and refugees in the New America*. Boston: Little Brown.

Ríos, Juan Manuel de los y Rueda, Carlos (2005). '¿Por qué migran los peruanos al exterior? Un estudio sobre los determinantes económicos y no económicos de los flujos de migración internacional de peruanos entre 1994 y 2003'. En: http://www.consorcio.org/CIES/html/pdfs/PBA0415.pdf/ [consulta: 29 de octubre de 2005].

Ripoll, Carlos (1966). *Conciencia intelectual de América. Antología del Ensayo hispanoamericano (1836-1919)*. Nueva York: Las Américas Publishing Co.

— (1971). *Patria: el periódico de Martí; registro general, 1892-1895*. Nueva York: E. Torres.

Rivera-Batiz, Francisco L. y Santiago, Carlos E. (1994). *Puerto Ricans in the United States: A Chanching Reality*. Washington D.C.: National Puerto Rican Coalition.

— (1996). *Island Paradox: Puerto Rico in the 1990s*. Nueva York: Russell Sage Foundation.

Rivera Mills, Susana (2000). 'Intraethnic attitudes among Hispanics in a northern California community', en Ana Roca (ed.), *Research on Spanish in the United States: linguistic issues and challenges*. Somerville (Massachusetts): Cascadilla Press, pp. 377-389.

Rivera, Raquel Z. (2003). *New York Ricans from the hip hop zone*. Nueva York: Palgrave Macmillan.

Rivera, Rosa (1986). *Alternancia de modo en el español de Puerto Rico: análisis de lenguas en contacto*. Tesis de Maestría. Universidad de Puerto Rico.

Rivera, Tomás (1987). *Y no se lo tragó la tierra*. Houston (Texas): Arte Público Press.

Rizk, Beatriz J. (1993). 'TENAZ XVI: la muestra de un teatro en transición', en *Latin American Theatre Review*, 26 (2), pp. 187-190.

Roberts, Julie (1997). 'Hitting a moving target: Acquisition of sound change in progress by Philadelphia children', en *Language Variation and Change*, 9, pp. 249-266.

Robinson, Alfred (1846). *Life in California during a residence of several years in that territory*. Nueva York: Wiley & Putnam.

Rodó, José Enrique (2004). *Ariel*. Madrid: Cátedra.

Rodríguez, América (1993). *Made in the USA: The Constructions of Univision News*. Tesis doctoral. San Diego: University of California.

— [s. a.]. *The Museum of Broadcast Communications*. Disponible en: http://www.museum.tv/.

Rodríguez, **Clara E.** (1991). *Puerto Ricans: Born in the U.S.A.* Boulder (Colorado): Westview Press.

— (2004). *Heroes, Lovers and Others. The Story of Latinos in Hollywood*. Washington D.C.: Smithsonian Books, pp. 128-129.

Rodríguez del Pino, Salvador (1982). *La novela chicana escrita en español: cinco autores comprometidos*. Ypsilanti (Míchigan): Bilingual Press/Editorial Bilingüe.

Rodríguez, Gregory (2004). 'Mexican-Americans and the mestizo melting pot', en Tamar Javoby (ed.), *Reinventing the melting pot: the new immigrants and what it means to be American*. Nueva York: Basic Books, pp. 125-138.

Rodríguez Monegal, Emir (1967). *Genio y figura de Horacio Quiroga*. Buenos Aires: Editorial Universitaria de Buenos Aires.

— (1968). *El desterrado; vida y obra de Horacio Quiroga*. Buenos Aires: Losada.

— (1976). *Borges, hacia una lectura poética*. Madrid: Guadarrama.

— (1977). *Neruda, el viajero inmóvil*. Caracas: Monte Ávila.

— (1987). *Borges: una biografía literaria*. México: Fondo de Cultura Económica.

RODRÍGUEZ MOURELO, Belén (2004). 'Narrativa cubana de la diáspora', en *El Ateje*, 3 (9), pp. 2-5. Disponible en: http://www.elateje.com/0309/narrativa0309.htm/.

RODRÍGUEZ, Nelson (2004). 'Pat Rodriguez', en *Latin Beat Magazine*, diciembre.

RODRÍGUEZ SARDIÑAS, Orlando (1973). *La última poesía cubana*. Madrid: Hispanova.

— (1975). *León de Greiff, una poética de vanguardia*. Madrid: Playor.

RODRÍGUEZ SARDIÑAS, Orlando y SUÁREZ RADILLO, Carlos Miguel (1971). *Teatro selecto contemporáneo hispanoamericano*. Madrid: Escelicer.

ROGGIANO, Alfredo (1961). *Pedro Henríquez Ureña en los Estados Unidos*. México: Instituto Internacional de Literatura Iberoamericana-Editorial Cultura (col. State University of Iowa Studies in Spanish Language and Literatures, 12).

ROMERA NAVARRO, Miguel (1917). *El hispanismo en Norte-América: exposición y crítica de su aspecto literario*. Madrid: Renacimiento.

ROSELL, Rosendo (1992 y 2001). *Vida y Milagros de la Farándula Cubana*, ts. I, III y V. Miami: Ediciones Universal.

RÚA, Mérida (2001). 'Colao subjectivities: PortoMex and MexiRican perspectives on language and identity', en *Centro Journal*, 13 (2), pp. 117-133.

RUFFINELLI, Jorge (1977). *José Revueltas: ficción, política y verdad*. Veracruz: Universidad Veracruzana.

— (1979). *Crítica en marcha*. México: Premia Editora.

— (1980). *El lugar de Rulfo y otros ensayos*. Xalapa: Biblioteca, Universidad Veracruzana.

— (1982). *Literatura e ideología: el primer Mariano Azuela*. México: Premia Editora.

— (2004). *La sonrisa de Gardel: biografía, mito y ficción*. Montevideo: Trilce.

RUMBAUT, Rubén, G. (1996). 'Ties that Bind: Immigration and Immigrant Families in the United State', en Alan Booth et ál. (eds.), *Immigration and the Family: Research and Policy on U.S. Immigrant*. Mahwah (Nueva Jersey): Lawrence Erlbaum.

— (2007). *The evolution of language competencies. Preferences and use among immigrants and their children in the United States*. Irvive (California): University of California [informe preparado para la U.S. House of Representatives, Committee on the Judiciary, Subcommittee on Inmigration, Citizenship, Refugees, Border Security, and International Law, Hearing on Comprehensive Inmigration Reform and U.S. Inmigrant Integration].

RUPRECHT, Gustavo (1990). 'Tuning In To Cultural Diversity', en *Américas Magazine*, 42, p. 18.

RUSSETT, Bruce M. et ál. (1964). *World Handbook of political and social indicators*. New Haven (Connecticut): Greenwood Press.

S

SÁEZ LANAO, Maite (2007). *El español como recurso económico en Estados Unidos*. Los Ángeles: Oficina Económica y Comercial de España en Los Ángeles.

SAINZ SASTRE, María Antonia (1991). *La Florida, siglo XVI: descubrimiento y conquista*, 2.ª ed. Madrid: Mapfre.

SALADO ÁLVAREZ, Victoriano (1930). 'Nuevo Méjico todavía no es (norte)americano', en *Revista Iberoamericana de Buenos Aires*, s. d.

SAMORA, Julián y VANDEL SIMON, Patricia (1993). *A History of the Mexican-American People*. University of Notre Dame.

SAMPER PADILLA, José Antonio (1990). *Estudio sociolingüístico del español de Las Palmas de Gran Canaria*. Las Palmas de Gran Canaria: La Caja de Canarias.

— [en prensa]. 'Sociolinguistic aspects of Spanish in the Canary Islands', en *International Journal of the Sociology of Language*.

SAMPER PADILLA, José Antonio y HERNÁNDEZ CABRERA, Clara E. (1995). 'La variación de -/s/ en el español culto de Las Palmas de Gran Canaria', en *Philologica Canariensia*, 2, pp. 391-408.

SAN MARTÍN, Abelardo (2001). 'Procedimientos de creación léxica en el registro festivo del diario chileno *La Cuarta*', en *Boletín de Filología de la Universidad de Chile*, t. XXXVIII.

SÁNCHEZ-BOUDY, José (1990). *Enrique José Varona y Cuba*. Miami: Ediciones Universal.

SÁNCHEZ GONZÁLEZ, Lisa (2001). *Boricua Literature: A Literary History of the Puerto Rican Diaspora*. Nueva York: New York University Press.

SÁNCHEZ HERNÁNDEZ, Francisco J. (2004). 'Análisis de un texto electrónico: una conversación de *chat*', en *Tonos digital: Revista electrónica de estudios filológicos*, 8. Disponible en: http://www.cibersociedad.net/congres 2004 /index_es.html/.

SÁNCHEZ KORROL, Virginia (1994). *From Colonia to Community: The history of Puerto Ricans in New York City*. Berkeley (California): University of California Press.

SÁNCHEZ, Marta Ester (1985). *Contemporary Chicana Poetry: A Critical Approach to an Emerging Literature*. Berkeley (California): University of California Press.

SÁNCHEZ MOCCERO, Malena (2006). 'El lenguaje en Internet: ¿avance o retroceso?'. Disponible en: http://www.myriades1.com/vernotas.php?id=164&lang=es/.

SÁNCHEZ, Rosaura (1994) [1983]. *Chicano discourse: sociohistoric perspectives*. Houston (Texas): Arte Público Press.

SANTA ANA, Otto, y PARODI, Claudia (1998). 'Modeling the speech community: Configuration and variable types in the Mexican Spanish setting', en *Language in Society*, 27, pp. 23-51.

SANTA CRUZ, Alonso de (1920-1925). *Crónica del Emperador Carlos V*, ed. de Antonio Blázquez y Delgado-Aguilera y Ricardo Beltrán y Róspide. Madrid: Real Academia de la Historia, 5 vols.

SANTANA PÉREZ, Juan Manuel y SÁNCHEZ SUÁREZ, José Antonio (1992). *Emigración por reclutamientos. Canarios en Luisiana*. Las Palmas de Gran Canaria: Universidad de Las Palmas de Gran Canaria.

SANTIVÁÑEZ, Roger (ed.) (2005). 'Destellos digitales. Escritores peruanos en los Estados Unidos (1970-2005)', en *Hostos Review/Revista Hostoniana*, 3.

SARMIENTO, Domingo Faustino (1866). *Vida de Abraham Lincoln, décimo sexto presidente de los Estados Unidos*. Nueva York: D. Appleton.

— (1866). *Las escuelas, base de la prosperidad y de la república en los Estados Unidos*. Nueva York: D. Appleton.

— (1990). *Facundo: Civilización y barbarie*, ed. de Roberto Yahni. Madrid: Cátedra.

SASSEN, Saskia (2000). *Cities in a World Economy*. Thousand Oaks (California): Pine Forge Press.

SAVILLE-TROIKE, Muriel (2003). *The ethnography of communication: An Introduction*, 3.ª ed. Malden (Massachusetts): Blackwell.

SCHECTER, Sandra y BAYLEY, Robert (2002). *Language as cultural practice: mexicanos en el Norte*. Mahwah (Nueva Jersey): Lawrence Erlbaum.

SCHREFFLER, Sandra (1994). 'Second person singular pronoun options in the speech of Salvadorans in Houston, Texas', en *Southwest Journal of Linguistics*, 13, pp. 101-119.

SCHROEDER, Michael (2005). 'Bandits and blanket thieves, communists and terrorists: the politics of naming Sandinistas in Nicaragua, 1927-36 and 1979-90', en *Third World Quarterly*, 26, pp. 67-86.

SCHWEGLER, Armin (1996). 'La doble negación dominicana y la génesis del español caribeño', en *Hispanic Linguistics*, 8 (2), pp. 247-315.

SEDA, Laurietz y GARCÍA, William (1995). 'Cincinnati levanta el telón para destacar a las mujeres en el teatro', en *Latin American Theatre Review*, 29 (1), pp. 133-136.

SHANK, Theodore (1974). 'A Return to Mayan and Aztec Roots', en *Drama Review*, 18 (4), pp. 56-70.

SHUY, Roger W., WOLFRAM A. Walter y RILEY, William K. (1968). *Field techniques in an urban language study*. Washington D.C.: Center for Applied Linguistics.

SILVA CORVALÁN, Carmen (1986). 'Bilingualism and language change: The extensión of *estar* in Los Ángeles Spanish', en *Language*, 62, pp. 587-608.

— (1990). 'Spanish language attrition in a contact situation with English', en Herbert W. Seliger y Robert Vago (eds.), *First Language Attrition*. Cambridge: Cambridge University Press, pp. 150-171.

— (1994). *Language contact and change: Spanish in Los Angeles*. Oxford: Clarendon Press, pp. 92-121.

— (2000). 'La situación del español en los Estados Unidos', en *El español en el mundo. Anuario del Instituto Cervantes*, vol. 3. Madrid: Instituto Cervantes, pp. 65-116. Disponible en: http://cvc.cervantes.es/obref/anuario/anuario_00/silva/.

— (2001). *Sociolingüística y pragmática del español*. Washington D.C.: Georgetown University Press.

— (2003). 'El español de Los Ángeles: aspectos morfosintácticos', en *Ínsula*, 679-680, pp. 19-24.

— (2006). 'El español de Los Ángeles: ¿adquisición incompleta o desgaste lingüístico?', en Ana María Cestero, Isabel Molina y Florentino Paredes (eds.), *Estudios sociolingüísticos del español de España y América*. Madrid: Arco/Libros, pp. 121-138.

SILVA, Samuel (1991). 'The Latin Superchannels', en *World Press Review*, noviembre.

SIMMONS, Marc (1991). *The Last Conquistador: Juan de Oñate and the Settling of the Far Southwest*. Norman (Carolina del Norte): University of Oklahoma Press.

SKOLLER, Jeffrey (1990). 'The future's past: reimaging the Cuban revolution', en *Afterimage, The journal of Media and Cultural Criticism*, marzo-abril.

SMALL, Dennos (2004). 'La quinta parte de los mexicanos son refugiados económicos en EU', en *EIR. Resumen ejecutivo*, 15 de septiembre. Disponible en: http://www.ewfed.com/spanish/other_articles/2004/guatepeor.html/ [consulta: 8 de agosto de 2007].

SMITH, T. Buckingham (1857). *Colección de varios documentos para la historia de la Florida y tierras adyacentes, Vol. 1 (1516-1794)*. Londres-Madrid: Trubner y Cía.

SMITH, T. Buckingham y CRUSE MURPHY, Henry (1970, 1987) [1875]. *The Voyage of Verrazzano: A Chapter in the Early History of Maritime America*. Freeport (Nueva York): Books for Libraries Press.

SMOLICZ, Jerzy (1992). 'Minority languages as core values of ethnic cultures: a study of maintenance and erosión of Polish, Welsh and Chinese languages in Australia', en Willem Fase, Koen Jaspaert y Sjaak Kroon (eds.), *Maintenance and Loss of Minority Languages*. Amsterdam-Filadelfia: John Benjamins, pp. 277-305.

SOCIETY FOR THE ADVANCEMENT OF CHICANOS AND NATIVE AMERICANS IN SCIENCE (SACNAS), http://www.sacnas.org/.

SOLDÁN, Paz y FUGUET, Alberto (2001). *Se habla español: voces latinas en USA*. Madrid: Alfaguara.

SOLÉ, Carlos (1979). 'Selección idiomática entre la nueva generación de cubano-americanos', en *The Bilingual Review/La Revista Bilingüe*, 1, pp. 1-10.

— (1980). 'Language use paterns among Cuban-Americans', en Edward L. Blansitt y Richard Techner (eds.), *Festschrift for Jacob Ornstein*. Rowley (Massachusetts): Newburry House Publishers, pp. 274-281.

— (1982). *Español, ampliación y repaso*. Nueva York: Scribner.

SOLÓRZANO, Carlos (1968). 'Corrientes del teatro latino-americano', en *Latin American Theatre Review* 2 (1), pp. 58-60.

SOMMERS, Joseph e YBARRA-FRAUSTO, Tomás (eds.) (1979). *Modern Chicano Writers*. Nueva Jersey: Prentice-Hall.

STAVANS, Ilan (1995). *La condición hispánica: reflexiones sobre cultura e identidad en los Estados Unidos*. México: Tierra Firme.

— (2000). *Dictionary of Spanglish*. Nueva York: Basic Books.

— (2001a). *The poetry of Pablo Neruda*. Nueva York: Farrar, Straus y Giroux.

— (2001b). *The Hispanic condition: the power of a people*. Nueva York: Rayo.

— (2003). *Spanglish: The making of a new American language*. Nueva York: Rayo.

STEINER, Stan (1970). *La Raza-The Mexican-Americans*. Nueva York: Harper & Row.

STEPICK, Alex et ál. (2003). *This land is our land: immigrants and power in Miami*. Berkeley (California): University of California Press.

SUÁREZ OROZCO, Carola y SUÁREZ OROZCO, Marcelo M. (2001). *Children of immigration*. Cambridge (Massachusetts): Harvard University Press.

SUCRE, Guillermo (1993). *Antología de la poesía hispanoamericana moderna*. Caracas: Monte Ávila Latinoamericana.

SUNUNU, Alexandra (1992). 'Escobedo y su poema *La Florida*', en *Boletín de la Academia Norteamericana de la Lengua Española*, 8, pp. 37-49.

SWAIN, Merrill (1985). 'Communicative competence: Some roles of comprehensible input and comprehensible output in its development', en Susan M. Gass y Carolyn G. Madden (eds.), *Input in Second language acquisition*. Rowley (Massachusetts): Newbury House.

T

TATUM, Charles (1982). *Chicano Literature*. Boston: Twayne Publishers (trad. esp., *Literatura chicana*, México: Secretaría de Educación Pública, 1986).

— (1990). 'Status and Change Along the Río Grande: Aristeo Brito's The Devil in Texas', en *El diablo en Texas/The devil in Texas*. Tempe (Arizona): Bilingual Press/Editorial Bilingüe, pp. 1-19.

TAYLOR, Paul S. (1932). *Mexican labor in the United States*, vol. 2. Berkeley (California): University of California Press.

TELEVISION-RADIO AGE (1989). 'Hispanic Networks Building Up Steam; Ad Rates Seen Rising', 27 de noviembre.

TESCHNER, Richard (1995). 'Beachheads, islands, and conduits: Spanish monolingualism and bilingualism in El Paso, Texas', en *International Journal of the Sociology of Language*, 114, pp. 93-105.

TESCHNER, Richard, BILLS, Garland D. y CRADDOCK, Jerry R. (1975). *Spanish and English of United States Hispanos. A critical annotated, linguistic bibliography*. Arlington (Virginia): Center for Applied Linguistics.

THOMASON, Sara G. (1995). 'Language mixture: Ordinary processes, extraordinary results', en Carmen Silva Corvalán (ed.), *Spanish in Four Continents. Studies in Language Contact and Bilingualism*. Washington D.C.: Georgetown University Press, pp. 15-33.

— (1999). 'On predicting calques and other contact effects', en *Bilingualism: Language and Cognition*, 2 (2), pp. 94-95.

THOMASON, Sara G. y KAUFMAN, Terrence (1988). *Language contact, creolization, and genetic linguistics*. Berkeley (California): University of California Press.

TORIBIO, Almeida Jacqueline (2000a). 'Nosotros somos dominicanos: Language and social differentiation among Dominicans', en Ana Roca (ed.), *Spanish in the United States: Lingustic issues and Challenges*. Somerville (Massachusetts): Cascadilla Press, pp. 252-270.

— (2000b). 'Language variation and the linguistic enactment of identity among Dominicans', en *Linguistics*, 38, pp. 1.133-1.159.

— (2000c). 'Setting parametric limits on dialect variation in Spanish', en *Lingua*, 110, pp. 315-341.

— (2001). 'Accessing bilingual code-switching competence', en *International Journal of Bilingualism*, 5 (4), pp. 403-436.

— (2003). 'The social significance of language loyalty among Black and White Dominicans in New York', en *The Bilingual Review/La Revista Bilingüe*, 27, pp. 3-11.

— (2006). 'Linguistc displays of identity among Dominicans in national and disporic settlements', en Catherine Davis y Janina Brutt-Griffler (eds.), *English and Ethnicity*. Nueva York: Palgrave.

TORNERO TINAJERO, Pablo (1977). 'Emigración canaria a América: la expedición cívico-militar a Luisiana', en *I Coloquio de Historia Canario-Americana*. Las Palmas de Gran Canaria: Cabildo Insular de Gran Canaria. pp. 343-354.

TORRE, Amalia V. de la (1978). *Jorge Mañach, maestro del ensayo*. Miami: Ediciones Universal.

TORRES I VILATARSANA, Marta (1999). 'Els xats: entre l'oralitat i l'escriptura', en *Els Marges*, 65.

— (2001). 'Funciones pragmáticas de los emoticonos en la comunicación mediatizada por ordenador', en *Textos de la CiberSociedad*, 1. Disponible en: http://www.cibersociedad.net/.

TORRES, Lourdes (1988). *Linguistic change in a language contact situation: A cross generational study*. Tesis doctoral. Universidad de Illinois at Urbana-Champaign.

— (1989). 'Code-mixing and borrowing in a New York Puerto Rican Community: a cross generational study', en *Word Englishes*, 8, pp. 419-432.

— (1990). 'Mood selection among New York Puerto Ricans', en *International Journal of the Sociology of Language*, 79 (n.º especial, 'U.S. Spanish: The language of Latinos', ed. por Irene Wherritt y Ofelia García), pp. 67-77.

— (1991). 'The study of the U.S. Spanish varieties: Some theoretical and methodological issues', en Carol Klee y Luis Ramos García (eds.), *Sociolinguistics of the Spanish-speaking world*. Tempe (Arizona): Bilingual Press, pp. 255-270.

— (1997). *Puerto Rican Discourse. A Sociolinguistic Study of a New York Suburb*. Mahwah (Nueva Jersey): Lawrence Erlbaum Associates Publishers.

TOSCANO, Nicolás et ál. (eds.) (2003). *Presencia hispánica en los Estados Unidos*. Nueva York: St. John's University-ALDEEU.

TRUJILLO, Roberto y RODRÍGUEZ, Andrés (1986). *Literatura Chicana: Creative and Critical Writings Through 1984*. Santa Bárbara (California): Floricanto.

TUCKER, G. Richard et ál. (1977). *The French speaker's skill with grammatical gender: An example of rule governed behavior*. La Haya: Mouton.

U

ÜBER, Diane Ringer (1986a). 'Los procesos de retroflexión y geminación de líquidas en el español cubano: Análisis sociolingüístio y dialectológico', en José G. Moreno de Alba (ed.), *Actas del II Congreso Internacional sobre el español de América*. México: Universidad Nacional Autónoma de México, pp. 350-356.

— (1986b). 'A particle analysis of vocalic processes in Cuban Spanish', en Ann Miller y Zheng-Sheng Zhang (eds.), *Proceedings of the Tirth Eastern States Conference on Linguistics*. Pittsburgh (Pensilvania): The University of Pittsburgh, pp. 501-509.

— (1988). 'Neutralization of liquids in syllable rhymes: Recent Cuban arrivals in the United States', en John J. Staczek (ed.), *On Spanish, Portuguese and Catalan Linguistics*. Washington D.C.: Georgetown University Press, pp. 38-46.

— (1989a). 'Noun-phrase plutalization in the Spanish of Cuban Mariel entrants', en *Hispanic linguistics*, 3, pp. 75-88.

— (1989b). 'La elisión de la /s/ nominal en el español cubano de (los) Estados Unidos y la hipótesis funcional', en *Revista/Review Interamericana*, 19, pp. 104-110.

— (1995). 'On the achieving competence in two language: The role of necessity for the Cuba Mariel entrants', en Peggy Hashemipour, Ricardo Maldonado y Margaret Van Naerssen (eds.), *Studies in Language Learning and Spanish Linguistics in Honor Tracy D. Terrell*. San Francisco: McGraw-Hill, pp. 128-138.

UDALL, Stewart L. (1987). *Majestic Journay. Coronados's Inland Empire*. Santa Fe (Nuevo México): Museum of New Mexico Press.

ULIBARRÍ, Sabine R. (1977a). *Tierra Amarilla*. Albuquerque (Nuevo México): University of New Mexico.

— (1977b). *Mi abuela fumaba puros y otros cuentos de Tierra Amarilla*. Berkeley (California): Quinto Sol.

— (1988). *El gobernador Glu Glu y otros cuentos*. Tempe (Arizona): Bilingual Press/Editorial Bilingüe.

UMPIERRE, Luz María (1983a). *Nuevas aproximaciones a la literatura puertorriqueña*. Río Piedras (Puerto Rico): Editorial Cultural.

— (1983b). *Ideología y novela en Puerto Rico, un estudio de la narrativa de Zeno, Laguerre y Soto*. Madrid: Playor.

UNDERHILL, Connie (1981). 'Impact of the returned migrant', en *San Juan Star Magazine*, 15, pp. 1-5.

UNITED STATES CENSUS BUREAU (1981). *National Data Book and Guide Sources. Statistical Abstract of the United States 1981*. Washington D.C.

— (1993). *U.S. Census of population*. Washington D.C.: U.S. Department of Commerce.

— (2000a). *Hispanic Population Statistics. National Association for Multi-Ethnicity in Communications*. Disponible en: http://www.namic.com/initiatives/research/hispanic.aspx/.

— (2000b). *State and County Quick Facts*. Disponible en: http:// quickfacts.census.gov/qfd/ [consulta: junio de 2007].

— (2001a). *The Hispanic Population. Census 2000 brief*. Washington D.C.: U.S. Department of Commerce.

— (2001b). *The Hispanic Population: 2000*. Disponible en: http://www.census.gov/prod/2001pubs/c2kbr01-3.pdf/ [consulta: junio de 2007].

— (2002). *Annual Demographic Supplement, March. Current Population Survey*. Disponible en: http://www.bls.census.gov/cps/asec/adsmain.htm/.

— (2003a). *The Foreign-born Population: 2000*. Disponible en: http://www.census.gov/prod/2003pubs /c2kbr-34.pdf/ [consulta: junio de 2007].

— (2003b). *Language Use and English-speaking Ability: 2000*. Disponible en: http://www.census.gov/prod/ 2003pubs/c2kbr-29.pdf/ [consulta: junio de 2007].

— (2003c). *Annual Social and Economic (ASEC) Supplement Current Population Survey*. Washington D.C. (http:// www.bls.census.gov/cps/asec/adsmain.htm/).

— (2004a). *We the People: Hispanics in the United States. Census 2000 Special Report*. Disponible en: http://www. census.gov/prod/2004pubs/censr-18.pdf/ [consulta: junio de 2007].

— (2004b). *American Community Survey, Selected Population, Tables B03001*. Disponible en: http://www.census.gov/prod/ 2007pubs/acs-03.pdf/.

— (2004c). *American Community Survey, Selected Population Profiles S0201*. Disponible en: http://www.census.gov/prod/2007pubs/acs-04.pdf/.

— (2005a). *American Community Survey*. Disponible en: http:// www.census.gov/acs/ [consulta: junio de 2007].

— (2005b). *Population of the U.S. by Race and Hispanic/Latino Origen, July*. Disponible en: http://www.infoplease.com/ipa/A0762156.html/.

— (2006). *American Community Survey 2006. Tabla B03001 Hispanic or Latino origin by specific origin*, en http://www.census.gov/.

UNITED STATES DEPARTMENT OF HEALTH, EDUCATION, AND WELFARE (1962).

UNITED STATES DEPARTMENT OF STATE (2007). *Background note: Honduras*. Disponible en: http://www.state.gov/r/pa/ ei/bgn/1922.htm/ [consulta: 29 de octubre de 2007].

UNIVERSIDAD DE MIAMI (1967). *The Cuban Immigration: 1959-1966, and its impact on Miami-Dade County*. Miami: University of Miami, Center for Advance International Studies.

URCIUOLI, Bonnie (1996). *Exposing Prejudice: Puerto Rican Experiences of Language, Race, and Class*. Boulder (Colorado): West View Press.

V

VACCARELLA, Eric (2004). 'Echoes of Resistance: Testimonial Narrative and Pro-Indian Discourse in El Inca Garcilaso de la Vega's *La Florida del Inca*', en *Latin American Literary Review*, 32 (4), pp. 100-119.

VALDÉS, María Isabel (2000). *Marketing to American Latinos / A guide to the In-Culture Approach*. Ithaca (Nueva York): Paramount Market Publishing, p. 246.

VALDESPINO, Andrés (1971). *Jorge Mañach y su generación en las letras cubanas*. Miami: Ediciones Universal.

VALDEZ, Luis (1971). *Actos y El Teatro Campesino*. San Juan Bautista (California): Cucaracha Publications.

VALENZUELA, Luisa (1975). *Aquí pasan cosas raras*. Buenos Aires: Ediciones de la Flor.

— (1982). *Cambio de armas*. Hanover (Nuevo Hampshire): Ediciones del Norte.

VALLE, José del (2006). 'U.S. Latinos, la Hispanofonia, and the Language Ideologies of High Modernity', en Clare Mar-Molinero y Miranda Steward (eds.), *Globalization and language in the Spanish-speaking world*. Nueva York: Palgrave MacMillan.

— (2007). 'Glotopolítica, ideología y discurso: categorías para el estudio del estatus simbólico del español', en José del Valle (ed.), *La lengua, ¿patria común? Ideas e ideologías del español.* Fráncfort-Madrid: Vervuert-Iberoamericana, pp. 13-29.

VALLE, Sandra del (2003). *Language Rights and the Law in the United States.* Clevedon (Reino Unido): Multilingual Matters.

VARELA, Beatriz (1979). 'Isleño and Cuban Spanish', en *Perspectives on Ethnicity in New Orleans,* 2, pp. 42-47.

— (1981). 'El habla de los *marielitos*', en *La Chispa '81, Selected Proceedings.* Nueva Orleans: Tulane University, pp. 343-351.

— (1986). 'El español de Luisiana', en José G. Moreno de Alba (ed.), *Actas del II Congreso Internacional sobre el español de América.* México: Universidad Nacional Autónoma de México, pp. 273-277.

— (1992). *El español cubano-americano.* Nueva York: Senda Nueva de Ediciones.

VARONA, Esperanza B. de (1987). *Cuban exile periodicals at the University of Miami Library (an annotated bibliography).* Coral Gables (Florida): Universidad de Miami.

VARRA, Rachel (2007). 'Age of arrival, English skills, and regional Latin American origin as predictors of borrowing behavior in the Spanish of New York', en *XXI Congreso sobre el español en EEUU. Marzo 15-18.* Arlington (Virginia): George Mason University.

VATTIMO, Gianni (1983). *Il pensiero debole.* Milán: Feltrinelli.

VENEGAS, Daniel (1999). *Las aventuras de don Chipote, o cuando los pericos mamen.* Houston (Texas): Arte Público Press (col. Recovering the U.S. Hispanic Literary Heritage).

VENTURA, Miriam (2007). '¿Existe el teatro dominicano en Nueva York?'. Disponible en http://www.funfacionurenarib.org/miriam_ventura.htm/ [consulta: 30 de octubre de 2007].

VERSÉNYI, Adam (1985). '1985 Festival Latino', en *Latin American Theatre Review,* 19 (2), p. 111.

VIENTÓS GASTÓN, Nilita (1957). *Impresiones de un viaje.* San Juan (Puerto Rico): Biblioteca de Autores Puertorriqueños.

— (1962). *Índice cultural.* Río Piedras (Puerto Rico): Universidad de Puerto Rico.

VIGIL, Neddy A. (2001). 'El español de Nuevo México', en *II Congreso Internacional de la Lengua Española. El español en la Sociedad de la Información. Valladolid, 16-19 de octubre de 2001.* Valladolid: Instituto Cervantes-Real Academia Española. Disponible en: http://cvc.cervantes.es/obref/congresos/valladolid/ponencias/unidad_diversidad_del_espanol/3_el_espanol_en_los_EEUU/vigil_n.htm/ [consulta: 21 de agosto de 2007].

VIGIL, Neddy A. y BILLS, Garland D. (2002). 'El atlas lingüístico de Nuevo México', en *Círculo de Lingüística Aplicada a la Comunicación,* 10. Disponible en: http://www.ucm.es/info/circulo/no10/vigilbills.htm/ [consulta: 21 de agosto de 2007].

VILLA, Daniel y VILLA, Jennifer (2005). 'Language instrumentality in southern New Mexico: implications for the loss of Spanish in the Southwest', en *Southwest Journal of Linguistics,* 24, pp. 169-184.

VILLAGRÁ, Gaspar de (1989) [1610]. *Historia de la Nueva México,* ed. de Mercedes Junquera. Alcalá de Henares (Madrid): Historia 16 (trad. ingl. y ed. de Miguel Encinias, Alfred Rodríguez y Joseph P. Sánchez, Albuquerque [Nuevo México]: University of New Mexico Press, 1992); ed. digital facs., Alicante, Biblioteca Virtual Miguel de Cervantes, 2004. Dispone en: http://www.cervantesvirtual.com/FichaObra.html?Ref=12336/ [consulta: 21 de agosto de 2007].

VILLANUEVA, Larry: 'Re: proyecto', correo electrónico al autor, 16 de octubre de 2007.

VILLANUEVA, Tino (ed.) (1980). *Chicanos: Antología histórica y literaria.* México: Fondo de Cultura Económica.

VIZCAÍNO, María Argelia [s. a.]. *Diccionario de Talentos de la Actuación y Medios de Comunicación Cubanos en el exterior* y *Humorismo cuban.* Disponieble en http://www.mariaargeliavizcaino.com/mDiccTalentosactorlocutor.html/.

VV. AA. (1986). *Poesía cubana contemporánea.* Madrid: Catoblepas.

VV. AA. (1996). 'José Martí en el centenario de su muerte', en *Círculo: Revista de Cultura,* vol. XXV (n.º extraordinario).

VV. AA. (1999-2000). 'Documenting the Colonial Experience, with Special Regard to Spanish in the American Southwest', en *Romance Philology,* vol. 53 (n.º especial).

VV. AA. (2000). 'Miami', en *Encuentro de la cultura cubana,* 18, pp. 125-150.

VV. AA. (2001). *La literatura cubana del exilio.* Miami: Ediciones Universal.

VV. AA. (2006). 'Dossier Revistas cubanas del exilio', en *Encuentro de la cultura cubana,* 40, pp. 105-163.

VV. AA. (2006). 'Poesía homoerótica', en *Encuentro de la cultura cubana,* 41-42. pp. 115-132.

W

WALKMAN, Gloria F. (1976). 'Festival de Teatro Popular Latinoamericano', en *Latin American Theatre Review,* 10 (1), p. 94.

— (1987). 'Festival Latino Day', en *Latin American Theatre Review,* 20 (2), pp. 99-105.

WAIKMAN, Gloria F. y STARITA, Joe (1986). 'Festival cautiva a neoyorquinos', en *The Miami Herald,* 24 de agosto, p. 14.

WATERS, Harry F. (1989). 'The New Voice of America', en *Newsweek,* 12 de junio.

WEAVER, Thomas (1992). *Los indios del gran Suroeste de los Estados Unidos.* Madrid: Mapfre.

WEBER, David J. (1992). *The Spanish Frontier in North America.* New Haven (Connecticut): Yale University Press.

WEI, Li y HUA, Zhu (2006). 'The development of code-switching in early second language Acquisition', en *BISAL,* I, pp. 68-81.

WEISS, Judith A. (1986). 'Primer Festival del Nuevo Teatro en Washington: trayectoria y análisis', en *Latin American Theatre Review,* 19 (2), p. 105.

WELLES, Elizabeth B. (2004). 'Foreign language enrollments in U.S. state institutions of higher education, fall 2002', en *ADFL Bulletin,* 35, pp. 7-26.

WHINNOM, Keith (1971). 'Linguistic hybridization and the special case of pidgins and creoles', en Dell Hymes (ed.), *Pidginization and creolization of languages.* Cambridge: Cambridge University Press, pp. 91-116.

WISSLER, Clark (1940). *Indians of the United States: our centuries of their history and culture.* Nueva York: Doubleday (ed. rev. de Lucy Wales Kluckhohn, Nueva York: Anchor Books, 1989).

WOLL, Allen L. (1980). *The Latin Image in American Film.* Los Ángeles: UCLA Latin American Center Publications, University of California (UCLA Latin American Studies, 50).

WOODWARD, John A. (1967). 'The Anniversary: A Contemporary Diegueño Complex', en *Ethnology Journal,* 7 (1), pp. 86-94 (recogido en *The Diegueño Indians,* Ramona [California]: Acoma Books, 1975, pp. 15-23).

WOOLARD, Katherine (1998). 'Introduction: Language ideology as a field of inquiry', en Bambi Schieffelin, Katherine Woolard y Paul Kroskrity (eds.), *Language Ideologies: Practice and theory.* Oxford: Oxford University Press, pp. 3-47.

WOOLARD, Katherine y SCHIEFFELIN, Bambi (1994). 'Language ideologies', en *Annual Review of Anthropology,* 23, pp. 55-83.

WRIGHT, Sue (2004). *Language Policy and Language Planning: From Nationalism to Globalisation.* Nueva York: Palgrave.

Y

YALDEN, Maxwell F. (1981). 'The Bilingual Experience in Canada', en Martin Ridge (ed.), *The New Bilingualism: An American Dilemma.* Los Ángeles: University of Southern California Press-Transaction Books.

YAMÍN, Isabel (1991). *Análisis sintáctico de la lengua escrita de estudiantes universitarios: influencia del inglés.* Tesis doctoral. Río Piedras (Puerto Rico): Universidad de Puerto Rico.

YARBRO BEJARANO, Ivonne (1980). 'Reseña de revistas chicanas: problemas y tendencias', en *La Palabra: Revista de Literatura Chicana,* II. Disponible en: http://www.cervantesvirtual.com/servlet/SirveObras/8022840-0320804384100080/p0000010.htm/.

YÚDICE, George (2003). *The expediency of culture: uses of culture in the global era.* Durham (Carolina del Norte): Duke University Press.

Z

ZAMORA, Emilio, OROZCO, Cynthia y ROCHA, Rodolfo (2000). *Mexican Americans in Texas History.* Austin (Texas): Texas State Historical Association.

ZAMORA, Juan (1975). 'Morfología bilingüe: la asignación de género a los préstamos', en *The Bilingual Review/La Revista Bilingüe,* 2, pp. 239-247.

ZAMORA, Margarita (1987). 'Historicity and Literariness: Problems in the Literary Criticism of Spanish American Colonial Texts', en *Modern Language Quarterly,* 102 (2), pp. 334-346.

ZENTELLA, Ana Celia (1987). 'Linguistc Security/Insecurity among New York's latinos', comunicación persentada en el *Symposium on Spanish and Portuguese Bilingualism.* Bolder (Colorado): University of Colorado.

— (1990a). 'Lexical leveling in four New York City Spanish dialects: Linguistics and social factors', en *Hispania,* 73, pp. 1.094-1.105.

— (1990b). 'Returned migration, language, and identity: Puerto Rican bilinguals in dos worlds/two mundos', en *International Journal of Sociology of Language,* 84, pp. 81-100.

— (1997a). 'Spanish in New York', en Ofelia García y Joshua A. Fishman (eds.), *The Multilingual Apple: Languages in New York City.* Berlín: Mouton-de Gruyter, pp. 3-50.

— (1997b). *Growing up bilingual: Puerto Rican children in New York*. Malden (Massachusetts): Blackwell Publishers.

— (2003). 'Recuerdos de una nuyorican', en *Ínsula*, 679-680, pp. 37-40.

ZEVALLOS, Ulises Juan (2004). 'Desplazamiento y transnacionalismo en la construcción de una identidad cultural andina en los EE. UU.', en *Perspectivas latinoamericanas*, 1, pp. 158-173.

ZUBILLAGA, Félix (1941). *La Florida: la misión jesuítica (1566-1572) y la colonización española*. Roma: Institutum Historicum Societatis Iesu.

ZÚÑIGA, Ángel (1948). *Una historia del cine*. Barcelona: Destino.

SOBRE LOS AUTORES

José Abreu Felippe

Nació en La Habana, en 1947. Se exilió en 1983. Vivió unos años en Madrid y en la actualidad reside en Miami. Es poeta, narrador y dramaturgo. Ha publicado tres volúmenes de poesía: *Orestes de noche* (1985), *Cantos y elegías* (1992) y *El tiempo afuera* (Premio Internacional de Poesía Gastón Baquero 2000). Como dramaturgo ha dado a conocer *Amar así* (1988), *Teatro* (1998), que reúne cinco piezas, y *Rehenes* (2003). Sus novelas *Siempre la lluvia* (finalista en el concurso Letras de Oro, 1993), *Sabanalamar* (2002) y *Dile adiós a la Virgen* (2003) forman parte de la pentalogía *El olvido y la calma,* que incluye además *Barrio azul* y *El instante.*

Elio Alba Buffill

Profesor emérito de City University of New York, Kingsborough C. College; secretario ejecutivo nacional del Círculo de Cultura Panamericano y editor de *Círculo: Revista de Cultura.* Es doctor en Derecho por la Universidad de La Habana, y tiene una maestría de Rutgers University (Nueva Jersey) y otro doctorado por New York University, ambos en literaturas hispánicas. En Cuba fue profesor de la Universidad de la Salle y en 1980 y 1984 fue profesor invitado de la Universidad Católica del Uruguay. Ha publicado, entre otras obras: *Enrique José Varona: Crítica y creación literaria; Los estudios cervantinos de Varona; El ensayo en Hispanoamérica; Conciencia y quimera; Enrique Labrador Ruiz. Precursor marginado; Cubanos de dos siglos. Ensayistas y críticos; Estudios sobre letras hispánicas,* y *Vigencia y trascendencia de 'Ariel' de José Enrique Rodó.* Ha colaborado en colecciones de estudios hispánicos, en memorias de congresos profesionales, en reconocidas revistas literarias y diccionarios bio-

bibliográficos. Pertenece al PEN de Escritores Cubanos en el Exilio y a la Academia Norteamericana de la Lengua Española.

Orlando Alba

Conocido lingüista dominicano, es catedrático de Lingüística Hispánica en el Departamento de Español y Portugués, de Brigham Young University. Entre los libros que ha publicado se cuentan los siguientes: *Lengua y béisbol en la República Dominicana* (Santo Domingo, 2006); *Cómo hablamos los dominicanos* (Santo Domingo, 2004); *Manual de fonética hispánica* (Río Piedras, 2001); *Nuevos aspectos del español en Santo Domingo* (Santo Domingo, 2000); *Vocabulario básico del español* (Río Piedras, 1997); *El español dominicano dentro del contexto americano* (Santo Domingo, 1995); *El léxico disponible de la República Dominicana* (Santiago, 1995); *Variación fonética y diversidad social en el español dominicano de Santiago* (Santiago, 1990), y *Estudios sobre el español dominicano* (Santiago, 1990). En 1989, ingresó como miembro de número a la Academia de Ciencias de la República Dominicana. Formó parte de la Comisión Directiva de la Asociación de Lingüística y Filología de América Latina (ALFAL), como tesorero, para el período 1999-2005. En 2005 fue elegido como miembro correspondiente de la Academia Dominicana de la Lengua.

Luis Alberto Ambroggio

Es miembro correspondiente de la Academia Norteamericana de la Lengua Española, de PEN y de Academy of American Poets y director en Washington de la Academia Iberoamericana de Poesía. Poeta, ensayista y crítico con nueve poemarios publicados, entre ellos: *El Testigo se desnuda* (Madrid, 2002) y *Laberintos de Humo* (Buenos Aires, 2005), y la antología bilingüe *Difficult beauty*, integrante de antologías poéticas de los Estados Unidos (*Cool Salsa, DC Poets Against the War*), Hispanoamérica y España (*Nueva Poesía Hispanoamericana, Muestra de la poesía del siglo XXI* y otras), suplementos culturales y revistas. Su poesía aparece en textos de literatura (*Pasajes* y *Bridges to Literature*), traducidos a varios idiomas y grabados en los Archivos de Literatura Hispana de la Biblioteca del Congreso de los Estados Unidos.

Mario Andino López

Nació en Chile y se radicó en la zona de Chicago, en 1961. Cursó sus estudios en la Universidad de Roosevelt, en Chicago, y obtuvo el doctorado en la Universidad de Chicago, bajo la dirección de Juan Corominas y Francisco Ayala. Es miembro correspondiente de la Academia Norteamericana de la Lengua Española. Las obras de Mario Andino —ocho novelas, dos antologías poéticas, etc.— han sido publicadas en España, México, Chile, Argentina y Perú, además de en los Estados Unidos. Inauguró la transmisión en español de Radio Pública y participó en programas televisivos y educativos para el área del medio oeste de los Estados Unidos. Reside en Arlington Heights (Illinois), como profesor emérito y se dedica a escribir literatura de ficción.

Joaquín Badajoz

Miembro correspondiente de la Academia Norteamericana de la Lengua Española (ANLE). Es coordinador adjunto de información del gabinete de prensa de la ANLE, miembro del consejo editorial de *Glosas*, de la ANLE, y miembro del consejo editorial de *Cuadernos de ALDEEU* (Asociación de Licenciados y Doctores Españoles en los Estados Unidos). Ha publicado los ensayos: *Excursión de Thor a Utgard* (La Habana, 1996); 'Reinaldo Arenas a las puertas del delirio', en *Locura y éxtasis en las letras y artes hispánicas* (Nueva York, marzo de 2000); 'Exilio y Nacionalidad. La nación y la emigración en la encrucijada de los estados postnacionales', en *En el centenario de la República de Cuba* (Miami, 2004); 'La sobrevida: Sonetos de la Muerte de Odón Betanzos', en *Odón Betanzos Palacios o la integridad del árbol herido* (Nueva York, 2004); *España Regurgitada (una lección de antehistoria, un artista cubanoamericano del spanglish y una aventura neosurrealista en la ciudad sitiada)*, e 'Hispanos en los Estados Unidos: tercer pilar de la hispanidad' (Nueva York, 2004), entre otros. Ha publicado

reseñas, poesía y narrativa en varias revistas y antologías de Cuba, España, los Estados Unidos, Francia y México. Es editor ejecutivo de la revista *Cosmopolitan en español*. Reside en Miami.

Jesús J. Barquet

Nace en La Habana en 1953 y llega a los Estados Unidos en 1980. Es autor de los poemarios: *Sin decir el mar* (1981), *Sagradas herejías* (1985), *Un no rompido sueño* (1994, Segundo Premio de Poesía Chicano-Latina en los Estados Unidos, 1993), *El libro del desterrado* (1994), *Naufragios (Shipwrecks)* (1998-2001) y *Sin fecha de extinción* (2005), entre otros. Como crítico literario cuenta con *Consagración de La Habana* (Premio Letras de Oro, 1990-1991), *Escrituras poéticas de una nación* (Premio Lourdes Casal de Crítica Literaria, 1998) y *Teatro y Revolución Cubana: subversión y utopía en 'Los siete contra Tebas'*, de Antón Arrufat (2002). Coeditor de las antologías *Más allá de la isla* (1995), *The Island Odyssey* (2002) y *Poesía cubana del siglo XX* (2002), así como de la compilación de testimonios *Haz de incitaciones* (2003). Desde 1991 es profesor de Literaturas Hispánicas en la Universidad Estatal de Nuevo México, en la ciudad de Las Cruces.

Emilio Bernal Labrada

Nacido en Cuba y radicado en los Estados Unidos desde 1956, se educó en la Universidad de La Habana, en Southwood College (Carolina del Norte) y en Southeastern University, en Washington D.C. Hizo carrera durante tres decenios en la Organización de Estados Americanos como traductor, revisor, intérprete y corrector de estilo (en inglés y en español). Posee, además, amplios conocimientos de francés y portugués. Especializado en el análisis y rectificación de anglicismos, ha publicado monografías en los boletines de las academias norteamericana y colombiana, entre otras publicaciones. Es autor de *La prensa liebre o los crímenes del idioma* (Universal), que reúne artículos y ensayos de su columna periodística, 'Nuestro idioma de cada día', y figura en *Antología de El Trujamán* (Instituto Cervantes). Hizo la revisión, prólogo y edición de *Emilia Bernal: su vida y su obra* (Universal), así como de *Árboles genealógicos de la Cuba española* (Verbum). Ha publicado innumerables ensayos, reseñas de libros, poesías, entrevistas y ponencias sobre temas literarios, lingüísticos y culturales, tanto en inglés como en español. Es autor de novelas y cuentos en uno y otro idioma, traductor de poesía y conferenciante sobre traducción e interpretación. Es miembro de número de la Academia Norteamericana y correspondiente de la Real Academia Española.

Carmen Caffarel Serra

Nacida en Barcelona, es catedrática de Comunicación Audiovisual y Publicidad de la Facultad de Ciencias de la Comunicación de la Universidad Rey Juan Carlos (Madrid). Fue directora general de Radio Televisión Española (RTVE) desde abril de 2004 hasta el 15 de enero de 2007 y es, desde julio de 2007, directora del Instituto Cervantes. Doctora cum laude en Lingüística Hispánica (Sección Filología Hispánica) por la Facultad de Filosofía y Letras de la Universidad Complutense de Madrid, en cuya Facultad de Ciencias de la Comunicación ha sido profesora titular de Teoría de la Comunicación y Métodos de Investigación. Ha sido vicedecana de Alumnos, Comunicación Interna y Relaciones Internacionales de la Facultad de Ciencias de la Información de la Universidad Complutense (1994-1998) y vicerrectora adjunta de Alumnos y Relaciones Internacionales de la Universidad Rey Juan Carlos (2002-2002). En 2003 fue elegida directora del Departamento de Ciencias de la Comunicación de la Universidad Rey Juan Carlos. Hasta su incorporación a la dirección del Instituto Cervantes, desempeñaba su actividad docente e investigadora como catedrática de la Universidad Rey Juan Carlos. Es coautora de diversas publicaciones sobre Lengua Española, y ha publicado en revistas especializadas numerosos artículos relacionados principalmente con la comunicación, los medios informativos y la televisión.

Raquel Chang-Rodríguez

Doctor Philosophiae por New York University, es distinguished professor de Literatura y Cultura Hispánicas en el Graduate Center y el City College de City University of New York (CUNY). En 1992 fundó la Colonial Latin American Review, revista dedicada al estudio de la época virreinal desde una perspectiva interdisciplinaria. Coordinó la colección de ensayos Franqueando fronteras: Garcilaso de la Vega y 'La Florida del Inca' (PUCP, 2006)/Beyond Books and Borders: Garcilaso de la Vega and 'La Florida del Inca' (Bucknell University Press, 2006), que apareció simultáneamente en español en el Perú y en inglés en los Estados Unidos. Entre sus publicaciones recientes sobresale 'La palabra y la pluma', en Primer nueva corónica y buen gobierno (PUCP, 2005). Fue becaria de National Endowment for the Humanities (NEH); es honorary associate de Hispanic Society of America y profesora honoraria de la Universidad Nacional Mayor de San Marcos.

Olga Connor

Profesora, escritora y periodista independiente, Olga Connor es doctorada en Lenguas Romances por la Universidad de Pensilvania, Filadelfia (1980). Autora del libro de cuentos Palabras de mujer/Parables of Women (2006), escribe para El Nuevo Herald y revistas hispanas, como Vista Magazine, y antes Cristina la Revista, Selecta, Cosmopolitan y Vanidades, y especializadas, como la de Ballet Pointe. Ha producido más de mil artículos periodísticos y académicos sobre arte, reportajes, como la visita del Papa a Cuba en 1998, y entrevistas a poetas, como las de Octavio Paz, Gonzalo Rojas y Yevgeny Yevtushenko, y con escritores y artistas de reconocida fama, como la española Almudena Grandes, el británico Hugh Thomas, la brasileña Gloria Pérez (autora de la telenovela El Clon) y el ex presidente Bill Clinton. Ha sido directora de la sección de artes en El Nuevo Herald, directora de Aboard Magazine y profesora de Swarthmore College, la Universidad de Pensilvania, Dickinson College, la Universidad de Miami y la Universidad Internacional de la Florida.

Mercedes Cortázar

Nació en La Habana, en 1940. Fue asesora poética de la editorial Farrar, Straus & Giroux, en Nueva York, para la traducción al inglés de la novela Paradiso, de José Lezama Lima y ganadora de la Beca Cintas de literatura. Ha publicado poemas, relatos, artículos, ensayos y crítica literaria en español, inglés y francés, principalmente en revistas y periódicos literarios de España, los Estados Unidos, Francia e Hispanoamérica. Ha publicado libros de poesía en español y francés y ha sido incluida en varias antologías de la poesía cubana. Entre sus publicaciones destacan: Deux poèmes de Mercedes Cortázar (Nueva York, 1965) y La Afrodita de Cnido (Nueva Orleans, 1991). Actualmente prepara para publicación una antología de sus poemas, Orbe Terrestre, y una novela sin título todavía. Reside en Miami y es directora del portal de literatura y cultura Expoescritores (http://www.expoescritores.com/).

Jorge Ignacio Covarrubias

Periodista, escritor, traductor, disertante y miembro correspondiente de la Academia Norteamericana de la Lengua Española. Licenciado en Letras Hispánicas (Masters in Hispanic Language and Literature) en la Universidad del Estado de Nueva York. Es autor del Manual de Técnicas de Redacción Periodística de Associated Press, del libro de cuentos Convergencias y de dos audiolibros:

Cuentos Insólitos e *Inmigración y ciudadanía en Estados Unidos.* Ha dictado conferencias sobre lingüística, literatura y periodismo, además de cursos de periodismo y traducción, en Argentina, Colombia, Venezuela, Puerto Rico, El Salvador, Honduras, Nicaragua, Panamá, los Estados Unidos, España y la República Checa. Ganó cuatro premios de ensayo, tres de cuento y tres de poesía, incluyendo cuatro primeros premios, además de dos de periodismo y la medalla de plata como *homme de lettres* de la Academia Artes-Ciencias-Letras de París. Como periodista es editor desde hace 36 años en el Departamento Latinoamericano de Associated Press en Nueva York, para la cual ha tenido 36 asignaciones a 27 países. Ha sido jefe de redacción de *Canales*, *copyeditor* de la revista *La Familia de Hoy*, colaborador de publicaciones en los Estados Unidos, México y Argentina, profesor de español y traductor de más de veinte organizaciones, entre ellas *The New York Times*.

Uva de Aragón

Cubana de nacimiento, reside en los Estados Unidos desde 1959. Es graduada de la Universidad de Miami en la Florida, donde obtuvo un doctorado en Literatura Española y Latinoamericana. Se desempeña como directora adjunta del Instituto de Investigaciones Cubanas de la Universidad Internacional de la Florida (FIU), donde también es profesora. Ha publicado los poemarios *Versos de exilio* (1975), *Entresemáforos (poemas escritos en ruta)* (1980), *Tus ojos y yo* (1985), *Los nombres del amor* (1996), así como los libros de relatos *Eternidad* (1972), *Ni verdad ni mentira y otros cuentos* (1976), *No puedo más y otros cuentos* (1989), los ensayos *El caimán ante el espejo. Un ensayo de interpretación de lo cubano* (1993) y *Alfonso Hernández-Catá. Un escritor cubano, salmantino y universal* (1996), la novela *Memoria del silencio* (2002) y la colección de artículos *Morir de exilio* (2006). Ha cultivado extensamente el periodismo y colaborado en importantes revistas literarias y académicas. Sus cuentos, poesías y una obra de teatro aparecen en diversas antologías, en español o en traducción al inglés. Ha recibido premios literarios en Europa, Hispanoamérica y los Estados Unidos.

Leonel Antonio de la Cuesta

Nació en Pinar del Río (Cuba) y en la actualidad reside en Miami. Hizo estudios doctorales en Derecho (Universidad Católica de Cuba), Ciencias Políticas y Derecho Público (La Sorbona, Francia), y Literatura y Lingüística (The Johns Hopkins University, Estados Unidos). Ha ejercido la docencia universitaria durante más de cuarenta años en este último país y pronunciado conferencias y discursos en los Estados Unidos, Europa e Hispanoamérica. Cuenta en su haber como autor, editor o traductor con 18 libros publicados, así como numerosos artículos. Entre sus trabajos destacan sendos libros sobre la novela de Benito Pérez Galdós: *El Audaz. Análisis integral* (1973) y una *Edición crítica* (1975); el fundamental *Constituciones cubanas, desde 1812 hasta nuestros días* (1974), al que siguen otras ediciones corregidas y aumentadas en 2007; la monografía *Martí, traductor* (1996), y *Nociones fundamentales de traductología* (2003).

Luis de la Paz

Nació en La Habana, en 1956. Sale de Cuba en 1980 durante el éxodo del Mariel y se establece en Miami. Formó parte del consejo de redacción de la revista *Mariel* (1983-1985). Codirigió la revista electrónica *Nexos* (1998-2001). En la actualidad es editor de la revista cibernética *El Ateje* (http://www.elateje.com/). En 2000 recibió el Premio Museo Cubano de Ensayo por *Dulce María Loynaz, la vida es siempre un viaje*. Ha publicado los libros de relatos *Un verano incesante* (1996) y *El otro lado* (1999), así como *Reinaldo Arenas, aunque anochezca, textos y documentos* (2001). Además, escribe para *Diario Las Américas* y su suplemento cultural *La Revista del Diario*. Es miembro fundador del Pen Club de Escritores Cubanos en el Exilio y forma parte de su junta directiva y del Instituto Cultural René Ariza.

Carlos Domínguez

Formado en la Universidad Complutense de Madrid, ha sido lector en la Universidad de Papua, donde trabajó en la Cátedra de Margarita Morreale, y ha colaborado con la Universidad de Ausburgo (Departamento de Lengua Española) en el *Nuevo diccionario de americanismos*, dirigido por Günther Haensch y Reinhold Werner. Ingresó en el Seminario de Lexicografía de la Real Academia Española en el año 1990. Desde entonces colaboró en el antiguo *Diccionario histórico* a las órdenes de Manuel Seco y también en la preparación de materiales para la redacción de un *Nuevo diccionario histórico,* desde la elaboración de los antiguos materiales de la Real Academia Española hasta la compilación del Corpus Diacrónico del Español (CORDE). En la actualidad es coordinador del Centro de Estudios de la Real Academia Española y responsable del Corpus del Diccionario Histórico (CDH), base del *Nuevo diccionario histórico* que prepara la Academia bajo la dirección de José Antonio Pascual. Ha elaborado para la Real Academia Española el glosario y la anotación de las ediciones conmemorativas del *Quijote* (2004) y *Cien años de soledad* (2007), y fuera de ella ha colaborado con Manuel Seco en el *Diccionario del español actual* y en el *Diccionario fraseológico del español*.

Roberto Fandiño

Nació en 1929 en Matanzas (Cuba) y cursó estudios de Filosofía y Letras en la Universidad de La Habana. Desde muy joven se desenvolvió como escenógrafo y director de teatro y llevó a escena obras de José Antonio Ramos y André Gide, entre otros autores. De 1954 a 1965 fue profesor de Historia del Arte en la Academia de Arte Dramático de La Habana. En 1960 comienza a trabajar como director de documentales en el Instituto Cubano de Arte e Industria Cinematográficos (ICAIC). Más tarde pasa a realizar largometrajes y dirige *El bautizo* (1966). En 1967 recibe una beca para estudiar Estética en la Universidad de Roma y al año siguiente se establece en Madrid. En España se hace editor de películas y realiza los largometrajes *La espuela* (1976) y *María la santa* (1978). Ha dirigido también series y programas para la televisión y ejercido la crítica de cine.

Daniel R. Fernández

Es profesor, investigador y crítico literario. Nació en la ciudad de Los Ángeles (California) y se crió en México y en los Estados Unidos. Comenzó sus estudios superiores en la Universidad de California, en Los Ángeles (UCLA), universidad de la cual egresa con una licenciatura en Lengua Española y Letras Hispánicas. Algunos años más tarde se doctora por la Universidad de Columbia (Nueva York). Actualmente es profesor de Literatura Mexicana e Hispanoamericana en la Universidad de la Ciudad de Nueva York (CUNY), recinto Lehman College. Es miembro correspondiente de la Academia Norteamericana de la Lengua Española (ANLE), en la cual desempeña labores dentro de la Comisión de Educación y la Comisión de Traducciones. Sus artículos y reseñas han aparecido en *Revista Hispánica Moderna*, *Ventana Abierta* y *Revista Literaria Baquiana*. Su libro *Deseo y engaño en la narrativa de la frontera mexicana* saldrá a la luz próximamente.

Marisa Franco Steeves

Profesora de literatura y humanidades de la Facultad de Estudios Generales del Recinto de Río Piedras de la Universidad de Puerto Rico y coordinadora del Seminario de Estudios Contemporáneos de dicha institución. Recibió

su doctorado del Graduate Center de CUNY en 2002 con el estudio sobre la narrativa española del exilio titulado 'La razón autobiográfica en *Habitación para hombre solo* de Segundo Serrano Poncela', próximo a publicarse. Su más reciente estudio sobre una artista puertorriqueña, 'El gesto vanguardista de un *cuerpo* pensante: la danza experimental de Viveca Vázquez', figura en el libro *Las vanguardias puertorriqueñas* (Universidad de Puerto Rico, 2008). En la actualidad escribe un prólogo para la reedición del número monográfico de la *Revista La Torre* dedicado a José Ortega y Gasset (1956) en conmemoración del centenario del natalicio de Jaime Benítez.

Víctor Fuentes

Profesor emérito de la Universidad de California, en Santa Bárbara y miembro correspondiente de la Academia Norteamericana de Lengua Española. Nacido en Madrid, se exilió de la España franquista en 1954. En 1965 se doctoró en Lenguas y Literaturas Románicas en New York University. Desde entonces enseñó en la citada Universidad de California, siendo, a partir de 1980, catedrático de Literatura Española, siglos XIX y XX. Ha publicado numerosísimos ensayos en sus distintas áreas de especialización y catorce libros, entre ellos: *Benjamín Jarnés: Biografía y metaficción*; *El cántico material y espiritual de César Vallejo*; *Buñuel, cine y literatura* (Premio Letras de Oro, 1988); *La mirada de Buñuel. Cine, literatura y vida*, y *La marcha al pueblo en las letras españolas* (2.ª ed., 2005). Es coeditor de la revista *Ventana Abierta*, y, bajo el heterónimo Floreal Hernández, autor de la novela *Morir en Isla Vista*.

Ofelia García

Es profesora de la Universidad de Columbia, Teachers College, en el Departamento de Estudios Internacionales y Transculturales, donde coordina el Programa de Educación Bilingüe. García ha sido decana de la Escuela de Educación de Long Island University y profesora de Educación Bilingüe en City College of New York. Es coeditora de *Spanish in Context* y autora de numerosas publicaciones sobre educación bilingüe, enseñanza de segundas lenguas y sociología de la lengua. Sus publicaciones recientes incluyen: *Imagining Multilingual Schools* (con Tove Skutnabb-Kangas y María Torres-Guzmán), *Bilingual Education: An introductory reader* (con Colin Baker) y *Language Loyalty, Continuity and Change: Joshua Fishman's Contributions to International Sociolinguistics* (con Rakhmiel Peltz y Harold Schiffman). También es la autora de *The Multilingual Apple: Languages in New York*

City (con Joshua Fishman), *Policy and Practice in Bilingual Education* (con Colin Baker), y *English Across Cultures: Cultures Across English, A Reader in Cross-Cultural Communication* (con Ricardo Otheguy). Es becaria del Instituto para Estudios Avanzados (STIAS) de Sudáfrica, y ha sido becaria de la Fulbright y de la Academia Nacional de Educación de los Estados Unidos.

Alberto Gómez Font

Filólogo. Coordinador general de la Fundación del Español Urgente (Fundéu). Trabajó como corrector de estilo en el Departamento de Español Urgente de la Agencia EFE (Madrid) desde su fundación, en 1980, hasta su transformación en la Fundéu, en 2005. Profesor, desde 1990, en los cursos de modernización del lenguaje administrativo organizados por el Ministerio de las Administraciones Públicas (MAP) de España. Profesor, desde 2001, en las maestrías de 'Periodismo de Agencia' organizadas por la Agencia Efe. Profesor desde 2000 en las asambleas anuales de National Association of Hispanic Journalists, en los Estados Unidos. Profesor invitado de la Universidad Pompeu Fabra y de la Universidad de Miami. Profesor y conferenciante en universidades de Hispanoamérica y los Estados Unidos. Coordinador del Consejo Asesor de Estilo de la Agencia Efe. Autor de varias obras, entre las que se encuentran *Vademécum de Español Urgente (I) y (II)* (Madrid, 1992, 1995). *Diccionario de Español Urgente* (Madrid, 2000) y *Donde dice... Debiera decir* (Gijón y Buenos Aires, 2006). Coautor de numerosos trabajos y colaborador, entre otras obras, en el *Diccionario panhispánico de dudas* (Madrid, 2005).

Domingo Gómez

Nacido en La Habana (Cuba), llegó a los Estados Unidos en 1961. Cursó estudios de Secundaria Básica y College en la Florida y en Nueva York, y de Medicina en la Universidad Complutense en Madrid. Certificado en Medicina Familiar en la Universidad de Miami y en Cuidados Paliativos y de Hospicio en la Universidad de McGill en Canadá. Fundador del primer hospicio para pacientes terminales de Miami. Ejerce medicina familiar con la comunidad hispanohablante del sur de la Florida. Ha escrito varios artículos y colaborado en un libro de cuidados paliativos. Es un activo promotor de la medicina preventiva entre hispanos en los Estados Unidos.

Marlene Gottlieb

Es catedrática de Lengua Española y Literaturas Hispánicas en Lehman College y Graduate Center de City University of New York (CUNY). Es especialista en poesía hispanoamericana contemporánea y ha escrito extensamente sobre la poesía de Nicanor Parra y Pablo Neruda. Es autora de *No se termina nunca de nacer: la poesía de Nicanor Parra* (Madrid, 1977), *Nicanor Parra: Antes y Después de Jesucristo. Antología crítica* (Princeton, 1993) y *Pablo Neruda and Nicanor Parra Face To Face* (Lewiston/Queenston/Lampeter, 1997). También ha publicado numerosos artículos sobre la poesía de Pablo Neruda, César Vallejo, Nicanor Parra, Heberto Padilla, Enrique Lihn, Ernesto Cardenal y Pedro Mir.

Franklin Gutiérrez

Ensayista, investigador literario, narrador, poeta y educador dominicano. Licenciado en Educación y Letras por la Universidad Autónoma de Santo Domingo y doctorado en Literatura Hispanoamericana y Caribeña de la Universidad de la Ciudad de Nueva York. Es miembro de la Asociación Dominicana de Críticos Literarios de la República Dominicana, del Consejo de Educadores Dominicanos, de la Asociación de Estudios Dominicanos y de la Asociación Norteamericana de Lenguas Modernas. Sus investigaciones literarias, ensayos críticos, cuentos y poemas han aparecido en suplementos, revistas y antologías literarias dominicanas y extranjeras. Es profesor de lengua española y literatura hispanoamericana en el Departamento de Lenguas Extranjeras de la Universidad de la Ciudad de Nueva York (York College). En 2000 su libro *Enriquillo: radiografía de un héroe galvaniano* obtuvo el Premio Nacional de Ensayo otorgado por la Secretaría de Estado de Educación y Cultura de la República Dominicana. Sus aportes a la cultura y la literatura dominicana fueron reconocidos, en 2005, con el más alto honor que concede el Gobierno dominicano a los ciudadanos notables del país: la Orden de Duarte Sánchez y Mella, en el grado de comendador.

Clara Eugenia Hernández Cabrera

Es profesora titular de la Universidad de Las Palmas de Gran Canaria, donde dirige el programa de doctorado de Lengua Española y Lingüística General. En el primer semestre del curso 2005-2006 impartió clases como profesora invitada en la Universidad de Texas en San Antonio. Sus trabajos de investigación se centran en algunos aspectos lingüísticos de la obra de Pérez Galdós, en la dialectología del español de Canarias y en la lingüística aplicada a la enseñanza de la lengua. En el primer campo ha publicado los libros: *El abuelo (novela en cinco jornadas) de Benito Pérez Galdós. Estudio del proceso de creación y edición crítica* y *Voces canarias recopiladas por Galdós*. En cuanto a los estudios dialectológicos, ha participado activamente en la elaboración del *Léxico del habla culta de Las Palmas de Gran Canaria* y en la edición del *Macrocorpus de la norma lingüística culta de las principales ciudades del mundo hispánico*. Destacan en el tercer apartado el libro *Producción y comprensión de textos* y los fascículos sobre el español de Canarias dirigidos a los alumnos de educación secundaria. Además de los libros citados, ha publicado varias decenas de artículos sobre estos temas que constituyen el objeto de su investigación.

Eduardo Lago

Es español (1954) y reside en Nueva York desde 1987. Licenciado en Filosofía Pura por la Universidad Autónoma de Madrid y doctor en Literatura Española por The Graduate School and University Center de City University of New York, donde se graduó con una tesis doctoral titulada *Agudeza y arte de ingenio: un arte del concepto*. Catedrático de Literaturas Hispánicas en Sarah Lawrence College (Nueva York) con plaza en propiedad desde 1993, su especialidad docente son las relaciones entre la literatura española, hispanoamericana e hispana de los Estados Unidos (tanto en inglés como en español). Traductor de una veintena de títulos de literatura angloamericana que incluye poetas y novelistas, entre ellos obras mayores de Sylvia Plath, John Barth, Henry James, William Dean Howells, Hamlin Garland y Charles Brocken-Brown. Autor de numerosos artículos y monografías, ha publicado entrevistas con algunos de los autores norteamericanos más importantes, como Don DeLillo, Philip Roth, Toni Morrison, Tobias Wolff, John Ashbery, John Barth. E. L. Doctorow, William Maxwell y Paul Auster. Autor de *Cuaderno de Méjico* (Prames, 2000) y *Cuentos dispersos* (Turner, 2000). Su primera novela, *Llámame Brooklyn* (Destino, 2006), obtuvo el Premio Nadal y los premios Ciudad de Barcelona, Fundación Lara de la Crítica y Premio Nacional de la Crítica 2007. Desde septiembre de 2006 es director del Instituto Cervantes de Nueva York.

Humberto López Morales

Doctor en Filología Románica por la Universidad Complutense de Madrid, ha sido profesor de las universidades de New Hampshire, Texas at Austin, Rice (Houston) y de la Universidad de Puerto Rico, donde dirigió su Instituto de Lingüística. Ha sido, además, profesor visitante en una veintena de universidades europeas (Grö-

ningen, Gotenborg, Lovaina, Turku, Salamanca, Las Palmas, etc.) y americanas (Instituto Caro y Cuervo, Nacional Autónoma de México, Universidad de Chile, Pontificia Universidad Católica Madre y Maestra, Central de Venezuela, etc.). Ha sido nombrado doctor honoris causa por las universidades de Valladolid, Alicante, Alcalá, Salamanca, Las Palmas de Gran Canaria, Sevilla y Lleida, en España, y en América, por la de Costa Rica y la Mayor de San Marcos de Lima. Ha publicado unos cincuenta libros sobre sociolingüística, dialectología, lingüística aplicada, teoría lingüística y metodología de la investigación lingüística, y es autor de más de 200 artículos de su especialidad. Dirige la *Revista de Historia de la Lengua Española* y es miembro de la comisión editorial de importantes revistas especializadas de Europa y América. Actualmente se desempeña como secretario general de la Asociación de Academias de la Lengua Española.

Andrew Lynch

Doctorado en Lingüística Hispánica, es profesor de Sociolingüística y Lengua Española en la Universidad de Miami (Florida), donde también dirige el programa de estudios de lengua española para estudiantes de herencia hispana. Sus investigaciones, publicadas en revistas como *Hispania, Lingüística Española Actual, Heritage Language Journal, Foreign Language Annals* y *Revista Internacional de Lingüística Iberoamericana* (de próxima aparición), se enfocan en temas de bilingüismo español-inglés, variación del español en Miami y adquisición y uso del español entre hispanohablantes nacidos en los Estados Unidos y entre aprendices del español como segunda lengua. Es coautor del libro *El español en contacto con otras lenguas*, de próxima aparición en Georgetown University Press. Imparte cursos especializados sobre bilingüismo, traducción y variación lingüística.

Patricia MacGregor-Mendoza

Patricia MacGregor-Mendoza recibió su doctorado de la Universidad de Illinois, en Urbana-Champaign. Es profesora asociada de la Universidad Estatal de Nuevo México, donde imparte cursos de Lingüística y Español. Sus intereses académicos incluyen las actitudes y el uso de lengua en comunidades bilingües, la represión lingüística y la educación de minorías lingüísticas. Entre sus publicaciones se encuentran: *Spanish and Academic Achievement among Midwest Mexican Youth: The Myth of the Barrier* (Garland Publishing); *The fate of Spanish in the era of 'No Child Left Behind'* (Proceedings of the International Academy of Linguistics, Behavioral and Social Sciences 2007 Annual Meeting); 'Bilingualism: Myths and Realities', en *Language in the schools: Integrating linguistic knowledge into K-12 teaching*; *Aquí no se habla español: Stories of linguistic repression in Southwest schools* (Bilingual Research Journal); 'El desplazamiento intergeneracional del español en los Estados Unidos: una aproximación en *Contactos y contextos lingüísticos: el español en los Estados Unidos y en contacto con otras lenguas*, y 'The Criminalization of Spanish in the United States', en *Language Legislation and Linguistic Rights*.

Francisco A. Marcos Marín

Doctor en Filosofía y Letras por la Universidad Complutense de Madrid (1969). Profesor de Spanish Linguistics en University of Texas at San Antonio (2004). Ha sido *professore ordinario per chiara fama* de la Università degli Studi di Roma La Sapienza y catedrático de Lingüística General de la Universidad Autónoma de Madrid. Premio Humboldt de Investigación (2004). Miembro correspondiente de la Academia Norteamericana de la Lengua Española (2001). Miembro correspondiente de la Academia Argentina de Letras (2002). Director académico del Instituto Cervantes (1999-2001), cargo que ejerce nuevamente desde junio de 2008. Director del área de Industrias de la Lengua de la Sociedad Estatal para la Ejecución de los Programas del Quinto Centenario (1990-1992). Consultor de la UNESCO en Pekín (China, 1981). Miembro titular ad honórem del Instituto Hispano-árabe de Cultura. Miembro honorario de la Asociación Marroquí de Literatura Comparada. *Honorary Citizen* de San Antonio (Texas). Autor de más de veinticinco libros impresos y más de trescientos artículos y recensiones críticas (http://www.campusred.net/uniroma1/FMM.html/).

Maricel Mayor Marsán

Nació en Santiago de Cuba. Poeta, narradora, dramaturga, crítica literaria, editora y profesora. Reside en los Estados Unidos desde 1972. Entre sus publicaciones más recientes se encuentran: *Errores y Horrores/Sinopsis histórica poética del siglo XX* (2000; 2.ª ed., 2001), *Gravitaciones Teatrales* (2002), *En el tiempo de los adioses* (2003), *Español o Espanglish ¿Cuál es el futuro de nuestra lengua en los EE. UU.?* (1.ª edición, 2005; 2.ª edición, 2006), *Poemas desde Church Street/Poems from Church Street* (2006) y *José Lezama Lima y la mitificación barroca* (2007). Su obra ha sido traducida parcialmente al chino, inglés e italiano. Es directora de redacción de la *Revista Literaria Baquiana*. La prestigiosa editorial Holt, Rinehart and Winston de los Es-

tados Unidos ha incluido su poesía en la colección de libros de texto *Exprésate* (2006, 2007), que está siendo utilizada para el estudio del español en las escuelas de educación secundaria de la nación norteamericana.

Elinet Medina

Escritora e ingeniera civil. Desde pequeña hasta los 16 años estudia música y se gradúa de los conservatorios Alejandro García Caturla y Amadeo Roldán, en la ciudad de La Habana. En 1978 entra al Instituto Superior Politécnico José Antonio Echevarría de la misma ciudad, y en 1982 obtiene el título de ingeniera civil. En 1987 viaja a España y más tarde, en 1988, a los Estados Unidos. Se radica en la ciudad de Miami, donde comienza a trabajar en la Editorial América (hoy Editorial Televisa) y en la revista de tecnología *PC Magazine*. En la actualidad forma parte del equipo de *PC World*, revista de la misma especialidad, en su edición en español para Hispano-américa. En la misma se desempeña como directora editorial. Ha participado en eventos internacionales en Grecia, Londres, Taiwán, Nueva York, Canadá, etc., como especialista en el español en Internet aplicado a la tecnología de este medio de comunicación. Ha escrito varias monografías sobre el papel del idioma en la Red así como sobre el *espanglish* en los Estados Unidos.

Marcos Miranda

Dramaturgo, guionista, productor y director de teatro, radio y televisión. Tiene en su haber más de cuarenta años en la esfera de la cultura. Se inicia en el Teatro Universitario de La Habana y desarrolla una amplia labor como guionista y director en el Instituto Cubano de Radio y Televisión (ICRTV), donde se especializa en la adaptación de obras de teatro universal para ambos medios así como seriales y programas infantiles. En Madrid crea la compañía teatral Jóvenes Actores Españoles (JAE) junto a Norma Miranda, donde imparte clases y desarrolla talentos noveles. En los Estados Unidos produce, dirige y escribe televisión, radio y teatro. En México dirige la obra teatral *Entre Mujeres* para la empresa Televisa durante siete años. Ha escrito una decena de obras teatrales. En Puerto Rico produce la popular telenovela *Señora Tentación* y en el año 2003 gana el XVIII Premio de Teatro Radiofónico Margarita Xirgu de la Agencia Española de Cooperación Internacional y Radio Exterior de España. Es profesor de la Universidad de Miami, donde imparte cursos de locución, artes escénicas, guión y dirección de programas de televisión.

Norma Miranda

Socióloga, escritora, analista política y comentarista de programas de radio y televisión, especializada en temas económicos, cubanos y de política internacional. Cuenta con más de treinta años de experiencia relacionada con esas materias y con el quehacer artístico y cultural de Cuba. Estudia música en el conservatorio Alejandro García Caturla y sociología en la Universidad de la Habana, donde se gradúa en 1973. Se establece en Madrid en 1984, donde funda, junto a Marcos Miranda, el grupo teatral Jóvenes Actores Españoles. Ha escrito y dirigido varias obras teatrales, así como programas de radio y televisión. Trabaja como escritora en las cadenas hispanas de televisión Telemundo y Univisión y en la actualidad dirige el Departamento de Administración de Datos y Archivos de la OCB, de Radio y Televisión Martí, donde lleva a cabo y presenta programas de radio y televisión con entrevistas a personalidades de la política y la cultura y donde se analizan asuntos políticos y económicos relacionados con Cuba y el mundo.

Matías Montes Huidobro

Narrador, dramaturgo, poeta, ensayista y novelista cubano, profesor emérito de la Universidad de Hawái (1964-1997), ha sido también profesor invitado en la Universidad del Estado de Arizona y *cornell professor* en Swarthmore College. Ha producido extensamente novela, cuento y ensayo, y puesto en escena y editado numerosas obras de teatro. Como novelista recibió el Premio Café Gijón de 1997 por *Esa fuente de dolor*. Algunas de sus novelas son *Desterrados al fuego* (1975), *Concierto para sordos* (2001) y *Parto en el cosmos* (2002). Entre sus colecciones de cuentos la última ha sido *El hijo noveno* (2007). Su obra poética aparece reunida en *Nunca de mí te vas* (1997). Su obra ensayística cuenta con títulos como *XIX: Superficie y fondo del estilo* (1971), *Persona: vida y máscara en el teatro cubano* (1973), *Persona: vida y máscara en el teatro puertorriqueño* (1986), *El teatro cubano en el vórtice del compromiso* (2002), *El teatro cubano durante la República* (2003) y *La narrativa cubana entre la memoria y el olvido* (2004); es coautor, con Yara González Montes, de *José Antonio Ramos. Itinerario del deseo* (2004), y coeditor, también con Yara González Montes, de *Bibliografía crítica de la poesía cubana (1959-1971)*.

Amparo Morales

Doctor Philosophiae por la Universidad de Puerto Rico. Miembro de número de la Academia Puertorriqueña de la Lengua Española. Miembro de la Comisión de Gramática de la Academia Puertorriqueña en la Comisión Interacadémica de Academias para la elaboración de la *Nueva Gramática de la Lengua Española*. Sus temas de investigación más importantes son: 1) La caracterización sintáctica del español de Puerto Rico con la publicación de *Gramáticas en contacto. Análisis sintácticos del español de Puerto Rico* (1986) y, posteriormente, numerosos artículos en revistas internacionales sobre las particularidades del español del Caribe. 2) El análisis de la influencia del inglés en el español de Puerto Rico, con artículos varios y recientemente la obra *Anglicismos puertorriqueños* (2001). Este tema se ha extendido al estudio del español de los Estados Unidos, del que tiene publicada la *Bibliografía del español de los Estados Unidos. Cuadernos bibliográficos* (1999), y al análisis lingüístico de la situación del bilingüismo insular. 3) En cuanto a lingüística aplicada, ha publicado *El léxico básico del español de Puerto Rico* (1986) y varios artículos sobre la adquisición y desarrollo del español. Ha colaborado con el College Board y publicado dos estudios sobre las pruebas de aprovechamiento de español. 4) Recientemente, junto a María Vaquero, ha publicado el *Tesoro lexicográfico del español de Puerto Rico* (2005).

Francisco Moreno Fernández

Doctor en Lingüística Hispánica y catedrático de Lengua Española de la Universidad de Alcalá. Ha sido investigador visitante en las universidades de Londres, Nueva York (SUNY-Albany), Quebec (Montreal) y Tokio, y profesor visitante en las universidades de Gotemburgo (Suecia), São Paulo (Brasil) y de Illinois en Chicago. Ha sido director académico del Instituto Cervantes y director de los Institutos Cervantes de São Paulo y de Chicago. Entre sus publicaciones destacan los libros: *Principios de Sociolingüística y Sociología del Lenguaje* (2.ª ed., 2005), *Historia social de las lenguas de España* (2005), *Qué español enseñar* (2000), *Producción, expresión e interacción oral* (2002), así como el *Diccionario para la Enseñanza de la Lengua Española* (1995), o el *Diccionario bilingüe de uso Español-Portugués/Portugués-Español* (2003, 2005).

Gonzalo Navajas

Es catedrático de Literatura Moderna y Cine en la Universidad de California, en Irvine. Ha publicado numerosos libros de teoría y crítica literaria y de historia intelectual moderna. Entre los más recientes destacan: *La modernidad como crisis (los clásicos modernos ante el siglo XXI)*; *La narrativa española en la era global; Más allá de la* posmodernidad (*estética de la nueva novela y cine españoles*), y *Unamuno desde la posmodernidad*. Su último libro, *La utopía en las narrativas contemporáneas (novela/cine/arquitectura)*, se ha publicado en 2008. Es autor, además, de varias novelas. Las más recientes son *En blanco y negro* (2007) y *La última estación* (2001). Ha publicado un gran número de ensayos en revistas y volúmenes colectivos sobre temas de cultura y estética contemporánea. Forma parte del comité editorial de revistas literarias y culturales y ha sido conferenciante y profesor visitante en diversas instituciones y universidades de Europa y América. Es miembro de la Academia Norteamericana de la Lengua Española.

Ricardo Otheguy

Es profesor en los departamentos de Lingüística y de Lingüística Hispánica en el Graduate Center de City University of New York. En sus trabajos teóricos, Otheguy se ha especializado en enfoques funcionales a la gramática del español y en el estudio de lenguas en contacto, especialmente el español de los Estados Unidos. En sus trabajos de lingüística aplicada, Otheguy se ha interesado en la enseñanza del español a hispanohablantes en los Estados Unidos y es autor de varios libros de texto para la enseñanza del español en la enseñanza secundaria. Actualmente Otheguy dirige el CUNY Project on the Spanish of New York, un amplio proyecto de investigación costeado por la National Science Foundation y dedicado al análisis sociolingüístico de varios aspectos del español en la urbe neoyorquina.

Gerardo Piña Rosales

Nació en La Línea de la Concepción (Cádiz, España) en 1948. Hizo estudios superiores en el Instituto Español de Tánger (Marruecos), en la Universidad de Granada y en la Universidad de Salamanca. Ya en Nueva York (donde reside desde 1973), se graduó por el Queens College de CUNY y se doctoró en el Centro de Estudios Graduados de esa misma universidad. Desde 1981 ejerce como profesor de Literatura y Lengua Españolas en City University of New York. Es presidente del Círculo de Escritores y Poetas Iberoamericanos de Nueva York (Iberoamerican Writers and Poets Guild). Ha sido presidente de ALDEEU (Asociación de Licenciados y Doctores Españoles en los Estados Unidos). En calidad de ensayista ha incursionado en la obra de autores tan variados y diferentes como Miguel de Cervantes, César Vallejo o Paul Bowles. Cuenta con libros sobre *La Celestina* y sobre las obras de Manuel Andújar, S. Serrano Poncela y Odón Betanzos Pa-

lacios, además de sobre la presencia de los hispanos en los Estados Unidos. Como novelista, es autor de *Desde esta cámara obscura* (con fotografías del autor), Primer Premio de Novela Ayuntamiento/Casino de Lorca, 2006. Es miembro de número de la Academia Norteamericana de la Lengua Española y correspondiente de la Real Academia Española.

Kim Potowski

Es profesora de Lingüística Hispana en la Universidad de Illinois en Chicago. Su trabajo se enfoca en el uso del español en los Estados Unidos, la intersección del bilingüismo y la identidad y la (re)adquisición del español entre los hablantes de herencia hispánica. Recientemente ha publicado *Language and identity in a dual immersion school* (Multilingual Matters, 2007), *Fundamentos en la enseñanza del español a los hispanohablantes en los EE. UU.* (Arco/Libros, 2005) y *Spanish in Contact: Policy, Social and Linguistic Inquiries* (editado con Richard Cameron, John Benjamins, 2007). Actualmente tiene varios proyectos en marcha, incluyendo un análisis de rasgos dialectales y temas de identidad etnolingüística entre individuos 'mexirriqueños' en Chicago; un estudio del contacto —o la falta del mismo— entre hispanohablantes de la segunda y tercera generación con inmigrantes recientes; otro sobre el papel del español en la celebración estadounidense de la quinceañera, y la edición de un libro sobre las diez lenguas minoritarias más habladas en los Estados Unidos.

Orlando Rodríguez Sardiñas (Orlando Rossardi)

Ha sido profesor en las universidades norteamericanas de Texas, New Hampshire, Wisconsin y en el Miami-Dade College, y ha impartido clases en la Universidad Complutense de Madrid y también en los cursos de verano del Consejo Superior de Investigaciones Científicas y la Real Academia Española en Málaga. Es poeta, ensayista y dramaturgo, y hasta enero de 2005 dedicó veinte años de su vida a las transmisiones de Radio y Televisión Martí. Ha publicado libros sobre literatura española e hispanoamericana, drama y poesía, entre los que se destacan los tres tomos sobre *Teatro selecto hispanoamericano contemporáneo* (1971), *La última poesía cubana* (1973), *León de Greiff: una poética de vanguardia* (1974) y seis tomos, en colaboración, de *Historia de la literatura hispanoamericana contemporánea* (1976). Dos de sus últimos tomos de poesía llevan por título *Memoria de mí* (1999) y *Los pies en la tierra* (2006), ambos publicados en España. Es miembro fundador del PEN de Escritores Cubanos en el Exilio y correspondiente de la Academia Norteamericana de la Lengua Española.

José Antonio Samper Padilla

Es catedrático de Lengua Española de la Universidad de Las Palmas de Gran Canaria. En el primer semestre del curso 2005-2006 fue profesor invitado en University of Texas at San Antonio. Sus trabajos de investigación se centran en la sociolingüística, en la dialectología del español de Canarias y en la lingüística aplicada a la enseñanza de la lengua. Entre sus publicaciones destacan los libros *Estudio sociolingüístico del español de Las Palmas de Gran Canaria*, *Producción y comprensión de textos*, *Léxico del habla culta de Las Palmas de Gran Canaria* (dir.), *Las 'Voces canarias' recopiladas por Galdós* y *Macrocorpus de la norma lingüística culta de las principales ciudades del mundo hispánico*, así como la edición de los tres tomos de las *Actas del XI Congreso de la ALFAL*. Varias decenas de artículos y comunicaciones en congresos completan sus publicaciones en los temas mencionados anteriormente. Dirige los proyectos de investigación 'Estudio de la norma lingüística culta del español de Las Palmas de Gran Canaria' y 'Estudio sociolingüístico del español de Las Palmas de Gran Canaria'. Además, coordina el 'Estudio de la disponibilidad léxica de la isla de Gran Canaria' y los trabajos en Canarias del proyecto 'Difusión internacional del español por radio, televisión y prensa' (DIES-RTP).

Esther Sánchez Grey Alba

Se ha especializado en teatro y ha publicado los siguientes libros: *Teatro cubano. Tres obras dramáticas de José Antonio Ramos* (1983); *Teatro cubano. Dos obras de vanguardia de José Cid Pérez* (1989); *La mujer en el teatro hispanoamericano y otros ensayos* (1992); *Teatro cubano moderno. Dramaturgos* (2000), y *Josefina Plá en las letras paraguayas* (2002). Contribuyó con fichas biobibliográficas al *Diccionario de literatura española e hispanoamericana* editado por Ricardo Gullón (1993). Fue editora asociada de *Estudios literarios* (1976) y de *Martí ante la crítica actual* (1983) y desde 1976 lo es de *Círculo: Revista de Cultura*. Fue invitada a disertar, en 1984, en la Universidad Católica del Uruguay y en el Instituto de Teatro de la Universidad de Buenos Aires. Es graduada de la Universidad de La Habana, Cuba y de Rutgers University, en los Estados Unidos. Fue profesora en Drew University y Montclair State University, ambas en Nueva Jersey. Es miembro del PEN Club Internacional de Escritores Cubanos y de la Academia Uruguaya de Letras.

Joaquín Segura

Traductor, redactor y revisor de textos científico-técnicos, médicos, jurídicos y de temas generales, Joaquín Segura nació en Nueva York. Sus padres, españoles, lo llevaron a España cuando tenía cuatro años. Cursó allí su primera y segunda enseñanzas y completó sus estudios técnicos de Electricidad y Electrónica en el Pratt Institute (Brooklyn) y en el Instituto de la RCA (Manhattan). Fue jefe de redacción de la revista *LIFE en Español* y subdirector de operaciones de Science & Medicine Publishing Co., de Nueva York. Semijubilado, trabaja aún como tradutor y revisor independiente; es miembro de número, censor de la Academia Norteamericana de la Lengua Española y presidente de su Comisión de Traducciones. Dirige la revista *Glosas* de la institución. Es también académico correspondiente de la Real Academia Española, con la que ha colaborado últimamente en varios proyectos editoriales.

Carmen Silva Corvalán

Es catedrática de Español y Lingüística en University of Southern California, donde ha sido profesora desde 1979, año en que obtuvo su doctorado en Lingüística en la Universidad de California en Los Ángeles. Ha hecho investigación y publicado más de setenta artículos sobre sintaxis y pragmática del español, variación sintáctica, el español en los Estados Unidos, bilingüismo y sociolingüística. Actualmente sus intereses se centran en el estudio de la adquisición simultánea de dos o más lenguas. Sus libros más recientes son: *Sociolingüística y pragmática del español* (Georgetown University Press, 2001), *Spanish in Four Continents: Studies in language contact and bilingualism* (ed., Georgetown University Press, 1997) y *Language Contact and Change: Spanish in Los Angeles* (Clarendon, 1996). Carmen Silva Corvalán es miembro del Consejo Editorial de *Language in Society*, *Probus*, *Oralia*, *Moenia*, *Revista de Lingüística Teórica y Aplicada* y *Spanish in Context*. Es además coeditora de la prestigiosa revista *Bilingualism: Language and Cognition*, publicada por Cambridge University Press.

Nicolás Toscano Liria

Nacido en Sevilla el 30 de abril de 1948 y oriundo de Alcalá de los Gazules (Cádiz), es licenciado en Derecho por la Universidad Complutense de Madrid y doctorado en Literatura Medieval por la Universidad de Massachusetts. En los Estados Unidos se ha dedicado a la enseñanza en varias instituciones del país y en la actualidad ejerce su cátedra y dirige el Departamento de Lenguas y Literaturas (2002-2008) en St. John's University. Se especializa en la literatura de la Edad Media, el Siglo de Oro y los primeros escritos en Norteamérica. Sus artículos de crítica literaria y obras de creación han sido publicados en numerosas y diversas publicaciones profesionales de los Estados Unidos, Hispanoamérica y España. Dirige desde 1988 la revista *Anuario Medieval*. Es presidente de la National Hispanic Foundation for the Humanities, académico correspondiente de la Real Academia de la Lengua Española y de la Academia Burgense de Historia y Bellas Artes, tesorero de la Fundación Cultura Hispánica de los Estados Unidos, académico numerario, tesorero y director de la Comisión de Estudios Medievales Españoles y de Primeros Escritos en Norteamérica en la Academia Norteamericana de la Lengua Española.

ÍNDICES

Índice onomástico

Cuba Soria, Pablo de, 713, 714, 949
Cuéllar, Jesús (*Chuy*), 907
Cuéllar, Margarito, 699
Cuello, Yoly, 494
Cuenca, Arturo, 711
Cuenca, Luis Alberto de, 579
Cuesta, Leonel Antonio de la, 354, 539, *541-549*, 569, 581, 779, 941, 957
Cuesta, Tony, 945
Cueto, Emilio, 569
Cueto, Rafael, 861
Cueto Roig, Juan, 589, 634, 702, 706, 946, 948, 950, 957
Cuevas, Beto, 907
Cuevas, Eugenio, 630, 645
Cugat, Xavier, 848, 855, 872, 873
Culebras, Antonio, 467
Cummings, Edward Estlin, 706
Curet, Tite, 857
Curie, Marie, 814
Curtis, James R., 123
Curvelo, Lalita, 581
Cuscó, José Manuel, 572, 715
Custodio, Ana María, 868, 876
Cutié, Alberto, 492
Cuza Malé, Belkis, 560, 574, 581, 585, 587, 680, 684, 689, 694, 697, 700, 701, 704, 705, 709, 711, 716, 717, 724, 943, 946, 951

D'Alba, Paul, 751, 807
D'Annunzio, Gabriele, 781
D'Fontana, Oscar, 851
D'Kendall, Lourdes, 495
D'Ors, Eugenio, 774, 1027
D'Rivera, Paquito, 850, 858, 864, 955
Dai Chee Chang, Mabel, 836
Daley, Richard, 173, 174
Daniel, Claudio, 706, 708, 709
Daniel, Lee A., 833
Daniels, Roger, 917
Danner, Blythe, 892
Dante Alighieri, 1027
Dare, Virginia, 45
Darío, Rubén (Félix Rubén García Sarmiento), 451, 454, 462, 555, 556, 557, 562, 614, 817
Darton, Eric, 444
Dauster, Frank, 738, 826
David Curbelo, Jesús, 950
Dávila, Alberto, 259
Dávila, fray Francisco, 50
Dávila, Luis, 566
Dávila Padilla, Agustín, 41
Dávila Semprit, José, 673

Dávila-Franco, Rafael, 723
Davis, George, 874
Davis, John, 49
Day, Jennifer Ch., 85, 86
De Grandy, Julie, 571
Debicki, Andrew, 789
Delara, A. Y. Dexter, 907
Delgado Jenkins, Humberto, 633
Delgado, Emilio R., 673
Delgado, fray Diego, 53
Delgado, Isaac, 851
Delgado, Nicole Cecilia, 676
Delgado, Soledad, 851
Delgado-Sánchez, Joaquín, 643
Delibes, Miguel, 464, 791
Delmonte Ponce de León, Hortensia, 689
Depp, Johnny, 905
Derbez, Eugenio, 910
Deren, Moti, 839
Desax-Guerrero, María Asunción, 494
Desnoes, Edmundo, 650
DeSoto, Rosanna, 899
Deupi, Carlos, 645
Devoto, Daniel, 586
Dhombres, Dominique, 575
Di Pietro, Giovanni, 710
Di Stefano, Andre, 905
Diana, Raquel, 838
Díaz, Alonso, 50
Díaz, Duanel, 588, 954
Díaz, Gilberto, 800
Díaz, Glenda, 810, 892
Díaz, Héctor J., 817
Díaz, Jesús, 592, 649, 650, 679
Díaz, Jorge, 683, 827, 832, 839
Díaz, Juan, 35
Díaz, Junot, 602, 665
Díaz, Manuel C., 632, 633, 635, 645, 647, 948
Díaz, Mario, 499, 836
Díaz, Norman, 487
Díaz, Paul, 806, 851
Díaz, Porfirio, 609
Díaz, Rafael, 719
Díaz, Rolando, 894, 908
Díaz Alonso, Carlos Manuel. *Véase Caíto*
Díaz Arrieta, Hernán, 972
Díaz Balart, José, 498
Díaz Balart, Lincoln, 499
Díaz Balart, Mario, 499
Díaz Barrios, Carlos A., 578, 631, 643, 692, 698, 699, 700, 704, 706, 708, 710, 712, 713, 715, 942, 946
Díaz Casanueva, Humberto, 719

Narváez, Pánfilo de, 37, 58, 72, 179, 180, 185
Naser, Armando, 888
Natalia, Carmen, 816
Nava, Gregory, 899, 901, 902, 909
Navaja, Flaco, 676
Navajas, Gonzalo, 461, 664, 1021, *1023-1030*
Navales, Ana María, 577, 581, 586
Navarrete, William, 588, 589, 591, 718, 952
Navarro, Armando, 806, 807
Navarro, Carmen, 647
Navarro, Guillermo, 908, 909
Navarro, Mercy, 851
Navarro García, Luis, 181
Navarro Tomás, Tomás, 467, 943
Navascués, Javier de, 702
Nazario, Luis Aurelio, 753
Nazzari, Francesco, 565
Negrón, Rogelio, 990
Negroni, María, 725
Neri, Gustavo, 495
Nerio, Lena, 851
Neruda, Pablo (Neftalí Ricardo Eliecer Reyes Basoalto), 451, 458, 574, 577, 723, 787, 816, 817, 836, 906, 972
Nespral, Jackie, 499
Neumann-Holzschuh, Ingrid, 403, 404
Nevárez, Nancy, 742, 803
Neville, Edgar, 868, 869
Newport, Cristóbal, 53
Neyra, Roderico (*Rodney*), 853
Nicholas, Eric, 908
Nierdermeyer, Paul, 502
Nieto, Benigno S., 649, 689, 943, 956
Nieves, Ángel, 581
Nieves, Myrna, 675
Niggemann, Clara, 685, 689, 693, 706, 717
Nina, Diógenes, 719, 720
Ninaypata, Jorge, 656
Niño, Alonso, 33
Niza, fray Marcos de, 38, 39, 58, 59, 65-68, 69, 73, 180, 607
Noble, Cecilio, 746, 806, 807
Noble, Jack, 487
Nóbregas, Andrés, 764, 807, 809, 812, 830
Nodal, Ángel, 811
Nodal, Luis, 859
Nodier, Charles, 949
Noel, Uroyoán, 676
Nogueira, Alcides, 836
Noguera, Héctor, 834
Nogueras, Griselda, 807
Nogueras, Luis Rogelio, 679, 680
Nolasco, Esmeralda, 816
Nolasco, Luis Ramón, 816

Nolla, Olga, 673
Northup, George T., 453
Norton, Barry, 868, 874
Norzagaray, Ángel, 841
Novarro, Ramón, 868, 879
Novas, José, 784
Novás Calvo, Lino, 581, 583, 590, 627, 628, 636, 638, 639, 942, 943
Novoa, Bruce, 670, 671
Núbila, Domingo di, 870
Nuez, Iván de la, 958
Núñez, Agustín, 837
Núñez, Ana Rosa, 568, 569, 576, 577, 580, 581, 585, 590, 680, 682, 683, 684, 685, 688, 690, 691, 693, 695, 698, 704, 706, 714, 717, 947, 948
Núñez, José Gabriel, 827, 837
Núñez, Manuel, 707, 728
Núñez, Pepe, 843
Núñez, Ramón, 595
Núñez, Santiago, 595
Núñez Cabeza de Vaca, Álvar, 37, 38, 40, 57, 58, 59, 60, 65, 68, 72, 73, 179, 180, 185, 451, 607
Núñez Cedeño, Rafael, 719, 721
Núñez de Balboa, Vasco, 56
Núñez de Chaves, Diego, 51
Núñez de Guzmán, Pedro, 34
Núñez de Villavicencio, Maruxa, 636
Núñez Machín, Ana, 679
Núñez Pérez, Orlando, 628, 649
Núñez Ramos, Fernando, 699

O'Byrne Curtis, Margarita, 708
O'Farril, Alberto, 558
O'Farril, Julio, 764, 767, 812, 830
O'Farrill, Chico, 894, 905
O'Hara, Lilia, 506
O'Higgins, Benjamín Ingénito. *Véase* Ellis, Paul
O'Leary, Thomas J., 112, 113
O'Neill, Gonzalo, 797, 798
O'Reilly Herrera, Andrea, 708
O'Shea, Verónica, 508
Obrador, Gina, 649
Obradors, Jackeline, 905
Obregón, Baltasar de, 55, 179
Obregón, Luisa, 856
Ocampo, Gonzalo de, 36
Ocampo, Silvina, 731
Ochart, Luz Ivonne, 675
Ochoa, Arnaldo, 647, 889
Ochoa, George, 188
Ochoa, Jesús, 910
Odio, Silvia Eugenia, 577, 585, 586, 693, 700

Underhill, John Garrett, 818
Undurraga, Antonio de, 683
Unz, Ron, 420
Urciuoli, Bonnie, 242
Urco, Jaime, 723
Urica, Jorge, 558
Urista, Alberto. *Véase Alurista*
Urquiaga, Maruchi, 851
Urrea, Luis A., 613
Urrutia, Matilde, 972
Usero Vilchez, Francisco Javier, 938
Usigli, Rodolfo, 823, 827
Uslar Pietri, Arturo, 972
Utrera, Conchita, 698
Uva, Joe, 499

Valcarce, P. D., 860
Valderrama, Wilmer, 908, 910
Valdés, Alberto, 854
Valdés, Alfredo, 905
Valdés, Berardo, 636, 637
Valdés, Fernando de, 50
Valdés, Gabriel de la Concepción, 943
Valdés, Gilberto, 853
Valdés, Guadalupe, 424
Valdés, Luis, 824, 828
Valdés, Marcelino, 851
Valdés, María Isabel, 1019
Valdés, Miguelito, 849, 851
Valdés, Vicentico, 851, 854, 862
Valdés, Zoé, 591, 633, 649, 650, 711
Valdés Ginebra, Arminda, 688, 689, 690, 693, 695, 698, 704, 708, 714
Valdés Miranda, Concha, 682, 851
Valdés Zamora, Armando, 649
Valdés-Cruz, Rosa, 945
Valdés-Luna, Águedo, 905
Valdés-Miranda, Arminda, 691
Valdespí, Armando, 856
Valdespino, Andrés, 569, 581, 774, 776, 778, 780
Valdespino, Luis, 777
Valdez, Daniel, 899
Valdez, Juan, 816
Valdez, Luis, 735, 896, 898, 899
Valdez, Pedro Antonio, 652
Valdez, Socorro, 900
Valdivia, Pedro de, 61
Valencia, Carmen Tórtola, 556
Valens, Ritchi (Ricardo Valente), 900
Valente, José Ángel, 684
Valenzuela, Luisa, 655
Valera, Juan, 555, 774, 943

Valeria, Andrea, 921
Valerio, Juan Francisco, 764
Valero, Esteban, 938
Valero, Roberto, 574, 578, 583, 630, 639, 642, 645, 688, 689, 693, 695, 701, 706, 710, 711, 946, 947, 953, 956
Valéry, Paul, 695
Valis, Noël, 461
Valjalo, David, 559, 724
Valladares, Armando, 574, 686, 688, 689, 717, 820, 889
Valle, Carmen, 674
Valle, José del, 223, 275, 417, 420
Valle, María del, 468
Valle, Marqués del, 38
Valle, Raúl del, 776
Valle, Sarvelio del, 495
Valle Ojeda, Amir, 955
Valle-Inclán, Ramón María del, 451, 456, 458, 463, 659, 662, 663, 727, 820, 821, 832
Vallejo, Alfonso, 830
Vallejo, César, 446, 451, 463, 790, 816
Vallejo, Mariano G., 608
Vallejo, Orlando, 851
Vallejo, Pablo, 608
Vallejo Aldrete, Lázaro, 48
Vallona, Rima de, 616
Valls, Jorge, 582, 688, 690, 691, 746, 747, 767, 813, 945, 956
Valls, Juan Carlos, 714
Valois, Daniel, 333
Valois, Isabel de, 42
Van Patten, Bill, 445
Vando, Erasmo, 673, 798
Vano, Fiorella, 571
Vaqueros, Eloy, 661
Varela, Beatriz, 123, 212, 391, 408, 467, 938, 945, 947
Varela, Blanca, 851
Varela, Carlos, 906
Varela, Félix, 553, 625, 772, 776, 777, 939
Varela, Frank, 676
Varela, Víctor, 767, 807
Varela-Ibarra, José L., 580, 683, 684
Vargas, Arístides, 839, 840
Vargas, Chavela, 1027
Vargas, Dalia, 920
Vargas, Diego de, 183
Vargas, Enrique, 834
Vargas, Herminio, 581
Vargas, Jacob, 882
Vargas, Moisés, 133
Vargas, Pedro, 853
Vargas Gómez, Andrés, 691
Vargas Llosa, Álvaro, 582
Vargas Llosa, Mario, 451, 462, 574, 684, 831, 836, 943, 962

Índice de etnias y lenguas indígenas

mesmo, 192, 213, 247, 393

mi abuelita es blanca. Ni es gorda ni es delgada. Está bien, 267

mi hermana es manager y trabaja cortando pelo, 237

micro, 225

microwave, 327, 355

middle school, 301

milpa, 191, 213

mira muchachito, ven acá, para nosotros verte, 367

mitote, 191, 213

miúsica, 219

mixture, 336

Mock Spanish, 219

moder, 301

modern, 336

mojar plantas, 220

molacho, 191, 213

money center, 336

money order, 327

monga, 210

motoconcho, 370, 371

mouse, 327

moverse, 262, 301

muchs cuats, 209

muncho, 214

música pop, 327

mutual funds, 327

muy baratas, bien empacaditas. Una de esas televisiones tenía una parte, pero viejísima, 266

my brother and my uncle querían llegar para las cinco, 273

naide, 398

naiden, 398

naraha, 192, 213

Native American, 301

Navy, 301

necesitan a virar todo eso, 236, 237

neighborhood, 301

neorriqueño, 157

network, 327

news, 301

Newyorican, 301

ni modo, 210

nice, 274, 327

nigger, 301

no creo que tengo tiempo, 269

no es bueno una persona sentirse así, 294

no faltó nada [para] que no(s) morimo [muriéramos], 400

no ha sido fácil, porque cocinando y lavando platos es la profesión más dura, 237

no he nota, 212

no lo sé muy bien, pero whatever reason, you know, 337

no mucho, 330

no, sí, puedes andar arma, 382

no traigo, le dije. No traigo y no estés fregando, 383

no vamos a hablar de robando, 405

no, yo no traigo feria tampoco, le digo. Me dice que: sí, traes. ¿Sabes qué güey?, 383

nombrete, 401

non profit, 327

nosotro(s) no queremo(s) no, 368

nosotros pensábamos que no iba a pasar nada, 334

nosotros saben trabajá junto, 404

noticiario, 229

noticiero, 229

nuyorican, 157

nuyoriqueño, 157

obertain, 262

officer, 301

Oh, my God! ¡Qué sorpresa me has dado!, 336

¡oh, sí!, 330

oh, yes!, 326, 330

oír, 329

OK, 326, 338

ómnibus, 225

on call, 301

open house, 327

órale, 210

orisha, 211

out, 369

pachuco, 216, 219

padre, 210, 398

padrísimo, 210

páis, 191, 213, 393

palm tree, 336

palta, 228, 231

pana, 228

pancake, 369

pantallas, 210, 411

panties, 369

pañeses, 398

papalote, 227, 370, 378

papases, 215

papele, 191, 213

paper maché, 336

papiro, 216

para él venir hay que pagarle, 234

para llegar allá en tiempo, 265

para que él venga hay que pagarle, 234

para venir aquí en ese tiempo/con los Trade Winds, 407

para yo hacer eso, debo estar enfermo, 210